铁路测量手册

铁道部第二勘测设计院　主编

中　国　铁　道　出　版　社

2011年·北　京

内 容 简 介

本手册是一部适用于铁路新线、既有线的初测、定测、施工、竣工及养护各阶段测量工作的工具书。同时，对于其他工程结构的测量，如公路桥梁、隧道的定位和施工测量亦有重要的参考价值。全手册共分四篇四十一章，内容包括线路测量、航空摄影测量、隧道测量和桥涵测量。

图书在版编目(CIP)数据

铁路测量手册/铁道部第二勘测设计院主编. —北京：中国铁道出版社，1998.6(2011.6 重印)

ISBN 978-7-113-02686-8

Ⅰ.铁…　Ⅱ.铁…　Ⅲ.铁路测量-手册　Ⅳ.U212.2-62

中国版本图书馆 CIP 数据核字(97)第 11560 号

书　　名：铁路测量手册
作　　者：铁道部第二勘测设计院
出版发行：中国铁道出版社(100054，北京市宣武区右安门西街 8 号)
责任编辑：安鸿逵
封面设计：赵敬宇
印　　刷：北京铭成印刷有限公司
开　　本：787×1092　1/16　印张：44.5　插页：3　字数：1714 千
版　　本：1998 年 6 月第 1 版　　2011 年 6 月第 5 次印刷
书　　号：ISBN 978-7-113-02686-8
定　　价：118.00 元

前　言

根据铁道部铁建函(1990)87号文精神,为适应近年来颁布的有关规范、规则的实施和新技术、新设备的推广运用,进一步提高铁路勘测水平,特编制本手册。

本手册是铁路测量的基本工具书,主要供具有一定基础知识,从事新线、既有线铁路工程勘测设计、施工及养护维修的测量人员使用,亦可供路外从事工程测量的工作人员参考。

本手册的编写主要依据是现行的《新建铁路工程测量规范》(TB10101—99)、《既有铁路测量技术规则》(TBJ105—88)。在编写过程中,参编人员深入调查研究,广泛征集意见,并吸取了部分先进技术和测量方法。各设计院、工程局、铁路局、高等院校给予了大力帮助和支持,提出许多宝贵意见,在此一并致谢。

本手册由铁道部第二勘测设计院主编,铁道部第二勘测设计院、专业设计院、第二工程局、大桥工程局分别主持编写线路测量、航空摄影测量、隧道测量、桥涵测量等各篇。手册共分四篇四十一章。

在编写过程中,虽然我们力求作到与现行规范、规则相一致。但是情况在不断变化,特别近年来新技术新设备不断更新,有关规范也在修改制定中。因此,本手册内容如与规范、规则等不符之处,应按现行部颁规定及国家标准执行。

由于我们理论及实践水平有限,手册中不妥之处,恳请读者批评指正。

铁道部第二勘测设计院

1996年12月

编写审查人员名单

主编单位：铁道部第二勘测设计院

各篇主持编写单位：铁道部第二勘测设计院、铁道部专业设计院、铁道部第二工程局、铁道部大桥工程局

参加编写单位：铁道部第一、二、三、四勘测设计院、专业设计院、第二、五工程局、大桥工程局、隧道工程局

主　编：孙绍麟

各篇编写负责人：孙绍麟　熊明轩　王永国　韩英华

编写者：

第一篇　线 路 测 量　孙绍麟　李志光　周世林　吴正刚　王为松　陈裕涤

第二篇　航空摄影测量　熊明轩　吴昌荣　张绍兰　张秀荣　陈玉昌　胡志贵　覃好锐　王富贵　刘秀华

第三篇　隧 道 测 量　王永国　罗开举　杨鉴凌　刘成龙　潘　鹰　王芝祥　张项铎

第四篇　桥 涵 测 量　韩英华　秦　绲　王丕功　刘丙留　曾凡智　吴迪军　熊小莉

审查者：余景宜　朱　颖　黄永铭　胡熊良　沈邦祥　朱信复　李泽民

目　录

绪　论

第一篇　线路测量

第一部分　新线线路测量

第一章　新线线路测量程序……………………… 2
第二章　测量误差的基本知识…………………… 4
　第一节　测量误差的原因和分类………………… 4
　第二节　精度评定标准…………………………… 4
第三章　距离测量………………………………… 7
　第一节　光电测距………………………………… 7
　第二节　钢卷尺量距 …………………………… 22
　第三节　视距测量 ……………………………… 27
第四章　角度测量 ……………………………… 29
　第一节　角度观测及计算 ……………………… 29
　第二节　经纬仪的检验与校正 ………………… 31
第五章　高程测量 ……………………………… 39
　第一节　概　　述 ……………………………… 39
　第二节　水准测量 ……………………………… 40
　第三节　光电测距三角高程测量 ……………… 42
　第四节　跨河水准测量 ………………………… 43
　第五节　高程测量的误差调整 ………………… 46
　第六节　水准仪水准尺的检验与校正 ………… 47
第六章　导线测量 ……………………………… 53
　第一节　导线的布设 …………………………… 53
　第二节　导线测量方法 ………………………… 54
　第三节　导线与国家三角点的联测及计算 …… 55
　第四节　导线坐标计算 ………………………… 65
　第五节　导线测量错误的检查 ………………… 70
　第六节　导线点的展绘 ………………………… 71
　第七节　真北测量 ……………………………… 72
第七章　地形测量 ……………………………… 76
　第一节　地 形 图 ……………………………… 76
　第二节　地形测量 ……………………………… 77
　第三节　地形图的拼接与整饰 ………………… 79
第八章　线路放线和交点 ……………………… 81
　第一节　线路放线 ……………………………… 81
　第二节　交　　点 ……………………………… 85
第九章　中线测量 ……………………………… 89
　第一节　中线测量的基本要求 ………………… 89
　第二节　曲线测量 ……………………………… 89
　第三节　中线测设闭合差的调整……………… 106
第十章　横断面测量…………………………… 107

第二部分　既有线测量

第十一章　既有铁路测量技术要求………… 110
第十二章　既有铁路测量…………………… 111
　第一节　里程丈量…………………………… 111
　第二节　中线测量…………………………… 112
　第三节　高程测量…………………………… 115
　第四节　横断面测量………………………… 115
　第五节　地形测量…………………………… 116
　第六节　既有曲线整正计算………………… 116
第十三章　既有站场测量…………………… 152
　第一节　站场平面测绘内容和要求………… 152
　第二节　基线测量…………………………… 152
　第三节　道岔测量…………………………… 153
　第四节　站内平面测绘……………………… 154
　第五节　三角线测绘………………………… 155
　第六节　高程测量…………………………… 156
　第七节　横断面测量………………………… 157
　第八节　道岔与站线连接的测设…………… 157

第三部分　施工测量和竣工测量

第十四章　中线施工测量…………………… 164
　第一节　线路中线施工测量………………… 164
　第二节　站场股道中线施工测量…………… 165
　第三节　改建既有线、增建第二线施工测量…… 166
　第四节　竣工中线测量……………………… 166
第十五章　高程施工测量…………………… 167
　第一节　高程施工测量……………………… 167
　第二节　竖曲线测设………………………… 167
第十六章　横断面施工测量………………… 168
　第一节　路基施工放样……………………… 168
　第二节　挡墙施工放样……………………… 169
　第三节　钢筋混凝土预制块式整体道床施工放样…… 169
　第四节　断面竣工测量……………………… 170

第二篇　航空摄影测量

第一章　一般规定 …… 171
第一节　航带设计 …… 171
第二节　航摄资料的检查和验收 …… 176
第三节　既有线航测时应收集的复测及有关调查资料 …… 178
第四节　航测技术任务书的编制 …… 178
第二章　控制测量与像片调绘 …… 180
第一节　准备工作 …… 180
第二节　像片上控制点的布设 …… 181
第三节　野外控制点的选刺 …… 183
第四节　控制点平面位置测量 …… 185
第五节　控制点的高程测量 …… 192
第六节　内业计算 …… 196
第七节　像片调绘 …… 208
第三章　摄影处理及像片纠正 …… 213
第一节　常用摄影药品及配方 …… 213
第二节　常用感光材料 …… 217
第三节　航摄正片的制作 …… 219
第四节　放大像片的制作 …… 223
第五节　彩色像片的晒印和放大 …… 224
第六节　翻　　拍 …… 228
第七节　SEG-1 大型纠正仪制做像片平面图 …… 229
第四章　解析法空中三角测量及底图制备 …… 236
第一节　概　　述 …… 236
第二节　转刺和选刺点 …… 237
第三节　用 AC1 解析测图仪进行空中三角测量 …… 239
第四节　底图制备 …… 245
第五章　精密立体测图仪测图 …… 252
第一节　精密立体测图仪简介 …… 252
第二节　仪器安全操作和保养 …… 257
第三节　仪器作业检校 …… 258
第四节　立体测图 …… 269
第五节　变换光束立体测图的作业方法 …… 284
第六节　AVIOPLOT RAP 机助摄影测量测图系统作业方法 …… 285
第六章　原图编绘 …… 294
第一节　准备工作 …… 294
第二节　编绘的一般要求 …… 294
第三节　编绘作业 …… 295
第七章　解析测图仪 …… 305
第一节　概　　述 …… 305
第二节　AC1 解析测图仪 …… 306
第三节　BC2 解析测图仪 …… 318
第四节　JX-3 解析测图仪 …… 321
第八章　数字测图 …… 326
第一节　概　　述 …… 326
第二节　数字测图的系统配置 …… 327
第三节　联机数据采集 …… 327
第四节　图形编辑 …… 332
第五节　绘图输出 …… 336
第六节　数字测图的质量控制 …… 338
第九章　利用既有航摄资料测绘铁路专业用图 …… 340
第一节　概　　述 …… 340
第二节　测　　图 …… 340
第三节　利用既有航摄资料测图的基本情况 …… 342

第三篇　隧 道 测 量

第一章　隧道测量的特点、方法和贯通测量要求 …… 346
第一节　隧道测量的准备工作 …… 346
第二节　运营时期的隧道测量工作 …… 346
第三节　隧道控制测量的特点和方法 …… 347
第四节　隧道贯通测量的要求 …… 348
第二章　贯通误差估算方法 …… 350
第一节　导线测量误差对贯通精度影响值的估算方法 …… 350
第二节　主副导线环测量误差对贯通精度影响值的估算方法 …… 351
第三节　导线网测量误差对贯通精度影响值的估算方法 …… 353
第四节　三角锁测量误差对贯通精度影响值的估算方法 …… 371
第五节　高程贯通误差的估算方法 …… 382
第三章　测量设计 …… 383
第一节　优化设计 …… 383
第二节　平面控制测量设计 …… 385
第三节　高程控制测量设计 …… 389
第四节　测量设计中应注意的问题 …… 392
第四章　角度测量 …… 397
第一节　方向观测法 …… 397
第二节　导线水平角和视差角观测方法 …… 400
第三节　角度测量有关注意问题 …… 401
第四节　观测成果的精度验算 …… 402
第五章　距离测量 …… 404
第一节　钢卷尺量距 …… 404
第二节　视差法测距 …… 406
第三节　因瓦基线尺量距 …… 409
第四节　光电测距 …… 411
第五节　长度归算 …… 413
第六章　洞外导线测量 …… 414

第一节　导线布设…………………………… 414
第二节　导线的近似平差和简化平差…… 415
第三节　独立导线网严密平差……………… 424
第七章　隧道三角测量…………………………… 439
第一节　三角锁的布设………………………… 439
第二节　最弱边精度估算……………………… 439
第三节　水平方向观测和起始边边长测量…………………………………… 440
第四节　隧道三角锁条件方程式的类型及条件方程式的数目……… 441
第五节　条件方程式不符值的限差……… 444
第六节　条件观测平差方法及步骤……… 445
第七节　三角锁按条件观测平差算例(方向平差)……………………………… 450
第八节　分组平差法…………………………… 460
第九节　间接观测平差………………………… 468
第十节　三边网、边角网误差方程式的开列……………………………………… 481
第十一节　相关平差………………………… 482
第八章　洞口投点及线路进洞关系计算…… 486
第一节　洞口投点的布设形式与平差计算…………………………………… 486
第二节　坐标转轴和线路平面计算……… 490
第三节　线路进洞关系计算……………… 492
第九章　洞外高程控制测量………………………… 505
第一节　高程控制测量的任务和要求…… 505
第二节　精密水准测量……………………… 506
第三节　光电测距三角测距测量………… 509
第四节　高程测量成果计算……………… 509
第十章　洞外控制测量成果整理………………… 513
第一节　外业成果整理……………………… 513
第二节　提交资料内容……………………… 513
第十一章　竖井联系测量………………………… 514
第一节　竖井联系测量的任务和要求…… 514
第二节　联系三角形定向…………………… 515
第三节　光学垂准法投点…………………… 517
第四节　陀螺经纬仪定向…………………… 518
第五节　通过竖井传递高程的方法……… 527
第十二章　洞内控制测量………………………… 530
第一节　洞内控制导线的布设…………… 530
第二节　洞内导线测角和测边…………… 530
第三节　洞内导线的检测…………………… 532
第四节　导线计算…………………………… 533
第五节　实际贯通误差的测定与调整…… 534
第六节　洞内高程控制测量……………… 536
第十三章　隧道施工测量和竣工测量……… 538
第一节　隧道洞门仰坡放样……………… 538
第二节　导坑延伸的中线测量…………… 540
第三节　中线测量…………………………… 543
第四节　中线侧移计算和测设…………… 546
第五节　施工放样资料准备……………… 547
第六节　施工断面测量及建筑放样……… 549
第七节　竣工测量…………………………… 550
第八节　成果整理及技术总结…………… 551
第十四章　隧道施工中与竣工后的位移观测……………………………………… 552
第一节　施工过程中的位移观测………… 552
第二节　运营线路隧道位移观测………… 555

第四篇　桥 涵 测 量

第一部分　一般特大桥、大中小桥和涵洞
第一章　新线(含增建第二线与改建既有线)的桥涵测量………………………………… 558
第一节　桥梁水文及滨河路堤水文测量…………………………………… 558
第二节　桥涵地形和断面测量…………… 565
第三节　简易水文观测……………………… 567
第二章　桥涵施工测量…………………………… 576
第一节　线路中线复测……………………… 576
第二节　平面控制测量……………………… 578
第三节　水准测量…………………………… 581
第四节　桥梁墩台定位测量……………… 582
第五节　极坐标法墩台定位……………… 590
第六节　交会法测设桥梁墩台位置……… 593
第七节　桥梁施工放样及竣工测量……… 594
第八节　涵洞施工测量……………………… 597
第二部分　复杂特大桥及重要大桥
第三章　桥址勘测………………………………… 598
第一节　勘测前的资料准备……………… 598
第二节　现场踏勘…………………………… 598
第三节　桥址选线…………………………… 599
第四节　桥址中线测定……………………… 599
第五节　桥址断面测量……………………… 601
第六节　桥址地形测绘……………………… 604
第七节　桥址水文测量……………………… 608
第四章　桥梁施工测量…………………………… 623
第一节　平面控制网的测设……………… 623
第二节　平面控制网的平差计算………… 630
第三节　桥梁高程控制网的测设………… 636
第四节　桥址控制网的复测……………… 641
第五节　施工控制点的加密……………… 643
第六节　施工场地和运输线路的测量…… 647
第七节　桥梁墩台定位测量……………… 648
第八节　桥梁墩台施工放样测量及工程质量检验测量…………………………… 662
第九节　桥梁架设施工测量……………… 686
第十节　现场灌筑混凝土梁的测量……… 693
第十一节　施工期间的水文观测………… 695
第十二节　施工期间的桥梁墩台变形观测…………………………………… 700

绪　论

测量在铁路工程中应用十分广泛，在设计、施工、运营中要进行不同内容的测量，对线路、桥梁、隧道等不同工程的测量又有不同的要求与方法。为提高勘测质量，降低工程造价，创造优质工程，勘测时应加强总体研究，与地质、路基、桥涵、站场、通信、电力等专业密切配合，共同搞好测绘工作。

新建铁路、改建铁路和增建第二线等建设项目，一般按三阶段设计，即：初测、初步设计；定测、技术设计；施工图设计。工程简单，技术不复杂，有条件的可按两阶段设计，即定测、扩大初步设计；施工图设计。工程简单，原则明确，有条件的可按一阶段设计，即定测、施工设计。

初测阶段的勘测工作，主要是提供铁路沿线大比例带状地形图，工点地形图及沿线水文、地质勘探资料等。地形图的测绘可采用航空摄影测量或人工测量进行。

定测阶段的勘测工作，主要将已批准的初步设计方案，结合现场的地形、水文、地质情况，将线路中心线在地面上标定出来，然后沿线路测量纵断面和横断面等。

施工阶段测量的任务主要是保证各种建筑物能按照设计位置准确地建立起来。施工前需进行“复测”，对于大型桥隧工程，为了保证施工放样精度，还要作施工控制网。各项工程完工后，则应进行贯通全线的竣工测量。

在运营的铁路线上，当需要对既有线路进行改建、增建二线、电气化改造或对既有铁路进行日常维护时，均需对既有线现状进行测量，即既有铁路测量。

航空摄影测量是进行铁路各种比例尺测图的重要手段和先进方法。该方法具有速度快、精度高、质量好等优点，在困难山区更为显著。其主要内容包括：对航空摄影的规定、摄影的处理、外业控测和调绘作业、空中三角测量、测绘地形图、原图清绘，以及数字化测图等。同时还包括利用既有航摄资料（主要是小比例尺）测绘铁路专用图的经验。

铁路测量按不同工程分为线路测量、隧道测量、桥涵测量。

线路测量主要包括插旗、导线测量、地形测量、高程测量、定线测量、中线测量、横断面测量等。

隧道测量主要包括洞外平面和高程测量、洞内平面和高程测量、地面与地下的联系测量、隧道掘进中的中线放样、隧道横断面测量和建筑物的施工放样。运营期间还需对隧道进行变形观测。

桥涵测量主要包括桥址地形测量、断面测量、水文测量、桥址中线测量、控制三角网的测设、控制水准网的测设、桥梁墩台定位测量、施工放样及施工测量以及运营期间的变形观测等。

铁路测量时应遵守《新建铁路工程测量规范》、《既有铁路测量技术规则》、《铁路线路图例符号》等的规定和要求，并应符合现行的国家标准、部颁规范、规则等。

第一篇　线 路 测 量

第一部分　新线线路测量

第一章　新线线路测量程序

线路测量是指铁路在设计和施工中所要进行的各种测量工作。线路测量的主要任务是测定铁路中心线的平面位置和高程。因此,线路测量包括:①为选择和设计铁路中心线位置的各种测绘工作;②为在地面标定铁路中心线的各种测设工作;③为路基设计和施工而进行的测绘测设工作。铁路勘测设计一般要经过可行性研究报告、初测、初步设计、定测、技术设计施工图等过程。

一、为编制可行性研究报告而进行的现场勘察

铁路建设可行性研究报告是根据铁路中长期规划的要求,对建设项目在技术、工程和经济上是否合理作全面分析论证,进行多方案比选,提出评价。在提出可行性研究报告之前,应收集本线所需的技术经济资料,包括各种比例尺地形图、航摄像片、三角点、水准点资料、已有的勘测设计资料,城市建设、农田水利、交通规划、有关单位对修建本线的意见。根据收集到的资料,提出本线的铁路等级和主要技术标准意见,进行室内方案研究。一般在收集到的地形图上,根据必经的控制点对线路走向、车站分布等进行纸上研究,从中选出一个或几个可能的线路方案。并组织有经验的线路、水文、地质等专业人员,沿线路研究方案的重点地段,如:主要分水岭的垭口、控制线路方案的隧道和桥渡工点及沿线地质、地形情况等进行实地勘查。在实地勘查的同时,还应征求地方政府和有关单位对修建本线的意见和要求,以作为可行性研究报告的内容。

二、初　　测

初测是为编制初步设计进行的勘测工作。初测的主要任务是提供沿线大比例尺带状地形图、工点地形图以及沿线水文、地质勘探资料等。根据勘测任务书的要求,为提供准确可靠的测绘资料供初步设计时使用。地形图的测绘可采用航空摄影测量或人工测量进行。航空摄影测量地形图的测绘方法在第二篇航空摄影测量中阐述。本篇主要介绍人工测图时的测量方法和步骤。

(一)插旗

根据原有地形图(小比例尺),拟定线路方案。在野外标出线路走向的控制点的工作称为插旗。一般情况下,插旗的位置应为设立导线点的位置。因此,插旗的位置应便于测边、测角、测地形,并应符合设置导线点的有关规定。

在地质复杂及重点桥隧地段,技术队长应会同有关专业人员现场商讨线路位置的可行性,以便局部修改线路拟定方案。

(二)导线

导线是测绘线路带状地形图和以后定测放线的根据。导线的布设一般是沿着大旗的方向进行,在插旗的位置或附近选一稳固并便于观测的地方设置导线点位。导线点间距离不宜长于400m和短于50m,当地形平坦、视线清晰时亦不应长于500m。当使用光电测距仪时,导线点之间的距离可增至1000m,并在不长于500m处设置加点。为地形测绘的方便,在桥隧等工点附近增设加点。根据实践经验,设置的加点缺少检核条件,展绘在地形底图上时,易发生错误,造成不必要的返工,故宜将加点纳入附合导线中。

为了检核导线的精度,取得国家统一坐标,每隔一定距离应与国家平面控制点进行联测,如《新建铁路工程测量规范》(TB10101—99),以下简称《测规》,规定为30km。当国家三角点遭到损坏或受气候影响联测困难时,可采用太阳高度法等测量方法求算方位角。近年来运用GPS定位技术测定方位及高程,为提高勘测质量,加快勘测速度提供了有利条件。

导线边长可采用光电测距仪、钢卷尺和基线法测量。

(三)高程测量

初测阶段的高程测量主要目的是:①建立沿线的高程控制作为地形测量、定测、施工以及竣工后沿线高程控制;②测定导线点的高程。水准点高程测量是为了在沿线建立水准点并测量高程,而中桩高程测量是为了测定导线点及加桩的高程。为了使用方便,水准点一般每2km设一个,工程复杂地段每1km左右设一个。

铁路上习惯将水准测量称为"抄平",水准点高程测量称为"基平",加桩高程测量称为"中平"。

水准点高程测量可采用精度指标不低于DS_3级水准仪,进行一组往返或二组单程观测,亦可采用光电测距三角高程测量的方法。水准路线应起闭于国家水准点,并应在不远于30km处与国家水准点联测一次。由于铁路建设在高程上与城市、水利、工矿等工程密切相关,因此应采用国家统一的高程系统,

即1985年国家高程基准。当附近无国家高程基准点，而利用其它高程系统时，必须求得各高程系统之间的高差，并在最后换算为1985年国家高程基准。

(四)地形测量

地形图是线路平纵断面设计和重点工程设计的依据，因此需要有较大比例尺、具有一定精度的地形图，测图比例尺：平坦地区采用(1：5 000)～(1：2 000)，困难地区采用(1：2 000)，大桥、隧道、站场等工点工程的地形图视需要可采用(1：2 000)～(1：500)。由于初测地形图是进行方案经济技术比选的基础资料，它直接影响着铁路设计工程数量的准确性。不准确的地形图将会引起设计失实，概算失准，直至影响铁路建设。同时，不准确的地形图在定测时，将出现多次改移情况，造成人力、物力上的损失。因此，初测地形测量是一项关键性的工作。

测图宽度应满足设计的需要，在线路位置可能摆动地段，地形图应测得宽一点；而对线路摆动较小地段，可测得窄一点。一般情况下，平坦地区为导线两侧各200～300m，丘陵地区为150～200m。地形点在图上的点间距离：当地面坡度陡于1：3时，不应大于15mm；地面坡度缓于1：3时，不应大于20mm。

常用的测图方法有经纬仪视距法，经纬仪和小平板联合测图法及全站仪数字化测图等。

三、定 测

定测是将已批准的初步设计方案，结合现场的地形、水文、地质情况，将线路中心在地面上标定出来，为编制技术设计(或施工设计)提供详细资料，同时也是铁路施工的依据。定测阶段的勘测工作主要包括：设立铁路中线桩、测量高程、测绘横断面、工点的测绘、钻探，以及有关的调查和协议。定测阶段的勘测资料是提供编制技术设计或施工图的设计依据。在定测阶段还应确定一些局部方案，如桥 与高填路基方案比选、隧道与路基或绕行方案比选、地质不良地段的绕避方案等。

线路定测工作内容分为：

(一)放线与交点(定线测量)

放线与交点的测量工作是将已批准的初步设计线路方案，把直线、曲线的控制点，在地面上标定出来，它对标定线路位置起着决定性作用。放线与交点的测量工作，一般是照初步设计纸上定线位置准确地测设到地面上，但也要结合现场的地形、水文、地质等情况对线路的位置进行必要修正。当地形、地质复杂时，还要经过实测横断面进行比选，反复测试才能最后确定。所以，这项工作兼有测量和选线两项内容，均需在现场解决。

放线的方法有支距法和拨角法。交点的测设方法有直接交点法(骑马桩法)和副交点法。

(二)中线测量

中线测量是根据已钉出的线路控制点详细地测设直线和曲线，即测设公里桩、百米桩及各种加桩，据此进行沿线纵、横断面测量。

常用的延长直线的方法有：正倒镜分中法、拨角180°分中延长直线法。常用的测设曲线的方法有：偏角法、切线支距法、弦线支距法、长弦偏角法及任意点置镜极坐标法。

(三)高程测量

定测阶段高程测量主要指线路中心桩橛的高程测量。根据初测设置水准基点测量中线所钉桩橛高程，并逐段与水准点闭合。中桩高程测量宜观测两次。若原设水准点距中线太远或太近时(一般为80～100m)应改移和补设水准点。

(四)横断面测量

定测横断面是为施工设计、技术设计及计算工程数量而测设的。一般应在公里桩、百米桩、曲线控制点和线路纵、横向地形明显变化处测绘横断面。在大中桥头、隧道洞口、挡上墙等重点工程地段，横断面应适当加密。

(五)地形测量

定测一般利用初测地形图，不再作全线地形测量，但需根据定测纵、横断面修改原地形图，在地形不足之处进行补测。

第二章 测量误差的基本知识

第一节 测量误差的原因和分类

测量是采用一定的方法，使用一定的仪器工具测出角度、距离、高程等的一项工作。由于使用的仪器工具不可能绝对准确，进行测量的环境千差万别，测量人员的感官差异，测量方法的不同，所以在任何情况下，使用的仪器无论如何精确，工作无论如何仔细，仍然不会得到绝对正确的结果。例如，对一段距离进行多次丈量，或对一个角度进行多次观测，它们的数值总不可能完全相同，这就是存在误差的表现。实践证明，一切观测成果都不可避免地会含有误差。

由于测量误差的存在，观测结果往往不是一个量的真值。测量的精度是以测量误差的大小来表示的。测量误差愈大，则测量精度愈低；测量误差愈小，则测量精度愈高。因此，有必要对一系列观测值进行研究，分析各种测量误差产生的原因和大小，根据生产需要，合理选用仪器、测量方法及工作环境，使测量误差限制在规定的范围之内，达到既能满足质量要求，又能大大提高测量工作效率。

一、测量误差产生原因

测量工作之所以会有误差，主要是由人为原因、仪器自身存在误差以及外界自然条件变化等因素造成的。

(一)人为原因

人的感觉器官的鉴别能力有一定的限度，无论如何仔细地工作，观测时仪器的安置、照准、读数都会产生误差。即使同样的仪器、设备，在同样的条件下，由不同的人来操作，也会得到不完全相同的成果。

(二)仪器原因

无论多么精密的仪器在制造上也不可能圆满无缺，即使经过严格地检验、校正以及最终结果的修正，都不可避免地要产生误差。

(三)外界条件的原因

测量时的外界条件如温度、湿度、空气等自然条件都在不断地变化着，因此，观测得到的结果，必然会含有误差。

二、测量误差的分类

测量误差按其性质来分，主要分为二类：

(一)系统误差

由于测量仪器工具的不完善和外界条件的影响，使观测的误差在大小、正负号上呈现一致性；或按一定规律变化，或保持一定的常数，这样的误差称为系统误差。系统误差在一定的条件下，可以用各种方法加以消除，或者最大限度地减少其影响程度。例如，光电测距仪所测的距离含有固定误差及比例误差，固定误差与所测距离长短无关，其值为一常数；比例误差与所测距离成正比，距离愈长，误差愈大。我们在测量前通过对光电测距仪鉴定，求出其固定误差及比例误差，在所测的距离中加以改正，从而提高了测距精度。

(二)偶然误差

在相同条件下，作一系列的观测，如果观测的误差在数值的大小、正负号上都呈现不一致性，这样的误差为偶然误差。经无数次测量实践证明，在各种条件相同的情况下，大量的偶然误差是有其规律性的，在各种测量过程中都反映出来，概括起来偶然误差有以下特点：

1. 在一定的观测条件下，偶然误差的绝对值不会超过一定限值。

2. 绝对误差小的误差比绝对误差大的误差出现的机会多。

3. 绝对值相等的正误差与负误差出现的机会相等。

4. 偶然误差的算术平均值随着观测次数无限增多而趋近于零。

一切观测成果中不可避免的都含有偶然误差，只有提高仪器的精度，或对同一量进行多次重复的观测，才可以减少偶然误差的影响。

第二节 精度评定标准

测量工作完成后，要求对测量结果的精度进行评定。通常采用中误差、极限误差、相对误差作为评定精度的标准。

一、中　误　差

所谓中误差，就是各个真误差平方和的平均值的平方根，即

$$m=\pm\sqrt{\frac{[\Delta\Delta]}{n}}$$

式中　m——观测值中误差；

n——观测次数；

Δ——真值 x 与观测值 l 之差，即 $\Delta=x-l$

一般情况下，真误差是不知道的，通常用下式计算：

$$m=\pm\sqrt{\frac{[VV]}{n-1}}$$

其中　V——改正数(或称似真误差)，其值为观测值的算术平均值和各观测值之差。

由于偶然误差正值与负值出现的机会相等，故中误差总带有双重符号。一组观测值的中误差是各个观测值误差的函数，它的大小说明一组观测值的精度。观测值愈精确，则中误差愈小；反之亦然。在等精度观测条件下，也说明这一组中任何一次观测值的精度。但中误差并不等于每个观测值的真误差，而是用来评定一组观测值精度的一个量。在观测次数较多的情况下，用中误差来衡量精度较为可靠，它能把观测值中大误差灵敏地反映出来。我国测量工作中统一采用中误差作为衡量精度的指标。

例：丈量某段距离，6 次等精度观测的结果如表 1.2.2.1

表 1.2.2.1

序号	观测值 L_i (m)	$V_i=X-l_i$ (mm)	VV	中误差
1	546.555	−6	36	$m=\pm\sqrt{\frac{[VV]}{n-1}}=\pm\sqrt{\frac{228}{6-1}}=\pm6.75\text{mm}$
2	546.548	+1	1	
3	546.558	−9	81	
4	546.540	+9	81	
5	546.551	−2	4	
6	546.544	+5	25	
	$x=\frac{[L]}{n}=\frac{3\ 279.296\ 0}{6}=546.549$			

二、极限误差

偶然误差的第一特性告诉我们，在一定的观测条件下，偶然误差的绝对值不会超过一定的限值。如果在测量工作中所出现的误差超过这个极限值，就认为观测的质量不好，应将超出这个限值的观测值舍去不用。根据或然率理论及多次实验统计证明：大于 2 倍中误差的偶然误差，其出现的机会只有 5%，大于 3 倍中误差的偶然误差出现的机会仅 0.3%。在实际工作中，观测次数总是有限的，所以可以认为大于 3 倍中误差的偶然误差事实上是不可能出现的。因此，一般以中误差的 3 位作为极限误差。

现行《测规》提出了更严格的要求，以 2 倍中误差作为极限误差。

三、相对误差

对于某些测量成果，只用中误差还不能很确切的衡量其精度。例如，用钢卷尺丈量两段距离，它们的长度分别为1 000m和500m，其观测值的中误差均为±2cm。不能认为这两个观测值的精度是相同的，为此，我们用相对中误差来衡量其精度。所谓相对中误差，就是中误差与观测值之比，在上例中，前者为$\frac{2}{100\ 000}=\frac{1}{50\ 000}$，而后者为$\frac{2}{50\ 000}=\frac{1}{25\ 000}$，显然前者的精度高于后者。相对误差是个无名数，在评定精度时应将分子化为 1。在钢卷尺量距工作中，都进行往返丈量，常用两次结果的较差与边长之比来衡量丈量的精度，这是相对误差的另一种形式。两者是两种不同的衡量精度的标准。

四、用双观测值之差求观测值的中误差

测量工作中常有对未知量以等精度进行成对观测的情况，例如：水准测量中每段线路进行往返观测；导线测量中每条导线边丈量两次等。这种成对的观测称之为双观测。在等精度双观测情况下，观测值的中误差的计算公式为：

$$m=\pm\sqrt{\frac{[dd]}{2n}}$$

式中　d——双观测值的差；

n——双观测的次数。

例：水准测量在水准点 A、D 之间往返各测一次，各水准点间的距离为 1km，各双观测值如表 1.2.2.2。

表 1.2.2.2

水准路线	高程差 (m) 往测 l'	返测 l''	$d=l'-l''$ (mm)	dd
$A\sim B$	−0.286	−0.289	+3	9
$B\sim C$	+1.426	+1.429	−3	9
$C\sim D$	+2.635	+2.630	+5	25
$n=3$				$[dd]=43$

$$m=\pm\sqrt{\frac{[dd]}{2n}}=\pm\sqrt{\frac{43}{6}}=\pm 2.68\text{mm}$$

五、算术平均值及算术平均值中误差

对同一量进行几次观测，取其平均值作为观测值的结果，其结果即为算术平均值。在等精度观测的条件下，各观测值的中误差 m 相同，则算术平均值的中误差 $M=\frac{m}{\sqrt{n}}$。即算术平均值的精度比单一观测值的精度提高 $\sqrt{n}$ 倍。

六、加权平均值及中误差，单位权中误差

在实际工作中，观测成果往往是在不同的条件下得到的，例如，一个角度用相同的方法进行了两组观测，第一组观测了 2 个测回，第二组观测了 3 个测回。又如某点高程由 3 个水准点沿各自的水准路线测后求得。若要求算该角或该点的最终结果，就不能简单地取各个观测值的平均数，因为，各个观测值的精度不同。我们必须考虑各个观测值的精度，在取平均值时精度高的观测值所占的"比重"应高，而精度低的所占的"比重"应低。这个"比重"可以用一个数值来表示，此数值称为观测值的权。通常用字母 P 来表示。

一般情况下，若对某未知量 x 进行了 n 次不等精度观测，观测值为 L_1、$L_2\cdots L_n$，其相应的权为 P_1、$P_2\cdots\cdots P_n$，则该量的最或是值为：

$$x=\frac{P_1L_1+P_2L_2+\cdots+P_nL_n}{P_1+P_2+\cdots+P_n}=\frac{[PL]}{[P]}$$

上式就是不等精度观测时计算未知量最或是值的公式，称为加权平均值。

加权平均值的中误差按下式计算：

$$M=\pm\frac{\mu}{\sqrt{[P]}}$$

式中 μ——单位权中误差，$\mu=\pm\sqrt{\frac{[PVV]}{n-1}}$

其中 V——最或是值 x 与观测值 l_i 之差，即

$$V_i=x-l_i$$

例：如图 1.2.2.1 示，从三个水准点 A、B、C 出发测量 Q 点高程，其观测值列于表 1.2.2.3。求算 Q 点的高程 x，单位权中误差 μ 及加权平均值中误差 M（表 1.2.2.4）。

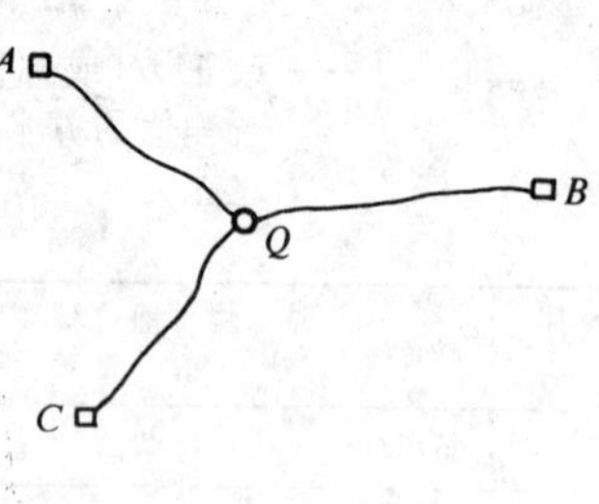

图 1.2.2.1

表 1.2.2.3

水准点	已知高程(m)	水准线路	高差观测值	线路长度(km)
A	20.145	$A\to Q$	+1.538	2.5
B	24.030	$B\to Q$	−2.330	4.0
C	19.898	$C\to Q$	+1.782	2.0

为了计算方便，取 Q 点高程观测值的近视值为 $x_0=21.680$。

表 1.2.2.4

水准路线	Q 点的高程观测值 L(m)	距离 S (km)	$P=\frac{1}{S}$	$\delta_l=L-x_0$(mm)	$P\delta_l$	V (mm)	PV	PVV
$A\to Q$	21.683	2.5	0.4	+3	1.2	−2	−0.8	1.60
$B\to Q$	21.700	4.0	0.25	+20	5	+15	+3.75	56.25
$C\to Q$	21.680	2.0	0.5	+0	0	−5	−2.5	12.50
Σ			1.15		6.2		+0.45	70.35

$$\delta_x=\frac{[P\delta_l]}{[P]}=\frac{+6.2}{1.15}\approx 5\text{mm}$$

$$x=x_0+\delta_x=21.680+0.005=21.685\text{m}$$

$$\mu=\pm\sqrt{\frac{[PVV]}{n-1}}=\pm\sqrt{\frac{70.35}{2}}=\pm 5.93\text{mm}$$

$$M=\pm\frac{\mu}{\sqrt{[P]}}=\pm\frac{5.93}{\sqrt{1.15}}=\pm 5.53\text{mm}$$

第三章 距离测量

第一节 光电测距

一、光电测距仪的工作原理

光电测距仪是电磁波测距仪的一种，它是以光波为载波。光电测距仪使用的光源有白炽灯和汞灯光源、红外光源和激光光源、白炽灯和汞灯光源自红外光源和激光光源出现后已逐渐被淘汰。铁路、公路等工程的勘测，一般均使用红外光电测距仪。红外光电测距仪具有重量轻、体积小、精度高、测程远、操作方便、作业效率高等特点。

光电测距仪按测程分，可分为三类：①短程光电测距仪，测程小于 3km，适用于各种工程测量和地形测量；②中程电磁波测距仪，测程 3～15km，适用于大地测量和地震测量；③长程电磁波测距仪，测程大于 15km，适用于航空、军事和空间目标的距离测量。

光电测距仪按测距精度（以 1km 测距中误差表示）分为三级：①Ⅰ级：小于 5mm；②Ⅱ级：5～10mm；③Ⅲ级：11～20mm。

光电测距的基本原理是利用光波在空气中传播的速度为已知这一特性，测定光波在被测距上往返传播的时间来求得距离值。如图 1.3.1.1 示。光电测距仪置 A 点，发射出红外光波后被 B 点的反射镜反回并被 A 点的光电测距仪接收。设光波在 AB 距离上往返传播的时间为 t，则距离 D 可由式(1.3.1.1)求得：

$$D=\frac{1}{2}c\cdot t \qquad (1.3.1.1)$$

式中 c——光波在空气中的传播速度，约为 3×10^6m/s。

只要精确地求出光波往返传播的时间 t，则距离 D 就可求出。具体实现求 D 的方法很多，如脉冲法、

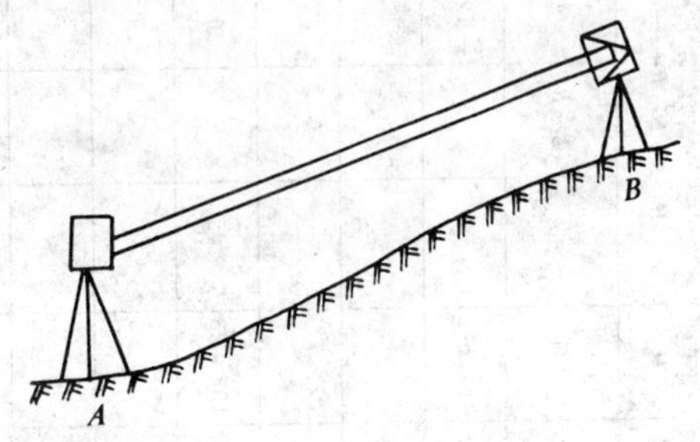

图 1.3.1.1

相位法和变频法等。在精度较高的测距仪中，一般均采用测定“调制光波”往返于被测距离上的相位差，间接求定距离，即相位法测距。相位法测距是选用一单位长度较短的精测尺来测量距离的尾数，以保证测距精度，选用一个或几个辅助尺（又称粗测尺）来测定大于精测尺的长度，然后将各测尺的测距读数组合起来，得到单一的准确距离值。例如：为了测量长度为 367.43m 的边长，选用精测尺的长度为 10m；粗测尺的长度为 1000m。用精测尺可测得不足 10m 的尾数 7.43m，用粗测尺可测得不足 1000m 的尾数 360m，将两者组合起来就可以得到 367.43m，从而完成测距工作。

中、短程光电测距仪目前一般均采用相位法测距。

二、光电测距

（一）测距限差及竖直角观测限差（表 1.3.1.1）

（二）记录格式（例如表 1.3.1.2）

表 1.3.1.1

测距仪精度等级	测距中误差(mm)	同一测回各次读数互差限值(mm)	测回间读数较差限值(mm)	往返或时段较差限值(mm)
Ⅰ	＜5	5	7	$2\sqrt{2}\frac{m_D}{\sqrt{n}}$
Ⅱ	5～10	10	15	
Ⅲ	11～20	20	30	

注：①m_D 为仪器标称精度，n 为单向测回数。

②往返较差必须将斜距化算到同一水平面上方可进行比较。

线　　　段　　　阶段　　　年　月　日　　　天气　　　第　页　　　表 1.3.1.2

置镜点 仪器高 (i)	观测点	水平度盘读数 度 分 秒 (° ′ ″)	水平度盘读数 右 角 (° ′ ″)	采用右角 左右偏角 (α_z,α_y) (° ′ ″)	正镜 测距 (D_1)	反射 镜高 (s)	垂直度盘读数 度 分 秒 (° ′ ″)	垂直度盘读数 平均值 (r′)	采用 天顶角 (Z) (° ′ ″)	气象改正 温度℃ 海拔高	气象改正 ±ΔD	斜距 (cm) $D_1\pm\Delta D_1$	平距 D $s_m\cdot\sin z$	高差 $\Delta H=h+\Sigma-R+i-l$ (h) $s_m\cdot\cos z$	高差 (E−R)	高差 ΔH	高程 H±ΔH	附注及草图
	172	117 37 12	183 15 12		108.339		263 18 26	34	96 41 34			108.340	107.602			−12.476		
Ⅰ C173	174	300 52 24		183 15 08	164.360		277 18 43											
1.350	172	278 22 06	183 15 03		108.341	1.200	96 41 34	17										172
	174	101 37 09			164.360	1.400	82 41 17		92 41 17			164.360	163.023			20.868		
																		173 ⊃ 183°15′08″
	173	247 16 34	156 41 40		164.387		262 36 12	48	97 23 48			164.388	163.020			−20.879		174 ⊃ 156°41′38″
Ⅰ C174	174 1	43 58 14		156 41 38	91.546		273 37 40											
1.482	173	34 25 14	156 41 36		164.388	1.200	97 23 47	22										
	174 1	191 06 50			91 547	1.400	86 22 24		86 22 22			91.547	91.364			5.875		174-1

司镜　　　记录　　　计算　　　复核　　　　年　月　日

(三)成果计算

光电测距观测工作结束后,应及时整理和检查外业观测记录中所有计算是否正确,测量结果是否满足各项限差要求,确认观测成果全部符合要求后,才能进行内业计算。如果使用电子记簿器,应考虑使打印输出的项目与手记相同,存贮在记簿器内的各项限差要打印在观测成果的前面,以便查对。

1. 气象改正

光波在大气中的传播速度与大气折射率 n 密切相关,而大气折射率 n 又随大气温度 t、气压 P、水汽压 e 和气体成分的不同而变化。大气折射率是否准确,直接影响测距精度。因此,温度计、气压计应定期送当地气象站(台)校核,发现异常情况时应及时校核,误差分别超过 1℃及 133.30Pa(即 1mmHg)时,读数应加改正值。测距时温度计及气压计应避免曝晒。

每测距一测回应读一次气温和气压,气温读至 1℃,气压读至 133.3Pa(即 1mmHg),一般可在测站上读记。桥、隧控制测量当测边两端高差较大或边长较长时,应在测站及镜站各读一次,最后取平均值。

气象改正数一般可查仪器说明书提供的共线图或用测距仪自动改正,桥隧控制测量应按气象改正有关公式进行计算。

1963 年在伯克莱(Brekleg)召开的第十三届国际大地测量与地球物理协会上决定采用下列公式计算在标准气象条件(温度 $t=0$℃、气压 $P=101325$Pa(即 760mmHg)、湿度 $e=0$Pa、CO_2 含量为 0.03%)下,波长为 λ 的光速的折射率 n_g 标。

$$n_{g标}=1+A+\frac{3B}{\lambda^2}+\frac{5C}{\lambda^4} \quad (1.3.1.1)$$

式中 $A=2\ 876.04\times10^{-7}$;

$B=16.288\times10^{-7}$;

$C=0.136\times10^{-7}$;

λ——测距仪的载波波长(DI-10、DI-3、DI_3S 为 0.875μm,DM501、EOK2000为0.900μm,HGC-1 为 0.93μm,DM502、DM503 为 0.86μm)。

由于自然界的气象条件总是变化的,完全与标准气象条件相同的情况是难以得到的。因此,尚须按下式计算任意气象条件下光波折射率 n

$$n_{g任}=1+\frac{(n_{g标}-1)\times P_{任}}{(1+\alpha t_{任})\times101325}-\frac{55\times10^{-9}}{1+\alpha t_{任}}\cdot e \quad (1.3.1.2)$$

式中 α——空气膨胀系数 $\alpha=\frac{1}{273.16}$;

e——湿度,该项误差影响一般可忽略不计。

为了测距仪设计的需要,仪器选定接近于作业的气象条件,例如 DI-10,DI_3S、DM501 等测距仪的设计气象条件为 $P_{基}=101325$Pa,$t_{基}=12$℃,代入式(1.3.1.2)可得仪器设计时采用的某一气象条件下的基准折射率 n_g 基,

$$n_{g基}=1+\frac{(n_{g标}-1)\times P_{基}}{(1+\alpha t_{基})\times101325} \quad (1.3.1.3)$$

设 $C_m=n_{g基}-n_{g任}$,则距离的气象改正公式为:

$$\Delta D=(n_{g基}-n_{g任})D_1=C_m.D_1 \quad (1.3.1.4)$$

例:瑞士 Wild DI4L 光电测距仪,采用的红外光波波长 $\lambda=0.835$μm,设计选用的气象条件为 $t=12$℃、$P=101\ 325$Pa、$e=0$Pa。测距时 $t_{任}=30$℃,$P_{任}=103\ 991$,测距读数 $D=300.146$m,求距离的气象改正数。

$$n_{g标}=1+(2\ 876.04+\frac{3\times16.288}{0.835^2}+\frac{5\times0.136}{0.835^4})\times10^{-7}$$
$$=1.000\ 294\ 752$$

$$n_{g任}=1+\frac{(1.000\ 294\ 752-1)\times103\ 991}{(1+0.003\ 660\ 86\times30)\times101\ 325}$$
$$=1.000\ 272\ 572$$

$$n_{g基}=1+\frac{(1.000\ 294\ 752-1)\times101\ 325}{(1+0.003\ 660\ 86\times12)\times101\ 325}$$
$$=1.000\ 282\ 348$$

距离的气象改正数为:

$$\Delta D_n=C_m.D_1$$
$$=(1.000\ 282\ 348-1.000\ 272\ 572)\times300.146=0.002\ 9\text{m}$$

目前,一些中、短程光电测距仪采用了以下两种气象改正装置:一种是用仪器运算电路或专用计算器在测距结果显示之前对所测距离乘以比例因数。这样,显示的距离是已经过气象改正的斜距值。另一种是将气温和气压值通过气象改正键输入测距仪,仪器自动改变精测频率,输出经气象改正后的距离结果。

2. 测距仪常数改正

仪器的常数改正,一般用于测距精度要求比较高的边长计算,如隧道测量、复杂特大桥及重要大桥的测量。对于精度要求比较低的测量,如线路测量,边长一般均不进行仪器常数的改正。

仪器的常数改正是采用作业前的检测数据(或测前、测后检测结果的平均值),对测量的距离进行改正。

(1)加常数改正数 ΔD_c

$$\Delta D_c=C \quad (1.3.1.5)$$

式中 C——仪器的加常数(mm)。

(2)乘常数改正数 ΔD_R

$$\Delta D_R=R.D \quad (1.3.1.6)$$

式中 R——仪器的乘常数,mm/km;

D——观测距离,km。

(3)周期误差改正数 ΔD_A

根据检验求得的周期误差振幅 A、初相角 φ。根据式(1.3.1.7)算出在一个精测尺内每隔 0.5m 的仪器周期误差改正数,列成表格备用。

$$\Delta D_A=A\sin(\varphi_0+\frac{i}{\lambda}\times360) \quad (1.3.1.7)$$

式中 A——周期误差振幅(mm);

φ_0——仪器的起始相位角;

i——不足一个精测尺长的距离尾数(m);

λ——测距仪的精测尺长度。

3. 水平距离计算

$$L=D\cos\alpha$$

式中　D——加入气象及常数改正后的斜距；

α——竖直角。

三、光电测距仪的检查与校正

光电测距仪虽然具有体积小、重量轻、测距快、精度高等优点，但它的精度高不是绝对的，它受各种条件的影响。由于仪器的搬运、使用及维修等，都可能造成仪器性能变化，仪器内部的电子原件和光机部件的老化及变位，必然引起仪器各项常数及性能指标发生变化。因此，不仅新购置的仪器需要检测，而且对使用过程中的仪器也要定期进行检测，以便正确合理地使用仪器，获得高质量的成果。

新购置的仪器应检查外观是否损伤，配件及附件是否齐全，各种旋钮、按钮是否灵活，并按说明书的要求检查仪器的各项功能。

新购置和经过修理后的测距仪，需作下列必要的检查：

①发射、接收、照准三轴关系正确性的检验；
②发射管光相位不均匀性的检验；
③幅相误差的检验；
④周期误差的检验；
⑤加常数和乘常数的检验；
⑥棱镜常数的检验；
⑦测程的检验；
⑧内部符合精度检验；
⑨检定综合精度的评定；
⑩精测频率的检验

用于生产的光电测距仪，一般只进行周期误差、加常数、乘常数的检验。

(一)发射、接收、照准三轴关系正确性的检验

组合式测距仪的测距头的两个平行光轴(发射和接收光轴)要和经纬仪的望远镜照准轴保持平行，当望远镜照准正确时，测距头接收的返回信号应该最大。

1. 检验方法

在离仪器 200～300m 的地方放置一个棱镜。用望远镜十字丝正确照准反光棱镜标志，即竖丝通过棱镜中心，水平横丝在棱镜中心下的标志上。起动测距仪开关或按仪器检验键，电表显示返回信号的强度，然后仔细地转动经纬仪的水平和垂直微动螺旋，进行“电照准”以便找出一个最大的光强信号。如果电表显示的信号强度比“光照准”时没有明显的增加，则证明它们之间的平行性是正确的。如果转动微动螺旋时，信号强度有明显变化，则说明它们之间不平行。

2. 校正方法

由于各类测距仪的结构不同，校正方法也不一样。一般是将望远镜十字丝中心准确地照准反光棱镜的标志，然后小心地转动测距头底部的水平和垂直校正螺丝，使信号由大变到小，紧接着反向调整螺丝，直到信号最大为止。

(二)发光管相位不均匀性的检验

发光管相位不均匀，会引起测距仪发射的调制光波阵面的相位不同。测距时，由于照准的偏差，光斑均匀区不落在棱镜中心，从而产生照准误差，影响测距精度。虽然现代精密的测距仪采取了许多减少相位不均匀的措施，但是使用者仍需要了解它的性能，以便减小仪器的照准误差。

在受外界影响较小的场地上，选择一段长 50～100m 的测线，在其两端分别安置测距仪和棱镜，且使仪器和棱镜同高。

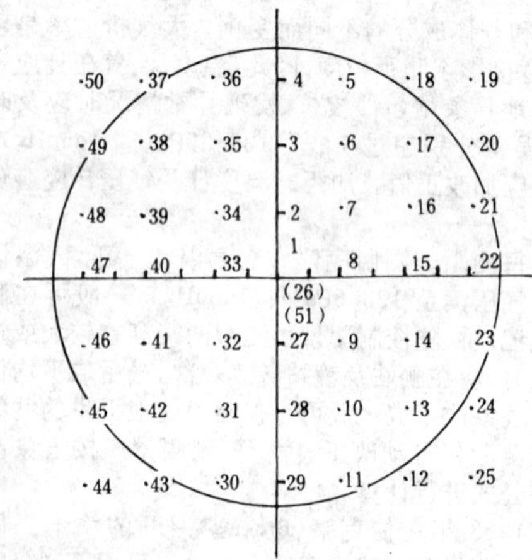

图　1.3.1.2

用望远镜照准棱镜的标志，任意安置水平度盘，垂直度盘安置到 90°附近。启动测距按钮，在回光信号最佳时，测定距离一测回，取其平均值作为发射光斑照准棱镜中心部分的距离值。然后，每变动水平度盘 0.5′或 1′，竖直度盘就变动若干个 0.5′或 1′，按图 1.3.1.2 的顺序依次测出各点的距离，测完棱镜左半部分后，望远镜需回到棱镜中心位置，重新测定距离值。接着，再由中心开始，按上述方法测完棱镜的右半部分。

把照准棱镜中心部分的距离值与棱镜面上其它各点的距离值的差值，按望远镜在横向和纵向移动的角距，以一定的比例展绘在坐标纸上，并绘出等相位曲线，如图 1.3.1.3。最后把较差等于仪器标称精度$\frac{1}{2}$的等相位线用粗线表示，在粗线以内的区域，便可作为测距时的照准区域。一般发光管光相位越好，照准区域就越大，测距时照准误差就越小。

(三)周期误差的检验

周期误差是由仪器内部的光电信号串扰而引起的，它随距离成周期变化。检验目的是了解它的大小，以便在观测距离中考虑它的影响。

1. 周期误差检验的要求(表 1.3.1.3)

周期误差一般在 6～12 个月检验一次，当仪器出现异常时应及时复查。

2. 周期误差的检验

周期误差的检验一般采用平台法，其安排如图 1.3.1.4。

表 1.3.1.3

仪器测相类型	仪器使用状态	观测点数（个）	振幅 A 的限差（mm）	振幅 A 测定中误差（mm）	起始相位角测定中误差
数字相位计测相型	新购仪器	40	$A\leq 0.55a$	$m_A\leq\pm 0.5$	$m_\phi\leq\pm 10''$
	已用于生产	20～40	$A\leq 0.77a$		
电感移相器测相型	新购仪器	40	$A\leq 0.69a$		
	已用于生产	20～40	$A\leq 0.97a$		

注：a——测距仪标称精度的固定误差。

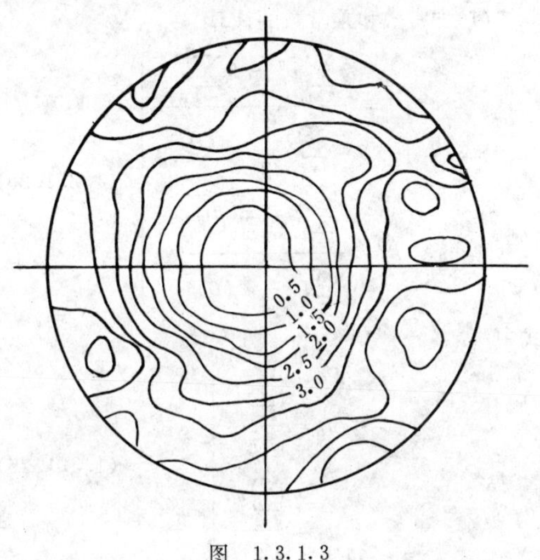

图 1.3.1.3

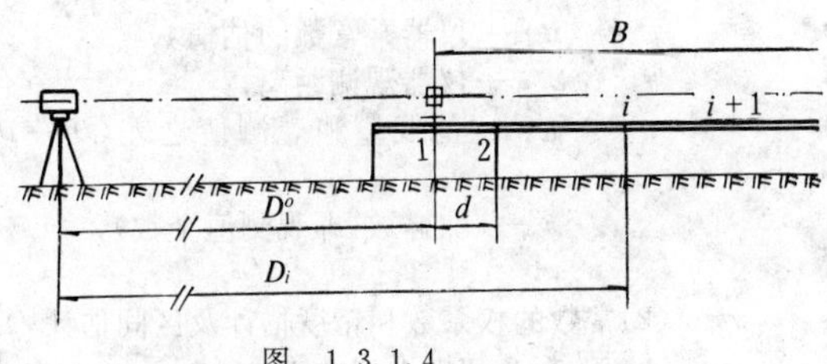

图 1.3.1.4

设：D_1^0——测站标志中心到平台第1测点的精确距离（或是仪器施测的距离）；

D_i——第 i 个测点的观测距离；

B——平台基线长度，它等于仪器的一个精测尺长；

d——每次移动棱镜的移镜距。

平台上的某线可用膨胀系数小的导轨或经过检验的带有毫米刻划的钢卷尺制成，其长度略大于测距仪的 1 个精尺长。然后，按 0.5m（或 0.25m）分成 20（或 40）等份，作为检验观测时移动棱镜的标准移镜距，平台基线的长度，以检定过的刻划清楚的钢卷尺按1：20 000的精度丈量，丈量时若温度变化超过 5℃，则需加尺长变化温度修正。

平台上第 1 个测点到仪器站的距离 D_1^0 的长度可在 15～100m 之间。

开始观测时，把反射棱镜置于第一点，观测一测回，取平均值，得到仪器测站到第 1 个测点的距离 D_1（平差中取 $D_1^0=D_1$）。然后，沿导轨（或钢卷尺）把棱镜移动 0.5m（或 0.25m）置于第 2 个点，得观测距离 D_2。依次顺序下去，直到最后一个点 n，测得观测距离值 D_n。当仪器精测半波长等于 10m 时，可得 20（或 40）个点的观测值。检测时，要保持适中的光强，观测要紧凑，以减少气象变化的影响。

3. 检验周期误差观测数据的处理公式

$$\varphi_{D_i^0}=\frac{2D_1^0}{\lambda}\cdot 360° \tag{1.3.1.8}$$

$$\Delta\varphi_i=\frac{2d}{\lambda}\cdot 360° \tag{1.3.1.9}$$

$$\varphi_{D_\lambda}=\varphi_{D_1^0}+(i-1)\cdot\Delta\varphi_i \tag{1.3.1.10}$$

$$L_i=D_1^0+(i-1)\cdot d-D_i \tag{1.3.1.11}$$

（或 $L_i=D_1^0+d_i-D_i$）

$$C_0=-\frac{\sum_{i=1}^{n}L_i}{n} \tag{1.3.1.12}$$

$$x=-\frac{2\sum_{i=1}^{n}(-\sin\varphi_{D_i}\cdot L_i)}{n} \tag{1.3.1.13}$$

$$y=-\frac{2\sum_{i=1}^{n}(-\cos\varphi_{D_i}\cdot L_i)}{n} \tag{1.3.1.14}$$

$$\varphi_0=\arctan\frac{y}{x} \tag{1.3.1.15}$$

式中 $A=\pm\sqrt{x^2+y^2}$； (1.3.1.16)

$\phi_{D_1^0}$——D_1^0 相对于仪器精测半波长所对应的相位角；

$\Delta\varphi_d$——d 相对于仪器精测半波长所对应的相位角；

φ_{D_i}——D_i 相对于仪器精测半波长所对应的相位角；

C_0——仪器在短距离内求解的加常数；（当 D_1^0 为非基线值时，则含有长度修正值）；

A——仪器周期误差的振幅；

φ_0——仪器周期误差的起始相位角（亦称初相角）；

n——观测距离的个数；

λ——仪器精测尺波长值。

4. 周期误差检验的精度估算公式

(1)仪器周期误差检测的单位权中误差

$$m_0=\pm\sqrt{\frac{\sum_{i=1}^{n}V_i^2}{n-3}} \quad (1.3.1.17)$$

$$\left(\sum_{i=1}^{n}V_i^2=\sum_{i=1}^{n}L_i\cdot C_0+\sum_{i=1}^{n}(-\sin\varphi_{D_i}\cdot L_i)\cdot X+\sum_{i=1}^{n}(-\cos\varphi_{D_i}\cdot L_i)\cdot Y+\sum_{i=1}^{n}L_i^2\right)$$

(2)周期误差振幅检测的中误差

$$m_A=\pm m_0\sqrt{\frac{2}{n}} \quad (1.3.1.18)$$

(3)周期误差初相角检测中误差

$$m_{\varphi_0}=\pm m_0\sqrt{\frac{1}{n}+\frac{\lambda}{4n\pi^2 A}}\rho'' \quad (1.3.1.19)$$

(4)周期误差拟合数学模型相关性检验的相关系数计算公式

$$R=\sqrt{1-\frac{Q_2}{Q}} \quad (1.3.1.20)$$

$$Q_2=\sum_{i=1}^{n}V_i^2 \quad (1.3.1.21)$$

$$Q=\sum_{i=1}^{n}(L_i-\overline{L})^2 \quad (1.3.1.22)$$

$$\overline{L}=\frac{\sum_{i=1}^{n}L_i}{n} \quad (1.3.1.23)$$

由(1.3.1.20)式计算出 R 值后，确定显著性水平 α(α 一般取 0.05 或 0.01)和检验数据的自由度($n-3$)，然后查相关系数临界值表。当 R 值大于所查表值时，则认为相关性好，检测拟合数学模型有效；否则，认为不相关，拟合数学模型不适合，要重新考虑选择拟合数学模型。

5. 周期误差修正值的计算(表 1.3.1.4 和 1.3.1.5)

求解周期误差的振幅 A 和起始相位角 φ_0，若振幅 A 值大于表 1.3.1.3 所列的限差时，则按下式求解所测距离的周期误差修正值：

$$\Delta D_\lambda=A\cdot\sin\left[\varphi_0+\left(\frac{2D_i}{\lambda}\right)\cdot 360°\right] \quad (1.3.1.24)$$

式中 ΔD_A——仪器周期误差修正值；

λ——仪器精测波长值；

φ_0——仪器周期误差的起始相位角；

A——仪器周期误差的振幅；

D_i——测距仪的观测距离。

(四)加常数和乘常数的检验

测距仪常数的检验将直接影响到测距的精度，所以检验时必须十分仔细。

1. 加常数和乘常数检验的要求

(1)加常数和乘常数的检验，一般 6～12 个月进行 1 次。如在使用中发现仪器有异常情况，则应随时检验。

(2)检验仪器常数时，用的棱镜要和外业测距时使用的棱镜一致。

(3)为了满足仪器常数检验的可靠性，基线不应少于 5 段，并且宜用全组合距离观测的方法进行检验。

2. 测距仪常数的检验方法

一般常用的方法有已知基线直接比较法和以自身测距成果解算的解析法两种。

3. 测距仪常数检验的数据处理

用比较法检验仪器的加常数和乘常数时，可按最小二乘法的原则，采用一元线性回归的方法求解。所用数据必须是经过气象、倾斜(和周期误差、频率)修正和粗差剔除后的成果。

(1)加常数和乘常数的计算

$$\left.\begin{aligned}\hat{C}&=\frac{\bar{y}\sum_{i=1}^{n}D_i^2-\overline{D}\sum_{i=1}^{n}D_iy_i}{\sum_{i=1}^{n}D_i^2-n(\overline{D})^2}\\ \hat{R}&=\frac{\sum_{i=1}^{n}D_iy_i-n\overline{D}\bar{y}}{\sum_{i=1}^{n}D_i^2-n(\overline{D})^2}\end{aligned}\right\} \quad (1.3.1.25)$$

式中

$$\left.\begin{aligned}\overline{D}&=\frac{\sum_{i=1}^{n}D_i}{n}\\ \bar{y}&=\frac{\sum_{i=1}^{n}y_i}{n}\end{aligned}\right\} \quad (1.3.1.26)$$

其中 $\hat{C}$——仪器加常数的估值，

$\hat{R}$——仪器乘常数的估值，

L_i——仪器观测距离，

y_i——基线值和观测值之差($D_i^0-D_i=y_i$)，

n——取样数(即观测值个数)，

$i=1、1、3、\cdots n$。

(2)常数的权系数和精度估计及区间估计

常数的权系数以下式计算：

$$\left.\begin{aligned}Q_{11}&=\frac{\sum_{i=1}^{n}(D_i)^2}{n\sum_{i=1}^{n}(D_i)^2-n^2\overline{D}^2}\\ Q_{22}&=\frac{1}{\sum_{i=1}^{n}(D_i)^2-n\overline{D}^2}\\ Q_{12}&=\frac{-\sum_{i=1}^{n}D_i}{n\sum_{i=1}^{n}(D_i)^2-n^2\overline{D}^2}\end{aligned}\right\} \quad (1.3.1.27)$$

式中

Q_{11}、Q_{22}——常数 $\hat{C}$ 和 $\hat{R}$ 的权系数；

Q_{12}或 Q_{21}——常数 $\hat{C}$ 和 $\hat{R}$ 的协因数。

测距的单位权中误差估计：

周期误差的计算

仪器型号:DI-3　　仪器号:№20379　　　　表 1.3.1.4

顺序号	近似值 $D_i^0=D_1^0+(i-1)d$ (m)	观测值 D_i (m)	ϕ_{D_i}	$-\sin\phi_{D_i}$	$-\cos\phi_{D_i}$	L_i $D_i^0-D_i$ (mm)	$l_i\sin\phi_{D_i}$
1	9.634 0+0.0	9.634 0	173°25′	−0.114 6	+0.993 4	0.0	0.00
2	+0.5	10.134 0	182　25	+0.042 2	+0.999 1	0.0	0.00
3	+1.0	10.636 0	191　25	+0.197 9	+0.980 2	−2.0	−0.40
4	+1.5	11.135 5	200　25	+0.348 8	+0.937 2	−1.5	−0.52
5	+2.0	11.639 5	209　25	+0.491 2	+0.871 1	−5.5	−2.70
6	+2.5	12.138 5	218　25	+0.621 4	+0.783 5	−4.5	−2.79
7	+3.0	12.639 5	227　25	+0.736 3	+0.676 7	−5.5	−4.05
8	+3.5	13.137 5	236　25	+0.833 1	+0.553 1	−3.5	−2.92
9	+4.0	13.639 0	245　25	+0.909 4	+0.416 0	−5.0	−4.54
10	+4.5	14.137 0	254　25	+0.963 2	+0.268 6	−3.0	−2.89
11	+5.0	14.638 0	263　25	+0.993 4	+0.114 6	−4.0	−3.97
12	+5.5	15.136 7	272　25	+0.999 1	−0.042 2	−2.7	−2.70
13	+6.0	15.639 0	281　25	+0.980 2	−0.197 9	−5.0	−4.90
14	+6.5	16.137 5	290　25	+0.937 2	−0.348 8	−3.5	−3.28
15	+7.0	16.636 5	299　25	+0.871 1	−0.491 2	−2.5	−2.18
16	+7.5	17.138 5	308　25	+0.783 5	−0.621 4	−4.5	−3.53
17	+8.0	17.637 0	317　25	+0.6767	−0.736 3	−3.0	−2.03
18	+8.5	18.137 0	326　25	+0.553 1	−0.833 1	−3.0	−1.66
19	+9.0	18.636 0	335　25	+0.416 0	−0.909 4	−2.0	−0.83
20	+9.5	19.133 5	344　25	+0.268 6	−0.963 2	+0.5	+0.13
21	+10.0	19.634 5	353　25	+0.114 6	−0.993 4	−0.5	−0.06
22	+10.5	20.135 0	2　25	−0.042 2	−0.999 1	−1.0	+0.04
23	+11.0	20.632 0	11　25	−0.197 9	−0.980 2	+2.0	−0.40
24	+11.5	21.131 0	20　25	−0.348 8	−0.937 2	+3.0	−1.05
25	+12.0	21.630 5	29　25	−0.491 2	−0.871 1	+3.5	−1.72
26	+12.5	22.130 5	38　25	−0.621 4	−0.783 5	+3.5	−2.17
27	+13.0	22.629 5	47　25	−0.736 3	−0.676 7	+4.5	−3.31
28	+13.5	23.130 0	56　25	−0.833 1	−0.553 1	+4.0	−3.33
29	+14.0	23.628 0	65　25	−0.909 4	−0.416 0	+6.0	−5.45
30	+14.5	24.129 0	74　25	−0.963 2	−0.268 6	+5.0	−4.82
31	+15.0	24.629 0	83　25	−0.993 4	−0.114 6	+5.0	−4.96
32	+15.5	25.131 0	92　25	−0.999 1	+0.042 2	+3.0	−3.00
33	+16.0	25.632 5	101　25	−0.980 2	+0.197 9	+1.5	−1.47
34	+16.5	26.130 5	110　25	−0.937 2	+0.348 8	+3.5	−3.28
35	+17.0	26.630 0	119　25	−0.871 1	+0.491 2	+4.0	−3.48
36	+17.5	27.130 5	128　25	−0.783 5	+0.621 4	+3.5	−2.74
37	+18.0	27.629 5	137　25	−0.676 7	+0.736 3	+4.5	−3.05
38	+18.5	28.129 0	146　25	−0.553 1	+0.833 1	+5.0	−2.76
39	+19.0	28.629 0	155　25	−0.4160	+0.909 4	+5.0	−2.08
40	+19.5	29.130 5	164　25	−0.268 6	+0.963 2	+3.5	−0.94
总和						+8.3	−95.79

续上表

顺序号	$l_i\cos\phi_{D_i}$	$x\cdot\sin\phi_{D_i}$	$y\cdot\cos\phi_{D_i}$	C	$\hat{l}_i$ (mm)	v_i $l_i-\hat{l}_i$	v_i^2	$l_i-\bar{l}_i$	$(l_i-\bar{l}_i)^2$
1	0.00	+0.55	−0.29	0.208	+0.47	−0.47	0.221	−0.21	0.044
2	0.00	−0.20	−0.29	0.208	−0.28	+0.28	0.078	−0.21	0.044
3	−1.96	−0.95	−0.29	0.208	−1.03	−0.97	0.911	−2.21	4.884
4	−1.41	−1.67	−0.28	0.208	−1.74	+0.24	0.058	−1.71	2.924
5	−4.79	−2.35	−0.26	0.208	−2.40	−3.10	9.610	−5.71	32.604
6	−3.53	−2.98	−0.23	0.208	−3.00	−1.50	2.250	−4.71	22.184
7	−3.72	−3.53	−0.20	0.208	−3.52	−1.98	3.920	−5.71	32.604
8	−1.94	−3.99	−0.16	0.208	−3.94	+0.44	0.191	−3.71	13.764
9	−2.08	−4.36	−0.12	0.208	−4.27	−0.73	0.533	−5.21	27.144
10	−0.81	−4.61	−0.08	0.208	−4.48	+1.48	2.190	−3.21	10.304
11	−0.46	−4.76	−0.03	0.208	−4.58	+0.58	0.336	−4.21	17.724
12	−0.11	−4.79	+0.01	0.208	−4.57	+1.87	3.497	−2.91	8.468
13	−0.99	−4.70	+0.06	0.208	−4.43	−0.57	0.325	−5.21	27.144
14	+1.22	−4.49	+0.10	0.208	−4.18	+0.68	0.462	−3.71	13.764
15	+1.23	−4.17	+0.14	0.208	−3.82	+1.32	1.742	−2.71	7.344
16	+2.79	−3.75	+0.18	0.208	−3.36	−1.14	1.300	−4.71	22.184
17	+2.21	−3.24	+0.22	0.208	−2.81	−0.19	0.036	−3.21	10.304
18	+2.50	−2.65	+0.24	0.208	−2.20	−0.80	0.640	−3.21	10.304
19	+1.82	−1.99	+0.27	0.208	−1.51	−0.49	0.240	−2.31	5.336
20	−0.48	−1.29	+0.28	0.208	−0.80	+1.30	1.690	+0.29	0.084
21	+0.50	−0.55	+0.29	0.208	−0.05	−0.45	0.202	−0.71	0.504
22	+1.00	+0.20	+0.29	0.208	+0.70	−1.70	2.890	−1.21	1.464
23	−1.96	+0.95	+0.29	0.208	+1.45	+0.55	0.302	+1.79	3.204
24	−2.81	+1.67	+0.28	0.208	+2.16	+0.84	0.706	+2.79	7.784
25	−3.05	+2.35	+0.26	0.208	+2.82	+0.68	0.462	+3.29	10.824
26	−2.74	+2.98	+0.23	0.208	+3.42	+0.08	0.006	+3.29	10.824
27	−3.05	+3.53	+0.20	0.208	+3.94	+0.56	0.314	+4.29	18.404
28	−2.21	+3.99	+0.16	0.208	+4.36	−0.36	0.130	+3.79	14.364
29	−2.50	+4.36	+0.12	0.208	+4.69	+1.31	1.716	+5.79	33.524
30	−1.34	+4.61	+0.08	0.208	+4.90	+0.10	0.010	+4.79	22.944
31	−0.58	+4.76	+0.03	0.208	+5.00	0	0	+4.79	22.944
32	+0.13	+4.79	−0.01	0.208	+5.06	−2.06	4.244	+2.79	7.784
33	+0.30	+4.70	−0.06	0.208	+4.86	−3.36	11.290	+1.29	1.864
34	+1.22	+4.49	−0.10	0.208	+4.60	−1.10	1.210	+3.29	10.824
35	+1.96	+4.17	−0.14	0.208	+4.24	−0.24	0.058	+3.79	14.364
36	+2.17	+3.75	−0.18	0.208	+3.78	−0.28	0.078	+3.29	10.824
37	+3.31	+3.24	−0.22	0.208	+3.23	+1.27	1.613	+4.29	18.404
38	+4.16	+2.65	−0.24	0.208	+2.62	+2.38	5.664	+4.79	22.944
39	+4.54	+1.99	−0.27	0.208	+1.93	+3.07	9.425	+4.79	22.944
40	+3.37	+1.29	−0.28	0.208	+1.22	+2.28	5.198	+3.29	10.824
总和	−5.89			+8.32			75.781		536.516

表 1.3.1.5

序号	非整周期距离长度的尾数	$\theta=\phi_0+(i-1)\Delta\phi_i$	$\sin\theta$	修正值 v_i(mm)
1	0.0	3°31	0.061 3	+0.3
2	0.5	12 31	0.216 7	+1.0
3	1.0	21 31	0.366 8	+1.8
4	1.5	30 31	0.507 8	+2.4
5	2.0	39 31	0.636 3	+3.1
6	2.5	48 31	0.749 1	+3.6
7	3.0	57 31	0.843 5	+4.0
8	3.5	66 31	0.917 2	+4.4
9	4.0	75 31	0.968 2	+4.6
10	4.5	84 31	0.995 4	+4.8
11	5.0	93 31	0.998 1	+4.8
12	5.5	102 31	0.976 2	+4.7
13	6.0	111 31	0.930 3	+4.5
14	6.5	120 31	0.861 5	+4.1
15	7.0	129 31	0.771 4	+3.7
16	7.5	138 31	0.662 4	+3.2
17	8.0	147 31	0.537 1	+2.6
18	8.5	156 31	0.398 5	+1.9
19	9.0	165 31	0.250 1	+1.2
20	9.5	174 31	0.095 6	+0.5
21	10.0	183 31	−0.061 3	−0.3
22	10.5	192 31	−0.216 7	−1.0
23	11.0	201 31	−0.366 8	−1.8
24	11.5	210 31	−0.507 8	−2.4
25	12.0	219 31	−0.636 3	−3.1
26	12.5	228 31	−0.749 1	−3.6
27	13.0	237 31	−0.843 5	−4.0
28	13.5	246 31	−0.917 2	−4.4
29	14.0	255 31	−0.968 2	−4.6
30	14.5	264 31	−0.995 4	−4.8
31	15.0	273 31	−0.998 1	−4.8
32	15.5	282 31	−0.976 2	−4.7
33	16.0	291 31	−0.930 3	−4.5
34	16.5	300 31	−0.861 5	−4.1
35	17.0	309 31	−0.771 4	−3.7
36	17.5	318 31	−0.662 4	−3.2
37	18.0	327 31	−0.537 1	−2.6
38	18.5	336 31	−0.398 5	−1.9
39	19.0	345 31	−0.250 1	−1.2
40	19.5	354 31	−0.095 6	−0.5

$$\left.\begin{aligned} m_0 &= \pm\sqrt{\frac{\sum_{i=1}^{n} V_i^2}{n-2}} \\ \sum_{i=1}^{n} V_1^2 &= \sum_{i=1}^{n} y_i^2 - \sum_{i=1}^{n} y_i.\hat{C} - \sum_{i=1}^{n}(y_i.D_i).\hat{R} \end{aligned}\right\} \quad (1.3.1.28)$$

仪器常数检验中误差和协方差估计：

$$\left.\begin{aligned} m_{\hat{C}} &= m_0\sqrt{Q_{11}} \\ m_{\hat{R}} &= m_0\sqrt{Q_{22}} \\ m_{\hat{C}\hat{R}} &= m_0^2.Q_{22} \end{aligned}\right\} \quad (1.3.1.29)$$

仪器常数和测距的单位权中误差的置信区间估计式：

$$\left.\begin{aligned} & P(\hat{C}-t_{\frac{\alpha}{2}}(n-2).m_c<C<\hat{C}+t_{\frac{\alpha}{2}}(n-2).m_{\hat{C}}) \\ & =1-\alpha \\ & P(\hat{R}-t_{\frac{\alpha}{2}}(n-2).m_R<R<\hat{R}+t_{\frac{\alpha}{2}}(n-2).m_{\hat{R}} \\ & =1-\alpha \\ & P\left(\sqrt{\frac{\sum_{i=1}^{n} V_i^2}{x^2_{\frac{\alpha}{2}}(n-2)}}<m_0<\sqrt{\frac{\sum_{i=1}^{n} V_i^2}{x^2_{(1-\frac{\alpha}{2})}(n-2)}}\right) \\ & =1-\alpha \end{aligned}\right\} \quad (1.3.1.30)$$

式中 α——显著性水平(一般常选 $\alpha=0.05$ 或 $\alpha=0.01$)；

$(n-2)$——自由度(n 为观测值个数)；

$t_{\frac{\alpha}{2}}(n-2)$——$(n-2)$自由度、$\frac{\alpha}{2}$显著性水平的 t 分布值；

$x^2_{\frac{\alpha}{2}}(n-2)$——$(n-2)$自由度、$\frac{X}{2}$(或 $1-\frac{\alpha}{2}$)显著性水平的 x^2 分布值。

(3)仪器常数的显著性检验

用相关系数法检验计算：

$$\hat{\rho}=\frac{\sum_{i=1}^{n} y_i D_i - n\bar{y}\bar{D}}{\sqrt{\sum_{i=1}^{n}(D_i)^2 - n\bar{D}^2)\cdot(\sum_{i=1}^{n}(y_i)^2 - n\bar{y}^2)}} \quad (1.3.1.31)$$

用上式计算出 $\hat{\rho}$ 后，可依事先确定的置信水平 α 和回归取样的自由度$(n-2)$，查《相关系数检验临界值表》，把 $\hat{\rho}$ 与查得的数值对比，如果 ρ 值大于所查的值时，则认为检验在所确定的置信概率下，差值 y_i 和 R 相关，选用的数学模型成立；否则，不相关，所选数学模型不适合，应另选重算。

用 t 检验法检验仪器常数的显著性，首先确定原假设：

$$H_{0_1}:\hat{C}=0 \quad (1.3.1.32)$$

$$H_{0_2}:\hat{R}=0 \quad (1.3.1.33)$$

组成 t 统计量计算式

$$t_1=\frac{\hat{C}}{m_{\hat{C}}} \quad (1.3.1.34)$$

$$t_2=\frac{\hat{R}}{m_{\hat{R}}} \quad (1.3.1.35)$$

在选定的置信水平 α 值情况下，当 $t_i \geqq t_{\frac{\alpha}{2}}(n-2)$ 时，则应拒绝原假设 H_{0_1}，因而认为该常数影响显著。通过上述检验，可产生四种可能：

a. 当 $\hat{C} \leqq t_{\frac{\alpha}{2}}(n-2) \cdot m_{\hat{c}}$ 和 $\hat{R} \geqq t_{\frac{\alpha}{2}}(n-2). m_{\hat{R}}$ 时，则 C、R 影响均显著，所选回归数学模型有效，在观测值中应给予修正。

b. 当 $C \geqq t_{\frac{\alpha}{2}}(n-2). m_{\hat{c}}$ 而 $\hat{R} < t_{\frac{\alpha}{2}}(n-2). m_{\hat{R}}$ 时，则 $\hat{C}$ 显著，$\hat{R}$ 不显著，对仪器观测值只需进行 $\hat{C}$ 修正。但 $\hat{C}$ 应另选不考虑 $\hat{R}$ 的数学模型重新计算，其公式是：

$$\hat{C}=\frac{\sum_{i=1}^{n} y_i}{n}$$

$$m_0=\pm\sqrt{\frac{\sum_{i=1}^{n} V_i^2}{n-1}}$$

$$\sum_{i=1}^{n} V_i^2=\sum_{i=1}^{n} y_i^2-\sum_{i=1}^{n} y_i \hat{C} \quad (1.3.1.36)$$

$$m_c=\frac{1}{\sqrt{n}} m_0$$

c. 当 $\hat{C} < t_{\frac{\alpha}{2}}(n-2). m_c$ 而 $\hat{R} \geqq t_{\frac{\alpha}{2}}(n-2). m_{\hat{R}}$ 时，则 $\hat{R}$ 显著，$\hat{C}$ 不显著。仪器的观测值只需进行 $\hat{R}$ 乘常数修正。但 $\hat{R}$ 应另选，不考虑 $\hat{C}$ 的数学模型重新计算，其公式如下：

$$\left.\begin{aligned}
\hat{R}&=\frac{\sum_{i=1}^{n}(y_i. D_i)}{\sum_{i=1}^{n} D_i}\\
m_0&=\pm\sqrt{\frac{\sum_{i=1}^{n} V_i^2}{n-1}}\\
\sum_{i=1}^{n} V_i^2&=\sum_{i=1}^{n} y_i^2-\sum_{i=1}^{n}(y_i. D_i). \hat{R}\\
m_{\hat{R}}&=\sqrt{\frac{\sum_{i=1}^{n} D_i^2}{\sum_{i=1}^{n} D_i}} m_0
\end{aligned}\right\} \quad (1.3.1.37)$$

d. 当 $\hat{C} < t_{\frac{\alpha}{2}}(n-2). m_{\hat{C}}$ 和 $\hat{R} < t_{\frac{\alpha}{2}}(n-2). m_{\hat{R}}$ 时，则 $\hat{C}$、$\hat{R}$ 均不显著，仪器观测值在所确定的显著性水平下，不需进行 $\hat{C}$、$\hat{R}$ 常数的修正。

上述检验的显著性水平 α 值，不应选得过小，一般应选 $\alpha=0.05$ 或 $\alpha=0.10$ 为宜。重选数学模型计算后，还应进行前后单位权中误差的讨论，决定那个模型较佳及最后取舍。

(4)六段解析法测定仪器加常数

六段解析法是在一长度为概略已知的直线场地上，划分为 6 段距离，应用全组合观测法测出 21 个组合距离，经过测量平差，求得仪器的加常数和基点到其它点长度的平差值。分段的原则是：

a、组合成的 21 个长度，应均匀分布于仪器的整个实用测程范围以内。

b、组合成的 21 个距离的不足仪器精测尺长的尾数(即各组合段距离的 m、dm、cm。)应尽可能均匀分布在一个精测尺尺长内，以便根据平差后所得到距离修正值的离散状态(图像波动)概略地判断是否有周期误差存在。

观测方法是按全组合观测法测量 21 段距离 D_{ij} ($i=0$、1、2、…、5；$j=1$、2、3…、6)其组合如图 1.3.1.5。

0	1	2	3	4	5	6
	D_{01}	D_{02}	D_{03}	D_{04}	D_{05}	D_{06}
		D_{12}	D_{13}	D_{14}	D_{15}	D_{16}
			D_{23}	D_{24}	D_{25}	D_{26}
				D_{34}	D_{35}	D_{36}
					D_{45}	D_{46}
						D_{56}

图 1.3.1.5

六段解析法的求解公式：

$$X=-QB^TL \quad (1.3.1.38)$$

$$X_{7\times1}=(\hat{C}'\ X_{01}', X_{02}\cdots X_{06})$$

$$B_{21\times7}=\begin{bmatrix} a_1 & b_1 & c_1 & d_1 & e_1 & f_1 & g_1\\ a_2 & b_2 & c_2 & d_2 & e_2 & f_2 & g_2\\ \vdots & \vdots & \vdots & \vdots & \vdots & \vdots & \vdots\\ a_{21} & b_{21} & c_{21} & d_{21} & e_{21} & f_{21} & g_{21}\end{bmatrix} \quad (1.3.1.39)$$

$$Q_{7\times7}=(B^TB)^{-1}$$

$$L_{21\times1}=(l_{01}l_{02}\cdots l_{56})^T$$

$$l_{ij}=D'_{ij}-D_{ij}$$

式中 D'_{ij}——各段距离的近似值；

D_{ij}——仪器观测值；

l_{ij}——各距离的近似值减观测值的差；

$a_i, b_i, c_i, d_i, e_i, f_i, g_i$——各段误差方程式的系数($i=1, 2, 3, \cdots, 21$)；

$\hat{C}'$——六段解析法求解的加常数估值；

X_{oj}——求解出六段距离的最或是值($j=1, 2, 3, \cdots, 6$)。

由于检测基线的段数已定，所以误差方程式的系数 B 为已知值。因此，Q 值也可事先算出备用。观测后，算出 L 值即可用下式计算各未知值：

$$\begin{bmatrix} C'\\ X_{01}\\ X_{02}\\ \vdots\\ X_{06}\end{bmatrix}=\begin{bmatrix} Q_{11} & Q_{12} & \cdots Q_{17}\\ Q_{21} & Q_{22} & \cdots Q_{27}\\ Q_{31} & Q_{32} & \cdots Q_{37}\\ \vdots & \vdots & \\ Q_{71} & Q_{72} & Q_{77}\end{bmatrix}\begin{bmatrix} -\sum_{i=1}^{n} al\\ -\sum_{i=1}^{21} bl\\ -\sum_{i=1}^{21} cl\\ \vdots\\ -\sum_{i=1}^{21} gl\end{bmatrix} \quad (1.3.1.40)$$

$Q_{ij}(i、j=1、2\quad 3、\cdots 7)$——各段相对距离的权系数。

由于误差方程式系数的特殊性，实际上可用下式计算：

$$\left.\begin{aligned}
A&=-\left(\sum_{i=1}^{21}al\right)=-\sum_{i=1}^{21}l_i\\
B&=-\left(\sum_{i=1}^{21}bl\right)=+l_{01}-l_{12}-l_{13}-l_{14}-l_{15}-l_{16}\\
C&=-\left(\sum_{i=1}^{21}cl\right)=+l_{02}+l_{12}-l_{23}-l_{24}-l_{25}-l_{26}\\
D&=-\left(\sum_{i=1}^{21}dl\right)=+l_{03}+l_{13}+l_{23}-l_{34}-l_{35}-l_{36}\\
E&=-\left(\sum_{i=1}^{21}el\right)=+l_{04}+l_{14}+l_{24}+l_{34}-l_{45}-l_{46}\\
F&=-\left(\sum_{i=1}^{21}fl\right)=+l_{05}+l_{15}+l_{25}+l_{35}+l_{45}-l_{56}\\
G&=-\left(\sum_{i=1}^{21}gl\right)=+l_{06}+l_{16}+l_{26}+l_{36}+l_{46}+l_{56}
\end{aligned}\right\}\tag{1.3.1.41}$$

$$\left.\begin{aligned}
C'&=A\cdot Q_{11}+B\cdot Q_{21}+C\cdot Q_{31}+D\cdot Q_{41}+\\
&\quad E\cdot Q_{51}+F\cdot Q_{61}+G\cdot Q_{71}\\
X_{01}&=A\cdot Q_{12}+B\cdot Q_{22}+C\cdot Q_{32}+D\cdot Q_{42}\\
&\quad +E\cdot Q_{52}+F\cdot Q_{62}+G\cdot Q_{72}\\
X_{02}&=A\cdot Q_{13}+B\cdot Q_{23}+C\cdot Q_{33}+D\cdot Q_{43}\\
&\quad +E\cdot Q_{53}+F\cdot Q_{63}+G\cdot Q_{73}\\
X_{03}&=A\cdot Q_{14}+B\cdot Q_{24}+C\cdot Q_{34}+D\cdot Q_{44}\\
&\quad +E\cdot Q_{54}+F\cdot Q_{64}+G\cdot Q_{74}\\
X_{04}&=A\cdot Q_{15}+B\cdot Q_{25}+C\cdot Q_{35}+D\cdot Q_{45}\\
&\quad +E\cdot Q_{55}+F\cdot Q_{65}+G\cdot Q_{75}\\
X_{05}&=A\cdot Q_{16}+B\cdot Q_{26}+C\cdot Q_{36}+D\cdot Q_{46}\\
&\quad +E\cdot Q_{56}+F\cdot Q_{66}+G\cdot Q_{76}\\
X_{06}&=A\cdot Q_{17}+B\cdot Q_{27}+C\cdot Q_{37}+D\cdot Q_{47}\\
&\quad +E\cdot Q_{57}+F\cdot Q_{67}+G\cdot Q_{77}
\end{aligned}\right\}\tag{1.3.1.42}$$

然后代入下式求出：

$$\left.\begin{aligned}
\overline{D}_{ij}&=D'_{ij}+X_{oj}-X_{oi}\\
\overline{D}_{ij}&=D'_{ij}+\hat{C}'\\
V_i&=\overline{D}_{ij}-\overline{D}'_{ij}
\end{aligned}\right\}\tag{1.3.1.43}$$

检核式为：

$$\sum_{i=1}^{21}V_1^2=-\sum_{i=1}^{21}l_i^2+A\cdot\hat{C}'+B\cdot X_{01}+C\cdot X_{02}+D\cdot X_{03}+E\cdot X_{04}+F\cdot X_{05}+G\cdot X_{06}\tag{1.3.1.44}$$

精度估计用下式计算：

$$m'_0=\pm\sqrt{\frac{\sum_{i=1}^{21}V_i^2}{n-t}}=\pm\sqrt{\frac{\sum_{i=1}^{21}V_i^2}{14}}\tag{1.3.1.45}$$

$$m_{\hat{C}}=\pm m_0'\sqrt{Q_{11}}\tag{1.3.1.46}$$

式中　m_0'——用解析法检测仪器的单位权中误差；

$m_{\hat{C}}$——用解析法检测仪器求解加常数的检测中误差。

（五）　棱镜常数的检验

如果一台特定的测距仪只使用一种型号的棱镜，则它的棱镜常数就是与测距仪组合的加常数，其测定方法见加常数的检验。

棱镜间的常数有时差别较大，常常需要测定它们间的相对常数或绝对常数。检验时，是用一个参考棱镜和其它棱镜比较，求出它们的相对棱镜常数；另一种方法是根据棱镜装配支架的竖轴与棱镜前平面和锥顶的关系，求出棱镜自身的绝对常数。现在一些仪器就有给出绝对棱镜常数的。

1. 棱镜的相对常数的检验方法

选择 6 段不同长度的距离，用已知组合加常数的参考棱镜先测量出参考距离值。每段距离测 6 个测回，取平均值并加气象、常数和倾斜修正，记录格式见表 1.3.1.9。

把所有要检验的其它棱镜均放在上述所选的距离上，分别测出它们在相应距离上的观测值，每段距离测 6 个测回，取平均值并加气象和倾斜修正。

把测量的结果与参考距离值比较，求得各个棱镜在各段距离上的差值，取平均。即求得被检验棱镜的相对常数。

2. 棱镜绝对常数的检验方法

通过实际测量棱镜的装配尺寸，按下式求得棱镜本身的绝对常数：

$$\text{棱镜的绝对常数}=-\left(\frac{N_G}{N_R}a-b\right)$$

式中　N_G——光通过棱镜玻璃的群折射率；

N_R——光在空气中的群折射率；

a——棱镜前平面到棱镜锥顶的高，如图 1.3.1.6 所示；

b——棱镜前平面到棱镜装配支架竖轴之间的距离，如图 1.3.1.6 所示。

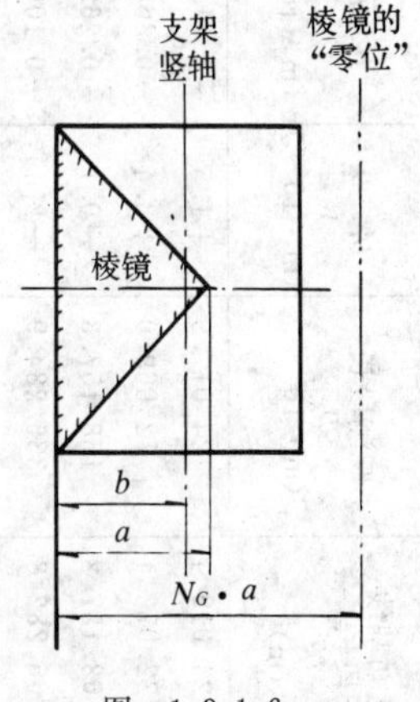

图　1.3.1.6

测距仪所用的棱镜，一般都是用 BK7 皇冠牌光学玻璃做的，为了备查，给出一些测距仪常用的载波通过上述玻璃的群折射率 N_G，见表 1.3.1.7。

线性回归拟合法求解测距仪加、乘常数

表 1.3.1.6

仪器型号:DI-3S　NO27322　　地点:　　观测者:

温　　度:　　检测单位:　　计算者:

气　　压:　　日期:1980.8.9　　检查者:

测段号	已知基线段长 D_i^0 (m)	观测段长 D_i (m·10⁻³)	$D_i^0-D_i$ Y_i (m·10⁻³)	$D_i-\overline{D}$ (m·10⁶)	$Y_i-\overline{Y}$ (m·10⁻³)	$(D_i-\overline{D})^2$ (m·10¹²)	$(Y_i-\overline{Y})^2$ (m·10⁻⁶¹)	$(D_i-\overline{D})(Y_i-\overline{Y})$ (m·10³)	$\hat{K}+\hat{R}D_i$ $\hat{Y}_i$ (m·10⁻³)	$Y_i-\hat{Y}_i$ V_i (m·10⁻³)	VV (m·10⁻⁶)
0~1	24.019 4	24 017.9	+1.5	−0.412 5	−2.06	0.170 2	4.243 6	+0.850	+0.73	+0.77	0.592 9
0~2	72.072 4	72 069.0	+3.4	−0.364 1	−0.16	0.132 8	0.025 6	+0.058	+1.06	+2.34	5.475 6
0~3	168.157 2	168 157.3	−0.1	−0.268 4	−3.66	0.072 0	13.395 6	+0.982	+1.72	−1.82	3.312 4
0~4	336.282 8	336 284.9	−2.1	−0.100 2	−5.66	0.010 0	32.035 6	+0.567	+2.87	−4.97	24.700 9
0~5	609.056 4	600 050.6	+5.8	+0.163 5	+2.24	0.020 7	5.017 6	+0.366	+4.68	+1.12	1.254 4
0~6	1 055.695 5	1 055 689.0	+6.5	+0.619 2	+2.94	0.383 4	8.643 6	+1.820	+7.80	−1.30	1.690 0
1~2	48.053 0	48 051.1	+1.9	−0.388 5	−1.66	0.150 9	2.755 6	+0.645	+0.90	+1.00	1.000 0
1~3	144.137 7	144 138.6	−0.9	−0.292 4	−4.46	0.085 5	19.891 6	+1.304	+1.55	−2.45	6.002 5
1~4	312.263 4	312 217.7	+5.7	−0.124 2	+2.14	0.015 4	4.579 6	−0.266	+2.71	+2.99	8.940 1
1~5	576.037 0	576 032.2	+4.8	+0.139 5	+1.24	0.019 5	1.537 6	+0.173	+4.51	+0.29	0.084 1
1~6	1 031.676 0	1 031 666.7	+9.3	+0.595 2	+5.74	0.354 3	32.947 6	+3.416	+7.63	+1.67	2.788 9
2~3	96.084 8	96 080.9	+3.9	−0.340 4	+0.34	0.115 9	0.115 6	−0.116	+1.23	+2.67	7.128 9
2~4	264.210 4	264 206.6	+3.8	−0.172 3	+0.24	0.029 7	0.057 6	−0.041	+2.38	+1.42	2.016 4
2~5	527.984 0	527 980.7	+3.3	+0.091 5	−0.20	0.008 4	0.067 6	−0.024	+4.18	−0.88	0.774 4
2~6	983.623 1	983 614.5	+8.6	+0.547 1	+5.04	0.299 3	25.401 6	+2.757	+7.30	+1.30	1.690 0
3~4	168.129 7	168 125.6	−0.1	−0.268 4	−3.46	0.072 0	11.071 6	+0.929	+1.72	−1.62	2.624 4
3~5	431.899 3	431 896.5	+2.8	−0.004 6	−0.76	0.000 0	0.577 6	+0.003	+3.53	−0.73	0.532 9
3~6	887.538 3	887 532.2	+6.1	+0.451 0	+2.54	0.203 4	6.451 6	+1.146	+6.65	−0.55	0.302 5
4~5	263.773 6	263 772.4	+1.2	−0.172 7	−2.36	0.029 8	5.569 6	+0.408	+2.37	−1.17	1.368 9
4~6	719.412 0	719 407.3	+5.3	+0.282 9	+1.74	0.080 0	3.027 6	+0.492	+5.49	−0.19	0.036 1
5~6	455.639 0	455 635.2	+3.8	+0.019 1	+0.24	0.000 4	0.057 6	+0.005	+3.69	+0.11	0.012 1
总和		9 166 666.9	+74.7			2.259 6	178.371 6	+15.474	+74.7	0.00	72.328 4

$\hat{R}=6.848$mm/km　$\hat{C}_0=0.568$mm　$m_0=\pm1.951$mm　$m_{\hat{C}_0}=\pm0.709$mm　$m_{\hat{R}}=\pm1.297$mm/km

表 1.3.1.7

载波波长 λ(nm)	BK7 的群折射率 N_G
550	1.5460
633	1.5365
840	1.5252
860	1.5246
880	1.5240
900	1.5235
920	1.5230

表 1.3.1.8 给出一些进口棱镜的 a、b 尺寸。

(六)测程的检验

测距仪的"测程"是指在规定的大气能见度及棱镜组合的个数下，能满足仪器标称精度的测量距离。

检验方法：

根据仪器工作的大气条件，在已知精密长度的基线上选择相应棱镜个数的距离；

在选定的距离上分别安置仪器和相应个数的棱镜。观测前，先让仪器适应环境温度约 30min，有太阳时需用伞遮住阳光；

表 1.3.1.8

制　造　厂	反射镜类型	a (mm)	b (mm)
AGA	旧式(常数为 30mm) 新式(常数为 0)	41 40.5	35 62
惠普 Hewlett Packard	单棱镜	50.3	47.8
克恩 Kern	DM500/DM501 棱镜	81.0	34.5
测机舍 Sokkisha	PR-1,PR-3,PR-9	57.6	57.0
威特 Wild	GDR 11 GDR 31 GDR 1	60 60 39.6	22 22 26.2
欧波同 Opton	TR2,TR7,TR19	40	27

对每组棱镜相应的距离测 4 个测回，取它的相应平均值，加入仪器常数、气象、周期误差和倾斜修正，然后与基线值比较，求出的一测回观测中误差，应小于仪器的测距中误差。

(七)内部符合精度的检验

在特定距离和环境下，内部符合精度表现为测相的偶然误差，是仪器测量稳定性的表征。

检验方法

在基线上或任意环境良好的场地上，选一段或多段距离，距离的范围在 400～1 000m 之间。

在上述距离范围内最多选 4 段，分别在所选距离段内安置仪器和棱镜。一次照准读 10 个数，取平均值，记录格式见表 1.3.1.10。

棱镜常数检验　　表 1.3.1.9

仪器型号：　　地点：　　观测者：

参考棱镜型号：　　温度：　　记录者：

组合加常数：　　压力：　　计算者：

检验的棱镜型号：

测回编号 / 项目	1	2	3	4	5	6
参考棱镜观测值(m)						
平均值						
气象修正						
常数修正						
倾斜修正						
平距 A						
检验棱镜观测值(m)						
平均值						
气象修正						
倾斜修正						
平距 B						
差值$=B-A$						
相对常数 a						

观测数据精度按下式计算：

计算观测值或然误差：

$$V_i=S_i-\overline{S} \tag{1.3.1.47}$$

一次读数中误差：

$$m_s=\pm\sqrt{\frac{[VV]}{n-1}} \tag{1.3.1.48}$$

算术平均值中误差：

$$M=\pm\sqrt{\frac{[VV]}{n(n-1)}} \tag{1.3.1.49}$$

式中　n——读数次数；

S_i——观测值；

$\overline{S}$——观测值平均数。

(八)检定综合精度的评定

1. 目前国内外都采用下面的经验公式来表示测距仪的综合精度：

$$m_D=\pm(A+B_{ppm}) \tag{1.3.1.50}$$

或

$$m_D=\pm(A+B\cdot 10^{-6}\cdot D) \tag{1.3.1.51}$$

式中 A——固定误差；
B——比例误差；
D——距离值。

内部符合精度的检验

表 1.3.1.10

仪器型号：								地　点：
温　度：								观测者：
气　压：								记录者：
风　力：								日　期：

距离/光强/次数	S_1	V	S_2	V	S_3	V	S_4	V
1								
2								
3								
4								
5								
6								
7								
8								
9								
10								
平均值								
VV								
m								
M								

通常仪器出厂时就给出了它的 A 和 B 之值，例如 DI20 为 $\pm(3\text{mm}+1\times10^{-6})$；DM-501 为 $\pm(5\text{mm}+5\cdot10^{-6}\cdot\text{D})$。检验它的目的是看仪器的精度是否符合出厂要求的标准和是否还有一定的潜在精度可挖。

2. 为了检验某台测距仪的综合精度，一般是把距离观测值与基线的已知值进行比较。比较前，距离观测值必须经过气象、加常数、乘常数、周期误差（若必要）和倾斜的修正。

3. 此项评定可以利用检验测距仪加、乘常数后得到的数据，按下列公式计算：

$$m_D=\pm(A+B\cdot D) \qquad (1.3.1.52)$$

$$A=1.25\frac{\sum_{i=1}^{n}|V_i|\cdot\sum_{i=1}^{n}D_i^2-\sum_{i=1}^{n}D_i\cdot\sum_{i=1}^{n}(|V_i|\cdot D_i)}{n\cdot\sum_{i=1}^{n}D_i^2-\left(\sum_{i=1}^{n}D_i\right)^2} \qquad (1.3.1.53)$$

$$B=1.25\frac{n\cdot\sum_{i=1}^{n}(|V_i|\cdot D)-\sum_{i=1}^{n}D_i\cdot\sum_{i=1}^{n}|V_i|}{n\cdot\sum_{i=1}^{n}D_i^2-\left(\sum_{i=1}^{n}D_i\right)^2} \qquad (1.3.1.54)$$

式中 n——测量的边数；
$|V_i|=|D-D_i^0|$；
D_i——水平距离；
D_i^0——已知的基线值。

将 A、B 值代入(1.3.1.52)即得仪器的综合精度。

（九）光学对中器的检验

常用的光学对中器有两种：一种是装在仪器照准部或反光棱镜支架的旋转部上；另一种是装在仪器的三角基座上。

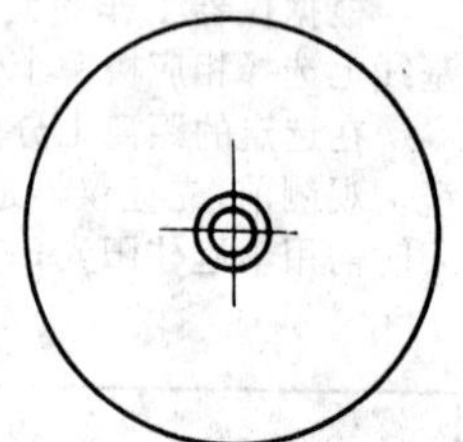
图 1.3.1.7

1. 装在照准部上的光学对中器

(1)检验方法

检验装在仪器照准部上的光学对中器时，先把仪器放在三脚架的基座上校正圆水准器，接着在仪器底下的地面上放一块标有“十”字的硬纸板。移动纸板使光学对中器视场里的瞄准环对准“十”的影像，如图 1.3.1.7。然后转动仪器的照准部或支架旋转部 180°。如果发现瞄准环不对准“十”字的中心，如图 1.3.1.8，则需进行校正。

(2)校正方法

校正时可用改针或者螺丝刀转动光学对中器的调节螺丝，使“十”字的中心与图 1.3.1.8 所示的 P 点重合。校正后再检验一次，直至满意为止。

2. 三角基座上的光学对中器

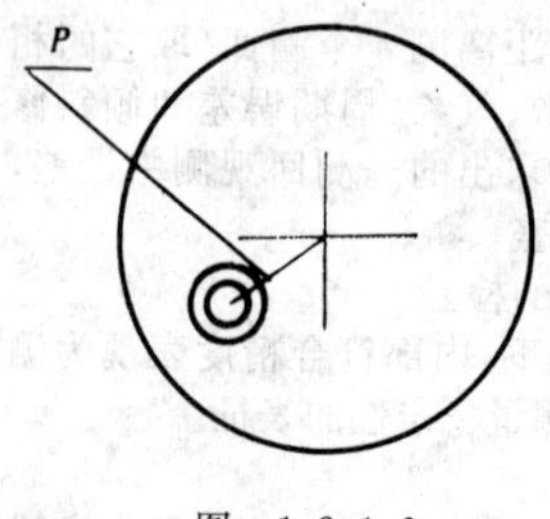

图 1.3.1.8

(1)检验方法

检验装在三角基座上的光学对中器时，首先把仪器安置在三角架基座上，校正圆水准器，接着沿基座的边缘，用铅笔把基座轮廓画在三角架顶部的平面上。然后，在地面上放一张毫米纸，从光学对中器的视场里标出瞄准中心在毫米纸上的位置；继之，松开固定螺栓，转动基座 120°后固定它，每次均需整平并仔细地把基座底板边缘放在所画的轮廓线里，分别标出瞄准中心在毫米纸上的位置，若三点不重合，则找出示误三角形的中心进行改正。

(2)校正方法

校正时，可用改针或螺丝刀转动光学对中器的调整螺丝，使光学对中器的瞄准环或“十”字对准示误三角形的中心点。

(十)对中杆的检验

由于装配和运输原因，对中杆的圆水准轴不与对中杆轴平行，使用前必须检验。

1. 检验方法

置平经纬仪后，在离经纬仪 50m 以远的地方竖立起对中杆，使对中杆与经纬仪视场中的竖丝重合。若对中杆的气泡不居中，则需进行校正。校正检验需在 90°两个位置上进行。

2. 校正方法

校正时，可以调整对中杆圆气泡下面的三个校正螺丝，直到圆气泡居中为止。

(十一)气象仪表的检验

在光电测距中，经常使用气象用通风干湿表和空盒气压表测定气象参数，对它们的要求分述如下：

1. 气象用通风干湿表

(1)主要技术要求：

a、在温度－10℃～＋45℃的范围内，可测 10%～100%的相对湿度；

b、温度表的刻度应在－26℃～＋51℃或－26℃～＋41℃的范围内，其最小分度值应为 0.2℃；

c、通风器的风扇和发条盒的转动应平稳，不得有摩擦声和撞击声；

d、通风器开动后，在第 4min 末，温度表球部周围的通风速度不得小于 2.5m/s，在第 6min 末，不得小于 2.2m/s；

e、每分钟末通风速度的改变不应大于 0.2m/s。

(2)通风干湿表应送气象部门检验，检定周期为 3 年。遇下列情况之一者，应进行再检定：

a、在同一海拔高度上，发条盒转动第二周的作用时间增长达 6s 以上；

b、检定或更换温度表；

c、修理及更换配件；

d、对检定结果有怀疑时。

2. 空盒气压表

(1)主要技术要求：

a、空盒气压表应能在大气压力 53329～106658Pa(400～800mmHg)、空气温度为－10℃～＋40℃的条件下正常工作；

b、温度系数的变化，每度不得超过±27Pa(0.20mmHg)；

c、示值修正值的最大差值不得超过绝对值 400Pa(3mmHg)；

d、空盒气压表的空盒组、传动系统和指示部分应连接牢固，无松脱和摩擦现象；

e、当空盒气压表倾斜 45°时，轻击表身，指针位置的改变不得大于±53Pa(±0.4mmHg)；

f、当正、反方向转动调节螺丝时，指针的位移量不得小于 4000Pa(30mmHg)；

g、空盒气压表的刻度盘表面应呈白色、刻线清晰，无划痕缺陷；

h、它的指针应平直，具有弹性，末端应扭转 90°角，且与刻度盘表面垂直，指针与度盘表面的间距为 0.3～1.0mm。

(2)空盒气压表应送气象部门检验，检定周期为 3 年。有下列情况之一者，应提前送检：

a、气压表被剧烈震动过，或对示值有怀疑时；

b、气压表的读数与本站水银气压表的气压相比较，经过示值修正后，其差值超过±400Pa(±3mmHg)的。

五、光电测距仪测距时的注意事项

(一)使用光电测距仪时，应严格按照仪器说明书的要求正确使用。照准头、经纬仪和发射镜应按出厂时的配套号码使用，否则必须重新检验三轴(发射轴、接收轴和照准轴)的平行性和检定常数。

(二)新购的光电测距仪，在使用前应进行检定，仪器修理后，由于调换了电子元件或拆动光路等都可能使原来的常数发生变化，故应重新检定。用于桥、隧控制测量的光电测距仪应每年检定 1 次，在使用过程中发现异常情况应及时检定；用于线路及航测外控的光电测距仪，亦应定期与精度不低于 1/100 000的已知边长或自设的专用基线比长，比测的误差超过标称误差的两倍时，应进行检定。

(三)作业要求

1. 作业前应检核三轴的平行性、圆水准器及光学对中器。

2. 视线宜高出地面和离开障碍物 1.3m 以上。

3. 视线应尽量避免通过受电、磁场干扰的地方，一般要求离开高压线 2～5m。

4. 视线应尽量避免通过发热体(如散热塔、烟囱等)。

5. 视线背景应避免反光物体，在反射光束范围内，不得同时出现两个反射器，测距时步话机亦应暂时停止使用。

6. 测距前应先检查电池电压是否符合要求。在低气温下作业时，应有一定的预热时间，使仪器各电子部件达到正常稳定的工作状态，方可测距。

7. 在晴天作业时，仪器应打伞，严禁将照准头对向太阳，以免烧坏发射管和接收信号的雪崩二极管；在桥、隧控制测量中，反射镜如无遮阳罩时亦应打伞，以免曝晒而影响温度平衡，造成镜面凹凸不平，致使信号强度降低。

8. 应避免在烟、尘、雨、雾、霜、雪、雷、电及四级以上大风等不利条件下测距。

9. 由驻地至作业现场的往返途中，主机及棱镜应装箱(包)，支架应装入帆布套内，禁止任何人脚踩或垫坐，如乘汽车、主机应放在驾驶室内，由专人看管。

10. 作业中迁站时，仪器应装箱，严禁将全套仪器装在三角架上搬运。

六、光电测距仪的维护和保养

（一）光电测距仪是精密的光学、电子仪器，应该注意防潮、防尘和防震。

（二）作业期间若仪器被雨淋湿，应该用干净的软布擦干，并在通风处放置一段时间。

（三）仪器装箱前，应用软毛刷刷去镜头上的灰尘，若镜头上有潮气，可用鼓风球吹干。

（四）贮放测距仪时，应该把它放在通风良好的阴凉地方，箱内应放置防潮防霉剂。

（五）长期存放的测距仪必须定期通风驱潮，同时检查仪器的光学、电子系统工作情况，发现故障应及时报告主管部门处理。

（六）测距仪的镍镉电池贮放时，必须充足电，在存放期间要定期充电，其它类型的蓄电池按其说明书中有关内容处理。注意电源电压与电池电压的一致，严禁将充电器接在高压电源上。

（七）不要用挥发性强的液体（如稀释剂苯）或其它有机溶媒清洁仪器。但可以用脱脂棉做的棉签沾酒精和乙醚（6：4）的混合液或用干净的蒸馏水，浸湿清洁它。

（八）在使用过程中，禁止任意拆卸仪器各部件，如发生故障要认真分析原因，报请有关上级批准，送修理部门修理。

（九）电线插座及仪器电路接触簧片，应经常保持干净，如有灰尘、污物可用脱脂棉、酒精擦拭，严禁用砂纸等硬物擦磨。

第二节　钢卷尺量距

一、钢卷尺测量误差分析

用普通钢卷尺直接丈量距离的误差来源主要有下列几种：

（一）尺长误差

钢卷尺的名义长度和实际长度不相符合，用此钢卷尺丈量距离时必然会引起由于尺长不正确的误差，而且所量的距离越大，误差越大。按国家计量局《钢卷尺检定规程》规定，钢卷尺出厂的尺长刻划就有1/5 000的误差，根据检验或比长发现50m钢卷尺尺长误差最大可达35mm，仅此一项误差就使量距极限相对误差达到1/1 450。因此，当尺长相对误差大于尺长的1/10 000时，应在量距时进行尺长改正。

（二）倾斜误差

距离丈量是丈量两点间的水平距离。由于距离丈量时尺子的抬平是用目估的方法，很不准确，总使量得的长度比实际水平距离大，特别在山区进行丈量，目估更不易准确。

（三）温度变化

由于一般钢卷尺的膨胀系数为0.000 011 5，其长度随外界温度的升降变化较大，直接影响丈量结果。当丈量时的温度与检定时的温度相差10℃，对于50m的钢卷尺尺长将变化5.75mm。在严冬或盛夏，尺长变化更大。温度变化而产生的误差，随丈量距离的增长而增大。丈量的距离愈长，误差愈大。因此，距离丈量时，应进行尺长温度改正。

（四）拉力不标准

丈量距离时钢卷尺所受拉力应与检定时拉力相同，即98～147N。用力大于检定时拉力，易将尺子拉长甚至断裂，并使读得的距离较实际的水平距离短；反之，则使读得的距离较实际的水平距离长。根据试验证明，拉力差达63N时，50m钢卷尺尺长只改变1/10 000，故对1/2 000丈量精度可采用徒手均匀拉尺，而对于精度较高的丈量，则应使用弹簧秤。

（五）定线误差

丈量时一般采用经纬仪定向，用花杆穿方向的方法，使丈量的距离不是直线而是折线。因而总使丈量的距离偏大。由分析可知，定线偏离直线10cm，50cm的边长只增长1cm，对边长精度的影响为1/5 000。

（六）重力垂曲误差

检验钢卷尺时，由于受重力的作用，钢卷尺呈垂曲状态，故在测量时。仍应使尺身呈垂曲形状，不必过分绷直钢卷尺。重力垂曲误差只要在丈量时采用钢卷尺检验时基本相同的拉力，其误差影响即可减少或消除。

（七）距离丈量时操作误差

该项误差包括钢卷尺读数对准误差，垂球落点不准误差及插测钎误差。上述误差对丈量结果时大时小，可相互抵消。只要操作仔细认真，其影响可减小。

以上各项误差中，（一）、（二）、（三）、（五）、（六）为系统误差，（四）、（七）为偶然误差。距离丈量时，应根据不同的精度要求，采取适当的测量方法，并考虑是否加入上述各项误差改正，以取得可靠的成果。对于精度要求不高的测量，如丈量精度要求$\geqslant\frac{1}{2\ 000}$，只须考虑（一）、（三）、（四）项就可以了。

二、直接丈量水平距离

平坦地区距离丈量可直接用钢卷尺量得。由于自然地面起伏不平，为量得两点间的水平距离，须将尺子的一端抬起使尺水平，然后用垂球投影于地面，以量取其水平距离。如两点间距离较长，水平距离应分段丈量。当丈量的长度不是一整尺的尺段，即零链时，其长度应仔细丈量，以免读错记错，如图1.3.2.1。

$$L=l_1+l_2+l_3+l_4$$

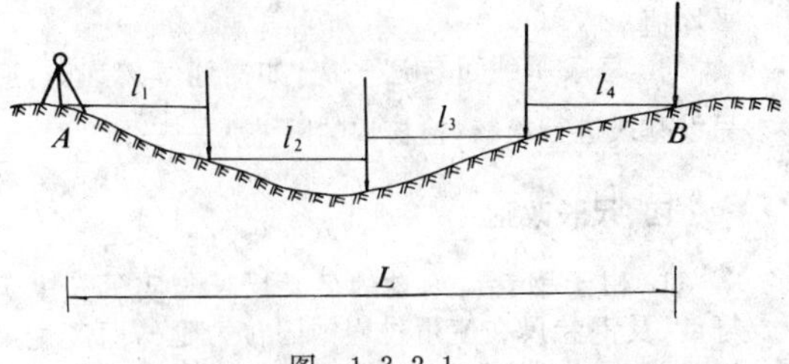

图 1.3.2.1

三、间接丈量水平距离

丘陵山区地面倾斜较大，用直接丈量水平距离方法，分段太多，且工效低。一般均采用间接丈量水平距离的方法。

(一)斜坡拉链法

斜坡拉链法即测量垂直角及斜边，并以此求算平距的方法。现场中常采用以下几种形式：

1. 仪器不动，垂直角 α 不变连拉数链。拉链时尽量使尺与视线重合，如图 1.3.2.2。

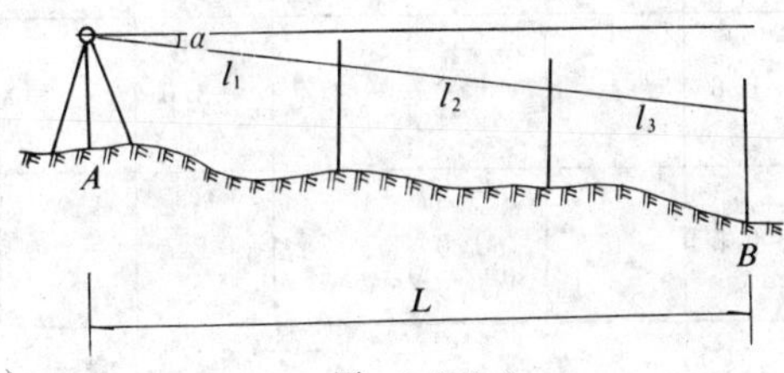

图 1.3.2.2

$$L=(l_1+l_2+l_3)\cos\alpha$$

2. 仪器不动，变更垂直角 α 连拉两链，并使两链长度相等，利用等腰三角形原理，计算两点间的水平距离。如图 1.3.2.3 和 1.3.2.4。

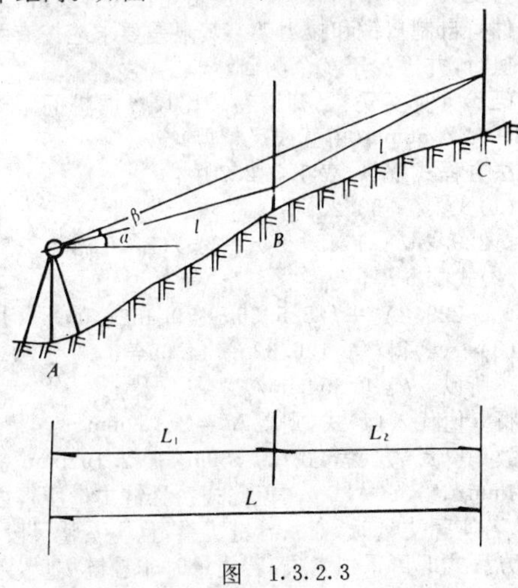

图 1.3.2.3

$$L=L_1+L_2=l\cdot\cos\alpha+l\cdot\cos(2\beta-\alpha)$$

$$L=L_1+L_2=l\cdot\cos\alpha+l\cdot\cos(2\beta+\alpha)$$

3. 仪器不动，变更垂直角，连拉两链，且两链不等长，利用正弦定理，计算水平距离，如图 1.3.2.5。

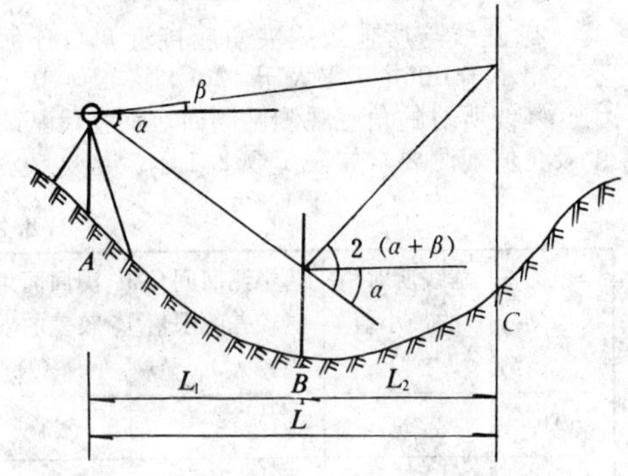

图 1.3.2.4

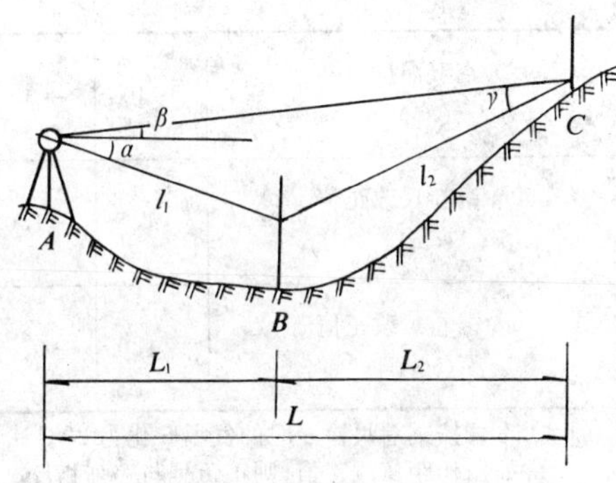

图 1.3.2.5

$$L=L_1+L_2=l_1\cdot\cos\alpha+l_2\cos(\beta+\gamma)$$

$$\sin\gamma=\frac{l_1\sin(\alpha+\beta)}{l_2}$$

(二)基线法测距

基线测距就是测量横向短基线、视差角及所求边所对的角，间接测定距离的一种方法。

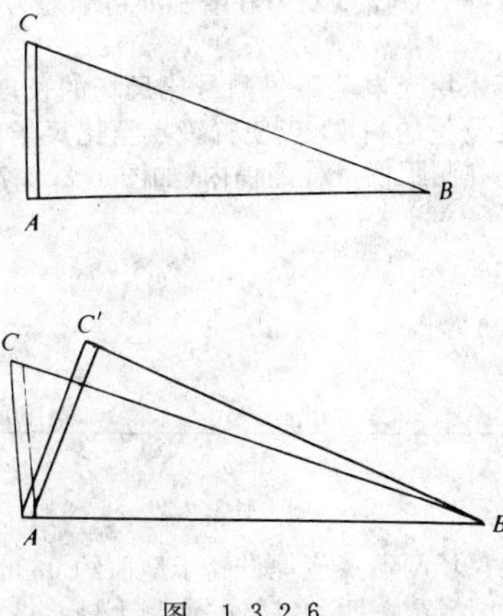

图 1.3.2.6

1. 基线长度用钢卷尺丈量两次，其较差不大于长度的$\frac{1}{3\ 000}$时取平均值，取位至 mm。

2. 基线与所求边的夹角应接近 90°，任何情况下不得小于 60°并不得大于 120°。

基线所对的角应观测两测回。钢卷尺基线法角度及角值观测要求如表 1.3.2.1 示。

表 1.3.2.1

仪器型号	基线所对角的最小值(°)	两半测回间角值较差的限值(″)	测回间角值较差的限值(″)
DJ_2	6	15	10
DJ_6	12	30	20

当基线所对的角小于表 1.3.2.1 规定时，应设双基线，所求边的较差小于长度的$\frac{1}{2\ 000}$时取平均值。

3. 每条基线可传递一次，如需连续传递时，应另设基线进行检核，检核边的限差为$\frac{1}{2\ 000}$。

四、尺长改正

1. 由于钢卷尺刻划的名义尺长与实际长度不符，以及钢卷尺在使用过程中因拉力延伸而产生尺长误差，因此，钢卷尺在使用前应进行检定或与已检定的钢卷尺比长，当尺长相对误差大于尺长的 1/10 000 时，应进行尺长改正。

2. 由于钢卷尺量距时的温度与检定时的温度不一致，使量距中产生温度影响的系统误差。因此，量距时，尺长应加入温差改正，其值如表 1.3.2.2 示。

表 1.3.2.2

空气温度(℃)	+40	+30	+20	+10	0	−10	−20	−30	−40
50m 钢卷尺改正值(cm)	−1.5	−1.0	0	+0.6	+1.2	+1.8	+2.4	+3.0	+3.5
30m 钢卷尺改正值(cm)	−1.0	−0.5	0	+0.5	+0.7	+1.0	+1.4	+1.7	+2.0

注：①本表按钢卷尺检定时的气温归化为 20℃计算；
②如用作距离改正值，则正负号与表列相反。

五、钢卷尺的检验

在精度要求较高的测量中，一般需要求出钢卷尺的尺长改正数及线膨胀系数，列出尺长方程式。在现场可设置钢卷尺室外比尺场，对钢卷尺进行检定。

(一)钢卷尺比尺墩(场)的设立：比尺墩(场)一般应选择土质坚实、平坦、宽广而很少人畜走动之处，其长度一般应为基线尺和钢卷尺的最小公倍数，并稍短 5～6cm。如受条件限制亦可缩短为基线尺的长度。

若采用光电测距仪测量比尺场的长度时，为保证长度测量的精度，应使置镜点至比尺场两端点的距离均在测距仪最佳测程内(如图 1.3.2.7 示)。

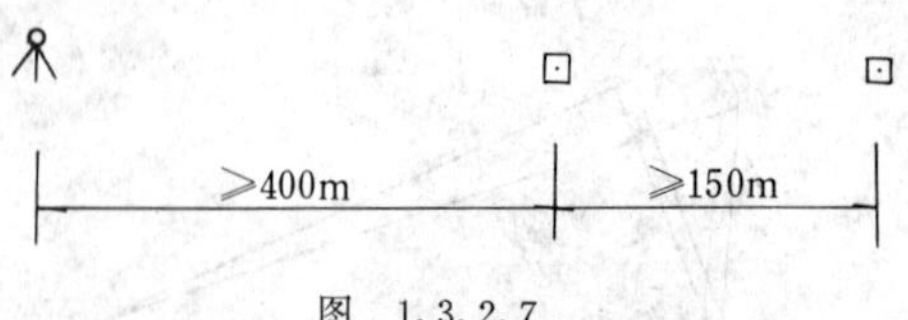

图 1.3.2.7

比尺场两端点应埋设高于地面约 0.8m，埋入地下约 1m，成截头四角锥体的混凝土桩。桩顶应包埋鱼尾状金属棒，棒端须露出桩顶约 0.5cm，端顶刻有较细的十字线。两端十字线应严格位于同一延长线上，以利比长读数。

(二)操作方法与采用基线尺丈量时相同，仅使用拉力工具有所不同。一般可使用花杆和弹簧秤。如有条件可自制重锤和拉力架。其限差要求应按有关规定执行，并不少于 3 个测回。

(三)计算实例：已知钢卷尺比尺场两桩间距离为 119 937.50mm(由基线尺量得)。

法方程式解算，表 1.3.2.7 中：

(1)式乘(−38.20)得

$$229.2\Delta L-1\ 459.24\alpha+34.762=0 \qquad (3)$$

(2)式乘 6 得：

$$-229.2\Delta L+1\ 585.56\alpha-79.452=0 \qquad (4)$$

(3)+(4)得 $+126.32\alpha-44.69=0$

所以 $\alpha=0.354\text{mm}/℃$

将 α 值代入(1)式，则得 $\Delta L=2.102\text{mm}$

故其尺方程式为 30m + 2.102mm + 0.354mm/℃×(t−20°)。但此式系悬链丈量所得之结果。若实际丈量时，亦系悬链丈量，且均系整尺段，则尺方程式即可采用上式。若丈量时非悬链丈量，则尺方程式尚应加上钢卷尺全长的下垂改正数。若丈量时亦系悬链，但非整尺段，则上式亦应加上钢卷尺全长的下垂改正数，并于计算后再减去零尺段的下垂改正数值。

第 15 号钢卷尺温度及尺长读数计算手簿　　表 1.3.2.3

测回数	尺段数	温度读数		尺长读数		备　注
		往	返	往	返	
1	1	15.1	15.9	−350	−358	
	2	15.2	15.9	−106	−110	
	3	15.0	16.4	−018	−023	
	4	14.7	16.6	−139	−151	
	Σ	60.0	64.8	−613	−642	
	平均	15.0	16.2			
2	1	10.3	12.4	−349	−363	
	2	10.4	12.4	−064	−071	
	3	10.7	12.1	−019	−030	
	4	11.0	11.5	−126	−128	
	Σ	42.4	48.4	−558	−592	
	平均	10.6	12.1			
	1	12.5	14.7	−366	−373	
	2	13.2	15.1	−087	−089	
	3	13.6	14.5	−044	−043	
	4	13.9	14.3	−140	−142	
	Σ	53.2	58.6	−637	−647	
	平均	13.3	14.6			

第 15 号钢卷尺长度计算表　　表 1.3.2.4

段号	日期	尺段数	尺子号数	测量方向	温度 (℃)	温度改正 (mm)	尺长读数之和 (mm)	倾斜改正 (mm)	L (mm)	基线长度 (mm)
	3.16	4	15	往	15.0		−61.3	−0.4	120 000.00	119 938.30
		4	15	返	16.2		−64.2	−0.41	120 000.00	119 935.39
		4	15	往	10.6		−55.8	−0.4	120 000.00	119 943.80
		4	15	返	12.1		−59.2	−0.41	120 000.00	119 940.39
		4	15	往	13.3		−63.7	−0.4	120 000.00	119 935.90
		4	15	返	14.6		−64.7	−0.41	120 000.00	119 934.89

误差方程式表　　表 1.3.2.5

测回	方向	原　式	简　化
1	往	$\left[\Delta L+(15.0-20)\alpha+\frac{119\ 938.30}{4}\right]-\frac{119\ 937.5}{4}=V_1$	$\Delta L-5\alpha+0.20=V_1$
1	返	$\left[\Delta L+(16.2-20)\alpha+\frac{119\ 935.39}{4}\right]-\frac{119\ 937.5}{4}=V_2$	$\Delta L-3.8\alpha-0.53=V_2$
2	往	$\left[\Delta L+(10.6-20)\alpha+\frac{119\ 943.80}{4}\right]-\frac{119\ 937.5}{4}=V_3$	$\Delta L-9.4\alpha+1.57=V_3$
2	返	$\left[\Delta L+(12.1-20)\alpha+\frac{119\ 940.39}{4}\right]-\frac{119\ 937.5}{4}=V_4$	$\Delta L-7.9\alpha+0.72=V_4$
3	往	$\left[\Delta L+(13.3-20)\alpha+\frac{119\ 935.90}{4}\right]-\frac{119\ 937.5}{4}=V_5$	$\Delta L-6.7\alpha-0.40=V_5$
3	返	$\left[\Delta L+(14.6-20)\alpha+\frac{119\ 934.89}{4}\right]-\frac{119\ 937.5}{4}=V_6$	$\Delta L-5.4\alpha-0.65=V_6$

法方程式系数表

表 1.3.2.6

测回数	a	b	I	S	aa	ab	aI	aS	bb	bI	bS
1往	+1	−5.0	+0.20	−3.80	+1	−5.0	+0.20	−3.80	+25.00	−1.000	+19.000
1返	+1	−3.8	−0.53	−3.33	+1	−3.8	−0.53	−3.33	+14.44	+2.014	+12.654
2往	+1	−9.4	+1.57	−6.83	+1	−9.4	+1.57	−6.83	+88.36	−14.758	+64.202
2返	+1	−7.9	+0.72	−6.18	+1	−7.9	+0.72	−6.18	+62.41	−5.688	+48.822
3往	+1	−6.7	−0.40	−6.10	+1	−6.7	−0.40	−6.10	+44.89	+2.680	+40.870
3返	+1	−5.4	−0.65	−5.05	+1	−5.4	−0.65	−5.05	+29.16	+3.510	+27.270
Σ	+6	−38.20	+0.91	−31.29	+6	−38.20	+0.91	−31.29	+264.26	−13.242	+212.818

法方程式解算及尺方程式

表 1.3.2.7

公　式	法 方 程 式	尺 方 程 式
$[aa]\Delta L+[ab]\alpha+aI=0$	$6\Delta L-38.20\alpha+0.91=0$　(1)	30m+2.102mm +0.354mm×(t−20)
$[ab]\Delta L+[bb]\alpha+bI=0$	$-38.20\Delta L+264.26\alpha-13.242=0$　(2)	

下垂改正数可按下式计算：

$$\Delta L_a=\frac{q^2L^3g_n^2}{24P^2} \qquad (1.3.2.1)$$

式中 q——钢卷尺每米的质量(0.021 2kg/m)；

L——钢卷尺全长(30m)；

P——拉力(147N)；

g_n——标准自由落体加速度，采用 9.8m/s²。

所以 $\Delta L_a=\dfrac{0.021\ 2^2\times30^3\times9.8^2}{24\times147^2}$

$=0.002\ 25\text{m}$

$=2.25\text{mm}$

(四)钢卷尺比长结果的精度计算：见表 1.3.2.8。

第 15 号钢卷尺精度计算表

表 1.3.2.8

方　向	V(从 α 及 L 代入误差方程式)	VV	$m=\pm\sqrt{\frac{[VV]}{n-\mu}}$
往	2.102−5.0×0.354+0.2=0.532		
返	2.102−3.8×0.354−0.53=0.227		$m=\pm\sqrt{\frac{1.1140}{6-2}}=\pm0.528$
往	2.102−9.4×0.354+1.57=0.344		
返	2.102−7.9×0.354+0.72=0.025		
往	2.102−6.7×0.354−0.40=−0.670		式中，μ 为未知数个数
返	2.102−5.4×0.354−0.65=−0.46	$[VV]=1.114\ 0$	

ΔL 和 α 平均值中误差按下式计算：

$$m_{\Delta L}=m\sqrt{[\alpha\alpha]}\text{；}m_\alpha=m\sqrt{[\beta\beta]} \qquad (1.3.2.2)$$

$$\begin{cases}[aa]Q_{11}+[ab]Q_{12}=1\\ [ab]Q_{11}+[bb]Q_{12}=0\\ [aa]Q_{21}+[ab]Q_{22}=0\\ [ab]Q_{21}+[bb]Q_{22}=1\end{cases}$$

解以上联立方程式得：

$$[\alpha\alpha]=Q_{11}=\frac{[bb]}{[bb][aa]-[ab]^2}$$

$$[\beta\beta]=Q_{22}=\frac{[aa]}{[bb][aa]-[ab]^2}$$

$$[\alpha\alpha]=\frac{264.26}{264.26\times6-(-38.20)^2}=2.091\ 898$$

所以 $m_{\Delta L}=\pm m\sqrt{[\alpha\alpha]}=\pm0.528\times1.446$

$=\pm0.764\text{mm}$

$$[\beta\beta]=\frac{6}{264.26\times6-(-38.20)^2}=0.047\ 498$$

所以 $m_\alpha=\pm m\sqrt{[\beta\beta]}=\pm0.528\times0.218$

$=\pm0.115\text{mm}$

第三节 视距测量

一、视距测量的基本概念

视距测量是应用仪器的视距丝按光学原理来测定两点间的距离及高差的一种测量方法。视距测量应用较广，在铁路勘测中主要适用于地形测量，但有时也运用在精度要求不高的平面及高程控制测量中，如利用视距测量隧道顶高程及距离。

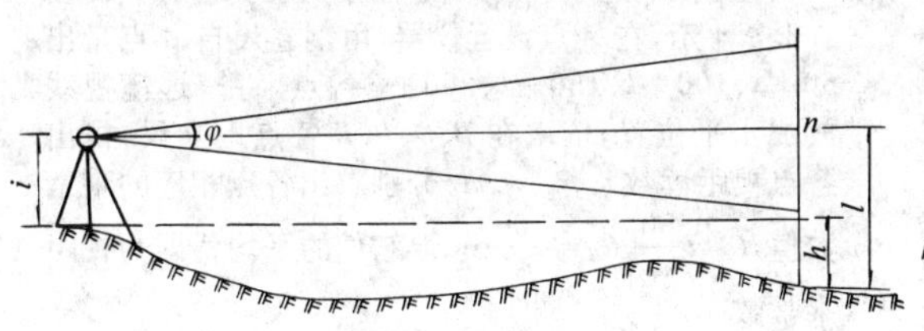

图 1.3.3.1

当视线水平时，如图 1.3.3.1 示。由于视距丝位于十字丝平面上。上下两根丝的间距是一个固定的数值，由这两根视距丝引出去的视线，在竖直面内所夹的角度 φ，也是一个固定的数值。因此，立尺点离开测站的水平距离 d 与视距读数 n 成正比，视距读数愈大，则水平距离愈大。

当视线水平时，水平距离 d，立尺点高程 H 按下式计算(图 1.3.3.2)：

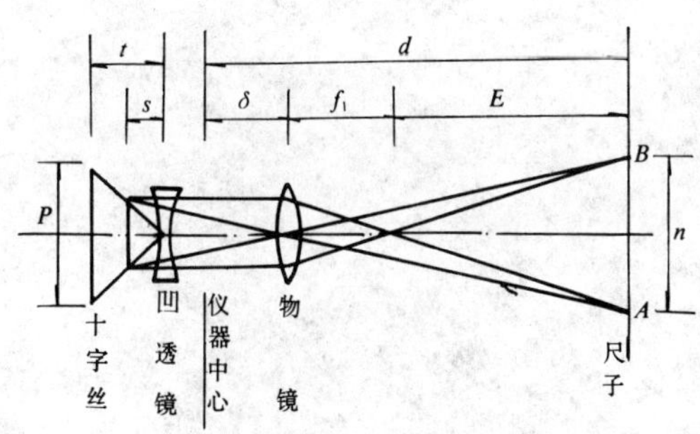

图 1.3.3.2

$$d=C\cdot n+k \qquad (1.3.3.1)$$

式中 C——乘常数，一般仪器 $C=100$；

k——加常数，$k=f_1+\delta$，

其中 f_1——物镜焦距，

δ——物镜至仪器中心的距离。

对于内对光望远镜，k 一般为零，则

$$d=C\cdot n \qquad (1.3.3.2)$$

$$H=l \qquad (1.3.3.3)$$

式中 l——十字丝中丝读数。

当视线倾斜时，如图 1.3.3.3。水平距离 d，立尺点高程 H 按下式计算：

$$d=Cn\cos^2\alpha \qquad (1.3.3.4)$$

$$H=d\cdot\tan\alpha+i-l \qquad (1.3.3.5)$$

式中 α——竖直角；

i——仪器高；

l——十字丝中丝在尺上的读数。

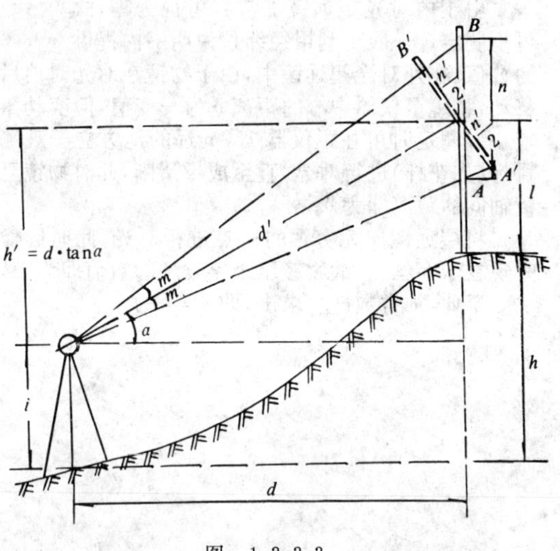

图 1.3.3.3

二、视距测量误差分析

(一)竖直角测量误差

从视距公式 $d=Cn\cos^2\alpha$ 可知，竖直角误差的影响在角度大时要比角度小时影响大，当竖直角 $\alpha=30°$时，竖直角的误差若为 1′时，对水平距离的影响约为 1/4000 左右。对高差的影响，当距离为 100m 时，高差中误差约为±4cm。因此，竖直角测量的误差对水平距离的影响可忽略不计。而高差中误差随高程差及两点间的水平距离增大而增大。

(二)视距乘常数 C 的误差

视距乘常数 C 可通过野外检定求得，一般情况下误差较小。在结构上仪器出厂时均保证在允许的限制范围内。

(三)读数误差

读数误差与视距长度及瞄准误差有关，由于视距读数同时观测上、下丝，其瞄准中误差要增加一倍。根据误差分析，当望远镜放大率为 20 倍时，读数引起的误差可达$\frac{1}{730}$。

(四)尺倾斜误差

倾斜误差除与尺倾斜有关，还与视线竖直角大小有关。当视线竖直角较大时，倾斜误差迅速增大。若视线方向内尺身倾斜 30′，竖直角为 30°时，由此而产生的测距中误差只能达到$\frac{1}{200}$。因此，在竖直角较大时应注意尺倾斜误差对测距的影响。

(五)外界条件的影响引起的误差

由于风的影响使尺子摆动,由于大气涡流的影响使视线跳动,直接影响测距精度。据试验分析,该项误差对测距精度的影响可达$\frac{1}{400}$。

三、视距测量乘常数和加常数的测定

(一)视距加常数k的测定

由于内对光望远镜加常数可视为零,故可不测定。一般可利用经纬仪说明书内提供的数值。在外对光望远镜中,由于物镜在对光时前后移动,物镜至仪器中心的距离δ为一变值,但变动量较小。测定时可在距仪器150m远的地方立一观测目标(如花杆)进行对光,直至成像清晰,此时物镜至横轴间的距离即为δ。

将望远镜向无穷远的一点进行对光,此时影像呈现在十字丝上,故物镜至十字丝环的数值即为f。

至此,加常数即可求出,即$k=\delta+f$

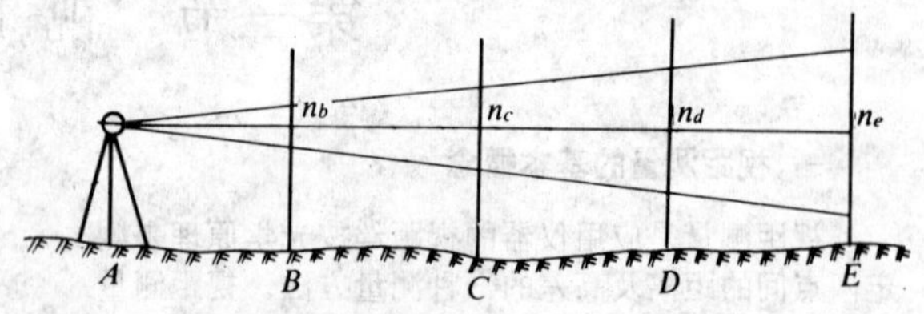

图 1.3.3.4

(二)视距乘常数C的测定

在野外选择一块较为平坦的地方,如图1.3.3.4示,在A点设置仪器,用钢卷尺自A点量出$50+k$、$100+k$、$150+k$、$200+k$各点,将望远镜视线放成水平位置,依次在B、C、D、E各点上立尺,得出各点视距读数n_b、n_c、n_d、n_e。分别求出各点相应的乘常数值,$C_1=\frac{50}{n_b}$、$C_2=\frac{100}{n_c}\cdots$。取它们的平均值即为视距乘常数。

第四章 角度测量

第一节 角度观测及计算

一、水平角观测误差分析

(一)仪器对中误差

仪器对中误差是由于仪器安置时对中不准确,使仪器中心偏离测站标点引起的水平角误差。当边长为50m,对中误差为1mm时,对测角精度的影响约为±5.8″。因此,水平角观测时,应根据测角精度要求以及所测边的长短,掌握对中精度。

(二)目标偏心误差

目标偏心误差是由于仪器所照准的目标偏离测点的标志中心所引起的水平角误差。它与偏心值成正比,与边长成反比。当边长为300m,目标偏心10mm时,目标偏心误差可达7″。因此,为了减少目标偏心误差,应尽量照准目标(标杆)的底部,当距离近时,尽量用垂球对点。

(三)照准误差

照准误差主要与人眼的分辨率及望远镜的放大倍率、目标形状、光亮程度、视差消除等有关。当望远镜的放大倍率为30,则照准误差约为1″~2″。

(四)读数误差

读数误差与读数设备、照明及判读的准确性有关。DJ_2级仪器一般为1″~2″,而DJ_6级仪器可达9″。

(五)仪器误差

仪器误差主要包括度盘分划误差,上盘偏心误差等。度盘分划误差根据试验分析,大约为1.5″。上盘偏心误差DJ_2级仪器约为零,而DJ_6级仪器可达4.2″左右。

二、水平角的观测方法及计算

(一)测回法

测回法测量水平角是铁路工程测量中最常用的方法。

测回法的观测方法是首先在测站上置镜,在观测点上分别设置观测目标。整平、对中仪器。这些工作准备完毕即可进行观测其操作步骤如下(图1.4.1.1):

(1)打开度盘,松开照准部制动扳手,用望远镜盘左(也称正镜)位置瞄准A点,固定照准部制动扳手,用照准部微动螺旋精确照准A点后,读取水平度盘读数a_1;

(2)松开照准部制动扳手,顺时针方向转动经纬仪照准部,瞄准B点,读取水平度盘读数b_1。

以上过程称为半测回。其所得之角值为$\beta_1=b_1-a_1$。

为了提高精度,消除仪器误差,还需用盘右(倒镜)位置再观测一次。

(3)松开照准部制动扳手,纵转望远镜,使经纬仪位于盘右位置,并移动度盘约90°,进行第二个半测回测角工作。

(4)用望远镜盘右位置照准B点,读取水平度盘读数b_2。

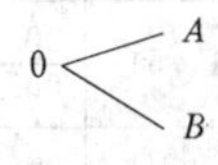

图 1.4.1.1

(5)松开水平度盘制动扳手,顺时针方向转动经纬仪照准部,用望远镜照准A点,读取水平度盘读数a_2。

则第二个半测回测得角之值为$\beta_2=b_2-a_2$

用盘左、盘右各观测一次称为一个全测回。

则一个测回测得之角值为:

$$\beta=\frac{1}{2}(\beta_1+\beta_2)$$

或
$$\beta=\frac{1}{2}(b_1+b_2)-\frac{1}{2}(a_1+a_2)$$

测回法的记录格式如表1.4.1.1。

水平观测记录 表1.4.1.1

日期 天气 观测者 记录者

测站	目标	盘位	读数 ° ′ ″	角值 ° ′ ″	平均值 ° ′ ″	附注
0	A B	左	123 47 15 201 23 48	77 36 33	77 36 36	0 A B
	B A	右	278 51 54 201 15 15	77 36 39		

(二)全圆测回法(方向观测回法)

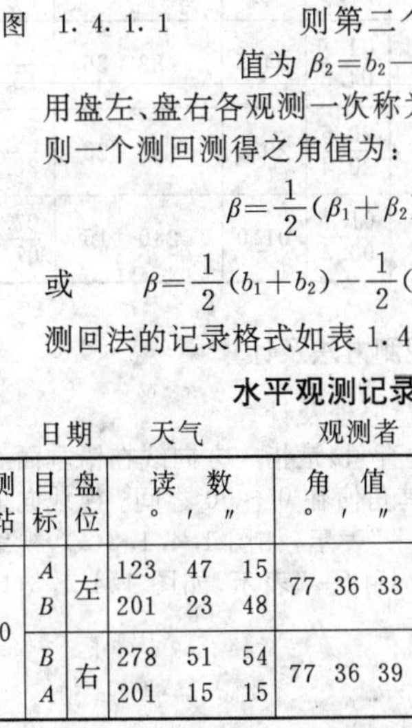

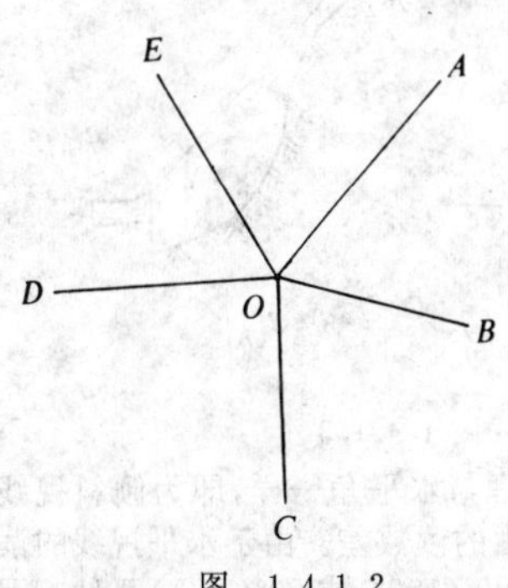

图 1.4.1.2

当在一个测站要观测3个以上方向时,通常要采用全圆测回法。如图1.4.1.2所示。设在0点置镜,需观测A、B、C、D、E五个方向。先将仪器置平对中,选择一个距离适中,通视良好，竖角不大的方向作为起始方向，设为 A，然后将度盘大致对准 0，以正镜位置首先照准 A 点，再依次照准 B、C、D、E，分别读取水平度盘读数，最后回到 A(称为归零)。以上称为上半个测回。之后，调转望远镜并移动度盘，用倒镜位置依 A、E、D、C、B、A 的顺序进行下半测回的工作，分别读取水平度盘读数。全圆测回法的记录格式如表 1.4.1.2。

全圆测回法一般应用于三角测量，精度要求较高，工作中应注意：

1. 严格遵守操作程序，充分发挥主观能动性。

2. 选择有利观测时间，一般为上午 10 时前，下午 3 时后，阴天可全天观测。

3. 一个测站上观测应尽量避免调焦，以免由于调焦而引起视准轴误差。

4. 选择条件优越的方向作为起始方向。

5. 仪器照准部必须按规定方向旋转，制动螺旋不宜拧得太紧，以免仪器局部变位。微动螺旋应用中间的一段，且最后为旋进方向。

全圆测回法记录

表 1.4.1.2

测站	观测目标	读数						2C	正倒镜平均值	方向值	注
		盘左			盘右						
		° ′	″	″	° ′	″	″		° ′ ″	° ′ ″	
O	A	60 15	00.0 / 01.0	00.5	240 15	09.7 / 09.3	09.5	−09.0	60 15 04.6 / 60 15 05.0	0 00 00	
	B	101 51	50.2 / 50.8	50.5	281 51	00.6 / 00.4	00.5	−10.0	101 51 55.5	41 36 50.9	
	C	171 43	18.9 / 19.1	19.0	351 43	29.3 / 28.6	29.0	−10.0	171 43 24.0	111 28 19.4	
	D	268 36	04.7 / 04.3	04.5	88 36	14.0 / 13.0	13.5	−09.0	268 36 08.8	208 2 104.2	
	E	347 25	20.6 / 20.4	20.5	167 25	30.6 / 30.4	30.5	−10.0	347 25 25.5	287 10 20.9	
	A	60 15	01.1 / 00.8	01.0	240 15	07.9 / 07.1	07.5	−06.5	60 15 04.2		

三、竖直角的观测方法及计算

(一)竖直角测量原理及计算

竖直角(也称垂直角)是指一方向线在铅垂面上与水平线的夹角。其角值在 0°～90°之间。视线向上倾斜时称仰角，用"+"表示，如图 1.4.1.3(a)，视线向下倾斜时称俯角，用"－"表示，如图 1.4.1.3(b)所示。

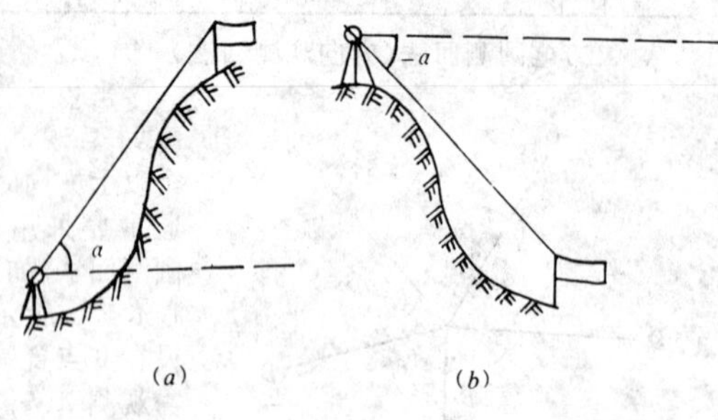

图 1.4.1.3

竖直角测量原理与水平角一样，即为倾斜视线和水平视线在竖盘上的读数差。由于水平视线的读数为一整数，一般为 0°(180°)或 90°(270°)两种。因此，只要测得倾斜视线的读数就可求得竖直角。

对于竖直度盘刻划不同的经纬仪，其半测回竖直角的计算方法也不相同。设竖直角为 α，竖直度盘盘左时的读数为 L，竖直度盘盘右时的读数为 R，则对天顶为 0°的仪器

正镜 $\alpha=90°-L$

倒镜 $\alpha=R-270°$

正倒镜平均值 $\alpha=\frac{1}{2}[(R-L)-180°]$

对天顶为 90°的仪器：

正镜 $\alpha=L-90°$

倒镜 $\alpha=270°-R$

正倒镜平均值 $\alpha=\frac{1}{2}(180°+L-R)$

竖直盘度指标差 $x=\frac{1}{2}(L+R-360)$

(二)竖直角观测

1. 中丝法

所谓中丝法，就是经纬仪十字丝三根横丝中的中丝照准目标进行竖直角测量的方法。中丝法一测回的观测顺序(未附有竖直度盘补偿器的经纬仪)为：

(1)整平仪器量测仪器高；

(2)调整竖直度盘水准器，使其气泡大致对中；

(3)转动望远镜使十字丝大致对准目标并固定

之；

(4)用水平和竖直微动螺旋使横丝(中丝)精确对准目标；

(5)调平竖直度盘气泡使之严格居中。

(6)记录竖直度盘读数

(7)倒镜观测，重复以上操作

中丝法记录格式如表 1.4.1.3。

表 1.4.1.3

测站	目标	仪器高	目标高	竖直度盘位置	竖直度盘读数 Ⅰ (° ′ ″)	竖直度盘读数 Ⅱ (″)	中数 (° ′ ″)	指标差 $\frac{1}{2}$(左+右)−180 (″)	天顶距 $180-\frac{右-左}{2}$ (° ′ ″)
C_2	C_1	1.306	1.792	左	89 09 12	12	89 09 12	−02	89 09 14
				右	270 50 46	44	270 50 45		
C_2	C_3	1.306	1.792	左	89 38 34	32	89 38 33	−03	89 38 36
				右	270 21 22	20	270 21 21		

2. 三丝法

三丝法的观测方法与中丝法基本相同，只是正镜时分别用上、中、下丝照准同一目标并读数。三丝法的特点是可以消弱垂直度盘分划误差的影响。

观测记录，正镜时依次用上、中、下丝照准，记录顺序为自上至下。倒镜后照准顺序仍为上、中、下丝，但记录顺序应自下至上。指标差互差的比较，应按各测回的同一根水平丝的指标差进行。

三丝法记录格式如表 1.4.1.4。

表 1.4.1.4

测站	目标	仪器高	目标高	竖直度盘位置	竖直度盘读数 Ⅰ (° ′ ″)	竖直度盘读数 Ⅱ (″)	中数 (° ′ ″)	指标差 $\frac{1}{2}$(左+右) (′ ″)	天顶距 $180-\frac{右-左}{2}$ (° ′ ″)
C_7	C_8	1.295	1.584	左	89 37 54	53	89 37 54	−17 15	89 55 09
				右	269 47 36	35	269 47 36		
				左	89 55 07	08	89 55 08	−00 04	89 55 12
				右	270 04 44	44	270 04 44		
				左	90 12 16	16	90 12 16	+17 10	89 55 06
				右	270 22 04	04	270 22 04		
								中数	89 55 09

第二节 经纬仪的检验与校正

一、测量仪器的检视

(一)仪器外表的检视

查看仪器有无脱漆、锈蚀、零件是否缺少或损坏，螺钉是否松动或缺失。

(二)望远镜的检视

视场亮度是否均匀，成像是否清晰；光学零件有无水汽、霉污、脱胶、划痕、碎裂；十字丝分划板位置是否正确，线条粗细是否均匀，有无脱色；调焦透镜滑动时松紧是否合适；目镜调焦时有无晃动现象。

(三)水准器的检视

水准器有无碎裂、松动、气泡扩大、格线颜色脱落；水准器的观察镜、反光镜有无缺失、损坏、霉污，气泡影像是否合乎要求。

(四)读数系统的检视

读数显微镜内亮度是否均匀，成像是否清晰；光学零件有无水汽、霉污、脱胶、划痕、碎裂；读数窗位置、度盘及测微器的格线有无偏斜，格线长短是否合乎要求，测微轮转动是否正常。

(五)轴系检视

竖轴和横轴转动时松紧程度是否合适，有无晃动或异常响声。

(六)制、微动机构、微倾螺旋和脚螺旋的检视

制动螺旋的作用是否正常，微动和微倾螺旋转动是否平稳、均匀；脚螺旋旋转时松紧是否适当，有无晃动或响声。

(七)光学对点器的检视

光学对点器调焦时有无晃动现象，光学零件有无霉污、损坏。

(八)仪器箱和附件的检视

仪器箱有无损坏；箱上的反扣、搭扣、锁、提环和背带是否牢靠；附件是否齐全，在箱内安置是否稳妥。

(九)三脚架的检视

三脚架架头与架脚连接是否牢固，架脚有无损坏，各螺旋是否起作用。

二、照准部长水准器的检验和校正

（一）检验　将仪器大致整平，使水准器与两个脚螺旋平行，调整气泡居中。旋转照准部90°，转动第三个脚螺旋，导气泡居中，然后再旋转照准部180°，如气泡仍居中心，则符合要求。否则要进行校正。

（二）校正　照准部调转180°后，如气泡偏离中心，此时，用拨针转动水准器的上下校正螺旋改正气泡偏离格值的一半（先放松一个螺旋，再旋紧另一个），其余一半用脚螺旋调至气泡居中。如此反复校正至完善为止。

（三）注意事项

1. 在检校游标经纬仪的长水准器时，最好将下盘制动螺旋拧紧，只松开上盘制动螺旋转动照准部，以免由于内外旋转轴的重合不好而影响检校的准确性；

2. 水准轴的方向反转180°时，最好用水平度盘的读数来准确决定；

3. 水准管的校正螺旋拨转时不可过紧，一般在螺旋旋到接触面后，只需再旋转20°至45°即可。过紧可能损坏校正螺丝，过松则不易保持长久。

三、圆水准器的校正

在各等级经纬仪上，除了照准部水准器外，往往还装有一个圆水准器，作为仪器粗略置平用；其水准器轴应与竖轴平行。当照准部水准器校正完善后马上检查圆水准器，如果气泡偏离中心，需调节圆水准器三个校正螺旋使气泡居中。

四、十字丝竖丝的检验与校正

（一）检验　十字丝竖丝应垂直于望远镜的横轴。检验方法有两种。一种是置平仪器，用竖丝的上端或下端瞄准远处一个清晰的目标，固定照准部，拧紧垂直度盘制动螺旋，在转动垂直度盘微动螺旋使望远镜在垂直面内作转动的同时，观察视场中的目标点是否偏差竖丝，若有偏离，则需要校正。另一种是离仪器20～30m处，悬挂一根直径为0.5～1.0mm的垂线。若望远镜在垂直面内转动时，十字丝与垂线重合，则说明条件满足，否则需要校正。

（二）校正　卸下十字丝分划板护盖，略松分划板的校正固定螺旋，微微转动十字丝环，使竖丝垂直，反复检校至完善为止，然后旋紧十字丝分划板校正固定螺旋。

现以DJ61经纬仪为例，见图1.4.2.1。旋下护盖1，适当放松螺旋2（共4个），用手轻轻地转动目镜部分，使竖丝垂直。然后拧紧螺旋2。如此反复检校至完善为止。

（三）注意事项

1. 不同仪器的十字丝分划板结构不尽相同，但校正方法大同小异。当检校一种不熟悉的仪器时，事先要仔细地分析判断，弄清它的结构后再动手。

2. 因为很难把竖丝严格校正到铅垂位置，所以在仪器使用时，应尽量用十字丝中心部位去照准目标，这样可以减少一些残余误差的影响。

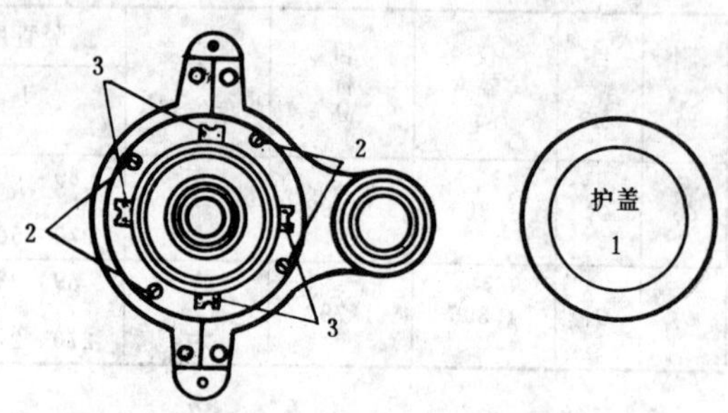

图　1.4.2.1

3. 十字丝校正圈的下面一般都设有垫片，要转动十字丝圈必须连同垫片一起转动。如垫片紧贴在镜筒上时，可用小刀将它撬起，使其能与十字丝一起转动。

五、望远镜视准轴垂直于横轴的检验和校正

检验和校正　检校方法有两种。一种是整平仪器后，用正镜位置照准远处一目标点，该点应大致在水平方向上，再以倒镜位置照准该点，分别读出水平度盘读数。若两次读数之差为180°，则望远镜视准轴与横轴相垂直，否则，用盘左的读数减去盘右的读数，与180°之差即是视准轴误差的两倍（即2C）。

调整时，转动水平微动螺旋，将度盘置在正倒镜两次读数的平均值位置，并固定之。而后拨动十字丝环的左右两个改正螺丝，使竖丝精确照准目标。

另一种（如图1.4.2.2）是在和仪器大致等高、离仪器距离大致相等（约100m）的两处横放标尺A、B。整平仪器后，盘左照准A尺上的某分划线N。固定照准部，倒转望远镜照准B尺得一读数M_1。松开照准部制动螺旋，转动照准部再次照准A尺上的分划线N。然后再固定照准部，倒转望远镜，若十字丝中心仍对准B尺上的M_1点，说明两轴垂直；若对准另一点M_2，则视准差存在。

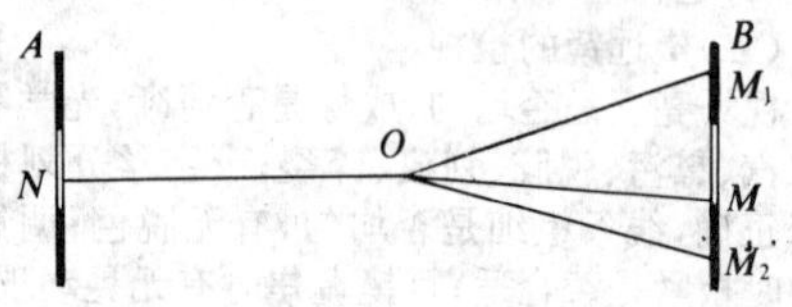

图　1.4.2.2

校正时，在M_2点起拨动分划板左右两个螺丝，使望远镜十字丝竖丝对准$\frac{1}{4}M_1M_2$处，即图中的M点，$M=\frac{1}{4}M_1M_2$。

两种检校方法都必须反复进行。校正时如图1.4.2.1所示，拨动左右螺旋3，达到调整目的。

注意事项

1. 用分划板左右两校正螺旋调整时，应先松开一螺旋，接着旋紧另一侧螺旋，校正至完善为止。

2. 观测时，正倒镜观测取平均值，以消除残余2C的影响。

六、垂直度盘指标差的检验和校正

(一)检验　整平仪器，正镜位置照准远处一高点(如烟囱、水塔上的避雷针等)，固定水平、垂直制动螺旋，利用垂直度盘指标微动螺旋调整垂直度盘水准气泡居中，读记垂直角，以 L 表示。倒镜照准原目标，如前操作，读记垂直角，以 R 表示。若 $L+R\neq 360°$，则说明垂直度盘存在指标差。

(二)校正　先按公式

$$x=\frac{1}{2}[(L+R)-360°] \qquad (1.4.2.1)$$

求出指标差 x，观测两测回，取其平均值。在倒镜位置计算垂直度盘正确读数，即 $R-x$。然后调整垂直微动螺旋，将垂直度盘置于读数为 $R-x$ 的位置上。此时垂直度盘水准气泡偏离，及时用校正针拨转垂直度盘指标水准器的校正螺丝，调整气泡居中。上述检校方法须反复进行。

(三)垂直度盘自动归零补偿器的检测

安置仪器，使基座两个脚螺旋连线与平行光管轴线大致平行，并使平行光管与经纬仪望远镜大致等高，整平经纬仪，望远镜在水平位置。检测步骤如下：

1. 望远镜分划板横丝精确瞄准光管分划板刻划 K；

2. 读取垂直度盘读数 V_1；

3. 旋转一脚螺旋使经纬仪竖轴作前倾 Z'；

4. 微动望远镜，使分划板横丝重新精确瞄准光管刻划 K；

5. 读取垂直度盘读数 V_2；

6. 同3～5步骤，使经纬仪竖轴后倾 Z'，读取垂直度盘读数 V_3。

其中 V_2-V_1 和 V_3-V_2 为补偿误差，重复3次取平均值作测定值。此值，对于 DJ_6 经纬仪不得超过6″，对于 DJ_2 经纬仪不得超过4″。

如果没有平行光管，可在距经纬仪10～20m处安置一刻有适当粗细线条的白纸标志，用来代替平行光管的刻划。

(四)注意事项

1. 改正时必须注意勿使十字丝离开原来的目标；

2. 调整后一般仍有残余误差的影响，故观测时用正倒镜读数取中数消除。

3. 对垂直度盘自动归零的经纬仪，产生指标差时应尽可能调整望远镜十字丝横丝位置，当调整不过来时应由修理人员进行调整。

4. 上述各项的检验和校正必须依次序进行，不得颠倒。

七、光学对中器对中误差的检验及校正

(一)和测角仪器照准部一起旋转的光学对中器

检验：在较为平坦的地面上安置仪器，使仪器的垂直轴处于垂直状态。在光学对中器的视野内，在地面上平铺一纸板，按照光学对中器的视准轴在纸板上标定一点。

将仪器照准部平转180°再按光学对中器的视准轴在纸板上标定一点。如果前后两点不重合，则需校正光学对中器。

校正：将纸板上的前后两点分中，调整光学对中器的校正螺旋，使光学对中器的视准轴照准此中点，反复检验、校正，直至仪器照准部平转180°时的前后两点重合，即光学对中器的视准轴照准同一点为止。

(二)和测角仪器的基座相固连的光学对中器

检验校正的方法同于一款。不同之处是：将测角仪器平放(仪器的垂直轴大约在水平位置)在桌上，以支承(木托)将仪器的支架托起，使仪器基座能绕仪器旋转轴(垂直轴)自由旋转。在距仪器1.2～1.5m的墙上标点，以代替在地面上的纸板上标点。

在做此项检验和校正时，应注意仪器的稳定，不能碰动。

八、水平轴不垂直于垂直轴之差的测定

此项测定可在室内或室外进行。在室内测定时，以两个照准器(任何装有十字丝的仪器均可)作为目标；在室外测定时，可在距仪器5m以外的地方设置两个目标。

对两个目标的位置要求是：一为高点，一为低点，两点应大致在一铅垂线上；用仪器观测两点的垂直角的绝对值不应小于3°，其绝对值应大致相等，其差不得超过30″(设置目标时可用仪器指挥)。

测定方法如下：

(一)观测高低两点的水平角六个测回，每测回间换置水平度盘和测微器。$\frac{180}{m}+i+\frac{i}{2m}$($DJ_1$级)；$\frac{180''}{m}+\frac{i}{2}+\frac{i}{2m}$($DJ_2$级)。式中，$m$ 为测回数，i 为度盘最小分格值。

观测限差：2C变化按高、低点方向分别比较在整个测定中对 DJ_1 级经纬仪不得超过6″，对 DJ_1 级经纬仪不得超过10″；各测回角度值互差 DJ_2 级经纬仪应小于3″，DJ_2 级经纬仪应小于8″。对超出限差的测回应进行重测。

(二)观测高低点的垂直角 $\alpha_{高}$ 和 $\alpha_{低}$，用中丝法测三测回，垂直角和指标差互差均不超过10″，超限应重测。

(三)最后结果计算

水平轴不垂直于垂直轴之差：

$$i=\frac{1}{2}(C_{高}-C_{低})\cdot\cot\alpha$$

式中 $C_{高}=\dfrac{1}{2n}\sum_{1}^{n}(L-R)_{高}$

$C_{低}=\dfrac{1}{2n}\sum_{1}^{n}(L-R)_{低}$

$a=\dfrac{1}{2}(\alpha_{高}-\alpha_{低})$

i 的绝对值：对 DJ_1 级经纬仪不应超过 10″；DJ_2 级经纬仪不应超过 15″，检验记录，计算示例如下：

水平轴不垂直于垂直轴之差的测定

1. 高、低两点间水平角的测定(表 1.4.2.1)

2. 高、低两点间垂直角的测定(表 1.4.2.2)

仪器：苏光 J_2№70240

表 1.4.2.1

度盘位置	照准点	读数 盘左 (L)		读数 盘右 (R)		2C (左－右±180°)	$\frac{1}{2}$[左＋(右±180°)]	角度
°		° ′ ″	″	° ′ ″	″	″	° ′ ″	° ′ ″
0 (顺)	1 高点	0 00 17 17	17	180 00 09 09	09	＋08	0 00 13	
	2 低点	0 00 00 01	00	179 59 48 48	48	＋12	359 59 54	359 59 41
30	1	30 11 40 41	40	210 11 35 36	36	＋04	30 11 38	
	2	30 11 24 25	24	210 11 18 19	18	＋06	30 11 21	359 59 43
60	1	60 23 12 13	12	240 23 10 10	10	＋02	60 23 11	
	2	60 22 55 55	55	240 22 48 48	48	＋07	60 22 52	359 59 41
90 (逆)	1	90 34 53 52	52	270 34 48 47	48	＋04	90 34 50	
	2	90 34 36 35	36	270 34 29 28	28	＋08	90 34 32	359 59 42
120	1	120 46 34 35	34	300 46 28 28	28	＋06	120 46 31	
	2	120 46 18 18	18	300 46 07 08	08	＋10	120 46 13	359 59 42
150	1 高点	150 58 12 13	12	330 58 06 05	06	＋06	150 58 09	
	2 低点	150 57 52 51	52	330 57 43 43	43	＋09	150 57 48	359 59 39

$C_{高}=\dfrac{1}{2n}\sum_{1}^{n}(L-R)_{高}=\dfrac{1}{2\times 6}(+30'')=+2.5''$

$C_{低}=\dfrac{1}{2n}\sum_{1}^{n}(L-R)_{低}=\dfrac{1}{2\times 6}(52'')=+4.3''$

仪器：苏光 J_2№70240　　表 1.4.2.2

照准点	测回	读数 盘左		盘右		指标差	垂直角
		° ′ ″	″	° ′ ″	″	° ′ ″	° ′ ″
高点	Ⅰ	81 59 57 58	58	278 00 42 42	42	＋ 20	＋8 00 22
	Ⅱ	81 59 57 57	57	278 00 40 39	40	＋ 18	＋8 00 22
	Ⅲ	81 59 52 52	52	278 00 41 42	42	＋ 17	＋8 00 25
						中数	＋8 00 23
低点	Ⅰ	98 00 21 21	21	262 00 14 14	14	＋ 18	－8 00 04
	Ⅱ	98 00 17 19	18	262 00 13 12	12	＋ 15	－8 00 03
	Ⅲ	98 00 18 18	18	262 00 21 20	20	＋ 19	－7 59 59
						中数	－8 00 02
							α＝8 00 12

3. 最后结果计算

水平轴不垂直于垂直轴之差：

$$i=\frac{1}{2}(C_{高}-C_{低})\cdot\tan\alpha$$

$$=\frac{1}{2}[+2.5''-(+4.3'')]\times 7\cdot 112$$

$$=-6.4''$$

九、照准部旋转是否正确的检验

(一)检验方法

1. 整置仪器，使垂直轴垂直，读记照准部水准器气泡两端读数或中间位置读数；

2. 顺时针方向旋转照准部，每旋转照准部 45°，读记水准器气泡一次，连续顺转 3 周。

3. 逆时针方向旋转照准部，每旋转照准部 45°，读记水准气泡一次，连续逆转 3 周。若照准部旋转正确，各位置气泡读数互差，对 DJ_1 级仪器不超过 2 格(按气泡两端读数之和比较为 4 格)；DJ_2 级仪器不超过半格(按气泡两端读数之和比较为 1 格)。若气泡读数变化较大，超出上述限差，并以照准部旋转两周为周期而变化，照准部旋转不正确，应送厂进行检修。

(二)检验示例(表 1.4.2.3)

照准部旋转是否正确的检验

仪器：苏光 DJ_2№70240　　表 1.4.2.3

照准部位置	气泡读数 左	右	和或中数	照准部位置	气泡读数 左	右	和或中数
顺转第一周							
	g	g	g		g	g	g
0°	06.8	13.3	20.1	180°	07.0	13.4	20.4
45	07.0	13.4	20.4	225	06.9	13.3	20.2
90	06.9	13.3	20.2	270	07.0	13.4	20.4
135	07.0	13.3	20.3	315	07.1	13.5	20.6
顺转第二周							
0°	07.1	13.6	20.7	180°	06.8	13.1	19.9
45	07.2	13.6	20.8	225	06.8	13.1	19.9
90	07.0	13.3	20.3	270	06.8	13.2	20.0
135	06.8	13.2	20.0	315	07.0	13.3	20.3
顺转第三周							
0°	06.9	13.2	20.1	180°	06.9	13.2	20.1
45	07.1	13.4	20.5	225	07.0	13.3	20.3
90	07.0	13.3	20.3	270	07.1	13.5	20.6
135	06.9	13.2	20.1	315	07.2	13.6	20.8
逆转第一周							
315°	07.2	13.2	20.4	135°	06.8	13.1	19.9
270	07.1	13.5	20.6	90	06.9	13.2	20.1
225	06.9	13.3	20.2	45	07.1	13.5	20.6
180	06.8	13.2	20.0	0	07.0	13.5	20.5
逆转第二周							
315°	07.0	13.4	20.4	135°	06.5	12.9	19.4
270	06.8	13.2	20.0	90	06.8	13.2	20.0
225	06.7	13.1	19.8	45	07.2	13.6	20.8
180	06.5	12.9	19.4	0	07.2	13.6	20.8
逆转第三周							

续上表

照准部位置	气泡读数			照准部位置	气泡读数		
	左	右	和或中数		左	右	和或中数
315°	07.2	13.6	20.8	135°	06.9	13.2	20.1
270	07.1	13.5	20.6	90	06.8	13.2	20.0
225	06.9	13.2	20.1	45	07.1	13.4	20.5
180	06.7	13.1	19.8	0	07.2	13.6	20.8

最大变动 1.4^g，中心位置变化 0.7^g。

十、光学测微器行差的测定

测微器行差，即测微器量取度盘上两相邻分划线间角的实际量得值与理论设计值之差。测微器行差直接影响读数的正确性，因此，必须经常进行测定。如果行差过大，则须校正测微器，或在观测成果中加入改正值。

为减少水平度盘分划系统误差的影响，光学测微器行差的测定，应均匀地在水平度盘各位置上进行照准部的整置位置如表 1.4.2.4、1.4.2.5。

DJ_1 级经纬仪

表 1.4.2.4

序号	整置位置	
1	0°	00′
2	24	04
3	48	08
4	72	12
5	96	16
6	120	20
7	144	24
8	168	28
9	192	32
10	216	36
11	240	40
12	264	44
13	288	48
14	312	52
15	336	56

DJ_2 级经纬仪

表 1.4.2.5

序号	整置位置	
1	0°	00′
2	30	20
3	60	40
4	90	00
5	120	20
6	150	40
7	180	00
8	210	20
9	240	40
10	270	00
11	300	20
12	330	40

每一位置的测定程序如下：

1. 将测微器指标对正零分划线，转动度盘变换钮至整置位置，用水平微动螺旋使整置位置的分划线 A 与对径分划线 $A\pm180°$ 重合。

2. 按下列顺序，各精密重合两次，同时进行测微器读数（读数可按正负数读，以 DJ_2 级为例多于 0^g、60^g 读作正数，少于 0^g、60^g 读作负数）；

a——A 与 $(A\pm180°)$ 两分划线重合时的读数；

b——$(A-i)$ 与 $(A\pm180°)$ 两分划线重合时的读数；

c——A 与 $(A\pm180°-i)$ 两分划线重合时的读数。

i 为度盘最小分划格值。

测微器行差计算：

$$\gamma_{正}=(a-b)\cdot\mu+\frac{i}{2} \tag{1.4.2.2}$$

$$\gamma_{倒}=(a-c)\cdot\mu+\frac{i}{2} \tag{1.4.2.3}$$

$$\gamma=\frac{\gamma_{正}+\gamma_{倒}}{2} \tag{1.4.2.4}$$

式中 γ——测微器分划值。

γ 与 $(\gamma_{正}-\gamma_{倒})$ 的绝对值，对 DJ_1 级经纬仪不应超过 1″；对 DJ_2 级经纬仪不应超过 2″。

经检验，若 $(\gamma_{正}-\gamma_{倒})$ 和 γ 值超限，应送厂进行修理，调整光具组。

在外业观测过程中，若测微器行差 γ 值超过上述规定限差，应在观测结果中加入改正数：

$$\Delta\gamma=\frac{2\gamma}{i}\cdot C \tag{1.4.2.5}$$

式中 C——测微器读数；

i——水平度盘最小间隔分划值。

行差测定的记录计算示例如表 1.4.2.6。

水平度盘光学测微器行差的测定　　表 1.4.2.6

仪器：苏光 DJ_2№73240

度盘位置	a	b	c	$a-b$	$a-c$	度盘位置	a	b	c	$a-b$	$a-c$
° ′	″	″	″	″	″	° ′	″	″	″	″	″
0 00	+0.1	−0.2	−0.6			180 00	−1.1″	−1.8	−1.3		
	+0.2	−0.3	−0.6				−0.9	−1.6	−1.2		
	+0.2	−0.2	−0.6	+0.4	+0.8		−1.0	−1.7	−1.2	+0.7	+0.2
30 20	−1.2	−1.9	−1.7			210 20	+0.3	−0.1	−0.2		
	−1.2	−1.4	−2.0				−0.2	−0.3	−0.3		
	−1.2	−1.6	−1.8	+0.4	+0.6		0.0	−0.2	−0.2	+0.2	+0.2
60 40	−1.1	−1.6	−1.5			240 40	−0.9	−1.1	−1.6		
	−0.9	−1.7	−1.0				−0.6	−1.4	−1.6		
	−1.0	−1.6	−1.2	+0.6	+0.2		−0.8	−1.2	−1.6	+0.4	+0.8
90 00	0.0	−0.5	−0.5			270 00	+0.8	0.0	−1.1		
	+0.2	−0.2	−0.2				+0.6	−1.1	−0.2		
	+0.1	−0.4	−0.4	+0.5	+0.5		+0.7	0.0	−0.6	+0.7	+1.3
120 20	+0.3	−0.8	−0.2			300 20	−0.9	−1.2	−1.6		
	0.0	−0.6	−0.4				−0.5	−1.2	−1.2		
	+0.2	−0.7	−0.3	+0.9	+0.5		−0.7	−1.2	−1.4	+0.5	+0.7
150 40	−0.9	−1.6	−1.5			330 40	+0.2	0.0	0.0		
	−0.7	−1.4	−1.3				+0.5	+0.1	+0.2		
	−0.8	−1.5	−1.4	+0.7	+0.6		+0.4	0.0	+0.1	+0.4	+0.3
中数										+0.5″	+0.6″
$\gamma=+0.6''$　　$\gamma_{正}-\gamma_{倒}=-0.1''$											

十一、照准部旋转时仪器底座位移而产生的系统误差的检验

在仪器墩或牢固的脚架上整置好经纬仪，选一清晰的目标(或设置一目标)。顺转仪器 1 周照准目标读数，再顺转 1 周照准目标读数；然后，逆转 1 周照准目标读数，再逆转 1 周照准目标读数。以上操作为 1 测回，连续测定 10 个测回，分别计算顺、逆转两次照准目标读数的差值，并取其 10 次的平均值，此值的绝对值对于 DJ_1 级经纬仪不应超过 0.3″，对于 DJ_2 级经纬仪不应超过 1.0″。

检验记录，计算示例如下：

照准部旋转时仪器底座位移而产生的系统误差的检验　　表 1.4.2.7

仪器：苏光 DJ_1№69012

序号	项目	度盘位置	测微器之读数 I	测微器之读数 Ⅱ	和或中数	1周之系统差	序号	项目	度盘位置	测微器之读数 I	测微器之读数 Ⅱ	和或中数	1周之系统差
Ⅰ 测 回							Ⅱ 测 回						
			g	g	″	″							
1	顺转 1 周照准目标读数	0.0	03.6	03.6	07.2		1	顺转 1 周照准目标读数	18.0	04.5	04.4	08.9	
2	再顺转 1 周照准目标读数		03.3	03.5	06.8	−0.4	2	再顺转 1 周照准目标读数		04.3	04.5	08.8	−0.1

续上表

序号	项目	度盘位置	测微器之读数 I	测微器之读数 Ⅱ	和或中数	1周之系统差	序号	项目	度盘位置	测微器之读数 I	测微器之读数 Ⅱ	和或中数	1周之系统差
3	逆转1周 照准目标读数		03.1	03.3	06.4		3	逆转1周 照准目标读数		04.0	04.2	08.2	
4	再逆转1周 照准目标读数		03.5	03.6	07.1	+0.7	4	再逆转1周 照准目标读数		04.2	04.0	08.2	0.0
Ⅲ 测回							Ⅳ 测回						
1	顺转1周 照准目标读数	36.0	g 03.6	g 03.4	″ 07.0	″	1	顺转1周 照准目标读数	54.0	07.1	07.0	14.1	
2	再顺转1周 照准目标读数		03.6	03.5	07.1	+0.1	2	再顺转1周 照准目标读数		06.9	06.9	13.8	−0.3
3	逆转1周 照准目标读数		03.7	03.6	07.3		3	逆转1周 照准目标读数		07.0	07.0	14.0	
4	再逆转1周 照准目标读数		03.5	03.7	07.2	−0.1	4	再逆转1周 照准目标读数		07.0	07.1	14.1	+0.1

注:其它各测回记录格式同上

顺转1周之系统差平均值　−0.12″

逆转1周之系统差平均值　+0.22″

第五章　高 程 测 量

第一节　概　　述

一、概　　述

测定地面上两点之间高差的测量称为高程测量。地面上某点的高程即这个点沿着铅垂线方向(即重力方向)至平均海水面(大地水准面)的距离,即为该点的海拔(或绝对)高程。我国的高程系采用黄海高程系统,它是以黄海平均水面为基准,并由该基准面起算高程的。国家测绘局国测发〔1987〕198 号文《关于启用 1985 国家高程基准及国家一等水准网成果的通告》中规定:"1985 国家高程基准是采用青岛验潮站 1952 年至 1979 年验潮资料计算确定的,依此推算的青岛国家水准原点高程值确定为高出该基准 72.260m。

铁路高程测量的方法有水准测量及三角高程测量。近年来,由于光电测距仪的普遍运用,光电测距三角高程已广泛地运用在高程测量中。一般三角高程测量由于精度较低,只用于中桩高程测量。

铁路水准测量共分五等:其中,二、三、四等的精度要求与国家二、三、四等水准测量相同。线路水准点高程测量按五等精度要求:其每 km 中数偶然中误差 M_Δ 不大于 7.5mm。

二、水准点的布设要求

1. 水准点高程测量与国家水准点或相当于国家等级的水准点联测,当线路距上述水准点在 5km 以内时,应不远于 30km 联测一次形成附合路线。

2. 水准点应沿线布设,一般地段每隔约 2km,工程复杂地段每隔约 1km 设置一个。

水准点宜设在距线路 100m 范围内,并须设在不易风化的基岩或坚固稳定的建筑物上,亦可埋设混凝土水准点,在人烟疏少,气候干燥地区,则可埋设木质水准点,严寒地区,水准点应埋在冻土层以下 1.5m。

3. 铁路测量水准点的高程应采用 1985 国家高程基准。如个别地段无 1985 年国家高程基准的水准点时,可引用其它水准高程或以假设高程起算,但在全线水准测量接通后,应消除断高换算成 1985 国家高程基准,有困难时亦应换算为全线统一的高程系统。

4. 线路定测时,长度在 300m 以上的桥梁,500m 以上的隧道两端和大型车站范围内应设水准点。初测设置的水准点远离线路时,应予以迁移,并与邻近水准点闭合。

5. 水准点编号常冠以 BM 表示

三、水准点标志

1. 设置于岩石上的水准点应凿成凸出球面,外刻凹槽圆圈如"◎"记号,加填红油漆,并在旁边刻划或写明编号。

2. 设置于建筑物基础顶面或凸边上的水准点,其表面为坚实、光洁的水平面时,也可在周围刻成矩形凹槽加填红油漆,并在旁边刻划或写明编号。

四、高程测量各项精度要求

(一)水准测量等级和测量精度见表 1.5.1.1。

表 1.5.1.1

水准测量等级	每 km 高差中数的偶然中误差(mm)	限差 (mm)				
		检测已测段高差之差	往返测不符值	附合线路闭合差	环闭合差	左右路线高差不符值
二	≤1.0	$\pm6\sqrt{R}$	$\pm4\sqrt{R}$	$\pm4\sqrt{L}$	$\pm4\sqrt{F}$	—
三	≤3.0	$\pm20\sqrt{R}$	$\pm12\sqrt{R}$	$\pm12\sqrt{L}$	$\pm12\sqrt{F}$	$8\sqrt{R}$
四	≤5.0	$\pm30\sqrt{R}$	$\pm20\sqrt{R}$	$\pm20\sqrt{L}$	$\pm20\sqrt{F}$	$14\sqrt{R}$
五	≤7.5	$\pm30\sqrt{R}$	$\pm30\sqrt{R}$	$\pm30\sqrt{L}$	$\pm30\sqrt{F}$	$20\sqrt{R}$

注:表中 R 为测段长度,L 为附合路线长度,F 为环线长度,均以 km 计。

(二)水准点光电测距三角高程观测要求见表 1.5.1.2。

表 1.5.1.2

距离测回数	竖直角 测回数	竖直角			往返观测高程较差(mm)	边长范围(m)
	中丝法	最大角值(°)	测回间较差(″)	指标差互差(″)		
往返各一测回	往返各两测回	20	10	10	$60\sqrt{D}$	200～600

注:D 为光电测距边长度(km)。

当竖直角大于 20°,或边长短于 200m 时,应提高观测值精度。

(三)加桩光电测距三角高程测量观测要求见表 1.5.1.3。

表 1.5.1.3

类别	距离测回数	竖直角			半测回或两次间高差较差(mm)
		最大竖直角(°)	测回数	半测回间较差(″)	
高程转点	往返各一测回	30	中丝法往返各一测回	12	
				20(无补偿器)	
中桩	单向一测回	40	单向两次		100
			单向一测回	30	

(四)高程测量限差见表 1.5.1.4。

表 1.5.1.4

项目			往返测高差不符值	附合路线闭合差	检测	附注
水准点	水准测量		$30\sqrt{K}$	$30\sqrt{L}$	$30\sqrt{K}$	K——相邻水准点间线路长度(km)
水准点	光电测距三角高程测量		$60\sqrt{D}$	$30\sqrt{L}$	$30\sqrt{K}$	
加桩	水准测量			$50\sqrt{L}$	100	
加桩	光电测距三角高程测量			$50\sqrt{L}$	100	
加桩	一般三角高程测量	困难地段		300	150	
加桩	一般三角高程测量	隧道顶		800	400	

(五)各等级水准测量作业结束后每条水准路线须以测段往返高差不符值计算每 km 水准测量高差中数的偶然中误差 M_Δ。

M_Δ 按下式计算

$$M_\Delta=\pm\sqrt{\frac{1}{4n}\left[\frac{\Delta\Delta}{R}\right]}$$

式中 Δ——测段往返测高差不符值(mm);

n——测段数。

第二节 水准测量

一、水准点水准测量

水准测量又称几何水准测量,它是用水准仪和水准尺测定地面上两点间高差的方法。

水准点水准测量(基平测量)规定使用精度指标不低于 DS_3 级的水准仪进行施测。水准标尺宜采用整体式标尺,并经过检定,每米分划间隔的长度误差不得超过 0.5mm。当用塔尺时,除了进行每米分划间隔的长度误差检定外,还要经常检查接头处是否正确。

水准点水准测量通常采用一组往返或两组单程进行测量。

1. 往返观测法

由一个组在两水准点间往返观测,两次所测得高差之差在允许误差范围内时，取其平均值，作为两水准点之高差。

2. 两组单程观测法

由两组仪器在两水准点间进行观测。两组测得的高差在允许误差范围内时，取平均值作为水准点间的高差值。测量时，两组位置应相互错开，以免观测者误看水准尺，造成错误。

除了上述两种方法外，还有双置镜法、双转点法、双面尺法等。由于这些方法往往存在粗差（错误）和常数差（仪器、工具差、视差等）而且不容易发现，其测量结果不一定可靠，各等级测量时不应采用。

水准点水准测量记录格式如表 1.5.2.1。

二、加桩高程测量

加桩高程（中平）测量，是根据基平测量设立的水准点，进行导线点和加桩的高程测量。初测的中平测量一般只测定导线点的高程定测中则是测定各转点、百米桩及加桩等的高程，作为纵断面设计、路基设计和其它建筑物设计的依据。

表 1.5.2.1

××线　　××段　　　阶段　　1992 **年** 3 **月** 18 **日　天气　晴**　　　　　　　　　**第　页**

<table>
<tr><th rowspan="2">水准基点或测点</th><th colspan="5">Ⅰ</th><th colspan="4">Ⅱ</th><th rowspan="2">采用高程</th><th rowspan="2">备　注
（基点位置描述）</th></tr>
<tr><th>后视</th><th>仪器高</th><th>中视</th><th>前视</th><th>计算高程</th><th>后视</th><th>仪器高</th><th>前视</th><th>计算高程</th></tr>
<tr><td>BM1</td><td>2.334</td><td></td><td></td><td></td><td></td><td></td><td></td><td></td><td></td><td></td><td rowspan="17">$\Delta h_{往}=11.377-7.896=+3.481$m
$\Delta h_{返}=8.917-12.386=-3.469$m
实测闭合差
$f_h=3.481-3.469=0.012$m
允许闭合差
$\pm 30\sqrt{K}=\pm 30\sqrt{l}=\pm 30\text{mm}>12\text{mm}$</td></tr>
<tr><td></td><td>2.562</td><td></td><td></td><td>1.100</td><td></td><td></td><td></td><td></td><td></td><td></td></tr>
<tr><td></td><td>2.415</td><td></td><td></td><td>1.236</td><td></td><td></td><td></td><td></td><td></td><td></td></tr>
<tr><td></td><td>1.983</td><td></td><td></td><td>2.626</td><td></td><td></td><td></td><td></td><td></td><td></td></tr>
<tr><td></td><td>0.837</td><td></td><td></td><td>0.997</td><td></td><td></td><td></td><td></td><td></td><td></td></tr>
<tr><td></td><td>1.246</td><td></td><td></td><td>0.958</td><td></td><td></td><td></td><td></td><td></td><td></td></tr>
<tr><td>BM2</td><td></td><td></td><td></td><td>0.979</td><td></td><td></td><td></td><td></td><td></td><td></td></tr>
<tr><td>Σ</td><td>11.377</td><td></td><td></td><td>7.896</td><td></td><td></td><td></td><td></td><td></td><td></td></tr>
<tr><td>BM2</td><td>1.364</td><td></td><td></td><td></td><td></td><td></td><td></td><td></td><td></td><td></td></tr>
<tr><td></td><td>0.943</td><td></td><td></td><td>1.676</td><td></td><td></td><td></td><td></td><td></td><td></td></tr>
<tr><td></td><td>1.361</td><td></td><td></td><td>0.781</td><td></td><td></td><td></td><td></td><td></td><td></td></tr>
<tr><td></td><td>2.411</td><td></td><td></td><td>2.395</td><td></td><td></td><td></td><td></td><td></td><td></td></tr>
<tr><td></td><td>1.576</td><td></td><td></td><td>2.146</td><td></td><td></td><td></td><td></td><td></td><td></td></tr>
<tr><td></td><td>1.262</td><td></td><td></td><td>3.005</td><td></td><td></td><td></td><td></td><td></td><td></td></tr>
<tr><td>BM1</td><td></td><td></td><td></td><td>2.383</td><td></td><td></td><td></td><td></td><td></td><td></td></tr>
<tr><td>Σ</td><td>8.917</td><td></td><td></td><td>12.386</td><td></td><td></td><td></td><td></td><td></td><td></td></tr>
<tr><td></td><td></td><td></td><td></td><td></td><td></td><td></td><td></td><td></td><td></td><td></td></tr>
</table>

司镜者　　　　　　　　　　记录者　　　　　　　　　　复核者

中平测量采用单程水准测量，水准路线应起闭于水准点，导线点应作为转点。转点高程取位至 mm，加桩高程取位至 cm。中平测量使用不低于原 DS_{10}级精度指标的水准仪。

1. 加桩高程测量的方法

中平测量的方法通常采用单置镜一次测量，因要计算出每次置镜所观测的中桩高程，故必须计算出每次置镜的仪器高。其记录格式如表 1.5.2.2 示。

2. 加桩三角高程测量

在困难地段，加桩高程测量可采用一般三角高程测量，其三角高程测量路线应分别起闭于具有水准高程的导线点，每段长度不宜大于 2km，但越过隧道顶的分段长度可增至 7km。三角高程测量边的竖直角应进行正倒镜对向观测，其较差在限差以内时取平均值。观测要求见表 1.5.2.3。

表 1.5.2.2

水准点或测点	水准尺读数					备注
	后视	仪器高	中视	前视	计算标高	
BM6	2.711	13.153			10.442	水准点高程
			2.37		10.78	BM6 10.442m
			1.85		11.30	BM7 6.591m
			3.94		9.21	实测闭合差
			2.08		11.07	$f_h=6.589-6.591=-2$mm
			3.19		9.96	允许闭合差
	1.241	11.132		3.262		$\pm 50\sqrt{L}=\pm 50\sqrt{0.9}=\pm 47.4$mm
	…	…				>-2mm
BM7				4.543	6.589	

表 1.5.2.3

仪器型号	竖直角半测回间较差	往返观测高差的较差(m)	竖直角角值取位	附注
DJ_2	30″	0.02S	1″	S—边长以百米计
DJ_6	1′	0.04S	0.1′	

一般三角高程测量可测设辅助基线间接求得高差。如图 1.5.2.1 示，在 AB 方向上丈量一段距离 S，并使竖直角观测时的砚标高 l 等于仪器高 i，则 A、B 两点间的高差为：

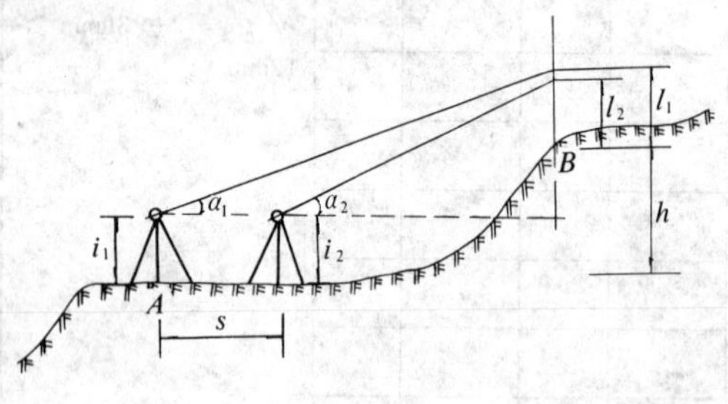

图 1.5.2.1

$$h=S\frac{\tan\alpha_1\cdot\tan\alpha_2}{\tan\alpha_2-\tan\alpha_1} \quad (1.5.2.1)$$

三、水准测量注意事项

1. 水准测量前应对水准仪进行检校，使用中应避免震动。使用的水准尺应进行检查，刻划应一致。

2. 进行水准点高程测量时，应尽可能使前后视距离相等，并应成像清晰稳定。视线长度不应大于 150m，当跨越深沟、河流时可增至 200m。跨越大河视线长度超过 200m 时，应按五等跨河水准测量的要求进行。

3. 每次读数时，要使气泡居中。水准尺必须竖直，尺上有气泡时，亦应使气泡居中，无气泡时，可将尺前后慢慢摆动；读取最小读数。

4. 为避免大气折光影响，视线应高出地面 0.3m 以上。

5. 注意水准塔尺接头的正确连接，防止下落。水准尺及尺垫底应防止带泥，转点位置要稳固。

6. 中平测量时，每日收工前最好能达到水准基点，以便进行内业计算及精度检查。在收工前如不能达到水准基点，须在附近设置稳固转点，以利继续工作。

7. 使用倒像的水准仪，容易读错数值，工作时应特别注意。

第三节　光电测距三角高程测量

一、光电测距三角高程测量

(一)高差计算公式

$$h=D'\cos Z+i-l+f \quad (1.5.3.1)$$

式中　D'——斜距；

Z——天顶距；

i——仪器高；

l——反射镜高；

f——球气差改正值。

(二)三角高程测量误差分析

1. 竖直角观测误差。竖直角观测误差包括观测误差和仪器误差两部分。根据误差分析及实测统计一测回的测角误差约为 3″。

2. 边长测量误差。由于采用光电测距仪施测，测距精度均较高，标准精度为 $5+5\times10^{-6}D$ 的测距仪，1km 的测距误差仅为 10mm。

3. 确定大气折射率误差

大气折射率的误差使计算所得的光波在大气中的传播速度产生误差，从而使测尺长度不准确，引起测距误差。为了减弱对测距误差的影响，常采用选择有利的观测时间及采用对向观测的方法。

4. 仪器高、反射镜高测量误差

仪器高反射镜高测量误差一般在 2mm 左右。为了避免错误发生，可采取两人同时量取仪器高，反射镜高固定在某一位置上的办法。

二、往返观测高差较差的限值

在地球曲率及大气折光对三角高程的共同影响(简称球气差)中地球曲率的影响可用往返测取平均值的方法抵消，而大气折光的影响因素十分复杂，不同地区，不同时间相差较大，若取用的折光系数与实际不符，反而影响观测结果的准确性。根据大量实测资料的统计表明，取往返测平均高差与已知水准点闭合时闭合差均不超限。故可以认为残余误差的影响不至于大到影响闭合精度的程度。所以往返观测对三角高程测量来说是必要的，往返测高差的平均值可以作为两测站间的高差值。为了减少残余折光的影响，往返测的间隔时间应尽可能地缩短，使往返测时的气象条件大致相同，并宜在大气折光系数比较稳定的时段(一般为 8～16h)作业。

由于折光系数变化较大，现场实测折光系数困难，且不易办到。根据大量实测结果统计，高差仅作球差改正，即 $r=\dfrac{D^2}{2R}$，往返测较差限差按 $60\sqrt{D}$ 计，既可避免测距观测粗差出现，又是可行的。 2

三、光电测距三角高程测量注意事项

(一)水准点光电测距三角高程测量可与平面导线测量合并进行。并作为高程转点。高程转点间的距离和竖直角必须往返观测，并宜在同一气象条件下完成。斜距应加气象改正，高差可不加气象改正，采用往返观测的平均值。

(二)边长应在 200～600m 之间，当竖直角大于 20°或边长短于 200m 时，应提高观测值的精度。在平原水网地区，应缩短视线长度，使目标成像清晰稳定。

(三)前后视的反射镜均应安置在支架上置平对中。为防止看错、读错、记错，反射镜高可设置在某一固定高度上(如 1.5m)，仪器高应由两人读取。仪器高及反射镜高读至 mm。

(四)为避免反射镜对中杆插入土内影响反射镜高量测的准确性，应在地面垫一硬片(和石片等)。

(五)量距和测角应选择在较好的自然条件下观测，避免在大风、大雨、雨后初晴等折光影响较大的情况下观测。成像不清晰、不稳定时应停止观测。

(六)中桩光电测距三角高程测量可与水准点光电测距三角高程测量同时进行。单独进行中桩光电测距三角高程时，其高程路线必须起闭于水准点。

(七)中桩(加桩)高程测量的距离和竖直角，可单向正镜观测两次，两次之间应改变反射镜高度。反射镜不能改变高度时，也可单向观测一测回。

第四节　跨河水准测量

一、跨河水准测量的场地布设

当水准路线通过宽度为各等级水准测量的标准视线长度 2 倍以上(五等为 200m 以上)的江河、山谷等障碍物时，则应按跨河水准则量要求进行。并采用图 1.5.4.1、1.5.4.2、1.5.4.3 的形式在江河、山谷两岸安置仪器标尺。

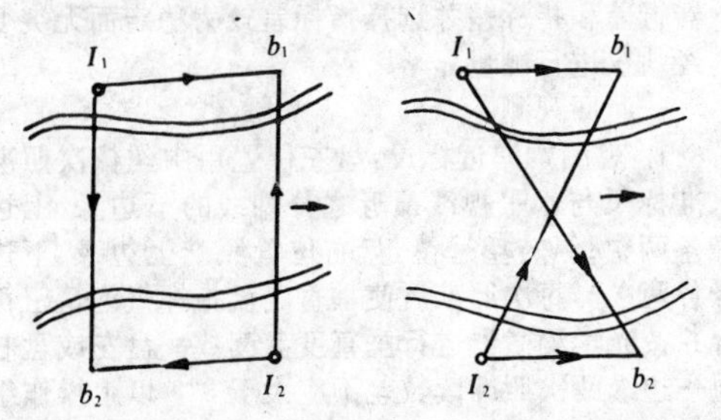

图 1.5.4.1　平形四边形　　图 1.5.4.2　等腰梯形

图中 I_1、I_2 和 b_1、b_2 分别为两岸置镜点和置尺点。视线 I_1b_2、I_2b_1 应接近等距，且视线距水面应有 2～3m 的高度。岸上视线 I_1b_1、I_2b_2 不应短于 10m，且应彼此等长，两置镜点亦应接近等高。

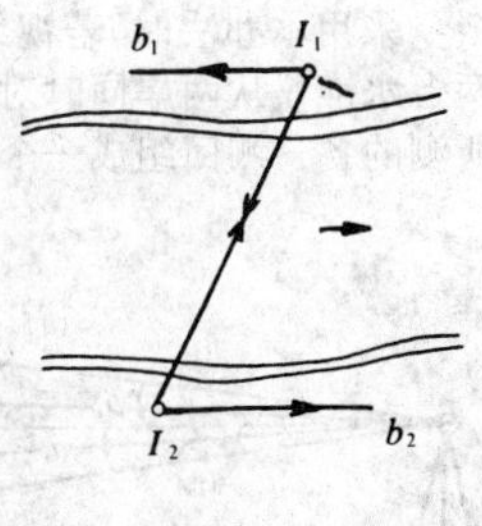

图 1.5.4.3　“Z”字形

当使用一台仪器进行观测时，应尽量布成图 1.5.4.3 的形式此时图中 I_1、I_2 均为置镜点或置尺点，而 b_1、b_2 仍为置尺点。b_1b_2 两置尺点间上下半测回的高差，应分别由两岸所测 $b_1I_2b_2I_1$ 的高差加上对岸的两置尺点间联测时所测高差求得。

各等级跨河水准测量时，置尺点均应设置木桩。木桩一般不应小于 0.3m，桩顶应与地面平，并钉以圆帽钉。

二、跨河水准测量的测回数和组数

各等级跨河水准测量的测回数和组数可参照表 1.5.4.1。

各等级跨河水准测量测回数和组数　　表 1.5.4.1

跨河视线长度(m)	一等		二等		三、四等		五等	
	双测回数	组数	双测回数	组数	双测回数	组数	双测回数	组数
<500	4	4	2	2	2	2	2	2
500～1000	8	4	4	2	2	2	2	2
1000～1500	12	6	6	3	4	2	3	2
1500～2000	18	8	10	4	4	3	3	3
>2000	24	8	14	4	6	3	4	3

各双测回间互差不应大于按下式计算之限值：

$$\Delta_{H限}=4M_{\Delta}\sqrt{NS}(\text{mm})$$

式中　M_{Δ}——相应水准测量等级所规定的每 km 高差中数的偶然中误差(mm)；

N——双测回或单测回的测回数；

S——跨河视线长度(km)。

三、跨河水准测量的方法

(一)倾斜螺旋法

本法适用于各种跨河视线长度，在观测前应检查所用水准仪的 i 角倾斜螺旋效用的正确性和格值测定，i 角应校正至 6″以下。若采用两台仪器对向观测时，还应尽量使两台仪器 i 角同号，异号时则其绝对值之和应小于 6″。

采用本办法时，若视线长度超过 500m 时，应用两台水准仪从两岸同时对向观测。由两台仪器同时所测的各一测回组成一个双测回观测。

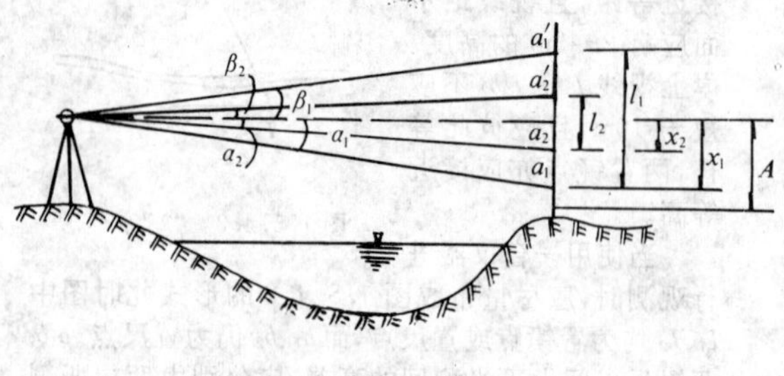

图 1.5.4.4

一测回观测：

1. 观测本岸近标尺：按光学测微法接连照准基本分划两次并读数。

2. 观测对岸远标尺：转动测微器，使平行玻璃板居于垂直位置，然后旋转倾斜螺旋自砚板上最低标志线起，从下至上用望远镜楔形平分丝依次照准标尺上的四个标志线，然后再从上至下反向照准，称为往返测。每次照准时均进行倾斜螺旋分划鼓或符合水准器两端读数。当用倾斜螺旋分划鼓读数时，在每四次照准的中间应旋进倾斜螺旋，使符合水准器气泡两端准确符合两次，待气泡稳定后才进行分划鼓读数。以上操作组成一组观测。以后各组观测按同法进行。

每组观测中照准同一标志线往返测读数之差不应大于 2″。往返测气泡四次重合时之分划鼓读数互差不应大于 0.8″超过上述限差时应立即重测全组。

以上 1、2 两项操作组成一测回中之上半测回。

3. 上半测回结束后，立即搬运仪器和标尺至对岸(应注意不得碰动调焦螺丝和测微器)。以进行下半测回之观测。此时按 2～1 顺序进行操作。

4. 每次觇板安置后可用水准仪精确测定砚板指标线在标尺上的读数，以求出各标志线在标尺上的相应读数。测定方法如下：

在仪器点附近，找一低处，打下一木桩，将按水平视线高度安装好砚板的标尺置于桩上(桩的高度要使标尺上觇板指标线置于仪器水平视线附近)；转动测微器，用楔形平分丝分别照准指标线和距指标线最近的一标尺分划线，进行测微器读数。指标线在标尺上的读数等于标尺分划线注记加上指标线在测微器上的读数与标尺分划线在测微器上读数的差。

5. 水平视线在远标尺上读数 A 的计算方法：

$$A_1=a_1+x_1,\qquad x_1=\frac{\alpha_1}{\alpha_1+\beta_1}l_1$$

$$A_2=a_2+x_2,\qquad x_2=\frac{\alpha_2}{\alpha_2+\beta_2}l_2$$

$$A=\frac{1}{2}(A_1+A_2)$$

(二)经纬仪倾角法：本法适用于各种跨河视线长度。采用本办法时经纬仪视线在观测时应近于水平位置。一、二等水准测量时应采用两台 DJ_2 型经纬仪；三、四、五等水准也可采用一台 DJ_2 型经纬仪，同时在两岸观测。

观测前对使用的仪器必须测定垂直度盘光学测微器行差和指标差并选择指标差较为稳定而无突变的经纬仪进行测量。

一测回观测：

1. 观测本岸近标尺：盘左位置用中丝依次照准水准标尺与水平视线最近之分划线的下边缘、上边缘各两次；纵转望远镜，盘右位置照准上边缘、下边缘各两次。每次照准后使垂直度盘指标气泡精密符合并按光学测微器进行垂直度盘读数。盘左或盘右同一边缘两次照准读数差不应大于 3″。以上操作组成一组。观测近标尺只测一组。

2. 观测对岸远标尺：盘左位置用望远镜中丝依次照准上下标志线各四次。每次应使垂直度盘指标气泡精密符合后用光学测微器进行垂直度盘读数。同一标志四次照准读数差不应大于 3″。纵转望远镜反向照准下、上标志线并读数如前。以上操作组成一组观测。各组观测同一标志线之垂直角的互差不应大于 4″。

上述 1.2 两项操作组成一岸仪器观测之半测回，两岸仪器同时观测组成一测回。

3. 两台仪器和标尺可仅在上下午之间调岸一次。

4. 每测回观测前应仔细察看觇板的指标线有否滑动。并在取动觇板前，精确测定指标线在标尺上的读数，以求出各标志线在标尺上的读数。测定方法同(一)之 4。

5. 观测之测回数为表 1.5.4.1 所列数目之两倍，组数仍同表列数目。

6. 远标尺读数 A 的计算方法同(一)之 5。

(三)光学测微法：本法适用于跨河视线长度短于 500m 的水准测量。对 i 角的要求同倾斜螺旋法。

一测回的观测：

1. 观测本岸近标尺：同(一)之 1。

2. 观测对岸远标尺：旋进倾斜螺旋使气泡精密符合，转动测微器使平行玻璃板居于垂直位置，照约定信号指示对岸之觇板标志线移至望远镜平分丝中央，并通知对岸将砚板指标线精确对准标尺上最邻近的基本分划线，记下觇板指标线在标尺上的读数，报告本岸。

旋进测微器，按光学测微法连续精确照准觇板标志线读取测微器读数五次，如此组成一组观测。

第二组开始前，将觇板作较大的移动后重新对准标准尺分划线，然后按相同顺序测定第二组，每组内各次远标尺之水平丝读数互差不得超过 0.01Smm。S 为跨河视线长度以米计。

以上 1、2 两项组成一测回之上半测回。

3. 上半测回结束后，立即搬运仪器和标尺至对岸，以进行下半测回。观测顺序为 2、1。

(四)水准仪直读法：本法适用于三、四等水准测量跨越宽度在 300m，五等在 500m 以内的江河、山谷，且标尺尚能直接照准读数。

一测回的观测：

1. 照准本岸近标尺：整置水准仪于 I_1 点，使符合水准器气泡两端形像精密符合，照准本岸 b_1 点近标尺按中丝法进行黑、红面读数各一次。

2. 照准对岸 I_2 点远标尺：按中丝法进行黑、红面读数各两次。

以上 1、2 两项操作为上半测回。

3. 上半测回结束后，立即将水准仪移至对岸的 I_2 点上整置之同时将标尺由 b_1 点和 I_2 点分别移至 b_2 点和 I_1 点上，按上半测回的相反顺序作下半测回。

以上操作组成一个测回。

每一跨河测量须观测两测回。在有两台仪器的情况下，从两岸同时观测各一测回为宜，两测回间高差不符值：三等水准测量不应大于 8mm。四等不应大于 16mm，五等不应大于 24mm。

五等水准跨河视线长度为 300～500m 时，其测回数、组数及测回间互差均按二款规定执行。

若因河流宽度较大，不能按上述方法直接读定远标尺的分划线时则采用特制的觇板，依预定信号，指使觇板安置于仪器水平视线之位置，并读记指标线上之读数。每组观测前应将觇板作较大之移动。

四、注意事项

(一)为检查置尺点高程是否发生变化，在进行一、二、三、四等跨河水准测量时，应在距跨河点不远于 300m 处设一临时水准点，必要时可在跨河附近埋设水准点标石，并应在跨河测量前进行联测。

(二)跨河水准测量应选择最有利的观测时间进行。观测时应随时注意水准标尺圆水准器的气泡居中，使标尺严格处于垂直位置。

(三)仪器调岸时，不得碰动调焦螺丝和目镜筒，以保证两次观测其对岸标尺时望远镜视轴不变。

五、觇板的形式与制作

(一)觇板的形式

图 1.5.4.5 适用于倾斜螺旋法与经纬仪倾角

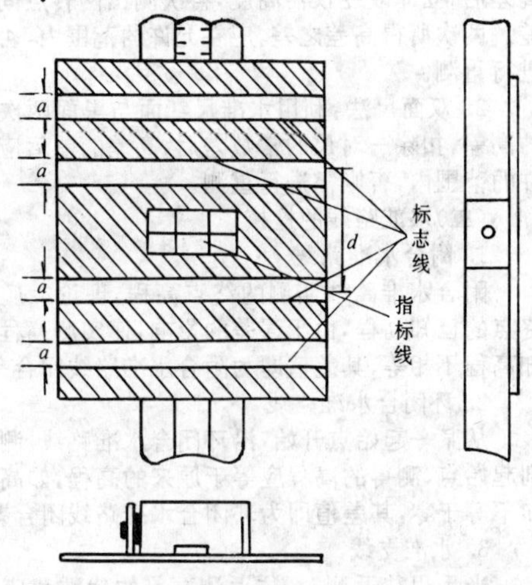

图　1.5.4.5

(注①当间距 d 较大时，亦可用两块觇板代替，每块上绘制两根标志线。②觇板标志线的中心线必须与指标线精密重合。)

法，但采用经纬仪倾角法时可只画对称的两根标志线。图 1.5.4.6 适用于光学测微法和河流宽度较大的水准仪直读法。

(二)标志线的计算

标志线宽度：

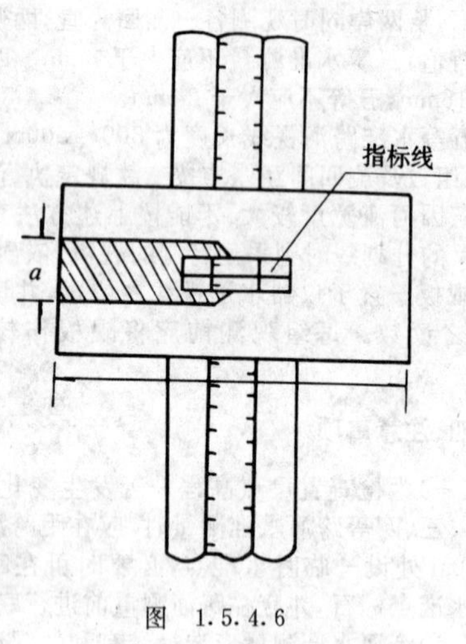

图 1.5.4.6

水准仪 $a=\frac{S}{25}$(mm)

经纬仪 $a=\frac{S}{15}$(mm)

标志线长度:$b=(8\sim10)a$

标志线间距:$d=\frac{aS}{\rho}$

式中 S——跨河视线长度(m);

α——倾斜角范围取 90″~100″;

ρ——206265″。

(三)跨河视线长度 S 的测定

1. 用水准仪倾斜螺旋测定另一岸标尺上两个固定标志,按下式计算:

$$S=\frac{l}{n\mu}\times\rho$$

式中 l——标尺两个标志间距离(m);

n——倾斜螺旋分划鼓读数;

μ——倾斜螺旋分划鼓格植(″)。

2. 可用基线法(即三角法)或光电测距仪测定。

第五节 高程测量的误差调整

一、水准测量成果的检核

(一)测站的检核

1. 双仪器高法:在一个测站上测完两转点间的高差后,立即改变仪器高度,再次测出两转点间的高差。两次所得高差之差,应在允许的范围内,否则需进行重测。

2. 双面尺法:利用水准尺红面与黑面两次测得的高差,扣除一对尺的常数差后;高差的差值应在允许的范围内,否则需进行重测。

(二)水准路线的检核

1. 附合水准路线

附合水准路线实测的终点高程,理论上应等于终点的已知高程,由于误差的影响,使实测高程与已知高程不相等,其差值即为附合水准路线闭合差。

2. 环闭合水准路线

从某一起始点开始,沿环闭合水准路线,测量回到起始点,测得的高程应等于原来的高程,如高差之和不等于零,其差值即为环闭合水准路线闭合差。

3. 水准支线

当采用往返测时,往返测高差的代数和应等于零,如不等于零,其差值即为往返测高程闭合差或水准支线高程闭合差。

上述水准路线闭合差,不应超过各等级水准测量的规定限值,否则需进行重测。

二、高程测量超限时的检查处理

(一)凡超过表 1.5.1.1、表 1.5.1.2、表 1.5.1.3、表 1.5.1.4 规定的要求时均应重测。

(二)当往返测闭合差超限的尺段数较多时,应首先检查仪器是否符合“测规”的有关要求,特别应注意视差角 i 对水准测量成果的影响。

(三)铁路水准测量在山区进行时,前后视线长度受地形影响,特别在跨越河沟时,对成果影响较大。对有明显前后视不等的尺段应首先重测。

(四)高程测量起闭水准点的高程系统须注意一致性,并应注意起始数据的正确性。

三、高程测量的误差调整

高程测量闭合差在允许误差范围内时,即可根据各水准点间的距离或置镜点数,按比例将误差分配到各测段中去,再用调整后的各段高程差计算各水准点的高程。

如表 1.5.5.1 中,水准点长 126 与长 127 之间的高差为−7.053m,在两水准点之间实测的高差为−7.107m,闭合差为−0.054m。当距离为 7.5km 时的允许误差为:$\pm30\sqrt{7.5}=\pm82.2$mm>54mm。故可进行误差分配。

如 BM_1 与 BM_2 之间,距离为 1.2km,则改正值为:

$$0.054\times\frac{1.2}{7.5}=0.009(\text{m})$$

依此类推,可计算各水准点之间的改正值,并使改正值的总和等于总闭合差值。

水准点及转点高程误差调整表　　表 1.5.5.1

线　　段　　　　设计　　　　第　页共　页

水准点或转点编号	调整前高程(m)	实测高差(m)			转点(个)或距离(km)	调整差值(m)	调差后的高差(m)	采用高程(m)	附注
		第一次高差	第二次高差	平均高差					
长 126	154.546	−12.332	+12.342	−12.337	0.8	+0.006	−12.331	15.546	
BM1		−5.941	+5.967	−5.954	1.2	+0.009	−5.945	142.215	
BM2		+4.224	+4.238	+4.231	0.7	+0.005	+4.236	136.270	
BM3		+18.760	−18.580	+18.670	1.4	+0.010	+18.680	140.506	
BM4		−7.553	+7.533	−7.543	0.9	+0.006	−7.537	159.186	
BM5		−3.256	+3.272	−3.264	1.0	+0.007	−3.257	151.649	
BM6		−0.919	+0.901	−0.910	1.5	+0.011	−0.899	148.392	
长 127	147.493							147.493	
				Σ−7.107 (−7.053)	Σ7.5				
				−0.054		Σ+0.054			

计算者　　　　年　　月　　日　　复核者　　　　年　　月　　日

第六节　水准仪水准尺的检验与校正

一、圆水准器安置正确性的检验及校正

用脚螺旋将圆水准器气泡导至中央，然后旋转仪器 180°，此时若气泡偏离中央，则用水准器改正螺丝改正其偏差的一半，用脚螺旋改正另一半，以使气泡仍回到中央，如此反复检校，直至仪器无论转到任何方向，气泡中心始终位于中央时为止。

二、视准轴与水准管轴相互关系的检验及校正

(一)交叉误差的检校

交叉误差是指水准轴和视准轴在水平面上的投影不平行(要求其平行)而成一小交角。

检验方法：将水准仪架在距水准标尺约 50m 处，并使其一脚螺旋位于望远镜至标尺的视准面内。

将仪器整平，并用倾斜螺旋使气泡两端精密符合，按中丝(楔形平分丝，下同)在标尺上读数(对有光学测微器的仪器可用光学测微器使中丝或楔形平分丝对准标尺之一分划线，此后，保持测微器读数不变而中丝或楔形平分丝仍对准此一分划线时，即表示中丝或楔形平分丝仍然保持原有标尺读数)。然后将视准面侧方之一脚螺旋向另一方转动两周，使仪器向侧方倾斜，同时将另一侧方脚螺旋反方向转动，以使中丝仍保持原有标尺读数，此时观察气泡两端是否符合或相互偏离若干距离，然后反向转动两侧之脚螺旋，以使中丝保持原有读数的情况下气泡两端恢复符合之位置。

同法使仪器向另一侧方倾斜，并观察在中丝保持原有读数情况下气泡两端是否仍符合或互相离开若干距离。

在上述仪器向两侧倾斜的情况下，若气泡两端保持符合或同向离开相同距离，则表示无交叉误差，若两端异向离开，则表示不能满足，异向离开大于 2mm 时须按下法校正。

校正：将水准器侧方之一改正螺旋放松，另一侧方改正螺旋拧紧使水准器向左右移动，至气泡两端恢复符合时为止。

(二)i 角的检验校正

方法一：

1. 准备：在平坦地上选择一长为 61.8m 的直线 J_1J_2，并将其分为长 $S=20.6$m 的三等分(距离用钢卷尺量取)，在两分点 A、B(或 J_1、J_2)处各打下一木桩，并钉以圆帽钉供立尺之用。

2. 观测及计算：在 J_1、J_2(或 A、B)处先后架设仪器如图 1.5.6.1，整平仪器后，使符合水准器气泡

精密符合在A、B标准尺上各照准读数四次。在J_1设站时，A、B标尺上四次读数之中数为a_1、b_1在J_2设站时为a_2、b_2。若不顾及观测误差，则在A、B标尺上除去i角影响后的正确读数应为$a'_1b'_1a'_2$、b''_2它们分别等于：

$a'_1=a_1-\Delta$；　　$b'_1=b_1-2\Delta$；

$a'_2=a_2-2\Delta$；　　$b_2=b_2-\Delta$

式中　$\Delta=\dfrac{i}{\rho}\cdot S$（$\Delta$和$S$均以mm计）。

所以，在J_1处测得正确高差应为h_1

$h_1=a'_1-b'_1=a_1-b_1+\Delta$

在J_2处测得的正确高差应为$h_2=h_1$

$h_2=a'_2-b''_2=a_2-b_2-\Delta$

$2\Delta=(a_2-b_2)-(a_1-b_1)$

$\Delta=\dfrac{1}{2}[(a_2-b_2)-(a_1-b_1)]$

$i=\dfrac{\Delta}{S}\cdot p\approx\dfrac{\Delta\times 206\ 000}{206\ 00}=10''\Delta$

用于一、二等水准测量的仪器，其i角不得大于15″；用于三四等水准测量的仪器不得大于20″，超出上述限差时须进行校正。

i角的校正：校正可在J_2点上进行，用倾斜螺旋（无倾斜螺旋的仪器用位于视准面内的一脚螺旋）将视线对准A点标尺上的正确读数a'_2。

$$a'_2=a_2-2\Delta=b_2+a_1-b_1$$

然后校正水准器改正螺旋，将气泡导至居中。校正后将仪器对准标尺B读数b'_2，它应与计算的应有值$b'_{2计}=b_2-\Delta$一致，以此作检核。

校正需要反复进行，使i角满足要求为止。

仪器进行i角校正后，应再重新检查圆水准器安置的正确性。

3. 测算例

被检验仪器为国产DS_1级精密水准仪，检验记录与结果载于表1.5.6.1。

i角之检验（方法一）　　　　表1.5.6.1

仪器：　S_1№　71001　　标尺：　10796　10797　　观测者：　徐加林

时间：8h10min　　　　记录者：　迟玲财

日期：1973.8.10　　成像：　清晰　　检查者：　徐加林

仪器站	观测次序	标尺读数		高差$a-b$ (mm)	i角之计算
		A尺读数a	B尺读数b		
J_1	1	298　712	299　140	−2.19	A、B标尺间距离 $S=20.6$m $2\Delta=(a_2-b_2)-(a_1-b_1)=-0.05$mm $i=\dfrac{2\Delta\rho}{2S}=10\Delta=-0.25''$
	2	704	142		
	3	708	154		
	4	708	150		
	中数	$a_1=298\ 708$	$b_2=299\ 146$		
J_2	1	310　952	311　394	−2.24	校正后A、B标尺上的正确读数分别为： $a'_2=a_2-2\Delta=b_2+a_1-b_1$ $b'_2=b_2-\Delta$
	2	956	410		
	3	944	396		
	4	958	400		
	中数	$a_2=310952$	$b_2=311400$		

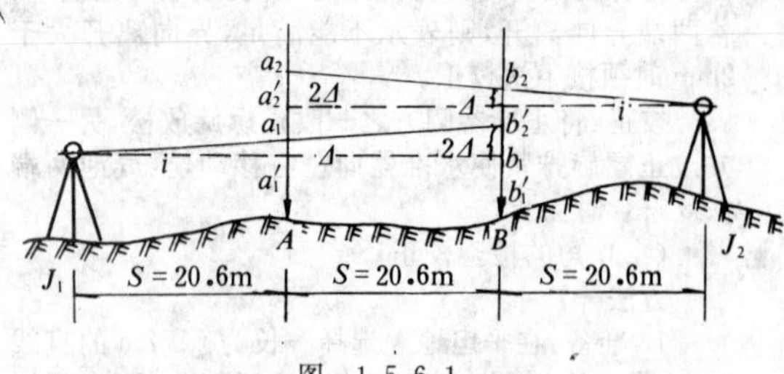

图　1.5.6.1

方法二：

1. 准备：在一平坦的场地上丈量一长为41.2m的直线AJ_2在此直线上从一端A量取$AB=20.6$m，在A、B两点打入木桩并钉以圆帽钉供立尺用。距离用钢卷尺丈量（见图1.5.6.2）。

2. 观测及计算：

(1)将仪器置于AB的中点J_1，整平仪器后，在A、B标尺上各照准读数四次（注意应使气泡精密符合）。令A、B标尺四次读数的中数为a_1、b_1，则AB间高差为：

$$h=a_1-b_1$$

(2)将仪器扳到J_2点观测读数如前。令A、B标尺上的四次读数的中数为a_2、b_2，则在J_2测得的AB间的高差为h'：

$$h'=a_2-b_2$$

(3)i角的计算：

令$\Delta=\dfrac{i}{\rho}\cdot S_{AB}$（$\Delta$和$S_{AB}$均以mm计）

在 J_2 上设站时，若不顾及观测误差，则除去 i 角影响后，AB 标尺上正确读数应为 a'_2、b'_2。

$$a'_2=a_2-2\Delta$$

$$b'_2=b'_2-\Delta$$

$$a'_2-b'_2=a_2-b_2-\Delta$$

因为 $a'_2-b_2=a_1-b_1=h$

所以 $\Delta=h'-h$

$$i=\frac{\Delta\times\rho}{S_{AB}}\approx\frac{\Delta\cdot 206\ 000}{20\ 600}=10\cdot\Delta$$

i 角对用于一、二等水准测量的仪器不得小于15″，对用于三、四等水准测量的仪器不得大于 20″，超出上述限值时须进行校正。

(4)i 角的校正：校正在 J_2 点上进行，用倾斜螺旋（无倾斜螺旋的，用位于视准面内的一脚螺旋）将望远镜视准轴对准 A 尺上应有的正确读数 $a'_2=a_2-2\Delta$。

然后校正水准器改正螺旋，导使气泡居中。校正后将仪器对准标尺 B 读数 b'_2，它应与计算的 $b_{2计}=b_2-\Delta$ 一致，以此作检核。校正需反复进行，使 i 角满足要求为止。

3. 测算例：

被检验仪器为国产 DS_1 级精密水准仪，检验记录与结果载于表 1.5.6.2。

i 角之检验（方法二）

表 1.5.6.2

仪器：DS_1 №71001　　标尺：10796　　观测者：徐加林

时间：8h30min　　10797　　记录者：迟玲财

日期：1973・8・10　　成像：清晰　　检查者：徐加林

仪器站	观测次序	标尺读数		高差 $a-b$ (mm)	i 角之计算
		A 尺读数 a	B 尺读数 b		
J_1	1	297 608	298 030	−2.12	J_2 至 A、B 标尺距离 $S_A=41.2$m $S_B=20.6$m $S_A-S_B=20600$mm $\Delta=h'-h=-0.24$mm $i=\frac{2\Delta\cdot\rho}{(S_A-S_B)}=10\Delta=-2.4''$ 校正后 A、B 标尺上的正确读数分别为 $a'_2=a_2-2\Delta$ $b'_2=b_2-\Delta$
	2	610	036		
	3	604	034		
	4	610	028		
	中数	$a_1$297 608	$b_1$298 032		
J_2	1	310 922	311 418	−2.36	
	2	942	412		
	3	946	402		
	4	948	412		
	中数	$a_2$310 940	$b_2$311 411		

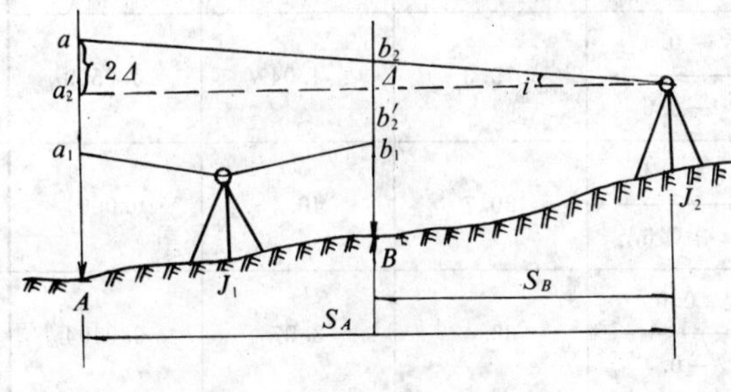

图 1.5.6.2　i 角检验示意图

三、光学测微器效用的正确性和分划值的测定

(一)准备工作

此项测定需事先制备一分划尺，分划尺上应有粗为 1mm 之分划线，并注记号数，分划线之中心线间距离（分划间隔）应为 4mm，并须用一等线纹米尺（也可使用同精度或更精密的检定设备）检定之。

在平坦的场地上打一木桩，并钉以圆帽钉供立尺用。将制备的划分尺固定在水准标尺上，并使其可在标尺上上下移动。在距标尺 30m 处架设仪器。

(二)观测方法

测定须进行 8 个测回，若仪器进行全面检验时，应在 3 种不同温度下各进行 8 个测回的测定。在外业出发前检定时，可仅在 1 种气温下测定。每一测回又按旋进和旋出光学测微器进行往返测。

每测回之往测：先转动倾斜螺旋，使气泡两端精密符合，以后在整个测回中须严格保持倾斜螺旋之位置不变。然后将光学测微器之读数安置在略大于零处。按观测员指挥将分划尺在标尺上上下移动，使分划尺上某一分划线对准望远镜楔形平分丝后，固定分划尺在标尺上的位置，在一测回内不再变更。然后旋进光学测微器精密照准此分划线，读取分划线注记号及测微鼓读数，然后继续旋进测微器使望远镜楔形平分丝对准相邻的一分划线读数如前。

每测回之返测：返测应在往测后立即进行，按相反的次序用旋出测微鼓的方向，照准往测时所用的两分划线读数如前。

每测完两个测回后，应略加移动分划尺或变更仪器高度，以使每两个测回各观测分划尺上之不同"分划间隔"。

(三)计算方法

先计算每测回往返测中对准分划尺之同一分划线时，测微器旋进与旋出读数之中数 l(表 1.5.6.3 第 5 栏)和旋进减旋出之 Δ 值(第 6 栏)以及每测回中对准分划尺相邻分划线的测微器读数 L 之差，亦即计算分划尺各分划间隔所相应之测微器上的分划数(第 7 栏)；然后按各该分划间隔之检定长度，计算光学测微器的分划值(第 8、9 栏)最后取八个测回的中数为测定结果。

若旋进旋出测微器读数之差过大时(Δ 中数超过一格)，表明光学测微器效用欠佳。甚大者需进厂修理。

每种气温下 8 个测回测得之测微器分划值的平均值与名义值之差不得大于 0.001 0mm，否则应进厂修理。

测算例中被检验仪器为 Ni004，光学测微器之测微鼓一周分为 100 格，测微鼓转动一周，视线在标尺上移动 5mm。

光学测微器效用的正确性及分划值的测定 表 1.5.6.3

视线长度：35.0m　　仪器　Ni004　No126378　　观测者：汤庆

日期：　1973.2.20　　温度　始 4.8℃ 末 5.0℃　记录：李民　　计算者：李民

测回	分划线号数	测微器读数 旋进(往测)	旋出(返测)	中数 l	(旋进)减(旋出) Δ	分划尺之分划间隔 以测微器分划计 $L=L_2-L_1$	用标准尺检定之长度 d	测微器分划值 $g=\frac{d}{L}$
1	2	3	4	5	6	7	8	9
1	3	g 0.18	g 01.0	g 01.4	g +0.8	g	mm	mm
	2	81.8	82.2	82.0	−0.4	80.6	4.02	0.0499
2	3	01.0	01.4	01.2	−0.4	79.3	4.02	0.0507
	2	81.0	80.0	80.5	+1.0			
3	4	16.0	16.8	16.4	−0.8	79.9	3.99	0.0499
	3	96.0	96.6	96.3	−0.6			
4	4	14.0	13.2	13.6	+0.8	80.1	3.99	0.0498
	3	93.8	93.6	93.7	+0.2			
5	5	03.0	03.4	03.2	−0.4	79.3	4.04	0.0509
	4	82.2	82.8	82.5	−0.6			
6	5	02.6	02.2	02.4	+0.4	80.7	40.4	0.0501
	4	83.4	82.8	83.1	+0.6			
7	6	12.4	12.4	12.4	0.0	80.4	3.97	0.0494
	5	92.6	93.0	92.8	−0.4			
8	6	13.0	14.0	13.5	−1.0	79.7	3.97	0.0498
	5	92.8	93.6	93.2	−0.8			
				中数—0.08				0.0501

光学测微器分划值测定值之综合成果表　　表 1.5.6.4

日　期	温度(℃)	测微器格值(mm)
1993.2.20	4.9	0.050 1
1993.5.5	14.6	0.050 0
1993.7.30	32.0	0.050 3
	中数	0.050 1

四、水准标尺上圆水准器安置正确性的检验与校正

在距水准仪约 50m 处的尺桩上安置水准标尺,按照观测员的指挥使标尺边缘与望远镜中竖丝重合,然后用改针将标尺上圆水准器的气泡导至中央。将标尺转动 90°,重新操作如前。如此反复进行多次使标尺能按标尺上圆水准器准确地位于垂直位置。

五、水准标尺分划面弯曲差(矢距)的测定

通过水准标尺两端引张一细直线,在标尺尺面的两端及中央分别量取标尺分划面至此细直线的距离。两端读数的中数与中间读数之差即为矢距。对于线条式因瓦标尺矢距不得大于 4mm,区格式标尺矢距不得大于 8mm,若超出上述数值时,应按下式对标尺长度加以改正。

$$\Delta L=\frac{8f^2}{3L} \tag{1.5.6.1}$$

式中　f——矢距(mm);

L——标尺长度(mm);

ΔL——由矢距引起的标尺长度改正数(mm)。

六、水准标尺分划线每米分划间隔真长的测定

(一)准备工作

此项测定暂用一级线纹米尺(也可用同等精度或更精密的检定设备),在温度稳定之室内进行。在测定前两小时应将检查尺(一等线纹米尺)和被检验之水准标尺取出放在室内,检查时水准标尺应放置水平,并使两支点距 3m 标尺两端各 4cm 处。

(二)观测方法

以线条式因瓦标尺为例,每一标尺之基本分划与辅助分划均须检验。基本分划和辅助分划各须进行往返测。往测时测定基本分划面之 0.25m～1.25m、0.85m～1.85m、1.45m～2.45m 三个米间隔,返测时测定 2.75m～1.75m、2.15m～1.15m、1.55m～0.55m 三个米间隔。辅助分划检定时往测测定 0.40cm～1.40m、1.00m～2.00m、1.60m～2.60m 三个米间隔,返测时测定 2.90m～1.90m、2.30m～1.30m、1.70m～0.70m 三个米间隔。

往测之观测:

两观测员分别注视检查尺之左、右端,同时读定"该部分间隔"的两个分划线下边缘在检查尺上之读数(估读至 0.02mm),然后接着读取这两个分划线上边缘在检查尺上的读数。两次"左右端读数差"之差不应大于 0.06mm,否则立即重测。如此依次测定三个米间隔,每测定一个米间隔需读记温度。

返测之观测:返测时两观测员应互换位置,其他操作与往测同。

(三)计算方法

见测算例如表 1.5.6.5。所测每部分分划间隔之观测中数(表中第 7 栏)应根据检查尺之方程式加入"尺长与温度改正数"(表中第 8 栏,在计算尺长温度改正时,必须采用一等线纹米尺的 0.2mm 刻线面之尺长方程式),第 9 栏中计算该部分间隔的真长,然后按基辅分划往返测共 12 个米间隔真长之平均值,作为这一根标尺的每米间隔真长。最后计算一副标尺的平均米间隔真长。

在计算中应取至 0.001mm,最后一副标尺之平均米间隔真长取至 0.01mm。

当最终算得的一副标尺米间隔真长与名义长之差大于 0.02mm 时,需对观测高差加以尺长改正。

区格式标尺的检验方法完全相同,只是不再读取分划线的上下边缘在检查尺上的读数,而是两次读取分划线同一边缘在检查尺上的读数,两次读数间稍稍移动一下检查尺。

对于线条式因瓦水准标尺,一根标尺的米间隔平均真长与名义长之差不得超过±0.15mm;对于区格式标尺不得超过±0.5mm。

(四)测算例

见表 1.5.6.5 在表中只列下一根标尺检验结果,另一根算尺仅给出了检验结果,记录从略。

水准标尺分划线每米分划间隔真长的测定　　表 1.5.6.5

标尺:　线条式因瓦水准标尺　Ni004　　10797　　观测者:

检查尺:　一级线纹米尺　№　1119　　记录者:

日　期:　1993.18.15　　$L=(1\ 000\text{mm}-0.07\text{mm})+18.5\text{mm}\times10^{-3}(t-20°)$　　计算者:

分划面	往返测	标尺分划间隔(m)	温度(℃)	检查尺读数(mm)		右一左(mm)		检查尺尺长及温度改正(mm)	分划面 1m 间隔之真长(mm)
				左端	右端	右一左	中数		
1	2	3	4	5	6	7	8	9	10
基本划分	往	0.25～1.25	24.7	1.24	1 001.22	999.98	999.97	+0.017	999.987
				4.24	1 004.20	999.96			
		0.85～1.85	24.9	0.48	1 000.46	999.98	999.99	+0.021	1 000.011
				3.48	1 003.48	1 000.00			
	测	1.45～2.45	24.9	2.38	1 002.40	1 000.02	1 000.02	+0.021	1 000.041
				5.36	1 005.38	1 000.02			

续上表

分划面	往返测	标尺分划间隔 (m)	温度 (℃)	检查尺读数(mm)		右一左(mm)		检查尺尺长及温度改正 (mm)	分划面 1m 间隔之真长 (mm)
				左端	右端	右一左	中数		
1	2	3	4	5	6	7	8	9	10
基本分划	返测	2.75～1.75	25.0	0.42	1 000.38	999.96	999.97	+0.022	999.992
				3.42	1 003.40	999.98			
		2.15～1.15	25.0	0.72	1 000.68	999.96	999.97	+0.022	999.992
				3.70	1 003.68	999.98			
		1.55～0.55	25.0	0.52	1 000.48	999.96	999.96	+0.022	999.982
				3.52	1 003.48	999.96			
辅助分划	往测	0.40～1.40	25.0	1.30	1 001.28	999.98	999.97	+0.022	999.992
				4.32	1 004.28	999.96			
		1.00～2.00	25.0	1.82	1 001.76	999.94	999.96	+0.022	999.982
				4.80	1 004.78	999.98			
		1.60～2.60	25.0	0.78	1 000.76	999.98	999.99	+ 0.022	1 000.012
				3.76	1 003.76	1 000.00			
	返测	2.90～1.90	25.0	2.30	1 002.30	1 000.00	999.99	+ 0.022	1 000.012
				5.26	1 005.24	999.98			
		2.30～1.30	25.0	1.56	1 001.56	1000.00	999.99	+ 0.022	1 000.012
				4.54	1 004.52	999.98			
		1.70～0.70	25.0	0.64	1 000.62	999.98	999.99	+ 0.022	1 000.012
				3.62	1 003.62	1 000.00			
一根标尺 1m 间隔之平均真长									1 000.002

另一标尺 10798 的检验记录从略，其 1m 间隔平均真长为 1 000.006。一副标尺 1m 间隔之平均真长为 1 000.00。

第六章　导 线 测 量

第一节　导线的布设

一、导线的种类

由控制点相连形成连续折线或多边形，叫做导线。

导线测量，一般情况下是沿已选定的线路方向，在线路可能通过的位置附近，设置导线点。导线点应进行水平角测量，同时测定各导线点间的距离及高程。以了解线路通过地区的情况，并作为以后其他测量（地形、水文、地质）的基础，所以，导线测量也属控制测量。

导线测量按不同方法来分，有不同的种类。

按使用的测量仪器来分：有罗盘仪导线，平板仪导线、经伟仪导线，铁路导线多指经纬仪导线。

按对导线点间测距离的方法来分：有视距导线、拉链导线及光电测距导线。由于光电测距仪及计算机的普及，现在铁路导线测量中，已普遍采用光电测距导线。

按导线敷设的形式来分：又可分为闭合导线和附合导线、自由导线、导线网、及导线环。

（一）闭合导线

导线的起点与终点重合，而组成的一个闭合多边形，称为闭合导线，如图 1.6.1.1。这种导线多用于局部地区较大面积的平面控制，如铁路枢纽或区段站。

（二）附合导线

导线从某一高级控制点（三角点）开始，经过一系列的转折、伸展最后附合到另一高级控制点上，这种导线叫附合导线（图 1.6.1.2）。这种导线适合于作带状地区的测图控制，如测绘铁路线路平面图，都采用这种导线。

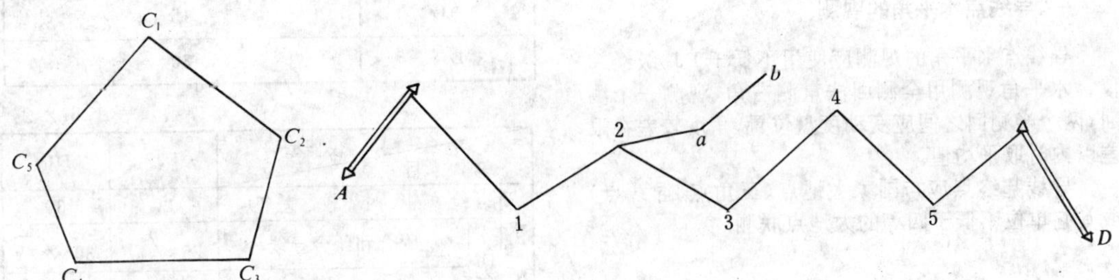

图　1.6.1.1　　　　图　1.6.1.2

（三）自由导线

导线的一端或两端未联结在高级控制点上的导线称为自由导线或支导线。这种导线由于没有检核条件，故只能作辅助控制。

（四）导线网

若干个闭合导线连接在一起，就形成导线网，如图 1.6.1.3 示。导线网常用在测区范围较大的情况下，作为平面控制。如工厂矿山等。

（五）导线环

两导线并进，分裂形成的闭合环，称为导线环，如图 1.6.1.4 示。导线环中若其中一侧导线只测角不量距的，则称为主副导线环。导线环常用在隧道测量中。

二、导线的布设

导线点的布设应根据实际情况而定。在铁路勘测中，导线可沿着未来的线路附近敷设；如果测绘独立地区的平面图，导线可环绕测区敷设；如测绘城市或村镇居民地区的平面图，导线可沿着街道，胡同或乡村道路敷设。

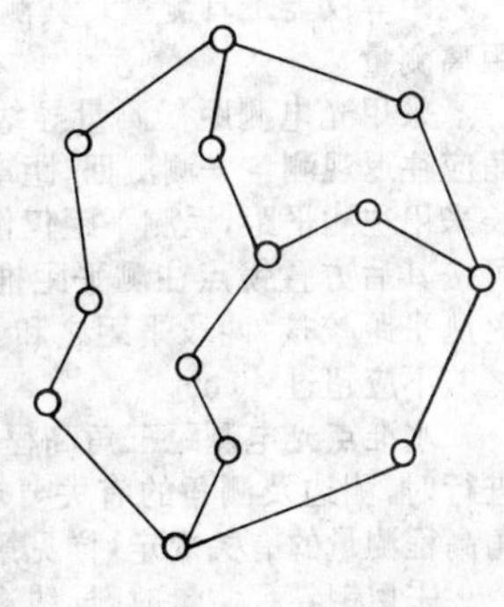

图　1.6.1.3

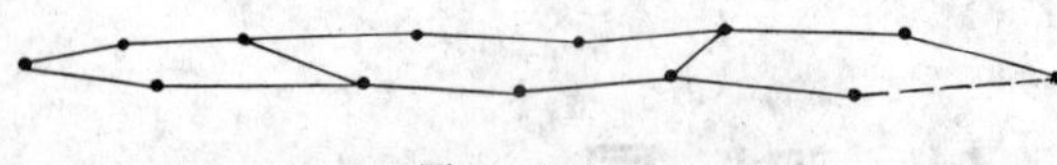

图 1.6.1.4

选择导线点应注意下列原则：

(一)导线点应位于地势较高，视野广阔，便于测绘地形的地方。

(二)相邻两导线点应互相通视，并便于测角和量距。

(三)导线点点间距离不宜长于 400m 和短于 50m。当地形平坦、视线清晰时，也不应长于 500m。当使用光电测距仪测量导线点间距离时，导线点间的距离可增至 1000m，并应在不远于 500m 处钉设直线加点，加点应钉设方桩及标志桩。

当采用光电导线传递高程时，导线边长宜在 200～600m 之间。

(四)导线应尽可能接近线路位置，并应在较大的河流两岸及隧道洞口附近设置导线点，以供桥梁、隧道、地质等专业测绘。

导线点的标志，临时性的可采用长 25～40cm，4～5cm 见方的木桩打入地下，使桩顶与地面齐平，在桩顶钉入小钉，作为导线点的准确位置；较永久性的导线桩，可在木桩周围用混凝土加固；永久性的导线桩，可采用长 50cm 石料或混凝土的预制品，预先埋设在选好的导线点位置上，并在桩顶刻出记号或埋入刻有十字的铁钉或钢筋以确定导线点的准确位置。为辨认各个导线点，需在导线点旁边设置标志桩或在导线桩顶用红油漆注明编号。标志桩应钉在导线前进方向的左侧转折角外侧 30～50cm 处。并应在导线记录本内画草图，标明与各明显地物点的关系。

第二节　导线测量方法

在导线测量开始之前，由大旗组根据纸上定线资料，在现地选点插旗，埋设导线桩，导线测量需待埋桩稳固后才能进行。

导线测量主要是量测导线点的水平角及导线点点间距离，当采用光电测距三角高程时，还应注意竖直角的测量要求。

一、导线点水平角的观测

导线点水平角的观测应使用不低于 DJ_6 级经纬仪。水平角观测用全测回法量测右角，观测一个测回，两个半测回之间应变动度盘位置，角度较差在限差以内时取平均值。

导线起终点应与国家大地点(三角点、导线点)或其它单位不低于四等的大地点联测。

二、导线边长测量

导线边边长可采用光电测距仪、钢卷尺及经纬仪视距等仪器工具测量。其测量有关要求见第三章距离测量。

采用光电测距仪测量导线边长时，距离和竖直角应往返观测各一测测回，距离一测回读数两次，边长采用往测平距，返测平距仅供参考。加桩的里程，可按其后方置镜点往测平距推算，并以前方置镜点返测平距校核，两段平距之和与前后两置镜点间距之差不应超过 40mm

水准点光电测距三角高程测量与平面测量合并进行时，测边及测角的有关要求应符合光电测距三角高程测量的有关规定(详见第五章第三节)。

采用钢卷尺丈量时，导线边长应丈量两次，其较差在限差之内时，取平均值。加桩的里程以第一次丈量为准。

三、导线测量限差要求

(一)水平角角度观测限差(表 1.6.2.1)

表 1.6.2.1

仪器型号	两半测回间角值较差的限差(″)
DJ_2	15
DJ_6	30

表 1.6.2.2

<table>
<tr><td colspan="4">项目 ＼ 仪器型号</td><td>DJ_2</td><td>DJ_6</td></tr>
<tr><td rowspan="4">水平角</td><td colspan="3">检测时较差(″)</td><td>20</td><td>30</td></tr>
<tr><td rowspan="3">闭合差(″)</td><td colspan="2">附合和闭合导线</td><td>$25\sqrt{n}$</td><td>$30\sqrt{n}$</td></tr>
<tr><td rowspan="2">延伸导线</td><td>两端测真北</td><td>$25\sqrt{n+16}$</td><td>$30\sqrt{n+10}$</td></tr>
<tr><td>一端测真北</td><td>$25\sqrt{n+8}$</td><td>$30\sqrt{n+5}$</td></tr>
<tr><td rowspan="6">长度</td><td rowspan="2">检测较差</td><td colspan="2">光电测距仪和全站仪(mm)</td><td>$2\sqrt{2}\,m_D$</td><td>$2\sqrt{2}\,m_D$</td></tr>
<tr><td colspan="2">其他测距方法</td><td>1/2 000</td><td>1/2 000</td></tr>
<tr><td rowspan="4">相对闭合差</td><td rowspan="2">光电测距仪和全站仪</td><td>水平角平差</td><td>1/6 000</td><td>1/4 000</td></tr>
<tr><td>水平角不平差</td><td>1/3 000</td><td>1/2 000</td></tr>
<tr><td rowspan="2">其他测距方法</td><td>水平角平差</td><td>1/4 000</td><td rowspan="2">1/2 000</td></tr>
<tr><td>水平角不平差</td><td>1/2 000</td></tr>
<tr><td colspan="4">附合导线长度(km)</td><td>30</td><td>30</td></tr>
</table>

注：①n——置镜点总数；

m_D——光电测距仪标称精度。

②附合导线的长度相对闭合差应为两化改正后的值。

第三节　导线与国家三角点的联测及计算

一、联测方法

(一)导线法

当导线经过的位置距国家三角点较近，且量距又方便时，以采用导线法较好。特别在使用光电测距仪后，采用导线法的更为广泛，如图 1.6.3.1 示。

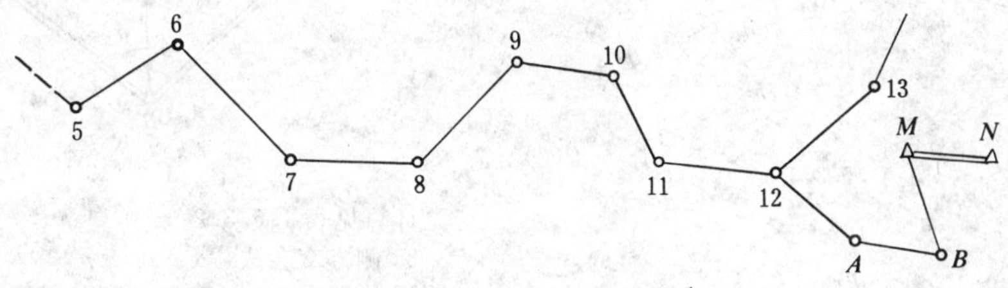

图　1.6.3.1

从导线点 12 出发，经过 A、B 两点即与国家三角点 MN 联系上只需观测 12、A、B、M 等联测角及 12—A，A—B，B—M 的距离，由已知的 M、N 三角点的坐标及方位角就可推算出导线上任何导线点的坐标及任一条边的方位角。其测角与量距的精度要求与附合导线相同。

(二)交会法

交会法分为后方交会法，前方交会法和侧方交会法三种。当主导线距离三角点较远，用导线法联测不方便时，可采用交会法联测。

1. 后方交会法

采用后方交会法应有四个国家大地点，困难时应有三个大地点。所求 P 点应尽量位于三个大地点所构成的三角形中，而不位于该三点构成的圆周(危险圆)附近，即 α、β、γ 角值之和不应在 160°～200°之间，如图 1.6.3.2 中 A、B、C 为三个已知大地控制点，导线点 P 为待求点。如果在待求点 P 置镜观测了 α 和 β 角，根据三个已知点的坐标和 α、β 角即可计算出 P 点的坐标。其计算公式为：

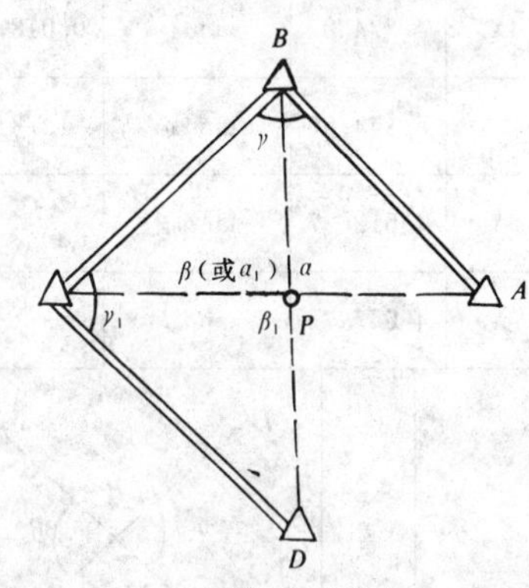

图　1.6.3.2

$$\tan d_{Bp}=\frac{(y_B-y_A)\cot\alpha+(y_B-y_C)\cot\beta+(x_A-x_C)}{(x_B-x_A)\cot\alpha+(x_B-x_C)\cot\beta-(y_A-y_C)} \tag{1.6.3.1}$$

$$\alpha_{AP}=\alpha_{BP}+\alpha \tag{1.6.3.2}$$

$$x_P=\frac{x_B\cdot\tan\alpha_{BP}-x_A\cdot\tan\alpha_{AP}+y_A-y_B}{\tan\alpha_{BP}-\tan\alpha_{AP}} \tag{1.6.3.3}$$

$$y_P=(x_P-x_A)\tan\alpha_{AP}+y_A \tag{1.6.3.4}$$

例：根据已知的四个控制点 A、B、C、D，在待定点 P 上测量三个角 α、β、γ，求 P 点的坐标(图 1.6.3.3)。

第一组根据 A、B、C 三点计算，第二组根据 D、A、B 三点计算，在第二组中 D 点相当于 A 点的位置。计算见表 1.6.3.1。

已知　$x_A=4\ 374.87$　$y_A=6\ 564.14$

$x_B=5\ 144.96$　$y_B=6\ 083.07$

$x_C=4\ 512.97$　$y_C=5\ 541.71$

$x_D=2\ 858.06$　$y_D=6\ 860.08$

$\alpha=118°58'18''$

$\beta=106°14'22''$

$\gamma=36°24'20''$

2. 前方交会法

图中 1.6.3.4 中 A、B 为坐标已知的大地控制点，导线点 P 为待求点。在 A、B 两已知点用经纬仪测量 α、β 角，根据 A、B 两点的坐标和 α、β 角，通过计算得出 P 点的坐标。为了避免观测错误并检查点位精度，一般要求从三个已知点作两组前方交会。

其计算公式如下：

$$x_P=\frac{x_A\cdot\cot\beta+x_B\cdot\cot\alpha-y_A+y_B}{\cot\beta+\cot\alpha} \tag{1.6.3.5}$$

$$y_P=\frac{y_A\cdot\cot\beta+y_B\cdot\cot\alpha+x_A-x_B}{\cot\beta+\cot\alpha} \tag{1.6.3.6}$$

前方交会还可用其他方法计算，如用解三角形边长的方法计算出三角形的边长并推算出边的坐标方位角后，进行坐标计算。交会角 α、β 不应小于 30°不大于 150°，困难时亦不小于 20°并不大于 160°。

例：已知　$\alpha_1=61°14'25''$

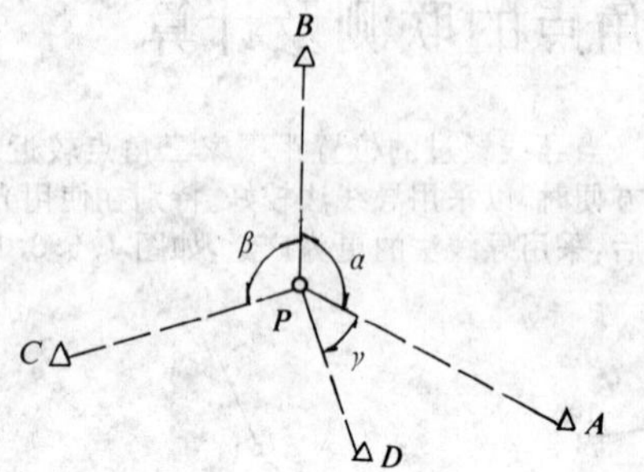

图 1.6.3.3

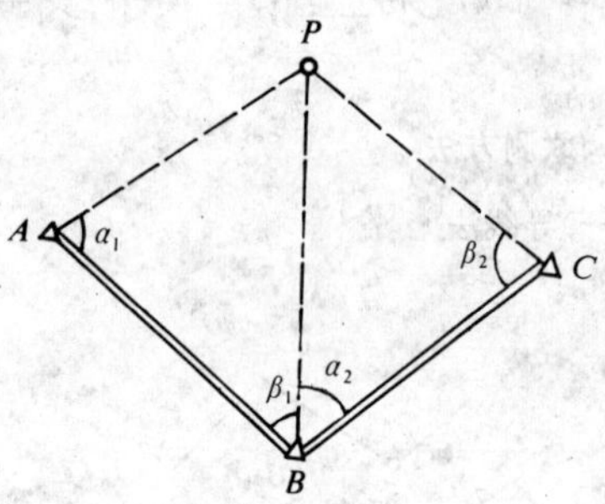

图 1.6.3.5

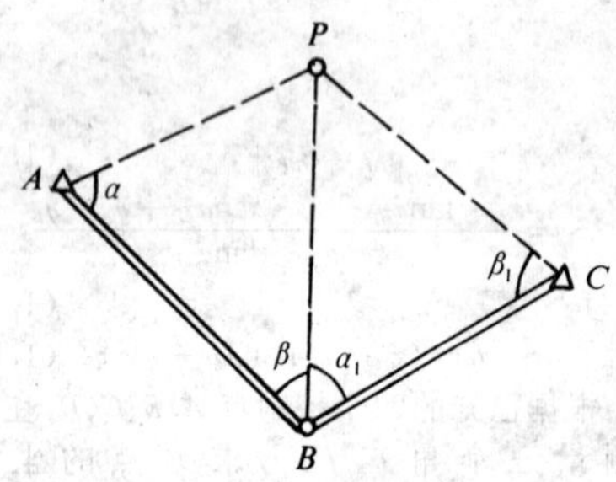

图 1.6.3.4

$\beta_1=68°07'43''$

$\alpha_2=74°31'25''$

$\beta_2=56°40'27''$

$X_A=588.65 \quad Y_A=529.46$

$X_B=438.30 \quad X_B=301.10$

$X_C=174.80 \quad X_C=208.87$

(见图 1.6.3.5)

计算见表 1.6.3.2。

3. 侧方交会法

图 1.6.3.6 中如果在已知点 A 及待求点 P 分别观测了 α 和 γ 角。则可求出 β 角，这样就和前方交会法一样。利用前方交会的公式进行计算 P 点的坐标。在已知点不便安置仪器时可采用侧方交会法替代前方交会。为防止错误，可在 P 点再观测另一控制点 C 的夹角 ε，进行校核。

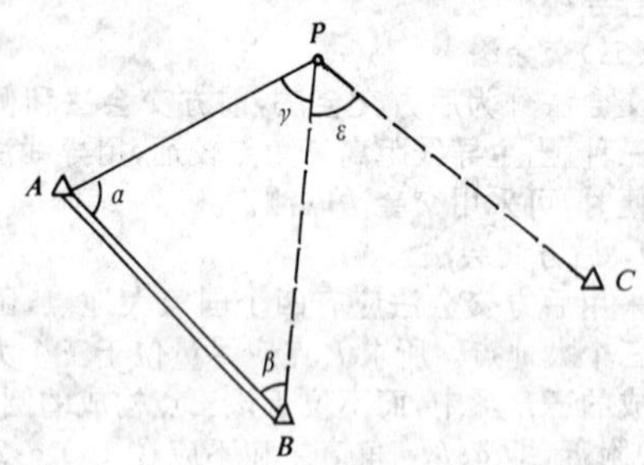

图 1.6.3.6

表 1.6.3.1

α	118°58′18″	$\cot\alpha$	-0.553 663	Y_A	6 564.14	X_A	4 374.87	$\tan\alpha_{BP}$	0.018 027
β	106°14′22″	$\cot\beta$	−0.291 274	Y_B	6 083.07	X_B	5 144.96	$\tan\alpha_{AP}$	−1.731 743
α_{BP}	1°01′58″	Ⅰ	−29.433 433	Y_C	5 541.71	X_C	4 512.97	$\tan\alpha_{BP}$	
α_{AP}	120°00′16″	Ⅱ	−1 632.882 595	Y_P	6 074.27	X_P	4 657.75	$\tan\alpha_{AP}$	
算式	$Ⅰ=(Y_B-Y_A)\cot\alpha+(Y_B-Y_C)\cot\beta+X_A-X_C$；$\tan\alpha_{BP}=\frac{Ⅰ}{Ⅱ}$ $Ⅱ=(X_B-X_A)\cot\alpha+(X_B-X_C)\cot\beta-Y_A+Y_C$；$\alpha_{AP}=\alpha_{BP}+\alpha$ $X_P=\frac{X_B\tan\alpha_{BP}-X_A\tan\alpha_{AP}+Y_A-Y_B}{\tan\alpha_{BP}-\tan\alpha_{AP}}$； $Y_P=(X_P-X_A)\tan\alpha_{AP}+Y_A$						示意图	D C P γ β α A B	

续上表

α_1	36°24′20″	$\cot\alpha_1$	1.356 092	Y_{A1}	6 860.08	X_{A1}	2 858.06	$\tan\alpha_{B_1P_1}$	−1.731 573
β_1	118°58′18″	$\cot\beta_1$	−0.533 663	Y_{B1}	6 564.14	X_{B1}	4 374.87	$\tan\alpha_{A_1P_1}$	−0.436 631
$\alpha_{B_1P_1}$	300°00′25″	Ⅰ	−2 954 .582 526	Y_{C1}	6 083.07	X_{C1}	5 144.97	$\tan\alpha_{B_1P_1}$	
$\alpha_{A_1P_1}$	336°24′45″	Ⅱ	1 706.299 783	Y_{P1}	6 074.27	X_{P1}	4 657.78	$\tan\alpha_{A_1P_1}$	
				Y平均	6 074.27	X平均	4 657.77		

表 1.6.3.2

草图	P, A, B, C, α_1, β_1, α_2, β_2			$X_P=\dfrac{X_A\cot\beta+X_B\cot+Y_B-Y_A}{\cot\alpha+\cot\beta}$ $Y_P=\dfrac{Y_A\cot\beta+Y_B\cot\alpha+X_A-X_B}{\cot\alpha+\cot\beta}$			
α_1	61°14′25″	X_A	588.65	$\cot\alpha_1$	0.548 840	Y_A	529.46
β_1	68°07′43″	X_B	438.30	$\cot\beta_1$	0.401417	Y_B	301.10
		X_{P_1}	261.50	$\cot\alpha_1+\cot\beta_1$	0.950 257	Y_{P_1}	555.79
α_2	74°31′25″	X_B	438.30	$\cot\alpha_2$	0.276 881	Y_B	301.10
β_2	56°40′27″	X_C	174.80	$\cot\beta_2$	0.657 523	Y_C	208.87
		X_{P_2}	261.52	$\cot\alpha_2+\cot\beta_2$	0.934 404	Y_{P_2}	555.77
			$X_{P平均}=261.51$		$Y_{P平均}=555.78$		

后方交会法，不必到控制点去置镜观测，但要求已知控制点不少于三个(最好有四个)，而且内业计算繁琐。前方交会法，所要控制点相对较少，计算简单，但需在已知点置镜，外业工作量大。侧方交会法介于两者之间。在采用交会法时应根据具体情况决定。

4. 两点后方交会法

两点后方交会要求交会角不小于 20°，所求点的连线应略平行于大地点的连线，如图 1.6.3.7。

5. 交会法的水平角应观测两测回。根据观测点数量可用全测回法或方向观测法进行观测。

(1)用全测回法观测时，观测方法同导线点水平角的观测方法，角值较差的限制如表 1.6.2.1。在限差以内时取平均值。

(2)用方向法观测时，应采用 DJ_2 经纬仪，角值限差要求见表 1.6.3.3，在限差以内时，方向值取平均值。

方向观测法角值限差(″)表 1.6.3.3

半测回归零差	同方向各测回 2C 值互差	测回间同一方向值互差
12	16	12

(三)困难条件下，导线与大地点的联测

1. 如图 1.6.3.8 示，A、B 为相距较远相互不通视的两个大地点。在这种情况下，可置镜于大地点 B，测设可与 A 通视的任意点 C(BC 的距离一般以 200～600m 为宜)，同时测量角 C，在△ABC 中利用正弦定理，可求出边长 AC 及角 A，即可计算出方位角 N_{AC}及 C 点的坐标。

$$N_{AC}=N_{AB}\pm\angle A$$

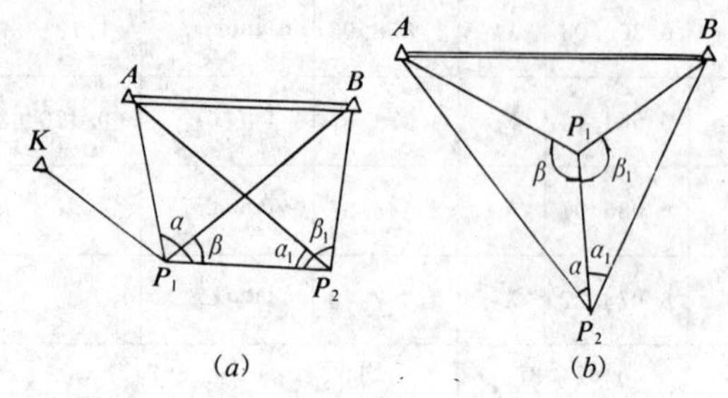

图 1.6.3.7

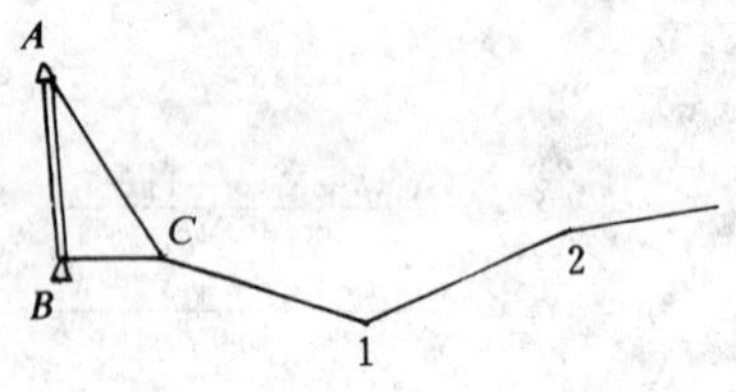

图 1.6.3.8

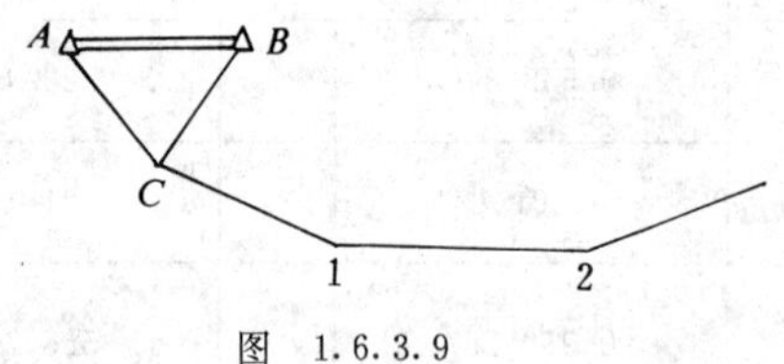

图 1.6.3.9

$X_C = X_A \pm AC \cdot \cos N_{AC}$

$Y_C = Y_B \pm AC \cdot \sin N_{AC}$

2. 如图 1.6.3.9 示，A、B 为相距较近且相互不通视的两个大地点。在这种情况下，可选择与大地点 A、B 通视的 C 点，在 C 点置镜测量角 C 及边长 AC、BC。在△ABC 中利用正弦定理，可求出角 A、角 B，即可计算出方位角 N_{AC}、N_{BC}及 C 点的坐标。

$$X_C = \frac{1}{2}(X_A + AC \cdot \cos N_{AC} + X_B + BC \cdot \cos N_{BC})$$

$$Y_C = \frac{1}{2}(Y_A + AC \cdot \sin N_{AC} + Y_B + BC \cdot \sin N_{BC})$$

(四)照准点(觇标)归心计算

在导线与国家大地点联测时，往往不能直接照准大地点的标石中心，而是照准觇标中心柱，由于觇标建造原因和外界因素的影响，使觇标中心柱和标石中心不在同一铅垂线上，造成觇标偏心，为了消除觇标偏心的影响，应对联测时所用的大地点进行检查，若偏心值过大影响联测精度时，应予以改正。

1. 照准点(觇标)归心计算

图 1.6.3.10 中，S 为标石中心，S' 为觇标中心柱中心，CS' 为观测方向，KS' 为检测方向，e 和 θ 为偏心距和偏心角，应实地测定。照准归心改正数按下式计算。

$$\gamma = \frac{e}{D}\rho \cdot \sin(M + \theta') \qquad (1.6.3.7)$$

若将 e 以 cm 为单位，D 以 km 为单位及 ρ＝2.062 65 代入(1.6.3.7)式则：

$$\gamma = \frac{2.062\ 65e \cdot \sin(M + \theta')}{D} \qquad (1.6.3.8)$$

式中 γ——照准归心改正数(″)；

e——偏心距(cm)；

θ'——检测方向偏心角(°)；

D——测站至照准点的距离，以 km 计。其值可在略图中量得，或根据已知点的近似坐标，用坐标反算的方法求得，精确到 10m 即可。

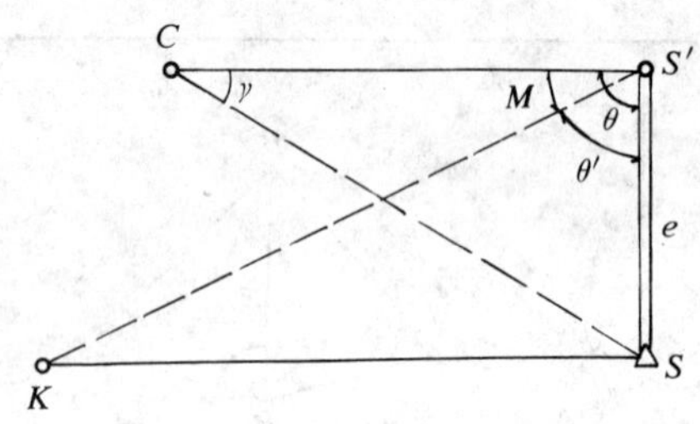

图 1.6.3.10

2. 归心元素的测定

为了进行归心计算，必须测定归心元素。

(1)偏心距 e 的测定

① 将经纬仪安置在距觇标 30～60m 远的地方(距离约为觇标高度的 1.5～2 倍)；

② 将望远镜照准觇标中心柱，然后向下纵转望远镜，在照准面内打入两个木桩于标石的前后，两木桩相距约 1.5m 其连线即为仪器和觇标中心柱方向在地面上的投影；

③ 在 90°方向用同样方法进行投影；

④ 用细绳连接两对木桩，其交点即为觇标中心柱在地面上的投影；

⑤ 量取标石中心至投影点的距离，取位至厘米。该距离即为偏心距 e。

(2)偏心角 θ 的测定

偏心角 θ 可用经纬仪直接测定，亦可用图解法测定，精确到度。

图解法测定偏心角的方法如下：

① 在标石中心安置小平板，小平板上钉图纸；

② 用对点器将标石中心和觇标中心柱中心在地面上的投影点投影在图纸上，并通过该两点划直线；

③ 用照准器照准 C、K 点，画出照准线 $S'C$、$S'K$、SC、SK；

④ 以 S' 为中心，用分度器从 $S'S$ 方向顺时针量至观测的原方向 $S'C$ 即为偏心角 θ。

为了检核观测的正确性，还应加测任一检测方向 K 的偏心角 θ'，以便用 $\theta - \theta' = M$ 作检核。水平角 M 可直接观测或用图解法求得。

例：

已知：$e=28\text{cm}, D=1.65\text{km}, M+\theta=145°$

求照准中心改正数 γ。

$$\gamma=\frac{2.06265 e\sin(M+\theta')}{D}$$
$$=\frac{2.06265\times28\times\sin145°}{1.65}$$
$$=+20''$$

二、换带计算

在横圆柱投影中，为了限制长度变形的影响，采用了按经度差6°或3°分带投影的结果，使参考椭圆体上统一的坐标系分割成各带独立的平面坐标系。在测量工作中常用到邻带的平面控制点的坐标，因此，就需将邻带的坐标系换算为同一带的坐标系，简称坐标换带。

(一)高斯投影概念

1. 基本概念

我国国家基本地图所采用的高斯投影，即为横圆柱的正形投影。如图1.6.3.11，假定地球为一圆球，投影面为一横置的圆柱面，使圆柱面与球面上某一子午线相切，这一子午线称为中央子午线或轴子午线。另外扩大赤道面与圆柱面相交，这条交线与子午线垂直，当将圆柱面沿 TT'、KK' 切开展平后，在平面上形成两条正交的直线，这就是高斯平面直角坐标系的轴线，其中以中央子午线为 x 轴，以赤道面的交线为 Y 轴。根据正形投影的原理，将球面上的点位转移到圆柱面上后，可采用简单的平面直角坐标系来表示。

2. 高斯-克吕格坐标

离开中央子午线的点位，经投影后都产生了变形。离中央子午线愈远，长度和方向的变形亦愈大。为了使投影后产生的变形不超过一定的限度，可以把投影的范围(在 y 轴方向内)加以限制，每次投影一定的宽度的范围称为一个投影带。例如，为了使长度和方向的变形不超过一般测量精度，通常采用6°带的高斯投影。如果要求更小的变形，则可采用3°或1.5°宽的投影带。

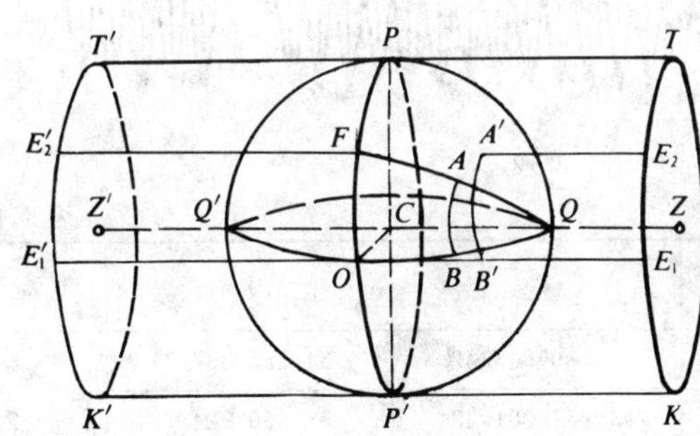

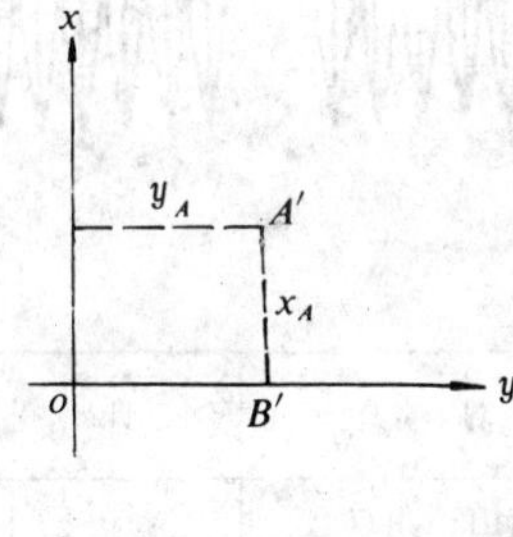

图 1.6.3.11

6°带的划分是从格林威治零子午线起，自西向东，每隔6°为一带，将地球分为60个带。东经0°～6°为第一带，6°～12°为第二带，以此类推。相应的中央子午线为3°、9°……等如图1.6.3.12。设 N 为6°带的带号，L 为该带的中央子午线则代号与中央子午线的关系为：

$$L=6N-3$$

3°带的化分是从东经1°30′起向东计算，每3°为一带号，L 为该带的中央子午线，则带号与中央子午线的关系为

$$L=3n$$

地面点按高斯投影转绘到平面投影之后，其位置即可按平面直角坐标系表示。在每个投影带里都以中央子午线为纵轴即 x 轴，而以赤道投影为横轴即 y 轴。两轴的交点为坐标原点。X 在赤道以北为正，赤道以南为负，Y 轴在中央子午线以西为负，以东为正。我国位于北半球，所以 X 都为正。为了避免 Y 坐标出现负值，将坐标原点向西移动500km，所以中央子午线的 Y 坐标为500km。为了能从点的坐标知道它属于那一带，在点的横坐标前要冠以带号例如某点的坐标为：

$$X=3\ 571\ 245\cdot63\text{m}$$
$$Y=20\ 423\ 117.17\text{m}$$

在 Y 坐标中20是带号，423 117.17是坐标值，这点位于中央子午线以西(500 000－423 117.17) 76 882.83m。

3. 距离(坐标增量)化归至大地水准面及投影至高斯平面的改正

设导线在地面上的实际长度 S，则改化到大地水准面的长度 S_0 按下式计算

$$S_0=S(1-\frac{H_m}{R}) \qquad (1.6.3.9)$$

式中 H_m——导线的平均高程；

R——地球的平均半径。

改化到高斯平面上的距离按下式计算

$$S_z=S(1+\frac{y_m^2}{2R^2}) \qquad (1.6.3.10)$$

式中 y_m——导线距中央子午线的平均距离。

由于导线计算时都用坐标增量计算闭合差，因

此只须计算坐标增量和化归至大地水准面及投影至高斯平面的改正，其改正值按下式计算：

$$\left.\begin{aligned}\Sigma\Delta X_S &= \Sigma\Delta X + \left(\frac{y_m^2}{2R^2} - \frac{H_m}{R}\right)\Sigma\Delta X \\ \Sigma\Delta Y_S &= \Sigma\Delta Y + \left(\frac{y_m^2}{2R^2} - \frac{H_m}{R}\right)\Sigma\Delta Y\end{aligned}\right\} \quad (1.6.3.11)$$

例：已知　猫山三角点　$X=3\ 180\ 543.42$

$Y=34\ 555\ 897.31$

垭口三角点　$X=3\ 131\ 201.48$

$Y=34\ 560\ 924.76$

垭口坐标计算值　$X=3\ 131\ 187.47$

$Y=34\ 560\ 916.93$

坐标改化计算见表 1.6.3.4。

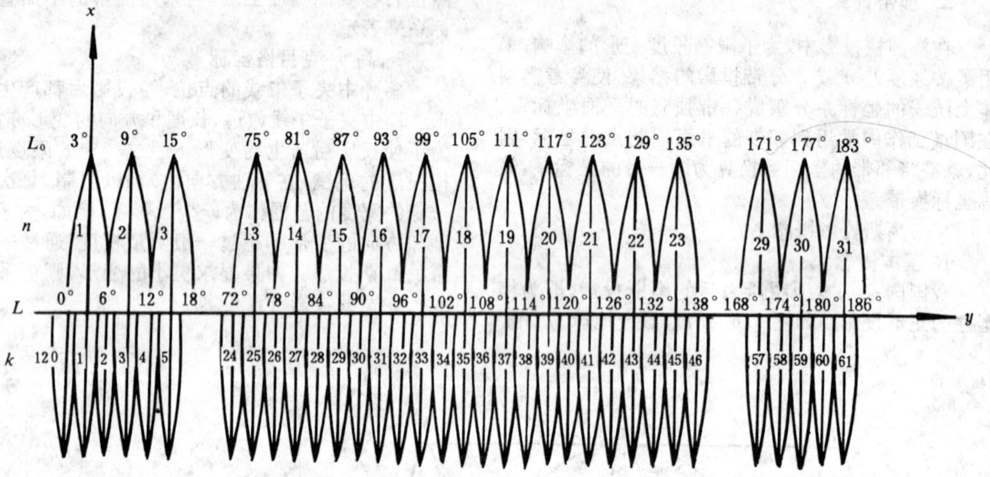

图　1.6.3.12

表 1.6.3.4

顺序	计算项目	计　算	X	Y	高　程
1	猫山三角点	已知	3 180 543.42	34 555 897.31	2751.4
2	垭口三角点	已知	3 131 201.48	34 560 924.76	2 278.5
3	计算垭口三角点	计算	3 131 187.47	34 560 916.93	
4	δX、δY	③－②	－14.01	－7.83	
5	$\Sigma\Delta X$、$\Sigma\Delta Y$	③－①	－49 355.95	5 019.62	
6	H_m	$\frac{①+②}{2}$			2 514.95
7	$K_1=\frac{H_m}{R}$	$\frac{⑥}{6371}$	395×10^{-6}	395×10^{-6}	
8	$\delta X_H \cdot \delta Y_H$	⑦×⑤	－19.50	1.98	
9	$\Sigma\Delta X_0 \cdot \Sigma\Delta Y_0$	⑤－⑧	－49 336.45	5 017.64	
10	Y_m			58.4	
11	$K_2=\frac{Y_m^2}{2R^2}$	$\frac{⑩}{2\times6371^2}$	42×10^{-6}	42×10^{-6}	
12	$\delta X_S \cdot \delta Y_S$	⑪×⑨	－2.07	0.21	
13	$\Sigma\Delta X_S\Sigma\Delta Y_S$	⑫＋⑨	－49 338.52	5 017.85	
14	改化后垭口三角点	①＋⑬	3 131 204.90	34 560 915.16	
15	δX、δY	⑭－②	＋3.42	－9.60	

改化前导线闭合差

导线长 $L=60\ 311.20$m

$$f=\frac{\sqrt{(-14.01)^2+(-7.83)^2}}{60\ 311.20}=\frac{1}{3\ 758}$$

改化后导线闭合差

$$f=\frac{\sqrt{(3.42)^2+(-9.60)^2}}{60\ 311.20}=\frac{1}{5\ 918}$$

(二)换带计算

1. 在铁路测量中遇以下情况应进行坐标换带计算：

(1)导线与大地点联测时，当大地点不在同一带时，须先把邻带大地点的坐标换算为同一带的坐标，才能计算坐标闭合差。因铁路测量系带状测量，多布置为伸展导线，导线跨两带时有发生。

(2)铁路航测地形图采用 3°带投影，大地点一般是 6°带的坐标，故航测控制测量时，应进行坐标换带计算。

2. 坐标换带计算公式

$$X_2=X_1+(m+m_1\Delta Y_1)\cdot\Delta Y_1+\delta_x$$
$$=X_1+[m+(m_1+m_2\Delta Y_1)\Delta Y_1]\Delta Y_1+\sigma_x$$

干 $$Y_2=Y_0(n+n_1\Delta Y_1)\Delta Y_1+\delta_y$$
$$=Y_0+[n+(n_1+n_2\Delta Y_1)\Delta Y_1]\Delta Y_1+\sigma_y \tag{1.6.3.12}$$

式中 $m、n、m_1、n_1、m_2、n_2$——换带系数；

$\delta_X、\delta_Y、\sigma_x、\sigma_y$——以 ΔY_1 为引数的数值。若 ΔY_1 绝对值大于 60km（3°带换带表为 80km）且欲保持 1mm 之精度时，采用 σ 式；

X_1——换带前的纵坐标；

X_2——换带后的纵坐标；

Y_2——换带后的横坐标，由西带换至东带时，取负值，反之取正值；

Y_0——换带中所取辅助点的横坐标(相应于纵坐标 X_0 在带边缘上的横坐标)，永为正值；

ΔY_1——为 Y_1-Y_0 之差值，

其中 Y_1——换带前的横坐标，采用其在坐标系中应有的符号，

X_0——略小于 X_1 的引数，

$$Y_0 \text{之内插值}=Y_0+\Delta X[\delta_{Y_0}+d(\delta_{y_0})] \tag{1.6.3.13}$$

其中 δ_{Y_0}——内插间隔，

$d(\delta_{y_0})$——以 ΔX 为引数的系数，

ΔX——为 X_1-X_0 之差值。

3. 3°带坐标换算为 6°带坐标。

3°带的起算点是东经 1°30′，每隔 3°为一带，6°带的起算点是东经 0°00′。每隔 6°为一带，故 3°带的奇数带的中央子午线与 6°带的中央子午线重合。而偶数带的中央子午线则与 6°带的分带子午线重合。

(1)坐标换算

3°带的奇数带的坐标换算为 6°带坐标时，不用换算坐标，只需换算带号。3°带的偶数带的坐标换算为 6°带的坐标时，分成两部分，在中央子午线以西部分的点，应先换算成 n_1-1 带的坐标，再进行带号换算。在中央子午线以东部分的点，应先换算成 n_1+1 带的坐标，再进行带号换算

(2)带号换算

图 1.6.3.13 中

$$n=\frac{n_1}{2}+0.5$$

式中，n 为 6°带号，n_1 为 3°带号。

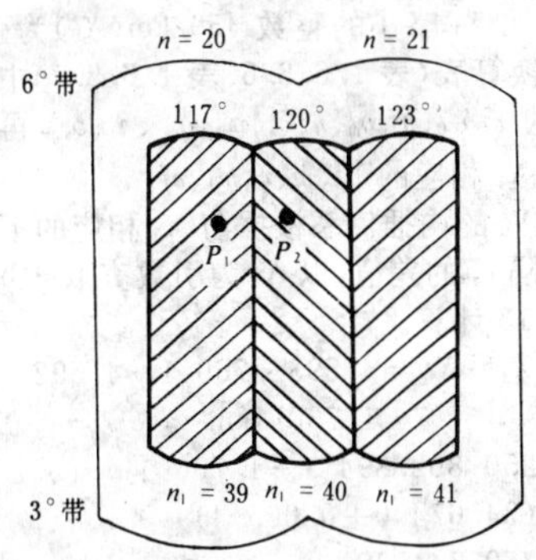

图 1.6.3.13

图 1.6.3.13 中 P_1 点位于 3°带 39 带，39 带与 6°带的 20 带同中央子午线，故只需将 P_1 点中横坐标的带号换为 6°带的带号。P_2 点的坐标换算，首先将其换算为 39 带的坐标，再将 39 带的带号换算成 6°带的带号。

4. 6°带坐标换成 3°带坐标

(1)投影带号与中央子午线之经度的关系式如下：

6°带 $L_0=6n-3$

3°带 $L_0=3n_1$

式中 L_0——中央子午线经度；

n——6°带带号；

n_1——3°带带号。

(2)坐标换算

如图 1.6.3.13P_1 点位于 6°带中央子午线东西两侧各 1°30′以内时，坐标不换算，只需换算带号。

如图 1.6.3.13 中的 P_2 点，位于 6°带中央子午线东侧 1°30 至 3°，所以第一步是将其换算为与 6°带同中央子午线的 39 带的坐标，再由 39 带换算 n_1+1(即 40 带)的坐标。若 P_2 点位于 6°带中央子午线以西 1°30 至 3°时，首先将 P_2 坐标换算成与 6°带同中央子午线的 39 带，再由 39 带换算成 n_1-1(即 38 带)的坐标。

(3)带号换算

位于 6°带中央子午线东西各 1°30′以内时

$$n_1=2n-1$$

位于 6°带中央子午线以西 1°30′～3°时

$$n_1=2n-2$$

位于6°带中央子午线以东1°30′～3°时

$$n_1=2n$$

5. 坐标换带计算示例

已知：某三角点在(6°带)20带，其通用坐标为

$$X=4\ 593\ 760.100(m)$$
$$Y=20\ 732\ 025.600(m)$$

求算：某三角点在21带的坐标

计算步骤及方法：

(1)将Y去掉带号，并减去500km后得

$$X_1=4\ 593\ 760.100(m)$$
$$Y_1=+232\ 025.600(m)$$

(2)查取 Y_0、m、n、m_1、n_1

先以比 X_1 略小的整数4592km(X_0)为引数，在6°带坐标换算表(表1.6.3.6、表1.6.3.7)中查取相应于 X_0 的 $Y_0\delta_{Y0}$、m、δ_m、n、δ_n、m_1、δ_{m_1}、n_1、δ_{n_1}，再用内插法求出与 X_1 相应的 Y_0、m、n、m_1、n_1。

其中 Y_0 的内插值系根据与 X_0 相应的下端与上端内插间隔 δ_{y0}的差值，以 Δx 为引数查取 $d(\delta_{y0})$ 值按式1.6.3.13计算。

$$\Delta X=X_1-X_0=4\ 593\cdot760\ 1-4\ 592$$
$$=1.760\ 1km$$

$$Y_0=250\ 802.894\ 1-1.760\ 1$$
$$\times(34.674\ 0+0.005\ 4)$$
$$=250\ 741.855$$

$$m=[-6\ 926\ 473+1.760\ 1\times(-1\ 230.0]$$
$$\times10^{-8}=-6\ 928\ 638\times10^{-8}$$

$$n=[-99\ 759\ 831+1.760\ 1\times85.5)]^{-14}$$
$$\times10^{-8}=-99\ 759\ 681\times10^{-8}$$

$$m_1=(63\ 970+1.760\ 1\times2)\times10$$
$$=63\ 974\times10^{-14}$$

$$n_1=(612\ 995-1.760\ 1\times87)\times10^{-14}$$
$$=612\ 842\times10^{-14}$$

将 Y_0、m、n、m_1、n_1 分别记入计算表(表1.6.3.5)内，填入③、④、⑤、⑥、⑦行内。

(3)计算 ΔY_1 及查取 δ_x、δ_y(或 σ_x、σ_y)

$$\Delta Y_1=Y_1-Y_0=232\ 025.600-250\ 741.855$$
$$=-18\ 716.255(m)$$

再以 ΔY_1 为引数，在换带表中查取 $\delta_x=\pm2$，$\delta_y=0$，将 ΔY_1、δ_x、δ_y 分别填入计算表内第⑧、⑨、⑩行。

(4)因 $n_2\Delta Y_1$，$m_2\Delta Y_1$ 数值很小，可略而不计。

(5)计算

$$n_1\Delta Y_1=612\ 842\times10^{-14}\times(-18\ 716.255)$$
$$=-0.000\ 114\ 70$$

$$m_1\Delta Y_1=63\ 974\times10^{-14}\times(-18\ 716.255)$$
$$=-0.000\ 011\ 97$$

填入⑬、⑭行。

(6)计算⑮、⑯项

(7)计算 X_2、Y_2

将①、⑯、⑨相加和将③、⑮、⑩相加得三角点在21带的坐标 X_2Y_2。

$$X_2=4\ 595\ 057.108(m)$$
$$Y_2=-269\ 415.278(m)$$

将 Y_2 值加上500km，并冠以带号，即得换带后的通用坐标

$$X=4\ 595\ 057.108(m)$$
$$Y=21\ 230\ 584.722(m)$$

为了检查计算是否有误，可进行反算予以检核。

6. 两相邻带间导线点坐标换算和地形图的拼接

(1)两相邻带间导线点坐标换算

坐标换带计算表　　表1.6.3.5

计算次序	计算项目	换　带　点	反算校核
①	X_1	4 593 760.100	4 595 057.108
⑯	(④+⑭)ΔY_1	+1 297.006	−1 297.006
⑨	δX 或 σ_X	+　　2	−　　2
⑰	X_2	4 595 057.108	4 593 760.100
⑧	$\Delta Y_1=\pm Y_1-Y_0$	−18 716.255	+18 718.415
②	Y_1	+232 025.600	269 415.278
③	Y_0	250 741.855	250 696.863
⑮	(⑤+⑬)ΔY_1	+18 673.423	−18 671.263
⑩	δY 或 σ_Y	0	0
⑱	$\mp Y_2$	−269 415.278	+232 025.600
④	m	−0.069 286 38	−0.069 302 33
⑭	$m_1\Delta Y_1$	−0.000 011 97	+0.000 011 98
⑤	n	−0.997 596 81	−0.997 595 70
⑬	$n_1\Delta Y_1$	−0.000 114 70	+0.000 114 69
⑥	m_1	+63 974	+63 977
⑫	$m_2\Delta Y_1$		
⑦	n_1	+612 842	+612 728
⑪	$n_2\Delta Y_1$		

铁路测量多为带状测量，长达数百公里，跨带测量时有发生，所以在分带子午线附近联接相邻两带间的导线点及共同边分别由两带计算，共同点就会有两个坐标值，共同边也有两个方位角。由于分带子午线收敛角的影响，只有在赤道平面上这两组值才会相同。否则随着纬度升高，而差值就会愈大。共同点的坐标差值和共同边的方位角差值就是断坐标值和断方位角值。

3°带与6°带高斯-克吕格坐标换带

表 1.6.3.6

x_0 (km)	y_0 + (m)	δy_0 − (m)	m − (10^{-3})	δm − (10^{-3})	n − (10^{-3})	δn + (10^{-3})
4500	253 966.660 9	34.102 4	681 254 4	1246.0	99 767 677	85.0
2	898.444 0	114 8	1 502 6	5.5	507	5.5
4	830.201 8	127 4	1 752 7	5.5	336	5.0
6	761.934 4	139 9	200 8	5.0	166	5.5
8	693.642 3	152 3	2 250 8	1244.5	99 766 995	85.0
4510	253 625325 1	34.164 8	6824997	4.5	99 766 825	5.0
2	556.963 0	177 3	27486	4.0	655	5.5
4	488.815 9	189 3	29974	3.5	484	5.0
6	420.223 9	202 3	32481	3.5	314	5.0
8	351.806 7	214 7	34948	1243.5	144	85.5
4520	253 283.365 1	34.227 2	6837485	2.5	99 765 973	5.0
2	214.897 9	239 7	39920	2.5	803	5.0
4	146.406 2	252 2	42405	2.0	633	5.0
6	077.889 3	264 6	44889	1.5	463	5.5
8	009.347 8	277 1	47372	1241.0	292	85.5
4530	252 940.781 0	34.289 6	6849854	1.0	99 765 122	5.5
2	872.189 5	302 0	52336	0.5	99 764 951	5.5
4	803.572 9	314 5	54817	0.5	780	5.0
6	734.931 6	326 9	57298	0.0	610	5.0
8	666.265 3	339 3	59778	1239.5	440	85.5
4540	252 597.574 3	34.351 8	6862257	9.5	99 764 269	5.5
2	528.858 2	364 2	64736	8.5	098	5.0
4	460.117 5	376 6	67213	8.5	99 763 928	5.5
6	391.351 7	389 2	69690	8.5	757	5.0
8	322.560 9	401 0	72167	1238.0	587	85.5
4550	252 253.745 9	34.413 8	6874643	7.5	99 763 416	5.0
2	184.905 5	426 4	77118	7.0	246	5.5
4	116.040 3	438 8	79592	7.0	075	5.0
6	047.150 5	451 2	82066	6.0	99 762 905	5.5
8	251 978.235 7	463 6	84538	1236.5	734	85.5
4560	251 909.296 2	34.476 0	6837011	5.5	99 762 563	5.5
2	840.331 9	483 4	89482	5.5	392	5.0
4	771.342 6	500 8	91953	5.0	222	5.5
6	702.328 6	513 2	94428	5.0	051	5.0
8	633.290 0	525 6	96893	1234.5	99 761 881	85.5
4570	251 564.226 4	34.538 0	6899362	4.0	99 761 710	5.5
2	495.137 9	550 3	690 1830	3.5	539	5.5
4	426.025 1	562 7	04297	3.5	368	5.0
6	356.887 2	575 2	06764	3.0	198	5.0
8	287.724 5	587 4	09230	1232.5	027	85.0
4580	251 218.537 4	34.599 8	6911695	2.5	99 760 857	5.5
2	149.325 3	612 2	14160	2.0	686	5.5
4	080.088 4	624 6	16624	1.5	515	5.5
6	010.826 8	636 9	19087	1.5	344	5.5
8	250 941.540 8	649 3	21550	1231.0	173	85.5
4590	250 872.229 7	34.661 7	6924012	0.5	99 760 002	5.5
2	802.894 1	674 0	26473	0.0	99 759 331	5.5
4	733.533 6	686 3	28933	0.0	660	5.5
6	664.148 8	696 6	31393	1229.5	489	5.0
8	594.739 0	711 1	33852	1229.0	319	85.5
4600	250 525.304 5	34.723 4	6936310		99 759 148	

122—124	
Δx(m)	$d(\delta y_0)$
33	2
98	4
163	6
228	8
293	10
358	12
423	14
488	16
553	18
618	20
683	22
748	24
813	26
878	28
943	30
1008	32
1073	34
1138	36
1203	38
1268	40
1333	42
1398	44
1463	46
1528	48
1593	50
1659	52
1724	54
1789	56
1854	58
1919	60
1984	62
2000	

125—126	
Δx(m)	$d(\delta y_0)$
32	2
96	4
160	6
224	8
288	10
352	12
416	14
480	16
544	18
608	20
672	22
736	24
800	26
864	28
928	30
992	32
1056	34
1120	36
1184	38
1248	40
1312	42
1376	44
1440	46
1504	48
1568	50
1632	52
1696	54
1760	56
1824	58
1888	60
1952	62
2000	

注:本表摘自《3°带与6°带高斯-克吕格坐标换带表》,系配合算例查表用。

3°带与 6°带高斯－克吕格坐标换带

表 1.6.3.7

x_0 (km)	m_1 $+10^{-14}$	δm $+10^{-14}$	n_1 $+10^{-14}$	δn_1 -10^{-11}	m_2 -10^{-10}	n_2 $\mp10^{-10}$
4500	63 726	3	620 961	86	2864	1
2	732	3	790	86	5	0
4	738	3	618	86	6	0
6	744	3	446	86	7	1
8	750	3	274	86	8	1
4510	63 756	2	620 102	86	2869	2
2	761	3	619 929	86	2870	2
4	767	3	757	86	1	3
6	773	2	585	86	2	3
8	778	3	413	86	3	4
4520	63 784	3	619 240	86	2874	4
2	790	2	1068	86	5	5
4	795	3	68895	86	6	5
6	801	2	723	86	6	6
8	806	3	550	86	7	6
4530	63 812	2	618 377	86	2878	7
2	817	3	205	86	9	7
4	823	2	032	86	2880	8
6	828	3	617 859	86	1	8
8	834	2	686	86	2	9
4540	63 839	2	617 513	86	2883	9
2	844	3	340	86	4	10
4	850	2	167	86	5	0
6	855	2	616 994	86	6	1
8	860	3	821	87	7	1
4550	63 866		616 647	86	2888	12
2	871		474	86	9	2
4	876		301	87	2890	2
6	881		127	86	1	3
8	886		615 954	87	2	3
		2				
		2				
4560	63 891	2	615 780	86	2893	14
2	897	2	607	87	4	4
4	902	2	433	87	5	5
6	907	3	259	87	6	5
8	912	2	085	86	7	6
		2				
		2				
4570	63 917	2	614 912	87	2898	16
2	922	2	738	87	8	7
4	927	2	564	87	9	7
6	932	2	390	87	2900	8
8	937	2	216	88	1	8
		2				
		2				
4580	63 941	2	614 041	87	2902	19
2	946	2	613 867	87	3	9
4	951	2	693	87	4	20
6	956	2	519	88	5	0
8	961	2	344	87	6	1
		2				
		2				
4590	63 965	2	613 170	88	2907	21
2	970		612 995	87	3	2
4	975		821	88	9	2
6	980		646	87	2910	3
8	984		472	88	1	3
4600	63 939	2	612 297		2912	24

Δy_1 ±(km)	δx ±(mm)
12.0	1
17.3	2
20.5	3
23.0	4
25.0	5
26.7	6
28.2	7
29.6	8
30.9	9
32.0	10
33.1	11
34.2	12
35.1	13
36.0	14
36.9	15
37.7	16
38.5	17
39.3	18
40.0	19
40.7	20
41.4	21
42.1	22
42.7	23
43.3	24
44.0	25
44.5	26
45.1	27
45.6	28
46.2	29
46.8	30
47.2	31
47.8	
48.3	32
48.8	33
49.2	34
49.7	35
50.2	36
50.6	37
51.1	38
51.5	39
52.0	40
52.4	41
52.8	42
53.2	43
53.6	44
54.0	45
54.4	46
54.8	47
55.2	48
55.6	49
55.9	50
56.3	51
56.6	52
57.0	53
57.4	54
57.7	55
58.0	56
58.4	57
58.8	58
59.0	59
59.4	60
59.8	61
60.0	62

Δy_1 (+km)	δx (−mm)
0 60.0	0

Δy_1 (−km)	δy (+mm)
0 60.0	0

Δy_1 (km)	δx (mm)
93.4 120.4	1

Δy_1 (km)	σy (km)
79.2 104.2 118.4 120.0	1 2 3

注：本表摘自《3°带与 6°带高斯－克吕格坐标换带表》，系配合算例查表用。

换带接头坐标关系表 表 1.6.3.8

项目		第八勘测队	第十九勘测队	差值
共同点	桩号里程	CK164+129.53	CK163+700.00	长链 429.53m
	坐标	X3 268 507.60 Y35 357 347.94	X3 268 578.57 Y34 648 192.41	−70.97m +709 155.53m
共同边	线段方位角	CK164+129.53 ～CK164+100 181°59′13″	CK164+129.53 ～CK164+100 180°30′29″	+1°28′44″
共同点高程		434.80	434.76	+0.04m

(2)地形图的拼接

换带接头地段的导线点坐标计算时，必须利用邻带的测量资料以本带坐标为依据向邻带计算一部分，使两带接头处搭接。在拼接地形底图时，将两带的坐标方格网划上，并将断坐标差值用表列出以利上图。

换带接头地段纸上定线时，必须注意到接处图纸的方向有一个较小的折角，计算放线资料时，必须采用同一坐标系统，否则将出现偏差。

第四节 导线坐标计算

一、角度闭合差的计算和调整

(一)闭合导线闭合差的计算与调整

1. 闭合差的计算

图 1.6.4.1 中，闭合多边形的内角和为

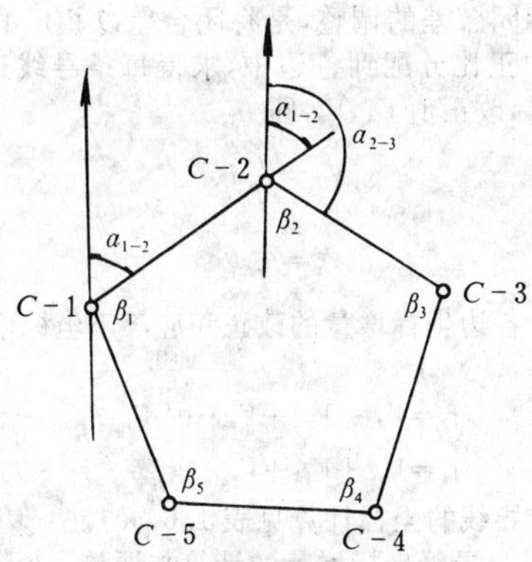

图 1.6.4.1

$$\Sigma\beta_{理}=180°(n-2)$$

式中 n——多边形的内角数。

实测的内角之和 $\Sigma\beta_{实}$ 与理论上的内角之和 $\Sigma\beta_{理}$ 之差，称为角度闭合差，以 f_B 表示：

$$f_\beta=\Sigma\beta_{实}-\Sigma\beta_{理}$$

2. 闭合差的调整

角度闭合差与限差相比较若 $f_\beta<f_{\beta限}$，即可进行角度闭合差的平差。

在角度平差过程中，采用平均分配法把闭合差平均分配到各个右角上，并遵守短边的夹角多分配，长边的夹角少分配的原则。

3. 坐标方位角的计算

如图 1.6.4.1，设 C_1-C_2 的坐标方位角为 α_{1-2}

则：$\alpha_{2-3}=\alpha_{1-2}+180°-\beta_2$

若计算的方位角为负，则应加上 360°；若计算的方位角大于 360°，则应减去 360°。

当所测的水平夹角为左角时，其计算方位角的公式为所求边的方位角等于前一边的方位角减去 180°加上左夹角。即

$$\alpha_{2-3}=\alpha_{1-2}-180°+\beta_{左}$$

(二)附合导线角度闭合差的计算与调整

在图 1.6.4.2 中，导线起于三角点 B，附合于三角点 C 上，起始边 AB 和终点边 CD 的方位角 α_{AB}、α_{CD} 都可利用已知三角点的坐标反算求出。根据 α_{AB}的起始方位角，用与闭合导线计算方位角相同的方法，逐边计算方位角至终点边 CD，得 α'_{CD}。α'_{CD}与 α_{CD}之差称角度闭合差，闭合差 $f_\beta=\alpha'_{CD}-\alpha_{CD}$。当 $f_\beta<f_{限}$ 时，可进行角度平差。

角度平差的方法与闭合导线相同。

(三)由真方位角计算导线水平角角度闭合差。

导线的两端未能与国家三角点联测，而采用真北测量，在计算角度闭合差时，必须考虑子午线的收敛角。并按下式进行角度闭合差计算

$$f_\beta=\alpha'_R+\gamma-\alpha''_R$$

式中 α'_R——真北方位角；

γ——子午收敛角，

$$\gamma=\pm\rho\cdot\frac{\Sigma\Delta Y}{R}\tan\varphi(')$$

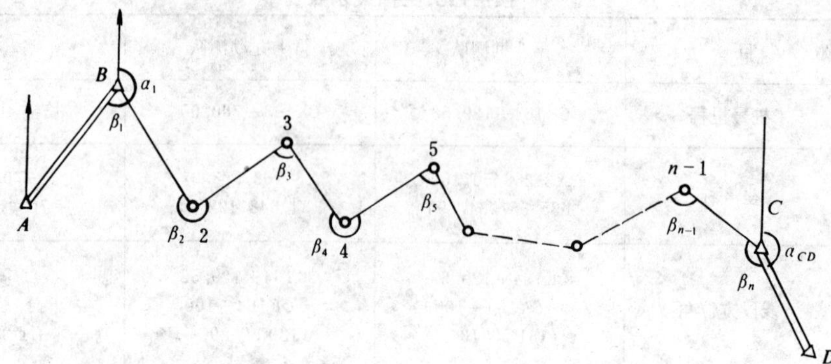

图 1.6.4.2

其中 $\Sigma\Delta Y$——两真北观测点横坐标之差的绝对值(km)；

R——6371km；

φ——两真北观测点的平均纬度；

ρ——3 438′。

当导线由西向东进行时，γ 取正值，反之取负值。

当延伸导线一端与国家大地点联测，另一端观测真北，导线水平角闭合差仍按两端采用真北测量的公式 $f_\beta=\alpha'_R+\gamma-\alpha''_R$ 计算，但子午线收敛角 γ 公式中之 $\Sigma\Delta Y$ 为真北观测点与该带中央子午线横坐标之差的绝对值(km)，φ 为真北观测点的纬度。

二、坐标闭合差的计算和调整

(一)坐标增量计算

如图 1.6.4.3 示，若已知 AB 边的长度为 l，坐标方位角 α_{ab}，则坐标增量 ΔX、ΔY 为：

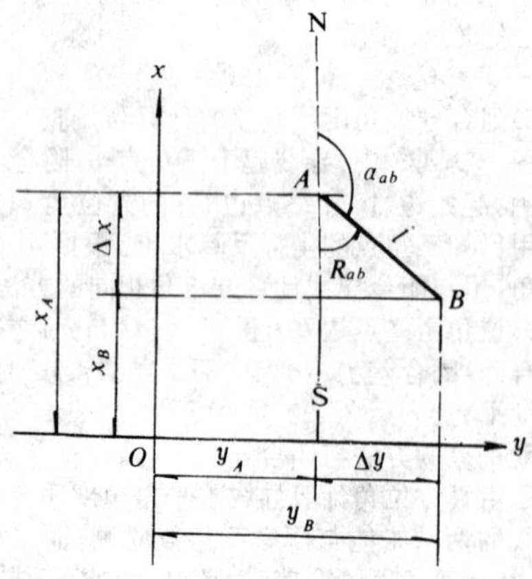

图 1.6.4.3

$$\Delta X=X_B-X_A=l\cos\alpha_{ab}$$

$$\Delta Y=Y_B-Y_A=l\sin\alpha_{ab}$$

(二)坐标增量闭合差的计算和调整

1. 闭合导线坐标增量的计算和调整

在闭合导线的测量过程中，由于量距和测角带来不可避免的误差。因此，所计算的纵(横)坐标增量的代数和不可能为零，而等于某一数值，此数值称为纵(横)坐标增量闭合差。

$$\Sigma\Delta X_{测}=f_x$$

$$\Sigma\Delta Y_{测}=f_y$$

以 f 代表导线坐标增量闭合差，则

$$f=\sqrt{f_x^2+f_y^2}$$

坐标增量闭合差 f 与导线全长 L 之比，为导线的长度相对闭合差，通常将分子化为 1 的分数值。

$$K=\frac{f}{L}=\frac{1}{\frac{L}{f}}$$

K 值即为导线的测量精度。当导线闭合差在限差范围以内时，再进一步作闭合差调整，使 $f_x=0$，$f_y=0$。

坐标闭合差的调整，是将闭合差以相反的符号按边长的正比分配到各边中，求得每条导线边 l 的纵、横坐标改正值 V_X、V_y，即

$$V_X=\frac{f_x}{L}l$$

$$V_y=\frac{f_x}{L}l$$

最后各边坐标增量的改正和应等于坐标增量总的闭合差：

$$f_x=V_{x_1}+V_{x_2}+V_{x_3}\cdots+V_{x_n}$$

$$f_y=V_{y_1}+V_{y_2}+V_{y_3}\cdots V_{y_n}$$

闭合导线的坐标计算见表 1.6.4.1。

2. 附合导线坐标增量的计算与调整

图 1.6.4.2 中，A、B、C、D 为国家三角点的坐标(X_B、Y_B)、(X_C、Y_C)。

附合导线的纵横坐标增量的代数和在理论上应等于导线两端已知点 $X_{终}$、$Y_{终}$ 与 $X_{起}$、$Y_{起}$ 的坐标差。

由于量距及测角的误差，使坐标增量的代数和不能符合理论条件，其产生的坐标增量闭合差为：

$$f_x=\Sigma\Delta x_{测}-(X_{终}-X_{起})$$

$$f_y=\Sigma\Delta y_{测}-(Y_{终}-Y_{起})$$

则导线全长闭合差为

$$f=\sqrt{f_x^2+f_y^2}$$

坐标计算表(坐标增量法)　　表 1.6.4.1

置镜点	右角	改正后右角	坐标方位角	象限角	距离	坐标增量		改正后坐标增量		纵坐标	横坐标	备注
						$\pm\Delta X$	$\pm\Delta Y$	$\pm\Delta X$	$\pm\Delta Y$	X	Y	
1	2	3	4	5	6	7	8	9	10	11	12	13
C—1										1 000.00	1 000.00	
			46°53′00″	NE46°53′00″	92.65	+0.04 +63.32	−0.01 +67.63	+63.36	+67.62			
C—2	+10″ 96°31′45″	96°31′55								1 063.36	1 067.62	
			130°21′05″	SE49°38′55″	70.71	+0.03 −45.78	−0.01 +53.89	−45.75	+53.88			
C—3	+10″ 176°50′45″	176°50′55″								1 017.61	1 121.50	
			133°30′10″	SE46°29′50″	116.20	+0.05 −79.99	−0.02 +84.28	−79.94	+84.26			
C—4	+10″ 90°37′45″	90°37′55″								937.67	1 205.76	
			222°52′15″	SW42°52′15″	74.17	+0.03 −54.36	−0.01 −50.46	−54.33	−50.47			
C—5	+10″ 98°32′45″	98°32′55″								883.34	1 155.29	
			304°19′20″	NW55°40′40″	109.85	+0.04 +61.94	−0.02 −90.72	+61.98	−90.74			
C—6	+10″ 174°04′00″	174°04′10″								945.32	1 064.55	
			310°15′10″	NW49°44′50″	84.57	+0.03 +54.65	−0.01 −64.54	+54.68	−64.55			
C—7 =C—1	+10″ 83°22′00″	83°22′10″								1 000.00	1 000.00	
			46°53′00″	NE46°53′00″								
$\Sigma\beta$	719°59′00″	720°00′00″			Σ548.15	−0.22	+0.08	$\Sigma\Delta X=0$	$\Sigma\Delta Y=0$			

$\Sigma\beta_{理}=180°\times(n-2)=180°\times(6-2)=720°$　　$f_\beta=720°-719°59'00''=00°01'00''$

$f_{\beta允许}=\pm25\sqrt{n}=25\sqrt{6}=\pm61''$　　$f_\beta<f_{\beta允许}$　　$f_x=-0.22$　　$f_y=+0.08$

$f=\sqrt{f_x^2+f_y^2}=0.2341$　　$K=\frac{0.2341}{548.15}=\frac{1}{2341}<K_{限}$

导线坐标计算表

表 1.6.4.2

桩号	角度	方位角	边长	±	ΔX	±	ΔY	X	Y	备注
Ⅰ19										
		317°52′06″								
Ⅱ91	−04 267°29′58″							4 028.53	4 006.77	
		230°22′12″	133.84	−	−0.02 85.37	−	−0.06 103.08			
1	−04 203°29′46″							3 943.14	3 903.63	
		206°52′30″	154.71	−	−0.03 138.00	−	−0.05 69.94			
2	−06 184°29′36″							3 805.11	3 833.64	
		202°23′00″	80.74	−	−0.02 74.66	−	−0.03 30.75			
3	−06 179°16′06″							3 730.43	3 802.86	
		203°07′00″	148.93	−	−0.03 136.97	−	−0.06 58.47			
4	−04 81°16′52″							3 593.43	3 744.33	
		301°50′12″	147.16	+	−0.03 77.63	−	−0.07 125.02			
Ⅱ89	−04 147°07′34″							3 671.03	3 619.24	
		334°42′42″								
Ⅱ88										
	Σ1063°09′52″									
			665.38	−	357.37	−	387.26			

$$f_\beta = \alpha'_{\text{Ⅱ}89-\text{Ⅱ}88} - \alpha_{\text{Ⅱ}89-\text{Ⅱ}88} = 334°42'14'' - 334°42'42'' = -28$$

$$\alpha_{\text{Ⅱ}89\sim\text{Ⅱ}88} = 317°52'06'' + 6\times180° - 1\ 063°09'52'' = 334°42'14''$$

$$f_{\beta允许} = \pm 25\sqrt{n} = \pm 25\sqrt{6} = \pm 61''$$

$$f_\beta < f_{\beta允许}$$

$$f_x = +0.13$$
$$f_y = +0.27$$
$$f = \sqrt{0.13^2 + 0.27^2} = 0.30$$
$$K = \frac{f}{L} = \frac{0.30}{665.38} = \frac{1}{2\ 218} < K_{限}$$

相对闭合差为

$$K=\frac{f}{L}=\frac{1}{\frac{L}{f}}$$

当相对闭合差在限差范围以内时，将增量闭合差以相反的符号按边长比例分配到各个边中，使调整后的各个坐标增量的代数和等于导线起点和终点已知坐标之差。

附合导线坐标计算见表 1.6.4.2。

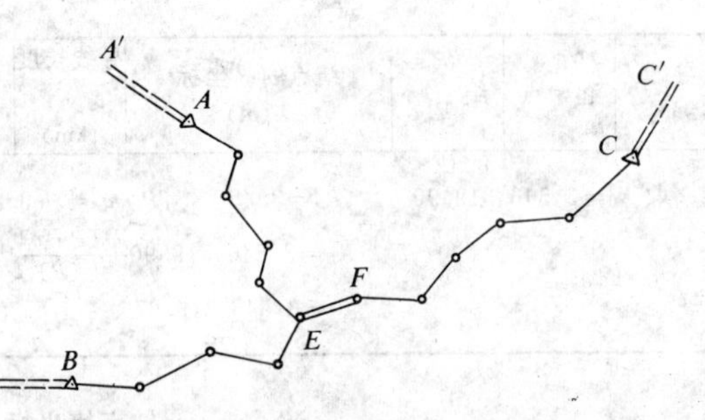

图 1.6.4.4

三、单结点导线网简易平差

所谓结点，就是几条导线相交于一个连结点。如图 1.6.4.4 中已知 A、B、C 平面控制点坐标及 AA′、BB′、CC 的坐标方位角。从 A、B、C 三点联测的导线，相交于结点 E。设 $P=\frac{C}{n_i}$，式中 C 是任意选定的常数，n_i 是某一导线的测角(导线点)数目，α_{EF_1}，α_{EF_2} α_{EF_3} 分别表示由三条导线推算得的结点边 EF 的坐标方位角数值，P_1、P_2、P_3 分别表示三条导线测定 EF 边的坐标方位角的权，则 EF 边方位角的权平均数 α_{EF}为：

$$\alpha_{EF}=\frac{P_1\alpha_{EF1}+P_2\alpha_{EF2}+P_3\alpha_{EF3}}{P_1+P_2+P_3}$$

求得的 α_{EF} 可看成每一条导线另一端的已知方位角，按本节介绍的角度闭合差的调整方法进行角度调整后，再计算出每一条边的坐标方位角。α_{EF}的计算见表 1.6.4.3。

根据实测的边长和调整后的导线边的坐标方位角，计算每条边的坐标增量，便可由 A、B、C 的已知坐标出发分别求得各导线点及连结点 E 的坐标。由于由三条导线求得的 E 点坐标不相同，需按每条导线求 E 点坐标的不同的权，并求其权平均数，但要注意这里的权 P_n，是与各条导线的全长成反比($P_1=\frac{C}{L_1}$，$P_2=\frac{C}{L_2}$，$P_3=\frac{C}{L_3}$)坐标权平均数 X_E、Y_E 为：

$$X_E=\frac{P_1X_{E1}+P_2X_{E2}+P_3X_{E3}}{P_1+P_2+P_3}$$

$$Y_E=\frac{P_1Y_{E1}+P_2Y_{E2}+P_3Y_{E3}}{P_1+P_2+P_3}$$

例：如图 1.6.4.4 示。已知经过三条导线推算的结边 EF 的坐标方位角及结点 E 的坐标如表 1.6.4.4、表 1.6.4.5 示。求平差后的结边坐标方位角及结点坐标。

结边坐标方位角 α_{EF}的计算 表 1.6.4.3

导线编号	起始边	结边	结边的坐标 α 方位角 (° ′ ″)	导线角点数 n_i	权 $P=\frac{10}{n_i}$	δ (δ=α−α₀)	P·δ	结边坐标方位角的权平均值
1	AA′		50 11 32	9	1.11	−28″	−31.1″	
2	BB′	EF	50 12 46	11	0.91	+46″	+41.9″	50°12′20″
3	CC′		50 12 51	10	1.00	+51″	+51.0″	

取 $\alpha_0=50°12'00''$ 〔P〕=3.02 〔Pδ〕=61″.8

$$\alpha_{EF}=50°12'00''+\frac{〔P\delta〕}{〔P〕}=50°12'20''$$

结点纵坐标 X_E 的计算 表 1.6.4.4

导线编号	起始点	结 点	结点的纵坐标 X(m)	导线长度 s (km)	权 $P=\frac{1}{s}$	余 数 (δ=x−x₀)	P·δ	结点纵坐标的权平均值
1	A		3 546 319.90	0.64	1.56	0	0	
2	B	E	3 546 320.14	1.25	0.80	+0.24	+0.192	3 546 319.97
3	C		3 546 319.93	0.92	1.09	+0.03	+0.033	

续上表

导线编号	起始点	结　点	结点的纵坐标 X(m)	导线长度 s (km)	权 $P=\frac{1}{s}$	余　数 ($\delta=x-x_0$)	$P\cdot\delta$	结点纵坐标的权平均值
取 X_0=3 546 319.90　〔P〕=3.45　〔$P\cdot\delta$〕=+0.225 $X_E=3\ 546\ 319.90+\frac{[P\cdot\delta]}{[P]}$ =3 546 319.97								

结点横坐标 Y_E 的计算　　表 1.6.4.5

导线编号	起始点	结　点	结点的横坐标 Y(m)	导线长度 s (km)	权 $P=\frac{1}{s}$	δ ($\delta=Y-Y_0$)	$P\cdot\delta$	结点横坐标的权平均值
1	A	E	67 155.27	0.64	1.56	+0.07	+0.109	67 155.34
2	B		67 155.53	1.25	0.80	+0.33	+0.264	
3	C		67 155.30	0.92	1.09	+0.10	+0.109	
取 Y_0=67 155.20　〔P〕=3.45　〔$P\cdot\delta$〕=+0.482 $Y_E=67\ 155.20+\frac{[P\cdot\delta]}{[P]}=67\ 155.34$								

第五节　导线测量错误的检查

导线测量中，除了产生不可避免的测量误差外，有时还可能发生错误。当导线的闭合差大大超过允许闭合差时，也就是测量精度很低时，测量成果即存在错误，必须进行检查。

首先检查外业测量记录本和从记录本抄入计算表格的原始数据是否有错误。当确认没有错误后，可将初算的坐标点绘在已有图纸上（如1/50 000、1/100 000地形图），插大旗选导线点的人员可以检查图上导线点是否与选点记录的位置相符，特别是设在明显地物点的导线点如道路交叉、塘角、公路的左、右侧等。如发现不符，就证明在该点附近有错误，应到现场进行检查。

一、导线角度观测错误的检查

（一）闭合导线

在闭合导线中，如果只有一个点的角度发生错误，而其它角和边都未发生错误。那么发生角度错误的点，就是闭合差的连线的垂直平分线通过的导线点，如图 1.6.5.1。

（二）附合导线

附合导线的某一角度发生错误，可由两端三角点分别作起点向另一三角点对算，两次计算的坐标值之差最小（或在限差以内）的导线点就是水平角测量发生错误的点，应就近进行复测检查。如图 1.6.5.2 中，导线点 3 存在测角错误。

如在同一个闭合圈或附合导线内有几处错误，上述方法不能判断出错误的点。所以，在外业复查前要请外业测量人员进行回忆，将可能发生错误的地方都列出来，作为重点复查地段。

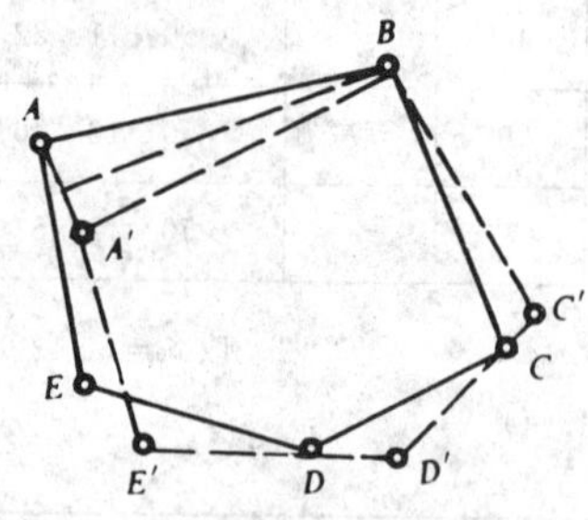

图　1.6.5.1

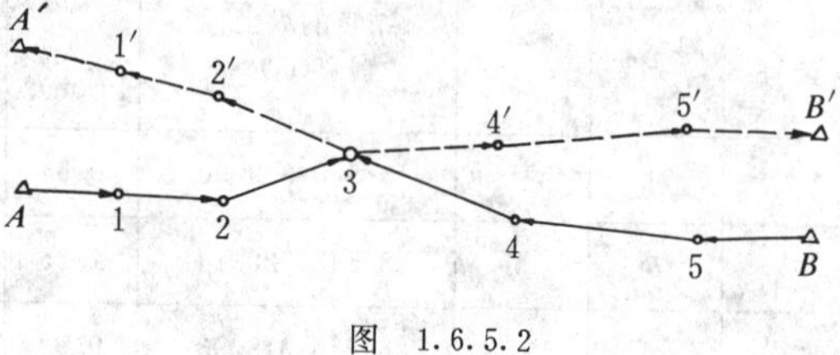

图　1.6.5.2

二、导线边长测量错误的检查

设有一闭合导线 A、B、C、D、E，其中 BC 边丈量错误，其错误大小为 CC′，如图 1.6.5.3，由于边长丈量的错误引起导线不能闭合，如果其它边、角的观测都没有错误，在这种情况下可以很清楚地看出 C、D、E、A 都平行移动到 C′、D′、E′、A′的位置，移动的线段都平行于 CC′，因此，平行于闭合差 AA′方向的边 BC，就是丈量错误的边。

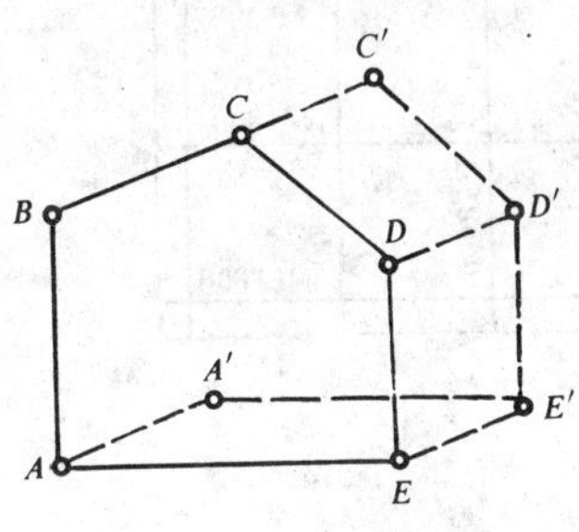

图 1.6.5.3

在附合导线中，如果只有一条边丈量错误，也可用相同的原理找出这条错误边。

如果在同一条导线中，边和角都有错误，而且不只一处，上述方法就不适用了，必须采用其他方法。如将导线点绘到已有的地形图上，如发现位置不符，则在推算到该点之前的导线点的角度或边长肯定有错误存在。

三、导线质量检查方法及要求

导线测量的质量除满足规定的精度要求外，还要采用随机抽样检查的办法进行抽查，抽查的量为每条导线长度的 5%。其检查的方法有：

(一)对已施测导线的某一段或几段的水平角及边长进行检测。当满足精度要求时以检测导线的第一个导线点坐标及前一次的方位角为起始数据，利用检测资料重新进行经纬距计算，算至检测的最后一个导线点，采用附合导线的要求确定导线的精度。

(二)采用另设一条附合导线的方法。从抽查导线的某一导线点开始，另外敷设一条导线，按导线测量的精度要求进行施测，与被检查的导线闭合，采用闭合导线的精度要求，确定导线的精度。

第六节　导线点的展绘

在进行地形测量及其它平面测量时，都要以地面上的导线点和图纸上的导线点作基础。导线计算结束后，要绘制导线底图(又称上磅底图)。绘制导线底图，先要绘制坐标方格网，再进行坐标展绘。

一、坐标方格网的绘制

坐标方格网的绘制，首先根据图纸的大小留出图边后，按下列步骤进行绘制。

(一)在图纸上轻轻的作两条对角线。

(二)从两条对角线的交点起，分别向两端截取等长的线段，与对角线分别交于 A、B、C、D 四点，连结 A、B、C、D 四点，得长方形 ABCD。

(三)在矩形上下两边每隔一定的距离(视不同的比例尺而定，一般取 10cm)，将线段精确地分成若干等分连成纵线。

(四)同样在长方形的左右两边，将线段分成若干等分，连成横线即形成方格网，如图 1.6.6.1。

(五)检查每一个小方格的四边和对角线是否各自相等。最大误差不得超过 0.2mm，对角线应通过所经网格交点。坐标方格网一般都用精密的仪器绘制，以利提高测量资料的精度。

二、导线点的展绘

在方格网绘制好之后，根据所需比例尺的大小，将坐标数字注在方格网上，字头向北向东增加，注数时要注意使导线布置适中，保证两侧测图宽度，否则就需多拼接底图。然后依据导线点计算资料，逐点将导线点点绘在图纸上，将点依次连线，并注记相关数字(如导线点编号，里程、高程等)即为导线图，如图 1.6.6.2。为防止展绘的导线点出错，应用量角器及直尺对每个导线点的右角(或偏角)和导线点间的边长进行检查，发现有错，应立即进行更正。

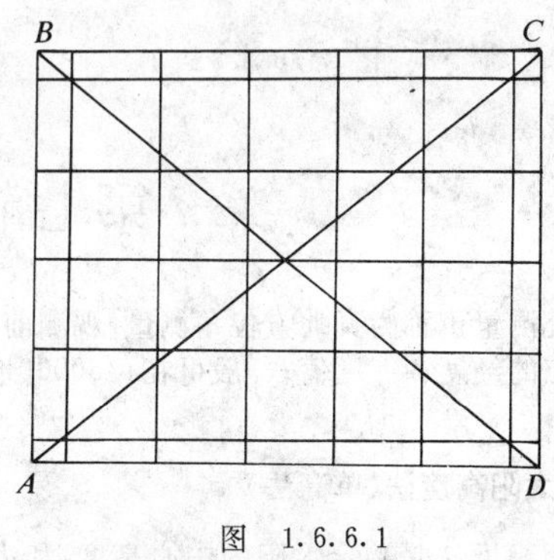

图 1.6.6.1

三、正切法绘制导线点

正切法绘制导线，可减少繁杂的坐标计算工作，方法简单。但展绘时误差积累，精度较低，铁路测量中只用在绘制地形测量的转点。

正切法绘制导线，是将所测的水平角换算成偏角，根据偏角的正切函数值来绘制，如图 1.6.6.3。已测得导线点 C_2 的右角 β_2，其偏角 y_2(当右角大于 180°时，$y_2=\beta_2-180°$；当右角小于 180°时，$y_2=180°-\beta$)。

由三角关系得

$$\tan y_a = \frac{NM}{NC_2}$$

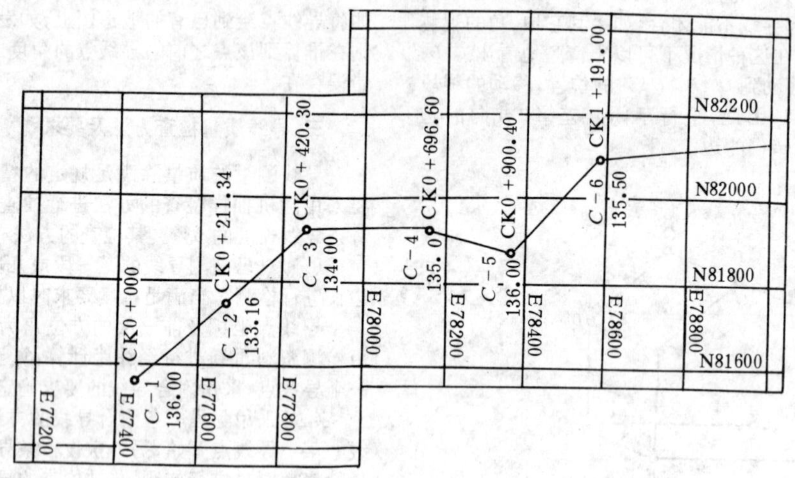

图 1.6.6.2

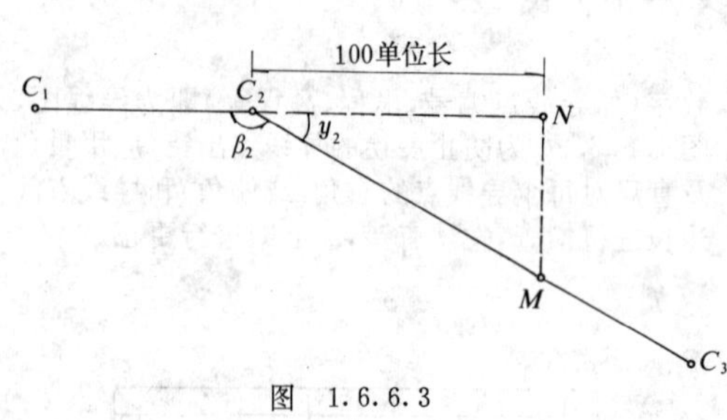

图 1.6.6.3

在 C_1C_2 的延长线上取 100 单位长度得 N 点，$\tan y_2$ 的三角函数值乘以 100，即为 NM 之长度。以 N 点作垂足，垂直于 C_2N 并量取 NM 之长得点 M，连结 C_2M 两点之方向即为导线点 C_2C_3 之方向，在该方向上量 C_2C_3 的距离即为导线点 C_2。欲求得更精确的结果，可以将确定延长线 C_2N 的单位长度增加，限于图纸的大小及计算方便，一般采用的单位长度为 1mm 至 3mm

采用正切法绘制导线，每绘一点应立即用分度器、直尺核对右角(或偏角)、距离有无错误。只要有一个角或一条边出错，以后绘制的导线点位全错，所以要及时检查，以免大量返工。

第七节 真北测量

真北测量也称为真北方位角测量。观测前，须取得观测点的经度和纬度值；一般可在1/50000地形图上量取。

一、太阳高度法(单高法)

太阳高度法是测定太阳的中心高度，和太阳中心与地面导线的水平角，然后计算出导线的真方位角。此法较为方便，只要天气晴朗即可施测。

(一)观测前的准备工作和注意事项

1. 观测前应将仪器校正好，尤其应注意竖直度盘的校正，然后将仪器安置于导线之一端，整平对中。为提高精度，后视点的距离应不小于 200m。

2. 观测时间，应选在日出后或日落前 1.5～3h，纬度小于 40°地区，不宜在 10～14h 内观测。纬度大于 40°地区，不宜在 9—15h 内观测。观测高度宜在 20°～40°之间，当高度过低时蒙气差的影响较大，高度在 40°以上时经纬仪即不便观测。纬度可从比例尺大于 1/50000 图上量取。

3. 由于太阳的像比较大，不容易使十字丝的交点对准太阳中心，只能将太阳的边缘与横丝及竖丝相切，用正倒镜两次观测分别将太阳像置于相对的象限内，以消除太阳半径对水平角及高度角的影响。正倒镜的间隔时间最好不要超过2min，最多不超过3 min。有条件时，可采用太阳棱镜直接照准太阳中心。

4. 观测时，可在目镜上装置颜色玻璃，以避免强烈的阳光烧伤眼睛。如无该项设备，可置一张白纸于目镜后 3～4cm 处，使太阳像呈现于白纸上。

目前使用的经纬仪大都是倒像经纬仪，用望远镜直接观测或将太阳像呈现于白纸上。太阳成像位置如表 1.6.7.1 示。

表 1.6.7.1

	上午观测		下午观测	
	正镜	倒镜	正镜	倒镜
望远镜中太阳位置	a 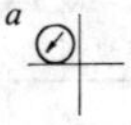	b 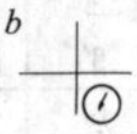	c 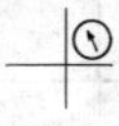	d 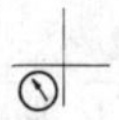
呈像于白纸上太阳位置	e 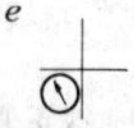	f 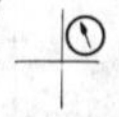	g 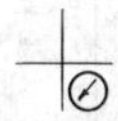	b 

(二)观测步骤

1. 正镜照准地面目标，固定度盘，读取水平度盘读数；

2. 松开水平制动螺旋使望远镜照准太阳，如果在上午观测置太阳于第二象限，固定上盘，并进行物镜与目镜调定，使十字丝和太阳成像清晰，旋转微动螺旋，使竖丝割太阳(视像)右缘一部分，然后旋转望远镜微动螺旋，使横丝随太阳移动，切于太阳的(视像)下缘借太阳的运动，待竖丝亦切于太阳时，(表 1.6.7.1.a)，观测者呼"好！"立即记录观测时刻，(先记录秒、后记录时、分)，并读取水平度盘与竖盘读数；

3. 倒镜，同步骤 2 照准太阳，置太阳于第Ⅳ象限，固定度盘，用微动螺旋使太阳像离开竖丝一定距离，待到太阳运动到与竖丝相切时，(表 1.6.7.1.b) 观测者呼"好！"记录时刻，读取水平度盘与竖盘读数；

4. 松开水平制动螺旋使望远镜照准地面目标，读取水平度盘读数。

5. 一般观测 3 组，计算 3 组，各组计算结果最大不得超过 $\pm 2'$ 然后取其平均值。

(三)计算方法

1. 视差计算公式

$$P = P_0 \sin Z' \qquad (1.6.7.1)$$

式中 P_0——太阳位于地平线时的视差；可在《天文年历》的太阳表中查得；

Z'——观测太阳的天顶距；可在《天文年历》的太阳表中查得。

2. 天顶距计算公式

$$Z = Z' + R_0 - P \qquad (1.6.7.2)$$

式中 R_0——气差；可在《天文年历》的气差表中查得。

3. 太阳方位角计算公式

$$\tan\frac{A_n}{2} = \pm\sqrt{\frac{\sin(P-\psi)\cdot\sin(P-Z)}{\sin P\cdot\sin(P-d)}} \qquad (1.6.7.3)$$

式中 ψ——余纬，即 $\psi = 90 - \varphi$；

d——极距，即 $d = 90 - \delta_0$，

其中 φ——测站近似纬度，

δ——视赤纬。

太阳高度法真北观测记录

表 1.6.7.2(1)

日期：1989 年 11 月 28 日　　　经度 103 49 30

地点：彭山　　　纬度 30 01 57

置镜点	镜位	观测点	水平度盘读数 (° ′ ″)	水平角 角值	水平角 平均值	竖直度盘读数 (° ′ ″)	平均值	观测时间 (h min s)	平均时间 (h min s)
马道子	盘左盘右	ZD_1	206 42 06	32 20 44		54 23 11		11 34 20	
			174 21 22		31 52 20		54 36 50		11 34 52
		ZD_1	355 17 59	31 23 55		305 09 32			
		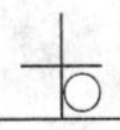	26 41 54					11 35 25	
马道子	盘左盘右	ZD_1	176 35 03	30 23 35		53 48 27		11 41 40	
			146 11 28		29 52 12		54 01 43		11 42 10
		ZD_1	327 14 09	29 20 48		305 45 01			
		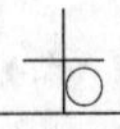	356 34 57					11 42 58	
马道子	盘左盘右	ZD_1	208 04 09	39 04 10		56 51 19		11 08 13	
			168 59 59		38 32 23		57 02 26		11 09 02
		ZD_1	28 04 00	38 00 37		302 46 28			
		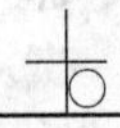	350 03 23					11 09 52	

真方位角计算表 表 1.6.7.2(2)

项目	观测组数 第一组 (° ′ ″)	第二组 (° ′ ″)	第三组 (° ′ ″)	附注
Z'	54 36 50	54 01 43	57 02 26	观测太阳的天顶距
R_0	1 24	1 23	1 32	蒙气差改正(可查天文年历)
P	9	9	9	视差改正
$Z=Z'+R-P$	54 38 05	54 02 57	57 03 49	
T	11 34 52	11 42 19	11 09 02	观测平均时间
$\lambda^h=8^h$	8	8	8	时区
ΔT	57	57	57	历书时改正值(可查天文年历)
$T-8^h$ $T_{历}=T-8^h+\Delta T$	3 35 49	3 43 16	3 09 59	
δ_0	−21 15 51.2	−21 15 51.2	−21 15 51.2	历书 O^h 的太阳视赤纬
$\Delta\delta$	−627.6	−627.6	−627.6	赤纬日差
$\frac{T^h_{历}}{24}\times\Delta\delta$	−94.1	−97.3	−82.8	
$\delta=\delta_0+\frac{T\infty T^h_{历}}{24}\times\Delta\delta$	−21 17 25.3	−21 17 28.5	−21 17 14	太阳的赤纬
$d=90-\delta$	111 17 25.3	111 17 28.5	111 17 14	极　距
ϕ	30 01 57	30 01 57	30 01 57	测站近似纬度
$\psi=90-\phi$	59 58 03	59 58 03	59 58 03	余纬
P	112 56 47	112 39 14	114 09 33	$P=\frac{1}{2}(\psi+Z+d)$
$\tan\frac{A_N}{2}=\pm\sqrt{\frac{\sin(P-\psi)\sin(P-Z)}{\sin P\cdot\sin(P-d)}}$	78 48 17	79 48 27	75 28 23	
A_N	157 36 34	159 36 54	150 56 47	
β	31 52 20	29 52 12	38 32 23	
$A=A_N+\beta$	189 28 54	189 29 06	189 29 10	导线边与太阳的夹角
平　均		189 29 03		

$$P=\frac{1}{2}(\phi+Z+d)$$

4. 地面目标方位角计算(表 1.6.7.2)

$$A=A_n+\beta$$

式中 A_n——观测时,太阳的真方位角。上午观测时取正值,下午观测时取负值;

β——观测时太阳与导线边所夹的水平角(自太阳顺时针至目标)。

二、北极星任意时角法

北极星任意时角法观测真北,晚上不受时间的限制,又可得到较高精度,故多被现场所采用。

(一)北极星的位置

北极星在天极附近,以反时针方向绕北天极运行,其周日平行圈甚小。如图 1.6.7.1,夜晚仰望北天,就可见到7颗明星相连似勺形称为大熊星座。在大熊座之相对方向,另有五颗明星相连似 W 型字,称为仙后星座。介于两星座之间还有7颗星相连亦似勺型。称为小熊星座。其中以北极星为最亮。北极星的位置,可以用下面两种方法确定:

1. 通过仙后星座之 δ 星和大熊星座之 ξ 星相连直线的近似中间位置,即为北极星。

2. 以大熊星座的 α 和 β 两星(又称指极星)的连线延长5倍于 α、β 星之距离,即为北极星。

3. 观测北极星,经纬仪无照明设备时,可在物镜上套一白纸套,用于电筒斜照使十字丝清晰,但也不要太亮,以免影响识别北极星。

(三)观测步骤

1. 正镜照准地面目标,读取水平度盘读数;

2. 转动望远镜,照准北极星,读取水平度盘读数和竖直度盘读数,记录观测时刻;

3. 倒镜照准北极星,读取水平度盘读数和竖直度盘读数,记录观测时刻;

4. 转动望远镜,照准地面目标,读取水平度盘读数。

以上为1测回,共观测3测回。

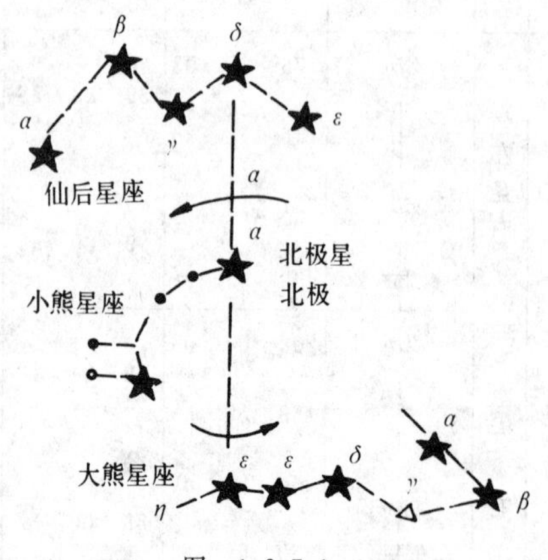

图 1.6.7.1

（二）观测前的准备工作及注意事项

1. 观测北极星对于纬度的精度要求不高，只要能准确到 15′以内就能达到要求，在不小于 1∶1 000 000 的地图上量得即可。而对时间的要求较准确。因此，在观测前应将钟表与电台校对好，使其误差不超过 1min。

2. 观测前应将经纬仪校正准确，尤其应注意竖直度盘的校正。将经纬仪安置于导线点上、整平、对中。尽量使后视方向的距离长些以削弱调焦和瞄准目标的误差。

3. 观测北极星一般观测 3 个测回，计算只用两测回。两测回计算结果较差不得大于±2′，最后取平均值。正倒镜间隔时间可不作规定，但也不要相隔太久。

（四）方位角计算

$$A=Q+\alpha_N \tag{1.6.7.4}$$

式中 A——测站至地面目标的方位角；

Q——地面目标与北极星之间的水平夹角；

α_N——北极星的天文方位角，

$$\alpha_N=\frac{\sin t}{\cos\phi\cdot\tan\delta-\sin\phi\cdot\cos t} \tag{1.6.7.5}$$

其中 δ——北极星视赤纬，

α——北极星视赤经，

ϕ——测站纬度，

t——时间，

$$t=S-\alpha$$

（五）算例（表 1.6.7.3、1.6.7.4）

北极星任意时角法观测真北记录表（列举 1 测回） 表 1.6.7.3

日期 地点			经度 $\lambda=120°15'$ 纬度 $\phi=40°20'$				
镜位	置镜点	观测点	水平度盘读数 （° ′ ″）	水平角 （° ′ ″）	平均值 （° ′ ″）	观测时间 （h min s）	附 注
正镜	A	B	316 51 12	110 11 54	110 11 41	22 00 10	N 北极星 α_N α A B
		北极星	206 39 18				
倒镜		北极星	26 39 32	110 11 28		22 02 00	
		B	136 51 00				

北极星任意时角法测定方位角计算表 表 1.6.7.4

序号	项 目	数 值	备 注
1	平均观测时间 T'_n	22h01min 35.5s	0 00^m 00^s
2	表差 μ	−30s	
3	T_n	22h 00min 35s	经表差改正后的时间
4	$-(n-\lambda)$	+01min00s	$n=8^h$，λ 以 h、min、s 计
5	$T_{地}=T_n-(n-\lambda)$	22h 01min 35s	地方平时
6	S^0	19h 21min 59s	世界时 0^h 的格林威治恒星时，以观测日期为引数，在天文年历“世界时和恒星时表”查取
17	$+\mu T_{地}$	+03min 37s	化地方平时为恒星时，查天文年历附表 2
8	$+\mu\lambda$	−01min 19s	
9	S	17h 25min 52s	$S=S^0+T_{地}+\mu T_{地}+\mu\lambda$
10	赤经 α	2h 07min 09s	查天文年历拱极星表
11	时角 t	15h 18min 43s	$t=S-\alpha$
12	t 化为度分秒	229°40′45″	查天文年历附表 5
13	赤纬 δ	89°08′37″	查天文年历拱极星表
14	α_N	0°50′58″	
15	Q	110°11′41″	摘自外业记录
16	A	111°02′39″	

第七章　地 形 测 量

第一节　地　形　图

一、地形图比例尺

地形图上两点之间的直线长度 l 与地面上这两点之间的水平距离 L 之比为地形图的比例尺 M，即

$$M=\frac{l}{L}$$

工程建设所用的地形图常用的比例尺：(1∶500)～(1∶10 000)。

铁路测量平面图的比例尺：(1∶500)～(1∶5 000)

国家基本地图的比例尺一般为：

1∶10000，1∶25 000，1∶50 000，1∶100 000

比例尺大于1∶10 000的地形图，一般称为大比例尺图；小于1∶10 000的地形图，通常称为中、小比例尺图。

二、地形图分幅编号

国家基本地形图图幅的形状为梯形。图的编号系以国际1∶1 000 000比例尺地形图分幅法为依据。作法是将整个地球表面用子午线分成60个6°的纵列，由经度180°起，自西向东用阿拉伯1～60编列号数，同时由赤道起，向南北两方向直到纬度88°止，以每隔4°的纬度圈分成许多横行，用1～22序数表示。该圈以经差6°纬差4°分幅。在北半球和南半球的图幅分别在编号前加N、S予以区别，因我国领域全部位于北半球。故省注N。图1.7.1.1为北半球东经0°～180°的地形图的分幅与编号情况。

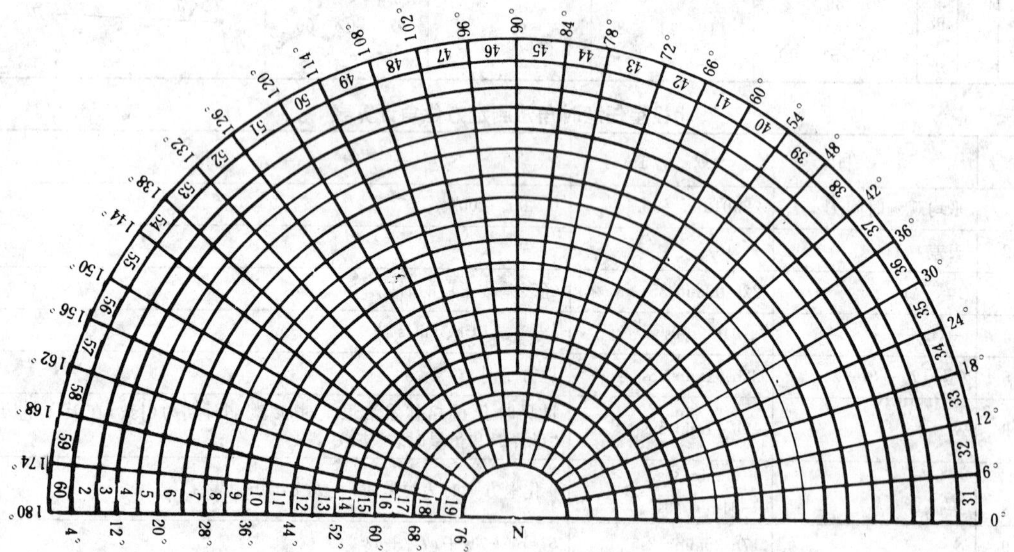

图　1.7.1.1

图幅编号用纵带与横带的编号综合组成，例如四川某地的经纬度为：东径 $\lambda=116°28'13''$，北纬 $\varphi=39°54'23''$，查图1.7.1.1可知，其所在图幅编号为10—50。

1∶100 000地形图在1∶1 000 000地形图中共有144幅，自西向东12幅为1行，共12行，用阿拉伯数字1～144表示，其编号是在1∶1 000 000地形图的编号后加上各自的编号组成。如某地的图幅编号为10—50—5(图1.7.1.2、1.7.1.3)。

1∶50 000地形图在1∶100 000地形图中共有4幅，以

甲	乙
丙	丁

表示，其编号是在1∶100 000地形图中的编号加上各自的编号所组成。如某地的图幅编号为10—50—5—乙。

1∶25 000 地形图在 1∶100 000 地形图中共有 16 幅，由西向东 4 幅为一行，共 4 行，用阿拉伯数字 1～16 表示。其编号为 1∶100 000 地形图的编号后加上各自的编号所组成。如某地的图幅编号为 10—50—5—8。

1∶10 000 地形图在 1∶100 000 地形图中共有 64 幅，自西向东 8 幅为 1 行，共 8 行，用阿拉伯数字(1)～(64)表示。其编号是在 1∶100 000 地形图的编号后加上各自的编号所组成。如某地的图幅为 10—50—5—(24)。

各种比例尺地形图的图幅大小，图幅编号关系见表 1.7.1.1。

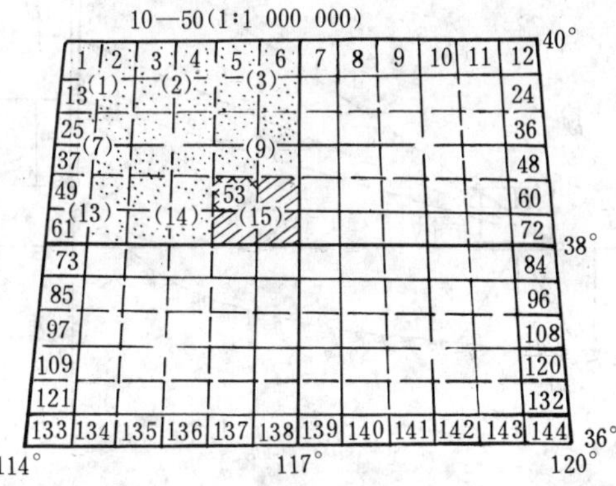

图 1.7.1.2

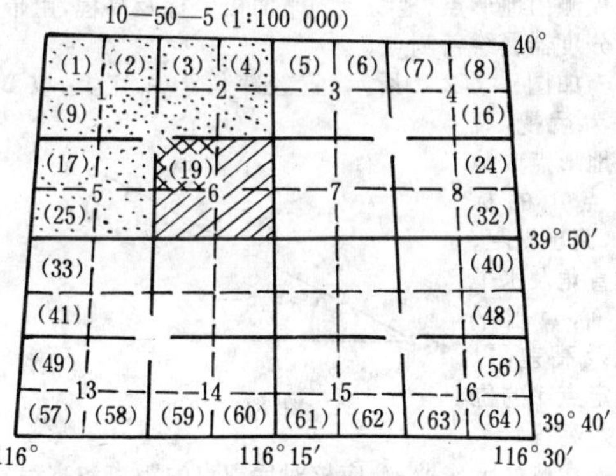

图 1.7.1.3

表 1.7.1.1

比例尺	图幅大小		某地所在图幅的编号	
	经差	纬差	新图号	旧图号
1∶1 000 000	6°	4°	8—48	H—48
1;100 000	30′	20′	8—48—53	H—48—53
1;50 000	15′	10′	8—48—53—甲	H—48—53—甲
1∶25 000	7′30″	5′	8—48—53—6	H—48—53—A—γ
1∶10 000	3′45″	2′30″	8—48—53—(19)	H—48—53—A—γ—A

注：①编号中第一个数字为纬度代号第 2 个数字为经度代号；
②1969 年以前图幅编号为旧图号。

第二节 地形测量

一、地形测量的控制

(一)平面控制

平面控制应尽量利用导线点作测站。当施测范围较宽或地形隐蔽时，可设置独立地形转点，当设置独立地形转点不敷应用时，可连续设置第二个地形转点。地形转点可用视距法或交会法测设，其竖直角不应大于 25°，距离不应大于表 1.7.2.1 所规定的视距长度的 2/3。当用交会法测设时，距离可不受上述限制，但交会角不应小于 30°并不大于 150°

地形转点应用正倒镜往返观测，其不符值在限差以内取平均值。正倒镜往返不符值限差规定为：

水平角：2′

距离：$\frac{1}{200}S$(m)

竖直角：2′

高差：$\frac{1}{500}S$(m)

式中 S——边长，以 m 计。

从导线点只测设一个地形转点，可直接用带尺分度器点绘，若连续设置两个地形转点时，用正切法上点。

若施测大面积地形，上述方式无法控制时，应另增设导线。导线可布设为闭合导线或导线网。

(二)高程测量

以导线点作测站时，应用水准测量或三角高程测量测出导线点高程，若以地形转点为测站时，则用视距测量测出其高程。

二、地形测量的方法

(一)经纬仪视距法

经纬仪视距法是目前铁路勘测最常用的方法。除森林及隐蔽地区外，其他地区都适用。该法系用经纬仪测出地形点、地物点的平面极坐标及高程，用带尺分度器展绘各测点。

如图 1.7.2.1 所示，置经纬仪于 A 点上，以 B 点为后视，观测地形点或地物点 1 的标尺，读出视距、竖直角及水平角 θ_1，算出平距及高差，以确定点 1 的位置及高程。

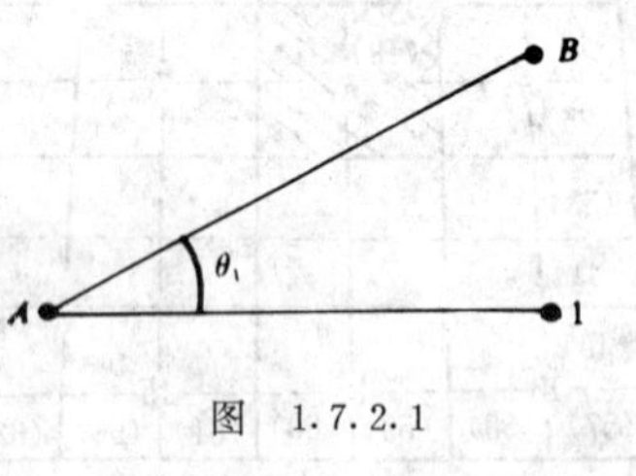

图 1.7.2.1

在测站上作业前，应核对后视点的距离和高程，并应重测前站所测的明显地物点或数个地形点进行检查。在两图拼接处，应测至图廓线外 10～20mm。

观测时间较久及移站前应检查后视方向。

地形点的分布及密度，应能反映地形、地物、地貌的真实情况，满足正确插入等高线的需要。在图上的点间距，当地面横坡陡于 1∶3 时，不宜大于 15mm；地面横坡等于或缓于 1∶3 时，不宜大于 20mm。

对于地物的隐蔽部分，从测站不便测得时，司尺者可从已测定的平面位置出发，用钢卷尺(或皮尺、绳尺)以支距法或交会法测出。

(二)平板仪测量法

1. 大平板仪法

将大平板在测站上置平，使图纸上的测站与地面上测站重合，并按导线方向进行定向。施测时照准仪在图上移动，使望远镜照准测点，读出视距及竖直角，沿直线尺边之方向即为视线方向，距离与高差的计算方法与经纬仪视距法相同。

2. 小平板仪法(图 1.7.2.2)

将小平板在测站上置平，并对中定向，用照准仪觇孔瞄准视距尺上下二觇标中心，并读出上下视线在分划板上所截格数 N，即可得出水平距离：

$$L=\frac{100S}{N} \tag{1.7.2.1}$$

式中　S——上下两觇标距离。

再量照准仪觇孔距地面的高度 i，由觇孔瞄准视距尺，视线切在视距尺上之读数等于觇孔高时，读出分划板上数字 N_i，则两点间高差为：

$$H=L\times\frac{N_i}{100} \tag{1.7.2.2}$$

大、小平板仪法的特点是观测与绘图同时由一人担任。小平板仪轻便灵活，购置费低，但使用时费眼力，速度慢。且距离远时，推算得出的距离、高度精度低，故应用不多。当测绘精度要求高的小范围地形，可用小平板仪定方向，钢卷尺(或皮尺、绳尺)量距；水平仪测高程。

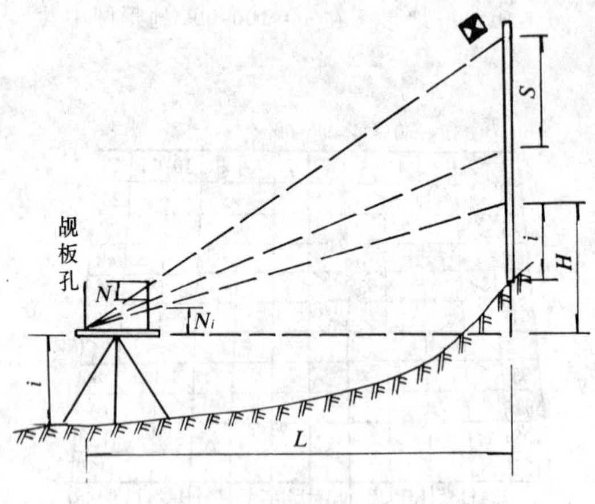

图 1.7.2.2

(三)经纬仪和小平板仪联合测量法

将小平板置于测站上，经纬仪置于测站附近，用小平板的照准仪瞄准测点定向，用经纬仪视距测出距离及高程。此法的优点是不需测水平角。但经纬仪不置在测站上，故测出的距离应进行归心计算。此法在距离远或地形起伏较大的地区不甚适用。

(四)横断面测量法

在导线点、中线的百米标和地形变化处，测量横断面。横断面可用各种方法施测，然后将各点的平面位置及高程绘于图上，以此勾绘地形图。此法适用于树林茂密或要求精度高，范围小，比例尺大的地区。

(五)摄影测量法

1. 航空摄影法：从飞行器上对地面摄影，通过外业控测将摄影像片在室内处理，制成地形图。航摄像片收集的地面信息丰富，显示的地物较详细，地形逼真。这种方法已逐渐成为铁路勘测的主要手段(详见第二篇“航空摄影测量”)。

2. 地面摄影法：对于悬崖、深谷等隐蔽地面从飞行器上拍摄不到的地形，或小范围内的地形，可在地面设站进行摄影以制成地形图

除摄影测量法外，其余各种测量方法均需在现场勾绘等高线，并与实地核对。

三、地形质量检查方法及要求

(一)地物点的检查

明显的地物点用经纬仪测水平角，视距或钢卷尺(或皮尺、绳尺)量距离，以检查其平面位置误差。地物点在图上相对于最近的控制点的点位中误差：当测图比例尺为 1∶500～1∶2 000 时，不应超过 1.6mm，测图比例尺为 1∶5 000～1∶10 000 时，不应超过 0.8mm。

(二)等高线的检查

在导线点定出断面方向(垂直导线或任意角度),沿断面测出地形变化点的平距及高程,直至图边为止。

断面测量可采用如下方法:

1. 经纬仪定向,用视距法测出平距及高程;

2. 经纬仪定向,用钢卷尺(或皮尺、绳尺)量距,水准仪抄平(或用三角高程法);

3. 光电测距仪测出平距及高程。

检查断面应选不同的地面坡度及类型,才能客观反映地形测量的质量。

将检查的各点绘入原地形图上,实测高程与图上高程之差即为每点的高程误差。

检查时高程中误差按下列公式计算:

当用高精度方法检查时

$$m_h = \pm\sqrt{\frac{\Sigma\Delta_h^2}{n}} \qquad (1.7.2.3)$$

当用同等精度检查时

$$m_h = \pm\sqrt{\frac{\Sigma\Delta_{2h}^2}{2n}} \qquad (1.7.2.4)$$

式中 m_h——检查时高程中误差(m);

Δ_h——高精度检查点的高程与图上内插高程之差(m);

Δ_{2h}——同精度检查点的高程与图上内插高程之差(m);

n——同一地面坡度的检查点数。

第三节 地形图的拼接与整饰

一、地形图的拼接

地形原图采用坐标格网拼接。因此要求准确的绘制坐标格网,在 10cm×10cm 的格网的长度误差及导线点在图上的点位误差不应超过 0.3mm,格网对角线不应超过 0.4mm。在两图拼接处,地形、地物点应详细施测,以便图像线划的连接。

为了便于多幅图纸的拼接,每幅图的右上角绘一小圆,圆内横线上注明本幅图的编号,横线下注明共有张数。整套地形原图应装订成册,并编制索引图。索引图上除了表明各幅原图的相互关系外,还要注明编号,绘出导线,隔一定距离注明导线点编号及沿线重要地名。

二、地形图的整饰

首先应检查测图宽度是否满足设计需要,水准点、地形转点地形点的位置与高程是否正确,等高线的位置是否合理,再按以下要求进行整饰:

(一)绘出导线点、三角点、水准点等测量标志及其注记,绘出地形、地物点及其高程,精确到 0.1m,把小数点点在地形点的位置上;

(二)绘出村镇、城市、房屋、注出地名、名称及特殊建筑物符号;

(三)绘出水系、道路、并注出名称、流向、去向,绘出边界及有关注记;

(四)绘出地物、地貌符号,注出等高线高程,计曲线(粗等高线)间距大于 4mm 时,应加绘首曲线(细等高线),地形平坦宜插绘间曲线;

(五)绘出图框、图标和角标,注明图名、测绘日期、比例尺、测绘单位等;

(六)地物、地貌应按规定的符号和大小绘制,一般非比例尺符号应使符号中心绘于地物的中心,没有明显中心的符号应以符号底边的中心为中心;

(七)整饰所用的颜色如下:坐标格网、初测导线、定测中线、水准点等资料用红色;等高线及天然悬崖、陡坡、沙漠、河滩等用棕色;公路用黄色;农田、植被等用绿色;河流、湖泊、水塘、泉源、沟渠等用蓝色;其它用黑色;

(八)对地形图中的疑问在室内无法解决时,应到现场核实;

(九)为了便于使用,将地形原图描绘到成卷的透明纸上,透明纸宜采用变形率小、透射密度适中的聚酯薄膜。线路平面透明纸图应按地形原图的内容描绘,并符合以下要求:

1. 在成卷图上要使地形尽量连续,当线路方向有较大改变时,可将图纸折叠,在图上绘出折叠线,并尽量减少折叠次数;

2. 注明本图采用的平面坐标、高程系统;

3. 地形点高程一般不描绘,在悬崖上下、山顶、洼地、鞍部、沟底等处宜适当描绘地形点高程,图上宜每隔 0.4m 注记一排计曲线的高程,等高距改变处应加注高程;

4. 比较线应标明起终点里程并注明接线关系;

5. 线路附近的等高线高程应与中桩高程及横断面高程相符。为了满足这一要求,可将中桩及横断面上各测点绘于底图上,注明高程,以此来修正原图的等高线。但要注意:图上中线与导线闭合后其位置已经过平差,与实地钉桩有差别,故用纵、横断面修正后的地形与实地有差别,其差数视闭合差的大小而异。

(十)使用原有的图纸时,需对地形、地物进行现场核对,如有变化,应进行修测,并修正图纸。

三、地形测量的各项精度要求

(一)最大视距长度不应超过表 1.7.2.1 的规定。

(二)地形图等高距应符合表 1.7.2.2 的规定。

(三)等高线高程中误差不应超过表 1.7.2.3 的规定。

最大视距长度(m)　表 1.7.2.1

测图比例尺	竖直角<12°	30°>竖直角≥12°
1:500	100	80
1:1 000	200	150
1:2 000	350	300
1:5 000	400	350
1:10 000	600	600

地形图等高距　表 1.7.2.2

基本等高距 \ 比例尺 / 地形等级	1:500	1:1 000	1:2 000	1:5 000	1:10 000
Ⅰ地面横坡 1:5 以下	0.5	1	1	2	5
Ⅱ地面横坡(1:5)～(1:3)	0.5、1	1	1、2	2	5
Ⅲ地面横坡(1:3)～(1:1.5)	1	1、2	2	5	10
Ⅳ地面横坡1:1.5以上	1	2	2	5	10

等高线高程中误差(m)　表 1.7.2.3

测图比例尺	垂直于等高线的地面坡度			
	1:5 以下	1:5～1:3	1:3～1:1.5	1:1.5～1:1
1:500	0.25	0.5	0.75	1.0
1:1 000	0.5	0.75	1.0	1.5
1:2 000	0.75	1.5	2.0	3.0
1:5 000	1.0	2.0	3.0	5.0
1:10 000	2.0	4.0	6.0	10.0

第八章 线路放线和交点

第一节 线 路 放 线

线路定测，是把经过初步设计鉴定的铁路纸上定线，移到地面上去，并用桩橛固定下来。这项工作由两部分组成，一部分叫放线和交点，另一部分叫中线测量。

一、基本要求

在放线之前应认真研究初步设计文件及初步设计鉴定意见，并拟定贯彻措施，尤其对陡坡和地质复杂等重点地段的线路，应掌握资料，并进行现场核对，作进一步的改善研究，必要时应实测横断面以控制线路位置，努力优化线路方案，达到尽量减少工程的目的。

在每一条边测设完之后，应检查核对是否与拟定的工程措施是否符合，研究是否还有改善的可能，同时核查与农田、水利及其他建筑物的关系，务必使线路方案稳定。

交点至转点或转点间的距离，不宜长于 400m 和短于 50m，并应在大桥或长隧道两端增设转点。当地形平坦、视线清晰时，亦不应长于 500m。使用光电测距仪时不应长于 1 000m。点间距离短于 50m 时，宜设远视点。

钉设转点时，正倒镜的点位横向差每 100m 不应大于 5mm，当距离长于 400m 时，最大点位横向差亦不应大于 20mm。在限差以内时分中定点。

正交点观测一测回，副交点观测两测回。观测方法及限差要求同导线测量的有关规定。

二、放线方法

(一)支距法放线

支距法放线，在铁路测量定测中为一种常用的方法，方法简单，要求人员不多，3～5 人就可进行，适用于地形不太复杂，纸上定线与初测导线相距不远的地区。如图 1.8.1.1，在实地放线前，应作好放线资料的准备工作，首先在图纸上确定每条直线边准备放出的点(如图中的 A、B、C、D、E、F、G 各点)采用分度器，量出角度及距离，如采用经纬距坐标，反算角度及距离，精度更高。作好上述准备工作后，在实地找到相应的导线点位置，用方向架、直角仪或经纬仪定出方向，用皮尺丈量距离，依次将这些点钉在地上，并插上标志旗，一般每边应有 3 个以上的临时点，较短的边也应有两个临时点。

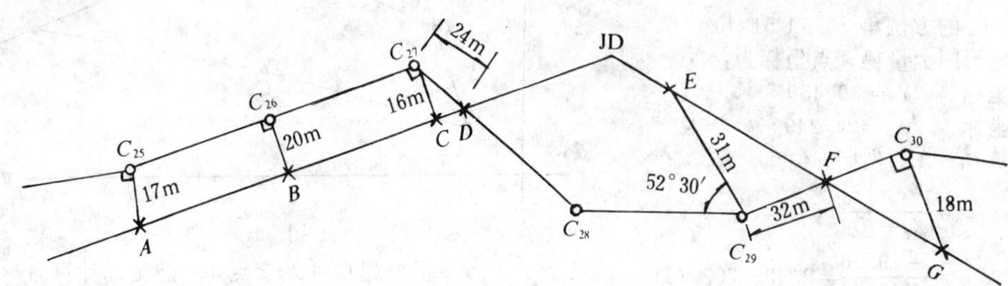

图 1.8.1.1

下一步进行穿线工作，将经纬仪置于某一临时点上，后视临时点，照准其他点。一般情况下，这些临时点都不在一条直线上，此时移动经纬仪，使大多数点都基本在一条直线上时，固定经纬仪所在点及前后视各点，这些点就是直线的转点桩 ZD。然后进行检查核对，看是否能满足要求，与所拟定的工程措施是否符合。若已满足要求，这条边就算放线完毕。否则，应根据需要继续移动(或扭动)直线，直到满足要求为止。

在实际工作中，亦可采用从图纸上选出地势较高、通视条件较好为临时点，量取与导线点的夹角及距离。也可采用选出的临时点的坐标与导线点的坐标，反算夹角及距离，然后将经纬仪置于导线点上用极坐标法订出临时点，这样放出来的点在穿线时较为适用。

支距法放线，优点是每条边的放线误差不积累，即使某一条边的误差较大，也不会影响到下一条边，缺点是进度较拨角法慢。

(二)拨角法放线

拨角放线，也叫拨角定线，要求初测资料可靠准确，适用于地形较平坦的地区。

拨角放线，它是依据纸上定线各交点的坐标，预先在室内进行计算，计算出各条直线的长度及交点的转向角，然后在现地安置经纬仪，按计算资料拨角定线。

拨角放线工作，分为内业计算放线资料、现地放线及放线误差的检查与调整三步。

1. 内业计算放线资料

拨角放线资料，须在实地放线之前进行，对纸上定线的直线长度和交点的转向角进行计算，是根据纸上定线的各个交点的经纬距坐标反算求得。现以图 1.8.1.2 为例说明计算的步骤及方法。

(1)计算中线起点 A

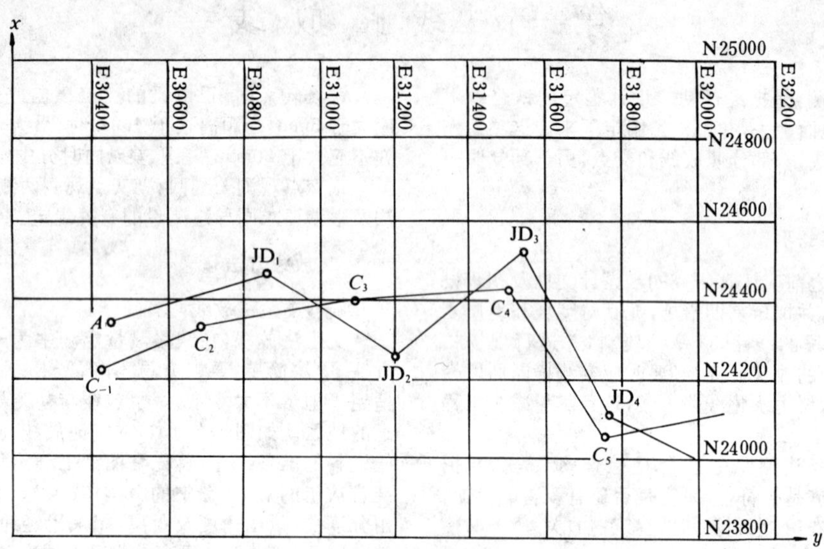

图 1.8.1.2

中线起点 A 与初测导线的关系，见图 1.8.1.3 在初测导线坐标计算表中，可查得 C_1 点的坐标及 $C_1 \sim C_2$ 的方位角为：

横坐标 $Y_{C_1}=30\ 430.10$

纵坐标 $X_{C_1}=20\ 203.01$

$C_1 \sim C_2$ 的方位角 71°51′40″

从地形图上量得 A 点坐标为：

横坐标 $Y_A=30\ 450$

纵坐标 $X_A=24\ 249$

计算 $C_1 \sim A$ 的坐标方位角

$$\tan\alpha_{C_1 \sim A}=\frac{Y_A-Y_{C_1}}{X_A-X_{C_1}}$$

$$=\frac{+19.90}{+45.99}=0.432\ 702\ 761$$

$$\alpha_{C_1 \sim A}=23°23'54''$$

所以 $C_1 \sim A$ 的方位角为 23°23′54″

$C_1 \sim C_2$ 与 $C_1 \sim A$ 的夹角为：

71°50′40″－23°23′54″＝48°26′46″

初测导线点 C_1 与定测起点 A 之间的距离

$$S=\sqrt{\Delta X^2+\Delta Y^2}=\sqrt{45.99^2+19.90^2}$$

$$=50.11\text{m}$$

(2)计算各交点间的距离及转向角

从地形图上量得交点 JD_1 的坐标：

$$Y_1=30\ 856$$

$$X_1=24\ 410$$

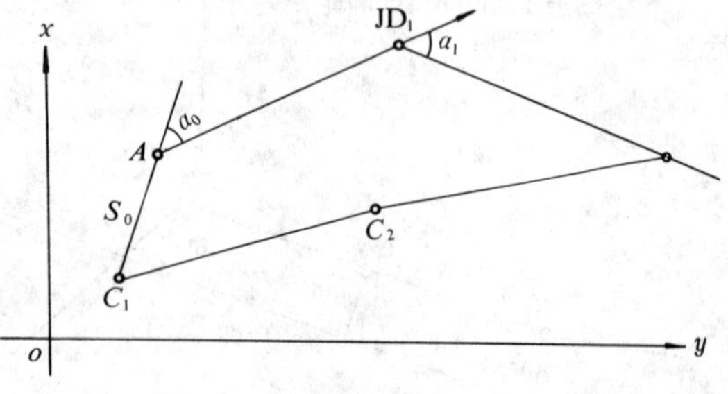

图 1.8.1.3

根据起点 A 及交点 JD_1 的坐标计算 $A \sim JD_1$ 的距离及方位角 $\alpha_A \sim JD_1$

$$\tan\alpha_{A \sim JD_1}=\frac{Y_1-Y_A}{X_1-X_A}=\frac{+406}{+161}$$

$$=2.521\ 739\ 130$$

所以 $\alpha_{A \sim JD_1}=68°22'09''$

A 点的转向角 α_0 为

68°22′09″－23°23′54″＝44°58′15″

A 点至 JD_1 的距离为

$$S=\sqrt{\Delta X^2+\Delta Y^2}=\sqrt{161^2+406^2}$$

$$=436.76\text{m}$$

计算交点间的距离和转向角，通常都在表格中进行，只需在地形图上将量得各交点的坐标，便可按上述方法计算出每条直线的方位角、转向角和距离。

图 1.8.1.2 的实例计算见表 1.8.1.1。计算出的转向角及距离，应用分度器和比例尺在地形图上进行核对检查。

根据表 1.8.1.1 计算所得距离及转向角，以及纸上定线各曲线的设计曲线半径、缓和曲线长度，计算各个曲线的曲线要素。放线资料计算完毕并经检查复核无误后，填入"拨角放线资料表"供外业放线用。

拨角放线距离及转向角计算表 表 1.8.1.1

交点	横坐标 Y	纵坐标 X	坐标差 ΔY	坐标差 ΔX	$\tan\alpha=\frac{\Delta Y}{\Delta X}$	方位角	距离 $S=\sqrt{\Delta Y^2+\Delta X^2}$	转向角
A	30 450	24 249						
			+406	+161	2.521 74	68°22′09″	436.76	
JD$_1$	30 856	24 410						α_Y 44°58′15″
			+301	−100	3.010 00	108°22′40″	317.18	
JD$_2$	31 157	24 310						α_Y 40°00′31″
			+399	+182	2.192 13	65°28′49″	438.55	
JD$_3$	31 556	24 492						α_Z 42°53′51″
			+187	−369	0.506 78	153°07′30″	413.68	
JD$_4$	31 743	24 123						α_Y 87°38′41″
			+235	−70	3.357 14	106°35′14″	245.20	
JD$_5$	31 978	24 053						α_Z 46°32′16″

拨角放线资料表包括的项目有：交点坐标、转向角、曲线半径、缓和曲线长度、切线长、曲线长及各大桩里程等。

2. 现地放线

根据内业计算的放线资料，在现地首先定出中线起点 A，如图 1.8.1.3，然后依次钉出各交点桩。

在测设中，拨角应正倒镜各拨一次，在符合精度要求时，进行分中，作为放线的方向。在量距的同时，进行中桩测设，订出百米桩、加桩、曲线五大桩，测设曲线，把中线详细地测设于地面上。

3. 放线误差检查和调整

由于一条新直线的测设都是在前一条已测直线的基础上进行的。所以拨角放线距离愈长，误差积累愈大。为了对放线误差进行检查，一般放线 3～5km 应将测设中线与初测导线联测、联测闭合的精度要求与初测导线相同。当闭合差超限时，应检查原因，予以改正。当闭合差符合精度要求时，则按具体情况进行调整。

如图 1.8.1.2 所示的纸上定线，当放线至 JD$_4$ 后，与初测导线点 C_4 和 C_5 进行联测。如图 1.8.1.4JD$_3$～JD$_4$～JD$_5$ 为纸上定线位置，JD$'_3$—JD$'_4$ 为实地放线的中线位置，联测资料如图 1.8.1.4。

(1)计算放线误差

如图 1.8.1.4 所示初测导线点 C_5 的坐标及导线边 C_4～C_5 的方位角，推算出 JD$'_4$ 的坐标和中线 JD$'_3$～JD$'_4$ 的方位角，计算见表 1.8.1.2。

由 JD$_3$～JD$_4$ 与 JD$'_3$～JD$'_4$ 的坐标方位角，可得出实地放线的方位差，即角度闭合差：

$$f_\beta=153°07'30''-153°07'55''=-0°00'25''$$

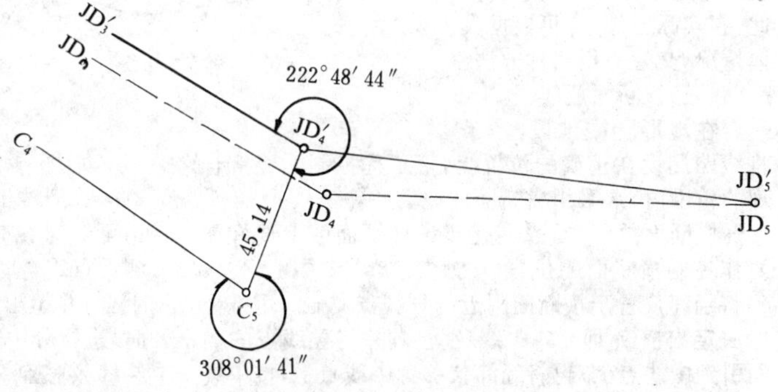

图 1.8.1.4

由 JD$_4$ 与 JD$'_4$ 的坐标，求出坐标差为：

$$\Delta y=31\ 742.40-31\ 743.00=-0.6\text{m}$$

$$\Delta x=24\ 123.40-24\ 123.00=+0.4\text{m}$$

距离闭合差为：

$$f=\sqrt{\Delta y^2+\Delta x^2}=\sqrt{(-0.6)^2+0.4^2}=0.72\text{m}$$

在联测闭合环中，导线与中线置镜点数为 10，导线与中线总长为 $L=3331$m，故角度允许闭合差为：

$$F_\beta=\pm25\sqrt{n}=\pm25\sqrt{10}=\pm79''>f_\beta$$

距离相对闭合差：

$$\frac{f}{L}=\frac{0.72}{3\ 331}=\frac{1}{4\ 629}$$

(2)放线误差调整

放线误差在允许范围以内，对误差进行调整。调整的目的是使测设的转点"回到"纸上定线的正确位置。如图 1.8.1.4 从 JD$'_4$ 测设的 JD$'_5$ 应与 JD$_5$ 重合。因此，JD$'_5$(JD$_5$)的放线资料应依据 JD$'_4$～JD$_5$ 的经纬

距及 JD'_3～JD'_4 的坐标方位角应重新计算。

JD'_4～JD'_5 的坐标方位角为：106°38′12″

JD'_4～JD'_5 的距离为：245.89m

JD'_4 的转向角为：46°29′43″

定测中线与初测导线联测计算表 表 1.8.1.2

置镜点	右角	方位角	距离	经距差 Δy	纬距差 Δx	经距 y	纬距 x
C_4							
		143°58′20″					
C_5	308°01′41″					31 730.00	24 080.00
		15°56′39″	45.14	+12.40	+43.40		
JD'_4	222°48′44″					31 742.40	24 123.40
		333°07′55″					
JD'_3							

将仪器置于 JD'_4 上，按新的放线资料拨角放线定出 JD'_5(JD_5)点。

当放线误差很小时，可不必进行调整，继续向前测设。

拨角法放线速度虽快，但误差积累；支距法放线比较费时，但各条直线精度互相不影响，误差不积累。因此，在实际工作中，可根据具体情况，交替使用两种方法。

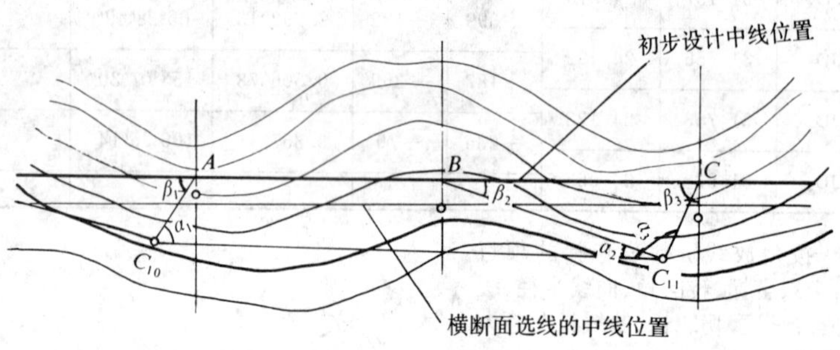

图 1.8.1.5

（三）横断面放线

在地形陡峻地段，为了将线路测设在正确的位置上，把工程控制在经济合理的范围内，常采用横断面放线。

横断面放线，首先在初步设计平面图上选好需要作控制横断面的位置，（如图 1.8.1.5 中的 A、B、C）将经纬仪置于横断面附近的导线点 C_{10}上，用极坐标法定出横断面上的中线位置 A，并将导线点的高程引到中线点上。再将经纬仪移置中线点上，按中线的法线方向作出横断面，按设计高程检查该处设计的工程措施，视需要将中线向左或向右移动，以避免大量的填挖方及圬工、挡墙的发生，直至求出最合理的中线位置。用相同的方法在同一条线边上作出的几个控制断面上，求出最合理的中线位置，依次用"⊙"符号注记在平面图上，在这些点附近穿成一条直线，即为横断面选线的中线位置。中线位置确定后再作一次工程措施检查，使工程处于最合理情况。至此即用横断面法放完一条边。

（四）地形、地物点及高程控制点的核查

当定测中线在现地放出之后，应对中线附近的地形、地物点及高程控制点进行检查。根据设计纵断面的坡度、高程与地面高程检查拟定的工程措施。特别应对垭口、洼地、房屋、高压电杆等地形、地物点、高程控制点进行检查，是否符合拟定的工程措施。当不能满足时，权衡利弊，将中线位置作适当的移动或扭动。

（五）长直线的测设方法及误差调整

1. 长直线测设的方法

(1)正倒镜测设法

如图 1.8.1.6，置镜于 ZD_{1-6}上，正镜后视 ZD_{1-5}，倒转望远镜测设 ZD_{1-7}，对点并作下记号，再用倒镜后视 ZD_{1-5}，倒转望远镜测设 ZD_{1-7}，当两次测设点重合时，此点即为 ZD_{1-7}转点。当两次测设不重合，并超出限值规定时应重测。当满足规定要求时，进行分中定点，即完成此转点的订设工作。然后经纬仪移至 ZD_{1-7}用同样的方法订出 ZD_{1-8}、ZD_{1-9}等，直至直线终点。

转点桩号的编号，一般是起始边编号为 ZD_{0-1}、ZD_{0-2}……，交点 JD_1～JD_2 之间时，编号为 ZD_{1-1}，ZD_{1-2}……以后依此类推。

正倒镜测设法为常用的方法，其操作简单，节省时间。

(2)拨角法延长直线

如图 1.8.1.6，置镜于 ZD_{1-6}，用正镜后视 ZD_{1-5}，平转望远镜 180°，订出第一点，用倒镜后视 ZD_{1-5}，平转望远镜 180°，订出第二点，当第一、第二两次钉出的点重合时，即为 ZD_{1-7}。当第一、第二两次不重合时，且横向差超过限值规定时，应重新观测，直至正倒镜两次观测满足精度要求，分中定点后，即为 ZD_{1-7}。然后将经纬仪移置 ZD_{1-7}，依照同样的方法钉设 ZD_{1-8}，ZD_{1-9}……延至直线终点。

2. 长直线测设的误差调整

长直线在测设过程中，由于仪器设备，操作方法，人的因素等影响，难免要产生各种误差，所以往往测设的长直线，变成了偏角很小的折线，如图 1.8.1.7。ZD_{1-2}、ZD_{1-3}、ZD_{1-4}、ZD_{1-5}都不同程度的偏离了直线方向，常用经纬距坐标法调整。用经纬仪精确测出各转点 ZD_{1-2}、ZD_{1-3}、ZD_{1-4}、ZD_{1-5}的右夹角，为获得高精度的夹角，可采用多测回方法，并按以下步骤计算横向改正值：

1. 以 JD_1 为坐标原点，JD_1～ZD_{1-1}为起始方向，计算 ZD_{1-1}、ZD_{1-2}……JD_2 等各点坐标。

2. 计算 JD_1～JD_2 方位角及夹角 β。

3. 以 JD_1 为坐标原点，JD_1～JD_2 为起始方向，重新计算 ZD_{1-1}、ZD_{1-2}……JD_2 各点坐标，则各点的横坐标 y，即为横向改正值。

这种误差调整方法，计算较繁，一般用在精度要求较高的测量中。

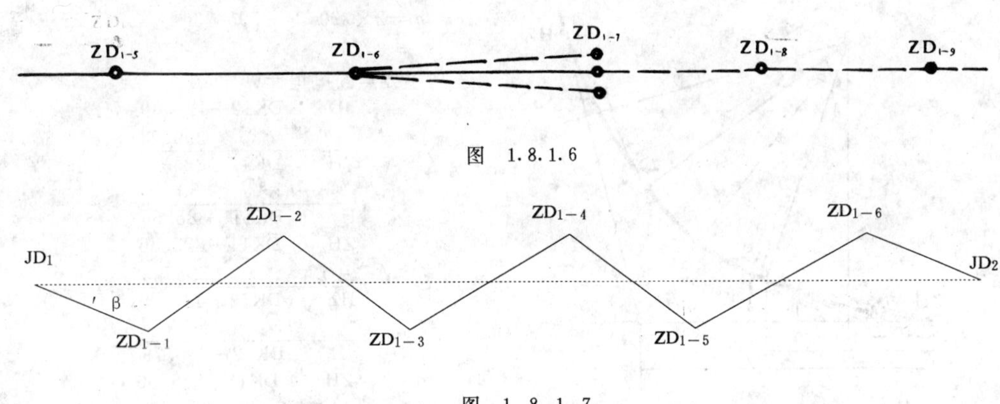

图 1.8.1.6

图 1.8.1.7

第二节　交　点

一、交点测量的内容及方法

(一)交点测量的内容

1. 交点测量的基本要求

交点水平角观测应使用 DJ_2 或 DJ_6 级经纬仪。水平角观测用全测回法测量右角，观测一测回。两半测回间应变动度盘位置，角度较差在限差以内时取平均值。正交点观测一测回，副交点观测两测回。

2. 交点测量的内容

交点工作主要包括：

(1)钉设曲线交点桩(正交点、副交点)。

(2)钉设曲线控制(五大)桩(ZH、HY、QZ、YH、HZ)。

(3)钉设直线转点桩，量出各转点桩之间的距离，并推算各转点桩的里程。

(二)交点测量的方法

交点测量的方法，是将放线定出的相邻直线边延长、相交，相交的点即交点，用 JD 表示。将经纬仪移置交点桩 JD 上，量出转向角，根据纸上定线设计的曲线半径及缓和曲线长度计算曲线要素及曲线控制桩里程。

1. 曲线要素计算

曲线要素分无缓和曲线和有缓和曲线两种。

(1)无缓和曲线的圆曲线曲线要素计算

$$T=R\cdot\tan\frac{\alpha}{2}$$

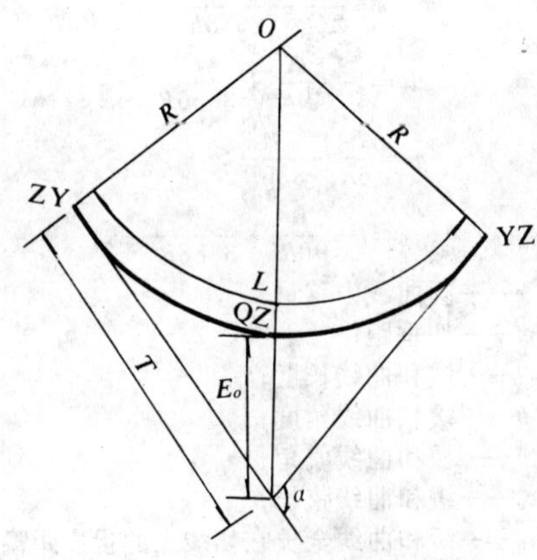

图 1.8.2.1

$$L=\frac{\pi}{180}\cdot\alpha\cdot R$$

$$E_0=R\cdot\sec\frac{\alpha}{2}-R$$

$$q=2T-L$$

式中 α——曲线转向角(偏角)；

R——曲线半径；

T——切线长；

L——曲线长；

E_0——外矢矩，交点 JD 至曲线中点 QZ 的距离；

q——切曲差。

(2)有缓和曲线的圆曲线的曲线要素计算

$$T=(R+p)\tan\frac{\alpha}{2}+m$$

$$L=\frac{\pi}{180}\cdot\alpha\cdot R+l$$

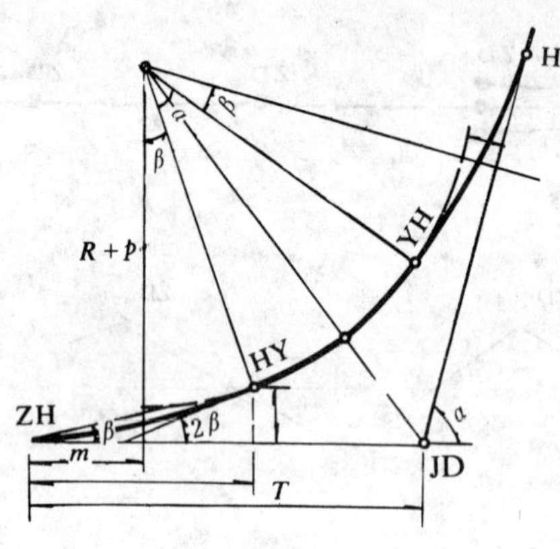

图 1.8.2.2

$$E_0=(R+p)\sec\frac{\alpha}{2}-R$$

$$q=2T-L$$

$$\beta=\frac{90}{\pi R}l;\delta=\frac{1}{3}\beta;m=\frac{l}{2}-\frac{l^3}{240R^2}$$

$$p=\frac{l^2}{24R}-\frac{l^4}{2688R^3}$$

$$x_0=l-\frac{l^3}{40R^2}+\frac{l^5}{3456R^4}$$

$$y_0=\frac{l^2}{6R}-\frac{l^4}{336R^3}$$

$$c_0=l-\frac{l^3}{90R^2}+\frac{l^5}{3888R^4}$$

式中 p——圆曲线内移量；

m——切垂距；

l——缓和曲线长度；

β——缓和曲线角度；

δ——缓和曲线偏角；

c_0——缓和曲线弦长；

x_0——缓和曲线全长在切线上的投影距离；

y_0——缓和曲线终点至切线的垂直距离。

上述计算缓和曲线和曲线要素的公式，在《铁路曲线测设用表》中以不同半径、偏角等引数，可查得相应的要素值。

(3)曲线要素计算实例

例：曲线转向角 $\alpha=15°20'$，采用 $R=2\ 000$m，$l=60$m，交点 JD 里程 DK12+124.80 计算曲线各主要点里程

$$p=\frac{l^2}{24R}=0.075$$

$$m=\frac{l}{2}-\frac{l^3}{240R^2}=30.00$$

$$T=(2\ 000+0.075)\times\tan\frac{15°20'}{2}+30$$
$$=299.24\text{m}$$

$$L=\frac{\pi}{180}\times15°20'\times2\ 000+60$$
$$=595.23$$

$$E_0=(2\ 000+0.075)\times\sec\frac{15°20'}{2}-2\ 000$$
$$=18.11\text{m}$$

$$q=2\times299.24-595.23$$
$$=3.25$$

各主要点的里程计算

JD	DK12+124.80
$-T$	299.24
ZH	DK11+825.56
$+l$	60
Hy	DK11+885.56
ZH	DK11+825.56
$+L$	595.23
HZ	DK12+420.79
$-l$	60
yH	DK12+360.79
ZH	DK11+825.56
$+\frac{L}{2}$	297.62
QZ	DK12+123.18

校对：

JD	DK12+124.80
$+T$	299.24
	DK12+424.04
$-q$	3.25
HZ	DK12+420.79

2. 曲线控制桩的测设

(1)置镜正交点测设曲线控制桩

如图 1.8.2.3，置镜于交点 JD 上，沿切线方向量取 T 值钉出曲线起终点 ZH 和 HZ，同时从 JD 沿切线方向量取 $T—x_0$ 之值钉出 C 点，将经纬仪移置 C 点上，后视 JD，拨 90°量取 y_0 之值钉设 HY 或 YH 桩。在置镜于 JD 时，后视 ZH 或 HZ 拨 $\frac{180°-\alpha}{2}$ 角值，即曲线偏角的补角的角平分线，量取 E_0 值，钉设 QZ 桩。钉设 HY 或 YH 桩，也可在交点 JD 上置镜采用极坐标法进行钉设。其计算方法如下：

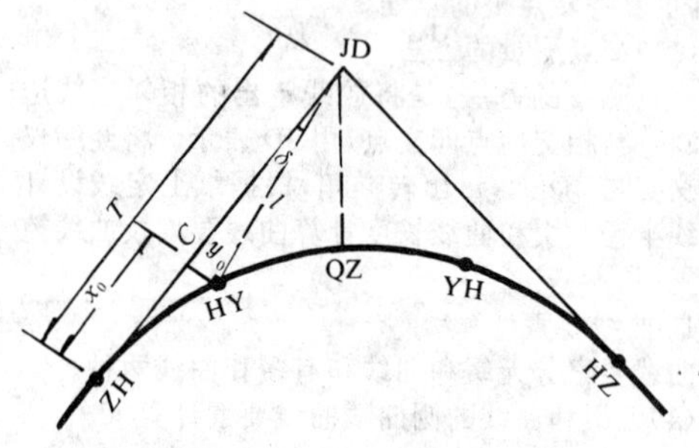

图 1.8.2.3

$$\tan\delta=\frac{y_0}{T-x_0}$$

$$L=\frac{y_0}{\sin\delta}$$

置镜于 JD 桩上，后视 ZH 或 HZ，反（顺）拨 δ 角，在此方向上量取 L，即可钉设 HY 或 YH 桩。

(2)置镜副交点测设曲线控制桩

由于交点 JD 处落入河流、湖泊及各种无法置镜的地方，或交点转向角太大，不便置镜时，往往采用副交点的方法测设曲线控制桩，如图 1.8.2.4。设交点编号 JD_5。置镜于按直线转点要求钉设的副交点 JD_{5-1} 和 JD_{5-2} 上，测量右角，计算出偏角∠1 和∠2，同时测量 JD_{5-1}～JD_{5-2} 之距离 a，则曲线偏角 α 等于 JD_{5-1} 和 JD_{5-2} 之偏角的代数和。

在三角形 JD_5、JD_{5-1}、JD_{5-2} 中，已知∠1 和∠2 边长 a，利用正弦定理计算出 JD_5～JD_{5-1} 的距离 b、JD_5～JD_{5-2} 的距离 c。同时根据测定的偏角 α 值及设计的曲线半径和缓和曲线长度，计算出曲线要素 T、L、E。及缓和曲线常数 x_0、y_0，分别置镜于 JD_{5-1} 和 JD_{5-2}，分别丈量 $(T-b)$、$(T-c)$，即为曲线起终点 ZH 和 HZ。同时利用 x_0、y_0、E_0 可计算并钉设缓圆 HY、曲中 QZ 及圆缓 YH 各点。曲线较短，中间圆曲线不太长的情况下，曲中 QZ 也可不设置。

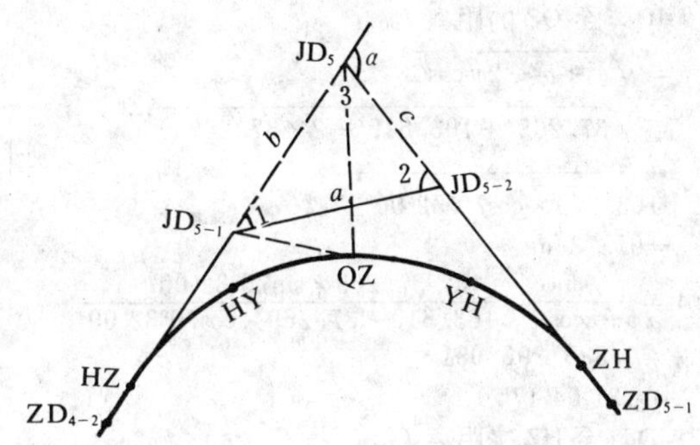

图 1.8.2.4

算例：如图 1.8.2.5，已知 $\alpha_{5-1}=18°20'35''$，$\alpha_{5-2}=20°35'25''$，$\alpha=38°56'00''$，$L_{JD_{5-1}\sim JD_{5-2}}=185.155m$，$R=600m$，$l=110m$。

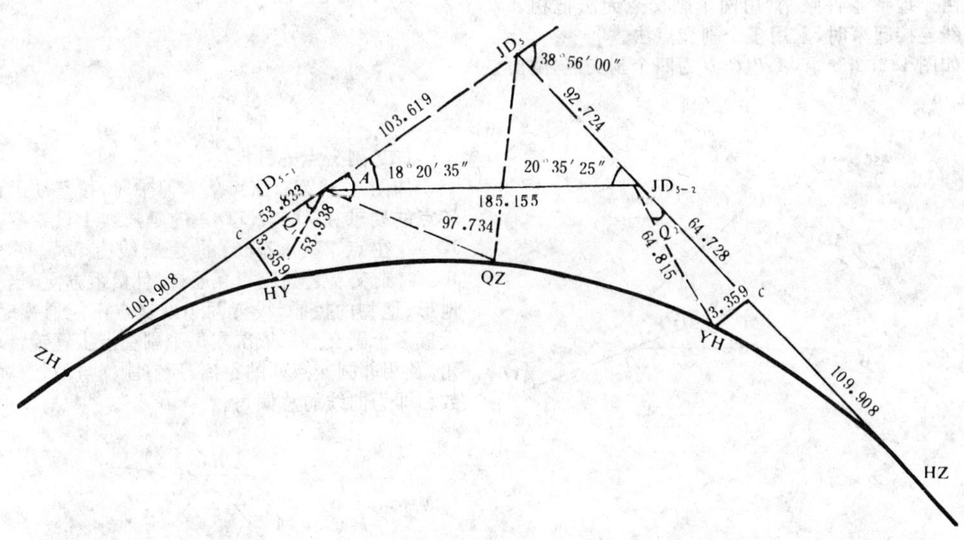

图 1.8.2.5

A、计算曲线要素

$\alpha=38°56'00''$　　$R=600m$　　$l=110m$

$T=267.360m$　　$L=517.709m$

$E_0=37.269m$

$x_0=109.908m$　　$y_0=3.359m$

B、解三角形 JD_5、JD_{5-1}、JD_{5-2}

$L_{JD5\sim JD_5-1}=103.619m$

$L_{JD5\sim JD_5-2}=92.724m$

C、计算 JD_{5-1} 至 ZH、HY、QZ 之距离及夹角和 JD_{5-2} 至 HZ、yH 的距离及夹角。

JD_{5-1} 至 ZH 的距离 L_{JZ_1} 为：

$L_{JZ_1}=T-L_{JD5\sim JD_5-1}=267.360-103.619$

$=163.741m$

JD_{5-1} 至 C 点距离 L_{JC_1}

$L_{JC_1}=163.741-x_0=163.741-109.908$

$=53.833$

$\tan\theta_1=\frac{3.359}{53.833}=0.062\ 396\ 671$

$\theta_1=3°34'14''$

JD_{5-1}至 HY 的距离 L_{JH1}：

$$L_{JH1}=\frac{53.833}{\cos3°34'14''}=53.938\text{m}$$

JD_{5-1}至 QZ 的距离 L_{JQ1}：

$$L_{JQ1}=\sqrt{a^2+b^2-2ab\cos C}$$

$$=\sqrt{37.269^2+103.619^2-2\times37.269\times\cdots}$$

$$\cdots103.619\times\cos70°32'00''}$$

$$=97.734\text{m}$$

$$\tan A=\frac{a\cdot\sin C}{b-a\cos C}=\frac{37.269\times\sin70°32'00''}{103.619-37.269\times\cos70°32'00''}$$

$$=0.385\ 296\ 081$$

$$A=21°04'17''$$

JD_{5-2}至 HZ 之距离 L_{JZ2}

$$L_{JZ2}=T-92.724=174.636\text{m}$$

JD_{5-2}至 C 点距离 L_{JC2}

$$L_{JC2}=T-92.724-109.908=64.728\text{m}$$

$$\tan\theta_2=\frac{3.359}{64.728}=0.051\ 894\ 080$$

$$\theta_2=2°58'14''$$

JD_{5-2}至 YH 的距离 L_{JH2}

$$L_{JH2}=\frac{64.728}{\cos2°58'}=64.815$$

(3)多个副交点法

由于地形条件限制，用两个副交点无法把相邻两切线连接起来时，采用多个副交点法。

如图 1.8.2.6 示，A、B、C、D 为四个副交点，测出 α_1、α_2、α_3。

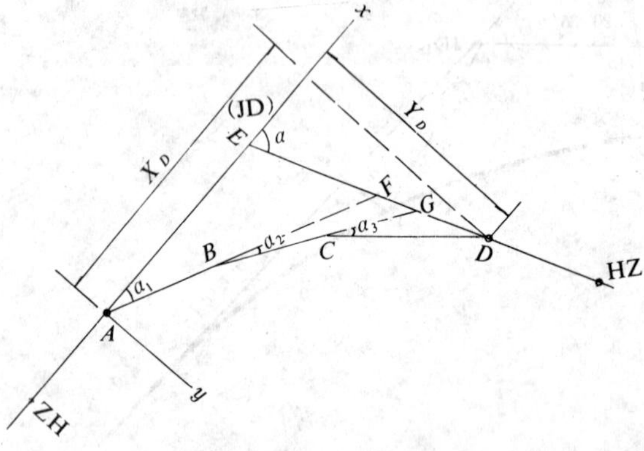

图 1.8.2.6

α 及 AB、BC、CD 之长，则曲线转向角 $\alpha=\alpha_1+\alpha_2+\alpha_3+\alpha_4$（$\alpha_4$ 为$\angle CDG$）。用正弦定理解$\triangle CGD$ 得 DG 及 CG 之长，可求得 $BG=BC+CG$。解$\triangle BFG$ 得 BF 及 GF 之长，可求得 $AF=AB+BF$。解$\triangle AEF$ 得 AE 及 EF 之长，可求得 AE 及 EF 之长，可求得 $ED=DG+GF+FE$。在切线上量$(T-AE)$定出 ZH，在另一切线上量出$(T-ED)$定出 HZ。

二、交点的钉设方法

(一)正交点的钉设

如图 1.8.2.7 示，首先置经纬仪于交点的第一条边的转点 B 上，后视 A 点，按直线钉设转点桩的要求，在目估交点的第二条边转点 C、D 的延长线与第一条边 A、B 延长线相交的地方的前后 1.5～2.0m 的范围内钉设临时点 1、2 两桩（俗称骑马桩）。在两桩点上钉上小铁钉，两钉间拉上弦线。然后将经纬仪移置于交点的第二条边 C、D 的转点 C 上，正、倒镜后视 D 点倒转望远镜，指挥前点，沿骑马桩的弦线方向移动，到正确位置打下木桩，在弦线与望远镜视准线的交点处钉下铁钉，即为交点的点位。再将经纬仪移到交点 JD 上，后视第一条边上的 B 点，前视第二条边上的 C 点，正倒镜量出右角。当右角小于 180°时，即为右偏（$\alpha_y=180°-$右角）。当右角大于 180°时，即为左偏（$\alpha_2=$右角$-180°$）。

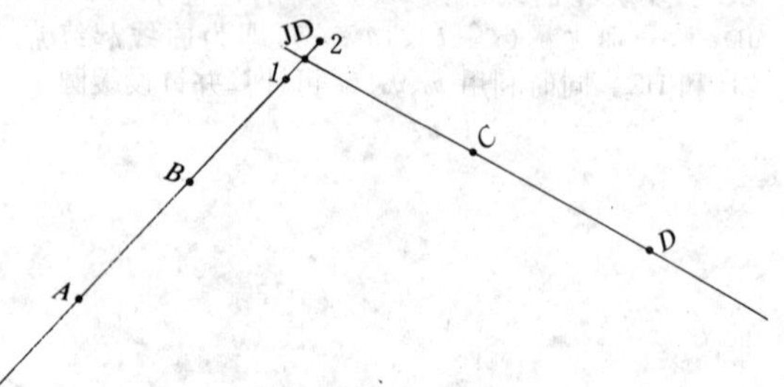

图 1.8.2.7

(二)副交点的钉设

如图 1.8.2.8，交点落入河中时，按直线上设置转点的要求在 ZD_{4-1}、ZD_{4-2}的延长线上设置副交点 JD_{5-1}，在点 ZD_{5-1} ZD_{5-2} 的延长线上设置副交点 JD_{5-2}。副交点之间应相互通视，且量距方便。当受到地形、地物的控制，设置两个副交点不能通视时，可设置多个副交点。依次在每个副交点上置镜量取右角，及相邻副交点间的距离。所有副交点的偏角的代数和即为曲线的总偏角。

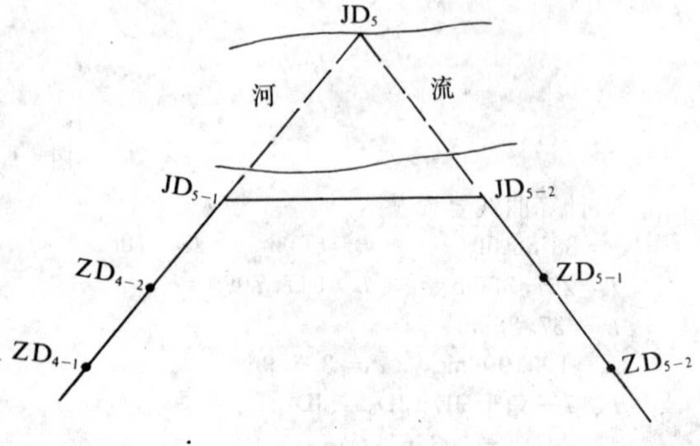

图 1.8.2.8

第九章　中 线 测 量

第一节　中线测量的基本要求

中线测量是铁路定测阶段的主要工作，它根据放线时测设的直线、曲线控制桩进行直线和曲线测量，并用一系列桩橛标定在线路中心上(即中桩)。

中线边长测量要求同导线测量，钉设加桩以第一次量距为准。中线上应钉设公里桩和加桩，并宜钉设百米桩。直线上的中桩间距不宜大于50m，曲线上的中桩间距宜为20m。地形平坦且曲线半径大于800m时，圆曲线内的中桩间距可为40m。圆曲线的中桩里程宜为20m的整倍数，在地形变化处或按设计需要应另设加桩，加桩宜设在整米处。

中桩桩位误差不应超过下列规定：

$$\text{纵向误差：}(\frac{S}{2\ 000}+0.1)\text{m}$$

式中　S——转点至桩位的距离，以m计；

横向误差：10cm。

曲线纵向闭合差不应超过 $\frac{1}{2\ 000}$，横向闭合差不应大于10cm。

中线一般每隔5km，特殊情况不远于10km，应与初测导线或航测外控点联测，其闭合差应符合表1.9.1.1规定。

表 1.9.1.1

水平角闭合差(″)	DJ_2	$25\sqrt{n}$
	DJ_6	$30\sqrt{n}$
长度相对闭合差	钢卷尺	1/2 000
	光电测距	1/3 000

断链应设在百米桩处，困难时可设在以10m为单位的桩上，不应设在车站、桥梁、隧道和曲线范围内，如图1.9.1.1示。改动后的中线里程 D_1K17+480.18等于原里程DK17+500.00。等号前的里程大于等号后的里程时，为长链；反之为短链。

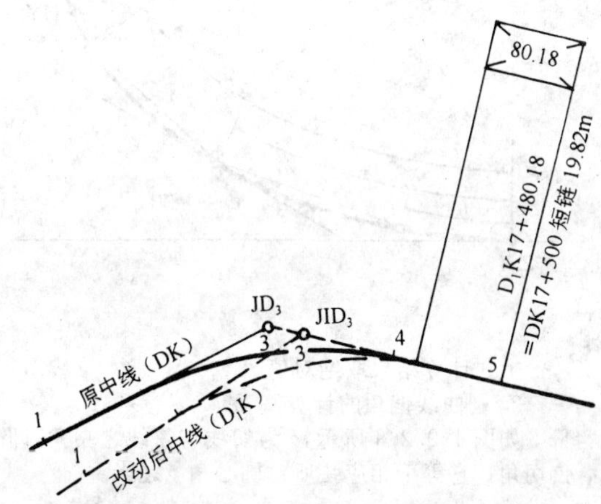

图　1.9.1.1

中桩用小板桩钉在点位上，桩的上部露出地面并写明该点的里程，字面对着线路起始方向。

第二节　曲 线 测 量

一、曲线测设及计算

(一)偏角法

1. 缓和曲线偏角的计算

(1)置镜于ZH(HZ)测设缓和曲线上任意点的偏角(图1.9.2.1)

$$\left.\begin{aligned}\delta_i&=\frac{l_i^2}{6Rl}\frac{180}{\pi}\\\theta_i&=2\delta_i\\\beta_i&=3\delta_i\end{aligned}\right\}\qquad(1.9.2.1)$$

式中　l_i——测点至ZH点的距离(m)。

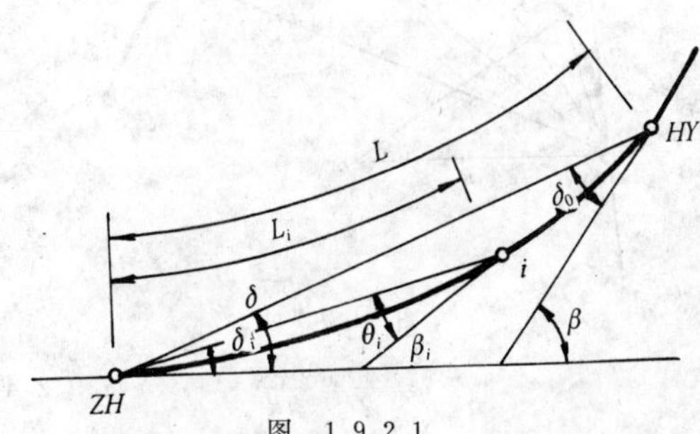

图　1.9.2.1

(2)置镜于HY(YH)测设缓和曲线上任意点的偏角(图1.9.2.2)

$$\delta_i=\frac{30}{\pi Rl}(l-l_i)(2l+l_i)\qquad(1.9.2.2)$$

(3)置镜于缓和曲线上任一点测设缓和曲线另一点的偏角(图1.9.2.3)

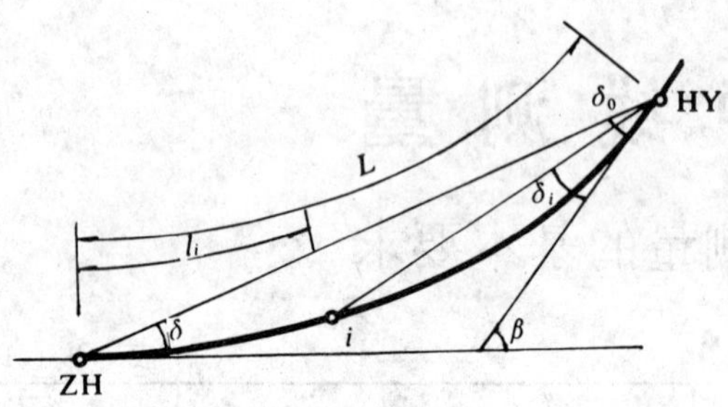

图 1.9.2.2

$$\delta_i=\frac{30}{\pi Rl}(l_i-l_{不})(l_i+2l_{不}) \qquad (1.9.2.3)$$

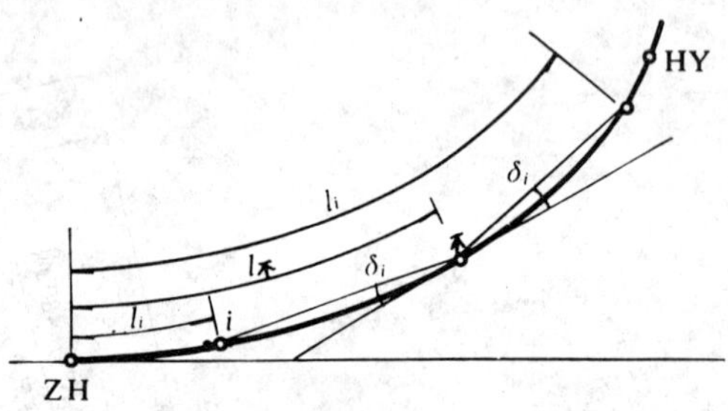

图 1.9.2.3

上式计算结果取绝对值。

2. 圆曲线偏角的计算

如图 1.9.2.4 所示，δ 为切线与弦线之夹角，即弦切角。它等于相应弦所对圆心角 γ 之半。

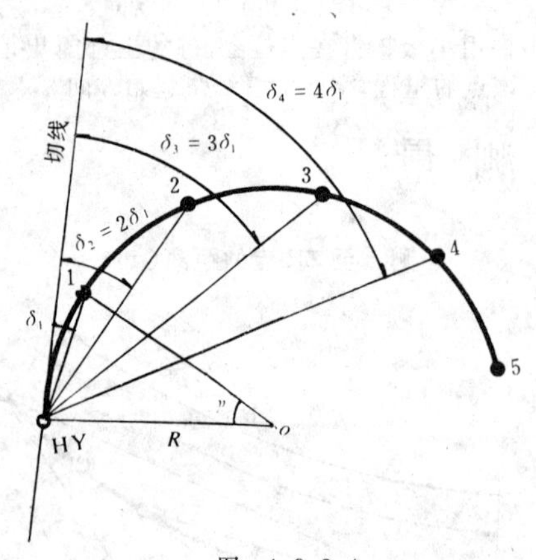

图 1.9.2.4

$$\delta=\frac{\gamma}{2}=\frac{90L_c}{\pi R} \qquad (1.9.2.4)$$

式中 L_c——置镜点到测设点的弧长。

由上式可见，当 R 为一定时，偏角与弧长成正比。当测设曲线的各测点为等距离时，若第 1 点的偏角为 δ_1，则第 2、3、4 各点的偏角分别为 $2\delta_1$、$3\delta_1$、$4\delta_1$……等。

由于圆曲线的起终点里程往往不是整数，而我们要求钉设的中桩的里程是 20m 的整倍数，因此第一段弧长与末一段弧长就不是 20m 的倍数，在这种情况偏角计算如下：

$$\delta_n=\frac{\gamma_1}{2}\times(n-2)\frac{\gamma}{2}+\frac{\gamma_2}{2} \qquad (1.9.2.5)$$

式中 γ_1——第一段弧(不是整数)所对之圆心角；

γ_2——第二段弧(不是整数)所对之圆心角；

γ——整 20m 弧长所对之圆心角。

圆曲线偏角也可在《铁路曲线表测设用》第三册第九表查出。

〔**例**〕已知：曲线总偏角 $\alpha=16°00'$　$R=500$m

$L=60$m　$\beta=3°26'16''$

$L=199.63$m　ZH 里程 DK36＋238.74

缓和曲线每 10m 钉桩，圆曲线在 20m 整倍数里程处钉桩，各点的偏角如表1.9.2.1、1.9.2.2示。

表 1.9.2.1

置镜点	测设点	偏角值
ZH DK36＋238.74		$0°00'00''$
	＋248.74	$\delta_1=0°01'55''$
	＋258.74	$\delta_2=2^2\times\delta_1=07'38''$
	＋268.74	$\delta_3=3^2\times\delta_1=17'11''$
	＋278.74	$\delta_4=4^2\times\delta_1=30'33''$
	＋288.74	$\delta_5=5^2\times\delta_1=47'45''$
	HY＋298.74	$\delta=\beta/3=1°08'45''$

表 1.9.2.2

置镜点	测设点	偏角值
HY DK36＋298.74		后视 ZH 的偏角值为 2°17′31″
	＋300	$\delta_1=04'20''$
	＋320	$\delta_2=04'20''+1°08'45''=1°13'05''$
	＋340	$\delta_3=1°13'05''+1°08'45''=2°21'50''$
	＋360	$\delta_4=2°21'50''+1°08'45''=3°30'35''$
	YH＋378.37	$\delta_N=3°30'35''+1°03'09''=4°33'44''$

校核：圆曲线偏角＝$\frac{1}{2}$圆曲线中心角

$$=\frac{1}{2}(\alpha-2\beta)=\frac{1}{2}(16°00'-2\times3°26'16'')$$

$$=\frac{1}{2}\times9°07'28''=4°33'44''$$

置镜 HZ 测设第二缓和曲线的偏角值与置镜 ZH 测设第一缓和曲线相同。

3. 测设方法

测设缓和曲线时,置经纬仪于 ZH 或 HZ 上,后视 JD 或直线转点,作为切线零方向,依次拨角 δ_1、δ_2、δ_3……同时从点到点量分段弦长与相应视线方向交会,依次定出曲线点 1、2、3……直至 HY 或 YH 进行闭合。

测设圆曲线时,置镜于 HY 或 YH,首先应找出切线方向。从图 1.9.2.5 看出:经纬仪在 HY 点后视 ZH 点时,当曲线向左转,读数为 $180°+\delta_0$;当曲线向右转,读数为 $180°-\delta_0$,则当读数为 0°00′00 时视线就在切线方向上。也可以直接安置读数为 δ_0(左偏曲线)或 $360°-\delta_0$(右偏曲线)后视 ZH,当读数为零时,倒转望远镜,即为切线方向。

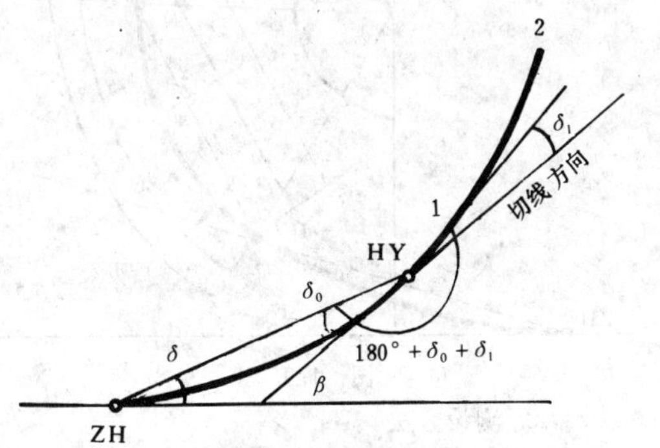

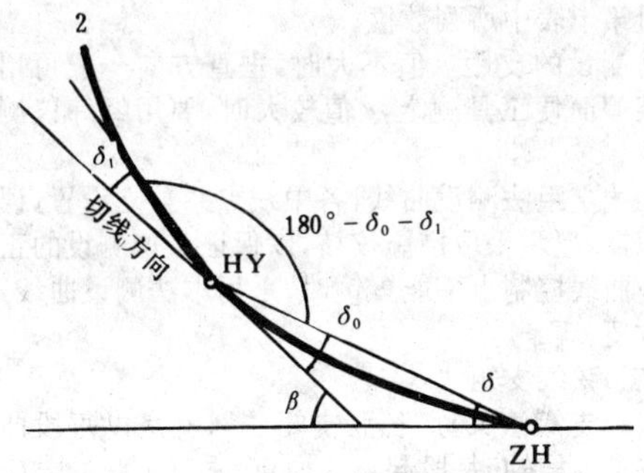

图 1.9.2.5

为了避免测设圆曲线点由于分弦与整弦累计的麻烦,可将圆曲线上第 1 点(即分弦)的方向作为零方向。当曲线为左转时,安置读数为 $180°+\delta_0+\delta_1$ 后视 ZH;当曲线为右转时,安置读数为 $180°-\delta_0-\delta_1$ 后视 ZH 点。δ_1 为第 1 段不足 20m 的偏角。当视线转到 0°00′00″时,即在第一个整桩的方向上。

当圆曲线不长,可从 HY 一次测设到 YH 点。若圆曲线较长,可置镜于 QZ 后视 JD 转角 90°取得切线方向,然后分别向 HY 或 YH 测设。若置镜控制桩不能测设全部曲线时,可设转镜点,置镜于转点继续测设。

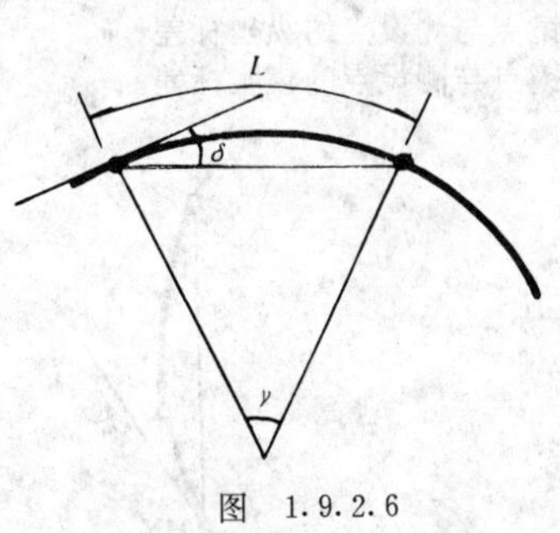

图 1.9.2.6

实际测量时不量弧长而量弦长。弦长短于弧长,如曲线半径 $R=300$m,弧长 20m,则弧弦差为 4mm。如 $R<300$m,或两桩距离大于 20m,应考虑弦弧差。

圆曲线弦弧差值(图 1.9.2.6)可查曲线表第三册第九表或按下式计算:

$$\Delta L=L-2R\sin\delta=L-2R\sin\frac{\gamma}{2} \qquad (1.9.2.6)$$

式中 L——弧长;

δ——偏角;

γ——圆心角。

偏角法是铁路曲线测量常用的方法,优点是整个曲线连贯,便于校核,缺点是如转点多则误差积累大。

(二)切线支距法

切线支距法即直角坐标法,它以 ZH 或 HZ 为坐标原点,通过 ZH 或 HZ 的切线为 x 轴,向圆心侧为正向 y 轴。缓和曲线及圆曲线上的点均用同一坐标系的 x 和 y 来测设。

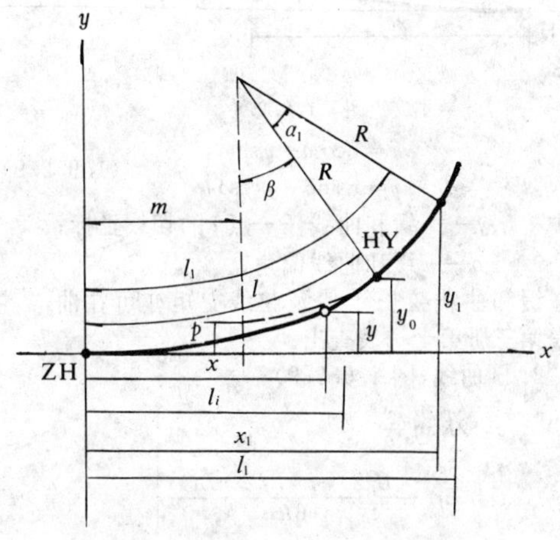

图 1.9.2.7

图 1.9.2.7 中,曲线上各点的坐标按下列公式计算:

1. 缓和曲线范围内

$$x=l-\frac{l_i^5}{40R^2l^2}$$

$$y=\frac{l_i^3}{6Rl}-\frac{l_i^7}{336R^3l^3} \qquad (1.9.2.7)$$

2. 圆曲线范围内

$$\left.\begin{aligned}x_1&=R\cdot\sin\alpha_1+m\\y_1&=R(1-\cos\alpha_1)+p\\\alpha_1&=\frac{l_1-l}{R}\cdot\frac{180}{\pi}+\beta\end{aligned}\right\}\qquad(1.9.2.8)$$

α_1 亦可在曲线表中查出

测设方法：从 ZH 或 HZ 沿切线量出 10m、20m ……各点，从这些点分别退回相应的 l_i-x 值，即得出各点在切线上的垂足，从各垂足点分别量出相应的支距(y)值，即定出各点。测设时也可采用曲线表第三册第十表中所列数值。

当测设的支距 y 值不大时，垂直方向一般可用方向架等简便工具测定，y 值较大时，要用经纬仪测设直角。

切线支距法测设曲线，各中线点系独立设置，误差不积累，但需采取措施校核，以保证点位测设的正确。当曲线控制点不能置镜时，采用本法测设曲线，较为方便。

(三)弦线支矩法

弦线支矩法又称"长弦支矩法"，就是以每段曲线的弦长为横轴，每段起点为原点，垂直于弦的方向为纵轴，曲线上各点用段的纵横坐标值来测设。

1. 缓和曲线(图 1.9.2.8)

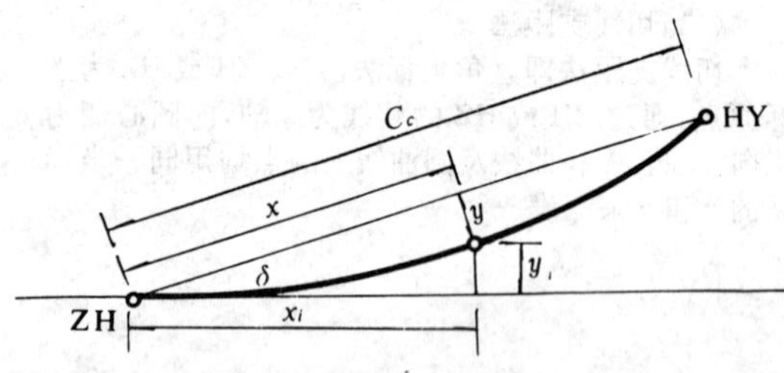

图 1.9.2.8

$$\left.\begin{aligned}x&=x_i\cos\delta+y_i\sin\delta\\y&=x_i\sin\delta-y_i\cos\delta\end{aligned}\right\}\qquad(1.9.2.9)$$

式中 x_i、y_i——缓和曲线任一点 i 的切线坐标；

δ——缓和曲线偏角。

缓和曲线弦长 c_c 值及弦线支矩亦可在曲线表第三册第十一表查出。

2. 圆曲线(图 1.9.2.9)

$$\left.\begin{aligned}c&=2R\sin\frac{\gamma}{2}\\c_1&=L_1-\frac{(L/2)^3-(L/2-L_1)^3}{6R^2}\\c_2&=c-c_1\\f_1&=\frac{(L/2)^2-(L/2-L_1)^2}{2R}\\&\quad-\frac{(L/2)^4-(L/2-L_1)^4}{24R^3}\end{aligned}\right\}\qquad(1.9.2.10)$$

式中 L_1——置镜点至测设点的圆曲线长；

L——分段的圆曲线长。

坐标值及 c 值也可在曲线表第三册第十一表中查出。

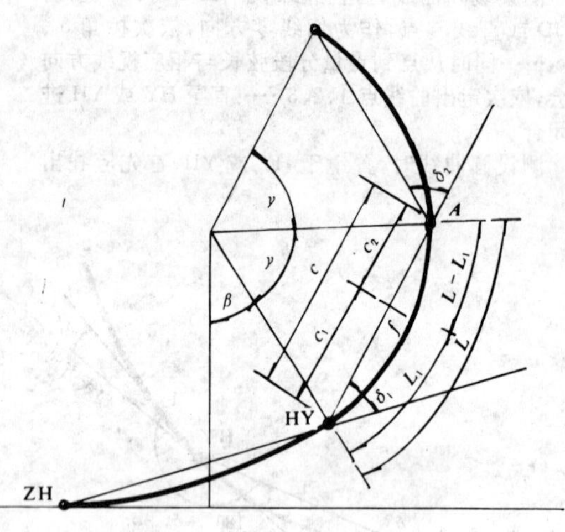

图 1.9.2.9

3. 测设方法

(1)置镜于 ZH(HZ)后视切线控制点，拨缓和曲线偏角 δ 角定出长弦 c_c 或 C 的方向，沿弦线量 x 或 $c_1(c_2)$，用相应的 y 或 f_1 值即可测设曲线上各点。

(2)置镜于 HY(YH)，后视 ZH(HZ)，拨 δ_1 角定出圆曲线第一段弦的方向，在弦的方向上按圆曲线的 c_1、f_1 值，设置圆曲线各点。

(3)若圆曲线较长，则置镜 A 点再以 δ_2 测设第二段弦的方向及圆曲线上各点。

(四)长弦偏角法(图 1.9.2.10)

长弦偏角法的测设方法与偏角计算原理与偏角法相同，不同之处是直接用置镜点至各测点的长弦取代相邻点的弦长。

置镜点至各测点的弦长按下式计算：

$$c_i=\sqrt{\Delta x_i^2+\Delta y_i^2}\qquad(1.9.2.11)$$

式中 Δx_i——置镜点与测设点的纵坐标差；

Δy_i——置镜点与测设点的横坐标差。

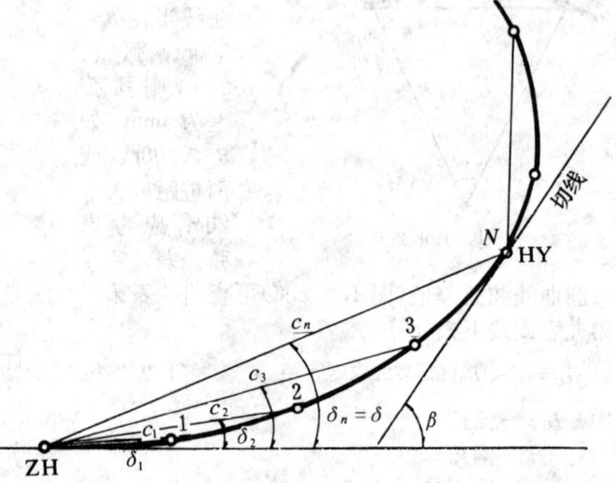

图 1.9.2.10

(五)极坐标法

光电测距仪在铁路测量中广泛运用后，常用极坐标法测设曲线。所谓极坐标法，即在直线上的转点或曲线上的控制点，测设任意中线点或任意点，并在该点上置镜测设曲线。用极坐标法测设曲线，首先应计算置镜点及各测点（曲线控制点或加桩）的坐标，根据置镜点及测设点的坐标，计算两点间的距离，以及该边与后视边的夹角，即可测设各测点的位置。由于小型计算器的运用，各测点坐标可根据测点里程求得，距离及角值可在计算器中直接读取，并以此测设各点。

1. 坐标轴的选用及测点坐标的计算

为了计算置镜点及各测点的坐标。就须确定坐标原点及坐标轴系，现场中常采用以 ZH(或 HZ)为圆点及以圆心为圆点两种坐标轴系。

(1)以 ZH(HZ)为原点，ZH～JD(HZ～JD)为 x 轴，在曲线内侧由 ZH(HZ)与 x 轴垂直的垂线为 y 轴，则各测点的坐标为(图 1.9.2.11、1.9.2.12)：

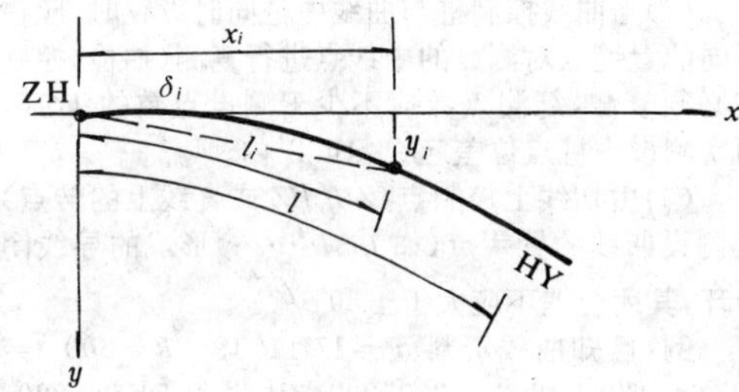

图 1.9.2.11

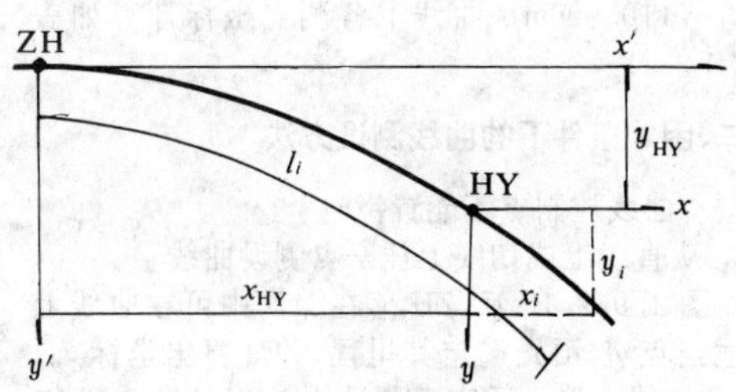

图 1.9.2.12

缓和曲线部分

$$\left.\begin{aligned} x&=l_i-\frac{l_i^5}{40R^2l^2}\\ y&=\frac{l_i^3}{6Rl}\end{aligned}\right\}\qquad(1.9.2.12)$$

圆曲线部分

$$\left.\begin{aligned} x&=R\cdot\sin\alpha_i+m\\ y&=R\cdot(1-\cos\alpha_i)+p\\ \alpha_i&=\frac{l_i-l}{R}\cdot\frac{180}{\pi}+\beta\end{aligned}\right\}\qquad(1.9.2.13)$$

为了测设曲线的方便，各测点坐标可采用弧度 rad 形式计算，测设圆曲线时，将坐标原点平移至 HY (YH)。

缓和曲线部分

$$\left.\begin{aligned} \delta_i&=\frac{l_i}{6Rl}\\ x_i&=l_i-0.9l_i\delta_i^2\\ y_i&=X_i\cdot\tan\delta_i\end{aligned}\right\}\qquad(1.9.2.14)$$

圆曲线部分

$$\left.\begin{aligned} x_i&=2R\cdot\sin\frac{l_i-l}{2R}\cdot\cos\frac{l_i}{2R}\\ y_i&=2R\cdot\sin\frac{l_i-l}{2R}\cdot\sin\frac{l_i}{2R}\end{aligned}\right\}\qquad(1.9.2.15)$$

置镜点至测点极角极距计算：

$$\left.\begin{aligned} N_i&=\arctan\frac{y_i-y_A}{x_i-x_A}\\ S_i&=\sqrt{(x_i-x_A)^2+(y_i-y_A)^2}\end{aligned}\right\}\qquad(1.9.2.16)$$

以 ZH(HZ)为坐标原点的坐标轴系，各测点的坐标计算采用习用的测设曲线的计算方法，较为简单。若需一次测设完曲线，则另一缓和曲线范围内的测点坐标需作换轴计算，增加了计算工作量。由于铁路曲线一般较长，在山区或地物较多地段，难以一次置镜测设完全部曲线，在此情况下，即可以 HZ(或 ZH)为原点测设另一缓和曲线。

(2)以圆心为坐标原点，圆心与 JD 的连线为 x 轴，过圆心与 x 轴的垂线为 y 轴，如图 1.9.2.13 示。

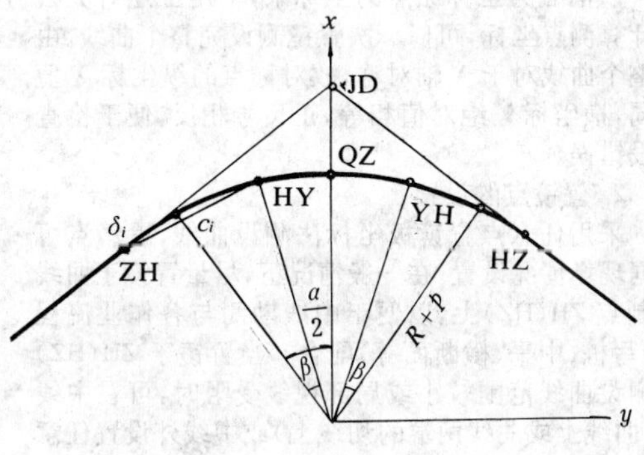

图 1.9.2.13

ZH～JD 的方位角为：$N_{ZH\sim JD}=90-\frac{\alpha}{2}$

HZ～JD 的方位角为：$N_{HZ\sim JD}=270+\frac{\alpha}{2}$

则曲线上各测点的坐标为：

ZH～HY 范围内：

$$\left.\begin{aligned} x&=x_{ZH}+c_i\cdot\cos(N_{ZH\sim JD}+\delta_i)\\ &=\left\{\left[\frac{R+p}{\cos\frac{\alpha}{2}}\right]+T\cdot\cos(N_{ZH\sim JD}+180)\right\}\\ &\quad+\left(l_i-\frac{l_i^5}{90R^2l^2}\right)\cdot\cos\left(N_{ZH\sim JD}+\frac{9.5493l_i^2}{Rl}\right)\\ y&=y_{ZH}+c_i\cdot\sin(N_{ZH\sim JD}+\delta_i)\\ &=[T\cdot\sin(N_{ZH\sim JD}+180)]\\ &\quad+\left(l_i-\frac{l_i^5}{90R^2l^2}\right)\cdot\sin\left(N_{ZH\sim JD}+\frac{9.5493l_i^2}{Rl}\right)\end{aligned}\right\}$$

(1.9.2.17)

HY～YH 范围内

测点在 QZ～HY 间

$$\left.\begin{aligned}X &= R\cdot\cos\left[360-\frac{S_i}{R}\cdot\frac{180}{\pi}\right]\\Y &= R\cdot\sin\left[360-\frac{S_i}{R}\cdot\frac{180}{\pi}\right]\end{aligned}\right\}\qquad(1.9.2.18)$$

测点在 QZ～YH 间

$$\left.\begin{aligned}X&=R\cdot\cos\left(\frac{S_i}{R}\cdot\frac{180}{\pi}\right)\\Y&=R\cdot\sin\left(\frac{S_i}{R}\cdot\frac{180}{\pi}\right)\end{aligned}\right\}\qquad(1.9.2.19)$$

式中 S_i——测点至 QZ 的距离。

YH～HZ 范围内

$$\left.\begin{aligned}X=&X_{HZ}+c_i\cdot\cos(N_{HZ\sim JD}-\delta_i)\\=&\left[\frac{R+p}{\cos\frac{\alpha}{2}}+T\cdot\cos(N_{HZ\sim JD}+180)\right]\\&+\left(l_i-\frac{l_i^5}{90R^2l^2}\right)\cdot\cos\left(N_{HZ\sim JD}-\frac{9.5493l_i^2}{Rl}\right)\\Y=&Y_{HZ}+c_i\cdot\sin(N_{HZ\sim JD}+180)\\=&[T\cdot\sin(N_{HZ\sim JD}+180)]\\&+\left(l_i-\frac{l_i^5}{90R^2l^2}\right)\cdot\sin\left(N_{HZ\sim JD}-\frac{9.5493l_i^2}{Rl}\right)\end{aligned}\right\}\qquad(1.9.2.20)$$

以圆心为坐标原点的坐标系，采用上述有关公式计算测点坐标，可以一次置镜测设完整个曲线。由于整个曲线对于 X 轴对称，故对称点的纵坐标 X 值相同，横坐标 Y 绝对值相等，正负号相反，便于检查测设错误。

2. 置镜点的设置

采用任意点置镜极坐标法测设曲线，置镜点可根据现场情况设置。在一般情况下，尽量置镜于曲线控制点 ZH(HZ)上，以便于中线勘测与各作业流程(如写桩、中平、横断面等)配合。当置镜于 ZH(HZ)上测设曲线范围较小或局部视线受阻时，可在中线上(曲线上或曲线两端的切线上)或中线外设置任意点。任意点一般设置在通视良好，便于测设较多甚至全部曲线的地方。测设曲线转点数目不宜多于 2 个，并应起闭于曲线两端切线控制点。后视边及设置任意点的边长，不宜短于 100m。

3. 任意点置镜极坐标法测设曲线的步骤及要求(图 1.9.2.14)

(1)置镜 ZH(HZ)或切线上的已知点(转点、交点等)，后视切线上另一已知点，根据地形 条件设置任意点 D_1。

(2)置镜 D_1 后视 ZH，并使后视点的水平度盘读数为 N_{D_1-ZH}，根据测设边的方位角顺(反)时针旋转望远镜，当水平度盘读数接近 N_{D_1-i}时，按下制动螺旋。再转动微动螺旋使读数为 $N_{D_1\sim i}$(实际测设时，读数均与 $N_{D_1\sim i}$有较小的差值，其差值应不大于 20″)。

(3)在 $N_{D_1\sim i}$方向上测设距离(极距)S_i，当距离读数与 S_i 之差在 10cm 以内时，用钢卷尺丈量差值 Δ，使测点移至正确的中线位置。

4. 测设成果的检查

任意点置镜极坐标法测设曲线，由于每一个测点都是相互独立设置的，无法以闭合差的大小来衡量曲线测设精度，现场中常用以下方法检查测设成果：

(1)当曲线控制桩与曲线中桩分两阶段设置时，测设中桩时，同时测设(复测)曲线控制桩，两次测量的点位差应在 5cm 以内。

(2)当曲线控制桩与曲线中桩同时设置时，应在不同的置镜点对测设的中线点进行复测(抽检)控制桩必须复测，复测点数应不少于测设点数的 1/10，两次测设中桩点位差应在 5cm 以内。

(3)由切线上控制点(*ZH*、*HZ* 或直线上的转点)及测设曲线的置镜点(如 D_1、D_2……)形成的导线闭合环，其闭合差不应大于$\pm 30\sqrt{n}$。

例：已知曲线资料 $\alpha_y=17°11'19''$，$R=600$，$l=60$，$T=120.716$，$L=239.999$，ZH 里程 DK4＋280，由 ZH 放出 D 点于曲线内侧小丘上，实测 $\gamma_1=58°20'00''$，$d_1=110.000$m。曲线上各测点坐标计算如表 1.9.2.3。

二、困难条件下的曲线测设方法

(一)曲线控制点不能置镜时

1. 从直线上或切线上任一点测设曲线

如图 1.9.2.15 示，ZH 落在深沟中可在曲线上取一适当点 A，预先选定其里程，并计算出坐标 x_A、y_A。另在切线上选一适宜于测设的点 P，量出 P 到 JD 的距离，可得 P 至 ZH 的距离 x_P，则 $\gamma=\arctan$

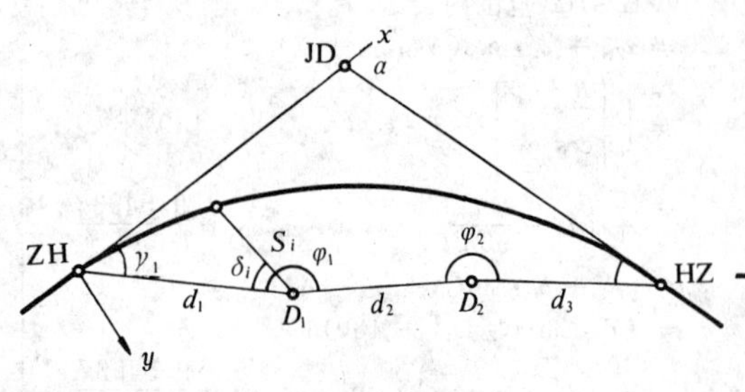

图 1.9.2.14

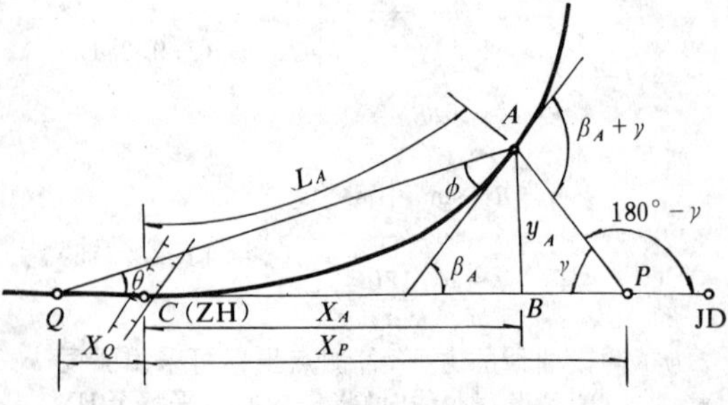

图 1.9.2.15

任意点置镜测设曲线计算表

JD—9　α_y—17°11′19″　$R=600$　$l=60$　$T=120.716$　$L=239.999$　$m=29.998$　$P=0.250$　　表 1.9.2.3

置镜	观测点	坐标		坐标差		方位角 f_i (°　′　″)	实测方位角 δ (°　′　″)	距离 S_i (m)	斜距		天顶距		实测平距 (m)	附注
		x	y	Δx	Δy				观测值 (m)	平均值	观测值 (°　′　″)	平均 (″)		
ZH	JD					0　00　00								
	D	57.747	93.623			58　20　00	110.000							
D	ZH DK14+280					238　20　00	238　20　00							
	+300	20.000	0.037	−37.747	−93.586	248　02　02	248　02　04	100.912	100.920 926	100.923	90　42　42 269　17　14	44	100.931	
	+320	39.998	0.296	−17.749	−93.327	259　13　55	259　13　50	95.000	95.026 022	95.024	91　12　27 268　47　39	24	95.003	
	HY DK14+340	59.985	1.000	2.238	−92.623	271　23　03	271　23　06	92.650	92.680 678	92.679	91　41　12 268　18　46	13	92.639	
	+360	79.940	2.332	22.192	−91.291	291　39　47	291　39　44	93.950	93.961 964	93.962	90　33　21 269　26　38	22	93.958	
	+380	99.839	4.329	42.092	−89.294	295　14　17	295　14　20	98.717	98.730 726	98.728	91　01　44 269　58　10	47	98.712	
	+400	119.660	6.987	61.913	−86.636	305　33　03	305　33　08	106.485	106.496 499	106.498	90　12　10 268　47　52	09	106.497	
	+420	139.382	10.305	81.635	−83.318	314　24　57	314　24　59	116.646	116.670 674	116.672	90　36　33 269　23　21	36	116.665	
	+440	158.983	14.278	101.236	−79.345	321　54　43	321　54　48	128.625	128.650 648	128.649	90　51　11 269　08　54	08	128.635	
	YH DK14+460	178.440	18.903	120.692	−74.720	328　14　19	328　14　19	141.949	141.961 958	141.960	91　15　56 268　44　10	53	141.925	
	+480	197.742	24.137	139.995	−69.486	333　36　10	333　36　16	156.291	156.320 324	156.322	90　56　21 269　03　32	24	156.301	
	+500	216.924	29.799	159.177	−63.824	338　09　04	338　09　09	171.496	171.581 585	171.583	91　32　54 268　27　14	50	171.520	
	HZ DK14+520	236.040	35.674	178.293	−57.949	341　59　42	341　59　45	187.474	187.592 595	187.594	91　54　07 268　05　49	09	187.491	

$\frac{y_A}{x_P-x_A}$，$AP=\sqrt{y_A^2+(x_P-x_A)^2}$，据此即可以从 P 测设 A 点。置镜 A 点后视 P 点，反拨角 $\gamma+\beta_A$ 即得 A 点切线方向。

当 A 点位于缓和曲线上时：

$$\beta_A=\frac{l_A^2}{2Rl}$$

当 A 点位于圆曲线上时

$$\beta_A=\frac{l}{2R}+\frac{l_A-l}{R}$$

若自直线上 Q 点设置 A 点，则 $\theta=\arctan\frac{y_A}{x_Q+x_A}$

$AQ=\sqrt{y_A^2+(x_Q+x_A)^2}$　　$\phi=\beta_A-\theta$。置镜 A 点，后视 Q 点，反拨角 ϕ 即得 A 点切线方向。

当测设的曲线点不多时，也可用切线支距法或任意点置镜极坐标法来测设。

例：在图 1.9.2.15 中，已知 $R=500\text{m}$，$l=100\text{m}$，现拟从切线上距 ZH198.350m 之 P 点测设曲线上距 ZH 为 180m 之 A 点。

由式(1.9.2.8)计算得：

$$y_A=17.637\text{m}$$
$$x_A=178.521\text{m}$$

在△ABP 中　$\gamma=\arctan\frac{y_A}{x_P-x_A}=\arctan\frac{17.637}{198.350-178.521}$

$$=41°39'06''$$

$$AP=\sqrt{y_A^2+(x_P-x_A)^2}$$
$$=\sqrt{17.637^2+(198.350-178.521)^2}$$
$$=26.538\text{m}$$
$$\beta_A=\frac{l}{2R}+\frac{l_A-l}{R}$$
$$=\frac{100}{1000}+\frac{180-100}{500}=0.26(\text{rad})$$
$$=14°53'49''$$

若自直线上距 ZH 为 20.000m 的 Q 点来测设 A 点

则　$\theta=\arctan\frac{y_A}{x_A+20.000}$

$$=\arctan\frac{17.637}{178.521+20.000}$$
$$=5°04'37''$$
$$QA=\sqrt{y_A^2+(x_A+20.000)^2}$$
$$=\sqrt{17.637^2+(178.521+20.000)^2}$$
$$=199.303\text{m}$$

$$\phi=\beta_A-\theta=14°53'49''-5°04'37''=9°49'12''$$

施测时置镜于 Q 点，后视 JD，反拨 5°04′37″，在此方向上量距 199.303m 定出 A 点，再置镜 A 点，用 9°49′12″后视 Q 点，当读数为 0°00′00″时，即得 A 点切线方向。

(2)从交点测设曲线

采用置镜于交点测设曲线时，可先求出测设点在切线坐标系内的直角坐标，再按坐标反算方法计算出交点到测设点的距离和与切线构成的夹角。如图 1.9.2.16 中 A 点的坐标 x_A 和 y_A 可用切线支矩法的公式计算。则从 JD 测设 A 点的水平角 δ_A，距离 L 分别为：

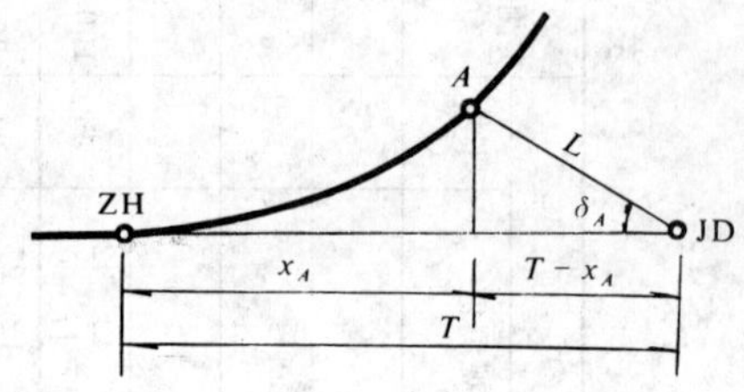

图　1.9.2.16

$$\delta_A=\arctan\frac{y_A}{T-x_A}$$
$$L=\sqrt{y_A^2+(T-x_A)^2}$$

或　$L=y_A\csc\delta_A=(T-x_A)\sec\delta_A$

如图 1.9.2.17 示从副交点测设曲线时，亦可同理算出：

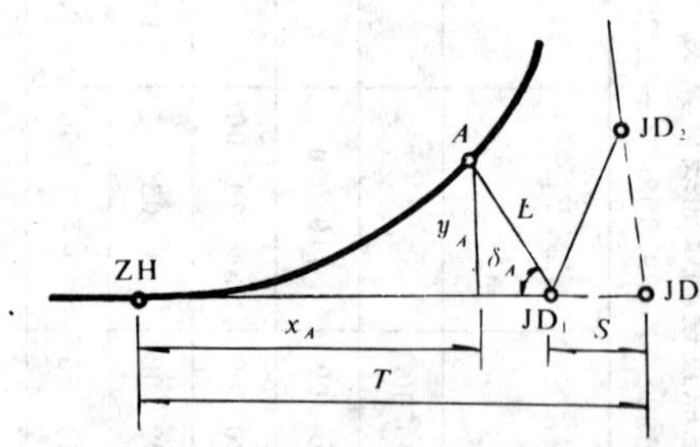

图　1.9.2.17

$$\delta_A=\arctan\frac{y_A}{T-x_A-s}$$
$$L=\sqrt{y_A^2+(T-x_A-s)^2}$$
$$=y_A\csc\delta_A$$

(二)曲线上遇障碍时的测设

1. 圆曲线部分

(1)等量偏角法

图 1.9.2.18 中，置镜于 0 用偏角法测设 1、2、3 点后，测点 4 不通视，可按下列方法进行：

因圆曲线上同一弧段的正偏角等于反偏角，而且弧长每增加等长的一段，偏角也就增加相应等量的值，所以可置镜于点 3，使读数对准 180°后去照准 0 点。则读数为 0°时视线即在 0～3 方向上，读数为 δ_3 时视线在点 3 的切线方向上，读数为 δ_4，δ_5……时视线就在点 4、5……各点的方向上，即用原来从点 0 测设各点的偏角继续向前测设。

当从点 3 测设第 6 点时视线又被阻，则可置镜于点 5，若以读数为 180°照准 0 点，则照准点 3 时读数应为 180°$+\delta_3$。由于 0 点方向被阻，故可以 180°$+\delta_3$ 照准点 3，当读数为 0 时视线为 0～5 方向，读数为 δ_5 时视线在点 5 的切线方向上，读数为 δ_6，δ_7……

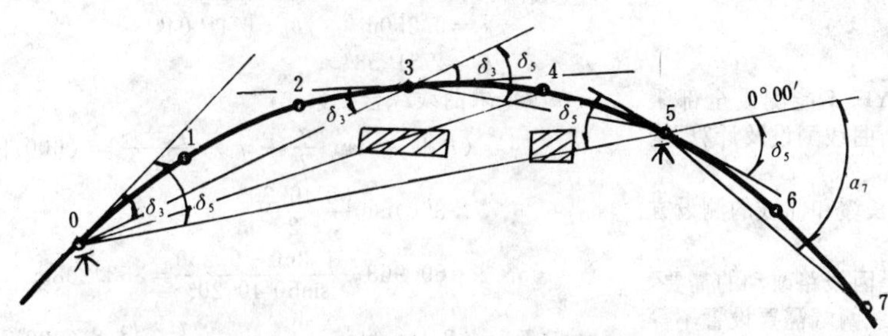

图 1.9.2.18

偏角 δ_F，后视曲线上已知点 B，按 δ_B 求出 A 点切线方向，由切线方向测设（$60-\delta_F$）角，并量 $AC=AF$ 定出 C 点，置镜 C 点反拨 60°角和 $CF=AF$ 长定出 F，按 $60°-\delta_F$ 定出 F 点切线方向，即可继续向前测设。

时视线就在点 5 到 6、7……各点方向。

无论仪器置于曲线上任何点，当后视某一点时，应把度盘读数先拨到 180°加（曲线向左转时为减）该后视点的偏角（即原来从 0 点测设该点的偏角），去照准后视点。然后拨到原来计算好的各点偏角值，向前继续测设相应的点。这样可利用原来计算好的偏角值，无须重新计算。

例：图 1.9.2.18 中，$R=600$m，置镜于点 0，每隔 20m 测设一桩，观测第 4、5 点时，视线受阻，求各置镜点观测的偏角。计算见表 1.9.2.4。

圆曲线偏角表　　表 1.9.2.4

置镜点	观测点	偏　角	计算公式
0	切线方向	0°00′00″	$\delta=\frac{90L_c}{\pi R}$ 式中，L_c 为置镜点到测设点的弧长
	1	0°57′18″	
	2	1°54′35″	
	3	2°51′53″	
3	0	180°00′00″	
	4	3°49′11″	
	5	4°46′29″	
5	3	182°51′53″	
	6	5°43′47″	
	7	6°41′04″	

(2)等边三角形法

如图 1.9.2.19，置镜 A 点测设圆曲线遇到障碍时，可在障碍物后选一待测点 F，算出 AF 的弦长及

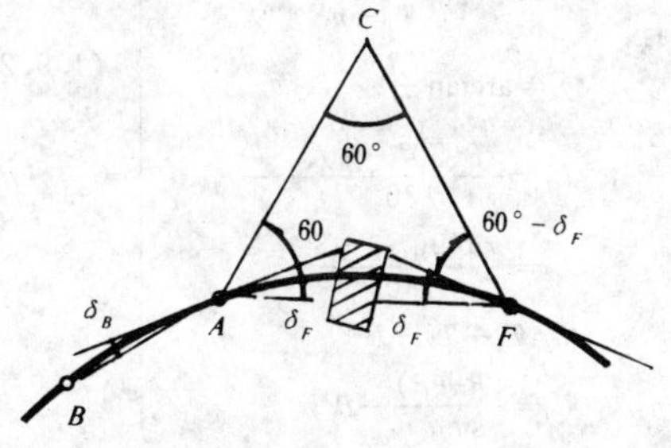

图 1.9.2.19

(3)矩形法

如图 1.9.2.20，先选定 F 点，算出 AF 弦长和偏角 δ_F，后视已知点 B，按 δ_B 求出 A 点的切线方向，从切线方向转 $90°-\delta_F$ 角，选一适宜的距离定出 C 点，然后从 C 点转 90°并量 $CD=AF$ 定出 D 点，再从 D 点转 90°量 $DF=AC$ 定出 F 点。在 F 点按 $90°-\delta_F$ 定出切线方向，即可继续向前测设。

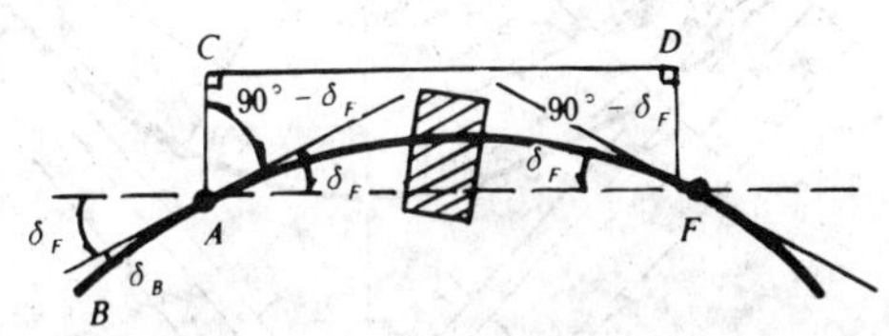

图 1.9.2.20

(4)任意三角形法

如图 1.9.2.21，选定 F 点，算出弦长 AF 和偏角 δ_F，另选一点能绕过障碍的 C 点，量出$\angle TAC$ 及边长 AC，则$\angle FAC=\angle TAC-\delta_F$，解$\triangle AFC$，求出$\angle C$、$\angle AFC$ 和 CF。然后在 C 点量$\angle C$ 及 CF 定出 F 点。置镜于 F 点后视 C 点并以$\angle CFA+\delta_F$ 定出 F 点切线方向，即可继续向前测设。

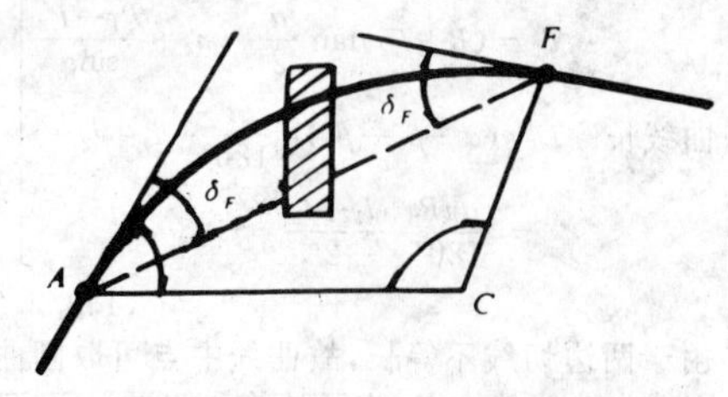

图 1.9.2.21

例：图 1.9.2.21 中已知 $R=600$m，置镜于 A 测设圆曲线时中间视线被阻，现拟测设距 A 为 120m 的 F 点，试作逾越障碍的计算。

$$\delta_F=\frac{120}{2\times600}(\text{rad})=5°43'46''$$

$$AF=2R\sin\delta_F=2\times600\times\sin5°4346''$$

$$=119.797\text{m}$$

选出 C 点，测得$\angle TAC=30°00'00''$，$AC=75.000$m，$\angle FAC=30°00'00''-5°43'46''=24°16'14''$，

用余弦定理解$\triangle AFC$，得$\angle AFC=30°56'30''$，$\angle C=124°47'16''$，$FC=59.958$m

2. 缓和曲线部分

当置镜于 ZH、HZ 或 HY、YH 不能测设全部缓和曲线时，可按本章第二节“一、曲线测设及计算”阐述的方法进行测设。

(三)圆曲线两端设有不等长缓和曲线的测设方法

由于地形条件的限制，或是因线路改动的需要，有时在平面设计中往往在圆曲线两端需要设置不等长的缓和曲线。如图 1.9.2.22 所示。

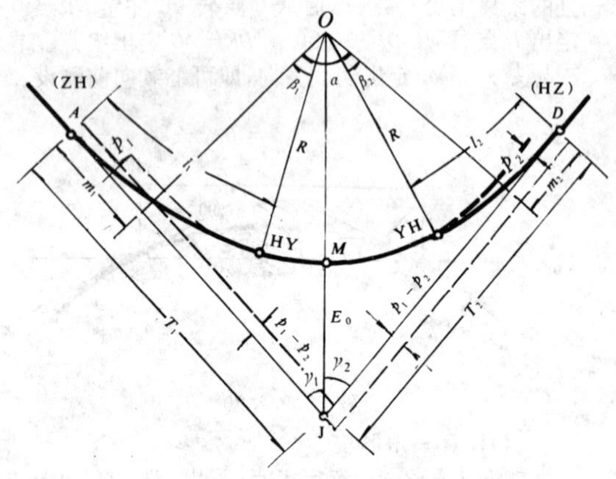

图 1.9.2.22

圆曲线始端缓和曲线长 l_1，终端长 l_2，圆曲线半径为 R，交点位于 J。

$$\left.\begin{aligned}\text{切线长}\quad T_1&=(R+P_1)\tan\frac{\alpha}{2}+m_1-\frac{P_1-P_2}{\sin\alpha}\\ T_2&=(R+P_2)\tan\frac{\alpha}{2}+m_2+\frac{P_1-P_2}{\sin\alpha}\\ \text{曲线长}\quad L&=(\alpha-\beta_1-\beta_2)R\frac{\pi}{180°}+l_1+l_2\\ &=\frac{\alpha\pi R}{180°}+\frac{l_1+l_2}{2}\end{aligned}\right\}\tag{1.9.2.21}$$

由于两边切线不等长，故曲线中点可取圆曲线的中点或全曲线的中点。为了计算和测设方便，可取交点与圆心的连线与圆曲线的交点 M 作为曲线中点(QZ)，其要素按下式计算：

$$\left.\begin{aligned}\gamma_1&=\arctan\frac{R+p_1}{T_1-m_1}\\ \gamma_2&=\arctan\frac{R+p_2}{T_2-m_2}\\ E_0&=JM=\frac{R+p_1}{\sin\gamma_1}-R\end{aligned}\right\}\tag{1.9.2.22}$$

例：在图 1.9.2.22 中，已知 $R=600$m

$\alpha=50°40'20''$　　$l_1=140$m

$m_1=69.968$m

$p_1=1.360$m　　$l_2=60$m　　$m_2=29.998$m

$p_2=0.250$m　　$\beta_1=6°41'04''$

$\beta_2=2°51'53''$

求曲线综合要素。

$$T_1=(R+p_1)\tan\frac{\alpha}{2}+m_1-\frac{p_1-p_2}{\sin\alpha}=(600+1.360)\tan\frac{50°40'20''}{2}+69.968-\frac{1.360-0.250}{\sin50°40'20''}=353.258\text{m}$$

$$T_2=(R+p_2)\tan\frac{\alpha}{2}+m_2+\frac{p_1-p_2}{\sin\alpha}=(600+0.250)\tan\frac{50°40'20''}{2}+29.998+\frac{1.360-0.250}{\sin50°40'20''}=315.633\text{m}$$

$$L=(\alpha-\beta_1-\beta_2)R\frac{\pi}{180}+l_1+l_2=(50°40'20''-6°41'04''-2°51'53'')\times600\times\frac{\pi}{180°}+140+60=630.640$$

$$\gamma_1=\arctan\frac{R+p_1}{T_1-m_1}=\arctan\frac{600+1.360}{353.258-69.968}=64°46'32''$$

$$\gamma_2=\arctan\frac{R+p_2}{T_2-m_2}=\arctan\frac{600+0.250}{315.633-29.998}=64°33'08''$$

$$E_0=\frac{R+p_1}{\sin\gamma_1}-R=\frac{600+1.360}{\sin64°46'32''}-600=64.747\text{m}$$

(三)长大曲线和回头曲线的测设

1. 长大曲线的测设

当曲线偏角及长度较大测设不易闭合时，可将一个曲线分为几段，先测设各分段的控制点，然后在各分段范围内详细测设曲线。各分段曲线可分为两种类型，一种是位于整个曲线两端带有缓和曲线的，称为两端曲线；另一种位于中间纯属圆曲线的，称为中间曲线，在曲线很长时，中间曲线可分为几段。

在图 1.9.2.23 中，曲线要素按下列公式计算：

(1)两端曲线

$$\left.\begin{aligned}\alpha_1&=\frac{180°(L-0.5l)}{\pi R}\\ T_1&=(R+p)\tan\frac{\alpha_1}{2}+m-\frac{p}{\sin\alpha}\\ T_2&=(R+p)\tan\frac{\alpha_1}{2}+\frac{p}{\tan\alpha_1}\\ \gamma_1&=\arctan\frac{R+p}{T_1-m}\\ \gamma_2&=\arctan\frac{R}{T_2}\\ L_1&=\frac{\pi R(90°-\gamma_1)}{180}+\frac{l}{2}\\ L_2&=\frac{\pi R(90°-\gamma_2)}{180}\\ q&=T_1+T_2-L\\ E_0&=\frac{(R+P)}{\sin\alpha_1}-R\end{aligned}\right\}\tag{1.9.2.23}$$

(2)中间曲线

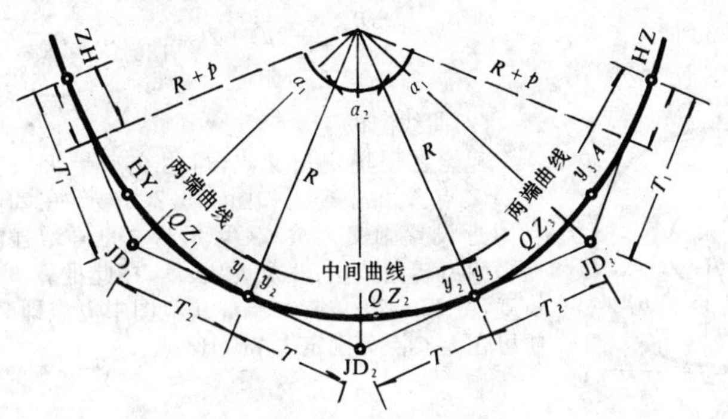

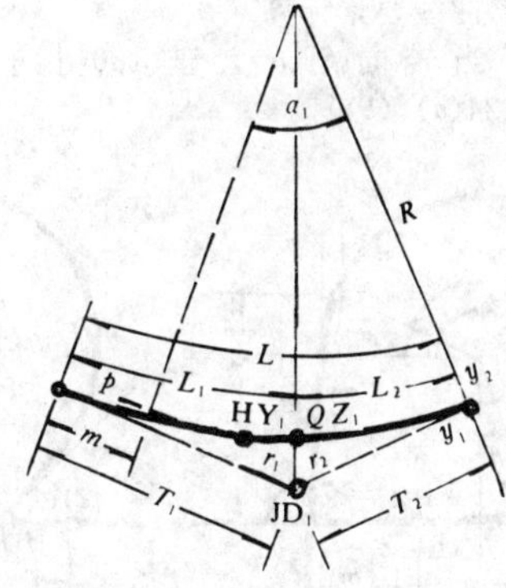

图 1.9.2.23

$$
\left.\begin{aligned}
\alpha_2 &= \frac{180° L_{中}}{\pi R} \\
T &= R\tan\frac{\alpha_2}{2} \\
q &= 2T - L \\
E_0 &= \frac{R}{\cos\frac{\alpha_2}{2}} - R
\end{aligned}\right\} \qquad (1.9.2.24)
$$

曲线表第三册第八表(甲),(乙)中,有曲线长度以 10m、50m 为单位分段的曲线综合要素表,可查得以上要素。如果最后的切线方向允许变动,其偏角可在第十三表中查出相近似的角度,以减少计算工作量,如果不允许变动,则要用交会法定出最后一个交点。

测设时沿 ZH 点的切线方向量 T_1 定出 JD_1,在 JD_1 测设转角 α_1,在这一方向上量 T_2 定出 Y_1Y_2,并继续量 T 定出 JD_2……,与 HZ 点的切线边相交得最后一个交点,实测最后一个偏角并与理论推算相核对,如在允许误差范围之内采用理论推算数字,在各交点用 γ_1 或 γ_2 和 E_0 定出各段曲线的 QZ。各分段曲线的详细测设可用本章介绍的任意一种方法进行。

例:总偏角 $\alpha=61°00'$　　$R=800\text{m}$　　$l=150\text{m}$　　ZH 里程 DK111+110,求曲线控制点里程。

拟分 3 个偏角测设此曲线,由曲线表第三册查出相邻角度及其相应的曲线资料(也可根据地形及地物情况分割曲线,先拟定长度,然后按上述公式算出各曲线要素)。

第一个(始端曲线)

$L=400\text{m}$　　$\alpha_1=23°16'35''$　　$\gamma_1=78°33'55''$

$\gamma_2=78°09'30''$　　$T_1=237.03\text{m}$　　$T_2=167.74\text{m}$

$L_1=234.66\text{m}$　　$L_2=165.34\text{m}$　　$q=4.77\text{m}$

$E_0=17.40\text{m}$

第二个(中间曲线)

$L_{中}=300\text{m}$　　$\alpha_2=21°29'09''$　　$T=151.78\text{m}$

$q=3.56\text{m}$　　$E_0=14.27\text{m}$

第三个(终端曲线)

$\alpha_3=61°00'-23°16'35''-21°29'09''=16°14'16''$

按式(1.2.9.23)、式(1.2.9.24)算出:

$T_1=185.08\text{m}$　　$T_2=118.32\text{m}$　　$\gamma_1=82°10'31''$

$\gamma_2=81°35'14''$　　$L_1=184.25\text{m}$　　$L_2=117.47\text{m}$

$E_0=8.70\text{m}$　　$q=1.68\text{m}$

曲线全长　400m+300m+184.258m+117.47m=1001.72m

各主要点里程计算:

ZH	DK111+110.00
$+l$	150.00
HY_1	DK111+260.00
$+(L_1-l)$	84.66
QZ_1	DK111++344.66
$+L_2$	165.34
Y_1Y_2	DK111+510.00
$+L_{中}/2$	150.00
QZ_2	DK111+660.00
$+L_{中}/2$	150.00
Y_2Y_3	DK111+810.00
$+L_2$	117.47
QZ_3	DK111+927.47
$+(L_1-l)$	34.25
Y_3H	DK111+961.72
$+l$	150
HZ	DK112+111.72

2. 回头曲线的测设

回头曲线的特点是转向角大于 180°,交点位于曲线的内侧。

(1)曲线要素计算

a. 当转向角 α 大于 180°小于 360°时(图 1.9.2.24(a)、(b))

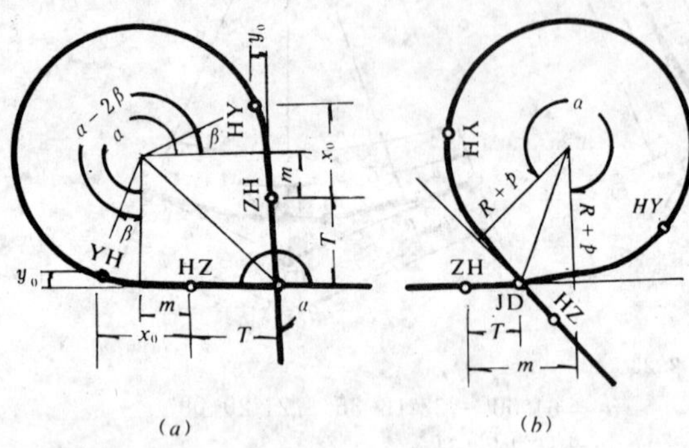

图 1.9.2.24

$$T=(R+p)\tan\left(\frac{360°-\alpha}{2}\right)-m \quad (1.9.2.25)$$

当 T 为正值时,交点位于直线范围内,(图 1.9.2.24(a)),当 T 为负值时,交点位于切线范围内(图 1.9.2.24(b))。

b. 当 $\alpha=360°$时(图 1.9.2.25)

$$T=m \quad (1.9.2.26)$$

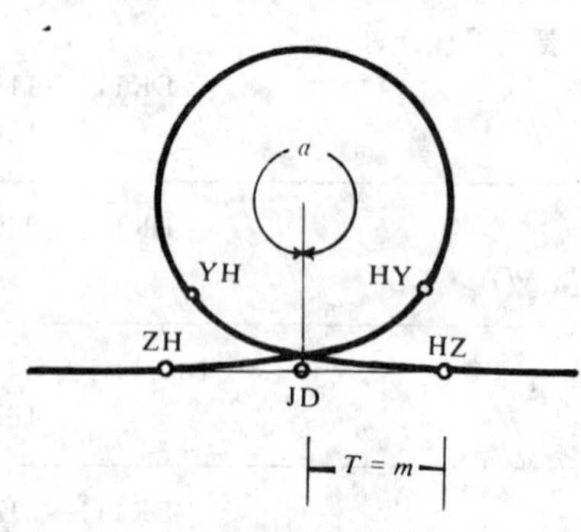

图 1.9.2.25

c. 当 $360°<\alpha<540°$时(图 1.9.2.26)

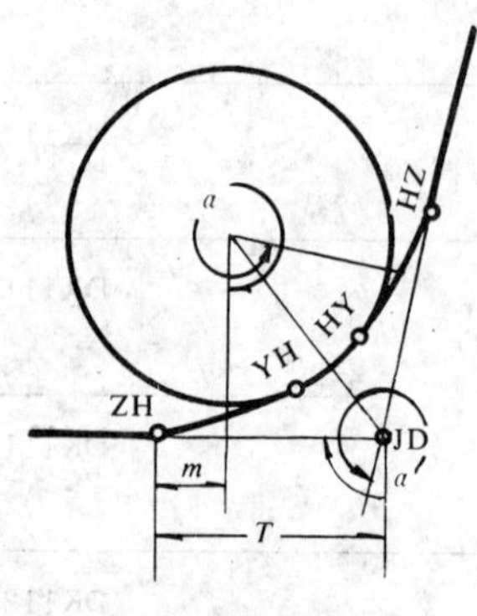

图 1.9.2.26

$$T=(R+p)\tan\left(\frac{\alpha-360°}{2}\right)+m \quad (1.9.2.27)$$

不论 α 为任何角度,回头曲线总长 L 为:

$$L=\frac{\pi R}{180°}(\alpha-2\beta)+2l=\frac{\pi}{180°}\alpha R+l \quad (1.9.2.28)$$

(2)曲线测设

若能在现场定出交点,可由交点量 T 长定出 ZH、HZ 点。如无交点,如图 1.9.2.27 示,在 ZH、HZ 点附近设置副交点 B、C(也可于中间再增强副交点),测出转向角 θ_1、θ_2 及 BC 长度,按此推算 BA、CA 长度,由 $BD=T-BA$、$CE=T-CA$(图中 D 点即 ZH),便可在 B、C 点分别定出 ZH、HZ 点。

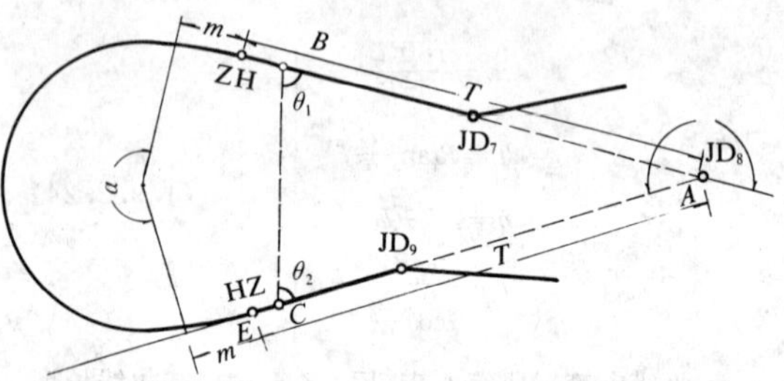

图 1.9.2.27

回头曲线详细测设可用本节前述各种方法。由于回头曲线转向角大,曲线长,故宜将曲线分成几段来测设,并宜适当提高测角量距精度,以保证闭合差在允许范围之内。详细测设之前应仔细检查各段曲线控制桩是否位置准确。当其误差在允许范围之内,方可进行分段详细测设。

例:已知 $R=300m$,$l=100m$,$m=49.954m$,$p=1.388m$,$\beta=9°32'57''$求不同偏角时的回头曲线切线、曲线长。

1. $\alpha=272°00'$

$$T=(R+p)\tan\left(\frac{360°-\alpha}{2}\right)-m =(300+1.388)\tan\left(\frac{360°-272°00'}{2}\right)-49.954 =241.093m$$

$$L=\frac{\pi R}{180°}(\alpha-2\beta)+2l=\frac{\pi\times300}{180}(272°00'-2\times9°32'57'')+2\times100=1524.19m$$

2. $\alpha=350°$

$$T=(300+1.388)\tan\left(\frac{360°-350°}{2}\right)-49.954=-23.586m$$

$$L=\frac{\pi\times300}{180°}(350°00'-2\times9°32'57'')+2\times100=1932.60m$$

3. $\alpha=460°$

$$T=(300+1.388)\tan\left(\frac{460°-360°}{2}\right)+49.954$$

$=409.134\text{m}$

$L=\frac{\pi\times 300}{180°}(460°-2\times 9°32'57'')+2\times 100$

$=2508.56\text{m}$

三、复曲线的测设

(一)复曲线的组成

用两个或两个以上的不同半径的同向曲线相连而成的曲线为复曲线。因其连接方式不同,分为三种:

1. 单纯由圆曲线直接相连组成的;
2. 两端有缓和曲线中间由圆曲线直接相连组成的;
3. 两端有缓和曲线中间也用缓和曲线连接组成的。

(二)复曲线的计算与测设

1. 由两个圆曲线组成的复曲线,如图 1.9.2.28 所示(C 点为圆中 JD)。

$$AB=T_1+T_2=R_1\tan\frac{\alpha_1}{2}+R_2\tan\frac{\alpha_2}{2}$$

$$AC=\frac{\sin\alpha_2}{\sin\alpha}AB$$

$$BC=\frac{\sin\alpha_1}{\sin\alpha}AB$$

$$T_1'=T_1+AC$$

$$T_2'=T_2+BC$$

$$L=L_1+L_2$$

测设时,从 JD 沿两切线方向量出 AC 和 BC 定出 A、B 两点,从 A 及 B 向前分别量出 T_1 及 T_2 定出 ZY 及 YZ,在 AB 方向量 T_1 或 T_2 定出 YY。即可详细测设曲线。

2. 两端有缓和曲线中间用圆曲线直接连接的复曲线。

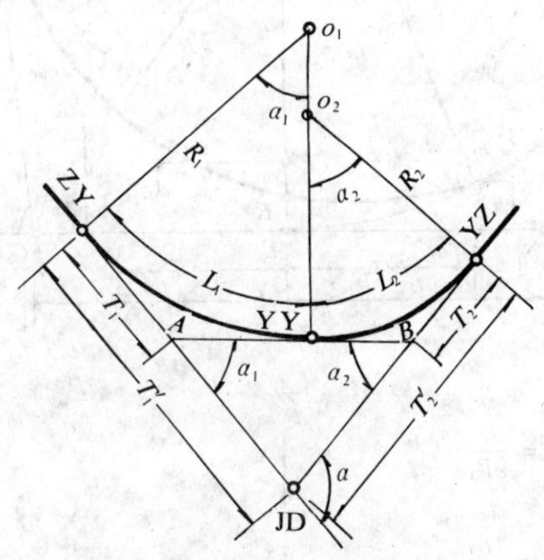

图 1.9.2.28

如图 1.9.2.29。其曲线综合要素按下列公式计算:

$$\left.\begin{aligned}
&\alpha=\alpha_1+\alpha_2\\
&t_1=(R_1+p_1)\tan\frac{\alpha_1}{2}-\frac{P_1}{\sin\alpha_1}+m_1\\
&t_2=(R_1+p_1)\tan\frac{\alpha_1}{2}+\frac{P_1}{\tan\alpha_1}\\
&t_3=(R_2+p_2)\tan\frac{\alpha_2}{2}+\frac{P_2}{\tan\alpha_2}\\
&t_4=(R_2+p_2)\tan\frac{\alpha_2}{2}-\frac{P_2}{\sin\alpha_2}+m_2\\
&T_1=t_1+\frac{t_2+t_3}{\sin\alpha}\sin\alpha_2\\
&T_2=t_4+\frac{t_2+t_3}{\sin\alpha}\sin\alpha_1\\
&L_1=\frac{\pi}{180}R\cdot\alpha_1+\frac{l_1}{2}\\
&L_2=\frac{\pi}{180}R\cdot\alpha_2+\frac{l_2}{2}
\end{aligned}\right\}\tag{1.9.2.29}$$

测设时可置镜 JD、沿两切线方向分别量 T_1,$T-t_1$ 及 T_2、T_2-T_4 定出 ZH、HZ 和分交点 A、C。若没有正交点,可从副交点或中线转点量出。再从 A(或 C)点沿 $\overline{AC}$ 方向量 t_2(或 t_3)定出 B 点。然后可采用任意一种方法进行曲线详细测设。

3. 两端有缓和曲线中间用缓和曲线连接的复曲线(方法一)。

两圆曲线的半径分别为 R_1、R_2,且 $R_1>R_2$;l_n 为连接两圆曲线的缓和曲线,亦称为中间缓和曲线,如图 1.9.2.30 示。将缓和曲线引长 l',使曲线半径由 R_1 渐变为∞,则缓和曲线全长为 $l=l'+ln$。

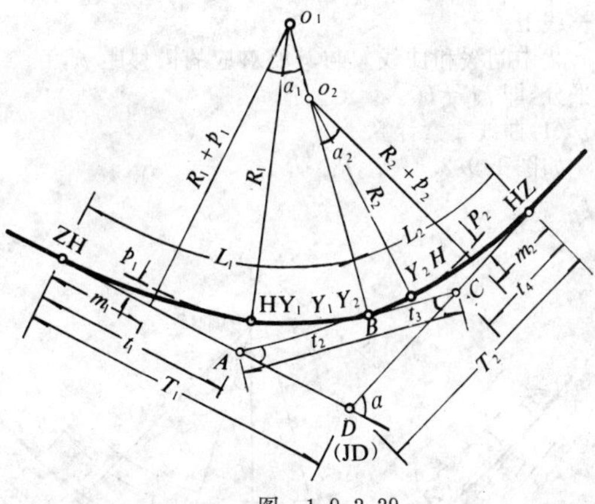

图 1.9.2.29

中间缓和曲线的长度由两圆曲线半径及两圆曲线在连心线 $O_1O'_2$ 上的错动量的大小决定。连接半径 R_1R_2 两圆的缓和曲线,其长度应当和连接直线与半径为 $R_n=\frac{R_1R_2}{R_1-R_2}$ 的圆的内移距 $p=\frac{l_n^2}{24R}$ 及缓和曲线 ln 的长度相同,即

$$l_n'=\sqrt{24R_n'p'_n}\tag{1.9.2.30}$$

式中 p'_n——曲线内移量,即两圆曲线在连心线上的错动量,可由 $p'_n=R_1-\overline{O_1O_2}-R_2$ 求得。

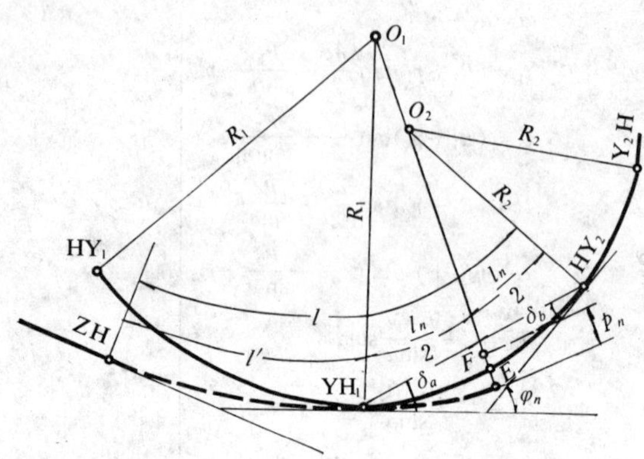

图 1.9.2.30

l_n 取整后，即为采用值 l_n，其长度不得小于 20m。

l_n 相应的缓和曲线长度 l 为：

$$l=\frac{l_n-l_1}{l_1-l_2}=\frac{l_nR_n}{R_1}$$

$$l'=l-l_n$$

中间缓和曲线转向角 φ_n 及偏角 δ_a、δ_b 按下式计算：

$$\left.\begin{aligned}
\varphi_n&=\frac{180l_n}{\pi\cdot R_1}+\frac{90l_n}{\pi R_n}=\frac{180l_n}{\pi R_2}-\frac{90l_n}{\pi R_n}\\
\delta_a&=\frac{90l_n}{\pi R_1}+\frac{30l_n}{\pi R_n}\\
\delta_b&=\frac{90l_n}{\pi R_2}-\frac{30l_n}{\pi R_n}
\end{aligned}\right\}\quad(1.9.2.31)$$

中间缓和曲线具有以下特点

①中间缓和曲线的中点 E，必在两圆心连线的延长线上。

②中间缓和曲线 l_n 与其相对应的内移距 p_n，互相平分，即 $FE=EC$。

(1)曲线要素计算

如图 1.9.2.31 示，$R_1>R_2$：

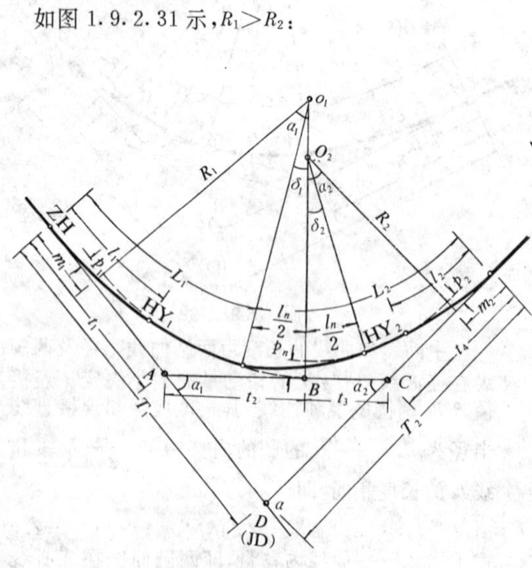

图 1.9.2.31

$$\left.\begin{aligned}
P_n&=\frac{l_n^2}{24R_n}\\
t_1&=R_1\tan\frac{\alpha_1}{2}-\frac{p_1}{\tan\alpha_1}+m_1\\
t_2&=R_1\tan\frac{\alpha_1}{2}+\frac{p_1}{\sin\alpha_1}\\
t_3&=R_2\tan\frac{\alpha_2}{2}-\frac{p_n}{\tan\alpha_2}+\frac{p_2}{\sin\alpha_2}\\
t_4&=R_2\tan\frac{\alpha_2}{2}+\frac{P_n}{\sin\alpha_2}-\frac{P_2}{\tan\alpha_2}+m_2\\
T_1&=t_1+\frac{t_2+t_3}{\sin\alpha}\sin\alpha_2\\
T_2&=t_4+\frac{t_2+t_3}{\sin\alpha}\sin\alpha_1\\
L_1&=\frac{\pi}{180}R_1\cdot\alpha_1+\frac{l_1}{2}-\frac{ln}{2}\\
L_2&=\frac{\pi}{180}R_2\cdot\alpha_2+\frac{l_2}{2}+\frac{ln}{2}
\end{aligned}\right\}\quad(1.9.2.32)$$

(2)曲线控制点测设

有正交点 JD 时，由 JD 在始端切线上量 T_1-t_1 定出副交点 A，再量 t_1 定 ZH，同理在终端切线上定出副交点 C 及终点 HZ。再由 A 或 C 点置镜校验 α_1、α_2 角及 AC 边长后，定出 B 点。

如无正交点 JD，可由直线(或切线)上的转点桩定出两切线上 ZH、A、C、HZ 诸点，检验 α_1、α_2 角及 AC 边长后，定出 B 点。H_1Y、Y_2H 可采用任一种曲线测设方法测设。

中间缓和曲线(图 1.9.2.32)控制点坐标可按下式计算。

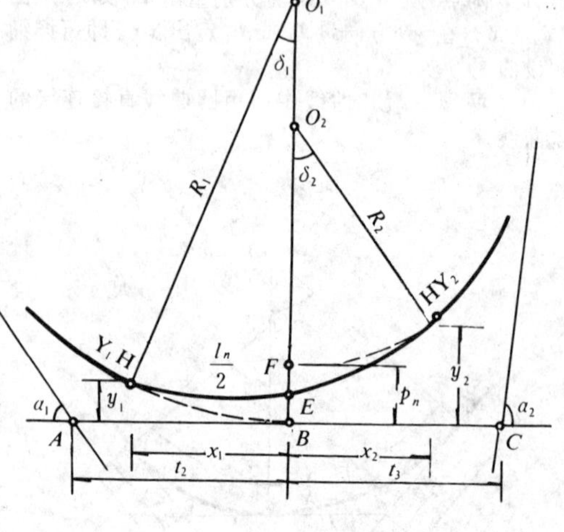

图 1.9.2.32

$$\left.\begin{aligned}
\delta_1&=\frac{l_n}{2R_1}\\
\delta_2&=\frac{l_n}{2R_2}\\
x_1&=R_1\sin\delta_1\\
y_1&=R_1(1-\cos\delta_1)\\
x_2&=R_2\sin\delta_2\\
y_2&=R_2(1-\cos\delta_2)+p_n
\end{aligned}\right\}\quad(1.9.2.33)$$

在已定出的控制桩 B 上量支距 $BE=\frac{p_n}{2}$ 定出中间缓和曲线中点 E，再根据 x_1、y_1，x_2、y_2 分别定出 Y_1H 和 HY_2。

(3)曲线的详细测设

ZH～Y_1H 和 HY_2～HZ 两段曲线可采用单曲线的任意一种方法测设。

中间缓和曲线可按偏角法"置镜于缓和曲线任意点测设缓和曲线上其它任意点的偏角"所述方法进行测设。

例：如图 1.9.2.31 示，已知总偏角 $\alpha=74°25'$，$\alpha_1=36°40'$，$R_1=500\text{m}$，$l_1=100\text{m}$，$p_1=0.833\text{m}$，$m_1=49.983$。

$\alpha_2=37°45'$，$R_2=300\text{m}$，$l_2=80\text{m}$，$p_2=0.888$，$m_2=39.976$

由图上经纬距算得圆心距 $O_1O_2=199.93\text{m}$

已知 ZH 点里程为 DK9＋639.70

a. 中间缓和曲线长度计算

$$R_n=\frac{500\times300}{500-300}=750\text{m}$$

$$p'_n=500-300-199.93=0.07\text{m}$$

$l'_n=\sqrt{24\times750\times0.07}=35.496$ 取整为 $ln=35\text{m}$

b. 曲线要素计算

$$p_n=\frac{l_n^2}{24R_n}=0.068\text{m}$$

$$t_1=500\times\tan\frac{36°40'}{2}-\frac{0.833}{\tan36°40'}+49.983=214.546\text{m}$$

$$t_2=500\times\tan\frac{36°40'}{2}+\frac{0.833}{\sin36°40'}=167.077\text{m}$$

$$t_3=300\times\tan\frac{37°45'}{2}-\frac{0.068}{\tan37°45'}+\frac{0.888}{\sin37°45'}=103.930\text{m}$$

$$t_4=300\times\tan\frac{37°45'}{2}+\frac{0.068}{\sin37°45'}-\frac{0.888}{\tan37°45'}+39.976=141.507\text{m}$$

$$T_1=214.546+\frac{167.077+103.930}{\sin74°25'}\times\sin37°45''=386.793\text{m}$$

$$T_2=141.507+\frac{167.077+103.930}{\sin74°25'}\times\sin36°40'=309.517\text{m}$$

$$L_1=\frac{\pi}{180}\times500\times36°40'+\frac{100}{2}-\frac{35}{2}=352.477\text{m}$$

$$L_2=\frac{\pi}{180}\times300\times37°45'+\frac{80}{2}+\frac{35}{2}=255.159\text{m}$$

$$\delta_1=\frac{90\times35}{\pi\times500}=2°00'19''\quad\delta_2=\frac{90\times35}{\pi\times300}=3°20'32''$$

$$x_1=500\times\sin2°00'19''=17.496$$

$$y_1=500(1-\cos2°00'19'')=0.306\text{m}$$

$$x_2=300\times\sin3°20'32''=17.490$$

$$y_2=300(1-\cos3°20'32'')+0.068=0.578\text{m}$$

c. 曲线控制点里程计算

ZH	DK9＋639.70
＋l_1	100.00
HY_1	DK9＋739.70
＋(L_1-l_1)	252.48
Y_1H	DK9＋992.18
＋l_n	35.00
HY_1	DK10＋027.18
＋$(L_2-l_2-l_n)$	140.16
Y_2H	DK10＋167.34
＋l_2	80.00
HZ	DK10＋247.34

检查　ZH＋L_1＋L_2－DK10＋247.336

d. 中间缓和曲线偏角计算

与中间缓和曲线 l_n 相应的缓和曲线 l 为：

$$l=\frac{l_nR_1}{R_1-R_2}=\frac{35\times500}{500-300}=87.5\text{m}$$

$$l'=l-l_n=87.5-35=52.5\text{m}$$

置镜点	观测点	l_i	偏角 δ_i
Y_1HDK9＋992.18	DK10＋000	7.82	$\frac{30}{\pi\times300\times87.5}\times7.82\times(2\times52.5+60.32)=0°28'13''$
	＋020	27.82	$\frac{30}{\pi\times300\times87.5}\times27.82\times(2\times52.5+80.32)=1°52'32''$
	HY_2＋027.18	35.00	$\frac{30}{\pi\times300\times87.5}\times35\times(2\times52.5+87.5)=2°27'04''$
检核 $\delta_n=\frac{90l_n}{\pi R_1}+\frac{30l_n}{\pi R_n}=\frac{90\times35}{\pi\times500}+\frac{30\times35}{\pi\times750}=2°27'04''$			

4. 两端有缓和曲线中间也用缓和曲线连接的复曲线(方法二)。

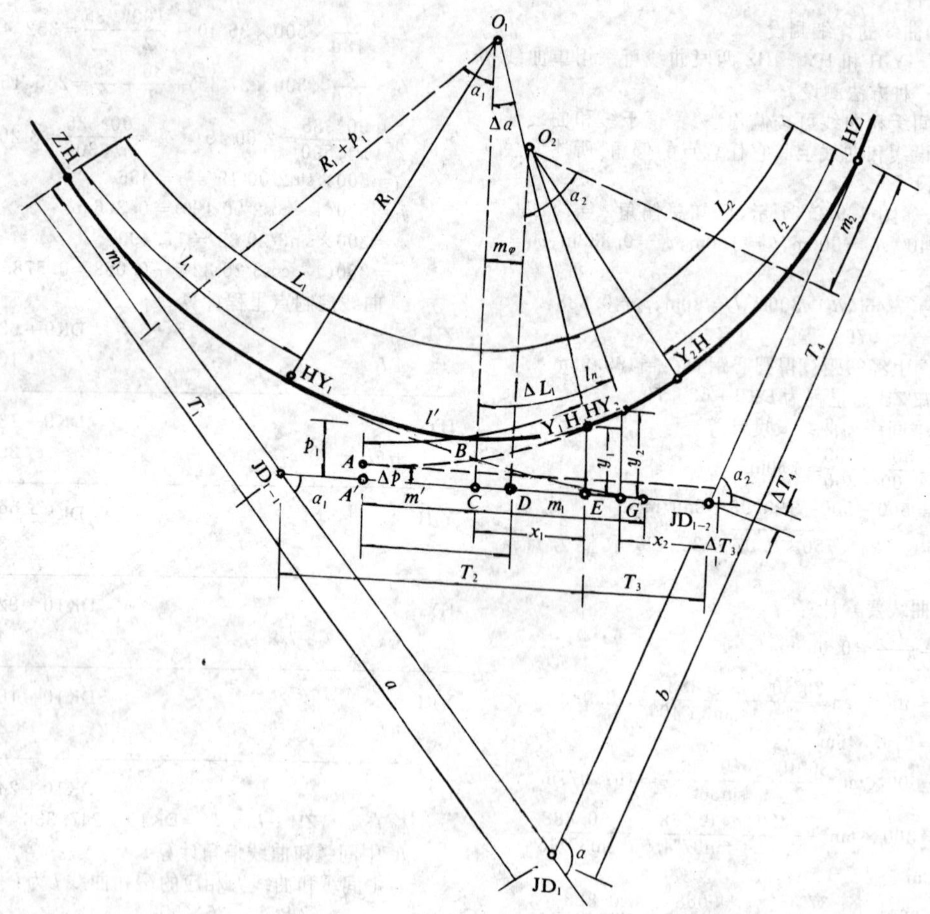

图 1.9.2.33

(1)曲线的组成

在图 1.9.2.33 中,两个不同的半径 $R_2<R_1$,R_2 加设缓和曲线后,缓和曲线的半径由等于 R_2 渐变到 ∞ 时,中间一定有一点其半径等于 R_1,把半径为 R_1 的曲线延长,使它与该点相接,这一段连接 R_1、R_2 的缓和曲线 l_n,是由 R_1、R_2 和缓和曲线 l_2 决定的。

(2)曲线要素计算

根据 α_1、R_1、l_1,得出曲线要素令之为 T'_1、L'_1、p_1、m_1,根据 α_2、R_2、l_2 得出曲线要素令之为 T'_2、L'_2、m_2,x'_{02} y'_{02}。

$$\left.\begin{aligned}
&l'=\frac{R_2l_2}{R_1}\\
&l_n=l_2-l'\\
&\Delta\alpha=\frac{90l'}{\pi R_1}\\
&\Delta L=\frac{l'}{2}\\
&p'=\frac{l'^2}{24R_1}-\frac{l'^4}{2688R^3}\\
&m'=\frac{l'}{2}-\frac{l'^3}{240R_1^2}\\
&m_\phi=m_2-m'\\
&x_1=R_1\sin\Delta\alpha\\
&y_1=R_1+p-\cos\Delta\alpha\\
&\Delta p=p_1-p'\\
&\Delta T_3=\frac{\Delta p}{\tan\alpha_2}\\
&\Delta T_4=\frac{\Delta p}{\sin\alpha_2}
\end{aligned}\right\}\tag{1.9.2.34}$$

大半径 R_1 一端的曲线要素:

$$\left.\begin{aligned}
&T_1=T'_1\\
&T_2=T'_1-m_1+x_1\\
&L_1=L'_1+\Delta L_1+\frac{l_1}{2}=\frac{\pi}{180}R_1-\alpha_1+\Delta L_1+\frac{l_1}{2}
\end{aligned}\right\}\tag{1.9.2.35}$$

小半径 R_2 一端的曲线要素:

$$\left.\begin{aligned}&T_3=T'_2-m'-x_1-\Delta T_3\\&T_4=T'_2+\Delta T_4\\&L_2=L'_2-l'=\frac{\pi}{180}R_2\alpha_2+l_n\\&x_2=T'_2-x'_{02}-\Delta T_3\\&y_2=y'_{02}+\Delta p\end{aligned}\right\}\quad(1.9.2.36)$$

(3)曲线控制点及曲线的详细测设同"方法一"

〔例〕 在图 1.9.2.36 中,仍用"方法一"资料:总偏角 $\alpha=74°25'$,$\alpha_1=36°40'$,$R_1=500\text{m}$,$l_1=100\text{m}$,$p_1=0.833\text{m}$,$m_1=49.983\text{m}$,$\alpha_2=37°45'$,$R=300\text{m}$,$l_2=80\text{m}$,$p_2=0.888\text{m}$,$m_2=39.976\text{m}$,$x_{02}=79.858$,$y_{02}=3.551\text{m}$,ZH 里程为 DK9+639.9。

求曲线要素及控制点里程

1. 曲线要素计算

$$l_n=l_2-l'=80-\frac{R_2l_2^1}{R_1}=80-\frac{300\times80}{500}=32.0\text{m}$$

$$\Delta\alpha=\frac{90l'}{\pi R_1}=\frac{90\times48}{\pi\times500}=2°45'01''$$

$$p'=\frac{l'^2}{24R_1}-\frac{l'^4}{2688R_1^3}=\frac{48^2}{24\times500}-\frac{48^4}{2688\times500^3}=0.192\text{m}$$

$$\Delta p=p_1-p'=0.833-0.192=0.641\text{m}$$

$$m'=\frac{l'}{2}-\frac{l'^3}{240R_1^2}=\frac{48}{2}-\frac{48^3}{240\times500^2}=23.998\text{m}$$

$$m_\phi=m_2-m'=39.976-23.998=15.978\text{m}$$

$$\Delta T_3=\frac{\Delta p}{\tan\alpha_2}=\frac{0.641}{\tan37°45'}=0.828\text{m}$$

$$\Delta T_4=\frac{\Delta p}{\sin\alpha_2}=\frac{0.641}{\sin37°45'}=1.047\text{m}$$

$$x_1=R_1\sin\alpha=500\times\sin2°45'01''=23.991\text{m}$$

$$y_1=R_1+p_1-R_1\cos\alpha=500+0.833-500\times\cos2°45'01''=1.409\text{m}$$

$$T'_2=(R+p_2)\tan\frac{\alpha_2}{2}+m_2=(300+0.888)\tan\frac{37°45'}{2}+39.976=142.846\text{m}$$

$$x_2=T'_2-x_{02}-\Delta T_3=142.846-79.858-0.828=62.160\text{m}$$

$$y_2=y_{02}+\Delta p=3.551+0.641=4.192\text{m}$$

始端曲线要素

$$T_1=T'_1=(R_1+p_1)\tan\frac{\alpha_1}{2}+m_1=(500+0.833)\tan\frac{36°40'}{2}+49.983=215.941\text{m}$$

$$T_2=T_1-m_1+x_1=215.941-49.983+23.991=189.949\text{m}$$

$$L_1=L'_1+\Delta L_1-\frac{l_1}{2}=\left(\frac{\pi\times500\times36°40'}{180}+100\right)+24-\frac{100}{2}=393.977\text{m}$$

终端曲线要素

$$T_3=T'_2-m'-x_1-\Delta T_3=142.846-23.998-23.991-0.828=94.029\text{m}$$

$$T_4=T'_2+\Delta T_4=142.846+1.047=143.893\text{m}$$

$$L_2=L'_2-l'=\frac{\pi\times300\times37°45'}{180}+80-48=229.659\text{m}$$

$$JD_{1-1}\sim JD_{1-2}=T_2+T_3=189.949+94.029=283.978\text{m}$$

$$a=\frac{(T_2+T_3)\sin\alpha_2}{\sin\alpha}=\frac{283.978\times\sin37°45'}{\sin74°25'}=180.491\text{m}$$

$$b=\frac{(T_2-T_3)\sin\alpha_2}{\sin\alpha}=\frac{283.978\times\sin36°40'}{\sin74°25'}=176.051\text{m}$$

2. 控制点里程计算

ZH	DK9 +639.70
$+(l_1)$	100.00
HY_1	DK9 +739.70
$+(L_1-l_1)$	293.98
Y_1H	DK10+033.68
$+(l_n)$	32.00
HY_2	DK10+065.68
$+(L_2-l_n-l_2)$	117.66
Y_2H	DK10+183.34
$+(l_2)$	+80.00
HZ	DK10+263.34

3. 曲线控制点及曲线的详细测设同"方法一"

四、曲线闭合差的测定及超限的检查(图 1.9.2.34)

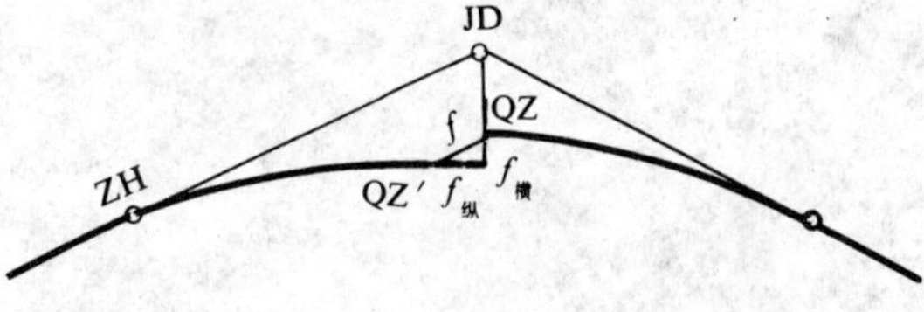

图 1.9.2.34

曲线测设中,由一个曲线控制点测设至另一曲线控制点,或由曲线两侧相向测设同一点。由于测角及量边误差的影响,两次测设的点不可能完全重合,如从 ZH 测设至 QZ 产生闭合差 f,闭合差在闭合地点切线方向和法线方向的投影长,即为横向闭合差及纵向闭合差。

当圆曲线长度大于 500m 时,宜用辅助切线或增设曲线控制点;将曲线分段测设分段闭合。

当发生曲线测设不闭合时,应首先检查后视方向及复核曲线计算资料,检查曲线主要控制点(五大桩)位置是否设置正确,以及测设曲线时置镜点、后视点是否与计算曲线有关资料的点位一致。

如果重测后曲线仍未闭合，还应考虑使用的仪器、工具是否处于正常状态，及时检校仪器工具。曲线测设受地形、地物影响较大，后视距离有时较短，在此情况下，应采取措施提高测角精度，如采用固定脚架对点，设置远视点等办法。

第三节　中线测设闭合差的调整

为了检验中线测量的精度，每隔一定距离中线应与初测导线或航测外控点联测，其闭合差不应超过规定的范围。

中线测量闭合差计算及调整的方法与导线测量相同，初测导线成果不加变动。

第十章　横断面测量

一、横断面测量的目的及布设方法

横断面就是垂直于线路方向的地面轮廓线。测量横断面的目的是要在纸上如实反应线路垂直方向的地形起伏情况，绘制横断面图。以进行路基等工程设计，计算土石方及圬工数量。在施工时进行边桩放样，变更设计及路基检查。

横断面的布设方法，应根据地形地质情况及设计和施工的需要而定。一般在直线转点。曲线控制点、公里桩和线路纵、横向地形明显变化处测绘横断面。在大中桥头、隧道洞口、挡土墙等重点工程地段，横断面应适当加密。

二、横断面测量方法

(一)横断面方向的测定

施测横断面之前，应首先正确定出断面方向。在直线地段，横断面方向是和线路中线相垂直的方向，如图 1.10.0.1 中之 A 点；在曲线地段，是和测点处的切线相垂直的方向(即测点处的法向方向)。如图 1.10.0.1 中 B 点。

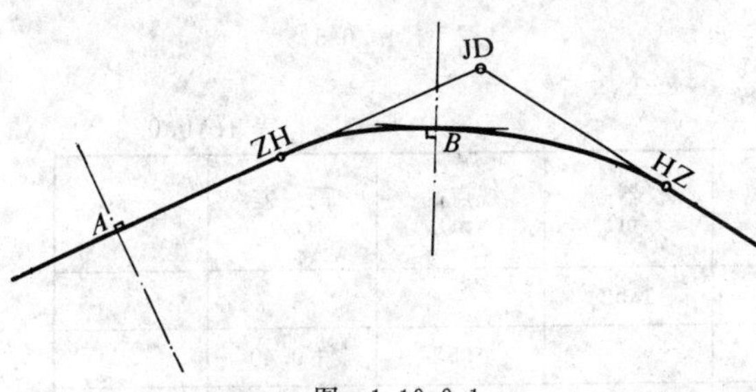

图　1.10.0.1

直线地段的横断面方向比较容易定出，一般使用方向架、直角器等简单工具，就能正确定出施测方向。下面主要就曲线上横断面方向的测定方法介绍如下。

1. 用经纬仪定向

如图 1.10.0.2 所示，欲测定 B 点横断面方向，于置镜于 B 点，后视或前视曲线上任一点 A，由 A、B 两桩号之差即可知道 AB 弧长，进而由 AB 弧长从曲线表查出或计算得偏角 α，然后经纬仪转 $90°+\alpha$ 或 $90°-\alpha$ 即定出横断面施测方向。

2. 用方向架定向

(1)瞄点外移法

如图 1.10.0.2 所示，A、B 为曲线上两点，由 AB 弧长即可得到切线支距 AC，从 A 点用方向架在垂直于 AB 线方向量出 AB 的数值，定出 D 点。从图中可以看出，BD 和 B 点的切线方向 BC 不是重合的，但当 AB 长度≤40m 时，这种误差可忽略不计。所以定出之 D 点即可认为是 B 点的切线方向。则在 B 点用方向架后视 D 点，即可定出横断面方向。

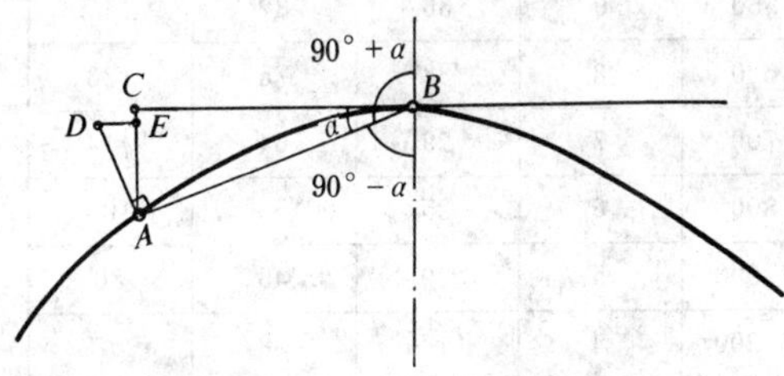

图　1.10.0.2

(2)插点内移法

如图 1.10.0.3 所示。已知 B 至 C 的弦长 L 及曲线半径 R，先求出 2 倍此弦长之正矢 $M\left(M=\dfrac{L^2}{2R}\right)$。方向架置于 B，沿曲线中心方向内移距离 M 至 A 点(在曲线上向 BC 反方向量出与 BC 等距离一点 E，EC 间用皮尺拉直，其中点即为 A)，

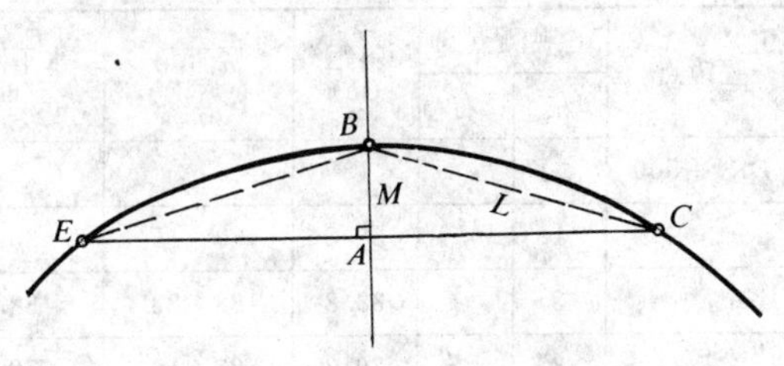

图　1.10.0.3

对准 C 点，方向架上的另一方向即为横断面的施测方向。图中正矢 M 也是 BC 弧 C 点之切线支距，可从曲线表中查出，故此法外业使用方便。

采用插点内移法时，各种曲线半径和不同弦长的矢距可查表 1.10.0.1。

(3)两次瞄准分中法

两次瞄准分中法的施测方法是把方向架插在中桩上，瞄准前后等距离的两个中桩，定出两个方向，然后分中，即为横断面施测方向。如图 1.10.0.4 所示，将方向架插在＋040 的中桩上，首先瞄准＋020，定出方向 1－1，再瞄准＋060，定出方向 2－2，将这两个方向分中即为＋040 的横断面方向。

表 1.10.0.1

半 径	弦 长 (m)			
	20	40	60	80
	矢距(cm)			
300	17	67	150	
350	14	57	129	
400	13	50	113	
450	11	44	100	
500	10	40	90	160
550	9	36	82	145
600	8	33	75	133
700	7	29	64	114
800	6	25	56	100
1 000	5	20	45	80
1 200	4	17	38	67
1 500	3	13	30	53
1 800	3	11	25	44
2 000	3	10	22	40
2 500	2	8	18	32
3 000	2	7	15	27
4 000	1	5	11	20

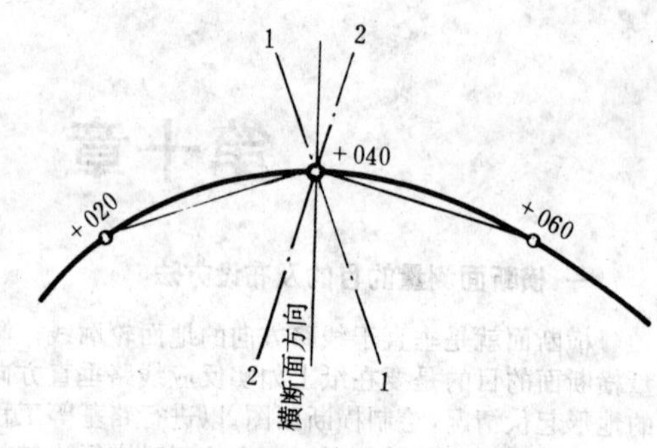

图 1.10.0.4

(二)横断面的测量方法

1. 经纬仪绳尺法(图 1.10.0.5)

将经纬仪设置在中线点上,用经纬仪及绳尺测量中线点至横断面各控制点的斜距及竖直角,即可计算出水平距离及高差,为了测量及计算工作的方便,常在跑尺人员使用的花杆上套一橡皮圈作为竖直角的观测位置,其高度与仪器高等高。记录和计算格式如表 1.10.0.2 示。

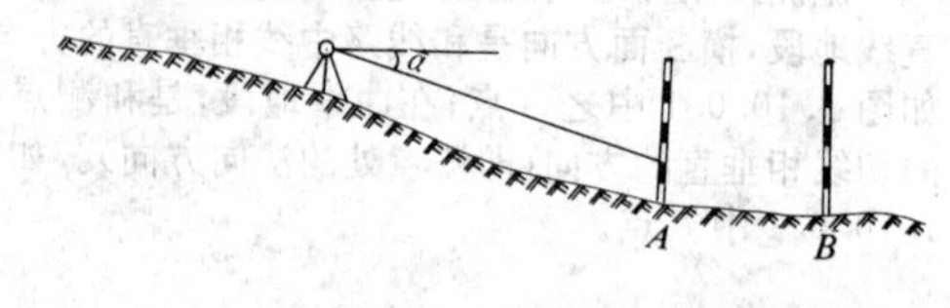

图 1.10.0.5

日期: 记录者: 测量者: 表 1.10.0.2

置镜点	观测点		斜距 (m)	竖直角 (° ′)	水平距离 (m)	仪器高 (m)	视点高 (m)	高 差 (m)	备 注
	左	右							
DK1+500						1.52			
	1		30.5	89 15	30.5		1.52	+0.40	
	2		38.8	88 23	38.8		1.52	+1.09	
	3		70.3	87 18	70.2		1.52	+3.31	
		4	20.1	90 13	20.1		1.52	−0.08	
		5	35.6	90 58	35.6		1.52	−0.60	
		6	50.7	91 30	50.7		1.80	−1.60	

2. 水准仪法

如图 1.10.0.6 所示,先定出 *A* 点的断面方向,并在此方向上立上两根花杆。然后将水准仪置于任一通视良好的地方,后视中桩或其它任何有标高的桩子,持尺者以两根花杆为目标,在断面方向上地形变化点立尺(如图 *E*、*C*、*D* 等)测得各点高程,并用皮尺量出各点至中桩的平距。记录格式见表 1.10.0.3。

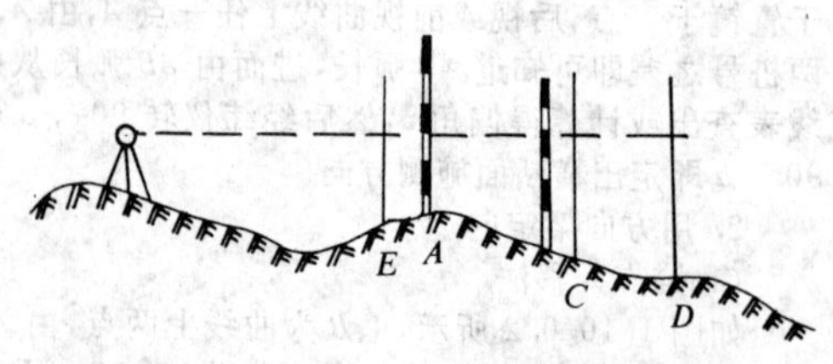

图 1.10.0.6

日期　　　　测量者：　　　　　　　　记录者：　　　　表 1.10.0.3

左侧							右侧				
高程	前视	仪高	后视	平距	测	点	平距	后视	仪高	前视	高程
67.32		68.68	1.36		DK6+300			1.36	68.68		67.32
68.17	0.51			18.6	*E*	*C*	21.2			3.21	65.47
						D	32.4			1.42	67.26
说明											

水准仪法适应于高差不大，视线良好的地区。由于此法是用皮尺量距，水准仪测高，故精度比较高。

3. 经纬仪法

经纬仪法施测横断面，其距离、高程均用视距测定，断面方向用经纬仪准确测出，其施测精度较低。此法由于距离不用丈量，大大减轻了外业工作，尤其在山坡陡峻等拉链不易地区，使用本法确能收到一定效果。

经纬仪施测横断面时，首先将仪器置于中桩上，粗略对中置平后，对正后点，转角定出断面方向，然后用视距测量方法观测断面上各变化点上的立尺，求得各点距中心桩的距离和高差。

三、横断面测量检测限差

高程　$\left[0.1\left(\frac{L}{100}+\frac{h}{10}\right)+0.2\right]$　(m)

距离　$\left(\frac{L}{100}+0.1\right)$　(m)

式中　L——检查点至线路中桩的水平距离(m)；

h——检查点至线路中桩的高差(m)；

第二部分　既有线测量

第十一章　既有铁路测量技术要求

既有线勘测是对既有铁路的线路、站场的平面、纵断面组合状况及建筑物、设备的空间位置所进行的调查、丈量和测绘，经过整理使其全面反映既有铁路的状态。在进行改扩建的地段，还要在可能涉及的范围进行测量，收集工程设计所需要的资料。

一、初测

初测阶段应对既有线进行系统、全面的勘测，取得所需要的铁路营运管理，维修养护和技术存档的技术资料；收集整理改扩建设计资料，做为进行方案研究，比选和工程设计的基础资料。

初测工作的安排以年度计划和设计任务书(项目意见书)为依据，根据审定的可行性研究报告，初测技术要求等文件所提出的改扩建技术标准、方案和相关规定、规则的要求，确定初测范围、方法和深细度。

既有线初测前，除了搜集国家坐标、高程的三角点、水准点，沿线水文、地质、气象等资料外，还要搜集既有线的台帐，工程技术履历、大修设计和秋检资料等，以了解既有铁路的沿革和现状，参考或利用这些资料，引导测量工作，整理初测资料。

既有线测量一般以既有铁路的线路中心线为基本控制线。因为不便在轨道床部位设置固定标志，而且轨道受行车和养护的扰动不能保持原位，所以要在道床以外设置外移桩或护桩以标定线路中心的测时点位。同时由于轨道的平面和高程都有偏离，实测的线路中线和轨面坡度不能直接采用，必须整理成平顺而且符合规定的线型和坡段，才能作为测量成果。一般既有线初测外业包括里程丈量、中线测量、高程测量、横断面测量、地形测量、平面测绘和既有设备调查等主要工序。初测内业除了一般测量资料的整理外还要进行曲线整正、纵断面顺坡连接和轨道、道床、标志等的调查整理等工作。既有线初测不仅是取得测量成果，而且要结合建筑物的净空、结构等状态进行线路整正、初步落实改扩建范围，提出改扩建方案。按照规定交付资料的内容和格式编制图表，形成初步设计的基础资料。

既有线测量中，导线、中线、水准点和地形测量的精度要求和限差、中误差的规定与新线测量相同，只是在轨面高程测量和路基面范围内的横断面测量有较高的精度要求。

二、定测

定测阶段根据初步设计审查确定的改扩建设计方案，通过详细测量落实线路和工点位置，进一步收集详细、准确、符合技术设计和施工图要求的测量资料。

在既有铁路的改扩建设计中，改扩建的线路中线一般是靠近既有线，或与既有线中线有简单的几何关系，不便于也不必要在既有路基或轨道上另外定测一条设计中线。既有线定测，一般是利用既有线中线为基线，根据平面计算得出的改移或扩建的线路中线与既有线中线的线间距来确定设计线的中心位置；利用以既有线轨面高程绘制的纵断面来进行坡度设计；利用以既有线中线为原点施测的横断面来进行工程设计。所以，既有线定测的工作内容和方法与初测工作没有明显的不同，只是在测量范围和深度细度方面有不同的要求。定测阶段只须在需要进行线路或工程改扩建的段落和范围内测量，但要求适应线路和建筑物细部设计的要求，相应地增加测点和断面的密度。

在设计线与既有线之间的线间距过大，线间的方向和间距的相对关系复杂，或新、旧建筑物分离设置的地段。《既有铁路测量技术规则》规定，改建线段或增建第二线，与既有线的线间距大于20m，或虽小于、等于20m，但根据工程情况需要实地定线者，均为绕行线，应按新建铁路的要求进行测量。

第十二章　既有铁路测量

第一节　里程丈量

一、纵向丈量

里程丈量从既有线的车站中心或桥、隧建筑物等能确定既有里程的点位引出，按原定里程方向连续丈量推算里程。如现定下行方向与原定里程方向相反，应在任务书中规定里程方向。当车站布设为鸳鸯股道时，应从车站中心转入另一条线连续丈量，并推算里程。如车站中心在曲线上时，则应改在直线上换股。支线专用线，联络线等，应以联轨道岔中心为里程起点。

里程丈量以既有线正线轨道中心的长度为准，一般应沿轨道中心线丈量。当直线段较长时，在距曲线起、终点 40～80m 以外的直线段可沿左轨轨面丈量。双线并行区段的里程可沿下行线(或原有里程方向)丈量，直线地段采用下行线向上行线投影，使两线里程一致；曲线地段应分别丈量，并在曲线测量终点的直线上取投影断链；当曲线间夹直线很短时，可几个曲线连续丈量，在最后一个曲线测量终点的直线上取投影断链。绕行线应单独丈量，外业断链应设在绕行线终点外的百米标处，困难时可设在里程为 10m 整倍数的加标处，不应设在车站、桥隧建筑物和曲线范围内。

在轨道上丈量里程，不须用经纬仪定向，一般用轨道方尺定位。为了便于随尺量定公里、百米、20m 等整里程标位，使用经过检定或比长的钢卷尺丈量两次，较差在 1/2 000 以内时，以第一次丈量的里程为准连续贯通。同时应与既有车站及桥隧建筑物的原里程核对，记录并注明差数。在设有轨道电路的地段丈量时，应采取绝缘措施。

丈量直线段长度时，常用 50m 钢卷尺整链量距。在曲线测量范围内，则采用每链丈量 20m 弦长以代替弧长，当圆曲线半径小于 300m 时，在圆曲线段要扣除弦弧差。

在既有线测量中，因为测量时不能准确定出曲线起、终点，整正时可能取用不同的曲线半径或缓和曲线长度而改变曲线起、终点位置，而且在曲线两端有时存在称为“鹅头”的小弯，必须一同整正，所以应将曲线测量的起、终点延伸到曲线直缓、缓直两点外各 40～80m 的直线上，既有线曲线地段的线路轨道中心是距外轨轨顶内侧 1/2 标准轨距处，测量用的轨道方尺在距横挡外端头 1/2 轨距的直杆面上钉有小铁钉，在直线段测定轨道中心可将横挡外端顶紧任意一侧钢轨顶内侧面，铁钉处即为轨道中心，在曲线段测定轨道中心必须将横挡顶紧外轨顶内侧面。

关于双线并行区段的里程、中线、在曲线地段上、下行线分别丈量、测量、取投影断链的作法。是因为并行地段上、下行线的路基、桥涵、隧道和站场建筑物、设备、都是作为整体进行设计，同心圆曲线有最简单的几何关系而且工程最省、设计最简便。不平行直线间的直线和曲线段也可计算确定上、下行的相对关系，如采用分别测量的资料设计，必然产生混乱。宜将下行线测量资料作为整正和设计曲线的原始资料，在整正设计后，按计算资料确定上行线的曲线要素，对应里程、线间距和断链值。在上、下行线的两端切线平行、等距和按同心圆设计的曲线地段，上、下行线曲线不必分别测量，只测量上、下行线的线间距，以下行线为准进行平面计算。

二、加标的设置

里程丈量应按照实测里程位置设置公里标、半公里标、百米标和加标，以便后续的工序和下阶段开展工作。纵向丈量到设标位置时，先用轨道方尺将点位平移到钢轨顶、侧面画粉笔线，用钢刷除去铁锈后，用油漆在左轨外侧腹部按粉笔位画竖线(左轨为曲线外轨时，内轨外侧也要画竖线)，在左轨竖线左侧标注公里整数，右侧标注里程零数。公里标和半公里标应写全里程，百米标和加标可不写公里数。

设置加标的地点和里程取位的规定如下：

①曲线测量范围，里程为 20m 整倍数的点；直线段里程为 50m 整数的点。

②桥梁中心、大中桥的桥台挡碴墙前缘和台尾、隧道进出口、车站中心、进站信号机及远方信号机等，取位至厘米；

③涵渠、平交道口、坡度标、跨越铁路的渡槽、跨线桥、电力线、通讯线和地下管道等的中心，新型轨下基础、站台、路基防护支挡工程的起、终点和中间变化点，取位至分米；

④地形变化处，路堤、路堑边坡的最高、最低处，路堤、路堑交界处，路基宽度变化处，路基病害地段等，取位至米。

需要设置加标的建筑物的点位，宜先作专业调查，在轨腰作粉笔标记。并在轨枕头上注明，以加快丈量进度，防止错漏。建筑物和标志的加标性质如桥中心、洞口、坡度标等，应在记录本上注明。

记录格式见表 1.12.1.1。

记录者　　　　　　　　　　　　　　　年　月　日　天气　　　　　　　　　　　表 1.12.1.1

里程及百米标	加标	丈量结果			差数	校正	附注
		第一次	第二次	检查			
364＋100		100	100				
	142						通讯线交叉中心
	152.15						台　前
	164.45						桥梁中心
	176.75						台　尾
	187						220V电力线交叉中心
364＋200		100	99.99		－0.01		
	250.7						平交道中心
	256.5						直缓标
364＋300		100	100.02		＋0.02		
	336.5						缓圆标
	339.85						涵　心

里程及百米标	加标	丈量结果			差数	校正	附注
		第一次	第二次	检查			
	365						地下电缆
364＋400		100	100				
	430.7						挡墙起
	455.9						挡墙终
	458.5						曲线牌
	498.7						半公里标
364＋500		100	99.98		－0.02		
	540						
	580.5						圆缓标
365＋600		100	100.01		＋0.01		
	660.3						缓直标
365＋700		100	100				
	776						涵　心
365＋800		100	100				

第二节　中线测量

中线测量主要是沿既有铁路中心线进行方向测量，包括直线方向、曲线偏角和分弦(20m 标)的角度或矢距。中线测量的成果结合里程丈量所得纵向长度，用来整正线路，进行线路平面计算和坐标计算。

中线测量应连续贯通。测量起、终点及不大于30km 处，应与国家大地点(三角点、导线点)或其他单位不低于四等的大地点联测；当联测有困难时，可观测真北。测量要求与新线中线测量相同。

一、外移桩的设置

为了埋设固定的中线测量标桩，作为测量和施工的依据，一般在轨道外设置轨道中线的外移桩。

设置外移桩，一般用轨道方尺或经纬仪定出与中线垂直的方向，用钢卷尺顺垂直方向按所定的外移距量出线路中心至外移桩的距离，钉桩定点，作为中线测量的转点。在与线路中线平行的外移桩连线上测量，就可得出既有线中线的方向、偏角和矢距。

外移桩应尽量设在线路的同一侧，直线地段宜设在左侧路基上，曲线测量范围一般设在曲线外侧。如不用矢距法测量曲线；或为连续反向曲线，或反向曲线间夹直线较短，或曲线转向角不大，或曲线内侧通视条件较好时，可将曲线地段外移桩设在左侧(或与前后直线段外移桩同侧)，以减少外移桩换侧的次数。

外移桩换侧应在较长的直线段上测设平行线，在两个外移桩上置镜，按线路两侧的外移距之和，量直角放出相等的垂直距离测设对测的两个外移桩。

外移桩与线路中心的距离，一般为 2～3m，在同一曲线范围内的外移距应相同，在同一条线路上的外移距也宜相同。如遇建筑物障碍，外移距可增减，站场内的外移桩宜与基线桩合用。外移距应测量两次，较差小于 5mm 时，以第一次为准。

直线地段外移桩间或中线转点间的距离，一般为 200～400m，不应大于 500m。同曲线测量起，终点相连的直线段，一般应设两个与曲线外移桩同侧等距的外移桩，夹直线较短时也应设 1～2 个外移桩或转点，以便确定切线方向。曲线测量的转点(置镜点)间的距离，采用偏角法时不宜大于 300m；采用光电测距仪极坐标法时不宜大于 500m；采用矢距法时，根据曲线半径选用置镜点和外移桩间的距离，半径在 200～350m 时距离为 60m，350～500m 时为 80m，500m 以上时为 100m。采用偏角法和极坐标法测量虽然可用较长的转点距离，为便于恢复曲线的测时位置，曲线地段外移桩间的距离宜为 100m。转点或外移桩一般设在百米标处，用里程标注，不另编号。

中线测量可沿外移桩或线路中线进行，也可沿一条钢轨(直线一般沿左轨曲线沿外轨)中心进行测量。

随着测量方法的改变，外移桩用作置镜点的作用已逐渐减少，有些既有线上只起到护桩的作用。但设置外移距相等的平行于线路的外移桩形成统一而有规律的标志，便于测设，记录和恢复中线位置，因此在有条件设置外移桩的既有线上仍需按要求设置外移桩。在某些地段由于路肩部分用干砌石加宽、加固或隧道密集而在路肩上设置外移桩有困难时，可在线路中心设桩通过，也可在轨道两侧适合固桩的位置埋设外移距不定的护桩，并详细记录护桩的位置和距离。

二、直线测绘

直线地段中线测量，在外移桩上或在线路中心、左轨中心的转点上置镜，测量外移桩间的转向角。当直线段有大中桥、隧道、站台、挡墙、跨线桥等控制线路位置的建筑物或测量横断面时，还要测绘该段直线上的百米标和加标线路中心点位的偏角(直线段一般用支距法整正，可在外移桩直接测量线路中心的偏角)，结合建筑物净空或工作线位置和限界整正线路。

在线路中心置镜时，按里程丈量在钢轨上留下的百米标标记，用轨道方尺恢复中心位置，或用里程丈量时在线路中心留下的临时点位经核对后作为对点位置。

中线水平角测量采用 DJ_2 或 DJ_6 级经纬仪观测一测回。两半测回间应变动度盘位置，半测回间角值较差：DJ_2 级经纬仪不应大于 20″；DJ_6 级经纬仪不应大于 30″；角值检测限差均为 30″。测绘加标的偏角，用正、倒镜各测一次；两次较差在 30″以内时取平均值。

三、曲线测绘

中线转向角大于 12′，又不宜整正成直线时，应按曲线进行测量。曲线测量范围内的方向测量和曲线测绘可同时或分别进行。方向测量在较少的置镜点上贯通，测出曲线的总转向角；曲线测绘按布设外移桩或转点的要求，在各转点置镜观测分转向角和测绘全部加标的点位。曲线地段转向角和加标偏角的测量方法和要求与直线测绘相同。各分转向角之和与方向贯通测量所得的总转向角的不符值在 $30''\sqrt{n}$ 以内时，以分转向角之和为准。

既有线曲线加标的测绘，是用来整正曲线、计算拨距。早期采用矢距法，后来多用偏角法，在配备光电测距仪后逐渐使用任意点置镜极坐标法测绘。

(一)偏角法：

偏角法测绘曲线，是以里程丈量设置的整 20m 倍数的加标和建筑物加标与曲线测量起点的里程差得出各测点(加标)的曲线长度 l；以测量起点端直线(切线)方向为基准，在设定的中线转点置镜观测各测点的偏角 φ。根据实测的曲线长度 l_i、偏角 φ_i，计算曲线上各测点的坐标或既有渐伸线长度(或角图面积)S_i。

渐伸线长度 S 为基本曲线(圆曲线或缓和曲线)的中心角 α(缓和曲线为 β)的定积分：$S=\int_0^l \alpha\cdot dl$，基本计算式为：

$$S=\frac{l\cdot\alpha}{2}\text{(圆曲线)} \qquad (1.12.2.1)$$

$$S=\frac{l\cdot\beta}{3}\text{(缓和曲线)} \qquad (1.12.2.2)$$

因为圆曲线的偏角 $\varphi=\frac{\alpha}{2}$，缓和曲线由起点端顺向测量的偏角 $\varphi=\frac{\beta}{3}$，所以既有渐伸线长度可根据实测偏角 φ、曲线长度 L 按下式计算：

$$S=L\cdot\varphi \qquad (1.12.2.3)$$

由于圆曲线与缓和曲线的偏角关系不同，不能跨越缓圆、圆缓点测量偏角，在 HY(缓圆)、YH(圆缓)点附近 20m 加桩上必须设置转镜点。

偏角法测量方法(图 1.12.2.1)如下。

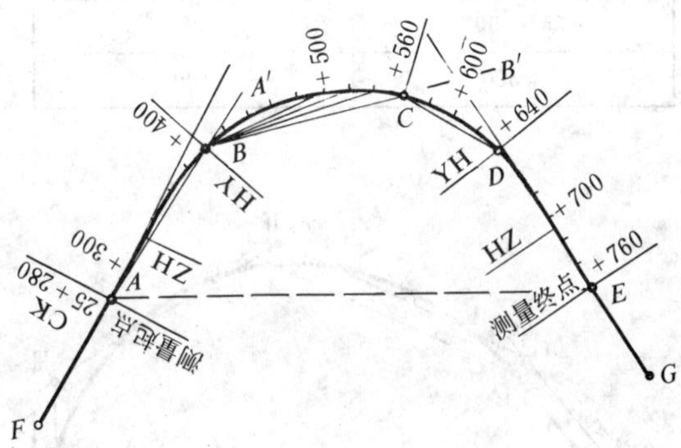

图 1.12.2.1

转点(置镜点)位置，在测量前要根据既有资料或现场标志，估推 ZH、HY、YH、HZ 的里程，在 ZH、HZ 两端 40m 以外的直线上设曲线测量起点 A、终点 E；在靠近 HY、YH 的整 20m 加标处设 B、D 两个转点；在 HY 与 YH 间的圆曲线段，如距离大于 300m 或中间有障碍不通视时，可选适当位置设转点，如图 1.12.2.1 中 C。

2. 对点点位：在线路中心置镜测角时，按外轨上的里程标线，用轨道方尺检查或恢复中线点位。当置镜于外轨中心时，测点以里程标线处外轨中心对点。当置镜于外移桩测角时，应用轨道方尺定向，横尺(在尺上外移距处作标记)对点。

3. 转点间转向角测量，与初测导线测角要求和方法相同，取偏角值为转向角值。起、终点直线方向，观测直线段转点 F、G。分转向角应在相邻转点间连续测量；总转向角在跨越部分转点能通视时，应以最少转点数直接测量两端切线的转向角。例如在 A、E 直接贯通。

4. 中间加标的偏角测量：在各转点(如 B 点)测量分转向角前，依次测量转点中间(如 BC 间)各整 20m 点及控制点加标的偏角。中间点偏角用正、倒镜各测一次，以 0°和 180°后视转点 A，平转度盘或倒转镜筒逐点对点读角，正、倒镜测角较差在 30″以内时取平均值。既有线曲线偏角测量方法与新线偏角法测设曲线基本相同，只是测设新线时是拨角测定点位，测绘既有线时是对点量角，测量记录与本篇第九章第二节中偏角法测设曲线的记录相同。

（二）矢距法：

矢距法测绘曲线的基本原理和转向角测量方法与偏角法相同。对于转点（置镜点）间的20m加标的偏角值，不用经纬仪直接量角，而是测量各加标点位对转点间弦线的垂距（即矢距）算出偏角，为了不使矢距过长，一般在外移桩上置镜测量，并限制弦线长度。两外移桩间的距离，根据曲线半径参照表1.12.2.1进行选择。

矢距法测量曲线外移桩间距离　　表1.12.2.1

曲线半径(m)	外移桩间的距离(m)
200～350	60
351～500	80
＞500	100

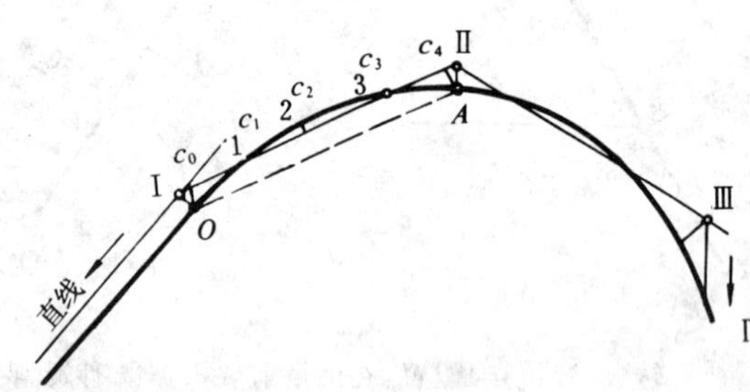

图　1.12.2.2

矢距测量方法（图1.12.2.2）简述如下：

①置镜于外移桩Ⅰ前视外移桩Ⅱ确定长弦照准线ⅠⅡ。

②将矢距尺（一般用水准标尺改装）横置钢轨面，卡头靠紧外轨侧面，横向摇动矢距尺使与长弦照准线垂直。

③按ⅠⅡ照准线方向依次读取各中间点的矢距尺（最小）数值c_1、c_2、c_3…，矢距读数在外轨外侧为正值，内侧为负值。

④设$c_0=a$，则各测点对于ⅠⅡ长弦的矢距值$f_i=a-c_i$，将ⅠⅡ与ⅡⅠ往返观测各点的矢距取平均值后，同一长弦上相邻测点的矢距差$\Delta f=f_{i+1}-f_i$。各相邻20m标间的短弦偏角（长弦方向为0°）$\gamma=\arcsin\frac{\Delta f}{20}\approx\frac{\Delta f}{20}$（弦度）。

矢距法测绘曲线，工作繁琐费时，测量误差较大，现已很少使用。

（三）正矢法

既有线日常养护，一般用绳正法拨道取曲线上相距c的两点在外轨内侧拉一直线（即弦长c），在弦中点量取外轨内侧至弦线的矢距（即正矢f），以检查和整正曲线，故称正矢法。

正矢法的测量方法（图1.12.2.3）如下：

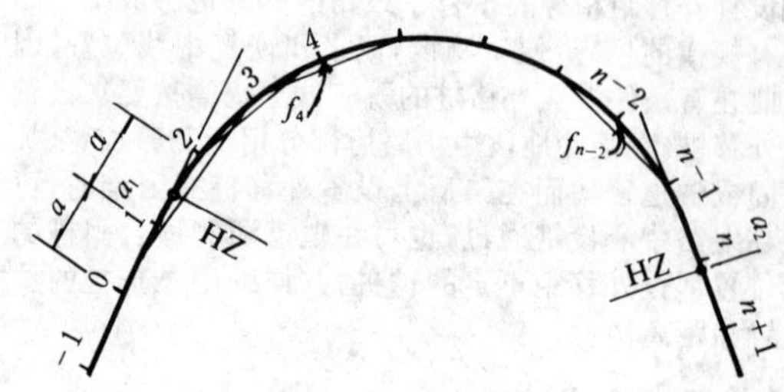

图　1.12.2.3

(1)曲线长度以弦长a（一般为10m）的相等测段设测点，依次编号：0点在起点端直线上，1点靠近ZH（直缓）点前后，n点靠近HZ（缓直）点前后，$n+1$点在终点端直线上。并在轨腰标注。

(2)用弦长$c=2a$（一般为20m）的弦线在两个测段端的测点上拉直，量取中间测点的正矢（如弦端在0、2两点量1点的正矢）。即各测点的“现场正矢”。

实地测出现场正矢后，先要计算“计划正矢”，再经过一系列计算与分配，确定“拨道量”。

四、极坐标法

图1.12.2.4中，c_{31}～c_{32}、c_{35}～c_{36}两条导线边可以是两端直线的中线、中线的平行线，也可以是与中线有联测关系的线。测点号是轨道中心整20m加标，图上未标注里程。用极坐标法测绘既有线曲线的步骤如下：

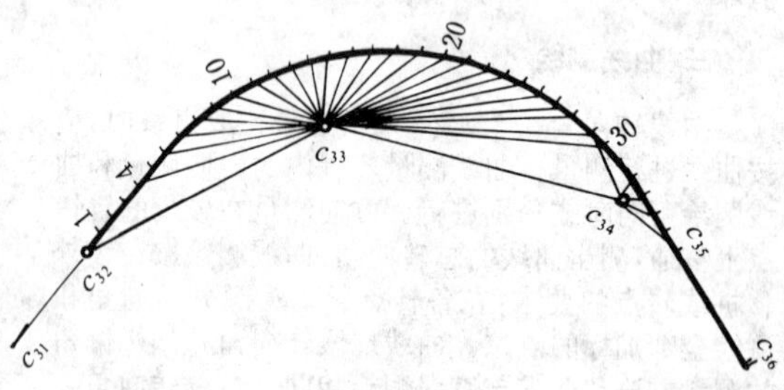

图　1.12.2.4

(1)置镜于导线点c_{32}，以0°及180°分别后视c_{31}，依次测量中线上通视的（1～4）各测点的（与曲线同向的）偏角，距离和竖直角各一测回，取平均值。以任意角（半测回间移动度盘）后视c_{31}、前视c_{33}，观测c_{32}的水平角（取与曲线同向的偏角）一测回；c_{31}～c_{32}、c_{32}～c_{33}两条边的边长和竖直角往返观测各一测回。

(2)转镜于c_{33}，后视c_{32}观测4～30各测点的水平角和水平距离；观测对于c_{32}、c_{34}的导线水平角和导线边水平距离。依次在各导线点置镜连通导线，测完曲线测量范围各测点后，连通曲线终点端直线段（图上为c_{35}～c_{36}），以推算c_{35}～c_{36}方位，并用c_{35}、c_{36}两点坐标反算的方位角进行校核。

(五)连续曲线的测绘

连接前、后曲线的夹直线段,必须有两个转点才能固定切线的方向。当夹直线较短,不能设置两个直线转点,或不能明显辨别直线方向时,夹直线段至少要设一个转点以区分两个曲线并控制扭动位置。同时,前、后曲线必须连续测量。其测设方法如下:

1. 夹直线段两转点间距离较短,或直线段只有一个转点但能确定切线方向时,应在延长线上远处钉设固定桩以标定切线方向。

2. 当夹直线段只设一个转点时,转点宜设在直线段中部。曲线测绘时,应将相连的曲线当作一个同向或反向曲线,把夹直线上的转点和加标当作曲线上的转点和加标连续测量、连续计算。根据相连的两个或两个以上的曲线上各点的拨距要求和曲线间的连接要求,来确定夹直线的方向、位置,综合一体进行整正计算。

(六)曲线测绘注意事项:

曲线测绘连续地在轨道上进行测量,是既有线测量中较为繁重的工作。必须保证人身、仪具和行车安全,重视质量、减少作业干扰。

1. 勘测人员必须学习和遵守既有线作业和铁路信号、电气等有关规定和安全规则。作业时需有专人防护。勘测指挥旗、标志旗等红色部分改用蓝色,或用哨声指挥联系。

2. 勘测前应收集既有平面资料,了解曲线、股道布置、轨道电路等状况,作出测绘安排。在有轨道电路的地段,要防止钢卷尺连通两侧钢轨电路而扰乱信号。

3. 了解列车运行时间,列车对数,结合曲线和建筑物分布状况,采用能满足精度要求。作业简便、迅速,在轨道上作业较少的测绘方法。

4. 作好外移桩或护桩的固桩。

第三节　高 程 测 量

一、水准点的设置

既有线水准点测量,要充分利用原有水准点的点位、编号和高程资料。并应了解原有水准点的高程系统。

(一)水准点布设

既有线高程测量一般利用原有水准点的点位和编号,当原有水准点遗失、损坏或水准点间的距离大于 2km 时,应补设水准点;在大中桥头、隧道口、车站范围及单独的场、段等处,离原有水准点远于 300m 时,应增设水准点。补设或增设的水准点应顺线路里程方向按原水准点或上一水准点的编号加注后标,如 BM35—1、BM35—2 及 BM35—1A、BM35—1B。绕行线按新线要求测设水准点。

水准点宜设置在线路两旁 100m 范围内,设在不易风化的基岩或坚固稳定的建筑物上,也可埋设混凝土水准点。在人烟稀少、气候干燥地区,则可埋设木质水准点。

(二)高程系统

1. 全线水准点的高程仍应连续测量贯通,与原有水准点高程的闭合差在 $30\sqrt{K}$ mm 以内时采用原有高程;如超过限差并确认原有个别水准点高程有误时,可更改原有高程;如超限值不能在测段中消除,应与相当于国家等级的水准点联测,形成附合水准路线,采用平差后的高程。补设或增设的水准点,其高程应自邻近的既有水准点引出,并与另一既有水准点联测闭合。

2. 个别地段无国家高程基准的水准点时,可根据两端相邻段落的联测后高程,换算为国家基准高程。

3. 勘测线路较短或只在部分线段进行测量,沿线又无国家高程基准的水准点或联测困难时,可采用整个线段统一的高程系统。

二、高程测量方法

(一)水准点高程测量

1. 水准点测量使用的水准仪精度指标不低于 DS_3 级,水准标尺宜用整体式标尺。采用一组往返或两组单程测量。测量精度要求见第五章第二节水准测量。

2. 光电测距三角高程测量,所用经纬仪精度指标不低于 DJ_2 级,与导线(中线)测量合并进行。测量精度要求见第五章第三节光电测距三角高程测量。

(二)中桩高程测量:

中桩高程测量路线应起闭于水准点,当闭合差在 $30\sqrt{K}$ mm 以内时,转点按个数平差后再推算中桩高程。转点高程取位至毫米。中桩高程在直线地段测左轨轨面,曲线地段测内轨轨面,测量两次的较差在 20mm 以内时以第一次为准,取位至 cm。中桩高程检测限差不应大于 20mm。

第四节　　横断面测量

一、既有线横断面测量的特点

既有线路基改扩建,是在既有路基上为拨道、抬落道、改线、改坡、增建线路而进行加宽、加固、填切路基面等工程。所以,既有路基部分的横断面应作较精细的测量。既有线横断面测绘以既有正线中心为横断面中心线，以既有轨面高程为横断面高程基准。

(一)测绘宽度

一般横断面测绘到路基坡脚、堑顶以外 20m，或用地界以外 10m。在改扩建工程超出路基范围一侧，按设计需要确定宽度。

(二)横断面位置和密度

初测阶段只在路基个别设计工点：高路堤、深路堑、陡坡地段边坡最高点，路基宽度不足地段，并行不等高控制线间距地段，零断面处；路基与桥、隧、车站接头处，既有或改扩建的路基支挡、防护工程及公里标等处实测控制性路基横断面。

定测阶段在百米标；改扩建工程起、终点；路基边坡高度和路基面宽度突出变化点；路基与车站及其他既有、改扩建的工程建筑物分界点；路基支护、防护工程及其结构类型、结构尺寸的变化点；地形、地质变化点等处都需测绘横断面。横断面间距，在直线地段不宜大于 50m，曲线地段不宜大于 40m，个别设计路基工点一般为 10～20m，复杂工点为 5～10m。

(三)横断面测点

既有路基和道床的横向建筑轮廓的转折点，如碴肩、碴脚、路肩、侧沟、平台、挡护墙、边坡坡脚、堑顶、护道、排水沟、天沟等都需测点。用地界以外的自然山坡、水流、地物、地质点等的测点分布与新线相同。

二、既有线横断面测量方法

既有线横断面测量，一般用轨道方尺定向，用皮尺或钢卷尺量距，用水准仪、水准标尺测量测点与轨面的高程差，距离和高程差都取位至厘米。路基边坡较高、地形横坡较陡时，侧沟平台以外的测点，可用新线横断面测量的方法施测。

横断面图的比例尺一般为 1∶200，特殊情况可用 1∶100 或 1∶500，在透明毫米方格纸上点绘。线路中心线和轨面高程线应绘在纵、横方格的粗线上。图上要注明冠号、里程、轨面高程及特殊地物点如房屋、道路、灌渠、河边，以及地质、地类分界点等。

第五节　地形测量

既有线地形图应能全面反映路基边坡以内的建筑物、设备和线路状态，边坡以外的自然地形、地物和地貌。

站场和路基范围内建筑物，设备较多，应结合站场和线路的平面测绘制图。在地形测图前，要将既有线中线或基线、外移桩；站场股道、道岔、站台、房屋、标志、界桩及信号、机务、给水等设备；桥梁、涵洞、跨线建筑物、隧道、挡墙等工程建筑物的中心或两端的位置；道路、管槽、电力通信线及交叉位置等，根据中线测量、平面测绘和横断面等资料先在底图上标绘，再进行地形测绘。

地形测量一般在外移桩或导线点、基线点上进行。区间距线路中心、站内距站台或最外股道中心 30m 以内及改扩建工程范围的房屋应分栋测出并注明用途，地物点要结合支距法测绘。路基边坡以外的地形、地物测量与新线测图方法相同。

地形图比例尺一般为 1/2 000。

原有地形图经核对确认可以利用时可不重测。但宽度不足及地形、地物有明显变化的部分应予以补测。

对既有线上及其两侧的建筑物，铁路标志、设备和有关地物等，在地形图上精度达不到要求或显示有困难时应进行调绘。调绘工作可在里程丈量之后并结合有关调查工作一并进行。调绘宽度及内容应满足设计需要，一般情况每侧不小于 20m，重点工程及用地较宽处应酌量加宽。

第六节　既有曲线整正计算

整正既有曲线是将平面已错动变形的曲线拨正恢复到正确的设计位置。曲线整正计算就是求算曲线平面各点的拨正距离（简称拨距、拨移量）作为改建既有线、增建第二线及线路大修、中修和维修的依据资料。

曲线整正计算的前提条件是曲线两端切线位置固定不动。要求做到：

① 保证设计曲线与既有曲线的转角相等；

② 保证曲线测量起、终点的拨距为零；

③ 既有曲线拨正到设计位置后，其曲线长度基本保持不变，以保证必要的设计精度。

选定设计曲线半径和缓和曲线长度时，应尽可能使设计曲线与既有曲线最大程度的接近，保证曲线总拨移量最小；同时，按线路平面设计的要求，控制拨移量及拨移方向，力争改建工程量最小。

通过计算得到既有线半径是带多位小数的，将其取整为设计半径时用多大的幅度，对整个计算结果影响很大。

如图 1.12.6.1 示，半径差值 ΔR 与外矢距差值 ΔE 之关系式为：

$$\Delta R=\frac{\Delta E\cos\frac{\alpha}{2}}{1-\cos\frac{\alpha}{2}} \tag{1.12.6.1}$$

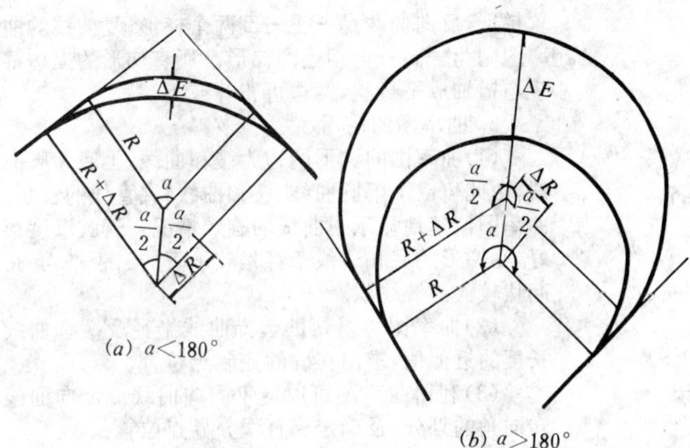

图 1.12.6.1

由公式 1.12.6.1 可知，当 ΔE 被限定时，α 角越大，半径取整幅度应越小。曲线半径取整时，可参考表 1.12.6.1。

圆曲线半径取整值 表 1.12.6.1

曲线转向角 α(°)	<10	10～20	20～30	30～50	>50
半径取整值 ΔR(m)	25	10	5	1	具体选定

选用设计曲线半径和缓和曲线时，还应结合具体情况，考虑下列因素。

① 如曲线上有永久性建筑物如桥、隧等，该处中线尽量不要拨动，或拨动后线路中线偏离桥中心不大于 5cm，并满足限界要求。

② 在高堤深堑地段应严格控制，力求拨动量最小，以免引起大量土石方工程。如果路基一侧有挡墙、护坡或其它防护加固工程，线路只能向另一侧拨移，以免改建原有工程。

③ 修建在地质条件良好的斜坡上的路基，如系路堤，宜向斜坡上方拨移；如系路堑，宜向下方拨移，以减少路基工程。

④ 如果路基顶面宽度不够标准，线路应向一侧拨移，以免路基两侧都进行加宽。若要增建第二线，则应尽可能避免反向拨正（向第二线一侧拨动为顺向拨正，反之为反向拨正），因其于施工不利。

既有线曲线整正的方法很多，一般情况下在线路维修养护中常采用绳正法。既有线改建，复测及大修时，以往常采用渐伸线法。随着计算机的广泛应用，形成各种各样的数解方法，如现场采用的坐标法。利用电算机可以求出适合改造要求或拨距离量最小的曲线半径和缓和曲线长度。

一、坐标法曲线整正计算

（一）既有曲线坐标计算

1. 偏角法

如图 1.12.6.2 示，以切线上的转点 o 为原点，第一切线方向为 x 轴，与 x 轴垂直的向心侧方向为 y 轴则曲线上测点的坐标按下列公式计算：

$$\left.\begin{aligned}
&\beta=\alpha_z+\varphi_i\\
&\gamma=\varphi_i-\varphi_{i-1}\\
&D=\frac{180}{\pi}\cdot\frac{\Delta L\cdot\sin\gamma}{\gamma}\\
&L_i=L_{i-1}\cos\gamma+\sqrt{D^2-(L_{i-1}\cdot\mathrm{sni}\gamma)^2}\\
&x_i=x_z+L_i\cdot\cos\beta\\
&y_i=y_z+L_i\cdot\sin\beta
\end{aligned}\right\}\tag{1.12.6.2}$$

式中 φ_{i-1}、φ_i——测点偏角(°)；

ΔL——测点间距；

α_z——置镜点后视线与始切线之夹角；

x_z、y_z——置镜点坐标；

L_{i-1}、L_i——测点至置镜点之弦长；

D——两测点弦长。

曲线转向角 α：

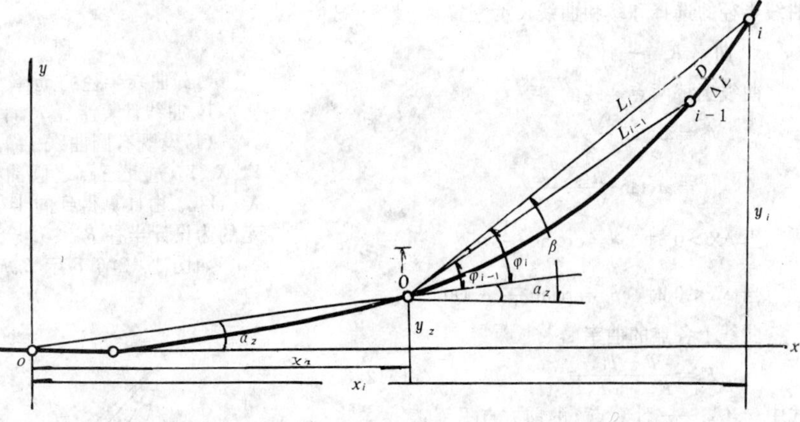

图 1.12.6.2

$$\alpha=i_m+\beta_n$$

式中 i_m——曲线终点的分转向角；

β_n——终点置镜的后视线与始切线之夹角。

2. 任意点置镜极坐标法（图 1.12.6.3）

任意点置镜极坐标法坐标原点及坐标轴的选择同偏角法。曲线上测点的坐标，按下列公式计算：

$$x_i=x_z+L_i\cos N_i$$

$$y_i=y_z+L\sin N_i$$

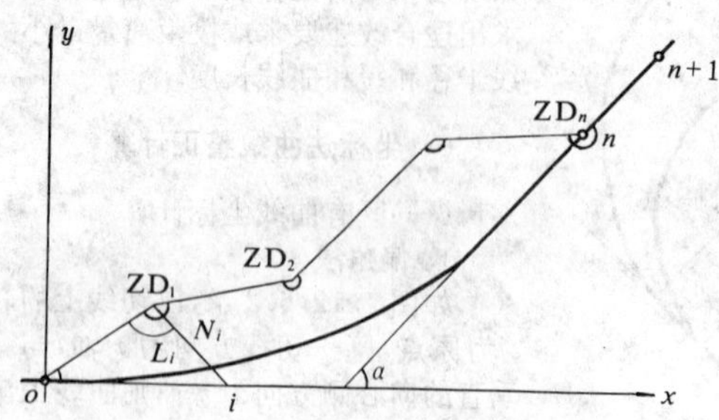

图 1.12.6.3

式中 $x_z y_z$——置镜点坐标；

N_i——置镜点至测点的方位角；

L_i——置镜点至测点的距离。

曲线总偏角为推算的最终边方位角 $N_{n\sim(n+1)}$，与 $N_{o\sim JD}$之差，并可用 n、$n+1$ 两点坐标，反算的方位角校核最终边方位角。

(二)既有曲线曲率图的绘制

曲率图是以曲线测量起点为原点，曲线长度(里程)为横轴，既有曲线的曲率 $K=\frac{1}{R}$ 为纵坐标的直角坐标图。用来表示曲线上各点的曲率情况。曲率图能形象、清楚地反映既有曲线的线段组合情况、圆曲线、缓和曲线、夹直线的长度，以图上可目估 HY、YH 点的大概位置，可选定夹直线上的分界点。利于曲线半径的选择和缓和曲线长度配置。

1. 曲率 $K=\frac{1}{R}$计算

曲线上每两点连线的斜率：

$$\beta_i=\arctan\frac{\Delta y}{\Delta X}$$

$$=\arctan\frac{y_{i+1}-y_i}{X_{i+1}-X_i}$$

当 $\Delta X>0$ 时 $\beta_i=\arctan\frac{\Delta Y}{\Delta X}$

当 $\Delta X<0$ 时 $\beta_i=\arctan\frac{\Delta Y}{\Delta X}+180°$

曲线上各点的曲率

$$K_i=\frac{\beta_i-\beta_{i-1}}{K_{i+1}-K_{i-1}} \quad (1.12.6.3)$$

式中 K_{i+1}——计算点 i 的前方点里程；

K_{i-1}——计算点 i 的后方点里程。

2. 曲率图的绘制

根据曲线全长及所用图幅尺寸决定横比例尺，根据全曲线范围内曲率 K 的最大正值和最小负值的绝对值之和，决定纵向比例尺。然后以里程为横坐标，曲率 K 值为纵坐标点出各测点位置，并在其旁标明测点序号。用直线联接各相邻点，就可绘制出曲率图。

曲率图清楚地显示出曲线的线性：一个单曲线的曲率图是一个正梯形，同向曲线是两个并列的正置梯形，反向曲线是一正一倒两个梯形，复曲线的曲率图则为一高一低相连的梯形。所有梯形的上边都应与横轴成平行状，两边可相等或不等。

3. 曲率图的使用

(1)曲率图的梯形两边为缓和曲线，上底为圆曲线，由此可以了解圆曲线、缓和曲线、夹直线的长短。曲率图清楚地显示了曲线的圆顺情况。若圆顺度很好，则梯形的底和边线条都是较平直的。否则，必是起伏较大的波纹状。

(2)曲率图可以帮助选择曲线半径及缓和曲线长度的近似值，求出正确的控制点位置。

(3)利用曲率图可以便于同向曲线或反向曲线转向角的划分，及确定夹直线分界点位置。

(4)一般情况下，曲率图上线条只有小的波纹。但若某一测点的测量、记录资料有误、或计算过程(坐标计算、曲率 K 计算)有错、则该点的点位必然变异，图线上出现大的波峰，错误就出在大的峰尖上那个点，如图 1.12.6.4 中 8 号点。

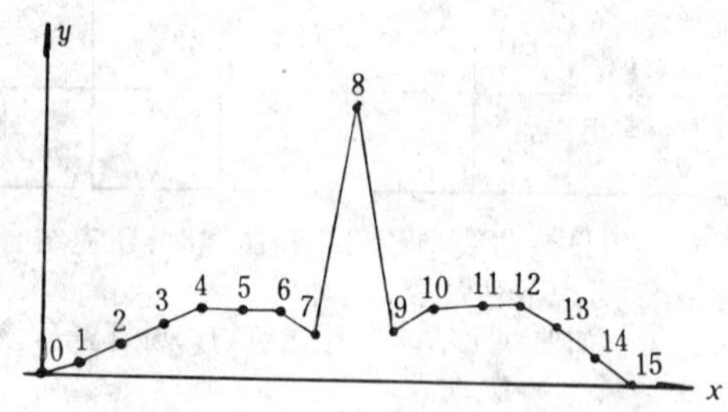

图 1.12.6.4

(三)曲线半径的选择

1. 曲线计算半径 R_c 计算

(1)设既有圆曲线上 a、b、c 三点坐标 X_a、Y_a、X_b、Y_b、X_c、Y_c，过此三点之圆曲线半径 R_c 及其圆心坐标 X'_o、Y'_o。由计算得到的半径为计算半径 R_c。最后选定的为设计半径 R_s。

如图 1.12.6.5 示 E、F 点分别为 ab、ac 弦之中点。

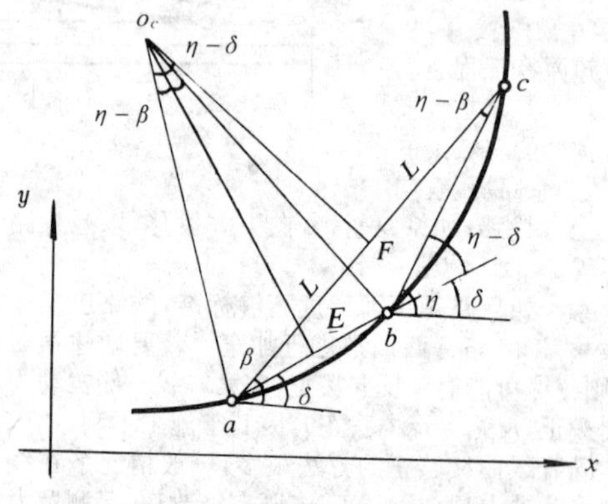

图 1.12.6.5

$$
\left.\begin{aligned}
\beta&=\arctan\frac{Y_c-Y_a}{X_c-X_a}\\
\delta&=\arctan\frac{Y_b-Y_a}{X_b-X_a}\\
\eta&=\arctan\frac{Y_c-Y_b}{X_c-X_b}\\
|R_c|&=\frac{X_b-X_a}{2\cos\delta\cdot\sin|\eta-\beta|}
\end{aligned}\right\}\quad(1.12.6.4)
$$

(2)半径取整：将 R_c 取整为 R，应尽量使用较小取整幅度，力求使取整半径之曲线最大误度接近 R_c 曲线。

为检算取整幅度是否合适，应计算取整形成的最大拨移增量 Δ_m 若 Δ_m 大于 0.05～0.10m 时应降低取整幅度，其算式为：

$$
\left.\begin{aligned}
&\tau=|\eta-\delta|\\
&L=\frac{X_c-X_a}{2\cdot\cos\beta}\\
&\mu=\arcsin\frac{L}{R}\text{当 }\tau>90°\text{时，}\mu=180-\arcsin\frac{L}{R}\\
&\Delta_m=R_c-R+R\cos\mu-R_c\cos\tau
\end{aligned}\right\}
$$

(1.12.6.5)

(3)取整半径 R 的圆心坐标计算：如图 1.12.6.6 示。

$$
\left.\begin{aligned}
D&=R\cdot\cos\mu-\frac{\Delta_m}{2}\\
X'_0&=\frac{X_c+X_a}{2}+D\cdot\cos(\beta\pm90)\\
Y'_0&=\frac{Y_c+Y_a}{2}+D\cdot\sin(\beta\pm90)
\end{aligned}\right\}\quad(1.12.6.6)
$$

式(1.12.6.6)中反向曲线的第二曲线圆心座标计算时用“－”，其余皆用“＋”。

2. 曲线设计半径 R_s 的选择

当圆曲线上有多个测点时，可以组合成多个三点一组，算得多个曲线半径 R_c，因曲线变形，这些 R_c 必定大小不等。如何从中选取一个能满足曲线整正要求的半径作为设计半径 R_s，这就是半径优化，其方法及计算步骤如下：

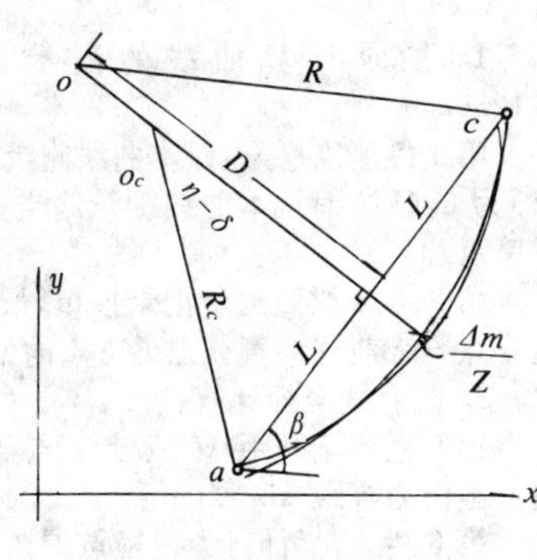

图 1.12.6.6

(1)“三点一组”的组合

一般采用两端固定，与中间各点分别组合的方法。两端固定点的选取应慎重，不宜简单地直取 HY、YH 附近测点为固定点，因 YH、HY 附近像 ZH、HZ 附近一样，是曲线上最易变形的部位，以其为固定点会严重影响半径及圆心坐标，直接使缓和曲线长度计算不准。因此，应充分利用曲率图。在图中梯形上底作一条直线，使其尽量能平均分割上底的波形面积，沿此直线，在圆曲线两端各选取一个与分割线重合最好的点做为固定点。以此两固定点为 a、c，顺序与其中间各点组合计算 R_c。

若遇长大曲线，为减少计算工作量，中间各组合点可以间隔一点或二、三点组合之。

(2)半径优选

从多个计算所得的 R、X'_0、Y'_0 中择优选取设计半径 R_s，该 R_s 圆曲线与既有曲线最接近重合，拨动量最少。这种优选一般采用优化法。

①目标函数

目标函数是进行优化的依据条件，用以衡量设计曲线与既有曲线接近重合的程度。有以下三种：

$f=\Sigma_1^n\Delta=0$ 曲线全部测点拨距 Δ 的代数和为零；

$f=\Sigma_1^n\Delta^2=\min$ 曲线全部测点拨距的平方和为最小；

$f=\Sigma_1^n|\Delta|=\min$ 曲线全部测点拨距绝对值之和为最小。

一般采用绝对值之和最小作为目标函数。

②优化方法

a. 整体优化：圆曲线及两端缓和曲线均参与优化，R、l 同时一起选配，即以圆曲线上三点一组求得一个 R_c 取整后，计算圆心坐标 X'_0、Y'_0，据此选配两端缓和曲线 l_1、l_2，调整圆心坐标后，进行全曲线的拨距计算，得出一个 $f=\Sigma_1^n|\Delta|$。如此可算得多个 f，从中选取 f 值最小的那一组 R、l_1、l_2、X_0、Y_0 做为设计曲线的采用值。

b. 局部优化：只在圆曲线范围内进行 R_c、X'_0、Y'_0 计算，分别求其在圆曲线范围内的拨距值 Δ 及 $f=\Sigma_1^n|\Delta|$，从多个 f 中选取最小者，其相应之 R 为采用值。据此再计算相应之两端缓和曲线长 l_1、l_2 及圆心坐标 X_0、Y_0。

3. 既有圆曲线上有控制点时的半径选择

(1)当圆曲线有 1～3 个控制点时，可按控制点拨距为零的原理，直接用控制点作为三点一组中的点，计算其相应之半径 R_c，当将其取整后，再加上缓和曲线长度选配的影响，最后的拨移量难以保证为零，只能力求控制点上的拨距最小。

(2)圆曲线上有一定长度的桥、隧建筑物，其范围内须拨距控制时，可以该地段的两端和中间测点作为 a、b、c 点，由于难以保证全长范围内的拨距都能满足要求。因此，需多次试算，从中选取较好结果。

(三)缓和曲线长度选配

1. 在 R_s、X'_0、Y'_0 算出之后即可直接计算确定两端缓和曲线长度 l_1、l_2

始端缓和曲线 l_1：

$$
\left.\begin{aligned}
p'_1&=Y'_0-R_s\\
l'_1&=\sqrt{24R_sp'_1}
\end{aligned}\right\}\quad(1.12.6.7)
$$

将 l'_1 取整为 l_1，计算相应之圆曲线内移距 p_1，圆心坐标 $Y_0=R_s+p_2$ 及终端缓和曲线长度 l_2

$$\left.\begin{array}{l} p_2'=(X_n-X_0')\sin\alpha+(Y_0-Y_n)\cdot\cos\alpha-R_s \\ l_2'=\sqrt{24R_sp_2'} \end{array}\right\}$$

(1.12.6.8)

式中 X_n、Y_n——曲线测量终点的坐标；

α——曲线转向角(°)。

将 l_2' 取整为 l_2。

2. 缓和曲线上有控制点的长度计算：

$$l'=\frac{\Delta l^3}{6R_s(\sqrt[3]{Y_b}-\sqrt[3]{Y_a})^3} \quad (1.12.6.9)$$

式中 Y_a、Y_b——缓和曲线控制点 a、b 的纵坐标值。a 点靠近缓和曲线起点方向；

Δl——控制点 a、b 间弧长(m)。

控制点在始端缓和曲线上时，可直接使用上式，若控制点在终端缓和曲线，就要将坐标值改化为以终端切线为横轴的坐标系：

$$Y_i'=(X_n-X_i)\sin\alpha-(Y_n-Y_i)\cos\alpha$$

(1.12.6.10)

若缓和曲线上有多个控制点或拨距控制地段，则可分别组成多个 a、b 点进行计算。

由于缓和曲线在列车运行和养护维修过程中，更容易改变理论线型，所以缓和曲线上不同位置的点计算所得的 l' 不可能相等，有时差异很大。所以应通过多次试算后才能求得最佳结果。

缓和曲线计算长度 l' 取整为设计长度 l 时，应考虑多方面因素，现行线路设计规范规定按 10m 整倍数取整，不得短于按不大于 2‰的超高顺坡计算长度并不应小于 20m。

(四)设计曲线要素计算

1. 设计圆心坐标计算

由于缓和曲线由 l' 取整为 l，其内移距 $p\neq p'$，影响圆心位移，因此要重新计算由 R_s、l_1、l_2 所定位的设计圆心坐标(X_0、Y_0)。

$$\left.\begin{array}{l} Y_0=R_s+p_1 \\ X_0=X_n-Y_n\cot\alpha-T_1+m_1 \end{array}\right\} \quad (1.12.6.11)$$

2. 设计曲线主要点里程推算

ZH 点里程＝测量起点里程＋X_0-m_1

HY 点里程＝ZH 点里程＋l_1

HZ 点里程＝ZH 点里程＋L

YH 点里程＝HZ 点里程－l_2

3. 设计曲线与既有曲线的长度差值 Δl 计算

设 D＝设计曲线 HZ 点里程－既有曲线测量终点里程，则：

$$\Delta l=D-m_2+\frac{(R_s+p_2)\cos\alpha-Y_0+Y_n}{\sin\alpha}$$

(1.12.6.12)

(五)拨距计算

1. 直线地段

(1)始端直线：测量起点～ZH

$$\Delta=-Y; \quad (1.12.6.13)$$

(2)终点直线：HZ～曲线测量终点

$$\Delta=(X_j-X_n)\sin\alpha-(Y_j-Y_n)\cos\alpha$$

(1.12.6.14)

式中 Δ——拨距值；

X_j、Y_j——计算点的既有线坐标。

2. 缓和曲线地段

(1)基本算式

$$Y=\frac{K^3}{6c}-\frac{K^7}{336c^3}、\beta=\frac{90}{\pi}\cdot\frac{K^2}{c}$$

(1.12.6.15)

式中 K——缓和曲线段长度(m)；

$c=R\cdot l$

(2)始端缓和曲线地段：ZH～HY

以 $c=R_s\cdot l_1$、K＝测点里程－ZH 点里程，求得 Y、β，再计算拨距：

$$\Delta=\frac{Y-Y_j}{\cos\beta} \quad (1.12.6.16)$$

(3)终端缓和曲线地段：YH～HZ

以 $C=R_s\cdot l_2$，K＝HZ 点里程－测点里程，求得 Y、β 值，再计算拨距：

$$\Delta=\frac{Y-(Y_j-Y_n)\cos\alpha+(X_j-X_n)\sin\alpha}{\cos\beta}$$

(1.12.6.17)

3. 圆曲线地段(HY～YH)

$$\Delta=\sqrt{(X_j-X_0)^2+(Y_j-Y_0)^2}-R_s$$

(1.12.6.18)

4. 拨距值说明

Δ 值为正：既有线下压，即向心拨动，其拨移方向与曲线偏转方向一致。

Δ 值为负：既有线上挑，即离心拨动，拨移方向与曲线偏转方向相反。

算例：单曲线，不等长缓和曲线(偏角法、坐标法)

1. 抄录计算曲线的测量记录资料(表 1.12.6.4)

第 1 栏测点序号：以本曲线测量起点(第一置镜点)为 0，顺序编至本曲线测量终点(终直线上最后置镜点)。

第 2、3、4 栏照测量记录抄填，最后一行 i_m 为测量终点置镜前视终直线上远方点的偏角。

2. 既有线坐标计算：

第 5 栏测量间距 ΔL：为上一点至本点之里程差值。本例为等距 $\Delta L=20$m。

第 6 栏　β 角值：为置镜点偏角 α_Z 与前视点偏角 φ 之和。

第一置镜点 $\alpha_Z=0$，故其各测点 $\beta=\varphi$。

测量终点的 β 加上 i_m 即为本曲线的转角：

$\alpha=22°10'10''+2°23'50''=24°34'00''$

第 7 栏　γ 角为相邻测点偏角之差值 $\gamma=\varphi_i-\varphi_{i-1}$，即第 4 栏本行 φ 值减去上一行之值。

第 8 栏　弦长 D　由弧长 ΔL 用式(1.12.6.2)改化得来。

第 9 栏　L_i 为置镜点至测点的水平距离，用式(1.12.6.2)算得。

第 10、11 栏测点坐标 X_i、Y_i：按照式(1.12.6.2)计算。

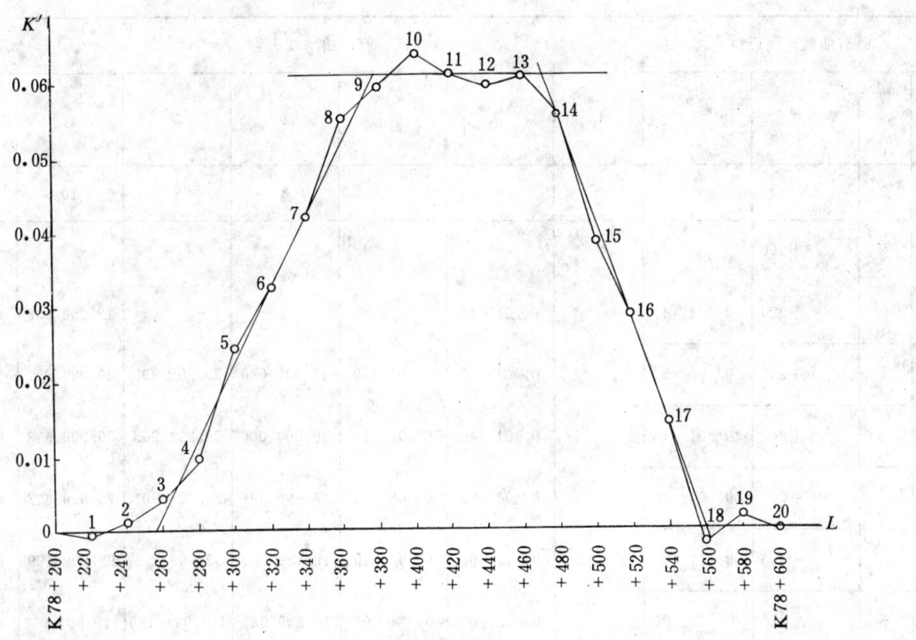

图 1.12.6.7

3. 曲率图 K' 值计算及绘图

第 12 栏　用式(1.12.6.4)，从 0 号点开始，计算至 $n-1=19$ 号点。β 角以度为单位。

第 13 栏　为本行的 β 值减去上一行的 β 值之差值从 1 号点算至 19 号点。

第 14 栏　ΔK 为本点的上一点与下一点之里程差值。本例系等长点间距，所以 $\Delta K=2\Delta L=40$m。

第 15 栏　K′ 等于 13 栏之值除以 14 栏之值。

由于本例 ΔK 是一常数，所以也可直接用 Δβ 代替 K' 绘制曲率图，15 栏 K' 值之计算就可以省去。

曲率图绘制：采用横 1∶2000、纵 1∶0.5 之比例尺，用 15 栏 K' 值作纵坐标点绘成图 1.12.6.7。对曲率图的分析、使用：按平均分割既有线梯形的办法在图上划出假定设计线梯形，其上底为圆曲线，两腰为缓和曲线。可见，既有线的变形错动是很严重的。又从图上可找到最靠近假定设计线梯形上底的第 11 号点，其 $K'=0.061$，则相应 $R=\dfrac{90}{\pi K'}=469.6$m，可供半径选择时参考。

4. 圆曲线半径选择

由曲率图可知：第 9～13 号点范围为圆曲线，其曲线很不圆顺，又线短点少，选用局部优化。

计算采用两端 9、13 号点为固定点，与中间各点组合的方式。

两端点联线的弦切角 β、弦长之半值 L 计算如下：

$$\beta=\arctan\frac{23.698\ 381-5.836\ 141}{257.641\ 503-179.760\ 288}$$
$$=12°917517=12°55'\ 03.06''$$

$$L=\frac{257.641\ 503-179.760\ 288}{2\cos\beta}$$
$$=39.951\ 668\text{m}$$

以两端点与中间各点组合按式(1.12.6.4～1.12.6.6)分别计算各自对应之 R 及圆心坐标如表 1.12.6.2。

表 1.12.6.2

计算项目	中间各组合点点号		
	10	11	12
δ	9.169 917°	10.456 354°	11.698 231°
η	14.166 647	15.378 521	16.575 000°
R_c	458.693m	465.624mm	469.948m
R	460m	470m	470m
Δ_m	0.0050m	0.0160m	0.0002m
X'_0	116.258m	114.015m	114.014m
Y'_0	461.429m	471.207m	471.215m

表 1.12.6.3

组合点号	半径 R (m)	各测点拨距值(mm)					拨距的施对值累计(mm)
		9	10	11	12	13	
10	460	−2	1	−24	−30	−2	59
11	470	−8	24	8	−8	−8	56
12	470	0	0	16	0	0	47

用式 1.12.6.18 计算各个半径时圆曲线范围内的拨距(表 1.12.6.3)。

既有曲线测量资料				既 有 曲 线 坐 标 计 算						
测点序号	置镜点	测点里程	偏角 (° ′ ″)	ΔL	β (° ′ ″)	γ (° ′ ″)	D	L_i	x_j	y_j
1	2	3	4	5	6	7	8	9	10	11
0	不	K78+200								
1		+220	0 01 40		0 01 40				19.999 998	0.009 696
2		+240	0 00 50		0 01 50	0 00 50	20.000 000	39.999 999	39.999 997	0.009 696
3		+260	0 01 40		0 01 40	0 00 50	20.000 000	59.999 995	59.999 988	0.029 089
4		+280	0 04 40		0 04 40	0 03 00	19.999 997	79.999 901	79.999 827	0.108 598
5		+300	0 11 00		0 11 00	0 06 20	19.999 989	99.999 211	99.998 699	0.319 974
6	不	320	0 25 00		0 25 00	0 14 00	19.999 945	119.994 180	119.991 007	0.872 615
7		+340	2 28 20		2 53 20				139.965 590	1.880 600
8		+360	3 18 50		3 43 50	0 50 30	19.999 281	39.994 965	159.901 225	3.474 866
9		+380	4 19 50		4 44 50	1 01 00	19.998 951	59.975 025	179.760 288	5.836 141
10		+400	5 26 10		5 51 10	1 06 20	19.998 759	79.929 112	199.503 465	9.023 201
11		+420	6 36 50		7 01 50	1 10 40	19.998 592	99.843 219	219.084 507	13.093 289
12	不	+440	7 48 20	$\Delta L=20$m	8 13 20	1 11 30	19.998 558	119.712 093	238.472 560	17.992 977
13		460	8 21 10		16 34 30				257.641 503	23.698 381
14		+480	9 34 50		17 48 10	1 13 40	19.998 469	39.989 286	276.546 941	30.219 360
15		+500	10 44 10		18 57 30	1 09 20	19.998 644	59.963 530	295.183 373	37.473 957
16		+520	11 42 10		19 55 30	0 58 00	19.999 051	79.928 445	313.616 449	45.231 776
17		+540	12 31 00		20 44 20	0 48 50	19.999 327	99.887 456	331.881 698	53.364 093
18		+560	13 09 20		21 22 40	0 38 20	19.999 586	119.849 793	350.076 357	61.680 102
19		+580	13 36 10		21 49 30	0 26 50	19.999 797	139.824 049	368.274 538	69.975 773
20	不	K78+600	13 56 50		22 10 10	0 20 40	19.999 880	159.803 730	386.462 312	78.294 431

i_m　　2°33′50″　　$\alpha=22°10'10''+2°23'50''=24°34'00''$

表 1.12.6.4

曲率图纵坐标 K' 值				设计曲线主要点里程	拨距计算					备注
β (°)	$\Delta\beta$ (°)	ΔK (m)	K'			K (m)	y (m)	β (°)	最后拨距 Δ (m)	
12	13	14	15	16	17	18	19	20	21	
0.027 778			0						0	
0	−0.027 778		−0.000 7						−0.010	JD-85
0.055 556	0.055 556		0.001 4						−0.010	α-24°34′00″
0.227 778	0.172 222		0.004 3	ZHK78+254.316		5.685	0.000 542 9	0.016 415 5	−0.029	R-470
0.605 559	0.377 781		0.009 4			25.685	0.050 072 7	0.335 095 3	−0.059	L_1-120
1.583 405	0.977 846		0.024 4		$\frac{90}{\pi C_2}=0.000\ 761\ 912$	45.685	0.281 758 0	1.060 128 0	−0.038	L_2-80
2.888 889	1.305 484		0.032 6		$6C_2=225\ 600$	65.685	0.837 375 6	2.191 513 9	−0.035	T_1-160.874
4.572 253	1.683 364		0.042 1			85.685	1.858 448 9	3.729 252 7	−0.022	T_2-144.152
6.780 726	2.208 474	$\Delta K=40$m	0.055 2			105.685	3 486 811 0	5.673 344 7	0.011	L-301.522
9.169 917	2.389 190		0.059 7	HYK78+374.316	$x_0=114.282\ 538\ 2$				0.023	
11.742 803	2.572 886		0.064 3		$y_0=471.275\ 852\ 7$				0.043	
14.181 955	2.439 152		0.061 0						0.015	
16.575 000	2.393 045		0.059 8						−0.012	
19.030 650	2.455 650		0.064 1		$\frac{90}{\pi C_1}=0.000\ 507\ 9413$				−0.024	
21.269 452	2.238 803		0.056 0	YHK78+475.838	$6C_1=338\ 400$	75.837	1.932 488 9	4.381 907 3	−0.042	
22.824 475	1.555 023		0.038 9			55.837	0.772 553 2	2.375 437 8	−0.053	
23.993 282	1.168 808		0.029 2			35.837	0.204 002 0	0.978 497 8	0.012	
24.570 279	0.576 997		0.014 4			15.837	0.017 600 9	0.191 087 4	0.002	
24.505 953	−0.064 326		−0.001 6	HZK78+555.838					−0.017	
24.578 235	0.072 282		0.001 8						0.004	
			0						0	

$\sum|\Delta|=0.461$m

表 1.12.6.3 中拨距累计值最小的是最后一行 $R=470$，以此为优化结果，其 $X'_0=114.01358$，$y'_0=471.21479$。

6. 缓和曲线选配

$p'_1=Y'_0-R_s=471.214\ 79-470=1.214\ 79$

$L'_2=\sqrt{24R_s\cdot p'_1}$

$=\sqrt{24\times470\times1.24785}=117.058\ 8$

取 $L_2=120$

$p_1=\dfrac{l_1^2}{24R_s}-\dfrac{l_1^4}{2\ 688R_s^3}=\dfrac{120^2}{24\times470}-\dfrac{120^4}{2\ 688\times470}$

$=127\ 585$

$m_2=\dfrac{l_2}{2}-\dfrac{l_1^3}{240R_s^2}=\dfrac{120}{2}-\dfrac{120^3}{240\times470^2}=59.967\ 41$

$y_0=R_s+p_1=470+1.2759=471.275\ 85$

$p'_2=(x_n-x_0)\sin\alpha-(y_0-y_n)\cos\alpha-R_s$

$=(386.462\ 312-114.013\ 581)\sin24°34'$

$+(471.275\ 85-78.294\ 431)\cos24°34'$

$-470=0.679\ 05$

$l'_2=\sqrt{24\cdot R_s\cdot P'_2}=\sqrt{24\times470\times0.679\ 05}$

$=87.519$

由于 R、l_1 都取整增大，此 l_2 就不宜向大的方向取整，

所以取 $l_2=80\text{m}$　　则 $p_2=0.567\ 23$

$m_2=39.990\ 34$

7. 曲线要素计算

$\Delta p=p_2-p_1=0.567\ 23-1.275\ 85$

$=-0.708\ 62$

$t=(R_s+P_1)\tan\dfrac{\alpha}{2}=(470+1.275\ 85)\tan\dfrac{24°34'}{2}$

$=102.611$

$T_1=t+m_1+\dfrac{\Delta p}{\sin\alpha}=102.611+59.967\ 41$

$+\dfrac{-0.708\ 62}{\sin24°34'}=160.874$

$T_2=t+m_2-\dfrac{\Delta p}{\tan\alpha}=102.611+39.990\ 34$

$-\dfrac{-0.708\ 62}{\tan24°34'}=144.152$

$L=\dfrac{\pi}{180}R\cdot\alpha+\dfrac{l_1+l_2}{2}=\dfrac{\pi}{180}\times470\times24°34'$

$+\dfrac{120+80}{2}=301.522$

8. 圆心坐标计算

前已算得 $Y_0=471.276$

$X_0=X_n-Y_n\cot\alpha-T_1+\text{m}_1$

$=386.462\ 312-78.294\ 431\times\cot24°34'$

$-160.874+59.967\ 41=114.283$

9. 主要点里程

ZH $(\text{K}78+200)+X_0-m_1=(\text{K}78+200)+114.283+59.967\ 41=\text{K}78+254.316$

HY$(\text{K}78+254.316)+l_1=\text{K}78+254.316+120$

$=\text{K}78+374.316$

HZ$(\text{K}78+254.316)+L=\text{K}78+254.316+301.522$

$=\text{K}78+555.838$

YH$(\text{K}78+555\cdot838)-l_2=\text{K}78+555.838-80$

$=\text{K}78+475.838$

10. 曲线长度差值计算

$\Delta l=(\text{K}78+555.838)$

$-(\text{K}78+600)-m_2$

$+\dfrac{(R_s+P_2)\cos\alpha-Y_0+Y_n}{\sin\alpha}$

$=(\text{K}78+555.838)-(\text{K}78+600)$

$-39.990\ 34$

$+\dfrac{(470+0.567\ 23)\cos24°34'-471.275\ 85+78.294\ 431}{\sin24°34'}=0.006\text{m}$

11. 拨距计算

第 17 栏：为 n 个计算中需用的常数，其中 $C_1=R\cdot l_2$　$C_2=R\cdot l_2$

第 18 栏 K 值：为缓和曲线地段拨距计算式(1.12.6.16、1.12.6.17)中之 K 值，如 3 号点的 $K=(\text{K}78+260)-(\text{K}78+254.316)=5.684\text{m}$，14 号点的 $K=(\text{K}78+555.838)-(\text{K}78+480)=75.838\text{m}$。

第 19 栏、20 栏分别为缓和曲线上点的支距 Y 和切线角 β，按照式(1.12.6.15)计算。

第 21 栏为拨距值 Δ，按测点所处曲线地段之不同，分别引用式(1.12.6.16)～式(1.12.6.18)计算。

(六)复曲线

多心复曲线由多个不同半径的圆曲线及缓和曲线组合而成，为减少篇幅，现只介绍二心复曲线。其拨距计算方法及步骤如下：

1. 既有曲线坐标计算，由 K' 值计算及曲率图绘制。

2. 选择曲线半径 R_1、R_2，计算圆心坐标 $O_1(X'_1$、$Y'_2)$、$O_2(X'_2$、$Y'_2)$。

3. 始端缓和曲线长度选配。

以上三项计算方法及算式与单曲线相同。

4. 终端缓和曲线长度 l_2 选配：如图 1.12.6.8 示。

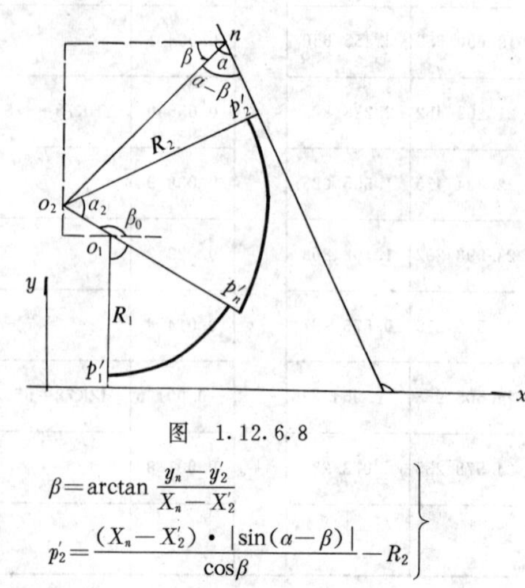

图　1.12.6.8

$$\left.\begin{aligned}&\beta=\arctan\frac{y_n-y'_2}{X_n-X'_2}\\&p'_2=\frac{(X_n-X'_2)\cdot|\sin(\alpha-\beta)|}{\cos\beta}-R_2\end{aligned}\right\}\quad(1.12.6.19)$$

$$l'_2=\sqrt{24R_2p'_2}$$

将 l_2' 取整为设计长度 l_2。

式中　α——复曲线总转向角 $\alpha=\alpha_1+\alpha_2$。

5. 中间缓和曲线长度 l_n 的选配：

半径分别为 R_1、R_2 的圆曲线，当曲率差大1/2 000时，应用缓和曲线(亦称中间缓和曲线)连接，中间缓和曲线 l_n 按下式计算：

$$\left.\begin{aligned}\beta_0&=\arctan\frac{y_2'-y_2'}{X_2'-X_1'}\\ p_n'&=|R_1-R_2|-\frac{X_2'-X_1'}{\cos\beta_0}\\ R_n&=\frac{R_1\cdot R_2}{|R_1-R_2|}\\ l_n'&=\sqrt{24R_n\cdot p_n'}\end{aligned}\right\}\quad(1.12.6.20)$$

若 $l_n'>0$，取整为设计中间缓和曲线长度 l_n。l_n 不得少于20m。

若 $l_n\leqslant0$，则 $l_n=0$，$p_n'=\frac{l_n^2}{24R_n}-\frac{l_n^4}{2688R_n^3}$

6. 圆心坐标 $O_1(X_1、Y_1)$ 计算：

由于按照 R_1、R_2、l_1、l_2、l_n 计算的 p_1、p_2、p_n，与 p_1'、p_2'、P_n' 必有差值，因而应调整圆心位置，计算圆心确定坐标。

(1)曲线转向角初步分配

$$\left.\begin{aligned}\alpha_1'&=\beta_0+S\cdot90\\ \alpha_1'&=\alpha-\alpha_1'\end{aligned}\right\}\quad(1.12.6.21)$$

式中　S——系数，当 $R_1>R_2$ 时，$S=1$；$R_1<R_2$ 时，$S=-1$。

(2)圆心坐标计算

a. 圆心坐标 y'_1 作纵向增减，由 O_1' 移至 A 点，如图 1.12.6.9 示，并应满足 $y_2=R_1+p_1$

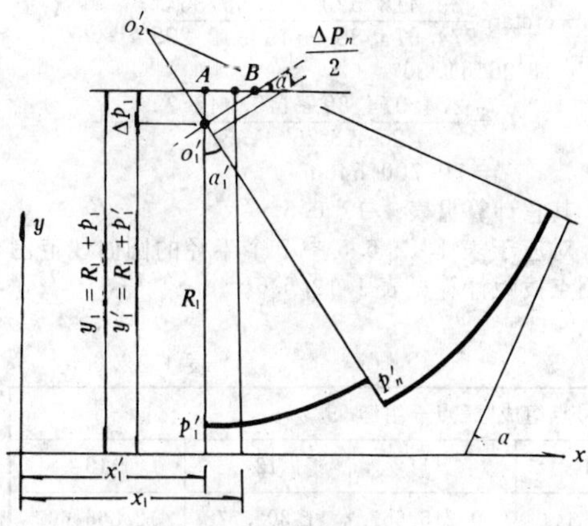

图　1.12.6.9

b. yZ_1 方向应保持圆心至 YZ_1 之距等于 R_1 不变，因此由 A 移至 B。

$$AB=\frac{p_1-p_1'}{\tan\alpha_1'}$$

c. l_n 的取整，产生 $\Delta p_n=S\cdot(p_n-p'_n)$ 因此需要调整曲线末端的位置。

由于 Δp_n 影响到 R_1、R_2 两个曲线，所以将其平均分配，每个圆曲线各修正 $\frac{\Delta p_n}{2}$。

圆心由 A 点沿 X 方向移动至 O_1，则

$$X_1=X'_1+\frac{p_1-p'_1}{\tan\alpha'_1}+\frac{\Delta p_n}{2\cdot\sin\alpha'_1}\quad(1.12.6.22)$$

7. 圆心 O_2 坐标调整计算：

$$\left.\begin{aligned}\Delta p_2&=p'_2-p_2\\ d&=\frac{\Delta p_2}{\tan\alpha'_2}+\frac{\Delta p_n}{2\sin\alpha'_2}\\ X_2&=X'_2+\Delta p_2\cos(\alpha-90)+d\cdot\cos\alpha\\ y_2&=y'_2+\Delta p_2\sin(\alpha-90)+d\cdot\sin\alpha\end{aligned}\right\}\quad(1.12.6.23)$$

8. 设计曲线转向角 α_1、α_2：

$$\left.\begin{aligned}&\beta_0=\arctan\frac{y_2-y_1}{x_2-x_1}\\ &若\quad \beta_0>270°\quad \alpha_1=\beta_0+S\cdot90-360\\ &\qquad\ \beta_0<270°\quad \alpha_1=\beta_0+S\cdot90\\ &\qquad\ \alpha_2=\alpha-\alpha_1\end{aligned}\right\}\quad(1.12.6.24)$$

9. 设计曲线要素：

(1)第一曲线

$$\left.\begin{aligned}t_1&=(R_1+P_1)\tan\frac{\alpha_1}{2}\\ \Delta p&=S_1\cdot p_n-p_1\\ T_{1-1}&=t_1+\Delta p/\sin\alpha_1+m_1\\ T_{1-2}&=t_1-\Delta p/\tan\alpha_1\\ L_1&=\frac{\pi}{180}\cdot R_1\cdot\alpha_1+\frac{l_1}{2}\end{aligned}\right\}\quad(1.12.6.25)$$

式中　S_1——系数，$R_1>R_2$时，$S_1=0$；$R_1<R_2$时，$S=1$。

(2)第二曲线

$$\left.\begin{aligned}t_2&=(R_2+p_2)\tan\frac{\alpha_2}{2}\\ \Delta p&=S_2\cdot p_n-p_2\\ T_{2-1}&=t_2-\Delta p/\tan\alpha_2\\ T_{2-2}&=t_2+\Delta p/\sin\alpha_2+m_2\\ L_2&=\frac{\pi}{180}\cdot R_2\cdot\alpha_2+\frac{l_2}{2}\end{aligned}\right\}\quad(1.12.6.26)$$

式中　S_2——系数　$R_1>R_2$时，$S_2=1$

$R_1<R_2$ 时，$S_2=0$

10. 设计曲线主要点里程计算(图 1.12.6.10)：

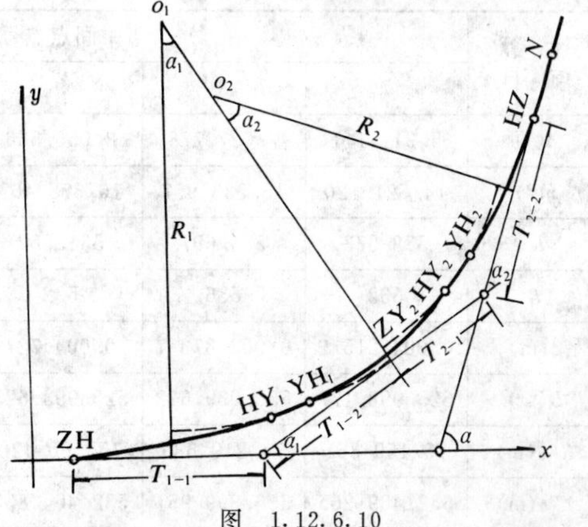

图　1.12.6.10

ZH 点里程＝曲线测量起点里程 $+X_1-m_1$

HY_1 点里程＝ZH 点里程 $+l_1$

YH_1 点里程＝ZH 点里程 $+L_1-\frac{l_n}{2}$

HY_2 点里程＝YH_1 点里程 $+l_n$

HZ 点里程＝ZH 点里程 $+L_1+L_2$

YH_2 点里程＝HZ 点里程 $-l_2$

11. 拨距计算：

复曲线的两端直线、两端缓和曲线及两个圆曲线地段的拨距计算，都与单曲线计算方法相同。只是在终端缓和曲线和终端拨距计算时，算式中的 α 应是复曲线的总偏角 α，不应使用 α_2。

中间缓和曲线 l_n 范围的拨距应分段计算：

(1) l_n 前半段（YH_1～$YH_1+\frac{l_n}{2}$）

K＝计算点里程－YH_1 点里程

$$\Delta=\sqrt{(X_j-X_1)^2+(Y_j-Y_1)^2}-R_1+S\cdot\frac{K^3}{6R_nl_n} \quad (1.12.6.27)$$

(2) l_n 后半段（$HY_2-\frac{l_n}{2}$～HY_2）

K＝HY_2 里程－计算点里程

$$\Delta=\sqrt{(X_j-X_2)^2+(Y_j-Y_2)^2}-R_2-S\cdot\frac{K^3}{6R_nl_n} \quad (1.12.6.28)$$

式中　X_j、Y_j——计算点既有线坐标；

S——系数，$R_1>R_2$ 时，$S=1$；

$R_1<R_2$ 时，$S=-1$。

算例：二心复曲线、带中间及两端缓和曲线（偏角法、坐标法）

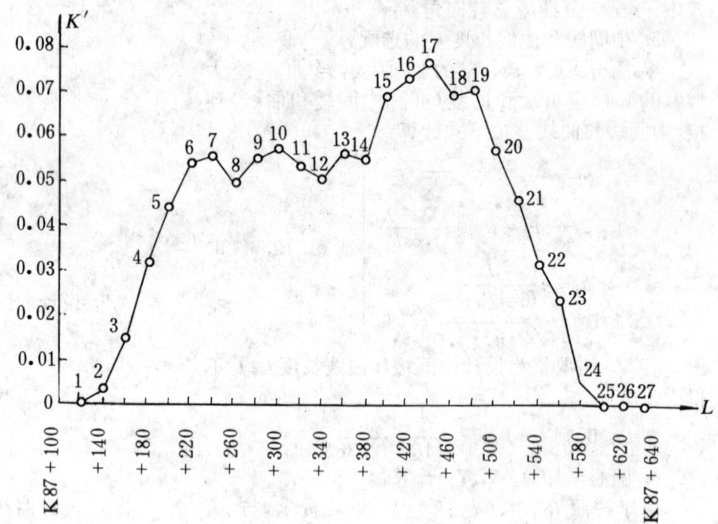

图　1.12.6.11

1. 表 1.12.6.9 中第 1～15 栏，同算例一。

2. 曲率图：比例尺为横 1∶4 000、纵 1∶1。绘制成图 1.12.6.11。

由曲率图可见：线路变位错动严重，这给曲线半径选择和缓和曲线选配的计算，必然带来困难。

3. 曲线半径选择及缓和曲线长度选配：

(1) 第一曲线：由曲率图选取 6、14 号点为两端固定点，与中间各点组合作局部优化，其中：

$$\beta=\arctan\frac{39.418\ 529-2.355\ 364}{274.974\ 89-119.942\ 299}=13°26'41.36''$$

$$L=\frac{274.974\ 89-119.942\ 299}{2\cos 13°26'41.36''}=79.700\ 546\text{m}$$

其它计算见表 1.12.6.5。

对应于表 1.12.6.5 中 7 个半径的圆曲线范围各测点拨距计算见表 1.12.6.6。

表 1.12.6.5

计算项目	中间点点号（与 6、14 号点组成“三点一组”）						
	7	8	9	10	11	12	13
δ(°)	5.911 111	7.027 778	8.055 556	9.119 444	10.216 667	11.302 778	12.366 667
η(°)	14.521 120	15.583 957	16.678 467	17.770 209	18.824 961	19.870 676	20.991 667
R_c	532.373	535.697	531.582	529.884	532.478	534.97	531.455
R	532	536	532	530	532	535	531
Δ(m)	0.004 215 2	0.003 373 7	0.004 727	0.001 322 6	－0.005 403 8	0.000 335 2	－0.005 157 0
D(m)	525.998 177	530.039 622	525.993 623	523.972 439	525.998 783	529.029 907	524.987 221
X'_0(m)	75.159 361	74.219 689	75.160 420	75.630 363	75.159 220	74.454 457	75.394 417
Y'_0(m)	532.469 265	536.399 951	532.464 853	530.499 044	532.469 854	535.417 908	531.486 015

表 1.12.6.6

半径 R(m)	各测点拨距 (mm)									拨距合计
	6	7	8	9	10	11	12	13	14	
532	2	0	−29	7	26	3	−23	5	2	97
536	−2	16	1	45	68	36	7	21	−2	198
532	−2	−4	−34	2	22	−8	−28	0	−2	102
530	−1	−13	−49	−18	1	−27	−43	−8	−1	161
532	3	1	−29	7	27	−2	−23	5	3	100
535	0	13	−6	36	58	27	0	17	0	157
531	3	−4	−37	−4	15	−13	−31	0	3	110

从表中拨距绝对值合计看，以 $R=532$ 最小，故采用值为 $R_1=532\text{m}$，$X'_1=75.159\ 361\text{m}$　$Y'_1=532.469\ 265\text{m}$

由 $p'_1=y'_1-R_1=0.469\ 265\text{m}$

可得 $l'_1=\sqrt{24R_1p_1}=\sqrt{24\times532\times0.469\ 265}=77.405\text{m}$

采用 $l_1=80\text{m}$

则 $p_1=0.501\ 152\text{m}$　$m_1=39.992\ 246$

(2)第二曲线：由曲率图选取 16、19 为两端固定点，与中间各点组合用圆心角法，作局部优化计算，其中

$$\beta=\arctan\frac{87.686\ 761-56.049\ 592}{362.249\ 873-311.337\ 097}$$
$$=31°51'24.46''$$
$$L=\frac{362.249\ 873-311.337\ 097}{2\cdot\cos\beta}$$
$$=29.971\ 040\text{m}$$

各组之曲线半径 R 及圆心坐标 X'_0、Y'_0 计算见表 1.12.6.7。

对应于表 1.12.6.7　2 个半径的圆曲线范围各测点拨距计算如表 1.12.6.8。

其中 $R_2=386\text{m}$ 时的拨距较小，故采用 $R_2=386\text{m}$

$x'_2=133\ 678\ 906$　$y'_2=398.734\ 553$

(3)终端缓和曲线选配：

$$p'_2=\frac{(x_n-x'_2)\cdot|\sin(\alpha-\beta)|}{\cos\beta}$$
$$=\frac{(480.517\ 209-133.678\ 906)\times|\sin(44.133\ 333+30.399\ 064\ 37|}{\cos(-30.399\ 064\ 3)}$$
$$=1.556\ 879\text{m}$$

$$\beta=\arctan\frac{y_n-y'_2}{x_n-x'_2}$$
$$=\frac{195.253\ 342-398.734\ 553}{480.517\ 209-133.678\ 906}$$
$$=-30.399\ 064\ 3$$

表 1.12.6.7

计算项目 \ 组合点号	17	18
δ(°)	28.884 100	30.419 256
η(°)	33.343 089	34.731 750
R_c	385.500	398.570
R	386	399
Δ_m	0.0015	0.0012
D(m)	384.834	397.872
X'_0(m)	133.679	126.797
Y'_0(m)	398.735	409.809

表 1.12.6.8

半径 R_2	各测点拨距 (mm)				拨距合计
	16	17	18	19	
386	−0.8	0.6	−33.5	−0.8	35.7
399	−0.6	34.6	0.5	−0.6	36.3

$$l'_2=\sqrt{24R_2p'_2}=\sqrt{24\times386\times1.556\ 879}$$
$$=120.095\text{m}$$

采用 $l_2=120\text{m}$　则　$p_2=1.553\ 063\text{m}$　$m_2=59.951\ 677\text{m}$

中间缓和曲线 l_n 选配：

$$\beta=\text{acrtan}\frac{y'_2-y'_1}{x'_2-x'_1}$$
$$=\frac{398.734\ 553-532.469\ 265}{133.678\ 906-75.159\ 361}$$
$$=-66.366\ 808°$$
$$p'_n=|R_1-R_2|-\frac{x'_2-x'_1}{\cos\beta}=|532-386|$$
$$-\frac{133.678\ 906-75.159\ 361}{\cos(-66.366\ 808)}$$
$$=0.022\ 224\ 1\text{m}$$

既有曲线测量资料				既有曲线坐标计算						
测点序号	置镜点	测点里程	偏角 φ (° ′ ″)	ΔL	β (° ′ ″)	γ (° ′ ″)	D	L_i	x_j	y_j
1	2	3	4	5	6	7	8	9	10	11
0	不	K87+100								
1		+120	0 01 10		0 01 10				19.999 999	0.006 787
2		+140	0 01 40		0 01 40	0 00 30	20.000 000	40.000 000	39.999 995	0.019 3925
3		+160	0 04 30		0 04 30	0 02 50	19.999 998	59.999 956	59.999 905	0.078 540
4		+180	0 14 40		0 14 40	0 10 10	19.999 971	79.998 878	79.998 150	0.341 303
5		+200	0 35 50		0 35 50	0 21 10	19.999 874	99.991 169	99.986 737	1.042 238
6	不	K87+220	1 07 30		1 07 30	0 31 40	19.999 717	119.965 424	119.942 299	2.355 364
7		+240	4 47 10		5 54 40				139.835 957	4.415 073
8		+260	5 54 10		7 01 40	1 07 00	19.998 734	39.991 137	159.632 981	7.248 301
9		+280	6 55 50		8 03 20	1 01 40	19.998 927	59.970 762	179.321 309	10.759 261
10		+300	7 59 40		9 07 10	1 03 50	19.998 851	79.928 252	198.860 264	15.023 445
11		+320	9 05 30	$\Delta L=20$	10 13 00	1 05 50	19.998 778	99.853 720	218.212 744	20.066 521
12		+340	10 10 40		11 18 10	1 05 10	19.998 802	119.744 814	237.364 682	25.824 592
13	不	K87+360	11 14 30		12 22 00	1 03 50	19.998 851	139.599 051	256.302 239	32.252 886
14		+380	8 37 30		20 59 30				274.974 890	39.417 529
15		+400	9 43 40		22 05 40	1 06 10	19.998 765	39.991 356	293.356 834	47.295 012
16		+420	11 01 00		23 23 00	1 17 20	19.998 313	59.959 310	311.337 097	56.049 592
17		+440	12 23 30		24 45 30	1 22 30	19.998 080	79.888 301	328.847 388	65.709 453
18		+460	13 49 50		26 11 50	1 26 20	19.997 898	99.760 137	345.814 992	76.293 231
19		+480	15 15 10		27 37 10	1 25 20	19.997 946	119.573 474	362.249 873	87.686 761
20		+500	16 40 20		29 02 20	1 25 10	19.997 954	139.314 160	378.103 278	99.876 418
21	不	K87+520	18 01 20		30 23 20	1 21 00	19.998 150	159.002 454	393.459 629	112.686 899
22		+540	11 18 00		41 41 20				408.394 973	125.988 610
23		+560	11 56 10		42 19 30	0 38 10	19.999 589	39.997 124	423.030 998	139.618 370
24		+580	12 27 50		42 51 10	0 31 40	19.999 717	59.991 750	437.439 803	153.488 302
25		+600	12 46 40		43 10 00	0 18 50	19.999 900	79.988 050	451.800 254	167.408 555
26		+620	12 58 10		43 21 30	0 11 30	19.999 963	99.985 775	466.156 701	181.333 028
27	不	K87+640	13 05 40		43 29 00	0 07 30	19.999 984	119.984 331	480.517 209	195.253 342

i_m　0 39 00　$\alpha=43°29'00''+0°39'00''=44°08'00''=44°$、133333

表 1.12.6.9

曲率图纵坐标 K' 值				设计曲线 主要点里程	拨距计算					备注
β (°)	$\Delta\beta$ (°)	ΔK m	K'			K (m)	y (m)	β (°)	最后拨距 Δ (m)	
12	13	14	15	16	17	18	19	20	21	
0.019 444			0							
0.036 111	0.016 667		0.0004						−0.007	JD90
0.169 444	0.133 333		0.0033	ZHK87+135.245		4.755	0.004 209 4	0.015 217 3	−0.019	α—44°08′00″
0.752 784	0.583 340		0.0146			24.755	0.059 404 4	0.412 483 3	−0.019	α_1—23°36′24″
2.008 456	1.255 672		0.0314		$\frac{90}{\pi C_2}=0.000\,618\,478$	44.755	0.351 031 3	1.348 243 0	0.010	R_1—532
3.764 589	1.756 133		0.0439		$6C_2=277\,920$	64.755	1.063 128 4	2.822 498 0	0.021	l_1—80
5.911 111	2.146 522		0.0537	HY1K87+215.245					0.027	l_n—30
8.144 515	2.233 404		0.0558						0.022	α_2—20°31′36″
10.111 097	1.966 581		0.0492		$x_2=133.693\,433$				−0.010	R_2—386
12.311 206	2.200 110		0.0550		$y_2=398.743\,33$				0.023	l_2—120
14.605 911	2.294 709	$\Delta K=40$	0.0574						0.039	L_1—259.192
16.733 518	2.127 606		0.0532						0.007	L_2—198.287
18.749 620	2.016 103		0.0504		$6C_n=253\,173.698\,6$				−0.017	T_{1-1}—150.019
20.991 667	2.242 046		0.0561						0.008	T_{1-2}—112.424
23.197 290	2.205 624		0.0551	YH1K87+379.437		0.563			0.002	T_{2-1}—74.250
25.961 424	2.764 134		0.0691			9.437			0.013	T_{2-2}—125.774
28.884 100	2.922 677		0.0731	HY2K87+409.437					0	
31.954 425	3.070 324		0.0768		$x_1=75.237\,764$				0.001	
34.731 750	2.777 325		0.0694		$y_1=532.501\,152$				−0.034	
37.556 624	2.824 874		0.0706	YH2K87+472.724		112.724	5.146 942 2	7.858 859	−0.003	
39.835 333	2.278 709		0.0570			92.724	2.866 778 7	5.317 550 1	0.007	
41.688 89	1.853 556		0.0463		$\frac{90}{\pi C_1}=0.000\,673\,117\,7$	72.724	1.383 625 1	3.271 023 5	0.023	
42.961 124	1.272 235		0.0318		$6C_1=255\,360$	52.724	0.527 333 9	1.719 279 1	0.019	
43.908 317	0.947 193		0.0237			32.724	0.126 092 4	0.662 317 0	0.027	
44.108 246	0.199 929		0.0050			12.724	0.007 412 9	0.100 137 0	−0.013	
44.124 908	0.016 662		0.0004	HZK87+592.724		0			−0.012	
44.108 2568	−0.016 652		−0.0004						−0.009	
			0						0	

$\Sigma|\Delta|=0.392$

$R_n=\frac{R_1R_2}{|R_1-R_2|}=\frac{532\times386}{|532-386|}=1406.520\ 55\text{m}$

$l'_n=\sqrt{24R_np'_n}$

$=\sqrt{24\times1406.520\ 55\times0.022\ 224\ 1}$

$=27.390\text{m}$

采用 $l_n=30\text{m}$，则 $p_n=0.026\ 661\text{m}$

4. 曲线转向角初步分配：由于 $R_1>R_2$，故 $S=1$

$\alpha'_1=-66.366\ 808°+90°=23.633\ 192°$

$\alpha'_2=44.133\ 333°-23.633\ 192°$

$=20.500\ 141°$

5. 设计圆心坐标调整计算：

$Y_1=R_1+p_1=532.501\ 152$

$\Delta p_n=p_n-p'_n=0.004\ 435\ 2$

$\Delta p_1=p_1-p'_1=0.501\ 152-0.469\ 265$

$=0.031\ 887$

$X_1=X'_1+\frac{\Delta p_1}{\tan\alpha'_1}+\frac{\Delta p_n}{2\sin\alpha'_1}$

$=75.159\ 361$

$+\frac{0.031\ 887}{\tan23.633\ 192°}$

$+\frac{0.004\ 435\ 2}{2\sin23.633\ 192°}=75.237\ 764\text{m}$

$\Delta p_2=p'_2-p_2=1.556\ 879-1.553\ 063$

$=0.003\ 816\text{m}$

$d=\frac{\Delta p_2}{\tan\alpha'_2}+\frac{\Delta p_n}{2\sin\alpha'_2}$

$=\frac{0.003\ 816}{\tan20.500\ 141°}$

$+\frac{0.004\ 435\ 2}{2\times\sin20.500\ 141°}$

$=0.016\ 538\text{m}$

$X_2=X'_2+\Delta p_2\cos(\alpha-90)+d\cdot\cos\alpha$

$=133.678\ 906+0.003\ 816\times\cos(44°08'00''$

$-90)+0.016\ 538\times\cos44°08'00''$

$=133.693\ 433$

$Y_2=Y'_2+\Delta p_2\sin(\alpha-90)+d\cdot\sin\alpha$

$=398.734\ 553+0.003\ 816\times\sin(44°08'00''$

$-90)+0.016\ 538\times\sin44°08'00''$

$=398.743\ 330$

6. 设计曲线转角计算：

$\alpha_1=\arctan\frac{Y_2-Y_1}{X_2-X_1}+90$

$=\arctan\frac{398.743\ 330-532.501\ 152}{133.693\ 433-75.237\ 764}+90°$

$=23°36'24''$

$\alpha_2=44°08'00''-23°36'24''=20°31'36''$

7. 设计曲线要素计算：

第一曲线：

$t_1=(R_1+p_1)\tan\frac{\alpha_1}{2}=(532+0.501\ 152)$

$\tan\frac{23°36'24''}{2}=111.278\text{m}$

$\Delta p=-p_1=-0.501\text{m}$

$T_{1-1}=t_1+\frac{\Delta p}{\sin\alpha_1}+m_1=111.277\ 6$

$+\frac{-0.501\ 2}{\sin23°36'24''}$

$+39.992\ 46=150.019\text{m}$

$T_{1-2}=t_1-\frac{\Delta p}{\tan\alpha_1}=111.277\ 6\ \frac{-0.501\ 2}{\tan23°36'24''}$

$=112.424\text{m}$

$L_1=\frac{\pi}{180}\cdot R_1\cdot\alpha_1+\frac{l_1}{2}=\frac{\pi}{180}\times532\times23°36'24''$

$+\frac{80}{2}=259.192\text{m}$

第二曲线：

$L_2=\frac{\pi}{180}\cdot R_2\cdot\alpha_2+\frac{l_2}{2}$

$=\frac{\pi}{180}\times386\times20°31'36''+\frac{120}{2}=198.287\text{m}$

$t_2=(R_2+p_2)\tan\frac{\alpha_2}{2}$

$=(386+1.553\ 063)\tan\frac{20°31'36''}{2}=$

70.174m

$\Delta p=p_n-p_2=0.026\ 661-1.553\ 063=$

-1.526m

$T_{2-1}=t_2-\frac{\Delta p}{\tan\alpha_2}=70.174-\frac{-1.526}{\tan20°31'36''}$

$=74.250\text{m}$

$T_{2-2}=t_2+\frac{\Delta p}{\sin\alpha_2}+m_2=70.174+\frac{-1.526}{\sin20°31'36''}+$

$59.951\ 667$

$=125.774\text{m}$

8. 设计曲线主要点里程推算（表 1.12.6.9）

ZH（K87＋100）＋ X_1-m_1 ＝K87＋100＋75.237 764－39.992 246＝K87＋135.245

HY_1(K87＋135.246)＋l_1

＝K87＋135.245＋80＝K87＋215.245

$\text{YZ}_1=\text{ZY}_2$ ＝（K87＋135.245）＋L_1＝K87＋135.245＋259.192

＝K87＋394.437

YH_1(K87＋394.437)－$\frac{l_n}{2}$

＝K87＋394.437－$\frac{30}{2}$＝K87＋379.437

HY_2（K87＋394.437）＋$\frac{l_n}{2}$＝K87＋394.437＋$\frac{30}{2}$＝K87＋409.437

HZ(K87＋394.437)＋L_2

＝K87＋394.437＋198.287＝K87＋592.724

YH_2(K87＋592.724)－l_2

＝K87＋592.724－120＝K87＋472.724

9. 拨距计算：第一曲线 1～13 号点及第二曲线 16～27 号点按单曲线方法计算。中间缓和曲线 14、15 号点按式(1.12.6.27)式(1.12.6.28)计算。

（七）同向曲线、反向曲线

多个曲线联测，其既有曲线坐标计算、转角划分，第一曲线半径及缓和曲线选配与单曲线相同。其它可按照下述办法，但应注意算式中 α、X_n、Y_n 值的代入，正负号的使用。

1. 既有曲线坐标计算同单曲线。连续曲线的偏角，皆以第一曲线之偏转方向(向心侧)加正值。

2. 按单曲线算法，选择圆曲线半径 R_1、R_2 及圆心坐标 $O_1(X'_1、Y'_1)$、$O_2(X'_2、Y'_2)$计算。

3. 曲线转角的划分：在夹直线最顺直地段选两个测点，其序号为 i、$i+1$，以 i 为分界点，用该点坐标可求：

$$\left.\begin{aligned}\alpha_1&=\arctan\frac{Y_{i+1}-Y_i}{X_{i+1}-X_i}\\ \alpha_2&=\alpha-\alpha_1\end{aligned}\right\}\qquad(1.12.6.29)$$

式中　α——两个连测曲线的总偏角。

4. 第一曲线的缓和曲线长度选配，圆心坐标调整计算，同单曲线算法。在相应的计算公式中，以 α_1 代替算式中 α，以夹直线上分界点 i 点坐标 X_i、Y_i 代替终点坐标 X_n、Y_n。以第一曲线圆心坐标 X'_1、Y'_1 代替 X'_0、Y'_0。

5. 第二曲线的缓和曲线长度选配：

$$\left.\begin{aligned}\eta&=\arctan\frac{Y'_2-Y}{X'_2-X}\\ p'&=\frac{X'_2-X}{\cos\eta}\cdot|\sin(\alpha-\eta)|-R_2\\ l'&=\sqrt{24R_2p'}\end{aligned}\right\}\qquad(1.12.6.30)$$

(1)始端缓和曲线：以分界点坐标 X_i、Y_i 代替 X、Y，以 α_1 代 α，计算得 l'_1，取整为 l_1。

(2)终端缓和曲线：以测量终点 X_n、Y_n 代替 X、Y、以连测曲线总偏角代入 α，计算得 l'_2 取整为 l_2。

6. 第二曲线各主要点里程计算。在算出曲线要素 p_1、m_1、p_2、m_2、T_1、T_2 之后，可计算：

$$\left.\begin{aligned}\beta&=\arctan\frac{Y_n-Y_i}{X_n-X_i}\\ \mu&=S\cdot(\beta-\alpha_1)\\ X&=\frac{X_n-X_i}{\cos\beta}(\cos\mu-\frac{\sin\mu}{\tan\alpha_2})-T_2\end{aligned}\right\}\qquad(1.12.6.31)$$

ZH 点里程＝分界点里程＋X

式中　S——系数，同向曲线 $S=1$；反向曲线 $S=-1$。

在算出第二曲线 ZH 点里程后，应即检查夹直线长度是否满足规范规定及设计原则之要求。若不能满足要求，应采取适当措施改善之。如改小第一曲线的 l_2 或第二曲线的 l_1，改小曲线半径 R_1 或 R_2。这些都应通过试算，择优选用。

7. 第二曲线圆心坐标计算：

$$\left.\begin{aligned}X_2&=X_i+(X+m_1)\cos\alpha_1-S\cdot(R_2+p_1)\sin\alpha_1\\ Y_2&=Y_i+(X+m_1)\sin\alpha_1+S\cdot(R_2+p_1)\cos\alpha_1\end{aligned}\right\}\qquad(1.12.6.32)$$

式中　m_1、p_1——第二曲线始端缓和曲线的切垂距及内移距。

8. 拨距计算：

(1)第一曲线(曲线测量起点～夹直线上分界点 i)

同单曲线之算法，使用算式时，应以 α_1 代替 α，以分界点 i 代替测量终点 n，以 X_1、Y_1 代替 X_0、Y_0。

(2)第二曲线(分界点 i 之下一点～曲线测量终点)

始直线地段：

$$\Delta=(X_j-X_i)\sin\alpha_1-(Y_j-Y_i)\cos\alpha_1\qquad(1.12.6.33)$$

始端缓和曲线地段：

以 $C=R_2\cdot l_1$　K＝测点里程—ZH 里程

代入式(1.12.6.15)求得 Y、β，则

$$\Delta=\frac{Y+S[(X_j-X_i)\sin\alpha_1-(Y_j-Y_i)\cos\alpha_1]}{\cos\beta}\qquad(1.12.6.34)$$

圆曲线地段：$\Delta=\sqrt{(X_j-X_2)^2+(Y_j-Y_2)^2}-R_2$　(1.12.6.35)

终端缓和曲线地段：

以 $C=R_2\cdot l_2$　K＝HZ 点里程－测点里程

代入式(1.12.6.15)求得 Y、β，则

$$\Delta=\frac{Y+S[(X_j-X_n)\sin\alpha-(Y_j-Y_n)\cos\alpha]}{\cos\beta}\qquad(1.12.6.36)$$

式中，x_n、y_n——曲线测量终点 n 坐标；α——曲线总偏角。

终端直线地段：

$$\Delta=S\cdot[(X_j-X_n)\sin\alpha-(Y_j-Y_n)\cos\alpha]\qquad(1.12.6.37)$$

算例：反向曲线不等长缓和曲线(偏角法、坐标法)

1. 第 1～15 栏与单曲线的算法相同。应注意第 3 栏偏角 φ 的代数值：本例第一曲线转角为左偏，第 1～24 号点为左偏角。第 25～34 号点及 i_m 皆为右偏角，故用负值。

2. 曲率图：用横 1：4 000、纵 1：0.5 之比例尺绘制曲率图(见图 1.12.6.12)。

3. 曲线转角 α_1、α_2 计算：由曲率图可见，19～20 号点之连线与基线(L 轴)近于吻合故取 19 号点为夹直线分界点。

$$\alpha_1=\arctan\frac{61.716\ 557-55.476\ 031}{392.065\ 771-373.064\ 302}=18°10'53''$$

$$\alpha_2=18°10'53''-14°21'34''=3°49'19''$$

4. 曲线半径选择及缓和曲线长度选配：

(1)第一曲线：曲率图上 9～11 点为圆曲线范围，以此 3 点计算 R_C。

$$\beta=\arctan\frac{y_c-y_a}{x_c-x_a}=\frac{11.599\ 908-5.514\ 398}{219.330\ 803-179.802\ 325}=8.752\ 117°$$

$$L=\frac{x_c-x_a}{2\cdot\cos\beta}=\frac{219.330\ 803-179.802\ 325}{2\cos8°45'07.62''}=19.997\ 087\text{m}$$

$$\delta=\arctan\frac{y_b-y_a}{x_b-x_a}=\frac{8.230\ 694-5.514\ 398}{199.616\ 636-179.802\ 325}=7.805\ 884°$$

$$\eta=\arctan=\frac{y_c-y_b}{x_c-x_b}$$

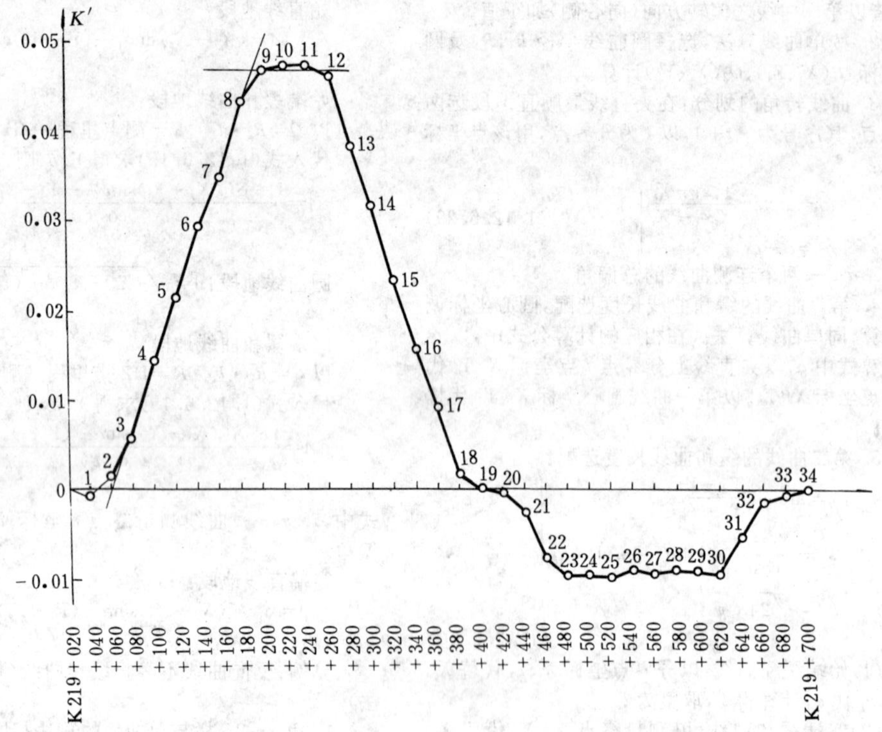

图 1.12.6.12

$$=\frac{11.599\ 908-8.230\ 694}{219.330\ 803-199.616\ 636}$$

$$=9.698\ 333°$$

$$|R_c|=\frac{x_b-x_a}{2\cos\delta\cdot\sin|\eta-\beta|}$$

$$=(199.616\ 636-179.802\ 325)$$

$$\div(2\cos 7.805\ 884°\cdot\sin|9.698\ 333-8.752\ 117°|)=605.542\text{m}$$

取 $R_1=610\text{m}$

$$\Delta=\left[\frac{\pi}{180}(\eta-\delta)\right]^2\cdot(R_1-R_C)\cdot\frac{R_C}{2R_1}$$

$$=\left[\frac{\pi}{180}(9.698\ 333-7.805\ 884)\right]^2\cdot(610-605.542)\times\frac{605.542}{2\times 610}$$

$$=0.002\ 414\text{m}$$

$$D=\sqrt{R_C{}^2-L^2}+R_1-R_C+\frac{\Delta}{2}$$

$$=\sqrt{605.542^2-19.997\ 087^2}+610-605.542+\frac{0.002414}{2}$$

$$=609.670\ 93\text{m}$$

$$x'_0=\frac{x_c+x_a}{2}+D\cdot\cos(\beta+90°)$$

$$=\frac{219.330\ 803+179.802\ 325}{2}+609.670\ 93\times\cos(8.752\ 117°+90°)$$

$$=106.799\ 09\text{m}$$

$$y'_0=\frac{y_c-y_a}{2}+D\cdot\sin(\beta+90°)$$

$$=\frac{11.599\ 908-5.514\ 398}{2}+609.670\ 93\times\sin(8.752\ 117°+90°)$$

$$=611.129\ 01\text{m}$$

(2)第一曲线缓和曲线选配：

始端缓和曲线

$$p'_1=y'-R_1=611.129\ 01-610=1.129\ 01\text{m}$$

$$l'_1=\sqrt{24R_1p^1}=\sqrt{24\times 610\times 1.129\ 01}=128.56\text{m}$$

取 $l_1=130\text{m}$，则 $p_1=1.153\ 49\text{m}$ $m_1=64.975\ 40\text{m}$

$$y_{01}=R_1+p_1=610+1.153\ 49=611.153\ 49\text{m}$$

终端缓和曲线

$$p'_2=(x_n-x_0)\sin\alpha_1+(y_0-y_n)\cos\alpha_1-R_1$$

$$=(373.064\ 302-106.799\ 093)\sin 18°10'53''+(611.129\ 008-55.476\ 031)\cos 18°10'53''-610=0.992\ 90\text{m}$$

$$l'_2=\sqrt{24R_1p'_2}=\sqrt{24\times 610\times 0.992\ 90}=120.566\text{m}$$

取 $l_2=120\text{m}$，则 $p_2=0.983\ 27\text{m}$，$m_2=59.980\ 65\text{m}$

(3)第二曲线：从曲率图上估计 23～30 号点为圆曲线范围，线路尚较圆顺，故可选三点作为一组，直接计算 R_C。取 23、26、30 三点试算。

$$\beta=\arctan\frac{y_c-y_a}{x_c-x_a}$$
$$=\arctan\frac{119.305\ 853-80.245\ 217}{583.560\ 340-449.132\ 855}$$
$$=16.202\ 296°$$
$$L=\frac{x_c-x_a}{2\cos\beta}$$
$$=\frac{583.560\ 340-449.132\ 855}{2\times\cos16°.202\ 296}$$
$$=69.993\ 72\text{m}$$
$$\delta=\arctan\frac{y_b-y_a}{x_b-x_a}$$
$$=\arctan\frac{97.752\ 533-80.245\ 217}{506.520\ 780-449.132\ 855}$$
$$=16.965\ 358°$$
$$\eta=\arctan\frac{y_c-y_b}{x_c-x_b}$$
$$=\arctan\frac{119.305\ 853-97.752\ 533}{583.560\ 340-506.520\ 780}$$
$$=15.630\ 000°$$
$$R_c=\frac{x_b-x_a}{2\cdot\cos\delta\cdot\sin|\eta-\beta|}$$
$$=(506.520\ 780-449.132\ 855)\div(2\cdot\cos16.965\ 358°\cdot\sin|15.630\ 000°-16.202\ 296°|)$$
$$=3\ 003.4690\ 0\text{m}$$

取 $R_2=3\ 000\text{m}$

$$\Delta=\left[\frac{\pi}{180}(\eta-\delta)\right]^2(R_2-R_C)\frac{R_C}{2R_2}$$
$$=\left[\frac{\pi}{180}(15.630\ 000-16.965\ 358°)\right]^2(3\ 000-3\ 003.469\ 0)\times\frac{3\ 003.469\ 0}{2\times3\ 000}$$
$$=-0.000\ 943\text{m}$$
$$D=-\left(\sqrt{R_C{}^2-L^2}+R_2-R_C+\frac{\Delta}{2}\right)$$
$$=-(\sqrt{3\ 003.469^2-69.993\ 72^2}+3\ 000-3\ 003.469\ 0)=-2\ 999.184\ 31\text{m}$$
$$X'_2=\frac{x_c+x_a}{2}+D\cos(\beta-90)$$
$$=\frac{583.560\ 340+449.132\ 855}{2}+2\ 999.184\ 31\times\cos(16.202\ 296°-90°)$$
$$=1\ 353.207\ 76\text{m}$$
$$Y'_2=\frac{Y_c+Y_a}{2}+D\sin(\beta-90°)$$
$$=\frac{119.305\ 853+80.245\ 217}{2}+2\ 999.184\ 31\times\sin(16.202\ 296°-90°)$$
$$=-2\ 780.288\ 68\text{m}$$

(4)第二曲线的缓和曲线选配：

a、始端缓和曲线

$$\eta=\arctan\frac{y'_2-y}{x'_2-x}$$
$$=\frac{-2\ 780.288\ 68-55.476\ 031}{1\ 353.207\ 76-373.064\ 302}$$
$$=-70°55'58.76''$$
$$p'_1=\frac{x^1_2-x}{\cos\eta}|\sin(\alpha_1-\eta)|-R_2$$
$$=\frac{1353.207\ 76-373.064\ 302}{\cos(-70°55'58.76'')}|\sin(18°10'53''+70°55'58.76'')|-3\ 000=0.015\ 6$$
$$l'_1=\sqrt{24R_2p'_1}=\sqrt{24\times3\ 000\times0.015\ 6}$$
$$=33.514\text{m}$$

取 $l_1=30\text{m}$，则 $p_1=0.012\ 500\text{m}$，$m_1=14.999\ 988\text{m}$

b. 终端缓和曲线

$$\eta=\arctan\frac{y'_2-y}{x'_2-x}$$
$$=\frac{-2\ 780.288\ 68-139.316\ 680}{1\ 353.207\ 76-661.016\ 936}$$
$$=-76.662\ 363°$$
$$p'_2=\frac{x'_2-x}{\cos\eta}\cdot|\sin(\alpha-\eta)|-R_2$$
$$=\frac{1\ 353.207\ 76-661.016\ 936}{\cos(-76.662\ 363°)}\times|\sin(14°21'34''+76.662\ 363°)|-3\ 000=0.060\ 2\text{m}$$
$$l'_n=\sqrt{24R_2p'_2}=\sqrt{24\times3\ 000\times0.060\ 2}=65.836\text{m}$$

取 $l_2=70\text{m}$，则 $p_2=0.068\ 055\text{m}$，$m_2=34.999\ 841\text{m}$

5. 曲线要素计算

(1)第一曲线

$$\Delta p=p_2-p_1=0.983\ 27-1.153\ 49=-0.170\ 22\text{m}$$
$$t=(R_1+p_1)\tan\frac{\alpha_1}{2}=(610+1.153\ 49)\tan\frac{18°10'53''}{2}$$
$$=97.789\text{m}$$
$$T_1=t+\frac{\Delta p}{\sin\alpha_1}+m_1=97.789\ 1+\frac{-0.170\ 22}{\sin18°10'53''}+64.975\ 40=162.219\text{m}$$
$$T_2=t-\frac{\Delta p}{\tan\alpha_1}+m_2=97.789\ 1\ \frac{-0.170\ 22}{\tan18°10'53''}+59.980\ 65=158.288\text{m}$$
$$L=\frac{\pi}{180}R_1\alpha_1+(l_1+l_2)/2$$
$$=\frac{\pi}{180}\times610\times18°10'53''+\frac{130+120}{2}=318.568\text{m}$$

(2)第二曲线

$$\Delta p=p_2-p_1=0.068\ 055-0.012\ 500$$
$$=0.055\ 555\text{m}$$
$$t=(R_2+p_1)\tan\frac{\alpha_2}{2}=(3\ 000+0.012\ 500)\tan\frac{3°49'19''}{2}=100.095\ 8\text{m}$$
$$T_1=t+\frac{\Delta p}{\sin\alpha_2}+m_1$$
$$=100.095\ 8+\frac{0.055\ 555}{\sin3°49'19''}+14.999\ 988$$
$$=115.929\text{m}$$
$$T_2=t-\frac{\Delta p}{\tan\alpha_2}+m_2$$
$$=100.095\ 8-\frac{0.055\ 555}{\tan3°49'19''}+34.999\ 841$$
$$=134.264\text{m}$$

既有曲线测量资料				既有曲线坐标计算						
测点序号	置镜点	测点里程	偏角 φ (° ′ ″)	ΔL	β (° ′ ″)	γ (° ′ ″)	D	L_i	x_j	y_j
1	2	3	4	5	6	7	8	9	10	11
0	不	K219+020								
1		+040	0 01 38		0 01 38				19.999 998	0.009 502
2		+060	0 00 34		0 00 34	0 01 04	20.000 000	39.999 998	39.999 997	0.006 593
3		+080	0 01 16		0 01 16	0 00 42	20.000 000	59.999 995	59.999 991	0.022 108
4		+100	0 04 48		0 04 48	0 03 32	19.999 996	79.999 865	79.999 789	0.111 701
5		+120	0 13 44		0 13 44	0 08 56	19.999 977	99.998 492	99.997 694	0.399 479
6		140	0 28 08		0 28 08	0 14 24	19.999 942	119.993 169	119.989 151	0.981 972
7		+160	0 48 25		0 48 25	0 20 17	19.999 884	139.978 430	139.964 547	1.971 368
8		+180	1 14 01		1 14 01	0 25 36	19.999 815	159.947 182	159.910 110	3.443 489
9		+200	1 45 24		1 45 24	0 31 23	19.999 722	179.886 866	179.802 325	5.514 398
10	不	K219+220	2 21 40		2 21 40	0 36 16	19.999 629	199.786 250	199.616 636	8.230 694
11		+240	7 20 14		9 41 54				219.330 803	11.599 908
12		+260	8 16 51		10 38 31	0 56 37	19.999 096	39.993 671	238.922 432	15.616 360
13		+280	9 12 36		11 34 16	0 55 45	19.999 123	59.977 017	258.374 710	20.261 123
14		+300	10 03 27		12 25 07	0 50 51	19.999 271	79.950 041	277.696 044	25.424 155
15	不	K219+320	10 49 08		13 10 48	0 45 41	19.999 411	99.914 155	296.898 907	31.012 222
16		+340	3 58 17		17 09 05				316.009 485	36.910 171
17		+360	4 16 44	$\Delta L=20$	17 27 32	0 18 27	19.999 904	39.999 328	335.055 565	43.012 876
18		+380	4 30 03		17 40 51	0 13 19	19.999 950	59.999 378	354.063 150	49.234 591
19	不	K219+400	4 37 36		17 48 24	0 07 33	19.999 984	79.999 783	373.064 302	55.476 031
20		+420	0 22 29		18 10 53				392.065 771	61.716 557
21		+440	0 21 52		18 10 16	−0 00 37	20.000 000	39.999 999	411.069 477	67.950 267
22		+460	0 19 41		18 08 05	−0 02 11	19.999 999	59.999 974	430.083 914	74.151 167
23		+480	0 13 46		18 02 10	−0 05 55	19.999 990	79.999 608	449.132 855	80.245 217
24		+500	0 05 35		17 53 59	−0 08 11	19.999 981	99.998 456	468.222 422	86.210 757
25		+520	−0 03 44		17 44 40	−0 09 19	19.999 976	119.996 228	487.351 952	92.047 515
26	不	K219+540	−0 13 46		17 34 38	−0 10 02	19.999 972	139.992 622	506.520 780	97.752 533
27		+560	−1 22 36		16 12 02				525.726 600	103.332 541
28		+580	−1 34 26		16 00 12	−0 11 50	19.999 961	39.999 724	544.970 341	108.780 188
29		+600	−1 45 40		15 48 58	−0 11 14	19.999 964	59.999 047	564.248 347	114.105 322
30		+620	−1 56 50		15 37 48	−0 11 10	19.999 965	79.997 746	583.560 340	119.305 853
31		+640	−2 08 09		15 26 29	−0 11 19	19.999 964	99.995 543	602.906 816	124.376 595
32		+660	−2 17 53		15 16 45	−0 09 44	19.999 973	119.993 111	622.272 531	129.373 395
33		+680	−2 25 20		15 09 18	−0 07 27	19.999 984	139.991 323	641.643 309	134.350 577
34	不	K291+700	−2 31 10		15 03 28	−0 05 50	19.999 990	159.989 501	661.016 936	139.316 680
		i_m	−0 41 54							

$\alpha=15°03'28''-0°41'54''=14°21'34''$　　$\Sigma|\Delta|=0.246\text{m}$

表 1.12.6.10

曲率图纵坐标 K' 值				设计曲线主要点里程	拨距计算				最后拨距 Δ (m)	备注
β (°)	$\Delta\beta$ (°)	ΔK (m)	K′			K (m)	y (m)	β (°)		
12	13	14	15	16	17	18	19	20	21	
0.027 222			0							
−0.008 333	−0.035 556		−0.000 9						−0.010	ID 73
0.044 444	0.052 778		0.001 3						−0.007	α_z−18°10′53″
0.256 667	0.212 222		0.005 3	ZHK219+061.930	$\frac{90}{\pi C_2}=0.000\ 136\ 419$ $6C_2=126\ 000$	18.070	0.012	0.012 400 8	−0.010	R_1−610
0.824 454	0.567 787		0.014 2			38.070	0.116	0.115 963 6	0.004	l_1−130
1.668 959	0.844 504		0.021 1			58.070	0.412	0.411 544 7	0.012	l_2−120
2.835 586	1.166 628		0.029 2			78.070	1.000	0.999 959 2	0.018	T_1−162.219
4.221 171	1.385 585		0.034 6			98.070	1.982	1.981 846 4	0.010	T_2−158.288
5.943 455	1.722 284		0.043 1			118.070	3.457	3.457 438 9	0.014	L−318.568
7.805 883	1.862 428		0.046 6	HYK219+191.930	$x_2=1\ 353.052\ 683$ $y_2=-2\ 780.336\ 62$				+0.011	夹直线长
9.698 333	1.892 450		0.047 3						0.010	50.715m
11.585 598	1.887 265		0.047 2						0.004	JD 74
13.429 476	1.843 878		0.046 1						−0.005	α_y−3°49′19″
14.960 971	1.531 495		0.038 3	YHK219+260.498	$\frac{90}{\pi C_1}=0.000\ 318\ 31$ $6C_1=540\ 000$	100.498	2.310	2.310 267 5	−0.019	R_2−3000
16.225 087	1.264 116		0.031 6			80.498	1.187	1.187 496 0	−0.018	l_1−30
17.151 389	0.926 302		0.023 2			60.498	0.504	0.504 128 6	−0.019	l_2−70
17.766 390	0.615 002		0.015 4			40.498	0.151	0.151 228 8	−0.012	T_1−115.929
18.124 719	0.358 329		0.009 0			20.498	0.019	0.019 609 7	0.001	T_2−134.280
18.184 159	0.594 40	$\Delta K=40$m	0.001 5			0.498	0.000	0.000 000 3	0.001	L−250.117
18.181 389	−0.002 770		0.000 1	HZK219+380.498					0	
18.160 833	−0.025 556		−0.000 5						0	
18.061 944	−0.098 889		−0.002 5	ZHK219+431.213	$\frac{90}{\pi C_2}=0.000\ 391\ 364\ 6$ $6C_2=439\ 200$	8.787	0.001	0.001 256 4	−0.006	
17.740 277	−0.321 668		−0.008 0			28.787	0.044	0.044 176 9	−0.005	
17.354 161	−0.386 115		−0.009 7	HYK219+461.213					0	
16.968 044	−0.386 117		−0.009 7						0.003	
16.573 869	−0.394 175		−0.009 7		$x_0=106.905\ 767$ $y_0=611.153\ 903$				0.005	
16.200 556	−0.373 314		−0.009 9						0.002	
15.806 111	−0.394 445		−0.009 3						0.003	
15.441 667	−0.364 444		−0.009 7						−0.001	
15.071 667	−0.370 000		−0.009 1						0.001	
14.686 944	−0.384 723		−0.009 3			61.33	0.183	0.183 082 1	0.007	
14.468 064	−0.218 879		−0.009 6	YHK219+611.330	$\frac{90}{\pi C_1}=0.000\ 361\ 259\ 6$ $6C_1=475\ 800$	41.33	0.056	0.056 030 6	−0.006	
14.410 022	−0.058 042		−0.005 5			21.33	0.008	0.007 702 0	−0.016	
14.377 249	−0.032 773		−0.001 5			1.33	0.000	0.000 000 9	−0.006	
			−0.000 8						0	
			0	HZK219+681.330						

$L=\frac{\pi}{180}R_2\alpha_2+(l_1+l_2)/2$

$=\frac{\pi}{180}\times 3\ 000\times 3°49'\ 19''+\frac{30+70}{2}$

$=250.117\text{m}$

6. 圆心坐标调整及主要点里程

(1)第一曲线

$Y_1=R_1+P_1=610+1.153\ 49$

$=611.153\ 49\text{m}$

$X_1=x_n-Y_n\cot\alpha-T_1+m_1$

$=373.064\ 302-55.476\ 031\times\cot 18°10'\ 53''$

$-162.219+64.975\ 40$

$=106.905\text{m}$

ZH (K219+020)+X_1-m_1

=K219+020+106.905−64.975 40

=K219+061.930

HY (K219+061.93)+l_1

=K219+061.930+130

=K219+191.930

HZ (K219+061.930)+L

=K219+061.930+318.568

=K219+380.498

YH (K219+380.498)−l_2=K219+380.498−120=K219+260.498

(2)第二曲线

$\beta=\tan\frac{y_n-y_i}{x_n-x_i}$

$=\tan\frac{139.316\ 680-55.476\ 031}{661.016\ 936-373.064\ 302}$

$=16.233\ 513°=16°14'\ 01''$

$\mu=s\cdot(\beta-\alpha_1)=18°10'\ 53''-16°14'\ 01''$

$=1.947\ 876°$

$X=\frac{x_n-x_i}{\cos\beta}\left(\cos\mu-\frac{\sin\mu}{\tan\alpha_2}\right)-T_1$

$=\frac{661.016\ 936-373.064\ 302}{\cos 16°14'\ 01''}$

$\left(\cos 1.947\ 876°-\frac{\sin 1.947\ 876°}{\tan 3°49'\ 19''}\right)-115.929$

$=31.213\ 062$

$x_2=x_i+(X+m_1)\cos\alpha_1+(R_2+p_1)\sin\alpha_1$

$=373.064\ 302+$

$(31.213\ 062+14.999\ 988)$

$\cos 18°10'\ 53''+130\ 00$

$+0.012\ 500)\times\sin 18°10'\ 53''$

$=1353.052\ 97$

$y_2=y_i+(X+m_1)\sin\alpha_1-(R_2+p_1)\cos\alpha_1$

$=55.476\ 031+(31.213\ 062$

$+14.999\ 988)\sin 18°10'\ 53''$

$-(3\ 000+0.012\ 500)$

$\times\cos 18°10'\ 53''$

$=-2\ 780.336\ 52$

ZH(K219+400)+X

=K219+400+31.213 062

=K219+431.213

HY(K219+431.213)+l_1

=K219+431.213+30

=K219+461.213

HZ(K219+431.213)+L

=K219+431.213+250.117=K219+681.330

YH(K219+681.330)−l_2=K219+681.330−70

=K219+611.330

夹直线长度(K219+431.213)−(K219+380.498)=50.715m

7. 拨距计算

第一曲线 1～19 号点按单曲线算法。

第二曲线:按式(1.12.6.32)～(1.12.6.35)计算之。本例为反向曲线。取 $S=-1$

二、渐伸线法曲线整正计算

利用渐伸线原理进行曲线拨距计算的方法早已广泛运用。它计算比较简单,易于手工计算。测绘曲线常用的偏角法、矢距法、正矢法等方法均可采用渐伸线法进行拨距计算,不同的测量方法用渐伸线法计算拨距,仅渐伸线长度的计算方法不同。现以现场中常用的偏角法为例介绍曲线整正计算方法。

(一)渐伸线长度计算

1. 渐伸线长度 E_j 的计算公式

(1)基本公式

$$E_j=\varphi\cdot l \quad (1.12.6.36)$$

式中 φ——测点偏角(rad);

l——测点距置镜点之曲线长度(m)。

由上式可知,无论既有线是直线、缓和曲线、圆曲线,其渐伸线长度为:

E_j=测点偏角的弧度值×测点距置镜点的中线长

(2)第一置镜点(在始端直线上测量起点)范围内各测点渐伸线长:

$$E_j=\varphi\cdot l$$

(3)曲线上任意点测设范围内各测点的渐伸线长度如图 1.12.6.13 示,置镜于 A 点时,前视测点 B 偏角为 φ_B,曲线长为 l_B,则 B 点渐伸线长为:

$$E_B=E_A+l_B\beta_B$$
$$=E_A+l_B(\varphi_B+\beta_A) \quad (1.12.6.37)$$

式中 E_A——置镜点 A 的渐伸线长;

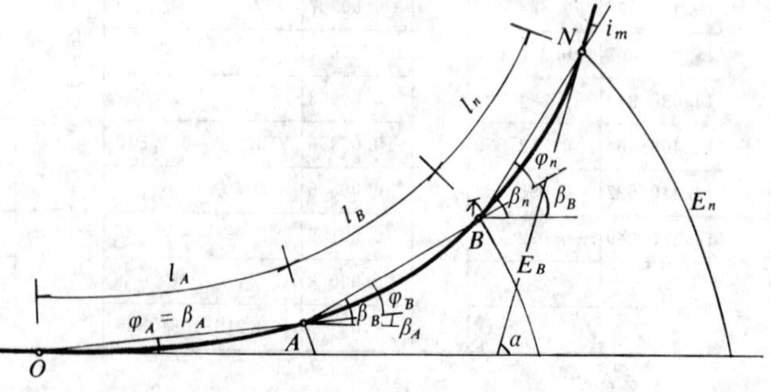

图 1.12.6.13

β_A——AB 弦线与始切线之夹角(rad)，

$$\beta_B=\beta_A+\varphi_B$$

β_A——弦线 OA 与始切线之夹角(rad)。

2. E_j 的一次差值 ΔE_j、二次差值 $\Delta^2 E_j$ 计算

既有线渐伸线长度 E_j 的二次差值 $\Delta^2 E_j$，可用于曲线半径选择、线路长度与正矢值图示(即 f-L 图)的绘制中。

一次差值 ΔE_j 为测点 $i+1$ 的渐伸线长 E_{i+1} 减去本测点 i 的渐伸线长 E_i 之值。

二次差值 $\Delta^2 E_j$ 为本测点 i 的一次差值 ΔE_i 减去上一测点 $i-1$ 的一次差值 ΔE_{i-1} 之值。

3. 既有曲线的 f-L 图

为便于了解既有曲线，掌握计算中的一些因素，有时需绘制 f-L 图。它是以线路长度为横坐标，以二次差值 $\Delta^2 E_j$ 为纵坐标的直角坐标图示。因既有线渐伸线长度的二次差值等于 $2\Delta l$ 弦长的正矢值的两倍，它与曲线半径 R 成反比，所以 f-L 图也可看成是曲率图。其功能与用途亦与曲率图相同。绘制方法相类似。

(二)曲线半径选择

1. 既有曲线半径估算

估算既有曲线半径为确定设计曲线半径提供依据。其计算方法很多，如三点法、二次差平均值法及平均偏角法等。这些方法都有一个基本条件，即测点间距相等。

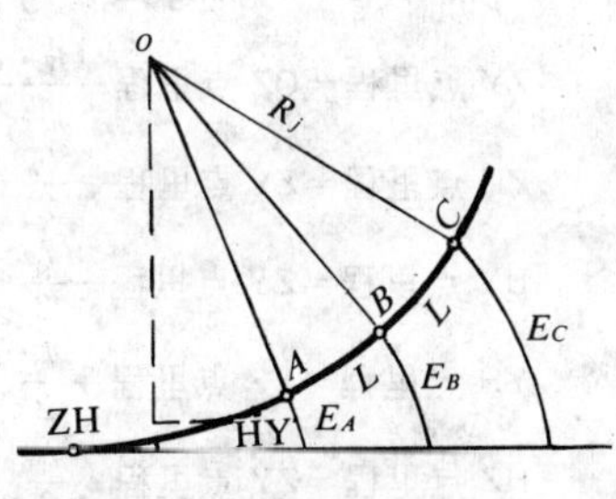

图 1.12.6.14

(1)三点法

在既有圆曲线范围内选取其间距相等的三个点 A、B、C，即 $\overset{\frown}{AB}=\overset{\frown}{BC}=L$ 如图 1.12.6.14 所示。

三个测点的既有曲线渐伸线长度分别为 E_A、E_B、E_C。过此三点之圆曲线半径为

$$R_j=\frac{L^2}{E_A+E_C-2E_B} \quad (1.12.6.38)$$

(2)二次差值平均值法

三点法算式(1.12.6.38)中的分母 $E_A+E_C-2E_B$ 实际上是三个渐伸线长度的二次差值，三点法仅反映所用三个测点的情况，不能全面体现既有圆曲线的概貌；若既有曲线失修严重变形，则选用不同的三点组合，求出的半径必有差异。为了较好地反映既有圆曲线概貌，可取全部圆曲线上测点的二次差值的平均值来估算既有圆曲线半径。

设圆曲线范围各测点间二次差值的个数为 n，二次差值的累计值为 $\Sigma_1^n(\Delta^2 E_j)$，其平均值为 $\frac{\Sigma_1^n(\Delta^2 E_j)}{n}$，则既有曲线半径为：

$$R_j=\frac{\Delta L^2\cdot n}{\Sigma_1^n(\Delta^2 E_j)} \quad (1.12.6.39)$$

(3)平均偏角法

a、平均偏角值 $\Delta\varphi$ 的计算

若圆曲线范围只有一个置镜点，测取圆曲线范围各等距测点的偏角 φ_1、φ_2、$\varphi_3\cdots\varphi_n$，则

$$\Delta\varphi=\frac{\varphi_n-\varphi_1}{n-1}$$

若有多个置镜点，则先求出每一个置镜点的平均值，再累计各置镜点平均值，最后将累计值除以置镜次数，即为平均偏角 $\Delta\varphi$。

b、既有圆曲线的估算半径

$$R_j=\frac{\Delta L}{2\sin\Delta\varphi}\approx\frac{\Delta L}{2\Delta\varphi} \quad (1.12.6.40)$$

式中 ΔL——圆曲线范围等长的测点间距(m)；

$\Delta\varphi$——平均偏角值(rad)。

2. 设计曲线半径的选定

设计曲线半径应尽量接近既有曲线半径以满足拨距最小、设计线与既有线长度相等及总转向角不变的基本要求，并符合线路设计原则的规定。

3. 曲线中点 QZ 的里程计算

$$\text{QZ 点里程}=\text{曲线测量终点里程}-\frac{E_n}{\alpha} \quad (1.12.6.41)$$

式中 E_n——既有曲线测点终点的渐伸线长度(m)；

α——总转向角(rad)。

$$\text{ZY 点里程}=\text{QZ 点里程}-\frac{R\cdot\alpha}{2}$$

$$\text{YZ 点里程}=\text{QZ 点里程}+\frac{R\cdot\alpha}{2}$$

(三)缓和曲线长度的选配

既有线的缓和曲线长度，可以通过计算求得，但由于线路变形的影响，通过三两个点或一个点计算出来的缓和曲线长度有时很难真实反映既有曲线概貌。所以，必要时还应利用 f-L 图，分析估算两端缓和曲线长度。

计算的方法：

在圆曲线范围选取 HY、QZ、YH 附近的点共三个，分别计算各点的拨距 Δ'：

$$\Delta'=E_j-\frac{L^2}{2R} \quad (1.12.6.42)$$

式中 L=测点里程－ZY 点里程

观察三个点的拨距值，若其大小相差不大，可按两端缓和曲线为等长设计：

$$\left.\begin{aligned}\Delta'&=\frac{\Delta'_{\text{HY}}+\Delta'_{\text{QZ}}+\Delta'_{\text{YH}}}{3}\\ l'_0&=\sqrt{24\Delta' R}\end{aligned}\right\} \quad (1.12.6.43)$$

为了更精确些，也可以取 HY～YH 范围全部测点拨距的平均值 Δ'，估算等长缓和曲线长度。

若三个点的拨距值相差较大，应按不等长缓和曲线计算：

$$\left.\begin{aligned}l'_1&=\sqrt{24\Delta'_{\text{HY}}R}\\ l'_2&=\sqrt{24\Delta'_{\text{YH}}R}\end{aligned}\right\} \quad (1.12.6.44)$$

式中，Δ'_{QZ}、Δ'_{HY}　Δ'_{YH}分别为 QZ 点和 HY、YH 附近点的拨距值。

若线路不十分圆顺，这种用一个点的拨距值求出的 l 值往往不准确，所以宜结合 f-L 图分析估算。

圆曲线两端为不等长缓和曲线时，其 QZ 点里程按下式计算：

$$\text{QZ 点里程}=\text{终点里程}-\frac{E_n-(P_1-P_2)}{\alpha} \tag{1.12.6.45}$$

(四)既有曲线上有控制点时，曲线半径及缓和曲线长度选择

既有曲线上有桥、隧等建筑或附近建筑物受铁路限界的控制时，为避免引起建筑物的改建，应保证有关控制点不动，或限制拨动方向，或限制最大拨动量。现以缓和曲线等长的曲线有控制点选择曲线半径，按不同情况分述如下：

1. 控制点在圆曲线上

(1)一个控制点

限制拨量地段长度小于 20m 时，作为一个控制点考虑。

a、控制地段中心为整桩测点时

$$\left.\begin{aligned}R_j&=\frac{\Delta L^2}{\Delta^2 E_{ja}}\\E'_{sa}&=\frac{l_a^2}{2R_s}\\l_0&=\sqrt{24R_s(E_{ja}+\varDelta_a-E'_{sa})}\end{aligned}\right\} \tag{1.12.6.46}$$

式中　l_s＝测点里程－ZY 点里程；

R_s——根据 R_j 取整为选定设计曲线半径；

E_{ja}——控制点的渐伸线长；

$\varDelta_a$——控制点的限定拨距，为代数值。

b、控制地段在两相邻点 b 与 c 之中间

$$R_j=\frac{2\cdot\Delta L^2}{\Delta^2 E_{jc}-\Delta^2 E_{jb}} \tag{1.12.6.47}$$

(2)两个控制点

圆曲线上两个独立控制点间距大于 20m 或控制地段长度大于 20m，皆按两个控制点计。在两个控制点 a、b 至各自前或后选一个测点 a' b'(应选圆曲线较圆顺一侧的点)，可用下式计算 R_j，再检算两点拨距，选择 l_0。

$$R_j=\frac{\Delta L\cdot l_c}{\Delta E_{jb'}-\Delta E_{ja'}} \tag{1.12.6.48}$$

式中　l_c——a' 、b' 两测点间曲线长。

(3)曲线半径调整

试算控制点拨距不满足要求时，可按下式调整曲线半径：

$$R'_s=R_s+\frac{8\varDelta'_a}{\left(\alpha+\frac{2X_a}{R_s}\right)\left(\alpha-\frac{2X_a}{R_s}\right)} \tag{1.12.6.49}$$

式中　$\varDelta'_a$＝控制拨距－试算所得拨距(m)；

X_a＝QZ 里程－控制点里程(代数值)；

α——曲线总偏角(rad)

2. 控制点在缓和曲线上

(1)一个控制点

a、在始端缓和曲线上

$$l_0=-\frac{1}{R}\sqrt{6R_a^3(E_{ja}+\varDelta_a)} \tag{1.12.6.50}$$

式中　$\varDelta_a$——控制点处限定拨量；

R_a——控制点处缓和曲线的曲率半径，即 $R_a=\dfrac{\varDelta^3}{\Delta^2 E_{ja}}$。

b、在终端缓和曲线上

设控制点序号为 a，其相应于始切线的既有渐伸线长为 E_{ja}，将其换算为终切线的渐伸线 E'_{ja}。

$$E'_{ja}=E_{ja}-\alpha\cdot X_a \tag{1.12.6.51}$$

式中　α——曲线转角(rad)；

X_a＝QZ 点里程－控制点里程，用代数值。

以 E'_{ja}代 E_{ja}，代入式(1.12.6.50)求 l_0。

(2)两个控制点

以一个主要控制点求算 l_0，再试算拨距，检算另一控制点，如有不符，可调整缓和曲线长。

(五)设计曲线、渐伸线长度及拨距计算

1. 设计曲线各主要点里程推算

两端为不等长缓和曲线时

$$\text{QZ 点里程}=\text{测量终点里程}-\frac{E_{ja}-(p_1-p_2)}{\alpha}$$

$$\text{YZ 点里程}=\text{QZ 点里程}+\frac{R\cdot\alpha}{2}$$

$$\text{ZY 点里程}=\text{QZ 点里程}-\frac{R\cdot\alpha}{2}$$

$$\text{ZH 点里程}=\text{ZY 点里程}-\frac{l_1}{2}$$

$$\text{HY 点里程}=\text{ZY 点里程}+\frac{l_1}{2}$$

$$\text{YH 点里程}=\text{YZ 点里程}-\frac{l_2}{2}$$

$$\text{HZ 点里程}=\text{ZY 点里程}+\frac{l_2}{2}$$

若两端缓和曲线等长，则

$$\text{QZ 点里程}=\text{测终点里程}-\frac{E_{jn}}{\alpha}$$

其它各主要点的算式中，以 l_0 代入 l_1、l_2 即可。

2. 设计曲线的渐伸线长度及拨距计算

设计曲线渐伸线长度 E_s 的计算有两种方法：

(1)两步法

首先计算圆曲线 ZY 至 YZ 范围及 YZ 至测量终点范围内各测点相对于 ZY 点切线的渐伸线长度 E'_s，得初拨距 $\varDelta'=E'_s-E_j$。再计算各线段的内移距 p 值，最后拨距 $\varDelta=\varDelta'+p=E'_s+P-E_j$。

a、E'_s 的计算

ZY～YZ　　$E'_s=\dfrac{l_y^2}{2E}$ (1.12.6.52)

YZ～测量终点　　$E'_s=\alpha\cdot X$ (1.12.6.53)

式中，l_y＝测点里程－ZY 点里程；X＝测点里程－QZ 点里程。

测量起点至 ZY 点的 E_s 皆为零。

b、内移距 p 的计算

测量起点～ZH　　$p=0$

ZH～ZY　　$p=\dfrac{l^3}{6Rl_1}$ (1.12.6.54)

ZY～HY　　$p=p_1=\frac{(l_1-l)^3}{6Rl_1}$　　(1.12.6.55)

式中，l=测点里程－ZH 点里程。

HY～YH　　$p=p_1$　　(1.12.6.56)

YH～YZ　　$p=p_1=\frac{(l_2-l)^3}{6Rl_2}$　　(1.12.6.57)

YZ～HZ　　$p=p_1-P_2+\frac{l^3}{6Rl_2}$　　(1.12.6.58)

式中，l=HZ 点里程－测点里程。

HZ～测量终点　　$p=p_1-p_2$　　(1.12.6.59)

(2)一步法

不同线段用不同的算式，一次连续计算曲线全部测点的 E_s 值，拨距 $\Delta=E_s-E_j$。

测量起点～ZH　　$E_s=0$

ZH～HY　　$E_s=\frac{l^3}{6Rl_1}$　　(1.12.6.60)

式中，l=测点里程－ZH 点里程。

HY～YH　　$E_s=\frac{L^2}{2R}+p_1$　　(1.12.6.61)

YH～HZ　　$E_s=\frac{L^2}{2R}+p_1-\frac{l^3}{6Rl_2}$　　(1.12.6.62)

式中，L=测点里程－ZY 点里程。

l=测点里程－YH 点里程

HZ～测量终点　　$E_s=X\cdot\alpha$　　(1.12.6.63)

式中，X=测点里程－QZ 点里程。

3. 拨动量 Δ 的代数值规定

Δ 为正值时，既有线下压，即向心拨动。

Δ 为负值时，既有线上挑，即离心拨动。

拨距为正值时，既有线的拨动方向与曲线的偏转方向一致，负值时则与之相反。

例，单曲线，不等长缓和曲线(渐伸线法、偏角法)

1. 抄录测量记录资料(见表 1.12.6.11)

第 1 栏：测点序号以测量起点为 0 号，顺序编至测量终点。

第 2、3、4 栏照记录本抄填，最后一行 i_m 为终直线上远方前视点之偏角。

2. 既有曲线渐伸线长度计算

第 5 栏：为第 4 栏偏角 φ 换算为弧度值。

第 6 栏：为置镜点偏角 β 与测点偏角 φ 之和，即各测点的弦线与始切线之夹角 β。

第一测段　置镜点 $\beta=0$，所以各测点 $\beta=\varphi$ 同第 5 栏数值。

第二测段　置镜点

$$\beta=0.007\ 272\ 205$$

各测点

$$\beta=0.007\ 272\ 205+\varphi$$

最后一个置镜点(测量终点)的 β 与 i_m 弧度值之和，即为曲线总转向角 α 值：

$$\begin{aligned}\alpha&=0.38692980\\&\quad+0.041839421\\&=0.42876922(\text{rad})\\&=24°34'00''\end{aligned}$$

第 7 栏：各测点距置镜点的曲线长 l

第 8 栏：$\beta\cdot l$=第 6 栏数值×第 7 栏数值，最后一行为 20α 之值。

第 9 栏：既有曲线渐伸线长 E_j。

E_j=置镜点的渐伸线长度＋测点的 $\beta\cdot l$。

第一测段内各测点 $E_j=\beta\cdot l$，即第 8 栏数值。

第二测段：$E_j=0.873+\beta\cdot l$

如 10 号点 $E_j=0.873+8.172=9.045$

3. E_j 的差值计算

绘制 f-L 图或用二次差值法选半径时才计算，否则可不计算此项。

第 10 栏：下一测点的 E_j 减去本测点的 E_j 值为一次差值 ΔE_j。

第 11 栏：本测点的 ΔE_j 减去上一测点的 ΔE_j 为二次差值 Δ^2E_j。

4. f-L 图点绘：

用横 1：2000、纵 1：10 之比例尺。绘制成 f-L 图(如图 1.12.6.15)。

5. 曲线半径选择

用二次差值法估算既有曲线半径。由 f-L 图可知 9～13 号点为圆曲线范围，取此五点之 Δ^2E_j 累加得 $\Sigma_9^{13}\Delta^2E_j=4.276$

$$R_j=\frac{\Delta L^2\cdot n}{\sum_1^n(\Delta^2E_j)}=\frac{20\times20\times5}{4.276}=467.73\text{m}$$

取整得设计曲线半径 $R_s=470$m。

6. 计算 QZ 点里程

$$\begin{aligned}\text{QZ 点里程}&=\text{曲线测量终点里程}-\frac{E_n}{\alpha}\\&=\text{K78}+600-\frac{80.003}{0.42876922}=\text{K78}\\&\quad+413.412\end{aligned}$$

$$\begin{aligned}\text{ZY 点里程}&=\text{QZ 点里程}-\frac{R\alpha}{2}\\&=\text{K78}+413.412\\&\quad-\frac{470\times24°34'\times\pi}{2\times180}\\&=\text{K78}+312.651\end{aligned}$$

7. 缓和曲线长度选配

由 f-L 图可见：圆曲线内两端点为 9 号、13 点、

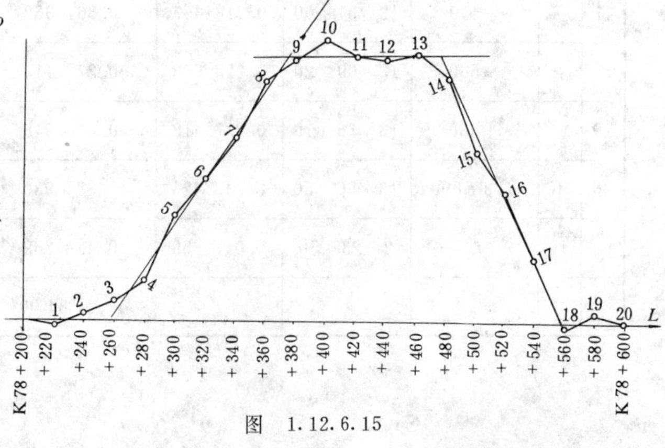

图　1.12.6.15

测点序号	测量资料			既有曲渐伸线长度						
	测点序号	测点里程	偏角 φ (° ′ ″)	φ (rad)	β (rad)	L	$\beta \cdot L$	E_j	ΔE_j	$\Delta^2 E_j$
1	2	3	4	5	6	7	8	9	10	11
0	不	K78+200							0.010	
1		+220	0 01 40	0.000 485	0.000 485	20	0.010	0.010	0	−0.010
2		+240	0 00 50	0.000 242	0.000 242	40	0.010	0.010	0.019	0.019
3		+260	0 01 40	0.000 485	0.000 485	60	0.029	0.029	0.080	0.061
4		+280	0 04 40	0.001 357	0.001 357	80	0.109	0.109	0.211	0.131
5		+300	0 11 00	0.003 200	0.003 200	100	0.320	0.320	0.553	0.342
6	不	K78+320	0 25 00	0.007 272	0.007 272	120	0.873	0.873	1.008	0.455
7		+340	2 28 20	0.043 148	0.050 42	20	1.008	1.881	1.596	0.588
8		+360	3 18 50	0.057 838	0.065 110	40	2.604	3.477	2.367	0.771
9		+380	4 19 50	0.075 582	0.082 854	60	4.971	5.844	3.201	0.834
10		+400	5 26 10	0.094 878	0.102 150	80	8.172	9.045	4.099	0.898
11		+420	6 36 50	0.115 434	0.122 706	100	12.271	13.144	4.950	0.851
12	不	K78+440	7 48 20	0.136 233	0.143 505	120	17.221	18.094	5.786	0.836
13		+460	8 21 10	0.145 783	0.289 288	20	5.786	23.880	6.643	0.857
14		+480	9 34 50	0.167 212	0.310 717	40	12.429	30.523	7.424	0.781
15		+500	10 44 10	0.187 380	0.330 885	60	19.853	37.947	7.968	0.544
16		+520	11 42 10	0.204 252	0.347 757	80	27.821	45.915	8.375	0.407
17		+540	12 31 00	0.218 457	0.361 962	100	36.196	54.290	8.578	0.203
18		+560	13 09 20	0.229 608	0.373 113	120	44.774	62.868	8.555	−0.023
19		+580	13 36 10	0.237 413	0.380 918	140	53.329	71.423	8.580	0.025
20	不	K78+600	13 56 50	0.243 425	0.386 930	160	61.909	80.003		
		i_m	2 23 50	0.041 839	0.428 769	20	8.575			
					$\alpha=24°34'00''$					

表 1.12.6.11

设计曲线 主要点里程	设计圆曲线渐伸线长度计算		拨距计算					备注
	l_y X	$\frac{1}{2R}$ α	E'_s	$\Delta'=$ E'_s-E_j	l	p	最后拨距 Δ	
12	13	14	15	16	17	18	19	20
			0	−0.010			−0.010	JD 85 α_y—24°34′00″ (0.42876922r) R—470 L_1—120 L_2—80 T_1—160.873 T_2—144.152 L—301.522
			0	−0.010			−0.010	
ZHK78+254.305			0	−0.029	5.695	0.001	−0.028	
			0	−0.109	25.695	0.050	−0.059	
			0	−0.320	45.695	0.282	−0.038	
ZyK78+314.305	5.695		0.035	−0.838	65.695	0.803	−0.035	
	25.695		0.702	−1.179	85.695	1.157	−0.022	
	45.695		2.221	−1.256	105.695	1.267	0.011	
HyK78+374.305	65.695	$\frac{1}{2R}$=0.001 063 83	4.591	−1.253		1.276	0.023	
	85.695		7.812	−1.233		1.276	0.043	
QZK78+415.066	105.695		11.885	−1.259		1.276	0.017	
	125.695	α=0.428 769 22	16.808	−1.286		1.276	−0.010	
	145.695		22.582	−1.299		1.276	−0.023	
DHK78+475.827	165.695		29.207	−1.316	75.827	1.276	−0.040	
	185.695		36.684	−1.264	55.827	1.213	−0.051	
yZK78+515.827	104.934		44.992	−0.923	35.827	0.912	−0.010	
	124.934		53.565	−0.722	15.827	0.727	0.005	
HZK78+555.827	144.934		62.143	−0.725		0.709	−0.016	
	164.934		70.719	−0.704		0.709	0.005	
	184.934		79.294	−0.709		0.709	0	

中点为11号。此三点之拨距分别为：

9号点：$\Delta'=E_j-\frac{L^2}{2R}=5.844$

$-\frac{(380-312.651)^2}{2\times470}$

$=5.844-4.825$

$=1.019$

11号点：$\Delta'=E_j-\frac{L^2}{2R}$

$=13.144-\frac{(420-312.651)^2}{2\times470}$

$=13.144-12.259$

$=0.885$

13号点：$\Delta'=E_j-\frac{L^2}{2R}$

$=23.880-\frac{(460-312.651)^2}{2\times470}$

$=23.880-23.098$

$=0.782$

从以上三点拨距Δ'值及f-L图上分析，两端缓和曲线不等长，所以采用：

$l'_1=\sqrt{24R\Delta'}=\sqrt{24\times470\times1.019}$

$=107.212$m

$l'_2=\sqrt{24R\Delta'}=\sqrt{24\times470\times0.782}=93.920$m

观察f-L图：从图上的设计梯形两腰截线位置看：始端缓和曲线在3～9点前后，长度约120m，终端缓和曲线在14～18号点，长约80m。

因此采用 $l_1=120$m　　$l_2=80$m

8.设计曲线要素及主要点里程

$p_1=1.276$m　　$m_1=59.967$m

$p_2=0.567$m　　$m_2=39.990$m

$\Delta p=p_1-p_2=0.709$m

$t=(R+p_1)\tan\frac{\alpha}{2}=(470+1.276)\tan\frac{24°34'00''}{2}$

$=102.611$m

$T_1=t+m_1-\frac{\Delta p}{\sin\alpha}=102.611+59.967$

$-\frac{0.709}{\sin24°34'00''}=160.873$m

$T_2=t+m_2+\frac{\Delta p}{\tan\alpha}=102.611+39.990$

$+\frac{0.709}{\tan24°34'00''}=144.152$m

QZ里程：$(K78+600)-\frac{E_n-\Delta p}{\alpha}=(78+600)$

$-\frac{(80.003-0.709)\times180}{24°34'00''\times\pi}$

$=K78+415.066$

$L=R\cdot\alpha+(l_1+l_2)/2$

$=\frac{470\times24°34'00''\times\pi}{180}+\frac{120+80}{2}$

$=301.522$m

ZY $(K78+415.066)-\frac{R\alpha}{2}$

$=K78+415.066-\frac{470\times24°34'00''\times\pi}{2\times180}$

$=K78+314.305$

YZ $(K78+415.066)+\frac{R\alpha}{2}$

$=K78+415.066+\frac{470\times24°34'00''\times\pi}{2\times180}$

$=K78+515.827$

ZH $(K78+314.305)-\frac{l_1}{2}$

$=K78+314.305-\frac{120}{2}=K78+254.305$

HY $(K78+314.305)+\frac{l_1}{2}$

$=K78+314.305+\frac{120}{2}=K78+374.305$

YH $(K78+515.827)-\frac{l_2}{2}$

$=K78+515.827-\frac{80}{2}=K78+475.827$

HZ $(K78+515.827)+\frac{l_2}{2}$

$=K78+515.827+\frac{80}{2}=K78+555.827$

9.拨距计算(用两步法计算)

(1)第13栏ZY～YZ为测点至ZY的距离；YZ～测量终点为测点至QZ的距离。如测点7，$l_y=340-314.305=25.695$

(2)第14栏为$\frac{1}{2R}$、α值(弧度)

(3)第15栏ZY～YZ为$\frac{1}{2R}$与第13栏数值平方的乘积；YZ～测量终点为α与第13栏数值的乘积。如测点6，$E_s=45.695^2\times0.00106383=2.221$

(4)第16栏为第15栏与第9栏数值的差。如测点10，$\Delta'=7.812-9.045=-1.233$。

(5)第17栏测点3～8，为测点至ZH的距离，如测点5，$l=300-254.306=65.695$。

测点14～17为测点至HZ的距离，如测点16，$l=555.827-520=35.827$

(6)第18栏，根据测点在曲线上的不同位置计算相应的p值，如测点6在ZY～HY间，则

$p=p_1-\frac{(l_1-l)^3}{6Rl_1}$

$=1.276-\frac{(120-65.694)^3}{6\times470\times120}=0.803$

(7)第19栏为第16栏与第18栏之和。

(六)复曲线

整正计算方法及步骤如下：

1.计算既有曲线渐伸线长及其差值，绘制f-L图。

2.用单曲线的方法分别选择半径R_1、R_2。

3.在f-L图上画出设计曲线的两个梯形，估算两端缓和曲线长度l_1、l_2。同时参考既有线资料，最后确定缓和曲线长。

4.中间缓和曲线长度l_n计算：

$$R_1>R_2:\quad l'_n=\frac{R_1-R_2}{R_1}\cdot l_2 \tag{1.12.6.64}$$

$R_1<R_2 \quad l'_n=\frac{R_2-R_1}{R_2}\cdot l_1$ (1.12.6.65)

l'_n 取整后为 l_n、l_n 之长不应少于 20m。

$$R_n=\frac{R_1\cdot R_2}{|R_1-R_2|} \quad (1.12.6.66)$$

$$p_n=\frac{l_n^2}{24R_n} \quad (1.12.6.67)$$

5.第一个单曲线 ZY_1 点里程推算：

(1)若曲线上有 a 点要求控制拨距为零，则 ZY_1 至 a 点的距离为：

$$l_a=\sqrt{(E_a-P_1)\cdot 2R_1} \quad (1.12.6.68)$$

式中 E_a——控制点 a 的既有曲线渐伸线长；

p_1——始端曲线内移距。

(2)曲线上无控制点，根据 f-L 图估计 ZY_1 点里程 ZY'_1，检算既有线第一曲线上变形较大测点的拨距 Δ'，如此值能满足设计要求，则取估计里程 ZY'_1 为设计里程 ZY_1。若不能满足，可计算移动量：

$$\Delta b=\frac{\pm\Delta'}{\Delta\alpha} \quad (1.12.6.69)$$

式中 Δ'——检算点 a 的拨距(m)；

$\Delta\alpha$——检算点曲线转角，$\Delta\alpha=l_a/R$。

Δb 为代数值。$ZY_1=ZY'_1-\Delta l$ 当 Δb 为正值时，ZY'_1 向前移；Δl 为负值则 ZY'_1 向后移。

6. 两个曲线的转向角 α_1、α_2 计算：

$$\alpha_2=\sqrt{\frac{2}{R_1-R_2}\left[E_n-p_1+p_2+S\cdot p_n+\left(\frac{\alpha\cdot R_1}{2}-D\right)\cdot\alpha\right]} \quad (1.12.6.70)$$

式中 E_n——曲线测量终点的既有曲线渐伸线长；

S——系数。$R_1>R_2$ 时，$S=1$，$R_1<R_2$ 时，$S=-1$

D=曲线测量终点里程$-ZY_1$ 点里程；

α——两曲线总转向角(rad)；

$\alpha_1=\alpha-\alpha_2$

7. 设计曲线主要点里程计算：

$$ZH=ZY_1-\frac{l_1}{2}$$

$$HY_1=ZH-l_1$$

$$ZY_2=YZ_1=ZY_1+R_1\alpha_1$$

$$YH_1=YZ_1-\frac{l_n}{2}$$

$$HY_2=ZY_2+\frac{l_n}{2}$$

$$YZ_2=ZY_2+R_2\alpha_2$$

$$YH_2=YZ_2-\frac{l_n}{2}$$

$$HZ=YZ_2+\frac{l_n}{2}$$

8.设计曲线的渐伸线长度 E_s 计算。两步法的 p 值计算：

$ZH\sim ZY_1 \quad p=\frac{l^3}{6R_1l_1}$

$ZY_1\sim HY_1 \quad p=p_1-\frac{(l_1-l)^2}{6R_1l_1}$

式中，l=测点里程$-$ZH 点里程。

$HY_1\sim YH_1 \quad p=p_1=\frac{l_1^2}{24R_1}$

$YH_1\sim YZ_1=ZY_2 \quad p=p_1+\frac{l^3}{6R_nl_n}$

$ZY_2\sim HY_2 \quad p=p_1+p_n-\frac{(l_n-l)^3}{6R_nl_n}$

$HY_2\sim YH_2 \quad p=p_1+p_n$

$YH_2\sim YZ_2 \quad p=p_1+p_n-\frac{(l_2-l)^3}{6R_2l_2}$

$YZ_2\sim HZ \quad p=p_2-p_1-p_n-\frac{l^3}{6R_2l_2}$

式中，l=HZ 点里程$-$测点里程，其它计算同单曲线。

9. 拨距计算：同单曲线。

(七)同向曲线与反向曲线

整正计算方法及步骤如下：

1. 计算既有曲线渐伸线长度 E_j 及其差值，绘制 f-L 图。

2. 按单曲线的算法分别求两个圆曲线半径 R_1、R_2。

3. 计算曲线转角 α_1、α_2。

在夹直线上选一测点(或为控制点)作为“分界点”a，则

$$\alpha_1=\frac{\Delta E_a}{\Delta L} \quad (1.12.6.71)$$

式中 ΔE_a——分界点 a 的既有曲线渐伸线的一次差值；

ΔL——等长的测点间距。

同向曲线 $\quad \alpha_2=\alpha-\alpha_1$

反向曲线 $\quad \alpha_2=\alpha_1-\alpha$

4. 计算 QZ_1、ZY_1、YZ_1、QZ_2、ZY_2、YZ_2 里程。

(1)始端曲线：以夹直线上分界点 a 为木曲线终点，照单曲线之算法计算

$$QZ_1\text{ 点里程}=\text{分界点 } a \text{ 里程}-\frac{E_a}{\alpha_1}$$

$$ZY_1\text{ 点里程}=QZ_1\text{ 点里程}-\frac{R_1\alpha_1}{2}$$

$$YZ_1\text{ 点里程}=QZ_1\text{ 点里程}+\frac{R_1\alpha_1}{2}$$

(2)终端曲线：

$$QZ_2\text{ 点里程}=\text{全曲线测量终点 } n \text{ 的里程}-\frac{S(E_n-E_a-\alpha_1 l)}{\alpha_2} \quad (1.12.6.72)$$

式中 E_a——夹直线上分界点 a 的既有曲线渐伸线长。

E_n——全曲线测量终点的既有曲线渐伸线长；

l=全曲线测量终点里程$-$分界点 a 的里程；

S——系数，同向曲线 $S=1$，反曲线 $S=-1$。

$$ZY_2\text{ 点里程}=QZ_2\text{ 点里程}-\frac{R_2\alpha_2}{2}$$

$$YZ_2\text{ 点里程}=QZ_2\text{ 点里程}+\frac{R_2\alpha_2}{2}$$

5.用单曲线的算法，分别选配两个曲线的缓和

曲线。应注意保证设计夹直线长度能满足规范及设计原则的要求。

6. 计算两个曲线的曲线要素及主要点里程。

7. 设计曲线渐伸线长度及拨距计算。

(1)始端曲线：照单曲线的算法，从起点算到分界点 a。

(2)终端曲线：首先按单曲线算法计算相对于本曲线的始切线(即夹线)的设计曲线渐伸线长 E_{so}，再将 E_{so} 换算为相对于第一曲线始切线的设计曲线渐伸线长 E_s：

$$E_s = L\alpha_1 + E_a + SE_{so} \qquad (1.12.6.73)$$

式中 L＝测点里程—分界点 a 的里程；E_a＝夹直线分界点 a 的既有曲线渐伸线长。

(3)拨距的代数值

$$\Delta = S(E_s - E_j)$$

算例：反向曲线(渐伸线法、偏角法)

1. 表 1.12.6.12 第 1～11 栏：计算方法同单曲线。绘出 f-L 图(图 1.12.6.16)，以供计算时参考。

2. 圆曲线半径 R 选择计算：

用二次差值法。始端曲线的圆曲线范围在 5～11 号点之间，取 5～11 点间二次差值的平均值：

$$\Sigma_5^{11}\Delta^2 E_j = 0.246 + 0.182 + 0.207 + 0.218 + 0.199 + 0.186 + 0.235 = 1.475$$

$$R = \frac{\Delta L^2 \cdot n}{\sum_1^n (\Delta^2 E_j)} = \frac{20^2 \times 7}{1.475} = 1\ 898.305\text{m}$$

采用 $R_1 = 1900$m

终端曲线的圆曲线在 17～22 号点之间。

17～22 点间二次差值总和：

$$\Sigma_{17}^{22}\Delta^2 E_j = 0.141 + 0.134 + 0.162 + 0.135 + 0.103 + 0.123 = 0.798$$

$$R = \frac{\Delta L^2 \cdot n}{\sum_1^n (\Delta^2 E_j)} = \frac{20^2 \times 6}{0.798} = 3\ 007.519\text{m}$$

采用 $R_2 = 3\ 000$m

3. 曲线转角 α_1、α_2 计算：

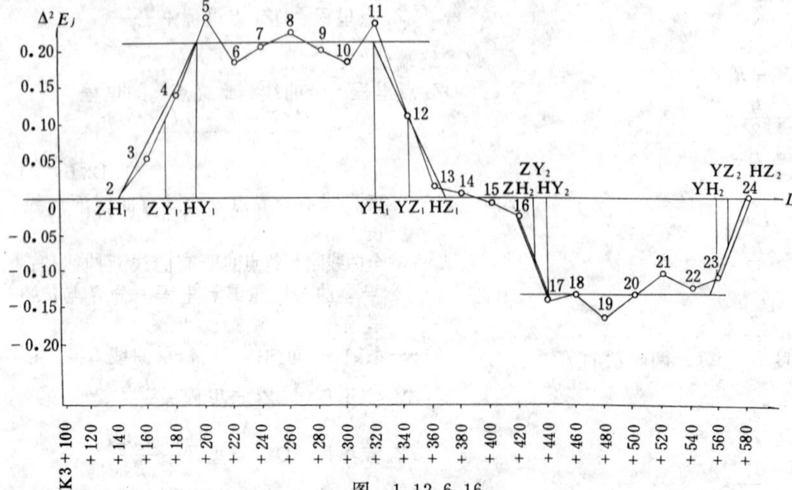

图 1.12.6.16

由 f-L 图可见：14、15 两点联线比较接近横轴 L，故采用 14 号点 K3＋380 为夹直线上分界点。

$$\alpha_1 = \frac{\Delta E_a}{\Delta L} = \frac{1.786}{20} = 0.0893\ (\text{rad}) = 5°06'59.45''$$

采用 $\alpha_1 = 5°07'00''$

$$\alpha_2 = 5°07'00'' - 2°25'20'' = 2°41'40''$$

4. 里程计算：

(1)始端曲线

$$L_c = R_1\alpha_1 = 1\ 900 \times 5°07'00'' \times \frac{\pi}{180} = 169.675\text{m}$$

$$QZ_1(K3+380) - \frac{E_a}{\alpha_1} = K3+380 - \frac{11.023\times180}{5°07'00''\times\pi} = K3+256.566$$

$$ZY_1(K3+256.566) - \frac{L_C}{2} = (K3+256.566) - \frac{169.675}{2} = K3+171.729$$

$$YZ_1(K3+256.566) + \frac{LC}{2} = (K3+256.566) + \frac{169.675}{2} = K3+341.404$$

(2)终端曲线

$$L_c = R_2 \cdot \alpha_2 = 3000 \times 2°41'40'' \times \frac{\pi}{180} = 141.081\text{m}$$

$$l = (K3+580) - (K3+380) = 200\text{m}$$

$$QZ_2(K3+580) - \frac{S(E_n - E_a - \alpha_1 l)}{\alpha_2}$$

$$= (K3+580) - \frac{-1(24.809 - 11.023 - 200\times5°07'00''\times\frac{\pi}{180})}{2°41'40''\times\frac{\pi}{180}}$$

$$= K3+493.358$$

$$ZY_2(K3+493.358) - \frac{L_C}{2} = (K3+493.358) - \frac{141.081}{2} = K3+422.818$$

$$YZ_2(K3+493.358) + \frac{L_C}{2} = (K3+493.358) + \frac{141.081}{2} = K3+563.899$$

5. 缓和曲线选配：

(1)始端曲线：f-L 图明显可见线路变形严重，HY、QZ、YH 附近的都成大的突峰。故从 f-L 图上分析选定 $l_1 = 50$。

(2)终端曲线：用 17、20、22 号点计算缓和曲线长度。

17 号点拨距：

$$L = (K3+440) - ZY_2 = (K3+440) - (K3+422.818) = 17.182\text{m}$$

$E=\left[\frac{R_1\alpha_1}{2}+(K3+440)-YZ_1\right]\alpha_1$

$=\left[\frac{169.675}{2}+(K3+440)-(K3+341.404)\right]$

$\times\frac{5°07'00''\times\pi}{180}=16.381m$

$E'_s=E-\frac{L^2}{2R_2}=16.381-\frac{17.182^2}{2\times3000}=16.332m$

$\Delta'=E'_s-E_j=16.332-16.342=-0.010m$

20 号点拨距：

$L=(K3+500)-(K3+422.818)=77.182m$

$E=\left[\frac{R_1\alpha_1}{2}+(K3+500)-YZ_1\right]\cdot\alpha_1$

$=\left[\frac{169.675}{2}+(K3+500)-(K3+341.404)\right]$

$\cdot\frac{5°07'00''\times\pi}{180}=21.739m$

$E_s=E-\frac{L^2}{2R_2}=21.739-\frac{77.182^2}{2\times3000}=20.746m$

$\Delta'=E_s-E_j=20.746-20.748=-0.002m$

22 号点拨距：

$L=(K3+540)-(K3+422.818)=117.182m$

$E=\left[\frac{R_1\alpha_1}{2}+(K3+540-YZ_1)\right]\alpha_1$

$=\left[\frac{169.675}{2}+(K3+540)-(K3+341.404)\right]$

$\frac{5°07'00''\times\pi}{180}=25.311m$

$E'_s=E-\frac{L^2}{2R_2}=25.311-\frac{117.182^2}{2\times3000}=23.023$

$\Delta'=E'_s-E_j=23.023-23.007=0.016m$

取以上三点拨距平均值 $\Delta'=0.009$

则 $l_2=\sqrt{24R_2\Delta'}=\sqrt{24\times3000\times0.009}$

$=25.456m$

采用 $l_2=20m$

6.曲线要素及主要点里程：

(1)始端曲线

$L_1=R_1\cdot\alpha_1+l_1=169.675+50=219.675m$

$p_1=0.055m\quad m_1=25.000m$

$T_1=109.896m$

ZH　$K3+256.566-\frac{L_1}{2}$

$=K3+256.566-\frac{219.675}{2}$

$=K3+146.728$

HY　$K3+146.728+l_1=K3+146.728+50$

$=K3+196.728$

HZ　$K3+256.566+\frac{L_1}{2}$

$=K3+256.566+\frac{219.675}{2}$

$=K3+366.404$

YH　$K3+366.404-l_1=K3+366.404-50$

$=K3+316.404$

(2)终点曲线

$L_2=R_2\alpha_2+l_2=141.081+20=161.081m$

$p_2=0.006m\quad m_2=10.000m\quad T_2=80.554m$

ZH　$K3+493.358-\frac{161.081}{2}$

$=K3+412.818$

HY　$K3+412.818+l_2=K3+412.818+20$

$=K3+432.818$

HZ　$K3+493.358+\frac{L_2}{2}=K3+493.358$

$+\frac{161.081}{2}$

$=K3+573.898$

YH　$K3+573.898-l_2=K3+573.898-20$

$=K3+553.898$

7.设计曲线渐伸线长度 E_s 及拨距计算：

(1)始端曲线按单曲线方法计算 1～14 号点。

(2)终端曲线：

第 14 栏为测点至 ZY_1、YH、QZ(始端曲线)ZH、YH、QZ(终端曲线)距离，如测点＋460。

$L=460-422.818=37.182$

第 15 栏同始端曲线的渐伸线的计算，如测点＋440，

$E_{s0}=\frac{l^2}{2R}+p$

$=\frac{17.182^2}{2\times3000}+0.006=0.055$

第 16 栏摘自控制点(分界线)＋380 的 E_j 值。

第 17 栏为测点至控制点＋380 的距离。

第 18 栏为 17 栏数值与 α(弧度值)的乘积，如测点＋500

$L\alpha_1=120\times0.0893=10.716$

第 19 栏始端曲线同单曲线终端曲线为 15 栏、16 栏、18 栏数值的代数和，如测点＋540

$E_s=11.023+14.288-2.294=23.017$

第 20 栏始端曲线为 19 栏与 9 栏数值的差，终端曲线为 9 栏与 19 栏数值的差，如测点＋520

$\Delta=21.929-21.945=-0.016m$

三、绳正法(正矢法)

在铁路营运过程中，为了保证行车安全，常采用绳正法(正矢法)拨道，使曲线处于良好的状态，其外业勘测及内业计算比较简单。

(一)计算原理

1. 圆曲线正矢 f_c

$$f_c=\frac{c^2}{8R}=\frac{a^2}{2R}\qquad(1.12.6.79)$$

式中　c——整弦长度，一般为 20m；

a——半弦(即测点间)长度，一般为 10m；

R——圆曲线半径(m)。

2. 缓和曲线正矢 f_n

$$f_n=\frac{l}{l_0}f_c\qquad(1.12.6.80)$$

式中　l——测点距直缓(ZH)或 HZ 点长度(m)；

l_0——缓和曲线长度(m)。

当缓和曲线起、终点恰在 1 点、$m+1$ 点上，测点间长度为 a 时，$l_0=ma$，各点的正矢为 f_i；点间正矢的增量为 S：

测点序号	测量资料			既有曲渐伸线长度						
	测点序号	测点里程	偏角 φ (° ′ ″)	φ(rad)	β (rad)	L	$\beta \cdot L$	E_j	ΔE_j	$\Delta^2 E_j$
1	2	3	4	5	6	7	8	9	10	11
0	不	K3+100								
1		+120				20				
2		+140				40				
3		+160				60			0.055	0.055
4		+180	0 02 20	0.000 679	0.000 687	80	0.055	0.055	0.187	0.132
5		+200	0 08 20	0.002 424	0.002 424	100	0.242	0.242	0.433	0.246
6		+220	0 19 20	0.005 624	0.005 624	120	0.675	0.675	0.615	0.182
7	不	K3+240	0 31 40	0.009 211	0.009 211	140	1.290	1.290	0.822	0.207
8		+260	1 49 40	0.031 901	0.041 112	20	0.822	2.112	1.040	0.218
9		+280	2 08 20	0.037 331	0.046 542	40	1.862	3.152	1.239	0.199
10		+300	2 26 00	0.042 470	0.051 681	60	3.101	4.391	1.425	0.186
11		+320	2 42 50	0.047 366	0.056 578	80	4.526	5.816	1.660	0.235
12		+340	3 01 00	0.052 651	0.061 862	100	6.186	7.476	1.767	0.107
13		+360	3 16 10	0.057 063	0.066 274	120	7.953	9.243	1.780	0.013
14		+380	3 27 20	0.060 311	0.069 522	140	9.733	11.023	1.786	0.006
15		+400	3 35 50	0.062 783	0.071 995	160	11.519	12.809	1.780	−0.006
16	不	K3+420	3 42 20	0.064 674	0.073 886	180	13.299	14.589	1.753	−0.027
17		+440	0 47 20	0.013 769	0.087 654	20	1.753	16.342	1.612	−0.141
18		+460	0 35 10	0.010 230	0.084 115	40	3.365	17.954	1.478	−0.134
19		+480	0 23 30	0.068 359	0.080 721	60	4.843	19.432	1.316	−0.162
20		+500	0 10 40	0.003 103	0.076 988	80	6.159	20.748	1.181	−0.135
21		+520	−0 01 40	−0.000 485	0.073 401	100	7.340	21.929	1.078	−0.103
22		+540	−0 12 50	−0.003 733	0.070 153	120	8.418	23.007	0.955	−0.123
23		+560	−0 23 50	−0.006 933	0.066 953	140	9.373	23.962	0.847	−0.108
24	不	K3+580	−0 34 25	−0.010 011	0.063 874	160	10.220	24.809		0
		i_m	−1 14 15		$\alpha=2°25'20''$					

表 1.12.6.12

设计曲线 主要点里程	设计曲线渐伸线长度计算(m)							最后拨距 Δ
	$\frac{1}{2R}$ $\frac{1}{6Rl}$ p	l L X	E_{so}	E_a	L	$L \cdot a_1$	E_S	
12	13	14	15	16	17	18	19	20
							0	
	$p_2=0.006$						0	
ZHK3+146.728		13.272					0.004	0.004
$ZY_1K3+171.729$		33.272					0.065	0.011
HYK3+196.728	$\frac{1}{6R_2l_2}=0.000\,003$	28.271					0.265	0.023
		48.271					0.668	−0.009
		68.271					1.281	−0.008
QZK3+256.566	$\frac{1}{2R_2}=0.000\,167$	88.271					2.105	−0.007
		108.271					3.140	−0.012
		128.271					4.384	−0.007
YHK3+316.404	$p_1=0.055$	3.594 148.271					5.840	0.024
YZK3+341.404		23.596 168.271					7.483	0.007
		43.596 188.271					9.237	−0.006
HZK3+366.404	$\frac{1}{6R_1l_1}=0.000\,002$	123.434		$E_{44}=11.023$			11.023	0
			0		20	1.786	12.809	0
ZHK3+412.818		7.182	0.001		40	3.572	14.594	−0.005
$ZY_2K3+422.818$		17.182	0.055		60	5.358	16.326	0.016
HYK3+432.818	$\frac{1}{2R_1}=0.000\,263$	37.182	0.236		80	7.144	17.931	0.023
		57.182	0.551		100	8.930	19.402	0.029
QZK3+493.358		77.182	0.998		120	10.716	20.741	0.007
		97.182	1.580		140	12.502	21.945	−0.016
YHK3+553.898		117.182	2.294		160	14.288	23.017	−0.010
$YZ_2K3+563.898$		6.102 137.182	3.141		180	16.074	23.956	0.006
HZK3+573.898		86.642	4.074		200	17.860	24.809	0
								$\sum\lvert\Delta\rvert=0.226$

$$S=\frac{f_c}{m} \qquad f_1=\frac{S}{6}$$

$$f_i(i=2\cdots m)=(i-1)S$$

$$f_{m+1}=f_c-\frac{S}{6}$$

$$\sum_1^{m+1} f=f_1+f_2+\cdots f_m+f_{m+1}$$

$$=\frac{m+1}{2}\cdot mS=\frac{m+1}{2}f_c$$

当缓和曲线起、终点不在测点上，1 点在直缓(ZH)以外的直线段上与 ZH 相距 $a_1(a_1<a)$；

缓圆(HY)点在 $m+1$ 点与 $m+2$ 点之间，与 $m+1$ 点相距 a_1(图 1.12.6.17)，则各点正矢为：

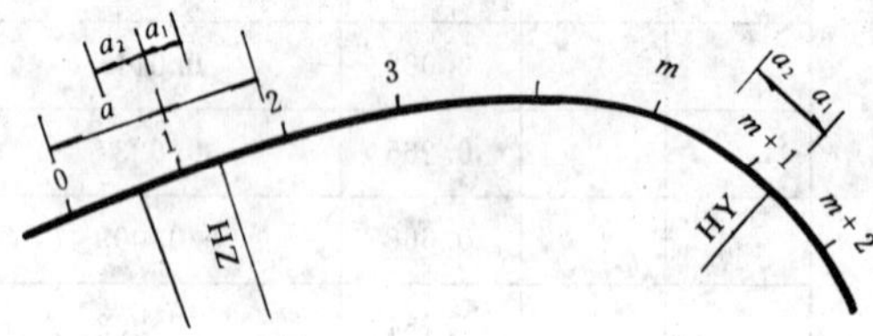

图 1.12.6.17

$$f_0=0$$

$$f_1=\frac{S}{6}\cdot\left(\frac{a-a_1}{a}\right)^3$$

$$=\frac{S}{6}-\frac{S}{2}\cdot\frac{a_1}{a}+\frac{S}{2}\left(\frac{a_1}{a}\right)^2-\frac{S}{6}\left(\frac{a_1}{a}\right)^3$$

$$f_2=S-\frac{a_1}{a}S+\frac{S}{6}\left(\frac{a_1}{a}\right)^3$$

$$f_i(i=3\cdots m)=(i-1)S-\frac{a_1}{a}\cdot S$$

$$f_{m+1}=mS-\frac{a_1}{a}S-f_1=f_c-\frac{a_1}{a}S-f_1$$

$$f_{m+2}=f_c-\frac{S}{6}\left(\frac{a_1}{a}\right)^3$$

$$\sum_o^{m+2}f=\frac{m+3}{2}\cdot f_c-\frac{a_1}{a}\cdot f_c$$

当直缓(ZH)点在0、1点之间，与1点相距 a_2 缓圆(HY)点在 m 点与 $m+1$ 点间，与 $m+1$ 点相距 a_2 时，各点正矢值为：

$$f_0=\frac{S}{6}\left(\frac{a_2}{a}\right)^3$$

$$f_1=\frac{S}{6}+\frac{S}{2}\cdot\frac{a_2}{a}+\frac{S}{2}\left(\frac{a_2}{a}\right)^2-\frac{S}{6}\left(\frac{a_2}{a}\right)^3$$

$$f_i(i=2\cdots m-1)=(i-1)S+\frac{a_2}{a}S$$

$$f_m=(m-1)S+\frac{a_2}{a}S-f_0$$

$$f_{m+1}=m_s+\frac{a_2}{a}S-f_1=f_c+\frac{a_2}{a}S-f_1$$

$$f_{m+2}=f_c$$

$$\sum_o^{m+2}f=\frac{m+3}{2}f_c+\frac{a_2}{a}f_c$$

如控制 a_1 或 $a_2\leqslant 0.5a$，则 $\frac{S_1}{6}\left(\frac{a_1}{a}\right)^3$ 或 $\frac{S}{6}\left(\frac{a_2}{a}\right)^3$ 可忽略不计，$f_0=0$，$f_{m+2}=f_c$，并有：

$$\sum_1^{m+2}f=\frac{m+1}{2}f_c-\frac{a_1}{a}f_c$$

$$或\ \sum_1^{m+1}f=\frac{m+1}{2}f_c+\frac{a_2}{a}f_c$$

因此，只要将1点至 $m+1$ 点的正矢总和 Σf_n 与 $\frac{m+1}{2}f_c$ 比较大小，就能判断缓和曲线对于测点错动的关系(即圆曲线两端出现零弦情况)，并得出这端缓和曲线正矢和的超出量 D：

$$D=\sum_1^{m+1}f_n-\frac{m+1}{2}f_c \qquad (1.12.6.81)$$

当 ZH 在0、1点间时：$D=+\frac{a_2}{a}f_c$

ZH 在1、2点间时：$D=-\frac{a_1}{a}f_c$

令 $\Delta=+\frac{a_2}{a}$ 或 $-\frac{a_1}{a}$ 则：

缓和曲线起点与测点不重合所产生的正矢分配量为 ΔS：

$$\Delta S=\Delta\cdot S \qquad (1.12.6.82)$$

式中 $\Delta=\frac{D}{f_c}$

$$S=\frac{f_c}{m}$$

$$\Delta S=\frac{D}{m}$$

缓和曲线段各测点的正矢可简化为如下的近似式：

$$\left.\begin{aligned}
&f_0=0\\
&f_1=\frac{S}{6}+\frac{1}{2}\Delta S+\frac{1}{2}\Delta^2 S\\
&f_i(i=2\cdots m)=(i-1)S+\Delta S\\
&f_{m+1}=f_c+\Delta S-f_1\\
&\sum_1^{m+1}f=\frac{m+1}{2}f_c+D
\end{aligned}\right\}$$

(1.12.6.83)

3. 缓和曲线和圆曲线上测点的拨道量 dE $\left(半拨量\frac{1}{2}dE\right)$ 和正矢差 Δf 的关系。

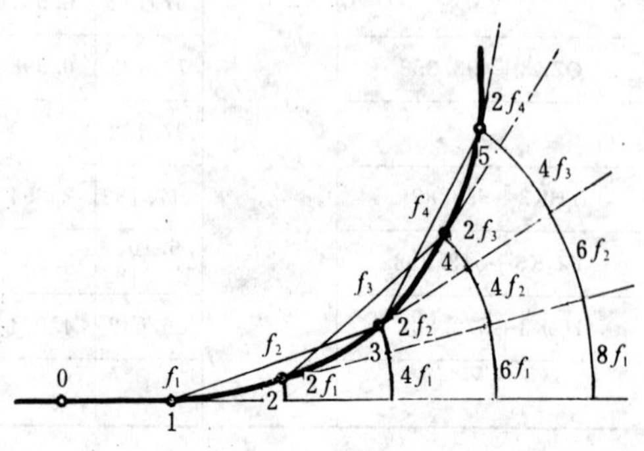

图 1.12.6.18

如图1.12.6.18，测点1、2、3、4…n 各点的正正

矢 f_i，渐伸线长度 E_i：

$$E_1=0$$

$$E_2=2f_1$$

$$E_3=4f_1+2f_2=2[f_1+(f_1+f_2)]$$

$$E_4=6f_1+4f_2+2f_3=2[f_1+(f_1+f_2)+(f_1+f_2+f_3)]$$

……………………………………

$$E_i=2[f_1+(f_1+f_2)+\cdots+\sum_1^{i-1}f]$$

设现场正矢形成的渐伸线长度为 E_j，计划正矢计算的渐伸线长度为 E_s，各测点的拨道量应为计划正矢与现场正矢的渐伸线长度差 dE_i：

$$\begin{aligned}dE_i&=E_{ji}-E_{si}\\&=2[f_{j1}+(f_{j1}+f_{j2})+\cdots+\sum_1^{i-1}f_j]\\&\quad-2[f_{s1}+(f_{s1}+f_{s2})+\cdots+\sum_1^{i-1}f_s]\\&=2[\Delta f_1+(\Delta f_1+\Delta f_2)+\cdots+\sum_1^{i-1}\Delta f]\end{aligned} \quad (1.12.6.84)$$

式(1.12.6.84)可分三步计算半拨量 $\frac{1}{2}dE$：

各测点的正矢差 Δf_i：

$$\Delta f_i=f_{ji}-f_{si} \quad (1.12.6.85)$$

第 i 点的正矢"差累计"$[\Delta f]_i$：

$$[\Delta f]_i=\Delta f_1+\Delta f_2+\cdots+\Delta f_i \quad (1.12.6.86)$$

第 i 点的半拨量 $\frac{1}{2}dE_i$：

$$\frac{1}{2}dE_i=[\Delta f]_1+[\Delta f]_2+\cdots+[\Delta f]_{i-1} \quad (1.12.6.87)$$

4. 计划正矢的修正

正矢法拨道要求曲线两端保持现状不变，就应使曲线起点 ZH(测点1)、终点 HZ(测点 n)的拨道量 dE_1、dE_n 为 0，即这两点的半拨量应为 0。由式(1.12.6.87)可知：第 i 点的半拨量等于第1点至第 i 点各测点的"差累计"之和。因为测点0在直线上，$\Delta f_0=0$，第1点的拨量为0。终点 n 的半拨量即全曲线各测点的"差累计"$[\Delta f]$的总和 $\Sigma[\Delta f]$：

$$\frac{1}{2}dE_n=[\Delta f]_1+[\Delta f]_2+\cdots+[\Delta f]_{n-1}=\Sigma[\Delta f]$$

当上式中"差累计"总和 $\Sigma[\Delta f]\neq 0$ 时，就应将计划正矢作修正。在 $\Sigma[\Delta f]$ 中，测点号较大的 $[\Delta f]$ 项都包含有测点号较小的 Δf 值，如修正 K、L 两点($l>k$)的计划正矢 f_{sk}、f_{sl} 为 f_{sk}、f_{sl}、修正后的正矢差为 Δf，差累计为 $[\Delta f]$。设正矢修正量为 df，并使：

$$f_{sk}=f_{sk}+df;\ f_{sl}=f_{sl}+(-df) \quad (1.12.6.88)$$

则 $\Delta f_k=\Delta f_k-df;\ \Delta f_l=\Delta f_l-(-df)$ (1.12.6.89)

$$[\Delta f]_i(k\leq i<l)=[\Delta f]_i-df$$

$$\sum_1^n[\Delta f]=\sum_1^n[\Delta f]-(l-k)df$$

要求 $\sum_1^n[\Delta f]=0$，则

$$(l-k)df=\sum_1^n[\Delta f] \quad (1.12.6.90)$$

通常取 $df=1$mm，其正、负号与 $\sum_1^n[\Delta f]$ 同，则：

$$(l-k)=\sum_1^n[\Delta f] \quad (1.12.6.91)$$

k、l 的点可在2至 $n-1$ 间选定。如 $\sum_1^n[\Delta f]$ 值较大，可选用几对 k、l 点进行修正，如 $(l_1-k_1)+(l_2-k_2)=\sum_1^n[\Delta f]$。

5. 拨道量 dE 对相邻测点正矢的影响量 df

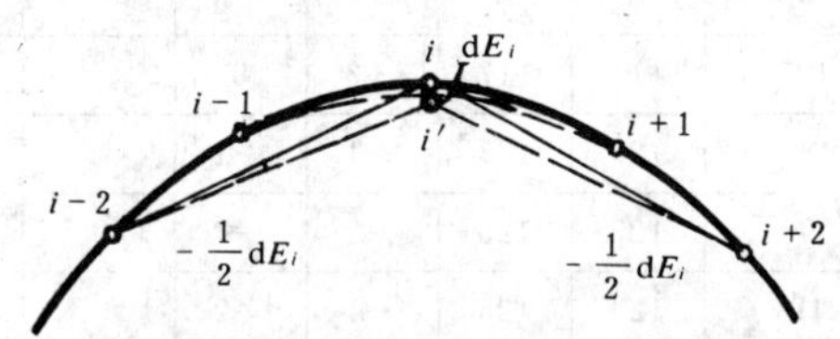

图 1.12.6.19

如图1.12.6.19示，当 i 点拨动 dE_i，对相邻测点的正矢值的影响量为：

$$df_i=dE_i$$

$$df_{i-1}=df_{i+1}=\frac{1}{2}dE_i \quad (1.12.6.92)$$

设现场正矢为 f_j、拨后正矢为 f_b，则：

$$f_{bi}=f_{ji}+\frac{1}{2}dE_{i-1}-dE_i+\frac{1}{2}dE_{i+1} \quad (1.12.6.93)$$

(二)计算方法

由于铁路养护维修工作主要是经常拨道保持曲线方向圆顺，不须求算合理准确的曲线整正数值，曲线半径及曲线控制桩里程。现场中常采用简易拨道法、图解法等方法进行拨距计算。以下介绍根据前述原理，进行拨道量计算的方法(表1.12.6.13)。计算步骤如下：

1. 测点：现场各测点按顺序编号。

2. 现场正矢 f_j：实地测得的各测点的正矢(向圆心为正)，以毫米计。

3. 计划正矢 f_s：根据圆曲线、缓和曲线范围内的测点数和正矢和计算。

圆曲线自 $i=8$ 至 $i=15$ 共8点，现场正矢和 $\sum_8^{15}f_j=1002$mm 圆曲线计划正矢 $f_c=\frac{1002}{8}=125$ 余2，分配如表1.12.6.13。

缓和曲线自 $i=1$ 至 $i=7$，$i=16$ 至 $i=22$ 两端都是6段7点，$m=6$。$\frac{m+1}{2}f_c=437.5$mm

第一缓和曲线现场正矢和 $\sum_{1}^{7} f_i = 397\text{mm}$。由式1.12.6.81、式1.12.6.82算出：

$$D=\sum_{1}^{7} f_j-\frac{m+1}{2}f_c$$
$$=397-437.5=-40.5$$

正矢法拨道计算表 表1.12.6.13

测点 i	正矢				正矢修正 df	修正后正矢			拨道量		拨道影响		拨后正矢 f_b
	现场 f_i	计划 f_s	差 Δf	差累计 〔Δf〕		计划 f_s	差 $\Delta f'$	差累计 〔$\Delta f'$〕	半 $\frac{1}{2}$dE	全 dE	前 df'	后 df'	
1	2	3	4	5	6	7	8	9	10	11	12	13	14
ZH1	1	1	0	0					0	0	0	0	1
2	13	14	−1	−1			−1	−1	0	0		+1	14
3	36	35	+1	0			+1	0	−1	−2		+1	35
4	57	56	+1	+1	+1	57	0	0	−1	−2	+1	+1	57
5	79	77	+2	+3			+2	+2	−1	−2	+1	−1	77
6	97	97	0	+3			0	+2	+1	+2	+1	−3	97
HY7	114	117	−3	0			−3	−1	+3	+6	−1	−2	117
8	127	126	+1	+1			+1	0	+2	+4	−3	−2	126
9	123	125	−2	−1			−2	−2	+2	+4	−2	0	125
10	124	125	−1	−2			−1	−3	0	0	−2	+3	125
11	130	126	+4	+2			+4	+1	−3	−6	0	+2	126
12	125	125	0	+2			0	+1	−2	−4	+3	+1	125
13	126	125	+1	+3			+1	+2	−1	−2	+2	−1	124
14	121	125	−4	−1			−4	−2	+1	+2	+1	+1	125
15	126	125	+1	0			+1	−1	−1	−2	−1	+2	125
YH16	122	122	0	0			0	−1	−2	−4	+1	+3	122
17	111	109	+2	+2			+2	+1	−3	−6	+2	+2	109
18	87	88	−1	+1			−1	0	−2	−4	+3	+2	88
19	64	66	−2	−1	−1	65	−1	−1	−2	−4	+2	+3	65
20	50	46	+4	+3			+4	+3	−3	−6	+2		46
21	22	25	−3	0			−3	0	0	0	+3		25
HZ22	6	6	0	0			0	0	0	0			6
总和	1861	1861	±17	+21−6			±6	±12					1861

$$S=\frac{f_c}{m}=\frac{125}{6}=21(\text{欠}1)$$

$$\Delta=\frac{D}{f_c}=\frac{-40.5}{125}=-0.324$$

$$\Delta S=\frac{D}{m}=\frac{-40.5}{6}=-6.8$$

$$\frac{1}{2}\Delta^2 S=\frac{1}{2}\times(-0.324)\times(-6.8)\approx 1$$

以 S、ΔS、$\frac{1}{2}\Delta^2 S$ 和 f_c 的值代入式(1.12.6.83)，计算和调整的第一缓和曲线各测点的计划正矢值如表1.12.6.14。

第一缓和曲线计划正矢 表1.12.6.14

测点	1(f_1)	2(f_2)	3(f_3)	4(f_4)	5(f_5)	6(f_6)	7(f_7)	Σf
计算	1	14	35	56	77	98	117	398(+1)
采用	1	14	35	56	77	97	117	397

第二缓和曲线现场正矢和 $\sum_{16}^{22} f_j = 462$

$$D=462-437.5=24.5$$

$$S=21$$

$$\Delta=\frac{D}{f_c}=\frac{24.5}{125}=0.196$$

$$\Delta S=\frac{D}{m}=\frac{24.5}{6}=4.1$$

$$\frac{1}{2}\Delta^2 S=\frac{1}{2}\times 0.196\times 4.1=0.4$$

第二缓和曲线计划正矢计算如表1.12.6.15

第二缓和曲线计划正矢

表1.12.6.15

测点	22 (f_1)	21 (f_2)	20 (f_3)	19 (f_4)	18 (f_5)	17 (f_6)	16 (f_7)	Σf
计算	6	25	46	67	88	109	123	464(+2)
采用	6	25	46	66	88	109	122	462

4.正矢差 Δf:按式(1.12.6.85),各测点第2栏 f_j 减去第3栏 f_s,将差值(带正、负号)填入第4栏,即:

$$(4)=(2)-(3)$$

因计划正矢 f_s 的总和等于现场正矢总和,正矢差的总和应为0(正、负数相等)。

5.差累计〔Δf〕按式(1.12.6.86)将第4栏的正矢差 Δf 逐点累加,如测点5的差累计$[\Delta f]_3=[\Delta f]_4+\Delta f_5$,即:$(5)_i=(5)_{i-1}+(4)_i$

各点差累计的总和,分正、负号列入"总和"行。

$$\sum_1^n [\Delta f]=+21-6=+15$$

6.正矢修正量 df。用(5)栏总和 $\sum_1^n [\Delta f]=+15$、d$f=+1$,代入式(1.12.6.90),得:

$$l-k=15$$

选用 $K=4$,则 $l=15+k=19$。在(6)栏测点4横行填"+1",测点19横行填"−1"。

7.修正后计划正矢 f_s:因只有4、19两个测点修正正矢,可只填这两行。

$$(7)=(3)+(6)$$

8.修正后正矢差 Δf:第4、19两测点:(8)=(2)−(7);其他测点:(8)=(4)。

9.修正后正矢差累计〔Δf〕:

$$(9)_i=(9)_{i-1}+(8)_i$$

(10)半拨道量$\frac{1}{2}$dE:

$(10)_i=(10)_{i-1}+(9)_{i-1}$

如$(10)_3=0+(-1)=-1$;$(10)_7=(+1)+(+2)=+3$

(11)全拨道量 dE:(11)=(10)×2

(12)前方测点拨道影响量 df':$(12)_i=-\frac{1}{2}(11)_{i-1}=-(10)_{i-1}$

如$(12)_8=-\frac{1}{2}(+6)=-(+3)=-3$

(13)后方测点拨道影响量 df':$(13)_i=-\frac{1}{2}(11)_{i+1}=-(10)_{i+1}$

(14)拨道后正矢 f_b:根据式(1.12.2.93)得

$$(14)=(1)+(11)+(12)+(13)$$

如:$(14)_s=127+4-3-2=126$。各点的拨后正矢 f_b 应与计划正矢(有修正的为修正后正矢)相等,拨后正矢总和应等于现场正矢总和。

正矢法整正曲线,测量和计算都应用较为简便和近似的方法,无法控制误差,不宜在勘测设计中使用。

第十三章　既有站场测量

第一节　站场平面测绘内容和要求

一、站场平面测绘内容

(一)正线、支线、专用线线路平面。

(二)站线的编号、长度、有效长、道岔辙叉号数及编号、道岔连接曲线、线路平面及线间距。

(三)建筑物、设备及标志。

(四)站内排水系统及管道设施。

二、站内平面测绘要求

(一)站场平面测绘一般利用正线或另设基线作为坐标纵轴,用法线或坐标测定两侧站线和建筑物、设备、标志等的位置。

(二)站内采用正线连续里程,较长的联络线、岔线、场、段、所及其他单独线路作支导线(辅助基线)单独丈量里程,并与正线联测里程和坐标关系。形成闭合导线时,闭合差应符合初测导线规定的精度要求。附合在正线上时,以正线坐标为准进行简易平差。

第二节　基 线 测 量

一、一般要求

(一)中间站和区段站一般利用正线或其外移桩作基线。车场或横向平行股道较多的站场,可在中轴线附近的股道间设置基线;或以外移桩为主基线,在站线较多一侧的股道间再设置一条或几条辅助基线,分成几个条带进行平面测绘。横向有两条及以上的基线时,应构成闭合环或基线网,以控制平面精度。

(二)基线的长度根据改扩建范围确定。在改扩建不伸出既有站场时,一般要伸到既有进站信号机外方,或最外道岔、最外站线以外300m,或伸至站端曲线。站端有改扩建工程时,根据设计需要确定。横列的基线条数根据站场宽度和平面测绘的方法确定。当采用钢卷尺丈量坐标横向支距或极坐标斜距时,每侧测绘宽度不宜大于30m极坐标丈量距离不应大于50m。采用光电测距仪作平面测绘时,可不受上述限制,为保证平面控制精度和避免作业干扰,在测绘宽度大于50m的一侧,仍宜设置辅助基线,从两个侧向进行测绘。基线的位置要照顾到测绘宽度、通视面大、安全、干扰少、固桩,设计时便于换算坐标、布置股道,施工放线方便等条件。基线桩的间距以100～300m为宜。

(三)靠近城市和厂矿的站场基线,必要时应与城市或厂矿的测量控制点联测。

(四)基线测量的方法和精度要求,与中线、导线测量相同,但基线网和附合到正线外移桩上的长度闭合差不应大于1/4 000,闭合差按坐标增量或边长比例分配。

(五)基线和辅助基线的控制点必须固定桩位。

二、基线布置类型

(一)直线车站的基线都应布置成与正线重合或平行于正线的直线型基线。

(二)曲线车站的基线,可根据站场规模,曲线在站场的部位和偏角的大小,布置成曲线型或折线型基线。

1. 曲线型基线:一般中间站和简单的区段站为曲线车站时,可直接以正线为基线,设外移桩固定基线位置。把正线看成弯曲的纵轴,正线里程即是纵坐标值。按法线方向确定横向坐标,实际上是用横断面测量方法丈量横向距离。在用坐标法计算曲线拨距时,也可用极坐标法测量,再计算出各测点的法线距(以测点坐标与圆心坐标连线确定方位角、正线里程和测点至中线的距离)。这种方法在测量和设计时都非常简便,而且可直接用横距进行设计。是中、小型车站平面测绘的主要方法。

2. 折线型基线(图1.13.2.1):曲线两端的直线及部分缓和曲线段的基线,应布置成与线路平行的直基线。曲线部分,可布置成平行于切线的折线,或在两条与切线平行的基线边间设置类似副交点的转折点,形成如图1.13.2.1的折线型基线。转折点以两个为宜,可根据测绘和固桩的条件,先在图上布置,再到现场选定。

(三)基线网:

1. 与主基线并列的辅助基线:除了车场与正线不平行的情况外,一般是与主基线平行布置辅助基线,并联结成网。

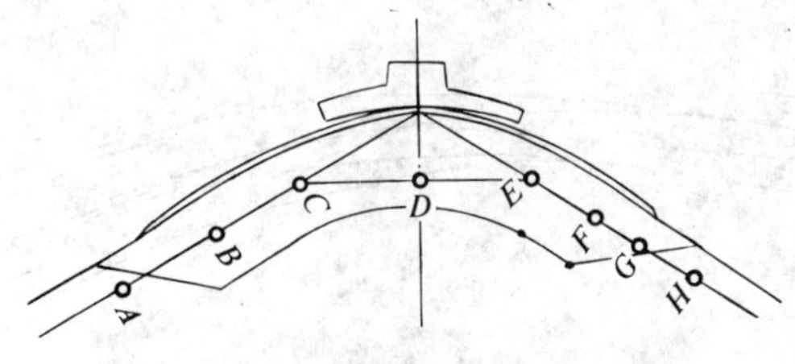

图 1.13.2.1

2. 附合于主基线的辅助基线：站场有单独伸展的车场、段、所，可布置成从主基线或平行基线上分支伸出的辅助基线，并宜在终端与主基线点联测，形成附合导线，如图 1.13.2.2。

三、基线测设方法

（一）确定正线线路：主要确定直线段的位置，可根据情况选用方法。

1. 现地确定直线部分线路：先在桥梁、道岔等控制点及每隔 300～400m 标出一个线路中心点（或一侧钢轨中心），有条件时并检查控制线路限界的信号机、站台、跨线建筑物等边缘的横向净空，用经纬仪穿线确定线位，并在准备设置基线点的百米标处重新标定线路中心，放设基线。

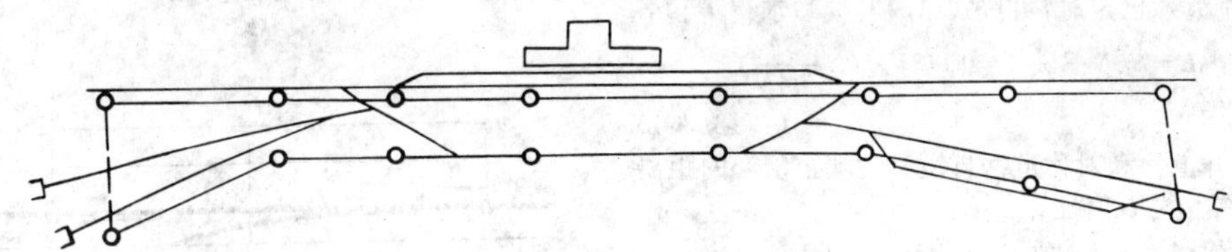
图 1.13.2.2

2. 根据整正后线路定基线位置：先作中线测量，经整正曲线和直线后，再按拨正线位放设基线。

3. 一般中小站可按现状线路测定基线，待线路整正后，按整正设计中线位置进行站场设计。

（二）放设基线

1. 以线路正线作基线时，设外移桩或护桩固定线位。

2. 基线与线路正线平行时，在正线上用经纬仪平转 90°，按平行间距放出各个基线点桩位，再以桩位中两个距离较远的基线点位为准，用经纬仪在两点间正倒镜压点分中定出各基线点点位，两端外延时用正倒镜（倒转镜筒）分中定点位。

3. 辅助基线一般与主基线或另一辅助基线的间距应大于 30m。当与主基线平行时，可在放主基线的同时，按平行间距定出基本控制点位，然后延长。

4. 辅助基线与主基线成小夹角并列时，根据夹角（一般为道岔角的倍数）计算由主基线的支距后分别放出控制点位，再延长直线。或以车场中轴为准，先确定辅助基线线位，再联测与主基线的关系。

（三）基线里程：与正线的直线段平行的基线和辅助基线，按垂直正线的对应位置确定相应里程。与正线的曲线段并列的基线折线段，只标记转点间长度。与正线和主基线不平行的辅助基线，在起、终点和转折点按（垂直正线）投影到正线的位置确定相应里程。其余转点只标记点间长度。

四、基线坐标系统

（一）直线站场坐标系统，以正线中心线为坐标纵（X）轴，以里程增加方向为正向，以正线里程（可略去公里的 10 位数）作为 x 轴的坐标值。在设计时，能从坐标值直观确定点位，如站台角坐标（$x-5328$，$y=-6.76$），即在 CK××5＋328 左边 6.67m 处。

（二）有曲线的站场坐标系统，其两端直线分为两个系统。始端直线及曲线部分以始端直线段正线中心线为纵轴，如用坐标法整正曲线时可采用与整正曲线相同的坐标系统。终端直线（不含曲线）以终端直线段正线中心线为纵轴。

（三）坐标方位：因需用极坐标法测点，应按测量常用平面坐标方式定向。假定顺正线里程的方向（x 坐标轴正向）的坐标方位角为 0°，顺时针方向旋转的角度为正值。

第三节　道岔测量

一、道岔号数及岔心位置的测定

（一）道岔号数的确定

道岔号数（道岔号数 N 按余切计号，如 1/12 道岔号 $N=12$），根据收集的设计资料和台帐资料在现场核对确定。

1. 小钢尺检查：先在辙叉上找出叉宽为 0.1m 和 0.2m 的两个位置，再量出这两点间的长度，其长度对 0.1m 的倍数即为道岔号数。

2. 步量检查：先在辙叉上找出鞋长与叉宽相等的位置，再从这点起沿钢轨顶用左、右脚踵接量至辙叉（理论）尖端，步数即为道岔号数。

3. 岔长定号：量出道岔前后基本轨接缝及与尖轨尖端、末根岔枕中心的长度，按道岔轨型、铺设年度与相应的道岔标准尺寸对照后确定道岔号数。

(二)道岔中心位置测定

道岔中心是岔向两个(或三个)方向线路中心线的交点。一般用如下方法测定岔心。

(1)辙叉定位：单开道岔、交叉渡线和对称道岔可根据辙叉尖端测定岔心位置。辙叉理论尖端位于辙叉心轨两条工作边(两翼轨顶外侧面)的交点，可用两条弦线沿外侧面张直相交定位，或在辙叉两翼外侧横宽为 0.2m 处往尖端按道岔号数乘以 0.2m 的长度量出理论尖端位置。辙叉理论尖端(顺道岔直股线路中心线)至岔心的长度 L 为定值，当道岔号数 N，轨距 S 已定时，可按式(1.13.3.1)求得 L 值：

$$L=S(N+\frac{1}{4N})=1.435\times(N+\frac{1}{4N}) \tag{1.13.3.1}$$

双开道岔和对称道岔自辙叉尖端至岔心的距离 L'，可按上式 L 值推算：

$$L'=L+\frac{S^2}{8L}=L+\frac{1.435^2}{8L} \tag{1.13.3.2}$$

(2)交点定位：曲线道岔、复式交分道岔和对称道岔的岔心位置，应用经纬仪在各岔向线路中心线上置镜定出交点。曲线道岔以 q(基本轨接缝至尖轨段)和 mn 段(辙叉附近)分别定出直股和侧股两个方向的线路中心线直线段(图 1.13.3.1)。

(3)轨缝定位：标准型号的道岔，各种轨型、式样、号数的道岔都有标准设计的尺寸，只需测出尖轨前基本轨接头和辙叉跟端基本轨接头两处轨缝中心的(线路中心线)距离和坐标，便可确定岔心的位置，推算岔心坐标。

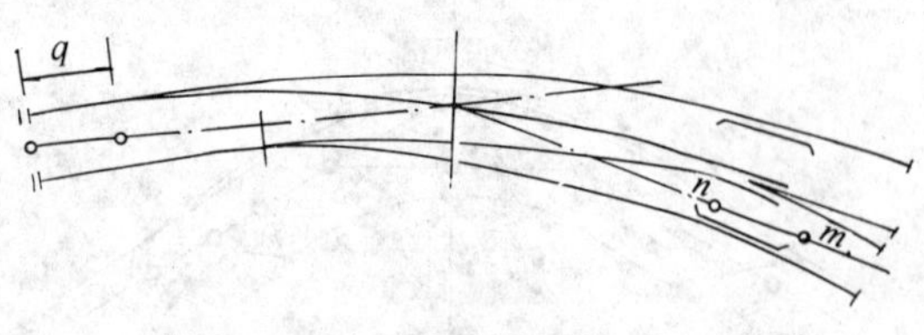

图 1.13.3.1

二、道岔主要尺寸的丈量

道岔除标出岔心位置外，还要按图 1.13.3.2 所示丈量下列尺寸，取位至毫米：

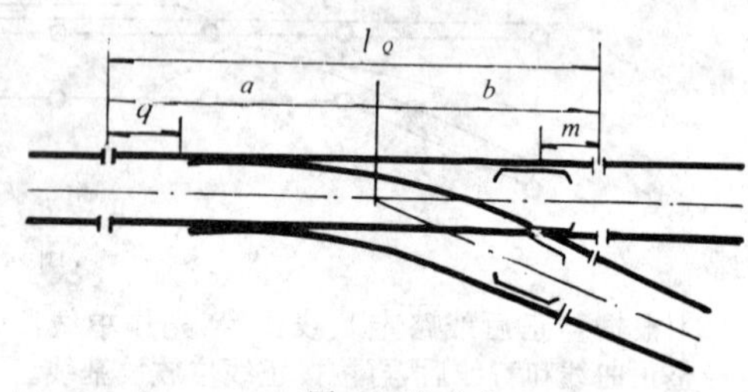

图 1.13.3.2

q—尖轨前基本轨缝中心至尖轨尖端的长度；a—尖轨前基本轨缝中心至岔心的长度；b—岔心至辙叉跟端轨缝中心的长度；m—辙叉理论尖端至辙叉跟端轨缝中心的长度；L_Q—道岔全长。

标准设计的道岔各部尺寸为固定值，可不全部丈量。岔后岔枕因道岔排列等原因，有缩短情况时，应量出道岔跟端轨缝中心至末根岔枕中心的距离 L，作为设计资料。

第四节 站内平面测绘

一、股道全长及有效长测量

(一)股道长度：以岔心或车挡为端点。

1. 正线股道长度按道岔中心里程差推算。

2. 平行正线的股道长度，按两端道岔或车挡对应的正线里程推算。其两端道岔、连接曲线段长度按线间距及连接曲线半径计算长度差。中间曲线段根据整正后的偏角、线间距和曲线要素计算长度差，再用相应正线长度增减差数。

3. 与正线不平行的站线，按坐标差计算长度。站线上有曲线时，每条直线至少应有两个测点，由各直线段测点坐标差求出交点间距离和交点偏角，用正矢法、外矢法或曲线上测点坐标值确定曲线半径，再计算站线长度。

4. 平面状态复杂，线路较长或单独展开的站线，应按中线测量要求实测线路平面，并与正线或基线连测。

(二)股道有效长的确定：有效长指前端信号机(到发线为出发信号机，其它站线为调车信号机)至后端警冲标间的长度，上、下行有效长不等时，以较短的长度为准。无信号机的站线有效长为两端警冲标之间的长度。尽头线的端点为车挡。确定有效长应测出警冲标和信号机的点位。

1. 实地丈量岔心至警冲标、信号机的距离，量取对于所测股道中心线的投影长度。

2. 测出警冲标、信号机的坐标，根据线间距、道岔号数、连接曲线半径，计算有效长。

二、曲线测绘

(一)一般曲线测绘：不平行正线的到发线，车场间的联络线，站线上较长的曲线，应按正线的曲线平面测绘要求，用偏角法或坐标法进行测绘和整正。

(二)简易曲线测绘:支线、专用线、联络线中较短的曲线或不进行改扩建设计的曲线;道岔连接曲线(附带曲线)、三角线和其他站线中的曲线。可设置导线或用坐标算出交点位置和偏角,用简易方法测量曲线半径:

1. 正矢法:沿曲线外轨内侧用固定弦长 c(10m 或 20m)分段连续量出弦中处正矢,按曲线中部连续的几个正矢值 f_1、f_2、…的平均值 f 按式(1.13.4.1)计算曲线半径 R 并取整。

$$R=\frac{c^2}{8f}+\frac{f}{2}-\frac{S}{2} \qquad (1.13.4.1)$$

式中 S——轨距,准轨轨距为 1.435(m)。如弦长为线路中心线长度,则 $S=0$。

2. 偏角法:先丈量曲线,以定长 c(10m 或 20m)连续标出中线点位,置镜于其中一点测出各相邻测点的偏角 α_1、α_2、…α_n,取平均偏角值 α,按式(1.13.4.2)或式(1.13.4.3)求得曲线半径 R:

$$R=\frac{c}{2\alpha}\cdot\frac{\pi}{180} \qquad (1.13.4.2)$$

或

$$R=\frac{c}{2.\sin\alpha} \qquad (1.13.4.3)$$

3. 外矢法:须先钉出交点,置镜于交点测出偏角 α,按角平分线($\frac{180°-\alpha}{2}$)拨角定向丈量交点至曲线中点的距离即外矢距 E。按式(1.13.4.4)计算曲线半径 R:

$$R=E/(\sec\frac{\alpha}{2}-1) \qquad (1.13.4.4)$$

4. 坐标法:在曲线段线路中心线测出任意 3 点的坐标值。按本篇第十二章第六节的坐标法计算圆心坐标和曲线半径。

三、站内建筑物及设备测绘

站内线路、建筑物、设备,以线间距或坐标确定平面位置。

(一)测绘内容:除了已用中线测量方法测绘的站线、道岔的平面位置外,对与建筑限界有关的建筑物和设备均需测出其边缘与线路中心的距离,岔心、警冲标、信号机等测出中心坐标,取位至 cm,点位误差不大于 5cm。其他建筑物和设备,其距离取位至分米,检测误差与横断面测量要求相同。对穿越线路的天桥、地道、电力和通信线路等跨越建筑物,还要测量与线路的交角和净高。

站内建筑物和设备包括:

1. 主要建筑物和设备:旅客站台、货物站台、站房、运转室、信号楼、雨棚、仓库、天桥、地道、道岔、警冲标、信号机、车挡、水鹤、固定装卸机械、轨道衡、量载规、照明灯塔、灯桥、煤台、栈桥、给煤给砂给油设备、机车库、车间、转盘、灰坑、检查坑、车辆缓行器、轴温探测器及接触网支柱等。不作中线测量的站线中心线的控制点。

2. 次要的建筑物和设备:平过道、栅栏、扳道房、管线、排水设施、电杆、电缆、脱轨器、枕木关闭器等。

3. 距离站场或股道较远的建筑物和设备,可在地形测绘时,按地物点要求测绘。

(二)线间距及横向测绘方法:线间距及横向测绘,以正线中心线或单独进行中线测量的站线中心线为轴线进行测量。用方尺或特制方向架定出线路中心位置及垂直于中线的方向,用钢卷尺丈量横向距离。股道较多、横向较宽时,宜用经纬仪定方向。施测横断面的点,可同时测出线间距和建筑物横向距离。

(三)坐标测量:坐标测量以基线或辅助基线为轴线,用直角坐标或极坐标法施测。

1. 直角坐标法:与横向测绘的方法相同。但在基线上进行测量,没有足够的加标,而且要测绘的建筑物和设备的控制点不一定在基线点的法线上,有很大的局限性。因此多用极坐标法测绘。

2. 极坐标法:是坐标测量较灵便和准确的方法,用光电测距仪测量更为便捷。置经纬仪于基线点上,后视基线方向对零,前视测点正倒镜读角,用光电测距仪或钢卷尺测距。根据基线点坐标和基线方位角,用坐标方位角 α、距离 D 计算各测点坐标。

第五节　三角线测绘

三角线的测设或测绘可用导线法或坐标法测量,用光电测距仪时,以坐标法较为方便。

一、测量准备

三角线图型一般如图 1.13.5.1 中(a)、(b)两类,只是道岔类型和平面组合略有变化。

(一)基本布置图形:收集既有资料,进行现场核对,先了解三角线的基本图形后,测量和检查平面和道岔布置状况。

1. 引入线连接状况:图中 D_1N_1 线为三角线 3 个方向中与机务段连接(或主要连接方向)的线路,检查 $D_1N_1N_2$ 是否是直线(或曲线)。N_2D_2 和 N_3D_3 是尽头线与其他站线连接。

2. 各组道岔类型:进行道岔测量,确定 N_1、N_2、N_3 各道岔的辙叉号数,辙叉角 α,左、右单开或对称式道岔,道岔尺寸,道岔中心位置。

(二)建立联测关系:从机务段导线或辅助基线引出关系,联结至 D_1N_1 边的导线或坐标,确定 D_1N_1 边的坐标方位角和 D_1、N_1 两点的坐标。

上述准备工作也可在测量三角线时进行。

二、三角线测量和计算

(一)导线法

1. 测量方法:如图 1.13.5.1(a)、(b),置镜于岔

心 N_1、N_2、N_3，分别测量道岔始端直线方向 D_1N_1、D_2N_2、D_3N_3 与另外两个岔心间的两个偏角 $\angle O_3N_1N_2$、$\angle O_2N_1N_3$；$\angle O_3N_2N_1$、$\angle O_1N_2N_3$；$\angle O_2N_3N_1$、$\angle O_1N_3N_2$（图 1.13.5.1(*a*)中 D_1D_2 为直线，$\angle ON_1N_2$、$\angle ON_2N_1$ 的角度为 0°）。

丈量 N_1N_2、N_1N_3、N_2N_3 三段直线的长度。

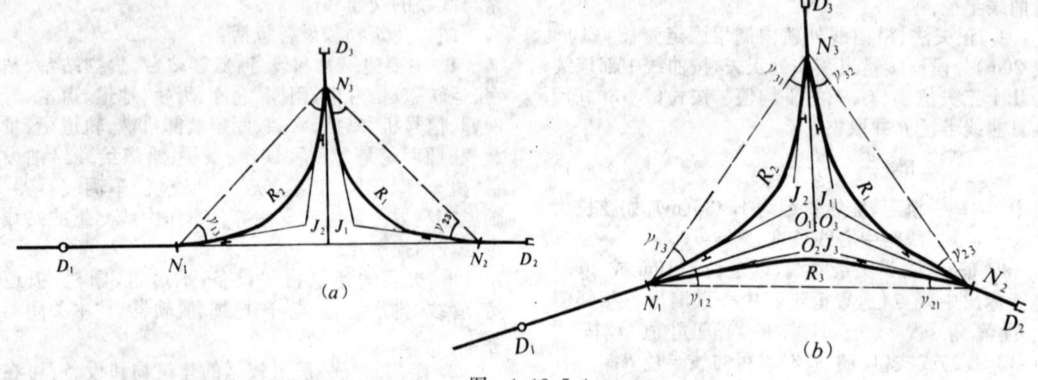

图 1.13.5.1

用简易方法测量 J_1J_2 和 J_3 的曲线半径。

2. 计算方法：以 D_1N_1 线为基准进行计算。

列出 N_1、N_2、N_3 的道岔左、右偏角 α_1、α_2、α_3。α 角在单开道岔为辙叉角，偏向随左开或右开而定；在对称道岔为 1/2 辙叉角，左、右各一个偏角。

求 γ_{12}（$\angle J_3N_1N_2$）、γ_{13}（$\angle J_2N_1N_3$）；γ_{21}（$\angle J_3N_2N_1$）、γ_{23}（$\angle J_1N_2N_3$）；γ_{31}（$\angle J_2N_3N_1$）、γ_{32}（$\angle J_1N_3N_2$）角：

$$\gamma_{12}=\angle O_3N_1N_2-\alpha_1$$
$$\gamma_{13}=\angle O_2N_1N_3-\alpha_1$$

…… ……

根据 γ_{12}、γ_{21} 和 N_1N_2 边长即可按副交点计算方法算出 J_3 的偏角和 J_3N_1、J_3N_2 两个边长：

$$\angle J_3(\angle N_1J_3N_2)=\gamma_{12}+\gamma_{21}$$
$$J_3N_1=N_1N_2\times\sin\gamma_{21}/\sin\angle J_3$$
$$J_3N_2=N_1N_2\times\sin\gamma_{12}/\sin\angle J_3$$

同理，可根据 γ_{13}、γ_{31} 和 N_1N_3 计算 J_2 的偏角和 J_2N_1、J_2N_3；根据 γ_{23}、γ_{32} 和 N_2N_3 计算 J_1 的偏角和 J_1N_2、J_1N_3。

然后按一般中线测量要求，计算 J_1、J_2、J_3 的曲线要素，确定曲线起、终点位置，交点坐标。

（二）极坐标法（一般用光电测距仪测量）

1. 测量方法：在附近的任一基线点或中线点置镜，用极坐标法测量 D_1、N_1、D_2、N_2、D_3、N_3 六个点的方向和距离，计算出坐标。如用坐标法确定曲线半径 R_1、R_2、R_3，则在 J_1、J_2、J_3 曲线上各测出三个点的坐标。

2. 计算方法：根据 D_1、N_1、D_2、N_2、D_3、N_3 各两点坐标差分别算出三个线段的坐标方位角 A_1、A_2、A_3，以 N_1、N_2，N_1、N_3，N_2、N_3 各两点坐标差分别算出三个边的坐标方位角 A_{12}、A_{13}、A_{23}。

求各岔心偏角：

$$\angle O_3N_1N_2=|A_1-A_{12}|$$
$$\angle O_2N_1N_3=|A_1-A_{13}|$$

…… ……

以后按本节导线法阐述的方法进行计算。

第六节　高 程 测 量

站场高程测量的方法和要求，与既有线正线高程测量相同。

一、增设水准点

在机务段、车辆段、货场、车场等处及大型建筑物附近应增设水准点。

站场高程应采用与两端线路相同的高程系统。如站外几条线路高程系统不同，采用主要线路的高程系统，并与其他线路高程系统联测。站场范围内有国家或其他单位的水准点时，宜进行联测。

二、站内高程测量

除正线百米标、加标的轨面高程测量外，还要对下列线路、建筑物等进行高程测量。

（一）基线、导线桩顶。

（二）支线、专用线及单独设置中线的站段线路的轨面高程。

（三）与设计高程有关而不在横断面测量范围内的设备，如转车盘顶、转车盘底、轨道衡等处。

（四）站内用坐标法测量的单独站线的测点处轨面高程。

第七节　横断面测量

既有线站场横断面测量方法与精度要求，与既有线区间横断面测量基本相同。补充要求如下：

一、测绘范围

除正线外，如有单独测设中线的支线、专用线或段、站场线，应单独进行横断面测量。

二、测绘宽度

一般横断面宜测到路基两侧或站台、货场外侧坡脚或堑顶以外 20m。在站场改扩建的一侧应根据设计需要确定宽度。

三、横断面位置

除按既有线区间横断面测量要求的位置外，在站房中心及两端，站台两端坡顶、坡脚点，站内平交道及天桥、地道中心等处应施测横断面。一般横断面间距，直线地段不大于 100m，曲线地段不大于 40m。既有和改建的道岔咽喉区的横断面要适当加密。驼峰地段从压钩坡起点附近至中间坡末端段的横断面间距应不大于 20m。

四、横断面测点

除区间横断面所测地物、地形点外，对各股道的轨面、碴肩、碴脚、排水设施、站台边缘以及房屋、设备等处都要测点。在路肩、站台、货场平台等站坪范围内的测点，应用钢卷尺、水准仪测量，横断面宽度在 50m 以上时，应用经纬仪定方向。

第八节　道岔与站线连接的测设

一、平行股道终端连接的测设

(一)直线式平行股道连接的测设

1. 直线式连接方式：道岔后连接曲线(附带曲线)终端或道岔侧向与平行股道的直线段相连接。(曲线车站与道岔区的连接段为直线时也是直线式连接。

(1)等角出岔连接

图 1.13.8.1 中各股道为平行线，线间距不一定会全部相同。1、3、5 各组的道岔号数 N 相同，道岔角 α 相等，1、3、5、J_1 等岔心和交点在一条直线上。最外股道用连接曲线 J_1 连接，偏角 α 与道岔相等，曲线半径 R_1。

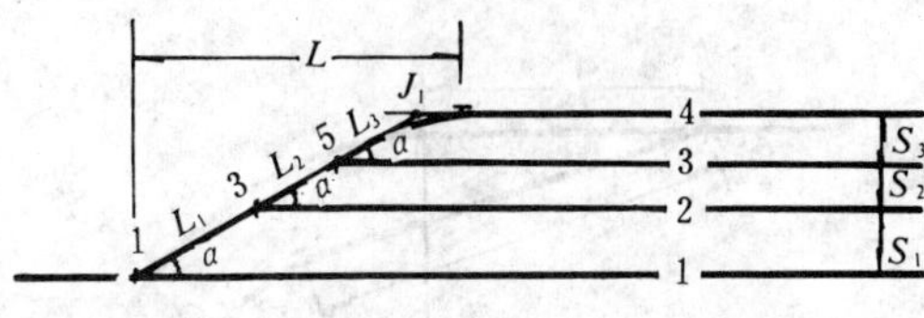

图　1.13.8.1

已知：α、S_1、S_2、S_3、R_1

则 $l_1=S_1/\sin\alpha$　(1.13.8.1)

$l_2=S_2/\sin\alpha$　(1.13.8.2)

$l_3=S_3/\sin\alpha-T_1$　(1.13.8.3)

$L=(S_1+S_2+S_3)\cot\alpha+T_2$　(1.13.8.4)

(2)倍角出岔连接

图 1.13.8.2 中 1 位道岔角 α，在 3 位从 1 位道岔侧向再侧出一个道角角 β，点 3 至 J_2 线段对 1 位道岔的直向的角度为$(\alpha+\beta)$倍角。

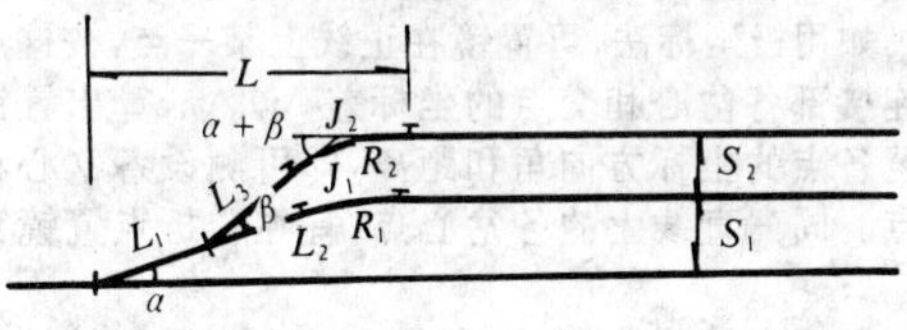

图　1.13.8.2

已知：α、β、S_1、S_2、R_1、R_2、l_1

则 $l_2=S_1.\csc\alpha-l_1-T_1$　(1.13.8.5)

$l_3=(S_1+S_2-l_1.\sin\alpha).\csc(\alpha+\beta)-T_2$　(1.13.8.6)

$L=l_1.\cos\alpha+(l_3+T_2)\cos(\alpha+\beta)+T_2$　(1.13.8.7)

其中　$T_1=R_1.\tan(\alpha/2)$

$T_2=R_2.\tan(\dfrac{\alpha+\beta}{2})$

(3)分角出岔连接

图 1.13.8.3 中岔心 3 至交点 J_2 为道岔直向，与平行股道成 $\alpha+\beta$ 角。3 位道岔角 α。

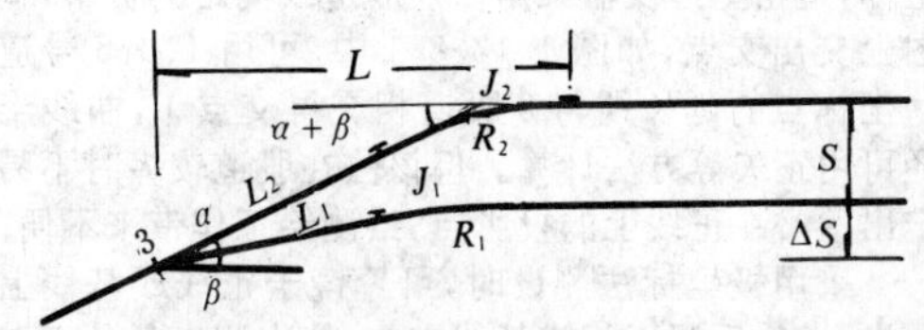

图　1.13.8.3

已知：α、β、S、ΔS、R_1、R_2

则 $l_1=\Delta S\cdot\csc\beta-T_1$ (1.13.8.8)

$l_2=(S+\Delta S)\csc(\alpha+\beta)-T_2$ (1.13.8.9)

$L=(S+\Delta S)\cot(\alpha+\beta)+T_2$ (1.13.8.10)

其中 $T_1=R_1.\tan(\beta/2)$

$T_2=R_2.\tan(\frac{\alpha+\beta}{2})$

(4)组合连接

上述等角出岔、倍角出岔、分角出岔方式常组合使用。其相互关系可根据设计或测量资料计算。

2. 直线式连接的测设:连接部分的测量,以正线出岔位岔心为联测起点。可用导线法或坐标法测设或测绘。

(1)导线法:图 1.13.8.1 中先置镜于正线上 1 位岔心,拨道岔 α 定侧线方向,按设计岔心距离 l_i 钉出前视方向岔心,依次推进至连接曲线。另在正线转点置镜,按线间距放出各股道的中心线。各股道中线与连接终端的岔心或交点相连后,确定股道方向(或与终端岔向线相交定交点),并钉出各曲线起、终点。

既有线测绘时,先测定各道岔岔心点位和道岔型号,再测量各岔心间距离和各股道的线间距,用简易法测出各连接曲线的半径。根据标准的道岔角和线间距计算各交点的点位、偏角和曲线要素。

岔区导线边较短,转镜时应设置较远的后点,以减少角度误差。

用导线法测设连接部,如转角较多,边、角误差累积会影响测量精度。在既有线测绘时,还会由于岔心位置不准确而产生累积误差。转角较多的连接,宜用坐标法测量。

(2)坐标法:测设连接部,先在正线中心线置镜钉出正线出岔点岔心。如用直角坐标法测设,同时按"终端连接"各转折的岔心和交点的纵坐标在正线上的相应里程定出投影点位。再置镜于正线上各投影点后视正线方向转 90°角,量出各点的横坐标(y)值,钉出连接部各转折点。然后置镜于转折(岔心、交点)点,钉出直线上岔心及连接曲线起、终点。

如用极坐标法,可置镜在正线上某一点,按这点与连接部各岔心和交点的坐标差 Δx_i、Δy_i,算出置镜点至各点的坐标方向角和距离,即可测设各岔心和交点。同一直线上的各岔心点,宜在转折点置镜穿直。

在既有线测绘中,用直角坐标法测量股道及道岔连接曲线的交点及偏角一般不需现场测定,而是在内业绘制平面图时,根据横向测绘所量得的道岔坐标,道岔型号及辙叉角以及股道线间距的资料,在图上交出交点,如图 1.13.8.1 中,可用 1、3、5 号道岔坐标点的延长线与 3 股道相交得交点 J_1,曲线半径可用正矢等方法计算。但该法在股道较多时不易定出岔心在正线上的投影点,给测绘工作带来不便。

采用极坐标法测设时,可置镜于正线或基线上适当一点,后视正线或基线方向,依次测出各岔心点的水平角和距离,股道间线间距,各连接曲线半径,即可计算出各点坐标,交点偏角和曲线要素。

(二)曲线式平行股道连接的测设

1. 曲线式连接的一般方式:道岔连接曲线(附带曲线)终端不设夹直线,直接与同心圆曲线股道(平行股道)相连的曲线式终端连接,一般有外侧曲线连接,内侧反向曲线连接、内侧复曲线连接。图 1.13.8.4～1.13.8.6 中,α 为道岔角,与道岔直向连接的正(主)线的曲线半径 R(有缓和曲线时圆心至切线的垂直距离为 $R+p$),S 为股道线间距,股道的曲线半径为 $R\pm S$,道岔侧向与股道相连的连接(附带)曲线的半径为 R_1。L 为岔心至正线单曲线起点(有缓和曲线时为圆心在切线上的垂足点)的距离。G 为道岔后连接曲线与股道曲线的公切点,φ 为连接曲线的偏角(圆心角),O' 为连接曲线圆心,L 为岔心沿侧向至连接曲线起点的岔后直线段长度。

曲线式连接的三种连接方式及其计算式:

(1)外侧曲线连接:如图 1.13.8.4。

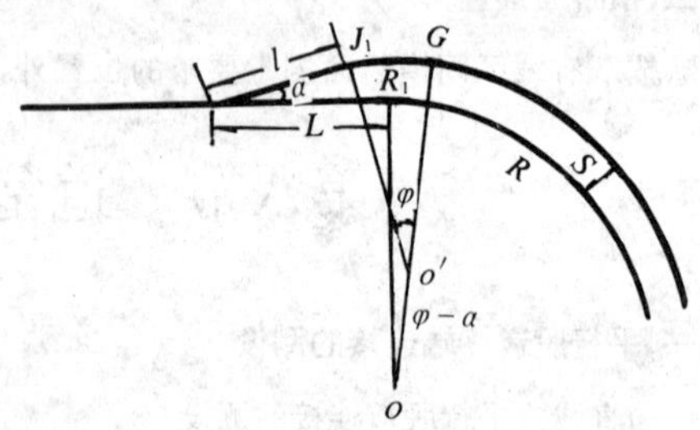

图 1.13.8.4

已知:R、R_1、L、S、α。

则 $\cos\varphi=\dfrac{L\sin\alpha+R\cos\alpha-R_1}{R+S-R_1}$ (1.13.8.11)

$l=(R+S-R_1)\sin\varphi+L\cos\alpha-R\sin\alpha$ (1.13.8.12)

当 $L>S\cdot\cot\alpha+R_1\tan\dfrac{\alpha}{2}$ 时,连接曲线(附带曲线)与股道曲线之间有夹直线段,属于直线式连接,式(1.13.8.11)、(1.13.8.12)不适用。

(2)内侧(复)曲线连接:如图 1.13.8.5。

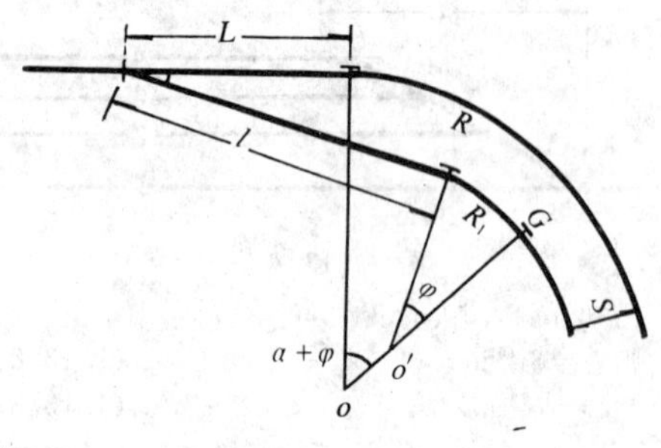

图 1.13.8.5

已知:R、R_1、L、S、α。

则 $\cos\varphi=\dfrac{R\cos\alpha-L\sin\alpha-R_1}{R-S-R_1}$ (1.13.8.13)

$l=(R-S-R_1)\sin\varphi+L\cos\alpha+R\sin\alpha$ (1.13.8.14)

(3)内侧(反向)曲线连接：如图 1.13.8.6。

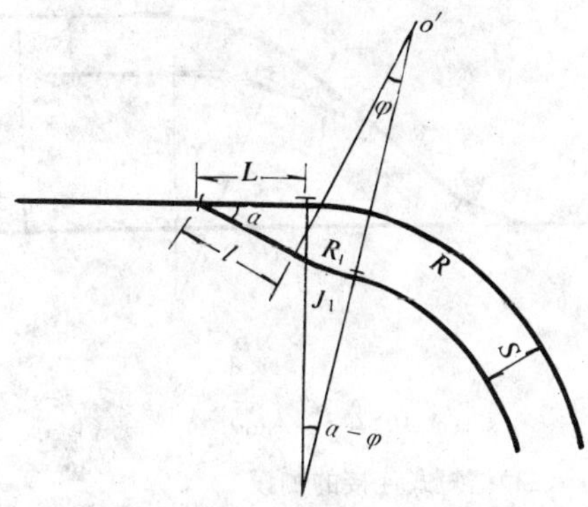

图 1.13.8.6

已知：R、R_1、L、S、α。

则 $\cos\varphi=\dfrac{R\cos\alpha-L\sin\alpha+R_1}{R-S+R_1}$ (1.13.8.14)

$l=L\cos\alpha+R\sin\alpha-(R-S+R_1)\sin\varphi$ (1.13.8.15)

当 $L=S\cot\alpha-(R-S)\tan\dfrac{\alpha}{2}$ 时，无连接曲线，属于直线式连接。$L<S\cot\alpha-(R-S)\tan\dfrac{\alpha}{2}$ 时，不构成反向曲线，属内侧(复)曲线连接。

2. 曲线连接的测设：测量以正线岔心为联测起点。

(1)导线法：新建连接测设，先定出正(主)线岔心位置和另端平行股道的切线方向。置镜于岔心，拨道岔角 α，按设计资料量测岔后直线段 l，连接曲线的切线 t_1，钉出连接曲线交点 J_1。转镜至 J_1，拨连接曲线偏角 φ，丈量切线 t_1，钉出公切点 G。然后由 G 点至另端切线闭合。

在既有线测绘时，应先整正正线，确定正(主)线位置、曲线要素，道岔岔心位置、辙叉号数，量出道岔中心至曲线起点(或圆心垂足)的长度 L。再测量股道间直线段和曲线段的线间距，用简易法测定连接曲线半径 R_1。然后根据测得的 R、R_1、L、S、α，算出 l 和 φ。

(2)坐标法：新建连接测设，可在正线(或基线)上置镜，根据置镜点与岔心的坐标关系，推算置镜点至 J_1、G 等点的坐标差、坐标方向角和距离，后视正线(基线)方向，拨角量距定点。然后与另端切线闭合，测设连接曲线和股道曲线。

在既有线测绘时，先测绘和整正正线。用坐标法测量股道间直线段、曲线段线间距，连接曲线半径，道岔号数和岔心坐标。然后根据 R、R_1、S、L、α 计算 φ 和 l。

二、缩短式股道终端连接的测设

(一)缩短式连接方式

1. 基本缩短方式：

(1)道岔侧向连接反向曲线：是缩短式连接的基本方式，如图 1.13.8.7。

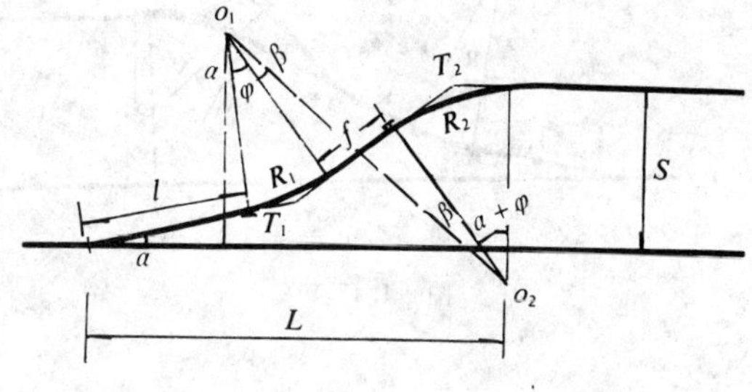

图 1.13.8.7

已知：α、l、f、R_1、R_2、S

则 $\beta=\arctan(\dfrac{f}{R_1+R_2})$ (1.13.8.16)

$\cos(\alpha+\varphi+\beta)=(\dfrac{R_1\cos\alpha+l\sin\alpha-S+R_2)\cos\beta}{R_1+R_2}$ (1.13.8.17)

$L=l\cos\alpha+(R_1+R_2)\dfrac{\sin(\alpha+\varphi+\beta)}{\cos\beta}-R_1\sin\alpha$

$=(l+T_1)\cos\alpha+(T_1+f+T_2)\cos(\alpha+\varphi)+T_2$ (1.13.8.18)

(2)平行线间的反向曲线：如图 1.13.8.8。

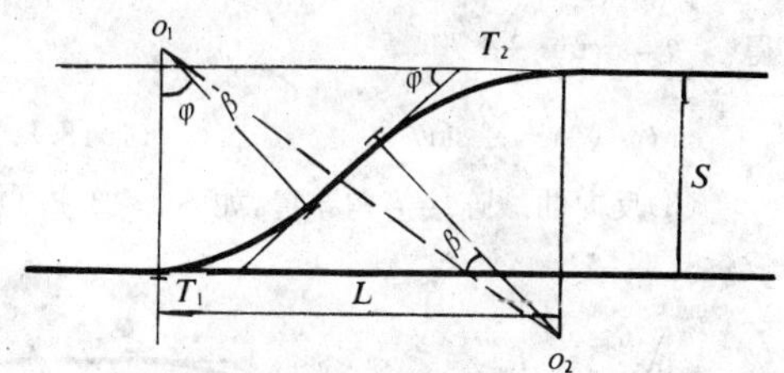

图 1.13.8.8

已知：R_1、R_2、f、S，

则 $\beta=\arctan(\dfrac{f}{R_1+R_2})$ (1.13.8.19)

$\cos(\varphi+\beta)=\dfrac{(R_1+R_2-S)\cos\beta}{R_1+R_2}$ (1.13.8.20)

$L=T_1+T_2+S\cot\varphi$ (1.13.8.21)

2. 缩短式组合：在上述缩短方式后紧接倍角或分角出岔是常用的缩短组合布置。可按前述有关算式分步计算。下面列出另一种已知条件下的计算式。

(1)基本缩短式连接倍角布置：如图 1.13.8.9。

已知：α、R_l、R_2、l_1、l_2、l_3、S、S_1

令：$M=l_2+l_3\cos\alpha+R_2\sin\alpha$

$N=R_1-l_3\sin\alpha+R_2\cos\alpha$

$Q=S+S_1-R_2-l_1\sin\alpha-R_1\cos\alpha$

得： $\theta=\arctan\dfrac{N}{M}$

$\sin(\varphi-\theta)=\dfrac{Q}{N}\sin\theta$ (1.13.8.22)

(2)基本缩短式连接分角布置：如图 1.13.8.10。

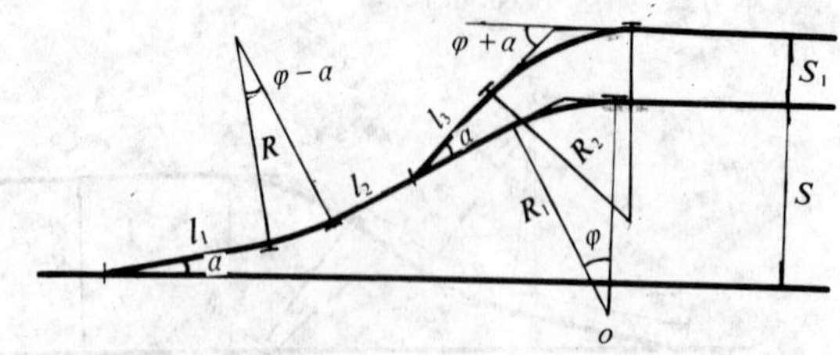

图 1.13.8.9

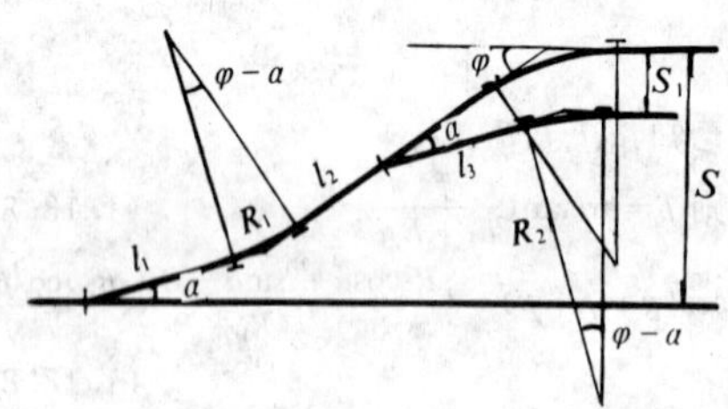

图 1.13.8.10

已知：α、R_1、R_2、l_1、l_2、l_3、S、S_1

令：
$$M=l_2+l_3\cos\alpha-R_2\sin\alpha$$
$$N=R_1+l_3\sin\alpha+R_2\cos\alpha$$
$$Q=S-S_1-R_2-l_1\sin\alpha-R_1\cos\alpha$$

得：
$$\theta=\arctan\frac{N}{M}$$
$$\sin(\varphi-\theta)=\frac{Q}{N}\sin\theta \qquad (1.13.8.23)$$

(3)反向曲线连接倍角布置：如图 1.13.8.11。

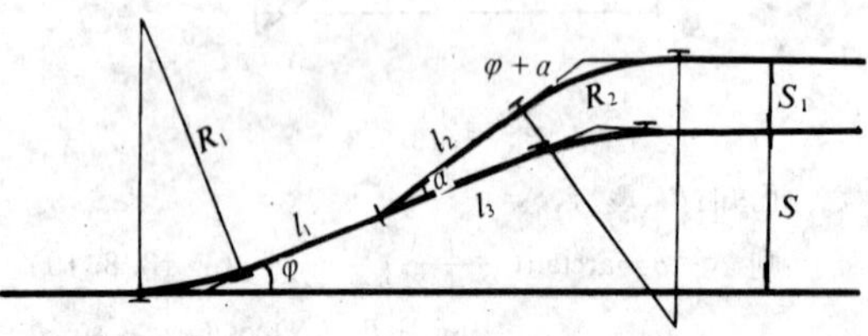

图 1.13.8.11

已知：R_1、R_2、l_1、l_2、α、S、S_1，

令：
$$M=l_1+l_2\cos\alpha+R_2\sin\alpha$$
$$N=R_1-l_2\sin\alpha+R_2\cos\alpha$$
$$Q=S+S_1-R_1-R_2$$

得：
$$\theta=\arctan\frac{N}{M}$$
$$\sin(\varphi-\theta)=\frac{Q}{N}.\sin\theta \qquad (1.13.8.24)$$

(4)反向曲线连接分角布置：如图 1.13.8.12。

已知：R_1、R_2、α、l_1、l_2、S、S_1

令：
$$M=l_1+l_2\cos\alpha-R_2\sin\alpha$$
$$N=R_1+l_2\sin\alpha+R_2\cos\alpha$$
$$Q=S-S_1-R_1-R_2$$

得：
$$\theta=\arctan\frac{N}{M}$$

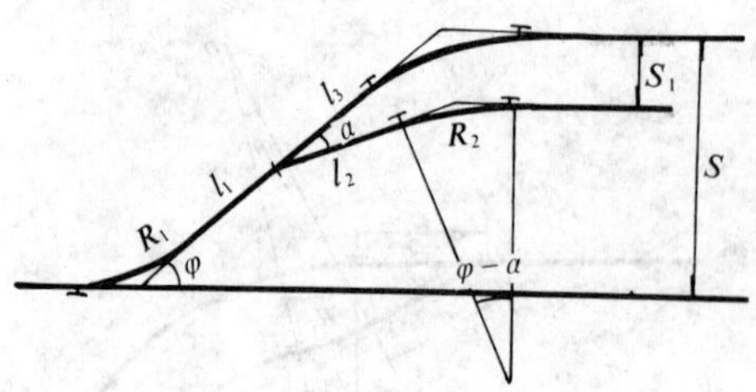

图 1.13.8.12

$$\sin(\varphi-\theta)=\frac{Q}{N}.\sin\theta \qquad (1.13.8.25)$$

(二)缩短式连接的测设

1. 缩短连接部的特点

(1)转角多、边长短：连接部除道岔外，还加设连接曲线，道岔两端都使用了容许的最短长度。

(2)转角、边长为定值：辙叉角角度、道岔两端和插入短轨的长度是固定规格，不容许改变。在一定图形中，连接曲线的偏角和坐标也是定值。

(3)偏角小、曲线短：道岔辙叉角和岔后连接曲线的偏角都较小，一般不宜用骑马桩和副交点法定位。但连接曲线较短，且不设缓和曲线，曲线测设误差不大。

2. 测设的要点

(1)测量采用的角度、距离，要与道岔规格或计算数据一致，实测误差要在容许范围内。

(2)先测设控制点，并进行闭合。不要把测量误差积累到一点。

(3)测量误差宜分配在平行股道和连接曲线段。

(4)用导线法测量，要预留远点测角。用坐标法测量，直线上转点要贯通复核。

3. 测设方法

(1)新建缩短连接部：宜用坐标法钉设控制点，以减少误差积累。用导线贯通核对，分段闭合，同时校正位于直线中间的岔心点使与直线方向重合。再测设连接曲线。

(2)既有线缩短连接测绘：应准确测定各岔心点和直线段控制点，平行股道线间距和连接曲线的半径。按标准辙叉角、岔长、插入短轨长度进行整正后，再经计算确定连接部的坐标、偏角和直线段长度。

三、渡线的测设

(一)渡线布置和计算

1. 平行股道间的渡线

(1)单渡线：如图 1.13.8.13。

已知：S、α_1、α_2、R、l_1

则
$$T=R\cdot\tan\left(\frac{\alpha_2-\alpha_1}{2}\right) \qquad (1.13.8.26)$$
$$l_2=\frac{S-(l_1+T)\sin\alpha_1}{\sin\alpha_2}-T \qquad (1.13.8.27)$$
$$L=(l_1+T)\cos\alpha_1+(l_2+T)\cos\alpha_2 \qquad (1.13.8.28)$$

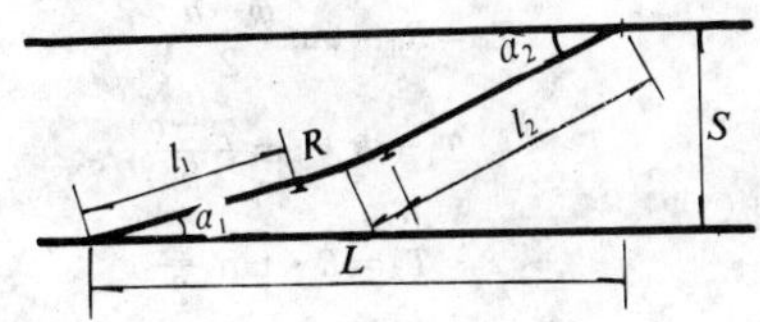

图 1.13.8.13

当 $\alpha_1=\alpha_2=\alpha$ 时，中间无连接曲线：

$$T=0 \quad (1.13.8.29)$$

$$l_1+l_2=\frac{S}{\sin\alpha} \quad (1.13.8.30)$$

$$L=S\cdot\cot\alpha \quad (1.13.8.31)$$

(2)有平行作业的渡线：如图 1.13.8.14。

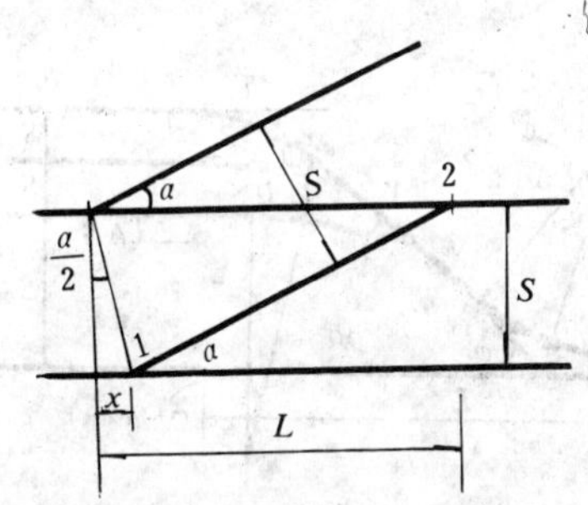

图 1.13.8.14

$$L=\frac{S}{\sin\alpha} \quad (1.13.8.32)$$

$$x=S\cdot\tan\frac{\alpha}{2} \quad (1.13.8.33)$$

当 $x=0$ 时，为单渡线。

2. 不平行股道间的渡线

(1)宽端间距控制：如图 1.13.8.15。

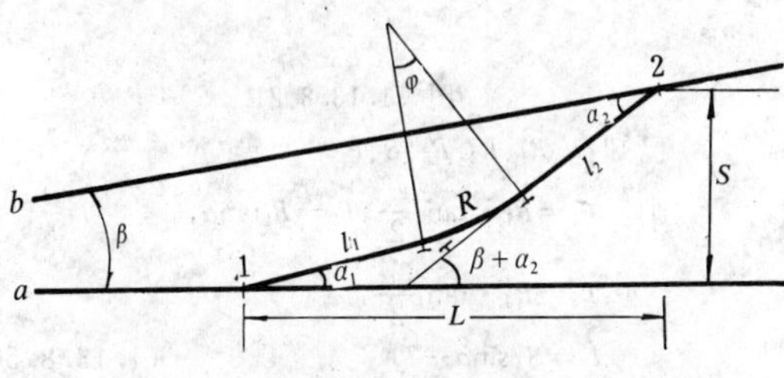

图 1.13.8.15

a、b 两条股道成 β 角，岔心 2 至 a 线的垂距为 S，道岔角 α_1、α_2，在确定 l_1 和 R 后，则

$$\varphi=|\beta+\alpha_2-\alpha_1| \quad (1.13.8.34)$$

$$T=R\cdot\tan\frac{\varphi}{2} \quad (1.13.8.35)$$

$$l_2=\frac{S-(l_1+T)\sin\alpha_1}{\sin(\beta+\alpha_2)}-T \quad (1.13.8.36)$$

$$L=(l_1+T)\cos\alpha_1+(l_2+T)\cos(\beta+\alpha_2) \quad (1.13.8.37)$$

当$(\beta+\alpha_2)<\alpha_1$ 时，φ 为右偏。

(2)窄端间距控制：如图 1.13.8.16，S 为股道间距较窄端的垂距。

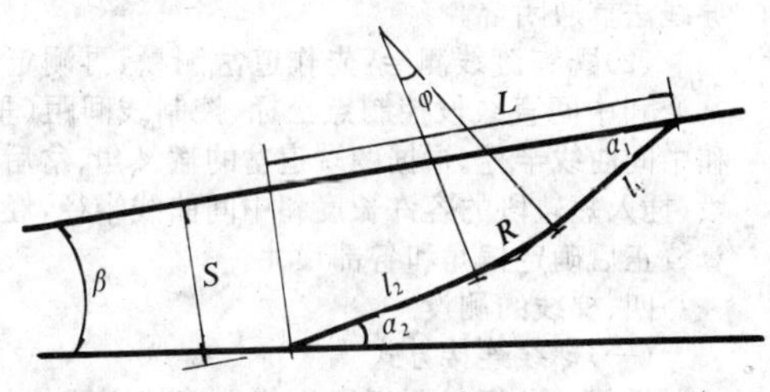

图 1.13.8.16

已知：α_1、α_2、l_1、S、β、R

则 $$\varphi=|\beta+\alpha_1-\alpha_2| \quad (1.13.8.38)$$

$$T=R\cdot\tan\frac{\varphi}{2} \quad (1.13.8.39)$$

$$l_1=\frac{S-(l_1+T)\sin\alpha_1}{|\sin(\beta-\alpha_2)|}-T \quad (1.13.8.40)$$

$$L=(l_1+T)\cos\alpha_1+(l_2+T)\cos(\beta-\alpha_2) \quad (1.13.8.41)$$

当$(\beta+\alpha_1)<\alpha_2$ 时，φ 为左偏。

3. 缩短渡线(图 1.13.8.17)

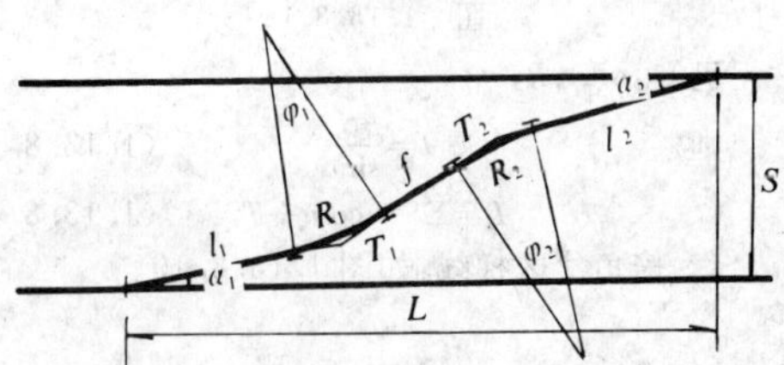

图 1.13.8.17

已知：α_1、α_2、R_1、R_2、l_1、l_2、S

$$\beta=\arctan\left(\frac{f}{R_1+R_2}\right) \quad (1.13.8.42)$$

$$\cos(\alpha_1+\varphi_1+\beta)=\cos(\alpha_2+\varphi_2+\beta)=\frac{(R_1\cos\alpha_1+R_2\cos\alpha_2+l_1\sin\alpha_1+l_2\sin\alpha_2-S)\cos\beta}{R_1+R_2} \quad (1.13.8.43)$$

$$L=(l_1+T_1)\cos\alpha_1+(T_1+f+T_2)\cos(\alpha_1+\varphi_1)+(l_2+T_2)\cos\alpha_2 \quad (1.13.8.44)$$

当 $\alpha_1=\alpha_2=\alpha$、$R_1=R_2=R$、$l_1=l_2=l$ 且 $f=0$ 时：

$$\cos(\alpha+\varphi)=\cos\alpha+\frac{2l\sin\alpha-S}{2R} \quad (1.13.8.45)$$

$$L=2(l+T)\cos\alpha+2T\cos(\alpha+\varphi) \quad (1.13.8.46)$$

(二)渡线的测设

1. 渡线测设的特点：渡线在两条线之间，只要确定渡线两端岔心在两条线路上的位置，渡线即可定位。各种渡线在确定岔心 1 在线路上的位置后，正

确测出 S 和 L 值，便可测定渡线上的各点。

2. 测设方法：可参照道岔终端连接的测设方法，用坐标法测控制点，用导线法贯通闭合。

(1)新建渡线测设：先按主线岔心点位复测线间距(垂距)S，钉设 2 位岔心点位，复测 L 段长度后钉设 1 位岔心点位。用坐标法钉设渡线上的交点，再用导线法贯通闭合。

(2)既有渡线测绘：先作道岔测量，再测定两端岔心和中间直线段控制点坐标，控制线间距(垂距)和中间曲线半径。根据两端道岔的辙叉角、岔后直线段、插入短轨段的容许长度和中间曲线半径，经过计算校正后确定偏角和各部尺寸。

四、梯线的测设

(一)梯线连接方式

梯线道岔区是平行股道终端连接方式的组合，常用的梯线有以下几种形式。

1. 梯线连接形式

(1)等角岔区梯线：如图 1.13.8.18。

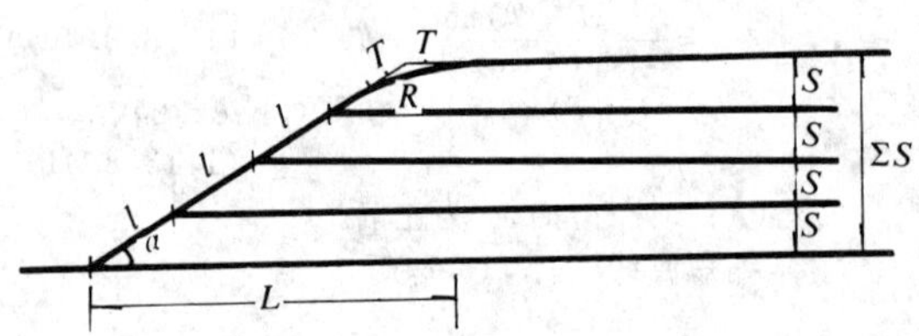

图 1.13.8.18

已知：α、S、R，

则
$$l=\frac{S}{\sin\alpha} \quad (1.13.8.47)$$
$$L=\Sigma S\cdot\cot\alpha+T \quad (1.13.8.48)$$

(2)倍角岔区梯线：如图 1.13.8.19。

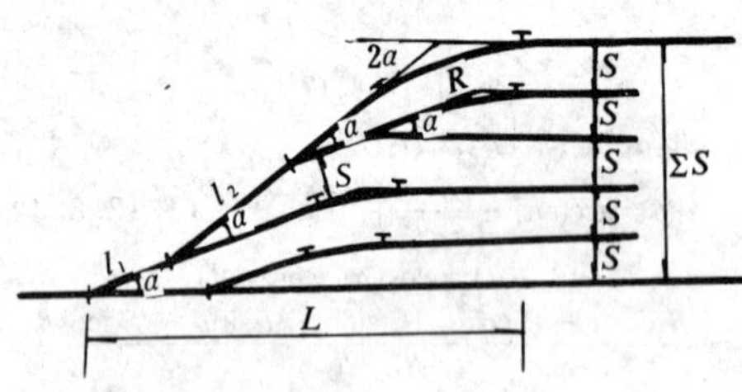

图 1.13.8.19

已知：α、S、l_1、R

则
$$l_2=\frac{S}{\sin\alpha} \quad (1.13.8.49)$$
$$L=(\Sigma S-l_1\sin\alpha)\cot2\alpha+l_1\cos\alpha+T \quad (1.13.8.50)$$
$$T=R\cdot\tan\alpha$$

(3)缩短岔区梯线：如图 1.13.8.20。

已知：α、l_1、l_3、P(道岔全长加短轨$=a+b+f$)、R_0、R、S

则
$$\varphi=\arcsin\frac{S}{P} \quad (1.13.8.51)$$
$$T_0=R_0\cdot\tan\frac{\varphi-\alpha}{2},$$
$$T_1=R\cdot\tan\frac{\varphi-\alpha}{2},$$
$$T_2=R\cdot\tan\frac{\varphi}{2}$$
$$\Delta S=(l_3+T_1)\sin(\varphi-\alpha) \quad (1.13.8.52)$$
$$l_2=[S_0-\Delta S-(l_1+T_0)\sin\alpha]/\sin\varphi-T_0 \quad (1.13.8.53)$$
$$l_4=(S+\Delta S)/\sin\varphi-T_2 \quad (1.13.8.54)$$
$$L=[\Sigma S-(l_1+T_0)\sin\alpha]\cot\varphi+(l_1+T_0)\cos\alpha+T_2 \quad (1.13.8.55)$$

(4)分角岔区梯线：如图 1.13.8.21。

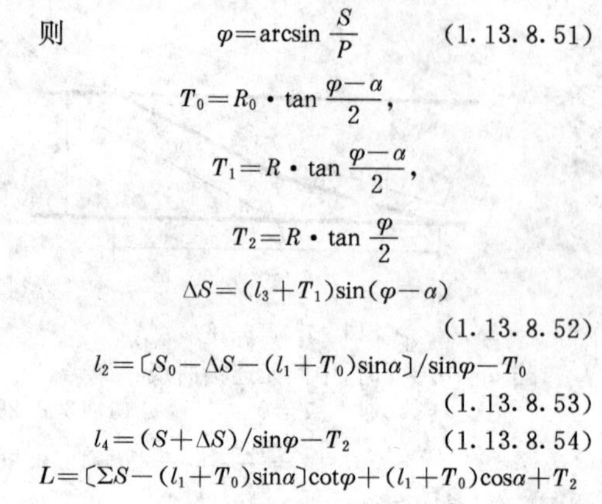

图 1.13.8.20

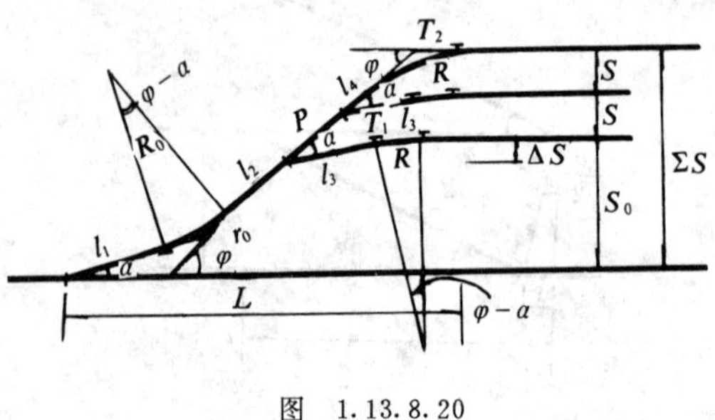

图 1.13.8.21

已知：α、R_1、R_2、R_3、S、P

则 $T_1=R_1\cdot\tan\dfrac{\alpha}{2}$，$T_2=R_2\tan\alpha$，
$$T_3=R_3\cdot\tan\frac{3\alpha}{2}$$
$$l_1=S/\sin\alpha-T_1 \quad (1.13.8.56)$$
$$l_2=\frac{2S+P\sin\alpha}{\sin2\alpha}-T_2 \quad (1.13.8.57)$$
$$l_3=\frac{3S+P(\sin\alpha+\sin2\alpha)}{\sin3\alpha}-T_3 \quad (1.13.8.58)$$

2. 一般梯线的特点

(1)岔区各道岔的辙叉号数相同，道岔岔心间长度 P 相等。

(2)股道线间距 S 相等。各股道的连接曲线半径相等或为同心圆。

(3)复杂梯线从最外股道的斜边向各股道分岔，

多采用连续的分角布置，容易求出各股道连接曲线的偏角。

(4)平行股道较多，因大量的数据和发散方式相同，可以分步推算。

(二)梯线测设方法

1. 新建梯线测设

(1)设置基线：测量梯线一般要测定中轴线或辅助基线，以控制整个线群的平面位置，并作为细部测量的基准。

(2)以坐标法为主，钉设梯线上的转折控制点。

(3)以中线法贯通各部，进行闭合和测设曲线。

2. 既有梯线测绘

(1)按要求设置基线。

(2)实测各股道间的线间距，进行综合整正求出平均线间距。通常大部分股道的线间距相同，且为标准值。

(3)测定各岔心坐标。连续分岔的岔心距离通常相同，要互相参照整理资料。

(4)测出各连续曲线的半径，并互相对照。在曲线上测坐标点作定位校核。

(5)绘出岔区草图。

(6)计算各部位尺寸，并使与整体关系相吻合。

第三部分　施工测量和竣工测量

第十四章　中线施工测量

为了保证铁路线路中线符合设计文件的要求，确保施工中不发生任何差错，施工单位在施工前必须把设计单位提交的全线控制桩点(线路平面控制点、水准点等)进行复测。施工复测的工作内容基本上与定测相同，它包括中线、基平、中平、横断面等。施工复测的主要目的是检验原有桩点的准确性，而不是重新测设。所以经过复测，凡是与原来的成果或点位的差异，在允许的范围时，一律以原有的成果为准，不作改动。对经过多次复测确实证明原有成果有误或点位有较大变化时，才能改动，并使改动尽可能限制在局部的范围内。施工前，除详细钉设中线桩外，为了施工方便，尚须加设临时水准点及横断面。

线路竣工测量是在路基土石方工程完工之后，铺轨之前进行。竣工测量的主要任务是最后确定线路中线的位置，并据以检查施工放样是否符合技术要求，以确保铺轨后的轨道中心和标高符合设计要求，同时将中线里程全线贯通，取消断链及统一高程。竣工测量的工作内容仍包括中线测量、高程测量和横断面测量等。

第一节　线路中线施工测量

一、施工复测准备

(一)资料准备

施工单位在施工复测前，首先应把设计单位移交的有关资料(如线路平面图、线路纵断面图、控制桩表等)进行室内检核和现场核对，全面了解线路与附近建筑物之间的关系及地形情况，以便确定相应的测量方法。

(二)桩橛交接

为便于施工测量工作进行，施工单位应会同设计单位在现场进行桩橛交接，桩橛交接的主要内容有：

1. 直线上的转点桩，曲线交点或副交点桩及曲线控制桩(直缓、缓圆、圆缓、缓直、曲中)。

2. 有关的控制桩：三角点、水准点、导线点及隧道洞口投点，大中桥两端控制桩。

二、中线复测

施工复测的精度要求与定测基本相同，复测与定测成果的不符值在下列规定的范围时，采用定测的成果。

水平角：±30″；

距　离：钢卷尺 1/2 000，光电测距 1/3 000；

转点点位横向差：每 100m 不应大于 5mm，当点间距离长于 400m 时，亦不应大于 20mm；

曲线横向闭合差：10cm(施工时应调整桩位)；

水准点高程闭合差：$\pm 30\sqrt{K}$ mm；

中桩高程：±10cm。

三、桩橛保护

施工复测后，中线控制桩必须保持固定正确的位置，以便在施工中经常据以恢复中线。因此，在施工前应对线路各主要桩橛(如交点、直线转点、曲线控制点等)设置护桩。

护桩一般设置两组，两组护桩之间的夹角应接

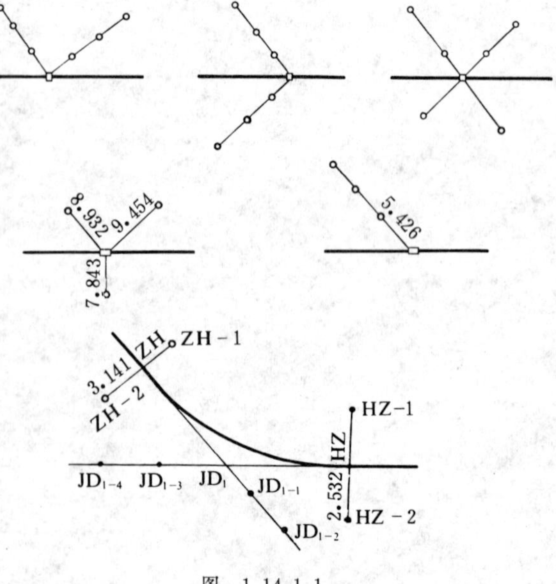

图　1.14.1.1

近 90°，每组护桩不得少于 3 个。用距离设置护桩时，护桩可设置一组，护桩与固定桩之间的距离应读至毫米。护桩应设置在填挖较小，不易毁坏便于施测之处，并应考虑到在施工过程中不致被破坏，视线不致被阻挡，一旦破坏后易于恢复。

护桩的设置一般采用以下几种形式：

为了便于寻找护桩，护桩的位置应用草图及文字详细说明，并在实地对每一护桩作出明显的标记，注明编号。

第二节　站场股道中线施工测量

一、股道中线施工测量

(一)股道在直线上

直线股道的设置，一般以正线为基准，根据各股道岔心在正线的相应里程(或坐标)及线间距，设置各到发线股道。如图 1.14.2.1 示，有四股道的车站，先按照设计里程在正线的中线上测定控制点 1、A、3、B、C、D、4、2，置镜 A、B、C、D 各点，用直角坐标放出 JD_1、E、JD_3、F、JD_2、JD_4 各点。连接各股道相应点 JD_1 和 JD_4、E 和 F、JD_3 和 JD_2 即得各股道以Ⅱ线为基准的平行线。5 和 6 可以从梯线丈量而得，也可用直角坐标放出。

各主要点放出以后，应进行复核。例如在三角形 $1JD_1A$ 中，可根据边角关系检查 1 至 JD_1 的长度，也可以置镜 JD_1 检查 α'_1 角，即 $\alpha'_1=\alpha_1$＝辙叉角。当所有控制点都确认无误后，即可根据这些点进行股道中线的详细测设。

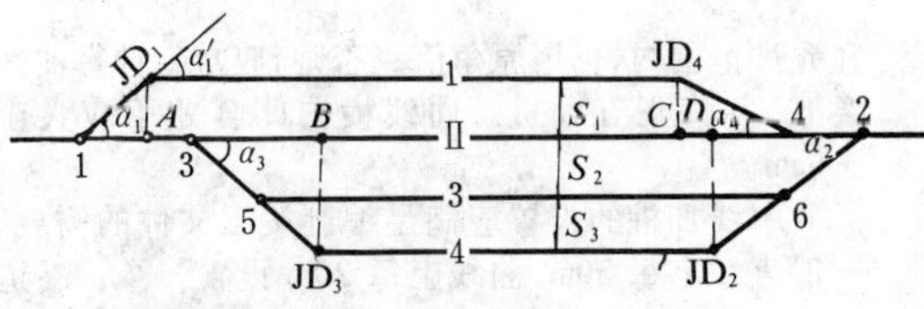

图　1.14.2.1

(二)股道在曲线上

曲线股道的设置，正线中线测量同普通的曲线测设，到发线两端的切线也可比照直线的办法处理。在曲线上测定的控制点较直线股道尚须增加直缓、缓直两点。如图 1.14.2.2 示。已知正线 $R_2=600\text{m}$、$l_2=110\text{m}$、$\alpha_2=33°43'08''$、$T_2=237.072\text{m}$、$L_2=463.103\text{m}$。到发线 1 股道 $R_1=605.14\text{m}$、$l_1=101\text{m}$、$\alpha_1=33°43'08''$、$T_1=234.089\text{m}$、$L_1=457.128\text{m}$，到发线 3 股道 $R_3=592.37\text{m}$、$l_3=120\text{m}$、$\alpha_3=33°43'08''$、$T_3=239.805\text{m}$、$L_3=468.613\text{m}$。

曲线股道测设时，首先应复测正线(Ⅱ股道)的曲线控制桩，符合精度要求后，再设置到发线(1、3 股道)的曲线控制桩。为此，需确定 1、3 股道直缓点、缓直点与Ⅱ股道直缓点、缓直点之间关系。

$$AC=BC\times\tan\frac{\alpha}{2}=5.000\times\tan16°51'34''=1.515\text{m}$$

$$BD=ED\times\tan\frac{\alpha}{2}=7.450\times\text{tg}16°51'34''=2.258\text{m}$$

$$PE=T_2-T_1+AC=237.072-237.089+1.515=4.498\text{m}$$

$$FG=T_3-T_2+BD=239.805-237.072+2.258=4.991\text{m}$$

据此，可根据Ⅱ股道 ZH_2 位置，测设出 1、3 股道 ZH_1\\ZH_3 位置。同理，HZ_1HZ_3 位置亦可用类似的方法求得。即可进行到发线 1、3 股道曲线的详细测设。

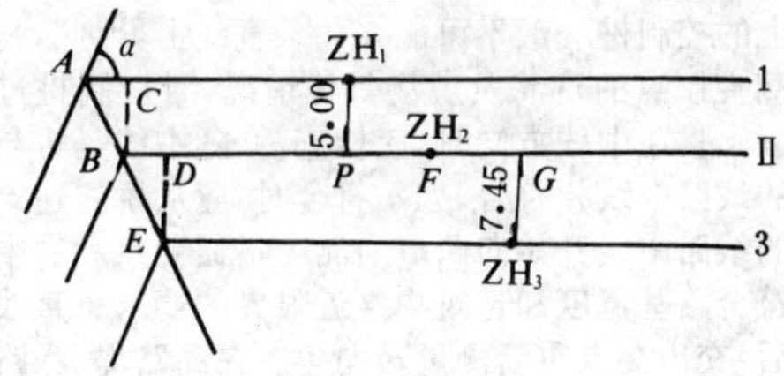

图　1.14.2.2

二、单开道岔放样

在铺轨前需进行道岔的定位测量，所谓定位测量，就是把道岔的主要点(基本轨前端、尖轨尖、岔心、辙叉理论中心和辙叉跟)用桩橛固下来。

实地测设时，首先按设计里程在主线中线上定出岔心位置。在岔心置镜按 a、b、q、m、α 等值，测设出相应各点。股道和道岔之间的圆曲线(一般称为连接曲线或附带曲线)，在铺轨前应根据设计资料，定出圆曲线的直圆点、曲中点、圆直点。

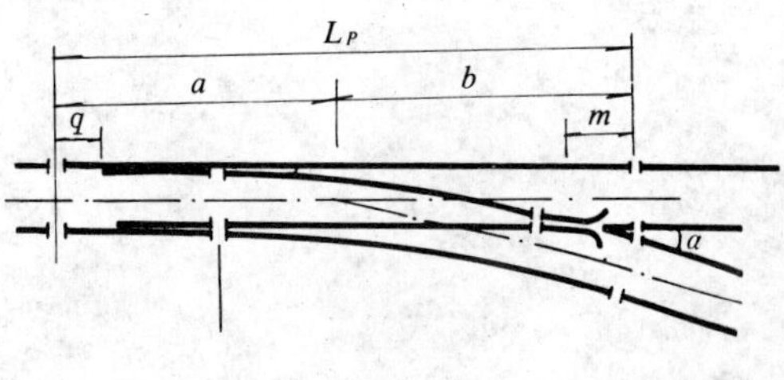

图　1.14.2.3

第三节 改建既有线、增建第二线施工测量

改建既有线及增建第二线施工测量，在单线绕行地段均与新线相同，只有在与既有线并行地段测量方法不同于新线。增建第二线一般不测设中线，而是根据设计的既有线的拨正量及线间距，以既有线或外移桩为基础进行既有线的拨距和第二线的测设。施工前应对线路中线或中线外移桩的方向、交角、长度、外移距、站场基线、大型枢纽、桥、隧的中线或轴线、水准点高程等进行复测，复测成果与定测成果之差，在下列规定的限差以内时，采用定测成果。

外移桩的外移距：±5mm；

方向角：$\pm 60\sqrt{n}$；

距　离：1/2000；

水准点高程闭合差：$\pm 30\sqrt{K}$ mm。

当复测与定测成果的不符值超过上述规定时，须再作复测，如确认定测资料有误或精度不符合规定，并经勘测设计单位认可后，可采用复测成果。

一、直线地段

将经纬仪设置在中线外移桩上，沿既有线的垂直方向，从既有线中线按第二线或既有线并行的改建线的线间距，定出其中心位置，在一条长直线上一般要设置2个以上这样的中线控制点，然后在新设置的中线控制点上，用经纬仪穿直线，测设加桩，并应使直线上任何点的线间距都不小于规定的数值。

二、曲线地段

曲线地段的既有线拨正和第二线的测设可采用支距法或偏角法。支距法是根据勘测设计单位提供的曲线线间距，沿既有线横断面方向量出第二线位置。偏角法是根据两端直线方向，钉出交点或副交点，然后再测设曲线控制桩和曲线。在曲线测设完后应检查两线的线间距是否满足设计的要求。在有桥梁、隧道和挡土墙等建筑物的曲线地段，应现地钉桩，并与平面计算资料核对。

三、陡坡地段可先根据路基横断面资料进行路基放样，待陡坡开挖放缓后，再进行中线放样或现地钉桩

既有线施工的高程放样和边桩测设方法与新线基本相同。

第四节 竣工中线测量

竣工中线测量时应首先利用护桩将主要控制桩恢复到路基上，根据这些控制桩穿出直线。由于放护桩和利用护桩恢复中桩时，不可避免地产生误差，直线上的控制桩一般不可能在一条直线上，因此，需对实测控制点的现状及现场具体情况，对控制桩进行取舍。贯通中线方向时，应检查桥、隧中线是否与恢复的线路中线相符合。如不符合时，应从桥隧建筑物上的线路中线开始向两端引测。贯通测量后的中线应符合路基宽度和建筑物接近限界的要求。直线穿出后，交出交点重新测量转向角。在高路堤、深路堑地段，可沿路基设置副交点，测出各副交点的分转向角，再计算总转向角。如果测量结果与原来资料之差在允许范围内，仍用原角值。否则，应重新计算曲线要素，并修正五大桩。曲线横向闭合差不应大于±5cm。

中线加桩的设置应满足编制竣工文件的需要，一般直线上每50m，曲线上每20m设置一个。在道岔中心、变坡点、平交道中心、桥涵中心、大中桥的桥面挡碴墙前缘和台尾、隧道进出口、隧道内断面变化处、车站中心、支挡工程的起终点和中间变化点、道碴厚度变化点，跨越线路的电力线和地下管线中心等处均应设置加桩。

竣工测量完成后，中线里程应全线贯通，取消断链。

第十五章 高程施工测量

第一节 高程施工测量

施工高程测量是为了复核设计单位移交的水准点高程和增设施工时所必要的临时水准点。竣工高程测量是为了将施工时的水准点和临时水准点移至铁路附近的永久性水准基点上。如桥台或涵洞的帽石上，如无上述条件时应埋设永久性的混凝土水准点。永久性水准点每1～2km设置一个。水准点竣工测量成果与施工测量成果之差在允许范围时，仍用原高程。全线高程应贯通，取消断高，采用统一的高程系统。

施工高程测量、竣工高程测量的测量方法及精度要求与新线线路测量相同，详见第五章。施工复测中桩高程与定测的中桩高程差在±10cm以内时，以定测时的高程为准。实测路基面高程与设计路基面高程之差不应大于5cm。超过时，应对路基面进行修整。

第二节 竖曲线测设

在线路纵断面上，当两个相邻的坡段代数差超过《铁路线路设计规范》规定的限值时，需设置竖曲线。竖曲线一般采用圆曲线型，其曲线要素按下式计算：

$$T=\frac{R}{2000}\Delta_i$$

$$E_0=R(\sec\frac{\alpha}{2}-1)\approx\frac{T^2}{2R}$$

$$y\approx\frac{x^2}{2R}$$

$$L=\frac{\pi}{180}R\alpha$$

式中 Δ_i——纵断面两相邻坡道代数差。

竖曲线内，路肩设计高程按下式计算：

$$H=H'\pm y$$

式中 H——竖曲线内路肩设计高程；

H'——竖曲线内按坡度计算的路肩高程；

y——竖曲线纵坐标，凸形时为“－”；凹形时为“＋”。

在路基施工过程中，竖曲线的放样，一般仅在竖曲线起、终点、及中点加桩。但在铺轨后，测设轨面高程时，要求在竖曲线起终点、中点及竖曲线范围内每20m测设一个轨面高程。

第十六章　横断面施工测量

第一节　路基施工放样

路基施工前除了需测设出中线桩外，还需测设出路基的边桩，即路堤的坡脚线或路堑的坡顶线，现场上称此项工作为放边桩。在放边桩以前，应熟悉设计图纸、了解路基面宽度、边坡坡度、曲线加宽值及中心填挖高度等资料。

一、断面图法

根据横断面图上坡脚与线路中心线的距离，在横断面方向上从中线直接丈量出边桩的位置。这种方法简单迅速，但要求断面有一定精度，而且只适合在地形较平坦的地区。

二、逐渐接近法

在地面起伏变化较大地段，直接丈量线路中线至边桩的距离较为困难，因此，在现场常用逐渐接近的方法测设边桩。如图 1.16.1.1 示，当需测设路堤边桩时，可在坡下一侧先估计大致的坡脚位置，假定在 1 点。用手水准或水准仪测出 1 点与中桩的高差 h_1，同时量出 1 点至中桩的水平距离 D'_1。当高差为 h_1 时，相应的坡脚(2 点)到中桩的距离为：

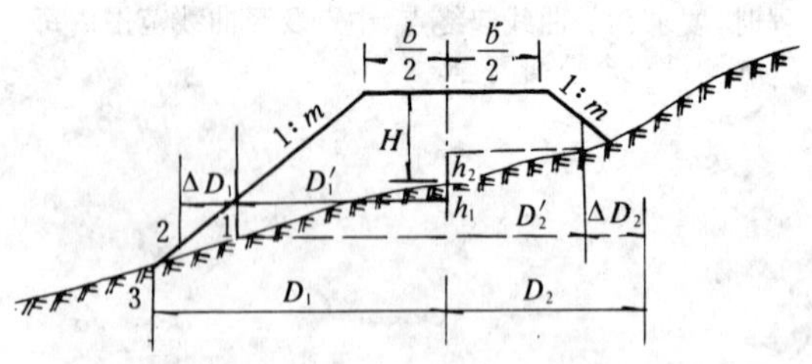

图　1.16.1.1

$$D_1=\frac{b}{2}+m(H+h_1)$$

如果计算的 D_1 大于 D'_1，说明坡脚应位于 1 点之外；如果计算的 D_1 小于 D'_1，说明坡脚应在 1 点之内。按照 $\Delta D_1=D_1-D'_1$ 移动水准尺的位置。从图 1.16.1.1 中可以看出，由于计算的 ΔD_1 是 2 点至中桩的距离，而实际坡脚在 3 点。为减少试测次数，移动尺子的距离应比 ΔD 稍大。这样，一般试测一二次即可找出所需的坡脚点。

同理，在路堤的坡上一侧时，则 $D_2=\frac{b}{2}+m(H-h_2)$。当 $D_2>D'_2$ 时水准尺向内移动的距离应略小于 $|\Delta D|$。

测设路堑边桩时，如图 1.16.1.2 示。当测设坡下一侧边桩时，$D_1=\frac{b}{2}+m(H-h_1)$，若计算的距离 D_1 大于实际测得的距离 D'_1 时，水准尺向内移的距离应略小于 ΔD。

当测设路堑的坡上一侧边桩时，$D_2=\frac{b}{2}+m(H+h_2)$，若计算的距离 D_2 大于实际测得的距离 D'_2 时，水准尺向外移的距离应略小于 ΔD。

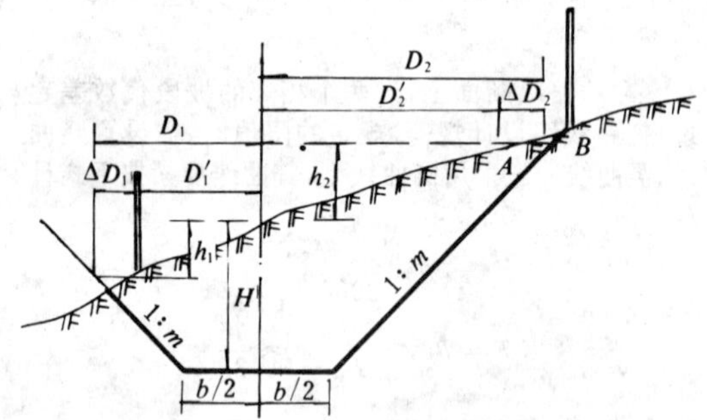

图　1.16.1.2

三、平行线法

在高路堤或深路堑地段，如果每个边桩都由中桩放出，不但费时，而且精度不高。这时可以在边桩附近测设一条平行线。平行线的桩号和中线相对应。平行线测出后，测出各桩号的高程。由路基面设计高程和平行线中桩高程算出高差，再根据高差和平行线至中线的平移距离，从平行线开始用逐渐趋近法放出边桩。

四、放边桩注意事项

(一)设计单位提供的设计文件的设计高程，一般系指路肩设计高程，由于岩石、渗水土路基是不设路拱的，因此，在渗水土路基地段，其路肩高程应根据不同的铁路等级，提高一定数值。

(二)在竖曲线范围内，路肩高程应考虑竖曲线设置的影响。

(三)路基施工过程中，桩橛受外界影响较大，中线和高程测量需反复进行，及时检查和补设。

五、路基高程的放样

路基高程的放样是通过中桩高程测量，在中桩和路肩边上竖立标杆，杆上划出标记及注明填挖尺寸的方法进行的。在填挖接近设计标高时，再用水准仪精确标出最后应达到的标高。

例：如图 1.16.1.2 示，已知 $\frac{b}{2}=5.10\text{m}$，$H=4.40\text{m}$，边坡坡度 1∶0.5 现需设置右侧边桩，方法如下：

1. 假设 A 点为坡脚位置，实际丈量距离为 8.10m，用水准仪测得 A 点与中线桩的高差为 2.20m。

2. 当高差为 2.20m 时，A 点与中线桩的距离为 $D_2=5.10+(4.40+2.20)\times 0.5=8.40\text{m}$。

3. 因为 $D_2>D'_2=8.10\text{m}$，故 A 点需外移，并取 $\Delta D_2=0.35\text{m}$，略大于 $D_2-D'_2=0.30\text{m}$。

4. 在距中线桩 8.45m 处，再标定一点 B，测得该点与中线桩的高差为 2.30m，B 点与中线桩的距离为 $D_2=5.10+(4.40+2.30)\times 0.5=8.45\text{m}$。与实测距离 D'_2 相符，则 B 点就为该点的坡脚点。

第二节　挡墙施工放样

挡墙的放样系根据施工设计图挡墙与线路之间的关系进行的。如已知下挡墙(如图 1.16.1.3 示)A 到 B 的水平距离为 a，A 点高程为 H_A，B 点高程为 H_B。挡墙施工放样可按以下步骤进行：

一、置镜 A 点，在横断面方向上任意测设一点 D，求出 D 点的高程 H_D 和水平距离 b。

二、由 D 量取 $(b-a)$，可求出挡墙外侧在地面上的相应点 E，同时求出 DE 的高差 Δh。

三、计算 EB 的高差 $h=H_D-H_B+\Delta h$

四、根据高差 h 和基坑开挖边坡，测设基坑开挖边桩 F。

如果挡墙的长度比较长，每次放样都从中线开始比较麻烦，为减少工作量，可在坡脚的适当位置(如 D 点)设一测移中线。

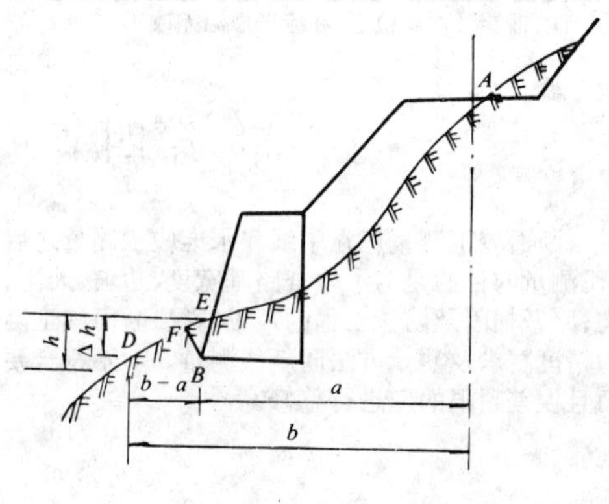

图　1.16.1.3

第三节　钢筋混凝土预制块式整体道床施工放样

钢筋混凝土预制块式整体道床施工放样的各项精度要求如表 1.16.3.1 示。

表 1.16.3.1

顺序	项　　　目	要　　求	附　　注
一、中线控制点			
1	控制点点间距离(m)：直线地段 曲线地段	100～200 100	
2	往返丈量距离较差的限值	$\frac{1}{4\,000}$	在限差以内时取平均值
3	测角检查方向，每个控制点置镜观测两测回，其角度平均值与理论值的限差(″)	±10	
二、水准控制点			
4	水准控制点点间距离(m)	60～90	
5	与水准点的高程闭合差的限值(mm)	$\pm 20\sqrt{K}$	

续上表

顺序	项目	要求	附注
三、中线施工桩			
6	中线施工桩桩间最大距离(m)： 直线地段 曲线地段	 6.25 5	
7	与中线控制点的长度相对闭合差的限值	$\frac{1}{2\ 000}$	
8	两施工桩桩间长度误差的限值(mm)	20	
9	点位偏离中线的限差(mm)	2	
10	相邻桩点位相对偏离的限差(mm)	2	
11	从两个水准控制点引测高程不符值的限差(mm)	2	

注:钢卷尺须经检定,并应考虑温差改正。

第四节　断面竣工测量

断面竣工测量应在中线和水准竣工测量之后进行。测量的目的是为了检查路基宽度、边坡、天沟、侧沟、路基加固及防护工程的竣工情况。断面竣工测量的精度要求及测量方法同新线测量。对不符合要求而且误差超限的应进行整修。

路基宽度不得小于设计宽度,误差一般不应超过 5cm。

最后,根据用地图沿线路两侧用地界处设置地界桩。

第二篇 航空摄影测量

第一章 一般规定

第一节 航带设计

一、航摄方案和航摄范围的确定

航摄资料是铁路航测中各项工作的基础资料，正确地确定航摄方案和摄影范围对航测工作的技术经济合理性有很大的影响，摄影的申请、审批和组织工作都有一套严格的手续和程序，要求有明确的计划才能有条不紊地进行。

(一)新线勘测设计中，在航空摄影以前，方案研究工作必需做得比较充分细致，把所有在初测阶段有比较价值的方案尽可能考虑并列入航摄计划。

根据以往铁路勘测选线及铁路航测的经验，确定航摄线路方案时，必须全面考虑各种方案的可能性，着重研究下列情况的摄影方案：

1. 越岭地段摄影方案的确定

在一般情况下，越岭地段的方案选择是比较复杂的，它要考虑越岭垭口。越岭高程。越岭隧道和越岭展线等方案；比较各种越岭展线方式的方案；同时还必须配合全线研究不同的限制坡度。所以，往往在越岭地段方案繁多。有时必须进行大面积选线。在连续越岭地段，还要充分考虑两越岭垭口间高低线方案。在利用小比例尺地形图定线时还必须顾及地形图误差引起的方案变动，确定航摄范围时应适当留有变化余地。

2. 河谷线摄影方案的确定

河谷线要充分考虑河谷两岸的方案比选和来回跨河的可能性。由于跨河涉及到桥位的选择，因此河谷线方案的确定应与桥位选择一起考虑。在一般情况下，如果没有足够的理由来否定河谷某一岸通过的可能性，应该对河谷两岸同时摄影。

3. 桥渡摄影方案的确定

控制线路方向的大桥，应选几个可能的桥渡方案。结合两端引线。综合比选。此外，山前区宽河桥渡的线路方向，连续越岭地段两垭口同过河的地点，河谷线两岸的跨线地点等，往往受桥位的控制(选择上游或下游河段)，因此要作大面积的综合研究，选出合理的航摄方案，避免漏摄方案或宽度不足等情况。

4. 接轨点摄影方案的确定

配合线路走向，做好接轨点的选择是铁路航测摄影方案确定中的一个主要问题，因为接轨点的变更往往对线路走向有很大影响，因此确定航摄方案时要综合考虑。

5. 水库地区航摄范围的确定

如果规划中的水库正常高水位还没有最后确定，航摄范围应包括各种可能正常高水位的线路方案，也可以从选线设计的角度提出对正常高水位的要求，与水利部门配合，全面研究和确定航摄线路方案。如由于水库的水位影响使沿河线增加很多工程，则应绕避水库所在河谷，另选越岭的航摄方案。

6. 地质不良地段摄影方案的确定

我国铁路修建的实践证明，造价昂贵，施工困难，运营不正常的主要原因之一是地质不良造成的，因此对地质不良地段航摄方案的确定，一方面要求通过各种手段查明地质情况，在工程上采取有效的措施；另一方面考虑足够的航摄方案，对绕避方案和通过方案之间作认真的比选。

7. 通过经济控制点时摄影方案的确定

为了经过某一经济控制点而使线路绕长过多，或增加很多的工程，线路可考虑修支线接通经济控制点而使干线比较顺直。如一时难以定案，航摄要包括两种方案。

8. 湖泊两岸摄影方案的确定

线路遇到大的湖泊时，一般情况下要考虑对湖泊两岸的方案作比较，必要时都应该列入摄影范围。

(二)既有线航摄

既有铁路线路位置固定，航摄方案和航摄范围的确定比较单一，不像新线那样复杂。既有线航测是属于带状摄影，航摄宽度以单航线为主，绕行地段的线路航摄宽度会有2～3条航带，在大的站场或枢纽区航线也有多于3条的小面积区域摄影。

确定航摄范围，应考虑覆盖需测图的各类线路、站场、设备、铁路用地，以及旧线改建、站场改扩建，防灾等加宽地段的面积。

二、航摄技术要素的选择

航空摄影技术要素的选择是航摄前必须首先解决的重要问题之一。它包括航摄仪焦距。航摄比例尺，航摄高度和摄影像幅的选择等几个主要因素。

航摄仪焦距 f_k、航摄比例尺分母 m 和摄影高度 H 之间有以下的关系：

$$1/m=f_k/H \qquad (2.1.1.1)$$

三者之间任一因素的选择都与其他二个因素密切相关,互相影响。必须根据具体情况综合考虑,合理选定。

(一)航摄比例尺的选择

航摄比例尺是直接影响测图精度和整个铁路航测内外业工作量,工作期限和工作费用的一个主要因素,在一般情况下,航摄比例尺越小,加密和测图的误差将越大(即精度越低),但在同样测图面积内所包含的像对数目越少,从而内外业工作量将减少。

由于航摄比例尺选择涉及的因素很多,问题比较复杂,因此必须根据任务的特点和各种条件进行综合选择,在铁路专业用图中,应以满足勘测设计及既有线复测等对地形图精度的要求为前提,选择合适的航摄比例尺,以便得到最佳效益的航摄资料。在选择航摄比例尺时,以下几个主要因素必须考虑:

1. 根据成图比例尺选择合适的航摄比例尺。测制大比例尺地形图一般选择比测图比例尺小的航摄比例尺。统计铁路各航测单位在新线测制1:2 000。1:5 000比例尺地形图时航摄比例尺比成图比例尺小4~7倍。既有线测图一般在站场、区间比例尺约为1:8 000;枢纽约为1:5 000。

2. 在选择航摄比例尺时,成图方法和作业方法也是很重要的因素之一。如采用精密立体测图仪成图或采用全野外布点作业。其航摄比例尺可小一些,目前铁路各航测单位一般不用全野外。而采用电算加密的方法,从仪器装备条件来看,路内各单位解析测图仪,精密立体测图仪器在不断增加,多倍仪及微分法测图的仪器均已淘汰,在选择航摄比例尺时应考虑这个现实。

3. 地形图的精度主要表现于高程和平面两个方面,因此除按高程精度考虑外,还应考虑其平面精度的影响,尤其是铁路航摄采用放大成图的情况下,要选用适当的放大倍数 K($K=m/M$,式中 m 为像片比例尺分母、M 为成图比例尺分母)。

放大倍数 K 的计算公式如下:

$$K\leqslant\frac{1}{R\cdot\delta}\sqrt{m_s^2-(L\cdot m_0)^2-m_i^2} \qquad (2.1.1.2)$$

式中 m_s——精测仪成图地物平面位置中误差;

m_0——控制点上与放大倍数 K 无关的各项误差影响的中误差;

m_i——任意点上出现的与控制点无关的各项误差影响的中误差;

δ——与放大倍数 K 有关的误差;

L,R——常数($L=0.68$;$R=1.21$)。

按在新线采用精测仪成图计算出放大倍数 K 的限值列于表 2.1.1.1。

4. 航测内业观测和外业刺点、调绘判读,都对航摄像片提出一定的要求。要准确、清晰地显示地物、地貌的信息,这与航摄仪焦距、摄影航高、摄影材料。摄影处理和摄影质量有关,航摄比例尺越大,判读的性能越好。根据有关文献及资料介绍,在1:2 000比例尺测图时,其放大倍数K值为4~5倍,对调绘判读是不会有所影响的。

5. 铁路航空勘测的摄影比例尺范围参照表2.1.1.2选择。其中18×18cm 像幅新线航摄比例尺是《测规》规定的。

放大倍数 K 的估算值 表 2.1.1.1

测图比例尺	地形等级	K	
		加　密	全野外
1:2 000	Ⅰ.Ⅱ	5.9	7.2
	Ⅲ.Ⅳ	7.7	9.1
1:5 000	Ⅰ.Ⅱ	4.0	5.1
	Ⅲ.Ⅳ	5.9	7.1

航摄比例尺与成图比例尺的关系 表 2.1.1.2

类　别	成图比例尺	航摄比例尺	
		像幅 18cm×18cm	像幅 23cm×23cm
新线航摄	1:2 000	(1:8 000)~(1:12 000)	(1:8 000)~(1:15 000)
	1:5 000	(1:15 000)~(1:25 000)	(1:10 000)~(1:25 000)
既有线航测	1:2 000	(1:5 000)~(1:8 000)	

《测规》规定的航摄比例尺,在新线是对测段内线路设计高程平均面而言,这与航摄单位采用摄区平均高程面来决定航摄比例尺是不一致的。线路设计高程平均面往往低于摄区平均高程面,这种情况对起伏较大的山区尤为明显,因此在航带设计时,必须注意这两种航摄比例尺的差异以符合《测规》的要求。

(二)摄影航高的选择

摄影航高是直接影响摄影比例尺和测图精度的一个重要因素。在航摄仪焦距一定的情况下,摄影航高与摄影比例尺成反比,航高增大,摄影比例尺缩小,测图精度降低。航高降低。摄影比例尺增大,测图精度虽然可以提高,但是像对数剧烈增加,必然加大内外业工作量。此外由于安全的原因,摄影航高不能低于安全航高。所以摄影航高的选定必须作全面技术经济比较后确定,在选择航高过程中应遵循下列几个原则:

1. 由高程精度确定相对航高 H 的限值。

相对航高 H 的计算公式(全能法):

$$H\leqslant\frac{b}{R\cdot m_q}\sqrt{m_{注}^2-(L\cdot m_0)^2} \qquad (2.1.1.3)$$

式中 $m_{注}$——高程注记点的中误差;

m_0——控制点上各项误差影响的中误差;

m_q——视差量测中误差;

L,R——常数($L=0.68$　$R=1.21$);

b——像片基线。

现按精测仪成图，计算出相对航高 H 的限值列于表 2.1.1.3

相对航高 H 的估算值 表 2.1.1.3

地形等级 / 测图比例尺 / 计算数据	Ⅰ		Ⅱ		Ⅲ		Ⅳ	
	1/2 000	1/5 000	1/2 000	1/1：5 000	1/2 000	1/5 000	1/2 000	1/5 000
$m_注$	0.70	0.90	1.00	1.20	1.50	2.00	2.00	3.00
m_0	0.79	0.84	0.98	1.22	1.60	2.03	2.03	2.90
H(m)	1 335	2 069	2 095	2 436	2 730	2 827	3 348	5 231

2. 必须保证满足选定的摄影比例尺。在大比例尺测图时，为了提高测图精度，一般应首先考虑采用宽角摄影仪摄影，在难以满足摄影比例尺要求和安全航高不允许的情况下，23cm×23cm 像幅可采用中角摄影仪摄影，18cm×18cm 像幅则可用常角摄影仪摄影。

3. 计算确定的摄影航高必须保证满足安全飞行要求。飞行高度必须高出摄区范围内制高点的一定高度，这个高度称为安全航高。在一般情况下，航摄单位根据不同地区和飞机类形对安全航高有明确的规定，表 2.1.1.4 中所列为一般地区的安全航高，可作为选择摄影航高时参考。

一般地区的摄影安全航高 表 2.1.1.4

地区类别	飞行时速(km/h)	飞行方向	飞行线两侧方向	安全航高(m)	附注
一般地区	300 以下	15～20km	5km	600	
	300 以上	30km	8km	600	

(三)航摄仪焦距的选择

航摄仪焦距的选择不但和航摄比例尺、摄影航高有密切的关系，而且还必须和内业测图仪器所能适应的焦距范围相一致。因此，在选择航摄仪焦距时，必须与航摄比例尺、摄影航高、测图精度、仪器设备情况等综合考虑。

目前我国用于航空摄影的航摄仪种类很多，从航摄仪的像幅来分，有 18cm×18cm、23cm×23cm 两大类；从航摄仪镜头视场角的宽度来分 18cm×18cm 像幅的可分为特宽角、宽角和常角航摄仪三种；23cm×23cm 可分为特宽角、宽角、中角和常角四种，各种不同类型的航摄仪，根据不同像幅和像场角大小，其焦距数也各不相同。常用的几种航摄仪焦距数据如表 2.1.1.5 所示。

目前我国铁路航测常用的像幅为 23cm×23cm，焦距为 $f_k=152$ 或 $f_k=210$。在选择航摄仪焦距时主要应考虑以下几项原则：

1. 焦距选定后，相应的航高和航摄比例尺必须满足测图的精度要求，否则应重新选择。

2. 选用的航摄仪焦距必须与测图仪的适用焦距范围相一致，一般情况下尽量不采用改变光束的作业方法。

3. 每一摄影项目尽量采用一种航摄仪焦距。如摄区地形等级变化大，也可在不同地段使用不同焦距的航摄仪摄影，但不能使航摄仪种类太多，并尽量使用同焦距摄影的测段集中在一起(连成一片)避免用不同焦距相间摄影，造成摄影困难。

4. 在满足测图精度的前提下，尽可能选择较小的航摄比例尺是比较经济的，因为这样可以减少航带数和像片数，减少内外业工作量。

不同像幅航摄仪分类及其焦距 表 2.1.1.5

像幅	航摄仪分类	焦距(mm)
18cm×18cm	宽角	115.0±3
		100.0±3
	常角	210.0±5
		200.0±3
23cm×23cm	特宽角	87.5±3.5
	宽角	152.0±3
	中角	210.0±5
	常角	305.0±3

(四)航摄仪像幅的选择

在选择航摄仪像幅时应考虑以下原则：

1. 确定航摄仪像幅时必须考虑与内业仪器的像幅一致。由于 18cm×18cm 像幅的内业仪器不能直接处理 23cm×23cm 的航摄资料，因此，当选择 23cm×23cm 像幅的航摄仪时，要特别注意内业能够处理该资料的仪器设备能力，安排任务的次序和相互衔接等问题，否则容易因像幅不配套而造成困难。采用 18cm×18cm 像幅的航摄仪可不受此限制。

2. 采用 23cm×23cm 像幅摄影，由于镜头分解力较高，摄影基线增大，航摄比例尺可适当减小，航摄像对数也相应减少，野外控制点的纵向跨距的实地距离有所增长，因此可以减少外控点数量，从而减少航测内外业工作量。

3. 采用 23cm×23cm 像幅短焦距摄影时在山区

和高山区边缘部份投影差较大，容易引起立体影像模糊，特别是在有陡坡的山地，更容易产生局部死角，给测图造成困难。故一般情况下，应尽量避免使用 88mm 焦距的航摄仪摄影。

4. 由于改变像幅必须更换航摄仪，因此，在同一地区摄影时，像幅不宜多变，如必须采用不同像幅的航摄仪摄影时，也应集中使用，切忌零星分散，来回变更。

三、摄影测段的划分

(一)划分摄影测段的步骤

1. 将需要航空摄影的新线或既有线方案集中画在 1/50 000 比例尺的地形图上(既有线的线路一般在 1/50 000 比例尺的地形图上已有正确位置，如果没有线路位置，则应根据线路所经居民地或相关地物标在 1/50 000 地形图上)。

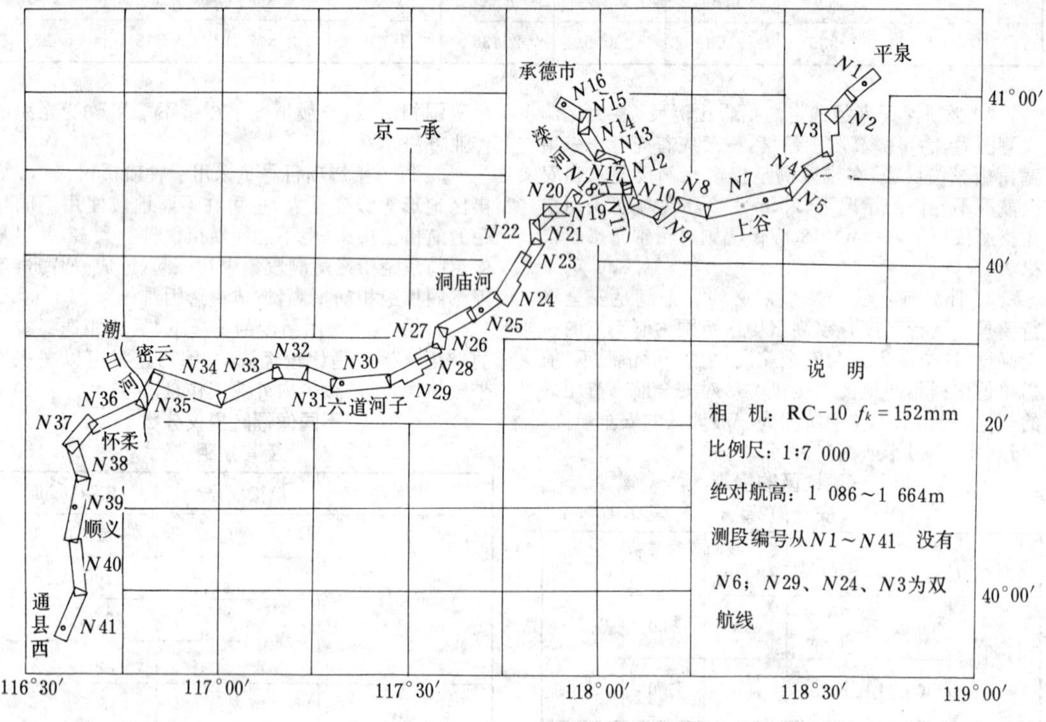

图 2.1.1.1

2. 根据测图范围的宽窄和线路平面的曲折程度，并根据已定的航摄比例尺及像幅，先画出大致的测段范围，然后计算测段的平均面高程，按规定的摄影比例尺和航摄仪焦距计算相对航高及绝对航高；再根据测段前后左右的山峰高程，核对能否满足摄影飞行时对安全航高的要求，如不能满足，则需要考虑改变测段方向或重新选择航高和焦距。

3. 根据航空摄影规范规定的航线旁向重叠要求，确定各测段航线数目。

4. 对测段应统一编号，注明编号及航线数和摄影比例尺，并计算每一测段的面积。

5. 将各测段的摄影要素和有关情况列表说明，以便进一步分析及计算工作量。

6. 绘制测段布置示意图，并注上摄区内较大的地名、河名、山名和必要的坐标格网，如图 2.1.1.1。

(二)测段划分和组合的原则

航空摄影测段的划分和组合的原则是：首先对新线要包括线路可能通过的范围，对既有线要包括各类线路位置。合同中提出的加宽地段、站场设备等，其次要有利于航摄飞行，有利于外业控制测量及内业制图工作的进行。一般情况下应遵守以下各点：

1. 航摄面积应满足线路对测图范围的需要。决定航摄方案时，新线航测既要做到不遗漏有比较价值的方案，又要防止无意义地加宽摄影范围，浪费人力和物力；在既有线测图时应包含各类线路位置，沿线各站场及合同中提出的加宽地段。一般情况下。测段摄影面积要包含全部制图范围，该范围线距最外侧航线的象片边缘不少于 1.5cm。

2. 划分航摄测段时，必须考虑地形的特点和线路的弯曲顺直情况。山区航摄要尽可能减少测段内的高差，使分区地形高差(平均面与最高平均面或最低平均面之差)尽可能减少。以提高摄影质量。

3. 合理确定测段长度。测段长度不宜太短，否则将增加飞机调头空飞时间。同时增加测段接头，加大外业控制测量和制图的工作量。根据以往实践经验不同比例尺航空摄影测段长度的平均值如表

2.1.1.6。

航摄测段平均长度　表 2.1.1.6

线别	航摄比例尺	测段长度(km)
新线	1∶8 000～1∶10 000	18
新线	1∶15 000～1∶17 000	35
既有线	1∶5 000～1∶18 000	9

测段与测段间的接头处往往是生产作业中容易发生问题的地方，也是影响精度的薄弱环节。为了使相邻两测段能有充分的条件衔接好，应保证接头部分有两条基线重叠，即至少三个像主点能在相邻航线上互相转刺，如图 2.1.1.2。

4. 应尽量少改变航高和焦距。在铁路航测时，由于是窄带摄影，飞行机时少，因此在一般情况下，应避免频繁地改变航摄仪焦距。同时相邻测段和航线应尽量采用近似的绝对航高，以减少航摄飞行时改变航高所需的时间，但同时应满足对航摄比例尺和安全航高的要求。

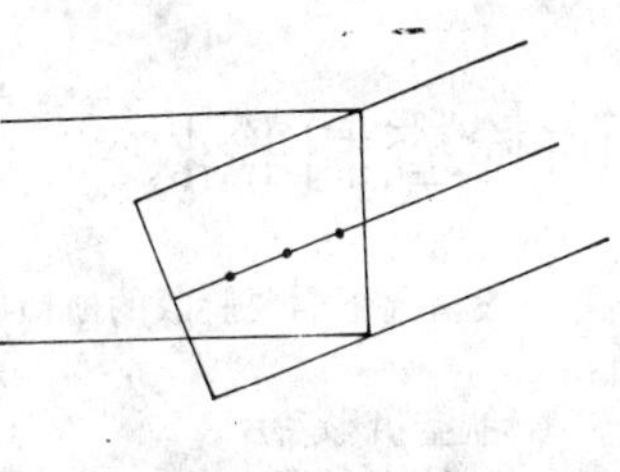

图　2.1.1.2

(三)测段的划分与组合时应注意事项

1. 线路越岭地段的测段划分与组合(图 2.1.1.3)。在新线航摄时，由于线路越岭地段的地形都比较复杂，有较多的比较方案，线路究竟在何处越岭，小比例尺图上经常难以确定，需要航摄后作进一步的研究和比较，如果沿山脊布置一个大测段，就可包括各种可能的组合方案，便于初测中比选，不致遗漏小的比较方案。当然，在这种情况下也可以分为几个测段分别摄影，但不如采用一个大测段好。大测段的优点是：

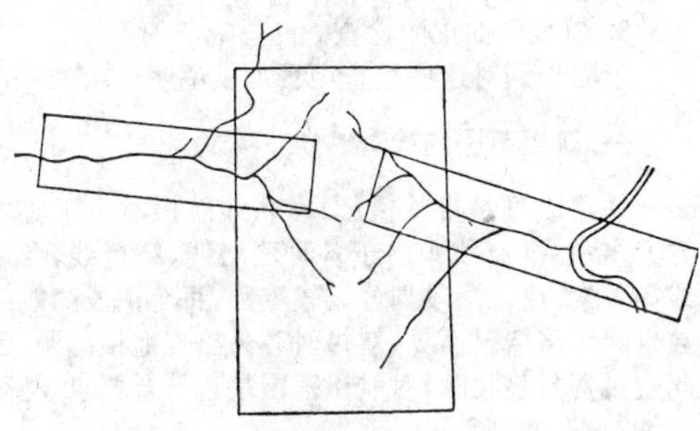

图　2.1.1.3

(1)可以减少航摄飞行时间，易于完成航摄任务；

(2)减少测段数目，减少测段接头；

(3)减少领航困难，不致发生错误，摄错地点；

(4)可以掌握越岭地区的全部资料，不致遗漏线路方案。

2. 在既有线航测中车站枢纽内的一切股道设施。建筑物等比较多，也比较复杂，且一般设施，建筑物基本上都是沿着线路方向的，因此在布设航摄测段时，一般应顺着股道方向，根据车站面积的大小，平行布置一条或几条航线(大测段)进行摄影，并且应以车站正线为第一航线的中线，以免漏掉支线。专用线或其他设备如图 2.1.1.4。

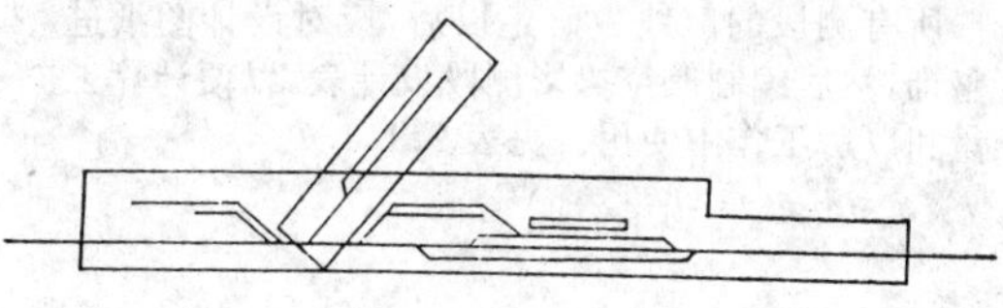

图　2.1.1.4

3. 多测段衔接处测段的组合。当两个测段以上搭接在一起时。对控测和制图都会带来困难，因此应尽量避免出现几个测段重叠在一起的情况，可以在测段接头处布置一个小测段，把其他几个测段联系在一起，或改变测段长度。使测段只重叠一次。

4. 沿河谷线路测段的布置：当航线沿河谷布设时，应根据河谷及两侧地形情况，合理选择航摄仪焦距及航高，在可能情况下使河谷中心线偏离航线的中心线，尽可能避免内业作业中产生相对定向不定性及像主点落水等问题。在多航线摄影时，应使河谷位于航线的重叠处。

(四)航线数目的确定

摄影测段初步划定以后，应根据测段的宽度确定航线数目，因为铁路航测为带状摄影一般测段宽度为二三条航线则不需进行计算。当航线数目多的时候可以用以下计算方法。按航摄规范的要求，相邻两航线间的重叠一般以 30%设计，从图 2.1.1.5 可知需要的航线数 N 应为：

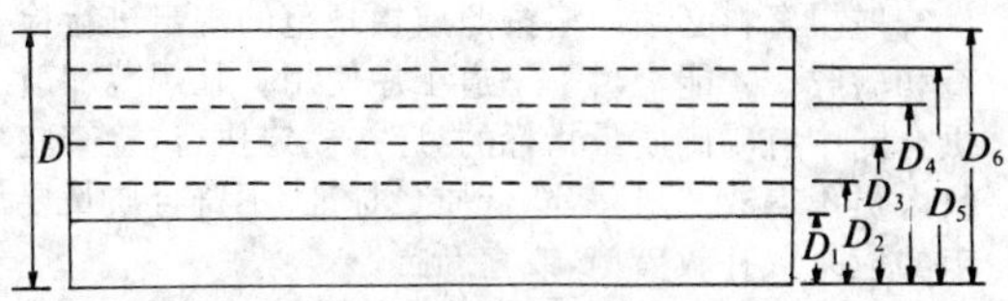

图　2.1.1.5

$$N=\frac{DM-dm}{md(1-P)}+1 \qquad (2.1.1.4)$$

式中，D 为摄影测段在航带设计地形图上量得的宽度；d 为采用航摄仪像幅宽度；P 为航线间采用的重叠百分数；m 为航摄比例尺分母；M 为航带设计使用的地形图比例尺分母。

(注：此公式适用于平坦地区。)

例如：既有线上某一枢纽在 1/50 000 比例尺地形图上初步划定的航摄宽度为 10cm，选定的航摄比例尺为 1∶5 000 采用航摄仪像幅为 23cm×23cm，航线旁向重叠为 35%，代入公式(2.1.1.4)，计算得的航线数为：

$$N=\frac{10\times 50\ 000-23\times 5\ 000}{23\times 5\ 000(1-0.35)}=4.7\approx 5$$

实际采用 5 条航线。

具体作业方法：根据航带设计用图的比例尺。所选定的航摄比例尺，像幅及航线旁向重叠的要求，绘制一张多航带宽度的透明模片。用该模片在航带设计用图上量选航线数目，并将测段外轮廓线画出，注上测段编号和航线数目。

所有测段的航线数确定以后，应对设计图纸进行整饰，然后编制航空摄影测段设计表，以便计算工作量和以后工作中使用。见表 2.1.1.7。

××线航空摄影测段设计表　　表 2.1.1.7

测段编号	航线数	最高平均面	最低平均面	测段平均面	线路平均面	控制高程	允许最低绝对航高	采用的绝对航高	相对航高	焦距	摄影比例尺	像幅	面积
N_1													
N_2													
⋮													

第二节　航摄资料的检查和验收

航空摄影资料是铁路航测中最重要、最基础的资料之一。航摄资料的质量直接影响航测成图的精度，影响航测内外业工作量，有时还会影响测图工作的正常进行。为了保证航摄质量，航摄时要选择本摄区最有利的季节、天气和时间。要尽量减少地表植被和其他覆盖物(如积雪、洪水等)对摄影和测图的不良影响。

选择航摄时间，既要保证具有充足的光照度，又要避免过大的阴影，一般以摄区的太阳高度角和阴影倍数来确定：

平地：太阳高度角应大于 20°，阴影不大于 3 倍。

丘陵地：太阳高度角应大于 30°，阴影不大于 2 倍。

山地：太阳高度角应大于 45°，阴影不大于 1 倍。

高层建筑物密集的大、中城市，太阳高度角应大于 45°，阴影不大于 1 倍。

高差特大的陡峭山区，摄影时间应限制在当地正午前后一小时的时间内。

航摄资料必须严格按照航摄规范的规定进行检查和验收。才能交付下一道工序使用。凡规范和航摄合同中有明确质量指标的，应按规定执行，检查验收人员不得放宽限差，降低质量标准。不符合质量要求的应采取补救措施，或重新摄影。

航空摄影工作是在完成航带设计的基础上，委托民航局或其他航摄单位完成。为了质量良好地完成航摄任务，必须与航摄单位进行全面合作，做好航摄资料的检查验收工作。在检查验收时，凡是能够通过人工量测和仪器测定以数据表示的指标，都必须分项进行全面量测和分批进行抽样测定，使检查验收工作尽量做到科学化、数据化。

在执行规范和航摄合同各项规定的前提下对航摄过程中确系难以预见的各项原因或某种特殊情况所造成的局部质量问题，应从综合经济效益考虑，充分协商，妥善解决，确保质量。

一般情况下需要验收的航摄成果资料有以下几项：

1. 航空摄影底片；
2. 接触晒印像片；
3. 镶辑复照图及其底片；
4. 航摄质量鉴定书；
5. 底片登记簿；
6. 航摄仪鉴定书；
7. 协议中规定的其他资料。

对航摄资料需要进行检查和验收的具体内容有以下几方面：

1. 航摄范围的检查，特别要重视测段接头处的航摄范围的检查；
2. 航摄底片的摄影处理质量的检查；
3. 航摄底片压平质量的检查；
4. 像片倾斜角的检查；
5. 航偏角的检查；
6. 航向重叠和旁向重叠的检查；
7. 航摄比例尺的检查。
8. 航线弯曲度的检查。

下面分别对这些检查项目加以说明。

一、航摄范围的检查

铁路航测是带状摄影，在新线航摄时由于比较方案多；在既有线则由于各种联络线，绕行线，专用线等因素，往往测段划分比较零乱，每个测段的航线数也因线路情况而异，航摄时容易出现航摄漏洞，因此航摄资料验收时，对航摄范围是否符合要求，必须仔细审查。

新线航测时测图面积是由线路方案摆动的可能范围来确定的。在 1∶50 000 比例尺的地形图上航带设计的摄影宽度往往比测图范围宽些，当实际航摄范围比设计范围略有不足时，验收人员要认真分析，如果航摄面积基本满足方案比选要求，可不补飞，必要时应尽量少进行补飞，因为补飞容易延误时间，且补飞后对航测内外业增加不少工作量。

在既有线航摄时，虽然摄影范围比较稳定，但在线路复杂地区也往往会出现航摄漏洞，验收人员对此必须充分重视。在既有线航带设计时的宽度也比测图范围要宽，而既有线测图宽度往往为线路两侧各150～200m的范围，因此在满足测图宽度的条件下，验收人员不要死抠航带设计的范围，若无故增加航线、增加测段接头，会加大航测内外业工作量。

二、航摄底片的摄影处理质量的检查

航摄底片地物地貌影像清晰、易于判读，反差适中、黑度正常、四个光学框标的影像必须清晰，底片上一般不应有云、云影、静电痕迹、划痕、折伤及药膜损伤等缺陷。

为了确保底片具有必要的透明度，底片的灰雾密度不得大于0.2。为了判别位于地面上最亮景物的影像，底片的最小密度至少要比灰雾密度大0.2；底片的最大密度不得小于1.0和大于2.0，一般应为1.4～1.8；底片的反差不得小于0.6和大于1.4。

此外，显影、定影时间要适当、定影水洗要充分。

底片影像的清晰情况，可以用标准样片与航摄底片进行比较。具有丰富经验的检查验收人员也可凭经验发现问题。

如在底片上发现斑点擦伤、云及云影，必须分别情况采取不同对待的原则，范围不大而不影响测图者可以验收。否则应考虑补救措施或补摄等办法。

三、航摄底片压平质量的检查

(一)用目视初步判定：若某段航摄片内每张底片的相同部位出现影像不清晰，应考虑对该段底片作压平质量检查。

(二)将其中的一个立体像对安置在解析测图仪或精密立体测图仪上进行相对定向，若定向检查点的上下视差不能消除，其残差大于允许范围，且影像不清晰处的残余上下视差比检查点更大或立体变形，则为压平质量问题。

(三)用精密立体坐标量测仪作等 cp 值图检查。

四、像片倾斜角的检查

航空摄影规范规定像片倾斜角一般不大于2°，个别最大不大于4°。在验收航摄资料时，一般情况下并不进行很精确的测定。从实践中可知，大倾角出现经常伴随着大航偏角的出现，因此，一般可在航偏角较大的航摄像对处测定相对方位元素，检查倾角的大小。

五、航偏角的检查

航偏角是指像片平面内像主点连线与像片 X 轴之间的夹角如图2.1.2.1所示。

航空摄影规范规定：航摄比例尺小于或等于1：8 000，相对航高大于1：200m时，航偏角一般不大于6°，最大不大于8°。航摄比例尺小于1：4 000大于1：8 000航偏角一般不大于8°，最大不大于10°。在摄区地形条件极为特殊，飞行特别困难的情况下，经测绘单位许可，个别像对的航偏角可略大于12°，但不应超过总数的4%。

六、航向重叠和旁向重叠的检查

为了保证内业成图的需要，航摄像片在航向和旁向均应保持一定的重叠。根据航空摄影规范的规定，不同像幅航摄仪摄影时的航向重叠一般应为60%～65%，个别最大不得大于75%，最小不得小于56%。当个别像对的航向重叠小于56%，但大于53%，且其相邻像对的航向重叠大于或等于58%时，能确保测图定向点和测绘工作边距像片边缘不小于1.0cm(18cm×18cm像幅)或1.5cm(23cm×23cm像幅)，可视为合格。

相邻航线的旁向重叠一般应为30%～35%，最小不得小于13%。

航向重叠的量测方法，以相邻两张像片同名点重合时，从一张像片的边缘到相邻像片重叠部份的另一边缘的最小距离与像幅宽度之比为最小重叠百分比。为了便于量测，通常使用百分尺量测如图2.1.2.2。

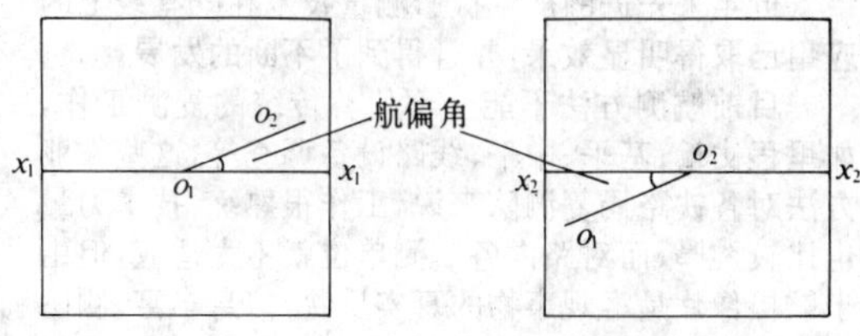

图 2.1.2.1

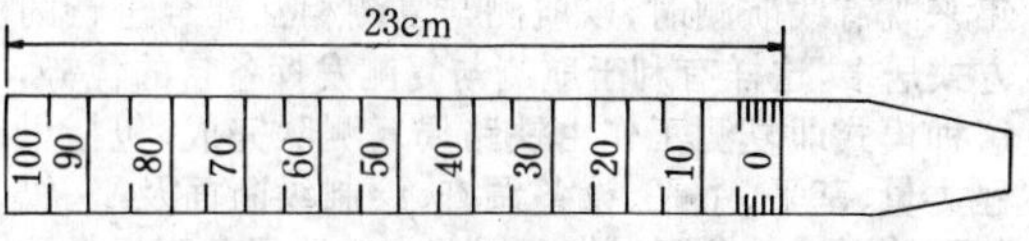

图 2.1.2.2

百分尺应按像幅大小分为100个等分刻划(18cm×18cm刻划线距为1.8mm，23cm×23cm时为2.3mm)，每隔十等分注以百分比数字。使用时，先将像片按中心线上下不超过2cm(高差大的山地不超过1cm)的地物点重合。再用百分尺直接量测，读取百分比数字如图2.1.2.3。

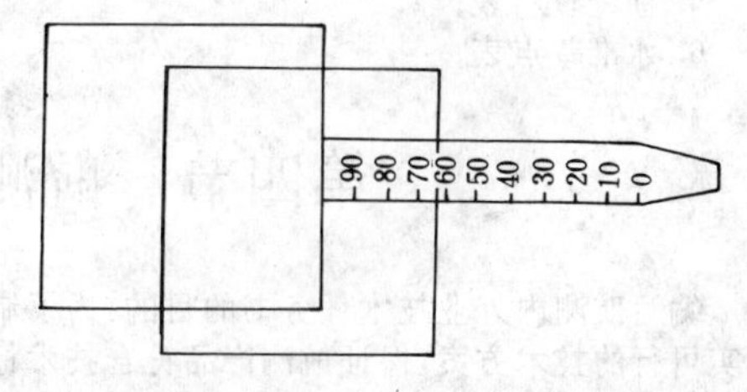

图 2.1.2.3

旁向重叠即相邻航线之间的重叠，检查时需用两条航线的像片同时进行，其量测方法与航向重叠检查方法相同。

七、航摄比例尺的检查

由于航摄像片是中心投影，而地面有高低起伏，以及航摄时不能保持真正的水平，像片上各点的比例尺不同，因此不可能求出统一的正确比例尺，只能求出概略的航摄比例尺。

在一般情况下，将航摄像片镶辑后，在较长的范围内，量测像片拼接图上两点的距离，同地形图上同名点间的距离对比，即可得出航摄像片的平均比例尺。

已知地形图比例尺分母为 M_K，地形图上量得两点间距离为 l_k(mm)，像片镶辑图上同名两点间的距离为 l_P(mm)，则航摄比例尺分母 M_P 可用下式求得：

$$M_P=\frac{M_K \cdot l_K}{l_P} \qquad (2.1.2.1)$$

计算所得的航摄比例尺，一般应与要求的摄影比例尺相符；如因飞行确有困难，实际摄影比例尺与设计比例尺相差在10%～20%范围内时，可协商酌情处理。

八、航线弯曲度的检查

将一条航带像片以相邻片同名像点重合拼接起来，检查其航线弯曲度不得大于3%。

除了上述项目的检查外，对像片索引图、各类记录数据和表格等全部成果资料，逐项进行认真检查，并详细填写检查记录手簿。对全部成果资料进行验收合格后，验收代表应在移交书上签字，办理资料移交手续。

第三节　既有线航测时应收集的复测及有关调查资料

近年来先进的航空摄影测量技术在既有线上的应用已取得明显效果，并且得到了不断的发展。

目前航测方法不能全部代替传统的复测工作，如里程丈量、基平、中平、线路设备调查等，这些作业方法对各铁路局复测队来说，工作很熟练、技术力量也比较雄厚，而对路内各航测单位就不太适应，但由于航摄像片是客观事物的真实反映，信息丰富，测图仪器精密，地形图内容详细，精度可靠，能减少大量的外业工作，减轻劳动强度，加速施测进度。因此，近年来既有线航测时，以航测与复测相互配合进行的方式居多，这样有利于航测与复测发挥各自的优势，这种模式即复测工作由铁路局复测队完成，包括里程丈量、基平、中平、设备调查、绘制纵断面及平、纵断面缩图。在航测工作开展前由铁路局负责提供这些资料。在不影响航测工作开展的前提下，资料也可分期分批提供，具体的资料项目有：

1. 新旧里程对照表；
2. 复线线间距表；
3. 自动闭塞区间闭塞分区信号机及绝缘接头表；
4. 无缝线路起终点及缓冲区里程表；
5. 曲线资料表；
6. 水准基点表；
7. 车站平面示意图；
8. 车站股道表；
9. 车站设备表；
10. 车站表；
11. 车站道岔表；
12. 股道线间距表；
13. 附带曲线表；
14. 桥梁表；
15. 涵洞、明渠、水管表；
16. 隧道表；
17. 立体交叉表；
18. 平交道口表；
19. 电线线路跨越铁路表。

在既有线航测时另一种模式是由航测单位独立地完成航测及复测工作，此时在既有线复测之前，首先应收集现有的各种测量成果资料，包括原有线路及站场的平面图、车站示意图、铁路水准基点、曲线、坡度、桥、隧、涵洞、道口等资料、车站股道、道岔以及各类设备诸表，这些资料供外业调绘和复测时参考，内业测图时，将新复测的线路及其设备按里程放到图上与影像进行核实，使航测图上铁路及其设备与实地情况相符。

第四节　航测技术任务书的编制

编写航测内外业技术任务书的目的：为了制定切实可行的技术方案，保证航测产品符合技术标准和用户要求，并获得最佳的社会效益和经济效益，因此每个航测项目在作业前都必须编写技术任务书。技术任务书未经批准不得实施。

技术任务书是在新线或既有线已有航摄资料的

基础上，按航测内外业各工种进行具体的技术设计，它是指导各工序作业的主要技术依据。

技术任务书由专线。专项负责人或总体编写和上报。技术任务书需作原则修改或补充时，可由生产单位或检查验收人员提出修改意见或补充稿，及时上报原审批单位核准后执行。

编写技术任务书应作到下面几点

1. 编写人员首先要明确任务的性质、工作量、要求和编写原则；

2. 编写人员应认真做好测区沿线的踏勘、调查及资料的分析工作；

3. 编写人员应对其任务书负责，要深入第一线检查了解技术任务书的正确性。发现问题要及时处理。

一、编写技术任务书的依据

(一)上级下达任务的文件或合同书。

(二)有关法规和技术标准。

二、编写技术任务书的基本原则

(一)技术任务书的编写方案应先考虑整体而后局部，要从测区的实际情况出发，考虑作业单位的实力(人员素质和仪器装备情况)。挖掘潜力，选择最佳的作业方案。

(二)广泛收集，认真分析和充分利用已有的测绘产品和资料。

(三)作业过程中应尽量采用新技术、新方法和新工艺。

三、编写技术任务书的要求

(一)任务书的内容要明确、文字要简练，在规定要执行的规范、规则、细则、手册中已明确的技术要求一般不再重复。对每项测图任务的特殊要求作业中容易混淆和忽视的问题应重点叙述；

(二)采用新技术、新方法和新工艺时，要明确说明试生产的结果及达到的精度。

四、技术任务书的主要内容

(一)任务概述：任务的名称、来源、测区范围、沿线所经主要城市(既有线航测要说明线路的起讫点及所经主要车站)、地理位置、行政隶属、项目内容、产品种类、图幅大小及形式、执行的规范、图式、质量要求、完成期限和产品的接受单位等；

(二)测区自然地理概况：简要说明地理特征，居民地、气候情况和作业区困难类别等；

(三)航摄资料要说明航摄单位、摄区代号、摄影时间、摄影机型号、焦距、像幅、像片比例尺、底片(像片)质量以及问题的处理等情况；

(四)已有资料情况：说明资料中测绘工作完成情况、主要质量情况及评价、利用的可能性和利用方案等；

(五)特殊的技术要求及采用新技术、新方法、新工艺的依据和技术要求，并进行精度估算或说明；

(六)测图比例尺、测图范围、基本等高距；

(七)平面、高程系统；

(八)坐标换带；

(九)航测外业：

1. 平面和高程控制点的布设方案以及有关的技术要求；

2. 平面和高程控制测量的施测方法、限差规定；

3. 既有线测量：

(1)线路控制点(也称线路加点)的布点原则。联测方法、观测记录以及成果整理的技术要求；

(2)沿铁路测设水准点的密度、固桩要求、高程精度的要求、施测方法；

(3)各种铁路建筑在图上注记要求及数字的取位；

(4)改线地段及为了线路安全在大河上下游。湖泊、水库等处需加宽的范围；

(5)既有复测资料的调绘核实要求；

4. 根据资料情况提出室内判绘与实行调绘的方案和技术要求；

(1)居民地——按测区居民区的分布情况，说明居民地的类型特征、表示方法和综合要求；

(2)道路——对公路以下的道路，着重说明综合取舍的要求；

(3)水系——明确测定水位点的方法和要求、水系的取舍原则，对水系附属建筑物的表示方法和要求；

(4)境界——明确境界表示到哪一级；

(5)植被——说明测区内主要植被的种类，配合表示的要求，地类界综合取舍的原则等。

(6)地名调查——说明确定地名的依据和办法，对人烟稠密区地名综合取舍原则，对少数民族地区地名应写明译音规则，对地名中的方言字要有统一的注译；

(7)调绘简化符号的采用。

5. 检查点或检查导线的施测要求、分布密度、成果整理的要求。

(十)航测内业：

1. 根据地形类别，资料情况和仪器设备、确定作业方法；

2. 制定加密计划，确定加密方案，提出加密点的布设方案和选点、刺点、量测、电算的精度要求，明确资料整理和向下工序提交成果的要求；

3. 确定航测原图测绘及编绘的方法、技术要求；

4. 在隐蔽地区、困难地区或特殊情况下测图，或者采用新技术、新仪器测图时需明确具体的作业方法、技术要求，限差规定和必要的精度估算或说明。

第二章　控制测量与像片调绘

第一节　准 备 工 作

航测外业的准备工作，包括收集和分析大地点、水准点、地形图和航 摄资料，既有线航测还须收集有关的复测资料，并确定其使用价值；勘察测区；拟订技术计划；领取器材及物资装备；仪器检校及人员配备等工作。

一、收集资料

根据铁路航测外业的特点和要求，应收集以下几方面内容的资料。

(一)测区范围内及线路两侧各 10km 范围内的三角点、高级地形控制点(军控点及等级外的锁网点)、精密导线点、水准点的成果表和点位说明，大地点布网图和水准路线图。此外，还应了解和收集其它部门如城建、冶金、地质、煤炭、水电等部门建立的控制网资料。

(二)测区内已有的地形图和行政区划图等资料，从中了解国家控制点在测区内的分布情况，确定地形等级，省、市、县界线等，以便在拟订工作计划和外业工作中应用。

(三)了解和收集测区的交通情况，气候情况等有关资料。若在少数民族地区工作，还应了解少数民族地区的风俗习惯和语言。

(四)航摄像片、镶辑复照图、航摄质量鉴定表、航摄质量验收报告等航摄资料。其中航摄像片要有两套，分别供刺点和调绘使用，在地物复杂或小比例尺航摄高放大倍率测图区，应根据需要晒印放大像片。

(五)可行性研究报告、线路平剖面图、测图范围等有关线路方面的资料。

(六)既有铁路航测时还要收集以下资料：

1. 长卷线路平面地形图，车站平面地形图，纵断面图和平纵断面缩图。

2. 工务段各种履历书。

3. 各种复测成果表。

二、资料分析和检查

(一)已有控制点成果资料的分析

1. 收集和抄录的成果资料要对照地形图进行检查、校对，若测区内的控制点资料有漏抄和错抄情况，应及时解决。

2. 测区内已有控制点成果往往是不同单位不同时期建立的，必须查明施测年代、施测单位。作业依据、平面和高程系统；点位中误差和高程中误差，它们必须满足"测规"的精度要求方可使用。

3. 坐标、高程系统的换算。如果收集的资料不是国家统一的坐标和高程系统，可以进行坐标和高程系统换算，换算是根据重合点(独立网和国家网的重合点)进行的，当没有重合点或重合点数量不足时，需进行联测，平面联测一般不少于三个点，高程联测不少于两个点。

4. 换带计算：铁路航测成图是测制大比例尺地形图，采用三度带投影，国家平面控制点一般是六度带坐标，当三度带的中央子午线与六度带的中央子午线不重合时要进行换带计算。当测区落在三度带边缘时，需把邻带的控制点坐标换算成同一带的坐标。

(二)航摄资料的分析

根据航摄资料验收报告和航摄质量鉴定表对航摄资料进行认真分析，具体内容包括：

1. 用标有线路位置和成图范围的 1/50 000 地形图，对照复照图和像片认真检查是否有摄影范围不足的情况，若因摄影范围不足造成制图面积不能满足线路需要，要及时提出补救措施。

2. 检查相邻测段接头处像片重叠是否满足不少于一条基线的要求。

3. 检查像片航向、旁向重叠；像片倾角；航偏角；航向弯曲度等是否符合《测规》要求。若重叠过大，可考虑抽片或抽带，以减少工作量。

4. 检查像片清晰度及有无主点落水，云影、阴影和影响成图的斑点、伤痕等情况。在分析航摄资料的基础上，提出特殊情况的处理意见和需要采取的补救措施。

(三)既有线复测资料的检查和分析

1. 收集到的复测资料应以能反映目前既有铁路现状的最新的资料为准。

2. 线路平面图、车站平面图、纵断面图和平纵断面缩图的施测日期，有无改建或改线情况。

3. 工务履历书的内容应包括综合图册；线路平剖面；车站股道、道岔、信号、警冲标、天桥、地道等设备；桥、涵、隧道、道口、立体交叉等建筑物。

各种复测成果表、断链表、工区表等资料是否齐全。

三、刺点像片编号

为了方便工作，一般以测段为单位，航带自上而下(以复照图为准)，像片从左到右，按顺序编号，在像片背面右上角标出测段号、航线号和像片数序号。

四、标绘已知点和标出控制范围线

(一)将收集的三角点、水准点、高级地形控制点依坐标标绘在五万分之一地形图上,并注出点名或点号。同时,对照航摄像片相关位置将地形图上的已知点概略地标绘到航摄像片上。

(二)根据标有线路方案和制图范围的地形图,或者既有铁路两侧的测图宽度,将线路位置和测图范围搬到相应测段的镶辑复照图和像片上,对于大桥、长隧道、车站等地段也应在复照图和像片上标明,以便于标出控测范围。

五、仪器、工具准备和人员配备

(一)将使用的仪器、工具领取齐全并进行检验与校正。

(二)人员配备:主要是根据外业工作量、作业方法、地形条件、交通情况等因素,进行分组定员。

第二节 像片上控制点的布设

像片控制点是航测内业电算加密和测图的主要依据,控制点在像片上的分布和精度必须满足内业加密和成图的要求,因此,控制点的布设是一项很关键的工序,必须严肃对待,严格遵守"测规"及技术任务书规定的各项要求。

像片控制点分为三类:只测定平面坐标的控制点称为平面点,同时测定平面坐标和高程的控制点称为平高点,只测定高程的控制点称为高程点。

一、布点的一般原则

(一)控制点布设方案应根据航摄资料,地形情况,成图精度和方法及现有仪器装备等因素全面考虑确定。控制点必须控制成图范围。

1. 航线网段布点:铁路航测图是带状地形图,铁路航测摄影是沿线路方案或既有铁路进行带状摄影,一般情况下,单航线或 2~3 条航线的测段居多,因而一般均采用航线网段布点。

2. 加测适当数量高程点的航线网段布点:在地形比较平坦、摄影比例尺过小或在山区线路经过的局部平坦地区,为提高测图高程精度的情况下使用。

3. 高程全野外布点:在航摄像片比例尺过小或在某些工点地段需提高测图精度等特殊情况下采用。

(二)新线在正常摄影情况下,航线网段两端平高点间的基线数,18cm×18cm 像幅按《测规》规定布设;23cm×23cm 像幅参照表 2.2.2.1 布设。

新线网段两端平高点间的基线数 表 2.2.2.1

摄影比例尺	地形等级	1:2 000 比例尺测图 航摄仪焦距(mm)		1:5 000 比例尺测图 航摄仪焦距(mm)	
		152	210	152	210
1:8 000	Ⅰ	6	*		
	Ⅱ	12	6		
	Ⅲ	16	12		
	Ⅳ	18	16		

续上表

摄影比例尺	地形等级	1:2 000 比例尺测图 航摄仪焦距(mm)		1:5 000 比例尺测图 航摄仪焦距(mm)	
		152	210	152	210
1:10 000	Ⅰ	*	*	5	*
	Ⅱ	8	4	12	6
	Ⅲ	14	8	16	14
	Ⅳ	16	12	20	18
1:12 000	Ⅰ	*	*	4	*
	Ⅱ	6	*	8	4
	Ⅲ	10	6	16	12
	Ⅳ	14	10	18	14
1:14 000	Ⅰ	*	*	*	*
	Ⅱ	4	*	6	*
	Ⅲ	8	4	14	10
	Ⅳ	12	8	16	12
1:15 000	Ⅰ	*	*	*	*
	Ⅱ	*	*	4	*
	Ⅲ	6	4	12	8
	Ⅳ	10	6	16	10
1:18 000	Ⅰ			*	*
	Ⅱ			4	*
	Ⅲ			10	6
	Ⅳ			12	8
1:20 000	Ⅰ			*	*
	Ⅱ			*	*
	Ⅲ			8	4
	Ⅳ			10	4

续上表

摄影比例尺	地形等级	1∶2 000 比例尺测图		1∶5 000 比例尺测图	
		航摄仪焦距(mm)		航摄仪焦距(mm)	
		152	210	152	210
1∶22 000	Ⅲ			6	*
	Ⅳ			10	4
1∶25 000	Ⅲ			4	*
	Ⅳ			8	*

注:①*为采用高程全野外布点。

②当高程全野外布点时,其平面可按航线分段布点。网段两端平高点间基线数在1∶2 000比例尺测图时为10条,在1∶5 000比例尺测图时为14条。

表中未列入的航摄比例尺,其基线数可比照相同地形等级,相同航摄仪焦距的相近航摄比例尺的基线数予以增减。

(三)既有线航测一般为1∶2 000比例尺测图,大的站场为1∶1 000比例尺测图,航摄比例尺一般采用1∶5 000～1∶8 000,航摄仪焦距采用152和213mm。

既有线在正常摄影情况下,航线网段两端平高点间的基线数应符合表2.2.2.2的规定。

(四)航线网段布点图形及像片上控制点的位置应符合下列要求:

1. 单航线必须用六点法或双五点法布点。双五点法布点要求本网段除布设六个平高点外,在网段的1/4和3/4处沿线路方案附近各布设一个高程控制点,其基线数18cm×18cm像幅参照《测规》规定,23cm×23cm像幅参照表2.2.2.1规定增加1/3。

多航线一般用六点法布点,困难地区也可用五点法布点,但五点法布点的基线数为表2.2.2.1和《测规》规定的2/3。六点法布点图形如图2.2.2.1;双五点法布点图形如图2.2.2.2;多航线五点法布点图形如图2.2.2.3。

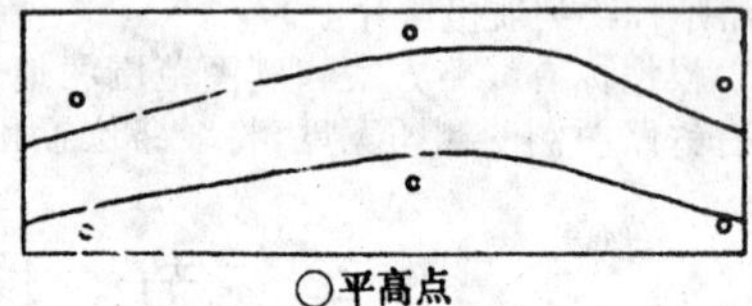

图 2.2.2.1

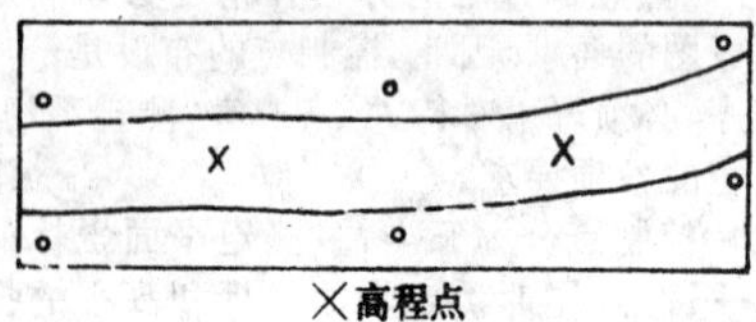

图 2.2.2.2

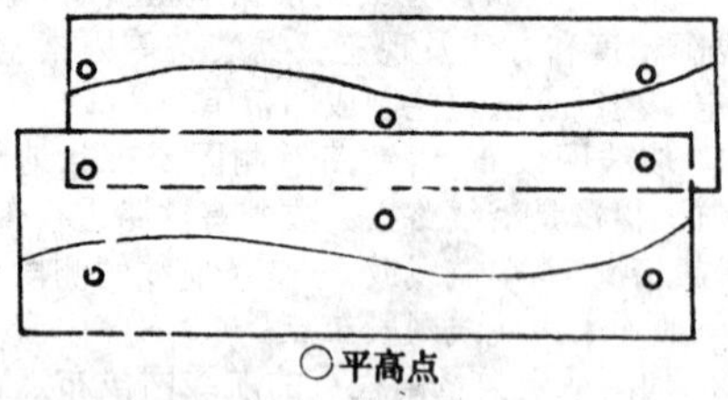

图 2.2.2.3

既有线网段两端平高点间的基线数　　表2.2.2.2

航摄比例尺	航高(m)	焦距(mm)	Ⅰ级地形		Ⅱ级地形		Ⅲ级地形		Ⅳ级地形	
			六点法	双五点法	六点法	双五点法	六点法	双五点法	六点法	双五点法
1∶5 000	750	152	6	14	8	16				
	1 050	213	4	10	6	14	8	16		
	1 525	305			4	8	6	12	6	12
1∶6 000	900	152	5	12	6	12	8	16	8	16
	1 260	213			4	8	6	12	6	12
1∶7 000	1 060	152	4	10	6	12	8	16	8	16
	1 470	213			4	8	6	12	6	12
1∶8 000	1 200	152	4	8	6	12	8	16	8	16
	1 680	213			4	8	6	12	6	12

2. 网段两端的上下两平高点宜布设在通过像主点且垂直于方位线的直线上,互相偏离一般不得大于1/2条基线,个别不得大于1条基线。

六点法中部的一对平高点,宜布设在网段的中间，这对平高点左右偏离不得大于1条基线，且应避免同时向网段中央的一侧偏离。

五点法中间点应大致布设在网段的中央。

3. 外控点可不受距方位线远近的限制，但上下两排平高点的距离对 23cm×23cm 像幅在像片上应大于 10cm。

(五)区域网布点：

1. 规则区域网布点：在区域网内均匀分布五排平高点和高程点，网的最大长度与航线网相同，如图 2.2.2.4 所示；若网段长度少于7条基线，在1/4和3/4处的两排高程点可不设。

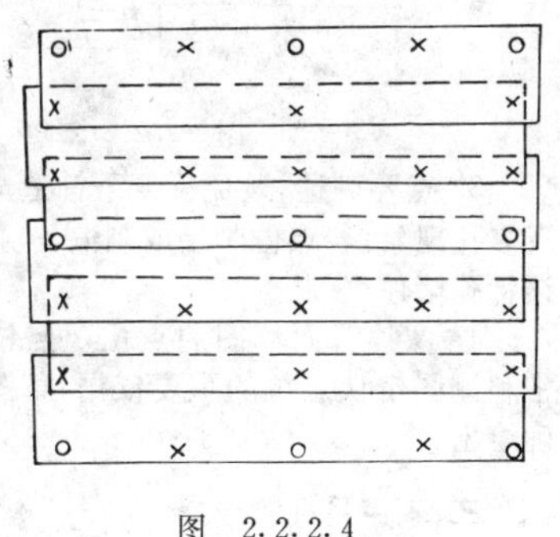

图 2.2.2.4
O—高程点；×—平高点。

2. 不规则区域网的布点：除按上述间隔要求布点外，一般在区域凹凸处布设平高点或高程点，端边加布高程点，如图 2.2.2.5。

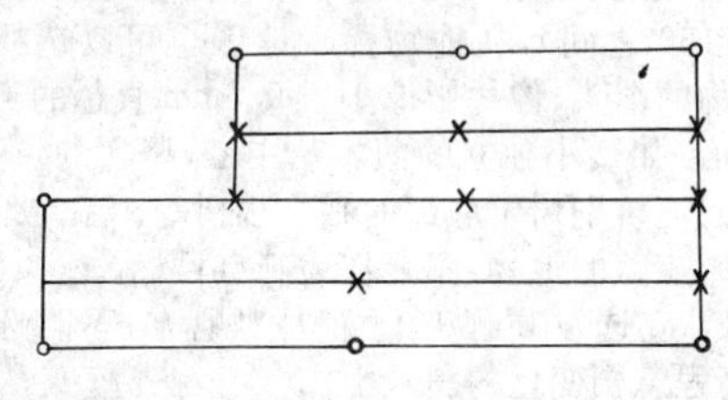

图 2.2.2.5
O—高程点；×—平高点。

(六)高程全野外布点

每个像对布设四个基本高程点，其点位距通过像主点且垂直于方位线的直线一般不超过 1cm，最大不超过 1.5cm，距像主点距离要大于 3.5cm。

二、特殊情况下的布点

由于地形条件的限制或受航摄资料的影响，按正规要求布点不能满足测图精度要求时，可采用特殊情况下布点来解决。

(一)航偏角大于 10°时应分段布点。

(二)当像片旁向重叠过大，以致在旁向重叠中线附近选点不能同时满足在相邻两航线离开方位线大于 3.5cm 时，则需分别布点。

(三)当像片旁向重叠小于 15%，这时可能出现漏洞，但如果旁向重叠小于 2cm 而大于 1cm，可采用分别布点，该两点控制范围所裂开的垂直距离在像片上不得大于 2cm。

(四)像片航向重叠小于 53%形成航摄漏洞时，航线无法连接，这时应以航摄漏洞为界分段布点，并在漏洞四角各布一个平高点，若是绝对漏洞，则必须用单张像片测图来解决。

(五)像主点落水的布点：航线内有一张或连续多张像片主点落在水域、云影、阴影、雪影中或其它原因致使像主点影像不清，都按像主点落水处理。当像主点落水但在像主点附近 2cm 以内若能选出航向三片重叠范围内的连续点可供加密时，不论多少张像主点落水，均可按正常情况布点，否则对落水像对应按平面高程全野外布点。

(六)标准点位落水：在离像主点 3cm 以外三片重叠范围内无法选取连接点时需分别布点。

(七)海湾、岛屿、多湖泊地区在内业加密有困难时，一般应按单模型平面高程全野外布点，在像对内只有一个小岛难以按规定布点时，可根据地形情况在其四周布设4个平高点。

(八)对控制线路的重点工程地段，如隧道口、高桥、大型车站、联轨车站、紧迫导线地段等可根据专业需要适当结合标准点位，考虑增设控制点。

三、在像片上预选控制点的一般注意事项

1. 预选控制点最好在立体镜下进行仔细的立体观察，尽量在所要求的位置上选出理想的明显目标。

2. 首先将测段接头和在特殊情况下布点地段的控制点选出，然后依网段、测段选出其它控制点。

3. 相邻像片、相邻航线间的控制点尽量公用，控制点一般应布设在航向三片重叠范围内和旁向重叠中线附近，有困难时亦可布设在航向两片重叠范围内。

4. 测段接头处的控制点应尽量考虑公用，以减少控制点点数和提高加密精度，不能公用时应分别布点，不得出现控制漏洞。

5. 控制点点位距像片边缘一般不得小于 1.5cm，距像片各类标志不得小于 1mm，不得选在阴影、云影或影像不清晰地方。

6. 位于自由图边的控制点，应布设在测图范围线外 4mm 以上，而且自由图边的控制点联线必须在测图范围线以外。

7. 预选控制点完毕后，应认真检查一遍，然后按全线统一编号，平高点冠以“P”，高程点冠以“G”，注意同一测区不得有相同的编号。

第三节　野外控制点的选刺

将已设计好控制点点位的像片带到现场去，对照实际地物选择明显目标，在像片上精确刺出点位，并在实地打桩、插旗、编号、绘制草图，这一过程称为外业控制点的选刺。

铁路航测野外控制点选刺工作除在现场精确刺出点位外，还应考虑控制点平面坐标和高程联测工作。

一、出工前的准备工作

(一)在五万分一地形图上研究控制点的联测方案。若采用光电测距导线的联测方法，则沿线路附近设置主导线(既有线沿路肩布设)，然后考虑主导线起点和终点与国家大地点的连接方案。

(二)在像片上圈出主导线点的位置并考虑控制点与主导线点的连接。

(三)头天晚上必须将第二天所要刺的控制点，结合地形图和像片确定从驻地(或下车地点)到点位所走的路线和刺点顺序。必要时用立体镜观察测区内地形情况，对沿线的主要地物和点位周围地物特征作大致了解，做到心中有数。

(四)准备必要的资料和工具：刺点所需要的资料有刺点像片、复照图、地形图、控制点作业计划图。刺点所需要的工具和用品有方桩、板桩、竹杆、测旗、斧子、望远镜、袖珍立体镜、刺点针、放大镜、铅笔、塑料垫板、刺点像片夹、特种铅笔、三角板、橡皮、小钉、毛笔、油漆等。

二、像片刺点与精度要求

(一)在像片上刺点

1. 刺点者带着已布设好控制点位、影像清晰的像片到达现场后，在刺点前应正确判定像片方位，由远而近，由大到小仔细对照四周相关地物，注意观察刺点目标在航摄后有无变化，然后选择一理想地物作为刺点位置。选择刺点位置是一个综合考虑的过程，既要考虑满足加密和测图的点位要求，又要考虑方便联测，同时还要符合“测规”对选择刺点目标的要求。刺点者需综合分析，从中求得统一，找出最佳的刺点位置。在确认拟定点在实地相应位置辨认无误后，在点位上进行打桩、插旗、写点号等。

2. 在像片的相应位置上用刺针垂直刺一小孔，并在像片背面以刺孔作圆心画 5mm 直径的圆圈，并注记点名，所在位置，辨认精度。日期及刺点者签名。平面控制点需按影像、色调绘出包括二个以上地物的放大草图、草图的朝向应与像片正面号码字头朝向一致。当平高点或高程点所选位置邻界处的地物其高差有显著变化时，应加绘剖面图，并注记高差。像片背面草图及注记见图 2.2.3.1 和图 2.2.3.2。

(二)刺点精度要求

1. 平高点的实地辨认精度，1∶2000 测图时不得大于 0.3m，1∶5000 测图时不得大于 0.5m，所刺点位与实地桩位应一致。

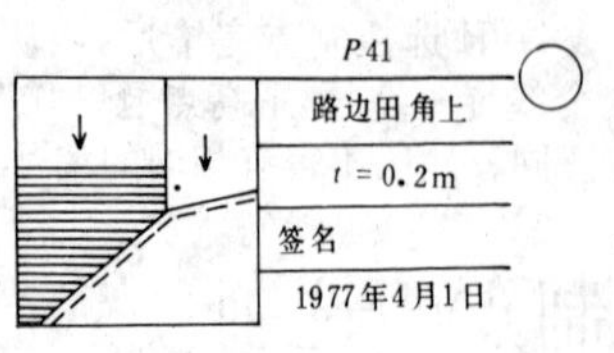

图 2.2.3.1

2. 不论何种比例尺成图，刺点误差在像片面上均不得大于 0.1mm。

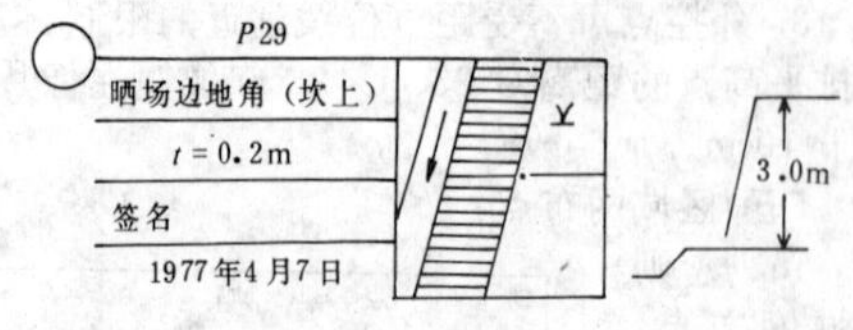

图 2.2.3.2

3. 点要刺透，避免反复下针造成针孔过大或出现多孔现象，若点位刺错或刺偏，应换片重刺或将错误针孔堵住重刺。

4. 像片背面草图的点位及点位说明是内业加密和测图辨认点位的重要依据，草图必须在现场准确绘出。

三、刺点目标的选择

在野外选刺像片控制点，无论是平高点、高程点或平面点都要求选择在实地的点位和像片上的影像都可以准确辨认的明显目标上。

(一)平高点的刺点目标选择

1. 应选在线状地物的交点或地物的拐角上(如道路交叉点、固定田角、地角等)，交角必须良好(在 30°～150°之间)，在地物稀少地区也可以选择在线状地物的端头、像片影像小于 0.3mm 直径的点状地物中心(如矮小独立的灌木丛中心、坚实的坟头、孤石等)、能辨别树干底部的独立小树等。不定地物和有阴影遮盖的地物，不能作为刺点目标。

2. 应选在高程变化不大的地方，不能选在狭沟、高程急剧变化的斜坡上。

(二)高程点刺点目标应符合平高点刺点目标 2 条规定。

(三)平面点刺点目标应符合平高点刺点目标 1 条规定。

(四)一般常见刺点目标分类

1. 最佳刺点目标：交角良好的田埂交叉、小路交叉、水渠交叉、固定田角、小桥端角、池(水池、粪池、花池)的拐角、平顶房屋的顶角、楼房顶女儿墙拐角、石砌或砖砌的围墙角。房基拐角、石砌或砖砌的正方形、长方形建筑物拐角等。

2. 一般刺点目标：电杆根部、矮小灌木丛中心，线状地物端头，变化甚微的土围墙拐角或端头等。

3. 困难情况下的刺点目标：土坟头、可辨认树杆底部的小树、土坑、孤石等。

四、刺点的复核

为了保证刺点准确无误，控制点必须在实地由一人主刺，第二人在实地进行检查复核，并在不同像片上重新刺孔，两人对刺如发现有矛盾时，可由第三人在实地检查处理。对刺必须是独立进行，不能互相商量，更不能由一人指示来确定点位在像片上的位置。最好的方法是第二人于次日拿另一张像片去现场把已打桩插旗的点位刺在像片上，回驻地后再与主刺点位进行核对。对刺的点位也要整饰，在点号前冠以“K”字，可以不绘草图，但必须注明点位并对主刺者的草图进行复核。对于测段接头处的控制点，除在实地进行对刺外，应尽可能再次由专人到现场检查，并签注姓名和日期，以保证刺点准确无误。为保证刺点点位的正确，所有控制点应尽可能利用一切机会进行反复核对，如利用设站观测，外业调绘时进行复核等。

五、确定控制点的联测方法

刺点时应考虑控制点的平面和高程的联测，目前一般都采用光电测距导线联测控制点。首先沿线路附近布设主导线，然后在主导线的基础上布设辅助导线和支导线与控制点进行连接。主导线平面坐标与三角点连接，高程与水准点连接。主导线、辅助导线及支导线的连接与选点、打桩、插旗工作，一般均由刺点人员在现场完成。

六、刺点点位在像片上的整饰及构网示意图的绘制

每一个测段刺点工作结束后，要立即将相邻测段接头处的控制点以及相邻航线的控制点进行转刺，并对所有控制点的主刺及检刺点点位进行核对检查（包括转刺点位）和整饰。

（一）将所有的控制点点位转刺到镶辑复照图上，并按规定符号进行整饰。

（二）将公用控制点转到相邻航线、相邻测段的像片上，航线间和测段间属于分别布点的控制点也应进行转刺。转点时在转刺片上绘小圆圈，写明点号，并在像片背面注明主刺点的测段号、航线号、像片号、点号、点位说明及转刺者姓名，以便于核对及寻找。

（三）核对主刺点、检查点、转刺点的位置是否一致，整饰注记是否合乎要求。

（四）按规定的图式在像片上进行整饰：控制点的整饰是在像片正面，以刺孔为圆心，以 1cm 为直径画一小圆。画圆时可在圆规脚下垫一块小橡皮，避免刺破像片造成多余刺孔。控制点的编号写在圆圈右侧。

（五）按测段绘制控制点联测示意图和控制点构网示意图，如图 2.2.3.3 和图 2.2.3.4。

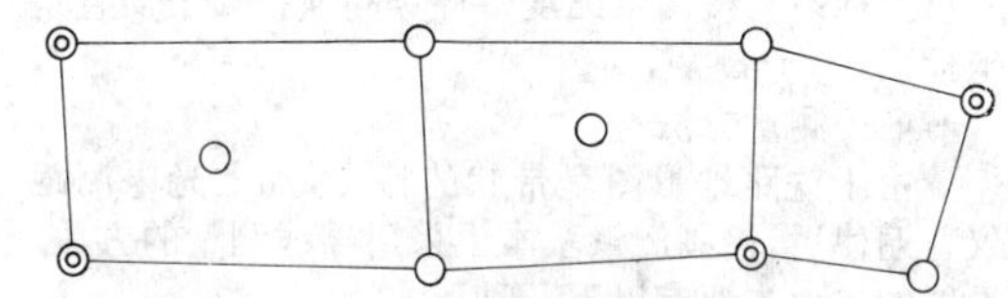

图 2.2.3.3　测段控制点构网示意图

注：图中双圈为测段间公用控制点。

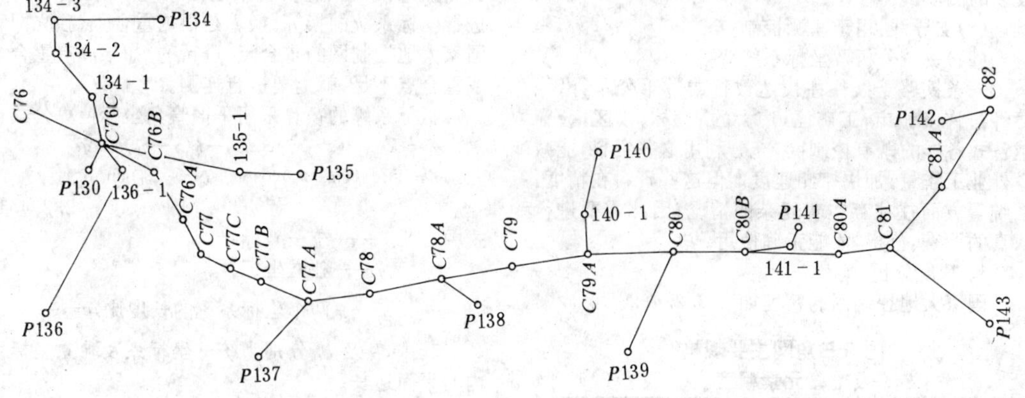

图 2.2.3.4　测段控制点联测示意图

第四节　控制点平面位置测量

一、概　　述

在航测成图过程中，每个像对需要一定数量的已知控制点作为像片纠正或立体测图的依据。这些控制点可用下列方法求得：(1)所有控制点全部在野外实测。这种方法的外业工作量较大，但控制点的精度较高。(2)在像片上选择少量控制点在野外实测，而其余大部分控制点在室内用电算加密的方法求得。这种方法的外业工作量较小。

野外控制测量的任务，就是依据已知的高级控制点（主要是国家大地点）测定像片控制点的平面位置和高程。

（一）精度要求

新线勘测 1∶2 000 及 1∶5 000 比例尺航测地

形图主要用于编制初步设计、施工设计文件。既有线1∶1 000及1∶2 000比例尺航测地形图是铁路局用来进行运营管理,线路维修和改造的依据。

根据现行《测规》第二篇——航空摄影测量的要求:首级控制点(包括锁、网、插点。主导线点)对最近国家大地点的平面位置中误差;外控点对最近国家大地点的平面位置中误差不超过表2.2.4.1的规定。

平面位置中误差(m)　表2.2.4.1

中误差 \ 测图比例尺	1∶2 000	1∶5 000
首级控制点(对大地点)	0.6	0.95
外控点(对大地点)	0.7	1.1

(二)坐标系统

铁路航测的坐标系统采用国家统一的1954年北京坐标系。按国家三度带计算高斯投影平面直角坐标。

(三)测量方法

由于铁路地形图呈带状的特点,加上光电测距仪普遍使用,控制测量基本上采用导线测量的方法。导线的布设主要有以下几种形式:

(1)单一附合导线,适合航带数较少的测段。

(2)导线网:呈多边形或结点形式,适合航带数较多的测段。

(3)支导线:用于联测控制点。

(四)资料分析及坐标系统变换

一条铁路干线往往长达数百或数千公里,沿线要经过许多城市,工矿区,广大的农、林、牧区,会穿越各式各样的既有控制网,充分利用这些资料,能减少外业工作量,加快控测速度。但这些资料在精度、系统等方面往往存在着复杂的情况,因此需要进行认真的检查、分析,才能正确使用。

1. 精度分析

国家大地控制网的精度如表2.2.4.2。

国家三角网主要规格及推算元素精度表　表2.2.4.2

等级	平均边长(km)	测角中误差(″)	最弱边相对中误差	点位中误差(m)(相邻两点或相对高级点)	平差后三角点高程中误差(m)
一	20～25	±0.7	1∶150 000	±0.21	±1.0
二	13	±1.0	1∶150 000	±0.11	±0.5
三	8	±1.8	1∶80 000	±0.14	±0.25
四	4	±2.5	1∶40 000	±0.13	±0.2

由表2.2.4.2可看出,现行大地控制网的精度较高,完全能够满足大比例尺测图的需要。但遇到以下情况时要作具体分析:

(1)1958年前测设的旧网;

(2)未经整体平差的资料成果。

对于测区内其他控制网要仔细分析、检查,根据不同情况区别对待。例如,某专用高级地形控制点的精度如表2.2.4.3所示,根据《测规》要求,该高级地形控制点的平面位置一级点可作为1∶2 000测图的主导线起闭点;一、二级点可作为1∶5 000测图的主导线起闭点。

专用高级地形控制点(军控点)精度表　表2.2.4.3

等级	边长(km)	测角中误差(″)	点位中误差(m)	最弱边方位角中误差(″)	最弱边相对中误差	高程中误差(m)
一级点	2～15	±6.5	±0.5	±10	1/10 000	±0.3
二级点	2～15	—	±1.0	—	—	±0.4

一般在独立控制网的技术总结中均载有坐标、高程系统及平差后最弱点点位中误差及高程中误差,它们必须满足"测规"的要求方可应用。

起始点的精度是一个很重要的问题,也是一个比较复杂的问题。单凭资料分析往往是不够的,需要结合外业控测适当进行实地检测。

2. 坐标系统变换

如果搜集到的资料不是国家统一的坐标,可以进行坐标系统的换算。换算是根据重合点(独立网和国家大地控制网的重合点)进行的。如果没有重合点或重合点不足,就需要进行连测。

坐标系统的换算采用平面直角坐标换算公式:

$$\left.\begin{aligned}X&=X_0+k(x-x_0)\cos\Delta\alpha-k(y-y_0)\sin\Delta\alpha\\Y&=Y_0+k(y-y_0)\cos\Delta\alpha+k(x-x_0)\sin\Delta\alpha\end{aligned}\right\}\qquad(2.2.4.1)$$

式中　X、Y——统一坐标;

x、y——独立坐标;

k——两个坐标系统的长度比,$k=\frac{D}{D'}$

其中,D及D'分别为统一坐标系及独立坐标系内的平面边长。

$\Delta\alpha$——两个坐标系统的方位角差

$$\Delta\alpha=\alpha-\alpha'$$

α及α'分别为统一坐标系及独立坐标系内的坐标方位角。

X_0、Y_0及x_0、y_0分别为重合点的统一坐标及独立坐标,一般取重合点的重心坐标(即坐标平均值)。

由于重合点一般不能少于3个,故在计算时应按下面方法进行。

(1)计算重合点在统一坐标系内和独立坐标系内的重心坐标

$$\frac{[X_0]}{n}=X_{重}\qquad\frac{[Y_0]}{n}=Y_{重}$$

$$\frac{[x_0]}{n}=x_{重}\qquad\frac{[y_0]}{n}=y_{重}\qquad n\text{为点数}$$

(2)计算重合点在统一坐标系和独立坐标系内的平面边长之比的平均值

$$k_{均}=\frac{[k]}{n'}=\frac{1}{n'}\left[\frac{D}{D'}\right] \qquad n' \text{为边数}$$

(3)计算重合点在两个坐标系统的坐标方位角差数的平均角度值

$$\Delta\alpha_{均}=\frac{a-a'}{n'}$$

(4)按下面公式进行坐标换算

$$\begin{aligned} X&=X_{重}+k_{均}(x-x_{重})\cos\Delta\alpha_{均} \\ &\quad -k_{均}(y-y_{重})\sin\Delta\alpha_{均} \\ Y&=Y_{重}+k_{均}(y-y_{重})\cos\Delta\alpha_{均} \\ &\quad +k_{均}(x-x_{重})\sin\Delta\alpha_{均} \end{aligned} \qquad (2.2.4.2)$$

必须说明，这种方法因为没有顾及两种系统在投影方法。中央子午线位置等方面的差别，而且求得的元素($X_{重}$、$Y_{重}$、$k_{均}$、$x_{重}$、$y_{重}$、$\Delta k_{均}$)没有进行合理的平差，因而只能适用于小面积的控制网换算，而且换算精度也较低。大面积的控制网换算和要求较高精度的换算需要应用更为精确的方法。

(五)坐标换带

椭球体表面上的图像投影到平面上时，不可避免地要发生变形，离中央子午线越远，长度变化越大。在我国中部地区，6°带边缘处的长度变形为$\frac{1}{1\ 000}$，3°带边缘处的长度变形约为$\frac{1}{4\ 000}$，为了限制长度变形对测图影响，铁路大比例尺测图工作中均采用“三度分带制”。

为了便于比较，将我国领土范围内六度带和三度带中央子午线经度列入表 2.2.4.4。

六度带及三度带中央子午线经度表 表 2.2.4.4

六度带	带　　号		12		13		14		15		16		17	
	中央子午线		69		75		81		87		93		99	
	分带子午线			72		78		84		90		96		102
三度带	带　　号		23	24	25	26	27	28	29	30	31	32	33	34
	中央子午线		69	72	75	78	81	84	87	90	93	96	99	102
六度带	带　　号	18		19		20		21		22		23		
	中央子午线	105		111		117		123		129		135		
	分带子午线		108		114		120		126		132			
三度带	带　　号	35	36	37	38	39	40	41	42	43	44	45		
	中央子午线	105	108	111	114	117	120	123	126	129	132	135		

由表 2.2.4.4 可看出，三度带中央子午线有一半和六度带中央子午线重合，另一半和六度带分带子午线重合。当中央子午线重合时，同一点的六度带坐标和三度带坐标实际上是相同的。换带时只要把六度带的带号改变成三度带的带号即可。

坐标换带常用以下两种方法：

(1)用换带表进行坐标换带(见《测规》第一篇第六章第三节)

(2)用电子计算机进行坐标换带

计算机换算，通常分为两步：先用高斯投影反算公式将平面坐标(x_1、y_1)换算成大地坐标($L\cdot B$)；改变中央子午线后，再用高斯投影正算公式将大地坐标($L\cdot B$)换算为新投影带的平面坐标(x_2、y_2)。

设 L_1 是换带前原投影带的中央子午线经度；L_2 是换带后新投影带的中央子午线经度。则换带前后中央子午线的经度差为：$\Delta L=L_1-L_2$，用这种方法换带时，ΔL 可以是任意的数值。因此，用这种方法可以进行 6°－6°，3°－6°，3°－3°以及任意度带的坐标换算。

高斯投影反算公式如下：

$$\begin{aligned} B&=B_1-\frac{y^2t_1^2}{2M_1N_1}+\frac{y^4t_1}{24M_1N_1^3}(5+3t_1^2+\eta_1^2-9t_1^2\eta_1^2) \\ &\quad -\frac{y^6t_1}{720M_1N_1^5}(61+90t_1^2+45t_1^4) \\ l&=\frac{y}{N_1\cos B_1+\frac{y^2}{6N_1}(1+2t_1^2\eta_1^2)\cos B_1} \\ &\quad +\frac{y^5}{360N_1^5\cos B_1}(5+44t_1^2+32t_1^4-2\eta_1^2- \\ &\quad -16\eta_1^2t_1^2) \end{aligned} \qquad (2.2.4.3)$$

式中　$t_1=\tan B_1$；

$\eta_1^2=e'^2\cos^2 B_1$；

$$N_1=\frac{6\ 378\ 245}{\sqrt{1-e^2\sin^2 B_1}}=\frac{6\ 399\ 698.901\ 9}{\sqrt{1+e'^2\cos^2 B_1}};$$

$$M_1=\frac{6\ 335\ 552.717}{\sqrt{(1-e^2\sin^2 B_1)^3}}=\frac{6\ 399\ 698.901\ 9}{\sqrt{(1+e'^2\cos B_1)^3}};$$

$e^2=0.006\ 693\ 421\ 623$；

B_1 是底点纬度，可用牛顿算法求解；

$e'^2=0.006\ 738\ 525\ 415$

高斯投影正算公式如下：

$$x=X+\frac{l^2}{2}N.\sin B.\cos B+\frac{l^4}{24}N.\sin B.\cos^3 B$$

$$(5-t^2+9\eta^2+4\eta^4)+\frac{l^6}{720}N\sin B\cos^5 B(61-58t^2+t^4)$$

$$y=l.N.\cos B+\frac{l^3}{6}N\cos^3 B(1-t^2+\eta^2)+\frac{l^2}{120}N\cos^5 B(5-18t^2+t^4+14\eta^2-58\eta^2t^2) \quad (2.2.4.4)$$

式中 l——该点的大地经度 L 与中央子午线的经度差；

N——椭圆体面在该点的卯酉曲率半径；

t、η——纬度的函数；

X——由赤道到纬度 B 的子午弧长。

二、导线测量

控制点平面位置测定，目前一般都采用光电测距导线测量，在没有光电测距仪时采用直接量距或间接量距的经纬仪导线测量。

(一)导线的分类

1. 起闭于国家三角点或高级地形控制点的导线称为主导线。铁路航测的主导线一般都布设成附合导线。

2. 起闭于主导线点的导线称为辅助导线。从主导线某一导线边开始闭合于主导线另一导线边的辅助导线也称附合导线；从主导线的某一边开始转一圈后，导线又回到主导线同一边闭合的辅助导线称为闭合导线。

3. 支导线：只有导线的一端连接在已知点和已知边上的导线称为支导线。支导线可以从三角点、主导线点或辅助导线点上引出。由于支导线没有检核条件，为了避免发生错误，在支导线终点应尽可能观测一个检查角。

(二)导线的布设方法

1. 在一般情况下，主导线应布设在线路主要方案附近，且中间尽量不要间断。但当地形条件特别困难，或遇到密林、果园等障碍物时，可以局部绕行。辅助导线和支导线则沿视野开阔，测量方便的路线布设。既有线航测，沿铁路路肩布设主导线，且尽量避免反复跨越铁路。

2. 主导线应布设为附合导线，两端闭合于国家三角点上，一般应具备有两个起始边。采用光电测距仪测量时，主导线全长对 1∶2 000 比例尺测图不宜超过 30km，对 1∶5 000 比例尺测图不宜超过 50km。辅助导线全长 1∶2 000 测图不宜超过 20km，1∶5 000 测图不宜超过 30km。支导线起点要观测两个连接角，在终点尽量观测一个已知点的检查角，支导线全长 1∶2 000 测图不得超过 3km，边数不超过 6 条；对 1∶5 000 测图不得超过 4km，边数不超过 8 条。

3. 主导线的发展次数不超过两次。

4. 在多航带大面积摄影地段，导线应尽可能布置成环形或结点形式的导线网，避免布置成长距离平行或各自回归而又互不联系的两条导线。

5. 导线形状是以直伸导线有利，它不仅可以提高精度，而且可以减少边数，缩短导线长度，减少外业工作量。但理想的直伸导线在生产实践中是办不到的，只能尽量布设接近直伸形式。

6. 在有条件的情况下，应设法在导线的中部附近连测一个已知高级点；若是导线经过的地方视野开阔，已知高级点较多，最好能在导线的不同部位分别连测已知高级点。这样，通过计算既可以检查出导线的精度，又能在导线观测发生错误时，便于查找错误原因和发生错误的地方。

(三)导线测量的连接工作

无论是附合导线、闭合导线或是支导线，都必需与高级控制点连接起来。这样能在导线计算中获得已知的起始方向和坐标，又可使导线和高级控制点连成一体。最简单的连接是直接连接。不能直接连接时亦可采用间接连接。

1. 直接连接法

直接连接法在条件具备情况下，是最简单也是最好的方法。如图 2.2.4.1 的附合导线即属直接连接，在导线的两端分别用连接角 β_1 和 β_5 与已知方向 AB 和 CD 相联系。如图 2.2.4.2 所示也属直接连接。但不像附合导线那样能获得对起始数据的校核。

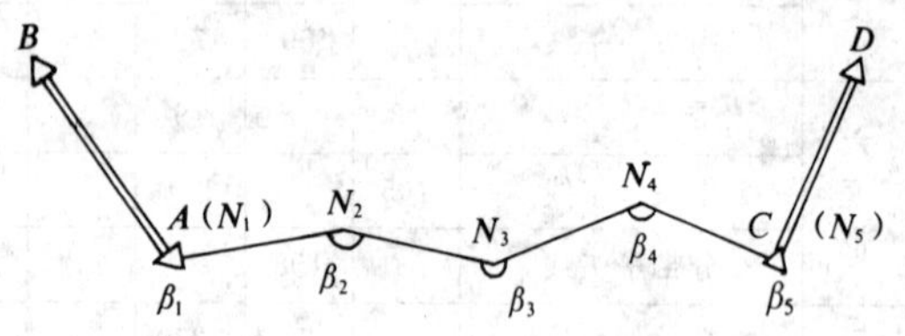

图 2.2.4.1

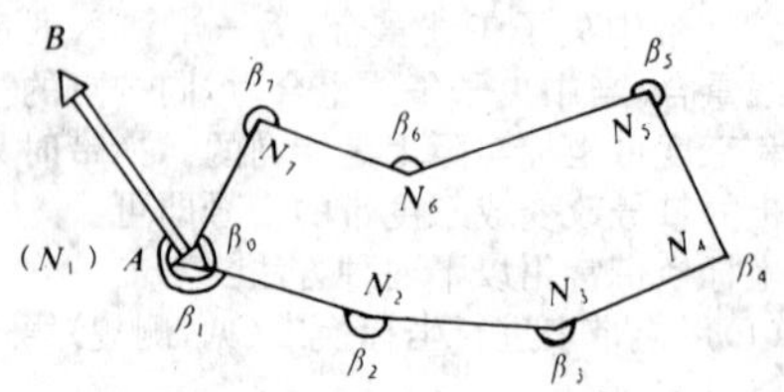

图 2.2.4.2

高级控制点通常相距较远，为了防止连接时发生错误，有条件时应尽可能在导线的两端分别测定两个连接角，以检验角度观测的正确与否。

2. 间接连接法

在间接连接法中，根据不同情况可采用前方交会、后方交会、侧方交会、两点法、测角测边交会等方法，但在许多地方采用上述方法是不具备条件的，或者虽具备条件，但工作量很大。例如下面的情况是经常遇到的：(1)国家三角点稀少(或大部分三角点已遭到破坏)，仅有一、二等点，边长在十多公里以上，且觇标已不存在。(2)在山区，三角点虽然设在山顶或山包上，但周围已长满了树林，视线看不出去。

(3)在平原地区，虽然三角点原来多为钢架标，但多为五十年代建造，有些已被拆除，有些已损坏。(4)在城市或村镇，有些三角点设在教堂或宝塔的塔尖、自来水塔或烟囱的避雷针上，(用前方交会测设的插点或高级地形控制点)，(5)导线离三角点较远，或是三角点海拔较高，或是两三角点相互间不通视等。鉴于以上情况，有必要用特殊的间接方法进行导线的连接工作。

(1)两三角点相互间不通视的导线连接，如图2.2.4.3。

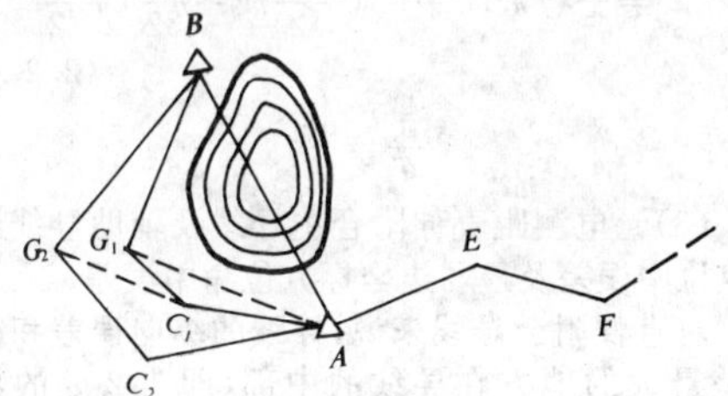

图 2.2.4.3

a. 连接方法：

在三角点 A 向大致垂直于 AB 方向布设 AC_1G_1 和 AC_2G_2 两条基线(折形基线)，观测角度$\angle BG_1C_1$、$\angle G_1C_1A$、$\angle C_1AE$和$\angle BG_2C_2$、$\angle G_2C_2A$、$\angle C_2AE$；测出边长 G_1C_1、C_1A 和 G_2C_2、C_2A。

b. 采用假定起始方位和独立坐标系统计算 G_1A、G_2A 的长度和方位角。计算时一般以 G_1B、G_2B 分别假定方位角为 000′ 00″，G_1、G_2 点为坐标原点。

c. 利用正弦两边夹角公式解算三角形 AG_1B 和三角形 AG_2B，求出角度$\angle G_1AB$和$\angle G_2AB$。

d. 求出导线连接角$\angle BAE$

$$\angle BAE=\frac{1}{2}(\angle C_1AE+\angle C_2AE-\angle G_1AB-\angle G_2AB-\angle C_1AG_1-\angle C_2AG_2)$$

e. 布设图形时，要求$\angle G_1BA$和$\angle G_2BA$应大于20°。

(2)两三角点均距离导线较远，高差较大，三角点周围全是树林，又不允许大量砍伐树木，视线看不出去，不可能置镜连测，如图 2.2.4.4。

a. 连接方法

CD 为控制主导线中的一段。在导线点 C 上观测三角点 A、B 和导线边的夹角，在导线点 D 上观测三角点 A 和导线边的夹角。利用导线 $C\sim D_2$ 计算 CD 边长，通过三角形 ACD 计算 AC 边长，再通过三角形 ACB 计算 C 点坐标。

b. CD 长度和假定方位角的计算

采用假定起始方位和独立坐标系统进行计算。设 CA 方位角为零度。C 点坐标 $X_c=0$，$y_c=0$，采用前进方向右角计算，见图 2.2.4.5。

$$\alpha_i=i\cdot 180-\sum_1^i\beta_1$$

$$x_D=\sum_1^n(S\cdot\cos\alpha)$$

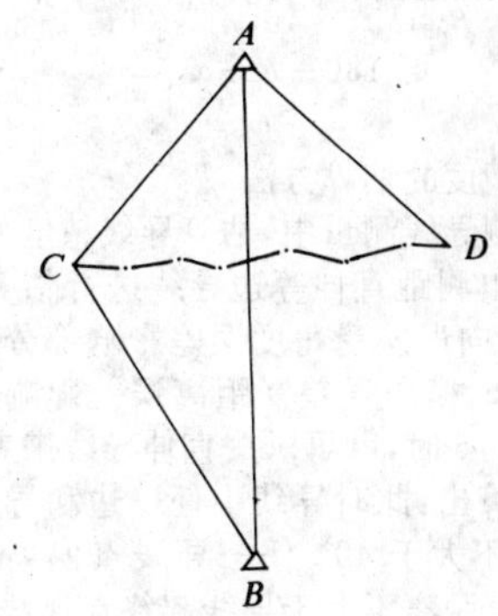

图 2.2.4.4

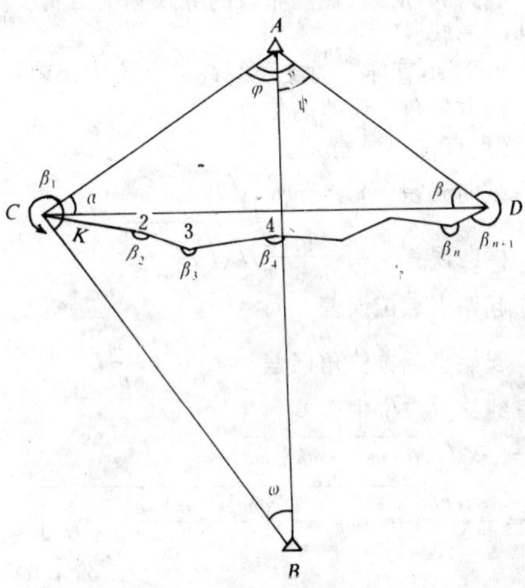

图 2.2.4.5

$$y_D=\sum_1^n(S.\sin\alpha)$$

$$S_{CD}=\sqrt{x_D^2+y_D^2)}$$

$$\alpha_{CD}=\arctan\frac{y_D}{x_D}$$

c. 计算三角形 ACD 各内角值

$$\alpha=\alpha_{CD}-\alpha_{CA}=\alpha_{CD}$$

$$\beta=\alpha_{DA}-\alpha_{DC}$$

$$\gamma=180°-\alpha_{AD}$$

d. 计算 AD 和 AC 边长

$$S_{AD}=\frac{S_{CD}.\sin\alpha}{\sin\gamma}$$

$$S_{AC}=\frac{S_{CD}.\sin\beta}{\sin\gamma}$$

e. 连接角 CAB 角(φ)或(ψ)的计算

根据 A、B 点坐标计算 AB 边长和方位角

$$S_{AB}=\sqrt{(x_B-x_A)^2+(y_B-y_A)^2}$$

$$\alpha_{AB}=\arctan\frac{y_B-y_A}{x_B-x_A}$$

在三角 ACB 中

$$\omega=\arcsin\frac{S_{AC}.\sin K}{S_{AB}}$$

$$\varphi=180-K-\omega$$

$$\psi=\gamma-\varphi$$

(四)导线精度的估算方法

在铁路航测导线测量中,估算导线精度的方法,一般都采用光电测距直伸等边导线进行估算,人们认为:当导线纵向误差受角度误差影响部分不超过纵向误差的 1/5,横向误差受距离误差影响部分不超过横向误差 1/5 时,就可以按直伸导线来考虑。根据公式推导可算出:此时导线中任一边和导线起终点连线的交角不大于 40°,任一导线点偏离导线起终点连线的垂直距离不大于导线起终点连线长度的 1/5。控制主导线是沿线路附近布设的;辅助导线和支导线是沿线路两侧布设的,大多数是垂直于线路或平行于线路的,所以,控测布设的导线基本上属于直伸导线的形状。

1. 光电测距直伸等边支导线终点点位中误差,最末边坐标方位角中误差的估算。

(1)终点点位中误差

纵向误差 $m_t=\pm m_D\sqrt{n}$

横向误差 $m_u=\pm\frac{m_\beta}{\rho}L\sqrt{\frac{n+1.5}{3}}$

起始点点位误差 $m_{始}=m_A$

起始坐标方位角误差 $m_{方}=\pm\frac{m_{\alpha_0}}{\rho}L$

支导线终点点位中误差

$$m_{终}=\pm\sqrt{m_A^2+m_{方}^2+m_t^2+m_u^2}$$

$$=\pm\sqrt{m_A^2+n.\,m_D^2+\frac{L^2}{\rho^2}\left[\frac{m_\beta^2(n+1.5)}{3}+m_{\alpha0}^2\right]} \quad (2.2.4.5)$$

式中 m_D——光电测距边长中误差;

m_β——水平角测角中误差;

n——导线边数;

L——导线全长;

m_A——起始点点位中误差;

$m_{\alpha0}$——起始边方位角中误差。

(2)最末边坐标方位角中误差

$$m_{\alpha n}=\pm\sqrt{m_{\alpha0}^2+n.\,m_\beta^2} \quad (2.2.4.6)$$

2. 光电测距附合直伸主导线、辅助导线闭合差中误差及相对闭合差限差。

纵向误差 $m_t=m_D\sqrt{n}$

横向误差 $m_u=\frac{m_\beta}{\rho}L\sqrt{\frac{n+3}{12}}$

起始点点位误差 $m_{始}=\frac{m_A}{\sqrt{2}}$

起始方位角误差 $m_{方}=\frac{m_{\alpha0}}{\rho}\frac{L}{4\sqrt{2}}$

外控点点位中误差是对于最近大地点而言,所以起闭于大地点的主导线不考虑起始点位误差及起始坐标方位角误差。

(1)主导线的闭合差中误差及全长相对闭合精度。

$$m_{闭}=\pm\sqrt{m_t^2+m_u^2}$$

$$=\pm\sqrt{n.\,m_D^2+\frac{m_\beta^2}{\rho^2}L^2.\,\frac{n+3}{12}} \quad (2.2.4.7)$$

$$\frac{1}{T}=\frac{m_{闭}}{L}$$

(2)辅助导线的闭合差中误差及全长相对闭合精度。

$$m_{闭}=\pm\sqrt{m_{始}^2+m_{方}^2+m_t^2+m_u^2}$$

$$=\pm\sqrt{n.\,m_D^2+\frac{L^2}{\rho^2}\left(\frac{n+3}{12}m_\beta^2+\frac{m_{\alpha0}^2}{32}\right)+\frac{m_A^2}{2}} \quad (2.2.4.8)$$

$$\frac{1}{T}=\frac{m_{闭}}{L}$$

(3)光电测距直伸附合主导线及辅助导线最弱点点位中误差及最弱边坐标方位角中误差。

对直伸附合导线来说,导线的纵向误差和横向误差最大的地方在导线的中部(即 1/2 处的导线点),最弱边在导线中部的导线边。

①主导线最弱点位中误差及最弱边坐标方位角中误差

$$\left.\begin{aligned}m_{中主}&=\pm\sqrt{\frac{n\cdot m_D^2}{4}+\frac{m_\beta^2}{\rho^2}L^2\cdot\frac{n+6}{192}}\\ m_{\alpha中主}&=\pm m_\beta\sqrt{\frac{n+1}{16}}\end{aligned}\right\} \quad (2.2.4.9)$$

②辅助导线最弱点中误差及最弱边坐标方位角中误差

$$m_{中辅}=\pm\sqrt{\frac{n\cdot m_D^2}{4}+\frac{m_\beta^2L^2}{\rho^2}\times\frac{n+6}{192}+\frac{m_A^2}{2}+\frac{m_{\alpha_0}^2}{\rho^2}L^2\frac{1}{32}}$$

$$m_{\alpha中辅}=\pm\sqrt{\frac{m_{\alpha_0}^2}{2}+\left(\frac{n+1}{16}\right)m_\beta^2} \quad (2.2.4.10)$$

(五)导线的选点

1. 导线点应选在坚实、稳固且便于安置仪器测角和测距的地方,视线离地面高度和旁向障碍物的距离不小于 0.5m,以避免近地大气层的竖直折光和旁向折光的影响,在条件许可时,导线点宜选在明显地物点上,并在像片上刺点。这样,一方面可以起到"检查点"的作用,同时也便于定测放线时使用。

2. 导线边长应大致相等,避免由短边急剧转为长边。边长避免短于 100m,考虑到高程传递,边长最长不宜超过 800m,一般以 400~600m 为宜。

3. 选点时应考虑控制点联测方便,最好能在导线点上直接看到控制点的点位,如不能直接看到控制点位也应考虑到引出辅助导线或支导线的最佳条件。

4. 选点的点位一般钉设木桩(包括方桩和板桩),方桩打入与地面齐平,中央钉一小铁钉以示点位,板桩上用油漆书写点名,旁侧插一小红白旗以便于后工序寻找。

5. 导线点的编号方法:既有铁路控测。主导线点以公里数为点号，并在号数前冠以C，两公里数间的点号以小公里数后加A、B、C注记；新线控测，主导线点桩号前同样冠以C；辅助导线点桩号以线路方案或联测的控制点号为注记，如C××—××或C××—××，左边的×代表线路方案号或××代表控制点号，右边的××代表导线点的顺序号。支导线则以××—×表示。

6. 导线点选定后，绘制导线示意图，说明角度与距离的联测方法以及应注意事项。

(六)水平角观测

1. 测站仪器安置、照准目标棱镜的对中误差不得偏离桩位小钉1mm。

2. 水平角观测以导线前进方向为准，观测右角，用DJ_2型经纬仪(秒级仪器)观测一测回，两个"半测回"间应变动度盘位置，两半测回所测角值较差不得大于12″。

3. 当导线点上水平角观测多于3个方向时应归零，半测回归零差不得大于12″，并采用同一起始方向，按方向观测法施测，起始方向应选择主导线边。

4. 水平角的观测步骤

(1)整置仪器后盘左照准后视目标读数，记录者将读数同时记入手簿。

(2)松开上盘制动螺旋照准前视目标读数，同时记入手簿。

(3)倒转望远镜将水平度盘任意变动角度后照准前视目标读数，记入手簿。

(4)松开上盘制动螺旋照准后视目标读数，记入手簿(表2.2.4.5)。

(8)一测站观测结束后，记录者应即时检查水平角值是否有粗差和满足《规则》的限差要求，如果不附合应即时进行补测或重测。

水平角观测手簿记录 表2.2.4.5

测站		观测点号	水平角读数	水平角	水平角平均值	备注
C152	R	C151	284 14 16	176 47 44	176 47 39	
		C153	107 26 32			
	L	C151	95 25 58	176 47 34		
		C153	278 38 24			

(七)光电测距(以DM501为例)

1. 司镜员与对点员分别在测站点、观测点安置仪器与反光棱镜。

2. 在测站安装经纬仪与测距仪，对中整平后连接电源器；观测点安置反光棱镜，对中整平后通过瞄准器使棱镜面垂直对准测站测距仪，并量取棱镜高度。

3. 测距前转动多功能开关旋钮检查测距仪内参信号、电源电压和显示器是否正常。

(1)内参信号：多功能开关旋至"Ref-Signal"位置，当安培表指针在绿色区时，表明正常。

(2)电源电压：多功能开关旋至"Batlery"位置，安培表指针必须指在绿色区，方能工作。

(3)显示器：多功能开关旋至"Measure"位置，按启动按钮一秒钟以上，显示数字为888.888时，表示显示元件功能正常。

转动多功能开关，即使不按启动按钮，也会显示出一个固定数字995 072。

4. 根据测距距离调整光栅：用接收物镜平调光栅控制信号强度时，面对光栅，顺时针旋转为开，逆时针旋转为关。测距大于150m时光栅全开；测距小于70m时，光栅全关；测距在70～150m时，光栅全开或全关都可以。

5. 测距时用经纬仪望远镜的十字丝瞄准反射棱镜中央。此时十字丝的纵丝切在棱镜中央，横丝切在棱镜两三角形的底部，然后旋转多功能开关至"Measure"位置，启动测距按钮，3秒钟后自动显示距离读数。

6. 每条边单向测距进行两次到三次，其差数要求在1cm以内。每条边进行往返测距，经温度气压和倾斜改正后往返测水平距离之差不大于3cm。

7. 测距时同时记录气温或气压。

8. 测距时如果启动测距按钮显示不出距离，在电源电压正常情况下，要检查望远镜十字丝是否对准反射棱镜。或者检查反射棱镜镜面是否垂直对准测距仪。

9. 当距离超过1km时应增加反射棱镜数目。

10. 测距时必须同时测出竖直角，以作距离的倾斜改正。

11. 在一个测站上，水平角观测、竖直角观测、距离观测是同时进行的。一般的顺序为：水平角观测——测距——竖直角观测，或者竖直角观测——测距——水平角观测。

三、引点及加点测量

在航测外业中，在像片上选定的外控点，在现场往往受通视条件的限制，不能直接用交会法求出该点的坐标。在这种情况下，可在该控制点附近另选一个通视良好能直接交会的点，这个点称为本点。引点测量就是把本点与控制点连接起来，从而求得控制点的坐标。由本点引出的控制点称为引点。如图2.2.4.6。S为本点P为引点。

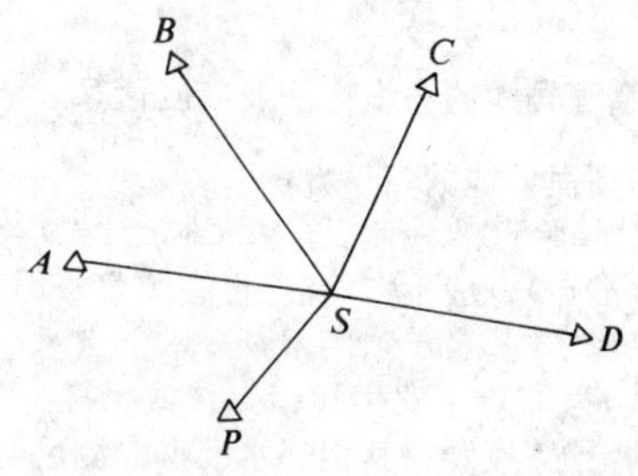

图 2.2.4.6

若用导线作为基本控制时，主导线往往沿线路附近布设。在像片上选定的控制点，都在线路两侧并远离线路，故一般均须连测。在既有线控测中，主导线一般沿路肩布设，除联测控制点外，线路中心加点也须进行联测。

（一）引点测量

(1)在本点 S 设站，观测两个已知点与引点夹角。用全圆方向法观测所有已知点及引点的水平方向。

(2)本点 S 到引点 P 间的距离 D_{SP}，可采用光电测距方法测定，本点至引点间分别测出引点两次切尺高度相差大于 0.5m 的垂直角，同时量出本点仪器高和引点切尺高。

(3)从导线点上联测控制点需联测导线上两个方向，导线点至控制点距离不宜超过 1 000m，距离要测定两次，垂直角要分别测出不同切尺高的两组。每组观测两测回。

(4)计算引点坐标时，应将两个方向推算的坐标方位角取平均值。计算引点高程时应将两组垂直角和距离分别计算高差，两组高差之差在 100mm 限差以内时取平均值。

（二）既有线各种线路中心加点的联测工作

在既有线航测成图中，线路的里程和线路上构筑物的平面位置起着极其重要的控制作用，故在外业控制测量中必须按要求在实地连测一定数量有里程的线路中心点，以使在内业加密、测图和编图过程中用这些加点严格控制线路平面位置和正确标注线路里程。

1. 在控制测量的同时，以测定控制点的同等精度联测线路中心点。用外移桩作主导线点时可不联测。双线区段只联测下行线。当上行线绕开较远不能用线间距控制时，则上、下行线应分别联测。

2. 线路中线加点的联测原则如下：

(1)直线地段应不大于 800m 联测一点。

(2)曲线地段应联测曲线始、终点及曲线中间附近点，当曲线长度很长时，应增加联测点，使联测点间距仍不大于 800m；当曲线长度小于或等于 300m 时，曲中附近的联测点可省去；当反向曲线的夹直线小于 50m 时，则前一曲线终点和后一曲线始点及夹直线上的三个点，只需联测其中一个点。

(3)特大桥两端胸墙各联测一点。

(4)隧道进出口

(5)车站中心，正线两端第一副道岔的岔尖。

(6)站场内，当正线两侧超过四股道时，该侧应增加联测最外股道两端的岔尖。

3. 联测的方法

(1)曲线的始、终点和曲线中间点及线路所有加点均可在主导线点上用极坐标法进行联测。即水平角观测两个半测回，距离用光电测距仪观测单向读数两次。垂直角观测一测回；观测时将方尺放在线路需要加点的里程位置，方尺短边紧靠钢轨外侧，棱镜置于两轨间相当于直线部份轨宽的 1/2 处。

(2)曲线上的始、终点及曲中附近的加点亦可以在曲线测量中与主导线进行联测，然后计算出所需加点的平面坐标。

第五节　控制点的高程测量

铁路航测外业控制测量的高程测量常用以下几种方法。

1. 水准测量

(1)水准基点高程测量，又称基平测量。

(2)联测导线点和控制点或既有线轨顶高程的水准测量，又称中平测量。

2. 三角高程测量

(1)光电测距三角高程导线测量

(2)钢卷尺或间接测距三角高程导线测量

(3)多角高程导线测量

(4)引点高程测量。

一、高程导线的布设方法及精度估算

（一）高程导线的布设方法

1. 对起始点的检测：国家水准点（或其它单位设立的水准点）一般不作检测，但在收集资料时必须查明其高程系统。当单独使用某一水准点时（非附合水准路线）为了防止发生找错点位或水准标石可能已被挪动情况。最好用其相邻水准点检测后再使用。对于独立系统的水准点也应进行检测。在困难地区要直接使用国家三角点（或其它单位设立的三角点）的高程进行联测时，首先要了解原三角点的高程精度是否能满足“测规”要求，一般国家三角点的高程精度是较低的，不宜作为控制点高程联测用。在山区的 1∶5000 比例尺测图要利用三角点高程时，也需要由国家水准点适当联测部分三角点高程，以检查高程的系统差。

2. 控制点的平面连测计划应和高程连测计划结合制订。例如平面用导线方法测量时，高程测量用水准测量（平地）或三角高程测量（丘陵或山地）。当沿线路要设置水准基点时，水准点高程测量可采用水准测量或光电测距三角高程测量。导线点与控制点的高程与附近的水准基点进行联测。

3. 高程连测由整体到局部，精度由高级向低级逐级发展。在一般情况下，首先沿线路敷设一条五等水准路线作为高程“干线”。在此基础上连测像片控制点。

4. 水准路线或高程导线应尽量布置成附合路线，环形。结点形式的高程网。

（二）高程精度估算的方法

既有线水准点测量需满足《既有铁路测量技术规则》的要求；新线勘测基平测量需满足五等水准测

量要求；外控点的高程精度对最近水准点的高程中误差不得大于表 2.2.5.1 的规定。

1. 水准测量精度估算

(1)支水准路线单测高差中误差

$$m_{h单}=\mu'\sqrt{L}\quad(\text{mm})$$

外控点的高程中误差(m)

表 2.2.5.1

测图比例尺 \ 地形等级	Ⅰ	Ⅱ	Ⅲ	Ⅳ
1∶2 000	0.20	0.30	0.45	0.60
1∶5 000	0.25	0.35	0.55	0.80

式中　μ'——单测每公里高差中误差；

L——支水准路线长度。

(2)支水准往返测高差中数的中误差

$$m_{h双}=\mu'\sqrt{\frac{L}{2}}=\mu\sqrt{L}$$

式中　μ——往返测每公里高差中误差。

(3)往返测高差较差的限差

往返测高差较差中误差为：$m_d=\mu'\sqrt{2L}$

取两倍中误差为允许误差：$d_{允}=2\mu'\sqrt{2L}$

因 $\mu'=\sqrt{2}\mu$　则 $d_{允}=4\mu\sqrt{L}$

每公里往返测高差中数的中误差一般规定为：三等水准测量，$\mu=\pm3$mm；四等水准测量。$\mu=\pm5$mm；五等水准测量(等外水准)，$\mu=\pm10$mm 或 $\mu=\pm7$mm。即

三等水准：　$d_{允}=\pm12\sqrt{L}$

四等水准：　$d_{允}=\pm20\sqrt{L}$

五等水准：　$d_{允}=\pm30\sqrt{L}$

等外水准：$d_{允}=\pm40\sqrt{L}$ 或 $d_{允}=\pm50\sqrt{L}$

(4)附合水准路线闭合差的限差

①单测闭合差限差

$$f_{允}=2\mu'\sqrt{L}=2\mu\sqrt{2L}$$

②往返测闭合差限差

$$f_{允}=2\mu\sqrt{L}$$

(5)单一附合水准路线最弱点的精度

单测　　$m_{h弱}=\frac{1}{2}\mu\sqrt{2L}$

往返测　　$m_{h弱}=\frac{\mu}{2}\sqrt{L}$

单一水准路线最弱点在线路中部，平差后最弱点的高程中误差等于线路闭合差的 1/2，或等于最大闭合差的 1/4。

2. 三角高程测量的精度估算

(1)三角高程测量中误差

a. 单向观测高差中误差

$$m_{h_{AB单}}=\pm\sqrt{\tan^2\alpha_A\cdot m_{S_{AB}}^2+\frac{S_{AB}^2}{\cos^4\alpha_A}\frac{m_{\alpha_A}^2}{\rho^2}+mf_{AB}^2}\tag{2.2.5.1}$$

b. 对向观测高差中误差

$$m_{h_{AB双}}=\pm\sqrt{\tan^2\alpha\cdot m_S^2+\frac{S^2\cdot m_\alpha^2}{2\rho^2\cos^4\alpha}+\frac{1}{2}mf^2}\tag{2.2.5.2}$$

(2)往返测高差较差的允许值

较差中误差　$m_d=\pm\sqrt{2}\mu S$　(S 以 km 为单位)

较差允许值　$d_{允}=\pm2\sqrt{2}\mu S$

(3)三角高程路线闭合差限差

闭合差中误差　$m_f=\pm\sqrt{m_{h_A}^2+m_{h_B}^2+\Sigma m_h^2}$

$=\pm\sqrt{m_{h_A}^2+m_{h_B}^2+\mu^2[S^2]}$

如果不考虑起始点误差　$m_f=\pm\mu\sqrt{[S^2]}$

闭合差限差为　$f_{允}=\pm2\mu\sqrt{[S^2]}$

(4)三角高程路线最弱点的中误差

$$m_{中弱}=\pm\frac{1}{2}\sqrt{m_A^2+m_B^2+\mu^2[S^2]}\tag{2.2.5.3}$$

如果不考虑起始点误差

$$m_{中弱}=\pm\frac{1}{2}\mu\sqrt{[S^2]}$$

(5)光电测距三角高程导线精度估算

a. 单向观测高差中误差

$$m_{h单}=\pm\sqrt{\sin^2\alpha_A\cdot m_S^2+S_{AB}^2\cos^2\alpha_A\frac{m_{\alpha_A}^2}{\rho^2}+m_{i_A}^2+m_{v_B}^2+mf_{AB}^2}$$

仪器高 i 和切尺高 v 不考虑量测误差。

$mf_{AB}=(\frac{S^2}{2R})^2m_K^2$　　K 为大气折光系数。

S 为光电测距倾斜距离。α 角一般在 10°以下，上式可写成

$$m_{h单}=\pm\sqrt{\sin^2\alpha\cdot m_S^2+S^2\frac{m_\alpha^2}{\rho^2}+(\frac{S^2}{2R})^2m_K^2}\tag{2.2.5.4}$$

b. 往返测高差中误差

$$m_{h双}=\pm\frac{m_{h单}}{\sqrt{2}}$$

$$=\pm\sqrt{\frac{1}{2}\sin^2\alpha\cdot m_S^2+\frac{S^2\cdot m_\alpha^2}{2\rho^2}+(\frac{S^2}{8R})^2m_K^2}$$

一般导线边长 S 都小于 1km，$(\frac{S^2}{8R})^2\cdot m_K^2$ 都很小，可忽略不计。

上式可写成　$m_{h双}=\pm\sqrt{\frac{1}{2}\sin^2\alpha\cdot m_S^2+\frac{S^2\cdot m_\alpha^2}{2\rho^2}}$　(2.2.5.5)

c. 支导线终点高程中误差及往返高差限差

设导线为等边导线，则支导线终点高程中误差为：

$$m_{h终}=\sqrt{\frac{n}{2}\sin^2\alpha\cdot m_S^2+\frac{n\cdot S^2\cdot m_\alpha^2}{2\rho^2}+m_{始}^2}$$

往返测高差限差为：

$f_{允}=\pm2m_{h终}$

$$=\pm\sqrt{2n\cdot\sin^2\alpha\cdot m_S^2+\frac{2n\cdot S^2\cdot m_\alpha^2}{\rho^2}+4m_{始}^2}$$
(2.2.5.6)

其中：n 为导线边数。

d. 附合高程主导线闭合差限差及最弱点高程中误差

设导线为等边导线

闭合差中误差：$m_f=\pm\sqrt{\frac{n}{2}\sin^2\alpha\cdot m_S^2+\frac{n}{2}\frac{S^2\cdot m_\alpha^2}{\rho^2}}$
(2.2.5.7)

闭合差限差：$f_{允}=\pm 2m_f$

$$=\pm 2\sqrt{\frac{n}{2}\sin^2\alpha\cdot m_S^2+\frac{n\cdot S^2\cdot m_\alpha^2}{2\rho^2}}$$
(2.2.5.8)

导线最弱点高程中误差

$$m_{H弱}=\pm\frac{1}{2}m_f$$

$$=\pm\frac{1}{2}\sqrt{\frac{n}{2}\sin^2\alpha\cdot m_S^2+\frac{n\cdot S^2\cdot m_\alpha^2}{2\rho^2}}$$
(2.2.5.9)

e. 附合高程辅助导线闭合差中误差、闭合差限差及最弱点高程中误差。

闭合差中误差

$$m_{f辅}=\pm\sqrt{2m_{始}^2+\frac{n}{2}\sin^2\alpha\cdot m_S^2+\frac{n}{2}\frac{S^2\cdot m_\alpha^2}{\rho^2}}$$
(2.2.5.10)

闭合差限差　$f_{允}=\pm 2m_{f辅}$

最弱点高程中误差　$m_{H弱}=\pm\frac{1}{2}m_{f辅}$

二、水准测量

水准测量分为两种类型：一种是为测量水准点高程而进行的水准测量，称为“水准点水准测量”，另一种是为测定控制点高程而进行的高程测量，称为“控制点水准测量”。

(一)水准点水准测量

水准基点的设置：在新线要兼顾控制、定测、施工测量的需要。在一般地区，水准基点每隔 2km 左右设置一个，重点工程地段要加设水准基点。水准基点宜选在距线路 100m 以内的基岩或坚固稳定的建筑物上。也可埋设混凝土或石质标石。在既有线上亦每隔 2km 左右设一个水准基点，在特大桥两端，大、中车站都要设水准基点。点位可设在涵帽石。桥台或其它坚固易保存的地物上。

水准基点选定后，要镌刻标志，在标志旁用红油漆书写、编号、绘制草图，详细说明位置，以便于寻找。

水准测量应选用望远镜放大倍数不小于 25 倍，符合水准器分划值不小于 20″/2mm 的水准仪。测量前，要对水准仪和水准尺进行检验和校正。

当水准路线跨越宽度为 200m 以上河流或深沟时，应采用“跨河水准测量”方法测量。

水准路线必须和国家水准点联测，采用单镜往返或双镜单程观测，视线长不超过 100m，前后视距离应大致相等。附合水准路线闭合差及两水准基点间往返测高差之差(或两镜单程测得高差之差)都不应大于：

四等：$\pm 20\sqrt{L}$ mm　　五等：$\pm 30\sqrt{L}$ mm

(L 为水准路线长度，以 km 计。水准路线长度一般规定不超过 30km)

在新建铁路与既有线连轨处，应连测车站中心处既有正线轨顶高程或者连测既有线的水准基点，以便进行高程换算。

(二)外控点水准测量

用水准测量方法测定像片控制点高程时，附合导线可观测单程，支水准路线需要往返观测(或单程两次)，测量方法与水准基点高程测量方法大致相同，视线长度可放宽至 150m，附合水准路线的闭合差或支水准往返测高差之差，应不大于$\pm 30\sqrt{L}$ mm。

三、三角高程测量

控制测量中采用的光电测距三角高程导线，引点高程测量均属三角高程测量。

(一)基本原理

三角高程测量的基本原理，是由测站向目标点观测的垂直角 α 和它们之间的水平距离 D 推算两点之间的高差，如图 2.2.5.1。计算公式如下：

$$H_B=H_A+D\cdot\tan\alpha+f+i-v \quad (2.2.5.11)$$

式中　i——仪器高；

v——标杆高。

$$f=p-r=球差-气差$$
$$=\frac{R^2}{2R}-\frac{D^2}{2R}K$$

其中　K——大气折光系数，

R——地球曲率半径。

K 随气温、气压、温度、空气密度而变化，因而在不同地区、时间、气候、地形和地面覆盖物等情况下有不同的 K 值。

为了尽可能求得准确高差，在进行三角测量时需注意以下几点：

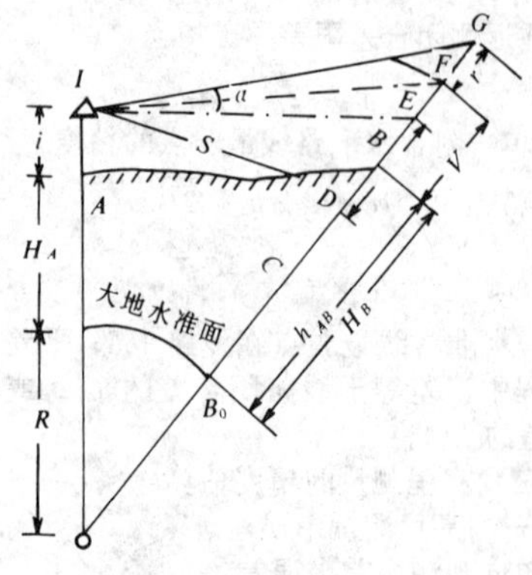

图　2.2.5.1

1. 尽可能选择适合本地区的 K 值。

2. 选择适当的观测时间。

3. 必须采用对向观测，对向观测视线经过的地面情况相同，故 K 值极为接近，采用往返测高差取平均值可抵消因 K 值的影响。

4. 尽量采用短边传递高程，用短边传递高程受 K 值误差影响较小。而 f 值又与距离的平方成正比。

5. 尽量使视线远离地面。近地大气层的 K 值与一般情况下的 K 值变化幅度很大。由于空气对流使目标成像不稳定，垂直角的观测精度也相应降低。一般要求视线离地面高要大于 0.5m。

(二)垂直角观测

垂直角用 DJ_2 型经纬仪观测两测回，或用"三丝法"观测一测回。

1. 用中丝观测垂直角时，照准棱镜中心或标杆顶部，在盘左读数 L，盘右读数 R，则一测回垂直角平均值为：

$$\alpha=\frac{R-L-180°}{2}$$

指标差 $i=\dfrac{R+L-360°}{2}$

在实际作业中往往先求出角度

$$\text{Ⅰ}=90°-L \qquad \text{Ⅱ}=R-270°$$

则 $\alpha=\dfrac{\text{Ⅰ}+\text{Ⅱ}}{2} \qquad i=\dfrac{\text{Ⅱ}-\text{Ⅰ}}{2}$

用中丝观测垂直角时，不得采用连续两次正镜(或倒镜)代替两测回，但可用"正—倒—倒—正"方法观测。两测回垂直角之差不得超过 8″，在同一测站所有方向的所有测回的指标差之差不得大于 15″。

2. 用"三丝法"观测垂直角时，在每个度盘位置依次用上、中、下三条横丝各照准目标一次，这样就可以得出三个结果。由每条横丝观测求得的指标差是不同的，但对于同一测站的所有目标来说，用同一横丝所测得指标差的互差应小于 15″。

3. 垂直角观测记录格式

(1)中丝法垂直角观测记录格式见表 2.2.5.2。

(2)三丝法垂直角观测记录格式见表 2.2.5.3。

(3)若用天顶角计算请参见《测规》第一篇第五章。

光电测距三角高程导线测量

导线测量中，在每个测站观测完水平角后，就立即观测相邻两导线点间的垂直角，用测距仪测出边长；这样就能计算出相邻两点间的高差。在导线两端连测已知水准点高程，就能推算出各所求点的高程。如图 2.2.5.2。

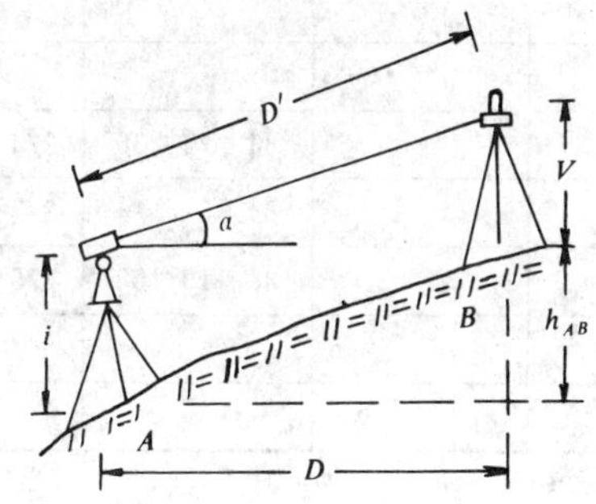

图 2.2.5.2

用光电测距仪测量导线 A、B 点间的倾斜距离 D'，垂直角 α，则高差可按下式计算：

$$h_{AB}=H_B-H_A=D'\sin\alpha+\frac{(1-K)}{2R}D^2\cdot\cos^2\alpha\left(1-\frac{H_A}{R}\right)+i-v$$

在 h_{AB} 不很大情况下，上式可简写为

$$h_{AB}=H_B-H_A=D'\sin\alpha+\frac{(1-K)}{2R}D^2+i-v \tag{2.2.5.12}$$

式中 D——A、B 点间水平距离；

R——地球半径；

K——大气折光系数。

$\dfrac{(1-K)}{2R}D^2=f$ 　　f 称为球气差改正数

垂直角观测记簿格式 　　表 2.2.5.2

观测日期：1977.4.21 　　天气：晴

测　站	观测点号	正镜读数	倒镜读数	指标差	垂直角	觇标高	照准觇标位置
N_T	王家山△	87 40 06	272 19 54	0′00″	+2 19 54	4.15	标　顶
仪高 1.45m		87 40 12	272 19 56	+0′04″	+2 19 52		
					+2 19 53		
	李家坪△	86 21 44	273 38 14	−0′01″	+3 38 15	3.36	标　顶
		86 21 48	273 38 10	−0′01″	+3 38 11		
					+3 38 13		

垂直角观测记簿格式 表 2.2.5.3

观测日期：1977.4.21 天气 晴

测 站	观测点号	正镜读数	倒镜读数	指标差	垂直角	觇标高	照准觇标位置
N_8	N_7	89 44 24	269 41 18	−17′09″	−0 01 33	3.52	旗 顶
仪高 1.47m		90 01 42	269 58 30	+0′06″	−0 01 36		
		90 18 48	270 15 54	+17′21″	−0 01 27		
					−0 01 32		
	N_9	84 24 36	274 40 04	−27′40″	+5 07 44	2.90	旗 顶
		84 52 14	275 07 42	−0′02″	+5 07 44		
		85 19 58	275 35 40	+27′49″	+5 07 51		
					+5 07 46		

观测者： 年 月 日 记录者： 年 月 日

(1)采用光电测距三角高程导线作水准基点高程测量时，可与平面导线测量合并进行。水准点的设置要求，闭合限差及检测限差应符合水准测量要求。水准基点不能作为光电测距三角高程导线的支出点。

(2)导线点作为高程转点。高程转点间的距离和竖直角必须往返观测。斜距应加气象改正。

(3)仪器高和棱镜高量至毫米。

(4)光电测距三角高程导线作为联测水准基点时，必须起闭于国家水准点，导线长度一般要求不超过 30km，往返测高差之差或闭合差不超过 $\pm 30\sqrt{L}$。

(5)作为联测外控点的光电测距高程主导线可以起闭于新设的水准基点，导线全长平面为 30km；山地为 60km，往返测高差之差或闭合差为 $\pm 30\sqrt{L}$。

(6)光电测距高程支导线、辅助导线与联测控制点的高程导线。辅助导线相同，而其长度与平面支导线、辅助导线相同。

第六节 内 业 计 算

一、平面坐标的计算

平面坐标计算包括：

(1)三角形边长的计算

(2)由两点坐标反求距离及坐标方位角

(3)光电测距导线坐标的计算

(4)单三角形的坐标计算

(5)引点坐标的计算

(一)坐标计算的基本公式

1. 根据已知点坐标、已知边长和坐标方位角计算未知点坐标，如图 2.2.6.1 所示，设 A 为已知点，B 为未知点，当 A 点的坐标 x_A、y_A、边长 S_{AB} 和坐标方位角 α_{AB} 为已知时，则可求得 B 点的坐标 x_B、y_B。

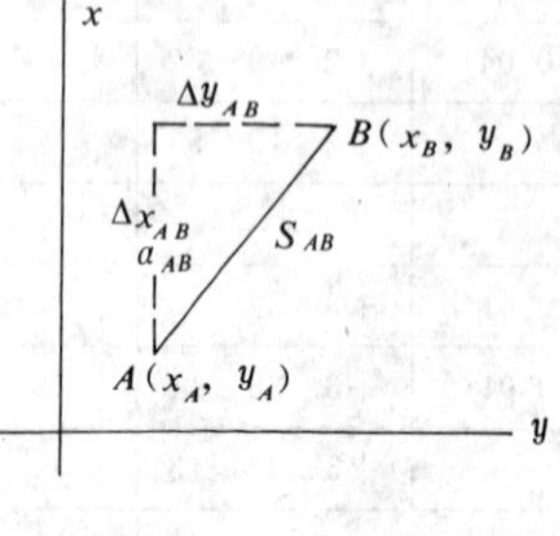

图 2.2.6.1

由图可知

$$x_B = x_A + \Delta x_{AB}$$

$$y_B = y_A + \Delta y_{AB}$$

其中

$$\Delta x_{AB} = S_{AB} \cdot \cos\alpha_{AB}$$

$$\Delta y_{AB} = S_{AB} \cdot \sin\alpha_{AB}$$

即

$$\left.\begin{aligned} x_B &= x_A + S_{AB} \cdot \cos\alpha_{AB} \\ y_B &= y_A + S_{AB} \cdot \sin\alpha_{AB} \end{aligned}\right\} \qquad (2.2.6.1)$$

2. 由两个已知点的坐标反算坐标方位角和边长。

边的坐标方位角和边长可根据两端点的已知坐标反算出来。如图 2.2.6.1 所示，设 A、B 为两已知点，其坐标分别为 x_A、y_A 和 x_B、y_B，则可得

$$\tan\alpha_{AB} = \frac{y_B - y_A}{x_B - x_A} = \frac{\Delta y_{AB}}{\Delta x_{AB}}; \qquad (2.2.6.2)$$

$$S_{AB} = \frac{y_B - y_A}{\sin\alpha_{AB}} = \frac{x_B - x_A}{\cos\alpha_{AB}};$$

$$S_{AB} = \sqrt{\Delta x_{AB}^2 + \Delta y_{AB}^2} \qquad (2.2.6.3)$$

注意 α_{AB}所在象限

当 Δx_{AB}、Δy_{AB}均为正号时，α_{AB}在第一象限，即

$$\alpha_{AB}=\alpha$$

当 Δx_{AB}为负，Δy_{AB}为正时，α_{AB}在第二象限。

$$\alpha_{AB}=180°-\alpha$$

当 Δx_{AB}、Δy_{AB}均为负时，α_{AB}在第三象限

$$\alpha_{AB}=180°+\alpha$$

当 Δx_{AB}为正，Δy_{AB}为负时，α_{AB}在第四象限

$$\alpha_{AB}=360°-\alpha$$

3. 三角形边长的计算

当导线边长或引点的距离采用间接求距时，其距离需通过计算求得，如图 2.2.6.2。

$$S_{1AB}=\frac{S_{AD}}{\sin\alpha_1}\cdot\sin\gamma_1 \qquad (2.2.6.4)$$

$$S_{2AB}=\frac{S_{AC}}{\sin\alpha_2}\cdot\sin\gamma_2$$

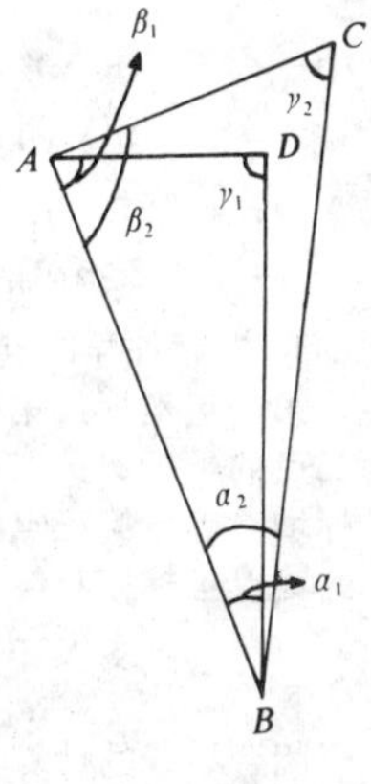

图 2.2.6.2

(二)光电测距单一导线的计算

1. 坐标方位角的计算与角度闭合差的分配

(1)计算角度闭合差：由于观测误差的存在，由起始边的已知坐标方位角，通过观测角度推算到闭合边的坐标方位角，不等于闭合边的已知坐标方位角，其误差称为角度闭合差。

设 f_β 表示导线的角度闭合差，α_0 表示导线起始边的已知坐标方位角，α_n 表示导线闭合边的已知坐标方位角，〔β〕表示导线观测角值的总和(右角)，n 表示导线观测角个数

则 $f_\beta=\alpha_0+n\cdot180-[\beta]-\alpha_n \qquad (2.2.6.5)$

(2)角度闭合差的分配

将 f_β 值平均分配于各转折角上(右角取同号)如果不是采用计算机程序计算，为了使改正数以秒为单位凑整，故有些转折角可分配多 1″ 或少 1″。

(3)推算各导线边的坐标方位角

第一边的坐标方位角加 180°减去第一边与第二边的转折角等于第二边的坐标方位角。第二边的坐标方位角加 180 减去第二边与第三边的转折角等于第三边的坐标方位角。依此类推至闭合边，最后用闭合边的已知方位角校核。

2. 光电测距边长改正计算

(1)光电测距气象改正

光电测距仪都备有专用图表，以高程和温度为引数可在图上查出每百米的改正数，如图 2.2.6.3

例：$t=+20℃$，$H=1400\text{m}$，$D'''=300\text{m}$

由图上可查得，每百米改正＋5mm；乘以距离得：$\Delta D_{气}=300\times\frac{5}{100}=15\text{mm}$

改正后距离　$D''=300\text{m}+15\text{mm}=300.015\text{m}$

气象改正也可采用气象改正公式来计算：

$$D''=D'''[1+2.814\times10^{-4}-3.865\times10^{-7}(760-0.09H)\div(3.66\times10^{-3}\times t+1)]$$

式中，D'''为光电测距直接测定的距离；D'' 为经过气象改正后的距离；H 为导线边的概略高程；t 为测距时测定的温度。

(2)倾斜距离改化为水平距离

光电测距仪测得的倾斜距离 D''(加气象改正后的斜距)可根据垂直角 α 改化为水平距离 D' 。

$$D'=D''\cdot\cos\alpha \qquad (2.2.6.6)$$

(3)边长归算至大地水准面的改正和归算至高斯投影面上的改正

a. 归算至大地水准面的改正

在图 2.2.6.4 中设 H_m 为导线边的平均高程，

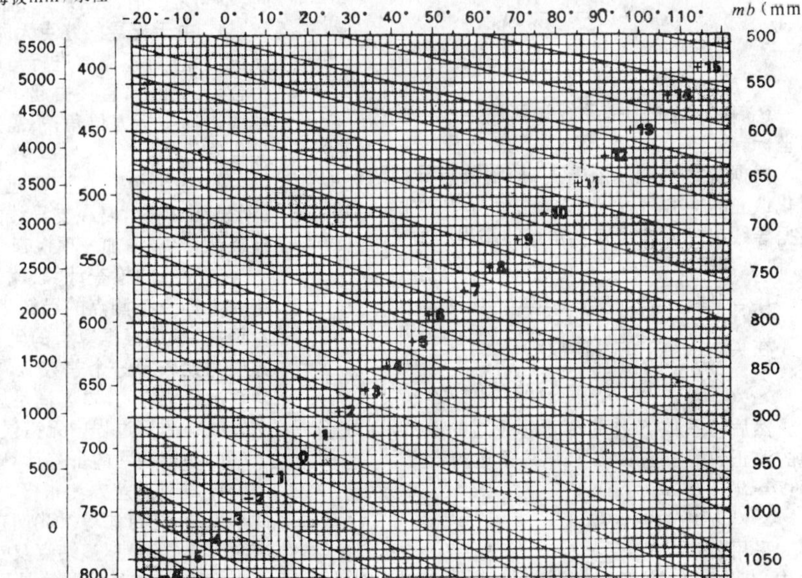

图 2.2.6.3

设 D' 为导线边在平均高程水准面上的长度，S 为导线边在大地水准面上的长度，R 为地球半径，则由图可得：

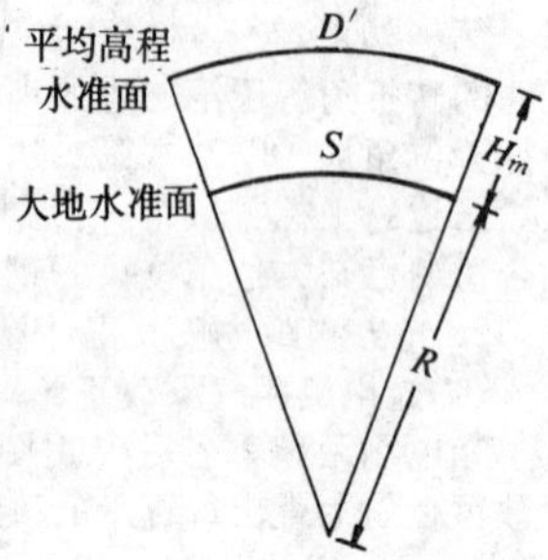

$$S=D'\cdot\frac{R}{R+H_m}$$

$$=D'\cdot\frac{1}{1+\frac{H_m}{R}}$$

图 2.2.6.4

用级数展开略去二次项以上各项，即得：

$$S=D'\left(1-\frac{H_m}{R}\right)$$

即 $\Delta S_1=S-D'$

$$=-\frac{H_m}{R}\cdot D' \qquad (2.2.6.7)$$

b. 边长化算到高斯投影面上的改正

根据导线边在球面上的距离。将其拉长改化为投影面上的距离，叫做距离改化。计算改正数的公式为

$$\Delta S_2=\frac{y_m^2}{2R^2}\cdot S\approx\frac{y_m^2}{2R^2}\cdot D' \qquad (2.2.6.8)$$

式中，S 为大地水准面上的边长；y_m 为导线边中点离开高斯投影带轴子午线的距离。

c. 两化改正之和计算公式

$$D=D'+D'\left(\frac{y_m^2}{2R^2}-\frac{H_m}{R}\right) \qquad (2.2.6.9)$$

式中，D 为在高斯投影面上的导线边长；D' 为地面上导线边的水平距离。

$$H_m=\frac{H_1+H_2}{2}$$

$$y_m=\frac{y_1+y_2}{2}-500\text{km}$$

H_1、H_2 和 y_1、y_2 是导线边两端导线点的高程和横坐标。

根据铁路航测成图精度，控制测量导线边长的两化改正也可以不需要按每边计算 H_m 和 y_m，而是根据导线起终点的已知三角点的高程和横坐标计算 H_m 和 y_m，即

$$H_m=\frac{H_{起}+H_{终}}{2} \qquad y_m=\frac{y_{起}+y_{终}}{2}-500\text{km}$$

在实际工作中的具体做法是：

令 $-\frac{H_m}{R_m}=K_1,\frac{y_m^2}{2R^2}=K_2,K=K_1+K_2$

然后将系数 K 作为改正每条边的系数，则每条边的改正数等于系数 K 乘以每条边的长度。

即：$D=D'+D'K$。

3. 坐标增量的计算

采用公式 $\Delta x=D\cdot\cos\alpha \qquad \Delta y=D\cdot\sin\alpha$

式中，D 为两化改正后的边长；α 为导线边的方位角。

4. 坐标闭合差的计算与闭合差的分配

(1)坐标闭合差的计算

采用公式：$f_x=x_{起}+[\Delta x]-x_{闭}$

$f_y=y_{起}+[\Delta y]-y_{闭}$

式中 f_x、f_y——分别为纵坐标及横坐标闭合差；

$[\Delta x]$、$[\Delta y]$——分别为纵坐标及横坐标增量的总和；

$x_{起}$、$x_{闭}$——分别为导线起终点的纵坐标；

$y_{起}$、$y_{闭}$——分别为导线起终点的横坐标。

(2)坐标闭合差的分配

采用公式：$V_{x1}=-\frac{f_x}{[D]}\cdot D_1$

$V_{y1}=-\frac{f_y}{[D]}\cdot D_1$

(3)计算导线的全长相对闭合差

$$m=\frac{f_S}{[D]}$$

式中 f_S——闭合差；

m——相对闭合差；

$f_S=\sqrt{f_x^2+f_y^2}$

$[D]$——导线边长总和。

4. 推算各导线点的坐标

第一点坐标加第一点到第二点的坐标增量等于第二点的坐标。第二点的坐标加第二点到第三点的坐标增量等于第三点的坐标，依此类推到终点，推算出的终点坐标应与终点的已知坐标一致。采用公式：

$$x_{i+1}=x_i+\Delta x_i$$

$$y_{i+1}=y_i+\Delta y_i$$

闭合导线的计算与附合导线的计算相同。

附合导线的算例见表 2.2.6.1。

(三)支导线的计算

支导线的计算与附合导线的计算方法基本相同，不同之处有两点：

1. 由于支导线终点无闭合条件，因引在计算坐标方位角时，不需要进行角度闭合差的计算及角度闭合差的分配，直接由起始边的坐标方位角推算各导线边的坐标方位角；不需要坐标闭合差的计算与闭合差的分配。

2. 为了检查在测算过程中有无错误发生，在"测规"中规定，要在支导线的终点测出连接角进行检查，因此需增加一项检查计算。

支导线的检查计算：就是根据算出的支导线终点的坐标及连测点的已知坐标，反算出坐标方位角及距离，然后根据算得的坐标方位角与实测的坐标方位角比较得一个差数 δ_a，再根据两点的距离 S 及 δ_a 算出移位差 δ_e，如 δ_e 满足规范的限差要求，则证明支导线在测算过程中无错误。

(四)导线网的平差计算

导线网平差方法很多，有趋近法，多边形法，条件平差法，结点法等。我们在控测中常采用结点法，它对于单一结点，多结点及导线网均可应用。

1. 单结点导线网简易平差(参见第一篇第六章第四节)

2. 导线网的平差计算

在某些情况，导线往往布置成若干闭合多边形

导线坐标计算表

表 2.2.6.1

点　名	角　度 (°　′　″)	方位角 (°　′　″)	边　长	±	Δx	±	Δy	x	y	备　注
1	2	3	4	5	6	7	8	9	10	11
大尖山										
		282 12 51								
小尖山	+1 261 31 21							303 482 96	651 055.33	H=3 762.3m
		200 41 29	−11 366.30	—	−2 342.57	—	+2 129.39			
C_1	+1 164 40 48							303 140.37	650 925.96	
		216 00 40	−10 331.30	—	−2 267.91	—	+2 194.73			
C_2	+2 199 12 07							302 872.44	650 731.25	
		196 48 51	−16 501.83	—	−3 480.24	—	+3 145.07			
C_3	+2 179 51 34							302 392.17	650 586.21	
		196 56 55	−15 497.43	—	−3 475.68	—	+3 144.96			
C_4	+2 179 48 28							301 916.46	650 441.28	
		197 08 25	−8 260.41	—	−2 248.77	—	+2 76.72			
C_5	+2 196 21 30							301 667.67	650 364.58	
		180 46 53	−18 588.70	—	−3 588.46	—	+4 8.02			
C_6	+2 222 11 16							301 079.18	650 556.60	
		138 35 35	−16 518.66	—	−3 388.89	+	+3 342.94			
狮子岭	+2 175 35 49							300 690 26	650 699 57	H=3 757.8m
		142 59 44	ΣS=3063.69		ΣΔx=−2792.52		ΣΔy=−355.95			
猫儿岭										

$n=8$

$\alpha_0=282°12'51''$

$\alpha_n=142°59'44''$

$f_\beta=+14''$

$f_{\beta允}=\pm15\sqrt{8}=\pm42''$

$H_m=3\ 760\text{m}$

$y_m=151\text{km}$

$K_1=\dfrac{3\ 760}{6\ 371\ 000}=-0.000\ 590$

$K_2=\dfrac{151^2}{2\times6\ 371^2}=+0.000\ 281$

$K=K_1+K_2=-0.000\ 309$

$f_x=+0.18$　　$f_y=-0.19$　　$f_s=\pm0.26$

$K_x=-0.000\ 058\ 75$

$K_y=+0.000\ 062\ 02$

$\dfrac{1}{m}=\dfrac{0.26}{3\ 063.69}=\dfrac{1}{11\ 783}$

支导线坐标计算表

表 2.2.6.2

点名	角度 (°　′　″)	方位角 (°　′　″)	边长	±	Δx	±	Δy	x	y	备　注
1	2	3	4	5	6	7	8	9	10	11
大尖山										
		282 12 51								
小尖山	261 31 22							303 482 96	651 055.33	H=3 762.3m
		200 41 29	−11 366.30	—	342.57	—	129.39			
24—1	164 40 49							303 140.39	650 925.94	
		216 00 40	−10 331.30	—	267.90	—	194.72			
24—2	199 12 09							302 872.49	650 731.22	
		196 48 31	−16 501.83	—	480.24	—	145.07			
24—3	179 51 36							302 392.25	650 586.15	
		196 56 55	−15 497.43	—	475.68	—	144.96			
24—4	179 48 30							301 916.57	650 441.19	
		197 08 25	−8 260.41	—	248.77	—	76.72			
24—5	196 21 32							301 667.80	650 364.47	
		180 46 53	−18 588.70	—	588.46	—	8.02			
$P24$	222 11 18							301 079.34	650 356.45	H=3 757.6m
		138 35 35								
狮子岭								300 690.26	650 699 57	

边长改正：$H_m=3\ 760\text{m}$

$y_m=150.7\text{km}$

$K_1=-0.000\ 590\ 17$

$K_2=+0.000\ 283\ 48$

$K=-0.000\ 306\ 69$

$\Delta S_i=K\cdot S_i$

检查计算

P24～狮子岭

$\Delta X=-389.08$　　$\Delta y=+343.12$

$\alpha=138°35'30''$

$\delta_a=-5''$

$\delta_e=-0.012\text{m}$

或组成结点，它们依附于一个或几个已知高级点上，对于这些环形和结点的平差计算，应根据其路线复杂程度，已知点的多少，选择适当的平差方法，因为环形和结点的平差方法很多，而各种不同的方法都有它的特点和适用范围，如逐渐趋近法用于已知点较多的情况下才最有利，而等权代替法能使复杂的图形简化，只有方法选择得当，才能收到事半功倍的效果。

导线网的平差计算，它和同样图形的水准网平差是相似的，都首先求得结点(边)平差后的数据，然后当作附合线路处理。这里仅介绍按逐渐趋近法的平差方法。

逐渐趋近法平差步骤(图2.2.6.5)：

(1)绘制导线网略图，进行导线路线编号，填记观测角度和已知坐标方位角及每条路线角度总和。

(2)首先进行结边坐标方位角平差

a. 在表 2.2.6.3 中填记路线编号、结点名称、起算数据、角度总和及观测角数；

b. 以推算线路所经过转折角个数 n 的倒数为权，即 $P=\frac{C}{n}$，式中 C 为任一常数，本例取 1，又 $P'=\frac{P}{[P]}$；$\Sigma P'=1.00$；

c. 推算第一个结边的近似坐标方位角，近似坐标方位角由起始坐标方位角加线路角度总和而得(注意符号)。从起算数据求得的数值在以后计算各次趋近值时中数不变，故此法在起算边多的情况下，收敛很快。所有起算方向推算的近似坐标方位角带权平均即为第一个结边的第一次近似值；

d. 同以上方法求第二个结边的第一次近似值，此时，上一结边的第一次近似值应视作已知数代入计算。如此连续计算所有的结边，当至最后一结边时，所有各线路推算而得的近似坐标方位角(此时各结边的第一近似值都代入计算)，同样应乘以相应的权 P'，求其加权平均值，即第一次近似值；

e. 重新计算结边的第二次近似值。在计算第二次近似值中，所有自其他结边起算的路线均以各该边的第一次近似值代入计算，并应考虑路线相应的权 P'。同理求其他各结边的第二次近似值，但当上一结边已有第二次近似值时，即应将此近似值代入计算。

f. 同样方法计算结边坐标方位角的第三次、第四次近似值，直至所有结边相邻二次近似值在采用位上差数不大于 1 时为止，此时便得到各结边的最或然值。

(3)求得结边坐标方位角的最或然值后，下一步即可按附合导线计算坐标方位角，根据边长计算坐标增量及其总和。

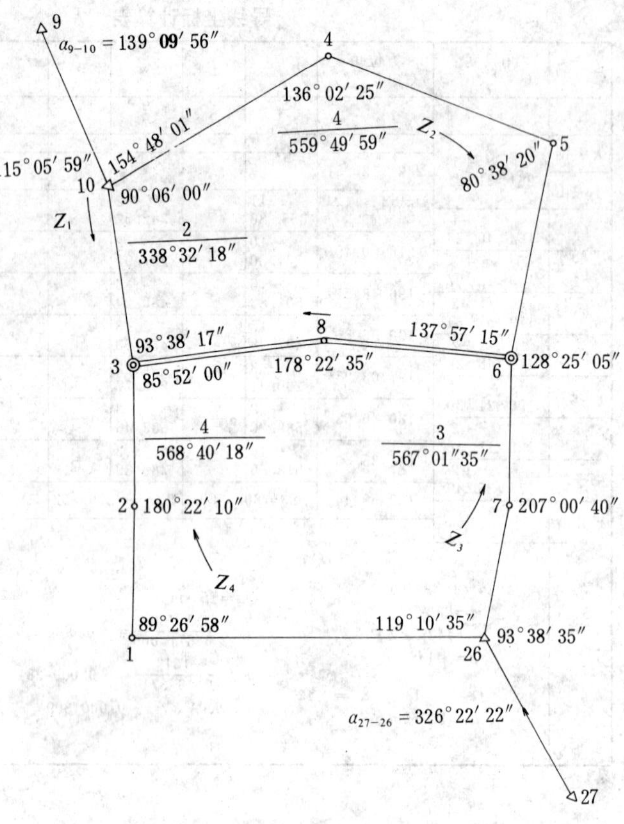

图 2.2.6.5

(4)进行结点的坐标平差。纵横坐标需分别求其最或然值，平差方法同结边坐标方位角。此计算列于表 2.2.6.4 和表 2.2.6.5 中。

(5)求得结点坐标的最或然值后，所有结点与已知点之间，结点与结点之间按附合导线计算坐标闭合差，按边长比例进行配赋，然后计算各点坐标。

(6)最后进行各线路和结点、结边的精度计算，计算各路线的绝对误差与相对误差。

结边坐标方位角平差值中误差用下式计算：

$$m_a=\pm\frac{m_0}{\sqrt{[P]}} \tag{2.2.6.10}$$

$$m_0=\pm\sqrt{\frac{[Pv_a^2]}{n-1}}$$

式中 m_0——单位权中误差；

n——参加平差的路线条数；

v_a——结点各导线路线坐标方位角改正数。

结点平差后点位中误差计算用下式：

$$M_{点}=\pm\sqrt{\left(\frac{m_x}{\sqrt{[P]}}\right)^2+\left(\frac{m_y}{\sqrt{[P]}}\right)^2}; \tag{2.2.6.11}$$

$$m_x=\pm\sqrt{\frac{[Pv_x^2]}{n-1}};$$

结边坐标方位角计算表 表 2.2.6.3

路线编号	结边名称	起算坐标方位角 (° ′ ″)	角度总和 (° ′ ″)	角数	权		结边近似值					v	v^2	Pv^2
					P	P'	Ⅰ (° ′ ″)	Ⅱ (′ ″)	Ⅲ (′ ″)	Ⅳ (′ ″)	Ⅴ (′ ″)			
z_1	(3—8)	319 09 56	+338 32 18	2	0.50	0.29	117 42 14	42 14	42 14	42 14	42 14	13	169	84
z_4		146 22 22	−568 40 18	4	0.25	0.14	42 04	42 04	42 04	42 04	42 04	23	529	132
z_5			+178 22 35	1	1.00	0.57		42 29	42 35	42 38	42 39	12	144	144
					1.75	1.00	117 42 11	42 21	42 25	42 26	42 27			360

$$m_0=\pm\sqrt{\frac{360}{2}}=\pm 13''.4$$

$$\alpha_{(3-8)}=117^\circ 42' 27''$$

$$m_\alpha=\pm\frac{13.4}{1.33}=\pm 10''$$

路线编号	结边名称	起算坐标方位角 (° ′ ″)	角度总和 (° ′ ″)	角数	P	P'	Ⅰ (° ′ ″)	Ⅱ (′ ″)	Ⅲ (′ ″)	Ⅳ (′ ″)	Ⅴ (′ ″)	v	v^2	Pv^2
z_2	(6—8)	319 09 56	−559 49 59	4	0.25	0.16	299 19 57	19 57	19 57	19 57	19 57	7	49	12
z_3		146 22 22	−567 01 35	3	0.33	0.21	20 47	20 47	20 47	20 47	20 47	43	1849	616
z_5			−178 22 35	1	1.00	0.63	19 36	19 46	19 50	19 51	19 52	12	144	144
					1.58	1.00	299 19 54	20 00	20 03	20 04	20 04			772

$$m_0=\pm\sqrt{\frac{772}{2}}=\pm 19''.6$$

$$\alpha_{(6-8)}=299^\circ 22' 04''$$

$$m_\alpha=\pm\frac{19.6}{1.25}=\pm 15''.7$$

纵坐标平差计算表 表 2.2.6.4

路线编号	结点名称	起始点数据		ΔX	路线长度 (km)	权		x 坐标之逐次趋近值				v	v^2	Pv^2
		点名	起始纵坐标			$P=\frac{1}{L}$	P'	Ⅰ	Ⅱ	Ⅲ	Ⅳ			
z_4	3	Δ10	303 607.08	−198.044	2.17	0.46	0.43	303 409.036	0.036	0.036	0.036	129	16 641	7 6 54.9
z_4		Δ26	303 083.59	+325.125	4.62	0.22	0.21	8.715	0.715	0.715	0.715	192	36 864	8 110.1
z_5				−120.524	2.54	0.39	0.36		0.853	0.864	0.865	42	1 764	688.0
						1.07	1.00	303 408.876	0.903	0.907	0.907			16 453.0

$$x_3=303\ 408.907\text{m}$$

$$\frac{m_{x_3}}{\sqrt{[P]}}=\pm\frac{90.7}{1.03}=\pm 85.8\text{mm}$$

$$m_{x_3}=\pm\sqrt{\frac{16453}{2}}=\pm 90.7\text{mm}$$

路线编号	结点名称	点名	起始纵坐标	ΔX	路线长度 (km)	$P=\frac{1}{L}$	P'	Ⅰ	Ⅱ	Ⅲ	Ⅳ	v	v^2	Pv^2
z_2	6	Δ10	303 607.08	−318.584	5.39	0.19	0.20	303 288.496	0.496	0.496	0.496	125	15 625	2 968.8
z_3		Δ26	303 083.59	+204.632	2.66	0.38	0.40	.222	0.222	0.222	0.222	119	14 161	5 381.2
z_5				+120.524	2.54	0.39	0.40	.352	0.379	0.383	0.383	42	1 764	688.0
						0.96	1.00	303 288.329	0.340	0.341	0.311			9 038.0

$$x_6=123\ 288.341\text{m}$$

$$\frac{m_{x_6}}{\sqrt{[P]}}=\pm\frac{67.2}{0.98}=\pm 68.6\text{mm}$$

$$m_{x_6}=\pm\sqrt{\frac{9038}{2}}=\pm 67.2\text{mm}$$

横 坐 标 平 差 计 算 表 表 2.2.6.5

路线编号	结点名称	起始点数据		Δy	路线长度 (km)	权		y 坐标之逐次趋近值				v	v^2	Pv^2
		点名	起始横坐标			$P=\frac{1}{L}$	P'	Ⅰ	Ⅱ	Ⅲ	Ⅳ			
z_1	3	Δ10	647 837.84	−88.456	2.17	0.46	0.43	647 749.384	0.384	0.384	0.384	5	25	11.5
z_4		Δ26	647 814.35	−64.952	4.62	0.22	0.21	.602	0.398	0.398	0.398	19	361	79.4
z_5				−223.136	2.54	0.39	0.36		0.363	0.361	0.361	18	324	126.4
						1.07	1.00	647 749.391	0.379	0.379	0.379			217.3

$$y_3=647\ 749.379\text{m}$$

$$\frac{m_{y_3}}{\sqrt{[P]}}=\pm\frac{10.4}{1.03}=\pm 10.0\text{mm}$$

$$m_{y_3}=\pm\sqrt{\frac{217.3}{2}}=\pm 10.4\text{mm}$$

$$M_3=\pm\sqrt{(85.8)^2+(10.0)^2}=\pm 86.4\text{mm}$$

路线编号	结点名称	点名	起始横坐标	Δy	路线长度 (km)	$P=\frac{1}{L}$	P'	Ⅰ	Ⅱ	Ⅲ	Ⅳ	v	v^2	Pv^2
z_2	6	Δ10	−2 162.16	+134.699	5.39	0.19	0.20	647 972.539	0.539	0.539	0.539	42	1 764	335.2
z_3		Δ26	−2 185.65	+158.109	2.66	0.38	0.40	.459	0.459	0.459	0.459	38	1 444	548.7
				+223.136	2.54	0.39	0.40	.527	0.515	0.515	0.515	18	324	126.4
						0.96	1.00	647 972.499	0.497	0.497	0.497			1010.3

$$y_6=647\ 972.497\text{m}$$

$$\frac{m_{y_6}}{\sqrt{[P]}}=\pm\frac{22.5}{0.98}=\pm 23.0\text{mm}$$

$$m_{y6}=\pm\sqrt{\frac{1010.3}{2}}=\pm 22.5\text{mm}$$

$$M_6=\pm\sqrt{(68.6)^2+(23.0)^2}=\pm 72.4\text{mm}$$

$$m_y=\pm\sqrt{\frac{[Pv_y^2]}{n-1}}。$$

式中 m_x、m_y——纵、横坐标单位权中误差；

v_x、v_y——结点各导线路线坐标改正数。

(五)单三角形的计算

计算步骤：

(1)角度平差：由于观测误差存在，观测三角形三个内角之和不等于180，因此按下式分配：

三角形闭合差 $\omega_1=\alpha+\beta+\gamma-180$

各内角改正数 $v_1=-\frac{\omega_i}{3}$

(2)将已知数据及根据平差的角度填入计算表中相应栏内。

(3)根据计算公式用计算器即可求出 x_P、y_P 的值，见表 2.2.6.6。

二、高程计算

控制测量中的高程计算包括：水准测量计算；导线测量高程计算。

(一)水准测量高程计算

1. 支水准路线的高程计算

2. 单一水准路线的平差计算

(上述两项计算参见《测规》第一篇第五章第五节)

3. 单一结点水准路线的平差计算

单一结点水准路线的平差计算与导线单一结点的坐标平差方法与步骤相同。

所求点 *P*29　　已知点 *A*　王家岭　　*B* 张家坡　　表 2.2.6.6

图形	(三角形 P、A、B，角 γ、α、β)	计算公式	$x_p=\frac{x_A\cot\beta+x_B\cot\alpha+y_B-y_A}{\cot\alpha+\cot\beta}$ $y_p=\frac{y_A\cot\beta+y_B\cot\alpha+x_A-x_B}{\cot\alpha+\cot\beta}$		
α	+3 64　53　06	x_A	297　754.37	y_A	654　480.33
β	+3 86　36　06	x_B	298　103.14	y_B	646　031.85
γ	+3 28　30　39	x_P	299　108.27	y_P	645　309.43

如图 2.2.6.6 所示水准网，我们可以根据水准路线来决定结点 D 的高程。

设 $H_{D_1}=H_A+h_1$　　其权 $P_1=\frac{1}{L_1}$　L_1 为 Z_1 线路长度

$H_{D_2}=H_B+h_2$　　其权 $P_2=\frac{1}{L_2}$　L_2 为 Z_2 线路长度

$H_{D_3}=H_C+h_3$　　其权 $P_3=\frac{1}{L_3}$　L_3 为 Z_3 线路长度

则三条路线(z_1、z_2、z_3)所算得的结点 D 的高程最或然值。

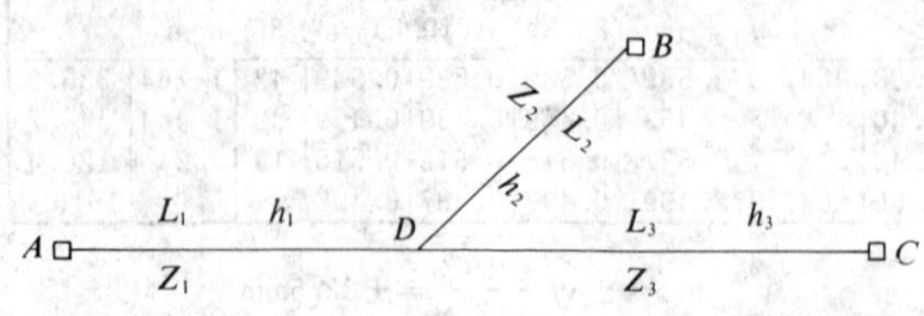

图 2.2.6.6

$$H_D=\frac{P_1H_{D_1}+P_2H_{D_2}+P_3H_{D_3}}{P_1+P_2+P_3}\qquad(2.2.6.12)$$

4. 水准网等权代替法平差

等权代替法是在图形错综复杂的情况下，假设一条想象中的路线来代替原来的路线，并使它具有原来路线同等的权。

(1)简单原理

如图 2.2.6.7 所示水准网，我们可以根据水准路线来决定 E 点的高程。

设 $H_1=H_A+h_1$　　其权 $P_1=\frac{1}{L_1}$

$H_2=H_B+h_2$　　其权 $P_2=\frac{1}{L_2}$

则两条路线所得的最或然值

$$H_{1,2}=\frac{P_1H_1+P_2H_2}{P_1+P_2}$$

最或然值的权可用 $P_{1,2}$ 表示，它可以根据 $P_{1,2}=P_1+P_2$ 计算，又因高程的权和路线的长度成反比，所以

$$P_{1,2}=\frac{1}{L_{1,2}},L_{1,2}=\frac{1}{P_{1,2}}$$

这样就等于假设一条长为 $L_{1,2}$ 的水准路线代替 z_1 和 z_2，而根据这样一条路线所求得的 E 点高程与

根据路线 z_1 和 z_2 所求得的高程具有同样的精度，这条假想的路线称为 $z_1 \cdot z_2$ 的等权路线，以 $z_{1,2}$ 表示之。

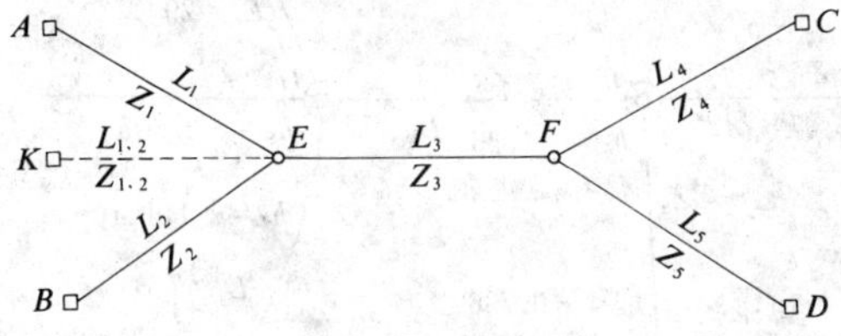

图 2.2.6.7

利用假想路线 z_1，z_2，图 2.2.6.7 所示水准网就成为具有一个结点 F 的水准网。这时水准网便可依照一般的结点计算方法，根据 z_4、z_5 和 $(z_{1,2}+z_3)$ 三条路线来计算结点 F 的高程最或然值。

$$H_F=\frac{P_4(H_C+h_4)+P_5(H_D+h_5)+P_{1,2,3}(H_{1,2}+h_3)}{P_4+P_5+P_{1,2,3}} \tag{2.2.6.13}$$

式中　$P_4=\frac{1}{L_4}$，$P_5=\frac{1}{L_5}$，$P_{1,2,3}=\frac{1}{L_{1,2}+L_3}$

H_C、H_D 为已知点高程，$H_{1,2}$ 为根据 z_1 和 z_2 两条路线求得的最或然值。h_4、h_5、h_3 为观测高差。

求得 H_F 后，$(H_C+h_4)-H_F$，$(H_D+h_5)-H_F$ 和 $(H_{1,2}+h_3)-H_F$ 为路线 z_4、z_5 和 $(z_{1,2}+z_3)$ 的改正数。路线 z_4 和 z_5 的改正数，按路线长度比例分配于各观测站（或其他水准点间）而改正之。至于路线 $(z_{1,2}+z_3)$ 应先根据下列公式求出每公里改正系数：

$$\alpha=\pm\frac{(H_{1,2}+h_3)-H_F}{L_{1,2}+L_3}$$

求出每公里改正数后，在路线 z_3 上应用这个改正系数，就可以求得各点间平差后的高差，另一结点 E 的高程 H_E 按下式计算：

$$H_E=H_{1,2}+\alpha \cdot L_{1,2}$$

最后线路 z_1 和 z_2 的闭合差 $(H_A+h_1)-H_E$ 和 $(H_B+h_2)-H_E$，同 z_4 和 z_5 的方法加以分配。

为了评定精度，应用下列公式计算单位权中误差和结点 F、E 的高程中误差：

$$m_0=m_{km}=\pm\sqrt{\frac{[Pv^2]}{z-u}} \tag{2.2.6.14}$$

$$m_F=\frac{m_0}{\sqrt{P_F}}=\frac{m_0}{\sqrt{P_4+P_5+P_{1,2,3}}}$$

$$m_E=\frac{m_0}{\sqrt{P_E}}=\frac{m_0}{\sqrt{P_1+P_2+P_{3,4,5}}}$$

式中　v——路线的改正数；

z——水准路线数目；

u——结点个数；

$$P_{3,4,5}=\frac{1}{L_3+L_{4,5}}$$

$$L_{4,5}=\frac{1}{P_{4,5}}=\frac{1}{P_4+P_5}$$

在计算中有时为了计算便利起见，$H_{1,2}$ 可写成：

$$H_{1,2}=H_0+\frac{P_1 l_1+P_2 l_2}{P_1+P_2}$$

式中，H_0——取至整数的近似高程或路线中所推得的近似高程最小者；

l_i——各路线所推得的近似高程和 H_0 的差数，即 $l_i=H_0-H_i$

(2)等权代替法的计算步骤（结合算例）

①画出水准网略图，在图上进行各水准路线的编号，注记结点和已知点名称，各路线的观测高差和长度等等。

②设计等权路线。使原有的复杂图形化为简单的结点或附合路线及闭合多边形。算例就是将由九条路线组成的三个结点，最后化为，由 Z_7、Z_8、Z_9 及等权路线 $Z_{1,2,3\cdots5,6}$ 组成的结点。

③先由 Z_1 和 Z_2 求结点 E 的近似高程 H'_H 和等权路线 $Z_{1,2,3}$ 的权 $P_{1,2,3}$ 和 $L_{1,2,3}$，$P_{1,2,3}=\frac{1}{L_{1,2,3}}$，$L_{1,2,3}=L_{1,2}+L_3$，$L_{1,2}=\frac{1}{P_{1,2}}$，而 $P_{1,2}=P_1+P_2$。

④由 Z_4、Z_5 和 $Z_{1,2,3}$ 求结点 F 的近似高程 H_F 和等权路线 $Z_{1,2,3,4,5,6}$ 的权 $P_{1,2,3,4,5,6}$ 和 $L_{1,2,3,4,5,6}$；

$P_{1,2,3,4,5,6}=\frac{1}{L_{1,2,3,4,5,6}}$　　$L_{1,2,3,4,5,6}=L_{1,2,3,4,5}+L_6$，

$L_{1,2,3,4,5}=\frac{1}{P_{1,2,3,4,5}}$，而 $P_{1,2,3,4,5}=P_{1,2,3}+P_4+P_5$。

⑤由 $Z_7 \cdot Z_8 \cdot Z_9$ 和等权路线 $Z_{1,2,3,4,5,6}$，求结点 G 的高程 $H_G=\{P_7(H_4+h_7)+P_8(H_3+h_8)+P_9(H_2+h_9)+P_{1,2,3,4,5,6}(H_E+h_6)\}/(P_7+P_8+P_9+P_{1,2,3,4,5,6})$

⑥求各有关水准路线的改正数：

Z_9 的改正数　$H_G-(H_2+h_9)=v_9$；

Z_8 的改正数　$H_G-(H_3+h_8)=v_8$；

Z_7 的改正数　$H_G-(H_4+h_7)=v_7$。

$Z_{1,2,3,4,5,6}$ 的改正数应先求每公里改正数 α_G

$$\alpha_G=\frac{H_G-(H_F-h_6)}{L_{1,2,3,4,5,6}},\quad u_6=L_6 \cdot \alpha_G$$

⑦求结点 F 的高程最或然值 H_F：

$$H_F=H_G-(h_6+v_6)=H'_F+v_{1,2,3,4,5}$$

$$v_{1,2,3,4,5}=\alpha_G \cdot L_{1,2,3,4,5}$$

⑧计算有关线路的改正数：

$$v_5=H_F-(H_8+h_5),$$

$$v_4=H_F-(H_6+h_4),$$

$Z_{1,2,3}$ 的改正数，先求每公里改正数 α_F：

$$\alpha_F=\frac{H_F-(H_E+h_3)}{L_{1,2,3}}$$

$$v_3=L_3\times\alpha_F, v_{1,2}=L_{1,2}\times\alpha_F。$$

⑨求结点 E 的高程最或然值 H_E：

$$H_E=H_F-(h_3+v_3)=H_E+v_{1,2}$$

⑩求其它有关线路的改正数；

⑪精度评定：

计算单位权中误差　$m_0=\pm\sqrt{\frac{[Pv^2]}{Z-u}}$

式中，Z 为水准路线数；u 为结点数。

计算结点中误差 m_G、m_F、m_E：

$m_G=\frac{m_0}{\sqrt{P_G}}$　　$P_G=P_{1,2,3,4,5,6}+P_7+P_8+P_9$；

$m_F=\dfrac{m_0}{\sqrt{P_F}}$　　$P_F=P_{1,2,3}+P_4+P_5+P_{6,7,8,9}$；

$m_E=\dfrac{m_0}{\sqrt{P_E}}$　　$P_E=P_1+P_2+P_{3,4,5,6,7,8,9}$；

(3)等权代替法算例

①水准网略图见图2.2.6.8。

②高程计算见表2.2.6.7。

③改正数计算：

路线 Z_9　$v_9=H_G-(H_2+h_9)$

$=182.654\ 8-182.652=+2.8\text{mm}$

路线 Z_8　$v_8=H_G-(H_3+h_8)=182.654\ 8-182.688$

$=-33.2\text{mm}$

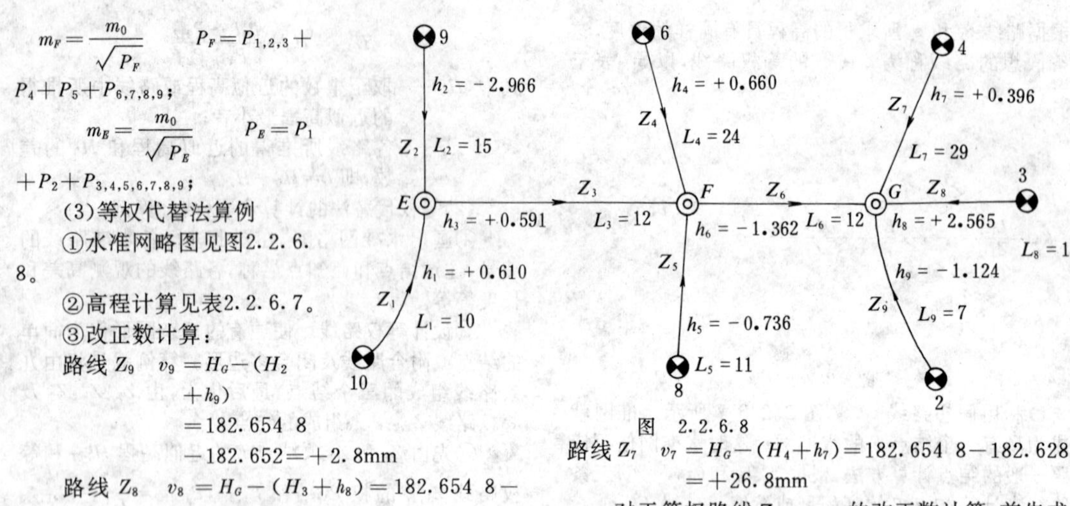

图　2.2.6.8

路线 Z_7　$v_7=H_G-(H_4+h_7)=182.654\ 8-182.628$

$=+26.8\text{mm}$

对于等权路线 $Z_{1,2,3,4,5,6}$ 的改正数计算，首先求出每 km 的改正数 α_G：

结点高程平差计算表　　　　表 2.2.6.7

路　线	起终点	起算点高程	高　差 h_1	近似高程 H_0	剩余值 L	路线长 L	$P=\frac{1}{L}$	Pl	v	v^2	Pv^2	Pv
Z_1	10—E	182.792	+0.610	183.402	0	10	0.100	0	+0.4	0	0	+0.04
Z_2	9—E	186.369	−2.966	183.403	+1	15	0.067	0.067	−0.6	0	0	−0.04
	$H_0=183.402$						〔0.167〕	〔0.067〕				〔0〕

$$H'_E=H_0+\frac{〔Pl〕}{〔P〕}=183.402+\frac{0.067}{0.167}=183.402+0.0004=183.4024\text{m}$$

$$L_{1,2}=\frac{1}{P_{1,2}},\qquad P_{1,2}=P_1+P_2=0.167\qquad L_{1,2}=\frac{1}{0.167}=6,\qquad L_{1,2,3}=6+L_3=18$$

路　线	起终点	起算点高程	高　差 h_1	近似高程 H_0	剩余值 L	路线长 L	$P=\frac{1}{L}$	Pl	v	v^2	Pv^2	Pv
$Z_{1,2,3}$	E—F	183.4024	+0.591	183.9934	+0.4	18	0.056	0.022	+76	58	3	+0.43
Z_4	6—F	183.351	+0.660	184.011	+18	24	0.042	0.756	−10.0	100	4	−0.42
Z_5	8—F	184.737	−0.736	184.001	+8	11	0.091	0.728	0	0	0	0
	$H_0=183.993$						〔0.189〕	〔1.506〕				〔+0.01〕

$$H'_F=183.993+\frac{1.506}{0.189}=183.993+0.0080=184.0010\text{m}$$

$$L_{12345}=\frac{1}{P_{1,2,3,4,5}}=\frac{1}{0.189}=5.3;\qquad L_{1,2,3,4,5,6}=5.3+12=17.3$$

路　线	起终点	起算点高程	高　差 h_1	近似高程 H_0	剩余值 L	路线长 L	$P=\frac{1}{L}$	Pl	v	v^2	Pv^2	Pv
$Z_{1,2,3,4,5,6}$	F—G	184.001	−1.362	182.639	+11	17.3	0.058	0.638	+15.8	250	14	+0.92
Z_7	4—G	182.232	+0.396	182.628	0	29	0.034	0	+26.8	718	24	+0.91
Z_8	3—G	180.123	+2.565	182.688	+60	15	0.067	4.020	−33.2	1120	74	−2.22
Z_9	2—G	183.776	−1.124	182.652	+24	7	0.143	3.342	+2.8	8	1	+0.40
							〔0.302〕	〔8.090〕				〔+0.01〕

$$H_G=182.628+\frac{8.090}{0.302}=182.628+0.0268=182.6\ 548\text{m}$$

$$a_G=\frac{182.6548-182.639}{17.3}=+0.91\text{mm}$$

故路线 Z_6 $v_6=a_G\times L_6=+0.91\times 12=+10.9$mm

等权路线 $Z_{1,2,3,4,5}$ $v_{1,2,3,4,5}=+0.91\times 5.3=+4.8$mm

而结点 F 的高程 $H_F=184.001+0.0048=184.0058$m

对于路线 Z_5

$$v_5=H_F-(h_5+H_8)=184.0058-184.001=+4.8\text{mm}$$

对于路线 Z_4

$$v_4=H_F-(H_6+h_4)=184.0058-184.011=-5.2\text{mm}$$

而对于等权路线 $Z_{1,2,3}$ 必须先求出每公里的改正系数 a_F：

$$a_F=\frac{184.0058-183.9934}{18}=+0.69\text{mm}$$

故路线 Z_3 $v_3=a_F\times L_3=+0.69\times 12=+8.3$mm

等权路线 $Z_{1,2}$ $v_{1,2}=a_F\times L_{1,2}=+0.69\times 6=+4.1$mm

而结点 E 的高程 $H_E=183.4024+0.004=183.4065$m

路线 Z_2 $v_2=H_E-(H_9+h_2)$

$=183.4065-183.403=+3.5$mm

路线 Z_1 $v_1=H_E-(H_{10}+h_1)$

$=183.4065-183.402=+4.5$mm

④中误差之计算：

a. 单位权中误差

$m_0=\pm\sqrt{\frac{[P\cdot v^2]}{Z-u}}$，$Z$ 为水准线路数日；u 为结点数。

$$m_0=\pm\sqrt{\frac{120}{9-3}}=\pm 4.5\text{mm}$$

b. H_G 之中误差

$$m_G=\pm\frac{m_0}{\sqrt{P_G}}=\pm\frac{4.5}{\sqrt{0.302}}=\pm 8.2\text{mm}$$

式中 $P_G=P_{1,2,3,4,5,6}+P_7+P_8+P_9$

c. H_F 之中误差

$$m_F=\pm\frac{m_0}{\sqrt{P_F}}=\pm\frac{4.5}{\sqrt{0.251}}=\pm 9.0\text{mm}$$

式中 $P_F=(P_{1,2,3}+P_4+P_5)+P_{6,7,8,9}$

D. H_E 之中误差

$$m_E=\pm\frac{m_0}{\sqrt{P_E}}=\pm\frac{4.5}{\sqrt{0.225}}=\pm 9.4\text{mm}$$

式中 $P_E=P_1+P_2+P_{3,4,5,6,7,8,9}$

(二)高程导线的计算

高程导线测量是在两导线点间用经纬仪测定其垂直角，用光电测距或钢尺丈量测出两导线点间的水平距离，两导线点间高差 h 用下述公式计算：

单向观测 $h=D\cdot\tan\alpha+\frac{1-K}{2R}D^2+1-v$

双向观测 $h=D\frac{(\tan\alpha_2-\tan\alpha_1)}{2}+\frac{1}{2}(i_1+v_1)$

$$-\frac{1}{2}(i_2+v_2) \quad (2.2.6.15)$$

式中 α——观测的垂直角；

D——两点间的水平距离；

i——仪器高；

v——觇标高；

R——地球半径；

K——折光系数。

实际工作中，两点间高差要求对向观测测定，以减小大气折光影响。高程导线可组成附合路线或环形，附合到已知的水准点上。两点间对向观测测定的高差其较差应满足《测规》要求。

K 值不是一个常数，其变化异常复杂，它随地区的气温、气压、湿度和空气密度的不同而不同。因此，在不同的地区、季节、时刻、气候、地形、地面覆盖、地面高度等情况下，K 值也是不同的。尤其在既有铁路上受道渣。钢轨介质的影响，其折光系数与一般地区的折光系数相差非常悬殊。为了提高在既有线上高程导线的测量精度，建议在计算高程导线之前，根据测区内选择在不同观测时间而又均匀分布整个测区的有代表性的一些较长的边，大约 20～25 条左右，分别计算出各边往返测高差，然后计算出各边的 C 值，最后取这些 C 值的平均数作为该测区的平均折光系数。

大气折光系数 C 值的测定：地球弯曲差和大气垂直折光差对高差影响的改正数：$V=\frac{1-K}{2R}D^2$，其中 K 是大气垂直折光系数，设 $C=\frac{1-K}{2R}$，则 $V-CD^2$，所以 C 值的确定和 K 值的确定没有什么根本的区别，在实际工作中，不是直接测定 K，而是直接测定 C。

如果在 A、B 两个导线点间对向观测，A、B 两点的距离为 D，设 A 点至 B 点的观测高差为 $h'_{1,2}$，实际高差为 $h_{1,2}$，B 点至 A 点的观测高差为 $h'_{2,1}$，实际高差为 $h_{2,1}$，

则
$$h_{1,2}=h'_{1,2}+CD^2$$
$$h_{2,1}=h'_{2,1}+CD^2$$

根据往返绝对值相等，符号相反的关系，由上两式可得

$$0=h'_{1,2}+h'_{2,1}+2CD^2$$

故
$$C=-\frac{h'_{1,2}+h'_{2,1}}{2D^2} \quad (2.2.6.16)$$

设共计算了 n 条导线边

则
$$C_{中}=\frac{[C]}{n}$$

高程导线包括高程主导线，高程辅助导线和高程支导线。光电测距三角高程主导线往往用来代替五等水准测量。光电测距三角高程辅助导线和支导线是用来联测控制点高程的。

1. 单一附合高程主导线的计算

(1)计算每边两点间的往测及返测高差，并比较

光电测距三角高程导线计算表

表 2.2.6.8

测站	观测点	测距 D''(m)	气象改正		斜距 D'(m)	垂直角 α (° ′ ″)	平距 $D'\cdot\cos\alpha$	高差 $D'\cdot\sin\alpha$	仪器高	视点高	球气差 f (mm)	高差 Δh	平均高差 Δh	高程 (m)	备注
			t(℃)	ΔD (mm)											
*HBM*201	*C*204	509.821	15	+10	509.831	−0 53 36			1.443	1.9	41	−8.364	−4 −8.378	485.923	
*C*204	*HBM*201	509.836	15	+10	509.846	+0 58 38			1.456	1.8	41	+8.392			
*C*204	*C*203*A*	428.068	15	+8	428.076	+0 11 12			1.454	1.9	29	+0.978	−4 +0.996	477.541	
*C*203*A*	*C*204	428.064	15	+8	428.072	−0 −06 25			1.555	1.8	29	−1.015			
*C*203*A*	*D*202*A*	542.750	15	+11	542.761	−0 05 15			1.555	1.9	46	−1.098	−5 −1.096	478.538	
*C*202*A*	*D*203*A*	542.748	15	+11	542.759	+0 08 14			1.548	1.8	46	+1.095			
*C*202*A*	*C*202*B*	406.068	15	+8	406.076	−0 06 15			1.548	1.9	26	−1.064	−4 −1.031	477.432	
*C*202*B*	*C*202*A*	406.066	15	+8	406.074	+0 10 25			1.542	1.8	26	+0.998			
*C*202*B*	*C*202	444.622	15	+9	444.631	+0 02 54			1.542	1.9	31	+0.048	−4 +0.060	476.397	
*C*202	*C*202*B*	444.617	15	+9	444.626	+0 01 44			1.472	1.8	31	−0.073			
*C*202	*HBM*200	352.602	15	+7	352.609	+0 14 51			1.472	1.9	20	+1.115	−3 +1.136	476.453	
*HBM*200	*C*202	352.595	15	+7	352.602	−0 08 51			1.530	1.8	20	−1.158		477.586	

$\Sigma D' = 2683.98\text{m}$　　$f_{允} = \pm 0.049\text{m}$　　$f_h = +0.024\text{m}$

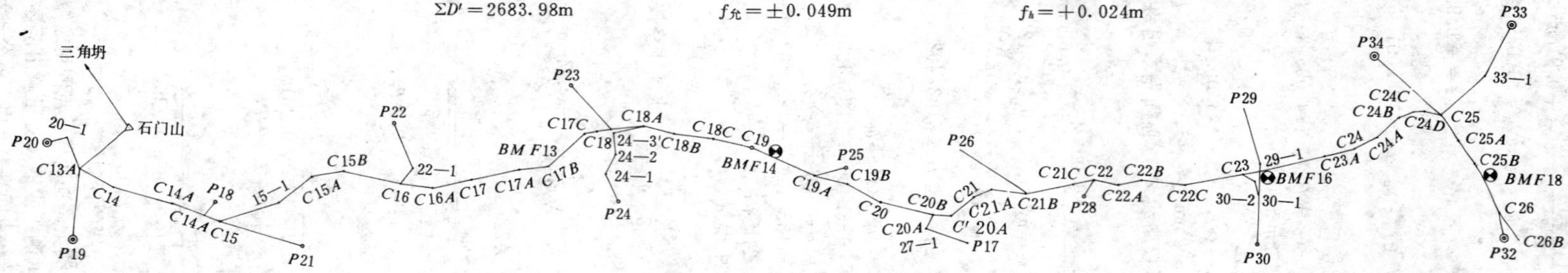

图 2.2.6.9　*N*4 测段控制点联测示意

每边往返测高差限差不得大于±0.3D(m)(D为边长,单位以km计),然后计算往测,返测高差的平均值。

$$h_{往}=D\cdot\tan\alpha_1+f+i_1-v_1$$

$$h_{返}=D\cdot\tan\alpha_2+f+i_2-v_2$$

$$f=\frac{1-K}{2R}D^2=CD^2$$

如果是光电测距仪测距离,上式可写成

$$h_{往}=D'\cdot\sin\alpha_1+f+i_1-v_1$$

$$h_{返}=D'\cdot\sin\alpha_2+f+i_2-v_2$$

式中,D'为光电测距仪测出的倾斜距离。

往返测高差较差　$d=h_{往}+h_{返}$

往返高差平均值　$h=\frac{1}{2}(h_{往}-h_{返})$

(2)计算高程导线的闭合差应不大于±30$\sqrt{L}$ mm(L为高程导线全长,单位以km计)。

$$f_h=H_{起}+\Sigma h-H_{终}$$

(3)以高程导线全长按距离比例将闭合差分配到各段高差后计算各导线点的高程。如果$f_h\leqslant f_{h允}$,则先求出每米距离的高差改正数δ,即

$$\delta=-\frac{f_h}{\Sigma D}\text{mm}$$

再计算每段高差的改正数　$\delta_i=\delta\cdot D_i$

$h'_i=h_i+\delta_i$　(h'_i为分配改正数后的两点高差)

计算各导线点的高程　$H_{i+1}=H_{起}+\sum_{1}^{i}h'$

算例见表2.2.6.8。

2. 辅助高程导线的计算

辅助高程导线的计算与高程主导线的计算相同。只是辅助高程导线的全长闭合差按联测控制点的精度要求,可放宽到±50$\sqrt{L}$ mm。

3. 高程支导线的计算

高程支导线没有闭合条件,计算时要计算每次边往测和返测高差之差不能大于±0.3D(m),然后计算各边往测和返测高差的平均值,最后计算各导线点的高程。支导线高程计算见表2.2.6.9。

导线高程测量计算表　　表2.2.6.9

测站点	观测点	垂直角(° ′ ″)	水平距离 D	$D\cdot\tan\alpha$	仪器高	觇标高	球气差	高差	平均高差	高程
121	122	+2 15 25	250.13	+9.86	1.41	0.5	0	+10.77	+10.79	2457.36
122	121	−2 41 30		−11.76	1.45	0.5	0	−10.81		2468.15
	123	+2 15 30	260.14	+10.26	1.48	1.0	0	+10.74	+10.82	
123	122	−2 30 40		−11.41	1.51	1.0	0	−10.90		2478.97
	124	+3 00 06	270.16	+14.17	1.36	1.0	0	+14.53	+14.54	
124	123	−3 10 24		−14.98	1.42	1.0	0	−14.56		2493.51
	125	+1 54 28	280.17	+9.33	1.46	2.0	0	+8.79	+8.80	
125	124	−2 00 24		−9.82	1.51	0.5	0	−8.81		2502.31
	126	+3 00 21	301.24	+15.82	1.51	1.0	0	+16.33	+16.28	
126	125	−3 10 20		−16.70	1.47	1.0	0	−16.23		2518.59
	P36	+4 01 25	105.48	+7.42	1.36	1.0	0	+7.78	+7.75	
P36	126	−4 10 30		−7.70	1.48	1.5	0	−7.72		2526.34

三、绘制控制点连测示意图

主导线、辅助导线、支导线和控制点或者锁网点、交会点、引点和控制点在内业计算完毕后,要绘制控制点和各类加点的连测示意图,其作用有二,一是可以检查控制点和各类加点野外连测或内业计算有无原则性错误。通过控制点连测示意图与刺点象片的刺点点位对照,或者与野外绘制的控制点和加点连测草图相对照,就可以检查出支导线或控制点的连测方位有无大的错误,如左角、右角是否用错,连测点号有无错误等。二是控制点连测示意图必须按测段分段装订在图历簿内,在内业加密和测图时,当发现某个控制点或加点的平面或高程有问题时,可参照控制点连测示意图,便于检核计算资料有无错误。找问题。另外,控制点连测示意图又是验收人员检查控制测量质量的最直观资料。

控制点连测示意图的绘制方法及内容:

1. 用米厘纸以(1∶20 000)～(1∶30 000)比例尺按点位坐标绘制

2. 以测段为单位分段绘制,相邻测段接头处要重叠绘出。

3. 绘制内容包括:三角点、主导线点、辅助导线点、支导线、控制点、各种线路加点、水准点以及它们之间的连测方向,引点位置等。各种点要注明点号。见图2.2.6.9。

第七节 像片调绘

铁路航测调绘主要是为新建铁路或既有线测绘服务。由于航摄像片上的地物、地貌元素繁多，各测区的地形特点不同，航摄资料情况不一，这就增加了调绘工作的复杂性和艰巨性。因此，调绘人员必须认真细致地进行这项工作，确保调绘成果的质量。

一、准备工作

(一)调绘工具准备

(二)像片准备　按照调绘计划，准备一套调绘像片(若制作大于 1/2 000 大比例尺工点图及既有线车站则还需准备一套放大调绘像片)，并在每一张调绘片上贴一张大小相当的透明纸，以便在野外调绘中随时注记及绘制草图。

(三)调绘面积线的划定

铁路航测外业调绘是在隔号的单张像片上进行。调绘范围是根据测图范围在隔号的调绘片上划定调绘面积线，一般在像片的右边、下边调绘面积线为直线或折线，左边、上边调绘面积线为曲线。在划定调绘面积线时应注意下列几点：

1. 调绘面积线应尽量划在航向和旁向重叠中部附近，并注意防止发生调绘漏洞。

2. 调绘面积线不能与线状地物重合。也不得覆盖微小的具有独立方位意义的地物或分割完整的建筑物。

3. 像片压平线不得作为调绘面积线，调绘面积线离像片边沿不得小于 1cm。

4. 当旁向重叠过小而分别布点时，调绘面积线应划在两控制点中间，离任一控制点的距离不大于 1cm。

在划定调绘面积线后，立即注明相邻接边航带号、测段号、像片号，以便接边时查找，无接边处注明“自由边”并着墨整饰，一个测段调绘面积线绘好后，应绘出调绘片接边示意图。

二、调绘的步骤和方法

(一)室内判读：野外调绘工作开始前，在室内借助于立体镜，对所要调绘地区的地物，地貌进行立体判译，根据立体影像的形状、大小、色调所形成的阴影来判定其性质，同时对有疑问的物体记录下来，以便在外业调绘时重点核对，在室内进行判读的同时计划出较合理的调绘路线。

(二)调绘的一般方法

1. 调绘时的站立点应当选择在易于判读，便于观测而地势较高的明显地物或地貌特征点上，以保证前后调绘的衔接，避免发生调绘漏洞，另外在判读时应使像片影像的方向与实地方向一致，便于判读。

2. 对地物判读要准确，随时注意弄清站立点在像片上的位置、采取边走、边对照、边判读、边记录的方法。判断必须准确。有些内容需要调查询问，调查时要认真仔细。没有把握的要多问几次进行核对，地理名称要注意口语和文字的区别。有关的丈量数据要准确，不能目估。

3. 远看近判是调绘某些突出地物、隐蔽地物的一种方法，远看就是不但要看调绘站立点附近的地物，而且要注意远处地物，有时只有远看才能确定有方位意义的地物，有的地物近看隐蔽不易被发现，远看却很明显，近判可以确定其精确位置。

4. 有些不易发现的隐蔽地物(如山洞、泉水、井等)和地理名称、公路通向等，要弄清楚必须向当地群众询问，要多问几个人。在山区最好向当地学校老师和当地干部询问，以免发生差错。

5. 野外调绘的所有内容必须及时记录在相应的透明纸上。记录要清楚、简捷，可用文字、符号或记号，要对准影像的相应位置，当地物特别集中，无法在相应位置上表示清楚时，可绘放大示意图或编号说明。调绘过程中不能对某项内容只凭记忆不作记录。

6. 为确保调绘质量，除掌握调绘方法外，还须注意下面几点：

(1)走到看到：走到是外业调绘的基本要求，是做好工作的先决条件，走不到就会看不到，必然会发生差错和遗漏。

(2)真实准确，对画在像片上的每一个符号，都必须在实地认真判读，做到位置准确，符号应用正确。

(3)问清查实：地理名称、各级境界线都要问清问准，多问几个人，各种数字注记资料要实地量测，量准，反复核实，保证无误。

(4)坚持做到笔笔清、日日清、片片清，对调绘成果要认真自我检校，做到不把问题上交。

(三)图式符号的运用

为了简单、明了、位置真实地表示出像片上相应的地物地貌，便于测图时使用。因此，除必要的名称，数字要注记外，绝大多数的地物地貌元素都应使用统一规定的图式符号表示，防止随意编造。

图式符号可分为以下两类

1. 依比例尺表示的符号：它能较全面地表示出地物的轮廓、形状、位置、大小、数量、性质等特征。一般依调绘片上的影像绘制，如树林、沼泽、耕地、湖、塘、水库、大河、公路、居民地等。

2. 不依比例尺表示的符号：对具有方位意义或特殊需要的微小地物地貌，如碑、亭、独立树、独立坟、水井、泉、公里碑、电杆、山洞、窑洞、坑穴等可采用规定的符号表示。符号的几何中心应位于该地物点在像片上的相应位置上。在判读和绘制符号时，应仔细、防止符号的几何中心相对于实物移位。有些地物还应按本身影像或周围相关影像准确刺出其实地位置(即在调绘片上刺点)。

对某些线状地物，如水渠、管道、道路、电线、垣栅等的表示符号，应使其中心位置与相应影像一致。

其长度依影像绘制，宽度可不依比例尺表示(这种符号有时也称为“半依比例尺表示的符号”)，必要时可用文字或数字注记说明。

如果两个点状地物或线状地物的位置都靠得很近按影像绘制有困难时，次要的地物可稍移位，如因像片比例尺小，需要用简易符号表示时应加说明，以便于内业制图时使用。

三、新线调绘

(一)新线调绘的取舍原则

在测制新线铁路专业用图时，应根据铁路勘测设计的需要，对地物地貌进行适当的综合取舍，并补绘像片上未能反映出来的专业用图所必需的要素，使地形的主要特征与次要特征分布合理，层次分明，图面清晰，使用方便。对不同铁路勘测设计阶段使用的地形图，调绘内容的取舍原则应有所区别。

用于初步设计和施工设计的大比例尺地形图，应在测区范围内尤其是线路方案经过处进行详细调绘，其地物地貌、文字数据注记均应准确明白。水系、建筑物及对施工影响较大的地形要素，一般不应综合表示或遗漏。各专业的特殊要求更应详细调绘。

(二)新线调绘路线的选定

像片调绘必须有目的有计划地进行，防止重复走路和发生漏洞情况，尤其在新线调绘前应在室内选定调绘路线。调绘路线的选择是以增宽视界，处处看得清为原则。下面介绍几种不同地区类型调绘路线的选择：

1. 地物稀少通视良好的平坦地区，可沿居民地和主要道路调绘。

2. 地物较多的平坦地区，一般走“S”形或“之”字形路线，通过居民地和主要道路进行调绘。

3. 水系发达地区，应按河网分割情况和桥梁、渡口分布情况确定调绘线路。最好沿堤埂走，因堤埂位置高看得远，视野宽。

4. 丘陵地区一般可沿线路附近的居民地调绘，有时也可沿通视良好的道路或山脊走，这样既能调绘山沟中的地物，又能看清两侧的地物地貌。

5. 山区的调绘路线应事先在室内进行立体观测全面考虑。一般以道路作为调绘路线，尽量走山腰，使山顶和山脚都能看清楚，如山沟和山坡都有居民地和地物时，可先走山沟后走山坡。若山区的居民地和地物均分布在山沟，调绘时可沿道路走，一条沟一条沟的调绘。

6. 对大的河流、沟渠和铁路、公路等应沿着它们调绘，这样可以避免遗漏其附属建筑物。

(三)新线调绘时对地形图各要素的调查与注记方法

1. 居民地

居民地包括集镇、村庄、独立房屋等。在大比例尺铁路专业用图航测中，采用精测仪测图。在立体模型上房屋的轮廓线是非常清楚的，因此调绘时可不进行整饰。调绘的重点应放在隐蔽或由于形状、色调等因素的影响而造成判读困难的地物上(如零星小屋、草堆、材料堆等)，应调绘清楚，采用整饰或说明的方法交待明白。

对窑洞式居民地，为便于内业判释，在调绘中结合野外调查和内业判读，较详细的整饰出来，凡有窑洞的相应影像处，要适当的绘出窑洞符号。

居民地内一些特殊形状的地物，如油罐、粮囤、窑、宝塔、碑、亭等都应整饰注记清楚。

2. 道路

(1)铁路：双线、单线、电气化、窄轨铁路应分别类型进行调绘。铁路在自由边处应注通向。路堤、路堑、桥涵、隧道、专业用房屋及专用设备(通讯、信号、行车标志、给水设备、机务设备)等应利用放大像片进行调绘。

(2)公路：它有坚固的路基，路面铺有水泥、沥青、砾石、碎石等材料，常年可通行汽车，公路在自由边处应注明通向，每张像片应有一处注明铺面材料、铺面宽和路面宽(包括人行道在内)。路面材料的分界要用点线绘出，在路宽变化处须增加注记，公路上的桥涵、隧道须按实际情况进行调绘。

(3)大车路：路基未经修筑或简单修筑能通行大车的道路，拖拉机路也可用大车路表示。大车路上的桥涵等建筑物须按实地情况调绘。并注记路面宽度，在测图范围内，大车路只能中断在居民地或林场工地等处。

(4)小路：是乡村中不通大车的次要道路。山地、沙漠等荒辟地区的驮运路亦用此图例，能通行的栈道也用小路符号表示。并注“栈道”。

3. 水系

水系包括海、湖、水库、池塘、江河、溪、泉、沼泽、瀑布等。

水工建筑包括桥、涵、闸、坝、埧、沟、渠、水槽、码头、渡口、水文站、抽水站、水力发电站等。

河流、湖泊、水库、池塘、沟、渠等的水边线应绘在摄影时的水位处。河流、沟、渠、堤坝等在像片上宽度大于 1mm 时应用双线表示，不能用双线表示时，应在宽度变化处注记尺寸。

江河、运河及水渠等均须表示流向。干涸的河流、湖泊以时令河、时令湖表示，水系有名称时应注记。河流应注明通航情况。

桥梁、水闸、滚水坝、渡口、徒涉场、跳墩等均要用相应符号表示。

在调绘时还须把水系和道路等地物的以下关系表示清楚：

(1)河流、水渠与道路、堤、城墙等相交，一般都有桥梁、涵洞、输水槽、倒虹吸管等建筑，要表示清楚。

(2)水渠与水渠、河流相交，如不在同一高度的平面上时，一般应有输水槽、倒虹吸管、土堤等建筑。

(3)水渠要交待清楚，从图面上要能清楚地反映出灌溉系统，以免内业不易识别。

4. 植被

植被能反映出地表面的自然现象和经济价值。它有绿化环境、保持水土、防风固沙、发展生产、供给材料等作用。植被可概略为木本植物、草本植物及农作物三种。它在实地上的分布情况错综复杂。调绘时,应根据影像特征判释其范围界线,绘上规定的符号和必要的注记。

地类界是表示各种植被范围的符号。地类界的走向要明确、清楚、封闭。地类界与线状地物(如道路、河渠、陡岸、垣栅等)符号重合时,可省略不绘,与地面无实物的线状符号,如境界、架空线状、地物符号(通讯线,高压线、架空管道、架空索道、渡槽、桥梁等)重合时,地类界应移位绘出,当植被为线状地物分划开时,应在每个隔开部分至少绘出一个植被符号表示。

耕地的表示,一般要区分旱地、菜地、稻田和经济作物。轮作的经济作物以旱地表示,荒地、沼泽地等植被也应表示。

树木,包括树林、疏林、零星树木,行树及果园、苗圃、幼林等。密集成片的树木为树林,树冠之间的距离大于树冠直径的两倍时为疏林;村边、村内的一些零散的或密集而不成片的树为零星树木。

行树及村边、田间的零星树木,属于景观要素。图上可不反映具体位置和数量,所以田间和居民地内外的零星树木一般不表示。在树木稀少地区选择表示。沿道路、沟渠和其他线状地物一侧或两侧种植的成行树木。因像片上影像清晰,因此可在立体镜下用行树符号适当配置,凡线状地物两侧的行树描绘时应鳞错排列。

对林木及经济作物还应调查类型,多种植物生长区,以一种主要的作物表示。

在新线测图时,为保证内业测图精度,在线路附近的密林地区应量取树高(特别是桥址、隧道进出口处的树高),并在像片上相应的位置刺点注记。如果是难以通行或难以判定刺点位置。则可在线路两侧量取二、三处,取其平均高。线路附近的良田,大面积的经济作物和果园等应准确调出。

5. 垣栅、境界

垣栅包括围墙、栏杆、铁丝网、土围、堤等。因集中的居民地房屋在调绘时不整饰,所以除较大范围的栅栏、铁丝网、土围等要表示外,围墙、土堤可不整饰,若土堤的顶宽大于 1m 时,要在像片影像的相应位置注记堤顶宽。

地形图上需要表示的境界有四种:国界;省、自治区、中央直辖市界;自治州、盟、省辖市界;县、自治县、旗界。在实地省、县界常以山脊、河、堤、路、耕地等明显地物为标志,应具体调绘。在表示境界符号时应注意以下几点:

(1)境界为较大河流时,应沿河流的中心线或主航道间断绘出。

(2)境界与道路、单线河等线状地物分界时。沿线状地物两侧每隔 3～5cm 交错绘出。

(3)两组以上的境界重合时,只绘出高一级的境界,但要注记清楚。

(4)通信线、电力线不能代替境界符号,当重合时,可稍位移表示。

(5)境界沿山顶、山脊分界时,要结合立体判释准确绘出。

6. 管线

各种管道、电力线、通讯线称为管线。

架设在地面上或其中一段埋在地面下(指能判别的)的各种管道,在像片上影像清晰的应调绘管道性质,并以相应符号表示在影像的相关位置上。

电力线分为高压线和低压线,常见的低压线为 220V 和 380V。固定架设的高压线应绘出。但在工矿企业、城镇郊区、电力排灌区等线路较密集时,只表示干线,其余线路可适当取舍,通讯线只表示通往乡以上市镇的主要线路,但在地物稀少地区,比较固定的通讯线都要表示。穿越线路方案的电力线、通讯线应全部准确调绘。

通讯电力线的转折点、分岔点应刺点,其过河、湖、水库和道路时,符号应完整绘出,要注意通讯、电力线的完整性和系统性,通讯、电力线除遇街区,居民地或入地间断外,其他情况都不应间断,高压线两端一般应与发电站或变电所相连接,低一级的线路一般应从高一级线路中分支出来。每条线路都要交待清楚。

正在架设中的通讯、电力线,线路架设到什么地方就调绘到那个地方,并加注记。

7. 方位物和独立地物

方位物是在实地容易识别,且能迅速而准确的判定方位、确定位置的地物。

独立地物一般都是突出地面,但占平面位置较小的一些单个物体,独立地物中有相当一部份是方位物,因此它是方位物的重要组成部份。

方位物一般分为两类:

第一类方位物:突出地面从远处就能看到和易于识别的地物。如水塔、古塔、烟囱、突出树、革命烈士纪念碑、钟鼓楼、城楼、瞭望楼、路亭、水闸等。

第二类方位物:不突出地面,但位置固定易于识别的地物。如道路交叉点、桥梁、涵洞、居民地外的水井、固定河床的曲折处、水渠拐角等。

当方位物与其他地物不能同时按真实位置表示在图上时,一般情况下以方位物为主,其他地物视具体情况作压盖、中断、舍去或移位表示。

对受国家保护的文物建筑,其位置及范围的调绘尤应准确,以便铁路设计时考虑能否通过或迁移。

8. 地貌与地质调绘

地形图上的地貌特征是用等高线或规定符号表示的。有些地貌由于受地壳内部的作用(如火山、地震等),地表面的外力作用(如风化、冲刷等)及人为的改造(如修建水库、梯田、采石场等),而改变了原来的形态,不能用等高线表示,如冲沟、雨裂、陡崖、陡石山、溶洞、石灰岩、滑坡、梯田、戈壁滩、盐碱地、沼泽地等要进行判绘后用规定的图示符号表示。一般在铁路勘测时,地质专业同时进行野外调查,故这方面应参考专业调绘进行。

9. 新增地物的补测

从航空摄影到进行航测外业的一般时间内,新增了一些像片上没有的房屋、公路、河流改道等地物，要求在调绘过程中用简易方法补测或用仪器补测，当新增地物零星分布或范围较小时，可以根据明显地物的影像，判断和交会出新增地物在像片上的位置，并按像片比例尺进行补绘。当遇下列各种情况时，需用仪器去补测：

(1)航摄后新增地物的面积较大；

(2)新增地物引起地形的较大变化；

(3)航摄绝对漏洞；

(4)地物为云影、雪影、阴影遮盖或像片上影像普遍不清，使用简易方法难以确定其精确位置时。

10. 地理名称的调查和注记

地理名称是地形图上极为重要元素之一。我国是一个多民族的国家、各地的语言、文字、称呼、写法常有区别。因此，必须依靠群众认真调查，才能达到正确表示的目的。

地理名称包括居民地、水系、地名、建筑物名称等。调绘人员需要跑到、问清、多问、复核、记准，并充分利用已有的地形图及省、县行政区域等资料、认真查明。

地理名称的确定应以国务院及各级行政单位正式命名为准。无正式命名时，用通用名称。有条件时在少数民族地区应请翻译协助，并请当地群众写出名称，以防出错。

四、既有线调绘

(一)既有线调绘的资料准备

除领取测区供调绘用的像片及一套复照图外，需订晒调绘范围内各车站的放大像片，放大像片的数量及范围以能在隔号像片上包括车站两端进站信号机为准，枢纽站凡股道集中部分如车场、机务段、车辆段等都应用放大像片调绘。

线路复测资料或新线竣工资料是既有铁路调绘工作的主要资料依据。调绘需用的复测资料除路局工务部门编制的技术履历簿外，主要有桥梁表、涵洞、明渠、水管表；道口表；立体交叉表；跨越铁路电线路表；车站示意图等。

(二)既有线调绘面积线的划定

调绘面积线按任务书规定的测图范围来确定。区间调绘范围一般为铁路两侧各150～200m；车站一般为线路最外股道两侧各150～200m。遇枢纽、特大桥或其他需要加宽的地段应根据合同要求执行。

(三)既有线调绘的作业要求

1. 在现场调绘前应首先对调绘像片进行室内立体判释对调绘范围内能准确判定的内容，如车站的道岔中心，可着墨整饰，道岔编号可按车站示意图注记，野外调查时，可再进行核对。通讯、电力线能在像片上判出影像的尽可能预先整饰；小路可初步取舍整饰；影像明显的沟渠，窑洞式居民地、独立地物、地类界等内容根据判读经验也可预先整饰出来。对隐蔽地物、地貌和路、渠走向含糊处应做出必要的标志，以便野外重点调查。

在室内判释的基础上进行野外调绘，在既有线调绘时，车站的线路及其设备是调绘的重点，要首先调查清楚。对小站(如会让站、越行站)可同时调绘沿线的设备和电线，然后调绘站外两侧的内容。枢纽或区段站可分成单元，如编组站、机务段等，逐段进行。具体调绘时可按铁路设备——路内电线——两侧地物的程序调绘一部分整饰一部分。调绘后一部分时发现对前一部分有遗漏的内容可进行补绘。

区间的调绘主要是沿铁路进行，区间内一般居民点较少。植被大部分可以在路堤上看到，电线如果走向清楚，调绘中只是进行核对，所以主要是沿铁路调查桥、涵、道口、信号机等内容。需要离开线路去调查和丈量时，一定要走到、查清，然后再回到路肩上沿线调绘，居民点较多时，可沿线路两侧往返进行调绘。

野外调绘的主要内容：

1. 铁路设备的调绘

(1)桥梁：核对里程、桥梁名称、结构类型、孔数、跨度及全长；

(2)隧道：核对起讫里程、隧道名称、长度(明洞、棚洞核对内容与隧道相同)。

(3)涵洞：核对中心里程、结构类型、孔数、孔径、长度。调绘时应将新增涵洞补上，取消、毁弃、堵死的涵洞是否取舍应与路局工务部门协商。

(4)道口：核对中心里程、跨越线路的条数，如果一个道口通过数条线路而且铺砌连续，则作为一个道口。如果铺砌不连续则按不同线路上之道口填写。有无看守，防护设备等应表示清楚。

(5)车站

a. 核对车站中心里程，一般中间站、区段站指运转室的中心里程，客运站、编组站指候车室或主要站房中心里程。

b. 道岔：按正线、到发线、调车线、货物线核对原有编号，并对工务履历簿上的道岔编号与现场编号及车站运转室控制台上的编号、电务部门的编号是否一致要进行核实，若不相符，应以电务部门的编号为准。在道岔中心处注道岔编号，辙叉号不注记，但要检查道岔表内辙叉号是否列齐，如有遗漏应及时补上。

c. 警冲标：核对该警冲标属于何组道岔及其里程，若该组道岔现场无警冲标且关系到股道有效长计算，则应按标准位置确定里程并加注说明。

d. 信号机：核对里程、种类(包括进站、出发、调车、复示驼峰等信号机及信号表示器，并有色灯与臂板之分)。灯向(要确认该信号机灯朝向线路的何端)。

信号机的倒向是实地信号机灯光朝向的反向，一定要在现场记录清楚，不少信号机旁设有继电箱(一般是一个，有的设二个)。信号机的调绘要注意分类，与有效长无关的调车信号机可不调绘。

e. 站台、灰坑、检查坑：应核对其起终点里程、进行整饰并量注长度。站台还应根据台顶、台脚里程计算台顶长。

f. 车站股道：应在股道最多处注记股道编号，一般本站下行方向一侧的股道为单号，上行方向的一侧为双号，枢纽站、车场的股道编号则多按递增顺

序编号。

g. 其他设备：水鹤、灯塔、灯桥，车挡等均应核对里程及位置。天桥可不整饰而注明“天桥”并注净空高。

对铁路各种设备若调绘结果与原有资料不符要重量重测，确认调绘无误后可在调绘片上注明，重大的修改需与工务部门联系。

2. 立体交叉的调绘：立体交叉是指跨越铁路的公路跨线桥、铁路桥、渡槽、人行天桥等，要核对名称和中心里程。

3. 跨越铁路电线路的调绘：要区分高压线、电力线、通讯线。要核对电线路与铁路立交的中心里程，跨线路两侧的第一根电杆要刺点。

在现场复测资料经复核后要注记到像片的相应位置上。

对于摄影后新设或改设的一些线路设备，如信号机、水鹤等都要调绘。一般有二种情况：一种是在摄影后复测前新设或改设的线路设备有里程加标，此时只量出该设备到相应股道中心的距离。另一种是复测后新设或改设的线路设备，这时除丈量该设备至股道的中心距离外，还要由相应股道上最近的加标(如道岔中心、道口、桥涵中心的里程或 20m 加标)引出该设备的里程。最后按丈量成果绘制出该设备的丈量示意图，图上注明该设备里程、相应股道的代号和至股道中心的距离。

4. 工区的调绘

养路工区：养路工区里程是重要的行政区划，调绘时应核对其里程和位置。工区里程指工区办公室(或电话机房)的中心里程。

养路领工区、养桥工区、电务工区等一般只需调绘其位置。

5. 居民点调绘

铁路用房(车站房屋、各生产段、工区)、工矿企业房屋、学校、城镇街区等应注写名称，并调绘其范围。

对隐蔽或由于形状、色调等因素的影响而造成判读困难的地物更应调绘清楚。如区间部分在像片上只有个别零星的房子，如路肩旁的养路房屋，调绘后整饰出来会更清楚。

测图范围内新建房屋是否需要补调应根据合同办理。居民地内特殊形状的地物必须整饰注记。

6. 水系的调绘

沿线路敷设的排水沟及车站内的排水设备是否调绘应根据铁路局的要求具体规定。

7. 铁路水准点的调绘

沿线由铁路局设置的水准点，需在调绘片上按相应影像刺点整饰，注明点号。

其他地物地貌调绘与新线调绘要求相同。

五、调绘像片的整饰与接边

(一)调绘像片的整饰

野外调绘成果，要即时地用相应符号、文字、数字整饰在外业调绘片上。调绘内容，符号表示、文字注记要简明完整，主次分明。

1. 整饰的用色

一般电线用红色；水系的水线用绿色、沙滩用桔黄色；其余皆用黑色。黑色采用绘图墨水整饰，彩色用广告颜料整饰。

2. 整饰的顺序

先清主要的、复杂的、后清次要的、简单的。例如：“铁路及其设备——电线——居民点——公路、大路、小路——水系——注记”的顺序。另外也可按色调区分，先清黑色线条的地物，后清其它颜色的地物。整饰的顺序也可以按调绘者个人的经验灵活掌握，但必须要按一定的顺序，清完一项内容再清另一项内容，如无固定顺序，既影响速度又容易遗漏。

3. 整饰的要求

(1)符号要准确一致。调绘中符号的尺寸只要接近图式的规定易于辨认即可。有些地物可采用简化符号表示。但同样要求恰当、准确和清晰。不允许调绘者自编符号，需要新增个别符号时整个测区要统一，并做专门说明。

(2)调绘内容要完整统一，繁简要一致，取舍要合理。

(3)图面要清晰易读，上墨前应将像片用棉花或橡皮擦一遍，以使线条光滑实在。线条的粗细要参照图式有一定的区别。

(4)注记

注记字体要工整、采用标准简化字，不能用草体，字体大小要有区别。地名和单位名称字列要合理分布，其原则以能表明居民点或单位的范围为准。

(二)调绘像片的接边

调绘像片接边处最容易出矛盾和发现问题，这主要是由于对不同像片清绘时着重点可能不同，或两人整饰相邻像片时取舍的差异而造成的，所以必须加强像片接边处的自我检查和小组检查。接边检查的主要内容：

1. 铁路路堤、路堑的表示是否一致，里程是否连续合理；

2. 公路、大车路、小路的丈量数据及取舍是否一致；

3. 管线、垣栅的一致和直线性；

4. 水系及其流向、沟、渠、土堤的表示及丈量的一致；

5. 地理名称的一致等。

六、调绘作业的自检及组检

(一)自检

整饰完毕后，应检查有无遗漏和错误。尤其要认真对照复测资料核对线路的设备及里程，有疑问或矛盾处，一定要处理清楚。

经过自检确认无误后，签署调绘者姓名、完成日期、上交小组。

(二)组检

组长对组内完成的每张像片要做全面的室内检查和重点的野外检查，并逐片签署检查者姓名、日期。

第三章 摄影处理及像片纠正

第一节 常用摄影药品及配方

一、常用摄影药品简介

米吐尔：又名米得、米得尔、衣仑。学名：对甲氨基酚硫酸盐。

为白色或呈灰色针状结晶或粉末，易溶于水，不易溶于亚硫酸钠浓溶液。

米吐尔是一种强有力的显影剂，出影速度很快，但影象的反差和密度上升的比较慢。因此，所获得的影调比较柔和。用它与亚硫酸钠、碱及溴化钾适当配合组成的显影液，可以得到层次丰富、影调柔和及颗粒细腻的负片。它受溴化钾和温度的影响较小，是一种软性显影剂，为常用显影剂之一。它一般很少单独使用，常与几奴尼配合使用，发挥各自的优点，具有超加和作用，冲洗效果甚佳。

米吐尔受潮后易被氧化，氧化后变为棕黄色，从而影响使用。因此，应避光密封保存。

米吐尔对皮肤有刺激性，易引起皮疹，使用时应避免用手直接接触。

对苯二酚：又名几奴尼、海得儿、坚安、海得路几奴、海多几奴。

为无色或浅灰色针状结晶，易溶于水，曝露在潮湿的空气中易氧化变质，水溶液易氧化，在碱性溶液中很快被氧化，由淡黄色变为棕色，进而变成酱油色而失去作用，但在含亚硫酸钠溶液中，其性能是稳定的。

对苯二酚的出影速度较慢，但显影能力很强，用它显影开始时影像出现的较慢，可一旦出影后其显影速度进行很快，能使强光部分密度迅速上升，对阴暗部分作用缓慢，随着显影进行，影像反差越来越大，从而获得反差较强的影像。所以，它是一种硬性显影剂。它与亚硫酸钠、强碱及溴化钾组成高反差的显影液。

对苯二酚的显影能力受温度的影响很大，当温度低于 18℃时，显影能力会迅速下降，在 10℃以下几乎不起显影作用；而高于 25℃时，显影作用特别强，如无适量的溴化钾配合，往往会产生灰雾并可能污染影象。对苯二酚对溴化钾的抑制作用非常敏感，故所需溴化钾较少，单独使用时甚至可不加溴化钾。

在实际配方中，常用对苯二酚与米吐尔组成 MQ 显影液或菲尼酮组成 PQ 显影液。改变它们的含量和显影液中的其他成份可以获得各种不同性能的显影配方。但就对苯二酚而言，比例越大，反差就越强。

对苯二酚应保存于密封的棕色瓶中，并置于干燥阴凉处。

菲尼酮：呈白色结晶粉末状，常温下不易溶于水，易溶于温水或碱性的水溶液中，在空气中被氧化的速度慢。

它是一种强有力的黑白显影剂，显影能力比其他黑白显影剂强，用量甚少，只相当于米吐尔的 1/5～1/10，它与对苯二酚配合使用具有超加和性，显影速度比米吐尔还快，影像颗粒细，影调柔合，得到的感光度也大。在显影过程中所形成的氧化物，可重新被还原为菲尼酮。因此，显影液的性能稳定，使显影质量均衡，显影能力比 MQ 配方可增加 20%～50%，保存期与使用期都比 MQ 显影液长。

它的氧化物是无色的，不污染手和指甲等，对皮肤无刺激性。

亚硫酸钠：又名硫养。亚硫酸钠无水品为白色粉末，结晶品为淡黄色或白色结晶粉末。易溶于水，水溶液呈弱碱性。无水品和结晶品可以互用，其比例为：

1 无水亚硫酸钠＝2 结晶亚硫酸钠

亚硫酸钠对氧有较大的亲和能力，能抢先吸收溶液中的氧，故用它做显影液和定影液中的保护剂。在定影液中，它能防止酸性物质对硫代硫酸钠的破坏作用，防止硫的析出。

亚硫酸钠对卤化银有微弱的溶解能力。因此，在微粒显影液的配方中常常大剂量使用，这样会减少产生粗粒现象，使显出的颗粒细一些，形成微粒效果。

亚硫酸钠在有些低反差的显影液配方中可直接作为促进剂。如 D-23。

亚硫酸钠极易与氧化合而生成硫酸钠，潮湿更甚，应严格密封保存，并置于干燥处。

四硼酸钠：又名硼砂。为白色结晶粉末或无色半透明结晶，不易溶于冷水，属于弱碱性。四硼酸钠多用于微粒显影液中的加速剂，它可获得颗粒细、反差系数小，影像层次好的效果。怕潮湿，保存于干燥通风处。

偏硼酸钠：又名柯达儿克，那素儿克。为白色结晶粉末，溶于水，其水溶呈弱碱性。但碱性强度比碳酸钠弱，比硼砂强。它主要用作显影促进剂，其作用是使显影速度加快，但又不使银粒太粗。与硼砂极为相似，可以相互代用。代用量比为：

偏硼酸钠：硼砂≈8：10

若定影液中加入适量的偏硼酸钠，可使定影液寿命延长。

碳酸钠：又名碳养、纯碱、苏打。碳酸钠可分三种状态：无水碳酸钠为白色粉末状，一水和十水碳酸钠为白色结晶体，三者可以互用，其当量为：

无水品：一水品：十水品

1：1.17：2.69

碳酸钠在摄影处理中是一种采用非常广泛的中性碱，极易溶解，它的酸碱缓冲性非常好，用它配成的显影液 pH 值很稳定，且价格便宜。碳酸钠易潮解，应装于瓶中，罐中或塑料袋中，放在干燥处。

碳酸钾：通常不含结晶水，为白色粒状或白色潮解状粉末，另外还有结晶品，易溶于水。

在显影液中的作用与碳酸钠相似，其能力略大于碳酸钠，并有提高反差的作用。由于价格高，在黑白显影液中很少使用。

碳酸钾易潮解，应密封保存。

氢氧化钠：又名苛性钠、火碱、烧碱。为白色固体，成棒状、粒状或条状，在空气中极易潮解，有强烈腐蚀性，溶液能伤及皮肤和衣物，不可用手取或徒手作业，操作时必须有防护措施。它能使溶液呈显出很强的碱性，显影剂能全部电离，显影速度快，作用强烈，影象颗粒粗，密度大，反差大，显影液寿命短，保存性能差，溶液配好后就用，用后即弃之。只有在要求大反差时才配用，如 D-8 配方。

氢氧化钠应保存于密封瓶中。

溴化钾：又名钾溴、甲臭。

为白色立方形结晶颗粒，易溶于水。溴化钾性能稳定，可放于一般场合。

广泛用作黑白显影液中的抑制剂，能增加影象反差和防止灰雾的产生；调节显影速度；在彩色冲洗液中用作漂白促进剂。

苯并三氮唑：又名三氮茚、三氮唑等。为白色絮状结晶，也有略呈黄色或灰色，微溶于水。苯并三氮唑为近代广泛应用的有机防灰雾剂，其防止灰雾的能力比溴化钾强得多，在一定浓度内降低感光度的作用不显著，特别适用于快速高温显影，亦适用于曝光严重过渡和灰雾较大的过期感光材料的显影。

其用量在一般的显影液中为 0.01～0.1g/L 左右，根据需要可加至 0.5g/L。

醋酸：又名乙酸、冰乙酸、冰醋酸。纯醋酸为无色透明液体，具有强烈的刺鼻酸味，有腐蚀性。用途：1. 用作酸性定影液的添加剂，主要起停显作用。2. 用作黑白及彩色冲洗的停显剂，一般使用浓度为 28%。3. 用作摄影冲洗液的 pH 值调节剂，一般使用 1%水溶液。最常用的是 28%的稀醋酸溶液。从纯醋酸配制稀醋酸可照表 2.3.1.1 配制。

硼酸：为白色粉末或为有光泽的半透明鳞状结晶体，性能稳定，能长期保存，在冷水中溶解性差，宜用热水溶解。它有以下作用：

1. 防止定影液污染变色，起稳定定影液中矾类和酸类的作用；

2. 在微粒显影液中与硼砂形成缓冲溶液，使显影液中的 PH 值稳定不变，保证显影效果，增加显影微粒性。

稀醋酸溶液配制表　表 2.3.1.1

醋酸 99%(份)＋清水(份)＝稀醋酸
28＋71＝28%
36＋63＝36%
56＋43＝56%
80＋19＝80%

亚硫酸氢钠：又名酸性硫养，酸性亚硫酸钠、重亚硫酸钠。为白色结晶性粉末或菱状结晶体，易溶于水，有二氧化硫臭味。在空气中吸氧后变成硫酸氢钠而失去保护作用，应密封保存。以它代替定影液中的硫养，可使定影液呈酸性。作用如下：1. 保护定影液，延长使用寿命；2. 可以除去底片上或像片上的不洁之物；3. 某些显影液以它作为保护剂。

氯化铵：又名硇砂。为白色结晶状、粉末状或颗粒状，易溶于水，溶解时大量吸热，水溶液呈酸性。

用作定影促进剂。在定影液中与硫代硫酸钠起置换作用，生成硫代硫酸铵，从而加强对卤化银的溶解能力。所以，一般快速定影液中都用它。

氯化铵应密封保存。

硫代硫酸钠：又名大苏打、海波。为无色透明棱柱状结晶体或块状物，极易溶于水，溶解时具有强烈地吸热现象。它的晶体易风化、氧化，应密封保存。

硫代硫酸钠有溶解乳剂中未被还原卤化银的作用，是最常用的定影剂。它在定影液中的含量不能超过 40%，其定影效果最好含量是在 20%～30%。

硫代硫酸铵：为白色结晶，易溶于水。用作定影剂，定影能力比硫代硫酸钠强得多，在快速定影液及彩色漂定液中被广泛采用，但因价格较贵，在黑白定影液中不常用。

硫酸铝钾：又名白矾、铝钾矾、明矾、钾矾等。为白色透明大块结晶体，溶于水，味涩。它对乳剂中的胶质物有收敛和增加机械强度的能力，所以用作坚膜剂。通常加在酸性定影液中，当溶液的 pH 值为 4～6 时，坚膜效果最好。硫酸铝钾的坚膜寿命较长而又经济，一般配方中多采用它。密封存于干燥处。

甲醛：又名福尔马林。为无色透明液体，有刺激性臭味，应密封保存。一般商品大都为 30%～40% 溶液。

它对胶质有强大的坚膜作用，使用的浓度以 9%左右为宜，坚膜时间为 5min。

甲醛一般仅用于高度坚膜时，溶液中不能加入亚硫酸钠，不然会生成苛性钠。

甲醛在碱性溶液中可得到最好的效果，因此，用甲醛坚膜的定影液不进行酸化。

硫酸钠：又名芒硝，元明粉(十水硫酸钠)。

为无色透明结晶，或针状、或块状，易溶于水。应密封存于干燥处。

硫酸钠对乳剂膜中的胶质有硬化功能，从而提高感光材料的耐冲性，同时它对于显影液中各种药品性能并无影响。因此，夏季显影液中可作坚膜剂。亦可用3%～5%的硫酸钠溶液作为前坚膜液使用。

硫酸：又名硫镪水。为无色油状液体，是一种强氧化剂。有强烈的腐蚀性。皮肤和衣物一旦溅上硫酸就会发生严重的破坏和灼伤，对人眼睛损伤尤甚。因此，使用时务必小心谨慎。应密封保存。

作用：1. 用作黑白定影液的添加剂，起停显和维持PH值的作用；2. 用于漂白工作。

配制稀硫酸溶液时，必须将硫酸缓慢地沿容器边沿倒入水中，水温不宜过高(20℃即可)。然后用玻璃棒轻轻搅拌均匀。绝不能将水倒入硫酸中。

铁氰化钾：又名赤血盐。为红色块状结晶体，易溶于水。有剧毒，不可入口和触及伤口。应密封妥善保管。铁氰化钾是一种氧化剂，与柠檬酸铁铵的混合液涂于图纸上有感光性能可晒制蓝图。

作用：1. 用作黑白感光材料的减薄剂；2. 用作黑白像片调棕配方中的漂白剂；3. 用作某些彩色冲洗配方中的漂白剂。

高锰酸钾：又名过锰酸钾、灰锰养。为深紫色带光泽的粒状或杆状结晶体，易溶于水，有毒性，但其稀溶液又可杀菌。应密封存于干燥处。

用途：1. 用作感光材料水洗程度的测定剂；2. 用于减薄、漂白配方中。

过硫酸铵：白色结晶状，易溶于水，但溶水后化学性能不稳定，药液应现用现配。密封保存。主要用作黑白感光材料的超比例减薄剂。

重铬酸钾：为橙红色结晶体，易溶于热水，有毒，不可触及伤口。应密封保存于棕色瓶中。

作用：1. 主要用于黑白负片的铬加厚剂；2. 可作漂白剂。

硫化钠：又名臭苏打、臭碱、硫化碱。为白色粉末，易溶于水，有臭味。应在避光、阴凉、干燥处密封保存。主要用于像片调棕或从废定影液中提取银质。

二、常用药液配方

(一) 微粒显影液配方(负片显影用，表2.3.1.2)

微粒显影液配方表　表 2.3.1.2

药品名称 \ 配方	D-23	D-23补充液	D-76	D-76补充液
52℃的水(mL)	750	750	750	750
米吐尔(g)	7.5	10	2	3
无水亚硫酸钠(g)	100	100	100	100
对苯二酚(g)			5	7.5
硼砂(g)		20	2	20
加水至(mL)	1000	1000	1000	1000

D-23是最简单中等微粒配方，原液使用，20℃时显影时间为7～10min。如连续冲洗，每冲卷一个后，显影时间应增10%，每1 000mL可冲卷10个。如用补充液，每冲完一卷倒掉一点旧液，每1 000mL可冲卷25个。

D-76为最常用的微粒显影液，原液使用，20℃时显影时间为8～12min。每500mL可冲卷2～3个。如连续冲洗，每冲一卷后，加30mL补充液，可保持显影能力均匀一致。

(二) 依尔福ID-68增感显影液配方(表2.3.1.3)

负片显影用液配方表　表 2.3.1.3

成份 \ 配方	ID-68	ID-68补充液
52℃的水(ml)	750	750
无水亚硫酸钠(g)	85	85
对苯二酚(g)	5	8
四硼酸钠(g)	7	10
硼酸(g)	2	
菲尼酮(g)	0.13	0.22
溴化钾(g)	1	
加水至(mL)	1000	1000

依尔福ID-68是一种增感微粒显影液配方。与D-76配方比较：可将规定的胶片速度提高30%～60%左右，而颗粒度增加甚少，清晰度良好，反差稍大。原液使用，20℃时，显影时间6～12min。每冲一卷后可加补充液15～20mL，以保持药力的活性均匀一致。如不加补充液，每冲一卷后应延长显影时间10%左右。

(三) D-72显影液配方(负片、像纸通用，表2.3.1.4)

D-72显影液配方表　表 2.3.1.4

成份 \ 配方	D-72(MQ型)	D-72(PQ型)
52℃的水(ml)	750	750
米吐尔(g)	3.1	
无水亚硫酸钠(g)	45	45
对苯二酚(g)	12	12
无水碳酸钠(g)	67.5	67.5
菲尼酮(g)		0.25
溴化钾(g)	1.9	1.9
加水至(mL)	1000	1000

D-72为像纸和负片通用的中性显影液配方，它被普遍采用，适应于各种感光纸，性能良好。

像纸显影时，1：2冲淡，20℃显影时间，印像纸2min左右，放大纸3min左右。

负片显影时，1：1 冲淡，20℃显影 3min 左右。

普通胶卷显影其冲淡比例为 1：5～1：10 之间，19℃罐显为 7min 左右，但影像细部层次损失较多，故不提倡用 D-72 冲洗胶卷。

(四)公元 ED-3、ED-12 负片显影用配方(表 2.3.1.5)

ED-3、ED-12 负片显影用配方　　表 2.3.1.5

成份＼配方	ED-3	ED-12
52℃的水(ml)	750	750
米吐尔(g)	2.5	1
无水亚硫酸钠(g)	100	75
对苯二酚(g)	5	9
无水碳酸钠(g)		30
硼砂(g)	2	
溴化钾(g)		5
加水至(mL)	1 000	1 000

ED-3 配方与 D-76 基本相同。原液使用，20℃时显影时间 6～12min，它是一种中等微粒显影液配方，冲出的负片颗粒较细，反差适中，层次丰富。

ED-12 属于硬性负片显影液配方。原液使用，20℃时显影时间 3～6min。

(五)像纸用特软性显影液配方

水(52℃)　750mL
米吐尔　5g
无水亚硫酸钠　25g
无水碳酸钠　25g
溴化钾　0.7g
加水至　1000mL

该配方为特软性显影液，约可使像纸反差降低一号，适于洗印反差极大的负片。特别是在没有软性像纸的情况下使用，效果更好。使用时，原液 1 份加水 1～3 份冲淡，20℃时显影时间 2～3min。

(六)像纸用硬性显影液配方

水(52℃)　750mL
米吐尔　1g
无水亚硫酸钠　70g
对苯二酚　15g
无水碳酸钠　100g
溴化钾　4g
加水至　1 000mL

该配方为常用的硬性显影液，适于洗印反差较小的负片。使用时 1：2 冲淡，20℃时显影印像纸 2～3min，放大纸 3～4.5min 用该显影液其诱导期较长，但影像一旦出现，其密度上升很快。使用时应注意这一特点。

(七)常用定影液配方(表 2.3.1.6)

定影液配方表　　表 2.3.1.6

成份＼配方	简单酸性定影液	酸性定影液(F-24)	酸性坚膜定影液(F-5)	快速坚膜定影液(F-7)	快速定影液
65℃的水(mL)	600	600	600	600	600
硫代硫酸钠(g)	250	240	240	360	250
氯化铵(g)				50	50
无水亚硫酸钠(g)		10	15	15	
醋酸 28%(mL)			48	48	
硼酸(g)			7.5	7.5	
钾矾(g)			15	15	
亚硫酸氢钠(g)	20	25			17
加水至(mL)	1000	1000	1000	1000	1000
定影温度(℃)	20	20	20	20	20
定影时间(min)	15	10～15	15	2	5

(八)减薄液配方

1. 等量减薄液

甲液
水　750mL
铁氰化钾　75g
加水至　1000mL

乙液
温水　700mL
硫代硫酸钠　240g
加水至　1000mL

用时取甲液 30mL 加入 120mL 乙液中，再加水至 1000mL。配妥后即将已在清水中润透之负片置入此溶液中施行减薄，随时晃动并密切注意其减薄情况，至适当程度取出负片在清水中水洗 20min 后晾干。用过的减薄液即弃之。

2. 比例减薄液

甲液
水　750mL
铁氰化钾　7.5g
加水至　1000mL

乙液
水 60℃　700mL
硫代硫酸钠　200g
加水至　1 000mL

减薄时，先将负片置入清水中浸透后，再在甲液中减薄，减薄时间视减薄程度而定，然后再放入乙液中 5min，要不断晃动，以免产生斑痕。最后水洗晾干。如发现第一次不理想,可重复减薄。但要注意:从乙液取出后不能立即放入甲液中,应彻底水洗,不然要影响减薄效果。

(九)重铬酸钾加厚液配方

漂白液(贮藏液)

水(50℃)　750mL

重铬酸钾　90g

浓盐酸　64mL

加水至　1000mL

加厚时取贮藏液1份加水10份,将负片在漂白液中充分漂白后,水洗5min,置入D-72显影液(1∶2或1∶3)中,在普通光线下显影,然后水洗干燥。此法视需要可重复加厚。

三、配制药液注意事项

(一)配制前应了解该溶液中各种药品的作用和特性,应熟悉该溶液的用途性能及使用方法。

(二)配制前应彻底清洗容器:显影液、定影液等各种容器及用具要分开使用,注明标记以防用错。

(三)溶液用水一般应用蒸馏水或开水,按规定的用量和温度配制。水的用量一般应取溶液总用量的3/4左右,水温一般在40℃～50℃,水温太高会促使某些药品加速氧化,水温太低又会使某些药品不易溶解。

(四)药品用量要准确,每称一种药品后,应将量器盛具擦拭干净。

(五)药品应严格按配方要求顺序进行溶解,不能随意颠倒或混在一齐同时下水。

(六)配制时,药品应徐徐加入不断搅动,搅动时不能过猛或过缓,应按一定方向均匀进行,不得改变搅动方向,待前一种药品充分溶解后,再放入后一种药品。

(七)配制显影液时,米吐尔不易溶于亚硫酸钠溶液,因此,在溶解米吐尔之前应先溶解1/10的硫养量,再溶解米吐尔以防氧化。

(八)药品逐次溶解后,加水至配方规定的容量。

(九)套药配制方法:套药基本有两种,一种是袋装固体药粉,另一种是瓶装浓缩液体。配制时应严格按说明书要求的方法顺序进行。

(十)刚配好的溶液,pH值不稳定。待静置12～24h后再用。

(十一)配好的溶液最好经过过滤或沉淀后再使用。

(十二)溶液配完后,应将药液名称,药品的用量,配制人员等项进行登记,将用过的药品放归原处。特别是剧毒药品一定要进行登记和妥善保管。

(十三)用过的容器及用具应清洗或擦拭干净放回原处以备再用。

第二节　常用感光材料

一、国产黑白胶片(卷)

(一)照像性能(表2.3.2.1)

(二)基本尺寸(表2.3.2.2)

二、国产黑白像纸

(一)照像性能见表2.3.2.3—1.2。

(二)色调:冷调(蓝黑色)、暖调(暖黑色)

(三)安全灯光:红色或黄绿色

(四)规格:指航测专用或常用的。

国产黑白胶片性能表　表2.3.2.1

指标名称	片种		
	GB18	GB21	GB24
感光度 S	18±1	21±1	24±1
宽容度 $L\geqslant$	2.0	2.0	2.0
灰雾度 $D_0\leqslant$	0.10	0.12	0.15
最大密度 $D_{max}\geqslant$	1.6	1.6	1.6
分辨率≥线/mm	100	85	75

表2.3.2.2

名称 / 尺寸(mm)	120	135	
		36张	20张
长	815^{+10}_{-5}	1630±20	1040±20
宽	$61^{+0.5}_{-0}$	$35^{+0}_{-0.15}$	$35^{+0}_{-0.15}$
片基厚度	0.09～0.11	0.12～0.135	

名称 / 尺寸(mm)	页片			
	5英寸	6英寸	8英寸	12英寸
长	120^{+0}_{-2}	165^{+0}_{-2}	216^{+0}_{-2}	305^{+0}_{-2}
宽	82.5^{+0}_{-2}	120^{+0}_{-2}	165^{+0}_{-2}	254^{+0}_{-2}
片基厚度	0.16～0.20			

国产黑白像片性能表 表 2.3.2.3—1

指标名称＼品名		印像纸			放大纸		
		光面	绸面	绒面	光面	绸面	绒面
相对感光度 S		20^{+10}_{-15}			200^{+100}_{+150}		
曝光范围数	1号	1.15～1.40(1∶25)			1.15～1.40(1∶25)		
	2号	0.9～1.14(1∶14)			0.9～1.14(1∶14)		
	3号	0.65～0.89(1∶8)			0.65～0.89(1∶8)		
	4号	0.44～0.64(1∶4)			0.44～0.64(1∶4)		
最大密度 D_{max}≥		1.8	1.7	1.7	1.8	1.7	1.7
耐冲性(min)		≥3			≥3		

表 2.3.2.3—2

尺寸(cm)	每盒张数	尺寸(cm)	每盒张数
50×60(24 英寸)	50	18×18	100
25×30(12 英寸)	100	13×18	100
23×23	100	60×1000	筒装 2 张

三、南方牌照像制版软片(表 2.3.2.4)

南方牌照像制版软片性能表 表 2.3.2.4

品名	感光度		主要用途	显影配方	暗室照明
	DIN	ISO			
PA 硬性全色片	14	20	作低反差彩色原稿分色用	ED-12	暗绿色安全灯或全黑
PB 中性全色片	17	40	作中等反差彩色原稿及天然色片分色用	ED-12 或 ED-3	
PC 软性全色片	20	80	作高反差彩色原稿及天然色片分色用		
SP 特硬全色片	6	3	用于拍摄文字、线条或直接加网分色	ED-12	暗绿色安全灯
OA 硬性分色片	11	10	用于拍摄低反差之单色或黑白原稿或用于翻晒阳图	ED-12	暗红色
OB 中性分色片	14	20	用于拍摄中等反差之单色或黑白原稿或用于翻晒阳图	ED-12 或 ED-3	暗红色
OC 软性分色片	17	40	适用拍摄高反差之单色或黑白原稿		暗红色
SO 特硬分色片	3	1.6	用于晒印或拍摄文字、线条	ED-12	红色

四、华光牌 SH-2 型黑白全塑像纸

华光牌黑白全塑像纸(又称白底涤纶片),是将盲色感光乳剂涂布在预先涂布白层的涤纶薄膜上而制成的印像、放大材料,一般称为"全塑像纸"。

(一)特点

1. 片基以涤纶薄膜代替通常的钡地纸,所以伸缩小尺寸稳定;

2. 显影加工过程中吸水性小,易水洗,易干燥,节约用水;

3. 平整、不卷曲、坚韧、不易破损,耐保存;

4. 经摄影处理后可得到较高的表面光泽;

5. 具有半透明性质,除在反射光下观察外,透射光亦可呈现影像。

(二)技术性能

1. 照像性能:在推荐加工条件下可满足以下性能。

相对感光度(S):40～100

反差系数(γ):2.5～3.0

灰雾度(D_0):<0.03

2. 物理性能

药膜熔点≥90℃

伸缩率：横向＜0.5％(60℃，10min)

纵向＜0.1％

摄影处理不规则变形＜0.01％

厚度：130～135μm 其中乳剂层 5～6μm

3. 保存期限：2 年

(三)规格

盒装(每盒 40 张)18cm×18cm、24cm×24cm 或其他规格。

五、华光牌黑白复制片

华光牌黑白复制片系采用盲色溴碘化银乳剂涂布于无色透明涤纶片基上而成。具有解像力高、几何尺寸稳定、胶片平整等特点，适用于地质、测绘部门的图像、资料翻拍和复制。

(一)技术指标：

感光度　$S_{1.0}=1.0\pm0.2$

反差系数　$\gamma=2.8\pm0.2$

灰雾度：$D_0\leqslant0.03$

最大密度：$D_{max}\geqslant3.0$

药膜熔点：≥70℃

(二)规格：24cm×24cm，盒装(50 张)

19cm×19cm，盒装(50 张)

(三)安全灯：暗红色

六、感光材料的保管

(一)感光材料应存放于阴凉干燥处，温度在10℃～20℃，湿度在 50％～70％为宜；

(二)贮存室内严禁放置摄影药品及其他有害化学物质，或放射性物质；

(三)不可使感光材料受到压力或摩擦，以侧放为宜，不要直接放在地面上；

(四)一般应在有效期内使用，启封后应尽快使用和妥善保存。

第三节　航摄正片的制作

一、印像机

(一)普通印像机

印制航摄正片用的五灯或八灯印像机应满足下列要求：

1. 印像机承片玻璃的有效面积(长×宽)不宜小于 40cm×30cm。

2. 印像机的压平装置应使负片与感光材料紧密贴在一起，保证压平精度，承片玻璃的不平度不大于 0.02mm。

3. 印像机之主灯应能垂直上下移动，并具有调整光强的装置。

4. 印像机四角应装有辅助灯或加若干边灯，并能独立调节其亮度的强弱。

5. 印像机内应装有安全灯和散热装置。

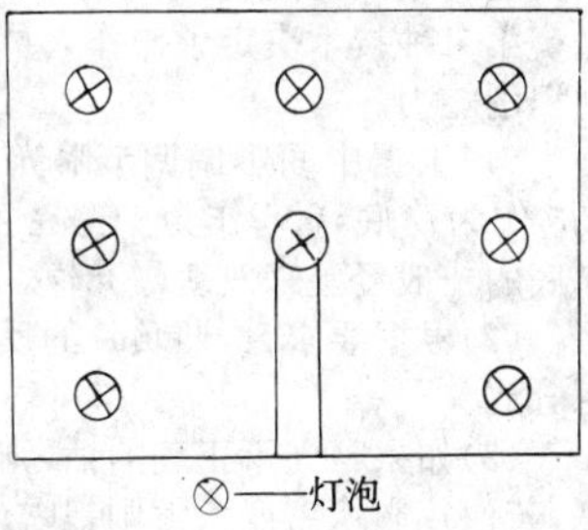

⊗——灯泡

图　2.3.3.1

⊗—灯泡

6. 光源与承片玻璃之间应有匀光装置。

7. 印像机两侧应有片斗或卷片装置。

8. 印像机应安装曝光定时控制器。

八灯印像机简介：

该印像机内装有 8 个白炽灯，中间的功率较大并能上下升降，4 个安在四角，3 个安在三边位于角灯中间(图 2.3.3.1)，4 个角灯相对于中灯(主灯)可做距离的调整，以满足 18cm×18cm 和 23cm×23cm 航片晒印的要求。除总开关外，各灯启闭及亮度强弱的调节均由可控硅控制，使用非常方便。

为了保证压平精度，压盖装有气袋，以提高晒印质量。

(二)紫光印像机

这种印像机结构要求与五灯或八灯印像机基本相同。只是其光源都是充氩气的冷光小灯泡，每个灯泡可以单独启闭，与承片玻璃很接近，灯泡在印像机内排成多个圆圈，各圈灯泡又可分别由人工或电子间隔控制器控制其先后发光，以便根据负片的密度情况进行调光。

(三)电子印像机

LogE Ⅳ-c 电子印像机(图 2.3.3.2)简介：该印像机是一种接触型电子扫描印像机，适用于特定像幅尺寸的航空像片的印像工作，能使整个像幅区域得到最大的细部。该印像机除有一个印制黑白片的阴极射线管(CRT)外，还有一个印制彩色片的阴极射线管(CRT)。该机能够通过反馈电路进行自动补偿印像，反馈线路按照负片的密度，能够瞬时地调制光源的扫描速度，使总体反差得以控制，从而保持更多的影像细部。

技术说明：

接触方式：乳剂面对乳剂面

印制规格：成卷或单张黑白或彩色负片，尺寸为

18cm×18cm 或 23cm×23cm。

印像光源：CRT 阴极射线管。

CRT 投影光学系统：专门设计的高级 togEtar 镜头系统。

自动化的曝光控制：以不同速度的光点扫描负片，于高密度区域放慢速度，于低密度区域加快速度，

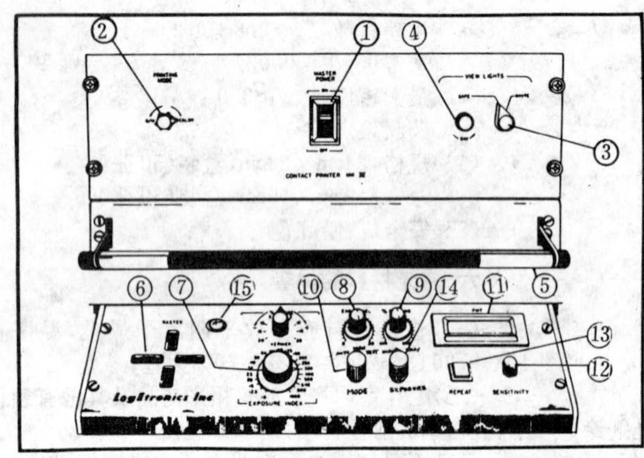

图 2.3.3.2

1—电源总开关； 2—印制黑白、彩色片选择开关； 3—操作灯光选择钮； 4—安全灯亮度控制钮； 5—压盖手柄； 6—光栅控制旋钮； 7—曝光指数旋钮：控制曝光量，调节量从10～1 000； 8—曝光电平控制钮； 9—百分值调光控制钮； 10—操作方式选择开关：有试验、人工或自动方式； 11—光电倍增管(PMT)数字显示表； 12—灵敏度调节钮； 13—重复曝光键：在不动压盖情况下，以便再次曝光； 14—曝光方式控制：当压盖锁闭后，可立即曝光或延时曝光； 15—电源指示灯。

光点速度的变化具有 100 到 1 的可变范围。对于不同感光度的乳剂，曝光指数旋钮可有从 1 000 到 10 的曝光指数选择。

光栅边缘控制：四边光栅边缘的位置和长度，均可独立进行调节。

压片装置：透明的压力平板带有可卸的气袋。

承影面：专门选择高平度 5mm 厚的平板玻璃。

曝光：为确保正片材料的压平精度，允许用延时曝光。

印制材料：除了带有防光晕层的材料外，对所有品种的感光材料都适用。

适于负片的密度范围：所设计的适于负片密度范围为 0～2，超出这个范围，自动补偿将无能为力。

1. 可变调光性能检查与 PMT 读数的调整

(1)打开总电源开关，待预热 1min 后，关闭除安全灯以外的所有灯光(在总开关开着的情况下，或者是室内灯光亮着时，切勿压下罩盖，否则将损坏仪器，打开罩盖，将操作方式旋钮搬至“试验”位置，百分调光调到最大，PMT 表读数应为 0.3 或 0.4，不能高于 0.5 或低于 0.2。

(2)在“试验”位置，将百分调光调到最小，PMT 表读数：在 $E.L=0$ 时应是 50，在 $E.L=1$ 时，大约是 5，在 $E.L=2$ 时大约是 0.5。有±5%的误差是允许的。

(3)当 PMT 表读数不符上述数值时，应进行调整。调整方法如下：

①反时针方向将印制形式控制用螺丝刀旋转到底，百分调光控制钮旋转到最大，曝光电平调为零；

②如印制黑白材料，需将 $D=0.6$ 的密度片放于镜头之上。如印制彩色材料，将滤光片组合插于镜头上方滤光片架上；

③将操作观察灯开关安置至“安全”位置，将操作方式开关调到“试验”位置；

④调节光栅旋钮，使光栅边缘位置正好在蒙片切孔位置；

⑤放一张未感光的像纸于印像台上，使其中心正好盖在蒙片的切孔，这时印像台上应无底片，将曝光方式安置至“正常”或“延时”位置；

⑥锁闭罩盖，顺时针方向调节 PMT 灵敏度钮到底。然后，顺时针转动印制形式旋钮，直到 PMT 读数为 100，再反时针方向转 PMT 灵敏度钮，直到表的读数为 50。

⑦抬起罩盖，拿出像纸，此时 PMT 表读数应为 0.3 或 0.4，否则为不正常，应检查原因。

2. 蒙罩技术

为了提高复制影像质量，在印像机影像区域内施以蒙罩技术是很有必要的，一是隔离无关的光线到达 PMT，防止降低补偿能力，二是为了将影像的边缘增强效应减至最小。所以，随机供应三种类型蒙片：绿色适用于中等密度的负片，蓝色适用于低密度的负片，红色适用于高密度的负片。因此，在作业中要根据负片密度的大小，决定使用哪种蒙片。

3. 可变调光技术的应用

第一种技术：需要使用密度计。

(1)用密度计量测负片的密度极端值，最好取 5mm 的面积，计算出曝光电平 $E.L$ 的安置值。

$$E.L=\frac{D_{最大}+D_{最小}}{2} \quad (2.3.3.1)$$

(2)基于负片的反差等级，按需要调整百分比，高反差到最大，低反差到最小。

第二种技术决定于操作人员眼睛对影调和反差的识别能力。

(1)根据中间影调调节曝光电平，安置曝光值，0.3 作为薄底，0.6 作为中等密度的底片，0.9 作为厚底的一般经验来改变曝光值。

(2)根据要求，按照负片的反差和密度范围调节百分比。

(3)如果曝光不正确的话，则要重新安置曝光电平，若像片影像密度太大则把曝光电平调到低值，若像片影像密度太淡则调到高值即可。

4. 试验

将负片乳剂面朝上放在蒙片之下，根据复制材料的感光度和负片密度大致确定一下曝光指数，先做试片。做试片时一定要用整张的复制材料。否则，得不到正确的曝光指数。试片做好后，根据试片的反差和密度大小，再重新调整调光百分比和曝光指数，直到满意为止。如晒印彩色片则应换上印制彩色片的阴极射线管，并要调整校色滤色片。

5. 注意事项

（1）在总电源开关开着的情况下，或者是室内白灯亮着时，绝不能压下罩盖。不然，将损坏光电倍增管（PMT）。

（2）经常检查罩盖气袋的充气情况，其压力应为30～40N，若充气过多将损坏压板或承片玻璃；充气太少，不能保证印像材料与负片的紧密接触，使影像的解像力受到损失。

（3）仪器要保持清洁，承片玻璃经常用柔软的绸子或麂皮擦拭；镜头用镜头刷或吹气球清洁；镜头上的密度片要保持清洁。

（4）作业中出现故障及时报告，由仪修人员维修，作业员不能擅自拆卸。

二、航摄像片的晒印

（一）准备工作

1. 根据晒印的线别、号码，收集航摄负片，并逐片检查有无损坏等情况；

2. 准备摄影处理所用药液，将药液温度调至18℃～20℃，冬季最好用升温恒温盆。

3. 清洁水洗器皿。

（二）晒印（用五灯或八灯印像机）

1. 调光：打开印像机灯光，将负片乳剂面向上放在承片玻璃上，根据负片密度情况调整透光强度。调光时，眼睛应垂直向下观察，一方面升降主灯，一方面移动负片，同时启闭或调节角灯（边灯）亮度，必要时可采用加垫透明纸的方法，达到匀光的目的。

航摄负片一般是中间密度大于边缘密度，或是有规律的某部位密度大或小。晒印时，如不调光，就得不到合格产品（电子印像机除外）。所以，调光的目的就是改变负片局部透光强度来调整其曝光量，保证晒象质量。因此说，调光是晒好像片的关键工序之一。

2. 选择像纸和确定曝光时间：根据负片的反差选择像纸的型号大致有两种方法：一是用透射密度计量测负片的反差（ΔD），根据 ΔD 选用像纸。

ΔD 在 0.44～0.64 用 4 号

ΔD 在 0.65～0.89 用 3 号

ΔD 在 0.90～1.14 用 2 号

ΔD 在 1.15～1.40 用 1 号

另一种最常用的方法是目估法，这要靠在作业中不断总结经验，提高判断能力，才能达到熟练准确、应用自如的程度。一般是负片反差大的用 1 号，反差适中的用 2 号，反差偏小的用 3 号，反差过小的用 4 号。

作业开始时，常用做试条的方法确定正确的曝光时间。同时，还可以检验调光是否得当、像纸选择是否合适。所以，试条做好后，最好拿到明室，分析判断，选取最佳效果，再进行大批晒印。

像纸选择是否合适，曝光时间是否正确，是晒好像片的重要环节。只有曝光正确，才有最大的显影宽容度，才能获得反差适中、层次丰富、色调一致的航摄像片。

3. 晒印时，像纸的机械方向应与负片的机械方向垂直，至少要保持像纸的机械方向一致；同时，必须保证压平，随时清除承片玻璃上的不洁之物，防止虚影和斑迹现象发生。

4. 显影液一般选用 D-72 配方（PQ 或 MQ），1：2 冲淡，温度在 18℃～20℃。如无恒温控制，在 16℃～24℃也是允许的。

5. 显影时，应不断搅动，观察显影情况：初显时间一般为 20～30s，完成显影时间约为 2～3min。显影应做到所显像片色调一致，允许用热补液涂抹显影缓慢处，使影像色调均匀，密度适中。显影中，注意药液的消耗，及时加以补充。

6. 显影完成后，要进行中间水洗或停显，中间水洗以流动水为好，停显液要预先配制。

7. 定影：定影时应不断翻动像片，勿使像片迭粘或浮在液面上，造成定影不匀或不足。定影时间应视所用配方和温度而定，一般在 5～15min。

定影以两盆定影法为好，这样既能保证定影质量，又能节省药液，延长定影液寿命。

（三）水洗和干燥

1. 水洗：定影后之像片应彻底水洗，以清除像片乳剂内及纸基内的可溶物质，保证像片能够长期使用和保存。水洗时，采用流动水洗的方法，要不断搅动，使水洗充分彻底，水洗时间应在 30min 以上。

水洗器皿，如有条件，应采用阶梯式水洗池，这样既保证水洗质量，又能节约用水。

2. 干燥：像片干燥有下列方法：

（1）凉干：需要特制的凉干架，其大小和凉屉层数视要求而定，每个层屉上绷以纱布。凉干时，将像片擦去水渍，乳剂面向下平放在纱布上，干燥后像片平整，便于清号。

（2）烘干：水洗后的像片可使用各种烘干机烘干，但大量印像时应采用大型烘干机。航摄像片一般不用上光。

（四）质量评定

航摄像片是供外业刺点、调绘、地质、水文、选线、遥感等判释，或镶嵌略图用的。要求像片所有影纹尽可能在比较中等的密度范围内（这是人眼对影纹分辨率最敏感的范围）。密度小于 0.1 或大于 1.8 都会使细部影纹损失太多而无法分辨，对观测、判释都不利。所以，航摄像片要求影像的反差、密度适中，层次丰富，影像清晰，色调一致。

具体要求如下：

1. 像片反差、密度适中，层次丰富，色调均匀一致。

2. 压平好，细部影纹清晰，没有虚影，框标齐全清楚。

3. 像片表面无斑点、指纹、折痕、擦痕、变色等。

4. 像纸机械方向一致。

（五）航摄像片常见问题、产生原因及解决方法（表 2.3.3.1）

三、透明正片的晒印

（一）用普通印像机晒印透明正片的过程、方法

表 2.3.3.1

常见问题	产生的可能原因	解决方法
影像整体密度过大	曝光过度,显影过度	做好试条
影像整体密度不足	显影不足、曝光不足;显影液温度过低;显影液疲劳	做好试条 调整温度 换新显影液
全片或局部有浅灰色灰雾	曝光不足,显影过长;安全灯不安全;热补液温度过高;像纸过期	做好试条换安全灯,如放大注意安全灯亮度注意热补液温度显影液中加入适量的抑制剂
反差过大	像纸型号太硬;曝光不足显影过度;显影液浓度大或温度高	换像纸型号;调整曝光时间;调整显影液浓度和温度
反差太小	象纸型号太软;曝光过度,显影不足;显影液温度过低或过淡;显影液疲劳	换像纸型号;调整曝光时间;调整显影液温度或浓度;换显影液
色调不均匀	调光不匀;显影热补不及时或热补液温度过高补救方法欠妥;或用不同型号像纸	认真调光,及时热补掌握正确热补方法;同一航线或区域尽量用同一型号像纸
影像局部或全部模糊	压盖海绵过软或过硬或不平;压盖气袋充气不足或过大;压盖接缝处不严;曝光时压平不好;承片玻璃不平或有颗粒状杂物;负片放反	压盖海绵适度;气囊充气适当;换承片玻璃;清洁承片玻璃;正确放置负片
像片上有白道或白点	头发、脏物、纸屑等附在负片或承片玻璃上	作业中注意清除
影像有黑线	乳剂面受外力摩擦	曝光前不使乳剂面摩擦
指痕	曝光前用带有药液或汗渍的手触及乳剂面	作业中手要干净,曝光者不要用手触及药液
起泡	定影、水洗过长;像纸的结合层不牢	按规定要求作业;更换像纸
局部影像发蓝黑色或棕色	定影开始时,未将像片浸入定影液;夏季显影时,像纸经常曝露在空气中,附着的显影液被氧化	定影时勤翻动;夏季显影时,像片不要在空气中曝露过长

与像片晒印大致相同,现将不同之处分述如下:

1. 因所用复制材料感光度较高,其印制光源由白炽灯改为绿灯,暗室安全灯用暗红色。

2. 显影液采用 D-72　1:1 冲淡使用,根据情况可加入 1/100 的苯并三氮唑溶液若干。

3. 显影动作要轻,防止划伤乳剂或产生折痕。因安全灯较暗,判断显影是否完成主要采用定时加目视方法。

4. 定影应准确掌握时间,定影完成的时间应为定透时间的两倍,不能过长。定影数量不能过多,翻动时动作要轻缓,以免划伤乳剂或造成折痕。夏季可采用酸性坚膜定影液或采取显影预坚措施,防止乳剂软化变形。

5. 用于透明正片的水洗器皿一定要洗刷干净,不能有任何细小砂粒。

水洗时间一般为 10～15min,夏季不能超过 10min。水洗时,每盆数量不能过多,翻动时要细心。

6. 水洗后的透明正片,应放在水渍去除液中漂洗半分钟后再晾干。晾干时按号码顺序依次平放在晾干架上。有条件时,可用专门的烘箱烘干,室内应保持清洁和通风。

(二)用 logE 电子印像机晒印透明正片:

1. 根据负片反差选用蒙片,一般均用绿色,在镜头上放 $D=0.6$ 灰片。

2. 打开总开关,预热 1min,关闭除安全灯以外的照明灯,将操作方式旋钮旋至试验挡,如 PMT 表显示 0.3 或 0.4 表示仪器正常。同时,用光栅控制旋钮调节四边光栅到位。将操作方式旋钮旋至自动挡。

3. 开启仪器安全灯,将负片乳剂面向上放在蒙片下。根据负片的平均密度值,在曝光电平上安置 $E\cdot L$ 值;根据负片反差安置调光百分比:反差大的到最大值,反差小的到最小值。根据感光材料感光度和负片密度大小,确定大致的曝光指数。并将曝光方式旋钮旋至延时位置。

4. 做试片一定要用整张材料。不然,其结果是不准确的。试片做好后,放在透明灯箱上观察其密度、反差,重新调整相应数值和显影时间。

5. 除电子印像机操作外,其他步骤均与普通印像机晒印透明正片的过程相同。

(三)质量评定:透明正片是加密、测图用的主要资料,它不但要有稳定的几何尺寸,还要有良好的影像质量。为此,应有下列要求:

1. 复制材料的片基必须是伸缩率很小的聚酯片基,现多为涤纶片基。

2. 晒印时正片的机械方向应垂直于负片的机械方向。

3. 影像反差、密度适中,细部影纹清晰,层次丰富,其最大光学密度 $D_{max}<1.8$,最小密度 $D_{min}>D_0+0.1$。

4. 压平好,无虚影,框标齐全清楚。

5. 正片表面无斑点、沙粒、划痕、折痕及脱膜现象。

为了保证影像质量,晒印时一定要曝光正确、显影正常。最忌曝光过度,显影不足。因为这样会造成反差降低，清淅度差，影响立体观测效果，降低加密和测图精度。

用电子印像机比用普通印像机晒印的透明正片质量高，故生产中应尽可能使用电子印像机晒印透明正片，以确保加密和测图精度。

第四节　放大像片的制作

一、放大机简介

放大机的种类繁多，大小和型式亦各不相同，但其主要结构是基本相同的，都由支架、光室、底片夹、镜头、调焦系统、承影板等部分组成。新式放大机都配有曝光定时器、彩色光室(混色头)、自动校色等装置。

如果按其结构和特性分有集光式、半集光式和散光式三种。

由于种类太多，现只将海鸥 F-7 放大机和狄维亚(DEVRE)108A/F 彩色放大机的主要结构分述如下：

(一)海鸥 F-7 放大机

其结构包括支架、光室、集光镜、负片夹、皮腔、镜头等。

支架：为一圆柱体垂直固定在基座板上，机头的升降(调整放大倍率)由小型马达控制。

光室：采用发光柔合的乳白蘑菇形灯泡，并用一平面反光镜将光线均匀地投射在集光镜上。

集光镜：备有两组。一组适应负片尺寸为 6cm×9cm，放大镜头焦距 $f=13.5$cm 的集光镜；另一组适应负片尺寸为 2.4cm×3.6cm～6cm×6cm，放大镜头 $f=5$cm 和 $f=7.5$cm 的集光镜。

负片夹：尺寸为 8cm×10cm，并有可调节大小的活动遮片，以适应不同尺寸的负片。

皮腔：供调焦用，固定于一垂直导杆上。

镜头：有 $f=5$cm，$f=7.5$cm，$f=13.5$cm 三个镜头供放大时选用。

其他：可将机头旋转 90°，成横位放置，供大倍率放大用。配有曝光定时器。在光室与集光镜之间有一屉架，供彩色放大时放置校色滤色片用。

(二)狄维亚(DEVRE)108A/F 彩色放大机简介

该机为电动化专业用大型彩色放大机，可垂直放大至 1m×1.5m(40 英寸×60 英寸)，配有多种焦距的放大镜头和负片夹，以满足 2.4cm×3.6cm～25cm×25cm 各种负片的放大要求。是专业彩色放大机中的高级产品。

其主要结构由：机架、底片架、镜头架、光源、台板(承影板)镜头、定时器等组成。

机架：放大机主要部件都安装在稳固的铸造立柱上，而立柱的底部装在坚固的基座上，镜头架、负片架(含灯箱)分别由电动机驱动在立柱上平稳升降，立柱底部的台板可手工调节高度。放大机的光室中心、负片架中心、镜头主光轴、台板中心应在同一垂直线上，并使负片架、镜头、台板三平面保持平行。电源配电盘位于立柱底部的后面。

镜头架：是突缘的圆形镜头盘，其上可定位安置凹型、碟型与平面型三种镜头固定接盘，位于承影板左侧的控制开关可精确地控制镜头的升降，并可以锁定。镜头可作 x 和 y 方向的倾斜(±15°)，用于调整镜头的水平性和矫正变形。

负片架：是用于安放负片盘的，由承影板右侧的开关控制升降，并可锁定。负片盘有两种规格：一种是像幅尺寸为 25cm×25cm，两侧装有卷片轴，压平采用夹板式锁定负片，使负片处于良好的压平状态；另一种是小规格的散页负片夹，它有 11 种尺寸，从 2.4cm×3.6cm～20cm×25cm，可在负片盘定位屉中自由取出，使用方便。

光源：灯箱(又叫彩色头、混色头)在负片上方的负片架上。

灯箱两侧各装四个 250W/24V 溴钨灯泡，每个灯泡前面安装一组(黄、品红、青)吸热干涉膜(二向色)滤色镜，灯箱内部是用散光效果很好的发泡乙稀树脂制成的散光箱，该箱能将经干涉膜滤色镜过滤的色光充分调合，快速提供彩色光源。

在灯箱左侧配有黄、品红、青三个光路滤色值的圆形度盘，其值为 0～200 单位，供校色时用，有三个操纵杆分别控制，可快速达到极微量的增减滤色值，提高滤色效果。当放大黑白像片时，可用左侧后面的光源控制杆，改为白色光。

它配有两个灯箱：供 12.5cm×12.5cm～25cm×25cm 大型负片用的灯箱和供 12.5cm×12.5cm 以下负片用的小型灯箱。

在使用过程中，因灯箱内温度很高，故采用鼓风机散热。如有一个灯泡损坏，则光源全部熄灭，报警器发出鸣响。

台板(承影板)：为 1m×1m 的正方形，板面为能吸磁的并带有小孔的金属台面，上罩黑色网眼状台布。台板升降用手工操纵，并可在 x、y 两方向倾斜，各为±15°。

感光材料的压平有两种方式，一为圆形小磁铁，一为用鼓风机抽气吸平。

镜头：德国产罗敦司特(RODENSTOCK)专用放大镜头，焦距从 50～300mm。

定时器：在台板左侧装有从 0～399s 的曝光定时器。除此之外，电源总开关，光源开关、标尺照明开关，曝光按钮均在定时器上。

标尺照明：从台板至镜头与从台板至负片盘的距离都有标尺显示，装有辅助放大装置和照明小灯泡，使读数非常方便。

放大与缩小倍率：

镜头(mm)	放大倍数	缩小倍数
5	38×	/
8	23×	/
105	17×	/
135	13×	/
150	11×	0.22×
180	9×	0.27×
210×	7.5×	0.33×
240	6.3×	0.40×
300	4.5×	0.55×

二、放大像片制作

(一)要注意调整下列三种关系

1. 集光镜直径(对角线)与负片对角线的关系:集光镜直径(对角线)应大于负片对角线的 1/5 左右。

2. 镜头焦距与负片对角线的关系:镜头焦距要大于或等于负片对角线的长度。

3. 镜头与集光镜的配用关系:配用原则是集光镜直径(对角线)大的配用焦距长的镜头;集光镜直径小的配用焦距短的镜头。

(二)放大操作

1. 安放负片:将夹片玻璃清洁后,把负片乳剂面向下装入放大机内。

2. 调焦:根据所需放大尺寸,调整压纸板的尺条。开启光源,将光圈开至最大,升降机身,调整镜头与负片间的距离(物距 D)和镜头与影像间的距离(像距 d),直到既符合放大倍率又有清晰影像为止(即$\frac{1}{F}=\frac{1}{D}+\frac{1}{d}$)。

3. 缩小光圈:调焦后应将光圈缩小至适当程度(两级为好),其作用是为了增加景深,增加光线均匀度,提高成像质量和容易控制曝光时间。

4. 做试片:首先应了解影响曝光时间的因素有光源强度,光圈大小、感光材料的感光度、放大倍率、负片密度、显影药液的温度等。准确地曝光是保证像片质量的关键。因此,做试片时,试片要放在影像的主体部位,以不同的时间曝光,显、定影后,到明室观察其反差、密度、色调是否合乎要求,是否需要局部遮挡,选择出正确的曝光时间,切忌马虎从事和急于求成。

5. 遮挡技术:遮挡是放大像片中一项常用的手段,它以控制局部曝光量的方法,纠正因负片密度不均,负片反差过大、放大机光照不匀等缺陷,或特殊要求,使放大影像达到需要的反差和正常的层次表现。

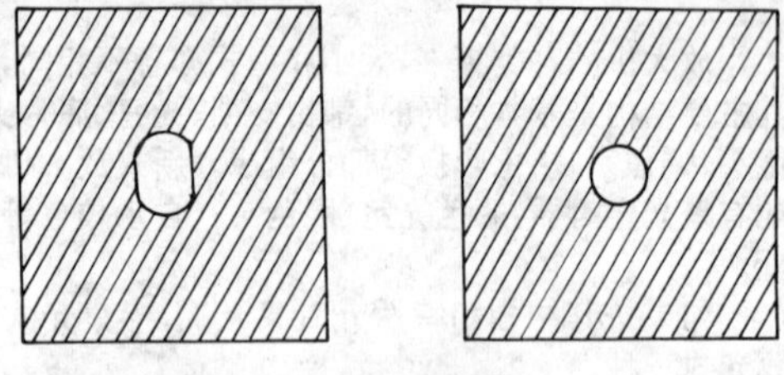

图 2.3.4.1

遮挡方法有两种:一种是局部加光,在统一曝光后,再在密度过大或照度小的部位适当增加曝光量。二是局部减光,是在统一曝光的同时,对负片密度小或照度过强的部位进行适当的遮挡以减少曝光量。

遮挡工具:视需要可自行制作加光工具,一般用黑色硬纸板将中间部分剪成圆形、椭圆形等或需要的形状的孔洞(图 2.3.4.1)。减光工具是用剪成的圆形、椭圆形或需要形状的黑纸板固定在比较细的铁丝上或竹签上(图 2.3.4.2)。

局部控制曝光在操作技巧上较为复杂,必须常练,在实践中不断摸索,总结经验,才能运用自如。

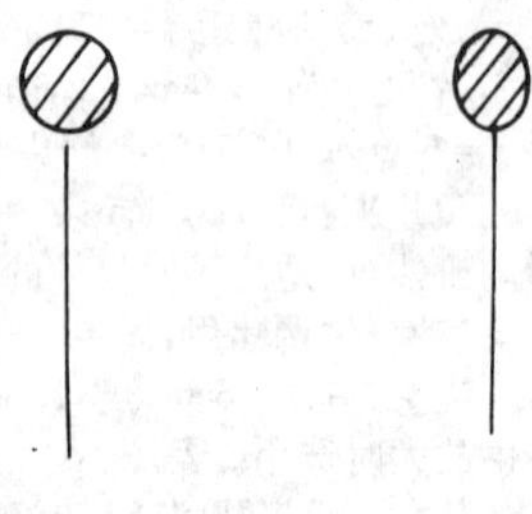

图 2.3.4.2

6. 放大像片的显影、定影、水洗、干燥、质量要求等,都与像片晒印部分相同,不再赘述。唯一不同之处是显影时安全灯较暗。

第五节 彩色像片的晒印和放大

一、暗室要求及主要设备

(一)暗室要求

供手工冲洗彩色负片的暗室应完全黑暗(罐显除外)不准有漏光现象。供印放彩色像片的暗室应避免安全灯以外光线的干扰,其安全灯为茶褐色,大多采用亮度较大的钠光灯。

彩色暗室设备和用具较多,安放要合理有序,便于操作。

彩色暗室在冲洗过程中,药液产生对身体有害的气体,应备有良好的通风设备。

彩色暗室作业中要保持药液的恒温状态。因此,最好有空调设备。

彩色像片的印放和冲洗,如有条件最好分室进行,以免互相干扰。

(二)主要设备

1. 印放设备

(1)印像机和放大机详见本章第三节和第四节。

(2)彩色校色滤色片:使用普通印像机和普通放大机制作彩色像片时,必须用滤色片校色,才能获得高质量的彩色像片。在由彩色负片制作彩色像片过程中，都用黄、品红、青三种补色滤色片。每种颜色又分成 11 个密度等级，其密度等级为 05、10、20、30、40、50、60、70、80、90、99，全套共 33 张。还有分 12 个等级的，加 02 一张，全套共 36 张。还有其他分法，不一一叙述。

(3)稳压电源：在彩色印放过程中，电源电压的微弱变化将引起光线的强弱和色温的高低变化，它直接影响曝光时间和校色质量。故应备有稳压装置。

(4)曝光定时器：彩色印放要有准确的曝光时间。定时器最小单位以 0.1s 为宜，而且重复使用性能要好。

2. 手工冲洗设备

(1)立式冲洗箱：冲洗彩色像片用的冲洗箱是根据需要自行设计而制作的，它由恒温水箱和冲洗槽两部分组成。恒温水箱内的水温控制在 33±0.5℃左右；冲洗槽装入冲洗药液后放入恒温水箱内，使药液温度保持恒定。

(2)定时装置：彩色像片的冲洗以秒计时，应有准确的定时报警装置。

(3)干燥设备：烘干箱或电吹风机。

(4)标准色温灯：用于观察彩色像片质量，确定偏色程度。

3. 小型自动冲洗设备

小型彩色像纸冲洗机种类很多，自动化程度较高。现将杜斯特(Durst)RCP50 冲洗机简介如下：

该机是一种小型封闭式自动连续操作的冲洗机，它可冲洗所有聚酯片基的摄影材料，其尺寸可以从 7cm×10cm～50cm×70cm。它由电子程控装置控制着整个处理过程，包括药液的自动补偿。

该机对已输入的标准工艺的运转速度可通过一个按钮来选择。作业时，机器运转情况的有关数据可在显示板上显示。如：显、定影的温度(有旋钮可调节，运转速度，感光材料输入到机内的显示，使作业者一目了然，便于调整和操作。

(1)体积：91cm×81cm×35cm

(2)冲片尺寸：(7cm×10cm)～(50cm×70cm)

(3)最大宽度：52cm

(4)药液容量：彩显 11L，停显 2.2L，漂定 7L。

(5)进片速度：有四个程序可供选择，以适应不同的感光材料。

程序 NO1，显示“10”

运转速度为 10cm/min，适用于正常的 EP-2/EP2RT。运转速度为 13cm/min 适用于 EP20D 程序 NO2，显示“13”的高速彩色材料和相应工艺。

程序 NO3，显示“5”

运转速度为 5cm/min，适用于 EP2RT 或 EP-2 的 DVRATRANS 和相应的工艺。

程序 NO4，显示“××”

运转速度可由一个速度旋钮来选择，可调范围为 5cm/min 到 65cm/min，适用于黑白材料的冲洗。

(6)药液补充速率：

程序 NO1　10cm/min(标准冲洗速度)

彩显补充量：355mL/m²

停显补充量：355mL/m²

漂定补充量：355mL/m²

程序 NO2　13cm/min

各补充量同上

程序 NO3　5cm/min

彩显补充量：970mL/m²

停显补充量：970mL/m²

漂定补充量：970mL/m²

程序 NO4　5cm/min～65cm/min

因为该程序适用于黑白工艺，它可以任意选定不同的补充率。如：当选择速度为 50cm/min.

显影液补充量：150mL/m²

停显液补充量：250mL/m²

漂影液补充量：250mL/m²

(7)冲洗温度

a. 10cm/min：彩显液 32.8±0.3℃，漂定液 30℃～34℃。

b. 13cm/min：彩显液 37℃，漂定液 33℃。

c. 5cm/min：彩显液 32.8±0.3℃，漂定液 30℃～34℃。

d. 50cm/min：显影液 30℃，定影液 32℃。

(8)10cm/min 每 h 处理能力(表 2.3.5.1)

表 2.3.5.1

像纸尺寸		冲洗数量(张)
cm	英寸	
50×60	20×24	10
40×50	16×20	15
30×40	12×16	20
25×30	10×12	40
20×25	8×10	60
18×25	7×10	65
13×18	5×7	100
10×15	4×6	180
9×13	$3\frac{1}{2}$×5	200

二、彩色像片印放操作

彩色像片印放对仪器的操作方法和作业程序与黑白印像，放大基本相同。现将不同之处分述如下：

(一)做试片

其目的是选择适当的滤色片组合以校正偏色和确定正确的曝光时间。因此，做第一个试片时不应加滤色片(有经验者能迅速做出正确的判断，可不做第一个试片)，试片的部位应包括影像的高、中、低密度范围和色彩丰富的部分，如有呈灰色的景物一定要包括进去，以易于判断偏色。在获得曝光基本正确的试片后，根据偏色的色别与程度，加所需校色滤色片和调整曝光时间，再做试片，以确定正确的滤色片组合和曝光时间。

(二)判断偏色和校色

1. 判断偏色的主要方法

(1)试片是在正确曝光和冲洗条件下获得的。同时,应在散射日光下或标准色温灯下观察(熟练后可不受此限)。不然,其判断结果是不准确的。

(2)根据第一印象判断偏色,因为第一眼看的颜色是比较准的,如有偏色容易确定。

(3)用影像主体色彩和大面积颜色来判断偏色,因为这些在整个画面中比较醒目,如有偏色也较易发现。

(4)利用画面中的灰色判断偏色,因为灰色景物的偏色最易发现。

(5)利用人物肤色判断偏色,人物肤色特别是脸部如有偏色较易发现。

(6)利用中间密度范围判断偏色,适当考虑低和高密度区。

(7)根据画面所表达的内容、气氛、环境、季节、时间等判断偏色。

2. 确定偏色程度:一般采用分段估计法,把像片偏色程度在感觉上分为五个阶段。

第一种:颜色基本正常,视觉上稍有偏色,约偏色 5 个单位。

第二种:视觉上有轻度偏色,约偏色 10 个单位。

第三种:视觉上有明显偏色,约偏色 20～30 个单位。

第四种:视觉上有严重偏色,约偏色 50 个单位。

第五种:视觉上偏色十分严重,约偏色 80～100 个单位。

3. 校色:用黄、品红、青三种滤色片的密度等级,可做多种组合,达到校色目的。但不能同时使用三种颜色。其校色原则是:

(1)像片上偏什么颜色就增加该颜色的滤色片;

(2)像片上偏什么颜色就减少该颜色的补色滤色片。

综合列于表 2.3.5.2。

校 色 表 表 2.3.5.2

像片偏色	需要增加或减少的滤色片
黄	增加黄或减少品红和青
品红	增加品红或减少黄和青
青	增加青或减少黄和品红
红	增加黄和品红或减少青
绿	增加黄和青或减少品红
蓝	增加青和品红或减少黄

(三)滤色片的增减与曝光时间的补偿

滤色片有阻光效果,其阻光率因黄、品红、青颜色不同而异。青滤色片阻光率最大,每增加 10 个单位的密度,就要在原曝光时间的基础上增加 10%的曝光量;品红色的阻光率其次,每增加 10 个单位的密度,就要在原曝光时间的基础上增加 7%的曝光量;黄色阻光率最小,每增加 10 个单位的密度,就要在原曝光时间的基础上增加 3%的曝光量。此外,胶片式的滤色片其片基本身也阻光,每增加一片也要在原曝光时间的基础上增加 10%的曝光量。如用二向色彩色头就不考虑片基本身的阻光率这一因素。

滤色片的增加与减少,其曝光时间的计算方法也要区别对待,决不能混为一谈。

1. 增加滤色片曝光时间的计算方法

$$t=t_1\cdot\left(1+\frac{x}{100}+\frac{y}{100}\right)$$

2. 减少滤色片时曝光时间的计算方法

$$t=t_1\div\left(1+\frac{x}{100}+\frac{y}{100}\right)$$

(2.3.5.1)

式中 t——新的曝光时间;

t_1——原曝光时间;

x——滤色片密度补偿百分比之总和;

y——滤色片片数补偿百分比之总和。

(四)深箱手工冲洗

1. 根据印放尺寸,将所用深箱放水加温到 33℃,并施以恒温控制;同时将彩显、停显、漂定液分别倒入各自的冲洗槽内,置于深箱中加温,并恒温在 32.8℃±0.2。

2. 将曝光后像纸按操作要求进行摄影处理工作。

3. 彩显、停显、漂定三个步骤在距安全灯 1m 以外的地方进行,当漂定 2min 后即可开白灯。

4. 彩色显影时的注意事项

(1)显影时间的影响:按 EP-2 配方冲洗要求,显影时间为 3.5min。根据具体情况,它有一定的允许范围(3.5～4.5min),随着显影时间的变化,影像的反差、色调、色彩、灰雾等都起变化。首先是色彩,当显影时间增加,品红成份加重,而显影时间减少则青绿成份上升;反差则是当显影时间增加,品红反差上升,高密度处呈品红色,低密度处呈青绿色;显影时间延长,总体密度上升,随之灰雾度增加,出现色彩不平衡现象。

(2)搅动的影响:显影时搅动除影响总体密度和防止显影不均外,还影响着颜色的偏色程度。所以深箱彩显最好用氮气或普通气体定时搅动,以达到好的效果。在手工彩显时,搅动不足,影像绿色成份增加;搅动过猛则品红色增加。其正确方法是:初显时将像纸迅速浸入药内,前 30s 以每秒两次的速度不停的搅动,之后,每隔 10～20s 搅动 10s 以上直到显影完成。对大于 25cm×30cm 的大片或卷纸从开始就不停的搅动,直到显影完成。

(3)显影液温度的影响:当温度提高时,显影速度加快,总密度上升,黄色密度增加更大些,影像呈暖黄色调,容易生成灰雾;当药液温度下降时,显影速度减慢,总密度下降,影像呈蓝色调。

(4)药液要及时补充:彩色像片冲洗时,按照要求,彩显液、停显、漂定液都要及时补充。不然,药液效能降低,影响冲片质量。

5. 操作时还应注意的事项

(1)各种器皿标名定位,严格区分不混用。

(2)严格防止药液污染,绝不能把漂定液带入彩显液内。

(3)裁切像纸应带手套,动作轻缓,以防像纸划伤和出现指纹。

(五)RCP50 冲机的操作

1. 将配制好的彩显起始液、停显液、漂定液,按要求的容量分别徐徐加入各自的冲洗槽内,首先加入漂定液,然后加入停显液,最后加入彩显液,避免让药液溅出污染。

2. 将各补充液的胶管插入各自的药液容器内,将溢出液胶管放入容器内。

3. 插上电源,开启总开关,用温度调节旋钮调至所需温度指标上,待温度加到规定指标时,加热器自动调节恒定。

4. 选择进片速度,目前基本上用 *EP*-2 冲洗配方,按其要求,选用 10cm/min;调整补充液起动马达的偏心轮,使其达到相应的补充量。反时针为增加,顺时针为减少。

5. 将曝光的像纸乳剂膜向上放入进口处,显示板上则有红色信号闪烁,则表示输片正常。否则,则应重新放置像纸。从进片到出片大约 7min 左右,如有异常,则应检查是否有卡片现象发生。

6. 注意事项

(1)冲洗槽内未加药液时,千万不能开启加温,不然会使容槽变形毁坏(硬塑制成)或烧坏电热器。

(2)严禁将药液溅入控制板的电路内,并避免受潮。

(3)冲洗槽要定期冲洗(每星期一次),但要注意及时卸下进片处的电路板,以免受潮毁坏。工作完后应彻底清洗容槽,并用清水将补充管中的残留药液及时清除,以免其析出物堵塞补充管道。

(六)从彩色像片上的问题分析冲洗中造成的原因(表 2.3.5.3)

彩色像片冲洗问题分析表

表 2.3.5.3

彩色像片上的问题	可能产生的原因
色彩不饱和	显影温度低;显影液耗尽,补充不及时;显影时搅动不够
影像太深	显影温度高;显影时间长;显影液太浓;停显液失效
影像太浅	显影温度低;显影液耗尽,补充不及时;显影液浓度低;搅动不够
颜色全部或部分偏粉红色	像纸太冷或潮湿空气冷凝于纸面造成的
青色灰雾	彩显液被漂定液污染;像纸闪光;配制的冲洗液不正确;彩显液中混入了铜、铅(由水或管道、阀门中带入)

续上表

彩色像片上的问题	可能产生的原因
黄色灰雾	像片干燥时温度太高;漂定液通入空气量过度;漂定液周转时间过快;水洗不够
红或品红色斑点	在洗印临结束时漂定液溅到像片上;水洗中有铁或铁锈微粒
青色、偏蓝或偏紫色斑点	漂定液溅入彩显液中,随着溅入量的增多,像片的颜色由青到蓝到紫
白色或浅密度斑点	洗印之前,漂定液或水溅到像纸乳剂面上;显影时乳剂上有气泡;像纸上有湿气;乳剂上有手印
品红或红或桃红杂色	像片由彩显液进入漂定液时,由于最初搅动不够,致使彩显过度延长
红色斑点或条痕	像纸上层乳剂被弄掉
青或蓝色线	安全光引起的灰雾;像纸在冲洗前被折趋;乳剂面有划伤
黄和棕色线	白光引起的灰雾
棕色或黑色条痕	彩显液太脏,有水垢
像片浑暗	漂定液补充率低;漂定活性太低

表 2.3.5.3 只分析了冲洗中可能产生的问题。从中可以看到,彩色像片冲洗,一定要按操作规程严格执行,不能马虎从事。另外,有关曝光和校色的问题,这里不做分析,免使问题复杂化。

三、高温快速 EP-2 冲洗工艺和代用配方

(一)冲洗工艺

工　序	温度(℃)	时间(min)
彩　显	32.8±0.3	3.5
漂　定	30～34	1.5
水　洗	30～34	3.5

本冲洗工艺应严格控制好温度。彩显时间允许有一定幅度,但应在 3.25～3.75min 之间。

(二)代用冲洗配方(表 2.3.5.4)

代用冲洗配方表　　表 2.3.5.4

药品名称	彩显液	补充液
52℃的水(mL)	750	750
EDTA 二钠(g)	2	2
苯甲醇(mL)	15	20
无水亚硫酸钠(g)	2	2
无水碳酸钾(g)	37	40
溴化钾(g)	0.5	0.5
6-硝基苯并咪唑硫酸盐(0.1%溶液)(mL)	3	3

续上表

药品名称	彩显液	补充液
盐酸羟胺(g)	2	2
CD-3 (g)	5	7
加水至(mL)	1000	1000
pH	10.2～10.4	

配制时，如用蒸馏水可省去EDTA二钠。苯甲醇不易溶于水，溶解时，直至液面见不到油珠状物时为止。如溶解效果不理想，则使用等量的二甘醇进行混合后再加入彩显液中。CD-3彩显剂应单独用100mL蒸馏水溶解后，缓慢地加入药液中。否则，将有大量CD-3有机盐基体以油珠状漂浮于液面，使彩显液作废。

彩显补充液是供大批量洗印时配制的。

漂定液配方：

水(50°)	750mL
EDTA二钠	3g
EDTA铁钠	40g
碘化钾	1g
硫代硫酸铵	100g
无水亚硫酸钠	20g
硫氰酸钾	20gmL
加水至	1000mL

pH＝6.8～5.9

(注：该漂定液的补充液与工作液配方相同。)

第六节　翻　拍

翻拍就是把像片、图纸、文件、图表等原件制成复制品以供使用。其产品可以是负片，也可以是透明正片(或幻灯片)。复制品不但要保持原件的面貌，而且通过翻拍还可以校正原件的某些缺陷。因此，需要有良好的设备和技术。

一、翻拍设备

(一)翻拍仪器及照明设备

1. 翻拍仪器

翻拍仪器可以使用专用的翻拍设备，大型的如复照仪，小型的如专用翻拍机。也可以使用一般的照相机，如120型及135型照相机等。由于翻拍工作一般都属于近距离摄影，目的物是静止的，它可以从容地工作，允许有较长时间的曝光。因此，对翻拍仪器应有下列要求：

(1)要有较长的皮腔或近摄接圈及近摄镜头，以满足翻拍倍率的要求。

(2)要有稳固的支架，如翻拍架、三角架等，及专用机的固定轨道。

(3)要有方便的对光设备，以便于准确地对焦和调整倍率。

(4)要有适当的附件以备应用，如黄、橙、红等滤色镜，偏振镜，彩色用改变色温滤色镜(如雷登80*B*、85*B*)及测光表等。

2. 照明装置

翻拍工作一般都在室内进行，其照明都使用灯光，灯光照明力求光线均匀。所以，在小型翻拍架上，左右两侧都配有灯光，以磨砂灯泡为宜，功率在60～150W之间，并具有反光罩。大型复照仪都配有专用照明灯。对于翻拍原件较大的照明，应使用功率为1000W的碘钨灯，并将其固定在可移动的灯架上。

自然光也可做翻拍光源使用，但易受季节、气候、方向、时间等的限制，应通过试验掌握其规律，以便更好地利用。

(二)原图架

大型复照仪及某些专用翻拍机的原图架都有压平或吸平装置，保证原件处于平整状态，并能做上、下、左、右的调整，保证翻拍范围和使原件中心处于镜头的主光轴上。

小型翻拍架的底板即为原图架，该面要平整，其上贴一黑色绒布并备有压平玻璃。

室内座机的原图架可以自制，大小按需要而定。但要注意压平精度和便于操作。

二、翻拍作业

(一)感光材料的选择：翻拍所用的感光材料，应根据原件的性质与翻拍的需要而定。

1. 黑白文字和图表，黑白印刷品，地形图等宜用低速反差大的色盲片或特硬性分色片，如SO、YZ-600等。

2. 普通像片，黑白图画，色彩不多、颜色也不浓的绘画可用中速的反差中等的感光材料，如OB，OC等。对于连续色调、层次丰富的黑白像片以$\gamma<1$的全色感光材料为好。

3. 变色像片，调色像片，工程蓝图，色彩较多、颜色较浓的绘画及彩色像片宜用$\gamma<1$的全色感光材料。

4. 彩色像片，彩色绘画，如要求仍为彩色，则用彩色负片或用彩色反转片。

(二)光源：翻拍时光线要均匀。因此，在用灯光时，其照射方向应与镜头主光轴成45°角，两边的光照强度相同，并与原件距离相等。这样，即可使光照均匀，又避免光线反射到镜头内。

用自然光翻拍有两种情况，一是用其散射光，二是用其直射光，这两种情况只要位置得当，都能取得光照均匀的效果，但还是以散射光为好。在自然光下用彩色负片或彩色反转片翻拍时，以直射光为好，这样色温正常，色彩还原好。

在灯光下用彩色感光材料翻拍时，要避免使用混合光(白炽灯和碘钨灯混用，灯光与自然光混用)。注意光源色温与感光片的色温相匹配。灯光片适宜的色温为3200°K，日光片适宜的色温为5400°K，照像用碘钨灯其色温为3200°K，晴朗天气日光色温约为5600°K。翻拍时，如色温不匹配则用色温滤色镜校正之。如用灯光片在日光下翻拍可在镜头前加雷登85B滤色镜，如用日光片在灯光下翻拍则用80B。

(三)调焦与倍率调整：

1. 原件放于原图架内应严格压平，并使原图架，镜头平面和检影面三平面保持平行。

2. 倍率的调整是在不断改变物距与像距关系而达到的。当复制品小于原件时，物距大于像距；当复制品大于原件时，物距小于像距；当复制品等于原件时，则物距等于像距。

翻拍时，倍率是逐步趋近的，要反复而细致的进行，即要影像清晰，又要倍率合适。对于有较高精度要求的翻拍，调焦时，应备有卡尺或钢尺，随时量测上下和左右各对称边的长度(三平面严格平行时，只量对角线长度)，防止倍率不合或影像变形。

(四)装片与曝光：

1. 如用普通照相机和通用感光材料，就按一般方法装片。如用大型复照仪或室内座机则用负片感光材料，色盲片或分色片可在规定的安全灯下装片，容易判别乳剂面。而用全色页片装片时应在全黑下进行。市场上销售的页片其识别乳剂面的方法是：以右手的中指与拇指拿住页片的长边，用食指去摸右上角的短边，在靠角附近有缺口，则乳剂面向上。如已裁切，则无此记号，需要用其他方法识别。如：裁小条拿到室外判断或凭手感判断等。

2. 曝光

(1)用有内测光照相机翻拍时，以测光值为曝光依据，按要求可适当调节。

(2)用大型复照仪或室内座机及无内测光的相机翻拍时，最好用曝光表测光。其曝光时间受下列因素影响：*a.* 胶片的感光度；*b.* 照明强度；*c.* 光圈的大小；*d.* 倍率的大小；*e.* 原件的反差和色调；*f.* 滤色镜的种类。

光圈的调整，光圈的大小，不单单影响曝光时间的长短，而与成像质量有很大关系。因为翻拍工作的目的是获得高清晰度的影像。为了达到这个要求，在最大光圈调焦后。一般再将光圈缩小2～3档曝光，这时镜头成像质量最高。

用没有内测光的相机加接圈翻拍时，感光片上承受的光强会减弱，需要增加曝光时间，其计算公式如下：

$$增加曝光因数=\frac{(焦距+接圈长度)^2}{焦距^2}$$

用增加的因数乘以不加接圈时的曝光时间，即为新的曝光时间。

3. 翻拍时，在某些情况下，可用滤色镜来提高质量。如蓝图用全色片加红色滤色镜；变黄的像片或纸张加用黄色滤色镜，都可改善翻拍效果。加用滤色镜，可根据需要而定(表2.3.6.1)。

使用滤色镜参考表　表2.3.6.1

滤色镜颜色	吸收色光(降低明度)	通过色光(增加明度)
黄	蓝、紫、紫外	黄、橙、红、绿
黄、绿	紫，相当多蓝光和少量红光	黄、绿、红
橙	紫，蓝和少量绿光	红、黄和部分绿
红	绿、蓝、紫	红、橙、黄
绿	紫、蓝、红	绿、黄
蓝	红、橙、黄、绿	蓝、青、紫与少量紫外线

用滤色镜后，要增加适当的曝光量，才能获得正确的曝光。因滤色镜颜色的不同，深浅的差异，其曝光补偿因数也不一样，用时必须加以考虑。

(五)冲洗：除要求反差大的用硬性显影液或D-72显影液外，都应以D-76或软性显影液冲洗。翻拍冲洗时注意边缘增强问题。对于原件反差小或影像平淡的通过翻拍可提高反差，取得较好的效果，这是容易达到的。而对于原件反差正常或偏大的，翻拍时应考虑曝光时间、显影液种类和浓度、显影时间的长短、搅动情况等，以减少边缘增强效应。

第七节　SEG-1大型纠正仪制做像片平面图

将平坦地区的航摄像片，用各类纠正仪经过投影变换，使变换后得到的影像相当于航摄机物镜主光轴在铅垂位置时摄影得到的水平像片，并改化至所需比例尺。再根据相应的大地坐标位置，将这些像片依次镶嵌在一块图板上得到整幅的像片平面图。

一、SEG-1大型纠正仪

大型纠正仪是德国蔡司厂生产的竖立式第二类型光学机械纠正仪。它由底片盘、镜头、承影面和马蹄形基座及两条竖直导轨所组成。并设有满足交线条件的直尺和满足光距条件的直角两控制器以及缩放M、倾斜α、旋转K、纵向y和横向x五种自由度。

(一)主要技术参数

1. 底片盘的像幅为23cm×23cm或30cm×30cm。借助三个手柄可以使其在自身平面内旋转K360°和作左右向(横向x)移动为110mm。前后向

(纵向 y)移动为－65～75mm。

2. 承影板尺寸为 100cm×100cm。倾斜角 α 为 $-9°\sim45°$

3. 镜头焦距为 $F=180$mm 它始终保持水平位置。

4. 镜头相对孔径 f 为 1∶6.8,光圈为彩虹式,调整范围由 1∶6.8～1∶22 并装有橙、红两种滤色片。

5. 仪器的缩放 M_0 系数为 0.7～5 倍。

投影照明设备:1 个 220V、120W 的水银灯泡被安置在椭圆形半球体集光反射罩内,光源经集光罩反射成均匀的平行光束投射到底片盘上。

(二)光学条件和几何条件控制器

纠正作业时,仪器必须满足两个基本条件,即光学条件和几何条件。前者保证在纠正时承影面上能得到清晰的影像。后者保证纠正后的影像和相应的地面成几何相似。

1. 光学条件包括光距和交线两条件。光距条件保证底片平面和承影面上有一对相应点共轭;交线条件则在满足光距条件的前提下,像面、物面和镜面需相交同一直线。大型纠正仪是借助直角和直尺两控制器来完成的。

2. 几何条件是使底片面和地图面建立相互透视的正确关系时所必备的条件。大型纠正仪是通过五种自由度来实现的。在满足光学条件的情况下,底片盘在自身的平面内做横向 x,纵向 y 的移动和 K 的旋转,并通过承影面倾斜及比例尺缩放的联合动作,便能满足几何条件的要求。

(三)大型纠正仪的检校

仪器必须定期(每年一次)进行检校、使仪器能处于正常的工作状态、以确保其应有的精确度。

1. 基座水平和竖直导轨的铅垂性检校

用右脚盘使承影面水平,将管水准器放在承影面水平轴上,利用基座左、右两个升降螺旋同时上升或下降,使气泡居中,再将水准器贴在左右两根竖直导轨作业边上,如果两侧气泡偏斜方向相同、用前面两个螺旋同时升降改正之。如偏斜不一致、则以一侧螺旋升高、另一侧螺旋降低改正之。

2. 物镜面的水平性检校

第一项检验完成后,将水准器放在物镜框上并平行水平轴、如气泡偏斜超出 5′ 时可将右方直角控制器与左脚盘的传动部分脱开、微微转动左脚盘、使水准器居中、再把传动部件和左右方控制器相连接、然后把水准器旋转 90°,如气泡有偏斜,用右方导轨上安装的改正机件改正之。

3. 直尺控制器的检校

将水准器放在承影面中央并和主垂面相一致、转动左脚盘使承影面上的汽泡居中,此时直尺应在铅垂面位置,用水准器贴附在直尺工作边上,如气泡偏斜用直尺旋转点的改正机件使气泡居中。

4. 直角控制器的检校

用长臂卡规分别量取从承影面和负片面水平旋转中心到贴附在直尺边的滚轴中心间的距离、以及直角尺旋转中心到结构轴平行线间的距离、都应等于焦距 F。如有偏差且不影响影像清晰度、可不进行改正。如偏差大而确实影响清晰度时,用改正机件改正。放松固定螺旋、用手轻轻推动使其达到 F 值后固紧(此项校正须慎重,不可盲目进行)。

5. 影像的清晰性检校(此项校正应慎重)

将承影面置平、用两块相同的标准格网板、分别放入底片盘和承影面上。把比例尺调到 1∶1,使格网相重合。如不重合,用直尺控制器改正。变动比例尺至最小和最大,仔细观看格网的清晰度,如仍不清晰,可改正直角控制器。再用各种比例尺将承影面任意倾斜,如不清晰,可再改正直尺控制器。

6. 仪器各分划尺的零位置和结构轴的确定

(1)几个零位置的确定:用两块相同的格网板,分别放入底片盘和承影面上,转动左右脚盘使上下格网重合,此时在竖直导杆和承影面右侧可读得两个数,分别为比例尺分划尺和倾斜角的零位置。

(2)确定底片盘的旋转中心:将格网板尽量放在底片盘的中央,旋转底片盘在承影面上观看格网板的某一交点,如果没有圆周运动,即为中心点,将该点标在承影面板上。

(3)求仪器构造轴在承影面上的交点:在格网板上找出近似等边三角形的三个顶点使底片盘中心大致位于该三角形的重心处在承影面水平的情况下,将比例尺缩到最小、把三角形三顶点标在承影面上,再放大比例尺到最大,再把三顶点标在其上,分别将相应的两顶点用直线连接并延长相交于一点,此点为交点。再用纵向和横向手轮使底片盘中心投影位置与交点重合,此时在纵向和横向读数器的读数为零位置。

7. 灯泡位置的调整

先将三个平面置于水平,光圈开至最大。放松灯柱螺旋,使灯柱沿铅垂方向上下移动、直到承影面上各处照度均匀为止。

二、纠正作业

像片的纠正是通过纠正仪上五种自由度的联合动作,使投影在承影面上的影像与其相应的地面正射影像之间建立透视变换关系的操作。像片纠正原则上分为两种:一种是根据已知像片的外方位元素,用纠正元素关系式计算出各自由度的安置值。称为安置元素纠正;另一种是对点纠正,通常是在像片有效面积四角处各选一个明显地物点、点的平面位置和高程通过野外实测或室内加密得出并展绘在镶嵌底图上,通过对点使像片上的投影点与底图上的相应点一一重合。建立像片与地图间的透视关系。到目前为止,我国各单位普遍采用的是后一种透光法纠正。

由于地面有着不同程度的起伏,像片上的物像与正射投影的地形图比较存有位移即投影差。上述像片纠正只能消除倾斜误差,而投影误差仍然存在;只能根据对地形图精度的要求,将其限制在限差以内。一般限定为±0.4mm(按成图比例尺计算)。如其超出限差，须采用分带法纠正。作为平坦地区编制像片平面图的高差允许公式为：

$$\Delta h \leqslant \pm 0.000\,8\,\frac{f}{r}M \qquad (2.3.7.1)$$

式中　M——成图比例尺分母；

f——航摄仪焦距；

r——像主点至最远纠正点之间的距离。

(一)准备工作

1. 对资料的分析

根据任务书的要求，用高差允许公式计算高差允许值。

检查每张像片的纠正点是否够用，是否需要投影差改正。

外控及加密点资料是否齐全；

依据航摄负片的反差、密度确定像纸的型号(无光纸为最佳)和药液的配制(软、中、硬性)。

2. 确定衬板厚度

像纸经显、定影及水洗晾干后，有一定的收缩，为了解决因收缩对几何精度的影响，纠正对点时需在纠正底图下垫一块衬板、晒像时将其取走(也可用升降仪器来改正)。

用已确定好的像纸、按成图比例尺所需大小在四角处用坐标展点仪展出四个点(最好做2～3张)，用日内瓦尺量取各边及对角线的距离、其总和为ΣL。然后将像纸显、定影及水洗约50min后，平整地晾干2～3天，再次量取相应线段的长度，总和为Σl。

衬板厚度的计算公式为：

$$\lambda = \left(1-\frac{\Sigma l}{\Sigma L}\right)D \qquad (2.3.7.2)$$

式中　λ——衬板厚度；

D——纠正时物镜距承影面高度(需量测)。

将2～3张的计算值平均即为衬板厚度。如任务多、跨季节作业，衬板厚度应随季节、温度及湿度的不同而变换。

3. 收集野外实测的坐标成果、内业加密坐标成果和刺点像片

根据这些成果、将每张像片的纠正点号码、航高、点位高程抄在纠正作业记录表(表2.3.7.1)上，以备投影差计算及纠正对点时用。

纠正作业记录表　　表2.3.7.1

像片号：　　　　航高：　　基准面：

点号	高程	距离	投影差	仪器高：晒像高：倾斜度：
				作业者：

4. 纠正点投影差计算及在底图上改正

在测绘面积内某些点因高差而产生投影差，在底图上大于±0.4mm时，要进行改正。其公式如下：

$$\Delta h = \pm\frac{h}{H-h}R \qquad (2.3.7.3)$$

式中　Δh——投影差；

h——纠正点对所取纠正面的高差；

H——纠正底平面的航高；

R——像底点(当航摄倾斜角很小时，可用主点代替底点)至纠正点的距离(底图上量取)。

Δh有正负值之别、正值应从像主点至纠正点的辐射线上向外改，负值应从像主点至纠正点的辐射线上向内改。

5. 在航摄负片上标出纠正点位

将负片背面用脱脂棉擦干净，在透明桌上用小笔尖及黑墨汁、参看相应的野外和内业加密刺点片将纠正点点位以直径0.2mm的小点标在相关地物上，作为纠正时对点用。

6. 制做纠正用过度底图

纠正作业时，用镶嵌底图不方便，可用伸缩性很小的聚脂薄膜从镶嵌底图上透绘或直接用展点仪展出所有纠正用点，作为对点用的过度底图。可做成单张多张像片连续的过度底图，并在其上标出像片号码。

7. 制作镶嵌用底图

镶嵌用底图，必须具备伸缩性小的特性。除传统的锌板底图外，再介绍两种图板。一是聚氯乙烯板，其厚度在3mm为最佳，大小按所需而定，用601硬质胶将薄型白磅纸贴在其上，挤压出多余胶液，用平整有一定重量的压件将裱好的图板压好，待干后使用。二是白底涤纶片基的像纸，它既是像纸又是镶嵌底图。纠正时不需要垫衬板，镶嵌时用纠正底图对点切割即可。

底图图板选好后，按成图比例尺的要求，将像主点，外业控制点、内业加密点及有关点位用坐标展点仪展在底图上。点位用0.8mm的圆圈整饰、公里格网及图幅接边线用0.2mm的线条装饰。

(二)纠正对点作业

1. 各自由度动作对投影点的变化规律

以下所有图形均在承影面倾斜情况下，各自由度变动时投影图形的变化规律。图中虚线表示自由度变动后的图形，箭头则是指明投影点移动的方向。

(1)转动左脚盘，使投影图形缩放。在承影面上的图形放大或缩小，如图2.3.7.1。

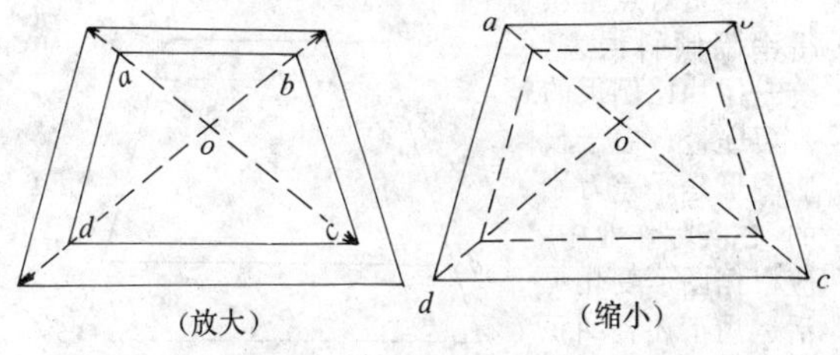

(放大)　　(缩小)

图　2.3.7.1

(2)转动右脚盘，使承影面倾斜。原来是正方形的投影图形变为梯形，此时高于承影面旋转轴部分

的影像变小，两顶点 a、b 向承影面中心方向移动。低于旋转轴部分的影像变大，两顶点 c、d 背向中心方向移动，如图 2.3.7.2。

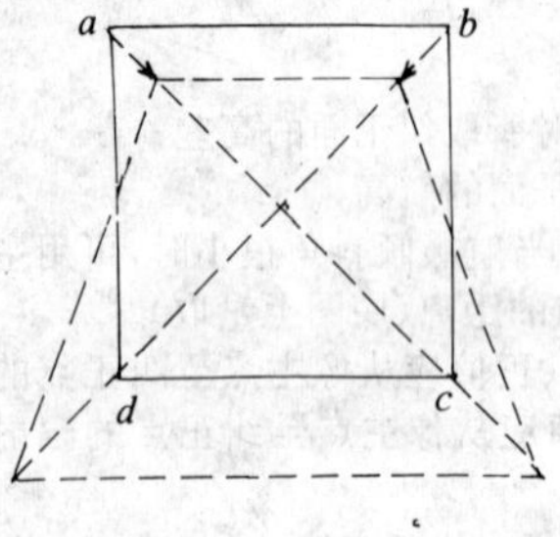

图 2.3.7.2

(3)转动右前上方手轮，使底片盘旋转。投影图形各边长度发生变化，转向承影面高处的边 ad 变短，顶点 a 移动距离也短。转向低处的 bc 边变长，顶点 c 移动距离也长，如图 2.3.7.3。

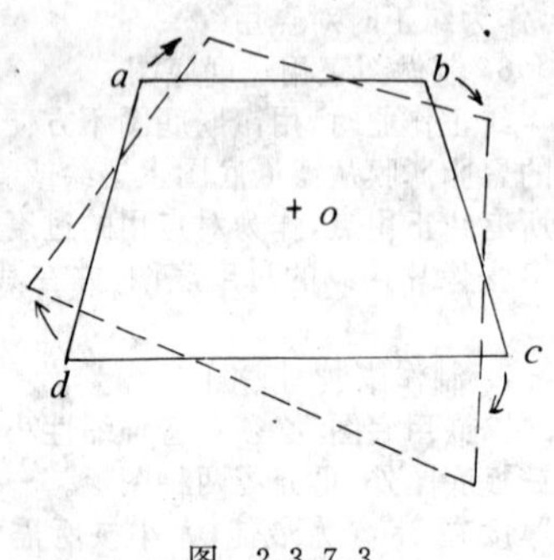

图 2.3.7.3

(4)转动右后上方手轮，使底片盘沿 x 方向移动。在承影面旋转轴上方的 ab 边移动的速度较慢，而下方的 dc 边移动的较快，致使投影在承影面上四边形的四个角都发生变化，从而可以改变图形的偏扭现象，如图 2.3.7.4。

(5)转动左前上方手轮，使底片盘沿 y 方向移动。投影图形在 y 方向的变换速度比 x 方向为快，从而可以改变图形在纵向过长或过短的现象，如图 2.3.7.5。

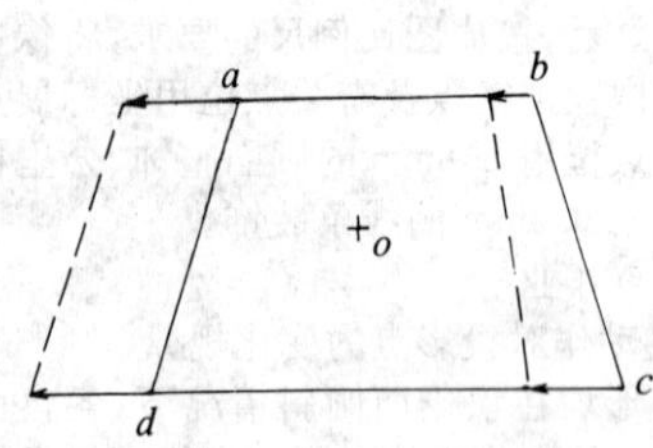

图 2.3.7.4

2. 纠正对点方法

纠正对点是获得消除倾斜误差、统一像片比例尺的重要途径。由于投影图形是千差万别的、在实际作业中，应根据图形变化灵活运用下述各纠正对点方法。

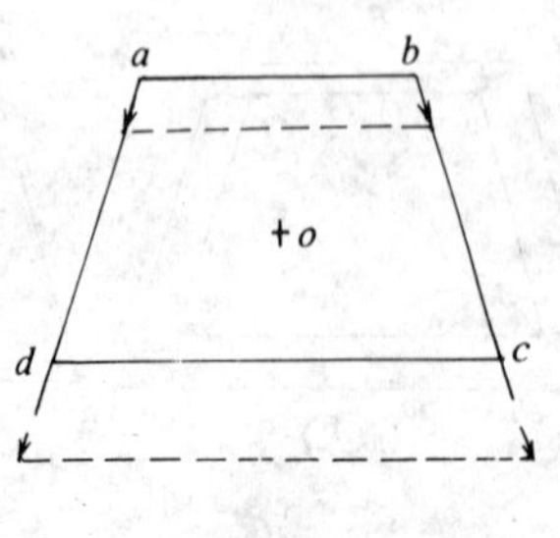

图 2.3.7.5

纠正对点步骤：

(1)开启光源，10min 后将负片药膜向下放入底片盘内，像主点与底片盘中心重合。并使各自由度处于零位置，放大光圈，将计算好的衬板和纠正用底图放在承影面上，在其上压一块平整干净的玻璃。

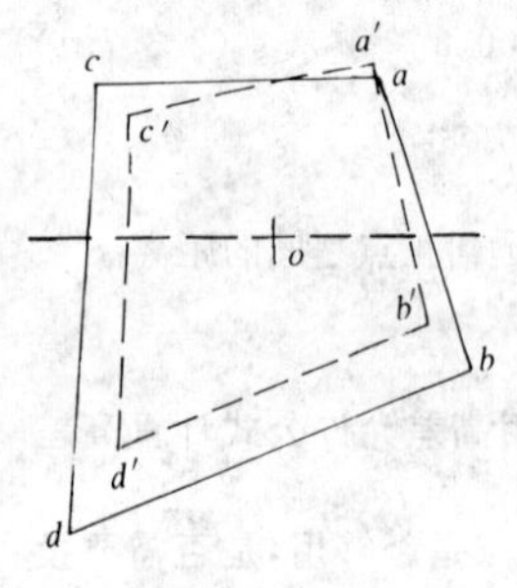

图 2.3.7.6

(2)纠正时，先将投影中心与纠正底图上的相应像主点重合。移动底图，使投影点与底图上相应点的相关位置一致，转动左脚盘并缩放比例尺，使投影图形边长与底图上相应长度大致相等。找出偏离小的(或重合的)及偏离大的各纠正点。从而可以近似地确定像片的主纵线方向(偏离大的一方为主纵线方向)，如图 2.3.7.6。

(3)旋转 κ 手轮，使偏离大的纠正点一方转向作业者(纠正底图相应旋转)，此时主纵线方向垂直于仪器旋转轴，和仪器的主垂面一致。偏离一致的两点 bc 平行或落在旋转轴上。如图 2.3.7.7。

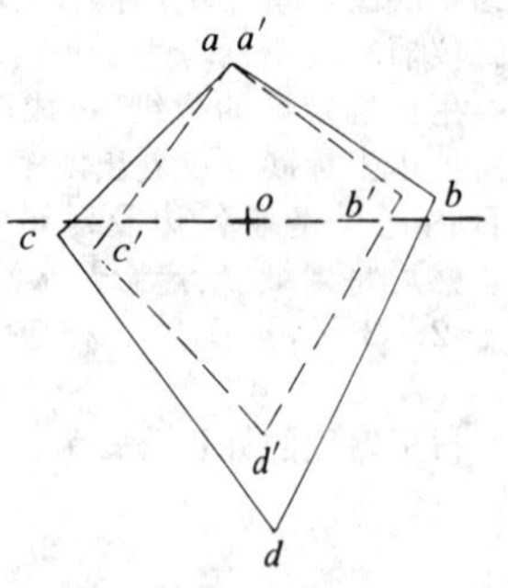

图 2.3.7.7

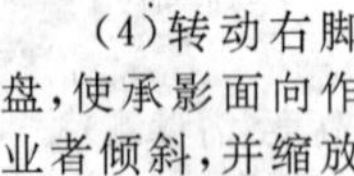

(4)转动右脚盘，使承影面向作业者倾斜，并缩放比例尺，在没有其他粗差和像片倾角 α 很小的情况下，一般可以使纠正点重合在限差以内。如图 2.3.7.8。

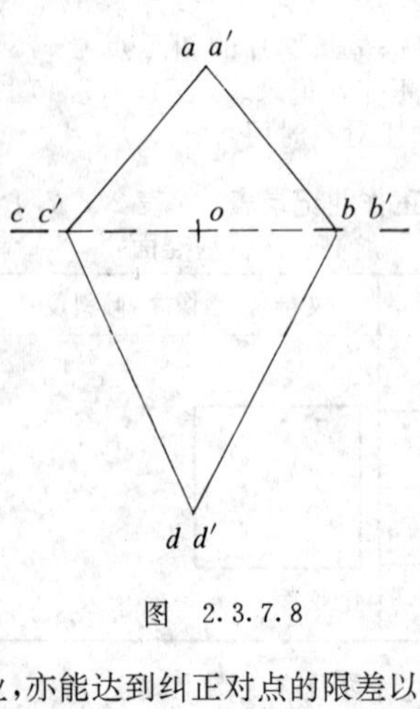

图 2.3.7.8

(5)如果应用了纵向改正后，出现图 2.3.7.9 的情况时，用横向改正，就可达到全部点位重合在限差以内。

必须指出，纠正对点作业中，一般均将像主点置于仪器底片盘中心。当航摄倾角很小时像片偏心也小，可不加入偏心作业，亦能达到纠正对点的限差以内。所以在纠正作业中为了避免用过度的偏心而掩盖粗差，一般规定不准动用纵、横向两项改正。

如果遇有像片倾角大于3°以上时，即便纠正合理（不含粗差），也满足不了对点限差时，可以动用纵、横两向改正。

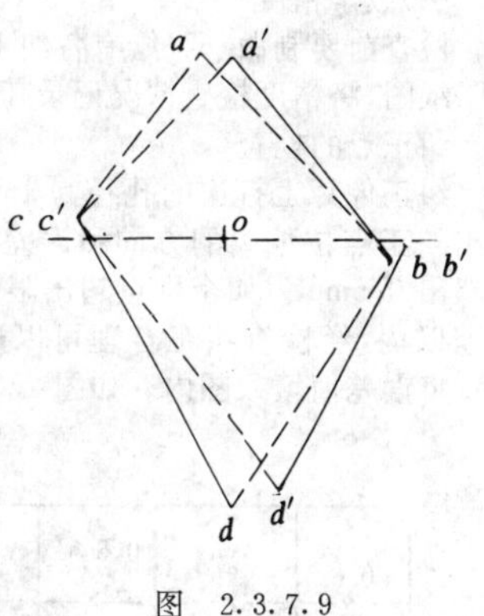

图 2.3.7.9

3. 纠正对点一般问题的检查及处理

纠正对点误差是受各种误差的积累影响的。而粗差是使点位超限的主要原因，如：

(1)负片上点位标错；

(2)纠正用底图点位展错；

纠正时若出现倾角加大，离心距加大及相邻像片的倾角大小和方向不同。此时应检查这两项误差。

(3)底片未压紧，影像不清；

(4)投影误差在计算上和改正中出现错误时，在纠正中各投影点会出现对点无规律性，此时应检查这种粗差。

还有外控点、加密点刺错及抄错等现象在具体作业中如遇有误差超限很大时，切不可强行平差和无限离心。应先内业后外业顺序进行查找，不能随意将点舍去。

4. 晒像和晾干

经过各自由度联合动作，纠正对点在限差以内后，固紧各自由度，取走衬板和纠止底图，关好安全滤色镜，放上像纸，安置所需光圈数进行晒像。为了得到符合要求的像片，应先做试条；在晒像、显影及晾干过程中应注意以下几点：

(1)晒印像片时，由于航摄底片的密度不均匀，曝光时必须采用不同的遮挡方法，以减少曝光亮度不匀的缺陷。

(2)显影温度应在18℃～20℃左右；

(3)晒得后的像片反差要适中，密度稍小，影像清晰；

(4)所有图幅的像片应保持色调一致，要求必须对照样片显影；

(5)定影水洗充分后用干净纱布擦掉水分、药膜向下晾在平整的晾干架上自然干燥，严禁在烘干机上烘干，以免像片变形。

三、镶嵌作业

(一)准备工作

1. 镶嵌胶的配制

镶嵌用胶有多种，如赛璐珞胶、树脂、橡胶、漆片胶及汽油胶等。但以赛璐珞胶为最佳，它所含水分极小，挥发快、粘贴牢和对像纸伸缩小的特点。其配方如下：

丙酮	100mL
赛璐珞	50g
醋酸戊酯	80mL

将切碎的赛璐珞放入盛有丙酮的玻璃器皿内，边放边搅动，加盖经溶解3～4天后（中间要搅动数次），加入醋酸戊酯，其浓度以易刷贴得牢为准。

2. 打孔器、垫板及镶嵌刀的要求

打孔器和镶嵌刀是镶嵌的主要刀具。纠正点打孔的大小及准确度和刀口切割的好坏，直接影响的精度和美观；因此要求用锋利的直径1mm且无偏心的打孔器作业。所用切割刀为医用手术刀、刀柄端部成弯形，刀口尖端薄而锋利，可自行研磨。打孔垫板采用2mm厚度，用有一定结构密度的纸板为好。

3. 应备有足够的金属压块、脱脂棉、1m钢尺、刷子、粗细磨石和清洁用丙酮。

4. 像片打孔及制作接边透点图

将像片上所有纠正点，参照内、外业刺点孔位，用1mm打孔器打孔，要求孔位不能偏离刺点点位中心，每张像片打孔后，应放在底图板上用相应地物点检查其孔位误差。如点位与孔中心的误差不超过0.4mm，个别点位在0.5mm内即为合格。如超限经检查确系纠正不合理应重新纠正。

接边透点图是供本幅边缘像片镶嵌时对点用的，可用腊纸或聚酯薄膜来制作。将跨图幅整张像片上的所有点透在其上，再把相应公里格网标在上面。找到相关位置对好后，压或贴在图板上。一般只作一边，另一边由相邻图幅提供接边像片。在特殊情况下，像主点落在两幅图有边缘时，需要制作两张透点图，供镶嵌对点用。

(二)镶嵌

1. 像片的拼接

把打好孔的像片，按航线从左到右、从上到下顺序拼接。如为单航带，先将第一张像片安置在底图上（如遇有相邻已切割好的接边像片，应先将其安置在图上），移动像片使圆孔中心与图上相应点重合差为最小，用压铁固定像片的左半部，再用同法安置第二、第三张……。拼接时既要注意点位的精度，又要考虑两张像片接片差的限度。重合精度的检查是在相邻两张像片重叠范围内，从中心到边缘选几处明显地物点（如铁路、道路等线状地物），用针垂直刺穿像片，检查下面像片的同名地物点，允许误差为：中心部位主要地物0.2mm，远离中心边缘地区0.7mm，个别地段最大1mm，如接片误差超限时，可移动像片使点位差和拼接差符合要求，并在重叠范围内用特种铅笔画出切割线的走向。要求如下：

(1)切割线尽量通过重叠中部，避免经过居民点，独立地物和线状地物的交叉口。

(2)切割线不许沿线状地物走向，通过直线地物时（如铁路、道路及明显直线），尽量保持正交。

(3)航向和旁向重叠的切割线尽量选在色调一致处通过。

全条航线拼接完毕后，即可切割粘贴。如为多航带时，在第一航带拼接完后，要考虑第二、第三……

航带旁向重迭接边误差情况，可将第一航带上半部用压铁固定(不准有丝毫移动)，露出下一条航带对点的用点。依次拼接第二、第三……航带，并画出切割线。如旁向接片差超限时，可移动上下两航带的有关像片，使其点位差和拼接误差符合要求。此项操作必须细心和耐心，否则不易完成。

2. 像片的切割与粘贴

确认拼接对点无误后，用镶嵌刀在事先画好切割线的地方进行切割，切割与粘贴应交替进行。如单航带镶嵌时，从左到右切一张贴一张，粘贴时应注意点位精度和拼接误差。贴完一张后，用贴有绒布的压铁来回挤压像片，使多余胶液和气泡排出，并用5mm厚的长方玻璃板压实。如为多航带镶嵌时，确认各航带的航向和旁向接片误差及对点误差符合要求后，先将第一航带依次切割并粘贴完毕(与第二、第三……航带旁向切割以外像片处可少刷或不刷胶液)，再切割下一航带的航向并同时切割两航带的旁向，切一张贴一张。用同法依次切割粘贴其他航带。切割和粘贴时应注意以下几点：

(1)切割应严格垂直像片面，刀刃与像片成45°角，切割时用力要均匀适当，要求同时切开两像片而不伤底图为宜。

切割曲线要圆滑，直线或曲折线的切口边缘必须光滑平整。不出斜口；切割后的多余像片分航带编号装袋保存，以备检查用。

(2)粘贴时，接缝不许有重叠和裂开现象。

(3)切割图幅边缘接边像片时，先用压铁压住图外部分，再用钢直尺比准接边线轻轻切下，其误差不得超出0.2mm；并将公里格网线用刀刻在供邻幅接边用的像片边缘处，编号供下幅图用，测图范围线超出部分沿钢直尺边切去，露出公里格网线。

(4)刷胶必须快、薄而均匀，无局部漏刷。整幅图粘贴完毕后，用压铁轻轻挤压，不能使像片移动，以免影响接片和对点精度。最后用足够的方块玻璃板排在整幅图上压紧或放在压图机下压紧待其慢干。

3. 像片平面图的整理与自检

干燥后的平面图，作业员应先自检各点位的精度、接片差、接边差、像片清晰度及整幅图的色调是否符合要求(如发现有气泡或某项不符合要求时，查清原因后再补救)，经检查合格后，用脱脂棉蘸丙酮将图面擦洗干净，并将以下几项填入像片平面图审校表内。

(1)本幅图的测段号、图幅号、像片起止号码；

(2)相邻接图号、纠正点号及点位误差；

(3)在图幅示意图内绘出切割线并标出纠正点位位置。

自我检查后，将纠正作业记录表、平面图审校表、纠正用底图、外控及加密等成果一并交审图人员审校。

4. 像片平面图的质量评定

(1)图面精度

整幅图的色调要均匀一致；切割线拼接要密合，无影像丢失和重叠；打孔不要打掉重要地物或打偏；图面整齐干净。

(2)数学精度

检查前要制做一张绘有各纠正点及切割线的透明腊纸图，将精度检查情况记录其上。

纠正点的检查

纠正像片上打出的孔径为1mm，从孔中可以估计出纠正点位偏离的方向和误差 Δ，其最大误差不能超出0.5mm。如个别点超出限差，相邻接片差在限差以内，经检查纠正合理可以进行平差，不必返工。将误差值填入图内。如图2.3.7.10箭头所示。

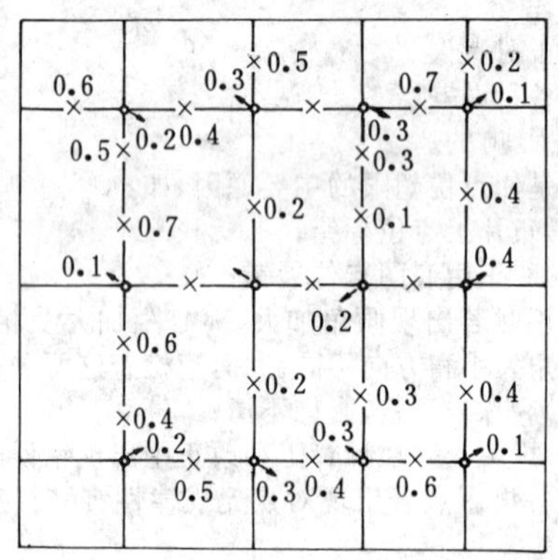

图 2.3.7.10

②像片接片与图幅接边差的检查

将镶嵌时切割下的残片，拼回原处，每隔2～3cm找一明显地物点，用针刺孔，比较刺孔与影像点错开的差值 d，最大不得超出1mm。图幅接边亦作类似检查，如邻幅已成线划图，则取线状地物(如道路、河渠等)接边，检查错开的差值 d。将误差值填入图2.3.7.10中，如图内的×所示。

分别统计 Δ 和 d，如0、0.2、0.3……等各有几点，也可以计算两项差值的中误差，分别填入图历表中。公式如下。

$$m_{对点}=\pm\sqrt{\frac{[\Delta\Delta]}{n_1}}$$

$$m_{接边}=\pm\sqrt{\frac{[dd]}{n_2}} \qquad (2.3.7.4)$$

式中 n_1——纠正点数；

n_2——接边检查点数。

四、分带纠正与镶嵌

地面起伏较大的丘陵和山区，用上述纠正的方法，不能解决因地形起伏引起的像点位移——投影差。对于高差大的地区制作像片平面图宜采用正射投影技术。高差不大且地形较完整的地区也可采用分带纠正法，把一张像片分成几个带面(把投影差限止在0.4mm以内)来进行纠正和镶嵌。

(一)分带纠正作业

分带纠正带距 Q 的计算如下式(单位：m)

$$Q=0.0008\frac{f}{r}M \qquad (2.3.7.5)$$

式中　f——航摄仪的焦距；

M——成图比例尺分母；

r——像片最远点至像主点的距离。

根据 Q 值和像片内最高纠正点($A_{最大}$)和最低纠正点($A_{最小}$)的高程，算出分带数 C：

$$C=\frac{A_{最大}-A_{最小}}{Q} \qquad (2.3.7.6)$$

$$T_n=A_{最小}+\left(\frac{2n-1}{2}\right)Q \qquad (2.3.7.7)$$

式中，n 为带数。

同一张像片上只需要计算出最低和最高一带对于各纠正点的投影差：

$$\Delta n=\pm\frac{Rh}{H-h} \qquad (2.3.7.8)$$

式中　R——底图上像主点至纠正点距离；

H——起始带平均水平面航高；

h——各纠正点对于起始平面的高差。

将计算所得各纠正点对于最高和最低一带的投影差(有正负之别)，分别在纠正用底图上标出(正值时向外改，负值时向内改)，然后根据带数等分内插，将每带的投影点位标在图上。再根据最高带纠正时仪器的读数和最低带纠正时仪器读数，等分内插各带读数。纠正作业时用一般方法只要把最低一带纠正合理后，其他带用升降读数的方法将投影纠正点按带对准已内插改正的投影差相应点上(只用缩放)，即可进行晒像。每晒一带像片应在像片背面注明该像片纠正带数或纠正面高程。

(二)像片拼接与粘贴

分带镶嵌与一般镶嵌基本相同，不同之处是同号像片晒有不同带的几张像片。先安置最高一带的像片使像主点或像底点、纠正点与底图上相应点符合。顺序将各带像片叠放上去，各带中心点要重合，纠正点应在幅射方向线上。先从最下面两张沿各带的分界面，将超带部分切去，应注意每带的切割线在底图上要有痕迹。粘贴时按着中心点，纠正点和切口痕迹贴紧压实。分带纠正镶嵌和一般纠正镶嵌要求一样。

各带的分界面，是根据带距 Q 及像片内的最低或最高纠正点的高程确定的，再将既有地形图上相当于分带带面高程的等高线，依其相关位置用腊纸转绘到像片上，即为每带镶嵌切割线位置。

第四章　解析法空中三角测量及底图制备

第一节　概　　述

解析法空中三角测量，是根据航摄像片上量得的像点坐标和少量的野外控制点，利用摄影时航摄像片与地面的相互几何关系，直接采用数学公式，按最小二乘法原理，用电子计算机解算出相应地面点的空间坐标的一种加密方法。随着电子计算机的普及，解析法空中三角测量得到了广泛的应用，并已取代了其它的加密方法。

解析法空中三角测量具有很多优点：

(1)能用计算的方法改正物镜畸变差、大气折光差、地球曲率和摄影材料的伸缩影响；

(2)可以采用较严密的公式和最小二乘法原理，进行平差计算；

(3)利用电子计算机这个快速的计算工具，可以多次的趋近，以补偿简化计算的影响，从而提高了加密成果的精度。

(4)打破了以往加密的各种限制，使加密不受摄影仪焦距，地形起伏、摄影比例尺大小等等限制。

(5)由于电算加密有效地提高了构网的精度，所以可以增大野外点之间的跨度，减少了外业工作量。并可为内业测图提供各种定向数据，为快速成图提供了有利条件。

解析法空中三角测量，可分为单航线法和区域网法。单航线法是对一条航线网进行平差计算。而区域网法是对几条航线构成的区域进行整体平差计算。它又分为航带法、独立模型法和光线束法。在60年代中期，铁路航测部门就编制了解析法空中三角测量单航线加密程序，虽然当时采用的摄影材料是裱版片，手工刺点，1818立体坐标量测仪量测像点坐标，手工记录，纸带穿孔等较原始的作业方法，但比其它的加密方法又大大的前进了一步，故在生产中得到了广泛地应用。现在铁路航测采用了涤纶片基的摄影材料，刺点仪刺点，AC1、BC2、BC3、JX-3等解析测图仪进行量测和计算，加密程序也从单航线法发展为航线网、区域网平差，独立模型法和光线束法等多种程序，使解析法空中三角测量技术达到了一个更高的水平。

一、连续像对单航线空中三角测量

连续像对单航线法空中三角测量的基本思想是：在一条航线内，假设首像对左片为水平进行相对定向，其余各像对均以前一个像对右片角方位为本像对左片角方位，计算出各象对连续系统相对方位元素，并计算出各像对的模型点的模型坐标，然后，按相邻模型连接点高程应该相等为条件，将后一模型归化到前一模型的摄测坐标系中，以求得各模型点在全航线统一的摄测坐标系中的坐标，即建立航线的数学模型。最后按已知控制点进行航线网的绝对定向，并改正其系统变形，从而计算出各点的大地坐标。

二、航带法区域网平差

航空摄影测量加密往往是由多条航线所构成。因此，就产生了几条航线形成的区域网空中三角测量问题。

航带法区域网平差是以航线作为平差的基本单元的区域网平差法，它的基本思想是，在建立航线网的基础上，利用已知控制点的内业加密坐标应与其外业坐标相等，相邻航线接边点的内业坐标应该相等的条件，在整个加密区域内，将点的航线坐标视为观测值，用平差方法整体解算各航线的变形改正参数，从而计算出各加密点的地面坐标。

航带法区域网平差是在单航线的基础上进一步改进而成的。航带法区域网平差中所确定的各航线变形改正参数，分别用于改正各航线的系统变形。

航带法区域网平差的计算过程可以分为两大部分。一是区域网概算，二是区域网平差。

(一)区域网概算

区域网概算的任务是：剔除观测值及起始数据中的粗差，为平差计算提供较好的初始值。它是平差计算前的预处理过程。

航带法区域网平差的概算，实际上就是要建立自由比例尺的航线网，并确定每一航线网在区域中的概略位置。

首先采用连续像对单航线法，建立航线数字立体模型，并可以发现和剔除错误。而后，将全区已知控制点坐标重心化，即变换成辅助坐标系坐标，利用第一航线的控制点求出第一航线中各点在辅助坐标系中的概略位置，并依次进行第二及以后各航线的相似变换，若无平面控制点，则利用上航线与本航线接边的首末接边点作为平面控制点，进行空间相似变换。

(二)区域网平差

区域网平差计算采用逐点将参加平差的控制点和接边点列出等效误差方程式，建立法方程并解算，求出航线的变形参数后，计算各点改正后的坐标值。反复趋近，直至改正数小于规定的限差停止计算。通常迭代 2～3 次即可完成计算。再将辅助坐标系的坐标变换成大地坐标，打印出结果来，航线网区域平差就结束了。

三、独立模型法区域网平差

独立模型法区域网平差是把一个个单模型视为刚体，作为整体平差过程中的基本单元的区域平差方法。这种方法也可以把双模型或几个模型视为一个刚体，但这样做增加了不严密的因素。独立模型法区域网平差的基本思想是：在独立地建立单个模型的基础上，利用已知控制点的摄测坐标与其相应的外业坐标相等，以及分别由各相邻模型确定的公共连接点（包括摄站）的摄测坐标应该相等的条件，用平差的方法确定整个区域内每一个单模型在大地坐标系中的最或是位置，即确定每一个单模型的平移、旋转和缩放值。进而求出各加密点的大地坐标。

独立模型法区域平差要求在原始象点坐标中，尽可能地消除系统误差的影响。而后根据摄测坐标和地面坐标的关系，对每个模型的连接点和已知点列出误差方程式，按照 *PVV* 等于最小的原理，组成法方程式。解法方程式，即可求出每个独立模型的 7 个待定未知数的改正数，反复趋近，即可直接求得各模型的 7 个变换参数和模型点的大地坐标。按这种方法计算的法方程阶数是很高的，为了提高计算速度，节省存储容量，一般把平面和高程分开解算。首先对平面坐标进行平差计算，解求出 4 个变换参数，将计算结果用于高程平差计算，再解算出另外 3 个变换参数，这样反复交替进行，直到各变换参数的改正数小于规定限差为止。

独立模型法区域平差应注意如下问题：

(1)要尽可能地消除量测的像点坐标中的系统误差，否则要影响成果的精度

(2)计算过程中，相邻模型的同名点坐标不取中数。

(3)因高程平差中要用摄站作为连接点，所以要注意保留摄站坐标。

(4)要进行模型数据检索，当航线的模型数大于航线数时，模型要垂直航线排列，否则平行航线排列。

独立模型法区域平差，目前是国际应用最普遍的解析法空中三角测量方法。具体做法我们将在本章第三节进行较详细的阐述。

第二节　转刺和选刺点

选刺点是加密最基础的工作，选刺目标和位置的好坏，给观测计算及成图精度带来直接影响，所以必须认真细致。

一、收集资料

1. 航摄资料：涤纶片、复照图、航摄鉴定表。
2. 外控资料：刺点片、点志记、测段连接略图。
3. 指导文件：《测规》、技术任务书、作业手册。

二、刺像片主点和辅助定向点

用事先制作好的模片，对准像片四个框标，精确刺出像主点，并在 y 正方向离像片边约 1cm 处刺出辅助定向点。加密程序中若采用片片量测框标坐标，自动解算主点位置时，不必进行此项工作。

三、转刺外控点

在立体观测下，参照控制片点位示意图和说明进行转刺。注意相邻航线或测段控制点需互相转刺。其它专业如线路、水文、地质等需要加密的点，也要转刺。

四、选刺内业加密点

（一）点的选刺位置

1. 加密点应选在航向三片重叠与旁向重叠中线的附近。点位不得偏离中线 1.5cm。离开方位线不得小于 5cm（23cm×23cm 像幅）或 3.5cm（18cm×18cm 像幅），并距像片边缘不小于 1.5cm（23cm×23cm 像幅）或 1cm（18cm×18cm 像幅），距像片上各类标志不小于 1mm。

2. 主点附近的加密点，应距像主点 1.5cm 以内选刺。

3. 当旁向重叠过小时，可分别在各航线选点，两排点之间距离不大干 2cm。

4. 当旁向重叠过大时，上下航线要分别选点，互相转刺。

（二）选刺目标

加密点选刺目标一般选在田角、地角、道路交叉、平面位置明确、影像清晰、易于立体切准的地方。如用刺点仪选刺点，而又不需再转刺的点，可选在明显易读的山头、鞍部、平地、平顶房上等等。切忌刺在活动目标或陡坡上，也不要刺在过小过尖的地物上。

五、特殊情况的选点

1. 当飞行方向与河谷一致时，加密点点位应尽量避开危险圆，以免产生相对定向不定性。

2. 在云影、阴影覆盖的地方，周围应适当增选加密点。

3. 像对内出现面积较大的平坦地区，应增选加密点。

4. 在遇到大型水库、湖泊以及河流时，每像对要选刺一个水边点。

5. 像对内出现大面积的水域时，可放宽选刺点位的要求，但应注意选刺的点能控制测图范围。

6. 当方位线与航线方向有一个较大角度时，要特别注意加密点的位置，以利测图使用。

六、点的整饰和加密略图的编制

用刺点仪刺点，仪器本身可以标出点位，点号应写在测图面积之外。

上下航线同名点用同一个点号，一个计算区域内点号不应出现重号。

选刺点工作完成后，应按航线及像对内点的相对位置，将点号标在网段图上。并注明线别(测区)、测段(图幅)、航线和起始像片号。字体要清晰，以便观测和底图制备。

七、刺点仪

(一)PUG4 刺点仪

PUG4 刺点仪是机械刺点仪，点位由电动马达控制的钻头刺出，刺点同时，另一钻头可绕孔位画出一个直径为 6mm 的圆。它适用不同厚度的摄影干板，透明正片和透明负片的刺点。

1. 仪器结构

仪器的下部是盒形框架，上面的两块玻璃盖板作为像片盘，在框架里面装有照明装置，两个微调螺旋可使像片盘在 xy 方向移动。另外两个微调旋钮可使右像盘相对左像盘移动，还有一个使右影像旋转的 K 旋钮和供选择放大倍数(6～24 倍)的旋钮。

左右像片盘的上方各有一个刺点装置。刺点装置由电动马达、外套筒、传动套筒、导向套筒、钻头杆、钻头、粗标志器以及漫射盘组成。

光学观察系统的物镜在像片盘下面，观测目镜在上方，左右观测系统内各有一个圆形黑点测标，并分别与像盘上方的刺点钻头同心。测标附近设有 V 形指示标，这 V 形指示标不能立体重合，但不干扰测标的立体效应。

2. 像片定向和刺点

打开仪器照明灯，调整好目镜，安置好适合自己的眼基线，并调整钻头的高低，在废像片上钻几个试孔，以检查浮动测标与钻孔是否同心，否则要进行调整。

把立体像对放在像片盘上，药膜朝上，重叠向内，并使相同的影像在漫射盘下，微动 x、y、k 产生立体感，浮动测标与模型表面相切，此时可按左或右钻头按纽，漫射盘就摆向旁边，马达就带动传动套筒和钻头杆旋转，在像片上刺出一个点。

3. PUG4 刺点仪的技术参数

最大像幅 230mm×230mm

像片盘尺寸 340mm×470mm

像片盘在 xy 方向微动量：±10mm

右像片盘相对左像片盘微动±10mm

观察系统连续可变的放大倍数 6～24 倍

(每个光学系统可单独改变)

两张像片比例尺的最大比例　1：4

眼基线可调范围　56～74

视场直径　26～6.5mm

左右观察系统可独立调焦

梯形棱镜光学影像旋转度　360°

可替换的淬火钢钻头刺点直径 0.04，0.06，0.08mm

测标在像面上有效直径　0.05～0.012mm

电压选择器，适用于交流电压　110/200/250

从下面照明用的两个环形萤光管　220V、22W

从上面照明用的两个聚光灯　6V、15W

仪器的总尺寸　905mm×785mm×435mm

重量　50kg

(二)激光刺点仪

TRANSMARM　B 型激光刺点仪是运用激光技术来代替机械方法进行刺点。激光射线在影象面上短时聚焦，使点位中心药膜液化，立即冷却形成一个清洁而又耐久的圆形点位。适用于各种透明正片、负片和干板的刺点。

1. 仪器结构

仪器由目镜、左右光具箱、左右像片盘、底座和电子柜组成。

可动的机械部件有：光栏选择器、像片盘在 xy 方向精密驱动装置和点测标转换成环形测标的安置纽。

仪器采用一个固体激光器，它的射线分离成两路，既可在两张像片上同时刺点，也可以根据需要，只在左片或右片上刺点。

电子系统设计成一个独立装置，用于控制激光的能量，并为测标和仪器的照明提供电源装置。

2. 像片定向与刺点

接通电子柜开关，照明装置亮。按准备开关，绿色信号灯发出断续闪光，表示可以刺点。根据摄影材料选择安置刺点的额定电压

把一像对放在像盘上，药膜朝上，重叠向内，并使相同影像在压架框内，用调节钮 xy 使测标与要刺的点位相切。此时，可按刺点开关，便刺出一点。当绿色信号灯不亮时，等 20s 后再按。利用手动机械目标标志器标出刺孔位置

3. 激光刺点仪的技术参数

最大像幅　230mm×230mm

像片盘尺寸　340mm×450mm

可判读的重叠范围　160mm×225mm

像片盘 xy 独立移动量　90mm

像片盘在 Z 方向对焦的移动量　6mm

间接照明直径　125mm

直接照明直径　25mm

直接照明的高亮度连续可调。

总放大倍数　7　10　13　20

视场直径可为　28，25，22，16mm

光学影像可旋转　400g

点测标的直径为　0.033、0.05、0.066mm

环形测标直径　0.14mm

第三节　用 AC1 解析测图仪进行空中三角测量

用 AC1 解析测图仪进行空中三角测量是指在 AC1 解析测图仪上进行坐标量测和区域网的平差计算,属联机空中三角测量。由于该仪器可自动记录像点坐标和模型坐标,且具有自动寻点功能,查错修测十分方便。空中三角测量采用较严密的独立模型法区域平差程序,所以作业速度快,精度高,优点较明显。

根据仪器的设计原理,量测方式和程序的较强功能,用 AC1 加密对摄影材料的要求是:像幅不大于 23cm×23cm 的透明正片或负片,作业中可省去刺主点和辅助点的工作。点号可以由英文字母、数字或它们的组合命名,但一个计算区的点号(除同名点外)不允许在重名现象,这点在刺点整饰和编制加密略图时要特别注意。

在 AC1 上进行加密作业的步骤和方法详述如下:

一、建立外控点文件和摄影机文件

外控点文件和摄影机文件的建立是由 INP 程序完成的。

INP 程序是 AC1 的系统软件,主要用于摄影机数据、定向数据、控制点数据、格网数据、成批点数据的输入和修改。并根据不同的数据生成相应的磁盘文件。此程序在输入的文件名前自动生成两个代码字母,外控点文件的代码字母是 PP,摄影机文件的代码是 CA。

(一)建立控制点文件

1. 启动 INP 程序

在 RDOS 状态下,从键盘输入 INP↙屏幕显示数据输入清单

MENU DATA INPUT

---

1. CAMERA CALIBRATION DATA
2. ORIENTATION DATA
3. CONTROL POINTS
4. GRID DATA
5. MASS POINTS

CR RETURN

---

2. 确定输入数据类别和文件名

选择清单中第三项,用键盘输入 3↙,屏幕显示信息 ENTER CONTROL—POINT FILE NAME(输入控制点文件名)

显示这条信息后,作业员应从键盘输入文件名。文件名由最多 8 位字母数字字符组成,为便于文件管理,在作业中通常以线路或测区名称的第一位拼音字母和测段编号命名。

输入文件名后,屏幕显示:

PROJECT FILE DOSE NOT EXIST

CREATION OF NEW FILE? (Y/N)

(项目不存在,建立新文件吗?)

从键盘输入 Y 建立文件

3. 确定输入数据单位

建立文件后,屏幕显示信息

COORD,UNITS IN:

METRES (=M)　　CENTIM (=C)　　FEET (=F)

INCHES(=I)　　(坐标单位:m、cm、英尺、英寸)

在作业中采用米为单位

4. 选择输入方式并确定平面高程的缺省误差值

屏幕显示控制点数据输入清单

INPUT OF CONTROL—POINT DATA

---

1. MANUALLY
2. FROM MAG TAPE
3. FROM ASCII—DISK—FILE
4. DEFAULT RMS FOR XAND Y 0.1
5. DEFAULT RMS FOR Z 0.05

清单中第 4、5 项为平面和高程坐标的缺省误差值,对于定向点此值不能置零;多余外控点或线路点,必须给零。

控制点数据通常是由手工键入,所以选择代码 1↙。屏幕显示输入数据表

5. 输入控制点坐标

在输入数据表下方显示信息

IF INPUT TERMINATED PRESS CR FOR PT NO

(如果输入完毕按 'CR',否则输入点号)

按顺序输入坐标值,每个数据以按 'CR' 键为终止,后两项缺省误差值因在前清单中已预置可直接按 'CR',即可自动输入。

外控点坐标是大地坐标,大地坐标系为左手坐标系,而程序中采用的是右手坐标系,因此在输入 XY 坐标时,应将 XY 坐标值互换位置。所有控制点数据输入完毕,按 'CR' 键退出,显示数据编辑清单。

6. 数据的修改、删除和增加

数据的修改、删除和增加,在编辑清单中进行

MEND DATA EDITING

---

1. DISPLAY AND CORRECTION OF DATA
2. PRINT—OUT OF DATA FILE(START PRINFER)
3. ERASURE OF DATA FILE
4. ADDITION OF NEW DATA

CR RETURN

---

(1)显示和修改数据

数据在监视器上一行行地显示出并连续编号,要修改某个数据时,只需输入该数据所在的行号,屏幕显示这一行的数据,对需要改正的数据,可以键入新值,不需修改的数据,键入 'CR'。

(2)增加新的数据

按建立新文件的方法,输入新的数据。

在确认输入数据没错时,连续按 'CR' 键,退到 RDOS 状态。

(二)建立摄影机文件

1. 启动 INP 程序

2. 确定输入数据类别和文件名

选择清单中第一项,在键盘输入 1↙,屏幕显示信息。

CAMERA NO ——(摄影机号)

摄影机号由最多 8 位字母数字字符组成。为便于文件管理,通常以摄影机号和摄影机类型编码命名,如 7144RC10。

输入文件名后,显示信息

CAMERA FILE DOSE NOT EXIST

CREATION OF NEW FILE? (Y/E)

(文件不存在,建立新文件吗?)

从键盘输入 Y↙,建立新文件。

3. 输入摄影机检校数据

按屏幕显示信息内容,输入相应的数据。摄影机鉴定数据可查阅航摄时提供的鉴定表。

(1)检校日期:

CALTBRATION DATE(检校日期)

(2)输入主距

PRINCIPAL DISTANCE(mm)=

输入摄影机焦距,以毫米为单位。

(3)确定框标类别

CAN FIDUCIAL MARKS BE MEASURED DIRECTLY? YES(=Y) OR NO(=N)?

(框标能直接量测吗?)

当框标中心有影像,测标可以直接对准时输入 Y↙;当框标中心未给出,必须将测标逐一对准框标的四条射线,根据四个量测值计算出交点的,应输入 N↙。

(4)确定框标数据输入方式

CALIBRATION OF FIDUCIAL MARK CIVEN IN COORDINATES(=1)OR DISTANCES(=2)?

(框标检校数据按坐标输入还是按距离?)

a:按坐标输入时:

NUMBER OF CALIBRATED FIDUCIAL MARKS (MIN·2,MAX·8)

框标个数最少 2 个最多 8 个。我们通常选择 4 个。显示信息

IS ORIGIN OF FM—COORDINATED PS(=1)FC (=2)

框标坐标的原点是对称点 PS(=1),还是对角线的交点 FC(=2)。我们采用 FC 为框标坐标原点输入 2↙。显示信息 PS COORDINATES(mm) ORIGIN FC, $X_{PS}=Y_{PS}=$以 FC 为原点,PC 的坐标值

输入主点偏心值后,显示

FIDUCIAL mARA COORDINATES(mm) ORIGIN FC

以 FC 为原点的框标坐标,应按图 2.4.3.1 的顺序输入

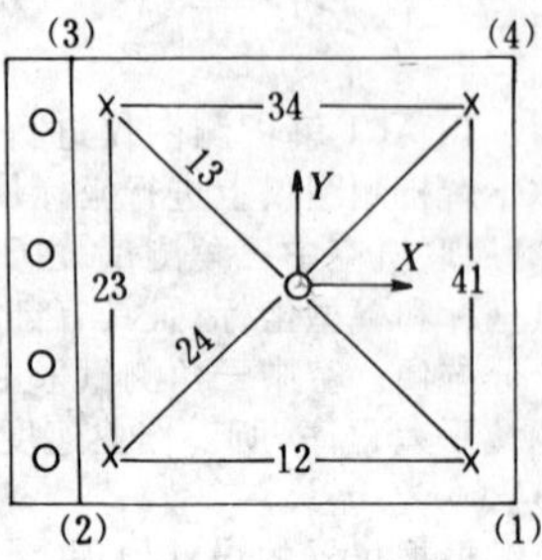

图 2.4.3.1

按距离输入时:

PS COORDINATES(mm) ORIGIN FC $X_{PS}=Y_{PS}=$

输入 FC 为原点的 PS 坐标值

DISTANCES BETWEEN FIDUCIAL MARKS (mm)

输入框标间的距离,按照图 2.4.3.1 的顺序输入

(5)输入镜头畸变值

DISTORTION KNOWN? YES(=Y) OR NO(=N)

在高精度的摄影测量或透明正片变形很小时,输入畸变改正值,否则,可以忽略镜头畸变差的改正,输入 N↙。

INPUT COMPLETED FOR CONTINUATION PRESS 'CR' 输入完成,按 'CR' 键。

4. 数据的修改和删除

数据的修改和删除是在编辑清单中进行

MENU DATA EDITING

---

1. DISPLAY AND CORRECTION OF DATA
2. PRINT OUT OF DATA FILE
3. ERASURE OF DATA FILE

CR RETURN

显示和修改数据,打印数据文件或删除数据文件,可选择清单编号进行数据编辑。在确认输入数据没有错误,时连续按 'CR' 键,退到 RDOS 状态。

二、用 TMO 程序进行模型量测

TMO 程序主要用于单个像对和整条航线像对的模型点的测量,对每个像对进行相对定向计算,并建立单个数学模型。同时产生像片坐标文件(BK 文件)和模型坐标文件(MK 文件)

TMO 程序具有自动光学转换,连续观测,在航线方向自动传递点位的功能,作业简单方便。TMO 程序有一个主清单和与之对应的四个部分,作业过程可按主清单的代码顺序执行。

(一)作业步骤

在 RDOS 状态,键入 TMO↙,显示出

MODLE NAME=

1. 输入模型文件名

模型文件名由最多 8 位字母数字字符组成，为便于作业和文件管理，一般以一位英文字母和左像片号命名。模型坐标文件用于存贮模型坐标数据，在形成文件时，程序在文件名前自动产生两个代码 MK，用于区别其它文件。

2. 输入预置参数

输入文件名后，马上显示预置参数

MENU INITIALIZATION

1. OPERATOR' S NAME
2. DATE(DD、MM、YY)
3. CONTROL POINT FILE
4. PHOTO NO LEFT
5. PHOTO NO RIGHT
6. CAMERA LEFT
7. CAMERA RIGHT
8. PHOTO CORRECTION
9. TRANSFORMATION
10. PHOTO BASE
11. FLYING HEIGHT SAL
12. GROUND HEIGHT ASL
13. PY—TOLERANCE MICR

清单包括 13 个问题，要输入某项，键入相应的行号，屏幕上就显示出清单所提的问题，回答问题后，按 'CR' 键。清单中各项内容要认真安置。

(1)操作员姓名。

(2)输入观测日期。

(3)控制点文件名

输入由 INP 建立的控制点文件名

(4)左像片号

这项实际是给出左像片文件名。文件名由最多 8 位字母数字字符组成，以一个英文字母和左片号命名。像片坐标文件用于存贮像点坐标数据，在形成文件时程序在文件名前自动产生两个字母 BK，以区别其它文件

(5)右像片号

(6)左摄影机号

(7)右摄影机号

当输入(6)或(7)时，则显示出

FILE NO＝

输入摄影机文件名，这已在 INP 中输入。

CAMERA ORIENT＝

输入摄影机方位参数 1～4，见图 2.4.3.2。

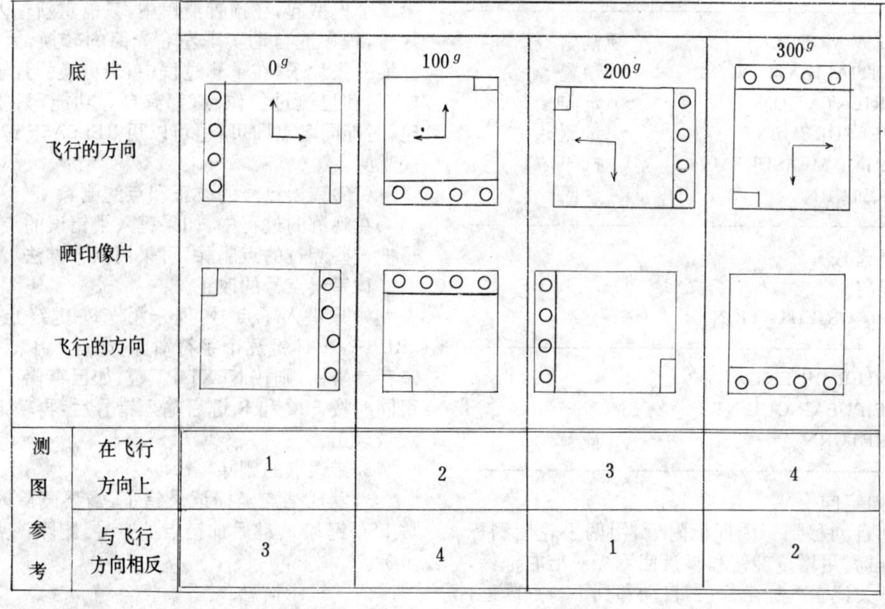

图 2.4.3.2　摄影机方位参数

(8)像片改正

用于输入实时程序中提供的改正坐标的参数，只要输入一个(?)号，就显示出说明

NO CORR＝1 DISTO＝2 REFR＝3 DISTO＋REFR＝4

1 不进行像片坐标改正；2 镜头畸变改正；3 大气折光改正；4 镜头畸变及大气折光改正。在未输入镜头畸变差时选择 3，否则选择 4。

(9)转换方式

只要先输入一个？就显示出说明

SCALEL TR＝1 HELMERT TR＝2 AFFINE CR＝3

选择 1，不改变比例尺的相似变换；2，均匀伸缩变换；3，仿射变换。量测四角框标时选择 3，否则选择 2 或 1。

(10)像片基线

输入像片基线概略值，23cm×23cm 像幅输入 80mm，18cm×18cm 像幅输入 60mm。

(11)绝对航高

绝对航高等于焦距乘像片比例尺分母加上地面平均高程

(12)地面绝对高程

地面绝对高程取测区控制点高程概略平均值。

(13)Y 视差限值

Y 视差的允许误差约为预期量测精度值的 3 倍，例如，对优质摄影材料，允许误差为 15μm，对普通以下摄影材料为 24μm 作业中一般选用 15μm。

预置清单参数安置完毕，按 'CR'，显示

PAUSE INSERT PHOTOS，SELECT POS/NEG！

(插入像片，选择正负片的位置开关)

透明正片的放法是药膜向下，重叠向内，负片则是药膜向下，重叠向外。正片时选择 POS 开关，负片时为 NEG 开关。

装好片后，用 'CR' 键引出 TMO 程序的主清单，

MENU TRIANGULATION MODE

1. NEW MODEL	新模型
2. INITIALIZATION	预置
3. ORIENTATION	定向
4. MEASUREMENT	量测
5. PRINT MEASUREM	打印
CR RETURN	返回

现仍选3↙。

3. 定向

MENU ORIEHTATION

1. INTER ORIENT
2. EPIPULAR OUIENT
CR RETURN

(1)内定向

测标自动移到一个框标附近，用两手轮使测标对准左框标，用增量旋钮和脚盘使测标对准右框标，用脚踏开关记录框标坐标后，自动移到下一点附近，同样方法记录其它框标量测值。

(2)核线定向

测标自动移到左像主点，并锁住。右像片移到左像主点的同名点附近，用两手轮使右侧标对准同名地物，这时出现立体，用脚踏开关存贮左主点坐标。测标自动移到右像主点，并锁住。用同样方法存贮右像主点坐标。

如果某一主点落水，可以按面板键 RELEASE 在离主点较近处选择影像清楚的一点，用手轮、脚盘和增量旋钮使测标立体切准并用脚踏开关存贮或不用 RELEASE 键，直接存贮，但用这种方法在量测模型时，观测难度较大，但只要作业熟练仍能作到快速准确的量测。

4. 量测

(1)输入点号，量测坐标

加密点的点号可以是字母、数字，输入点号后，显示信息

SET AND<STORE>POINT OR PRESS<NEXT PT)KEY

立体切准点位后，用脚踏开关记录。

(2)测完6个标准点后，程序进行相对定向计算，显示出残余视差，各点视差应小于5μm，如超限可进行重复量测，都满足要求后进行其它点的量测。

(3)量测完所有点后，按 'CR' 键，显示信息：

MESUREMENT COMPLETED：(Y/N)

输入 Y↙，表示量测完了，建立文件。

5. 打印

显示主清单后，键入代码5，屏蔽上出现输出清单，选择好输出项目后，打印机上输出所测像点的点号和左右像片盘系统的像点坐标和上下视差残余。打印后，程序自动显示主清单，再输入代码1↙开始新像对的量测。

进行连续像对量测时，量测顺序应从左到右，从第二个模型起，在预置清单中，只需重新输入一个像片号，程序能自动实现左右光路的转换，因此，只需更换一张片子。在量测过程中，未更换的片子的四角框标，和已测过的像点，都有自寻功能，只要用两手轮，对准同名点即可，也可以用 RELEASE 键，进行常规观测。

(二)错误点号的改正和点的删除

在观测的过程中，如果键入了错误的点号，或是想把一些测过的点删除，可采用以下方法

1. 错误点号的改正

如果键入了点号，但未用 'CR' 键终止它，则用 'RUB—OUT' 键逐个字符清除；如键入了点号，但还未存储坐标，则按 NEXT PT 键；如已存储了坐标，则用同时按 ESC 和 R 键后输入错号后，再输入正确的点号改正。

2. 错误点的删除

当发现某点坐标记录错了，需要删除时用同时按 ESC 键和 D 键后加错点的点号，删除该点这一行坐标。

(三)提示信息

TMO 程序具有一定的查错功能，能分析点在模型内的分布情况，并给以提示，供作业人员判断处理

1. 定向不可能

ORIENTATION TMPOSSIBLE 出现这条信息时，至少有一点存在着很大的粗差，甚至没有立体，应删掉该点，重新量测，此项信息消失

2. 定向弱

ORIENTATION WEAK 出现这条信息时，说明

定向点的分布不太好，当航向重叠过大，旁向重叠大，点位离主点近时有可能出现这种情况，作业中可以根据$\varphi_{左}$、$\varphi_{右}$、ω的误差参数在模型边缘加点，解决这个问题。如不加点也不影响相对定向的精度。

3.定向差，能否接受

ORIENTATION BAD TO BE ACCEPTED(Y/N)

出现这条信息，往往是因为模型半边落水，点位分布十分不好，或出现相对定向不定性等原因，可根据情况处理，若确属点位分布问题，答 Y，程序仍能进行相对定向，再根据误差分布情况加点或修测。若是观测错误而造成此情况时，回答 N，再观测新点，此问题也可得到解决。

三、用 ATI 程序建立全区模型文件

ATI 程序是空中三角测量区域平差程序的服务性程序，它能将单个像片坐标文件或模型坐标文件按一定规律排列，形成组合文件，供区域网平差程序使用。

1.启动程序

在 RDOS 状态下，从键盘输入 AT1↙，屏幕显示各类信息，按信息提示内容和作业要求，输入适当的参数。

2.确定输入文件类型

屏幕显示内容

INPUT OF PHOTO(=1) OR MODEL(=2)COORDS

选择2，输入模型坐标文件。

3.确定输入方式

MANUAL(=1) OR AUTOMATIC(=2) INPUT

在个人使用单独的用户目录，并观测工作没有其它计算区的情况下，可以选用2，即自动由计算机从观测的年月日中查找；当大家共用工作目录，近期工作交错进行时，选择1，由手工把属于本测区的模型文件键入。

4.数据检索

BAND—WIDTH MINIMISATION(Y/N)

当双航线或多航线时，答 Y↙，计算最小带宽；而单航线时，则不必计算最小带宽

5.确定输出方式

OUTPUT—DEVICE?

DISPLAY(=1) PRINTER(=2) DISK(=3) TAPE(=4)

这项输出是指组合文件也就是全区模型文件的输出方式，应键入3，建立磁盘文件

6.建立全区模型文件

OUTPUT FILE NAME =，当给出文件名以后，程序将把全区模型文件的排列顺序依次显示在监视器上。

这个全区模型文件，通常以项目名称的第一位拼音字母和航区名测段名命名，一般情况下与不加 PP 字样的控制点文件同名。

四、用 ATM 程序进行平差计算

ATM 程序是解析空中三角测量的独立模型法区域平差程序。关于独立模型法区域平差程序的基本原理和平差方法，在本章第一节中已做了概述，此处不再重复。下面仅就 ATM 程序采用的基本公式，程序的限制和程序的使用步骤做一个介绍。

(一)ATM 的数学公式

ATM 程序的数学公式取自 H. Ebme 教授在美国摄影测量学会 ASP《摄影测量手册》第四版，关于空中三角测量方面的论述。

区域网模型的绝对定向，需对每个模型进行空间相似变换，其关系式为：

$$\begin{pmatrix}x\\y\\z\end{pmatrix}_i=\lambda_i R_i\begin{pmatrix}x\\y\\z\end{pmatrix}_{ij}+\begin{pmatrix}\Delta x\\\Delta y\\\Delta z\end{pmatrix}_j \tag{2.4.3.1}$$

式中 $X_i\,Y_i Z_i$——i点地面坐标；

$X_{ij}\,Y_{ij}\,Z_{ij}$——i点在j模型中的模型坐标；

λ_j——模型j的比例因子；

R_j——模型j的三维旋转矩阵；

$\Delta x_j\Delta y_j\Delta z_j$——模型$j$的三个平移量。

这个式子是非线性的，为了解算每个模型的7个空间相似变换参数需将上式线性化，考虑到计算机的容量和计算大规模方程组的速度，采用平高迭代法解算，它们的误差方程式为

1.平面平差

观测点的误差方程式为：

$$\begin{pmatrix}V_{xij}\\V_{yij}\end{pmatrix}=\begin{pmatrix}x_i\\y_i\end{pmatrix}+\begin{pmatrix}-x_{ij}&y_{ij}&-1&0\\-y_{ij}&-x_{ij}&0&-1\end{pmatrix}\begin{pmatrix}d\\e\\\Delta x_j\\\Delta y_i\end{pmatrix} \tag{2.4.3.2}$$

式中 d、e——比例尺和旋角的辅助值；

$\Delta x_j\Delta y_j$——两个平移量。

控制点的误差方程式：

$$\begin{pmatrix}V_{xci}\\V_{yci}\end{pmatrix}=\begin{pmatrix}x_i\\y_i\end{pmatrix}-\begin{pmatrix}x_{ci}\\y_{ci}\end{pmatrix} \tag{2.4.3.3}$$

定向参数λ和C可用下式计算：

$$\lambda=(d^2+e^2)$$
$$C=2\cdot(\lambda-d)/e \tag{2.4.3.4}$$

2.高程平差

所有点的误差方程式

$$V_{zij}=Z_i+(-Y_{ij}X_{ij}-1)\cdot\begin{pmatrix}\mathrm{d}a_j\\\mathrm{d}b_j\\\Delta Z_j\end{pmatrix}-Z_{ij} \tag{2.4.3.5}$$

投影中心的误差方程式：

$$\begin{pmatrix}V_{xij}\\V_{yij}\\V_{zij}\end{pmatrix}=\begin{pmatrix}x_i\\y_i\\z_i\end{pmatrix}+\begin{pmatrix}0&-z_{ij}&0\\z_{ij}&0&0\\-y_{ij}&x_{ij}&-1\end{pmatrix}\begin{pmatrix}da_j\\db_j\\\Delta z_j\end{pmatrix}-\begin{pmatrix}x_{ij}\\y_{ij}\\z_{ij}\end{pmatrix} \tag{2.4.3.6}$$

每个模型的连接点可以列出误差方程，每个已

知点也可列出误差方程，这些误差方程在〔PVV〕最小的条件下，进行答解。一般需要经过2～3次迭代，算出最后的加密点的大地坐标。

3. 地球曲率和大气折光改正

模型点：

$$\Delta x=\frac{-\overline{xz}}{6\ 370}$$
$$\Delta y=\frac{-\overline{yz}}{6\ 370} \qquad (2.4.3.7)$$
$$\Delta z=(\bar{x}^2+\bar{y}^2)\frac{1}{12\ 740}-\frac{C}{\Delta H}$$

投影中心：

$$\Delta x=\frac{-\overline{xz}}{6370}+2\overline{Cx}$$
$$\Delta y=\frac{-\overline{yz}}{6\ 370}+2\overline{Cy} \qquad (2.4.3.8)$$
$$\Delta z=(\bar{x}^2+\bar{Y}^2)\frac{1}{12\ 740}-\frac{C}{\Delta H}$$

式中 Δx、Δy、Δz——变换后的模型坐标改正数(km)；

$C=[(12.5-0.95H)\Delta H+(-0.49+0.45H)\Delta H^2]10^{-6}$；

ΔH——相对航高(km)；

H——地面平均高程(km)。

(二)ATM 程序的限制

1. 每个区域网的最大模型数 200
2. 每个模型的最多点数 64
3. 每个区域网最多的模型点数总合 4000
4. 每个区域网最多点数 2000
5. 每个区域网最多控制点数 200
6. 一个点最多可在12个模型中出现
7. 一个模型内不允许重复量测
8. 一个区域网最少两个模型

(三)ATM 程序使用方法

在 RDOS 状态下，输入 ATM↙，出现清单

ATM：MENU INITIALISATION

---

1. PP FILE NAME (MAX·7 CHAR)
2. MC FILE NAME (MAX9 CHAR)
3. ADJUSTMENT
4. MAX·NO OF (4/3)TERAT
5. CORR OF EARTH CURVATURE
6. STOP CRIT IN xy
7. STOP CRIT IN z
8. STANDARD INPUT OF CONTROLS
9. STANDARD INPUT OF MODELS
10. UNIT OF MODEL OBSERVATIONS
11. ESTIMAT STD·OF MODEL OBS
12. APPROX·MODEL SCALE
13. OUTPUT SPECIFICATIONS

要改变清单中某一项参数，可以键入行号，回答提示的问题后，以′CR′键结束，各行问题的回答是：

1. PP 文件名

输入该区的控制点文件名

2. MC 文件名

输入该区由 ATI 生成的组合文件

3. 平差

输入1表示平面平差，输入2为平面高程平差

4. 迭代次数

表示平面和高程的迭代次数，一般为3次，收敛不好时可以4次

5. 地球曲率和大气折光改正

通常回答 YES 进行改正

6. xy 停止计算的标准值

每次迭代之后，被转换的模型点坐标，要与前次的进行比较，其最大差值要与标准停机值进行比较。标准停机值与控制点使用同一单位，在作业中，采用与控制点的标准误差相近的数值。

7. z 停止计算的标准值
8. 控制点的标准输入

控制点文件用 INP 建立回答 YES。

9. 模型的标准输入

如模型文件在 AC1上获得，回答 YES

10. 模型量测单位

以微米为单位，输入 MICRON。

11. 模型量测的误差估计

模型量测的误差一般为5～10μm

12. 概略模型比例尺

输入摄影比例尺

13. 输出说明

这一项用于调出输出说明清单

ATA：OUTPUT SPECIFICATION

---

1. OUTPUT FILE NAME
2. PRINT READ－IN CONTROLS
3. PRINT READ－IN MODELS
4. PRINT TRANSF COORD
5. PRINT ADJUSTED COORD $ RESID
6. PRINT ADTUSTED COORD IN SEQ
7. PRINT TRANSFORMATION PARAMETERS
8. RESULT－FILE NAME (MAX 7 CHAR)
9. EILE FOR ORIENT － PARAMETERS (9 CHAR)

第一项为输出文件名，为便于文件管理，输出文件名以组合文件名后加字母 A 命名。

第二项至第七项为要输出的内容，可根据需要进行选择，输出的内容依次为：输入的控制点文件；输入的模型文件；变换后的模型文件；平差坐标和残差；按点号顺序排列的平差坐标；各模型变换参数。我们必须输出的内容为第二项控制点坐标和第五项平差坐标和残差。其它项均可回答 NO。

第八项是加密成果文件名，一般以组合文件加字母 B 命名。这个文件以 PP 开头，也就是说形成的文件程序自动加 PP 字头。用于存储第六项中的内容，即按点序排列的加密点的坐标，为使用 AC1测图

或数据采集(机控测图),提供一个二进制文件。

第九项是各模型参数文件名,以组合文件名加字母C命名,内容同第七项输出。

按清单内容按置后,按' CR'键,程序开始运行。运行中只显示英文等待计算,计算结束后屏幕上显示出成功或不成功的结束信息,此时,用 PRINT 命令,打印输出文件,平差的结果从宽行机上输出。我们可以根据计算的情况分析和处理问题。

五、加密问题的分析和处理

加密问题的分析和处理,应首先掌握航摄测区的地形情况、采用的摄影机焦距、摄影比例尺、外控点的分布形式和跨度大小等资料。根据《测规》和测区技术任务书的各种限差要求,对计算中出现的问题进行分析,查出产生问题的原因,并加以解决。

(一)外业控制点错

如果某个外控点的定向残差很大,在模型内也有反映,且其相邻定向点的残差与其反号,这时可以判断此点有问题。应先检查内业问题,排除内业问题后,再去查外业问题,以使问题得到妥善的处理。检查步骤为:

1. 检查控制点坐标是否输错
2. 检查该点是否转刺错
3. 检查该点是否观测错
4. 该点外业计算是否有错
5. 外业刺点是否有错,如有类似地物,应使该点不定向,然后利用成果文件进行反求。

若上述问题都查不出错时,可根据测区的布点情况,决定是舍去还是外业补测,要与上级技术部门商量解决。

(二)内业加密点错

如果某一模型的连接差特别大,并且周围模型的连接差也较大,则说明该模型中某点存在着错误;如果一模型中某点连接差较大,则有可能是该点的问题。排除的方法是:

1. 整像对误差很大的,要检查周围模型和本模型所有点的连接次数,成果中连结次数和实际作业的连接次数不符时,要先查作业网段图上有无重复编号的情况。如有应加以排除。
2. 观测时输错点号,应更正点号、重新计算。
3. 对个别点模型连结差较大时,应先检查刺点片,上下航线选刺点位是否一致;对不一致的,要重新刺点,上仪器观测,重新计算;对刺点无误的。要检查观测,排除错误后,重新计算。

(三)不同摄站同名错误

如果某一模型摄站的连接差很大,模型内连接差也很大,要检查摄站的连接次数,在一个计算区内,摄站最多有两次连接,超过时,要检查原因,对于输错了号的,要及时改正,重新观测,建立新的模型文件。有时像片尾数重号,应采用多输一位,或前面给不同数字字母加以区别。

对于以上所述的错误,在实际作业中,有时不易判断属于哪一类,应认真分析,初步判断有错的外业点,可暂作为检查点,计算出新的方案,再进行分析,确定错误所在。

在排除了粗差的影响后,应按照《铁路测量技术规则》要求检核外控点定向余差、检查点较差、模型连接差、航线或区域之间的连接较差,对有问题的点要进行修测,使加密的成果满足测图要求。

六、成果整理和质量检查

成果整理检查验收是电算加密的最后一环。须经作业员自检,然后再由科进行全面的检查验收,确保资料正确无误。

(一)自检项目

1. 投影机数据,大地点数据
2. 模型点连结差、大地定向点余差、多余外业点余差
3. 改点或其他情况是否妥善处理

(二)资料整理

1. 模型观测手簿
2. 网段略图
3. 加密成果
4. 外控资料和透明正片

(三)成果检查验收项目

1. 模型观测数据,特别是摄影机数据
2. ATM 程序清单的安置
3. 外控点利用是否合理
4. 全区模型数
5. 各类余差是否符合《铁路测量技术规则》要求
6. 对有错的外控点处理是否妥当
7. 水位点是否合理平差
8. 反求和改点是否处理完善

(四)填写图历表内容

1. 本测区作业起迄日期
2. 作业依据和加密方法
3. 作业中问题处理情况
4. 下工序应注意的问题
5. 质量评定

(五)资料上交

把整理好的资料,登记入册,交下一工序使用。

第四节 底图制备

平面坐标展点是铁路航测成图中必不可少的一道工序。它的主要任务包括:把已知点、格网线所具有的平面坐标展绘于图纸上;

为了满足不同比例尺的需要和沿线路布置图幅

的要求，同时还需进行坐标换算和图幅布置，以及绘图膜（聚酯薄膜）的处理等方面工作。目前作业中常用的仪器主要是直角坐标展点仪，图2.4.4.1是精密坐标展点仪的一种，坐标展点仪类型较多，但结构大体相同，所不同的就是在滑架和刺针的运行方式上或计数器装置和比例尺齿轮等方面有差异。展点也可用AC1解析测图仪的绘图桌进行，不过展点后尚有一些修补工作（指铁路航测图而言）需要作。

根据《测规》要求，底图展点误差不得大于0.1mm，方格网划线和整饰线划的偏差不得大于0.1mm。为了符合上述规定，对作业中的质量检查要自始至终贯穿于每个工序流程。

一、准备工作

（一）资料备准

1.图历表、加密成果、网段示意图、调绘片、带刺点的涤轮底片、线路基桩表（附有线路成图范围说明的）有范围线和控制点的复照图、或有成图范围的地形图，以及展点需用的坐标换带和换算资料等。

2.既有线车站平面示意图或百米标丈量记录本、放大调绘片等。

（二）工具用品准备：铅笔、钢管圆珠笔芯、橡皮、刀片、棉花、墨汁、专用方格网尺、明胶、毛刷、量杯、毛巾、绘图工具及图式符号书等。

（三）明确成图要求

1.学习技术任务书，了解成图比例尺和作业方法。

2.明确各专业对成图的技术要求。

3.根据成图方法和要求，确定是否必须展刺底点和主点，是否需要图幅布置图和过渡底图。

4.确定图幅规格，铁路航测图的尺寸未有统一规定，一般根据不同线别的具体要求和不同比例尺而定。由于铁路专业用图是连续带状测图的特点，一般以下述基本原则确定：

（1）同一条线路的图幅尺寸应定型一致。

（2）为带状图成卷提供方便，车站应以独立分幅使用为原则。

（3）便于仪器上作业。

（4）由于目前国产聚酯薄膜的宽度规格不统一，因此在决定图幅尺寸时，要考虑节约材料，图幅长、宽度最好是坐标方格网0.1m间隔的整倍数外再留有几厘米的余地，以便于展绘坐标格网线和注记坐标。

（四）原图材料的选择和处理

1.对聚酯薄膜的要求是：厚薄适中，机械打磨或化学涂层的薄膜要打磨、涂布均匀，无划破、片基折损，沙眼要少。

2.涂布结合膜：

（1）涂布结合膜的原因：聚酯薄膜由于打磨表层的粉沫未完全清除或涂层膜颗粒太粗，清绘时不易着墨，或着墨线条不均匀，下墨不流畅，线条易于扩散和脱落。为了增加沾着力，需在薄膜表面涂一层明胶，将毛面的毛细孔填平。清绘时使墨能更好地附着于片基上，划线才光滑实在，以保证线条的质量。

（2）涂布明胶液的方法：在涂布之前，需用干净毛巾或纱布把薄膜的涂层或打磨面擦拭一遍，清除表面的残留物，或用清水洗净晾干，然后涂布明胶结合液，才不致于因涂布胶液使残留物积聚面出现胶痕。用2g 明胶加100mL 水的比例配制胶液，充分搅拌，置于电炉上加热，加热时搅拌不要停止，以防胶粒沉底而被煮焦不能使用，至充分溶解开沸为止。稍冷却后，用毛刷或纱布沾胶液涂布于图面上，再用干净湿毛巾（最好用不掉纤维的）轻轻擦拭一遍涂层面，以使明胶液涂布均匀不积聚和快干。胶液涂布时温度要适中，一般煮开后晾10min 即可用，温度太高会引起薄膜的收缩和涂层膜的脱落，太低会使胶液凝块而不易涂布均匀。沾结力不牢，涂膜会出现脱落现象。明胶水溶液的浓度也可根据经验判断，用手指蘸试，待半干时稍觉粘手即可用。涂胶后图纸应摊平或悬挂晾干，卷曲晾干的图纸会出现胶印。晾干用具一定要清洁，以免胶液沾上脏物待干后不易清涂。待

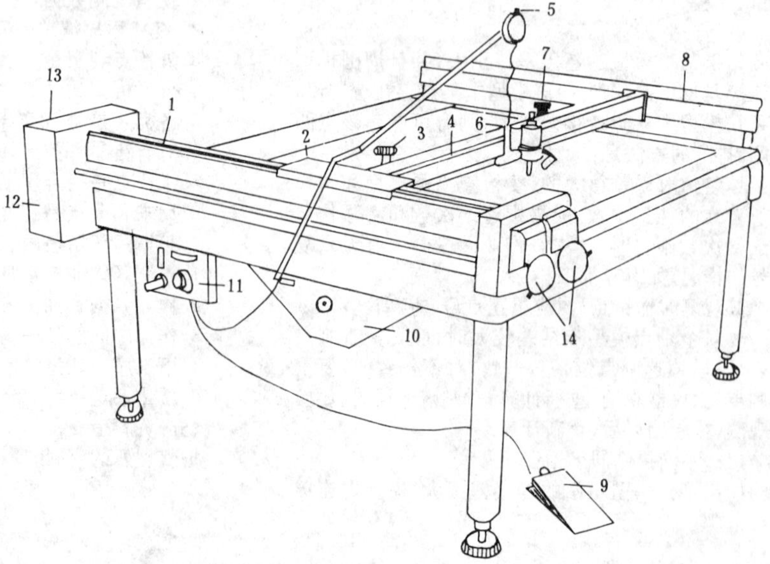

图 2.4.4.1

1—y 主导轨；2—y 滑架；
3—y 滑架离合旋钮；4—x 导轨；
5—绘图笔照明开关；6—绘图笔架
7—绘图笔架离合旋钮；
8—y 支撑轨；9——脚踏开关；
10—照明箱；11—电源箱；
12—同步机箱；13—齿轮箱；
14—xy 手轮和计数器。

全部晾干后再展点上墨使用。

4. 裱板图

对裱板图的要求：裱板图应平整，图纸与板面要粘贴严实无气泡，图面洁白无痕迹。镶嵌图板对图面的要求可略为放宽。

二、展点仪的检校、安全操作和保养

为了确保展点的精度，作业前必须对仪器进行严格的检校，根据《铁路测量技术规则》第二篇航空摄影测量的要求：

1. 仪器桌面和 x、y 导轨必须保持水平。x 导轨与 y 导轨应互相垂直，误差不得大于0.1mm。

2. 刺点针不得有偏心差。

（一）仪器置平

1. 桌面置平：把水准器置于绘图桌面上，调整绘图桌四角脚缧丝的高度，使气泡居中，不要精确整平，但一定要使四条腿着地。调整的方法是：用拨棍松开可调脚的固紧螺丝，用开口扳手转动脚盘上的六角螺丝使脚升降。

2. y 导轨置平：将长水准器泡置于 y 导轨上，用仪器后面的两个地脚螺丝等量升降进行置平。

3. x 导轨置平：将 x 导轨安置在仪器中央，并把水准器泡置于导轨上，调整右侧两个脚螺丝等量升降，使 x 导轨水平。

4. 当仪器置平后，应检查四条腿是否平稳着地，再将固紧螺丝拧紧。

5. 检查 y 导轨的主轨与副轨（右侧）是否平行，如主、副轨不平行，用副导轨前端右侧的偏心轴螺丝进行置平，先松开压紧螺丝，放松右侧的弹簧片，转动偏心螺丝，使 y 副导轨在垂直方向移动，直至气泡偏离不超过半格为止，然后固紧弹簧片和螺丝。

（二）展点针偏心差与对点放大镜不同心的校正

1. 展点针的校正

(1)检查方法

固定 y 滑架和 x 小轴架后，轻轻的按下展点针，刺一小孔，然后将展点针旋转90°、180°再展刺一点，若针孔不重合，说明展点针有偏心差。

(2)改正方法

a. 修磨针尖，反复检校，使展点针位于轴中心上，消除其偏心差。

b. 再一个办法是在展点时将展点针固定方向不变，即利用绘图笔杆上防松螺母的小插销插入螺线管上的小孔内，使绘图笔杆不旋转，以达到所展之点均为同一系统（即同一方向）的目的。在作针刺时用力必须均匀且垂直并始终朝一方向刺点。

2. 展点针与对点放大镜不同心的校正

展绘底图时，方格网划线与点位展绘是分两步进行作业的，一般先划格网线，后用对点放大镜中心对准方格网点，再取下对点器，插入展点针才能进行展点作业，因此要求展点针与对点放大镜中心必须同心。

(1)检查方法

固定仪器后用展点针在纸上刺一小孔，然后换用对点放大镜检查，若对点放大镜中心与刺孔点不重合，则应采取下述办法进行调整：

转动对点放大镜使其与刺点重合当重合后，展点针和对点放大镜均应固定其方向，并同时作出标记，以便展点作业时使用，一般用绘图笔杆上防松螺母的小插销和对点放大镜对光固定螺丝与螺线管上的小孔的相关方位作为安置时的标记。

三、x、y 导轨的垂直性校正

1. 检查方法

(1)在绘图桌上放一张平整的聚酯薄膜，最好是有机玻璃板，铺平压紧，图纸大小最好与桌面有效面积相近，然后在图纸左侧靠边处沿仪器 y 坐标展出1,2,3点，这三点要在一直线上，点之间的距离大约400mm，注意展点针一定要严格消除偏心差。

(2)对准2点，转动 x 手轮使绘图笔架从2点沿 x 方向移动至图纸右边缘大约1cm 处标出点 A，这点距离1,2,3点直线应尽可能大。

(2)将图纸翻转180°，把展点针换成对点放大镜，使镜中心严格对准 $1'$，$3'$ 和 $2'$ 点（$1'$、$2'$、$3'$ 为1、2、3点在图背面的透射点位）然后从 $2'$ 点沿 x 方向移动绘图笔架到 A 点附近，如果对点放大镜中心 A' 与 A 不重合，$AA' > 0.1$mm，则需要校正，取 AA' 中点作为校正点 O。如图2.4.4.2所示。

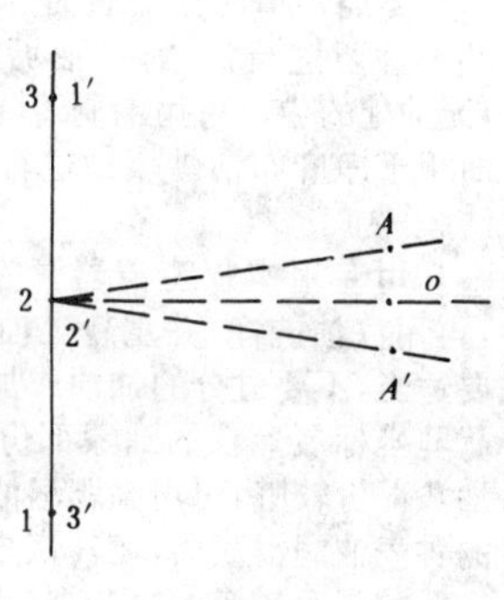

图 2.4.4.2

2. 校正方法

松开 Y 滑架侧面前后两导向轴承的双孔锁紧螺母，转动轴承的偏心轴，各改误差的1/4，直到对点放大镜中心与图2.4.4.2上的 O 点重合，固紧双孔锁紧螺母，检查 y 滑架两对侧向轴承侧面均应紧贴导轨面而无空隙。再重复检查 x、y 导轨的垂直误差，重复校正至符合要求。

（四）仪器安全操作及注意事项

1. 仪器警铃响应停止向前转动，并倒向退回。

2. 仪器在使用中运转不规律出现异常声音时，应停止作业，及时检查。

3. 起、停不要过猛，在摇动手轮时要注意刺针不能与压铁相撞。

4. 凡是在作业中碰撞警铃，都应检查坐标读数是否有变化，点位是否有移动。

5. 松开车架锁定旋钮后仪器在自由滑动时，不得忽然固紧旋钮，以免损坏丝扣。

6. y 向滑架自由滑动时，应用手扶住，以防滑出导轨损坏仪器的垂直性。

7. 禁止未松开固定螺丝前就转动对点微动螺

丝。对好点后，拧紧的固定螺丝，不得任意触动，以免引起点位移动。

8.设置在计数器旁边的滚花钮在使用后，应推进到底，以防计数器的数字发生变化。在插销位于中部位置时，计数器与手轮脱离，旋转滚花钮可改变指标安置值。插销的两个端点位置(插进或拔出)决定计数器的旋转方向，当在插进位置改为拔出时，保持手轮转动方向不变，则坐标读数随相反方向增减。

(五)展点仪的保养

为了保持仪器的高精度、正常运行和延长使用寿命，仪器必须经常进行保养。

1.坐标展点仪不应安置在直接受阳光曝晒和靠近暖气片的地方，距墙壁也应留一定距离，便于作业。仪器房内应清洁、明亮、无尘土，地板无震动。

2.展点仪的机械保养工作应着重于导轨、轴承和丝杠，这些部位应保持清洁润滑，仪器房应注意防尘、防潮和防止温度剧变。仪器桌面上不宜放置过于沉重的物品，以免损坏玻璃桌面。

3.要经常清除仪器表面的尘土和污垢，对所有活动部件要进行润滑。有油垢处，用麻布沾汽油擦净，无油处的尘土可用毛刷清除。轴承部分和导轨的表面用干净麻布沾钟表油进行润滑，使表面保持一层油膜。

4.用专用螺蚊清洁器清除丝杠上的油垢和灰尘，再用汽油洗净，并重新上油(或凡士林)润滑，上油要适当，不要过分的加油或加脂。

5.坐标展点仪的油漆部份不能用汽油擦洗。如果油漆部份较脏，可用温肥皂液擦洗，用干净布沾少量的钟表油润滑表面，使其恢复光泽。

6.如果毛玻璃桌面有脏污，可用酒精或汽油进行清洗。

7.仪器用完后，要用布罩盖上以防尘土进入。

8.用轻汽油清洁磨铅机砂轮。

四、绘制图幅布置图

1.绘制布置图的目的

(1)为了解决顺线路布置图幅和便于仪器作业，把一个测段的有效范围依比例尺缩小到米厘纸上进行分幅，按顺序统一编上图号，铁路用图是带状的，图幅随线路方向改变，它与国家基本图的固定分幅不相同。如图2.4.4.3。

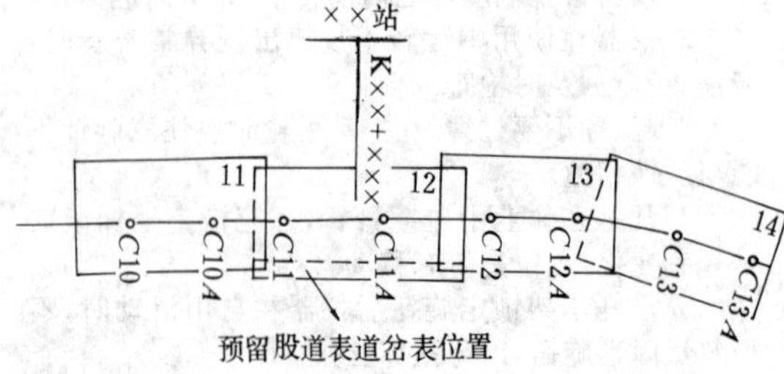

图 2.4.4.3

(2)布置图上按坐标绘出底点或主点注出相应的点号(片号)，以便查看测段、图幅、像对的接头关系，用布置图进行复印或缩小复印可代替过去的作业计划图。

2.绘制布置图的方法

(1)确定比例尺。图幅布置图的比例尺可以任意选择，一般以成图比例尺缩小10倍的比例布置较为适宜。

(2)选注坐标。在需要制图的有效范围的四角选取四个点，或一测段内两端导线点，大致确定x、y坐标值的变化范围，按平面直角坐标系和布置图的比例尺，在米厘纸上注明坐标值，一般取x、y值最小(或最大)的数作为起始数，在米厘纸上一般以每0.1m注明一个整数坐标值，注记坐标时应使图纸边缘留出一方格的余地，以便于测段接边。

(3)划范围线。对照有制图范围的资料，先把对制图范围线有关的点位(如外控点、加密点等……)，按坐标绘在图上，再以这些点为控制，勾划出制图范围。如果线路的制图范围注明在基桩表内，先在图上绘出基桩点，再从基桩点的两边各自量出表内所注明的数字并绘出点位，然后将这些点位顺线路连接起来，即是制图范围。既有线测量时如果测量的导线点在线路上，可根据技术任务书所规定的测图宽度来确定，一般以正线、站线最外股道以外两侧规定的宽度和加宽地段的范围而定。

(4)布置图幅。根据已确定的图幅尺寸，按布置图比例尺与成图比例尺之比，求出缩小倍数，以图幅缩小后的尺寸，制作透明膜片，在图幅布置图上，根据制图范围用膜片进行图幅布置，顺序编号。大面积范围测图时，要充分利用图幅的有效面积来布图，图幅排列取平行布置，一般以图幅的右边和下边为准。为了便于接边和使用，两图幅接边重迭范围内应保持一排公共的十字交叉格网点，特殊情况下也至少有两个以上方格网十字交叉点，作为拼接图幅之用。两图幅布置图接边外应互相转描一幅图以作为依次布置图幅的依据。

(5)相邻两带边缘的换带图幅布置，应分开在两张不同坐标系的布置图上布置，并重叠布置一幅图，换带图应选在导线平直处，避免在车站或地物复杂地段作换带图布置，当选取的位置和换带点(也可用导线点)确定后，先在一带边缘布置一幅图，然后在透明桌上用另一带这些同名换带点对准选用的换带点，把换带图套描在该带边缘图内，然后依次布图。如图2.4.4.4。

(6)在布置图上应绘出底点和导线点，同时注明像片号和点号，用不同色的铅笔将底点和导线点分别加以连接以示区别，以便作业时查阅。在布置图的上方注明线别和比例尺，两头或两侧接头处要注明相邻测段号和图幅编号，图号一般编写在图幅的右上角或上方中央。

3.对布置图幅的要求

(1)在保证不遗漏制图面积的前提下，充分利用图幅面积，使重叠度最小，需要的图幅数最少，但应考虑制图接边的重叠度和装订线。

(2)既有线测图时，应尽量使一个车站、一座桥梁布置在一幅图上。根据铁路专业用图要求对车站图幅应留出道岔表、股道表位置。如果一幅图布置不下，可增加图幅，但应考虑布局合理。还应避免在地物复杂、道岔密集或桥隧相连的地方接边。

五、仪器准备和坐标换算

(一)按成图比例尺安置好齿轮，齿轮安置是否符合比例，应用直尺或展点板进行检查，计数器每转动一整方格的数字展点针在图面上应刚好移动0.1m的距离。

(二)调试好铅笔架上圆珠笔或刺针距图面的高度。清除圆珠笔尖上的保护膜，以免影响划线。

(三)坐标换算

当展点仪上没有用户所需要的测图齿轮比的情况下，利用仪器现有的基本比例尺的齿轮装置，按特殊展点的方法进行作业时，需进行坐标换算。

1.求比例尺系数 K

设所需要的比例尺为$1/m$，仪器上所使用的基本比例尺为$1/M$。则比例尺系数 $K=\frac{M}{m}$。

2.换算坐标

将所有需要展刺点的坐标值包括方格网点在内都乘以比例尺系数 K，即得换算后的坐标。在仪器上安置基本比例尺$\frac{1}{M}$齿轮组，用换算后的坐标值展绘底图。但注记方格网坐标值时仍按成图比例尺的整数进行推算。

换算坐标应注意几点：

(1)最好把点和格网点分别列表进行计算，简单明确又不易算错，仪器作业使用也较方便。

(2)系数 K 的小数位的取舍要以计数器的读数位数为准，如仪器上的读数是6位数包括小数位在内，则系数 K 的小数位也取6位数计算。

(3)计算中，对每点的原坐标值在小数点前后所取的位数应完全一致。

六、底图展绘

(一)底图展绘

1.确定图幅方向

铁路航测图是随线路走向布置的，为数最多的是斜图(方格网与图幅外廓线斜交)，坐标展点仪用于正交展绘底图较为方便，而斜图展点前必须在布置图上读取图幅四角坐标值来确定图幅方向，以便在展点仪上安放底图，一般任选一幅图的长边二角或三角读出 x、y 坐标值，在大面积测图区，图幅取平行排列布置时，同一排图幅下边和右边角点应取在一直线上。读数应由第二人进行复核，然后在展点仪上按读出的坐标值安置好仪器，用铅笔把读点点在玻璃桌面上，对照布置图所示的相应图幅位置把底图安放好并整平粘贴在绘图桌面上，如出现点位的距离与底图相应的边长不符，或相差较大，应检查坐标读数，或可能用错图纸，在保证满幅的前提下，尽量把图纸置于仪器桌面的有效范围内，否则应移动图角点，重新安置。

2.展绘坐标格网线

仪器在图幅定位时，x、y 方向已固定，用进口钢管圆珠笔芯装入铅芯架内展绘坐标格网线。在未划线前，先任选一坐标格网线作为起始参考线(x 或 y 坐标线均可)，在绘坐标格网线时，先脱开 x 导轨上的绘图笔架，绘 x 坐标格网线，绘完所有 x 坐标格网线后，应使绘图笔架恢复到起始参考线的位置定位，再脱开 y 滑架，绘制 y 坐标格网线。

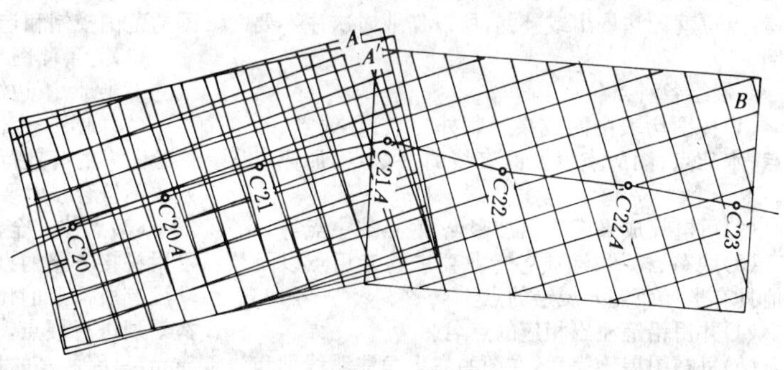

图 2.4.4.4

划线的速度和对绘图笔杆的压力要适中，速度太快线条发虚，压力过大会使图纸划出折痕并且线条发粗，绘每条线起末要慢，每划完一条线后，需用擦笔布擦去笔尖上集墨和脏物，然后再划。利用仪器展绘坐标格网线的方法，速度快精度高，可减少划线误差。

3.展刺点

(1)全幅图格网线划完后，在图上任选三个格网交叉点，一般靠图纸的三个角选取，但一定要有二点在同一条坐标线上，最好选用长线，便于发现问题，用对点放大镜小圆中心精确对准所选三点，对点误差不得大于0.1mm，其操作步骤如下：

a.利用仪器最后划坐标格网线的某个方向还尚未脱钮的情况下，使其对准某一格网点，并使计数器也对准该坐标线的整坐标值。

b.然后使另一个方向已脱钮的滑架驱动到此点上，计数器上的数字也应符合此点的整坐标值，先大致对准，固定旋钮，而后要前后转动一下手轮，以使螺扣与丝杠合扣，否则因螺扣有时不套合，摇动手轮时会使滑架或铅笔架前后滑动，使对点偏离较大，为了使对点能归位，可利用计数器旁边的滚花钮改变计数器的指标值而使坐标值前后转动一点，再固定

旋钮，然后用螺丝管旁边两个微动螺丝调节使其精确对准。

（2）格网点对好后，用展点针替换对点放大镜（应注意偏心差的调整），然后展点。

3.手工划坐标格网线

如果不采用仪器展绘坐标格网线方法，则用手工划线进行作业，按成图比例尺需要的间距0.1m，在仪器上先展出格网点，然后用精密格网尺把点位加以连接。

在作业过程中为了避免坐标发生平移或图纸移动，采用先展点后展坐标格网点（与用仪器展绘坐标格网线方法相反）的方法进行，即确保坐标格网线准确无错，而且点位错漏可以补救，如果基本格网线有差错，点位就无法展出或补漏，所以作业时次序不要颠倒。

4.展绘各种点位

（1）按图历表中的成果展刺外控点、导线点、三角点、水准点、图廓点以及既有线的岔心点、加标点等。

（2）用电算成果应展出加密点、底点或主点等。

（3）线路、桥梁、地质各专业要求的专用点以及其他具有坐标而需要展绘的点。

（4）并用铅笔注出相应的点名。

（5）每幅图展绘完后，在图的右上角注明线别和图幅号。对图幅号有特殊规定的地方测图应按要求注记。在 x 和 y 方向坐标线上要各选一条注记出坐标值作为起始数。

（6）全幅图展完后对所展的点应由第二人进行复核，复核的内容包括：

a.图幅的方向是否与布置图一致。

b.对照内外业成果和网段示意图检查各类点位有无错漏。

c.注明的起始坐标数是否正确。

d.图廓点是否准确，一般在图上要求展绘图廓点的图幅都是固定不变的，如果其中一点有错或误差超限会影响到几幅图的接边，甚至会造成成图后图纸无法使用的后果，所以应严格检查其点位。

（二）像片平面图底图展绘

像片平面图底图的展点是在裱糊板上进行，一般图板要比像片图幅大，划坐标格网线、展点与常规底图展点的方法相同。

（三）过渡底图展绘

在航摄比例尺比较小的测区，侧图放大倍率较大，象对内的定向点超出带状底图范围无法展刺点，仪器测图时大地定向需用过渡底图作业。过渡底图展点按象对的顺序进行，在展点仪上按大致与航线垂直的方向放置图纸，比例尺与成图比例尺相同，根据象对内四角点所控制的范围选择图纸的大小，图四周要留一定宽度空白，以供压平或纠正对点用，其展绘方法有两种：

1.仪器展绘

在展点仪上进行展点的过渡底图，一般要求像对内四角定向点能置于仪器绘图桌有效范围内，展点方法与一般底图展点相同，但坐标起始数的选择是以象对内四角定向点为准，x 和 y 坐标要各选一个最小值为起始点（可能同点也可能不同点），分别在仪器上安置好相应的坐标值，用特种铅笔将点位标在仪器桌面上，根据所标点位安放图纸，然后展绘底图。

2.手工展绘

过渡底图过大，无法在仪器上展点时，则采用手工方法展绘，展点是在已有方格网的底图纸上进行，方格网可斜可正（方格网线与图纸外边线的交叉），格网的选择要根据点位的坐标值而定，用比例尺、复比例尺与卡规或专用的展点板进行展点，用网段示意图一个像对（或几个像对）的四角点坐标值作为布图的范围控制和选取坐标起始数，布点时应考虑：

（1）为了测图作业方便，应尽量把点位布置在图纸的下半部，下边缘不要留空格。

（2）如果一个像对用的图纸太大，以至超出测图仪绘图桌的有效范围时，则可用半个像对展点，这种方法不符合技术要求，应尽量避免。

（3）点位要全部布置在图内，个别点在图幅外，可用拼接方格的办法展出，如果手工展点使用的工具没有所需要的比例尺时，可以使用原比例尺的基本刻划进行展点，一般比例尺的基本刻划单位都是1mm，只因所需的比例尺不同而代表的比值不同而定。

（4）过渡底图展点完后，在图纸的上方注明测段号和像对号，以便查找之用，并由第二人进行复核，首先检查格网的坐标注记是否正确，然后逐点复核。

（四）换带图展绘

由于平面直角坐标系采用高斯-克吕格的分带投影法，每带独立投影，相邻两带各自有独立的平面坐标，在两带接边处同一点位会有不同的两个坐标值，因而相邻带边缘图幅的坐标格网不能直接拼接，为了便于接图，须在相邻带边缘的同一张底图上，展绘出两带的坐标格网（即互展并加绘邻带坐标），在具有双重坐标格网的图幅上，利用两带重叠部分共有的换带点（实测换带点或选用图内的导线点、加标点）来进行展绘。展绘方法如下：

1.手工透点法

在展点仪上把两带重叠的图幅按各自不同的坐标系进行展点，展出两幅图，然后在透明桌上将两张底图叠放在一起，使两同名换带点（实际同一点）的针孔完全重合后固定，将一幅图的坐标格网点，精确地转刺在另一幅图上，便可在这一幅图上绘出两个系统的坐标格网线。

2.恢复坐标展点法

根据外业测定的换带点或拟用作换带的导线点，用展绘底图的方法在坐标展点仪上展出本带点和方格网的同时，展绘出邻带方格网点（或线）。选用的换带点（无其他点可用时也可用格网点）最好在图纸的长方向上，头尾各一点，中间点作检查用，将一幅图按布置图所示的方位置于展点仪绘图桌上，按本带平面坐标系的坐标值展绘出方格网、换带点以及其他点位,然后把展点仪读数调到邻带的坐标值,使所选换带点的针孔与对点放大镜中心重合,如不重合,移动图纸,使其完全重合为止,然后固定图纸,用红线或虚线展绘出邻带的坐标方格网,这种方法比传统的手工方法精度高,省工省料。

七、着墨整饰及检查

(一)着墨整饰

1. 在展好点的图纸上,用精密坐标格网尺(直线性误差不大于0.1mm)划坐标格网线,其划线误差不得大于0.1mm。并补划出因超出展点仪桌面有效范围未展出的线和点,并注记出格网线的坐标值。

2. 格网线修补齐之后,为了避免划线不准、展错、注记错、或图纸方位移动,对照图幅布置图,拼接相邻图幅坐标格网,误差超限或有错漏要进行修补。取平行排列的图幅,拼接后出现的多余部分应取直裁除,以免在成图后构成一小条边外图,不便于折边使用。

3. 按照图式符号整饰各种展刺点。

4. 换带图幅的接边,按规定左图压右图,在左图上除绘制本带的坐标格网线(用实线)外,另一带格网线用红线(或虚线)绘出。

5. 整饰的线条要求0.1mm,粗细均匀光滑实在。图面整齐清洁,注记清晰美观易读。

(二)检查

整饰完后,每幅图须进行检查,着重检查整饰是否齐全或错漏。根据铁路专业用图的要求,清绘时字头的朝向将以图的编号为准,所以图幅编号要求准确应与布置图一致。相邻两幅图接边一般规定左图压右图,在右图上被压重叠部分内的点位应转刺在左图上并整饰齐全,然后交出使用。

第五章　精密立体测图仪测图

目前我国铁路航空摄影测量中所使用的精密立体测图仪器有 Autograph A10、Autograph AG1、Autograph AMH.(以上三种仪器是瑞士威特厂制造的),Stereometrograph Topocart B(原东德蔡司厂制造的),HCT-2A(国产)等类型。它们的构造原理,基本上都是利用金属导杆来模拟立体像对的两个同名光线成对相交,仍基于摄影过程的几何反转性,使用蔡司平行四边形加空中三角交会的原理,建立与所摄地面相似的缩小的几何模型,通过双目镜和插入光路中的双测标及相应的模型量测机械,对该几何模型进行量测,再通过与主机相连接的绘图桌,即可实现测绘各种比例尺的地形图。

第一节　精密立体测图仪简介

一、Autograph A10 精密立体测图仪

Autograph A10 精密立体测图仪(以下简称 A10)是一种多功能、高精密度(I 级精度)的测图仪器。它连接 TA 绘图桌,在航空摄影测量和地面立体摄影测量中,除可用来测绘各种比例尺的地形图外,若配备相应的外围设备,还可测绘纵、横断面,采集模型数据,进行空中三角测量,若配备 AVtoplot RAP 系统的软件和硬件,可进行计算机辅助测图。A10 设有地球曲率改正机械,作业中可自动改正地球曲率误差。该仪器十分牢固稳定,作业中很少出故障,维护比较容易。

作业时应特别注意下述两点:

1. 当航摄像片倾斜角同时出现 $\phi_1 \leqslant -4^g\omega_1$ 接近 $+6^g$ 或 $\phi_2 \geqslant +4^g\omega_2$ 接近 $+6^g$ 的情况下,仪器不能作业。否则仪器可能受到损坏。

2. 作业中安置仪器主距时,只能用投影器前侧左、右角下方的 f 旋轴的摇把调节 。绝对不允许用主距计数器顶端旋钮调节,否则会改变主距零位置或损坏主距计数器。图 2.5.1.1 是 A10 仪器的主机全貌图。

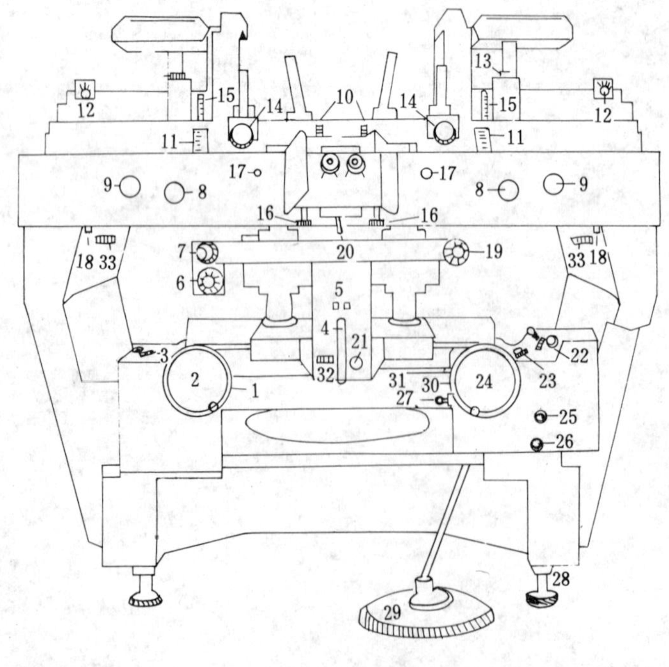

1—X 标尺零指标环;2—X 手轮;3—X 计数器;4—快动手柄握把及开关;5—快动手柄电源开关及指示器;6—b_x 旋钮及计数器;7—b_z 旋钮及计数器;8—φ 旋钮;9—κ 旋钮;10—ω 计数器标尺;11—φ 计数器标尺;12—κ 计数器;13—f 计数器;14—ω 旋钮及计数器;15—f 计数器标尺;16—阿贝棱镜旋钮;17—右投影照明亮度调节钮;18—右主距安置旋轴;19—b_y 旋钮及计数器;20—正负片观测转换杆;21—地球曲率改正安置旋钮;22—Z 安置旋钮及计数器;23—Y 计数器;24—Y 手轮;25—Y 换向钮;26—Y、Z 转换钮;27—公、英制转换钮;28—基座脚螺旋;29—脚盘;30—Y 标尺零指标环;31—Z 标尺零指标环;32—地球曲率改正安置计数器;33—φ 计数器。

图　2.5.1.1

技术数据

1. 最大像幅　23cm×23cm

　主距　　85～308mm 连续可调

2. 模型范围　$X=\pm265$mm 零位置 500

　$Y=\pm330$mm 零位置 500

　$Z=130\sim450$mm

　基线分量范围　$b_x=0\sim300$mm($b_x=0$ 时两空间导杆平行)

　$b_y=\pm22$mm

　$b_z=\pm35$mm

3. 角度旋转范围　$K_1=K_2=\pm15^g$

　$\omega_1=\omega_2=-7^g\sim+6^g$ 零位置 100^g

　$\phi_1=\phi_2=\pm6^g$ 零位置 100^g

4. 高差范围　1.10H

5. 模型放大倍率

　特宽角　1.6～3.5 倍

　宽　角　0.9～3.0 倍

　常　角　0.5～1.5 倍

6. 观测系统

(1)放大倍率　8 倍

(2)视场直径　31mm

(3)测标直径　0.04～0.06mm(在像片平面上)

(4)眼基线　58～72mm

7. 模型高程精度　0.05H‰

8. 地球曲率改正范围　0～(1∶100 000)模型比例尺

9. 高程计数器齿轮比(全部可倒换使用)

　标准组　1∶1,1∶1∶2,1∶3,2∶3,2∶5,3∶5

10. 电器系统

(1)报警电路电源变压器 TR_1

初级 110/125/150/220/250V 交流电 50/60Hz 次级 24V 交流电

(2)电源变压器 TR_2

初级 110/125/150/220/250V 交流电 50/60Hz 次级 24V 交流和直流电

TR_2 还用作 220V 萤光灯自动升压器

11. 仪器尺寸(不包括绘图桌)

长=190cm;　宽=150cm;　高=190cm

12. 仪器重量 1400kg

A10 测图仪连接的绘图桌有两种,早期产品是机械传动绘图桌,现在配用 TA 绘图桌。TA 绘图桌的特点是有效绘图面积大,桌面能倾斜、升降和旋转,绘图缩放比例能从 0.1～10 倍连续改变。采用电子传动,模型车架至绘图笔架间的传输误差极小。

绘图桌透光照明电源箱面板上有电源开关、亮度调整钮、保险丝管座及电源电缆插座。

图 2.5.1.2 为电子设备箱面板图。

操作控制台按键功能说明见图 2.5.1.3。

TA 绘图桌技术数据

1. 桌面尺寸　　130cm×130cm

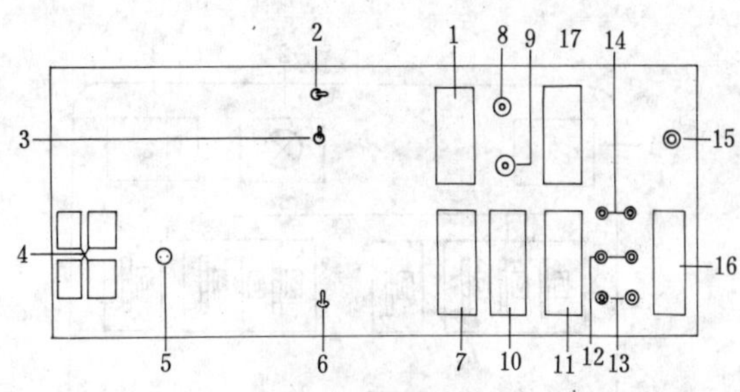

图 2.5.1.2

1—坐标显示器连接电缆插座;

2—坐标显视计数方向安置钮,Ⅰ;

3—坐标显视计数方向安置钮,Ⅱ;

4—保险丝管座;

5—电源电缆插座;

6—绘图速度安置钮:铅笔,圆珠笔绘图安置 1,墨水笔、刻图针绘图安置 0.5;

7—计算机连接电缆插座;

8—手动控制盒连接电缆插座;

9—脚踏开关连接电缆插座;

10—EK 记录设备连接电缆插座;

11—测图仪连接电缆插座;

12—导轨Ⅰ和Ⅱ电子放大系数安置钮;

13—Ⅰ轨和Ⅱ轨坐标分配钮;

14—绘图笔架移动方向安置钮;

15—Ⅰ轨电机连接电缆插座;

16—Ⅱ轨电机连接电缆插座;

17—操作控制台连接电缆插座。

2. 有效绘图面积　　100cm×100cm

3. 桌面倾斜范围　　水平至 75°

4. 桌高　　80～115cm

5. 桌面旋转角范围　　0°～360°

6.. 绘图放大倍率　　0.1～10 倍

7. 步进距离　　0.05mm

8. 笔架移动最大速度　　125mm/s

9. 重量　　230kg

10. 电源　　115V,230±20% 50/60Hz

二、Autographa AG1 精密立体测图仪

Autograph AG1 精密立体测图仪(以下简称 AG1)是一种多用途的Ⅱ级精度测图仪器。为了适应大比例尺测图精度的要求,也配备 TA 绘图桌。在航空摄影测量中,除可用来测绘各种比例尺地形图外,配备外围记录设备,可采集模型数据;安装上断面扫描附件,连接 PE2 系统,可采集断面像点坐标;配备 RAP 系统软硬件,可实现计算机辅助测图,再利用 TAR 软件包,可进行空中三角测量。图 2.5.1.4 是 AG1 的总貌图。

技术数据:

1. 最大像幅　　23～23cm

　主距(标准件)　　83～92mm

　　148～157mm

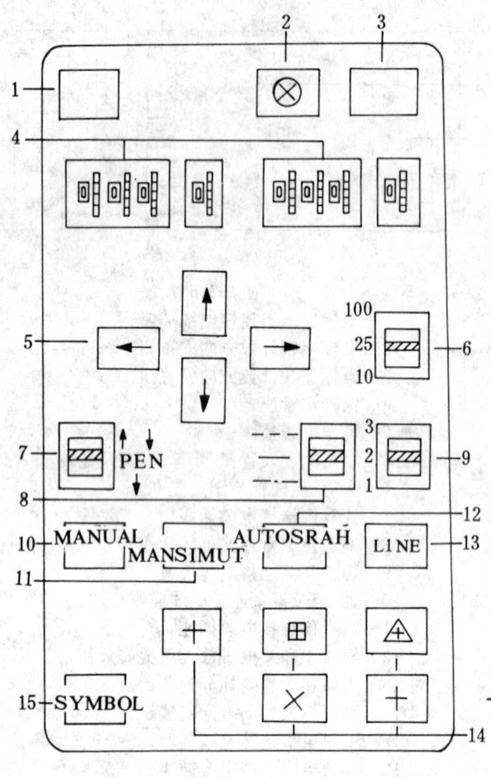

1—电源开关；
2—绘图笔照明灯开关；
3—报警信号键：接通电源报警，按下此键停止；绘图笔架移动速度超过每秒 125mm，报警但不脱机；绘图笔架移到极限位置，报警并脱机；
4—绘图桌绘图倍率安置指轮：左一位为整数位，二、三位为小数，以十进制数安置；最后一位置 0，则前三位乘 1，若置 1，则前三位乘 10。当倍率为 1∶1 时，安置为 1000；当倍率为 1∶10 时，安置为 0001；
5—绘图笔架移位键：按下某键，绘图笔架沿箭头方向移开预置的一段距离；再按同一键，绘图笔架回到原位；
6—绘图笔架移动距离安置键；
7—绘图笔升降方式安置键：安置 ↓，脚踏开关或手动控制盒绿键按下，绘图笔落下；放开则绘图笔抬起。安置 ↑ ↓，按下脚踏开关或手动控制盒绿键，绘图笔落下并停留不动；再压一次开关，绘图笔升起；
8—绘制线型安置键；
9—虚线长度安置键；
10—脱机键：压下此键，指示灯亮，绘图桌与测图仪连接中断；
11—绘图桌与 AMH 连接时，压下此键，操作手动控制盒，可驱动绘图笔和测图仪基线架同步移动；
12—连机键：压上此键，指示灯亮，绘图桌与测图仪连接；
13—绘直线键：压下此键，测标对准某直线端点，压脚踏开关；再对准另一端点，压脚踏开关，仪器能自动绘出该直线；
14—符号键；
15—绘制符号键：按下 14 中的任一种符号键，测标或绘图笔对准符号中心位置，压下此键，则可自动绘出相应符号。

图 2.5.1.3

1—公共 Φ 手轮；
2—公共 Φ 计数器；
3—X 滑轨锁定钮；
4—b_z 手轮和计数器；
5—ϕ 手轮和计数器；
6—b_φ 安置钮及计数器；
7—左投影照明亮度调节钮；
8—旋像调节拨杆；
9—ω 倾斜重力补偿安置钮；
10—$\Phi+\phi$ 倾斜重力补偿安置钮；
11—κ 旋钮；
12—ω 旋钮和计数器；
13—主距安置钮及计数器；
14—目镜；
15—主距接合器定位锁紧螺丝；
16—测标亮度调节钮；
17—高程计数器斜尺安置钮；
18—高程计数器安置钮(在表背后)；
19—高程计数器；
20—Y 滑架锁定钮；
21—手扶测绘台及 Z 手轮。

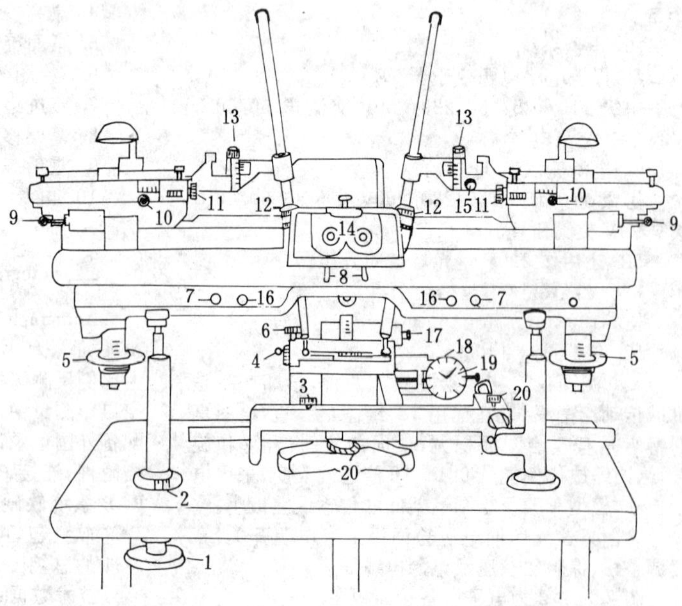

图 2.5.1.4

选购件　　97～106mm

111～120mm

120～128mm

205～215mm

2. 模型最大尺寸　X——276mm

Y——368mm

Z——62～240mm;

b_x——60～170mm

3. 角度旋转范围　$k_1=k_2=\pm15^g$

$\omega_1=\omega_2=\pm5^g$

$\phi_1=\phi_2=\pm5^g$

公共 $\Phi=\pm4^g$

4. 模型放大倍率　$f=88$mm　0.9～1.6 倍

$f=152$mm　0.8～1.6 倍

$f=210$mm　0.6～1.1 倍

5. 观测系统

(1)放大倍率(标准件)　　6 倍

(任选件)　　9 倍

(2)视场直径(V=6 倍)　　25mm

(V=9 倍)　　20mm

(3)测标直径(标准件)　　0.06mm

(任选件)　　0.045mm

6. 模型高程精度　　0.1H‰

7. 光点测标颜色　　黄、绿

8. 电器系统

初级电压 110/125/150/220/250V 交流电，50/60Hz

次级　　6V

9. 仪器尺寸

长=120cm,宽=86cm,高=200cm

10. 仪器重量　　238kg

TA 绘图桌与 A10 测图仪同

三、Topocart B 精密立体测图仪

Topocart B 精密立体测图仪(以下简称 B 型仪器)是平面型模拟投影测图仪器，Ⅱ级精度。在航空摄影测量和地面立体摄影测量中，可测绘各种比例尺地形图。该仪器若与 orthophot 正射投影仪连机，在明室不用第三张像片作业，就可制做正射影像图；在绘图笔架上安置山形线仪，还可在微分纠正扫描时，自动绘出用于连绘等高线的浑翁虚线。图 2.5.1.5 是 B 型仪器全貌图。

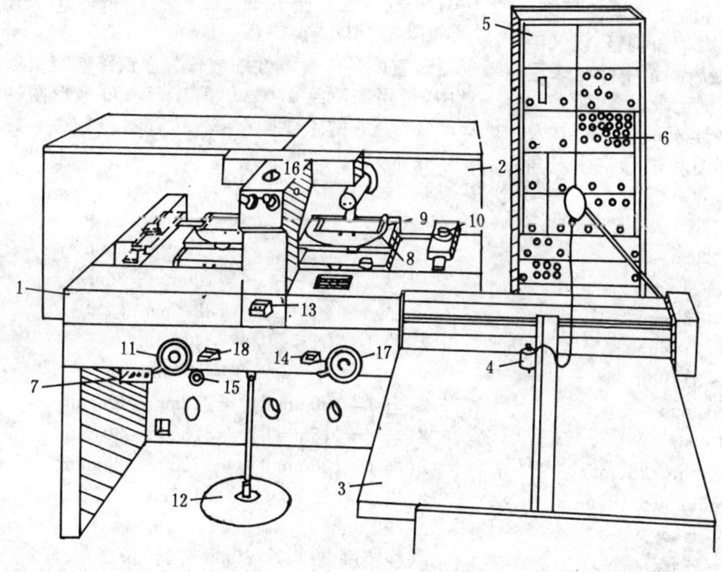

1—立体测图仪；2—正射投影仪；3—绘图桌；4—绘图笔架；5—正射投影仪电子柜；6—正射投影仪电源开关；7—测图仪电源开关；8—κ 旋钮和计数器；9—承片盘；10—CK_y 旋钮和计数器 11—X 手轮；12—Z 脚盘；13—高程计数器；14—Y 计数器 15—光楔比安置钮；16—影像调焦钮；17—Y 手轮；18—X 计数器。

图　2.5.1.5

技术数据：

1. 像幅　　4cm×4cm～23cm×23cm

主距　　50～215mm

2. 模型范围 $X=\pm240$mm

$Y=\pm240$mm

$Z=\pm70\sim+320$mm

基线分量 $b_x=0\sim240$mm

$b_y=\pm20$mm

$b_z=\pm15$mm

3. 角度旋转范围　$\kappa_1=\kappa_2=\pm30^g$

$\omega_1=\omega_2=\pm5^g$　　$\phi_1=\phi_2=\pm5^g$

4. 高差范围　　1.28H

5. 观测系统

(1)放大倍率　　6 倍

(2)视场直径　　40mm

(3)测标直径　　0.06mm

(4)眼基线　　55～75mm

6. 测图仪精度

(1)模型高程精度　0.1H‰

(2)像片平面上坐标中误差　$m'_{x,y}=\pm0.01\sim0.02$mm

7. 高程计数器齿轮比(标准件)

1∶800　1∶1000　1∶1250　1∶1600　1∶2000

1∶2500　1∶3200　1∶4000　1∶5000

8. 光点测标颜色　绿

9. 电器系统

初级电压　100/110/127/220/240V,50～60Hz

次级　6V,50～60Hz

10. 仪器尺寸

长=150cm,宽=98cm,高=130cm(主机)

11. 仪器重量　300kg

B型仪器的绘图桌之间是用机械导杆连接的。绘图桌一般配有 X、Y 手轮和相应的计数器,也可用它来展绘底图,外形可参看第四章坐标展点仪。

四、Autograph　AMH 精密立体测图仪

Autograph　AMH 精密立体测图仪(以下简称 AMH)是一种多用途的Ⅰ级精度测图仪。它的空气压缩装置与仪器的主要运动部件,形成仪器的空气轴承,使其活动部件能精密、平滑而无摩擦的运动。作业十分轻便,可减少对仪器的维护和调整。该仪器连接的是 TA 绘图桌。在航空摄影测量中除用来测绘各种比例尺地形图外,配备外围记录设备,可采集模型数据,若与 RAP 系统硬件连机,利用 RAP 及 ATR 软件可实现计算机辅助测图和进行空中三角测量。图 2.5.1.6 是 AMH 仪器的全貌图

技术数据:

1. 最大像幅　23cm×23cm

主距　54mm～126mm

148mm～167mm

200mm～219mm

293mm～311mm

2. 模型范围　X——310mm

Y——400mm

Z——60mm～260mm

基线范围　b_x——36mm～180mm

3. 角度旋转范围　$\kappa_1=\kappa_2=\pm15^g$

$\omega_1=\omega_2=\pm5_g$

$\varphi_1=\phi_2=\pm5.5^g$

公共 $\Phi=4^g$

4. 观测系统

(1)放大倍率　5.3倍,8倍,12倍

(2)测标直径　0.045mm

5. 模型高程精度　0.05H‰

6. 仪器尺寸

长=162cm,宽=162cm,高=132cm

五、HCT-2A 立体测图仪

HCT-2A立体测图仪,是一种Ⅱ级精度的测图

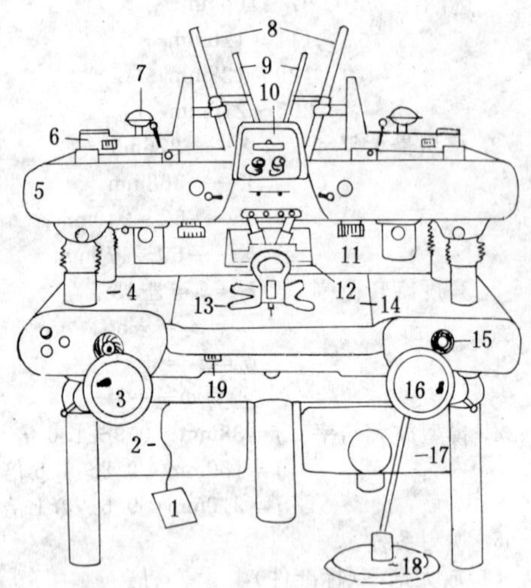

图　2.5.1.6

1—内部绘图桌描笔起落开关;2—电子控制部件;3—X手轮;4—带盖的下框架;5—上框架;6—像片盘系统;7—像片盘照明灯;8—空间导杆;9—辅助空间导杆;10—目镜箱;11—光学放大率变换器;12—模型架系统;13—徒手操作手柄;14—内部绘图桌;15—电源开关;16—Y手轮;17—空气处理系统;18—脚盘;19—内部绘图桌照明开关。

仪器。它配备一台线性缩放仪。在铁路航空摄影测量中,可用来测绘 1∶2 000、1∶5 000 地形图。图 2.5.1.7 是它的主要操作部件位置图。

技术数据:

1. 最大像幅　23cm×23cm

主距　f=150mm±3mm

f=115mm±3mm

f=100mm±3mm

f=88.5mm$^{+2.5mm}_{-4.5mm}$

2. 模型范围　X=430mm

Y=530mm

Z(当 f=150mm 时)=212mm～338mm

Z(当 f=115mm 时)=175mm～301mm

Z(当 f=100mm 时)=160mm～286mm

Z(当 f=88.5mm 时)=145mm～271mm

ΔZ=126mm

基线范围　b_x=60mm～250mm

3. 角度旋转范围　$\kappa_1=\kappa_2=\pm15°$

$\omega_1=\omega_2=\pm5°$

$\varphi_1=\varphi_2=\pm5°$

公共 $\Phi=\pm5°$

4. 模型放大倍率　f=152mm　1.4～2.2倍

f=115mm　1.5～2.6倍

f=100mm　1.6～2.9倍

f=88.5mm　1.6～2.3倍

5. 观测系统

(1)放大倍率　6倍

(2)视场直径　　　27mm

(3)测标直径　　　0.07mm

6. 模型高程精度　　0.1H‰

7. 玻璃高程尺(米制共10根)

1∶5 000　1∶6 000　1∶7 500　1∶10 000　1∶12 500　1∶15 000　1∶17 500　1∶20 000　1∶22 500　1∶25 000

8. 缩放仪齿轮(共10对,每对均可逆)

1∶1　5∶6　4∶5　3∶4　4∶7　2∶3　3∶5　1∶2　4∶9　2∶5

9. 电器系统

初级电压:220V　50～60Hz

次级:对中箱　220V　8W

像片照明　24V　35W

高程照明　6V　15W

警报系统　24V

反光照明　6V　7W

10. 仪器尺寸(包括绘图桌)

长=2500mm;宽=2100mm;高=1835mm

11. 仪器重量　500kg

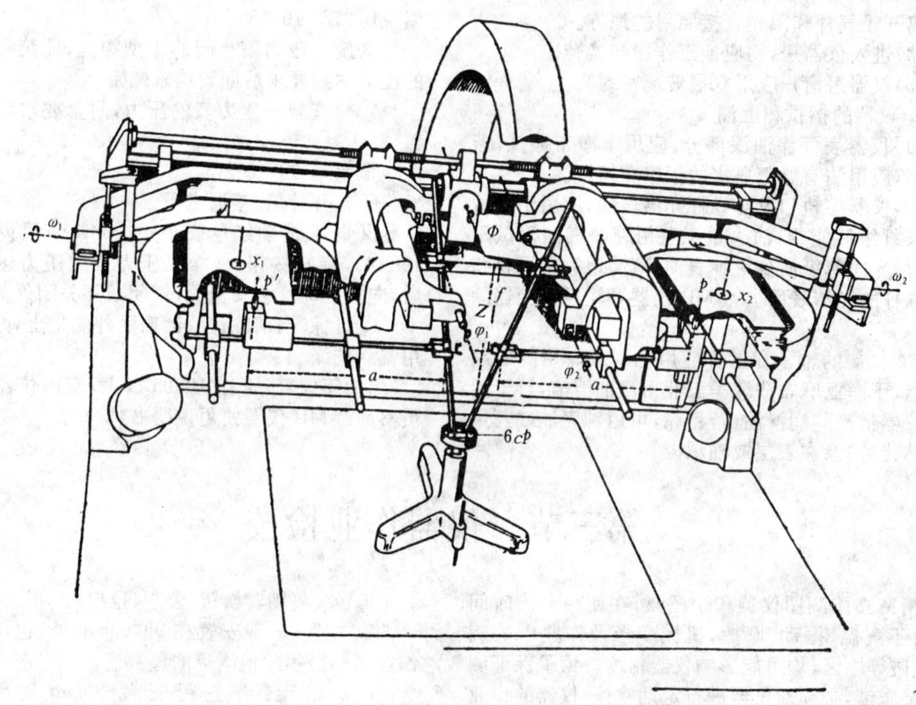

图　2.5.1.7

第二节　仪器安全操作和保养

一、仪器安全操作

在精密立体测图仪上作业,应严格遵守下列安全操作事项。

1. 开机顺序,当测图仪器与稳压电源,坐标记录设备连接时,应按下述顺序接通电源。

(1)接通稳压电源开关,当输出电压表稳定地指在220V电压后再接通下列设备的电源。

(2)接通主机电源

(3)接通绘图桌电源

(4)接通EK22记录设备电源

(5)接通磁带记录设备电源

(6)接通打印机电源

(7)接通绘图桌监示器电源

若测图仪与RAP计算机辅助测图系统连接时,开、关机顺序请参照本章第四节中的有关规定作业。

2. 仪器未接通电源,不得移动模型车架和像片滑架。

3. 作业中听见报警蜂鸣声,应停止向前转动仪器,并应反向退回,以解除报警。

4. 转动手轮、脚盘,安置各定向元素,动作不能过猛、过快。

5. 测图仪连接绘图桌后,转动手轮或移动模型车架速度要适中,不能猛起、猛停。

6. 仪器出故障,应报请仪器修理人员检修。

7. 仪器电源关闭顺序是仪器电源接通顺序的

逆顺序。

二、仪器养护

1. 对仪器房的要求

(1)仪器房墙壁应涂油漆或其它不腐蚀仪器的涂料。地面用水磨石,木地板或其它防尘材料。支撑仪器的地基要坚固,要有较大的承载力,以保证仪器性能稳定。

(2)仪器应远离铁路或运输繁忙的交通要道。

(3)仪器房内一般应安置空调,保持温度在20℃至25℃间,相对湿度在65%。仪器所在位置应尽量离开暖气片和阳光直接照射的地方。

(4)进入仪器房,均应换工作服和换鞋。

(5)仪器房窗户应用双层玻璃密封。

2. 仪器的擦拭和上油

(1)仪器表面涂油漆部分,应用干净布擦拭,若有油污,应用沾有温肥皂水的干净布擦拭。

(2)仪器导轨和投影导杆光洁表面,应用干净绒布或长纤维脱脂棉,沾少量工业用纯净汽油擦试干净,再用光面薄纸沾少量钟表油,薄薄地涂在导轨和投影导杆的光洁表面上。AMH 仪器导轨用吸尘器除尘。

(3)仪器的轴承和丝杆应用毛刷或专用的螺纹清洁器,干净亚麻布沾纯净工业用汽油清洁,待干后用随仪器带来的润滑油(若用完,可用钟表油或药用凡士林代替)涂在表层或轴承内。

(4)光学部件应用吹球或干净的软毛笔清洁。若表面有油污,可用竹或木棍卷脱脂棉沾少量酒精或乙醚擦拭。手或硬物不能接触光学镜头或棱镜表面。

3. 空气压缩机的保养

(1)周保养:清除表面灰尘。开机检查第一压力表的压力应为 3.3Pa,其误差不大于±0.1Pa;第二压力表的压力应为 2.3Pa,其误差不大于±0.1Pa。若误差超限,应按下述步骤调整。

调整第一压力表:

①打开空压设备外盖,接通电源。

②用搬手松开 T 型螺丝的锁紧螺母帽(AMH 使用说明书图 19—6)。

③旋转压力缩小阀的 T 型螺丝,使第一压力表的压力达到要求后固紧锁紧螺帽。

④检查第一压力表的压力,附合要求后关闭外盖。

调整第二压力表:

①打开外盖,接通电源。

②向下推动红色安全阀(AMH 使用说明书图 19—4),旋转按钮,使第二压力表的压力达到要求后,向上推动红色安全阀(锁闭),并关闭外盖。

③月保养:清除过滤器栅网外侧尘土,必要时可用温水洗涤。

(3)年保养:工作 1000h 以上,应由仪器修理人员参照《AMH 仪器使用说明书》检修。

第三节　仪器作业检校

精密立体测图仪器和绘图桌,在使用一段时间后,由于气温、振动、摩擦,机械变形及作业中的旋动、撞碰等原因,均可能影响仪器精度。为了保证测绘成果质量,必须对仪器进行定期检校。仪器的作业检校内容包括下列各项:

1. 各角元素、基线元素零位置的校正。
2. 仪器主距的测定和校正。
3. 像盘主点归心校正。
4. 九点量测。
5. 模型格网高程和平面精度检测。
6. 绘图桌 X、Y 轨垂直性检校。

仪器作业检校一般应严格按一定顺序和方法进行。当检校中发现某些问题经反复调试校正,均无法达到精度要求时,应科学地分析故障原因,请有经验的仪器专业修理人员检修。

一、A10 精密立体测图仪的作业检校

(一)安置各操作旋钮及基本数据:

1. 正负片拨杆:拨在左位。
2. 阿贝棱镜:在正片位(Diu)。
3. Y 换向钮:Ⅰ位(推入)。
4. X、Y 转换钮:Y 位(推入)。
5. Z 计数器换向钮(拉出)。
6. 公、英制转换钮:公制(拉出)。
7. 主距:一般安置在 90.00mm 处,也可安置在作业区航摄焦距值附近的整数值。
8. Z 车架:当主距安置 90mm 时,Z 安置 270mm。
9. Z 计数器齿轮:1∶1,1∶1。
10. 地球曲率改正:0
11. 基线车架:$b_x=0$;$b_y=0$;$b_z=0$。
12. 角元素:$\omega_1=\omega_2=100^g$;$\varphi_1=\varphi_2=100^g$

$$\kappa_1=\kappa_2=0$$

(二)安装格网片:用特种铅笔或水彩笔,在检校格网片背面,按图 2.5.3.1 所示标出点位。格网线朝下地安放在承片盘上,格网片主点(图 2.5.3.1 中的 5 点)与承片盘主点严格重合,格网线与承片盘框标线错开,压紧格网板,将承片盘放回仪器上。

(三)校正 ω、φ 零位置(左右投影器分别进行):将校正后的 20″水准器,平行于仪器 X 轴方向放置在投影器的格网片上,用该投影器的 φ 旋钮使气泡居中。将水准器旋转 90°使与仪器 Y 轴平行,同样用该投影器的 ω 旋钮使气泡居中。重复上述检校,使水准器在格网板上任何方向气泡偏离中心不大于半个刻划(10″,)。检查 ω、φ 计数器,一般读数不大于 2′,可不改正。若误差较大时,应做下两项检校。

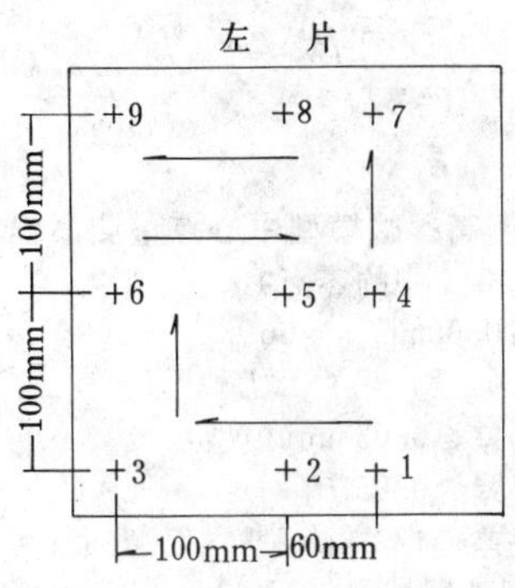

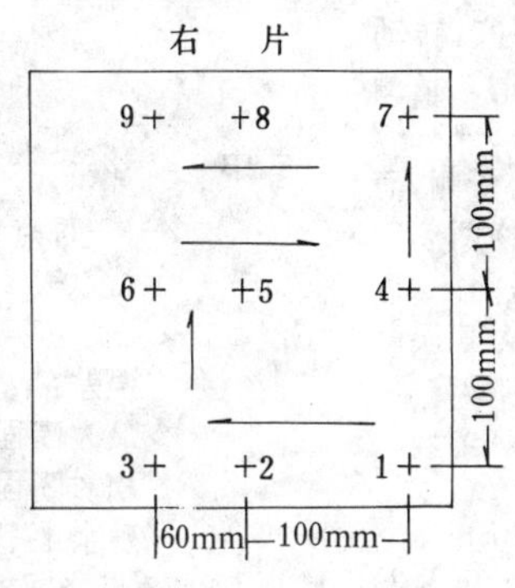

图　2.5.3.1

1. 用槽形水准器检查仪器基座上方的 X 和 Y 导轨的水平度。将水准器安置在 X 主导轨(前侧)的光洁面上,若气泡不居中,用基座前方的左、右脚螺旋,各改正误差的一半。将水准器置于 Y 主导轨(右侧)上。用基座的后脚螺旋使气泡居中。重复检查 ω、φ 零位置。

2. 将 ω、φ 计数器校准在零位置:松开 ω 计数器固定螺丝,将指标对准零位置固紧。取下 φ 计数器外罩,当零位置变化较小时松开图 2.5.3.2 中的 1.2.3 固定螺丝,转动Ⅳ图,使零刻划对准后固紧 1.2.3 螺丝。若零误差较大时,取下压簧片和齿轮Ⅱ、Ⅲ,转动Ⅳ圈,使零刻划大致对准,装上齿轮和压簧片,松开 1.2.3 固定螺丝,转动Ⅳ圈,使零刻划对准后固紧 1.2.3 螺丝,装上 φ 计数器外罩。

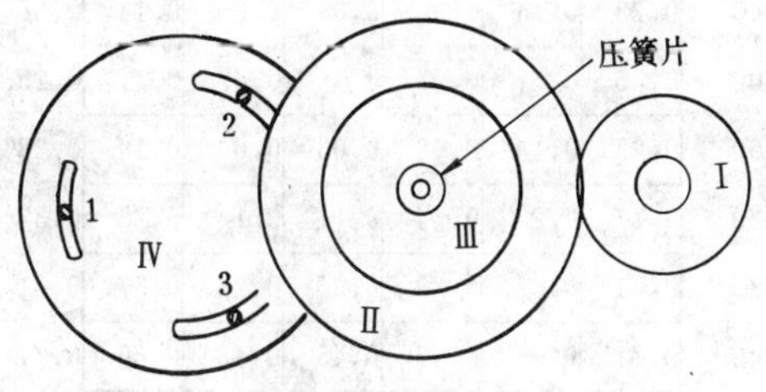

图　2.5.3.2

(四)检校 κ 零位置(左、右投影器分别进行):安置测标对准像主点,转动 Y 手轮(可用 Y 快动手柄)使测标位于承片盘上框标处,转动 K 旋钮,使测标对准框标线;转动 Y 手轮,使测标位于下框标处,若测标不与框标线重合,用 κ 旋钮和 X 手轮各改误差的一半,重复上述步骤,直到用 Y 手轮驱动测标从上框标移到下框标处,测标均不偏离框标线。

取下 κ 数器外罩,松开 κ 旋钮中心锁定螺丝,拨动 κ 计数器齿轮,使读数为零后固紧。

(五)投影器主距 f、投影高度 Z、b_z 的测定和校正(先检校右投影器):转动脚盘,使 Z 车架分划尺指标对准 270mm。将 Z 计数器安置在 270.00mm 处;并使其增长方向与 Z 分划尺一致。用 κ 旋钮对格网片进行 X、Y 定向,使格网 Y 轴平行于仪器 Y 轴。量测图 2.5.3.1 中 2.8 格网点间的投影距离 ΔY_1。移动 Z 车架,使 Z 计数器读数为 130.00mm。测定图 2.5.3.1 中 2.8 格网点间的投影距离 ΔY_2。用式(2.5.3.1)计算 f、z 值。

$$f=\frac{\Delta Z}{\Delta Y}\cdot S \qquad (2.5.3.1)$$

$$Z=\Delta Y_1\cdot\frac{\Delta Z}{\Delta Y}$$

式中　$\Delta Y=\Delta Y_1-\Delta Y_2$

$\Delta Z=ZF-ZN$

$ZF=270.00\text{mm}$, $ZN=130.00\text{mm}$

$S=200.00\text{mm}$

主距零位置校正:例如测算出的 $f=89.95$mm。用 f 安置手柄安置 $f=90.05$。重复测算主距,至主距测定值等于 90.00mm,松开主距计数器测微鼓的固定螺丝,将读数校准在 90.00mm 处固紧固定螺丝。

Z 指标校正:例如测算出的 $Z=269.95$mm。转动脚盘使 Z 计数器读数为 270.05mm,松开 Z 指标环的埋头固定螺丝,使指标对准零刻划后固紧。

左投影器的 f、Z 检测方法与右投影器相同。Z 零位置误差用 b_z 旋钮改正,直到测定的 Z 值等于 270.00mm。松开 b_z 计数器固定螺丝,将 b_z 读数校止在零位置固紧。

允许误差

左、右 f 较差 $<\pm0.015$mm

$f<\pm0.015$mm

$Z<\pm0.03$mm

左、右 Z 较差 $<\pm0.03$mm

(六)九点测量(左、右投影器分别进行):分三组测量,各组安置值

$f=90.00$mm, $Z=270.00$mm, $b_z=120.00$mm

$f=150.00$mm, $Z=450.00$mm, $b_z=120.00$mm

$f=300.00$mm, $Z=450.00$mm, $b_z=120.00$mm

先测定主距等于 90.00mm 这组,若误差在允许范围内,则其它两组应无问题,只要任选一组与作业焦距值相近的测定检查既可。

1. 检查格网片中心,应与承片盘主点严格重合。

2. 用 K 旋钮使格网片的 Y 轴格网线严格地平行于仪器 Y 轴。

3. 用格网将投影器承片面校准在水平位置:先调整左投影器,测标安置在图 2.5.3.1 的 3 点处,使对准 Y 格网线,用 Y 手轮(或 Y 快动手柄)使测标移至 9 点处,若测标偏离 Y 格网线,可用 W 旋钮和 X 手轮各改误差的一半。重复上述步骤,使 3—9 的 Y 格网线严格平行于仪器 Y 轴。同法检查 1—7 的 Y 格网线,若不平行于仪器 Y 轴,则用 W 改其误差的四分之一。测标安置在 2 点,用 Y 手轮使其精确对准 X 格网线,转动 X 手轮(或快动手柄 X 方向)使测标移至 3 点处,用 ϕ 旋钮使测标与 X 格网线重合,同法检查 8—9 的 X 格网线,若不与仪器 X 轴平行,应用 ϕ

改其误差的一半(在9点处改)。

4. 安置主点坐标 $x=500.00, y=500.00$,转动 X、Y 手轮,依次量测1至9点的 X、Y 坐标值。量测顺序如图2.5.3.1箭头所示 1→2→3→6→5→4→7→8→9。测标不要直接对准格网交叉点中心量测,而是用测标切准 Y 格网读取 X 坐标;切准 X 格网读取 Y 坐标,记下每点的误差值 $dx_1, dy_1; dx_2, dy_2$;……(每个格网点量测坐标值小数点后的尾数,即为其误差值)。用(2.5.3.2)式计算 dx、dy 平均值 dx_0、dy_0。

$$dx_0=\frac{\Sigma dx}{9}; dy_0=\frac{\Sigma dy}{9} \qquad (2.5.3.2)$$

用式(2.5.3.3)计算各点平面误差值 vx_i 和 vy_i

$$vx_i=dx_i-dx_0; vy_i=dy_i-dy_0 \qquad (2.5.3.3)$$

将各点误差值 vx_1、vy_1、vx_2、vy_2……用1%的比例画在米厘纸上,将各点联起来。若最大误差超过 $0.01\frac{Z}{f}$mm,应根据误差图形分析产生原因,或请专业修理人员对仪器进行某些方面的基本检校。再重复(三)至(六)各步检校。右投影器的量测方法与左投影器相同。

(七)承片盘归心检校(九点量测后仪器保持不变,两承片盘分别进行):

1. 安置:$f=90.00$mm;$Z=270.00$mm;$b_x=0$

量测主点坐标 X_1, Y_1。

2. 安置:$Z=90.00$mm

量测主点坐标 X_2, Y_2。

3. 计算 $X_0=X_1+\frac{3}{2}(X_2-X_1)$

$$Y_0=Y_1+\frac{3}{2}(Y_2-Y_1)$$

4. 转动 X、Y 手轮,使其读数为 X_0, Y_0。

5. 校正:用承片盘框架前面的两个校正螺丝使测标对准主点。校正螺丝应旋进方向调整,若需反向校正,则先松开校正螺丝,向前推动像盘,使后方两弹簧螺丝放松顶住承片盘,再用校正螺丝旋进方向校正。

(八)b_x、b_y、x、y 零位置校正:完成上述第(七)步校正后,安置 $Z=270.00$mm,用 X、Y 手轮安置左测标对准左像主点,若右测标与右像主点不重合,用 b_y 消除 Y 方向误差,用 b_x 消除 X 方向误差的一半。重复上述步骤,使左、右测标同时分别对准左、右象主点。将 X、Y 指标环校准在零刻划上;将 b_x、b_y 计数器校准在零位置。

(九)格网模型高程量测:

1.66点格网模型高程量测

(1)安置:$f=90.00$mm;$Z=270.00$mm;

$b_x=300.00$mm;地球曲率改正比例尺 $=0$

$f=150.00$mm;$Z=450.00$mm;

$b_x=300.00$mm;地球曲率改正比例尺 $=0$

(2)用格网进行连续像对相对定向和模型绝对定向。

(3)量测66个模型格网点的高程,用式(2.5.3.4)计算高程误差 m_h:

$$m_h=\sqrt{\frac{[VV]}{n-1}}\Big/Z \qquad (2.5.3.4)$$

式中 $V=\Delta-\frac{[\Delta]}{n}$

Δ——每点量测高程减模型中心点量测高程(表2.5.3.1中的零点)

$Z=270.00$mm;$n=66$

允许误差:

最大高程误差≤0.03mm(模型)

相对高程误差≤$0.05H‰$

残余上下视差≤1/3测标

2.77点格网模型高程量测

(1)安置:$f=150.00$mm;$Z=450.00$mm;$b_x=240.00$mm;

地球曲率改正比例尺 1:100 000

(2)量测方法及允许误差与66点格网模型高程量测相同;Δ值的计算是将每点量测高程减模型中心点(表2.5.3.1中的0点)量测高程,再减表2.5.3.1中每个格网交点相对应的标准改正值。用(2.5.3.4)式计算格网模型高程误差。

地球曲率改正表 表2.5.3.1

y↓ \ X→	320	380	440	500	560	620	680
200	0.96	0.82	0.74	0.70	0.74	0.82	0.96
260	0,71	0,56	0,48	0,45	0,48	0,56	0,71
320	0,51	0,37	0,28	0,25	0,28	0,37	0,51
380	0,37	0,23	0,14	0,11	0,14	0,23	0,37
440	0,28	0,14	0,06	0,03	0,06	0,14	0,28
500	0,25	0,11	0,03	0	0,03	0,11	0,25
560	0,28	0,14	0,06	0,03	0,06	0,14	0,28
620	0,37	0,23	0,14	0,11	0,14	0,23	0,37
680	0,51	0,37	0,28	0,25	0,28	0,37	0,51
740	0,71	0,56	0,48	0,45	0,48	0,56	0,71
800	0,96	0,82	0,74	0,70	0,74	0,82	0,96

(十)TA绘图桌检校

1. 桌面与绘图笔架移动平面相互平行的检校:千分表固定在绘图笔架上,表触头切在桌面,驱动笔架使表触头沿桌面四周边移动,若表头读数变化值相对较差大于0.5mm,则应校正。调整四周边框架与桌面玻璃的连接螺丝,改变桌面玻璃高度。注意:若某处误差较大,则应用左、右相邻连接螺丝逐渐升降调整,不要用一个螺丝升、降太多,以免损坏玻璃。四周边校正后,移动笔架使表头切在桌面中部的四个校正螺丝上方(校正螺丝从框架下方顶着玻璃桌面),校正这四个校正螺丝,使它们顶部玻璃面的表头读数与周边读数差在0.5mm以内。

2. X、Y 导轨垂直性检校：在绘图桌上放置一张大小与桌面相同、平整、伸缩性小的绘图纸（最好用0.1mm 厚度的聚酯薄膜）。绘图笔架内插入刺点针。用手动控制盒的移位键安置绘图笔架在桌面左下角，展刺点 1 如图 2.5.3.3，沿 Ⅰ 轨 Y 方向移动绘图笔架至左上角展刺点 2，用另一个方向的移位键使绘图笔架沿 X 方向移至右端展刺点 3。将图纸绕 X 轴翻转 180°安放于绘图桌上，笔架内换上对点器，使中心对准 1′（1 点在图反面的透射位）点，沿 Ⅰ 轨移动绘图笔架至 2′（2 点在图反面的透射位）点处，以 1′ 点为圆心，旋转图纸使对点器中心对准 2′ 点。重复这上步骤，使 1′、2′ 点连线与绘图桌 Ⅰ 轨平行。安置对点器中心对准 2′ 点，换用 X 方向移位键，使绘图笔架沿 X 轴向移至 3′ 点处，若对点器中心 3′ 偏离 3 点误差大于 0.1mm，则应校正两轨的垂直性。

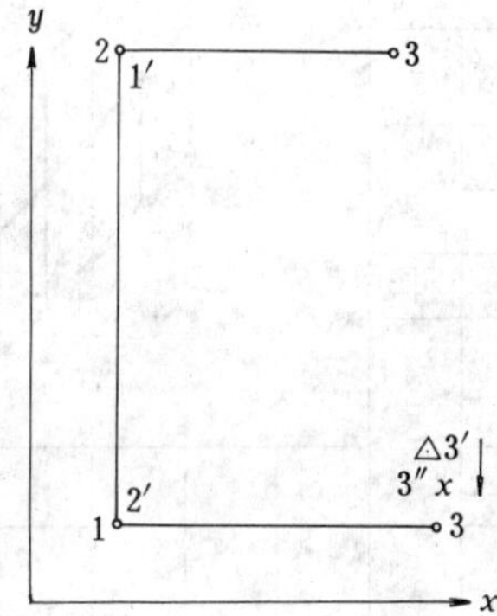

图　2.5.3.3

校正：松开车架支撑轨下方，Ⅱ 轨右端头结合齿轮的固定螺丝，调整车架内侧前后两个校正螺丝，一松一紧地改正，使车架旋转，改正 3 点与 3′ 点间距的一半 3″ 点处，并在箭头所指方向保留 0.2mm 误差。用手反箭头方向推动 Ⅱ 轨右端，使对点器中心对准 3″ 点后锁紧支撑轨下方与 Ⅱ 轨右端头的结合齿轮。重复上述检校。

允许误差≤0.05mm

（注：支撑绘图笔架的轨道为 Ⅱ 轨，在 Ⅱ 轨两端垂直于 Ⅱ 轨的两个支撑轨为 Ⅰ 轨。）

二、AG1 精密立体测图仪的作业检校

AG1 的作业检校与 A10 大致相同，在 AG1 基座板右后下角插座上，接入 EK14 或 EK22 坐标显示器。

（一）基座整平校正：

将检校好的水准器平行于仪器 X 轴方向放置在基座中部的机制面板上，若气泡偏离中心位置，用仪器前侧的两个脚螺旋，各改误差的一半，同法检查 Y 方向，其误差用后脚螺旋改正。要求基座面上任何方向的水平误差不超过 20″水准器的半格（10″）。

（二）ω、φ 零位置检校（左、右投影器分别进行）：

安置各元素

$f=90.00$mm；公共 $\Phi=100.00^g$；$b_\varphi=100.00^g$；$\kappa_1=\kappa_2=0$；$\varphi_1=\varphi_2=100.00^g$；$\omega_1=\omega_2=100.00^g$；$b_z=60.00$mm

将水准器放置在承片盘玻璃面上，分别用 ω、φ 旋钮将承片盘置平。正常情况 ω、φ 读数不大于 2^c。W 读数较大时，应校准零位；φ_1、φ_2 零位置误差较大时，可暂不改，待公共 Φ 零位置检查后再校正。

（三）安置格网片与 A10 相同。

（四）检校 κ 零位置（左、右投影器分别进行）：安置测标与主点重合，锁定模型滑架 X 方向，沿 Y 方向推动测绘台使测标位于后方像盘框标处，用 κ 旋钮使测标与框标线重合。再沿 Y 方向移动测绘台使测标位于前方像盘框标处，若测标与框标线不重合，用 κ 改误差的一半，再沿 X 方向推动测绘台，使测标对准框标。重复上述步骤，直至沿 Y 方向前后移动测绘台至上、下框标处，测标均与上、下框标线重合。松开模型滑架 X 方向锁定旋钮，量测上下两框标线的 X 坐标，其值应相等。将 κ 计数器读数校准在零位置。

（五）投影器主距 f，投影高度 Z、公共 Φ 和 b_φ 的检校：

安置：$f=90.00$mm，$Z=144.00$mm，投影平杆支撑接杆安置高位。

对检校格网片进行 κ 定向，使格网片的 Y 轴与仪器 Y 轴平行，作业方法与 κ 零位置的确定相同。

安置 EK 坐标显视倍率 1∶1；Z 读数安置为 144.00mm，且增长方向与仪器 Z 指标一至。量测图 2.5.3.1 中所示 2.8 点的投影距离 ΔY_1；再安置 $Z=90.00$mm，EK 的 Z 显示应相同，同法量测 2.8 点间的投影距离 ΔY_2。与 $A10$ 相同的计算方法算出投影器主距 f 及投影高度 Z。

将左、右投影器的主距计数器校准在测算出的 f 值上，并安置读数为 90.00mm。

若左、右投影器量测计算出的 Z 值很接近，且与安置的 Z 值（144.00mm）相减所得的 ΔZ 值符号一致，则是 Z 零指标误差，它对测图精度无影响，可记下差值而不必校准。若两投影器所测算得的 ΔZ 值不相等，且符号相反，则应首先检校 b_φ 零位置误差，然后再检校公共 Φ 倾斜角零位置误差。

（1）b_φ 零位置检校：从下方向关节球头上取下投影导杆，Y 车架锁在中间槽口处，千分表固定在基座面上，表触头切在任一球头顶中心，沿 X 轴向移动测绘台，使表触头切于另一个球头顶中心，转动 b_φ，使表在两球头顶中心的读数一致。将 b_φ 计数器校准在零位置上。重复测算两投影器的 ΔZ 值，误差较大，符号相反，则应检校公共 Φ 的零位置。

（2）公共 Φ 零位置检校：千分表安置在仪器基座面上，表触头垂向切于中万向关节下方框架光洁面上，转动公共 Φ 手轮，使千分表读数改变 ΔZ 值。若测算出的 ΔZ 值为正，则主框架向下倾斜改正。重复测算 ΔZ 值，若两 ΔZ 值量相等，且符号相同，则将公共 Φ 计数器校准在零位置上。

允许误差：

15 点格网模型量测

表 2.5.3.2

	x 量测 I	x 量测 Ⅱ	x 量测 平均	理论值	dx	a	dx₁	b	dx₂	dxdx	y 量测 I	y 量测 Ⅱ	y 量测 平均	理论值	dy	c	dy₁	d	dy₂	dydy	z 量测 I	z 量测 Ⅱ	z 量测 平均	dz	e	cp	f	ω	Vz	VzVz
11						−		+2								−2		−							+		+			
12								+2								−2		×	×								+			
13						+		+2								−2		+							−		+			
21						−		+								−		−							+		+1/2			
22								+								−		×	×								+1/2			
23						+		+								−		+							−		+1/2			
31						−		×	×							×	×	−							+		×			
32						×	×	×	×							×	×	×	×								×			
33						+		×	×							×	×	+							−		×			
41						−		−								+		−							+		−1/2			
42						×	×	−								+		×	×								−1/2			
43						+		−								+	+								−		−1/2			
51						−		−2								+2		−							+		−			
52						×	×	−2								+2		×	×								−			
53						+		−2								+2									−		−			
〔dxdx〕				〔〕							〔dydy〕			〔〕							〔z〕			$\frac{[z]}{15}$			〔VzVz〕			

〔dx_1〕		〔dxdx〕+〔dydy〕	$dz_{11}-dz_{13}$	〔VzVz〕	
〔dy_1〕		$-\frac{[dx]^2+[dy]^2}{15}$	$dz_{51}-dz_{53}$	$m_h=\pm\sqrt{\frac{[V_2V_2]}{14}}$	
〔N_1〕		$-\frac{N^2+N^2}{40}$	$d\varphi=\frac{[\ ]}{4}$	$m_h‰=\frac{m_h}{z}1000$	
〔dx_2〕		〔VV〕	$dz_{11}-dz_{51}$	$\frac{mh}{h}=\frac{y\ 1/z}{mh}$	
〔dy_2〕		$mx\cdot y=\sqrt{\frac{[VV]}{26}}$	$dz_{13}-dz_{53}$	$dx_o=\frac{[dz]}{15}$	
N_2		$m'x\cdot y=m\cdot\frac{CK}{Z}$	$d\omega=\frac{[\ ]}{4}$	$[dy_o]=\frac{[dy]}{15}$	

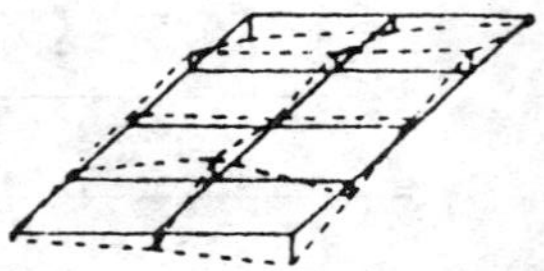

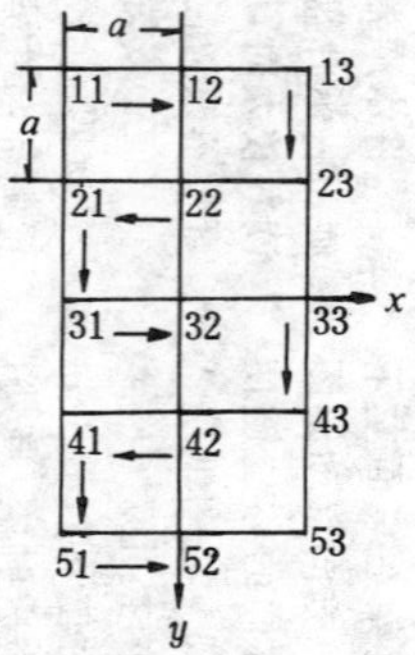

左、右 f 值较差≤0.03mm

f≤0.03mm

ΔZ≤0.06mm

AG1 共有四组独立的主距，应分别测定校准。测定各组主距的安置如下：

$f=90.00$mm，$Z_1=144.00$mm，$Z_2=90.00$mm，接杆安置高位；

$f=150.00$mm，$Z_1=240.00$mm，$Z_2=150.00$mm，接杆安置低位；

$f=100.00$mm，$Z_1=160.00$mm，$Z_2=100.00$mm，接杆安置低位；

$f=210.00$mm，$Z_1=240.00$mm，$Z_2=200.00$mm，接杆安置低位。

（六）九点量测（左、右投影器分别进行）：量测方法与 A10 同。

仪器安置：

f=90.00mm，Z=144.00mm，接杆安置高位；

f=100.00mm，Z=160.00mm，接杆安置低位；

f=150.00mm，Z=240.00mm，接杆安置低位；

f=210.00mm，Z=240.00mm，接杆安置低位；

一般只量测用于作业主距接近的那组。

允许误差≤0.03mm（模型）。

若个别点误差超限，应绘出误差图形，分析产生原因，进一步做某些项的检校。

（七）承片盘归心检校（左、右投影器分别进行）：仪器保持九点量测时状态。安置如下：

1. f=90.00mm，Z_1=180.00mm，

Z_2=90.00mm，b_z=60.00mm，接杆安置高位

安置 Z_1，量测像主点坐标 X_1、Y_1；安置 Z_2，量测像主点坐标 X_2、Y_2。用式(2.5.3.5)算出 X_0、Y_0。

$$\begin{aligned} X_0&=X_1+\frac{1}{2}(X_2-X_1) \\ Y_0&=Y_1+\frac{1}{2}(Y_2-Y_1) \end{aligned} \qquad (2.5.3.5)$$

移动测绘台，使坐标显示器显示 X_0，Y_0 值。用测绘台制动摩擦螺丝锁住测绘台，松开承片盘框架前侧左、右角偏心定位轮的固定螺丝，校整偏心轮，当 $Z=90.00$mm 时，使测标与主点重合；当 $Z=180.00$mm 时，使测标相对于像主点同向过度 1/3 误差值改正。重复上述步骤检校。允许误差不大于 1/3 一个测标直径。

2. 安置：$f=150.00$mm，$Z_1=240.00$mm，$Z_2=120.00$mm，接杆安置低位

仍用上述方法检查主点归心误差，若误差小于半个测标可不校正；大于半个测标，则用偏心轮及主距接合器的锁紧定位法兰盘，各改误差的一半，由于第 2 步检校会影响第 1 步校正位置，故应重复 1、2 步检校。

3. 安置：$f=115.00$mm，$Z_1=240.00$mm，$Z_2=120.00$mm；接杆安置低位

检查方法与上述同，允许误差一个测标直径。若超过允许误差，校正方法如下：

Y 方向误差、校正主距接合器支撑架顶部的定位销。松开定位销固定螺丝，用改刀轻轻拨动接合处后固紧。X 方向误差，仍校正主距接合器的锁紧定位法兰盘。

4. 安置：$f=210.00$mm，$Z_1=240.00$mm，$Z_2=120.00$mm；接杆安置低位

检校与上述 3 步完全相同。由于 3、4 两步检校方法及校正部位完全相同，故检校时要反复进行调试，两者兼顾。

（八）b_z 零位置检校

保持第（七）步检校完时的状态，使左测标对准左像主点，若右测标与右像主点不重合，用 b_z 手轮改正误差的一半，再重复调整，当两测标同时分别对准两像主点后，将 b_z 计数器校正在零位置。

（九）66 点格网模型高程量测：方法与 A10 同。安置元素：

$f=90.00$mm，$Z=144.00$mm，$b_x=160.00$mm，接杆安置高位；

f=100.00mm，Z=160.00mm，b_x=160.00mm，接杆安置低位；

f=150.00mm，Z=240.00mm，b_x=160.00mm，接杆安置低位；

f=210.00mm，Z=231.00mm，b_x=110.00mm，接杆安置低位；

允许误差：

最大高程误差<0.05mm（模型）

相对高程误差<0.1H‰

残余上下视差<1/3 测标直径

三、B 型精密立体测图仪的作业检校

（一）仪器基座框架调平：将水准器分别安置在像盘滑架的 X' 主导轨和 Y' 辅助导轨面上，用基脚框架下方的四个脚螺旋粗调使气泡大致居中；再细调这四个脚螺旋，使它们与地面压力一致。然后用框架上方与基座箱连接的三个定位螺旋精调水平。在两个 Y' 辅助导轨上均要进行检查，校正水平后要求在 X、Y 方向水准器气泡偏移误差最大不得超过 30″。

（二）K 零位置检校（左、右像盘分别进行）：

安置：$CK=90.00$mm，$Z=200.00$mm，$b_z=0$，高程比例尺为 1：1000；$b_y=b_{zx}=b_{zy}$=零位置，κ、φ、ω 均安置零位置。

安置格网片和对承片盘框标 Y、Y 定向。

校正：松开 K 计数器游标的固定螺丝，移动游标分划，使读数为零后固紧。

（三）φ、ω 零位置检校（左、右系统分别进行）：各元素安置同上。像盘精确地 Y、Y 定向后，测标安置到格网片的格网线 $Y=+100$mm、$X=0$ 处，用 Y 手轮使测标精确对准 X 格网线。转动 X 手轮，安置测标至格网片的格网线 $X=+100$mm（左像盘）或 $X=-100$mm（右像盘）处，若测标偏离 X 格网线，分别用左、右 φ 旋钮使测标与格网线重合。再安置测标至格网线 $Y=-100$mm、$X=0$ 处，使测标对准 X 格网线。转动 X 手轮，安置测标至 $X=\pm100$mm 处，若

测标偏离 X 格网线，则分别用左、右 φ 改正偏离误差的一半。松开 φ 旋钮上的双孔固定螺母，使 10^g 分划对准游标的指标线后固紧。

将测标安置到 $Y=-100$mm、$X=+100$mm（左像盘），或 $X=-100$mm（右像盘）处，用 X 手轮使测标精确对准 Y 格网线。转动 Y 手轮，安置测标至 $Y=+100$mm 处，若测标偏离 Y 格网线，则分别用 W 和 X 手轮，各改误差的一半，重复上述步骤，直到测标不偏离 Y 格网线。松开 ω 计数器上的游标分划尺，对准零刻划固紧。

（四）对称性的检校（左、右系统分别进行）：完成上述三步检校后，不改变仪器状况，量测格网片 X 轴线上的 $X=+100$mm，主点和 $X=-100$mm 处的三个格网点的 X 坐标，量测两次取平均值，求算出主点至 $X=\pm100$mm 处格网点间的距离，两段距离较差应不大于 0.02mm，否则应进行校正。

按式（2.5.3.6）计算改正量 ΔX：

$$\Delta X=\frac{CK(XR-XL)}{X(XR+XL)}\cdot X \qquad (2.5.3.6)$$

式中，$CK=90.00$mm；$x=100.00$mm；XR、XL 为量测的两线段值；$X=500.00$mm。

校正：将千分表头触在 X 导轨侧面 B 点处如图 2.5.3.4，松开 2、3 处的 6 个固定螺丝，一松一紧地对调 1 处的两个校正螺丝，使 X 导轨偏转 ΔX 值。若外侧格网的量测距离偏长，导轨向后偏转。

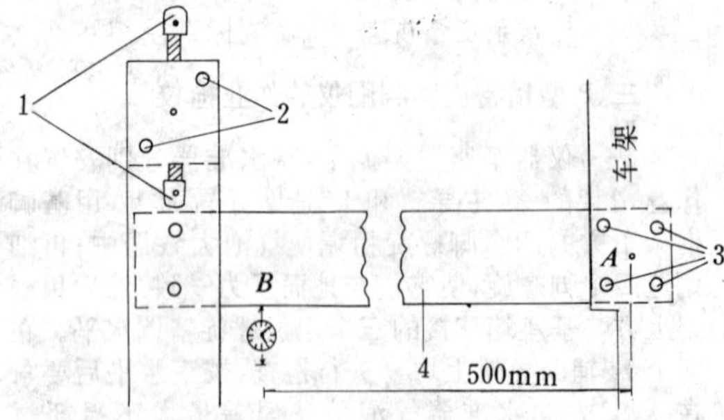

图 2.5.3.4

1—调整螺丝；2、3—固定螺丝；4—左方 X 导杆。

Y 对称性的检校方法与 X 相同，量测格网片 Y 轴线上 $Y=+100$mm，主点、$Y=-100$mm 三个格网交点的 Y 坐标值，算出对称于主点的两段距离，若其较差大于 0.02mm 时，则应校正。用式（2.5.3.7）计算改正量 ΔY

$$\Delta Y=\frac{CK(YR-YL)\cdot Y}{YR\cdot YL} \qquad (2.5.3.7)$$

式中，$CK=90.00$mm；$Y=500.00$mm。

YR、YL 为格网片 Y 轴线上两段距离的量测值。

校正：将千分表头触在图 2.5.3.5 的 A 处，松开 Y' 导轨上下端的四个固定螺丝，调整两个校正螺丝，使 Y' 导轨偏转 ΔY 校正值。若后侧格网影象长时，则向左改。

（五）Z 行程和测标的检校（先检校左系统）：仪器保持第（四）步完成后的状态，安置 $Z=320.00$mm 处，转动 X、Y 手轮，使测标对准像主点，转动脚盘，安置 $Z=80.00$mm 处，若测标偏离像主点（图 2.5.3.6 中，从 1 点偏移至 2 点），用 X、Y 手轮安置测标于 3 点处，旋动图 2.5.3.7 中的校正螺 2，使测标对角移动；再旋动校正螺 1，使测标与主点重合。

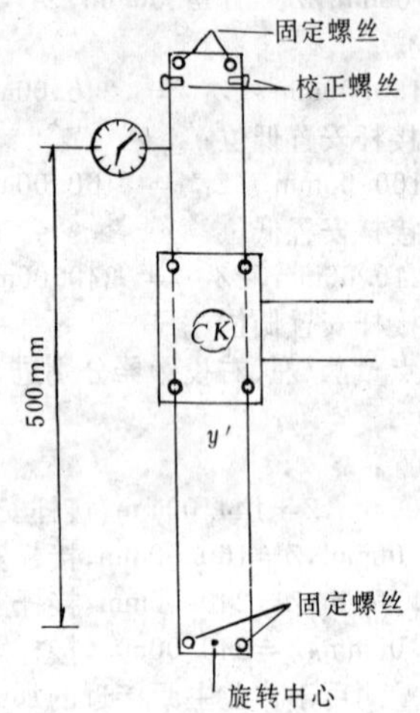

图 2.5.3.5

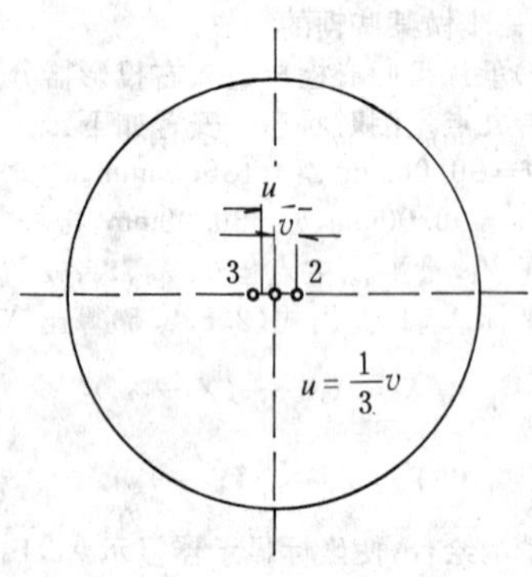

图 2.5.3.6

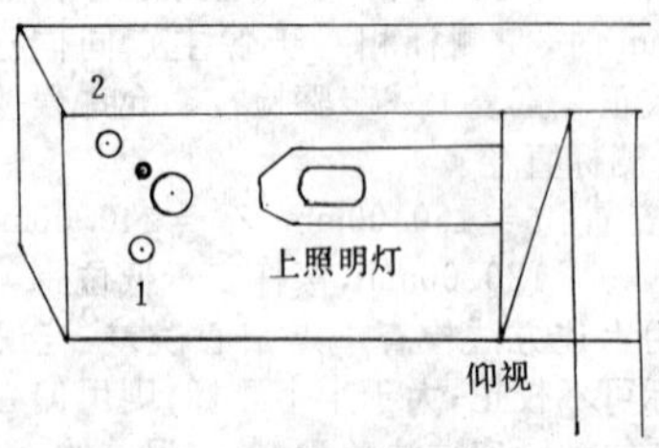

图 2.5.3.7

右测标调整方法与左测标校正一样，但要用 b_x、b_y 来代替 X、Y 手轮作过渡改正。

（六）X 行程和 Y 行程正交性的检校。左、右侧系统分别进行。

安置 $CK=150$mm；$z=240$mm；其它基线元素，角元素均安置零位置。对格网进行精确地 Y、Y 定向，消除 K 旋角误差，量测格网片 X 轴线上距主点两侧各 100mm 处的 Y 坐标值，若该两点 Y 坐标值较差大于 0.02mm 时，则应校正。校正值为较差值的 1.5 倍(过度 1/3 改正)。

校正：卸下 Y' 车架盖板，测标安置在格网片 X 轴线内侧 $X=+100$mm 处，用 Y 手轮安置该点量测的 Y 坐标值加或减校正值。松开像盘车架 Y 驱动导杆的固定螺丝，调整校正螺丝，使测标与 X 格网线重合后固紧。此步检校后应重复 Z 行程(第五步)的检校。

(七)CK、Z、b_{zx}、b_{zy}零位置的检校。

安置 $CK=150.00$mm；高程计数器比例尺 1：1000；各基线元素，角元素为零。

分别安置 $Z=300.00$mm 和 $Z=100$mm 处，按表 2.5.3.6 上方点位图量测格网的 X 或 Y 坐标，记入表中，算出 CK 及 Z 值。

主距计算表 表 2.5.3.3

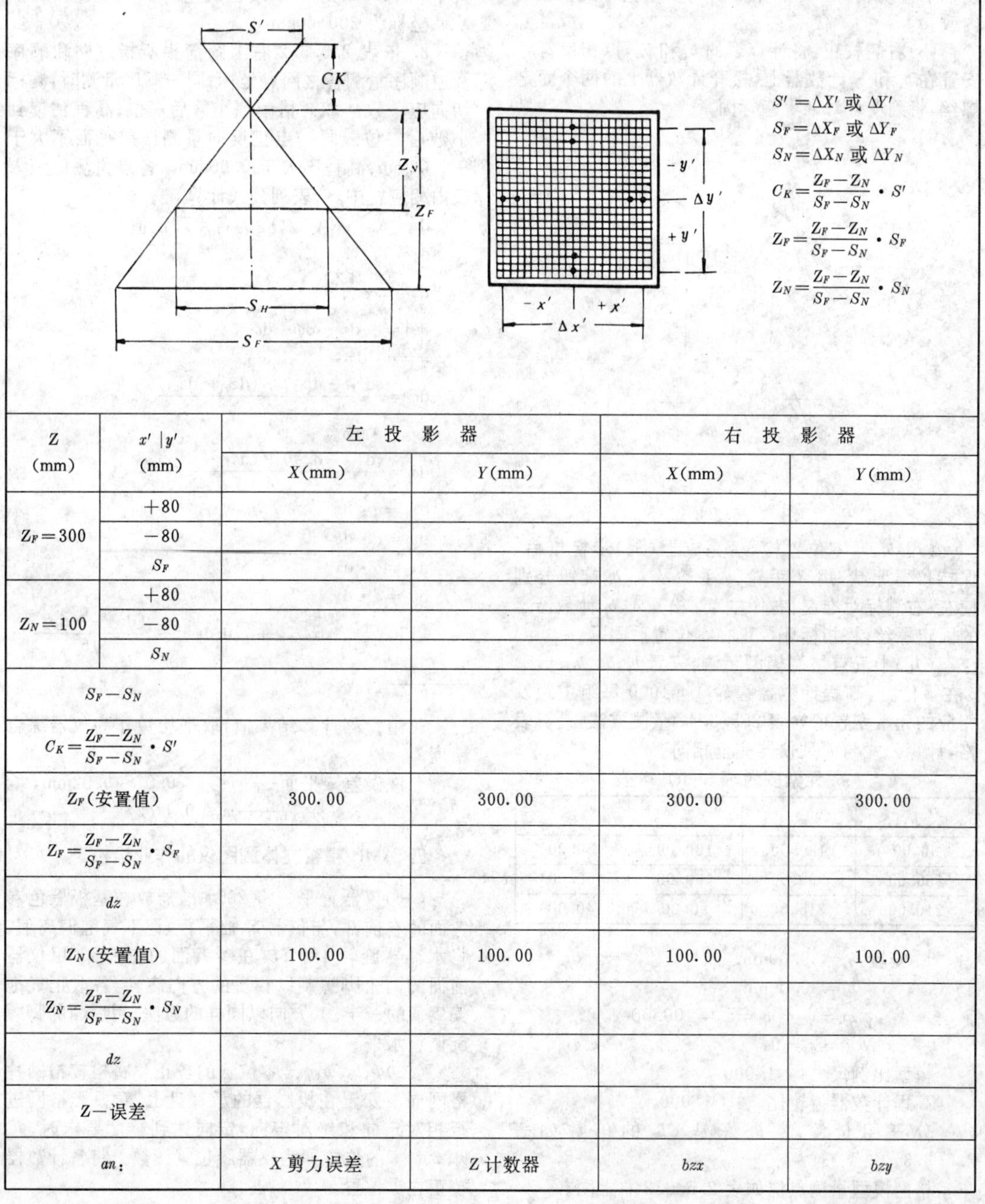

Z (mm)	x' | y' (mm)	左投影器		右投影器	
		X(mm)	Y(mm)	X(mm)	Y(mm)
$Z_F=300$	+80				
	−80				
	S_F				
$Z_N=100$	+80				
	−80				
	S_N				
S_F-S_N					
$C_K=\frac{Z_F-Z_N}{S_F-S_N}\cdot S'$					
Z_F(安置值)		300.00	300.00	300.00	300.00
$Z_F=\frac{Z_F-Z_N}{S_F-S_N}\cdot S_F$					
dz					
Z_N(安置值)		100.00	100.00	100.00	100.00
$Z_N=\frac{Z_F-Z_N}{S_F-S_N}\cdot S_N$					
dz					
Z−误差					
an：		X 剪力误差	Z 计数器	bzx	bzy

1. CK 零位置校正：拧紧主距螺杆的锁紧螺丝，松开 CK 计数器的三个固定螺丝，取下计数器，将表中计算得的 CK 值，安置在计数器上，装回计数器固紧。

2. Z 和 ΔZ 校正：

(1)用脚盘安置 Z 计数器读数为 300.00mm，松开 Z 分划尺游标，将 Z 读数校正在计算值上。

(2)左侧校正：将千分表头触在图 2.5.3.8 中轴承侧面，松开 1 处的固定螺丝调整 2 处的校正螺丝，使轴承移动表 2.5.3.3 中的剪力误差值。正误差向内改。

(3)右侧校正：将计算得的 b_{zx} 和 b_{zy}，以相反符号安置在 b_{zx} 和 b_{zy} 计数器上，松开计数器上的两个固定螺丝，将刻度环对准零指标固紧。

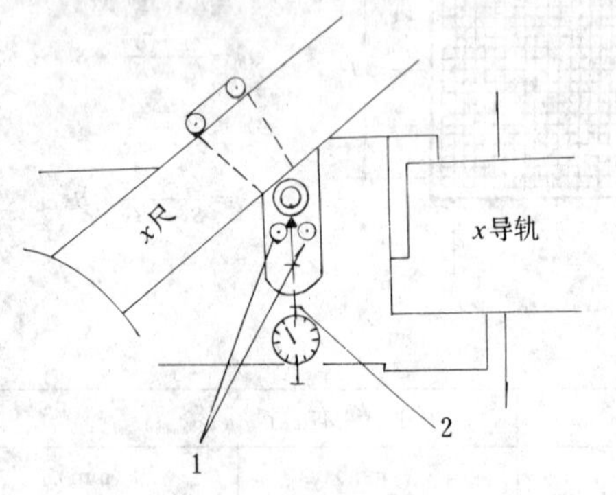

图 2.5.3.8

(八) b_x、b_y 零位置检校：完成上(七)步检校后，保持仪器原状，用 X 手轮、y 手轮及 b_x、b_y 旋钮分别使左、右测标对准左、右像主点。松开 b_x、b_y 计数器上的固定螺丝，将指标环校正在零位置后固紧。

(九)十五点格网模型量测：安置 b_y、b_{zx}、b_{zy}、κ、ω、ϕ 在零位置，高程计数器齿轮 1∶1000 每组主距及相应的元素安置值如表 2.5.3.4。量测方法，计算表格，计算公式与 F 型仪器完全相同。

元素安置表(mm)　　表 2.5.3.4

f	z	b_x	a
90.00	180.00	160.00	50.00
150.00	300.00	160.00	50.00
210.00	315.00	90.00	40.00

1. 安置：$b_y = 30.00\text{mm}$

$b_z = 30.00\text{mm}$

$\varphi_1 = \varphi_2 = w_1 = w_2 = 100.00^g$

$\kappa_1 = \kappa_2 = 0$

模型比例尺　1∶1 000

高程计数器齿轮比　1∶1 000

分三组量测，Z 最好是 CK 的倍数如表 2.5.3.3。

格网模型量测点位如表 2.5.3.2 右上图。

图中 31、32 点是左右像主点，11、31、51、13、33、53 是模型定向点。11、12、13……51、52、53 是模型格网量测点。箭头所指方向为量测顺序。

2. 用格网进行连续像对相对定向和模型绝对定向。模型比例尺归化方法如下：

测标立体切准 32 点，X、Y 计数器安置 500mm，转动 Y 手轮，使计数器读数为 700mm(Z 为 CK 的 2 倍)，转动脚盘和 bx 手轮，使测标立体切准 52 点。再立体量测 12 点坐标，Y 坐标应为 300.00mm，若误差大于 0.02mm，则用 bx 改正误差的 1/4。安置 32 点 X、Y 坐标为 500.00mm。

3. 依表 2.5.3.2 右上图箭头所指方向和顺序及逆顺序量测各格网点坐标。同一顺序量测时，测标切向应一致。X、Y 估读到小数后三位；高程估读到小数后二位。同一点正反向量测误差平面不大于 ±0.03mm；高程不大于 0.06mm。各点量测值记入表内相应栏中，依表列公式计算：

$dx = X_i - X_{i0}$ (X_{i0}、Y_{i0} 为各点理论值)

$dy = Y_i - Y_{i0}$

$dz = z_i - \dfrac{[Z]}{15}$

$vz1 = -dzi + d\varphi + d\omega$

$\varphi = e \cdot d\varphi$

$$d\varphi = \frac{(dz_{11} - dz_{13}) + (dz_{51} - dz_{53})}{4}$$

$\omega = f \cdot d\omega$

$$d\omega = \frac{(dz_{11} - dz_{51}) + (dz_{13} - dz_{53})}{4}$$

$dx_1 = a \cdot dx$

$dy_1 = c \cdot dy$

$dx_2 = b \cdot dx$

$dy_2 = d \cdot dy$

$$[VV] = [dxdx] + [dydy] - \frac{[dx]^2 + [dy]^2}{15} - \frac{N_1{}^2 + N_2{}^2}{40}$$

三组量测计算结果值，取平均数作为仪器综合精度。

允许误差　平面——$m'_{x,y} \leqslant 0.01 \sim 0.02\text{mm}$，

高程——$m_h \leqslant 0.1H‰$

四、AMH 精密立体测图仪的作业检校

(一)仪器置平。将 20″水准器放在基板黑色参考面的右前部，与仪器 X 轴平行，记下气泡偏离值。将水准器旋转 180°，放在参考面的左前部，用仪器前面的两个脚螺旋以相反的方向旋转，各改正气泡偏离值的一半。Y 方向以同样的方法，用后面的脚螺旋调整水平。

(二) Φ、b_ϕ、ω、ϕ、k 零位置的校正。将检校格网片格网向下安置在投影器的承片盘上，对投影格网进行相对定向和绝对定向，定向达到精度要求时，Φ、b_ϕ、φ、ω、κ 的位置即为仪器零位置读数。将各计数器校正在零位置。

（三）仪器主距的检校，左右投影器分别进行。精确测定主距有两种方法，一种是用 EK 计数器量测计算；另一种是用标准尺测定。

用 EK 计数器测定

1. 安置 f = 90.00mm；b_x = 50.00mm（或 f = 150mm，b_x = 100.00mm）；Φ、b_ϕ、ω、ϕ、k 为零位。

2. 将地球曲率改正和物镜畸变差改正装置与主机脱开。

3. 安置 EK 计数方向；基线架从后向前移动，Y 显示为正方向；基线架从上向下移动，Z 显示为正方向。EK 背面的坐标显视倍增器安置为 4 倍。

4. 测标对准像主点，X、Y 坐标起始值均安置在 500.00mm。

5. 当 f=90.00mm 时 Z_1 安置为 180.00mm，

当 f=150.00mm 时 Z_1 安置为 260.00mm

向后移动基线架，使测标切准格网片主纵线上距主点 100mm 处的 X 格网线，读取 Y_1（后）和 Z_1；向前移动基线架，使测标切准格网片主纵线上距主点 100mm 处的 X 格网线，读取 Y_1（前）。

6. 当 f=90.00mm 时 Z_2 安置为 90.00mm

当 f=150.00mm 时 Z_2 安置为 150.00mm

用 5 步方法读取 Y_2（前、后）及 Z_2 值。用式（2.5.3.8）计算 f 及 Z

$$f=g\cdot\frac{\Delta Z}{\Delta Y};\qquad Z=\Delta y_1\cdot\frac{\Delta Z}{\Delta y}\quad(2.5.3.8)$$

式中 $\Delta Y_1=Y_1(前)-Y_1(后)$

$\Delta Y_2=Y_2(前)-Y_2(后)$

$\Delta Y=1/2(\Delta Y_1-\Delta Y_2)$

$\Delta Z=1/2(Z_1-Z_2)$

$g=200.00\text{mm}$

7. 土距校正

松开计数器外环上的三个埋头螺丝，小心转动外环，使读数与计算值相同。固紧并重复测定检查。

用标准尺测定：

1、2 两步与上同。

3. 选择米制的 1∶10000 高程标尺（1A 和 2A 组）。

4. 将短标尺 U 型支承面朝下放入仪器背后的 Y 方向导槽里。使它的尾部与固定在导槽末端的小钢板相触。

5. f=90.00mm 时 Z 安置 150.00mm

f=150.00mm 时 Z 安置 252mm

向后移动基线架，使与短标尺前端顶住。用手轮或脚盘使测标切准距中心十字丝 57.5mm 处的十字丝，记下高程标尺的读数 H_1（后），估读到 0.01mm。

6. f=90.00mm 时 Z 安置 87mm 左右，

f=150.00mm 时 Z 安置 151mm 左右，

用手轮或脚盘调节使测标切准距中心十字丝 100mm 处的十字丝，记下高程读数 H_2（后）。

7. 向前移动基线架，将长标尺 U 型支承面朝下放入 Y 导槽中，并与短标尺顶住。移动基线架，使与长标尺顶住，转动手轮或脚盘，使测标切准与中心十字丝相距 100mm 的十字丝，记下高程标尺读数 H_2（前）。

8. f=90.00mm 时 Z 安置 151mm 左右；

f=150.00mm 时 Z 安置 252mm 左右

转动手轮或脚盘，使测标切准距中心十字丝 57.5mm 的十字丝，记下高程标尺读数 H_1（前）。

注意：对每个十字丝要观测数次，取平均值计算。测量时要特别细心，基线架要与标尺端顶住。主距由（2.5.3.9）式计算。

$$f=1.4\times\Delta Z\qquad(2.5.3.9)$$

式中 $\Delta Z=H_1-H_2$

$H_2=1/2[H_2(前)+H_2(后)]$

$H_1=1/2[H_1(前)+H_1(后)]$

主距校正方法同前

（四）承片盘归心检校。安置 f=150.00mm，b_x=100.00mm，各定向元素为零。

1. 用坐标测量来确定像片盘中心

（1）安置 Z_2=130.00mm。

（2）测标精确对准承片盘像主点中心，记下 X_2、Y_2 坐标值。

（3）安置 Z_1=260.00mm。

（4）测标精确对准承片盘像主点中心，记下 X_1、Y_1 坐标值。用（2.5.3.10）式。计算出 X_0、Y_0 值：

$$X_0=X_1+2(X_2-X_1)$$
$$Y_0=Y_1+2(Y_2-Y_1)\qquad(2.5.3.10)$$

（5）移动基线架，使坐标显示器显示值为 X_0，Y_0。若测标与承片盘像主点中心不重合，则应校正。

（6）校正：用专用的 X 型扳手（标准附件）调整承片盘偏心轮，使承片盘像主点十字中心与测标重合。校正时动作要轻。注意不要损坏承片盘玻璃；在校正过程中基线架不能移动。

2. 不用坐标量测确定承片盘中心。

（1）安置 Z=130.00mm，移动徒手操作手柄，使测标精确对准承片盘像主点中心，锁住徒手操作手柄。

（2）安置 Z=260.00mm。若测标与主点中心不重合，则应校正主点位置。

（3）校正：用 X 型扳手，调整承片盘上的偏心轮，使承片玻璃在 X、Y 方向移动，产生与误差大小相等，方向相反的移动量。注意校正时不要损坏承片玻璃和使基线架移位。

五、HCT-2A 精密立体测图仪的作业检校

（一）光学观测系统的检校

1. 准备工作

（1）接通电源，安置和置平承片盘，十字丝面向上。

（2）调整目镜 O_4 和物镜 O_1，使测标和承片玻璃上的十字丝同时清晰。

（3）将十字丝移至视场中央，单眼观察，调节旋像棱镜，使测绘台左右移动时，所见十字丝相对测标点也是左右移动，而无偏斜。左右观测系统分别作上述调整。

2. 反光镜 S_1 的检校：脱开连接反光镜 S_1、S_2 的

小圆柱导杆，将 90°检校望远镜插入 S_1 半角支架的孔中，调节 90°检校望远镜的目镜，使检校望远镜的十字丝与测标同时清晰。并利用 S_1 上的三个校正螺丝，将测标调整到 90°检校望远镜十字丝的交点上。

(1)利用反光镜 S_1 主轴的四个校正螺丝，调整 S_1 旋转主轴，使 90°检校望远镜绕 S_1 主轴转动时，测标相对于检校望远镜十字丝的移动量小于两个测标。

(2)调整反光镜 S_1 的刀口，使 90°检校望远镜围绕 S_1 副轴转动时，测标相对于望远镜十字丝的移动量小于两个测标。

(3)再次利用 S_1 上的三个校正螺丝，将测标调整到十字丝的交点上。

3. 反光镜 S_2 的检校：从 S_1 半角支架上取下 90°检校望远镜，将 S_1、S_2 之间的小圆柱导杆连上，用辅助目镜代替 O_4，并移动目镜座，使测标位于辅助目镜的小圆内。

(1)在基线的整个行程内移动左右镜箱，调整 S_2 刀口，使测标的移动量不超过辅助目镜小圆的范围。

(2)利用 S_2 上的三个校正螺丝调整，使得 W 在整个行程内运动时，测标的移动量不超过辅助目镜小圆的范围。

(3)利用 S_2 主轴的四个校正螺丝调整主轴，使旋像棱镜 P_3 在整个行程范围内转动时，测标的移动量不超过辅助目镜小圆的范围。

(4)移动目镜座，使测标位于辅助目镜小圆的中心，并将辅助目镜取出，换上目镜 O_4。

(二)机械系统的检校

1. 基座的整平：把 20″水准器放在 L 型基坐 Φ 插孔上端平面上，用脚螺丝将基座在 X、Y 两个方向整平。

2. 花岗石板的整平：把 20″水准器放在花岗石板上，用下面的九个支撑螺丝将花岗石板在 X、Y 两个方向整平。

3. 基线筒的整平：将基线安置至最小值，把 20″水准器分别放在基线筒的两端，用 Φ 手轮将基线筒整平。

4. 镜箱导杆的整平：取下承片盘，把 20″水准器先后放在 Y 主导杆和 X 主导杆上，分别旋转 ω、ϕ 螺丝，将导杆整平。

5. 承片盘像主点归心检校：基线安置最小值，单眼观测，将测绘台 Z 导柱升至最高，使测标和承片玻璃主点十字丝中心重合，保持测绘台不动，将 Z 导柱降至最低，用 K 盘前面的两个调整螺丝，使十字丝中心与测标重合。

6. 基线标尺读数值的测定和调整：承片盘整平，安置基线 b_z=100.00mm，在线性缩放仪上安置 1∶1 的齿轮后与测绘台连接。单眼观测，当左右测标分别切准承片玻璃上的主点时，用描笔在绘图板上分别打点，量出图板上的两点之间的距离(精确到 0.01mm)，如果其值不等于 100.00mm；调整基线标尺的读数值，使其与图板上所量得的距离值相一致。

7. 主距的测定和调整

(1)基线安置 150.00mm，将标准尺的制动档板固定在基座后面，将主距计数器安置标称值。调节 P_3 棱镜，消除旋像现象。将承片盘进行 O_1O_2 定向，使投影器的 X 轴与仪器的 X 轴平行。插入 1∶10 000 的高程分划尺。根据表 2.5.3.5 安置主距。

主距安置表 表 2.5.3.5

主距架的 f 值 (mm)	152	115	100	88.5
安置的 f 标称值 (mm)	150	115	100	90.00

将测绘台的后支脚分别与附件中长短量规靠紧，应使短量规垂直紧靠固定在基坐后壁的基准档板上，单眼观测，使测标分别切准承片玻璃上 Y 轴线上 +80mm 和 +100mm 与 −80mm、−100mm 处的十字丝中心，读取相应的高程分划尺读数，每组读两次，取平均值。

(2)用式(2.5.3.11)计算 f 值：

$$f=2.4\times\Delta Z \tag{2.5.3.11}$$

式中 $\Delta Z=H_2-H_1$

$$H_1=1/2(H_1'+H_1'')$$

H_1'、H_1''是格网±80mm 处的高程尺读数。

$$H_2=1/2(H_2'+H_2'')$$

H_2'、H_2''是格网±100mm 处的高程尺读数。

(3)在仪器主距计数器上，将读数校准在计算出的 f 值上。

(三)线性缩放仪的调整

1. 起始位置的安置：取出规尺将其放平，将线性缩放仪从托架中取出，并将极轴插入规尺标有“0”字样的孔中，用内尺夹头夹紧规尺左端标有“120”字样的圆柱体，根据缩放倍数安装齿轮比，再依据安置的齿轮比查表 2.5.3.6 得描笔安置的理论值，调整绘图笔架上的游标读数，使其精确地安置在理论值上。松开内尺夹头，将缩放仪从规尺上取出，装入缩放仪托架上。

线性缩放仪描笔起始位置安置表

(尺寸单位：mm) 表 2.5.3.6

放大作业		缩小作业	
小齿轮比大齿轮		大齿轮比小齿轮	
1∶1	120	1∶1	300
5∶6	144	6∶5	250
4∶5	150	5∶4	240
3∶4	160	4∶3	225
2∶3	180	3∶2	200
3∶5	200	5∶3	180
4∶7	210	7∶4	171.43
1∶2	240	2∶1	150
4∶9	270	9∶4	133.33
2∶5	300	5∶2	120

2. 缩放仪极轴垂直性的调整:根据放大或缩小的要求,将缩放仪托架的旋转臂调整在适当的位置上,并用手柄将其固紧。把20″水准器放在缩放仪极轴滚花手轮上端面上,利用固定架后侧和左右两侧的四个螺钉,根据水准器气泡的位置,分别从两个相互垂直的方向将极轴调整垂直。

(四)仪器的综合检校(按表2.5.3.7安置)

元素安置表 表2.5.3.7

项目 / 安置值(mm) / 序号	f	b_x	Z
1	152	200	304.0
2	115	230	264.5
3	100	240	240.0
4	88.5	230	203.6

1. 六点定向置平模型及7个角元素零位置的精确调整:利用承片盘玻璃上的6个标准点位的十字丝交点进行相对定向和绝对定向。相对定向时,当5个标准点上精确消除上下视差后,第六个点上的残余上下视差不应大于2/3测标直径,并合理配赋误差。绝对定向时,当三个标准点精确置平后,第四个点上的高程误差不应大于0.06mm,并合理配赋误差。

模型置平后,Φ、ϕ_1、ϕ_2、ω_1、ω_2、κ_1、κ_2即为其精确零位置。将各计数器校正在零位置上。

2. 格网模型高程精度检测:格网模型置平后,在格网模型上每隔20mm(像片面上)读取高程,共读66个点的高程值,取模型四角定向点的平均高程Z值作为起始值,算出各点高程误差。仪器的格网模型高程中误差由(2.5.3.12)式算出:

$$m_h=\pm\sqrt{\frac{[\Delta\Delta]}{n}} \qquad (2.5.3.12)$$

式中 Δ——点的高程误差;

n——点数(66点)。

仪器允误高程中误差≤0.1H%

3. 仪器平面位置精度的检校:测绘台连接线性缩放仪,安置齿轮比为2∶5的齿轮组,调整绘图笔架起始值,立体切准承片玻璃上6个标准点,在图板上打出6个点位,用一级线纹米尺,量测图板上6个点所组成的线段长,要求任意两条对应线段长度之差,不应大于0.5mm。

第四节　立体测图

在铁路航空摄影测量和地面立体摄影测量中,精密立体测图仪主要用于测绘1∶5 000、1∶2 000、1∶1 000和1∶500大比例尺地形图,虽然仪器种类繁多,结构及功能各异,但其测图的作业方法基本上是相同的,个别不同之处,将分别加以说明。

一、准备工作

(一)量测计算透明负片或透明正片变形,确定仪器主距安置值。如果加密成果中已提供正、负片变形改正后的焦距值,则可直接利用,否则作业员应自行量测计算。

1. 航摄像片框标有"点状"、"△形"和"×形"三种;框标间距也有三种。

(1)以像片X轴和Y轴线上两框标间之间距的。

(2)以四角的框标所构成的四边形的边长的。

(3)以对角框标间距为框标距的

2. 量测透明正负片框标数据,填入表2.5.4.1中,并计算出主距安置值f'。一般平坦地区的小测段,框标距变化不大时,可在航带首、中、尾各量测一片框标距计算。当某片框标距与其它片框标距较差大于0.1mm时,应加测1~2片。大测段内每条航带内每隔5~10片量测1片。若航摄比例尺小于铁路测量技术规则中所规定的航摄比例尺时,则每片都要量测计算。

用B型仪器作业,透明片X与Y方向收缩不一样时,可分别计算安置值。

透明正、负片变形计算表(mm)

表2.5.4.1

线　别			测　段				
航摄仪焦距fk							
航摄仪框标距	L_1		L_2		L_3		L_4
像　片　号	l_1		l_2		l_3		l_4
$l_{平均值}$							
$K'=\frac{l_{平均值}}{L}$							
$K'_{平均值}$							
$f'=K'_{均}\cdot fk$							

(二)选择模型比例尺，确定和安置高程、平面齿轮，安置高程计数器。

选择模型比例尺，主要根据航摄比例尺，航摄仪焦距，测图仪类型，测图比例尺及测区内地形高差等因素确定。《测规》还要求，应尽可能选择最大的模型比例尺作业。一般是一个测段或一个测区综合考虑选择一个模型比例尺作业。根据不同类型的测图仪器分别选择。

1. A10 测图仪：用式(2.5.4.1)计算测区内最大和最小相对航高。

$$\left.\begin{aligned} H' &= f \cdot M_{摄} + 1/2\Delta h \\ H'' &= H - \Delta h \end{aligned}\right\} \qquad (2.5.4.1)$$

式中 f——航摄仪焦距；

$M_{摄}$——航摄比例尺分母；

Δh——测区内相对高差；

H'——最大相对航高；

H''——最小相对航高。

根据航摄仪类型及 H'、H''，在表 2.5.4.2 中 1～6 栏内比较，在 7 栏中查出模型比例尺分母，并在 8 栏中查出高程计数器齿轮安置值。在高程计数器齿轮箱中有左、中、右三个旋轴，表中上面所列一对齿轮安置在左轴和中轴的上层；下面所列一对齿轮安置在中轴下层和右轴上。

模型比例尺高程计数器齿轮选择表 表 2.5.4.2

常角		宽角		特宽角		7	8	9
(m)		(m)		(m)		模型比例尺	高程计数器转动轴左、中、右齿轮比	最小分划尺
最大	最小	H_{max}	H_{min}	H_{max}	H_{mix}			
1	2	3	4	5	6			
675	195	615	195	360	195	1 500	23 11	0.01
750	217	683	217	400	217	1 667	35 11	0.01
900	260	820	260	480	260	2 000	12 11	0.01
1 125	325	1 025	325	600	325	2 500	25 11	0.01
1 350	390	1 230	390	720	390	3 000	13 11	0.01
1 495	434	1 366	434	800	434	3 333	12 35	0.01
1 685	488	1 537	488	900	488	3 750	25 23	0.01
1 800	520	1 640	520	960	520	4 000	52 11	0.1
2 250	650	2 050	650	1 200	650	5 000	21 11	0.1
2 700	780	2 460	780	1 440	760	6 000	53 11	0.1
3 000	867	2 730	867	1 600	867	6 667	32 11	0.1
3 375	975	3 075	975	1 800	975	7 500	23 21	0.1
3 600	1 040	3 280	1 040	1 920	1 040	8 000	52 12	0.1
3 745	1 084	3 415	1 084	2 000	1 084	8 333	35 21	0.1
4 500	1 300	4 100	1 300	2 400	1 300	10 000	11 11	0.1
5 400	1 560	4 921	1 560	2 880	1 560	12 000	52 13	0.1
5 625	1 625	5 125	1 625	3 000	1 625	12 500	25 21	0.1
5 995	1 735	5 465	1 735	3 200	1 735	13 333	32 12	0.1
6 750	1 950	6 150	1 950	3 600	1 950	15 000	23 11	0.1

续上表

常　　角		宽　　角		特宽角		7	8	9
(m)		(m)		(m)		模型比例尺	高程计数器转动轴左、中、右齿轮比	最小分划尺
最　大	最　小	H_{max}	H_{min}	H_{max}	H_{mix}			
1	2	3	4	5	6			
7 500	2 167	6 830	2 167	4 000	2 167	16 667	35 11	0.1
9 000	2 600	8 200	2 600	4 800	2 600	20 000	12 11	0.1
11 250	3 250	10 250	3 250	6 000	3 250	25 000	25 11	0.1
13 500	3 900	12 300	3 900	7 200	3 900	30 000	13 11	0.1
14 995	4 335	13 665	4 335	8 000	4 335	33 333	12 35	0.1
16 870	4 875	15 375	4 875	9 000	4 875	37 500	25 23	0.1
18 000	5 200	16 400	5 200	9 600	5 200	40 000	52 11	1
22 500	6 500	20 500	6 500	12 000	6 500	50 000	21 11	1

按(2.5.4.2)式计算TA绘图桌的安置值

$$V=\frac{M_{模}}{M_{测}} \qquad (2.5.4.2)$$

式中　V——TA绘图桌缩放倍率安置值；

$M_{模}$——模型比例尺分母；

$M_{测}$——测图比例尺分母

在TA绘图桌的绘图倍率安置器上安置v值。

2.AG1立体测图仪的作业模型比例尺按式(2.5.4.3)计算。

$$M_{模}=\frac{H_{均}}{Z_{中}} \qquad (2.5.4.3)$$

式中　$M_{模}$——模型比例尺分母

$H_{均}$——测区内相对航高平均值

$Z_{中}$——测图仪Z活动范围中数(f＝88mm时，Z＝80～142mm；f＝152mm时，Z＝120～240mm)。

在山区作业应选择计算值接近的整数值；在平丘地区作业应选择比航摄比例尺大1.5倍的整数值为模型比例尺。在生产中，一般均根据各因素估计确定。

模型比例尺选定后，安置高程计数器。当f＝152mm，安置Z分划尺为240.00mm高程计数器为零。转动Z手轮，使Z分划尺于190.00mm处，此时Z上移50.00mm若模型比例尺选择1∶8 000，则调整斜尺的斜度，使高程计数器读数位于400.00m处。重复上述步骤，直至Z改变50.00mm，则高程读数改变400.00m。

TA绘图桌的安置与A10同。注意TA绘图桌V的安置只有小数两位。若计算出的V多于小数两位时，必须从新确定模型比例尺。

3.B型仪器模型比例尺的选择高程计数器齿轮组的确定。模型比例尺查图2.5.4.1确定；高程计数器安置齿轮组查表2.5.4.3确定，并根据表左上角图示安置；绘图桌齿轮组查表2.5.4.4确定，按表左上角图安置。

高程计数器传动比表　　　　表2.5.4.3

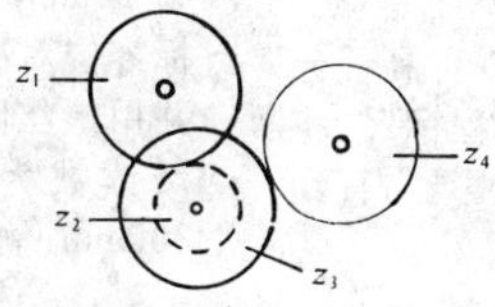

齿轮＼比例尺	1∶8 00	1∶1 000	1∶1 250	1∶1 600	1∶2 000	1∶2 500	1∶3 200	1∶4 000	1∶5 000
z_1	84	84	84	88	88	88	42	42	42
z_2	42	42	42	88	88	88	84	84	84
z_3	65	40	34	65	40	34	65	40	34
z_4	104	80	85	104	80	85	104	80	85
最小分划值	0.01	0.01	0.01	0.01	0.01	0.01	0.01	0.01	0.01

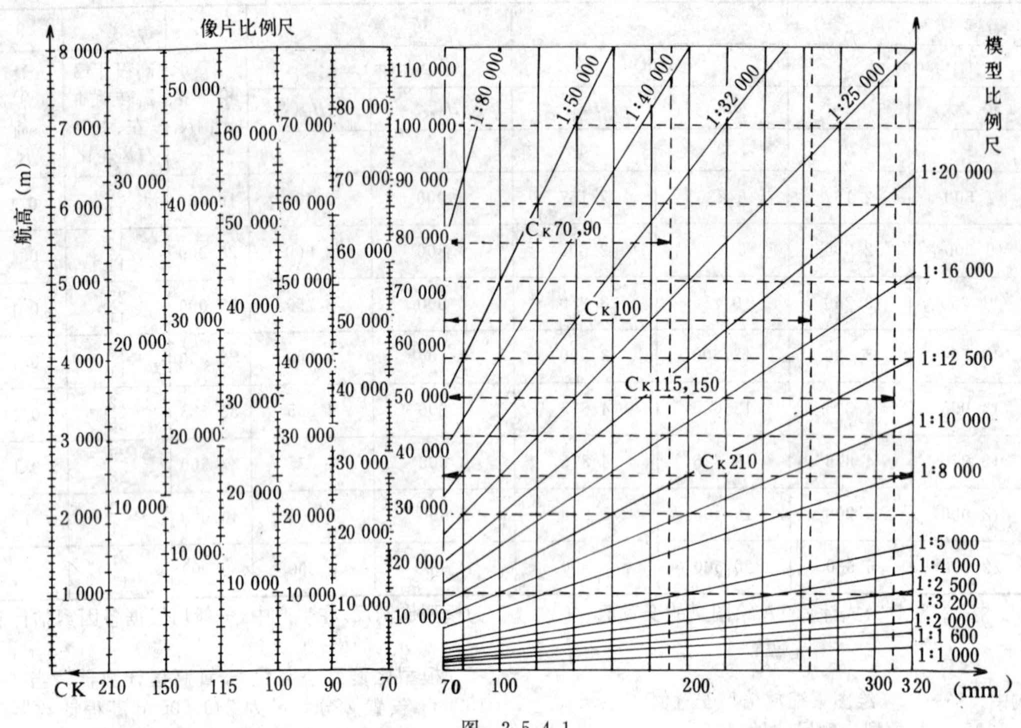

图 2.5.4.1

4. AMH 立体测图仪模型比例和高程标尺的选择和高程标尺的安置：用式(2.5.4.4)计算像片到模型的放大率

$$v=\frac{Z_{max}}{1.15f} \quad (2.5.4.4)$$

式中 v——放大率；

Z_{max}——仪器最大 Z 值，为 260mm；

f——航摄仪焦距。

当 $f=150$mm 时

则 $v\approx1.5$(适用于 $f>100$mm)

当 $f=88$mm 时

则 $v\approx2$(适用于 $f<100$mm)

模型比例尺 M 模用式(2.5.4.5)计算

$$M_{模}=\frac{M_{摄}}{v} \quad (2.5.4.5)$$

式中 $M_{摄}$——航摄比例尺。

根据上式计算出的模型比例尺，从 10 种高程分划尺中选择出比例尺与 M 模最接近的高程标尺，将其投影到显示屏上。按下按钮侧向移动投影器，直到需要的标尺出现。

若需要更换玻璃标尺，其方法如下：

(1)向上旋拧玻璃标尺的微调。

(2)向左推滑动销。

(3)抽出玻璃标尺。

(4)插入要换用的玻璃标尺，字面朝上。

(5)下压弹簧上的玻璃标尺，推滑动销复位。

5. HCT-2A 立体测图仪模型比例尺的选择和缩放仪齿轮组的安置：模型比例尺按式(2.5.4.6)计算

$$M_{模}=\frac{H_{中}}{Z_{中}} \quad (2.5.4.6)$$

式中 $M_{模}$——模型比例尺分母；

$Z_{中}$——平均模型航高$\left(Z_{中}=Z_{小}+\frac{\Delta Z}{2}\right)$；

$H_{中}$——平均相对航高($H_{中}=M_{像}\cdot f$)。

根据选择的模型比例尺，航摄仪焦距及最大和最小的相对航高($H_{大}$、$H_{小}$)，从表 2.5.4.5 中查出缩放仪应安置的齿轮组，再根据该齿轮组，从表 2.5.3.6 中查出描笔的起始位安置值，并根据该仪器检校中有关的安置方法进行安置。放大作业时，如齿轮比为 2∶5，大齿轮安在靠夹钩一边的轴杆上，小齿轮安在靠描笔架一边的轴杆上。(缩小作业时，大小齿轮安置位置相反)两齿轮暂不齿合。推进内尺使校正螺丝顶住齿轮箱，这时夹钩中心到极点距离为 120mm，则描笔位置为 300mm。移动描笔架使游标零位对准缩放仪分划尺的 300mm 线上。齿合齿轮并用螺丝固紧，再调节描笔的微动螺丝，精确安置标尺读数为 300mm，此时的比例关系为 120mm 比 300mm 等于 2∶5。

(三)转绘地质界线。地质界线在模型上是没有明显影像的，为此可将地质界线转绘在透明正片上，测绘地形图时可根据转绘影像一并绘于图中。

转绘地质界线要在透明桌上进行。用与地质调绘片相同号码的透明正片准确地叠合在一起。用小钢笔沾橘黄广告色，将地质线转绘于透明正片上，转绘墨水要淡，用笔要轻，不能划破药膜，线条要细而匀。

绘图桌的传动比表(B型立体测图仪)

表 2.5.4.4

Z_1	Z_2	Z_1	Z_4	$v=\frac{m_m}{m_k}$	模型比例尺 m_m 800	1000	1250	1600	2000	2500	3200	4000	5000
					测图比例尺 m_k								
52	26	100	32	0.16	5000			10000			20000	25000	
52	26	85	34	0.20	4000	5000		8000	10000			20000	25000
52	26	80	40	0.25		4000	5000		8000	1000			20000
52	26	104	65	0.3125			4000			8000			
39	39	100	32	0.32	2500			5000			10000	12500	
39	39	85	34	0.40	2000	2500		4000	5000		8000	10000	12500
39	39	80	40	0.5		2000	2500		4000	5000		8000	10000
52	26	60	60	+0.5									
39	39	104	65	0.625			2000			4000			8000
26	52	100	32	0.64	1250			2500			5000		
80	32	65	104	+0.64									
52	26	65	104	0.8	1000	1250		2000	2500		4000	5000	
26	52	85	34	0.8									
26	52	80	40	1.0	8000	1000	1250		2000	2500		4000	5000
52	26	40	80	1.0									
39	39	60	60	+1.0									
26	52	104	65	1.25		800	1000			2000			4000
52	26	34	85	1.25									
52	26	32	100	1.5625			800						
39	39	65	104	1.6	500			1000	1250		2000	2500	
39	39	40	80	2.0	400	500		800	1000	1250		2000	2500
26	52	60	60	+2.0									
39	39	34	85	2.5		400	500		800	1000			2000
32	80	60	60	+2.5									
39	39	32	100	3.125			400			800			
26	52	65	104	3.2	250			500			1000	1250	
26	52	40	80	4.0	200	250		400	500		800	1000	1250
32	80	65	104	+4.0									
26	52	34	85	5.0		200	250		400	500		800	1000
26	52	32	100	6.25			200			400			800

模型比例尺和齿轮比安置表

表 2.5.4.5

f=88.5mm		f=100mm		f=115mm		f=152mm		模型比例尺(1：)	成图比例尺及齿轮比				
H小(m)	H大(m)	H小(m)	H大(m)	H小(m)	H大(m)	H小(m)	H大(m)		1：2 000	1：5 000	1：10 000	1：25 000	1：50 000
440	600	500	880	520	910	660	1 000	3 000	2：3	5：3			
560	800	660	1 150	700	1 200	870	1 370	4 000	1：2	5：4	5：2		
720	1000	820	1 450	900	1 600	1 100	1 700	5 000	2：5	1：1	2：1		
880	1 200	1 000	1 700	1 100	1 900	1 300	2 100	6 000		5：6	5：3		
1 100	1 500	1 300	2 200	1 400	2 300	1 600	2 600	7 500		2：3	4：3		
1 500	2 000	1 700	2 900	1 800	3 100	2 200	3 500	10 000		1：2	1：1	5：2	
1 900	2 500	2 100	3 600	2 300	3 900	2 700	4 400	12 500		2：5	4：5	2：1	
2 300	3 000	2 500	4 400	2 700	4 700	3 200	5 200	15 000			2：3	5：3	
3 000	4 000	3 300	5 900	3 600	6 300	4 300	7 000	20 000			1：2	5：4	5：2
3 700	5 000	4 200	7 300	4 400	7 800	5 400	8 700	25 000			2：5	1：1	2：1
4 500	6 000	5 000	8 800	5 300	9 400	6 400	10 500	30 000				5：6	5：3
5 900	8 100	6 600	11 500	7 100	12 500	8 600	14 000	40 000				5：8	5：4
7 400	10 100	8 200	14 500	8 800	15 600	10 700	17 500	50 000				1：2	1：1

(四)选择作业像对和编制测图手簿。

1. 根据作业计划图、调绘片,在不遗漏测图面积,影像清晰,尽量减少工作量的前题下,合理选择作业像对。

2. 依测图手簿格式将选定的作业像对各项参数,用铅笔填写在表内。字迹要清晰、齐全。

(五)仪器各基本数据和正、负透明片的安置。

1. A10 立体测图仪

(1)根据作业用的透明正片或负片,安置正、负片观测转换。正片作业安置拨杆在左侧;负片作业在右侧。正、负片换位后,必须用阿贝棱镜旋钮使目镜中影像倒转 200^g。

(2)安置透明正片或负片:一般作业均用透明软正片。安置时药膜朝下,字头朝上,重叠向外,像片框标与承片盘框标对准,误差不大于 0.1mm,若因负片变形,四个框标不能全部对准,则应平差处理。用压片玻璃压紧后放置在投影器框架上。

(3)安置主距、基线元素和角元素:如果加密成果中已提供这些安置数据,可将其安置在仪器上。若未提供,主距值应自己计算,所有角元素及 b_y、b_z 均安置零位置,b_x 根据式(2.5.4.7)计算:

$$b_x=b\cdot\frac{M_{像}}{M_{模}}+b_{m0} \qquad (2.5.4.7)$$

式中 b——像片基线;

b_{m0}——仪器 b_x 零位置;

$M_{像}$——像片比例尺分母;

$M_{模}$——模型比例尺分母。

主距必须精确安置到 0.01mm。

(4)在地球曲率改正安置计数器上安置模型比例尺。

(5)安置各操作钮:Y、Z 转换钮(推入);Y 换向钮(推入在 I 位);公、英制转换钮(拉出在 M 位置)。

2. AG1 立体测图仪

(1)安置主距:AG1标准主距接合器有两组,即:

$$f_1=83\sim92\text{mm}$$

$$f_2=148\sim157\text{mm}$$

这两组互换:旋下主距接合器的定位螺丝,将主距接合器旋转 200^g,再插入定位螺丝固紧。松开投影导杆下端球头关节的支撑接杆定位螺丝,主距为 f_1 时,接杆顶到上部锁定;主距为其它值时,接杆滑到下部锁定。用主距安置钮精确安置作业主距。

若使用主距为 100mm 或 210mm 的任选件时,则要更换主距接合器,更换方法如下:

用改针松开投影导杆上万向关节与主距接合器的连接固定螺母环,抽出上万向关节,将其顺空间导杆滑下,轻放在中万向关节上。旋出主距接合器的定位连接螺丝,将主距接合器抽出取走。将适用的主距接合器插入投影器框架悬臂凹榫中,插入旋紧定位螺丝后再把上万向关节顺投影导杆滑上,使其凸榫插入主距接合器的套筒内,旋紧连接固定螺母环,再用主距安置钮,准确安置主距。安置精度 0.01mm。

(2)安置透明正、负片(一般为正软片):仪器承片盘左、右可互换,并能正、反面放置在投影器框架上。安装透明正片时,药膜朝下,字头朝上,重叠向内,透明片框标对准承片盘框标,安置精度 0.1mm。压紧后承片盘反向,即药膜朝上地安置在投影器框架上。若用负片作业,则承片盘正向、即药膜朝下放置在投影器框架上。

(3)基线元素和角元素安置与 A10 同。

(4)用 w、$\Phi+\varphi$ 倾斜重力补偿安置钮安置其计数器读数与 w、$\Phi+\varphi$ 相同的角元素值。

3. B 型立体测图仪

(1)安置透明正、负片:用透明正或负片作业,安置均为药膜朝下,字头朝上,重叠向内,透明片框标与承片盘框标精确对准,误差不大于 0.1mm。

(2)安置主距、基线元素和角元素:投影系统主距 X 和 Y 方向可分别安置。b_z 的两个分量 b_{zx}、b_{zy} 安置值应相同,其它元素安置与 A10 同。

(3)模型车架移动方向是通过观测立体影像来确定,模型向前、向右坐标为增加方向。正、反向可通过 X、Y 手轮和计数器的换向钮安置。

4. AMH 立体测图仪

(1)安置透明正片:旋出像片照明灯,松开承片盘对中锁紧装置,取下承片盘,置于具有照明装置的附件柜上,透明正片药膜向下,重叠向外放置于承片玻璃面上,用放大镜观测,使透明片框标与承片盘框标精密重合后用压片玻璃压紧固定,再将承片盘安置在投影镜箱上固紧承片盘对中锁。

(2)安置主距:主距安置可由一个分划为 0.01mm 的测微鼓在 19mm 范围内连续可调,主距值可在主距衔接附件的标尺上读取。若要更换主距衔接器时,应按下述方法进行。

a. 54~126mm 范围内的主距不用衔接器。

b. 148~167mm 范围内的主距使用短衔接器。

c. 200~219mm 和 292~311mm 的主距使用长衔接器。

d. 接通仪器电源,移动基线架,使导杆处于铅垂位置。用清洁布包住导杆,将其从万向关节中抽出,导杆套筒仍保持在延长件的原位上。小心地把导杆放进标准附件的凹槽中。

e. 关上仪器电源,用弹簧托住辅助导杆,将它从轴承座中拔出,斜着将它从关节中取出。

f. 松开固定上万向关节框架的两个螺丝,沿水平方向轻轻拉出上万向关节框架,放在上框架上,此时空气输送管的连接不能断开。

g. f 为 148~167mm 的衔接器,再松开四个螺丝后,沿水平方向抽出。

h. 对于 f 为 200~219mm 和 292~311mm 的衔接器,要松开四个垂直方向和两个水平方向的螺丝,然后沿水平方向将衔接器向仪器中心方向抽出,直至定位销从定位孔中拔出为止。

i. f 为 54~126mm 的主距,不用衔接器,直接将上关节架固定在承片盘架相应的位置,使关节尾端的一个定位销插进相应的孔中。左上角一个辅助销也插进相应孔中,拧紧两个固定螺丝。

j. f 为 148~167mm 主距支架的更换:

首先用四个螺丝将短衔接器固定到承片盘架的支承面上，然后用两个螺丝将上关节架固定在衔接器上。

k. f 为 200～210mm 和 292～311mm 支架的更换：

先把长衔接器固定在承片盘架上，用一个定位销和两个水平方向的螺丝来保证它的精确位置，然后拧紧四个垂直方向的螺丝，把上关节架插在相应位置，拧紧它上面的两个螺丝。

对于这两个长主距的范围，必须使用长的辅助空间导杆。

l. 延长件、基线架的选用：

基线架上长的蓝色延长件，适用于主距≤88mm 的作业；而短的红色延长件，适用于主距＞88mm 的作业。

在更换延长件前，一定要把空间导杆和套筒取下。取延长件时，插入一个绞棒，反时针摇，然后用手把延长件取出，要保证基线架上支承面和新的延长件表面清洁，然后用螺丝拧上延长件，最后放上空间导杆套筒，斜面末端朝下。

m. 重新插上空间导杆：先插上辅助空间导杆。接通仪器电源，使空间导杆大约处于铅垂位置，将基线架、承片盘架定位，用清洁布包着导杆，将它从万向关节和导杆套筒上面插入，直到未端的球型轴承座与延长件的球形头齿合为止。空间导杆的轴承座是磁化的，不再需要固定。

n. 承片盘架补偿量的修正：各种衔接器重量不同，故承片盘倾斜推力的补偿量也不相同，为了能修正这个补偿量，在电子部分有一个按钮，它有三个位置：

无衔接器　　位置 1
短衔接器　　位置 2
长衔接器　　位置 3

(3)安置基线元素和角元素与 A10 仪器作业相同。

5. HCT-2A 测图仪

(1)变换主距架：根据航摄仪焦距，变换与之相适应的主距架。

测绘台与缩放仪脱开，Z 柱降到最低位并置于大理石基准面板中央。移开照明灯与承片盘，松开主距制动螺丝，安置 b_z 等于 100mm，ϕ、b_ϕ、ω_1、ω_2、ϕ_1、ϕ_2 在零位置。

长主距变换短主距或者短主距变换长主距，方法基本一致，不同之处在括号中说明。以 152mm 变换为 88mm 为例：

a. 安置 Φ 等于 95^g(短变长时，Φ 为 105^g)。

b. 改变基线筒的高度：一人抬起基线筒的右端，另一个人用专用起子旋出 Φ 支撑轴筒的销钉螺丝，下降基线筒(短变长时抬高基线筒)直到窗孔内出现所需要的主距值时，即插入销钉后固紧。

c. 安置 Φ 等于 100^g

d. 改变 Φ 顶杆的高度：用起子旋出销钉螺丝，托住基线筒，调整 Φ 顶杆伸缩杆的高度，使之适合主距(比例伸缩杆降到最低)插入销钉螺丝并固紧。

e. 两人从下面托住镜箱，用内六角起子旋出主距架的四个固定螺丝，取下 f 等于 152mm 的主距架，换上 f 为 88.5mm 的主距架，并用螺钉固紧。

f. 从下面稍抬镜箱的外端。并托住，旋出销钉螺丝，下降外托架直到窗孔中出现 f 为 88.5mm 时插入销钉螺丝并拧紧(短变长时，上升 Φ 托架)。慢慢放下镜箱，使 Φ 托架落在 Φ 螺杆顶端。

g. 改变 Φ 手轮转动杆的高度，松开螺丝，调节 Φ 螺杆下端与 Φ 传动杆的孔位，使之符合所使用的主距架。

h. 安置 Φ、b_ϕ 为 100^g，承片盘和照明灯放回原处，调节照明灯的毛玻璃到承片盘的垂距约为 10cm。

i. Φ、ϕ_1、ϕ_2、ω_1、ω_2 零位置要重新调整，承片盘主点要重新归心校正，主距要重新测定调整，并用六点格网模型对仪器进行总检校。

主距架更换好后，松开测微鼓制动螺丝，(左右共四个)安置仪器主距计数器读数与计算值或加密成果中提供的安置值相一致，拧紧制动螺丝。

(2)安置透明正片，将透明正片药膜朝下，字头朝上，重叠向内地安置在承片盘玻璃面上，用对点放大镜观察，使透明片框标与承片玻璃框标重合，误差不大于 0.1mm，且无系统误差，用压片玻璃压紧后固定，并反向安放在承片盘框架上。

(3)安置基线元素和角元素与 A10 相同。

二、像对的相对定向

用立体测图仪测图，首先要在测图仪的左、右投影器中恢复立体像对的两个摄影光束，这项工作在安置仪器主距，安装透明正、负片时已完成。然后对该立体像对进行相对定向作业，使立体像对的两投影光束重叠部分的所有同名光线在空间成对相交，即恢复两摄影光束在摄影瞬间的相关位置，从而在立体测图仪上重建与所摄地面相似的几何模型。相对定向有单独像对相对定向和连续像对相对定向两种作业方法。

(一)单独像对相对定向

单独像对相对定向方法适用于所有的立体测图仪器，它是保持基线不动，按一定的规律和顺序分别旋转两投影器的 6 个角元素(实际只用 5 个)，使两投影光束投射到承影面上的同名光线在 Y 方向成对相交，即消除同名光线的上下视差。X 方向可升

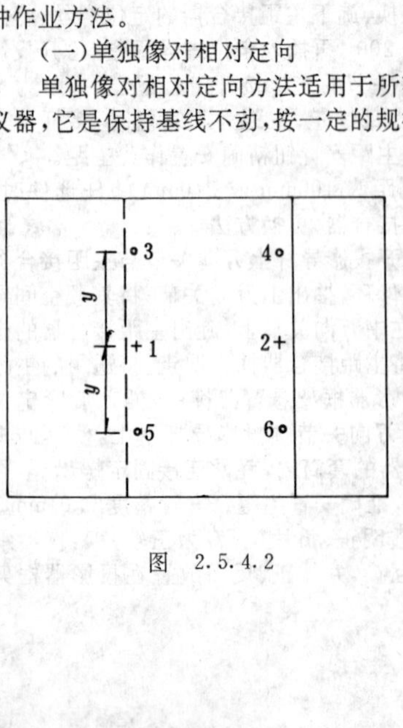

图　2.5.4.2

降承影面或改变基线的 b_z 分量来使它们成对相交，其作业方法是在立体像对上选择六个标准定向点，其点位分布如图 2.5.4.2，1、2 点即是左、右像主点，3、5 点和 4、6 点分别对称于 1、2 点且与 1、2 点各距 Y 值（18cm×18cm 像幅，$Y=70$mm；23cm×23cm 像幅，$Y=100$mm），3、5 点和 4、6 点的连线，应分别通过 1、2 点且与 1、2 点连线垂直。作业步骤如下。先脱开主机与绘图桌的连接。

1. 旋转 κ_2（右投影器的 K 旋钮）消除 1 点上下视差。

2. 旋转 κ_1（左投影器的 K 旋钮）消除 2 点上下视差。

3. 旋动 ϕ_2（右投影器的 ϕ 旋钮）消除 3 点上下视差。

4. 旋转 ϕ_1（左投影器的 ϕ 旋钮）消除 4 点上下视差。

5. 旋转 ω_1（左投影器的 W 旋钮）改正 5 点上下视差的 K 倍。K 由式（2.5.4.8）计算：

$$K=\frac{f^2+Y^2}{2Y^2} \qquad (2.5.4.8)$$

式中　K——过度改正倍数；

f——仪器主距（相当于航摄仪焦距）；

$Y=70$mm（18cm 像幅）或 100mm（23cm 像幅）。

K 值可根据不同焦距、像幅及 Y 值计算出列于表 2.5.4.8 中。

K 过度改正倍数表　　表 2.5.4.6

f(mm)	70	100	115	210	88	152	210	385
像幅(cm) / Y(mm) / K	18×18	18×18	18×18	18×18	23×23	23×23	23×23	23×23
50	1.5	2.5	3.1	9.3				
55	1.3	2.2	2.7	7.8				
60	1.2	1.9	2.3	6.6				
65	1.1	1.7	2.0	5.5				
70	1.0	1.5	1.8	5.0				
75					1.5	2.6	4.4	8.8
80					1.1	2.3	3.9	7.8
85					1.0	2.1	3.5	6.9
90					1.0	1.9	3.2	6.2
95					0.9	1.8	2.9	5.6
100					0.9	1.6	2.7	5.2

重复 1 至 5 各步骤，消除 1 至 5 各点上下视差后，6 点处一般应无上下视差，若有残差，应进行合理配赋。

实际作业中，各定向点并不一定完全选在标准位置，而是选在标准位置附近立体影像清晰的地方。在高山峡谷地区，定向点位还应尽量选在相互高差较小，避开相对定向不定性的危险圆上。过度改正倍数 K 值可根据实际定向点位，并参考表 2.5.4.6 取值。

AG1 立体测图仪进行相对定向作业时，当每次改变 ω 和 ϕ 角度较大时，应在其推力补偿装置计数器上安置相应的角度值。

（二）连续像对相对定向

连续像对相对定向方法只适用于基线架上设置有 b_y、b_z 移动分量的 A10、B 型等仪器。定向作业时，保持一个投影器（一般左投影器）不动，而只转动另一个投影器（右投影器）的角元素和移动基线分量 b_y、b_z，使两投影光束投射到承影面上的同名光线成对相交。作业中所选定的六个标准定向点与单独像对相对定向的标准点位一样。消除上下视差的作业步骤如下：

1. 用 b_{y2} 消除 2 点上下视差。

2. 用 κ_2 消除 1 点上下视差。

3. 用 b_{z2} 消除 4 点上下视差。

4. 用 ϕ_2 消除 3 点上下视差。

5. 用 ω_2 改正 6 点处上下视差的 K 倍，

重复上述步骤，消除各点的上下视差，5 点作为检查点。

由于 A10 仪器 b_y 设在基线架右侧，b_z 设在左侧。它是用 b_y 消除 2 点上下视差；用 κ_2 消除 1 点上下视差；用 b_z 消除 3 点上下视差；用 ϕ_1 消除 4 点上下视差。

（三）相对定向残余上下视差的配赋

由于航摄仪，测图仪的投影器存在着不同的畸变，航摄负片，透明正、负片存在不均匀收缩，晒印、冲洗中压平不良，药膜流动等因素的影响，相对定向时，五个点的上下视差消除后，第六点仍有残余上下视差存在。其残余上下视差应合理配赋，主点不得配赋残差，其余各定向点的残余上下视差在模型上不得大于 $0.03\,\dfrac{Z}{f}$mm。3、4、5、6 各点的残余上下视差量应相等，3、5 点与 4、6 点残余上下视差符号应相反。

残余上下视差配赋方法：

1. 单独像对相对定向残差配赋

(1)用 ω_2 旋钮改正 6 点(检查点)残余上下视差 δ 的 1/2 乘 K 倍。

(2)用 κ_1 消除 2 点上下视差;用 κ_2 消除 1 点上下视差。

(3)用 ϕ_2 改正 3、5 点上下视差,使两点残余上下视差符号相同而量相等即 $\delta/4$。

(4)用 ϕ_1 改正 4、6 点上下视差,使这两点的残余上下视差符号相同,数量相等即 $\delta/4$。

2. 连续像对相对定向残差配赋

连续像对相对定向残余上下视差配赋方法与单独像对相对定向残余上下视差的配赋方法基本相同。只是在第二步时 A10 用 b_y 消除 2 点上下视差;F 用 b_y 消除 1 点上下视差。在第三步时,A10 用 b_z 改正 3、5 点上下视差,使该两点残余上下视同向等量;F 用 b_z 改正 4、6 点上下视差,使该两点残余上下视差同向等量。在第四步时,A10 用 φ_1 改正 4、6 点上下视差,使该两点残余上下视差同向等量;F 用 φ_2 改正 3、5 点上下视差,使该两点残余上下视差同向等量。B 型仪器作业可用任何一种方法对残余上下视差进行配赋。

(四)几种特殊情况下的相对定向

由于某些像对内存在河流、湖泊、云影、阴影等因素,一个或几个标准定向点位被遮盖,用常规的相对定向方法,很难消除各点上下视差。故须根据具体情况进行特殊处理。

1. 一个主像点被遮盖的相对定向方法:图形如图 2.5.4.3。作业步骤如下:

(1)用 b_y 或 κ_1 消除 2 点上下视差。

(2)用 b_z 或 ϕ_1 消除 4 点上下视差。

(3)用 ω_2 按 K 倍过度改正 6 点上下视差。重复(1)至(3)步,消除 2、4、6 三点上下视差。

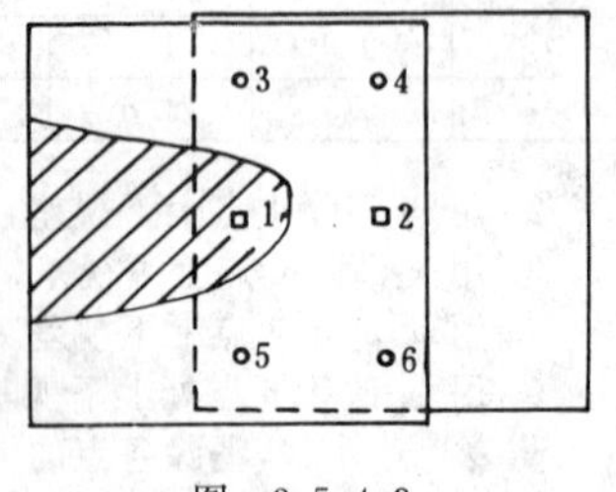

图 2.5.4.3

(4)用 ϕ_2 使 3、5 点上下视差同向、等量。

(5)用 κ_2 消除 3、5 点上下视差。

2. 两个像主点被遮盖时的相对定向方法:图形如图 2.5.4.4。在尽量靠近两主点附近,选择两个辅助定向点 1′ 和 2′。作业步骤如下:

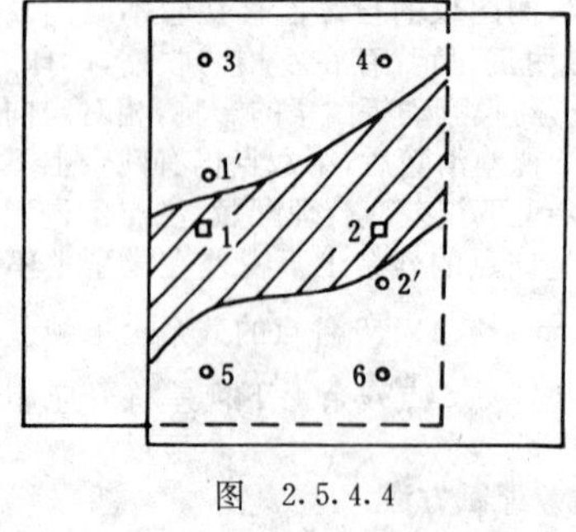

图 2.5.4.4

(1)分别用 κ_1,κ_2 消除 2′,1′ 点的上下视差。

(2)分别用 φ_1、φ_2 消除 3、4 点上下视差。

重复上述两步,直至消除 1′、2′、3、4 四点的上下视差。

(3)记下 6 点处的上下视差 Q_6',并用 ω_2 以 Q_6' 改正 6 点的上下视差。

(4)重复上述三步骤,再次记下 6 点的上下视差 Q_6''。用式计算过度改正倍数 κ'。

$$\kappa'=\frac{Q_6'}{Q_6'-Q_6''} \tag{2.5.4.9}$$

(5)用 ω_2 按 Q_6''的 K' 倍过度改正 6 点上下视差。

(6)重复上述各步骤,消除像对内全部上下视差。

3. 定向点 5、6 或 3、4 两点被遮盖时的相对定向作业方法:如图 2.5.4.5,在尽量靠近 5、6 点标准位置处选择两个辅助定向点 5′ 和 6′。

仍用上述第 2 种特殊情况的相对定向作业方法,以 5′ 点作为过度改正点位,6′ 点作为检查点。由于 5′ 点位与 1 点较近,故过度改正倍数较大。可根据其 5′ 的 Y 值查表 2.5.4.6 求得 K 值。也可根据两次定向的 Q_5' 和 Q_5''求出其 K' 过度改正值。

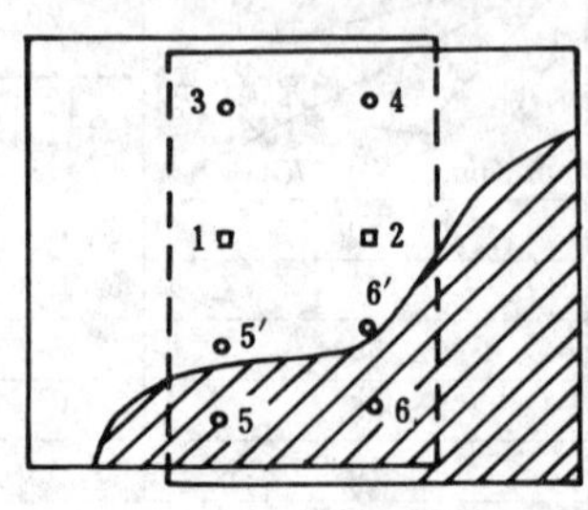

图 2.5.4.5

4. 大半个像对被遮盖时的相对定向作业方法:如图 2.5.4.7 在靠近像主点 2 附近选择 2′ 辅助定向点。2′ 点尽量靠近 2 点及基线附近。相对定向作业步骤如下:

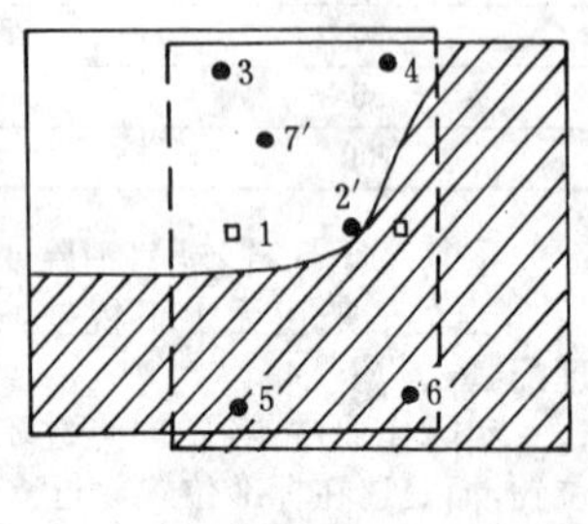

图 2.5.4.6

(1)用 κ_1、κ_2 分别消除 1、2 两点上下视差。

(2)用 φ_1、φ_2 分别消除 3、4 两点上下视差。由于 2′ 点不在标准位置,故应重复这两步消除 1、2′、3、4 点上下视差。

(3)在有效立体影像范围内,选一个上下视差最大的点为辅助定向点 7。记下 Q_7' 差值及方向。用 Q_7' 反向改正 7 点上下视差。

(4)重复上述三步骤,在 7 点处记下 Q_7''上下视差值及方向,同样用公式 $K'=\frac{Q_7'}{Q_7'-Q_7''}$算出 K'。用 Q_7''的 K' 倍反向过度改正 7 点上下视差。

在改正 7 点上下视差时,若 7 点位于 1、3 点一侧,用 ω_1;若 7 点位于 2′、4 点一侧,则用 ω_2 进行改正。

当 1、2′、3、4、7 各点的上下视差消除后,检查有效立体影像范围内是否有残余上下视差。若某处有残余上下视差，可选该点为新的辅定向点，仍用相应的 ω，改正其上下视差，再重复上述各步骤，直至消除全部上下视差。

上述几种特殊情况的相对定向方法，均要重复多次，逐渐趋近才能全部消除其上下视差。

（五）相对定向不定性

1. 产生相对定向不定性的原因

航空摄影时，若航线沿河谷布设，河谷底与两侧山坡所构成的曲面和摄影站同在一个圆柱面上时，所摄得的立体像对，在相对定向作业中就会产生不定性。

从图 2.5.4.7 知，当摄影站 s 与地面点 2、4、6 或 1、3、5 点在同一个圆周上时，微调 ω 旋钮，各投影点的位移量方向相同，大小相等，它与改变 b_y 旋钮，对各投影点的影响情况是一样的，故相对定向时 d_w 得不到确切的解。

2. 相对定向不定性像对的相对定向作业方法

(1)用 b_y 或 κ_1、κ_2 消除 1、2、点上下视差。

(2)用 b_z 或 φ_1、φ_2 消除 3、4 点上下视差。

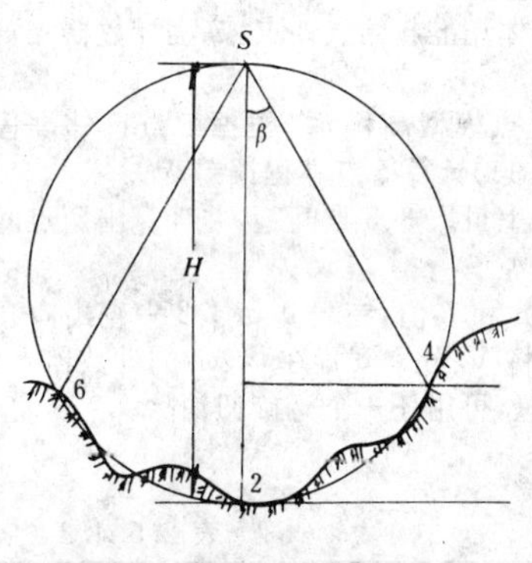

图 2.5.4.7

(3)记下 5 点或 6 点的上下视差 Q_5' 或 Q_6' 及其方向，并用 ω 消除 5 点或 6 点的上下视差。

(4)重复(1)、(2)两步骤，消除 1、2、3、4 各点上下视差。

(5)记下 5 点或 6 点处的上下视差 Q_5' 或 Q_6''，可能有两种情况出现

a. $Q_5' < Q_5''$

b. $Q_5' > Q_5''$

(6)若出现 a 种情况，用 Q_5''乘$\frac{Q_5''}{Q_5'-Q_5''}$反向，即增大上下视差改正 5 点上下视差，再重复(1)、(2)两步骤，消除 1、2、3、4 各点上下视差，记下 5 点上下视差 Q_5'''，并比较 Q_5''与 Q_5'''的差值及符号，再做进一步改正。过度改正倍数 $K''=\frac{Q_5''}{Q_5''-Q_5'''}$

若出现 b 种情况，说明 Q_5' 改正方向是对的，只是改正倍数不足，此时用 Q_5''乘$\frac{Q_5'}{Q_5'-Q_5''}$倍过度改正 5 点上下视差，并重复(1)、(2)两步骤，得出 Q_5'''后，再与 Q_5''比较后进一步改正 5 点上下视差。

(7)按上述步骤消除 1 至 5 点上下视差，每趋近一次，应观察 6 点及像对内其它处的上下视差变化情况，逐步将全像对内的上下视差基本消除干净。

(8)按常规方法归化模型比例尺及模型置平(参看本节第三款)。若发现模型四角定向点高程扭曲，可用 ω 和 b_y 旋钮改正。方法是：转动 ω、改正扭曲误差的一半，并用 b_y 消除由此而产生的上下视差。根据相对定向不定性产生的原因，微动 ω 后，用 b_y 是可以消除各点上下视差的。若 ω 改正量较大，局部地方出现上下视差，则用相应元素消除。

（六）相对定向作业中残余上下视差超过限差的原因及处理办法

1. 航摄负片局部压平不良，收缩不均匀。这种原因会影响整批资料。应对航摄负片进行压平检查。

2. 透明正负片晒印时未压平，会出现局部影像不清晰，像棉花团一样。发现此种情况，应重晒透明正、负片。

3. 制做透明正、负片时，水洗或晾干中，造成局部药膜流动。除残余上下视差较大外，还会出现局部地貌变形，河流起伏不规则，河水倒流等现象。应重晒透明片解决。

4. 像片安装时归心偏差太大；主距安置错误；承片盘未放置在支撑凹槽中。相对定向作业中，若发现上下视差难以消除，或变化无规律，应首先检查排除这些因素的影响。

三、立体模型的绝对定向

立体模型的绝对定向就是将模型比例尺根据测图比例尺进行归化，并把模型坐标转换成地面坐标。

（一）归化模型比例尺：

1. 安置测标使立体切准模型某角上的控制点，如图 2.5.4.8 中的 5 点，移动绘图笔架，使笔架上的对点器中心对准底图上相应的控制点 5，连接测图仪与绘图桌，安置测标立体切准控制点 4，以 5 点为圆心，旋转底图，使对点器中心位于 5、4 两点直线上的 4′ 处，调整 b_z，并跟随移动测标立体切准控制点 4，并使其对点器中心位于 4′ 与 4 点的中间位置 4″ 处，脱开绘图桌。

2. 若出现上下视差，用 b_y 或 κ 消除 1、2 两点上下视差。用 b_z 或 φ 消除 3、4 点上下视差。

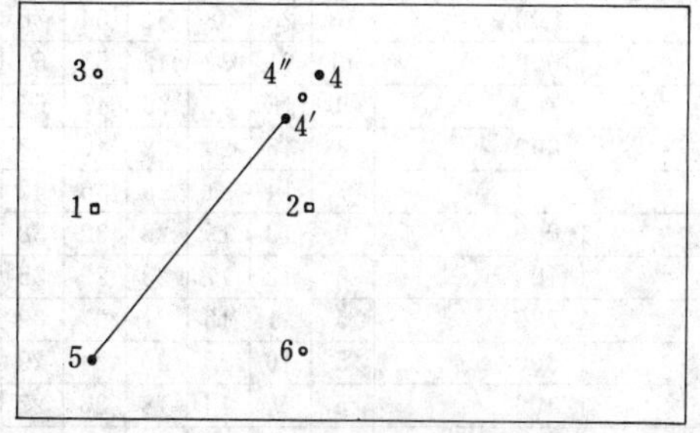

图 2.5.4.8

3. 重复上述步骤，使立体模型上的 4、5 两点分别与底图上的相应点位对准，检查 3、6 两点位，模型与底图相应点位也应基本对准。

（二）模型置平。不同结构的立体测图仪，其模型置平方法略有区别。

1. 经验法置平

(1)A10、B 型仪器模型置平方法：当模型比例尺基本归化统一后，脱开绘图桌与主机的连接。使测标立体切准模型某角处的测图控制点，例如图2.5.4.8中的3点，安置高程计数器读数为3点高程，量测5点模型高程为 h_5'，与5点已知高程 h_5 的误差值 Δh_5 用式(2.5.4.10)式算得：

$$\Delta h_5 = h_5' - h_5 \qquad (2.5.4.10)$$

若3、5两点相距左像主点大致相等，转动脚盘安置5点高程为 $h_5 + \frac{\Delta h_5}{2}$，同向等量旋转 ω_1、ω_2 旋钮，使测标立体切准5点，重复上述步骤，使3、5两点模型高程与已知高程一致。

若5点距左像主点大于3点，则 ω 的改正量应大于 $\frac{\Delta h_5}{2}$。

量测4点模型高程为 h_4'，与4点已知高程 h_4 的误差值 Δh_4 用式(2.5.4.11)算得：

$$\Delta h_4 = h_4' - h_4 \qquad (2.5.4.11)$$

当3、4点间距等于基线长，转动脚盘安置高程计数器读数为4点已知高程 h_4，转动 φ_1 旋钮使测标立体切准4点。在4点处出现的上下视差，用 b_z 消除，用 φ_2 消除3点上下视差。若3、4点间的距离大于基线长度，则4点处的改正量应小于 Δh_4，反之应大于 Δh_4。

重复上述置平步骤，使3、4、5点模型高程与已知高程一致。检查6点高程误差，应小于表2.5.4.7中允许误差的4倍，即可进行配赋。

(2)AG1、AMH、HCT-2A 模型置平方法：3、5点置平仍用 ω 旋钮改正，其置平方法与A10作业相同。并用同法测出4点模型高程 $h_{4'}$，求出其差值 Δh_4。转动 Z 手轮或脚盘，安置高程计数器读数为 $h_4 + \frac{\Delta h_4}{2}$。转动公共 Φ 手轮及 b_φ(使 Φ、b_φ 计数器读数相等)使测标立体切准4点。重复上述置平步骤，使3、4、5各点模型高程与已知高程一致，检查6点高程误差小于表2.5.4.7中允许误差的4倍，即可进行配赋。AG1在置平模型后，应在 $\Phi+\varphi$ 及 ω 重力补偿计数器上安置相应的改正值。HCT-2在倾斜 Φ 时，应将测绘台移至中央位置。

大地定向平面对点误差及高程误差　　表2.5.4.7

测图比例尺 \ 地形等级 类别		Ⅰ	Ⅱ	Ⅲ	Ⅳ
1：2000	平面(mm)	0.6	0.6	0.7	0.7
	高程(m)	0.4	0.6	0.9	1.1
1：5000	平面(mm)	0.5	0.5	0.6	0.6
	高(m)	0.5	0.7	1.3	2.2

2. 查表安置法置平

(1)测标立体切准起始点3点，高程计数器安置3点已知高程。

(2)量测5点模型高程 $h_{5'}$，根据5点已知高程 h_5，用式(2.5.4.11)计算5点高程误差 Δh_5。

(3)在底图上量取3、5点间距，并计算出两点间地面距离 L。

(4)根据 Δh_5 和 L 值，在表2.5.4.8中查出 ω 角度改正值 $\Delta\omega$。将 $\Delta\omega$ 分别安置在 ω_1、ω_2 的计数器上。若出现上下视差，可用任一个 ω 旋钮消除。

高程置平表　　表2.5.4.8

Δh (m) / $\Delta\varphi$、$\Delta\omega$ (c) / L (m)	1	2	3	4	5	6	7	8	9	10	11	12	13	14	15	16	17	18	19	20
400	16	32	48	64	80	95	111	128	143	159	175	191	207	223	239	255	270	286	302	318
500	13	25	38	51	64	76	89	102	115	128	140	153	166	178	191	204	216	229	242	255
600	11	21	32	42	53	64	74	85	95	106	117	127	138	149	159	170	180	191	202	212
700	9	18	27	36	45	55	64	73	82	91	100	109	118	127	136	146	155	164	173	182
800	8	16	24	32	40	48	56	64	72	80	87	95	103	110	119	127	135	143	151	159
900	7	14	21	28	35	42	50	57	64	71	78	85	92	100	106	113	120	127	134	141
1 000	6	13	19	25	32	38	45	51	57	64	70	76	83	89	96	102	108	114	121	127
1 100	6	12	17	23	29	35	41	46	52	58	64	70	75	81	87	92	98	104	110	116
1 200	5	11	16	21	27	32	37	42	48	53	58	64	69	74	80	85	90	95	101	106
1 300	5	10	15	20	24	29	34	39	44	49	54	59	64	68	73	78	83	88	93	98
1 400	5	9	14	18	23	27	32	36	41	45	50	55	59	64	68	73	77	82	86	91
1 500	4	9	13	17	21	25	30	34	38	42	47	51	55	59	64	68	72	76	81	85
1 600	4	8	12	16	20	24	28	32	36	40	44	48	52	56	60	64	68	72	76	80
1 700	4	7	11	15	19	22	26	30	34	38	41	45	49	52	56	60	64	67	71	75
1 800	4	7	11	14	18	21	25	28	32	35	39	42	46	50	52	56	60	64	67	71
1 900	3	7	10	13	17	20	23	27	30	33	37	40	44	47	50	54	57	60	64	67
2 000	3	6	10	13	16	19	22	25	29	32	35	38	41	45	48	51	54	57	60	64
2 100	3	6	9	12	15	18	21	24	27	30	33	36	39	42	45	48	52	54	58	61

续上表

Δφ、Δω (c) / Δh (m) / L (m)	1	2	3	4	5	6	7	8	9	10	11	12	13	14	15	16	17	18	19	20
2 200	3	6	9	12	14	17	20	23	26	29	32	35	38	40	43	46	49	52	55	58
2 300	3	6	8	11	14	17	19	22	25	28	30	33	36	39	42	44	47	50	52	55
2 400	3	5	8	11	13	16	19	21	24	27	29	32	34	37	40	42	45	48	50	53
2 500	3	5	8	10	13	16	18	20	23	25	28	31	33	36	38	41	43	46	48	51
2 600	2	5	7	10	12	15	17	20	22	25	27	29	32	34	37	39	42	44	46	49

(5)同法求出3、4点的高程误差Δh_4和距离$L_{3\sim4}$，从表2.5.4.10中查出φ角改正值$\Delta\varphi$。在A10、B型仪器上，分别将$\Delta\varphi$安置在φ_1、φ_2的计数器上，用b_z消除3点处的上下视差，若4点(或3点)出现上下视差，可用相应的φ旋钮消除；在AG1、AMH、HCT-2A仪器上置平，分别将$\Delta\varphi$安置在公共Φ及b_φ的计数器上。

(6)将3、4、5点置平后，检查6点高程误差，在允许范围内，可进行误差配赋。

(三)立体模型绝对定向误差配赋：

1. 高程误差配赋：由于模型置平后，平面比例尺有微量变化，应重新归化模型比例尺后再进行高程误差配赋。

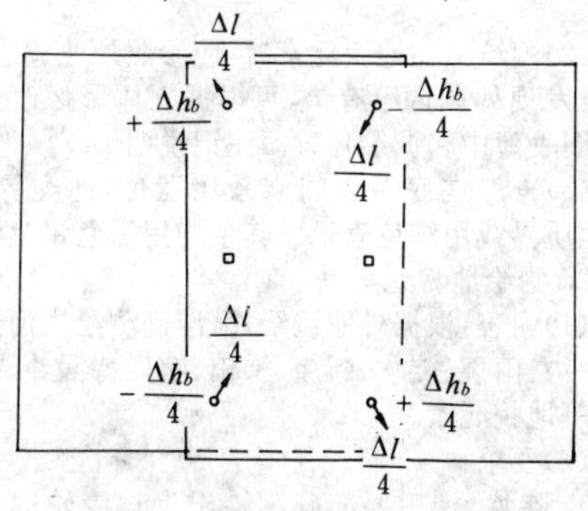

图 2.5.4.9

(1)配赋原则：图2.5.4.10为误差配赋图形，图中Δh_6为3、4、5点置平后，6点的高程误差。每个角上的误差配赋相等，均为$\frac{\Delta h_6}{4}$，对角点配赋误差符号相同；两对角线的点配赋误差符号相反。高程误差配赋如图2.5.4.9后，若模型内有外业控制点，导线点，水准基点等，其误差不大于表2.5.4.7的规定，还应用外业实测高程作局部平差。若外业点的高程误差符号相同，则应调整高程基准面；若误差符号不同，可依点位分布，对模型作适当倾斜改正，以减少外业点高程误差。但平差后各点高程误差仍应符合表2.5.4.9的规定；个别加密点的高程误差不得超过表列规定的1.5倍。

(2)高程误差配赋方法：

a. 用ω_1、ω_2、同向等量微动，减少6点高程误差Δh_6的1/4。

b. A10、B型仪器，用φ_1、φ_2同向等量微动并用b_z消除由此产生的上下视差，减少6点高程误差Δh_6的1/2。

AG1、AMH、HCT-2A仪器，用公共Φ的b_φ手轮减少6点高程误差Δh_6的1/2。(Φ应等于h_φ)。经上两步改正，即可达到标准误差配赋状况。

2. 平面误差配赋：

(1)配赋原则：平面误差配赋后的余差分布形状如图2.5.4.9。图中Δl为三个平面点对好后，第四点的平面误差。分配后四角定向点平面误差均为$\frac{\Delta l}{4}$，其误差方向如图2.5.4.9所示，或相反方向。平面误差配赋后并不一定如图中所示完全对称，但基本形状应一致 。

(2)配赋方法：通过改变基线量和平移，旋转图纸来达到配赋目的。配赋后各点平面误差应符合表2.5.4.9的规定。

(四)立体模型绝对定向中常见问题及处理办法：

1. 控制点平面误差超限：

(1)根据图历表或加密成果，检查控制点展刺位置是否有错。

(2)根据外业刺点片的控制点刺孔位及草图，检查刺点位是否有错。

(3)检查绘图桌齿轮安置是否正确，*TA*绘图桌比例尺安置是否正确。有时安置正确，但安置齿轮接触不良，也会出错。可关断电源，从新拨动安置，再接通电源试一试。

(4)每个立体模型至少有4个平面高程控制点，若其中有一两个点错误，可根据相邻像对或图幅接边情况初步判定，并退回上工序检测。

2. 控制点高程误差超限

(1)检查作业手簿中控制点高程是否抄错。

(2)根据外业刺点片检查刺点位置，是否有坎上、下判刺错误。

(3)检查相对定向，上下残差是否超限。

(4)根据地形判定，是否属相对定向不定性问题。

(5)检查仪器主距、高程计数器、绘图桌齿轮安置是否正确；AG1、AMH、HCT-2A的高程表，高程标尺安置是否正确；地球曲率改正器比例尺安置是否正确。

(6)根据外控点高程误差，航向或旁向接边误差，河流流向等情况分析，是否加密精度不符合要求。

四、像对或图幅接边

(一)地物接边

1. 相邻像对或图幅接边误差一般不得大于表2.5.4.9规定值的1.5倍,个别不得大于2倍。在允许误差范围内,可各改误差的一半。接边修改一般应在仪器上进行。

地物点平面位置中误差(mm)

表 2.5.4.9

地形等级 测图比例尺	Ⅰ、Ⅱ	Ⅲ、Ⅳ
1∶2 000	1.0	1.2
1∶5 000	0.75	1.0

2. 线状地物接边应注意相关位置,不能强拉硬接,防止地物接边变形。

3. 不同比例尺地形图的接边,其接边限差以小比例尺图幅接边限差为准。将大比例尺图边缩小后与小比例尺图相接。在接边限差内,只改小比例尺图边。

4. 不同时期成图的接边,其接边误差不大于1/2限差时,可只改新图幅边;否则应各改误差的1/2。若接边误差超过允许限差而有足够证据证明新图没有问题,可不接边,但应在图历表和测图手簿中注明。

5. 电力线、通讯线或管道等直线地物的接边,应将相邻图幅或像对接边处的两个转折点用直线相连。

(二)等高线及高程注记点的在接边处的处理

1. 等高线接边误差一般不得大于表2.5.4.10规定值的1.5倍,个别不得大于2倍。密林或沙膜地区测图的高程接边误差,应根据技术任务书规定执行。接边误差在允许范围内,可各改误差的1/2。

等高线高程中误差(m)

表 2.5.4.10

地形等级 测图比例尺	Ⅰ	Ⅱ	Ⅲ		Ⅳ	
1∶2 000	0.75	1.2	地形变换点	2.0	地形变换点	2.5
1∶5 000	1.0	1.5		2.5		3.5

2. 等高线接边修改应在仪器上参照立体模型和地形总貌进行,防止因接边造成地貌变形。

3. 平坦地区或河流接边处的高程注记点,应顺流向或根据总地势走向修改其注记高程。

五、测绘地物地貌

(一)划定测图面积

1. 根据线路、地质、水文、站场、施预各工种的要求,划出测图范围,一般在图历表,导线本,调绘片或技术任务书中均有明确规定。在保密区测图,应将区域范围标出,在此范围内应严格按照保密要求测图。

2. 测图范围线不应大于控制点控制范围,个别情况可向外放宽1cm(像片上距离)。

3. 相邻像对在接边处有局部阴影或漏洞时,可在有效控制范围外相互补测。但应在测图手簿中注明。

(二)量测高程注记点

1. 高程注记点的数量应依照任务书的规定执行。1∶2 000或1∶5 000地形图,高程注记点应注记到小数后一位。

2. 高程注记点应选择在山顶、鞍部、变坡点,陡坎上下边,洼地最低处,土堆顶、谷口、河流汇合点和拐弯处,沟心拐弯处,堤坝顶和底部,道路交叉点,路堑顶和路堤坡脚,线路通过部位沟底,隧道进、出口,涵洞口;线路、地质、水文、路基专业用点;不能用等高线表示的特殊地貌和有方位意义的特殊点位。在平坦地区,宽阔谷底,河滩地的高程注记点应均匀分布。

(三)测绘地物地貌元素

1. 测绘原则

(1)测绘地物时,要使测标与地物外轮廓线保持相切的状况下沿地物外轮廓线移动测绘。直线、折线的线状地物、测标可立体切准端点或拐角处打点连线测绘。用独立符号表示的地物,应立体测绘其中心位置。

(2)测绘地物地貌元素时,应参照外业调绘片进行,若发现外业调绘有错,可根据立体影像改正,并在测图手簿中和调绘片背面注记说明。

(3)一般在底图上的水系用蓝色,地类界用棕色,地质界线用红色表示。其余均用黑色铅笔测绘。

2. 测绘地貌元素

(1)内容:根据外业调绘片,准确测绘出河流、干河、冲沟、雨裂、陡坎、断崖、梯田、喀斯特漏斗、土坑、土堆等地貌元素。

(2)要求:

a. 陡坎、梯田要准确测绘出上边缘轮廓线,并用相应符号表示,测出坎比高或在坎上,下边加测高程注记点。

b. 地面坡度大于70°的地段,可用陡崖符号表示,但应绘出陡崖范围线。

c. 戈壁滩上的时令河,一般无明显河床,且平行支流较多,可根据流向选其较明显的河道测绘。

d. 沼泽地区的河流,明显地段用实线表示,不明显地段用虚线表示。

e. 密林覆盖的河流、沟谷、应根据地形总貌判其中心位置测绘。等高线测绘完成后,根据等高线套合情况在立体观测下进行局部修改,使河流、沟心与地貌相符。

f. 黄土高原地区的大冲沟,应准确测绘出两侧大陡坎的上下边缘线。坎中地貌变化处,应加测等高线。

3. 地物测绘

(1)铁路:直线段可在两端点处测标立体切准两钢轨中心打点,用直线连接。曲线段同样在两钢轨中心每隔 1cm(图面上)测标立体切准打点,用短直线连接;也可每隔 5～10cm 间距(图面上)的两钢轨中心立体切准打点,再用相应的弯道板连成曲线。路肩线同法测绘,但点间距可放宽。路堑坎顶及路堤坡脚用相应符号测绘。桥台、桥墩、护坡、涵洞进出口、隧道进出口、排水沟、公里标、平交道口、道岔、信号设备及站场各种设施均应准确测绘出。

(2)公路、大车路应准确测出路肩线。路堤、路堑、排水沟、桥涵等应测绘出、道路交叉口用实线表示。

(3)小路应测绘中心位置,小桥应测绘出长度。

(4)石油、煤气、水、电缆等管道,根据调绘片测出拐角位置,再用相应符号表示。

(5)在图面上宽度小于 0.5mm 的人工渠用单线渠符号测绘;大于 0.5mm 的用双线渠测绘,提岸、提顶、提坡脚均应测绘。各种水工建筑物,如提坝、渡槽、虹吸管等均应用相应符号测绘。并注明流向。

(6)电力线、通讯线应参照调绘片测出电杆位,用相应符号表示,电力线与通讯线在同一电杆上,则只表示电力线。

(7)建筑物包括村舍、窑洞、城镇街道、工厂、学校、医院、邮局、气象站、发电站、变电所、抽水站、水磨房、砖瓦窑、水塔、水井、风车、庙宇、教堂、清真寺、纪念碑、宝塔、牌坊、烈士墓、独立坟及其它一些人工建筑物。应准确地测绘出外轮廓或中心位置,并用相应符号表示。

a. 1∶2 000 和 1∶5 000 地形图,村、镇周围,铁路沿线及车站附近房屋应单独测绘。村、镇中心房屋密集区,可依主次街道综合分区测绘,但外轮廓形状,路口、街道相关位置应不变。1∶500 和 1∶1 000 地形图,所有永久性、半永久性房屋应独立绘出,临时棚屋可根据任务书规定测绘。

b. 独立窑洞应按实际洞口位置测绘,洞口上方陡坎应绘出。成排窑洞区,在 1∶2 000 和 1∶5 000 地形图上,洞口上方陡坎及两端的窑洞位置应实测,中间的窑洞可示意性表示。

c. 用符号表示的建筑物,如宝塔、水塔、烈士墓等,除应准确测出中心位置外,若其外轮廓线在图面上大于相应符号时,应测绘出外轮廓线。

d. 气象站、发电站、变电所、学校、医院、邮局、工厂等应测绘出范围线。

(8)境界线:境界线包括国境界、省、自治区和直辖市界,自沿洲、盟、省辖市界,县自治县、乡和国营农场界,国家禁区界,地类界,城墙、栅栏、围墙、篱笆等应根据调绘位置用相应符号测绘。

a. 国界线应根据国家有关规定按图式符号准确测绘。

b. 国内境界线与较大双线河流重合时,应在河流中心主航道上间断绘出。凡以道路或单线河为界时,可沿地物符号两侧每间隔 3 至 5 厘米交错绘出。界线的拐弯、交点和图边处,应准确绘出。境界线与电力线,通讯线重合时,界线可略微移位表示。界线与山顶、山脊重合时,应准确测绘出位置。

c. 地类界与小路等线状地物重合时,可断开不绘。

(四)测绘等高线

测绘顺序一般为地性线,计曲线,首曲线和间曲线。

1. 测绘地性线是为了控制地形总貌,防止地貌变形。测绘时测标应立体切准山脊、沟谷、雨裂的中心线绘出。测绘完等高线,应根据地性线局部修改等高线,使与地形总貌相符。

2. 测绘计曲线:应根据表 2.5.4.11 所规定的基本等高距确定测绘计曲线,基本等高距为 1m 时,计曲线 5m;基本等高距为 2m 时,计曲线为 10m;基本等高距为 5m 时,计曲线为 25m。或根据技术任务书确定。

地形图等高距　　表 2.5.4.11

测图比例尺	等高距(m)
1∶2 000	2　1
1∶5 000	5　2

测绘计曲线一般从像对最低或最高处开始依次逐条测绘,每测完一条立即注记其高程。

3. 首曲线一般应依照表 2.5.4.13 规定逐条测绘。在等斜坡地段,两计曲线间距在图面上不大于 1cm 时,可不测绘首曲线。山顶、凹地、鞍部最高或最低一条首曲线应实测,若未测高程注记点,应绘示坡线。

4. 在平坦地区或地形特别破碎地区,首曲线已不能完满地表示出该处地貌特征时,应加测半距等高线。

5. 既有铁路站场内一般不测绘等高线,但应多加测高程注记点。

6. 测绘等高线前应立体观察像对内地形总貌,了解其特点,以便能正确表示地貌特征。测绘等高线要求位置准确,形状真实,主次分明,精度符合要求。土质山区的山顶一般为馒头形,鞍部是对称的,沟谷的纵断面是等斜坡,山脊为圆弧状较有规律;而石质山区的山头一般为角锥状或穹窿状,沟谷横断面为 *V* 形,纵断面成阶梯坡,山脊为刀刃状或反槽形状,没有规律。

7. 测绘等高线应注意下述问题

(1)等高线遇双线河、陡坎、冲沟、公路、铁路及建筑物应断开,但断开点应交待清楚。

(2)密林地区测绘等高线,在高程计数器上安置等高线高程应加平均树高,测标切准树顶测绘等高线。像对内等高线测绘完成后,应根据地性线,河流、沟谷中心局部修改等高线,使与地形总貌相符。

(3)局部阴影覆盖或小块航摄漏洞区,应绘出范围线,并根据地形总貌用虚线(等高线)示意性地表示地形状况。

(4)仪器视场较小,平坦地区的等高线走向在仪器上难已看清,可用该等高线高程切一些等高点,再根据地形总貌描绘等高线。

六、测图质量检查及成果整理

（一）自检

1. 仪器主距、高程计数器齿轮，高程标尺，绘图桌齿轮，地球曲率改正等安置是否正确。所有原始数据抄写是否正确。

2. 下班关机前和上班开机后，应检查测图高程、平面是否有变化。

3. 山顶、凹地等高线及各种地物是否有遗漏。

4. 阴影覆盖及小块漏洞区，密林覆盖区的等高线，是否与地形总貌相符。

5. 等高线与山脊、沟谷地性线套合是否合理。

6. 高程注记点的数量，点位是否符合要求，注记高程与等高线是否有矛盾。河流的流向与注记高程、等高线、接边等是否有矛盾。

（二）组检

1. 仪器主距、高程计数器齿轮、高程标尺、绘图桌齿轮、地球曲率改正等安置是否正确，相对定向残余上下视差是否符合要求，残差配赋是否合理，模型绝对定向精度是否符合要求，误差配赋是否合理，河水流向是否正确，铁路线上的各种特征点位置是否准确。

2. 像对测绘完毕后，在仪器上进行全面检查。内容：相对定向，绝对定向有无变动；地物、地貌测绘有无遗漏变形，测绘精度是否符合要求；接边是否合理、高程注记点的位置、数量、精度是否符合要求。作业手簿填写是否齐全。

3. 作业中发现的问题及处理意见，精度检查情况，作业质量评定等填入手簿中。

（三）成果整理

1. 测图手簿按测段装订成册。将本测段测图作业中发现的问题、处理办法及本工序质量情况记于手簿相应栏中，封面填写齐全，作业员检查员签名。

2. 图历表：填写测图方法，测图仪类型，仪器号码，模型比例尺，作业像对号码，图幅号，测图工序作业误差，作业中发现的问题及处理情况，测图工序质量评定等。填写文字要简明清楚。填表者和工序技术负责人签名。

3. 应交资料：测图手簿，地形原图，图幅布置图，透明正、负片，加密成果表，图历表，外业刺点片，外业调绘片，地质、水文、线路专业用资料。

第五节　变换光束立体测图的作业方法

在一般立体测图仪进行立体测图时，投影器主距安置值应与摄影机焦距相适应。若投影器主距安置值与摄影机焦距不相适应，则破坏了投影光束与摄影光束的相似性。故必须采用变换光束的作业方法进行测图。

（一）确定仪器主距 f' 的安置值，选择模型平面比例尺和高程计数器齿轮比：

当投影光束变换后，在普通立体测图仪上所建立的立体模型，平面比例尺与高程比例尺是不一致的。光束变换系数 K 由式(2.5.5.1)计算：

$$K=\frac{f'}{f} \qquad (2.5.5.1)$$

式中　f'——测图仪主距安置值；

f——航摄仪焦距。

立体模型的高程比例尺 $1/M_h$ 是其平面比例尺 $1/M_m$ 的 K 倍，即：

$$\frac{1}{M_h}=K\cdot\frac{1'}{M_m} \qquad (2.5.5.2)$$

由于普通立体测图仪除 AG1 外，其它类型如 A10B 型等仪器的高程计数器，均受齿轮比安置限制。在变换光束后作业，为了能在这些仪器的高程计数器上直读高程，可根据一般作业方法，选定一个模型平面比例尺，再根据投影器主距可能的安置范围和仪器的高程计数器齿轮比，选定模型高程比例尺。用上述(2.5.5.2)式反求 K 值，用(2.5.5.1)式反求 f' 值。选择方法举例如下：

设：航摄比例尺　1∶15000

航摄焦距　$f=70$mm

测图比例尺　1∶2000

用 A10 立体测图仪测图。主距安置范围 85mm 至 308mm。从表 2.5.4.2 中，选择模型平面比例尺 $1/M_m=1/5\ 000$

用(2.5.5.1)式求出光束变换系数范围

$k=1.22\sim4.35$之间

K 值选择应尽量接近 1。故初步选择 $K=1.22$

由(2.5.5.2)式求出光束变换后的模型高程比例尺

$$\frac{1}{M_h}=K\cdot\frac{1}{M_m}=\frac{1}{5\ 000}\times1.22\approx\frac{1}{4\ 100}$$

从表 2.5.4.2 中，选择模型高程比例尺

$$\frac{1}{M_h}=\frac{1}{4\ 000}$$

由(2.5.5.2)式得：

$$K=\frac{M_m}{M_h}=\frac{5\ 000}{4\ 000}=1.25$$

$$f'=K\cdot f=70.00\times1.25=87.50\text{mm}$$

TA 绘图桌安置值　250　0

（二）确定离心改正值。

1. 在平丘地区作业，地形高差较小时，可采用 1 倍 E 离心改正的作业方法。其高差限制范围用式(2.5.5.3)计算：

$$\frac{h}{M_h}=\frac{2\Delta E}{K\left(1-\frac{1}{K^2}\right)\cdot\frac{\varphi}{\rho}} \qquad (2.5.5.3)$$

式中　h/M_h——相对模型高差；

K——光束变换系数；

M_h——模型高程比例尺分母；

ΔE——相对定向上下视差允许值 $0.03\dfrac{Z}{f}$ mm；

h——地形高差；

φ——航向倾角。

在承影面上的离心改正值 E 用式(2.5.5.4)计算：

$$\left.\begin{aligned}E_X&=-\frac{Z_N}{2}\left(1-\frac{1}{K^2}\right)\frac{\varphi}{\rho}\\E_Y&=-\frac{Z_N}{2}\left(1-\frac{1}{K^2}\right)\frac{\omega}{\rho}\end{aligned}\right\}\qquad(2.5.5.4)$$

式中 Z_N——投影高度；

φ、ω——航摄像片颂斜角。

2. 当测区内地形高差较大，而航摄像片倾斜角微小时，可采用 $2E$ 离心改正的作业方法。其航摄像片倾斜角限制范围由式2.5.5.5计算：

$$\alpha\leqslant\frac{m_q}{2a(K^2-1)}\cdot\rho\qquad(2.5.5.5)$$

式中 α——航摄像片倾斜角限止范围；

a——像幅有效面积值(18cm×18cm像幅，a = 70mm；23cm × 23cm 像幅，a = 100mm)；

m_q——像片上允许残余上下视差；

K——光束变换系数。

(三)相对定向和模型绝对定向：

1. 作业用透明正片的像主点要刺孔、仪器各基线元素、角元素及透明正片的安置仍按一般作业方法进行。

2. 用 K_2、K_1 消除1、2两点上下视差。

3. 像主点离心改正：左右像片分别改正。

测标立体切准像主点，读出模型坐标 X 和 Y 及投影高度 Z_N，再根据像片倾斜角(加密成果提供)，用式(2.5.5.4)计算出 E_x 和 E_y 或 $2E_x$，$2E_y$。在 X、Y 手轮计数器上安置 $X+E_x$ 和 $Y+E_y$ 或 $X+2E_x$、$Y+2E_y$ 值。此时测标偏离像主点，松开压片玻璃，沿仪器 X、Y 轴向推动透明正片(不可旋转)使像主点与测标重合。

4. 再用常规方法进行像对的相对定向和模型绝对定向。

5. 重复上述步骤，直至像对内的上下残余视差和模型高程、平面定向误差均在允许范围内。

6. 图幅接边，地物、地貌测绘等与一般作业方法相同。

上述作业方法适用于A10B、AMH等有模型坐标 X、Y 计数器的仪器。AG1、HCT-2A测图仪没有模型坐标计数器，故只能在透明正片上进行离心改正，计算公式(2.5.5.4)中 Z_N 用主距 f' 代替且去掉前面的负号。由于作业很麻烦，一般不采用变换光束作业。

第六节　AVIOPLOT　RAP机助摄影测量测图系统作业方法

一、概　　述

AVIOPLOT　RAP机助摄影测量测图系统(以下简称RPA)，它由TA绘图桌、PRI1数据采集与控制计算机，PFKB1功能键盘，NOVA　MP/100过程控制计算机，82A微型行式打印机，D210终端显示器和控制键盘等硬件组成。可与威特厂生产的任何具有 X、Y、Z 模型坐标数字化输出设备的模拟立体测图仪连接，组成一个完整的计算机辅助测图系统。用它可测绘各种比例尺地形图和专业用图，并可提高测图精度和速度，减少原图整饰工作。用这套硬件系统和ATR空中三角测量软件包，可以作单航带和小区域的空中三角测量，成果可由打印机打印出来。也可存储在软磁盘上，利用RAP软件包中有关底图展绘的程序，可自动展绘出各种比例尺的底图。

二、硬件使用说明

1. NOVA　MP/100过程控制计算机

NOVA　MP/100是16一位小型计算机，主存储器容量为64千字节。它利用与主机相连接的软磁盘系统作为大容量存储器，其容量为630千字节。计算机由磁盘操作系统DOS操作。程序用FORTRAN编制，并用结果代码将其存储在三个软磁盘上。

计算机和软磁盘系统分别用各自的ON/OFF(通/断)开关控制；软磁盘机由铰链板封闭，可用盖板上的按钮打开。

左磁盘机是DPO

右磁盘机是DP1

标有RAP　LEFT，DRAP，TTRANS的软磁盘是放入DPO内的；标有RAP　RIGHT　1，RAP　RIGHT　2的软磁盘是放入DP1内的。

2. D210显视器和终端键盘

D210的终端键盘可用于输入操作指令和各种原始数据。显视器萤光屏可显示格网坐标，中间成果，输入指令及计算机执行指令情况。

D210显视器能显示出1920个字符，分24行，每行80个字符。电源通/断由推、拉开关控制，拉出是通，推入是断。旋转该按钮可调节荧光屏亮度。当荧光屏接通电源后一会，左上角显示一白色实方块。显示器内有自动诊断软件，若有故障，则在荧光屏中央就显示一个字母，并发出音响信号。

终端键盘有字母键，数字键，专用字母符键和一个高速触打输入数字的十进制键区。

在RAP系统操作中，经常用到下列各键：

SHIFT(字母变换键)：按下此键，再按另一个字符键，则生成显示该键上半部分的那个字符。

ALPHA　LOCK(字母锁定键)：按下此键，该键上的指示灯亮，再按字母键，则生成显示大写字母。

此键配合某些字母一起使用，可产生一个代码(控制字符)。在 RAP 操作中，使用 CTRL　A 可终断现行程序，返回到开机时起始状态。当显视器显示大量成果或程序而自动换行移动时，用 CTRL　C 可使其显示随意停在某处。

CR(换行键)：当计算机未使用 DOS 操作系统时，可用此键换行。

DEL(删除键)：当输入数据或指令发生错误时，可用此键删除错误字符或数字。

CMD：当此键与十进字键区的数字 7 键同时按下，指示灯亮，快速输入数据的十进字键区就可启用。

NL(换行键)：在 RAP(DOS)操作系统中，按此键执行换行，自动进入前一级程序。

3. PFKB　1 功能键盘(图 2.5.6.1)

该键盘在测绘过程中，控制机助绘图的所有功能。它的正面有下列各键：

(1)——由 14 个发光二极管显示的功能键，用于控制测绘功能。

(2)——4 个参数键和 10 个数字键，用于选择绘图符号、线型、速度和绘图笔状态等。

(3)——显示窗口，用于显示绘图头移动速度，绘图线型或符号，绘图笔起落状态。

功能键盘与脚踏开关和 TA 绘图桌控制箱的 COMP 插座连接，电源由 TA 绘图桌提供。

功能键盘内的微处理机"Intel 8748"和蜂鸣器，通过串联接口"RS　232　C"与 NOVA　MP/100 计算机相连。当操作错误时，蜂鸣器发出蜂鸣声。当按下某功能键时，发光二极管亮，显视器荧光屏上显示所选择的参数，如符号、线型等。

4. AVIOTAB　TA 绘图桌

与 RAP 系统连接的 TA 绘图桌，电子箱中的两

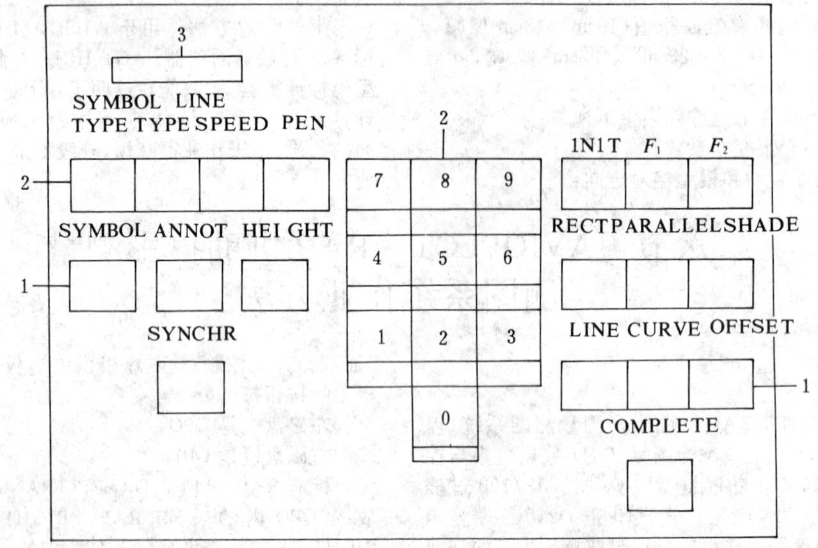

图　2.5.6.1

个 INTERPOLATOR(插补器)电路板(10、11 槽道)要更换成 PRI　1 数据采集及控制计算机的两个电路板，TA 绘图桌的下列功能键仍起作用。

(1)ON/OFF　"通/断"开关

(2)MANUAL　键

(3)AUTOGRAPH　键

(4)PEN 键安置于"↑↓双稳态"位置。

其它各键均不起作用。

手控盒上的绿色键，用于控制释放记录功能。

5. PRI　1 数据采集与控制计算机

PRI　1 由两块印刷电路板组成，它包括一个以 Intel　8085 微处理机为基础的微计算机。帮助主计算机执行下列任务：

(1)获取测图仪的模型坐标 X、Y、Z，并将其传送给主计算机或 TA 绘图桌。

(2)执行经常重复出现的，允长或费时的计算。如直线内插，注记和数字的生成等。

(3)控制加速度和制动，监视有界限的最大速度。

电路板上的开关，可启动测试程序，以自动检查 PRI　1 的各功能。

6. 行式打印机

行式打印功能：

(1)打印控制点文件

(2)打印定向参数，包括量测值和残差

(3)打印原图准备参数

(4)打印加密成果

测图时可不接打印机。

三、RAP 系统开机和关机操作方法

在开机和关机过程中，必须严格遵照下述操作方法，否则可能会破坏软磁盘存储的程序。

1. 开机(接通电源)

(1)接通立体测图仪电源

(2)接通 D210 显示器电源

拉出显示器按钮开关，并按下 ALPHA LOCK。再同时按下 CMP 和十进制区 7 数字键。

(3)接通软磁盘机和计算机电源

a、下推磁盘机按钮开关，打开双磁盘机外盖，插入左右软磁盘。

b、按下磁盘机 POWER ON 指示灯亮，磁盘机电源接通。

c、按计算机 POWEK ON 指示灯亮，计算机电源接通。

d、关闭磁盘机外盖。

(4)启动程序系统

完成上述各步骤接通电源后，显示器荧光屏左上角显示(!)号。在终端键盘上输入 33L，则显视器显示。

FILENAME ？(文件名)

按 CR 键，则显示

MICRONOVA DOS REV 3.31，并提出下列问题，须回答：

DATE(M/D/Y)？〔日期(月/日/年)？〕。

输入日期、例如 06/15/91

按 NL 键(换行)，显示

TIME(H：M：S)？〔时间(时：分：秒)？〕

输入时间。例如 08/10/05

按 NL 键，显示

R

将 TA 绘图桌的绘图头移到右下角最外边处，接通 TA 绘图桌电源。

通过终端键盘输入 RAP 1，显视器显示 RAP 1 软件系统主清单，仪器处于测图作业状态。操作见软件系统说明。

2. 关机(断开电源)

当作业结束后，必须严格遵照下列步骤关机：

(1)按操作程序，系统从作业状态退回到主清单，显视器显示 RAP 1 主清单。按 7 和 NL，显视器显示 R。

(2)终端键盘上输入 RELEASE DPO，显视器显示 MASTER DEVICE RELEASED。

(3)推入显视器按钮开关，关断电源，键盘指示灯灭。

(4)按下磁盘机外盖按钮，打开磁盘机外盖，取出软磁盘。

(5)按下磁盘机 POWER OFF 断开磁盘机电源。

(6)按下计算机 POWER OFF 断开计算机电源。

(7)关闭磁盘机外盖。

(8)按 TA 绘图桌和测图仪电源开关，断开 TA 绘图桌电源和测图仪电源。

四、软件系统使用说明

(一)概述

系统软件分别存储在 RAP LEFT，RAP RICHT1 及 RAP RIGHT2 三个软磁盘上。它由六个子程序组成，并列于主清单内，供选择使用。这六个子程序中，每个子程序又包括若干个第二级子程序。每个第二级子程序又包括若干个第三子程序等等。当须要调用显视器荧光屏上显示的某个程序时，只要输入这个程序的序号，按 NL 键，显视器便显示出该程序的下一级子程序清单。若要返回到上级程序清单，则按 NL 键或输入 EXIT(退出)的序号(显示清单内有此项目时)，再按 NL 即可。当用后一种指令转移程序时，显视器便显示开始时总目录的六个子程序清单。在绘图操作中，要进行某些量测工作，输入某些参数，回答某些问题，均应依照显视器显示的 RAP 操作指令进行。

总目录清单中的 6 个子程序：

1. DATA INPUT(数据输入)

2. ORIENTATION(定向)

3. PLOT INIT(绘图准备)

4. MANUSCRIPI PREPARATION(展绘原图)

5. COMPILATION(机助绘图)

6. SYMBOL GENERATION(符号生成)

(二)程序使用说明

1. DATA INPUT(数据输入)

该程序一般在某一测绘项目开始的第一个象对作业时使用。它包括下列子程序：

(1)CONTROL POINT(控制点输入)，有三种输入方式：

① INPUT FROM TERMINAL“DISPLAY＋EDITING”[从终端输入(显示＋编辑)]

② INPUT FROM TA[从 TA 输入]

③ INPUT FROM RECORDING FILE[从记录文件输入]

一般作业均采用从终端输入的方式。

由于软磁盘容量有限，最多只能输入 600 个控制点的点号及 *X*、*Y*、*Z* 坐标值。若要增加新的控制点，则应删除用过的控制点文件，或将它们转移到另外的软磁盘上。当调用此程序时，必须规定坐标单位(M 代表米；F 代表英尺)并建立控制点文件名称。

已输入的控制点文件，可用下列子程序进行增补，删改和编辑：

a. DISPLAY AND CORRECTION OF DATA(显示和改正数据)

b. ADDITION OF DATA(添加数据)

c. ERASURE OF DATA FLLE(删除数据文件)

d. PRINT—OUT OF DATA FILE(打印数据文件)

e. EDIT COORDINATE SYSTEM AND U-

NIT(编辑坐标系和单位)

(2) PHOTOGRAMMETRIC INSTRUMENT PARAMETER(摄影测量仪器参数)。应输入下列数据：

① TYPE OF INSTRUMENT(仪器型号)：输入所连接的测图仪型号，如 A10、AG1 等。

② X、Y SCALE(X、Y 分划尺)。按表 2.5.6.1 中第二栏数值输入。

③ Z SCALE(Z 分划尺)。按表 2.5.6.1 中第三栏数值输入。

④ Z AXIS COUNTS POSITIVE/NEGATIVE(Z 轴计数器增长方向)：按表 2.5.6.1 中第四栏数值输入。

⑤ Z REFERENCE AT Z VALUE(Z 基准点值)按表 2.5.6.1 中第五栏数值输入。

(3)PROJECT PARAMETER(项目参数)。输入下列参数：

① NAME OF FILE FOR CONTROL POINTS(控制点文件名)

② NUMBER OF LEFT PHOTOGRAPH (左像片号)

③ NUMBER OF RIGHT PHOTOGRAPH (右像片号)

④ MODEL—SCALE NUMBER(模型比例尺分母)

⑤ PLOTTING—SCALE NUMBER(绘图比例尺分母)

(4)UNIT OF ANGLES(角度单位)。输入度(DEG)或百分度(GON)。

2. ORIENTATION(定向)

立体测图仪与 RAP 系统连接测图作业中，相对定向仍用一般方法进行。在模型绝对定向作业过程中，计算机可辅助进行作业。模型绝对定向，每个像对至少要有两个平面控制点和 3 个高程控制点，一般均采用 4 个平高控制点，最多可采用 15 个控制定向点。当系统进入定向程序后，按指令安置 TA 绘图桌缩放倍率为 10×(即 000 1)并按下 AUTOGRAPH 连机键。显视器显示下列清单：

摄影测量仪器参数

表 2.5.6.1

仪器类型 1			2 X/Y	3 Z	4	5	乘常数	
制造厂	类型	RAP 参考	分划尺(增量/mm)	分划尺(增量/mm)	Z 轴计数 +(1) −(2)4	Z 参考点在 Z 值处的位置(mm)	X/Y (TA)	Z (打印 10)
WILD	B8/B8s (公尺)	1	200	200	2	中间参考标志	4	4
	B8/B8s (英尺)	1	200	200	2	中间参考标志	4	4
	A8	2(1)	200	200	2	300	4	4
	A7	4	200		2	300	4	4(2)3
	A10	3(5)	200	200(100)3	2	300	4	4(2)3
	AG1	1	200	200(100)3	1	180	4	2
	AM/AMH	1	200	200	2	220	4	1
	AMU	1	200	250	2	180	4	4
KERN	PG2	10	200	200	2	180	4	4
GALILEO (SANTONT)	II/C	11	200	200	2	280	4	4
	III/D	12	200	200	2	350	4	4
ZEISS JENA	精密立体测图仪	13	200	200	2	250	4	4
ZEISS WEST	立体测图仪	14	200	200	2	f+220	4	4
	精密立体测图仪	14	200	200	2	f+180	4	4

注：① X 和 Y 坐标可以超出从＋32767 至－32767 增量这个范围，不会引起误差。

② Z 参考点必须选择在整个范围从＋32767 至－32767 这个有效增量数之内。

③ 在 A7 和 A10 上，Z 的绝对范围大于有效增量数(需要在印刷电路板 10 上的一个开关改到位置 2)。

④ 测图比例尺较小，地形高差较大时，采用括号内参数。

用 AG1 AMH 作业时

(1)OPERATOR(作业员)

(2)OMEGA LEFT(ω 左)

(3)OMEGA RIGHT(ω 右)

(4)BASE(基线)

(5)COMMON PHI(公共 Φ)

(6)MEASURING TOLERANCE(量测限差)

用 A10 作业

(1)OPERATOR(作业员)

(2)OMEGA LEFT(ω 左)

(3)OMEGA RIGHT(ω 右)

(4)PHI LEFT(φ 左)

(5)PHI RIGHT(φ 右)

(6)B_x(基线)

(7)B_y　RIGHT　(b_y右)

(8)B_z　LEFT(b_z左)

(9)MEASURING　TOLERANCE(量测限差)

上述参数中各角元素和基线元素，均根据相对定向完成后，在仪器上读取并逐项输入计算机。量测限差，AG1输入0.05；A10、AMH输入0.03。

输入上述各参数后按NL，系统进入量测控制点程序。

控制点量测可由任何点开始、顺序不限。由键盘输入定向控制点号，测标立体切准该定向控制点，压下脚踏开关，该点模型坐标即输入计算机，并显示在荧光屏上。控制点文件中没有的点，则不能量测。控制点量测完后，有下列子程序可供编辑、计算。

(1)DELETE(删除)：

当某个控制点的量测值须删除时，在键盘上输入此程序的序号及控制点号，按NL，该点就从量测表中消失。

(2)REPEAT　MEASUREMENT　OR　ADD　NEW　REG(重复量测或增加新的记录)

当重复量测时，则有下列子程序供选用

①DROP　LAST　POINT(舍去最后一个值)

②DROP　FIRST　POINT(舍去第一个值)

③FORM　MEAN(取平均值)

④REPEAT　MEASUREMENT(重复量测)

(3)RENUMBER(重新编号)

(4)EXCHANGE(调换点号)

(5)REINSERT(重新补入删除的量测值)

(6)EXIT(退出)

(7)START　COMPUTATION(启动计算)

控制点量测完后，可启动计算，显视器显示定向残差及ORIENTATION　OK？(Y/N)

若定向残差太大，则从键盘输入N，显视器显示模型坐标量测值及上述七个子程序。可对量测值进行修测，编辑或转回到数据输入程序，对控制点文件进行复核。排除错误后，重新进行计算。

若定向残差在允许范围内，则从键盘输入Y，显视器显示。

WILL　YOU　EDIT　ORTENATATIO　ELEMENTS？(你要编辑定向元素吗)一般第一次计算的定向元素要安置，故在键盘上输入Y。显视器显示新的定向元素。将这些新元素安置在测图仪上。模型出现上下视差，可用b_y、W、φ等消除。再重复量测定向控制点，计算后再次显示定向残差，应在允许范围内。回答不编辑定向元素，系统返回到总目录清单中。

3. PLOT　INIT(绘图准备工作)

该程序主要是在测图前，将10个常用的独立符号，从符号库中调出来分配给功能键盘的10个数字键。同时确定10种线型并分配给这10个数字键。它包括下列子程序：

(1)SYMBOL　DESIGNATION(符号规定)

调用该子程序，显视器显示一张表。将选定的10个独立符号，依顺序给定下列参数后分配到(0～9)这10个数字键中。

①SYMBOL　CODE(符号代码)

在符号库中该符号的序号。

②SIZE(mm尺寸)

该符号在地形图上绘制的高度(毫米制)

③ANGLE(GON角度)

该符号绘制在地形图上的角度。

(2)LINE　TYPE　DESIGNATION(线型规定)

可以编制6种线型，加上适当符号可扩充至10种，并依次分配到10个数字键上，对这些线型和符号应给定下列参数：

DASHED (虚线)	LENGTH　OF　DASH (线划长度) LENGTH　OF　SPACE (线划间隔距离)
DOT—DASHED (点虚线)	LENGTH　OF　DASH (线划长度) LENGTH　OF　SPACE (虚线间间隔距离) LENGTH　OF　DOT (点的长度) DISTANCE　BETWEEN　DASHES/DOTS (点/线间距离) N　DOT(点数)
SOLID＋SYMBOL (实线＋符号)	CODE　(符号代码) SIZE　(符号高度) DIST　(两符号间距离)
DASHED＋SYMBOL (虚线＋符号)	LENGTH　OF　DASH (线划长度) CODE　(符号代码) SIZE　(符号高度) DIST　(两符号间距离)
ARCS(圆弧)	RADIUS(半径)

(3)RADIUS　OF　POINT(点的半径)

有点元素的符号，用以确定点的大小尺寸。若点元素是符号的一部分，则该点可绘制成任意给定半径的圆。

4. MANUSCRIPT　PREPARATION(展绘底图)

调用该程序，可在TA绘图桌上自动展绘底图。内容包括展绘坐标格网、图廓线、控制点位，按标准符号绘制控制点，注记格网坐标，控制点号码、高程及字母注记。由于生产中测绘用的底图由上工序提供，故此处不详细介绍该程序使用情况。

5. COMPILATION(机助绘图)

调用该程序后，依显示指令，将TA绘图桌绘图笔架内的对点器中心对准起始控制点，测标立体切准模型上同一起始控制点，按下AUTO　GRAPH键和NL键。功能键盘发出蜂鸣声，指示灯亮，系统进入机助绘图状态。按功能键盘INIT键，显视器显示下列子程序。

(1)SHADE　PARAMETER(晕翁参数)

(2)OFFSET　PARAMETER(偏置参数)

(3)DISPLAY AND RECORDING PARAMETERS(显示并记录参数)

(4)SET PLOTTING WINDOW(设置绘图窗口)

(5)ALARM PARAMETER(报警参数)

(6)SYMBOL IN LINE(直线上的符号)

(7)ROTATION ANGLE(旋转角)

(8)WIDTH FOR PARALLEL(平行线间距)

(9)EXIT(退出)

调用子程序(3),显示下列清单:

①PRESET VALUE X(预设X值)

②PRESET VALUE Y(预设Y值)

③PRESET VALUE Z(预设Z值)

④SELECTING COORDINATES(选择坐标)

⑤NUMBER OF DIGITS AFTER DECIMAL POINT(小数点以后的位数)

⑥AUTOINCREMENT FEATURE CODE(自动增加的特征码)

⑦CLOSING RECORDING FILE(关闭记录文件)

将起始控制点的X、Y、Z坐标值输入①、②、③三项中。

④项(选择坐标):可选择显示X、Y、Z坐标,或只显示X、Y坐标,或只显示Z高程。

⑤项(确定高程注记)小数点后的位数):根据任务书或《测规》确定。

⑥项和⑦项可不输入。

输入上述参数后按NL。显示

GO TO REFERENCE POINT(测标立体切准起始点)。

PRESS RIGHT FOOTSWITCH(压脚踏开关右侧)

显视器显示起始控制点坐标值。将测标立体切准另一控制点"一般在起始控制点的对角上"。以起始点为中心,旋转底图,使对点器中心对准该点位置。检查各控制点平面位置,并利用底图旋转、平移,对各点平面误差进行合理配赋。即可利用功能健盘配合程序进行各项测绘工作。

功能键盘各功能键的使用说明(图2.5.6.1)

SYNCHR"同步":按下此键,指示灯亮,绘图笔可跟踪作业员控制的测标同步移动。在测绘等高线或检查时用此键。

PEN"笔升降方式":按下此键,显示窗口第四位显示B时,踩脚踏开关右侧笔下降,踩左侧笔升起。当显示M时,踩脚踏开关笔下降,松开脚踏开关笔升起。

LINETYPE(线型):按下此键,再按十个数字键中的某键,则可测绘该键在绘图准备中所确定的线型。在同步方式下只能测绘(实线)、(虚线)和(点虚线)三种线型。

SYMBOL(符号):按下此键,指示灯亮,可绘制单个符号或圆,显视器显示下列清单:

(1)SYMBOL WITHOUT DIRECTION(无方向的符号)

(2)SYMBOL WITH DIRECTION(有方向的符号)

(3)CIRCLE WITH CENTRE AND RADIUS(有圆心及半径的圆)

(4)CIRCLE WITH CENTRE AND POINT ON CIRCUMFERENCE(有圆心和圆周点的圆)

(5)CIRCLE WITH 3 POINTS ON CIRCUMFERENCE(圆周上有三个点的圆)

要绘制某种符号时,应根据符号性质调用上述清单中的相应子程序,再按下述步骤进行。

绘制无方向符号:按下数字键中分配给该符号的某键,测标立体切准符号中心位置,踩脚踏开关,仪器便在符号中心位置绘出该符号。

绘制有方向符号:按下数字键中的某键,测标立体切准符号中心位置,踩脚踏开关;测标再移至该符号基线方向(在生成符号时,除圆外,每个符号的底边,即是该符号的基线)上,踩脚踏开关,仪器便在中心位置绘出垂直于基线方向的该符号。

绘制圆符号有三种方式:

调用(3)项子程序:测标立体切准符号中心位置,给定半径,踩脚踏开关。在中心位置即绘制出圆形。

用(4)项子程序:测标立体切准圆符号中心位置,踩脚踏开关,测标再立体切准圆周上的某个点,再踩脚踏开关,仪器即在中心位置绘出圆符号。

用(5)项子程序:测标分别切准圆周上的3个点,踩脚踏开关即可。

当要绘制10个数字键所分配的符号以外的符号时,可按零键,显视器显示(符号代码)(尺寸)、(角度)。输入这些参数后,测标立体切准符号中心,踩下脚踏开关,仪器即可绘出该符号。

ANNOTATION(注记):按下此键,指示灯亮,显视器显示下列清单:

(1)REFERENCE(参考位置)

(2)HEIGHT(高度)

(3)ANGLE(角度)

(4)MEASURE ANGLE(量测角度)

(5)CHARACTER STRING(字符串)

上述清单的参数应逐项输入:

参考点位有两种:

a. CENTRE(中心点)

b. LEFT LOWER CORNER(左下角)

当用*b*作参考时,注记文本可排齐在一条线上。

高度:最大为100mm,大写字母、数字及专用字符均可绘制。

角度:绘制的符号、字符基线方向的零方向与格网*X*轴一致。逆时针方向为正。单位与总目录清单(数据输入)程序中确定的角度单位一致。

量测角度:当某些符号或字符须沿某地物(如路边)注记时,选用此程序。显视器显示。

DIGITIZE DIRECTION(数字化方向)。在绘图桌上依次对准所需方向上的两个点,用脚踏开关记录每个点后，显示所求得的角度值。当注记时，字符就沿此方向绘制。

字符串：用此程序，可绘制注记字母、数字串。每行最多60个字符，由键盘输入，并用脚踏开关启动。

HEIGHT（注记高程数字）：按下此键，指示灯亮，显视器显示下列清单：

(1)CODE OF SYMBOL（符号代码）

(2)SIZE OF SYMBOL（符号尺寸）

(3)ANGLE OF SYMBOL（符号角度）

(4)NUMBER POSITION（数字位置）

(5)RADIUS（半径）

(6)POSITION ANGLE（定位角度）

(7)SINE OF NUMBER（数字尺寸）

(8)ANGLE OF NUMBER（数字角度）

(9) NUMBER OF DIGITS AFTER DECIMAL POINT（小数点后的位数）

逐项输入各项参数后，用固定位置（FIX）方式注记时，测标立体切准注记点，踩下脚踏开关，仪器按预定参数绘制高程注记点点位、符号和高程。当用自由位置（FREE）方式注记时，测标立体切准高程注记点，踩脚踏开关。仪器在此点绘制出高程注记点符号，测标移至注记高程位置踩脚踏开关，仪器便在此处注记高程。

LINE（绘制直线）：按下此键，指示灯亮。测标立体切准直线的一个端点，踩脚踏开关右侧，测标移至该直线另一端点，踩脚踏开关左侧，仪器就绘出这两点间直线。当绘制某些线型的直线时，可按下LINE-TYPE（线型）键和十个数字键中的某键，再记录直线两端点，仪器就可按所选择的线型绘出该线。当绘制连续折线时，则测标分别依顺序切准各转折点，用脚踏开关右侧记录，最后终点踩脚踏开关左侧，仪器可连续绘出该折线。

绘制直线时，应根据TA使用手册中对各种绘图工具的正确绘图速度选择绘图参数，按下SPEED（速度）键，再按0至9数字键中的某键，显示窗口第三位显示：

各数字健相对应在TA绘图桌上的速度如下

0	10mm/s
1	13mm/s
2	18mm/s
3	23mm/s
4	31mm/s
5	41mm/s
6	54mm/s
7	72mm/s
8	94mm/s
9	125mm/s

RECT（绘制某线的垂线）：按下此键，指示灯亮。测标分别立体切准独立房屋（标准矩型）的三个角，前两角踩脚踏开关右侧，第三角踩左侧，仪器可自动绘出该矩型房屋。

CURVE（绘制曲线）：按下此键，指示灯亮。测标依次切准曲线头、中、尾，前两点踩脚踏开关右侧，后一点踩左侧。仪器可绘出三点间的曲线。当连续测绘一串曲线时，测标可依次连续切准曲线串上各变换点（切点密度越大测绘的曲线形状越真实）。除终点踩脚踏开关左侧外，其它各点均踩右侧。仪器就连续绘出该曲线串。若测绘即有曲线又有直线的线段，可交替使用两种方式测绘。

COMPLETE（反回键）：绘制由曲线或直线围成的一个多边形图形，测标依次切准各转折点踩脚踏开关右侧记录，至多边形最后一点，踩脚踏开关左侧，按此返回键，仪器可自动完成该多边形的绘制。

PARALLEL（绘制平行线）：测绘公路、铁路、围墙等地物时，用此键可自动绘出平行于基准线的第二条线。它可适用于绘制直线和曲线的平行线。调用时，先按下LINE键或CURVE键，再按下PARALLEL键，指示灯亮，测标依次立体切准基准线起点，平行线起点，基准线上的各变化点，上述各点用脚踏开关右侧记录，至基准线最末一点用左侧记录。再按COMPLETE（返回键），仪器可绘出基准线和它的平行线。

SHADE（晕翁线）：用直线或曲线围成的多边形范围，要绘制晕翁线时，可先按下LINE键或CURVE键，再按下SHADE键。测标依次切准范围线的各变化点或转折点，用脚踏开关右侧记录上述各点，至最末一点用脚踏开关左侧记录，按COMPLETE键，仪器即可绘出该范围边界和范围内的晕翁线。晕翁参数可依下述步骤预置。

按INIT键、显视器显示子程序清单，调用该清单中的第一个子程序（SHADE PARAMETER 晕翁参数），显示下述参数表：

(1)SINGLE SHADING/DOUBLE SHADING（单向晕翁/双向晕翁）

(2)SHADE DISTANCE（晕翁间距）

(3)SHADE ANGLE（晕翁角度）

(4)REFERENCE（基准线）

可选择X坐标轴，多边形最长边或测绘的第一条边为基准线

OFFSET（移位键）当按下此键后，绘图笔架按移位参数移开，当按其它任何键后，绘图笔架返回原位。移位参数输入，按INIT键，显示子程序清单，调用该清单中的第二项子程序OFFSET PARAMETER（偏置参数），显示：

(1)X OFFSET"MM"（X方向移位置）

(2)Y OFFSET"MM"（Y方向移位量）

INIT健：按下此键，系统可显示（绘图初始）子程序清单，以便在绘图过程中随时修改各项参数。该清单中的(1)、(2)、(3)、(8)四个子程序使用情况已在有关功能键使用中介绍过，下面介绍(4)、(5)、(6)、(7)各子程序的使用方法。

(4)SET PLOTTING WINDOW（设置绘图窗口）此程序是为了限制TA绘图桌绘图范围的，当设置窗口后，绘图头只在范围内绘图。调用此程序，显视器显示：

MOVA TO LEFT LOWER CORNER

AND RELEASE REGISTRATION(移动到左下角并释放记录),用手控盒移动绘图笔架至图幅的左下角,压手控盒绿色键记录。显视器显示:

MOVE TO RIGHT UPPER CORNER AND RELEASE REGISTRATION(移动到右上角并释放记录),同法记录图幅右上角坐标。

如果在设置窗口过程中,显视器显示:

REFERENCE IS NEGATIVE(参考点是负的),此时应断开 TA 绘图桌电源,将绘图笔架移至右下角,再接通电源,从新调用设置绘图窗口程序。

(5)ALARM PARAMETER(报警参数):设置报警窗口后,绘图笔架移出界限时,就会发出音响警报。调用该程序,显视器显示:

a. ALARM ON/OFF(报警开/关)

b. DIGITIZE BOUNDARIES(数字化边界)

只有用 ALARM ON 才数字化第 2 行中所需的参数、数字化有两种形式可供选择:

DIGITIZE 2 CORNERS OF RECTANGLE AND POINT ON OPPOSITE SIDE(1)(数字化矩形的两个角及对边上的一个点)OR 5 POINTS ON SIDES OF RECTANGLE(2)(或数字化矩形各边上的 5 个点)。根据指令用脚踏开关右侧来记录各点。当选用第(2)种形式数字化矩形各边上的 5 个点时,头两个点应在同一直线上。

(6)SYMBOL IN LINE(直线上的符号),调用此程序显示:

SYMBOL IN LINE ON/OFF

当直线两端要绘符号时,按 NL,使其变换成 ON 状态。此时 SYMBOL 键和 LINE 键的指示灯亮。

(7)ROTATION ANGLE(旋转角):若要改变符号或注记的角度,可用此程序设置。一般均以终端键盘输入其角度。

F1 键:按此键,显视从其它状态转换成坐标显示状态。

F2 键:按下该功能键可接通和关闭记录,接通时指示灯亮,显视器显示:

OUTPUT FILE NAME"输出文件名"。由终端键盘输入,最多可输入 8 个字母、数字字符。显视器显示坐标行和请求代码。可输入字母、数字特征代码"最多 8 个字符"。

启动下列各功能,均可进行记录。

SYMBOL, ANNOTATION, HEITGHT, LINE, CURVE,PARALLEL,SHADE 等。文件记录在 RAP PIGHT(右磁盘上)。

若显视器显示

(1)OUT OR FILESPACE:

此时可删除无用的记录文件或换用新的 RAP RIGHT(右软磁盘)

(2)ERROR IN UNITS:

可改正量测单位(M)或(fT)使一致。

按 F2 键,指示灯灭即停止记录,按 INTI 键选择第(3)子程序,再用该子程序的 g 项封闭记录文件。或者按 INIT 键,选择第(7)子程序,可自动终止记录。

F2 功能键在一般测图中不用。

6. SYMBOL GENERATION(符号生成)

利用 RAP 系统中的该程序,可生成各种标准图式符号,多达 999 个,并存储在符号库中,在测图前的绘图准备程序中,可将这些符号中常用的 10 个符号,分配到功能键盘的十个数字键上;测图中也可用数字键中的(0)键调出符号库中的任何符号,用于绘图。

调用该程序,显示下列清单:

(1)GENERATION(生成)

(2)DELETING(删除)

(3)RENUMBER(重新编号)

(4)DRAWING SINGEL SYMBOL(绘制单个符号)

(5)DRAWING SYMBOL LIBRARY(绘制符号库)

(6)DISPLAY USED SYMBOL CODES(显示所有的符号代码)

(7)LIBRARY LENGHT(符号库长度)

(8)EXIT(退出)

符号生成操作方法:

(1)GENERATING(生成)

调用该子程序后,显示请求输入代码号。可选择 1—999 中的任何数作代码。如果此代码已用于另一符号,显视器显示已使用,提示作业员更换新代码。代码输入后,显示下列清单:

①SINGLE POINT(单个点)

②LINE(直线)

③ARC(弧)

④CIRCLE WITH KNOWN CENTRE(已知圆心的圆)

⑤CIRCLE WITH NUKNOWN CENTRE(未知圆心的圆)

⑥END OF SYMBOL(符号结束)

要生成的符号,应先按标准图示依比例放大绘制在图纸上,将图纸置于 TA 绘图桌上,使符号底边大至平行于绘图桌的 *X* 轴,根据符号图形,选择上述清单中的一项或几项,和用 TA 绘图桌及手控盒,按指令将符号逐项数字化。完成后输入 6 项符号结束,该符号即生成并存储在符号库中,并显示请求输入新的代码。再接着生成另一个符号。

SINGLE POINT(单个点):它实际上是一个小圆,半径可在绘图准备程序中输入。生成该符号只要用手控盒的绿色键记录一个点即可。

LINE(直线):显视器显示 DIGITIZE FIRST POINT OF LINE(数字化直线的第一个点),用手控盒移动绘图笔架使对点器中心对准直线符号的一个端点,按手控盒绿色键。接着显示 DIGITIZE SECOND POINT OF LINE(数字化直线的第二个点)。当符号由几条直线组成时,可用同法数字化每条直线的两个端点。

ARC(弧):当符号中有弧线时,调用此子程序,然后依次数字化该弧形的头中尾三个点，作业方法与数字化直线相同。

CERCLE(圆)：当圆心为已知的符号，依指令数字化圆心和圆周上的一个点。若圆心是未知的，就依次数字化圆周上的三个点。

一个符号可以由两个、两个以上相同的或不同的元素组成。中文字形也可作为一个符号生成。每个符号元素限于300个字节。在数字化过程中，实时显示已占用的存储量SYWBOL LENGTH＝XW(符号长度＝XW)。当一个符号字长超过300个字节时，则显示SYMBOL TOO LONG！！(符号太长！！)。

当一个符号数字化完成后，输入END OF SYMBOL(符号结束)。再根据指令数字化符号的"SENTRE"中心和BASELINE"基线"。

(2)DELETING(删除)：当生成的符号错误或某个符号已不再用，可调用该程序并输入该符号代码，则此符号即从符号库中删除。

(3)RENUMBER(重新编号)：调用该子程序，可改变符号代码。为此，先输入OLD CODE(老代码)，再输入NEW CODE(新代码)按NL即可。

(4)DRAWING SINGEL SYMBOL(绘制单个符号)：调用该程序可绘制出符号库中的某个符号。为此，依据指令输入CODE(要绘制的符号代码)和SYMBOL HEIGHT(符号高度)。用手控盒移动绘图笔架至绘图点上，按手控盒绿键，仪器即可在该点处绘出该符号。

(5)DRAWING SYMBOL LIBRARY(绘制符号库)：调用该程序，可绘制符号库里的全部或部分符号。为此输入要绘制的第一个和最末一个符号代码。依指令"MOVE TO LEFT LOWER CORNER OF PAPER(移动到图纸的左下角)用手控盒移动绘图笔架至图纸左下角，用绿键记录，仪器可自动在图纸上依所绘符号代码顺序按标准尺寸绘出所有符号。

(6)DISPLAY USED SYMBOL CODE(显示所用的符号代码)：调用该程序，可显示符号库中所有符号代码。用点标示没有符号的空余位置。

(7)LIBRARY LENGTH(符号库长度)：符号库可存储999个符号，总容量32767个字节，调用该程序显示：

USED(已占用的)和LEFT(未占用的)。

五、故障处理

当RAP系统在作业中出现故障时，可按下述方法解决。

(一)紧急退出

从各程序中紧急退出，可在终端键盘上同时按下CTRL和A两个键。显视器显示R，断开TA绘图桌电源，绘图笔架移致右下角，再接通TA绘图桌电源，输入程序名RAP，调用主清单。

(二)操作系统故障

在作业中，当终端键盘无法输入任何数字、字符时，按计算机的RESET(清零)键，然后从新启动系统。

(三)绘图桌执行多余的绘图：

当在绘图作业中，绘图桌执行多余的绘图时，应抬起绘图工具，按下INIT键，并输入EXIT(退出)子程序。当显视器显示R时，断开绘图桌电源，移动绘图笔架到右下角，再接通TA绘图桌电源，输入程序名RAP，调用主清单中的绘图程序。

(四)电源故障

当作业中，电源出故障，应关闭仪器的所有电源，等待3～4分钟以后，再重新按开机操作方法接通各设备电源，重新启动设备。

(五)系统无法启动

可更换左软磁盘或右软磁盘。

六、拷贝软磁盘

1. 将DRAP软磁盘(诊断软件)放入左磁盘机(DPO)内，输入33L。显视器显示FILENAME?"文件名"

2. 输入DOSINIT。显视器显示：

DISK DRIVE MODEL NUMBER?(磁盘机型号编号)

3. 输入6038。显示：

DISK UNIT(磁盘装置)

4. 输入DPO。显示：

COMMAND(命令)

5. 从左磁盘机中取出DRAP软磁盘，将空白磁盘插入左磁盘机中，将原始磁盘插入右磁盘机内。

6. 输入COPY(拷贝)，显示空白磁盘位置，并询问原始磁盘位置，即：

DISK DRIVE MODEL NUMBER：6038

DISK DKIVE：DP1

7. 当确认空白磁盘和原始磁盘的位置正确后，输入YES(是)，按CR(换行)开始拷贝。

8. 拷贝一个软磁盘约需5分钟，拷贝结束后显示：

I HAVE FINISHED MAKING YOUR COPY(已完成拷贝)。并显示询问：

ANOTHER COPY(还要拷贝吗)?

若要拷贝，可插入新的空白片，输入YES按CR，再继续拷贝。

若不要再拷贝，则输入NO，按CR，显示：

COMMAND(命令)?

9. 输入STOP(停止)打开磁盘机，取出两个软磁盘后关机。

第六章 原图编绘

第一节 准备工作

一、学习技术任务书、图式符号，熟记有关规定，了解用户要求。

二、搜集或准备有关资料

（一）外业测绘资料

1. 图历表。

2. 调绘像片。

3. 刺点像片。

4. 导线点点志记。

5. 若编绘既有线图时，还应准备以下复测资料：

(1)里程丈量记录本

(2)车站平面示意图

(3)编组场、到达场、出发场、货场、机务段、车辆段、……等平面示意图

(4)车站表

(5)水准基点表

(6)曲线表

(7)桥梁表

(8)涵渠水管表

(9)隧道表

(10)平交道口表(含平过道表)

(11)立体交叉表(包括天桥、跨线桥、渡槽等)

(12)新旧里程对照表

(13)断链表

(14)线间距表

(15)车站平面丈量表

(16)车站设备表

(17)跨越铁路电力线表

(18)正线经过信号机里程表

(19)旧台帐

(20)其它线路附属设备表

（二）上工序测绘的铅笔原图

（三）其它有关资料，如绘有测段范围的小比例尺地图，粘贴注记所需的植字等。

第二节 编绘的一般要求

一、线　条

各要素的线条要粗细均匀、光滑实在、主次分明、线条的位置要准确、无移位、变形。

二、符　号

各种符号的大小规格要符合现行图式规定、规范要求、采用统一标准，总体布置合理，取舍适当。

三、注　记

各种注记配置恰当，主次分明，字迹清晰，书写正确，简化汉字以国务院公布使用的为准。字体、字大、字隔、字向符合图式规定。注记不得压盖重要地物、地貌、地质、水文等要素。在编绘既有线原图时，根据用户需要，有关铁路建筑物和设备的说明和里程注记，可以遮盖次要道路、水系、房屋等地物和地貌。

四、步　骤

一般新线图的编绘顺序是：先进行数字注记、汉字注记，再进行居民地、道路、水系、管线、地质、水文、境界、植被、地貌元素、等高线等要素的清绘、然后是接边、自审、修改、擦拭图面。而既有线图的编绘顺序则是先进行正线百米标和公里标位置的标注，线路附属建筑物的里程及性质说明的注记，清绘铁路符号，然后再按新线图编绘顺序进行作业。

上述顺序可根据底图材料，编绘内容，邻幅图编绘情况，用户需要作适当调整。其原则是：主要的精确的要素先绘，次要的可稍移位或可被遮盖的要素后绘。先绘的要素和注记在绘制时，要考虑后绘要素的位置，做到互不干扰，避免刮改。

五、图　面

编绘完的原图，要无折痕，无破损，图边齐整，图面无污垢，无油迹，无灰尘，无铅笔印痕，即整洁、美观、清晰、易读。

第三节　编 绘 作 业

一、各项作业要求

(一)各种文字、数字注记

注记是地形图的主要内容之一，是判读地形平面图的直接依据，为了提高成图质量，使用图者一目了然，不发生错误和混淆不清，就必须根据图面的具体情况，精心地进行注记的配置和书写。

1. 注记的有关规定

(1)字体

地形平面图上经常采用的汉字为正等线体、字体高宽相等。其特点是：横平竖直，笔划等粗，结构匀称，笔端统一。等线体又分为细等线体(笔划粗约等于字大的 1/15～1/20)；中等线体(笔划粗为字大的 1/10～1/15)；粗等线体(笔划粗约等于字大的1/10，对笔划较多的字，可略细一点)；长中等线体(笔划粗细同中等线体，只是高宽不一样，高宽之比为 5∶4；3∶2；7∶5)；斜等线体(笔划粗细同正等线体，只是字格为平行四边形，高宽相等，侧边向左倾斜 15°的称左斜体，向右倾斜 15°的称右斜体，字的横划平行于底边，竖划平行于侧边)。阿拉伯数字正等线体的高和宽的比是 7∶5，"1"例外，笔划粗为字宽的 1/5，长等线体的高和宽之比为 2∶1。

(2)字大

字大是指字格的大小，以毫米为单位，正方形的字，以高或宽为标准，长形字以高为标准，扁形字以宽为标准，斜形字以底宽为标准，耸肩字以侧边为标准，阿拉伯数字以高为标准，扁数字以宽为标准。

(3)字隔

字隔是指同一名称注记，字与字的间隔。间隔的大小，应根据所指地物、地貌的面积而定，分三种：甲、接近字隔(各字的间隔为 0～1.0mm)；乙、普通字隔(各字间隔为 1.0～5.0mm)。丙、隔离字隔(各字间隔一般为字大的 1～5 倍，最大不超过 10 倍)。同一个注记的字隔应相等。

(4)字向

字向是指字顶所朝的方向，有直立和斜立两种。字格纵线与图幅下边沿垂直的叫直立字向，否则叫斜立字向。

(5)字列

字列是指同一注记各字的排列方法。共分四种：

①水平字列：同一注记中各文字的中心连线成一横直线，平行于图幅的上下边沿。

②垂直字列：同一注记中各文字的中心连线成一纵直线，垂直于图幅上下边沿。

③雁行字列：同一注记中各文字的中心连线为一斜直线。字向直立，沿地物方向排列超过 45°角，由上至下排列，小于 45°角的自左至右排列。

④屈曲字列：同一注记中各文字的中心连线为一曲线。字向垂直或平行于线状地物符号，沿线状地物弯曲形状自左至右(小于 45°角，或自上而下(超过 45°角)排列。

(6)字位

字位是指注记对被说明符号的相对位置。在被说明符号上方的叫上方字位，在被说明符号右方的叫右方字位，在地物符号内部的叫内方字位。特殊情况下还有左方字位和下方字位。

2. 注记的配置原则

(1)居民地名称注记

①字大及字体

铁路用图的字大是根据居民地所占面积大小，重要程度而定，其范围为 4mm 至 10mm 不等。但在一幅图中，同一居民地的名称字大应相同。字体根据字大的不同分为细等线体，中等线体和粗等线体。

②居民地名称注记一般采用水平或垂直字列，特殊情况采用雁行字列、隔离字隔或普通字隔。采用内字位或右字位，特殊情况采用上字位、左字位、下字位。字向直立。

(2)其他地理名称注记

①水系名称包括江、河、湖、海、水库、沟渠等的名称。采用左斜等线体，雁行或屈曲字列，隔离字隔。依其大小选用 3～10mm 的字大。河流、沟渠的名称一般在图上每隔 50cm 注记一处。水系较大时，其名称尽可能注在水涯线内。同一水系的字大应相同。小的水库和湖泊则采用水平或垂直字列，接近字隔。

②山岭及沟谷等均采用长中等线体，字大 3～8mm。山岭名称一般采用水平字列，接近或普通字隔。沟谷一般采用雁行字列，隔离字隔，字向直立。

③公路名称、街道名称、铺装材料注记、管线属性注记的字向以及字列如图 2.6.3.1 所示。

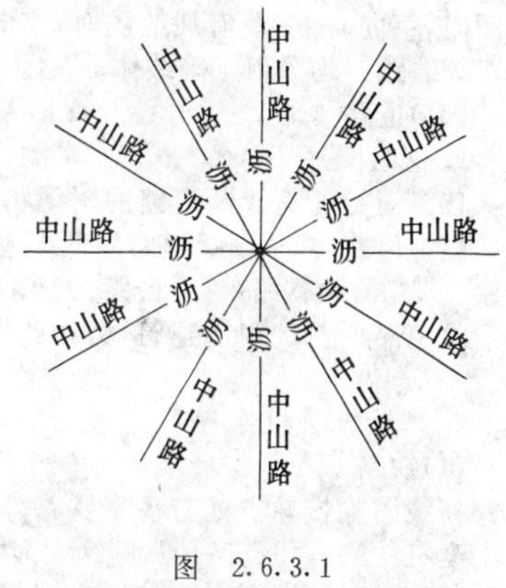

图　2.6.3.1

公路名称一般采用屈曲字列，隔离字隔。字向斜立。

街道名称一般采用垂直或水平字列，隔离字隔。不注铺装材料。

(3)各种说明注记

①铁路附属设施的说明注记：

a. 车站名称的字大，依车站等级的大小而定，

一般为5～10mm。均采用水平字列;普通字隔;粗等线体;字向直立。

b. 线路附属设备包括桥、涵、虹吸管,渡槽、隧道、天桥、跨线桥等汉字说明注记,一般采用3mm的细等线体、水平字列、接近字隔、字头朝向应满足用户的要求。

c. 线路名称注记,一般采用3mm大的细等线体,屈曲或水平字列,隔离或普通字隔。字向垂直线路,特殊情况采用垂直字列,字向平行线路。

d. 铁路单位名称注记及其它说明注记,一般采用3mm大的细等线体,水平字列或垂直字列,接近字隔或普通字隔,当单位占测图面积比较大时,可采用4～8mm的中等线体或粗等线体。在用图单位允许的情况下,对比较小的单位,图内注记不下名称时,可采取编号注记的方法。其编号说明要注记在制图范围线外下方。

②厂矿、企业、机关、学校、部队等名称说明注记,一般采用3mm大的细等线体,水平字列或垂直字列,接近字隔或普通字隔,单位在制图范围内占比较大的面积时,可采用字大为4～8mm的中等线体或粗等线体。字向直立。

③性质说明注记包括地物及管线的属性注记(如煤、铁、上水、下水等)各种经济林及经济作物的品名(如桃、梨、苹果等);各种大面积植被注记说明;各种材料注记等等。其字大均采用3mm的细等线体,水平字列或垂直字列,接近字隔或普通字隔,大多数字向直立,少数斜立。

(4)各种数字注记

数字注记包括控制点的点号,高程;地形碎部点的高程;铁路设备的各种数据:孔数、跨度、距离、大小、长短、里程等等数值。字大一般为2～3mm。新线绘图时,字向直立,既有线绘图时,字向是垂直或平行正线线路。均采用正等线体。

(二)道路

1. 清绘顺序

首先清绘所有遮断道路的附属物,然后再绘道路。整饰道路时,从高级道路到低级道路,逐级逐条清绘。即先清绘铁路,再绘公路、大车路、小路等。最后清绘道路两侧的附属建筑物,如路堤、路堑、涵洞等。

2. 清绘方法和要求

(1)铁路

新线图除接轨点处有少量铁路外,其他图幅基本上没有铁路。而既有线图,则绝大多数图幅上均有铁路,铁路清绘的好坏,直接影响着整幅图的质量,所以要特别认真、细致地进行清绘。

首先应整饰遮断铁路的附属物符号,如立交跨线桥、天桥、渡槽、隧道等符号。然后用直线笔依靠直尺,将直线段绘出,依靠相应的弯道板和云形板,将曲线绘出。先清绘正线,后绘站线,专用线等。最后清绘铁路的附属建筑物,如桥梁、涵管、道口、路肩、路堤、路堑、排水沟、天沟等等。

清绘时,要求绘出的铁路中心线与投影中心线和线路加点应一致,最大误差不能超过0.2mm。线条圆滑浓黑,主次分明,粗细均匀,无接痕,隧道内的铁路符号,要长短一致,相等间隔,断头整齐。

(2)公路

铁路航测图中的公路符号不分等级,不论是高级公路,低级公路,还是简易公路均用0.3mm粗的双实线表示。直线路段一般用直线笔或小钢笔依靠直尺或玻璃棒清绘,弯曲度较缓的路段一般用双头曲线笔,按铅笔线直接描绘,急转弯路段一般用单头曲线笔或直线笔,小钢笔依靠云形板清绘。

要求绘出的双实线要等粗,在曲线与直线连接处要圆滑自然,所有接头处无接痕,宽度基本按铅笔底图上的宽度,并参照调绘片调绘注记尺寸清绘,在宽窄变化过大处,可进行适当修饰,使其宽度变化自然合理。

(3)大车路

一般路面宽度在2m以上的土路用大车路符号表示,用0.2mm粗一虚一实的双线绘制。宽度基本以原图测绘的为准,宽窄变化不妥之处,根据调绘像片的调绘注记尺寸可适当修饰。着墨前应用铅笔依靠直尺或云形板按图式规定画好符号后,再用直线笔或小钢笔依靠直尺或云形板按铅笔线描绘。虚线所在位置按光线法清绘,如图2.6.3.2。

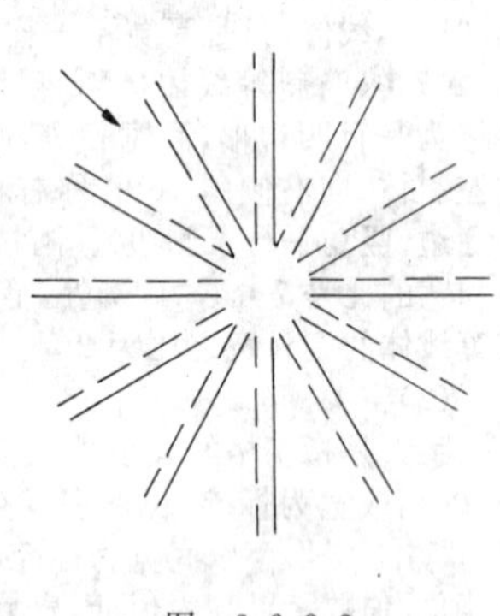

图 2.6.3.2

道路依居民地、桥梁、双线路交叉口之间分为自然段。土路根据每段道路的主要方向确定虚线符合光线法的位置,在自然段之间不改变线条的虚实。盘山大车路的虚线不要断在急转弯处,以保证急转弯位置的准确性。

(4)小路

小路以单虚线表示,单线路一般用小钢笔依靠直尺(玻璃棒)或云形板清绘。要求虚线线段和间隔长短合乎规定,前后对齐,不要错开,也不要出现人为的小弯曲,盘山小路的虚线不要断在急转弯处,位置要准确,此原则适用于所有虚线。

(5)建筑中道路及内部道路

建筑中的道路以及公园、工厂、机关、学校、住宅区等内部的道路是用两条互相平行的虚线表示的,只是虚线的长度和粗细不同。这种双虚线道路符号看起来十分简单,但如果不注意正确画法,容易出现虚线段长短不一,两侧虚线不对齐,转角断开等现象,显得图面线条零碎杂乱,影响成图的清晰美观。

描绘双虚线道路的要领是:遇拐弯时先绘拐弯处,拐角外侧虚线放长,内侧虚线缩短,使之内外两侧虚线段头尾保持平齐;虚线道路相交时必须以实线部衔接。

(6)交叉道路

路与路在图上交叉在一起时，应根据道路类型确定其交叉关系，如果是铁路与铁路相交，要准确绘出铁路道岔的中心位置，两线一定要交在岔心处。正线要粗，站线、专用线比正线要细约一半，相交处线条粗细保持不变。

铁路与其他双线路交叉时，其他双线道路在铁路的平交道处中断。铁路与单线路相交叉时，单线路断在铁路路肩处。

双线路与双线路交叉时，互相间断，实线衔接。

单线路与单线路交叉时，互相通过，在实线部相交。

单线路与双线路相交时，单线路要中断，并以实线与双线路衔接。

单线路与双线路相接时，单线路要对准双线路的中线。

贯穿居民地的公路、街道、胡同等，均按街道符号清绘。

道路立体交叉时，则用桥梁符号将其下面的符号间断。

(7)并行道路

两条双线路并行，图上不能分别按真实位置表示时，则应保持主要双线道路的准确位置，而舍去或位移次要道路的路段。

单线路与双线路并行，图上不能分别按真实位置表示时，则舍去单线路。

(三)居民地

1. 清绘顺序

(1)居民地内的独立符号

(2)配置注记

(3)街道、房屋轮廓线、垣栅

(4)特殊房屋符号

(5)晕线

2. 要求

(1)独立地物符号

清绘时，独立地物符号不能移位，大小应符合现行图式规定。但当符号密集时，尺寸可适当缩小，一般为规定的2/3。

除按真方向表示的独立地物符号(如窑洞、水闸、城门)外，其它的独立地物符号的方向，在新线图中垂直于图幅的下边沿。在既有线原图中，一般垂直于线路。

独立地物符号都能准确地表示地物的实际位置。一般都是规则的几何图形符号(圆形、方形、星形、三角形等)。其图形的中心为实地的定位点，如三角点、水井等符号；直立的独立地物符号，其实地的位置是在图形下底直线的中心点上，如烟囱、碑等符号；底部为直角形的符号，地物的中心位置在直角的顶点，如阔叶树，风车等符号；如果地物符号的下方有一个小圆，此小圆的圆心就是地物实地的中心位置，如消防栓、灯杆等符号；如果符号的下方没有底线，也没有几何图形，如窑洞符号，则符号下端两点的连线中心为实地地物的中心位置。

独立地物符号在清绘前，应先用铅笔按规定尺寸，将符号画好。

(2)配置注记

独立地物符号，有的需要配置注记，一般汉字字大为3mm，数字字大为2mm，右方字位，与符号间隔0.3mm。特殊情况也可依次采用左方字位、但应尽量避免上方或下方字位。

(3)街道、房屋轮廓线和垣栅

街道、房屋轮廓线和垣栅要一块一块地清绘，同一方向的线划可一次绘完，绘完一个方向再绘另一方向。垣栅符号尺寸可用目测法清绘。街区和房屋轮廓线的四角接头处衔接要整齐，用粗为0.2～0.25mm线表示。大面积内密集房屋应根据用户要求进行综合取舍。

成矩形的单间房屋轮廓线，不应绘成平行四边形或梯形。

成排房屋，统一规化的房屋，应注意相关位置和大小，排列应整齐，大小要真实，取舍要一致。

(4)特殊房屋符号

特殊房屋符号主要指车站内旅客用雨棚、货物用雨棚、仓库等。清绘时应注意综合取舍，避免因综合不当而造成符号变形，影响图面美观。

(5)晕线

房屋晕线用0.1mm粗的平行细线表示，线与线间隔1.5mm，平行线的方向与图幅下边沿(新线原图)或正线线路方向(既有线原图)成45°角。特殊情况也可大于或小于45°角，以避免晕线与房屋轮廓线平行。清绘小面积晕线时，可用小钢笔依靠玻璃棒，用目测法使晕线间隔均匀相等，在一定范围内，从上到下，从左到右，逐块清绘。当房屋轮廓较大时，一般用直线笔依靠三角板，用推平行线法清绘。

晕线与独立地物符号或注记之间要留0.3mm的间隔，但与房屋轮廓线之间，衔接要紧密整齐，不能有出头或留有空隙的现象。

(四)水系

1. 清绘顺序

(1)泉、水井，截断河渠的水工建筑物及附属设备。

(2)双线河、双线渠、湖泊、水库、池塘、海岸线。

(3)单线河、单线渠。

(4)堤岸、陡岸、浅滩、流向。

(5)沼泽、海部要素。

2. 清绘方法和要求

(1)泉水在泉口位置配置符号，弯曲线段表示泉水流向。

(2)水闸符号中的尖角指向主要进水方向。闸门在房屋内时，房屋轮廓线内加绘闸门符号。

(3)双线河一般用单头曲线笔清绘，线粗0.2mm。

(4)单线河从河源以0.1mm线开始，向下游逐渐变粗，但最粗不超过0.5mm，弯曲要自然，粗细要逐渐变化，做到能根据线条粗细判别水流方向和区别主流支流。

(5)河流汇合处的主流、支流的流向要一致，支流入口处应圆弧相接，略成喇叭状，不能呈直角或锐角相接，更不能有倒流现象，但也不能过分夸大，以免影响精度，支流汇入主流处的宽度，一般不宽于主流。

单线河流和双线河流相交时，应将河道边线稍断，按上述主支流汇合处理规则，在相交处，根据实地情况，在入口处由双线向单线过渡。

(6)河流与道路相交处，应绘制桥梁、涵洞、渡口、过水路面、跳墩或徒涉场符号，单线河与双线路相交又无桥涵时，应间断单线河。水深在1.3m以上的不应用徒涉场符号表示。

(7)人工建筑的水渠、运河、它们与河、沟是两种不同的地物符号，两者在表示形式上也有区别。运河和水渠不管是双线还是单线，严禁徒手清绘，而一定要用玻璃棒和云形板以硬线条或直线绘制表示。河沟则用徒手清绘。

(8)当水渠与道路并行，图上不能分别按真实位置表示符号时，应保持道路的准确位置，移动水渠(如排水沟、单线渠)并保持0.2mm的间隔。

当水渠与道路交叉时，一般都被桥梁、涵洞、倒虹吸、渡槽等符号间断。

(9)流向符号绘在江、河、沟、渠名称的下流部分，与字的间隔等于字隔。当双线河、渠的宽度过窄时，可将河名、流向符号绘在河岸线外边适当处，并使其中心连线平行于河心线。无名称的双线河、渠，其流向绘在两水线中间适当处，宽度小于0.8mm时，绘在水线外侧。单线河、渠的流向绘在距水线0.5～1.0mm的明显处。

(10)有滩陡岸符号，短线与水线之间，应保持0.2mm间隔，图上大于0.2mm时，按原位置描绘。较宽的双线河，无滩陡岸符号绘在水线上(水浅不绘)，狭窄双线河内以及单线河的无滩陡岸符号，绘在水线的外侧，并与水线保持0.2mm间隔。陡岸符号的短线要垂直于水线，长短间隔要相等。堤岸符号的长短线要垂直于岸顶线，间隔要相等，石质陡岸符号的竖线要自然，横线上长下短逐渐变化，间隔由密到稀，应有立体感。

(11)沼泽符号的清绘方法与房屋晕线的画法相似，只是轮廓线不同，无角度变化，均平行于图幅下边沿或正线铁路。

(12)绘制干河床、时令河、湖等用虚线符号表示，短实线的前后要对齐，间隔、长短要一致。

(五)管、线、界线

1. 管是指架设在地面上的输送油、气、水的管道，地面下的一般不表示。

2. 线是指通讯线、高压线、低压线，架电线的杆、塔、架等符号，位置应与实地相符。特别是在转折点和交叉点上的杆、塔、架要准确无误。清绘电线符号时，除了遇到按实测位置表示的独立地物符号需要断开以外，遇到其他地物符号一般均通过、不间断。因而在进行符号和文字注记(包括高程注记)时，需作预先让开或者位移的考虑。

当确实不能避让和位移时，电线可以断开，电线遇其它地物符号断开时，应留0.3mm的间距。

当同一电杆通过两种以上电线或不同杆的电线垂直投影在同一条直线上时，只表示较高一级的电线或电杆符号。

3. 界线是指国家间的区划线、国内行政的区划线和地类界等。

国界要根据政府的勘界文件，并经有关部门审批，清绘时要特别注意准确、详细。铁路专业用图只表示县以上(包括县级)行政区划界线。

清绘界线要由高级到低级逐次进行，如果同一界线有两种以上行政意义时，只清绘较高一级的界线符号。

飞地的界线用其所属行政单位的界线符号表示，并在其范围内加隶属注记，如“××省(县)飞地”。

若以河流中心线或主航道线为界，其界线符号能在河中绘出时，应不间断地绘出，并注意分清岛屿的归属；界线符号不能在线状地物中心线绘出时，可沿两侧每隔3～5cm，交错绘出3～4节符号；以河流、道路等线状地物一侧为界的，在相应的一侧，离线状地物0.2mm处，每隔4～7cm，绘出3～4节符号，但界线明显转折处，出图廓处和两种以上界线的交界处，均不得省绘界线符号，应绘出3～4节符号，以示走向。

为了准确显示各级境界的交界与拐角点的位置，境界的交界点与拐角点应以点或实线部位相接，省界应以实线部位表示。

界线通过田野、草原、沙漠、沼泽等地段时，用境界符号连续表示。境界通过海峡、湖泊时，如两岸相距很近，符号不要间断，如果两岸相距很远，要从两岸向水面各绘出3～4节境界符号，中间部分可以省略。

植被、土壤、墓地等面积符号用地类界符号表示它的轮廓。地类界与河流、沟渠、道路、冲沟、陡岸、陡坎、垣栅等重合时，就用这些符号的边线代替地类界 。当地类界与地面无实物的线状符号(如架空管线、电力线、等高线等)重合时，线状符号不能代替地类界。这时应将地类界移位0.2mm绘出。

地类界符号用小钢笔或针头点绘。圆形的点子，大小和间隔要均匀一致。

(六)地貌元素

清绘地貌要保持真实轮廓形态，在允许地理精度内，可适当修改等高线，以增加立体感。一般先清绘变形地部分，后清绘等高线。有沙地的图幅，沙点应在绘完等高线后点绘。

1. 变形地多用线状符号表示，如雨裂符号是中间粗两头细的单线。冲沟在图上宽于2mm时，则沟壁用陡坎符号表示，宽于5mm时，要在沟底加绘等高线。梯田田坎也用陡坎符号表示，如果田坎密集，在梯田范围的最高和最低一层田坎按实际位置表示，田坎与等高线有密切联系，清绘时要注意彼此的协调，符号的短线要垂直于坎顶轮廓线，短线的长短要一致，间隔要相同。

2. 等高线一般用单曲线笔清绘，首曲线也可用小钢笔清绘。

清绘顺序为：计曲线、首曲线、间曲线。

要求位置准确，弯曲自然，套合协调合理，等高线的连接处，没有节结现象。

3. 为保证等高线套合协调。清绘前最好先用铅笔勾画出分水线与合水线，在两计曲线间距大于4mm 的等斜坡上，要插绘首曲线，对局部不合理的等高线可进行修饰，使其与自然地貌相符。

铅笔底图上，等高线不协调的情况常有以下几种：

(1)谷地或山脊的个别等高线的弯曲变化不协调，不与山谷线或山脊线正交。

(2)同一斜坡谷地的个别等高线弯曲变化不协调。

(3)在等斜坡地中的个别首曲线之间间隔不等。

(4)等高线与变形地及水系不协调。

对以上几种等高线不协调现象，予以合理改动是必要的，但应有根据，不能把所有的等高线都绘成套合的。如干燥剥蚀丘陵，雪线附近，冲积扇地形的等高线都是不协调的，甚至是完全反向的。因此发现等高线不协调时，应用反光立体镜观察立体影像，确认是由于测绘有误时，方可局部修改，其修改量不得大于 1/2 基本等高距。避免一味追求等高线的“套合”而破坏地貌特征和影响地形图的精度。

4. 曲线接头位置的选择

清绘曲线时，往往不可能一气呵成，特别是地物稀少的地方，停笔处较多，就必然出现许多接头，如果接不准，图上形成许多小黑点，影响成图美观。接头位置的选择，除了碰到地物符号停笔外一组曲线停笔处要互相错开，不要集中停在一起。避免在急转弯处停笔，保持接头点的视线不被曲线笔挡住为准，这样既看得清楚，又容易对准。

5. 曲线转弯处防止清绘误差增大的方法

(1)用单头曲线笔描绘曲线时，在遇到曲线曲率变化时，均要提前拉动笔杆，不能等笔头到弯曲顶点时再拉笔杆，但也不能过早地拉动笔杆，提前太早拉动笔杆也会增大清绘误差。

(2)用单头曲线笔描绘曲线遇急转弯时，笔杆要慢移，笔头要快转，如果慢移笔杆的同时，笔头也慢了，就会产生曲线形成加宽的现象。

6. 若用小钢笔清绘等高线，一般是由上而下，一笔清绘 2～3cm 长(稀疏而直的等高线除外)，大致方向一致的等高线一起清绘，然后转动图纸，再绘另一组方向一致的等高线，接头不要放在分水岭和谷底等高线的位置上，要放在它们的两侧。

7. 当首曲线不能同时插绘时，要间断整齐或成搭肩式间断(主要用在山脊或河谷地区)。用间曲线，助曲线表示地形时，必须完善，不能片断地清绘，在鞍部时，必须对称。

8. 等高线可以通过其它单线符号(如单线河、单线路、各种界线、电力线等)。与双线符号相交(干河床除外)时，则间断等高线，碰到其它植被符号，独立地物符号、房屋符号、数字注记、文字注记等，都要间断等高线，除房屋符号外，其它均与其保持0.2mm 的间隔。

9. 等高线与各种界线、电力线、单线道路等符号重合时，应适当移动等高线。

10. 示坡线的表示方法

山丘与洼地的封闭等高线、鞍部、地穴等处，加绘示坡线。示坡线一端垂直于等高线，另一端指向低处。示坡线长 0.8～1.0mm 粗细与首曲线相同。

山顶的最高封闭等高线，洼地封闭的最低等高线，应绘两个彼此相距最远的示坡线，鞍部相对应的地方，绘 2 个或 4 个示坡线。因图廓切割，而斜坡方向不易判别的地方，也要绘示坡线。

11. 当遇到航摄像片阴影部分，测绘精度不符合《测规》要求时，则用一组与等高线同粗的虚线，即草绘等高线表示其地貌。

12. 等高线与高程点的高程应相符合。若不相符合，应查对有关资料，按下列原则，慎重处理。

(1)当山顶等高线的高程值，恰与高程点的高程同高时，等高线在高程注记处间断。

(2)当山顶等高线的高程，低于高程点的高程 1～2 个等高距时，山顶较大的，应用反光镜立体判别，确系漏绘等高线时，可根据其高程点加绘等高线，使其相适应。但山顶不得变形。

(3)平坦地区点线不符，在测绘精度以内，且修改等高线有困难时，可将高程点高程改动 0.1～0.3m，使其点线相符。也可将高程点去掉。

(4)当等高线高程与高程点高程相差较大时，则应查对原始资料，找出原因，再作处理。若属测图时的笔误，就直接纠正过来即可。若找不出原因，则应重新上仪器检查。

(5)当等高线高程与外控点、导线点、水准基点等外业实测高程不符时，首先复核内业展点、高程抄写是否有问题；再检查外业刺点、计算是否有误；分析一下点位是否合理，若确认点位和高程无误后，则应上仪器进行检查。

13. 等高线与其他地貌、地质、水文等符号相接时的处理方法：

(1)等高线绘至冲沟符号边缘时，应向上挑起，以显示冲沟凹入的特征，底图上的双线冲沟，宽5mm 以上的，其沟底应绘等高线。

(2)等高线与陡坎符号垂直相遇时，同一条等高线与陡坎符号相交处，等高线应间断，坎顶处等高线向高处挑起与坎顶相接，坎底处等高线与坎顶等高线应错开，不应重叠。

(3)等高线与陡坎符号平行相接时，等高线应断在陡坎符号的边缘。

(4)等高线与双线干河床线相交，可通过干河床符号。

(5)计曲线遇露岩地、石块地符号时，应间断0.2mm，首曲线可直接通过。

(6)等高线与地质、水文界线重合时，以地质、水文界线为主。遇到其符号和注记都要间断等高线。

14. 河流、沟心必须通过谷底合水线，其两侧等高线的高程应对应相等，不允许同一条等高线，两次以上穿过同一河沟符号。当图上出现局部河、沟心与谷底合水线不符时，应进行处理，等高线必须在河、沟心处拐弯。

15. 水渠穿越鞍部、山坡、高地、洼地、谷地时，一般有渠堑、渠堤、山洞、渡槽等符号，若底图上表示不当，应查对有关资料合理处理。

(七)地质、水文(只有新线图中有)

地质、水文符号，一般在测图时，已测绘到底图上。也有的由地质、水文人员根据地质、水文图，转绘到底图上，清绘时要做到以下几点：

1. 清绘方法

(1)断层线用最粗的线条(约为 0.4～0.8mm，视底图的具体情况而定)绘制。

(2)地质、水文界线用一号线(比计曲线略粗)绘制。

(3)工程地质符号用二号线(比计曲线细，比首曲线粗)绘制。

(4)标写地质代号的指引线用三号线(约和首曲线一样粗细)绘制。

(5)特殊情况按用图单位要求清绘。

2. 要按一定程序清绘，先绘主要的，后绘次要的，一种内容绘完，再绘另一种，如果图幅很大，分片清绘也要按程序进行，这样可少出现遗漏和错误。

3. 矿产符号、工程地质符号的注记间距，一般空 0.2mm，要保持符号完整，注记的字位选择次序为：

(1)右字位

(2)左字位

(3)上字位

(4)下字位

4. 地质、水文界线，遇到各种注记、独立地物符号和地质、水文符号要间断(约空 0.2mm)。

5. 地质、水文符号的位置和形状，不得擅自改动。

(八)植被

清绘植被符号时，一般用事先准备好的网格膜片或标好尺寸的格网纸，铺放在聚脂薄膜铅笔底图下面，调到所需位置后，在格网确定的位置，按现行图式要求，逐块清绘符号。目测大小。面积小于 $9cm^2$ 植被符号间隔按照图式上规定的距离，进行清绘。面积大于 $9cm^2$ 时，符号间隔，则根据其面积的大小，增大1～5 倍。不要使植被符号与其它符号或注记相接或混淆，尽量使植被符号不遮断等高线。

在同一块地界内，不应超过两种符号。如果超过两种符号时，用地类界分开，或把次要的，数量较少的植被符号省略。

同一种符号的大小要一致，不能超出规定尺寸太大或过小。当用直径不同的圆表示不同类别的植被时，应注意圆的大小，要符合图式规定。另外，还要考虑相邻图幅，植被符号的间隔、排列形式，避免在接图处的同一块地界内，其符号间隔、排列形式均不连续协调一致。不然在成卷图以后，图面很不美观。

图上面积在 $25cm^2$ 以上的林地，需注出树种名称，树高在 4m 以下，树干直径小于 8cm 的林地为幼林，在符号范围内，加注“幼”字。

郁闭度(树冠覆盖地面的程度)在 0.1～0.3 之间的天然或人工林地为疏林。疏林不分树木高矮和树种，按稀密情况配置符号。

(九)图廓的整饰

铁路专业用图的图幅，一般是沿线路方向布置的，没有统一的标准图廓线，而用测图时画出的制图范围线来代替。所以图廓整饰的内容比较简单。

经纬距注记一般在清完图或进行数字注记时一并完成。注记方法有两种，根据用户要求而定。

(1)成排注记

成排注记是在图幅上方，制图范围线外 5mm 处，与范围线相交的每条经纬距上，都注记 6 位有效数值。

(2)成组注记

成组注记是在图幅上方，成图范围线外，经纬距相交处，每隔 1km(1：2 000)左右，注一组(N 和 E)六位有效数值。N 和 E 值分注在两个象限内，数字的字头均朝向经纬距增大方向，字尾距经纬距线 0.3mm。

(十)接边

1. 一般情况图幅接边，在测图时已完成。清绘时，将两相邻图幅按经纬距拼接好后，就可描绘了。若测图时，没接好边，清绘时，两图接边较差在允许范围内，即可各改一半后进行绘制。但应保持地物、地貌相互位置和走向的正确性。

不同成图方法的相邻幅接边、平面和高程的较差分别不得大于下表的规定。

地物平面位置接边限差(mm)

表 2.6.3.1

成图比例尺 \ 地形等级	Ⅰ、Ⅱ	Ⅲ、Ⅳ
1：2 000	2.0	2.4
1：5 000	1.5	2.0

等高线高程接边限差(m)

表 2.6.3.2

成图比例尺 \ 地形等级	Ⅰ	Ⅱ	Ⅲ		Ⅳ	
1：2000	1.5	2.4	地形变换点	4.0	地形变换点	5.0
1：5000	2.0	2.0		5.0		7.0

2. 相邻图幅各要素要密切接合，但不得使等高

线因接边而出现变形或死角，直线不能成为折线，直角不能成为锐角或钝角，各种符号要完整，地物不得变形。

3. 同一村庄、单位，以及其它说明注记（车站名称除外）不能跨两幅图，应注在被说明符号占多数的图幅内。面积大时，可分别注记。

4. 接边范围距接边线1厘米，本图幅负责下边和右边的接边清绘。

5. 编绘既有线图时，接边处的桥、涵、道口、隧道进出口、跨线桥、渡槽、曲线头尾等说明和里程注记，除用户有特殊要求外，一般应保持在同一图上的完整性。

（十一）自校

1. 自校的一般方法

(1)自校

每天抽出一定的时间检查当天清绘的内容，便于及时纠正错漏。

(2)项校

每项要素清绘完后，进行一次检查和清理，纠正遗漏与错误后，再清绘下一要素。

(3)总校

全幅图清绘完以后，应进行一次全面的总检查，采用逐格或逐块，逐项的检查方法，总校重点参见审校条款。

（十二）修改

1. 要求

作业员收到要修改的底图后，应按审校单内和审校腊纸上所提出的意见，依次逐条对照有关资料进行修改。如果发现审校员提的问题有误，或有疑问，或有不同意见，均可向审校员或技术负责人提出，最后均以技术室的意见为准。作业员不得自作主张，拒绝修改。

2. 方法

目前对于聚酯薄膜底图的修改，通常采用刀片修刮的方法。这种方法容易在刮过的地方留下刮痕，再重新着墨时，线条就会粗糙不光滑，影响图面美观。所以用刀片修刮时，一定要平刮，切忌用锋利的刀片尖角刮改，以免留下较深的刀痕。

还有一种是用精细油石。像用橡皮擦掉铅笔笔迹那样的方法修改，但同样也会留下擦痕，着墨困难，容易脱墨。

对于较大面积的修改工作，用棉花蘸少许醋酸丁酯，再蘸少量清水，擦掉需修改的墨迹。

总之，现在还没找到比较理想的修改聚脂薄膜底图的方法，所以，清绘时要仔细，尽量减少错漏。避免不必要的刮改。

二、新线原图编绘

（一）编绘顺序

1. 居民地、机关、学校、部队、工矿、企业、单位等名称注记和其他汉字说明注记。

2. 数字注记。如经纬距、控制点、导线点、水准基点、地质水文专业用点、地形点（高程注记点）、等高线高程等注记。

3. 道路

4. 居民地、垣栅

5. 水系

6. 管线

7. 地质、水文、地类界

8. 植被

9. 变形地貌及等高线

10. 境界

11. 接边

12. 自审

13. 修改

14. 清洁图面

15. 填写图标

上述编绘顺序，可根据底图内容，邻幅图编绘情况，用图单位的要求，作适当变更。其原则是：主要的精确的要素先绘，次要的可稍移位或可以被遮盖的要素后绘。先绘的要素和注记，在清绘时，要照顾到后绘要素的位置和注记，整幅图各种要素符号的配置要恰当，合理，符合规定。

（二）方法及要求

有关各种要素符号清绘方法和要求，前段已有叙述，这里不再重复。

现就编绘的要领说明如下：由于铅笔底图只有各要素的平面位置和地形点的高程、地貌简化符号、等高线、地类界等，其它名称和说明注记底图上都没有。所以需要作业员在编绘时，对照外业调绘片和其它资料，对所要注记的内容和植被符号等，进行精心地配置。同时，还要注意铅笔底图上有没有错误、遗漏。不合理的地方，尤其是点线是否相符，等高线走向是否合理等，以避免造成清绘后不必要的刮改。

要求清绘完的图，地物、地貌要素准确、真实，重点突出，取舍合理，符号配置恰当，注记正确无误，图面清洁美观，清晰易读。

（三）审校

审校有自审、组审（一审）、科审（二审）之分，其审校方法、要求、内容、顺序等均大同小异，这里只叙述一下组审，作为其它审校的参考。

1. 审校方法

审校前要准备好所需资料，如调绘像片、图历表、水准基点表等。

审校时，一般是在原图上，铺一张比制图范围稍大的透明腊纸，画出两头的坐标线段，以便恢复透明纸和底图的相对位置，并将透明腊纸左边用胶纸固定在原图上。如果比例尺较小，制图范围又大，包含的像片又比较多时，还应在透明腊纸上画出调绘像片的范围线，标出像片号。然后依照下述顺序，对照原始资料，逐项核对原图内容，把发现的错误，遗漏、疵病等问题，依顺序编号标注在透明腊纸上，并在相应位置绘出修改草图。同时把发现的所有问题，以编号填写在本幅图的审校单上。书写意见时，字迹要清晰，叙述要简单明确，使作业员看后一目了然，不产生误解。

对一些遗留问题,也应记在审校单上。

如果底图的内容比较简单,问题又少,也可不用透明腊纸,将需要修改的地方,用特种铅笔,在底图背面,标注上编号,将修改内容填写在审校单上。

2. 审校要求

组审(一审)后的原图,经过修改,不应再存在原则性错、差、漏。能满足《测规》、技术任务书和各项补充规定的要求。

审校员还应该指出图中存在的缺点和不足,以利今后注意改进,提高成图质量。

3. 审校内容及顺序

(1)检查清绘范围线、经纬距注记、图幅编号、字头朝向是否正确。

(2)检查测量控制点有无遗漏,位置、点号、标高是否正确。

(3)检查图幅接边是否完全密合,有无漏接、错接、变形等问题。

(4)检查高程点注记位置,等高线高程注记,是否正确合理,有无遗漏,点线是否相符。

(5)检查居民地内,街区、房屋轮廓,主次街道,综合取舍是否适当,有无移位、变形、错漏。房屋性质是否正确,晕线是否均匀整齐。独立地物符号规格是否符合现行图式规定,有无错漏。

(6)检查道路位置、等级、通向、宽度、铺面材料是否正确,路堑、路堤、排水沟、桥涵等附属设施,取舍是否合理,有无移位、变形、错漏。

(7)检查水系位置是否正确,相互之间关系处理是否正确协调,水工建筑、流向、陡岸等符号是否正确,有无遗漏、变形、移位。贯穿多幅图的河流、沟渠降坡是否合理。

(8)检查管道、电力线、境界等符号的位置是否准确,有无错漏。

(9)检查地形总貌是否正确,地貌符号配置是否恰当,河流是否倒流,水渠走向是否合理,等高线有无变形、移位,点线高程是否相符,小山头、洼地、独立封闭曲线,示坡线有无遗漏,线条粗细、相互衔接是否合乎要求。

(10)检查植被符号是否正确,间隔是否适当,地类界位置是否正确,有无遗漏。

(11)检查汉字注记是否正确,配置是否适当,字体、字大、字隔、字位、字向是否合乎要求,注记有无遗漏。

(12)检查水文、地质界线是否正确,符号有无错漏,注记是否正确,配置是否适当。

(13)填写审校单。审校单有两项:一项是作业员存在的问题,由作业员负责修改,另一项是审校员不能决定或暂时解决不了,需要科、处技术负责人决定或解决的问题。最后签署姓名、日期。

(14)作业员将图上的问题修改完以后,审校员还要检查一下,看是否修改的正确,有无错改、漏改。

三、既有线原图编绘

(一)编绘顺序

1. 内插百米标和公里标位置

2. 标出地界桩位置

3. 复核既有铁路建筑物及其附属设备位置是否与提供的复测资料相符。

4. 根据有关资料用铅笔标出图上没有的线路附属设备位置,并注记有关数据和股道编号、道岔编号等。

5. 清绘遮断线路的地物和注记、百米标和公里标。

6. 清绘道岔岔尖、岔心、水准基点。

7. 清绘正线、站线、专用线、其他线。

8. 清绘线路设备和注记有关数字、说明。

9. 清绘线路附属建筑物。

10. 注记车站、居民地、机关、部队、学校、厂矿企业等名称和其它说明注记。

11. 清绘其它道路。

12. 清绘独立地物符号。

13. 注记高程点高程、计曲线高程,经纬距数值等。

14. 清绘居民地、垣栅。

15. 清绘水系。

16. 清绘管线、地类界。

17. 清绘植被。

18. 清绘境界。

19. 清绘变形地貌及等高线。

10. 接边。

21. 自审。

22. 修改。

23. 清洁图面。

上述编绘顺序,可根据底图内容,邻幅图编绘情况,用图单位的特殊要求,作适当变更,其原则是:先绘线路及设备,线路建筑物及注记。后绘一般地物、地貌。总之,可以遮盖其它地物的要素和注记先绘,先注记,次要地物、地貌和注记后绘、后注记。由于某种原因,主要地物、注记,不能先绘,先注记时,先绘的要素和注记,要为后绘的要素和注记留出空位,以减少不必要的移位和刮改。

(二)方法和要求

1. 用铅笔标记百米标和公里标位置

在正线上,由里程最小的一个线路加点量起,同时用铅笔将整百米位置标出,量至下一个加点,若与该点里程一致,所标出的整百米位置就是确定的百米标和公里标位置。若与该点里程的较差,在允许范围内,则将误差配赋到每个百米标中去(弯道部分由于量测误差较大,可多配赋),调整后的整百米位置,就是确定的百米标和公里标位置。若较差超限,则舍去一个错误的,用下一个线路加点作根据,重新标记。直至全幅图标完为止。接边处的百米标和公里标位置的确定,一定要根据两幅图相邻的线路加点标出。不能只顾一幅图合适,就盲目确定。

2. 复核正线附属建筑的里程

正线上的附属建筑,主要指桥梁、涵渠、道口、隧道、跨线桥、渡槽、跨线电力线等有里程的地物和信号机、道岔等正线上的主要设备。

复核方法是在百米标和公里标位置确定后，在图上量出上述地物的里程，与复测资料提供的里程相对照，较差在2m以内为允许误差，超过2m为错误(跨线路的电力线除外)，要由技术负责人解决。

对误差的处理原则是：属附属建筑物，如桥、涵、道口、隧道等，则按图上位置清绘，注记复测里程。属设备类的，如道岔岔尖、信号机、灰坑、水鹤等，则按复测资料提供的里程位置清绘。

3. 用铅笔标绘地界桩和用地界线

既有线图一般不绘地界桩。有的用户需要绘地界桩，即由用户提供地界桩表，作业员根据地界桩的里程和距线路的距离，就可展绘到底图上去。符号大小要符合图式规定。

以上三项工作有条件时，尽可能由专人来承担。这样可以使问题得到及时解决，减少因分散作业引起的错漏，误差分配不一致等现象。

4. 复核站内铁路设备的里程

编绘车站、枢纽、货场、机务段、车辆段、工务段等原图时，应先量出所有铁路设备(如各种信号机、道岔岔尖、站台台顶、坡脚、检查坑、水鹤、给沙塔等)的图上里程，与复测资料(如车站平面示意图、丈量记录等)相复核，较差在2m以内时，一般是修改图上位置，按数据位置清绘。2m以上，由技术负责人解决。

5. 用铅笔标出底图上没有的铁路设备

如道岔中心、警冲标、脱轨器、铁鞋脱落器、通话桩等设备应根据复测资料提供的里程或相对距离，用铅笔在底图上标出其位置和绘出相应符号。

6. 用铅笔将铁路附属建筑和设备的有关里程数据、说明等注记在底图的相应位置上。如桥、涵、道口等中心里程；孔数，跨度、形式结构等；站场内的道岔编号、股道编号、股道名称；曲线头尾里程，曲线要素……等等，要求数字无误，位置正确。

7. 清绘线路

在完成以上的准备工作以后，就可以进行线路的清绘。

(1)绘遮断线路的地物，如天桥、跨线桥、渡槽等。

(2)绘正线及道岔中心、岔尖(有的用户不要求表示岔尖符号的除外)、水准基点等。

(3)绘站线、其它线、专用线、段管线等。

(4)绘路肩线。有的路肩线仪器上测绘不出来(如站场内最外股道和平地上的单条股道)，编绘时应根据有关资料补绘。

要求线条粗细符合规定，同一种的线条粗细均匀一致、浓黑实在。绘曲线时，要用相对应的弯道板，线段接头处要圆滑、无接痕。两条线路要在道岔中心相交，多条线路之间的距离应与复测资料一致，最大不能超过图上0.4mm。线路符号中心不能偏离投影中心0.2mm。路肩线一般与线路应平行。

8. 清绘铁路附属建筑和设备

铁路附属建筑和设备一般指桥梁、涵渠、道口、隧道、地道、站台、灰坑、检查坑、道岔中心、各种信号机、驼峰、轨道衡、各式起重机、雨棚、仓库……等等。这些符号的配置，都要考虑到线路的位置，注意与线路的关系，例如在清绘桥梁，尤其是大中桥梁符号时，其桥边线一定要与线路平行且对称。涵渠、地道符号的两条虚线，也必须平行。道岔中心符号一定要垂直一条线路且对称。

在铁路设备当中也有主次之分。例如：信号机与警冲标符号在同一位置时，则舍去警冲标的符号，继电器箱与信号机符号互相干扰时，则保持信号机的正确位置而移动继电器箱符号的位置。

在清绘电气化铁路设备时，注意分清混凝土杆与金属杆。杆的符号不要与线路符号相接。

清绘时要一种符号绘完，再绘另一种，或绘完一片再绘另一片，并且要经常对照复测资料和调绘像片，确认无误后再着墨。

9. 配置注记

有关线路里程和说明注记，一般是在清绘线路以前配置，其它数字和名称说明注记，一般是在清绘完线路以后配置。着墨前一定要与复测资料和调绘像片对照，确认无误后再着墨。同时先注记的要考虑后注记的位置，后注记的要照顾先注记的位置。字位要正确、恰当，注记与注记之间，注记与其它要素之间，不能互相干扰、混淆。字间要符合规定。

对于一些密集的说明注记，在用户的允许下，可以编号说明。号码的说明，注记在制图范围线外下方。

路肩高程要与线路坡度相适应。

10. 清绘其它要素

既有线原图除线路及其附属建筑和设备以外，还经常遇到其它道路、独立地物、居民地、省、市、县界、地类界、围墙、栅栏、管道、电力线、河湖、沟渠、地貌、植被等要素。

在清绘这些要素以前，一定要根据外业调绘像片，把所清绘要素的性质搞清楚。因为铅笔原图上，对很多要素的表示都很简单，甚至不表示。如对一些独立地物，只绘形状，不绘符号，对于植被，只绘范围，不绘植被符号，电力线只有杆位的连线，而不表示其性质，少数 铅笔原图上，地类界、电力线或其它要素与外业调绘像片不一致等等。这些情况就决定了作业员在清绘时，不是简单地照铅笔底图描绘，而还需进一步加工编绘。要求符号运用正确、标准、不位移、不变形、无遗漏，符号与符号之间，符号与注记之间，配置合理，清晰、易读。

(三)审校

1. 自审

作业员对自己编绘完的每一幅图，都应进行及时地全面地检核。重点检查线路及其附属建筑和设备有无错绘、漏绘；各种注记有无错漏、配置是否恰当；道路、水系、居民地、独立地物、界线、电力线等要素符号有无错漏；接边(包括经纬距注记)有无错漏、变形；地貌符号是否正确；点线是否相符，最后，还应将图中遗留的问题，记录下来，附在原图下方空白处，以便提醒审校员注意，避免误审。

2. 组审

既有线原图审校与新线原图审校基本相同，但要特别注意对照复测资料和控测资料，检查、复核站线、专用线等其它线路及其附属设备符号、注记有无错漏；路肩上导线点、水准基点、地形点的高程有无错漏、与线路坡度是否相符；股道全长、有效长是否与资料一致；车站有关表格抄写的有无错漏；其它根据用户需要检查、复核的要素是否有错漏。

3. 科或队审校

着重检查、复核以下内容：

(1)各种线路及其附属建筑和设备

(2)所有数字注记和各种说明注记

(3)各种表格

(4)房屋、垣栅、独立地物

(5)道路、水系、电力线、植被、界线、管道

(6)地貌符号、等高线

(7)编绘范围、接边

科审用不同颜色的笔，在组审的腊纸图上标出审校问题的序号，并按图幅填写审校单。

科审步骤一般是先铁路、地物，后地貌。也有的是先地貌、后铁路和其它地物、注记。经科审修改后的原图，不应存在任何差错和遗漏，凡能解决的遗留问题，都应解决，解决不了的技术问题，连同修改意见一起记在审校单上，提请技术主管部门处理。并签名负责。

作业员修改后，科审还应复审一下，检查有无错改、漏改之处。

第七章　解析测图仪

第一节　概　述

解析测图仪是一种以解析的即数学关系实现摄影过程几何反转原理的摄影测量仪器。由于严格的数学关系和简单的机械结构，使得它比各种模拟立体测图仪的精度有很大的提高，并能对各种已知的像差数据进行改正。在解析测图仪上作业，不存在对投影主距、像片倾角和旋角、模型比例尺、基线长度和航高差等机械方面的限制，能适用于所有方式的摄影测量，因此一台解析测图仪相当于一个小型摄影测量中心。

一、解析测图仪的组成

解析测图仪是由一台高精度的立体坐标量测仪、电子计算机数控绘图桌、全套的系统软件和应用软件组成的。它们通过接口设备连成整体，并带有反馈回路，使数字计算机的输出能够控制立体坐标仪相应的运动，并配有电子显示终端和外围设备，这一整套系统，称为解析测图仪。精密立体坐标量测仪与计算机之间总是以联机方式连结，而数控绘图桌用"在线"与"离线"两种方式运行。

图 2.7.1.1 为这部分的连结示意图。

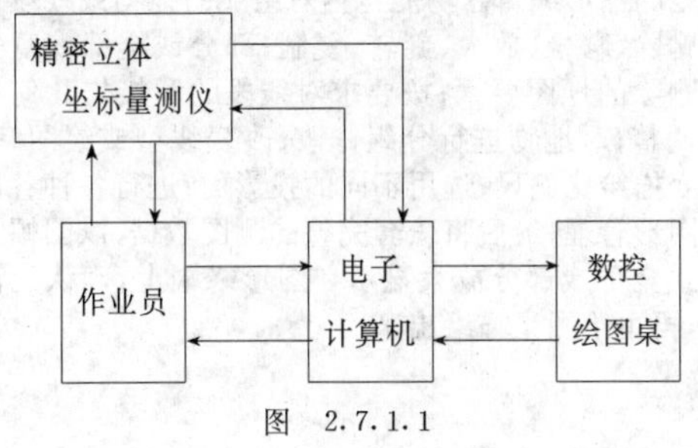

图　2.7.1.1

与各种模拟型测图仪比较，解析测图仪有明显的优点：

1. 精度高

由于解析测图仪的光机结构简单，机械传动少，并采用编码器或光栅进行计量，仪器量测精度比一般模拟仪器高。在建立立体模型的过程中，来自摄影过程的系统误差，如感光材料的变形，镜头畸变差，大气折光差以及地球曲率等影响，可以由软件系统通过计算加以改正，对于某些偶然误差的影响，可以通过多余观测按最小二乘法平差进行合理的配赋。从而使仪器的量测精度得到进一步的提高。

2. 效率高

由于仪器采用电子计算机控制，在定向过程中，可自动驱动到标准点位观测或对已测过的像对具有自动寻点功能。在观测过程中，可及时地发现观测粗差。另外，使用键盘和屏幕终端，可方便地进行人机对话，从而提高了作业效率。

3. 功能强

采用数字解算，具有很大的灵活性，可以进行联机空中三角测量，测绘各种比例尺地形图以及数字地面模型、纵横断面。除了能处理常规的摄影资料外，还能处理其它摄影方式。如：交向摄影、全景摄影、非量测相机的像片及卫片等遥感图像资料。

4. 易发展

目前，解析测图仪都具有机助绘图功能。作业过程中，观测者还需要连续从两张像片中对准同名像点，人工实现影像相关，成果以数字和图形的形式由计算机控制通过软件的功能输出出来。然而随着电子计算机高速度、大容量、高性能、低成本的发展，在现有解析测图仪的基础上，可很方便地增加扫描系统和相关设备，用电子的光学的甚至是数 字的相关装置，实现影像的自动相关，使测图过程中大大减少人的参与，实现自动化数字化测图，并与计算机图形图像处理、计算机视觉、计算机辅助设计、用户接口等一体化，使摄影测量学发展到更高的水平，并扩展到新的应用领域。

二、解析测图仪的基本功能

解析测图的生产厂家不同，设计思想、主机结构、计算机软硬件、绘图桌的类型各不相同。但它们都具有一些共同的功能，现介绍如下。

1. 硬件功能

解析测图仪的硬件指光、机、电、各部结构的实体。

在解析测图仪的观测系统中，都具有由计算机控制的 Dove 旋像棱镜和 ZOOM 变倍系统。

解析测图仪接口设备的功能是在主机、绘图桌、计算机及操作者之间沟通信息。完成这个任务除了电路、电子元件外，主要是线性编码器和旋转编码器，是它们把仪器的机械位移量转换成计算机所能识别的数字量，即模/数转换。

伺服系统的功能是把计算机给出的数字信息变为仪器部件的机械位移，解析测图仪的像片车架由带有反馈控制的闭环伺服系统控制。而计算机与数控绘图桌之间则大多由开环伺服系统控制。

电子计算机是解析测图的核心。它担负着全部数据的计算和管理任务，并决定了解析测图仪的发展潜力和所能承担的任务。电子计算机通常处理的任务是：实时输入（模/数转换）/输出（数/模转换），计算机与测量部件间的通讯，坐标变换，和其它摄影测量的运算。

2. 软件功能

解析测图仪的软件是非常主要的，它能具体地实现各种功能，一台解析测图仪的性能，在很大程度上是由软件决定的。解析测图仪的软件通常分成计算机操作系统与摄影测量软件两个部分。

计算机操作系统是由计算机厂家提供的。它的功能是在计算机运行过程中，担负着一系列的任务，如：指令的收集与执行、内存管理、文件编辑、程序编译与运行，对外围设备控制等等。解析测图仪的全部应用程序都必须依赖于操作系统的支持。用户扩展程序也要通过操作系统。

摄影测量软件是专门为摄影测量目的制作的。它分为实时控制软件和应用软件。

实时控制软件一般具有以下几种基本的计算功能，即：像点坐标和各种改正计算；仪器像片盘架坐标与像点坐标的换算；像点坐标与模型坐标的换算；模型坐标与地面坐标的换算；地球曲率和大气折光的改正；地面坐标与绘图桌坐标的换算等。计算的结果必须反馈于像片车架，因此必须实时地进行。但由于输入模型坐标或像点坐标的不同，具体实现这些换算的关系是不相同的，实时控制软件一般用汇编语言编写，由仪器生产厂家提供。

应用软件一般用高级语言编写，不同的仪器差别很大，但一般包括下述基本部分：数据的输入、输出、模型的存贮与恢复，生成和建立数字地面模型，空中三角测量程序等等功能。

3. 绘图桌的功能

一般解析测图仪采用精度较高的平台式绘图桌。不同的图绘桌它的精度和速度各不相同，但基本上都具有以脱机或联机的方式把读入的数据通过控制系统进行绘图的功能。绘图桌的绘图功能由软件控制，通常的绘图软件要调用基本绘图命令（如移位，抬笔，落笔，换笔）和功能绘图命令（如圆、直线、曲线、注记），应用绘图程序就是这些命令的集合。通过这些软件，根据用户需要，可绘制出各种比例尺和各种专用图。

4. 计算机辅助测图功能

计算机辅助测图是把立体模型信息变换成包括地形地物和地图说明在内的制图信息，并把它们全部数字化，最终变换成数控绘图桌上输出的图形。这个过程要通过计算机的控制和各种软件的功能来实现。一般的机助绘图软件包括以下功能：描绘图廓线公里格网；注记不同字体，不同尺寸与方位的数字、汉字或英文字母；常用的地图符号库；两点之间连直线；把属于一条曲线上的点连成光滑曲线；在闭合图形中填充符号；绘制平行线；DTM（DEM）采集；断面量测等等。

5. 图形影像叠加装置和图形编辑功能

图形影像叠加装置的功能，是利用被量测过的地物地貌的数字化成果，通过软件处理成像片坐标系中的图形，然后通过专门的光学系统，导入解析测图仪观测系统的光路中。这样在观测的视场中就同时可以看到立体模型与描绘过的图形叠加的情况。还有的是采用 CCD 像机把一部分像片扫描，数字化后显示在屏幕上，与已量测过的图形叠加在一起。这两种形式，对主光机与绘图桌的离线作业和地图的修测都带来很大的方便。

图形编辑功能，是在计算机和高分辨率彩色图形终端的支持下，由专门的图形编辑软件包实现的。用解析测图仪测图时，所有被量测过的地物地貌都数字化了，它以地面坐标或绘图桌坐标方式存储在计算机里，我们也可以输入其它数字化测图的数据，通过图形编辑软件在彩色图形终端上进行在线的或离线的图形编辑。功能包括对组成的地物或线段进行删除、移位、放大、旋转、复制；部分或全部恢复先前删除的地图要素；按要求对线段的联接作几何上的调整；对地物进行分组修改；改变线型或绘图笔；改变描绘比例尺；选用不同的投影面；进行各种各样的图形管理；最后将一套完整的测图数据，以图幅的方式全部或部分放大显示在图形终端上，确认无误后，再由绘图桌描绘出来。

第二节　AC1 解析测图仪

一、AC1 的全貌和结构特点

AC1 解析测图仪是瑞士 Wild 厂于 70 年代末研究生产出的产品。1980 年 7 月在原联邦德国召开的第十四届国际摄影测量会议上首次展出。图 2.7.2.1 为 AC1 解析测图仪全貌图。

AC1 解析测图仪由两大部分组成。一部分是硬件系统，它由基本光学机械设备（简称 AC1 光机）、电子控制设备、NOVA4X 电子计算机及外围设备和 TA2 数控绘图桌组成，它们通过接口设备相互连在一起。另一部分是软件系统，它除了计算机厂家提供的 RDOS 操作系统外，还有摄影测量系统软件，检测软件，诊断软件和应用程序，用户还可以根据需要利用 F5 语言编制用户程序。

AC1 解析测图仪能处理任何焦距和中心透视影像，包括竖直、倾斜、水平、适度交向的摄影资料，即左右影像间的比例尺差不影响立体效应，像幅不超过 230mm×230mm 的透明正片或透明负片。AC1 还可以在计算机的控制下，改正来自镜头的对称辐射畸变，大气折光，软片的仿射收缩、地球曲率，仪器的

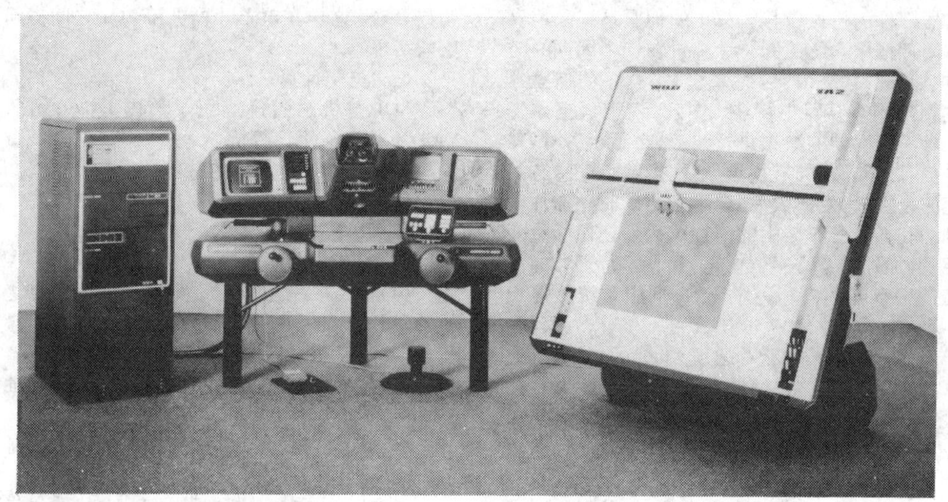

图 2.7.2.1 AC1 全貌图

系统误差等等。

由于 AC1 采用了阿贝量测原理，它是目前量测精度最高的仪器之一。

AC1 的作业有立体坐标量测，单片坐标量测和立体模型测图等三种方式。

在 AC1 上可以进行空中三角测量，机控数字测图，建立离散的和规则的数字地面模型。测绘任意地形的断面，纵横断面，和用于近景摄影测量等工作。

AC1 的输出方式是多方面的，通过 TA2 数控绘图桌可以输出图形，通过磁带机，软磁盘机和宽行打印机可以输出数字成果。

二、AC1 解析测图仪的硬件

(一)AC1 光机

AC1 的光机相当于一台立体坐标量测仪，它包括以下部件，这些部件的特点都是与计算机相连，受计算机控制的。

1. 前台终端

由一个字母数字键盘和一个显示屏组成，通过它实现人与计算机之间的对话，完成调出程序和单个程序段，数据的输入、修改工作。通过屏幕可以向作业人员显示清单目录，提示进一步说明，显示错误报告和中间成果等。

2. 光学观测系统

视场直径为 25mm，设有由计算机控制的 Dove 旋像棱镜，可以分别对左右影像进行调整，从 $+15°$ 到 $-105°$ 连续可调，以消除在立体观察中的旋像现象。

有由计算机控制的 Zoom 变焦系统，总放大率从 5.6 倍到 19 倍连续可调，供左右影像共同调整。

可以分别调整影像和测标的亮度，可以插入不同颜色的滤光片以改变测标的颜色。

在量测过程中可以人工改变互锁的四种不同的发光测标，而不降低精度。4 个测标的大小和形状是：点 2.5μm；环形 70/90μm；点 40μm；环，110/130μm。四个不同大小和形状的测标都归心到一组固定的棱镜块内，归心最大误差 2μm，当从一个测标换成另一个测标时，观测系统光学部件和测标形成的光学部件均不动，仅仅改变每一测标的照明灯，所以不影响精度。

根据作业采用的正片或负片，人工调整正/负片旋钮，由手工或程序控制转换四种观测方式，双目左，双目右，正立体，反立体。并具有基线和斜视改正功能。

3. 量测系统

采用阿贝原理(量测的线段应位于用于量测的分划尺的直线延长线上)量测像片盘在 X、Y 方向的移动量，分别靠 X、Y 方向的两个线性编码器来量取、这两个线性编码器的一端都固定在观测系统的物镜筒上，并分别与 X、Y 导轨平行。光栅系刻在玻璃分划尺上，分辨率为 1×10^{-6}，带有参考用的零标点。坐标量测的平均误差为 ±1.5μm。

量测范围：内限量程 240mm，超越限界由音响报警；中限量程 245mm，超越界限则自动中断伺服马达电源；外限量程 250mm，超越限界，用机械制动。

4. 伺服系统和驱动装置

AC1 解析测图仪在不同的操作方式下，采用不同的驱动装置。在进行模型定向时，采用左、右手轮、脚盘和增量旋钮。在进行机助绘图时可采用手动导向器(自由手)或左、右手轮和脚盘。在建立地面数字模型或进行纵横断面量测时，采用的驱动装置为速度调节器和右手轮。这些驱动装置都与编码器连接，由它们把仪器的机械位移量转换成计算机所能接受的数字量。

伺服系统的功能是把计算机给出的数字信息转变为仪器部件的机械位移。AC1 的伺服系统采用直流马达闭环伺服系统控制。计算机在一个周期的时间内，把计算的数字信息，如 X_1、Y_1、X_2、Y_2 的像盘坐标传输到控制寄存器中，AC1 的接口控制板把原先存储在参考寄存器的数据进行比较，当不相等时，就把这一信息传给数/模转换器，经它把数字信息转换成相应的模拟量，经放大后，送给马达以驱动像片车架。与此同时，像片车架上的线性编码器把位移量变成数字量，加到参考寄存器中，直到参考寄存器的内容与控制寄存器的内容完全一致，伺服系统才停止驱动。

AC1 像片车架最大量测速度 40mm/s，最大加速度为 X、Y、Z 有独立的快速驱动装置，用于断面量测的速度控制器从 0.3mm/s～10mm/s，可任意调整。

5. 测标位置显示装置

把复制的与右像盘中的影像完全相同的像片装入后，由于亮点与右方测标作同步运动，所以随时可以看到测标在右像盘中的大概位置，为量测工作带来了方便。它的定向精度为 2mm。

6. 控制面板和连续的坐标显示装置

带有四个坐标记录装置的显示器，可显示正负号、小数点和 6 个坐标值。利用循环开关可选择下列坐标。

像片盘坐标　X_L、Y_L，X_R、Y_R

像片坐标　X_1、Y_1，X_2、Y_2

模型坐标　X、Y、Z

断面坐标　X_p、Y_p、Z_p

地面坐标　X_g、Y_g、Z_g

绘图桌坐标　X_T、Y_T

7. 功能键盘 PFKBI(与本篇第五章第六节同)

8. 绘图监视器

9. 脚踏开关

与各种记录和绘图功能一起使用。

(二)电子控制设备

电子控制设备是连接 AC1 光机与 NOVA4/X 计算机的电子部件。它包括模/数转换和数/模转换电路，闭环伺服控制电路和直流稳压电源装置等。

电子控制设备的几种不同功能的组件是由 WILD 厂配制的。装在硬磁盘机的下面，外观上看与 NOVA4X 机是一个整体，它们包括：3 个直流稳压电源装置，以供像片车架的四个驱动装置和测标显示装置用。4 个带数字反馈的控制板，以接收计算机的数字信息，并按一定时间传给 4 个数/模和模/数转换板；再经 4 个伺服放大板，驱动伺服系统，使左右像盘在 X、Y 方向运动。还有一块测标位置显示装置电路板，二块双向线性编码器板，以及接连 NOVA4X 机和 AC1 光机的总线。逻辑控制、数据传输等用途的电子插件也装在这个电子柜中。

通过电子控制设备，把 AC1 驱动部件的计数脉冲，坐标显示寄存器的内容和计数器的读数输入到 NOVA4X 计算机。而接收来自计算机的信息是像片车架的移动值、要显示的坐标值、状态信息、光学控制的开关指令和音响信号，以及输入寄数器的新读数等等。这样在电子计算机和 AC1 之间搭起了一座联络桥梁。

(三)电子计算机

AC1 解析测图仪选用了美国 DG 公司的 NOVA4/X 数字通用计算机。

1. NOVA4X 计算机的技术性能

(1)内存为 256K 字节

(2)CPU 中央处理机字长 16 位

(3)具有 4 个累加器

(4)指令系统为 16 位。它包括在累加器之间执行各种计算和逻辑操作，累加器和主存之间操作数传递，程序控制的传递和输入/输出的操作。

(5)寻址方式有三种：直接寻址、间接寻址和通过 Map 的变换寻址。

(6)具有实时操作功能，计算机可以处理脉冲序列。

(7)中断功能：中断电路具有 16 位的优先级屏蔽来完成这个功能，电源故障优先级最高，奇偶校验错误中断次之。

(8)运算方式：可以进行定点运算，逻辑操作和浮点运算。双精度浮点运算字长 64 位。

(9)在 NOVA4X 计算机的 CPU 上，加上乘/除硬部件，用它来执行乘、除法运算，比用软件进行运算，其运算速度大为提高。

(10)输入/输出总线，它主要用来在中央处理器和连接到输入/输出总线上的各种外围设备之间进行命令和数据传输。有 54 个设备码可供选用。

(11)数据通道，为了进行快速的数据传输，输入/输出总线单独提供了一个数据通道电路。

(12)MAP 部件，可以把用户空间的逻辑地址变换为物理存贮器地址，还能实施存贮分配和保护措施。

(13)电源故障/自动重启部件：这个部件能使故障对系统正常工作的不良影响弱化。

(14)软件：NOVA4/X 配有各种软件，在 RDOS 实时磁盘操作系统的支持下，可以运行汇编语言，F5 语言，和一些诊断程序。

(15)具有启动时硬件的自校程序。

2. 外围设备

(1)软盘机：使用 8 英寸双面双密度软盘，存储量 1.21 兆字节，平均取数时间 100ms，传送速度为 62 个字节/s

(2)磁盘机：磁盘机为温式固定磁盘，磁盘存储量为 12.5 兆字节，传送速度 910 千字节/s，平均取数时间 60ms，用 RDOS 实时磁盘操作系统支持。

(3)磁带机：D1G1—DATA1649 型，密度 800BPI，存储速度为 259 磁道，1/2 英寸与 IBM 兼容。

(4)打印机，快速双向打印机，纸宽可以调，速度为 30 字符/s。

(5)后台终端：键盘为 ASR33 型，字母数字显示屏是 DG 公司 DASHERD100 型，显示尺寸为对角线 12 英寸，24 行每行 80 字符，最大传输率为 9600 波特率。

(四)TA2 数控绘图桌

TA2 绘图桌是平台式数控绘图桌，它的绘图面积大，桌面可倾斜和升降，带有位置和速度控制的伺服马达，通过一个串联接口，直接与计算机相连接。TA2 数控绘图桌是为多种用途设计的。与 AC1 连用，利用控制计算机中的附加软件，能绘制出高质量成品图。

1. TA2 的机械部件

(1)TA2 的基座

TA2 的基座是由一个底座和升降绘图桌面的机构组成。

底座本身放在前面的两个滚轴和后面的一根支柱上，因此整体移动绘图桌很方便。

(2)TA2 的绘图桌面

绘图桌面尺寸为 1.2m×1.2m。通过两个马达升降和倾斜。倾斜范围 0°～75°。高度调节为离地 0.8m 到 1.05m。桌面是半透明的丙烯酸板，下方的照明亮度可以调整。

(3)水平梁

水平梁的刚性很大，由马达通过导轨和小齿轮驱动，导轨位于绘图桌左侧，两侧有联锁的齿轮，重量不大的绘图头支架也通过导轨和小齿轮在这根梁上移动。精密的导轨和旋转编码器直接装在马达轴上，确保了量测系统的分辨力 10×10^{-6}，定位系统分辨力 20×10^{-6}。

(4)绘图笔架

绘图笔架上可装两个相距 53mm 的绘图工具，它们可由按钮或程序自动控制互换作业，每个绘图工具与图面的接触压力可以单独调节。

(5)绘图工具

绘图工具是由一个套筒和一个插件组成。插件在套筒里由弹簧支撑，弹簧利用转动插件上的有槽螺钉调节，这种方法能使每一种插件如：铅笔、圆珠笔、墨水笔、切向控制刻图刀等，与绘图材料的配合达到最佳的线划质量。

2. TA2 的电子部件

TA2 的电子部件主要装在绘图桌的底座里，电子柜位于底座的左部，功能组件设在底座的右部。

(1)控制机和接口

控制计算机是由一个微处理器 INTEL8741 来担当的，它与主计算机 NOVA4X 相连。主计算机发出的命令传输给控制机，经控制机分析计算加工后，控制执行各种功能，包括直线内插、曲线圆滑，字符和图形的生成，并且控制伺服马达的位移值和旋转量，控制绘图工具的基本动作和等待时间等等。

控制机与 AC1 的主计算机间是 RS232C 串联接口，通过这个接口，TA2 绘图桌接收主机的命令，机助绘图的功能键盘也通过这个接口与 AC1 的主计算机 NOVA4X 进行信息传输。

(2)伺服系统

TA2 的伺服系统是由 X 和 Y 移动的伺服系统与旋转绘图工具的伺服系统两个部分组成。

X 和 Y 移动的伺服系统，具有调节位置和改变速度的功能，编码盘设在伺服马达的轴上，用它来确定绘图点的位置。而马达的轴上也设有转速传感器，用它来量测轴的旋转速度，并把它的模拟信号反馈给马达转轴下方的调节系统。

旋转绘图工具的伺服系统也是靠反馈测量到的旋转量来控制操作的。

伺服马达的安置值是在 INTEL8741 中计算出来的。

(3)功能组件

TA2 的功能组件包括：XY 传动马达、绘图工具升降和绘图桌升降倾斜、调节电源、一个匹配用的变压器。

(4)TA2 的操作键

TA2 绘图桌的操作键设在台面的下边缘。左边的三个键为电源键，桌面透射光键、和电视摄影机键。右边的五个键为：笔选择键、设置窗口键、安置参考点键、操作方式键、绘图速度选择键。TA2 的绘图速度为 8～290mm/s 可以选择。

3. 手工控制盒

TA2 有两个手工控制盒，一个控制绘图桌的桌面位置，一个控制绘图笔架在 X、Y 方向的移动，笔的抬起和落下及记录绘图桌坐标。这两个手工控制盒可以用磁力吸在 TA2 桌子两旁。

4. TA2 绘图桌的几个特别功能

(1)自我测试功能

TA2 绘图桌可以单独的即不受 AC1 的控制绘制一张测试图。以检查 TA2 绘图桌各部功能的可靠性。

首先，我们设置一个参考点和绘图窗口，然后按一下处理器线路板上的 TEST 开关，把绘图桌的操作方式键转到 COMPUTER 方式，绘图桌就绘制出一张图。从图上我们可以看出：两个绘图头的调节情况；X、Y 伺服系统的均衡质量；解释和执行各种微处理器的命令是否正确；以及微处理器储存的信息可应用的程度。这个自我测试功能为 TA2 的检测和维修提供了很大的方便。

(2)保护功能

在 TA2 的水平梁上，设有光敏装置，当它被翘起的图纸或人手所遮住时，绘图笔停止运行操作方式的二极管不停的闪亮，并拌有断续的蜂鸣器嗡嗡声，此时，按操作方式键在人工的位置，排除遮挡物后，再把操作方式改回原有方式，可以继续工作。这个运行中的保护装置，对快速运动的绘图笔架和作业人员起到了保护作用。

(3)设置参考点和确定绘图限界

TA2 的参考点实际上是计算机绘图时的坐标零点。两次按 SET·REP 键，发光二极管亮，就把绘图笔架所在的位置记录为参考点。原有的 TA2 数据缓冲器的内容被新的取代，如两次按键间隔为 1.5s 以上，参考点仍采用以前记录的。最初的参考点的位置是在绘图桌面的左下角。而新设的参考点一般取图纸的左下角。

用窗口键可以确定绘图范围，窗口的左下角一般采用参考点位置，右上角是绘图材料的右上角。绘图窗口可以用两次按窗口键来清除。

三、AC1 解析测图仪的软件

AC1 解析测图仪的软件，是 AC1 的核心。依靠它能具体地实现 AC1 的各种功能。下面分别介绍 AC1 的输入输出控制方案和方法，以及计算机软件系统，摄影测量系统软件、检测软件和应用软件。

(一)输入、输出控制方案

AC1 解析测图仪同大多数解析测图仪一样，是通过手轮和脚盘输入 X、Y、Z 物空坐标系的坐标。这个控制方案的硬件设备较简单，灵活性强，作业方便。

AC1 解析测图仪的像片盘只能做水平运动。不能进行任何角度的旋转，它的主机类似 1 台立体坐标量测仪，当在一个模型中量测了 6 个标准定向点的像点坐标后，计算机按最小二乘法计算出相对定向元素，并把计算结果存在计算机相应的单元中，从而获得了左右像空间坐标系相对于模型空间坐标系的旋转矩阵，当观测者转动 X、Y 手轮和脚盘时，通过各自的编码器，把 X、Y、Z 的模型坐标值，转换为脉冲信号，输入给计算机，计算机按共线条件方程算出理论的像点坐标，在顾及像点的各种改正以后，换算为实际的像点坐标，以及仪器的像片盘坐标，再由闭环伺服系统驱动左右像片盘移动。使测标对准相应的两个同名像点。在有些程序段中，与此同时还要进行模型坐标和地面坐标的换算，其中还要顾及地球曲率和大气折光的改正。联机绘图时还要进行模型坐标与图面坐标的换算，并把命令信息传给 TA2 绘图桌，去驱动绘图伺服系统。这一切动作都是实时地进行的，由于计算机完成一次计算和反馈的速度很快，高于 30 次/s 这个人眼反应速度的周期，所以观测者得到与模拟仪器上同样的立体感觉，不会察觉反馈作用的延迟，不会出现立体影像的跳动现像。

AC1 解析测图仪，在不同的程序段中，计算机运算的内容是不相同的，但实时地进行运算并反馈的内容主要包括：

(1)从模型坐标换算成大地坐标；

(2)从模型坐标变换为图面坐标；

(3)地球曲率改正和大气折光改正；

(4)从模型坐标换算为像点坐标；

(5)镜头畸变差改正和底片变形改正；

(6)从像点坐标到像片盘坐标的换算。

(二)计算机系统软件

NOVA4/X 计算机的系统软件是由计算机厂家 DG 公司提供的。它包括 RDOS 操作系统，CL1 键盘解释程序，超编辑程序，F5 语言和汇编程序。

1. RDOS 操作系统

RDOS 实时磁盘操作系统是一个硬件/软件程序包，它允许用户利用磁盘进行存贮数据操作和对程序文件进行处理，同时可以通过 CL1 命令，批处理程序，系统调用和其它任何调用与 RDOS 系统进行通讯。它以快速响应的方式处理信息，可以对很多不同的子程序任务进行调度和转移程序控制，从而提供了对系统资料的并发使用。保证了整个程序操作的效率和经济性。

RDOS 可以支持 64K 到 512K 字节的内存，超过 10 亿字节的磁盘存储器，16 台磁带机(7 道和 9 道)和盒式磁带机。RDOS 可以同时支持行式打印机，数控绘图仪等多种外围设备的接口。

RDOS 有两种处理方式。一种是交互方式，它通过控制台键盘打入行命令，由键盘解释程序完成。第二种是批处理方式，RDOS 的批处理控制程序从卡片读入机、磁盘文件、磁带文件和盒式磁带文件中接收信息流。

RDOS 能够在前/后台内存区中运行两道不同的程序，同时运行和分享基本的系统资源，前台任务的优先级高于后台。

RDOS 可以按固定的或随机的方式把磁盘文件空间划分给几个用户使用。

一级分区

分割前的磁盘文件空间

一级分区	/	二级分区
目录	/	目录
目录	/	目录

分割后的磁盘文件空间

一级分区永远不能删除，而二级分区和目录可以删除，如果删除一个二级分区，二级分区中的目录也一起被删除。

RDOS 允许用户在自己的目录中去访问其它目录文件，这是通过连访人口进行的，连访人口允许在不同的目录中共用一个磁盘文件，所以节省了磁盘空间。

RDOS 本身使用了覆盖的功能，以提高自己的性能，同时也提供了用户覆盖功能，来增加程序地址空间的有效容量。

RDOS 的功能概括为

支持带实时扩充功能的高级语言

交互和批作业处理

前/后两道程序

有效的内存和磁盘存贮管理

灵活的文件结构、磁盘的分区和目录

磁盘分区和用户文件共享

用户程序的交换、连接和覆盖

带缓冲和不带缓冲的设备和文件的 I/O 处理(输入/输出)

2. 装入 RDOS 系统

这个备用的文件由 WILD 厂随 ACI 软件提供给用户。当系统出现问题要恢复系统时，不必重新生成 RDOS 系统，只是重新装入该系统即可。

装入 RDOS 系统的步骤如下：

(1)把软盘和硬盘的选择开关扳到左边，使 DP0 是软盘，DP1 是硬盘。

(2)插入 RDOS 备用软盘。

(3)在 NOVA4X 机面板上依次按下列开关

①SQITCH(钥匙总开关，开机)

②POWER(电源按键，接通电源)

③DISK(磁盘开关，并等红灯亮)

④RESET(总消)

⑤PR · LOAD(装入自举程序)

(4)此时，后台进入虚拟控制台状态，显示终端出现 FILENAME?

键入命令	后台显示
	FILENAME?
DKINIT↙	DISK INITIALIZER Rev. 6.60 DISK DRIVE MODEL
6099↙	6099 (12.5MB) DRIVE TYPE DISK UNIT?
DP1↙	COMMAND
FULL↙	COMMAND DESTROYS ANY PREV10US RDOS DISK STRUCTURE RDOS INIT/F MUST BE DONE ON DISK AFTER COMMAND TYPE CONTROL—A NOW TO ABORT WITHOUT LOSS NUMBER OF PATTERNS TO RUN(1—5)?
5↙	×××PATTERN 1 (155555)×××
	×××PATTERN 2(133333)×××
	×××PATTERN 3 (066667)×××
	×××PATTERN 4 (155556)×××
	×××PATTERN 5 (125252)×××
	×××ALL PATTERNS RUN×××
	DO YOU WISH TO DECLARE ANY BLOCKS BAD THAT ARE NOT ALREADYIN THE BAD BLOCK TABLE?
NO↙	DEFAULT REMAP AREA SIZE IS 32 BLOCKS BAD THAT ARE NOT ALREADY IN THE BAD BLOCK TABLE?
↙	REMAP AREA SIZE (TYPE RETURN FOR DRFAUIT)?
↙	REMAP AREA START BLOCK NUMBER (TYPE RETUEN FOR DEFAUIT)?
↙	DEFAUIT FRAME SIZE IS 5, MIN IS 1, AND MAX IS 54 DISK FRAME SIZE (TYPE RETURN FOR DEFAULT)?
↙	FULL DISK INIT COMPLETE COMMAND?
STOP↙	1013174

装入 RDOS 系统自举引导程序

键入命令	后台显示
	!
100033L	FILBNAME?
BOOT↙	BOOT Rev 6.60
	BOOT STRAP DVICE SPECIFIER
DP1	INSTALL BOOTSTRAP (Y OR N)?
Y↙	BOOT STRAP DEVICE SPECIFIER
DPO	INSTALL BOOTSTRAP (Y OR N)?
N↙	FILENAME?

装入 RDOS 系统程序

键入命令	后台显示
↙	MAPPED NOVA RDOS REV 6.62
	DATE (M/D/Y)?
月 日 年↙	TIME (H/M/S)?
时 分 秒↙	R
INIT/F DP1↙	R
MOVE/V/R/A DP1	(把软盘的文件装入硬盘)

	R
RELEASE DP0	MASTER DEVICE RELEASED
	000001
	!

把硬盘恢复为 DP0，软盘为 DP1

装 AC1 摄影测量系统

把 AC1 系统软盘第一块插入软盘机

	!
100033L	FILENAME?
↙	MAPPED NOVA RDOS REV 6.62
	DATE (M/D/Y)?
月 日 年↙	TIME (H/M/S)?
时 分 秒↙	R
CPART AC1 4000↙	R
DIR AC1↙	R
DIR DP1↙	R
MOVE/V AC1↙	把软盘上的文件转到 AC1 分区
	R
RELEASE DP1↙	R

取出 AC1 系统软盘第一块，插入第二块

DIR DP1↙	R
MOVE/V AC1↙	把第二块盘装入后显示 R
RELEASE DP1↙	R

取出 AC1 的第二块盘，插入 ATM 盘

CDIR ASW↙	R
DIR ASW↙	R
DIR DP1↙	R
MOVE/V ASW↙	R 把 ATM 装入 ASW 目录。
RELEASE DP1↙	R

取出 ATM 软盘，建立用户目录

CDIR USERI↙	R
DIR USERI↙	R
AC1:ACILINK↙	与 AC1 摄测软件连接后显示 R
ASW:ATMLINK↙	与 ATM 空三程序连接后显示 R
DIR DP0↙	R
STACI↙	开前台后显示 R

前后台进入工作目录，进行各自的工作。工作完成后关机，前台在 CL1 状态，终端上显示 R，后台键入

CTRL-F	FG TERM
RELEASE DP0↙	MASTER DEVICE RELEASED
	!

在 NOVA4X 面板上依次关机：

①DISK（磁盘）

②POWER（电源）

③SWIFCH（钥匙）

然后断掉稳压电源及室内所有电源。

3. 键盘命令解释程序——CL1

键盘命令解释程序（CL1）是一个功能很强的应用系统，它允许用户通过控制台键盘与 RDOS 操作系统进行对话，它把键入的信息翻译成 RDOS 命令，CL1 起着用户与系统之间接口作用。它允许用户执行程序文件，运行应用程序，完成文件管理，以及对 RDOS 的管理，通过 CL1 用户可调用 F5 语言，可调用超编辑程序。

当我们从磁盘上自举 RDOS 时，打入日期和时

间，这时 CL1 立刻显示出“R”，表示准备好了，于是可以执行 CL1 命令了，此时，CL1 将保持激活和接受命令状态，直到你执行下一个程序，当程序运行以后，系统返回 CL1 状态，如果工作结束了，我们用 CL1 命令来关闭 RDOS 系统。

如果操作时出现了错误，CL1 将显示错误信息，它有一个错误处理例行程序，可按 CTRL 键后不抬手，再按 A 键。CTRL-A 停止 CL1 和应用程序的执行，显示出“R”，回到 CL1 状态。

打入 CTRL-S 可随时中止控制台输出，但输出的信息并不丢失，打入 CTRL-Q 就可以继续从控制台屏幕上输出了，因此，可以交替使用读长文件。

用户通过宏文件和间接文件把一系列的 CL1 命令组成一条命令。

键盘命令解释程序的功能概括为

访问磁盘，磁带和其它外部设备；

建立和管理磁盘目录，来保存文件；

建立、传送、合并、保护和删除文件；

在宏文件或间接文件中组合 CL1 命令；

调用系统应用程序；

调用编译程序；

复制文件。

常用的 CL1 命令如下：

FORTRAN	编译一个 F5 程序
NSPEED	调用超编辑程序
RLDR	装配一系列文件为可执行文件
CDIR	建立一个分目录
CLEAR	置文件和用户计数器为零
CPART	建立一个二级分区
DELETE	删除一个文件
DIR	改变当前目录
DUMP	转贮一个或多个文件
GDIR	显示当前目录名
INIT	将一个目录或设备初始化
LINK	建立一个文件的连访入口
LIST	将文件目录信息列表
LOAD	将已转贮的文件再装入
MOVE	将文件送到另一个目录
PRINT	在行式打印机上输出一个文件
RELEASE	释放一个目录或设备
RENAME	更改文件名
TYPE	控制台上打印一个文件
GTOD	显示时间和日期

4. 用 FORTRAN5 和汇编语言编写程序

在 RDOS 操作系统的支持下，可以利用 F5 语言来编写各种应用程序，从建立到运行程序要遵循以下过程

(1)按计算方法用 F5 语言编写程序；

(2)使用 RDOS 的超编辑程序建立一个和多个源程序文件；

(3)编译这些源程序文件，产生一个二进制文件；

命令形式：FORTRAN　文件名↙

(4)把这个二进制文件与语言库中所需要的模块进行装配，产生一个可执行文件：

命令形式：RLOR　文件名“FLIB”↙

(5)执行这个程序。

命令形式　文件名↙

摄影测量的系统软件是实时程序，它们是用汇编语言编写的，采用了系统调用和任务调用，产生的过程是

①编写汇编程序。

②使用一种文本编辑程序，书写或改写一个或几个汇编源程序文件。

③汇编源程序文件，产生一个或多个二进制文件。

④装配二进制文件，产生一个可执行程序。

⑤执行这个程序。

编写用户自己的程序，要了解以下问题。

RDOS 允许用户建立自己的工作目录，并用“目录”来保存和分类文件。

RDOS 对文件的解释是：一个文件是一个要处理的信息集合。文件可分为二种，第一种是数据文件，第二种文件是程序，也称保存文件，每个应用程序和编译程序，包括 CL1 和操作系统本身，都是保存文件。这些文件存在磁盘上，叫磁盘文件，磁盘文件名由 1 到 10 个 ASCII 字符组成，它可以由大小写字母，数字或 $ 组成。用户可按上述要求选用文件名，但要了解 RDOS 系统对文件名有以下约定。

CL1 的宏文件名以·MC 为后缀

汇编语言源文件以·SR 为后缀

F5 源程序文件以·FR 为后缀

在编译和汇编文件之后，得到的二进制文件以

源文件名加·RE为后缀令名

对可执行文件指定后缀为·SV

对覆盖文件指定后缀为·OL

目录文件指定·DR为后缀

库文件通常用·LB为后缀

CL1产生的临时文件以·CM为后缀

5. 超编辑程序

超编辑程序是一个服务程序。它由CL1命令调出，但它的命令与CL1命令无关，超编辑程序允许用户建立、修改ASCII码文本，在编辑过程中，可以改变、删除、寻找或插入字符串、字符行或整个文件的一段。

超编辑使用一个“字符指示器”(CP)，它指出文件编辑的当前位置。

当编辑程序已准备好接收命令时，显示惊叹号(!)，这时可发出编辑命令，可在一行中打入多个命令，命令之间用ESC字符分开，打入两个ESC键，结束整个命令行，每打一个ESC键，超编辑就回送一个美元符号($)，在一个多命令行中，如果某个命令有错，超编辑指出错误，并忽略以后的命令。

打入“NSPEED　文件名↙”后，若文件存在，超编辑程序把它传送到编辑缓冲区，如不存在，将建立新的文件，并在缓冲区开始编辑。显示出“!”后，可以输入命令。编辑缓冲区是一个内存区域。在编辑过程中，超编辑在编辑缓冲区上工作，打入命令改变这个缓冲区的文件，直到发出UE命令前，被编辑的文件不写入磁盘。不重建磁盘文件。

超编辑命令摘要如下：

C　把一个字符串改成另一个字符串

H　停止超编辑并返回CL1

I　插入新的字符串

J　移到编辑缓冲区的开始

K　删去文本中的一行或多行

L　移到一行的开始

S　寻找字符串

T　显示一行或多行

UE　关闭修改后的文件并记盘

US　关闭修改后的文件并记盘。还以原文件名加后缀·BU保存原文件

(三)摄影测量系统软件

AC1解析测图仪的摄影测量系统软件是装在AC1目录中的。按照不同的操作方式分成不同的程序模块，每个程序块都采用了树状结构，通过清单的形式提供分支目录，逐级展开。PMO程序段具有扩充性，允许用户补充自已专门用途的程序。

AC1摄影测量系统软件使用方便，功能齐全，下面把各模块的功能简介如下：

1. INP输入程序

INP程序用于摄影机校准数据，象片定向数据，控制点数据，量测的格网数据和成批的地面点数据的输入。对于控制点文件和成批的地面点文件除用手工输入外；也可以由磁盘或磁带输入，INP程序把输入的数据生成文件。并自动在给定的文件名前产生两个代码后存入磁盘。摄影机数据前加CA，控制点数据加PP，成批点数据前加MP。可以通过INP程序调出文件，在屏幕上显示和修改，也可以由打印机上输出，并可以利用INP程序删除已生成的文件。

2. OUT输出程序

该程序把各种量测所记录的文件和数据输出到选择的设备上。

(1)输出的各类文件是

①BK文件：用MMO，TMO，PMO任一模块记录的像片坐标文件。

②MK文件，用TMO程序记录的模型坐标文件。

③MP文件，用PMO程序记录的成批点文件，断面数据或地面坐标。

④PP文件，用INP程序建立的或是ATM空中三角测量程序生成的控制点文件。

(2)可以选择的输出设备是

①前后台监视器(屏幕显示)

②宽行打印机

③以ASCII码的形式输出到磁带

④软盘和硬盘

⑤绘图桌

3、PL1绘图准备程序

该程序用于AC1光机与TA2数控绘图桌联机测图的准备工作，它的功能主要有三个方面：

①把经常使用的10个点符号和线型配置给PFKB1功能键盘0～9的数字键。

②展绘公里格网，图廓线，控制点。

③建立和编排线型库和符号库。

4. AT1空中三角测量服务程序

该程序是空中三角测量区域网平差程序的服务性程序，它的功能是把TMO程序所记录的二进制文件即模型坐标文件进行数据检索，转换成ASCII码的区域网模型文件，记到磁盘上，供空中三角测量区域网平差程序使用。如有必要，可以在屏幕上给出区域模型文件名而后显示和打印出来，也可以记到磁带上。

5. CMO仪器校准和状态监视程序

该程序有两个功能：

(1)仪器校准

校准的目的是确定仪器量测系统的系统误差参数值，并提供实时程序作为改正数。

校准的过程是利用像片盘上9个间距为90mm的格网点，根据机控格网量测值和标准坐标值进行平面仿射变换，计算出6个变换参数并自动存在CMO·CP文件中，作为实时程序改正值。

(2)校准状态的监视

检查仪器的工作状态是否发生变化，也通过9个格网点来进行，方法与仪器校准相同。坐标量测值用前一次校准仪器时测定的校正参数值进行变换计算，再与标准值比较，计算出仿射变换参数的改正值。如满足下列条件，则认为仪器稳定，否则，要对仪器进行新的校准。

零点偏移 $|DX_0| \leqslant 1.0\mu m$ $|DY_0| \leqslant 1.0\mu m$

比例误差 $|M_{FX}-1| \leqslant 15\times10^{-6}$

$|M_{FY}-1| \leqslant 15\times10^{-6}$

旋转误差 $|KAP| \leqslant 5\times10^{-4g}$

垂直误差 $|KAP| \leqslant 5\times10^{-4g}$

6. MMO 单张像片像点量测程序

该程序用于单张像片的单点量测，量测之前的内定向，可使以后的量测值由像片盘坐标变换为像点坐标，并加入了像片仿射变形改正，在这个模式下透明正(负)片装入右盘，仪器观测系统自动转向双目右。

7. TMO 空中三角测量程序

该程序使 AC1 作为立体坐标量测仪使用，它用于立体像对的像点坐标量测和坐标改正。从而获得像点坐标文件(BK 文件)和单个模型坐标文件(MK 文件)，这些文件存储在磁盘上，以供区域平差用。

该程序能自动提供光学转换，从正立体观察到反立体观察，高效地进行空中三角测量具有在航线方向自动传递点位的功能。

在量测过程中，从第 6 点起就建立了立体模型，并把相对定向后各点上下视差显示出来，15 个点以内都参加相对定向的平差计算，模型坐标文件可以打印出来。

8. PMO 测图程序

该程序使 AC1 作为立体测图仪使用，用于机控的和机助的各种作业。大体上分为 3 个部分，4 种测图方式。

(1)安置预置清单

安置该模型测图文件名，左右片号，左右摄影机文件等等所必须的数据。

(2)定向

包括内定向，线定向，相对定向，绝对定向和图纸定向。

(3)测绘

按照所选择的测图方式对模型进行量测。

①直接测图

AC1 主机与 TA2 绘图桌联机使用，进行立体模型的量测，绘图桌绘出所测的全部内容，如等高线，地物轮廓，地物符号，和文字注记等。它通过功能键盘和机助绘图软件，使测图过程的许多操作自动化，如平行线，闭合图形，晕线，曲线圆滑，符号注记等等。

②存贮测图

存贮测图的目的是生产数字地图，在数字地图中，一切地图内容被转换成一系列的地面坐标(*X*、*Y*、*Z*)及若干属性编码的形式，地图信息用数字形式表达，并存贮在 MP 文件中，可以在任何时候调用，或在 TA2 上绘制出来。

③单点量测

逐点地量测立体模型中的某些点，记录点号和 *XYZ* 坐标，并存入给定的 MP 文件中。

④机控量测

计算机控制量测，是指在一定的范围内，测标按选定的时间间隔或距离间隔，自动沿给定的方向驱动，人只控制速度调节器和用右手轮切准模型，计算机便自动记录像点坐标，断面坐标或大地坐标。

AC1 可进行 5 种不同的机控数字测图，这 5 种是：单个断面测量，平行断面扫描，横断面的测量，格网测量，和预定断面加格网的扫描。但机控量测只能在控制点坐标系的 *XY* 平面上进行，只能用于航空象片。

⑤计算

该程序段可以联机计算出两个地面点之间的距离，包括水平距、斜距和垂直距及方位角。可以计算在圆周上量测的点所组成的圆的圆心和半径，可以计算出几个量测点组成图形的重心和封闭的面积。

⑥用户程序

用户可以按用户接口软件自行编制测图作业程序。

(四)诊断程序

DMO 诊断程序，可以对 AC1 和 TA2 数控绘图桌的电子部件进行功能测试，确定故障或错误的位置，为仪器的检查维修提供了方便。

该程序的结构与 AC1 摄影测量系统软件一样，是按清单方式树状展开，可以检查 6 个部分，分成 6 个程序段。

1. 观测状态：用于检查双目左，正立体，反立体，双目右，四种观测状态。

2. 面板键，开关：用于检查所有的面板键，脚踏开关，手动导向器(自由手)的开关功能。

3. 面板显示：检查 4 行坐标数字显示装置。

4. 伺服回路：这个程序段检查像片盘伺服回路和与脉冲发生器相连接的操作部件。通过连续地循环程序，把脉冲发送到伺服系统，不用计算机的实时系统，检查手轮、脚盘、增量旋钮、*XYZ* 的快速转换部件。

5. AC1 的整体功能检查：整体检查以上 4 个方面，并检查正/负转换开关和测标位置显示装置。

6. 绘图桌和功能键盘：这一程序段用于检查 TA2 绘图桌和 PFKBI 功能键盘，可以检查从 PFKB 功能键盘到 AC1 计算机的信号流；从 AC1 计算机到 PFKB 功能键盘的信号流；从 TA2 数控绘图桌到 AC1 计算机的信号流；从 AC1 的计算机到 TA2 数控绘图桌的信号流；以及从 AC1 计算机到绘图桌的同步多路转换器通道和连接电缆。

(五)应用软件

应用程序是与仪器的主机没有关连的一些计算程序，它把 NOVA4X 作为一般计算机使用，它包括以下 4 方面的程序。

1. 空中三角测量程序和服务程序

(1)ATM 独立模型法区域网平差程序。

(2)ORIEN 定向程序：

它根据 ATM 程序的计算结果，解求 A10、AG1 模拟仪器定向元素。

(3)CON 加密成果分析处理程序：

它根据 ATM 程序的计算成果，进行同名点之间的误差统计和成果整理。

(4)TRANS 换带程序

它可以接受 ATM 计算的结果，整区换带。也可以用手动键入坐标进行换带。

(5)CMD 简化模型定向程序：

它利用 TMO 生成的像点坐标文件和加密点大地坐标文件生成 MD 文件，这样可以直接利用 PMO 程序，进行三角点的反求。

2. 制作正射影像图的数据处理程序

(1)SORA 程序：它利用已知的数字地面模型数据，即 MP 文件，内插形成 OR1 正射投影仪微分纠正作业所用的断面像点坐标数据

(2)MTI 程序：用它把 EK22 记录的模型坐标转换成大地坐标，并建立磁盘文件，即 MP 文件。

(3) RDEK 磁带数据检查程序：它用于检查 EK22 记录的磁带数据。

3. CIP 等高线内插程序

CIP 程序用于把格网点或随机分布的点内插形成等高线，内插的方式采用有限元法，允许加入地面断裂线，死区和地形特征点，以改善内插质量，内插后的等高线可以在 TA2 上输出图形来。

4. 用户接口软件

VSR 程序是用户接口程序，通过这个程序，可以用 F5 语言编辑自已具有特殊用途的绘图作业程序，并置于 PMO 系统软件中。

5. HLT 程序

根据铁路带状图的特点，绘制任何方位的底图，这是自己编制的程序。

四、计算机辅助测图

AC1 解析测图仪具有计算机辅助测图功能和计算机控制测图功能。通过 NOVA4X 机的控制和各种软件功能，在 AC1 测图过程中，除了人眼进行观测外的其它工作，如：内定向、相对定向、绝对定向的计算、以及记录、输出、图的绘制、纵断面、横断面量测等，都初步实现了自动化。下面通过建筑物立面图的量测说明机助测图的功能，通过铁路横断面图的量测阐述机控绘图的要点。

(一)机助测图功能

AC1 的机助测图功能是比较完善的，它可以描绘图廓线，公里格网，控制点；可以进行不同大小和不同角度的数字字母注记；具有常用的符号库，并可以生成新的符号；具有常用的线型库；并可自动按选定的线型连直线，光滑曲线，绘制平行线；绘闭合图形并填充符号；自动注记等等。

AC1 机助测图功能的实现，是一个复杂的过程，由于 AC1 光机与绘图桌之间是通过计算机联结的，因此所有制图信息都要进行数字化，才能被计算机接收和存储，不论是点信息、线信息、符号注记信息、最终输给计算机的是 *XY* 坐标值和属性编码，*XY* 坐标值由编码器传送给计算机，而属性编码则通过 PFKB2 功能键盘与坐标同时传送给计算机。这些制图信息变为绘图笔的基本动作，由软件来完成。制图软件要进行数据变换，把 *XY* 坐标变换为绘图坐标，把属性编码释成图形，还要把数据插补成能直接驱动绘图笔动作的步距单位。经多次调用基本绘图命令(如：移、换、抬、落笔等)和功能绘图命令(如：圆、直线、曲线等)，最后完成把立体模型的信息变成绘图桌上的图形这一相当复杂的过程。

在 AC1 完成机助测图的过程中，PFKB2 功能键盘起着关键的作用。主要是配合 TA2 数控绘图桌，通过 NOVA4X 计算机与 AC1 相连接。键盘上有绘图常用的 14 个带发光二极管的功能键；还有输入参数用的 4 个参数键，有 10 个数字键及一个有 4 位字母数字的显示器，组成如下：

带发光二极管的功能键

SYMBOL	绘制单个符号键
ANNOT	输入注记参数键
HEIGHT	点高程自动表示键
SYNCHR	同步绘图方式键
INIT	预置绘图参数图纸定向键
F1	删除一点功能键
F2	删除一条线功能键
RECT	绘制垂直线键
PARALLEL	绘制平行线键
SHADE	绘制晕线键
LINE	绘制直线键
CURVE	绘制曲线键
OFFSET	移开绘图头键
COMPLETE	绘图头返回一串线的起点

参数键：

SYMBOL TYPE	与数字键配合，选择符号类型
LINE TYPE	与数字键配合，选择线型
SPEED	选择绘图速度
PEN	换笔键

数字键：

0～9　存储不同的符号和线型，0 号键可以用清单改变大小、角度和代码。

四位显示器：

第一位　符号类型 0～9

第二位　线型 0～9

第三位　速度范围 0～9，对应的绘图速度 8mm/s，16，24，40，56，72，104，144，208，296mm/s

第四位　使用的绘图笔号 1，2

AC1 的机助测图系统，可以有两种工作方式，一种工作方式是与 TA2 绘图桌进行联机作业，叫做直接绘图。另一种是与 TA2 绘图桌脱机作业，在 AC1 主光机上进行数字化的存储测图，测好的数据存在磁盘上，需要时按一定的比例尺从 TA2 绘图桌上输出。

PFKBZ 在直接测图或存储测图时自动接通，在直接测图中，除 F1，F2 键外，其它功能键都可以利用。在存储测图中，PFKB2 功能键盘上只有一部分键可以利用。它们是：SYMBOL，LINE，CURVE，COMPLETE，F1，F2，INIT 和数字键 0～9。

利用 AC1 的机助绘图功能绘制常规的地形图是很方便的，特别是绘制铁路建筑，古建筑的立面图、等值线图、效率更为明显，要绘制一张古建筑的立面图，具体的作业方法如下：

1. 准备工作

(1)对要绘制的古建筑进行近景摄影和控制点量测。

(2)利用 INP 程序输入摄影机数据和控制点数据。

(3)利用 PLI 程序进行底图准备，绘出图廓线和控制点，并生成必要的符号和线型。

(4)利用 PMO 实时控制程序，进行内定向、相对定向、绝对定向、建立立体模型。

2. 直接测图

在 PMO 的测绘清单中，输入代码 1，打开绘图桌，绘图头自动移到桌子中间。这时 PFKB2 自动接通。

(1)启动 INIT 键，安置各项绘图参数。

①手轮平面一般选用代码 5，使手轮平面平行于物控坐标系的 *XY* 面。

②投影平面一般选用代码 4，使之与手轮平面平行。也可以采用投影轴缺省值。在绝对定向以后，控制点坐标系的 *Z* 轴就自动作为缺省值。这时投影面同样是 *XY* 面。

③进行绘图桌定向，把图纸固定在桌面上，利用控制点进行图幅定向最多可量测 6 个点。

(2)直接描绘

用 LINE 键绘制直线，用 RECT 绘制成直角的地物，用 CURVE 键绘出拱形和曲线，用 COMPLETE 键绘出闭合图形。对阴阳互等相似的部分可以生成符号，按符号绘出。在直接绘图中可以利用 OFFSET 键把笔移开，检查绘出的图，而后还用它恢复到原来位置，继续工作。用直接绘图能绘出一张成品图来。

3. 存储绘图

采用存储绘图，是把图的所有内容数字化后，存在 MP 文件中，而后，按要求的比例尺输出到 TA2 绘图桌上。

首先，要给出文件名称，文件可以增加和删除。MP 文件是成批点文件，它是以记录特征代码(点号)坐标和笔代码的形式记录的。特征代码可以通过键盘给出，显示在屏幕上。笔代码是绘图过程中自动生成的。笔代码的含义：1 为线起点，2 为直线中间点，3 为曲线中间点，4 为线终点，5 为单个点。

(1)启动 PFKB2 上的 LINE 键或 CURVE 键，在线的起点或中间点用脚踏开关的右边记录，终点用脚踏开关的左边记录。若是闭合形的，测标不必移到起点，只需按一下 COMPLETE 键，测标自动把线的起点作为终点，并记录在文件上，错误的线可以马上用 F2 删去。

(2)启动 SYMBOL 键，可以记录单个符号，相同的影像多次出现时，可以生成符号，记录的单点有错时，可按 F1 键，删去记录。

(3)按 AC1 面板的 EXIT 键，使文件结束，在不给出新的文件名后，退出存储测图。

(4)图形的输出

启动 OUT 程序，在绘图桌上输出 MP 文件，即把存储量测的立面图绘制出来了。如果利用存储的文件，重复绘图或改变比例尺绘图，更显出它比直接绘图有更大的优越性。

(5)在存储测图过程中，相同的影像如门窗等，只量一个，其它与之相同的，只记一个起始点。在图形输出时，启动 PFE 程序，即可在 TA2 绘图桌上，绘出一个完整的立面图来。

(二)机控测图功能

在计算机的控制下，可以进行单个断面，平行断面，横断面，预定断面加格网的测量，在这种量测模式中，测标在一定的范围按给定的时间间隔或距离间隔自动沿给定的方向驱动，人只控制速度调节器和用右手轮切准高程，计算机便自动按所指定的坐标类型记录 *XYZ* 坐标。计算机控制测图是很灵活的，由于某项工作的需要，也可以选用人工干预的方式，即测标仍沿断面方向自动移动，而用左手轮控制速度，右手轮仍控制切准模型，应该记录的地方，采用脚踏开关记录。沿铁路横断面地形的变化是没有一定规律的，无论是按时间或距离间隔记录，都不能真实反映地貌特征，我们选用让计算机控制测标沿横断面控制运动，人工在地形变化处记录断面坐标。这样测出的横断面图真实可靠，工作起来也很方便，具体的作业步骤如下：

1. 准备工作

(1)收集透明正片、外控资料，曲线资料，摄影机文件，加密成果文件，像片坐标文件，等等。

(2)用 PMO 程序进行内定向，相对定向和绝对定向，达到要求的精度。

(3)确定纵轴位置：既有铁路用存储测图的方式记录线路中心位置，注意线路的起点一般为该模型第一个断面的中心，可以利用外业加点或曲线资料确定第一个断面。新线铁路可以用 INP 程序输入导线点坐标，建立纵断面文件。

2. 横断面的测量

在 PMO 程序的测绘清单中，输入代码 4，即显示出机控绘图的清单，再键入 3，进行横断面测量。选择断面坐标做为记录的坐标类型，记录的方式为人工干予，横断面间距和断面两边长度应按铁路测量技术规则要求给出，以输入的线路中心线为纵轴，测标自动移到线路的起点，第一个横断面中心，即可以进行测量。

(1)输入代码

线路中心的代码，输入线路里程，其它点可以任意给出。

(2)横断面测量

踩脚踏开关右边，测标开始在断面上移动，用左手轮控制速度，右手轮切准高程，地形变化处，用脚踏开关右边记录断面坐标，线路左测测完后，测标自动返回线路中心，开始线路右边的测量。一个断面测完后，测标按给定的断面间隔，自动移向第二个断面,并停在线路中心等待命令。

(3)在进行横断面测量时,要注意脚踏开关左边的用法。在测量横断面中,当需缩短断面预定量测长度时,踩脚踏开关左边,可终断量测,测标自动返回线路中心。当测标沿线路中心移向第二个断面时,踩脚踏开关左边,测标停止移动,可以在此处加测一个横断面。

3. 用 OUT 程序输出横断面

(1)在 OUT 程序中选择的输出文件为成批点文件,选择输出设备为绘图桌。这样就可以在绘图桌上输出图形了。

(2)为了工作方便,可用 MCPP 程序,把断面数据文件按控制点文件格式重新检索,形成新的文件,并用 PL1 程序按控制点绘制方法,为断面图进行里程注记。

第三节　BC2 解析测图仪

一、全貌及各种参数

BC2 解析测图仪是瑞士威尔特厂生产的。它由 Wild AVIOLYT BC2 和 Aviotab TA 10或 TA2 数控绘图桌组成。BC2 解析测图仪的各种参数如表 2.7.3.1。

二、BC2 解析测图仪的硬件

BC2 解析测图仪的硬件主要由三部分组成:主机为一台高精度的立体坐标量测仪;TA 10电子数控绘图桌;DG 30电子计算机。

(一)BC2 光机部分

1. 仪器操纵系统

(1)左右手轮和脚盘

(2)*XY* 平面的自由手推架

(3)*XYZ* 快速操纵杆

图 2.7.3.1　BC2 全貌图

2. 坐标显示器

主机面板上有一个 8 位数字显示器,无论是模型坐标,像片盘坐标,像片坐标,地面坐标,断面坐标,绘图桌坐标都可以通过面板上的按键实时地显示。发光二极管任何时候都可指示所选择的坐标类型。

3. 像盘驱动与量测机构

BC2 有四个独立的驱动车架,左右像片架只作 *Y* 方向的移动,左右观测系统作 *X* 方向驱动。且从计算机伺服控制系统和机械方面对像盘系统设置了三重位置超限保护。

4. 测标光路

BC2 具有环形及点形两种测标,颜色为绿、红,可以调换。

5. 观察光路

BC2 配有 6~9 倍观察目镜;6~20 倍的 ZOOM 变倍系统;Dove 旋像棱镜。可以进行正立体、反立体及双目右等观测。

6. 操作终端

为了操作方便,键盘位于主机前,显示屏幕位于主机左侧。

7. 测标位置指示器

可迅速准确显示测标在整个模型中所处位置。

8. 数据输入与输出设备

配有行打印机，磁带机，磁盘机，数字监视器（第二个终端）

9. 图形终端

配置 Tektronix 4107 或 4109 型彩色交互式图形终端。

10. PFKB5 功能键盘

在一个带有 64 个键的键盘上，24 个标准化程序功能已存储在内，其余 40 个可由操作者依据测图要求进行设置，使操作更为方便。

BC2 解析测图仪各种参数

表 2.7.3.1

项　目	参　数	项　目	参　数
最大像幅	$240\times240mm^2$	频率	47～63Hz
焦　距	任意	温度	+10℃～38℃
眼基线	55～80mm	湿度	20%～80%
可变焦光学系统	6～20 倍连续可调	体　积	1780mm×800mm×1380mm
测　标	d=0.06mm 点测标 $d_{内}$=0.11mm $d_{外}$=0.13mm 环形	重　量	340kg
旋　像	35°～135°	绘图桌幅面	1000mm×1144mm
视　场	放大 6 倍时 30mm 放大 9 倍时 20mm	绘图桌	四笔绘图头
驱　动	闭环伺服控制	桌面倾斜	0°～75°
量测精度	±2μm	最大速度	250mm/s
误差改正	畸变差，大气折光，地球曲率	量测系统分辨率	0.01mm
电压	220V±10%	定位分辨率	0.02mm

（二）DG30 计算机

DG30 系统是 DATA GENERAL 公司生产的 Desktop Generation 台式微型计算机，字长 16 位，具有硬件浮点处理器。512K 内存，可扩充到 1.5MB，可带 1～2 台 368K 软磁盘机，1～2 台 15MB 硬磁盘机，38MB 温彻斯特硬盘。原机可配 RDOS 及 AOS 操作系统。BC2 采用 RDOS 系统并配置 FORTRSN Ⅴ 语言，DG30 实时地计算测标和绘图头的位移值，它能控制所有的摄影测量工作和恢复功能，能处理所有的应用软件。

（三）数控绘图桌

BC2 解析测图仪可配置 TA2 或 TA 10数控绘图桌，且有闭路监视系统，实时显示正在绘制的图形，可作在线或者离线绘图。由于有完善的绘图软件控制，可以作高质量的刻图。

三、BC2 解析测图仪的软件

BC2 解析测图仪的软件主要由三个部分组成：计算机基本软件，系统软件和应用软件，与 AC1 的软件系统基本相同。

（一）计算机基本软件

计算机基本软件由计算机厂家提供。

1. 主要用于程序控制序列，包括操作系统，一个程序库和许多辅助程序。操作系统为 RDOS(Real-time Disk Operating system)，标准配置 FORTRAN5 语言。

2. 实时软件：实时软件在完成数学投影任务的同时，可以进行物镜畸变差、软片仿射变形、地球曲率和折光差改正，实时程序执行 75 次/s。

（二）系统软件（联机软件）

系统软件包括由 Wild 专门为操作 AV10LYT/AVI0tab 测图系统而编制的所有程序。程序为模块形式，全部程序以树状结构为基础，清单显示，使用户在 BC2 操作中能更方便可靠地使用它们。系统软件以清单形式向操作者展示所有可选择的程序。树状结构，使操作者可沿着设计好的渠道，通过对话方式一步一步地进入自已所要选择的作业环境，系统可以扩充。系统软件共有 9 个。

准备工作程序包括两个程序：

1. INP(INPUT OF DATA)数据输入程序

2. PL1(PLOT INITIALIZATION)绘图预置程序。

测图和数据获取包括下列三个程序：

3. MMO(MONOCOMPARATOR MODE)单片坐标量测程序。

4. TMO(TRIANGVLATION MODE)空中三角测量程序。

5. PMO(PLOTTING MODE)测图程序。

数据控制和数据变换包括下列两个程序：

6. OUT(OVTPVT OF DATA)数据输出程序。

7. AT1(AEROTRIANG INPUT)空中三角测量输入。

校准和故障诊断包括下列两个程序：

8. CMO(CAAIBRATION MODE)检定程序。

9. DMO(DIAGNOSTIC MODE)诊断程序。

DMAP 软件作为联机软件是由威特公司发展的独特的标准数字绘图系统。在 DMAP 中所有的(包括绘图参数在内)数据以数字形式存储。为方便以后输出任何比例尺的地形图,配有 TEK 彩色终端,可以进行检查和图形编辑。经检查编辑可以修改其中错误,输出准确无误的图形,便于数字测图。

(三)应用软件

应用软件是脱机软件,不与主机相连,可以单独运行。

1. ATM 独立模型法区域网平差程序。

2. PAT—MF 带有挑错功能的独立模型法区域平差程序。该程序具有自动探测和剔除粗差的功能,所用的粗差检测方法称为坚韧估计值法(Robust Estimation),实际上是一种选权迭代法。这种方法仍从惯常的最小二乘法平差出发,在每次平差后,根据残差和其它参数,按所选择的权函数计算每个观测值在下一步迭代中的权,在迭代过程中含粗差观测值的权将愈来愈小,直至趋于零。一般三次迭代即可剔除粗差点,相应观测值的残差直接代表粗差的大小,平差结果就消除了粗差的影响。

3. PAT—B 光束法区域网平差程序

4. CIP 等高线内插程序

5. SORA 为 OR1 微分纠正数据处理程序

6. ORIAN 测图定向元素计算程序

7. PSA 渐近采样程序

8. USIP 用户接口程序

9. DAVOL 利用数字地面模型(DTM)计算体积的程序

10. PTM 通过 CIP 计算矩形格网,可作透视图程序

四、计算机辅助测图

(一)概述

PMO 程序为测图及数据获取程序,是九个系统软件中最大的一个程序。PMO 程序操作前还要求两个准备工作程序,即 PL1 及 INP。通过 INP 程序建立控制点文件及像机鉴定数据文件。PL1 程序为之提供格网及展绘控制点。PMO 程序主清单如下:

1. NEW MODEL	新模型
2. INITIALIZATION	预置
3. ORIENTATION	定向
4. COMPILATION	测图

用 PMO 程序测图,由于采用了 PFKBS 功能键盘,绘制各种符号、线型十分方便,可大大提高绘图效率。

(二)用途

PMO 程序可进行像对定向,点或线划的测绘,测绘成果可用数字形式和图形形式存储起来。可进行图解测图、数字测图、计算及断面测绘。

(三)操作

在键盘上键入 PMO↙则屏幕显示程序主清单。在键盘上键入 1↙显示

PMO PROGRAM

ACTVAL MODEL NAME=823

ENTER MODEL NAME:824↙输入新模型,模型名最多用 8 位字母和数字表示。

在键盘上键入 2↙,显示预置数据清单,根据屏幕提示,采用人机对话形式,将每项数据输入正确,该项工作即进行完毕。清单内容如下:

INSTRVMENT TYPE…… AVIOLYT · BC1
OPERATOR' S NAME
ORIENTATION DATE
CONTROL POINT FILE
PHOTO NVMBER LEFT
CAMERA NUMBER
CAMERA ORIENTATION
PRINCIPAL DISTANCE(MM)
PHOTO NUMBER RIGHT
CAMERA NUMBER
CAMERA ORIENTATION
PRINCIPAL DISTANCE(MM)
TYPE OF PHOTOGRAPHY
TYPE OF PHOTO CORRECTION
TYPE OF TRANSFORMTION
PHOTO BASE(MM)
CAMERA HEIGHT ASL
GROUND HEIGHT ASL
DISTANCE CAMERA-OBJECT
MODEL NUMBER(1～10)

安置好后,在主清单中键入 3↙显示下列清单

MENU ORIENTATION

1. INNER ORIENTATION	内定向
2. OUTER ORIENTATION	外定向
3. TABLE ORIENTATION	绘图桌定向
4. PRINT ORIENTATION	打印定向成果

根据清单提示逐项进行内定向,内定向的目的是恢复像片摄影光束。外定向包括像点量测及定向计算,主要分为相对定向和绝对定向。在量测像点之前,为了防止量测过程中 Y 视差过大,首先要进行核线定向,接着开始 6 个标准定向点的量测,程序自动安排测标移到标准点位附近,只要立体切准即可。如遇特殊情况,可移到附近目标清晰位置。6 个标准点位量测完毕,即可进行相对定向计算。计算清单如下:

1. SWAP TO INP PROGRAM	返回 INP
2. REMEASURE	重新量测
3. RELATIVE ORIENTATION	相对定向
4. ONE-STEP ORIENTATION	一步定向
5. TWO-STEP ORIENTATION	二步定向
6. OR IENTATION COMPLETED	定向完成

如果相对定向各项限差都符合要求,程序自动返回清单。如发现问题可重新量测。接着输入定向点号,进行定向点的量测,一般情况下量测四个点便可进行大地定向(程序容许可到 30 个点)。量测结束

后便可进行计算，打印其结果。

打印完成后返回主清单，在键盘上键入 4↙，进入编绘清单，显示如下：

MENU COMPILATION 编绘菜单
1. DIGITAL MAPPING 数字测图
2.
3. SINGLE PT MEAS 单点量测
4. COMP CONTR MEAS 机控量测
5. COMPUTE 计算
6. USER PROGRAM 用户程序

在键盘上键入 1↙，进行数字测图，测图可记录在磁盘上，输出到绘图桌上，或者同时记录在磁盘上又输出在绘图桌上，下面仅说明第三种情况。首先输入文件名，便于以后输出时调用，通过绘图桌定向，用仿射变换或相似变换把三维坐标变换成绘图桌的两维坐标，定向完成后，绘图桌上展绘的控制点已和模型上相应点对应起来。定向完成，读出平面及高程精度，若全部在限差范围之内，便可进行测图。首先描绘地物，依据外业调绘片，认真判读，再测绘等高线、高程点。一幅图测完，以文件记录在磁盘上，以后需要，还可以输出各种不同比例尺的地形图。该程序还可进行单点的量测、机助测量、断面测量及计算等。如果用户需要还可以利用 USIP 用户程序自编程序。

第四节 JX-3 解析测图仪

一、概述及主要技术参数

(一)概述

JX-3 型解析测图仪由精密立体坐标量测仪、AST-286 微型计算机、ST 数控绘图桌及相应接口设备和伺服系统，以联机或脱机方式组成的数字测图系统。

AST-286 计算机是仪器的核心，用数字方式解算立体像对上像点坐标与相应模型点的三维坐标间的相应关系，以建立被测目标的数学模型，进行点位、断面、等高线等各项量测任务。

JX-3 型仪器是国产解析测图仪，它能测各种比例尺地形图，进行空中三角测量区域网加密，自动绘图廓线，公里网线，展点，DEM 数字高程模型采集，面积计算，近景摄影测量等。该仪器最主要的特点是能进行数字测图，可以将采集的要素或数据存储，需要时可进行回放。它有功能较强的地籍测量软件和数字测图软件，有(1∶500)～(1∶10 000)的常用图式符号库。该仪器适用于水电、铁道、地质、冶金煤炭、农林、城建等单位及高等院校和科学研究单位作为生产和科学研究之用。

JX-3 解析测图仪在技术上的特点：

1. 仪器采用 80286＋80287 单 CPU 系统微型 PC-AT 计算机，进行数据处理与实时控制。

2. 仪器采用整体大板 I/O 接口和微机化的伺服系统，集成化程度和稳定性大大提高。

3. 利用软件方法实现在计算机屏幕上实时图形显示。

4. 数字测图软件中，有大量信息压缩的软件和联机编辑功能软件。

5. ST 数控绘图桌，采用精密的齿轮、齿条，运行速度快，噪声小。

6. 实现人机对话，数字测图软件的命令采用环形菜单，使菜单的“级”数减到最小，方便于使用。

(二)主要技术参数

立体坐标量测仪

1. 像幅 23cm×23cm
2. 像方的定位分解力 0.001mm
3. 像点坐标精度 ±0.003～0.005mm
4. 观测系统放大倍数 5～20 倍
5. 像方主距 不限
6. 视场直径 30～7.5mm
7. 测标直径 20～200μm
8. 分辨率 1μm
9. 坐标量测精度(不低于)5μm

ST 绘图机

1. 有效幅面 950×700mm
2. 轴向最快移动速度 150mm/s
3. 量测系统分辨力 10μm
4. 重复定位精度 0.05mm
5. 距离精度 ＜0.1mm
6. 对角线精度 ＜0.15mm

AST-286 计算机

1. 频率 6,8,10,MHz
2. CPU 80286＋80287
3. 内存 1MB
4. 硬盘 40MB
5. 软盘 1.2MB，360KB 各一个
6. CRT 640×350 彩显
7. 操作系统 DOS3.30 版

接口设备和伺服系统

采用整体大板 I/O 接口和微机化的伺服系统。

1. 直流伺服电机 力矩 5kg/cm，900 转/min 测速发电机，0.1V/每转每分钟
2. 码盘 500 分划或 1 000 分划

二、JX-3 解析测图仪的硬件

仪器设置有 X、Y 手轮和 Z 脚盘，通过人机对话，作业员操纵手轮或脚盘，利用码盘将大地坐标 XYZ 输入计算机，经计算机计算后再控制伺服电机

驱动像片盘作 X、Y 方向以及绘图桌作 XY 方向移动，而伺服电机的转角，则由码盘进行监控，根据需要可通过键盘操作将数据打印记录下来。由于计算机的计算速度快，精度高，所以仪器的精度比模拟仪器有很大的提高，仪器的外形如图 2.7.4.1 和图 2.7.4.2。

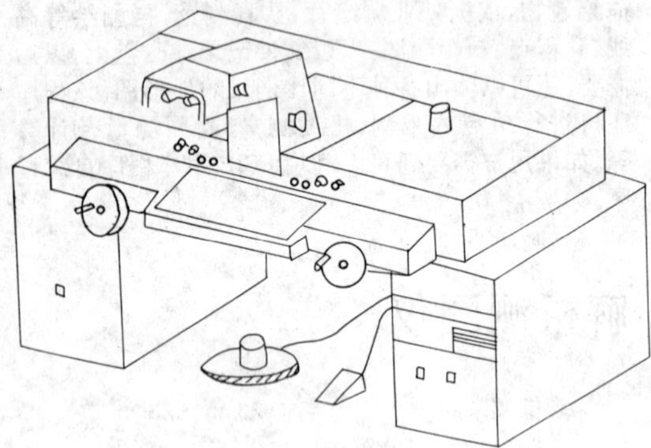

图 2.7.4.1　立体坐标量测仪

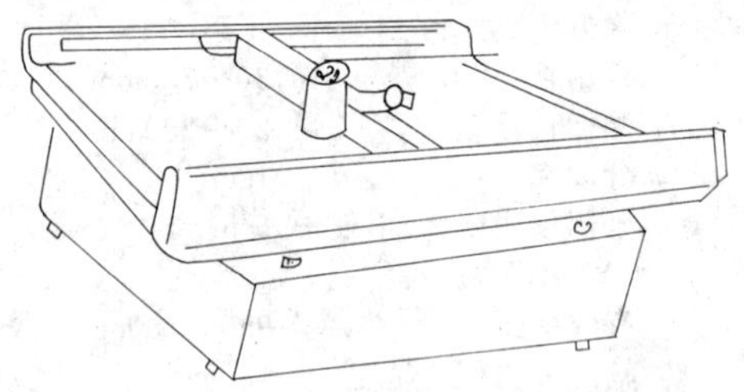

图 2.7.4.2　数控绘图桌

(一)光学系统特点

1. 光学系统采用光学变倍系统(ZOOM)结构，用小倍数来观察视场，大倍数时切准像点，从而提高了仪器对使用要求的适应性。

2. 设置了光路互换装置，满足空中三角测量的要求。

3. 测标可以连续变化，以适应不同人眼的判读要求和连续变倍的要求。

4. 出射光轴连续调节，以适应不同人眼的最佳观测条件，以消除人眼长时间观察的疲劳。

(二)机械部分特点

1. 采用封闭式结构，观测系统固定。

2. 滑架的驱动采用螺纹丝杠及电机加码盘计量伺服系统。

3. 采用扁平导轨。

三、JX-3 解析测图仪的软件

JX-3 解析测图仪的软件有：

1. 实时循环程序

它是由汇编语言写成的，在一个循环周期内进行采样、控制、计算、驱动、完成数字投影的任务。

2. 定向程序

有内定向、相对定向、绝对定向的量测计算程序。它们是一次计算完成的，并在 CRT 上显示定向点的残差、中误差。出现错误后可以重测一个点，删除一个点，增测一个点或全部重测，然后重新计算。

3. 数字测图程序

在数字测图时，把地图要素分类型进行数据采集。并以数字地图方式存储在磁盘上以后，它可提供给编图工作站编辑或由绘图机脱机绘图。数字测图程序有：测绘房屋、道路、直线、双线、自动闭合多边形，在封闭区域内晕渲或填充符号，计算面积，曲线拟合，房檐改正，单点量测，自动注记高程等。这些点、线、面都可以有实时图形显示。这样，作业员可以从屏幕上实时地监视着动态显示的图形，能及时地进行处理和联机编辑，以减少工作站上的编辑工作量。

4. 线型库程序

5. 数字高程模型(DEM)采集程序

在规定的扫描范围内，沿地面上标准格网点采集地面坐标 X、Y、Z。格网间距、方向、采集速度由用户可以任意选定。

6. 检测程序

该程序是在机控的条件下，通过对单个像片盘上 25 个点的精密格网的量测，检测出 XY 方向坐标计量的误差以及 XY 主导轨的垂直性误差，以此形成仪器系统误差的改正数据。

7. 测试程序

用户可随时用 TEST 程序，测试 JX-3 仪器硬件系统的功能、状态，以帮助用户确定故障位置。

8. 脱机绘图程序

在方式 3 测图条件下，按磁盘上记录的数据，自动展绘地形图的基本要素，即图廓线、公里格网、控制点、地图向量等。也可以做自动展点仪用。

9. 空中三角测量数据采集程序和空中三角测量区域网平差程序

JX-3 解析测图仪配备的自检校光束法区域网平差程序(PC-386 版本)，一次平差的区域可容纳 300 个像对。为了避免附加参数的强相关，同时也便于生产作业人员操作使用，JX-3 自检校平差程序附加参数的缺省值定为 3，即选择三个最基本的附加参数，用于补偿底片缩放变形，X 与 Y 轴不垂直等系统误差。通过空中三角测量的生产实践，加密的精度良好。

四、计算机辅助测图

JX-3 投入批量生产后，应用软件仍在不断改进，现就 9.1.8 版本做简要介绍。

(一)菜单

仪器上的操作命令，是以菜单形式给出的。有两种菜单：

1. 主菜单

MAIN MENU

1——Data input

(数据输入)

2——Whole screen parameter edit
(全屏幕参数编辑方式)
3——Remeasuring
(像点坐标修测)
4——Measuring of orientation point
(像点观测)
5——Input integer by address
(按真地址输入整型量)
BP——Digital mapping
(数字测图)
9——Quit JX
(退出 JX 文件系统)
:——DEM
(数字地面模型采集)
=——"GO" by name/coordination of point
(按点号或点的坐标自动进入该点)
〉——Forced recording
(强制记盘)
B——TAPE OPERATION
(磁带操作)
P——Profile
(断面)

2. 数字测图菜单

Digital mapping Menu

H*CR——Back to main menu
(返回主菜单)
/——Show & print corrdinates
(显示当前 7 个坐标)
↑——DZ up
(上升 1 个等高距)
↓——DZ down
(下降 1 个等高距)
Z——Set altitude & FD lock
(安置高程并锁定脚盘)
D——pen down
(落笔)
U——pen up/end a element
(抬笔)
T——CRT
(测标居中)
S——HW $ FD velocity adjustment
(手轮、脚盘灵敏度调整)
K——Set plotting window RTC
(右上角设测图窗口)
V——Set plotting window LBC
(左下角设测图窗口)
1——show mapping $ digital menu
(测图和数字测图菜单显示)
2——whole screen parameter edit
(全屏幕参数编辑方式)
-——Delete the last element
(删去刚测的最后的一个元素)
N——change scale of Vmap
(改变 Vmap 显示的比例尺)
B——Install classification code
(设置分类码)
I——FD unlock
(脚盘释放)
L—Y——Curve fitting
(小绕度曲线拟合)
R—U——Sampling by distance interval
(按距离间隔采样)
T—U——sampling by time interval
(按时间间隔采样)
␣/F——Stant a element(real/false)
(一个实元素或一个虚元素起点设定)
AP——point menu
(点菜单)
AH——Drawing hachure line
(房子晕线)
AS——Symbol menu
(符号菜单)
AD——Up $ down programmed pen
(复式抬落笔)
AF——Fillin symbols menu
(符号填充)
AE——Area calculation
(求面积)
AW——line with symbols
(用符号装饰线条)
G——off—line "GO" by corrdinates
(按坐标脱机走)
M——margin formation $ KM grid drawing
(图廓线公里网展绘)
W——Rectangle house auto—closing
(四角房屋的自动闭合)
X——Eaves Correction(after O/W)
(房檐改正)
E——Vmap
(可视地图的存贮与回放)
O——Closing to the point defined by ␣/F
(回到由␣/F 定义的原点)
Q——Quickly show Vmap
(快速显示 Vmap)
C——Fast D—V
(快速的把 D 文件变换为 V 文件)

主菜单和数字测图菜单的关系是由主菜单的 8p 命令进入数字测图菜单。另外，由数字测图菜单可退回到主菜单。具体步骤为：

(1)在数字测图的情况下
(2)踩一下脚踏扳
(3)键入 H 命令
(4)键入↙，退回到主菜单。

(二)测图方式

JX-3 有三种测图方式

model selection 选择方式

1. Analytical plotter　　解析测图
2. Digital collector　　数字采集
3. Digital plotter　　数字测图
4. Quit　　退回 JX 文件

第一种方式是精密立体坐标量测仪与 ST 数控绘图机一起运动的。它可进行数字测图,DEM 采集,回放数字地图等工作。

第二种方式只是精密立体坐标量测仪运动。它可进行数字测图,DEM 采集等工作。

第三种方式是 ST 绘图机运动的,它可回放数字地图,展绘图廓线,公里网线,展点等工作。

(三)初建模型

建立×××·sss 定向文件。

1. 框标点、定向点示意图 2.7.4.3。

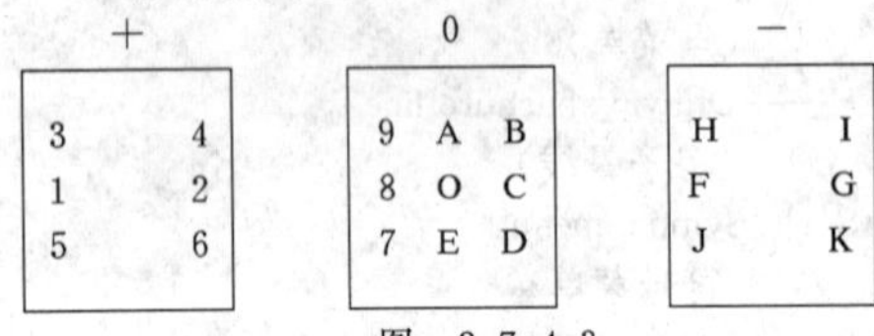

图　2.7.4.3

7. 9. B. D 是对角框标点;

8. A. C. E 是对边框标点;

O 是主点;

1. 2. 3. 4. 5. 6 是正立体时,6 个定向点的概略位置。

H. I. J. K. F. G 是负立体时,6 个定向点的概略位置。

2. 初建模型框图如下。

JX
2
观测左右测标和定向点
↙回车
0
按提示要求输入有关定向参数
模型定向计算,可存储有关定向数据,以备重建模型用

(四)重建模型初次测图

建立 XXX. DDD,XXX. VVV 文件,如框图所示:

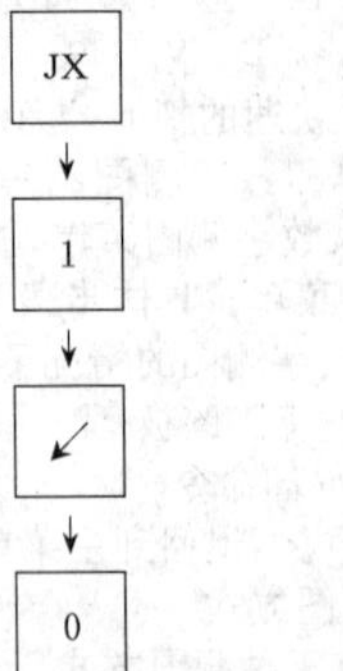

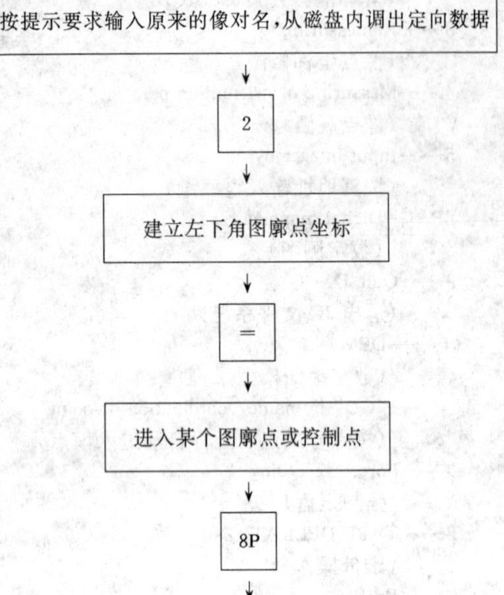

↓

进入数字测图,初测第一帧记盘时提示图名。此时,输入图名。建立 XXX. DDD 文件

↓

H

(五)地貌和地物测绘

1. 数字测图地物测绘的框图如下。

数字测图状态
摇手轮
切准起抬点
⊔/F
AD
(R/T/L)
摇手轮
(U/U/Y)
AWXN/AHXN/AFXN/AE

以 B 和　/F 作为地物测绘的自动分类和它们的起始点,曲线测绘可任选以下命令之一

AD(复式落笔)　　R—U(按距离间隔采样)

T—U(按时间间隔采样)

L—Y(小曲率拟合)

当曲线测绘结束时,可选 AW(线装饰),AH(加晕线),AF(填充符号),AE(求面积)等命令进行符号修饰。

2. 测绘等高线的步骤:首先键入 Z 命令,把高程 Z 设置在一个整数值上。此时自动锁定脚盘。键入ER，把缓冲区内数据记盘。

(1)键入B命令，在Videomap上显示各种分类码的字符，键入4，键入Y。

(2)摇X、Y手轮，使测标立体切准某根等高线的起点。

(3)键入␣命令，使物方的点与像方的点相对应，并落笔。

(4)键入R命令，(或T命令)按距离采样开始(或按时间采样开始)。

(5)摇XY手轮，描绘完一根等高线。

(6)键入U命令，按距离采样结束，抬笔。此时，在Videomap上记录了这根等高线的图形。

(7)键入↑或↓，使等高线上升一个等高距或下降一个等高距。

(8)重复(2)到(7)的操作过程，直至画完等高线为止。

(9)键入I命令，释放脚盘。

等高距的设置，是在2号命令的全屏幕测图参数的dZ栏上安置。

3. 测绘房子的步骤：

(1)键入B命令，在Videomap上显示出各种分类码的字符，键入0。

(2)摇XY手轮，转动脚盘，立体切准房子的某一个角。

(3)键入␣命令，测得第一个房角点。

(4)摇XY手轮，转动脚盘，立体切准房子第二个角。

(5)踩脚踏开关，测得第二个房角点。

(6)摇XY手轮，转动脚盘，立体切准房子第三个角。

(7)踩脚踏开关，测得第三个房角点。

(8)如果这房子是长方形的，只要键入W命令，就会自动绘出闭合图形。如果这是一座多边形的房子，需要重复(3)、(4)的步骤，把多边形房子其余的角点依顺序测完，最后键入O命令，自动绘出闭合图形。

4. 测绘单线地物。

5. 测绘加宽地物。

6. 进行高程注记：

(1)键入B命令，在Videomap上显示各种分类码的字符，键入5，键入Y。

(2)摇XY手轮，转动脚盘，立体照准点。

(3)踩脚踏开关。

(4)键入AP+Z↙

(5)键入B5Y

(6)此时"跟着学"功能开始起作用，以后每切准一点后，用脚踏开关记录，则注记高程。

第八章 数 字 测 图

第一节 概 述

近年来，随着电子计算机技术和信息技术的飞速发展，航测仪器设备的更新换代，进展非常迅速。在世界范围内，以数字测图为中心的航测设备技术改造，已成为普遍潮流。由于数字测图具有一系列的优越性和强大的生命力，在西欧、北美、日本等先进工业国家已广泛用于生产，逐渐取代传统的模拟测图，成为航测制图生产的主要手段。

在我国，航测由模拟测图向数字测图的转化，已列为测绘系统的基本技术政策，并且正在加快实施之中。

最近颁布的《中华人民共和国国民经济和社会发展十年规划和第八个五年计划纲要》明确提出，“八五”期间要加强测绘事业。逐步形成数字测图、空间测量和快速定位等技术体系。把航测仪器技术改造、建立数字测图体系放在重要地位。这是因为数字测图比传统的测图技术具有一系列的优越性。现结合我国铁路勘测设计的特点综述如下：

1. 地形图的全要素和所有信息均以数字文件形式存贮在计算机系统中，并可转贮到磁介质中，长期保存。

2. 数字测图在成图方法上是对传统的航测制图的重大改革。数字测图用人机交互式图形编辑代替人工修改，用机控自动绘图代替手工清绘整饰。

3. 利用一次采集的数据可以编辑绘制多种比例尺的地形图，不仅适用于新线勘测设计的各个阶段，而且可以满足既有铁路技术改造不同工种用图的要求。

4. 数字测图系统由于建立了符号库、汉字库，绘图机的线型标准，有利于提高图纸的标准化、规范化程度。

5. 数字测图由于去掉手工编图和清绘，可以改善劳动条件，提高生产效率。

6. 数字测图除了向用户提供传统的线划地形图外，还可以用磁介质提供数字地图产品，有利于进行地图的修测和更新。

7. 地形图要素可以分层存贮，如铁路、公路、水系、植被、居民点、站场设备等存贮于不同的层中，可以方便地绘制各种专题图。

8. 数字测图的同时可以生产所测地区的数字地形模型(DTM)，作为计算机辅助设计的基础数据。例如：可用于铁路线路平面、纵断面优化设计，既有线技术改造，站场、大桥、长隧道等重点工程的计算机辅助设计，以及公路、水利、城市规划等各种领域的CAD。

9. 数字测图可以为建立地理信息系统提供基础数据。

10. 数字测图系统的应用范围广泛，还可以用于城市大比例尺(1∶500)测图，以及为生产正射影像图提供DEM等。

目前，在世界上实现数字测图的途径主要有三种：第一种是利用解析测图仪；第二种是对既有的模拟型立体测图仪进行技术改造；第三种是利用自动相关的全数字测图系统。此外，在我国近几年有些单位开发了微机立体坐标量测仪数字测图系统。这种方法的原理与联机空中三角测量类似，通过单点量测求出物点的地面坐标和高程，适用于城市测图工作。

模拟型立体测图仪，在国内外数量庞大，是常规测图的主要仪器。充分发挥这些模拟立体测图仪的潜力，配备必要的计算机软硬件，组成数字测图系统，实现航测装备的更新换代，是一条切实可行的具有普遍意义的方法。

模拟立体测图仪作数字测图的技术改造，目前有两种途径。一种途径是对某些类型的模拟立体测图仪，在结构上作较大的改造，加入伺服驱动系统，使之成为解析型仪器。例如，国内和国外已对B8s、TOPOCART B等型号立体测图仪作了成功的改造。另外一种途径，是模拟型立体测图仪本身不作任何改造，仅在立体测图仪和计算机之间增加一个硬件接口，再配以相应的软件，此乃通常所说的机助测图系统。

在国外，机助测图系统主要有两种方案。一种方案是建立集中式的大系统，通常有一台大型计算机、如VAX 11/785，作为后台机。每台立体测图仪通过硬件接口，与主机的一个终端相联，构成数据采集站。另外，再配备一定数量的图形编辑终端，全部软件的运行和联机操作，均由主机完成。当终端数增多时，这种集中式的大系统，会出现争抢CPU(中央处理器)时间，而降低运行速度的问题。第二种配置方案是，每台立体测图仪配备一台微机，构成数据采集站，另外，再按比例配备一定数量的编辑工作站。其中每个工作站具有相对独立性，再把各个工作站及外围设备联成一个分布式的网络系统。这种方案的优点在于，各工作站既可实现资源共享，又具有一定的独立性，一个工作站的故障不会影响整个系统。

当前，微机发展十分迅速，性能大幅度提高，不仅速度快、容量大、体积小、环境要求低，而且操作使用方便、易于维护、通用性强、价格低廉。因此，在现有的模拟型立体测图仪上配备微机，构成联机数字测图系统，是一种经济实用的方法。

数字测图把航测技术提高到一个新的水平，引起了航测成图方法的重大改革，极大地扩大了航测产品的应用深度和广度。有计划地对我部现有的模拟型立体测图仪进行技术改造，逐步实现数字测图，是与铁路勘测设计手段现代化密切相关的。

第二节　数字测图的系统配置

数字测图的系统配置，指的是进行数字测图所需的基本硬件组成部分及包含的相应软件。对于不同的数字测图系统，软硬件的系统配置是不同的，但是一般可以归纳成数据采集、图形编辑和图件输出等几个部分。现就模拟立体测图仪机助测图系统、解析测图系统、数字摄影测量系统的系统配置，分别作一简要介绍。

1. 模拟立体测图仪机助测图系统的系统配置

模拟立体测图仪，例如 A10，AMH，AGI 等，其 X、Y、Z 三个轴需配备 A/D(模/数)转换装置，即通常所说的码盘(编码器)。测图仪的脚踏开关，通过通讯线应能向硬件接口传送抬落笔信息。

作联机数据采集的微机，可以采用 PC386 及以上的兼容机，内存容量不小于 4MB，硬磁盘容量不小于 120MB，最好采用速度更快、容量更大的 PC586 或 PC686，以提高实时数据采集的效率。监视器应为彩色图形终端，以适应地物地貌的分色分类显示。屏幕的分辨率愈高、尺寸愈大愈好。

数据通讯接口，是指立体测图仪和计算机之间实现数据通讯的硬件和软件。数据通讯接口的硬件基本上有两种基本类型：一种是接在计算机 RS232 标准口上的接口箱，另一种是直接插在计算机主板上的接口板。它们的作用是通过倍频、滤波等，将仪器码盘(光栅尺)输出的数据传送给计算机。软件接口是一个数据传输的实时控制程序。衡量硬件接口的主要指标，是数据传输的可靠性、稳定性以及数据传输率。

联机数据采集系统的软件，由绝对定向、地物地貌采集、实时图形显示、在线编辑等软件组成，其中包括各种线形自动配准等功能。

图形编辑系统的硬件配置，一般应比联机数据采集系统的容量更大、速度更快、功能更强，最好与数据采集系统联成网络，实现资源共享。

图形编辑软件应具有较完善的图形编辑功能，包括窗口变换，绘制各种图形，切割、删除、恢复、图形填充，生成及绘制各种符号等多种功能，并且具有设置颜色、线形，分层存储、分层操作、层与层相互叠加等功能。某设计院研制的数字测图系统，采用 MicroStation 作为图形编辑软件，并且对其进行了二次开发。MicroStation 在目前被公认为是图形编辑功能最完善、最适于地形图编辑的软件，而且具有独特的管理磁盘文件的强大功能。

绘图输出的硬件配置，通常是标准的数控绘图机。如 HP700 滚筒式绘图机，Roland 平台式绘图机等。对于非标准配置的数控绘图机，如 TA100 高精度数控绘图桌，则必须开发相应的绘图驱动程序。

2. 解析测图仪的系统配置

解析测图仪通常可分成主机、计算机系统和外围设备三个组成部分。解析测图仪的主机，是指包括观测系统、像片车架、工作台在内的仪器光机部分的主体。计算机系统包括伺服驱动和实时控制系统，以及运行系统软件和应用软件的通用计算机。不同类型的解析测图仪，控制系统和计算机是不同的。后来出厂的产品都采用性能价格比较优的微机。解析测图仪的计算机一般都配备大幅面高分辩率的彩色图形终端，用于数据采集的实时图形显示和脱机图形编辑。外围设备包括数控绘图机、打印机、磁带机等。

解析测图仪的软件配置，包括系统软件和应用软件两大类。系统软件由一系列的程序模块或软件包组成，包括系统初始化、仪器检校、系统诊断、文件管理等模块；定向软件包(像片内定向、相对定向、绝对定向)、数据采集和编辑软件包、数字地面模型(DTM)数据采集软件包等。应用软件包括解析空中三角测量、数字地面模型内插、正摄影像数据处理以及用户接口软件包等。

解析测图仪比模拟型机助测图系统的突出优点是，仪器光机部分结构简单，采用精密光栅(码盘)计量系统，具有伺服反馈系统，仪器精度高、功能强，应用范围广的优点。解析测图仪焦距不受限制，可以处理各种摄影资料，包括卫星像片、交向摄影像片以及近景摄影资料。

3. 数字摄影测量系统的配置

数字摄影测量系统，亦称软拷贝摄影测量系统、数字测图仪、全数字摄影测量系统。这是一个全新的摄影测量系统，它没有传统的高精度的光学机械部件。其系统配置是由通用的计算机硬件和专用的摄影测量数据分析软件构成。与模拟和解析测图系统不同，它没有复杂的光机立体观测系统，而是采用偏振光或液晶立体眼镜，实现屏幕影像分光立体观测。

数字摄影测量系统，与传统的基于软片的解析摄影测量系统不同，它是以数字影像为基础的。摄影影像，包括航摄影像和卫星图像，通过磁介质以数字方式输入到计算机系统中。由于数字影像数据量庞大，一张航摄像片的数字化影像，需要数百兆个字节，虽然采用特殊的处理方式和算法，可以压缩存储容量，但系统仍需配备很大的内存和磁盘空间。同时需要很高的运算处理速度，以便实现实时控制。

专用的摄影测量数据分析软件，包括数字影像处理、影像匹配、特征提取、模式识别等多种功能。实际上，数字摄影测量系统是一个由一系列复杂的算法、计算机视觉、人工智能软件构成的万能摄影测量系统。

目前，数字摄影测量系统已取得重大进展，计算机硬件系统性能价格比大幅度提高，一些厂家已推出实用的数字摄影测量系统。自动空中三角测量、DTM 自动提取、正射影像自动纠正、正射影像自动镶嵌以及三维景观透视图的生成，已经成为较成熟的技术。虽然影像匹配的成功率很高，但仍需辅以交互式的人工编辑。而且，地物的采集基本上是人工交互式进行的。

数字摄影测量系统的产品，可以是多方面的，包括数字地形图、DTM、正射影像图、影像地形图、三维景观透视图、以及为 GIS(地理信息系统）提供的各种信息。

第三节　联机数据采集

一、设备联机准备工作

数字化测图系统由于包括计算机、硬件接口等电子装置，不仅对电源系统有一定的要求，而且立体测图仪、微机、通讯接口之间是按严格的规定连接的，所以在联机数据采集之前，必须进行设备联机检查，确保设备连接准确无误。

1. 对电源的要求

数字测图数据采集系统的微机和硬件接口均需 220V 电源，电源波动要求在±5%以内，电源应有稳压装置。由于微机的功率较小，1kW 的稳压器即可满足要求，通常可以跟立体测图仪使用同一稳压电源。

2. 测图仪、微机、接口之间的连接

立体测图仪 X、Y、Z 三轴编码器（码盘）的输出端，接到硬件接口的“脉冲输入”口。对于威特厂生产的立体测图仪 A10、AG1、AMH 等，若有连接 EK22 磁带记录装置的接口，则可直接利用此插口与通讯接口相联。

并行接口板直接插在微机箱内的主板上，它比串行接口箱稳定，避免了噪声信号。

3. 启动系统

(1)接通稳压电源

稳压电源接通后，应等待一会，待输出电压稳定在工作电压 220V 左右，再启动其它设备。

(2)立体测图仪联机

把立体测图仪电源开关打到 on 位置，并与 TA 绘图桌联机。

(3)硬件接口初始化

采用并行接口板，接口的初始化由软件实现，每进入一次系统，自动进行初始化，此时接口状态清零，需对准立体模型的起始点。

(4)启动微机

先打开监视器电源开关，然后打开微机电源开关，微机进行自检，在屏幕上显示 2048K OK 或 4096K OK，接着屏幕刷新，显示提示符： C:\>。

此时微机处于接受命令状态，可以键入 Dos 操作命令，或以·exe 为后缀的可执行程序。

二、立体像对相对定向

立体像片对的相对定向，与传统的模拟测图完全相同，参见本篇第五章，这里不再赘述。

三、联机绝对定向

立体模型的绝对定向，就是根据定向点建立模型坐标系与地面坐标系之间的对应关系。在模拟立体测图仪上，立体像片对的相对定向完成后，根据联机读取的定向点模型坐标及有关起算数据，确定模型绝对定向参数，其基本公式为三维线性正形变换公式：

$$\begin{bmatrix} X \\ Y \\ Z \end{bmatrix} = \begin{bmatrix} X_G \\ Y_G \\ Z_G \end{bmatrix} + \lambda \boldsymbol{R} \begin{bmatrix} \overline{X} \\ \overline{Y} \\ \overline{Z} \end{bmatrix} \qquad (2.8.3.1)$$

式中　X,Y,Z——变换后的地面坐标；

X_G,Y_G,Z_G——定向点重心的地面坐标；

$\overline{X},\overline{Y},\overline{Z}$——定向点重心的模型坐标；

$\boldsymbol{R}$——旋转变换矩阵，其是两个坐标系之间转角 ϕ、Ω、κ 的函数；

λ——比例尺系数。

采用重心化坐标，(2.8.3.1)式中只有 $\lambda,\phi,\Omega,\kappa$ 4 个未知数。模型定向点通常选用 6 个点或者 6 个以上的点，此时采用最小二乘法求解变换参数。当旋转变换矩阵 $\boldsymbol{R}$ 和比例尺系统 λ 确定后，则任一量测点的地面坐标均可以按(2.8.3.1)式求出。

为了在测图过程中，在计算机屏幕上同步显示地物地貌的位置和图形，还需要建立屏幕上的光标与立体测图仪模型上测标的对应关系，并且对任一点的坐标均施以相同的变换。

为了加快绝对定向过程，程序采用特定的算法计算立体测图仪定向安置元素。此时不能采用传统的空间后方交会算法，不仅因为定向点的像片坐标量测值未知，而且其解算精度也不能满足要求。新算法的基本关系式为

$$\boldsymbol{M} = \boldsymbol{M}_K \boldsymbol{M}_\Phi \boldsymbol{M}_\omega \boldsymbol{M}_\phi \boldsymbol{M}\kappa$$

式中

$$\boldsymbol{M}_K = \begin{bmatrix} \cos K & -\sin K & 0 \\ \sin K & \cos K & 0 \\ 0 & 0 & 1 \end{bmatrix}$$

$$\boldsymbol{M}_\Phi = \begin{bmatrix} \cos\Phi & 0 & -\sin\Phi \\ 0 & 1 & 0 \\ \sin\Phi & 0 & \cos\Phi \end{bmatrix}$$

(2.8.3.2)

$$M_\omega=\begin{bmatrix}1 & 0 & 0\\ 0 & \cos\omega & -\sin\omega\\ 0 & \sin\omega & \cos\omega\end{bmatrix}$$

$$M_\varphi=\begin{bmatrix}\cos\phi & 0 & -\sin\phi\\ 0 & 1 & 0\\ \sin\phi & 0 & \cos\phi\end{bmatrix}$$

$$M\kappa=\begin{bmatrix}\cos\kappa & -\sin\kappa & 0\\ \sin\kappa & \cos\kappa & 0\\ 0 & 0 & 1\end{bmatrix}$$

M 即为绝对定向中的旋转矩阵。

空中基线的倾角 Φ 和旋角 K，按下式计算：

$$\tan K=\frac{Y_{SR}-Y_{SL}}{X_{SR}-X_{SL}} \qquad (2.8.3.3)$$

$$\sin\Phi=\frac{Z_{SR}-Z_{SL}}{\sqrt{(X_{SR}-X_{SL})^2+(Y_{SR}-Y_{SL})^2+(Z_{SR}-Z_{SL})^2}} \qquad (2.8.3.4)$$

式中 X_{SL}、Y_{SL}、Z_{SL}——左投影中心的地面坐标；

X_{SR}、Y_{SR}、Z_{SR}——右投影中心的地面坐标；

将(10—2)式中 $M_\omega M_\phi M_\kappa$ 展开，可得到如下矩阵方程：

$$M_\phi^{-1}M_K^{-1}M=\begin{bmatrix}\cos\phi\cos\kappa & -\cos\phi\sin\kappa & -\sin\phi\\ \cos\phi\sin\kappa-\sin\phi\sin\omega\cos\kappa & \cos\phi\cos\kappa+\sin\phi\sin\omega\sin\kappa & -\cos\phi\sin\omega\\ \sin\omega\sin\kappa-\sin\phi\cos\omega\cos\kappa & \sin\omega\cos\kappa-\sin\phi\cos\omega\sin\kappa & \cos\phi\cos\omega\end{bmatrix} \qquad (2.8.3.5)$$

根据式(2.8.3.5)中角元素的几何特性，可以求出 ϕ、ω、K。把角度值变成立体测图仪上的安置元素，尚需加上常数 100(400 度制)。

在立体像片对相对定向完成之后，立体模型的绝对定向可以采用下述两种方式进行。

第一种方式是按常规方法作立体模型的绝对定向。

第二种方式是根据联机绝对定向软件的提示，输入相对定向元素的初始值，立体量测各定向点的模型坐标，计算出定向元素的精确安置值，再安置到仪器上，即可完成立体模型的绝对定向。

联机绝对定向的步骤如下：

1. 建立控制点文件

联机绝对定向所需的各定向点的地面坐标，需输入到一个控制点文件中。建立控制点文件可以采用任何一种编辑软件，例如 Edlin，Edit，PE2 等。

为了便于文件管理，对于控制点文件名和模型点文件名作了如下约定：

(1)控制点文件、模型点文件均以·DAT 为后缀；

(2)控制点文件名以字母 P 开头；

(3)模型点文件名以字母 M 开头；

(4)文件名用立体像对左、右片片号取后三位数，中间加下横线表示，例如 P318 _ 319. DAT，M318 _ 319. DAT；

(5)点号用 1～4 位数字表示，只要求在同一像对不重名即可；

(6)点号与坐标之间，坐标与坐标之间用一个或一个以上的空格分开；

(7)一个像对定向点一般不少于 6 个，最少不得少于 4 个点，以便保证定向精度；

(8)在控制点文件中，定向点的顺序为任意。

2. 启动程序

键入程序名和回车键，则启动数字测图程序。程序采用菜单方式进行操作，即通过键入菜单中各项所对应的行号，或者用键盘中箭头上下移动来标识所选择的项目，即可进入该项操作。

程序的主菜单如下：

1. 退出
2. 绝对定向
3. 选择采集方式
4. 数据采集
5. 生成图形文件
6. 生成绘图文件
7. 改变视图方式

3. 联机绝对定向

选择主菜单中第 2 项，敲回车键后即进入绝对定向过程。然后依次根据屏幕提示，输入有关信息和数据。

输入信息包括选择定向方式；从接口读数据或从文件读取数据；仪器类型：A10 或 AG1；模型比例尺以及是否输入仪器定向的安置数据等。

程序按严密的二次项公式进行绝对定向元素的平差计算。为了提高定向精度，通常需观测 6 个标准位置的定向点，最少量测 4 个定向点。

量测过程中按着程序提示输入点号，当切准定向点后，踩一下脚踏开关，程序自动把该点的点号及模型坐标通过接口读入计算机中。定向点的点号需跟控制点文件中的点号对应，但量测顺序可以是任意的。

4. 精度控制

在量测完全部定向点后，屏幕上显示出各定向点的点位(与立体模型中的实际点位相对应)、点号、X、Y、Z 坐标的残余误差及误差矢量。各定向点的误差分布情况直观醒目地显示出来，可以一目了然地看出各点的余差是否超限，以及误差分布是否合理。

同时在屏幕下方分别显示出 X、Y、Z 三个坐标的中误差 m_X，m_Y，m_Z。当各项精度指标完全满足要求时，则绝对定向结束。

5. 修测

如果定向点的残差及中误差不满足精度要求时，则需进行修测。程序安排有两种修测方式：单点修测和全部点修测。修测后程序重新进行平差计算，计算出残差及中误差，以便判断是否满足精度要求。

6. 定向参数

绝对定向完成后，就确定了立体模型的一组定向参数。像对中量测的任一点，均需根据这组定向参数进行坐标变换。定向参数包括：地面坐标系与基线坐标系之间的变换参数；模型坐标系变换到地面坐标系的变换参数;地面坐标系变换到屏幕坐标系的变换参数等。

地面坐标系与基线坐标系之间的变换参数,即通常所说平面旋转系数,对于铁路航测是必须考虑的。这是由于铁路航线是任意方向的,最大旋角可达±45°,如果不加入此项变换,将会影响高程精度。我们可以这样来解释,量测作业是沿飞行方向,即基线方向进行的,也就是说误差累积是沿该系统产生的,如果按地面坐标系改正是不合理的。具体作法是,先把定向点的地面坐标变换到基线坐标系,在进行了各项变换和改正之后,再把所有点的坐标反变换到地面坐标系。

地面坐标系与屏幕坐标系之间的变换关系,是为了建立监视屏幕上的光标与立体模型上测标之间的对应关系,以便把采集的地物地貌以图形方式实时显示在屏幕上。

在绝对定向完成后,程序自动建立一个定向参数文件,把有关定向参数依次记录在文件中。实际上利用定向点的地面坐标文件和模型坐标文件,执行绝对定向程序,可以重新生成定向参数文件。

四、地物地貌编码系统

目前国内尚无统一的地物编码系统。根据铁路大比例尺测图特点,我们设计使用了一种专用的地物编码系统,既考虑了生成图形文件后分层存贮的对应关系,又考虑了某些地物地貌的自然特性,并且尽量减少编码的位数,以便于记忆和简化操作。

首先,地物地貌编码的号码,就是图形文件的层号。这样,同一编码的地物在生成图形文件后,全部存放在同一层中,便于按层操作及层的叠加。所使用的图形编辑软件层数为 64 个,编号 0~63。我们把线状地物,例如铁路,公路,大车路,水系,坡脚线,陡坎、通讯线,房屋,围墙,计曲线,首曲线等,以及高程注记点等常用地物地貌,给予相应的代码。

其次,考虑了地物地貌的自然特性,例如:10m 的计曲线赋予编码 10,5m 的计曲线编码为 15,1m 的首曲线(等高线高程个位数为奇数)编码为 11,2m 的首曲线(等高线高程个位为偶数)编码为 12。按这种编码方式不仅便于记忆,而且生成图形文件后,不同的计曲线和首曲线分别存贮在对应的层中,有利于用同一套数据编绘不同比例尺的地形图。例如,编绘 1:1 000 铁路地形图,需要用到全部的首曲线和计曲线;在编绘 1:2 000 地形图,通常等高线间距为 2m,只需要 10m 的计曲线和 2m 的首曲线,只需把 10 层和 12 层相叠加即可,而舍弃不需要的 11 层和 15 层。

独立地物符号,例如信号机,警冲标,水鹤,固定桩等,编号从 100~998。

五、联机数据采集

绝对定向完成后,即可转入联机数据采集。在进行数据采集之前,以及在一个立体像对未量测完,退出系统后重新进入系统,均应先对准起始点,然后启动程序,选择菜单中的第 4 项,就进入数据采集工作状态。

这里起始点,是指在进行立体像对绝对定向时量测的第 1 个定向点。实际上可以选择任一个定向点作为起始点。一般作业人员习惯于选择立体模型中左下角的定向点,作为模型的起始点。

对于铁路带状测图而言,有时测图范围仅为立体模型的一部分。例如,沿基线的一个带状地区,此时如果选择其中一个主点附近的定向点作为起始点,当反复退出进入系统时,可以使对准起始点更方便些。

联机数据采集跟传统的模拟立体测图过程,基本上是一致的,都是分类对地物和地貌进行测绘。所不同的是,在测绘每种地物地貌之前,需要给予相应的代码。在测图过程中,程序把所测地物地貌以图形方式,实时地显示在计算机的监视屏幕上。如果需要,在绘图桌上可以同时绘出铅笔底图,以便作为检核。若使屏幕上的图形显示与绘图笔的动作同步,就要求脚踏开关的抬落笔动作与传送计算机的信息相匹配。实际上,对于数字化测图而言,铅笔底图并不是一定必须的。国外的模拟立体测图仪联机数字化测图系统,是不联绘图桌的;但是,采集数据的监视器采用高分辨率的大屏幕。

为了简化数据采集过程中的操作,在程序中定义了功能键 F1~F10,用来代替最常用的基本操作。软件设计成跟模拟测图作业过程一样,主要是利用脚踏开关控制抬落笔,以便提高作业效率。通常按选择代码的功能键后,根据提示键入要采集的地物之编码,当踩脚踏开关"落笔"。就开始了此地物的采集。踩"抬笔"开关,则表示一个元素(一根等高线,一幢房子等)采集结束。若接续踩"落笔",则开始采集同类地物的另一个元素。

每改换一次代码,软件自动将当前采集的数据写入计算机硬磁盘文件中。每当采集完一种地物,采集工作告一段落,或者中间休息离开前,最好改换一次代码,把已采集的数据存入磁盘文件中,以免丢失数据。此外,程序还安排了自动存贮数据的功能,当采集的数据超过内存允许的总点数时,程序自动把存于内存中的数据写入盘文件,同时计算机发出轻微的蜂鸣声,提示作业人员稍许停顿一下,一般一两秒钟即可。

采集的数据,不论直线,线串,曲线,符号等,均以最基本的点来表示。每个点的数据由代码,X、Y、Z 坐标,以及抬落笔信息组成。联机采集的数据,实际上是带有地物特征码和抬落笔信息的空间点的某种集合。

在数据采集过程中,程序是逐点进行坐标变换的,即根据绝对定向中确定的变换参数,把模型坐标变换成地面坐标,同时变换成屏幕坐标系的坐标,以便以图形方式进行全屏幕显示。

为了简化操作和提高采集数据的作业效率,开发了自动注记高程、绘制平行线等功能。注记高程时,在键入注记高程的代码后,每切准立体模型上一个点，踩一下脚踏开关(落笔或抬笔)，程序可以在屏幕上对应的光标位置，自动显示出高程数字。若绘制平行线，作法是先沿平行地物，如道路的一边采集数据，然后用测标切准平行地物另一边的相应位置，按功能键 $F8$，则程序自动绘出平行线。这种方法比健入平行地物之间的距离，更加简单和方便。绘制矩形房屋，只需切准房屋的三个角，其中踩两个落笔最后一点抬笔，则程序控制自动绘出矩形房子，同时加入正交化改正。对于测绘水塔、粮仓等圆形地物，程序设置了相应的代码，只需沿圆形地物测 3 个点，即可自动绘出圆来。

为了使采集的各种地物地貌在监视屏幕上表示得更加清晰和分明，程序中对不同的地物赋予了相应的颜色。例如，铁路线及铁路上的设施以亮白色表示，以便更加突出；居民点用橘色表示；等高线用红色表示；通讯线、电力线用紫色表示；水系用绿色表示，等等。

各种地物地貌的编码，如前节所述，与生成的图形文件的层是对应的。同一种编码的全部地物，在生成图形文件后，均存贮于与该编码相同的层中，以便于分层进行图形编辑操作。对于各种地物符号则集中存于第 1 层中，但是每种地物符号均有相应的代码。其中简单的地物符号，例如三角点、水准点等，以标准图例符号显示在屏幕上；对于较复杂的符号，则采用简化的代用符号表示。为了醒目，符号也赋予相应的颜色。

六、相邻模型的接边

在联机数据采集过程中，当前模型与周围相邻模型之间的联结，包括上、下航线邻接模型，是把已采集完模型的数据裁切成条带状，叠加到当前的模型上作为参考，利用捕捉功能实现同名线状地物的接边。

具体作法是，把欲接边的模型数据文件及绝对定向参数文件放在当前工作目录下，根据程序的屏幕提示，输入当前模型的数据文件名，然后依次输入邻接模型的数据文件名，程序自动提取对应模型的定向参数，进行相应的变换，并把变换后的坐标叠加到当前模型数据文件中。上、下、左、右邻接模型最多可能有 4 个。接续就可以进行范围切割，即只留下足够接边的条带状范围，而去掉范围以外的冗余数据，以节省存贮空间和加快运行速度。为了适应沿任意方向飞行的立体模型的切割，这里使用的不是大地坐标，而是模型的摄测坐标，实际上是把所有邻接模型的数据均变换至当前模型的基线坐标系。通过移动光标至本像对模型范围的左上角和右下角，根据这两个角点的坐标控制切割范围。

经过上述处理后，周边邻接模型的带状图形显示在屏幕上，此时可以利用捕捉功能，进行等高线、铁路、公路、水系等线状地物的接边。在进行捕捉时，输入与欲捕捉的线相同的特征码，按下捕捉功能键 F5，利用 X、Y 手轮使光标大致对准欲捕捉的点，此时测标也同步地大致切准立体模型上的相应点，踩下落笔脚踏开关，计算机发出蜂鸣，同时在捕捉点上画一个小圆圈，表示此点已准确地捕捉上，就可以像通常一样继续进行数据采集。这样可以一一对需接边的线状地物进行处理，完成相邻模型的接边。

七、在线编辑

在线编辑，是指在联机数据采集过程中，对采集的数据进行一些简单的删除修改，以及对图形进行平移、缩放等操作。

为了简化操作，我们将常用的编辑操作，通过软件设置成功能键来实现。现简要介绍如下：

F6——删除单个点，即每按一次 F6 键，就删除一个点，实际上相当于采集的数据退回一个点，屏幕上的光标也随之移动。

F7——删除一个元素，例如一段直线，一个线串，一条曲线或一栋房子，即从当前位置删除到前一个抬笔位置。每按一次 F7 键，则删去一个元素。

F9——更新屏幕，其功能是在清除屏幕后，将已经采集的全部数据重新显示在屏幕上，包括已经存入磁盘文件中的数据和未存入文件的数据。

F3——图形放大，将显示在屏幕上的图形按一定的倍率放大，但是高程注记数值和地物符号不放大。

F4——图形缩小，其作用与功能键 F3 正好相反。

另外还定义了键盘中的 4 个箭头键：“↑”，“↓”，“←”和“→”。按相应的键，屏幕上的画面可以作上、下、左、右移动，每次平移的步长为屏幕宽度的 1/4。

利用上述功能键，在采集数据的过程中，可方便地进行图形的放大、缩小和上下左右移动，以便选择适宜的范围和合适的图形比例尺，使采集数据作业更加方便。采集数据时，如果作业人员发现某个点或元素有错，可以方便地随时进行删除修改。至于更复杂的编辑工作，需在生成图形文件后，利用图形编辑软件完成。

此外，程序还具有自动移动采样窗口的功能。在采集数据过程中，当采集的点超出屏幕的有效范围时，程序自动移动画面，使光标移到屏幕显示范围的中央。

八、数据预处理

在联机采集数据后生成图形文件之前，需要对采集的数据进行分类、排序和查错处理，以保证生成图形文件顺利进行。

虽然在联机数据采集程序中加入了一些排错措施，但是由于接口传输信息偶然出现噪声信号，操作失误等原因，数据难免有各种错误及不符合 MicroStation 图形文件 DGN 的格式要求之处。例如：直线只有一个点，曲线少于 3 个点，矩形房子少于 3 个点等等。如果不对错误数据进行处理，就不能生成正确的图形文件。

数据处理程序，是一个不需人干预的自动处理程序。它主要包括两方面的功能，一是自动挑错，生成每个错误数据的地址、特征码等信息，写入错误报告；二是对全部数据进行分类和重新排列处理，把同类数据依次集中存放，并且形成每种类型数据的首地址信息，生成新的结果文件，这样处理后的数据可以方便地进行查找和编辑。

经数据处理后，生成两个新文件，一个是名为DMS. RT的结果文件，另一个是名为DMS. ER的错误报告文件。在结果文件中，头部为每种类型数据的首地址和特征码等信息，接着按数据类型特征代码的大小顺序，依次集中存放各种数据。如果有错误数据，在文件的末尾依次存放挑出的错误数据。在错误报告文件中，记录每项错误数据的首地址和起始的一条数据。程序不破坏原始数据文件，可以根据错误信息来查找和修改原始数据。

九、生成图形文件

为了以图形方式对数字化测图成果进行编辑，必须生成特定形式的图形文件。目前国际上著名的图形编辑软件包，都有各自的图形文件格式，我们采用的 MicroStation 的图形文件格式为 DGN。

现就 MicroStation 的 DGN 文件格式以及如何生成 DGN 文件作一简要介绍。DGN 文件通常称为设计文件，分为 2 维(2D)设计文件和 3 维(3D)设计文件。对于地形图编辑来讲，只需采用 2 维设计文件。

一个 DGN 文件可以包括各种类型的元素，例如直线、曲线、线串、多边形、弧、文本、复杂线串、复杂多边形等等。每种类型的元素都是按一定的规则建立起来的，即有特定的文件结构。通常的 DGN 文件可以分为 4 个组成部分：设计文件标题，层特性参数，基本图形元素及结束标志 4 个部分。一条直线，一条曲线或一个多边形，都可以是一个独立的 DGN 文件。一个给定名称的 DGN 文件，实际上是各种类型的 DGN 文件的一个集合。

DGN 文件的标题部分，也就是头文件。它包括如下一些信息：软件的版本号，文件的维数，文件长度指针，删除位等。其中文件长度规定为 3 个区，每个区为 256 个字节。删除位为 1 位二进制代码，即只能为“0”和“1”两种状态之一。若删除位为 1，表示文件处于删除状态，此文件不能进行显示和其它操作，但是文件本身并没有删除。如果由于误操作，要恢复此文件，只需要把删除位由“1”改为“0”即可。图形编辑中的“删除”和“不作(undo)”命令，就是分别把删除位置成“1”和“0”状态的。若想把文件确实删除掉，需用磁盘压缩命令，才能把删除位为“1”的文件真正删除。在实际编辑中，这是一项非常有用的功能。

DGN 文件的层特性参数部分，用来设置元素的层、颜色、线宽、线型等信息。层的总数为 64 个，可操作的层为 1～63 层。颜色最多可设置 256 种，根据颜色表可以自己定义颜色，用来区分和突出不同的地物。编号为 0～6 的白、蓝、绿、红、黄、紫、桔红为常用的 7 种颜色，基本上可以满足要求。线宽的标识范围为 0～31，缺省值为 0，为最细的线宽。线型编号为 0～7，可以有 8 种选择，依次代表实线、点线、中虚线、长虚线、点划线、短虚线、双点划线及长短虚线。

DGN 文件的基本图形元素，是图形的实体部分。依元素类型的不同，包括的内容也不相同。对于直线、线串、曲线、多边形等类型的元素，主要包括顶点数以及每个顶点的二维或三维坐标。

文件的结尾(EOF)是规定的一串字符，用来标志文件的结束。

上面简要介绍的 DGN 文件的基本结构，是指直线、线串、圆弧等简单元素而言的。对于复杂元素单元(cell)，以及对数据库进行操作，文件的结构更加复杂，这里就不再赘述。

生成 DGN 图形文件，可以采用两种方式。第一种方式称为独立方式，程序用 C 语言或 Fortran 语言编写，调用 MicroStation 提供的用户支持库 CSL 中的库函数。第二种方式称为图形环境方式，程序采用 MicroStation 特有的用户命令语言 UCL 编写，可以调用以 C 语言或 FORTRAN 语言写的程序。

我们采用第一种方式生成图形文件，即用 C 语言编写全部程序，调用用户支持库中有关打开和关闭设计文件，放置有关元素等库函数。

在完成联机数据采集和数据预处理后，可以选择主菜单中生成图形文件一项，则程序自动读取结果文件中的原始数据，分析数据的类型，依次生成相应的图形文件。

为了适应编绘不同比例尺地形图的要求，程序中把生成各种地物符号的图形文件，单独列为程序主菜单中的一项，依据输入的地形图比例尺，生成相应比例尺的图形文件。例如，按 1∶1 000图的要求采集数据，同时要编绘 1∶1 000 和 1∶2 000 地形图。生成的基本图形文件可以用于编辑两种比例尺图，但是应当分别按 1∶1 000 和 1∶2 000 生成各种地物符号，包括高程注记的图形文件，这样可以大大简化图形编辑工作，提高编辑工作的效率。

第四节　图 形 编 辑

联机采集数据结束后，生成一个指定的盘文件，该文件为可打开、编辑的流式 ASCII 码文件。

在主菜单中有生成图形文件一项，选择该项后，即可生成图形文件。该文件的后缀为 DGN 通常简称图形文件为 DGN 文件。生成 DGN 文件后，即可进入 MicroStation 图形环境进行图形编辑。

一、进入 MicroStation 图形环境的操作

(1)开机后，在提示符 C：\\〉下键入：

C：\\〉　CD　USTATION　↙。也可在 USTAION

目录下建立一个子目录，作为工作目录。

(2)在 C:\〉 USTATION 下，或在其下的工作目录下，键入：

mce ↙

此时屏幕上出现主菜单：

```
Run Microtation
Utitities
Ploting
Directory of DGN files
Help
Exit fron Mce
```

(3)选择第一项后，屏幕提示：

design file name

这时可键入已生成的图形文件名称。进行以上操作后，用户就进入到 MicroStation 的图形环境。屏幕上显示出所采集的图形。下一步就可以进行图形编辑工作。

二、退出 MicroStation 图形环境的操作

在屏幕下方命令行 USTN〉的提示后面键入：

EXIT 或 QUIT ↙

表示已保存所绘制的图形。就可以退出 MicroStation 的图形环回到 MicroStation 的当前工作目录。

三、安装 MicroStation 的菜单

1. 安装纸菜单：

a. 把纸菜单放置在数字化板上。

b. 进入 MicroStation 的图形环境后，在提示符 USTN〉后键入： AM－MENU

这时在命令区显示“ATTACH. MENU”，在提示区显示“Identify menu origin”。此时用鼠标的“D”键，在菜单的左下角原点定位。在锁定状态区显示：“Identify upper right of 〈Help〉 block”，使用鼠标的“D”键在菜单的右上角处定位，这时在信息区显示“Menu Succesfully attached”，至此纸菜单安装完毕。

激活屏幕菜单：

在提示符：

USTN〉键入 AM＝USTN，Sb1 ↙ 这样在屏幕上就显示出图形编辑部分命令。通过移动鼠标使光标在屏幕上游动，以此在屏幕菜单上选取所需的命令，当按下鼠标的“D”键，则执行此命令，进行编图操作。

四、图形编辑的基本命令概述

1. 图形参数的选择

在整个 DGN 文件中，有许多参数。这里只介绍几种在编辑图形时的主要参数。在屏幕右下方的状态区里，显示了当前的层，线型，线宽，颜色等参数。在编图过程中，这几个参数是可以随时改变的。

MicroStation 常用的颜色有 8 种。可以在 USTN〉下用键命令“co＝n”或“co＝颜色名↙”来定义。n—颜色编号，常用的颜色种类见表 2.8.4.1。

颜色种类 表 2.8.4.1

序号	键盘操作		说明
	co＝颜色名		
1	co＝White	co＝0	白
2	co＝Blue	co＝1	蓝
3	co＝Green	co＝2	绿
4	co＝Red	co＝3	红
5	co＝Yellow	co＝4	黄
6	co＝Violet	co＝5	紫
7	co＝Orange	co＝6	橘黄
8	co＝Grey	co＝7	灰

MicroStation 的线型有八种，它们可以用键盘命令“*Lc*＝*n*↙”来定义。*n* 是线型编号。

由于铁路中的各类线型要根据“图例符号”的标准来确定，所以一般情况下，需要改变线型时，要调用我们自己定义的线型而不需在这里改变线型。

MicroStation 的线条宽度有 32 种。可以用“*WT*＝*n*↙”来定义。*n*—线宽的编号。在编图中，铁路正线、计曲线、房屋、等都要用各类不同的线条宽度表示。用此命令来确定是很方便的。

MicroStation 共有 63 层，在生成 DGN 文件时，特征码的数字即为层号。为了编图方便每一种地物要分布在某一层或几层上，所以在编辑图形时，要在指定的层上操作。“*LV*＝*n*”*n*—层号，显示出当前所选择的层。层和各种操作使用“Level”命令，详见下面的介绍。

2. Window 窗口变换

为了便于图形编辑，需对局部图形进行放大和缩小。用“D”选择该命令后，它含有几个子命令：

(1)Area：它的作用是把所确定的区域放大。若要放大某区域，在它的左下角及右上角各输入一个数据点，系统就将所选范围填充整个画面。

(2)Out：用鼠标确认一下当前的画面，图形即可缩小。

(3)Center：其作用是移动图形。只要用鼠标在图形上确定一点，则该点就为整个画面的中心位置，并可快速移动图形，使编辑工作更加方便。

(4)Fit：其作用是整个图形都显示出来填充满整个屏幕。只要选该命令后，用鼠标移动光标在屏幕上点一下即可。

3. Place：画线操作

该命令中含有许多子命令，在编图中用的最多是以下几种：

(1)Line：放置直线，输入两个数据点，便可画出一条直线。在铁路制图中，有许多点要用坐标展到图上，用放点的方法，则因图形复杂，放的点又极小，不知点位在何处。只要选择该命令，在 USTN 下输入点的 *X*、*Y* 坐标后，用鼠标确定一条任意直线，那么该线的第一个端点就是点位。

(2)Line String:放置线串。依次输入数据点即可生成一系列的线串,最多不能超过101个点。

(3)Curve:如果在数据采集中,由于某种原因,等高线的首曲线未能全部采集。在编图时,要进行首曲线内插。另外对一些采样不合理的曲线要进行修改以至重画。此时,这一功能就非常有用。

在屏幕菜单上Curve命令中有一个stream选择项,它的作用是以流式模式放置曲线。它适合于地形图等高线之内插。选择该模式后,用鼠标的轨迹来放置曲线,操作步骤如下:

在curve一栏中选用stream命令之前,先键入"SD=Δs↙"Δs表示曲线上两点之间的距离增量。当出现"Stream Delta Defined"提示后,选Stream命令,然后用手压着"D"键,将屏幕光标在屏幕上移动,结束后放开"D"键。按下"R"键,这样一条流式曲线绘制完成。

(4)ARC放置圆弧有三种方法:

a. ARC用圆心画弧,输入三个数据点。第一个数据点为弧的起点,第二点为圆心点,第三个为弧的终止角。

b. ARC:用弧上的点画弧,输入三个数据点,第一个数据点为弧的始点,第二个数据点为弧的通过点,第三个数据点为弧的终点。

c. ARC:用半径画弧。首先输入半径值。再输入三个数据点。第一点定义弧的起始点,第二点为圆心,第三点定义弧的终止点。

在铁路地形图中,经常会遇到铁路的曲线段,但其半径非常大,无法找出圆心点。所以,用*b*种方法放置圆曲线比较合适,只要输入缓圆点,曲中及圆缓点的坐标就可以把圆曲线准确地放置到圆上。

(5)block:放置矩形,输入两个数据点,第一个点为矩形的某个角顶点,第二个点为矩形的对角顶点。

(6)Shape:放置多边形。输入最多不能超过101的数据点。每输入一个数据点,系统便会自动的从前一点开始连线。最后一个数据点必须与第一个数据点重合,形成封闭图形。

(7)Shape:放置正交多边形,在纸菜单上选择命令,输入最多不超过101个数据点。第一个数据点为正交多边形第一个角上,第二个点为第一条边的长度和方位。以后各点为多边形的后一个边的长度和方位。最后一个数据点必须和第一个数据点重合形成封闭图形。

4. Modify:修改操作,其作用为修改现有的元素。输入两个数据点。第一个点为识别要修改的元素,这时该元素辉亮,第二点为接受该元素,并定义修改后的位置。注意该命令对文字、文字节、单元、弧局部和椭圆不起作用。它含有许多子命令,用它可以改变元素的颜色,线宽,线型,层等。

5. Manip:元素操作,该命令的作用是对元素进行移动,删除等操作。

(1)Move:移动元素。输入两个数据点。第一个点为确定所要移动的元素,此时该元素辉亮。第二点是该元素移动后的新位置。

(2)Copy:拷贝元素。输入两个数据点,第一个点为确定所要拷贝的元素,此时,该元素辉亮。第二点是所要拷贝的元素应放置的位置。如果要继续拷贝,在所要求的位置上继续输入数据点即可。在铁路图中,铁路正线要求醒目,为此,可以用该命令将铁路正线copy一次,使它画两次,可达醒目的效果。

拷贝平行线,在纸菜单上有两种方法,一种是选择点,只要输入两个数据点即可。另一种方法是已知平行线间的距离,输入信息"D=__"之值。对于公路、大车路等平行线地物符号,可用该功能来制作。

(3)Delete:删除元素。输入两个数据点。第一个点为确定所要删除的元素。此时,该元素辉亮。第二个点接受所要删除的元素,它有两个功能,第一个是将一个元素全部删除,选择子命令elem;第二个是将元素部分删除,选择子命令partl,在编图中,有些线条不够圆顺合理,这时可用这一功能将其部分删除即可。

(4)Rotate:旋转元素。选择该命令后,在USTN〉下键入:"AA=旋转角"(旋转角度由0°~360°,按逆时针旋转方向为正)再输入两个数据点。第一点为识别要旋转的元素,此时元素辉亮,第二点为接受此元素并按所给定的角度完成转动。

在纸菜单上有一个旋转拷贝的命令即在旋转后拷贝。

(5)Spin:旋转元素。它与Rotate的区别在于Rotate要输入旋转角度,而角度有时是未知的。这时选择该命令,就可以用输入数据点来确定所旋转的位置,在编图中一些符号需要进行小的方向纠正,可使用该命令,首先输入一个数据点,识别要旋转的元素,输入第二个数据点为确认旋转的中心点,输入第三个数据点为元素要旋转的方向并完成旋转。

(6)Scale:按比例尺对元素进行操作。

a. Scale orig:改变元素的比例,选此命令,然后在键盘上输入"AS=比例系数↙"或分别键入XS=YS=ZS=各方向的比例系数,再输入两个数据点,第一点为识别要改变比例的元素,第二点为接受此比例的元素,并定义该元素按比例放大或缩小的参考点。缩放后原有的元素不保留。

b. Scale copy:按比例拷贝元素,选此命令,然后在键盘上键入"AS=比例系数↙"或分别键入"XS=YS=ZS=各方向的比例系数",再输入两个数据点,第一点为识别该元素,第二点为放置拷贝元素的点,且完成按比例拷贝过程,缩放后原有的元素保留。

(7)Ckeate chain:此命令在纸菜单上,功能是将几个单独的曲线元素连结为一个复杂元素,称之为"链",这个链可以用"DRop complex"命令打碎,使其返回到最初的状态。选此命令,然后,确定需加在链上的元素,需要终止时,按一下拒绝键即可。这一功能可以把等高线、铁路线的接头处连接起来,使给出来的曲线更圆顺些。

b. Locks:锁定操作。在屏幕的左下方,有一个

"锁定状态区"。在状态区里显示各类功能是处于锁定或是打开状态。Locks的作用很多，在编图中时常用到。

(1)Grid：为了绘图方便，有时要准确地捕捉格网点。其方法一般是先采用鼠标的"T"键来捕捉。但必须先打开格网上的锁，才能准确捕捉住网格点。即：

a.先在菜单上Locks栏中选Grid命令，使之处于"on"的状态，即将网格锁打开。

b.将屏幕光标移动所要捕捉的网格附近，按一下"T"键，系统会自动地把光标准确地放在网格上。

c.若该点为你所捕捉的点，则按"D"键，便完成数据点输入，若该点不是你所要捕捉的点，要重做第二步，如果Grid不是处于"on"状态，任凭怎样使用"T"键，也不会准确的捕捉到网格点。

(2)Level：有时为了编图方便，只需对一层元素进行操作。那么就选择该命令，使level处于"on"状态。这时，即使屏幕上显示许多层上的元素，也对其没有影响。

(3)Snap：当该命令处于"on"时，可以捕捉到任何元素，这时对编图非常有用，但是当Snap处于"off"状态时，"T"键就捕捉不到任何元素了。在纸菜单上还有一个捕捉离光标最近的元素功能，即选择Snap proj。

7. Level：层操作。这一命令是对层进行操作，它含有许多子命令。

(1)Key：当选择该命令时，屏幕左下角提示"Act Level?"右下角提示"LV＝　"这时只要键入你所需要激活的层号即可。

为了编辑方便，在数据采集时，数据是按特征码分层存放的，在编辑时，一定要在其所在的层上对元素进行操作，所以要修改元素时，要注意是否在当前层上。

(2)＋－：当前层的基础上加一层。

(3)－＋：当前层的基础上减一层。

(4)On：打开某些层。如：USTN〉on＝1－3，6。

(5)off：闭某些层。如：USTN〉off＝2－4，5。

(6)Change：改变元素的层。

(7)All：显示所有层的元素。

(8)None：除了当前层，关掉所有其他层。

8. 文本操作　TEXT　放置文本，在USTN〉的提示下，键入所需要的文本，再给出数据点，定义文本的位置。

在铁路图中，有许多需要注记的数字，例如：桥，涵的参数以及百米标，公里标，水准点，高程点等等。这些都需要用该命令来完成，它含有许多适于不同注记方式的子命令。

(1)Along：沿着某一元素放置文本。

(2)On：在一条线元素上放置文本，并将穿越文本的线自动打断。

例如：——TEXT——

(3)Below：在一条指定线元素的下方，放置文本。

(4)Above：在一条指定元素上方放置文本。

(5)Fit：用来设置匹配文本，只要输入两个数据点定义文本的起点和终点，那么文本就会在这之间均匀分布。

(6)Edit：设置文本的尺寸，它包括：

TH——字符高度

TW——字符宽度

9. Undo：恢复操作。该命令的功能是删除前面所画的或修改的元素使其恢复到原来的图形。

(1)Last　删除所画的最后一个元素。

(2)Redo　恢复所删除的元素。

注意：Undo　操作只有在没有执行"Exit"或"Quit"命令之前使用。

10. Meas：测量操作。该功能是测量元素的距离、角度、面积等，这个命令在编图中很有用。铁路上的所有里程都可以用这一命令准确的测量出来。

(1)Dist测量距离。它可以测量距离，还有累加的功能测出的数值显示在右下方的"信息域"里，输入若干个数据点，第一个点为测量的起点，第二点为可测量距离的点，以后输入的各点，系统会自动计算出从当前点到起点的累加距离。

(2)Distance Along element：该命令在纸菜单上，首先确定要测量的元素，只要给出元素的起点，然后给出元素的终点就可以测出距离，只要定一个元素即使是曲线也可准确的测量出距离。这就便于我们在曲线上放置里程注记等，这一命令也有累加的功能。

(3)Radius：测量圆或圆弧的半径。

(4)Area elem：测量封闭图形的面积。

(5)Area：在纸菜单上，用来测量数据点序列构成的封闭图形的面积及周长。当封闭图形(由数据点构成的)被测量时，面积及周长就显示在下方"状态区域"里。

(6)Angle：用来测量角度的。

11. Cell：单元操作。在编辑图形时，常常会遇到相同的地物，为了简化编辑，我们把常见的地物符号建成cell(单元)，把它们贮存在单元库中，使用时可以很方便的调出来。下面就介绍怎样建立单元和使用单元。

(1)Create cell：建立一个单元。

a. 按所要求的大小画出图形，用Fence将其围起来。

b. 选择子命令　Origin　输入数据点来确定单元的原点，这时在该点的位置上出现"o"字。

c. 选择Create命令，此时，下方提示CC＝XX键入单元的名称。

这样一个单元建立完毕，系统将其自动附加到当前的单元库中。

(2)Active：激活一个单元，首先需确定该单元是否在当前的单元库中，否则，就要先激活单元所在的单元库，激活单元库时，键入：USTN〉AC＝〈name，Cell〉单元库名。确定所要激活的单元在当前单元库中后，键入：USTN〉AC=〈Cellname〉单元名。

(3)Place：在进行以上操作后，单元已激活，即可选择该命令，输入一个数据点来确定单元所放置的位置。如果单元的大小需要改变，还可以用设置"Scale"的值来完成。注意：输入的数据点即是单元建立时确定的原点

(4)Rename：该命令的作用是改变当前单元库中的单元名称。

USTN〉 CR=〈oldname〉

〈new name〉

注意：新给的名字必须是当前单元库中所没有的。

12. Fence：篱笆操作。篱笆有两种类型

Block、Shape：两者在屏幕上显示及操作方法都是一样的。

block 是矩形，而 shape 是多边形，最多可输入 101 个点。

篱笆是一种强有力的成组操作工具，但它不是一个图形元素，它的作用是将一批元素组成一个整体，同时进行操作。例如：将一层上所有元素都改变线型或颜色等，MicroStation 每次只支持一个篱笆，篱笆有跨越"层"的功能，不受"层锁"的限制，在篱笆内的所有元素都可以用篱笆下的修改元素命令作删除，旋转等操作，下面介绍 Fence 的主要命令。

(1)MV Fence、Modify：这两个命令是移动篱芭和修改篱笆。不管是修改还是移动篱笆，都对篱笆内的元素不起作用。

(2)Inside：其功能是处理篱芭内的所有元素，而对篱芭接触或穿越的元素不进行处理。

(3)Overlap：其功能是处理内部及与篱芭接触或穿越的所有元素。

(4)Clip：其功能是沿着篱芭边界剪裁元素。

(5)Scale：其功能是按比例系统放大或缩小篱芭及里面的元素，在 USTN〉下键入 XS、YS，将屏幕光标放在篱芭内，按"D"键，此时，便会看到篱芭内有一个"S"符号，且出现按比例系数给定的篱芭，使用更新命令，一个新的篱芭内容显示在屏幕上。

(6)Copy：其功能是将篱芭中的内容进行拷贝。

(7)Move：其功能是将篱芭及内容移动到新的位置。

(8)Rotate：其功能是将 fence 连它的内容一起旋转一个指定的角度。旋转的角度可以用键入"AA="来完成。

(9)Delete：其功能是将篱笆锁定的全部元素删除掉。

13. Patterns：图形填充，包括线填充和面填充。在编图中，房屋的晕线就可以用面填充进行绘制。坎，围墙等线状地物就可以用线填充。有了这些功能后，我们就可以在一次采集数据之后，很方便地编制各种不同比例尺的地形图。在填充时，只把填充元素放到单独的一层上，就可以对它们进行整体操作。

(1)A-Pat：该命令为激活面填充的功能。在铁路图中，填充使用最多的是在面内填充线条，下面就介绍操作步骤：

a. 用 Mode 激活选择项，PD—线间隔，PA—线的角度，PS—填充的比例。

b. 激活 A-Pat 命令；

c. 在 A-Pat 下选择两个子命令 Hatch、Cross 中的一个，来确定是单线条还是交叉线。

d. 输入数据点确定要填充的元素，并完成填充。

(2)L—Pat 该命令为激活线型填充的功能。它可以按比例填充，也可以不按比例填充，操作步骤如下：

a. 用 Mode 命令来选择填充参数：

AP—填充的单元名：

PS—填充的比例：

PD—填充的间隔距离；

PA—填充的角度。

b. 用 L-Pat 激活线填充的功能。

c. 输入数据点确定要填充的元素，并完成填充。

14. Utils：工具软件命令。该命令是一个工具式的命令。利用它可以在不退出图形环境的情况下，完成许多辅助工作。例如拷贝 DGN 文件，压缩 DGN 文件，进入 DOS 环境等等。

(1)Backup：该命令用来贮存当前的 DGN 文件的。选择该命令后，系统自动地生成一个当前 DGN 文件的备份文件，即后缀为 .BAK 的文件。也可以在 USTN〉下键入命令 backup 文件名 a:，直接将 DGN 文件拷贝到 A 盘上。

(2)Compress：这个命令用来压缩当前的 DGN 文件，把零碎的空间(块)压缩集中起来。在编辑过程中，删除的元素并没有真正从 DGN 文件中抹掉，只是简单地改变了删除位的标志。利用磁盘压缩命令可以把作了标志的文件永久删除，文件所占的磁盘空间会大大减少。

(3)Analyz：该命令是用来分析元素特性的。激活欲分析的元素后，可以在屏幕上列出各元素的线型、线宽、颜色、层、坐标值等等。在编图过程中，经常使用该命令来确定元素的各种参数，以便对其进行操作。

(4)Plot：该命令用来生成一个输送给绘图机的绘图文件。关于绘图部分在下一节中详细介绍。

第五节 绘 图 输 出

当完成图形编辑以后，若要将 DGN 文件绘到图纸上，为此，首先必须生成一个绘图文件。这个文件的后缀为 *·000，被放置在 SCR 子目录下。

一、生成绘图文件

(1)在生成绘图文件以前,必须要在系统的 Configure 目录下选择。绘图输出的配置,用 TA2 绘图时,要选择 DMP56 的配置,用 HP7596 绘图时,要选择 DRFTPRO 的配置。

(2)在菜单上选择 Fence 命令,将需要绘图的部分用篱芭围起来。

(3)在 Utils 命令下选择 Plot 命令,屏幕在信息显示区提示:"Select View"可以用"D"键选择视图。这时出现绘图设置的菜单。

输入 DGN 文件名,如果认为绘图文件名可以与 DGN 文件名相同时,则按回车键。第二次可以键入 Y。因为通常情况下,是使用篱笆来控制绘图范围的。

在图纸尺寸选择项中,关键是选择比例尺系数,它是来控制成图比例尺的。绘制 1:1000 图时选 1,绘制 1:2000 图时选 2。图纸的尺寸可以在 * ·PLT 文件中确定。

在 Rotate 90 degrees[Y/N]? 提示下,键入"Y"或"N"。需要在绘图机上旋转 90°绘图,键入"Y";不需要在绘图机上旋转 90°绘图,键入"N"。

Plotting Mode

Plot from name: Plot from fence? [Y/N]
Plot size Specification
Paper size:[A/B/C/D/E] Scale Factor:1.3636 mm/In Xsizc :30.8000 mm Ysize :44.000 mm Rotate 90 degrees:[Y/N]
OPTIONS
offset from paper origin(length)=0000 offset from paper origin(width)=1.1000 Draw Border [Y/N] Comment

在 Options 项中,确定绘图机绘图时起笔的位置。在"Draw Border[Y/N]"的提示下,键入"Y"或"N"来确定是否在图纸上加一个边框。不需要边框,则回答"N",在"Comment"的提示下,键入一些说明。在通常情况下,按回车键即可。这时"绘图设置菜单"便自动退出,回到图形状态。这时系统开始根据绘图机配置和绘图参数来建立绘图文件,当完成时,在屏幕右下方提示"Completed"。至此,在 SCR 目录下便生成一个后缀为·000 的绘图文件。

二、绘　图

生成了绘图文件后,可以把它输入到 TA2 绘图桌或 HP7596 绘图机上。下面分别介绍:

1. 输入到 TA2 绘图桌上

微机版的 MicroStation V3.0 不支持 TA2 绘图桌。为此开发了一个驱动 TA2 的软件,用它来把 DMP56 模式的绘图文件转换为 TA2 绘图桌的绘图命令的格式输出。操作如下:

(1)在 Microstation 的 Configure 目录下,将绘图机配置为 DMP56 绘图机。

(2)在 Utils 下选择 Plot 命令,生成绘图文件。PLT ×××·000↙

(3)连接 TA2 绘图机后,将绘图接口初始化。键入:

Mode Com1:0,9600,8,0,1,↙

(4)在 Ustation\SCR 目录下键入 ZA×××·000↓命令,此时绘图机开始绘图。

2. 输入到 HP7596 绘图机

(1)在 Microstation 的 Configure 目录下,将绘图配置为 DRFTPRO 模式,然后生成·000 文件。

(2)退出图形环境,回到 MicroStation 的总目录。

(3)选择总目录中的 PLOTTING 项后,在提示下输入绘图文件名。此时,绘图机便开始绘图。

3. 绘图机的配置文件

每一种绘图机都有其相对应的配置文件,该文件后缀是·PLT。在子目录 CFGPLT 下面,这些配置文件确定了在生成绘图文件时所必需的信息。如:分辨率,绘图尺寸,通讯参数,移动模式等等。下面详细介绍:

(1)Change-Pen=:

这是必选项。它确定绘图机改变笔的依据,即是根据线条宽度变化或颜色的变化来改变笔。它的格式为 Change—Pen=Color 或 Weight。

(2)Size:

该项为必选项。用它来确定 A,B,C,D,E 相应图纸的尺寸大小。

(3)Move—mode:

该项为可选项。缺省值为相对坐标,DMP56 型绘图机是相对坐标移动模式。HP7596B 是绝对坐标的移动模式。格式为:Move—mode=absolute

(4)Resolution:

该项为必选项。它确定绘图仪的分辨率。即绘图机的最小步长。HP7596B 绘图机的分辨为 0.025mm。

(5)Pen:

用来安置各支笔所画的颜色或宽度。

格式为:Pen(笔号)=(颜色或宽度)

例如:Pen(4)=(1,3,20~33,44)约定 MicroStation 颜色(假定 Change—Pen=Color)1,3,20 到 33 和 44 用 4 号笔画。

(6)Communication:

该项为必选项,它确定将绘图文件输入到绘图机的接口参数,HP7596B 的参数为:Communication=(Coml=9600,N,8,1,P)

4. HP7596B 绘图机的菜单介绍

HP7596B 绘图机是一种较通用的绘图机，它有八支笔。还有一兆缓存，在绘图时，绘图文件很快被贮存在缓存里，主机就被释放而得到充分利用。为了绘图方便，绘图机本身有一些控制命令。下面就介绍绘图机的使用及操作：

(1)安装绘图笔和纸：

打开绘图机后，要将笔按绘图配置文件指定的颜色或宽度装入。装笔或卸笔时，都要按下笔托，慢慢将笔装上或取下。当笔架取出时，平面控制板上显示：put in Carousel”。如果笔或笔架装入不正确，将显示：“check carousel press”。

装入纸时，要注意纸是否平整，如果卷曲，就容易发生卡纸现象。要用裁刀将纸裁正。不管纸的大小，都要使两边的压轮能够压在磨砂轮上，以保证走纸时不偏移。注意：当不绘图时，要始终将压轮抬起来，否则会使砂轮磨平，使绘图时，纸发生偏移。

(2)纸和笔装好后，放下顶盖。这时，绘图机要用移动笔和纸来确定纸的尺寸。绘图机确定完纸的尺寸后，平面控制板上出现清单：

View	Restart
Copy	Cancel

这时，如果其它参数都已选择好，就可以在主机上发出绘图的命令，当绘图机正在绘图中，如果需要中断绘图，可按下“Cancel”键。

Restart：是重新画刚才绘的那幅图，而不用主机重新发出命令。

Copy：是按给定的比例重新画刚才绘的那幅图，而不用主机重新发出命令。

(3)在开始绘图之前，要确定图在整个图纸上的位置和尺寸，用 Next Dispeay 选择清单：

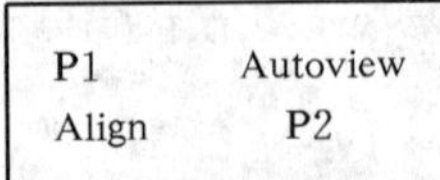

P1 和 P2 是图幅上对角线的两个点。它们的缺省值紧靠图幅的边缘，所以，有时我们要重新定义图幅对角线的两个点，以保证图在整个图纸的中心位置。其操作步骤如下：

a. 按下 P1 和 P2 键，绘图笔将自动走到缺省值位置；

b. 如不合适，则使用控制笔方向的五个键移动笔到所需的 P1 位置，按下回车键，然后按下 P1 键将点位贮存，同样，确定 P2 点的位置。

关机后，重新开机 P1 和 P2 回到缺省值位置。

注意：P1 的位置确定了 X、Y 轴的方向。

(4)笔的选择，笔的压力以及速度都与底图材料有很大的关系，其参数可选择预置：

Set Pen	Sort
Pen—up	Pen—Dn

a. Setpen：选择该命令后，面板上出现子清单：

Speed	Force
Thickness	Group

这 4 个参数是非常重要的。当我们使用聚脂薄膜画图，图面较硬。为了保证图的质量和笔的安全，最好把绘图速度和笔的压力放到最小。

即：　Speed＝10cm/s

Force＝1(15grams)

Thinckness 是确定笔的粗细，一般给定 0.25mm。

b. Sort 这一命令的功能是为了提高绘图效率，减少绘图时间的。它的缺省值是“on”。使用它可以将内存中笔的指令分类。使一支笔一次画完所有要画的元素。然后再换一支笔。而不必多次反复提笔。

c. pen—up，pen—Dn，用来升降笔，画一条直线或瞄准点。

(5)

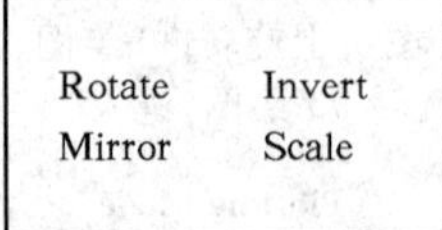

a. Rotate 用来将图的 X，Y 轴按逆时针方向旋转 90°，它的缺省值是“off”。

b. Invert：用来将图 X，Y 轴旋转 180°。缺省值为“off”。

c. Mirror：用来生成一幅图的映像图，缺省值“off”。

d. Scale：用来按给定比例尺增加或减少图的尺寸，缺省值为 1∶1。

(6)绘图机有 1 兆缓存，用来贮存绘图文件。当要画一幅新图时，最好先清除一下缓存，选择清单：

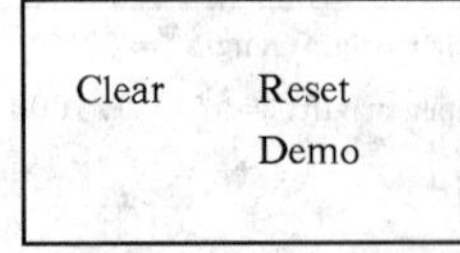

a. Clear：用来消除缓存中所有的绘图文件。

b. Reset：用来消除缓存中所有的绘图文件并将所有选择项恢复到缺省值的位置。

c. Demo：用来验证绘图机的工作是否正常。

注意：要清除缓存时，必须在执行“Clear”命令之前中断主机向内存输送数据。

(7)HP7596B 有画长图的功能。图的长度不能超过 1.6M，选择清单：

Longaxis	Expand
Wideline	Overlay

在 Longaxis 项中，有两个选择：1.6M，Frams。如果画 1.6M 的图则将其置于“ON”，Frame 置干“off”

状态。如果图超过 1.6M,绘图机将图纸自动地剪裁为 1.6M 长。

第六节 数字测图的质量控制

数字测图,由于在联机数据采集过程中,地物地貌及相应的信息以数字形式存贮于计算机系统中,因而可以利用高分辨率的图形终端进行图形编辑,从而代替手工编图和清绘,同时也为数字测图的质量控制,创造了有利条件。在数字测图的过程中,采取多种措施进行质量控制。

在绝对定向后联机采集数据之前,读取各个定向点、检查点、线路点等已知地面坐标或高程的点、比较与已知值的较差是否在允许范围内。程序可以自动显示任一点位的坐标和高程。如果要把读取的坐标存入文件、可以选用某种代码,例如高程注记代码,在屏幕上方显示每个点的坐标和高程,同时在相应的点位注记出高程值。在进行该项检查,确认绝对定向完全满足精度要求后,即可进行数据采集。

数据预处理,如§9.3节所述,是在生成图形之前,对联机采集的数据进行的综合分析处理。其主要功能是,检查挑出不符合图形文件格式规定的错误数据,并生成有关信息,以便利于进行数据的修改和编辑。这是数字测图过程中质量控制的一个环节。

数字测图生成的图形文件,是分层进行存贮的,这就为分层进行操作,分层进行检查,提供了有利条件。在进行检查时,可以只保留当前层,而把其它层全部关掉,此时监视屏幕上只显示当前操作层的图形。例如,分层检查道路、水系、植被、行政区划、等高线、居民点、坐标格网等等。此外,也可以同时把有关的几层一块激活,进行相关位置检查。例如,检查等高线与高程注记点是否匹配合理,可以激活所有各层的计曲线和首曲线以及高程注记点所在的层。

图形编辑软件具有随意按窗口放大功能,可以对地形图作局部放大检查,放大倍率实际上是任意的,可以逐级放大。对于复杂地物和细小地物,均可以放大到最清晰为止。通过图形放大,可以作多边形闭合、房屋正交性、地物相交关系等项检查。

对于既有铁路数字测图,特别是站场数字测图,需要对车站中心里程、信号机、警冲标、岔尖岔心位置、水鹤、油鹤、百米标、线间距、固定桩等进行检核,是非常容易实现的。由于采集的数据均以点的坐标形式存贮在计算机系统中,只要光标对准图形中任一点,其坐标可以立即显示在监视屏幕上。至于从某已知点推算任一点的距离或里程,也是非常方便的,系统中有专门量测两点间距离的操作命令。

数字测图的质量控制,除了在计算机系统上用人机交互的图形方式进行检核外、并用绘图机绘出线划地形图,按传统审图方法进行全面的检查后,再在计算机上进行交互式图形编辑修改,最后绘出质量良好的标准化规范化的地形图。

第九章　利用既有航摄资料测绘铁路专业用图

第一节　概　　述

为了缩短成图周期，节约航摄费用，各铁路勘测设计院航测部门在利用国测系统和其他测绘部门的航摄资料测绘 1/5 000、1/2 000 地形图，解决了很多新线和既有线改造的铁路勘测设计专业用图的需要，在生产实践中积累了丰富的经验，为了进一步推广使用，本章将对近年来在利用既有航摄资料测图方面做较全面的介绍。供各单位在生产中参考应用。

各设计院利用既有航摄资料的类型大约分为以下几个方面：

1. 在大、中城市及城郊区域，利用城建部(1∶4 000)～(1∶8 000)左右的大比例尺航摄资料为兴建、扩建或改建铁路枢纽的测图(一般测制 1∶2 000 地形图)。

2. 利用(1∶14 000)～(1∶20 000)比例尺，像幅一般为 18cm×18cm 的航摄资料测制 1∶2 000 或 1∶5 000 地形图。

3. 利用像幅 23cm×23cm 航摄比例尺(1∶30 000)～(1∶35 000)万左右航摄资料测 1∶2 000和 1∶5 000 地形图的研究工作，并取得了可喜成果。在利用既有航测资料测绘大比例尺地形图方面，又开辟了一个新的领域。

4. 新线勘测中，利用合适的航摄资料(一般航摄比例尺大于 1∶15 000)，采用非标全野外控制技术措施，在精密立体测图仪或解析图仪上测制1∶1 000以至1∶500工点图的试验。

5. 利用测制1∶50 000比例尺地形图所用的(1∶40 000)～(1∶45 000)比例尺的航摄资料测制 1∶5 000地形图的研究工作，并取得了可喜成果。

在利用既有航摄资料测图的深广度方面，已由前期单一的利用航摄资料，逐步扩展为对外控成果、加密成果的应用。

6. 多年来，在利用既有航摄资料测制地形图的同时，还开展了各专业进行像片综合利用的研究、试验和生产。为铁路勘测工作广泛采用航测、遥感技术，实现铁路勘测手段现代化奠定了基础。

为了今后更好的开展对既有航摄资料及测图控制资料的应用，本章对各种测图方法，包括外业控制测量和内业测图的技术加强措施以及测图精度检测情况作一些介绍。

第二节　测　　图

利用既有航摄资料测图应根据收集的航摄资料和测区的地形等级、仪器设备以及测图比例尺，确定测图方法，然后制订较具体的外控和内业测图的技术要求和技术加强措施。

一、航测外业控制测量

利用既有航摄资料测图，一般像片比例尺都偏小，在确定外业控制布点方案时，要根据不同的情况，采用合理有效的布点方案，以保证加密和测图精度。

(一)几种主要的控制布点方案

1. 全野外非标布点

该布点方法，经过多年的试验和生产实践，证实是一种行之有效的全野外控制方法，它具有布点方便灵活，测图精度高，与标准布点比较，能减少控制点联测工作量的优点。此方法布点的原则是：点位不受距像片方位线距离的限制，在每个像对测图范围的四角布点，四个控制点连成的范围应能控制测图范围，任意三点不应在一直线上或接近同一直线。每对点离通过像主点的方位线垂线的距离不能太远，一般左右偏离不得大于 1cm(图 2.9.2.1)。如果偏离大于 1cm 时，则须一对点向同一方向偏离，它们之间的偏离差值对于 18cm×18cm 像幅不得大于 1.0cm，对于 23cm×23cm 像幅不得大于 1.5cm(图 2.9.2.2)。

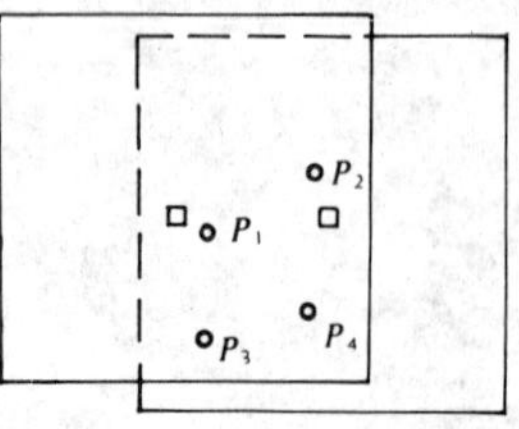

全野外非标布点

图　2.9.2.1

2. 全野外非标分块布点

由于航摄比例尺小，放大倍率过大，如按像对布点，将受绘图桌面积的限制，无法进行大地定向，则须采用非标分块全野外布点，分块的大小，应视使用的绘图桌的面积和航摄资料的比例尺等因素而定。

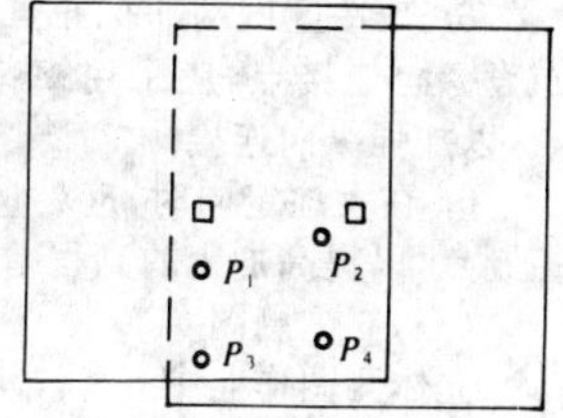

非标一对点同侧移位布点

图 2.9.2.2

3. 航线网非标布点

航线网非标布点与航线网标准布点相似，其特点是外业控制点离像片方位线的距离不受限制。单航线每个网段采用六点法布点(图 2.9.2.3)和双五点法布点(图 2.9.2.4)，多航线可采用五点法(图 2.9.2.5)布点，且应保证控制测图范围。由于航摄比例尺偏小，若按《测规》标准决定平高点跨度时，应沿线路增加高程控制点。

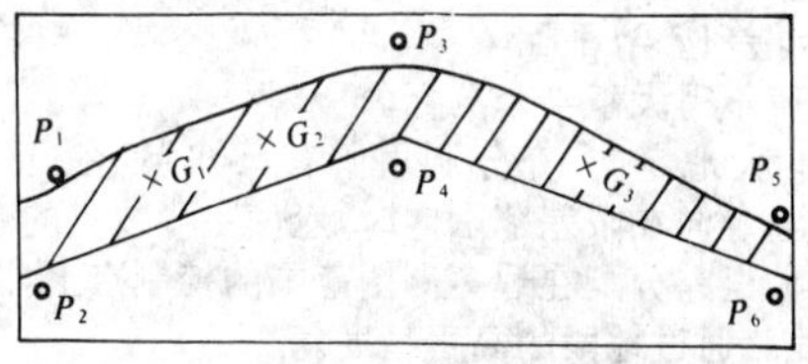

图 2.9.2.3　六点法

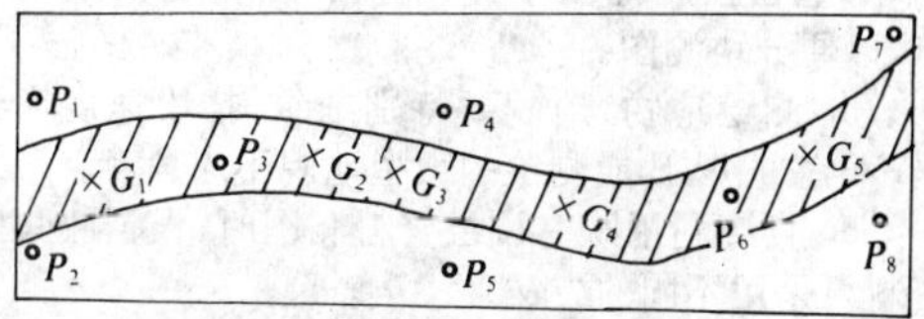

图 2.9.2.4　双五点法

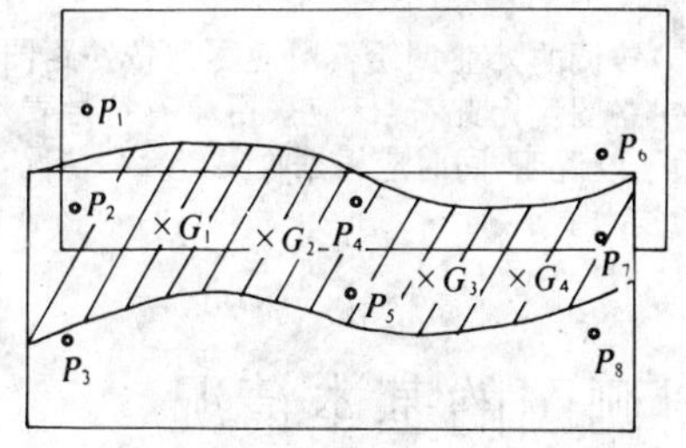

图 2.9.2.5　多航带五点法

(注：图 2.9.2.1～2.9.2.5 中，P 为平高控制点，G 为高程控制点)

4. 区域网非标布点

当线路通过越岭地带需大面积测图或线路走向与航摄方向成正交或有较大交角时，可采用区域网非标布点控制方案如图 2.9.2.6，但内业加密时须采取一定的技术加强措施。布点原则是：控制点连线能控制测图范围，区域网线路两端处各布设一对平高点，每条航线应有一对平高控制点。若其中有的航线像对数量较多时、应按航带法非标布点。最好在本网线路两端的平高点 P_1、P_2、P_7、P_8 处布成双点。

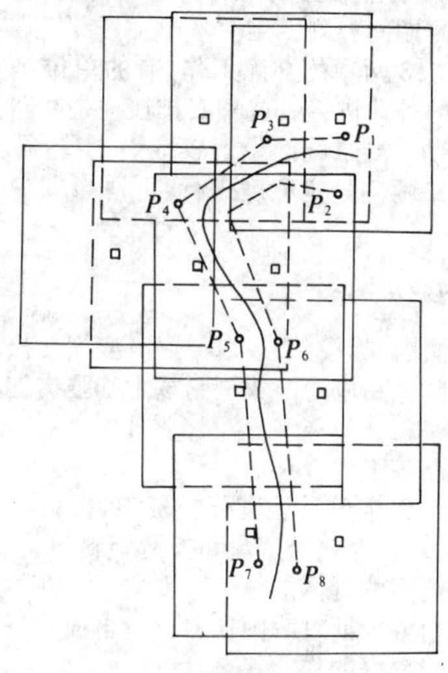

图 2.9.2.6　线路走向与摄影方向有交角情况的区域网布点

在一个网内除布设上述控制点外，还应在每个网段或像对刺出一定数量的导线点，以加强内业加密测图控制。提高测图精度。

(二)外控点的选刺与作业中应注意的问题

1. 当利用既有资料测图，航摄比例尺小于《测规》规定时，应采用放大像片刺点，放大倍率视航摄资料的比例尺而定。但一般放大像片的比例尺在 1：8 000～1：14 000 为宜。放大像片可只沿线路分块局部放大，但相邻片间应有足够的重叠而能立体配对。

2. 选刺外业控制点的精度和要求，按《测规》要求执行，刺点时，必须确认刺点目标及周围地物无变化时，方可选刺。并在现场认真绘制平面和剖面草图，应特别注意现场桩位与孔位的一致性及草图相对关系的正确性，并加注点位说明。

3. 外控点必须由一人主刺，第二人在不同时间利用不同的像片进行检刺，并由第三人进行内业检查和外业抽查。

4. 外控点联测按《测规》要求进行。

(三)利用既有航摄资料测图的调绘工作

利用既有航摄资料测图，往往测图周期要求短，外业控测和内业测图工期很紧。针对这种特殊情况，应注意下列问题：

1. 对于航摄比例尺小于《测规》要求的航摄资料，应晒印放大像片调绘。放大倍率与刺点放大片放大倍率相同即可。同样要求放大像片能立体配对，便于调绘作业进行立体观察、判释。

2. 由于像片比例尺小而产生的影像不清或无信息的地物，且属于铁路测量技术规则 1：2 000 图必测部分，如管道、电力线、通讯线等，应在控测工作期间进行外业补测。补测时原则上可只补测前述线状地物的转折点、分岔点，若直线地物太长，直线部分应适当加点。

3. 摄影后至成图期间的新增地物及变化地貌，亦应在控测期间补测。

对于 2、3 两项的补测工作，有的单位是在线路初测期间的外业进行。这种安排往往是线路走向经过现场踏勘、插旗、线路位置较准确一些，补测工作主要沿线路两侧一定宽度进行，可适当减少补测工作量。

二、内业测图

内业测图，除按《测规》执行外，应视航摄资料的具体情况制订相应的内业测图技术加强措施和技术要求。

（一）准备工作

准备工作主要是认真分析资料，拟订内业测图的技术要求，针对航摄资料和控测资料的具体情况，制订内业测图的具体措施。

作业前或定期对测图仪器进行全面检校、鉴定，使仪器处于良好的作业状态。

（二）空中三角测量加密

除按《测规》2.3.3.1～2.3.3.8 条执行外，提出以下有关注意事项：

1. 外控点和能作高程控制点用的导线点的转刺宜在刺点仪上立体观察进行。转刺时应根据刺点像片上的位置、略图及点位说明，综合判断进行转刺。

2. 加密点（3～6 标准定向点位）若位于外控点连线的控制范围以外时，应在控制范围内的测图范围边缘，选刺测图定向控制点。

3. 由于利用的航摄资料一般都比《测规》要求的航摄比例尺小得多。按标准点位选刺的测图控制点，测图时绘图桌面积往往不能满足大地定向的要求。因此，选刺加密点时，必须根据航摄比例尺，测图比例尺和绘图桌有效面积，考虑选刺在便于分块大地定向的位置。

4. 像片框标距应进行片片量测。逐片改正主距安置值。

5. 当按区域网非标布点（图 2.9.2.6）加密时，布设旁向连接点，应采用梅花图形（图 2.9.2.7）选点，以加强纵向连接。

6. 在大地定向时，应尽量利用导线点作为高程控制点，以提高加密的高程精度。

（三）立体测图

立体测图作业中除执行《测规》2.3.7.1 ～ 2.3.7.7 条外，还应采取相应的技术加强措施。

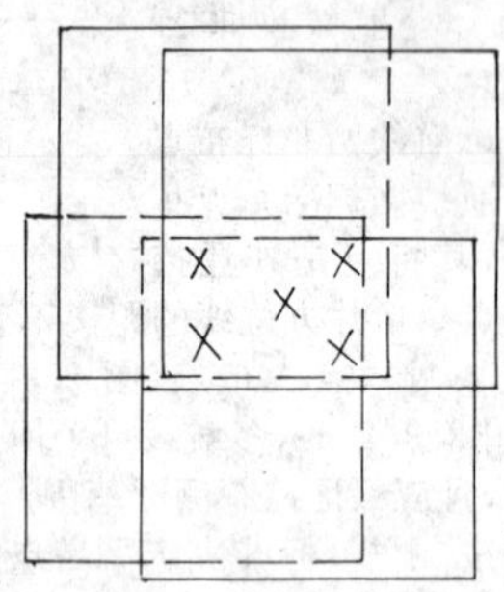

图 2.9.2.7

1. 装片时须严格归心，要求精确对准框标，不应有系统差。

2. 相对定向：测图范围内的上下视差应尽量消除干净。定向点残差应合理配赋，其值不得大于半个测标。

3. 大地定向：充分利用所有已知点，在模型置平时，当定向在限差范围内时，应使主导线点的余差最小，大误差分配在远离测图范围的控制点上，以便提高线路通过地段的高程精度。

4. 按像对非标全野外布点时，若测图控制点位间距过大，超出绘图桌有效面积而不能进行大地定向时，应在控制范围中部，利用内业加密测图控制点，以便分块测图。

5. 测绘地物、地貌要特别细致，描绘速度应适当，不宜过快，凡能测绘的微型地貌不应舍弃。

6. 直接利用既有调绘资料测图时，根据收集的资料可采用不同的方法：

（1）租用或转调原调绘资料时，原则上以原调绘资料为主测图。

（2）以立体模型判释定量，以 1：10 000 地形图定性。

（3）转调的外业调绘资料应尽量按铁路图例转绘，若铁路图例无此符号，应采用原有符号表示，并在图边予以说明，同时应根据收集资料的情况，制订相应的技术要求。

第三节　利用既有航摄资料测图的基本情况

关于利用既有航摄资料测图的问题，近年来，各设计院结合各自的具体情况，在生产实践中开展了不少工作。特别是 1989 年 7 月中国铁路工程总公司在北京召开的“利用航测技术进行新旧线勘测座谈会”上，提出了合理利用既有航摄资料测制大比例尺铁路专业用图是符合国情、路情的有效措施，对解决摄影周期长，费用高等问题具有现实意义。在此之后，各设计院进一步进行了有关课题的研究、试验及试生产等，并取得了不少科研成果和生产实践经验。

为了缩短铁路新线的勘测设计周期，加快铁路建设。现将近几年在利用既有航摄资料测绘大比例尺铁路专业用图方面的研究、试验、试生产和资料利用情况，作业方法，测图精度等统计列于表 2.9.4.1，供生产中参考。

表 2.9.3.1

线路名称（或测区）	线路长度（或面积）	航摄比例尺	焦距（mm）	航高（m）	像幅（cm）	航摄仪类型	摄影时间
昆玉线	24km²	1∶35 000	88.09	3 100	23×23	RC-10	1979.12
昆玉线	23km²	1∶16 000	114.17	1 830	18×18	RC-8	1977.1
岢瓦线	51.5km	1∶35 000	88.5	3 100	23×23	MRB	1978
兰州枢纽	10km²	(1∶15 000)～ (1∶18 000)	209.57 114.66		18×18 18×18	RC-5 RC-8	1975.10～ 1976.6
宝中线	115km²	1∶18 000	153.64		23×23	RC-10	1981.4
南昆线顶效方案	282km	1∶18 000	114.207 98.34	2 000～3 000	18×18	RC-8 AφA-TЭ	1978
石南支线	54km	1∶18 000	98.09 114.17	2 600	18×18	AφA-41	1980.6
武夷铁路	214km	1∶15 000	98.929	2 000	18×18	RC-8	1980
武夷铁路		1∶25 000	114.075	3 000	18×18	AφA-TЭ	1981
桃威线(8425 测区)	70km	1∶15 000	98.894	1 570	18×18	AφA-TЭ	1984
朔港线(神池—原平)	85km	(1∶20 000)～ (1∶25 000)	152	3 070	23×23	RC-10	1980
大京九段阜九段	248km	1∶35 000	153	5 400	23×23	RC-10	1984
(土门—濯港)							
京九线阜九段	2km²	1∶35 000	153	5 400	23×23	RC-10	1984
(唐家凹测区)							
石长线	20.6km	1∶37 000	88	3 200	23×23	RC-10	1985
(夏锋铺—董家湾)							
麻汉联络线	63km	1∶35 000	153	5 400	23×23	RC-10	1984 1989
(宋阜—滠口段)							
湘黔线	48km	(1∶20 000)～ (1∶22 000)	98.44	1 960～2 160	18×18	ATA-Э	1980
(坪口—思溪)							
武夷铁路	31km	(1∶35 000)～ (1∶38 000)	153	5 350～5 800	23×23	RC-10	1985
(建阳—胡豆)							
京九线赣龙段	约 80km	1∶22 000	87.99	2 100	23×23	RC-10	1980
京九线阜九段	约 70km	(1∶18 000)～ (1∶32 000)	152	1 900～5 000	18×18	AφA-TЭ RC-10	1979 ～1981
(泼河—土门)							
武夷铁路	50km	1∶22 000	153.89	5 800	23×23	RC-10	1989.11
虎丰地方铁路	60km	(1∶32 000)～ (1∶34 000)	153.573 153.52	23×23	RC-10	1984 1985	
大秦线军都山隧道	14km	1∶18 000	114.20	18×18	RC-8	1980.6	

续上表

线路名称（或测区）	收集资料单位（或系统）	利用资料状况及精度			测图控制方法
		航摄资料	控测资料及精度	加密资料及精度	
昆玉线	云南测绘局	利用	利用	利用	利用收集控测、加密资料
昆玉线	云南测绘局	利用	利用	利用	
岢瓦线	山西测绘局	利用	利用		利用收集控测资料，再加密测图控制点
兰州枢纽	甘肃省测绘局	利用			利用航摄资料自外控全野外布点
宝中线	陕西省测绘局	利用			全野外单模型布点
南昆线顶效方案	贵州省测绘局	利用			区域网布点
石南支线	四川省测绘局	利用			全野外四点法标准布点
武夷铁路	福建省测绘局	利用		利用 $m_s=$ 1.31～3.57	利用加密资料每像对增补二点平高点
武夷铁路	江西省测绘局	利用			$m_h=0.50\sim1.70$
桃威线（8425测区）	山东省测绘局	利用			全野外非标布点
朔港线（神池—原平）	山西省测绘局	利用	利用	利用	
大京九段阜九段	湖北省测绘局	利用			全野外非标布点
（土门—濯港）					
京九线阜九段	湖北省测绘局	利用			全野外非标布点
（唐家凹测区）					
石长线	湖南省测绘局	利用			全野外非标布点
（夏锋铺—董家湾）					
麻汉联络线	湖北省测绘局	利用			全野外非标布点
（宋阜—滠口段）					
湘黔线	湖南省测绘局	利用			全野外非标布点
（坪口—思溪）					
武夷铁路	福建省测绘局	利用			全野外非标布点
（建阳—胡豆）					
京九线赣龙段	江西省测绘局	利用	利用	利用	利用收集外控加密资料测图
京九线阜九段	河南、湖北省测绘局	利用	利用	利用	利用收集外控、加密资料测图
（泼河—土门）					
武夷铁路	福建省测绘局	利用	利用	利用	利用收集外控、加密资料测图
虎丰地方铁路	河北省测绘局	利用			区域网非标布点
大秦线军都山隧道	北京测绘院	利用	利用	利用	利用收集外控和加密资料测图

续上表

线路名称（或测区）	测图仪器类型	地形等级	成图比例尺	检测精度		检测资料说明	测图单位
				m_s (mm)	m_h (m)		
昆玉线	AMH、BC_2	Ⅱ～Ⅳ	1∶2 000	1.0	1.65		铁道部第一勘测设计院
昆玉线		Ⅱ～Ⅳ	1∶2 000				
嵜瓦线		Ⅲ.5～Ⅳ	1∶2 000		1.93		
兰州枢纽	B型仪器测图	Ⅰ	1∶2 000				
宝中线			1∶2 000				
南昆线顶效方案	A_D、B型仪测图	Ⅲ～Ⅳ	1∶2 000		1.06～2.27		铁道部第二勘测设计院
石南支线			1∶2 000		0.53～0.69		
武夷铁路			1∶2 000	0.65～1.24			
武夷铁路			1∶2 000	1.0	2.02		
桃威线(8425测区)	AMH测图	Ⅱ	1∶2 000		0.476		铁道部第三勘测设计院
朔港线(神池—原平)		Ⅳ	1∶5 000		1.928		
大京九段阜九段	AMH测图	Ⅱ～Ⅲ	1∶2 000		0.92	初测导线点	铁道部第四勘测设计院
(土门—濯港)						517个检查	
京九线阜九段	AMH测图	Ⅰ	1∶2 000	0.92	0.76	实测保密散点	
(唐家凹测区)						85个检查点	
石长线	AMH测图	Ⅲ	1∶2 000	1.132	0.92～1.197	实测保密散点	
(夏锋铺—董家湾)						断面点及导线点检查	
麻汉联络线	AMH、BC_3	Ⅱ～Ⅲ	1∶2 000		0.65	初测导线点	
(宋阜—滠口段)						109个检查点	
湘黔线	AMH、BC_3	Ⅲ～Ⅳ.5	1∶2 000		0.89	初测导线点	
(坪口—思溪)						48个检查点	
武夷铁路	AMH	Ⅳ	1∶2 000		1.36	初测导线点	
(建阳—胡豆)						90个检查点	
京九线赣龙段	AMH	Ⅱ	1∶2 000		1.05	初测导线点101个及地方	
						实测图注记301个检查点	
京九线阜九段	AMH	Ⅲ～Ⅳ	1∶2 000		1.94	初测导线点	
(泼河—土门)						134个检查点	
武夷铁路	AMH	Ⅳ	1∶2 000		2.03	初测导线点	
						97个检查点	
虎丰地方铁路	A10	Ⅲ	1∶2 000		1.22	81个检查点	铁道部专业设计院
大秦线军都山隧道	A10、AG1、F	Ⅲ～Ⅳ	1∶2 000		1.04	242个检查点	

第三篇　隧道测量

第一章　隧道测量的特点、方法和贯通测量要求

第一节　隧道测量的准备工作

隧道测量开始前，必须做好下列各项准备工作：

一、搜集资料

1. 线路定测平面图及隧道所在地区 1∶10 000～1∶25 000 的地形图，供测量设计和选点使用。

2. 线路定测纵断面图或隧道洞身纵断面图。

3. 施工组织设计的贯通面里程及洞口施工场地平面布置图。

4. 辅助坑道的设计图或辅助坑道与线路关系设计示意图。

5. 隧道定测中线控制桩点和水准点保存完好情况及各桩点里程、水准点高程。

二、劳动组织

隧道控制测量作业人员的配备视具体情况而定。用全站仪或光电测距仪进行三角测量或导线测时，外业组分工是：司镜、记录、打伞兼联络指挥各 1 人，对点或检查标杆 3～6 人。内业计算 2 人可专门配备亦可兼作外业。采用自动化作业时，可减少 2～3 人。精密水准测量：司镜、记录、打伞、选点各 1 人，扶尺 2 人。

三、测量仪器及工具的配备

测量仪器及工具的配备与隧道控制测量方法和本单位仪器现状有关，一般至少应配备：

1. J_2 型光学（或电子）经纬仪 1 台
2. 光电测距仪 1 台
3. 反射棱镜及支架 2～3 套
4. 觇牌或对点标杆 4～6 套
5. 对讲机 2～3 对
6. 钢卷尺（30 或 50m）1 把
7. 弹簧秤（10～15kg）1 把
8. 望远镜 2 架
9. 精密水准仪及相应的水准尺 1 套
10. 罗盘仪 2 台
11. 便携式微机 1～2 台

全站仪可代替 1、2 项，用光电三角高程可不配第 9 项。此外还应配备测伞，标志旗和砍树、埋桩的工具和材料。

四、测量仪器的检校

经纬仪、水准仪、光电测距仪、水准标尺和钢卷尺应按有关规定进行周期检定。进行控制测量作业前还应按《测规》要求进行必要的检验和校正。

第二节　运营时期的隧道测量工作

为确保列车通过隧道时的安全，运营时期的隧道净孔检查测量是一项十分重要而又繁重的工作。尤其是在运输繁忙的线路上，列车通过的时间间隔很短，隧道内没有照明或照度很差，都使营运隧道净空检查测量难度增大。隧道扫描系统有效地克服了这些困难，它安装在运载车辆上，以一定的速度通过隧道后，就可获取整个隧道表面连续的全部测量数据。徕卡 A・MT・3000 断面仪亦能较快地准确测量隧道净空。

对于长大、结构复杂、特别重要或有严重病害的隧道，应根据需要建立长期坚实稳定的洞内平面和高程观测系统。当隧道洞顶山体有位移时，应建立地表平面及垂直位移观测系统。

第三节　隧道控制测量的特点和方法

一、隧道控制测量的特点

隧道控制测量的任务是保证隧道相向开挖的工作面能按规定的精度正确贯通，并使各项建筑物按设计位置和几何形状修建，不侵入建筑限界，符合验收精度要求。

隧道控制网与国家大地控制网或城市及一般测图控制网相比有许多不同的特点。

由于隧道是一个狭窄而长的建筑物，所以隧道控制网一般呈带条形，以三角锁和导线为主。仅在展线地段才可能布设为网状图形。

GPS 已应用于铁路隧道测量，相应的规程也已出版。

整个隧道控制网由洞外（地面）和洞内（地下）两部分组成。洞外和洞内控制测量精度均有特殊要求。洞内和洞外控制通过洞口投点传递。理想的方案是将洞口投点纳入洞外主网一起观测和平差。因此在选择洞口投点时，不仅要考虑到在洞口开挖时不受破坏，还应顾及洞口场地布置不影响与主网通视和向洞内联测方便。

直线隧道横向贯通精度要求较高，纵向相对较低，因而测角精度往往比量距精度显得更重要。

洞外和洞内控制点由于受到隧道开挖时放炮的震动，重型施工机械通过时的挤压及洞内涌水的浸泡冲刷，常常会发生位移。因而在使用这些控制点前必须进行检测，确定控制点的稳定可信程度。

洞内控制测量的方法由于受环境条件限制，几乎别无选择，只能采用导线测量，而且在开始时一般布设为单导线。在测量条件差、干扰大的情况下，要特别注意测量精度和可靠性。

只有在隧道贯通后才能测定实际贯通误差的大小，验证洞外和洞内控制网的精度。而此时开挖基本（或大部分）完成，衬砌亦大部分完成。因此研究各种形式的隧道控制网的贯通误差预计方法具有十分重要的意义。

二、平面控制测量的方法

（一）中线法

直线隧道长度小于 1 000m，曲线隧道长度小于 500m 时，可用中线法直接标定隧道中线方向，作为指导开挖、衬砌放样和保证贯通的依据。中线法的优点是直观，测量和计算工作比较简单，容易掌握。缺点是测点受地形限制，常常出现短边，不易达到较高的精度。

1. 正倒镜延伸直线：如图 3.1.3.1 所示。

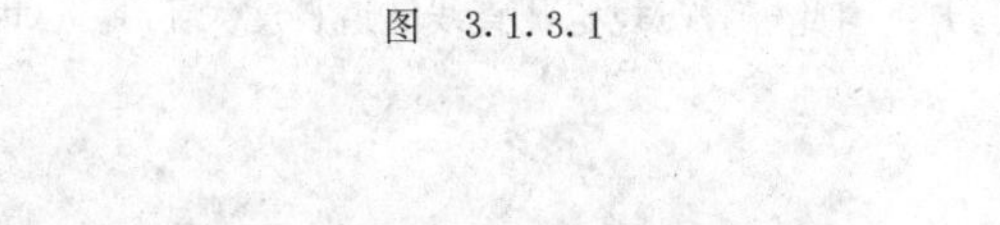

A　B　B′　C　C′　D　D′　E　E′

图　3.1.3.1

2. 较短的曲线隧道的施工复测，通常是复测转向角和切线长度及方向，按设计曲线半径和缓和曲线长度计算曲线要素，实地标定 *ZH*、*HY*、*YH* 及 *HZ*，用偏角法进行闭合检核。由洞口附近的线路控制桩用测设中线的方法直接引线进洞。

（二）导线测量

导线测量是隧道平面控制测量的主要方法之一。导线测量对地形的适应性比较强，在具备中、短程光电测距仪的条件下，导线测量一般应是隧道平面控制的首选 方案。导线的布设形式一般有下述三种。

1. 单导线

直线隧道将定测中线转点作为导线点，曲线隧道则将两端洞口切线转点副交点等作为导线点。测量导线转角和边长。必须独立测量两次，以资检核。

2. 主副导线环

将隧道洞外平面控制布设成主副两条并行导线，在隧道两端连接形成一个导线闭合环。主导线测量角度和边长，副导线只测角不量边，形成一个多边形角度闭合条件。根据需要还可以在中部增加连结边形成若干个导线闭合环。

进洞联系方向选用主导线作进洞联系方向。

3. 导线网

适合线路形状复杂或辅助坑道（横洞、斜井、竖井）较多的长隧道。测量所有导线角和边长。

4. 附合导线

当隧道两端有已建立的高级控制点，其精度高于隧道控制测量所需的精度时，可在两相向开挖的井口间建立附合导线，可对其边角的测量进行检核。

（三）三角测量

如果仅从横向贯通精度的观点考虑，三角测量是理想的隧道平面控制方案。由于三角锁起始边测量精度要求较高，整个工作量比导线测量要大，所以应从精度、工作量和经济上与导线测量方案进行综合比较。隧道三角网一般情况下宜选用测角网，在有特殊要求和条件时，亦可布设测边网或边角网。

1. 测角网

隧道平面控制宜采用单三角形锁，通常在锁的中部布设一条基线或起始边。长度可根据所需精度要求分别采用检定的钢卷尺、24m 因瓦基线尺或光电测距仪测定。角度用 DJ_2（或 DJ_1）型光学经纬仪按方向观测法观测。平差方法一般采用间接平差、条件平差，根据需要可选用方向平差、角度平差或简易平差，其中方向平差较为严密。

2. 测边网

由于延伸型测边三角锁的横向误差显著地大于纵向误差，所以选用测边三角锁作为隧道平面控制，必须做贯通误差估算和经济指标比较。在具有高精度测距仪时，选用测边网作为隧道平面控制，其图形宜布设为中点多边形。测边网的边长应进行对向观测。

3. 边角网

对特别长大的隧道,可选用全部测角测边的边角网做平面控制。

(四)三角锁与导线联合控制

对于某些特殊地形,例如由较开阔的山地突然进入峡谷,过去曾采用在峡谷地段布设导线与三角锁联结的综合控制网作为隧道平面控制网。

较常见的联合控制是主网为导线,而在洞口投点附近布设1~2个三角形。

三、高程控制测量方法

根据隧道长短和地形条件,洞外高程控制测量可以采用水准测量和光电三角高程测量,洞内高程控制一般用水准测量。

新建铁路隧道水准点高程系统应采用1985国家高程基准,既有线改建隧道可沿用黄海高程系统或原高程系统。

(一)水准测量

隧道高程控制通常是由隧道一端的线路水准基点联测传递高程,沿施工便道或小路布设水准路线,进行往返观测,自身闭合达到设计精度或规范规定的等级要求。并测至另一端洞口与线路水准点联测闭合。

(二)光电测距三角高程

当隧道平面控制采用导线测量、高程贯通精度要求在四等及以下时,可用光电测距三角高程做洞外高程控制。仪器精度必须满足设计要求并检核合格。各边均应对向观测。

第四节　隧道贯通测量的要求

一、纵向贯通要求

铁路隧道的纵向贯通误差影响隧道中线长度,只要它不低于线路定测精度1/2 000,就能满足铺轨要求,不会造成对线路坡度的有害影响。因此在《测规》中没有单独列出纵向贯通要求。

二、横向贯通要求

(一)横向贯通限差

对于铁路山岭隧道来说,横向贯通精度至关重要。如果横向贯通误差过大,就可能使已衬砌地段侵入建筑限界,造成巨大的经济损失。《测规》规定极限误差为中误差的两倍。隧道两开挖洞口间不同长度的横向贯通极限误差见表3.1.4.1。

横向贯通误差的限差　表3.1.4.1

两开挖洞口间长度(km)	<4	4~8	8~10	10~13	13~17	17~20
横向贯通限差(mm)	100	150	200	300	400	500

两开挖洞口间长度大于20km的隧道,其横向贯通限差值,应根据条件另订。

隧道施工断面一般没必要按贯通限差值整个加宽。

(二)洞内外横向贯通中误差的分配

没有竖井的隧道,平面控制测量误差对横向贯通误差的影响由三个方面因素组成,即①洞外控制网的测量误差;②洞内一端导线的测量误差;③洞内另一端导线的测量误差。按照等影响原则并适当凑整制定出洞内、外控制测量误差对横向贯通精度的影响值,列于表3.1.4.2。

表3.1.4.2

测量部位	横向中误差(mm)					
	两开挖洞口间长度(km)					
	<4	4~8	8~10	10~13	13~17	17~20
洞外 m_w	30	45	60	90	120	150
洞内 m_n	40	60	80	120	160	200
洞内外总和 Δ	50	75	100	150	200	250

其中地表控制测量误差对横向贯通精度影响值为

$$m_w=\pm\frac{\Delta}{\sqrt{3}}=\pm 0.58\Delta \qquad (3.1.4.1)$$

通过竖井开挖的隧道应将竖井定向误差作为影响贯通的一个独立因素。同样按照等影响原则,当只有一个竖井时,洞外控制测量(或竖井定向测量)误差对贯通影响值为:

$$m_w=\pm\frac{\Delta}{\sqrt{4}}=\pm 0.50\Delta \qquad (3.1.4.2)$$

通过两个竖井开挖的隧道,上式应为

$$m_w=\pm\frac{\Delta}{\sqrt{5}}=\pm 0.45\Delta \qquad (3.1.4.3)$$

(三)各等级三角测量,导线测量适用的贯通长度

由于隧道控制网对贯通的影响,不仅取决于测角和量边精度的高低,而且与控制网的走向和形状密切相关。测角和量边精度相同的直伸三角锁与弯曲三角锁相比,对横向贯通的影响值可相差两倍以上。因此《测规》规定凡直线隧道长度大于1 000m,

曲线隧道长度大于 500m 时，应根据横向贯通误差分配值进行测量设计。各等级三角测量，导线测量适用长度(表 3.1.4.3)，供测量设计时参考。

三、高程贯通要求

1. 高程贯通限差及贯通中误差分配

无论隧道长短，高程贯通限差均为 50mm，中误差为±25mm。

洞外和洞内水准测量的误差对于高程贯通精度按等影响的原则分配。洞外、洞内高程贯通中误差为

$$m_h=\pm\frac{\Delta_h}{\sqrt{2}}=\pm 0.71\Delta_h \qquad (3.1.4.4)$$

式中 m_h——洞外或洞内高程测量误差引起的高程贯通中误差；

Δ_h——隧道高程贯通中误差，即 25mm。

通过竖井开挖的隧道，高程贯通中误差分配应考虑竖井导入高程的误差，可按 $m_h=\frac{\Delta_h}{\sqrt{3}}$(一个竖井)或 $m_h=\frac{\Delta_h}{\sqrt{4}}$(两个竖井)进行分配。

2. 各等级水准测量适用的水准线路长度

洞外两开挖洞口间水准线路长度大于 5km 时，高程测量设计时，可参考《测规》。

各等级三角测量、导线测量适用长度 表 3.1.4.3

<table>
<tr><th rowspan="2">测量部位</th><th rowspan="2">测量方法</th><th rowspan="2">测量等级</th><th rowspan="2">测角精度
(″)</th><th rowspan="2">适用长度
(km)</th><th colspan="3">边长相对中误差</th></tr>
<tr><th>最弱边</th><th>起始边</th><th>基线</th></tr>
<tr><td rowspan="10">洞外</td><td rowspan="6">三角测量</td><td rowspan="2">二</td><td rowspan="2">±1.0</td><td>8～20</td><td>1/50 000</td><td>1/100 000</td><td>1/200 000</td></tr>
<tr><td>6～8</td><td>1/30 000</td><td>1/50 000</td><td>1/100 000</td></tr>
<tr><td>三</td><td>±1.8</td><td>4～6</td><td>1/25 000</td><td>1/50 000</td><td>1/100 000</td></tr>
<tr><td rowspan="2">四</td><td rowspan="2">±2.5</td><td>2～4</td><td>1/25 000</td><td>1/50 000</td><td>1/100 000</td></tr>
<tr><td>1.5～2</td><td>1/15 000</td><td>1/25 000</td><td>1/50 000</td></tr>
<tr><td>五</td><td>±4.0</td><td><1.5</td><td>1/10 000</td><td>1/25 000</td><td>1/50 000</td></tr>
<tr><td rowspan="4">导线测量</td><td>二</td><td>±1.0</td><td>6～20</td><td colspan="3">1/20 000</td></tr>
<tr><td>三</td><td>±1.8</td><td>4～6</td><td colspan="3">1/20 000</td></tr>
<tr><td>四</td><td>±2.5</td><td>2～4</td><td colspan="3">1/20 000</td></tr>
<tr><td>五</td><td>±4.0</td><td><2</td><td colspan="3">1/20 000</td></tr>
<tr><td rowspan="8">洞内</td><td rowspan="8">导线测量</td><td rowspan="2">二</td><td rowspan="2">±1.0</td><td>直线 7～20</td><td colspan="3">1/10 000</td></tr>
<tr><td>曲线 3.5～20</td><td colspan="3">1/10 000</td></tr>
<tr><td rowspan="2">三</td><td rowspan="2">±1.8</td><td>直线 3.5～7</td><td colspan="3">1/10 000</td></tr>
<tr><td>曲线 2.5～3.5</td><td colspan="3">1/10 000</td></tr>
<tr><td rowspan="2">四</td><td rowspan="2">±2.5</td><td>直线 2.5～3.5</td><td colspan="3">1/10 000</td></tr>
<tr><td>曲线 1.5～2.5</td><td colspan="3">1/10 000</td></tr>
<tr><td rowspan="2">五</td><td rowspan="2">±4.0</td><td>直线<2.5</td><td colspan="3">1/10 000</td></tr>
<tr><td>曲线<1.5</td><td colspan="3">1/10 000</td></tr>
</table>

第二章　贯通误差估算方法

第一节　导线测量误差对贯通精度影响值的估算方法

一、估算方法

(一)导线测角误差引起的横向贯通中误差按下式计算

$$m_{y\beta}=\pm\frac{m''_\beta}{\rho''}\sqrt{\Sigma R_x^2} \qquad (3.2.1.1)$$

式中　m_β——导线测角中误差(″)；

ρ——弧秒，取用 $206\times10^{3}{}''$

ΣR_x^2——导线各测角点至贯通面的垂直距离的平方总和(m^2)

(二)导线测边误差引起的横向贯通中误差按下式计算

$$m_{yl}=\pm\frac{m_l}{l}\sqrt{\Sigma d_y^2} \qquad (3.2.1.2)$$

式中　$\frac{m_l}{l}$——导线测边相对中误差；

Σd_y^2——导线各边长在贯通面上的投影长度的平方总和(m^2)

(三)单导线测量误差对横向贯通精度的总影响值，按下式计算

$$m=\pm\sqrt{m_{y\beta}^2+m_{yl}^2} \qquad (3.2.1.3)$$

在测量设计时，一般可根据所用仪器、观测方法和测回数，确定相应的测角、测边精度 m_β、$\frac{m_l}{l}$；贯通点的位置由施工组织设计查取；R_x 和 d_y 可利用隧道的线路平面设计图或绘制1：10 000控制网布网图，从图上量取。在导线施测之后估算时，m_β 和 $\frac{m_l}{l}$ 用实测精度或实测统计精度，当观测量不大，如导线环个数小于 4，对向测边数小于 16 时，宜用统计精度。估算时可参考表 3.4.1.1 和 3.3.2.3。

二、导线估算示例

某曲线隧道 1539m，隧道中线及控测导线如图 3.2.1.1 所示。

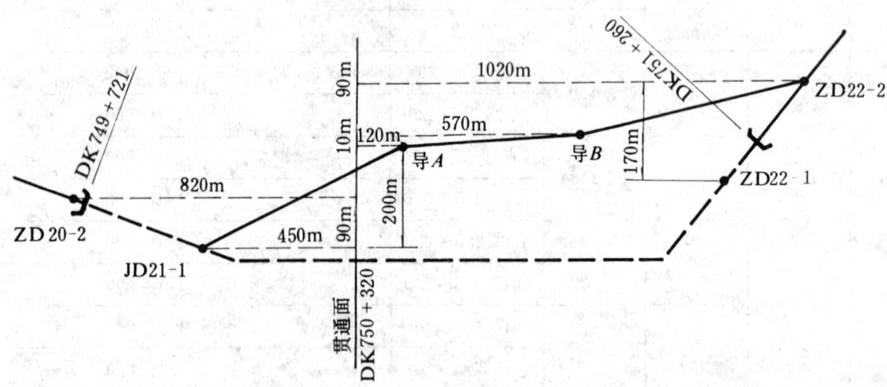

图　3.2.1.1

贯通误差估算(表 3.2.1.1)。

设导线测角中误差 $m_\beta=\pm2.5''$，测边相对中误差 $\frac{m_l}{l}=\frac{1}{20\ 000}$，则

测角误差引起的横向贯通中误差：

$$m_{y\beta}=\pm\frac{2.5}{206\times10^3}\cdot\sqrt{1\ 582\times10^3}=\pm15.3\text{mm}$$

测边误差引起的横向贯通中误差：

$$m_{yl}=\pm\frac{1}{20\ 000}\cdot\sqrt{852\times10^2}=\pm14.6\text{mm}$$

导线测量误差对横向贯通精度的总影响值：

$$m=\pm\sqrt{15.3^2+14.6^2}=\pm21.1\text{mm}$$

本例中，进口端导线点 ZD20-2 可直接向洞内测量，在洞外导线中无测角影响；出口端限于地形条件 ZD22-2 与洞口不能通视，而将导线终点测至 ZD22-1，再与洞口联系。因此，估算时 ZD22-2 的导线角和 ZD22-2～ZD22-1 导线边均对贯通误差产生影响。

R_x、d_y 值 表 3.2.1.1

导线点	R_x	R_x^2	导线边	d_y	d_y^2
ZD20-2	0	0	ZD20-2～JD21-1	90	8 100
JD21-1	450	202 500	JD21-1～导 A	200	40 000
导 A	120	14 400	导 A～导 B	10	100
导 B	570	324 900	导 B～ZD22-2	90	8 100
ZD22-2	1020	1 040 400	ZD22-2～ZD22-1	170	28 900
ZD22-1	0	0			

$\Sigma 1582\times10^3$ $\Sigma 852\times10^2$

第二节 主副导线环测量误差对贯通精度影响值的估算方法

一、估算方法

(一)主副导线示意图(图 3.2.2.1)

0—1—2—…$(n-1)-n$ 表示主导线,共有$(n+1)$个点,0—1′—2′—k'—n 表示副导线,共有 k' 个点。主导线既测角又测边,副导线只测角不测边,β_i 表示 i 站的内角,l_i 表示导线边长。

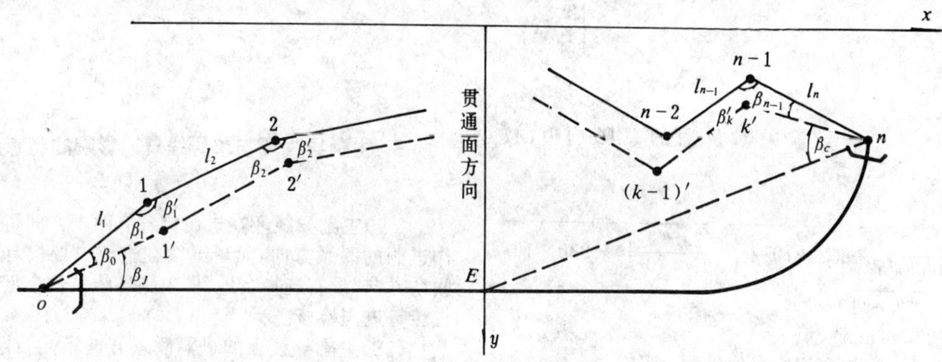

图 3.2.2.1

为了估算的方便,设 Y 轴通过贯通点并与贯通面方向一致。E 点为预计贯通点,β_J 为进口端进洞联系角,β_C 为出口端进洞联系角,$O\sim E$ 和 $n\sim E$ 分别为进出口洞内虚拟导线。

(二)估算方法

主副导线环测量误差对贯通精度的影响值按下式计算

$$m=\pm\sqrt{\left(\frac{m_l}{l}\right)^2\sum_1^n d_{yi}^2+\left(\frac{m_\beta}{\rho''}\right)^2\frac{1}{P_\beta}} \quad (3.2.2.1)$$

式中 $\frac{m_l}{l}$——主导线测边相对中误差;

m_β——导线测角中误差(″);

d_{yi}——主导线各边在贯通面上投影长(m);

$\frac{1}{P_\beta}$——导线环平差角对贯通影响的权倒数。

权倒数$\frac{1}{P_\beta}$按下式计算:

$$\frac{1}{P_\beta}=[R_x^2]-\frac{[R_x]^2}{(n+1)+k'} \quad (3.2.2.2)$$

式中 R_x——主导线各点至贯通面的垂距(m);

$(n+1)+k'$——主副导线环测角站总数。

图 3.2.2.1 中各点 $x_i=R_{xi}$代入(3.2.2.2)式后,权倒数如下

$$\frac{1}{P_\beta}=〔x_0^2+x_1^2+\cdots+x_{n-1}^2+x_n^2〕$$

$$-\frac{(x_0+x_1+\cdots+x_{n-1}+x_n)^2}{(n+1)+k'} \quad (3.2.2.3)$$

用上式计算时,如果进口联系方向在主导线上,则没有 x_0 项;如果出口联系方向在主导线上,则没有 x_n 项;如果进出口联系方向都在主导线上,则 x_0 和 x_n 都没有。分母始终不变。

二、估算示例

仍以图 3.2.1.1 的隧道为例,加测了副导线组成闭合环,如图 3.2.2.2 所示。

假设两端洞口均联系副导线进洞,$(n+1)=6$, $k'=4$, $m_\beta=\pm2.5''$, $\frac{m_l}{l}=\frac{1}{20,000}$, R_x 和 d_y 如图示。

导线环平差角对贯通影响的权倒数按(3.2.2.3)式计算:

$$\frac{1}{P_\beta}=〔820^2+450^2+120^2+570^2+1020^2+840^2〕$$

$$-\frac{(-820-450+120+570+1020+840)^2}{10}$$

$$=296\times10^4-164\times10^3=280\times10^4$$

$\Sigma d_y^2=852\times10^2$ (见表 3.2.1.1)

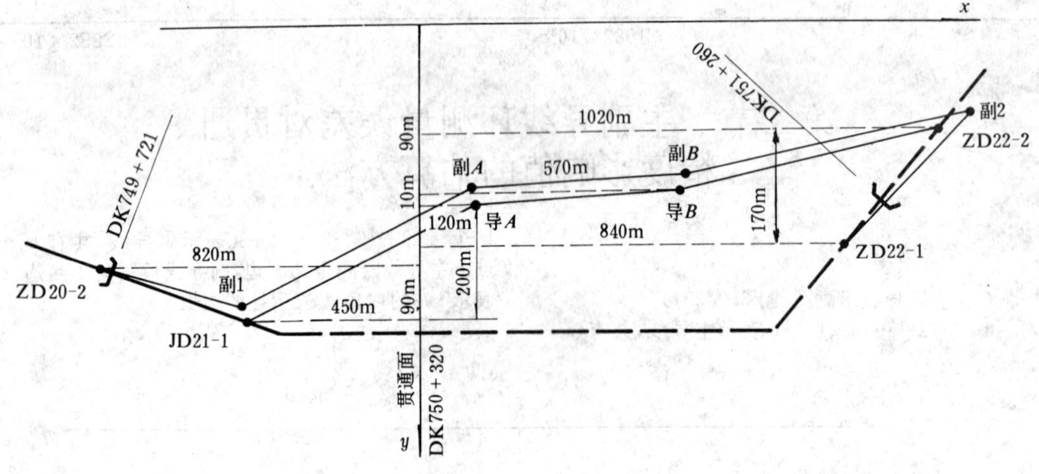

图 3.2.2.2

导线环测量误差对贯通的总影响值,按(3.2.2.1)式计算:

$$m=\sqrt{\left(\frac{1}{20000}\right)^2\times852\times10^2+\left(\frac{2.5''}{206\times10^3}\right)^2\times280\times10^4}$$

$$=\sqrt{213+412}$$

$$=\pm25.0(\text{mm})$$

假设两端均联系主导线进洞,则

$$\frac{1}{P_\beta}=〔450^2+120^2+570^2+1020^2〕$$

$$-\frac{(-450+120+570+1020)^2}{10}$$

$$=158\times10^4-159\times10^3$$

$$=142\times10^4$$

$$m=\sqrt{\left(\frac{1}{20000}\right)^2\times852\times10^2+\left(\frac{2.5''}{206\times10^3}\right)^2\times142\times10^4}$$

$$=\sqrt{213+209}$$

$$=\pm20.5\text{mm}$$

可见,联系主导线方向进洞,对贯通精度有利。

三、主副导线环与单导线贯通影响的特点和比较

(一)主副导线环在进出口各有两个方向可供用作进洞的联系方向,而单导线在进出口处仅有一个联系方向,没有选择余地。即主副导线多一个已知方位传算进洞检核。

(二)主副导线上的进洞联系方向不同,计算的贯通影响值也不同。因为不同的一对联系方向有不同的相对方位角误差。以进出口联系方向都选在主导线上为最好;如果联系方向在副导线上,贯通影响值将会增大,在设计或施测时应当尽可能避免。上例中,测角误差影响值增大 40%,总影响值增大 20%。

(三)当贯通点位于隧道中部(严格说是 E 点位于各导线点 x 坐标平均值时),如果进出口的联系方向都在主导线上,这时的影响值和单导线的影响值比较相差极小,可以用单导线公式估算贯通误差。如果进口或出口联系方向在副导线上,单导线公式则不能用在主副导线环上。

(四)当贯通点偏离隧道中部而向一端洞口愈靠近时,主副导线环则比单导线对贯通精度愈有利。短隧道,两者相差较小;隧道较长时,两者相差则较大。单口掘进贯通的隧道,主副导线显然优于单导线。

第三节 导线网测量误差对贯通精度影响值的估算方法

一、导线网按条件平差的估算方法

(一)估算方法

设有××线隧道导线控制网如图 3.2.3.1 所示，导线网中共有 20 个点，控制一直线隧道，隧道中线为主 2～9，进口控制点为主 2，出口控制点为 9 号点。

选定一假设局部坐标系。设点主 2 的坐标为起算坐标，是假设坐标，本身 $x_{主2}$、$y_{主2}$无误差。起始方向为 $\alpha_{主2\sim19}$，为假设值，无误差。贯通点设计在 E 点，l_J 为主$_{2\sim E}$的平距，l_C 为 9－E 的平距。进口联系方向为主$_{2\sim1}$，进口进洞联系角为 β_J；出口联系方向为 9～8，出口进洞联系角为 β_C、l_J、l_C、β_J、β_C 均假设为设计值，近似地认为无误差。

设由进口引入测设的贯通点 E 的坐标为($x_{E进}$，$y_{E进}$)；由出口引入测设的贯通点 E 的坐标为($x_{E出}$，$y_{E出}$)，则 x、y 方向的贯通误差分别为($x_{E出}-x_{E进}$)和($y_{E出}-y_{E进}$)。这里介绍的方法是，首先估算($x_{E出}-x_{E进}$)和($y_{E出}-y_{E进}$)的中误差，再进一步根据所推导的 $E_{进}$ 和 $E_{出}$ 两点位的相对误差椭圆求出隧道贯通的横向和纵向中误差。

1. 开列贯通误差函数式($x_{E出}-x_{E进}$)，($y_{E出}-y_{E进}$)和贯通误差权函数式 d($x_{E出}-x_{E进}$)、d($y_{E出}-y_{E进}$)。如图 3.2.3.1 所示，则有：

$$\begin{cases}x_{E进}=x_{主2}+l_J\cdot\cos\alpha_{主2\sim E}=x_{主2}+l_J\cos(\alpha_{主2\sim1}+\beta_J)\\ y_{E进}=y_{主2}+l_J\cdot\sin\alpha_{主2\sim E}=y_{主2}+l_J\sin(\alpha_{主2\sim1}+\beta_J)\end{cases}\tag{3.2.3.1}$$

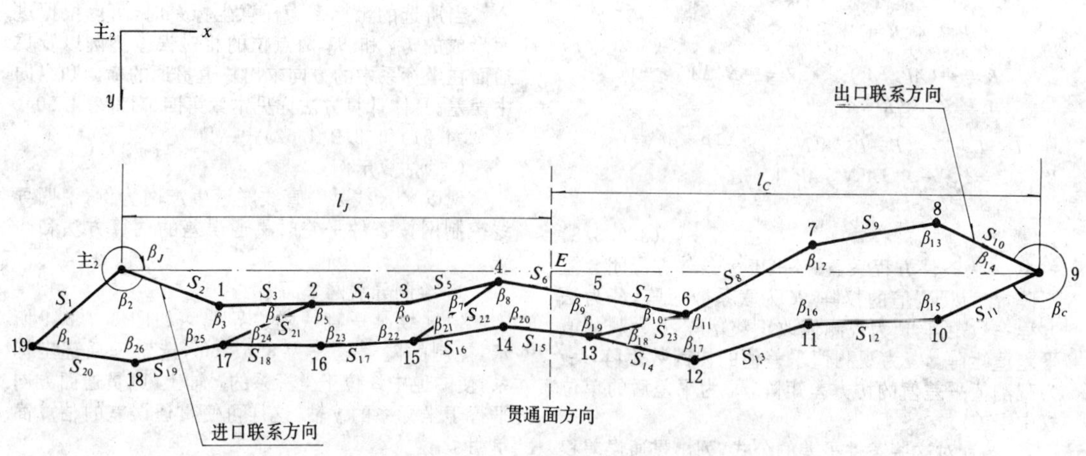

图 3.2.3.1

和
$$\begin{cases}x_{E出}=x_9+l_c\cdot\cos\alpha_{9\sim E}=x_9+l_c\cos(\alpha_{9\sim8}+\beta_c)\\ y_{E出}=x_9+l_c\cdot\sin\alpha_{9\sim E}=y_9+l_c\sin(\alpha_{9\sim8}+\beta_c)\end{cases}\tag{3.2.3.2}$$

以及
$$\begin{cases}x_{E出}-x_{E进}=x_9-x_{主2}+l_c\cdot\cos(\alpha_{9\sim8}+\beta_z)\\ \qquad -l_c\cos(\alpha_{主2\sim1}+\beta_J)\\ y_{E出}-y_{E进}=y_9-y_{主2}+l_c\cdot\sin(\alpha_{9\sim8}+\beta_c)\\ \qquad -l_J\sin(\alpha_{主2\sim1}+\beta_J)\end{cases}\tag{3.2.3.3}$$

上两式即为贯通误差($x_{E出}-x_{E进}$)、($y_{E出}-y_{E进}$)的函数式，对上两式两端取全微分，并考虑到单位的统一，可以推导出贯通误差的权函数式 d($x_{E出}-x_{E进}$)和 d($y_{E出}-y_{E进}$)分别为：

$$\begin{aligned}\mathrm{d}(x_{E出}-x_{E进})=&\frac{1}{\rho''}[(y_E-y_1)\mathrm{d}\beta_3+(y_E-y_2)\mathrm{d}\beta_4\\ &+(y_E-y_2)\mathrm{d}\beta_5+(y_E-y_3)\mathrm{d}\beta_6\\ &+(y_E-y_4)\mathrm{d}\beta_7+(y_E-y_4)\mathrm{d}\beta_8\\ &+(y_E-y_5)\mathrm{d}\beta_9+(y_E-y_6)\mathrm{d}\beta_{10}\\ &+(y_E-y_6)\mathrm{d}\beta_{11}+(y_E-y_7)\mathrm{d}\beta_{12}\\ &+(y_E-y_8)\mathrm{d}\beta_{13}]+\cos\alpha_{主2\sim1}\mathrm{d}S_2\\ &+\cos\alpha_{1\sim2}\mathrm{d}S_3+\cos\alpha_{2\sim3}\mathrm{d}S_4\\ &+\cos\alpha_{3\sim4}\mathrm{d}S_5+\cos\alpha_{4\sim5}\mathrm{d}S_6\\ &+\cos\alpha_{5\sim6}\mathrm{d}S_7+\cos\alpha_{6\sim7}\mathrm{d}S_8\\ &+\cos\alpha_{7\sim8}\mathrm{d}S_9+\cos\alpha_{8\sim9}\mathrm{d}S_{10}\end{aligned}\tag{3.2.3.4}$$

$$\begin{aligned}\mathrm{d}(y_{E出}-y_{E进})=&-\frac{1}{\rho''}[(x_E-x_1)\mathrm{d}\beta_3\\ &+(x_E-x_2)\mathrm{d}\beta_4+(x_E-x_2)\mathrm{d}\beta_5\\ &+(x_E-x_3)\mathrm{d}\beta_6+(x_E-x_4)\mathrm{d}\beta_7\\ &+(x_E-x_4)\mathrm{d}\beta_8+(x_E-x_5)\mathrm{d}\beta_9\end{aligned}$$

$$+(x_E-x_6)d\beta_{10}+(x_E-x_6)d\beta_{11}$$
$$+(x_E-x_7)d\beta_{12}+(x_E-x_8)d\beta_{13}]$$
$$+\sin\alpha_{主2\sim1}dS_2+\sin\alpha_{1\sim2}dS_3$$
$$+\sin\alpha_{2\sim3}dS_4+\sin\alpha_{3\sim4}dS_5$$
$$+\sin\alpha_{4\sim5}dS_6+\sin\alpha_{5\sim6}dS_7$$
$$+\sin\alpha_{6\sim7}dS_8+\sin\alpha_{7\sim8}dS_9$$
$$+\sin\alpha_{8\sim9}dS_{10} \quad (3.2.3.5)$$

(3.2.3.4)和(3.2.3.5)两式中(x_E, y_E)为贯通点 E 的坐标,可由设计值 l_J、β_J 和起算点坐标$(x_{主2}、y_{主2})$按下式求得:

$$\begin{cases}x_E=x_{主2}+l_J\cdot\cos(\alpha_{主2\sim1}+\beta_J)\\y_E=y_{主2}+l_J\cdot\sin(\alpha_{主2\sim1}+\beta_J)\end{cases} \quad (3.2.3.6)$$

贯通误差权函数式中,坐标的单位一般取"米",ds_i、$d(x_{E出}-x_{E进})$、$d(y_{E出}-y_{E进})$的单位为"厘米",$d\beta_i$ 的单位为"秒",则 ρ'' 取 2062.65″。

2. 针对条件平差,建立贯通误差权函数矩阵,求出权函数矩阵的方差——协方差阵。

(1)在导线网条件平差时,使用了下列公式(详见第七章第六节):

$$\begin{cases}\underset{r\times n}{A}\ \underset{n\times1}{V}+\underset{r\times1}{W}=0 \qquad (W=AL+A_0)\\ \underset{r\times n}{A}\ \underset{n\times n}{P^{-1}}\ \underset{n\times r}{A^T}\ \underset{r\times1}{K}+\underset{r\times1}{W}=0\\ K=-(AP^{-1}A^T)^{-1}\cdot W=-N^{-1}W\\ \underset{n\times1}{V}=P^{-1}A^TK\end{cases} \quad (3.2.3.7)$$

$$及\begin{cases}\hat{L}=L+V=(E-P^{-1}A^TN^{-1}A)L-P^{-1}A^TN^{-1}A_0\\ Q_{\hat{L}\hat{L}}=P^{-1}-P^{-1}A^TN^{-1}AP^{-1}\\ D_{\hat{L}\hat{L}}=m_0^2Q_{\hat{L}\hat{L}}\end{cases} \quad (3.2.3.8)$$

式中,A 为条件方程系数矩阵,W 为条件方程闭合差矩阵,P 为观测值的权阵,K 为联系数矩阵,N 为法方程系数矩阵,V 为观测值改正数矩阵,$\hat{L}$ 为观测值平差值矩阵,$Q_{\hat{L}\hat{L}}$为观测值平差值的协因数矩阵,$D_{\hat{L}\hat{L}}$为观测值平差值的协方差矩阵,m_0 为平差后的单位权中误差。

(2)针对这些条件平差的公式,列出贯通误差权函数 $d(x_{E出}-x_{E进})$和 $d(y_{E出}-y_{E进})$的系数阵。

本例中的$\underset{n\times1}{d\hat{L}}$ 为:

$$\underset{49\times1}{d\hat{L}}=\begin{bmatrix}d\beta_1\\d\beta_2\\d\beta_{26}\\dS_1\\dS_2\\\vdots\\dS_{23}\end{bmatrix} \quad (3.2.3.9)$$

则贯通误差的权函数的系数阵为:

$$\underset{2\times49}{F}=\begin{bmatrix}f^{\mathrm{I}}_{\beta1}f^{\mathrm{I}}_{\beta2}\cdots f^{\mathrm{I}}_{\beta26}f^{\mathrm{I}}_{s1}f^{\mathrm{I}}_{s2}\cdots f^{\mathrm{I}}_{s23}\\ f^{\mathrm{II}}_{\beta1}f^{\mathrm{II}}_{\beta2}\cdots f^{\mathrm{II}}_{\beta26}f^{\mathrm{II}}_{s1}f^{\mathrm{II}}_{s2}\cdots f^{\mathrm{II}}_{s23}\end{bmatrix} \quad (3.2.3.10)$$

式中,$f^{\mathrm{I}}_{\beta1}\cdots f^{\mathrm{I}}_{S1}\cdots$,$f^{\mathrm{II}}_{\beta1}\cdots f^{\mathrm{II}}_{\beta1}\cdots$,分别为(3.2.3.4)式和(3.2.3.5)式中的 $d\beta_1$,$d\beta_2\cdots dS_1dS_2\cdots$各项的系数,例如:$f^{\mathrm{I}}_{\beta1}=0$,$f^{\mathrm{I}}_{\beta2}=0$,

$f^{\mathrm{I}}_{\beta3}=(y_E-y_1)/\rho''$,…

$f^{\mathrm{I}}_{s1}=0$,$f^{\mathrm{I}}_{s2}=\cos\alpha_{主2\sim1}$,…,

$f^{\mathrm{II}}_{\beta1}=0$,$f^{\mathrm{II}}_{\beta2}=0$,

$f^{\mathrm{II}}_{\beta3}=-(x_E-x_1)/\rho''$,…,

$f^{\mathrm{II}}_{s1}=0$,$f^{\mathrm{II}}_{s2}=\sin\alpha_{主2\sim1}$,…,

这样就可以用(3.2.3.9)和(3.2.3.10)式组成贯通误差权函数阵:

$$\underset{2\times1}{\varphi}=\underset{2\times49}{F}\cdot\underset{49\times1}{d\hat{L}} \quad (3.2.3.11)$$

此权函数阵的方差—协方差阵为:

$$D_{\varphi\varphi}=F\cdot D_{\hat{L}\hat{L}}F^T=m_0^2FQ_{\hat{L}\hat{L}}F^T \quad (3.2.3.12)$$

由上式得到一个 2×2 阶的方阵:

$$D_{\varphi\varphi}=m_0^2FQ_{\hat{L}\hat{L}}F^T=m_0^2\begin{bmatrix}Q_{\Delta x\Delta x}&Q_{\Delta x\Delta y}\\Q_{\Delta y\Delta x}&Q_{\Delta y\Delta y}\end{bmatrix} \quad (3.2.3.13)$$

上式中,$Q_{\Delta x\Delta x}$即是 x 方向(纵向)贯通精度的权倒数;$Q_{\Delta y\Delta y}$即是 y 方向(横向)贯通精度的权倒数。

3. 根据(3.2.3.13)式,计算横向和纵向贯通中误差。

当所选的局部假设坐标系的 y 轴与贯通面方向一致时,估算的$(x_{E出}-x_{E进})$和$(y_{E出}-y_{E进})$的中误差即为隧道纵向贯通中误差和横向贯通中误差即:

$$\begin{cases}m_{横}=\pm m_0\sqrt{Q_{\Delta y\Delta y}}\\m_{纵}=\pm m_0\sqrt{Q_{\Delta x\Delta x}}\end{cases} \quad (3.2.3.14)$$

当所选的坐标系为任意坐标系时,可以根据进而形成的 $E_{出}$ 和 $E_{进}$ 两点位的相对误差椭圆以及贯通面在坐标系中的方向求出隧道贯通的横向和纵向中误差。具体计算方法详见本章第四节(3.2.4.50)、(3.2.4.51)和(3.2.4.52)式。

(二)估算示例

现以××线某一直线隧道生产网为例,说明导线控制网按条件平差时贯通误差的估算方法和步骤。

1. 绘制导线网平面图

××线某一直线隧道导线网如图 3.2.3.1 所示,控制的隧道全长为 8657.6m,选定一局部坐标系,使隧道中线位于坐标系的 x 轴上,则贯通面方向平行于坐标系的 y 轴,这样可使贯通误差的估算简单明了。

导线网的起算坐标为主$_2$(341228.1754,0),起算坐标方位角为 $\alpha_{主2\sim19}=177°09'24.19''$。贯通点设计在 E 点,$l_J=4330.0000$m,$l_c=4327.5916$m,$\beta_J=359°55'47.72''$,$\beta_c=359°58'30.72''$。

2. 建立贯通误差的权函数式 $d(x_{E出}-x_{E进})$和 $d(y_{E出}-y_{E进})$

本算例的隧道导线控制网与前面介绍"估算方法"中所举例的导线网为同一个导线网,导线点编号、观测值编号以及进出口联系方向、联系角完全一样。因此本算例的贯通误差权函数式 $d(x_{E出}-x_{E进})$和 $d(y_{E出}-y_{E进})$就是前面所推导的式(3.2.3.4)和式(3.2.3.5)。

当导线点编号、观测值编号以及进出口联系方向、联系角同前面的例子不一样时,应根据"导线网按条件平差时贯通误差的估算公式"的推导过程以及式(3.2.3.4)和式(3.2.3.5)的规律,建立贯通误差权函数式 $d(x_{E出}-x_{E进})$和 $d(y_{E出}-y_{E进})$。

3. 进行导线网的条件平差

(1)计算导线网内图形条件闭合差及闭合差分配后导线各转折角。

本算例导线网中有四个闭合环，由导线角度观测值(见表 3.2.3.1)计算各个闭合环的角度闭合差分别为＋0.61″、＋1.95″、＋1.19″和＋0.54″，把各个环的角度闭合差各自反号平均分配后得到闭合差分配后的导线转折角(见表 3.2.3.1)。

(2)计算各导线边的推算坐标方位角和各导线点的近似坐标。

由闭合差分配后的导线转折角和起算坐标方位角 $\alpha_{主2\sim19}=177°09'24.19''$ 计算各导线边的推算坐标方位角(见表 3.2.3.2)。

由起算点坐标主$_2$(341228.1754,0)，推算坐标方位角和边长观测值(见表 3.2.3.2)，按 $x_i=x_{i-1}+S_{(i-1)\cdot i}\cdot\cos\alpha_{(i-1)}\cdot i$ 和 $y_i=y_{i-1}+S_{(i-1)}\cdot i_1\cdot\sin\alpha_{(i-1)}\cdot i(i=1,2,\cdots,19)$，计算各导线点的近似坐标(见表 3.2.3.3)。

(3)开列条件方程式。导线网中有边长观测值23个，角度观测值26个，故 $n=23+26=49$，必要观测数 $t=2\times19-1=37$，所以，多余观测数为 $r=n-t=12$，亦即有12个条件方程，其中4个是4个闭合环的角度闭合条件方程，其余8个是4个闭合环的纵，横坐标闭合条件方程，因该导线网观测右角，所以纵、横坐标的闭合条件方程按下式开列：

$$\begin{cases}\sum\limits_{i=1}^{n}\cos\alpha_iV_{si}+\sum\limits_{i=1}^{n}\dfrac{1}{\rho''}(y_{n+1}-y_i)V_i+W_x=0\\ \sum\limits_{n=1}^{n}\sin\alpha_iV_{si}-\sum\limits_{i=1}^{n}\dfrac{1}{\rho''}(x_{n+1}-x_i)V_i+W_y=0\end{cases}$$

式中，α_i 为各导线边的推算坐标方位角(见表 3.2.3.2)，x_i、y_i 为各导线点上的近似坐标(见表 3.3.3.3)，W_x、W_y 为纵横坐标闭合差，以cm为单位，V_{si} 亦以cm为单位，则 x_i、y_i 以m为单位，$\rho''=2062.65$。

开列后的条件方程的系数矩阵 $\underset{12\times49}{A}$ 和闭合差矩阵 $\underset{12\times1}{W}$ 见表 3.2.3.5。

(4)计算角度和边长观测值的权。导线网中角度观测的外业精度为 $m_\beta=\pm1''$，测边用DM504测距仪观测，其标称精度为 $3\text{mm}+2\times10^{-6}$，平差中取单位权中误差 $m_0=m_\beta$，则角度观测值的权均为1，而边长观测值的权按下式确定：

$$p_{si}=\frac{\mu^2}{m_{si}^2}=\frac{\mu^2}{(0.3)^2+(0.2\times s_i)^2}$$

式中，s_i 以km为单位，则 P_{si}的单位为 s^2/cm^2，计算后的角度和边长观测值的权见表 3.2.3.5。

(5)组成并解算法方程。根据上面计算的 A、P 和 W 矩阵，组成法方程 $AP^{-1}A^TK+W=0$，并解算法方程，求出联系数矩阵 $\underset{12\times1}{K}$(见表 3.2.3.4)。

把算出的 K 代入改正数方程 $V=P^{-1}A^TK$，求出角度观测值的改正数(见表 3.2.3.1)和边长观测值的改正数(见表 3.2.3.2)，并把求出的改正数 V，代入 $\hat{L}=L+V$，求出角度和边长观测值的平差值(分别见表 3.2.3.1 和表 3.2.3.2)。再利用角度和边长的平差值计算各导线点的坐标平差值(见表 3.2.3.3)。

在条件平差的同时，按式 $\underset{49\times49}{Q_{\hat{L}\hat{L}}}=P^{-1}-P^{-1}A^TN^{-1}AP^{-1}$ 计算平差值的协因数矩阵，求出的 $Q_{\hat{L}\hat{L}}$是一个49×49阶矩阵，在本算例中未列出。

平差后单位权中误差 $m_0=\pm\sqrt{\dfrac{V^TPV}{n-t}}=\pm0.88''$

4. 计算贯通误差权函数 $d(x_{E出}-x_{E进})$ 和 $d(y_{E出}-y_{E进})$ 的系数矩阵。

因为 $Q_{\hat{L}\hat{L}}$为49×49阶，所以贯通误差权函数的系数矩阵的阶数为2×49，其系数矩阵按式(3.2.3.10)和(3.2.3.4)以及(3.2.3.5)式计算，计算时注意单位的统一，l_c、l_J 及 x_i、y_i 以m为单位，$d(x_{E出}-x_{E进})$ 和 $d(y_{E出}-y_{E进})$ 以厘米为单位，V_{si}以cm为单位，则 ρ'' 取2062.65。

计算后的系数矩阵 F 见表 3.2.3.5 最后两行中的 f^{I} 和 f^{II}的值。

5. 求出贯通误差权函数矩阵的方差-协方差阵

$$D_{\varphi\varphi}=m_0^2FQ_{\hat{L}\hat{L}}F^T=m_0^2\begin{pmatrix}Q_{\Delta x\Delta x} & Q_{\Delta x\Delta y}\\ Q_{\Delta y\Delta x} & Q_{\Delta y\Delta y}\end{pmatrix}$$

$$=m_0^2\begin{pmatrix}1.1749 & 0.0087\\ 0.0087 & 7.3362\end{pmatrix}$$

6. 求出横向和纵向贯通中误差

因所选坐标系的 Y 轴平行于贯通面方向，所以贯通误差权函数在 x、y 方向上的误差即为导线网测量误差对隧道贯通的纵向和横向误差的影响值(中误差)，即

$$\begin{cases}m_{横}=\pm m_0\sqrt{Q_{\Delta y\Delta y}}=\pm23.7\text{mm}\\ m_{纵}=\pm m_0\sqrt{Q_{\Delta x\Delta x}}=\pm9.5\text{mm}\end{cases}$$

角度观测值，平差值

表 3.2.3.1

编号	角度观测值 (° ′ ″)	闭合差分配后角值 (° ′ ″)	观测值改正数 (″)	角度平差值 (° ′ ″)
1	0 02 10.74	0 02 10.63	−0.04	0 02 10.70
2	177 05 12.30	177 05 12.20	−0.07	177 05 12.23
3	180 05 43.59	180 05 43.49	−0.11	180 05 43.48
4	0 00 12.72	0 00 12.62	−0.20	0 00 12.52
5	179 58 06.12	179 58 05.79	−0.44	179 58 05.68

续上表

编号	角度观测值 (° ′ ″)	闭合差分配后角值 (° ′ ″)	观测值改正数 (″)	角度平差值 (° ′ ″)
6	180 02 25.93	180 02 25.61	−0.18	180 02 25.75
7	0 03 32.95	0 03 32.62	0.14	0 03 33.09
8	179 54 04.66	179 54 04.46	−0.39	179 54 04.27
9	179 53 19.10	179 53 18.90	−0.04	179 53 19.06
10	0 01 33.79	0 01 33.59	0.41	0 01 34.20
11	180 21 05.36	180 21 05.29	−0.61	180 21 04.75
12	179 42 53.84	179 42 53.77	−0.09	179 42 53.75
13	179 59 46.51	179 59 46.44	0.70	179 59 47.21
14	0 04 20.54	0 04 20.48	1.23	0 04 21.77
15	179 55 59.01	179 55 58.94	0.70	179 55 59.71
16	180 19 29.11	180 19 29.04	−0.09	180 19 29.02
17	179 33 26.64	179 33 26.57	−0.60	179 33 26.04
18	0 02 59.53	0 02 59.47	−1.77	0 02 57.76
19	180 04 26.12	180 04 25.92	−0.04	180 04 26.08
20	180 05 19.90	180 05 19.70	−0.39	180 05 19.51
21	0 01 17.62	0 01 17.43	−0.75	0 01 16.87
22	180 02 04.84	179 52 04.52	−0.18	179 52 04.66
23	180 02 12.73	180 02 12.41	−0.44	180 02 12.29
24	0 01 39.38	0 01 39.05	−0.84	0 01 38.54
25	179 55 46.58	179 55 46.48	−0.11	179 55 46.47
26	182 50 54.68	182 50 54.58	−0.07	182 50 54.61

边长观测值,平差值 表 3.2.3.2

编号	边　名	推算坐标方位角 (° ′ ″)	观测边长 (m)	边长改正数 (mm)	边长平差值 (m)
1	19～主 2	177 09 24.19	545.379 4	0.5	545.379 9
2	主 2～1	0 04 11.99	578.280 2	0.5	578.280 7
3	1～2	359 58 28.50	1 384.701 6	0.9	1 384.702 5
4	2～3	0 00 10.09	893.373 4	0.4	893.373 8
5	3～4	359 57 44.48	1 127.510 8	0.6	1 127.511 4
6	4～5	0 00 07.40	1 090.209 0	−0.2	1 090.208 8
7	5～6	0 06 48.50	1 389.502 2	−0.2	1 389.502 0
8	6～7	359 44 09.62	612.719 8	−0.9	612.718 9
9	7～8	0 01 15.85	946.199 7	−1.1	946.198 6
10	8～9	0 01 29.41	635.106 0	−0.9	635.105 1
11	9～10	179 57 08.93	636.205 8	0.9	636.206 7
12	10～11	180 01 09.99	945.255 3	1.1	945.256 4
13	11～12	179 41 40.95	599.816 8	0.8	599.817 6
14	12～13	180 08 14.38	1 402.497 2	1.6	1402.4988
15	13～14	180 00 48.99	1 089.314 0	0.2	1 089.314 2
16	14～15	179 55 29.29	1 128.877 2	0.2	1 128.877 4
17	15～16	180 02 07.34	893.490 0	−0.4	893.489 6
18	16～17	179 59 54.93	1 383.737 0	−0.7	1 383.736 3
19	17～18	180 02 29.40	578.915 9	−0.5	578.915 4
20	18～19	177 11 34.82	544.856 4	−0.5	544.855 9
21	2～17	179 58 15.88	1 384.574 2	−0.3	1 384.573 9
22	4～15	179 54 11.86	1 128.235 4	−0.7	1 128.234 7
23	6～13	180 05 14.91	1 389.753 7	−1.4	1 389.752 3

坐标近似值,平差值 表 3.2.3.3

点名	x 近似坐标	y 近似坐标	x 坐标平差值	y 坐标平差值
1	341 806.455 7	0.706 3	341 806.455 7	0.706 4
2	343 191.157 7	0.091 8	343 191.158 1	0.092 0
3	344 084.531 6	0.137 0	344 084.532 0	0.136 5
4	345 212.042 7	−0.602 3	345 212.043 2	−0.604 0
5	346 302.251 7	−0.561 2	346 302.252 0	−0.566 1
6	347 691.751 2	2.192 7	347 691.751 3	2.183 1
7	348 304.463 4	−0.625 8	348 304.463 7	−0.640 1
8	349 250.661 9	−0.273 3	349 250.662 2	−0.294 2
9	349 885.766 7	0.006 6	349 885.767 2	−0.0226 0
10	349 249.560 0	0.538 9	349 249.560 7	0.512 8
11	348 304.303 7	0.222 8	348 304.304 3	0.207 0
12	347 704.494 3	3.423 4	347 704.495 3	3.412 5
13	346 301.999 1	0.072 9	346 302.000 6	0.068 1
14	345 212.685 1	−0.183 8	345 212.686 4	−0.184 5
15	344 083.809 3	1.303 5	344 083.810 1	1.302 6
16	343 190.319 9	0.753 5	343 190.320 7	0.753 4
17	341 806.584 2	0.790 5	341 806.584 4	0.790 4
18	341 227.669 0	0.371 0	341 227.669 2	0.370 8
19	340 683.466 9	27.053 3	340 683.467 0	27.053 2

法方程式联系数 表 3.2.3.4

K_1	−0.040 2	K_5	0.276 2	K_9	−0.059 0
K_2	−0.442 1	K_6	−0.136 4	K_{10}	0.666 5
K_3	−0.388 6	K_7	0.200 0	K_{11}	−0.476 0
K_4	−0.606 4	K_8	0.598 8	K_{12}	1.724 7

二、导线网按间接平差的估算方法

(一)估算方法

1. 绘制导线网平面图

导线网平面图按 1∶5 000 或 1∶10 000 比例尺绘制,如果导线网已施测,则可利用已有的平面图,并在图上绘出:隧道及线路位置、贯通点 E 的位置、贯通面方向、导线网的进出口控制点 J 和 C、进出口联系方向和进出口联系角 β_J、β_c,l_J 为进口联系点 J 到贯通点 E 的平距和 l_c 为出口联系点 C 到贯通点 E 的平距。

设由进口引入测设的贯通点 E 的坐标为($x_{E进}$, $y_{E进}$),由出口引入测设的贯通点 E 的坐标为($x_{E出}$, $y_{E出}$),则 x、y 方向的贯通误差即为($x_{E出}-x_{E进}$)和($y_{E出}-y_{E进}$)。这里介绍的方法是首先估算($x_{E出}-x_{E进}$)和($y_{E出}-y_{E进}$)的中误差,当所选坐标系的 Y 轴与贯通面方向一致时,估算的($x_{E出}-x_{E进}$)和($y_{E出}-y_{E进}$)的中误差即为隧道纵向贯通中误差和横向贯通中误差;当所选的坐标系为任意坐标系时,可以根据进而形成的 $E_进$ 和 $E_出$ 两点位的相对点位误差椭圆以及贯通面在坐标系中的方向求出隧道贯通的横向和纵向中误差。

2. 建立贯通误差($x_{E出}-x_{E进}$)和($y_{E出}-y_{E进}$)的权函数式

贯通误差($x_{E出}-x_{E进}$)和($y_{E出}-y_{E进}$)的权函数式推导过程及原理详见本章第四节"三"中的第一步,推导出权函数式的具体形式见该节中(3.2.4.30)和(3.2.4.31)两式。

3. 进行导线网的间接平差

(1)列出观测角度和边长的误差方程

导线网习惯上以角度和边长观测值按坐标进行间接平差,所以首先应列出观测角度和边长的误差方程。

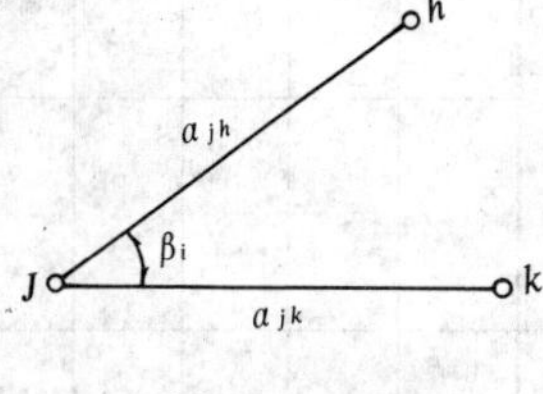

图 3.2.3.2

如图 3.2.3.2,导线点 j 处的转折角为 β_i,则 β_i 的误差方程可按如下方法开列:

$$\beta_i=\alpha_{jk}-\alpha_{jh} \tag{3.2.3.15}$$

式中,α_{jk}、α_{jh}分别为 j_k 和 j_h 边的坐标方位角,则:

$$V_{\beta_i}=\delta\alpha_{jk}-\delta\alpha_{jh}+\alpha_{jk}^{\circ}-\alpha_{jh}^{\circ}-\beta_i \tag{3.2.3.16}$$

式中,$\delta\alpha_{jk}$、$\delta\alpha_{jh}$与坐标改正数 δx_i、δy_i之间的函数关系

表 3.2.3.5—1

条件方程式系数

列号	1	2	3	4	5	6	7	8	9	10	11	12	13	14
V	β_1	β_2	β_3	β_4	β_5	β_6	β_7	β_8	β_9	β_{10}	β_{11}	β_{12}	β_{13}	β_{14}
1	1	1	1	1										
2					1	1	1							
3								1	1	1				
4											1	1	1	1
5		0.013 1	0.012 8	0.013 1										
6		0.264 1	0.544 4	1.215 8										
7								0.000 3						
8							0.433 1	0.979 8						
9											−0.001 4			
10									0.528 5	1.202 2				
11												0.001 4	0.001 2	0.001 1
12												0.297 1	0.755 8	1.063 7
权	1	1	1	1	1	1	1	1	1	1	1	1	1	1
f^{I}			−0.000 4	−0.000 1	−0.000 1	0.000 1	0.000 3	0.000 3	0.000 3	−0.001 1	−0.001 1	0.000 3	0.000 1	
f^{II}			−1.818 9	−1.147 6	−1.147 6	−0.714 4	−0.167 8	−0.167 8	0.360 7	1.034 4	1.034 4	1.331 4	1.790 2	

注：表中空白部分均为零。

表 3.2.3.5—2

列号	15	16	17	18	19	20	21	22	23	24	25	26	27	28
V	β_{15}	β_{16}	β_{17}	β_{18}	β_{19}	β_{20}	β_{21}	β_{22}	β_{23}	β_{24}	β_{25}	β_{26}	S_1	S_2
1											1	1		
2								1	1	1				
3					1	1	1							
4	1	1	1	1										
5											0.012 7	0.012 9	0.998 8	1
6											0.544 5	0.263 8	−0.049 6	0.001 2
7								−0.000 6	−0.000 3	−0.000 3				
8								0.432 8	−0.000 4	−0.671 3				
9					−0.000 3	−0.000 2	−0.000 9							
10					0.528 4	0.000 3	−0.547 0							
11	0.000 8	0.001 0	−0.000 6	0.001 0										
12	0.755 2	0.297 0	0.006 2	−0.673 8										
权	1	1	1	1	1	1	1	1	1	1	1	1	5.975 7	5.788 0
f^{I}														1.000 0
f^{II}														0.001 2

表 3.2.3.5—3

列号	29	30	31	32	33	34	35	36	37	38	39	40	41	42
V	S_3	S_4	S_5	S_6	S_7	S_8	S_9	S_{10}	S_{11}	S_{12}	S_{13}	S_{14}	S_{15}	S_{16}
1														
2														
3														
4														
5	1													
6	−0.000 4													
7		1	1											
8		0.000 1	−0.000 7											
9				1	1								−1	−1
10				0	0.002 0								−0.000 2	0.001 3
11						1	1	1	−1	−1	−1	−1		
12						−0.004 6	0.000 4	0.000 4	0.000 8	−0.000 3	0.005 3	−0.002 4		
权	3.004 3	4.364 3	3.621 2	3.726 2	2.994 3	5.600 9	4.177 9	5.484 0	5.478 4	4.181 1	5.669 9	2.967 5	3.728 8	3.617 4
f^{I}	1	1	1	1	1	1	1	1						
f^{II}	−0.000 4	0.000 1	−0.000 7	0	0.002 0	−0.004 6	0.000 4	0.000 4						

表 3.2.3.5—4

列号	43	44	45	46	47	48	49	50						
V	S_{17}	S_{18}	S_{19}	S_{20}	S_{21}	S_{22}	S_{23}	W						
1								0.61						
2								1.95						
3								1.19						
4								0.54						
5			−1	−0.998 8	−1			−0.30						
6			−0.000 7	0.049 0	0.000 5			0.41						
7	−1	−1			1	−1		−0.26						
8	−0.000 6				−0.000 5	0.001 7		−0.55						
9						1	−1	0.00						
10						−0.001 7	−0.001 5	−0.87						
11							1	0.87						
12							0.001 5	−3.49						
权	4.363 9	3.006 3	5.784 5	5.978 8	3.004 5	3.619 2	2.993 8							
f^{I}														
f^{II}														

的线性形式见本篇第七章式 3.7.9.21，α°_{jh}、α°_{jk}为近似坐标方位角。把式 3.7.9.21 的具体形式代入上式并整理得角度误差方程的具体形式为：

$$
\begin{aligned}
V_{\beta i}=&\rho''\left(\frac{\sin\alpha^{\circ}_{jk}}{S^{\circ}_{jk}}-\frac{\sin\alpha^{\circ}_{jh}}{S^{\circ}_{jh}}\right)\delta x_j \\
&-\rho''\left(\frac{\cos\alpha^{\circ}_{jk}}{S^{\circ}_{jk}}-\frac{\cos\alpha^{\circ}_{jh}}{S^{\circ}_{jh}}\right)-\rho''\frac{\sin\alpha^{\circ}_{jk}}{S^{\circ}_{jk}}\delta x_k \\
&+\rho''\frac{\cos\alpha^{\circ}_{jk}}{S^{\circ}_{jk}}\delta y_k+\rho''\frac{\sin\alpha^{\circ}_{jh}}{S^{\circ}_{jh}}\delta x_h \\
&-\rho''\frac{\cos\alpha^{\circ}_{jh}}{S^{\circ}_{jh}}\delta y_h+\alpha^{\circ}_{jk}-\alpha^{\circ}_{jh}-\beta_i \qquad (3.2.3.17)
\end{aligned}
$$

边长观测值误差方程的具体形式详见本篇第七章即：

$$
\begin{aligned}
V_{sij}=&-\cos\alpha^{\circ}_{ij}\delta x_i-\sin\alpha^{\circ}_{ij}\delta y_i \\
&+\cos\alpha^{\circ}_{ij}\delta x_j+\sin\alpha^{\circ}_{ij}\delta y_j+S^{\circ}_{ij}-S_{ij} \qquad (3.2.3.18)
\end{aligned}
$$

在具体计算误差方程的系数时应注意单位的统一问题，一般取 $\rho=2062.65''$，S°_{ij}以 m 为单位，δx_i，δy_i 的单位则为 cm。

(2)确定角度和边长观测值的权

导线网按坐标间接平差时角度和边长观测值的定权方法，可参见本篇第七章第十节中边角网间接平差时角度(或方向)和边长观测值的定权方法。

(3)组成并解算法方程

根据所开列的角度和边长观测值的误差方程及其它们的权，按照本篇第七章第九节介绍的方法组成并解算法方程，求出待定点近似坐标改正数向量 δx 和待定点坐标 X 向量的协因数矩阵 Q_{xx} 以及平差后的单位权中误差 m_0。

4. 列出贯通误差权函数 $d(x_{E出}-x_{E进})$ 和 $d(y_{E出}-y_{E进})$ 的系数矩阵

贯通误差权函数的系数矩阵 F 的具体形式及其含义详见本章第四节中的(3.2.4.38)式。

5. 建立贯通误差权函数矩阵，并求出权函数阵的方差-协方差阵

根据导线网间接平差时的待定点坐标改正数向量 δx 和权函数的系数矩阵 F，组成贯通误差权函数矩阵

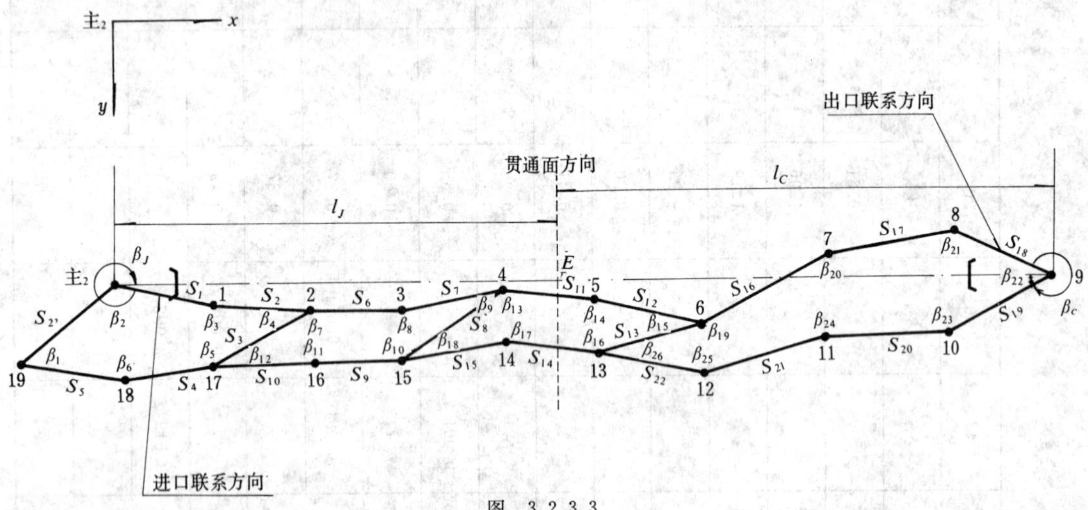

图 3.2.3.3

$$
\varphi=F\cdot\delta x \qquad (3.2.3.19)
$$

则贯通误差权函数阵的方差-协方差阵为

$$
\begin{aligned}
D_{\varphi\varphi}=&FD_{xx}F^T=m_0^2FQ_{xx}F^T \\
=&m_0^2\begin{pmatrix}Q_{\Delta x\Delta x} & Q_{\Delta x\Delta y}\\ Q_{\Delta y\Delta x} & Q_{\Delta y\Delta y}\end{pmatrix} \qquad (3.2.3.20)
\end{aligned}
$$

(3.2.3.20)式中 $Q_{\Delta x\Delta x}$即是 X 方向(纵向)贯通精度的权倒数；$Q_{\Delta y\Delta y}$即是 y 方向(横向)贯通精度的权倒数。

6. 计算相对误差椭圆长半轴 A、短半轴 B、长半轴与 x 轴的夹角 θ

利用上式中的 $Q_{\Delta x\Delta x}$、$Q_{\Delta y\Delta y}$和 $Q_{\Delta x\Delta y}$，按本章第四节(3.2.4.43)式计算 A、B 和 θ。

7. 计算横向和纵向贯通中误差

设贯通面方向与坐标系 x 轴的夹角为 $\alpha_{横}$，则贯通面方向上的误差即为横向贯通中误差 $m_{横}$ 和垂直于贯通面方向上的误差即为纵向贯通中误差 $m_{纵}$，$m_{横}$、$m_{纵}$ 的计算公式详见本章第四节(3.2.4.44)和(3.2.4.45)两式。

当所选的坐标系 y 轴平行于贯通面方向时，则贯通误差权函数在 X、Y 方向上的误差即为隧道贯通的纵向和横向中误差，亦即：

$$
\begin{cases}
m_{横}=\pm m_0\sqrt{Q_{\Delta y\Delta y}}\\
m_{纵}=\pm m_0\sqrt{Q_{\Delta x\Delta x}}
\end{cases} \qquad (3.2.3.21)
$$

(二)估算示例

1. 绘制导线网平面图

某一直线隧道导线网如图 3.2.3.3 所示，此导线网共有 20 个点，控制一个直线隧道，隧道中线为主$_{2\sim9}$，进口控制点为主$_2$，出口控制点为点 9。隧道全长为 865 7.6m。

选定一假设局部坐标系，设点主$_2$ 的坐标为起算坐标主$_2$(341 228.175 4,0)，其 x 值为主$_2$ 点线路中线里程，y 值假设为 0，主$_2$ 点本身的 x、y 值无误差。起始方向为 $\alpha_{主2\sim19}$，为假设值无误差所选的这一假设值 $\alpha_{主2\sim19}=177°09'24.19''$的目的是使隧道中线位于局部坐标系的 x 轴上，则贯通面方向平行于局

部坐标系的 Y 轴，使贯通误差的估算简单明了。

贯通点设计在 E 点，l_J 为主$_{2\sim E}$的平距，l_c 为 9～E 的平距，进口联系边为主$_{2\sim 1}$，进口联系角为 β_J；出口联系边为 9～8，出口联系角为 β_c。l_J、l_c、β_c 均假设为设计值，分别为：$l_J=4\ 330.000\ 0$m，$l_c=4\ 327.591\ 6$m，$\beta_J=359°55'\ 47.72''$，$\beta_c=359°58'\ 30.72''$近似地认为无误差。

2. 建立贯通误差权函数式 $d(x_{E出}-x_{E进})$ 和 $d(y_{E出}-y_{E进})$

仿照本章第四节中的图 3.2.4.7 和(3.2.4.30)式及(3.2.4.31)式，可写出这一隧道导线网贯通误差$(x_{E出}-x_{E进})$和$(y_{E出}-y_{E进})$的权函数式分别为：

$$
\begin{aligned}
d(x_{E出}-x_{E进})=&-(y_E-y_{主2})\frac{\sin\alpha_{主2\sim1}}{S_{主2\sim1}}dx_1\\
&+(y_E-y_{主2})\frac{\cos\alpha_{主2\sim1}}{S_{主2\sim1}}dy_1\\
&+(y_E-y_9)\frac{\sin\alpha_{9\sim8}}{S_{9\sim8}}dx_8\\
&-(y_E-y_9)\frac{\cos\alpha_{9\sim8}}{S_{9\sim8}}dy_8\\
&+\left[1-(y_E-y_9)\frac{\sin\alpha_{9\sim8}}{S_{9\sim8}}\right]dx_9\\
&+(y_E-y_9)\frac{\cos\alpha_{9\sim8}}{S_{9\sim8}}dy_9
\end{aligned}
\tag{3.2.3.22}
$$

$$
\begin{aligned}
d(y_{E出}-y_{E进})=&(x_E-x_{主2})\frac{\sin\alpha_{主2\sim1}}{S_{主2\sim1}}dx_1\\
&-(x_E-x_{主2})\frac{\cos\alpha_{主2\sim1}}{S_{主2\sim1}}dy_1\\
&-(x_E-x_9)\frac{\sin\alpha_{9\sim8}}{S_{9\sim8}}dx_8\\
&+(x_E-x_9)\frac{\cos\alpha_{9\sim8}}{S_{9\sim8}}dy_8\\
&+(x_E-x_9)\frac{\sin\alpha_{9\sim8}}{S_{9\sim8}}dx_9\\
&+\left[1-(x_E-x_9)\frac{\cos\alpha_{9\sim8}}{S_{9\sim8}}\right]dy_9
\end{aligned}
\tag{3.2.3.23}
$$

3. 进行导线网的间接平差

(1)计算导线网内闭合图形条件闭合差及闭合差分配后导线各转折角

该导线网有四个闭合环，由导线角度观测值(见表 3.2.3.7)。计算各个闭合环的角度闭合差分别为 0.61″、+1.95″、+1.19″和+0.54″，把各个环的角度闭合差各自反号平均分配后得到闭合差分配后的导线转折角(见表 3.2.3.7)。

(2)计算各导线边的推算坐标方位角

由闭合差分配后的导线转折角和起算方位角 $\alpha_{主2\sim19}=177°09'\ 24.19''$，计算各导线边的推算坐标方位角(见表 3.2.3.8)

(3)计算各导线点的近似坐标

由起算点坐标主$_2$(341 228.175 4,0)，推算坐标方位角和观测边长(见表 3.2.3.8)，按 $x_i=x_{i-1}+S_{(i-1)}\cdot i\cos\alpha_{(i-1)}\cdot i$ 和 $y_i=y_{i-1}+S_{(i-1)}\cdot i\sin\alpha_{(i-1)}\cdot i$ $(i=1,\cdots,19)$计算各导线点的近似坐标(见表 3.2.3.9)。在计算近似坐标前，应把各个闭合环的坐标增量闭合差按比例反号分配在各段坐标增量上，然后再计算各点的近似坐标。

(4)计算各导线边的近似坐标方位角和近似边长

由上面计算的各导线点的近似坐标按式

$$
\begin{cases}
S^\circ_{ij}=\sqrt{(x^\circ_i-x^\circ_j)^2+(y^\circ_i-y^\circ_j)^2}\\
a_{ij}=\text{arcth}\,\dfrac{y^\circ_j-y^\circ_i}{x^\circ_j-x^\circ_i}
\end{cases}
$$

(上角标°表示近似值)

反算各导线边的近似坐标方位角和近似边长(见表 3.2.3.8)

(5)开列误差方程式

按式(3.2.3.17)和式(3.2.3.18)开列角度观测值和边长观测值的误差方程式。导线网中有 26 个角度观测值，23 个边长观测值，按坐标间接平差时有 $2\times19-1=37$ 个独立的待定点坐标未知数，所以角度和边长观测值总的误差方程的改正数矩阵 V 和常数项矩阵 l 的阶数均为 49×1，误差方程中的系数矩阵 B 的阶数为 49×37，计算出的本算例的误差方程的系数矩阵见表 3.2.3.10，误差方程的常数项见表 3.2.3.11。

由于 $\alpha_{主2\sim19}$的方位角假设为已知，主$_2$ 为起算点，所以 19 号导线点的 x_{19}和 y_{19}的误差互相不独立，而存在条件式

$$\delta\alpha_{主2\sim19}=\rho''\frac{\sin\alpha_{主2\sim19}}{S^\circ_{主2\sim19}}\delta x_{19}-\rho''\frac{\cos\alpha_{主2\sim19}}{S^\circ_{主2\sim19}}\delta y_{19}=0$$

即：$\delta x_{19}=\text{tg}\alpha_{主2\sim19}\delta y_{19}$

因而在开列与 19 号点有关的误差方程时，应用上式代入误差方程，以消去未知数 δx_{19}，所以本算例中独立的未知数个数为 37 个，而不是 38 个。式中 $\rho=2\ 062.65''$，S°以 m 为单位，则 δx 以 cm 为单位。

(6)计算角度和边长观测值的权阵 P(阶数 49×49)

导线网中角度观测的外业统计精度为 $m_\beta=\pm1.0''$；测边用 DM504 测距仪观测，其标称精度为 $3\text{mm}+2\times10^{-6}$。平差中取单位权中误差 $m_0=\pm m_\beta$ 则角度观测值的权均为 $P_{\beta i}=\dfrac{\mu^2}{m_\beta^2}=1$，而边长观测值的权按下式确定：

$$P_{si}=\frac{\mu^2}{m_{si}^2}=\frac{\mu^2}{(0.3)^2+(0.2\times s_i)^2}$$

式中，s_i 以 km 为单位，则权 P_{si}的单位为 s^2/cm^2，计算出的角度和边长观测值的权见表 3.2.3.11。

(7)组成并解算法方程

根据上面计算的 B、P、l 矩阵，组成法方程 $B^TPB\delta x+B^TPl=0$ 并解算法方程，求出导线点近似坐标的改正数 δ_x(见表 3.2.3.9)和待定点坐标的协因数阵 Q_{xx}(阶数为 37×37)(见表 3.2.3.12)。

根据上面求出的坐标改正数 δx，代回误差方程 $V=Bx+l$ 求出观测角度和边长的改正数(见表 3.2.3.7 和表 3.2.3.8)并进一步求出角度和边长的平差值以及导线点坐标的平差值(分别见表 3.2.3.7、表 3.2.3.8 和表 3.2.3.9)。

平差后的单位权中误差为 $m_0=\pm0.77''$。

4. 计算贯通权函数 $d(x_{E出}-x_{E进})$ 和 $d(y_{E出}-y_{E进})$ 的系数矩阵

这个算例的贯通权函数的系数矩阵 F 的阶数为 2×37,其中大部分元素为 0,只有第 1、2、15、16、17、18 列的元素不为 0,系数矩阵 F 的具体形式为:

$$F=\begin{bmatrix} 0 & 0 & \underbrace{0\cdots0}_{12个0元素} & 0 & 0 & 1.0 & 0 & \underbrace{0\cdots0}_{19个0元素} \\ 0.0091 & -7.4877 & 0\cdots0 & -0.0030 & 6.8140 & 0.0030 & -5.8140 & 0\cdots0 \end{bmatrix}$$

F 矩阵中第一行元素除 dx_9 的系数为 1.0 外,其余的元素都为零,这是由于坐标系的 x 轴基本上位于隧道线路中线上。

5. 求出贯通误差权函数矩阵的方差-协方差阵

$$D_{\varphi\varphi}=m_0^2FQ_{xx}F^T$$
$$=m_0^2\begin{pmatrix} Q_{\Delta x\Delta x} & Q_{\Delta x\Delta y} \\ Q_{\Delta y\Delta x} & Q_{\Delta y\Delta y} \end{pmatrix}$$
$$=m_0^2\begin{pmatrix} 1.1749 & 0.0086 \\ 0.0086 & 7.3342 \end{pmatrix}$$

6. 求出横向和纵向贯通中误差

因所选坐标系的 Y 轴平行于贯通面方向且为直线隧道,所以贯通权函数在 x、y 方向上的误差即为导线网测量误差对隧道贯通的纵向和横向误差的影响值(中误差),即:

$$\begin{cases} m_{横}=\pm m_0\sqrt{Q_{\Delta y\Delta y}}=\pm 21.0\text{mm} \\ m_{纵}=\pm m_0\sqrt{Q_{\Delta x\Delta x}}=\pm 8.4\text{mm} \end{cases}$$

角度观测值,平差值 表 3.2.3.6

编号	角度观测值			闭合差分配后角值			观测值改正数	角度平差值		
	(°	′	″)	(°	′	″)	(″)	(°	′	″)
1	0	02	10.74	0	02	10.63	−0.05	0	02	10.69
2	177	05	12.30	177	05	12.20	−0.08	177	05	12.22
3	180	05	43.59	180	05	43.49	−0.11	180	05	43.48
4	0	00	12.72	0	00	12.62	−0.19	0	00	12.53
5	179	55	46.58	179	55	46.48	−0.11	179	55	46.47
6	182	50	54.68	182	50	54.58	−0.08	182	50	54.60
7	179	58	06.12	179	58	05.79	−0.42	179	58	05.70
8	180	02	25.93	180	02	25.61	−0.21	180	02	25.72
9	0	03	32.95	0	03	32.62	−0.07	0	03	33.02
10	179	52	04.84	179	52	04.52	−0.21	179	52	04.63
11	180	02	12.73	180	02	12.41	−0.42	180	02	12.31
12	0	01	39.38	0	01	39.05	−0.76	0	01	38.62
13	179	54	04.66	179	54	04.46	−0.35	179	54	04.31
14	179	53	19.10	179	53	18.90	−0.07	179	53	19.03
15	0	01	33.79	0	01	33.59	0.30	0	01	34.09
16	180	04	26.12	180	04	25.92	−0.07	180	04	26.05
17	180	05	19.90	180	05	19.70	−0.35	180	05	19.55
18	0	01	17.62	0	01	17.43	−0.65	0	01	16.97
19	180	21	05.36	180	21	05.29	−0.54	180	21	04.82
20	179	42	53.84	179	42	53.77	−0.09	179	42	53.75
21	179	59	46.51	179	59	46.44	0.60	179	59	47.11
22	0	04	20.54	0	04	20.48	1.07	0	04	21.61
23	179	55	59.01	179	55	58.94	0.60	179	55	59.61
24	180	19	29.11	180	19	29.04	−0.09	180	19	29.02
25	179	33	26.64	179	33	26.57	−0.53	179	33	26.11
26	0	02	59.53	0	02	59.47	−1.56	0	02	57.97

边长近似值，平差值 表 3.2.3.7

编号	边名	推算坐标方位角 (°	′	″)	观测边长 (m)	近似坐标方位角 (°	′	″)	近似边长 (m)	边长改正数 (mm)	边长平差值 (m)
1	主$_{2\sim1}$	0	04	11.99	578.280 2	0	04	11.93	578.280 7	0.4	578.280 6
2	1～2	359	58	28.50	1 384.701 6	359	58	28.46	1 384.702 1	0.9	1 384.702 5
3	2～17	179	58	15.88	1 384.574 2	179	58	15.91	1 384.573 7	−0.5	1 384.573 7
4	17～18	180	02	29.40	578.915 9	180	02	29.47	578.915 4	−0.4	578.915 5
5	18～19	177	11	34.82	544.856 4	177	11	34.90	544.855 8	−0.4	544.856 0
6	2～3	0	00	10.09	893.373 4	0	00	10.44	893.373 9	0.3	893.373 7
7	3～4	359	57	44.48	1 127.510 8	359	57	44.75	1 127.511 3	0.3	1 127.511 1
8	4～15	179	54	11.86	1 128.235 4	179	54	11.58	1 128.235 4	−0.5	1 128.234 9
9	15～16	180	02	07.34	893.490 0	180	02	06.97	893.489 6	−0.3	893.489 7
10	16～17	179	59	54.93	1 383.737 0	179	59	54.69	1 383.736 6	−0.4	1 383.736 6
11	4～5	0	00	07.40	1 090.209 0	0	00	07.78	1 090.209 0	−0.2	1 090.208 8
12	5～6	0	06	48.50	1 389.502 2	0	06	48.80	1 389.502 2	−0.2	1 389.502 0
13	6～13	180	05	14.91	1 389.753 7	180	05	14.62	1 389.753 7	−1.2	1 389.752 5
14	13～14	180	00	48.99	1 089.314 0	180	00	48.61	1 089.314 0	0.2	1 089.314 2
15	14～15	179	55	29.29	1 128.877 2	179	55	28.92	1 128.877 2	0.2	1 128.877 4
16	6～7	359	44	09.62	612.719 8	359	44	11.18	612.718 7	−0.8	612.719 0
17	7～8	0	01	15.85	946.199 7	0	01	16.84	946.198 6	−1.0	946.198 7
18	8～9	0	01	29.41	635.106 0	0	01	30.90	635.104 9	−0.8	635.105 2
19	9～10	179	57	08.93	636.205 8	179	57	07.42	636.206 9	0.8	636.206 6
20	10～11	180	01	09.99	945.255 3	180	01	08.98	945.256 4	1.0	945.256 3
21	11～12	179	41	40.95	599.816 8	179	41	39.38	599.817 9	0.7	599.817 5
22	12～13	180	08	14.38	1 402.497 2	180	08	13.71	1 402.498 2	1.4	1 402.498 6
23	19～主$_2$		已知		545.379 4		已知		545.379 9	04	545.379 8

坐标近似值，平差值 表 3.2.3.8

点名	x、y	近似坐标 (m)	改正数 (mm)	坐标平差值 (m)	点名	x、y	近似坐标 (m)	改正数 (mm)	坐标平差值 (m)
1	x	341 806.455 7	−0.05	341 806.455 7	11	x	348 304.303 7	0.77	348 304.304 5
	y	0.706 3	0.10	0.706 4		y	0.222 8	−13.86	0.208 9
2	x	343 191.157 7	0.31	343 191.158 0	12	x	347 704.494 3	1.14	347 704.495 4
	y	0.091 8	0.28	0.092 1		y	3.423 4	−11.88	3.411 5
3	x	344 084.531 6	0.08	344 084.531 7	13	x	346 301.999 1	0.73	346 301 .999 8
	y	0.137 0	−0.65	0.136 4		y	0.072 9	−4.27	0.068 6
4	x	345 212.042 7	−0.10	345 212.042 6	14	x	345 212.685 1	0.57	345 212.685 7
	y	−0.602 3	−2.00	−0.604 3		y	−0.183 8	−2.51	−0.186 3
5	x	346 302.251 7	−0.26	346 302.251 4	15	x	344 083 .809 3	0.40	344 083.809 7
	y	−0.561 2	−3.68	−0.564 9		y	1.303 5	−1.49	1.302 0
6	x	347 691.751 2	−0.45	347 691.750 8	16	x	343 190.319 9	0.27	343 190.320 2
	y	2.192 7	−6.20	2.186 5		y	0.753 5	−0.98	0.752 5
7	x	348 304.463 4	−0.12	348 304.463 3	17	x	341 806.584 2	0.27	341 806.584 5
	y	−0.625 8	−10.29	−0.636 1		y	0.790 5	−0.02	0.790 5
8	x	349 250.661 9	−0.01	349 250.661 9	18	x	341.227 669 0	0.22	341 227.669 2
	y	−0.273 3	−13.89	−0.287 2		y	0.371 0	−0.06	0.370 9
9	x	349 885.766 7	0.33	349 885.767 0	19	x	340 683.466 9	0	340 683.466 9
	y	0.006 6	−19.92	−0.013 3		y	27.053 3	0	27.053 3
10	x	349 249.560 0	0.67	349 249.560 7					
	y	0.538 9	−19.64	0.519 3					

误差方程式系数 矩阵 $\underset{49\times 37}{B}$

表 3.2.3.9

	x_1	y_1	x_2	y_2	x_3	y_3	x_4	y_4
1	0.000 0	0.000 0	0.000 0	0.000 0	0.000 0	0.000 0	0.000 0	0.000 0
2	0.004 4	−3.566 9	0.000 0	0.000 0	0.000 0	0.000 0	0.000 0	0.000 0
3	−0.003 7	5.056 5	−0.000 7	−1.489 6	0.000 0	0.000 0	0.000 0	0.000 0
4	−0.000 7	−1.489 6	−0.000 1	−0.000 1	0.000 0	0.000 0	0.000 0	0.000 0
5	0.000 0	0.000 0	0.000 8	1.489 7	0.000 0	0.000 0	0.000 0	0.000 0
6	0.000 0	0.000 0	0.000 0	0.000 0	0.000 0	0.000 0	0.000 0	0.000 0
7	0.000 0	0.000 0	0.000 6	3.798 6	0.000 1	−2.308 8	0.000 0	0.000 0
8	0.000 0	0.000 0	0.000 1	−2.308 8	0.001 1	4.138 2	−0.001 2	−1.829 4
9	0.000 0	0.000 0	0.000 0	0.000 0	−0.001 2	−1.829 4	−0.001 9	0.001 2
10	0.000 0	0.000 0	0.000 0	0.000 0	0.000 0	0.000 0	0.003 1	1.828 2
11	0.000 0	0.000 0	0.000 0	0.000 0	0.000 0	0.000 0	0.000 0	0.000 0
12	0.000 0	0.000 0	−0.000 8	−1.489 7	0.000 0	0.000 0	0.000 0	0.000 0
13	0.000 0	0.000 0	0.000 0	0.000 0	0.000 0	0.000 0	0.003 0	3.720 2
14	0.000 0	0.000 0	0.000 0	0.000 0	0.000 0	0.000 0	0.000 1	−1.892 0
15	0.000 0	0.000 0	0.000 0	0.000 0	0.000 0	0.000 0	0.000 0	0.000 0
16	0.000 0	0.000 0	0.000 0	0.000 0	0.000 0	0.000 0	0.000 0	0.000 0
17	0.000 0	0.000 0	0.000 0	0.000 0	0.000 0	0.000 0	0.000 0	0.000 0
18	0.000 0	0.000 0	0.000 0	0.000 0	0.000 0	0.000 0	−0.003 1	−1.828 2
19	0.000 0	0.000 0	0.000 0	0.000 0	0.000 0	0.000 0	0.000 0	0.000 0
20	0.000 0	0.000 0	0.000 0	0.000 0	0.000 0	0.000 0	0.000 0	0.000 0
21	0.000 0	0.000 0	0.000 0	0.000 0	0.000 0	0.000 0	0.000 0	0.000 0
22	0.000 0	0.000 0	0.000 0	0.000 0	0.000 0	0.000 0	0.000 0	0.000 0
23	0.000 0	0.000 0	0.000 0	0.000 0	0.000 0	0.000 0	0.000 0	0.000 0
24	0.000 0	0.000 0	0.000 0	0.000 0	0.000 0	0.000 0	0.000 0	0.000 0
25	0.000 0	0.000 0	0.000 0	0.000 0	0.000 0	0.000 0	0.000 0	0.000 0
26	0.000 0	0.000 0	0.000 0	0.000 0	0.000 0	0.000 0	0.000 0	0.000 0
27	1.000 0	0.001 2	0.000 0	0.000 0	0.000 0	0.000 0	0.000 0	0.000 0
28	−1.000 0	0.000 4	1.000 0	−0.000 4	0.000 0	0.000 0	0.000 0	0.000 0
29	0.000 0	0.000 0	1.000 0	−0.000 5	0.000 0	0.000 0	0.000 0	0.000 0
30	0.000 0	0.000 0	0.000 0	0.000 0	0.000 0	0.000 0	0.000 0	0.000 0
31	0.000 0	0.000 0	0.000 0	0.000 0	0.000 0	0.000 0	0.000 0	0.000 0
32	0.000 0	0.000 0	−1.000 0	−0.000 1	1.000 0	0.000 1	0.000 0	0.000 0
33	0.000 0	0.000 0	0.000 0	0.000 0	−1.000 0	0.000 7	1.000 0	−0.000 7
34	0.000 0	0.000 0	0.000 0	0.000 0	0.000 0	0.000 0	1.000 0	−0.001 7
35	0.000 0	0.000 0	0.000 0	0.000 0	0.000 0	0.000 0	0.000 0	0.000 0
36	0.000 0	0.000 0	0.000 0	0.000 0	0.000 0	0.000 0	0.000 0	0.000 0
37	0.000 0	0.000 0	0.000 0	0.000 0	0.000 0	0.000 0	−1.000 0	0.000 0
38	0.000 0	0.000 0	0.000 0	0.000 0	0.000 0	0.000 0	0.000 0	0.000 0
39	0.000 0	0.000 0	0.000 0	0.000 0	0.000 0	0.000 0	0.000 0	0.000 0
40	0.000 0	0.000 0	0.000 0	0.000 0	0.000 0	0.000 0	0.000 0	0.000 0
41	0.000 0	0.000 0	0.000 0	0.000 0	0.000 0	0.000 0	0.000 0	0.000 0
42	0.000 0	0.000 0	0.000 0	0.000 0	0.000 0	0.000 0	0.000 0	0.000 0
43	0.000 0	0.000 0	0.000 0	0.000 0	0.000 0	0.000 0	0.000 0	0.000 0
44	0.000 0	0.000 0	0.000 0	0.000 0	0.000 0	0.000 0	0.000 0	0.000 0
45	0.000 0	0.000 0	0.000 0	0.000 0	0.000 0	0.000 0	0.000 0	0.000 0
46	0.000 0	0.000 0	0.000 0	0.000 0	0.000 0	0.000 0	0.000 0	0.000 0
47	0.000 0	0.000 0	0.000 0	0.000 0	0.000 0	0.000 0	0.000 0	0.000 0
48	0.000 0	0.000 0	0.000 0	0.000 0	0.000 0	0.000 0	0.000 0	0.000 0
49	0.000 0	0.000 0	0.000 0	0.000 0	0.000 0	0.000 0	0.000 0	0.000 0

续上表

	x_5	y_5	x_6	y_6	x_7	y_7	x_8	y_8
1	0.000 0	0.000 0	0.000 0	0.000 0	0.000 0	0.000 0	0.000 0	0.000 0
2	0.000 0	0.000 0	0.000 0	0.000 0	0.000 0	0.000 0	0.000 0	0.000 0
3	0.000 0	0.000 0	0.000 0	0.000 0	0.000 0	0.000 0	0.000 0	0.000 0
4	0.000 0	0.000 0	0.000 0	0.000 0	0.000 0	0.000 0	0.000 0	0.000 0
5	0.000 0	0.000 0	0.000 0	0.000 0	0.000 0	0.000 0	0.000 0	0.000 0
6	0.000 0	0.000 0	0.000 0	0.000 0	0.000 0	0.000 0	0.000 0	0.000 0
7	0.000 0	0.000 0	0.000 0	0.000 0	0.000 0	0.000 0	0.000 0	0.000 0
8	0.000 0	0.000 0	0.000 0	0.000 0	0.000 0	0.000 0	0.000 0	0.000 0
9	0.000 0	0.000 0	0.000 0	0.000 0	0.000 0	0.000 0	0.000 0	0.000 0
10	0.000 0	0.000 0	0.000 0	0.000 0	0.000 0	0.000 0	0.000 0	0.000 0
11	0.000 0	0.000 0	0.000 0	0.000 0	0.000 0	0.000 0	0.000 0	0.000 0
12	0.000 0	0.000 0	0.000 0	0.000 0	0.000 0	0.000 0	0.000 0	0.000 0
13	0.000 1	−1.892 0	0.000 0	0.000 0	0.000 0	0.000 0	0.000 0	0.000 0
14	−0.003 0	3.376 4	0.002 9	−1.484 4	0.000 0	0.000 0	0.000 0	0.000 0
15	0.002 9	−1.484 4	−0.000 7	0.000 3	0.000 0	0.000 0	0.000 0	0.000 0
16	0.000 0	0.000 0	−0.002 3	1.484 2	0.000 0	0.000 0	0.000 0	0.000 0
17	0.000 0	0.000 0	0.000 0	0.000 0	0.000 0	0.000 0	0.000 0	0.000 0
18	0.000 0	0.000 0	0.000 0	0.000 0	0.000 0	0.000 0	0.000 0	0.000 0
19	0.000 0	0.000 0	0.013 2	4.850 5	−0.015 5	−3.366 4	0.000 0	0.000 0
20	0.000 0	0.000 0	−0.015 5	−3.366 4	0.014 7	5.546 3	0.000 8	−2.179 9
21	0.000 0	0.000 0	0.000 0	0.000 0	0.000 8	−2.179 9	−0.002 2	5.427 7
22	0.000 0	0.000 0	0.000 0	0.000 0	0.000 0	0.000 0	0.001 4	−3.247 7
23	0.000 0	0.000 0	0.000 0	0.000 0	0.000 0	0.000 0	0.000 0	0.000 0
24	0.000 0	0.000 0	0.000 0	0.000 0	0.000 0	0.000 0	0.000 0	0.000 0
25	0.000 0	0.000 0	0.000 0	0.000 0	0.000 0	0.000 0	0.000 0	0.000 0
26	0.000 0	0.000 0	0.002 3	−1.484 2	0.000 0	0.000 0	0.000 0	0.000 0
27	0.000 0	0.000 0	0.000 0	0.000 0	0.000 0	0.000 0	0.000 0	0.000 0
28	0.000 0	0.000 0	0.000 0	0.000 0	0.000 0	0.000 0	0.000 0	0.000 0
29	0.000 0	0.000 0	0.000 0	0.000 0	0.000 0	0.000 0	0.000 0	0.000 0
30	0.000 0	0.000 0	0.000 0	0.000 0	0.000 0	0.000 0	0.000 0	0.000 0
31	0.000 0	0.000 0	0.000 0	0.000 0	0.000 0	0.000 0	0.000 0	0.000 0
32	0.000 0	0.000 0	0.000 0	0.000 0	0.000 0	0.000 0	0.000 0	0.000 0
33	0.000 0	0.000 0	0.000 0	0.000 0	0.000 0	0.000 0	0.000 0	0.000 0
34	0.000 0	0.000 0	0.000 0	0.000 0	0.000 0	0.000 0	0.000 0	0.000 0
35	0.000 0	0.000 0	0.000 0	0.000 0	0.000 0	0.000 0	0.000 0	0.000 0
36	0.000 0	0.000 0	0.000 0	0.000 0	0.000 0	0.000 0	0.000 0	0.000 0
37	1.000 0	0.000 0	0.000 0	0.000 0	0.000 0	0.000 0	0.000 0	0.000 0
38	−1.000 0	−0.002 0	1.000 0	0.002 0	0.000 0	0.000 0	0.000 0	0.000 0
39	0.000 0	0.000 0	1.000 0	0.001 5	0.000 0	0.000 0	0.000 0	0.000 0
40	0.000 0	0.000 0	0.000 0	0.000 0	0.000 0	0.000 0	0.000 0	0.000 0
41	0.000 0	0.000 0	0.000 0	0.000 0	0.000 0	0.000 0	0.000 0	0.000 0
42	0.000 0	0.000 0	−1.000 0	0.004 6	1.000 0	−0.004 6	0.000 0	0.000 0
43	0.000 0	0.000 0	0.000 0	0.000 0	−1.000 0	−0.000 4	1.000 0	0.000 4
44	0.000 0	0.000 0	0.000 0	0.000 0	0.000 0	0.000 0	−1.000 0	−0.000 4
45	0.000 0	0.000 0	0.000 0	0.000 0	0.000 0	0.000 0	0.000 0	0.000 0
46	0.000 0	0.000 0	0.000 0	0.000 0	0.000 0	0.000 0	0.000 0	0.000 0
47	0.000 0	0.000 0	0.000 0	0.000 0	0.000 0	0.000 0	0.000 0	0.000 0
48	0.000 0	0.000 0	0.000 0	0.000 0	0.000 0	0.000 0	0.000 0	0.000 0
49	0.000 0	0.000 0	0.000 0	0.000 0	0.000 0	0.000 0	0.000 0	0.000 0

续上表

	x_9	y_9	x_{10}	y_{10}	x_{11}	y_{11}	x_{12}
1	0.000 0	0.000 0	0.000 0	0.000 0	0.000 0	0.000 0	0.000 0
2	0.000 0	0.000 0	0.000 0	0.000 0	0.000 0	0.000 0	0.000 0
3	0.000 0	0.000 0	0.000 0	0.000 0	0.000 0	0.000 0	0.000 0
4	0.000 0	0.000 0	0.000 0	0.000 0	0.000 0	0.000 0	0.000 0
5	0.000 0	0.000 0	0.000 0	0.000 0	0.000 0	0.000 0	0.000 0
6	0.000 0	0.000 0	0.000 0	0.000 0	0.000 0	0.000 0	0.000 0
7	0.000 0	0.000 0	0.000 0	0.000 0	0.000 0	0.000 0	0.000 0
8	0.000 0	0.000 0	0.000 0	0.000 0	0.000 0	0.000 0	0.000 0
9	0.000 0	0.000 0	0.000 0	0.000 0	0.000 0	0.000 0	0.000 0
10	0.000 0	0.000 0	0.000 0	0.000 0	0.000 0	0.000 0	0.000 0
11	0.000 0	0.000 0	0.000 0	0.000 0	0.000 0	0.000 0	0.000 0
12	0.000 0	0.000 0	0.000 0	0.000 0	0.000 0	0.000 0	0.000 0
13	0.000 0	0.000 0	0.000 0	0.000 0	0.000 0	0.000 0	0.000 0
14	0.000 0	0.000 0	0.000 0	0.000 0	0.000 0	0.000 0	0.000 0
15	0.000 0	0.000 0	0.000 0	0.000 0	0.000 0	0.000 0	0.000 0
16	0.000 0	0.000 0	0.000 0	0.000 0	0.000 0	0.000 0	0.000 0
17	0.000 0	0.000 0	0.000 0	0.000 0	0.000 0	0.000 0	0.000 0
18	0.000 0	0.000 0	0.000 0	0.000 0	0.000 0	0.000 0	0.000 0
19	0.000 0	0.000 0	0.000 0	0.000 0	0.000 0	0.000 0	0.000 0
20	0.000 0	0.000 0	0.000 0	0.000 0	0.000 0	0.000 0	0.000 0
21	0.001 4	−3.247 7	0.000 0	0.000 0	0.000 0	0.000 0	0.000 0
22	−0.004 1	0.005 6	0.002 7	3.242 1	0.000 0	0.000 0	0.000 0
23	0.002 7	3.242 1	−0.002 0	−5.424 2	−0.000 7	2.182 1	0.000 0
24	0.000 0	0.000 0	−0.000 7	2.182 1	−0.017 6	−5.620 9	0.018 3
25	0.000 0	0.000 0	0.000 0	0.000 0	0.018 3	3.438 7	−0.014 8
26	0.000 0	0.000 0	0.000 0	0.000 0	0.000 0	0.000 0	−0.003 5
27	0.000 0	0.000 0	0.000 0	0.000 0	0.000 0	0.000 0	0.000 0
28	0.000 0	0.000 0	0.000 0	0.000 0	0.000 0	0.000 0	0.000 0
29	0.000 0	0.000 0	0.000 0	0.000 0	0.000 0	0.000 0	0.000 0
30	0.000 0	0.000 0	0.000 0	0.000 0	0.000 0	0.000 0	0.000 0
31	0.000 0	0.000 0	0.000 0	0.000 0	0.000 0	0.000 0	0.000 0
32	0.000 0	0.000 0	0.000 0	0.000 0	0.000 0	0.000 0	0.000 0
33	0.000 0	0.000 0	0.000 0	0.000 0	0.000 0	0.000 0	0.000 0
34	0.000 0	0.000 0	0.000 0	0.000 0	0.000 0	0.000 0	0.000 0
35	0.000 0	0.000 0	0.000 0	0.000 0	0.000 0	0.000 0	0.000 0
36	0.000 0	0.000 0	0.000 0	0.000 0	0.000 0	0.000 0	0.000 0
37	0.000 0	0.000 0	0.000 0	0.000 0	0.000 0	0.000 0	0.000 0
38	0.000 0	0.000 0	0.000 0	0.000 0	0.000 0	0.000 0	0.000 0
39	0.000 0	0.000 0	0.000 0	0.000 0	0.000 0	0.000 0	0.000 0
40	0.000 0	0.000 0	0.000 0	0.000 0	0.000 0	0.000 0	0.000 0
41	0.000 0	0.000 0	0.000 0	0.000 0	0.000 0	0.000 0	0.000 0
42	0.000 0	0.000 0	0.000 0	0.000 0	0.000 0	0.000 0	0.000 0
43	0.000 0	0.000 0	0.000 0	0.000 0	0.000 0	0.000 0	0.000 0
44	1.000 0	0.000 4	0.000 0	0.000 0	0.000 0	0.000 0	0.000 0
45	1.000 0	−0.000 8	−1.000 0	0.000 8	0.000 0	0.000 0	0.000 0
46	0.000 0	0.000 0	1.000 0	0.000 3	−1.000 0	−0.000 3	0.000 0
47	0.000 0	0.000 0	0.000 0	0.000 0	1.000 0	−0.005 3	−1.000 0
48	0.000 0	0.000 0	0.000 0	0.000 0	0.000 0	0.000 0	1.000 0
49	0.000 0	0.000 0	0.000 0	0.000 0	0.000 0	0.000 0	0.000 0

续上表

	y_{12}	x_{13}	y_{13}	x_{14}	y_{14}	x_{15}	y_{15}
1	0.000 0	0.000 0	0.000 0	0.000 0	0.000 0	0.000 0	0.000 0
2	0.000 0	0.000 0	0.000 0	0.000 0	0.000 0	0.000 0	0.000 0
3	0.000 0	0.000 0	0.000 0	0.000 0	0.000 0	0.000 0	0.000 0
4	0.000 0	0.000 0	0.000 0	0.000 0	0.000 0	0.000 0	0.000 0
5	0.000 0	0.000 0	0.000 0	0.000 0	0.000 0	0.000 0	0.000 0
6	0.000 0	0.000 0	0.000 0	0.000 0	0.000 0	0.000 0	0.000 0
7	0.000 0	0.000 0	0.000 0	0.000 0	0.000 0	0.000 0	0.000 0
8	0.000 0	0.000 0	0.000 0	0.000 0	0.000 0	0.000 0	0.000 0
9	0.000 0	0.000 0	0.000 0	0.000 0	0.000 0	0.003 1	1.828 2
10	0.000 0	0.000 0	0.000 0	0.000 0	0.000 0	−0.001 7	−4.136 2
11	0.000 0	0.000 0	0.000 0	0.000 0	0.000 0	−0.001 4	2.308 5
12	0.000 0	0.000 0	0.000 0	0.000 0	0.000 0	0.000 0	0.000 0
13	0.000 0	0.000 0	0.000 0	0.000 0	0.000 0	−0.003 1	−1.828 2
14	0.000 0	0.000 0	0.000 0	0.000 0	0.000 0	0.000 0	0.000 0
15	0.000 0	−0.002 3	1.484 2	0.000 0	0.000 0	0.000 0	0.000 0
16	0.000 0	0.002 7	−3.377 7	−0.000 4	1.893 5	0.000 0	0.000 0
17	0.000 0	−0.000 4	1.893 5	−0.002 0	−3.720 7	0.002 4	1.827 2
18	0.000 0	0.000 0	0.000 0	0.002 4	1.827 2	0.000 7	0.001 0
19	0.000 0	0.002 3	−1.484 2	0.000 0	0.000 0	0.000 0	0.000 0
20	0.000 0	0.000 0	0.000 0	0.000 0	0.000 0	0.000 0	0.000 0
21	0.000 0	0.000 0	0.000 0	0.000 0	0.000 0	0.000 0	0.000 0
22	0.000 0	0.000 0	0.000 0	0.000 0	0.000 0	0.000 0	0.000 0
23	0.000 0	0.000 0	0.000 0	0.000 0	0.000 0	0.000 0	0.000 0
24	3.438 7	0.000 0	0.000 0	0.000 0	0.000 0	0.000 0	0.000 0
25	−4.909 4	−0.003 5	1.470 7	0.000 0	0.000 0	0.000 0	0.000 0
26	1.470 7	0.001 3	0.013 5	0.000 0	0.000 0	0.000 0	0.000 0
27	0.000 0	0.000 0	0.000 0	0.000 0	0.000 0	0.000 0	0.000 0
28	0.000 0	0.000 0	0.000 0	0.000 0	0.000 0	0.000 0	0.000 0
29	0.000 0	0.000 0	0.000 0	0.000 0	0.000 0	0.000 0	0.000 0
30	0.000 0	0.000 0	0.000 0	0.000 0	0.000 0	0.000 0	0.000 0
31	0.000 0	0.000 0	0.000 0	0.000 0	0.000 0	0.000 0	0.000 0
32	0.000 0	0.000 0	0.000 0	0.000 0	0.000 0	0.000 0	0.000 0
33	0.000 0	0.000 0	0.000 0	0.000 0	0.000 0	0.000 0	0.000 0
34	0.000 0	0.000 0	0.000 0	0.000 0	0.000 0	−1.000 0	0.001 7
35	0.000 0	0.000 0	0.000 0	0.000 0	0.000 0	1.000 0	0.000 6
36	0.000 0	0.000 0	0.000 0	0.000 0	0.000 0	0.000 0	0.000 0
37	0.000 0	0.000 0	0.000 0	0.000 0	0.000 0	0.000 0	0.000 0
38	0.000 0	0.000 0	0.000 0	0.000 0	0.000 0	0.000 0	0.000 0
39	0.000 0	−1.000 0	−0.001 5	0.000 0	0.000 0	0.000 0	0.000 0
40	0.000 0	1.000 0	0.000 2	−1.000 0	−0.000 2	0.000 0	0.000 0
41	0.000 0	0.000 0	0.000 0	1.000 0	−0.001 3	−1.000 0	0.001 3
42	0.000 0	0.000 0	0.000 0	0.000 0	0.000 0	0.000 0	0.000 0
43	0.000 0	0.000 0	0.000 0	0.000 0	0.000 0	0.000 0	0.000 0
44	0.000 0	0.000 0	0.000 0	0.000 0	0.000 0	0.000 0	0.000 0
45	0.000 0	0.000 0	0.000 0	0.000 0	0.000 0	0.000 0	0.000 0
46	0.000 0	0.000 0	0.000 0	0.000 0	0.000 0	0.000 0	0.000 0
47	0.005 3	0.000 0	0.000 0	0.000 0	0.000 0	0.000 0	0.000 0
48	0.002 4	−1.000 0	−0.002 4	0.000 0	0.000 0	0.000 0	0.000 0
49	0.000 0	0.000 0	0.000 0	0.000 0	0.000 0	0.000 0	0.000 0

续上表

	x_{16}	y_{16}	x_{17}	y_{17}	x_{18}	y_{18}	y_{19}
1	0.000 0	0.000 0	0.000 0	0.000 0	0.185 4	3.781 1	−0.048 0
2	0.000 0	0.000 0	0.000 0	0.000 0	0.000 0	0.000 0	0.000 0
3	0.000 0	0.000 0	0.000 0	0.000 0	0.000 0	0.000 0	0.000 0
4	0.000 0	0.000 0	0.000 8	1.489 7	0.000 0	0.000 0	0.000 0
5	0.000 0	0.000 0	0.001 8	−5.052 7	−0.002 6	3.563 0	0.000 0
6	0.000 0	0.000 0	−0.002 6	3.563 0	−0.182 8	−7.344 1	0.048 0
7	0.000 0	0.000 0	−0.000 8	−1.489 7	0.000 0	0.000 0	0.000 0
8	0.000 0	0.000 0	0.000 0	0.000 0	0.000 0	0.000 0	0.000 0
9	0.000 0	0.000 0	0.000 0	0.000 0	0.000 0	0.000 0	0.000 0
10	−0.001 4	2.308 5	0.000 0	0.000 0	0.000 0	0.000 0	0.000 0
11	0.001 4	−3.799 2	0.000 0	1.490 6	0.000 0	0.000 0	0.000 0
12	0.000 0	1.490 6	0.000 7	−0.000 9	0.000 0	0.000 0	0.000 0
13	0.000 0	0.000 0	0.000 0	0.000 0	0.000 0	0.000 0	0.000 0
14	0.000 0	0.000 0	0.000 0	0.000 0	0.000 0	0.000 0	0.000 0
15	0.000 0	0.000 0	0.000 0	0.000 0	0.000 0	0.000 0	0.000 0
16	0.000 0	0.000 0	0.000 0	0.000 0	0.000 0	0.000 0	0.000 0
17	0.000 0	0.000 0	0.000 0	0.000 0	0.000 0	0.000 0	0.000 0
18	0.000 0	0.000 0	0.000 0	0.000 0	0.000 0	0.000 0	0.000 0
19	0.000 0	0.000 0	0.000 0	0.000 0	0.000 0	0.000 0	0.000 0
20	0.000 0	0.000 0	0.000 0	0.000 0	0.000 0	0.000 0	0.000 0
21	0.000 0	0.000 0	0.000 0	0.000 0	0.000 0	0.000 0	0.000 0
22	0.000 0	0.000 0	0.000 0	0.000 0	0.000 0	0.000 0	0.000 0
23	0.000 0	0.000 0	0.000 0	0.000 0	0.000 0	0.000 0	0.000 0
24	0.000 0	0.000 0	0.000 0	0.000 0	0.000 0	0.000 0	0.000 0
25	0.000 0	0.000 0	0.000 0	0.000 0	0.000 0	0.000 0	0.000 0
26	0.000 0	0.000 0	0.000 0	0.000 0	0.000 0	0.000 0	0.000 0
27	0.000 0	0.000 0	0.000 0	0.000 0	0.000 0	0.000 0	0.000 0
28	0.000 0	0.000 0	0.000 0	0.000 0	0.000 0	0.000 0	0.000 0
29	0.000 0	0.000 0	−1.000 0	0.000 5	0.000 0	0.000 0	0.000 0
30	0.000 0	0.000 0	1.000 0	0.000 7	−1.000 0	−0.000 7	0.000 0
31	0.000 0	0.000 0	0.000 0	0.000 0	0.998 8	−0.049 0	20.160 2
32	0.000 0	0.000 0	0.000 0	0.000 0	0.000 0	0.000 0	0.000 0
33	0.000 0	0.000 0	0.000 0	0.000 0	0.000 0	0.000 0	0.000 0
34	0.000 0	0.000 0	0.000 0	0.000 0	0.000 0	0.000 0	0.000 0
35	−1.000 0	−0.000 6	0.000 0	0.000 0	0.000 0	0.000 0	0.000 0
36	1.000 0	0.000 0	−1.000 0	0.000 0	0.000 0	0.000 0	0.000 0
37	0.000 0	0.000 0	0.000 0	0.000 0	0.000 0	0.000 0	0.000 0
38	0.000 0	0.000 0	0.000 0	0.000 0	0.000 0	0.000 0	0.000 0
39	0.000 0	0.000 0	0.000 0	0.000 0	0.000 0	0.000 0	0.000 0
40	0.000 0	0.000 0	0.000 0	0.000 0	0.000 0	0.000 0	0.000 0
41	0.000 0	0.000 0	0.000 0	0.000 0	0.000 0	0.000 0	0.000 0
42	0.000 0	0.000 0	0.000 0	0.000 0	0.000 0	0.000 0	0.000 0
43	0.000 0	0.000 0	0.000 0	0.000 0	0.000 0	0.000 0	0.000 0
44	0.000 0	0.000 0	0.000 0	0.000 0	0.000 0	0.000 0	0.000 0
45	0.000 0	0.000 0	0.000 0	0.000 0	0.000 0	0.000 0	0.000 0
46	0.000 0	0.000 0	0.000 0	0.000 0	0.000 0	0.000 0	0.000 0
47	0.000 0	0.000 0	0.000 0	0.000 0	0.000 0	0.000 0	0.000 0
48	0.000 0	0.000 0	0.000 0	0.000 0	0.000 0	0.000 0	0.000 0
49	0.000 0	0.000 0	0.000 0	0.000 0	0.000 0	0.000 0	20.160 8

表 3.2.3.10

编号	角度误差方程常数 (″)	角度权	边长误差方程常数 (cm)	边长权 (s^2/cm^2)	编号	角度误差方程常数 (″)	角度权	边长误差方程常数 (cm)	边长权 (s^2/cm^2)
1	−0.03	1.0	0.05	5.788 0	14	−0.12	1.0	0	3.728 8
2	−0.04	1.0	0.05	3.004 3	15	0.39	1.0	0	3.617 4
3	−0.12	1.0	−0.05	3.004 5	16	−0.11	1.0	−0.11	5.600 9
4	−0.17	1.0	−0.05	5.784 5	17	−0.21	1.0	−0.11	4.177 9
5	−0.14	1.0	−0.06	5.978 8	18	−0.56	1.0	−0.11	5.484 0
6	−0.11	1.0	0.05	4.364 3	19	−1.63	1.0	0.11	5.478 4
7	−0.68	1.0	0.05	3.621 2	20	0.50	1.0	0.11	4.181 1
8	−0.24	1.0	0	3.619 2	21	−0.57	1.0	0.11	5.669 9
9	0.22	1.0	−0.04	4.363 9	22	2.94	1.0	0.10	2.967 5
10	−0.23	1.0	−0.04	3.006 3	23	−0.57	1.0	0.05	5.975 7
11	−0.45	1.0	0	3.726 2	24	0.49	1.0		
12	−0.57	1.0	0	2.994 3	25	−0.97	1.0		
13	−0.58	1.0	0	2.993 8	26	−0.73	1.0		

第四节　三角锁测量误差对贯通精度影响值的估算方法

一、三角测量按导线近似估算

(一)估算方法

1. 绘制布网图

布网图按 1∶10 000 绘制，将隧道的线路中线、洞口位置、贯通点及贯通面方向、三角锁及其内角标注在图上，参见图 3.2.4.1。

2. 选定替代导线

替代导线宜按与进出口联线方向较接近、且边数较少的一列三角锁的边组成。两端洞口所选的边要便于向洞内引测导线或便于在洞口投点。

3. 估算三角锁最弱边精度

一般在选点布网时，已原则确定起始边的位置。根据起始边的位置和图形强度，按估算图形权倒数的方法确定替代导线上哪一条边是最弱边，并估算其精度。

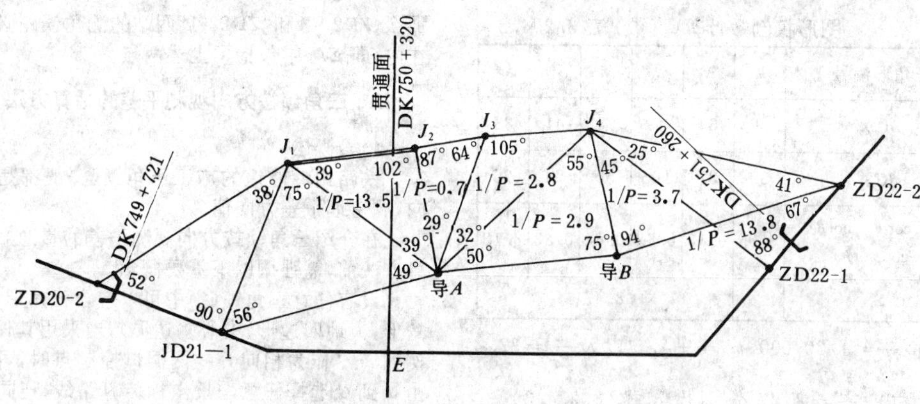

图　3.2.4.1

图形权倒数用对数计算时按下式计算：

$$\frac{1}{P_T}=\frac{2}{3}\Sigma(\delta_\alpha^2+\delta_\beta^2+\delta_\alpha\delta_\beta) \quad (3.2.4.1)$$

用真数计算时按下式计算：

$$\frac{1}{P_T}=\frac{2}{3}\Sigma(\cot\alpha^2+\cot\beta^2+\cot\alpha.\cot\beta) \quad (3.2.4.2)$$

式中　δ_α、δ_β——求距角 α、β 正弦对数的秒差，取对数第六位为单位。

设三角锁测角中误差为 m_β，起始边相对中误差为 $\frac{m_b}{b}$，则最弱边精度估算如下

用对数估算：

$$\frac{m_L}{L}=\pm\sqrt{\left(\frac{m_b}{b}\right)^2+\left(\frac{m_\beta}{\mu\times10^6}\right)^2\cdot\frac{1}{P_T}} \quad (3.2.4.3)$$

用真数估算：

$$\frac{m_L}{L}=\pm\sqrt{\left(\frac{m_b}{b}\right)^2+\left(\frac{m_\beta}{\rho}\right)^2\cdot\frac{1}{P_T}} \quad (3.2.4.4)$$

式中　μ——对数的模 $\mu=0.4343$。

当三角锁的两端各有一条起始边并作为基线条件平差时，最弱边的精度将有所提高，并按下式估算：

$$\frac{m_L}{L}=\frac{(m_{L1}/L_1)\times(m_{L2}/L_2)}{\sqrt{((m_{L1}/L_1)^2+(m_{L2}/L_2)^2}} \quad (3.2.4.5)$$

式中，(m_{L1}/L_1)、(m_{L2}/L_2) 分别为由两端起始边推算的最弱边边长相对中误差。

显然，当两端推至最弱边的相对中误差相等时，最弱边的精度将提高 $\sqrt{2}$ 倍。

4. 贯通影响值的估算

将替代导线作为单导线看待，以最弱边精度代替导线测边精度，以三角锁测角中误差代替导线测角精度，按单导线贯通影响值的估算公式和方法，用式(3.2.1.1)、式(3.2.1.2)和式(3.2.1.3)计算。显然，这样近似估算对三角网是偏于安全的(估算值偏大)。

(二)近似估算示例

1. 布网图

如图 3.2.4.1 所示。

2. 替代导线

选定为“ZD20-2—JD21－1—导 A—导 B—ZD22-2—ZD22-1”

3. 最弱边精度估算

本例起始边 b 为“$J1$～$J2$”的长度，按图形强度容易判断替代导线上的最弱边是“ZD22-1～ZD22-

2"。用"图形强度因素表",按求距角为引数直接查取各三角形强度因素,再乘以 2/3 即为权倒数并注在图上。"ZD22-1～ZD22-2"的权倒数(对数)如下:

$$\frac{1}{P_T}=13.5+0.7+2.8+2.9+3.7+13.8$$

$$=37.4(\text{第六位为单位})$$

也可按(3.2.4.1)或(3.2.4.2)式列表计算,如表 3.2.4.1、表 3.2.4.2。

图形权倒数计算(对数) 表 3.2.4.1

三角形编号	Ⅲ	Ⅳ	Ⅴ	Ⅵ	Ⅶ	Ⅷ
α/δ_α	39°/2.6	64°/1.0	43°/2.3	75°/0.6	41°/2.4	88°/0.1
β/δ_β	39°/2.6	87°/0.1	105°/0.6	50°/1.8	94°/0.1	25°/4.5
$\frac{2}{3}(\delta_\alpha^2+\delta_\beta^2+\delta_\alpha\delta_\beta)$	13.5	0.7	2.8	2.9	3.7	13.8
Σ			37.4(第六位)			

图形权倒数计算(真数) 表 3.2.4.2

三角形编号	Ⅲ	Ⅳ	Ⅴ	Ⅵ	Ⅶ	Ⅷ
α(°)	39	64	43	75	41	88
β(°)	39	87	105	50	94	25
$2/3(\cot\alpha^2+\cot\beta^2+\cot\alpha\cot\beta)$	3.05	0.18	0.62	0.67	0.83	3.12
Σ		8.47				

将 $\frac{m_b}{b}=1/30\ 000$,$m_\beta=\pm 2.5''$以及$\frac{1}{P_T}=37.4$(第六位)、$\frac{1}{P_T}=8.47$ 分别代入式(3.2.4.3)、式(3.2.4.4),算得最弱边相对中误差

对数形式:

$$\frac{m_L}{L}=\pm\sqrt{\left(\frac{1}{30\ 000}\right)^2+\left(\frac{2.5}{0.434\times10^6}\right)^2\times37.4}$$

$$=\frac{1}{20\ 000}$$

真数形式:

$$\frac{m_L}{L}=\pm\sqrt{\left(\frac{1}{30\ 000}\right)^2+\left(\frac{2.5}{206\times10^3}\right)^2\times8.47}$$

$$=\frac{1}{20\ 000}$$

4. 贯通影响值的计算

将最弱边精度$\frac{m_L}{L}$视为导线测边精度,m_β 视作导线测角精度,量取并计算 ΣR_x^2、Σd_y^2,式(3.2.1.3)计算贯通影响值。即,$\Sigma R_x=296\times10^4$　　$\Sigma dy=852\times10^2$

$m_\beta=\pm 2.5''$　　$m_L/L=1/20,000$

$$m_{y\beta}=\pm\frac{2.5}{206\times10^3}\cdot\sqrt{296\times10^4}=\pm20.8\text{mm}$$

$$m_{yl}=\frac{1}{20000}\sqrt{852\times10^2}=\pm14.6\text{mm}$$

$$m=\sqrt{20.8^2+14.6^2}=\pm25.4\text{mm}$$

需要特别指出的是,只要两端洞口的进洞联系边可能要用非替代导线上的边联系进洞时,洞口两站角的误差必须计算在内。如本例进出口只要可能分别利用"ZD20-2～J1"和"ZD22-1～J4"联系进洞,那么,ZD20-2 和"ZD22-1"两站的测角误差必须计算在内,即 ΣR_x 中包括了上述两点。

二、三角锁按方向观测平差的估算方法

(一)概述

铁路山岭隧道的施工三角锁,一般都是观测方向,严密地平差方向值。

在介绍三角锁按方向观测平差的贯通影响值计算方法前,需强调以下重要概念:

设有任意三角锁(锁中可以包含三角形、折叠三角形,大地四边形、中心多边形),当采用其任意两点例如 J、C 作为相向开挖两洞口控制点时,可以设想由 J 到 C 选择任意一条坐标传算路线,连同由 J 和 C 分别至贯通点的虚拟洞内导线,形成一个洞外、洞内"贯通闭合环"。

上述"贯通闭合环"的坐标起算点和方位起算边的位置与贯通影响值的计算无关,因此可以任意选择。当坐标系的 Y 轴平行于贯通面的方向时,($Y_{E出}-Y_{E进}$)的中误差就是隧道的横向贯通精度。其中除掉洞内导线测量误差和两端洞口进洞联系角误差的影响部分、就是三角锁测量误差对横向贯通精度的影响值。它包括起始边和方向测量误差的影响。

"贯通闭合环"的洞外部分称为"洞外环边"。洞外环边的路线可以任意选择。只要进出口联系方向不变,各条环边路线所计算的贯通影响值是相同的。这是三角网经平差后所能保证的,但如果改变进出口的联系方向,贯通影响值则跟着改变。这是因为不同的一对联系方向,有不同的相对方位角误差,因此根据不同的联系方向进洞,必然产生不同的贯通误差的影响。所以在估算贯通影响值时,必须明确进、出口的联系方向。

(二)贯通影响值的估算方法

1. 绘制三角网平面图

比例尺可选用 1:5000 或 1:10000,如果三角锁已施测,则可利用已有的平面图。

在图上绘出:隧道及线路位置、贯通点位置、贯通面方向(过贯通点垂直于线路切线的方向)、贯通点左侧的洞口称为进口、三角锁的进口控制点名为

J 点，贯通点右侧的洞口称为出口、三角锁的出口控制点名为 C 点(见图 3.2.4.2)。

在平面图上确定并标注以下内容。

(1)角度标注方法

由起始边 b 开始(如果三角锁有多条起始边原则上可以任意一条)，向出口端的三角锁最远边推算边长时所用的求距角和间隔角，依次标注为 α_i、β_i、γ_i；向进口端三角锁的最远边推算边长时所用的求距角和间隔角，依次标注为 α'_i、β'_i、γ'_i。三角锁如已平差，则各方向的编号须与平差时编号一致。

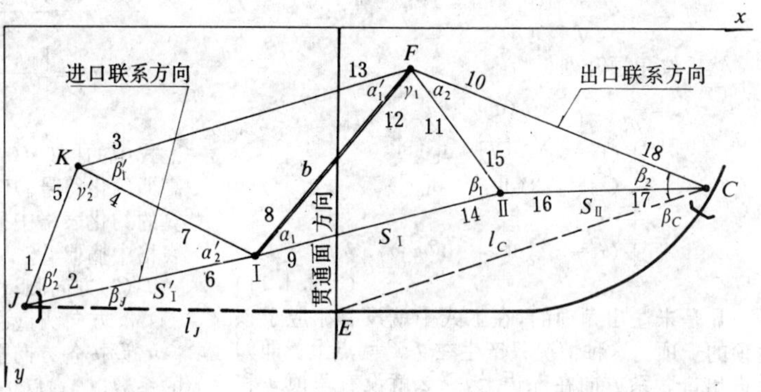

图 3.2.4.2

(2)确定"贯通闭合环"及洞口联系方向

在 J、C 之间原则上可以选择任何坐标传算路线。但为了计算的简便，宜选择一条简捷的传算路线如 J—Ⅰ—Ⅱ—C。在选定路线上的各边即贯通闭合环的"洞外环边"或称"环边"。其中用 α_i、β_i、γ_i 推算的环边称"出口环边"，由起始边向出口依次将出口环边标注为 $S_Ⅰ$、$S_Ⅱ$……；其中用 α'_i、β'_i、γ'_i 推算的环边称为"进口环边"，由起始边向进口方向依次将进口环边标注为 $S'_Ⅰ$、$S'_Ⅱ$……进出口联系方向如图 3.2.4.2。

(3)绘出专用坐标轴

坐标起算点的位置和坐标方位角起始边的位置可以任意选择。通常生产网中将坐标起算点设在直线洞口一端的中线控制点上，起算方位设在通过该点并与另一中线方向接近的相邻点的边上。绘制计算贯通影响值的专用坐标轴时，使 Y 轴与贯通面方向平行并将整个三角网连同贯通点放在第一象限内。

2. 贯通影响值权函数式的开列方法

贯通影响值权函数式 $\mathrm{d}(Y_{E出}-Y_{E进})$ 包含 ψ 和 φ 两类内容。ψ 为起始边测量误差的影响，φ 为方向测量误差的影响，一共分为四个部分：

$$\left.\begin{aligned}\psi&=\{\quad\}_Q\\ \varphi&=\{\quad\}_c-\{\quad\}_J-\{\quad\}_F\end{aligned}\right\}\qquad(3.2.4.6)$$

$$\mathrm{d}(y_{E出}-y_{E进})=\psi+\varphi=\{\quad\}_Q+\{\quad\}_C-\{\quad\}_J-\{\quad\}_F\qquad(3.2.4.7)$$

四部分内容分述如下：

(1)起始边长测量误差的影响

$$\{\quad\}_Q=(y_c-y_J)\cdot\frac{\mathrm{d}b}{b}\qquad(3.2.4.8)$$

式中 y_c——三角锁出口控制点的 y 坐标；

y_J——三角锁进口控制点的 y 坐标；

b、$\mathrm{d}b$——起始边边长和微分。

(2)方向测量误差通过出口环边途径的影响

$\{\quad\}_c=\frac{1}{\rho''}\{(y_{s1}$左端点$-y_c)$(推算 S_1 所用的 α、β 项，其中 α 项附以正号；β 项附以负号，即 $\cot\alpha_i\mathrm{d}\alpha_i-\cot\beta_i\mathrm{d}\beta_i$ 的形式，但不包含 γ 项)。

$+(y_{sⅡ}$的左端点$-y_c)\cdot$(推算 $S_Ⅱ$时所用的 α、β 项。但推算 $S_Ⅰ$ 时已用过的 α、β 项不再列入)

$+(y_{sⅢ}$的左端点$-y_c)$(推算 $S_Ⅲ$ 时所用的 α、β 项。但推算 $S_Ⅱ$ 时已用过的 α、β 项不再列入)

$+\cdots$

$+(y_{sⅠ}$的左端点$-y_{sⅠ}$的右端点$)\cdot\cot\gamma_{sⅠ}\cdot\mathrm{d}\gamma_{sⅠ}$

$+(y_{sⅡ}$的左端点$-y_{sⅡ}$的右端点$)\cdot\cot\gamma_{sⅡ}\cdot\mathrm{d}\gamma_{sⅡ}$

$+\cdots\qquad\}_c$ (3.2.4.9)

式中，$\gamma_{sⅠ}$、$\gamma_{sⅡ}$…为出口环边 $S_Ⅰ$、$S_Ⅱ$……所对的 γ 角。如果其中某出口环边 S_i 未对着 γ 角(如图中的 $S_Ⅱ$)则上式中就没有相应的 γ_{si}项。

(3)方向测量误差通过进口环边途径的影响

$\{\quad\}_J=\frac{1}{\rho''}\{(y'_{sⅠ}$的右端点$-y_J)$(推算 $S'_Ⅰ$ 时所用的 α'_i、β'_i 项，含义同前式)

$+(y'_{sⅡ}$的右端点$-y_J)$(推算 $S'_Ⅱ$时所用的 α'、β' 项，含义同前式)

$+(y'_{sⅢ}$的右端点$-y_J)$(推算 $S'_Ⅲ$时所用的 α'、β' 项，含义同前式)

$+\cdots$

$+(y'_{sⅠ}$的右端点$-y'_{sⅠ}$的左端点$)\cdot\cot\gamma'_{sⅠ}\cdot\mathrm{d}\gamma'_{s'Ⅰ}$

$+(y_{s'Ⅱ}$的右端点$-y_{s'Ⅲ}$的左端点$)\cdot\cot\gamma'_{s'Ⅱ}\cdot\mathrm{d}\gamma'_{sⅡ}$

$+\cdots\qquad\}_J$ (3.2.4.10)

(4)方向测量误差通过方位角途径的影响，按如下方法列出

首先由进口联系方向 α(此处以 a、b、c…m，n 代表方向编号)开始，沿洞外环边按先后次序依次列出各方向编号 a、b、c……直至出口联系方向 n，并将两方向的角顶注于其下，如果只有单一方向，则不注出

其角顶：

$$\begin{matrix} a & b & c & d & e & f\cdots m & n \\ & J & \text{I} & & \text{II} & & C \end{matrix}$$

然后按角顶开列$\{\quad\}_F$：

$$\begin{aligned}\{\quad\}_F=&\frac{1}{\rho''}\{(x_E-x_J)(\mathrm{d}[b]-d[a])\\&+(x_E-x_I)(\mathrm{d}[d]-\mathrm{d}[c])\\&+(x_E-x_{\text{II}})(\mathrm{d}[f]-\mathrm{d}[e])\\&+\cdots\\&+(x_E-x_c)(\mathrm{d}[n]-\mathrm{d}[m])\}_F\end{aligned}\quad(3.2.4.11)$$

凡是未注出角顶的，在上式中就没有相应于该角顶的一项。这种情况只产生在J、C两点上。即如果进出口联系方向在环边上，那么就没有角顶J和C的相应项；如果进出口联系方向都不在环边上，则有J和C的相应项；如果某一端的联系方向不在环边，就这一端有角顶的相应项。如果在计算影响值时，进出口联系方向无法事先确定，则应按联系边不在环边上的情况考虑，以策安全。关于选择怎样一对联系方向才是贯通影响值为最小的组合呢？一般来说所选择的环边是最简捷的，同时联系方向又在环边上，影响值往往最小。

3. 权倒数及贯通影响值的计算方法

以上权函数式中的所有系数由图上量出。坐标准确至m至10m即可，角度准确至0.1°至0.25°即可。再将$\{\quad\}_C$、$\{\quad\}_J$中的所有角度微分项代以方向微分，并按方向微分合并同类项，即得到以起始边长微分和方向微分所表达的权函数。

(1)起始边长测量误差对贯通的影响值

a. 三角锁只有一条起始边时

当三角锁只有一条起始边时，起始边长测量误差和方向平差值的误差是彼此独立的。起始边长误差对贯通精度的影响值根据式(3.2.4.8)为

$$M_b=\pm(y_c-y_J)\frac{m_b}{b}\quad(3.2.4.12)$$

式中 $\frac{m_b}{b}$——起始边边长测量的相对中误差。

b. 三角锁有两条起始边并加入基线条件平差时

这时，方向平差值是起始边长的函数，起始边长误差与方向平差值的误差彼此并不独立，按原始数据误差严密处理后，贯通精度的影响值为

$$M_b=\pm\sqrt{F_{b1}^2m_{b1}^2+F_{b2}^2m_{b2}^2}\quad(3.2.4.13)$$

式中 m_{b_1}、m_{b_2}——起始边b_1、b_2长度测量中误差；

F_{b1}、F_{b2}——考虑原始数据误差处理后的系数。

假设三角锁的边长由b_1起算，平差时共有γ个条件，基线条件式列于最后，即第γ个条件式，且当基线条件式是对数形式的并以第六位为单位时，式(3.2.4.13)中的系数按下式计算

$$\left.\begin{aligned}F_{b1}&=\frac{(y_C-y_J)}{b_1}-\frac{[\gamma f\cdot(\gamma-1)]}{[\gamma\gamma\cdot(\gamma-1)]}\left(\frac{0.434}{b_1}\right)\times10^6\\F_{b2}&=\frac{[\gamma f\cdot(\gamma-1)]}{[\gamma\gamma\cdot(\gamma-1)]}\cdot\left(\frac{0.434}{b_2}\right)\times10^6\end{aligned}\right\}\quad(3.2.4.14)$$

当基线条件为真数形式时：

$$\left.\begin{aligned}F_{b1}&=\frac{(y_C-y_J)}{b_1}-\frac{[\gamma f\cdot(\gamma-1)]}{[\gamma\gamma\cdot(\gamma-1)]}\cdot\frac{\rho''}{b'}\\F_{b2}&=\frac{[\gamma f\cdot(\gamma-1)]}{[\gamma\gamma\cdot(\gamma-1)]}\cdot\frac{\rho''}{b_2}\end{aligned}\right\}\quad(3.2.4.15)$$

上式中的$[\gamma f\cdot(\gamma-1)]$、$[\gamma\gamma\cdot(\gamma-1)]$为平差中的高斯约化符号。其数值，在测量设计时可由权倒数计算的约化表格中摘取；平差后计算影响值时，在平差表格中摘取。

(2)方向测量误差对贯通的影响值

a. 方向测量误差对贯通影响的权倒数

设按各方向平差值微分项整理后的权函数式中的系数以f_1、f_2、f_3…表示。这些系数与各条件式系数相乘组成$[af]$、$[af]$、$[bf]$…$[\gamma f]$，即可按通常的方法计算权倒数：

$$\begin{aligned}\frac{1}{P_\varphi}=&[ff]-\frac{[af]^2}{[aa]}-\frac{[bf]^2}{[bb\cdot1]}-\cdots\\&-\frac{[\gamma f\cdot(\gamma-1)]^2}{[\gamma\gamma\cdot(\gamma-1)]}\end{aligned}\quad(3.2.4.16)$$

在测量设计时，三角网尚未施测，权倒数的计算也无须考虑闭合差，而只需按高斯格式逐步解算即可。当三角锁已施测并平差完毕，只需在已有平差计算表格中添加一栏$[af]$、$[bf]$…$[\gamma f]$、$[ff]$即可。

当三角锁全部为单三角所组成(其中不包括折叠三角形)，且仅有一条起始边时，其法方程组系数为下列形式：

$$\begin{matrix}6&-2&&&&\\-2&6&-2&&&\\&-2&6&-2&&\\&&\cdots&\cdots&\cdots&\cdots\\&&&-2&6&-2\\&&&&-2&6\end{matrix}$$

则其权倒数$\frac{1}{P_\varphi}$可按下式计算：

$$\begin{aligned}\frac{1}{P_\varphi}=&[ff]-\frac{[af]^2}{6}-\frac{\{0.333[af]+[bf]\}^2}{5.333}\\&-\frac{\{0.125[af]+0.375[bf]+[cf]\}^2}{5.25}\\&-\frac{\{0.048[af]+0.143[bf]+0.381[cf]+[df]\}^2}{5.238}\\&-\frac{1}{5.236}\{\langle5\rangle^2+\langle6\rangle^2[\langle7\rangle^2+\cdots\langle\gamma\rangle^2\}\end{aligned}\quad(3.2.4.17)$$

式中 $\langle5\rangle=0.382\{0.048[af]+0.143[bf]+0.381[cf]+[df]\}+[ef]$

$\langle6\rangle=0.382\langle5\rangle+[ff]$

$\langle7\rangle=0.382\langle6\rangle+[gf]$

………………

$\langle\gamma\rangle=0.382\langle\gamma-1\rangle+[\gamma f]$

在式(3.2.4.17)中，当$\langle5\rangle$计算出来后，$\langle6\rangle$、$\langle7\rangle$、$\langle8\rangle$…$\langle\gamma\rangle$的计算就方便了。

b. 方向测量误差对贯通精度的影响值按下式计算

$$M_r = \pm m_r' \sqrt{\frac{1}{P_\varphi}}$$

(3.2.4.18)

式中，m_r'' 为三角锁方向测量中误差。在设计时用设计精度；施测后一般按下式计算：

$$m_r'' = \pm \sqrt{\frac{[\omega\omega]}{6n}}$$

(3.2.4.19)

式中，$[\omega\omega]$为三角锁的三角形角度闭合差平方总和；n 为三角形个数。当 n 的个数太小或计算出的 m_r' 偏离经验值太远时，宜采用统计的经验数值。

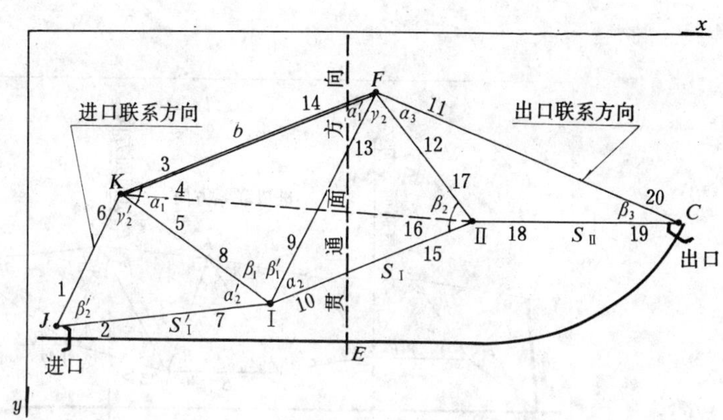

图 3.2.4.3

(3)三角锁测量误差对隧道横向贯通精度的影响值

$$M_0 = \pm \sqrt{M_b^2 + M_r^2} \qquad (3.2.4.20)$$

(三)贯通影响值估算示例

1. 边角标注方法示例

例 1. 单三角形锁中部一条起始边

如图 3.2.4.2，洞外环边和三角形求距角的标注方法已如前述。

例 2. 有大地四边形的混合锁，如图 3.2.4.3。选择的洞外环边是 JⅠ、IⅡ、ⅡC。

推算最远边边长遇到大地四边形时，可任选一条路线，本例中选择△KFⅠ和△IFⅡ，把虚线表示的对角线视为不存在。因此按单三角形锁的规律可判断 IⅡ和ⅡC 是出口环边；IJ 是进口环边；△KIF 对进出口两端传距都用到，有双重作用，因此∠KIF 既是 β_1 又是 β_1'。其余均按规律标注如图 3.2.4.3。

例 3. 起始边在三角锁的端部，如图 3.2.4.4，选择的洞外环边是 JI、IⅡ、ⅡC，它们全由 α、β、γ 推算的，属出口环边，该锁设有进口环边。假如起始边为 FC，则只有进口环边，CⅡ、ⅡI、IJ 依次编为 $S_Ⅰ'$、$S_Ⅱ'$、$S_Ⅲ'$；为了计算的方便，也可将三角锁连同线路旋转 180°，FC 则位于进口端的位置，所有环边变为出口环边，只是图形倒置了位置，对计算没有影响。

例 4. 桥隧群三角锁利用局部锁段控制贯通，图 3.2.4.5 是桥隧群的整体控制网，也可看作有横洞、斜井等辅助坑导的隧道三角网。JC 两点间的局部锁段控制相邻井口间的贯通，其贯通点为 E_2。起始边 b_1、b_2 在锁的两端。

如果边长从进口端 b_1 起算，则从 b_1 推至 JL 既是向进口方向(J)，也是向出口方向(C)推算，因此这个区段的每个角应有双重标注，即$(\alpha_i, \alpha_i')(\beta_i, \beta_i')$、$(\gamma_i, \gamma_i')$。由于 $\alpha_i = \alpha_i'$，$\beta_i = \beta_i'$，$\gamma_i = \gamma_i'$，为了简明起见只标注 α_i、β_i、γ_i 即可。从 JL 以后再向 CN 推算时，则全是向出口方向推算了，所以这一区段的角应以 α、β、γ 标注。如果选择 JI、IⅡ、ⅡC 为环边，则都是出口环边，依次为 $S_Ⅰ$、$S_Ⅱ$、$S_Ⅲ$。总之，局部锁段的边长是由左端(进口)推来时，环边全是出口环边，角度全以 α、β、γ 标注。

如果以 b_2 起算，角度则全部用 α'、β'、γ' 标注，局部锁段的环边从右至左依次为 $S_Ⅰ'$、$S_Ⅱ'$、$S_Ⅲ'$全部为进口环边。为了计算的方便，也可将三角锁连同线路整个旋转 180°，使 b_2 处于左端，进出口互换了位置，全部变成出口环边。

2. 贯通误差权函数式开列方法示例

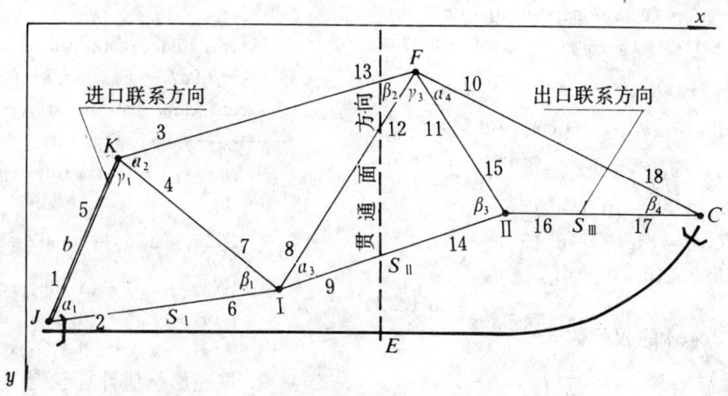

图 3.2.4.4

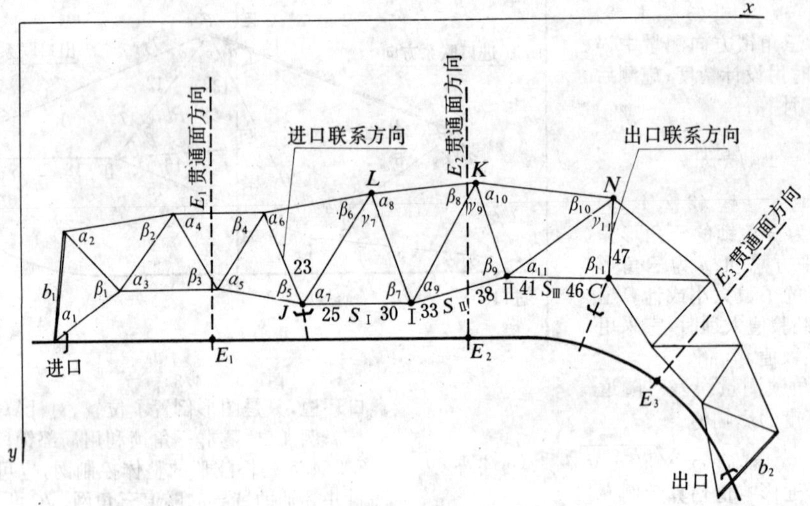

图 3.2.4.5

例 1. 图 3.2.4.1 的权函数式

$$d\,(y_{E出}-y_{E进}=\left\{(y_C-y_J)\frac{db}{b}\right\}_Q$$
$$+\frac{1}{\rho''}\{(y_I-y_C)\cdot(-\cot\beta_1\cdot d\beta_1)$$
$$+(y_{\mathrm{II}}-y_C)(\cot\alpha_1\cdot d\alpha_1+\cot\alpha_2\cdot d\alpha_2-\cot\beta_2\cdot d\beta_2)$$
$$+(y_{\mathrm{I}}-y_{\mathrm{II}})\cdot(\cot\gamma_1\cdot d\gamma_1)\}_C$$
$$-\frac{1}{\rho''}\{(y_I-y_J)\cdot(\cot\alpha'_1\cdot d\alpha'_1-\cot\beta'_1 d\beta'_1$$
$$-\cot\beta'_2 d\beta'_2)+(y_I-y_J)\cdot\cot\gamma'_2 d\gamma'_2\}_J$$
$$-\frac{1}{\rho''}\{(x_E-x_{\mathrm{I}})\cdot(d[9]-d[6])$$
$$+(x_E-x_{\mathrm{II}})\cdot(d[16]-d[14])$$
$$+(x_E-x_C)\cdot(d[18]-d[17])\}_F \quad (3.2.4.21)$$

例 2. 图 3.2.4.2 的权函数式

$$d\,(y_{E出}-y_{E进})=\left\{(y_C-y_J)\cdot\frac{db}{b}\right\}_Q$$
$$+\frac{1}{\rho''}\{(y_I-y_C)\cdot(\cot\alpha_1\cdot d\alpha_1-\cot\beta_1\cdot d\beta_1$$
$$-\cot\beta_2\cdot d\beta_2)$$
$$+(y_{\mathrm{II}}-y_C)\cdot(\cot\alpha_2\cdot d\alpha_2+\cot\alpha_3\cdot d\alpha_3$$
$$-\cot\beta_3\cdot d\beta_3)+(y_{\mathrm{I}}-y_{\mathrm{II}})\cdot(\cot\gamma_2\cdot d\gamma_2)\}_C$$
$$-\frac{1}{\rho''}\{(y_I-y_J)\cdot(\cot\alpha'_1\cdot d\alpha'_1-\cot\beta'_1 d\beta'_1$$
$$-\cot\beta'_2 d\beta'_2)+(y_I-y_J)\cdot\cot\gamma'_2\cdot d\gamma'_2\}_J$$
$$-\frac{1}{\rho''}\{(x_E-x_{\mathrm{II}})\cdot(d[2]-d[1])$$
$$+(x_E-x_{\mathrm{II}})\cdot(d[10]-d[7])$$
$$+(x_E-x_{\mathrm{II}})\cdot(d[18]-d[15])$$
$$+(x_E-x_C)\cdot(d[20]-d[19])\}_F$$
$$(3.2.4.22)$$

例 3. 图 3.2.4.4 的权函数式

$$d\,(y_{E出}-y_{E进})=\left\{(y_C-y_J)\frac{db}{b}\right\}_Q$$
$$+\frac{1}{\rho''}\{(y_J-y_C)\cdot(-\cot\beta_1\cdot d\beta_1)$$
$$+(y_I-y_C)\cdot(\cot\alpha_1\cdot d\alpha_1+\cot\alpha_2\cdot d\alpha_2$$
$$-\cot\beta_2\cdot d\beta_2-\cot\beta_3\cdot d\beta_3)$$
$$+(y_{\mathrm{II}}-y_C)\cdot(\cot\alpha_3\cdot d\alpha_3+\cot\alpha_4\cdot d\alpha_4$$
$$-\cot\beta_4\cdot d\beta_4)$$
$$+(y_J-y_I)\cdot\cot\gamma_1\cdot d\gamma_1$$
$$+(y_I-y_{\mathrm{II}})\cdot\cot\gamma_3\cdot d\gamma_3)\}_C$$
$$-\frac{1}{P''}\{(y_E-y_J)\cdot(d[2]-d[1])$$
$$+(y_E-y_{\mathrm{I}})\cdot(d[9]-d[6])$$
$$+(y_E-y_{\mathrm{II}})\cdot(d[16]-d[14])\}_F \quad (3.2.4.23)$$

例 4. 图 3.2.4.5 的权函数式

$$d(y_{E出}-y_{E进})=\left\{(y_C-y_J)\frac{db_1}{b_1}\right\}_Q$$
$$+\frac{1}{\rho''}\{(y_J-y_C)\cdot(\cot\alpha_1\cdot d\alpha_1+\cot\alpha_2\cdot d\alpha_2$$
$$+\cot\alpha_3\cdot d\alpha_3)$$
$$+(\cot\alpha_4\cdot d\alpha_4+(\cot\alpha_5\cdot d\alpha_5+\cot\alpha_6\cdot d\alpha_6)$$
$$-(\cot\beta_1\cdot d\beta_1-\cot\beta_2\cdot d\beta_2\text{-}\cot\beta_3\cdot d\beta_3)$$
$$-(\cot\beta_4\cdot d\beta_4-\cot\beta_5\cdot d\beta_5-\cot\beta_6\cdot d\beta_6$$
$$-\cot\beta_7\cdot d\beta_7)+(y_I-y_C)\cdot(\cot\alpha_7\cdot d\alpha_7$$
$$+\cot\alpha_8\cdot d\alpha_8-\cot\beta_8\cdot d\beta_8)$$
$$-\cot\beta_9 9 d\beta_9+(y_{\mathrm{II}}-y_C)\cdot(\cot\alpha_9\cdot d\alpha_9$$
$$+\cot\alpha_{10}d\alpha_{10}-\cot\beta_{10}\cdot d\beta_{10}-\cot\beta_{11}\cdot d\beta_{11})$$
$$+(y_J-y_I)\cdot(\cot\gamma_7\cdot d\gamma_7)$$
$$+(y_I-y_{\mathrm{II}})\cdot(\cot\gamma_9\cdot d\gamma_9+(y_{\mathrm{II}}-y_C)\cdot(\cot\gamma_{11}\cdot$$
$$d\gamma_{11})\}_C$$
$$-\frac{1}{\rho''}\{(x_{E2}-x_J)\cdot(d[25]-d[23])$$
$$+(x_{E2}-x_{\mathrm{I}})\cdot(d[33]-d[30])$$
$$+(x_{E2}-x_{\mathrm{II}})\cdot(d[41]-d[38])$$
$$+(x_{E2}-x_C)\cdot(d[47]-d[46])\}_F \quad (3.2.4.24)$$

3. 贯通影响值计算示例

例 1. 某回头曲线隧道，施工三角锁，一条起始边。

如图 3.2.4.6 所示。隧道长 2450m，位于右转角为 239°52′14″ 的 $JD90$ 回头曲线上($R=450$m)，进口位于直线上，出口位于圆曲线上，贯通点位于 $DK421+567$。三角锁由三个单三角形组成，锁段大致沿进出口连线方向布设；起始边为“拉对～友谊梁”，其长度用 2m 因瓦横基尺的辅助基线端点法测量四组；测角用蔡司 010 方向观测 6 测回。洞外环边，进洞联系方向以及观测方向号和求角编号如图标注。

贯通影响值的权函数式

$$d(y_{E出}-y_{E进})=\psi+\phi$$

$$\varphi=\{\quad\}_c-\{\quad\}_J-\{\quad\}_F$$

$$=1/\rho''\{(y_A-y_C)(\cot\alpha_1\cdot d\alpha_1\ \cot\alpha_2\cdot d\alpha_2-\cot\beta_1\cdot d\beta_1-\cot\beta_2\cdot d\beta_2)\}_c$$

$$-\frac{1}{\rho''}\{(y_A-y_J)(\cot\alpha_1'\cdot d\alpha_1'-\cot\beta_1'\cdot d\beta_1')\}_J$$

$$-\frac{1}{\rho''}\{(x_E-x_J)(d[1]-d[2])+(x_e-x_A)\cdot(d[6]-d[9])\}_F$$

在图 3.2.4.5(原图比例尺 1：4 000)量取以下各值：

$y_A-y_C=715$m　$y_A-y_J=107$m

$x_E-x_J=226$m　$x_E-x_A=-181$m

将求距角(详见图)及以上数据代入上式，并将角度微分换以方向微分后

$$\varphi=1/\rho''\{715\cdot[\cot22°04'(d[5]-d[4])+\cot95°25'(d[12]-d[11])-\cot28°52'(d[11]-d[10])-\cot27°28'(d[14]-d[13])\}_C$$

$$-\frac{1}{\rho''}\{(-107)[\cot61°46'(d[4]-d[3])-\cot69°39'(d[2]-d[1])]\}_J$$

$$-\frac{1}{\rho''}\{226\cdot d[1]-d[2]+(-181)\cdot(d[6]-d[9])\}_F$$

按方向微分合并同类项并省去微分符号后

$$\varphi=-0.000\,903[1]+0.000\,903[2]-0.000\,278[3]-0.008\,276[4]+0.008\,552[5]+0.000\,878[6]-0.000\,878[9]+0.006\,288[10]-0.005\,958[11]-0.000\,329[12]+0.006\,666[13]-0.006\,666[14]$$

φ 式系数按下式检核：

$$\Sigma f=\Sigma(-f)+\Sigma(+f)=0 \qquad (3.2.4.25)$$

$$\Sigma f=-0.023\,288+0.023\,288=0$$

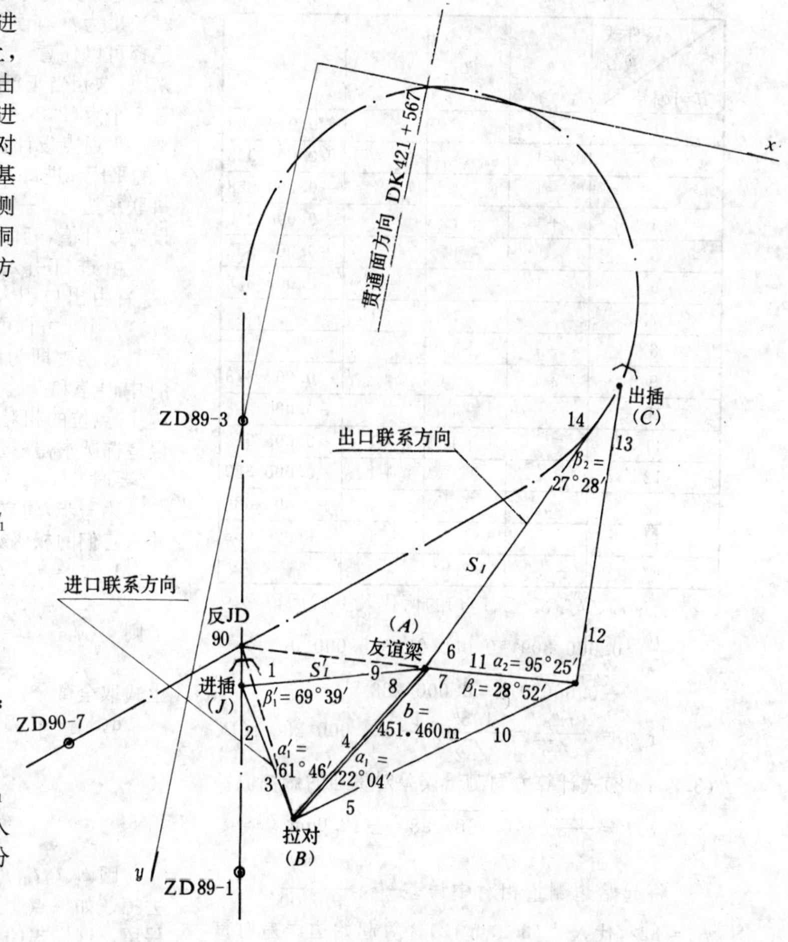

图　3.2.4.6

为了计算方向测量误差对贯通影响的权倒数 $\frac{1}{P_\varphi}$，将按方向观测的条件方程式系数、权函数式系数列入表 3.2.4.3。共有图形条件方程式 3 个，依次编为 a、b、c，权函数式编号为 f。

由表 3.2.4.3 的系数组成法方程式系数 $[aa]$、$[ab]$、$[ac]$、$[bb]$、$[bc]$… 及 $[af]$、$[bf]$、$[cf]$、$[ff]$ 如下：

$[aa]=+6$　　$[ab]=-2$　　$[ac]=0$

$[bb]=6$　　$[bc]=-2$　　$[cc]=6$

$[af]=-0.007\,069$　　$[bf]=0.004\,581$

$[cf]=-0.008\,581$　　$[ff]=63.704$

权倒数 $\frac{1}{P_\varphi}$ 按式(3.2.4.17)计算：

$$\frac{1}{P_\varphi}=[ff]-\frac{[af]^2}{6}-\frac{\{0.333[af]+[bf]\}^2}{5.333}-\frac{\{0.125[af]+0.375[bf]+[cf]\}^2}{5.25}$$

条件方程式系数、权函数式系数表

3.2.4.3

方向编号 \ 条件式编号	a	b	c	f
1	−1			−0.000 903
2	+1			+0.000 903
3	−1			−0.000 278
4	+1	−1		−0.008 276
5		+1		+0.008 552
6			−1	+0.000 878
7		−1	+1	
8	−1	+1		
9	+1			−0.000 878
10		−1		−0.006 288
11		+1	−1	−0.005 958
12			+1	−0.000 329
13			−1	+0.006 666
14			+1	−0.006 666
w''	−1.2″	+2.9″		

将〔af〕、〔bf〕、〔cf〕、〔ff〕的值代入上式后得

$$\frac{1}{P_\varphi}=0.000\ 309-0.000\ 008-0.000\ 001-0.000\ 012=0.000\ 288$$

将 $m_\gamma=\frac{m''_\beta}{\sqrt{2}}=\frac{1.5''}{\sqrt{2}}$，$\frac{1}{P_\varphi}=0.000\ 288$ 代入(3.2.4.18)式计算方向测量误差对贯通的影响值：

$$M_\gamma=\frac{1.5''}{\sqrt{2}}\sqrt{0.000\ 288}=\pm 18.0\text{mm}$$

将起始边测量相对中误差 $\frac{m_b}{b}=\frac{1}{40\ 000}$，$(y_C-y_J)=822$，代入式(3.2.4.12)计算起始边误差对贯通的影响值：

$$M_b=\pm(y_C-y_J)\frac{m_b}{b}=822\times\frac{1}{40\ 000}=\pm 20.6\text{mm}$$

该三角锁测量误差对贯通的影响值按(3.2.4.20)式计算：

$$M=\pm\sqrt{M_b^2+M_\gamma^2}=\sqrt{(20.6)^2+(18.0)^2}=\pm 27.4\text{mm}$$

三、三角锁按间接平差的估算方法

(一)第一种估算方法——利用相对点位误差椭圆计算贯通误差

现举例说明。

设有隧道三角锁如图 3.2.4.7 所示。

此三角锁共 9 个点，控制一个直线隧道。隧道中线为 1—9，进口控制点为点 1，出口控制点为点 9。

选定一假设独立坐标系。设点 1 的坐标为起算坐标，是假设坐标，本身 x_1、y_1 无误差。起始方向为 α_{12}，为假设值，无误差。起始边"1—2"长度为 b，有误差 m_b。起算点、起算方向、起算边的选择可以任意，与相对点位的精度无关。对间接平差来说，这相当于已知 1、2 两点的坐标。因此未知点只有 7 个点(即 3、4、5、6、7、8、9 点)。

贯通点设计在 E 点。l_J 为 1—E 的平距，l_c 为 9—E 的平距。进口联系边为 1—4，进口联系角为 β_J；出口联系边为 9—7，出口联系角为 β_c。l_J、l_C、β_J、β_C 均假设为设计值，近似地认为无误差。

由进口引入、测设的贯通点坐标，设为($x_{E进}$、$y_{E进}$)；由出口引入、测设的贯通点坐标，设为($x_{E出}$、$y_{E出}$)。则 x 方向的贯通误差即为($x_{E出}-x_{E进}$)；y 方向的贯通误差即为($y_{E出}-y_{E进}$)。首先估算($x_{E出}-x_{E进}$)的中误差和($y_{E出}-y_{E进}$)的中误差，进而形成 $E_{进}$ 和 $E_{出}$ 两点位的相对点位误差椭圆，再根据此相对点位误差椭圆求出隧道贯通的横向中误差及纵向中误差(必要时)。

第一步，建立($x_{E出}-x_{E进}$)和($y_{E出}-y_{E进}$)的函数式并求它们的权函数式：

1. $x_{E出}=x_9+l_c\cos\alpha_{9E}=x_9+l_c\cos(\alpha_{97}+\beta_c)$

$x_{E进}=x_1+l_J\cos\alpha_{1E}=x_1+l_J\cos(\alpha_{14}+\beta_J)$

则

$$x_{E出}-x_{E进}=x_9-x_1+l_c\cos(\alpha_{97}+\beta_c)-l_J\cos(\alpha_{14}+\beta_J) \quad (3.2.4.26)$$

上式取全微分：

$$\begin{aligned}d(x_{E出}-x_{E进})=&dx_9-dx_1+\cos(\alpha_{97}+\beta_C)dl_c\\&-\cos(\alpha_{14}+\beta_J)dl_J\\&-l_C\sin(\alpha_{97}+\beta_C)(d\alpha_{97}+d\beta_C)\\&+l_J\sin(\alpha_{14}+\beta_J)(d\alpha_{14}+d\beta_J)\end{aligned} \quad (3.2.4.27)$$

因 x_1、l_c、l_J、β_c、β_J 无误差，可由式(3.2.4.27)中去掉。如果点 1 不是假设的起算点，则式中的 x_1 应保留。这样式(3.2.4.27)变为：

$$\begin{aligned}d(x_{E出}-x_{E进})=&dx_9-l_c\sin(\alpha_{97}+\beta_c)d\alpha_{97}\\&+l_J\sin(\alpha_{14}+\beta_J)d\alpha_{14}\end{aligned} \quad (3.2.4.28—1)$$

将 $d\alpha_{97}$、$d\alpha_{14}$变为坐标函数的微分：

$$d\alpha_{97}=d\left(\arctan\frac{y_7-y_9}{x_7-x_9}\right)$$

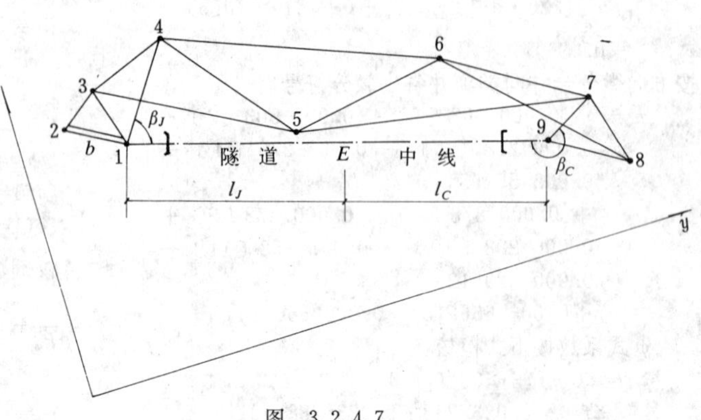

图 3.2.4.7

$$
=\frac{\partial\alpha_{97}}{\partial x_9}\mathrm{d}x_9+\frac{\partial\alpha_{97}}{\partial y_9}\mathrm{d}y_9+\frac{\partial\alpha_{97}}{\partial x_7}\mathrm{d}x_7+\frac{\partial\alpha_{97}}{\partial y_7}\mathrm{d}y_7
$$

$$
=\frac{\sin\alpha_{97}}{S_{97}}\mathrm{d}x_9-\frac{\cos\alpha_{97}}{S_{97}}\mathrm{d}y_9-\frac{\sin\alpha_{97}}{S_{97}}\mathrm{d}x_7+\frac{\cos\alpha_{97}}{S_{97}}\mathrm{d}y_7 \quad (3.2.4.28—2)
$$

同理：

$$
\begin{aligned}
\mathrm{d}\alpha_{14}&=\mathrm{d}\left(\arctan\frac{y_4-y_1}{x_4-x_1}\right)\\
&=\frac{\sin\alpha_{14}}{S_{14}}\mathrm{d}x_1-\frac{\cos\alpha_{14}}{S_{14}}\mathrm{d}y_1\\
&\quad-\frac{\sin\alpha_{14}}{S_{14}}\mathrm{d}x_4+\frac{\cos\alpha_{14}}{S_{14}}\mathrm{d}y_4\\
&=-\frac{\sin\alpha_{14}}{S_{14}}\mathrm{d}x_4+\frac{\cos\alpha_{14}}{S_{14}}\mathrm{d}y_4 \quad (3.2.4.29)
\end{aligned}
$$

2. 将（3.2.4.28）、（3.2.4.29）式代入(3.2.4.27)式即得 x 方向的贯通权函数式：

$$
\begin{aligned}
&\mathrm{d}(x_{E出}-x_{E进})=\mathrm{d}x_9-l_c\sin(\alpha_{97}+\beta_c)\\
&\left(\frac{\sin\alpha_{97}}{S_{97}}\mathrm{d}x_9-\frac{\cos\alpha_{97}}{S_{97}}\mathrm{d}y_9-\frac{\sin\alpha_{97}}{S_{97}}\mathrm{d}x_7+\frac{\cos\alpha_{97}}{S_{97}}\mathrm{d}y_7\right)\\
&+l_J,\sin(\alpha_{14}+\beta_J)\left(-\frac{\sin\alpha_{14}}{S_{14}}\mathrm{d}x_4+\frac{\cos\alpha_{14}}{S_{14}}\mathrm{d}y_4\right)\\
&=-l_J\sin(\alpha_{14}+\beta_J)\frac{\sin\alpha_{14}}{S_{14}}\mathrm{d}x_4\\
&\quad+l_J\sin(\alpha_{14}+\beta_J)\frac{\cos\alpha_{14}}{S_{14}}\mathrm{d}y_4\\
&\quad+l_C\sin(\alpha_{97}+\beta_C)\frac{\sin\alpha_{97}}{S_{97}}\mathrm{d}x_7\\
&\quad-l_C\sin(\alpha_{97}+\beta_C)\frac{\cos\alpha_{97}}{S_{97}}\mathrm{d}y_7\\
&\quad+\left[1-l_C\sin(\alpha_{97}+\beta_C)\frac{\sin\alpha_{97}}{S_{97}}\right]\mathrm{d}x_9\\
&\quad+l_C\sin(\alpha_{97}+\beta_C)\frac{\cos\alpha_{97}}{S_{97}}\mathrm{d}y_9 \quad (3.2.4.30)
\end{aligned}
$$

如点 1 不是起算点，则(3.2.4.30)式中应包括 $\mathrm{d}x_1,\mathrm{d}y_1$ 项。

下面以同样的方法导出

$$
\begin{aligned}
\mathrm{d}(y_{E出}-y_{E进})&=\mathrm{d}[(y_9+l_C\sin\alpha_{9E})-(y_1+l_J\sin\alpha_{1E})]\\
&=\mathrm{d}y_9-\mathrm{d}y_1+l_C\cos(\alpha_{97}+\beta_C)\mathrm{d}\alpha_{97}\\
&\quad-l_J\cos(\alpha_{14}+\beta_J)\mathrm{d}\alpha_{14}
\end{aligned}
$$

因点 1 为起算点，无误差，$\mathrm{d}y_1=0$，则

$$
\begin{aligned}
&\mathrm{d}(y_{E出}-y_{E进})=\\
&\quad l_J\cos(\alpha_{14}+\beta_J)\frac{\sin\alpha_{14}}{S_{14}}\mathrm{d}x_4\\
&\quad-l_J\cos(\alpha_{14}+\beta_J)\frac{\cos\alpha_{14}}{S_{14}}\mathrm{d}y_4\\
&\quad-l_C\cos(\alpha_{97}+\beta_C)\frac{\sin\alpha_{97}}{S_{97}}\mathrm{d}x_7\\
&\quad+l_C\cos(\alpha_{97}+\beta_C)\frac{\cos\alpha_{97}}{S_{97}}\mathrm{d}y_7\\
&\quad+l_C\cos(\alpha_{97}+\beta_C)\frac{\sin\alpha_{97}}{S_{97}}\mathrm{d}x_9\\
&\quad+\left[1-l_C\cos(\alpha_{97}+\beta_C)\frac{\cos\alpha_{97}}{S_{97}}\right]\mathrm{d}y_9
\end{aligned}
$$

(3.2.4.31)①

上式即为 y 方向的贯通权函数式。

第二步，针对间接平差，建立权函数矩阵，求出权函数阵的方差-协方差阵。

1. 在间接平差时，使用的公式(详见第七章第九节)

$$
\left.\begin{aligned}
&V=B\delta x+l\\
&\delta x=-(B^TPB)^{-1}B^TPl\\
&Q_{xx}=(B^TPB)^{-1}\\
&D_{xx}=m_0^2Q_{xx}
\end{aligned}\right\} \quad (3.2.4.32)
$$

式中 V——观测值改正数向量，$V=\begin{bmatrix}v_1\\v_2\\\vdots\\\vdots\\v_n\end{bmatrix}$ (3.2.4.33)

B——系数矩阵，

$$
B=\begin{bmatrix}a_1 & b_2 & c_1\cdots\cdots t_1\\ a_2 & b_2 & c_2\cdots t_2\\ a_n & b_n & c_n\cdots t_n\end{bmatrix} \quad (3.2.4.34)
$$

l——常数项向量，$l=\begin{bmatrix}l_1\\l_2\\\vdots\\\vdots\\l_n\end{bmatrix}$ (3.2.4.35)

Q_{xx}——X 的协因数阵，为对称方阵；

D_{xx}——X 的方差-协方差阵；

m_0——单位权中误差；

δx——近似坐标改正数向量，$\delta x=\begin{bmatrix}\delta x_1\\\delta x_2\\\vdots\\\vdots\\\delta x_f\end{bmatrix}$ (3.2.4.36)

对于此处所引用的三角锁，因点 1 为起算点，点 2 为已知点，无误差。所以在待定坐标中，没有 δx_1，δy_1，δx_2，δy_2 待求点为 3、4、5、6、7、8、9 共 7 个点，共 14 个坐标。

对照式(3.2.4.36)，$\delta x_1=\delta x_3,\delta x_2=\delta y_3,\delta x_3=\delta x_4,\delta x_4=\delta y_4\quad\delta x_5=\delta x_5,\cdots,\delta x_{14}=\delta y_9$。

即

$$
\delta x=\left.\begin{bmatrix}\delta x\\\delta y\\\vdots\\\vdots\\\delta x_9\\\delta y_9\end{bmatrix}\right\}
$$

应该注意的是，对于观测方向的三角锁，每一测站都有一个定向角未知数，此处的 δx 是已根据史赖伯约化法则去掉各测站的定向角未知数以后，所剩下的坐标未知数(所有未知点的近似坐标改正数)向量。史赖伯约化法则参见本篇第七章第九节。

2. 针对这些间接平差的公式，列出贯通权函数 $\mathrm{d}(x_{E出}-x_{E进})$ 和 $\mathrm{d}(y_{E出}-y_{E进})$ 的系数阵：例如本例的 δx 为

---

① 注：在(3.2.4.30)、(3.2.4.31)式中，l_C、l_J、s 一般以 m 为单位，$\mathrm{d}(x_{E出}-x_{E进})$、$\mathrm{d}(y_{E出}-y_{E进})$、$\mathrm{d}x$、$\mathrm{d}y$ 以 cm 为单位。

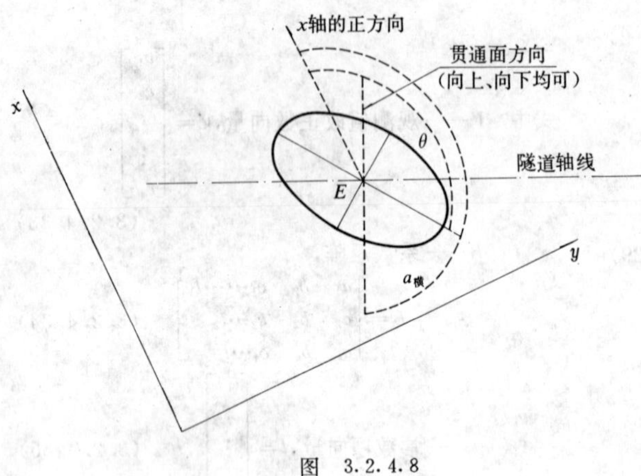

图 3.2.4.8

$$\delta x=\begin{bmatrix}\delta x_3\\ \delta y_3\\ \delta x_4\\ \delta y_4\\ \vdots\\ \vdots\\ \delta y_9\end{bmatrix} \qquad (3.2.4.37)$$

则权函数的系数阵为

$$F=\begin{bmatrix}f_{x3}^{\mathrm{I}}f_{y3}^{\mathrm{I}}\cdots f_{x9}^{\mathrm{I}}f_{y9}^{\mathrm{I}}\\ f_{x3}^{\mathrm{II}}f_{y3}^{\mathrm{II}}\cdots f_{x9}^{\mathrm{II}}f_{y9}^{\mathrm{II}}\end{bmatrix} \qquad (3.2.4.38)$$

式中，f_{x3}^{I}，$f_{y3}^{\mathrm{I}}\cdots f_{y9}^{\mathrm{I}}$为式(3.2.4.30)中的$\mathrm{d}_{x3}$，$\mathrm{d}_{y3}$，$\cdots\mathrm{d}y_9$的各项系数，例如

$$f_{x3}^{\mathrm{I}}=0,f_{y3}^{\mathrm{I}}=0,f_{x4}^{\mathrm{I}}=-l_J\sin(\alpha_{14}+\beta_J)\frac{\sin\alpha_{14}}{S_{14}},$$

$$f_{y4}^{\mathrm{I}}=l_J\sin(\alpha_{14}+\beta_J)\frac{\cos\alpha_{14}}{S_{14}},\cdots。$$

f_{x3}^{II}，f_{y3}^{II}，$\cdots f_{y9}^{\mathrm{II}}$为(3.2.4.31)式中的相应系数。所以对本例

$$F=\begin{bmatrix}0 & 0 & f_{x4}^{\mathrm{I}}f_{y4}^{\mathrm{I}} & 0 & 0 & 0 & 0 & f_{x7}^{\mathrm{I}}f_{y7}^{\mathrm{I}} & 0 & 0 & f_{x9}^{\mathrm{I}}f_{y9}^{\mathrm{I}}\\ 0 & 0 & f_{x4}^{\mathrm{II}}f_{y4}^{\mathrm{II}} & 0 & 0 & 0 & 0 & f_{x7}^{\mathrm{II}}f_{y7}^{\mathrm{II}} & 0 & 0 & f_{x9}^{\mathrm{II}}f_{y9}^{\mathrm{II}}\end{bmatrix} \qquad (3.2.4.39)$$

如果整个隧道有几个贯通面，分段贯通，那么每一段的$\mathrm{d}(x_{E出}-x_{E进})$和$\mathrm{d}(y_{E出}-y_{E进})$也是分段列出，方法同式(3.2.4.30)式(3.2.4.31)。但是三角锁是控制整个隧道，是整体平差的，平差时δx向量包含了整个三角锁的坐标未知数，所以在列权函数的系数阵时，所有坐标未知数的系数都应列出，只是在式(3.2.4.30)式(3.2.4.31)中未包括的未知数系数，以零写上就是了。

这样就可以用式(3.2.4.37)、式(3.2.4.38)组成权函数阵

$$\varphi=F\delta x \qquad (3.2.4.40)$$

此权函数阵的方差-协方差阵为

$$D_{\varphi\varphi}=FD_{xx}F^T=m_0^2FQ_{xx}F^T \qquad (3.2.4.41)$$

式中，Q_{xx}以式(3.2.4.32)的Q_{xx}代入。

由式(3.2.4.41)得到一个2×2阶的方阵：

$$D_{\varphi\varphi}=m_0^2FQ_{xx}F^T=m_0^2\begin{bmatrix}Q_{\Delta x\Delta x} & Q_{\Delta x\Delta y}\\ Q_{\Delta y\Delta x} & Q_{\Delta y\Delta y}\end{bmatrix} \qquad (3.2.4.42)$$

第三步，利用误差椭圆计算贯通误差

1. 根据式(3.2.4.42)，计算相对点位误差椭圆的长半轴A，短半轴B，长半轴与x轴的夹角(顺时针)θ；

$$A^2=\frac{1}{2}m_0^2\left\{Q_{\Delta x\Delta x}+Q_{\Delta y\Delta y}+\sqrt{(Q_{\Delta x\Delta x}-Q_{\Delta y\Delta y})^2+4Q_{\Delta x\Delta y}^2}\right\}$$

$$B^2=\frac{1}{2}m_0^2\left\{Q_{\Delta x\Delta x}+Q_{\Delta y\Delta y}-\sqrt{(Q_{\Delta x\Delta x}-Q_{\Delta y\Delta y})^2+4Q_{\Delta x\Delta y}^2}\right\}$$

$$\tan2\theta=\frac{2Q_{\Delta x\Delta y}}{Q_{\Delta x\Delta x}-Q_{\Delta y\Delta y}} \qquad (3.2.4.43)$$

上式中，$Q_{\Delta x\Delta x}$，$Q_{\Delta y\Delta y}$，$Q_{\Delta x\Delta y}$取自(3.2.4.42)式。

2. 计算横向贯通中误差$m_横$

设贯通面方向与坐标系x轴的夹角为$\alpha_横$，此夹角为由x轴的正方向顺时针方向到所求方向(贯通面方向)所张的夹角。贯通面穿过E点，由E点向外延伸有两个方向，用任何一个贯通面方向均可。如图3.2.4.8所示。

则贯通面方向上的误差即为横向贯通中误差$m_横$：

$$m_横^2=A^2\cos^2(\alpha_横-\theta)+B^2\sin^2(\alpha_横-\theta) \qquad (3.2.4.44)$$

纵向误差的方向角$\alpha_纵=\alpha_横\pm90°$，于是纵向贯通中误差为$m_纵$：

$$m_纵^2=A^2\cos^2(\alpha_纵-\theta)+B^2\sin^2(\alpha_纵-\theta) \qquad (3.2.4.45)$$

具体算例见本篇第七章第九节。

(二)第二种估算方法——使坐标轴平行于贯通面，直接计算贯通误差

如图3.2.4.7示，在未平差前，第一步，先将三角形角度闭合差平均分配，使各三角形的角度闭合差均为零。然后计算3、4、5、6、7、8、9点的近似坐标。用近似坐标反算α_{19}的近似方位角α_{19}°后，即知α_{19}°方向与x轴正向的夹角θ。然后将坐标系旋转一个由θ推算好的角度φ，使新坐标系的y轴平行于隧道轴线1—9的方向，也即使新坐标系的x轴平行于贯通面方向。两坐标系的关系是：旋转的φ角是由θ按上述的要求推算的；平移量可以任意，只要使全部三角点的新坐标不出现负值即可。

第二步，1至9点的坐标转换成新的近似坐标值以后，再按新的近似坐标值开列误差方程(因误差方程式的系数都因坐标转换而改变)进行间接平差。最后得到各点近似坐标的改正数，从而计算各点坐标的平差值。

这样得出的平差值与其近似值的差别不会太大，一般情况(按铁路山岭隧道三角锁的生产经验)下只是几个厘米。当然，平差后的隧道轴线1—9方

向肯定不会再严格平行于转换后新坐标系的 y 轴，但对于计算贯通误差没有实际影响。例如 1—9 距离为 2km，现设点 9 横向偏出了 10cm，方向只偏斜了 $\frac{10}{200000}=\frac{1}{20000}$，约 10″左右。

设在近似贯通面上的横向贯通中误差为 50mm，则其投影到实际贯通面上的值为 49.999 9mm，在实用上可以视为几乎不变。再严格地验算，假设长半轴 $A=100$mm，短半轴 $B=70$mm，按 10″的变化用式(3.2.4.44)加以验算，影响横向贯通中误差的最大值未超过 0.0015mm。在实用上影响很小。

此法的优点，就是只求 $d(x_{E出}-x_{E进})$ 的中误差，此值即为横向贯通中误差，而不必再求 $d(y_{E出}-y_{E进})$ 的函数误差。换句话说，在具体计算时，在式(3.2.4.38)中，F 只有上面的一行，而没有下面的一行。按式(3.2.4.41)计算的结果，$D_{\varphi\varphi}$ 就是 $m_{横}$。这样避免再形成误差椭圆。

(三)关于计算问题

不论第一法或第二法，都可以以矩阵形式或常规的纯量形式进行计算。用矩阵形式最好用电算。当采用第一法而以常规的高斯-杜力特格式计算时，可以用式(3.2.4.38)的第一行和第二行作为两个函数式 F_1 和 F_2，附在高斯格式的后面作为两个竖栏(f_1)和(f_2)的内容。这样算出的 $\frac{1}{P_{F1}}$ 和 $\frac{1}{P_{F2}}$ 是 x 方向和 y 方向贯通误差权系数。

再按下式计算 x 方向中误差 m_{F1} 和 y 方向的中误差 m_{F2}

$$\left.\begin{aligned} m_{F1}&=m_0\sqrt{\frac{1}{P_{F1}}}\\ m_{F2}&=m_0\sqrt{\frac{1}{P_{F2}}}\end{aligned}\right\} \tag{3.2.4.46}$$

因 x 方向和 y 方向都不是一定是贯通面方向，所以要形成误差椭圆才行。但是这种算法，不能由高斯-杜力特格式中同时算出(3.2.4.42)式中的 $Q_{\Delta x\Delta y}$，这样就不能按(3.2.4.43)式计算椭圆各要素。$Q_{\Delta x\Delta y}$ 代表 $(x_{E出}-x_{E进})$ 和 $(y_{E出}-y_{E进})$ 的统计相关关系，要单独算出，这样就不太方便。所以采用第一种方法时，最好使用计算机。

当采用第二种方法时，也以使用计算机为便。如果使用计算器或其他计算工具按高斯-杜力特格式计算，可将式(3.2.4.38)的第一行，即前述的 F_1 作为高斯-杜力将格式的(f)栏，与平差同时进行，最后得到 $\frac{1}{P_{F1}}$。然后按

$$m_{横}=m_0\sqrt{\frac{1}{P_{F1}}} \tag{3.2.4.47}$$

算出横向贯通中误差。

当然，如果把 F_2 作为另外一栏，则算出的结果是 $\frac{1}{P_{F2}}$，按

$$m_{纵}=m_0\sqrt{\frac{1}{P_{F2}}} \tag{3.2.4.48}$$

即可算出纵向贯通中误差。因为经以前的坐标系旋转以后，x 轴方向与隧道贯通面的方向是平行的。

为了便于对照，现列出间接平差的计算格式如表 3.2.4.4(为简单起见，只假设有三个未知数)。

在(f_1)栏和(f_2)栏的相当位置上填入 F_1 的各数字，表 3.2.4.4 中(f_1)栏中的 f_1^{I} 即是式(3.2.4.38)的 f_{x3}^{I}，f_2^{I} 即是 f_{y3}^{I}，等等；(f_2)栏中的 f_1^{II} 即是式(3.2.4.38)中的 f_{x3}^{II}、f_2^{II} 是 f_{y3}^{II} 等等。最后算出的 $\frac{1}{P_{F1}}$，$\frac{1}{P_{F2}}$，在第一种方法时为 x 方向和 y 方向的贯通误差权倒数；在第二种方法时，则为横向贯通误差和纵向

表 3.2.4.4

a / δx	b / δy	c / δz	l	s	(f_1)	(f_2)
〔paa〕	〔pab〕	〔pac〕	〔pal〕	〔pas〕	f_1^{I}	f_1^{II}
	…	…	…	…	$-\frac{f_1^{I}}{〔paa〕}$	$-\frac{f_1^{II}}{〔paa〕}$
	〔pbb〕	〔pbc〕	〔pbl〕	〔pbs〕	f_2^{I}	f_2^{II}
	…	…	…	…	…	…
	…	…	…	…	…	…
	…	…	…	…	…	…
		〔pcc〕	〔pcl〕	〔pcs〕	f_3^{I}	f_3^{II}
			〔pll〕	〔pls〕	0	0
					⋮	⋮
					$-\frac{1}{P_{F1}}$	$-\frac{1}{P_{F2}}$

贯通误差的权倒数。

(四)当三角锁中有两条或两条以上的基线时的处理方法

1. 当基线采用精密测量的成果，而认为在平差时不加改正，只作为固定数据使用时，应采用带有条件的间接平差，不能使用间接平差。

2. 当采用光电测距仪测量三角锁中的若干条边长时，最好的处理方法，是把这样的三角锁视为边角锁，所有用光电测距仪测量的边长(此时已无所谓基线)，都参加平差。这时就可用间接平差的方法。边角网平差时误差方程的开列方法，见第七章第十节。除误差方程式中边长误差方程式是与三角锁的误差方程式不同以外，其他步骤和方法都与三角锁的间接平差无异。

第五节　高程贯通误差的估算方法

隧道高程控制测量，一般采用水准测量方法，四等及其以下的也可采用光电测距三角高程测量，采用光电三角高程测量时，宜按环路闭合差计算每公里路线高差中数的中误差评定精度。

一、水准测量的估算方法

(一)估算方法

受洞外和洞内高程控制测量误差影响，在贯通面上所产生的高程中误差按下式计算：

$$m_{\Delta h}=\pm\sqrt{m_{\Delta 外}^2\cdot L_{外}+m_{\Delta 内}^2\cdot L_{内}} \quad (3.2.5.1)$$

式中　$L_{外}$、$L_{内}$——相邻两开挖洞口间的洞外和洞内水准路线长度(km)；

$m_{\Delta 外}$、$m_{\Delta 内}$——洞外、洞内每公里水准测量高差的偶然中误差(mm)。

洞外、洞内水准测量的每 km 路线高差的偶然中误差，按下式分别计算

$$m_{\Delta}=\pm\sqrt{\frac{1}{4n}\sum_{1}^{n}\left(\frac{\Delta\Delta}{R}\right)} \quad (3.2.5.2)$$

式中　Δ——测段往返测高差不符值(mm)；

R——测段的单程长度(km)；

n——测段数。

(二)估算示例

某隧道长 2.5km。洞外采用四等水准测量，实测的 $m_{\Delta 外}=\pm3.8$mm，$L_{外}=5.2$km；洞内采用五等水准，实测的 $m_{\Delta 内}=\pm5.5$mm，$L_{内}=1.1\times2.5=2.8$km，试估算高程贯通中误差。

洞外水准测量误差对高程贯通精度的影响据式(3.2.5.1)为

$$m_{\Delta h 外}=\pm\sqrt{m_{\Delta 外}^2\cdot L_{外}}=\pm\sqrt{(3.8)^2\times5.2}=\pm8.7\text{m}$$

洞内水准测量误差对高程贯通精度的影响据式(3.2.5.1)为

$$m_{\Delta h 内}=\pm\sqrt{m_{\Delta 内}^2\cdot L_{内}}=\pm\sqrt{5.5^2\times2.8}=\pm9.2\text{mm}$$

洞外、洞内水准测量对高程贯通的总影响按式(3.2.5.1)计算

$$m_{\Delta h}=\pm\sqrt{m_{\Delta h 外}^2+m_{\Delta h 内}^2}=\pm\sqrt{8.7^2+9.2^2}=\pm12.7\text{mm}$$

《测规》规定，洞外、洞内不得超过 18mm 和 17mm 总影响值不得超过±25mm，测量精度均满足要求。

二、光电三角高程的估算方法

(一)估算方法

洞外或洞内三角高程测量误差，在贯通面上所产生的高程贯通影响值按下式计算

$$m_{\Delta h}=\pm\frac{m_{\omega}}{\sqrt{2}}\sqrt{L} \quad (3.2.5.3)$$

式中　L——洞外或洞内两相邻开挖洞口间的三角高程导线长度(km)，导线为两条或为环路时，取两条路线的平均长度；

m_{ω}——每 km 高程测量高差的中误差(mm)，m_{ω} 的计算可参考以下两式选用：

$$m_{\omega}=\pm\sqrt{\frac{1}{N}\left[\frac{\omega\omega}{F}\right]} \quad (3.2.5.4)$$

$$m_{\omega}=\pm\sqrt{\frac{1}{N}\left[\frac{\omega\omega}{n}\right]\cdot\frac{[n]}{L}} \quad (3.2.5.5)$$

其中　N——闭合环的个数或附合路线的条数，

ω——环路或附合路线的高差闭合差，

F——计算各 ω 时相应的环线长，

n——计算各 ω 时相应的边数，

L——环路或附合路线长度总和。

(二)估算示例

某隧道长 2.5km(同前例)。洞外、洞内均采用五等光电三角高程测量双导线，实测的 $m_{\omega 外}=7.4$mm，$L_{外}=3.5$km；$m_{\omega 内}=\pm10$mm，$L_{内}=2.8$km。

洞内三角高程测量误差对高程贯通精度的影响值按式(3.2.5.3)计算

$$m_{\Delta h 外}=\pm\frac{7.4}{\sqrt{2}}\cdot\sqrt{3.5}=\pm9.8\text{mm}$$

洞内三角高程测量误差对高程贯通精度的影响值为

$$m_{\Delta h 内}=\pm\frac{10.0}{\sqrt{2}}\cdot\sqrt{2.8}=\pm11.8\text{mm}$$

洞外、洞内光电三角高程测量误差对高程贯通的总影响值据式(3.2.5.1)为

$$m_{\Delta h}=\pm\sqrt{m_{\Delta h 外}^2+m_{\Delta h 内}^2}=\pm\sqrt{9.8^2+11.8^2}=\pm15.3\text{mm}$$

测量精度满足《测规》要求。

第三章　测量设计

第一节　优化设计

一、隧道控制测量优化工作的特点

针对我国隧道测量的技术条件、特点，以及丰富的生产经验的现实，模拟法(有条件的最好采用机助模拟法)是比较实用的。

(一)隧道控制测量的优化任务

隧道控制网的优化设计任务，主要是经济、合理、可靠地满足隧道贯通精度的要求，尤其是满足横向贯通精度的要求。

(二)合理分配各部分的贯通中误差

将横向贯通精度的要求，分为地面和地下两部分。地面控制满足地面部分精度要求；地下控制满足地下部分精度要求，但允许作进一步的调整。

设某一贯通面(一个隧道可以有一个或几个贯通面)上的横向贯通精度(以中误差表示)为 $m_{横}$，地面的分配值为 $m_{上}$，地下的分配值为 $m_{下}$。如果有竖井或其他辅助坑道，其分配值理应归属于地下分配值 $m_{下}$ 之中。其分配值以 $m_{辅}$ 来表示。则

$$m_{横}^2=m_{上}^2+m_{下}^2$$

$$=m_{上}^2+(m_{左辅}^2+m_{左下}^2+m_{右下}^2+m_{右辅}^2) \quad (3.3.1.1)$$

式中　$m_{左辅}$——左侧辅助坑道(包括竖井、斜井、横洞)的分配值，至于贯通面的哪侧是左，哪侧是右，对精度的计算无关；

$m_{右辅}$——右侧辅助坑道的分配值；

$m_{左下}$——左侧正洞洞内控制的分配值；

$m_{右下}$——右侧正洞洞内控制的分配值。

这样区分开来有一个好处，就是左、右辅助坑道可能不一样，例如左侧是竖井，右侧是横洞；$m_{左下}$和$m_{右下}$也可能不一样，例如由于地质情况不同，两端进度不一样，贯通设计不在正中的位置。因此左、右侧的地下导线的长度可能相差较大，等等。

$m_{上}$ 和 $m_{下}$ 如何安排其比例，要根据地面控制测量和地下控制测量的具体情况来考虑。例如用什么方案和网形；用什么仪器观测；观测要达到什么精度；地面和地下测量人员的技术水平如何；地下施工能否临时给地下控制让路；地下控制的导线有多长；是直线段还是曲线段；整个隧道有多少贯通面(影响地面整体控制的网形和精度)；各贯通面两侧是竖井引进、横洞引进、斜井引进、还是平导引进，等等。由于以上具体情况各不相同，这就要依靠设计人或设计集体以其理论知识和工作经验来“初步选定”式(3.3.1.1)中的各项分配值。例如以最简单的情况为例，在无辅助坑道但很长的曲线隧道(如长大的回头曲线隧道)中，地面控制比较容易，但地下导线必需跟着隧道的形状形成很长的短边折线，这时边、角测量的误差积累是很迅速的。地面的 $m_{上}$ 就应少分配，地下的 $m_{下}$ 就应多分配。有竖井等辅助坑道时，$m_{下}$ 就应按式(3.3.1.1)的各项予以适当考虑。

(三)优化工作主要针对洞外控制

地面控制网的布网形式可以多种多样，测量手段和方法也多种多样，所遇到的测量环境也各不相同；而地下控制主要是导线，当然边、角的测量手段可以不一样，例如边长用测距仪，哪几个边加测陀螺方位角(在我国铁路隧道地下导线测量中，可以考虑加测精密陀螺方位角的问题。)等等。但地下控制的形式和方案总是比较简单(即便有辅助坑道)，在优化时，方案的变化不会很多，横向贯通误差的预计比较容易(但不易做到“严密”，比如，各导线段的复测次数很不相同，造成地下“实际导线的精度”极难严密估算)。所以优化工作量主要落在地面控制网上。

二、洞外控制网的优化设计

(一)选定控制方案的初步网形

根据隧道的形状(直线、曲线、回头曲线)等，长度，地形，植被，建筑的分布，地质的稳定情况，大气折光场的情况等，用设计者的测量经验判定控制用什么方案？是三角网、测边网、边角网、还是导线网？还是两种或几种方案的综合运用(例如三角锁与导线的联合控制方案)？如果用 GPS 定位技术，还要考虑控制点周围的避免干扰的环境。这样根据测量设备和测量经验把控制方案决定下来，并实地踏勘选点，形成某一控制方案的初步网形设计图。(例如方案是三角锁，可以在现场测方向到分，一测回即可：用光电测距仪测基线一侧回，并按比例尺绘图)这是非常重要的工作。方案选择人和踏勘选点人，应有丰富的理论知识和生产实践经验，并善于考虑前述的各种影响因素。由于测量单位的测量设备有限，测量设计人和测量人员又常常习惯于某种测量方案、测量方法和数据处理方法，于是就陷于轻车熟路的轨道中间，倾向于一下子就把方案和方法决定了。这样也就谈不到优化设计的理论和技术上的提高，更会影响全体测量人员技术上的多方面的锻炼和提高，是应该特别注意避免的。

(二)按模拟优化法进行观测精度设计

现代的模拟优化方法，都是借助于电子计算机

(一般采用微机)，数学模型采用矩阵形式，平差绝大多数是采用间接平差法。因为间接平法结果可以直接得到各控制点坐标的方差——协方差矩阵 D_{xx}(或采用 Σ_{xx} 符号)；用这个矩阵可以很容易地做各种精度分析(点位精度，点的各坐标之间的相关关系)；便于对整个网的整体精度的估计；加深对精度优化设计时各种质量准则的理解(各种纯量准则以及准则矩阵的理解)；而且极为方便地构成任何一点的点位误差椭圆和任何两点的相对点位误差椭圆。

在初步网形设计图出来以后，下一步就要进行网的观测精度的优化设计。方法如下：

1. 安排一个独立的平面坐标系

安排时尽量使 x 轴的方向与隧道贯通面的方向相平行或垂直，使整个控制网点位坐标不出现负值。因为控制网的其中两个点(或几个点，有辅助坑道时)就是隧道进、出口的控制点，这样就把初步网形设计图在这个坐标系中定位了。

2. 计算横向贯通中误差

(1)定权：假设观测值的权，例如三角锁，可以假设各方向的权均为 1；在导线中，先初步选一个测角中误差 m_β 和测边长中误差 m_s，通常测角的权定为 1，即 $P_\beta=1$，则测边的权即为 $P_s=\frac{m_\beta^2}{m_s^2}$。例如 $m_\beta=\pm1.8''$，$m_s=\pm3\text{cm}$，则 $P_\beta=\frac{m_\beta^2}{m_\beta^2}=1$；$P_s=\frac{m_\beta^2}{m_s^2}=0.36$(秒²/cm²)。最后形成观测值权矩阵 P。

(2)列出初步网形的误差方程式：此时不必计算自由项(因 l 与控制点坐标的协因数阵的形成无关；况且此时还没有自由项，因为尚未对控制网进行观测)。在开列误差方程时，其系数中所含的方向值，可用量角器在图上量出(参见第七章第九节)。

(3)根据误差方程的坐标改正数的系数(如果是方向观测的三角锁，则要用史赖伯约化法去掉各测站的定向角未知数后所形成的系数)形成系数矩阵 B。

(4)计算其坐标协因数阵 $Q_{xx}=(B^TPB)^{-1}$。

(5)得到 Q_{xx} 以后，按第二章第三节第三目的有关部分，开列权函数式：

$$F=\mathrm{d}(x_{E出}-x_{E进}) \quad (3.3.1.2)$$

(6)计算横向贯通中误差 $m_横$：

$$m_横^2=m_0^2FQ_{xx}F^T \quad (3.3.1.3)$$

式中，m_0 为单位权中误差，可由以往的测量经验中选定。

3. 按网形、精度以及洞内外测量安排的合理性进行优化

得到 $m_横$ 以后，依此 $m_横$ 与分配到地面控制网的分配值 $m_上$ 作比较。

(1)如果相差很少，且 $m_横<m_上$，则此网形选择及 m_0 的选择都是恰当的。

(2)如果 $m_横$ 比 $m_上$ 小的较多，则有两种途径可资处理：

①保留 $m_横$ 的数值，将余额按

$$m_余=\sqrt{m_上^2-m_横^2}$$

分配给地下控制使用。此时地下的分配值变为 $\sqrt{m_下^2+m_余^2}$。

②降低地面控制网的观测精度 m_0 后再试验，使 $m_横$ 比 $m_上$ 稍小但接近于 $m_上$。降低观测精度时要看所使用的仪器或采用的测回数是否有可能，例如使用 0.5″的电子经纬仪测方向，再降低它的测方向精度就发生困难，这时就可以用第一途径处理。

(3)如果 $m_横$ 比 $m_上$ 大的较多，也有两种途径可资处理：

①自然想到的是提高地面控制网的观测精度 m_0，网形不动。这是最简单的办法。但是提高的精度必须在现有仪器和技术水平允许的范围以内，使测量不发生特别的困难才可行。例如原测角精度已是 $m_0=\pm1''$，如果要把它提高到 $\pm0.7''$，一般需要精密大型经纬仪或精密电子经纬仪才能奏效。

②改变网形。这里所谓的改变网形，包括 *a*. 较大地更动某些控制点的位置；*b*. 去掉某些点，加入某些新点；*c*. 保持原来点位不动，加测某些元素。例如三角锁加测某些对角线或加测某些边长；例如导线中多形成几个闭合环或加测精密陀螺方位角；*d*. 以上各法的综合运用。

当然也可以①、②两法同时使用。

采用措施后重新组成系数矩阵 B(因此时网形变了)和权阵 P，重新计算 $Q_{xx}=(B^TPB)^{-1}$，$F=\mathrm{d}(x_{E出}-x_{E进})$ 和 $m_横^2=m_0^2FQ_{xx}F^T$。再比较 $m_横$ 与 $m_上$ 的差别，反复试验，直到满意时为止。这个最后选出的网形和 m_0 就是较优的设计，可以付诸实施了。

很多控制网优化设计的文献里，多把网形设计列为第一阶段的设计任务，而把观测精度的设计列为第二阶段任务。在第一阶段里，让点数不动，只考虑改变某些控制点点位，将它们移动一段矩离，然后再试验。这样，意味着权阵 P 不动，系数矩阵 B 产生了微小的变化 δ_B，此时，$Q_{xx}=[(B^T+\delta_B^T)P(B+\delta_B)]^{-1}$。看这个新的 Q_{xx} 是否合适。反复试验，直到满意时为止。从理论上说这是可行的，但对隧道控制网来说目前的实用价值不大，原因是：*a*. 只靠移动原来控制点的一段不大的距离，对 $m_横$ 不会有多少改善；*b*. 点的移动不能在图上设计，因为点位移动以后，通视通常出现问题，所以必须重新踏勘，充分运用设计者的生产经验才能把点位确定下来，这时点数可能也变了，所以等于重新选择网形。

本节所介绍的，是根据我国大量的生产实践经验提出的较为实用的模拟优化方法，此其一；其二是不以得到 Q_{xx} 为满足，也不以得到各点的误差椭圆为满足，而是直接放在以 $m_上$ 为准则的检验上，以能否满足 $m_上$ 的精度要求作为优化设计的目标，这就是控制网优化设计的所谓“F 最优”的准则。

(三)关于建网费用和成果可靠性的考虑

满足 $m_上$ 准则的同时，可能有不同的几个设计方案，为了进一步照顾建网费用和可靠性，应尽量选择网形较简单，但多余观测数又较多的一个方案(例如图形简单的边角网)。

许多优化设计文献在考虑建网费用的问题时，

着眼点通常放在测回数的“多”、“少”上。这是没有办法把踏勘选点、方案设计、埋石造标、购置仪器、仪器折旧、材料消耗、设备和人员的交通运输、通讯费用、测量后的数据处理、野外人员的住宿和生活设备等等费用考虑进去而能用一个数学模型来表达的原故。实际上这些费用要比增加多少测回的费用大的多，不同的方案所需费用的差别也比较大，而且在我国的情况下，上述的各项费用随各地各种条件而不同，很难定价。所以目前关于费用问题只能做一个粗略的预算加以比较。

关于可靠性的问题，由于粗差的出现机理和它失控后的随机模型都极难掌握，所以目前在可靠性的基础理论上还存在一定的缺陷，影响了实用效果。在考虑这一问题时，最好使控制网能有较多的几何条件（等于有较多的多余观测数），或采用边角网的方案。

至于各种方案（三角锁、导线等）的设计细节，参见本章的“平面控制测量设计”和“测量设计中注意问题”两节。

第二节　平面控制测量设计

一、控制测量方案选择

测量设计工作的任务是在保证贯通精度的前提下，选择最合理的测量方案、测量方法和实施测量组织安排。设计时应将洞外和洞内一起考虑。洞外测量可供选择的方案较多，测量方法及使用的仪器差别也可能较大；洞内受到环境条件的限制，一般只适宜测设中线和导线，目前的技术条件还不能作更多的选择。洞外平面控制，一般有下列几种方案：中线法、导线法、三角测量（包括测角网、三边网、边角网）、三角锁和导线联合控制。各种控制网，都是独立网。

（一）中线法方案

由于山岭 隧道受中线位置和地形的限制，欲减少测站数和避免太短的边，常常遇到困难；沿地面量距也十分困难。所以中线法通常只适宜作较短隧道的控制测量。一般用于 1 000m 以内的直线隧道和 500m 以内的曲线隧道。直线隧道采用中线法时，其量距误差对横向贯通精度几乎不产生影响，是十分有利的特点；但中线方向必须反复测量，以保证直线方向的应有的精度和可靠性。在缺乏足够精度的测距仪器时，直线隧道采用中线法是可供选择的方案之一。

（二）导线方案

导线法对地形的适应性比较强、受中线位置的约束较小，因此布设灵活。但如果沿地面量距，量距工作繁重而困难，并且难以保证所需精度。光电测距仪和全站仪已在铁路勘测、施工中广泛使用，导线法已成为当前洞外控制测量的主要方法。在具备测距仪的条件下，应尽量在两洞口间以直伸的形式组成导线环。这样既能简捷地以高精度测量边长，又可减少测角站数，对减小贯通误差最为有利。由于测边精度高，边长误差对横向贯通精度的影响相应减小，使得导线能以更加灵活的形式绕避障碍、适应地形。

导线方案在洞外控测中的主要形式为多边形闭合导线。无论哪种形式，一个控制网中应由若干个环构成，每个环中测站数（边数）不宜过多，以 4～6站（边）为宜。若环的个数太少，环中站数过多，按角度闭合差评定测角精度的可靠性相应较差。隧道洞外控制导线与当地适宜选用的高等级控制点相联系的可能性极小，所以一般不考虑附合导线的形式。

（三）三角锁方案

我国隧道网通常采用测角网。三角锁控制方案主要用在具备因瓦基线尺或高精度光电测距仪的条件下。以测距仪测起始边的三角锁方案可以与导线方案（测距仪测边长）做精度、工作量和控制网对施工的使用效益作综合比较。洞口多、施工期长的隧道尤应重视网的使用效益。一般长隧道三角锁，测角精度大约为±1″～1.2″，与测角精度相适应的起始边测量精度，当需要考虑加入基线条件平差时约为 1/250 000～1/300 000；不需要考虑基线条件平差时约为 1/150 000～1/200 000；直线隧道和某些特殊的曲线隧道（如三角锁两端洞口控制点连线与贯通面近于垂直的隧道），无需考虑基线条件平差时，起始边精度还可以进一步降低，甚至到 1/50 000。

当三角锁只需要测量一条起始边时，起始边长测量误差对贯通的影响值与起始边的位置无关。这时一般宜将起始边选在锁段的中部，以便在两端测量检核边长。当三角锁需要加强以提高贯通精度时，可考虑在锁段两端各测一条起始边（必须有足够精度）平差时加入基线条件平差，这对布网条件困难以致锁段较弯曲或者传距角较小的三角网，从贯通精度看有明显可见的好处。

三角锁设计布网时最好沿垂直于贯通面的方向在两洞口间直伸布设，图形最好以单三角形组成，宜简不宜繁。如果三角锁能如上述要求布置，则传距角的大小限制可以适当放松，这时边长误差对横向贯通精度的影响也不大，甚至采用钢卷尺测起始边（此时平差中不能加入基线条件）都有可能满足贯通精度要求。

具备光电测距仪和全站仪的条件下，也可以考虑测量三边锁和边角锁。由于三角锁或导线适应较长隧道的洞外控制要求并不困难，所以在一般情况下没有必要采用三边锁和边角锁。但在某些特殊情况下，比如三角锁的两洞口连线与贯通面不相垂直且夹角较小，锁形又十分弯曲，满足贯通精度有困难时，或兼作变形观测时，边角网可作为考虑的方案。

(四)三角锁和导线的联合控制方案

三角锁和导线联合控制方案，在生产实践中大致用在以下情况：在山势开扩地段布设了三角锁，进入深山峡谷后只有导线才能通过，这样构成的联合网；另一类情况是基本方案是导线，由于辅助坑道口较多，利用导线投点困难和施工中检测困难，因此在洞口附近的外控点以及与投点之间布设为三角形，这样构成的联合网。

二、测量设计的一般程序和内容

(一)踏勘、确定控制测量方案

踏勘须了解隧道进出口之间线路及洞外相衔接线路的定测情况，正洞、平导、横洞、斜井中线及洞口等的位置，沿中线及两侧的地形、地貌及地面植被情况，住地、交通和测区的小路及通行情况，气象条件及观测时间的考虑。此外还须注意泥石流、塌方落石和洪水危害等因素。根据上述具体条件，结合前述控制方案布设的特点，并从测量单位仪器装备条件出发，选择最适宜的控制测量方案。

踏勘时一般应携带线路平面图、线路控制桩表等资料。长隧道和特长隧道应事先搜集测区的1∶10 000或1∶25 000地形图，还需携带望远镜、森林罗盘仪或地质罗盘仪、气压计、花杆、标志旗等简易测绘仪器工具，对于地形复杂的深山、林区等通视特别困难地区，视需要勾绘必要的局部草图，并对洞口位置、拟使用的重要点位、唯一的通道方向等在地面加以标志。

(二)选点布网

控制网方案确定后，即可进行选点布网。选点布网时，人员宜分为3～4组，每组1～2人，各组携带通讯、罗盘仪、标志旗等，其中中心组负责协调指挥。

控制网无论采用导线或三角锁，其走向结合地形条件，尽可能在两洞口间直伸布设。控制网的边长因地形条件不同，很难统一规划，不仅长短隧道间差别大，同样长度的隧道或同一隧道中差别往往也很大。但在选点中应注意同一测站的各方向边长不宜悬殊过大，避免观测中调焦；整个网中避免出现与测角精度要求不相适应的特殊短边。选点时边长选择可参考表3.3.2.1。

控制点应布设在视野开阔、通视良好、坚实稳定的地方，并使视线超越和旁离障碍物1米以上，避免显著的折光影响。当通过稻田、沙滩、沼泽等时，应适当增加视线高度或注意选择有利观测时间。觇标、测站周围的杂草、杂物应清除平整。

表3.3.2.1

隧道长度(Km)	一般边长(m)	洞口附近边长(m)	
		困难洞口	个别最短边
＜4	400～1 000	200～400	150
＞4	600～1 500	300～600	200

有条件时，洞口投点(插点)应纳入洞外控制网一起平差，避免主网、插网两级网；不具备上述条件时，洞口投点也可采用图形较好，观测条件有利的单三角形或其它插点图形与主锁联接。因洞口投点在施工中需反复使用而经常须与洞外控制点联系检测，故每个洞口不得少于三个平面控制点。由洞口投点向洞内引测导线时的洞外方位联系边长度不宜小于300m。

选点中经反复比选所确定的控制网点，需用森林罗盘仪和花杆测量角度（量至1°～2°）和边长（量至10m）并绘制布网图，作为测量精度设计的依据。

(三)测量精度设计

首先了解施工组织设计中预定贯通点的位置(里程)开挖的方法及其开挖断面的宽度。

在控制网布网图上加绘线路中线、洞口位置、贯通点位置，并通过贯通点绘出专用座标轴，并使y轴与贯通面方面一致。对于曲线隧道，需根据开挖断面宽度和曲线半径来设计洞内导线边长。

按照《测规》对不同长度隧道贯通精度的规定及其对洞外、洞内测量的横向贯通中误差的分配值，根据导线和三角锁贯通误差估算方法，结合作业单位的仪器装备状况，参考《测规》隧道篇的控制测量等级表，即可进行测量精度设计。

仪器设备齐全的单位可作出多种精度设计方案，以进一步综合比较后选定；某方面仪器没有多大选择余地时，如缺乏测距仪而只有钢卷尺时，则宜先考虑钢卷尺测距精度，再设计所需的测角精度；如果设计出的测角精度偏高，施测上较困难或者测回数较多工作量较大，而测距精度又用到了钢卷尺的上限，则还应从改善布网方面再作考虑。

(四)确定测量方法和作业要求

随着测量精度设计的确定，应根据设计的测角精度选择适当的测角仪器、测角方法和测回数。DJ_2仪器多数能满足测角精度要求。当控制网中一般边长超过1 000m，用DJ_2测回数较多时宜选用DJ_1。测角方法一般都采用方向观测法。测回数的选择可参照本篇第四章表3.4.1.1表中的测回数是依据我国铁路设计和工程部门精测资料统计的测角精度制订的，有较好的实用性。铁路精测单位常用测角仪器及一测回角度中误差如表3.3.2.2，瑞士克恩厂的DKM2-A测角精度相当于T2和010，国产J_2相当于Th Ⅱ。

经纬仪一测回角度中误差表　　表3.3.2.2

经纬仪型号	T3	T2	Theo010	Th Ⅱ
一测回角度中误差m_0	±2.99″	±3.73″	±3.90″	±4.70″

与测角相适应的觇标类型其及设置方法和归心要求也要做出选择和规定。对于边较长、人员住地远行路难、或控制点所在山顶经常有雾时，须设置固

定或半固定觇标。对于网中某些短边，由于在两端设置仪器和觇标的对中误差对测角精度有显著影响，尚需明确采取多次对中的方法加以消除。为保证测角工作的顺利进行和测角精度，在深山地区必须对当地气象条件及日出日落的方位加以仔细观察，以选择有利观测时间和确定作业顺序。在松软土和弹性土设站时，还须加强仪器脚架的支承。

根据设计的测距精度，选择适当的测距仪器、方法、测回数以及规定必要的作业要求和措施。测距精度与适应的仪器及测回数，可参考表 3.3.2.3 选择。

测距精度、仪器及测回数表 表 3.3.2.3

测距精度	$\frac{1}{400\,000}$	$\frac{1}{200\,000}$	$\frac{1}{100\,000}$	$\frac{1}{50\,000}$	$\frac{1}{25\,000}$
仪　　器	基线尺	Ⅰ级测距仪	Ⅱ级测距仪	Ⅲ级测距仪	钢卷尺
尺根数或台数	2 根	2 台	1 台	1 台	2 根
测量次数	6	对向各 2 测回	对向各 3 测回	对向各 2 测回	4

各类仪器必须有检定资料并达到规定的检定精度。测距时同时测定气温、气压等气象因素，计算距离时应加入气象和仪器常数改正，并最后归算到隧道建筑高程面上。

三、洞外测量精度设计

(一)导线测量精度设计示例

某曲线隧道通过踏勘，控制方案选定为主副导线环，并已在现场完成控制网的初步选点布网，如图 3.2.2.2 所示。

1. 测角精度

该隧道长度 1.539Km，导线控制长度已略大于 2 公里，参照《测规》隧道篇控制测量等级表测角精度初步选定为 $m_\beta=\pm2.5''$，考虑到两端洞内导线进洞时，主副导线点都有可能用来作联系方向进洞。

导线测角误差对贯通影响的权倒数，据式(3.2.2.3)计算结果 $\frac{1}{P_\beta}=280\times10^4$；贯通影响值据式(3.2.2.1)为：

$$m_{y\beta}=\frac{m''_\beta}{\rho}\sqrt{\frac{1}{P_\beta}}=\frac{2.5''}{206\times10^3}\sqrt{280\times10^4}$$
$$=\pm20.3\text{mm}$$

2. 测边精度

据图 3.2.2.2 和表 3.2.1.1，已算得

$$\Sigma dy^2=852\times10^2$$

又据式(3.2.2.1)测边相对中误差不得低于下式计算结果：

$$\frac{m_l}{l}=\sqrt{\frac{m_{外}^2-m_{y\beta}^2}{\Sigma dy^2}}$$

将 $m_{y\beta}=20.3$mm，$\Sigma dy^2=852\times10^2$，以及据《测规》"洞外洞内控制测量贯通精度"表查得 $m_{外}=30$mm 代入上式后算得

$$\frac{m_l}{l}=\frac{1}{14\ 000}$$

3. 测量方法及作业要求

以上设计的测角、测边精度，按通常的仪器装备都能满足边角精度也没有进一步调整的必要，因此可以确定下来。

设计要求测角为四等，即精度不低于$\pm2.5''$，参照《测规》"测角精度、仪器等级和测回数"(表 3.4.1.1)宜选用 DJ_2 仪器，方向观测 4 测回。设计的测边相对中误差不低于 1/14 000，可选用不低于Ⅲ级的测距仪对向观测各一测回、或单向二测回；也可采用横基尺视差法测边，用辅助基线端点法或辅助基线中点法，每条边测量两组长度。视差角采用仿复测法 2 测回即可(参见第三篇第五章)。

(二)三角锁测量精度设计示例

1. 三角锁为一条起始边的情况

某回头曲线隧道，长 2.45km，选定为三角锁控测方案。控制网选点布网如图 3.2.4.6，洞外环边及进洞联系边均已确定，如图示。

(1)起始边精度

参照《测规》隧道篇控制测量等级表，适宜该隧道长度的三角锁等级大致是四等，而控制网长度短于隧道长度，起始边精度初步在 1/25 000～1/50 000 之间考虑；又已知$(y_c-y_J)=822$m，因该值较大，宜倾向于较高的精度选择，现选定为 1/40 000。据式(3.2.4.12)，起始边测量误差对贯通的影响值为：

$$M_b=\pm(y_c-y_J)\frac{m_b}{b}=822\times\frac{1}{40\,000}=\pm20.6\text{mm}$$

(2)测角精度

该三角锁全是单三角形，个数又较少，两洞口之间的锁段没有重叠三角形，方向测量误差对贯通影响的权倒数宜于用公式(3.2.4.17)计算。已算得(参见本篇第二章算例)：$\frac{1}{P_\varphi}=0.000\ 288$，

据式(3.2.4.18)和式(3.2.4.20)有如下关系：

$$m''_\gamma=\pm\sqrt{\frac{M^2-M_b^2}{\frac{1}{P_\varphi}}}$$

将 $M=\pm30$mm，$M_b=\pm20.6$mm，$\frac{1}{P_\varphi}=0.000\ 228$ 代入上式后，算得方向测量中误差 $m''_\gamma=\pm1.28''$，相应的测角中误差

$$m''_\beta=\sqrt{2}\ m''_\gamma=\pm1.8''$$

即设计的测角精度不得低于$\pm1.8''$。

(3)测量方法及作业要求

测角精度 $m_\beta=\pm1.8''$，即三等要求，结合边长宜选用 DJ_2 仪器，方向观测 6～9 测回。因测区河谷

风较大，采用觇牌光学对中设置目标。

起始边长约 451m，要求精度 1/40 000，可选用不低于Ⅲ级的测距仪对向观测各 2 测回，或单向观测 4 测回，并加以气象因素和仪器常数改正。

2. 三角锁为两条起始边并加基线条件平差

某直线隧道长 4270m，中部无辅助坑道，在进出口之间贯通。经踏勘控测方案选定为三角锁，现场布网业已初步确定，如图 3.7.7.1 所示。主锁、洞口插网、起始边、洞外环边、进洞联系边以及方向和角度编号如图注。

与贯通误差估算有关的贯通权函数式和各条件方程式的组成，法方程式系数的组成和解算，以及三角锁方向测量误差对贯通影响的权例数$\frac{1}{P_\varphi}$、加基线条件平差后考虑到原始数据误差影响时的起始边长误差对贯通影响的系数 F_{b1}、F_{b2}的计算详见本篇第二章第七节计算示例。

(1)测角精度

按三角锁布网资料已算得$\frac{1}{P_\varphi}=320.59$，据式(3.2.4.18)有如下关系：

$$m''_\gamma=\frac{M_\gamma\cdot\rho''}{\sqrt{\left(\frac{1}{P_\varphi}\right)}}$$

由于该网 y_J、y_c 较小，可初步估计加基线条件平差后 M_b 比较小，故将洞外测量的贯通中误差主要分配给 M_γ，此处取 $M_\gamma=\sqrt{\frac{4}{5}}M_{外}$ 作设计，据《测规》隧道篇“洞外洞内控制测量的贯通精度”表的分配值，$M_{外}=45$mm，取 $M_\gamma=40$mm 并将$\frac{1}{P_\varphi}$的值代入上式后：

$$m_\gamma''=\frac{40}{\sqrt{320.59}}=\pm2.2''$$

(2)起始边精度

在加基线条件平差时，与测角精度相匹配的起始边精度应满足下式

$$\frac{m_b}{b}\leqslant\frac{m''_\beta}{\sqrt{2}\cdot\rho''}\qquad(3.3.2.1)$$

或

$$\frac{m_b}{b}\leqslant\frac{m_\gamma''}{\rho''}\qquad(3.3.2.2)$$

将设计的 $m_\gamma=2.2''$代入上式后

$$\frac{m_b}{b}\leqslant\frac{1}{100\ 000}$$

同时应验算按式(3.2.4.13)计算的起始边测量误差应不大于$\sqrt{\frac{1}{5}}M_{外}$，即

$$M_b=\sqrt{F_{b1}^2m_{b1}^2+F_{b2}^2m_{b2}^2}\leqslant\sqrt{\frac{1}{5}}M_{外}$$

将 $F_{b1}=-0.230$　$F_{b2}=-0.272$、$m_{b1}=\pm5.6$mm、$m_{b2}=\pm0.7$mm 和 $M_{外}=45$mm 代入上式后

$$M_b=1.3\text{mm}<20\text{mm}$$

估算的 M_b 小于预留的 20mm，并有相当大的安全余量。

因为验算后知道 $M_b\approx0$，也可以考虑把洞外贯通中误差 45mm，全部分配给 M_γ，即取 $M_\gamma=M=45$mm，再重新设计测角精度 m''_β。通过检算 $m_\gamma=\pm2.5''$，对降低测角精度意义不大，宁可采用原设计 $m_\gamma=\pm2''$，对贯通误差稍留余量。

四、洞内测量设计

(一)概述

隧道洞内测量由于环境条件的限制，一般都采用导线测量。有测距仪的施工单位应首先选择闭合导线；缺乏测距仪时一般为减少量距工作量可采用主副闭合导线环；对于较短的隧道也可采用测设中线或沿中线测量导线，这两种实质上都是单导线，因此必须反复测量或至少要独立测量两次，确保测量结果的可靠性。

洞内导线测量设计，一般应先作导线边长设计，再作测量精度设计。导线边长需根据隧道长度、线路平面形状、施工方法及断面宽度作选择。原则上隧道愈长，导线边也应尽可能选得长一些，又必须保证在正常通风下通视良好。长直线隧道，采用全断面开挖或在已扩大地段设计的导线边长一般不宜大于 500m；分部开挖的导坑地段，边长不宜大于 250m。曲线隧道地段，导线设计边长按下式计算：

$$C=\sqrt{8Rf}\qquad(3.3.2.3)$$

式中　R——曲线设计半径(m)

f——保证最大通视距离的安全断面宽度(m)，

$f=b-0.7$m(b 为断面开挖宽度 m)。

当 $R=350$m，$b=2.5$m 时，$C=70$m，可以认为曲线隧道洞内最短设计边长，一般不应短于 70m。

设计边长确定后，可利用线路设计平面图，将设计导线点沿中线绘出，并按贯通误差计算的专用坐标轴量取 R_x 和 d_y，以便按导线估算公式进行测量精度设计。

设计的测角、测边精度确定后，再确定相应的测量仪器和方法。视仪器装备情况，洞内测边优先选择测距仪，缺乏测距仪时，一般采用经检定的钢卷尺水平悬量。洞内测角因边长较短，仪器和目标的对中误差是影响测角精度的主要因素之一，因此当该项影响超过设计测角精度的 1/2 时，应当明确作业中仪器和目标必须采取两次或多次对中。一般测角精度要求高于±2.5″时，需考虑两次或多次对中，以减小对中误差对测角的影响。为使洞内有良好的觇准目标，可在垂线(觇准目标)后用透明描图纸窗衬挡照明灯。

(二)设计示例

某回头曲线隧道、长 2.45km，洞外控制采用三角锁，洞口投点及洞内线路情况详见本篇第二章第四节图 3.2.4.6。洞内施工采用小导坑导前掘进，导

坑断面宽 $b=2.5\text{m}$，无平行导坑和其它辅助坑道。

1. 导线边长设计

导坑宽 $b=2.5\text{m}$，视线离导坑内壁（相切处）0.3m 以策通视，离外壁 0.4m 以保证仪器脚架设置。故 $f=b-(0.3+0.4)=1.8\text{m}$，并将 $R=450\text{m}$ 代入式(3.3.2.3)计算最大通视距离

$$C=\sqrt{8\times450\times1.8}=80\text{m}$$

考虑到导坑施工中尺寸控制比较粗糙，为了安全，曲线段 C 取用 75m，进口端靠洞口一段为直线，长约 420m，边长取用 210m。

2. 测量精度设计

依据上述设计边长，利用线路平面图，自两端洞口投点分别向洞内绘出设计导线点，直至预计贯通点，并绘出用于贯通误差计算的专用坐标轴（详见图 3.2.4.6）。

由图上量取各导线点（包括洞口投点）的 R_x 和各导线边的 $\text{d}y$ 值，并算得

$\Sigma R_x^2=261\times10^4\text{m}^2$　　$\Sigma \text{d}y^2=365\times10^3\text{m}^2$

考虑到施工中量距使用钢卷尺，导线量边精度选定为 1/20 000，则测边误差对贯通的影响值据式(3.2.1.ℓ)为

$$m_{gl}=\frac{m_l}{l}\sqrt{\Sigma\text{d}y^2}=\frac{1}{20\ 000}\sqrt{365\times10^3}=\pm30.2\text{mm}$$

又据式(3.2.1.1)式和式(3.2.1.3)有如下关系

$$m''_\beta=\sqrt{\frac{(m_{y内}^2-m_{gl}^2)\cdot\rho^2}{\Sigma R_x^2}}$$

《测规》隧道篇规定的洞内测量贯通中误差分配值，对于该隧道 $m_{y内}=40\text{mm}$，并将 m_{yl} 和 ΣR_x^2 的值代入上式后

$$m''_\beta=\sqrt{\frac{(40^2-30.2^2)\times206^2}{261\times10^4}}=\pm3.3''$$

对于边长为 75m 的导线，测角精度要求 3.3″，测角的主要影响是对中误差，因此再增加测回数以期提高测角精度的意义不大，故采用 $m''_\beta=\pm3.3''$，$\frac{m_l}{l}=1/20\ 000$ 的设计精度是合适的。

3. 测量方法及作业要求

考虑到洞内量距工作量较大、测量条件困难，选定主副闭合导线环，每 3～4 条导线边与对应副导线点组成闭合环。测角用 DJ_2 仪器方向观测 2 测回，测回间仪器和目标同时第二次对中。施测中若出现通风不良，烟尘排除不好，目标在视场中成像较模糊时，应当停止观测。导线量边用经检定的钢卷尺丈量 4 次或往返两测回。钢卷尺以检定时的拉力引张，采用水平悬空丈量，并记录气温。长度计算时，加尺长、下垂、温度三项改正。

第三节　高程控制测量设计

一、概述

铁路《测规》规定各种长度的隧道，在没有竖井的情况下，每个贯通面处的高程贯通限差为±50mm；有竖井时根据条件作特殊规定。作高程测量设计时，高程贯通中误差取用 $\pm\frac{50}{2}=\pm25\text{mm}$，其值分配给洞外和洞内高程控制测量的影响值分别为±18mm 和±17mm。

洞外高程控制一般采用水准测量方法。对于四等和五等也可以采用光电测距三角高程测量方法。两相邻洞口间的水准路线通过踏勘大致长度确定后，可根据表 3.3.3.1 确定需要的水准测量等级以及相应的仪器等级和水准标尺类型。也可按踏勘的水准路线长度，计算所需的每 km 路线的高差中数中误差 m_Δ，按 m_Δ 在规范中查取相应的水准等级。

水准测量等级及适用的水准路线长度　　表 3.3.3.1

测量部位	水准等级	每 km 高差中误差 M_Δ((mm)	水准仪等级	相邻两开挖洞口间水准路线长度 R(km)	水准标尺类型
洞外	二	≤1.0	DS_{05}、DS_1	>36	线条式因瓦标尺
	三	≤3.0	DS_1、DS_3	13～36	区格式水准标尺
	四	≤5.0	DS_3	5～13	
	五	≤7.5	DS_3	<5	
洞内	二	≤1.0	DS_1	>32	线条式因瓦标尺
	三	≤3.0	DS_3	11～32	区格式水准标尺
	四	≤5.0	DS_3	5～11	
	五	≤7.5	DS_3	<5	

当用手光电测距三角高程作洞外高程控制时，其高程导线的边长，四等一般不超过600m、五等一般不超过800m，按双导线或闭合环计算的每公里高程测量高差的中误差，四等应不大于 $\sqrt{2}\times5=\pm7.0$mm，五等应不大于 $\sqrt{2}\times7.5=\pm10$mm，光电测距三角高程的等级与相适应的仪器及技术要求如表3.3.3.2。表中 D 为光电测距边长度，以km计。测距边的竖直角必须进行对向观测，计算高差时必须计算地球曲率改正。

光电三角高程等级与主要技术要求 表3.3.3.2

测量等级	仪器等级（经纬仪／光电测距仪）	每km高程测量高差中数中误差(mm)	对向观测高差较差的限差(mm)	环路或附合路线闭合差的限差(mm)
四等	DJ2／Ⅰ或Ⅱ	±7.0	$\pm30\sqrt{D}$	$\pm20\sqrt{[D]}$
五等	DJ2／Ⅱ	±10	$\pm50\sqrt{D}$	$\pm30\sqrt{[D]}$

每个洞口布设的水准点或三角高程控制点，应不少于2个以便检测。其位置应尽可能避开施工干扰又便于引测进洞。

二、高程测量设计

(一)水准测量设计

洞外或洞内水准测量误差在贯通面上引起的高程贯通中误差按式(3.2.5.1)计算，即

$$m_{\Delta h}=\pm\sqrt{m_{\Delta外}^2L_外+m_{\Delta内}^2L_内}$$

洞外或洞内每公里水准测量高差中数的偶然中误差(mm)，按式(3.2.5.2)计算，即

$$m_\Delta=\pm\sqrt{\frac{1}{4n}\sum_1^n\left(\frac{\Delta\Delta}{R}\right)}$$

当测段数 $h<10$ 时，按算得的 m_Δ 其准确度较差，这时可作中误差的区间估计并结合观测条件评定精度。

在作测量设计时，通过踏勘，水准路线长度 $L_外$ 已知，洞外和洞内的 $m_{\Delta h}$ 已由《测规》规定。因此，需要的水准测量精度 m_Δ 可按下式计算

洞外 $$m_{\Delta外}=\pm\frac{18}{\sqrt{L_外}} \qquad (3.3.3.1)$$

洞内 $$m_{\Delta内}=\pm\frac{17}{\sqrt{L_内}} \qquad (3.3.3.2)$$

式中，$L_外$、$L_内$ 分别为洞外、洞内水准路线长度(km)，可取 $L_内=1.1\times$隧道长度。

按求得的 m_Δ 对照表3.3.3.1，确定应采用的测量等级、仪器、尺型及测段往返限差。

(二)光电三角高程测量设计

洞外或洞内三角高程测量误差，在贯通面上所产生的高程贯通影响值，按式(3.2.5.3)计算，即

$$m_{\Delta h}=\pm\frac{m_W}{\sqrt{2}}\sqrt{L}$$

每公里高程测量高差的中误差(mm)，按式(3.2.5.4)或式(3.2.5.5)计算即

$$m_W=\pm\sqrt{\frac{1}{N}\left[\frac{WW}{F}\right]}$$

或

$$m_W=\pm\sqrt{\frac{1}{N}\left[\frac{WW}{n}\right]\frac{[n]}{L}}$$

当环的个数 $N<10$ 时，按算得的 m_W 准确度较差，也需作中误差的区间估计并结合观测条件评定精度。

作测量设计时，与水准测量考虑类似，需要的测量精度 m_W，可按下式计算

洞外 $$m_W=\pm\frac{\sqrt{2}\times18}{\sqrt{L_外}} \qquad (3.3.3.3)$$

洞内 $$m_W=\frac{\sqrt{2}\times17}{\sqrt{L_内}} \qquad (3.3.3.4)$$

求得的 m_W 对照表3.3.3.2，确定应采用的测量等级、仪器、测回数和观测限差。

三、高程测量设计和贯通误差估算示例

(一)水准测量示例

越岭地段的某直线隧道、全长2528m，两洞口间可沿驿道作洞外水准测量，洞口与山岭的高差约350m踏勘后进出口间的水准路线长约6.0km。试作出测量设计和施测后的贯通误差估算。

据铁路《测规》规定 $m_{\Delta h外}=\pm18$mm，已知 $L_外=6.0$km，据式(3.3.3.1)计算水准测量所需精度 m_Δ

$$m_{\Delta外}=\pm\frac{m_{\Delta h}}{\sqrt{L_外}}=\pm\frac{18}{\sqrt{6.0}}=\pm7.3\text{mm}$$

高于五等精度($m_\Delta=\pm7.5$mm)，并参照表3.3.3.1选用四等水准测量。

作业时使用 DS_3 级水准仪配以区格式木质3米标尺。测段长度宜按大约平均15站分为一段，所有测段进行往返观测。

按上述设计要求施测后，水准测量成果如表3.3.3.3。

洞外水准测量结果的精度评定，每km水准测量高差的偶然中误差，按式(3.3.5.2)计算，并将表3.3.3.3中数据代入。

$$m_\Delta=\pm\sqrt{\frac{1}{4n}\left[\frac{\Delta\Delta}{R}\right]}=\sqrt{\frac{1}{4\times19}\times252.9}$$
$$=\pm1.8\text{mm}$$

高于设计要求的±7.3mm，也满足四等精度±5mm的要求。

洞外水准测量误差对高程贯通的影响值、据式(3.2.5.1)

$$m_{\Delta h}=\pm m_\Delta\sqrt{L}=\pm1.8\times\sqrt{5.2}$$
$$=\pm4.1\text{mm}<18\text{mm}$$

洞外水准测量精度满足贯通精度要求并且余量

四等水准测量成果表 表 3.3.3.3

水准点名称	测段表(km)	高差(m)		闭合差(mm)	$\frac{\Delta\Delta}{R}$	备注
		往测	返测			
BM21						
	0.3	+13.6687	−13.6694	−0.7	1.6	
进 BM1						
	0.1	−1.1210	+1.1218	+0.8	6.4	
进 BM2						
	0.2	+44.7652	−44.7647	+0.5	1.2	
*B*1						
	0.2	+27.8873	−27.8874	−0.1	0.1	
*B*2						
	0.2	+37.9102	−37.9145	−4.3	92.4	
*B*3						
	0.2	+57.6094	−57.6101	−0.7	2.4	
*B*4						
	0.3	+42.3574	−42.3579	−0.5	0.8	
*B*5						
	0.4	+36.8884	−36.8890	−0.6	0.9	
*B*6						
	0.4	+46.1821	−46.1852	−3.1	24.0	
*B*7						
	0.2	−25.6196	+25.6176	−2.0	20.0	
*B*8						
	0.3	−34.2589	+34.2583	−0.6	1.2	
*B*9						
	0.2	−32.8508	+32.8526	+1.8	16.2	
*B*10						
	0.3	−37.8417	+37.8430	+1.3	5.6	
*B*11						
	0.4	−38.2015	+38.1992	−2.3	13.2	
*B*12						
	0.3	−31.5503	+31.5508	+0.5	0.8	
*B*13						
	0.3	−43.0701	+43.0665	−3.6	43.2	
出 BM3						
	0.1	+2.2691	−2.2698	−0.7	4.9	
出 BM4						
	0.4	+40.5951	−40.5932	+1.9	9.0	
*B*14						
	0.4	+10.8852	−10.8871	−1.9	9.0	
BM22						
Σ	5.2				252.9	

较大。

洞内水准测量，按水准线长＝1.1×2.53km＝2.8km＜5 参照表 3.3.3.1，选定为五等即可。

(二)光电测距三角高程示例

隧道同前例。高程导线与平面控制导线相结合。进出口间高程导线长度约 3.5km。试作出测量设计和施测后的高程贯通误差估算。

高程导线需要的精度，即每公里高程测量高差中误差按式（3.3.3.3）计算，并将 $L_{外}$＝3.5km 代入

$$m_{w外}=\frac{\sqrt{2}\times18}{\sqrt{L_{外}}}=\frac{\sqrt{2}\times18}{\sqrt{3.5}}=\pm13.6\text{mm}$$

低于，五等 $m_w=\pm10$mm 要求，按五等光电三角高程导线施测即可。

参照表 3.9.1.2，施测时使用Ⅱ级测距仪，距离对向各一测回，竖直角对向各 2 测回；仪器和反射器高在观测前后各量一次，其较差不大于 3mm 时取平均；各边对向观测高差的较差限值不超过±50$\sqrt{D}$时取平均值；环闭合差的观测限差不大于±30$\sqrt{[D]}$。

按上述要求施测成果如图 3.3.3.1 所示。

洞外光电测距高程导线的精度，即每公里高差中误差按式(3.2.5.4)计算，并将图 3.3.3.1 中有关数据代入

$$m_w=\pm\sqrt{\frac{1}{N}\left[\frac{WW}{F}\right]}$$

$$=\sqrt{\frac{1}{5}\left(\frac{3.0^2}{1.23}+\frac{0.1^2}{1.44}+\frac{8.7^2}{2.40}+\frac{7.9^2}{2.13}+\frac{9.3^2}{1.14}\right)}$$

$$m_w=\pm5.4\text{mm}$$

高于设计要求的±13.6mm，也高于五等精度±10mm 的要求。

洞外高程控制测量误差对贯通精度的影响值，按导线实测长度 $L_{外}$＝3.1km 代入式(3.2.5.3)计算

$$m_{\Delta h}=\pm\frac{m_w}{\sqrt{2}}\sqrt{L_{外}}=\frac{5.4}{\sqrt{2}}\sqrt{3.1}$$

$$=\pm6.7\text{mm}<18\text{mm}$$

洞外光电三角高程测量满足贯通精度要求并且裕量较大。

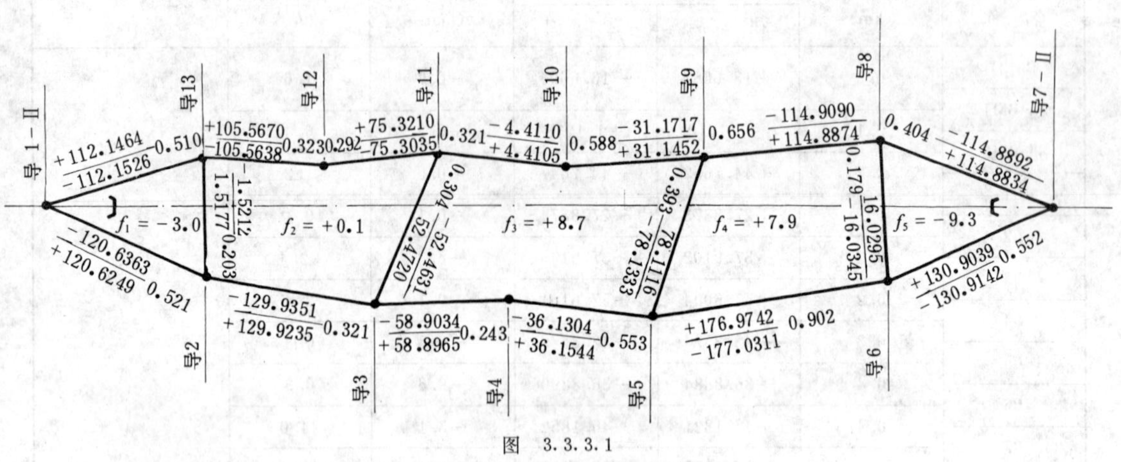

图　3.3.3.1

注：1. 相邻两点间数据如下标注 $\dfrac{\text{观测高差(m)(符号与箭头所示测向一致)}}{\text{观测高差(m)(符号与箭头所示测向相反)}}$ 边长(km)；

2. 高差均已加球差改正；

3. 闭合差 f 按对向平均值算得。

第四节　测量设计中应注意的问题

一、有关导线和三角锁方案的选择

在本章第一节有关控制测量方案选择中，述及在普遍使用测距仪的条件下，导线方案在布设时绕避障碍、适应地形上有极大的灵活性，保证贯通精度也不困难，而且一般比三角网省工作量，因而生产效率高，是目前生产网中被普遍采用的主要原因。需特别提到：在衡量经济合理性时，需将洞外和洞内控制测量整体看待综合考虑。即洞外方案的选定，应考虑洞内测量对洞外控制网的使用效益是否好，越是长隧道这个问题可能越突出。洞内测量工期长、次数多、工作量大，相应地对洞口附近的外控点的利用和检测的次数也较多，从这一需求看，导线不如三角网有利。由于导线个别点位检测不合格将可能导致导线向纵深检测至较远的地方，对于长隧道尤其是多井口时，这样的工作量可能超过洞外导线控测的整个工作量；对于三角网，这一工作一般在洞口及其附近即可解决。所以在衡量外控网的经济合理性时，需联系隧道长度、施工期和井口多少，在利用和检测外控点时是否可靠和有效，从整体上加以考虑。较长的隧道即使采用导线方案，也可考虑在洞口加设 2～3 个单三角形，或大地四边形，或中心点三角形和中心多边形，这对提高洞外控制网的使用效益是大有好处的。

对于迄今我国设计施工中出现的长隧道而言，采用导线控制测量在保证贯通精度上是不存在什么问题的，这在理论上和实践上都得到了证明。但往往生产应用中的导线，闭合环的个数较少、多余观测有限，从加强成果的可靠性和评定测量精度的准确性看，较三角网仍显得差一些，如何使测量成果的可靠性有充分的保证，应放在重要的位置上来考虑。

表 3.3.4.1 给出直伸型的三种控制网方案的贯通误差影响值及其比较，可作为控制方案选择时的参考。比较采用同等条件：测角中误差等于 $\sqrt{2}$ 倍测方向中误差；进出口进洞联系方向均不在环边上；三角锁为一条起始边；三角形的求距角可任意大小。此种条件下，贯通影响值与起始边误差和导线边长误差均无关。

由表可见：随着边数 n 的增大，角度平差三角锁和主副导线的贯通误差分别与方向平差三角锁的贯通误差的比值逐渐增大；当 $n=8$ 时，贯通误差分别增加 43％和 56％。

当控制网不是直伸而是带有程度不同的弯折时，假设在导线与三角锁测角、测边精度相同的条件下，两端各有一条起始边的三角锁的贯通误差，总是程度不同的小于主副导线环的贯通误差。所以说是贯通精度的观点考虑，两条起始边的三角锁应作首选方案。

二、控制网的形状和走向以及与贯通面的关系

为分析问题方便，将典型图型分为三类：

直伸锁——锁段布设在两洞口连线上；

稍弯锁——锁段布设在 80°对应的圆弧上；

较弯锁——锁段布设在 180°对应的圆弧上。

从典型图形的贯通误差影响值的分析可知：稍弯锁的影响值比直伸锁的影响值大，而较弯锁的影

表 3.3.4.1

控制方法	方向观测、方向平差的直伸三角锁	角度观测、角度平差的直伸三角锁		边、角观测、角度平差的主附导线闭合环	
图例	联系方向 J S S S S C L	联系方向 J S S S S C L		联系方向 J S S S S C L	
贯通影响值	$M_{方}$	$M_{角}$	$M_{角}/M_{方}$	$M_{导}$	$M_{导}/M_{方}$
边数 $n=1$	$1\times\frac{m_r''}{\rho''}L$	$1\times\frac{m_r''}{\rho''}L$	%	$1\times\frac{m_r''}{\rho''}L$	%
$n=2$	0.82	0.82	100	1.00	122
$n=3$	0.78	0.84	108	1.05	135
$n=4$	0.78	0.91	117	1.12	144
$n=5$	0.79	1.00	127	1.18	149
$n=6$	0.82	1.09	133	1.25	152
$n=7$	0.85	1.18	139	1.31	154
$n=8$	0.88	1.26	143	1.37	156

响值又比稍弯锁的影响值大。对方向测量误差影响值 M_r、起始边测量误差的影响值 M_b 和总影响值 M 来说都是如此。

当三角锁只有一条起始边的情况下，不同锁型的贯通影响值的比较如表 3.3.4.2。

当三角锁两端各有一条起始边的情况下，不同锁型的贯通影响值的比较如表 3.3.4.3。

如果洞外控制为导线或主副导线环，按式(3.2.1.3)或(3.2.2.1)分析，导线或主附导线环的主导线愈弯，贯通影响值也就愈大。

一条起始边贯通影响值比较 表 3.3.4.2

锁型比	方向测量贯通影响值的比	起始边测量贯通影响值的比	总影响值的比
稍弯锁影响值/直伸锁影响值	153%～160%	0	153%～160%
较弯锁影响值/直伸锁影响值	307%～540%	0	307%～540%

综上分析可知：三角锁或导线在洞外布设时，应尽可能在相向两开挖洞口间直伸，尽量避免控制网形成较大的弯曲或形成锯齿形的弯折；两洞口连线与贯通面愈近于垂直时，对贯通精度愈有利，对于一条起始边的三角锁和直伸导线，只要两洞口控制点连线垂直于贯通面方向，则起始边测量误差和导线测边误差对横向贯通的影响值都等于零，这时边长测量精度可以比通常情况下降低要求。

两条起始边贯通影响值比较 表 3.3.4.3

锁型比	方向测量贯通影响值的比	起始边测量贯通影响值的比	总影响值的比
稍弯锁影响值/直伸锁影响值	114%～153%	110%～264%	118%～131%
较弯锁影响值/直伸锁影响值	173%～229%	166%～545%	186%～216%

注：该表总影响值是按 $m''_r=\pm2''$，$\frac{m_b}{b}=\frac{1}{100\,000}$ 计算。

三、关于三角锁考虑加测起始边的问题

一般的隧道三角网测量一条起始边，通常能够满足贯通精度的要求。某些三角网或因加强控制的需要或因满足贯通精度比较困难(可能因隧道较长、锁型较弯、贯通面方向不利等因素引起)而考虑增加一条(或一条以上)起始边并作为平差的基线条件。两端各有一条起始边时，对贯通影响值将产生如下的变化和影响。

1. 起始边测量误差对贯通的影响值 M_b 总是存在。即使两洞口控制点连线与贯通面垂直，M_b 也会存在，这是因为起始边作为强制条件在平差中改正了方向值，而使平差方向值中含有起始边的误差所致。虽然这时不像一条起始边时，有 $M_b=0$ 的可能，但同时方向测量误差的影响值 M_r 却有显著的减小，锁形愈弯 M_r 减小愈显著。参见表 3.3.4.4。

贯通总影响值，较一条起始边时也有显著的减

小。设 $m_r=\pm2''$、$\frac{m_b}{b}=\frac{1}{100\,000}$时，影响值的比较参见表 3.3.4.5。

2. 当起始边测量精度与方向测量精度匹配时，即$\frac{m_b}{b}=\frac{m''_\gamma}{\rho''}$时，$\frac{M_{(两条)}}{M_{(一条)}}$的比值如表 3.3.4.5。当$\frac{m_b}{b}<\frac{m''_\gamma}{\rho''}$时，$\frac{M_{总(二两)}}{M_{总(一条)}}$的比值较表 3.3.4.5 趋于减小。

加测起始边后 M_r 的比较

（$n=2\sim8$）　　表 3.3.4.4

	直伸锁	稍弯锁	较弯锁
$\frac{两条起始边的\ M_\gamma}{一条起始边的\ M_\gamma}$	56%～93%	53%～69%	24%～52%

加测起始边后 $M_{总}$ 的比较

（$n=2\sim8$）　　表 3.3.4.5

	直伸锁	稍弯锁	较弯锁
$\frac{两条起始边的\ M_{总}}{一条起始边的\ M_{总}}$	85%～94%	67%～72%	31%～57%

3. 当起始边精度低于方向测量精度时，即$\frac{m_b}{b}>\frac{m''_\gamma}{\rho''}$时，$\frac{M_{总(二条)}}{M_{总(一条)}}$的比值较表 3.3.4.5 趋于增大，甚至比值大于 1。比值大于 1 时意即这时的两条起始边还不如一条起始边时的贯通精度高。说明起始边的精度低到极不合理的程度，不应作为基线条件使用。

综上可知：当三角锁测方向精度与测起始边精度相匹配时，即$\frac{m_b}{b}\leqslant\frac{m''_\gamma}{\rho''}$，锁的两端各设一条起始边，是减小贯通影响值 M 的有力措施，对于锁形愈弯的网收益愈大，对稍弯锁和较弯锁来说，较一条起始边的贯通影响值平均减小 30%和一半以上；对于直伸锁一般可考虑不必加测起始边。

四、三角锁求距角大小与贯通影响值的关系

图 3.3.4.1 和图 3.3.4.2 的三角锁都是典型的较弯锁，进出口间长度 L 和三角形个数 n 相同。区别是：图 3.3.4.1 单数三角形求距角为 60°、双数三角形的求距角为 48°45′；而图 3.3.4.2 的求距角相应减小至 30°和 18°45′。设求距角正切的绝对值大的三角锁的影响值脚注以 $A(M_{rA}、M_{bA}、M_A)$，求距角正切绝对值小的三角锁的影响值脚注以 $B(M_{rB}、M_{bB}、M_B)$。它们的贯通影响值及其比较如表 3.3.4.6。

较弯锁求距角与影响值的关系　　表 3.3.4.6

	一条起始边			两端各一条起始边		
	M_r	M_b	M	M_r	M_b	M
A 型	$2.67\frac{m_\gamma}{\rho}L$	0	$2.67\frac{m_\gamma}{\rho}L$	$1.40\frac{m_\gamma}{\rho}L$	$0.57\frac{m_\gamma}{\rho}L$	$1.57\frac{m_\gamma}{\rho}L$
B 型	$7.10\frac{m_\gamma}{\rho}L$	0	$7.10\frac{m_\gamma}{\rho}L$	$2.46\frac{m_\gamma}{\rho}L$	$0.51\frac{m_\gamma}{\rho}L$	$2.51\frac{m_\gamma}{\rho}L$
M_B/M_A	266%		266%	176%	89%	166%

＊两条起始边总影响值的比较是假设$\frac{m_\gamma}{\rho}=\frac{m_b}{b}$。

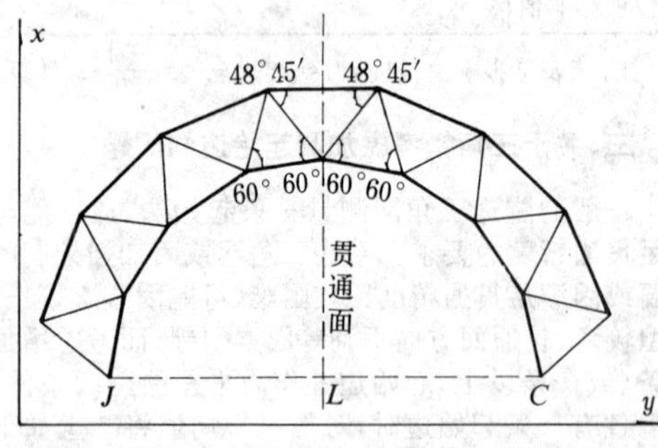

图　3.3.4.1

对于非直伸锁，求距角与贯通影响值的关系有如下规律：当三角锁求距角正切绝对值（$|\tan\alpha|=|\tan\beta|$）减小时，方向测量误差的影响值 M_r 则增大。锁形愈弯，增大愈多；锁形趋于平直，增大的程度逐渐减小，锁形平直到直伸锁状态时，M_r 就不再增大了。与方向误差影响值变化的情况相反，当三角锁求距角正切绝对值减小时，起始边测量误差的影响值 M_b 却减小。锁形愈趋平直，减小的程度愈大，平直到直伸锁时，对于锁的两端各有一条起始边的情况来说，$\frac{M_{bB}}{M_{bA}}=\frac{|\tan\alpha_B|}{|\tan\alpha_A|}$。对于两端各有一条起始边的两直伸锁，求距角分别为60°和30°，后者与前者起始边影响值的比$\frac{M_{bB}}{M_{bA}}=\frac{\tan30°}{\tan60°}=33.3\%$。

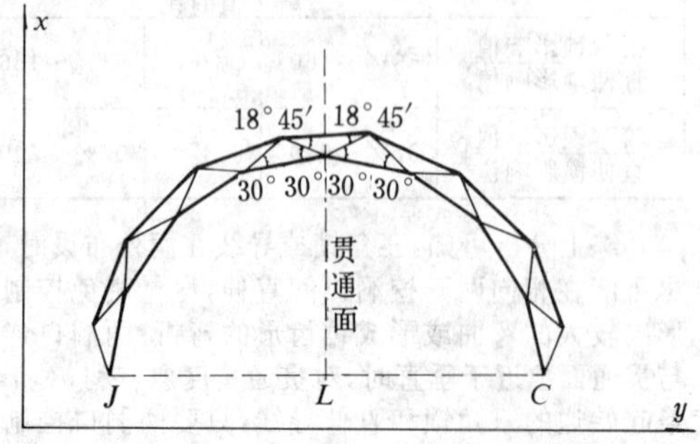

图　3.3.4.2

对于直伸锁，求距角与影响值的关系有如下特

点：当三角锁只有一条起始边时，不论求距角多么大或多么小，其贯通影响值保持不变，当两端各有一条起始边时，无论求距角的大小如何，测方向误差的贯通影响值 M_r 不变；但起始边误差的影响值 M_b 反随求距角的减小而减小，所以总影响值 M 是随求距角的减小而减小。因此，在采用直伸三角锁时，不但起始边的精度可以降低(指一条起始边情况)，而且求距角的大小可以不加限制，从而增加了三角锁布点的灵活性。

在生产实际布网中，三角锁很难做到完全直伸。只要稍有弯曲，求距角愈小，M_r 就会愈大，总影响值 M 也会愈大。综合各种情况有如下结论：当三角锁接近于典型直伸时，其求距角可以放宽限制；非直伸的三角锁，其求距角一般应限制在30°～150°之间。

设直伸锁 $n=2, s=2\,000\text{m}, m_r=2,0'', \frac{m_{b1}}{m_{b_2}}=\frac{m_{b_2}}{b_2}=1/100\,000$起始边的影响值与求距角的关系如表3.3.4.7。

直伸锁求距角与影响值的关系 表3.3.4.7

三种求距角	方向测量误差影响值 M_r	起始边误差影响		$\frac{M_{bA}}{M_{bB}}$	M
		$F_{b1}=-F_{b2}$	M_b		
A 型 $\alpha=\beta=60°$	±17.3mm	−0.69	±19.5	3.0	±26.1
B 型 $\alpha=\beta=30°$	±17.3mm	−0.40	±6.5	3.25	±18.5
C 型 $\alpha=\beta=10°$	±17.3mm	−0.14	±2.0		±17.4

五、洞口插网及进洞联系边

隧道平面控制网不需要在一个控制网中按精度分层次，主网与插网通常是因为主网与洞口控制点间不便直接联系或不能同时测设而增设了插网。所以插网(点)的测量精度与主网测量精度应相同，并尽可能将插网(点)纳入主网一起平差。如果降低了插网的测量精度，则无异于降低了整个控制测量的精度。

当三角锁的起始边是一条且不在锁段中部时，则另一端将是最弱边。这时尤其应将另端洞口插网纳入主网一起平差，插网的问题也就不复存在了。如果另端插网在主网平差后再单独平差并把主网已确定的边、角作固定条件使用，势必降低插网精度，甚至扭曲。即使在起始边一端的插网，也要具体分析作为固定边、固定角条件使用的主网边、角是否与插网精度匹配，若不匹配，仍应纳入主网平差。

当三角锁两端各有一条起始边，则最弱边在锁段中部。若两端出现插网，因距起始边较近，一般用主网的联接边作固定边条件，精度可能得到满足。但固定角条件的精度是否够，要具体分析。即使这些固定条件的精度都够，仍不可避免的带入了主网原始数据误差。

如果主网的边角精度不足以作插网平差时的固定边、固定角条件使用，还可以考虑将插网只连接在主网的一条边上。这时边长误差只起比例尺误差的作用，而不致对插网造成扭曲。插网的方向或角度平差不会受到影响。

在利用洞口控制点向洞内建立导线时，所联系的洞外控制网的方位边，应尽量选择在洞外环边上。这样，洞外两端点(J、C)则没有测角误差对贯通的影响；选在非环边进洞，两端点则有洞外测角误差的影响。洞口点离贯通点愈远，这项影响值愈大。无论对洞外三角锁或是导线都是如此。

六、关于导线设计的最短边长

设计的导线边长应与设计的测角精度相适应，如果导线边长过短，测角仪器在一定的对中条件下(包括仪器和觇准目标对中)不能保证满足设计的测角精度，因此在设计时需注意这一问题。

在设计时，为适应测角精度的需要，所选定的导线边长应满足目标和仪器的对中误差对测角的影响不大于设计测角中误差的1/3，即

$$\frac{e_{觇}^2}{S^2}\cdot\rho^2+\frac{2e_{仪}^2}{S^2}\rho^2\leqslant\left(\frac{m_\beta}{3}\right)^2 \quad (3.3.4.1)$$

当 $e_{觇}=e_{仪}$ 时，

$$S\geqslant\frac{3\sqrt{3}\,e\rho''}{m''_\beta}\times10^{-3}\ \ (\text{m}) \quad (3.3.4.2)$$

式中 $e_{觇}$——觇准目标对中误差(mm)；

$e_{仪}$——仪器对中误差(mm)；

S——设计选定的边长(m)；

m''_β——设计的测角中误差。

洞外各等三角和导线的最短边长可参见表3.3.4.8。

如果边长较短，对中误差对测角的影响大于设计测角中误差的1/3时，一般应考虑观测中仪器和目标进行多次对中，以减小其影响。

当导线边长 $S_1=S_2$，$e_{觇}=e_{仪}$ 时，对中误差对测角的影响为

$$m''_e=\sqrt{3}\,\frac{e}{S}\rho'' \quad (3.3.4.3)$$

当导线边长 $S_1\neq S_2$时

$$m''_e=\frac{e}{\sqrt{2}}\rho''\sqrt{\frac{2}{S_1^2}+\frac{2}{S_2^2}+\frac{2}{S_1S_2}} \quad (3.3.4.4)$$

如果 $m''_e > m''_\beta$，这时，边长已经短到了不能满足测角精度的程度了。

曲线隧道洞内导线设计边长，受到半径和断面宽度的限制，可按式(3.3.2.3)计算后选定，并用式(3.3.4.3)或式(3.3.4.4)计算 m''_e，看 m_e 是否大于 $\frac{1}{3}m''_\beta$，以便决定观测中是否需要采取多次对中的措施。

各等三角和导线设计最短边长 表3.3.4.8

测量等级	一	二	三	四	五
边长(m)	750	500	300	200	200

第四章　角 度 测 量

第一节　方向观测法

一、观测前的准备

(一)经纬仪检校要求

测角仪器应在作业前首先检查仪器的完好状态和功能情况,然后再进行下列项目的检验并符合精度要求。

1. 照准部旋转正确性的检验。照准部旋转时各位置气泡读数互差,DJ_1 型仪器不应超过二格,DJ_2 型仪器不应超过一格(按气泡两端读数之和比较时,其限值分别为上述互差的 2 倍);

2. 光学测微器行差,DJ_1 型仪器不应超过 1″,DJ_2 型仪器不应超过 2″;

3. 水平轴不垂直于垂直轴之差,DJ_1 型仪器不应超过 10″,DJ_2 型仪器不应超过 15″;

4. 照准部旋转时,仪器底座位移产生的系统误差,DJ_1 型仪器应不超过 0.3″,DJ_2 型仪器应不超过 1.0″;

5. 光学对中器绕垂直轴旋转 180°时,先后标定的两点位置应重合;

6. 2 倍视轴差的绝对值(2c),DJ_1 型仪器应不大于 20″,DJ_2 型仪器应不大于 30″。

以上各项检验方法及要求,详见本手册第一篇线路测量。

(二)测回数的选定

水平角测量方法以方向观测法为主,其所需的测回数,应按测量设计的测角精度要求结合所用仪器的等级,参照表 3.4.1.1 选用。

(三)观测时的度盘配置

方向观测法每个测回起始方向(零方向)的读数应均匀分配在度盘和测微器的不同位置上,每测回间零方向读数的变动值,按下式计算。

$$\left.\begin{aligned} DJ_1\text{型}:&\frac{180^\circ}{m}+i'+\left(\frac{i}{2m}\right)'';(i=4') \\ DJ_2\text{型}:&\frac{180^\circ}{m}+\frac{i'}{2}+\left(\frac{i}{2m}\right)'';(i=20') \end{aligned}\right\} \tag{3.4.1.1}$$

式中　m——测回数;

i——度盘最小分格值。

不同的测回数按上式计算变动值,顺次加前一测回的初始读数即得方向观测法度盘位置。表 3.4.1.2 供观测中选用。

测角精度、仪器等级和测回数　表 3.4.1.1

三角锁或导线等级	测角中误差(″)	仪器等级	测回数
二	±1.0	DJ_1	6～9
		DJ_2	12～15
三	±1.8	DJ_1	4
		DJ_2	6～9
四	±2.5	DJ_1	2～3
		DJ_2	4
五	±4.0	DJ_2	2～3

(四)加强观测仪器的稳定

为避免因土壤松软而下沉或因弹性回升以及脚架入土过深而被扭曲,致使仪器在观测过程中产生微小位移或扭转,而影响测角,因此应采用三个木桩打入地面支承脚架。木桩长度可视土壤情况分别采用 0.3～0.5m,其截面可为 5cm×5cm～10cm×10cm。

(五)清除视线方向的障碍

对观测方向的视线应检查其超越障碍物的高度和旁离地面、地物的距离,对不符合要求之处,作好清除处理。

(六)最有利观测时间

观测应在通视良好、成像清晰稳定时进行。晴天上午宜在日出后半小时至 10 时,下午宜在 15 时至日落前半小时进行,阴天可全天进行。晴天日出、日落和中午前后以及大风、有雾、成像模糊或跳动剧烈时,应避免观测。

在地形和植被有明显变化或在视线沿江、河、湖、海、越过沼泽、秃山、森林、或位于其边缘以及在山地与平地,森林与田野相接等地,旁折光影响较大地区作业时,宜在无风的阴天观测,或把全部测回数分配到上午和下午的不同的时段进行观测,然后取各时段观测结果的平均值。

(七)零方向的选择

在观测时,应在所有观测方向中选择一个通视良好、成像清晰、竖直角较小和距离适中的方向作为零方向。当方向数较多,需分组观测时,或观测中、遇某些方向目标暂时不清晰而分组观测时,应采用同一零方向。

方向观测法度盘位置 表 3.4.1.2

仪器	测回数	12	9	6	4	3	2
DJ$_1$			° ′ g	° ′ g	° ′ g		° ′ g
	1		0 00 03	0 00 05	0 00 07		0 00 15
	2		20 04 10	30 04 15	45 04 22		90 04 45
	3		40 08 17	60 08 25	90 08 37		
	4		60 12 23	90 12 35	135 12 52		
	5		80 16 30	120 16 45			
	6		100 20 37	150 20 55			
	7		120 24 43				
	8		140 28 50				
	9		160 32 57				
DJ$_2$		° ′ ″	° ′ ″	° ′ ″	° ′ ″	° ′ ″	° ′ ″
	1	0 00 25	0 00 33	0 00 50	0 01 15	0 01 40	0 01 15
	2	15 11 15	20 11 40	30 12 30	45 13 45	60 15 00	90 16 15
	3	30 22 05	40 22 47	60 24 10	90 26 15	120 28 20	
	4	45 32 55	60 33 53	90 35 50	135 38 45		
	5	60 43 45	80 45 00	120 47 30			
	6	75 54 35	100 56 07	150 59 10			
	7	90 05 25	120 07 13				
	8	105 16 15	140 18 20				
	9	120 27 05	160 29 27				
	10	135 37 55					
	11	150 48 45					
	12	165 59 35					

二、观测方法及手簿记录

(一)观测方法

1. 方向观测法一测回的操作程序(图 3.4.1.1)

(1)将仪器照准零方向目标,按观测度盘位置表对好度盘和测微器;

(2)顺时针方向旋转照准部 1～2 周后精确照准零方向 A 目标,进行水平度盘和测微器读数(重合对径分划线二次);

(3)顺时针方向旋转照准部,精确照准 B 目标,按(2)款方法进行读数;继续顺时针方向旋转照准部,依次进行 C、D、F……方向的观测,最后闭合至零方向(当方向数不多于 3 时,可不必闭合至零方向)即完成上半测回;

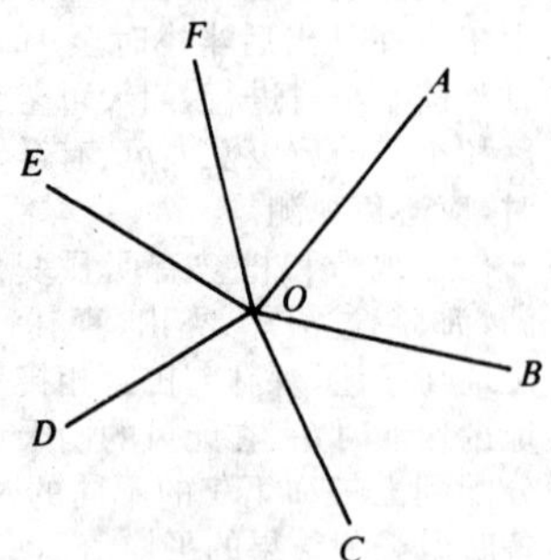

图 3.4.1.1

(4)纵转望远镜,逆时针方向旋转照准部 1～2 周后,精确照准零方向 A,并进行读数;

(5)逆时针方向旋转照准部,按上半测回观测的相反次序依次观测至零方向 A。

以上操作为一测回。

2. 方向观测的分组观测和补测

采用方向观测法时,当方向总数多于 6 个时可考虑分两组观测,每组方向数大致相等,并包括两个共同方向(其中一个为零方向)。两组观测结果分别取中数后,两共同方向之间的角值互差应不超过本等级测角中误差的两倍。

当观测方向多于 3 个时,在观测过程中如遇某些方向的目标暂不清晰不宜观测时,可以先行放弃,待清晰时补测。一测回中放弃的方向数不得超过应观测方向数的 1/3。对放弃方向补测时可只联测零方向。若全部测回测完后,有的方向仍未观测,则这些方向的观测,应按分组观测处理。

(二)观测中的注意事项

角度测量除作好观测前的准备和严格执行操作程序外,尚应注意以下事项:

1. 观测前半小时,宜先安置好仪器使仪器温度与外界气温充分一致后开始观测。在观测过程中仪器和脚架要避免阳光照晒;

2. 观测前,调好望远镜焦距,并保持不变;

3. 用照准部微动螺旋精确照准目标或用测微螺旋对准分划线时，其最后旋转方向均应为“旋进”，以减小隙动差影响；

4. 观测时转动仪器照准部应平稳、匀速地照准目标，并按规定方向旋转。在每半个测回中照准部的转动方向应始终一致。当视线越过目标时，应继续按原方向旋转一周，再重新照准目标；

5. 在观测过程中，气泡中心偏离整置中心，DJ_1型仪器不得超过一格；DJ_2型仪器不得超过半格。气泡偏离接近以上限度时，应在测回间重新整平仪器。当观测方向俯仰角较大时，应严格置平；

6. 观测时若能采用仪器和觇标多次对中，同时用双照准、双读数的方法，则能减弱仪器、觇标的对中误差和照准、读数误差的影响，有利于测角精度的提高。

(三)手簿记录

手簿上应记载观测者、记录者、仪器等级型号、观测时间、气象条件、成像情况、觇标类型、俯仰角较大方向的俯仰角以及测角的特殊情况等，以便于对不合格的观测成果进行分析，采取措施重测。

手簿中的原始数据和记事项目，应在现场观测时同步记录，不允许凭记忆补记。手簿的计算和第一次检查应在离站前做完。一切数字、文字记载均应正确、清楚、整齐。凡更正错误应用细线划去原数字，在其上方填写正确的结果，不允许涂改；对超限划去的成果应在备注内注明原因。观测点的名称必须与选点图统一，同一点名在各种资料中必须前后一致。

方向观测记录手簿示例如表 3.4.1.3(共观测 10 测回，仅取 2 测回观测值)。

在一份(站)记录手簿的首页装订“水平方向观测值和中数计算表”，格式如表 3.4.1.4。

记录手簿和中数表必须经过记录和另一人复核后方可使用。

方向观测记录手簿

表 3.4.1.3

测站：南正插　观测者×××　记录者×××　仪器 $\frac{\text{蔡司 010}}{108468}$　天气 $\frac{\text{晴}}{\text{无风}}$　19××年×月×日　开始时间 17：35　完毕时间 18：50

测回数	照准点	度盘读数 Ⅰ	度盘读数 Ⅱ	$\frac{Ⅰ+Ⅱ}{2}$	$2C$	正倒镜平均值	起始方向 (° ′ ″)	归零方向 (° ′ ″)	备注
1	南倒后	00 00 20	20	20.0	−7.5	00 00 23.8	00 00 23.4		4m 标、觇圆柱
		180 00 28	27	27.5					
	赤村	43 10 27	28	27.5	−5.0	43 10 30.0		43 10 06.6	4m 标、觇圆柱
		223 10 32	33	32.5					
	南正引1	174 16 36	36	36.0	1.5	174 16 35.2		174 16.11.8	洞内垂球加粗线
		354 16 34	35	34.5					750W 照明
	南正导1	174 20 45	45	45.0	−0.5	174 20 45.2		174 20 21.8	洞内觇牌投影器
		354 20 46	45	45.5					750W 照明
	南倒后	00 00 22	21	21.5	−3.0	00 00 23.0			
		180 00 25	24	24.5					
2	南倒后	18 11 43	45	44.0	−2.5	18 11 45.2	18 11 45.0		
		198 11 47	46	46.5					
	赤村	61 21 46	48	47.0	−1.5	61 21 47.8		43 10 02.8	
		241 21 49	48	48.5					
	南正引1	192 27 56	57	56.5	−1.0	192 27 57.0		174 16 12.0	
		12 27 57	58	57.5					
	南正导1	192 32 08	06	07.0	0.5	192 32 06.8		174 20 21.8	
		12 32 06	07	06.5					
	南倒后	18 11 45	44	44.5	−0.5	18 11 44.8			
		198 11 45	45	45.0					

测站:南正插　水平方向观测值和中数计算表　表 3.4.1.4

方向名称 观测值 测回	南倒后 (°　′　″)	赤村	南正引 (°　′　″)	南正导 (°　′　″)
1	00 00 00	43 10 06.6	174 16 11.8	174 20 21.8
2		02.8	12.0	21.8
3		04.7	17.7	23.1
4		07.2	19.4	26.0
5		(13.4)	(09.0)	(18.3)
6		07.1	18.7	28.2
7		07.1	12.7	24.8
8		09.0	13.6	25.7
9		07.6	16.4	(30.5)
10		06.3	13.4	23.1
重 5		06.4	17.0	23.7
重 9				25.0
总和		64.8	152.7	243.2
中数	00 0000.0	43 10 06.5	174 16 15.3	174 20 24.3

三、观测限差及重测规定

(一)方向观测的测站观测限差规定(表 3.4.1.5)

方向观测法各项限差(″)　表 3.4.1.5

仪器等级	光学测微器两次重合读数之差	半测回归零差	同一方向各测回两倍视轴差(2C)的互差	同一方向各测回方向值互差
DJ_1	1	6	9	6
DJ_2	3	8	13	10

注:当观测方向数≤3 时,可不归零,但基线网要归零;

(二)重测规定

水平角观测超限时,应对超限原因进行分析,并在原来度盘位置上进行重测。重测和取舍应遵守下列规定:

1. 凡超出表 3.4.1.5 规定时,均应按原度盘位置进行重测。因超限而重测的完整测回称为重测(即计重测数)。因对错度盘、测错方向、读记错误或因中途发现观测条件不佳等原因而放弃的测回,重新观测时,不算重测数;

2. 重测数的计算:在基本测回观测结果中,重测一个方向算做一个方向测回;一份成果的全部方向测回总数(按基本测回计算)等于方向数 n(含零方向)减 1 乘以测回数 m,即 $(n-1)\cdot m$;

3. 半测回归零差超限时,应立即重测该半测回;

4.2 倍视轴差的互差超限时,应对超限的方向进行重测;

5. 同一方向各测回方向值的互差超限而重测时,除明显的孤值外,应重测观测结果中最大和最小值的测回;

6. 在一测回中重测方向数超过所测方向总数 1/3 时,该测回应重测。重测数的计算仍按超限方向数计算;

7. 一个测站基本测回重测的方向测回数超过全部方向测回总数的 1/3 时,该测站全部成果重测;

8. 重测时,只需联测零方向,其成果则采用符合限差的结果。

基本测回结果和重测结果都要汇集于每站记录手簿的首页,每一测回(即每一度盘位置)只取一个符合限差的结果参加平均值的计算。

(三)重测示例(表 3.4.1.4)

第二节　导线水平角和视差角观测方法

一、导线水平角观测方法

导线水平角一般采用方向观测法。同一控制导线中的导线水平角按等精度观测。导线与三角锁等级相同,测角精度要求一致,测角要求相同。

导线水平角还可以采用全测回法和左右角观测法。

(一)全测回法

全测回法一测回的操作程序参见本手册第一篇。

全测回法观测限差与方向观测法的限差相同。

(二)左、右角观测法

单导线或导线环的水平角观测，采用半数测回观测左角，半数测回观测右角，再将所测角度统一归算为左角(或右角)后取平均值。观测右角时，仍以左角起始方向为准换配度盘位置，左角和右角分别取中数后，按〔左角〕$_{中}$+〔右角〕－360°＝Δ，所计算的Δ值(即测站圆周角闭合差)不应大于表3.4.2.1的规定。

测站圆周角闭合差的限差(″) 表3.4.2.1

导线等级	二	三	四	五
Δ值	±2.0	±3.5	±5.0	±8.0

二、视差角观测方法

视差角的观测方法有半测回法、全测回法、仿复测法、方向观测法等等。其中以仿复测法精度较高，速度也较快，因此 φ_1 角(横基尺对应角)采用仿复测法，φ_2 角(辅助基线对应角)采用方向观测法较好。

(一)仿复测法的观测步骤和注意事项

1. 观测步骤

(1)经纬仪和横基尺分别对中整平后，仪器盘左照准横基尺左端标志并读数；

(2)顺时针方向转动照准部，照准横基尺右端标志并读数，即完成上半测回；

(3)利用水平微动螺旋重新照准横基尺右端标志并读数；

(4)继续顺时针方向转动望远镜，再次照准横基尺左端标志并读数，至此完成一个测回。一测回的角值取上下两半测回角值的平均值；

(5)当观测2、3……测回时，应在各测回间将起始方向度盘位置增加一个等于视差角角度的数值，测微器按测回数均匀使用，同样按上述步骤进行观测。

2. 注意事项

(1)观测前须检测横基尺两侧长度的对称性。即左、中、右三个标志间的两侧尺段的对应角之差应小于2″，否则须重新套接横基尺，直至两侧长度相等；

(2)在拧紧横基尺的纵轴制动螺旋后，应再次检查视线与横基尺相垂直的状态。即用横尺上的垂直瞄准器照准仪器照准部同侧支架，其显示器中的成像应为对称的x型凹透镜状；

(二)仿复测法观测限差(表3.4.2.2)

仿复测法的各项限差(″) 表3.4.2.2

仪器等级	同测回中上下半测回角值较差	各测回间角值的互差
DJ_2	5	5

注：采用多镜位观测时，各测回间角值互差的限差按同镜位作比较。

(三)视差角测角精度和测回数(参照表3.4.2.3选用)

视差角的测角精度和测回数 表3.4.2.3

横基尺类型	仪器等级	视差角	观测方法	测回数 测角中误差(″)			
				1	2	4	6
因瓦套接式	DJ_2	φ_1	仿复测法	±1.4	±1.0	±0.7	±0.6
		φ_2	方向观测法	±1.5	±1.1	±0.8	±0.6

第三节 角度测量有关注意问题

隧道洞外平面控制测量，因地处山区，测边较短(特别是两洞口和辅助导坑口附近)，视线离地面、旁山坡较近，且为日间作业，观测条件较差。因此角度观测受仪器误差、旁折光和其它外界条件影响较大，为获得高质量的测量成果，消除或减小这些影响是必要的。

一、仪器和目标对中误差对测角的影响

设光学对中器校正后的对中误差为0.5～1.0mm；经检验的垂球为1.0mm；T_3 仪器为2.0mm。在各种边长情况下，按等边直伸导线计算的仪器和目标对中误差对测角的影响如表3.4.3.1。当此项影响为设计测角精度的1/4～1/3时，必须采取措施减小其影响。

仪器和目标对中误差对测角的影响(″) 表3.4.3.1

仪器＼边长(m)	100	200	300	400	500	600	800	1000	1500
DJ_2(光学对中)	3.6	1.8	1.2	0.9	0.7	0.6	0.4	0.4	
DJ_1(垂球对中)	6.2	3.1	2.1	1.6	1.2	1.0	0.8	0.6	0.4

二、减小对中误差影响的方法

(一)仪器和目标多次对中

用垂球对中的仪器和目标，观测过程中采取多次对中；仪器光学对中时，对中装置在照准部的(如010、DKM2-A、PTS-Ⅲ)进行两次镜位对中；对中装置在基座部位的(如 T_2 和 Th_2)进行三次镜位对中。

仪器每一次对中位置完成的测回数等于基本测回数除以对中次数。

上述措施可使对中误差对测角的影响在角度观测的平均值中得到很大程度的消除。是短边测站保证测角精度的有效措施。

(二)用三联脚架法测角

三联脚架法是用同一规格的经纬仪基座,安设在前后连续三个导线点的脚架上,使仪器和觇标在基座上轮换安置进行测角。

三、旁折光对测角的影响

由于作业一般多为日间观测,为减小旁折光影响,在选点时要尽量让通视视线远离山坡、地物;埋桩时要将导线点及视线方向近旁的草丛和树木砍除;观测时宜充分利用阴天进行,晴天测角则选择上、下午的有利时间段进行。

四、其他外界因素对测角的影响

视线旁近地面、空气波动,使目标成像不稳,除选择有利时间段观测外,宜采用双照准双读数方法进行作业。

在观测过程中,仪器下沉,空气温度急剧变化而引起仪器结构的微小变化以及脚架扭转等,对测角都会造成系统性误差影响。实践证明,提高作业速度,缩短观测时间以及在土质松软的测站,采用打脚桩承托仪器脚架等方法,可以将这些影响减弱到较小程度。

第四节　观测成果的精度验算

一、复核观测手簿

(一)手簿中各项记录是否齐全;

(二)使用的测回数和度盘位置变换是否恰当;

(三)半测回归零差、二倍照准差(2C)的变动范围及测回间方向值互差,是否符合观测限差的要求;

(四)成果的重测和取舍是否符合规范要求,每个测回中各方向值的计算是否正确;

(五)采用电子手簿或专用电脑记录时,需抽查检验。

复核时,观测值的度、分、秒计算都要逐项检核,防止只看秒数不看度分而引起粗差。

二、测角中误差估算

各等级测角中误差不得超过表3.4.1.1相应规定。

(一)三角锁测角中误差估算公式

$$m_\beta=\pm\sqrt{\frac{[WW]}{3n}} \qquad (3.4.4.1)$$

式中　w——三角形角度闭合差($''$);

n——三角形个数。

(二)导线测角中误差估算公式

$$m_\beta=\pm\sqrt{\frac{1}{N}\left[\frac{f_\beta^2}{n}\right]} \qquad (3.4.4.2)$$

式中　f_β——导线环的角度闭合差($''$);

n——导线环内角的个数;

N——导线环的个数。

(三)单导线(按左右角观测)的测角中误差估算公式

$$m_\beta=\pm\sqrt{\frac{\sum \mathrm{d}\beta^2}{2n\cdot m}} \qquad (3.4.4.3)$$

式中　d_β——左角观测值 $\beta_{左}$ 和右角观测值 $\beta_{右}$ 换算为同一角值时的差值;即 $d_\beta=\beta_{左}-(360°-\beta_{右})$。

n——d_β 的个数;

m——测回数。

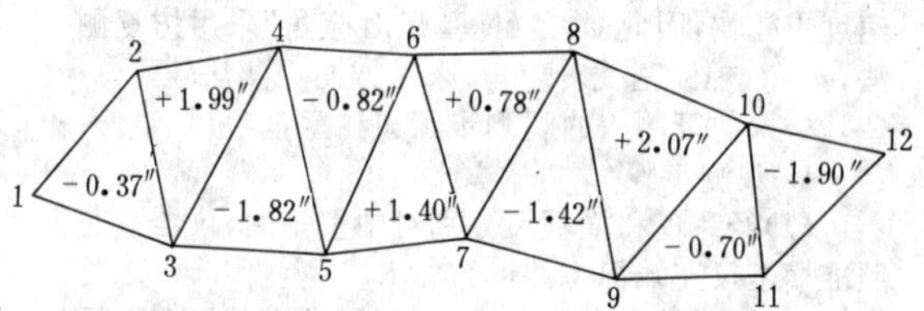

图　3.4.4.1

(四)测角中误差估算示例

1. 某隧道三角锁观测角的闭合差示意图如图3.4.4.1。

$$m_\beta=\pm\sqrt{\frac{[WW]}{3n}}=\pm\sqrt{\frac{20.566}{3\times10}}=\pm0''.83$$

2. 某隧道洞内主副导线环角度闭合差示意图如图3.4.4.2所示,角度观测中误差

$$m_\beta=\pm\sqrt{\frac{1}{N}\left[\frac{f_\beta^2}{n}\right]}$$
$$=\pm\sqrt{\frac{1}{3}\left[\frac{1.4^2}{5}+\frac{1.5^2}{6}+\frac{1.5^2}{4}\right]}$$
$$=\pm0''.7$$

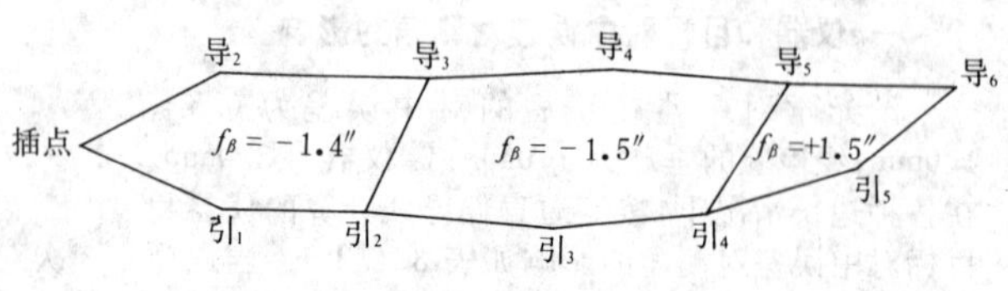

图　3.4.4.2

为了使计算的测角中误差比较可靠，三角锁中三角形个数不宜不少于 10，导线环的个数最少不宜少于 4 个。

三、条件方程式自由项限差的验算

根据测量设计或相应测量等级的测角中误差和平差时所构成的几何条件，还应作图形条件、极条件、基线条件、固定角条件等自由项限差的检查验算（各种条件自由项限差的计算及规定见本篇第七章第五节），看是否满足规范要求，若不能满足限差要求时，应重新进行外业的观测或补测。

四、观测超限时补测的分析判断

闭合差超限时，首先应检查原始记录，在排除记录、计算、抄摘错误后，才能对观测成果作分析，找出原因，进而找出误差较大的测站，及时进行补测。

（一）三角形闭合差超限的分析

如果同一方向的两测三角形闭合差均已超限，一个为正值，一个为负值，则该方向可能有较大误差。见图 3.4.4.3 和图 3.4.4.4 中的 *AC*。

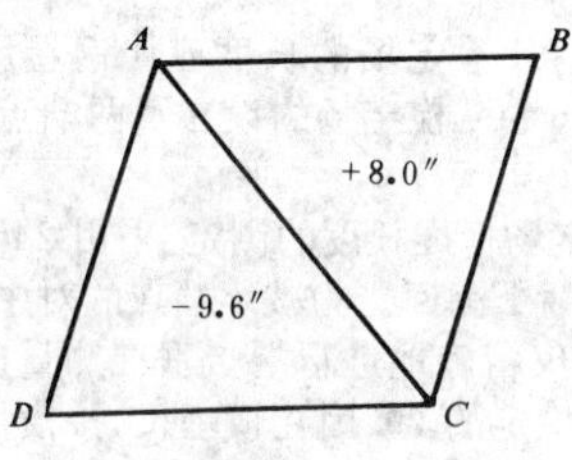

图　3.4.4.3

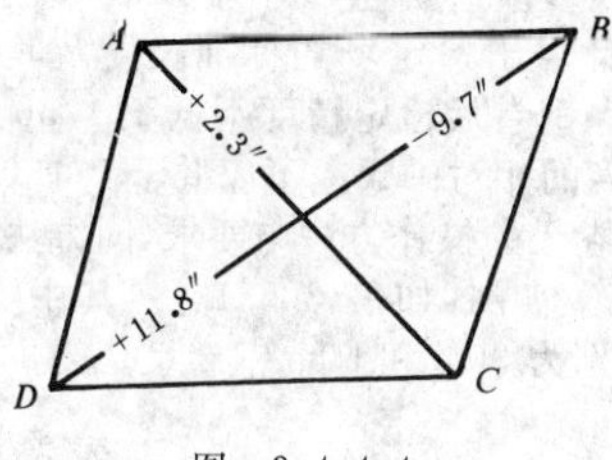

图　3.4.4.4

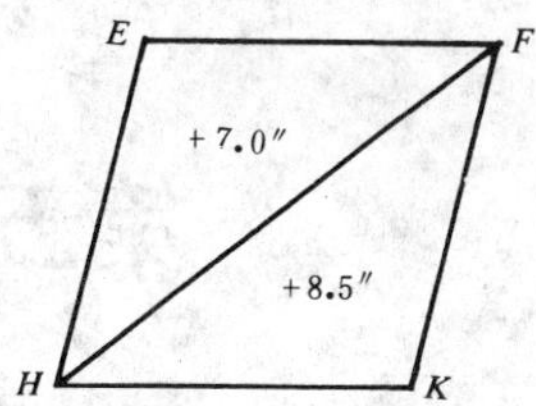

图　3.4.4.5

究竟是 *AC* 的哪一个端点出错，则要分别以 *A* 和 *C* 为极，计算极条件闭合差。在一般情况下，那一点极条件闭合差小，则该点上的观测值可能存在较大误差。

如果同一方向的两侧三角形闭合差超限，但符号相同如图 3.4.4.5，则可先补测 *E* 站和 *K* 站。

如没有上述规律，这时应对外业观测时的气象条件、通视情况以及测站操作条件等进行综合分析。

（二）极条件闭合差超限的分析

极条件闭合差超限时，应从闭合差最小的三角点进行补测，至合格为止。

如果三角形闭合差不超限，而极条件闭合差超限；或者极条件闭合差不超限，而某些三角形闭合差超限。这类情况，对于小角度和近于 90°的角应引起注意。

（三）误差出现同一符号的分析

有时当三角形角度闭合差绝对值不超限，但误差出现同一符号，这种情况多是受到旁折光的影响。在检查原因时，首先要注意查阅观测记录中所记载的天气情况，通视条件及附注上的特殊说明。重测时改善原来的观测条件。

第五章　距离测量

第一节　钢卷尺量距

一、钢卷尺室外比长

(一)方法一

1. 钢卷尺比尺墩(场)的设立:比尺墩(场)应选择土质坚实、平坦,宽广而很少人畜走动之处,其长度应为钢卷尺的整倍数,并稍短 5~6cm。

采用光电测距仪测量比尺场的长度。应使置镜点至比尺场两端点的距离,均在测距仪最佳测程内(图 3.5.1.1)。

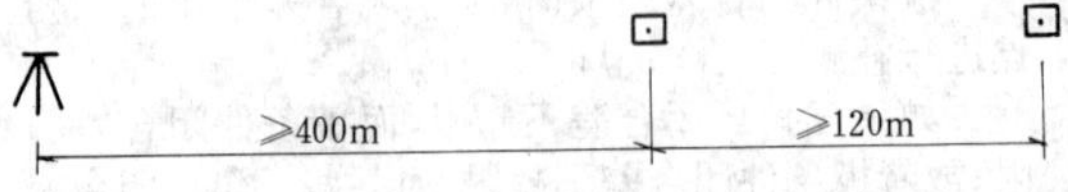

图　3.5.1.1

比尺场两端点应埋设高于地面约 0.8m,埋入地下约 1m,成截头四角锥体的混凝土桩。桩中心应包埋鱼尾状金属棒,棒顶端须露出桩顶约 0.5cm,顶面刻有较细的十字线。

2. 钢卷尺丈量方法一般可使用花杆和弹簧秤。如有条件可自制重锤和拉力架,其限差要求应按测规有关规定执行,并不少于 3 个测回。

3. 计算方法:

(1)按钢卷尺每次丈量结果,计算比尺场的长度 L_i。

(2)按每次丈量值开列误差方程式:

$$\Delta L+(t-t_0)\alpha+(L_i-L_0)=V_i \quad (3.5.1.1)$$

式中　ΔL——钢卷尺长度改正数(mm);

α——30m 钢卷尺为温度改正系数(mm/℃);

t——丈量时的气温(℃);

t_0——采用的标准温度,可取用 20℃;

L_0——比尺场的标准长度,即测距仪测得结果(m)。

(3)组成并解算法方程式:求解两个未知数 ΔL 和 α。

(二)方法二

1. 钢卷尺检定场的长度应比钢卷尺的名义长度稍短 5~6cm。检定场的设立及两端点埋设要求,同方法一。

2. 检定场标准长度的测定:采用 24m 因瓦基线尺两根,测两个测回。为减小端点的对中误差,应用 DJ_2 级经纬仪精确地进行端点垂准测量。所余零尺段,采用经检定的 2m 因瓦横基尺,按横尺端点法施测两组,用仿复测法观测 8 个测回。并在测回间将仪器和横基尺多次重新置中。

最终计算出检定场的标准长度及其相对中误差。为确保钢卷尺检定精度不低于 1/50 000,检定场标准长度的相对中误差不应低于 1/100 000。

3. 钢卷尺的操作方法与要求,同方法一。

4. 计算实例:如表 3.5.1.1。其中 2—8 号和 2—9 号分别为 30m 和 50m 钢卷尺。

钢卷尺检定计算　　表 3.5.1.1

钢卷尺编号	检定条件				丈量长度化为 t=20℃时水平链长度					检定场长度(m)	尺长改正数(mm)	水平链状态下之尺长方程式
	钢卷尺质量 q (kg/m)	拉力 P (N)	温度 t (℃)	尺子状况	丈量平均值(m)	温度改正 Δt (mm)	下垂改正 ΔL_p (mm)	倾斜改正 Δh (mm)	改正后长度			
2—8	0.0189	98	28.0	悬空斜链	29.9558	2.76	−4.00	−1.29	29.9533	29.9560	2.70	30m+2.7mm+0.345mm(t−20)℃
2—11	0.0202	98	19.0	悬空斜链	49.9435	−0.58	−21.19	−0.40	49.9213	49.9316	14.80	50m+14.8mm+0.575mm(t−20)℃

二、钢卷尺量距的改正数计算

经检定的钢卷尺在固定拉力悬空丈量条件下，给出钢卷尺尺长方程式为：

$$l=l_t+\Delta l+\alpha \cdot l(t-t_0) \quad (3.5.1.2)$$

(一)尺长改正数

$$\Delta l=l_{标准}-l_{实际} \quad (3.5.1.3)$$

(二)温度改正数

$$\Delta l_t=\alpha \cdot l(t-t_0) \quad (3.5.1.4)$$

式中 α——钢卷尺的膨胀系数(一般采用 $\alpha=0.000\ 012$m/m℃)；

l——钢卷尺名义长度(m)；

t——钢卷尺丈量时的平均温度(℃)；

t_0——钢卷尺检定时归算的标准温度一般为20℃。

(三)倾斜改正数

$$\Delta l_h=\sqrt{l_h^2-h^2}-l_h \quad (3.5.1.5)$$

当纵坡$\leqslant\frac{1}{20}$时，按下式计算：

$$\Delta l_h=-\frac{h^2}{2l} \quad (3.5.1.6)$$

式中 h——尺段两端高差(mm)；

l_h——尺段斜长(mm)。

倾斜改正值的符号始终取“－”号。

(四)悬链下垂改正数

$$\Delta l_p=-\frac{g_n^2q^2}{24p^2}\cdot l^3 \quad (3.5.1.7)$$

式中 q——钢尺每米的质量(kg/m)；

p——拉力，$p=98$N；

l——悬链长度(m)；

g_n——标准自由落体加速度，$g_n=9.8$m/s²。

三、钢卷尺量距的精度与作业要求

(一)钢卷尺量距全长中误差：丈量本身中误差和尺长检定中误差的综合影响，即

$$m_L=\pm\sqrt{m_v^2+m_l^2} \quad (3.5.1.8)$$

式中 m_v——丈量本身中误差，即各次丈量平均值中误差，

$$m_v=\pm\sqrt{\frac{[vv]}{n(n-1)}} \quad (3.5.1.9)$$

其中 v——各次丈量值与平均值之差；

n——测量总次数；

m_l——钢卷尺尺长检定中误差引起的误差，

即 $$m_l=\pm N\cdot m_{\Delta l} \quad (3.5.1.10)$$

其中 $m_{\Delta l}$——钢卷尺检定时的尺长中误差，

N——整尺尺段数。

量距精度要求较高时，还应考虑拉力误差、温度误差的影响。

(二)钢卷尺量距的精度及作业要求(表3.5.1.2)

钢卷尺丈量精度及各项要求 表 3.5.1.2

量距精度	作业尺根数	测量总次数	定线最大偏差(mm)	读尺次数	估读(mm)	三次读数互差及同一尺段各尺互差(mm)	取用(mm)	各次全长改正后之互差(mm)
1∶25 000	2	4	20	3	1.0	2.0	1.0	$40\sqrt{K}$
(1∶10 000)～(1∶20 000)	1～2	2～4	40	3	1.0	3.0	1.0	$60\sqrt{K}$
(1∶5 000)～(1∶10 000)	1	2	50	2	1.0	4.0	1.0	$80\sqrt{K}$
附注	(1)测量总次数系指往返测总次数； (2)K 为基线全长(km)； (3)同一尺段各尺间读数互差系指已考虑了各尺尺长改正数后的互差。							

(三)钢卷尺量距长度计算和精度评定示例

设用一根 30m 钢卷尺丈量基线，$m_{检}=\pm0.48$mm固定拉力 98N，$q=0.013$kg/m，尺长方程式为：

$$l=30+0.006+0.000\ 345(t-20℃)(\text{m})$$

计算该基线长度和精度。

1. 各尺段 4 次丈量结果见表 3.5.1.3，改正数的计算结果见表 3.5.1.4。

2. 精度评定：

基线 m_v 丈量结果其精度按式(3.5.1.9)计算：

$$m_v=\pm\sqrt{\frac{[VV]}{n(n-1)}}=\pm\sqrt{\frac{22.5}{12}}=\pm1.4\text{mm}$$

$$m_l=m_{检}\cdot\frac{L}{l}=\pm0.48\times\frac{229}{30}=\pm3.6\text{mm}$$

基线全长中误差 $m_L=\pm\sqrt{m_v^2+m_l^2}=$

$\pm\sqrt{(1.4)^2+(3.6)^2}=\pm3.9\text{mm}$

基线丈量的相对中误差：

$$\frac{m_L}{L}=\frac{0.0039}{229}=\frac{1}{58000}$$

当精度超过 1/25 000 时，一般按 1/25 000 计。

基线丈量长度计算表

表 3.5.1.3

尺段	测量次数							
	1		2		3		4	
	长度(m)	温度(℃)	长度(m)	温度(℃)	长度(m)	温度(℃)	长度(m)	温度(℃)
基 1—1	29.275 1	18.5	29.275 5	18.0	29.275 4	18.0	29.275 0	18.0
1—2	.006 1	18.5	.006 2	18.5	.006 9	18.0	.006 4	18.0
2—3	.760 7	18.5	.760 1	18.5	.7617	18.0	.760 5	18.5
3—4	.556 4	18.5	.556 1	18.0	.5575	18.0	.556 5	18.5
4—5	.605 8	18.0	.606 1	18.0	.605 8	18.5	.605 6	18.0
5—6	.992 9	18.0	.994 5	18.0	.993 9	18.5	.994 1	18.5
6—7	.557 0	18.0	.556 3	18.5	.557 7	18.0	.557 5	18.5
7—基 2	23.002 5	18.0	23.002 6	18.5	23.003 8	18.00	23.003 0	18.0
Σ	229.756 5	18.2	229.757 4		229.762 7		229.758 6	

表 3.5.1.4

尺段	平均温度/平均长度 (m)	高差 (m)	改正数计算(mm)					改正后基线长度 (m)
			Δl	Δl_t	Δl_h	Δl_p	$\Sigma\Delta$	
基 1—1	29.275 2	0.197			−0.7	−1.8		
1—2	29.006 4	0.391			−2.6	−1.7		
2—3	29.760 8	0.235			−0.9	−1.8		
3—4	29.556 6	0.476			−3.8	−1.8		
4—5	29.605 8	0.600			−6.1	−1.8		
5—6	29.993 9	0.371			−2.3	−1.9		
6—7	29.557 1	0.520			−4.6	−1.8		
7—基 2	23.003 0	0.406			−3.6	−0.8		
Σ	18.2℃/229.758 8		+45.6	−4.7	−24.6	−13.4	+3.8	229.761 7

第二节　视差法测距

视差法测距的辅助基线，可用基线尺或因瓦横基尺测量。采用 2m 因瓦横基尺时，必须进行尺长、测距方向加常数检定和方向准直器的检校；视差角的观测精度应根据所需精度和视差图形的测设方法、要求，有选择的进行。

一、视差图形的测设方法和精度估算

(一)2m 因瓦横基尺视差法测距，宜选在无大风、阴天气候，务使横尺觇标成像清晰、稳定、观测视线防止旁折光影响；视差图形最少测两组。

各种视差图形的布置方法，适中的测距长度和作业要求见表 3.5.2.1。

视差角的观测方法，精度和测回数见本篇第四章表 3.4.2.3。

(二)2m 因瓦横基尺测距精度估算

视差图形与作业要求 表 3.5.2.1

视差法名称		视差图形示意	测距适中长度(m)	布点要求	作业方法
单视差法	横尺端点法	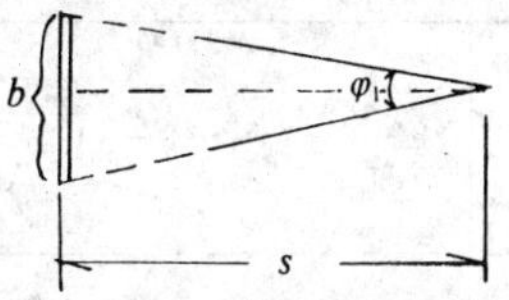	小于 50	横基尺尺线应与测线成正交	φ_1 角用仿复测法；多次置中
	横尺中点法	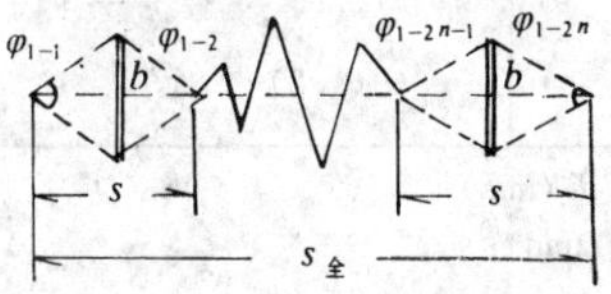	小于 100	横基尺宜设在测边中间点	φ_1 角测法同上，宜用三联法施测
辅助基线	端点法	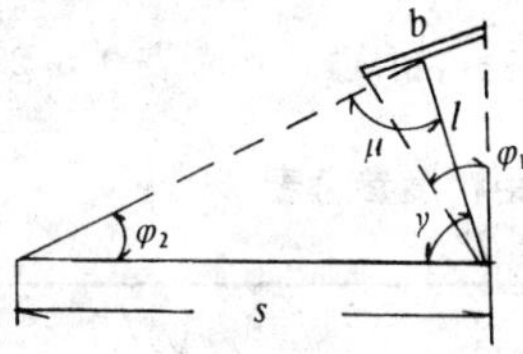	100～500	$\varphi_1 \approx \varphi_2$ $\mu \approx 90°$ $l=\sqrt{b.s}$	φ_1 用仿复法观测；φ_2 用方向观测法；γ 测 2 测回可用全测回法
	中点法	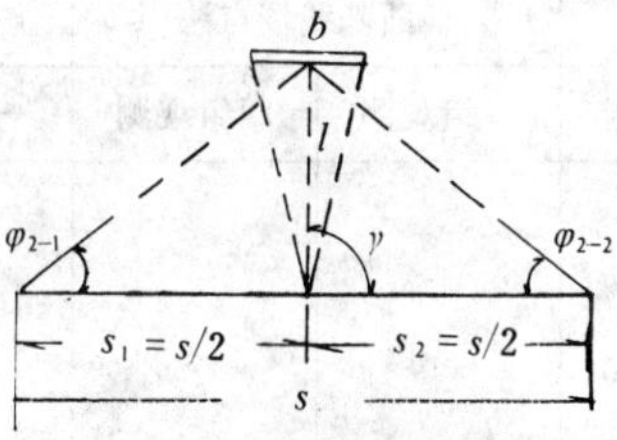	400～800	$l=0.6\sqrt{b.s}$ $\gamma \approx 90°$ $\varphi_1 \approx \sqrt{2}\cdot\varphi_2$	测法同端点法

注：①示意图中符号：b—横尺长度；l—辅助基线长度；s—测距长度；φ_1—横尺视差角；φ_2—辅助基线视差角；γ—辅助基线定向角。

②横尺中点法示意图，表明测线上设若干节点分段组成全长。

各种视差图形测距全长的中误差按下式表示：

$$m_s^2=m_{s\varphi}^2+m_{sb}^2+m_{slD}^2 \tag{3.5.2.1}$$

式中 $m_{s\varphi}$——视差角测角中误差所引起的长度中误差；

m_{sb}——横基尺尺长检定中误差所引起的长度中误差；

m_{slD}——横基尺测距方向加常数误差所引起的长度中误差(mm)。

各种视差图形的测距长度及精度计算公式见表 3.5.2.2。

视差法测距长度与精度估算 表 3.5.2.2

视差图形 \ 计算式		测距长度计算式	精度估算公式
单视差法	端点法	$S=\frac{b}{2}\cdot\cot\frac{\varphi_1}{2}+l_D$	$m_s^2=\left(\frac{s^2}{b}\right)^2\left(\frac{m_{\varphi 1}}{\rho}\right)^2+\left(\frac{m_b}{b}\right)^2 s^2+m_{l_D}^2$
	中点法	$s_{全}=\frac{b}{2}\left\{\cot\frac{\varphi_{1-1}}{2}+\cot\frac{\varphi_{1-2}}{2}+\cdots+\cot\frac{\varphi_{1-2n-1}}{2}+\cot\frac{\varphi_{1-2n}}{2}\right\}+nl_D$	$m_{s(全)}^2=\left\{\frac{(ns)^2}{b\sqrt{8n^3}}\right\}\left(\frac{m_\varphi}{\rho}\right)^2+\left(\frac{m_b}{b}\right)^2(ns)^2+(n2\,m_{lD})^2$

续上表

视差图形 \ 计算式		测距长度计算式	精度估算公式
辅助基线	端点法	$S=\left(\frac{b}{2}\cot\frac{\varphi_1}{2}+l_D\right)\frac{\sin(\varphi_2+\gamma)}{\sin\varphi_2}$	$m^2_{s(全)}=(S^{3/2})^2\left(\frac{m_\varphi}{\rho''}\right)^2+\left(\frac{m_b}{b}\right)^2S^2+\frac{S}{2}m^2{}_{lD}$
	中点法	$S=\left(\frac{b}{2}\cot\frac{\varphi_1}{2}+l_D\right)\sin\gamma\{\cot\varphi_{2-1}+\cot\varphi_{2-2}\}$	$m^2_s=(0.6\times S^{3/2})^2\left(\frac{m_\varphi}{\rho}\right)^2+\left(\frac{m_b}{b}\right)^2S^2+(1.2)^2\cdot Sm^2{}_{lD}$

注：m_φ——视差角测角中误差(″)；m_b—横尺尺长检定中误差(mm)；
m_{lD}——加常数检定中误差(mm)；l_D—测距方向加常数(mm)；
n——横尺中点法的菱形环节个数。

2m因瓦横基尺测距精度按不同的视差图形、视差角精度，可参考表3.5.2.3选择。

2m因瓦横基尺测距精度参考表 表3.5.2.3

($m_\varphi=\pm0.7''$)

测距	相对中误差							
S (m)	横尺端点法		横尺中点法		辅助基线端点法		辅助基线中点法	
	一组观测	两组观测	一组观测	两组观测	一组观测	四组观测	一组观测	四组观测
10	1/33 000	1/50 000						
20	1/25 000	1/33 000	1/40 000	1/42 000				
50	1/12 000	1/16 000	1/28 000	1/33 000				
100	1/5 500	1/8 000	1/16 000	1/21 000	1/25 000	1/37 000		
200					1/21 000	1/32 000	1/28 000	1/38 000
500					1/13 000	1/23 000	1/20 000	1/32 000
700					1/11 000	1/20 000	1/17 000	1/29 000
1 000							1/15 000	1/26 000

注：本表系按尺长检定相对中误差为1/50 000，加常数检定中误差为±0.1mm计。

二、2m因瓦横基尺测距精度评定

(一)测距精度评定方法

各种视差法测距，其全长中误差按下式表示：

$$m_s^2=m_{s_r}^2+m_{s_{l_D}}^2+m_{sb}^2 \quad (3.5.2.2)$$

式中 m_{s_r}——横尺测距本身中误差(主要含视差角观测误差)，

$$m_{s_r}=\pm\sqrt{\frac{[VV]}{n(n-1)}} \quad (3.5.2.3)$$

其中 v——各观测长度与平均长度之差(mm)，

n——测量的组数。

$$m_{s_b}=\pm S\cdot\frac{m_b}{b} \quad (3.5.2.4)$$

$m_{s_{l_D}}$——对不同图形其影响各异，如下式

横尺端点法：$m_{s_{l_D}}=\pm m_{l_D}$ (3.5.2.5)

横尺中点法：$m_{s_{l_D}}=\pm n\cdot 2m_{l_D}$ (3.5.2.6)

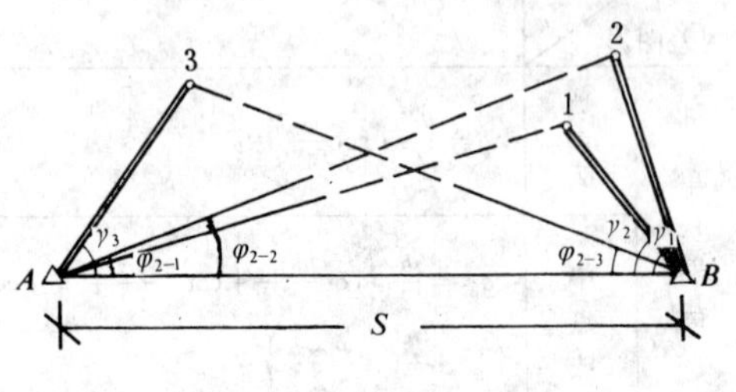

图 3.5.2.1

辅助基线端点法：$m_{s_{l_D}}=\pm\sqrt{\frac{s}{b}}\cdot m_{l_D}$ (3.5.2.7)

辅助基线中点法：$m_{s_{l_D}}=\pm1.2\sqrt{s}\ m_{l_D}$ (3.5.2.8)

当$\frac{m_s}{S}$小于 1/50 000 时，按$\frac{1}{50\ 000}$计。

(二)视差法测距长度计算与精度评定示例

采用辅助基线端点法布设三组测算 AB 边长。

横基尺检定结果：

$b=1.999\ 9$m　　$m_b=\pm0.04$mm

$l_D=-0.27$mm　　$m_{l_D}=\pm0.1$mm

长度计算方法及三组长度平均值的精度计算见表 3.5.2.4。

2m 横基尺视差法测距计算表　　表 3.5.2.4

序号	计 算 内 容	A～B		
		1	2	3
①	$b/2$	0.999 95	0.999 95	0.999 95
②	φ_1	3°55′07.0″	3°52′13.5″	3°50′02.1″
③	$\varphi_1/2$	1　57　33.5	1　56　06.8	1　55　01.0
④	φ_2	3°42′40.4″	3°45′30.0″	3°47′39.8″
⑤	γ	87　42　44.9	87　06　57.6	86　41　36.8
⑥	$\mu=180°-\varphi_2-\gamma$	88　34　34.7	89　07　32.4	89　30　43.4
⑦	$\cot\varphi_1/2$	29.231 502	29.595 562	29.877 965
⑧	$l=\cot\frac{\varphi_1}{2}\times\frac{b}{2}$	29.230 040	29.594 082	29.876 471
⑨	$l=l'+l_D$	29.230 310	29.594 352	29.876 741
⑩	$\sin\varphi_2$	0.064 727.76	0.065 548 26	0.0661 7618
⑪	$\sin\mu$	0.999 691 30	0.999 883 57	0.999 963 74
⑫	S	451.449 1	451.436 9	451.456 4
⑬	$S_{平均}$		451.447 6m	
⑭	精 度 评 定	(1)$m_{s_r}=\pm\sqrt{\frac{[vv]}{n(n-1)}}=\pm5.7$mm (2)$m_{s_b}=\pm\frac{m_b}{b}\cdot S=\pm9.0$mm (3)$m_{sl_D}=\pm\sqrt{\frac{s}{b}}m_{l_D}=\pm1.5$mm (4)$m_s=\pm\sqrt{m_{sr}^2+m_{sb}^2+m_{sl_D}^2}=\pm10.8$mm (5)$m_s/s=\frac{0.0108}{451.4476}=1/42\ 000$		

第三节　因瓦基线尺量距

一、因瓦基线尺及主要附件

(一)因瓦基线尺

因瓦基线尺是用含铁约 64%、镍约 36%及其它微量元素的合金钢制成。有线尺(直径 1.65mm，长 24m)和带尺(截面为 0.5mm×3mm，长 100 英尺)。我国常用 24m 的线尺作悬空丈量。

(二)基线尺的主要附件

1. 卷鼓：通常卷鼓上备有 4 支线尺。转动卷鼓(直径约 0.5m)以装卸线尺，最后固定。

2. 拉力架：张尺后，两端各立一个拉力架支承悬挂 10kg 的重锤保持平衡。拉力架可上下和左右移动，以便精确读数。

3. 轴杆架(标柱三脚架)和端点架：是装有轴杆头的三脚架，用以标定每 24m 尺段两端点的位置。轴杆头表面上刻有正交十字轴线。丈量时，作为读数标志。

端点架作用与轴杆架类似，但装有光学垂准器，可精密对准基线端点。

4. 重锤：每套基线尺配有两个圆柱形重为 10kg 的重锤，由细钢丝通过拉力架滑轮与基线尺体连接。

5. 补尺：为丈量不足 24m 的余长，每套基线尺配备 4m(或 8m)的补尺，一般为带尺，全尺均刻有分划，便于量出任何余长精确读数。

二、基线尺检定及尺方程式

基线尺的检定有室内与野外检定两种，以室内检定的精度较高。检定主要目的在于保证丈量所需精度和可靠性。

经检定的 24m 因瓦基线尺给出如下的尺长方程式：

$$l_0=24\text{m}+\Delta l_0+\Delta l_t \qquad (3.5.3.1)$$

式中 Δl_0——尺长改正；

Δl_t——温度改正，即

$$\Delta l_t=\alpha(t-t_0)+\beta(t^2-t_0^2) \qquad (3.5.3.2)$$

其中 α、β——基线尺长度的一次和二次项温度膨胀系数，一般通过电热法检定。

三、因瓦基线尺量距的野外作业

(一)准备工作：基线通常应选于平坦、开旷的地面上。先要进行基线场地的清场与平整，使每尺段的坡度一般不大于 1/20 最大不超过 1/8。

(二)定线：定线的任务是将端点架和轴杆架正确地安置在测线的各尺段点上。点或节点设置经纬仪，使各轴杆架的标柱中心严格并使标柱上的十字线有一条须与测线方向一致；相邻标柱间距要保持在 24m±3cm 内；定线偏差应不超过±2cm。

(三)轴杆头水准测量：用严格校正 i 角的水准仪配合轻便两面读数的小水准尺，测出相邻轴杆头间高差。尺段往返高差之较差不应超过 2mm。

(四)长度丈量：根据基线丈量精度的要求，分别采用 2～4 根基线尺测量。量线时应先将尺子悬挂晾露约半小时待尺温与气温基本接近后方可进行；要在气象条件变化不大时间内完成。丈量时读记温度。每尺段的 3 次读数互差及同尺段各尺间读数互差，应在 0.3mm 内。同时两端读尺务使基线尺全处于稳定状态才能读数，以保证丈量的精度。

当按每根基线尺算得基线的全长之差，超过 $4\sqrt{K}$ mm(K 以 km 计)，则须重测。

四、因瓦基线尺精密量距成果整理计算

(一)基线概长及其精度计算：基线概长应以各基线尺按丈量次数分别计算，再取其平均值。基线概长计算式为：

$$D'=n\times 24(\text{m})+\Sigma(b-a)+\Sigma\Delta l_t+n\cdot\Delta l_0 \qquad (3.5.3.3)$$

式中 $\Sigma(b-a)$——各尺段(前－后)读数差的总和；

$\Sigma\Delta l_t$——基线全长温度改正(按平均温度 t_m 计算)；

$n\cdot\Delta l_0$——全长的尺长改正；

n——尺段数。

概长平均值中误差 $M=\pm\sqrt{\dfrac{[VV]}{n(n-1)}}$(mm) (3.5.3.4)

式中 V——平均值与每次丈量值之差；

n——丈量的总次数。

基线概长及其精度计算 表 3.5.3.1

基线尺号	量线方向	平均温度 t_m(℃)	$\Sigma(b-a)$ (mm)	$\Sigma\Delta l_t$ (mm)	$n\cdot\Delta l_0$ (mm)	基线概长 D' (m)	V (mm)	VV
661	往	22.3	−146.89	+1.75	+10.72	1 103.865 58	+0.94	0.884
662	往	22.3	−127.41	+1.69	−7.41	1 103.866 87	−0.35	0.122
663	返	25.5	−129.02	+2.71	−8.83	1 103.864 86	+1.66	2.756
664	返	25.5	−165.45	+3.02	+31.19	1 103.868 76	−2.24	5.018
					平均值	1 103.866 52	和	8.780

(二)倾斜改正：倾斜改正 Δl_h 公式如下(图 3.5.3.1)

$$\Delta l_h=-\frac{h^2}{2l}-\frac{h^4}{8l^3} \qquad (3.5.3.5)$$

式中，Δl_h 永为负值。基线概长 D' 加入此项改正后，便为测线的水平长度 D。

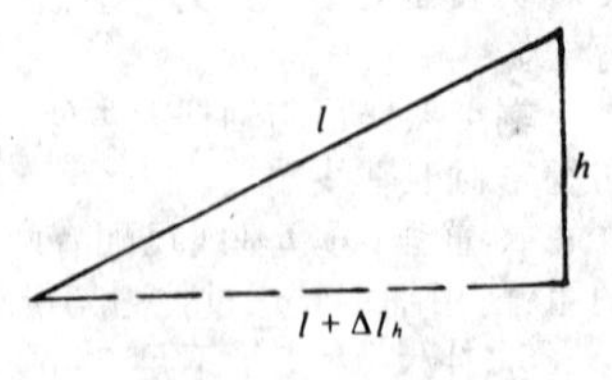

图 3.5.3.1

(三)三项小改正：悬链线不对称改正(Δp)、分划尺倾斜改正($\Delta\delta$)、以及重力变化改正(Δg)等三项小改正。

五、基线尺量距的精度评定

基线相对中误差为全长中误差与基线最后长度之比。其全长中误差按下式计算：

$$E=\pm\sqrt{E_1^2+E_2^2+E_3^2+E_4^2+E_5^2} \qquad (3.5.3.6)$$

式中 E_1——基线丈量本身的误差，按(3.5.3.4)式计算；

E_2——轴杆头水准测量所引起的误差，即

$$E_2=\pm 0.0137\sqrt{\Sigma\Delta_h}$$

E_3——基线尺检定中误差所引起的误差，即

$$E_3=\pm m_l\cdot n;$$

E_4——由于检定温度系数的中误差所引起的误差，即

$$E_4=\pm n(t-t_0)\cdot 10^{-3}\text{mm}$$

E_5——由于基线两端垂准误差所引起的误差，用垂准杆旋转 180°时，$E_5\approx\pm 0.5$mm；用光学垂准器旋转 180°时，$E_5\approx\pm 0.1$mm，

其中 V——各次丈量长度与平均长度之差(mm)，

$\Sigma\Delta_h$——倾斜改正数之总和(mm)，
n——尺段数，
t——测量时平均温度(℃)，
t_0——检定归算的标准温度(℃)，
m_l——基线尺长度检定中误差；当室内检定采用3m标准杆尺时，m_l为$\pm8\times10^{-3}$mm。

第四节　光电测距

一、光电测距的有关规定

(一)仪器精度与等级

根据测距仪出厂的标称精度的绝对值，按1 000m的测距中误差，收测距仪的精度分为三级。

Ⅰ级：$|m_D|<5$mm

Ⅱ级：5mm$<|m_D|<10$mm

Ⅲ级：10mm$<|m_D|<20$mm

仪器标称精度表达式为：

$$m_D=\pm(a+b\cdot D) \qquad (3.5.4.1)$$

式中　a——固定误差(mm)；
b——比例误差系数(mm/km)；
D——测距长度(km)。

(二)检校要求

1. 新购置或大修后的仪器，应作下列技术性能检验；检验方法见第一篇第三章距离测量。

(1)发射、接收、照准三轴关系正确性的检验；

(2)发光管光相位不均匀性检验；

(3)幅相误差的检验；

(4)周期误差的检验；

(5)加常数和乘常数的检验；

(6)棱镜常数的检验；

(7)测程的检验；

(8)内部符合精度的检验；

(9)检定综合精度的评定；

(10)精测频率的检验。

2. 用于生产作业的测距仪，应在6～12个月内检验一次，一般只需检验仪器的加常数、乘常数和周期误差。

3. 本单位无条件开展检验、检定条件的，应送经国家技术监督部门批准的单位进行检定。

(三)测距作业要求

1. 测距边宜选在地面覆盖物大致相同的地段，不宜通过发热体上空或烟雾弥漫地区，如烟囱、散热塔、散热池等；

2. 测线应高出地面或障碍物1.3m以上，若与高压(35kV以上)输电线平行时，应离开高压线不小于2～5m；

3. 测站应避免设在有电磁场影响的范围内，如电台、发电厂、变压器等附近。测距作业时应暂停无线电通话，以免干扰；

4. 测距应在成像清晰和气象条件稳定时进行，雨、雾、雪、大风和大气透明度较差时，不应进行作业；

5. 晴天作业时，应给测距仪打伞。严禁将测距头对向太阳；

6. 作业前应按仪器说明书要求检查电池电压、参考信号及测距显示器是否正常，一切正常后方可进行测距；

7. 作业时，当测距仪照准棱镜、无论在顺光或逆光时，均应避免太阳与测线交角小于30°。

8. 在测量前后，应在测线的两端点上测定温度和气压数据，计算时取中数。气压计应置平，以防止指针搁滞；温度计须悬挂在离地面1.5m左右。温度读至0.2℃，气压读至50Pa(或0.5mmHg)。

(四)测距的主要技术要求(表3.5.4.1)

各等级测量观测限差　　表3.5.4.1

测量等级	测距仪等级	每边测回数		同测回间各次读数互差(mm)	测回间互差(mm)	对向观测较差(mm)
		往	返			
二等	Ⅰ	4	4	5	7	$2\sqrt{a^2+b^2\cdot D^2}$
三等	Ⅰ、Ⅱ	4	4	5、10	7、15	
四等	Ⅰ	2	2	5	7	
	Ⅱ	3	3	10	15	
五等	Ⅰ、Ⅱ	2		5、10	7、15	
	Ⅲ	4		20	30	

注：1. 一测回是指照准目标一次，读数3～4次；
2. 对向较差是指将斜距化算至同一高程面上后的长度相比较；
3. $(a+b\cdot D)$是仪器的标称精度。

二、测距边长的计算

经过气象因素、加常数、乘常数(必要时顾及周期误差)改正后的斜距,才能化算为水平距离。

(一)气象改正值计算

气象因素改正值按下式计算:

$$\Delta D_P=(N_0-0.35942N_g\frac{P}{273.16+T})\cdot S\cdot 10^{-6} \quad (3.5.4.2)$$

式中 N_g——标准气象条件下的大气折射率(即 $T=0$℃、$P=101325$Pa$=760$mmHg,$e=0$)可采用厂家提供的数据

$$N_g=A+\frac{3B}{\lambda^2}+\frac{5C}{\lambda^4}$$

其中 $A=2876.04\times10^{-7}$,$B=16.288\times10^{-7}$,$C=0.136\times10^{-7}$;

λ——测距仪的载波波长;

N_0——仪器设计时采用的某一气象条件下的大气折射率,称该仪器的基准折射率(如 DM500 系列 $P=101325$Pa$=760$mmHg,$T=12$℃)可查说明书;

P——测量时的气压(mmHg),当采用 Pa 为单位时,1mmHg=133.32Pa;

T——测量时的气温(℃);

S——斜距观测值。

常用测距仪、全站仪的载波波长 λ,标准气象条件下的群速折射率 N_g、基准折射率 N_0、归算的基准温度 T_0 等参数见表 3.5.4.2。

常用仪器的主要气象参数 表 3.5.4.2

仪 器 型 号	λ(μm)	N_g	N_0	T_0(℃)
HGC-1	0.930	293.34	273.35	20
EOK2000、EOT2000	0.860	294.34	287.40	6
DI-10、DI-3	0.875	294.10	281.73	12
DI-3*S*、DI4、DI4*L*	0.885	293.95	281.59	12
TC-1、TC-1L	0.855	294.42	282.03	12
DM503、DM504	0.860	294.34	281.95	12
SET-2C	0.865	294.28	278.96	15
PTS-Ⅲ05	0.815	295.11	279.75	15

(二)测距加常数改正值

仪器的加常数改正与所测距离的长度无关,其改正值等于检定所确定的加常数:

$$\Delta D_C=C \quad (3.5.4.3)$$

式中 C——仪器通过检定所确定的加常数(mm);

(三)周期误差改正值

仪器通过周期误差检定后,周期误差的振幅 A 及初相角 φ_0 已经确定。根据振幅的大小及测距精度的需要,即可判定是否需要在测距中加此项改正。周期误差改正值按下式计算:

$$\Delta D_A=A\cdot\sin[\varphi_0+(\frac{2S}{\lambda})\cdot 360°] \quad (3.5.4.4)$$

式中 S——所测距离(m);

λ——测距仪精测尺的调制波长(m)。

(四)测距乘常数改正值

乘常数改正值随测程的增大而增大,其改正值按下式计算:

$$\Delta D_R=R\cdot S \quad (3.5.4.5)$$

式中 R——乘常数改正系数(mm/km);

S——所测距离(km)。

(五)水平距离计算

经以上各项改正后的斜距,可按以下两种方法之一计算水平距离。

1. 用观测的竖直角计算平距

$$D=S\cdot\sin Z \quad (3.5.4.6)$$

或

$$D=S\cdot\cos\alpha \quad (3.5.4.7)$$

式中 S——各项改正后的斜距(m);

Z——天顶距;

α——垂直角(俯仰角)。

2. 用测边两端的高差 h 计算平距

$$D=\sqrt{S^2-h^2} \quad (3.5.4.8)$$

三、测距边长的精度评定

当观测值已作了前述各项改正又进行了对向往返观测,测距精度可按往返测较差评定。

(一)一次测量的观测值中误差

一次测量即一测回距离测量的中误差按下式计算:

$$m_0=\pm\sqrt{\frac{[dd]}{2n}} \quad (3.5.4.9)$$

式中 d——往返对向观测值较差(mm);

n——测边的数量即 d 的个数。

(二)对向观测平均值中误差

$$m_D=\pm\frac{m_0}{\sqrt{2}}=\pm\frac{1}{2}\sqrt{\frac{[dd]}{n}} \quad (3.5.4.10)$$

(三)边长相对中误差

$$\frac{m_D}{D}=\frac{m_0}{\sqrt{2}D} \quad (3.5.4.11)$$

式中 D——测距边的水平距离。

(四)距离只作单向观测时的精度评定

当距离只作单向观测时,可按主要的误差因素用经验公式评定测距精度。

1. 一次测距的偶然中误差

$$m_1=\pm m_0 \quad (3.5.4.12)$$

式中,m_0 为仪器在基线场检定计算时的一次测距中误差,宜取多次检定的平均值。对于 DM501、DM502、DM503、DM504 $m_0=\pm3$mm;对于索佳 SET-2C、宾得 pts-Ⅲ05 $m_0=\pm1$mm;对于 DM103 $m_0=\pm4$mm。

2. 加常数检定误差的影响

$$m_2=\pm m_C \quad (3.5.4.13)$$

式中,m_C 为测距仪加常数检定中误差。对于 DM501、

DM502、DM503、DM504　$m_C=\pm 1$mm；对索佳 SET-2C、宾得 pts-Ⅲ05　$m_C=\pm 0.5$mm；

3. 乘常数检定误差的影响

$$m_3=\pm m_R\cdot D \quad (3.5.4.14)$$

式中　D——测距长度(km)；

m_R——乘常数检定中误差(mm/km)。

对于 DM501、DM502、DM503、DM504　$m_R=\pm 2\times 10^{-6}$；对于 pts-Ⅲ05、SET-2C　$m_R=\pm 1\times 10^{-6}$

4. 测距精度

测距长度的中误差按下式计算：

$$m=\pm\sqrt{m_1^2+m_2^2+m_3^2} \quad (3.5.4.15)$$

一般还应考虑气象因素改正时其气象代表性的误差。当一端测气象时，此项误差一般取$(1\sim 2)\times 10^{-6}$。两端测气象时，可除以$\sqrt{2}$。

第五节　长 度 归 算

隧道洞外控制测量的水平长度，无论采用钢卷尺、2m 因瓦横基尺、因瓦基线尺或光电测距仪测量的最后长度，一般都应归算到隧道平均高程面上，使洞外和洞内的长度计算是在同一高程面上进行的，这样才不致对贯通精度带来不利影响。

当洞外测量为三角网时，只需将基线(或起始边)的测量长度归算到隧道平均高程面上即可；若导线或测边网时，则应将直接测量的各边长归算到隧道平均高程面上。洞内导线的边长测量，一般可不必考虑此项归算。

边长测量的归算如图 3.5.5.1 所示。

将边长测量的最后水平长度，归算到隧道平均高程面上的长度按下式计算：

$$L_0=L\cdot\left(1+\frac{H_0-H}{R}\right) \quad (3.5.5.1)$$

式中　L——边长测量的最后水平长度(m)；

H_0——隧道平均高程(m)；

H——测边的高程(m)；

R——地球曲率半径，采用 6371×10^3m。

也可按改正值计算，即

$$L_0=L+\Delta L \quad (3.5.5.2)$$

改正值按下式计算：

$$\Delta L=L\cdot\frac{H_0-H}{R} \quad (3.5.5.3)$$

测边的高程高于隧道平均高程时，改正值 ΔL 为负值；低于隧道平均高程时 ΔL 为正。

关于隧道平均高程的取值，隧道的线路纵坡为人字形坡道时，一般可按变坡点和进、出口洞门三点的线路设计高程取平均值；当洞内有两个以上变坡点时，可取所有变坡点和两端洞门高程的平均值。

测边的高程，一般取两端测点高程的平均值。

隧道和测边的平均高程取位至 m 即可。

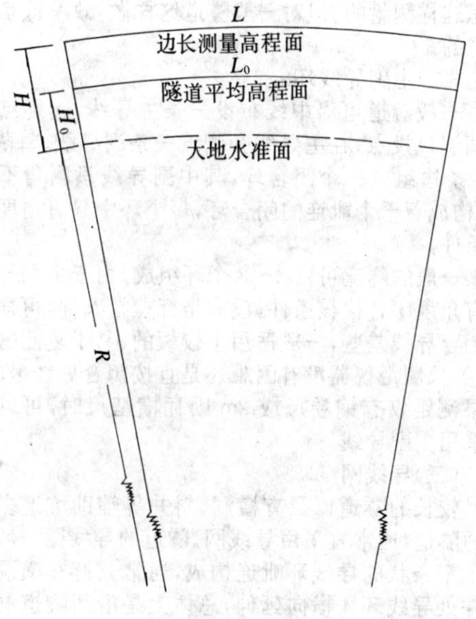

图　3.5.5.1

第六章　洞外导线测量

第一节　导 线 布 设

一、布设方案

导线是建立洞外平面控制测量网的常用方法之一。铁路隧道的导线控制方案一般有以下几种形式。

(一)单导线

单导线本身没有检核条件，为防止粗差和保证成果的可靠性，测角和测边均应独立观测两组。对于用很少的点数即可连接两端洞口的隧道，也是可以考虑这样测量的。但对一般隧道这样做，效率低是不经济的。

(二)主副导线环

一般隧道可沿中线布设一条主导线，起终点为两端洞口投点；在主导线旁侧设一条副导线、每隔2～3条边组成一个闭合环，其中副导线只测角不测边。构成若干个毗连的闭合环，每个环中只有角度闭合条件。

一般的隧道可由4～8个环组成。由于主副导线仅有角度闭合检核条件，没有坐标检核条件，可靠性较闭合导线差些，一般适用于较短的、易于复测的隧道。如果测距仪器没有困难还是宜按闭合导线考虑。如果测距仅有钢卷尺或2m因瓦横基尺时，可以考虑采用主副导线。

(三)导线网

较长的隧道以及有横洞、斜井等辅助坑道多井口的隧道，通常宜采用导线网。隧道的导线网一般由多个窄条状的导线环毗连构成，通常只有在横洞或斜井处导线环才横向延伸，总体上是沿两隧道洞口间纵向延伸的。导线点基本上是成对布设，每对点间一般相距1～2m为宜。每个环中点数不宜过多，以4～6点为宜。环的个数最少不宜少于4个。

导线网选布时，需十分注意边长不宜相差太大。对较长的隧道，个别最短边不宜小于300m，对小于200m的边应尽量避免使用。

(四)附合导线

当隧道两端都有已建立的高级控制点，其精度高于隧道控制测量所需要的精度时，可以考虑在相向开挖的井口间建立附合导线。已有的高级控制点其点间的相对点位精度，必须经贯通误差估算，足以保证贯通精度时，才能最后确定按附合导线处理。布设附合导线，多在城市地铁采用，而山岭隧道至今极少有条件。

二、选点、埋桩

(一)选点

选点应实地踏勘，了解线路定测的控制桩点，隧道进出口和辅助坑道的位置，并参考线路平面图布网选点。一般须遵循以下要求：

1. 导线应尽量沿两端洞口连线方向布设，当有横洞、斜井或竖井时，导线应以最捷径的路线联接这些洞口投点。

2. 直线隧道两端洞口前后的线路定测控制点，曲线隧道所涉的切线方向控制点，应纳入导线控制网中，以便确定曲线转角和隧道的线路中线。

3. 在每个洞口应布设不少于三个控制点，以便于在使用中经常检测。

4. 导线点间应有良好的通视条件，保证观测时视线旁离地面、山坡有一定距离。视线应避免通过烟囱、瓦窑、温泉等地方。当视线通过沙滩、沼泽时，应提高视线高度。

5. 导线点所在位置应当是观测条件好、土质稳定，点位能长期保存和便于放样与检测的地方。

6. 导线边应便于测距。

7. 导线边长应根据地形条件、隧道长度和所使用的测距仪的测程选择。有条件时应尽量选择长边，以减少导线点数。

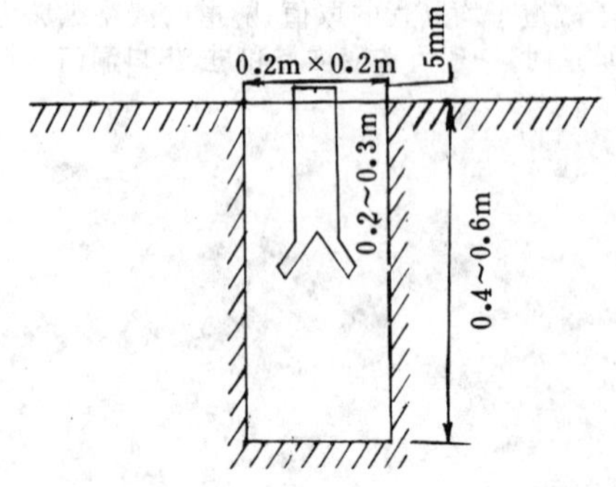

图　3.6.1.1

铁芯直径≥10mm，顶中心小孔深2mm，孔径1mm标志点位。

（二）埋桩

导线点位选定后，应沿导线走向按顺序编号，并绘制导线略图。

对需要长期使用的重要点，如洞口控制点和与其相联系的导线点等，以及施工过程中检测时可能用到的控制点，均应埋设混凝土包铁芯桩。如图3.6.1.1。桩点名称或编号，以及埋设单位及日期，应标注在混凝土桩面。

在松软地层和冻土地带应增加埋设深度。

第二节　导线的近似平差和简化平差

一、主副导线环

（一）角度闭合差按等权分配

导线角通常都是等精度观测，故角度闭合差可按等权分配在内角上，即平均分配。

某隧道主副导线，环边、角观测值如图3.6.2.1所示。测角用 T_3 方向观测6测回，测边用2m横基尺视差法独立观测两组。测量设计要求：$m_3=\pm1.8''$ $\frac{m_l}{l}=1/10\ 000$

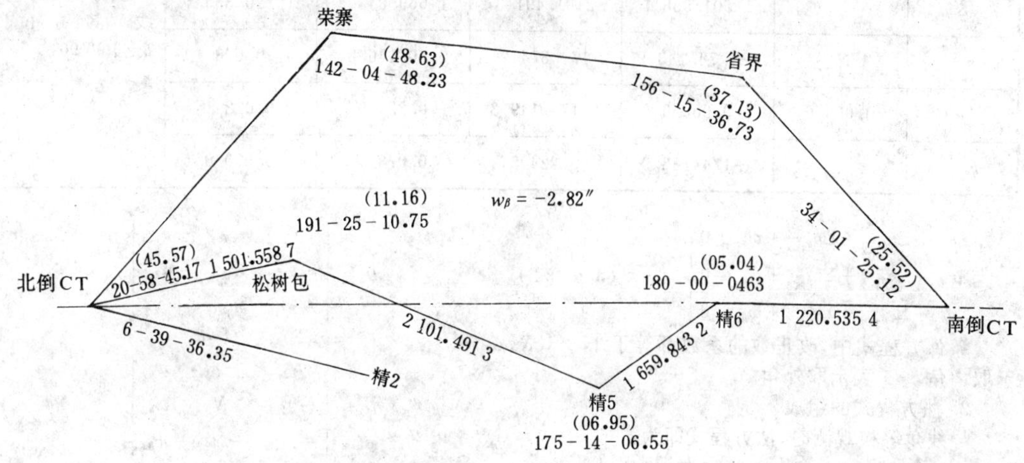

图　3.6.2.1

按测量设计要求，角度闭合差的中误差不应超过下式计算值：

$$w_\beta\leqslant m''_\beta\sqrt{n}=1.8''\sqrt{7}=4.8''$$

按闭合差计算的测角中误差：

$$m''_\beta=\pm\frac{w_\beta}{\sqrt{n}}=\pm1.1''<1.8''$$

导线环角改正值：

$$v''_\beta=-\frac{w_\beta}{n}=-\frac{-2.82''}{7}=+0.4''$$

平差后的坐标计算如表3.6.2.1。

（二）多边形平差法（解析法）

多个导线环作角度平差时，宜采用多边形平差法的解析法，即按系数平差原理同时考虑导线环中各条路线不同的权，按条件平差原理列出角度闭合差的法方程式，解法方程求得联系数，便可算得各环路上导线角的改正值。当环数较少时，法方程式可用代数法解，环数较多时可用高斯-杜力特解法。

现以三个环的导线为例，说明平差方法。

1. 平差图示

如图3.6.2.2所示，①、②、③……ⓘ、ⓙ为闭合环的编号；n_i 和 n_{ij} 表示各条路线的边数（n_i 为 i 环上独有路线的边数，n_{ij} 为 i 环和 j 环共有路线的边数）；N_i 表第 i 个环上的总边数。即有如下关系：

$$\left.\begin{aligned}N_1&=n_1+n_{1,2}+n_{1,3}\\N_2&=n_2+n_{1,2}+n_{2,3}\\N_3&=n_3+n_{1,3}+n_{2,3}\end{aligned}\right\}\qquad(3.6.2.1)$$

2. 条件方程式的列立

设 V_{β_i} 和 $V_{\beta_{ij}}$ 表示角度改正数，下标表示所处路线，ω_β 表示环的角度闭合差，可按每一个环列出一个内角和条件式，故有：

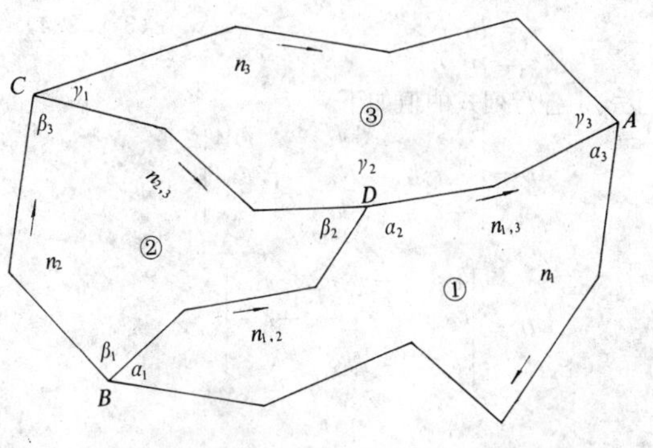

图　3.6.2.2

$x_{n+1}=x_n+S\cdot\cos T_{1,2}$　　　$y_{n+1}=y_n+S\cdot\sin T_{12}$　　　表 3.6.2.1

公式	1 北倒 CT / 2 精 2	北倒 CT / 松树包	松树包 / 精 5	精 5 / 精 6	精 6 / 南倒 CT	说明
T		00 00 00	173 20 23.65	184 45 34.81	179 59 41.76	
∢		6 39 36.35	191 25 11.16	175 14 06.95	180 00 05.04	
$T_{1,2}$	00 00 00	353 20 23.65	4 45 34.81	359 59 41.76	359 59 46.80	1. 北倒 CT 为坐标原点，x 坐标为该点相应里程 $x=28\ 437.720\ 6\text{m}$ $y=0.000\ 0\text{m}$ 2. 以北倒 CT～南倒 CT 之连线为 x 轴的正方向（隧道轴线）其方位角 $T=0°00'00''$
x_{n+1}		29 929.146 3	32 023.390 6	33 683.233 8	34 903.589 2	
x_n	28 437.720 6	28 437.720 6	29 929.146 3	32 023.390 6	33 683.233 8	
$S\cdot\cos T_{1,2}$		1 491.425 7	2 094.244 3	1 659.843 2	1 220.355 4	
S		1 501.558 7	2101.491 3	1 659.843 2	1 220.355 4	
$S\cdot\sin T_{1,2}$		−1 74.143 9	174.374 2	−0.146 8	−0.078 1	
y_n	0.000 0	0.000 0	−174.149 3	0.224 9	0.078 1	
y_{n+1}		−174.143 9	0.224 9	0.078 1	0.000 0	

$$\left.\begin{aligned}&\Sigma v_{\beta_1}+\Sigma v_{\beta_{1,2}}+\Sigma v_{\beta_{1,3}}+\omega_{\beta_1}=0\\&\Sigma v_{\beta_2}-\Sigma v_{\beta_{1,2}}+\Sigma v_{\beta_{2,3}}+\omega_{\beta_2}=0\\&\Sigma v_{\beta_3}-\Sigma v_{\beta_{1,3}}-\Sigma v_{\beta_{2,3}}+\omega_{\beta_3}=0\end{aligned}\right\}\qquad(3.6.2.2)$$

条件方程式中，改正数的系数都等于 1，+1 表示取内角，−1 表示取外角。

3. 法方程式的组成

导线角等权观测时，法方程式即为：

$$\left.\begin{aligned}&N_1\cdot k_1-n_{1,2}\cdot k_2-n_{1,3}\cdot k_3+\omega_{\beta1}=0\\&-n_{1,2}\cdot k_1+N_2\cdot k_2-n_{2,3}\cdot k_3+\omega_{\beta2}=0\\&-n_{1,3}\cdot k_1-n_{2,3}\cdot k_2+N_3\cdot k_3+\omega_{\beta3}=0\end{aligned}\right\}\qquad(3.6.2.3)$$

法方程式的组成规律十分清楚，因此无需通过列条件式后来组成，而可直接按平差示意图组成法方程式。

4. 法方程式的解算

法方程式为 3×3 阶，用行列式求解联系数 k 值是方便的。k 值按下式计算：

$$\left.\begin{aligned}k_1&=D_1/D\\k_2&=D_2/D\\k_3&=D_3/D\end{aligned}\right\}\qquad(3.6.2.4)$$

上式中各行列式的值如下：

$$D=\begin{vmatrix}N_1&-n_{1,2}&-n_{1,3}\\-n_{1,2}&N_2&-n_{2,3}\\-n_{1,3}&-n_{2,3}&N_3\end{vmatrix}$$

$$D_1=\begin{vmatrix}\omega_{\beta1}&-n_{1,2}&-n_{1,3}\\\omega_{\beta_2}&N_2&-n_{2,3}\\\omega_{\beta_3}&-n_{2,3}&N_3\end{vmatrix}$$

$$D_2=\begin{vmatrix}N_1&w_{\beta_1}&-n_{1,3}\\-n_{1,2}&w_{\beta_2}&-n_{2,3}\\-n_{1,3}&w_{\beta_3}&+N_3\end{vmatrix}$$

$$D_3=\begin{vmatrix}N_1&-n_{1,2}&w_{\beta_1}\\-n_{1,2}&N_2&w_{\beta_2}\\-n_{1,3}&-n_{2,3}&w_{\beta_3}\end{vmatrix}$$

上述法方程式只有三个 k 值，也可用一般的代数解法，如代入法和加减消元法。

5. 角度改正值计算

(1)与邻环无关路线上的各角，改正值等于本环的联系数 k 值；

(2)与邻环共有路线上的各角，改正值等于内角所在环的 k 值减去外角所在环的 k 值；

(3)与邻环有一个共用方向的内角，改正值为本环的 k 值减邻环 k 值的 1/2。

如图 3.6.2.3 中：

路线 n_i 上改正值：$V_{\beta i}=k_i$　　　(3.6.2.5)

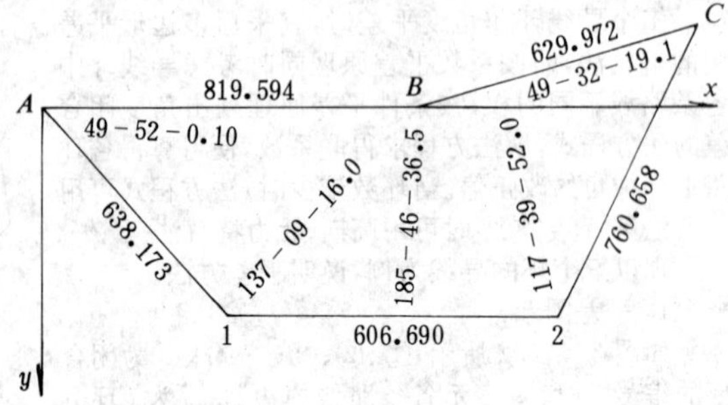

图　3.6.2.3

路线 n_{ij} 上改正值：$\left.\begin{array}{l}V_{\beta ij}=k_{i内}-k_{j外}或\\V_{\beta ij}=k_{j内}-k_{i外}\end{array}\right\}$ (3.6.2.6)

一个共用方向的内角改正值：以②环为例

$$\left.\begin{array}{l}V_{\beta 1}=k_2-k_{1/2}\\V_{\beta 2}=k_2-k_{1/2}-k_{3/2}\\V_{\beta 3}=k_2-k_{3/2}\end{array}\right\}\quad(3.6.2.7)$$

显然中心结点 D 的改正值之和应为零。

各环角度改正值总和应满足下式：

$$[V]_i=-w_\beta\quad(3.6.2.8)$$

式中，$[V]_i$ 为环的角度改正值总和。

6. 导线的测角中误差

由于 $[PVV]=-[k\cdot w]$，可用下式计算导线的测角中误差：

$$m''_\beta=\pm\sqrt{\frac{[k\cdot w]}{N}}\quad(3.6.2.9)$$

式中，N 为角度闭合环的个数。

有关计算示例参见闭合导线多边形平差法。

二、闭合导线

(一)近似平差

1. 改正坐标增量的近似平差

(1)计算角度闭合差

n 边形内角之和应为：

$$\Sigma\beta_n=180°\times(n-2)$$

实测的角度闭合差为：

$$w_\beta=\Sigma\beta_{测}-\Sigma\beta_n\quad(3.6.2.10)$$

(2)将角度闭合差 w_β 反号平均分配在各内角

当 m_β 满足测量设计要求或 w_β 在闭合差的中误差之内时，即按下式计算改正值：

$$V''=-\frac{w''_\beta}{n}\quad(3.6.2.11)$$

(3)用改正后的导线角计算坐标并算得坐标闭合差

如第 j 个环的坐标闭合差为：

$$\left.\begin{array}{l}f_{xj}=\sum_1^n\Delta x\\f_{yj}=\sum_1^n\Delta y\end{array}\right\}\quad(3.6.2.12)$$

(4)坐标增量平差

坐标增量改正可采用下列方法之一：

①闭合差按边长成比例分配

$$\left.\begin{array}{l}V_{\Delta x_i}=-\frac{f_x}{\Sigma S}\cdot S_i\\V_{\Delta y_i}=-\frac{f_y}{\Sigma S}\cdot S_i\end{array}\right\}\quad(3.6.2.13)$$

②当导线边长相差不大时，按边数平均分配

$$\left.\begin{array}{l}V_{\Delta x_i}=-fx/n\\V_{\Delta y_i}=-fy/n\end{array}\right\}\quad(3.6.2.14)$$

式中，n 为闭合环的边数。

(5)按改正后的坐标增量计算导线坐标

边 S_i 对应的改正后的增量如下

$$\left.\begin{array}{l}\Delta x_i=\Delta x'_i+V_{\Delta x_i}\\\Delta y_i=\Delta y'_i+V_{\Delta y_i}\end{array}\right\}\quad(3.6.2.15)$$

式中 $\Delta x'_i$、$\Delta y'_i$ 为角度改正后计算的坐标增量。

(6)边长和方位角改正值计算

边长改正值按下式计算：

$$V_{S_i}=V_{\Delta x_i}\cos\alpha_i+V_{\Delta y_i}\sin\alpha_i\quad(3.6.2.16)$$

方位角改正值按下式计算：

$$V_{\alpha i}=\frac{\rho''}{S_i}(V_{\Delta yi}\cos\alpha_i-V_{\Delta xi}\sin\alpha_i)\quad(3.6.2.17)$$

由于是近似平差，如果按上式算得的方位角改正值求得改正后的方位，所算得的导线角与观测角比较，其差值如果许多都达到甚至超过测角中误差，则不必按(3.6.2.17)式去平差改正方位。而应该检查导线边、角测量中是否存在过大的误差。

计算示例。如图 3.6.2.3。

2. 固定平差角、改正导线边长的平差方法

当导线测角精度较高、测边精度较低，可采用这种方法。比如曲线隧道用钢卷尺直接或间接量距而测角高于五等的导线。

(1)平差方法

①角度闭合差按等精度观测、等权平差；

②用平差角和观测边长计算坐标、并求得坐标闭合差 f_x、f_y；

③按下式计算边长改正系数

$$\left.\begin{array}{l}K_a=\frac{[\Delta y'\cos\alpha]fy-[\Delta y'\sin\alpha]\cdot fx}{[\Delta y'\sin\alpha][\Delta x'\cos\alpha]-[\Delta y'\cos\alpha]^2}\\K_b=\frac{[\Delta y'\cos\alpha]fx-[\Delta x'\cos\alpha]\cdot fy}{[\Delta y'\sin\alpha][\Delta x'\cos\alpha]-[\Delta y'\cos\alpha]^2}\end{array}\right\}$$

(3.6.2.18)

④按下式计算边长改正值

$$V_{Si}=K_a\cdot\Delta x'+K_b\Delta y'\quad(3.6.2.19)$$

⑤按下式计算坐标增量改正值

$$\left.\begin{array}{l}V_{\Delta xi}=V_{Si}\cdot\cos\alpha_i\\V_{\Delta yi}=V_{Si}\cdot\sin\alpha_i\end{array}\right\}\quad(3.6.2.20)$$

⑥平差后的坐标增量

$$\left.\begin{array}{l}\Delta x_i=\Delta x'+V_{\Delta xi}\\\Delta y_i=\Delta y'+V_{\Delta yi}\end{array}\right\}\quad(3.6.2.21)$$

最后计算平差后的坐标。

这种方法平差结果的坐标方位角与边长是协调一致的。但这种方法一般不适宜于直线隧道延伸型的闭合导线，和直线隧道在正洞平洞之间组成的闭合导线。

(2)计算示例

仍以图 3.6.2.3 所示的闭合导线为例。计算如表 3.6.2.3。有关导线角及方位角、坐标增量及增量闭合差的计算参见表 3.6.2.2

(二)一个环平差

1. 平差方法

将角度闭合差进行第一次分配后，计算坐标和坐标闭合差 f_x、f_y。列出三个条件方程，引入边、角权组成法方程，解出联系数。进而求得边的改正值和角度的第二次改正。具体计算方法如下：

(1)导线角经第一次改正后的三个条件式

改正坐标增量的近似平差计算

表 3.6.2.2

点名	观测角(β)	角度改正	改正后角值	坐标方位角	边长(m)	增量计算值 Δx′	增量计算值 Δy′	改正后的增量值 Δx	改正后的增量值 Δy	坐标 x	坐标 y
A	49 52 01.0	−0.9	49 52 00.1							1 000.000 0	1 000.000 0
				00 00 00.0	819.594	−38 819.594 0	−18 0.000 0	819.590 2	−0.001 8		
B	185 46 36.5	−1.0	185 46 35.5							1 819.590 2	999.998 2
				354 13 24.5	629.972	−29 626.773 0	−14 −63.405 9	626.770 1	−63.407 3		
C	49 32 19.1	−0.9	49 32 18.2							2 446.360 3	936.590 9
				124 410 6.3	760.658	−35 −432.864 2	−17 625.483 2	−432.867 7	625.481 5		
2	117 39 52.0	−0.9	117 39 51.1							2 013.492 6	1 562.072 4
				187 01 15.2	606.690	−28 −602.140 8	−14 −74.156 4	−602.143 6	−74.157 8		
1	137 09 16.0	−0.9	137 09 15.1							1 411.349 0	1 487.914 6
				229 52 00.1	638.173	−30 −411.346 0	−14 −487.913 2	−411.349 0	−487.914 6		
A										1 000.000 0	1 000.000 0
Σ	540 00 04.6	−4.6	540 00 00.0		3 455.087	+1446.367 0 −1446.351 0	+625.483 2 −625.475 5	+1446.6303 −1446.630 3	+625.481 5 −625.481 5		
						$f_{\Delta x}=$ +0.016 0	$f_{\Delta y}$ =+0.007 7	ΣΔx=0	ΣΔy=0		

$w_\beta=+4.6''$

$m''_\beta=\pm\frac{4.6''}{\sqrt{5}}=\pm2.1''$

要求 $m''=\pm2.5''$

$v_{\Delta x}=-\frac{16.0}{3455}\times S_i=-0.004\ 63\times S_i$

$v_{\Delta y}=-\frac{7.7}{3455}\times S_i=-0.002\ 23\times S_i$

固定平差角、改正导线边长的平差计算表

表 3.6.2.3

点名	Δx′ cosα	Δy′ cosα	Δy′ sinα	边长改正值(mm) $K_a\cdot\Delta x'$	边长改正值(mm) $K_b\cdot\Delta y'$	边长改正值(mm) V_s	平差后边长(m)	坐标增量改正数(mm) $V_{\Delta x}$	坐标增量改正数(mm) $V_{\Delta y}$	平差后坐标增量(m) Δx	平差后坐标增量(m) Δy	平差后的坐标(m) x	平差后的坐标(m) y
A												1 000.000 0	1 000.000 0
	819.594	0.000	0.000	−5.2	0	−5.2	819.588 8	−5.2	0	819.588 8	0.000 0		
B												1 819.588 8	1 000.000 0
	623.590	−63.084	6.382	−4.0	0.6	−3.4	629.968 6	−3.4	0.3	626.769 6	−63.405 6		
C												2 446.358 4	9 36.594 4
	246.328	−335.941	514.330	2.8	−5.5	−2.7	760.655 3	1.5	−2.2	−432.862 7	625.481 0		
2												2 013.495 7	1 562.075 4
	597.626	73.600	9.064	3.8	0.6	4.4	606.694 4	−4.4	−0.5	−602.145 2	−74.156 9		
1												1 411.350 5	1 487.918 5
	265.141	314.493	373.032	2.6	4.3	6.9	638.179 9	−4.4	−5.3	−411.350 4	−487.918 5		
A												1 000.000 0	1 000.000 0
	2 552.279	−30.932	902.808					−15.9	−7.7	0.000 1	0.000 0		

$$K_a=\frac{[\Delta y'\cos\alpha]f_y-[\Delta y'\sin\alpha]f_x}{[\Delta y'\sin\alpha][\Delta x'\cos\alpha]-[\Delta y'\cos\alpha]^2}=\frac{(-30.932)\times0.007\ 7-902.808\times0.016}{902.808\times2\ 552.279-(-30.932)^2}=-0.000\ 006\ 38$$

$$K_b=\frac{[\Delta y'\cos\alpha]f_x-[\Delta x'\cos\alpha]f_y}{[\Delta y'\sin\alpha][\Delta x'\cos\alpha]-[\Delta y'\cos\alpha]^2}=\frac{(-30.932)\times0.016-2\ 552.279\times\ 0.0077}{902.808\times2\ 552.279-(-30.932)^2}=-0.000\ 008\ 75$$

$$\left.\begin{aligned}&[V''_{\beta i}]=0\\&[V_{Si}\cos\alpha_i]-\frac{1}{\rho}[(y'_1-y'_i)V_{\beta i}]+f_x=0\\&[V_{Si}\sin\alpha_i]+\frac{1}{\rho}[(x'_1-x'_i)V_{\beta i}]+f_y=0\end{aligned}\right\}\tag{3.6.2.22}$$

式中 $V''_{\beta i}$——角度第二次改正值；

α_i——角度第一次改正后的方位角；

V_{Si}——边长改正值；

x'、y'——角度第一次改正后近似坐标，1 点为原点。

(2)以导线重心为原点的条件式

导线重心坐标为：

$$\left.\begin{aligned}x_0=[x'_i]/n\\y_0=[y'_i]/n\end{aligned}\right\}\tag{3.6.2.23}$$

将原点平移至重心后，各点中心近似坐标为：

$$\left.\begin{aligned}\xi_i=x'_i-x_0\\\eta_i=y'_i-y_0\end{aligned}\right\}\tag{3.6.2.24}$$

导线重心坐标系表达的条件式：

$$\left.\begin{aligned}&[V_{\beta_i}'']=0\\&[V_{s_i}\cos\alpha_i]-\frac{1}{\rho}[\eta_iV_{\beta_i}'']+f_x=0\\&[V_{s_i}\sin\alpha_i]+\frac{1}{\rho}[\xi_iV_{\beta_i}'']+f_y=0\end{aligned}\right\}\tag{3.6.2.25}$$

(3)组成法方程式

引入观测值的权：

$$m''_0=m''_\beta,\ \frac{1}{P_\beta}=1$$

$$\frac{1}{P_{s_i}}=\frac{m^2_{s_i}}{m^2_\beta}$$

法方程式按下式组成：

$$\left.\begin{aligned}&\frac{n}{P_\beta}\cdot K_\beta=0\\&[\frac{aa}{P}]K_x+[\frac{ab}{P}]K_y+f_x=0\\&[\frac{ab}{P}]K_x+[\frac{bb}{P}]K_y+f_y=0\end{aligned}\right\}\tag{3.6.2.26}$$

(4)解法方程求联系数

联系数按下式计算：

$$\left.\begin{aligned}&K_\beta=0\\&K_x=\frac{1}{N}(Cf_y-Bf_x)\\&K_y=\frac{1}{N}(Cf_x-Af_y)\end{aligned}\right\}\tag{3.6.2.27}$$

式中

$$\left.\begin{aligned}&A=[m^2_{s_i}\cos^2\alpha_i]^n_1+\frac{m^2_\beta}{\rho^2}[\eta^2_i]^n_1\\&B=[m^2_{s_i}\sin^2\alpha_i]^n_1+\frac{m^2\beta}{\rho^2}[\xi^2_i]^n_1\\&C=[m^2_{s_i}\sin\alpha_i\cdot\cos\alpha_i]-\frac{m^2\beta}{\rho^2}[\xi_i\eta_i]^n_1\\&N=AB-C^2\end{aligned}\right\}\tag{3.6.2.28}$$

(5)求角度和边长改正数

角度第二次改正值为：

$$V''_{\beta_i}=\frac{m^2_\beta}{\rho}(\eta_iK_x-\xi_iK_y)\tag{3.6.2.29}$$

边长改正值为：

$$V_{s_i}=m^2_{s_i}(K_x\cos\alpha_i+K_y\cdot\sin\alpha_i)\tag{3.6.2.30}$$

角度的总改正值为：

$$V_{\beta_i}=V'_{\beta_i}+V''_{\beta_i}\tag{3.6.2.31}$$

方位角改正值为：

$$V_{\alpha_i}=\sum_{j=1}^{i}V_{\beta_j}\tag{3.6.2.32}$$

(6)观测值精度评定

单位权中误差：

$$m_0=\sqrt{\frac{[P_\beta V^2_\beta]\cdot[P_s\cdot V^2_s]}{3}}\tag{3.6.2.33}$$

边长中误差：$m_{si}=\pm m_0\sqrt{\dfrac{1}{P_{si}}}$

2. 平差计算步骤

(1)以导线所设的任意起始点为原点，用第一次平差后的角和边长观测值计算条件坐标(取至 m)。

(2)计算导线重心坐标 x_0、y_0 和导线中心坐标 ξ_i，η_i，均取至 m。$\Sigma\xi=0$，$\Sigma\eta=0$。

(3)计算 ξ^2、$\xi\eta$、η^2并分别求总和，将其缩小10^{-3}倍取位至0.1；计算各边的 $m^2_s\sin^2\alpha$、$m^2_s\cos^2\alpha$、$m^2_s\cdot\sin\alpha\cdot\cos\alpha$、取位至0.01，并分别求总和。

(4)计算 A、B、C、N 再求出 K_x、K_y，并取

$$E=K_x\cdot\frac{m^2_\beta}{\rho''}\times10^5\qquad F=-K_y\cdot\frac{m^2_\beta}{\rho''}\times10^5$$

(5)计算角度和边长改正数，并按下式检核：

$$\begin{aligned}&[V''_{\beta i}]=0\\&[V_{si}]=[\Delta x]\cdot K_x+[\Delta y]\cdot K_y\end{aligned}\tag{3.6.2.34}$$

(6)计算方位角改正值。

(7)坐标增量改正值可按下式计算：

$$\left.\begin{aligned}V_{\Delta x_i}=V_{S_i}\cdot\cos\alpha-\frac{V_{\alpha_i}}{\rho''}\cdot\Delta y_i\\V_{\Delta y_i}=V_{S_i}\cdot\sin\alpha+\frac{V_{\alpha_i}}{\rho}\cdot\Delta x_i\end{aligned}\right\}\tag{3.6.2.35}$$

(8)计算坐标平差值。

3. 平差示例：某隧道洞外控制导线简化后为一闭合环，如图3.6.2.4所示。测角用 DKM2-A 方向观测6测回 $m_\beta=\pm1.2''$；测边用 DM504对向观测4测回 $m_s=\pm\sqrt{3^2+(2\times10^{-6}\cdot S)^2}$。按条件平差计算，如表3.6.2.4～2.6.2.6。

(三)多边形平差法(解析法)

在主副导线平差中，关于角度平差方法曾介绍了多边形平差法。同样，它也适用于坐标增量平差。坐标闭合条件式在组成法方程式时，类似内角和条件式的法方程式组成。当各边等权时，与各角等权时有相似的方法组成系数，即法方程式系数等于边数；只需将式中角度改正值的联系数理解为相应增量改正值的联系数，将角度闭合差换成相应的坐标增量闭合差。平差示例见图 3.6.2.5。

当导线边长相差较大，不等权时，法方程式中的导线边数改成相应的路线长度(以 km 计)。

表 3.6.2.4

单一闭合导线条件平差(一)

点号	导线角 β(右)	方位角 α	边长 S	cosα sinα	坐标增量(m) Δx	 Δy	平差后坐标 x	 y	点号
①	②	③	④	⑤	⑥	⑦	⑧	⑨	⑩
导 1—ⅡK							0.000 0	0.000 0	导 1—ⅡK
		00 00 00.0	+2 510.373 1		+2 510.373 1	0 0.000 0			
导 13	−0.2 +0.5 154 13 47.6						510.373 3	0.000 0	导 13
		+0.2 25 46 11.9	+13 332.787 7		+11 290.685 4	+8 140.334 9			
导 12	+0.4 +0.5 186 03 17.5						801.059 8	140.335 7	导 12
		−0.2 19 42 53.9	+11 291.753 0		+11 274.651 1	+1 98.420 3			
导 11	+0.9 +0.4 33 49 51.8						1075.712 0	238.756 1	导 11
		−1.1 165 53 01.7	+4 303.686 1		0 −294.515 7	+17 74.065 7			
导 3	+0.3 +0.5 145 30 05.3						781.196 3	312.823 5	导 3
		−1.4 200 22 55.9	−11 321.044 2		+2 −300.943 7	+24 −111.813 5			
导 2	−0.2 +0.5 177 40 11.0						480.252 8	201.012 4	导 2
		−1.2 202 42 44.4	−13 520.624 6		0 −480.252 8	+32 −201.015 6			
导 1—ⅡK	−1.2 +0.4 22 42 44.0						0.000 0	0.000 0	导 1—ⅡK

$w_\beta = -2''.8$　　〔S〕$=2\ 270.2687$m　　$f_{\Delta x} = -0.002\ 6$　　$f_{\Delta y} = -0.008\ 2$

角一次改正〔$V'_\beta V'_\beta$〕$=1.32$　　$m_\beta = \pm\sqrt{\dfrac{1.32+1.83+0.63}{3}} = \pm 1''.12$

角二次改正〔$P_\beta V''_\beta V''_\beta$〕$=1.83$　边长改正〔$P_s V_s V_s$〕$=0.63$

说明:1. 坐标增量计算时,方位角已经角度第一次改正;

2. 角度第二次改正值与表(三)中 V''_β 反号,是因公式推导时为导线左角,本例为右角。

单一闭合导线条件平差(二)

表 3.6.2.5

点号	条件坐标		中心坐标		ξ^2 $\times10^{-3}$	$-\xi\eta$ $\times10^{-3}$	η^2 $\times10^{-3}$	m_s^2 (mm²)	$\sin^2\alpha\cdot m_s^2$	$\cos\alpha\cdot\sin\alpha\cdot m_s^2$	$\cos^2\alpha\cdot m_s^2$
	x'	y'	ξ	η							
11	12	13	14	15	16	17	18	19	20	21	22
导 1—ⅡK	0	0	−608	−149	369.7	−90.6	22.2	10.04	0	0	10.04
导 13	510	0	−98	−149	9.6	−14.6	22.2	9.42	1.78	3.69	7.64
导 12	801	140	139	−9	37.2	1.7	0.1	9.34	1.06	2.97	8.28
导 11	1076	239	468	90	219.0	−42.1	8.1	9.37	0.56	−2.22	8.81
导 3	781	313	173	164	29.9	−28.4	26.9	9.41	1.14	3.07	8.27
导 2	480	201	−128	52	16.4	6.7	2.7	10.08	1.50	3.59	8.58
导 1—ⅡK											
	$x_0=\frac{\Sigma x'}{n}$	$y_0=\frac{\Sigma y'}{n}$									
	=608	=149	0	−1	$\frac{681.80}{23.08}$	$\frac{-167.30}{-5.66}$	$\frac{82.20}{2.78}$	$\overline{m_s^2}=9.61$	6.04	11.10	51.62

法方程式的组成与解算（23）

$m_s=(3^2\text{mm}+(2\times10^{-6}\cdot S)^2)^{1/2}$
$m_\beta=\pm1''.2$
$m_\beta^2/\rho^2=0.3385\times10^{-10}$

$A=\sum_1^n m_{si}^2\cos^2\alpha_i+m_\beta^2/\rho^2\sum_1^n\eta_i^2=54.40$

$B=\sum_1^n m_{si}^2\sin^2\alpha_i+m_\beta^2/\rho^2\sum_1^n\xi_i^2=29.12$

$C=\sum_1^n m_{si}^2\sin\alpha_i\cdot\cos\alpha_i-m_\beta^2/\rho^2\sum_1^n\eta_i\xi_i=5.44$

$N=A\cdot B-C^2=1\ 554.53$

$Cf_{\Delta y}=-44.61$
$-Bf_{\Delta x}=75.71$
31.10

$K_x=\frac{1}{N}(Cf_{\Delta y}-Bf_{\Delta x})=0.020\ 006$

$Cf_{\Delta x}=-14.14$
$-Af_{\Delta y}=446.08$
431.94

$K_y=\frac{1}{N}(Cf_{\Delta x}-Af_{\Delta y})=0.277\ 859$

$E=K_x\cdot\frac{m_\beta^2}{\rho''}\times10^5=0.013\ 967$

$F=-K_y\cdot\frac{m_\beta^2}{\rho''}\times10^5=-0.193\ 982$

表 3.6.2.6

单一闭合导线条件平差(三)

点号	角度及方位角改正				边长改正(mm)				坐标增量改正(mm)					
	ηE	ξF	V''_β	V''_α	$m_s^2\cos\alpha.K_x$	$m_s^2\sin\alpha\cdot K_y$	V_s	$V_\alpha/\rho''\times10^5$	$V_s\cos\alpha$	$-\Delta y\times(32)$	$V_{\Delta x}$	$V_s\sin\alpha$	$-\Delta x\times(32)$	$V_{\Delta y}$
24	25	26	27	28	29	30	31	32	33	34	35	36	37	38
导 1—ⅡK	−0.021	1.179	1.16											
				(起始方位不改正)	0.20	0	0.20	0	0.20	0	0.20	0	0	0
导 13	−0.021	0.190	0.17											
				+0.17	0.17	1.14	1.31	0.082	1.18	−0.12	1.06	0.57	0.24	0.81
导 12	−0.001	−0.374	−0.38											
				−0.21	0.18	0.88	1.06	−0.102	1.00	0.10	1.10	0.36	−0.28	0.08
导 11	0.013	−0.908	−0.90											
				−1.11	−0.18	0.63	0.45	−0.538	−0.44	0.04	−0.04	0.11	1.58	1.69
导 3	0.023	−0.336	−0.31											
				−1.42	−0.18	−0.91	−1.09	−0.688	1.02	−0.77	0.25	0.38	2.07	2.45
导 2	0.007	0.248	0.26											
				−1.16	−0.19	−1.08	−1.27	−0.562	1.17	−1.13	0.04	0.49	2.70	3.19
导 1—ⅡK														
	0.000	−0.001	0.00											
											+2.61			+8.22

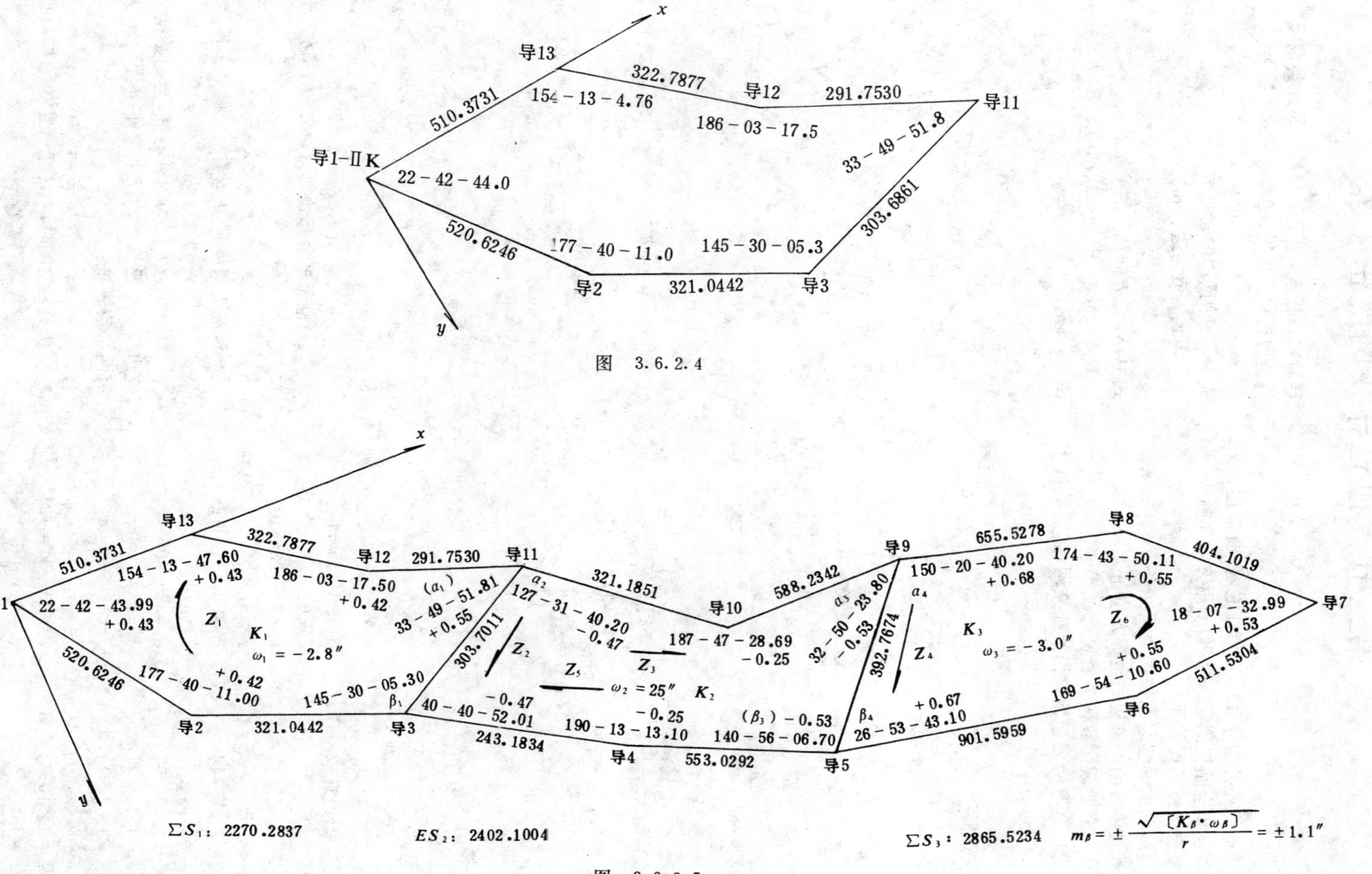

导1–ⅡK
导13
导12
导11
导3
导2
x
y
510.3731
322.7877
291.7530
303.6861
321.0442
520.6246
22 − 42 − 44.0
154 − 13 − 4.76
186 − 03 − 17.5
33 − 49 − 51.8
145 − 30 − 05.3
177 − 40 − 11.0

图 3.6.2.4

导1
导2
导3
导4
导5
导6
导7
导8
导9
导10
导11
导12
导13
x
y
510.3731
322.7877
291.7530
321.1851
588.2342
655.5278
404.1019
511.5304
901.5959
553.0292
243.1834
321.0442
520.6246
303.7011
392.7674
22 − 42 − 43.99
+0.43
154 − 13 − 47.60
+0.43
186 − 03 − 17.50
+0.42
177 − 40 − 11.00
+0.42
145 − 30 − 05.30
127 − 31 − 40.20
−0.47
187 − 47 − 28.69
−0.25
40 − 40 − 52.01
−0.47
190 − 13 − 13.10
−0.25
140 − 56 − 06.70
−0.53
150 − 20 − 40.20
+0.68
174 − 43 − 50.11
+0.55
18 − 07 − 32.99
+0.53
169 − 54 − 10.60
+0.55
26 − 53 − 43.10
+0.67
$\omega_1 = -2.8''$
$\omega_2 = 25''$
$\omega_3 = -3.0''$
ΣS_1：2270.2837
ES_2：2402.1004
ΣS_3：2865.5234
$m_\beta = \pm\sqrt{\frac{[K_\beta \cdot \omega_\beta]}{r}} = \pm 1.1''$

图 3.6.2.5

第三节　独立导线网严密平差

一、概　　述

隧道洞外控制导线一般为独立网。通常边长采用测距仪和全站仪测量、导线角采用方向观测法，平差时按方向或角度处理。

导线网的必要起始数据为三个：一个点的纵横坐标和过该点的一条边的坐标方位角。

(一)必要观测数和多余观测数

对于具有必要起始数据的独立网(起始数据不足时可以设定，隧道网一般均属此类情况)，当观测值是边长和角度时，必要观测的个数为

$$t_0^{角}=2N_p-3 \qquad (3.6.3.1)$$

式中，N_p 为网中的总点数。

当观测值为边长和方向时，必要观测的个数是

$$t_0^{方}=2N_p+N_F-3 \qquad (3.6.3.2)$$

式中，N_F 是方向观测的测站数。

图3.6.3.1中各导线网的必要观测数和多余观测数，分别以 t_0 和 r_0 表示时：

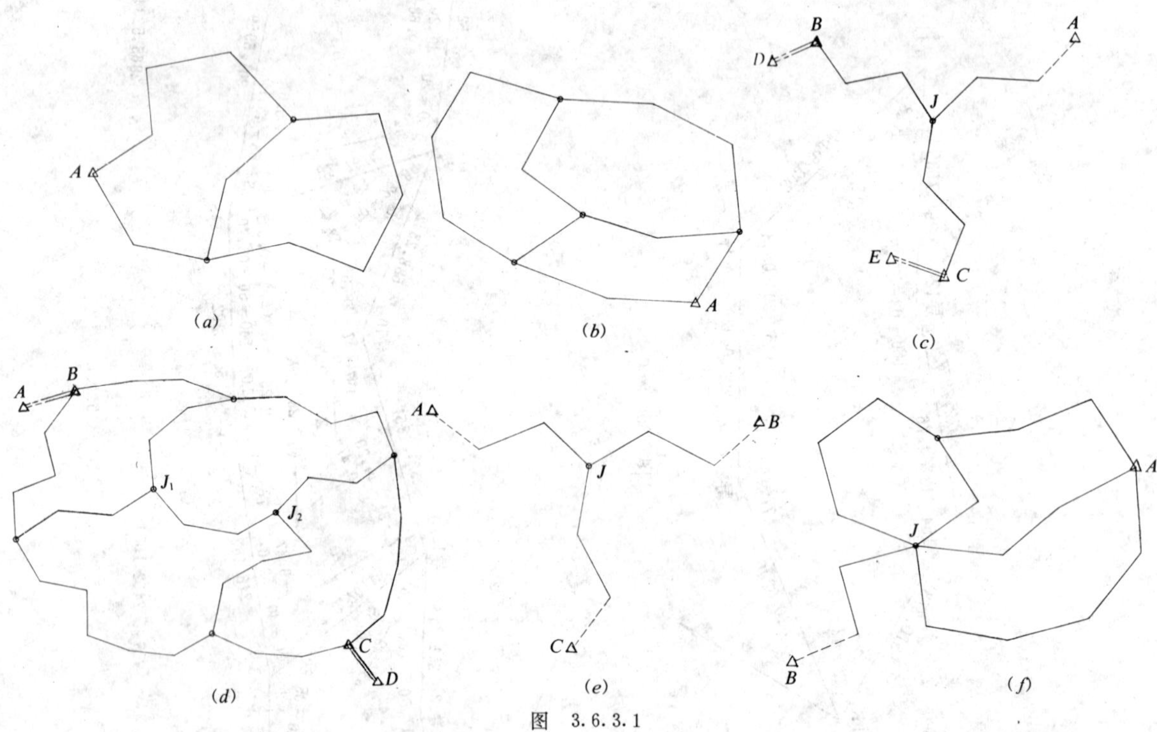

图　3.6.3.1

(a) $t_0^{角}=2\times11-3=19$，　$r_0^{角}=25-19=6$；
$t_0^{方}=30$　$r_0^{方}=6$；

(b) $t_0^{角}=2\times13-3=23$，　$r_0^{角}=33-23=10$；
$t_0^{方}=36$，　$r_0^{方}=9$；

(c) $t_0^{角}=2\times7=14$，　$r_0^{角}=20-14=6$；
$t_0^{方}=23$，　$r_0^{方}=5$；

(d) $t_0^{角}=2\times35=70$，　$r_0^{角}=87-70=17$；
$t_0^{方}=107$，　$r_0^{方}=15$；

(e) $t_0^{角}=2\times7=14$，　$r_0^{角}=18-14=4$；
$t_0^{方}=21$，　$r_0^{方}=3$；

(f) $t_0^{角}=2\times16-1=31$，　$r_0^{角}=43-31=12$；
$t_0^{方}=48$，　$r_0^{方}=11$；

也可用分析的方法，直接确定多余观测数，比较直观简便。例如

(a)无多余起始数据，每环3个条件，故两个环：

$$r_0^{角}=r_0^{方}=2\times3=6$$

(b)也无多余起始数据，每环3个条件，共3个环，故：

$$r_0^{方}=3\times3=9$$

观测为角度时，J 点有一个圆周条件，故

$$r_0^{角}=3\times3+1=10$$

(c) $BD\sim CE$ 间为附合导线，起始数据多一条方位边和一个已知点，有3个条件；J 至 A，A 为已知点有两个条件，故

$$r_0^{方}=3+2=5$$

观测为角度时，J 点有一圆周条件，故

$$r_0^{角}=5+1=6$$

(d)4个环有 $4\times3=12$ 个条件，该网附合在 $AB\sim CD$ 间，多余起算数据有3个，故

$$r_0^{方}=12+3=15$$

角度观测时，J_1和 J_2各有一个圆周条件，故

$$r_0^{角}=15+2=17$$

(e)三已知点 A,B,C 中任意两点间均为典型的两已知点间的附合导线，只有一个条件；J 点至另一已知点间有两个条件，故

$$r_0^{边}=1+2=3$$

$$r_0^{角}=1+2+1=4$$

(f)三个环有3×3＝9个条件，J 至 B 有两个条件；角度观测时多一个圆周角条件，故

$$r_0^{边}=3\times3+2=11$$

$$r_0^{角}=3\times3+2+1=12$$

(二)边、角定权

导线网平差中包含有角度(或方向)和边长两类不同性质的观测量。因此在平差前应正确地确定它们的测量精度。测距仪的测距精度可采用经检验的仪器的标称精度，即按下式计算：

$$m_{si}^2=a^2+b^2s_i^2 \qquad (3.6.3.3)$$

若有条件，应尽可能按仪器在生产中或检定中统计的精度使用。统计值是按往返观测长度分别归算至同一高程面(如隧道建筑高程)的较差算得的。详见第五章有关内容。

测角中误差应根据不同仪器和观测方法采用生产中统计值(可参考《测规》隧道部分的条件说明)。具体的某个网的测角中误差可作子样检验看待。

隧道网测角一般采用同精度观测，设单位权中误差取 $m_0=m_\beta$，则测角的权 $P_\beta=1$；边长 S_i 的权即为：

$$P_{s_i}=\frac{m_\beta^2}{m_{s_i}^2} \qquad (3.6.3.4)$$

或

$$\frac{1}{P_{s_i}}=\frac{m_{s_i}^2}{m_\beta^2} \qquad (3.6.3.5)$$

式中，P_β 是无单位量，P_{s_i}的单位与 m_{si}^2单位有关，当 m_{s_i}取 mm 时，P_{s_i}的单位为秒²/mm²。

导线网平差后，还可利用 V^TPV 计算单位权中误差，算得的结果应与平差前所取的 m_0。相接近。如果二者相差较大，则应分析平差前所取 m_β 和 m_{s_i}是否正确，并进行适当的调整。

二、导线网条件平差

导线网采用条件平差法平差时，最基本的是列立条件方程式，此后的计算跟常规平差计算相同。再须注意的是边、角的权不相同，在组成法方程式时，以及求解法方程之后计算边角改正值时，都必须顾及权。

(一)条件方程式的列立

图3.6.3.2为隧道导线网中取出的一个闭合环。

由于是独立网，起算点1的坐标 x_1,y_1及起算方位角 $\alpha_{1,2}$均为假设的。

设观测的导线环内角为 β_1、β_2、β_3……β_n，测角中误差为 m_β；观测边长为 s_1、s_2、s_3……s_n，测边中误差为 m_{s_i}。导线有3个条件式：一个图形闭合条件和两个坐标闭合条件。

1. 图形闭合条件

设观测角 β_i 的改正数为 v_i，观测边 s_i 的改正数 $v_{s_i}(i=1,2,3\cdots\cdots n)$。由角度改正数 v_i 表示的图形闭合条件方程式为：

$$v_1+v_2+v_3+\cdots\cdots+v_n+w_\beta=0 \qquad (3.6.3.6)$$

式中，ω_β 为图形条件闭合差，按下式计算：

$$w_\beta=\sum_{i=1}^{n}\beta_i-180(n-2) \qquad (3.6.3.7)$$

2. 纵、横坐标条件

由角度改正值 v_i 和边长改正值 v_{s_i}表示的纵横坐标条件式如下：

$$\left.\begin{aligned}\sum_1^n\cos\alpha_i\cdot v_{s_i}-\sum_1^n\frac{1}{\rho}(y_{n+1}-y_i)v_i+w_x=0\\ \sum_1^n\sin\alpha_i\cdot v_{s_i}+\sum_1^n\frac{1}{\rho}(x_{n+1}-x_i)v_i+w_y=0\end{aligned}\right\} \qquad (3.6.3.8)$$

如图3.6.3.2所示，$x_{n+1}=x_1$，$y_{n+1}=y_1$，所以 v_1对应的系数项为零，上式可写为：

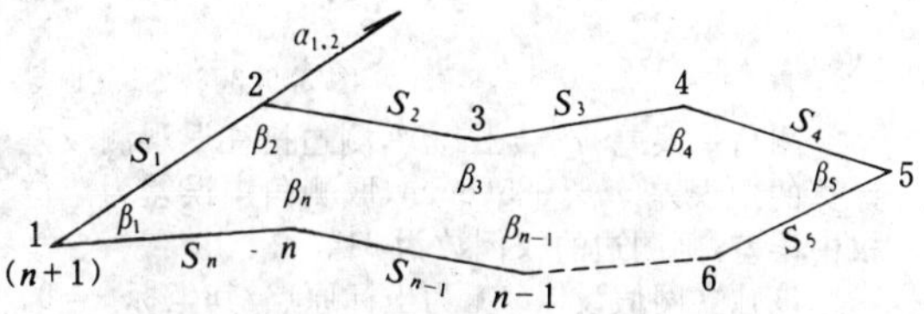

图 3.6.3.2

$$\left.\begin{aligned}\sum_1^n\cos\alpha_i\cdot v_{s_i}-\sum_1^n\frac{1}{\rho}(y_1-y_i)v_i+w_x=0\\ \sum_1^n\sin\alpha_i\cdot v_{s_i}+\sum_1^n\frac{1}{\rho}(x_1-x_i)v_i+w_y=0\end{aligned}\right\} \qquad (3.6.3.9)$$

式中，w_x、w_y 为 x 坐标闭合差和 y 坐标闭合差。其值按下式计算：

$$\left.\begin{aligned}w_x=\sum_1^n\Delta x_i\\ w_y=\sum_1^n\Delta y_i\end{aligned}\right\} \qquad (3.6.3.10)$$

式中，Δx_i、Δy_i 是 w_β 平均分配后的角度 β'_i 和边长观测值 s_i 计算的导线坐标增量。

在列立条件式后，取用单位一般可考虑：v_i 以秒为单位，w_x、w_y 以 mm 为单位，v_{s_i}也以 mm 为单位；x、y 取用 m 时，则 $\rho_c=206.265$，这样全式单位一致。

(二)平差计算步骤

1. 绘导线网平差略图。如图 3.6.3.2 所示，导线起始点为 1，依次按 1、2、3、……n 编号，(n+1)点即为 1 点；边长和导线内角依次编号；并假设 1～2 点连线的起始边方位角，通常可设 $\alpha_{1,2}=00°-00'-00''$。

2. 起始数据及边、角观测值表。列出起始点的已知坐标或假设坐标(通常设 $x=0$、$y=0$)；起始边

的已知方位角或假设方位角。列出全部边角观测值。计算 w''_β，并将其平均分配。

3. 条件方程式系数计算及闭合差计算。计算近似坐标的方位角时，应使用 w_β 分配后的角度。

4. 条件方程式、贯通权函数式的组成及改正值对应的权的计算。贯通权函数式的开列及权函数式系数计算见本《手册》第二章有关内容。此处省略。

观测值的权见本节概述中有关边角定权内容。

5. 法方程式系数组成(略)。

6. 法方程解算、联系数、V^TPV 和 $\frac{1}{P_F}$ 的计算。关于贯通误差权倒数 $\frac{1}{P_F}$ 的计算详见本手册本篇第二章。

7. 角度、边长改正值计算。在计算改正值时注意顾及权。

8. 边角平差值计算及平差值坐标计算。平差角应为近似平差角加平差改正值；若以观测角计算则应加近似平差改正和本次平差改正。用平差值计算的坐标，全部闭合差均应消除。

(三)条件平差示例

1. 平差示意图

如图 3.6.3.3 所示，共观测 26 个角、24 条边，平差时边角编号如图示。

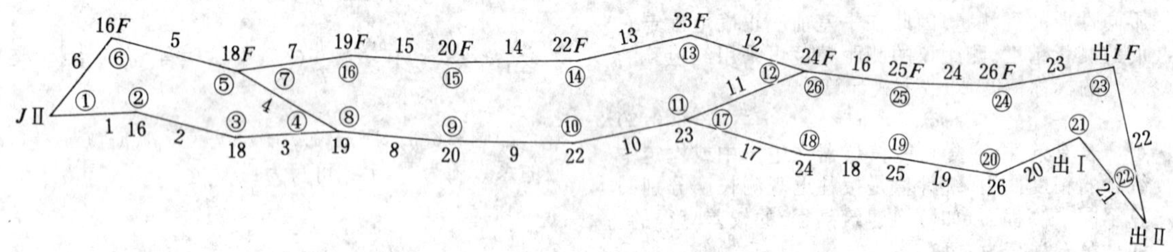

图 3.6.3.3　某隧道导线网平差示意图(条件平差)

测角中误差 $m''_\beta=\pm1.0''$，测边按往返观测较差计算的中误差 $m_s=\pm5.6$mm，取测角中误差为单位权中误差，则测边的权倒数为 31。

该独立网假设以 JⅡ 为坐标原点，其坐标 $x=0$、$y=0$，以 JⅡ～16 连线为起始方位，其方位角 $\alpha_{J\text{Ⅱ}\sim16}=00°00'00.0''$。

2. 导线边、角观测值

如表 3.6.3.1 所示。其中 3 个图形条件的闭合差 w''_β 须先作近似平差(即角度第一次平差)，以使各环的坐标条件闭合差 f_x 和 f_y 为一组确定的值，并使各环之间相联系的方位角是一个确定的值。角度近似平差时，是将 w_β 反号平均分配在各内角上。

导线边、角观测值和平差值　　表 3.6.3.1

角度号	角度观测值 (°　′　″)	近似平差后角度的秒值	v_i(″)	平差值 (″)	边长号	边观测值 (m)	v_{si} (mm)	平差后小数值
①	00　01　09.08	08.92	+0.56	09.48	1	1 226.7002	−3.9	.696 3
②	203　08　14.50	14.34	+0.40	14.74	2	1 499.4079	−3.2	.404 7
③	188　50　59.43	59.27	−0.15	59.12	3	2 095.8974	−2.8	.894 6
④	00　01　07.49	07.33	−1.06	06.27	4	2 095.928 3	+2.1	.930 4
⑤	171　07　28.63	28.46	−0.15	28.31	5	1 499.3990	+3.2	402 2
⑥	156　51　01.85	01.68	+0.40	02.08	6	1 226.946 1	+3.9	.950 0
	$w_\beta=+0.98''$	0	0					
⑦	00　00　47.83	47.61	−0.36	47.25	7	2 095.835 2	+0.7	.835 9
⑧	166　10　18.01	18.01	−0.20	17.81	8	1 536.537 6	−0.5	.537 1
⑨	165　31　39.60	39.38	−0.05	39.33	9	1 252.588 0	−0.4	.587 6
⑩	174　47　19.43	19.21	+0.10	19.31	10	743.270 0	−0.3	.269 7
⑪	222　34　59.71	59.48	+0.19	59.67	11	1 287.828 6	−0.7	.827 9
⑫	8　13　59.58	59.35	+0.27	59.62	12	1 649.794 1	+0.8	.794 9
⑬	99　27　28.69	28.47	+0.20	28.67	13	744.713 1	−0.1	.713 0
⑭	217　14　02.33	02.11	+0.11	02.22	14	1 433.497 0	+0.4	.497 4

续上表

角度号	角度观测值 (° ′ ″)	近似平差后角度的秒值	v_i (″)	平差值 (″)	边长号	边观测值 (m)	v_{si} (mm)	平差后小数值
⑮	190 09 58.40	58.18	−0.06	58.12	15	1 338.367 6	+0.5	.368 1
⑯	195 49 28.42	28.20	−0.20	28.00				
	$w_\beta=+1.99''$	0	0					
⑰	00 00 58.47	58.47	−0.52	57.95	16	1 251.4028	−0.4	.402 4
⑱	158 47 58.67	58.45	−0.32	58.13	17	1 287.606 9	+0.1	.607 0
⑲	200 43 28.48	28.26	−0.15	28.11	18	1 252.856 0	+0.4	.856 4
⑳	140 55 36.20	35.98	+0.14	36.12	19	1 874.195 6	+0.1	.195 7
㉑	286 42 27.89	27.66	+0.39	28.05	20	2 297.786 1	+0.7	.786 8
㉒	00 01 33.13	32.90	+0.42	33.32	21	399.303 1	−0.9	.302 2
㉓	73 05 31.30	31.08	+0.39	31.47	22	400.091 7	+0.9	.092 6
㉔	219 07 52.68	52.46	+0.14	52.60	23	2 298.696 2	−0.7	.695 5
㉕	159 06 55.96	55.74	−0.15	55.59	24	1 876.6116	−0.1	.611.5
㉖	201 17 39.22	39.00	−0.32	38.68				
	$w_\beta=+2.0''$	0	0					

3. 近似坐标及其闭合差的计算、条件方程式系数计算

如表 3.6.3.2。近似坐标计算时，边长用观测值，导线角用第一次平差改正后的值。将各环中，坐标增量闭合差 f_x、f_y 算出。

各边方位角的正弦和余弦函数，即分别为纵、横坐标条件式中 v_{s_i} 的系数；$-\left(\frac{y_{n+1}-y_i}{206.26}\right)$ 和 $\left(\frac{x_{n+1}-x_i}{206.26}\right)$ 分别为纵、横坐标条件式 v_i（角度改正值）所对应的系数。x、y 的单位应为米。

4. 条件方程式的组成、平差改正值计算

如表 3.6.3.3。9 个条件式依次按 a、b、c……h、j 行列出，在 26 个角度和 24 个边长改正值的对应行中，列出条件式的系数。并在 $1/P$ 行中列出全部边、角的权倒数。

近似坐标及闭合差计算、条件方程系数计算　　表 3.6.3.2

点号 i	观测边长 s(m)	坐标方位角 α (° ′ ″)	近似坐标(m) x	y	$\cos\alpha$	$\sin\alpha$	$-\frac{y_{n+1}-y_i}{206.26}$	$\frac{x_{n+1}-x_i}{206.26}$
JⅡ			1 000.000 0	1 000.000 0			0	0
	1 226.700 2	00 00 00.0			1.000 0	0.000 0		
16			2 226.700 2	1 000.000 0			0.0001	−5.947 1
	1 499.407 9	23 08 14.34			0.9195 7	0.392 94		
18			3 605.504 4	1 589.171 5			2.856 5	−12.631 7
	2 095.597 4	31 59 13.61			0.8481 7	0.529 73		
19			5 383.175 9	2 699.428 1			8.239 1	−21.250 1
	2 095.928 3	212 00 20.94			−0.847 99	−0.530 01		
18F			3 605.840 7	1 588.574 9			2.853 6	−12.633 3
	1 499.399 0	203 07 49.40			−0.919 61	−0.392 82		
16F			2 226.973 5	999.573 6			−0.002 0	−5.948 4
	1 226.946 1	179 58 51.08			−1.000 00	0.000 33		
JⅡ			1 000.027 4	999.983 6				
			$f_{x1}=+27.4$mm	$f_{y1}=-16.4$mm				
18F			3 605.840 7	1 588.574 9			0	0
	2 095.928 3	32 00 20.94			0.848 00	0.530 01		
19			5 383.175 9	2 699.428 1			5.385 5	−8.616 8
	1 536.537 6	18 10 38.95			0.950 10	0.311 96		
20			6 843.032 2	3 178.768 9			7.709 4	−15.694 4
	1 252.588 0	3 42 18.33			0.997 91	0.064 62		
22			8 093.002 1	3 259.712 3			8.101 8	−21.754 4
	743.270 0	358 29 37.54			0.999 65	−0.026 29		
23			8 836.015 3	3 240.174 9			8.007 1	−25.356 6
	1 287.828 6	41 04 37.02			0.753 83	0.657 07		
24F			9 806.816 3	4 086.371 1			12.109 6	−30.063 2
	1 649.794 1	229 18 36.37			−0.651 96	−0.758 25		
23F			8 731.208 8	2 835.415 8			6.044 8	−24.848 5
	744.713 1	148 46 04.84			−0.855 07	−0.518 50		
22F			8 094.423 3	3 221.552 9			7.916 8	−21.761 3
	1 433.497 0	186 00 06.95			−0.994 52	−0.104 56		
20F			6 668.784 2	3 071.663 6			7.1901	−14.849 6
	1 338.367 6	196 10 0513			−0.960 45	−0.278 46		
19F			5 383.350 5	2 698.986 8			5.383 3	−8.617 6
	2 095.835 2	211 59 33.33			−0.848 12	−0.529 81		
18F			3 605.837 8	1 588.593 2				

续上表

点号 i	观测边长 s(m)	坐标方位角 α (° ′ ″)	近似坐标(m) x	y	$\cos\alpha$	$\sin\alpha$	$-\frac{y_{n+1}-y_i}{206.26}$	$\frac{x_{n+1}-x_i}{206.26}$
			$f_{x2}=-2.9$mm　$f_{y2}=+18.3$mm					
24F			9 806.816 3	4 086.371 1				
	1 287.828 6	221 04 37.02			−0.75383	−0.65707	0	0
23			8 836.015 3	3 240.174 9				
	1 287.606 9	41 05 35.49			0.753 64	0.657 29	−4.102 6	4.706 5
24			9 806.409 3	4 086.500 5				
	1 252.856 0	19 53 33.94			0.940 33	0.340 26	0.000 5	0.001 9
25			10 984.508 8	4 512.798 3				
	1 874.195 6	40 37 02.20			0.759 08	0.651 00	2.067 2	−5.709 7
26			12 407.163 9	5 732.905 5				
	2 297.786 1	1 32 38.18			0.999 64	0.026 94	7.982 5	−12.606 9
出Ⅰ			14 704.115 8	5 794.816 0				
	399.303 1	108 15 05.84			−0.313 19	0.949 69	8.282 6	−23.742 8
出Ⅱ			14 579.057 8	6 174.030 3				
	400.091 7	288 26 38.74			0.316 38	−0.948 63	10.121 1	−23.136 6
出IF			14 705.638 4	5 794.490 2				
	2 298.696 2	181 32 09.82			−0.999 64	−0.026 81	8.281 0	−23.750 2
26F			12 407.768 3	5 732.871 1				
	187 6.611 6	220 40 02.28			−0.758 51	−0.651 67	7.982 3	−12.609 8
25F			10 984.346 4	4 509.947 8				
	1 251.402 8	199 46 58.02			−0.940 98	−0.338 46	2.053 4	−5.708 9
24F			9 806.798 3	4 086.404 1				
			$f_{x3}=-18.0$mm　$f_{y3}=+33.0$mm					

表中联系数 k_a、k_b、k_c……k_j 将在解法方程后产生并列入该表以计算 v_i 和 v_{si}。

5. 法方程式系数的组成

如表 3.6.3.4。根据表 3.6.3.3 的条件方程式系数及闭合差 W,按通常的方法即可计算并组成法方程式的系数。

表 3.6.3.4

	a〕	b〕	c〕	d〕	e〕	f〕	g〕	h〕	j〕	W
〔a	6	0	0	13.947 3	−58.410 6	−0.000 0	0	0	0	0
〔b		10	0	0	0	67.848 3	−171.562 4	0	0	0
〔c			10	0	0	0	0	42.667 9	−102.556 6	0
〔d				243.211 6	−196.953 4	−22.292 2	−13.932 6	0	0	27.4
〔e					868.452 8	−13.932 6	−8.707 9	0	0	−16.4
〔f						791.8580	−1319.695 3	−17.614 6	−15.355 0	−2.9
〔g							3789.207 8	−15.355 0	−13.385 2	18.3
〔h								586.243 5	−807.332 8	−18.0
〔j									2 184.503 2	33.0

6. 法方程式解算

如表 3.6.3.5。法方程式解算按通常的高斯-杜力特表约化计算。并依次算出联系数 k_j、k_h、k_g……k_a,将联系数列入表 3.6.3.3 中计算所有角度和边长的平差改正值 v。在计算 v 时,注意代入 $1/P$ 值。

表 3.6.3.5 中。在 W 列的最后算出 V^TPV,

$$V^TPV=〔b.1\times E.1+C.2\times E.2+d.3\times E.3+\cdots+j.8\times E.8〕=5.447$$

并由所解出的联系数和闭合差乘积检核:

$$V^TPV=〔k_a\times w_a+k_b\times w_b+k_c\times w_c+\cdots+k_j\times w_j〕=5.447$$

平差结果计算的观测值单位权中误差:

$$m_0=\pm\sqrt{\frac{V^TPV}{r}}=\pm\sqrt{\frac{5.447}{9}}=\pm0.8''$$

与平差前在边角定权时所取用的 $m_0=m_\beta=\pm1.0''$ 相比较,其值大致上接近且略偏小,可以认为边角定权基本上是合适的。

7. 边、角平差值计算

在表 3.6.3.1 中计算。将表 3.6.3.3 中算得的平差改正值 v,分别列入表 3.6.3.1 中的角度平差改正值 v_i 和边长平差改正值 v_{si} 两列中,计算出角度平差值(仅列出秒值)和边长平差值(仅列出以米为单位小数后的值)。

8. 导线点坐标平差值计算(表 3.6.3.6)

边的平差值、导线角的平差值,均由表 3.6.3.1 中摘取,计算导线点的坐标平差值。至此,导线网按条件平差计算全部结束。

三、导线网间接平差

导线网采用间接平差时,其法方程式的阶数比按条件平差时为大。但考虑到间接平差列立误差方程式的规律简单,便于编程,采用电算时也是方便的。尤其重要的是间接平差可通过求相对点位误差

条件方程式的组成、平差改正数的计算

表 3.6.3.3

编号		V_1	V_2	V_3	V_4	V_5	V_6	V_7	V_8	V_9	V_{10}	V_{11}	V_{12}	V_{13}
条件方程式	a $k_a=0.5632$	1	1	1	1	1	1							
	b $k_b=-0.3636$							1	1	1	1	1	1	1
	c $k_c-0.3244$													
	d $k_d-0.1246$	0	0 0.000 1	6 2.856 5	8.239 1	7 2.853 6	−0.002 0							
	e k_e0 .0281	0	3 −5.9471	21 −12.631 7	8 −21.250 1	6 −12.6333	8 −5.948 4							
	f $k_f-0.0101$							0	5.385 5	7 7.709 4	9 8.1018	4 8.0071	100 12.109 6	6.044 8
	g $k_g-0.0252$							0	73 −8.616 8	8 −15.694 4	51 −21.754 4	73 −25.3566	40 −30.063 2	92 −24.848 5
	h k_h0.0229													
	j $k_j-0.0221$													
1/P		1	1	1	1	1	1	1	1	1	1	1	1	1
V		0.563	0.396	−0.148	−1.060	−0.147	0.396	−0.364	−0.201	−0.046	0.103	0.194	0.271	0.201
条件方程式	a $k_a=$ 0.5632													
	b $k_b=-0.3636$	1	1	1										
	c $k_c-0.3244$				1	1	1	1	1	1	1	1	1	1
	d $k_d-0.1246$													
	e k_e0 .0281													
	f $k_f-0.0101$	72 7.916 8	4 7.190 1	5 5.383 3										
	g $k_g-0.0252$	9 −21.761 3	502 −14.849 6	82 −8.617 6										
	h k_h0.0229				−4.102 6	0.000 5	2.06 72	7.982 5	8.282 6	10.121 1	3 8.281 0	6 7.982 3	2 2.053 4	0
	j $k_j-0.0221$				7 4.706 5	0.001 9	8 −5.709 7	74 −12.606 9	23 −23.742 8	73 −23.136 6	6 −23.750 2	103 −12.609 8	8 −5.708 9	0
1/P		1	1	1	1	1	1	1	1	1	1	1	1	1
V		0.105	−0.062	−0.201	−0.522	−0.324	−0.151	0.137	0.390	0.419	0.390	0.137	−0.151	−0.324

续上表

编号		V_{s1}	V_{s2}	V_{s3}	V_{s4}	V_{s5}	V_{s6}	V_{s7}	V_{s8}	V_{s9}	V_{s10}	V_{s11}	V_{s12}	V_{s13}
条件方程式	a $k_a=0.5632$													
	b $k_b=-0.3636$													
	c $k_c-0.3244$													
	d $k_d-0.1246$	1.000 0	0.919 6	0.848 2	−0.848 0	−0.919 6	−1.000 0							
	e $k_e 0.0281$	0	0.392 9	0.529 7	−0.530 0	−0.392 8	0.000 3							
	f $k_f-0.0101$				0.848 0			−0.848 1	0.950 1	0.997 9	0.999 6	0.753 8	−0.652 0	−0.855 1
	g $k_g-0.0252$				0.530 0			−0.529 8	0.312 0	0.064 6	−0.026 3	0.657 1	−0.758 2	0.518 5
	h $k_h 0.0229$											−0.753 8		
	j $k_j-0.0221$											−0.657 1		
$1/P$		31	31	31	31	31	31	31	31	31	31	31	31	31
V		−3.9	−3.2	−2.8	2.1	3.2	3.9	0.7	−0.5	−0.4	−0.3	−0.7	0.8	−0.1

编号													
条件方程式	a $k_a=$ 0.5632												0
	b $k_b=-0.3636$												0
	c $k_c-0.3244$												0
	d $k_d-0.1246$												27.4
	e $k_e 0.0281$												−16.4
	f $k_f-0.0101$	−0.994 5	−0.960 4										2.9
	g $k_g-0.0252$	−0.104 6	−0.278 5										18.3
	h $k_h 0.0229$			−0.941 0	0.753 6	0.940 3	0.759 1	0.999 6	−0.313 2	0.3164	−0.999 6	−0.758 5	−18.0
	j $k_j-0.0221$			−0.338 5	0.657 3	0.340 3	0.651 0	0.026 9	0.949 7	−0.948 6	−0.026 8	−0.651 7	330
$1/P$		31	31	31	31	31	31	31	31	31	31	31	
V		0.4	0.5	−0.4	0.1	0.4	0.1	0.7	−0.9	0.9	−0.7	−0.1	

法方程式解算

表 3.6.3.5

a		b	c	d	e	f	g	h	j	w
a	b	0	0	13.947 3	−58.410 6	0	0	0	0	0
E	0.563 2	0	0	−2.324 6	9.735 1	0	0	0	0	0
b	(k_a)	10	0	0	0	67.848 3	−171.562 4	0	0	0
b·1		10	0	0	0	67.848 3	−171.562 4	0	0	0
E·1		−0.363 6	0	0	0	−6.784 8	17.156 2	0	0	0
c		(k_b)	10	0	0	0	0	42.667 9	−102.556 6	0
c.2			10	0	0	0	0	42.667 9	−102.556 6	0
E.2			−0.324 4	0	0	0	0	−4.266 8	10.255 7	0
d			(k_c)	243.211 5	−196.953 4	−22.292 2	−13.932 6	0	0	27.4
d.3				210.789 6	−61.172 1	−22.292 2	−13.932 6	0	0	27.4
E·3				−0.124 6	0.290 2	0.105 8	0.066 1	0	0	−0.130 0
e				(k_d)	868.452 8	−13.932 6	−8.807 8	0	0	−16.4
e·4					282.067 6	−20.401 8	−12.751 0	0	0	−8.448 5
E·4					0.028 1	0.072 3	0.045 2	0	0	0.030 0
f					(k_e)	791.858 0	−1319.695 3	−17.614 6	−15.355 0	−2.9
f·5						327.687 3	−158.074 7	−17.614 6	−15.355 0	−0.611 9
E·5						−0.010 1	0.482 4	0.053 8	0.046 8	0.001 9
g						(k_f)	3 789.207 8	−15.355 0	−13.385 2	18.3
g.6							768.096 4	−23852 3	−20.792 5	19.434 1
E.6							−0.025 2	0.031 1	0.027 1	−0.025 3
h							(k_g)	586.243 5	−807.332 8	−18.0
h.7								402.498 6	−371.217 0	−17.428 5
E.7								0.022 9	0.922 3	0.043 3
j								(k_h)	2184.503 2	33.0
j.8									789.056 4	17.423 7
E.8									−0.022 1	−0.022 1
W	〔kw〕=−5.447								(kj)	0
W·9									〔pVV〕=	−5.447 2

导线点坐标平差值 表 3.6.3.6

点名	边平差值 (m)	坐标方位角平差值 (° ′ ″)	坐标平差值(m)	
			$\hat{x}$	$\hat{y}$
JⅡ	1 226.696 3	00 00 00.00	1 000.000 0	1 000.000 0
16	1 499.404 7	23 08 14.74	2 226.696 3	1 000.000 0
18	2 095.894 6	31 59 13.86	3 605.496 4	1 589.172 9
19	2 095.930 4	212 00 20.13	5 383.164 2	2 699.430 2
18F	1 499.402 2	203 07 48.44	3 605.822 8	1 588.582 9
16F	1 226.950 0	179 58 50.52	2 226.949 9	999.586 7
JⅡ				
18F	2 095.930 4	32 00 20.13	3 605.822 8	1 588.582 9
19	1 536.537 1	18 10 37.94	5 383.164 2	2 699.430 2
20	1 252.587 6	03 42 17.28	6 843.022 3	3 178.763 7
22	743.269 7	358 29 36.59	8 092.992 3	3 259.700 8
23	1 287.827 9	41 04 36.26	8 836.005 0	3 240.159 9
24F	1 649.794 9	229 18 35.88	9 806.808 6	4 086.352 0
23F	744.713 0	148 46 04.54	8 731.197 6	2 835.398 8
22F	1 4.33497 4	186 00 06.75	8 094.412 7	3 221.536 7
20F	1 338.368 1	196 10 04.87	6 668.773 1	3 071.648 8
19F	2 095.835 9	211 59 32.87	5 383.338 5	2 698.973 4
18F				
24F	1 287.827 9	221 04 36.26	9 806.808 6	4 086.352 0
23	1 287.607 0	41 05 34.21	8 836.005 0	3 240.159 9
24	1 252.856 4	19 53 32.34	9 806.404 3	4 086.479 5
25	1 874.195 7	40 37 00.45	10 984.507 5	4 512.768 2
26	2 297.786 7	1 32 36.57	12 407.173 0	5 732.863 5
出Ⅰ	399.302 2	108 15 04.62	14 704.126 0	5 794.756 1
出Ⅱ	400.092 6	288 26 37.94	14 579.070 5	6 173.970 2
出IF	2 298.695 5	181 32 09.41	14 705.650 0	5 794.428 8
26F	1 876.611 5	220 40 02.01	12 407.780 4	5 732.814 3
25F	1 251.402 4	199 46 57.60	10 984.357 0	4 509.892 9
24F				

椭圆计算隧道贯通误差，这对隧道测量设计和贯通误差估算却十分重要。

导线网按间接平差时，一般选取待定点坐标作为未知数，直接求解导线点的坐标平差值。

(一)误差方程式的列立

1. 角度观测值 β 的误差方程式列立

β 角的角顶点及观测点编号如图 3.6.3.4 所示，误差方程式则为：

$$V_\beta=(a_{kj}-a_{ki})\delta\hat{x}_k+(b_{kj}-b_{ki})\delta\hat{y}_k-a_{kj}\delta\hat{x}_j-b_{kj}\delta\hat{y}_j+a_{ki}\delta\hat{x}_i+b_{ki}\delta\hat{y}_i+l_\beta \tag{3.6.3.11}$$

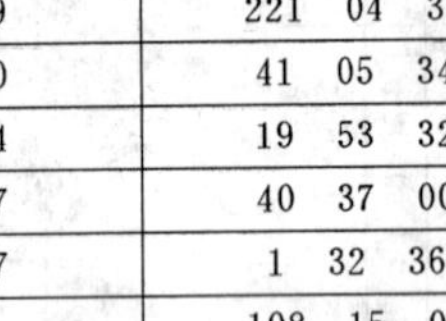

图 3.6.3.4

式中，a_{kj}、b_{kj}、a_{ki}、b_{ki} 为误差方程式未知数的系数，按下式计算：

$$\left.\begin{aligned}a_{kj}&=\frac{\rho\cdot\sin\alpha^0_{kj}}{s^0_{kj}}\\ b_{kj}&=\frac{-\rho\cos\alpha^0_{kj}}{s^0_{kj}}\\ l_\beta&=(\alpha^0_{kj}-\alpha^0_{ki})-\beta\end{aligned}\right\} \tag{3.6.3.12}$$

其中 α^0_{kj}——kj 边的近似方位角，

s^0_{kj}——kj 边的近似边长。

a_{ki}和 b_{ki}的计算与上式相同。当 s^o 以 m 为单位，坐标改正值 $\delta\hat{x}$、$\delta\hat{y}$ 以 mm 为单位时，取 $\rho=206.26$。

2. 边长观测值 s_{kj}的误差方程式的列立

$$v_{skj}=-\cos\alpha^0_{kj}\delta\hat{x}_k-\sin\alpha^0_{kj}\cdot\delta\hat{y}_k+\cos\alpha^0_{kj}\delta\hat{x}_j+\sin\alpha^0_{kj}\cdot\delta\hat{y}_j+ls_{kj} \tag{3.6.3.13}$$

式中

$$ls_{kj}=s^0_{kj}-s_{kj} \tag{3.6.3.14}$$

以上诸式中，s^0_{kj}和 α^0_{kj}是由近似坐标(x^o、y^o)按坐标反算求得的近似边长和近似方位角。计算常数项所用的 β 和 s_{kj}为观测值。

(二)平差计算步骤

1. 绘导线网平差示意图

如图 3.6.3.5 所示。点名以 A、B、C、……H 表示，边名相应以 S_{AB}、S_{BC}……等表示，导线内角以 1.2.3.……12 编号。

2. 设定起始数据、列出边角观测值表

独立网一般视需要可任意设定或选点起始点坐标，及起始边方位角。如图 3.6.3.5 所示的导线网，B 点为已知点，$x=340\,996.6934$，$y=-169.925\,0$，BC 边起始方位角为 $a_{BC}=36°16'53.18''$。

导线边角观测值如表 3.6.3.8 和表 3.6.3.7。

3. 近似坐标及近似边长、方位角计算

计算近似坐标时，直接取用边长和角度观测值。这时不需计算各环的坐标闭合差。注意不要漏列了，待定点的近似坐标。

根据近似坐标，用坐标反算求解所有的近似边长和近似方位角(不包括起始数据)。如表 3.6.3.9 中的 $x°$、$y°$以及 $S°_0T°$。

4. 计算误差方程式中角度和边长的系数

角度系数 a_{kj}、b_{kj}、a_{ki}、b_{ki}按式(3.6.3.12)中的前两式计算；边长系数由式(3.6.3.13)中可见，即为该边近似方位角的余弦和正弦函数。如表 3.6.3.9 中的 a_1、b_1 为角度系数，a_2、b_2 为边长系数。

5. 误差方程式的列立

角度观测值的误差方程式和边长观测值的误差方程式，分别按式(3.6.3.11)和式(3.6.3.13)列立，即把前述角度和边长系数代入上两式中，并算出各方程式的常数项列入。

角度误差方程式的常数项 l_β 按式(3.6.3.12)中的第 3 式计算；边长误差方程式的常数项 l_s 按式(3.6.3.14)计算。

图 3.6.3.5 所示导线网的误差方程式列立如表 3.6.3.10，共有 12 个角度误差方程式和 9 个边长误差方程式。每一横行至 L 项(不含 P)为一个方程式。方程中各系数对应的未知数(坐标平差改正值)列在最上面一横行。

6. 法方程式的组成和解算

如常规计算。以图 3.6.3.5 所示导线网为例，按表 3.6.3.10 所列的误差方程即可组成法方程系数(此时应顾及权 P)并列入表 3.6.3.11 中，再按通常采用的高斯-杜力特约化法解算，最后求得全部待定点的坐标平差改正值(即解得的未知数)$\delta\hat{x}_A$、$\delta\hat{y}_A$、$\delta\hat{x}_D$、$\delta\hat{y}_D$……$\delta\hat{x}_H$、$\delta\hat{y}_H$ 以及 V^TPV(即[PVV])。

7. 坐标平差值计算

坐标平差值按下式计算：

$$\left.\begin{aligned}\hat{x}&=x^o+\delta\hat{x}\\ \hat{y}&=y^o+\delta\hat{y}\end{aligned}\right\}\qquad(3.6.3.15)$$

图 3.6.3.5 所示导线网的坐标平差值在表 3.6.3.9 的最后部分计算。

8. 边长和角度平差值计算

将坐标改正值(未知数)代回误差方程式，按式(3.6.3.11)和式(3.6.3.13)计算 $v_{\beta i}$ 和 v_{si}。如图 3.6.3.5 的导线网，即将解得的 $\delta\hat{x}_A$、$\delta\hat{y}_A$、……$\delta\hat{x}_H$、$\delta\hat{y}_H$ 的值代入表 3.6.3.10 中算出 V 列的值。

(三)间接平差示例

某隧道独立导线网如图 3.6.3.5 所示(本例取用局部网段。B、C 为已知点，C 在隧道直线部分的中线上。边角观测值如表 3.6.3.8 和表 3.6.3.7。$m''_\beta=\pm0.94''$取 $m''_\beta=1.0''$、$P_\beta=1$；$P_s=\frac{m_\beta^2}{m_s^2}$，$m_s=3+2\times10^{-6}\cdot s_{km}$(mm)。起算点 B、C 的坐标、方位角见表 3.6.3.9。按间接平差求其它各导线点的坐标以及导线边角平差值。

1. 导线网平差示意图

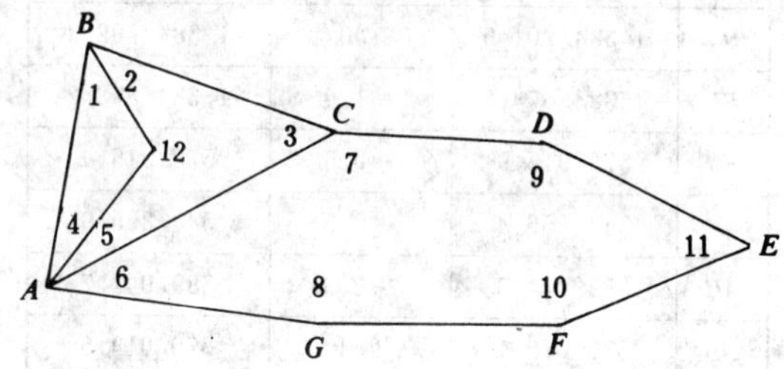

图 3.6.3.5

导线网中的点名、角度编号如图 3.6.3.5 所示。

2. 导线角观测值(表 3.6.3.7)

表 3.6.3.7

角号	角度观测值 (°　′　″)	平差改正值 (″)	角度平差值 (°　′　″)
1	81　19　25.66	1.05	81　19　26.71
2	111　33　14.08	0.19	111　33　14.27
3	39　07　28.94	0.16	39　07　29.10
4	28　35　20.43	0.79	28　35　21.22
5	29　19　16.53	0.10	29　19　16.63
6	00　02　10.74	−0.04	00　02　10.70
7	177　05　12.30	−0.06	177　05　12.24
8	182　50　54.68	−0.10	182　50　54.58
9	180　05　43.59	−0.12	180　05　43.47
10	179　55　46.58	−0.09	179　55　46.49
11	00　00　12.72	−0.20	00　00　12.52
12	70　05　11.15	0.92	70　05　12.07

观测值计算 w_β：

$\angle1+\angle4+\angle12-180°=-2.76''$

$\angle2+\angle3+\angle5-180°=-0.45''$

$\angle6+\angle7+\angle8+\angle9+\angle10+\angle11-720°=+0.61''$

平差值计算 w_β：

$\angle1+\angle4+\angle12-180°=0$

$\angle2+\angle3+\angle5-180°=0$

$\angle6+\angle7+\angle8+\angle9+\angle10+\angle11-720°=0$

3. 导线边长观测值(表 3.6.3.8)

4. 近似坐标及近似边长、方位角计算，误差方程的角度和边长系数计算，坐标平差值计算均列在表 3.6.3.9 中。

(1)计算近似值

依 B、C 为已知点，按边角观测值计算近似坐标 x^o、y^o，再用 x^o、y^o 反算近似边长 s^o 和近似方位角 T^o。

表 3.6.3.8

边名	边长观测值 L (m)	平差改正值 V (mm)	边长平差值 $L+V$ (m)
CD	578.280 2	0.5	578.280 7
DE	1 384.701 6	1.0	1 384.702 6
EF	1 384.574 2	−1.0	1 384.573 2
FG	578.915 9	−0.5	578.915 4
GA	544.856 4	−0.5	544.855 9
AH	389.044 3	−2.6	389.041 7
AB	370.012 1	2.4	370.014 5
AC	545.379 4	−0.5	545.378 9
HB	188.320 4	1.4	188.321 8

(2)误差方程式系数计算

角度误差方程系数 a_1、b_1 和边长误差方程系数 a_2、b_2 计算所用的边长和方位均为近似值。

5. 误差方程式列立及改正值计算

如表 3.6.3.10。将表 3.6.3.9 中的误差方程式系数代入表 3.6.3.10 的误差方程式时，注意代数式中的“＋”、“－”符号及常数项 l 的符号。s 为和数项，将用于计算检核；P 为边角的权，在组成法方程系数时将代入。

平差改正值 V 待法方程解算后求得未知数 $\delta\hat{x}_A$、$\delta\hat{y}_A$……$\delta\hat{x}_H$、$\delta\hat{y}_H$ 时才能计算。

6. 法方程式的组成与解算

(1)根据表 3.6.3.10 所列的全部误差方程式，按法方程系数的计算公式组成系数列入表 3.6.3.11 中，法方程依次为 1、2、3、……12，本例为 12×12 阶方阵。计算法方程系数时注意代入权。

(2)法方程解算按通常的高斯约化法进行。增加 Σ 列是为了与 s 列相校核。

(3)通过法方程解得的联系数即是误差方程式的未知数，也即是待定点的坐标平差改正值。将其代入式(3.6.3.15)算得坐标平差值，列在表 3.6.3.9 中；将联系数代入表 3.6.3.10 的各误差方程式中，即算得角度和边长的平差改正值 V 数组，并分别在表 3.6.3.7 和表 3.6.3.8 中算得角度和边长的平差值。

(4)法方程解算在 l 列的最后算得 $V^TPV=3.876$，可验算角度观测中误差(单位权中误差)：

$$m_\beta=\pm\sqrt{\frac{V^TPV}{n-t}}=\pm\sqrt{\frac{3.876}{21-12}}=\pm0.7''$$

与先验值 $\pm0.9''$ 较接近，又从表 3.6.3.10 的 V 数组可见，基本上落在中误差之内，平差处理是正常的。

近似坐标、边长、方位角计算误差方程的角度和边长系数计算坐标平差值

表 3.6.3.9

导线点	近似值				误差方程式系数				坐标平差值			
	坐标(m)		边长 s° (m)	方位角 T° (° ′ ″)	角度系数(×10⁻²)边长系数(1/mm)				改正值(mm)		平差值	
	x°	y°			$a_1=\frac{-\rho\cdot\sin\alpha^{\circ}}{s^{\circ}}$	$b_1=\frac{-\rho\cdot\cos\alpha^{\circ}}{s^{\circ}}$	$a_2=\cos\alpha^{\circ}$	$b_2=\sin\alpha^{\circ}$	$\delta\hat{x}$	$\delta\hat{y}$	$\delta\hat{x}$	$\delta\hat{y}$
B	340 996.693 4 (已知)	−169.925 0		(已知)							340 996.693 4	−169.925 0
			287.155 7	36 16 53.18	42.505 8	−57.903 9	0.806 1	0.591 8				
C	1 228.175 4 (已知)	0									1 228.175 4	0
			578.280 2	00 04 11.93	0.043 6	−35.668 7	1.000 0	0.001 2				
D	1 806.455 2	0.706 3							0.5	−0.3	1 806.455 7	0.706 0
			1 384.701 6	359 58 28.30	−0.006 6	−14.896 0	1.000 0	−0.000 4				
E	3 191.156 7	0.090 7							1.5	0.2	3 191.158 2	0.090 9
			1 384.574 2	179 58 15.60	0.007 5	14.897 4	−1.000 0	0.000 5				
F	1 806.582 7	0.791 5							2.6	−1.5	1 806.585 3	0.790 0
			578.915 9	180 02 29.00	−0.025 7	35.629 5	−1.000 0	−0.000 7				
G	1 227.667 0	0.373 3							3.1	−2.5	1 227.670 1	0.370 8
			544.856 4	177 11 34.30	1.854 0	37.811 3	−0.998 8	0.049 0				
A	683.464 4	27.057 2							3.5	−3.8	0 683.467 9	27.053 4
			389.044 3	256 25 27.49	−3.306 6	−52.915 2	0.998 1	−0.062 4				
H	341 071.751 3	2.793 6							11	−1.4	1 071.752 4	2.792 2
			188.322 6	246 30 42.47	−100.452 3	43.653 3	−0.398 6	−0.917 1				
B												
			370.019 5	147 50 06.71	29.675 9	47.188 7	−0.846 5	0.532 4				
A												
			545.382 6	357 09 22.71	−1.876 3	−37.773 7	0.998 8	−0.049 6				
C												

表 3.6.3.10

误差方程式列立及平差改正值计算

		$\delta\hat{x}_A$	$\delta\hat{y}_A$	$\delta\hat{x}_D$	$\delta\hat{y}_D$	$\delta\hat{x}_E$	$\delta\hat{y}_E$	$\delta\hat{x}_F$	$\delta\hat{y}_F$	$\delta\hat{x}_G$	$\delta\hat{y}_G$	$\delta\hat{x}_H$	$\delta\hat{y}_H$	P	L	S	V
		3.530 3	−3.789 7	0.511 5	−0.258 6	1.535 1	0.200 1	2.557 8	−1.491 2	3.070 1	−2.509 9	1.112 9	−1.400 7				
角度误差方程式	V_1	−0.296 8	−0.471 9	0	0	0	0	0	0	0	0	1.004 5	−0.436 5	1	−1.42	−1.620 6	1.05
	V_2	−0.296 8	−0.471 9	0	0	0	0	0	0	0	0	0	0	1	−0.55	−1.318 6	0.19
	V_3	0.018 8	0.377 7	0	0	0	0	0	0	0	0	0	0	1	1.53	1.926 5	0.16
	V_4	0.263 7	−0.057 3	0	0	0	0	0	0	0	0	0.033 1	0.529 2	1	0.35	1.118 6	0.79
	V_5	0.278 0	0.094 2	0	0	0	0	0	0	0	0	0	0	1	−0.53	−0.157 8	0.09
	V_6	0.000 2	−0.000 4	0	0	0	0	0	0	0.018 5	0.378 1	0	0	1	0.85	1.246 5	−0.04
	V_7	−0.018 8	−0.377 7	0.000 4	−0.356 7	0	0	0	0	0	0	0	0	1	−1.52	−2.282 8	−0.07
	V_8	0.018 5	0.378 1	0	0	0	0	−0.000 3	0.356 3	−0.018 3	−0.734 4	0	0	1	0.01	0.040 0	−0.07
	V_9	0	0	−0.000 4	0.505 6	−0.000 1	−0.149 0	0	0	0	0	0	0	1	0.04	0.406 3	−0.11
	V_{10}	0	0	0	0	0.000 1	0.149 0	0.000 2	−0.505 3	−0.000 3	0.356 3	0	0	1	0.02	0	−0.11
	V_{11}	0	0	−0.000 1	−0.149 0	0	0	0.000 1	0.149 0	0	0	0	0	1	−0.02	−0.020 0	−0.20
	V_{12}	0.033 1	0.529 2	0	0	0	0	0	0	0	0	−1.037 6	−0.092 6	1	3.83	3.262 0	0.92
边长误差方程式	V_{CD}	0	0	1.000 0	0.001 2	0	0	0	0	0	0	0	0	0.06	0	1.001 2	0.51
	V_{DE}	0	0	−1.000 0	−0.000 4	1.000 0	−0.000 4	0	0	0	0	0	0	0.03	0	0	1.02
	V_{EF}	0	0	0	0	1.000 0	−0.000 5	−1.000 0	0.000 5	0	0	0	0	0.03	0	0	−1.02
	V_{FG}	0	0	0	0	0	0	1.000 0	0.000 7	−1.000 0	−0.000 7	0	0	0.06	0	0	−0.51
	V_{GA}	−0.998 8	0.049 0	0	0	0	0	0	0	0.998 8	−0.049 0	0	0	0.06	0	0	−0.52
	V_{AH}	−0.998 1	0.062 4	0	0	0	0	0	0	0	0	0.998 1	−0.062 4	0.07	0	0	−2.56
	V_{AB}	−0.846 5	0.532 4	0	0	0	0	0	0	0	0	0	0	0.07	7.4	7.085 9	2.39
	V_{AC}	−0.998 8	0.049 6	0	0	0	0	0	0	0	0	0	0	0.06	3.2	2.250 8	−0.51
	V_{HB}	0	0	0	0	0	0	0	0	0	0	0.398 6	0.917 1	0.09	2.2	3.515 7	1.36

表 3.6.3.11

法方程式的解算

	$\delta\hat{x}_A$	$\delta\hat{y}_A$	$\delta\hat{x}_D$	$\delta\hat{y}_D$	$\delta\hat{x}_E$	$\delta\hat{y}_E$	$\delta\hat{x}_F$
1	0.564 7	0.288 0	0	0.006 7	0	0	0
E	δx_A	−0.510 0	0	−0.011 9	0	0	0
2		1.186 2	−0.000 2	0.134 7	0	0	0
(2.1)		1.039 3	−0.000 2	0.131 3	0	0	0
E.2		δy_A	0.000 2	−0.126 3	0	0	0
3			0.090 0	−0.000 3	−0.030 0	0	0
(3.2)			0.090 0	−0.000 3	−0.030 0	0.000 1	0
E.2			δx_D	0.002 8	0.333 3	−0.000 7	0
4				0.405 1	0	−0.075 3	0
(4.3)				0.388 4	−0.000 1	−0.075 3	0
E.3				δy_D	0.000 3	0.193 9	0
5					0.060 0	0	−0.030 0
(5.4)					0.050 0	0	−0.030 0
E.4					δx_E	0.000 0	0.600 0
6						0.044 4	0
(6.5)						0.029 8	0.0000 4
E.5						δy_E	−0.001 4
7							0.090 0
(7.6)							0.072 0
E.6							δx_F
8							
(8.7)							
E.7							
9							
(9.8)							
E.8							
10							
(10.9)							
E.9							
11							
(11.10)							
E.10							
12							
(12.11)							
E.11							
l							
(t.12)	3.530 3	−3.789 8	0.511 6	−0.258 6	1.535 1	0.201 0	2.557 8

续上表

	$\delta\hat{y}_F$	$\delta\hat{x}_G$	$\delta\hat{y}_G$	$\delta\hat{x}_H$	$\delta\hat{y}_H$	l	Σ	s
1	0.006 6	−0.060 2	−0.010 6	−0.393 4	0.270 4	0.084 3	0.756 5	0.756 5
E	−0.011 7	0.106 6	0.018 8	0.696 7	−0.478 8	−0.149 3	−1.339 6	−1.339 6
2	0.134 7	−0.004 0	−0.278 0	−1.020 6	0.126 4	4.342 3	4.909 6	4.909 6
(2.1)	0.131 3	0.026 7	−0.272 6	−0.819 9	−0.011 5	4.299 3	4.523 8	
E.2	−0.126 4	−0.025 7	0.262 3	0.7889	0.011 1	−4.136 5	−4.352 5	−4.352 5
3	0	0	0	0	0	−0.000 7	0.058 9	0.058 9
(3.2)	0.0000 1	0	−0.0000 4	−0.000 1	0	−0.000 2	0.059 6	
E.2	−0.000 1	0	0.000 5	0.001 5	0	0.000 2	−0.662 6	−0.662 6
4	−0.022 2	0	0	0	0	0.574 0	1.022 7	1.022 7
(4.3)	−0.038 9	−0.002 7	0.034 6	0.108 3	−0.001 8	0.029 8	0.442 3	
E.3	0.100 1	0.006 9	−0.089 0	−0.278 7	0.004 5	−0.076 7	−1.138 8	−1.138 8
5	0	0	0	0	0	0	0	0
(5.4)	0	0	0.0000 2	−0.0000 1	0	0	0.020 0	
E.4	0.000 6	0	−0.000 4	0.000 3	0	0	−0.399 5	−0.399 5
6	−0.075 3	0	0.053 1	0	0	−0.007 4	−0.060 5	−0.060 5
(6.5)	−0.082 8	−0.000 6	0.059 8	0.021 0	−0.000 3	−0.001 7	0.025 2	
E.5	2.781 0	0.018 6	−2.007 6	−0.705 0	0.011 4	0.056 2	−0.846 7	−0.846 7
7	−0.000 1	−0.060 0	0.000 2	0	0	0	0	0
(7.6)	−0.0000 4	−0.060 0	0.000 1	−0.000 1	0	0.000 4	0.012 4	
E.6	0.000 5	0.838 2	−0.001 6	0.001 6	0	−0.005 3	−0.171 6	−0.171 6
8	0.404 4	−0.006 4	−0.441 7	0	0	0.011 3	0.011 3	0.011 3
(8.7)	0.153 6	−0.010 9	−0.237 4	0.177 4	−0.002 8	−0.534 7	−0.454 9	
E.7	δy_F	0.071 2	1.545 9	−1.155 4	0.018 4	3.481 9	2.962 0	2.962 0
9		0.120 5	0.017 4	0	0	0.015 0	0.022 4	0.022 4
(9.8)		0.062 4	0.007 9	−0.007 2	0.028 9	−0.124 1	−0.031 9	
E.8		δx_G	−0.125 6	0.114 7	−0.461 3	1.981 1	0.508 9	0.508 9
10			0.809 4	0	0	0.292 0	0.441 9	0.441 9
(10.9)			0.246 6	0.001 0	−0.005 1	0.610 8	0.853 3	
E.9			δy_G	−0.004 1	0.020 7	−2.476 4	−3.459 8	−3.459 8
11				2.170 8	−0.296 4	−5.309 9	−4.849 5	−4.849 5
(11.10)				0.999 0	−0.109 7	−1.265 5	−0.376 2	
E.10				δx_H	0.109 8	1.266 7	0.376 6	0.376 6
12					0.555 1	0.631 9	1.287 5	1.287 5
(12.11)					0.400 0	0.560 3	0.960 2	
E.11					δy_H	−1.400 7	−2.400 7	−2.400 7
l						27.683 2	28.3160	28.3160
(t.12)	1.491 3	3.070 0	−2.509 9	1.112 9	−1.400 7	3.876 0	3.876 0	([*PVV*])

第七章　隧道三角测量

第一节　三角锁的布设

一、三角锁布设中的注意事项

隧道三角锁与一般测图控制网不同，是以保证隧道正确贯通为主要目的。在布设时应注意以下几点：

(一)尽可能布设为垂直于贯通面方向的直伸三角锁，并使三角锁的某一侧边靠近隧道线路中线。

(二)三角锁的图形以单三角形组成为好，求距角一般不小于 30°。个别图形强度太差时，亦可采用大地四边形。回头曲线展线地段的桥隧群控制网可采用中点多边形。

(三)当采用 24m 因瓦基线尺或高精度测距仪测量起始边时，起始边测量精度与方向观测的精度相匹配，即$\frac{m_b}{b}=\frac{m''_r}{\rho}$，可考虑在锁的两端各布设一条基线，加入基线条件平差。当起始边测量精度低于方向测量精度时，以在锁的中部布设一条起始边为宜。

(四)洞口投点应尽量纳入三角锁，与主网一起平差。个别洞口投点纳入主网有困难时，宜采用单三角形与主网联接并以与主网相同的精度观测，作为附加网。一般不宜采用主网控制插网、加入固定边或固定角等强制符合条件平差的做法测量洞口投点。

(五)三角锁三角形的个数以少为好，尤其在只有一条起始边时，不要拘泥于求距角的大小而增加三角形个数，应通过贯通误差估算进行优化设计，选择最佳方案。

(六)每个洞口附近应布设不少于三个稳固的三角点(含洞口投点)，以便对洞口投点的稳定可靠性进行检测。当洞口投点遭到损坏时，亦能及时重新测定。

(七)布网时必须考虑与定测中线控制桩的联测方式。曲线交点、副交点或主要直线特点能纳入主网的应尽量纳入主网。洞口附近为曲线时，还应顾及相邻切线方向的标定，满足测量总转向角和相邻大型建筑物施工测量的要求。

二、选点、埋桩

(一)准备工作

首先要搜集隧道设计有关资料，包括线路平面图、洞身纵断面图、辅助坑道与正洞关系图、洞口施工场地布置图、施工组织设计的贯通面位置、测区的水文、地质资料、线路诸表(主要是曲线表、中线控制桩表、断链表和坡度表等)及隧道方案比选时采用的(1∶5 000)～(1∶50 000)地形图或相应比例尺的国家基本图。

工具配备：望远镜、罗盘仪、小平板、木桩、标志杆、红白标旗、对讲机(或指挥旗)、布卷尺、油漆及清除障碍的工具等。

(二)踏勘与选点

隧道控制测量的踏勘可与现场交桩同时进行或单独进行。选点的要求可参照本篇第六章洞引导线测量。

使用 24m 因瓦基线尺丈量基线时，现场选点一般从选择基线入手。基线场地应选在地势平坦、视野开阔之处，尽量避开农田，其纵向坡度不应陡于1/30～1/20，当地形十分复杂时，个别尺段可容许1/8～1/6。基线最好能直接作为三角锁的起始边，没有条件时应选择光电测距仪测量起始边。避免使用基线网扩大和折形基线。

选点时宜收集测区 1/25 000 或更大比例尺的地形图，先在图上选点，再现场落实和改进布网。选点布网时可使用森林罗盘仪测角。

全部三角点初步选定后，可根据有关资料绘制选点图。如经贯通误差估算不能满足贯通要求时，应作实地修改，选取最佳方案。

隧道三角锁一般不建造觇标。选点时要充分考虑使用三角架活动觇牌或花杆垂球对点其视线应超越和旁离障碍物 1m 以上。

(三)中心标志的埋设

隧道三角点的中心标志，一般不作统一要求，在稳固实用的前提下，可因地制宜酌情选用。中心标志的设置方式及要求同第六章第一节导线布设的有关规定。三角点布设在稳固的基岩上时，可直接在岩石上刻出标志，并用油漆填示清楚。

当隧道三角网兼作变形观测网时，标石不仅要埋设牢固，而且最好高出地面 1.3m 左右，埋置强制对中标志和保护盖。

第二节　最弱边精度估算

三角网中除起始边外的其它边的边长，是根据三角点上观测的水平角的平差值推算而得的，所以这些边的边长是观测元素平差值的函数，因而可应用求平差值函数中误差的方法进行精度估算。具体计算方法在本章第六节介绍。

在第二章中介绍了单三角形锁，按角度平差时最弱边边长相对中误差的估算公式

$$\frac{m_L}{L}=\pm\sqrt{\left(\frac{m_b}{b}\right)^2+\left(\frac{m}{\rho}\right)^2\cdot\frac{2}{3}\Sigma(\cot^2\alpha+\cot^2\beta+\cot\alpha\cdot\cot\beta)} \qquad (3.7.2.1)$$

由于正三角形的 R 值（$R=\cot^2\alpha+\cot^2\beta+\cot\alpha\cdot\cot\beta=4.4$）与最有利图形的 R 值（$=4.0$）比较接近，又克服了边长越来越短的缺点，因此可以认为正三角形是布网的理想图形。

矩形大地四边形（图 3.7.2.1）和由两个等边三角形加测对角线所构成的菱形大地四边形（图 3.7.2.2）按方向平差时，边长对数的权倒数的计算公式为：

$$\frac{1}{P_{矩}}=0.75\Sigma(\delta_\alpha^2+\delta_\beta^2+\delta_\alpha\cdot\delta_\beta) \qquad (3.7.2.2)$$

$$\frac{1}{P_{菱}}=1.25\Sigma(\delta_\alpha^2+\delta_\beta^2+\delta_\alpha\cdot\delta_\beta) \qquad (3.7.2.3)$$

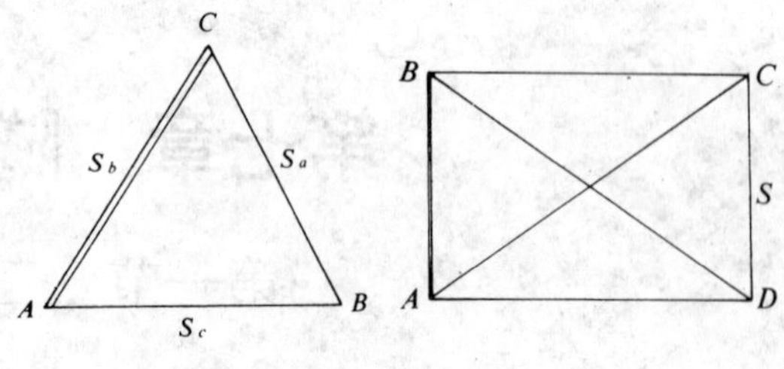

图 3.7.2.1

在图3.7.2.2中，如果不加长对角线 AC，而按方向平差单三角形锁计算的图形权倒数 $\frac{1}{P}=\frac{4}{3}\Sigma(\delta_\alpha^2+\delta_\beta^2+\delta_\alpha\cdot\delta_\beta)$，与式（3.7.2.3）比较，加测对角线后，系数权由1.33降为1.25，说明图形强度增强很少，而外业和内业的工作量均要增加。因此经贯通估算单三角形锁能满足贯通要求时，应尽量不组成大地四边形。

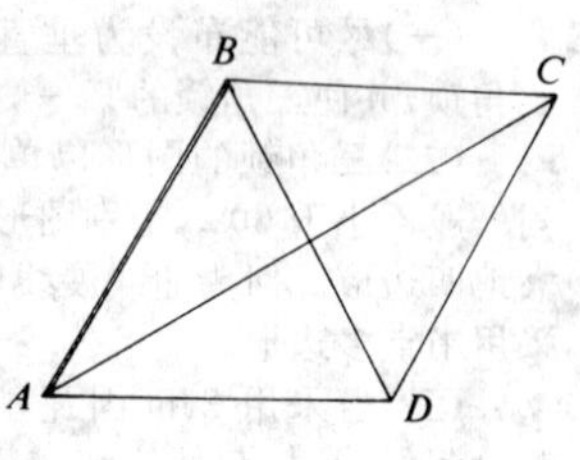

图 3.7.2.2

第三节 水平方向观测和起始边边长测量

一、水平方向观测

隧道三角网通常用方向观测法测量水平角。观测过程中，除遵循精密测角的一般原则外，还应注意下列问题：

1. 隧道三角网的特点之一是三角点间高差较大，观测方向的竖直角常大于 6°，因此观测前必须仔细检验和校正照准部水准器。观测过程中，若气泡偏离整置中心超过半格时，可读记水准器，计算竖轴倾斜改正数，或在测回间重新整置仪器。同样由于观测点间高差较大，两倍视准轴差（$2C$）限差，按同一方向同一观测时间段内各测回进行比较。双轴补偿的全站仪，在观测数据中能自动补偿和改正竖轴及横轴倾斜的影响。

2. 个别测站上各方向的边长相差较大，此时严格执行一测回中不得重新调焦的规定较困难。因此观测前应对使用的仪器进行调焦透镜运行正确性的检验，当证实调焦透镜运行正确时，则一测回中可以允许重新调焦。若调焦透镜运行不正确，可改变观测程序：对一个目标调焦后接连进行正倒镜观测，然后对准下一目标，重新调焦后立即进行正倒镜观测。第一测回为顺时针依次照准 1，2……P，1；第二测回为逆时针依次照准 1，P……，2，1。

3. 隧道三角网在洞口附近常会出现一些短边。为消除仪器和觇牌对中误差的影响，在测回间应将仪器和觇牌重新对中，用光学对点的仪器和觇牌宜在相隔 120°的三个位置对中。

二、起始边长测量

隧道三角锁起始边应根据精度要求、仪器设备和地形状况，本着经济合理的原则选择测量方法。表 3.7.3.1 可供设计时参考。

表 3.7.3.1

仪器设备	测量次数	测量精度	工作量
因瓦基线尺	4～6	1/200 000 ～ 1/400 000	大
光电测距仪	4（两次对向观测）	1/100 000 ～ 1/200 000	小
2m 因瓦横基尺	6 测回以上	1/50 000以下	较小
钢卷尺	4	1/25 000以下	较大

用因瓦基线尺直接丈量起始边有困难时，可用基线网扩大，扩大比不宜超过 1∶3，水平角观测的测回数，可为同等级三角锁观测测回数的 1.5 倍。由于用因瓦基线尺丈量起始边工作量很大，所以除有

特殊要求外，一般不宜采用。

三角锁起始边边长，应尽量采用光电测距仪测定。起始边长度宜选在仪器最佳测程范围内，测边两端高差不宜大于下式计算值：

$$h \leqslant \frac{1}{n} \cdot \frac{1}{T} \cdot \frac{\rho''}{m_z} \cdot D \qquad (3.7.3.1)$$

式中 h——测边两端点间的高差(m)；

n——系数，可采用 3 或 4；

m_z——竖直角的测角中误差(″)；

T——设计的边长相对中误差的分母；

D——测边边长(m)。

测距前应按《测规》要求对测距仪及其附件作全面检验与校正。起始边长度必须在大气稳定和成像清晰的气象条件下观测，雾、雨、雪天气及大气透明度很差时不应作业。测距精度要求在 1/100 000 以上时，距离及竖直角宜在两个时间段内往返观测，并尽量取测边两端点测距始来的气象数据，温度读至 0.2℃、气压读至 50Pa(或 0.5mmHg)。

用钢卷尺和 2m 因瓦横基尺测量起始边的方法及要求参见第三篇第五章。

起始边长度应归化投影到隧道平均高程面上。

第四节　隧道三角锁条件方程式的类型及条件方程式的数目

一、概　　述

隧道三角测量时，为了发现观测和计算中的粗差，提高贯通精度，除了观测为确定三角点所必须的观测值外，常测定多余的角度和边长。由于多余观测的存在和观测值中有不可避免的误差，就必然使图形产生几何矛盾，致使从不同路线用不同的观测值计算同一元素时，会得到不同的结果。为了消除观测值间不自相符合的矛盾，求出三角测量各元素的最或是值，鉴定三角测量观测值和平差元素的精度，以及确定三角锁对贯通精度的影响值，必须根据最小二乘原理进行三角测量的平差计算。

三角网根据起算数据的多少，可分为独立网(或自由网)和非独立网(或附合网)两种。在测角网中如果仅有一条起始边、一个三角点的坐标和一条边的坐标方位角，或者只有一条起始边、而假设某一点的坐标及一条边的方位角，都属于独立网，如图 3.7.4.1 所示。当三角网中具有比上述更多的起算数据时，就称为非独立网，如图 3.7.4.2、表 3.7.4.3 所示。

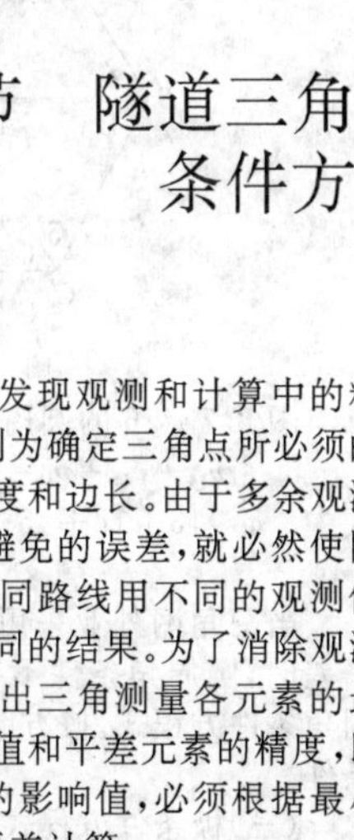

图　3.7.4.1

三角网平差可以按条件观测平差，亦可以按间接观测平差。测角网一般按条件观测平差，边角网宜按间接观测平差。当按条件观测平差时，应根据三角网必须满足的几何条件列出条件方程式，然后组成与条件数目相等的法方程式进行解算，从而求得各观测方向(或角度)的改正数。按间接观测平差时，是以所求点的纵横坐标为未知数，列出每个观测值(方向或边长)的误差方程式，然后组成和解算法方程式，从而求得未知数的改正数。这两种平差方法的结果是一致的。

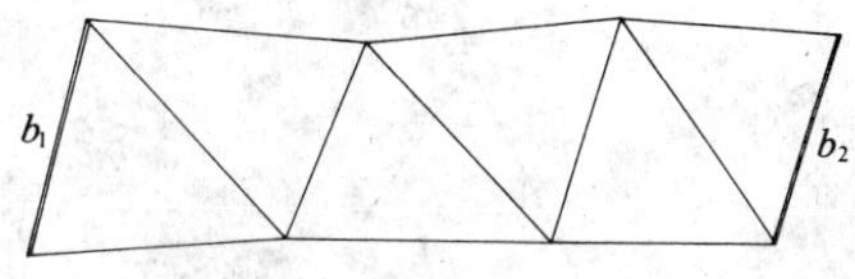

图　3.7.4.2

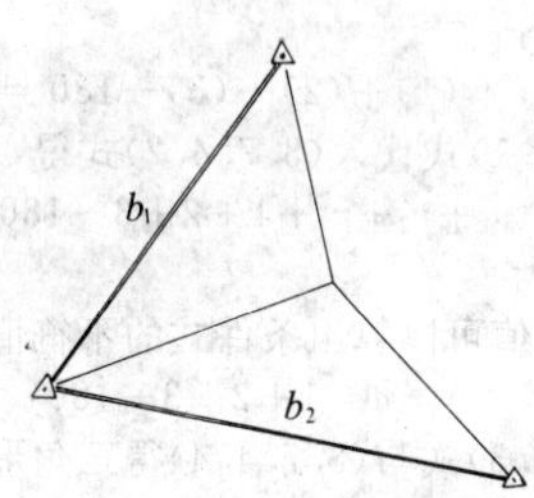

图　3.7.4.3

条件观测平差时，可以按方向平差，也可以按角度平差。隧道三角锁的水平角观测都是用方向观测，且方向平差结果的贯通误差影响值比角度平差小，故隧道三角锁以采用方向平差为宜。

三角锁平差时所应用的数据，须经过外业手簿检查和平均数计算及边长投影归算。若遇个别点建有觇标，则应进行测站点及照准点归心改正。

二、条件方程式类型

独立网的条件方程式有三种，即图形条件、圆周角条件和极条件。在非独立网中，除了包含独立网的各种条件外，还具有多余起算数据而产生的条件方程式，这种条件方程式有：基线条件或固定边条件、方位角条件或固定角条件。隧道三角锁一般没有纵横坐标条件。

设组成条件方程式时采用下列符号：

1、2、…n——表示角度(或方向)的观测值；

v_1、v_2…v_n——表示角度(或方向)的改正数；

(1)、(2)、…(n)——表示角度(或方向)的平差值；

δ_1、δ_2…δ_n——表示角度正弦对数每秒的变化值,以对数第六位为单位；

w_1、w_2…w_n——表示条件方程式不符值(闭合差)。

上述符号间有如下关系：

$$(1)=1+v_1,(2)=2+v_2\cdots(n)=n+v_n \tag{3.7.4.1}$$

(一)图形条件方程式

在任何闭合图形中,如果所有顶点的角度都进行观测,就产生图形条件,也就是要求各观测角度在平差后满足一定的几何条件。例如每个平面三角形三内角之和必须等于180°,每个多边形内角之和必须等于$(n-2)180°$,n为边数。

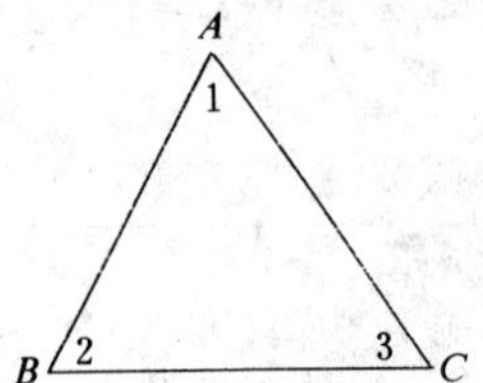

图 3.7.4.4

按角度平差时,图3.7.4.4三角形的图形条件方程式为：

$$(1)+(2)+(3)-180°=0 \tag{3.7.4.2}$$

将(3.7.4.1)式代入(3.7.4.2)式得

$$v_1+v_2+v_3+1+2+3-180°=0 \tag{3.7.4.3}$$

利用观测值可以算出条件式的不符值,即

$$\omega=1+2+3-180° \tag{3.7.4.4}$$

由(3.7.4.3)式与(3.7.4.4)得三角形图形条件方程式为

$$v_1+v_2+v_3+\omega=0 \tag{3.7.4.5}$$

计算ω时应特别注意正负号,当$\omega=0$时,亦要列出图形条件方程式。

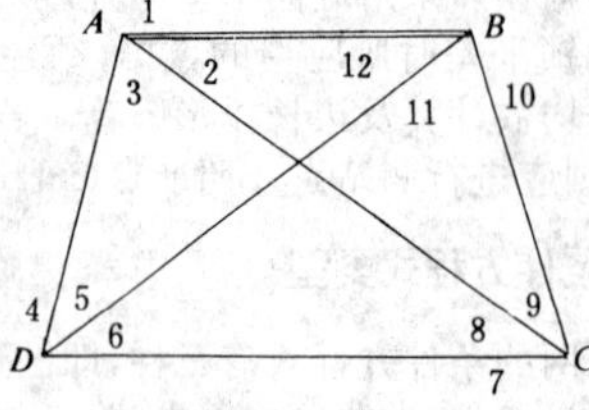

图 3.7.4.5

如果三角网按方向平差,首先将每个测站上各方向按顺时针方向编号,如图3.7.4.5中的△ABD的图形条件方程式为：

$$v_3-v_1+v_5-v_4+v_{12}-v_{11}+\omega=0$$

(二)圆周角条件方程式

当三角网中具有中心多边形,并按角度条件观测平差时,就产生圆周角条件方程式,即在中心多边形中点处,各角之和应等于360°。

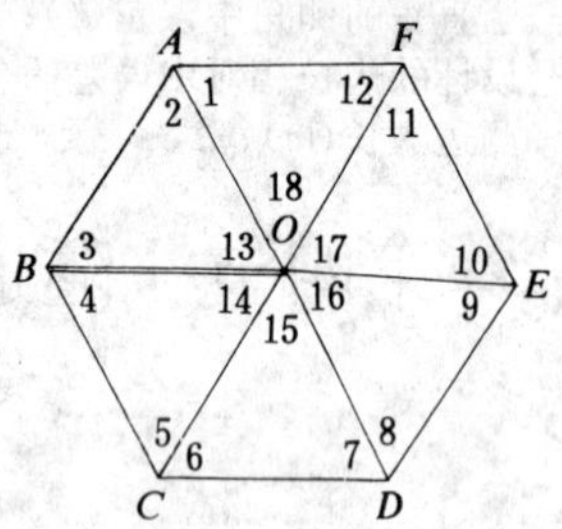

图 3.7.4.6

图3.7.4.6的圆周角条件方程式为：

$$v_{13}+v_{14}+v_{15}+v_{16}+v_{17}+v_{18}+\omega=0 \tag{3.7.4.6}$$

式中 $\omega=13+14+15+16+17+18-360°$ (3.7.4.7)

当三角网外业采用方向观测,内业计算按角度平差时,圆周角条件不符值$\omega=0$,此时亦应列出圆周角条件方程式。按方向平差时,就不会产生圆周角条件。

(三)极条件方程式

如图3.7.4.7采用带有误差的观测角从AD边出发,通过△ABD、△BCD及△CAD计算各边边长,最后回到AD边,与原来的边长不相等。为消除这一矛盾,应组成下列极条件方程式：

$$\frac{BD}{AD}\cdot\frac{CD}{BD}\cdot\frac{AD}{CD}=1 \tag{3.7.4.8}$$

由正弦定律可得

$$\frac{\sin(1)\cdot\sin(4)\cdot\sin(7)}{\sin(2)\cdot\sin(6)\cdot\sin(8)}=1 \tag{3.7.4.9}$$

将上式按台劳公式展开并经简化后化为线性条件方程式

$$\cot1\cdot v_1+\cot4\cdot v_4+\cot7\cdot v_7-\cot2\cdot v_2-\cot6\cdot v_6-\cot8\cdot v_8+\omega=0 \tag{3.7.4.10}$$

式中 $\omega=\left(1-\frac{\sin2\cdot\sin6\cdot\sin8}{\sin1\cdot\sin4\cdot\sin7}\right)\rho''$

式(3.7.4.10)即为极条件方程式的真数形式

大地四边形的极点可以自由选取,在图3.7.4.8大地四边形中可以A、B、C、D、O为极点组成五个不同的极条件方程式,只要满足其中一个,则其余的均可以满

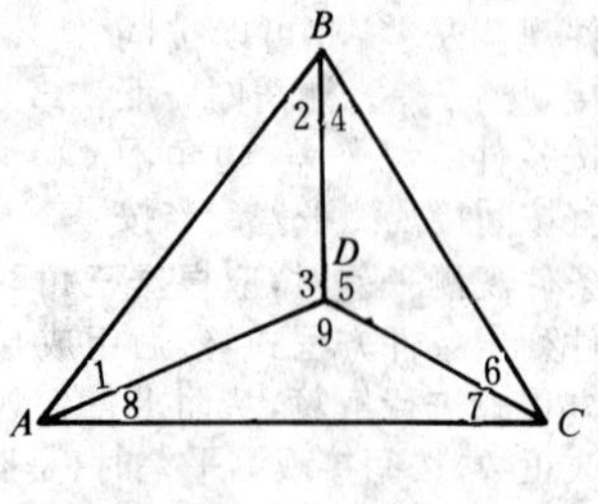

图 3.7.4.7

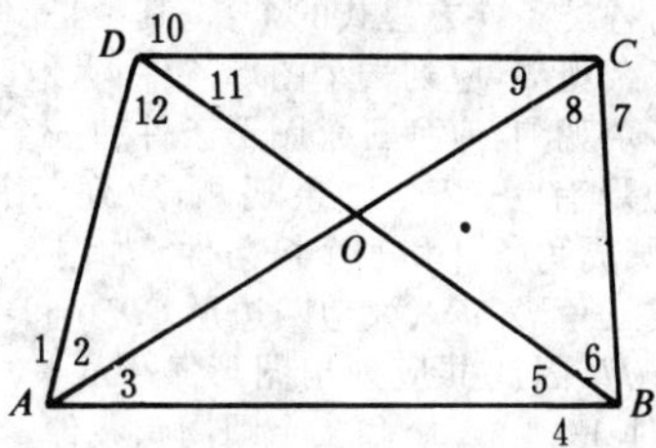

图 3.7.4.8

足。现以 A 为极点,列出按方向平差的极条件方程式:

$$\frac{AD}{AC}\cdot\frac{AC}{AB}\cdot\frac{AB}{AD}=1$$

由此得

$$\frac{\sin[(9)-(8)]\cdot\sin[(6)-(4)]\cdot\sin[(12)-(11)]}{\sin[(12)-(10)]\cdot\sin[(8)-(7)]\cdot\sin[(5)-(4)]}=1 \qquad (3.7.4.11)$$

将(3.7.4.11)式先取对数再按台劳级数展开化简后得

$$(\delta_{5-4}-\delta_{6-4})v_4-\delta_{5-4}v_5+\delta_{6-4}v_6+\delta_{8-7}v_7-(\delta_{9-8}+\delta_{8-7})v_8+\delta_{9-8}v_9+\delta_{12-10}v_{10}-\delta_{12-11}v_{11}+(\delta_{12-11}-\delta_{12-10})v_{12}+\omega=0 \qquad (3.7.4.12)$$

式中,不符值 ω 和正弦对数秒差 δ 按下式计算:

$$\left.\begin{aligned}\omega&=\lg\frac{\sin[9-8]\sin[6-4]\sin[12-11]}{\sin[12-10]\sin[8-7]\sin[5-4]}\\ \delta_{5-4}&=\frac{M}{\rho''}\cot[5-4]\end{aligned}\right\} \qquad (3.7.4.13)$$

式中,对数的模 $M=\lg e=0.434294$。δ 及 ω 均可用计算器算出,亦可用对数表列表计算。由于正弦对数秒差 δ 和闭合差 ω 都是微小值,所以习惯上都以对数第六位为单位,即将式(3.7.4.13)求得之结果乘以 10^6。式(3.7.4.12)为按方向平差极条件方程式的对数形式。

(四)基线条件(或固定边条件)方程式

如图 3.7.4.9 中,从基线 AB 起算,经过各平差后的三角形推算到 FG 边时,应符合 FG 边的已知长度,这就是基线条件。如果已知边是互相联系着的,如图 3.7.4.10 中的 AB 和 BC 边,在这种图形中的基线条件又称为固定边条件。

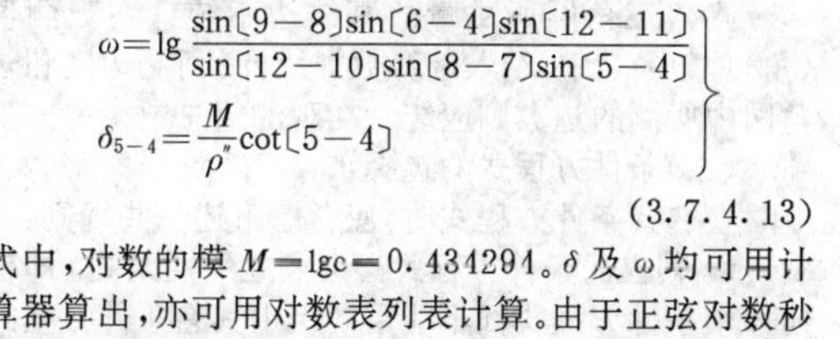

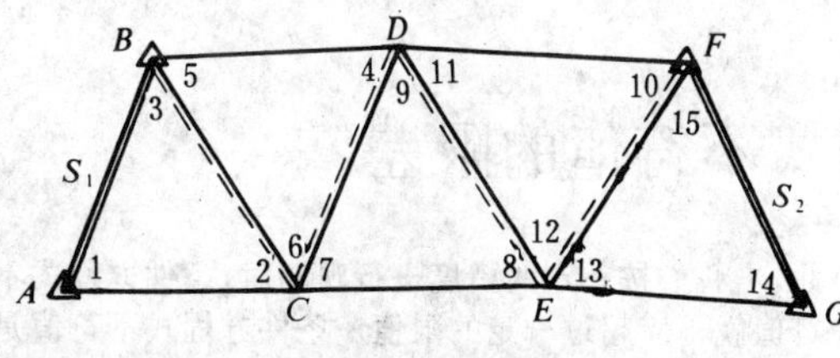

图 3.7.4.9

为了列出基线条件方程式,首先要确定一条推算路线。这就是要在三角锁内两已知边间选择一条最简捷的三角形单锁作为推算的路线,使列出的条件方程式比较简单,计算较为方便。图 3.7.4.9 中以虚线标出的即为推算路线,其基线条件方程式为:

$$\frac{S_1}{S_2}\cdot\frac{\sin(1)\cdot\sin(5)\cdot\sin(7)\cdot\sin(11)\sin(13)}{\sin(2)\cdot\sin(4)\cdot\sin(8)\sin(10)\sin(14)}=1 \qquad (3.7.4.14)$$

上式中除 $\frac{S_1}{S_2}$ 而外,均与极条件方程式相同,因此不难列出线性的基线条件方程式,其对数形式为:

$$\delta_1v_1-\delta_2v_2-\delta_4v_4+\delta_5v_5+\delta_7v_7-\delta_8v_8-\delta_{10}v_{10}+\delta_{11}v_{11}+\delta_{13}v_{13}-\delta_{14}v_{14}+\omega=0 \qquad (3.7.4.15)$$

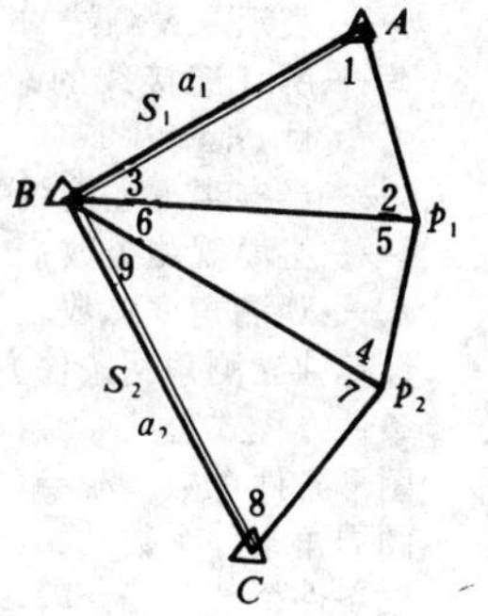

图 3.7.4.10

式中不符值 ω 可由下式求得:

$$\omega=10^6\lg\left[\frac{S_1\cdot\sin(1)\cdot\sin(5)\cdot\sin(7)\cdot\sin(11)\cdot\sin(13)}{S_2\cdot\sin(2)\cdot\sin(4)\cdot\sin(8)\cdot\sin(10)\cdot\sin(14)}\right] \qquad (3.7.4.16)$$

真数形式的线性条件方程式为:

$$\cot1\cdot v_1-\cot2\cdot v_2-\cot4\cdot v_4+\cot5\cdot v_5+\cot7\cdot v_7-\cot8\cdot v_8-\cot10\cdot v_{10}+\cot11\cdot v_{11}+\cot13\cdot v_{13}-\cot14\cdot v_{14}+\omega=0 \qquad (3.7.4.17)$$

式中

$$\omega=\rho''\left(1-\frac{S_2\cdot\sin2\cdot\sin4\cdot\sin8\cdot\sin10\cdot\sin14}{S_1\cdot\sin1\cdot\sin5\cdot\sin7\cdot\sin11\cdot\sin13}\right) \qquad (3.7.4.18)$$

或

$$\omega=\rho''\left(\frac{S_2'-S_2}{S_2'}\right)$$

其中 $S_2'=S_1\cdot\frac{\sin1\cdot\sin5\cdot\sin7\cdot\sin11\cdot\sin13}{\sin2\cdot\sin4\cdot\sin8\cdot\sin10\cdot\sin14}$

(五)固定角条件方程式

如果在三角网内具有固定坐标方位角边组成的固定角时,就产生了固定角条件方程式,它要求固定角内各观测角平差值之和等于该固定角。如图 3.7.4.10 中,BA 和 BC 边的方位角已知为 α_1 和 α_2,则固定角条件方程式为:

$$v_3+v_6+v_9+\omega=0 \qquad (3.7.4.19)$$

式中

$$\omega=3+6+9-(\alpha_2-\alpha_1) \qquad (3.7.4.20)$$

三、条件方程式数目的确定和选择

三角网按条件观测平差时,必须首先确定各类条件方程式的数目,并正确列出条件方程,然后进行后续计算。如果在确定条件式个数上有错误,或者条件方程列出不正确,将导致平差计算的返工。所以,确定条件方程式的个数和掌握条件式的列法是很重要的。

(一)条件方程式数目的确定

1. 独立网条件方程式数目的确定

为确定三角网内条件式数目，先将三角网图形绘出，把所有观测过的方向在图中用实线表示出来。如果一条方向线仅在一端观测过，而在另一端未观测，则在图上以半实半虚线绘出，实的一端表示观测过的，虚的一端表示未经观测的。

现用下列符号表示各种点和线的数目：

p——表示所有三角点的总数；

p'——表示未设测站的三角点个数；

l——所有连接线的总数(包括半实半虚的数目)；

l'——半实半虚连接线的数目；

t——必要观测个数；

n——观测角度总数。

计算独立测角网条件方程式个数的公式如下：

条件方程式总数　$r=n-t=n-2(p-2)$

图形条件个数　$r_{图}=(l-l')-(p-p')+1$

圆周角条件个数　$r_{圆}=n-(2l-l')+(p-p')$

极条件个数　$r_{极}=l-2p+3$

现以图 3.7.4.11 为例，计算各类条件方程式的数目。由图知：$p=10$，$p'=0$，$l=19$，$l'=0$，$n=29$，则

条件式总数　$r=29-2(10-2)=13$

图形条件个数　$r_{图}=19-10+1=10$

圆周角条件个数 $r_{圆}=29-38+10=1$

极条件个数　$r_{极}=19-20+3=2$

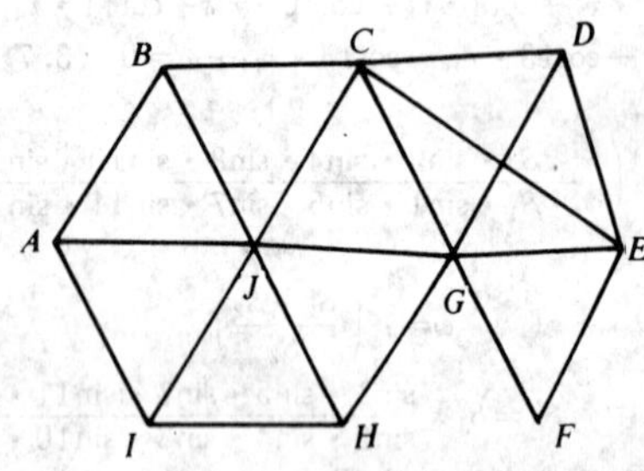

图　3.7.4.11

图形条件和极条件方程式的个数，亦可用图解法确定。先假设两个三角点为起算点，其连线为起始边，然后逐步绘出三角网各点。则每增加一个三角点所产生的图形条件的个数等于所增加的实线数减去一；所产生的极条件个数等于新增加的线数(包括半实半虚的连接线)减去二。而圆周角条件个数很容易在图中直接看出。

独立测角网按条件观测平差时，可以将整个图形“化整为零”，即拆成若干个基本图形，然后分析它应列出的各类条件方程式的个数。其中，三角形里仅有一个多余观测，应列一个图形条件；大地四边形中有四个多余观测，应列三个图形条件和一个极条件；中点 n 边形有 $n+2$ 个多余观测，应列 n 个图形条件，一个圆周角条件和一个极条件。如图 3.7.4.11，它可拆成三角形 EFG、大地四边形 $CDEG$ 和中点六边形 $ABCGHIJ$，因此共应列出图形条件 $1+3+6=10$ 个，极条件 $1+1=2$ 个和 1 个圆周角条件，共应列出 13 个条件方程式。

独立测角网按方向平差时，没有圆周角条件方程式，图形条件和极条件的个数与按角度平差是相同的。

2. 非独立网条件方程式数目的确定

非独立网的条件方程式个数可用下述方法确定：首先不顾及网内多余的起算数据，把给定的三角网当作独立网，用独立网的计算方法把条件方程式的总数和各类条件方程式的个数计算出来再逐一加入多余的起算数据而产生的基线(或固定边)条件方程式及固定角条件方程式。当基线(或已知边)数为 S、已知方位角数为 a 时，则基线条件方程式个数 $r_{基}=S-1$，固定角条件方程式个数 $r_{固}=a-1$。当非独网的图形是由固定边所包围着时，固定边条件个数为 $S-3$，不是 $S-1$。

测角三角网所丈量的基线边不统计在观测值(角)总数 n 之中，纳入起算数据统计。而测边网和边角网中所测的边数则应统计在观测值总数 n 中。

(二)条件方程式的选择

在选择条件方程式时，应考虑下述一些规则：

1. 列立的条件方程式必须彼此线性无关。即任何一个条件方程式都不能用同组中其它条件方程式推导出来。

2. 应列足三角网中全部线性无关的条件方程式，不得遗漏。

3. 所选定的条件方程式应是三角网可能产生的几种方程式中最简单的。

4. 在组成的各类条件方程式中，尽可能不要出现同一方向或同一角度，这样可使组成的法方程式非自乘项较为简单。

5. 在组成基线条件方程式时，须沿着最短的计算路线进行。

6. 在组成极条件方程式时，宜选择含有小角度的方程式。

第五节　条件方程式不符值的限差

由于观测不可避免地产生误差，所以将观测值代入三角网的各种几何条件时，必然产生“不符值”(或称闭合差)。观测精度越高，不符值就愈小。所以观测精度高低可以通过不符值的大小表现出来。因此，当我们按一定的精度进行观测时，条件方程式不符值就不应超过一定的限值。条件方程式不符值是从理论上推证而规定的，并取二倍中误差为极限误差。

一、图形条件方程式闭合差的限差

$$\omega_{图}=\pm 2m_\beta\sqrt{n} \qquad (3.7.5.1)$$

式中 m_β——三角锁测角中误差(″)；

n——图形条件式中的测角个数。

三角形的 $n=3$，则 $\omega_{图}=\pm 2m_\beta\sqrt{3}=\pm 3.46m_\beta$。

二、圆周角条件方程式闭合差限差

$$\omega_{圆}=\pm 2m_\beta\sqrt{n} \qquad (3.7.5.2)$$

式中，n 为中心点上观测角度个数。

由于在实际工作中一般采用方向观测，故圆周角条件方程式中的闭合差等于零。

三、极条件方程式不符值的限差

(一)对数形式

$$\omega_{极}=\pm 2m''_\beta\sqrt{[\delta\delta]} \qquad (3.7.5.3)$$

式中 δ——求距角正弦对数的 1″表差(对数第六位)。

(二)真数形式

$$\omega_{极}=\pm 2m''_\beta\sqrt{\Sigma\cot^2\beta} \qquad (3.7.5.4)$$

式中 β——求距角。

四、基线条件(或固定边条件)方程式不符值的限差

(一)对数形式

$$\omega_{基}=\pm 2\sqrt{m''^2_\beta[\delta\delta]+m^2_{\lg b_1}+m^2_{\lg b_2}} \qquad (3.7.5.5)$$

式中 $m_{\lg b_1}$、$m_{\lg b_2}$——起始边边长对数中误差(对数第六位为单位)，可由下式求得

$$\frac{m_{\lg b_1}}{434300}=\frac{m_b}{b}=\frac{1}{M} \qquad m_{\lg b}=\frac{434300}{M}$$

此处$\frac{m_b}{b}$为起始边边长相对中误差，M 为边长相对中误差的分母。

(二)真数形式

$$\omega_{基}=\pm 2\sqrt{\left(\rho\frac{m_{b1}}{b_1}\right)^2+\left(\rho\frac{m_{b2}}{b_2}\right)^2+m^2_\beta\Sigma\cot^2\beta} \qquad (3.7.5.6)$$

式中 $\frac{m_{b1}}{b_1}$、$\frac{m_{b2}}{b_2}$——起始边边长相对中误差。

五、固定角条件方程式不符值的限差

$$\omega_{固}=\pm 2\sqrt{m''^2_{固}+nm''^2_\beta} \qquad (3.7.5.6)$$

式中 $m''_{固}$——固定角的测角中误差(″)；

m''_β——插网的测角中误差(″)；

n——推算线路上间隔角个数。

第六节　条件观测平差方法及步骤

一、法方程式的组成

在条件方程式列出后，就可组成法方程式。法方程式的系数是由各条件方程的系数按照一定的规律计算而得到的。如果法方程式系数的计算有错误，将导致整个计算返工，因此，必须逐步进行检核。

设某一三角锁有 r 个条件方程式为：

$$\left.\begin{aligned}&a_1v_1+a_2v_2+\cdots+a_nv_n+\omega_a=0\\&b_1v_1+b_2v_2+\cdots+b_nv_n+\omega_b=0\\&c_1v_1+c_2v_2+\cdots+c_nv_n+\omega_c=0\\&\cdots\cdots\cdots\cdots\cdots\cdots\\&r_1v_1+r_2v_2+\cdots+r_nv_n+\omega_r=0\end{aligned}\right\} \qquad (3.7.6.1)$$

式中，条件方程式不符值为

$$\left.\begin{aligned}&\omega_a=a_1L_1+a_2L_2+\cdots+a_nL_n+a_0\\&\omega_b=b_1L_1+b_2L_2+\cdots+b_nL_n+b_0\\&\omega_c=c_1L_1+c_2L_2+\cdots+c_nL_n+c_0\\&\cdots\cdots\cdots\cdots\cdots\cdots\\&\omega_r=r_1L_1+r_2L_2+\cdots+r_nL_n+r_0\end{aligned}\right\} \qquad (3.7.6.2)$$

现设

$$\underset{r\times n}{A}=\begin{bmatrix}a_1 & a_2\cdots a_n\\ b_1 & b_2\cdots b_n\\ c_1 & c_2\cdots c_n\\ \cdots & \cdots\\ r_1 & r_2\cdots r_n\end{bmatrix} \quad \underset{n\times 1}{L}=\begin{bmatrix}L_1\\L_2\\L_3\\ \vdots\\L_n\end{bmatrix}$$

$$\underset{n\times 1}{V}=\begin{bmatrix}v_1\\v_2\\v_3\\ \vdots\\v_n\end{bmatrix},\underset{n\times 1}{A_0}=\begin{bmatrix}a_0\\b_0\\c_0\\ \vdots\\r_0\end{bmatrix} \quad \underset{r\times 1}{W}=\begin{bmatrix}w_a\\w_b\\w_c\\ \vdots\\w_r\end{bmatrix}$$

则式(3.7.6.1)及式(3.7.6.2)的矩阵表达式为

$$AV+W=0 \qquad (3.7.6.3)$$

$$W=AL+A_0 \qquad (3.7.6.4)$$

根据条件方程式可以组成如下法方程式：

$$\left.\begin{aligned}&[aa]k_a+[ab]k_b+[ac]k_c+\cdots+[ar]k_r+w_a=0\\&[ab]k_b+[bb]k_b+[bc]k_c+\cdots+[br]k_r+w_b=0\\&[ac]k_a+[bc]k_b+[cc]k_c+\cdots+[cr]k_r+w_c=0\\&\cdots\cdots\cdots\cdots\cdots\cdots\\&[ar]k_a+[br]k_b+[cr]k_c+\cdots+[rr]k_r+w_r=0\end{aligned}\right\} \qquad (3.7.6.5)$$

或表达为： $$\underset{r\times r}{N}\ \underset{r\times 1}{K}+\underset{r\times 1}{W}=0 \qquad (3.7.6.6)$$

其中系数阵 $$\underset{r\times r}{N}=\underset{r\times n}{A}\cdot\underset{n\times r}{A^T} \qquad (3.7.6.7)$$

按常规组成法方程式时，为便于检核，一般应编制条件方程式系数表，如表3.7.6.1，该表还可用于计算改正数 v。表中 a_i、$b_i\cdots r_i$ 是条件方程式的系数，S 为每行系数之和，即

$$a_i+b_i+c_i+\cdots+r_i=s_i(i=1,2\cdots n) \qquad (3.7.6.8)$$

条件方程式系数及改正数计算表　　表3.7.6.1

角度(或方向改正数编号)	k_a a	k_b b	k_c c		k_r r	s	v
1	a_1	b_1	c_1		r_1	s_1	v_1
2	a_2	b_2	c_2		r_2	s_2	v_2
3	a_3	b_3	c_3		r_3	s_3	v_3
⋮	⋮	⋮	⋮		⋮	⋮	
⋮	⋮	⋮	⋮		⋮		
n	a_n	b_n	c_n		r_n	s_n	v_n
[ ]	[a]	[b]	[c]		[r]	[s] [s]	

则

$$[a]+[b]+[c]+\cdots+[n]=[s] \qquad (3.7.6.9)$$

将表中 S 列中的 S_1、S_2、$\cdots S_n$ 求和得[s]，写在 S 列下端的右上侧，然后，按列求和得[ ]行中的[a]、[b]、…[r]等，并将它们相加，也得[s]，写在 S 列下端的左下侧，这两个[s]相等，表示 s 的计算正确无误。

根据表3.7.6.1，可直接计算法方程式的全部系数。表中各列系数自乘之和即为[aa]、[bb]、[cc]、…[rr]；任意两列中同行系数对应乘积的代数和，就是法方程式中其余非自乘项的系数，如[ab]、[ac]…[ar]等，即

$$\left.\begin{aligned}&a_1a_1+a_2a_2+a_3a_3+\cdots+a_na_n=[aa]\\&a_1b_1+a_2b_2+a_3b_3+\cdots+a_nb_n=[ab]\\&a_1c_1+a_2c_2+a_3c_3+\cdots+a_nc_n=[ac]\\&\cdots\cdots\cdots\cdots\cdots\cdots\cdots\cdots\cdots\\&r_1r_1+r_2r_2+r_3r_3+\cdots+r_nr_n=[rr]\end{aligned}\right\} \qquad (3.7.6.10)$$

组成法方程式时，为防止错误，还应将每列中各系数与 S 列中同行系数对应相乘，其代数和为[as]、[bs]、[cs]…[rs]，即

$$\left.\begin{aligned}&a_1s_1+a_2s_2+a_3s_3+\cdots+a_ns_n=[as]\\&b_1s_1+b_2s_2+b_3s_3+\cdots+o_ns_n=[bs]\\&c_1s_1+c_2s_2+c_3s_3+\cdots+c_ns_n=[cs]\\&\cdots\cdots\cdots\cdots\cdots\cdots\cdots\cdots\cdots\\&r_1s_1+r_2s_2+r_3s_3+\cdots+r_ns_n=[rs]\end{aligned}\right\} \qquad (3.7.6.11)$$

在求出式(3.7.6.10)和式(3.7.6.11)结果后，应进行下列检核：

$$\left.\begin{aligned}&[aa]+[ab]+[ac]+\cdots+[ar]=[as]\\&[ab]+[bb]+[bc]+\cdots+[br]=[bs]\\&[ac]+[bc]+[cc]+\cdots+[cr]=[cs]\\&\cdots\cdots\cdots\cdots\cdots\cdots\\&[ar]+[br]+[cr]+\cdots+[rr]=[rs]\end{aligned}\right\} \qquad (3.7.6.12)$$

检核验算在法方程式系数表上进行，由于法方程式是线性对称方程组，表中仅列出对角线上半部。S 列填写式(3.7.6.11)计算结果，检核栏填写每个法方程式系数之代数和，即式(3.7.6.12)计算结果。最后还应检核：

法方程式系数表　　表3.7.6.2

法方程式号数	a / k_a	b / k_b	c / k_c	……	r / k_r	s	检核
a	[aa]	[ab]	[ac]	……	[ar]	[as]	此栏中记载同行系数之和与 S 检核
b		[bb]	[bc]	……	[br]	[bs]	
c			[cc]	……	[cr]	[cs]	
⋮				……	……	……	
r					[rr]	[rs]	
检核						[ss]	

$$[as]+[bs]+[cs]+\cdots+[rs]=[ss]$$

在实际工作中，为检核法方程解算过程中有无错误，常把法方程式的常数项亦加入总和 S 内，即

$$\left.\begin{aligned}&[aa]+[ab]+[ac]+\cdots+[ar]+\omega_a=[as]+\omega_a=S_a\\&[ab]+[bb]+[bc]+\cdots+[br]+\omega_b=[bs]+\omega_b=S_b\\&[ac]+[bc]+[cc]+\cdots+[cr]+\omega_c=[cs]+\omega_c=S_c\\&\cdots\cdots\cdots\cdots\cdots\cdots\cdots\cdots\cdots\cdots\\&[ar]+[br]+[cr]+\cdots+[rr]+\omega_r=[rs]+\omega_r=S_r\end{aligned}\right\} \qquad (3.7.6.13)$$

此时检核计算应为：

$$[as]+[bs]+[cs]+\cdots+[rs]+[\omega]=[ss]+[\omega]$$

即 $[ss]+[\omega]=[S]$

由于隧道三角网(含附网)的水平方向通常为同精度观测，所以，法方程式的组成按等权形式。当观测值精度不等时，应在表3.7.6.1后面增加 $\frac{1}{P}$、$\frac{a}{P}$、$\frac{b}{P}\cdots\frac{r}{P}$ 等列，然后再组成法方程式。

二、法方程式的解算

法方程式的解算可以采用电子计算机，亦可采用经典的高斯约化法。高斯约化法的基本思想是，连续地应用加减消元法，依次地、逐个地消去未知数，直至解算出最后一个未知数，这个过程称为消元过程。然后，按未知数编号的相反次序，逐个地解出全部未知数，这个过程称为回代过程。高斯约化法利用线性对称方程组系数的对称性，对消元的过程提出了具体的规定和要求，使计算的全过程始终遵循一定的规律。现以有三个联系数的法方程式为例来说明高斯约化法的原理。

设有法方程式

$$\left.\begin{aligned}&[aa]k_a+[ab]k_b+[ac]k_c+\omega_a=0\\&[ab]k_a+[bb]k_b+[bc]k_c+\omega_b=0\\&[ac]k_a+[bc]k_b+[cc]k_c+\omega_c=0\end{aligned}\right\} \qquad (3.7.6.14)$$

首先将第一个法方程式的系数填入高斯-杜力特表格内(表3.7.6.3)a 行的各相应栏中。为了利用加减消元法消去第一个联系数 k_a，先用 a 行的首项

系数的负倒数$-\frac{1}{[aa]}$(称为辅助乘数)遍乘 a 行各项得 A 行。再在 b 行(第三行)中填入略去对称项$[ab]$以后的第二个法方程式系数,然后用 a 行的第二项$[ab]$乘 A 行各项,得 b_1行;将 b、b_1行各栏相加,得 b_2行,此时即消去了第一个联系数 k_a。这个步骤在平差中称为约化,约化后所得方程式称为约化方程式,它的系数称为约化系数。约化系数在平差中用特定的高斯符号表示,如 b_2 行,k_b 的系数原应为$\left([bb]-\frac{[ab][ab]}{[aa]}\right)$,高斯符号则记为$[bb\cdot1]$。

高斯-杜力特约化表

表3.7.6.3

1	2	3	4	5	6	7	8	9
计算次序	行的符号	a / k_a	b / k_b	c / k_c	ω	s	检核	辅助乘数
1	a	$[aa]$	$[ab]$	$[ac]$	ω_a	$=s_a$		$-\frac{1}{[aa]}$
2	A	-1	$-\frac{ab}{[aa]}$	$-\frac{[ac]}{[aa]}$	$-\frac{\omega_a}{[aa]}$	$=-\frac{s_a}{[aa]}$		
3	b		$[bb]$	$[bc]$	ω_b	$=s_b$		
4	b_1		$-\frac{[ab][ab]}{[aa]}$	$-\frac{[ab][ac]}{[aa]}$	$-\frac{[ab]\omega_a}{[aa]}$	$-\frac{[ab]s_a}{[aa]}$		
5	b_2		$[bb\cdot1]$	$[bc\cdot1]$	$[\omega_b\cdot1]$	$=[s_b\cdot1]$		$-\frac{1}{[bb\cdot1]}$
6	B		-1	$-\frac{[bc\cdot1]}{[bb\cdot1]}$	$-\frac{[\omega_b\cdot1]}{[bb\cdot1]}$	$=-\frac{[s_b\cdot1]}{[bb\cdot1]}$		
7	c			$[cc]$	ω_c	$=s_c$		
8	c_1			$-\frac{[ac][ac]}{[aa]}$	$-\frac{[ac]\omega_a}{[aa]}$	$-\frac{[ac]s_a}{[aa]}$		
9	c_2			$-\frac{[bc\cdot1][bc\cdot1]}{[bb\cdot1]}$	$-\frac{[bc\cdot1][\omega_b\cdot1]}{[bb\cdot1]}$	$-\frac{[bc\cdot1][s_b\cdot1]}{[bb\cdot1]}$		
10	c_3			$[cc\cdot2]$	$[\omega_c\cdot2]$	$=[s_c\cdot2]$		$-\frac{1}{[cc\cdot2]}$
11	C	k_a	k_b	k_c	$-\frac{[\omega_c\cdot2]}{[cc\cdot2]}$	$-\frac{[s_c\cdot2]}{[cc\cdot2]}$		
12	d	$-\frac{\omega_a}{[aa]}$	$-\frac{[\omega_b\cdot1]}{[bb\cdot1]}$	$-\frac{[ac\cdot2]}{[cc\cdot2]}$	0	S_ω		
13	d_1	$-\frac{[ac]}{[aa]}k_c$	$-\frac{[bc\cdot1]}{[bb\cdot1]}k_c$		$-\frac{\omega_a\cdot\omega_a}{[aa]}$	$-\frac{\omega_a\cdot s_\omega}{[aa]}$		
14	d_2	$-\frac{[ab]}{[aa]}k_b$			$-\frac{[\omega_b\cdot1][\omega_b\cdot1]}{[bb\cdot1]}$	$-\frac{[\omega_b\cdot1][s_b\cdot1]}{[bb\cdot1]}$		
15	d_3				$-\frac{[\omega_c\cdot2][\omega_c\cdot2]}{[cc\cdot2]}$	$-\frac{[\omega_c\cdot2][s_c\cdot2]}{[cc\cdot2]}$		
16					$-[vv]$	$-[vv]$		

为了消去第二个联系数 k_b,用辅助乘数$-\frac{1}{[bb\cdot1]}$遍乘 b_2行而得 B 行。再在 C 行填入略去对称项$[ac]$、$[bc]$以后的第三个法方程式系数,然后用 a 行的第三项$[ac]$乘以 A 行而得 c_1行;用 b_2行的第二项$[bc\cdot1]$乘 B 行得 c_2行;将 c、c_1、c_2行各栏相加得 c_3行,此时即消去了第二个联系数 k_b。c_3行的高斯符号含义为

$$[cc\cdot2]=[cc]-\frac{[ac][ac]}{[aa]}-\frac{[bc\cdot1][bc\cdot1]}{[bb\cdot1]}$$

为了用 c_3行解出最后一个联系数 k_c,用辅助乘数$-\frac{1}{[cc\cdot2]}$遍乘 c_3行得 c 行,该行中$-\frac{[\omega_c\cdot2]}{[cc\cdot2]}$即为最后一个联系数 k_c 之值:

$$k_c=-\frac{[\omega_c\cdot2]}{[cc\cdot2]} \tag{3.7.6.15}$$

求得 k_c 后,利用 B、A 等行按相反次序解出其它两个联系数:

$$\left.\begin{aligned}k_b&=-\frac{[bc\cdot1]}{[bb\cdot1]}k_c-\frac{[\omega_b\cdot1]}{[bb\cdot1]}\\k_a&=-\frac{[ab]}{[aa]}k_b-\frac{[ac]}{[aa]}k_c-\frac{\omega_a}{[aa]}\end{aligned}\right\} \tag{3.7.6.16}$$

联系数 k_a、k_b、k_c 等计算均在表3.7.6.3中进行。

解算中的检核是在得出每个约化方程式和消化行时进行的,如表3.7.6.3中以"=",表示的各行。在检核消化行时,应加入略去的"-1"。

法方程式全部解算完毕后,应进行联系数正确

性的检算。检算依下式进行：

$$[k\omega]=-[vv] \tag{3.7.6.17}$$

而

$$-[vv]=-\frac{\omega_a^2}{[aa]}-\frac{[\omega_b\cdot 1]^2}{[bb\cdot 1]}-\frac{[\omega_c\cdot 2]^2}{[cc\cdot 2]} \tag{3.7.6.18}$$

$-[vv]$可以在约化表内计算。如以上两式所求结果相同，则证明整个法方程式解算无误。

采用高斯-杜力特约化表的篇幅较大，书写行数亦较多，故通常采用高斯-杜力将简化表（表3.7.6.4）。表中只写出各个法方程式（即表3.7.6.3中的a、b、c…行）、约化方程式（即表3.7.6.3中的b_2、c_3…行）和各个消化方程式（即表3.7.6.3中的A、B、C…行），略去其它的中间项，而把约化过程直接在计算机（或计算器）上进行运算。

高斯-杜力特简化表　　表3.7.6.4

1	2	3	4	5	6	7	8
计算顺序	行的符号	a / k_a	b / k_b	c / k_c	ω	s	检核
1	a	$[aa]$	$[ab]$	$[ac]$	ω_a	s_a	
5	A	$k_a=$	$-\frac{[ab]}{[aa]}$	$-\frac{[ac]}{[aa]}$	$-\frac{\omega_a}{[aa]}$	$-\frac{s_a}{[aa]}$	
2	b		$[bb]$	$[bc]$	ω_b	s_b	
6	b_2		$[bb\cdot 1]$	$[bc\cdot 1]$	$[\omega_b\cdot 1]$	$[s_b\cdot 1]$	
7	B		$k_b=$	$-\frac{[bc\cdot 1]}{[bb\cdot 1]}$	$-\frac{[\omega_b\cdot 1]}{[bb\cdot 1]}$	$-\frac{[s_b\cdot 1]}{[bb\cdot 1]}$	
3	c			$[cc]$	ω_c	s_c	
8	c_3			$[cc\cdot 2]$	$[\omega_c\cdot 2]$	$[s_c\cdot 2]$	
9	C			k_c	$-\frac{[\omega_c\cdot 2]}{[cc\cdot 2]}$	$-\frac{[s_c\cdot 2]}{[cc\cdot 2]}$	
4	ω				$\omega_w=0$	$s_\omega=[\omega]$	
10	ω_4				$[\omega\cdot 3]$	$[s_\omega\cdot 3]$	

法方程式解算过程中的小数取位，一般规定如下：约化方程式取与法方程相同的小数位，如为n_1位小数，当法方程的系数和自由项的最大的整数有n_2位数时，则消化方程宜取n_1+n_2位小数，而联系数k则取与消化方程同样多的小数位。这样，在检核时，由于计算中凑整误差的影响，使计算结果不满足检核公式的差值，一般不会超过所取小数的末位上的“3”。

三、改正数的计算

法方程式解算完毕求得联系数k_i值后，将k值代入改正数方程，求出改正数v值。

改正数方程为：

$$\underset{n\times 1}{V}=\underset{n\times r}{A^T}\ \underset{r\times 1}{K} \tag{3.7.6.19}$$

其纯量形式为

$$v_i=a_i\cdot k_a+b_ik_b+c_ik_c+\cdots+r_ik_r\ (i=1,2\cdots n)$$

亦可将k值填入条件方程式系数表（表3.7.6.1）中，求出各乘积的代数和，即为各角（或方向）之改正数。

为了检算改正数计算的正确性，一般还应算出$[vv]$，以资和$-[kw]$检核。

四、平差值函数的权倒数

测角三角网经过平差计算，首先求得的是各个观测方向（或角度）的平差值。而图形中的另外一些元素的最或然值，如方位角、边长、坐标等，是根据平差值算出来的，即都是平差值的函数。为了计算某一平差值函数的中误差，当单位权中误差求出后，只要求出它的权倒数，就可以算出相应的中误差。

（一）平差值函数权倒数的计算

设某平差值函数为

$$F=f(L_1,L_2,\cdots L_n)=f(l_1+v_1,l_2+v_2,\cdots l_n+v_n)$$

式中，L_i代表方向（或角度）平差值，l_i代表方向（或角度）观测值，v_i代表方向（或角度）改正数。

考虑到改正数v为微小量，将上式按台劳级数展开，只取至一次项，得

$$F=f(l_1,l_2,\cdots l_n)+\frac{\partial f}{\partial l_1}v_1+\frac{\partial f}{\partial l_2}v_2+\cdots+\frac{\partial f}{\partial l_n}v_n \tag{3.7.6.20}$$

若令

$$f_0=f(l_1,l_2,\cdots l_n),\ f_i=\frac{\partial f}{\partial l_i}$$

则式(3.7.6.20)可写为

$$F=f_0+f_1v_1+f_2v_2+\cdots+f_nv_n \tag{3.7.6.21}$$

式(3.7.6.21)中f_0为常数项，在具体计算权倒数时可以不予考虑，仅取式(3.7.6.21)的后半部分，并记为V_F，即

$$V_F=f^Tv=f_1v_1+f_2v_2+\cdots+f_nv_n \tag{3.7.6.22}$$

计算平差值函数的权倒数$\frac{1}{P_F}$，常用的有两种方法。

第一种方法是利用下式进行计算

$$\frac{1}{P_F}=[ff]+[af]q_a+[bf]q_b+\cdots+[rf]q_r \quad (3.7.6.23)$$

式中的 q_a、$q_b\cdots q_r$ 由下式解出

$$N_g+Af=0 \quad (3.7.6.24)$$

上式是与法方程组的系数相同的线性对称方程组，通常称为转换系数方程组，而 q 称为转换系数，其纯量形式为

$$\left.\begin{array}{l}[aa]q_a+[ab]q_b+\cdots+[ar]q_r+[af]=0\\ [ab]q_a+[bb]q_r+\cdots+[br]q_r+[bf]=0\\ \cdots\cdots\cdots\cdots\cdots\cdots\cdots\cdots\cdots\\ [ar]q_a+[br]q_b+\cdots+[rr]q_r+[rf]=0\end{array}\right\} \quad (3.7.6.25)$$

第二种方法是在高斯-杜力特约化表中计算。即把权函数式视作一个附加的条件方程式，和条件方程式一并填入表3.7.6.1中，且令 $a_i+b_i+c_i+\cdots+r_i+f_i=s_i'$，在组成法方法式系数的同时，组成$[af]$、$[bf]\cdots[ff]$及$[fs']$。然后在高斯-杜力特简化表（表3.7.6.4）中增加一个(f)列，在这列的 a、b、$\cdots w$ 行中依次填写$[af]$、$[bf]\cdots[ff]$，这样通过 r 次约化后，就可以求得平差值函数的权倒数

$$\frac{1}{P_F}=[ff]-\frac{[af]^2}{[aa]}-\frac{[bf\cdot 1]}{[bb\cdot 1]}-\cdots-\frac{[rf\cdot(r-1)]}{[rr\cdot(r-1)]} \quad (3.7.6.26)$$

（二）三角锁最弱边平差值权函数式的列法

评定隧道三角网设计和观测质量的主要指标是横向贯通精度影响值的人小。计算测角三角网测量误差对横向贯通误差影响的方法，应采用严密计算公式。使用导线测量估算公式时，通常用三角网最弱边的相对误差作为估算导线的量边精度。地表控制网设计时，通常用式(3.2.4.2)和式(3.2.4.4)估算三角锁最弱边边长相对中误差，在平差计算时，则应列出三角锁最弱边平差值权函数式，计算其权倒数。

三角锁只有一条起算边时，通常是选择距起算边最远的一条边作为最弱边。如果三角锁有两条起算边，这时选择的最弱边应是距两条起算边最远的一条边，如图3.7.6.1中的 CE 边。对于隧道三角锁，这条边还应是计算三角锁对贯通误差影响值代用导线上的一条边。

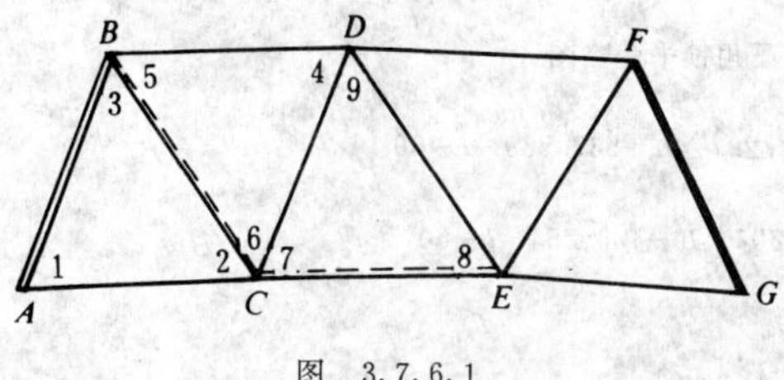

图 3.7.6.1

最弱边权函数式的列法与基线条件方程式的列法相类似，只是没有不符值。如图3.7.6.1，以 AB 为起算边，计算 CE 边边长最或然值的函数式为

$$CE=AB\cdot\frac{\sin(1)\sin(5)\sin(9)}{\sin(2)\sin(4)\sin(8)} \quad (3.7.6.27)$$

对上式求全微分，即求函数式对平差值的偏导数 f_i 不考虑常数项，得最弱边权函数式为

$$V_F=\cot1\cdot v_1-\cot2\cdot v_2-\cot4\cdot v_4+\cot5\cdot v_5-\cot8\cdot v_8+\cot9\cdot v_9 \quad (3.7.6.28)$$

式(3.7.6.28)为最弱边权函数式的真数形式，其对数形式为

$$V_F=\delta_1v_1-\delta_2v_2-\delta_4v_4+\delta_5v_5-\delta_8v_8+\delta_9v_9 \quad (3.7.6.29)$$

（三）横向贯通误差影响值权函数式的列法

三角锁方向测量误差对横向贯通误差影响值权函数式的列法，见本篇第二章第三节。

（四）平差值函数的中误差计算

法方程式解算完毕求出改正数 V 及其平方和$[vv]$后，即可求出观测方向（或角度）的单位权中误差 μ。

$$\mu=\pm\sqrt{\frac{[VV]}{r}} \quad (3.7.6.30)$$

式中 r——条件方程式的个数。

由平差所得的观测方向单位权中误差 μ 与按菲列罗公式求得的测角中误差化为方向中误差之值，一般应当大致接近，前者往往略大于后者，这是因为后者仅考虑了图形条件反映的误差的缘故。

求得单位权中误差后，便可计算平差值函数的中误差。根据式(3.7.6.26)求得的平差值函数的权倒数$\frac{1}{P_F}$，按下式计算平差值函数的中误差

$$m_F=\mu\sqrt{\frac{1}{P_F}} \quad (3.7.6.31)$$

1. 当所求函数为三角锁最弱边边长时，根据极条件，基线条件及权函数式是对数或真数形式（三者应统一），最弱边边长相对中误差分别按下式计算：

(1)对数形式时，最弱边边长的对数中误差

$$m_{\lg s}=\mu\sqrt{\frac{1}{P_F}} \quad (3.7.6.32)$$

边长相对中误差为：

$$\frac{m_s}{S}=\frac{m_{\lg s}}{M\cdot 10^6} \quad (3.7.6.33)$$

式中 M——常用对数的模，近似等于0.43429；

$m_{\lg s}$——一般以对数第六位为单位。

(2)真数形式时，最弱边边长的中误差

$$m_s=\frac{\mu}{\rho''}\sqrt{\frac{1}{P_F}} \quad (3.7.6.34)$$

显然边长相对中误差为$\frac{m_s}{S}$。

2. 三角锁方向测量误差对隧道横向贯通精度影响值的计算：

$$m_r=\pm\frac{\mu}{\rho}\sqrt{\frac{1}{P_\varphi}} \quad (3.7.6.35)$$

若计算 f_i 时已除 ρ,则 $m_r=\pm\mu\sqrt{\frac{1}{P_\varphi}}$ (3.7.6.36)

五、三角网按条件观测平差的计算步骤

1. 绘制三角网平差略图,抄录线路及有关设计资料。按方向平差时,不仅对方向统一编号,而且还应根据计算横向贯通精度权倒数的要求,标出洞外环边及有关角度编号,绘出线路中线位置及贯通点位置;

2. 抄录观测数据,进行必要的校核;

3. 根据平差略图,计算条件方程式数目并选择条件方程式;

4. 组成条件方程,计算条件方程式的系数及不符值,对不符值的数值及符号认真检核;

5. 检查观测成果的质量,按非列罗公式计算测角中误差。计算条件方程式不符值的限值,看其是否满足要求;

6. 列出权函数式;

7. 根据条件方程式系数,组成法方程式;

8. 解算法方程式,并进行校核。法方程式的解算可以利用高斯-杜力特表,亦可在计算机上进行。所用程序必须经过鉴定或验算确认;

9. 计算观测值的改正数,方向平差时,$[V]_{测站}=0$;

10. 三角形边长的最终解算:在求得各角度平差值后,首先验算三角形图形条件是否满足,然后解算三角形,求出各边边长;

11. 计算三角点坐标:隧道三角网一般采用假定坐标系统,为使用方便,通常以线路中线为纵坐标轴。因此,在三角点坐标初算后,一般还要进行坐标平移和转轴计算。

12. 根据联测线路控制点的坐标,反算线路转向角,计算曲线要素,推算里程;

13. 计算单位权中误差及平差值函数中误差;

14. 编制控制测量成果,详见第十章第二节。

第七节　三角锁按条件观测平差算例(方向平差)

某隧道全长4270m,进口端位于半径 $R=250$m 的圆曲线上,出口端位于半径 $R=300$m 的圆曲线上,中部为一直线。洞外平面控制为三角锁。锁的两端各布设一条基线,其中出口端用24m 因瓦基线尺直接丈量起始边 CM 边长,进口端用菱形基线网扩大求得起始边 AB 边长。角度用光学经纬仪按方向观测法测定。进口投点 J 和出口投点 C 纳入主网。现按条件观测方向平差如下:

一、绘制三角锁平差略图(图3.7.7.1)

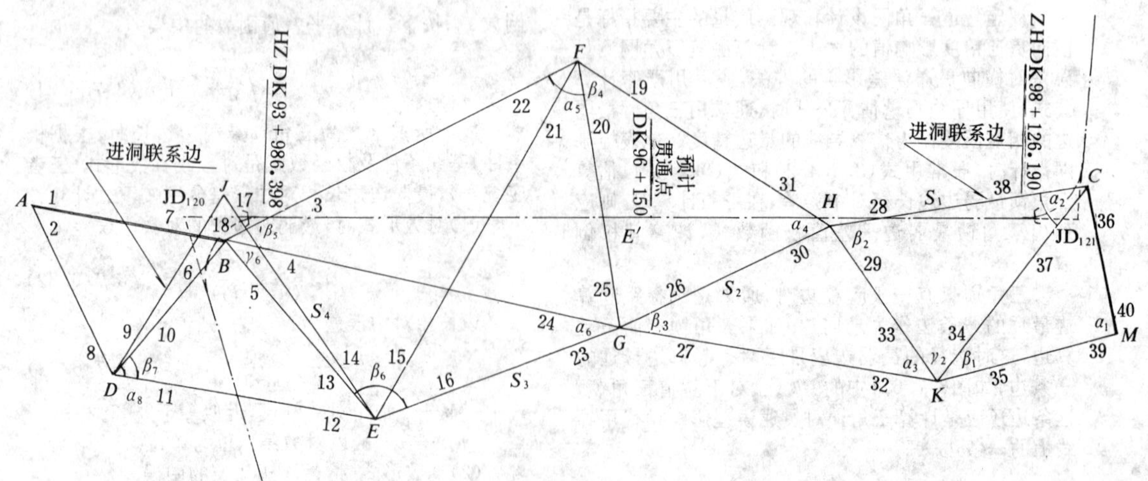

图3.7.7.1　×××隧道三角锁平差略图

JD120

α—109°27′26.6″　R—250　T—384.297　L—537.589　l—60

JD121

α—78°21′10″　R—300　T—274.807　L—470.254　l—60

二、方向观测值、平差值

表3.7.7.1中起始边边长为投影至隧道平均高程面上的长度，表3.7.7.2中所列方向观测值已归算至标石中心。

起始边边长 表3.7.7.1

边　名	长　度(m)	相对误差	附　注
AB	1 104.550 05	1/196 000	两次扩大
CM	743.947 06	1/1 050 000	直接丈量

方向观测值和平差值表 表3.7.7.2

测　站	照准方向	方向号数	方向观测值 (°	′	″)	v (″)	$v-v_0$ (″)	方向平差值 (°	′	″)
A	*B*	1	0	00	00.0	−0.03	0.00	0	00	00.0
	D	2	53	44	22.9	+0.03	+0.06	53	44	23.0
B	*F*	3	0	00	00.0	+0.59	0.00	0	00	00.0
	G	4	42	23	35.5	+0.11	−0.48	42	23	35.0
	E	5	86	01	36.3	−0.83	−1.42	86	01	34.9
	D	6	162	28	33.7	−0.06	−0.65	162	28	33.1
	A	7	220	39	25.2	+0.19	−0.40	220	39	24.8
D	*A*	8	0	00	00.0	−0.29	0.00	0	00	00.0
	J	9	57	12	17.6	+0.30	+0.59	57	12	18.2
	B	10	68	04	44.7	+0.30	+0.59	68	04	45.3
	E	11	126	39	55.3	−0.32	+0.03	126	39	55.3
E	*D*	12	0	00	00.0	−0.05	0.00	0	00	00.0
	B	13	44	57	51.0	+0.80	+0.85	44	57	51.8
	J	14	45	37	37.8	−0.31	+0.26	45	37	37.5
	E	15	108	53	22.6	+0.34	+0.39	108	53	23.0
	G	16	148	27	42.9	−0.78	−0.73	148	27	42.2
J	*E*	17	0	00	00.0	+0.31	0.00	0	00	00.0
	D	18	64	54	46.0	−0.31	−0.62	64	54	45.4
F	*H*	19	0	00	00.0	+0.48	0.00	0	00	00.0
	G	20	45	43	54.9	−0.13	−0.61	45	43	54.3
	E	21	84	23	52.2	+0.29	−0.19	84	23	52.0
	B	22	114	26	47.1	−0.63	−1.11	114	26	46.0
G	*E*	23	0	00	00.0	+0.11	0.00	0	00	00.0
	B	24	32	52	09.4	+0.53	+0.42	32	52	09.8
	F	25	101	45	43.6	−0.39	−0.50	101	45	43.1
	H	26	175	19	13.8	−0.38	−0.49	175	19	13.3
	K	27	209	35	44.9	+0.12	+0.01	209	35	44.9
H	*C*	28	0	00	00.0	−0.29	0.00	0	00	00.0
	K	29	61	17	36.2	−0.17	+0.12	61	17	36.3
	G	30	161	39	43.4	+0.58	+0.87	161	39	44.3
	F	31	222	22	19.6	−0.13	+0.16	222	22	19.8

续上表

测　站	照准方向	方向号数	方向观测值 (°	′	″)	v (″)	v−v₀ (″)	方向平差值 (°	′	″)
K	G	32	0	00	00.0	−0.68	0.00	0	00	00.0
	H	33	45	21	19.5	+0.27	+0.93	45	21	20.4
	C	34	119	44	27.1	+0.54	+1.22	119	44	28.3
	M	35	157	04	40.2	−0.12	+0.56	157	04	40.8
C	M	36	0	00	00.0	−0.17	0.00	0	00	00.0
	K	37	53	59	18.5	−0.47	−0.30	53	59	18.2
	H	38	98	18	33.2	+0.64	+0.81	98	18	34.0
M	K	39	0	00	00.0	−0.18	0.00	0	00	00.0
	C	40	88	40	29.0	+0.18	+0.36	88	40	29.4

三、计算条件方程式个数

首先按独立测角网计算条件方程式个数，网中 $P=11$；$P'=0$；$l=20$；$l'=0$；$n=29$，则条件方程式总数 $r=n-2(p-2)=29-2(11-2)=11$

其中　图形条件个数　$r_{图}=(l-l')-(p-p')+1=(20-0)-(11-0)+1=10$

极条件个数　$r_{极}=l-2p+3=20-22+3=1$

因为本三角锁设有两条起始边，基线条件方程式个数　$r_{基}=2-1=1$，所以本锁条件方程式总数为11+1=12个。

四、条件方程式的组成

1. 图形条件方程式

根据表3.7.7.3中的方向号数及不符值，可列出图形条件方程式：

$$\left.\begin{aligned}
&-v_1+v_2-v_6+v_7-v_8+v_{10}-0.9''=0\\
&-v_5+v_6-v_{10}+v_{11}-v_{12}+v_{13}-1.0''=0\\
&-v_9+v_{11}-v_{12}+v_{14}-v_{17}+v_{18}+1.5''=0\\
&-v_4+v_5-v_{13}+v_{16}-v_{23}+v_{24}+2.1''=0\\
&-v_3+v_4-v_{20}+v_{22}-v_{24}+v_{25}+1.9''=0\\
&-v_{15}+v_{16}-v_{20}+v_{21}-v_{23}+v_{25}+1.2''=0\\
&-v_{19}+v_{20}-v_{25}+v_{26}-v_{30}+v_{31}+1.3''=0\\
&-v_{26}+v_{27}-v_{29}+v_{30}-v_{32}+v_{33}-2.2''=0\\
&-v_{28}+v_{29}-v_{33}+v_{34}-v_{37}+v_{38}-1.5''=0\\
&-v_{34}+v_{35}-v_{36}+v_{37}-v_{39}+v_{40}+0.6''=0
\end{aligned}\right\}\quad(3.7.7.1)$$

2. 极条件方程式

在大地四边形 $BFGE$ 中，以 G 为极点之极条件方程式为：

$$\frac{\sin(4-3)\cdot\sin(16-13)\cdot\sin(21-20)}{\sin(5-4)\cdot\sin(22-20)\cdot\sin(16-15)}=1$$

将上式化为线性的真数形式并代入观测值得

$$\cot42°24'(v_4-v_3)+\cot103°30'(v_{16}-v_{13})+\cot38°40'(v_{21}-v_{20})-\cot43°38'(v_5-v_4)-\cot68°43'(v_{22}-v_{20})-\cot39°34'(v_{16}-v_{15})+\omega=0$$

式中，$\omega=\left(1-\dfrac{\sin43°38'00.8''\cdot\sin68°42'52.2''\cdot}{\sin42°23'35.5''\cdot\sin103°29'51.9''\cdot}\dfrac{\sin39°34'20.3''}{\sin38°39'57.3''}\right)\times\rho''=-2.91''$

整理合并同类项得

$$-1.10v_3+2.14v_4-1.05v_5+0.24v_{13}+1.21v_{15}-1.45v_{16}-0.86v_{20}+1.25v_{21}-0.39v_{22}-2.91=0\quad(3.7.7.2)$$

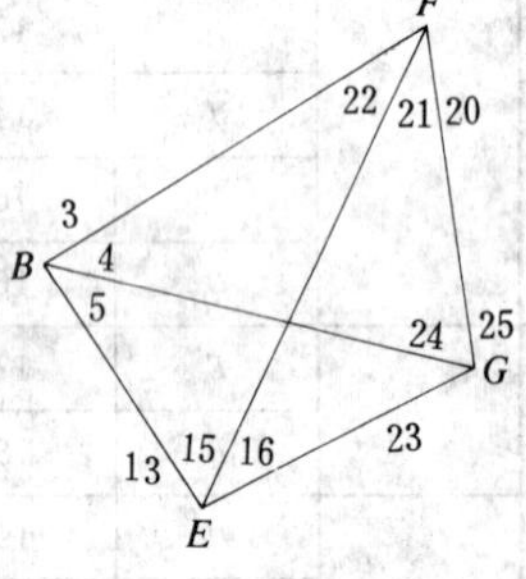

图　3.7.7.2

3. 基线条件方程式

令 AB 为 b_1、CM 为 b_2，基线条件方程式为：

$$\frac{b_1\cdot\sin(2-1)\cdot\sin(11-10)\cdot\sin(16-13)\cdot}{b_2\sin(10-8)\cdot\sin(13-12)\cdot\sin(24-23)\cdot}\frac{\sin(4-3)\cdot\sin(20-19)}{\sin(22-20)\cdot\sin(31-30)}\cdot\frac{\sin(27-26)\cdot}{\sin(33-32)\cdot}\frac{\sin(29-28)\cdot\sin(35-34)}{\sin(38-37)\cdot\sin(40-39)}=1$$

不符值 $\omega=\rho''\left(1-\dfrac{743.94706\cdot\sin68°04'44.7''\cdot}{1104.55005\cdot\sin53°44'22.9''\cdot}\dfrac{\sin44°57'51.0''}{\sin58°35'10.6''}\cdot\dfrac{\sin32°52'09.4''\cdot}{\sin103°29'51.9''\cdot}\dfrac{\sin68°42'52.2''\cdot\sin60°42'36.2''\cdot}{\sin42°23'35.5''\cdot\sin45°43'54.9''\cdot}\dfrac{\sin45°21'19.5''\cdot\sin44°19'14.7''\cdot}{\sin34°16'31.1''\cdot\sin61°17'36.2''\cdot}\dfrac{\sin88°40'29.0''}{\sin37°20'13.1''}\right)=+4.38''$

基线条件的线性方程(真数形式)为:

$$-0.73v_1+0.73v_2-1.10v_3+1.10v_4+0.40v_8-1.01v_{10}+0.61v_{11}+1.00v_{12}-0.76v_{13}-0.24v_{16}-0.97v_{19}+1.36v_{20}-0.39v_{22}+1.55v_{23}-1.55v_{24}-1.47v_{26}+1.47v_{27}-0.55v_{28}+0.55v_{29}+0.56v_{30}-0.56v_{31}+0.99v_{32}-0.99v_{33}-1.31v_{34}+1.31v_{35}+1.02v_{37}-1.02v_{38}+0.02v_{39}-0.02v_{40}+4.38=0 \quad (3.7.7.3)$$

图形条件不符值及边长计算表 表3.7.7.3

三角形号	顶点编号	方向号	角度观测值 (°	′	″)	改正数 (″)	角度平差值 (°	′	″)	边长 (m)
1	*D*	16—8	68	04	44.7	+0.59	68	04	45.29	1 104.550 05
	B	7—6	58	10	51.5	+0.25	58	10	51.75	1 011.701 3
	A	2—1	53	44	22.9	+0.06	53	44	22.96	960.051 8
		$\omega_a=-0.9''$	179	59	59.1					
2	*E*	13—12	44	57	51.0	+0.85	44	57	51.85	960.051 8
	B	6—5	76	26	57.4	+0.77	76	26	58.17	1 320.745 3
	D	11—10	58	35	10.6	−0.62	58	35	09.98	1 159.430 5
		$\omega_b=-1.0''$	179	59	59.0					
3	*J*	18—17	64	54	46.0	−0.62	64	54	45.38	1 320.745 3
	D	11—9	69	27	37.7	−0.62	69	27	37.08	1 365.613 7
	E	14—12	45	37	37.8	−0.26	45	37	37.54	1 042.412 3
		$\omega_c=+1.5''$	180	00	01.5					
4	*G*	24—23	32	52	09.4	+0.42	32	52	09.82	1 159.430 5
	B	5—4	43	38	00.8	−0.94	43	37	59.86	1 474.139 6
	E	16—13	103	29	51.9	−1.58	103	29	50.32	2 077.306 7
		$\omega_d=+2.1''$	180	00	02.1					
5	*F*	22—20	68	42	52.2	−0.50	68	42	51.70	2 077.306 7
	G	25—24	68	53	34.2	−0.92	68	53	33.28	2 079.813 9
	B	4—3	42	23	35.5	−0.48	42	23	35.02	1 503.084 1
		$\omega_e=+1.9''$	180	00	01.9					
6	*F*	21—20	38	39	57.3	+0.42	38	39	57.72	1 474.139 6
	G	25—23	101	45	43.6	−0.50	101	45	43.10	2 309.912 6
	E	16—15	39	34	20.3	−1.12	39	34	19.18	1 503.084 0
		$\omega_g=+1.2''$	180	00	01.2					
7	*H*	31—30	60	42	36.2	−0.71	60	42	35.49	1 503.084 0
	G	26—25	73	33	30.2	+0.02	73	33	30.22	1 652.944 1
	F	20—19	45	43	54.9	−0.61	45	43	54.29	1 234.103 7
		$\omega_h=+1.3''$	180	00	01.3					

续上表

三角形号	顶点编号	方向号	角度观测值 (°	′	″)	改正数 (″)	角度平差值 (°	′	″)	边长 (m)
8	K	33—32	45	21	19.5	+0.95	45	21	20.45	1 234.103 7
	H	30—29	100	22	07.2	+0.75	100	22	07.95	1 706.225 6
	G	27—26	34	16	31.1	+0.50	34	16	31.60	976.851 0
		$\omega_i=-2.2''$	179	59	57.8					
9	C	38—37	44	19	14.7	+1.11	44	19	15.81	976.851 0
	K	34—33	74	23	07.6	+0.27	74	23	07.87	1 346.542 3
	H	29—28	61	17	36.2	+0.12	61	17	36.32	1 226.297 2
		$\omega_j=-1.5''$	179	59	58.5					
10	M	40—39	88	40	29.0	+0.36	88	40	29.36	1 226.297 2
	C	37—36	53	59	18.5	−0.30	53	59	18.20	992.214 6
	K	35—34	37	20	13.1	−0.66	37	20	12.44	743.947 06
		$\omega_l=+0.6''$	180	00	00.6					

五、条件方程式不符值限差检验

该隧道平面控制按三等三角测量设计，测角中误差 m_β 为±1.8″。

1. 按菲列罗公式计算测角中误

$$m=\pm\sqrt{\frac{[\omega\omega]}{3n}}=\pm\sqrt{\frac{22.7}{30}}=\pm0.87''<1.8''$$

2. 图形条件不符值限值

$$\omega_{图}=\pm2m_\beta\sqrt{3}=\pm6.23''$$

本锁中图形条件最大不符值为2.2″，满足要求。

3. 极条件不符值限值

$$\omega_{极}=\pm2m_\beta\sqrt{\Sigma\cot^2\beta}=\pm8.47''$$

本锁极条件不符值为2.91″，满足要求。

4. 基线条件不符值限值

$$\omega_{基}=\pm2\sqrt{\left(\rho\frac{m_{b1}}{b_1}\right)^2+\left(\rho\frac{m_{b2}}{b_2}\right)^2+m_\beta^2\cdot\Sigma\cot^2\beta}=\pm6.66''$$

本锁基线条件不符值为4.38″，满足要求。

六、横向贯通误差影响值权函数式的开列

在图3.7.7.1中，J、C 分别为隧道进出口投点，进口联系方向为 JD，出口联系方向为 CH，CM 为起始边，JE、EG、GH、HC 为环边，它们均属进口环边，各传距角、间隔角及环边应分别编为 α_i'、β_i'、γ_i' 及 s_i'，由于没有出口环边，为方便起见，在图上编为 α_i、β_i、γ_i 及 s_i。在大地四边形中选择△BFG 和△BEG 推算边长。预计贯通点 E' 里程为DK96+150。

贯通误差影响值的权函式 $\mathrm{d}(x_{E出}-x_{E进})$ 包含起始边测量误差影响 ψ 和方向测量误差影响 φ。其中起始边测量误差的影响本例将按原始数据误差影响计算，方向测量误差影响的权函数式为：

$$\varphi=\{\ \}_c-\{\ \}_J-\{\ \}_F=0$$

$$-\frac{1}{\rho}\{(x_J-x_C)(\cot\alpha_1\cdot\mathrm{d}\alpha_1-\cot\beta_1\cdot\mathrm{d}\beta_1-\cot\beta_2.\mathrm{d}\beta_2)+(x_J-x_H)(\cot\alpha_2\cdot\mathrm{d}\alpha_2+\cot\alpha_3\cdot\mathrm{d}\alpha_3-\cot\beta_3\cdot\mathrm{d}\beta_3)+(x_J-x_G)(\cot\alpha_4.\mathrm{d}\alpha_4+\cot\alpha_5\cdot\mathrm{d}\alpha_5-\cot\beta_4\cdot\mathrm{d}\beta_4-\cot\beta_5\cdot\mathrm{d}\beta_5-\cot\beta_6\cdot\mathrm{d}\beta_6)+(x_J-x_E)(\cot\alpha_6\cdot\mathrm{d}\alpha_6+\cot\alpha_7\cdot\mathrm{d}\alpha_7+\cot\alpha_8\cdot\mathrm{d}\alpha_8-\cot\beta_7\cdot\mathrm{d}\beta_7-\cot\beta_8\cdot\mathrm{d}\beta_8)+(x_H-x_C)(\cot\gamma_2\cdot\mathrm{d}\gamma_2)+(x_E-x_G)(\cot\gamma_6\cdot\mathrm{d}\gamma_6)\}_J-\frac{1}{\rho}\{(y_{E'}-y_J)(\mathrm{d}[17]-\mathrm{d}[18])+(y_{E'}-y_E)(\mathrm{d}[16]-\mathrm{d}[14])+(y_{E'}-y_G)(\mathrm{d}[26]-\mathrm{d}[23])+(y_{E'}-y_H)(\mathrm{d}[28]-\mathrm{d}[30])\}_F$$

根据概算资料得：

$x_J-x_C=-52\mathrm{m}$　　$x_J-x_H=+106\mathrm{m}$

$x_J-x_G=+629\mathrm{m}$　　$x_J-x_E=+1142\mathrm{m}$

$x_H-x_C=-158\mathrm{m}$　　$x_E-x_G=-513\mathrm{m}$

$y_{E'}-y_J=2332\mathrm{m}$　　$y_{E'}-y_E=1584\mathrm{m}$

$y_{E'}-y_G=202\mathrm{m}$　　$y_{E'}-y_H=-915\mathrm{m}$

将坐标增量及角度观测值代入权函数式，并将角度微分换为方向微分得：

$$\begin{aligned}\varphi=-\frac{1}{\rho''}\{&-52[\cot88°40'(\mathrm{d}[40]-\mathrm{d}[39])\\&-\cot37°20'(\mathrm{d}[35]-\mathrm{d}[34])\\&-\cot61°18'(\mathrm{d}[29]-\mathrm{d}[28])]\\&+106[\cot44°19'(\mathrm{d}[38]-\mathrm{d}[37])\\&+\cot45°21'(\mathrm{d}[33]-\mathrm{d}[32])\\&-\cot34°17'(\mathrm{d}[27]-\mathrm{d}[26])]\\&+629[\cot60°43'(\mathrm{d}[31]-\mathrm{d}[30])\\&+\cot68°43'(\mathrm{d}[22]-\mathrm{d}[20])\\&-\cot45°44'(\mathrm{d}[20]-\mathrm{d}[19])\\&-\cot42°24'(\mathrm{d}[4]-\mathrm{d}[3])\\&-\cot103°30'(\mathrm{d}[16]-\mathrm{d}[13])]\\&+1142[\cot32°52'(\mathrm{d}[24]-\mathrm{d}[23])\\&+\cot76°27'(\mathrm{d}[6]-\mathrm{d}[5])\\&+\cot69°38'(\mathrm{d}[11]-\mathrm{d}[9])\\&-\cot58°35'(\mathrm{d}[11]-\mathrm{d}[10])\\&-\cot64°55'(\mathrm{d}[18]-\mathrm{d}[17])]\\&-158\cot74°23'(\mathrm{d}[34]-\mathrm{d}[33])]\\&-513[\cot43°38'(\mathrm{d}[5]-\mathrm{d}[4])]\}\\-\frac{1}{\rho}\{&2332(\mathrm{d}[17]-\mathrm{d}[18])+1584(\mathrm{d}[16]\\&-\mathrm{d}[14])+202(\mathrm{d}[26]-\mathrm{d}[23]]\\&-915(\mathrm{d}[28]-\mathrm{d}[30])\}\end{aligned}$$

条件方程式系数及改正数计算表

表 3.7.7.4

方向号	a / k_a	b / k_b	c / k_c	d / k_d	e / k_e	g / k_e	h / k_h	i / k_i	j / k_j	l / k_l	m / k_m	n / k_n	f	s	v
k_i	+0.1949	+0.1291	−0.3080	−0.4367	−0.6177	−0.0297	−0.2540	+0.4564	+0.4124	+0.1743	+0.2529	−0.2281			
1	−1											−0.73		−1.73	−0.03
2	+1											+0.73		+1.73	+0.03
3					−1						−1.10	−1.10	−3.34	−6.54	+0.59
4				−1	+1						+2.15	+1.10	+0.73	+3.98	+0.11
5		−1		+1							−1.05		+3.94	+2.89	−0.83
6	−1	+1											−1.33	−1.33	−0.06
7	+1													+1.00	+0.19
8	−1											+0.40		−0.60	−0.29
9			−1										+2.06	+1.06	+0.31
10	+1	−1										−1.01	−3.38	−4.39	+0.30
11		+1	+1									+0.61	+1.32	+3.93	−0.32
12		−1	−1									+1.00		−1.00	−0.05
13		+1		−1							+0.24	−0.76	+0.73	+0.21	+0.80
14			+1										+7.68	+8.68	−0.31
15						−1					+1.21			+0.21	+0.34
16				+1		+1					−1.45	−0.24	−8.41	−8.10	−0.78
17			−1										−13.90	−14.90	+0.31
18			+1										+13.90	+14.90	−0.31
19							−1					−0.97	−2.97	−4.94	+0.48
20					−1	−1	+1				−0.86	+1.36	+4.16	+3.66	−0.13
21						+1					+1.25			+2.25	+0.29
22					+1						−0.39	−0.39	−1.19	−0.97	−0.63
23				−1		−1						+1.55	+9.55	+9.10	+0.11
24				+1	−1							−1.55	−8.57	−10.12	+0.53
25					+1	+1	−1							+1.00	−0.39
26							+1	−1				−1.47	−1.73	−3.20	−0.38
27								+1				+1.47	+0.75	+3.22	+0.12
28									−1			−0.55	+4.58	+3.03	−0.29
29								−1	+1			+0.55	−0.14	+0.41	−0.17
30							−1	+1				+0.56	−2.73	−2.17	+0.58
31							+1					−0.56	−1.71	−1.27	−0.13
32								−1				+0.99	+0.51	+0.50	−0.68
33								+1	−1			−0.99	−0.72	−1.71	+0.27
34									+1	−1		−1.31	+0.54	−0.77	+0.54
35										+1		+1.31	−0.33	+1.98	−0.12
36										−1				−1.00	−0.17
37									−1	+1		+1.02	+0.53	+1.55	−0.47
38									+1			−1.02	−0.53	−0.55	+0.64
39										−1		+0.02	−0.01	−0.99	−0.18
40										+1		−0.02	+0.01	+0.99	+0.18
Σ	0	0	0	0	0	0	0	0	0	0	0	0	0	0	

法方程式系数表

表 3.7.7.5

法方程号	a / k_a	b / k_b	c / k_c	d / k_d	e / k_e	g / k_e	h / k_h	i / k_i	j / k_j	l / k_l	m / k_m	n / k_n	f	s'	检核	ω	$S=s'+\omega$
a	+6	−2										+0.05	−2.05	+2.00	+2.00	−0.9	+1.10
b		+6	+2	−2							+1.29	−0.14	+0.16	+5.31	+5.31	−1.0	+4.31
c			+6									−0.39	+34.74	+42.35	+42.35	+1.5	+43.85
d				+6	−2	+2					−4.89	−3.68	−24.05	−28.62	−28.62	+2.1	−26.52
e					+6	+2	−2				+3.72	+2.00	+7.29	+17.01	+17.01	+1.9	+18.91
g						+6	−2				−0.55	−3.15	−22.12	−17.82	−17.82	+1.2	−16.62
h							+6	−2			−0.86	−0.26	+6.42	+5.30	+5.30	+1.3	+6.60
i								+6	−2			+0.97	−1.34	+1.63	+1.63	−2.2	−0.57
j									+6	−2		−1.26	−4.52	−3.78	−3.78	−1.5	−5.28
l										+6		+3.60	−0.32	+7.28	+7.28	+0.6	+7.88
m											+13.01	+2.72	+10.36	+24.81	+24.80	−2.91	21.89
n												+27.45	+48.89	+76.80	+76.80	+4.38	+81.18
f													+791.91	+845.37	+845.37	0	+845.37
检核														+977.64	+977.64		

高斯-杜力特简化格式

表 3.7.7.6

1	2	3	4	5	6	7	8	9	10	11	12	13	14	15	16	17	18
行号	a / k_a	b / k_b	c / k_c	d / k_d	e / k_e	g / k_e	h / k_h	i / k_i	j / k_j	l / k_l	m / k_m	n / k_n	f	w	s	检核	辅助乘数
a	+6.00	−2.00										+0.05	−2.05	−0.90	+1.10		−0.166 67
E	k_e +0.194 9	+0.333 3										−0.008 3	+0.3417	+0.150 0	−0.183 3		
b		+6.00	+2.00	−2.00							+1.29	−0.14	+0.16	−1.00	+4.31		
b·1		+5.333	+2.000	−2.000							+1.290	−0.123	−0.523	−1.300	+4.677	+4.677	−0.187 51
E·1		k_b +0.129 1	−0.375 0	+0.375 0							−0.241 9	+0.023 1	+0.098 1	+0.243 8	−0.877 0		
c			+6.00									−0.39	+34.74	+1.50	+43.85		
c·2			+5.250	+0.750							−0.484	−0.345	+34.935	+1.988	+42.094	42.094	−0.190 48
E·2			k_c −0.308 0	−0.142 9							+0.092 2	+0.065 7	−6.654 3	−0.378 7	−8.017 9		
d				+6.00	−2.00	+2.00					−4.89	−3.68	−24.05	+2.10	−26.52		
d·3				+5.143	−2.000	+2.000					−4.337	−3.677	−29.238	+1.328	−30.781	−30.781	
E·3				k_d −0.436 7	+0.388 9	−0.388 9					+0.843 3	+0.715 0	+5.685 0	−0.258 2	+5.965 0		
e					+6.00	+2.00	−2.00				+3.72	+2.00	+7.29	+1.90	+18.91		
e·4					+5.222	+2.778	−2.000				+2.033	+0.570	−4.081	+2.416	+6.939	+6.938	−0.191 50
E·4					k_e −0.617 7	−0.532 0	+0.383 0				−0.389 3	−0.109 2	+0.781 5	−0.462 7	−1.328 8		
g						+6.00	−2.00				−0.55	−3.15	−22.12	+1.20	−16.62		
g·5						+3.744	−0.936				+0.055	−2.023	−8.578	−0.602	−8.341	−8.340	−0.267 09
E·5						k_g −0.029 7	+0.250 0				−0.014 7	+0.540 3	+2.291 1	+0.160 8	+2.227 8		
h							+6.00	−2.00			−0.86	−0.26	+6.42	+1.30	+6.60		
h·6							+5.000	−2.000			−0.068	−0.547	+2.712	+2.075	+7.172	+7.172	−0.200 00

续上表

1	2	3	4	5	6	7	8	9	10	11	12	13	14	15	16	17	18
行号	a / k_a	b / k_b	c / k_c	d / k_d	e / k_e	g / k_e	h / k_h	i / k_i	j / k_j	l / k_l	m / k_m	n / k_n	f	w	s	检核	辅助乘数
E·6							k_h −0.254 0	+0.400 0			+0.013 6	+0.109 4	−0.542 4	−0.415 0	−1.434 4		
i								+6.00	−2.00			+0.97	−1.34	−2.20	−0.57		
i·7								+5.200	−2.000		−0.027	+0.751	−0.255	−1.370	+2.299	+2.299	−0.192 31
E·7								k_i +0.456 4	+0.384 6		+0.005 2	−0.144 4	+0.049 0	+0.263 5	−0.442 1		
j									+6.00	−2.00		−1.26	−4.52	−1.50	−5.28		
j·8									+5.231	−2.000	−0.010	−0.971	−4.618	−2.027	−4.396	−4.395	−0.191 17
E·8									k_j +0.412 4	+0.382 3	+0.001 9	+0.185 6	+0.882 8	+0.387 5	+0.840 4		
l										+6.00		+3.60	−0.32	+0.60	+7.88		
l·9										+5.235	−0.004	+3.229	−2.085	−0.175	+6.199	+6.200	−0.19102
E·9										k_l +0.174 3	+0.000 8	−0.616 8	+0.398 3	+0.033 4	−1.184 1		
m											+13.01	+2.72	+10.36	−2.91	+21.89		
m·10											+8.203	−0.578	−9.209	−2.207	−3.791	−3.791	−0.12191
E·10											k_m +0.252 9	+0.070 5	+1.122 6	+0.269 0	+0.462 1		
n												+27.45	+48.89	+4.38	+81.18		
n·11												+21.259	+26.209	+4.849	+52.318	+52.317	−0.047 04
E·11												k_n −0.228 1	−1.232 8	−0.228 1	−2.461 0		
f													+791.91	0	+845.37		
f·12												$\frac{1}{P_\varphi}$	320.591	−17.112	+303.479	+303.479	
检核$[kw]=-6.476$												$[w \cdot 12]=-6.476=-[vv]$					

将坐标增量单位换为mm，并将方向微分符号d[n]换为(n)′，整理合并同类项得

$$
\begin{aligned}
\varphi= & -3.34(3)'+0.73(4)'+3.94(5)' \\
& -1.33(6)'+2.06(9)'-3.38(10)' \\
& +1.32(11)'+0.73(13)'+7.68(14)' \\
& -8.41(16)'-13.90(17)'+13.90(18)' \\
& -2.97(19)'+4.16(20)'-1.19(22)' \\
& +9.55(23)'-8.57(24)'-1.73(26)' \\
& +0.75(27)'+4.58(28)'-0.14(29)' \\
& -2.73(30)'-1.71(31)'+0.51(32)' \\
& -0.72(33)'+0.54(34)'-0.33(35)' \\
& +0.53(37)'-0.53(38)'-0.01(39)' \\
& +0.01(40)' \qquad (3.7.7.4)
\end{aligned}
$$

七、条件方程式系数及改正数计算表

将条件方程式及权函数式的系数填入表3.7.7.4中，按式(3.7.7.1)、式(3.7.7.2)、式(3.7.7.3)及式(3.7.7.4)的次序排列，表中联系数k和改正数v是在法方程式解算完毕后填入和计算的。

按方向平差时，因为各个条件方程式及权函数式的系数之和均为0，所以[S]亦等于零。在表中按列求和填入Σ行中进行检核。

八、法方程式系数的组成(表3.7.7.5)

九、法方程式的解算(表3.7.7.6)

十、方向观测值改正数计算

改正数v的计算，是将求得的联系数k_i填入条件方程式系数及改正数计算表(表3.7.7.4)中，按$v_i=a_ik_a+b_ik_b+\cdots+n_ik_n$求得。

十一、解算三角形边长

由方向改正数得到各角度改正数，根据正弦定律，在表3.7.7.3中解算三角锁平差后的边长，与此同时，对图形条件和基线条件进行检核。

十二、三角点坐标计算

该隧道以定测的JD120之HZ点和JD121之ZH点连线为纵坐标轴，并取ZH点之里程等于纵坐标，由出口向进口推算。经坐标初算后求出坐标旋转角，并对起算方位角$\alpha_{ZH\sim C}$进行修正。本算例仅列出坐标的最终成果。

十三、线路平面及进洞关系计算

本隧道线路中线控制点采用附网及导线联测，根据中线控制点的坐标，尚需进行曲线要素，里程推算及进洞关系计算，本算例从略，详见第八章。

十四、单位权中误差及平差值函数的中误差

(一)单位权中误差

$$\mu=\pm\sqrt{\frac{[VV]}{r}}=\pm\sqrt{\frac{6.476}{12}}=\pm0.73''$$

(二)平差值函数的中误差

1.方向测量误差对贯通影响值的计算

$$M_r=\pm\mu\sqrt{\frac{1}{P_\varphi}}=\pm0.73\sqrt{320.59}$$
$$=\pm13.1\text{mm}$$

本算例在计算权函数式系数时，已将坐标增量化为以mm为单位均除以ρ''，其结果与第二章介绍的方法是一致的。权倒数320。59由表3.7.7.7中摘取。

坐标成果 表3.7.7.7

三角点	坐标	标
	x(m)	y(m)
JD121 ZH	8126.19	0
C	8403.0802	−101.8442
M	8596.1256	616.6200
K	7632.1999	851.8584
H	7065.8170	55.9637
G	5947.9585	578.8444
F	5722.5112	−907.2360
E	4566.1692	1092.4063
B	3919.7440	129.9025
D	3270.3538	837.0034
A	2834.5601	−76.0264
J	3817.9522	−49.9912

注：①坐标系以JD120～JD121连线方向为x轴正方向，其方位角$\alpha=00°00'00''$，相应起始边"JD121之ZH～C"方位角为339°48′20.73″。

②坐标原点为JD121的ZH，该点$y=0$。x取用线路里程即98126.190。

(2)起始边测量误差对贯通影响值计算。

由表3.7.7.1可查得$b_1(AB)$、$b_2(CM)$、m_{b_1}/b_1和m_{b_2}/b_2，由表3.7.7.6中查得$\frac{[rf\cdot(r-1)]}{[rr\cdot(r-1)]}=1.2328$，则

$$F_{b1}=\frac{[rf\cdot(r-1)]}{[rr\cdot(r-1)]}\left(\frac{\rho''}{b_1}\right)$$
$$=1.233\left(\frac{206\,265}{1\,104\,550}\right)=0.230$$

$$F_{b2}=\frac{(x_c-x_J)}{b_2}-\frac{[rf\cdot(r-1)]}{[rr\cdot(r-1)]}\left(\frac{\rho''}{b_2}\right)$$
$$=\frac{52\,000}{743\,947}-1.233\left(\frac{206\,265}{743\,947}\right)$$
$$=-0.272$$

$$m_{b1}=1\,104\,500\times\frac{1}{196\,000}=\pm5.64\text{mm}$$

$$m_{b2}=743\,900\times\frac{1}{1\,050\,000}=\pm0.71\text{mm}$$

$$M_b=\pm\sqrt{F_{b1}^2m_{b1}^2+F_{b2}^2m_{b2}^2}$$
$$=\pm\sqrt{(0.23\times5.64)^2+(0.272\times0.71)^2}$$
$$=\pm1.31\text{mm}$$

(3)三角锁测量误差对贯通精度总影响值

$$M=\pm\sqrt{M_r^2+M_b^2}$$
$$=\pm\sqrt{13.1^2+1.31^2}=\pm13.2\text{mm}$$

第八节　分组平差法

一、克吕格分组平差法

(一)平差过程

将三角网的条件方程式分为两组，第一组中的各个条件方程式应是形式最为简单的条件方程式(如彼此不相重叠的三角形的图形条件方程式)，而将其余的条件方程式包括在第二组内。今设有五个条件方程分为如下两组：

$$\text{第一组}\begin{cases}a_1v_1+a_2v_2+\cdots+a_nv_n+\omega_a=0\\ b_1v_1+b_2v_2+\cdots+b_nv_n+\omega_b=0\\ c_1v_1+c_2v_2+\cdots+c_nv_n+\omega_c=0\end{cases}\quad(3.7.8.1)$$

$$\text{第二组}\begin{cases}\alpha_1v_1+\alpha_2v_2+\cdots+\alpha_nv_n+\omega_\alpha=0\\ \beta_1v_1+\beta_2v_2+\cdots+\beta_nv_n+\omega_\beta=0\end{cases}\quad(3.7.8.2)$$

式中
$$\begin{cases}\omega_a=a_0+[aL]\\ \omega_b=b_0+[bL]\\ \omega_c=c_0+[cL]\end{cases}\text{及}\begin{cases}\omega_\alpha=\alpha_0+[\alpha L]\\ \omega_\beta=\beta_0+[\beta L]\end{cases}$$

若令：

$$\underset{3\times n}{A_1}=\begin{pmatrix}a_1&a_2&\cdots&a_n\\ b_1&b_2&\cdots&b_n\\ c_1&c_2&\cdots&c_n\end{pmatrix}$$

$$\underset{2\times n}{A_2}=\begin{pmatrix}\alpha_1&\alpha_2&\cdots&\alpha_n\\ \beta_1&\beta_2&\cdots&\beta_n\end{pmatrix}$$

$$\underset{n\times 1}{V}=\begin{pmatrix}V_1\\ V_2\\ \vdots\\ V_n\end{pmatrix}\quad \underset{3\times 1}{\omega_1}=\begin{pmatrix}\omega_a\\ \omega_b\\ \omega_c\end{pmatrix}\quad \underset{2\times 1}{\omega_2}=\begin{pmatrix}\omega_\alpha\\ \omega_\beta\end{pmatrix}$$

$$\underset{3\times 1}{A_{01}}=\begin{pmatrix}a_0\\ b_0\\ c_0\end{pmatrix}\quad \underset{2\times 1}{A_{02}}=\begin{pmatrix}\alpha_0\\ \beta_0\end{pmatrix}\quad \underset{n\times 1}{L}=\begin{pmatrix}L_1\\ L_2\\ \vdots\\ L_n\end{pmatrix}$$

则式(7.8.1)及(7.8.2)的矩阵表达式为

第一组：　$A_1V+\omega_1=0$　　(3.7.8.3)

第二组：　$A_2V+\omega_2=0$　　(3.7.8.4)

式中
$$\begin{cases}\omega_1=A_{01}+A_1L\\ \omega_2=A_{02}+A_2L\end{cases}\quad(3.7.8.5)$$

现要设法改化第二组条件方程式中的系数与闭合差，使之与第一组条件方程式联合组成法方程式时成为两组互相独立的法方程式，可以分别解算，为此，将第一组条件方程式(3.7.8.3)式的两端左乘以乘常数矩阵 ρ^T。

$$\underset{2\times 3}{\rho^T}=\begin{pmatrix}\rho_{11}&\rho_{12}&\rho_{13}\\ \rho_{21}&\rho_{22}&\rho_{23}\end{pmatrix}\quad(3.7.8.6)$$

并与第二组条件方程式(3.7.8.4)相加，则得一组新的条件方程。

$$(A_2+\rho^TA_1)V+(\omega_2+\rho^T\omega_1)=0\quad(3.7.8.7)$$

(3.7.8.6)式的常数矩阵 ρ 的阶数，决定于第一组和第二组中条件方程的个数。一般地，如第一组中有 λ_1 个条件方程式，第二组中有 λ_2 个条件方程式，则 ρ 的阶数应为($\lambda_1\times\lambda_2$)。ρ^T 的阶数为($\lambda_2\times\lambda_1$)。

令：

$$\underset{2\times n}{\overline{A}_2}=A_2+\rho^TA_1=\begin{pmatrix}D_1&D_2&\cdots&D_n\\ E_1&E_2&\cdots&E_n\end{pmatrix}$$

$$\underset{2\times 1}{\overline{\omega}_2}=\omega_2+\rho^T\omega_1=\begin{pmatrix}\omega_D\\ \omega_E\end{pmatrix}\quad(3.7.8.8)$$

则式(3.7.8.7)变为：

$$\overline{A}_2V+\overline{\omega}_2=0\quad(3.7.8.9)$$

上式的纯量形式为

$$\begin{cases}D_1V_1+D_2V_2+\cdots+D_nV_n+\omega_D=0\\ E_1V_1+E_2V_2+\cdots+E_nV_n+\omega_E=0\end{cases}\quad(3.7.8.10)$$

其中

$$\begin{cases}D_i=\alpha_i+a_i\rho_{11}+b_i\rho_{12}+c_i\rho_{13}\\ E_i=\beta_i+a_i\rho_{21}+b_i\rho_{22}+c_i\rho_{23}\\ \omega_D=\omega_\alpha+\omega_a\rho_{11}+\omega_b\rho_{12}+\omega_c\rho_{13}\\ \omega_E=\omega_\beta+\omega_a\rho_{21}+\omega_b\rho_{22}+\omega_c\rho_{23}\end{cases}\quad(i=1,2,\cdots,n)\quad(3.7.8.11)$$

由第一组条件方程式(3.7.8.3)和改化后的第二组条件方程式(3.7.8.9)组成的法方程式为：

$$\begin{pmatrix}A_1A_1^T&A_1\overline{A}_2^T\\ \overline{A}_2A_1^T&\overline{A}_2\overline{A}_2^T\end{pmatrix}\begin{pmatrix}K_1\\ K_2\end{pmatrix}+\begin{pmatrix}\omega_1\\ \overline{\omega}_2\end{pmatrix}=0\quad(3.7.8.12)$$

式中

$$K_1=\begin{pmatrix}k_a\\ k_b\\ k_c\end{pmatrix}\qquad K_2=\begin{pmatrix}k_D\\ k_E\end{pmatrix}$$

前面已经说过改化条件方程式的目的是使法方程式分为互相独立的两组，从上面的法方程式(3.7.8.12)可以看出，如果

$$A_1\overline{A}_2^T=0\text{和}\ \overline{A}_2A_1^T=0\quad(3.7.8.13)$$

能够得到满足的话，则(3.7.8.12)式就分为两组独立的法方程式。

$$\begin{cases}A_1A_1^TK_1+\omega_1=0\\ \overline{A}_2\overline{A}_2^TK_2+\overline{\omega}_2=0\end{cases}\quad(3.7.8.14)$$

令　$N_1=A_1A_1^T,\overline{N}_2=\overline{A}_2\overline{A}_2^T$

则(3.7.8.14)式简化为：

$$\begin{cases}N_1K_1+\omega_1=0\\ \overline{N}_2K_2+\overline{\omega}_2=0\end{cases}\quad(3.7.8.15)$$

由(3.7.8.15)第一式解出 K_1 后，则可按改正数方程求出改正数 v' 为：

$$\begin{cases}K_1=-N_1^{-1}\omega_1\\ v'=A_1^TK_1\end{cases}\quad(3.7.8.16)$$

由(3.7.8.15)第二式解出 K_2 后，则可按改正数方程求出改正数 v'' 为：

$$\begin{cases}K_2=-\overline{N}_2^{-1}\overline{\omega}_2\\ v''=\overline{A}_2^TK_2\end{cases}\quad(3.7.8.17)$$

上两式中的 v'、v'' 分别称为第一次改正数和第二次改正数，最后观测值 L 的改正数为：

$$v=v'+v''\quad(3.7.8.18)$$

上式中的 v 与由式(3.7.8.12)解出的 v 是一致的，即分组求出的第一次改正数和第二次改正数之

和等于整体平差所得的改正数。

现在,问题在于如何使(3.7.8.13)式成立,即确定能使(3.7.8.13)式成立的待定系数矩阵 ρ_0 为此将(3.7.8.8)式的第一式 $\overline{A}_2=A_2+\rho^T A_1$ 代入式(3.7.8.13)中,则有:

$$A_1A_1^T\rho+A_1A_2^T=0 \qquad (3.7.8.19)$$

这就是说,利用(3.7.8.19)式解出的 ρ 值来改化第二组条件方程时,就一定能保证(3.7.8.12)式中的互乘系数 $A_1\overline{A}_2^T$ 和 $\overline{A}_2A_1^T$ 等于零。通常称待定系数矩阵 ρ 为介数矩阵。相应的方程式(3.7.8.19)式称为介数方程。介数方程与法方程(3.7.8.14)第一式的系数完全相同,仅仅常数项不同,因此只要将(3.7.8.14)式中第一式的常数项 ω_1 换为 $A_1A_2^T$ 就可以解出所需要的介数 ρ。

顺便指出,通常不是按(3.7.8.8)的第二式计算第二组条件方程改化后的闭合差 $\overline{\omega}_2$(即 ω_D、ω_E),而是在对第一组条件方程平差,求得第一次改正数 v' 后,随即将其与观测值相加,得到第一次改正后的观测值 $L'=L+v'$,然后用 L' 去计算第二组条件方程的闭合差 ω_2。既然各观测值已经按照第一组条件方程的要求改正过了所以在计算第二组条件时,$\omega_1=0$ 即 $\omega_a=\omega_b=\omega_c=0$ 故由式(3.7.8.8)第二式可以看出,此时算出的闭合差 ω_2 实际上已经是 $\overline{\omega}_2$

上面分组平差的数学模型是在假设观测值的权阵 $\underset{n\times n}{P}$ 为单位阵,即观测值的权都为1的前提下导出的。由上面的平差过程可以总结,克吕格分组平差的计算步骤为:

1. 按平差的具体情况,将条件方程分为两组,先对第一组条件方程单独组成法方程式,即(3.7.8.15)第一式,按式(3.7.8.16)解出 K_1 并求出第一次改正数 v',再求出经 v' 第一次改正后的观测值 $L'=L+v'$。

2. 组成介数方程式(3.7.8.19)并解出介数矩阵 ρ。

3. 根据介数矩阵 ρ 按(3.7.8.8)式改化第二组条件方程的系数,求出 $\overline{A}_2$,同时用第一次改正后的观测值 L' 计算第二组改化的闭合差 $\overline{\omega}_2$。

4. 按式(3.7.8.9)写出改化后的第二组条件方程,并对其单独组成法方程式(3.7.8.15)第二式,按(3.7.8.17)式解出 K_2 并求出第二次改正数 v''。

5. 计算平差值 $\hat{L}=L'+v''$,并按下面的方法评定其精度。

(二)精度评定

1. 分组平差的单位权中误差为:

$$m_0=\pm\sqrt{\frac{v^Tv}{r}}=\pm\sqrt{\frac{v_1^Tv_1+v_2^Tv_2}{\lambda_1+\lambda_2}} \qquad (3.7.8.20)$$

式中 λ_1 和 λ_2 为第一组和第二组条件式的个数,且 $r=\lambda_1+\lambda_2$。

2. 平差值 $\hat{L}$ 的权逆阵

平差值向量

$$\begin{aligned}\hat{L}&=L+v'+v''=L-A_1^TN_1^{-1}\omega_1-\overline{A}_2^T\overline{N}_2^{-1}\overline{\omega}_2\\&=L-A_1^TN_1^{-1}(A_{01}+A_1L)-\overline{A}_2^T\overline{N}_2^{-1}[A_{02}\\&\quad+A_2L+\rho^T(A_{01}+A_1L)]\\&=L-A_1^TN_1^{-1}(A_{01}+A_1L)-\overline{A}_2^T\overline{N}_2^{-1}[A_{02}\\&\quad+(A_2+\rho^TA_1)L+\rho^TA_{01}]\\&=L-A_1^TN_1^{-1}A_1L-\overline{A}_2^T\overline{N}_2^{-1}\overline{A}_2L-A_1^TN_1^{-1}A_{01}\\&\quad-\overline{A}_2^T\overline{N}_2^{-1}(A_{02}+\rho^TA_{01})\end{aligned} \qquad (3.7.8.21)$$

按协因数传播律,并顾及式(3.7.8.13)得平差值的权逆阵为:

$$Q_{\hat{L}\hat{L}}=I-A_1^TN_1^{-1}A_1-\overline{A}_2^T\overline{N}_2^{-1}\overline{A}_2 \qquad (3.7.8.22)$$

3. 平差值函数的权逆阵

设平差值的函数为

$$F=F(\hat{L}_1,\hat{L}_2,\cdots,\hat{L}_n)$$

则: $\mathrm{d}F=f_1\mathrm{d}\hat{L}_1+f_2\mathrm{d}\hat{L}_2+\cdots+f_n\mathrm{d}\hat{L}_n=f^T\mathrm{d}\hat{L}$ (3.7.8.23)

式中: $f_i=\dfrac{\partial F}{\partial L_i} \quad (i=1,2,\cdots,n)$

由(3.7.8.23)式按协因数传播律得平差值函数的权逆阵为:

$$Q_{FF}=f^TQ_{\hat{L}\hat{L}}f \qquad (3.7.8.24)$$

将式(3.7.8.22)代入上式得:

$$Q_{FF}=f^Tf-f^TA_1^TN_1^{-1}A_1f-f^T\overline{A}_2^T\overline{N}_2^{-1}\overline{A}_2f \qquad (3.7.8.25)$$

4. 平差值函数之函数的权逆阵

三角网经条件分组平差后,推算边边长 S 和方位角 α 是平差值 $\hat{L}$ 的函数,而待定点的坐标又是边长 S 和方位角 α 的函数,因此待定点坐标为平差值 $\hat{L}$ 函数之函数。

设平差值函数为

$$\begin{cases}F_i=F_i(\hat{L}_1,\hat{L}_2,\cdots,\hat{L}_n)\\F_j=F_j(\hat{L}_1,\hat{L}_2,\cdots,\hat{L}_n)\end{cases} \qquad (3.7.8.26)$$

平差值函数之函数为:

$$\phi=\phi(F_i,F_j) \qquad (3.7.8.27)$$

对上式取微分,即:

$$\mathrm{d}\phi=(\frac{\partial\phi}{\partial F_i})\mathrm{d}F_i+(\frac{\partial\phi}{\partial F_j})\mathrm{d}F_j$$

令 $\varphi_i=\dfrac{\partial\phi}{\partial F_i},\varphi_j=\dfrac{\partial\phi}{\partial F_j}$

则 $\mathrm{d}\phi=\varphi_i\mathrm{d}F_i+\varphi_j\mathrm{d}F_j$

平差值函数之函数的权逆阵为:

$$Q_{\phi\phi}=\varphi_i^2Q_{ii}+\varphi_j^2Q_{jj}+2\varphi_i\varphi_jQ_{ij} \qquad (3.7.8.28)$$

按公式(3.7.8.24),则上式中

$$Q_{ii}=f_i^TQ_{\hat{L}}\hat{L}f_i,Q_{jj}=f_j^TQ_{\hat{L}}\hat{L}f_j,Q_{ij}=f_i^TQ_{\hat{L}}\hat{L}f_j$$

二、分组平差中贯通误差权倒数的求法

设有一隧道三角网共7个点(见图3.7.8.1)控制一直线隧道,进口控制点为1号点,出口控制点为6号点,设1号点之坐标为起算数据(是假设坐标,无误差),网中有两条基线 S_{23} 和 S_{57},1—2方向的方位角 α_{12} 为起始方位角。为简化起见,在以下公式推导中不考虑观测基线的误差。贯通点设计在 E 点,l_J 为 1—E 的平距,进口联系方向为1—3,进口联系角为 β_J;出口联系边为6—5,出口联系角为 β_C,l_J,l_C,β_J,β_C 均假设为设计值,近似地认为无误差。L_1、L_2、L_3、……为角度观测值。

设网中各待定点平差后的坐标值为 x_2,y_2,……,x_7,y_7,网中各边平差后的边长为 S_{ij},各边平差

后的方位角为 $\alpha_{ij}(i=1,2,\cdots,7,j=1,2,\cdots,7)$。则由进口方向和出口方向计算的贯通点 E 的 x 坐标分别为：

$$\begin{cases} x_{E出}=x_6+l_c\cos\alpha_{6E}=x_6+l_c\cos(\alpha_{65}+\beta_c) \\ x_{E进}=x_1+l_J\cos\alpha_{1E}=x_1+l_J\cos(\alpha_{13}+\beta_J) \end{cases} \tag{3.7.8.29}$$

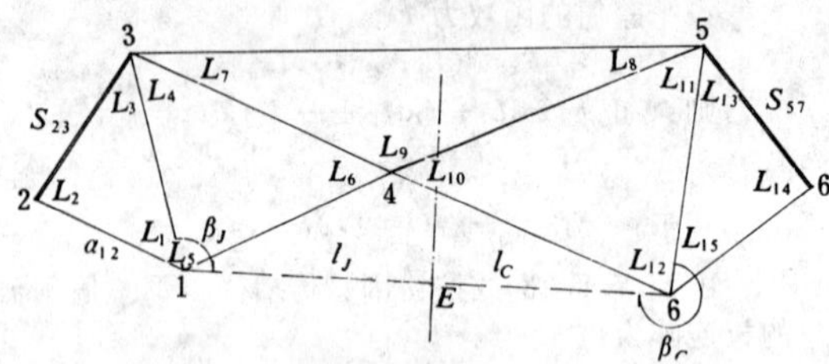

图 3.7.8.1

(3.7.8.29)式的第一式减去第二式得：

$$x_{E出}-x_{E进}=x_6-x_1+l_c\cos(\alpha_{65}+\beta_c)-l_J\cos(\alpha_{13}+\beta_J) \tag{3.7.8.30}$$

对上式取微分得贯通误差在 x 方向的影响值为：

$$d(x_{E出}-x_{E进})=dx_6-dx_1-l_a\sin(\alpha_{65}+\beta_c)d(\alpha_{65}+\beta_c)+l_J\sin(\alpha_{13}+\beta_J)d(\alpha_{13}+\beta_J)$$

因假设1号点坐标及 l_c、l_J、β_c、β_J 不考虑其误差，故

$$d(x_{E出}-x_{E进})=dx_6-l_c\sin(\alpha_{65}+\beta_c)d\alpha_{65}+l_J\sin(\alpha_{13}+\beta_J)d\alpha_{13} \tag{3.7.8.31}$$

又因为：

$$\alpha_{65}=\arctan\frac{y_5-y_6}{x_5-x_6} \quad 及 \quad \alpha_{13}=\arctan\frac{y_3-y_1}{x_3-x_1} \tag{3.7.8.32}$$

对(3.7.8.32)式的第一及第二式取微分并整理得：

$$d\alpha_{65}=\frac{\sin\alpha_{65}}{S_{65}}dx_6-\frac{\cos\alpha_{65}}{S_{65}}dy_6-\frac{\sin\alpha_{65}}{S_{65}}dx_5+\frac{\cos\alpha_{65}}{S_{65}}dy_5 \tag{3.7.8.33}$$

$$d\alpha_{13}=\frac{\sin\alpha_{13}}{S_{13}}dx_1-\frac{\cos\alpha_{13}}{S_{13}}dy_1-\frac{\sin\alpha_{13}}{S_{13}}dx_3+\frac{\cos\alpha_{13}}{S_{13}}dy_3$$

因为 x_1、y_1 无误差，即 $dx_1=dy_1=0$，则

$$d\alpha_{13}=-\frac{\sin\alpha_{13}}{S_{13}}dx_3+\frac{\cos\alpha_{13}}{S_{13}}dy_3 \tag{3.7.8.34}$$

将式(3.7.8.33)和(3.7.8.34)代入式(3.7.8.31)并整理得：

$$\begin{aligned} d(x_{E出}-x_{E进})=&-l_J\sin(\alpha_{13}+\beta_J)\frac{\sin\alpha_{13}}{S_{13}}dx_3 \\ &+l_J\sin(\alpha_{13}+\beta_J)\frac{\cos\alpha_{13}}{S_{13}}dy_3 \\ &+l_c\sin(\alpha_{65}+\beta_c)\frac{\sin\alpha_{65}}{S_{65}}dx_5 \\ &-l_c\sin(\alpha_{65}+\beta_c)\frac{\cos\alpha_{65}}{S_{65}}dy_5 \\ &+\left[1-l_c\sin(\alpha_{65}+\beta_c)\frac{\sin\alpha_{65}}{S_{65}}\right]dx_6 \\ &+l_c\sin(\alpha_{65}+\beta_c)\frac{\cos\alpha_{65}}{S_{65}}dy_6 \end{aligned} \tag{3.7.8.35}$$

上式中 l_J、l_c 及 S_{ij} 的单位一般取 m，dx_i 和 dy_i 的单位为 mm，则 $d(x_{E出}-x_{E进})$ 的单位也是 mm。

同理，
$$\begin{cases} y_{E出}=y_6+l_c\sin\alpha_{6E}=y_6+l_c\sin(\alpha_{65}+\beta_c) \\ y_{E进}=y_1+l_J\sin\alpha_{1E}=y_1+l_J\sin(\alpha_{13}+\beta_J) \end{cases} \tag{3.7.8.36}$$

$$d(y_{E出}-y_{E进})=dy_6+l_c\cos(\alpha_{65}+\beta_c)d\alpha_{65}-l_J\cos(\alpha_{13}+\beta_J)d\alpha_{13} \tag{3.7.8.37}$$

把式(3.7.8.33)和(3.7.8.34)代入上式并整理得：

$$\begin{aligned} d(y_{E出}-y_{E进})=&l_J\cos(\alpha_{13}+\beta_J)\frac{\sin\alpha_{13}}{S_{13}}dx_3 \\ &-l_J\cos(\alpha_{13}+\beta_J)\frac{\cos\alpha_{13}}{S_{13}}dy_3 \\ &-l_c\cos(\alpha_{65}+\beta_c)\frac{\sin\alpha_{65}}{S_{65}}dx_5 \\ &+l_c\cos(\alpha_{65}+\beta_c)\frac{\cos\alpha_{65}}{S_{65}}dy_5 \\ &+l_c\cos(\alpha_{65}+\beta_c)\frac{\sin\alpha_{65}}{S_{65}}dx_6 \\ &+\left[1-l_c\cos(\alpha_{65}+\beta_c)\frac{\cos\alpha_{65}}{S_{65}}\right]dy_6 \end{aligned} \tag{3.7.8.38}$$

令

$$\underset{2\times1}{dE}=\begin{pmatrix} d(x_{E出}-x_{E进}) \\ d(y_{E出}-y_{E进}) \end{pmatrix}=\underset{2\times12}{F}\times\underset{12\times1}{dX} \tag{3.7.8.39}$$

上式中，$\underset{12\times1}{dX}=(dx_1dy_1dx_2dy_2\cdots dx_6dy_6)^T$

$$\underset{2\times12}{F_x}=\begin{pmatrix} 0 & 0 & f^{\text{I}}_{dx_3} & f^{\text{I}}_{dy_3} & 0 & 0 & f^{\text{I}}_{dx_5} & f^{\text{I}}_{dy_5} & f^{\text{I}}_{dx_6} & f^{\text{I}}_{dy_6} & 0 & 0 \\ 0 & 0 & f^{\text{II}}_{dx_3} & f^{\text{II}}_{dy_3} & 0 & 0 & f^{\text{II}}_{dx_5} & f^{\text{II}}_{dy_5} & f^{\text{II}}_{dx_6} & f^{\text{II}}_{dy_6} & 0 & 0 \end{pmatrix} \tag{3.7.8.40}$$

(3.7.8.40)式中的 $f^{\text{I}}_{dx_3}$，$f^{\text{I}}_{dy_3}$，$\cdots f^{\text{II}}_{dx_3}$，$f^{\text{II}}_{dy_3}\cdots$ 分别取自(3.7.8.35)式和式(3.7.8.38)，例如：

$$f^{\text{I}}_{dx_3}=-l_J\sin(\alpha_{13}+\beta_J)\frac{\sin\alpha_{13}}{S_{13}}$$

$$f^{\text{I}}_{dy_3}=l_J\sin(\alpha_{13}+\beta_J)\frac{\cos\alpha_{13}}{S_{13}}$$

$$f^{\text{II}}_{dx_3}=l_J\cos(\alpha_{13}+\beta_J)\frac{\sin\alpha_{13}}{S_{13}}$$

$$f^{\text{II}}_{dy_3}=-l_J\cos(\alpha_{13}+\beta_J)\frac{\cos\alpha_{13}}{S_{13}}$$

其余的类同。

由式(3.7.8.39)按协因数传播律，得：

$$\underset{2\times2}{Q_{EE}}=\underset{2\times12}{F_x}\,\underset{12\times12}{Q_{xx}}\,\underset{12\times2}{F_x^T} \tag{3.7.8.41}$$

上式中 Q_{EE} 为 x、y 方向上贯通误差的协因数阵(权逆阵)，Q_{xx} 为网中待定点坐标平差值的权逆阵，F_x 为系数矩阵。

上面导出了 x、y 方向贯通误差的权逆阵 Q_{EE} 与待定点坐标平差值权逆阵 Q_{xx} 的关系式。下面将进一步推导 Q_{xx} 与观测值平差值 $\hat{L}$ 的权逆阵 $Q_{\hat{L}\hat{L}}$ 的关系式，以导出 Q_{EE} 与 $Q_{\hat{L}\hat{L}}$ 的关系式，最终求得 x、y 方向上

贯通误差的权倒数。

由于平差后的边长 S_{ij} 和平差后的坐标方位角 α_{ij} 是观测值平差值向量 $\hat{L}$ 的函数，而待定点坐标平差值 x_i、y_j 又是 S_{ij} 和 α_{ij} 的函数，所以可以由 $Q_{\hat{L}\hat{L}}$ 导出 Q_{ss} 和 $Q_{\alpha\alpha}$，而由 Q_{ss} 和 $Q_{\alpha\alpha}$ 导出 Q_{zz}，从而得到 Q_{zz} 与 $Q_{\hat{L}\hat{L}}$ 的关系式。

由图3.7.8.1可推得网中坐标推算路线1—2—3—4—5—6—7中各边的边长平差值为：

$$\begin{cases} S_{12}=S_{23}\dfrac{\sin\hat{L}_3}{\sin\hat{L}_1} \\ S_{34}=S_{23}\dfrac{\sin\hat{L}_2\sin\hat{L}_5}{\sin\hat{L}_1\sin\hat{L}_6} \\ S_{45}=S_{23}\dfrac{\sin\hat{L}_2\sin\hat{L}_5\sin\hat{L}_7}{\sin\hat{L}_1\sin\hat{L}_6\sin\hat{L}_8} \\ S_{56}=S_{23}\dfrac{\sin\hat{L}_2\sin\hat{L}_5\sin\hat{L}_7\sin\hat{L}_{10}}{\sin\hat{L}_1\sin\hat{L}_6\sin\hat{L}_8\sin\hat{L}_{12}} \\ S_{67}=S_{23}\dfrac{\sin\hat{L}_2\sin\hat{L}_5\sin\hat{L}_7\sin\hat{L}_{10}\sin\hat{L}_{13}}{\sin\hat{L}_1\sin\hat{L}_6\sin\hat{L}_8\sin\hat{L}_{12}\sin\hat{L}_{14}} \end{cases}$$

上式中，S_{23} 为已知的起算边长，$\hat{L}_k$ 为角度观测值的平差值($k=1,2,\cdots,15$)，对其取微分并整理得：

$$\begin{cases} dS_{12}=-S_{12}\cot\hat{L}_1 d\hat{L}_1+S_{12}\cot\hat{L}_3 d\hat{L}_3 \\ dS_{34}=-S_{34}\cot\hat{L}_1 d\hat{L}_1+S_{34}\cot\hat{L}_2 d\hat{L}_2 \\ \qquad +S_{34}\cot\hat{L}_5 d\hat{L}_5-S_{34}\cot\hat{L}_6 d\hat{L}_6 \\ dS_{45}=-S_{45}\cot\hat{L}_1 d\hat{L}_1+S_{45}\cot\hat{L}_2 d\hat{L}_2 \\ \qquad +S_{45}\cot\hat{L}_5 d\hat{L}_5-S_{45}\cot\hat{L}_6 d\hat{L}_6 \\ \qquad +S_{45}\cot\hat{L}_7 d\hat{L}_7-S_{45}\cot\hat{L}_8 d\hat{L}_8 \\ dS_{56}=-S_{56}\cot\hat{L}_1 d\hat{L}_1+S_{56}\cot\hat{L}_2 d\hat{L}_2 \\ \qquad +S_{56}\cot\hat{L}_5 d\hat{L}_5-S_{56}\cot\hat{L}_6 d\hat{L}_6 \\ \qquad +S_{56}\cot\hat{L}_7 d\hat{L}_7-S_{56}\cot\hat{L}_8 d\hat{L}_8 \\ \qquad +S_{56}\cot\hat{L}_{10} d\hat{L}_{10}-S_{56}\cot\hat{L}_{12} d\hat{L}_{12} \\ dS_{67}=-S_{67}\cot\hat{L}_1 dL_1+S_{67}\cot\hat{L}_2 d\hat{L}_2 \\ \qquad +S_{67}\cot\hat{L}_5 d\hat{L}_5-S_{67}\cot\hat{L}_6 d\hat{L}_6 \\ \qquad +S_{67}\cot\hat{L}_7 d\hat{L}_7-S_{67}\cot\hat{L}_8 d\hat{L}_8 \\ \qquad +S_{67}\cot\hat{L}_{10} d\hat{L}_{10}-S_{67}\cot\hat{L}_{12} d\hat{L}_{12} \\ \qquad +S_{67}\cot\hat{L}_{13} d\hat{L}_{13}-S_{67}\cot\hat{L}_{14} d\hat{L}_{14} \end{cases} \tag{3.7.8.42}$$

令

$$\underset{5\times1}{dS}=\begin{pmatrix} dS_{12} \\ dS_{34} \\ dS_{45} \\ dS_{56} \\ dS_{67} \end{pmatrix}=\underset{5\times15}{Fs}\ \underset{15\times1}{d\hat{L}} \tag{3.7.8.43}$$

上式中，$\underset{15\times1}{d\hat{L}}=(d\hat{L}_1 d\hat{L}_2\cdots d\hat{L}_{15})^T$

$$\underset{5\times15}{F_s}=\begin{pmatrix} f_{1.1} & f_{1.2} & \cdots f_{1.15} \\ f_{2.1} & f_{2.2} & \cdots f_{2.15} \\ \cdots & \cdots & \cdots \\ f_{5.1} & f_{5.2} & f_{5.15} \end{pmatrix} \tag{3.7.8.44}$$

上式中，$f_{1.1}, f_{1.2}, \cdots, f_{5.15}$ 取自(3.7.8.42)式对应项的系数，例如 $f_{1.1}=-S_{12}\cot\hat{L}_1$，$f_{1.2}=0$，$f_{1.3}=S_{12}\cot\hat{L}_3$，$\cdots$，$f_{5.14}=-S_{67}\cot\hat{L}_{14}$，$f_{5.15}=0$

由式(3.7.8.43)按协因数传播律，得：

$$\underset{5\times15}{Q_{ss}}=\underset{5\times15}{F_s}\ \underset{15\times15}{Q_{\hat{L}\hat{L}}}\ \underset{15\times5}{F_s^T} \tag{3.7.8.45}$$

式中，Q_{ss} 为边长平差值的权逆阵，$Q_{\hat{L}\hat{L}}$ 为观测值平差值的权逆阵，F_s 为系数矩阵。

下面将要推导坐标推算路线1—2—3—4—5—6—7中各边坐标方位角平差值 α_{ij} 的权逆阵 $Q_{\alpha\alpha}$。

由图3.7.8.1可推得推算路线中各边的方位角平差值为

$$\begin{cases} \alpha_{23}=\alpha_{12}-\hat{L}_2\pm180^\circ \\ \alpha_{34}=\alpha_{12}-\hat{L}_2-\hat{L}_3-\hat{L}_4\pm180^\circ \\ \alpha_{45}=\alpha_{12}-\hat{L}_2-\hat{L}_3-\hat{L}_4+\hat{L}_9 \\ \qquad \pm180^\circ \\ \alpha_{56}=\alpha_{12}-\hat{L}_2-\hat{L}_3-\hat{L}_4+\hat{L}_9 \\ \qquad -\hat{L}_{11}\pm180^\circ \\ \alpha_{67}=\alpha_{12}-\hat{L}_2-\hat{L}_3-\hat{L}_4+\hat{L}_9 \\ \qquad -\hat{L}_{11}+\hat{L}_{15}\pm180^\circ \end{cases} \tag{3.7.8.46}$$

上式中，α_{12} 为已知的起算方位角，若不考虑其误差，对式(7—8—46)取微分得

$$\begin{cases} d\alpha_{23}=-d\hat{L}_2 \\ d\alpha_{34}=-d\hat{L}_2-d\hat{L}_3-d\hat{L}_4 \\ d\alpha_{45}=-d\hat{L}_2-d\hat{L}_3-d\hat{L}_4+d\hat{L}_9 \\ d\alpha_{56}=-d\hat{L}_2-d\hat{L}_3-d\hat{L}_4+d\hat{L}_9 \\ \qquad -d\hat{L}_{11} \\ d\alpha_{67}=-d\hat{L}_2-d\hat{L}_3-d\hat{L}_4+d\hat{L}_9 \\ \qquad -d\hat{L}_{11}+d\hat{L}_{15} \end{cases} \tag{3.7.8.47}$$

令

$$\underset{5\times1}{d\alpha}=\begin{pmatrix} d\alpha_{23} \\ d\alpha_{34} \\ d\alpha_{45} \\ d\alpha_{56} \\ d\alpha_{67} \end{pmatrix}=\underset{5\times15}{F_\alpha}\ \underset{15\times1}{d\hat{L}} \tag{3.7.8.48}$$

上式中，$\underset{15\times1}{d\hat{L}}=(d\hat{L}_1 d\hat{L}_2\cdots d\hat{L}_{15})^T$

$$\underset{5\times15}{F_\alpha}=\begin{pmatrix} f_{1.1} & f_{1.2} & \cdots & f_{1.15} \\ f_{2.1} & f_{2.2} & \cdots & f_{2.15} \\ \cdots & \cdots & \cdots & \cdots \\ f_{5.1} & f_{5.2} & \cdots & f_{5.15} \end{pmatrix} \tag{3.7.8.49}$$

(3.7.8.49)式中的 $f_{1.1}$，$f_{1.2}$，$\cdots$，$f_{5.15}$ 取自(3.7.8.47)式对应项的系数。如：$f_{1.1}=0$，$f_{1.2}=-1$，$f_{2.1}=0$，$f_{2.2}=-1$，$\cdots$，$f_{5.15}=1$。

由式(3.7.8.48)按协因数传播律得

$$\underset{5\times5}{Q_{\alpha\alpha}}=\underset{5\times15}{F_\alpha}\ \underset{15\times15}{Q_{\hat{L}\hat{L}}}\ \underset{15\times5}{F_\alpha^T} \tag{3.7.8.50}$$

式中，$Q_{\alpha\alpha}$ 为方位角平差值的权逆阵，F_α 为系数矩阵。

最后推导 Q_{zz} 与 Q_{ss} 和 $Q_{\alpha\alpha}$ 的权逆阵关系式，因为：

$$\begin{cases} \begin{cases} x_2=x_1+S_{12}\cos\alpha_{12} \\ y_2=y_1+S_{12}\sin\alpha_{12} \end{cases} & \begin{cases} x_3=x_2+S_{23}\cos\alpha_{23} \\ y_3=y_2+S_{23}\sin\alpha_{23} \end{cases} \\ \begin{cases} x_4=x_3+S_{34}\cos\alpha_{34} \\ y_4=y_3+S_{34}\sin\alpha_{34} \end{cases} & \begin{cases} x_5=x_4+S_{45}\cos\alpha_{45} \\ y_5=y_4+S_{45}\sin\alpha_{45} \end{cases} \\ \begin{cases} x_6=x_5+S_{56}\cos\alpha_{56} \\ y_6=y_5+S_{56}\sin\alpha_{56} \end{cases} & \begin{cases} x_7=x_6+S_{67}\cos\alpha_{67} \\ y_7=y_6+S_{67}\sin\alpha_{67} \end{cases} \end{cases} \tag{3.7.8.51}$$

不考虑起算数据 x_1、y_1、S_{23}、α_{12} 的误差，对式(3.7.8.51)各式取微分得：

$$
\begin{cases}
dx_2 = \cos\alpha_{12} \cdot dS_{12} \\
dy_2 = \sin\alpha_{12} \cdot dS_{12} \\
dx_3 = \cos\alpha_{12} \cdot dS_{12} - S_{23}\sin\alpha_{23} \cdot d\alpha_{23} \\
dy_3 = \sin\alpha_{12} \cdot dS_{12} + S_{23}\cos\alpha_{23} \cdot d\alpha_{23} \\
dx_4 = \cos\alpha_{12} \cdot dS_{12} + \cos\alpha_{34} \cdot dS_{34} \\
\qquad - S_{23}\sin\alpha_{23} \cdot d\alpha_{23} - S_{34}\sin\alpha_{34} \cdot d\alpha_{34} \\
dy_4 = \sin\alpha_{12} \cdot dS_{12} + \sin\alpha_{34} \cdot dS_{34} \\
\qquad + S_{23}\cos\alpha_{23} \cdot d\alpha_{23} + S_{34}\cos\alpha_{34} \cdot d\alpha_{34} \\
dx_5 = \cos\alpha_{12} \cdot dS_{12} + \cos\alpha_{34} \cdot dS_{34} \\
\qquad + \cos\alpha_{45} \cdot dS_{45} - S_{23}\sin\alpha_{23} \cdot d\alpha_{23} \\
\qquad - S_{34}\sin\alpha_{34} \cdot d\alpha_{34} - S_{45}\sin\alpha_{45} \cdot d\alpha_{45} \\
dy_5 = \sin\alpha_{12} \cdot dS_{12} + \sin\alpha_{34} \cdot dS_{34} \\
\qquad + \sin\alpha_{45} \cdot dS_{45} + S_{23}\cos\alpha_{23} \cdot d\alpha_{23} \\
\qquad + S_{34}\cos\alpha_{34} \cdot d\alpha_{34} + S_{45}\cos\alpha_{45} \cdot d\alpha_{45} \\
dx_6 = \cos\alpha_{12} \cdot dS_{12} + \cos\alpha_{34} \cdot dS_{34} \\
\qquad + \cos\alpha_{45} \cdot dS_{45} + \cos\alpha_{56} \cdot dS_{56} \\
\qquad - S_{23}\sin\alpha_{23} \cdot d\alpha_{23} - S_{34}\sin\alpha_{34} \cdot d\alpha_{34} \\
\qquad - S_{45}\sin\alpha_{45} \cdot d\alpha_{45} - S_{56}\sin\alpha_{56} \cdot d\alpha_{56} \\
dy_6 = \sin\alpha_{12} \cdot dS_{12} + \sin\alpha_{34} \cdot dS_{34} \\
\qquad + \sin\alpha_{56} \cdot dS_{56} + \sin\alpha_{45} \cdot dS_{45} \\
\qquad + S_{23}\cos\alpha_{23} \cdot d\alpha_{23} + S_{34}\cos\alpha_{34} \cdot d\alpha_{34} \\
\qquad + S_{45}\cos\alpha_{45} \cdot d\alpha_{45} + S_{56}\cos\alpha_{56} \cdot d\alpha_{56} \\
dx_7 = \cos\alpha_{12} \cdot dS_{12} + \cos\alpha_{34} \cdot dS_{34} \\
\qquad + \cos\alpha_{45} \cdot dS_{45} + \cos\alpha_{56} \cdot dS_{56} \\
\qquad + \cos\alpha_{67} \cdot dS_{67} - S_{23}\sin\alpha_{23} \cdot d\alpha_{23} \\
\qquad - S_{34}\sin\alpha_{34} \cdot d\alpha_{34} - S_{45}\sin\alpha_{45} \cdot d\alpha_{45} \\
\qquad - S_{56}\sin\alpha_{56} \cdot d\alpha_{56} - S_{67}\sin\alpha_{67} \cdot d\alpha_{67} \\
dy_7 = \sin\alpha_{12} \cdot dS_{12} + \sin\alpha_{34} \cdot dS_{34} \\
\qquad + \sin\alpha_{45} \cdot dS_{45} + \sin\alpha_{56} \cdot dS_{56} \\
\qquad + \sin\alpha_{67} \cdot dS_{67} + S_{23}\cos\alpha_{23} \cdot d\alpha_{23} \\
\qquad + S_{34}\cos\alpha_{34} \cdot d\alpha_{34} + S_{45}\cos\alpha_{45} \cdot d\alpha_{45} \\
\qquad + S_{56}\cos\alpha_{56} \cdot d\alpha_{56} + S_{67}\cos\alpha_{67} \cdot d\alpha_{67}
\end{cases}
\tag{3.7.8.52}
$$

令：$\underset{12\times1}{dx} = \underset{12\times5}{Y_s}\,\underset{5\times1}{ds} + \underset{12\times5}{Y_\alpha}\,\underset{5\times1}{d\alpha}$ (3.7.8.53)

式中

$$\underset{12\times1}{dx} = (dx_1 dy_1 \cdots dy_{15})^T$$

$$\underset{5\times1}{ds} = (ds_{12} ds_{34} \cdots ds_{67})^T$$

$$\underset{5\times1}{d\alpha} = (d\alpha_{23} d\alpha_{34} \cdots d\alpha_{67})^T$$

$$\underset{12\times5}{Y_s} = \begin{pmatrix} y_{1.1} & y_{1.2} & \cdots & y_{1.5} \\ y_{2.1} & y_{2.2} & \cdots & y_{2.5} \\ \cdots & \cdots & \cdots & \cdots \\ y_{12.1} & y_{12.2} & \cdots & y_{12.5} \end{pmatrix} \tag{3.7.8.54}$$

$$\underset{12\times5}{Y_\alpha} = \begin{pmatrix} y'_{1.1} & y'_{1.2} & \cdots & y'_{1.5} \\ y'_{2.1} & y'_{2.2} & \cdots & y'_{2.5} \\ \cdots & \cdots & \cdots & \cdots \\ y'_{12.1} & y'_{12.2} & \cdots & y'_{12.5} \end{pmatrix} \tag{3.7.8.55}$$

(3.7.8.54)式中的 $y_{1.1}, y_{1.2}, \cdots, y_{12.5}$和(3.7.8.55)式中的 $y'_{1.1}, y'_{1.2}, \cdots, y'_{12.5}$取自(3.7.8.52)式对应项的系数，例如：$y_{1.1}=\cos\alpha_{12}$，$y_{1.2}=0$，…，$y_{12.5}=\sin\alpha_{67}$，$y'_{1.1}=0$，$y'_{2.1}=0$，$y'_{3.1}=-S_{23}\sin\alpha_{23}$，$y'_{4.1}=S_{23}\cos\alpha_{23}$，…，$y'_{12.5}=S_{67}\cos\alpha_{67}$。

由式(3.7.8.53)按协因数传播律得：

$$\underset{12\times12}{Q_{xx}} = \underset{12\times5}{Y_s}\,\underset{5\times5}{Q_{ss}}\,\underset{5\times12}{Y_s^T} + \underset{12\times5}{Y_s}\,\underset{5\times5}{Q_{s\alpha}}\,\underset{5\times12}{Y_\alpha^T} + \underset{12\times5}{Y_\alpha}\,\underset{5\times5}{Q_{\alpha s}}\,\underset{5\times12}{Y_s^T} + \underset{12\times5}{Y_\alpha}\,\underset{5\times5}{Q_{\alpha\alpha}}\,\underset{5\times12}{Y_\alpha^T} \tag{3.7.8.56}$$

式中，$\underset{5\times5}{Q_{s\alpha}}$和$\underset{5\times5}{Q_{\alpha s}}$为平差后边长与方位角的互协因数阵，可由式(3.7.8.43)和式(3.7.8.48)按协因数传播律求得，其结果为

$$\begin{cases} \underset{5\times5}{Q_{s\alpha}} = \underset{5\times15}{F_s}\,\underset{15\times15}{Q_{\hat{L}\hat{L}}}\,\underset{15\times5}{F_\alpha^T} \\ \underset{5\times5}{Q_{\alpha s}} = \underset{5\times15}{F_\alpha}\,\underset{15\times15}{Q_{\hat{L}\hat{L}}}\,\underset{15\times5}{F_s^T} \end{cases} \tag{3.7.8.57}$$

把式(3.7.8.45)、(3.7.8.50)及式(3.7.8.57)代入式(3.7.8.56)并整理得

$$Q_{xx} = Y_s F_s Q_{\hat{L}\hat{L}} F_s^T Y_s^T + Y_s F_s Q_{\hat{L}\hat{L}} F_\alpha^T Y_\alpha^T + Y_\alpha F_\alpha Q_{\hat{L}\hat{L}} F_s^T Y_s^T + Y_\alpha F_\alpha Q_{\hat{L}\hat{L}} F_\alpha^T Y_\alpha^T \tag{3.7.8.58}$$

把式(3.7.8.58)代入式(3.7.8.41)得

$$Q_{EE} = F_x(y_s F_s Q_{\hat{L}\hat{L}} F_s^T Y_s^T + y_s F_s Q_{\hat{L}\hat{L}} F_\alpha^T y_\alpha^T + Y_\alpha F_\alpha Q_{\hat{L}\hat{L}} F_s^T Y_s^T + Y_\alpha F_\alpha Q_{\hat{L}\hat{L}} F_\alpha^T Y_\alpha^T) F_x^T \tag{3.7.8.59}$$

把式(3.7.8.22)代入上式即得两组平差法 x、y 方向上贯通误差的权逆阵为

$$\begin{aligned} Q_{EE} = F_x[& Y_s F_s (I - A_1^T N_1^{-1} A_1 - \overline{A}_2^T \overline{N}_2^{-1} \overline{A}_2) F_s^T Y_s^T \\ & + Y_s F_s (I - A_1^T N_1^{-1} A_1 - \overline{A}_2^T \overline{N}_2^{-1} \overline{A}_2) F_\alpha^T Y_\alpha^T \\ & + Y_\alpha F_\alpha (I - A_1^T N_1^{-1} A_1 - \overline{A}_2^T \overline{N}_2^{-1} \overline{A}_2) F_s^T Y_s^T \\ & + Y_\alpha F_\alpha (I - A_1^T N_1^{-1} A_1 - \overline{A}_2^T \overline{N}_2^{-1} \overline{A}_2) F_\alpha^T Y_\alpha^T] F_x^T \end{aligned} \tag{3.7.8.60}$$

令

$$\underset{2\times2}{Q_{EE}} = \begin{pmatrix} Qd(x_{E出} - x_{E进})d(x_{E出} - x_{E进}) & Qd(x_{E出} - x_{E进})d(y_{E出} - y_{E进}) \\ Qd(y_{E出} - y_{E进})d(x_{E出} - x_{E进}) & Qd(y_{E出} - y_{E进})d(y_{E出} - y_{E进}) \end{pmatrix} \tag{3.7.8.61}$$

则两组平差法 x、y 方向上贯通误差的权倒数分别为

$$\begin{cases} \dfrac{1}{P_x} = Qd(x_{E出} - x_{E进})d(x_{E出} - x_{E进}) \\ \dfrac{1}{P_y} = Qd(y_{E出} - y_{E进})d(y_{E出} - y_{E进}) \end{cases} \tag{3.7.8.62}$$

进一步可算出贯通点 E 在 x、y 方向上的贯通误差值为

$$\begin{cases} m_x = m_0\sqrt{\dfrac{1}{P_x}} \\ m_y = m_0\sqrt{\dfrac{1}{P_y}} \end{cases} \tag{3.7.8.63}$$

三、分组平差及贯通误差计算示例

设有一隧道控制网共7个点，控制一直线隧道。进口控制点为1号点，出口控制点为7号点，设一号点之坐标为起算坐标(是假设坐标，无误差)。网中有二条基线 S_{2-3}和 S_{5-7}，1—2边的方位角已知。控制网略图如图3.7.8.2

该隧道控制网贯通点设计在 E 点，L_J 为1－E之平距，L_c 为6－E 之平距，进口联系方向为1—3，进口联系角为 β_J，出口联系边为5—6，出口联系角为

β_C。L_J、L_C、β_J、β_C 均假设为设计值，近似地认为无误差，网中各已知数据和各设计值见表3.7.8.1。三角形各内角均为等权观测（权均为1），其观测值见表3.7.8.2。下面将用两组平差法平差该隧道控制网，并计算出贯通点 E 处的贯通误差。

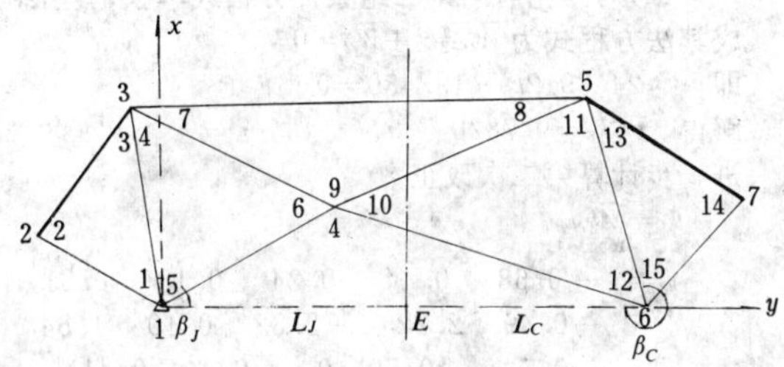

图 3.7.8.2

解：(1)由上图知此网有6个条件方程，其中5个是三角形的图形条件，1个是基线条件，所开列的条件方程式整理后为：

$$
\begin{cases}
v_1+v_2+v_3+3=0 & ①\\
v_4+v_5+v_6-4=0 & ②\\
v_7+v_8+v_9-2=0 & ③\\
v_{10}+v_{11}+v_{12}+4=0 & ④\\
v_{13}+v_{14}+v_{15}-3=0 & ⑤\\
-1.1719v_1+0.2505v_2+0.1674v_5 & \\
-0.8552v_6+2.6996v_7-3.0924v_8 & \\
+2.9087v_{10}-0.0700v_{12} & \\
-0.5301v_{14}+0.5260v_{15}+w_6=0 & ⑥
\end{cases}
$$

将①②③④⑤条件方程式作为第一组，⑥条件方程式作为第二组，则

$$
\underset{5\times15}{A_1}=\begin{pmatrix}
1&1&1&0&0&0&0&0&0&0&0&0&0&0&0\\
0&0&0&1&1&1&0&0&0&0&0&0&0&0&0\\
0&0&0&0&0&0&1&1&1&0&0&0&0&0&0\\
0&0&0&0&0&0&0&0&0&1&1&1&0&0&0\\
0&0&0&0&0&0&0&0&0&0&0&0&1&1&1
\end{pmatrix}
$$

$$\underset{5\times1}{W_1}=(3\quad -4\quad -2\quad +4\quad -3)^T$$

$$\underset{1\times15}{A_2}=(-1.1719\quad 0.2505\quad 0\quad 0\quad 0.1674\quad -0.8552\quad 2.6996\quad -3.0924\quad 0\quad 2.9087\quad 0\quad -0.0700\quad -0.5301\quad 0.5260)$$

对第一组条件方程式先单独平差，组成法方程式为

$$A_1A_1^TK_1+W_1=0$$

即

$$
\begin{pmatrix}
3&0&0&0&0\\
0&3&0&0&0\\
0&0&3&0&0\\
0&0&0&3&0\\
0&0&0&0&3
\end{pmatrix}
\begin{pmatrix}k_1\\k_2\\k_3\\k_4\\k_5\end{pmatrix}
+\begin{pmatrix}3\\-4\\-2\\+4\\-3\end{pmatrix}=0
$$

解得 $\underset{5\times1}{K_1}=(k_1\quad k_2\quad k_3\quad k_4\quad k_5)^T=-N_1^{-1}+W_1$

$$=\left(-1\quad \frac{4}{3}\quad \frac{2}{3}\quad -\frac{4}{3}\right)^T$$

进一步求得第一次改正数为

$$\underset{15\times1}{V'}=A_1^TK_1$$

$$=\left(-1\quad -1\quad -1\quad \frac{4}{3}\quad \frac{4}{3}\quad \frac{4}{3}\quad \frac{2}{3}\quad \frac{2}{3}\quad \frac{2}{3}\quad -\frac{4}{3}\quad -\frac{4}{3}\quad -\frac{4}{3}\quad 1\quad 1\quad 1\right)^T$$

故经第一次改正后的观测值平差值 $L'=L+V'$ 为表3.7.8.3。

表3.7.8.1

网　点	x坐标(M)	y坐标(M)	边　长(M)	方位角 ° ′ ″	设计值	
1	0.000	0.000	/	315 00 00.0	L_J	700.000
2	/	/	400.000	/	L_C	702.431
3	/	/	/	/	β_J	98°12′05″.36
5	/	/	285.922	/	β_C	261°31′32.30
7	/	/				

表3.7.8.2

角号	角　值	角号	角　值	角号	角　值	角号	角　值	角号	角　值
1	40°28′32″	4	50°02′29″	7	20°19′32″	10	18°58′22″	13	55°40′28″
2	75°56′11″	5	80°29′42″	8	17°55′12″	11	75°02′17″	14	62°04′13″
3	63°35′20″	6	49°27′45″	9	141°45′14″	12	85°59′25″	15	62°15′16″

表3.7.8.3

角号	角　值	角号	角　值	角号	角　值	角号	角　值	角号	角　值
1	40°28′31.0″	4	50°02′30.3″	7	20°19′32.7″	10	18°58′20.7″	13	55°40′29.0″
2	75°56′10.0″	5	80°29′43.4″	8	17°55′12.6″	11	75°02′15.7″	14	62°04′14.0″
3	63°35′19.0″	6	49°27′46.3″	9	141°45′14.7″	12	85°59′23.6″	15	62°15′17.0″

(2)组成介数方程 $A_1A_1^T\rho+A_1A_2^T=0$，介数方程的常数项为：

$$\underset{5\times15}{A_1}\ \underset{15\times1}{A_2^T}=(-0.9214\quad -0.6878\quad -0.3928\quad 2.8387\quad -0.0041)^T$$

介数方程为：

$$\begin{pmatrix}3&0&0&0&0\\0&3&0&0&0\\0&0&3&0&0\\0&0&0&3&0\\0&0&0&0&3\end{pmatrix}\begin{pmatrix}\rho_{11}\\\rho_{12}\\\rho_{13}\\\rho_{14}\\\rho_{15}\end{pmatrix}+\begin{pmatrix}-0.9214\\-0.6878\\-0.3928\\2.8387\\-0.0041\end{pmatrix}=0$$

解得 $(\rho_{11}\quad \rho_{12}\quad \rho_{13}\quad \rho_{14}\quad \rho_{15})^T=(0.3071\quad 0.2293\quad 0.1309\quad -0.9462\quad 0.0014)^T$

(3)改化第二组条件方程：

$$\underset{1\times15}{\overline{A}_2}=\underset{1\times15}{A_2}+\underset{1\times5}{\rho^T}\ \underset{5\times5}{A_1}$$

$$=(-0.8648\quad 0.5576\quad 0.3071\quad 0.2293\quad 0.3967\quad -0.6259\quad 2.8305\quad -2.9615\quad 0.1309\quad 1.9625\quad -0.9462\quad -1.0162\quad 0.0014\quad -0.5287\quad 0.5274)$$

$$\overline{W}_2=\left(1-\frac{S_{5-7}}{S'_{5-7}}\right)\rho''=-19.480$$

故得改化后的第二组条件方程式为 $\overline{A}_2V''+\overline{W}_2=0$

(4)对改化后的第二组条件方程式单独平差，组成其法方程式为 $\overline{A}_2\overline{A}_2^Tk_6+\overline{W}_2=0$

即 $24.8912k_6-19.480=0$

解得 $k_6=0.7826$

进一步计算第二次改正数

$$\underset{15\times1}{V''}=\underset{15\times1}{\overline{A}_2^T}\ \underset{1\times1}{k_6}$$

$$=(-0.68\quad 0.44\quad 0.24\quad 0.18\quad 0.31\quad -0.49\quad 2.22\quad -2.32\quad 0.10\quad 1.54\quad -0.74\quad -0.80\quad 0\quad -0.41\quad 0.41)^T$$

(5)计算观测值的平差值 $\hat{L}=L'+V''$，结果见表3.7.8.4。

表3.7.8.4

角号	角　值	角号	角　值	角号	角　值	角号	角　值	角号	角　值
1	40°28′31.52″	4	50°02′29.28″	7	20°19′34.32″	10	18°58′22.84″	13	55°40′27.80″
2	75°56′09.84″	5	80°29′44.31″	8	17°55′09.68″	11	75°02′13.76″	14	62°04′14.19″
3	63°35′18.64″	6	49°27′46.41″	9	141°45′16.00″	12	85°59′23.40″	15	62°15′18.01″

(6)用平差值代入各条件方程式进行检验，检验结果说明平差过程正确，并求得平差后的单位权中误差为

$$m_0=\pm\sqrt{\frac{V'^TV'+V''^TV''}{r}}=\pm2.''36$$

式中，$r=6$。

(7)用平差后的角度和网中的起算数据推算网中各点的坐标及坐标推算路线中各边的边长和坐标方位角，结果见表3.7.8.5。

表3.7.8.5

网　点	X(M)	Y(M)	方 位 角	边　长(M)	备　注
1	0.000	0.000			
			315°00′00.00″	551.898	
2	390.251	−390.251			
			59°03′50.16″	400.000	
3	595.883	−47.154			
			125°26′02.24″	775.727	
4	146.145	584.896			
			87°11′18.24″	875.785	
5	189.104	1 459.627			
			192°09′04.48″	285.437	
6	−89.938	1 399.544			
			74°24′22.49″	266.803	
7	−18.218	1 656.527			

(8)为了计算贯通误差，需计算(3.7.8.60)式中各个系数矩阵。

① 首先按式(3.7.8.35)、(3.7.8.38)及(3.7.8.40)计算系数矩阵 F_X

②按式(3.7.8.44)及(3.7.8.42)计算系数矩阵 F_S。计算 F_S 的过程中应注意单位问题，边长的单位一般取"米"边长改正数的单位一般取 mm，则按式(3.7.8.42)计算的各 $f_{ij}(i=1,\cdots,5;j=1,\cdots,15)$ 应都除以206.265。

$$\underset{2\times12}{F_X}=\begin{pmatrix}0&0&-0.0922&1.1650&0&0&-0.5169&2.4008&1.5169&-2.4008&0&0\\0&0&0.0059&0.0749&0&0&-0.0332&0.1543&0.0332&0.8457&0&0\end{pmatrix}$$

$$
\underset{5\times 15}{F_S}=\begin{pmatrix}
-3.1355 & 0 & 1.3289 & 0 & 0 & 0 & 0 & 0 & 0 & 0 & 0 & 0 & 0 & 0 & 0\\
-4.4072 & 0.9421 & 0 & 0 & 0.6296 & -3.2163 & 0 & 0 & 0 & 0 & 0 & 0 & 0 & 0 & 0\\
-4.9756 & 1.0637 & 0 & 0 & 0.7108 & -3.6311 & 11.4621 & -13.1304 & 0 & 0 & 0 & 0 & 0 & 0 & 0\\
-1.6217 & 0.3467 & 0 & 0 & 0.2317 & -1.1834 & 3.7357 & -4.2795 & 0 & 4.0251 & 0 & -0.0970 & 0 & 0 & 0\\
-1.5158 & 0.3240 & 0 & 0 & 0.2166 & -1.1062 & 3.4919 & -4.0001 & 0 & 3.7623 & 0 & -0.0907 & 0.8832 & -0.6857 & 0
\end{pmatrix}
$$

③按式(3.7.8.47)及式(3.7.8.49)计算系数矩阵 F_a

$$
\underset{5\times 15}{F_a}=\begin{pmatrix}
0 & -1 & 0 & 0 & 0 & 0 & 0 & 0 & 0 & 0 & 0 & 0 & 0 & 0 & 0\\
0 & -1 & -1 & -1 & 0 & 0 & 0 & 0 & 0 & 0 & 0 & 0 & 0 & 0 & 0\\
0 & -1 & -1 & -1 & 0 & 0 & 0 & 0 & 1 & 0 & 0 & 0 & 0 & 0 & 0\\
0 & -1 & -1 & -1 & 0 & 0 & 0 & 0 & 1 & 0 & -1 & 0 & 0 & 0 & 0\\
0 & -1 & -1 & -1 & 0 & 0 & 0 & 0 & 1 & 0 & -1 & 0 & 0 & 0 & 1
\end{pmatrix}
$$

④ 按式(3.7.8.54)、(3.7.8.55)及式(3.7.8.52)计算系数矩阵 y_s 和 y_a。y_a 的计算也应注意单位问题,坐标改正数的单位一般为 mm,方位角改正数的单位一般为秒,边长的单位一般为 m,则由式(3.7.8.52)计算的各 $y'_{ij}(i=1,\cdots,12;j=1,\cdots,5)$都应除去206.265。

$$
\underset{12\times 5}{y_s}=\begin{pmatrix}
0.7071 & 0 & 0 & 0 & 0\\
-0.7071 & 0 & 0 & 0 & 0\\
0.7071 & 0 & 0 & 0 & 0\\
-0.7071 & 0 & 0 & 0 & 0\\
0.7071 & -0.5798 & 0 & 0 & 0\\
-0.7071 & 0.8148 & 0 & 0 & 0\\
0.7071 & -0.5798 & 0.0490 & 0 & 0\\
-0.7071 & 0.8148 & 0.9988 & 0 & 0\\
0.7071 & -0.5798 & 0.0490 & -0.9776 & 0\\
-0.7071 & 0.8148 & 0.9988 & -0.2105 & 0\\
0.7071 & -0.5798 & 0.0490 & -0.9776 & 0.2688\\
-0.7071 & 0.8148 & 0.9988 & -0.2105 & 0.9632
\end{pmatrix}
$$

$$
\underset{12\times 5}{y_a}=\begin{pmatrix}
0 & 0 & 0 & 0 & 0\\
0 & 0 & 0 & 0 & 0\\
-1.6634 & 0 & 0 & 0 & 0\\
0.9969 & 0 & 0 & 0 & 0\\
-1.6634 & -3.0643 & 0 & 0 & 0\\
0.9969 & -2.1804 & 0 & 0 & 0\\
-1.6634 & -3.0643 & -4.2408 & 0 & 0\\
0.9969 & -2.1804 & 0.2083 & 0 & 0\\
-1.6634 & -3.0643 & -4.2408 & 0.2912 & 0\\
0.9969 & -2.1804 & 0.2083 & -1.3528 & 0\\
-1.6634 & -3.0643 & -4.2408 & 0.2912 & -1.2459\\
0.9969 & -2.1804 & 0.2083 & -1.3528 & 0.3477
\end{pmatrix}
$$

⑤式(3.7.8.60)中的 $\underset{15\times 15}{I}$ 为单位阵,A_1、$\overline{A}_2$值见本算例(1),(1)部分,而 $\underset{1\times 1}{\overline{N}_2^{-1}}=(\overline{A}_2\overline{A}_2^T)^{-1}=\dfrac{1}{24.8912}=0.0402$

$$
\underset{5\times 5}{N'_1}=(A_1A_1^T)^{-1}=\begin{pmatrix}
0.3333 & 0 & 0 & 0 & 0\\
0 & 0.3333 & 0 & 0 & 0\\
0 & 0 & 0.3333 & 0 & 0\\
0 & 0 & 0 & 0.3333 & 0\\
0 & 0 & 0 & 0 & 0.3333
\end{pmatrix}
$$

⑥最后按式(3.7.8.60)计算贯通点 E 处 x、y 方向上贯通误差的权逆阵

$$
\underset{2\times 2}{Q_{EE}}=\begin{pmatrix}
16.5255 & -6.9538\\
-6.9538 & 129.1580
\end{pmatrix}
$$

(此即(3.7.8.61)式)也即第二章、第四节的(3.2.4.32)式)

并按(3.7.8.63)式计算 x、y 方向上贯通误差值

$$
\begin{cases}
m_x=m_0\sqrt{\dfrac{1}{P_x}}=m_0\sqrt{16.525\,5}\\
\quad=\pm 2.36\sqrt{16.525\,5}=\pm 9.6(\text{mm})\\
m_y=m_0\sqrt{\dfrac{1}{P_y}}=m_0\sqrt{129.158\,0}\\
\quad=\pm 2.36\sqrt{129.158\,0}=\pm 26.8(\text{mm})
\end{cases}
$$

得到 Q_{EE} 以后，即相当于得到第二章第四节的(3.2.4.42)式。以后，即可按第二章第四节的(3.2.4.43)、(3.2.4.44)、(3.2.4.45)式求出横向贯通误差 $m_横$，和纵向贯通误差 $m_纵$。

第九节　间接观测平差

一、间接观测平差法

(一)平差过程

设某三角网平差问题中，有 n 个独立的观测值 $\underset{n\times1}{L}$，其相应的权为 $\underset{n\times n}{P}_i$ $(i=1,2,\cdots,n)$，设网中有 t' 个待定点，则需 $t=2t'$ 个必要观测，用 $\underset{t\times1}{X}$ 表示选定的待定点坐标未知数，根据题意列出 n 个平差值方程式。平差值方程式可以是线性的，也可以是非线性的，非线性的平差值方程式经过线性化可以得到如下线性的平差值方程式。

$$\begin{cases} L_1+V_1=a_1x_1+b_1x_2+\cdots+t_1x_t+d_1 \\ L_2+V_2=a_2x_1+b_2x_2+\cdots+t_2x_t+d_2 \\ \quad\cdots\cdots \quad\cdots\cdots \quad\cdots\cdots \\ L_n+V_n=a_nx_1+b_nx_2+\cdots+t_nx_t+d_n \end{cases} \tag{3.7.9.1}$$

式中，a_i、$b_i\cdots t_i$ 为未知数前的已知系数，d_i 为常数，(3.7.9.1)式移项，并令

$$l'_i=d_i-L_i \tag{3.7.9.2}$$

则得误差方程式的一般形式为：

$$\begin{cases} v_1=a_1x_1+b_1x_2+\cdots+t_1x_t+l'_1 \\ v_2=a_2x_1+b_2x_2+\cdots+t_2x_t+l'_2 \\ \cdots\cdots \quad \cdots\cdots \quad \cdots\cdots \\ v_n=a_nx_1+b_nx_2+\cdots+t_nx_t+l'_n \end{cases} \tag{3.7.9.3}$$

设：$\underset{n\times1}{V}=[v_1 \quad v_2 \quad \cdots \quad v_n]^T$，

$\underset{t\times1}{X}=[x_1 \quad x_2 \quad \cdots \quad x_t]^T$，

$\underset{n\times1}{l'}=[l'_1 \quad l'_2 \quad \cdots \quad l'_n]^T$，

$$\underset{n\times t}{B}=\begin{bmatrix} a_1 & b_1 & \cdots & t_1 \\ a_2 & b_2 & \cdots & t_2 \\ \cdots & \cdots & \cdots & \cdots \\ a_n & b_n & \cdots & t_n \end{bmatrix}$$

则误差方程的矩阵表达式为

$$\underset{n\times1}{V}=\underset{n\times t}{B}\underset{t\times1}{x}+\underset{n\times1}{l'} \tag{3.7.9.4}$$

一般地为了简化计算工作，可以引进未知数的近似值，即使

$$\underset{t\times1}{x}=\underset{t\times1}{x^\circ}+\underset{t\times1}{\delta x} \tag{3.7.9.5}$$

其中　$\underset{t\times1}{x^\circ}=(x^\circ_1,x^\circ_2,\cdots,x^\circ_t)^T$

$\underset{t\times1}{\delta x}=(\delta x_1,\delta x_2,\cdots,\delta x_t)^T$

式中，x° 为未知数的近似值，δx 为近似值的改正数向量，将式(3.7.9.5)代入式(3.7.9.4)，并令

$$\underset{n\times1}{l}=Bx^\circ+l' \tag{3.7.9.6}$$

则误差方程矩阵表达的最后形式为：

$$V=B\delta x+l \tag{3.7.9.7}$$

根据最小二乘原理，上式中的未知数向量 X 必须能使 V_i 满足"$V^TPV=$最小"，$\underset{n\times n}{P}$ 是观测值的权阵，当 L 是独立观测值时，P 是对角阵，即

$$\underset{n\times n}{P}=\begin{bmatrix} P_1 & 0 & \cdots & 0 \\ 0 & P_2 & \cdots & 0 \\ \cdots & \cdots & \cdots & \cdots \\ 0 & 0 & \cdots & P_n \end{bmatrix}$$

在"$V^TPV=$最小"准则下求未知数 x 的值，按数学上求函数自由极值的理论，就是要使

$$\frac{\partial(V^TPV)}{\partial x}=2V^TP\frac{\partial V}{\partial x}=V^TPB=0$$

转置后得：

$$B^TPV=0 \tag{3.7.9.8}$$

式(3.7.9.7)和式(3.7.9.8)中的未知量是 n 个改正数 v 和 t 个未知数 x，这 $n+t$ 个方程式就是间接平差中求解 V 和 X 的基础方程组。解算这组基础方程式时，通常是将(3.7.9.7)式代入(3.7.9.8)式，消去 V 后得：

$$B^TPB\delta x+B^TPl=0$$

令　$\begin{cases} \underset{t\times t}{N}=B^TPB \\ \underset{t\times1}{U}=B^TPl \end{cases}$

则得法方程为：

$$N\delta x+U=0 \tag{3.7.9.9}$$

式中，系数矩阵 N 的秩 $R(N)=t$，可以求得 N 的逆阵 N^{-1}，由此得未知数 δx 的唯一解：

$$\delta x=-N^{-1}U=-(B^TPB)^{-1}(B^TPl) \tag{3.7.9.10}$$

将上式的 δx 代入(3.7.9.7)式，可以求得观测值的改正数向量 v，由此得观测值的平差值向量：

$$\hat{L}=L+v \tag{3.7.9.11}$$

上述即为间接平差过程。综上所述，间接观测平差是通过选定足以确定某个平差问题的 t 个未知数来消除观测值之间的不符值，并用求自由极值的方法解出未知数的最或然值，从而求得各观测值的平差值。

(二)精度评定

1.按三角形闭合差计算测角中误差

$$m''_\beta=\pm\sqrt{\frac{[\omega\omega]}{n'}} \tag{3.7.9.12}$$

式中，ω_i 为三角形闭合差，n' 为三角形个数，$i=1,2,\cdots,n'$。

2.单位权中误差(平差后的测角中误差)

$$m_0=\pm\sqrt{\frac{[pvv]}{n-t}} \tag{3.7.9.13}$$

上式中如果使用了史赖伯约化法，v 必须由未约化的误差方程式得到。n 为总观测数、l 为待定点坐标数加上测站数(即各测站 i 定向角未知数，如果已知点是设站观测的，还应包括已知点数)。$[pv\cdot v]$ 的 v

应如下计算：

$$v_{ki}=V'_{ki}-\Delta Z_k$$

式中，V'_{ki}就是(3.7.9.35)式中的 $v'_{k1},v'_{k2}\cdots v'_{kn}$，$\Delta Z_k$ 就是(3.7.9.36)式。

[PVV]中的 P 是相应于未约化前各误差方程式的 P。

3. 未知数的权逆阵

因为 $\delta_x=-N^{-1}U=-N^{-1}B^TP1$

$$=-N^{-1}B^TP(Bx^0+d-L)$$

$$=N^{-1}B^TPL-N^{-1}B^TP(BX^0+d) \quad (3.7.9.14)$$

上式按协因数传播律，得未知数的协因数阵为：

$$Q_{xx}=(N^{-1}B^TP)Q_{LL}(N^{-1}B^TP)^T$$

因为 $Q_{LL}=P^{-1}$

所以 $Q_{xx}=(N^{-1}B^TP)P^{-1}(N^{-1}B^TP)^T$

$$=(N^{-1}B^TP)P^{-1}(PBN^{-1})$$

$$=N^{-1}B^TPBN^{-1}$$

即 $Q_{xx}=N^{-1}=(B^TPB)^{-1}$ (3.7.9.15)

有了单位权中误差和未知数的协因数阵即可计算各待定点的点位中误差。

4. 未知数函数的权逆阵

假定平差问题中有 t 个未知数，设未知数的函数为：

$$F=f(x_1,x_2,\cdots,x_t)$$

将 $x_i=x_i^0+\delta x_i(i=1,2,\cdots,t)$ 代入上式并按台劳公式展开，取至一次项得：

$$F=f(x_1^0,x_2^0,\cdots,x_t^0)+\left(\frac{\partial f}{\partial x_1}\right)_0\delta x_1+\left(\frac{\partial f}{\partial x_2}\right)_0\delta x_2+$$

$$+\cdots+\left(\frac{\partial f}{\partial x_t}\right)_0\delta_{xt}$$

令：$f^0=f(x_1^0,x_2^0,\cdots,x_t^0)$，$f_i=\left(\frac{\partial f}{\partial x_i}\right)_0$。

则上式可写成：

$$F=f^0+f_1\delta x_1+f_2\delta x_2+\cdots+f_t\delta xt$$

$$=f^0+f^T\delta x$$

式中，$\underset{1\times t}{f^T}=[f_1f_2\cdots f_t]$，按协因数传播律得未知数函数的权逆阵为

$$Q_{FF}=f^TQ_{xx}f=f^TN^{-1}f \quad (3.7.9.15)'$$

未知数函数的中误差为

$$m_F=m_0\sqrt{Q_{FF}} \quad (3.7.9.16)$$

二、三角网方向观测时误差方程式的开列方法

三角网按间接观测平差法平差时，第一步就是要列出误差方程式。列立三角网的误差方程式就是要找出观测方向与纵横坐标未知数之间的函数关系。

如图3.7.9.1所示，设在测站点 K 上观测目标 $1,2,\cdots n$ 的方向值为：

$L_{k1},L_{k2},\cdots,L_{kn}$，相应的改正数为：

$V_{k1},V_{k2},\cdots,V_{kn}$，并设各点平差后的坐标为$(x_k,y_k)$，$(x_1,y_1)$，…，$(x_n,y_n)$。图中 kN 为平行于坐标纵轴 x 的方向，ko 为测站点 k 的度盘值为零的方向，简称零方向，kN 和 kO 都不是观测方向，Z_k 是测站 k 上零方向的坐标方位角，通常称 Z_k 为定向角。这是一个待定的未知量，凡安置测站的点都有一个定向角未知数。

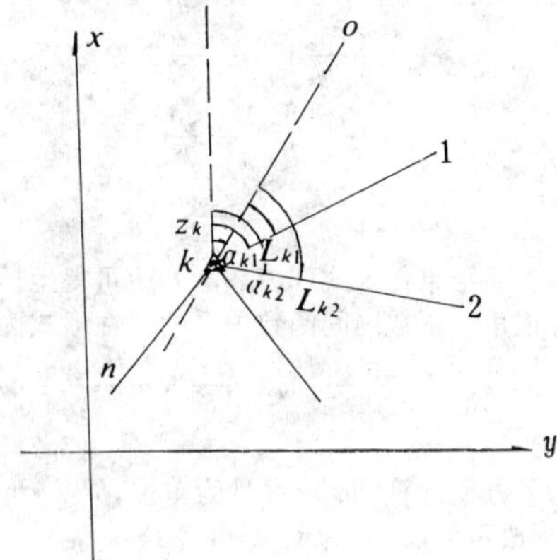

图 3.7.9.1

设各观测方向 k_i 平差后的坐标方位角为 $\alpha_{ki}(i=1,2,\cdots,n)$，则 α_{ki}为各方向两端点坐标的函数，即：

$$\alpha_{ki}=\arctan\frac{y_v-y_k}{x_i-x_k} \quad (3.7.9.17)$$

又如图3.7.9.1知，各方向的方向值与平差后坐标方位角之间有下列关系

$$\alpha_{ki}=Z_k+L_{ki}+U_{ki} \quad (3.7.9.18)$$

式中的定向角 Z_k 是联系方向值与坐标方位角之间关系的一个必要的量，在平差前无法求得其精确值，只有在平差后求得各待定点坐标的同时，一并求得各定向角的精确值。

联合式(3.7.9.17)和式(3.7.9.18)，就可以确定观测方向与纵横坐标之间的函数关系，从而列出三角网中各方向的误差方程式。

(一)方位角与坐标函数式的线性化

为了列出误差方程；首先要将式(3.7.9.17)化为线性形式，为此，令 x_k^0、y_k^0、x_i^0、y_i^0 为 x_k、y_k、x_i、y_i 的近似值，相应的改正数为 δx_k，δy_k，δx_i、δy_i

即有：$\begin{cases}x_k=x_k^0+\delta x_k\\y_k=y_k^0+\delta y_k\end{cases}$ 及 $\begin{cases}x_i=x_i^0+\delta x_i\\y_i=y_i^0+\delta y_i\end{cases}$

将上两式代入式(3—7—9—17)，按台劳公式展开取至一次项得：

$$\alpha_{ki}=\text{arctg}\frac{y_i^0-y_k^0}{x_i^0-x_k^0}+\left(\frac{\partial\alpha_{ki}}{\partial x_k}\right)_0\delta x_k$$

$$+\left(\frac{\partial\alpha_{ki}}{\partial y_k}\right)_0\delta y_k+\left(\frac{\partial\alpha_{ki}}{\partial x_i}\right)_0\delta x_i+\left(\frac{\partial\alpha_{ki}}{\partial y_i}\right)_0\delta y_i \quad (3.7.9.19)$$

等式中的右边第一项就是由近似坐标算得的近似坐标方位角 α_{ki}^0，用 $\delta\alpha_{ki}$表示 α_{ki}^0的改正数，则有：

$$\alpha_{ki}=\alpha_{ki}^0+\delta\alpha_{ki} \quad (3.7.9.20)$$

式(3.7.9.19)中

$$\left(\frac{\partial\alpha_{ki}}{\partial x_k}\right)_0=\frac{\dfrac{(y_i^0-y_k^0}{(x_i^0-x_k^0)^2}}{1+\left(\dfrac{y_i^0-y_k^0}{x_i^0-x_k^0}\right)^2}$$

$$=\frac{(y_i^0-y_k^0)}{(x_i^0-x_k^0)^2+(y_i^0-y_k^0)^2}$$

$$=\frac{S_{ki}^0\sin\alpha_{ki}^0}{(S_{ki}^0)^2}=\frac{\sin\alpha_{ki}^0}{S_{ki}^0}$$

同理得：

$$\left(\frac{\partial\alpha_{ki}}{\partial y_k}\right)=-\frac{\cos\alpha_{ki}^0}{S_{ki}^0}$$

$$\left(\frac{\partial\alpha_{ki}}{\partial x_i}\right)_0=-\frac{\sin\alpha_{ki}^0}{S_{ki}^0}$$

$$\left(\frac{\partial\alpha_{ki}}{\partial y_i}\right)_0=\frac{\cos\alpha_{ki}^0}{S_{ki}^0}$$

将上述结果代入式(3.7.9.19)中可得坐标改正数与方位角改正数之间函数关系的线性形式为

$$\delta\alpha_{ki}=\frac{\sin\alpha_{ki}^0}{S_{ki}^0}\delta x_k-\frac{\cos\alpha_{ki}^0}{S_{ki}^0}\delta y_k-\frac{\sin\alpha_{ki}^0}{S_{ki}^0}\delta x_i+\frac{\cos\alpha_{ki}^0}{S_{ki}^0}\delta y_i \tag{3.7.9.21}$$

为了方便计算，取 $\delta\alpha$ 以秒为单位，S^0 以 km 为单位，坐标改正数以 cm 为单位，并令：

$$a_{ki}=\frac{\rho''\sin\alpha_{ki}^0}{10^5S_{ki}^0}\qquad b_{ki}=-\frac{\rho''\cos\alpha_{ki}^0}{10^5S_{ki}^0} \tag{3.7.9.22}$$

则(3.7.9.21)式变为

$$\delta\alpha_{ki}=a_{ki}\delta x_k+b_{ki}\delta y_k-a_{ki}\delta x_i-b_{ki}\delta y_i \tag{3.7.9.23}$$

式中，a_{ki}、b_{ki} 称为方向系数，将上式代入式(3.7.9.20)就可得到方位角与坐标之间的线性函数关系式：

$$\alpha_{ki}=\alpha_{ki}^0+a_{ki}\delta x_k+b_{ki}\delta y_k-a_{ki}\delta x_i-b_{ki}\delta y_i \tag{3.7.9.24}$$

(二)误差方程式

将式(3.7.9.24)代入式(3.7.9.18)得：

$$v_{ki}=a_{ki}\delta x_k+b_{ki}\delta y_k-a_{ki}\delta x_i-b_{ki}\delta y_i+\alpha_{ki}^0-Z_k-L_{ki} \tag{3.7.9.25}$$

因为 α_{ki}^0 与 α_{ki} 是极为接近的，所以，$(\alpha_{ki}^0-L_{ki})$ 与 Z_k 的数值也相差不大，为了便于以后进行计算上的检核，通常令定向角 Z_k 的近似值 Z_k^0 为：

$$Z_k^0=\frac{[\alpha_{ki}^0-L_{ki}]^n}{n_k} \tag{3.7.9.26}$$

n_k 为测站 k 上的观测方向数目，令定向角改正数为 ΔZ_k，即

$$Z_k=Z_k^0+\Delta Z_k \tag{3.7.9.27}$$

则(7.9.25)式可写成：

$$v_{ki}=-\Delta Z_k+a_{ki}\delta x_k+b_{ki}\delta y_k-a_{ki}\delta x_i-b_{ki}\delta y_i+l_{ki} \tag{3.7.9.28}$$

式中，l_{ki} 为误差方程式常数项，其值为：

$$l_{ki}=(\alpha_{ki}^0-l_{ki})-Z_k^0 \tag{3.7.9.29}$$

式(3.7.9.28)就是 k 列 i 方向误差方程式的普遍形式。

需要注意的是在平差计算时，应按不同的情况灵活地运用式(3.7.9.28)。例如：

1.若测站 k 为已知点，i 为待定点，即 $\delta x_k=\delta y_k=0$，则

$$v_{ki}=-\Delta Z_k-a_{ki}\delta x_i-b_{ki}\delta y_i+l_{ki} \tag{3.7.9.30}$$

2.若 k 为待定点，i 为已知点，即 $\delta x_i=\delta y_i=0$，则

$$v_{ki}=-\Delta Z_k+a_{ki}\delta x_k+b_{ki}\delta y_k+l_{ki} \tag{3.7.9.31}$$

3.若 k、i 均为已知点，即 $\delta x_k=\delta y_k=\delta x_i=\delta y_i=0$，则

$$v_{ki}=-\Delta Z_k+l_{ki} \tag{3.7.9.32}$$

4.若 k、i 均为待定点，则误差方程式即为式(3.7.9.28)

(三)列误差方程式的步骤

三角网观测方向坐标平差法，开列误差方程的步骤为：

1.计算待定点的近似坐标

根据起算数据和观测方向值，选择一定路线，计算各待定点的近似坐标 x^0，y^0 值。

2.计算各方向的近似方位角 α^0 值

计算公式为：$\tan\alpha_k^0=\frac{y_i^0-y_k^0}{x_i^0-x_k^0}=\frac{\Delta y_{ki}^0}{\Delta x_{ki}^0}$

3.计算近似边长 S^0 值

计算公式为：$S_{ki}^0=\sqrt{(x_i^0-x_k^0)^2+(y_i^0-y_k^0)^2}$

$=\sqrt{(\Delta x_{ki}^0)^2+(\Delta y_{ki}^0)^2}$

4.计算方向系数 a、b 值

按照式(3.7.9.22)计算 a、b 值，即

$$a_{ki}=\frac{\rho''\sin\alpha_{ki}^0}{10^5S_{ki}^0}\qquad b_{ki}=-\frac{\rho''\cos\alpha_{ki}^0}{10^5S_{ki}^0}$$

按上式计算方向系数时，坐标改正数的单位为 cm。

5.计算定向角近似值 Z° 及常数项 l 值

定向角近似值 Z° 按式(3.7.9.26)式计算，每一个测站计算一个。常数项 l 按式(3.7.9.29)式计算，l 计算的正确性可按下式检核：

$$[l_{ki}]=0 \tag{3.7.9.33}$$

就是每一个测站上所有误差方程式常数项之和应为零。

6.列出误差方程式

按式(3.7.9.28)、(3.7.9.30)、(3.7.9.31)、(3.7.9.32)列出三角网中各种情况下的方向观测值误差方程式，误差方程式的个数等于全网观测方向的个数，误差方程式中未知数的数目为 $(3P+Q)$，P 为设站的待定点，Q 为设站的固定点。

注意同一条边对向观测的两个方向所列出的误差方程式，其同名未知数系数的数值相等，正负号相同，不同者仅定向角未知数及常数项，即：$V_{ki}=-\Delta Z_k+a_{ki}\delta x_k+b_{ki}\delta y_k-a_{ki}\delta x_i-b_{ki}\delta y_i+l_{ki}$

$$u_{ik}=-\Delta Z_i+a_{ki}\delta x_k+b_{ki}\delta y_k-a_{ki}\delta x_i-b_{ki}\delta y_i+l_{ik}$$

(四)消去定向角的法则(史赖伯法则)

在一个测站上的各方向误差方程式中，都含有一个相同的定向角未知数，其系数均为－1，这是按方向坐标平差的一个特点。为了简化计算，在组成法方程式之前，可针对上述的特点，设法从误差方程式中消去定向角 ΔZ，只保留各待定点的坐标未知数。采用下述消去定向角的法则，可以达到这一目的。

设在测站 k 上的 n 个方向误差方程式的一般形式为：

$$\begin{cases} v_{k1}=-\Delta Z_k+a_{k1}\delta x_k+b_{k1}\delta y_k-a_{k1}\delta x_1-b_{k1}\delta y_1+l_{k1} \\ \quad 权=1 \\ v_{k2}=-\Delta Z_k+a_{k2}\delta x_k+b_{k2}\delta y_k-a_{k2}\delta x_2-b_{k2}\delta y_2+l_{k2} \\ \quad 权=1 \\ \cdots\cdots\cdots\cdots\cdots\cdots \\ v_{kn}=-\Delta Z_k+a_{kn}\delta x_k+b_{kn}\delta y_k-a_{kn}\delta x_n-b_{kn}\delta y_n+l_{kn} \\ \quad 权=1 \end{cases} \quad (3.7.9.34)$$

为了消去定向角 ΔZ_k，在组成法方程式时，不直接用这组方程式而用下列虚拟的误差方程式来代替式(3.7.9.34)，即：

$$\begin{cases} v'_{k1}=a_{k1}\delta x_k+b_{k1}\delta y_k-a_{k1}\delta x_1-b_{k1}\delta y_1+l_{k1} \quad 权=1 \\ v'_{k2}=a_{k2}\delta x_k+b_{k2}\delta y_k-a_{k2}\delta x_2-b_{k2}\delta y_2+l_{k2} \quad 权=1 \\ \cdots\cdots\cdots\cdots\cdots\cdots \\ v'_{kn}=a_{kn}\delta x_k+b_{kn}\delta y_k-a_{kn}\delta x_n-b_{kn}\delta y_n+l_{kn} \quad 权=1 \\ \quad v'=[a]_k\delta x_k+[b]_k\delta y_k-a_{k1}\delta x_1-b_{k1}\delta y_1- \\ \qquad -a_{k2}\delta x_2-b_{k2}\delta y_2-\cdots-a_{kn}\delta x_n-b_{kn}\delta y_n+ \\ \qquad +[l]_k \quad 权=-\dfrac{1}{n_k} \end{cases} \quad (3.7.9.35)$$

式中 $[a]_k=a_{k1}+a_{k2}+\cdots+a_{kn}$

$[b]_k=b_{k1}+b_{k2}+\cdots+b_{kn}$

$[l]_k=l_{k1}+l_{k2}+\cdots+l_{kn}$

n_R 为该测站观测方向数。

式(3.7.9.35)称为误差方程式(3.7.9.34)的约化误差方程式，可以证明用式(3.7.9.35)组成的法方程式就是用式(3.7.9.34)组成的法方程式经过一次约化的一次约化法方程式，因此由它们所解出的未知数是完全相等的。

综上所述，运用消去定向角法则的平差计算步骤是：

(1)按每一个测站列出各方向的误差方程式，其中去掉定向角未知数这一项，各方向的权取为1。

(2)按每一个测站增加一个该测站的和方程式，其权为该测站的观测方向数的负倒数。

(3)按每一个测站的约化误差方程式，一并组成全网的法方程式，解出各坐标未知数。

(4)定向角未知数，可按下式计算。

$$\Delta Z_k=\frac{[a]_k}{n_k}\delta x_k+\frac{[b]_k}{n_k}\delta y_k-\frac{a_{k1}}{n_k}\delta x_1-\cdots-\frac{b_{k1}}{n_k}\delta y_n+ +\frac{[l]_k}{n_k} \quad (3.7.9.36)$$

由这样的方法所形成的误差方程式，相当于式(3.7.9.3)。并附以权阵

$$P=\begin{bmatrix} P_1 & & & \\ & P_2 & & \\ & & \ddots & \\ & & & \ddots \\ & & & & P_n \end{bmatrix}$$

此时的 n，就是消去定向角未知数以后的误差方程式总数，权阵中的 $P_1,P_2,\cdots\cdots,P_n$ 中，除了1以外，就是 $-\frac{1}{n_k}$，有几个测站，就有几个 $-\frac{1}{n_k}$。

然后就可按(3.7.9.10)、(3.7.9.13)、(3.7.9.15)、(3.7.9.16)计算需要数据。

得到 Q_{xx}，即(3.7.9.15)计算的结果以后，欲求贯通误差，则按本篇第二章第四节的式(3.2.4.38)、(3.2.4.40)～(3.2.4.45)去做。

当然，也可以先转轴，使坐标轴的 x 轴与贯通面平行，然后按第二种方法计算横向贯通中误差。

三、间接观测平差及贯通误差计算示例

如图3.7.9.2所示，设有一隧道控制网共9个点，控制一直线隧道。网中起算数据见表3.7.9.1，全网观测30个方向值(其值见表3.7.9.2)。

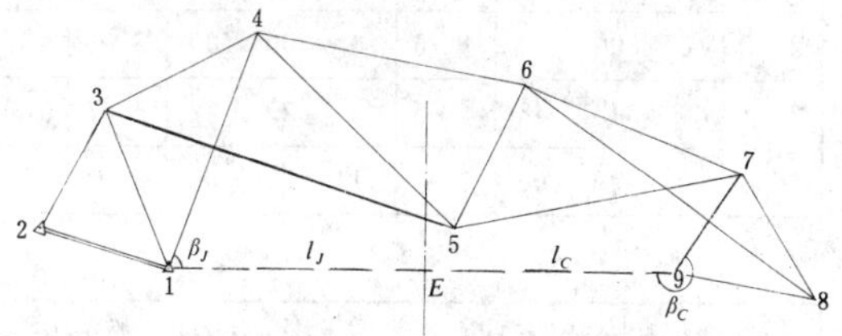

图 3.7.9.2

该网进口控制点为1号点，出口控制点为9号点，贯通点设计在 E 处，l_J 为1－E 之平距，l_C 为9－E 之平距，进口联系边为1－4，进口联系角为 β_J，出口联系边为9－1，出口联系角为 β_C、l_J、l_C、β_J、β_C 均假设为设计值(见表3.7.9.1)。试平差此三角网，计算各待定点坐标平差值及贯通点 E 处的贯通误差。

解：结合本篇第二章第三节"三"之内容，将对本示例采用两种不同的方法计算贯通误差，为此将对本示例进行两次间接平差，并对两次平差计算的结果进行比较。

(一)第一次平差，并利用相对点位误差椭圆计算贯通误差：

1.计算三角形闭合差及闭合差分配后三角形各内角值——由观测方向值，表3.7.9.2计算各三角形之内角，并计算各三角形闭合差，最后将闭合差平均分配得三角形各内角值。见表3.7.9.3。

2.计算各待定边的近似边长、近似坐标方位角、方向函数 a_{ki}、b_{ki}值——由闭合差分配后的三角形各内角值及起算边长按正弦定律计算各待定边的近似边长，由起算方位角及闭合差分配后的三角形各内角值推算各待定边的近似坐标方位角，并按式(3.7.9.22)计算 a_{ki}、b_{ki}值。计算结果见表3.7.9.4。

3.计算各待定点的近似坐标——由起算坐标及表3.7.9.4计算的近似边长和近似方位角按 $x_i=x_{i-1}+s_{(i-1)i}\cos\alpha_{(i-1)i}$ 及 $y_i=y_{i-1}+s_{(i-1)i}\sin\alpha_{(i-1)i}(i=3,4,\cdots,9)$计算各待定点的近似坐标，结果见表3.7.9.5。

4.计算定向值近似值 I_R^0 和误差方程式常数项 l_{Ri}——按式(3.7.9.26)计算 I^0，按式(3.7.9.29)计算 l_{ki}，结果见表3.7.9.6。

表3.7.9.1

网点号	x坐标(m)	y坐标(m)	边长(m)	方位角	设计值(m)			
1	0	0	792.474	315°00′00″	l_J	1500.000	l_C	1615.239
2	560.364	−560.364			β_J	81°24′30″	β_C	228°00′02″

表3.7.9.2

方向	观测值 (° ′ ″)			方向	观测值 (° ′ ″)			方向	观测值 (° ′ ″)			方向	观测值 (° ′ ″)			方向	观测值 (° ′ ″)		
1—2	0	00	00	3—5	35	21	09	4—3	140	19	56	6—8	30	20	12	7—6	109	54	02
1—3	35	40	54	3—1	15	10	22	5—3	0	00	00	6—5	100	10	30	8—9	0	00	00
1—4	102	36	34	3—2	142	45	41	5—4	30	48	29	6—4	140	50	39	8—6	16	24	24
2—3	0	00	00	4—6	0	00	00	5—6	134	38	45	7—8	0	00	00	8—7	56	10	09
2—1	76	43	48	4—5	35	29	32	5—7	180	09	41	7—9	35	29	31	9—7	0	00	00
3—4	0	00	00	4—1	111	26	03	6—7	0	00	00	7—5	79	35	30	9—8	88	20	22

表3.7.9.3

三角形	角名	角值 (° ′ ″)			三角形	角名	角值 (° ′ ″)			三角形	角名	角值 (° ′ ″)			三角形	角名	角值 (° ′ ″)		
123	321	76	43	47.7	134	134	75	10	23.7	345	435	35	21	08.3	456	546	35	29	33.0
	213	35	40	53.7		314	66	55	41.7		345	113	50	23.3		456	103	50	17.0
ω=1″	231	67	35	18.6	ω=−5″	341	37	53	54.6	ω+2″	354	30	48	28.4	ω−3″	465	40	40	10.0
567	657	49	31	0.7	678	768	30	20	12.3	789	798	88	20	21.3					
	567	100	10	28.7		687	39	45	45.3		879	35	29	30.3					
ω+4″	576	30	18	30.6	ω−1″	678	109	54	2.4	ω+2″	789	56	10	8.4					

表3.7.9.4

方向	近似边长(m)	近似方位角 (° ′ ″)			a(秒·cm^{-1})	b(秒·cm^{-1})	方向	近似边长(m)	近似方位角 (° ′ ″)			a(秒·cm^{-1})	b(秒·cm^{-1})
12	792.474	315	00	00	0	0	56	1257.716	85	30	23.7	1.6350	−0.1285
13	834 332	350	40	5.37	−0.4003	−2.4396	57	2453.034	135	01	24.4	0.3943	0.5948
14	1313.036	57	36	35.4	1.3265	−0.8415	69	1895.580	165	19	35.0	0.2755	1.0527
23	500.000	58	16	12.3	3.5087	−2.1696	68	2186.632	195	40	01.3	−0.1999	0.7121
34	1249.621	95	30	30.0	1.6430	0.1584	78	1496.889	235	25	52.6	−1.1347	0.7818
35	2231.722	130	51	38.3	0.0990	0.6046	79	1243.963	270	55	22.9	−1.6519	−0.0267
46	2103.374	126	10	33.6	0.7916	0.5788	89	869.438	359	15	44.2	0.0305	−2.3722
45	1411.731	161	40	06.7	0.4595	1.3869							

表3.7.9.5

点号	x(m)	y(m)	点号	x(m)	y(m)	点号	x(m)	y(m)	点号	x(m)	y(m)
3	823.322	−135.096	4	703.370	1 108.754	5	−636.719	1 552.763	6	−538.184	2 806.613
7	−2 371.985	3 286.610	8	−3 221.311	2 054.002	9	−2 351.946	2 042.808			

表3.7.9.6

测站	$Z_k^0/\Delta Z_k$	方向	l_{ki}	测站	$Z_k^0/\Delta Z_k$	方向	l_{ki}	测站	$Z_k^0/\Delta Z_k$	方向	l_{ki}
1	315 00 0.37	12	−0.37	2	58 16 12.15	8.3	0.15	3	95 30 3.57	34	−0.57
		13	−0.67			21	−0.15			35	−1.28
	$\Delta Z_1=-0''.154$	14	1.03		−0″.366				−0″.219	31	1.12
										32	0.73
4	126 10 33.67	46	−0.01	5	310 51 38.02	53	0.28	6	165 19 54.6	67	0.35
		45	1.02			54	−0.32			68	0.65
		41	−1.27			56	0.68			65	−0.95
	−0″.155	43	0.33		−0″.122	57	−0.62		−0″.046	64	−0.05
7	235 25 52.97	78	−0.37	8	159 15 43.7	89	0.50	9	90 55 22.33	97	0.35
		79	−1.07			86	−0.40				
		75	1.43								
	0″.132	76	0.03		0″.203	87	−0.10		0″.452	98	−0.35

5. 列出消去定向角未知数后各方向的误差方程式——按式(3.7.9.35)列出消去定向角未知数后的误差方程式。结果见表3.7.9.7。设此误差方程式的系数矩阵为 $\underset{139\times14}{B}$，常数项阵为 $\underset{39\times1}{l}$，误差方程式的权阵为 $\underset{39\times39}{P}$，P_1为对角阵。B_1、l、P 的值均取自表3.7.9.1。

6. 组成并解算法方程式——法方程式为 $B_1^TP_1B_1\delta x+B_1^TP_1l=0$，解法方程式得待定点坐标近似值之改正数 $\underset{14\times1}{\delta x}$（$\underset{14\times1}{\delta x}=-(B_1^TP_1B_1)^{-1}B_1^TP_1l$），最后得待定点坐标之平差值 $x=x^0+\delta x$。其结果见表3.7.9.8。

表3.7.9.8

点号	x(m)	y(m)	点号	x(m)	y(m)	点号	x(m)	y(m)
3	823.322 9	−135.097 9	4	703.371 0	1 108.735 2	5	−636.732 7	1 552.772 6
6	−538.197 1	2 806.634 3	7	−2 372.007 6	3 286.635 3	8	−3 221.334 2	2 054.021 2
9	−2 351.964 6	2 042.828 1						

7. 计算观测方向的平差值及单位权中误差——先按式(3.7.9.36)计算各测站定向角未知数近似值之改正数 ΔZ_k（结果见表3.7.9.6），再按式(3.7.9.34)计算各方向观测值之改正数，将各方向的改正数按测站归零后与原方向观测值相加，得观测方向的平差值(见表3.7.9.9)，最后按式(3.7.9.13)计算单位权中误差为±1.320″。

表3.7.9.9

方向	改正数	归零改正数	方向平差值(° ′ ″)	方向	改正数	归零改正数	方向平差值(° ′ ″)	方向	改正数	归零改正数	方向平差值(° ′ ″)
12	−0.216	0.00	0 00 00.00	45	0.686	0.64	35 29 32.64	64	−0.044	−0.29	140 50 38.71
13	−0.932	−0.728	35 40 53.28	41	−1.149	−1.19	111 26 01.81	78	−0.100	0.00	0 00 00.00
14	1.150	1.370	102 36 35.37	43	0.418	0.37	149 19 56.37	79	−0.550	0.45	35 29 30.55
23	−0.216	0.00	0 00 00.00	53	0.131	0.00	0 00 00.00	75	0.898	1.00	79 35 31.00
21	0.216	0.430	76 43 48.43	54	−0.687	−1.42	30 48 27.58	76	−0.249	−0.15	109 54 01.85
34	−0.418	0.00	0 00 00.00	56	0.853	0.12	134 38 45.12	89	0.550	0.00	0 00 00.00
35	−0.732	−0.31	35 21 08.69	57	−0.898	−1.63	184 09 45.37	86	−0.649	−1.20	16 24 22.80
31	0.933	1.35	75 10 23.35	67	0.248	0.00	0 00 00.00	87	0.099	−0.45	56 10 08.55
32	0.216	0.63	142 45 41.63	68	0.630	0.40	30 20 12.40	97	0.550	0.00	0 00 00.00
46	0.045	0.00	0 00 00.00	65	−0.854	−1.10	100 10 28.90	98	−0.550	−1.1	88 20 20.90

表 3.7.9.7

方向	δx_3	δy_3	δx_4	δy_4	δx_5	δy_5	δx_6	δy_6	δx_7	δy_7	δx_8	δy_8	δx_9	δy_9	l_{Ri}	权
12															−0.37	1
13	0.400 3	2.439 6													−0.67	1
14			−1.326 5	0.841 5											1.03	1
〔1〕	0.400 3	2.439 6	−1.326 5	0.841 5											−0.01	$-\frac{1}{3}$
23	−3.508 7	2.169 6													0.15	1
21															−0.15	1
〔2〕	−3.508 7	2.169 6													0.00	$-\frac{1}{2}$
34	1.643 0	0.158 4	−1.643 0	−0.158 4											−0.57	1
35	0.699 0	0.604 6			−0.699 0	−0.604 6									−1.28	1
31	0.400 3	2.439 6													1.12	1
32	−3.508 7	2.169 6													0.73	1
〔3〕	−0.766 4	5.372 2	−1.643 0	−0.158 4	−0.699 0	−0.604 6									0.00	$-\frac{1}{4}$
46			0.791 6	0.578 8			−0.791 6	−0.578 8							−0.07	1
45			0.459 5	1.386 9	−0.459 5	−1.386 9									1.02	1
41			−1.326 5	0.841 5											−1.27	1
43	1.643 0	0.158 4	−1.643 0	−0.158 4											0.33	1
〔4〕	1.643 0	0.158 4	−1.718 4	2.648 8	−0.459 5	−1.386 9	−0.791 6	−0.578 8							0.81	$-\frac{1}{4}$
53	0.699 0	0.604 6			−0.699 0	−0.604 6									0.28	1
54			0.459 5	1.386 9	−0.459 5	−1.386 9									−0.32	1

续上表

方向	δx_3	δy_3	δx_4	δy_4	δx_5	δy_5	δx_6	δy_6	δx_7	δy_7	δx_8	δy_8	δx_9	δy_9	l_{Ri}	权
56					1.635 0	−0.128 5	−1.635 0	0.128 5							0.68	1
57					0.594 3	0.594 8			−0.594 3	−0.594 8					−0.62	1
〔5〕	0.699 0	0.604 6	0.459 5	1.386 9	1.070 8	−1.525 2	−1.635 0	0.128 5	−0.594 3	−0.594 8					0.02	$-\frac{1}{4}$
67							0.275 5	1.052 7	−0.275 5	−1.052 7					0.35	1
68							−0.199 9	0.712 7			0.199 9	−0.712 7			0.65	1
65					1.635 0	−0.128 5	−1.635 0	1.128 5							−0.95	1
64			0.791 6	0.578 8			−0.791 6	−0.578 8							−0.05	1
〔6〕			0.791 6	0.578 8	1.635 0	−0.128 5	−2.351 0	1.315 1	−0.275 5	−1.052 7	0.199 9	−0.712 7			0.00	$-\frac{1}{4}$
78									−1.134 7	0.781 8	1.134 7	−0.781 8			−2.37	1
79									−1.657 9	−0.020 7			1.657 9	0.026 7	−1.07	1
75					0.594 3	0.594 8			−0.594 3	−0.594 8					1.43	1
76							0.275 5	1.052 7	−0.275 5	−1.052 7					0.03	1
〔7〕					0.594 3	0.594 8	0.275 5	1.052 7	−3.662 4	−0.892 4	1.134 7	−0.781 8	1.657 9	0.026 7	0.02	$-\frac{1}{4}$
89											−0.030 5	−2.372 2	0.030 5	2.372 2	0.50	1
86							−0.199 9	0.712 7			0.199 9	−0.712 7			−0.40	1
87									−1.134 7	0.781 8	1.134 7	−0.781 8			−0.10	1
〔8〕							−0.199 9	0.712 7	−1.134 7	0.781 8	1.304 1	−3.866 7	0.030 5	2.372 2	0.00	$-\frac{1}{3}$
97									−1.657 9	−0.026 7			1.657 9	0.026 7	0.35	1
98											−0.030 5	−2.372 2	0.030 5	2.372 2	−0.35	1
〔9〕									−1.657 9	−0.026 7	−0.030 5	−2.372 2	1.688 4	2.398 9	0.00	$-\frac{1}{2}$

注:表中空格部分其值均为零。

表 3.7.9.10

Q	δx_3	δy_3	δx_4	δy_4	δx_5	δy_5	δx_6	δy_6	δx_7	δy_7	δx_8	δy_8	δx_9	δy_9
δx_3	0.078 5													
δy_3	0.045 0	0.203 0												
δx_4	0.005 2	−0.164 9	0.619 5				对							
δy_4	0.149 4	0.104 4	0.266 5	1.340 3										
δx_5	−0.031 7	−0.185 9	0.054 9	−1.263 4	4.600 3						称			
δy_5	0.171 7	−0.139 5	0.994 1	1.770 8	−2.530 1	4.069 4								
δx_6	−0.031 4	−0.403 6	0.557 6	−1.202 8	4.842 3	−1.630 0	6.025 8							
δy_6	0.255 3	−0.165 0	1.660 4	3.135 0	−6.647 2	7.167 4	−5.461 2	16.820 4						
δx_7	−0.151 9	−0.428 9	−0.310 6	−3.179 8	11.154 8	−5.960 9	11.757 7	−19.620 0	36.801 2					
δy_7	0.276 0	−0.491 7	2.591 9	3.569 2	−7.487 0	9.321 6	−4.920 3	21.733 8	−24.889 1	31.007 1				
δx_8	−0.200 5	−0.191 8	−1.232 0	−4.041 4	13.435 0	−8.730 4	12.894 6	−26.934 6	46.925 8	−37.027 1	64.539 4			
δy_8	0.191 5	−0.597 2	0.200 5	2.212 0	−3.057 0	6.680 6	−0.521 0	12.650 1	−7.244 2	17.893 6	−11.679 4	16.811 8		
δx_9	−0.144 1	−0.217 4	−0.744 8	−3.108 9	10.556 1	−6.581 4	10.404 3	−20.172 1	35.076 1	−26.756 0	46.243 4	−9.728 9	34.628 8	
δy_9	0.195 4	−0.448 8	1.882 2	2.235 7	−3.386 3	6.198 8	−1.394 9	12.047 7	−8.020 6	16.263 9	−11.571 5	14.897 9	−9.744 6	13.651 4

8. 计算待定点坐标之协因数阵 Q_{xx}—— $\underset{14\times14}{Q_{xx}}=(B_U^TP_1B_U)^{-1}$结果见表3.7.9.10。

9. 计算系数矩阵 F——按本篇第三章第三节（　　　）式计算 $\underset{2\times14}{F}$，其值为

$$\underset{2\times14}{F}=\begin{pmatrix}0 & 0 & -0.6326 & 0.4013 & 0 & 0 & 0 & 0 & -0.8514 & -0.0137 & 0 & 0 & 1.8514 & 0.0137\\ 0 & 0 & -0.7283 & 0.4620 & 0 & 0 & 0 & 0 & -0.9802 & -0.0158 & 0 & 0 & 0.9802 & 1.0158\end{pmatrix}$$

10. 计算贯通点 E 处的贯通误差 $m_{横}$、$m_{纵}$——先令 $\underset{2\times1}{\varphi}=\underset{2\times1}{\overset{F\delta x}{\overline{2\times14\quad14\times1}}}$，算出 $\underset{2\times2}{Q_{\varphi\varphi}}=FQ_{xx}F^T$

$\underset{2\times14}{F}\underset{14\times1}{\delta x}=\begin{pmatrix}34.5547 & -10.3626\\ -10.5626 & 11.8649\end{pmatrix}$，接着计算贯通点 E 处的相对点位误差椭圆的长半轴 A、短半轴 B 及长半轴与 x 轴的夹角 θ：

$$\begin{cases}A^2=\dfrac{m_0^2}{2}(Q_{\Delta x\Delta x}+Q_{\Delta y\Delta y})+k) \\ B^2=\dfrac{m_0^2}{2}(Q_{\Delta x\Delta x}+Q_{\Delta y\Delta y}-k) \\ \tan2\theta=\dfrac{2Q_{\Delta x\Delta y}}{Q_{\Delta x\Delta x}-Q_{\Delta y\Delta y}} \\ k=\sqrt{(Q_{\Delta x\Delta x}-Q_{\Delta y\Delta y})^2+4Q^2_{\Delta x\Delta y}}\end{cases}$$

式中 $Qn_0=\pm1.3201$

$Q_{\Delta x\Delta x}=34.5547$

$Q_{\Delta y\Delta y}=11.8649$

$Q_{\Delta x\Delta y}=-10.5626$

算得 $A=67.4596$，$B^2=13.4342$，$\theta=158°31'21''.21$，$k=31.0016$。最后按下式计算 $m_{横}$ 及 $m_{纵}$

$$\begin{cases}m_{横}=\sqrt{A^2\cos^2(\alpha_{横}-\theta)+B^2\sin^2(\alpha_{横}-\theta)} \\ m_{纵}=\sqrt{A^2\cos^2(\alpha_{纵}-\theta)+B^2\sin^2(\alpha_{纵}-\theta)}\end{cases}$$

式中 $\alpha_{横}=\alpha_{19}+90°=229°1'25''.32$

$\alpha_{纵}=\alpha_{横}+90°=319°1'25''.32$

算得贯通点 E 处的横向和纵向贯通误差分别为：

$$\begin{cases}m_{横}=\pm4.41\text{cm} \\ m_{纵}=\pm7.84\text{cm}\end{cases}$$

（二）第二次平差，采用本篇第二章第二节"三"中第二种方法计算贯通误差，即先进行转轴计算，使贯通面方向平行于 x 轴，这样贯通点 E 处的点位误差即为所求的贯通误差。

1. 转轴计算——计算转轴后各网点的近似坐标

由表3.7.9.5知，转轴前隧道中线的坐标方位角为：$\alpha_{19}=\arctan\dfrac{\dot{y}_9}{\dot{x}_9}=139°01'25''.32$，为使贯通面方向平行于 x 轴，需将隧道中线逆时针绕1点旋转（$\alpha_{19}-90°$）即 $\theta=-49°01'25''.30$，这样在旋转后的新坐标系中，隧道中线的坐标方位角为 $\alpha'_{19}=90°$。采用旋转公式 $\begin{cases}x=x\cos\theta-y\sin\theta \\ y=x\sin\theta+y\cos\theta\end{cases}$（$\theta=-49°01'25''.32$）计算各网点在新坐标系中的近似坐标，结果见表3.7.9.11。

2. 计算转轴后各边的近似边长、近似坐标方位角及方向系数 a_{ki}、b_{ki}值——由表9—11之近似坐标按 $S^0_{ij}=\sqrt{(x_j-x_i)^2+(y_j-y_i)^2}$ 及 $\alpha^0_{ij}=\text{arc}\tan\dfrac{y_j-y_i}{x_j-x_i}$ 计算转轴后的近似边长及近似坐标方位角，并按式(3.9.22)计算 a_{ki} 及 b_{ki} 值。计算结果见表3.7.9.12。

3. 计算定向角近似值和误差方程式常数项——转轴后的定向角近似值 $\Delta Z'_k=\Delta Z_k+\theta(k=1,2,\cdots,9)$，误差方程式常数项同表3.7.9.6相同。

4. 列出消去定向角未知数后各方向的误差方程式——结果见表3.7.9.13。设此误差方程式之系数矩阵为 $\underset{39\times14}{B}$ 权和常数项同表3.7.9.7相同。

5. 组成并解算法方程式，计算转轴后平差所得的待定点坐标之平差值——结果见表3.7.9.14。

表3.7.9.11

点号	X(m)	Y(m)	点号	X(m)	Y(m)	点号	X(m)	Y(m)	点号	X(m)	Y(m)
3	437.896	−710.181	4	1298.321	196.031	5	754.780	1498.930	6	1766.027	2246.746
7	925.906	3945.981	8	−561.632	3778.933	9	0	3115.239	2	−55.601	−790.521

表3.7.9.12

方向	S^0(m)	α^0 (°	′	″)	a	b	方向	S^0(m)	α^0 (°	′	″)	a	b
12	792.474	265	58	34.68	0	0	56	1257.716	36	28	58.38	0.9751	−1.3186
13	834.332	301	39	28.38	−2.1043	−1.2975	57	2453.034	85	59	59.08	0.8388	−0.0586
14	1313.036	8	35	10.08	0.2345	−1.5533	67	1895.580	116	18	29.68	0.9754	0.4823
23	500.000	9	14	46.98	0.6628	−4.0717	68	2786.682	146	38	41.98	0.4070	0.6182
34	1249.621	46	29	04.68	1.1970	−1.1365	78	1496.889	186	24	27.28	−0.1538	1.3694
35	2231.722	81	50	12.98	0.9149	−0.1312	79	1243.963	221	53	57.58	−1.1073	1.2342
46	2103.374	77	09	08.28	0.9561	−0.2180	89	869.438	310	14	18.80	−1.8110	−1.5325
45	1411.731	112	38	41.38	1.3484	0.5625							

表 3.7.9.13

方向	δx_3	δy_3	δx_4	δy_4	δx_5	δy_5	δx_6	δy_6	δx_7	δy_7	δx_8	δy_8	δx_9	δy_9	l_{ki}	权
12															−0.37	1
13	2.104 3	1.297 5													−0.67	1
14			−0.234 5	1.553 3											1.03	1
〔1〕	2.104 3	1.297 5	−0.234 5	1.553 3											−0.01	$-\frac{1}{3}$
23	−0.662 8	4.071 7													0.15	1
21															−0.15	1
〔2〕	−0.662 8	4.071 7													0.00	$-\frac{1}{2}$
34	1.197 0	−1.136 5	−1.197 0	1.136 5											−0.57	1
35	0.914 9	−0.131 2			−0.914 9	0.131 2									−1.28	1
31	2.104 3	1.297 5													1.12	1
32	−0.662 8	4.071 7													0.73	1
〔3〕	3.553 4	4.101 5	−1.197 0	1.136 5	−0.914 9	0.131 2									0.00	$-\frac{1}{4}$
46			0.956 1	−0.218 0			−0.956 1	0.218 0							−0.07	1
45			1.348 4	0.562 5	−1.348 4	−0.562 5									1.02	1
41			−0.234 5	1.553 3											−1.27	1
43	1.197 0	−1.136 5	−1.197 0	1.136 5											0.33	1
〔4〕	1.197 0	−1.136 5	0.873 0	3.034 3	−1.348 4	−0.562 5	−0.956 1	0.218 0							0.01	$-\frac{1}{4}$
53	0.914 9	−0.131 2			−0.914 9	0.131 2									0.28	1
54			1.348 4	0.562 5	−1.348 4	−0.562 5									−0.32	1

续上表

方向	δx_3	δy_3	δx_4	δy_4	δx_5	δy_5	δx_6	δy_6	δx_7	δy_7	δx_8	δy_8	δx_9	δy_9	l_{ki}	权
56					0.975 1	−1.318 6	−0.975 1	1.318 6							0.68	1
57					0.838 8	−0.058 6			−0.838 8	0.058 6					−0.62	1
〔5〕	0.314 9	−0.131 2	1.348 4	0.562 5	−0.449 4	−1.808 5	−0.975 1	1.318 6	−0.838 8	0.058 6					0.02	$-\frac{1}{4}$
67							0.975 4	0.482 3	−0.975 4	−0.482 3					0.35	1
68							0.407 0	0.618 2			−0.407 0	−0.618 2			0.65	1
65					0.975 1	−1.318 6	−0.975 1	1.318 6							−0.95	1
64			0.956 1	−0.218 0			−0.956 1	0.218 0							−0.05	1
〔6〕			0.956 1	−0.218 0	0.975 1	−1.318 6	−0.548 8	2.637 1	−0.975 4	−0.482 3	−0.407 0	−0.618 2			0.00	$-\frac{1}{4}$
78									−0.153 8	1.369 4	0.153 8	−1.369 4			−0.37	1
79									−1.107 3	1.234 2			1.107 3	−1.234 2	−1.07	1
75					0.838 8	−0.058 6			−0.838 8	0.058 6					1.43	1
76							0.975 4	0.482 3	−0.975 4	−0.482 3					0.03	1
〔7〕					0.838 8	−0.058 6	0.975 4	0.482 3	−3.075 3	2.179 9	0.153 8	−1.369 4	1.107 3	−1.234 2	0.02	$-\frac{1}{4}$
39											−1.811 0	−1.532 5	1.8110	1.532 5	0.50	1
86							0.407 0	0.618 2			−0.407 0	−0.618 2			−0.40	1
37									−0.153 8	1.369 4	0.153 8	−1.369 4			−0.10	1
〔8〕							0.407 0	0.618 2	−0.153 8	1.369 4	−2.064 2	−3.520 1	1.811 0	1.532 5	0.00	$-\frac{1}{3}$
97									−1.107 3	1.234 2			1.107 3	−1.234 2	0.35	1
98											−1.811 0	−1.532 5	1.811 0	1.532 5	−0.35	1
〔9〕									−1.107 3	1.234 2	−1.811 0	−1.532 5	2.918 3	0.298 3	0.00	$-\frac{1}{2}$

注:表中空格部分其值均为零。

表 3.7.9.15

Q	δx_3	δy_3	δx_4	δy_4	δx_5	δy_5	δx_6	δy_6	δx_7	δy_7	δx_8	δy_8	δx_9	δy_9
δx_3	0.194 1													
δy_3	0.055 4	0.087 4												
δx_4	0.079 9	−0.136 6	1.294 2					对						
δy_4	0.177 7	0.089 8	0.319 5	0.665 5										
δx_5	−0.100 1	−0.231 2	0.889 4	−0.260 4	1.789 7						称			
δy_5	0.126 5	−0.071 2	1.997 3	0.926 0	0.088 1	6.889 4								
δx_6	−0.181 0	−0.385 2	2.252 9	−0.187 8	2.069 5	4.239 2	6.770 0							
δy_6	0.273 7	−0.015 5	2.675 8	1.439 2	−0.778 1	9.942 0	6.107 9	16.076 2						
δx_7	−0.421 3	−0.509 9	1.609 4	−0.924 0	3.451 7	0.796 6	5.293 8	−0.693 8	3.853 7					
δy_7	0.494 8	−0.222 5	4.848 0	1.648 4	−0.729 3	17.627 5	14.005 2	28.198 4	0.614 6	58.957 5				
δx_8	−0.426 7	−0.388 0	−0.180 5	−1.287 0	3.749 0	−5.355 9	−0.836 5	−11.405 4	8.460 2	−26.164 4	25.768 8			
δy_8	−0.004 9	−0.371 1	4.955 1	1.160 0	0.317 7	16.369 9	15.006 7	26.384 5	3.615 8	56.365 0	−21.993 3	55.587 8		
δx_9	−0.328 6	−0.355 7	0.346 5	−0.934 1	3.147 3	−3.048 9	0.663 8	−7.065 3	7.136 0	−16.247 1	17.830 6	−13.107 0	13.022 8	
δy_9	0.057 0	−0.264 4	4.057 4	1.143 8	0.126 6	13.610 8	11.711 6	21.791 0	2.487 8	44.209 9	−14.948 9	43.317 4	−9.022 1	35.264 3

6. 计算观测方向的平差值及单位权中误差——结果见表3.7.9.9(同(一)相同)。单位权中误差仍为：

$$m'_0=\pm1.3201(秒)$$

7. 计算待定点坐标之协因数阵 Q_{xx}—— $Q'_{xx}=(B_2^TP_1B_2)^{-1}$，结果见表3.7.9.15。

8. 计算系数矩阵 F'——按第二章第三节(3.2.3.10)式计算 F'，其结果为

$$\underset{2\times14}{F'}=\begin{pmatrix}0 & 0 & -0.1706 & 1.1296 & 0 & 0 & 0 & 0 & -0.8671 & 0.9665 & 0 & 0 & 1.8671 & -0.9665\\ 0 & 0 & 0 & 0 & 0 & 0 & 0 & 0 & 0 & 0 & 0 & 0 & 0 & 0\end{pmatrix}$$

9. 计算贯通点 E 处的贯通误差 $m_{横}$、$m_{纵}$——先令 $\underset{2\times1}{\varphi_E}=F'\delta x$，算出 $Q_{EE}=F'Q'_{xx}F'=\begin{pmatrix}11.1627 & -9.7564\\ -9.7564 & 35.2643\end{pmatrix}$，因转轴后贯通面方向平行 x 轴，所以有：

$$\begin{cases}m_{横}=m_x=m_0\sqrt{11.1627}=\pm1.3201\sqrt{11.1627}\\ \quad=\pm4.41(\text{cm})\\ m_{纵}=m_y=m_0\sqrt{35.2643}=\pm1.3201\sqrt{35.2643}\\ \quad=\pm7.84(\text{cm})\end{cases}$$

对以上两次不同方法所计算的贯通误差值进行比较，可知其结果完全一样。由此可见，以上两种计算贯通误差的方法都是正确的，而且第二种方法比第一种方法计算过程简单。

表3.7.9.14

点号	X(m)	Y(m)
1	0	0
2	−55.607	−790.521
3	437.895 2	−710.183 0
4	1 298.322 6	196.031 0
5	754.778 3	1 498.946 8
6	1 766.034 4	2 246.770 0
7	925.910 2	3 946.020 5
8	−561.632 8	3 778.963 1
9	0.003 1	3 115.266 4

第十节　三边网、边角网误差方程式的开列

选择待定点的坐标为未知数，三角网和边角网(即边角同测网)的间接平差，除了开列误差方程式有其特点外，与上节介绍的三角网间接平差没有什么不同，所以本节着重介绍测边网和边角网误差方程式的开列问题，及边角网的定权方法。

一、三边网误差方程式的开列

设测边网中某边的观测值为 L_{ij}，选该边两端的待定点坐标平差值 $x_i、y_i，x_j，y_j$ 为未知数，设 x°_i、y°_i、x°_j、y°_j 和 δx_i、δy_i、δx_j、δy_j 分别为未知数的近似值和近似值的改正数，即

$$\begin{cases}x_i=x^\circ_i+\delta x_i\\ y_i=y^\circ_i+\delta y_i\end{cases}及\begin{cases}x_j=x^\circ_j+\delta x_j\\ y_j=y^\circ_j+\delta y_j\end{cases}\tag{3.7.10.1}$$

则观测值 l_{ij}的平差值方程为

$$L_{ij}+V_{ij}=\sqrt{(x_j-x_i)^2+(y_j-y_i)^2}\tag{3.7.10.2}$$

式中，V_{ij}为观测边 L_{ij}的改正数，将式(3.7.10.1)代入式(3.7.10.2)，按台劳公式展开，取至一次项得：

$$\begin{aligned}L_{ij}+V_{ij}=&\sqrt{(x^\circ_j-x^\circ_i)^2+(y^\circ_j-y^\circ_i)^2}\\&+\frac{(x^\circ_j-x^\circ_i)}{\sqrt{(x^\circ_j-x^\circ_i)^2+(y^\circ_j-y^\circ_i)^2}}(\delta x_j-\delta x_i)\\&+\frac{(y^\circ_j-y^\circ_i)}{\sqrt{(x^\circ_j-x^\circ_i)^2+(y^\circ_j-y^\circ_i)^2}}(\delta y_j-\delta y_i)\end{aligned}\tag{3.7.10.3}$$

以 S°_{ij} 表示 ij 间的近似距离，将 $S^\circ_{ij}=\sqrt{(x^\circ_j-x^\circ_i)^2+(y^\circ_j-y^\circ_i)^2}$代入式(3.7.10.3)，并令

$$l_{ij}=S^\circ_{ij}-L_{ij}\tag{3.7.10.4}$$

得边长观测值 L_{ij}的误差方程式为

$$V_{ij}=-\frac{\Delta x^\circ_{ij}}{S^\circ_{ij}}\delta x_i-\frac{\Delta y^\circ_{ij}}{S^\circ_{ij}}\delta y_i+\frac{\Delta x^\circ_{ij}}{S^\circ_{ij}}\delta x_j+\frac{\Delta y^\circ_{ij}}{S^\circ_{ij}}\delta y_j+l_{ij}\tag{3.7.10.5}$$

式中，l_{ij}为误差方程式的常数项，Δx°_{ij}和 Δy°_{ij}为按近似坐标计算的近似坐标增量。

式(3.7.10.5)就是三边网间接平差时边长观测值误差方程式的一般形式。它是在两端都是待定点的情况下导出的，具体计算时，可按不同的情况灵活运用，例如：

1. 若某观测边的两端均为待定点，则式(3.7.10.5)就是该观测边的误差方程式，式中 δx_i 与 δx_j 系数的绝对值相等，δy_i 与 δy_j 的系数绝对值也相等，误差方程式的常数项等于由近似坐标算得的该边的近似值减观测值。

2. 若 i 为已知点，则 $\delta x_i=\delta y_i=0$，得：

$$v_{ij}=\frac{\Delta x^\circ_{ij}}{S^\circ_{ij}}\delta x_j+\frac{\Delta x^\circ_{ij}}{S^\circ_{ij}}\delta y_j+l_{ij}\tag{3.7.10.6}$$

若 j 为已知点，则 $\delta x_j=\delta y_j=0$，得

$$v_{ij}=-\frac{\Delta x^\circ_{ij}}{S^\circ_{ij}}\delta x_i-\frac{\Delta y^\circ_{ij}}{S^\circ_{ij}}\delta y_i+l_{ij}\tag{3.7.10.7}$$

若 i、j 均为已知点，则该边的固定边(不观测)，故对该边不需要列误差方程式。

3. 某观测边的误差方程式，按 ij 向列立和按 ji 向列立的结果相同。

综上所述，三边网采用间接平差，选择待定点坐标为未知数时，列误差方程式的步骤为：

1. 计算各待定点的近似坐标 $x°,y°$。

2. 由待定点的近似坐标计算各待定边的近似边长 $S°$和近似纵横坐标增量 $\Delta x°,\Delta y°$。

3. 按式(3.7.10.4)计算各观测边的误差方程式的常数项 l。

4. 根据具体情况，灵活地运用式(3.7.10.5)、(3.7.10.6)和(3.7.10.7)，列出各观测边的误差方程式。

二、边角网误差方程式的开列

边角同测网的观测值包括方向(或角度)和边长两类，边角网采用间接平差时，每一类观测值都应开列误差方程式，也就是说分别要按观测方向(或角度)和按观测边长开列误差方程式。观测方向误差方程式的开列，已在本章第九节"二"中介绍，其误差方程的一般形式见式(3.7.9.28)、(3.7.9.29)和式(3.7.9.22)，观测边长误差方程式的开列，已在本节"一"中介绍，其误差方程式的一般形式见式(3.7.10.5)和式(3.7.10.4)。误差方程式分别按观测方向和观测边长组成以后，一并组成法方程式，解算法方程式，即可求得各待定点坐标的最或然值。

三、边角网平差的定权方法

边角网平差中包含有方向(或角度)和边长两类不同性质的观测值，在平差前应正确地确定它们的测量单位。

设观测方向(或角度)的权和中误差用 P_β 和 m_β 表示，边长的权和中误差用 P_{si}和 m_{si}表示。在边角网中，边和方向(或角)不可能是同精度的，平差时必须统一定权。定权的基本公式是：

$$P_\beta=\frac{\mu^2}{m_\beta^2},P_{si}=\frac{\mu^2}{m_{si}^2} \quad (3.7.10.8)$$

μ^2可任意选择。在一般情况下，测方向(或角)精度相同，边长的精度不一定相同，此时可令：

$$\mu=m_\beta$$

则有：$P_\beta=1,P_{si}=\frac{m_\beta^2}{m_{si}^2}$ (3.7.10.9)

如果认为边长的精度相同，则可任意选择

$$\mu=m_s \text{ 或 } \mu=m_\beta$$

则有：

$$P_s=1,P_\beta=\frac{m_{si}^2}{m_\beta^2}\text{或 } P_\beta=1,P_{si}=\frac{m_\beta^2}{m_s^2} \quad (3.7.10.10)$$

在式(3.7.10.9)中，P_β 是无单位的，而 P_{si}的单位与 $m_{si}{}^2$的单位有关，当 m_{si}以 mm 为单位时，P_{si}的单位为秒^2/mm^2，因为 m_β 的单位为秒。

第十一节　相 关 平 差

在前述平差方法中，平差的对象都是独立观测值，或者说，随机模型只是一组具有彼此独立的随机误差的观测值，即其方差阵和权逆阵都是对角阵。但是在实际工作中，有时会遇到平差的对象不是独立观测值，而是相关观测值，也就是说，平差的随机模型是一组包含彼此相关的随机误差的观测值，即其方差阵或权逆阵不是对角阵，而是一个对称的正定阵，如在三角测量时是用方向观测，若由相邻方向构成角度，这时角度之间一般就是相关的了，如果对三角网按角度平差，则角度观测值实际上是相关观测值，但在平差计算时，为了计算简便，往往将角度当作独立观测值，这是一种近似的平差方法，严格来说，对于相关观测值，应该根据相关最小二乘原理，进行相关平差。

本节介绍相关最小二乘原理及由相关最小二乘原理而导出的相关条件平差和相关间接平差。

一、相关最小二乘原理与相关平差

从统计估计理论上来看，经典和相关的平差方法都是用于样观测值对母体的参数作统计估计，在测量上则是根据具有正态随机误差的观测值，求参数的最优估值。

若 x 是非随机参数，当 $\underset{n\times1}{L}$ 是相关观测值时，它们的联合分布密度为：

$$f(l)=\frac{1}{(2\pi)^{-\frac{n}{2}}(D_{LL})^{\frac{1}{2}}}$$

$$\exp(-\frac{1}{2}(L-E(L))^TD_{LL}^{-1}(L-E(L))) \quad (3.7.11.1)$$

式中，$E(L)$和 D_{LL}是 L 的数学期望和方差式。按最大似然法求参数 x 的最佳估值时，要求 $f(l)$取最大值，由此得：

$$V^TP_{LL}V=V^TD_{LL}^{-1}V=\text{最小} \quad (3.7.11.2)$$

式中，P_{LL}和 D_{LL}都是非对角型的对称可逆阵。一般称式(3.7.11.2)为相关最小二乘原理。

式(3.7.11.2)中的

$$D_{LL}=\sigma_0^2Q_{LL}=\begin{bmatrix}\sigma_{11}^2 & \sigma_{12} & \cdots\cdots & \sigma_{1n}\\ \sigma_{21} & \sigma_{22}^2 & \cdots\cdots & \sigma_{2n}\\ \cdots & \cdots & \cdots\cdots & \cdots\\ \sigma_{n1} & \sigma_{n2} & \cdots\cdots & \sigma_{nn}^2\end{bmatrix}=\sigma_0^2\begin{bmatrix}Q_{11} & Q_{12} & \cdots & Q_{1n}\\ Q_{21} & Q_{22} & \cdots & Q_{2n}\\ \cdots & \cdots & \cdots & \cdots\\ Q_{n1} & Q_{n2} & \cdots & Q_{nn}\end{bmatrix} \quad (3.7.11.3)$$

$$\text{而 } P_{LL}=Q_{LL}^{-1}=\begin{bmatrix}P_{11} & P_{12} & \cdots & P_{1n}\\ P_{21} & P_{22} & \cdots & P_{2n}\\ \cdots & \cdots & \cdots & \cdots\\ P_{n1} & P_{n2} & \cdots & P_{nn}\end{bmatrix} \quad (3.7.11.4)$$

所以　$P_{LL}Q_{LL}=Q_{LL}P_{LL}=I$ (3.7.11.5)

按上式展开，知

$$P_{ii}Q_{ii}\neq 1 \quad 即\ P_{ii}\neq\frac{1}{Q_{ii}} \qquad (3.7.11.6)$$

由此可知，权阵 P_{LL} 和权逆阵 Q_{LL} 主对角线上的元素 P_{ii} 和 Q_{ii} 不是 L_i 的权和权倒数，非主对角线上的元素 P_{ij} 和 Q_{ij} 也不是 L_i 和 L_j 的相关权和相关权倒数。但是在相关观测值的平差中，权阵 P_{LL} 相当于独立观测量权阵 P 所起的作用。

根据相关最小二乘原理而进行的测量平差称为相关平差。当随机模型是一组相关观测值时，根据函数模型的不同，相关平差又可分为相关条件平差和相关间接平差等两类基本的方法。

二、相关条件平差

(一)平差过程

相关条件平差法的函数模型与条件观测平差法的相同，设条件方程式为：

$$\begin{cases}AV+W=0\\W=AL+A_0\end{cases} \qquad (3.7.11.7)$$

式中，A 为条件方程式系数矩阵，V 为改正数向量，A_0 为常数向量，W 为条件方程式闭合差向量，观测值向量 L 的权阵为 $P_{LL}=Q_{LL}^{-1}$，注意，此时的 P_{LL} 已不是对角阵。

按照相关最小二乘原理平差，就是在满足 $V^TP_{LL}V=$ 最小的要求下解出 V，为此组成新的函数式

$$\phi=V^TP_{LL}V-2K^T(AV+W) \qquad (3.7.11.8)$$

式中，K 为联系数向量，为使函数 ϕ 为最小，取

$$\frac{\partial\phi}{\partial V}=2V^TP_{LL}-2K^TA=0 \qquad (3.7.11.9)$$

得改正数方程式为：

$$V=P_{LL}^{-1}A_K^T=Q_{LL}A^TK \qquad (3.7.11.10)$$

上式代入式(3.7.11.7)得法方程式为：

$$AQ_{LL}A^TK+W=0 \qquad (3.7.11.11)$$

令
$$N=AQ_{LL}A^T \qquad (3.7.11.12)$$

则 $K=-(AQ_{LL}A^T)^{-1}W=-N^{-1}W$ (3.7.11.13)

上式代入式(7—11—10)，得改正数向量为：

$$V=-Q_{LL}A^TN^{-1}W=-Q_{LL}A^TN^{-1}(AL+A_0) \qquad (3.7.11.14)$$

平差值向量为：

$$\hat{L}=L+V=(I-Q_{LL}A^TN^{-1}A)L-Q_{LL}A^TN^{-1}A_0 \qquad (3.7.11.5)$$

式中，I 为单位阵。

(二)精度评定

1.单位权中误差

$$m_0=\pm\sqrt{\frac{V^TP_{LL}V}{r}} \qquad (3.7.11.16)$$

式中，r 为条件方程式的个数。

2.平差值向量的权逆阵

由式(3.7.11.15)按权逆阵传播律得平差值向量的权逆阵为

$$Q_{\hat{L}\hat{L}}=(I-Q_{LL}A^TN^{-1}A)Q_{LL}(I-Q_{LL}A^TN^{-1}A)^T$$
$$=Q_{LL}-Q_{LL}A^TN^{-1}AQ_{LL}$$

又由式(3.7.11.14)得：

$$Q_{VV}=Q_{LL}A^TN^{-1}AQ_{LL}$$

故
$$Q_{\hat{L}\hat{L}}=Q_{LL}-Q_{VV} \qquad (3.7.11.17)$$

3.平差值函数的权逆阵

设平差值函数为：

$$F=f(\hat{L}_1,\hat{L}_2,\cdots,\hat{L}_n) \qquad (3.7.11.18)$$

微分得：

$$dF=(\frac{\partial f}{\partial L_1})d\hat{L}_1+(\frac{\partial f}{\partial L_2})d\hat{L}_2+\cdots+(\frac{\partial f}{\partial L_n})d\hat{L}_n \qquad (3.7.11.19)$$

令
$$f_i=(\frac{\partial f}{\partial L_i})$$

则
$$dF=f_1d\hat{L}_1+f_2d\hat{L}_2+\cdots+f_nd\hat{L}_n=f^Td\hat{L} \qquad (3.7.11.20)$$

所以，平差值函数的权逆阵为

$$Q_{FF}=f^TQ_{\hat{L}\hat{L}}f \qquad (3.7.11.21)$$

把相关最小二乘原理导出的相关条件平差的基础方程式(3.7.11.7)和式(3.7.11.10)与条件观测平差的基础方程式相比较，可以看出，它们的矩阵形式完全相同，所不同的仅仅是式中的权逆阵，条件观测平差中的权逆阵 P^{-1} 是一个对角阵，而本节的 P_{LL}^{-1} 则是一个对称的正定阵。因而两者的纯量形式完全不同，并由此可见，独立观测值的条件平差法只是相关条件平差法的一种特殊情况。

三、相关间接平差

(一)平差过程

设有相关观测值向量 L，相关权逆阵为 Q_{LL}，权阵为 $P_{LL}=Q_{LL}^{-1}$，未知量向量为 X，未知数的改正数向量为 δx，未知数最或然值向量为 X，其近似值向量为 x°，即 $x=x^\circ+\delta x$，设观测量的误差方程式为：

$$V=B\delta x+l \qquad (3.7.11.22)$$

式中，B 为误差方程式系数矩阵，l 为常数向量，则：

$$l=Bx^\circ-L$$

按相关最小二乘原理 $V^TP_{LL}V=$ 最小，使

$$\frac{d}{d\delta x}(V^TP_{LL}V)=2V^TP_{LL}\frac{dV}{d\delta x}=2V^TP_{LL}B=0$$

则：
$$B^TP_{LL}V=0 \qquad (3.7.11.23)$$

将式(3.7.11.22)代入上式得未知量法方程式为：

$$B^TP_{LL}B\delta x+B^TP_{LL}l=0 \qquad (3.7.11.24)$$

令
$$\begin{cases}N=B^TP_{LL}B\\C=B^TP_{LL}l\end{cases} \qquad (3.7.11.25)$$

式(3.7.11.24)可写为

$$N\delta x+C=0$$

则：
$$\delta x=-N^{-1}C=-(B^TP_{LL}B)^{-1}B^TP_{LL}l \qquad (3.7.11.26)$$

(二)精度评定

1.单位权中误差

$$m_0=\pm\sqrt{\frac{V^TP_{LL}V}{n-t}} \qquad (3.7.11.27)$$

式中 n 为观测量的个数，t 为未知量个数。

2.未知量的权逆阵

由式(3.7.11.26)，按权逆阵的传播，得未知量

的权逆阵为

$$Q_{xx}=N^{-1}B^{T}P_{LL}Q_{LL}P_{LL}BN^{-1}=N^{-1} \qquad (3.7.11.28)$$

3. 未知量函数的权逆阵

设未知量的函数为

$$\begin{aligned}Z&=f(x_1,x_2,\cdots,x_t)\\&=f(x^{\circ}_1+\delta x_1,x^{\circ}_2+\delta x_2,\cdots,x^{\circ}_t+\delta x_t)\\&=f(x^{\circ}_1,x^{\circ}_2,\cdots,x^{\circ}_t)+(\frac{\partial f}{\partial x_1})_0\delta x_1\\&\quad+(\frac{\partial f}{\partial x_2})_0\delta x_2+\cdots+(\frac{\partial f}{\partial x_t})_0\delta x_t\end{aligned} \qquad (3.7.11.29)$$

式中，x°_i 为未知量的近似值，是已知的常量，

令 $f_i=(\frac{\partial f}{\partial x_i})_0 \qquad (i=1,2,\cdots,t)$

则 $Z=f^{\circ}+f_1\delta x_1+f_2\delta x_2+\cdots+f_t\delta x_t$

$=f^{\circ}+f^{T}\delta x$

按权逆阵的传播，未知量函数的权逆阵为

$$Q_{zz}=f^{T}Q_{xx}f=f^{T}N^{-1}f \qquad (3.7.11.30)$$

将相关间接平差的基础方程式和法方程式与独立观测值的间接平差之基础方程式和法方程式相比较，容易看出，它们的矩阵形式完全相同，所不同的仅仅是其中的权阵 P_{LL}，这里的 P_{LL}是对称正定阵，而独立观测值间接平差的 P 是对角阵，由于两者权阵不同，公式的纯量形式也就全然不同了。可见独立观测值的间接平差法是相关平差法的一种特殊情况。

四、相关间接平差应用示例

如图3.7.11.1为一测角测边网，在 A、B、C、D 测站上观测所有方向，还以测距仪观测了 BC、AB 两边长 S_{BC}、S_{AB}。

(一)平差方向和边长

这种情况下要列出的方向误差方程式中，有定向角未知数。如果不消掉它们，则多了四个未知数；如果按施赖伯约化法消掉它们，那么又存在边长误差方程式，这些边长误差方程式要不要改化?这样就需要使用间接平差法的两组平差，牵涉到的问题比较多，处理较为复杂。

(二)平差角度和边长

这样就变成相关平差，使用矩阵形式来做，比较明确和容易。

所以在这种情况下，宜用相关间接平差。平差角度和边长。

(三)相关间接平差应用示例

1. 一共观测了10个方向，即1、2、3……10。分别开列这10个方向的误差方程

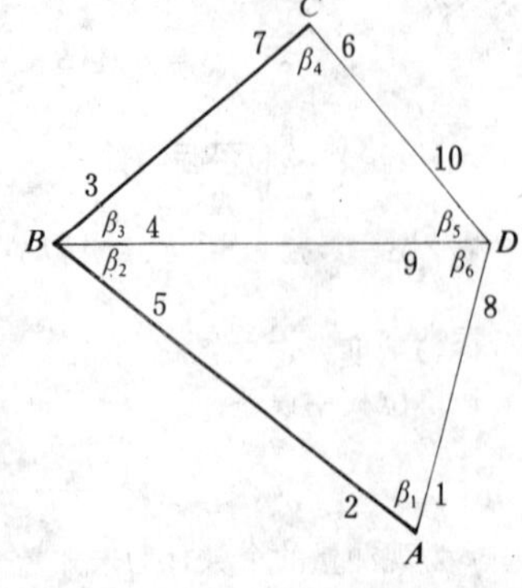

图 3.7.11.1

式，据(3.7.9.28)式，为

$$V_{ij}=-\delta z_i+a_{ij}\delta x_i+b_{ij}\delta y_i-a_{ij}\delta x_z-b_{ij}\delta y_z+l_{ij}$$

须注意，在同一测站出发的各方向，其定向未知数是相同的。如在测站 B 观测3、4、5三个方向，这三个方向的误差方程式如下：

$$\left.\begin{aligned}V_{BC}&=-\delta z_B+a_{BC}\delta x_B+b_{BC}\delta y_B-a_{BC}\delta x_C-b_{BC}\delta y_C+l_{BC}\\V_{BD}&=-\delta z_B+a_{BD}\delta x_B+b_{BD}\delta y_B-a_{BD}\delta x_D-b_{BD}\delta y_D+l_{BD}\\V_{BA}&=-\delta z_B+a_{BA}\delta x_B+b_{BA}\delta y_B-a_{BA}\delta x_A-b_{BA}\delta y_A+l_{BA}\end{aligned}\right\} \qquad (3.7.11.31)$$

2. 组成角度的误差方程式：观测的10个方向一共组成 β_1、β_2、β_3……β_6六个角度，即 $\beta_1=1-2$，$\beta_2=5-4$，……，$\beta_6=9-8$，每一个角度的误差方程式就是相应的方向误差方程式之差，例如

$$\begin{aligned}V_{\beta_2}&=V_{BA}-V_{BD}\\&=(a_{BA}-a_{BD})\delta x_B+(b_{BA}-b_{BD})\delta y_B-a_{BA}\delta x_A\\&\quad-b_{BA}\delta y_A+a_{BD}\delta x_D+b_{BD}\delta y_D+(l_{BA}-l_{BD})\\V_{\beta_3}&=V_{BD}-V_{BC}\\&=(a_{BD}-a_{BC})\delta x_B+(b_{BD}-b_{BC})\delta y_B-a_{BD}\delta x_D\\&\quad-b_{BD}\delta y_D+a_{BC}\delta x_C+b_{BC}\delta y_C+(l_{BD}-l_{BC})\\&\cdots\cdots\cdots\cdots\\V_{\beta_6}&=(a_{DB}-a_{DA})\delta x_D+(b_{DB}-b_{DA})\delta y_D-a_{DB}\delta x_B\\&\quad-b_{DB}\delta y_B+a_{DA}\delta x_A+b_{DA}\delta y_A+(l_{DB}-l_{DA})\end{aligned} \qquad (3.7.11.32)$$

可见，在形角度误差方程式时，定向角未知数 δz 全被消掉了，而且角度误差的方程式的形式很有规律：顶点的 δx、δy 的系数是两数相减，非顶点的另外两点 δx、δy 的系数、保持原状，只是被减方向的系数由负变为正，其常数项为两方向常数项之差。

3. 列出边长误差方程式。按式(3.7.10.5)列出：

$$\left.\begin{aligned}v_{S_{AB}}&=-\cos T^{\circ}_{AB}\cdot\delta x_A-\sin T^{\circ}_{AB}\cdot\delta y_A\\&\quad+\cos T^{\circ}_{AB}\cdot\delta x_B+\sin T^{\circ}_{AB}\cdot\delta y_B+l_{AB}\\v_{S_{BC}}&=-\cos T^{\circ}_{BC}\cdot\delta x_B-\sin T^{\circ}_{BC}\cdot\delta y_B\\&\quad+\cos T^{\circ}_{BC}\cdot\delta x_C+\sin T^{\circ}_{BC}\cdot\delta y_C+l_{BC}\end{aligned}\right\} \qquad (3.7.11.33)$$

式中，l_{AB}、l_{BC}按式(3.7.10.4)计算。

4. 全部的误差方程式由式(3.7.11.32)和式(3.7.11.33)组成后，现求误差方程式的权阵。

首先，测角和测边是相互独立的。在一个测站只有一个角度，例如 β_1、β_4，此两角彼此互相独立，也与 β_2、β_3、β_5、β_6相互独立；在一个测站有两个或两个以上角度的，则各站的角彼此独立，而同一测站的角彼此相关，因为相邻的角有一个共同的方向。例如 β_2 和 β_3的共同方向是方向4，因为

$$\beta_2=5-4$$
$$\beta_3=4-3$$

设方向的观测中误差为 m_α，角度的中误差为

$$\left.\begin{aligned}m^2_{\beta_2}&=m^2_{\alpha_5}+m^2_{\alpha_4}=2m^2_\alpha\\m^2_{\beta_3}&=m^2_{\alpha_4}+m^2_{\alpha_3}=2m^2_\alpha\end{aligned}\right\} \qquad (3.7.11.34)$$

而 β_2和 β_3的协方差则为

$$m_{\beta_2\beta_3}=m_{\alpha_5\alpha_4}-m_{\alpha_5\alpha_3}-m^2_{\alpha_4}+m_{\alpha_4\alpha_3} \qquad (3.7.11.35)$$

因所有方向均为独立观测，彼此独立，所以一方

向与其它方向的协方差均为零，即

$$m_{\alpha_5\alpha_4}=m_{\alpha_5\alpha_3}=m_{\alpha_4\alpha_3}=0 \qquad (3.7.11.36)$$

故 $$m_{\beta_2\beta_3}=-m_{\alpha_4}^2=-m_\alpha^2 \qquad (3.7.11.37)$$

按式(3.7.11.32)和式(3.7.11.33)，其方差协方差阵应为

$$D_{LL}=\begin{bmatrix} m_{\beta_1}^2 & m_{\beta_1\beta_2} & m_{\beta_1\beta_2} \\ m_{\beta_2\beta_1} & m_{\beta_2}^2 & m_{\beta_2\beta_3} \\ m_{\beta_3\beta_1} & m_{\beta_3\beta_2} & m_{\beta_3}^2 \\ &&& m_{\beta_4}^2 \\ &&&& m_{\beta_5}^2 & m_{\beta_5\beta_6} \\ &&&& m_{\beta_6\beta_5} & m_{\beta_6}^2 \\ &&&&&& m_{S_{AB}}^2 \\ &&&&&&& m_{S_{BC}}^2 \end{bmatrix}$$

$$=\begin{bmatrix} 2m_\alpha^2 \\ & 2m_\alpha^2 & -m_\alpha^2 \\ & -m_\alpha^2 & 2m_\alpha^2 \\ &&& 2m_\alpha^2 \\ &&&& 2m_\alpha^2 & -m_\alpha^2 \\ &&&& -m_\alpha^2 & 2m_\alpha^2 \\ &&&&&& m_{S_{AB}}^2 \\ &&&&&&& m_{S_{BC}}^2 \end{bmatrix} \qquad (3.7.11.38)$$

设单位权中误差为 m_α、方差为 m_α^2 则

$$\frac{D_{LL}}{m_\alpha^2}=Q_{LL}=\frac{1}{m_\alpha^2}\begin{bmatrix} 2m_\alpha^2 \\ & 2m_\alpha^2 & -m_\alpha^2 \\ & \cdots\cdots \\ && \cdots\cdots \\ &&& m_{S_{AB}}^2 \\ &&&& m_{S_{BC}}^2 \end{bmatrix}$$

$$=\begin{bmatrix} 2 \\ & 2 & -1 \\ & -1 & 2 \\ &&& 2 \\ &&&& 2 & -1 \\ &&&& -1 & 2 \\ &&&&&& m_{S_{AB}}^2/m_\alpha^2 \\ &&&&&&& m_{S_{BC}}^2/m_\alpha^2 \end{bmatrix} \qquad (3.7.11.39)$$

式中，边长观测值 S_{AB}、S_{BC}的自协因数为$\frac{m_{S_{AB}}^2}{m_\alpha^2}$、$\frac{m_{S_{BC}}^2}{m_\alpha^2}$，相当于它们的权是$\frac{m_\alpha^2}{m_{S_{AB}}^2}$、$\frac{m_\alpha^2}{m_{S_{BC}}^2}$。

如果设 $m_{S_{AB}}=\pm 9\text{mm}$，$m'_{S_{BC}}=\pm 7\text{mm}$，$m_\alpha=\pm 2''$

则 S_{AB}的自协因数为$\frac{81}{4}\text{mm}^2/\text{秒}^2$

S_{BC}的自协因数为$\frac{49}{4}\text{mm}^2/\text{秒}^2$

计算时，只需将81/4和49/4置入即可。

将(3.7.11.9)的矩阵 Q_{LL}求逆，即得到误差方程式的权阵

$$p=Q_{LL}^{-1} \qquad (3.7.11.40)$$

5. 根据误差方程式(3.7.11.32)和式(3.7.11.33)，列出系数阵，得到矩阵形式的误差方程式：

$$V=B\delta x+l \qquad (3.7.11.41)$$

式中 $$\underset{8\times1}{v}=\begin{bmatrix} v_{\beta_1} \\ v_{\beta_2} \\ v_{\beta_3} \\ \vdots \\ \vdots \\ v_{\beta_6} \\ v_{SAB} \\ v_{SBC} \end{bmatrix} \qquad \underset{6\times1}{\delta x}=\begin{bmatrix} \delta x_B \\ \delta y_B \\ \delta x_C \\ \delta y_C \\ \delta x_D \\ \delta y_D \end{bmatrix}$$

$$\underset{8\times1}{l}=\begin{bmatrix} l_1 \\ l_2 \\ l_3 \\ \vdots \\ \vdots \\ l_7 \\ l_8 \end{bmatrix}$$

B 阵按误差方程式中未知数 δx_B、δy_B、δx_C、δy_C、δx_D、δy_D 的系数开列，本例之 B 为8×6阶阵，即 $\underset{8\times6}{B}$。

6. 按间接平差组成法方程式并求解 δx

$$\delta x=-(B^TPB)^{-1}B_TPl$$

$$Q_{XX}=(B^TPB)^{-1}$$

$$D_{XX}=m_0^2Q_{XX}$$

上列三式及式(3.7.11.41)即为式(3.2.4.32)。此时的 δx 为三个待定点坐标改正值，如式(3.7.11.41)的说明中；此处的 $P=Q_{LL}^{-1}$，即为式(3.7.11.40)；B，l 均取自式(3.7.11.41)(式中 B 未详细列出)。

最后顺便提到，如果这个边角测量的控制网是作为施工贯通的控制网，那么在平差时即可按本篇第二章第四节中的式(3.2.4.38)～式(3.2.4.45)计算贯通误差。如果平差前先转轴，即使 X 轴平行于贯通面方向，则可按本篇第二章第三节中介绍的第二种方法计算贯通误差。

第八章　洞口投点及线路进洞关系计算

第一节　洞口投点的布设形式与平差计算

洞口投点(插点)及其相联系的平面控制点，是向洞内引伸导线测量的起算点，又是洞口及其附近地段施工中线放样的直接依据，有时可延用到隧道贯通。因此必须长远考虑选点的位置，便于观测、使用与保存。

一、投点(插点)与主网的联结形式

(一)投点直接布设在主网上

投点(插点)应尽量纳入三角锁的三角点或导线网的导线点，并采用全网同精度观测、整体平差，以避免因设插网而引起起始数据误差对插网平差的影响。

(二)支导线联结投点(插点)

常常因投点所处位置的地形、地物条件限制，或受施工条件的限制，投点不能与主网一起组成控制网的图形，并同时观测和平差。这时可在主网与投点间设支导线联结。但支导线必须构成闭合检核条件，如闭合导线、主副导线等形式联结。

(三)单三角形测设投点(插点)

利用主网上的一条边与所选定的插点组成一个单三角形。当主网为三角网或导线网时，若与主网同时观测，应与主网一起平差。通常由于受洞口施工条件的限制，洞口没有可能在主网观测时设立永久性投点而出现插网。

(四)固定角内插入一点

利用已先期平差的主网上的两相邻已知边为固定角和基线，投点与上述三个控制点相联结，平差时使投点强制符合固定角条件和边条件(基线条件)。因此，固定角及两条边的精度一般应不低于插网的观测精度。

(五)投点与主网的一个三角形组成插网

即三角形外插入一点。

(六)三角形内插入一点

这时平差条件较多是有利的一面，同时也应注意观测条件要较好。洞口投点常因俯仰角大、边的长短悬殊、视线离地面较近，观测条件较差。两方面都应考虑，取长弃短。

二、洞口投点(插点)典型图形平差示例

(一)大地四边形的近似平差

四边形平差的角度编号如图 3.8.1.1 所示。共有三个图形条件和一个极条件，即条件式数目$r=4$。

角度的第一次改正数为：

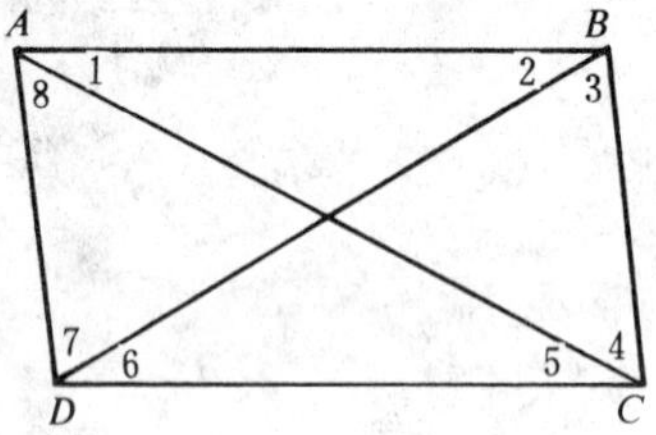

A B C D 1 2 3 4 5 6 7 8

图　3.8.1.1

$$\left.\begin{aligned} v'_1=v'_2&=-\frac{1}{8}\omega_1-\frac{1}{4}\omega_2\\ v'_3=v'_4&=-\frac{1}{8}\omega_1-\frac{1}{4}\omega_3\\ v'_5=v'_6&=-\frac{1}{8}\omega_1+\frac{1}{4}\omega_2\\ v'_7=v'_8&=-\frac{1}{8}\omega_1+\frac{1}{4}\omega_3 \end{aligned}\right\}\quad(3.8.1.1)$$

式中

$$\left.\begin{aligned} \omega_1&=(1)+(2)+(3)+\cdots+(8)-360^\circ\\ \omega_2&=[(1)+(2)]-[(5)+(6)]\\ \omega_3&=[(3)+(4)]-[(7)+(8)] \end{aligned}\right\}\quad(3.8.1.2)$$

按第一次改正后的角度，查取各角的正弦和余切、计算极条件闭合差 ω_g：

$$\omega_g=\left(\frac{\sin(1)'\cdot\sin(3)'\cdot\sin(5)'\cdot\sin(7)'}{\sin(2)'\cdot\sin(4)'\cdot\sin(6)'\cdot\sin(8)'}-1\right)\cdot\rho''\quad(3.8.1.3)$$

式中　$\rho''=206265''$

表 3.8.1.1 给出了大地四边形近似平差计算的实例，角度编号及点名如图 3.8.1.1。

角度第二次改正数计算：

$$\left.\begin{aligned} v''_{2n-1}&=-\frac{w_g}{[\cot\beta]}\\ v''_{2n}&=\frac{w_g}{[\cot\beta]} \end{aligned}\right\}\quad(3.8.1.4)$$

$(n=1,2,3,4\cdots)$

据上式可算得：

$$\omega_g=\left(\frac{\sin(1)'\cdot\sin(3)'\cdot\sin(5)'\cdot\sin(7)'}{\sin(2)'\cdot\sin(4)'\cdot\sin(6)'\cdot\sin(8)'}-1\right)\cdot\rho''=-19.4''$$

$$\omega_{g限}=23.1$$

$$[\cot\beta]=12.60$$

$$v''_{2n-1}=-\frac{-19.4}{12.6}=+1.5''$$

$$v_{2n}=\frac{-19.4}{12.6}=-1.5''$$

大地四边形近似平差计算　　　　表 3.8.1.1

角号	观测角度 (° ′ ″)	(1)+(2) (5)+(6) (3)+(4) (7)+(8) (° ′ ″)	w_2 / w_3	$\mp w^2/4$ / $\mp w_3/4$	$-w_1/8$ / $-w_1/8$	第一次改正 v' (″)	第一次改正后角度 β' (° ′ ″)	$\sin\beta'$	$\cot\beta$	第二次改正 v'' (″)	平差角 (° ′ ″)
1	39 09 27.4	119 19 45.8		−1.2	−0.5	−1.7	39 09 25.7	0.631 449 4	1.23	+1.5	39 09 27.2
2	80 10 18.3		+4.8	−1.2	−0.6	−1.8	80 10 16.6	0.985 322 4	0.17	−1.5	80 10 15.1
5	99 48 57.1	119 19 41.0		+1.2	−0.5	+0.7	99 48 57.8	0.985 360 2	−0.17	+1.5	99 48 59.3
6	19 30 43.9			+1.2	−0.6	+0.6	19 30 44.5	0.334 010 2	2.82	−1.5	19 30 43.0
3	14 12 19.2	60 40 19.8		−0.5	−0.5	−1.0	14 12 18.2	0.245 392 9	3.95	+1.5	14 12 19.7
4	46 28 00.6		+2.2	−0.6	−0.5	−1.1	46 27 59.5	0.724 972 1	0.95	−1.5	46 27 58.0
7	37 39 21.0	60 40 17.6		+0.5	−0.5	0.0	37 39 21.0	0.610 916 9	1.30	+1.5	37 39 22.5
8	23 00 56.6			+0.6	−0.5	+0.1	23 00 56.7	0.390 984 2	2.35	−1.5	23 00 55.2

〔β〕=360° 00 04.2

$w_1=+4.2$

平差值角度中误差：

$$m''_{\beta}=\pm\sqrt{\frac{[v'v'][v''v'']}{r}} \qquad (3.8.1.5)$$

将两次改正值代入上式，$r=4$ 算得：

$$m''_{\beta}=\pm 2.6''$$

(二)固定角内插入一点平差示例

如图 3.8.1.2 所示，采用两组平差法计算。

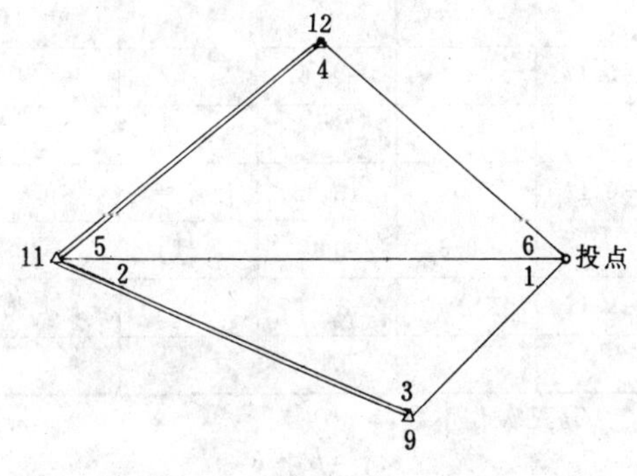

图　3.8.1.2

1. 已知数据

$S_{11\sim9}=215.684\ 9$　　$S_{11\sim12}=212.919\ 7$

2. 图形条件和固定角条件平差

图形条件方程式的不符值由表 3.8.1.3 求出，$w_1=0.5''$，$w_2=3.2''$，先按 $-w/3$ 进行分配；

表 3.8.1.2

点号	$x_{(m)}$	$y_{(m)}$	α
9	−11 400.156	−12 656.840	$\alpha_{11\sim9}=223°50'50.3''$
11	−11 242.578	−12 509.568	$\alpha_{11\sim12}=106°54'05.2''$
12	−11 304.480	−12 305.844	

固定角条件不符值 w_3 由三角网已知数据及插网观测值可得：

$$\angle 2+\angle 5=49°29'57.66''+66°39'47.83''=116°09'45.49''$$

$$\alpha_{11\sim9}-\alpha_{11\sim12}=223°03'50.3''-106°54'05.2''=116°09'45.10''$$

不符值　　　$\omega_3=+0.39''$

图形条件和固定角条件的平差计算见表 3.8.1.3 中的第一次改正和第二次改正计算。第三次改正为固定边条件的平差改正值，由表 3.8.1.4 和表 3.8.1.5 算得。

3. 固定边条件不符值的计算(表 3.8.1.4)

4. 改化条件式系数计算

见表 3.8.1.5，表中原方程系数即正弦对数秒差如表 3.8.1.4。

固定角内插入一点的平差计算　　　　表 3.8.1.3

角号	顶点名	观测角	第一次改正数	第一次改正后秒值	第二次改正 $-w_3/2$	第二次改正 $+w_3/2$	第二次改正后秒值	第三次改正数	平差角	边长
①	②	③	④	⑤	⑥	⑦	⑧	⑨	⑩	⑪
1	投点	48 41 10.6	+0.17	10.77		+0.10	10.87	+0.64	48 41 11.51	215.684 9
2	11	49 29 57.5	+0.16	57.66	−0.20		57.46	−0.24	49 29 57.22	218.352 1
3	9	81 48 51.4	+0.17	51.57		+0.10	51.67	−0.40	81 48 51.27	284.229 8
		$\omega_1=0.5$								
4	12	68 58 19.3	−1.07	18.23		+0.09	18.32	+0.60	68 58 18.92	284.229 8

续上表

角号	顶点名	观测角	第一次改正数	第一次改正后秒值	第二次改正		第二次改正后秒值	第三次改正数	平差角	边长
					$-w_3/2$	$+w_3/2$				
①	②	③	④	⑤	⑥	⑦	⑧	⑨	⑩	⑪
5	11	66 39 48.9	−1.07	47.83	−0.19		47.64	+0.23	66 39 47.87	279.597 6
6	投点	44 21 55.0	−1.06	53.94		+0.10	54.04	−0.83	44 21 53.21	212.919 7
		$w_2=3.2''$								

表 3.8.1.4

边角编号	对数	正弦对数秒差	边角编号	对数	正弦对数秒差
11～12	2.328 215 7		11～9	2.333 819 8	
1	9.875 701 7	18.6	3	9.995 552 7	3.0
4	9.970 069 6	8.1	6	9.844 618 1	21.6
Σ	2.173 987 0 2.173 990 6 $w_4=-36$		Σ	2.173 990 6	

改化条件式系数及第三次改正计算

表 3.8.1.5

未知数编号	原方程式系数 b	第一次改化系数		第二次改化系数			$B''B''$	第三次改正数
		$-\Delta_i/3=-\dfrac{b_1+b_3}{3}$	B'	$\dfrac{-[\Delta]}{12}$	$\dfrac{+[\Delta]}{6}$	B''		
1	+18.6	−5.2	13.4	−0.17		+13.23	175	+0.64″
2		−5.2	−5.2		+0.35	−4.85	24	−0.24
3	−3.0	−5.2	−8.2	−0.17		−8.37	70	−0.40
	$\Delta_1=15.6$		0			0.01		0
4	+8.1	+4.5	+12.6	−0.17		12.43	154	+0.60
5		+4.5	+4.5		+0.35	4.85	24	+.023
6	−21.6	+4.5	−17.1	−0.17		−17.27	298	−0.83
	$\Delta_2=-13.5$		0			0.01		0

$[\Delta]=+2.1\quad [B''B'']=745$

改正值的联系数：

$$K=-\frac{w_4}{[B''B'']}=-\frac{-36}{745}=+0.0483$$

第三次改正数：

$$v=B''\cdot K$$

第三次改正数求出后，填入表 3.8.1.3 计算平差角。

5. 坐标计算（表 3.8.1.6）

表 3.8.1.6

计算符号	9	11	11	12
	投	点	投	点
α \ $\alpha_{1,2}$ ° ′ ″	43 03 50.3 81 48 51.31 124 52 41.61	223 03 50.3 −)49 29 57.20 173 33 53.10	106 54 05.2 66 39 47.85 173 33 53.05	286 54 05.2 −)68 58 18.94 217 55 46.26
x_{n+1} x_n Δx	−11 525.017 −11 400.156 124.861	−11 525.017 −11 242.578 282.439	−11 525.017	−11 525.017 −11 304.480 −220.537
D	218.352 1	284.229 8	284.2298	279.597 6
Δy	179.129	31.857		−171.866
y_n	−12 656.840	−12 509.568		−12.305.844
y_{n+1}	−12 477.711	−12 477.711	−12 477.711	−12 477.710

（三）三角形内插入一点平差示例

如图3.8.1.3所示，A、B、C 为已知点，P 为插点，按典型图形进行条件平差，其计算方法和步骤如下：

1. 绘制平差略图，各角度编号如图 3.8.1.3 所示。已知三角点的坐标、方位角、固定角如表 3.8.1.7。

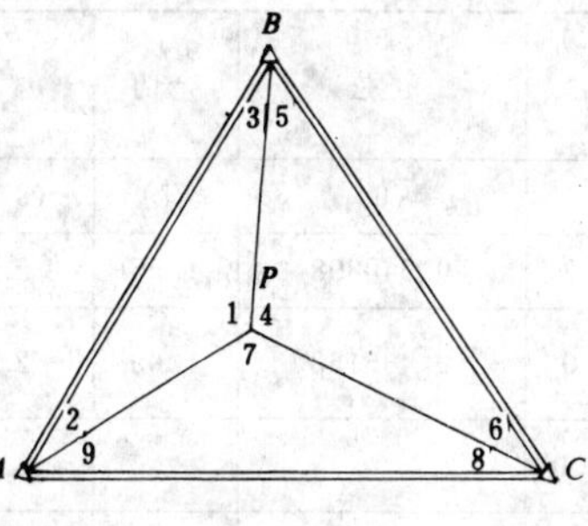

图　3.8.1.3

已知点数据　　表 3.8.1.7

点号	x	y	坐标方位角 (°　′　″)	固定角 (°　′　″)
A	6 673.444	7 578.400	111 31 39	55 23 24
B	6 103.365	9 023.595	231 57 49	59 33 50
C	5 234.392	7 912.815	346 55 03	65 02 46
A				

2. 计算图形条件和固定角条件的闭合差

$$\left.\begin{aligned}\omega_1&=(1)+(2)+(3)-180°\\ \omega_2&=(4)+(5)+(6)-180°\\ \omega_3&=(7)+(8)+(9)-180°\\ \omega_A&=(2)+(9)-(A)\\ \omega_B&=(3)+(5)-(B)\\ \omega_C&=(6)+(8)-(C)\end{aligned}\right\}\qquad(3.8.1.6)$$

将本算例观测角（表 3.8.1.9(3)栏）和固定角代入后：

$$\omega_1=-7''\qquad \omega_2=-6''\qquad \omega_3=+8''$$
$$\omega_A=+3''\qquad \omega_B=-6''\qquad \omega_C=-2''$$

以上闭合差列入表 3.8.1.8 中对应位置。

3. 用固定系数法按上列闭合差计算角度第一次改正数：

$$\left.\begin{aligned}v'_1&=q_{1.1}\omega_1+q_{1.2}\omega_2+q_{1.3}\omega_3+q_{1.A}\omega_A+q_{1.B}\omega_B+q_{1.C}\omega_c\\ v'_2&=q_{2.1}\omega_1+q_{2.2}\omega_2+q_{2.3}\omega_3+q_{2.A}\omega_A+q_{2.B}\omega_B+q_{2.C}\omega_c\\ &\cdots\cdots\cdots\cdots\\ v'_9&=q_{9.1}\omega_1+q_{9.2}\omega_2+q_{9.3}\omega_3+q_{9.A}\omega_A+q_{9.B}\omega_B+q_{9.C}\omega_c\end{aligned}\right\}$$

(3.8.1.7)

式中，$q_{i,j}$ 为固定系数（$i=1$、2、3……9；$j=1$、2、3、A、B、C），其值列如表 3.8.1.8。

角度第一次改正数的计算见表 3.8.1.8。

4. 按第一次改正后的角度（表 .8.1.9(5)栏），查取(2)′、(5)′、(8)′及(3)′、(6)′、(9)′各角的正弦和余切，并计算极条件闭合差：

$$\omega'=\left(\frac{\sin(2')\cdot\sin(5')\cdot\sin(8')}{\sin(3')\cdot\sin(6')\cdot\sin(9')\cdot}-1\right)\cdot\rho^0$$
$$=-22.5''$$

角度第一次改正数 v'_i 计算

表 3.8.1.8

ω / q / 角号	ω_1 −7″ (″)	ω_2 −6 (″)	ω_3 +8″ (″)	ω_A +3″ (″)	ω_B −6″ (″)	ω_C −2″ (″)	v'_i (″)
1	−0.6	−0.2	−0.2	+0.4	+0.4	+0.2	+2.2
2	−0.2	0	+0.2	−0.5	+0.1	−0.1	+1.1
3	−0.2	+0.2	0	+0.1	−0.5	−0.1	+3.7
4	−0.2	−0.6	−0.2	+0.2	+0.4	+0.4	+0.8
5	+0.2	−0.2	0	−0.1	−0.5	+0.1	+2.3
6	0	−0.2	+0.2	−0.1	+0.1	−0.5	+2.9
7	−0.2	−0.2	−0.6	+0.4	+0.2	+0.4	−3.0
8	0	+0.2	−0.2	+0.1	−0.1	−0.5	−0.9
9	+0.2	0	−0.2	−0.5	−0.1	+0.1	−4.1

5. 按极条件闭合差计算第二次角度改正数

$$\left.\begin{aligned}v''_2=v''_5=v''_8&=-\frac{\omega}{[\delta]}\\ v''_3=v''_6=v''_9&=\frac{\omega}{[\delta]}\end{aligned}\right\}\qquad(3.8.1.8)$$

$$[\delta]=\cot(2)'+\cot(5)'+\cot(8)'+\cot(3)'+\cot(6)'+\cot(9)'\qquad(3.8.1.9)$$

本算例：　$[\delta]=10.79$

$$v_2=v_5=v_8=+2.1''$$
$$v_3=v_6=v_9=+2.1''$$

将角度第二次改正数列入表 3.8.1.9(8)栏，再计算最后的平差角。

三角形内插入一点按典型图形平差计算　　表 3.8.1.9

角号	点号	观测角度 (°　′　″)	v'	第一次改正后角度 (°　′　″)	正弦	余切	v''	平差后角度 (°　′　″)
(1)	(2)	(3)	(4)	(5)	(6)	(7)	(8)	(9)
1	P	132　00　37	+2.2	132　00　39.2				132　00　39.2
2	A	21　10　11	+1.1	21　10　12.1	0.361137	2.58	+2.1	21　10　14.2
3	B	26　49　05 $\omega_1=-7''$	+3.7	26　49　08.7	0.451175	1.98	−2.1	26　49　06.6
4	P	119　28　10	+0.8	119　28　10.8				119　28　10.8

续上表

角号	点号	观测角度 (°　′　″)	v'	第一次改正后角度 (°　′　″)	正弦	余切	v''	平差后角度 (°　′　″)
(1)	(2)	(3)	(4)	(5)	(6)	(7)	(8)	(9)
5	B	32　44　39	+2.3	32　44　41.3	0.540898	1.55	+2.1	32　44　43.4
6	C	27　47　05 $\omega_2=-6''$	+2.9	27　47　07.9	0.466163	1.09	−2.1	27　47　05.8
7	P	108　31　13	−3.0	108　31　10.0				108　31　10.0
8	C	37　15　39	−0.9	37　15　38.1	0.605441	1.31	+2.1	37　15　40.2
9	A	34　13　16	−4.1	34　13　11.9	0.562372	1.47	−2.1	34　13　09.8

$\omega_3=+8''$　　　　〔10.79〕

第二节　坐标转轴和线路平面计算

一、坐标的平移和旋转

平面控制网坐标系，在计算时可任意选定；为了计算和施工使用的方便，需要使洞外控制网坐标系的一个轴（x 或 y 轴）平行（或重合）于隧道线路中线的长直线方向。

如图 3.8.2.1，在最初计算三角点的坐标时，假设其坐标轴选定通过端点Ⅰ的一条边Ⅰ—Ⅱ为 x' 的坐标轴，Ⅰ即为原点。隧道的线路中线如图示。为了施工测量中使用坐标的方便，需使新设定的 X 轴与Ⅲ、Ⅳ连线方向平行，即与曲线在隧道洞内的一条切线平行。这样，就相当于使原坐标轴 x' 绕Ⅰ点顺时针方向旋转了 α 角。

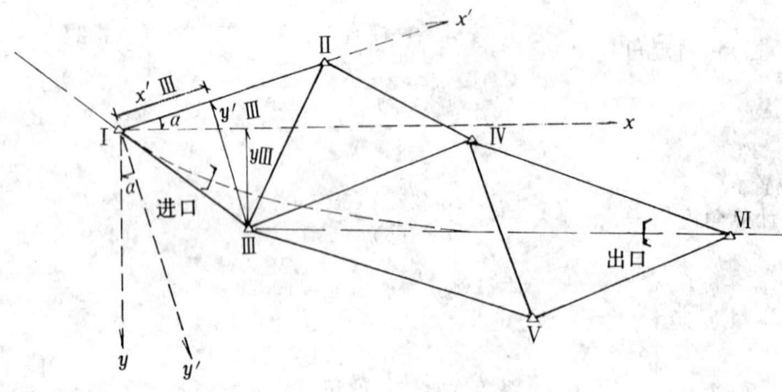

图　3.8.2.1

转轴后的坐标轴为 x、y，控制网中任意一点的新坐标 x、y 与原坐标 x'、y' 的关系按下式计算：

$$\left.\begin{aligned}x&=x'\cos\alpha+y'\sin\alpha\\ y&=y'\cdot\cos\alpha-x'\sin\alpha\end{aligned}\right\}\qquad(3.8.2.1)$$

转轴后，为了使整个控制网置于坐标系的第一象限，再给原点Ⅰ的坐标 x、y 均赋予一个适当的正整数值，即使坐标轴平移。对于直线隧道，也可给原点 x 的赋值等于该点的里程，使用时则更方便。

对于较长的直线隧道，通过洞外控制测量之后，为使定测所标定的两端洞口位置不至变动，也需要进行转轴计算。这时，通常用进出口两端所联的线路控制点（ZD 桩）连线，作为转轴后的新坐标轴 x，并依此标定隧道中线方向。

转轴以后，需重新计算控制网的坐标，习惯上称为终算坐标。如图 3.8.2.2 中，转轴后的 Ox 轴相当于 Ox' 轴绕原点 O 旋转了 δ''

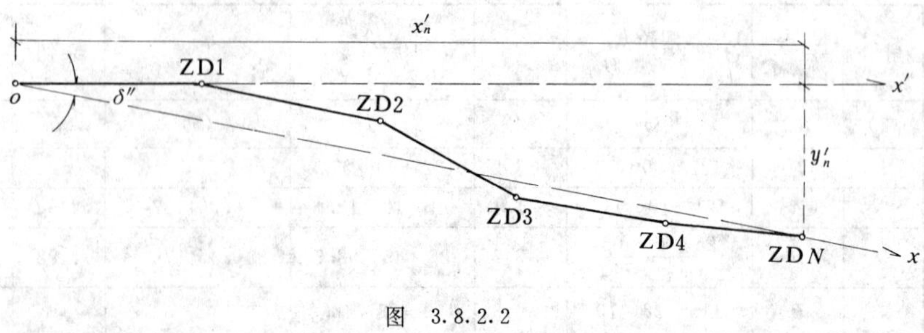

图　3.8.2.2

角后的位置。

转轴角 δ'' 按下式计算：

$$\delta''=\arctan\frac{y'_n}{x'_n} \quad (3.8.2.2)$$

按转轴后的坐标轴终算坐标时，显然起始边 0—$ZD1$ 的坐标方位角：

$$\alpha_{O-ZD1}=360°\pm\delta''$$

δ'' 的正负号依起始边相对于 x 轴的位置来确定，在 x 轴右侧为正，在 x 轴左侧为负。

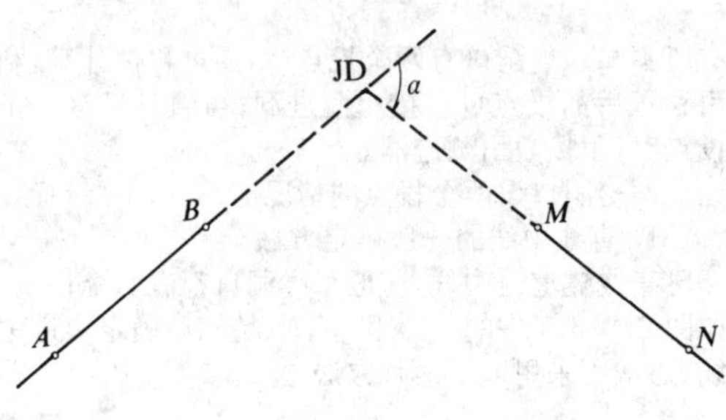

图 3.8.2.3

二、线路曲线计算

(一)转向角 α 的计算

当隧道位于曲线上时，通常都是先选定两端洞口外的直线方向桩，亦即利用定测在切线上的转点桩作控制点并纳入主网。计算曲线转向角 α，是根据控制测量平差后算出的切线坐标方位角，求得相临切线坐标方位角之差。如图 3.8.2.3 所示，转向角按下式计算：

$$\alpha=\alpha_{MN}-\alpha_{AB} \quad (3.8.2.3)$$

(二)曲线要素计算

曲线函数 T、L、β、m、p、x_0、y_0 等的计算精度要求较高，一般曲线测设用表已不敷用。按《测规》取位规定，应按本手册第一篇第八章一节给定的公式计算。

在展线地段，桥隧群位于回头曲线时，曲线函数计算中，切线长 T 按以下不同情况计算：

当 $\alpha<180°$时；

$$T=(R+p)\tan\alpha/2+m \quad (3.8.2.4)$$

当 $180°<\alpha<360°$时，如图 3.8.2.4(a)、(b)：

$$T=(R+p)\tan(180°-\alpha/2)-m \quad (3.8.2.5)$$

当 $\alpha>360°$时，如图 3.8.2.4(d)：

$$T=(R+p)\tan(\alpha/2-180°)+m \quad (3.8.2.6)$$

当 $\alpha=360°$时， $T=m$ 如图 3.8.2.4(c)。

当 $\alpha=180°$或近于 180°时，在设计时应选定曲线头尾的位置；在施工复测时，应固定曲线头尾的设计位置，以避免曲线位置的挪动。

三、中线控制桩里程计算

(一)里程推算

由于选用了隧道两端定测的中线桩作为线路平面控制点，故用它们做为推算线路里程的起终点。一般应选定洞外的直线转点或曲线头尾桩点，并沿线路中线顺里程方向推算。起点用设计定测里程等于精测(控制测量)里程起算，终点精测里程与定测里程之差，即为断链。

(二)长短链处理

洞外平面控制测量以后，有关的曲线转向角、直线方向、线路里程的精测结果，都会与定测结果有所不同。当精测与定测的线路长度不符时，则产生断链。断链分长链和短链两种情况，并以里程差表示。一般按顺里程推算至终点(即断链桩)后，以精测里

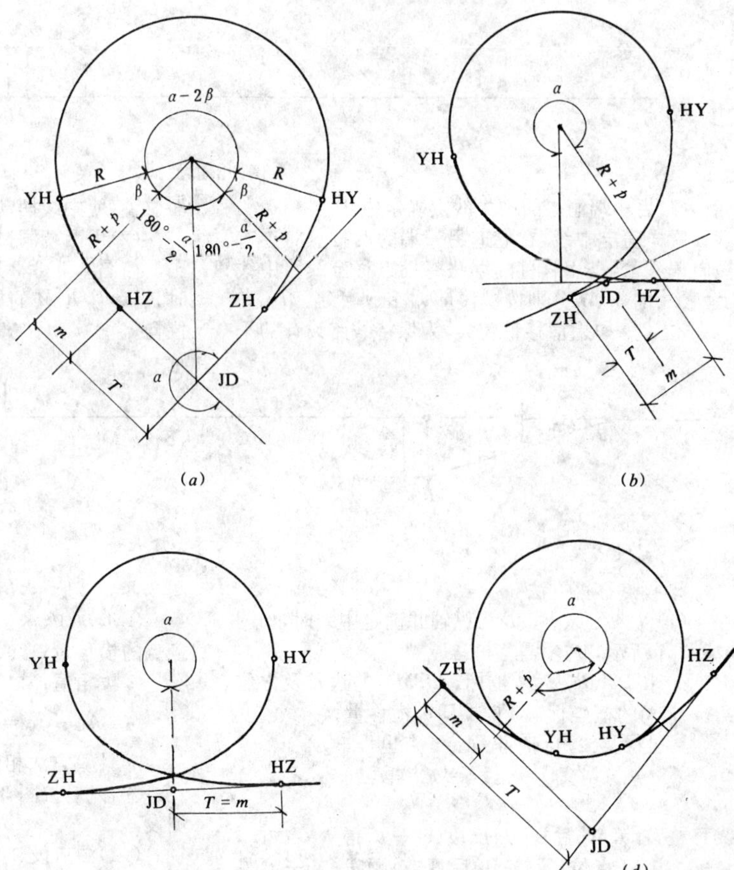

图 3.8.2.4

程相对于定测里程之差计，差值为“正”即为长链，差值为“负”即为短链。表达方式如下：

精测 K522＋325.269＝DK522＋326.09，短链 0.821m。

一般断链数留待竣工测量后编制线路统一里程时一起消除解决。如果发现定测长度有粗差，应及时通知设计单位复核处理；若断链数较小又在定测精度之内，有条件时也可调整在洞外路基地段而不留断链。

断链桩不应设在站场内以及桥梁、隧道上，亦不能设在曲线内。隧道洞外紧接大中桥时，施工复测的断链桩一般不宜推过大中桥，而宜设在隧桥之间。

第三节　线路进洞关系计算

由于隧道洞口所处线路平面形状不同，可能在直线、圆曲线或缓和曲线上进洞，有的隧道还需要通过平行导坑、横洞和斜井进洞，因此洞口投点及进洞关系计算也很不相同，现分述如下。

一、直线隧道线路进洞关系计算

直线隧道进洞关系计算比较简单，但由于洞口设置的投点数目不同，使计算及引测进洞的方法也有所不同。当洞口有两个投点时，通过移桩计算，利用移正后的投点可直接引测进洞；当洞口只有一个投点时，用拨角引测进洞。

（一）洞口设两个投点的情况

1. 直线中线的一般确定方法

直线隧道的中线，一般每端洞口都有两个投点，如图 3.8.3.1 中的 A,B 和 M、N，精测后确定隧道中线，通常可采用以下两种方法之一。

图　3.8.3.1

（1）用一端洞口的两中线点确定中线

这样确定中线，在隧道另一端的两投点将会有横向偏移量，需用移桩的办法将投点移至线路中线上。图中的 M、N 分别按横移量 y_M 和 y_N 移至 M'、和 N' 的位置。如果横移量较大，为保持线路设计的平面位置，使中线摆动较小，可用下面第二种方法。

（2）用两端洞口的两中线点确定中线

如图 3.8.3.2 所示，以 A、N 两点确定中线。这时，需计算 B、M 的横移量并移至中线上 B' 和 M' 的位置。

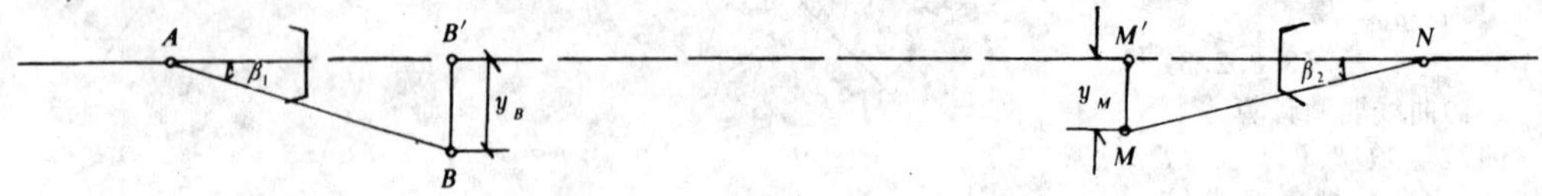

图　3.8.3.2

2. 投点移桩方法

（1）以 A 为原点、AB 为纵轴并确定中线时，如图 3.8.3.1 所示，M、N 需移桩。

①计算 A、B、M、N 坐标，AB、MN 的边长及方位角。M、N 的横坐标 y_M 和 y_N 即为横移量；

②里程及拨角：M' 里程＝A 点里程＋x_M

N' 里程＝A 点里程＋x_N

$$\beta=\alpha_{AB}-\alpha_{MN}$$

③移桩：置镜 N、后视 M、反拨$(90-\beta)$得 NN' 方向，量 y_N、定 N' 点位；置镜 M，后视 N，顺拨$(90+\beta)$得 MM' 方向，量 y_M，定 M' 点位。

（2）以 A 为原点、AN 为纵轴并确定中线时，如图 3.8.3.2 所示，B、M 需移桩。

①A、B、M、N 坐标均已知，横坐标 y_B、y_M 即为相应点的横移量；

②拨角值：

$$\beta_1=\alpha_{AB}-\alpha_{AN}=\arctan\frac{|y_B|}{x_B}=\frac{y_B}{S_{AB}}\cdot\rho'' \quad (3.8.3.1)$$

β_2 计算方法相同。

③移桩：按图 3.8.3.2 所示关系，参照前述方法测设。

（二）洞口设一个投点的情况

有的隧道洞口限于地形和通视条件，只能设一个投点时，如图 3.8.3.2，坐标计算以 A 为原点，以

AN 为纵轴并确定中线方向，B、M 不在中线上而是离中线任意位置的导线点或三角点。利用投点进洞时，置镜 A 点或 N 点，后视与其通视的一个控制点（导线点或三角点），反拨 A(或 B)至控制点的方位角，即为 AN 的方向并依此方向进洞。

采用移桩的方法一般适合较短的隧道，对于较长的隧道宜采用拨角进洞的方法。

（三）计算示例

某隧道洞口投点及进洞关系如图 3.8.3.3 所示，投点的原坐标 x' y' 见表 3.8.3.1。

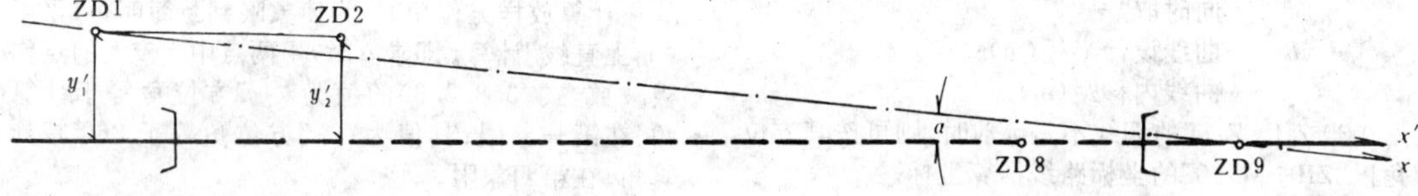

图 3.8.3.3

若按原坐标采用移桩的办法，则线路中线摆动过大。现采用 ZD1～ZD9 连线方向为新的 x 轴并确定中线方向，而对投点 ZD2 和 ZD8 进行移桩。

计算的处理方法即使原坐标轴绕 ZD9 旋转一个 α 角，进行坐标转轴计算。

坐标转轴计算 表 3.8.3.1

点　名	原　坐　标		转轴后坐标		备　注
	x' (m)	y' (m)	x(m)	y(m)	
ZD1	−3 234.421 3	−1.155 0	−3 234.421 5	0	$\cos\alpha$= 0.999 999 936
ZD2	−2 856.474 1	−1.138 0	−2 856.474 3	−0.118 1	$\sin\alpha$= 0.000 357 065
ZD8	−364.882 4	0	−364.882 4	0.130 3	
ZD9	0	0	0	0	

1. 计算转轴角 α

$$\alpha=\arctan\frac{\Delta y}{\Delta x}=\arctan\frac{y_0-y'_1}{x'_9-x'_1}=00°01'\ 13.65''$$

2. 计算转轴后的新坐标

转轴后的新坐标按式(3.8.2.1)计算，并填如表 3.8.3.1 中。

3. 投点移桩：

ZD2 和 ZD8 移至中线的横移量分别为 0.1181m 和 0.130 3m。移桩方法已如前述，但移桩后应采用不同的方法进行检核。尤应防止方向移反。

二、曲线隧道进洞关系计算

曲线隧道一般是通过在洞口外测设中线点来引测进洞的。测设中线点一般有两种方法：一是利用洞口附近的控制点（包括线路切线上的控制点）直接用极坐标法测设中线点，二是利用洞口附近的控制点先测量洞口外的插点（投点），再由投点用极坐标法测设中线点。较短的隧道一般可采用第一种方法直接测设洞口中线点，较长的隧道以及控制点距洞口较远时，宜采用第二种方法测量洞口投点后，由投点再测设中线点。

（一）由控制点测设中线点

通常在洞门外适当位置选择某里程点，作为测设的中线点（通称放样点），该点位置必须与洞外控制点通视并便于向洞内引测中线。

1. 选定中线上的放样点

根据洞门位置、线路设计平面图和洞口附近测量控制点的位置，在洞门外现场选定拟测设的中线放样点。如果曲线控制桩之一的位置合适，应首先考虑选用；否则，一般宜在洞门外数米至数十米的中线地段上选择整米的里程点。

2. 计算由控制点测设放样点的资料

(1)计算放样点理论坐标

①放样点在圆曲线上时

a. 计算圆心 O 的坐标：如图 3.8.3.4 所示，O 点

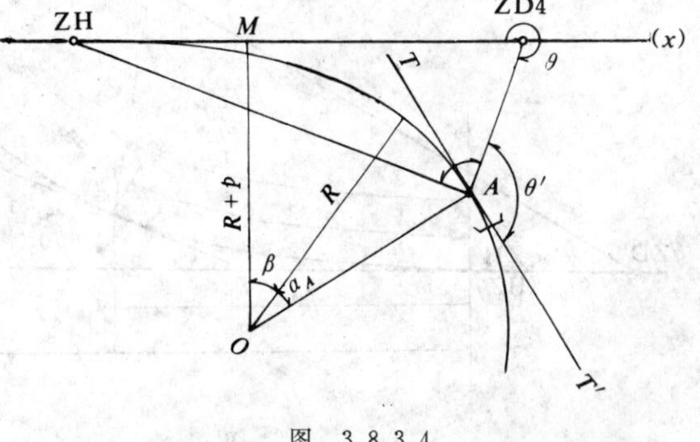

图 3.8.3.4

坐标按下式计算：

$$\left.\begin{aligned}x_0&=x_{ZH}\pm m\\y_0&=\pm(R+p)\end{aligned}\right\}\qquad(3.8.3.2)$$

式中 x_{ZH}——ZH 点的 x 坐标(m)；

m——缓和曲线的切线增长值(m)。当 ZH～ZD4 为 X 轴的正方向时 m 取"＋"，反向时取"－"。

R——曲线设计半径(m)；

p——曲线内移距(m)。

当 ZH～ZD4 的切线不是 x 轴时，则可按其方位角以"ZH—M—0"的坐标路线推算坐标。

b. 计算放样点 A 的坐标

方位角：

$$\alpha_{0\sim A}=\alpha_{0\sim M}+(\beta+\alpha_A)\qquad(3.8.3.3)$$

圆心角：

$$\alpha_A=\frac{(K_A-K_{HY})}{R}\times\rho^{\circ}\qquad(3.8.3.4)$$

式中 K_A——放样点 A 的里程；

K_{HY}——HY 点的精测里程。

A 点的理论坐标：

$$\left.\begin{aligned}x_A&=x_0+R\cdot\cos\alpha_{04}\\y_A&=y_0+R\cdot\sin\alpha_{04}\end{aligned}\right\}\qquad(3.8.3.5)$$

②放样点在缓和曲线时

a. 计算放样点 A 的切线支距坐标：如图 3.8.3.5 所示，A 点的支距坐标为

$$\left.\begin{aligned}x_A&=l_A-\frac{l_A^5}{40R^2l_0^2}+\frac{l_A^9}{3456R^4l_0^4}\\y_A&=\frac{l_A^3}{6Rl_0}-\frac{l_A^7}{336R^3l_0^3}\end{aligned}\right\}\qquad(3.8.3.6)$$

b. 计算放样点 A 的缓和曲线角：

$$\varphi_A=\frac{l_A^2}{2Rl_0}\times\rho^{\circ}\qquad(3.8.3.7)$$

c. 计算 A 点在隧道控制网中的坐标：

如果隧道控制网的 X 轴即为该缓和曲线的切线，计算则较简单，只须求出 ZH(HZ)点的坐标，按 x_A 和 y_A 即可算得 A 点的坐标；如果 X 轴不为该缓和曲线的切线，则须先算出该切线的方位角，再计算坐标。

(2)极坐标放样数据计算：

如图 3.8.3.4 所示由控制点 ZD4 测设 A 点。

①放样距离 $S_{ZD4\sim A}=\sqrt{(x_{ZD4}-x_A)^2+(y_{ZD4}-y_A)^2}\qquad(3.8.3.8)$

方位角

$$\alpha_{A\sim ZD4}=\text{arctan}\,\frac{y_{ZD4}-y_A}{(x_{ZD4}-x_A)}\qquad(3.8.3.9)$$

计算放样方位角时，为使象限判断简明，可采用"向上直线"计算。即求 α 时，用两点中 x 较大的点作被减数，式(3.8.3.9)的值为"＋"方位角等于计算角、在第一象限；其值为"－"方位角等于 360°减计算角、在第四象限。

②放样角 $\theta=\alpha_{ZD4\sim A}-\alpha_{ZDH\sim ZH}\qquad(3.8.3.10)$

按上式计算的放样角是以后视的已知边定向、顺时针至放样点的夹角。

放样点 A 在缓和曲线时，如图 3.8.3.5 所示，由控制点导Ⅱ作放样计算方法相同。

3. 检核放样点位的正确性

在控制点设测站，按计算的极坐标放样资料测设放样点后，还应检核放样是否正确。检核的方法可采用以下两种方法之一。

(1)由两个控制点分别测设同一放样点

如图 3.8.3.4 所示分别由 ZD4 和 ZH(或别的控制点)各自计算 A 点的放样资料，所测设的点位应相符，以此作相互检核。若虽不相符但在放样误差以内，一般可将两点位取分中。

(2)在放样点观测检核角

在放样计算中，求出放样点分别至两控制点的方位角，两方位角之差的夹角即为检核角的应有值。在放样点上检核此角，应与计算值相符；若不符，较差应在误差限度内。

采用第二种方法检核时，检核角一般不宜小于 30°和大于 150°，过小或过大(近于直线)时，检测的可靠性较差。这时应采用第一种方法检核。

4. 测设中线放样点的切线方向

(1)放样点在圆曲线上时

①计算过 A 点的切线 TT' 的方位角：计算放样点 A 的理论坐标时，已知 OA 的方位角，因此切线方位角

$$\alpha_{TT'}=\alpha_{OA}\pm90^{\circ}$$

"＋"、"－"号取决于曲线转向和洞口位置。如图 3.8.3.4 的进洞切线方位角取"＋"。

②切线 TT' 的测设角：$\theta'=\alpha_{TT'}-\alpha_{A\sim ZD4}$

(2)放样点在缓和曲线时(图 3.8.3.5)

①计算过 A 点的切线 TT' 的方位角：$\alpha_{TT'}=\alpha_{ZD\sim JD}-\varphi_A$

②计算切线 TT' 的测设角：$\theta'=\alpha_{TT'}-\alpha_{A\sim 导Ⅱ}$

洞门外曲线放样点 A

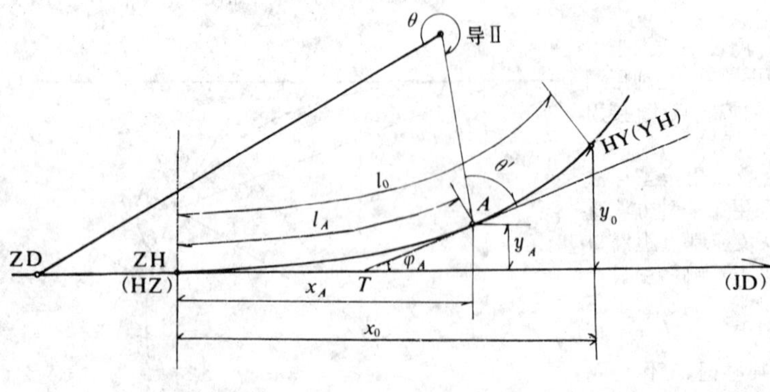

图 3.8.3.5

的切线方向定出后，即可置镜 A 点后视切线方向、按洞门里程和需要开挖的中线里程，用测设曲线的方法施测进洞。

（二）通过洞口投点测设中线点

一般较长的隧道，洞内测量设计须建立导线时，则应以洞外控制测量的精度测量洞口投点。投点既可向洞内引测导线，又可就近测设洞门外的中线放样点，然后以中线法引测进洞供施工使用。

洞口投点，一般至少应与两个洞外控制点相联系，以构成检测角。检测角的要求已如前述。

通过洞口投点测设中线放样点的方法与由洞外控制点测设中线点的方法相同，都是用极坐标法。所不同的是：用洞口投点测设中线点，一般距离较近、通视条件较好，因此可视环境条件一次同时测设1～3个中线放样点。当测设的为一个放样点时，其放样计算、检核方法及测设切线方法与前面介绍完全相同；当测设的为两个放样点时，要求他们互相通视，并且间距适于后视定向，以便继续向洞内测设中线，这时可不必在放样点上测设切线方向；当测设的为三个放样点时，要求彼邻点间通视，检核方法则可利用三点间的曲线偏角关系作为放样是否正确的检测，并继续测设曲线进洞，放样点上也可不必再测设切线。

（三）算例

某曲线隧道长1153m，位于两反向曲线上，进口在圆曲线上、出口在缓和曲线上；控制网业经平差，线路关系已完全确定。如图3.8.3.6所示。决定在进口端测设曲线上的放样点JDK271＋362；在出口端测设缓和曲线上的两放样点：JDK272＋525和JDK272＋575（图中副导线省略未绘）。

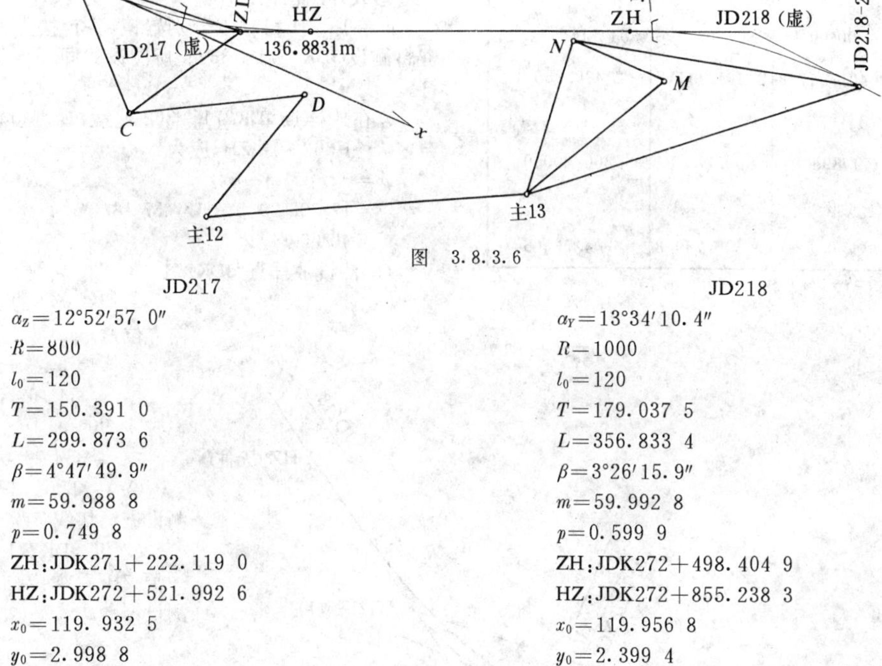

图 3.8.3.6

JD217

$\alpha_Z=12°52'57.0''$

$R=800$

$l_0=120$

$T=150.391\ 0$

$L=299.873\ 6$

$\beta=4°47'49.9''$

$m=59.988\ 8$

$p=0.749\ 8$

ZH：JDK271＋222.119 0

HZ：JDK272＋521.992 6

$x_0=119.932\ 5$

$y_0=2.998\ 8$

JD218

$\alpha_Y=13°34'10.4''$

$R=1000$

$l_0=120$

$T=179.037\ 5$

$L=356.833\ 4$

$\beta=3°26'15.9''$

$m=59.992\ 8$

$p=0.599\ 9$

ZH：JDK272＋498.404 9

HZ：JDK272＋855.238 3

$x_0=119.956\ 8$

$y_0=2.399\ 4$

控制点坐标方位角

表 3.8.3.2

	点名	坐标		方位角 α (°　′　″)	边长 S (m)
		x(m)	y(m)		
进口端	ZD217—(1)	2 504.687 9	−3.011 6		
				178　56　40.3	163.493 6
	原ZH	2 341.222 0	0.000 0		
				60　20　19.0	92.149 4
	C	2 386.824 3	80.074 7		
				324　49　07.0	144.205 3
	ZD217—(1)				
出口端	N	3 554.511 0	−241.600 1		
				23　23　42.0	124.989 6
	M	3 669.225 2	−191.970 7		

1. 精测后洞口有关控制点的坐标及方位、曲线资料及线路里程

2. 进口端放样及检核计算

(1)放样及检核示意图(图 3.8.3.7)

(2)放样及检核计算

①放样计算:放样点为圆曲线上 JDK271＋362

a. 计算放样点 JDK271＋362 理论座标

圆曲线中心角 θ:

$$\theta=\frac{((271+362)-(271+342.119)}{800}\times\rho^{0}$$

$=1°05'25.9''$

$\theta+\beta=5°43'15.8''$

JDK271＋362 理论坐标计算见表 3.8.3.3。

表 3.8.3.3

公式	原ZH / M(垂足)	M / O	O / JDK271＋362
α			90 00 00
θ			→5 43 15.8
$\alpha_{1,2}$	00°00′00.0″	270 00 00	84 16 44.2
x_2	2 401.117 8	2 401.117 8	2 480.866 1
x_1	2 341.222 0		
D	59.895 8	800.749 8	800.000 0
y_1	0		
y_2	0	－800.749 8	－4.734 6

b. 极坐标放样计算

由原 ZH 测设 JDK271＋362:

$\alpha_{原ZH\sim+362}$

$=\text{arcatn}\dfrac{(-4.734\ 6-0)}{(2\ 480.866\ 1-234\ 1.222\ 0)}$

$=360°-1°56'30.7''=358°03'29.3''$

$S_{原ZH\sim+362}$

$=\sqrt{(-4.734\ 6)^2+(139.644\ 1)^2}$

$=139.724\ 3\text{m}$

$\theta_1=358°03'29.3''-60°20'19.0''$

$=297°43'10.3''$

由 C 点测设 JDK271＋362

$\alpha_{C\sim+362}=\arctan\dfrac{(-4.734\ 6-80.074\ 7)}{(2\ 480.866\ 1-2\ 386.824\ 3)}$

$=360°-42°02'41.8''$

$=317°57'18.2''$

$S_{C\sim+362}=\sqrt{(-84.809\ 3)^2+(94.041\ 8)^2}$

$=126.635\ 2\text{m}$

$\theta_2=317°57'18.2''-324°49'07.0''$

$=353°08'11.2''$

②放样点检核:

a. 在原 ZH 和 C 点分别置镜,各自按上列计算资料测设 JDK 271＋362。所测设的同一点位应相符。

b. 在放样点 JDK271＋362 置镜,观测检核角 $\varphi=\angle C\cdot+362\cdot$原 ZH,应为:

$\varphi=\alpha_{+362\sim原ZH}-\alpha_{+362\sim C}$

$=178°03'29.3''-137°57'18.2''$

$=40°06'11.1''$

(3)测设放样点"JDK271＋362"的切线方向

①切线 TT′ 的进洞方向方位角

$\alpha_{TT'}=\alpha_{0\sim=362}-90°$

$=84°16'44.2-90°$

$=354°16'44.2''$

② 在 JDK271 ＋ 362 测设进洞切线 TT′

a. 以 JDK271 ＋ 362 ～原 ZH 后视定向、拨角测设:

$\psi_1=\alpha_{TT'}-\alpha_{+362\sim原ZH}$

$=354°16'44.2''-178°03'29.3''$

$=176°13'14.9''$

b. 以 JDK271＋362～C 后视定向、拨角测设:

$\psi_2=\alpha_{TT'}-\alpha_{+362\sim C}$

$=354°16'44.2''-137°57'18.2''$

$=216°19'26.0''$

两后视方向分别测设的切线 TT′ 方向、应相符。

3. 出口端放样及检

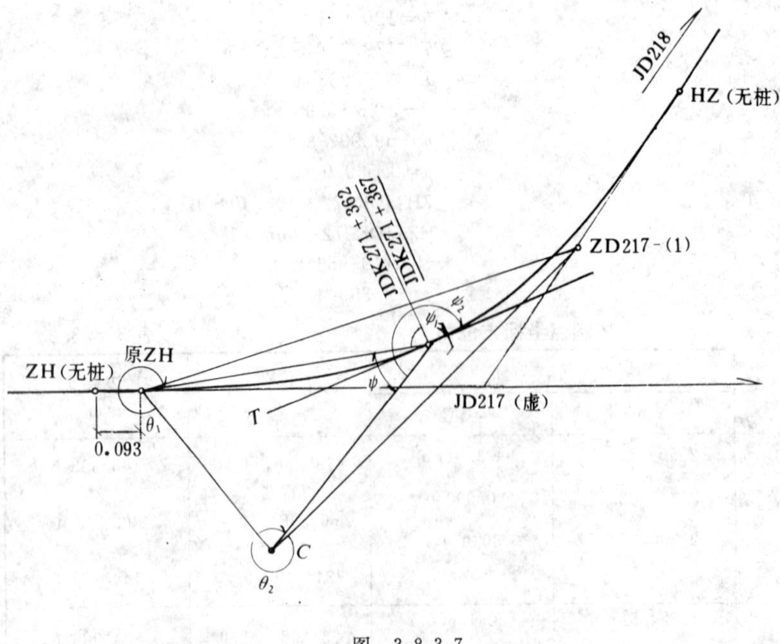

图 3.8.3.7

核计算

(1)放样及检核示意图(图 3.8.3.8)

(2)放样及检核计算

①放样计算:放样点为 JD218 缓和曲线上的 JDK272＋525 和 JDK272＋575 两点。

a. 放样点的切线支距坐标、偏角、弦长

根据(3.8.3.9)式计算切线支距坐标:

$$+525\text{ 坐标}:\begin{cases}x=26.595\ 1\\ y=0.026\ 1\end{cases}$$

至 ZH 偏角 δ＝(00°03′22.4″)×2

弦长 S＝26.595 1m

$$+575\text{ 坐标}:\begin{cases}x=76.590\ 5\\ y=0.624\ 1\end{cases}$$

至 ZH 偏角 δ＝(00°28′00.7″)×2

弦长 S＝76.593 0m

b. 放样点 JDK272＋525、JDK27＋575 理论坐标(表 3.8.3.4)

表 3.8.3.4

	ZD217—(1) / ZH(JD218)	ZH / JDK272＋525	ZH / JDK＋575
α		347°07′03.0″	347°07′03.0″
θ		00 03′22.4	00 28 00.7
$\alpha_{1,2}$	347°07′03.0″	347°10 25.4	347 35 03.7
x_2	3 589.960 9	3 615.892 4	3 664.762 7
x_1	2 504.687 9		
D	1 113.295 4	26.595 1	76.593 0
y_1	－3.011 6		
y_2	－251.223 5	－257.127 5	－267.6911

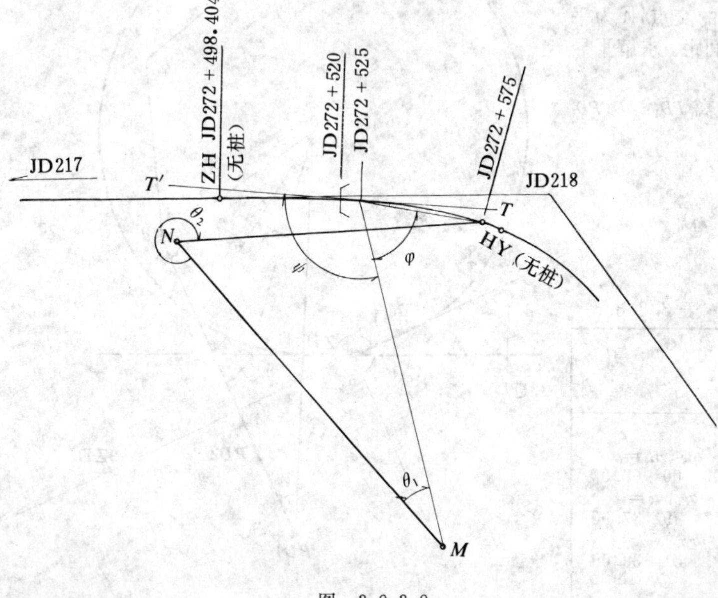

图 3.8.3.8

c. 极坐标放样计算

由 M 点放 JDK272＋525:

$$\alpha_{+525\sim M}=\arctan\frac{(-191.970\ 7+257.127\ 5)}{(3\ 669.225\ 2-3\ 615.892\ 4)}$$
$$=50°41'55.1''$$

$$S_{+525\sim M}=\sqrt{(53.332\ 8)^2+(65.156\ 8)^2}$$
$$=84.200\ 9m$$

$$\theta_1=\alpha_{M\sim+525}-\alpha_{M\sim N}$$
$$=230°41'55.1''-203°23'42.0''$$
$$=27°18'13.1''$$

由 N 点放"JDK272＋575":

$$\alpha_{N\sim+575}=\arctan\frac{(-267.691\ 1+241.600\ 1)}{(3\ 664.762\ 7-3\ 554.511\ 0}$$
$$=°346'41'09.3$$

$$S_{N\sim+575}$$
$$=\arctan\sqrt{(110.251\ 7)^2+(-26.091\ 0)^2}$$
$$=113.296\ 9m$$

$$\theta_2=\alpha_{N\sim+575}-\alpha_{N\sim M}$$
$$=346°41'09.3''-23°23'42.0''$$
$$=323°17'27.3''$$

②放样检核:

JDK272＋525 和 JDK272＋575 两点放出后,在 JDK272＋525 置镜观测检核角

$\varphi=\sphericalangle+575.525\cdot M$

a. 两放样点的方位角

$$\alpha_{+525\sim+575}=\arctan\frac{-10.563\ 6}{48.870\ 3}$$
$$=347°48'10.2''$$

b. 检核角

$$\varphi=\alpha_{+525\sim M}-\alpha_{+525+575}$$
$$=50°41'55.1''-347°48'10.2''$$
$$=62°53'45''$$

(3)测设放样点 JDK272＋525 的进洞切线

①ZH 至 JDK272＋525 的缓和曲线角

$$\beta_{+525}=\frac{l^2}{2Rl_0}$$
$$=\frac{(26.595\ 1)^2}{2\times100\ 0\times120}\times\rho°$$
$$=00°10'07.9''$$

②JDK272＋525 的切线方位角

$$\alpha_{TT'}=\alpha_{JD218\sim JD217}+\alpha_{TT'}$$
$$=167°07'03''+00°10'07.9''$$
$$=167°17'10.9''$$

③在 JDK272＋525 拨进洞切线角

$$\psi=\alpha_{TT'}-\alpha_{=525\sim M}$$
$$=167°17'10.9''-50°41'55.1''$$
$$=116°35'15.8''$$

④JDK272＋525 由切线拨角定 ZH(洞内)

a. 计算反偏角

$$\delta_B=\delta_1\times b(3t-b)$$

$$=\frac{\beta_0}{3N^2}\times 2.659\ 5(3\times 2.659\ 5-2.659\ 5)$$

$$=00°06'45.2''$$

b. 至 ZH 的弦长

$$S_{+525\sim ZH}=\sqrt{(26.595\ 1)^2+(0.026\ 1)^2}$$

$$=26.595\ 1\text{m}$$

三、平行导坑进洞关系计算

平行导坑由于施工的需要，通常都比正洞导坑导前掘进。为了指导平行导坑的开挖方向，需要根据平行导坑洞口投点位置及平行导坑口平面设计位置，计算出平行导坑中线与正洞导坑中线(线路)的相关位置。

(一)直线隧道平行导坑进洞关系计算

如图 3.8.3.9 所示，直线上平行导坑投点 PD_i 的进洞关系计算与正洞相同，但此时必须使平行导坑中线与正洞中线互相平行，并保证设计中线间距 d。间距与设计不符时，则采用移桩的办法来解决。同时算出距洞口较近投点相应于正洞中线的里程，里程冠号加以区别，比如用 PDK。

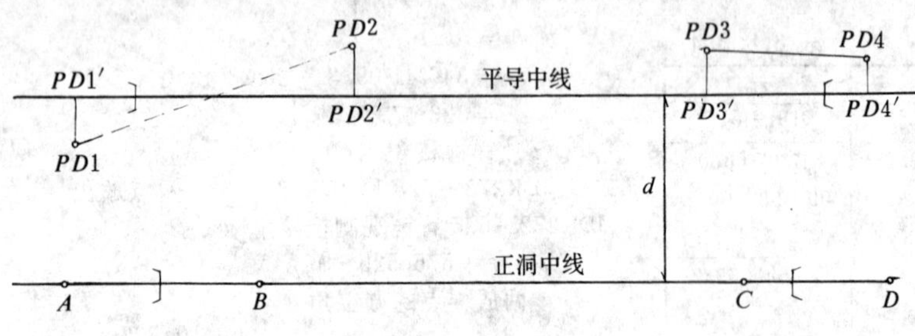

图 3.8.3.9

(二)曲线隧道平行导坑进洞关系计算

某回头曲线隧道如图 3.8.3.10 所示，E 点为进口平行导坑中线与隧道的线路中线的交点，A 为平行导坑的转折点，d 为转折点的设计间距。求解平导进洞关系的各种数据如下：

投点至线路交点和转折点的距离 $PD_1\sim E$，$PD_1\sim A$；

E 点的里程及切线方向；

A 点对应于正线的里程。

已知数据：

$$d=20\text{m}$$

已知坐标、方位 表 3.8.3.5

点 名	坐 标		方 位 角
	x(m)	y(m)	° ′ ″
圆心 O	−157.266 7	−401.259 6	$\alpha_{JP\sim ZD3}=$ 00 00 00.0
$PD1$	114.742 5	203.573 9	$\alpha_{PD1\sim 0}=$ 257 49 37.90 $\alpha_{PD1\sim PD2}=$ 291 51 39.00

$R=400\text{m}$

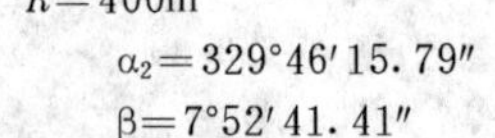

$\alpha_2=329°46'15.79''$

$\beta=7°52'41.41''$

HY 里程：JK8 890+87.950 2

1. 求平导投点至正洞交点距离 $S_{PD1\sim E}$

在△O、$PD1$、E 中：

$$\varphi=\alpha_{PD1\sim PD2}-\alpha_{PD1\sim 0}=34°02'01.10''$$

$$S_{PD1\sim 0}=\frac{\Delta y}{\sin\alpha_{PD1\sim 0}}=\frac{-604.833\ 5}{-0.977\ 516\ 09}$$

$$=618.745\ 3\text{m}$$

$$\sin\psi=\frac{S_{PD1\sim 0}\cdot\sin\varphi}{R}$$

$$=\frac{618.745\ 3\times 0.559\ 679\ 54}{400}$$

$$=0.865\ 747\ 69$$

$$\psi=120°01'54.51''$$

$$\gamma=180°-(\varphi+\psi)=25°56'04.39''$$

故 $$S_{PD1\sim E}=\frac{R\cdot\sin\gamma}{\sin\varphi}$$

$$=\frac{400\times 0.437\ 344\ 20}{0.559\ 679\ 54}$$

$$=312.5676\text{m}$$

2. 求交点 E 的切线方向

由图 3.8.3.10 可知：

$$\theta=\psi-90°$$

$$=30°01'54.51''$$

当平导掘进至 E 点后，在 E 置镜后视 PD_1 定向、反拨 $180°-\theta=149°58'05.49''$、则为 E 点的切线

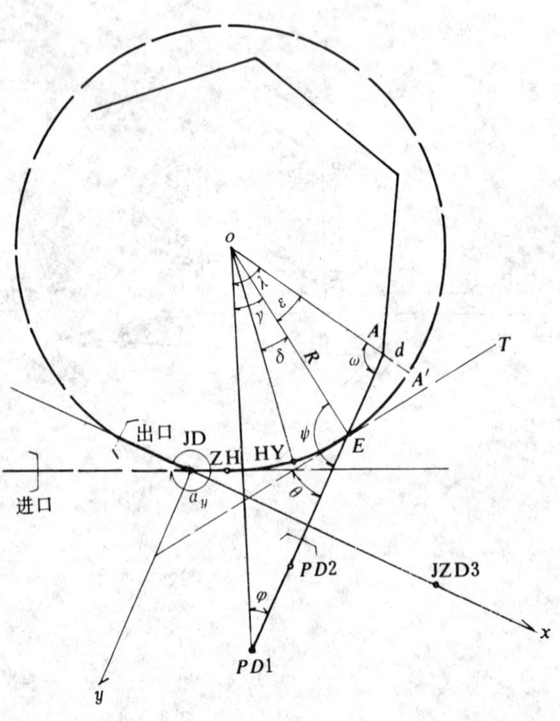

图 3.8.3.10

方向 ET，据以可测设正洞中线。

3. 求 E 点的里程

$\alpha_{JD\sim ZH}=\alpha_{JD\sim ZD3}+\alpha=329°46'15.79''$

$\alpha_{0\sim HY}=\alpha_{JD\sim ZH}+90°-\beta=51°53'34.38''$

$\alpha_{0\sim E}=\alpha_{0\sim PD1}-\gamma=77°49'37.90''-25°56'04.39''$

$=51°53'33.51''$

$\delta=\alpha_{0\sim HY}-\alpha_{0\sim E}=00°00'00.87''$

故 $L_{HY\sim E}=\dfrac{\pi R\cdot\delta}{180}=1.7\text{mm}$

E 点里程＝HY 里程＋$L_{HY\sim E}$

＝JK8 890＋87.950 2＋0.001 7

＝JK8 890＋87.951 9

4. 求投点至平导转折点距离 $PD1\sim A$：

在$\triangle O\cdot PD1\cdot A$中：

$$\sin\omega=\frac{S_{PD_1\sim 0}\cdot\sin\varphi}{R-d}$$

$$=\frac{618.745\ 3\times 0.559\ 679\ 54}{380}$$

$$=0.911\ 313\ 37$$

则 $\omega=114°18'45.06''$

故有 $\lambda=180°-(\varphi+\omega)=31°39'13.84''$

$$S_{PD1\sim A}=\frac{(R-d)\cdot\sin\lambda}{\sin\varphi}=356.308\ 8\text{m}$$

5. 求 A 点对应于正线 A′ 的里程

$\overset{\frown}{HY\sim A'}$ 所对圆心角为 $\delta+\varepsilon$，而 $\varepsilon=\lambda-\gamma$ 故

$\delta+\varepsilon=\delta+\lambda-\gamma$

$=00°00'00.87''+31°39'13.84''-25°56'04.39''$

$=5.719\ 533\ 33°$

$$L_{HY\sim A'}=\frac{\pi R}{180}(\delta+\varepsilon)=\frac{400\times 5.719\ 533\ 33°}{\rho°}$$

$=39.929\ 8\text{m}$

正洞对应点 A' 的里程为：

HY 里程＋$L_{HY\sim A'}$＝PDK8 891＋27.880 0

四、横洞、斜井进洞关系计算

横洞进洞关系计算，是要通过计算确定横洞中线与正洞中线相交的交点位置、里程的及横洞中线与线路中线平面位置的相对关系，并以此作为引测进洞的依据。进洞关系计算可以归纳为两种情况：一是设计确定横洞中线与正洞中线相交的里程(即横洞中线上只确定一个投点)；另一种情况是横洞的中线方向已确定(即横洞中线上已确定两个投点)，要求计算交点的位置、里程以及与正洞中线的位置关系等。由于横洞与正洞相交的位置，可能在圆曲线上，缓和曲线上或直线上，因此计算方法上有所不同，其计算过程及所要解算的问题基本上是相同的。另外斜井本身除在剖面设计上与横洞不同外，从平面测量来看进洞关系计算与横洞基本上是相同的，由于斜井设计上某些特殊要求，带来的平面上的某些特点，详见本篇第十一章竖井联系测量。

(一)横洞中线上只有一个投点的情况

图 3.8.3.11 为横洞中线与正洞中线为直线时相交的情况；图 3.8.3.12 为横洞中线与正洞中线为圆曲线时相交的情况。

1. 横洞中线与正洞中线交点 E 的里程已确定，求解内容如下：

(1)横洞投点至交点 E 的距离 $S_{HD\sim E}$；

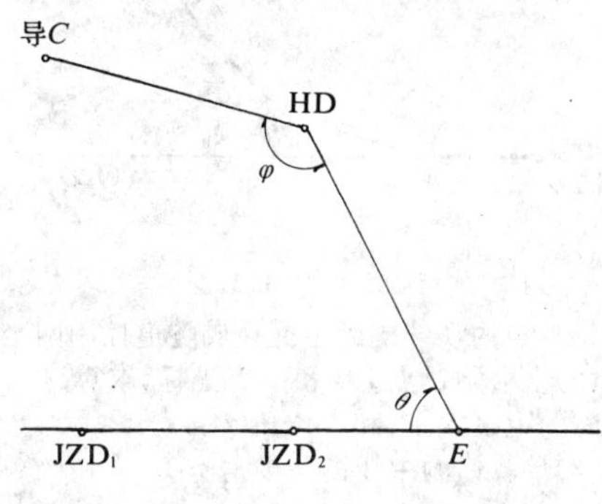

图 3.8.3.11

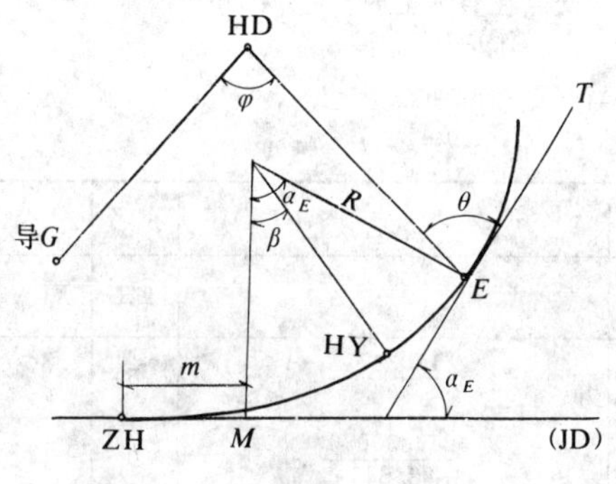

图 3.8.3.12

(2)横洞进洞方向设角 φ；

(3)当交点在直线上时，求横洞中线与正洞中线的交角 θ；当交点在曲线上时，求该交点的切线方向 θ。

2. 计算方法

(1)计算交点 E 在隧道控制网中的坐标：

①交点在直线上时(如图 3.8.3.11)：由 E 点和 JZD 点的里程差求得 E 点的纵坐标；横坐标显然都为零。

②当交点在曲线上时(如图 3.8.3.12)：首先根据 E 点和 ZH 点的里程差求得弧长 $L_{ZH\sim E}$；再由弧长 $L_{ZH\sim E}$ 求算 E 点的切线支距坐标(即以 ZH 为原点，ZH～JD 为纵轴的坐标)。

若交点 E 在圆曲线上时，如图 3.8.3.12 所示，切线坐标按下列各式计算：

$$\alpha_E=\frac{L_{ZH\sim E}-l_0}{R}\times\rho°+\beta \quad (3.8.3.11)$$

$$x'_E=R\cdot\sin\alpha_E+m \quad (3.8.3.12)$$

$$y'_E=R\cdot(1-\cos\alpha_E)+p \quad (3.8.3.13)$$

此处的 x'_E 和 y'_E 计算结果只取绝对值。

若交点 E 在缓和曲线时，如图 3.8.3.13 所示，将 $L_{ZH\sim E}$代入式(3.8.3.6)和式(3.8.3.7)计算 E 点的切线支距坐标及缓和曲线角 β_E。

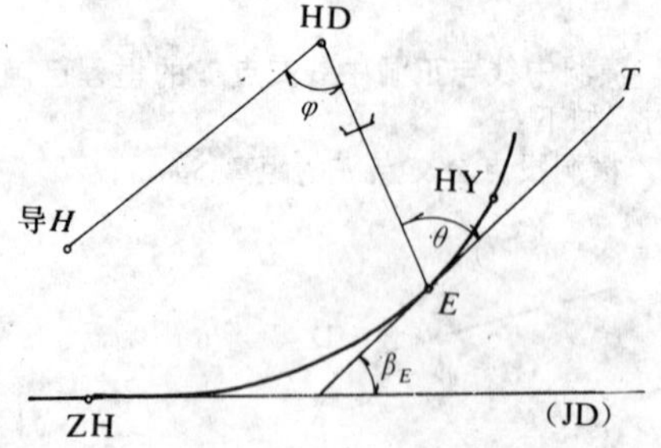

图　3.8.3.13

然后将 E 点的切线支距坐标换成隧道控制网坐标。

(2)由横洞投点 HD 和 E 点坐标，求算这两点间的距离 $S_{HD\sim E}$和方位角 $\alpha_{HD\sim E}$。

(3)计算横洞中线进洞设角 φ：

$$\varphi=\alpha_{HD\sim 导G}-\alpha_{HD\sim E}$$

(4)求交点 E 的切线方向：

①当交点在直线上时

$$\theta=\alpha_{E\sim HD}-\alpha_{JZD_2\sim JZD_1}$$

②当交点在圆曲线上时

$$\theta=\alpha_{E\sim T}-\alpha_{E\sim HD}$$

其中　$\alpha_{E\sim T}=\alpha_{ZH\sim JD}-\alpha_E$

③当交点在缓和曲线上时

$$\theta=\alpha_{E\sim T}-\alpha_{E\sim HD}$$

其中　$\alpha_{E\sim T}=\alpha_{ZH\sim JD}-\beta_E$

3. 算例

某隧道设一横洞，其中线要求与正洞中线缓和曲线上的 B 点相交，如图 3.8.3.14 所示。计算横洞中线及进洞关系。

已知数据：如表 3.8.3.6。

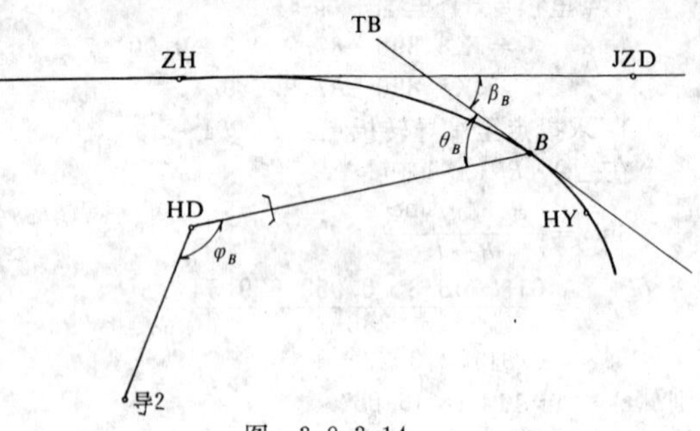

图　3.8.3.14

表 3.8.3.6

点名	x(m) / y(m)	点名	里　程	曲线资料
JZD	0 / 0	ZH	JZ607+745.888 5	$R=1\ 000$ $l_0=140$ $\beta=4°00'38.54''$ $m=60.988\ 5$ $p=0.816\ 5$m $\alpha_{HD\sim 导2}=270°00'39.6''$
ZH	311.347 7 / 0	B	JK607+833.688 5	
导 2	240.300 0 / −88.546 3	D	JK607+995.888 5	
HD	240.286 1 / −16.447 6			

(1)求 B 点切线坐标

$$L_{ZH\sim B}=JK“B”-JK“ZH”=87.8m$$

B 点的切线支距坐标及缓和曲线角按式(3.8.3.6)和式(3.8.3.7)计算：

$$x_B=87.8-\frac{(87.8)^5}{40\times1000^2\times140^2}=87.793\ 3m$$

$$y_B=\frac{87.8^3}{6\times1\ 000\times140}-\frac{87.8^7}{336\times1\ 000}=0.805\ 8m$$

$$\beta_B=\frac{87.8^2}{2\times1\ 000\times140}\times\rho°=1°34'38.8''$$

(2)将 B 点切线支距坐标换成控制网坐标

$$x_B=x_{ZH}-x_B=311.347\ 7-87.793\ 3=223.554\ 4m$$

$$y_B=-y'_B=-0.805\ 8m$$

(3)求距离 $S_{HD\sim B}$和方位角 $\alpha_{HD\sim B}$

$$S_{HD\sim B}=\sqrt{(+16.731\ 7)^2+(-15.641\ 8)^2}=22.904\ 5m$$

$$\alpha_{B\sim HD}=\arctan\frac{-15.641\ 8}{16.731\ 7}=316°55'41.6''$$

(4)求进洞设角 φ_B

$$\varphi_B=\alpha^{HD\sim 导2}-\alpha_{HD\sim B}=270°00'39.6''-136°55'41.6''=133°04'58.0''$$

(5)求 B 点切线方向

$$\theta_B=\alpha_{B\sim TB}-\alpha_{B\sim HD}=\alpha_{JZD\sim ZH}+\beta_B-\alpha_{B\sim HD}=0°+1°34'38.8''-316°55'41.6''=44°38'57.2''$$

测设：置镜 HD 点，后视导 2 定向，反拨角 φ_B 即为横洞的中线方向，在此方向上量取 $S_{HD\sim B}=22.904\ 5$m，即定 B 点位置；

当横洞掘进至 B 点后，置镜 B 点，后视 HD 定向，顺拨 θ_B 角即为 B 点的切线方向。视需要向前和向后测设中线。

(二)横洞中线上有两个投点的情况

横洞中线上有两个投点即是由这两点确定横洞的中线方向。

1. 求解内容

(1)横洞中线与正洞中线的交点至横洞投点间的距离；

(2)交点的里程

(3)当交点在直线上时，求横洞中线与正洞中线的交角；当交点在曲线上时，求该点的切线方向。

2. 计算方法

(1)投点 HD_2 至交点 E 的距离 $S_{HD_2\sim E}$：

a. E 点在直线上时，如图 3.8.3.15。

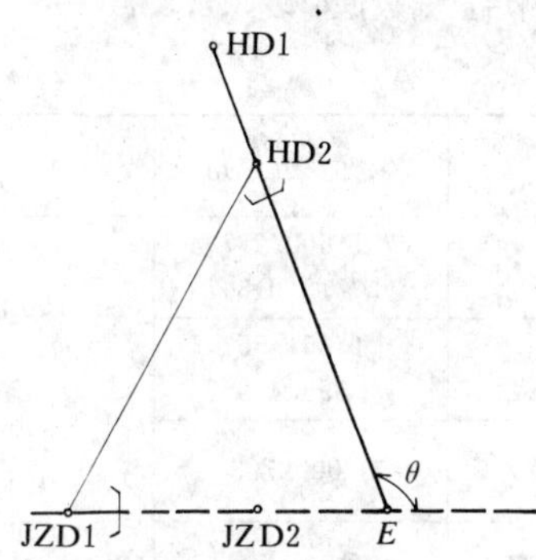

图 3.8.3.15

在△HD2·JZD1·E 中：

HD2 和 JZD1 的坐标已知，可解出 $\alpha_{HD2\sim JZD1}$ 和 $S_{HD2\sim JZD1}$；又已知 $\alpha_{HD1\sim HD2}$ 及 $\alpha_{JZD1\sim JZD2}$，按正弦定理可解出 $S_{HD2\sim E}$ 和 $S_{JZD1\sim E}$。

b. E 点在圆曲线上时，如图 3.8.3.16。

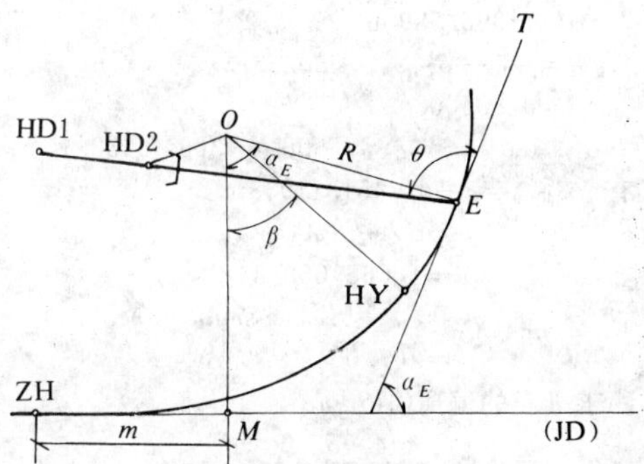

图 3.8.3.16

由 ZH 坐标、$\alpha_{ZH\sim JD}$ 和 m 通过 ZH—M—O 的路线求 O 的坐标，再求 $S_{0\sim HD2}$ 和 $\alpha_{0\sim HD2}$；

解算△HD_2·0·E，求 $S_{HD2\sim E}$。因为 $S_{0\sim E}=R$，$S_{HD2\sim 0}$ 已知，∠0.HD_2·$E=\alpha_{HD1\sim HD2}-\alpha_{HD2\sim 0}$，由正弦定理可求得∠HD2·$E$·0、∠HD2·0·$E$ 及 $S_{HD2\sim E}$。

c. E 点在缓和曲线时，如图 3.8.3.17。

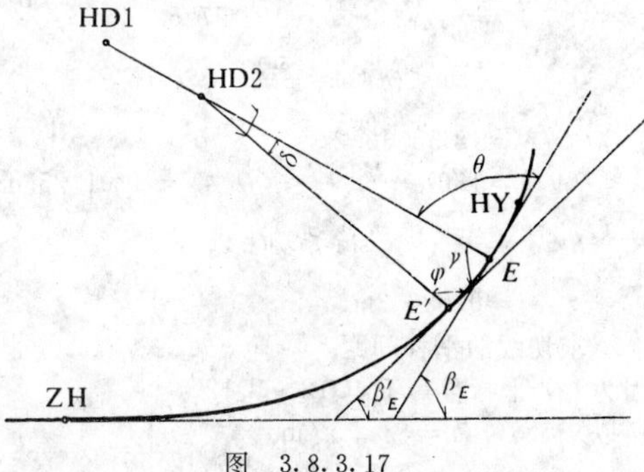

图 3.8.3.17

在隧道布网图上延长横洞中线，得到与缓和曲线的概略交点 E'，量出 E' 至直缓的曲线长 $L_{E'\sim ZH}$，得到 E' 的概略里程，这时按"横洞只有一个投点的情况"解算，其中横洞的另一投点则不严格地在横洞的中线上了。如果要求计算出横洞中线与缓和曲线的严格交点 E，一般可按以下步骤计算：

将弧长 $L_{ZH\sim E'}$ 代入(3.8.3.6)式和(3.8.3.7)式求出 E' 点的切线坐标和缓和曲线角 $\beta_{E'}$；

将 E' 点的切线坐标换成控制网坐标；

由 E' 点和 HD2 的坐标算出两点间的距离和方位角；

解算△HD2·E'·E，求得 $S_{E'\sim E}$ 和 $S_{HD2\sim E}$：

在△HD2·E'·E 中

$$\delta=\alpha_{HD2\sim E'}-\alpha_{HD1\sim HD2}$$

又由于 E' 和 E 很接近，近似地认为是同一点的切线，

故 $\varphi=$∠HD2·E'·$E=\alpha_{E'\sim E}-\alpha_{E'-HD2}$

$\approx\alpha_{ZH\sim JD}-\beta_{E'}-\alpha_{E'\sim HD2}$

$$\gamma=∠E'\cdot E\cdot HD2=180°-(\varphi+\gamma)$$

$$S_{E'\sim E}=\frac{S_{HD2\sim E'}}{\sin\gamma}\cdot\sin\delta$$

$$S_{HD2\sim E}=\frac{S_{HD2\sim E'}}{\sin\gamma}\cdot\sin\varphi$$

(2)求 E 点的里程

a. E 点在直线上时

E 点里程＝JZD1 里程$\pm S_{JZD1\sim E}$

b. E 点在圆曲线上时

$$L_{HY\sim E}=R\cdot(\alpha_E-\beta)\cdot\rho°$$

其中 $\alpha_E=\alpha_{0\sim M}-\alpha_{0\sim E}$；

$\alpha_{0\sim M}=\alpha_{ZH\sim JD}+90°$；

$\alpha_{0\sim E}=\alpha_{0\sim HD2}-$∠$HD_2$·0·$E$

E 点里程＝ZH 里程$+l_0+L_{HY\sim E}$

c. E 点在缓和曲线时

因为 δ 很小，所以 $S_{E\sim E'}\approx l_{E\sim E'}$

$$l_{ZH\sim E}=l_{ZH\sim E'}+l_{E'\sim E}$$

E 点里程＝ZH 里程$+l_{ZH\sim E}$

(3)计算 E 点切线方向

a. E 点在直线上时

$$\theta=\alpha_{JZD1\sim JZD2}-\alpha_{HD2\sim HD1}$$

b. E 点在圆曲线上时

$$\theta=\alpha_{E\sim T}-\alpha_{HD2\sim HD1}$$
$$=\alpha_{ZH\sim JD}-\alpha_E-\alpha_{HD2\sim HD1}$$

c. E 点在缓和曲线时

$$\theta=\alpha_{E\sim T}-\alpha_{HD2\sim HD1}$$
$$=\alpha_{ZH\sim JD}-\beta_E-\alpha_{HD2\sim HD1}$$

式中，β_E 可用 $l_{ZH\sim E}=l_A$ 代入(3.8.3.10)式计算。

3. 两个投点可按一个投点计算处理的条件

通常铁路隧道的横洞属施工的辅助坑道，不属于永久建筑，因此横洞中线按设计定位后，即使有两个投点，在精测之后一般可以取一个适当的投点计算，使其简化，同时也不影响横洞以及与正洞之间的设计位置。

当其横洞作为永久性建筑设计考虑，与正洞关

系有严格要求，或其它配套设施的位置与尺寸有严格要求时，应按设计要求测设定位。

(三)特殊情况下线路及其进洞关系计算

1. 作控制测量的隧道往往与桥梁及其它隧道相连，在该隧道未作控测之前，桥梁及其它彼邻的隧道已经施工。控测后，发现按定测中线所测设的洞口圆曲线上的投点，并不在控测(精测)后的曲线上。如图 3.8.3.18 中，A 为按定测确定的洞口投点，控测后它的位置为 A'，由于彼邻的桥梁或隧道已按 A 所在曲线施工，不能再有变动，同时要求曲线保持设计半径和精测转角。因此采取平行移动一条切线，使 A' 点平行移动至通过 A 点的新曲线上的 A'' 位置。此时，圆心、交点等都作了相应的平行移动，O 移至 O'，JD12 移至 JD12′、ZH 移至 ZH′ 等等，平行移动后，图形的几何关系是：

$\text{JZ12}\sim\text{JD12}' \parallel OO' \parallel A'A'' \parallel \text{ZH}\sim\text{ZH}'$；

$S_{O\sim O'}=S_{A'\sim A''}=S_{\text{ZH}\sim\text{ZH}'}=S_{\text{JD12}\sim\text{JD12}'}=a$

(1)在处理线路及投点关系时需明确以下几点：

①精测转角 α 及设计半径不变；

②用平移一条切线达到调整曲线位置为目的，因此平移切线不至造成相关工程建筑的不利影响；

③A 点及其对应点 A' 位置的定义：A 点在圆心为 O'、半径为 R 的曲线上，并且精测后的圆心 O 与 A 的径向连线有 $S_{OA}+S_{AA'}=R$ 的关系，A' 定义为 A 的对应点；切线平移后，A'' 是 A' 的对应位置。

(2)计算内容及步骤：

①计算精测后曲线的圆心 O 的坐标；

②计算投点 A 相对于精测曲线的偏移值 $S_{A\sim A'}$；

③求调整切线时圆心的移动距离 $a=S_{O\sim O'}$：

在△$OO'A$ 中：

$$S_{O\sim A}=R\pm S_{A\sim A'}$$

$$S_{O'\sim A}=R$$

$$\theta=\alpha_{O\sim A'}-\alpha_{O\sim O'}=\alpha_{O\sim A}-\alpha_{\text{JD12}\sim\text{JD12}'}$$

可用正弦定理求得：$\angle OO'A$ 和 $S_{O\sim O'}$。

④A 点的切线方向计算，方法同前。

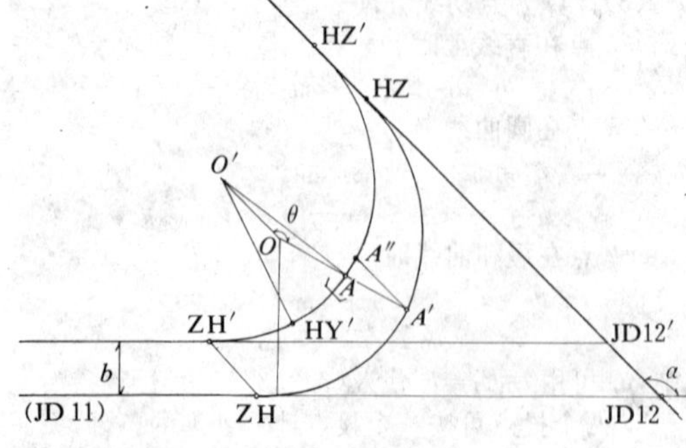

图 3.8.3.18

(3)算例：如图 3.8.3.18 所示，某隧道洞口外圆曲线投点 A 又是彼邻的大桥墩台施工的依据，且已砌筑。精测后表明：A 点向曲线内侧偏移较大，为保持已施工的墩台位置不变，决定采取平行移动隧道端的切线，并使 A 点位于切线移动后的新曲线上(即 O' 圆心及 R 所决定的曲线)。

精测后已知数据前表 3.8.3.7。

表 3.8.3.7

点名和边名	坐标及方位角	曲线资料
A	x 1 602.287 4 y 712.013 7	$\alpha_Z=100°08'00.4''$ $R=450$m $l_0=110$m $m=54.972\ 5$m $p=1.119\ 8$m $\beta=7°00'10.4''$
ZH	x 1 351.557 5 y 595.489 5	
$\alpha_{A\sim导D}$	71°00′27.3″	
$\alpha_{\text{JD11}\sim\text{JD12}}$	36°46′33.1″	

解算：

求精测后曲线圆心 O 的坐标

$$\alpha_{\text{ZH}\sim M}=\alpha_{\text{JD11}\sim\text{JD12}}=36°46'33.1''$$

$$S_{\text{ZH}\sim M}=54.972\ 5\text{m}$$

$$x_M=x_{\text{ZH}}+S_{\text{ZH}\sim M}\cdot\cos\alpha_{\text{ZH}\sim M}=1\ 395.589\ 6$$

$$y_M=y_{\text{ZH}}+S_{\text{ZH}\sim M}\cdot\sin\alpha_{\text{ZH}\sim M}=628.4008$$

$$\alpha_{M\sim O}=\alpha_{\text{ZH}\sim M}-90°=306°46'33.1''$$

又有 $S_{M\sim O}=R+p=451.119\ 8$

故
$$x_O=x_M+S_{M\sim O}\cos\alpha_{M\sim O}=1\ 665.668\ 8$$

$$y_O=y_M+S_{M\sim O}\cdot\sin\alpha_{M\sim O}=267.061\ 2$$

求 A 点的偏离值 $S_{A\sim A'}$

$$\alpha_{O\sim A}=\text{atctan}\frac{444.952\ 6}{-63.381\ 3}=98°06'25.1''$$

$$S_{O\sim A}=\sqrt{(444.952\ 6)^2+(-63.381\ 3)^2}=449.444\ 1\text{m}$$

$$S_{A\sim A'}=R-S_{O-A}=0.555\ 9\text{m}$$

求圆心移动距离 a

$$\alpha_{O\sim O'}=\alpha_{\text{JD11}\sim\text{JD12}}-\alpha=296°38'32.7''$$

在△$OO'A$ 中

$$\theta=\alpha_{O\sim A}-\alpha_{O\sim O'}=161°27'52.4''$$

$$\sin\angle OO'A=\frac{\sin\theta}{S_{O'\sim A}}\times S_{O\sim A}$$

$$\angle OO'A=18°30'42.2''$$

$$\angle OAO'=180°-(\theta+\angle OO'A)=0°01'25.4''$$

故
$$S_{O\sim O'}=\frac{S_{O'\sim A}}{\sin\theta}\times\sin\angle OAO'=0.586\ 3\text{m}$$

求切线的平移间距 b

因为 OO' 平行且等于 JD12～JD12′

所以
$$b=S_{O\sim O'}\times\sin\alpha=0.577\ 2\text{m}$$

求 A 点的切线方向(图中略绘)

$$\varphi=(\alpha_{A\sim 0'}-90°)-\alpha_{A\sim导D}$$
$$=117°07'23.2''$$

关于 A 点的里程应按调整切线后的新曲线(圆心为 O'、曲线为 $\overset{\frown}{ZH'\sim HZ'}$)计算,$A$ 点切线方向为后视导 D 顺拨 $\varphi=117°07'23.2''$。

2. 回头曲线隧道转向角在 180°附近,即曲线的两切线平行或近于平行时,由于精测和定测的精度不同,在这种条件下即使转向角相差甚小,也会产生精测与定测的曲线平面位置有较大的差异,这时为了避免定测中线位置及线路关系发生较大改变,须要作出一定的调整处理及其计算。

(1)测量误差引起的曲线位置变化

对于转角在 180°附近的回头曲线、测角和测距的误差对曲线定位的影响,集中反映在转向角 α 的误差 m_α 和两切线垂足点 M_1M_2 间距误差因素 m_{R+P} 对曲线位置的影响。精测与定测之间、转角 α 只须差几秒,切线间距 M_1M_2〔$2(R+P)$ 或 $2(R+P)\times\cos\frac{180\pm\alpha}{2}$〕相差 1~2cm,却将会引起曲线位置的较大变化。

转角误差引起的切线长度变化为:

$$m_{T1}=\frac{(R+P)}{2\cos^2\alpha/2}\times\frac{m_\alpha''}{\rho''}\qquad(3.8.3.14)$$

两切线间距误差引起的切线长度变化为:

$$m_{T2}=m_{R+P}\times\tan\alpha/2\qquad(3.8.3.15)$$

这类曲线通常只能用副交点的方法(即两切线一般不可能实交)测设转角并定设 ZH 和 HZ 位置。

转角误差和间距误差,一般需加以调整处理。

设曲线半径 $R=500$m、转向角误差 m_α 为 5″和 10″、切线间距误差 $m_{R+P}=1$cm 时,转角在 180°±20°范围内引起的切线长度变化如表 3.8.3.8。

表 3.8.3.8

转角 α(°)	m_{T2}(m)	m_{T1}(m)	
		$m_\alpha=\pm5''$	$m_\alpha=\pm10''$
180±1	1.15	79.6	159.1
180±2	0.57	19.9	39.8
180±5	0.23	3.18	6.37
180±10	0.11	0.80	1.60
180±20	0.06	0.20	0.40

(2)精测后误差调整处理原则

转向角的测量结果以精测为准,转角角值一般情况下采用精测结果,特殊情况下(如桥隧相连时)亦可采用定测给出的值,其差值以调整一条切线的方向来处理;

切线间距(M_1M_2)以精测为准,移动 HZ(或 ZH)的横向位置解决。

(3)误差调整方法

转向角近于 180°的某回头曲线隧道如图 3.8.3.19 所示。$\overset{\frown}{ZH\sim HZ}$ 为定测曲线、确定曲线转角的两切线方向的转点桩 $JZD_1\sim JZD_2$ 和 $JZD_3\sim JZD_4$ 均为定测桩位,为保持线路的平面位置(即定测位置),处理方法如下:

固定定测中线一端的切线和该端的曲线起点(或终点),如图中是固定 JZD1~JZD2 和 ZH 点;

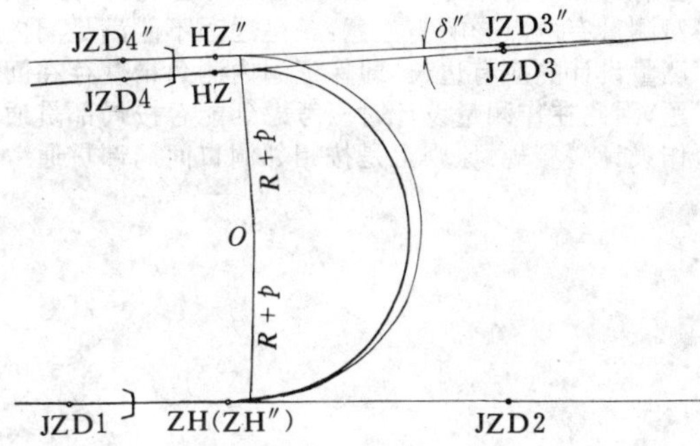

图 3.8.3.19

采用设计的转角计算曲线资料和曲线终点 HZ″的控制网坐标;

由 HZ″与 JZD3 和 JZD4 的坐标关系,可判断 HZ″(精测)的位置应在切线 JZD3~JZD4 的那一侧并作移桩计算。如图 3.8.3.20,HZ″应向切线右侧移桩。

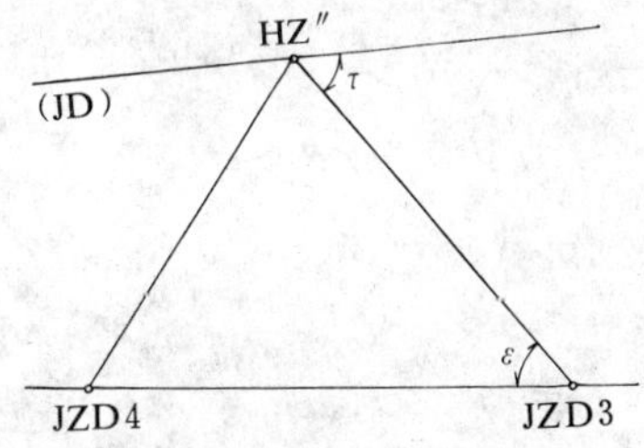

图 3.8.3.20

移桩计算时,利用 JZD3、JZD4 和 HZ″的坐标求出方位角 $\alpha_{JZD3\sim HZ''}$和 $S_{JZD3\sim HZ''}$移桩夹角为:

$$\varepsilon=\alpha_{JZD3\sim HZ''}-\alpha_{JZD3\sim JZD4}$$

在 JZD3 置镜即可定出精测的 HZ″;

在 HZ″置镜,后视 JZD3 反拨 τ 角即定出精测后曲线终端的切线方向。τ 角为:

$$\tau=\alpha_{HZ''\sim JZD3}-\alpha_{JD\sim HZ''}$$

式中,$\alpha_{JD\sim HZ''}$应按定测转角的大小求得。

图 3.8.3.19 中,在精测定出的 HZ″点置镜,放设出新的切线(与原有切线间有一微小夹角 δ''),即是按精测结果为准所作的转角调整量,具体调整在一端切线方向上。该调整量将调整到下一个相邻曲线的转角中。

如果 HZ″的现场位置不适合定点和置镜,只需算出 HZ″的理论坐标后,在切线上选择距 HZ″某一距离的点位(能置镜)计算坐标作为"放样点"测设,同样可以定出新的终端切线。

进洞关系应以精测后的新切线 JD~HZ″为准。

(四)斜井中线及进洞关系计算

1. 斜井中线的确定及进洞关系计算与横洞的情况基本上相同,可参照横洞计算。

2. 斜井测量的某些特殊性

(1)横洞中线一般为直线;斜井中线平面上有时会有转折,有的转折后距正洞距离较短。这个短距离对测量有两点影响需注意:一是远远不能满足洞内测量设计的应有边长,即保证洞内测角精度存在问题,因此在作测量设计时应考虑到能否按局部贯通作设计(《测规》原则上是按相邻洞口间局部贯通考虑的)。二是该短距离要满足斜井运输布置的需要,测量计算确定斜井中线时,须保证不要短于这个长度。

(2)斜井中线在纵剖面设计上一般在底部都有一段较短的平坡道。因此,即使平面上斜井中线为直线与正洞相交,由于纵剖面变坡大致使测量时平面上又出现短边,并可能远不能满足洞内导线设计要求,因此在测量设计时必须作出考虑,是否可以按局部贯通进行测量设计。

第九章　洞外高程控制测量

第一节　高程控制测量的任务和要求

一、任务和要求

（一）高程测量设计

当隧道两开挖洞口间的高程路线长度超过5km时，应作高程测量设计（详见本篇第三章第二节）；5km以内时，一般可采用五等高程测量。设计和施测精度必须保证隧道在高程上按规定精度正确贯通，和工程建筑按设计位置正确修建。《测规》规定无论隧道长短，两开挖洞口间洞外高程测量误差对高程贯通的影响值均不得超过18mm。

（二）起算高程

隧道高程控制点的高程，应采用一端洞口线路设计的定测高程点（水准点或光电三角高程点）作为起算高程，推算至隧道另一端洞口外与线路定测高程点闭合，并依控制测量的高程作为隧道施工的高程依据。其高程闭合差作断高处理。

（三）洞口高程点的设置

每个洞口（包括隧道出口进口、横洞口、斜井口）埋设的高程点应不少于两个。两高程点的高差和距离以安置一次仪器即可联测为宜，以便于检测。洞口高程点的埋设位置应通视良好，便于引测进洞，尽可能避开施工干扰并应设在稳定可靠的地方。

（四）高程控制测量等级及技术要求

高程控制测量等级为二、三、四、五等水准测量和四、五等光电测距三角高程测量。

各等级水准测量的精度和有关规定如表3.9.1.1。四、五等光电三角高程有关规定如表3.9.1.2。

各等级水准测量有关规定　　表3.9.1.1

水准测量等级	每km高差偶然中误差 $M_\triangle$(mm)	适用的水准路线长度(km)	测段往返较差，环线或附合路线闭合差 平均每km测站数 <25	>25	水准标尺类型	仪器等级	最大视线长度(m)
二等	≤1.0	>36	$\pm4\sqrt{R}$	$\pm0.8\sqrt{n}$	线条式因瓦尺	$DS_{0.5}$	80
						DS_1	75
三等	≤3.0	13～36	$\pm12\sqrt{R}$	$\pm2.4\sqrt{n}$	线条式因瓦尺	DS_1	100
						DS_3	75
四等	≤5.0	5～13	$\pm20\sqrt{R}$	$\pm4\sqrt{n}$	区格式木质尺	DS_3	100
五等	≤7.5	<5	$\pm30\sqrt{R}$	$\pm6\sqrt{n}$	区格式木质尺	DS_3	100

注：(1)计算往返较差时R为测段长度；计算环闭合差时R为环线长；
(2)n为两水准点间单程测站数。

光电三角高程的观测限差　　表3.9.1.2

测量等级	经纬仪等级	光电测距仪等级／测回数	竖直角测回数	指标差较差(″)	竖直角较差(″)	对向观测较差(mm)	环路闭合差(mm)
四等	DJ_2	Ⅰ　对向各一测回	3	7	7	$\pm30\sqrt{D}$	$\pm20\sqrt{[D]}$
五等	DJ_2	Ⅱ　对向各一测回	2	10	10	$\pm50\sqrt{D}$	$\pm30\sqrt{[D]}$

注：边长一般不超过600m。

二、高程点的埋设

高程点的埋设和洞外导线点埋设基本相同，根据地层坚实程度，一般混凝土埋深0.3～0.6m，铁芯直径不小于2cm、顶部制成半球面，并高出混凝土面1cm；设在坚硬岩石上的高程点，以修凿成直径大于5cm的半球面作标志。如图3.9.1.1和图3.9.1.2所示。在桩顶面或近旁写明高程点名称或编号、埋设单位和日期。

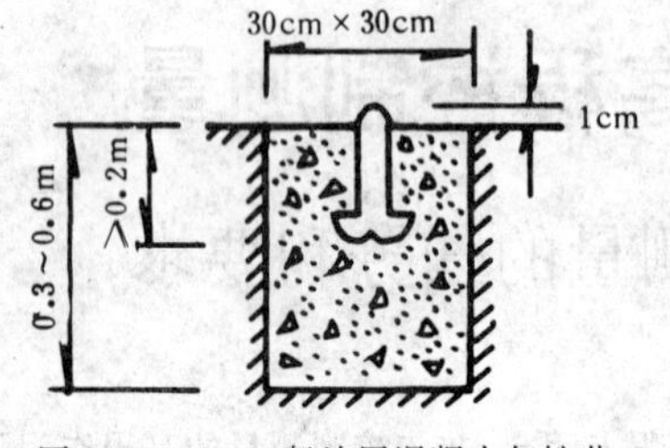

图3.9.1.1 一般地层混凝土包铁芯

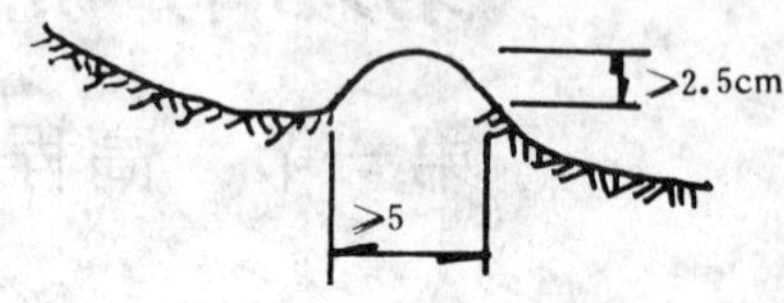

图3.9.1.2 岩石水准点

第二节 精密水准测量

一、精密水准测量的一般规定

(一)水准路线

隧道高程控制测量，一般在进出口之间实施路线水准往返观测。水准路线上每隔1km左右建立一组水准点，一组水准点中的两个点相距10～100m。各辅助坑道口由进出之间的主水准路线上的一组水准点、引入支水准路线。支水准路线与主水准路线，采用同精度观测。

(二)仪器和标尺

实施各等级水准测量的仪器及水准标尺，应根据高程测量设计的精度要求，按照表3.9.1.1选择。

(三)仪器和标尺应符合下列要求

1. 仪器视准轴与水准管轴的夹角 i 值不应超过以下规定：

二等水准 ±15″

三、四等水准±20″

2. 水准仪光学测微器的效用应正确，其分划值与名义值之差不应大于0.001mm。

3. 水准标尺的每m间隔平均长与名义长度之差，对于因瓦水准尺不应超过±0.15mm；对于区格式水准尺不应超过±0.5mm。

4. 水准标尺分划面弯曲差(矢距)，对于线条式因瓦水准尺不应大于4mm，对于区格式水准尺不应大于8mm。

5. 在作业过程中，对水准仪和水准标尺的性能和精度有疑义时，应随时进行相应的检验。

(四)水准测量的技术要求

各等级水准测量的主要技术要求应遵守表3.9.1.1的有关规定。

(五)跨河水准

各等级水准路线应尽量避免跨越江河、湖塘、山谷、洼地等障碍物。当必须跨越时，其宽度超过各等级水准测量最大视线长度两倍以上时，应按跨河水准测量方法进行施测。有关跨河水准测量的技术要求、作业方法、觇板制作可参见“国家水准测量规范”。

(六)观测的气象条件

各等级水准观测，应在标尺分划线呈像清晰而稳定时进行。观测前应凉露仪器使其与外界气温趋于一致。设站时应用测伞遮避仪器。测站前后视之间不宜调焦。旋转微倾螺旋和测微器时，操作时应按“旋进”到位。在下列情况下不宜进行二等水准观测。

1. 日出后与日落前0.5h；

2. 太阳中天前后各约2h内；

3. 气温突变时；

4. 风力大于4级而使仪器与标尺的整置不能稳定时。

二、精密水准测量观测方法

(一)各等水准测量的观测顺序

1. 二等水准测量采用光学测微法进行往返观测，其测站观测顺序为：

(1)照准后视标尺的基本分划；

(2)照准前视标尺的基本分划；

(3)照准前视标尺的辅助分划；

(4)照准后视标尺的辅助分划。

以上顺序简称为“后—前—前—后”。

2. 三等水准测量采用中丝读数法进行往返观测，观测顺序为“后—前—前—后”。当使用有光学测微器的水准仪和线条式因瓦水准标尺时，也可采用光学测微法只读基本分划，不读辅助分划。

3. 四等水准测量采用中丝读数法进行往返观测，观测顺序为“后—后—前—前”。其标尺一般采用区格式红黑面3m水准尺。

(二)光学测微法测站操作程序(以“后—前—前—后”为例)

1. 整平仪器(望远镜绕垂直轴旋转时，水准气泡两端影像的分离，不得超过1cm)；

2. 将望远镜对准后视标尺(此时利用标尺上圆

水准器整置标尺垂直)，使符合水准气泡两端的影像近于符合(气泡两端影像分离不超过 2mm)，随后用上下丝照准标尺基本分划进行视距读数(视距第四位数由测微器直接读得)。然后使符合水准气泡的影像准确符合，转动测微器用楔形平分丝精确照准标尺的基本分划，读定标尺基本分划与测微器读数。

3. 旋转望远镜照准前视标尺(标尺应按 2 款整置垂直)，使符合水准气泡两端的影像准确符合，用楔形平分丝精确照准标尺的基本分划，并读定标尺基本分划与测微器读数，然后用上下丝照准基本分划进行视距读数。

4. 用微动螺旋转动望远镜，照准前视标尺的辅助分划，并使符合水准气泡的影象准确符合，进行标尺辅助分划与测微器读数。

5. 旋转望远镜，照准后视标尺的辅助分划，并使符合水准气泡的影象准确符合，用楔形平分丝精确照准进行辅助分划与测微器读数。

至此，完成一测站的观测操作。

补偿式自动安平水准仪的操作程序与一般水准仪相同。仅因没有符合水准器，不需要进行与之有关的操作。每站观测时，只需整平水准器(即圆水准器)将气泡导致居中，即可按观测顺序照准标尺读数。

山岭地区用皮尺丈量视距时，可免去上下丝读数。

(三)中丝读数法测站操作程序(以后—前—前—后为例)

1. 整平仪器(望远镜绕竖轴旋转时，水准器气泡两端影像分离不大于 1cm)。

2. 将望远镜照准后视标尺黑面(此时，用圆水准器整置标尺垂直)，用倾斜螺旋使符合水准气泡准确符合，再按视距丝和中丝精确读定标尺读数。

3. 照准前视标尺黑面，按 2 款进行操作。

4. 照准前视标尺红面，按 2 款进行操作，此时只按中丝进行标尺读数。

5. 照准后视标尺红面，按 4 款进行操作。

(四)四等水准测量采用后—后—前—前顺序

当四等水准测量采用后—后—前—前的观测顺序时，在 2 款操作结束后，紧接着进行 5 款的操作，然后进行 3、4 款操作。

三、观测记录与施测精度

(一)观测记录和计算

水准测量手簿记录及计算格式见表 3.9.2.1。

表 3.9.2.1 记录与计算说明：

1. 表中(　)的号码表示相应的观测读数或计算顺序；

2. 测站上的记录和计算

(1)高差部分

(14)=(3)+K-(8)　　(13)=(4)+K-(7)，

(15)=(14)-(13)

(2)视距部分

(9)=(1)-(2)，　　(10)=(5)-(6)

(11)=(9)-(10)，　　(12)=(11)+前站(12)

3. 观测结束后(或每一页手簿)的计算与检核

每页按所有测站取同样项目数据的代数和即Σ(1)、Σ(2)……Σ(15)，按下面的关系式进行计算、检核。

(1)高差部分

Σ(3)-Σ(4)=$h_{基}$(本页基本分划高差和)，

Σ(8)-Σ(7)=$h_{辅}$(本页辅助分划高差和)，

$h=\frac{1}{2}(h_{基}+h_{辅})$

Σ(3)-Σ(8)=Σ(14)，

Σ(4)-Σ(7)=Σ(13)，

$h_{基}-h_{辅}$=Σ(15)=Σ(14)-Σ(13)(检核)；

(2)视距部分

Σ(9)=Σ(1)-Σ(2)，Σ(10)=Σ(5)-Σ(6)，

本页末站的(12)=Σ(9)-Σ(10)(检核)，

Σ(9)+Σ(10)=D(本页各站距离和)

4. 备考栏应描绘水准点的位置或绘制水准路线草图

每一测段往、返测结束以后，即可求得该测段往、返测高差的不符值(往测与返测的高差之差)，并由测段的水准路线长度(或置水准仪站数)和水准测量的等级，依据表 3.9.1.1 计算出该测段往、返测高差不符值的限差。当实测的往、返测高差不符值大于不符值限差时，应首先重测该测段的一个单程(往测或返测)，直到合限为止，此时该测段的高差采用合限的往、返测高差的平均值。

计算高差、水准路线长度时应注意：当水准尺的尺面数字比实际长度大一倍时，按读数算得的高差、距离，应除以 2，才是实际的高差和距离。

(二)观测精度和重测规定

1. 各等水准测量观测结果的精度应符合表 3.9.1.1 规定的 M_{Δ} 或测量设计要求的 M_{Δ}。

2. 重测和取舍

(1)因测站观测限差较表 3.9.2.2 中规定的任意一项超限时应立即重测，合格后方可迁站；若迁站后才检查发现，则应从水准点或间歇点(须经检测符合限差)起测，重新观测。

(2)测段往、返测高差不符值较表 3.9.1.1 规定超限时，应先重测可靠程度较低的往测或返测。若重测的高差与同方向原测的高差不符值不超过往返测高差不符值的限差，且其中数与另一单程原测的高差不符值亦不超出限差，则取此中数作为该单程高差的结果；若同向超限而与原另一单程合限，则取重测结果；若该单程重测后仍然超限，则重测另一单程。如果在重测中出现同向互不超限而异向间超限的分群现象时，则应具体分析产生系统误差的原因，采取措施(例如可考虑缩短视线、加强仪器和尺垫稳定以及选择最有利观测时间等)重新观测此测段，使达到合限要求。

(3)由往返测高差不符值计算的每公里水准测量高差偶然中误差 M_{Δ} 较表 3.9.1.1 规定超限时，要分析原因，重测有关测段。一般先考虑重测不符值较大的测段。

二等水准观测记录

表 3.9.2.1

日期	1994年6月7日	测　段	方　向　往
时间	始 7 时 4 0 分	BM3～BM4	观测者　陈跃光
	终　时　分		记录者　何　军
天气	阴		复核者　段太生

测站编号	后尺 上丝 / 下丝	前尺 上丝 / 下丝	方　向	标尺读数		基＋K－辅（一减二）	备　注
	后　距	前　距		基本分划（一次）	辅助分划（二次）		
	视　距　差 d	Σd					
	(1)	(5)	后	(3)	(8)	(14)	
	(2)	(6)	前	(4)	(7)	(13)	
	(9)	(10)	后—前	$h_{基}$	$h_{辅}$	(15)	
	(11)	(12)	h				
1	3156	3528	后	24839	54993	＋1	
	2365	2749	前	15742	45895	＋2	
	79.1	77.9	后—前	09097	09098	－1	
	＋1.2	＋1.2	h(mm)	909.8			
2	3804	3517	后	36142	66299	－2	
	3106	2801	前	22721	52877	－1	
	69.8	70.7	后—前	13421	13422	－1	
	－0.9	＋0.3	h(mm)	1342.2			
3	2943	3137	后	13833	43990	－2	
	2355	2552	前	36954	67107	＋2	
	58.8	58.5	后—前	－23121	－23117	－4	
	＋0.3	＋0.6	h(mm)	－2311.9			
			后				
			前				
			后—前				
			h				

表 3.9.2.2

水准测量等级	测站观测限差(mm)			测段前后视距累积差(m)	视线高度	
	检测间歇点高差之差	基辅分划(红黑面)读数之差	基辅分划(红黑面)所测高差之差		视线长度＞20m	视线长度＜20m
二　等	1.0	0.5	0.7	≤3	≥0.5	≥0.3
三　等	3.0	2.0	3.0	≤5	三丝能读数	三丝能读数
四　等	5.0	3.0	5.0	≤10	三丝能读数	三丝能读数

第三节　光电测距三角高程测量

一、三角高程测量的等级及技术要求

1. 光电测距三角高程测量分为四等和五等。光电高程导线必须施测闭合导线、双导线或在高等级高程点间施测附合导线。因此洞口间的高程导线精度为：

四等：$\sqrt{2}\times5=\pm7.0$mm/km；

五等：$\sqrt{2}\times7.5=\pm10.0$mm/km；

各等级高程导线使用的仪器等级及观测限差，按表 3.9.1.2 的规定执行。

观测的有关技术要求可参照表 3.9.3.1 办理。

表 3.9.3.1

测量等级	每 km 高差的中误差(mm/km)	仪器及测回数		仪器和反射器量高
		竖直角/测回数	距离/测回数	较差(mm)/次数
四等	±7.0	J2/对向各 3	Ⅰ级/对向各 2	2/2
五等	±10.0	J2/对向各 2	Ⅱ级/对向各 1	3/2

2. 光电测距三角高程导线的最大边长超过 600m，竖直角对向观测应在最短间隔时间内完成；若能两台仪器同时对向观测为最好，这时最大边长可适当放宽。

3. 测站和观测点的仪器高和反射器高，应在观测之前和观测之后各量一次，其差值在表 3.9.3.1 限差之内时取平均值。

4. 每条边在完成对向观测时，按下式对高差分别进行地球曲率改正。高差的对向观测较差，应符合表 3.9.1.2 的限差要求。

地球曲率改正按下式计算，其值取正号：

$$\delta_h=\frac{D^2}{2R} \tag{3.9.3.1}$$

式中　R——地球曲率半径，采用 6 371×10³((m)；

D——测边长度(m)。

5. 有条件的隧道，高程控制网宜与平面控制网结合进行。如果平面控制网的边长都比较长且大于高程网的限制长度，又不能采用两台仪器同时对向测竖直角时，则不宜将平面网作高程网用。

二、精度评定

高程导线网或高程附合路线，外业观测合格后，可选用以下方法之一计算每 km 高程测量高差的中误差。

1. 公式之一

$$m_\omega=\pm\sqrt{\frac{1}{N}\left[\frac{\omega\omega}{F}\right]} \tag{3.9.3.2}$$

2. 公式之二

$$m_\omega=\pm\sqrt{\frac{1}{N}\left[\frac{\omega\omega}{n}\right]\cdot\frac{[n]}{L}} \tag{3.9.3.3}$$

式中　n——环中的边数；

L——高程网路线全长；

F——环的长度(km)。

第四节　高程测量成果计算

一、观测精度评定

高程控制测量外业结束以后，应按表 3.9.1.1 和表 3.9.1.2 的有关规定，对高程路线的闭合差进行计算并按限差进行验算检核，必须符合要求。环和附合路线的高差不符值按下式计算：

$$\left.\begin{aligned}f&=\Sigma\Delta h\\ f&=\Sigma\Delta h-(H_A-H_B)\end{aligned}\right\} \tag{3.9.4.1}$$

式中，$\Sigma\Delta h$ 为环的或附合路线的高差总和，(H_A-H_B) 为附合路线两端已知点的高差。f 值合限时，即可对高程测量精度进行评定。光电测距三角高程的精度评定见本篇本章第三节，水准测量的精度评定方法如下述(一)。

(一)每 km 水准测量高差的偶然中误差计算公式

$$M_\Delta=\pm\sqrt{\frac{1}{4n}\left[\frac{\Delta\Delta}{R}\right]} \tag{3.9.4.2}$$

式中　n——测段数；

Δ——测段往返高差不符值(mm)；

R——测段长度(km)。

由式(3.9.4.2)算得的 M_Δ，不应超过表 3.9.1.1 中各等级水准的规定。

(二)高程贯通中误差的计算

根据《测规》规定，在贯通面上高程贯通的极限误差为±50mm，中误差为±25mm。洞外高程控制测量分配的中误差为±18mm，测量设计和测量结果，都不得超过此值。

洞外高程测量误差对高程贯通的影响值，按下式计算：

$$m_{\Delta h}=\pm M_\Delta\cdot\sqrt{L} \tag{3.9.4.3}$$

式中 L——相邻两洞口间高程路线长度(km)；

M_{Δ}——洞外每公里高程测量高差的中误差(mm/km)。

二、高程测量平差及成果计算

高程测量的观测结果，通过精度评定确认符合要求后，对于路线水准测量来说，即可使用测段往返观测成果计算水准点的高程；对于高程环路或高程网，则按平差后的结果计算高程。

(一)路线高程测量的成果计算

示例：某隧道分别由两端洞口开挖，洞外按四等路线水准测量，如图 3.9.4.1 所示。MB_{10-1}与 BM_{10-2} 为定测时隧道进出口附近所设的水准点。

水准点的高程计算和精度评定见表 3.9.4.1。

水准点高程计算 表 3.9.4.1

水准点名称	测段长度 R	观测高差(m)		平均高差	往返测高差不符值(mm)		$\frac{\Delta\Delta}{R}$	高程(m)	附注
		往	返		实测 Δ	$\pm 10\sqrt{R}$			
1	2	3	4	5	6	7	8	9	10
BM_{10-1}								1 869.760 0	起算高程 BM_{10-1} 为定测高程
		−2.346 4	+2.347 2	−2.346 8					
JBM_1								1 867.413 2	
	0.9	−6.299 3	+6.301 6	−6.300 4	+3.1	±9.5	10.7		
临$_1$								1 861.112 8	
	1.1	−19.326 4	+19.322 4	−19.324 4	−4.1	10.5	15.3		
临$_2$								1 841.788 4	
	0.9	+23.631 8	−23.626 1	+23.629 0	+5.7	±9.5	36.1		
临$_3$								1 865.417 4	
	1.3	+17.423 1	−17.427 2	+17.425 2	−4.1	11.4	12.9		
临$_4$								1 882.842 6	
	1.0	−27.576 1	+27.579 9	−27.578 0	+3.8	±10.0	14.4		
临$_5$								1 855.264 6	
	1.0	−9.047 6	+9.045 1	−9.046 4	−2.5	±10.0	6.2		
临$_6$								1 846.218 2	终结水准点 BM_{10-2} 定测高程为 1866.003m 故断高＝＋0.002m
		+21.072 6	−21.076 1	+21.074 4					
JBM_2								1 867.292 6	
	1.2	−1.287 9	+1.286 9	−1.287 4	−4.5	±22.0	16.9		
BM_{10-2}								1 866.005 2	
	[R]＝7.2				[Δ]＝−2.6		$\left[\frac{\Delta\Delta}{R}\right]$＝112.5		

1. 测段往返观测的不符值 Δ，均在中误差之内，观测成果均为合格，可以采用。往返较差的中误差为 $\pm 2M_{\Delta}\sqrt{R}$，对于四等即为 $\pm 10\sqrt{R}$。

2. 每 km 水准测量高差的偶然中误差：

$$M_{\Delta}=\pm\sqrt{\frac{1}{4n}\left[\frac{\Delta\Delta}{R}\right]}$$

$$=\pm\sqrt{\frac{112.5}{4\times 7}}=\pm 2.0\text{mm}<5.0\text{mm}$$

3. 洞外水准测量误差对高程贯通精度的影响值：

$$m_h=M_{\Delta}\sqrt{R}=\pm 2.0\sqrt{7.2}=\pm 5.4<18\text{mm}$$

(二)单环高程测量的平差

如图 3.9.4.2 所示，该已知高程点 A 向 a_1、a_2…测量，回到 A 点闭合。

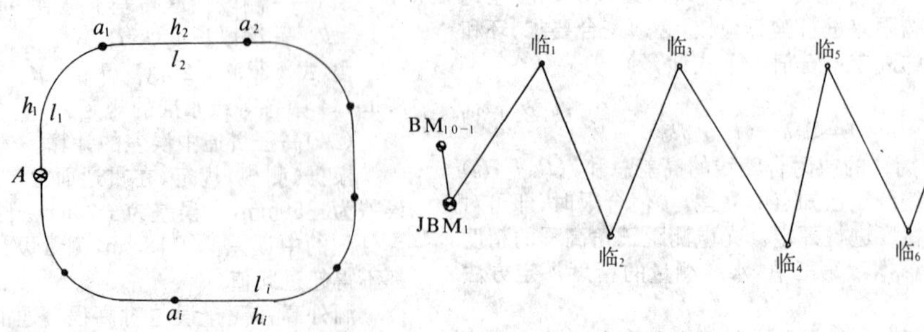

图 3.9.4.1　　图 3.9.4.2

设 h_i 为测段高差，l_i 为测段长度，高差闭合差为 f_h，则各段的权 P_i 和高差改正数 v_i 为：

1. 光电三角高程测量时

$$\left.\begin{aligned}P_i&=\frac{1}{l_i^2}\\ v_i&=f_h\cdot\frac{l_i^2}{[l^2]}\end{aligned}\right\}\qquad(3.9.4.4)$$

2. 水准测量时

$$\left.\begin{aligned}P_i&=\frac{1}{l_i}\text{或}\frac{1}{p_i}=\frac{1}{n_i}\\ v_i&=f_h\cdot\frac{l_i}{[l]}\end{aligned}\right\}\qquad(3.9.4.5)$$

每 km 置镜次数多于 25 站时，测段的数可按测站数 n 来定。

(三)多环高程网的平差

三角高程网或水准网，平差方法相同，仅在定数上有所不同，三角高程通常用 $P_i=\frac{1}{l_i^2}$，水准通常用 $p_i=\frac{1}{l_i}$

现以光电三角高程导线网为例，说明平差计算方法。

如本篇第六章中图 3.6.2.5 所示，该高程网与平面网相结合，多边形由三个闭合环组成，各条路线的观测高差如表 3.9.4.2，导 1 为已知高程点，计算其余各导线点的最或是高程并评定精度。

1. 多边形法平差计算步骤

(1)抄录观测数据和起始高程；

(2)绘制平差图，如图 3.9.4.3 所示。图中箭头所示为高差计算方向，路线编号以 Z_i 表示及各条路线长度的平方(km² 为单位，取至 0.01)，填写在路线上，环的高差闭合差及各环路线长度的平方和，填写在相应的闭合环内；

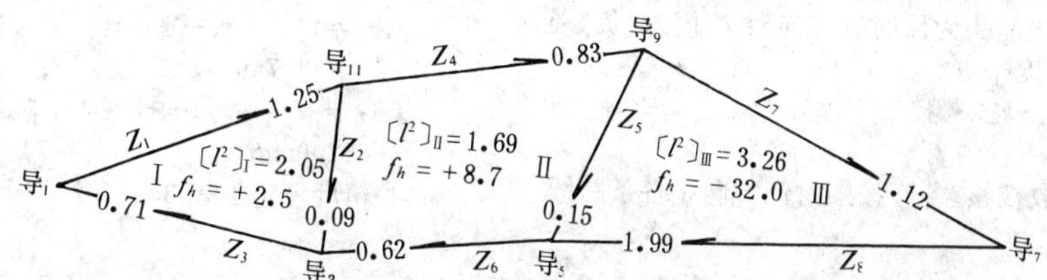

图 3.9.4.3

高程网平差计算(多边形平差法)　　表 3.9.4.2

路线编号	测段	测段长度 (km)	高差平均值 (m)	高差改正值 (mm)	平差后高差 (m)	平差后高程 (m)	数 $P=\frac{1}{l^2}$	[PVV]	中误差
Z_1	导 1～导 11	1.12	+303.027 1	−1.8	+303.025 3	导 1　292.520 6	0.80	2.59	
Z_2	导 11～导 3	0.30	−52.467 6	+0.3	−52.467 3	导 11　595.545 9	11.11	1.00	每公里高差中误差 $\mu=\sqrt{\frac{[PVV]}{r}}=\sqrt{\frac{347.5}{3}}=\pm10.7$mm/km
Z_3	导 3～导 1	0.84	−250.557 0	−1.0	−250.558 0	导 3　543.078 6	1.42	1.42	
Z_4	导 11～导 9	0.91	−35.569 2	−3.6	−35.572 8	导 9　559.973 1	1.21	15.68	
Z_5	导 9～导 5	0.39	+78.128 5	−2.1	+78.126 4	导 5　638.099 5	6.57	28.97	
Z_6	导 5～导 3	0.79	−95.018 2	−2.7	−95.020 9	导 7　330.199 4	1.60	11.66	由闭合差计算的中误差
Z_7	导 9～导 7	1.06	−229.784 5	+10.8	−229.773 7		0.89	103.81	$m=\sqrt{\frac{1}{N}\left[\frac{ff}{l}\right]}=\sqrt{\frac{1}{3}\times362}=\pm11.0$mm/km
Z_8	导 7～导 5	1.41	+307.881 0	+19.1	+307.900 1		0.50	182.41	

Σ347.5

(3)开列高差改正值联系数法方程式及法方程解算。根据多边形平差法(解析法)原理，每个闭合环组成一个法方程式，其联系数的系数，对该环来说即为各测段长的平方和，对邻环来说即为共有测段长度的平方，不相邻的环系数为零；联系数为 k_i；常数项为该环的闭合差。故由平差图可直接开列法方程如下

$$\begin{cases} 2.05K_1 & -0.09K_2 & & +2.5=0 \\ -0.09K_1 & +1.69K_2 & -0.15K_3 & +8.7=0 \\ & -0.15K_2 & +3.26K_3 & -32.0=0 \end{cases}$$

上列法方程式的解为：

$K_1=-1.41 \quad K_2=-4.37 \quad K_3=9.61$

(4)计算高差改正值。在环中为独立的路线(即与邻环无关)，高差改正值等于本环的联系数乘以路线长度平方。如本例中：

$v_1=k_1\cdot l_1^2$， $v_3=k_1\cdot l_3^2$， $v_4=k_2\cdot l_4^2$， $v_7=k_3\cdot l_7^2$，…

邻环间共用路线的高差改正值，等于该两环联系数之差(在闭合环内、路线箭头为顺时针方向时 K 值为"正"，路线箭头为反时针方向时 K 值为"负"乘以该段路线长度平方。

如 $v_2=(k_1-k_2)\cdot l_2^2$，

$v_5=(k_2-k_3)\cdot l_5^2$

(5)改正数校核。各环按顺时针方向将各条路线的改正数 v_i 相加(箭头为反时针方向时 v_i 应反号)，其和应等于闭合差反号。

(6)计算各条路线高差的平差值及各高程点的高程。

(7)精度评定。高程导线每 km 的高差中误差：

$$\mu=M_{\Delta}=\sqrt{\frac{[PVV]}{r}} \qquad (3.9.4.6)$$

式中 r——闭合环的个数。

2. 三边高程网

当组成高程网的各环均为三边时，即构成三边高程网，上述平差方法同样适用。

3. 多边形法平差示例

(1)平差略图，如图 3.9.4.3 所示。

(2)高差观测值和平差计算见表 3.9.4.2。

(3)改正值的检核：

$[v_i]_{Ⅰ}=v_1+v_2+v_3=-1.8+0.3-1.0=-2.5\text{mm}$

$[v_i]_{Ⅱ}=-v_2+v_4+v_5+v_6=-0.3-3.6-2.1-2.7=-8.7\text{mm}$

$[v_i]_{Ⅲ}=-v_5+v_7+v_8=+2.1+10.8+19.1=+32.0\text{mm}$

(4)精度评定见表 3.9.4.2。

第十章　洞外控制测量成果整理

外业结束后，应及时整理和检查全部观测手簿，按作业项目分类归纳，统一格式，注记清楚，装订成册以便查用和长期保管。

在提交的各种资料中，包括图表及计算等，必须正确记载所有测点名称，并严格做到同一点名前后吻合一致。

观测和计算成果数值取位的规定，应按表3.10.0.1执行。

数值取位　　表3.10.0.1

项目	平面		高程(mm)	
	角值(″)	边长及坐标值(mm)	线条式因瓦水准标尺	区格式水准标尺
手簿	0.1	0.1	0.1	1.0
计算	0.01	0.1	0.1	0.1
成果	0.1	0.1	0.1	1.0

第一节　外业成果整理

一、平面测量成果整理

(一)洞外控制测量布点示意图。布点图应显示隧道线路中线与洞口位置，以及布网扣联定测中线的关系。

(二)使用测角、测距仪器的检校记录。

(三)角度、边长观测手簿。

(四)角度、边长实测精度及计算成果。

(五)洞外控制网的边长、坐标、方位角的计算成果。

(六)曲线要素，曲线起、终点的控制里程，控测里程与定测里程的断链关系。

(七)洞口投点测设隧道中线点及进洞关系计算成果与放样检核计算。

(八)控制网(包括洞口投点)埋石式样、规格、位置记录。

二、高程测量成果整理

(一)洞外水准路线踏勘布设水准点示意图。

(二)水准测量使用仪器的检校记录。

(三)水准测量观测手簿。

(四)高程实测精度计算，平差后的精度。

(五)控测水准点高程与定测水准点高程的联测、断高的关系。

(六)水准点埋石式样、规格、位置交桩表。

第二节　提交资料内容

洞外控制测量完成后，应提交以下资料：

一、平面资料

(一)控制测量说明书、包括隧道名称及长度、平面形状、布网情况、施测方法和仪器等级、平差方法、施测日期、特殊情况及处理结果。

(二)洞外平面控制测量布点示意图。

(三)角度、边长实测精度及其计算方法，平差后的精度。

(四)洞外三角锁或导线环的边长、坐标、方位角的计算成果。

(五)隧道线路关系，曲线要素及曲线起终点的控测里程。

(六)隧道控测长度；给出控测里程与定测里程的断链关系。

(七)洞口投点(包括正洞，平行导坑、横洞与斜井)的进洞关系计算方法与成果。

二、高程资料

(一)高程控制测量的说明，包括布设高程路线情况、施测方法和仪器等级、高程平差方法及施测日期、特殊情况及处理结果。

(二)水准测量实测精度及其计算方法；高程平差成果。

(三)控测水准点高程与定测水准点高程的关系。

三、测量设计和贯通误差估算资料

(一)测量设计应提交的资料

1. 测量设计的依据、决定的控制测量布网方案。

2. 测量设计成果：包括测量方法、仪器选定、测角和测边的测回数，及相应精度和相关的技术要求。

(二)贯通误差估算资料

1. 洞外平面控制测量对横向贯通影响值的计算；
2. 洞外高程测量对高程贯通影响值的计算；
3. 洞内导线测量对横向贯通影响值的计算；
4. 洞内高程测量对高程贯通影响值的计算。

第十一章　竖井联系测量

第一节　竖井联系测量的任务和要求

一、联系测量的任务

竖井联系测量的主要任务是将地表的平面及高程系统，通过井筒传至井下导线及水准点，使洞内、外形成统一的空间坐标系统，从而确定线路中线的位置。因此，通过竖井联系测量应完成下述工作。

(一)投点：将井口点位(坐标)投影至井底，以便传算坐标。

(二)确定井下起算方位角：根据井上定向边按同一坐标系统测算出井下定向边的起算方位角。

(三)导高：根据井上水准点按同一高程系统测定井下水准点高程。

二、联系测量的要求及方案选择

(一)基本要求

1．为向洞内传递坐标、方位和高程，应根据地面控制测量，按《测规》有关规定测设洞口控制点，并精确定出竖井中心位置。

在进行联系测量工作前，必须制定测量方案，做好各项准备工作，并应依据井口控制点建立近井点(或连接点)、水准点和连测导线点，在井底稳固地方埋设不少于三个永久导线点和两个水准点。也可一桩两用。

2．联系测量在同期应至少独立进行两次。在互差不超过限差时，采用加权平均值或算术平均值作为测量成果。

隧道贯通前，要进行定向测量的次数，应根据测量设计决定。一般情况可按下列原则考虑：当开挖面离开竖井大于 50m 时，应进行第一次定向；当开挖 100～150m 时，进行第二次定向，若与第一次定向的互差不大于限值时，取两次定向结果的平均值为采用值；当开挖长度达 500m，则进行第三次定向；开挖长度 1000～1500m，需要进行 4～6 次；在距贯通面 100～200m 时，应再次进行定向。

但若洞内导线点、水准点发生位移、沉陷，致使洞内导线向前延伸产生困难时，则必须重新进行联系测量和计算洞内导线成果、重新通过竖井向井下传递高程。

3．每次进行联系测量之前，应对井口附近之平面控制点和水准点进行检测，在证实点位没有移动的情况下，才能进行联系测量。

4．在竖井联系测量中，应优先采用光学投点、陀螺经纬仪定向、光电测距导入高程等方法。

5．在进行联系测量工作时，应采取有效措施确保安全，井上、下应设专职安全员，并应由一名测量负责人全面指挥。

6．根据《测规》的有关要求，并结合有关测量规范及统计资料，联系测量的主要精度指标和限差要求如表 3.11.1.1。

表 3.11.1.1

联系测量类别	项　　目	限差要求	备　　注
联系三角形定向	两次独立定向结果互差	≤30″	与单向开挖长度，前后定向次数有关
陀螺经纬仪定向	井下定向边坐标方位角互差	≤10″	
钢尺(钢丝)法导入高程	两次独立导入高程的互差	$h\leqslant100$m 时，≤5mm $h>100$m 时，$\leqslant\frac{h}{10000}$	h—井筒深度
光电测距仪导入高程	两次独立导入高程的互差	<5mm	

(二)测量方案选择

联系测量方案应根据工程需要、仪器设备、技术水平选定。其基本原则是在满足测量精度的条件下，优先选用新技术、新方法、新设备，最大限度地提高工效。凡井深大于 40m 时，还应根据横向及高程贯通精度要求进行竖井联系测量技术设计。

1．点位和坐标方位角传递选用的方法

(1)开挖面距竖井中心在 50m 以内时，可以采用投点串线法(方向线法)；

(2)超过 50m 以上，以光学投点配合陀螺仪定向为首选方法；

(3)井筒深度在 100m 以内，井筒直径又较大时，也可以采用联系三角形测量法；

(4)两竖井间已贯通，可选用适当方法通过两竖井进行定向测量。

2．高程的传递选用的方法

(1)井深在 40m 以内,可以采用钢丝导入法或长钢卷尺导入法;

(2)井深超过 40m 时,宜采用光电测距导高。

第二节　联系三角形定向

一、概　　述

联系三角形定向测量工作包括定向投点和井上、井下联系测量。图 3.11.2.1 表示三角形法联系测量的图形,与两垂线 o_1、o_2 连测的点 A、A_1 为连接点,地面(井上)连接测量是在连接点 A 安置经纬仪,将 D 点与两垂线方向连测,并由近井点 D 测设地面连接导线至 A 点,以求出两垂线的坐标及其连线的坐标方位角。井下连接测量是在井下连接点 A_1 安置仪器,将 D_1 点与两垂线方向连测,并同时测井下导线,求出定向基点 D_1 的坐标和 A_1D_1 边的坐标方位角,从而完成定向任务。

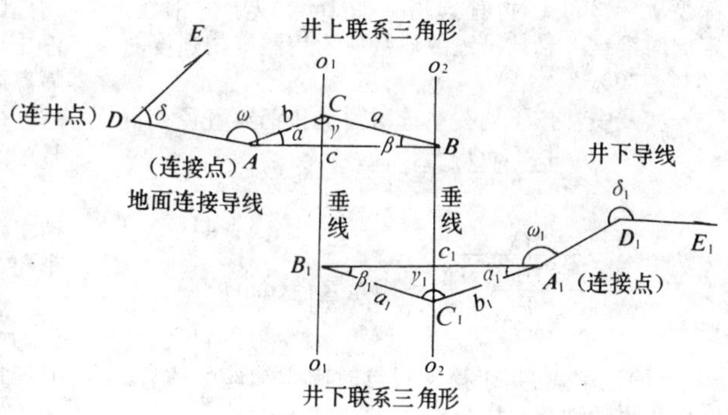

图 3.11.2.1　井上、下联系三角形及连接导线示意图
($\omega=\angle DAB$)

二、方法和设备简介

(一)联系三角形的最有利形状

α 角和 β 角接近于零的延伸形三角形是最有利的连接图形,具体要求如下:

1. 两垂线间距离 a(或 a_1)应尽可能的大;

2. 三角形的锐角 α 和 β 应尽量小,α 最大不超过 3°;

3. b/a(或 b_1/a_1)的值一般以 1.5 左右为宜;

4. 传递方位角时,应选择经过小角 β 的路线。

此外连接角 ω(或 ω_1)的边长 AD(或 A_1D_1),一般宜大于 20m。

(二)联系三角形的测量方法和有关技术要求

1. 测角:应用精度不低于 DJ_2 级经纬仪,方向观测法分别在井上、井下连接点 A、A_1 测 ω、ω_1、α、α_1 角。一般测 4～6 个测回,各项限差见本篇第四章第一节方向观测要求。

为了减小测 ω、α 角时对中误差的影响,仪器应对中 3 次,每次对中将照准部(或基座)位置变换 120°。也可用两架经纬仪分别置于 A、D 两点进行观测或采用三联观测法及强制对中措施,以减小对中误差的影响。

2. 量边:丈量连接三角形的各边长时,应对钢卷尺施以比长时的拉力,记录测量时的温度。在垂线稳定情况下,应用检验过的钢卷尺以不同起点丈量 6 次,读至 0.5mm,同一边长各次观测值的互差不得大于 2mm,取平均值作为丈量结果。

在垂线摆动情况下(标尺法摆动观测时)的井下量边,应将钢尺沿所量边的方向固定,然后用摆动观测的方法(至少连续读取 6 个读数),确定钢丝在钢尺上的稳定位置读数,以求得边长。每边均须用上述方法丈量两次,互差不得大于 3mm,取中数作为丈量结果。

两垂线间井上、井下量的距离互差,一般应不超过 2mm。井上、井下连接导线的边长可用光电测距仪测量。

3. 完成以上边、角测量为一组。边、角测量组数,根据测量设计的不同精度要求决定。每组之间将垂线位置移动 1～2cm,测量方法不变。

(三)单荷重投影法投点

1. 投点的主要设备

单荷重投影法投点设备如图 3.11.2.2 所示。

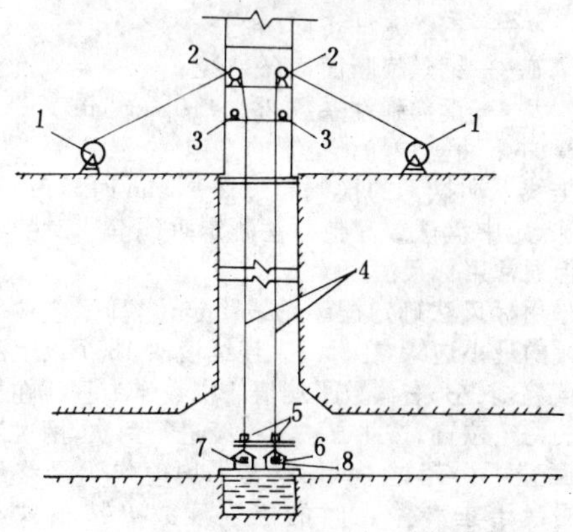

图　3.11.2.2

1—绞车;2—滑轮;3—定点板;4—钢丝;5—定中盘;6—大水桶;7—吊锤;8—稳定液。

(1)升降吊锤和钢丝用的绞车:绞车各部件的强度必须能承受三倍投点时的荷重;为了不使钢丝弯曲过甚,绞车滚筒直径不得小于 250mm;绞车应设有双闸。

(2)导向滑轮：要求结构牢固，直径不得小于150mm，轮缘作成锐角形绳槽。滑轮应安置在与井架分离的特别托架上。

(3)定点板(定线板)：应安置在地面与井架分离的特设的木架上，以固定钢丝位置。

(4)钢丝：采用直径小、抗拉强度高的炭素弹簧钢丝。直径一般为0.5～0.8mm，安全系数为2，井筒深度大于300m时，宜选用直径1mm以上的钢丝。定向时钢丝上悬挂吊锤的质量应为钢丝抗拉强度的60%～70%。

实践中常按下列关系选用锤重和钢丝直径。

$$\frac{\text{井深(m)}}{2}\approx\text{锤的质量(kg)} \tag{3.11.2.1}$$

$$\frac{\sqrt{\text{锤的质量(kg)}}}{10}\approx\text{钢丝直径(mm)} \tag{3.11.2.2}$$

(5)定中盘：用于摆动投点时固定钢丝的位置，一般采用活动式定中盘。

(6)大水桶(平静器)：盛液体稳定吊锤用，一般用大油桶代替。

(7)吊锤(重砣)：一般由若干砣片组成，可用生铁(或铅)制作，每片重10kg，砣片置于带挂钩的底盘上，其悬挂点四周重量应相互对称。

(8)稳定液及安装设备用木料。

2. 投点方法

一般采用摆动投点法。钢丝受荷重后的伸长值Δl。

$$\Delta l=\frac{Ql}{E\cdot F} \tag{3.11.2.3}$$

式中 Δl——钢丝伸长值(m)；

Q——吊锤重量(kg)；

l——钢丝悬挂长度(m)；

F——钢丝横断面积(cm^2)；

E——钢丝弹性系数$2.1\times10^6(kg/cm^2)$。

3. 井下两垂线静止位置的测定

垂线下端摆动的摆幅超过2～3mm时，可采用标尺法、定中盘法或其他方法测定垂线静止时的位置。但通常用标尺法。

采用标尺法确定摆动垂线稳定位置时，应按垂线摆幅的最小边缘，在标尺上连续读取13个以上的奇数读数，取左、右读数平均值的中数作为垂线在标尺上的稳定位置。按此方法应连续进行两次，两次结果的互差不得超过1mm，取其平均值作为最终结果。相当于垂线静止时的位置读数P按下式计算：

$$P=\frac{1}{2}\left(\frac{\Sigma R}{n_R}+\frac{\Sigma L}{n_L}\right) \tag{3.11.2.4}$$

式中 ΣR——垂线右摆位置读数的总和；

ΣL——垂线左摆位置读数的总和；

n_R——垂线右摆位置读数的次数；

n_L——垂线左摆位置读数的次数。

垂线静止时的位置标出后，可用各种定中装置将垂线固定在此位置上。

如果垂线摆幅很小，确认不超过0.4mm时，可采用仪器直接观测垂线的方法进行联系测量。

4. 减小投点误差的措施

实践和理论研究证明，引起垂线投点误差的主要来源是马头门处风流对垂线的侧压力。

减少投点误差的主要措施如下：

(1)减小风流对垂线的偏斜影响：定向投点时应停止风机运转、增设风门，以减小风速，否则应采取隔离或降低风流的措施。

(2)采用直径小、抗拉强度高的钢丝，适当加重悬锤的重量。

(3)减少滴水影响，在淋水大的井筒，必须采取挡水措施，并在大水桶上加盖圆锥形防水罩(罩顶留小孔，以便钢丝通过)。

(4)摆动观测时，垂线摆动方向应尽量与标尺平行，并适当增大摆幅(特别在风大、淋水大的井筒)，但不宜超过100mm。

(5)尽量增大两垂线间的距离。

(6)合理布置垂线位置，使两垂线连线方向与风流方向一致。

三、定向误差估算及平差方法

(一)定向误差估算

隧道两开挖洞口间长度＜4km，中间增设竖井时，可按表(3.11.2.1)考虑竖井定向精度的要求。表中所列定向中误差为两组以上的测量结果。

井下定向边定向中误差

表3.11.2.1

井下基点至贯通面距离(m)	50	100	200	300
井下定向边定向中误差(″)	1′40″	50	26	17

井下基点至贯通面距离(m)	400	1 000	2 000
井下定向边定向中误差(″)	13	5	2.5

传算坐标方位角的误差可按下列关系计算，由图3.11.2.1所示，井下定向边A_1D_1的坐标方位角为：

$$\alpha_{A_1D_1}=\alpha_{AD}+\omega+180°+\beta+180°-\beta_1+180°+\omega_1 \tag{3.11.2.5}$$

并考虑到投点引起的投点误差m_Q，则井下定向边方位角中误差为：

$$m_{\alpha_{A_1D_1}}=\pm\sqrt{m_\omega^2+m_\beta^2+m_{\beta1}^2+m_{\omega_1}^2+m_Q^2}$$
$$=\pm\sqrt{m_{AF}^2+m_Q^2} \tag{3.11.2.6}$$

(表示α为m的下角，A_1D_1为α的下角)

井下定向边的定向(联系三角测量)应进行两组以上的测量，每组将两垂线位置稍加变动，则$\alpha_{A_1D_1}$之平均值的中误差为：

$$\frac{m_{\alpha_{A_1D_1}}}{\sqrt{n}} \tag{3.11.2.7}$$

式(3.11.2.9)中有关误差的计算公式如下：

1. 投点误差影响：由两垂线投点误差的影响产生。

$$m_Q = \pm \frac{e\rho''}{a} \quad (3.11.2.8)$$

式中 a——两垂线间距(mm)；

e——两钢丝垂点相对的横向误差，其值随井深和投点条件不同而异，应以多次实验测定，一般可取 0.6～1mm。

当采用标尺法观测垂线摆动时：

$$e = \pm \sqrt{m_\varphi^2 + m_\sigma^2} \quad (3.11.2.9)$$

式中 m_φ——正标尺静止位置的中误差；

m_σ——副标尺(钢卷尺)静止位置的中误差。

2. 联系三角形中计算角 β 和 γ 的中误差：

$$\left.\begin{aligned} &\text{井上：} & m_\beta &= \pm \frac{b}{a} m_\alpha \\ && m_\gamma &= \pm \frac{c}{a} m_\alpha \\ &\text{井下：} & m_{\beta_1} &= \pm \frac{b_1}{a_1} m_\alpha \\ && m_{\gamma_1} &= \pm \frac{c_1}{a_1} m_\alpha \end{aligned}\right\} \quad (3.11.2.10)$$

观测角 α 和 ω 的中误差 m_α、m_ω，由实测资料计算或根据测量设计确定。一般计算角的中误差不大于观测角中误差的 2 倍。

(二)平差方法

联系三角形测量结果可以采取下述简易平差方法。

对于延伸形三角形，计算角 β、γ 按正弦公式计算：

$$\left.\begin{aligned} \sin\beta_{算} &= \frac{b_{测}\ \sin\alpha_{测}}{a_{测}} \\ \sin\gamma_{算} &= \frac{c_{测}\ \sin\alpha_{测}}{a_{测}} \end{aligned}\right\} \quad (3.11.2.11)$$

当 $\beta < 2°$ 或 $\gamma > 178°$ 时，可用下列简化公式计算：

$$\left.\begin{aligned} \beta'' &= \frac{b}{a}\alpha'' \\ \gamma'' &= \frac{c}{a}\alpha'' \end{aligned}\right\} \quad (3.11.2.12)$$

然后根据下式求 $C_{算}$

$$C_{算} = b_{测}\ \cos\alpha_{测} + a_{测}\ \cos\beta_{算}$$

再求不符值 $f_s = c_{算} - c_{测}$

再按下式求各边长的改正数。

$$\left.\begin{aligned} (a) &= -\frac{f_s}{4} \\ (b) &= -\frac{f_s}{4} \\ (c) &= +\frac{f_s}{2} \end{aligned}\right\} \quad (3.11.2.13)$$

以改正后的各边再一次按正弦定律算得 β、γ 角，即为平差后的角值。α 角不加改正，仍用原测角值。

另外，两垂线间距 a 和 a_1，除直接丈量外，尚须用余弦定律计算其长度以检核之，二者之差不应超过 2.0mm、a 的计算式如下：

$$\left.\begin{aligned} a^2 &= b^2 + c^2 - 2bc\cos\alpha \\ a_1^2 &= b_1^2 + c_1^2 - 2b_1c_1\cos\alpha_1 \end{aligned}\right\} \quad (3.11.2.14)$$

当 $\alpha < 4°$ 时，也可按下式计算：

$$a = (c-b) + \frac{bc(1-\cos\alpha)}{c-b} \quad (3.11.2.15)$$

第三节　光学垂准法投点

采用光学垂准仪投点与陀螺经纬仪测量井下方位，使设备和作业大为简化，从而占用井筒时间短，提高了工效，精度也是可靠的。

一、光学垂准仪(表 3.11.3.1)

二、光学垂准仪在竖井投点中的应用

各种光学自动垂准仪(包括激光目镜)结构精密，竖直补偿精度高，作业成果稳定，操作简便，在深竖井投点定位，从技术上应作首选考虑。

部分光学垂准仪主要技术参数表　　表 3.11.3.1

国家厂名	仪器型号	光学的水准管格值	自动补偿范围/精度	放大倍数	精　度	备　注
瑞　士 Wild	NL		自　动 10′/±0″.3	24×	1/200 000	天底双轴向补偿
原民主德国 Zeiss	PZL-100		自　动	31.5×	1/100 000 1mm/100m	天顶，用摆式棱镜补偿器使视线铅直
原联邦德国 Breithaupt	Telim	20″		42×	1～1.5mm/100m	有 Teslg、Tecef 两种规格觇板
瑞　士 Wild	ZNL	30″		9×	1/30 000	天顶或天底
日本测机舍	PD3	20″			1/40 000	可向天顶和天底投测
瑞　士 Kern	OL	20″～30″		22.5×	1/50 000	天顶或天底

（一）投点方法

在井口盖板上所选定的点位（一般为3个）处挖30cm×30cm的方孔，将仪器置于该处，另搭木架（与井盖脱离）供观测者站立，仪器整平、对准孔心后，描准井底觇标（移动觇标中心对准视准轴）。投点时，平转照准部，90°为一盘位，全圆测四盘位，每一盘位测一投点，取四盘位投点的重心为一测回投点位置（如图3.11.3.1（a）。每个投点观测四测回，并取四测回的四个点位所构成图形的重心为井下采用投点位置（如图3.11.3.1（b）。然后再将井下点位顺视线引至井盖定出相应的点位。

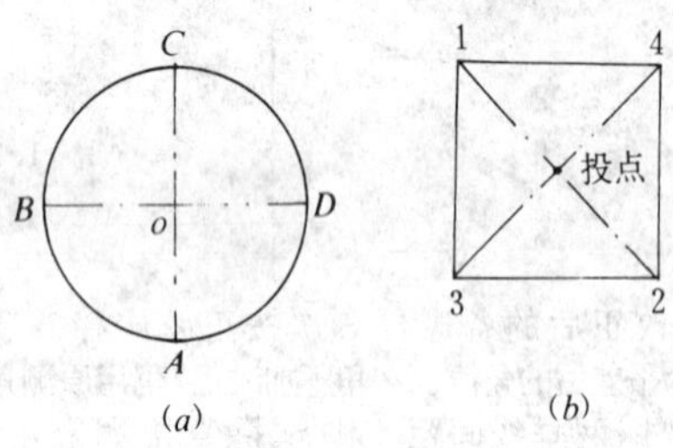

图 3.11.3.1

（二）投点结果

1. 四测回投点构成的图形面积仅1cm²左右，表明仪器垂准误差（瞄准、视轴等垂准误差）限定在一定范围；

2. 井上两点与井下对应两投点长度之差<2mm，表明投点是可信的。

（三）垂准精度

图3.11.3.1（b）为待测点四测回投点的误差图形。设3～2为X轴正方向，则根据各点对应于投点的坐标差（改正数），按似真误差求观测值中误差的计算公式$m=\pm\sqrt{\frac{[VV]}{n-1}}$得出1测回投点中误差$m\approx$5～10mm，四测回平均值投点中误差$M=3$～5mm，若采用三个投点来传递坐标、方位，则因投点误差引起的中误差还可减少。

据此，并与传统方法相比，认为光学垂准采用三投点、四测回传递坐标、方位可将投点中误差限制在5mm以内，能够满足长隧深井（400m以内）测量的精度要求。

（四）几点要求

1. 为消除因竖轴偏差，除每测回均应重新严格置平、对中外，还应事先沿仪器三角基座底板边缘在三脚架顶面划线，每测回投点后应转动基座120°。当点投完后，用钢卷尺丈量井上、井下投点构成图形的对应边长进行校核，其较差应<5mm。

2. 投点时要加强井筒内通风，减少水汽和尘埃的影响，尽量使空气达到清晰程度，而且要有足够的照明设备（矿灯或新闻灯）。

3. 要求井下觇标应是：色泽显明、图案对称，并有足够的面积，此种特制觇标一般有五种图形如图3.11.3.2图案的直径或边长均为50cm，材料采用薄金属片，色彩采用红白或黄白油漆相间。在图形中心穿一能插入大头针的小孔。投点时用厚2～3cm的光滑木板垫在觇标下面，并平置井底地面。使觇标处于水平位置。

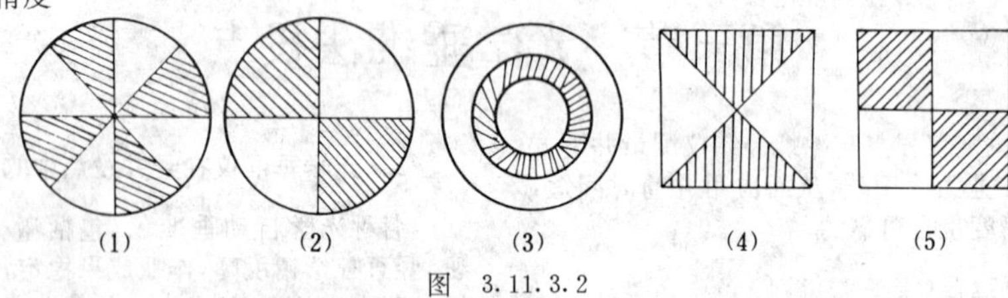

图 3.11.3.2

第四节　陀螺经纬仪定向

一、陀螺经纬仪（表3.11.4.1）

部分陀螺经纬仪主要技术参数表　　表3.11.4.1

国家	厂　名	仪器型号	定向精度（″）	防爆性能	适用工作温度（℃）	电池电压（V）	转子速度（r/min）	摆动周期（min）	动量矩（kg·cm·s）	仪器重量（kg）（仪重/总重）	备　注
中国	西安光学仪器厂	DJ_6-T60	±40			18	21500	9.5	4	2.2/22	安装在DJ_6型经纬仪上
		DJ_2-T20	±20			12			4	20/	
	徐州光学仪器厂	JT-60	±60			18	21500	9.5	4		安装在DJ_{6-1}经纬仪上

续上表

国家	厂　　名	仪器型号	定向精度(″)	防爆性能	适用工作温度(℃)	电池电压(V)	转子速度(r/min)	摆动周期(min)	动量矩(kg·cm·s)	仪器重量(kg)(仪重/总重)	备　　注
瑞士	威尔特(Wild)	GAKI	±20		−40～+50	12	22000	9	1.8	3.8/	安在T_{1-A}、T_{16}、T_2经纬仪上
		ARK-1	±50						1.9		
原联邦德国	芬奈(Ferlel)	TK4	±20		−40～+50						安在FT_{14}经纬仪上
		TK	±35					8	1.2	/50	
		KT1	±25					6	3.7	/85	
		KT2	±30					9	1.8	/47	
原民主德国	福兰贝格(Freilerger Feintcdvik)	MRK-1	±16								
		MRK-2	±20	KB				10～15	2.3	/72	
前苏联		MB_2M	±35	KA				12.5	1.1	/55	
前苏联		MT1	±10～20					11	2.4	/45	
		MBT2	±30	KB				7	1.1	/33	
匈牙利	莫姆(MOM)	Gi-B1	±20		−30～+50	12		11	4	/85	
		Gi-B2	±15		−30～+50	12		11	4	/85	
		Gi-C_1	±30～60		−30～+50	12		8.5	4	/56	
		Gi-C_{11}	±25			24			4	32/	
		Gi-D_1	±30～60		−30～+50	12		8.5	4	/56	
日本	测机舍株式会社	CP-1	±60		30～+50	12	21900			3/	可安在TM—20 TM—10经纬仪上

二、陀螺经纬仪的观测方法

用陀螺经纬仪观测定向边的陀螺方位角时，首先将仪器置于测站，对中整平并使经纬仪正镜位置时的视准轴大致指向北方，以进行近似指北观测，然后进行精确指北观测。确定待定边的陀螺子午线方向角。

(一)近似指北观测

1.两个逆转点法

观测时先将经纬仪视准轴大致指北，然后起动陀螺马达，达到额定转速时，下放陀螺灵敏部，松开经纬仪水平制动螺旋，用手转动照准部跟踪灵敏部的摆动，使陀螺仪目镜视场中移动着的光标像与分划板零刻线随时重合。当接近摆动逆转点时，光标像移动慢下来，此时制动照准部，改用水平微动螺旋继续跟踪，达到逆转点时，读取水平度盘读数 u_1；松开制动螺旋，按上述方法继续向反方向跟踪，达到另一逆转点时，再读取水平度盘读数 u_2，如图3.11.4.1。锁紧灵敏部，制动陀螺马达，旋转照准部，将望远镜置于水平度盘读数为 $N'=\frac{u_1+u_2}{2}$ 处。此时视准轴就指向了近似北方。

此法可使视准轴指向偏离北方向±3′以内，观测时间不超过10min。

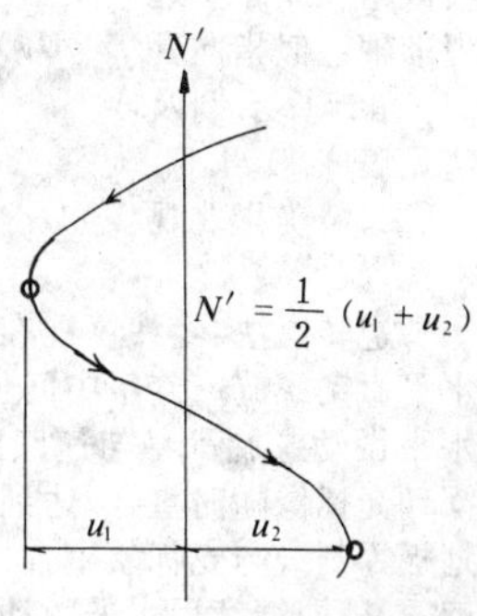

图3.11.4.1

2. 四分之一周期法

起动陀螺马达，达到额定转速后，下放陀螺灵敏部。转动照准部进行跟踪，让陀螺仪目镜分划板零刻线走在光标象之前，当光标像移动速度慢下来(接近第一个逆转点)时，固定照准部，停止跟踪，待光标像与分划板零划线重合时，启动秒表，光标像继续向前移动，到达逆转点后又反向移动，当光标像再次与分划板零刻线重合时，在秒表上读取时间 t。此时不停秒表，用下式计算出时间 T'：

$$T' = \frac{t}{2} + \frac{T_1}{4} \qquad (3.11.4.1)$$

式中，T_1 为跟踪摆动周期，可使用该地区观测值。

松开水平制螺旋继续跟踪，使光标像与分划刻板零刻线始终重合，同时观察秒表读数。当跟踪到 T' 时刻，立即固定照准部，停止跟踪，这时望远镜视准轴就指向了近似北方。图 3.11.4.2 为观测过程示意图。用这种方法进行近似指北观测，可使望远镜指向偏离真北±10′以内，观测时间不超过 6min。

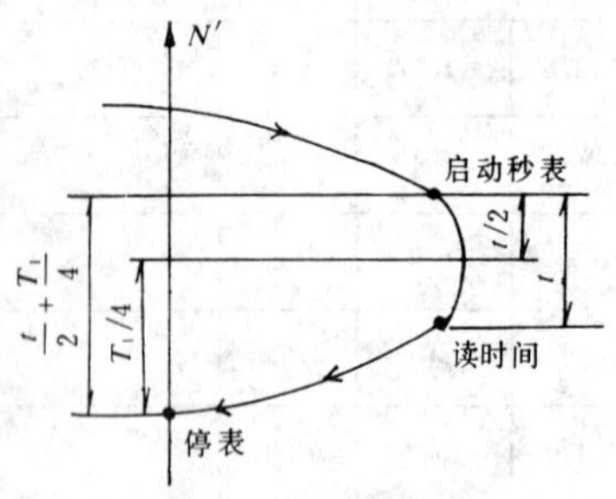

图 3.11.4.2

3. 利用已知方向观测法

如图 3.11.4.3，α_{AB} 为已知。观测时，陀螺经纬仪置于 A 点，正镜瞄准 B 点，读取水平度盘读数 a，然后转动照准部，使读数为 $a-(\alpha_{AB}\pm\gamma)$，γ 为 A 点的子午线收敛角。此时望远镜视准轴近似指向真北。γ 角计算示例及 K 值见表 3.11.4.5。

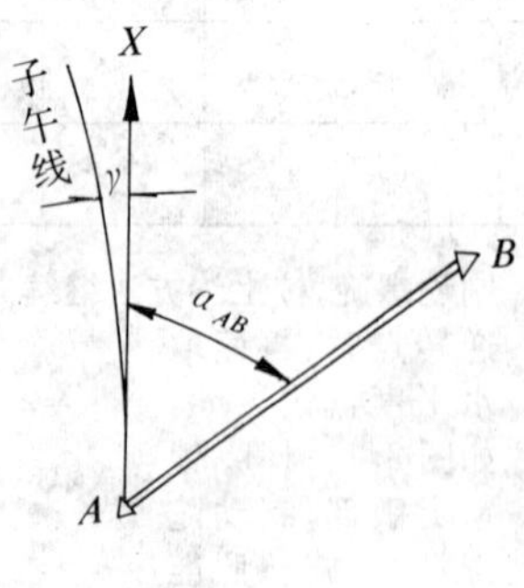

图 3.11.4.3

(二)精确指北观测

1. 逆转点法：经纬仪视准轴固定于近似指北(此时水平微动螺旋应旋至中间位置)后，启动陀螺然后用水平微动螺旋平稳匀速跟踪，使分划板零分划线与摆动光标像随时重合。达到逆转点时，应准确地使分划板零刻线与光标象重合，停止跟踪，读取水平度盘读数。随即继续用水平微动螺旋反向跟踪，读取另一逆转点时的水平度盘读数。依次连续读取 5 个逆转点对应的水平度盘读数。如图 3.11.4.4 最后托起并制动陀螺。

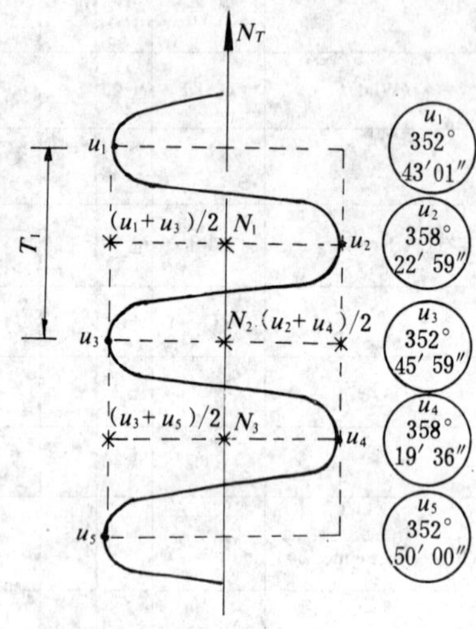

图 3.11.4.4

按 5 个逆转点读数 u_i 求陀螺子午线的水平方向值 N_T，其计算方法见表 3.11.4.2。

表中摆动周期 T_1 与计算无关，它只反映陀螺工作的正常性和用于计算中天法比例常数 C。

2. 中天法：此法是将经纬仪视准轴固定于近似指北方向后，在整个观测过程中，照准部保持不动。观测时，首先读取视准轴在近似指北时水平度盘读数 N'。然后启动陀螺，使摆动光标像的摆动范围在±20 格左右。启动带分离针的专用秒表，连续记录光标线每次经过分划板零刻线的时间 t_i，t_i 称为中天时间。在 t_1 和 t_2 读完后，要分别读取左右摆幅格值 $a_{左}$ 和 $a_{右}$，一次定向一般连续测定 5 次中天时刻。观测完毕，锁紧灵敏部，制动陀螺马达。

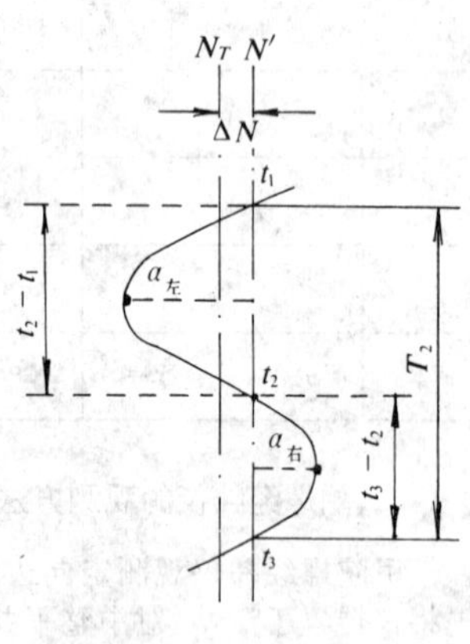

图 3.11.4.5

计算陀螺子午线方向值 N_T 的方法如下(见图 3.11.4.5 和表 3.11.4.3)：

(1)根据相邻两中天时间 t_i、t_{i+1}，求光标在一侧摆动的时间 $(t_{i+1}-t_i)$，并规定左侧摆动时间为正，右侧摆动时间为负。

(2)求相邻两侧摆动的时间差 Δt_i，Δt_i 为左右摆动时间的代数和。

(3)求摆幅子午值 $a_{平}=\dfrac{|a_{左}|+|a_{右}|}{2}$。

表 3.11.4.2

左侧读数	摆动中值	右侧读数
u_1		
$\left(\frac{u_1+u_3}{2}\right)$	$N_1=\frac{1}{2}\left[\left(\frac{u_1+u_3}{2}\right)+u_2\right]$	u_2
u_3	$N_2=\frac{1}{2}\left[\left(\frac{u_2+u_4}{2}\right)+u_3\right]$	$\left(\frac{u_2+u_4}{2}\right)$
$\left(\frac{u_3+u_5}{2}\right)$	$N_3=\frac{1}{2}\left[\left(\frac{u_3+u_5}{2}\right)+u_4\right]$	u_4
u_5		
平均摆动中值 N_T	$N_T=(N_1+N_2+N_3)/3$	
摆动周期 T_1		

(4)计算陀螺子午线方向值：

$$N_T=N'+\Delta N_{平} \qquad (3.11.4.2)$$

而 $\Delta N_{平}=\frac{\sum_1^n \Delta N_i}{n}$ 或 $\Delta N_{平}=C\cdot a_{平}\cdot\Delta t_{平}$

式中，$\Delta N_i=C\cdot\Delta t_i\cdot a_{平}$；$\Delta t_{平}=\frac{\sum_1^n \Delta t}{n}$；$C$ 为比例常数(″/格 s)。

比例常数 C 的求法：

①通过实际观测求算

观测时，将视准轴分别摆在两近似指北的度盘位置 N'_1 和 N'_2，一次偏东 15′，另一次偏西 15′。第一次测得摆幅值 a_1，平均摆动时间 $\Delta t_{平_1}$；第二次测得摆幅值 a_2，平均摆动时间 $\Delta t_{平_2}$。以此列出联立方程：

$$\left.\begin{aligned}N_T=N'_1+C\cdot a_1\cdot\Delta t_{平_1}\\N_T=N'_2+C\cdot a_2\cdot\Delta t_{平_2}\end{aligned}\right\} \qquad (3.11.4.3)$$

解得：

$$C=\frac{N'_2-N'_1}{a_1\cdot\Delta t_{平_1}-a_2\cdot\Delta t_{平_2}} \qquad (3.11.4.4)$$

C 值测定的准确性直接影响陀螺定向精度，所以 C 值应独立测定两次，取平均值为最终值。C 与纬度有关，在实测地点南北各 500km 范围内可认为是常数，超过这个范围须重新测定。求 C 值的实例如表 3.11.4.4。

②用摆动周期 T_1 和 T_2 计算

当 $\Delta N\leqslant 15'$，$\Delta t\leqslant 30s$ 时

$$C=M\cdot\frac{\pi}{2}\cdot\frac{T_1^2}{T_2^2} \qquad (3.11.4.5)$$

陀螺子午线方向值 N_T 表 3.11.4.3

中天时间	摆动时间	时间差	改正数	摆幅	
t	(左+)(右−)	Δt_i	$\Delta N_i=ca_{平}\,\Delta t_i$	a(格)	
(′ ″)	(′ ″)			$a_{左}$	$a_{右}$
t_1					
t_2	t_2-t_1	Δt	$\Delta N_1=c\cdot a_{平}\cdot\Delta t_1$	$a_{平}$	
t_3	t_3-t_2	Δt_2	$\Delta N_2=C\cdot a_{平}\cdot\Delta t_2$	C	
t_4	t_4-t_3	Δt_3	$\Delta N_3=C\cdot a_{平}\cdot\Delta t_3$	不跟踪周期 T_2	
t_5	t_5-t_4				
N	$\Delta N_{平}$	$N_T=N'+\Delta N_{平}$			

测站竖井　　　　　　　　　　　　比例常数 C 测定表　　　　　　　　　　　　表 3.11.4.4

近似陀螺北方向值 N'	中天时间 t (′ ″)	摆动时间 (左+)(右−) (′ ″)	时间差 Δt (″)	摆幅 a (格)	计　　算
	0 00				
		−3 42.7			
N'_1	3 42.7		17.1	10.8	
		3 59.8			
333°40′00″	7 42.5		17.9	12.1	
		−3 41.9			
	11 24.4		18.0		
	15 24.3	3 59.9	(17.67)	(11.45)	$C=\frac{N'_2-N'_1}{\Delta t_{平_1}a_1-\Delta t_{平_2}a_2}$ $=\frac{334°01'54''-333°40'00''}{17.67\times11.45-(-38.30)\times7.40}$ $=2''.71/$格 s
	0 00				
		−4 09.9			
N'_2	4 09.9		−37.9	8.3	
		3 32.0			
334°01′54″	7 41.9		−38.0	6.5	
		−4 10.0			
	11 51.9		−39.0		
		3 31.0			
	15 22.9		(−38.30)	(7.40)	

式中　M——分划板格值；

T_1——跟踪周期，即陀螺运转跟踪时的摆动周期，用逆转点法测定，并取多次观测平均值作为计算值；

T_2——陀螺自由摆动时的周期；

π——圆周率，取 3.1416。

（三）悬带零位测定和改正

悬带零位是陀螺转子不旋转时，扭摆的平衡位置。通过测站的子午线是转子轴摆动的平衡位置。理想情况下，若悬带零位与子午线重合，陀螺转子轴指向北方时，悬带不受扭力，否则悬带受扭，使测得的陀螺方位角带有误差。悬带零位的正常位置应指向北方。因零位通常会发生变化，一般在测前和测后均须作零位观测。

测定悬带零位时，先将经纬仪整平并固定照准部近似指向北方，然后缓慢下放灵敏部，观测光标像在分划板上的摆动，读取摆动到左右逆转点处分划板上的读数，估读至 0.1 格。

在室内检验时连续在 5 个逆转点读取读数(方法同前逆转点法及图 3.11.4.4 所示)，在定向观测时可连续在 3 个逆转点读取读数。计算方法见示例表 3.11.4.6 和表 3.11.4.7 中悬带零位观测栏。同时还需测定自摆周期(左右摆幅各读一个即可)。

如果左和右逆转点读数的衰减均在 0.1 格以内，自摆周期值不变，悬带零位变化在 ±0.5 格以内，可不进行零位校正。只用加零位改正值的方法消除影响，否则应进行校正。校正时旋下陀螺仪上部外壳，可看到悬挂架上端有两组校正螺丝，上面一组用于校正悬挂带上端，下面一组用于校正导流丝上端。在校正之前，首先松开顶部两个固定螺丝，然后对拧校正螺丝，以校正悬挂带为主，完成 3/4 的校正量，1/4 的余量由校正导流丝来完成。反复进行几次，并拧紧所有螺丝后，使悬带零位在目镜分划板的零刻线上。

对于 JG6-T60 陀螺仪定向后所测零位值，不大于一格时可不考虑零位改正，否则应对陀螺方位角加以零位改正。改正值按下式计算：

$$\Delta_a=\frac{D_B}{D_R}\cdot\Delta_B \tag{3.11.4.6}$$

式中，$\frac{D_B}{D_R}=K'$ 为悬带扭力矩系数 D_B 与指向力矩系数 D_R 的比值，一般仪器说明书上给定；Δ_B 为零位变动值。

三、陀螺经纬仪定向测量

定向测量的主要内容包括：在地面已知方位边上测定仪器常数；在定向边上测定该边的陀螺方位角；计算测点的子午线收敛角，以及定向边的坐标方位角；进行定向精度的评定等。

为此，定向前应预先选择井下定向边和测定仪器常数的地面已知边。定向边的边长应大于 30m，点位埋设要牢固。一般以近井点(或连接点)的后视边作为已知边。观测前陀螺经纬仪应按规定项目进行检验和校正。

（一）仪器常数的测定和计算方法

在理想情况下，陀螺轴摆动的平衡位置应和测站真子午线方向一致。但实际上由于仪器结构本身的误差——陀螺轴、经纬仪视准轴和目镜分划板零刻线不在同一竖直面内，因此陀螺经纬仪测定的陀螺子午线与真子午线存在一个差值，此差值称为仪器常数 E。仪器常数 E 等于已知边的大地方位角 α_N 减去该边的陀螺方位角 α_T，即 $E=\alpha_N-\alpha_T$。

如图 3.11.4.6，A 为近井点，B 为后视点，α_{AB} 为 AB 边的坐标方位角，N_T 为一次测定的陀螺方向值，M 为 AB 方向值。

则：

$$E=\alpha_{N(AB)}-\alpha_{T(AB)}=\alpha_{AB}+\gamma_A-\alpha_{T(AB)} \tag{3.11.4.7}$$

式中　$\alpha_{N(AB)}$—AB 边的大地方位角；

γ_A—A 点的子午线收敛角，根据 A 点高斯平面坐标求得，求法见表 3.11.4.5，A 点在中央子午线以东 γ_A 为正，以西为负；

$\alpha_{T(AB)}$—AB 边一次测定的陀螺方位角，

$$\alpha_{T(AB)}=M-N_T+\lambda \qquad (3.11.4.8)$$

其中，λ 为零位改正值。对于逆转点法：

$$\lambda=\lambda_1\Delta\alpha \qquad (3.11.4.9)$$

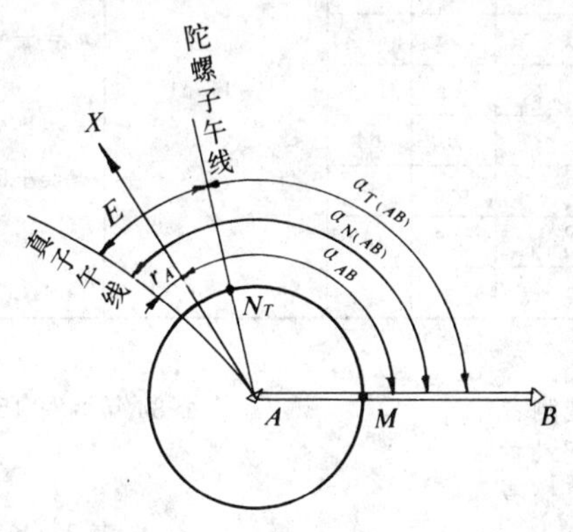

图　3.11.4.6

其中，$\Delta\alpha$ 为零位变动，按下式计算：$\Delta\alpha=m\cdot h$

其中　m——目镜分划板分划值，

h——零位格数，

λ_1——零位改正系数，按下式计算：

$$\lambda_1=\frac{T_1^2-T_2^2}{T_2^2} \qquad (3.11.4.10)$$

T_1——跟踪摆动周期，

T_2——不跟踪摆动周期（与自由摆动周期测法同）。

对于中天法：$\lambda=\lambda_2\Delta\alpha$ (3.11.4.11)

式中，$\Delta\alpha$ 为零位变动；λ_2 为不跟踪零位改正系数，按下式计算：

$$\lambda_2=\frac{T_1^2-T_2^2}{T_1^2} \qquad (3.11.4.12)$$

在井下定向测量前、后，应在地面已知边上各测量 3 次陀螺方位角（当仪器比较稳定时，也可适当减少测量次数）。3 次测量之间，度盘位置须变换 180°/3，并停止陀螺运转 10～15min。6 次测定仪器常数的互差应小于 40″。6 次测定仪器常数的综合成果见表 3.11.4.6。

（二）定向测量与坐标方位角的计算

1. 一次测量陀螺方位角的程序（表 3.11.4.7 和 3.11.4.8）

子午线收敛角系数 K 值　　　表 3.11.4.5

x(km)	K	Δ	x(km)	K	Δ	x(km)	K	Δ	x(km)	K	Δ
100	0.0085	85	1600	0.1390	91	3100	0.2865	110	4600	0.4768	153
200	170	85	1700	1481	92	3200	2975	111	4700	4921	157
300	255	86	1800	1573	93	3300	3086	114	4800	5078	162
400	341	85	1900	1666	93	3400	3200	116	4900	5240	167
500	426	86	2000	1759	95	3500	3316	118	5000	5407	172
600	512	86	2100	1854	95	3600	3434	120	5100	5579	178
700	598	86	2200	1949	97	3700	3554	123	5200	5757	184
800	684	87	2300	2046	97	3800	3677	125	5300	5941	190
900	771	87	2400	2143	99	3900	3802	129	5400	6131	197
1000	858	87	2500	2242	100	4000	3931	131	5500	6328	205
1100	945	88	2600	2342	102	4100	4062	134	5600	6533	212
1200	1033	88	2700	2444	103	4200	4196	138	5700	6745	222
1300	1121	89	2800	2547	104	4300	4334	141	5800	6967	230
1400	1210	90	2900	2651	107	4400	4475	144	5900	7197	240
1500	1300	90	3000	2758	107	4500	4619	149	6000	7437	248

子午线收敛角 γ 按下式计算：

$$\gamma=K\cdot y$$

式中　γ——以分为单位；

y——点的横坐标，km；

k——系数，以纵坐标 x（以 km 计）为引数由表中查取。

算　　例

已知 $x=4435$km，$y=143$km。求 γ。

由表中查得 $K=0.4475+0.0144\times0.35$

$=0.4525$

故 $\gamma=0.4525\times143=64.71$

$=1°04'43''$

陀螺经纬仪仪器常数计算表 表 3.11.4.6

仪器　　编号　　时间　年　月　日

地点	已知边 竖 1～T_2	陀螺方位角					V	VV	仪器常数 $E_{平}=\alpha_N-\alpha_{T平}$ ′ ″	陀螺方位角一次测定中误差
		观测值 α_T				平均值 $\alpha_{T平}$				
			序号	°	′ ″	° ′ ″				
班古坳竖井口	α	下井前	1		20 23		1	1	+1 51	$m=\pm\sqrt{\dfrac{[VV]}{n-1}}$
	158′ 25′ 54″		2	158°	20 29		−5	25		$=\pm\sqrt{\dfrac{362}{6-1}}$
	γ		3		20 32		−8	64		$=\pm 8''.5$
	−3′ 39″									
	$\alpha_N=\alpha+r$	下井后	1		20 12	158 20 24	12	144		
	158°22′ 15″		2	158	20 16		8	64		
			3		20 32		−8	64		
						$\sum$	0	362		

陀螺经纬仪定向记录(逆转点法)见表 3.11.4.7。

测边　竖$_1$～#$_A$　观测者　1984 年 8 月 15 日

记录者

仪器　编号　复核者

表 3.11.4.7

	左方	舒勒平均值	右方	草图
逆转点读数	40°21′29″			
	(20　56)	39°　25′29″	38°30′02″	
	40　20　24	39　25　35	(30　46)	
	(19　57)	39　25　44	38　31　30	
	40　19　30			
	陀螺北方向值	39°25′36″	周期 $T_1=9'18''$ $T_2=7'51''$	

测前零位	左方(格)	中值(格)	右方(格)	测后零位	左方(格)	中值(格)	右方(格)
			−10.6		9.5		
	9.6	−0.5	(−10.6)		(9.5)	−0.5	−10.5
			−10.6		9.5		
	周　期	$T_3=38''$			周　期	$T_3=38''$	

测边方向					
测前	正　镜	155　50　30	测后	正　镜	155　50　32
	倒　镜	335　50　38		倒　镜	335　50　40
	平　均	155　50　34		平　均	155　50　36

项目	数值	观　测　时　条　件
测边方向值	M　155　50　35	观　测　时　条　件
陀螺方向值	N_T　39　25　36	启动时刻:10 时 30 分
零位改正值	λ　−60	停止时刻:11 时 05 分
陀螺方位角	α_T　116　23　59	全部观测时间:0 时 35 分
仪器常数	E　+20	天气:阴
子午线收敛角	γ　−3　12	气温:+21℃
测边坐标方位角	α　116　21　07	风力:无风

陀螺经纬仪定向记录(中天法)见表 3.11.4.8。

(1)在已知边或定向边端点安置陀螺经纬仪,以经纬仪两镜位观测测边方向值 M_1。

(2)测量悬带零位,观测方法见前述。

(3)用逆转点法或中天法测定陀螺方向值 N_T。逆转点法观测 5 个逆转点,摆动中值(舒勒平均值)互差应不大于 15″。中天法观测 5 个中天时间。

(4)再以经纬仪两镜位观测测边方向值得 M_2。M_1 和 M_2 互差不得超过 10″,取 $M=\frac{M_1+M_2}{2}$ 为测边采用方向值。

(5)再次测量悬带零位。

2. 一次定向观测及计算示例

一次定向观测边的陀螺方位角按下式计算:

$$\alpha_T=(M-N_T)+\lambda \qquad (3.11.4.13)$$

式中 M——观测边的经纬仪水平方向值;

N_T——测站陀螺北方向的经纬仪水平方向值;

λ——陀螺仪零位改正值。

实例见表 3.11.4.7(逆转点法)和表 3.11.4.8(中天法)。

3. 井下定向边坐标方位角的计算

如图 3.11.4.6 所示。ab 为井下定向边,则井下定向边的坐标方位角 α_{ab} 为:

$$\alpha_{ab}=\alpha_{T(ab)}+E_{平}-\gamma_a \qquad (3.11.4.14)$$

测边　　20～$\#_A$　　观测者　　　　年　月　日

　　　　　　　　　　记录者

仪器　　编号　　复核者

表 3.11.4.8

N 度盘读数	中天时间	摆动半周期	时间差 Δt	摆幅 a
359°49′30″	t_1 0min00s	$t_右-3^{min}56^s$		
$\Delta N=C\cdot a\cdot\Delta t$	t_2 3 56	$t_左+4$ 13	+17.5	$a_右-22.5$ 格
+08′58″	t_3 8 09	$t_右-3$ 55	+18	$a_左+25.3$
	t_4 12 04	$t_左+4$ 14	+19	
$N_T=N'+\Delta N$	t_5 16 18			
359°58′28″			Δt18.5s	a 23.9 格

	左方(格)	中值(格)	右方(格)		左方(格)	中值(格)	右方(格)
测前零位	+7.8			测后零位	+6.0		
	(+7.8)	−0.3	−7.2		(6.0)	+0.2	−5.6
	+7.8				+6.0		
	周　期	$T_3=43.5$			周　期	$T_3=43.5$	

测边方向				
测前	正　镜	272°34′25″	测后 正　镜	272°34′27″
	倒　镜	92 34 25	倒　镜	92 34 27
	平　均	272 34 25	平　均	272 34 27

项目	数值	附注
测边方向值	M 272 34 26	天气:多云　气温:19℃
陀螺方向值	N_T 359 58 28	启动时刻:15h20min
零位改正值	λ +13	停止时刻:15h54min
陀螺方位角	α_T 272 36 11	C=1.25″/格·S
仪器常数	E +30	$T_1=9'00''$
子午线收敛角	γ −01 25	$T_2=8'09''$
测边坐标方位角	α 272 35 16	

式中 $\alpha_{T(ab)}$——ab 边实测的陀螺方位角,计算方法同前;

r_a——a 点的子午线收敛角,计算方法和正负号规定同前;

$E_平$——6次测定仪器常数的平均值，正负号按(3.11.4.7)式确定。

井下定向边 ab 的坐标方位角还可以用下式计算：

$$\alpha_{ab}=\alpha_{AB}+(\alpha_{Tab}-\alpha_{TAB})+\delta_{\gamma} \quad (3.11.4.15)$$

式中 α_{AB}——井上定向边 AB 的坐标方位角；

α_{Tab}、α_{TAB}——井下和井上定向边的陀螺方位角；

$\delta_{\gamma}=(\gamma_0-\gamma)$ 为地面与地下测站点子午线收敛角之差，其值按下式计算：

$$\delta_{r}=\mu(y_A-y_a)(s)$$

其中，$\mu=32.3\times\tan\varphi$(s/km)，$\varphi$ 为当地纬度，y_A 和 y_a 为地面和地下定向点的横坐标，单位为km。

定向边坐标方位角计算实例见表3.11.4.9。

井下定向边成果计算表 表3.11.4.9

地点	定向边	陀螺方位角			$E_平$ (′ ″)	γ (′ ″)	$\alpha_平=\alpha_{T平}+E_平-\gamma$ (° ′ ″)	$\alpha_原$ (° ′ ″)	$\alpha_平-\alpha_原$ (′ ″)
		观测值 α_T		平均值 $\alpha_{T平}$					
		测定次序	° ′ ″	° ′ ″					
竖井井底	08～09	1	30 46						
		2	206 30 30	206 30 38	+1 51	−2 56	206 35 25	206 34 56	+00 29
精度评定 $m_{\alpha平}=\pm m\sqrt{\frac{n+nE}{n\cdot nE}}$					$m_{\alpha平}=\pm25\sqrt{\frac{8}{12}}=\pm20''$				

井下定向时，应在定向边两端分别测量至少两次，陀螺方位角互差应不超过40″。

四、定向精度评定

定向完毕后，应根据实测成果求出陀螺定向边坐标方位角的中误差，以评定陀螺定向精度。

(一)精度评定的通用方法

由式(3.11.4.14)可知，定向边一次定向的坐标方位角 $\alpha=\alpha_T+E_平-\gamma$，因此 n 次定向的坐标方位角平均值 $\alpha_平=\frac{\sum_1^n\alpha_T}{n}+E_平-\gamma$。由此可得 n 次定向平均值中误差 $m_{\alpha平}$：

$$m_{\alpha平}=\pm\sqrt{\frac{m_{\alpha T}^2}{n}+m_{E平}^2} \quad (3.11.4.16)$$

又 $$E_平=\frac{\sum_1^{n_E}E}{n_E} \quad 则\ m_{E平}=\frac{m_E}{\sqrt{n_E}} \quad (3.11.4.17)$$

所以 $$m_{\alpha平}=\pm\sqrt{\frac{m_{\alpha T}^2}{n}+\frac{m_{E平}^2}{n_E}} \quad (3.11.4.18)$$

式中 $m_{\alpha T}$——一次测定定向边陀螺方位角中误差；

$m_{E平}$——仪器常数平均值中误差；

m_E——一次测定仪器常数的中误差；

n_E——测定仪器常数的次数。

因为陀螺方位角在井上、井下是采用同一仪器和相同方法测定的，所以井上、井下一次测定陀螺方位角的精度可视为等精度。如不考虑地面起始边方位角误差和收敛角 γ 的误差，则一次测定陀螺方位角中误差 $m=m_{\alpha_T}=m_E$，故式(3.11.4.18)可改为：

$$m_{\alpha平}=\pm\sqrt{\frac{m^2}{n}+\frac{m^2}{n_E}}=\pm m\sqrt{\frac{n+n_E}{n\cdot n_E}} \quad (3.11.4.19)$$

式中，m 可根据 n_E 次测定仪器常数的观测值求得，即

$$m=m_E=\pm\sqrt{\frac{\sum_1^{n_E}(E_平-E_i)^2}{n_E-1}}=\pm\sqrt{\frac{[VV]}{n_E-1}} \quad (3.11.4.20)$$

(二)特定情况下的定向精度评定

由于铁路隧道采用独立工程坐标系统后，陀螺经纬仪定向完全是用来测定井上导线边与井下导线边间的夹角来实现将井上定向边的方位角传递至井下定向边的目的，而测角值是以两定向边的方位角差值计算得出，故仪器常数的影响可自行抵消，因而可不作常数测定。子午线收敛角误差很小，也可略去，则陀螺经纬仪定向精度主要取决于陀螺方位角的测定误差。要求每个定向边均需往返观测陀螺方位角，因此在评定一次定向中误差时，可以根据若干条定向边往返观测值较差(或两次独立定向的较差) d_i 并按双观测列平均值的中误差计算：

$$m=\pm\frac{1}{2}\sqrt{\frac{[dd]}{n}} \quad (3.11.4.21)$$

式中，n 为对向定向的边数。

五、有关作业要求和注意事项

(一)有关作业要求

1. 用陀螺经纬仪定向，可采用逆转点法、中天法或其他方法进行。铁路竖井定向以逆转点法为宜，贯通长度不短于300m时，应使用精度不低于20″级的陀螺经纬仪。

2. 地表导线的观测必须选在无风时间(最好是阴天或夜间)；洞内及井下应尽量远离高压线以减少电磁场干扰，并应暂时停止送风以减小气流影响。

3. 由于铁路隧道习惯采用假定独立坐标系统，只需采用井上、井下两测边的陀螺方位角之差计算水平角(井上、下空间、几何角)。因此，一般情况下可不考虑仪器常数和零位偏差的影响。无须测定仪器

常数 E，但应验证仪器常数在上、下井前后无明显变化，对零位偏差也不一定逐站测定，只要确认无变化即可。

4. 在铁路竖井定向中，由于井上、井下定向边大致位于同一竖直面，即井上定向边在井底投影尽可能与井下定向边重合，所以为简化计算，在推算方位时一般可不顾及子午线收敛角的影响。

5. 凡定向边有概略北方位时应尽量利用，以减少粗定向次数，提高工效，减少陀螺运转时间。

(二)仪器使用注意事项

陀螺灵敏部具有较大的惯性，必须注意合理使用，妥善保管，才能保持仪器的精度和寿命。在使用时，须注意下列事项：

1. 必须在熟悉陀螺经纬仪性能的基础上，由有一定操作经验的人员来使用仪器；

2. 在启动陀螺马达达到额定转速之前和制动陀螺马达的过程中，陀螺灵敏部必须处于锁定状态，防止悬挂带导流丝受损伤；

3. 在陀螺灵敏部处于锁定状态，马达又在高速旋转时，严禁搬动和水平旋转仪器。以免损坏仪器；

4. 在使用陀螺电源逆变器时，要注意接线的正确，在没有负载时，不得开启逆变器；

5. 陀螺仪存放时，要装入仪器箱内，仪器不应倒置或躺卧并放入干燥剂；

6. 仪器应存放在干燥、清洁、通风良好的环境里，切忌置于热源附近。环境温度以 10℃～30℃为宜；

7. 井上、井下观测一般应由同一观测者进行。仪器在搬运时要防止颠簸和振动。当用车辆运输时，要使用专用防震包装箱；

8. 观测时仪器和电源部分要避免阳光直接照射，并尽可能在温度变化较小的时间内进行。

第五节　通过竖井传递高程的方法

经由竖井传递高程，是通过测量井深，将井上水准点的高程传递至井下水准点，其方法有钢卷尺导入法、钢丝导入法和光电测距导高法，一般宜优先采用后者；高程传递应独立进行两次(两次置镜)，其互差(加各项改正后)不超过限差时，采用平均值作为测量成果。

井上、井下至少应各有两个水准点来传递高程。

一、钢卷尺导入法

将绕在绞车上(或悬挂在架子上)的长钢尺(一般将若干根短钢尺用尺夹子、线绳或铆接等办法牢固地连接起来，作长钢尺用)的零端放入井中，并在该端悬挂一重锤。重锤的重量应等于钢尺比长时的拉力，一般为 100 或 150N。井上、井下各安一架水准仪，分别读取立于水准点 A、B 上的水准尺读数 a、b 及长钢尺读数 $M(m)$、$N(n)$，如图 3.11.5.1 所示。井上、井下读取 m、n 时，应用通讯联络同时进行，以免受长钢尺上下弹动的影响。变更仪器高，并将钢尺升高或降低一些后重复测量一次。并在井筒上、下口测量钢尺温度 $t_上$、$t_下$。

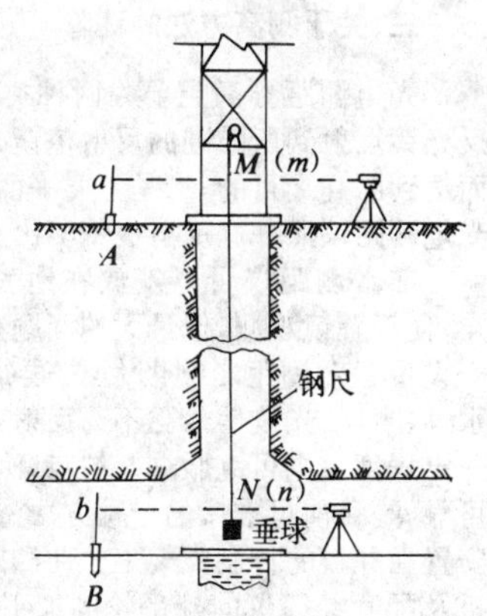

图　3.11.5.1

由图 3.11.5.1 看出，井下水准点 B 的高程为

$$H_B = H_A - h \tag{3.11.5.1}$$

采用长钢卷尺导入法时(钢卷尺零端垂于井下)，井上、下水准点高差，按下式计算：

$$\begin{aligned} h &= (M+m)-(N+n)+b-a+\Sigma\Delta L \\ &= (M+m)-(N+n)+b-a+\Delta L_1+\Delta L_2+\Delta L_t \\ &\quad +\Delta L_k \end{aligned} \tag{3.11.5.2}$$

式中，M 和 N 分别为井上、井下直接读取的长钢卷尺整数读数；m 和 n 分别为井上、井下水准仪照准在小钢卷尺的读数；$\Sigma\Delta L$ 是钢卷尺的总改正数，包括比长、温度、拉力和自重改正数。其计算公式如下述。

(一)钢卷尺自重伸长改正数

$$\Delta L_1 = \frac{W \cdot L}{E \cdot F} \text{或} \Delta L_1 = \frac{\gamma}{E} \cdot \frac{L^2}{2} \tag{3.11.5.3}$$

式中　L——应计算改正数一段钢卷尺的长度(cm)，$L=(M+m)-(N+n)$；

W——L 长的一段钢卷尺质量之半(kg)；

E——钢的弹性系数，采用 1.96×10^5MPa；

F——钢卷尺的横截面积(cm²)；

γ——钢单位体积的质量，$\gamma=7.8\text{g/cm}^3$。

(二)钢尺加重伸长改正数

$$\Delta L_2 = \frac{L(Q-Q_0)}{EF} \tag{3.11.5.4}$$

式中，Q 为重锤质量(kg)；Q_0 为钢卷尺检定时所加的锤质量(kg)。

当钢卷尺下端悬挂的重锤质量等于钢尺比长的拉力时，可不计此项改正。

(三)钢卷尺的温度改正数

$$\Delta L_t = \alpha L(t_平 - t_0) \tag{3.11.5.5}$$

式中，α 为钢卷尺的温度膨胀系数，采用 0.000012；$t_平$ 为井筒内的平均温度；t_0 为钢卷尺检定的温度。

(四)钢尺比长改正数

$$\Delta L_K = K \cdot L \tag{3.11.5.6}$$

式中，K 为钢卷尺每米的比长改正数。

对短钢卷尺相接的情况，还需考虑短钢卷尺间衔接不准的改正。同时，因每根钢卷尺的比长改正不同，故需分别计算。

二、光电测距仪传递高程

光电测距仪传递高程是利用光电测距代替长钢卷尺或长钢丝测定竖直方向的距离(即高差)。操作简单，能大量减轻劳动强度，占用井筒时间短，导入高程精度高，实用性好。

1. 测距仪置于井口，如图 3.11.5.5 所示。

将光电测距仪安置在地面井口跳板上的特制支架上，并使仪器平卧、竖轴水平，直接瞄准井底预置的反射棱镜测出井深 h。然后在井上、下用两台水准仪测出井下水准点高程。

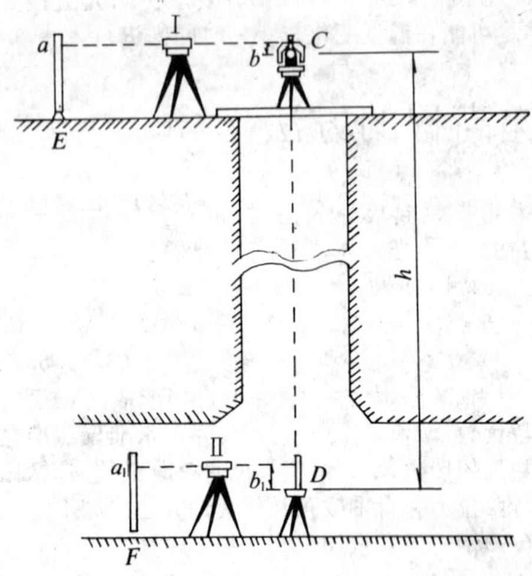

图 3.11.5.2

井下水准点 F 的高程为：

$$H_F=H_E+h_{上}+h_{下}-h=H_E+(a-b)+(b_1-a_1)-h \quad (3.11.5.7)$$

式中，$h=h'(1+R+\delta_{TP})+C$，为经过气象(温度、气压)和加、乘常数改正后的距离值(井深)。

2. 实例：某铁路竖井，采用 DM501 光电测距仪在井口测高。

$h'=421.8895$m　测距仪测深读数

$R=16.60\times10^{-6}$m/m　测距仪乘常数

$C=-13.50\times10^{-3}$m　测距仪加常数

$\delta_{TP}=18.01\times10^{-6}$m/m　气象改正系数

根据 $t=18.0$℃　$P=5.446$Pa，计算求得：

$h=421.889\ 5\times(1+16.60\times10^{-6}+18.01\times10^{-6})+(-13.50\times10^{-3})=421.890\ 6$m

$H_E(H_{竖水3})=600.845\ 2$

$a=1.518$——后视，井上水准点 E(竖水 3)上立尺读数。

$b=0.298$——前视，井上仪器(DM501)发射中心上立尺读数。

$a_1=0.900$——前视，井下水准点 F(水$_{1-1}$)上立尺读数，

$b_1=0.137$——后视，井下反射镜中心上立尺读数，

井下水准点高程：

$$H_F(H_{水1-1})=H_{竖水3}+(a-b)+(b_1-a_1)-h$$
$$=600.845\ 2+(1.518-0.298)+(0.137-0.900)-421.890\ 6=179.411\ 6\text{m}$$

上述为一次观测成果，一般测两次，本例共进行两组，其导入高程实测资料如表 3.11.5.1。

表 3.11.5.1

观测组数		Ⅰ	Ⅱ	Ⅰ	Ⅱ
井上水准点	编号	竖水 3	竖水 3	竖水 3	竖水 3
	高程	600.845 2	600.845 2	600.845 2	600.845 2
a		1.518	1.454	1.454	1.518
b		0.298	0.233	0.233	0.298
h'		421.889 5	421.889 5	421.889 5	421.889 5
气象数据	t(℃)	18	18	18	18
	P(Pa)	5.446	5.446	5.446	5.446
改正后测高 h		421.890 6	421.890 6	421.890 6	421.890 6
b_1		0.137	0.256	0.137	0.256
a_1		0.900	1.019	0.920	1.0395
井下水准点	编号	水$_{1-1}$		水$_{1-2}$	
	高程	179.411 6	179.412 6	179.392 6	179.391 1
	较差	1.0mm		1.5mm	
	平均值	179.412 1		179.391 9	

三、关于测高方法的评荐

光电测距导高主要分两种类型，一是通过平面反光镜反射到所瞄准的反射棱镜，再返回到仪器，从而达到测高之目的；二是不要平面反光镜，直接采用光电测距仪照井底反射棱镜测出井深。

前者测距仪可以安放在地表或井下的适当地点，便于置镜观测，但最大的问题是平面镜的精度及安设位置对测距影响极大，若再加井中有较严重的水气、尘埃，光波信号更不易反射，测距困难；后者在一定程度上则可克服这些缺点，测量精度较高，安全可靠，是目前可推广的一种方法。只是光电测距仪需安置在井口的特制支架上。此测距仪支架可根据主机及配套经纬仪的外部轮廓加工制造，它由托架及脚架组成，测量时将仪器平卧于托架上，使经纬仪竖轴处于水平位置，这样就变平面测距为竖向测距。

四、作业注意事项

1. 平面反光镜的材料、平面度和光洁度的质量，直接影响测程和精度，因此，它必须是平面度在“1”光圈以下的高精度平面镜。镜面应免受水气、滴水的影响。如果竖井漏水较重，则测距仪安置在井上为好，否则应安置在井下，以便于瞄准反射镜。

2. 为保证反射棱镜与平面反光镜(或测距仪)的安置中心对井上、井下位于同一铅垂位置,可按井上、井下出车平台轨道中线和端点为准,量取反射棱镜至井口轨道端点的距离,井下按相同距离安设平面反光镜或反射棱镜。这样做即使有点偏差,对导入高程影响甚小。如深为 400m 的竖井,偏差值 1m,仅有约 1mm 的误差,故可以不考虑测线不垂直改正。

3. 当平面反光镜架设在罐笼上时,应保证其稳定,否则难以观测和瞄准反射棱镜。如迁罐笼不稳定时,可在罐笼与出车平台间加木楔固定。

4. 测距最好是发射、接收和瞄准三镜共轴的全站仪,这样瞄准方便。如果测距仪是分离系统(即发射、接收、瞄准物镜分开),瞄准时必须考虑瞄准标志和发射棱镜的位置差异。

5. 瞄准时可先用矿灯(或新闻灯)在反射棱镜上照明。光电测距时,必须量地面、井下(每 100m)的温度、气压取其平均值,进行气象改正。

6. 用距离差法导入高程,是利用两个观测距离组成距离差,故测距仪本身的加常数,可自行抵消。

第十二章　洞内控制测量

第一节　洞内控制导线的布设

一、洞内导线测量的特点

（一）导线自洞口向洞内是分期、逐次测量建立，并最后贯通的。

（二）洞内测量是在施工条件下进行的，因此防水排水、通风排烟和照明等因素对测量的影响十分重要。

（三）仪器进洞后为适应洞内的温度和湿度必须晾露 30～40min 后才能正常使用，并应擦干仪器和反射器镜面的水气后才宜观测。

（四）受场地和观测条件限制，导线边长一般不可能较长。有时难免采用短边和特殊短边。一旦有条件时，须及时改善短边条件并加以补测，以避免方位误差过大的有害影响。

（五）导线需联测必要的施工中线点，以利及时检查和定正中线。

（六）由于诸多施工因素影响，在利用已测导线点引伸前，必须先检测判明已知点是否位移。

二、导线布设方案

（一）单导线

一般用于小导坑、短隧道。为了检核，导线必须独立进行两次以上的测量。导线角可采用左、右角观测法，如图 3.12.1.1 所示。α 与 β 为 3 号点的左角和右角。观测方法详见本篇第四章第二节有关内容。

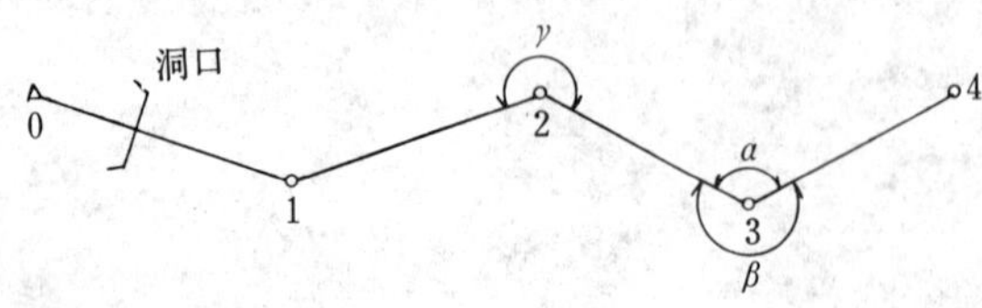

图　3.12.1.1

（二）主副导线环

在洞内测量量距条件有困难时，可以选用。如图3.12.1.3所示。1、2、3…为主导线点，1′、2′、3′……为副导线点；每隔 2～3 条边组成一个闭合环。

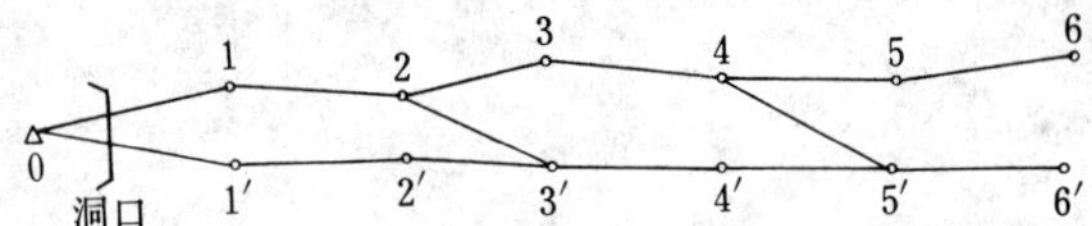

图　3.12.1.2

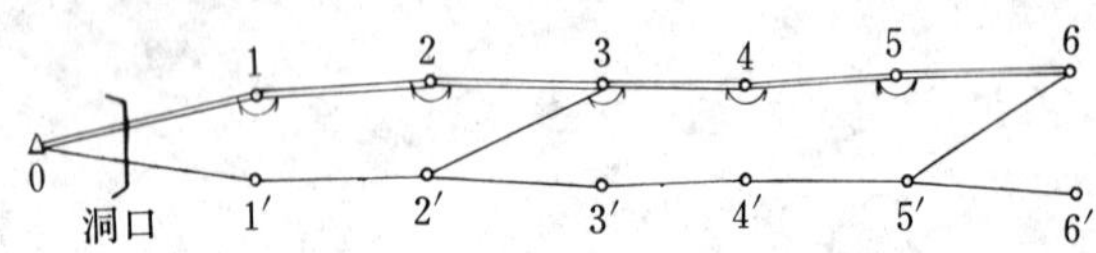

图　3.12.1.3

（三）导线网

限于洞内场地条件，导线网一般形成若干个彼此相连的带状闭合导线环。如图 3.12.1.2 所示。

导线边、角全部观测。

（四）附合导线

隧道贯通后，在未衬砌地段一般可采用单导线附合在两端洞内导线上，在计算实际贯通误差之后，按附合导线进行平差，使贯通误差得到调整。这样处理，既符合规范规定的实际贯通误差应在未衬砌地段调整的原则，又保证了已衬砌地段的中线（受已测导线的控制）不作任何调整。如果贯通误差达到或超过限差时，则不宜首先按附合导线直接处理贯通误差，而应先顾及中线的实际情况，研究调线方法。

三、导线点埋设

洞内导线点的埋设方法和要求与本篇第六章洞外导线点基本相同。

对于洞内导线点，为了保护桩面及标志中心不受损坏，标石顶面应埋在坑道底板面以下 10～20cm 处，上面盖以铁板或厚木板，并在边墙上用红油漆注记点名或里程、用箭头指示桩位。导线点兼作高程点时，铁芯顶面应高出桩面约 5mm。

第二节　洞内导线测角和测边

一、测量前的准备工作

（一）觇准目标设置与照明

1. 觇准目标的设置

测角时的觇准目标基本上以垂球的垂线为准。在垂线的后方用白纸衬窗挡滤灯光，并用仪器脚架

(普通水准仪脚架为宜)作为吊垂球、衬窗和灯炮的支撑架。也可用3根竹竿或铝材管制成支撑架。为便于对中、垂球线在悬挂的架顶应便于移动。

根据不同边长观测的需要,垂球线上可套$\phi4$～5mm的空心线;空心线外还可用白纸裹成$\phi10$～20mm的加粗觇准标志。一般边长在200m以内时,觇准垂球弦线;200～400m时,觇准空心线;>400m时,觇准加粗标志。

衬窗用小木条制成三角形的框,贴上透明瞄图纸即可。

当使用光学对中器强制对中、觇牌作觇准标志时,只需用灯光直接照明觇牌面即可。

2. 照明设置

测角时觇准目标的设置已如前述,灯光通过衬窗照明后,垂球线在视场中十分清晰,而且没有散射光的干扰。灯光一般用100～300W的白炽灯即可。边长大于400m时,也可用碘钨灯。

测边时,可采用白纸板或耐热塑料片,做成喇叭状的灯罩套在灯泡上、对着反射镜面照明即可。

无论测角或测距时,应将观测目标附近的照明灯关闭,以避免视场中强散射光的干扰。

(二)桩点上防排水

对于开挖后涌水量较大的隧道,为了保证仪器和觇准目标能够正确对中和在观测过程中能够可靠检查,需对被水淹没的导线点作好防排水工作。

防排水方法:用粘土在导线点桩面周围扎一个小围堰,将堰中积水排除后,即可照明、对中和检查。堰外积水可引流时,应先引流排放。扎堰粘土应在观测前数小时运至洞内各扎堰的导线点上。

(三)通风

观测前应取得施工单位的协调配合,在观测前半小时加强洞内通风,使烟尘排除、成像清晰。观测过程中应停止放炮。

在烟尘排除不好的情况下,即使测站观测合限,但观测质量往往存在问题。

二、洞内导线测角

洞内导线测角的基本方法仍是方向观测法。当只有两个方向时,也可采用左、右角观测法。观测方法、测回数的选择、观测限差及重测规定均与洞外要求相同,详见本篇第四章有关内容。

洞内测角需特别注意的两个问题:

(一)洞口投点观测

洞口投点观测需特别强调的原因是:投点通常距贯通点最远,因此测角误差对贯通的影响最大;同时,投点又是由洞外引向洞内的测角站,由于测角条件的诸多不利因素,该测站通常不易测得质量良好的成果;此外,该站对洞外联系边的选择不同,也对洞外贯通误差的估算有所不同。为此,对该站测角需加特别重视。

为使洞口投点测角获得较好成果,观测时间宜选在夜间气温较稳定后进行;夜间观测有困难时,可选择气象稳定的阴天观测。进洞后第一对导线点向投点观测时,也宜在相同的条件下进行。

投点所选择的洞外联系边,如果是洞外贯通环边,则洞外贯通误差估算时不含投点测站;如果联系方向是非洞外环边,则洞外贯通误差估算时必须含投点测站的测角误差影响(详见本篇第二章贯通误差估算方法有关内容)。如果洞外、洞内由同一个单位测量,可以按采用环边进洞估算洞外测量的贯通误差;如果不是一个单位测量,宜按非环边进洞估算洞外测量的贯通误差。这样做以策安全并避免争议。

(二)仪器、目标多次置中

因为洞内导线边长较短,仪器和目标的对中误差对水平角观测的影响较大。为减小此项误差影响,导线测角可采用在测回间将仪器和觇标多次重新置中的方法。对于光学对中器在照准部的仪器,可转动照准部180°进行第二次置中;光学对中器在基座上的仪器,可每次转动照准部120°共进行3次置中。每次置中的测回数应相等。若洞内烟尘排除不理想,还可采用两次照准、两次读数的方法,以减小照准和读数误差。关于对中误差对测角的影响可参见本篇第四章第三节有关内容。

三、洞内导线测边

导线边长测量可采用光电测距仪、全站仪和经鉴定的钢卷尺。

(一)测边方法

1. 光电测距

洞内导线边长宜采用中短程光电测距仪或全站仪测量。测距方法、作业要求及精度评定基本上与洞外测距相同。详见本篇第五章第四节有关内容。

2. 2m因瓦横基尺测距

测距方法与洞外相同。洞内观测时,需用灯光照明横尺两端标志。受洞内场地限制视差图形一般只宜采用横尺中点法和横尺端点法。有关测距长度的选择、测回数及视差角精度、测距精度估算见本篇第五章有关内容。

当导线边长不超过200m,测边精度为1/5 000时,可采用横尺中点法,用DJ_2经纬仪,视差角按仿复测法2测回m_φ可达$\pm1''$;若要求测边精度为1/10 000时,则须使m_φ达$\pm0.7''$,按前述测角方法测4测回,且在两组长度较差合格后取用平均值。在洞内曲线地段,导线边长度60～100m,边长精度为1/10 000时,可采用横尺中点法用DJ_2经纬仪按仿复测法2测回,$m_\varphi=\pm1''$;或用端点法、视差角测4测回,$m_\varphi=\pm0.7''$,最后取两组观测长度的平均值。

3. 钢卷尺量距

(1)钢卷尺比长

钢卷尺在洞内量长的方法与洞外基本上相同。对使用的钢卷尺应事先经过室内比长或建立比尺场进行比长,使洞内外量长标准统一。钢卷尺比长后,应确定尺长改正系数。温度改正系数一般可采用普通钢的线胀系数，即 0.000 012 比长方法和量距方法详见本篇第五章。

(2)洞内量距作业方法

①定线打尺段点：尺段长度应较钢卷尺名义长度短 20～50cm；通常地面打不下木桩，可用 200mm 长的铁线钉打点，钉帽中心钻一小眼标志点位中心。丈量后铁线钉可回收再用。

②丈量：零尺端连接弹簧秤，尾端连接紧线器；弹簧秤和紧线器分别用绳索套在两端插入地面用作张拉的花杆上，升降绳索即可调整高度；两端读尺员用垂球线沿尺的刻划线读数。

③定平和读记气温：为保证尺端两端水平在尺段中央用木工水平尺将悬空的钢卷尺定平(指挥两端升降)，同时读记气温。

④串尺：在钢卷尺定平、拉力到位并稳定时，两读尺员同时完成一组读数后，应将钢卷尺串动若干厘米后进行第二组读数。

有关作业技术要求按第五章表 3.5.1.1 执行。

(二)斜井距离测量

斜井距离测量，宜采用光电测距仪，也可采用 2m 因瓦横基尺。当采用钢卷尺沿斜井坡道悬空丈量时，除应测定两端高差(作倾斜改正)、使用检定拉力外，还应使弹簧秤在往测与返测时必须交换上端与下端的位置。由于钢卷尺在倾斜丈量时，其自重对弹簧秤读数影响不同：弹簧秤在上端时丈量长度读数偏大，弹簧秤在下端时读数偏小，尺段长度应取往返丈量的平均值。同时测量各尺段高差、读记气温，进行倾斜改正、尺长改正和温差改正。

(三)测距注意事项

1. 洞内测边使用鉴定过的钢卷尺时，当使用时间较长(一般连续使用 3～6 个月)，或使用中发生意外扭折，对尺长产生怀疑时，应与洞外比尺场重新比长。

2. 钢卷尺在洞内使用中，尺面沾上泥水后必须及时擦干净，否则将会对量距产生丈量长度偏大的系统性误差影响。

3. 测距仪和反射器镜面的水汽必须擦拭干净才宜测距；

4. 如洞内有瓦斯时，测距仪的使用应纳入洞内用电器安全作业的统一考虑之内，按规定采取防爆措施和遵守安全规定。

四、观测精度评定

(一)测角精度评定

1. 单导线

可按各测站两次测角结果的差值评定测角中误差。左、右角观测时，按各测站左、右角平均值的差值评定测角中误差。均可用下式计算：

$$m_\beta = \pm\sqrt{\frac{[d_\beta^2]}{4n}} \qquad (3.12.2.1)$$

式中 d_β——导线角两次测量或左、右角的差值；

n——导线角的测站数。

2. 导线网和主副导线环

(1)角度闭合差：按下式计算

$$f_\beta = \Sigma\beta_i - (n-2)\cdot 180° \qquad (3.12.2.2)$$

(2)角度闭合差的限差：按下式计算

$$f_{\beta限} = \pm 2m_\beta \cdot \sqrt{n} \qquad (3.12.2.3)$$

(3)测角中误差：按下式计算

$$m_\beta = \pm\sqrt{\frac{1}{N}\left[\frac{f_\beta^2}{n}\right]} \qquad (3.12.2.4)$$

(二)测边精度评定

洞内导线测边精度计算，按本篇第五章第一、二、三节的方法进行。

第三节　洞内导线的检测

一、检测的特殊性

洞内导线点通过检测，一是必须判明起算的已知导线点是否发生位移；二是验证起算点的点位精度是否可靠。如果通过检测证实起算点精度不合格或已发生位移，则需首先考虑补测和重测原有导线，之后才能向前引伸新建的导线。否则将可能导致施工中线位置不正确和贯通误差超限，潜藏着极大的危害。由于洞内施工的种种不利因素，检测工作不能一般看待，而需特别重视。

洞内地质因素和施工条件，影响点位位移的可能性较大，常遇的有以下情况：

围岩软弱破碎，尤其软硬分布不匀或膨胀土地层；

上述围岩加上开挖后受地下水流经影响；

洞内爆破影响，尤其导线点位旁扩大爆破影响；

运输出碴、整道、挖底影响。

前两类因素可能长时间影响点位位移，后两类一般为局部或个别点位位移。

由于洞内引起点位位移的因素一般不可避免，位移现象常有发生但又不易察觉，而洞内导线又是随掘进分期逐次建立的，因此每一次建立新导线时，对起算的原有导线点进行检测是十分必要的。

二、检测方法

检测方法一般按原有导线最前端的相邻三点点位、通过同精度测角检测和测边检测。如果角和边的差值均在精度允许范围内，则可认为原导线点的精度和点位均为可信；如果超限则应认为存疑，应沿着原有导线依次倒退检测边角，直至精度合格为止。这时以合格处的导线点作起算点向前建立新导线。经检测不合格部分的导线点坐标成果应予废弃；如果检测结果虽未超过限差，但其差值已大于较差的中误差而接近限差时，亦应依次倒退多检测几站角和几条边，以判明原有成果是否可靠。

如图 3.12.3.1 所示，3、4、5、6 为原有导线点，7 点及以后的是新建立的导线点。这时须先检测角∠4、5、6 和 4～5、5～6 两边，合格后才能利用 6 点坐标以及 5～6 的方位向前起算。

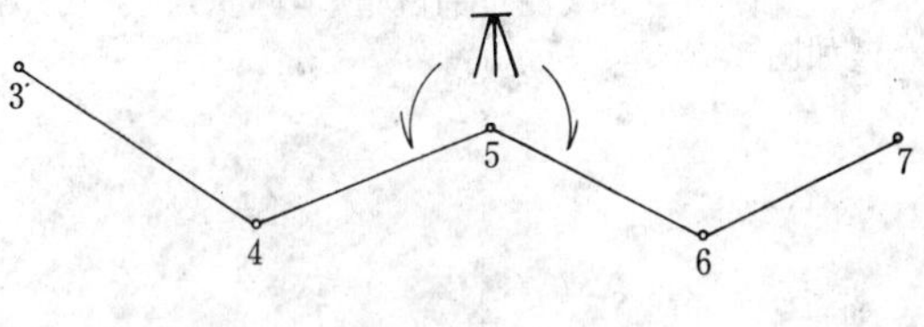

图 3.12.3.1

三、检测要求

检测后，检测角与原测角(观测值)的差值、检测边与原测边(观测值)的差值，应不超过按下式计算的限差：

$$m_d = \pm 2\sqrt{m_{原}^2 + m_{检}^2} \qquad (3.12.3.1)$$

式中 $m_{原}$——原有测角或测边的中误差；

$m_{检}$——检测角或检测边的中误差。

检测时所采用的精度，原则上应不低于原测精度。一般角度检测时的仪器精度及测回数不得低于原测；边长检测时，测距仪精度及测边次数以及附加改正内容应不降低原测要求。

第四节 导线计算

一、观测成果检核

(一)测角手簿检核

各项限差应符合本篇第四章第一节和第四节的有关规定。如果在短边测站采用多镜位置中观测时，方向归零值限差只在同一镜位的各测回中进行比较。

(二)测距手簿检核

钢卷尺量距的各项限差应符合本篇第五章表 3.5.1.10 的要求。

2m 因瓦横基尺测距时的技术要求，应符合本篇第五章第二节的有关规定。

测距仪，全站仪测边时的技术要求应符合本篇第五章第四节及表 3.5.4.1 的规定。

测距仪、全站仪在洞内测边，可采用单方向进行全部测回数的观测，但斜井内须进行对向观测，斜井较深时，还应考虑高程面长度归算改正。

(三)导线网各闭合环角度闭合差的检核

角度闭合差的限差应不超过下式计算值：

$$\omega_\beta = \pm 2m''_\beta \sqrt{n} \qquad (3.12.4.1)$$

式中 m''_β——洞内测量设计的测角中误差(″)；

n——闭合环中的测角站数。

按本章中式(3.12.2.1)和式(3.12.2.4)计算的测角中误差，应不低于洞内测量设计的测角中误差。

以上检核合格后，观测成果方可用于平差计算。

二、平差计算

(一)导线网条件平差

洞内导线网的形式一般是导线环构成彼此相连的带状网。每个环都是三个条件式，即一个角度闭合条件和两个坐标闭合条件。

平差方法及示例见本篇第六章。

(二)导线网间接平差

平差方法及示例见本篇第六章。

(三)其它严密平差方法

还可采用分组平差和相关平差。方法参见本篇第七章有关内容。

(四)近似平差

通常采用先平差角度，之后对坐标闭合差按边长比例分配。方法及示例见本篇第六章。

三、导线坐标计算

洞内坐标轴系一般应与洞外控制测量坐标轴系完全一致，即应为同一个坐标系，直线隧道通常以隧道的线路中线为 x 轴，并使轴线控制点或洞口投点的 x 坐标等于该点的线路里程，施工中使用则十分方便。曲线隧道，通常取某一切线方向为 x 轴。

首次建立洞内导线时，必须对洞口点及有关方位起算点按洞外测量精度检测合格后，才能用以作为洞内导线坐标计算的起算依据；同样，以后每次建立洞内导线时，必须对所使用的已有起算导线点按洞内测量设计精度检测合格后，才能用以推算本次所测导线点的坐标。

用平差结果计算的洞内导线坐标，是提供施工中线测设或定正的依据。

四、利用导线成果测设施工中线

洞内导线测量之后，应及时利用导线坐标成果测设施工中线，并利用测设的中线点检核其位置的正确性。施工中线为直线时，可用正倒镜串线或测角检核；为曲线时，可拨偏角或测偏角检核。

利用导线点按极坐标法测设中线点的方法适用于直线隧道和曲线隧道。具体方法详见本篇第十三章第三节有关内容。

第五节　实际贯通误差的测定与调整

隧道贯通后，经贯通测量所得到的实际贯通误差，包括平面上的纵、横向贯通误差和方位角贯通误差以及高程贯通误差。这些资料不仅是隧道调线地段确定施工中线的依据，同时积累和研究不同测量技术条件下的贯通资料，对贯通理论及计算方法验证，确定贯通限差、改进测量设计以及为测量规范的修订都是极宝贵的。

一、贯通误差的测定方法

(一)纵、横向贯通误差

1. 中线法贯通的隧道

(1)直线隧道

实际贯通误差的测定如图 3.12.5.1 所示。

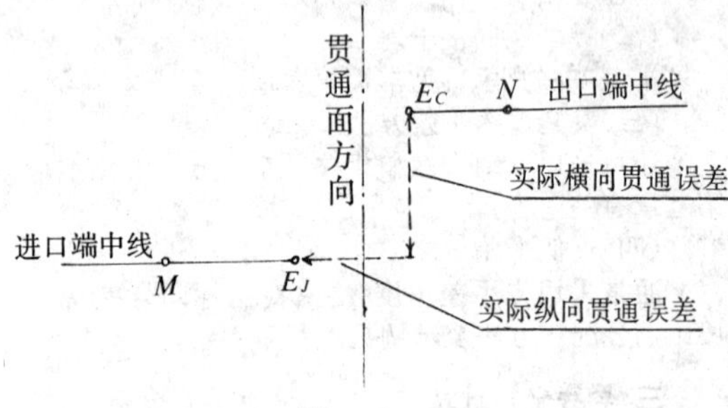

图　3.12.5.1

图中，ME_J 为进口端中线，NE_C 为出口端中线，E_J 和 E_C 分别为进出口端测定的贯通点。连线 E_JE_C 为平面上的实际贯通误差，它在中线上的分量(投影长)为纵向贯通误差，在垂直于中线方向上的分量(即贯通面方向上的投影长度)为横向贯通误差。

(2)曲线隧道

曲线隧道与直线隧道相似，只是贯通面方向是指贯通点(E)所在线路的法线方向。实际贯通误差(E_CE_J)在法线方向的分量(投影长度)即是横向贯通误差；在切线方向的分量(投影长度)即是纵向贯通误差。如图 3.12.5.2 所示。

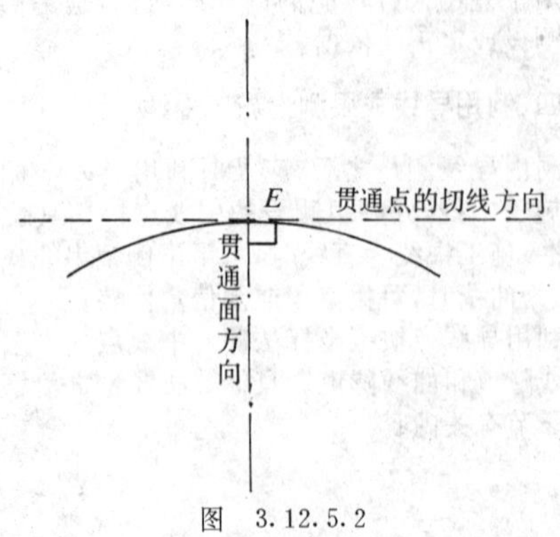

图　3.12.5.2

2. 导线法贯通的隧道

洞内采用导线测量的隧道，实际贯通误差的测定如图 3.12.5.3 所示。

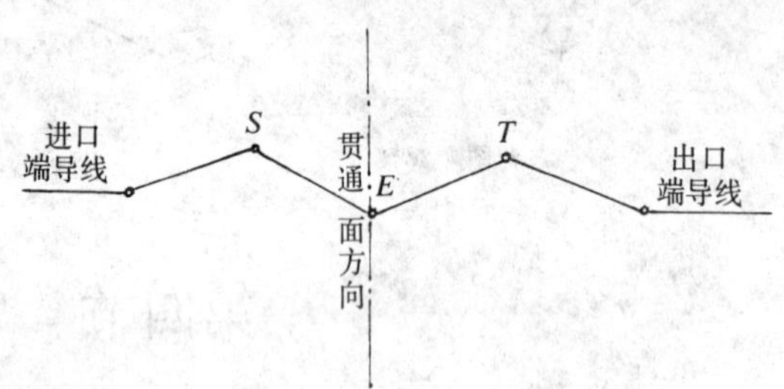

图　3.12.5.3

在实际贯通点附近任选一点 E 作为测量的贯通点、分别由进出口端的导线测出它的坐标，由进口端测得的为 $x_{E进}$、$y_{E进}$，由出口端测得的为 $x_{E出}$、$y_{E出}$，由此算得实际贯通误差(线量)为：

$$f_E=\sqrt{(y_{E出}-y_{E进})^2+(x_{E出}-x_{E进})^2} \tag{3.12.5.1}$$

如果是直线隧道通常选定中线方向为 x 轴时，横向贯通误差即是：$(y_{E出}-y_{E进})$

纵向贯通误差即是：$(x_{E出}-x_{E进})$

如果是曲线隧道，贯通面方向与实际贯通误差(线量)间有一夹角 φ，平面上贯通误差的两个分量为：

横向贯通误差：$f_E\cdot\cos\varphi$

纵向贯通误差：$f_E\cdot\sin\varphi$

φ 角按下式计算：

$$\varphi=\arctan\frac{(y_{E出}-y_{E进})}{(x_{E出}-x_{E进})}-\alpha_{贯面} \tag{3.12.5.2}$$

式中，$\alpha_{贯面}$是贯通面方向的方位角，可根据贯通点在曲线上的位置算得，至于取方位角的正或反方向值由贯通误差(线量)所在象限而定。

方位角贯通误差：用贯通导线将两端洞内导线连通后，对于同一方位边由两端算得的方位角之差即为方位角贯通误差。该误差是洞外和洞内测角误差的总影响，隧道贯通后若再考虑洞外角度误差分配已没有实际意义，洞内已衬砌地段的导线角也不宜再调整，顾及到方位角贯通误差一般不大，通常在几秒至一二十秒的范围内，可以在贯通调线地段的导线上加以分配。这和《测规》规定的调线方法及精度是相适应的。

(二)高程贯通误差

由进、出口端的洞内高程点，分别进测至贯通点附近的高程点 E，得到 E 点的两个高程 $H_{E进}$和 $H_{E出}$，该点的高差($H_{E出}-H_{E进}$)$=f_H$,即为实际高程贯通误差。

二、贯通误差的调整方法

实际贯通误差的调整,按铁路《测规》的规定应在贯通的未衬砌地段、即调线地段进行调整。一般调线地段不小于200m即可。调整后的中线应作为调线地段的衬砌中线和交付运营的中线使用。由于实际贯通误差可在调线地段衬砌前调整,所以隧道衬砌净空,一般无须为贯通误差再预留加宽值。如遇特殊情况,如像衬砌紧跟开挖时,在贯通前100m时,两端需考虑适当加宽衬砌断面,最大加宽值可考虑为贯通限差值的一半,如长度在4km以下的隧道,其最大加宽值为5cm。

(一)按导线法贯通的调整方法

导线法贯通的隧道如图3.12.5.4所示。自进口至g点为进口端已建立的洞内导线,自出口至t点为出口端已建立的洞内导线,它们都已用于测设中线并指导衬砌。$g \sim t$之间为尚未衬砌的调线地段,以附合导线连接在已知导线点g和t上,在测定计算了贯通点E的实际贯通误差后,即可按下述方法和步骤调整:

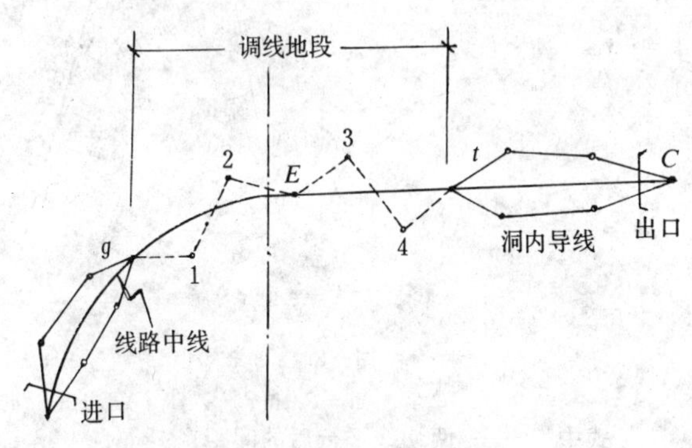

图 3.12.5.4

1. 将方位角贯通误差在贯通导线(调线地段)上平均分配。

2. 按分配后的导线角,以g、t为已知点计算导线坐标,在贯通点上求得贯通误差的两个分量f_x、f_y(对直线隧道而言即是纵、横向贯通误差);

3. 将f_x、f_y在附合导线上,对坐标增量按边长成比例进行改正,得到调整后的坐标;

4. 以调整后的坐标作为未衬砌地段施工中线放样的依据。

亦可在实际贯通误差计算之后,在g、t两已知点间按附合导线进行严密平差,无论采用条件平差或间接平差均可。

(二)按中线法贯通的调整方法

调线地段所处中线位置不同,调线方法亦不同、现分述如下:

1. 折线法调线

当调线地段在直线上时,可采用折线法调整,即在贯通面两端适当距离各选择一个中线点、连接成一条折线,如图3.12.5.5所示。因调线而产生的折角β_1和β_2,在5′以内时,可作为直线线路看待;若折角在5′~25′时,可按表3.12.5.1的内移量将A、B两顶点内移处理;若转折角大于25′时,则应加设半径为4 000m的圆曲线。

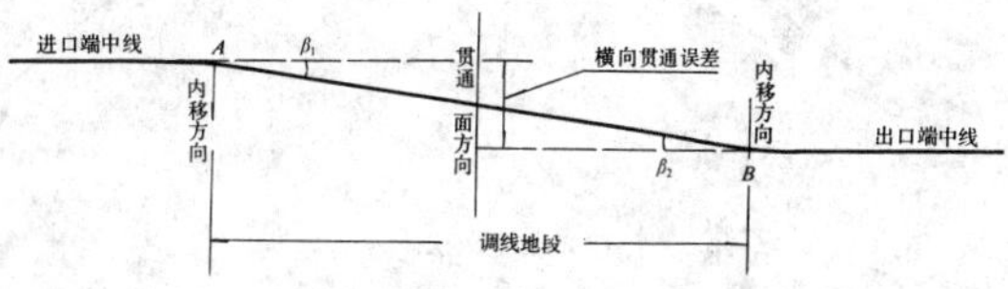

图 3.12.5.5

顶点内移量表 表3.12.5.1

转折角(′)	内移量(mm)
5	1
10	4
15	10
20	17
25	26

2. 圆曲线地段调线

当调线地段全部位于圆曲线时,按实际贯通误差,由两端圆曲线(中线)向贯通面按长度比例调整中线点横向位置,如图3.12.5.6所示。

3. 贯通点在曲线始点或终点附近时的调整

当贯通点在曲线的始点(ZH)或终点(HZ)附近时,调线地段有直线和曲线,须使由曲线延伸至切线的直线部分,与另一端洞口延伸过来的直线是否重合或平行。通常出现的情况是既不重合也不平行。此时,应先将两者调整平行,然后再调整至重合。采用"调整圆曲线长度法"使两者平行,再采用"调整曲线始终点法"使其重合。

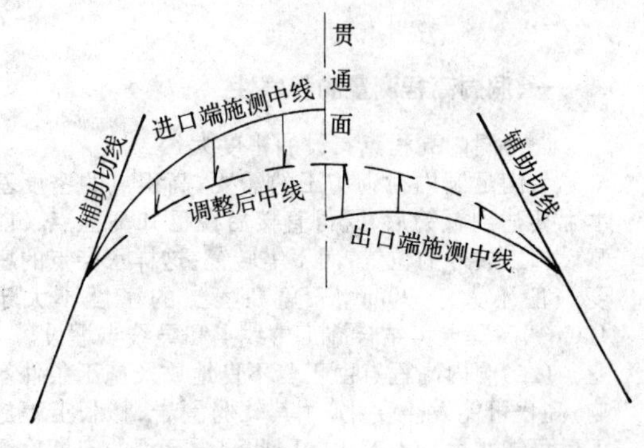

图 3.12.5.6

(1)调整圆曲线长度法

调整曲线端延伸出的切线，使之与另一端直线平行，如图 3.12.5.7 所示。

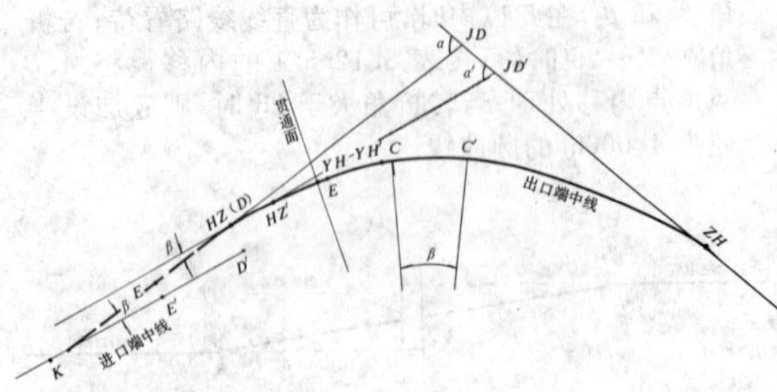

图　3.12.5.7

右端中线过贯通点后继续向前延伸出切线与左端中线将相交于 K 点(实际工作中因 β 角很小不能求交点)，产生一夹角 β，欲使右端的延伸切线与进口端中线平行，其方法是将圆曲线缩短一段弧长，而圆曲线半径和缓和曲线长度均保持不变，使缩短的这段弧长对应的圆心角等于 β，即将圆曲线的中心角减小 β 值。这样，C 点移到 C' 点，YH 点移到 YH′点，(HZ 移到 HZ′，延伸切线 DE 也相应转动了一个 β 角而与左端中线平行。此时交点亦由 JD 移至 JD′，转向角 α 减小一个 β 角而变为 α'，切线长也相应缩短。

图中圆曲线缩短部分 CC' 的近似值，可按下式计算：

$$CC'=\frac{EE'-DD'}{DE}\cdot R \qquad (3.12.5.1)$$

圆曲线中心角的变动值为 β：

$$\beta=\frac{CC'}{R}\cdot\rho'' \qquad (3.12.5.2)$$

令 $EE'=d_1$，$DD'=d_2$，由曲线端延伸出的切线长度 $ED=l$，则式(3.12.5.2)可写成：

$$\beta=\frac{d_1-d_2}{l}\cdot\rho''$$

当 β 角为负值时，圆曲线需减短相应的长度；β 为正值时，圆曲线需增长相应的长度。β 角的精度，主要取决 d_1 和 d_2 的及 l 的测量精度。若 β 角欲达 10″的精度，l 应不短于 60m，d_1 和 d_2 应准确到 1mm；β 角欲达 30″精度，l 不应短于 20m，d_1 和 d_2 应准确到 1mm，l 量至 1cm。

调整平行后应加以检查。由 D 点放出切线，量出一段不短于 20m 的切线长，两端量垂距 d_1 和 d_2，应相等。

(2)调整曲线始终点法

延伸切线与直线平行后，应进一步调整使延伸切线与直线重合，调整方法采用“调整曲线始终点法，如图 3.12.5.8 所示。图中，JD′、HZ′是延伸切线与直线调整平行后的交点和缓直点位置。欲将切线与左端中线重合，只需将曲线的 ZH 点沿其本身的切线方向连同整个曲线推移一段距离 m，此时 ZH 移到 ZH′，JD′移到 JD″，HZ′移到 HZ″，切线亦即与左端中线完全重合。m 值由下式求出：

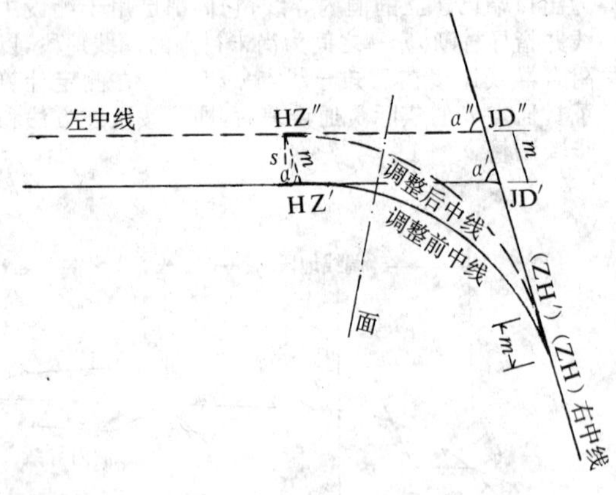

图　3.12.5.8

$$m=S/\sin\alpha' \qquad (3.12.5.4)$$

式中　S——两切线平行后的间距；

α'——切线调整平行后的曲线转角。

第六节　洞内高程控制测量

一、洞内高程测量的特殊性

(一)洞内高程点布设的密度大

为满足洞内衬砌施工的需要，高程点的密度基本上要达到置镜后，既可直接后视已知高程点又能测设施工放样的位置，而不需转镜。这样水准点的密度一般不大于 200m，三角高程点的密度不大于 400m。高程点可结合施工中线点和导线点埋设。

(二)洞内高程点由于受不良地质及施工条件影响，高程可能发生变化，尤其软弱围岩、膨胀土等施工后可能发生较大变化。因此洞内高程的定期检测和衬砌前的及时检测十分重要。引测新的高程点时，必须对已知的起算高程点检测合格。

(三)洞内作三角高程测量时，由于边长较短，观测高差可不作球差改正，但一般须进行对向观测后取平均值。洞内特别适合采用克恩系列仪器及反射棱镜架。当使用别的仪器时，须注意桩面不宜埋设过深且应平整，以便于仪器及反射器量高。

二、洞内高程测量方法

(一)水准测量

水准测量适用于洞内各等级高程精度的测量。

测量方法、仪器及水准尺选配、作业要求及精度评定与洞外相同。详见本篇第九章有关内容。

(二)光电测距三角高程测量

适用于洞内四等和五等精度的高程测量。

测量方法,仪器等级、作业要求及精度评定与洞外基本相同。详见本篇第九章有关内容。

三、高程贯通误差的调整

实际高程贯通误差的调整方法如下:由两端洞内的高程点分别引测至实际贯通点附近的高程贯通点,求得同一点的两个高程值 $H_{进}$ 和 $H_{出}$,其高差($H_{出}-H_{进}$)即为实际高程贯通误差。该项实际误差一般只在未衬砌地段的高程点间进行调整。当两端调整地段长度大致相等时,可取高程贯通点两个高程的平均值作为调整后的高程并在未衬砌地段的各高程点间的高差按长度作相应调整。根据贯通点调整后高程与每一端所测高程之差,分别按高程调整路线的长度比例进行调整,求得调整后的高程。

如图 3.12.6.1 所示。由两端洞口分别测得贯通点的高程值为:

$H_{E进}=517.654\text{m}$　　$H_{E出}=517.678\text{m}$

实际高程贯通误差:$f_h=H_{E出}-H_{E进}=24\text{mm}$

贯通点高程取:

$$H_E=\frac{517.654+517.678}{2}=517.666\text{m}$$

在"进 4"~"出 5"间的未衬砌地段调整。如"进 5"、"出 6"高程的调整值如下:

已测得　$H_{进5}=517.449\text{m}$　　$H_{出6}=517.432\text{m}$

"进 5"的调整值为:

$$517.449+\frac{L_{进4\sim进5}}{L_{进}}\times(H_E-H_{E进})$$

"出 6"的调整值为:

$$517.432+\frac{L_{出5\sim出6}}{L_{出}}\times(H_E-H_{E出})$$

式中,$L_{进}$、$L_{出}$ 分别为进口端和出口端调整高程地段的路线长度。

其余高程点的调整方法相同。最后以调整后的高程作为未衬砌地段施工放样的依据。

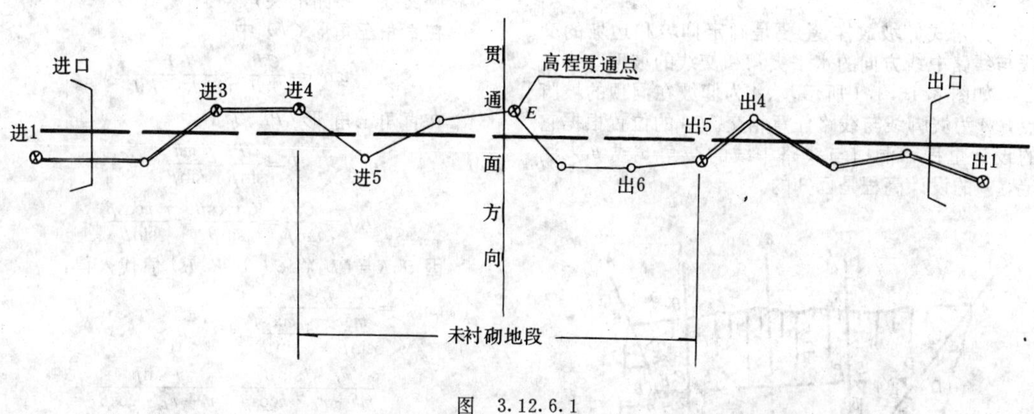

图　3.12.6.1

第十三章　隧道施工测量和竣工测量

第一节　隧道洞门仰坡放样

仰坡和边坡在坡面上的放样方法相同。即先把仰坡的坡脚线(相当于边坡的路肩线)按设计文件在地面上确定下来,知道坡脚线的高程和平面位置以后,再根据规定的仰坡坡度,即可定出坡顶线。本节重点介绍是仰坡与边坡连接部份的放样。

隧道洞门仰坡和线路边坡的连接形式有方角式和圆角式两种。

一、方角式仰坡放样

方角式仰坡放样,主要是确定仰坡和边坡的交线与线路中线方向的水平夹角和交线的坡度。

如图 3.13.1.1 所示,C、A 为仰坡在洞顶的坡脚点,CA 为坡脚线与线路任意相交。CA 的位置根据它的设计里程和洞门与线路中线的交角 α 或 β 来测定,CA 的设计高程是已知的。

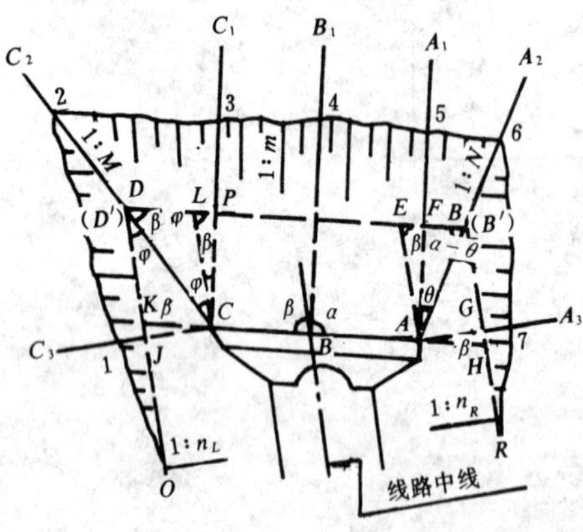

图　3.13.1.1

假设坡脚线 CA 已做好,落在它的设计高程上,且仰坡和边坡的坡面都已做好,那么在 CA 的高程以上 h(m)高处作一水平面,此水平面和三个坡面相交为 OD、DB、BR 三条直线。

通过 CA 线作一水平面,将 B、D 两点投影在此平面上,得 B' D' 两点,B 与 B' 和 D 与 D' 的高差均为 h。CK 和 AH 为 CA 的延线;CL、AE 为线路中线的平行线;CJ、CP、AF、AG 各为 C、A 两点分别向 OD、DB、BR 方向作的垂线,所有这些线都在 CA 的水平面上。仰坡与边坡的交线是 CD 和 AB,这是两条斜线,它们的水平方向为 CD' 和 AB',坡度为 $1:M$ 和 $1:N$。现在我们要求 CD' 和 AB' 与线路方向的夹角 φ 和 θ,以及坡度值 $1:M$ 和 $1:N$。已知的是仰坡坡度 $1:m$ 和边坡坡度 $1:n_L$、$1:n_R$。

图中 $KD'B'H$、$CLEA$ 均为平行四边形。CP、AF 和 CJ、AG 为仰坡及边坡在同一高程 h 处距 C、A 点的水平距离,则 $CP=AF=m\cdot h$;$CJ=n_L\cdot h$,$AG=n_R\cdot h$。

(一)求解 φ 和 θ 角

设 φ 为左侧边坡与仰坡的交线与线路的夹角;θ 为右侧交线与线路的夹角。

在直角三角形 CJD' 中

$$\tan\varphi=\frac{CJ}{D'J}=\frac{CJ}{D'K+KJ}$$

在直角三角形 CPL、CJK 中

$$CL=\frac{CP}{\sin\beta}=\frac{mh}{\sin\beta}$$

$$KJ=\frac{CJ}{\tan\beta}=\frac{CJ\cos\beta}{\sin\beta}=\frac{n_Lh\cos\beta}{\sin\beta}$$

因 $D'K=CL$,将 CJ、$D'K$、KJ 值代入得:

$$\tan\varphi=\frac{n_L\cdot h}{\dfrac{mh}{\sin\beta}+\dfrac{n_Lh\cos\beta}{\sin\beta}}=\frac{n_L\cdot h\sin\beta}{mh+n_L\cdot h\cos\beta}=\frac{n_L\sin\beta}{m+n_L\cdot\cos\beta}$$

$$\left.\begin{aligned}&\text{即 }\varphi=\arctan\frac{n_L\sin\beta}{m+n_L\cos\beta}\\&\text{同理可求得:}\\&\theta=\arctan\frac{n_R\sin\beta}{m-n_R\cos\beta}\end{aligned}\right\}\quad(3.13.1.1)$$

(二)求解 M 和 N

设 M 为左侧边坡与仰坡交线的坡度;N 为右侧交线的坡度。

已知 D、D'(或 B、B')的高差为 h,CD(或 AB)的坡率为 $1:M$(或 $1:N$),则 $CD'=Mh$。

在直角三角形 CJD'、CPD' 中

$$CD'=\frac{CJ}{\sin\varphi}=\frac{CP}{\sin(\beta-\varphi)}$$

将 $CD'=Mh$,$CJ=n_Lh$ 或 $CP=mh$ 代入得:

$$Mh=CD'=\frac{CJ}{\sin\varphi}=\frac{CP}{\sin(\beta-\varphi)}=\frac{n_Lh}{\sin\varphi}=\frac{mh}{\sin(\beta-\varphi)}$$

$$\text{即 }M=\frac{n_L}{\sin\varphi}=\frac{m}{\sin(\beta-\varphi)}$$

同理可得:

$$\left.N=\frac{n_R}{\sin\theta}=\frac{m}{\sin(\beta+\theta)}=\frac{m}{\sin(\alpha-\theta)}\right\}\quad(3.13.1.2)$$

以上四式都是按斜交洞门推导的,如为正交洞

门，则 $\sin\beta=\sin90°=1$，$\cos\beta=0$ 代入即可；如果为正交洞门，且两侧边坡坡率相等（$n_L=n_R$）时，则 $\varphi=\theta$，$M=N$，即左右两侧交线坡率相等；正交洞门当边坡、仰坡坡度均相等时，则边坡、仰坡交线与线路中线方向的水平夹角为 45°，其交线的坡率为 $M=N=\sqrt{2}\times$边（仰）坡坡度。

（三）实地放样的测设方法

先在室内根据设计图纸（或洞门定型图），找出仰坡脚线的设计里程和高程，计算好交线的坡度和方向，然后到现场放样，见图 3.13.1.1。

1. 在地面上定出仰坡坡脚线上的中线桩 B；

2. 置镜 B 点，根据洞门与线路中线的交角 α 或 β 定出坡脚线上 C、A 两点（洞门主墙宽度 CA 由边坡坡度和坡脚线高程推算），并测出 CA 的垂线方向点 B_1；

3. 置镜 C 点，后视 A（或 B）点，顺拨角（$90°+\beta$）定出 CJ 的方向点 C_3；顺拨角（$180°+\beta-\varphi$）定出边坡面与仰坡面交线的方向点 C_2；顺拨角 270°定出 CP 的方向点 C_1；

4. 置镜 A 点，后视 C（或 B）点，顺拨角 90°、（$180°-\alpha+\theta$）、（$90°+\beta$）分别定出 AF、AB、AG 的方向点 A_1、A_2、A_3；

5. 测绘断面 $C-C_3$、$C-C_2$、$C-C_1$、$B-B_1$ 以及 $A-A_1$、$A-A_2$、$A-A_3$；

6. 测 C、B、A 各点地面高；

7. 根据仰坡脚 C、B、A 点的地面高程与设计高程之差，求出各点的挖深，再按边、仰坡及交线的坡率，计算各断面（或在断面图上量取）的水平距离，在地面上放出边桩1,7；仰坡桩3,4,5及交线角桩2,6。

二、圆角式仰坡放样

圆角式是在边坡和仰坡相交处用锥体面连接，见图 3.13.1.2(a)，锥顶为 C、A 点，水平截面的边线为曲线，通常多采用椭圆。此曲线在坡脚线 CA 水平面上的投影，理应连接 J、P 点和 F、G 点（参见图 3.13.1.1），为了计算简易且不妨碍工程质量，用曲线连接 J、L 和 E、G 点，即将 CL、CJ 和 AE、AG 视为左、右两侧椭圆的长、短半径。

由于 $CL=AE$，$CJ=AG$，所以左、右两个¼椭圆完全相等，将长半径 CL 和 AE 重合起来即成为图 3.13.1.2(b)。

根据椭圆的性质，从长半径方向 AE（或 CL）向

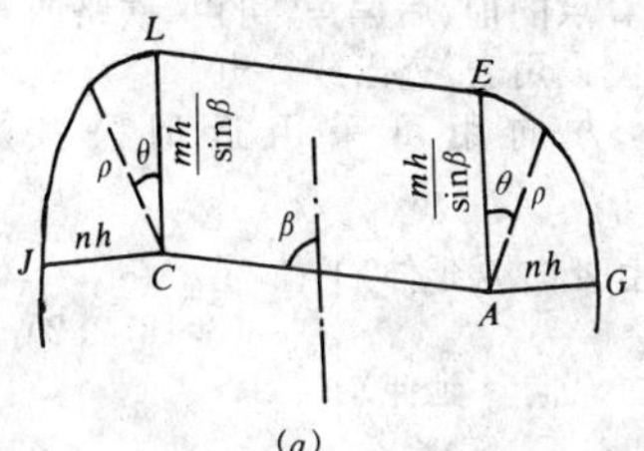

(a)

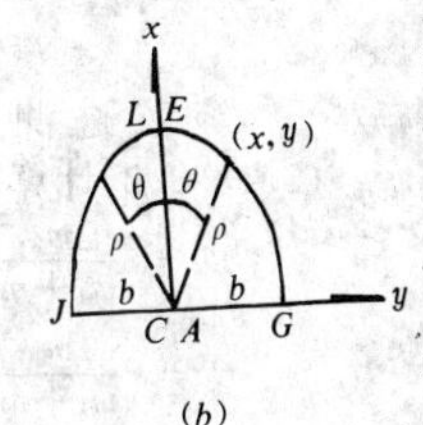

(b)

图 3.13.1.2

右向左偏 θ 角时，两向径 ρ 为等长，两个向径端点的位置是对称于长半径的。因此只需要按照一定的角度 θ 求出向径 ρ 的长度和沿此方向的坡度，按右半边求出的数值即可用于左半边。现求当夹角为 θ 时，向径 ρ 的长度。

椭圆的标准方程为（半径 a 与 x 轴重合，半径 b 与 y 轴重合）：

$$\frac{x^2}{a^2}+\frac{y^2}{b^2}=1$$

现令 $x=\rho\cdot\cos\theta$，$y=\rho\sin\theta$

则 $\dfrac{\rho^2\cos^2\theta}{a^2}+\dfrac{\rho^2\sin^2\theta}{b^2}=1$

于是 $\rho=\dfrac{ab}{\sqrt{a^2\sin^2\theta+b^2\cos^2\theta}}$

代入 $a=\dfrac{m\cdot h}{\sin\beta}$，$b=nh$

$$则\ \rho=\frac{m\cdot n\cdot h}{\sqrt{m^2\sin^2\theta+n^2\sin^2\beta\cdot\cos^2\theta}} \tag{3.13.1.3}$$

设沿向径 ρ 的坡度为 1∶N，则 $\rho=N\cdot h$ 代入上式

$$N\cdot h=\frac{mnh}{\sqrt{m^2\sin^2\theta+n^2\sin^2\beta\cos^2\theta}}$$

$$于是\ N=\frac{mn}{\sqrt{m^2\sin^2\theta+n^2\sin^2\beta\cos^2\theta}} \tag{3.13.1.4}$$

放样时一般采用 0°～90°每隔 15°放一坡度线，足以控制连接部位的锥面。将 0°、15°、30°……90°代入上两式分别算得各向径 ρ 的距离和坡率 N 值，即可据以放样。

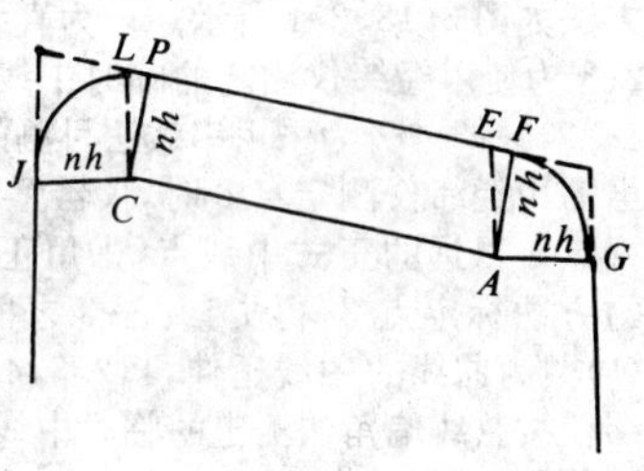

图 3.13.1.3

式(3.13.1.3)、(3.13.1.4)系按斜交洞门，边坡坡率均为 n，仰坡坡率 $m\neq n$ 时推导所得。当两侧坡率不等时，仍可按两公式求算。

当洞门为斜交且 $m=n$ 时，不连接 J、L 和 G、E，直接将 J、P 和 G、F 以圆弧连接即可，如图 3.13.1.3。此时圆的半径为 nh，任何向径 ρ 均为 nh，各向径的坡度都是 1∶n。

当洞门为正交洞门，且 $m=n$ 时，则

$$a=\frac{mh}{\sin90°}=\frac{nh}{\sin90°}=nh=b$$

即椭圆变为圆，各向径 ρ 的坡度均为 1∶n。

实地测设方法与一般边桩放样相同，当坡脚点 C、A 已定出，只需每隔 15°拨出径向方向，用已标出的各向径的坡度即可放桩。

第二节　导坑延伸的中线测量

供导坑延伸使用的临时中线点，一般每 5m 一点，其延伸长度在直线上不大于 30m，在曲线上不大于 20m 时，可用目测的串线法测定。达到上述长度时，一般应当用经纬仪测定一个临时点。测定方法如图 3.13.2.1 所示。(*a*)为直线延伸，1、2、3 为使用经纬仪测定的临时中线点，1—1，1—2，1—3……为采用串线法目测的中线点。当需用经纬仪测定点 3 时，仪器置于点 2，后视点 1 以远的正式中线点，采用正倒镜分中的方法标定点 3，再丈量 2—3 之间的距离；(*b*)图为曲线的中线延伸，1，2，3，4 各点为经纬仪按弦线偏角法测定的临时中线点。在上述每相邻两点间，按每 5m 一点用弦线偏距法的目测串线，量出弦延线及偏距、定中线点，随着导坑的掘进、在依次分别到达 2，3，4 点时，用经纬仪定正。具体计算方法如后述。

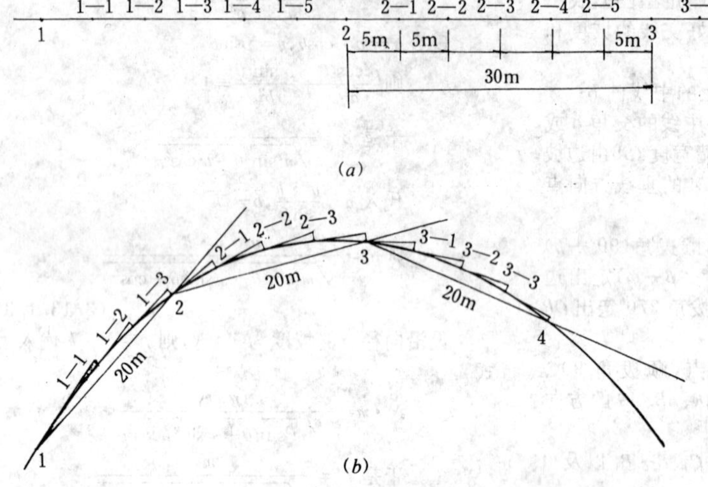

图　3.13.2.1

一、串 线 法

采用串线法测设临时中线时，用以标定测点方向的两悬挂垂线的间距，以 5m 为宜。

（一）串线法测设直线

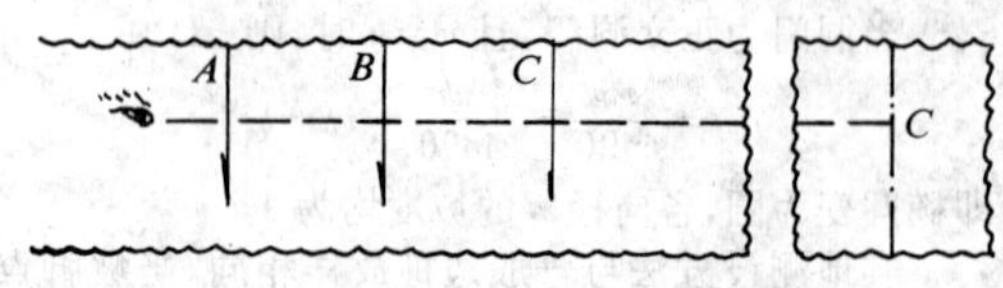

图　3.13.2.2

测设直线比较简单，主要是用目测串通三条垂线，然后丈量距离定点。如图 3.13.2.2，*A*、*B* 为用经纬仪测定的临时中线点，挂上垂线，观测者在 *A* 点后面用 *A*、*B* 垂线形成的视准面，在导坑掌子面上定出 *C* 点。为避免误差过大，最好采用三根吊线以便互相校核。

（二）串线法测设曲线

方向距串线法一般多用于缓和曲线的反向延伸，也可用于正向延伸和圆曲线延伸。

如图 3.13.2.3 所示，串线法是由已经测定的三个临时中线点 *A*、*B*、*C*，在 *AB* 延长方向上量出方向距 *Bb* 定设 *b* 点，利用 *b*、*C* 两点串出 *CD* 的方向，待弦长达到 s_3 长度时，定出临时中线点 *D*。

1. 在缓和曲线上的方向距

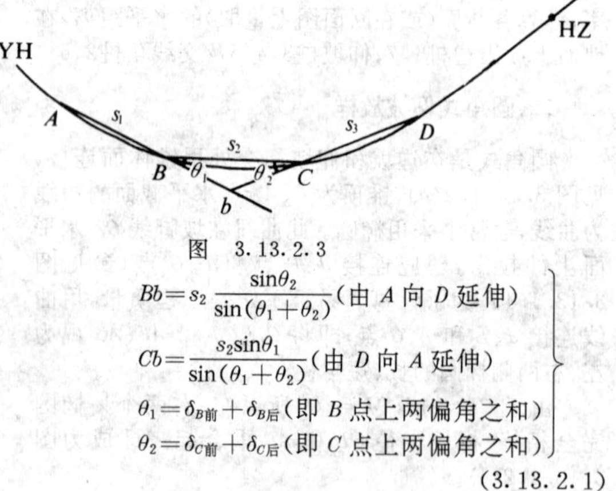

图　3.13.2.3

$$\left.\begin{aligned}Bb&=s_2\frac{\sin\theta_2}{\sin(\theta_1+\theta_2)}\text{（由 }A\text{ 向 }D\text{ 延伸）}\\Cb&=\frac{s_2\sin\theta_1}{\sin(\theta_1+\theta_2)}\text{（由 }D\text{ 向 }A\text{ 延伸）}\\\theta_1&=\delta_{B前}+\delta_{B后}\text{（即 }B\text{ 点上两偏角之和）}\\\theta_2&=\delta_{C前}+\delta_{C后}\text{（即 }C\text{ 点上两偏角之和）}\end{aligned}\right\}\quad(3.13.2.1)$$

式中　*Bb*、*Cb*——方向距；

$\delta_{前}$、$\delta_{后}$——计算点的前、后偏角，可由《铁路曲线测设用表》查出或算出。

等弦进测时，方向距可采用近似公式(3.13.2.2)计算。

$$\left.\begin{aligned}Bb&=s\frac{m_2}{m_1+m_2}\text{（由 }A\text{ 向 }D\text{ 延伸）}\\Cb&=s\frac{m_1}{m_1+m_2}\text{（由 }D\text{ 向 }A\text{ 延伸）}\end{aligned}\right\}\quad(3.13.2.2)$$

式中　*s*——等弦长((m)；

m_1、m_2——分别为 *B* 点和 *C* 点至 ZH(HZ)的站数。

式(3.13.2.2)不适用于缓和曲线的始、末弦、以及相邻的圆曲线的始弦。

2. 在圆曲线上的方向距

$$\left.\begin{aligned} Bb&=s_2\frac{\sin\theta_2}{\sin(\theta_1+\theta_2)}\\ Cb&=s_2\frac{\sin\theta_1}{\sin(\theta_1+\theta_2)}\\ \theta_1&=\frac{s_1+s_2}{2R}\\ \theta_2&=\frac{s_2+s_3}{2R}\end{aligned}\right\}\qquad(3.13.2.3)$$

式中 θ_1、θ_2——弦偏角(弧度)；

s_1、s_2、s_3——分别为$\overset{\frown}{AB}$、$\overset{\frown}{BC}$、$\overset{\frown}{CD}$之弦长(m)。

等弦进测时，方向距可采用近似公式(3.13.2.4)计算。

$$Bb=s/2\qquad(3.13.2.4)$$

式中 s——等弦弦长(m)。

二、切线支距法

导坑在缓和曲线上正向延伸时，宜采用切线支距法。

切线支距法是以过 ZH 或 HZ 点的切线为 x 轴，过切线 ZH 或 HZ 点的垂线为 y 轴，则曲线上任一点 m 可由切线上的相应点 x_m 及其支距 y_m 定出。曲线各点的坐标计算公式如下：

$$\left.\begin{aligned} x&=l-\frac{l^5}{40R^2l_0^2}\\ y&=\frac{l^3}{6Rl_0}\end{aligned}\right\}\qquad(3.13.2.5)$$

式中 R——圆曲线半径(m)；

l_0——缓和曲线全长(m)；

l——ZH(HZ)至测点之曲线长(m)。

当 y 值增大，切线方向落到坑壁上时，可将切线平移一个距离，如图 3.13.2.4 所示。

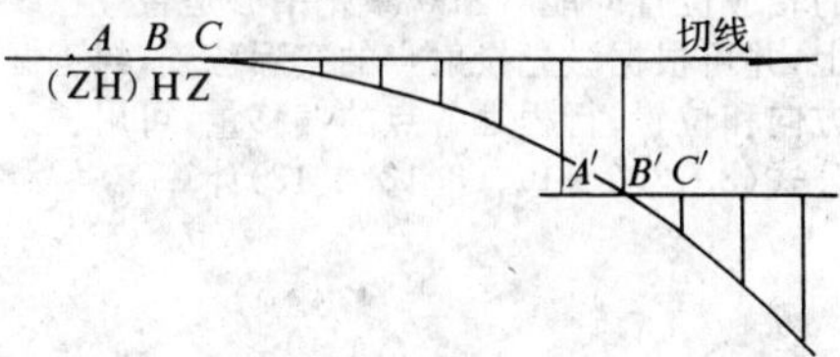

图 3.13.2.4

缓和曲线中间任一点的切线至缓和曲线上其它各点的支距可按公式(3.13.2.6)近似计算(如图 3.13.2.5 所示)。

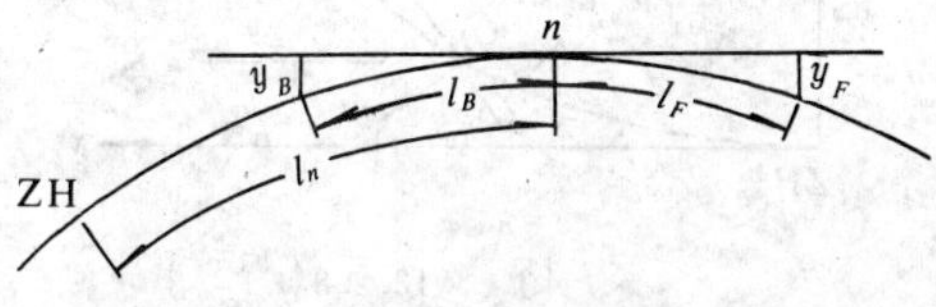

图 3.13.2.5

$$\left.\begin{aligned} y_B&=\frac{l_B^2}{6Rl_0}(3l_n-l_B)\\ y_F&=\frac{l_F^2}{6Rl_0}(3l_n+l_F)\\ x_F^B&=l_F^B-\frac{y_F^{2B}}{2l_F^B}\text{或 } x_F^B\approx l_F^B\end{aligned}\right\}\qquad(3.13.2.6)$$

三、弦线偏距法

如图 3.13.2.6，A、B 为曲线上用仪器测设的两临时中线点，欲向前定出弦长为 S_2 新点 C 时，可用：

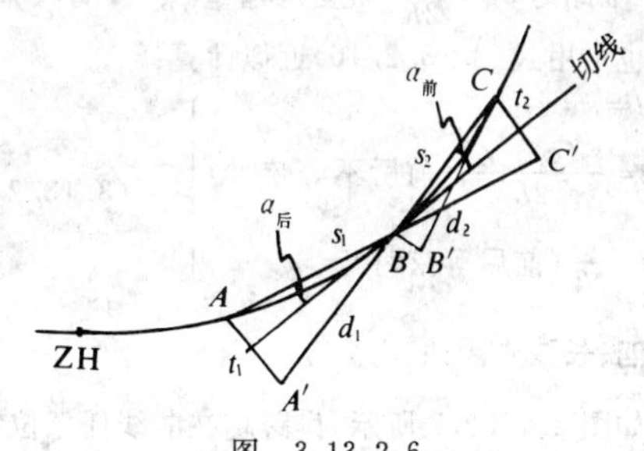

图 3.13.2.6

(一)延弦偏距法

延伸已知的 AB 弦，量出弦延线长度 $BC'=d_2$ 定出 C' 点，然后在 C' 点以弦线偏距 t_2 为半径划弧与从 B 点量出的弦长 S_2 相交于 C 点即为所测中线点。再顺序如法延弦和偏距测设其余各点。

(二)偏距引弦法

根据已知点 A、B 及弦长 S_1，计算弦偏距 t_1 及倒弦延线长 d_1，t_1 与 d_1 距离相交为 A'点，以 $A'B$ 定向延伸按 S_2 的长度定出要测设的 C 点。用同样方法定 B' 点，从 $B'C$ 又向前继续延伸。

延弦长度 d 和偏距 t 计算公式如下：

1. 测设缓和曲线

(1)延弦偏距时

$$\left.\begin{aligned} d_2&=s_2\frac{\cos\alpha_{前}}{\cos\alpha_{后}}\\ t_2&=s_2\frac{\sin(\alpha_{前}+\alpha_{后})}{\cos\alpha_{后}}\end{aligned}\right\}\qquad(3.13.2.7)$$

(2)偏距引弦时

$$\left.\begin{aligned} d_1&=s_1\frac{\cos\alpha_{后}}{\cos\alpha_{前}}\\ t_1&=s_1\frac{\sin(\alpha_{前}+\alpha_{后})}{\cos\alpha_{前}}\end{aligned}\right\}\qquad(3.13.2.8)$$

式中 s_2——前弦长(m)；

s_1——后弦长(m)；

$\alpha_{前}$——前弦(已定前点与待定点连线)偏角

$\alpha_{前}=(3mn+n^2)\cdot i_{10}$；

$\alpha_{后}$——后弦(两已定点连线)偏角

$\alpha_{后}=(3mn-n^2)\cdot i_{10}$

其中 m——已定前点至 ZH(HZ)的长度，以 10m 为单位，

n——观测距离，以 10m 为单位，

i_{10}——铁路曲线基本角。

缓和曲线等弦进测时的近似计算

$$\left.\begin{aligned}d&=s\\t&=\frac{s^2}{R}\cdot\frac{l_B}{l_0}\end{aligned}\right\}\quad(3.13.2.9)$$

式中　s——等分的中线点间距(m)；

R——圆曲线半径(m)；

l_0=缓和曲线长度(m)；

l_B——B 点到 ZH(HZ)点的距离(m)。

2. 测设圆曲线

测设圆曲线时，式(3.13.2.7)、(3.13.2.8)同样适用，唯此时 $\alpha_{前}=\frac{\widehat{BC}}{2R}$(弧度)，$\alpha_{后}=\frac{\widehat{AB}}{2R}$(弧度)。

也可用式(3.13.2.10)近似计算：

$$\left.\begin{aligned}d&=s\\t&=\frac{s_2(s_1+s_2)}{2R}\text{(前后不等弦时)}\\t&=\frac{s^2}{R}\text{(前后等弦时)}\end{aligned}\right\}\quad(3.13.2.10)$$

四、长弦支距法

如图 3.15.2.7 所示，设跨越在曲线任意位置上的弦 BE 为 x' 轴的正方向，以曲线凸出一侧的方向为 y' 轴的正方向，该曲线上任意欲测点 C 的长弦支距 x'_c、y'_c 按下式计算：

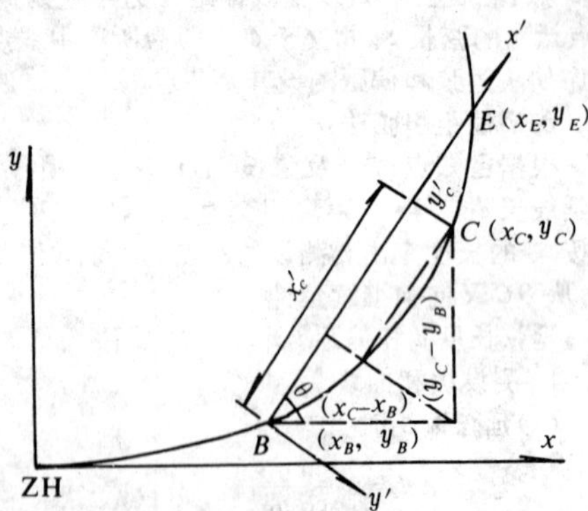

图　3.13.2.7

$$\left.\begin{aligned}x'_c&=(x_C-x_B)\cos\theta+(y_C-y_B)\sin\theta\\y'_c&=(x_C-x_B)\sin\theta-(y_C-y_B)\cos\theta\\\theta&=\arctan\frac{y_E-y_B}{x_E-x_B}\end{aligned}\right\}\quad(3.13.2.11)$$

式中，(x_B,y_B)、(x_C,y_C)、(x_E,y_E)分别为 B、C、E 点的切支距法坐标。如为 10m 整桩可在《铁路曲线测设用表》第三册上查；非整 10m 时，缓和曲线部分按式(3.13.2.5)计算，圆曲线部分按式(3.13.2.12)计算：

$$\left.\begin{aligned}x_C&=R\cdot\sin\alpha_C+m\\y_C&=R(1-\cos\alpha_C)+p\\\alpha_c&=\frac{l_C-l_0}{R}\cdot\frac{180^\circ}{\pi}+\beta\end{aligned}\right\}\quad(3.13.2.12)$$

式中　α_C——HY(YH)至圆曲线 C 点之弧长所对的圆心角与缓和曲线角之和；

l_C——ZH(HZ)至 C 点的曲线长(m)；

R、l_0——同式(3.13.2.9)；

m、β、p——缓和曲线常数。

测设时，长弦 BE 为事先选定，B 为已知。置镜 B 点，用 BE 方位角定出 BE 方向，自 B 点在 BE 方向量出 x'_c，在 x'_c 处放出支距 y'_c 即得 C 点。反测时，长弦支距的坐标为：

$$\left.\begin{aligned}x'_C&=(x_C-x_E)\cos\theta+(y_C-y_E)\sin\theta\\y'_C&=(x_C-x_E)\sin\theta-(y_C-y_E)\cos\theta\end{aligned}\right\}\quad(3.13.2.13)$$

θ 角的计算与正测时相同，此时即以 E 为置镜点，EB 为 x' 轴的正方向，x'_C 自 E 点量出，y'_C 的正负与正测时一致。

五、激光准直仪的应用

隧道开挖采用激光导向，是利用激光器射出的可见激光束的方向来代表望远镜视准轴的方向。当测量人员将指向仪安置到所需要的开挖方向后，施工人员根据观察靶(或光电接收靶)上光点的位置即可调整开挖机械的方向和位置。

在直线地段掘进时，将激光束调整在中线上并平行于线路的坡度即可，激光束的光点落在观察靶的固定点上(一般在靶的中心)，即表示掘进方向和位置正确。

在曲线地段掘进时，一般将激光束调整在曲线的某一割线位置上，如图 3.13.2.8 所示，割线与曲线的两个交点为 B、E，假设掘进机由 B 向 E 沿曲线掘进，BE 的曲线长度称为掘进机的掘进行程。在掘进机沿 BE 曲线掘进中，当掘进机观察靶中心准确位于曲线 n 点时，激光投射的光心应位于观察靶十字线中心的左测，并距十字线中心的水平距离为 y'_n。如果事先按里程将激光投射点的理论轨迹(多按每 2m 一点)分别计算好并标出，贴在掘进机观察靶上，司机按所在位置的里程，看激光投射点是否在此轨迹的相应位置即能判断观察靶中心是否位在线路中线上，并可根据激光投射点的实际位置，纠正掘进机的方向和位置。行程上各点的偏移量，可用长弦支距法公式(3.13.2.11)、(3.13.2.13)计算。

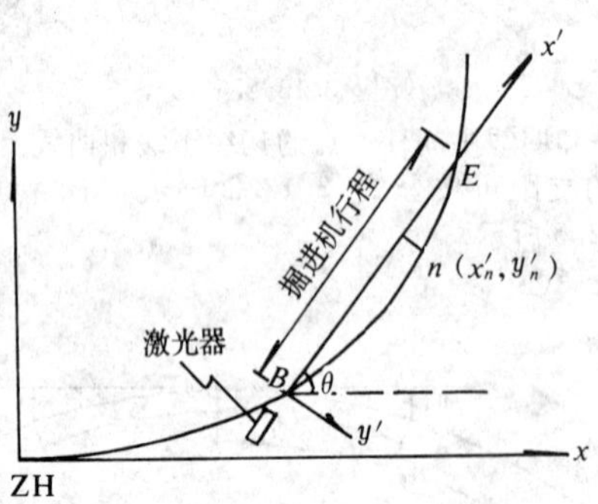

图　3.13.2.8

第三节　中 线 测 量

中线测量在隧道施工过程中，是一项长期的、经常性的工作。就全断面开挖和分部开挖的下部坑道来说，中线测量按先后进程和功用的不同，一般需分为两个层次，即临时中线点和永久中线点，同时两个层次的中线又都需要反复检测和复核。洞内中线测设方法可大致归纳为中线法和导线法两类。导线法是以洞内导线为基础，通常用极坐标法测设各种中线点。中线法测量，对于直线通常采用正倒镜串线法定设；本节不作具体介绍；对于曲线则测设方法较多，本节将着重介绍最常用的偏角法测设。

一、中线测设的内容与要求

（一）临时中线

1. 临时中线的功用

(1)在掘进期临时标定中线的位置；

(2)在局部范围临时传递中线方向和里程；

(3)衬砌时作为永久建筑物定位(放样)的依据。

2. 测设要求

(1)用经纬仪测设方向，距离两次测量相符；

(2)点间距：须与永久中线统筹考虑。

坑道掘进期：直线 20～40m 一点，30m 为宜；曲线 10～30m 一点，20m 为宜。

拱墙衬砌时：直线 20m 一点；曲线 10m 一点。

(3)桩点设置与标志

桩点一般埋设混凝土包木桩钉小钉。点名习惯上用该点的里程标定。

衬砌时的临时中线点，是在永久中线点的基础上用仪器复核或加设的。

（二）永久中线

1. 永久中线的功用

(1)有洞内控制导线的隧道，起着标定中线位置和在局部范围内向前进测中线的依据；

(2)用中线法贯通的隧道，除了有标定中线位置和提供进测依据的作用外，还起着保证贯通精度的作用；

(3)确定衬砌用的临时中线点。是永久建筑物定位(放样)的基础。

2. 测设要求

(1)方向和距离：直线上两组正倒镜串线，合格时分中定点；曲线上正倒镜设角，合格时分中定点。距离独立测量两次。

(2)点间距：直线 90～150m；曲线 60～100m。

曲线上的 ZH、HY、YH、HZ 一般需作为永久点测设。

(3)桩点设置

一般可利用已埋设的临时中线桩按要求测定后使用。

二、中线测设(偏角法)

中线测设方法较多，视隧道施工方法、断面开挖宽度的不同以及曲线设计半径和转角大小的不同，测设方法可有不同选择，一般可供选择的方法有偏角法、弦线偏距法、弦线支距法，其中最常用的方法是偏角法。由于偏角法测设圆曲线的计算比较简单，就不专作介绍，而较详细介绍缓和曲线的测设计算。

（一）在缓和曲线起点置镜测设时的偏角计算

1. 等分测设

缓和曲线测设都是间隔 10m 的等分点，而缓和曲线的设计长度又都是 10m 的整倍数，故各等分点依次编为 1、2、3、……i……N。如图 3.13.3.1 所示，任一等分点 i 的偏角按下式计算：

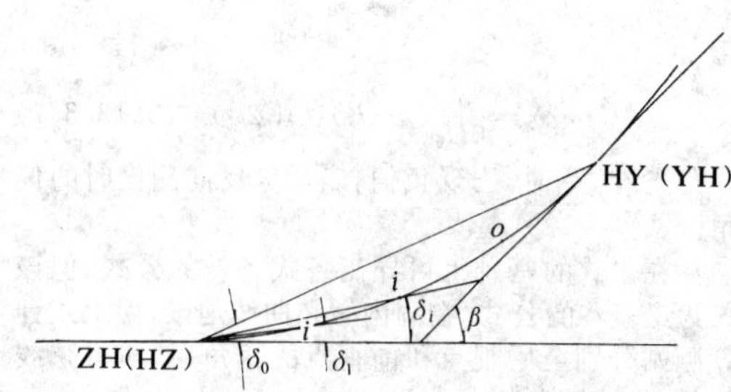

图　3.13.3.1

$$\delta_i = i^2 \cdot \delta_1 \qquad (3.13.3.1)$$

式中，δ_1 为第一个等分点，即 $l_1 = 10\text{m}$ 的偏角又称基本角，按下式计算：

$$\left.\begin{aligned} \delta_1 &= \frac{1}{N^2} \cdot \delta_0 \\ \text{或} \quad \delta_1 &= \frac{57295.78'}{Rl_0} \end{aligned}\right\} \qquad (3.13.3.2)$$

$$\delta_0 = \frac{\beta_0}{3} \qquad (3.13.3.3)$$

β_0 为缓和曲线的螺旋角，按下式计算：

$$\beta_0 = \frac{l_0}{2R} \cdot \rho^\circ \qquad (3.13.3.4)$$

式中　l_0——设计的缓和曲线长度(m)；

R——设计的曲线半径(m)；

ρ°——57.295 779 5°。

2. 非等分测设

隧道施工中有时需要测设某些非 10m 整倍数的点。这时偏角按下式计算：

$$\delta_i = \left(\frac{l_i}{l_1}\right)^2 \cdot \delta_1 \qquad (3.13.3.5)$$

或

$$\delta_i = \left(\frac{l_i}{10}\right)^2 \cdot \delta_1 \qquad (3.13.3.6)$$

式中　l_i——测设点的缓和曲线长度，且为任意长。

如某曲线设计的 $R = 600\text{m}$，$l_0 = 50\text{m}$，求 $l_i =$

46.85m 的偏角。

解：$\beta_0=\frac{50}{2\times600}\times\rho°=2.387\ 324\ 2°=2°23'14''$

$\delta_0=\beta/3=0.795\ 774\ 7°=00°47'45''$

$\delta_1=\frac{\delta_0}{5^2}=0.031\ 831\ 0°=00°01'55''$

因此 $l_i=46.85$m 时：

$\delta_i=\left(\frac{46.85}{10}\right)^2\cdot\delta_1=0022\ 239\ 2°=00°41'55''$

在测设中，置镜缓和曲线起点等分测设时可直接查《铁路曲线测设用表》第三册第六表；非等分测设时，按上例计算。

（二）在缓和曲线任一点置镜测设缓和曲线上其他任一点偏角的基本公式

如图 3.13.3.2 所示，(*a*)为正向测设，(*b*)为反向测设。*J* 为任一置镜点，至 ZH(或 HZ)的曲线长为 l_J；*n* 为任一测设点，至 ZH(或 HZ)的曲线长为 l_n；切线偏角 δ_n 按下式计算：

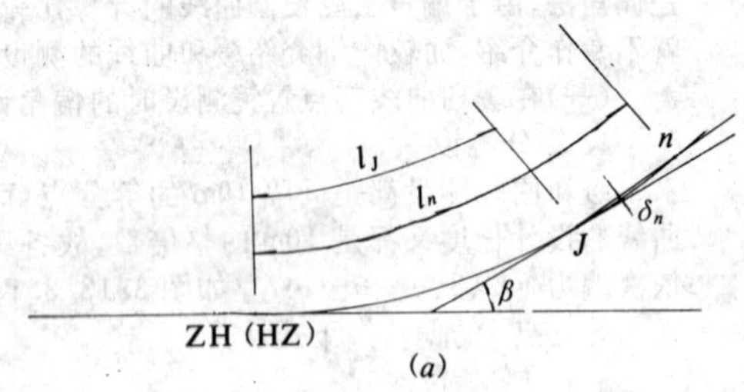

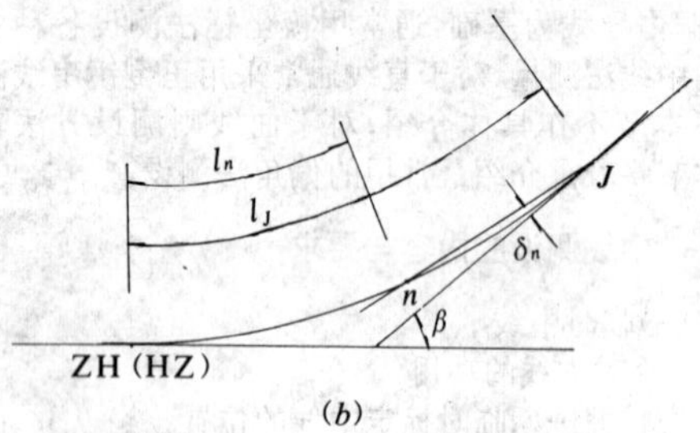

图 3.13.3.2

$$\delta_n=\frac{\rho°}{6Rl_0}(l_n-l_J)(l_n+2l_J)\quad(3.13.3.7)$$

当 $l_n<l_J$ 时，出现负值，表示为反向测设时的偏角。

在上式的基础上可导出各式各样的公式，但该式为最基本的公式。在洞内缓和曲线地段，用上式计算测站分别至后视点和前视点的偏角后，即得弦线偏角，是计算永久中线最基本、最常用的公式。

如某曲线设计的 $R=600$m、$l_0=60$m、求 $l_J=30$m、$l_n=45.5$m 的偏角。

解：代入式(3.13.3.7)计算

$\delta_n=\frac{57.295\ 78°}{6\times600\times60}(45.5-30)(45.5+2\times30)=00°26'01''$

在式(3.13.3.7)的基础上，将测设点至 ZH 的长度换以至测站的长度，所有长度并以 10m 等分点表示时，如图 3.13.3.3 所示。置镜点为 *T*、按 10m 等分点表示的点号为 *t*；正向测设点为 *F*，距测站为 $f\cdot l_1$；反向测设点为 *B*，距测站为 bl_1。*t*、*f*、*b* 均可以是非 10m 的整倍数。则偏角按下式计算：

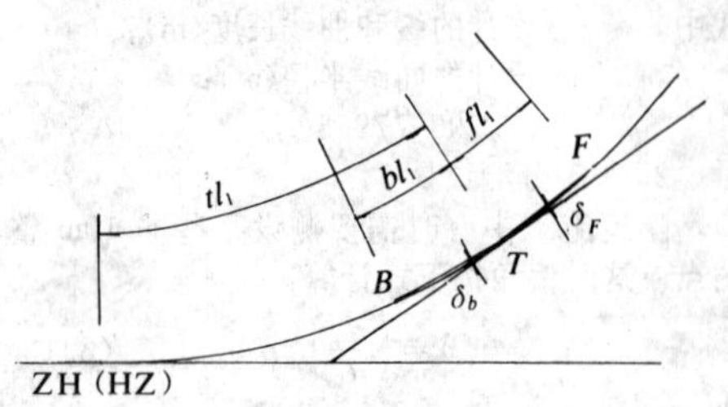

图 3.13.3.3

$$\left.\begin{aligned}\delta_f=\delta_1\cdot f\cdot(f+3t)\\ \delta_b=\delta_1\cdot b\cdot(3t-b)\end{aligned}\right\}\quad(3.13.3.8)$$

如同前例，$t=3$，$f=1.55$，求偏角。

解：$\delta_1=\frac{57\ 295.78'}{Rl_0}=1.591\ 549'$

$\delta_f=\delta_1\cdot f(f+3t)$

$=1.591\ 549'\times1.55\times(1.55+3\times3)$

$=00°26'01''$

按式(3.13.3.8)计算用于洞内测设永久中线较为方便。

（三）偏角乘率公式

偏角乘率公式是把缓和曲线上第一点的偏角 i_{10}(即 $l_1=10$m)作为基本角，可用下面通式表达：

$$\delta_n=B\cdot i_{10}\quad(3.13.3.9)$$

式中，*B* 即为偏角乘率，随不同测设情况而变。i_{10}为基本角，计算如下：

$$i_{10}=\frac{l_1^2}{6Rl_0}\times\rho°=\frac{10^2}{6Rl_0}\times\frac{180\times60'}{\pi}=\frac{57\ 295.78'}{Rl_0}$$

亦即是式(3.13.3.2)所表达的 δ_1。

1. 置镜缓和曲线任意点测设缓和曲线上其他任意点的偏角如图 3.13.3.4 所示。

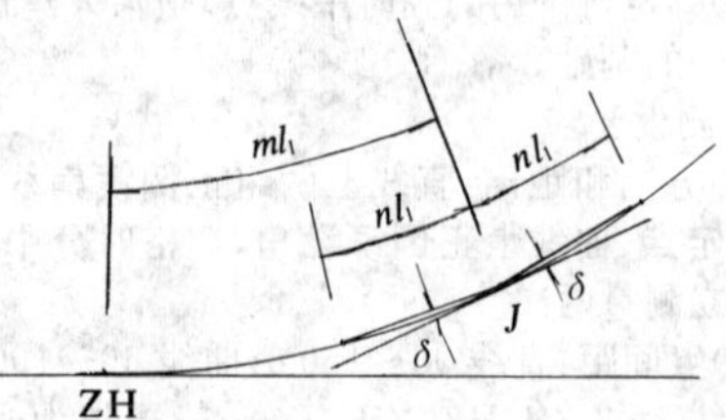

图 3.13.3.4

偏角按下式计算：

$$\delta=(3mn\pm n^2)\cdot i_{10}\quad(3.13.3.10)$$

式中，*m* 和 *n* 均为以 10m 等分点表示的点号，在测设中同样可以是非 10m 的整倍数。正向测设时 n_2 取正值,反向测设时 n^2 取负值。

2. 置镜于圆曲线上任意点测设圆曲线上任意点的偏角

如图 3.13.3.5 所示。偏角按下式计算:

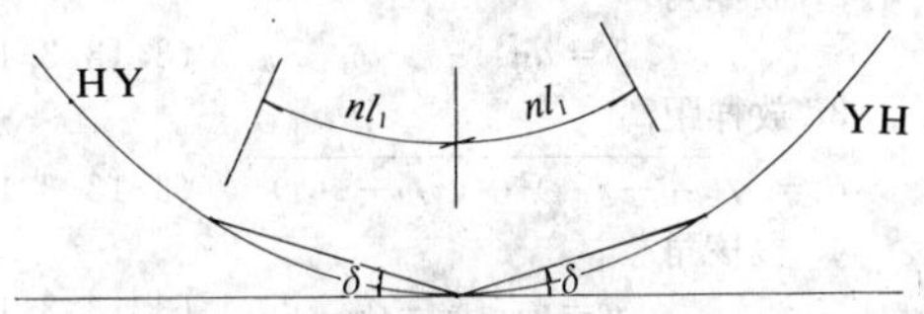

图 3.13.3.5

$$\delta=3Nn\cdot i_{10} \quad (3.13.3.11)$$

式中,N 为缓和曲线等分的段数 $N=l_0/l_1$,$l_1=10m$,n 同样可以是非 10m 的整倍数。

3. 置镜缓和曲线任意点测设圆曲线上任意点的偏角

如图 3.13.3.6 所示。置镜点 J 在缓和曲线上,测设点 D 为圆曲线上任一点距测站为 nl_1,距"缓圆"点为 Ll_1(即圆曲线长)。偏角按下式计算:

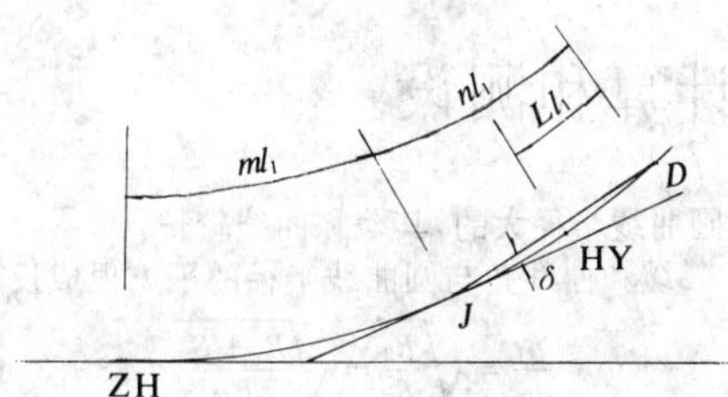

图 3.13.3.6

$$\delta=(3mn+n^2-\frac{L^3}{n})\cdot i_{10} \quad (3.13.3.12)$$

式中,L 为圆曲线长度并以 10m 倍数表示、m、n、L 均可以是非 10m 的整倍数。

4. 置镜圆曲线上任意点测设缓和曲线任意点的偏角

如图 3.13.3.7 所示。置镜点 J 在圆曲线上,测设点 D 在缓和曲线上,距离 m、n、L 如图示均以 10m 倍数表示,但可以是非 10m 的整倍数。

偏角按下式计算:

$$\delta=(3Nn-\frac{L^3}{n})\cdot i_{10} \quad (3.13.3.13)$$

5. 置镜于直线上任意点测设缓和曲线上任意点的偏角

如图 3.13.3.8 所示。偏角按下式计算:

$$\delta=\frac{k^3}{n}\cdot i_{10}$$

$$(3.13.3.14)$$

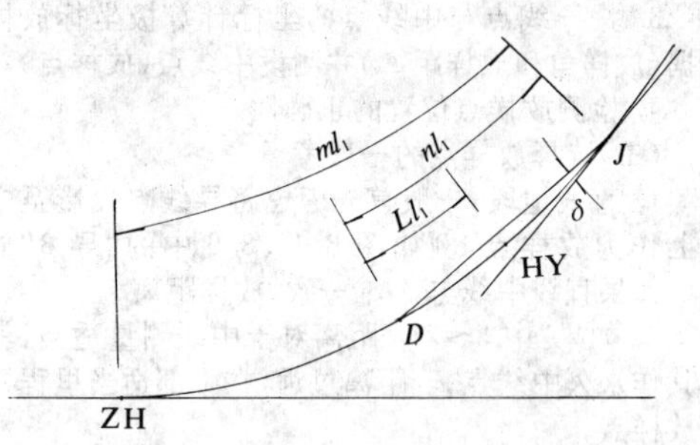

图 3.13.3.7

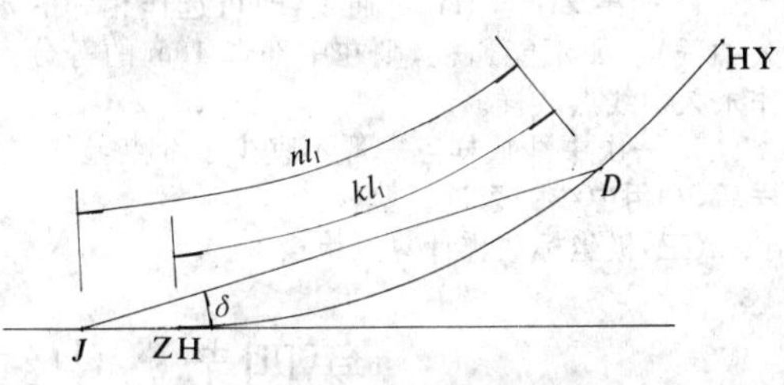

图 3.13.3.8

三、导线法测设中线

用导线进行洞内控制的隧道,其中线是根据导线测设出来的,通常采用在导线点上以极坐标法测设所需要的中线点。故凡导线延伸到的地方,都要按计划设置的中线点密度测设永久中线点。衬砌工程应根据永久中线及其加密的临时中线点放样施工。

临时中线和永久中线的一般点间距,前面已作介绍。当中线超过导线向前延伸达 1~2 条设计的导线边长时,就可以进行一次新的导线延伸测量,以便据以测设正式中线。随坑道掘进,中线与导线间如上循环往复地测设和建立。

(一)利用导线点按极坐标法测设中线点的步骤。

1. 计算欲测设中线点的坐标(包括直线,曲线上的中线点);

2. 选定与欲测设中线点通视并适宜的导线点

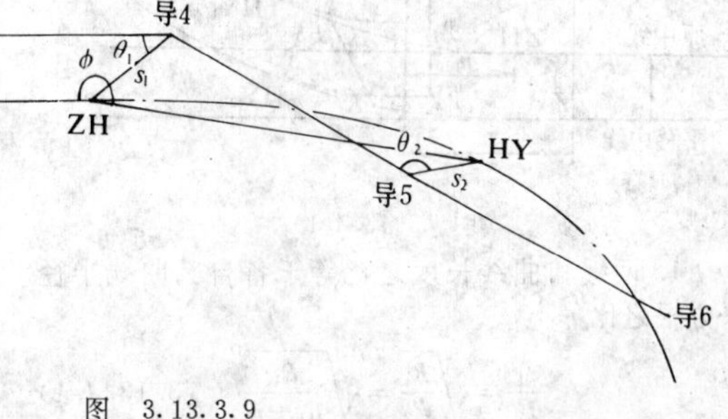

图 3.13.3.9

作置镜点；

3. 按导线点与中线点的坐标计算极坐标放样数据(放样角和放样距离)并测设中线点(放样点)；

4. 检测放样点位置的正确性。

(二)选择放样点的一般考虑

1. 直线地段，一般首先考虑将导线点投影至中线上作为放样点，例如图 3.13.3.9 中的“导 3”放样。如果直线中线与 X 轴一致，放样距离 $s_0=y_{导3}$。

2. 如果“中 3～ZH”距离对于中线测量适当，就取其作永久中线点；若距离过远，在中部适当里程再加放样点。

3. ZH、HY 等曲线控制点应作放样点选择。如图中分别由“导 4”和“导 5”计算放样角和放样距离 θ_1、S_1 和 θ_2、S_2。

4. 如果 ZH 与 HY 可通视，即可选作相邻的永久中线点；如不能通视，则在中部选 10m 的等分点作永久中线点放样。

5. 一次中线放样点一般不宜少于 3 点，以便放样后，利用中线关系进行检核。

(三)极坐标放样计算及检核

如图 3.13.3.9 所示用“导 4”测设 ZH。

1. 放样方位角

$$\alpha_{导4\sim ZH}=\arctan\frac{y_{ZH}-y_{导4}}{x_{ZH}-x_{导4}} \quad (3.13.3.15)$$

2. 放样角

$$\theta_1=\alpha_{导4\sim导3}-\alpha_{导4\sim ZH} \quad (3.13.3.16)$$

3. 放样距离

$$S_1=\sqrt{(y_{ZH}-y_{导4})^2+(x_{ZH}-x_{导4})^2} \quad (3.13.3.17)$$

4. 检核角

$$\varphi=\alpha_{ZH\sim HY}-\alpha_{ZH\sim中3} \quad (3.13.3.18)$$

上式中的两方位角可根据“中 3”、ZH、HY 三点的中线坐标反算而得。对于本例 $\varphi=180°+\delta_0=180°+\frac{\beta_0}{3}$。

洞内用中线法测设曲线在导坑扩大时常常遇到顶柱遮挡后视中线方向，这时若采取后视导线点就较方便。只需算出测站至导线边与过测站点的切线之间的夹角，就仍可测设曲线点，基本上仍是中线法。

第四节　中线侧移计算和测设

施测双线隧道中部导坑中线、侧壁导坑中线、平行导坑中线，以及线路中线上遇到溶洞、流沙等不良地质条件时，都有将线路中线平行侧移的问题。

一、中线侧移后曲线要素的计算

平行侧移后的中线与原线路中线，在直线地段要求严格平行，在圆曲线地段要求按照同心圆关系严格平行，在缓和曲线地段极近似的平行。

如图 3.13.4.1 所示，侧移后两切线平行且相距 S 米；两圆曲线为同心圆，半径之差为 S；在缓和曲线地段，因切线间距和半径之差均为 S 米，两曲线的内移距亦必须相等，即 $p_1=p_2$。按 p 值相等的前提，两缓和曲线要素间必有如下关系：

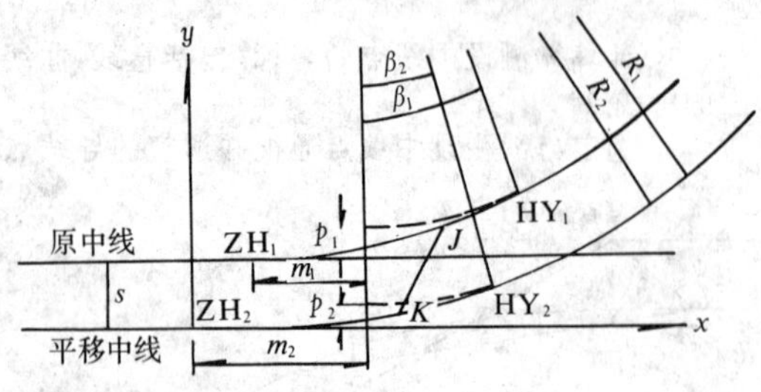

图　3.13.4.1

1. 两缓和曲线长度之比等于各自圆曲线半径平方根之比

$$\frac{l_1}{l_2}=\sqrt{\frac{R_1}{R_2}}=\sqrt{\frac{R_1}{R_1+S}} \quad (3.13.4.1)$$

圆曲线半径大的，其缓和曲线较长。

2. 缓和曲线角与圆曲线半径的平方根成反比

$$\frac{\beta_1}{\beta_2}=\sqrt{\frac{R_2}{R_1}}=\sqrt{\frac{R_1+S}{R_1}} \quad (3.13.4.2)$$

半径大的、β 角较小。

3. 切线增长值 m 与圆曲线半径的平方根成正比

$$\frac{m_1}{m_2}=\sqrt{\frac{R_1}{R_2}}=\sqrt{\frac{R_1}{R_1+S}} \quad (3.13.4.3)$$

半径大的、m 值也较大。

根据式(3.13.4.1)、(3.13.4.2)、(3.13.4.3)，只要已知线路中线的缓和曲线要素、设计半径和要求的平移距，即可计算侧移中线缓和曲线的要素。

二、侧移中线的测设

(一)直线

原中线为直线，侧移间距为 S 时，可在原中线桩上作垂线，测设距离 S 定侧移中线点，按需要和条件间隔一定距离测设三点，以资检核。

(二)圆曲线

圆曲线侧移后为同心圆、间距为 S，但圆心角已有改变。如图 3.13.4.1 所示关系有

侧移后圆曲线所对应的圆心角为：

$$\theta_2=\alpha_1-2\beta_2 \quad (3.13.4.4)$$

侧移后的圆曲线长度：

$$C_2=\frac{1}{\rho^0}\{R_{2i}(\alpha_1-2\beta_2)\} \quad (3.13.4.5)$$

式中　$R_2=R_1\pm S$，向外侧移时 S 取“＋”，向内侧移时取“－”；

α_1——侧移前的曲线转角(与侧移后相等);

β_2——侧移后的缓和曲线螺旋角。

(三)缓和曲线

侧移后缓和曲线的长度和 β 角均有改变。

1. 侧移后缓和曲线起点的定位

如图 3.13.4.1 所示,算出侧移后的缓和曲线要素,在侧移中线上按原 ZH 及纵向移动距离(m_2-m_1),即定出侧移中线的 ZH 点。

2. 侧移后缓和曲线的测设

置镜侧移后的 ZH,即可用偏角法等弦进测。所不同的是:侧移后的缓和曲线长,一般已不是 10m 的整倍数,故等弦长 C 不再为 10m 而是一个零数、大于或小于 10m。施测时要根据第一等分点的偏角 $i_c=\frac{C^2}{6Rl_0}\rho^0$ 及缓和曲线偏角乘率,计算各等分点的偏角。

3. 两缓和曲线间点位关系的确定

为了适应洞内设置临时侧移中线或利用侧移中线放样的需要,要求明确两条缓和曲线上任何点与点的关系。

如图 3.13.4.1 所示,要确定第一条缓和曲线上的 J 点与第二条缓和曲线上 K 点的关系。只要求出 Jk 的距离和 $K\sim J$ 的方位角 α_{KJ},那么有其中一点即可测设另一点。

两缓和曲线各自的切线支距坐标

$$\left.\begin{aligned} x&=l-\frac{l^5}{40R^2l_0^2} \\ y&=\frac{l^3}{6Rl_0}-\frac{l^7}{336R^3l_0^3} \end{aligned}\right\} \qquad (3.13.4.6)$$

如求 l_{KJ} 和 α_{KJ},须将两缓和曲线的切线支距坐标统一起来。当统一的坐标用第二条缓和曲线的坐标时(即以 ZH_2 为原点),第二条缓和曲线上任何点的坐标均按(3.13.4.6)式计算,而第一条缓和曲线上任何点的统一支距坐标应按下式计算:

$$\left.\begin{aligned} x&=(m_2-m_1)+l-\frac{l^5}{40R^2l_0^2} \\ y&=S+\frac{l^3}{6Rl_0}-\frac{l^7}{336R^3l^3} \end{aligned}\right\} \qquad (3.13.4.7)$$

使用(3.13.4.6)式和(3.13.4.7)式时,属于那一条缓和曲线就代入各自的 R、l_0、l 加以计算。

在两曲线间,有了任何两点的统一坐标后,通过坐标反算求出 l_{KJ} 和 α_{KJ},即可根据其中一点的位置测设另一点的位置。须注意的是:洞外控测坐标系不一定与上述切线支距坐标系一致,如果不一致,则应进行坐标轴的旋转和平移,换算为同一坐标系。

三、缓和曲线侧移计算示例

设已知曲线的 $R_1=500$m,$l_1=100$m,要求侧移曲线内移 $S=20$m,并用偏角法测设侧移的缓和曲线。

解:据 $R_1=500$m,$l_1=100$m 查曲线表得:

$$\beta_1=5°43'46''$$

$$m_1=49.983\text{m}$$

算得:

$$R_2=500-20=480\text{m}$$

$$l_2=\sqrt{\frac{480}{500}}\times100=97.9796\text{m}$$

$$m_2=\sqrt{\frac{480}{500}}\times49.983=48.973\text{m}$$

$$m_1-m_2=1.010\text{m}$$

原曲线按 10m 等分点测设,分 10 段 $N=10$;

侧移的缓和曲线仍按 $N=10$,则每段曲线长为:

$$C=\frac{l_2}{N}=\frac{97.9796}{10}=9.798\text{m}$$

第一等分点的偏角:

$$\begin{aligned} i_c&=\frac{C^2}{6Rl_0}\cdot\rho \\ &=\frac{(9.798)^2\times60'}{6\times480\times97.9796}\times\rho° \\ &=1.169555' \end{aligned}$$

侧移缓和曲线的偏角:

$$\delta=n^2\cdot\delta_c$$

$$\delta_0=N^2\cdot\delta_c=10^2\times1.169555=1°56'57''$$

并按 $\delta_0=\beta_2/3=1°56'57''$检核相符。

施测时,在平移切线上按 ZH 点的纵移距(m_1-m_2)定出侧移曲线的 ZH_2;再置镜 ZH_2 按算得的 i_c 用偏角乘率公式计算各点的偏角,即可进行测设。

第五节　施工放样资料准备

施工放样前的资料准备包括线路资料和施工断面各部位高程表的编制。线路资料包括隧道中线平面资料和高程资料;施工断面资料是结合线路的平剖面设计反映隧道建筑在各个断面上的放样控制位置。

一、线路资料

(一)平面资料

平面资料中最重要的是中线的平面位置。施工测量前必须对平面设计图的线路关系进行复核,包括曲线资料、长度和里程,并核对线路平面图、设计断面图与施工详图上有关线路平面资料是否一致。须注意:在线路施工复测之后或隧道控制测量之后,一般曲线转角及长度、线路里程可能会与设计的资料有少许出入,施工时应依据控制测量或复测的结果为准。

1. 采用导线测量进洞时应备资料

(1)洞口插点及相关的洞外控制点的边、角观测值及平差值,以及坐标成果;

(2)洞口中线点放样资料及线路进洞关系资料;

(3)洞口中线点相互间或中线投点与控制点的应有关系(供检核)。

2. 采用中线法测量进洞时应备资料

(1)洞外中线法测量的资料及桩橛;

(2)洞口中线控制桩及线路进洞关系资料；

(3)洞口中线控制点间或与洞外中线控制点间的应有关系(供检核)。

3. 洞门仰坡放样时应备资料

(1)洞口中线桩及洞门位置桩以及中线关系；

(2)洞门及其仰坡、边坡设计图；

(3)线路平、剖面设计图及洞口路基横断面设计图。

4. 隧道拱、墙放样时应备资料

(1)衬砌地段永久中线点及供放样用的临时中线点及点间线路关系；

(2)线路平、剖面设计资料；

(3)衬砌断面设计资料(设计规定的定型图或参考图)；

(4)施工断面各部位高程编制表

(二)设计坡道及竖曲线计算

设计坡道及竖曲线是高程方面最基本的资料。

1. 复核中线设计高程

对线路纵断面图所给高程，须按每一坡道逐点复核高程，竖曲线地段每5m一点，其余每10m一点计算高程至百米标及变坡点时与设计核对

2. 竖曲线高程计算

在线路纵断面设计图和设计标高表中，均未计竖曲线，但在施工时，竖曲线范围内的路肩设计高程须按加设竖曲线后的高程为准，这是放样前需要计算的。

《铁路线路设计规范》规定在Ⅰ、Ⅱ级铁路，当相邻坡段的坡度代数差大于3‰时，Ⅲ级铁路大于4‰时，相邻坡段间应以竖曲线连接。坡道交点在曲线之上者为凸形竖曲线，反之为凹形竖曲线。我国竖曲线都采用圆曲线，其半径Ⅰ、Ⅱ级铁路为10 000m，Ⅲ级铁路为5 000m。

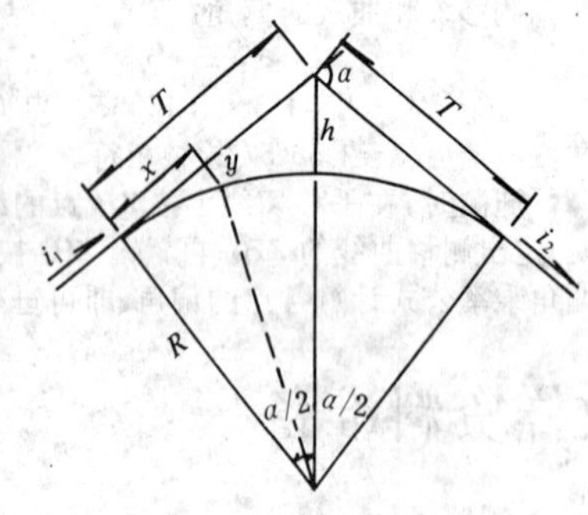

图 3.13.5.1

竖曲线计算公式如下：并参见图3.13.5.1。

$$T=R\cdot\tan\alpha/2$$

而

$$\tan\alpha=\frac{i_1-i_2}{1000}=\frac{\Delta_i}{1000}$$

$$\tan\alpha/2=\frac{1}{2}\tan\alpha$$

故

$$T=\frac{1}{2}\cdot R\cdot\frac{\Delta_i}{1\,000}=\frac{R}{2000}\times\Delta_i \quad (3.13.5.1)$$

式中 T——竖曲线的切线长(m)；

Δ_i——相邻两坡段坡度的代数差。

坡度值上坡取"+"，下坡"－"值。

当 $R=10\ 000$m 时　$T=5.\Delta_i$(m)

当 $R=5\ 000$m 时　$T=2.5\cdot\Delta_i$(m)

由于铁路坡度很小，图中 T、x 可视为水平距离；h、y 可视为高差，即可表为下式：

$$y=\frac{x^2}{2R} \quad (3.13.5.2)$$

当 $x=T$ 时，y 为最大：

$$y=h=\frac{T^2}{2R} \quad (3.13.5.3)$$

所以竖曲线上各点高程：在凸形变坡时，以切线高程(线路设计高程)减去 y 值；凹形变坡时，加 y 值即可。

例如：两坡段的坡度分别为 $i_1=+3‰$、$i_2=-3‰$ 取 $R=10\ 000$m 则有：

竖曲线的切线长：

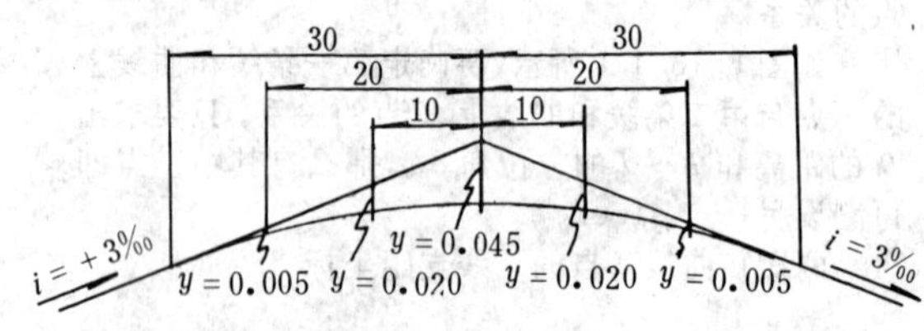

图 3.13.5.2(单位：m)

$$T=5\cdot\Delta_i=30\text{m}$$

y 最大值：

$$y=h=\frac{T^2}{2R}=0.045\text{m}$$

竖曲线为凸形变坡，各点的 y 值如图3.13.5.2。

隧道施工在断面上各部位的高程、是以该里程点内轨顶高程为准的，所以洞内的路肩设计高程均应按隧道施工设计详图换算为内轨顶面的高程。上例及图3.13.5.2所示的关系，是指的路肩设计高程，在洞内尚须换算为轨顶高程。

二、施工断面各部位高程表的编制

隧道衬砌断面上的仰拱底、左右侧边墙底、起拱线、内拱顶和外拱顶的高程，均以该里程点内轨顶高程为准。在施工前应根据隧道的线路设计坡度和路肩设计高程，算出内轨顶高程，再计算上述断面上各点的高程。

断面高程编制的间距，一般直线上为10m，曲线上为5m。计算须区别是否为电化铁路，并按照道床类型、围岩类别，采用隧道施工设计说明所指定的施工详图或标准图。

计算高程时还应考虑到允许的施工误差，一般起拱线、内拱顶和外拱顶高程，均须增加5cm；起拱线以下各部位的高程，如两侧边墙底、仰拱底或铺底等的高程，均以设计为准不再增减。有时为防止掘进

中底部开挖超高处理困难，采取将底部开挖高程降低 10cm。

表 1.13.5.1 为某隧道施工断面各部位高程编制计算的实例。表中高程已包括施工允许误差，隧道底部开挖已降低 10cm，起拱线及内、外拱顶加高 5cm，中心基底及边墙底、水沟底均按设计高程不变。附注中 B 为隧道开挖宽度；d 为曲线隧道中线内侧加宽值；W 为曲线隧道两侧衬砌加宽值，随设计曲线半径和行车速度而定；施工误差加宽、两侧各 5cm 已计算在内。

施工断面各部位高程表(m)　　　　表 3.13.5.1

里程	坡度（‰）	内轨顶面	隧底开挖	水沟基底	中心基底	边墙基底	起拱线	内拱顶	外拱顶	附　注
K_{16}+665	+	1 146.52	1 145.60	1 145.34	1 145.70	1 145.72	1 150.92	1 153.24	1 153.64	Ⅳ类围岩 15m
670	3.0	6.54	5.62	5.36	5.72	5.74	0.94	3.26	3.66 1 153.69	B=580 W=0
680		6.57	5.65	5.39	5.75	5.77	0.97	3.29	1 153.54	d=0
690		6.60	5.68	5.42	5.78	5.80	1.00	3.32	3.57	
700		1 146.63	1 145.71	1 145.45	1 145.81	1 145.83	1 151.03	1 153.35	1 153.60	
710		6.66	5.74	5.48	5.84	5.86	1.06	3.38	3.63	Ⅴ类围岩
720		6.69	5.77	5.51	5.87	5.89	1.09	3.41	3.66	300m
730		6.72	5.80	5.54	5.90	5.92	1.12	3.44	3.69	B=550
740		6.75	5.83	5.57	5.93	5.95	1.15	3.47	3.72	W=0
750		6.78	5.86	5.60	5.96	5.98	1.18	3.50	3.75	d=0
760		6.81	5.89	5.63	5.99	6.01	1.12	3.53	3.78	
770		6.84	5.92	5.66	6.02	6.04	1.24	3.56	3.81	
780	859	6.87	5.95	5.69	6.05	6.07	1.27	3.59	3.84	
790		6.90	5.98	5.72	6.08	6.10	1.30	3.62	3.87	
800		1 146.93	1 146.01	1 145.75	1 146.11	1 146.13	1 151.33	1 153.65	1 153.90	

第六节　施工断面测量及建筑放样

一、开挖断面的放样测量

通过断面测量，达到开挖断面放样和检查开挖净空尺寸，并测绘实际断面形状，绘出断面图，将来列入竣工文件。

（一）拱部断面

拱部断面用断面支距法（五寸台法）测量，即自外拱顶高程起，沿断面中线向下每 0.5m 量出两侧外拱线的横向支距 $x_{左}$、$x_{右}$，所有支距端点的连线即为断面开挖的轮廓线，须注意：直线隧道两侧支距相等，曲线隧道内侧支距比外侧支距大 $2d$。d 为曲线隧道的线路中线至隧道中线的间距，见图 3.13.6.1。

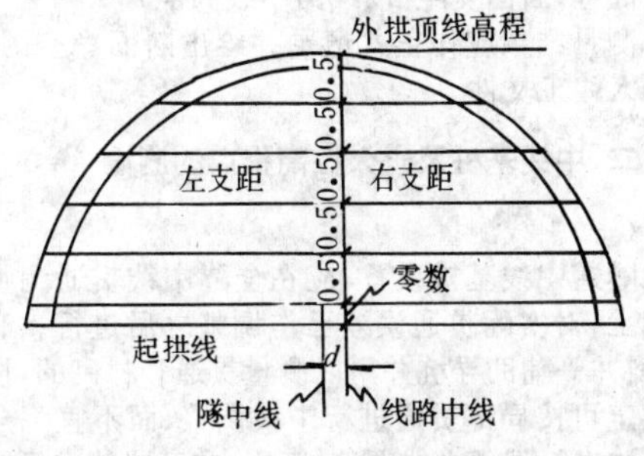

图　3.13.6.1

（二）墙部及底部断面

放样和净空检查均采用支距法测量。如图 3.13.6.2 所示，曲墙自起拱线高程起，沿断面中线向下每 0.5m 间隔、向左右两侧按设计宽度量支距，至轨顶高程为止；直墙自起拱线起，沿中线向下每隔 1m 向左右两侧量支距，至轨顶高程为止。支距在标准图上查得，同样，曲线隧道内侧支距比外侧支距大 $2d$。

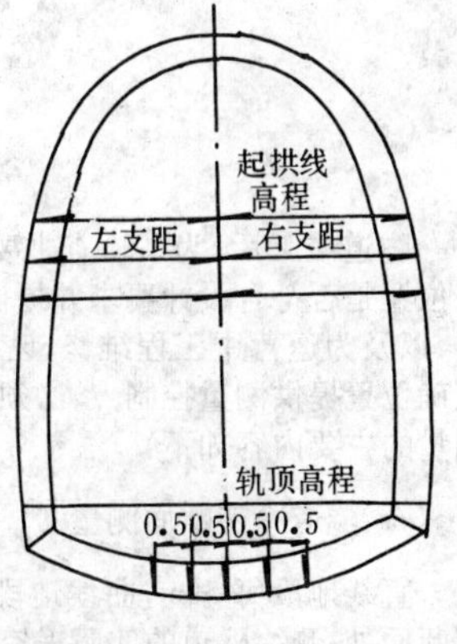

图　3.13.6.2

隧道底部设有仰拱时，仰拱断面的放样及检查，由断面中线起向左右每隔 0.5m 由轨顶高程向下量出设计的开挖深度，量测方法如

图 3.13.6.2 所示。

二、衬砌放样

隧道各部位衬砌放样，是根据线路中线、起拱线和轨顶高程，按照设计断面尺寸来掌握。所以在衬砌建筑施工以前，首先须检查复核中线和高程以及轨顶高标志，确认无误，才能据以放样。

（一）拱部放样

拱部衬砌一般是按每 5～10m 分段进行（地质不良地段为 1～2m），步骤如下：

1. 用经纬仪将分段的两端点处的中线点在顶板上钉出，并放出中线的垂线（即十字线）方向；

2. 用水准仪测出上述端点两侧的起拱线和内拱顶高程；

3. 按十字线方向和上述高程点立好两端拱架；

4. 在两端拱架的，拱顶及两侧拱脚之间绷上麻线，按规定间距校正好中间各榀拱架（直线上拱架中线与线路中线重合，曲线上两中线之间距为 d 值）；

5. 固定拱架、铺设模板即可衬砌。

（二）边墙及避人洞放样

1. 由检查过的中线点、水准点，用仪器按施工断面各部位高程表（见表 3.13.5.1）测出轨顶高、边墙基底和边墙顶高，并加以标志（先拱后墙施工则检查起拱线）；

2. 直墙地段，从校准的线路中线按规定尺寸放出支距，即可立模衬砌；

3. 曲墙地段，通常先按 1∶1 的大样预制曲墙模型板，然后从中线按计算好的支距安设曲面模型板；

4. 避人（车）洞的中心位置是按设计里程，在线路中线上放垂线（十字线）决定的。

（三）仰拱和铺底放样

仰拱的挡板是预先按设计尺寸制作的，而且是在已成墙地段施工，放样时先检查轨顶高程的标志后，在轨顶高程上绷上麻线，从麻线向下量支距（见图 3.13.6.2），将模板定位后加以固定即可。

隧道底放样，也是以轨顶高程来控制的。分别在左右边墙上，从轨顶高程向下量出设计尺寸并弹出墨线标志，即可按此墨线掌握底高程。

（四）端墙和翼墙放样

1. 端墙放样：

（1）端墙如为直立式，洞门里程即是端墙位置。放样时，置镜洞门里程中线桩，放出十字线或斜交线即确定了墙端位置；

（2）如果端墙面有 1∶n 的坡度，则应求端墙基底里程：

基底里程＝洞门里程±nh（h 为基底至洞门轨顶高的高度）。

（3）在基底里程的中线桩上，放出十字线或斜交线；

（4）在洞门两侧按 1∶n 的坡度立上方木或绷上麻线即可掌握衬砌。

当采用先拱后墙法施工时，须注意拱圈的洞门端面应按端墙的坡率控制，以保证墙拱的坡面一致。

2. 翼墙放样

翼墙面一般都有坡度，放样时，先放出地面上基底位置，再在端墙上画出翼墙和端墙的交线或在此位置立方木，然后在图 3.13.6.3 所示 A、B 间绷紧麻线，这样翼墙的轮廓就出来了，据此轮廓线即可进行衬砌。

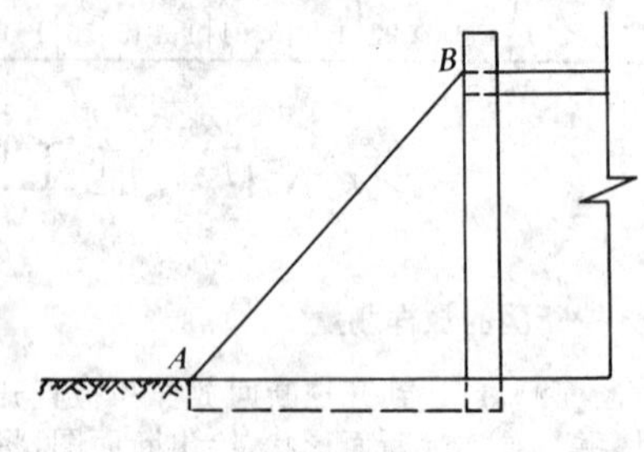

图 3.13.6.3

第七节 竣工测量

隧道竣工后，为了检查主要结构和建筑物及线路位置是否符合设计要求并提供竣工文件编制的资料，以及为运营中工程维修，设备安装、维护线路的正确位置提供测量控制点，必须进行竣工测量。竣工测量的主要内容如下：

一、隧道净空断面测量

直线地段每 50m，曲线地段每 20m 以及需要加测断面处，测绘隧道的实际净空断面。每个断面包括 9 点：拱顶高程、起拱线左右两侧的宽度、轨顶面以上 1.1、3.0、5.8m 中线左右侧宽度。

测量程序为：中线点及断面方向、拱顶高程、内轨顶高程，断面支距（以线路中线为准）

测量结果应作正式记录并绘出断面净空图，最后列入竣工文件。

二、中线基桩及永久性高程点的测设

（一）中线测量

隧道中线基桩设置，应在全隧中线贯通测量的基础上，对实际贯通误差已作调整之后进行。有横洞、斜井等辅助导坑并用以测量贯通和衬砌的，按规范规定可按局部贯通进行中线调整，而不宜将全隧按整体进行贯通中线调整，否则，在某些地方可能出现已衬砌地段中线位置变动过大，以至衬砌侵入净

空的不良后果；由两端洞口相向开挖整体贯通的隧道，中线调整原则上应在未衬砌地段调整，而不应将贯通误差分成局部地段进行多处(一处以上)调整，否则将对线路平面状态在长期运营中的维护增加困难并对行车产生不良影响。

中线基桩应埋设为混凝土包金属标志。在进行了控制测量的隧道内，可根据贯通误差调整后的导线点测设中线点位置；中线法测量的隧道，利用调线和检测后的中线设置。

直线上的中线桩每200～250m设一个，曲线上应在缓和曲线起终点各设一个，曲线中部根据通视条件适当增加、保证前后通视。

中线基桩设立后，应在两侧边墙上绘出标志，标志设在高于轨面50cm处，标志框内以白油漆打底，红油漆书写成三行：上行写中线点名称(例如ZH、HZ等)，中间一行写统一里程，下行写标志至中桩的距离。

在中线测量时，还应核对避人(车)洞位置，在洞身断面变化处和衬砌类型变换处的里程以及其他需要测断面净空的里程标志临时中桩，供测绘断面用。

(二)高程测量

洞内高程点每km应设一个，短于一公里的隧道应至少埋设一个或在两端洞门附近各设一个，并在隧道边墙上作出标记，注明高程点的编号和高程(白漆打底、红漆书写)。

洞内高程点应和洞外高程点进行联测，高程闭合差应符合五等高程测量的规定，并以平差结果确定最后高程。

在洞内临时中桩的边墙上，标出内轨顶面的高度，供净空测量用。

洞内中线基桩和永久性高程点测设后，应列出实测成果表，注明里程，作为竣工资料之一，供将来运营中工程维修、养护和设备安装时使用。

第八节 成果整理及技术总结

一、各阶段应整理和提交的测量资料

各阶段测量成果整理，必须做到真实、明确、整洁、清楚，格式统一并装钉成册。各导线点、中线点、高程点的名称必须记载正确，同一点名在各种资料中必须一致。

测量成果资料对日后使用，总结经验和提高技术水平都十分宝贵，必须妥善保管。

(一)洞内控制测量应交资料

1. 洞内控制测量说明。包括布点情况、施测日期，测量方法和所用仪器，平差方法和测量精度，实际贯通误差及处理方法，特殊情况及其处理。

2. 洞内控制测量示意图。

3. 测角、测距和高程测量的精度及计算方法。

4. 对洞外控制点的检测及联测情况。

5. 导线坐标计算成果。

6. 实际贯通误差，包括横向、纵向、高程。

7. 贯通误差调整方法。

(二)施工测量应整理备查的资料

1. 中线测量手簿应包括：

(1)永久中线测量记录：方向测量记录、距离测量记录，点之记，点间关系附图。

(2)临时中线测量记录：包括设角或串线记录、距离记录、点之记、点间关系附图。

2. 高程测量手簿应包括：

(1)洞内高程点(水准点)往返或对向观测记录；

(2)永久中线点和临时中线点高程测量记录；凡用于衬砌放样的中线点，其高程不少于两次测量且应相符。

3. 衬砌放样测量手簿应包括：

(1)以里程冠号的断面高程测量：内轨顶、边墙底、起拱线、拱顶、底或仰拱的高程测量及标志；

(2)断面支距测量：绘出某种断面支距的图示及该种断面的迄起里程，断面变换时的过渡处理；

(3)断面方向线(十字线方向)测设

(三)竣工测量后应提交的资料

1. 隧道长度表：以隧道进出口轨顶高程处的洞门圬工里程为准，以隧道座数为单位。

2. 中线基桩表：列出施工里程与统一里程相对照，并附施工断链表。

3. 曲线表：列出α、R、l、T、K及曲线的起迄里程。

4. 坡度表：坡度、坡段长及起迄里程。

5. 水准点(或高程点)表：点名、高程、位置。

6. 隧道净空表和回填断面图。

二、技术总结

在隧道测量中，凡使用新技术、新仪器和新方法以及通过竖井进行测量的隧道，都应编写测量技术总结。主要内容如下：

(一)基本情况；

(二)新方法的具体作法及精度分析；

(三)实际贯通误差及调整方法；

(四)实施过程中发生的重要问题及处理结果；

(五)引进和使用新技术的经验教训和体会。

第十四章　隧道施工中与竣工后的位移观测

第一节　施工过程中的位移观测

一、浅埋隧道地表下沉量的测定

浅埋隧道通常位于软弱破碎岩层，稳定性较差，在Ⅰ～Ⅲ类围岩中，当隧道覆盖层厚度对于单线隧道小于20m，双线隧道小于40m时，施工中往往出现拱部围岩受拉区连通，这种情况拉裂破坏成为洞体稳定的主要威胁。实践表明，对浅埋隧道变形控制不力，将出现围岩迅速松弛，极易发生冒顶坍方或地表有害下沉，当地表有建筑物时会危及其安全。因此有必要进行地表下沉监控量测，这对及时预报洞体稳定状态、修正设计与施工、保护洞顶附近房屋和珍贵古迹、预测可能发生危险时立即采取有效措施，保证施工安全以及为类似工程提供设计和施工依据等都是不可缺少的。

地表或建筑物的下沉观测，是通过定期地测量观测点与高程点之间的高差，并通过数据处理，得出下沉量及其变化情况的资料，测量高差最常用的方法是水准测量，也可采用同等精度的光电测距三角高程。

(一)沉降观测点及高程点的布置

1. 观测点的布置

在沉降观测范围内、沿线路中线按每5～100m一个断面，一座隧道至少两个断面。断面两侧宽度各取隧道埋设深度的2倍，每个断面上至少布置11个点，其间距为5～20m。如该范围内有建筑物时，房屋四角和外墙每20～25m或每隔4～5根柱基上设点；裂缝、沉降缝两侧以及高耸建筑物基础轴线的对称部位等，都应设置测标。

设在地面上的测标，一般用混凝土包圆头螺栓或铁路道钉制成，圆头朝上，标头露出混凝土表面0.5～1.0cm；设在侧壁上的测标，可用铁路道钉埋设在距地面约0.5m高的坚固石墙、砖墙或基础上，安装时使钩头朝上，如图3.14.1.1，所示。在珍贵的古迹或豪华建筑物墙面不允许埋入测标时，可在墙的勒脚上面用油漆给出标志，如图3.14.1.2。

2. 工作基点的布置

为进行沉降观测并保持整个观测期间的高程系统，要在不受沉降影响、离观测范围尽可能近的稳固地方布设3个水准点即工作基点。三个工作基点布设在一个圆弧上或组成一个边长约100m的等边三角形。观测时，于圆弧的圆心或三角形的中心设置固定测站，由此测站在不调焦的条件下，观测三点间的高差，便于检查水准点高程有无变动。

3. 水准基点的布置

工作基点高程的变化情况，是用水准基点与工作基点的联测来检核。一般作为高程依据的水准基点是设立在离变形区较远的有岩石露头的稳定基岩上。在计算测标沉降值时，要把工作基点的沉降考虑在内。如果条件有利，在变形区附近容易找到岩石露头，则可不另设水准基点，而将工作基点与水准基点统一起来，即只设一级控制。总之在开工前建立施工控制网时就要予以规划，选择适宜的位置埋设。

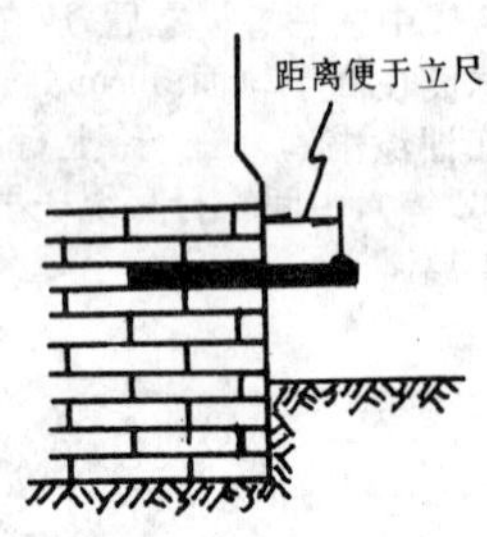

图　3.14.1.1

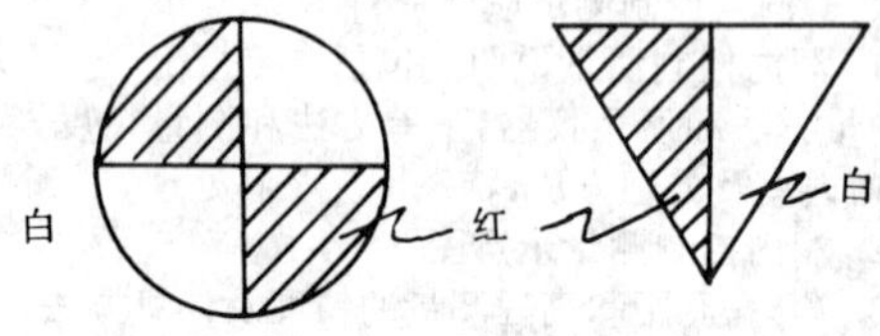

图　3.14.1.2

(二)沉降观测

观测内容包括两部分：一是水准基点与工作基点联测，称为基准点观测；二是根据工作基点测定观测点的沉降量(下沉或隆起)，称为观测点观测。

为减少外界条件对观测成果的影响并使观测中的系统误差影响减到最小，每次观测时，须符合下列要求：

1. 采用相同的观测路线和观测方法；
2. 使用固定的仪器和标尺；
3. 固定人员；
4. 在基本相同的环境和条件下工作。

基准点观测，每年进行一次或两次。基准点观测的水准路线必须构成环线，水准环分段(每段1km左右)观测，按三等水准测量操作规定进行施测，每次的往返观测值，均要加标尺长度改正，环闭合差按各测段路线长度(或测站数)进行分配，然后由水准基点高程推算工作基点(或沿线各水准点)的高程,再与各点的首次观测高程比较,即得各工作基点(或沿线各水准点)高程的变化值。

测定观测点沉降量的水准路线,多敷设成两工作点之间的附合路线,按四等水准施测,每次观测值均要加标尺长度改正,对附合路线的闭合差,采用按测段的站数进行分配,将每次观测求得的各观测点的高程与第一次观测高程相比,即得该次所求得的各观测点的沉降量。当工作基点发生下沉时,还应同时考虑工作基点的下沉量。

根据沉降观测各次观测路线相同的特点,路线上埋设固定的置镜点和立尺点,并作上简易标志。这样既省时间,又对观测的内符合精度有利。

第一次沉降观测,应在隧道开挖以前进行,以获得变形水准点的原始高程。隧道开挖以后,随着工程逐步开展,即按上述方法周期性进行重复水准测量,以查明每个变形水准点的沉陷。沉陷值等于重复测量的高程减去初次测量的原始高程。

观测周期随量测断面距开挖面的距离和沉陷速度而异。设 B 为开挖宽度,《铁路隧道新奥法指南》规定:

开挖面距量测断面前后$<2B$时,1～2 次/d;

开挖面距量测断面前后$<5B$时,1 次/2d;

开挖面距量测断面前后$>5B$时,1 次/周;

3 个月以后可每一至两个月观测 1 次,直至最后 3 个观测周期的变形量小于观测精度为止。

(三)测量仪器与观测精度

1. 观测所用的仪器为 DS_1 和 DS_3 水准仪和因瓦水准尺。对水准仪和水准尺应进行检定。

2. 基准点观测:水准环各测段加标尺长度改正后,计算往返测高差较差。较差合格后,根据改正后的往返测高差计算高差中数,再计算环线闭合差。将环线闭合差按各测段路线长度进行分配(如果水准环路线不长,工作点或沿线各水准点之间的距离相差不大,则环闭合差也可按测站平均分配)。

基准点闭合环每公里高差中数的中误差按下式计算:

$$\left.\begin{aligned}\mu_{km}&=\pm\sqrt{\frac{[Pdd]}{4n}}\\ p_i&=\frac{1}{R_i}\qquad(i=1、2,\cdots n)\end{aligned}\right\}\tag{3.14.1.1}$$

式中 n——水准路线的测段数;

R_i——各测段的线路长度,以 km 计;

d_i——各测段往返测高差的较差,以 mm 计。

离水准基点最远的工作基点高程的中误差

$$m_{远}=\pm\mu_{km}\sqrt{R_{远}}\tag{3.14.1.2}$$

式(3.14.1.2)应满足 $m_{远}\not>\pm3$mm 的精度要求。

3. 观测点观测:附合水准路线上一测站高差中数的中误差按下式计算:

$$\left.\begin{aligned}\mu_{站}&=\pm\sqrt{\frac{[Pdd]}{4n}}\\ P_i&=\frac{1}{N_i}\qquad(i=1、2,\cdots n)\end{aligned}\right\}\tag{3.14.1.3}$$

式中 n——附合水准路线的测段数;

d_i——各测段往返测高差较差以 mm 计,权为 $\frac{P_i}{2}$;

N_i——各测段的测站数。

离工作基点最远的观测点,其高程的测定精度最低。

最弱点相对于工作基点的高程中误差为:

$$\left.\begin{aligned}m_{弱}&=\pm\mu_{站}\sqrt{K}\\ K&=\frac{K_1\cdot K_2}{K_1+K_2}\end{aligned}\right\}\tag{3.14.1.4}$$

式中,K_1、K_2 是由两工作基点分别到最弱点的测站数。

沉陷量是两次观测高程之差。因而最弱点沉陷量的测定中误差为:

$$m_{沉}=\pm\sqrt{2}\cdot m_{弱}\tag{3.14.1.5}$$

式(3.14.1.5)应满足 $m_{沉}\not>\pm5$mm 的精度要求。

二、新奥法施工拱部下沉观测

拱部下沉观测是为确定围岩稳定、掌握支护效果而进行的;是对预先设计支护参数的确认或修正依据;是对施工方法验证和改进的依据;是贯穿于整个施工过程的设计阶段。

拱部下沉观测是用水准测量求出设在拱部的测标相对高程变化。测标按图 3.14.1.3 设立。

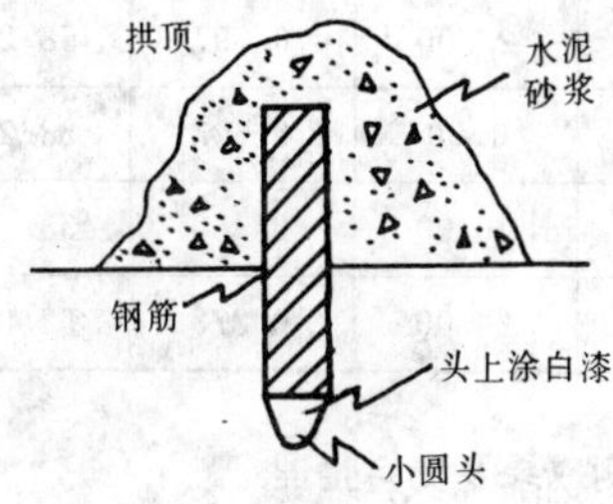

图 3.14.1.3

测标的布置密度应视位移的情况而定,一般每隔 5～100m 一个断面,每个断面拱顶设一个测点(测标)。

测标的安设应能保证爆破后 24h 内和下一次爆破之前测量初次读数,并安设在距开挖工作面 2m 的范围内。此要求实施中有一定难度,但要尽可能满足。

除了测标,在位移区 50m 以外还应设立稳固的水准点(或利用稳定的中线点),要求一次安置水准仪就可测得观测点的高程,没有这种可能时,也可设立工作基点,其高程要用水准基点经常检查。

测标和水准点(或工作基点)的高差以四等水准观测。

量测频率为:

1～15d:1～2 次/d;16～30d:1 次/2d;

31～90d：1～2次/周；91天以后：1～3次/月直到三次周期量测证实沉陷完全停止为止。量测结果填写记录，如表3.14.1.1，从表中可以明显看出测标高程的变化。

××**隧道拱顶沉降观测记录**（测标里程DK1＋580）　　表3.14.1.1

（单位：m）

观测时间		后视读数	视线高程	前视读数	观测点高程	逐次下沉量	累计下沉量	观测点至开挖面距离
年 月 日	时							
1988 5 16	12.00	2.237	59.880	－0.877	60.757	0.000	0.000	10.5
18	16.00	2.409	60.052	－0.704	60.756	0.001	0.001	16.5
22	15.00	2.327	60.015	－0.740	60.755	0.001	0.002	22.0
23	9.00	2.310	59.953	－0.803	60.756	－0.001	0.001	23.5
24	10.00	2.283	59.926	－0.829	60.755	0.001	0.002	25.0
26	13.00	2.294	59.937	－0.818	60.755	0.000	0.002	30.5
27	13.00	1.552	59.195	－1.560	60.755	0.000	0.002	34.0
29	19.00	1.621	59.264	－1.491	60.755	0.000	0.002	39.0
1988 6 1	13.00	1.600	59.243	－1.512	60.755	0.000	0.002	46.0
4	13.00	1.528	59.171	－1.584	60.755	0.000	0.002	52.5
6	16.00	0.208	57.851	－2.904	60.755	0.000	0.002	58.5
11	1.00	0.243	57.886	－2.867	60.753	0.002	0.004	60.0
14	5.00	0.427	58.070	－2.683	60.753	0.000	0.004	67.5
15	9.00	0.292	57.935	－2.818	60.753	0.000	0.004	69.0
18	23.00	0.597	58.240	－2.513	60.753	0.000	0.004	77.0
21	1.00	0.623	58.266	－2.487	60.753	0.000	0.004	81.0
22	20.00	0.450	58.093	－2.660	60.753	0.000	0.004	84.0
24	24.00	0.373	58.016	－2.737	60.753	0.000	0.004	87.0

三、观测成果及资料整理

为了使变形观测在指导工程安全施工、安全使用和工程效益方面发挥作用，在进行现场监测取得第一手资料后，还必须进行观测资料的整理，变形量的计算，编制变形量成果表（平面位移、垂直位移）以及对某些测标绘制位移量-时间曲线图等。

某铁路浅埋隧道全部处于线路半径R＝400m的曲线上。在复合衬砌段开挖断面宽度为6.56m。为观测地表垂直位移，在地面线路中线DK294＋580，294＋606，294＋620的3个横断面上共设置位移观测标26个。藉助地面沉降量变化的观测，用以了解浅埋隧道在施工过程中各施工工序对地面的影响范围及影响规律；地面位移与隧道支护的关系；地面位移的稳定过程。现仅列举出DK294＋580横断面垂直位移曲线图（图3.14.1.4）和D_4、D_6、D_8三个测标的垂直位移量-时间曲线图（图3.14.1.5）及垂直位移记录表（表3.14.1.2）。

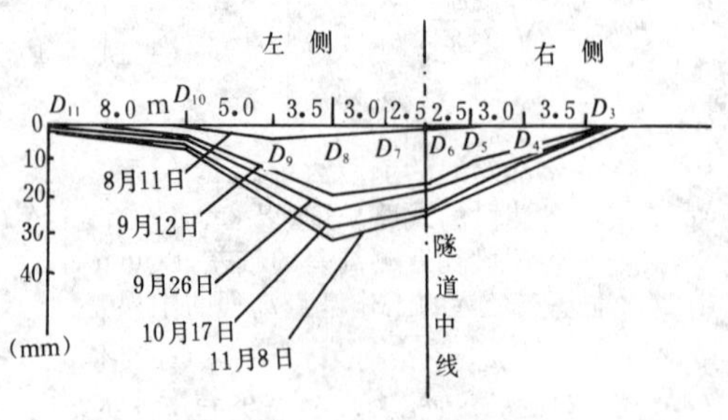

图　3.14.1.4

图3.14.1.5为D_4、D_6、D_8三个测标的垂直位移变化情况。当地下开挖至此横断面时，计算为零d。开挖过去55d以后，可以看到各测标的垂直位移渐趋稳定。

DK294＋580 横断面 D_4、D_6、D_8

垂直位移记录　　表 3.14.1.2

位移量(mm)＼观测点 时间	D_4（右侧 5.5 m 处）	D_6（中）	D_8（左侧 5.5 m 处）
8 月 17 日	1	1	2
9 月 12 日	6	16	19
9 月 26 日	8	17	21
10 月 17 日	9	22	28
11 月 8 日	13	25	31

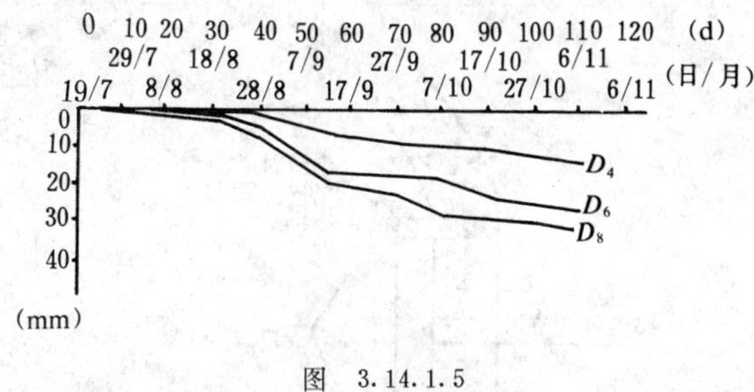

图 3.14.1.5

第二节　运营线路隧道位移观测

对已竣工并交付运营的有严重病害的隧道、结构复杂的长大隧道或采用某些新技术设计施工的隧道，为了连续监视隧道病害的变化、检查隧道的技术状态，分析变形的规律或考验某些新技术新方法的长期可靠性和稳定性，都应进行长期观测。

一、裂缝观测

分析裂缝产生的原因，对建筑物安全的影响和及时地采取有效措施加以处理。

（一）观测方法

当隧道衬砌多处发生裂缝时，应先对裂缝进行编号，然后分别观测裂缝的位置、走向、长度、宽度及深度等。

1. 裂缝位置、走向、长度观测：对隧道圬工上裂缝的位置、走向、长度的观测，是在裂缝起点和终点用油漆与裂缝相垂直划细线作上标志，并在圬工体上注明检查日期；或者在混凝土表面绘制方格坐标，用钢尺丈量，将结果用坐标法绘制裂缝展示图，记录检查日期。

2. 观测裂缝的宽度：根据裂缝分布情况，可对重要的裂缝，选择在有代表性的位置上，作上灰块或玻璃测标并注明日期，观测裂缝是否发展。测标作法：先将该部位圬工表面凿毛、洗净，然后用 1∶2 水泥砂浆或石膏在裂缝上抹成厚 10～15mm 的方形或圆形灰块；或用石膏将细条状玻璃固定在裂缝两侧，裂缝处玻璃断面应较小。如图 3.14.2.1 所示。

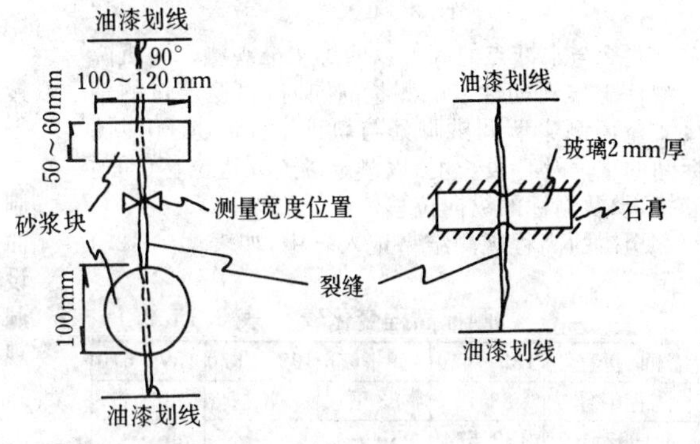

图 3.14.2.1

裂缝的宽度可用带有刻度的放大镜（读数显微镜）在裂缝平直位置的固定地点量出，记录量测结果和日期。

3. 观测裂缝深度：可在裂缝中注入酚酞溶液（0.1g 酚酞，60mL 酒精，40mL 水配制）然后凿开至不显红色为止，量测深度。

4. 对裂缝错距及其扩张程度的观测，可以安装钎钉测标，如图 3.14.2.2。即在裂缝两侧完好圬工中埋入两个钎钉（其中一个为 L 型）两钉的尖端相交于一点。当变形发展时，除可量测裂缝的错距外，还可测得其扩张的程度。

（二）观测周期

定期观测标志、测标，对照记录与裂缝展示图，即可掌握裂缝是否发展以及长度、宽度、错距等的变化情况。

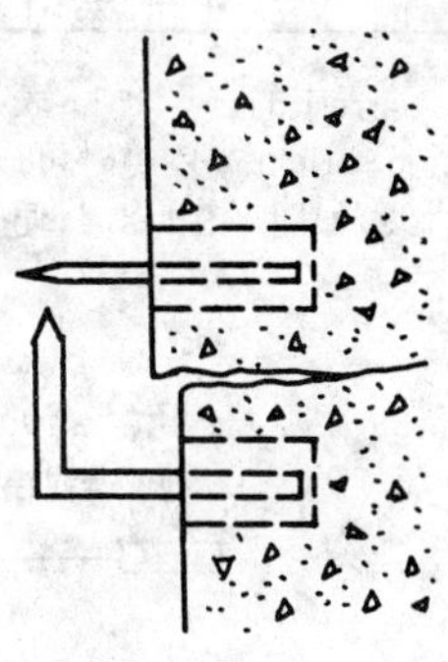

图 3.14.2.2

观测次数应视裂缝的发展情况而定，一般在发生裂缝的初期应每天一次；裂缝有显著发展时还应增加观测次数；裂缝发展缓慢后，可适当减少观测次数。对需要长期观测的裂缝，宜于垂直位移和水平位移观测的次数相一致。

二、沉降观测

沉降观测是用水准测量埋设在衬砌边墙、拱圈上固定测标的高程变化。根据位移区的地质条件，按每 5～100m 一个断面，每个断面在拱顶、拱脚和轨顶上 1m 处两侧边墙同时安设测标，各测标按里程增加方向统一编号。

测标如图 3.14.2.3 所示。设在拱顶的测标同图 3.14.1.3。

水准点每隔 200m 左右设一个，可用平面观测的基桩兼作，这些水准点应定期与洞口水准基点联测。

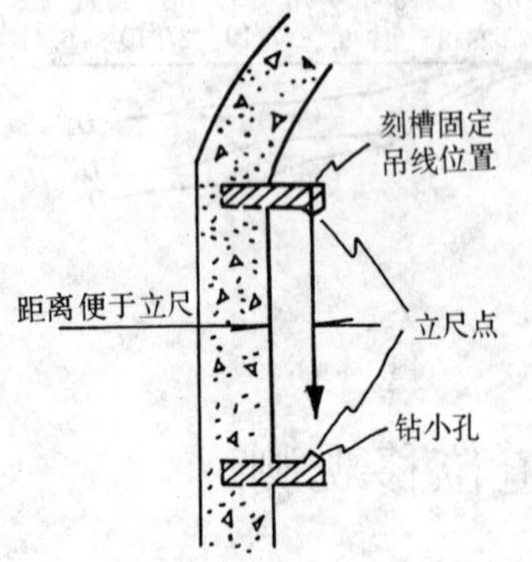

图　3.14.2.3

测标与水准点的高差以四等水准观测。对沉降观测标志作周期性水准测量的同时，用检定过的钢尺丈量两侧边墙间拱脚处与轨顶上 1m 处，相对测标间的宽度及各段长度，以测定隧道周边位移(即边墙接近)及测标的纵向位移。

历次的高程观测结果记入表中，如表 3.14.2.1 所示。

测标高程变化表　　表 3.14.2.1

测标里程		189＋670	189＋670	189 ＋670	189＋670
测标编号		83 上	83 下	83 左	83 右
观测时间	1992.4.7	189.574	……	……	……
	1992.4.22	－6	……	……	……
	1992.5.7	－11	……	……	……
	……	……	……	……	……

表中的－6、－11 表示该测标的高程比 189.574 低 6、11mm。必要时可以对若干测标绘出高程变化曲线，如图 3.14.2.4，便于研究分析位移规律。

观测的周期，在位移速度较快时宜短，位移速度减慢时可延长些，一般可为半年或一年。最好与水平位移观测同步进行。

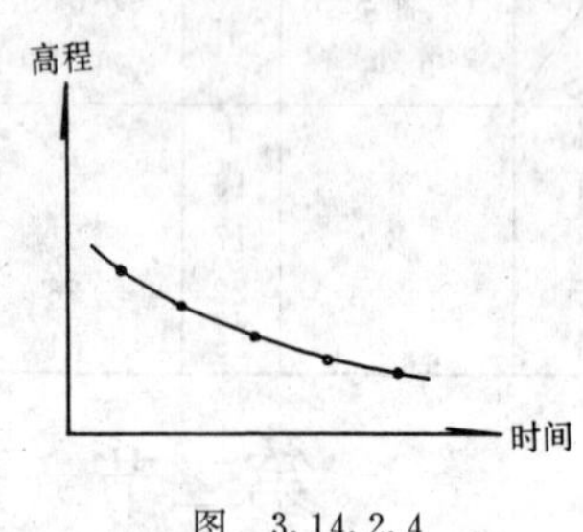

图　3.14.2.4

三、水平位移观测

对偏压隧道在运营中除作沉降观测和左右边墙接近观测外，还应进行水平位移观测，以证实隧道在平面上的稳定性。

(一)控制基线：水平位移一般设观测基线来控制。基线桩的分布：直线上按每 100～200m 设一桩，曲线上每隔 40～70m 设一桩，可设在中线上，也可设在水沟混凝土的墙顶上，并将洞内基线引至两端洞口外设 3～4 个固定桩，作检测基线桩位移之用，观测标志可利用已设的沉降观测标。

(二)水平位移观测：可以采用两种方法。

1. 准直法：即将一排测标都设在一条直线上，根据测标偏离这条直线的程度来判断横向水平位移；根据测标至直线上某控制点的水平距离的变化判断测标纵向位移。这一条直线可以是经纬仪的视线，也可以是某固定两端点间的细弦线，还可以是激光准直仪的光线。在设测标点位时，如果某些点位不严格在直线上，在观测时可以用小测微尺量出测标到直线的垂距来补救，如图 3.14.2.5 所示。

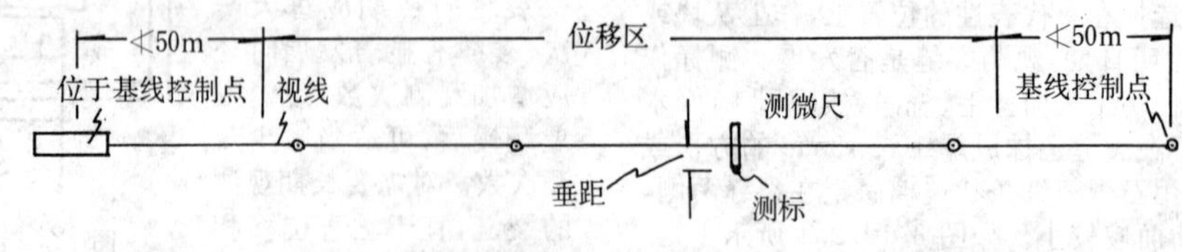

图　3.14.2.5

2. 测角法：如图 3.14.2.6 所示。是采用在固定测站观测固定的控制点与测标之间水平角的方法。设第一次观测的角值为 β_1，另一次观测的角值是 β_2，则按两次的差值($\beta_2-\beta_1$)符号即可判断水平位移的左右方向，两次观测中间，测标的横向位移值即为 $\frac{\beta''_2-\beta''_1}{\rho''}l$，$l$ 为测站至测标的水平距离。在观测以前，测站至各测标的水平距离都测好，每一次置镜，就可以观测一排的水平角，然后与上一次这一排点的水平角比较，就可以得到这两次观测中间各测标的横向位移方向(左、右)和位移值。

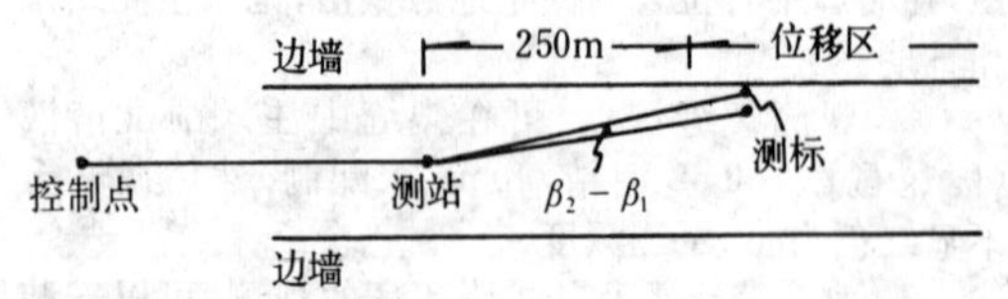

图　3.14.2.6

在线路的曲线段上，基线桩和观测标的布置如图 3.14.2.7，即测量基线边方向与拱顶中线所埋设的标志(可利用已设的沉降观测标)间的水平角 α_{Bi}、

α_{ci}……,从不同周期观测角值的改变中,即可计算垂直于中线方向的各点位移的大小,对于每一个观测标志的位移量,最好用两个基点来确定。位移量计算同直线段测角法。同样基桩至各测标的水平距离,也需在观测前测好。当观测地段较长时,应多设几个基桩进行观测,基桩间距 100~150m。

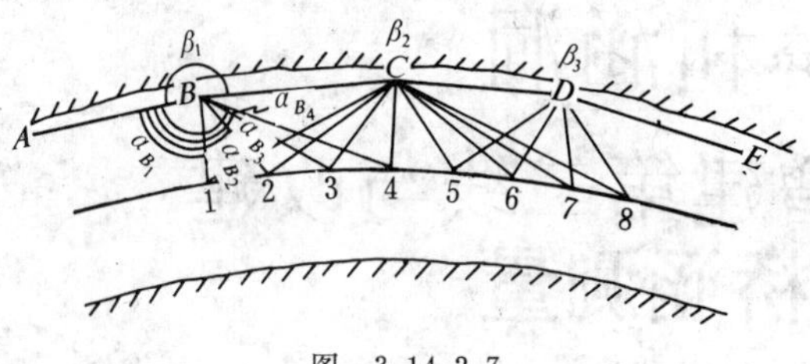

图 3.14.2.7

(三)检核基桩:应定期(周期可比观测变形测标为长)与设在位移区 50m 以外的洞内稳固基点联测,当发现基桩有位移时,在计算所观测测标位移时,要考虑基桩位移。

将历次的观测结果填入表中,表内包括每一测标的横纵向位移数值和位移方向(以线路里程增加方向为准,分左右前后)。在必要时对某些测标也可以绘出位移曲线,类似表 3.14.2.1 和图 3.14.2.4。

(四)观测周期:竣工后第一年观测四次,第二年两次,以后可每年一次,观测时宜与沉降观测结合进行。

水平位移测角法的观测要求:测角误差在±4″以内,测距相对误差不大于 1/5 000。

第四篇　桥 涵 测 量

第一部分　一般特大桥、大中小桥和涵洞

第一章　新线(含增建第二线与改建既有线)的桥涵测量

第一节　桥梁水文及滨河路堤水文测量

一、洪水位调查

洪水位是指历年大洪水的最高水位。需经详细调查。调查方法应按铁道部现行的《铁路工程设计技术手册》(桥渡水文)及《铁路工程水文勘测设计规范》(TB1017—99)执行。调查的洪水痕迹宜按顺序(左右岸或上、下游)统一编号，如洪 1(年代)，并打板桩或在刻有洪痕的房墙上用红漆绘制。调查所得洪水位点应进行洪水位高程测量及距离测量。

(一)洪水位点高程测量

1. 洪水位点高程可在线路水准测量中直接测定，或在水位点附近留一临时水准标志，以供测洪水点之用。临时水准标志可设立在固定建筑物或基岩上，也可用木桩打入在工作期间不会被水淹没或较稳固的土中作为标志。

2. 进行洪水位点高程测定时，必须与附近已有的线路水准点联测、闭合，精度不得低于五等水准标准。

3. 洪水位点的水准测量一般采用中丝读数法，中视读洪水位高程点，必须读红、黑两尺，其不符值不应大于 2cm。也可采用单程双转点法测量。在每一转点处应各有左右相距 0.5m 以上两个尺垫作为转点，相当于左右两条水准路线，每一仪器测站测完左(右)水准路线后再测量右(左)洪水位点。测量记录可参考表 4.1.1.1。

洪水位调查点测量记录表　　　　表 4.1.1.1

水准点或测点	Ⅰ					Ⅱ				采用高程	备　注(基点位置描述)
	后视	视线高	中视	前视	计算高程	后视	视线高	前视	计算高程		
BM5	2.223				83.465	3.457				83.465	
ZD_1	2.451	87.150		0.989		3.686		2.225			
ZD_2				1.125				2.359			
洪 1(1840 年)			0.55		86.60						
洪 2(1955 年)			1.70		85.45						
洪 3(1840 年)			0.65		86.50						DK3＋260 右 100m 公路桥基上
ZD_2	2.305					3.538					⊗ 庙
ZD_3	1.873	87.687		2.516		3.106		3.749			DK4＋610 右 80m 庙西北角基面石上，误差 0.002m
ZD_4				0.887				2.121			
洪 4(1955 年)			2.36		85.33						
洪 5(1955 年)			2.45		85.24						
ZD_4	0.727					1.960					
BM5				0.848	86.679			2.081		86.677	
	Σ9.579			Σ6.365							
	Δh＝3.214					Δh＝3.212					

(二)洪水位点距离测量

洪水位点平面位置的确定可采用直接丈量、经纬仪视距法、航测刺点法。

1. 直接丈量:在搜集到的大比例尺(1:5 000~1:1 000)地形图上,根据图上地物、地貌如房屋、田埂、小路交叉、围墙、坝闸、桥梁、大树等的实际位置进行联测。量测工具可用皮尺和绳尺、花杆、测钎等。其距离限差不应大于距离的1/50。

2. 经纬仪视距法:可利用线路导线点联测确定洪水位点的位置。洪水位点靠近线路导线点不远,即可利用线路导线点直接联测,如需设转点,转点数不得超过2个。内业用正切法上点。洪水位点离线路导线点较远,须设支导线闭合。正切法是用正切函数代替量角器画出角度,如图4.1.1.1,已知B点的右偏角为24°,根据$\tan 24° = 0.445$,将AB线延长,一般取10m作为单位长度得B'。由B'作垂线量4.45m得C',连BC'线,$\angle B'BC'$便是所求的角度。

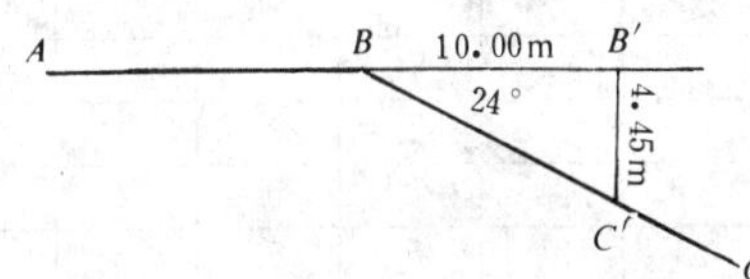

图4.1.1.1

支导线或转点用经纬仪视距法正倒镜往返观测,距离应加倾斜改正。往返测边长相对误差不得超过1/300。水平角和垂直角正倒镜不符值不超过±2′,垂直角不宜大于25°,往返测高差不符值不超过$0.06dcm$(d为导线边斜距以m计)。支导线点最多不超过2个,导线边长应不大于表4.1.1.2规定的视距长度的2/3,支导线与线路导线点闭合限差不超过下列规定:

等高距、最大视距长度(m)

表4.1.1.2

测图比例尺	等高距	视距长度	
		垂直角<12°	垂直角>12°
1:500	0.5,1.0	100	80
1:1 000	1.0	200	150
1:2 000	1.0,2.0	350	300
1:5 000	2.0,5.0	400	350
1:10 000	5.0,10.0	600	600

水平角　$\pm 3'\sqrt{N}$

距　离　±1/400~1/300

高　程　$\pm C\sqrt{L}$ (m)

式中　N——置镜点数;

L——导线总长(km);

C——系数:平坦地区　$C=0.3$,

丘陵地区　$C=0.5$,

山区地区　$C=0.8$。

测量记录由下而上填记,所附草图与记录方向一致,参见表4.1.1.3。

3. 航测刺点法

具体要求见本手册第二篇。在航测制图条件下,利用航片将洪水位点刺于像片上,刺点要在现场选择明显地物点(或与周围明显地物点发生关系)进行,针孔要小,其误差为±0.1mm。需在航测图上标注时,可将上述点位转刺到外控片上,符号为绿色,同时开列点位清单,以便统一交内业制图,或与导线联测转绘于已制好的平面图上。

二、水面坡度测绘

(一)测绘内容及范围

1. 包括河底(深槽)线,施测时水面线,各大洪水年水面线、桥址纵断面及水文断面,水工建筑物的位置,险滩、瀑布、跌水、既有公路、铁路的中心位置、壅水曲线及倒灌等。

2. 水面坡度的施测长度根据调查洪水位点、水文断面位置、桥址中心线等具体情况而定。大中型河流一般在桥址上、下游测量500~2000m,小型河流在桥址上、下游测量不少于三倍河宽的长度。水面坡度特别平缓的河段施测长度应使上、下游水面差达0.1~0.3m以上。

3. 洪水坡度的测绘如在水文站、水电站范围内,可尽量利用水利部门全国洪调资料。

4. 在测量不同水面坡度时,应按大洪水与中小洪水水流方向施测。

(二)测量方法及精度

1. 测量水面坡度一般情况沿一岸进行。如两岸水位不等时沿两岸进行。在比降很大的山区小河流由于河底变坡点很多,一定要施测河底纵断面。

2. 水面坡度的测点间距一般为20~50m,最长为100m,距离较差不应大于距离的1/50,水准点引测的闭合差按五等水准测量的精度。

3. 在山区河流,宜测河底坡度。对跌水、卡口、险滩、瀑布、水工建筑物的上、下游,各测一点。

4. 施测高洪水水面线时,洪水河槽或河滩上水流有取直现象,则按取直方向测量距离。

5. 水面线测量间距可参照表4.1.1.4执行。

(三)绘制洪水位坡度图

绘图比例尺:桥渡为纵向(1:50)~(1:200),横向(1:500)~(1:10 000);滨江(河)为纵向(1:100)~(1:1 000),横向(1:2 000)~(1:20 000),将实测资料整理后,采用透明纸绘制,步骤如下:

表4.1.1.4

水面比降	水位点(或横断面)的间距(km)	相应落差(m)
1:200	0.4	2.0
1:500	0.8	1.6
1:1 000	1.0	1.0
1:2 000	1.6	0.8
1:4 000	2.0	0.5
1:5 000	2.5	0.5

经纬仪视距测量记录

表 4.1.1.3

置镜点	观测点	水平度盘读数								右角	平均右角	磁方向角	距离(m)		视距读数	视点高	竖盘读数			倾斜角							视距长度		高差		高程	草图及备注
仪器高		游标 I			Ⅱ		平均			后视一前视			丈量	平均						量得				平均			视距常数校正	按倾斜角校正	h'			
(i)		°	′	″	′	″	°	′	″							v	°	′	″	±	°	′	″	°	′	″						
		′																														
																																$H=h'+i-v$
																																C B A
B	C	301	12	30						72°36′20″	72°36′15″						282	19	30	−	12	19	30	12	19	25						
	A	13	48	50													254	24	50	+	15	35	10	15	35	15						
	C	118	47	20						72°36′10″	$a_5$107°23′45″						77	40	40	−	12	19	20									
	A	191	23	30													105	35	20	+	15	35	20									

1. 将各种洪水位点及河底纵坡点、测时水面线点绘于图上，并用不同符号表示不同年代水位点。

2. 连接河底坡度线及测时水面坡度线及近年洪水位坡度线，尽量取较长距离之平均坡度线。

3. 设计洪水坡度线需根据流量计算推求水文断面处的设计洪水位，参考高洪水水面坡度定出设计水位坡度线，但需注意以下几点对洪水面坡度的影响。

(1)河流中有无剧烈的弯曲、收缩和放宽，及较宽的河滩。

(2)长度较大之河底急滩；

(3)大支流的汇入或大河倒灌；

(4)下游堤坝或桥梁所形成的壅水影响。

4. 桥梁水面坡度图参见图 4.1.1.2。沿江洪水位坡度图的绘制还需增加线路里程、平面位置、渡口、码头等。参见图 4.1.1.3。

三、水文断面测绘

(一)测绘范围及内容

1. 水文断面的位置应根据河段特征、水文情况选择在河段顺直、河床稳定、河滩宽度较窄处，应避免附近有较大支流汇入，断面上地貌变化不大，并尽量与洪水时之流向正交。当断面位于河滩或支流流向与主流方向不一致之处，应施测折线断面与各段水流成正交。每个桥渡的水文断面一般在桥渡的上、下游各选一个，对增建第二线或改建既有线的桥渡，应尽可能在其附近增选一个水文断面。

滨河路堤沿江水文断面的布设应在水文调查点附近，一般平原区河流不宜大于10km，山区河流不宜大于 5 km。在重点工程处、重点防护工程处以及有较大支流汇入处、水坝上游壅水影响处均应加设水文断面或应考虑路基及其它人工建筑物、弃碴等挤压河道及河床平面和纵断面变化较大的河段，适当加密水文断面。这些断面的测定，可利用线路导线或增测闭合导线来进行。

2. 水文断面测量两端至最高洪水位 0.5m 以上。漫滩较宽的河流可测量至洪水泛滥线边界。

3. 测绘内容应包括各种水位、河段地貌及河床地质概况，主槽、浅滩、回水区、死水区的分界线、相应的糙率，测点的起点距及高程。

(二)测绘方法及精度

1. 水文断面测量一般是在两岸打固定桩，插上花杆标定方向。利用线路水准点或临时水准点施测水文断面处地面高程，水下部分施测水深和水面高程，同时，根据断面固定桩里程(或起点距)施测相应距离。

2. 测点的数量应以能反映地形变化为原则，在地形变化处一定要有测点，陆地间距一般在断面图上为 1～3cm，水下测深间距按《测规》要求办理。

3. 调查断面附近上、下游较长河段内河床形态之特征资料，将河床特征详细记录于测量记录簿上。

4. 陆地部分测点的间距可用经纬仪视距法或皮尺直接丈量、光电测距仪测量。陆地部分断面各测点的高程一般采用水准仪施测，配合断面间距丈量同时测高程。有条件时亦可用光电测距仪测定距离和陆地的高程。基本高程采用水准点或线路控制桩的高程，闭合差应不大于$\pm 50\sqrt{L}$ mm，测点高程的误差应不大于±0.1m，L 为水准点或线路控制桩间的距离，以 km 计。

5. 水下部分测深工具及方法

(1)测深工具

①测深杆测深：可采用金属测流悬杆或木杆、竹杆，其直径一般为 4～6cm，水浅时可用花杆或细一点的测深杆，测深杆长度标志按花杆的标志刻划，其零点与测深杆底部齐平。如有条件，可在杆下装上铁盘，并在铁盘上凿若干小孔，减少阻力。当河底为淤泥时，宜换装为有孔的木盘。杆身涂以红、白节相间的油漆、每节长 20cm，以使目标明显。在小于 20cm 时可采用钢卷尺辅助量测，测深读数至 cm。

②测深锤测深：水深流速较大，采用船只做过河工具时，可采用测深锤测深，测深锤的重量和测绳的长度应根据水深和流速的大小确定。测绳上的尺寸标志应在受测深锤重量自然拉直的状态下进行设置，标志的零点和锤底齐平，10m 以内的标志间距取 0.2m，10m 以上取 0.5m，整米数和 5m 整倍数处一般用红黑布条等不同颜色的标志区别。在测量前应用钢尺或竹尺对测绳的尺寸标志进行核对。

受水流冲击，测深绳会发生弯曲，测得水深大于实际水深，应进行改正，参见本篇第三章第五节有关部分。

③回声测深仪测深

回声测深仪是一种应用回声测距原理测量水深的仪器，测深时将换能器放置于水面，换能器向水底辐射声脉冲，水底界面将会产生反射，测定水底反射波到达时间 t 就可以确定水深

$$h=ct/2 \qquad (4.1.1.1)$$

式中 c——声速；

t——时间；

h——水深。

测深仪的原理如图 4.1.1.4。图中发射部分周期性的产生超声频电脉冲，一路送到记录器或显示器，另一路通过收发转换装置送到换能器被转换成为有方向性的声波脉冲向水底辐射，经水底反射返回换能器。在传播过程中声波经过往返的传播衰减和介质吸收，实际回到换能器的声能很微弱，而且混杂着噪

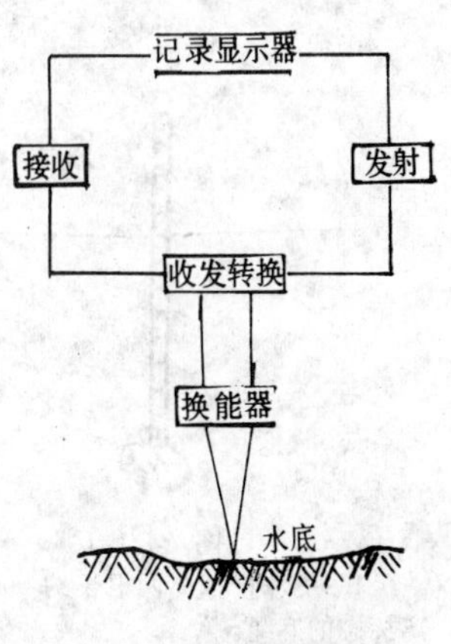

图 4.1.1.4

声。接收部分把有用的回波信号从噪声背景中检测出来加以放大变换，供记录显示。记录显示器能自动地将发射信号、回波信号之间的时间差换算成水深值，并进行记录或显示。

现将部分仪器介绍如表 4.1.1.5。

回声测深仪技术规格表 表 4.1.1.5

项目＼型号	S-48 型	HSW-1000 型	CS-140Z 型
测深范围	0.4～99.99m 分辨力 0.01m	0.5～199.99m(当水深浑浊度小于 5%最大可探测 30m，小于 2%最大可深测 100m，清水最大可探测 199.99m)	0.5～100m(含沙量 0～50kg/m³ 可测)
测深精度	误差<±1%H±0.01m	±1%H±0.05m	±0.1m
电源	直流 10～12.5V	直流 9V	直流 12V、24V、32V
记录方式		显示器	外接声频磁带机
仪器重量	3.2kg	主机 2kg 探头 1.008kg	17kg
适用流速	不大于 3m/s	小于 6m/s	
消耗功率			
出厂单位	南京水利水文自动化所四川省水文总站	黄河水资源保护科学研究所	铁道部科学研究院　南京新吉波船用电子有限公司

(2)测深方法

①直接法：有些河流在枯水期，水很浅、流速小，可直接用皮尺或绳尺量距，花杆或竹竿测水深。

②简易断面索法：适用于宽度小于 50m，水深小于 4m 且流速小的河段，方法简单。首先测定端点的平面位置，由二人站在两岸端点上拉紧断面索，测深由一岸开始，移动绳索，根据绳索上的标志测得距离和水深。见图 4.1.1.5。水深较浅，亦可改用测深杆测水深，如图 4.1.1.6。

③垂钓式测深法：在水深小于 4m，宽度小于 15m 的小溪或沟渠可用垂钓式测深法来进行测深。垂钓式测法是用一根长约 7～10m 有长度标志的竹杆，利用简单的杠杆作用伸展出河岸进行测深。测深时可操纵一根穿过竹杆前端小滑轮的引绳进行测深。见图 4.1.1.7。

④悬空断面索法：一般在险滩、急流、不能通航或测船不能稳定的测区，可在测深断面上架设悬空钢索，用吊锤沿索测深。参见图 4.1.1.8。测深点的位置可用钢索上的标志或引绳测定，也可用视距法测定。

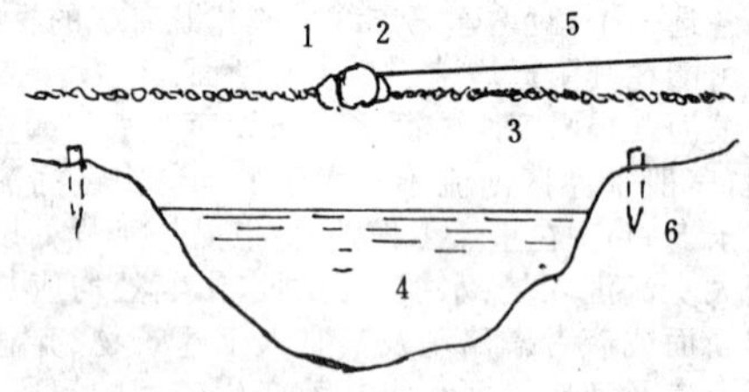

图 4.1.1.5

1—铁环；2—滑轮；3—两根长约 60m 并做有距离标志的麻绳；4—测深锤，重 1kg 左右；5—测深绳，长约 65m，在测深锤一端的 5m 内要做水深标志；6—断面端点。

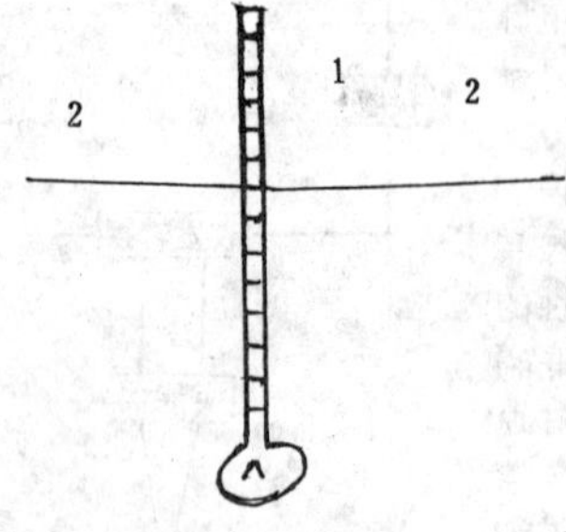

图 4.1.1.6

1—测深杆；2—两根长约 60m 并做有距离标志的麻绳。

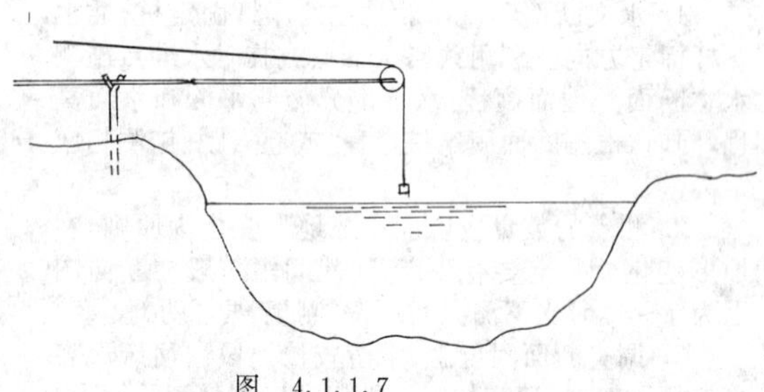

图 4.1.1.7

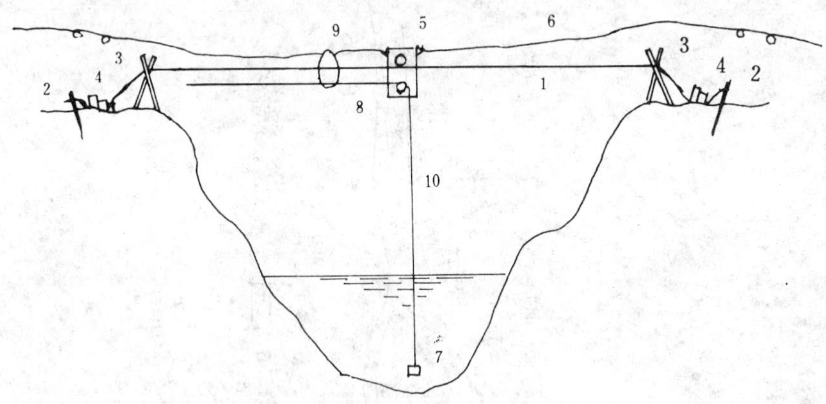

图 4.1.1.8

1—架设在断面位置上的悬空钢索；2—固定钢索的钢钎或根绳；3—托起钢索的支架；4—防止钢钎拔出而压住钢索的大石块；5—可在钢索上滚动并能滑动测深绳的两个联结滑轮；6—牵引滑轮平面位移的引绳；7—测深锤（吊锤）；8—操纵测深锤上下移动的引绳（测深绳）；9—防止测深绳下垂的托圈；10—以锤底为零值刻有固定整米数标志的测深绳。

⑤船上测深：测深河段如有机动船，可直接在船上用测杆或测深锤、铅鱼、回声测深仪等测深，位置用经纬仪交会法测定。

绞索拉船测深，在急流河段测船逆流有困难时，可利用跨河索配合绞索，将船拉到测深断面上测深，参见图 4.1.1.9。

逆水划船测深，在水流不急的河段应根据实际经验，水深流速大小确定丢锤的位置，参见图 4.1.1.10。

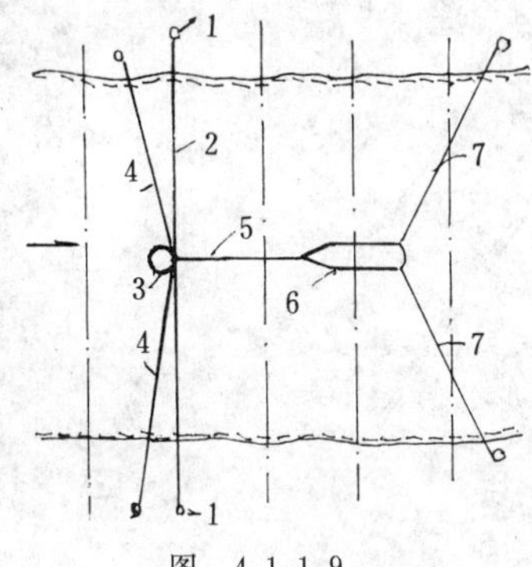

图 4.1.1.9

1—钢钎（石笼）；2—跨河钢索（竹索）；3—滑轮；4—引绳；5—联系滑轮与测船的顺河钢索（竹索）；6—测船；7—稳定测船的两根绞索。

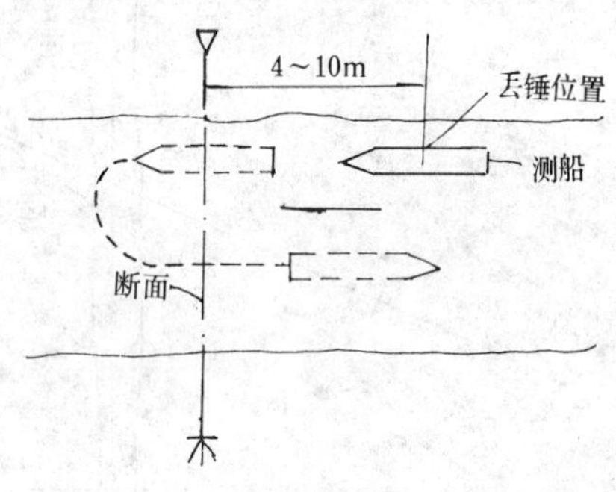

图 4.1.1.10

（三）绘制水文断面图

绘图比例尺：纵向（1∶100）～（1∶500），横向：（1∶500）～（1∶5 000），按面向下游分左右岸，参见图 4.1.1.11。

四、水位平面关系测绘

（一）测量方法（同洪水位测量方法）

（二）测量范围及内容

示出所有调查洪水位点的位置、洪水流向、水文断面位置、水面坡度全长的各点及各个桥位方案的位置。当有航摄像片（比例尺为〔1∶5000〕～〔1∶10000〕）时可不实测，而在航摄像片上完成所需的测绘内容。

内容包括简易地形、地貌、水准点、地形导线和线路中线、线路水准基点、洪水位点、水文断面位置、水文站位置、水流方向、水工建筑物、桥梁、公路、人行道、房屋、洪水泛滥线（一般采用勾绘、个别情况实测）、测量时水边线等，并应尽量利用既有地形图加以核对补充。

当利用航摄像片时，将上述内容刺点于像片上。

（三）测量精度（同洪水位点的精度要求）

（四）绘制水位平面关系图（参见图 4.1.1.12，在沿江洪水位平面图上还需加上经纬距、导线位置等。

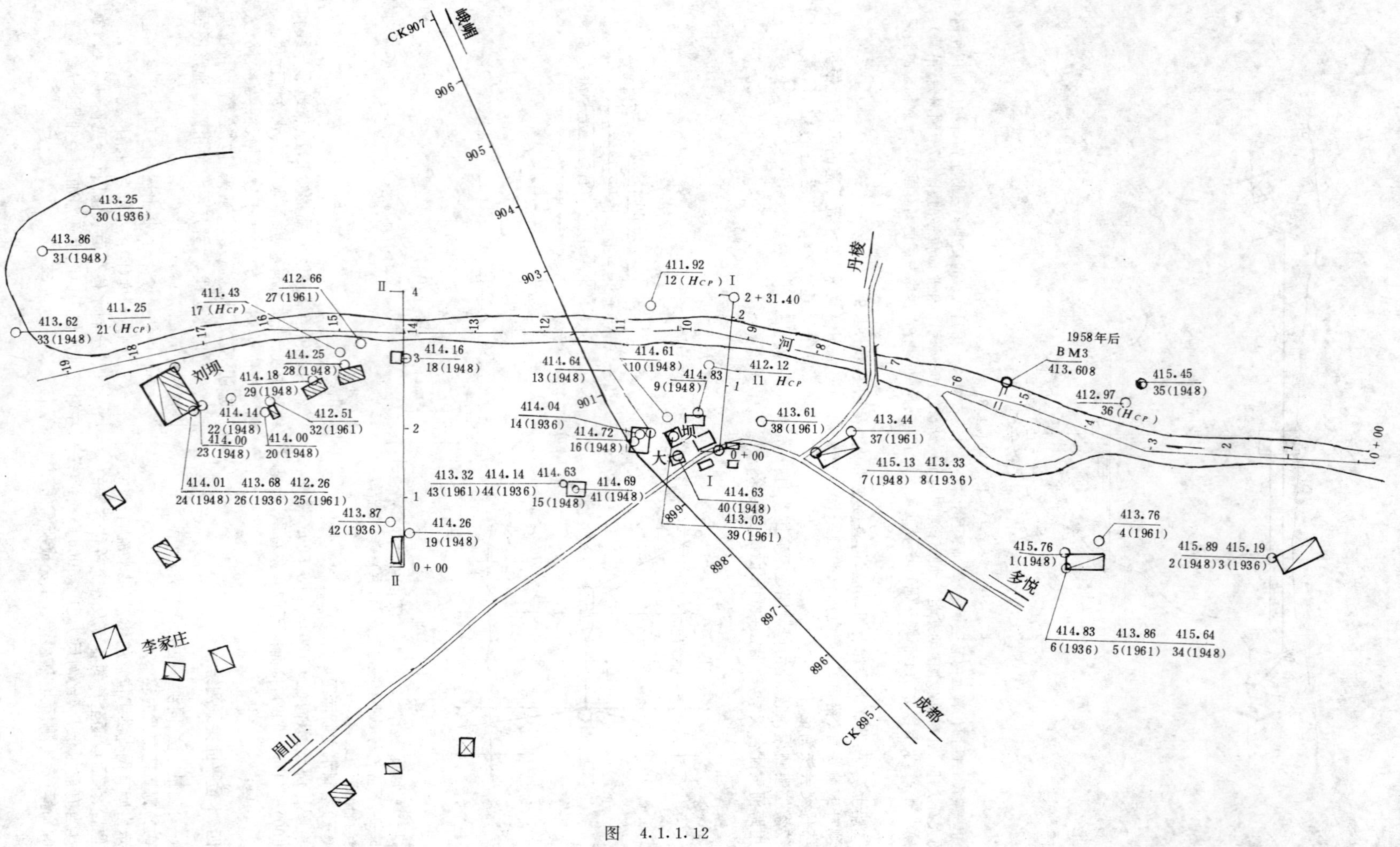

图 4.1.1.12

第二节　桥涵地形和断面测量

一、桥址平面地形测绘

（一）测绘范围：一般应满足设计桥梁孔径、桥头路堤和导流建筑物和施工场地的需要，个别情况下应满足水工模型试验之用。顺线路方向应测至两岸历史最高洪水位或设计水位以上 0.5～1.0m，对于平坦地区河滩过宽时测绘范围不应小于桥梁全长加导流堤在桥址中线上投影长度或以能设计桥头路堤及防波横堤并稍有余量为度。上下游施测长度根据实际需要而定，亦可考虑上游测至 $3B_{槽}+0.12B_{滩}$，下游测至 $1.5B_{槽}+0.06B_{滩}$，（式中，$B_{槽}$ 为河槽宽度，$B_{滩}$ 为二岸河滩宽度之和）；平坦地区上游测至桥长的 2 倍且大于 200m，下游为桥长的 1～1.5 倍且大于 100m；对于改建既有线或增建第二线，上游受倒灌或壅水影响及下游受冲刷影响的桥渡施测范围应酌情增减。

（二）测绘内容：应测绘地形、地物、地貌、线路导线、中线、既有线中线、桥梁和导流建筑物平面、桥头控制桩、水准基点、农田分类及边界、历史最高洪水泛滥线、水流方向等。初测阶段，一般特大桥、地质复杂或需做导流设施的一般大中桥、计划设计新结构的，都需进行地质测绘。定测阶段，特大桥、一般大中桥及地质复杂的小桥亦都需进行地质测绘。水下地形部分，对水流有影响的孤石、陡岸、突出的岩石、堤防等，应在平面图上显示，并标明位置、大小及必要的走向、倾向等。

改建既有线或增建第二线还应测绘既有线路中心线，桥梁及导流建筑物的位置以及既有桥渡附近的斜流、涡流、死水和冲淤地段的范围。

地形等高线间距，平坦地区 0.5～2.0m，困难地区 5～10m；地形测点水平间距一般不得超过图纸上距离 2cm，平坦地区可酌情予以放宽，对于桥址两岸陡峻地段及对于河岸、陡坎、河床沟心、河滩、河岔、水流边线、植被边界、建筑物处地形、地貌，应适当加密测点，不受上述规定的限制。

（三）测量方法：陆上地形测量见线路测量有关部分。水下地形测量方法及精度同于水文断面水下测量方法及精度，水下地形一般采用断面法，也可用其它方法。用经纬仪定位时，测量成果记入手薄中，必要时还应记录交会与测深的时间。水下地形测量除了采用悬空断面索，绞索拉船，逆水划船测深外，其它方法还有：

1. 迂回测深法。河中流速太大，测船（筏）不能沿断面方向前进测深时，可采用迂回行驶测深法测深，参见图 4.1.2.1。测船顺流而下，流经断面时进行测深并定位，然后测船划向岸边牵引到断面上游适当位置处，再顺流向下经断面时再测深定位，如是反复迂回，逐点测深。测区较大，应适当分段，每段长度最好不超出河宽 3 倍，并应选好断面位置、测船靠岸地点及相应的定位测点。

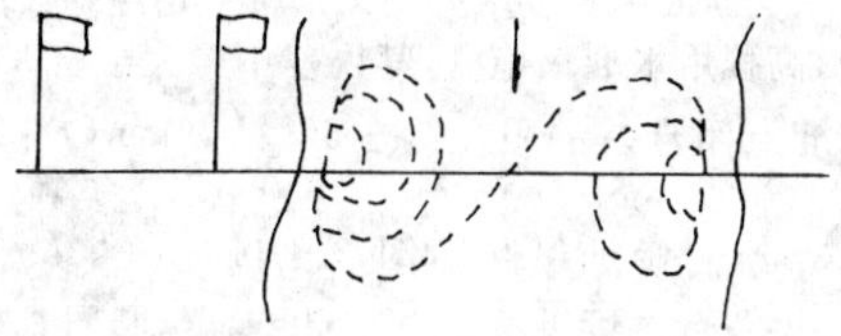

图　4.1.2.1

2. 三船并进法。在水底平坦测深较密的水库及湖泊，或较规律的河床施测水深时，可采用三船并进法测深以减少定位工作。三船并进法是用三条船同时施测三个断面，对中间甲船所测的断面水下地形点进行定位，而乙、丙两船所测断面的水下地形点平面位置由甲线断面水下地形点引垂线求出，参见图 4.1.2.2。甲、乙、丙船，沿断面方向前进，当甲船测深时，可由专人用"＋"字木架或旗号指挥乙、丙两船至甲船断面的垂直线上同时测深。

（四）绘制桥址平面地形图：比例尺 1∶500～1∶5 000，绘制于画有经纬距的磅纸或聚酯薄膜纸上。

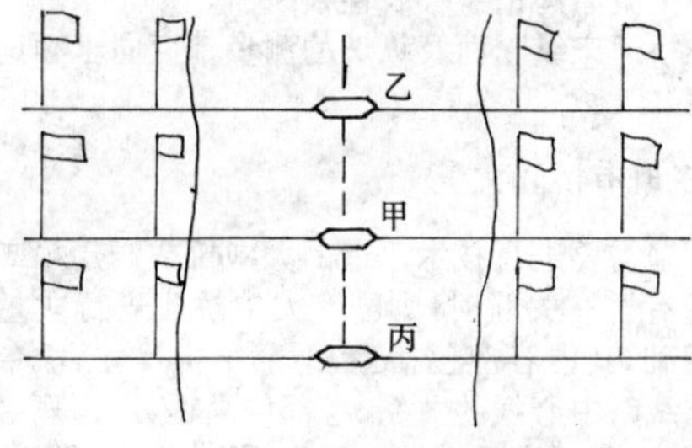

图　4.1.2.2

二、桥址纵断面及辅助断面测量

（一）桥址纵断面

1. 测绘范围：除按有关规范要求外还需补充下述内容。（1）两岸应测宽度根据路肩高程而定，以满足在图上足够布置全部桥孔及导流堤的需要为原则，包括导流堤在桥址中线上的投影长度，并能设计桥头填土。（2）如桥址纵断面兼作水文断面，并用以进行流量计算，则应测至岸边高出最高水位或设计水位至少 1.0m，泛滥很宽的河流应视具体情况而定，但必须满足流量计算的要求。（3）如两岸或一岸为山地时（包括高架桥），以在图上能正确决定桥址及台尾附属工程为原则。(4)特大桥及大中桥两岸应埋设桥址控制桩作为桥址定测和施工复测的依据，其位置应不受洪水淹没，必要时应设立护桩或中线方向桩。

2. 测量方法及精度：应尽量在线路中线测量，按要求一次完成。如线路中线加桩不足，可根据中线桩在地形变化处加密。测点距离：在山区不得大于5m，平坦地区不得大于20～40m，水面以下部分测点按水文断面测量要求办理。加桩应用经纬仪照准方向，高程用水准仪施测，其误差不得大于±0.1m，与水准点闭合差的限差为$\pm 50\sqrt{L}$ mm（L以km计）。

3. 绘制桥址纵断面图　比例尺（1：50）～（1：500），特长桥可采用1：1 000。绘制内容参见图4.1.2.3。

（二）辅助断面

1. 桥址辅助断面，初测时均不测。线路走行于陡峻的山坡地段，为了防止桥址线路纵断面在设计中发生墩台基础有落空现象，可根据实际需要加测上、下游平行于桥址线路纵断面的辅助断面，间距一般为3～5m，可根据地形及墩台基础大小确定。该项断面与资料应与桥址线路纵断面合并绘制，在绘制时桥址线路纵断面用实线表示，上、下游断面以虚线表示，并注明与线路纵断面的距离。此外辅助断面亦可根据需要，用垂直于线路的桥头或墩台横断面代替，测量条数和宽度，根据设计要求而定。

2. 对于小桥，为了正确布置陡坡建筑物，上、下游可加测顺沟方向河床纵断面，上游应连接原沟心，下游也连接原沟心或接至有出路之处。当需要计算水深，判断水流状态或考虑蓄水情况时，应加测河床纵坡和下游原沟槽有代表性横断面。

小桥河床纵断面及纵坡的测量精度同于涵洞轴向断面。

三、既有桥涵丈量

（一）需要进行技术改造的大中桥或修建第二线桥与既有桥有关联时，则既有大中桥应进行丈量并挖探基础，其内容应包括上、下部结构尺寸、墩台中心线与线路中心线的关系、各部位高程、结构病害和病害部位等，以满足设计需要为原则。如有可靠的竣工资料时，可仅核对主要尺寸和高程，一般不做基础挖探工作。

（二）既有桥墩台需要加高在0.4m以内，或运营情况良好，与增建第二线桥无影响时，其基础部分可不进行挖探。

（三）确定原式利用的或经调查研究确定报废的既有桥，只丈量主要尺寸，绘制轮廓尺寸图，注明中心里程和主要部分高程。

（四）桩基、沉井及气压沉箱等深基础既有桥应尽量了解其确实类型、顶部尺寸及埋置深度，不进行挖探。

（五）小桥需丈量主要尺寸，需要改建检算和对增建第二线桥有影响时，应挖探基础，以取得基础埋置深度及襟边尺寸等有关资料。

（六）涵洞需丈量涵轴线与既有线法线的夹角、纵轴线长及涵洞的主要尺寸。需要接长时，还应详细丈量其接长端的结构细部尺寸。

（七）需要改建或加固的桥涵缺少所需的隐蔽部分尺寸或控制新旧桥涵线间距的基础尺寸时，应进行必要的开挖和丈量。同一线路同类型的桥涵，可选择有代表性的进行开挖和丈量。

既有桥的历史和技术情况，可参照表4.1.2.1进行外业调查测量。必要时编制详细的调查表。

四、涵洞轴向断面测量

（一）测绘范围

在涵洞洞身长度范围内一般为直线，在地形特别复杂处，在洞身长度范围内转向的，应测量转向点、转向角。在洞身以外可按下列情况进行测绘。断面位置应在测量记录本内附草图和说明。

1. 在地势平坦，地面坡度小于10%，又无显著沟形，有可能改设涵洞的小桥，应准确测出中心高程，并加测涵洞轴向断面及轴线与线路中心线法线的夹角。

2. 出入口直接连于沟心者，直线方向轴向断面测至沟心后顺沟方向酌测2～3点。如出口排水有困难，应根据需要增长。

3. 出入口不直接连于沟心者，测取洞身足够长度后，可转向与沟心顺坡相接。

4. 陡坡涵洞上游直线方向断面长度以能满足布置缓流井、急流槽为准。

5. 涵洞轴向断面位置应在现场一次确定。如地形复杂，不易正确确定时，应利用桥涵平面图先经纸上研究，然后结合现场勘查确定之。

6. 增建第二线的涵洞，必须包括既有涵洞出入口范围以外一定长度及在既有线的中心位置。

（二）测绘方法和精度要求

1. 涵洞轴向断面应用水准仪测量变坡点高程，并用皮尺或钢尺丈量间距。水准高程测量误差应不大于±0.1m（山区为±0.2m），测点距离的误差应不大于距离的1/200，横向偏距应不大于±0.2m，以中桩作为水准高程的依据时，必须同时观测三个以上的中桩，高程核对均符合限差时，方可采用其中一个。

2. 涵洞轴向断面与线路中线斜交时，其交角应实测。

3. 涵洞中心位置加桩，应进行距离和高程核对。

4. 定测阶段涵洞轴向断面应由地质专业填绘地质资料。

5. 增建第二线或改建既有线时，应测出与线路平面关系、斜交角度，既有涵洞在线路上、下游长度、路肩宽度以及轨底、路肩帽石顶、出入口流水面、沟床等高程。

（三）绘制涵洞轴向断面图

比例尺（1：50）～（1：200），面向线路方向测量，内容应包括测点的起点距和高程、涵洞中心里程和水流方向、沟心、沟岸、公路、陡坎等斜交或折线形断面，还应注明线路方向和斜交角或转角、流向等。

线　初测桥梁外业调查测量记录表　　　　表 4.1.2.1

台帐资料	编　　号			全　　长		流　　向	左→右
	桥　　名				中心里程		
	梁跨组合					建成年代	
线路情况		坡　　度		股道数目		曲线半径	
初测中心里程					全长		
端台尾里程					端台长		
端台尾里程					端台长		
避车台位置		左侧墩号			右侧墩号		
人行道宽度(cm)		左侧			右侧		
导流建筑物及锥体护坡情况							
水害冲淤及河床变迁情况							
地震设防情况							
墩台	墩台型式及材料						
	基础式样及材料						
	病害及冲淤情况						
	墩台顶上检查设备						
上部建筑	梁类型及材料			桥面系设备			
	支座型式			病害情况			

墩台编号	0	1	2	3	4	5	6	7	8	9	10	11	12	13	14
E值示意图															

第三节　简易水文观测

一、流速测量

流速测量方法一般分为流速仪测流和浮标测流。其他如比降一面积法、雷达测速法、测量过水建筑物法、溶液稀释法等等，都是测流工作的一种特殊手段，为一些特殊要求而采取的方法。

(一)各种测流方法的应用范围

1. 流速仪法　(1)整个断面内除个别测点外，大多数测点的流速不超过流速仪的测速范围；(2)垂线水深不少于流速仪用一点法测速的必要水深；(3)在一次测流的起讫时间内，水位涨落差：一般河流不大于平均水深的 10%～20%，水深较小而涨落急剧的河流不大于平均水深的 20%～30%；(4)漂浮物流经断面时不致影响流速仪的正常运转。

2. 浮标法　适用于流速仪测速困难或超出流速仪测速性能范围的高流速、小水深等情况的测验。(1)在高洪情况下，暴涨暴落且挟带大量漂浮物的洪水，可采用漂浮物代浮标或中泓浮标法测流。河面宽阔，中泓不够集中或中泓位置摆动不定的测验河段，不宜采用中泓浮标法测流；(2)尽可能采用均匀浮标法测流；(3)测流河段有漫滩，主槽流速超出流速仪测速性能范围，而滩地流速又较慢时，可在主槽用浮标测速，滩地用流速仪测速，并在主槽与滩地接界附近，使两种测速相重叠；当漫滩测段水面很宽，流速仪无法施测，亦可用浮标测速。(4)低流速、小水深时，应根据水深的大小，测验河段的情况分别采用小浮标法，浮杆法等测流速；(5)风力(速)过大，对浮标运行有严重影响时，不宜采用浮标法测流。

3. 其他测流方法　(1)流量不大，河面不宽的小河流，当水流湍急，紊动明显时，可采用溶液稀释法或测量过水建筑物测流；(2)平原地区河面较宽或有潮汐的河流可采用机动船测流；(3)暴涨暴落的山区河流，且河段水面比降较大时，不适用均匀投放浮标法。涨落历时不长，可考虑采用比降一面积法；(4)其他靠近堰闸、小桥涵等水文建筑物的测站，可以用事先率定的流量系数或经过验证的水力学公式测算高洪流量；(5)高洪期渡河设备困难，又靠近公路铁路桥梁时可利用桥梁布置测流；(6)在特大洪水或泥石流暴发地区，流速特大，可采用雷达测速。

(二)测流方法

1. 流速仪法

(1)流速仪类型：目前常用的国产流速仪有LS25-1型、LS25-3A型及LS20型等多种型号旋浆式流速仪。

①LS25-1型旋浆式流速仪　适用于一般江河测流，仪器可分为三个部分：旋转部件、身架部件和翼尾部件。使用范围：流速 $v=0.06\sim7.0$m/s；工作水深可到24m；工作水温0～30℃；工作水质，淡水或含有泥沙的浑水；连续工作时数8h，超过此时数应取出仪器，检查转动部分的工作情况。

技术数据：仪器的起转速度 $v_0\leqslant0.05$m/s；检定公式的均方差 $m\leqslant\pm1.5\%$；旋浆的回转直径为120mm；旋浆螺距为250mm；每二次讯号间旋浆的转数20转；转动系统的支承，单列向心推力球轴承尺寸为 $\phi16\times\phi5\times5$mm。

重量和界限尺寸：仪器连箱重量5000克，仪器箱尺寸470mm×340mm×140mm；

②LS25-3A型　是一种大量程的流速仪，可用于高速河道、水电站、压力管道、溢洪道、大坝工程合拢的高速测量以及水库、湖泊和一般河流中低速测量。本仪器主机可分为感应、传讯和尾翼等三部分。仪器测流的安装测验方式有悬杆-悬索安装、转轴-悬索安装、测杆安装和安装于铅鱼挂杆等，参见仪器说明书。

主要技术指标：

a. 旋浆回转直径 ϕ120mm

b. 旋浆水力螺距 $k=250$mm 左旋

c. 旋浆材料 PC工程塑料

d. 仪器起转速 $v_0\leqslant0.036$m/s

e. 测速范围　0.04～10m/s

f. 临界速度 $v_k\leqslant0.14$m/s

g. 检定公式均方差 $m\leqslant\pm1.5\%$

h. 仪器最小工作水深　$H\geqslant0.16$m

i. 仪器最大工作水深　$H\leqslant40$m

j. 两讯号间转数　$N=20$ 转

k. 触点容量　电流≤300mA
　　电压≤4.5V

l. 连续工作时数　≤8h

m. 仪器工作水温　0～40℃

n. 适应含沙量　不低于 50kg/m^3

③LS20型高流速仪，可在一般河流、明渠、排灌系统、水电站压力管道和溢洪道等使用，仪器旋转轴密封性能优良，适用于高含沙量条件下进行高流速测量，长期使用无需拆洗。

主要技术指标：

a. 测速范围 0.05～10m/s(A型)　0.03～15m/s(B型)；

b. 工作水深 0.2～50m；

c. 工作水质含沙量≤100kg/m^3；

d. 旋浆回转直径(120mm)；

e. 旋浆水力螺距(200mm)；

f. 讯号频数　每转2个信号(B型)20转1个信号(A型)；

g. 仪器可用测杆、水文绞车、水文缆道等安装测量。

(2)流速仪悬吊方式　流速仪悬吊方式关系到流速仪测点的精度，也关系到用什么方法测量。用悬杆悬吊测量时，布置流速测点受水深条件的限制较小。但水深太大时，用悬杆悬吊操作困难，可用悬索测量。悬索测量在流速较大时必须进行偏角改正。偏角改正同第一节三水文断面测绘中测深锤测深有关改正。

(3)流速仪养护

流速仪在每次使用以后应立即拆洗干净，并重上仪器的润滑油。流速仪装入箱内时，转子部分应悬空搁置。仪器所有的零件及工具应随用随放还原处。仪器箱应放于干燥通风处，并应远离高温和有腐蚀性的物质。流速仪1～2年应进行全面检修，并重新鉴定。

(4)流速仪测速垂线及测点的布置

测速垂线的条数根据水面宽度确定，垂线上的测点数根据水深确定，按照《测规》的规定，测速垂线数见表4.1.3.1，垂线上的测点数目和位置见表4.1.3.2。同一测流断面，测速垂线分布要大致均匀，但主槽应较河滩为密，主流和边滩水流相接近处必须设置垂线，地形起伏和流速分布的转折点处应布设垂线。垂线位置(起点距)尽可能固定，当水位变化很快时，在垂线上各点测量流速应自水面向河底依次进行。在抢测洪峰时可不受水深限制，采用1点法(包括水面)测速。

流速仪测速垂线数　表4.1.3.1

水面宽度(m)	小于100	100～300	300～600	600～1 000	1 000以上
垂线数目(根)	3～5	7	9	11	≥13

测速垂线上的测点的分布

表4.1.3.2

垂线上水深 h (m)	垂线上测点数目和位置
<1	1点　$0.6h$
1～3	2点或3点　$0.2h$　$0.8h$ 或 $0.2h$　$0.6h$　$0.8h$
>3	5点　水面　$0.2h$　$0.6h$　$0.8h$　河底

(5)流速仪测速历时

①测点的测速历时不应短于100s。但由于水位涨落变化而引起断面平均水深的改变，河流暴涨暴落或水草漂浮物、流冰严重时可缩短至60～50s，仍不能满足于一次测流中允许水位涨落差的要求时还可适当缩短至30s，但不得少于20s。

②不需研究流速脉动的规律，可只记录总转数

和总历时。

(6)如遇测流断面出现死水区或回流区时，应目测确定分界，如死水区较大可用低速流速仪或深水浮标测定死水、回流边界。

(7)垂线位置的测定和水深测量

一般测流时均同时测量水深，并尽可能同时测量水道断面。如确有困难，水道断面测量工作可改在测流前后的有利时机进行。水深测量方法同本章第一节有关部分。

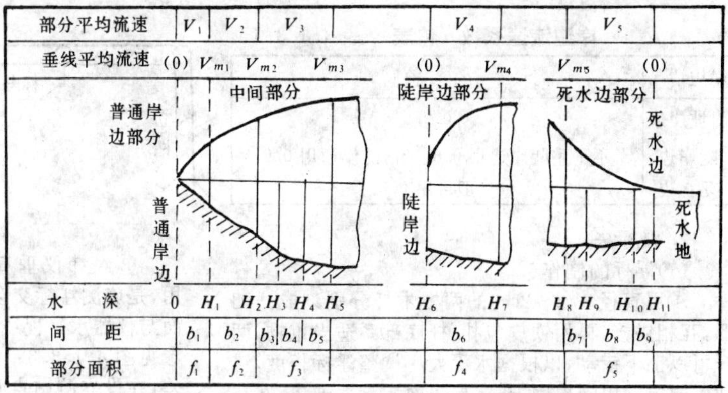

(8)流速仪实测流量计算

①垂线起点距和水深计算（见本章第一节水文断面测绘中有关部分）

②测点流速计算

一般用转数历时算出或从流速仪检数表上查出。

实测流向偏角大于10°，需做偏角改正。公式如下：

$$V_N=V\cos\theta \quad (4.1.3.1)$$

式中 V_N——垂直于断面的测点流速(m/s)；

V——实测的测点流速(m/s)；

θ——流向偏角（即流向与垂直于断面方向的夹角）。

③垂线上的平均流速计算方法

五点法 $V_m=1/10(V_{0.0}+3V_{0.2}+3V_{0.6}+2V_{0.8}+V_{1.0})$ (4.1.3.2)

三点法 $V_m=1/3(V_{0.2}+V_{0.6}+V_{0.8})$ (4.1.3.3)

二点法 $V_m=1/2(V_{0.2}+V_{0.8})$ (4.1.3.4)

一点法 $\left.\begin{matrix}V_m=V_{0.6} & V_m=K_1V_{0.0}\\ V_m=KV_{0.5} & V_m=K_2V_{0.2}\end{matrix}\right\}$ (4.1.3.5)

式中 V_m——垂线平均流速(m/s)；

$V_{0.0}\ V_{0.2}V_{0.5}\ V_{0.6}\ V_{0.8}\ V_{1.0}$——分别为水面、0.2、0.5、0.6、0.8水深及河底的流速(m/s)

K、K_1、K_2——半深流速系数、水面流速系数及0.2水面的流速系数，最好通过垂线上多点法测速资料的分析或专门的试验确定。在没有资料情况下，$K=0.9\sim0.95$；

K_1按表4.1.3.3；K_2可用本垂线二点法或多点法的资料分析确定。

④部分面积计算（参阅图4.1.3.1）

部分面积等于两边垂线水深的平均值和其间距的乘积，计算公式如下：

$$f_1=\frac{0+H_1}{2}b_1=\frac{1}{2}H_1b_1 \quad (4.1.3.6)$$

$$f_2=\frac{H_1+H_2}{2}b_2 \quad (4.1.3.7)$$

测速垂线间加设测深垂线者（如f_3,f_5等），其

部分平均流速 V_1 V_2 V_3 V_4 V_5
垂线平均流速 (0) V_{m1} V_{m2} V_{m3} (0) V_{m4} V_{m5} (0)
普通岸边部分 中间部分 陡岸边部分 死水边部分
普通岸边 陡岸边 死水边 死水地
水深 0 H_1 H_2 H_3 H_4 H_5 H_6 H_7 H_8 H_9 H_{10} H_{11}
间距 b_1 b_2 b_3 b_4 b_5 b_6 b_7 b_8 b_9
部分面积 f_1 f_2 f_3 f_4 f_5

图 4.1.3.1

部分面积等于各测深垂线间的梯形面积之和，其计算公式为：

水面流速系数 K_1 值表 表4.1.3.3

河床情况	水深 (m)		
水流条件	＜1	1～5	＞5
水流条件良好的平原河流（大、中河流）	0.78～0.86	0.87～0.88	0.89～0.9
水流条件较差（水草丛生、河道弯曲、乱石堆积水流较急）的大、中河流	0.7～0.77	0.78～0.85	0.86～0.87
水流条件不好（有水草、积水沙滩）的河流或河滩、水流湍急的山区河流		0.7～0.79	0.8～0.84

$$f_3=\frac{H_2+H_3}{2}b_3+\frac{H_3+H_4}{2}b_4+\frac{H_4+H_5}{2}b_5 \quad (4.1.3.8)$$

以上各式H_1、H_2…尽量用测速时同时测深的资料绘图。

⑤部分平均流速计算

两个测速垂线中间部分的平均流速为两垂线平均流速的算术平均值，其计算公式为

$$V_2=\frac{V_{m1}+V_{m2}}{2} \quad (4.1.3.9)$$

$$V_3=\frac{V_{m2}+V_{m3}}{2} \quad (4.1.3.10)$$

岸边和死水边部分的平均流速计算公式如下：

$$V_1=\alpha V_{m1} \quad (4.1.3.11)$$

$$V_4=\alpha V_{m4} \quad (4.1.3.12)$$

流速系数α可根据试验资料确定，在没有资料情况下，可采用表4.1.3.4数值

⑥断面流量计算

断面流量为断面上各部分流量的代数和，断面上部分流量为部分面积与部分平均流速的乘积，其计算公式为

$$Q=v_1f_1+v_2f_2+\cdots+v_nf_n$$

$$= q_1 + q_2 + \cdots + q_n = \sum_{1}^{n} q_i \qquad (4.1.3.13)$$

岸边流速系数α值表　　表 4.1.3.4

岸边情况	α　值
斜坡岸边	0.7
陡岸边	不平整陡岸边用 0.8；光滑陡岸边用 0.9
死水边	一般可用 0.6

2. 浮标法

(1)浮标的制作

①用直径 1.2～2cm 的两根木杆分别刻成凸凹形，互相拼接，再用铁皮包扎。杆底部系适当重物，两杆可以上下错动，以根据水深大小调整浮标长度，错动后的位置用螺栓固定，浮标表面应涂上油漆，并在浮标上插一小旗，小旗的颜色最好是紫色，总之应有醒目的标志。浮标入水部分的深度不应大于水深的 1/10。

②用直径为 3cm 左右的一根木杆和一个直径稍大一点的铁皮筒套接，铁皮筒下端系适当的重物，筒的上部靠近顶端处钻一小孔，在木杆上每隔相等的距离(2～5cm)均匀的钻若干小孔。木杆插入铁皮筒以后，根据水深大小将木杆上不同位置的小孔对准铁皮筒上部的小孔用销针插入固定，以调整浮杆的长度，使其符合要求的入水深度。

③夜间浮标测流可用夜明浮标。当河面宽或有雾时，应在浮标上部装置能冒烟的易燃物质(松香、桐油、橡胶等)制成烟雾水面浮标。雨天可采用普通干电池和电珠焊接在一起，系于浮标上部。

(2)浮标的投放要求

①均匀投放：浮标应在全河面内均匀分布。在各个已确定的分布位置附近应有 1～2 个浮标，靠近岸边部分必须有 1～2 个浮标。浮标投放顺序应由一岸顺次投放到另一岸。水情变化急剧时，可先在中泓部分投放，再在两侧投放。

②中泓投放：中泓浮标观测主流部分的最大流速。测流段内有独股水流时，应在每股水流投放有效浮标 3～5 个，在其中选用历时最短运行正常、流速最为接近的 2～3 个，取其流速的平均值。当特大洪水测流设备被冲毁或河中漂浮物过多，投放的浮标识别困难时，可选用河中突出的漂浮物作代用浮标。

(3)浮标测流的方法

①断面索观读法　河宽小于 50m，有条件架设断面索时可采用此法，浮标运行历时的测记和浮标位置应符合下列规定。第一，断面监视人员应注意观察每个浮标通过断面线的准确时刻，及时发出讯号，并采取必要的措施(安设断面瞄准器等)减少瞄准误差。第二，记录人员应注意讯号的接收，当收到浮标通过上、下断面线的讯号时，应及时开放和关闭停表，正确读记浮标的运行历时，时间读数记至 0.1s。第三浮标位置观测人员应在浮标通过中断面或下断面或测流断面时观测浮标与断面索上标志(参见图 4.1.3.2)的位置关系(与一端立柱的距离)，并随即报告记录人员。

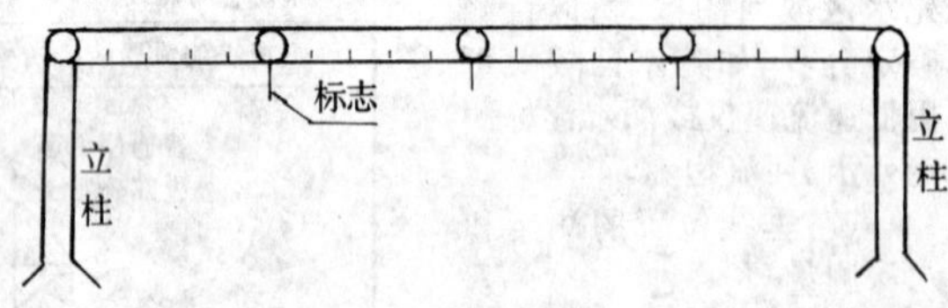

图　4.1.3.2

②经纬仪垂直交会法　在铁路水文测量中常用，是施测浮标交会视线的垂直角(俯角)，并通过水面与仪器水平视线的高差，计算浮标起点距的方法，参见图 4.1.3.3。为了减少俯角角度过小带来的误差，在设立测站点时应注意使最小实测俯角不小于 2°，困难时也不得小于 1°。对每个浮标应按下列方法施测。第一，在测站点上一人操作经纬仪，一人记时和监视断面。另人投放浮标或选用河中漂浮物代用浮标。如有可能，还需有一人记录浮标观测角。第二，浮标下水后，在通过上断面时，记时人员应发出讯号，并同时开表，司仪人员读水平角和垂直角，记于记录簿上。第三，当浮标流经测流断面时，记时人员应发出到达讯号，并记录浮标运行历时(不关表)，司仪人员及时观测水平角和垂直角。第四，当浮标的运行总历时为浮标自始点至测流断面线运行历时的二倍时，或通过下断面时，记时人员应发出停止讯号，并同时关表，读记浮标的运行总历时，司仪人员还应及时观测水平角和垂直角。整个过程，司仪人员对浮标应自始至终跟踪观测。

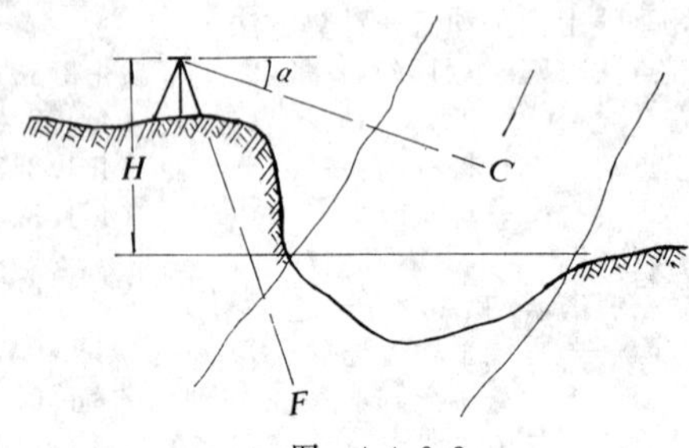

图　4.1.3.3

浮标测点计算公式如下：

$$D(l_{上游}) = \frac{H}{\tan\alpha + i\sin\varphi} \qquad (4.1.3.14)$$

$$D(l_{下游}) = \frac{H}{\tan\alpha - i\sin\varphi} \qquad (4.1.3.15)$$

式中　$D(l_{上游})$——置镜点位置的上游至浮标的距离；

$D(l_{下游})$——置镜点位置的下游至浮标的距离；

H——置镜点高程＋仪器高－置镜点断面处的水位高程；

φ——浮标视线与置镜点所在断面之间的水平夹角；

i——水面比降；

α——垂直角(竖角、俯角)。

③经纬仪水平交会法

a. 基线垂直于测流断面,参见图 4.1.3.4。

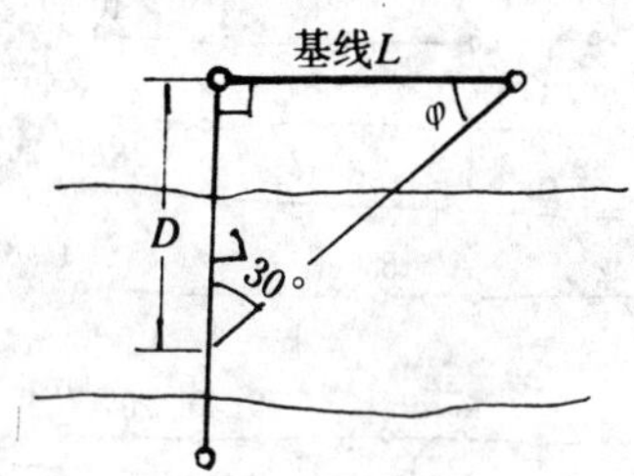

图 4.1.3.4

浮标至测站点位置的计算式为:

$$D = L\tan\varphi \tag{4.1.3.16}$$

b. 基线不垂直于测流断面,参见图 4.1.3.5。

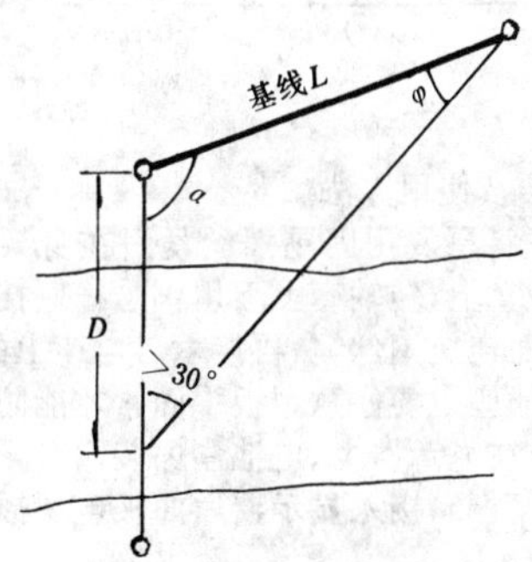

图 4.1.3.5

浮标至测站点位置的计算式为:

$$D = L \times \frac{\sin\varphi}{\sin(\alpha+\varphi)} \tag{4.1.3.17}$$

式中 D——起点距(浮标至测站点距离);

L——基线长度;

φ——基线与浮标视线夹角;

α——基线与测流断面的夹角。

(4)浮标流量的计算

浮标虚流速按下式计算

$$V_{fi} = \frac{L_f}{t_i} \tag{4.1.3.18}$$

式中 V_{fi}——浮标虚流速(m/s);

L_f——浮标上、下断面间距(m);

t_i——第 i 个浮标运行历时(s)。

断面流量按下式计算

$$Q = K_f \times Q_f \tag{4.1.3.19}$$

式中 Q_f——断面虚流量;

K_f——断面浮标系数。

第一,断面虚流量的计算采用图解分析法,见图 4.1.3.6,步骤如下:

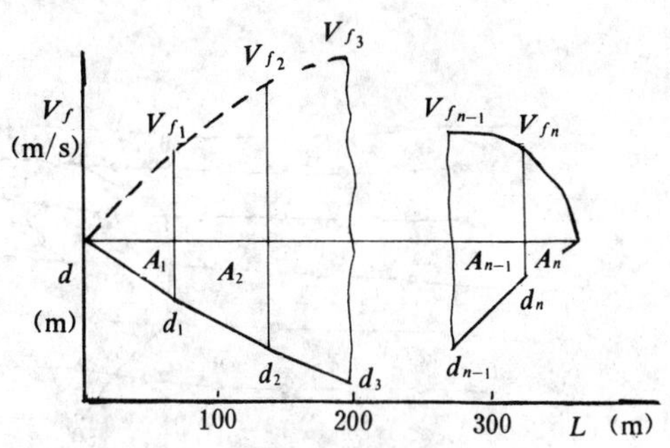

图 4.1.3.6

①采用测浮标时开始和终了水位的平均值作为水位线。

②计算各垂线的河底高程。

③在水位线下方绘制测流断面图,横坐标为起点距,纵坐标为水深(即相应水位与河床高程的差数)。

④计算各浮标之起点距与虚流速。

⑤在水位线上方,按上项计算所得资料点绘出各浮标的点位,并连成曲线,勾绘浮标虚流速横向分布曲线。对个别突出点查明原因,绘出比例要选择恰当。

⑥在各个部分面积的分界线处,从浮标虚流速横向分布曲线上读出虚流速。

⑦从图下方计算各部分面积,乘以各部分虚流速即得虚流量。

第二,断面浮标系数应按断面处流速仪法测流和浮标法测流的比测试验确定,

公式为 $K_f = \frac{\overline{V}}{\overline{V}_f} = \frac{Q}{Q_f}$

式中 K_f——断面浮标系数;

$\overline{V}$——断面平均流速;

$\overline{V}_f$——断面浮标流速;

Q——断面平均流量;

Q_f——断面虚流量。

浮标法测流使用的浮标在同一测流段必须定型统一,制作材料、型式、入水深度应基本一致。如改用其他类型时,其浮标系数应另行比测试验。在没有流速仪比测的情况下或有困难时,可采用经验浮标系数。湿润地区的大中河流可取 0.85～0.90;小河取 0.75～0.85;干旱地区的大、中河流可取 0.8～0.85,小河取 0.7～0.8。

二、流向测量

(一)是指铁路上常用浮标法观测桥址断面(测流断面)处水流方向的测量,一般采用经纬仪交会法进行浮标观测。测完后,在绘有桥址断面(测流断面)的平面图上绘出浮标走行线,具体步骤如下:

1. 在平面图上绘出每个浮标走行线,在观测交会点上注明交会时间,参见图 4.1.3.7。

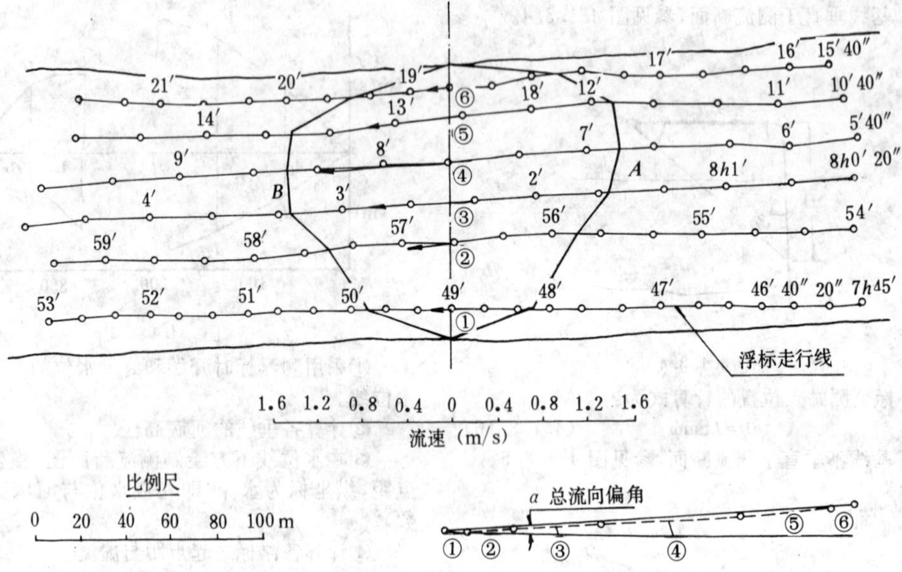

图 4.1.3.7

2. 在每个浮标的走行路线上，从桥址断面(测流断面)向上游分别截取某一等时距(一般为 50s 见图 1.1.3.7)，如流速超过 2m/s，时距可缩短为 10s、20s 等。

3. 按图 4.1.3.6 的方法计算测流断面(桥址断面)面积和部分虚流量，然后按适当的比例绘制各部分虚流量的向量值。浮标路线与断面上下游等时线 A、B 的交点的连线方向可作为该向量的方向，用推平行线的方法连成多边形，定出合向量线。合向量线与断面垂直线的夹角即为流向总偏角。亦参见图 4.1.3.7。

(二)采用流向仪测量水下测点流速、流向。水利电力部重庆水文仪器厂出产的 ZSX—3 型直读流速流向仪可供使用。

1. 主要性能指标

测量范围：

流向 0°～360°；

流速 0.2～3m/s；

水深 0～24m。

测量精度：

流向±5°；

流速＜2％＋0.005m/s；

使用条件：

含盐度＜40％；

使用温度－10℃～40℃；

贮存温度－40℃～55℃；

电源 6V；

工作电流　测速约 25μA，测向约 170μA；

距离铁质船舶　＞1.7m。

2. 安装及使用方法

①首先将尾翼用固尾螺丝紧固在身架上，将旋浆放置转轴套上，转轴套上下用铜悬杆联接，下面悬吊铅鱼，上面连接钢丝绳，再接六芯电缆上的密水插头端，接在插座上要注意用扳手固紧才能防水。电缆的另一端接在显示器上。电池盒内装四节干电池(注意“＋”、“－”极)，接入显示器后面板电源插座。

②使用

a. *K* 值选择开关　*K* 值选择开关是专门用来预置流速仪 *K* 值的，首先从流速仪检定公式中找出仪器的 *K* 值，然后将 *K* 值选择开关置于相应档位，即完成 *K* 值的预置工作。

b. *C* 值选择开关　*C* 值选择开关是专门用来预置流速仪 *C* 值的。横线上方是用 50s 测流时预置 *C* 值的，只有二个档位；横线下方是用 100s 测流时预置 *C* 值的，有四个档位供选择，使用时首先从流速仪检定公式中找出仪器的 *C* 值，然后按四舍五入的原则将 *C* 值选择开关置于相应档位，即完成 *C* 值的预置工作。

③自校 *K* 值　自检档主要是在测流前对仪器本身工作正常与否进行检查而设置的。将流速开关置于自检档，启动复零开关，仪器即开始显示数字，到时后自动停止并发出音响，100s 时显示数字与所指示 *K* 值相同；50s 时显示数字应为指示的一半。

④流向检查　将流向开关置于“开”位，转动流速仪方向，指针应能同步运行，即为正常。

⑤直读档　该档主要是在测点流速＞0.2m/s 时直读流速、流向设置的。测流时，将流速开关置于该档位，启动复零开关，即开始测流。此时仪器显示的数字即为测点的实际流速(最高位数字为 m)。

施测前检查　启动复零开关和音响开关后，转动流速仪桨叶，置100s时四转(即四个信号)显示一个数字(显示的第一个数字由于C值预置的关系不一定是四个信号)，至100s自动停止。喇叭发出长响讯号，所显示数字即为测点流速。置50s时两转(即二个信号)显示一个数字，到50s自动停止。喇叭长响，所显示的数即为测点流速

⑥计数档　当流速低于0.2m/s时，用直读档测流误差较大，可用计数档，此时流速仪一转(即一个信号)音响一次，同时显示一个数。然后根据用秒表测得的时间和信号数(即转数)代入公式$V=K\dfrac{H}{T}+C$即可求出测点流速。

⑦测流向　将流向开关置于"开"的位置，等指针平稳后，即可读取流向值。一般先测流向，再测流速，测完流速再测流向，流向值最好取几次的平均值。流向耗电较大，必须随测随开。由于流向开关对测速有影响，故不宜在测速时开动流向开关。

⑧仪器使用后　流速开关要拨到"电源关"，流向开关置于"关"，切勿忘记。

三、桥址冲刷观测

(一)一般冲刷观测　由于修建桥墩台约束河流断面产生的冲刷为一般冲刷。

1. 断面位置

断面包括两种：一是一般冲刷断面，应选在桥墩一般冲刷的最深处，宜按桥梁中心线设置。当桥孔水流偏斜特别大时，也可不按一条直线布置，可根据各孔水流情况布设。每次洪峰前、后施测断面一次。二是天然河床演变断面，如在变迁性河段上主槽及浅滩不稳定处及山区性河段有深潭处选有桥位，应了解河床演变对桥位的影响，参见图4.1.3.8。在上、下游布置若干断面，观测期间的开始和终了各测一次天然演变断面。

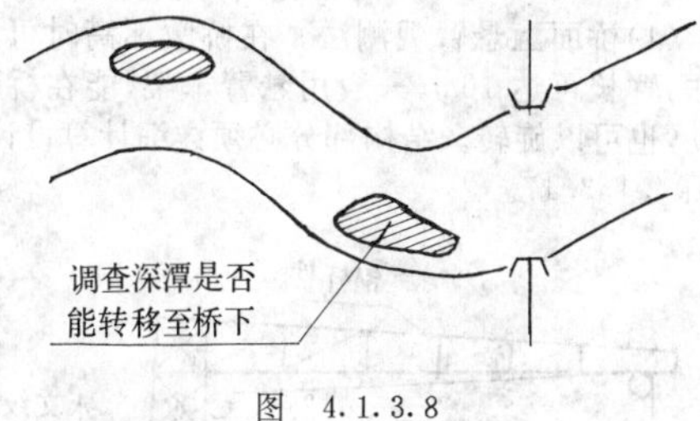

图　4.1.3.8

2. 垂线布设

测深与测速垂线每孔应不少于3根，跨中必须有一根，采用固定冲刷垂线，参见图4.1.3.9，尽量避开局部冲刷坑。洪水期测深、测速同时进行。测速一般采用三点法(0.2h，0.6h，0.8h)峰顶时采用一点法(0.6h)。

(1)桥面上观测方法　利用桥梁人行道上的有限净空(行车限界至栏杆距离)安装测杆或测锤进行工作。当桥下净空小、水很浅、流速亦小时，可采用测杆法施测水深与流速，如图4.1.3.10。在松散河床

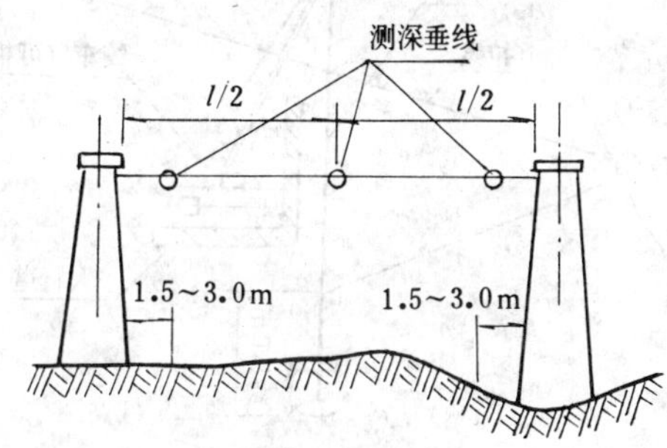

图　4.1.3.9

上施测时，测深杆底部另加接触盘。施测流速时，测杆下端尖插入河底，测杆上端与栏杆间用铁丝钩住，以固定测杆位置。当水流较急，用测杆施测有困难时，可采用拉索法，见图4.1.3.11。先在上游设过河索一根，以校正测杆，避免偏斜。当桥净空较高，水深流急时，无法采用测杆施测，可采用测锤及悬吊流速仪的方法或用回声测深仪将探头接触水面，见图4.1.3.12、4.1.3.13。桥面上观测方法的最大特点是设备简单、工作方便，在流速不大情况下能保证质量，满足观测要求；其缺点是与桥面行车干扰较大，妨碍行车安全。

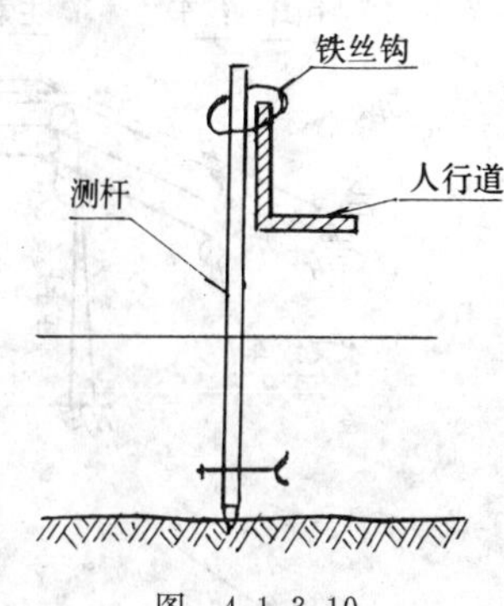

图　4.1.3.10

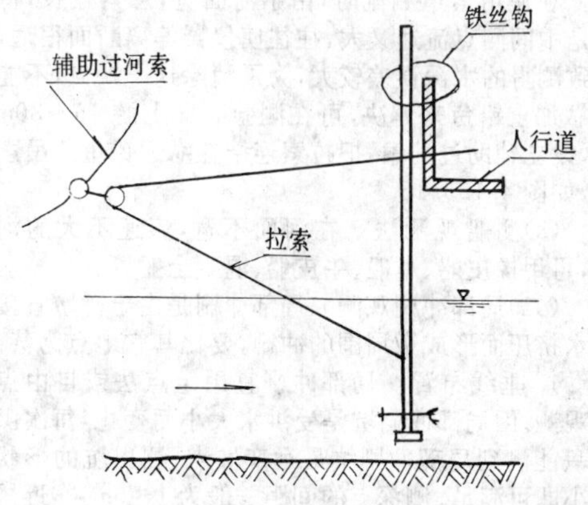

图　4.1.3.11

(2)索道观测方法　当桥下净空较高或桥梁上无人行道，河宽在200m以内，架设过河索比较容

易，且两岸还有较高地形时，可采用索道测流测深，也适合于天然断面流量测验。见图 4.1.3.14。

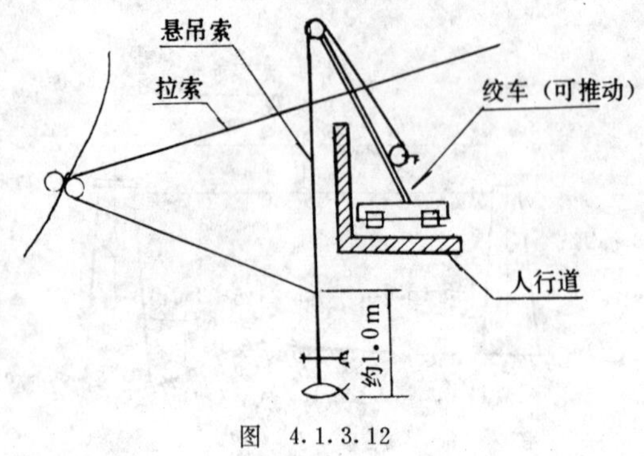

图 4.1.3.12

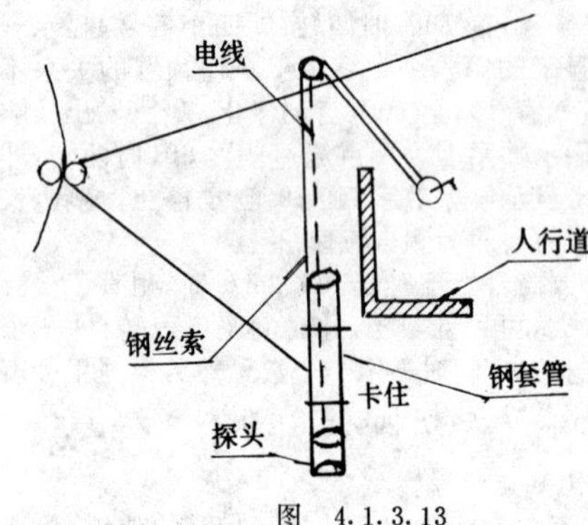

图 4.1.3.13

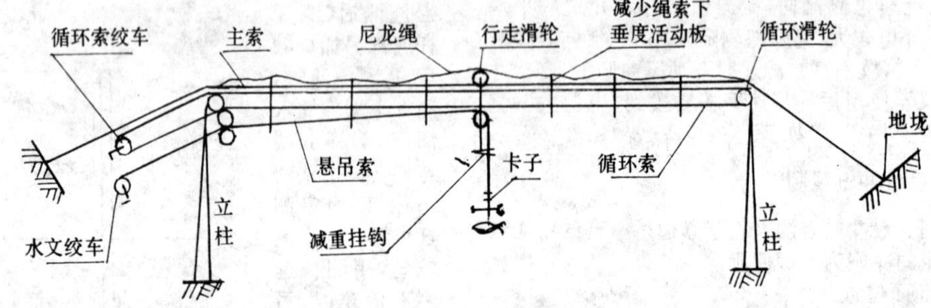

图 4.1.3.14

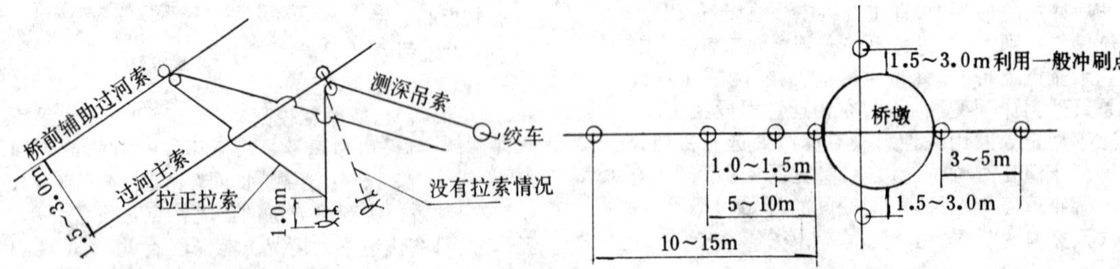

图 4.1.3.15

图 4.1.3.16

在使用索道测流时，由于河面宽，悬索较长，特别是中间测点流速又大，往往使仪器偏离断面很远，以致测得的水深误差较大，为了消除这一缺点，不能单靠加重铅鱼来解决，可在测验断面上游 15～30m 处，设立辅助过河索，把拉索连结在靠近铅鱼的吊索上，如图 4.1.3.15。

(3)测船观测法　在河面不宽，流速不大的河流，可用橡皮船、木船、牛皮船、混凝土船等。

(二)局部冲刷观测　局部冲刷是由于桥墩直接挡水挤压而形成墩周围的冲刷，要比其它地点为甚。

1. 垂线布置　局部冲刷宜用定点法或自由点法观测。因局部冲刷坑是受洪水大小而变化，每次洪峰只能测到局部冲刷坑最远变坡点，测出坑的形状大小即可满足。测深点的间距一般为 1～5m，靠近桥墩根部应有测点，参见图 4.1.3.16，测深时同时测速。如在旋涡区测速有困难时，可不测。

2. 观测方法

(1)桥面上悬臂观测法　在桥墩不高时可用悬臂法，臂长可达 10m，一般用悬臂木架，能在桥面上移动，也可以旋转。结构部分必须详细计算设计，参见图 4.1.3.17。

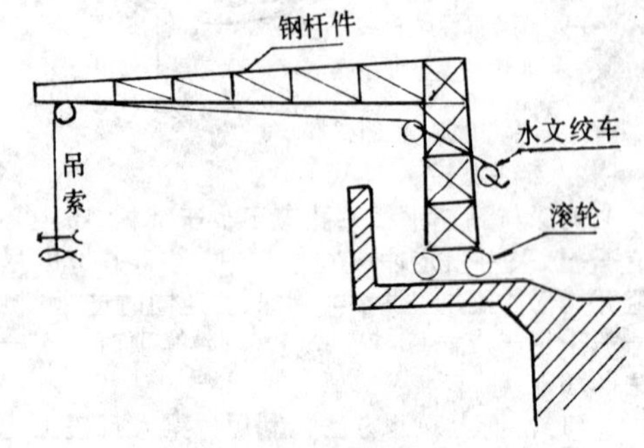

图 4.1.3.17

(2)桥墩上悬臂观测法　当冲刷坑范围不大时，可以在桥墩上架设观测架进行观测，参见图4.1.3.18，适用于桥墩不高，桥下净跨不大的桥渡。在桥墩上操作，可避免行车事故，比较安全，当桥墩较高，水流变化幅度较大时，观测架要在桥墩上布设，以减少施测垂线的偏角，也便于采用测杆式活动导架测杆进行测流，提高测验的精度。渭河桥采用的活动导架可以围绕活动轴旋转90°，使附在上面的钢管转成水平，便于仪器安装及检查工作，保证操作人员的安全，参见图4.1.3.19。

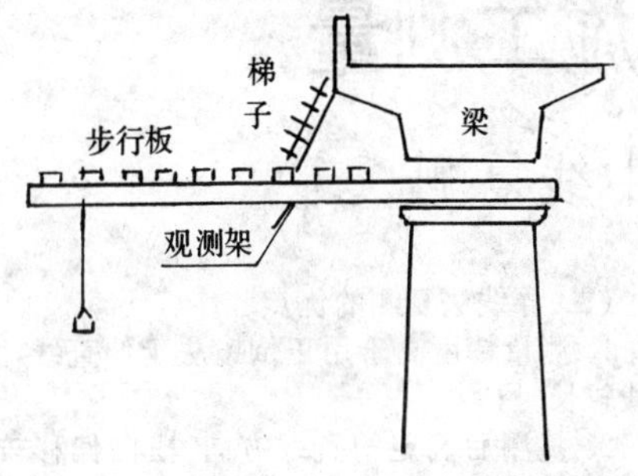

图　4.1.3.18

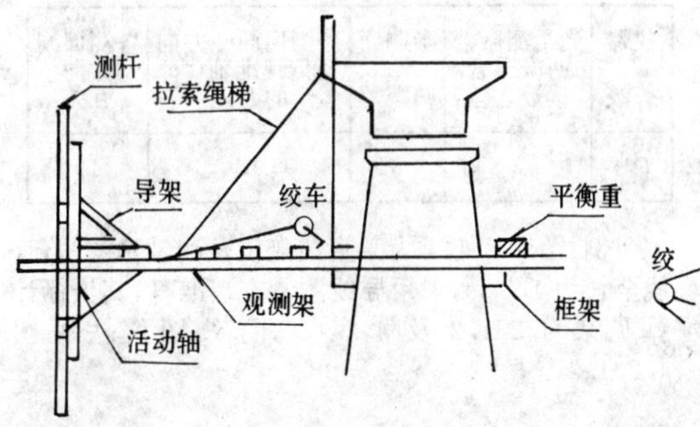

图　4.1.3.19

(3)索道观测方法　当冲刷坑范围很大，所需测量范围超出悬臂法的最大控制，并有条件架设索道进行测验时，可用顺河索道吊斗法，参见图4.1.3.20工作人员在吊斗或吊篮内来回操作，当流速较大时不大安全。

(4)测船观测法　用牵引索将船拉住，最好采用机动船就更稳妥，参见图4.1.3.21。

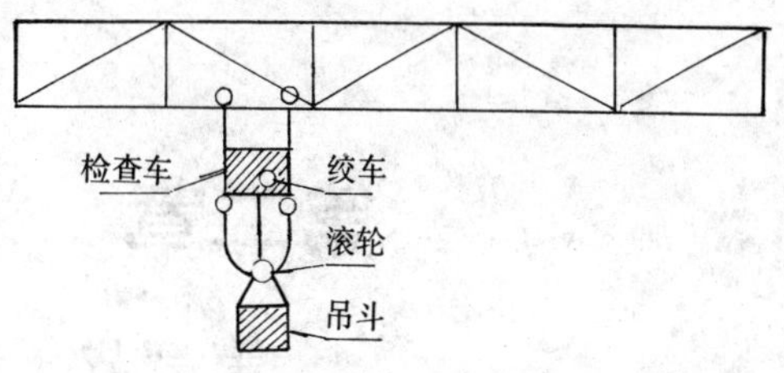

图　4.1.3.20

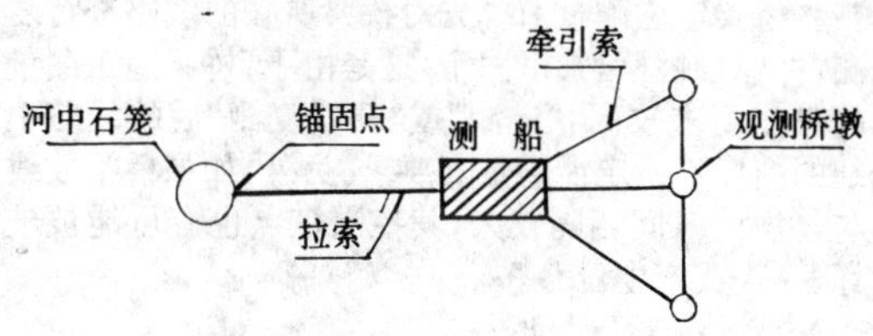

图　4.1.3.21

(5)埋置木桩观测法　用冲刷线观测桩测洪水通过时的实际最大局部冲刷深。冲刷线观测桩采用$\phi10\sim\phi15$cm的木杆锯成长0.5m的桩节，每个桩节两端用铁丝捆紧，中心钻$\phi22\sim\phi25$mm的垂直孔眼，桩顶刻以20mm宽槽口，在最低一节桩尖处用螺栓系住镀锌铁丝，然后用锤将桩逐节打入土中。打桩时将穿心铁丝卧入桩顶槽口内以防击断。打入预定深度后穿过各桩节的铁丝应露出15～20m。在铁丝端捆一个密闭的油桶或横木，如图4.1.3.22，观测桩在桥墩上游附近。当洪水通过时墩周发生冲刷，随冲刷深度的发展，一节一节的桩节浮到水面，被油桶或浮木挡住，其浮起桩节总长度即实际冲刷的总深度。

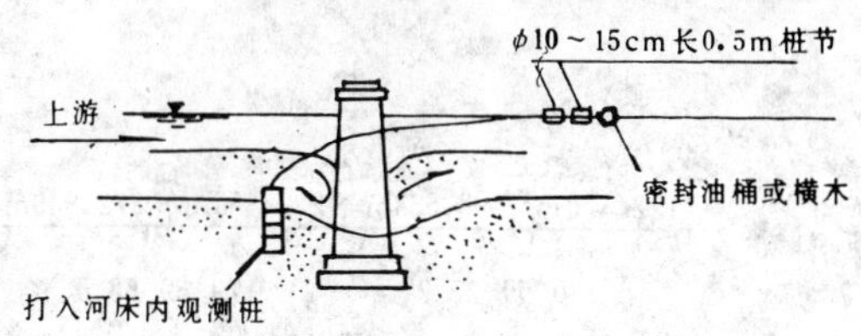

图　4.1.3.22

第二章　桥涵施工测量

第一节　线路中线复测

桥梁定位测量前要先对桥梁所在的线路进行复测，并钉设桩橛，加以固定，这是由于：桥梁施工测量的精度要求较高，“定测”或“新线复测”后的线路中线的精度不一定能满足其要求。另外，如果桥梁放线与复测的时间相隔较久，其控制桩点也有可能被破坏、丢失或产生位移。

一、直线复测

当桥梁位于直线上，且直线较长时，宜用导线测量方法对直线进行复测。

(一)导线法复测的主要工作步骤

1. 在所有转点置镜，测量右角和各点间的距离；

2. 以直线上的第一、第二点连线方向为 x 轴的正方向，进行坐标初算；

3. 根据初算坐标，以第一点和最后一点的连线为桥轴线(新 x 轴)的正方向，重新计算各点坐标(终算坐标)，求出各点偏离桥轴线的横向改正值和改正方向。也可将初算后的各点坐标绘在方格纸上，用图解法直接量取各点偏离新桥轴线的改正值和确定改正方向。图解法的纵坐标比例宜取 1：10 000 或 1：5 000，横坐标比例宜取 1：1。

(二)导线法复测的优点

1. 测量精度高于用正倒镜法延伸直线，尤其当直线较长时；

2. 复测后确定的直线方向，横向偏移较小，对前、后相邻曲线的转角影响也较小；

3. 各桩的点位改正值较小，一般都不会下桩(混凝土桩)。

(三)导线方向观测法的各项限差

如表 4.2.1.1 所示，在限差以内时取平均值。

方向观测法各项限差(″)

表 4.2.1.1

仪器等级	光学测微器两次重合读数之差	半测回归零差	各测回同一方向两倍视准轴(2c)的互差	各测回同一方向值互差
DJ_2	3	8	13	10

例：图 4.2.1.1 为某直线点位及测量示意图，直线全长约 1.3km，采用导线测量方法准直，其坐标计算见表 4.2.1.2 及 4.2.1.3，导线图解法见图 4.2.1.2。

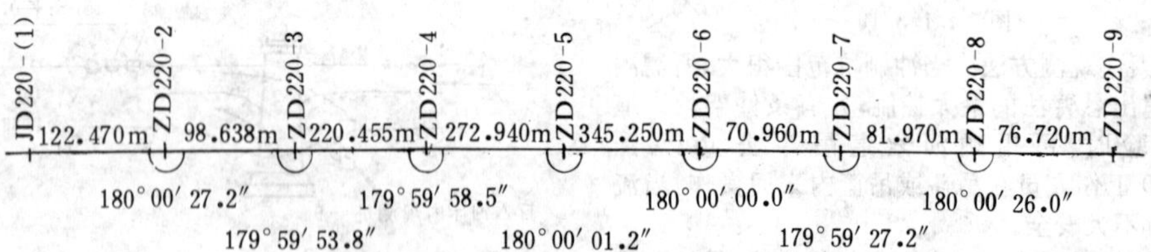

图　4.2.1.1

坐标计算表(初算)

表 4.2.1.2

公式	1. JD220—(1)	ZD220—2	ZD220—3	ZD220—4	ZD220—5	ZD220—6	ZD220—7	ZD220—8
	2. ZD220—2	ZD220—3	ZD220—4	ZD220—5	ZD220—6	ZD220—7	ZD220—8	ZD220—9
α		180°00′00.0″	179°59′32.8″	179°59′39.0″	179°59′40.5″	179°59′39.3″	179°59′39.3″	180°00′12.1″
θ		180°00′27.2″	179°59′53.8″	179°59′58.5″	180°00′01.2″	180°00′00.0″	179°59′27.2″	180°00′26.0″
$\alpha_{1,2}$	0°00′00.0″	359°59′32.8″	359°59′39.0″	359°59′40.5″	359°59′39.3″	359°59′39.3″	0°00′12.1″	359°59′46.1″
x_2	122.470	221.108	441.563	714.503	1059.753	1130.713	1212.683	1289.403
x_1		122.470	221.108	441.563	714.503	1059.753	1136.713	1212.683
Δx		98.638	220.455	272.940	345.250	70.960	81.970	76.720

续上表

公式	1. JD220—(1)	ZD220—2	ZD220—3	ZD220—4	ZD220—5	ZD220—6	ZD220—7	ZD220—8
	2. ZD220—2	ZD220—3	ZD220—4	ZD220—5	ZD220—6	ZD220—7	ZD220—8	ZD220—9
d	122.470	98.638	220.455	272.940	345.250	70.960	81.970	76.720
Δy		−0.0130	−0.0224	−0.0258	−0.0346	−0.0071	0.0048	−0.0052
y_1		0.0000	−0.0130	−0.0354	−0.0612	−0.0958	−0.1029	−0.0981
y_2	0.0000	−0.0130	−0.0354	−0.0612	−0.0958	−0.1029	−0.0981	−0.1033

注:计算以 JD220—(1)为坐标原点,JD220—(1)～ZD220—2 为 x 轴的正方向。

坐标计算表(终算) 表 4.2.1.3

公式	1. JD220—(1)	ZD220—2	ZD220—3	ZD220—4	ZD220—5	ZD220—6	ZD220—7	ZD220—8
	2. ZD220—2	ZD220—3	ZD220—4	ZD220—5	ZD220—6	ZD220—7	ZD220—8	ZD220—9
α	0°00′00.0″	180°00′16.5″	179°59′49.3″	179°59′55.5″	179°59′57.0″	179°59′55.8″	179°59′55.8″	180°00′28.9″
θ	0°00′16.5″	180°00′27.2″	179°50′53.8″	179°59′58.5″	180°00′01.2″	180°00′00.0″	179°50′27.2″	180°00′28.0″
$\alpha_{1,2}$	0°00′16.5″	359°59′49.3″	359°59′55.5″	359°59′57.0″	359°59′55.8″	359°59′55.8″	0°00′28.6″	0°00′02.6″
x_2								
x_1								
Δx								
d	122.470	98.638	220.455	272.940	345.250	70.960	81.970	76.720
∇y	0.0098	−0.0051	−0.0048	−0.0040	−0.0070	−0.0014	0.0114	0.0010
y_1	0.0000	0.0098	0.0047	−0.0001	−0.0041	−0.0111	−0.0125	−0.0011
y_2	0.0098	0.0047	−0.0001	−0.0041	−0.0111	−0.0125	−0.0011	−0.0001

注:计算以 JD220—(1)为坐标原点,JD220—(1)～ZD220—9 为 x 轴的正方向。

二、曲线复测

当桥梁位于曲线上时,应对整个曲线进行复测。角度的测量用 DJ_2 经纬仪观测,不少于两测回,精度要求见表 4.2.1.1。

曲线转向角的测定方法有多种,除在控制测量(三角网或导线)中,转向角的测定是与控制网或导线一起考虑并施测之外,一般采用正交点法和副交点法。现分别将这两种方法简述如下:

(一)正交点法

用正交点法测定曲线转向角,首先应检查正交点位置的正确性,即正交点是否正确位于两条切线之相交点上,其方法是:

在曲线的两条切线上分别选取距离适中,通视良好的两点,如图 4.2.1.3 中的 A、B 点和 C、D 点。首先在 B 点置镜,后视 A 点,正倒镜延伸直线在交点桩上定出 E,E' 两点,然后在 C 点置镜,后视 D 点,正倒镜延伸直线在 EE' 的连线(或延长线)上定出JD

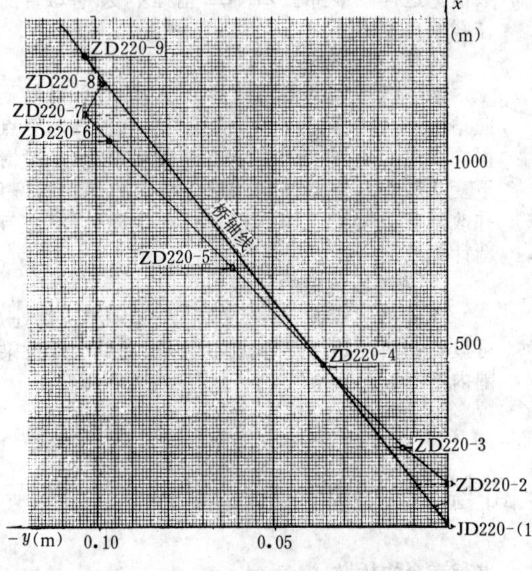

图 4.2.1.2

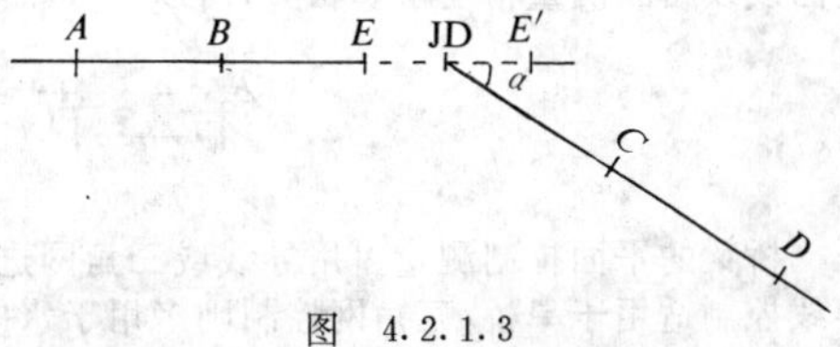

图 4.2.1.3

点，则 JD 点即为重新测定之正交点。

在 JD 点置镜，用 DJ_2 经纬仪测量转向角。测量转向角应注意的是，两切线上的测角后视点对置镜点的距离不可太近，在一般情况下不宜短于 100m，否则会影响曲线的测设精度。

转向角测定后，根据实测之角值重新计算曲线资料，并测设曲线控制桩。

(二)副交点法

由于地形地物障碍等，交点无法定出或定出意义不大时，可采用副交点法测量曲线转向角。副交点不宜过多，通常为 2～3 个。

在副交点法中，两个副交点的情况较为常用，施测效率较高，方便灵活。

1. 副交点的一般形式

(1)两个副交点：一般图形如图 4.2.1.4 中的 (*a*)、(*b*)。

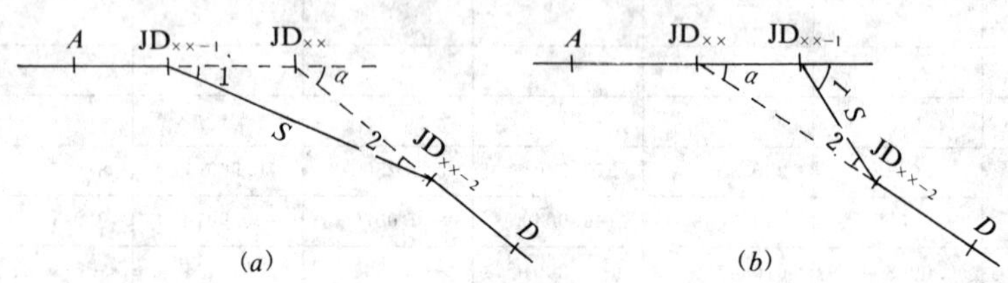

图 4.2.1.4

(2)多个副交点：多个副交点与两端切线联接后，实际上是一条导线，两端切线的方位角之差即为曲线转向角。

2. 两个副交点测设曲线的步骤

(1)在副交点 1(JD_{XX-1}见图 4.2.1.4)置镜，测定∠1 和两个副交点间的距离 S；

(2)在副交点 2 置镜，测定∠2；

(3)计算曲线转向角。

图 4.2.1.4(*a*)中，转向角为　$\alpha=\angle 1+\angle 2$

图 4.2.1.4(*b*)中，转向角为　$\alpha=\angle 1-\angle 2$

(4)用正弦定理分别计算两个副交点至交点的距离；

图 4.2.1.4(a)和(b)中

$$JD_{XX-1}\sim JD_{XX}=\frac{s}{\sin\alpha}\cdot\sin\angle 2 \qquad (4.2.1.1)$$

$$JD_{XX-2}\sim JD_{XX}=\frac{s}{\sin\alpha}\cdot\sin\angle 1 \qquad (4.2.1.2)$$

(5)用实测的 α 角值，计算曲线资料；

(6)根据以上计算，测设曲线控制桩。

(三)曲线复测应注意问题

由于桥梁墩台定位精度要求较高，而墩台位又与曲线线路的测量精度密切相关，所以其线路中线的测设与普通中线的测设有所不同，测量时须注意以下几点。

1. 当复测转向角与定测转向角不符时，一般采用复测后的转向角。

2. 为保证桥跨测设精度，在计算和测设曲线时，切线长 T 和曲线长 L 均应取位至毫米，其控制桩里程也应取至 mm 位。

3. 曲线的 ZH 里程(当桥位于第一缓和曲线时)或 HZ 里程(当桥位于第二缓和曲线时)一般应保持与原设计(定测)里程不变，同时保持各墩台中心设计里程也不变，以保证各墩台的工作线偏角与设计一致。为使 ZH 或 HZ 里程保持不变，可采用设断链桩或将距离误差调整在直线段的办法来解决。

4. 在复测时，由于控制桩点的位移和测量精度的不同等原因，曲线转向角一般都与定测时有所不同，因而引起切线长和曲线长的变化。当桥梁跨越整个曲线时或回头曲线转向角在 180°左右时，就不能采用上述办法使 ZH、HZ 里程均保持与原设计相同。在权衡可能性和内外业工作量之后，可采用如下方法处理。

(1)调整切线方向

如前后相邻曲线允许(没有施工或没有重大建筑物)，可以调整切线方向，使转向角恢复到原设计数值。这样就维持了 ZH、HZ 里程不变，各墩台的工作线偏角也不变。

(2)采用复测转向角

当不能采取调整切线的办法时，可采用复测转向角。由于转向角的变化，曲线资料和曲线起终点里程均发生变化，各墩台的偏角也发生变化(一般情况下变化较小)，需要重新计算各墩台的偏距和偏角；并改动有关桥梁工作线布置的设计资料，使之与重新计算数据相符。

5. 施工断链桩的设置

断链桩一般设置在直线上无重大建筑物处，也可设置在曲线始终点处。必须注意：曲线上或桥梁范围内不能设置断链桩。

第二节　平面控制测量

桥梁的平面控制测量可用导线或三角网进行，导线控制适用于旱桥，三角网控制则多用于水中需进行交会的桥墩。

一、三角网平面控制的一般图形

对于水中不能直接定位的桥墩，用三角网进行控制和交会较为合适，并能达到较高的精度。布设三角网点时，应根据两岸的地形特点，桥的长度及使用的测距工具等条件选择点位。三角网的图形应力求简单、刚强，以利提高交会精度。同时，还应注意点位间的通视（包括与需交会墩位间的通视）条件应良好，边长要适中，各边长度不宜相差过大。

交会水中墩位的控制网一般采用如图 4.2.2.1 的图形。

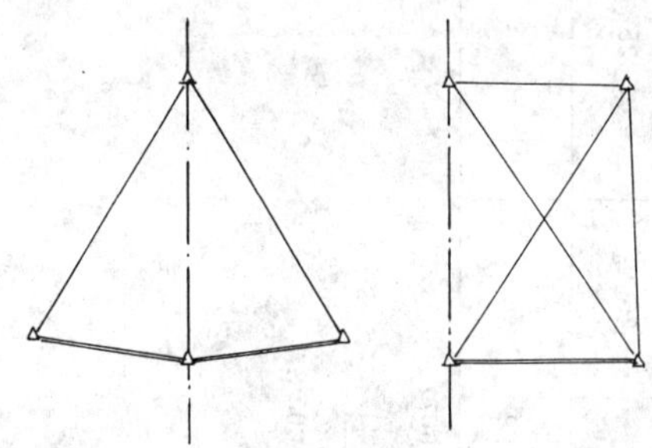

图 4.2.2.1

用于桥梁控制测量的图形通常都比较简单，边长也不会太长，平差时可采用近似平差的方法，这样既能满足精度要求，又能大大减少计算工作量。

实践证明，在进行控制测量时，用高精度的外业观测成果采用近似平差所得结果的实际精度，要比低精度的观测成果而采用复杂的平差方法所求得的结果要好。

二、控制网等级的确定及精度要求

进行测角和量边工作之前，应先确定测角和量边的精度等级，以使测得的成果符合精度要求。桥梁控制三角网的精度等级，《测规》中作了规定，如表 4.2.2.1。控制三角网的三角形闭合差规定见表 4.2.2.2。

控制三角网等级和精度

表 4.2.2.1

等级	测角中误差(″)	桥轴线相对中误差	最弱边相对中误差	基线相对中误差
一	±0.7	1/175 000	1/150 000	1/400 000
二	±1.0	1/125 000	1/100 000	1/300 000
三	±1.8	1/75 000	1/60 000	1/200 000
四	±2.5	1/50 000	1/40 000	1/100 000
五	±4.0	1/30 000	1/25 000	1/75 000

三角形闭合差(″) 表 4.2.2.2

三角网等级	一	二	三	四	五
限差	±2.5	±3.5	±7.0	±9.0	±14.0

对于为保证测量精度所作的一些其它规定，可参看《测规》，这里就不再列举。

桥梁导线测量的等级和精度，在《测规》中未作规定，工作中可参考表 4.2.2.3。

导线测量等级和精度 表 4.2.2.3

等级	测角中误差(″)	桥轴线相对中误差	导线边长相对中误差
三	±1.8	1/40 000	1/50 000
四	±2.5	1/20 000	1/25 000
五	±4.0	1/12 000	1/15 000

注：本表适用于桥轴线长度在 2 000m 以下的短跨简支梁桥。

三、算　　例

图 4.2.2.2 为某跨河桥平面控制网略图。该桥为直线桥，控制网布置为大地四边形，其基线边在桥轴线上，两基线点为桥Ⅰ和桥Ⅱ，A、B 两点为交会墩位的置镜点。除基线长和三角形闭合差标于图上外，角度观测值见表 4.2.2.4。

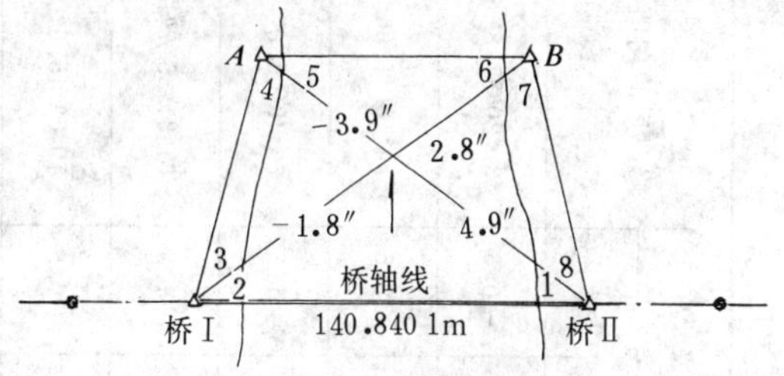

图 4.2.2.2

基线用 DM503 红外测距仪作对向观测，并经气象改正和仪器检定常数（加常数、乘常数）改正后取平均值。

水平角用 DKM2-A 经纬仪按方向观测法观测 4 个测回，考虑到边长较短，仪器进行两次对中。按三角形闭合差计算测角中误差为±2.1″。

四边形按图形条件和极条件进行角度平差。

平面坐标设定“桥Ⅱ”为原点，其坐标为：$x=100.000\,0$，$y=0.000\,0$，以“桥Ⅱ”至“桥Ⅰ的连线为 x 轴（桥轴线）的正方向，其坐标方位为：$\alpha=00°00'00''$。

表 4.2.2.4

对角线四边形简化平差计算表

角号	测得的角值	第一次改正数(″)			修改后的角值	正弦对数	正弦对数 1″之差			$\alpha^2=(\alpha_1+\beta_1)^2$	第二次改正数(″)	平差后的角值
		Ⅰ	Ⅱ	Ⅰ+Ⅱ			α_1	β_1	$\alpha=\alpha_1+\beta_1$			
1	30°20′38.4″	−0.1	−0.5	−0.6	30°20′37.8″	9.703 453 0	36.0		82.6	6 823	−0.03	30°20′37.8″
2	24°18′42.2″	−0.1	−0.5	−0.6	24°18′41.6″	9.614 578 9		46.6			+0.03	24°18′41.6″
3	63°49′03.5″	−0.1	+1.6	+1.5	63°49′05.0″	9.952 984 8	10.4		21.8	475	−001	63°49′05.0″
4	61°31′34.1″	−0.1	+1.7	+1.6	61°31′35.7″	9.944 007 8		11.4			+0.01	61°31′35.7″
5	19°03′45.1″	−0.1	+0.6	+0.5	19°03′45.6″	9.514 019 0	60.9		90.3	8154	−0.03	19°03′45.6″
6	35°35′33.4″	−0.1	+0.5	+0.4	35°35′33.8″	9.764 937 7		29.4			+0.03	35°35′33.8″
7	81°19′27.9″	−0.2	−1.7	−1.9	81°19′26.0″	9.995 001 7	3.2		25.0	625	−0.01	81°19′26.0″
8	44°01′16.4″	−0.2	−1.7	−1.9	44°01′14.5″	9.841 933 6		21.8			+0.01	44°01′14.5″
Σ=360°00′01.0″ ω=1.0		1+2=54°39′20.6″ 5+6=54°39′18.5″ ω_2=+2.1″ 3+4=125°20′37.6″ 7+8=125°20′44.3″ ω_3=−6.7″			Σ=360°00′00″	Σ_1=9.165 458 5 Σ_2=9.165 458 0 $\omega_P=5$	$[\alpha\alpha]=16077$ $K=-\frac{\omega_P}{[\alpha\alpha]}=-\frac{5}{16077}$ $=-0.000\ 3$					

对角线四边形的简化平差计算见表 4.2.2.4。

三角形的解算见表 4.2.2.5。

三角形的解算 表 4.2.2.5

三角形名称号数	角度号数或顶点名称	平差后的角度值	边长(m)
桥Ⅱ、桥Ⅰ、A	A	61°31′35.7″	140.840 1
	桥Ⅱ	30°20′37.8″	80.941 5
	桥Ⅰ	88°07′46.5″	160.135 3
桥Ⅱ、B、A	B	116°54′59.9″	160.135 3
	桥Ⅱ	44°01′14.5″	124.801 1
	A	19°03′45.6″	58.654 8
桥Ⅱ、桥Ⅰ、B	B	81°19′26.1″	140.840 1
	桥Ⅱ	74°21′52.3″	137.198 4
	桥Ⅰ	24°18′41.6″	58.654 8

第三节 水准测量

一、水准点的布设

1. 为测量方便，在桥址两岸(两桥头)各设一个水准点，如为旱桥，且桥梁较长时，须考虑在桥的中部增设水准点

2. 如两端桥头地形坡度较陡，桥墩较高时，宜在桥的两岸不同高度加设辅助水准点，以方便基础施工和墩顶高程控制的需要，辅助水准点的精度应符合五等水准测量的要求。

3. 水准点应设在地形稳固，不易被施工破坏的地方，但也不宜远离桥址。

二、水准点联测注意事项及要求

1. 桥梁水准点应与线路上前后的水准基点联测，不宜只与线路上的某一个水准点联测，以免发生意外错误。

2. 水准点与线路上的水准基点联测时，必然存在误差，误差的调整宜在桥的一个水准点上进行，桥的其它水准点的高程按规定的测量等级从这个水准点传递，这样既保证了水准点的精度、又保证全桥高程的一致性。

3. 当水准路线通过宽度为各等级水准测量的标准视线长度的两倍以上的河面时，应按跨河水准测量的要求进行。

4. 进行跨河水准测量时，所使用仪器的精度应与测量的等级和河面的宽度相适应。

三、三角高程测量

当水准测量的精度要求为五等或四等时，可用光电测距三角高程测量代替跨河水准测量。

根据改正后的斜距和竖直角，高差按以下公式计算：

$$\Delta h = D \cdot \cos z + (1-k)\frac{D^2}{2R}\sin^2 z + (i-l) \tag{4.2.3.1}$$

式中 D——改正后的斜距；

z——天顶距；

k——大气折光系数；

i——仪器高度；

l——反射镜高度。

在用上式计算高差时，由于大气折光系数 k 受到影响的因素较为复杂，因而不易准确确定，在实际工作中，可不进行此项改正，而采用对向观测。当外界气候条件基本保持不变时，采用对向观测尽可能地缩短往返测时间，并采用其平均值，误差基本上可以互相抵消。此时高差采用下式计算：

$$\Delta h = D \cdot \cos z + (i-l) \tag{4.2.3.2}$$

式中符号意义同上。

根据有关资料，光电测距三角高程对向观测高差中数的中误差为：

$$m_h = \pm\frac{1}{\sqrt{2}}(\cos^2 z \cdot m_s^2 + S^2 \cdot \sin^2 z\frac{m_z^2}{\rho^2} + 2m_i^2 + \frac{D^4}{8R^2}m_{\Delta k}^2)^{\frac{1}{2}}$$

式中 m_z——天顶距测角中误差；

m_s——测距中误差；

m_i——仪器高和反射镜高量测中误差；

$m_{\Delta k}$——大气折光系数中误差；

S——实测距离；

D——改正后斜距；

ρ——206 265″；

z——天顶距；

为提高测量精度，可采用多组观测或根据地形条件布置为闭合环。由各环的高差闭合差估算每公里的高差闭合差中误差，可近似用下式计算：

$$\mu_{km}=\pm\sqrt{\frac{\left[\frac{w_i w_i}{n_i}\right]\cdot\frac{[n_i]}{N}}{[L_i]}} \tag{4.2.3.3}$$

式中 w_i——各环的高差闭合差；

L_i——各环的长度；

n_i——各环的边数；

N——环数。

光电测距三角高程测量应注意以下方面：

1. 采用多组(或多个闭合环)，取其平均值。

2. 观测应在良好的气象条件下进行，尽可能地缩短对向观测时间。

3. 测角仪器采用精密经纬仪，竖角测回数根据精度要求和河宽采用 2～4 个测回。

4. 准确量取仪器高和反射棱镜高。工作前应检查仪器和反射棱镜对中杆高度显示值的准确性。

5. 当距离较远，反射棱镜观测不清时，可采用大觇牌作竖角测量的照准标志，但须注意其照准中心高度与反射棱镜中心高度的一致性。

第四节　桥梁墩台定位测量

一、直线桥梁

(一)桥梁两端控制点的测定

在设放墩台中线点前，一般先测定两端桥头控制点。控制点间的长度用测距仪或小三角基线测定，当有控制网时，与控制网一起联测。

桥梁两端的控制点不但是距离控制点，也是方向控制点，桥梁测设的距离和方向都起闭于这两个控制点。由于施工干扰和控制点有可能被破坏等原因，宜在桥梁两端控制点之外比较稳固地点加设方向控制点，确保桥轴线的方向稳定可靠，每端应有控制点两个以上。

(二)墩台定位

当桥梁地处较为平坦或水流较浅时，可用直接丈量法测设桥梁墩台位置。用钢卷尺设放各跨时，应从桥的一端往另一端依次设放，或从中间往两端设放，避免从两端往中间设放，以免距离丈量误差积累在中间墩跨上。

各墩台中心位置测设完毕后，距离和方向应与桥头控制点闭合。当距离闭合差不超过规定值时，可按跨度比例分配到各墩跨。

(三)测设注意事项

1. 当用测距仪测设墩台位置时，由于测距仪短距离测量误差较大，此时可考虑将测距仪置于远处，对两点间的距离进行间接测定。

2. 用钢卷尺丈量各墩跨距离时，所用钢卷尺须经过检定，并应加入各项改正。由于各检定单位对钢卷尺的尺长改正数的表述可能有所不同，所以在使用尺长方程式或改正数时，应注意其正、负号所代表的意义，以避免错误。

(四)墩台护桩的测设

直线桥梁的纵向护桩即为线路中线的方向控制桩，在一般情况下，桥梁两端应各设置两个以上的控制桩。当桥梁较长时，有必要在桥梁中部设置纵向护桩。

墩台的横向护桩方向与纵向护桩方向成正交。桥台的横向护桩方向按通过桥台的胸墙里程设置，桥墩的横向护桩方向按通过桥墩的里程(梁缝中线)设置。当桥墩两端为不等跨时，须注意梁缝中线与墩身中线的区别。

二、曲线桥梁

(一)定位前的准备及检算工作

在曲线上实施墩台定位前，应充分熟悉图纸，准备好测设所需资料和数据，并根据桥梁的曲线布置情况和现场控制桩的分布及地形条件，决定测设方案。

1. 偏距 E 的计算方法

偏距 E 的计算公式如下：

(1)圆曲线

切线布置 $$E=\frac{L^2}{8R}\quad(\mathrm{m}) \tag{4.2.4.1}$$

平分中矢布置 $$E=\frac{L^2}{16R}\quad(\mathrm{m}) \tag{4.2.4.2}$$

(2)缓和曲线

切线布置 $$E=\frac{L^2 t}{8Rl_0}\quad(\mathrm{m}) \tag{4.2.4.3}$$

平分中矢布置 $$E=\frac{L^2 t}{16Rl_0}\quad(\mathrm{m}) \tag{4.2.4.4}$$

式中 R——圆曲线半径

L——交点距

l_0——缓和曲线长

t——计算点至 ZH(HZ)的距离

2. 偏角 α 的计算方法

偏角法计算

梁工作线偏角 α 主要由两部分组成，一是工作线交点所对应之线路中线的弦线偏角，二是由于各墩台 E 值不等所引起的外移偏角。当桥梁跨越 ZH(HZ)或 YH(HY)时，尚需考虑其它的一些附加偏角。

计算时，宜将组成偏角的各部分分别进行计算，然后再合成。

(1)计算公式

偏角的计算分几种情况，分别予以介绍。

①桥梁跨越缓和曲线起点(图 4.2.4.1(*a*))

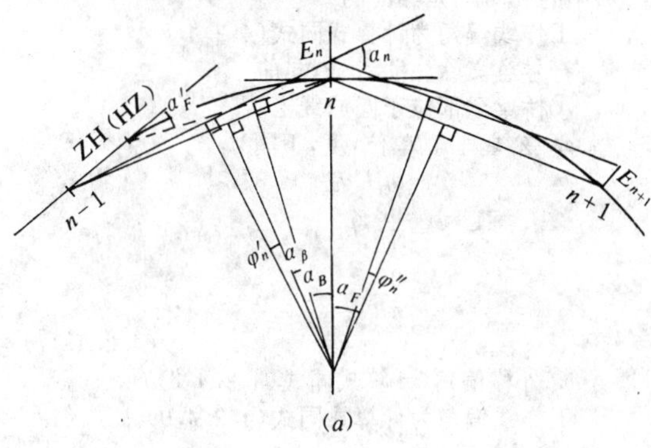

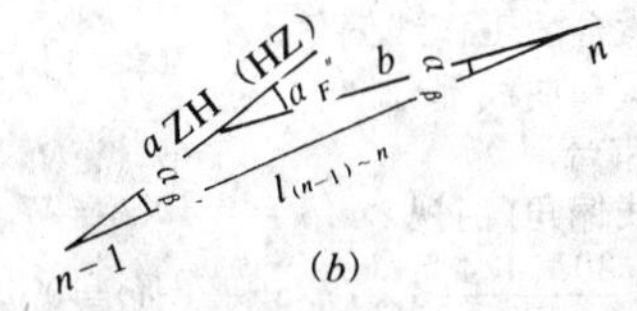

图 4.2.4.1

a. 缓和曲线上引起的弦线偏角(单位:度,下同)

$$\alpha_A=\alpha_F+\alpha_B \quad (4.2.4.5)$$

式中 $\alpha_F=\dfrac{30l_F}{\pi Rl_0}(3t_n+l_F)$

$$\alpha_B=\frac{30l_B}{\pi Rl_0}(3t_n-l_B)$$

b. 外移偏角

$$\alpha_c=(\varphi'_n-\varphi''_n)\frac{180}{\pi}$$

$$=(\frac{E_n-E_{(n-1)}}{l_{(n-1)\sim n}}-\frac{E_{(n+1)}-E_n}{l_{n\sim(n+1)}})\frac{180}{\pi} \quad (4.2.4.6)$$

c. 因(*n*-1)墩位于直线上所引起的附加偏角 α_β(图 4.2.4.1(*b*))

$$\alpha_{F'}=\frac{30l_{F'}^2}{\pi Rl_0}$$

由正弦定理得 $\sin\alpha_\beta=\dfrac{a}{l_{(n-1)\sim n}}\sin\alpha_{F'}$

因为 $\alpha_{F'}$、α_β 极小,所以可令 $\sin\alpha_\beta\approx\alpha_\beta$ $\sin\alpha_{F'}\approx\alpha_{F'}$

故 $$\alpha_\beta=\frac{a}{l_{(n-1)\sim n}}\alpha_{F'} \quad (4.2.4.7)$$

同理 $$\alpha_{\beta'}=\frac{b}{l_{(n-1)\sim n}}\alpha_{F'} \quad (4.2.4.7')$$

所以,工作线偏角为

$$\alpha_n=\alpha_A+\alpha_C+\alpha_\beta \quad (4.2.4.8)$$

以上各式中 α_F——缓和曲线上的前视偏角；

α_B——缓和曲线上的后视偏角；

$\alpha_{F'}$——缓和曲线上的前视偏角；

l_F——即为 $l_{n\sim(n+1)}$；

l_B——即为 $l_{n\sim(n-1)}$；

$l_{F'}$——即为 $l_{(n-1)\sim n}$；

t_n——*n* 墩至 ZH(HZ)的长度；

R——圆曲线半径；

l_0——缓和曲线长；

a、*b*——为梁跨跨 ZH(HZ)时分别在直线上和缓和曲线上之长度。

②桥梁在缓和曲线上(图 4.2.4.2)

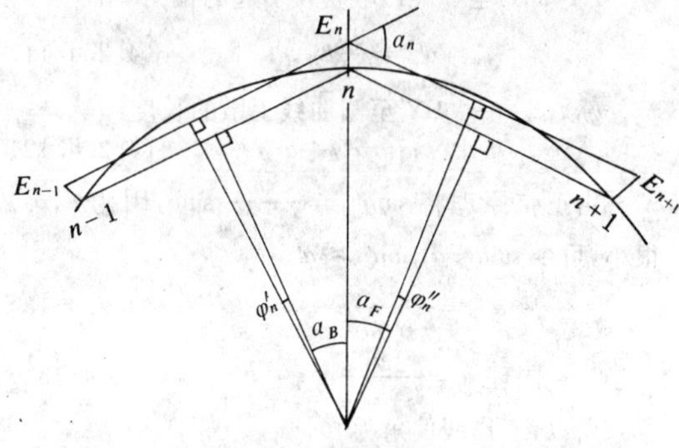

图 4.2.4.2

a. 缓和曲线上引起的弦线偏角(计算式同式(4.2.4.5))

b. 外移偏角(计算式同式(4.2.4.6))

工作线偏角为

$$\alpha_n=\alpha_A+\alpha_C \quad (4.2.4.9)$$

公式中符号意义同前

③桥梁跨越缓和曲线与圆曲线

桥梁跨越缓和曲线和圆曲线,其计算分两种情况,一种是计算墩位于缓和曲线上,另一种是计算墩位于圆曲线上。现分别列出计算公式。

a. 计算墩位于缓和曲线上(图 4.2.4.3)

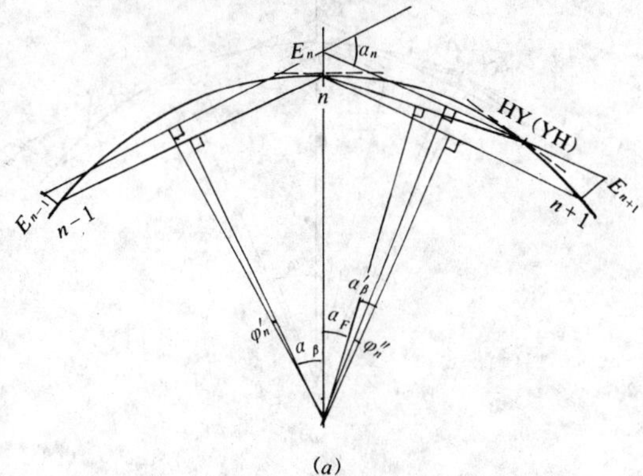

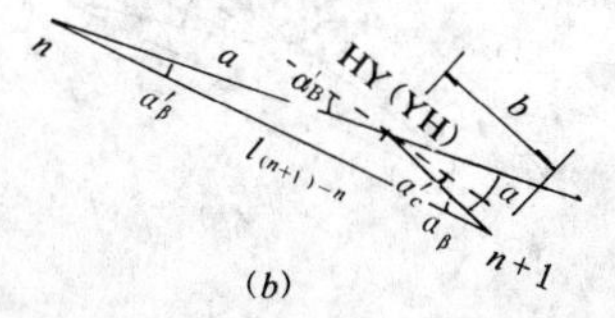

图 4.2.4.3

(*a*)缓和曲线上引起的弦线偏角(计算式同式(4.2.4.5)),但 l_F 为计算墩至 HY(YH)的距离

(*b*)外移偏角(计算式同式(4.2.4.6))

(*c*)因$(n+1)$墩位于圆曲线上所引起的附加偏角 α'_β(图 4.2.4.3(*b*))

HY(YH)至 n 墩位弦长所引起的偏角 α'_B

$$\alpha'_B=\frac{30l_{B'}}{\pi Rl_0}(3t_n-l_{B'}) \qquad (4.2.4.10)$$

$l_{B'}$——HY(YH)至 n 墩的距离。

HY(YH)至$(n+1)$墩弦长引起的偏角 α'_C

$$\alpha'_C=\frac{90}{\pi R}l_{HY\sim(n+1)} \qquad (4.2.4.11)$$

$l_{HY\sim(n+1)}$——HY 至圆曲线上墩的长度

$$\alpha=\alpha'_B+\alpha'_C \qquad (4.2.4.12)$$

由正弦原理将 $\sin\alpha'_\beta=\frac{b}{l_{n\sim(n+1)}}\sin\alpha$,因为 α,α'_β 很小,可令 $\sin\alpha\approx\alpha,\sin\alpha'_\beta\approx\alpha'_\beta$

$$故\ \alpha'_\beta=\frac{b}{l_{n\sim(n+1)}}\alpha \qquad (4.2.4.13)$$

$$同理\ \alpha_\beta=\frac{a}{l_{n\sim(n+1)}}\alpha \qquad (4.2.4.13')$$

所以,工作线偏角为

$$\alpha_n=\alpha_A+\alpha_C+\alpha'_\beta \qquad (4.2.4.14)$$

b. 计算墩位于圆曲线上(图 4.2.4.4)

(*a*)梁在圆曲线上引起的弦线偏角(单位:度,下同)

$$\alpha_A=\alpha'_c+\alpha''_c \qquad (4.2.4.15)$$

$$\alpha'_c=\frac{90}{\pi R}l_{HY\sim n} \qquad \alpha''_c=\frac{90}{\pi R}l_{n\sim(n+1)}$$

式中 $l_{HY\sim n}$——HY 至计算墩的长度;

$l_{n\sim(n+1)}$——计算墩至$(n+1)$墩的长度。

(*b*)外移偏角(计算式同式(4.2.4.6))

(*c*)附加偏角(图 4.2.4.4(*b*))

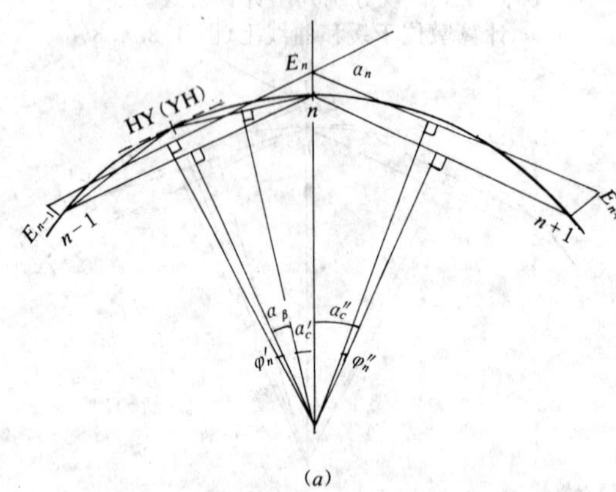

(*a*)

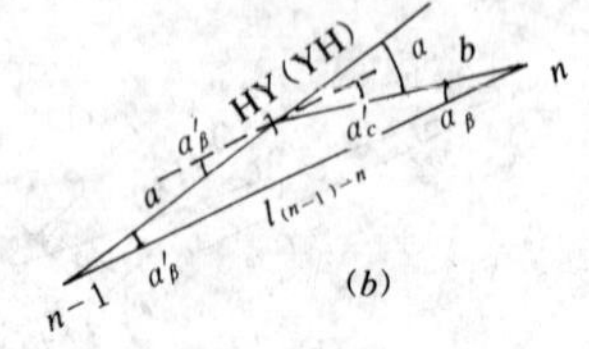

(*b*)

图 4.2.4.4

α_β 的计算见图 4.2.4.3(*b*)中各角度的计算,

$$\alpha_\beta=\frac{a}{l_{(n-1)\sim n}}\alpha \qquad (4.2.4.16)$$

(注:图 4.2.4.3(*b*)中的 $l_{(n+1)\sim n}$与图 4.2.4.4(*b*)中的 $l_{(n-1)\sim n}$是相同的)

工作线偏角为计算式同式(4.2.4.8)。

符号意义除注明者外,同前。

④桥梁全部位于圆曲线上

a. 弦线偏角(单位:度,下同)

$$\alpha_A=\alpha_F+\alpha_B=\frac{90}{\pi R}(l_{(n-1)\sim n}+l_{n\sim(n+1)})=\frac{90}{\pi R}l_{(n-1)\sim(n+1)} \qquad (4.2.4.17)$$

b. 外移偏角(计算式同式(4.2.4.6))

工作线偏角为计算式同式(4.2.4.9)。

(2)计算示例

图 4.2.4.5 为××线铁溪大桥布置示意图,试计算各墩台的工作线偏角。

①缓和曲线部分

a. 京台尾

弦线偏角(前视)α_F:$l_F=4.40$、$t_n=77.55$

$$\alpha_F=\frac{30\times4.4}{\pi Rl_0}(3\times77.55+4.4)=0°05'44.8''$$

外移偏角 φ''_n:$E_n=0.078$、$E_{(n+1)}=0.03$、$l_{n\sim(n+1)}=4.40$

$$\varphi''_n=(-\frac{0.03-0.078}{4.40})\frac{180}{\pi}=0°37'30.2''$$

工作线偏角为 $\alpha_n=\alpha_F+\varphi''_n=0°43'15''$

b. 京台前

弦线偏角:$l_F=24.78$、$l_B=4.40$、$t_n=81.95$

$$\alpha_F=\frac{30\times24.78}{\pi Rl_0}(3\times81.95+24.78)=0°36'56.8''$$

$$\alpha_B=\frac{30\times4.4}{\pi Rl_0}(3\times81.95-4.4)=0°05'51.2''$$

$$\alpha_A=\alpha_F+\alpha_B=0°42'48''$$

外移偏角:$E_{(n-1)}=0.078$、$E_n=0.03$、$E_{(n+1)}=0.07$、$l_{(n-1)\sim n}=4.40$、$l_{n\sim(n+1)}=24.78$

$$\alpha_C=(\frac{0.03-0.078}{4.40}-\frac{0.07-0.03}{24.78})\frac{180}{\pi}=-0°43'03.1''$$

工作线偏角 $\alpha_n=\alpha_A+\alpha_C=-0°00'15''$

②跨 HY 部分

a. *N*1 墩(位于缓和曲线上)

弦线偏角:$l_F=23.27$、$l_B=24.78$、$t_n=106.73$

$$\alpha_F=\frac{30\times23.27}{\pi Rl_0}(3\times106.73+23.27)=0°44'01.9''$$

$$\alpha_B=\frac{30\times24.78}{\pi Rl_0}(3\times106.73-24.78)=0°40'19.7''$$

$$\alpha_A=\alpha_F+\alpha_B=1°24'21.6''$$

外移偏角:$E_{(n-1)}=0.03$、$E_n=0.07$、$E_{(n+1)}$

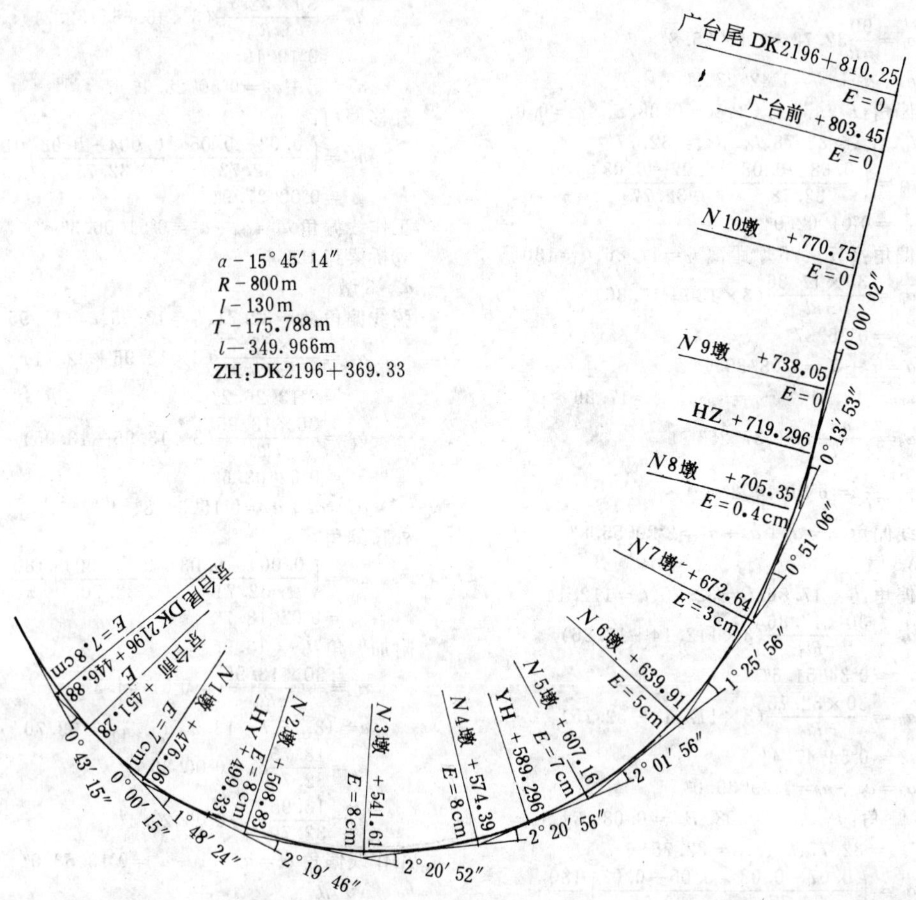

图 4.2.4.5

$=0.08$、$l_{(n-1)\sim n}=24.78$、$l_{n\sim(n+1)}=32.77$

$$\alpha_c=\left(\frac{0.07-0.03}{24.78}-\frac{0.08-0.07}{32.77}\right)\frac{180}{\pi}$$

$$=0°04'30''$$

附加偏角：$l_{B'}=23.27$、$t_n=130$

$$\alpha_{B'}=\frac{30\times23.27}{\pi Rl_0}(3\times130-23.27)$$

$$=0°47'00.9''$$

$l_{HY\sim(n+1)}=9.50$

$$\alpha'_c=\frac{90}{\pi R}9.5=0°20'24.7''$$

$$\alpha=\alpha'_B+\alpha'_C=1°07'25.6''$$

$a=23.27$　　$b=9.50$

$$\alpha'_\beta=\frac{9.5}{32.77}\alpha=0°19'32.8''$$

$$\alpha_\beta=\frac{23.27}{32.77}\alpha=0°47'52.8''$$

工作线偏角 $\alpha_n=\alpha_A+\alpha_C+\alpha'_\beta=1°48'24.4''$

b.　$N2$ 墩(位于圆曲线上)

弦线偏角：$l_{HY\sim n}=9.50$、$l_{n\sim(n+1)}=32.78$

$$\alpha_A=\alpha'_c+\alpha''_c$$

$$=\frac{90}{\pi R}(9.5+32.78)=1°30'50.6''$$

外移偏角：$E_{(n-1)}=0.07$、$E_n=0.08$、$E_{(n+1)}=0.08$、$l_{(n-1)\sim n}=32.77$、$l_{n\sim(n+1)}=32.78$

$$\alpha_c=\left(\frac{0.08-0.07}{32.77}-\frac{0.08-0.08}{32.78}\right)\frac{180}{\pi}$$

$$=0°01'02.9''$$

附加偏角：(已由计算 $N1$ 墩时算出)

$$\alpha_\beta=0°47'52.8''$$

工作线偏角 $\alpha_n=\alpha_A+\alpha_C+\alpha_\beta=2°19'46.3''$

③桥梁全部位于圆曲线上

$N3$ 墩

弦线偏角：$l_{(n-1)\sim(n+1)}=65.56$

$$\alpha_A=\frac{90}{\pi R}65.56=2°20'51.7''$$

外移偏角：$E_{(n-1)}=E_n=E_{(n+1)}=0.08$

$$\alpha_C=0$$

工作线偏角 $\alpha_n=\alpha_A=2°20'51.7''$

④桥梁跨越 YH

a.　$N4$ 墩(位于圆曲线上)

弦线偏角：$l_{(n-1)\sim n}=32.78$、$l_{n-YH}=14.91$

$$\alpha_C'=\frac{90}{\pi R}14.91=0°32'\ 02.1''$$

$$\alpha_C''=\frac{90}{\pi R}32.78=1°10'\ 25.8''$$

$$\alpha_A=\alpha_C'+\alpha_C''=1°42'\ 27.9''$$

外移偏角：$E_{(n-1)}=0.08$、$E_n=0.08$、$E_{(n+1)}=0.07$

$l_{(n-1)\sim n}=32.78$、$l_{(n+1)\sim n}=32.77$

$$\alpha_c=\left(\frac{0.08-0.08}{32.78}-\frac{0.07-0.08}{32.77}\right)\frac{180}{\pi}$$

$$=0°01'\ 02.9''$$

附加偏角：YH～$N5$墩距离 $l_B'=17.86$、$t_n=130$

$$\alpha_B'=\frac{30\times17.86}{\pi Rl_0}(3\times130-17.86)$$

$$=0°36'\ 37''$$

$$\alpha=\alpha_c'+\alpha_B=1°08'\ 39.1''$$

$b=l_{n\sim YH}=14.91$　　$a=l_{YH\sim(n+1)}=17.86$

$$\alpha_\beta=\frac{a}{32.77}\alpha=0°37'\ 25''$$

$$\alpha_\beta'=\frac{b}{32.77}\alpha=0°31'\ 14.2''$$

工作线偏角 $\alpha_n=\alpha_A+\alpha_C+\alpha_\beta=2°20'\ 55.8''$

b.　$N5$墩

弦线偏角：$l_F=17.86$、$l_B=32.75$、$t_n=112.14$

$$\alpha_F=\frac{30\times17.86}{\pi Rl_0}(3\times112.14+17.86)$$

$$=0°34'\ 51.6''$$

$$\alpha_B=\frac{30\times32.75}{\pi Rl_0}(3\times112.14-32.75)$$

$$=0°54'\ 47.4''$$

$$\alpha_A=\alpha_F+\alpha_B=1°29'\ 39.0''$$

外移偏角：$E_{(n-1)}=0.08$、$E_n=0.08$、$E_{(n+1)}=0.05$、$l_{(n-1)\sim n}=32.77$、$l_{n\sim(n+1)}=32.75$

$$\alpha_C=\left(\frac{0.07-0.08}{32.77}-\frac{0.05-0.07}{32.75}\right)\frac{180}{\pi}$$

$$=0°01'\ 03''$$

附加偏角：已由计算 $N4$ 墩时算出

$$\alpha_\beta'=0°31'\ 14.2''$$

工作线偏角 $\alpha_n=\alpha_A+\alpha_C+\alpha_\beta'=2°01'\ 56.2''$

⑤桥梁完全在缓和曲线上

a.　$N6$墩

弦线偏角：$l_F=32.75$、$l_B=32.73$、$t_n=79.39$

$$\alpha_F=\frac{30\times32.75}{\pi Rl_0}(3\times79.39+32.75)$$

$$=0°48'\ 52.9''$$

$$\alpha_B=\frac{30\times32.75}{\pi Rl_0}(3\times79.39-32.73)$$

$$=0°37'\ 02.6''$$

$$\alpha_A=\alpha_F+\alpha_B=1°25'\ 55.5''$$

外移偏角：

$$\alpha_C=\left(\frac{0.05-0.07}{32.75}-\frac{0.03-0.05}{32.73}\right)\frac{180}{\pi}$$

$$=0°00'\ 00.1''$$

工作线偏角 $\alpha_n=\alpha_A+\alpha_C=1°25'\ 55.6''$

b.　$N7$墩

弦线偏角：$l_F=32.73$、$l_B=32.71$、$t_n=46.66$

$$\alpha_F=\frac{30\times32.73}{\pi Rl_0}(3\times46.66+32.73)$$

$$=0°31'\ 08.6''$$

$$\alpha_B=\frac{30\times32.71}{\pi Rl_0}(3\times46.66-32.71)$$

$$=0°19'\ 19.8''$$

$$\alpha_A=\alpha_F+\alpha_B=0°50'\ 28.4''$$

外移偏角：

$$\alpha_C=\left(\frac{0.03-0.05}{32.73}-\frac{0.004-0.03}{32.71}\right)\frac{180}{\pi}$$

$$=0°00'\ 37.9''$$

工作线偏角 $\alpha_n=\alpha_A+\alpha_C=0°51'\ 06.3''$

⑥桥梁跨 HZ

a. $N8$墩

弦线偏角：$l_F=32.71$、$l_B=13.95$、$t_n=13.95$

$$\alpha_F=\frac{30\times32.71}{\pi Rl_0}(3\times13.95+32.71)$$

$$=0°13'\ 26.2''$$

$$\alpha_B=\frac{30\times13.95}{\pi Rl_0}(3\times13.95-13.95)$$

$$=0°02'\ 08.6''$$

$$\alpha_A=\alpha_F+\alpha_B=0°15'\ 34.8''$$

外移偏角：

$$\alpha_C=\left(\frac{0.004-0.03}{32.71}-\frac{0-0.004}{32.70}\right)\frac{180}{\pi}$$

$$=0°02'\ 18.7''$$

附加偏角：$l_{F'}=13.95$

$$\alpha_F'=\frac{30\times13.95^2}{\pi Rl_0}=0°01'\ 04.3''$$

$a=18.75$、$b=13.95$、$l_{n\sim(n+1)}=32.70$

$$\alpha_\beta=\frac{18.75}{32.70}\alpha_F'=0°00'\ 36.9''$$

$$\alpha_\beta'=\frac{13.95}{32.70}\alpha_F'=0°00'\ 27.4''$$

工作线偏角 $\alpha_n=\alpha_A+\alpha_C+\alpha_\beta=0°13'\ 53.0''$

b.　$N9$墩

外移偏角：

$$\alpha_C=\left(\frac{0-0.004}{32.70}\right)\frac{180}{\pi}=-0°00'\ 25.2''$$

工作线偏角：$\alpha_n=\alpha_c+\alpha_\beta'=0°00'\ 02.2''$

（α_β' 由计算 $N8$ 墩时算出）

坐标法计算

用坐标计算桥梁工作线偏角，较之偏角法有其独特的优点。一是计算方法简单，不需考虑桥梁跨直缓、缓圆等诸多因素，因而不容易出错。二是计算出来的各墩台线路中线点坐标，又为测距仪用极坐标法放线提供了方便。

(1)计算方法

①计算步骤

a. 计算各墩台线路中线点的坐标；

b. 根据坐标计算相邻两坐标点连线的交角(偏角)；

c. 计算外移偏角；

d. 工作线偏角即为交角和外移偏角之和。

②计算公式

a. 坐标计算公式(以 ZH 或 HZ 为坐标原点)

缓和曲线范围内

$$x=l-\frac{l^5}{40R^2l_0^2}\qquad(4.2.4.18)$$

$$y=\frac{l^3}{6Rl_0}-\frac{l^7}{336R^3l_0^3} \quad (4.2.4.19)$$

圆曲线范围内

$$x=R\sin\left(\frac{180}{\pi R}s+\beta\right)+m \quad (4.2.4.20)$$

$$y=(R+p)-R\cos\left(\frac{180}{\pi R}s+\beta\right) \quad (4.2.4.21)$$

式中 R——圆曲线半径；

l_0——缓和曲线长度；

l——计算点至 ZH(或 HZ)的长度；

m——切线延伸量(曲线起终点沿切线向外延伸距离)；

p——圆曲线内移量(自切线向内移动距离)；

β——缓和曲线角；

s——计算点至 HY(或 YH)的长度。

b. 坐标换算

当以 ZH(HZ)为坐标原点时，另一端缓和曲线上的点的坐标如需换算成统一坐标，按下面公式计算：

$$X=T+(T-x)\cos\alpha-y\sin\alpha \quad (4.2.4.22)$$

$$Y=(T-x)\sin\alpha+y\cos\alpha \quad (4.2.4.23)$$

式中 X、Y——新坐标(以一端 ZH 或 HZ 为坐标原点的统一坐标)；

x、y——原坐标(以另一端 HZ 或 ZH 为坐标原点的坐标)；

T——切线长；

α——曲线转向角。

c. 交角计算公式

相邻两坐标点连线的交角(偏角)按下式计算，见图 4.2.4.6。

当以 ZH 为坐标原点时，令

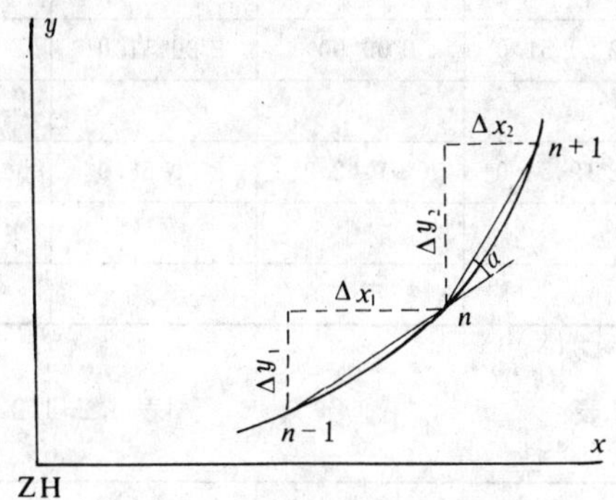

图 4.2.4.6

$$\Delta x_1=x_n-x_{(n-1)} \qquad \Delta y_1=y_n-y_{(n-1)}$$

$$\Delta x_2=x_{(n+1)}-x_n \qquad \Delta y_2=y_{(n+1)}-y_n$$

当以 HZ 为坐标原点时，令

$$\Delta x_1=x_n-x_{(n+1)} \qquad \Delta y_1=y_n-y_{(n+1)}$$

$$\Delta x_2=x_{(n-1)}-x_n \qquad \Delta y_2=y_{(n-1)}-y_n$$

$$\alpha=\arctan\frac{\Delta y_2}{\Delta x_2}-\arctan\frac{\Delta y_1}{\Delta x_1} \quad (4.2.4.24)$$

外移偏角计算公式

$$\alpha_c=\left(\frac{E_n-E_{(n-1)}}{l_{n-1)\sim n}}-\frac{E_{(n+1)}-E_n}{l_{n\sim(n+1)}}\right)\frac{180}{\pi}\text{(单位:度)} \quad (4.2.4.25)$$

所以，工作线偏角为

$$\alpha_n=\alpha+\alpha_c \quad (4.2.4.26)$$

(2)计算示例(图 4.2.4.5)

a. 坐标计算

以 ZH 为坐标原点计算以下各墩台坐标

京台尾： 里程 DK2196+446.88

$l=77.55$

$$x=77.55-\frac{(77.55)^5}{40R^2l_0^2}=77.5435$$

$$y=\frac{(77.55)^3}{6Rl_0}-\frac{(77.55)^7}{336R^3l_0^3}=0.7474$$

京台前： 里程 DK2196+451.28

$l=81.9500$

$$x=81.95-\frac{(81.95)^5}{40R^2l_0^2}=81.941\ 5$$

$$y=\frac{(81.95)^3}{6Rl_0}-\frac{(81.95)^7}{336R^3l_0^3}=0.881\ 9$$

$N1$ 墩： 里程 DK2196+476.06，$l=106.73$

$$x=106.73-\frac{(106.73)^5}{40R^2l_0^2}=106.698\ 0$$

$$y=\frac{(106.73)^3}{6Rl_0}-\frac{(106.73)^7}{336R^3l_0^3}=1.948\ 0$$

$N2$ 墩： 里程 DK2196+508.83，$s=9.5$

查表或计算得：$m=64.985\ 7$　　$p=0.880\ 0$

$\beta=4°39'19.02''$

$$x=R\sin\left(\frac{180}{\pi R}9.5+\beta\right)+m=139.378\ 1$$

$$y=(R+p)-R\cos\left(\frac{180}{\pi R}9.5+\beta\right)=4.346\ 4$$

$N3$ 墩： 里程 DK2196+541.61

$s=42.28$

$$x=R\sin\left(\frac{180}{\pi R}42.28+\beta\right)+m=171.944\ 5$$

$$y=(R+p)-R\cos\left(\frac{180}{\pi R}42.28+\beta\right)=8.062\ 4$$

$N4$ 墩： 里程 DK2196+574.39

$s=75.06$

$$x=R\sin\left(\frac{180}{\pi R}75.06+\beta\right)+m=204.331\ 3$$

$$y=(R+p)-R\cos\left(\frac{180}{\pi R}75.06+\beta\right)=13.109\ 2$$

$N5$ 墩： 里程 DK2196+607.16

$l=112.136$

以 HZ 为坐标原点

$$x=112.136-\frac{(112.136)^5}{40R^2l_0^2}=112.095\ 0$$

$$y=\frac{(112.136)^3}{6Rl_0}-\frac{(112.136)^7}{336R^3l_0^3}=2.259\ 1$$

换算为以 ZH 为坐标原点的坐标

$T=175.188$　　$\alpha=15°45'14''$

$$x=T+(T-112.0950)\cos\alpha-2.2591\sin\alpha$$
$$=236.475\ 1$$

$$y=(T-112.0950)\sin\alpha+2.2591\cos\alpha$$

$=19.4673$

以 HZ 为坐标原点计算以下各墩坐标

N6 墩：　里程 DK2196＋639.91

$l=79.386$

$$x=79.386-\frac{(79.386)^5}{40R^2l_0^2}=79.3787$$

$$y=\frac{(79.386)^3}{6Rl_0}-\frac{(79.386)^7}{336R^3l_0^3}=0.8017$$

$N7$ 墩：　里程 DK2196＋672.64

$l=46.656$

$$x=46.656-\frac{(46.656)^5}{40R^3l_0^3}=46.6555$$

$$y=\frac{(46.656)^3}{6Rl_0}-\frac{(46.656)^7}{336R^2l_0^3}=0.1628$$

$N8$ 墩：　里程 DK2196＋705.35

$l=13.946$

$$x=13.946-\frac{(13.946)^5}{40R^3l_0^3}=13.9460$$

$$y=\frac{(13.946)^3}{6Rl_0}-\frac{(13.946)^7}{336R^2l_0^3}=0.0043$$

$N9$ 墩：　里程 DK2196＋738.05

$x=-18.754$

$y=0.0000$

$N10$ 墩：　里程 DK2196＋770.75

$x=-51.4540$

$y=0.0000$

$N4$ 墩：　里程 DK2196＋574.39

$s=14.906$

$$x=R\sin\left(\frac{180}{\pi R}14.906+\beta\right)+m=144.7589$$

$$y=(R+p)-R\cos\left(\frac{180}{\pi R}14.906+\beta\right)=4.8673$$

b. 工作线偏角的计算

计算列表进行。表中的外移偏角 α_c 均抄自偏角法计算算例，本例不再重算。

计算见表 4.2.4.1 及表 4.2.4.2。

工作线偏角计算表　　　表 4.2.4.1

（以 ZH 为坐标原点）

墩台号	线路中线点坐标		坐标增量		相邻坐标点连线偏角 α_A	外移偏角 α_C	工作线偏角 $\alpha_a=\alpha_A+\alpha_C$	备　注
	x	y	$\Delta x_1/\Delta x_2$	$\Delta y_1/\Delta y_2$				
京台尾	77.5435	0.7474						
			4.3980	0.1345				
京台前	81.9415	0.8819			0°42′51.0″	－0°43′03.1″	－0°00′12.1″	
			24.7565	1.0661				
N_1 墩	106.6980	1.9480			1°43′53.7″	0°04′30.0″	1°48′23.7″	
			32.6801	2.3984				
N_2 墩	139.3781	4.3464			2°18′43.8″	0°01′02.9″	2°19′46.7″	
			32.5664	3.7160				
$N3$ 墩	171.9445	8.0624			2°20′51.0″	0°00′00″	2°20′51.0″	
			32.3868	5.0468				
$N4$ 墩	204.3313	13.1092			2°19′54.0″	0°01′02.9″	2°20′56.9″	
			32.1438	6.3561				
$N5$ 墩	236.4751	19.4673						

工作线偏角计算表　　　表 4.2.4.2

（以 HZ 为坐标原点）

墩台号	线路中线点坐标		坐标增量		相邻坐标点连线偏角 α_A	外移偏角 α_C	工作线偏角 $\alpha_a=\alpha_A+\alpha_C$	备　注
	x	y	$\Delta x_1/\Delta x_2$	$\Delta y_1/\Delta y_2$				
$N4$ 墩	144.7589	4.8673						
			32.6639	2.6082				
$N5$ 墩	112.0950	2.2591			2°00′53.0″	0°01′03″	2°01′56.0″	
			32.7163	1.4574				
$N6$ 墩	79.3787	0.8017			1°25′55.6″	0°00′00.1″	1°25′55.7″	

续上表

墩台号	线路中线点坐标		坐标增量		相邻坐标点连线偏角 α_A	外移偏角 α_C	工作线偏角 $\alpha_a=\alpha_A+\alpha_C$	备注
	x	y	$\Delta x_1/\Delta x_2$	$\Delta y_1/\Delta y_2$				
			32.723 2	0.638 9				
N7墩	46.655 5	0.162 8			0°50′27.2″	0°00′37.9″	0°51′05.1″	
			32.709 5	0.158 5				
N8墩	13.946 0	0.004 3			0°16′12.4″	−0°02′18.7″	0°13′53.7″	
			32.700 0	0.004 3				
N9墩	−18.754 0	0.000 0			0°00′27.1″	−0°00′25.2″	0°00′01.9″	
			32.700 0	0.000 0				
N10墩	−51.454 0	0.000 0						

由图 4.2.4.6 可知，Δx_2 和 Δy_2 是远离曲线始、终点的坐标增量。所以，当以 HZ 为坐标原点时，应引起注意。否则由上式计算出来的角值的正、负号会相反。

由以上坐标计算的角度与用偏角法计算的角度相比较，个别计算点的最大差值约为 3″，其原因是坐标取值为小数点后 4 位，当 Δx 较小时(如桥台)，就会产生 较大的角度误差。如将坐标取至小数点后五位，则计算出的角度与用偏角法计算的角度基本相同。

(二)曲线桥梁测设的一般步骤及方法

1. 中线控制桩的测设

桥梁墩台线路中线点的测设，应尽可能地利用经过复测的线路控制桩，从控制桩上直接测设各墩台点位。

增设控制桩一般设在两端桥台附近，位置尽量与全桥通视。当桥梁较长时，可考虑在桥梁的中部增设控制桩。

控制桩的精度应符合桥梁设放的要求。

2. 墩台线路中线点的测设

测设桥梁墩台的线路中线点，可用偏角法或极坐标法进行。

测设完最后一跨后，距离和方向须与线路控制桩闭合，以检查测设是否有错。当方向和距离误差在允许范围时，可平均分配到各点位上。

3. 桥梁工作线交点的测设

各墩台线路中线点测设完毕后，在各线路点上依次置镜，按相邻两弦的角平分线方向，根据 E 值向曲线外侧量出工作线交点位置，并钉出桩点。

4. 墩台十字线方向的测设

在一般情况下，墩台护桩十字线的交点为梁工作线交点，墩的横向护桩方向为相邻两跨梁工作线夹角$(180°-\alpha)$的平分线；台的横向护桩方向为胸墙线(即与胸墙的 E 值点和台尾 E 值点的连线垂直)。如图 4.2.4.7 所示。

桥梁墩台的护桩个数和测设位置，视地形情况而定。在通常情况下，各方向的护桩宜布置在墩台的两侧(或前后)，且不易被破坏和便于交会的地方，每侧的护桩个数不少于两个。

5. 墩台定位应提交的资料

(1)护桩示意图

图上应标明线路中线点，梁工作线、E 值点、护桩十字线及各方向的护桩个数等。

(2)说明

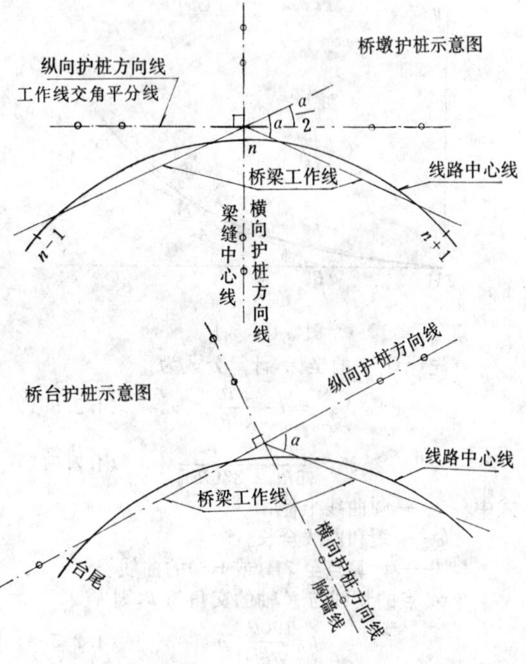

图 4.2.4.7

在提交护桩图的同时，应将墩台测设的某些情况加以书面说明，例如：

①护桩十字线交点为工作线交点(注意和墩中心相区别)。

②墩的横向护桩方向为梁缝中线(注意和墩的横向中心线相区别)。

③台的横向中心线为胸墙线(注意和“台前”相

区别)。

④此外,如某些墩台有预偏心时,也应提请施工单位注意,等等。

第五节 极坐标法墩台定位

此方法须首先计算出各墩台桥梁工作线交点的坐标,实地测量并计算置镜点坐标,再进行坐标反算,求得置镜点至各墩台工作线交点的距离和方位角(或与后视点间的夹角),最后自置镜点实地测设各墩台工作线交点的位置。

一、工作线交点坐标计算

(一)坐标系统的建立

根据桥梁在曲线上的平面位置,可以 ZH 为坐标原点,ZH 到 JD 为 X 轴的正方向;也可以 HZ 为坐标原点 HZ 至 JD 为 X 轴的正方向;如桥梁跨越整个曲线时,也可以同时采用两个坐标系统分别测设。

(二)缓和曲线上墩台工作线交点坐标计算

如图 4.2.5.1 所示,A 号墩在缓和曲线上,A 为工作线交点,A' 为桥墩横向轴线与线路中线的交点。

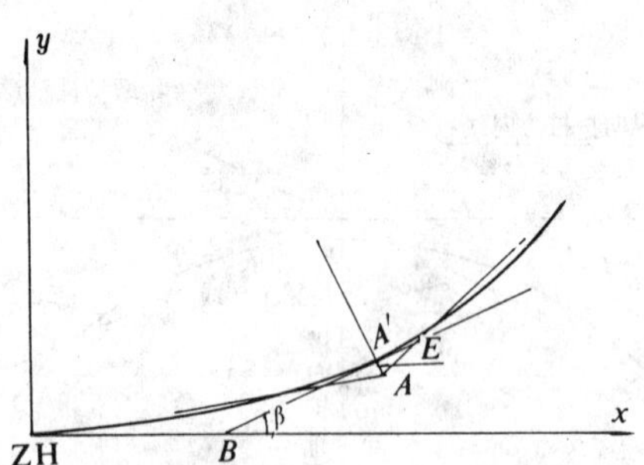

图 4.2.5.1

首先计算 A' 的坐标,计算公式为:

$$x'_A=l-\frac{l^5}{40R^2l_0^2} \quad (4.2.5.1)$$

$$y'_A=\frac{l^3}{6Rl_0}-\frac{l^7}{336R^3l_0^3} \quad (4.2.5.2)$$

式中 R——圆曲线半径;

l_0——缓和曲线全长;

l——计算点至 ZH(或 HZ)的曲线长。

令 A' 点的切线与 X 轴的交角为 β,则

$$\beta=\frac{90l^2}{\pi Rl_0}(°) \quad (4.2.5.3)$$

如图 4.2.5.2 所示,A 点的坐标可按下式求得。

$$x_A=x'_A+\Delta x=x'_A+E\sin\beta \quad (4.2.5.4)$$

$$y_A=y'_A+\Delta y=y'_A+E\cos\beta \quad (4.2.5.5)$$

上式中的符号,x'_A、Δx 始终为正;在第一象限,y'_A 为正,Δy 为负;在第四象限,y'_A 为负,Δy 为正。参看图 4.2.5.2。

(三)圆曲线上墩台工作线交点坐标计算

如图 4.2.5.3 所示,C 为工作线交点,C' 为交点所对应之线路中线点。C' 至 HY 弧长 S 所对的圆心角为:$\theta=\frac{180}{\pi R}S$

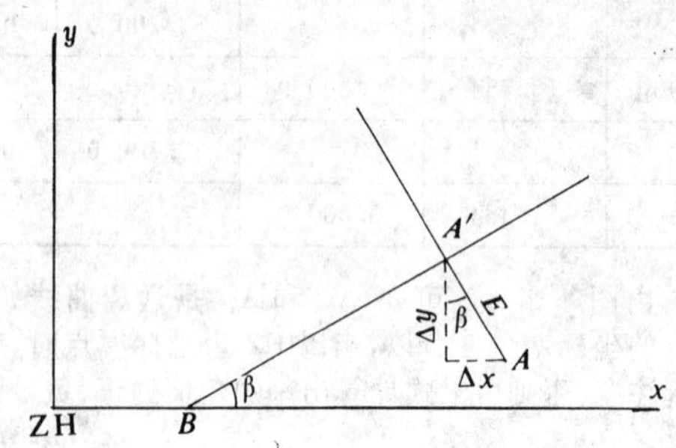

图 4.2.5.2

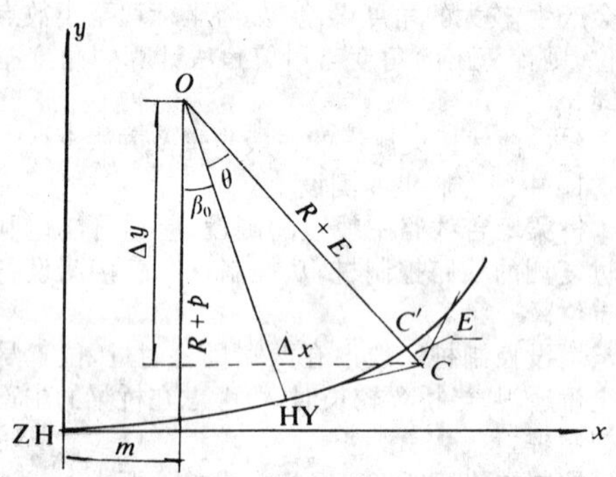

图 4.2.5.3

工作线交点 C 的坐标按下式计算:

$$x_c=(R+E)\sin(\beta_0+\theta)+m \quad (4.2.5.6)$$

$$y_c=(R+P)-(R+E)\cos(\beta_0+\theta) \quad (4.2.5.7)$$

在第一象限,y_c 为正值;在第四象限,y_c 为负值。

二、置镜点的测定及墩台定位

跨越河流的正桥大多为直线桥,山区铁路曲线桥一般是旱桥,只要置镜点位置选择适当,一次置镜便可进行全部墩台位置的测设。置镜点尽可能利用切线上的转点或副交点,这些点一般通视良好,而且又在坐标轴上,计算简便。若切线上没有合适的置镜点位置,可将置镜点选择在与线路转点联测方便,又能与全桥墩台通视的位置。

如图 4.2.5.4,将置镜点选择在 Q 点。线路贯通测量时,已测定 ZD_3 到 HZ 点的距离 $S_1=23.768$m。

置镜点在 ZD_3 测得 $\angle\theta=178°51'39''$，并测得 ZD_3 至 Q 点的距离 $S_2=98.835$m。Q 点的坐标计算见算例。

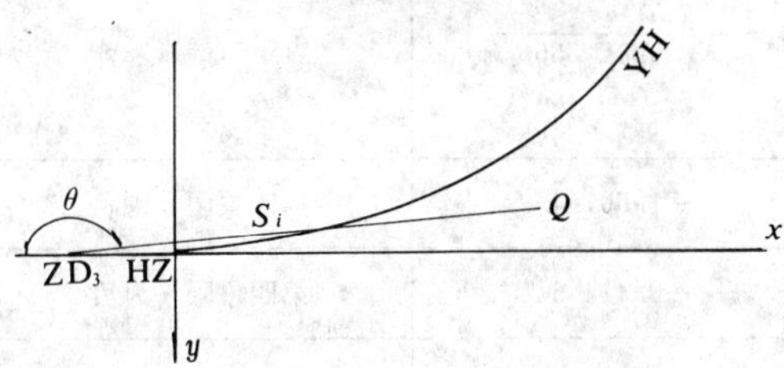

图 4.2.5.4

算出置镜点坐标后，尚需按下列公式进行坐标反算，求得前视方位角 α_{QC}，放样距离 S_{QC} 及放样角 β

$$\alpha_{QC}=\arctan\left(\frac{y_C-y_Q}{x_C-x_Q}\right)=\arctan\frac{\Delta y}{\Delta x} \tag{4.2.5.8}$$

$$S_{QC}=\sqrt{\Delta x^2+\Delta y^2} \tag{4.2.5.9}$$

$$\beta=\alpha_{QC}-\alpha_{Q\sim ZD_3} \tag{4.2.5.10}$$

式中，x_c、y_c 表示欲测设墩台工作线交点坐标，$\alpha_{Q\sim ZD_3}$ 为置镜点至后视点的方位角。

三、放样后的检测

用极坐标测设的各墩台中心(交点)是彼此独立测定的，若一旦出现较大误差或错误则不易发觉，因此在定位后必须进行检测。

检测工作一般可沿工作线交点置镜，检查相邻两工作线偏角和相邻墩台的交点距。在检测正确的基础上，同时定出墩台纵、横十字线方向桩。

交点距的检测如地形允许，可用经检定的钢卷尺丈量。工作线偏角的检测，采用拨角的方法观测点位。这种方法比较直观，误差大小容易判断。

交点距丈量检测时，长度差值在 10mm(限差)以内，拨角检测的横向偏差在 2～3mm 内时可认为定位正确，其误差可在邻近墩台内作适当调整。否则、应查明原因。

对于放样计算资料(交点距及偏角)的检核，在以下的计算示例中作了介绍，具体见表 4.2.5.5。

四、计算示例

图 4.2.5.5 为 XX 线黄龙岗大桥曲线布置示意图。其中 $N3$ 墩、$N4$ 台在缓和曲线上，其余墩台在圆曲线上。采用极坐标法测设墩台位置，计算步骤如下。

1. 选定坐标原点

根据桥位特点，选定 HZ 为坐标原点，HZ 至 JD 的切线为 X 轴的正方向。

2. 计算

(1)求缓和曲线函数

查表或计算得

$m=39.9915$m　　$P=0.5332$m

$\beta_0=4°35'01.2''$

(2)求 l 及 β 角(缓和曲线上墩台)

$l_3=71.16$m　$\beta_3=\dfrac{90\times(71.16)^2}{\pi Rl_0}=3°37'35.9''$

35.9″

$l_{4胸}=46.34$m　　$\beta_{4胸}=1°32'16.7''$

$l_{4尾}=40.79$m　　$\beta_{4尾}=1°11'29.9''$

(3)求 S 及 θ 角(圆曲线上墩台)

$s_2=23.98$m　$\theta_2=\dfrac{180}{\pi R}\times23.98=2°44'52.5''$

$s_1=56.80$m　$\theta_1=6°30'31.7''$

$s_{0胸}=81.66$m　$\theta_{0胸}=9°21'27.2''$

$s_{0尾}=89.71$m　$\theta_{0尾}=10°16'48.0''$

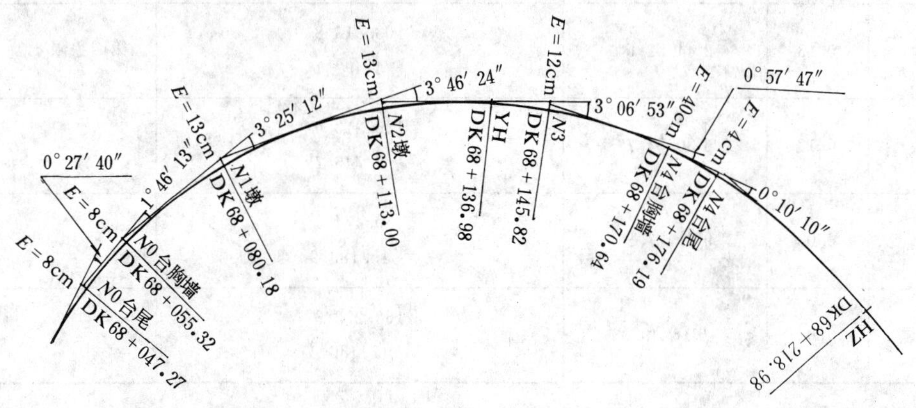

图 4.2.5.5

$\alpha=34°45'00''$　　$R=500$m

$l_o=80$m　　$T=196.61$m

$L=383.25$m

ZH：DK67＋833.73

HY：DK67＋913.73

(4)坐标计算分别见表 4.2.5.1、4.2.5.2 和表 4.2.5.3。

缓和曲线上墩台线路中心点坐标计算表 表 4.2.5.1

墩 台 号	l (m)	$x'_A=l-\frac{l^5}{4R^2l_0^2}$ (m)	$y'_A=-\left(\frac{l^3}{6Rl_0}-\frac{l^7}{336R^3l_0^3}\right)$ (m)	附 注
$N3$ 墩	71.16	71.131 5	−1.501 4	第四象限 y 为负
$N4$ 台胸墙	46.34	46.336 7	−0.414 6	第四象限 y 为负
$N4$ 台尾	40.79	40.788 2	−0.282 8	第四象限 y 为负

缓和曲线上墩台桥梁工作线交点坐标计算表 表 4.2.5.2

墩 台 号	$\frac{x'_A(\text{m})}{y'_A(\text{m})}$	E(m)	β	$\frac{x_A=x'_A+E\sin\beta(\text{m})}{y_A=y'_A+E\cos\beta(\text{m})}$	备 注
$N3$ 墩	71.1315 −1.501 4	0.12	3°37′35.9″	71.139 1 −1.381 6	
$N4$ 台胸墙	46.336 7 −0.414 6	0.04	1°32′16.7″	46.337 8 −0.374 6	
$N4$ 台尾	40.788 2 −0.282 8	0.04	1°11′29.9″	40.789 0 −0.242 8	

圆曲线上墩台桥梁工作线交点坐标计算表 表 4.2.5.3

墩 台 号	E	θ	$\frac{x_A=(R+E)\sin(\beta_0+\theta)+m}{Y_A=(R+P)-(R+E)\cos(\beta_0+\theta)}$	备 注
$N2$ 墩	0.13	2°44′52.5″	103.813 8 −4.492 1	第四象限 y_A 为负
$N1$ 墩	0.13	6°30′31.7″	136.213 0 −9.746 7	
$N0$ 台胸墙	0.08	9°21′27.2″	160.474 0 −15.183 9	
$N0$ 台尾	0.08	10°16′48.0″	168.272 0 −17.186 4	

$R=500\text{m}$ $P=0.533\ 2\text{m}$

$\beta_0=4°35'01.2''$ $m=39.991\ 5$

(5)Q 点坐标计算(见图 4.2.5.4)

$x_Q=98.835\times\cos1°08'21''-23.768$

$=75.047\ 5\text{m}$

$y_Q=-98.835\times\sin1°08'21''=-1.964\ 9\text{m}$

(6)桥梁墩台放样数据计算

数据计算见表 4.2.5.4。前视方位角的象限应按 Δx 及 Δy 的符号确定。测设角 β 始终用前视方位角减后视方位角，不够减时加 360°。这样算出的是顺拨角度。

桥梁墩台放样数据计算表 表 4.2.5.4

公式：$\Delta x_{n\sim n+1}=x_{n+1}-x_n$ $\Delta y_{n\sim n+1}=y_{n+1}-y_n$ $S_{n\sim n+1}=\sqrt{\Delta x^2_{n\sim n+1}+\Delta y^2_{n\sim n+1}}$

$\alpha_{n\sim n+1}=\arctan\left(\frac{\Delta y_{n\sim n+1}}{\Delta x_{n\sim n+1}}\right)$ $\beta=\alpha_{n\sim n+1}-\alpha_{n\sim n-1}$

置镜点(n)名称 Q $x_n=75.0475$(m) $y_n=-1.9649$(m)							
后视点(n−1)名称:ZD3 $x_{n-1}=-23.7680$(m) $y_{n-1}=0$ 后视方位角 $\alpha_{n\sim n-1}=178°51'39''.0$							
测设点(n+1)名称	N0 台尾	N0 台胸墙	N1 墩	N2 墩	N3 墩	N4 台胸墙	N4 台尾
x_{n+1}	168.272 0	160.474 0	136.213 0	103.813 8	71.139 1	46.337 8	40.789 0
y_{n+1}	−17.186 4	−15.183 9	−9.746 7	−4.492 1	−1.381 6	−0.374 6	−0.242 8
$\Delta x_{n\sim n+1}$	93.224 5	85.426 5	61.165 5	28.766 3	−3.908 4	−28.709 7	−34.258 5
$\Delta y_{n\sim n+1}$	−15.221 5	−13.219 0	−7.781 8	−2.527 2	+0.583 3	+1.590 3	+1.722 1
测设边长 $S_{n\sim n+1}$	94.459 0	86.443 2	61.658 5	28.877 1	3.951 7	28.753 7	34.301 8
前视方位角 $\alpha_{n\sim n+1}$	350°43′36″.1	351°12′13″.5	352°44′58″.1	354°58′45″.4	171°30′42″.0	176°49′46″.1	177°07′20″.2
测设角 β	171°51′57″.1	172°20′34″.5	173°53′19″.1	176°07′06″.4	352°39′03″.0	357°58′07″.2	358°15′41.2″
示意图							

(7)桥梁工作线交点距及偏角复核 计算见表 4.2.5.5。

桥梁工作线交点距及偏角复核计算表

公式：$\Delta x=x_{i+1}-x_1$ $\Delta y=y_{i+1}y_1$ $S=\sqrt{\Delta x^2+\Delta y^2}$

$T=\arctan\frac{\Delta y}{\Delta x}$

$\alpha=T_{i+1}-T_i$ 表 4.2.5.5

点名	坐标 x	坐标 y	坐标增量 Δx (m)	坐标增量 Δy (m)	工作线交点距 S (m)	工作线方位角 T ° ′ ″	工作线偏角 α_i ° ′ ″
NO 台尾	103.272 0	−17.186 4					
			−7.798 0	+2.002 5	8.051	105 35 52.2	
NO 台胸墙	168.272 0	−15.183 9					1 46 12.6
			−32.399 2	+5.437 2	24.863	167 22 04.8	
N1 墩	160.474 0	−9.746 7					3 25 11.3
			−32.300 2	+5.254 6	32.823	170 47 16.1	
N2 墩	103.313 3	−4.492 1					3 46 27.3
			−32.674 7	+3.110 5	32.822	174 33 43.4	
N3 墩	71.130 1	−1.381 6					3 06 46.3
			−24.801 3	+1.007 0	24.822	177 40 29.7	
N4 台胸墙	46.337 8	−0.374 6					0 57 51.8
			−5.548 8	+0.131 8	5.550	178 38 21.5	
N4 台尾	40.789 0	−0.242 8					

第六节 交会法测设桥梁墩台位置

当桥墩位于深水中或桥梁跨越大河而又不能直接定出墩位时，可采用交会法测量。

交会可利用原测设的三角网图形或另布置基线进行。

一、图形选择和施工交会的一般要求

1. 图形应力求简单、刚强，点位稳定可靠，通视良好，且便于交会。每个墩位应有三个或三个以上交会方向。如为直线桥时，其中一个方向最好为桥轴线方向，以保证墩位在线路中线方向上。

2. 基线与桥轴线方向尽量垂直。为保证交会精度，基线长度取桥轴线长度的 0.7 倍为宜，困难时亦不宜短于 0.5 倍。

3. 当一个方向为桥轴线时，另两交会线的夹角 γ，当置镜点位于桥中线两侧时，宜在 90°～150°之间；当置镜点位于桥中线一侧时，宜在 60°～110°之间。

4. 交会的示误三角形的最大边长在允许范围时，以三角形的重心作为桥墩中心；如其中一个方向为桥轴线方向(直线桥)时，则以另两方向所得的交点投影至桥轴线上的点位作为桥墩中心。

5. 由于交会角 γ 有一定的要求，当某些墩位的交会角不能满足这个要求时，可在基线方向上增设辅助点位，如图 4.2.6.1(a)中的 C'、D' 点。

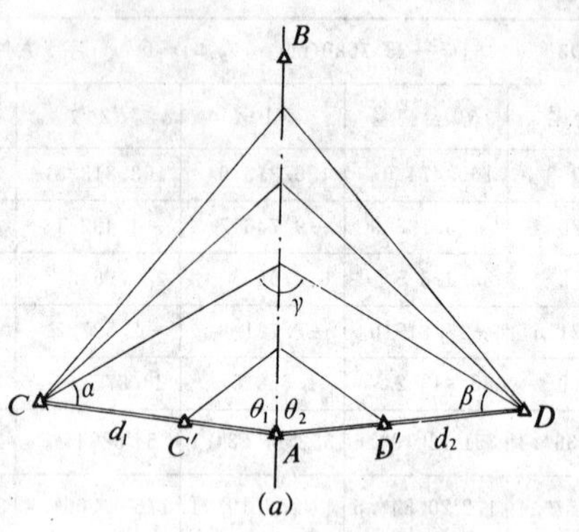

图 4.2.6.1

二、交会观测角的计算

为了满足交会角 γ 的要求，以便增设辅助点位，如图 4.2.6.1(右图中 $AC=d_1$)，交会观测角 α 和 β 可预先计算，计算公式如下：

$$\alpha=\arctan\frac{l\sin\theta_1}{d_1-l\cos\theta_1} \quad (4.2.6.1)$$

$$\beta=\arctan\frac{l\sin\theta_2}{d_2-l\cos\theta_2} \quad (4.2.6.2)$$

式中 l——计算墩位至控制桩 A(或 B)的距离；

d_1、d_2——基线长度；

θ_1、θ_2——基线与桥轴线的夹角。

三、曲线桥墩位的交会

用交会法测设曲线桥的墩位时，由于交会误差的影响，交会出来的墩位偏离线路中线(横向误差)较直线大。为了尽量减小交会误差，所用仪器精度和测量精度都应比直线桥墩位交会高。

(一)坐标系统的建立

交会法测设曲线桥墩位的控制点(三角网点、导线点、基线点等)要与被测设墩位的线路中线采用统一的坐标系统，以便于计算。因此，这些控制点必须与线路上的控制桩发生联系。一般情况下，坐标系统采用直线(或切线)上的控制桩作为坐标原点。以 ZH(HZ)～JD 为 x 轴的正方向。

(二)基线的布置

如无三角点或导线点可利用，应布设基线作为交会控制点。基线的一个端点应与直线(切线)或曲线上的某一点发生联系，如图 4.2.6.2 中的 A、B 点，以便坐标推算。基线的选择和布置要求同直线。

(三)坐标和交会角的计算

由于控制点与线路发生了联系，如图 4.2.6.2 中的 A 点位于切线上，B 点是曲线上的一个点，可以方便地算出各控制点 A、B、C、D 的坐标，并算出 AC、BD 或 AB、CD 的坐标方位角。

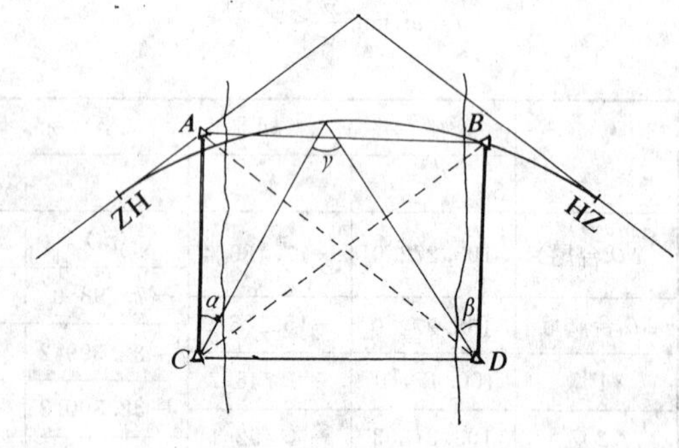

图 4.2.6.2

各个需交会墩位的坐标按线路坐标计算公式计算。如墩位位于另一端缓和曲线上，需换算成统一坐标系统。α、β 的计算见第五节。

第七节 桥梁施工放样及竣工测量

一、基础施工放样

(一)明挖基础的施工放样

基础开挖前，首先根据墩台的纵横向护桩在实地交出十字线，并在十字线的两个方向上的稳固位置分别钉设两个固定桩，然后根据十字线并根据基础的长度和宽度(基础灌筑需立模时，还应考虑模板厚度及背后支撑的宽度)及施工开挖的要求(垂直开挖或倾斜开挖的深度和坡度)放出基础的四个转角点 A、B、C、D(矩形基础)，如图4.2.7.1。应当注意：

在通常情况下，十字线的中心并不一定是基础的中心。所以在基础放样时，应仔细查看设计资料，以免放样错误。

在地形较为平坦、土质较稳固、基础埋置不深，且不建立模板时，图 4.2.7.1 中 A、B、C、D 的连线即为基础长度和宽度。当土质不稳固或基础埋置较深，且需建立模板时，则应考虑放宽尺度。此时的实际开挖线应从 ABCD 各边向外移动一个距离 Δ。

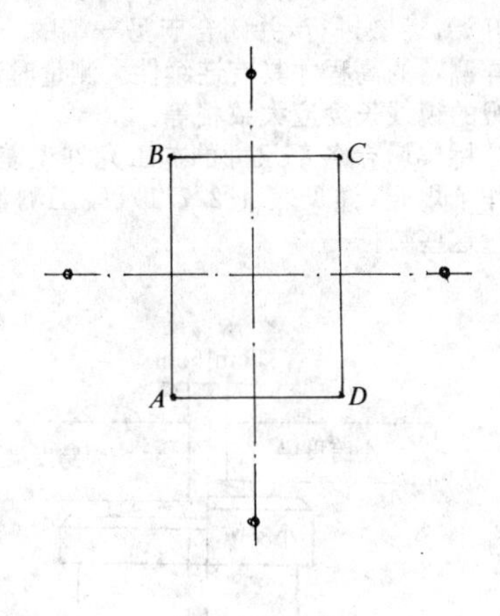

图 4.2.7.1

$$\Delta = h \times n \qquad (4.2.7.1)$$

式中 h——坑底与地面的高差；

n——开挖坡度系数的分母。

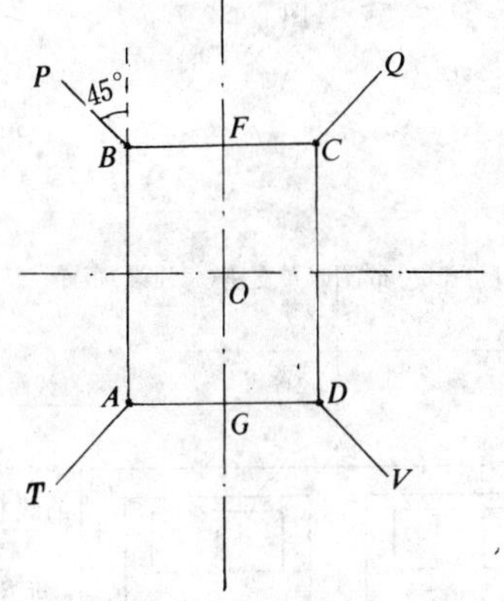

图 4.2.7.2

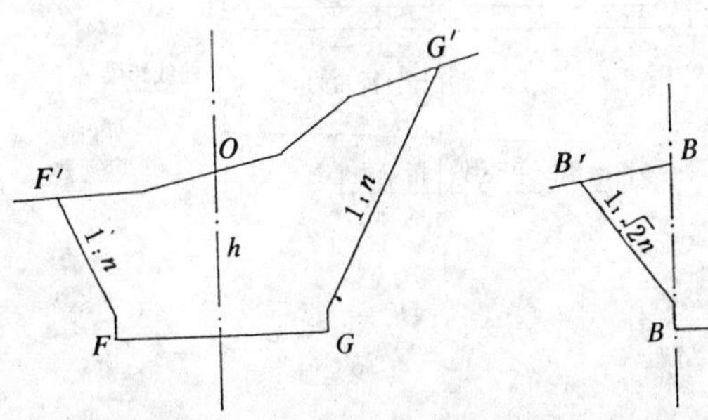

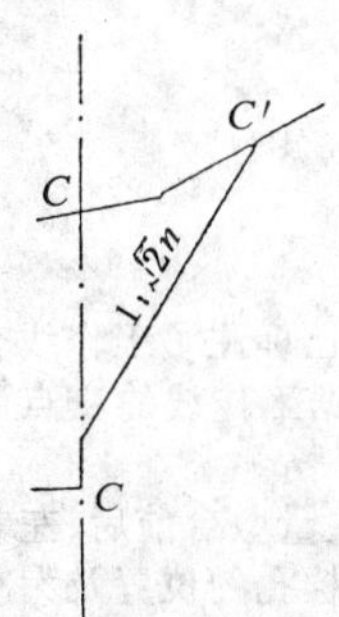

图 4.2.7.3

当基础的开挖面积较大，且地形条件较不利时，为了正确地放出基坑开挖边桩，可在四个转角点上分别定出与各边延长线成 45°角的方向线，如图 4.2.7.2 中的 AT、BP、CU、DV。测出 A、B、C、D 及 O 点的高程，并计算各点至基底设计高程的开挖深度 h。然后沿纵、横轴线及 AT、BP、CU 及 DY 方向测绘断面线。

如果选取纵横轴线方向上的开挖坡度为 $1:n$，因分角线为两坡的交线，所以其坡度为 $1:\sqrt{2}\,n$，分别绘出断面图(图 4.2.7.3)，从图上量出 O 点至开挖边桩(横向)的距离 OF' 及 OG' 及地面点 B 至边桩 B' 的距离 BB'。同理在其它断面图上量得边桩的放样距离。在实地，分别沿断面 方向测设出相应的距离，即可定出四个转角方向及纵横轴线方向上的开挖边桩。

当基坑挖至设计高程并清理平整后，即可进行立模前的放样。此时可利用在基础开挖前钉设的十字线固定桩(应确认开挖后该桩没有移动)测设十字线，并根据基础尺寸及十字线的关系进行基础放样。

(二)桩基础的施工放样

桩基础一般分为打入桩、钻孔桩和挖孔桩等数种。

桩基的测量工作主要是：测设桩基的纵横十字线、各桩的中心点，以及承台模板的放样等。

桩基的纵横十字线的测设和承台模板的放样与明挖基础相同。各桩中心位置的测定是以十字线为坐标轴进行的。其具体作法可用经纬仪按各桩的纵横坐标值钉出十字线的平行线，然后用弦线交会各桩，各弦线的交会中心即为各桩中心。如图 4.2.7.4 所示：

二、墩台身的施工放样

墩台身的施工放样同基础放样基本相同，即在基础顶面或已灌筑的墩台身每一节顶面测设出纵横中心线，作为立模的依据。

立模时，除模板下部的位置与十字线间的相对尺寸应符合设计要求外，模板顶部的位置也应符合要求。因此，在模板壁顶部前后及左右，需标出纵横中心线方向点(如在上面钉设小铁钉)，并在十字线方向上架设经纬仪，校准模板，使顶面标记与十字线方向一致。

在利用护桩恢复墩台的纵横轴线时，为保证精度，宜置镜墩台一侧的护桩上，后视另一侧的护桩。避免置镜点和后视点都用同一侧的护桩，以免后视距离过近或点位有微小移动时，使恢复的轴线产生较大的方向误差。当墩台身升高而不能满足上述要求时，可在两侧点位尚能通视时，预先在已灌筑好

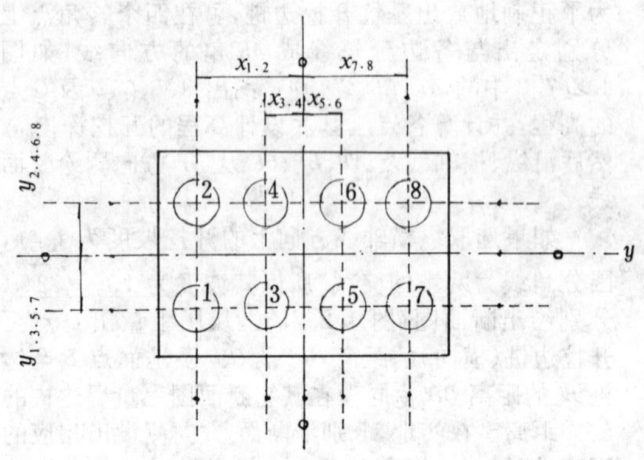

图 4.2.7.4

的墩台身前后及两侧用油漆作好标记，以此标记作为墩台身升高时测设轴线的后视点。

三、顶帽及支承垫石的施工放样

当墩身灌筑离顶帽约 30cm 时，根据十字线护桩在墩顶面交出十字线，作为立模的依据。如前所述，应注意弄清基础中心线、墩中心线和梁工作线之间的关系，尤应注意前后不等跨桥墩顶帽和梁端布置(参见图 4.2.7.5)以及直线上、曲线上顶帽对于每片梁的双支座或单支座的布置(参见图 4.2.7.6)，以免放线错误。

安装支承垫石挡板前，应再次交出十字线，检查各部尺寸，并据此安装垫石挡板。在灌筑垫石过程中，由于混凝土的压力和流动性，挡板极易发生位移，在灌筑前应用钢筋和衬块将挡板加固牢固，并在灌筑过程中随时检查各部尺寸，避免发生较大位移。

《铁路桥涵施工规范》(TBJ203—86，以下简称《桥规》)规定：同一片钢筋混凝土梁一端两支承垫石顶面高差不超过 3mm，所以在垫石混凝土灌筑接近设计高程时，应架设水准仪控制垫石顶面高程，以免超过限差，造成修凿困难。

四、竣工测量

桥梁竣工后，为检查墩台各部尺寸、平面位置及高程正确与否，并为竣工资料提供数据，需进行竣工测量。

竣工测量的主要内容是：

1. 测定各墩台间的跨度；
2. 丈量墩台各部尺寸；
3. 测定支承垫石顶面高程。

由于桥梁峻工后，各墩台上已标注了工作线交点，墩中心点等，跨度测量是依据工作线的交点测定。

墩台各部尺寸检查主要是丈量墩台前后、左右宽度和支承垫石的平面位置，锚栓孔的位置及大小尺寸是否符合要求。这些检查均以墩台顶面已标注的纵横轴线和曲线桥梁上的梁工作线为依据进行。

墩台顶面高程的检查，自桥梁一端的一个水准点开始，逐墩进行，并闭合于另一端的一个水准点。这样测定的高程才具有连续性。测量时还须注意前后视的视线长度应大致相等。

桥梁墩台各部尺寸的施工允许误差，在《桥规》中作了规定(详见表 4.2.7.1)，竣工测量时应准确测量这些数据。

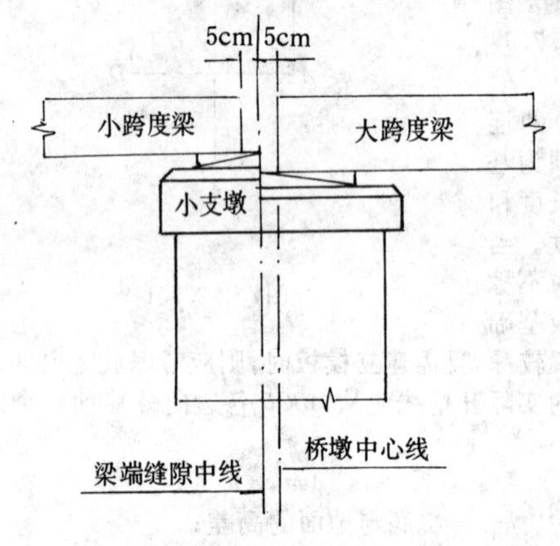

图 4.2.7.5

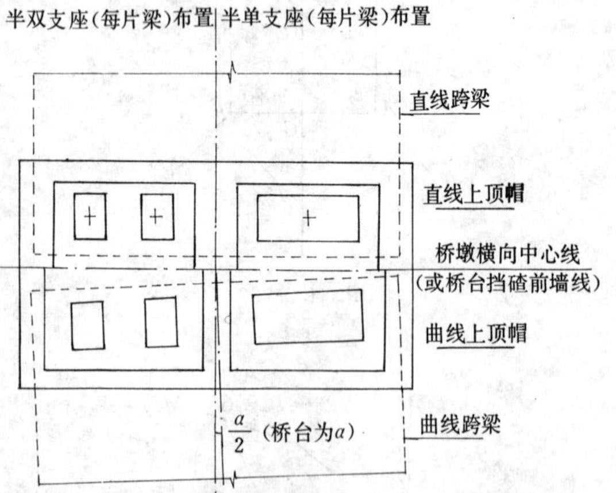

半双支座(每片梁)布置
半单支座(每片梁)布置
直线跨梁
直线上顶帽
桥墩横向中心线
(或桥台挡碴前墙线)
曲线上顶帽
$\frac{a}{2}$ (桥台为a)
曲线跨梁
桥墩纵向中心线
桥梁中心线

图 4.2.7.6

墩台施工允许误差 表 4.2.7.1

项目		允许误差
墩台前后、左右边缘距设计中心线尺寸 采用滑模施工的墩身部分: 1. 桥墩前后、左右边缘距设计中心线尺寸 2. 桥墩平面扭角 墩台支承垫石顶面高程		±20mm ±30mm 2° ±10mm
简支钢筋混凝土梁	1. 每片钢筋混凝土梁一端两支承垫石顶面高差 2. 每孔钢筋混凝土梁一端两支承垫石顶面高差 3. 无支座梁垫石顶面高差	3mm 5mm 5mm
简支钢梁	1. 钢梁一端两支承垫石顶面高差 2. 每一主梁两端支承垫石顶面高差 跨度≤55m 跨度>55m 3. 前后两孔钢梁在同一墩顶支承垫石顶面高差	钢梁宽度的 1/1 500 5mm 计算跨度的 1/10 000 并≯10mm ≯5mm

注:连续钢梁,整孔钢筋混凝土梁或采用橡胶支座的垫石顶面高差,另按各有关规定办理。

第八节 涵洞施工测量

一、涵洞定位及轴线测设

涵洞定位在线路复测后进行。涵洞定位即定出涵洞在线路方向上的中心里程点。定位方法同普通中线测量一样,可用直线延伸法,偏角法或极坐标法进行。

涵洞纵轴线即为涵洞出入口的中心线。涵洞分正交涵和斜交涵两种。正交涵洞的纵轴线与所在线路中线(或切线)垂直,斜交涵的纵轴线与线路中线(或切线)有一交角。如图 4.2.8.1 所示。

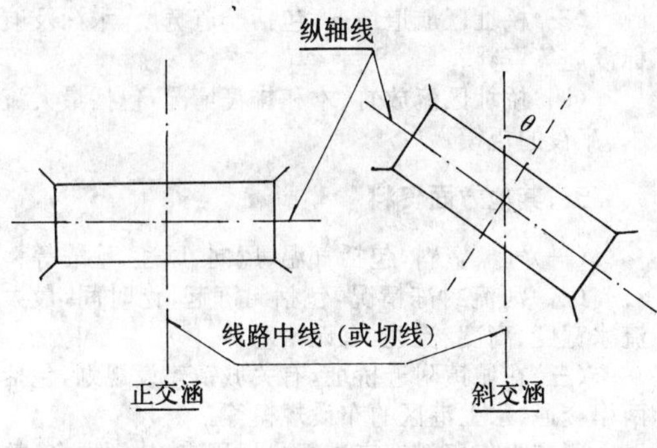

图 4.2.8.1

定出涵洞的线路中线点后,即可根据该点测设涵洞轴线。具体作法:置镜于线路中线点上,并拨角定出该点的切线方向,如为正交涵洞,此方向即为涵洞的横向轴线方向,如为斜交涵洞,则在此方向上偏转一个 θ 角(依据设计确定是左偏还是右偏),即为涵洞的横向轴线方向。与横向轴线方向成 90°的方向为纵向轴线方向,并在纵、横轴线方向上钉设固定桩,作为施工放样的护桩。

二、施工放样

涵洞的基础放样是依据纵、横轴线测设的。由于涵洞各部的尺寸不一,每节基础的深度也可能不同,在基础放样时,应根据设计图先定出各部基础的轮廓线,并在转折处钉上标志桩,然后再根据各部分的开挖深度和开挖坡度等,自轮廓线向外移动一个距离定出开挖线。

基坑开挖后,在基坑内恢复纵横轴方向线,涵洞基础和其它各部分的砌筑或建立模板均依据此方向线测定。

第二部分　复杂特大桥及重要大桥

第三章　桥址勘测

第一节　勘测前的资料准备

勘测工作开展前，应根据需要搜集有关资料，一般可按下述方面进行。

一、测绘方面资料

（一）桥址区（指包含各桥址比较线在内的地区，下同）及其附近历年测绘的各种比例尺新旧地形图，包括旧军用图、国家测绘部门测绘（航测）的地形图、地质、水利、航运、铁路、公路等部门测绘的专用地形图；

（二）桥址区及其上、下游历年有关河床变迁地图，包括水利、航运部门测绘的河道图、航道图、堤岸修建规划、设计和工程实施图等；

（三）桥址区两岸有关线路平、剖面图包括与各桥址线相通的既有铁路、公路线路平、剖面图及规划的平面布置图和纵剖面设计图等；

（四）桥址区附近平面和高程控制资料，包括国家三角点、高级导线点的编号或名称及其位置、坐标、边长和方位角值，国家、地区、铁路及水文、水利、航运、公路、城市规划等有关部门的水准基点的编号（或名称）、位置、高程（属何系统）及其相互换算值。

二、既有桥梁资料

（一）桥梁竣工图，包括基础结构尺寸、埋深和有关高程等；

（二）桥下净空、河床变迁资料，包括墩台冲刷和加固、整治情况；

（三）桥梁防护工程有关资料，包括导流堤、护岸工程图，实际位置变迁及其基础结构、埋深和加固、改建等。

三、水文、水利方面资料

（一）桥址区所在河流、水系的流域图、桥址区以上流域（汇水）面积等；

（二）桥址区附近河流整治情况和有关规划，包括整治工程竣工或实施图表资料等；

（三）桥址区两岸历史洪迹和泛滥范围调查资料及其计算、整编成果等；

（四）桥址区或其上、下游临近的水文站、水位站资料，包括建站历史、历年的水位、断面、流速、流量、流向和水面比降等的观测、计算汇编成果（包括不同水位的断面流速分布图）等；

（五）桥址区附近重要水工建筑物实际情况或建设规划，包括平面位置、高程及在设计规划中的有关水文调查整编成果。

四、航运方面资料

（一）桥址区通航现状和规划，包括航道等级、通航水位等；

（二）行驶的最大船只（船队）的类型，长、宽、吨位、高度（水面以上，含桅杆）、和吃水深度等；

（三）桥址区航道情况，包括航道宽度、水深及航标设施等资料；

（四）桥址区流放竹、木和排筏情况，包括最大流木、流筏的规模。

五、其他方面资料

（一）气象资料，包括气温、风向、风速、地震等；

（二）河流封冻情况，包括封冻起、讫时间，最大流冰宽度、高度、流速，有无堵塞等；

（三）在城镇附近桥址，有关城镇建设规划，包括两岸交通、水上港区的布设规模等。

所有收集资料都应进行分析研究，分别取舍、整编，必要时进行现场核对，并初步拟定勘测实施采用的测量坐标、高程系统，比较桥址线方案的纸上定线，勘测的项目和要求。

第二节　现 场 踏 勘

根据任务要求，结合已有收集整编资料及初步拟定的桥址线方案，进行桥址区的现场踏勘。

一、踏勘内容

（一）桥址线和桥址区的现状，包括地形、地貌、工程地质、水文、航道、航运、已有建筑物概况，以及工程施工场地条件等；

（二）引桥引线可能走向的地形、地貌、工程地质概况；

（三）桥址区附近主要交通运输情况；

（四）桥址区住宿、生活条件；

（五）当地行政管辖系统，并向主管领导进行工作汇报、征询意见。

二、踏勘报告

踏勘完毕应提出踏勘报告，其主要内容有：

（一）桥址地区地形、地貌、工程地质、水文特征，有关建筑物（既有桥梁、铁路公路线路和其他水工建筑物）情况；

（二）桥址线比较方案意见。勘测实施项目和要求的补充修正意见，包括主要解决问题、概略工作量、勘测等级等；

（三）桥址区交通运输、住宿生活概况；

（四）桥址线主要方案选择意见；

（五）当地政府对桥址选线、勘测设计等方面的意见；

（六）勘测力量（人员、仪具）配备、驻地选择、勘测工作进度安排的初步意见，有关部门工作配合的要求等。

第三节　桥址选线

一、线　　路

在总体上说，桥址应服从线路的总走向；但对于复杂特大桥来说，在局部上，线路亦服从桥址。原则是：桥址选线必须研究线路走向，特别是在已有线路间的桥址，应根据任务书规定的线路总走向，确定桥址区线路的延伸，选出合理的桥址线。桥端引线在平面上亦应是顺直的。需要曲线联结时，应选用较大的半径，连接线长度应是较短的；在立面上坡度应是平顺的，同时要避免高填深挖，引桥长度应是较短的。

二、地　　形

地形是桥址选线的基本条件，优越的地形条件可选出经济合理的桥址。利用桥址区江边的山丘、高地为依托，有利引桥、引线及桥头防护建筑物的布置，且较易达到正桥的高度，可节约用地，减少拆迁，降低建设费用。

三、工程地质

桥址的工程地质条件对于桥址选线有着重要意义，有时甚至能起决定性作用。在桥址范围内，河床地层及两岸岸坡天然地质条件对桥梁建筑物及其附属工程，如墩、台、导治设施、桥头路基的稳定至关重要。桥下河床冲刷（包括墩、台局部冲刷）的可能性与冲刷的程度，以及基础采用类型和埋置深度，既取决于河流水文情况，更取决于基本岩层性质及砂土覆盖层的组成成分。而引桥基础、引线路基、导治设施的稳定还取决于岸坡倾斜度，岩土滑动可能性，雨水及地下潜水的冲蚀。桥址选线一定要与地质勘探工作密切配合。

四、河道水文

桥梁同其所在的河段形态及其水流情况有密切关系。从水文角度看，其理想的桥址河段应当是：

（一）直线形走向的河段，避免有硬弯，且避免在干支流汇合处的下游不远处选择桥址，因为支流的汇入会引起水流的紊乱，对桥墩基础的安全不利。

（二）河槽稳定，两岸河滩较窄，主流固定的河段。尽可能避免通过沙洲。

（三）主槽流向与河床走向一致的河段。

（四）高中低水位的水流流向与河床走向一致的河段，有利于不同水位的水流在桥下畅通。

（五）河面相对开阔的河段，避免在狭窄的咽喉河段。除非系采用大桥孔一跨跨越。

以上是选线时在河道水文方面应引起关注的问题，实际选线时应结合其他因素，作全面考虑。

五、与其他大型建筑物的关系

（一）拦河坝：在既有拦河坝上游选桥址，应选择岸边稳定，坍塌隐患尽可能小的地段；在其下游选址，应在水坝泄水产生集中冲刷影响范围以外，并考虑一定的安全距离。对于有修建拦河坝规划的河段，也应考虑将来的影响，不可忽视。

（二）水运枢纽或水上客、货运码头附近选桥址时，应了解工作船只操作及客、货轮进出港口、停靠码头、回转掉头等作业的影响范围，进行必要的调查测绘，以互不干扰为好。

（三）重要工业区和厂矿：

应了解其运输需要和发展规划，桥址选线时要配合线路布置，尽可能照顾，又要有相当的距离。

（四）航空港或军用飞机场：

应了解航机起降坡度，跑道方向，建桥后不能影响飞机正常起降。相互的距离，要取得国家有关部门的认同。

第四节　桥址中线测定

桥址勘测一般分草测、初测、定测三个阶段。但不论哪个阶段，首先都要按选定的桥位，进行桥址中线测定。

一、控制桩的钉设

桥址中线控制桩每岸至少有两个，其桩位应选择桥址线通过的地势较高、地质坚实稳定的地方，并在中线延伸方向的明显、稳定处钉设方向桩。将纸上定线移至地面，一般利用相关地物的距离、方位测设，在没有明显地物可利用时，则用坐标法测放。引桥较长时，还应增设引桥中线控制桩，根据地形条件和勘测阶段要求而定。定测时，一般每隔 300～500m 加桩一个，桩位要避开桥墩设计所在位置，以便利桥墩分段定位。若引桥在曲线上，则应加设转向点桩（曲线交点）或副交点桩，保证中线得以严格控制。根据勘测阶段不同，控制桩采用半永久性桩或永久性桩。所谓半永久性桩是在打入平地面的大木桩顶部周围深约 0.3m 包以混凝土，一般草、初测时采用；永久性桩则多为现浇混凝土桩；有时打入钢管，内填混凝土。混凝土桩中心部位根据测量中线方向埋设带弯脚的铜质或钢质镀铜的圆头钉或小方板（以利于调整中线方向划线），桩深都应达到稳定地层。若有冻土，则应穿过冻土层。永久性桩在定测时采用，初测时有较高比较价值的桥址且近期不能进行定测的，亦采用永久性桩。

二、控制桩的编号

复杂特大桥及重要大桥单独勘测时，桥址控制桩常采用汉语拼音字母、罗马数字、阿拉伯数字组成四联编号：

首位（代表勘测阶段）	第二位（代表比较方案）
A（草测）	Ⅰ（第一方案）
C（初测）	Ⅱ（第二方案）
D（定测）	Ⅲ（第三方案）
	⋮
第三位（桥梁代号）	**第四位（桩号顺序）**
Q	1
	2
	3
	⋮

例如草测第一方案第二号桩，则编号为：AⅠQ2，初测第二方案第三号桩，编号为CⅡQ3。

一般定测只剩一个方案，可不用方案号码，如定测第五号桩，则编号为：DQ5。

三、桥渡线跨河长度测量及桥址控制网的建立

桥渡跨河长度在草、初测阶段，可根据测量设备和跨河条件，采用视差法、简易三角网、光电测距等方法测定，其限差为长度的 1/2 000。当用光电测距仪测定时，应往返观测各一测回，在其限差符合《测规》规定的前提下，采用往返平距的平均值。定测阶段则根据精测三角网取得精确的跨河长度。

桥址中线测定后，以其控制点和距离为依据，在两岸按需要测量Ⅰ、Ⅱ级闭合导线网，作为施测桥址地形、水文观测以及钻探定位的平面控制。

桥址水准基点每岸至少有一个，其高程以及与有关的各种高程系统的联测，均按四等水准测量要求测定。导线点及桥址中线控制点的高程则按五等水准测量要求测定。跨河水准测量，草测、初测阶段，尽量利用两岸既有的水准基点；在没有可靠的水准基点可利用时，跨河水准可按四等要求进行。跨越北方地区的河流，可利用封冻期在冰上进行水准测量；在水流顺直平缓的河流亦可采用静水面传递高程法进行跨河水准测量。

桥址平面和高程控制点测设后，基本完成桥址控制网的建立，然后应编制桥址初步（草、初测）控制成果资料备用，参见图 4.3.4.1。定测阶段的控制测量和成果编制详见本篇第四章第一、二、三节。

四、桥址独立坐标系及假定里程

无论草测、初测或定测，在建立桥址控制网时均采用假定的独立坐标系统。一般以正桥桥轴线为纵轴（x），里程为纵距；垂直正桥桥轴线为横轴（y），与桥轴线的垂直距离为横距，以里程前进方向之右为正（＋），左为负（－）。在勘测中如遇有关桥址的各项建筑物位置或规划是由不同坐标系统表示的，则应进行联测，以确定其相互位置关系。有特别要求时，桥梁测量假定坐标应与国家统一坐标或地方坐标进行联测。

桥址中线里程亦采用假定里程，取桥址控制桩中起点一岸位于岸边靠近正桥的控制桩点，定为桥址中线里程起算点，并假设为整里程，如 AIK10＋000 或 CIK1＋000 等。里程数大小，根据起点端引桥长度确定，以不出现负里程为宜。采用假定里程可以保持各勘测阶段里程的基本一致，不致产生大的差异，方便桥式设计。待全线路定测后联测，一次确定其换算关系。

五、桥址中线的概念

在单线铁路桥中桥址中线是指桥梁中心线（或桥轴线），与线路中线基本一致。而在双线铁路桥中，为与双线线路定测中线（沿下行轨道中心线）施测取得一致，桥址中线则指下行线中心线。这是在双线铁路测定桥址中心线时必须注意的。我国铁路网规定以首都北京为中心，列车由北京开往全国各地为下行，各地往北京运行为上行。铁路列车采用左侧运行，因此下行线又称左线。支线或中途分岔线则以干线或主要线向支线或分岔线方向为下行，相反为上行。

一、示意图

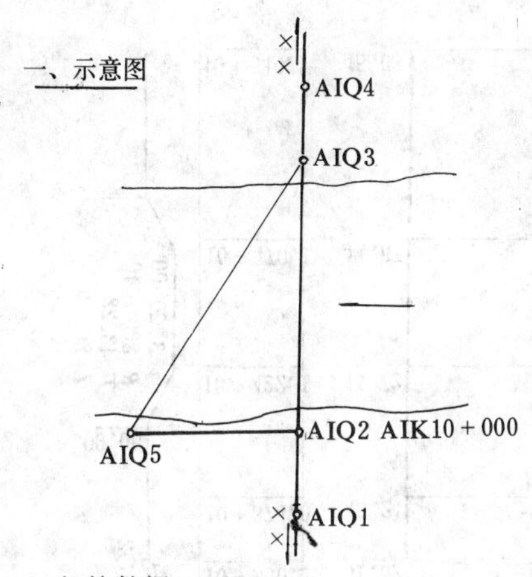

二、起算数据

	点　名	x(m)	y(m)	方　位　角
假定坐标	AIQ2	10 000.00	0	0°00′00″
	AIQ3	11 067.45	0	
国家坐标				

三、成果表

点　名	至何点　距离 (m)	假定坐标(m) x	y
AIQ1	AIQ2　102.34	9 897.66	0
AIQ2	AIQ3　1 067.45	10 000.00	0
AIQ3	AIQ5　1 187.46	11 067.45	0
AIQ4	AIQ3　154.26	11 221.71	0
AIQ5	AIQ2　501.92	9 991.24	501.84

点　名	国家坐标(m) x	y	高　程 (m)

四、说明

1. 距离及角度测量方法
2. 固桩情况
3. 高程系统
4. 本网用途
5. 测量日期

图　4.3.4.1

第五节　桥址断面测量

一、陆地断面测量

桥址中线测定后，要进行一次全断面测量，包括陆地和水下断面。陆地断面测量范围：依照水文断面要求，两岸测至历史最高洪水位加 0.5m 以上；漫滩较宽的河流测至洪水边界或两岸防洪大堤，或根据引桥预计长度施测。断面里程要与桥址控制网假定里程一致。断面上测点，依地形变化确定，沿断面每一地形变坡点均应测量。测点高程用水准仪观测，其限差为 0.1m，并按五等水准测量要求与桥址水准基点联测。测点起点距根据桥址中线控制桩用钢卷尺丈量。各测点与起点间量距误差不大于距离 1/2 000；横向偏距不大于 0.2m。有条件时可用光电测距仪以三角高程观测法同时测定距离和高程。

二、水下断面测量

(一)水深测量：全断面水下部分河床高程按测量时水位(即水面高程)减去水深确定，因此水深测量是水下断面测量的关键，水深测量的工具有测深杆、测深锤、铅鱼、回声测深仪等。

1. 测深杆测量水深较精确。测深杆用长6m 的细竹杆制做，杆长分划到分米，估读厘米，每米变换颜色，以便读取米数。水深小于5m时应尽可能采用。

2. 测深锤测水深，抛锤操作熟练时，精度亦可。锤重一般 5～10kg，超过 10kg 时，抛锤操作有困难。系锤的绳子用白蜡绳，绳长用色布条标志，每米处为红色，逢 5m 用红、白双色，逢 10m 用白色，便于读数。操作人员根据锤到达河床并拉紧绳子时，水面接触处与上、下米数的间距比估读米以内数。水深 5～20m，流速小于 2m/s 适用。

3. 铅鱼测水深系用 50～100kg 的铅鱼，以固定在测量船上的绞车起落铅鱼来测量水深。在铅鱼底部安装电接触器，铅鱼接触河床显示讯号时，立即读取吊索上的标记(标法同前条)测出水深。适用于水深超过 20m、流速小于 3m/s。

因测深铅鱼和吊索受水流冲击，铅鱼移位，吊索偏离铅垂线，略向下游成弧形，如图 4.3.5.1 所示。测得水深 H_0 大于实际水深 H，应予以改正。实际水深按下式计算：

$$H=H_0\cos(0.7\alpha) \qquad (4.3.5.1)$$

偏离角 α 用简易测角器(如图 4.3.5.2)量测。偏离角小于 10°可不改正。

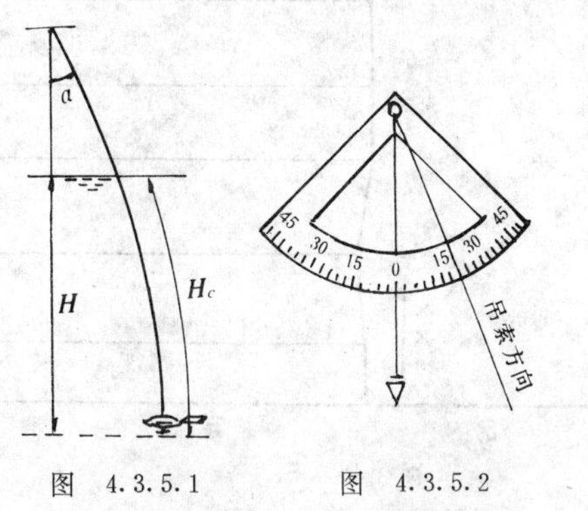

图　4.3.5.1　　图　4.3.5.2

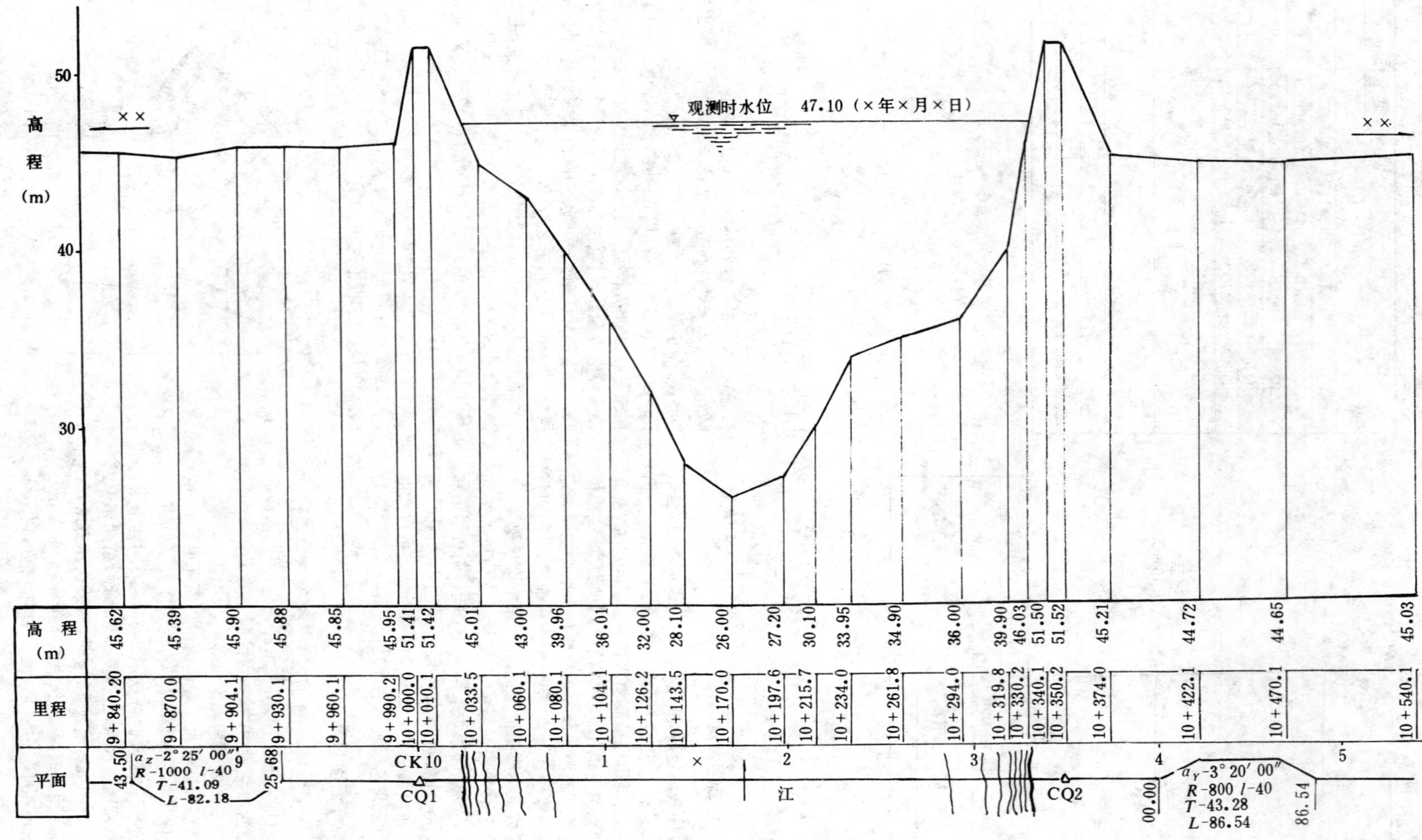

图 4.3.5.3

注：1. 高程采用××高程系统。

2. 设 $CQ1$ 里程为 $CK10+000$。

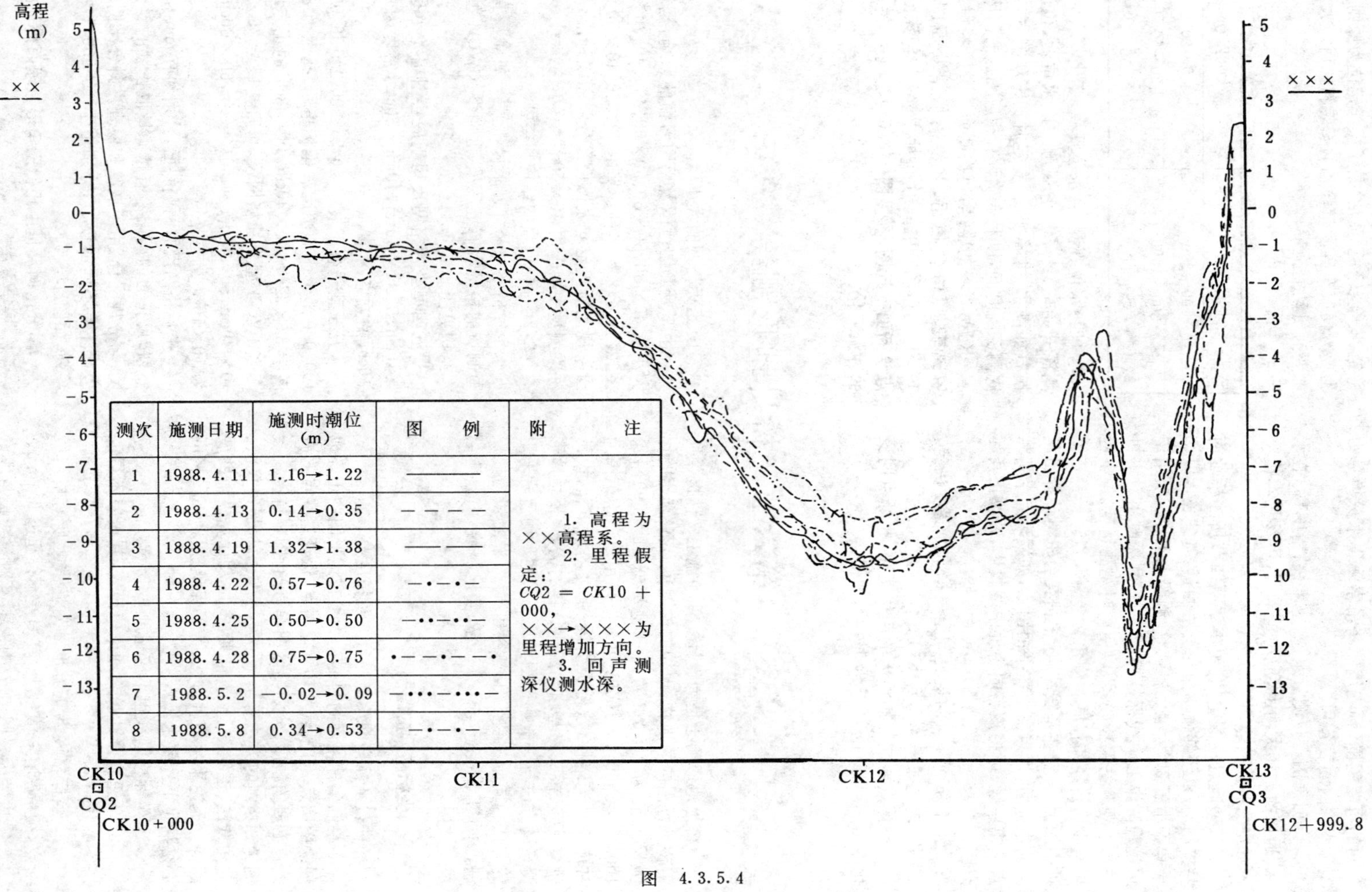

测次	施测日期	施测时潮位 (m)	图例	附注
1	1988.4.11	1.16→1.22	————	1. 高程为××高程系。 2. 里程假定： $CQ2 = CK10 + 000$， ××→×××为里程增加方向。 3. 回声测深仪测水深。
2	1988.4.13	0.14→0.35	— — — —	
3	1888.4.19	1.32→1.38	——— ———	
4	1988.4.22	0.57→0.76	—·—·—	
5	1988.4.25	0.50→0.50	—··—··—	
6	1988.4.28	0.75→0.75	·— —·— —·	
7	1988.5.2	−0.02→0.09	—···—···—	
8	1988.5.8	0.34→0.53	—·—·—	

图 4.3.5.4

现场工作中，根据实际需要，可按不同水深和偏离角的可能范围，预先编制将吊索测得水深换算为实际水深的图表备用。

4. 回声测深仪测量水深，速度快、精度高。在水深、通航的大江大河上，应尽量采用，可参见本篇第一章中的有关内容。

(二)起点距测量：利用本章第四节所述桥址简易控制网，以经纬仪测角交会法测量，基线长度以交会角不小于 30°为准。施测时，测船上工作人员用望远镜观测岸上中线标杆控制方向，测深时用对讲机与岸上观测站保持联系，以便同时观测角度。岸上应用至少两台经纬仪同时测角交会测深点。一台在桥址中线上，一台在基线端点，根据交会资料计算出测点的坐标后，逐点点绘在平面图上，如发现有个别测点偏离中线，可将该点向桥址中线投影，并改正其起点距。

水下断面测点的最大间距根据水面宽度决定，《测规》规定如表 4.3.5.1。

测深点要能控制河床的起伏变化，相邻点间变化突出，或间距过大，应及时补测加密。

(三)测量船选择：水上测量选用船只应以坚固、稳定、安全、轻便、灵活、易于操作定位为原则。结构上要方便绞车等测量设备的安装和使用。大江大河上要有机动船拖带。

表 4.3.5.1

水面宽(m)	最大间距(m)
100～300	10～20
300～1000	20～50
＞1000	50

(四)水位观测：当水位平稳，变化不大时，断面测深开始前、终了后各观测一次水位，水位涨落较快，(如潮水、洪峰前后)要定时加密观测，并记录各次测深的时间，以利准确计算相应测点的河床高程。

(五)资料的整理：每次断面测量应整理出断面资料表，以方便使用，并绘制桥址断面图(见图 4.3.5.3)以利应用。一个桥址测量多次河床断面，应点绘断面变迁图，参见图 4.3.5.4，以了解桥址河床的冲淤变化。

第六节　桥址地形测绘

桥址地形测绘是为设计文件和施工文件提供所需桥址范围内的地物、地貌的位置和形态。选定的比例尺一般为 1：2000，因其他要求，1：500，1：1000，1：5000，1：10000 也常被采用。测绘范围通常应满足选定桥位、桥头引线、桥渡场地布置、设计桥梁孔跨、桥头路基和导流建筑物的需要。桥址地形测量的方法与一般小范围大比例尺地形测量所采用的方法相同。主要工作内容有：野外平面和高程控制，内业工作准备与计算；野外实地测绘；内业清绘成正式图。

一、坐标格网的绘制

(一)坐标格网绘制的目的及精度要求

绘制坐标格网的目的是为了在地形图中正确地展绘图廓点、图根点及其它控制点，保证这些点的展绘有必要的精度；分划测区图幅，进行图幅拼接。绘制坐标格网的方法有坐标格网尺法、坐标展绘仪法、对角线法、透绘法、金属框架法、以及计算机辅助展绘等。无论采用何种方法，为了保证成图质量，格网必须满足下列要求：

1. 坐标格网线粗不应超过 0.1mm。

2. 各正方形边长与理论值比较，其误差不得大于±0.1mm。

3. 坐标格网各正方形的对角线上所有格网线交点，须精密在一直线上，其偏差不得超过 0.1mm。

4. 由坐标格网构成的图廓，其对角线长与理论值之差不得超过±0.2mm。

(二)坐标格网的展绘方法

1. 坐标格网的大小

由于受测图范围及用图习惯的影响，坐标格网大小有 40×50、50×50、50×60、40×40、30×30、32×32、48×48 等多种。其中 50×50、40×50 为现行国家规范所规定的大比例尺分幅图幅标准，在铁路桥梁测量中均采用 40×50 图幅(单位：cm)。

2. 坐标格网尺的结构和类型

坐标格网尺又称方眼尺，它是一种金属直尺，我国制造的格网尺有五三型、五四型、CWC-1 型等，基本结构见图 4.3.6.1。

五四型坐标格网尺用于展绘图幅大小是 40cm×40cm，50cm×50cm，40cm×50cm，密度为10cm×10cm 的方格网。

五三型适合于展绘 1：25 000，1：50 000，1：100 000 地形图的图廓和坐标格网，孔距为 8cm，可展绘 32×32cm，40×40cm，48×48cm 的正方形。

GWC-1 型坐标格网尺，可直接展绘 30×30cm，40×40cm，50×50cm 和 50×60cm，60×60cm，密度为 10×10cm 的方格网。

坐标格网尺的两侧斜面，分别刻有 mm 和 cm 的分划，尺正面的两端刻有精确量取长度的斜分比例尺；与分规配合，用于展绘和检查。斜分比例尺的两边标注有不同的读数，分别用于 1：500，1：1 000 系列，如图 4.3.6.2。

斜分比例尺是由相似三角形原理而设计的。

3. 展绘方法

设想在一 60cm×60cm 的图纸上作一 40cm×50cm、密度为 10cm×10cm 的方格网，如图 4.3.6.3。

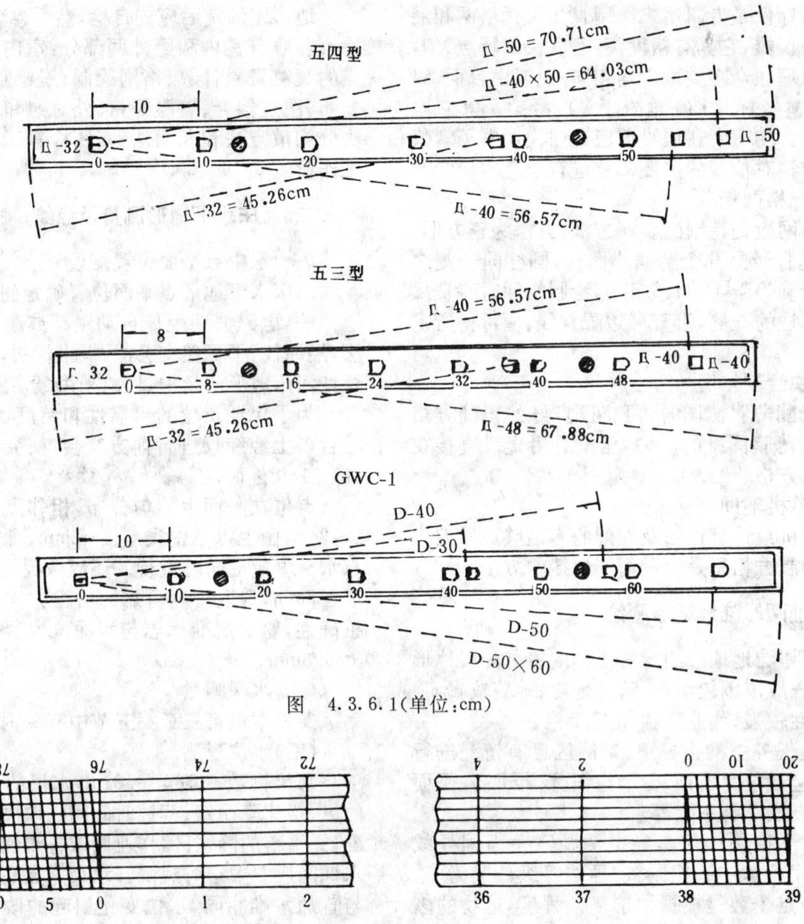

图 4.3.6.1(单位:cm)

图 4.3.6.2

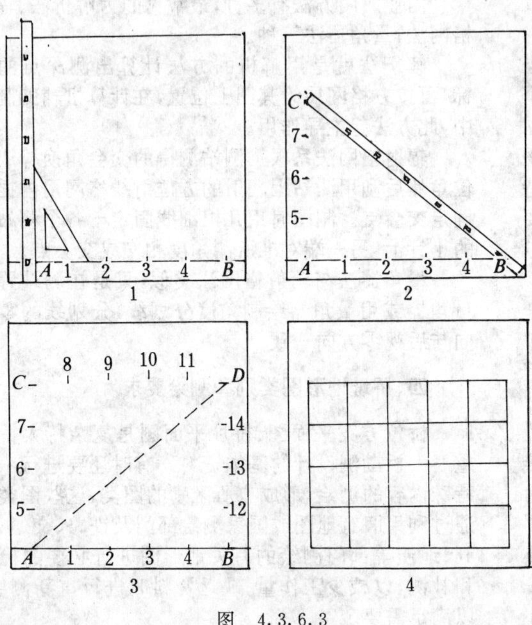

图 4.3.6.3

(1)在距图纸下缘 10cm 处,绘一细线使其与下边缘基本平行,长度超过 50cm,再在距左边缘 5cm 的位置的线端上取一点并定为 A。

(2)将坐标格网尺横向放在该线上,使各半圆孔斜面的中线位置与所绘制直线重合,并使左端第一孔的起点零位对准 A 点,沿各半圆孔斜面的中线边缘画出短弧线,得间隔为 10cm 的分点 1,2,3,4 和 B 点。

(3)以 A 点为起点,将坐标格网尺的"0"点对准 A 点,使尺身垂直于 AB 线(用直角尺辅助),沿各半圆孔斜面边缘画短弧线,得 5,6,7 和 C 点的间距为 10cm 的弧线。

(4)以 B 点为圆心,使尺的"0"点对准 B 点,以 40×50cm 的对角线长 64.03cm 为半径,在尺端边孔作弧交等距线于 C 点。

(5)重复 2,3 两步的方法,分别以 B 点和 A 点交出 D 点,同时在用 C 点和 B 点检查时,绘出相应的 10cm 的短弧线。

(6)连接相关的点构成坐标方格网。

(7)检查所绘方格网是否符合精度要求。

4. 其他几种展绘格网的方法

(1)直角坐标仪

直角坐标仪是专门用来绘制直角坐标格网和展绘解析点的仪器，它具有精度高、速度快的特点。基本结构和原理在众多类型中均相同。主要由台面、纵坐标尺X、横坐标尺Y(Y垂直于X)、滑架及其它电子部分构成。初习者在展绘前应参照说明书了解仪器性能读数和对仪器的主要部分进行检查。

(2)坐标格网板

坐标格网板是特制的金属方框，方框为正方形，边框四周垂直竖立几个金属小圆柱，圆柱同一侧之间的长度精确等于 10cm 或 5cm，绘制格网时将直尺紧靠金属圆柱的一侧，沿直尺边画直线，便可得所需的方格网。

(3)透映绘制格网

采用聚酯薄膜测图时，可将已打好的正确方格网放在聚酯薄膜图纸的下面，压平后用直尺直接在其上面绘出方格。

(4)计算机辅助绘制

利用微机或计算机站及相配的有足够尺寸大小的绘图桌绘制方格网是一种简明快捷的方法。

二、桥址两岸陆地地形测绘

桥址两岸陆地地形测绘的工作内容与一般地形测量相同，一般范围较小，反映的地物、地貌较真实、详尽，专业性较强，作业步骤如下：

(一)在任务书的指导下，对测区已有情况进行调查分析，包括技术设计、劳动组织、仪器准备、平面控制系统、高程控制系统等。

(二)地形控制一般是光电测距三角高程导线网，充分利用桥址中线控制桩，导线等级一般为Ⅰ、Ⅱ级。控制点个数是根据地形复杂程度，地物的多少，通视条件，通行条件等因素而定。一般情况下 1/2 000的一幅图在 10 个点左右。

(三)测图准备包括控制点资料计算，测图板、仪器检核，图纸准备、格网绘制，控制点展绘等。

(四)野外测图是在各个测站点上完成的，适当情况下可现场增设转点。为了保证成图精度，对各个测站的测绘范围有一定限制。碎部点是组成地形图的单个元素，测量的方法有极坐标法、交会法。其平面位置在图纸上用细圆点表示，旁边注记高程值。特征点能在地貌中起控制作用，应首先测绘。地貌主要表示为等高线。地物分自然和人工两种。

(五)地形图的清绘、拼接和检查

在野外工作完成后即转入室内清绘，清绘是一种制作复制底图的作业方法，应严格按图式、规范规定着墨，注记整饰，保持原图精度。作业步骤为铅笔清绘、检查、着墨三部分。

地形图分幅施测造成了图幅之间的拼接，一般要求每幅图应在接边的边缘上测出 5mm，以利接图。地物点在图上的点位中误差，当测图比例尺为 1/500～1/2 000 时，不应超过 0.6mm，因此两幅图中同一点拼接主要地物不应超过±1.7mm，高程点中误差平地通常为 1/3 等高距，拼接时不应超过±0.9 倍的等高距。

地形图测定后应先自检，然后再全面检查验收。检查验收分室内和野外两部分：室内检查包括控制点的观测资料计算、格网绘制、展绘点、地形点数量分布、图边接合、着墨等；野外对照和仪器检核的方法分为散点法和断面法，实测检查工作量一般占总工作量的 5%。

三、河床水下地形测量及点绘

(一)水中点平面位置测设

河床水下地形点平面位置确定的方法有无线电定位法，电磁波测距仪自动跟踪或激光地形仪定位法，经纬仪、平板仪交会法，极坐标法，断面索法。在桥址河床地形测量中，目前采用最多的为交会法。

为了保证点位的可靠性和精度，一般由三台或三台以上经纬仪进行前方交会，交会角尽量控制在 30°～150°之间。

点位在平面上均匀分布，相邻点间隔为图上的 1～3cm，图上点位中误差 1～2mm。平面位置的测量与水深测量应同时进行。还应做到仪器对中误差小于±5mm，选取清晰可靠的后视方向并经常检查其正确性，船上照准标志与测深位置的偏差应小于图上 0.3mm。

(二)水深测量

参见本篇第三章第五节中有关内容。

(三)水位观测

水尺读数一般至 0.01m，水尺的数量依据河流的纵、横比降而定。读数时间间隔取决于水势涨落情况，无涨落的静水区，作业始末各观测一次，潮汐、洪水期间应专人定时观测。水尺零点高程的引测方法与普通水准相同，水位变化引起的改正大于 0.05m 时用直线内插的方法计算。

(四)内业成图

内业成图方法有多种，最常见的为解析法、辐射格网法、量角器法三种。

解析法就是用解析的方法计算出测深点的坐标，再按方格网展绘其图上位置，在计算机辅助制图中，此方法起主导作用。

辐射格网法系根据测站测得的交会角换算成方位角然后利用测站上辐射的方位射线格网用内插法确定交会点。制图时用几根细线固定于各个测站点的小针上，另一端对准所测角度相交成交会点。

量角器法与辐射格网法类似，只是在测站置一量角器或用量角器绘制角度分划线，分划线的零方向与后视零方向一致。

四、桥址地形图类别和测绘要求

桥位方案平面图、桥址平面图是复杂特大桥和重要大桥勘测设计的基本资料。有时还要进行一些特殊内容的测绘，形成有所区别的图类，这些图类可通过利用旧有地图或国家测绘部门及铁路、交通、水利、地质等部门测绘的有关地形图进行必要的检测和补测，以减少工作量；缺乏资料时进行重新测绘，以满足需要。

(一)桥位方案平面图

桥位方案平面图要能满足选择桥址、桥头引线、概略布设桥头建筑物,导流设施和施工场地的需要,踏勘过程中初步研究比较后有价值的各桥址方案线都可在图上表示出来,两岸范围根据引线的延伸,结合线路选线达到各桥址方案连接线的共同比较点。桥址方案线间的距离不大于2倍洪水泛滥宽度或不大于两岸接线共同比较点间距离的,尽量采用一张图测绘,各幅图可以连拼在一起。超过上述距离时可分别测绘,即桥址方案线间可以有空白。但坐标系统应一致,两岸仍应达到接线共同点,以能显示各个桥址方案的总体布局,比较桥头引线长度及其通过地段工程困难程度。

测绘范围和内容:河道两岸一般要测至高出历史最高洪水位2m以上,平原地区要达到主要防护堤防以外,有桥头引线条件参加比选的,要如上述达到各桥址方案引线接线共同比较点以外。顺水流方向应包括所有有比较价值的桥址方案线在内,最上游和最下游桥址方案线外增加一定宽度:上游约泛滥宽度或主要防护堤间距离的1～1.5倍,下游约0.5～0.7倍,以能显示河岸走向和水流主要流向,有支流、河汊汇入的要测绘出汇合情况,不是一张图测绘时,按上述要求分别加宽,中间共同地段可不重叠测绘。

桥址区附近有工业厂区、铁路站场、交通枢纽、港埠码头、航空机场等重要设施的,测绘范围应适当扩大,以了解这些设施与桥址的相互关系。

桥址区附近有水文站或水位站的,其水位观测站及测流断面的位置要在图上标注。

与桥址选线有关的线路导线、重要电力、通讯电缆的走向及过江位置亦要在图上标明。

桥址区地质复杂,有必要进行区域性地质调查与测绘的,历史洪水位不明确,需要进行洪水位调查与测量的,测绘范围亦要相应扩大,以满足填绘地质图、标注洪水痕迹所在位置的需要。

根据桥址区现场条件,不需要大范围测绘,完全可以确定桥址方案、桥头引线、导流建筑及施工场地的,测绘范围可适当缩减。

桥位方案平面图一般利用搜集到的已有地形图绘制。桥址方案线根据附近有代表性的地貌地物测量其相关位置定线,必要时调查已有地形图上的三角点与桥址控制桩进行联测,在图上定线,或根据图上选址通过联测,在实地定线埋设控制桩。

已有地形图显示的地形、地貌和地物与实地不符部分,应检测修正。出入很大,不能表明桥址特性的,应重新测绘。

桥位方案平面图比例尺一般采用(1∶1 000)～(1∶50 000),以可搜集到的现有地形图能全面表明各桥址方案形态,且适合一定的图幅尺寸为依据,确定相应的比例尺。

(二)桥址平面图

桥址平面图是桥梁平面设计应用的地形图,一般只对推荐的主要桥址方案或初测选定的桥址进行测绘。有时亦用于桥址平面控制网的布网设计和选点。

测绘的范围、内容和要求为:

顺桥址线方向应测绘到两岸历史最高洪水位或设计水位以上2m,平坦地区不小于引桥在内的桥梁全长。有导流堤设施的,还应考虑导流堤在桥址线上的投影长度,并照顾到设计桥头路基填土或开挖桥台地基及铺砌桥头护坡所需增加长度,以及桥梁与线路分界里程和分工设计的需要。

顺河流方向应按设计需要而定,一般上游要大一些,以能满足导流建筑物设计、河床整治和防护工程的需要;下游宽度约为上游的一半,一般不超过500m,最少50m。

有支流、河岔,受倒灌影响或近海江河有潮汐影响的,根据实际情况确定。

测绘比例尺一般较大,采用(1∶1 000)～(1∶10 000),其中1∶10 000的用于江河面很宽,引桥很长的特大桥。通常可从各地测绘部门索要或洽购。更大比例尺图现有的不多,除可以利用线路初测的1∶2 000带状地形图(重要大桥、特大桥地段会加宽)外,一般要实地施测。实测桥址平面图可用假定坐标系。必要时与国家或地方坐标系联测,注明换算关系,以便有关部门需要设定桥梁平面位置时应用。除特别规定者外,高程系统应与线路测量相同,一般为黄海高程系统。若采用不同高程系统或有关资料具有不同高程系统,应进行联测,取得当地的换算值。如当地有关部门已有联测换算资料,可充分利用,必要时进行检测。

桥址平面图应在适当明显位置标明正北方向,绘出风向、风力玫瑰图。正北方向可根据测图坐标、磁针方位或实测确定;风向、风力玫瑰图可以根据搜集的多年气象资料绘制。

桥址平面图水下部分应测量近期水下地形,图上地形点的间距不宜大于20～40mm。

下述情况在桥址平面图上亦应测绘,标注清楚。

1. 根据搜集到的旧地图、历年河道图、航道图和调查资料进行分析研究,将桥址所在河段岸线、河岔和沙洲等冲淤、崩塌的变迁情况按不同时期年份用有区别的线段、符号予以标绘。

2. 当时调查的历史洪水位点的位置、高程、发生年份和调查编号用符号和文字标注。

3. 按历史最高洪水位高程(参照实际调查测量的和推算的)绘出两岸洪水泛滥线。

4. 根据水文观测成果用箭线标出水流主要流向,有航道标(两岸竖立)、航标(水上漂浮)的按实测位置标注,无航道标志,则应标示主要航行区。

(三)特需用图

根据设计、施工的需要,有时要进行一种或几种特殊需要的专用图测绘,一般有下述种类。

1. 施工场地地形图

根据批准的指导性施工组织,依确定的施工场地轮廓范围测绘,以能满足施工各类场地、房屋及运输线路和岔线的具体布设的需要,应表明桥址线(包

括引桥)所在位置、范围内的主要地貌、地物(已有的重要建筑、供水供电管线和设施等)

测绘比例尺一般采用(1∶500)～(1∶2 000)。

2. 水工模型试验地形图

主要是测绘影响水流的河床起伏变化形态、堤坝险工分布以及两岸和水中较坚实而突出的悬崖陡壁地形等,能按比例模拟制做河床模型。测量的河床断面、调查的洪水位点的位置均应予以标示。

测绘比例尺以与计划制做的模型比例相同为宜。

测绘范围根据具体情况确定。无特殊情况时,一般桥址线上游不少于桥长的10倍,下游不少于5倍。平原地区河滩较宽的河流,上游不少于洪水泛滥宽度的2倍,下游不少于1倍,或者上下游都不少于一个河弯;横向宽度达到河流两岸最高洪水泛滥线以外,遇及特殊情况时,必须根据河势选择进口段与出口段后决定测量范围。

3. 水文关系平面图

水文复杂的桥址区应测绘,应表明简易地形、地貌、水准点、洪水位调查点、水文断面等位置以及水流方向、洪水泛滥线、河床变迁情况和上下游水工建筑物等内容。

测绘范围视河流水文形态对桥址方案的影响程度而定,两岸一般达到历史最高洪水位以上。

4. 特殊地质地形图

桥址线所在地区或附近,特别是桥梁墩、台所在位置有某些地质构造问题或工程地质现象,如断层影响的岩层破碎、风化、坍方、滑坡、流石、流泥、冲积层等,都需要进行工程处理,确保建筑结构安全。为了调查了解其性质、可能影响程度,必要时进行勘探、填绘桥址区域工程地质图的需要,需要相应的地形图。

测绘范围和比例尺根据需要与地质技术人员共同洽商确定,测绘时有地质技术人员配合进行较好。

5. 墩台局部地形图

桥墩、桥台处于陡峻岸坡或特殊地形、地质处,为了设计基础,详细调查勘探地层结构,工程开挖地基、铺砌护坡、计算工程量等需要,有时要求测绘大比例尺地形图,一般不小于1∶500。

测绘范围以能满足地质详查、工程设计需要为准。以墩台中心计,一般前后左右约30～50m。范围内地质特征、地物位置、尺寸应详细测绘。根据实地情况亦可以按方格网或断面法测绘,格网或断面密度依精度要求而定。桥台后有路基填土或路堑开挖的,应根据设计需要适当加大台后范围。

6. 地籍图

为满足征购工程用地及工程需要拆迁房屋和其他建筑物计量面积而进行测绘。不同作物的地块,不同质量、层次、类型的房屋和其他建筑物要分类测量,用线条、符号和简易明了文字标注,不测高程。

测绘比例尺以能计量地亩建筑面积为准,一般(1∶100)～(1∶500),地亩图可小一些;房屋和建筑物平面图大一些,最好能注记外围或长宽尺寸。

7. 流域图

缺乏水文资料的桥址区,采用形态法计算桥址流量的,测绘流域图或汇水面积图,一般山区桥址方案上游汇水水系不多、汇水面积不太大的测绘。桥址线上游所有汇流通过桥址线的水系都应包括在内,以全部水系发源地的分水岭为界线,测量分水线高程并予注记图上。

测绘比例尺可以小一些,以能计算汇水面积为宜,且图幅不宜太大,利用现有各类地形图勾绘亦能达到应用目的。

第七节 桥址水文测量

一、桥址水文观测站的建立

(一)建站前应收集资料

1. 桥址区的地形图,航测像片,水准点的位置、高程和高程系统,平面控制点的坐标等;

2. 流域图,流域面积,最近的水文站所测的历年成果,包括:水位、流量关系曲线,最大流量及其相应的流速,水面比降、测流断面等;

3. 流域的勘察报告,水情分析和有关历史文献、地方志等对流域水情的记载;

4. 桥址区航务部门新测的航道图、河道图、河床断面等。

5. 其他有关水文调查、观测的资料。

(二)建站准备工作

1. 研究分析所搜集的资料;

2. 制备断面标志和建立水尺;

3. 采购配备好合用的测流仪器、船只和工具;

4. 设立水准基点,并联测高程。

(三)水文断面的设置

测流基本断面,即初步选定的桥址线断面。当基本断面位于壅水或倒灌范围内时则应于壅水或倒灌界限以上布设辅助断面,以使观测不受影响。

观测水流比降的比降断面和观测浮标流速的浮标断面应与基本断面平行。技术条件适宜时,以上两种断面可合二而一。

上、下浮标断面应设在基本断面上下游等距离处。上、下断面的间距取水面最大平均流速的50倍,困难时亦不小于20倍,取整10m数。一般采用表4.3.7.1所列间距建立浮标断面。比降断面的间距按水面落差确定,一般不小于表4.3.7.2所列距离。

表 4.3.7.1

水面最大平均流速(m/s)	上、下断面间距(m)	上、下断面至基本断面的距离(m)
<1	40	20
<2	80	40
<3	140	70
<4	200	100

表 4.3.7.2

每公里水面落差(mm)	断面间距(m)
50	2000
60	1500
80	1000
130	500
200	300
500	100

当水文断面选定后，要进行定位测量，断面桩每岸不少于两个(比降断面只在观测的一岸设桩)。浮标断面和基本断面均应设立有一定高度的明显的测量标志。并在两岸或一岸建立观测基线和观测站。参见图 4.3.7.1。

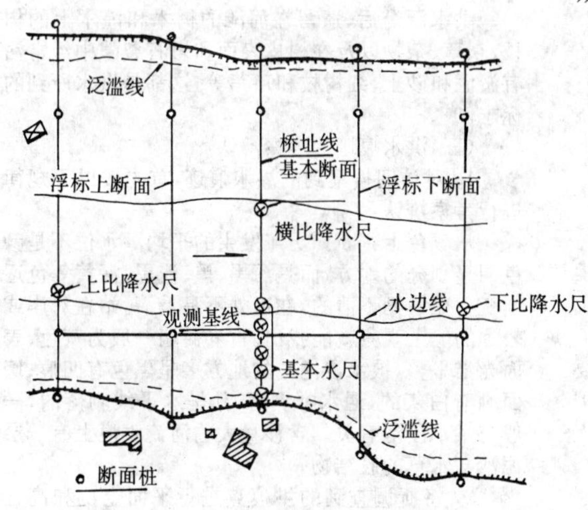

图 4.3.7.1

二、水位观测

(一)水尺的设置

1. 桥址及上、下比降断面应各设一组水尺；在河流两岸水位有明显差别时，应设一组横比降水尺(在桥址断面)。

2. 最低水尺零点应较最低水位低 0.5m，最高水尺顶部应较最高水位高 0.5m。

3. 水尺之零点高程应根据本桥引用的基本水准点以四等水准往返测定，并应在水尺附近坚实处设临时水准点，可随时检测水尺零点高程有无变动。

(二)常用水尺的类型

1. 尺桩水尺：将搪瓷制水尺片钉于打入岸边河床稳固的木桩上，此类水尺安装简易，但容易被碰动。岸边平缓，沙土质河床采用之。

2. 附着水尺：利用桥址线附近已有的固定建筑物或河岸陡壁，将预制的板尺附着其上或直接将尺画在上边。如图 4.3.7.2。

3. 坡度水尺：桥址水边河岸是坚实的斜坡，可顺应斜坡建立一个或几个坡度水尺。测量出水尺的倾角 a，水尺的分划尺度单位长，按标准尺长单位的 $\csc a$ 倍数制做。参见图 4.3.7.3。

4. 平卧水尺：适用于悬崖陡壁处建站，参见图 4.3.7.4。

水位＝最低水位＋标志在水尺上的读数

5. 悬空水尺：适用于在已有桥梁上测水位，如图 4.3.7.5，这种水尺设置简易，只需测定固定点的高程，但要注意测绳的伸缩性。

(三)观测要求

1. 水位的测次　在规定的水文观测期间应连续观测水位，一般每天两次，时间是 8 时和 20 时。汛期水位变化大时，应适当增加测次，以能掌握洪峰水位涨落变化过程为原则。桥址上、下游有水文站的，为了利用该站系统观测资料，建立水位关系曲线，水位观测次数和时间应与水文站取得一致。

2. 观测及记录　观测人员应在规定时间前到达水尺处，检视水尺是否正常，并清除挂在尺上的飘浮物和凝冰。观测顺序是：上(或下)比降水尺→基本水尺→下(或上)比降水尺→基本水尺→上(或下)比降水尺。完毕后，将两次观测数取平均值。观测精度：基本水尺以 cm 为准；比降水尺估读到毫米。有风浪时，以浪峰和浪谷的平均值计。水位观测记录应编制统一的记载专用表，包括以下内容：年月日时分、水尺编号、水尺零点高程、水尺读数(以 m 为单位)记录时准确至小数点后两位或三位、水位(零点高程＋读数)、日平均水位、冰情及流向、风向、风速(m/s)、水温(℃)、气温(℃)、附注等。并应在驻地及时点绘水位过程线。

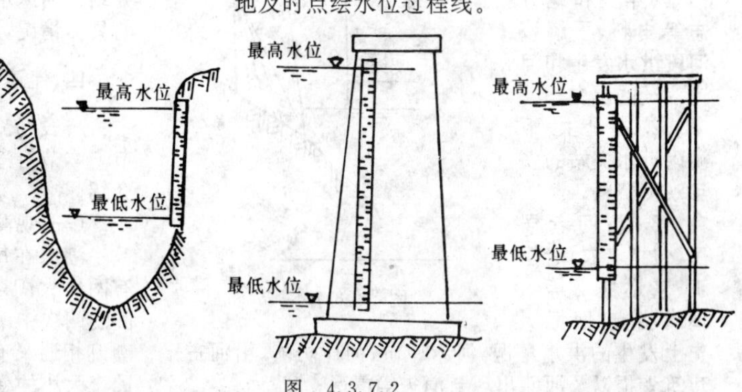

图 4.3.7.2

3. 潮汐水位观测

有潮汐影响的桥址应观测潮汐水位。测次应较一般河流加多，一般每隔一小时观测一次，24h昼夜不能间断；涌潮期间应加密测次到每隔5min一次，以能掌握涌潮开始至退落终了的变化过程为准。

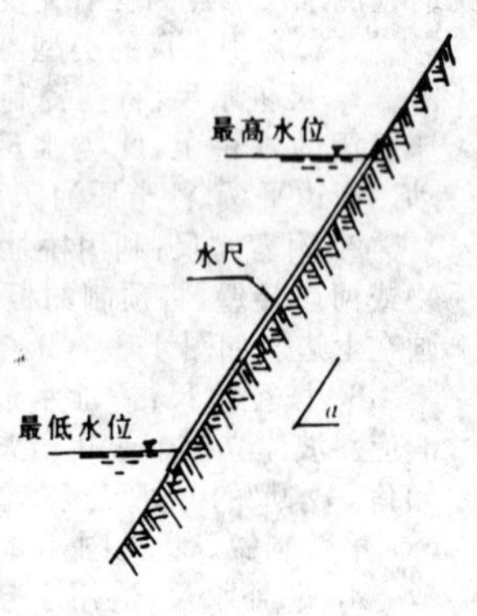

图 4.3.7.3

三、洪水位及河道变迁的调查

最高洪水位的确定是桥梁高程设计的主要条件之一。为了取得该项资料，一方面是汛期实测，另一方面是进行历史洪水位痕迹的调查。汛期实测只能是短期的，而历史洪迹的调查则是最好的补充。

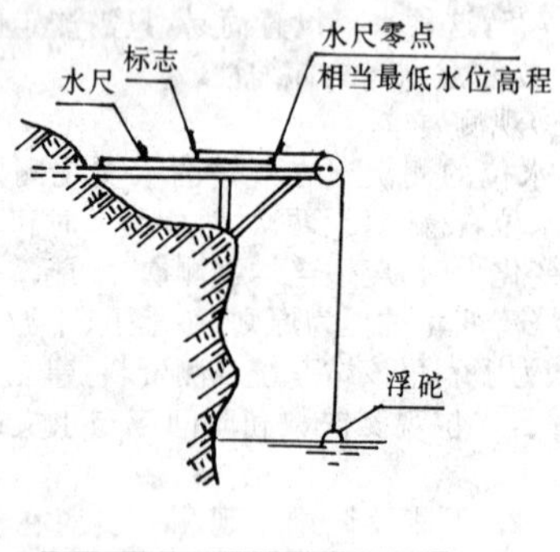

图 4.3.7.4

河道变迁调查是了解桥址河段历史情况的主要手段。河床、河岸稳定与否，是桥梁墩台和桥头防护设计必需资料。

(水位＝A点高程－h)

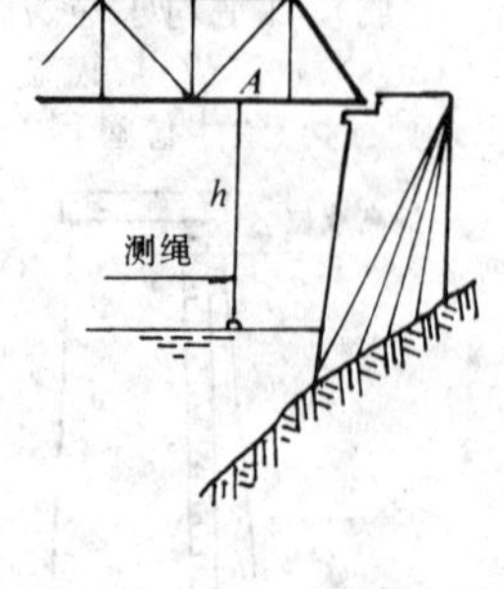

图 4.3.7.5

(一)调查的内容

1. 有关文献档案、年鉴和地方志等史料，了解该河段洪水发生和河道变迁的历史；

2. 桥址上、下游附近水文站的多年观测资料；

3. 访问老居民(包括老农、老船工、老巡堤工等)，请求指点、回忆历史上发生的洪水情况，河床冲淤、河岸坍塌、沿河古建筑受损以及河滩出现与消失等情况；

4. 直接查访观测桥址区洪水过后所留下的痕迹。

(二)调查方法

1. 在了解掌握历史情况的前提下，约请知情人开座谈会进行广泛调查，再请了解情况较深入、合理的人到实地亲自指认洪痕。

2. 调查初步材料经研究分析发现矛盾、疑点，难于解决时，可申请当地政府帮助，再由政府主持召开座谈会，以取得较真实的情况。

3. 访问老居民时，一般包括下列内容：

老居民的姓名、出生年月日；居住处所、职业、工作地点；亲自见到的最高洪水的年月日，河道变化(两岸坍塌、沙洲出没)等情况；听到年长者传闻的情况；还知道其他了解洪水的人的住址等。访问时要做好记录。

4. 直接观察洪迹时，可按下述地点进行搜寻：

急滩卡口、桥梁、堤防及悬崖陡岸、石岛、礁石等处常有高水位痕迹；沿河庙宇、宗祠、水磨房、碑石、戏台、阶石、窑洞、石砌坡道等固定建筑物常有明显洪痕，较为可靠。

平坦的河滩、冲刷的陡岸上，平坡〔(1∶5)～(1∶10)〕与陡坡〔(1∶1)～(1∶2)〕的变坡点通常是平均高水位所在，历年高水位要较其为高。

洪水泛滥后，遗留在河滩的树木和灌木上的树枝、杂草、杂物以及在树皮表面和岩石裂隙中经常沾有淤泥和砂土、细树枝和芦苇等，这都是洪水所到的标志。

(三)洪水痕迹的考察辩认

1. 对访问搜集到的洪水痕迹，首先按以下规律进行考察辨认：

从颜色上判断。历年发生的平均洪水位不是颜色明显划分的地方，而是深黑、黑、浅黑、深黄等色逐渐变化而模糊不清的，在近处不易看清，站在对岸或较远的船上观察就能找出。古老砖墙一般为灰色、表面光洁平整，被水浸泡过的地方多呈黑色有凹痕；墙面刷有白灰的，遇水常剥落，凡呈水平线剥落的，一般与洪水浸泡有关。含沙量大的河流洪痕上有一层泥沙与水草的胶结物。

2. 将所调查到的洪痕点进行平面定位和高程测量，将所测成果点绘不同年份的洪水比降过程线，并结合河床情况，可以看出其是否合理。再结合洪痕的具体情况，进行综合分析，做出最后的精选取舍。

四、流速(潮水流速)测量及流量计算与制图

一般畅流河段流速观测方法见本篇第一章第三节。本节对潮水流速特别是涌潮流速的观测做详细介绍。

(一)观测项目及测次、测时的选定

潮水在每个潮日有两次涨落，而每月(农历)又有两次大潮期和两次小潮期以及介于大、小潮期之间的四次中潮期(即所谓“寻常潮”)。在汛期，洪水与潮流相遇又有不同的组合，它随着潮差大小和内河迳流大小的变化而不同，情况是复杂多变的。

1. 潮流测验期距的选择　每月内要施测大、小潮各2次，中潮4次，全月共测8次。并在上游洪水来量每增加1000m³/s时，加多测次，如桥址处日潮不等现象明显，每个代表潮至少要连续施测两个潮流期，即一月内一大潮，一小潮的全过程，大潮期为重点，要连续测4个潮流期。这样，小潮、中潮每次要连续测26h，大潮则连续测54h（均加有“提前”及“延迟”量）参见图4.3.7.6。

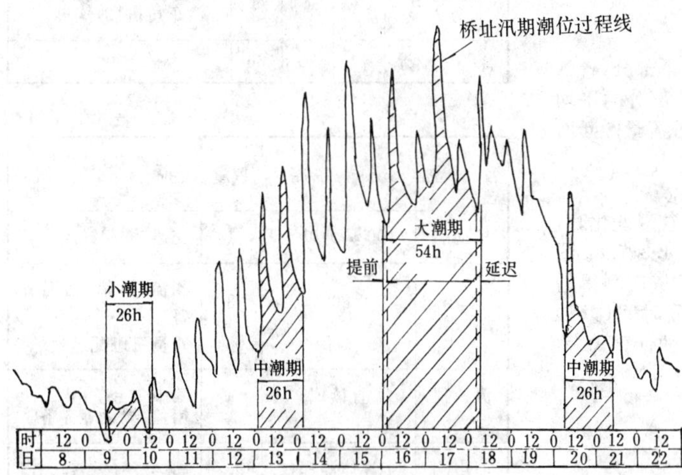

图4.3.7.6　半月周期内潮流测验期距及连续测时示意图

2. 施测方法的选择　根据涌潮来得快，沿断面几乎同时到达，以及桥址断面具体情况，为保证所测资料准确可靠，要选用“多船同时测流法”。在垂线布置上根据人力和设备条件，应分别在主槽、滩地和主槽滩地结合部，布置固定有代表性测流垂线，参见图4.3.7.7。

3. 测次的分布　每个潮流期流速的测次，以能准确掌握全潮过程中流速变化的转折点为原则。一般在落潮憩流前后，由落潮流转为涨潮流，流速变化迅速，在短时内，流速由零激增变大，因此必须加密测次，才能准确掌握其转折变化。涨落潮最大流速附近，流速变化虽已趋平缓，因其为流速过程的转折点，故亦应加测掌握。为此，每个潮流期内的流速测次规定如下：

一般按每h施测一次，在最大流速前后，尽可能加密到0.5h一次。

4. 垂线测点的分布　除应符合一般测速垂线测点的分布原则外（即：测点间距不应小于流速仪旋杯、旋浆的直径，仪器转轴中心偏离各该点的偏距不大于0.1水深，流速仪旋转部分不露出水面、距河底至少5cm），为了掌握垂线上流速、流向的复杂变化，测点数不宜过少。另外，用一架流速仪依次施测各测点流速，还要考虑把不同时施测的测点流速，改正为同时的流速，改正方法一般有“图解改正法”、“流速过程线改正法”、“等深点流速平均改正法”等。为了易于掌握和计算，以采用“等深点流速平均改正法”为宜。此法的基本假定是：在施测一次垂线流速期间，每一测点的流速均作等率增大或等率减小的变化。在施测时，无论垂线上测点数目多少，其测量顺序为：先从水面向下依次测至水深最大的测点，然后立即再向上逐点回测至水面，这样，除水深最大的测点外，其余各测点均往返施测两次，各测点间的测速时距要求大致均匀相等，故将各等深点往返两次测量值平均，即得与河底点施测同时的各点流速值。在测点数目上，根据不同的水深，分别规定如下，每点测速历时不少于120s。

水深大于6m，按每m一点施测；

水深6～4m，按六点法施测（即：水面、0.2h、0.4h、0.6h、0.8h、河底）；

水深4～2m，三点法施测（即：0.2h，0.6h、0.8h）；

水深小于2m，按两点法施测（即：0.2h、0.8h）。

5. 流向测量　测量流向主要是为了区别涨潮流和落潮流，以及测流时遇有个别垂线上的流向与断面垂线所成的偏角大于10°时，进行流速改正之用。潮流测量宜采用直读式流速流向仪，直接测出流向的磁方位角，从而算出偏角值，读数不稳定时，可多读几次，取平均值。

（二）潮水位及断面配合测量的要求

1. 潮水位观测　采用“多船同时测流法”，各船要依事前规定好的时间同步观测流速，因而每次开始施测垂线上第一个测点流速和测至水深最大的测点流速时，都应同时在桥址断面水位站加测水位。

2. 断面测量　在每个潮流期测流的同时（一般在测流后紧接着进行）测量桥址水下断面，供计算桥址潮洪流量使用。

（三）流量计算及成果整理

1. 垂线平均流速的计算

(1)首先将垂线上往返施测的各个测点流速取平均值；

(2)垂线平均流速的计算方法如下：

每米水深设点：$V_m=1/n[V_0+V_1+V_2\cdots\cdots V_{n(底)}]$　(4.3.7.1)

六点法：$V_m=1/10[V_{0.0h}+2V_{0.2h}+2V_{0.4h}+2V_{0.6h}+2V_{0.8h}+V_{(底)}]$　(4.3.7.2)

三点法：$V_m=1/3(V_{0.2}+V_{0.6h}+V_{0.8h})$　(4.3.7.3)

二点法：$V_m=1/2(V_{0.2h}+V_{0.8h})$　(4.3.7.4)

若垂线上各个测点的流向顺、逆不一致时，应取各测点流速的代数和计算。

2. 部分流量和断面流量的计算（参看图

4.3.7.7)

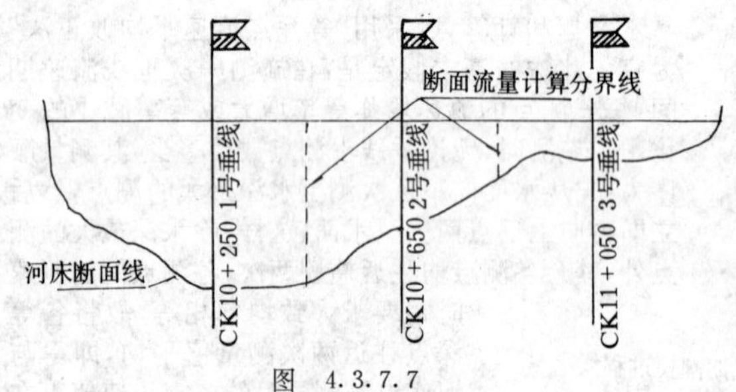

图 4.3.7.7

例如：根据桥址断面特征划分为三个部分，各部分代表垂线的平均流速，直接作为各该部分的平均流速，乘以各部分的断面面积，即为部分流量。断面流量为三个部分流量的代数和。

3. 涨、落潮潮量和净泄(进)量的计算

潮量以每个潮流期为单位，当潮流往复变化时，计算潮量以憩流出现时间为分界，见图 4.3.7.8。图中：$Q_0,Q_1,Q_2\cdots Q_n$ 为自"落憩"至"涨憩"依次测得的涨潮流量；$t_1,t_2,t_3\cdots t_n$ 为两次施测相隔时间(以秒计)。又因 $Q_0=0,Q_n=0$，则涨潮潮量 W' 的计算式为：

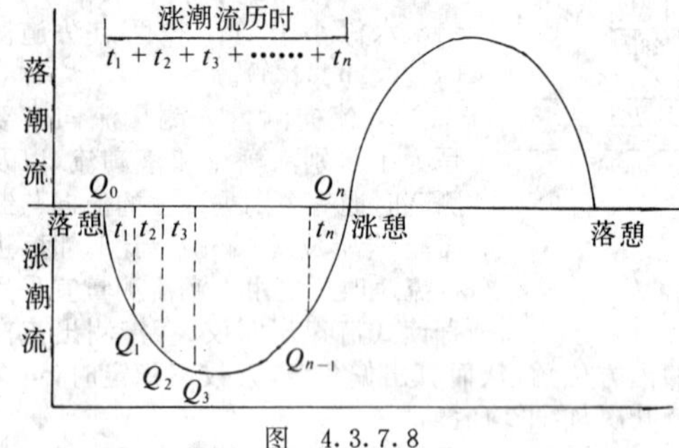

图 4.3.7.8

$$W'=\left[\frac{1}{2}Q_1t_1+\frac{Q_1+Q_2}{2}t_2+\cdots+\frac{1}{2}Q_{n-1}t_n\right](\mathrm{m}^3) \quad (4.3.7.5)$$

落潮潮量 W'' 的计算方法相同。同一潮流期的落潮潮量减去涨潮潮量，如为正值，即为净泄量；如为负值，则为净进量。

4. 根据所测成果及搜集的资料绘制水文综合成果图，参见图 4.3.7.9。

(四)现场测潮的实施

1. 人员配备(表 4.3.7.3)

2. 测船及主要仪具配备(表 4.3.7.4)

3. 施测中应注意的几个问题

(1)根据潮位站的预报表，确定大、中、小潮期的具体施测时间；

(2)联系上游水文站，及时取得洪峰预报；

(3)联系港监部门，刊登占用航道公告，设立避碰浮标及信号灯；

(4)对所有参加测潮的工作人员，针对测潮的特点，进行技术交底和训练；

(5)测流时应注意流向的变化，尤其在夜间作业时；

表 4.3.7.3

工作项目	人员			说明
	技干	工人	合计	
测潮位		3	3	日夜3班
测流速(兼测断面)	9	18	27	每船3人(船工在外)日夜3班，3只船同时测
行管及服务人员	2	4	6	队长：1，事务：1，汽车司机：2，炊事：2
合计	11	25	36	

表 4.3.7.4

名称	规格	数量	说明
机动船	100马力以上	1	交通、抛起锚用
木船	30t	3	测流船、锚、锚绳齐备 船员三班配足
流速仪	直读式	4	其中1台备用 铅鱼、绳索等齐备
回声测深仪	半导体测深仪 2～50m	1	测深锤，测深杆备用
水文绞车	0.5t	3	拼测船平台，固定绞车用木材、铁件等配足
常规测量仪器一套	包括：DJ2型经纬仪2台 DS_3 型水准仪1台		平面及高程控制用

(6)测流的间隙时间，要注意测速机具、仪器的保养、修理，确保预定潮期观测的按时进行；

(7)注意水上工作安全和防暑降温，制订切实的措施，认真执行。

五、涌潮观测

涌潮压力产生的因素复杂，对水中建筑物的影响明显，对于桥梁基础的桥梁设计、施工至关重要。涌潮观测就在于了解涌潮压力和涌潮的高速水流对建筑物的动能强度。参照杭州钱塘江二桥涌潮压力观测的成功经验，对涌潮观测做一介绍。

(一)观测的项目和观测准备

涌潮观测以涌潮压力观测为主，同时亦对涌潮水位过程、涌潮传播速度、涌潮遭遇建筑物后的冲击高度和局部冲刷深度等项进行观测。

涌潮水流作用于建筑物时，水位和流速都在一瞬间突然变化，而且水流湍急，流速和压力瞬时变化随机性极大，涌潮观测不可能应用寻常一般水文观测措施达到目的。观测实施前对现场情况必须充分调查了解，在观测河段如有相似条件并符合要求的

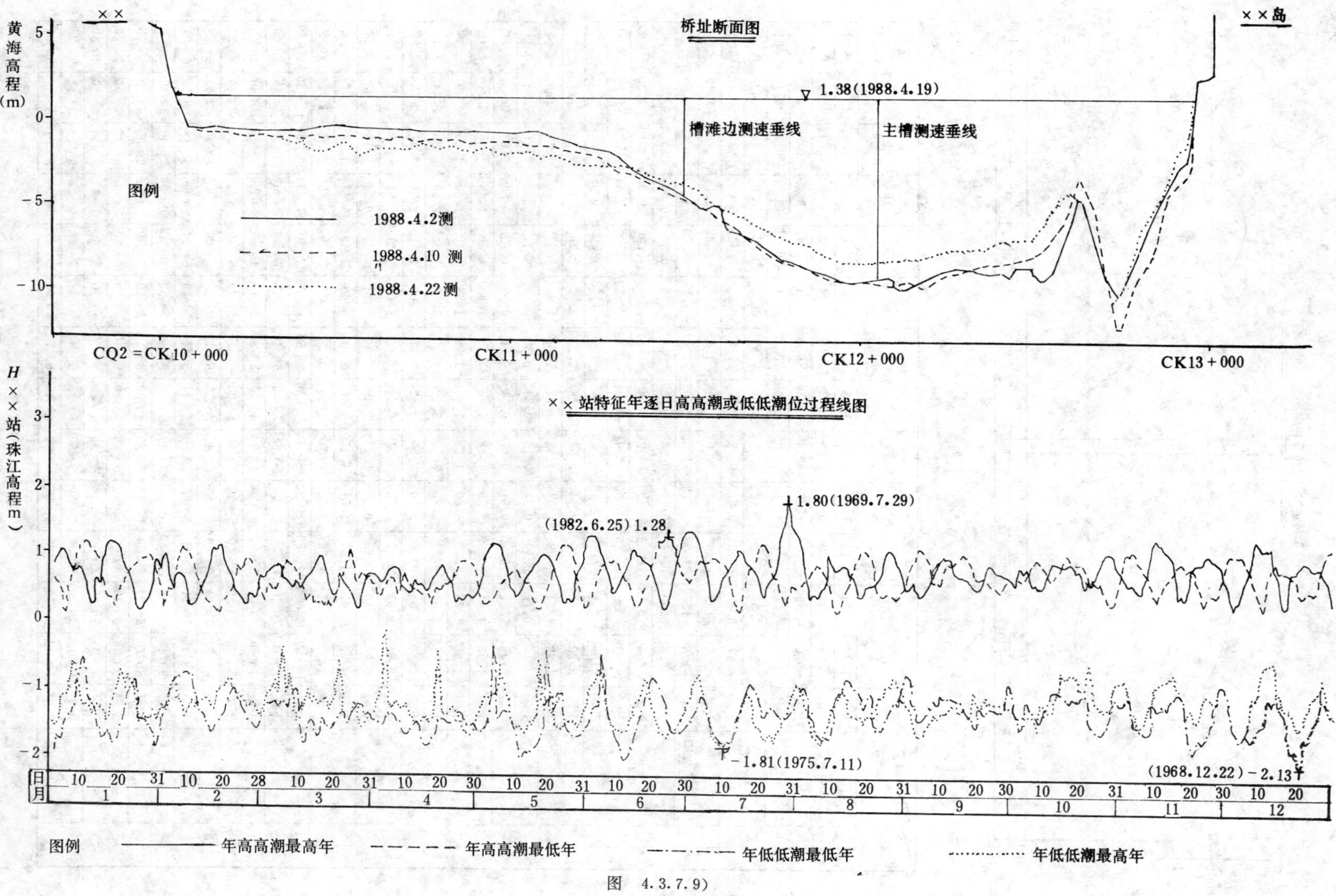

桥址断面图
××
××岛
黄海高程(m)
5
0
-5
-10
▽1.38(1988.4.19)
槽滩边测速垂线
主槽测速垂线
图例
1988.4.2测
1988.4.10 测
1988.4.22测
CQ2=CK10+000
CK11+000
CK12+000
CK13+000
××站特征年逐日高高潮或低低潮位过程线图
H ××站(珠江高程m)
3
2
1
0
-1
-2
1.80(1969.7.29)
(1982.6.25)1.28
-1.81(1975.7.11)
(1968.12.22)-2.13
日
月
图例
年高高潮最高年
年高高潮最低年
年低低潮最低年
年低低潮最高年

图 4.3.7.9)

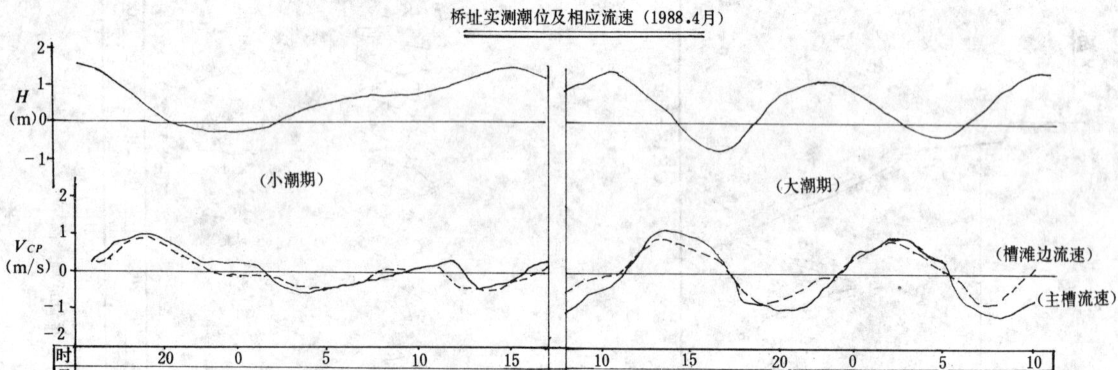

图 4.3.7.9(续1)

××站潮汐特征值统计表

项目		值	月	1	2	3	4	5	6	7	8	9	10	11	12	历年
潮位	高潮位	最高值	上限	1.32	1.38	1.16	1.11	1.38	1.45	1.80	1.59	1.77	1.78	1.54	1.39	1.80
			下限	0.99	0.93	0.80	0.81	0.96	1.12	1.13	1.08	0.98	0.99	1.09	1.02	0.80
		最低值	上限	−0.62	−0.69	−0.73	−0.64	−0.46	−0.36	−0.48	−0.40	−0.42	−0.29	−0.32	−0.62	−0.69
			下限	−0.30	−0.34	−0.33	−0.13	−0.08	−0.09	−0.16	−0.17	−0.04	−0.04	−0.03	−0.17	0.04
		平均值	上限	0.37	0.37	0.47	0.43	0.47	0.51	0.52	0.58	0.63	0.73	0.55	0.43	0.57
			下限	0.17	0.17	0.73	0.27	0.88	0.31	0.29	0.28	0.44	0.47	0.39	0.27	0.30
	低潮位	最低值	上限	−2.08	−1.91	−1.87	−1.89	−2.01	−1.98	−1.98	−1.98	−1.87	−1.66	−1.98	−2.13	−2.13
			下限	−1.58	−1.50	−1.53	−1.62	−1.63	−1.63	−1.61	−1.56	−1.40	−1.29	−1.43	−1.66	−1.29
		最高值	上限	−0.81	0.00	0.06	0.12	0.08	−0.05	0.56	0.42	0.34	0.40	0.31	0.20	0.56
			下限	−0.60	−0.48	−0.29	−0.28	−0.28	−0.48	−0.51	−0.43	−0.20	−0.04	−0.10	−0.30	−0.60
		平均值	上限	−0.92	−0.90	−0.95	−1.00	−0.91	−0.81	−0.89	−0.83	−0.76	−0.64	−0.73	−0.80	−0.85
			下限	−1.14	−1.16	−1.18	−1.18	−1.12	−1.06	−1.09	−1.08	−1.02	−0.95	−1.01	−1.02	−1.08
潮差	涨潮差	最大值	上限	2.22	2.21	2.16	2.44	2.38	2.18	2.21	2.32	2.28	2.41	2.39	2.23	2.47
			下限	1.73	1.74	1.92	1.94	1.82	1.73	1.73	1.91	1.99	1.88	1.77	1.65	1.65
		最小值	上限	0.11	0.17	0.40	0.27	0.16	0.34	0.33	0.22	0.41	0.22	0.17	0.14	0.11
			下限	0.46	0.52	−0.73	0.61	0.57	0.71	0.60	0.69	0.72	0.56	0.52	0.43	0.71
		平均值	上限	1.33	1.44	−1.50	1.50	1.48	1.46	1.45	1.49	1.50	1.48	1.46	1.31	1.45
			下限	1.20	1.23	1.32	1.35	1.35	1.29	1.29	1.33	1.40	1.35	1.26	1.19	1.30
	落潮差	最大值	上限	3.17	2.97	2.79	2.80	3.08	3.22	3.42	3.15	3.15	2.80	3.03	3.44	3.44
			下限	2.66	2.38	2.76	2.24	2.69	2.82	2.85	2.62	2.20	2.21	2.47	2.62	2.20
		最小值	上限	0.01	0.01	0.01	0.02	0.01	0.01	0.02	0.01	0.01	0.01	0.01	0.01	0.01
			下限	0.36	0.15	0.13	0.10	0.29	0.48	0.42	0.28	0.15	0.14	0.18	0.33	0.48
		平均值	上限	1.32	1.41	1.50	1.51	1.47	1.45	1.46	1.48	1.49	1.48	1.43	1.32	1.44
			下限	1.20	1.23	1.32	1.35	1.34	1.29	1.28	1.33	1.39	1.35	1.27	1.19	1.30
历时	涨潮	最长时	上限	17：00	17：50	17：50	17：20	16：40	11：30	6：50	16：30	17：10	17：30	17：30	17：30	17：50
			下限	7：10	7：30	7：30	8：00	7：35	7：00	6：40	7：15	7：40	7：30	7：30	7：45	6：40
		最短时	上限	3：50	4：00	5：20	3：20	4：00	4：00	3：30	2：10	4：45	4：20	3：45	3：40	2：10
			下限	5：30	5：20	5：20	5：10	5：10	5：00	5：10	5：20	5：10	5：20	5：20	5：30	5：30
		平均值	上限	6：54	7：11	7：30	6：55	6：41	6：20	6：12	6：29	7：00	7：05	7：20	6：43	6：52
			下限	6：01	6：11	6：05	5：55	5：55	5：44	5：44	5：53	6：04	6：09	6：18	6：13	6：01
	落潮	最长时	上限	9：45	10：00	10：30	10：50	9：40	9：15	9：40	9：30	10：30	10：00	9：40	9：10	10：50
			下限	8：20	8：20	8：50	8：40	8：20	8：00	8：15	8：20	8：20	8：30	8：05	8：20	8：05
		最短时	上限	0：20	0：30	0：20	0：40	0：30	1：00	0：40	0：20	0：20	0：40	0：20	1：00	0：20
			下限	4：05	3：20	3：00	3：40	4：30	4：45	4：50	4：10	3：30	3：15	3：25	3：50	4：50
		平均值	上限	6：19	6：20	6：37	6：30	6：30	6：36	6：41	6：31	6：23	6：22	6：22	6：13	6：27
			下限	5：49	5：50	6：06	6：07	6：03	6：10	6：12	6：06	6：01	5：58	5：51	5：46	6：00

图 7.3.7.9(续2)

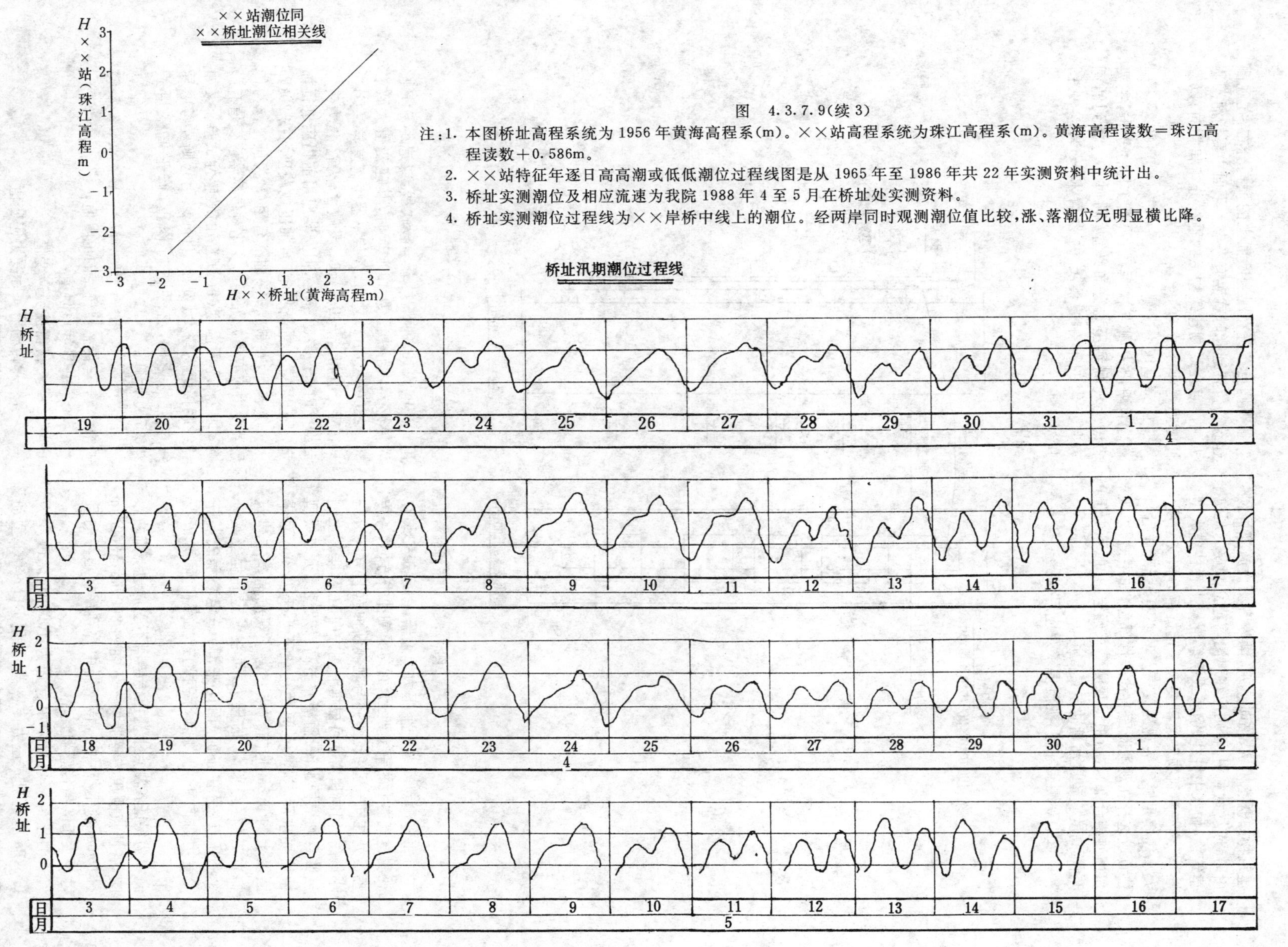

图 4.3.7.9(续3)

注：1. 本图桥址高程系统为1956年黄海高程系(m)。××站高程系统为珠江高程系(m)。黄海高程读数＝珠江高程读数＋0.586m。

2. ××站特征年逐日高高潮或低低潮位过程线图是从1965年至1986年共22年实测资料中统计出。

3. 桥址实测潮位及相应流速为我院1988年4至5月在桥址处实测资料。

4. 桥址实测潮位过程线为××岸桥中线上的潮位。经两岸同时观测潮位值比较，涨、落潮位无明显横比降。

建筑物如既有桥墩、临时建筑、潮汐观测设施等可利用时，应尽量利用。否则应在观测前建立必要的观测建筑物，如水中桩柱(钢质或钢筋混凝土管柱或大型桩)。这些建筑物对涌潮要有一定抗拒力和安全度，大小规模足够安装观测仪表及其必要设备(详后)，位置应选择在观测断面有代表性部位，如主槽、边滩和槽滩结合部，数量根据观测要求确定，一般不少于3个，高度应超过涌潮冲击最高度。

(二)观测点布置，观测要求及应用仪器

观测点布置在观测断面上的横向分布，在观测建筑物位置选择时就应有考虑。下面主要指涌潮压力观测点在观测建筑物上的垂线分布和朝向，以及同时观测项目测点的布置。

1. 涌潮压力观测

涌潮压力测点在垂线(高程)上的分布，主要考虑能观测到压力分布线型，同时亦考虑到涌潮方向变化的影响。测点的设置和安装参见图4.3.7.10。

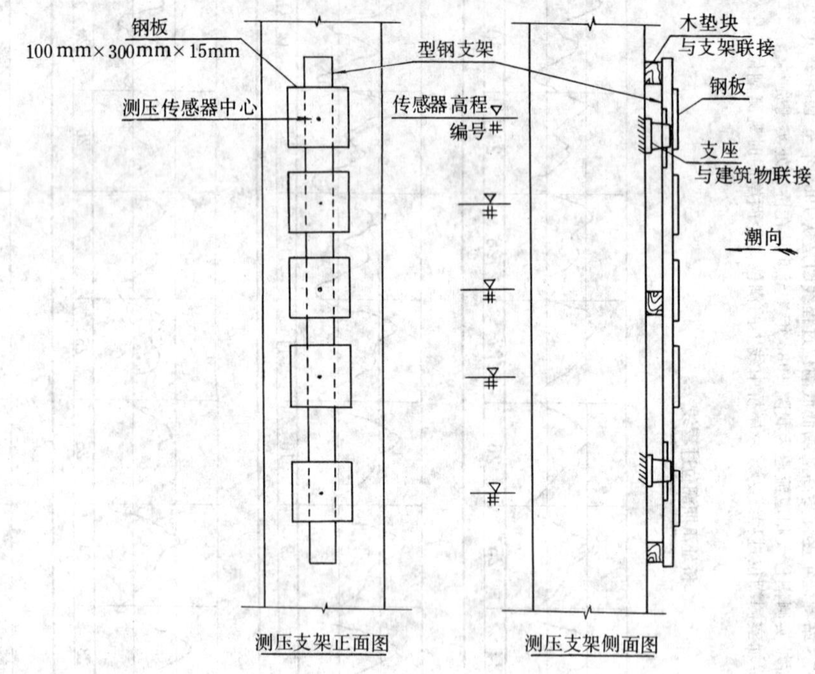

图 4.3.7.10　涌潮测压点垂线布置及支架安装示意图

每一测点安装一个压力传感器，固定于安装在观测建筑物上的钢支架上，面向涌潮冲击方向，各传感器处在同一垂线上，并与观测断面垂直方向成一小偏角，偏向和角度可根据涌潮方向确定。垂线上测点数目则根据水深、涌潮冲击高以及潮压分布线型精度要求而定，测点间距一般不小于0.3m，河床面以上约0.5m应有测点。为了观测涌潮在建筑物后方(背向来潮)的压力，可在一定高程安装一个测压点，另在正面(面向来潮)一定高程安装一个受力面向下的测点，高程按水深和涌潮情况酌定。

为保证各测点上测压传感器不受周边绕流的影响，各测点测压传感器均安置在约300mm×300mm×15mm的钢板中心，传感器中心到钢板边缘的尺寸要大于3倍传感器直径。

测压传感器可采用量程为100kPa，灵敏度为0.5kPa的电阻式压力传感器，配用DPM-8AT型动态应变仪放大和SC-16光线示波仪记录，联接线应用PVVP4×16/0.15护套屏蔽软线，或选用FTF脉动传感器，当量程为100kPa时，其应变值大致在360～460($\times10^{-6}$)之间，各传感器略有差异，每1×10^{-6}应变值相当于0.14kPa，灵敏度较高。压力传感器出厂时一般经过率定，但安装应用前仍应进行标定，保证可靠。重新标定时，加压或减压均按20kPa为一级进行，并制成P-ε曲线备用(P为压力，ε为传感器受力应变值)。如温度变化对传感器应变值有影响，则应作不同温度(每10℃)的敏感性试验。又如导线联接距离较大(例如100m以上)，则要考虑导线电阻的影响，必须进行修正，修正值采用式4.3.7.6计算。

$$\varepsilon=\varepsilon'(1+r/R) \qquad (4.3.7.6)$$

式中　R——传感器桥路的电阻值；

r——导线电阻值；

ε'——仪器读数应变值

ε——传感器实际受力应变值。

应用电阻式压力传感器，观测开始先对各测点调平，再输入100（$\times10^{-6}$）应变变化加以标定。潮到前数秒钟启动示波仪记录，记录走纸10mm/s。

应用脉动式压力传感器，每次测试前，在仪器调零后，各测压点均输入100kPa标准应变，分别予以标定记录。在潮到前数秒钟启动示波仪记录，潮刚到时潮压变化大，脉动多，为提高分辩率，记录走纸速度用25mm/s，一定时间后，当潮压变动幅度变小后，为节省记录纸，走纸速度可改为5mm/s。十数分钟后每隔5分钟再记录一次直至停止走纸，结束观测。

2. 涌潮水位可根据断面涌潮情况，选择有代表性测区（每一观测建筑物作为一个测区，下同）观测，或配合潮压观测在每一测区都进行观测。涌潮水位观测可应用英国MSP90超声波水位仪测量涌潮水位过程，它应用超声波在空气中到水面的反射原理测量水位随时间的变化，除用示波器连续记录水位变化值外，仪器还带有计算器控制存储器，水位变化值可经存储器以表头数字直观显示。水位记录根据二次仪表电流输出配以，SC-16光线示波器同步记录随时间变化值。

3. 涌潮冲击高是涌潮在遭遇建筑物受到阻力而形成。在每一测区，测压垂线涌潮潮头顶部及以上一定范围加密测压点或考虑在潮锋可能冲击高度范围内设专用测点来观测。冲击高观测可采用电容式液位仪，它应用水位变化后改变传感器电容值的原理，根据输出变化的电讯号得到变化水位值。

4. 涌潮速度（流速）是潮压产生的重要因素之一，最好能与测压同测区同步观测，也可考虑在涌潮冲高测点附近观测。涌潮传播速度快，瞬时变化也大，不可能采用当前常用的流速仪观测，可采用铁道部科学研究院研制的TZ-103雷达测速装置，它应用电磁波发射至水面上，按水流速度变化传播反射频率间多普勒效应的原理测量水流表面流速，测量范围在0.5～10m/s之间。流速测量记录亦根据二次仪表电流输出配以SC-16光线示波器同步记录随时间变化值。但是，根据多普勒效应原理计算运动介质的速度中参变量之一是发射天线与水流表面交角θ，而涌潮潮头顶部的水面有一较小的变化角度，雷达天线与水位仪虽设置于同一位置，但观测点位置不同（雷达天然发射角与水面交点位置虽水位变化而变化），难以对θ值进行修正计算，要按一定值θ计算流速，要妥为确定。

5. 涌潮引起建筑物的局部冲刷是涌潮推进中和潮峰过后高速水流在建筑物周边对河冲动产生的，对建筑物有一定危害。冲刷范围可在涌潮进行前后作常规比较观测，建筑物周边尤其是迎潮面冲刷深度及其变化可应用回声测深仪观测并记录。在潮到后十数分钟内连续记录，然后每隔5min记录并读数直至60多分钟后停测。为观测退潮时冲刷坑变化，可选择大潮期两潮前后进行14h的连续观测。冲刷深度测量可采用挪威CS-112彩色屏幕显示地形测深仪。它基于超声波原理，以彩色强弱分辨地形冲刷情况，用数字显示冲刷深度。测量范围0.5～1200m，精度可达0.1m。

上述各项观测宜在汛期进行。此期间内河上游常有洪峰来到，亦可能有一年内的最大潮，每月朔望（农历的月初和月中）大潮期尽可能都进行观测。涌潮发生时间有一定规律，观测在潮到前0.5～1h开始准备，至潮到后1h左右结束。

（三）观测资料整理要求及图表编制

观测记录资料经过分析，去除不合理部分，并做必要的验算，整理成果后编制图表，供设计、施工进行研究应用。

1. 涌潮不同高程压力变化过程线图

本图是涌潮观测主要成果资料，按时间-压力关系编绘过程线图，并依每一测区每一测压点布置高程绘制，时间一般能示出1～0.1s，潮峰到达前后根据记录应予以提高，能示出0.1～0.01s；压力能示出0.1kPa。每一测区每次潮汛观测均分别单独绘制。注明：观测日期（年、月、日）、潮到时间（时、分）、观测开始时间（分、秒）、潮到前水位、涌潮高度等，有关高程应用指定的统一系统。参见图4.3.7.11。

2. 涌潮流速、水位、冲击高过程线图

根据涌潮水位过程、涌潮传播速度、涌潮遭遇建筑物后冲击高度观测成果，资料按时间配套绘制，时间能示出0.1s；流速按m/s计，能示出0.1（即dm/s）；水位和冲击高按高程m要求，能示出0.01（即cm）。每一测区每次潮汛观测成果分别配套绘制，即同测区同测次同一时间段发生流速，水位和冲击高的规模变化绘于一图，注明观测日期、观测开始时间，潮到时间、潮到前水位，参见图4.3.7.12。

3. 涌潮局部冲刷过程线图和冲刷坑平面图

局部冲刷过程线图可按测区依涌潮时间过程绘制建筑物前后左右（迎潮面、背潮面或上游来水面及两侧）河床被冲刷深度（按冲刷达到高程）变化过程线，时间能表示出分，冲刷深度能示出0.1m，依建筑物前后左右测点（实测数）分别绘制，每一侧区每次潮汛观测成果各绘一图，将同时间段涌潮水位过程线对照绘制更好，亦如上注明观测日期等有关事项，参见图4.3.7.13。

如测有局部冲刷范围内河床冲刷变化，可参照水下地形图绘制，用等高线表示局部冲刷坑平面地形，以建筑物中心为中心，以观测断面为横轴，其垂线为纵轴进行定位，每测区每测次绘一图，比例尺酌定，注明：测量日期、水位等。

六、流向和船筏走行线测量与制图

水流的方向，一般简称流向。它是校正桥址中线的方位和设计导流建筑物及河滩路基填土所必需的资料。船筏走行线则是通航和有竹、木排筏流放的河流上，设计桥梁通航跨度和桥墩位置所必不可少的。这两项资料都需要通过实地观测来确定。

（一）流向测量

通过观测水面浮标流动走行线的位置来实现。其观测方法有“经纬仪前方交会法”和“单点法”。

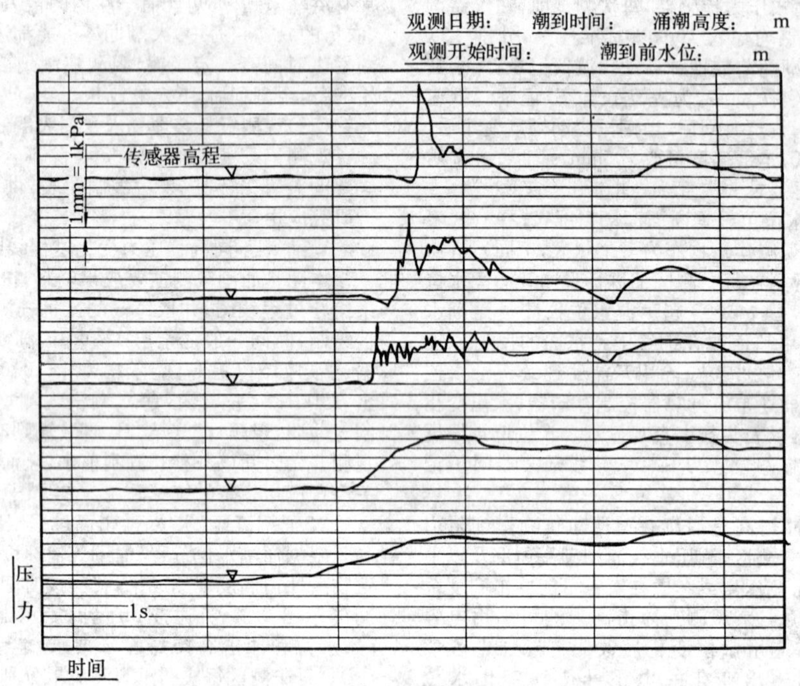

图 4.3.7.11　涌潮不同高程压力过程线图

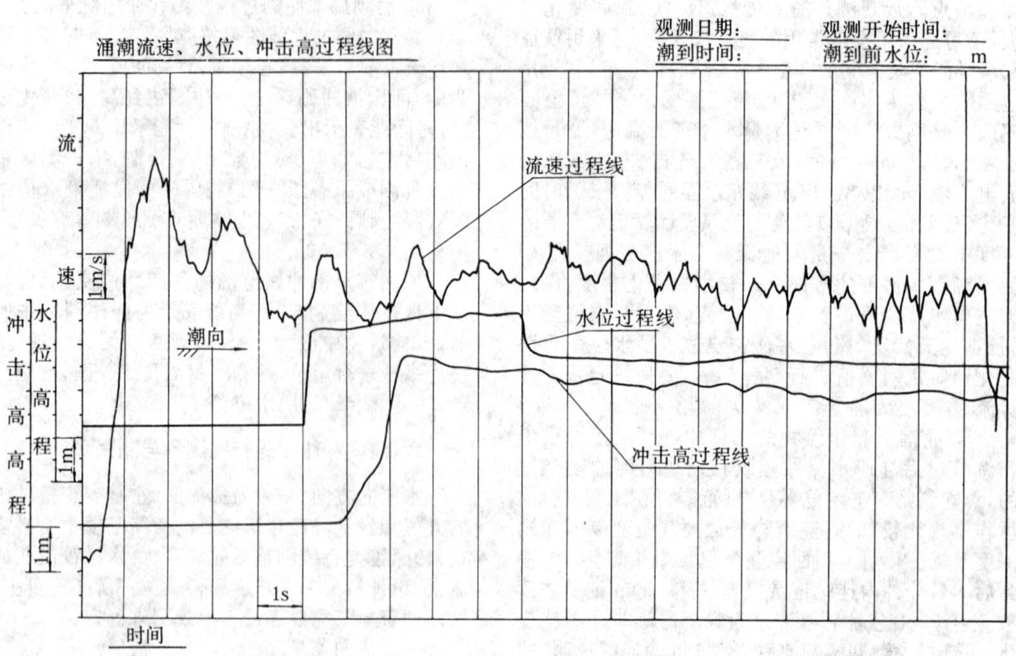

图　4.3.7.12

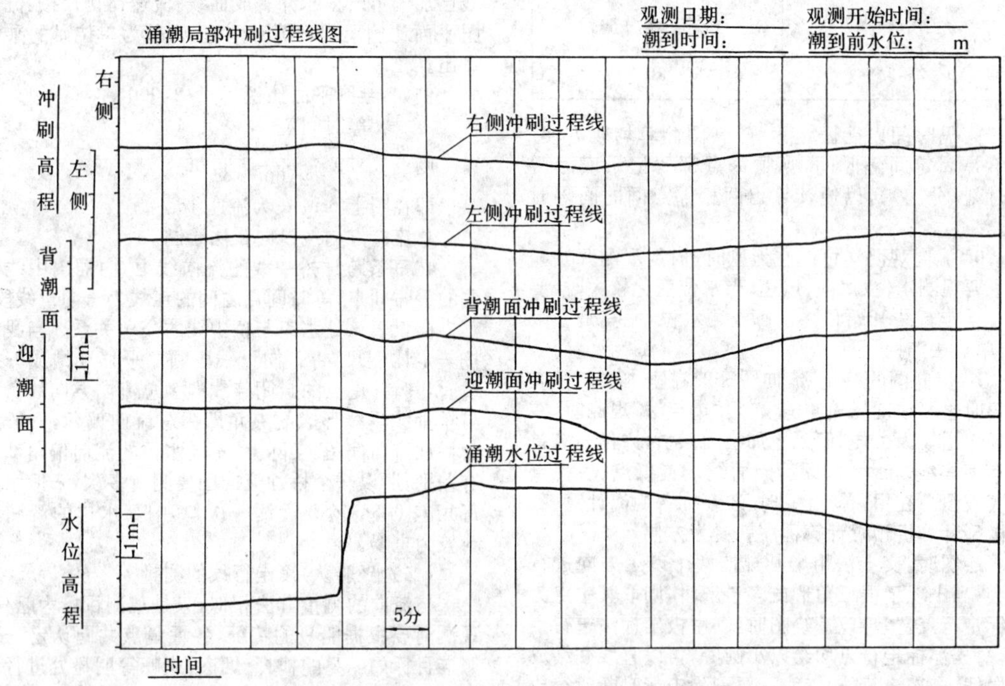

图 4.3.7.13

1. 前方交会法:在平原地区河流,两岸又无可利用的高地和建筑物时,采用此法为宜。观测时至少有3个观测站同时交会,设专人负责掌握浮标走行间隔时间,按时发出信号,指挥各测站同时观测。指挥站的位置要选择适中,要与放标船和3个观测站都能相互瞭望联系。联系信号可用预先约定的旗语、哨音或用无线电对讲机呼号。当放标船和三个观测站都准备好后,指挥站即发令"放浮标",同时向3个站通报所放浮标的编号和颜色,以后每指挥观测一点,都要提前5s发出"交会序号与准备",到点发出"观测"信号,直至该条流向测完,发出"观测终了"信号,以防错测和漏测。观测人员在到达观测站后,要立即架好仪器,对好"后视"点,记录好后视方向角,并向指挥站通知"已准备好",接到"放浮标"的信号后,要立即将望远镜指向放标船,紧紧跟踪所放浮标,全神贯注,及时移动照准线,一闻交会观测信号,即读出交会方向角,并由记录员复诵记录之,观测员则继续跟踪浮标,观测下一个点,直至指挥站发出"观测终了"信号。每条流向观测完毕,都要检测"后视"点,核查后视方向角。

2. 单点法(竖直角观测法):竖角观测法的测站上,经纬仪视线水平高程,高出最高水位的高度(h)应不小于$l_{max}\cdot\tan1°00'$,l_{max}为测站至观测浮标的最远距离。

参照本篇第一章第三节。

3. 流向观测的长度:一般情况下不小于河宽的3倍,桥址线上游2/3,下游1/3,此处河宽指一般洪水位桥址线处水面宽。如欲了解桥址区河段的水流态势,河流弯曲及沿河堤坝、导流防护等建筑物对水流的影响,则测段长度按实际情况和水文分析需要确定。测段较长时可分段观测,接测段共同观测点不少于3个,且接测段不选在桥址线附近,距桥址线不少于4个测点行程。

4. 浮标走行线的数量:按照《测规》规定,浮标走行线数不少于表4.3.7.5所列。

表 4.3.7.5

河宽(m)	200～500	500～1 000	1 000以上
浮标走行线数	9～11	11～13	13～15

当有较大分汊股流时应适当增加走行线数。

所有走行线要求大致均匀分布在水流的全宽。

5. 浮标相继两次观测的最大间隔时间的选择,根据水面流速来确定。同时要注意到,浮标走行观测点在图上的间距不大于3cm,一般可按1/2 000比例尺制图,采用表4.3.7.6所列间隔时间较合适。

表 4.3.7.6

水面流速(m/s)	最大观测时间间隔(s)
<1	60
1～2	30
2～3	30

间隔时间以能固定为好，制图测算均较方便。若不是固定间隔时间，则须每点都要记录实际观测时刻(分、秒)，以便计算出两相邻点间的间隔时间。

6. 流向观测尽可能在无风时进行，观测开始和终了要观测水位、风向、风速。当水位变化较大时，要每一条走行线开始和终了都观测水位，尤其是在采用"单点法"时。

7. 流向图的绘制：流向图一般在室内绘制。有必要时也可在现场随测随绘，用"单点法"观测时，在现场绘图较为方便，但要增加绘图人员，并预先准备绘有河岸线、桥址线、观测断面线及置仪点、后视点的底板图。在用"单点法"时，还要准备距离计算表，有微型计算机预置计算程序就更为方便。

绘图时，交会法用半圆规按两个以上方向进行交会，当出现示误三角形或多边形时，则取其中点为浮标走行点。"单点法"绘图时，则用极坐标法进行点绘。每一浮标走行点均绘以小圆圈，再以直线联结成流向线。全部走行线绘完后，要剔除走行时断时续或明显不合理的，然后进行全图整饰，并加绘浮标走行等时间线、浮标流速线、和总流向方向线，完成桥址流向图，参见图 4.3.7.14。

绘浮标走行等时线时，取各走行线在桥址线上、下一定时间段联成曲线，时间段可根据流速、流势选定，常用的有：30、50、60、100、120s 等，要能基本表明水流经过桥址线的实际情况。走行线上两观测点间时间分段按比例划分。

浮标流速线则依据已绘好的等时线以图解法绘出。以桥址线为基线，通过各走行线与桥址线的交点做垂线交于上、下等时线间之距离画出(此时的流速线已加偏角改正)，并联成曲线。流速比例尺按"流向图平面比例尺"与"等时间值(以秒为单位)"的乘积算出。

例如：绘图平面比例尺：1/2 000

等时间值　　　120s

则　$120\times\frac{1}{2\ 000}=0.06$

即在图上 6cm 长为流速 1m/s。

总流向方向线以向量法绘制。

在每条跨越桥中线的流向线上，内插出中线两侧的等时间点，等时间点之间的连线为一向量线段，其方向仅表该处水流与桥中线的交角关系。当我们按一定比例尺、将各向量线段顺序平移连结成一折线时，其首、尾点的封闭连线即为总流向方向线。它与桥址线垂线形成的夹角即为总流向偏角，一般称为桥址流向偏角。实际上，不同水位的流向偏角都会有差别。所以一个桥址流向图要测量多次，一般水位每相差 0.5m 就要观测一次，其中高水位的观测资料较为重要。

(二)船(船队)筏走行线的测量

与流向的测量方法相似，只是观测目标为船只，观测时要根据船只的特征，各置镜点共同认定一个照准目标如船只的桅杆、烟囱、旗帜等明显处进行观测。

相继两次观测的走行点的最大间隔时间按上、下行(逆水、顺水)而定，一般上行 60s，下行 30s。

测段内的沙洲、岛屿及水面和两岸的航标等均测绘于图上。观测时要测记水位、风向、风速，船只的名称、号数、种类、型号都要记在各自的记簿上。

根据观测成果绘制桥址区船筏走行线图，参见图 4.3.7.15。

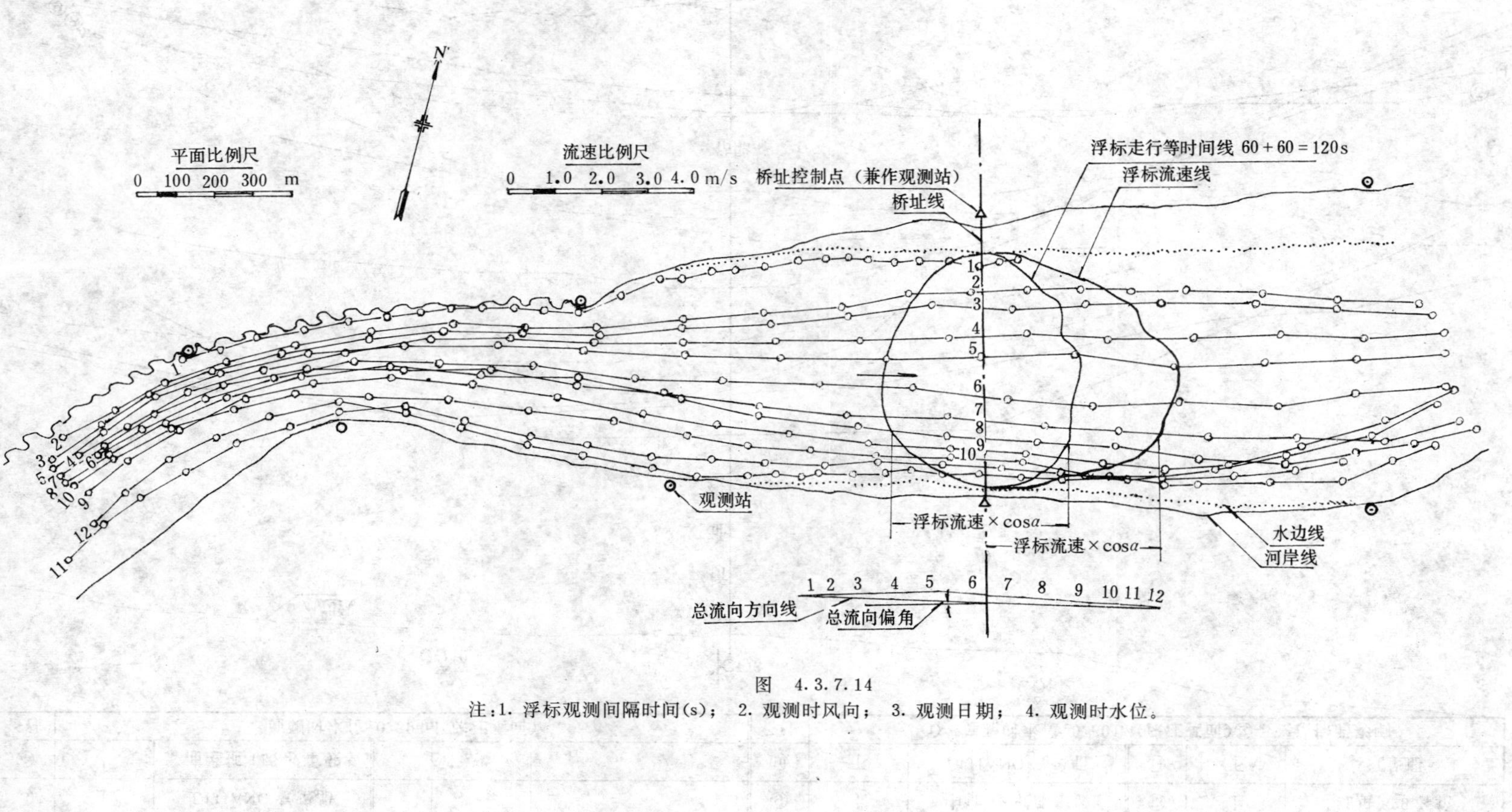

图 4.3.7.14

注:1. 浮标观测间隔时间(s)； 2. 观测时风向； 3. 观测日期； 4. 观测时水位。

第一次(1983.4.16)						第二次(1983.4.24)					
编号	上、下行	船名	编号	上、下行	船名	编号	上、下行	船名	编号	上、下行	船名
①	上 。…。	平南水运公司 141 重驳	⑤	下	平南水运 101	⑦	下 。—。	贺江机 30	⑪	下	桂拖 601
②	上	前进 114 重驳顶推	⑥	下	四会黄港机 1 重驳	⑧	下 。…。	LIJ1ANG 气垫船	⑫	上	先行 416 拖船
③	上	L1J1ANG 气垫船				⑨	上	中食 79 驳船重驳	⑬	上	红星 329 客轮
④	下 。—。	浦港拖 116 驳重驳				⑩	下	L1J1ANG 气垫船	⑭	下	气垫船
备注	施测时水位:0.396m(珠江基面)					备注	① 施测时水位:0.501m(珠江基面)② 受钻探船影响				

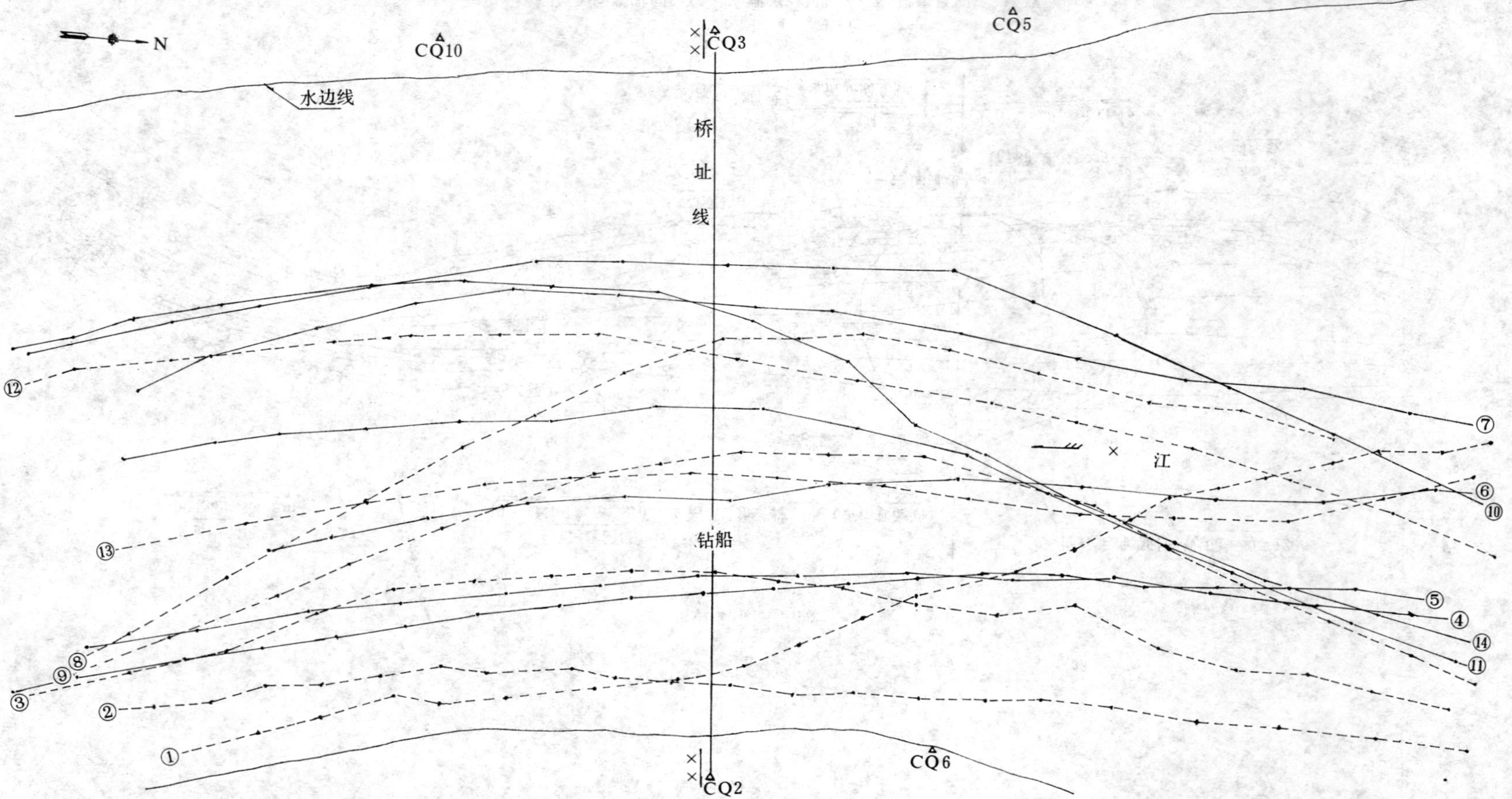

图 4.3.7.15

第四章　桥梁施工测量

第一节　平面控制网的测设

一、平面控制网的选点及注意事项

所有平面控制点与桥轴线的里程起算点及桥轴线方向存在着精密的相对关系。这些控制点的建立、对特大桥来说，一般都用三角网的形式测定。在选定三角网的这些控制点时，应注意下列一些问题：

(一)三角网的控制点必须能控制全桥及与之相关的重要附属工程。

(二)桥轴线一般是控制网中的一条边。

(三)所有控制点都必须选定在开阔、安全、稳固和便于引用的地方。

(四)控制点构成的图形，应有较好的图形强度。

(五)控制网必须有足够的精度，以保证网的扩展和墩台定位的精度。

(六)有长大引桥的特大桥平面控制网宜采用分级控制，但应保证全桥连接的整体性，并方便施工定位放样和减少工作量。

二、三角网主网常用的图形

所谓主网一般是指控制水面部分的首级控制网。其图形坚强与否，关系到桥轴线长度的精度，也关系到水面部分各墩的最终定位精度。在常用的图形中，与跨河的中线端点相连的基线边长一般为中线(跨河)长度的 0.7～0.5 倍，且尽可能与轴线垂直，图形以双大地四边形或一个大地四边形带一三角形的情况居多。(参见图 4.4.1.1 中的(a)、(b))。有时也会遇到一些特殊情况，如江、河中有沙洲、岛屿，将江、河分成两股水流，这种情况可以考虑使用棱形(如图 4.4.1.1(c))。也有的因地形条件适宜，将正桥和引桥纳入同一级控制网中，组成中点多边形(如图 4.4.1.1(d))。

(a)　　(b)

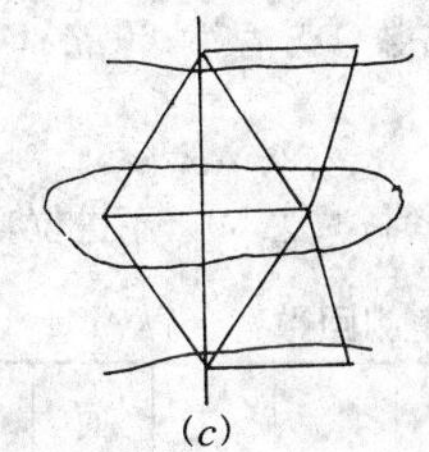

(c)

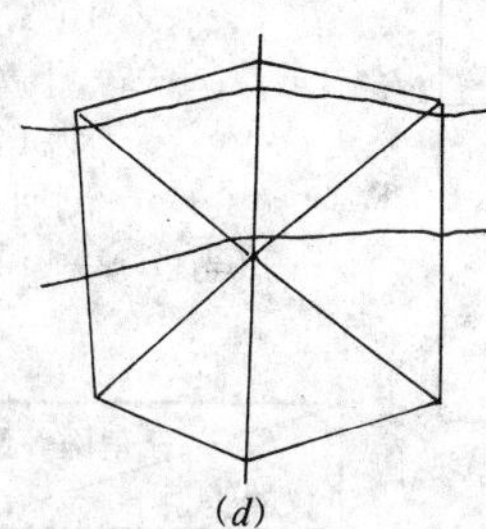

(d)

图　4.4.1.1

三、三角网所需测量精度的估算

桥梁三角网可用多种方法测设，常用的是以基线作为起算边的测角网和以光电测距仪测少量边的边角网。无论以什么办法测出的控制网，总是希望网中所有的控制点都有较高的点位精度，即使是用网中最弱的点或边去进行墩台定位时，其自身的误差给墩台位置造成的影响是极小的或是可忽略不计的，要达到这样的效果，事前必须对三角网的测量精度进行正确的估算。下面介绍一般的估算方法。

设：l——梁长；

Δl——节间拼装限差(±2mm)；

N——联(跨)数；

δ——支座安装限差(±7mm)；

n——每联(跨)节间数；

1/5 000——梁长制造限差；

ΔD——墩中心点位放样限差(±10mm)；

m_L 或 m_l——桥轴线(两桥台间)长度中误差。

(一)混凝土梁及钢筋混凝土梁

$$m_L=\pm\frac{\Delta D}{\sqrt{2}}\cdot\sqrt{N}\qquad(4.4.1.1)$$

(二)钢板梁及短跨($l\leqslant 64$m)简支钢桁梁

$$m_l=\pm\frac{1}{2}\sqrt{\left(\frac{l}{5\ 000}\right)^2+\delta^2}\qquad(4.4.1.2)$$

多跨等跨：$m_L=\pm m_l\cdot\sqrt{N}$　　(4.4.1.3)

多跨不等跨：

$$m_L=\pm\sqrt{m_{l1}^2+m_{l2}^2+\cdots}\qquad(4.4.1.4)$$

(三)连续梁及长跨($l>64$m)简支钢桁梁

单联(跨)：

$$m_l=\pm\frac{1}{2}\sqrt{n\Delta l^2+\delta^2}\qquad(4.4.1.5)$$

多联(跨)等联(跨)：

$$m_L=\pm m_l\cdot\sqrt{N}\qquad(4.4.1.6)$$

多联(跨)不等联(跨)：

$$m_L=\pm\sqrt{m_{l1}^2+m_{l2}^2+\cdots} \quad (4.4.1.7)$$

根据以上各种计算式可估算出桥轴线长度中误差，再除以桥长 L，得桥长相对中误差 m_L/L。有了这个数据，便可从表 4.2.2.1 中查取所需测量精度。决定该网按什么等级施测。

例　某桥长 1800m，求桥轴线误差及相对中误差(节间长 18m)

主桥孔为　180m＋216m＋180m　一联

北端为　162m＋162m＋162m　二联

南端为　126m＋126m　一联

根据以上计算式有：

主孔　$m_{l1}=\pm\frac{1}{2}\sqrt{32\times2^2+7^2}$

北端　$m_{l2}=\pm\frac{1}{2}\sqrt{27\times2^2+7^2}\cdot\sqrt{2}$

南端　$m_{l3}=\pm\frac{1}{2}\sqrt{14\times2^2+7^2}$

$$m_L=\pm\sqrt{m_{l1}^2+m_{l2}^2+m_{l3}^2}=\pm12.21\text{ mm}$$

$$ml/L=1:147\ 000$$

查表 4.2.2.1，其轴线精度要求在一等与二等之间，应按一等网精度施测。

四、水平角观测及测站平差

(一)经纬仪的检验

用于特大桥控制三角网测量的经纬仪，开测前必须进行检查和校正。准备用于作业的秒级光学经纬仪需检项目及限差见表 4.4.1.1。

有关各个项目的检验方法、记录格式和计算绘制方法，见国家现行有关标准。

表 4.4.1.1

序号	项　　目	限　差	
		DJ_1 型	DJ_2 型
1	照准部旋转是否正确	2 格	1 格
2	照准部偏心差	80″	
3	水平度盘偏心差	80″	
4	照准部水准器格值		
5	光学测微器行差	1″	2″
6	竖直微动螺旋的正确性		
7	照准部旋转时，仪器底座位移系统误差	0.3″	1.0″
8	水平轴不垂直于垂直轴之差	10″	15″

(二)水平角观测中应采用的措施

桥梁三角网一般边长较短，与大地测量比较，由视线通过不同空气密度地区产生的大气折光影响大大的减少，而仪器对中和照准觇标的偏心误差，对测角精度的影响则显得特别突出，因此在桥梁三角网的测量中，测站上的仪器对中和照准点上的觇标对中尽可能采取强制归心的办法安置，尽可能不用偏心观测。

当经纬仪以光学对中器对中时，在完成一半的测回数之后，将经纬仪的底座转 180°，重新置平对中，与此同时，各照准点上照准标志也旋转 180°后置平对中，再完成余下的测回数。有时也可采取在完成全部测回的 1/3 时，将经纬仪底座转 120°，再置平、对中、观测，全部观测工作分 3 次完成。这对于光学对中器固定在经纬仪底座上的仪器来说，上述措施尤为重要。

跨河长度超过 1km 的桥梁三角网，往往建有双架或单架标，且标心是可以调整的，一般称活动标心。经纬仪每次上标前应将标石中心投影到观测台上，作为仪器安置中心。三方向投影，其示误三角形的最大边长不应大于 2 mm；两垂直方向投影，两次(中间变动仪器高)形成的示误四边形最大对角线边长不应大于 3 mm，如超限应重新投影，直至合格。然后取其中点作为仪器安置的中心。各照准点如为活动标心，观测前都要用经纬仪严格校正到标石中心的铅垂线上。

相对来说，大气折光对短边三角网测量的影响处于较次要的地位，但也不能忽视，当视线傍着大建筑物、土坡、混凝土坡等时，尤需注意旁折光的影响，此时应严格选择有利时间(最好是阴天)观测。

(三)观测度盘表的编制

桥梁三角网的精度明确后，所需的测回数可查表 4.4.1.2。为了消除和减少度盘分划长、短周期误差，测微器的分划误差及测微器行差的影响，应使水平角观测的各测回均匀地分配在度盘和测微器的不同位置上，所以在观测前必须根据所使用的经纬仪类型和测回数编制观测度盘表，供测站上使用。控制三角网大都采用方向法观测，方向观测法度盘位置的编制按下列公式计算

$$\sigma=\left[\frac{180}{m}(n-1)\right]^{\circ}+\left[i(n-1)\right]'+\left[\frac{\omega}{m}\left(n-\frac{1}{2}\right)\right]'' \quad (4.4.1.8)$$

式中　σ——第 n 测回的度盘位置；

m——测回数；

i——度盘最小分格值，DJ_1 型为 4′；DJ_2 型为 10′；

ω——测微盘分格数，DJ_1 型为 60 格；DJ_2 型为 600″；

n——测回序号，$n=1,2,3,\cdots m$。

(当$[i(n-1)]'\geqslant60'$时，减去 60′，不进位)

水平角测回数　表 4.4.1.2

三角网等级 / 仪器类型	一	二	三	四	五
DJ_1 型	15	9	6	4	2
DJ_2 型		12	9	6	4

(四)方向观测法一测回的操作程序

1. 将仪器照准零方向标的，按观测度盘表配置度盘和测微器；

2. 顺时针方向旋转照准部 1～2 周后，精确照准零方向标的，进行水平度盘测微器读数(重合对径分划线两次)；

3. 顺时针方向旋转照准部，精确照准 2 方向标的，按 2 款方法进行读数；顺时针方向旋转照准部依次进行 3、4……n 方向的观测，最后闭合至零方向(当观测的方向数≤3 时，可不必闭合至零方向)；

(以上操作构成半测回观测。)

4. 纵转望远镜，逆时针方向旋转照准部 1～2 周后，精确照准零方向，按 2 款方法读数；

5. 逆时针方向旋转照准部，按上半测回观测的相反次序依次观测直至零方向。

以上操作为一测回。

(五)注意事项及观测限差

1. 桥梁三角网的边长不可能都相同，有时长短边相差较大，这时在上、下半测回中都应根据各方向的边长情况随时调整望远镜的焦距，以利于照准标的。

2. 测站上各方向的高度角在一、二、三等网超过±3°；四、五等网超过±5°时，观测中应读取照准部管水准器的左右格值，以便在方向值中加入纵轴倾斜改正(具有双轴自动补偿的电子经纬仪除外)。

3. 测站上的观测限差见表 4.4.1.3。

4. 水平角观测超限时，应按下列规定进行重测：一测回中，重测方向数超过所测方向总数的 1/3 时，此测回应全部重测。重测时，只需联测零方向，观测结果只采用重测的限内成果。

重测数的计算：在基本测回中，重测一个方向，算作一个方向测回，每一份成果的全部方向测回总数，按下式计算：

$$m(n-1) \qquad (4.4.1.9)$$

式中，n 为方向数；m 为基本测回数。

5. 方向观测中，测站记录和计算取位应符合表 4.4.1.4 中的规定。

水平角观测限差(″)　表 4.4.1.3

仪器类型	测微器两次重合读数差	半测回归零差	同测回各方向间 2C 值互差	同一方向各测回互差
DJ_1 型	1	6	9	6
DJ_2 型	3	8	13	10

测站记录及计算取位规定

表 4.4.1.4

三角网等级		读数	测回中数	记簿计算
一、二		0.1	0.01	0.01
三、四	DJ_1 型	0.1	0.1	0.1
	DJ_2 型	0.5		
五		1	1	1

(六)记录格式和测站平差

桥梁三角网一般是采用全圆方向法观测。

1. 记录格式

凡以方向法观测，都应以表 4.4.1.5 的格式记录观测成果。每座桥的控制测量记簿应统一编号。需补测重测的测回或方向，均应在相应页"附注"栏中说明原因等。

2. 测站平差

网中每一测站上的实测成果，都应即时进行整理(见表 4.4.1.6)。一方面可了解测站的观测质量，更主要的是提供测站最或然方向值。

表 4.4.1.5

第Ⅰ，Ⅱ测回　仪器 DKM2-A　№694271　点　名　DQ_{12}　等级：Ⅲ　日期：5 月 15 日

天气：　晴　观测者：黄伟　$Y=B$　觇标类型：　开始：11 时 00 分

成像：　清晰　记簿者：张杰　归心用纸№　结束：11 时 40 分

方向号数名称及照准目标	读数								左－右 (2C)	$\frac{左+右}{2}$	方向值			附注
	盘左				盘右									
	°	′	″	″	°	′	″	″	″	(37.3″)	°	′	″	
$\frac{1}{DQ_6}$	0	00	33.1	33.2	180	00	40.0	40.0	−6.8	36.6	0	00	00.0	
			33.3				40.0							
$\frac{2}{DQ_7}$	38	38	01.2	01.2	218	38	04.0	04.1	−2.9	02.6	38	37	25.3	
			01.1				04.2							
$\frac{3}{DQ_8}$	69	08	14.7	14.8	249	08	18.3	18.5	−3.7	16.6	69	07	39.3	
			15.0				18.7							

续上表

方向号数名称及照准目标	读数								左−右 (2C)	$\frac{左+右}{2}$	方向值			附注
	盘左				盘右									
	°	′	″	″	°	′	″	″	″	(37.3″)	°	′	″	
$\frac{1}{DQ_6}$	0	00	35.0 35.7	35.4	180	00	40.0 41.1	40.6	−5.2	38.0				
归零差			Δ左＝+2.2″				Δ右＝+0.6″			(43.2″)				
$\frac{1}{DQ_6}$	20	11	40.9 41.0	41.0	200	11	45.0 44.9	45.0	−4.0	43.0	0	00	00.0	
$\frac{2}{DQ_7}$	58	49	08.0 09.1	08.6	238	49	10.0 10.4	10.2	−1.6	09.4	38	37	26.2	
$\frac{3}{DQ_8}$	89	19	21.2 21.7	21.4	269	19	20.0 21.0	20.5	+0.9	21.0	69	07	37.8	
$\frac{1}{DQ_6}$	20	11	41.9 42.0	42.0	200	11	44.7 45.0	44.8	−2.8	43.4				

归零差　Δ左＝+1.0″　　Δ右＝−0.2″

测站方向值表(″)

测站：DQ_{12}　零方向：DQ_6　0°0′00″.0　表 4.4.1.6

度、分 / 方向 / 测回 v	DQ_7		DQ_8	
	38°37′	v	69°07′	v
1	25.3	−1.3	39.3	−2.2
2	26.2	−2.2	37.8	−0.7
3	24.2	−0.2	36.8	+0.3
4	22.5	+1.5	34.4	+2.7
5	25.1	−1.1	36.7	+0.4
6	23.8	+0.8	38.2	−1.1
7	22.5	+1.5	36.5	+0.6
8	22.0	+2.0	27.0	+0.1
9	24.7	−0.7	37.4	−0.3
平均值	24.0		37.1	
〔|v|〕		11.3		8.4

每一测回方向观测中误差：$m_0 = K.\frac{〔|v|〕}{n}$

$$= 0.148 \cdot \frac{19.7}{3} = \pm 0.97''$$

方向平差值中误差：$M = \pm\frac{m_0}{\sqrt{m}} = \pm 0.32''$

式中　m——测回数；

n——方向数；

$$K = \frac{1.253}{\sqrt{m(m-1)}}$$

五、基线测量

控制三角网中必须有高精度的起始边，一般称之为基线或起始边。基线的丈量工具大都使用铟瓦基线尺，其它的工具如钢线尺、钢卷尺都难以达到精密丈量的要求，故极少使用。常用的因瓦基线尺一般为24m长，一套4根。另有8m和4m长的补尺各一根，用于零尺段的丈量。与尺子配套使用的工具还有拉环、钢丝钩、滑轮、重铊、拉力架、轴杆架、轴杆头、轴杆头整置水准器、端点光学对中器和温度计等。使用因瓦基线尺作基线丈量时，应遵守必要的操作程序和方法，才能获得精密可靠的基线长度值。现将其工作内容及成果处理分述如下。

(一)基线位置及场地要求

一般来说，桥梁三角网中便于丈量的边都可选为基线边。由于受桥址地形的限制，理想的场地总是极少的。一方面要求基线推算至桥中线的距离较近，以提高推算精度；另一方面要求基线场地合适，使基线本身在丈量和计算中，精度损失最小。考虑到这些情况，控制三角网一般选取桥址两岸与中线三角点相连的边作为基线边，每岸各选一条，以提高和检核中线推算的精度和全网的精度。基线位置决定以后，必须对场地进行平整，使之便于丈量。基线场地一般要求地势平缓，土质坚实，便于通行。基线的倾斜度一般不应超过1/30，尺段高差超过1m的只能是个别尺段，不允许尺段高差大于3m。基线上如有软土地段，应在整尺桩的周围打入轴杆架支承脚桩。基线的通道宽不能小于2m，通道上的一切障碍皆应清除。当基线较长时，应分成若干测段，段长不要超过

500m。每一段的端点都应打入大木桩，做出精确的中心十字线。

(二)仪器和工具的检查

用于基线丈量的因瓦基线尺，事前必须由专门的检定部门进行检定，给出使用的温度范围和尺长方程式及注意事项。送交检定的还有重铊和钢丝引线钩，检定后在使用中仍用这些重铊和钢丝引线钩，一般不要更换。因为拉力变化一克，平均影响长度的10^{-6}。重铊与10kg之差不应超过5g。备用的钢丝引线钩，其长短重量应与送检的互差极小。

用于定线或端点投影的经纬仪，应作三轴垂直的检查和校正。轴杆头整置水准器应进行校正。用于轴杆头抄平的水平仪应检验视准轴与水平轴的平行关系，并予以校正。

(三)基线丈量人员的组合与分工

基线丈量工作一般分为三个组，即定线组、丈量组、和轴杆头水平组。

(四)基线的精密丈量

基线场地的整理、概量；仪器、工具的检校；人员的分组、分工等工作完成后，便可进行基线的正式丈量。

1. 定线组

经纬仪置于基线的置镜点上，对中整平后，照准基线远端点上的对点标志，固定照准部。分别检测远方延线上的定线置镜点及近处的端点，以判断置镜点是否有变动。有变动则重新放点；若无误，则等待指挥定线。近端点垂向上的置镜点，安置另一部经纬仪，为端点的投点作好准备。

与此同时，轴杆架已陆续运抵各小木桩处，放在基线的两侧，避开中线。轴杆架从远端点向置镜点方向、由专人逐一进行整置。安放轴杆架时，应注意将其中一条腿交错置于基线的两侧，具体的操作如下：将轴杆架安放在小木桩上方，一条架腿置于基线的一侧，以线铊大致对中且顶面无大的倾斜，踩实脚架。松开轴杆架顶面的支架盘，将轴杆头水平器套入支架的中心杆上，进行支架整平，同时移动支架盘以线铊对中小木桩上的中心标志，上下兼顾，反复进行，直至完成对中与整平。向经纬仪上示意要求定线，以测钎(或铝合金花杆)为照准标志；直立于支架中心杆上，由经纬仪上指挥，面对置镜方向、左右移动支架盘，使支架中心与基线方向重合。支架盘如经大的移动，可能破坏了支架的对中和水平，须再次对中、整平、定线，直至对中、水平无误，经纬仪上认可。固定轴杆架各部的螺旋，这样便完成一个轴杆架的整置工作。其它均按上述操作进行整置，直至经纬仪处的基线端点。整置中应注意的是，轴杆架的高低要适中，且应照顾到相邻尺段间的高差不能过大。另外，轴杆头中心偏离中线最大不得大于2cm。

端点上的轴杆架经一般整置后，尚需进行轴杆头的精确对中。基线端点垂向置镜点上的经纬仪，在端点投影中起决定性的作用。经严格置平且四个方向检查无误后，转向端点，照准桩顶十字线中心，如不易看清，应以细针直立其上作对点目标，精密照准，固定照准部。轻仰望远镜，照准轴杆头顶部。端点上略松支架盘的固定螺旋，将轴杆头顶的细刻线直对经纬仪，以细针直立于轴杆头上的十字中心附近的刻线上作为照准目标，面对垂向上的经纬仪，依指挥左右移动支架盘，直至认可。垂向上经纬仪倒镜，重复上述操作。正倒镜投点之差不应大于0.3mm，合格则取中安置，否则应重新严格置平经纬仪，再次进行正倒镜投点，直至合乎要求。基线延线上的经纬仪，在投点过程中一直在监控着端点上的轴杆头的移动，不允许偏离中线。两部经纬仪完成投点工作之后，应更换观测人员进行检查，若无误则轻轻固紧轴杆架上的各部螺旋，由垂向上的经纬仪再检查有无变动。完成后经纬仪立即转移到另一端点(或分段点)，按上述操作，完成该点的投点工作。

若端点上用光学投点器投点，投点器必须与周围气温取得一致后才能进行工作。应以测伞遮蔽阳光，以免引起投点器上气泡的不稳定。必须在四个方向上进行整置对中。整置完成后，应进行检查。

2. 水平组

轴杆头水准测量的目的，是为了求得尺段轴杆头之间的高差，以便将丈量的斜距改算成平距。当端点与已知水准点连测后，可得到基线的高程。为基线长度的归算提供依据。

轴杆头水准测量的程序与基线丈量相同，即基线丈量分段或全长进行往返测，水准测量也是进行分段或全长的往、返测，只是往测在丈量之前进行，而返测在丈量之后进行。

轴杆头水准测量中，一般使用长1.8m的轻便双面水平尺，只有当个别尺段的高差大于1.8m时，才改用长3m的双面水平尺。

将水平仪架设于测伞下，与气温一致后，进行水平仪视准轴与水平轴平行关系的检查和校正及轻便水平尺上气泡的检查和校正。

当定线整置工作接近丈量的起点时，便可准备进行轴杆头水准测量。在基线旁适当的位置选定测站，安置和整平水平仪。

端点的轴杆架安置完毕后，考虑到基线长度归算的需要，基线的两个端点均需用小钢尺量出中心标顶与点上轴杆头顶之间的高差，其精度应达到5mm，点名及数值均记入水平薄内。

轴杆头水准测量中，持水平尺者每到一轴杆架处，首先取下轴杆头套，再检查轴杆头是否已完全插到底，无误则将轻便水平尺轻置于轴杆头顶，面对观测方向，告知桩号，借助气泡立直水平尺。仪器在水平的情况下以中丝读取黑、红面读数，按格式记入手薄。读数经检算合格，便可进行下一轴杆头的测量。

测站至所测轴杆架的距离应大致相等，每站读取的轴杆架个数不能多于6个。每站所测的最后一个轴杆架，即为转点。尺段高差大于1m的应单独测定两次，中间应改变仪器高，两次测量结果互差应小于3mm。

轴杆头水准测量读数到1mm，平均值取至0.1mm。测量中同一点上，黑、红面读数与常数之差不得超过 1.5mm；尺段间黑面与红面高差之差不得超过 2mm。往、返测同一尺段高差之差，不得大于 2mm，对于短尺段不得大于 1mm。

3. 丈量组

在精度要求较高的一、二等三角网内，可使用四根因瓦基线尺，其中两根用于往测；另两根用于返测，也可只用两根尺往返丈量两次。在三、四等三角网内，可用两根因瓦基线尺往返丈量一次。而精度要求不高的五等网内，仅用一根因瓦基线尺往、返丈量或两根因瓦基线尺作单程丈量即可。有关用尺数量及丈量方式，可按表 4.4.1.8 的规定执行。

表 4.4.1.8

三角网等级	根数	丈量方式	拉力工具	丈 量 方 法	相当测回数
一、二	2	悬空	重锤	2 根同用于往返 2 次	4
三、四	2	悬空	重锤	2 根同用于往返	2
三、四	1	悬空	重锤	1 根往返 2 次	2
五	1	悬空	重锤	1 根往返	1

基线尺的组合，应取尺差较大的两根或温度系数不同的两根为一组，以使对丈量结果的精度估算更可靠。

工作开始前，首先应将因瓦基线尺从尺鼓上放出，尺的零端点在丈量前进方向的后方，由拉尺人员引张于基线起点的两侧。用沾上微量汽油的软布，擦拭尺身及尺端三棱分划尺。引张约 30min 左右、待尺温与气温充分一致后，才可用于丈量。

因瓦基线尺在使用中，应注意如下几点与其安全有关的问题。

因瓦基线尺的取出与卷入，必须由专人负责进行。取尺时，将尺端挂上尺环后交前端持尺人，匀速放尺，中间一人托尺，防止尺身抖动或触地。接近尾端时，放尺速度渐慢，至尺尾处停止，从尺鼓钩上取下尺，小心滑落。挂上尺环后交后端持尺人。

收尺的操作顺序与取出时相反。因瓦基线尺在卷鼓上的排列应与鼓边平行，各圈之间紧靠。尺尾挂入鼓上的弹簧钩，并以细索系于卷鼓的支钩上。各尺依次收入尺鼓后，尺身需涂上薄层的凡士林，以防氧化。

因瓦基线尺在使用过程中交接时，只能牢抓尺环，不允许用手直接抓尺身或尺端三棱分划尺。

因瓦基线尺在丈量工作中，由一尺段转至另一尺段时，应防止与其它物体碰撞或尺身跌落；在丈量中严禁人员从尺下穿过。

因瓦基线尺在运输过程中，应防止剧烈的震动。

一尺段的丈量开始前，前端读尺员应检查轴杆架是否稳定；各部螺旋是否已固紧。两端的拉力架人员应将架上滑轮置于尺段的延线上且高低远近合适。扶重砣人员应查看重砣底是否沾有泥土，未使用前应放在随身携带的清洁垫布上。记录员在记好桩号后面对读尺员且与其等距。温度计挂在测伞下、置于记录员身旁。丈量所用的因瓦基线尺立于尺段的两旁。一切操作口令均由前端读尺员发出，如“取尺”、“挂尺”、“挂砣”、“放砣”等，每一动作均应在后读尺员回答“好”后才可同时进行。待尺身和砣稳定后，便告知记录员尺号，读尺员与扶拉力架人员协同调整读尺的位置，使两端的三棱分划尺的斜面与轴杆头的斜面刚好吻合，轴杆头的分划线与三棱尺身垂直。然后由前端读尺员在小范围内前后轻轻推拉尺子，以手感判断是否有阻力，否则应查看阻力出自何处，予以排除。手扶尺环线尺但不增减拉力，稳定线尺前后端，读尺员都注视分划尺在轴杆头竖线处的读数，由前读尺员发令“准备”，后读尺员回应“好”，随即进行读数。先估读 0.1mm 的数值，后读出厘米和毫米值。每读完一组读数，记录员应迅速计算出〔前一后〕之值。连续进行第二、第三组读数，每次读数应移动分划尺 1～2cm，移动方向与前次相反。当三组〔前一后〕之差不大于 0.2mm 即为合格，由记录员发令“好”，中止读数，随即计算出平均值。如不合格则继续读数，当五组〔前一后〕中仍无三组合格，则这根尺应重测。丈量中的限差及取位，可按表 4.4.1.9 执行。

表 4.4.1.9

尺 型		各尺长度互差 (mm)	方向偏差 (mm)	读数取位 (mm)	连续 3 次读数互差 (mm)
因瓦尺	24m	0.2	20	0.1	0.2
	48m、50m	0.3			0.3

一根尺丈量合格后，由前端读尺员发令，如“起砣”、“取尺”、“挂尺”等，在后尺读尺员回应“好”后，前后同时行动，将尺交给拉尺人员，转移到下一尺段去。第二根尺的操作与前述相同。

两根尺都丈量合格后，记录员应将每一根尺丈量结果加上其尺差后，两根尺再进行比较，不大于 0.2mm 即为合格，否则此尺段全部进行重测。

补尺段的丈量，其操作与限差和 24m 尺相同。当短跨距长度小于补尺长度时，往测用一端的分划读数，而返测用另一端的分划读数。

在第一根尺丈量开始和第二根尺丈量结束时，各测定一次尺温。

涉及端点的尺段，在丈量开始前，都应对端点对中情况进行检查。

在野外休息时，应保留最后的 3～4 个轴杆架，且有安全人员照看。继续工作时，须先检测最后一尺段的长度，与休息前的丈量结果互差不得超过 0.3mm，否则再退一个尺段检测。检测合格后才能继续前进。

（六）基线长度的计算及精度估算

1. 计算基线全长的读数（前一后）之和

$$nl+\Sigma(b-a) \tag{4.4.1.10}$$

式中，n 为尺段数；l 为因瓦基线尺名义尺长（如

24m)；$\Sigma(b-a)$为基线全长读数和(b为前尺读数，a为后尺读数)。

2. 温度改正

$$\Delta_t=n[\alpha(t-t_0)+\beta(t^2-t_0^2)] \quad (4.4.1.11)$$

式中，α、β为温度系数；t为丈量时的平均温度；t_0为检定时的标准温度。

3. 尺长改正

$$\Delta_L=n\cdot\Delta l \quad (4.4.1.12)$$

式中，Δl为因瓦基线实际尺长与名义尺长之差。

4. 倾斜改正(每一尺段)

$$\Delta_h=\frac{-h^2}{2l}+\frac{-h^4}{8l^3} \quad (4.4.1.13)$$

式中，h为每尺段前后轴杆头之高差。

5. 基线全长归算至轨底(墩顶)高程时的改正

$$\Delta s=\left(\frac{H_D-H}{6371}S\right)\text{mm} \quad (4.4.1.14)$$

式中，H_D为轨底(墩顶)平均高程(m)；H为基线平均高程(m)；S为基线长度(m)；Δs为归算长度改正(mm)。

6. 基线精度估算

基线相对中误差为全长中误差与基线最后长度之比，其全长中误差按下式计算：

$$E=\pm\sqrt{E_1^2+E_2^2+E_3^2+E_4^2+E_5^2} \quad (4.4.1.15)$$

式中 E_1——基线丈量本身的误差，即

$$E_1=\pm\sqrt{\frac{[VV]}{N(N-1)}};$$

E_2——轴杆头水准测量所引起的误差，即

$$E_2=\pm 0.0137\sqrt{\Sigma\Delta_h};$$

E_3——检定基线尺标准长度的误差所引起的误差，即$E_3=\pm m_i\cdot n$；

E_4——由于测定温度系数所引起的误差，即$E_4=\pm n(t-t_0)\cdot 10^{-3}$(mm)；

E_5——由于基线两端垂准误差所引起的误差，用垂准杆旋转180°时，$E_5\approx\pm$0.5mm；用光学垂准器旋转180°时，$E_5\approx\pm$0.1mm。

其中 V——各次丈量长度与平均长度之差(mm)；

N——测量总次数；

m_i——基线尺长度检定中误差。当室内检定采用3m标准杆尺寸时，m_i为$\pm 8\times 10^{-3}$mm。

六、光电测距

(一)光电测距仪的检验

用于作业的各种光电测距仪，事前都必须进行检验，否则无法得到正确的长度。检验分经常性项目和全面检定。新购置的仪器和经过大修、更换过重要元器件的仪器，一般应进行全面检验，作出评估，才能用于作业。常用的光电测距仪在用于精密测距前，需进行常规项目的检定。主要是与长度计算有关的一些项目，如加常数，乘常数，周期误差的检定。在这些项目进行之前，尚须检校仪器三轴的平行性。

用于精密测距的光电测距仪，送交国家认可的检验部门进行检定，由检验部门出具检验结果，作为计算长度的依据。此外，与之配套使用的气象仪器如气压计、温度计、湿度计等，也应交气象部门进行检定。

(二)光电测距仪在使用中的注意事项

1. 测线高于地面不应小于1.3m；跨河测距时，测线高出水面不应小于2m。测线应避开平行的高压电线。

2. 测线的延长线上，棱镜背景方向不应有反光物体。

3. 避免在强电磁场影响范围内设站测距。在测距时，对讲机应暂停使用，以免干扰。

4. 在经纬仪上装卸测距头应小心操作，严防滑落。不可将测距头对向太阳，以免烧坏测距仪。

5. 迁站时，仪器应装箱，不得整体搬运。

6. 操作中，使用各旋扭、按扭，都不得用力过大、过猛，以免损伤仪器。各部光学镜片，不得用手触摸。

7. 禁止在风雨中使用光电测距仪。

8. 工作时，气温计、气压计应安置在与测线同高且离测站1m以外的伞下。

9. 仪器切忌剧烈震动和碰撞，运输时应有专用防震设施。

(三)光电测距的操作程序

不同类型的仪器，在操作方法上略有差别。目前应用于工程测量的光电测距仪，多为分体结合式的，即测距头与经纬仪可分可合。这里介绍的是以这类仪器为主、在桥梁三角网的边长测量时的操作程序。

1. 测站端经纬仪严格整平，仪器的光学对中器调光至无视差后，精确对中点位。由第二人检查无误后，量取仪器高、记入手薄。

2. 棱镜端基座严格整平，基座光学对中器调光至无视差后，精确对中点位。由第二人检查无误后，安置好棱镜，量取棱镜高，用对讲机将镜高告之测站记入手簿。用棱镜上的粗瞄器将棱镜面朝向经纬仪。

3. 经纬仪精确照准另一端棱镜之标的，用中丝法测定天顶距若干测回，记入手薄。

4. 将测距头妥善安置于经纬仪上，接通电源。开机，进行仪器内部正常性检验，一切正常即可测距。

5. 测站上读取气温、气压，记入手薄。(如属高精度测距仪，需两端都读取气温、气压及湿度)

6. 经纬仪精确照准棱镜标的，测距若干次，其互差不大于规定限差即为合格。记录计算完后关机，断开电源，卸下测距头。

7. 用对讲机通知棱镜端，将基座转180°(如果经纬仪的光学对中器是固定在底部的，经纬仪上光学对中器的位置也应转180°)。重复1、2、3、4、5、6的操作。

以上为往测。若两端使用的脚架相同，则完成后脚架不动，仪器与棱镜互换位置，立即进行返测。返

测的操作仍按 1～7 进行。

(四)光电测距的长度计算

光电测距仪在野外测得的长度，还必须加入若干项改正，才是需要的标准长度。这些改正有：气象改正、周期改正、常数改正、倾斜改正（见第一篇第三章第一节）；归算至桥梁轨底（墩项）平面的改正。

桥梁控制三角网中，以光电测距仪测得若干条边长，其高程是各不相同的，与桥梁轨底（墩顶）的平均高程也不相同，在参与平差计算前，每一条已测边都应化算成轨底或墩顶平均高程平面上的长度，然后才能参与平差。归算公式如下：

$$D_d = D \cdot \left(1 + \frac{H_d - H}{R}\right) \qquad (4.4.1.16)$$

式中 D_d——轨底（墩顶）平均高程平面上的平距；

D——往、返测棱镜平均高程上的平距；

H_d——轨底或墩顶的平均高程；

H——边长两端棱镜高程的平均值；

R——地球曲率半径，取 6371km。

光电测距的边长精度估算如下：

一次测量的观测值中误差：$m_0 = \pm\sqrt{\frac{[dd]}{2n}}$ (4.4.1.17)

往返观测值平均值中误差：$M_D = \pm\frac{1}{2}\sqrt{\frac{[dd]}{2n}}$ (4.4.1.18)

式中 d——化算至同一高程面的每对平距之差；

n——差值 d 的个数。

第二节 平面控制网的平差计算

一、条件观测平差实例

桥梁控制三角网的平差计算都在平面上进行，采用按角度的条件观测平差。因为这种方法总的工作量小，列条件方程式简便，所以在主控制网和次级网的平差计算中，常以这种方法处理观测成果。

(一)平差略图（图 4.4.2.1）

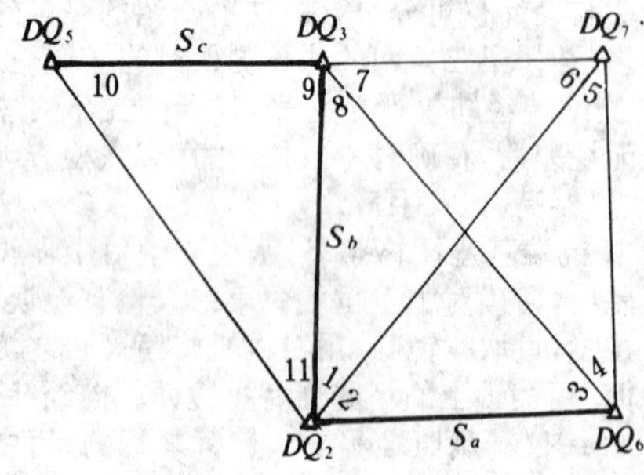

图 4.4.2.1

(二)观测值表（表 4.4.2.1）

表 4.4.2.1

角或边号	观测值
1	38°39′40.9″
2	42°57′00.1″
3	53°03′27.6″
4	41°45′06.9″
5	42°14′24.4″
6	49°15′34.0″
7	46°44′58.4″
8	45°19′48.6″
9	88°00′23.4″
10	54°00′17.6″
11	37°59′15.5″
S_a	806.250 3m
S_b	906.103 6m
S_c	689.316 2m

(三)起算数据表（表 4.4.2.2）

表 4.4.2.2

点名	坐标(m)		方向角	注
	x	y		
DQ2 DQ3	5 000.000 0 ——	0.000 0 ——	0°00′00.0″	独立坐标系

(四)三角形组成及解算（表 4.4.2.3、4.4.2.4）

表 4.4.2.4

边号	边长观测值(m)	改正数(mm)	边长平差值(m)	注
S_a	806.250 3	+0.2	806.250 5	
S_b	906.103 6	+0.4	906.104 0	
S_c	689.316 2	−0.6	689.315 6	

(五)条件方程式及权函数式

1. 图形条件方程式

(1) $v_9 + v_{10} + v_{11} - 3.5 = 0$

(2) $v_1 + v_2 + v_3 + v_8 - 2.8 = 0$

(3) $v_2 + v_3 + v_4 + v_5 - 1.0 = 0$

(4) $v_4 + v_5 + v_6 + v_7 + 3.7 = 0$

表 4.4.2.3

三角形号	三角形顶点	角号	角度观测值	改正数(″)	角度平差值	边长(m)	注
Ⅰ	DQ_2	∠11	37°59′15.5″	+1.5	37°59′17″.0	689.315 7	
	DQ_3	∠9	88°00′23.4″	+1.1	88°00′24.5″	1 119.255 6	
	DQ_5	∠10	54°00′17.6″	+0.9	54°00′18.5″	906.104 0	
			−3.5	+3.5			
Ⅱ	DQ_2	∠1+∠2	81°36′41.0″	+1.6	81°36′42.6″	1 121.571 1	
	DQ_3	∠8	45°19′48.6″	−0.5	45°19′48.1″	806.250 4	
	DQ_6	∠3	53°03′27.6″	+1.7	53°03′29.3″	906.104 0	
			−2.8	+2.8			
Ⅲ	DQ_2	∠2	42°57′00.1″	+0.4	42°57′00.5″	817.190 7	
	DQ_6	∠3+∠4	94°48′34.5″	+0.4	94°48′34.9″	1 195.126 2	
	DQ_7	∠5	42°14′24.4″	+0.2	42°14′24.6″	806.250 4	
			−1.0	+1.0			
Ⅳ	DQ_6	∠4	41°45′06.9″	−1.3	41°45′05.6″	747.112 1	均:747.112 2
	DQ_7	∠5+∠6	91°29′58.4″	−1.7	91°29′56.7″	1 121.571 1	DQ_6～DQ_7 均值
	DQ_3	∠7	46°44′58.4″	−0.7	46°44′57.7″	817.190 9	817.190 8
			+3.7	−3.7			
Ⅴ	DQ_2	∠1	38°39′40.9″	+1.2	38°39′42.1″	747.112 3	DQ_2～DQ_7 均值
	DQ_3	∠7+∠8	92°04′47.0″	−1.2	92°04′45.8″	1 195.126 4	1 195.126 3
	DQ_7	∠6	49°15′34.0″	−1.9	49°15′32.1″	906.104 0	
			+1.9	−1.9			

2. 极条件方程式

$$\frac{\sin\angle 1\cdot\sin\angle 3\cdot\sin\angle 5\cdot\sin\angle 7}{\sin\angle 2\cdot\sin\angle 4\cdot\sin\angle 6\cdot\sin\angle 8}=1$$

$$\lg\sin 1-\lg\sin 2+\lg\sin 3-\lg\sin 4+\lg\sin 5-\lg\sin 6+\lg\sin 7-\lg\sin 8=0$$

式中各项按级数展开取一次项得：

$$\cot\angle 1\cdot v_1-\cot\angle 2\cdot v_2+\cot\angle 3\cdot v_3-\cot\angle 4\cdot v_4+\cot\angle 5\cdot v_5-\cot\angle 6\cdot v_6+\cot\angle 7\cdot v_7-\cot\angle 8\cdot v_8+\omega=0$$

$$\omega=(\lg\sin\angle 1-\lg\sin\angle 2+\lg\sin\angle 3-\lg\sin\angle 4+\lg\sin\angle 5-\lg\sin\angle 6+\lg\sin\angle 7-\lg\sin\angle 8)\cdot\rho''\cdot\ln 10$$

将观测值代入得：

(5) $1.25v_1-1.07v_2+0.75v_3-1.12v_4+1.10v_5-0.86v_6+0.94v_7-0.99v_8-5.37=0$

3. 边角(正弦)条件方程式

$$S_a\cdot\sin\angle 3-S_b\cdot\sin\angle 8=0$$

式中各项按级数展开取一次项得：

$$\cos\angle 3\cdot S_a\cdot\frac{1}{\rho''}\cdot v_3-\cos\angle 8\cdot\frac{S_b}{\rho''}\cdot v_8+\sin\angle 3\cdot v_{sa}-\sin\angle 8\cdot v_{sb}+\omega=0$$

$\omega=\sin\angle 3\cdot s_a-\sin\angle 8\cdot s_b$　　(边长以 mm 为单位)

将观测值代入得

(6) $2.35v_3-3.09v_8+0.80v_{sa}-0.71v_{sb}-5.29=0$

又　$s_c\cdot\sin 10-s_b\cdot\sin 11=0$

同理得：

(7) $1.96v_{10}-3.46v_{11}+0.81v_{sc}-0.62v_{sb}+4.07=0$

4. 权函数式

(1)桥轴线(Q_2～Q_3)

$$f_1=v_{sb}$$

(2)最弱边(Q_3～Q_7)

$$S_{(Q_3-Q_7)}=\frac{\sin 1}{\sin 6}\cdot S_b$$

$$f_2=\frac{\cos 1}{\sin 6}\cdot\frac{s_b}{\rho}\cdot v_1-\frac{\sin 1\cdot\cos 6}{\sin^2 6}\cdot\frac{s_b}{\rho}\cdot v_6+\frac{\sin 1}{\sin 6}v_{sb}$$

将观测值代入得：

$$f_2=4.53v_1-3.12v_6+0.82v_{sb}$$

5. 权的确定

根据权的定义有：$P=\frac{c}{m^2}$

式中，P 为权；m 为测量中误差；c 为比例常数。

据此可以写出角度的权为：　$P_\beta=\frac{c}{m_\beta^2}$

边长的权为 $P_s=\frac{c}{m_s^2}$

令角度的权为 1，则 $c=m_\beta^2$

代入边权式中得：$P_s=(\frac{m_\beta}{m_s})^2$

m_β 可由各三角形闭合差按菲列罗公式推求，即

$$m_\beta=\sqrt{\frac{[\omega\omega]}{3n}}\approx\pm 1.6''$$

m_s 由测距仪给出的标称误差得出，即 $m_s=\pm(a+b)\cdot S\cdot 10^{-6}$

条件式、权函数式系数及改正数计算

表 4.4.2.5

角号 边	$\frac{1}{P}$	1	2	3	4	5	6	7	s	f_1	s_1	f_2	s_2	v
		+1.1135	+0.3213	+0.7905	−1.3302	+0.6676	+0.0353	−0.1064						
1	1		1			+1.25			+2.25		+2.25	+4.53	+6.78	+1.18″
2	1		1			−1.07			+0.93		+0.93		+0.93	+0.40″
3	1		1	1		+0.75	+2.35		+5.10		+5.10		+5.10	+1.70″
4	1			1	1	−1.12			+0.88		+0.88		+0.88	−1.29″
5	1			1	1	+1.10			+3.10		+3.10		+3.10	+0.19″
6	1				1	−0.86			+0.14		+0.14	−3.12	−2.98	−1.90″
7	1				1	+0.94			+1.94		+1.94		+1.94	−0.70″
8	1		1			−0.99	−3.09		−3.08		−3.08		−3.08	−0.45″
9	1	1							+1.00		+1.00		+1.00	+1.11″
10	1	1						+1.96	+2.96		+2.96		+2.96	+0.30″
11	1	1						−3.46	−2.46		−2.46		−2.46	+1.48″
s_a	8						+0.80		+0.80		+0.80		+0.80	+0.23mm
s_b	9						−0.71	−0.62	−1.33	1	−0.33	+0.82	−0.51	+0.37mm
s_c	7							+0.81	+0.81		+0.81		+0.81	−0.60mm
Σ		3	4	4	4	0	−0.65	−1.31	+13.04	1	+14.04	+2.23	+15.27	〔PVV〕=14.704
ω		−3.5	−2.8	−1.0	+3.7	−5.37	−5.29	+4.07						

注：根据上述正文(五)项所列条件式系数及权函数系数计算出法方程式的系数并填入表 4.4.2.6 中。

各改正数求出后将其代入表 4.4.2.3 和表 4.4.2.4 中求平均差值。

表 4.4.2.6

k_1	k_2	k_3	k_4	k_5	k_6	k_7	ω	s	f_1	s_1	f_2	s_2
+3.00						−1.50	−3.50	−2.00		+1.50		−1.50
						+0.500 00	+1.166 67	+0.666 67		−0.500 00		−0.500 00
+1.113 5	+4.00	+2.00		−0.06	−0.74		−2.80	+2.40		+5.20	+4.53	+9.73
	+4.000 0	+2.000 0		−0.060 0	0.7400		−2.800 0	+2.400 0		+5.200 0	+4.530 0	+9.730 0
		−0.500 00		+0.015 00	+0.10500		+0.700 00	−0.600 00		−1.300 00	−1.132 50	−2.432 50
	+0.321 3	+4.00	+2.00	−0.34	+2.35		−1.00	+9.01		+10.01		+10.01
		+3.000 0	+2.000 0	−0.310 0	+2.720 0		+0.400 0	+7.810 0		+7.410 0	−2.265 0	+5.145 0
			−0.666 67	+0.103 33	−0.906 67		−0.133 33	−2.603 33		−2.470 00	+0.755 00	−1.715 00
		+0.790 5	+4.00	+0.06			+3.70	+9.76		+6.06	−3.12	+2.94
			+2.666 7	+2.666 7	−1.813 3		+3.433 3	+4.553 3		+1.120 0	−1.610 0	−0.490 0
				−0.100 01	+0.679 90		−1.207 47	−1.707 47		−0.419 99	+0.603 74	+0.183 75
			−1.330 2	+8.34	+4.82		−5.37	+7.45		+12.82	+8.345 7	+21.165 7
				+8.280 4	+5.271 3		−5.714 0	+7.837 6		+13.551 7	+8.340 6	+21.892 3
					−0.636 60		+0.690 06	−0.946 52		−1.636 60	−1.007 27	−2.643 87
				+0.667 6	+24.73	+3.96	−5.29	+29.83	−6.39	+28.73	−5.239 8	+29.880 2
					+17.538 2	+3.960 0	−0.198 6	+21.299 6	−6.390 0	+15.108 1	−8.752 5	+12.745 6
						−0.225 79	+0.011 32	−1.214 47	+0.364 35	−0.861 44	+0.499 05	−0.726 73
					+0.035 3	+23.87	+4.07	+30.40	−5.58	+20.75	−4.575 6	+21.754 4
						+22.225 9	+2.364 8	+24.590 8	−4.137 2	+18.088 7	−2.599 4	+19.626 6
							−0.106 40	−1.106 40	+0.186 14	−0.813 86	+0.116 95	−0.883 05
						−0.106 4		−10.19	+9.00	−2.97	+36.306 9	+36.247 2
							−14.713 8	−14.713 8	+5.901 7	+5.901 7	+15.421 4	+15.421 2

解算完成后将各 k 值代入表 4.4.2.5 中求各改正数。

检验：

$[\omega k]=-14.713\ 9$

精度评定：

1. 单位权中误差

$$\mu=\pm\sqrt{\frac{[PVV]}{7}}\approx\pm1.45''$$

2. 桥中线中误差

$$m_{s_b}=\pm\mu\ \sqrt{5.901\ 7}\approx\pm3.52\text{mm}$$

其相对精度为 $m_s/s_b=1/257\ 000$

3. 最弱边中误差

$$m_{DQ3\sim DQ7}=\pm\mu\sqrt{15.421\ 3}\approx\pm5.69\text{mm}$$

其相对精度为 $m_{DQ3\sim DQ7}/S_{(DQ3\sim DQ7)}=1/131\ 000$

设　　$m_s=\pm(3\text{mm}+2\times s\times10^{-6})$

由此得：$1/P_{sa}\approx8$；$1/P_{sb}\approx9$；$1/P_{sc}\approx7$

条件方程和权函数式系数及权倒数列入表4.4.2.5中。

(六)法方程式的组成及精度评定(表4.4.2.6)

(七)改正数、平差值计算(表4.4.2.5、表4.4.2.4、表4.4.2.3)

(八)最或是坐标计算(表4.4.2.7)

表 4.4.2.7

已知点	DQ_2	DQ_3	DQ_2	DQ_3	DQ_2	DQ_3
待定点	DQ_5		DQ_6		DQ_7	
$\alpha_{已}$	0°00′00.0″	180°00′00.0″	0°00′00.0″	180°00′00.0″	0°00′00.0″	180°00′00.0″
$\pm\beta$	−37 59 17.0	+88 00 24.5	+81 36 42.6	−45 19 48.1	+38 39 42.1	−92 04 45.8
α	322°00′43.0″	268°00′24.5″	81°36′42.6″	134°40′11.9″	38°39′42.1″	87°55′14.2″
$y_{待}$	−688.898 7m	−688.898 5m	+797.625 6m	+797.625 5m	+746.620 2m	+746.620 2m
Δ_y	−688.898 7	−688.898 5	+797.625 6	+797.625 5	+746.620 2	+746.620 2
$y_{已}$	0.000 0	0.000 0	0.000 0	0.000 0	0.000 0	0.000 0
s	1 119.255 6	689.315 6	806.250 5	1 121.571 1	1 195.126 3	747.112 2
$x_{已}$	5 000.000 0	5 906.104 0	5 000.000 0	5 906.104 0	5 000.000 0	5 906.104 0
Δ_x	882.129 1	−23.974 9	+117.614 8	−788.489 3	+933.212 3	+27.108 4
$x_{待}$	5 882.129 1	5 882.129 1	5 117.614 8	5 117.614 7	5 933.212 3	5 923.212 4
$x_{均}$	5 882.129 1m		5 117.614 8m		5 933.212 4m	
$y_{均}$	−688.898 6m		+797.625 6m		+746.620 2m	

首先根据平差后的中线长 s_b 及设定的 DQ_2 起点距(里程)和 $DQ_2\sim DQ_3$ 方向：0°00′00.0，计算出 DQ_3 点的最或是坐标。这样，DQ_2 和 DQ_3 两点的坐标皆为已知，再以两点算一新点的方法，计算网中各点。

二、交会定点平差实例

在桥梁控制三角网的主网基础上，增设施工测量控制点插入点或进行墩台的精密定位，常以交会定点的方法测定点位，其观测成果的处理称交会定点平差。

交会定点平差属间接观测平差。由于每次只有一个待定点，所以在平差的具体做法上，与一般的间接观测平差略有不同。

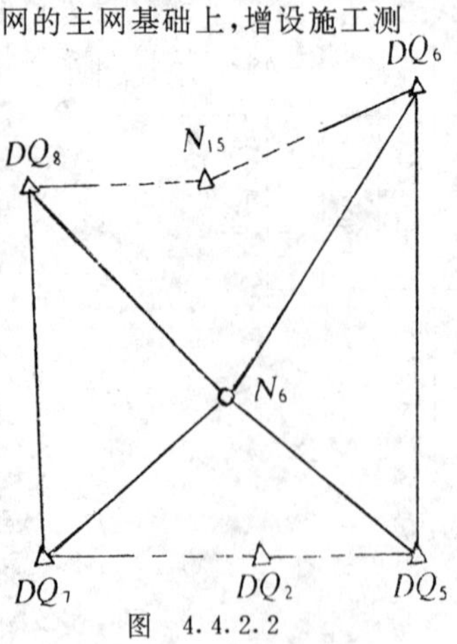

图 4.4.2.2

(一)平差略图

如图4.4.2.2，在已知点 DQ_5、DQ_6、DQ_7 和 DQ_8 上，除观测了待定点 N_6 外，还观测了另两个已知点 DQ_2、N_{15}的方向。已知点对未知点观测的方向，称"外方向"。

在待定点 N_6 上，观测了上述四个已知点。待定点对已知点观测的方向称"内方向"。

(二)起算数据(表4.4.2.8)

(三)待定点近似坐标

根据已知点坐标和方向观测值，以前方交会或后方交会的方法计算即可，但必须有检核计算，确保近似值的正确。这里是取 N_6 点的设计坐标作为 N_6 的近似坐标：

表 4.4.2.8

点名	坐标(m)	
	x	y
DQ_2	1 000.044 1	0.022 0
DQ_5	870.647 8	751.821 4
DQ_6	2 988.693 8	1 077.885 8
DQ_7	1 123.566 6	−963.305 3
DQ_8	2 707.430 8	−744.110 6
N_{15}	2 634.980 0	0.000 0

$$x_{N_6}=1629.284\text{m};Y_{N_6}=0.000\text{m}$$

(四)内方向观测值及近似方位角和边长(表4.4.2.9)

表 4.4.2.9

测站	照准点	方向值(° ′ ″)	近似方位角(° ′ ″)	近似边长(m)
N_6	DQ_8	0 00 00.00	325 23 15.03	1 310.00
	DQ_6	73 01 08.77	38 24 40.15	1 734.89
	DQ_5	169 52 12.62	135 15 30.61	1 068.07
	DQ_7	276 55 13.98	242 18 04.90	1 087.98

表 4.4.2.9 中方向值由手薄录入；近似方位角、近似边长由 N_6 的近似坐标与各已知点的坐标反算而得。

(五)外方向观测值及坐标方位角观测值计算(表 4.4.2.10)

(六)外方向误差方程及改正数(表 4.4.2.11)

表 4.4.2.10

测站	照准点	最后坐标方位角 a (° ′ ″)	方向值 N (° ′ ″)	定向角 $E=a-N$ (° ′ ″)	坐标方位角观测值 $(a)=N+Z_0$ (° ′ ″)	改正数 $v=a-(a)$ (″)	$Z=\frac{[a-N]}{n}$ (° ′ ″)
1	2	3	4	5	6	7	8
	N_{15}	95 33 40.67	0 00 00.00	95 33 40.00	95 33 40.34	−0.34	
DQ_8	N_6	145 23 13.91	49 49 32.53		145 23 12.87	+1.04	95 33 40.34
	DQ_7	187 52 45.30	92 19 04.63	95 33 40.67	187 52 44.97	+0.33	
	DQ_5	188 45 06.27	0 00 00.00	188 45 06.27	188 45 05.83	+0.44	
DQ_6	N_6	218 24 24.51	29 39 16.15		218 24 21.98	+2.53	188 45 05.83
	N_{15}	251 49 56.94	63 04 51.55	188 45 05.39	251 49 57.38	−0.44	
	DQ_2	279 45 56.90	0 00 00.00	279 45 56.90	279 45 56.08	+0.82	
DQ_5	N_6	315 15 27.24	35 29 30.17		315 15 26.25	+0.99	279 45 56.08
	DQ_6	8 45 06.27	88 59 11.02	279 45 55.25	8 45 07.10	−0.83	
	DQ_8	7 52 45.30	0 00 00.00	7 52 45.30	7 52 44.18	+1.12	
DQ_7	N_6	62 18 30.26	54 25 45.70		62 18 29.88	+0.38	7 52 44.18
	DQ_2	97 18 24.74	89 25 41.68	7 52 43.06	97 18 25.86	−1.12	

注:(1)第 3 列:已知点之间的 a,由反算填入。至待定点 N_6 方向的,在平差求得改正数后,由坐标方位角观测值加上相应改正数后再填入。

(2)第 4 列:由手薄录入。

(3)第 5 列:是已知点的方位角与方向观测值之差,以确定方向的定向角。

(4)第 8 列:是测站上定向角的平均值,它代表测站的定向角。

(5)第 6 列:由测站的定向角加上各方向值,得各方向的坐标方位角观测值。

(6)第 7 列:已知点之间的由第 3 列减去第 6 列相应值所得。

至待定点 N_6 方向的改正数,由平差后外方向误差式计算后转入。

表 4.4.2.11

测站	坐标方位角观测值 $(a)=(N+Z_0)$	近似坐标方位角 d (° ′ ″)	常数项 l	常数项 $l\cdot\sqrt{P}$	方向系数 $\xi=-10.7808$ a	$\xi=-10.7808$ $a\sqrt{P}$	$\eta=+8.2421$ b	$\eta=+8.2421$ $b\cdot\sqrt{P}$	改正数 V_P (″)
DQ_8	145 23 12.87	145 23 15.03	+2.16	+1.763 6	−0.89	−0.726 7	−1.30	−1.061 4	+1.04
DQ_6	218 24 21.98	218 24 40.15	+18.17	+14.835 7	+0.74	+0.604 2	−0.93	−0.759 3	+2.53
DQ_6	315 15 26.25	315 15 30.61	+4.36	+3.559 9	+1.36	+1.110 4	+1.37	+1.1186	+0.99
DQ_7	62 18 29.88	62 18 04.90	−24.98	−20.396 1	−1.68	−1.371 7	+0.88	+0.718 5	+0.38

外方向的每一测站,有一个误差方程式,形式为:$v_p=a\xi+b\eta+l$,其权与观测的已知方向数 S 有关,一般为$\frac{S}{S+1}$。本例中各测站都是测的两个已知方向,故各外方向误差方程式的权均为 2/3。

在计算系数 a、b 时,应该用待定点至已知点方向的坐标方位角和距离。这里待定点坐标改正数 ξ、η 是取厘米为单位。表中的 ξ、η 值是法方程式解算后转入的。

为计算方便,将误差方程式换成权为 1 的形式:$\sqrt{P}\,v_p=a\sqrt{P}\,\xi+b\sqrt{P}\,\eta+l\sqrt{P}$。当平差解算出 ξ、η,代入此式计算改正数时,应注意得出的是 $\sqrt{P}\,v_p$。尚需除以 $\sqrt{P}$ 后才是 v_p。以 a、b、l 计算的 v_p 可相互校核。系数的计算式为:$a=\frac{\rho''\cdot\sin T'}{S}$;$b=-\frac{\rho''\cdot\cos T'}{S}$。式中 T' 为近似方位角;S 为近似距离。

(七)内方向误差方程式及改正数(表 4.4.2.12)

表 4.4.2.12

照准点	方向观测值 N (° ′ ″)	归零后的坐标方位角近似值 ($\alpha'-\alpha''_0$) (° ′ ″)	常数项		方向系数				改正数 v (″)
					ξ=−10.7808		η=+8.2421		
			l	l′	a	a′	b	b′	
DQ_8	0 00 00.00	0 00 00.00	0	+1.20	−0.89	−0.772 5	−1.30	−1.305 0	−1.23
DQ_6	73 01 08.77	83 01 25.12	+16.35	+17.55	+0.74	+0.857 5	−0.93	−0.935 0	+0.60
DQ_5	169 52 12.62	169 52 15.58	+2.96	+4.16	+1.36	+1.477 5	+1.37	+1.365 0	−0.52
DQ_7	276 55 13.98	276 54 49.87	−24.11	−22.91	−1.68	−1.562 5	+0.88	+0.875 0	+1.15
〔 〕			−4.80	0	0.47	0	+0.02	0	
〔〕/n			−1.20		−0.117 5		+0.005 0		

待定点上测有几个方向，便有几个误差方程式，形式为：$v=\zeta+a\xi+b\eta+l$。其权为1。为了解算方便，将定向角的改正数ζ消去，误差方程式改成如下形式：$v=a'\xi+b'\eta+l'$，式中 $a'=a-\frac{[a]}{n}$；$b'=b-\frac{[b]}{n}$；$l'=l-\frac{[l]}{n}$所得改正数不变。定向角改正数ζ可按下式求得：$\zeta=\frac{[a]}{n}\xi+\frac{[b]}{n}\eta+\frac{[l]}{n}$。方向改正数既可按 $v=a'\xi+b'\eta+l'$ 求；也可按 $v=-\zeta+a\xi+b\eta+l$ 求，两者应是一致的。由内外方向的系数组成法方程系数填入表 4.4.2.13。

(八)法方程式的解算(表 4.4.2.13)

表 4.4.2.13

ξ	η	l	S	核
9.964 3	1.425 0	95.678 3	107.067 6	0
	−0.1430 1	−9.6021 1	−10.7451 2	0
−10.780 8	8.676 9	−56.153 3	−46.051 4	0
	8.473 1	−69.836 3	−61.363 1	−1
		+8.2421 1	+7.2421 1	0
	+8.242 1	1 503.499 2	1 543.024 2	0
		9.187 2	9.187 9	−7

〔PVV〕

将解算得出的ξ、η代回表 4.4.2.11，表 4.4.2.12，计算改正数。

(九)最后坐标计算及精度估算(表 4.4.2.14 及精度估算)

1. 最后坐标

表 4.4.2.14

待定点 N_6	坐标近似值 (m)	改正数(m)	坐标平差值 (m)
x	1629.284 0	−0.107 8	1 629.176 2
y	0.000 0	+0.082 4	+0.082 4

2. 精度估算

单位权(方向)中误差：$\mu=\pm\sqrt{\frac{9.187\ 2}{8-3}}=\pm1.36''$

待定点 N_6 的点位中误差：

$$\frac{1}{P_x}=\frac{[bb]}{[aa][bb]-[ab]^2}=0.102\ 8;$$

$$\frac{1}{P_y}=\frac{[aa]}{[aa][bb]-[ab]^2}=0.118\ 0;$$

$m_x=\mu\sqrt{1/p_x}=\pm0.44$ cm；$m_y=\mu\sqrt{1/P_y}=\pm0.47$ cm；$m=\sqrt{m_x^2+m_y^2}=\pm0.64$ cm

(十)验算(详情从略)

1. 改正归零后的方向值与外方向坐标方位角反向归零的方向值应一样。

2. 由平差后的坐标方位角和已知点坐标，交会计算所得待定点的坐标，应与平差坐标一致。

第三节　桥梁高程控制网的测设

高程控制网是桥梁施工中墩台高程放样的基础。高程控制网的测设一般要进行精密水准连测和跨河水准测量。

桥梁高程控制网是一个自由网，它的起算高程由桥址附近的国家水准点引入，但不受外部水准点的控制，这是由于两岸的已知水准点的等级、埋设、施测、计算的时间各不相同，也不一定有直接的连测关系。为了保证引入的起算高程稳妥可靠，引测时，每岸连测的国家水准点应至少一个，通过跨河水准的联系传递，可检核两岸国家水准点是否有明显变化，经分析判断后，选其点位稳固可靠、等级较高的国家水准点作为高程控制网的高程起算点，所属的高程系统应与设计要求的一致。

由不同的施工水准点放样同一桥墩时，放样点的高程可能不完全一致，这里，除施工测量的误差外，尚有施工水准点间高差的误差在起作用。所以，桥梁高程控制网的重点，在于点间高差的精度，为了使高差的误差对施工放样的影响最小，在建立高程控制网时，应多创造检核条件，以提高网的精度。水准网的施测等级，可按表 4.4.3.1 规定执行。

水准测量等级适用范围

表 4.4.3.1

跨河距离 S(m) / 项目	800≤S≤2000	S<800	备注
跨河水准测量	二等	三等	当跨河距离大于 2 000 m 或有变形观测等特殊要求时，应做专项设计
网中水准点间联测	三等		
网的起算高程引测	三等		

一、桥梁高程控制网的布设

高程控制网中的水准点，是墩台高程放样的依据，其点位应稳固，精度可靠，引用方便。在布网时应注意以下几点。

（一）基本水准点应沿桥中线两旁布设，直至引桥尾端。水准点应设立在距桥中线 50～100m 远处，点位土质坚实，且不易受施工和交通的干扰。相邻水准点之间的距离不应大于 500m。

（二）高程控制网的各水准点应构成环形网或结点网。离桥址较近的国家水准点，应纳入网内。

（三）水准标石的埋设，宜在挖坑夯实后现场浇灌，其基底的大小及深浅应考虑土质的坚实程度和环境条件。

（四）水准测量必须在标石有足够的强度后进行，一般为浇灌完成后的 10～15d。

二、水准仪的检验

用于作业的水准仪和水准尺，在作业开始前应进行检查和校正。检验项目及限差按表 4.4.3.2 和表 4.4.3.3 中的规定进行。其具体作法按照本手册第一篇第五章第六节中有关水准仪及水准尺检校的方法进行。

水准仪检验项目及限差 表 4.4.3.2

项目	限差	
	二等	三、四等
水准仪及脚架各部件的检视		
圆不准安置正确性的检验及校正	气泡置中	
光学测微器格值的测定		
交叉误差的检验与校正		
i 角的检验与校正	15″	20″

水准尺检验项目及限差(mm)

表 4.4.3.3

项目	限差	
	线条式因瓦标尺	区格式木质标尺
水准尺各部分的检视		
圆水准器安置正确性的检验及校正	气泡置中	
分划面弯曲差的测定	4	8
每米分划间隔真长的测定	0.15	0.5
零点差及基辅读数差常数的测定	0.05	1.0

三、水准测量的注意事项

桥梁高程控制网中的水准路线一般都不长，为了减少各种误差的影响，应注意下述的一些规定。

（一）仪器距前、后尺视距应尽量相等，其差应小于规定的限值。中丝视线距地面的高度不能小于规定值(表 4.4.3.4)。

（二）每一测段必须是偶数站到终点。水准仪无论在观测时或迁站途中，都应防止曝晒于阳光下。

（三）每一测段都必须进行往、返测。往、返测应在不同时段但成像清晰稳定的条件下进行。

（四）在二等水准测量时，其前、后尺照准程序为：奇数站："后前前后"；偶数站："前后后前"。

在三、四等水准测量时，一律按"后前前后"操作。

（五）设站点及立尺点的位置，应以线尺量出，以方便仪器的安置。但水准线路的全长应以视距累加数为准。

四、水准测量测站操作程序

（一）二等水准测量的操作程序

1. 整平仪器。望远镜转向任何方向，符合水准器气泡两端影象分离不能超过 1cm。

2. 照准后视水平尺，望远镜调焦至无视差，在水准气泡两端影象分离量不大于 2 mm的条件下，分别用上、下丝照准水平尺的基本分划，进行视距读数。视距的第四位数由测微器上读出。然后，精密符合气泡，转动测微螺旋，以楔形丝照准水平尺的基本分划，读取尺上和测微器上的读数。

3. 照准前视水平尺，精密符合气泡，以楔形丝照准尺上基本分划，读取尺上和测微器读数。然后用上、下丝照准尺上基本分划进行视距读数。

4. 用水平微动螺旋转动望远镜，照准前尺的辅助分划，精密符合气泡，进行辅助分划和测微器读数。

5. 旋转望远镜，照准后尺的辅助分划，精密符合气泡，进行辅助分划和测微器读数。

以上为一测站上的操作程序。应注意的是每次最后精密照准分划时，必须是测微器的"旋进"(或"旋出")照准，以减少隙动差的影响。另外，如属自动安平水平仪，则不存在符合水准器的操作。

(二)三、四等水准测量的操作程序

1. 整平仪器后，照准后尺黑面，望远镜调焦至无视差。精密符合气泡，以上、下丝读取视距。查看气泡符合无误后，读取后尺黑面中丝读数。

2. 照准前尺黑面，精密符合气泡，以上、下丝读取视距，查看气泡符合无误后，读取前尺黑面中丝读数。

3. 查看气泡符合无误后，读取前尺红面中丝读数。

4. 照准后尺，精密符合气泡，读取后尺红面中丝读数。

以上为一测站的操作程序。当使用自动安平水平仪进行观测时，不存在气泡符合的操作。

(三)水准测量的限差及计算取位

不同等级的水准测量，观测中的各项限差按表4.4.3.4和表4.4.3.5中的规定执行。

水准测量视线长度和高度限差(m)　　表4.4.3.4

等级	视线长度		前后视距差	前后视距累积差	视线高度（下丝读数）
	仪器类型	视距			
二	$DS_{0.5}$	≤60	≤1.0	≤3.0	≥0.3
	DS_1	≤50			
三	$DS_{0.5}$、DS_1	≤100	≤2.0	≤5.0	三丝能读数
	DS_3	≤75			
四	$DS_{0.5}$、DS_1	≤150	≤3.0	≤10.0	三丝能读数
	DS_3	≤100			

注：前后视距积累差系指由测段开始至每一测站的前后视距差的累积。

水准测量限差(mm)　　表4.4.3.5

等级＼项目		基、辅分划(黑红面)读数之差	基、辅分划(黑红面)所测高差之差	左右路线转点差	检测间歇点高差之差	上下丝读数平均值与中丝读数之差
二等		0.5	0.7		1.0	3.0
三等	光学测微法	1.0	1.5	3.0	3.0	
	中丝读数法	2.0	3.0			
四等		3.0	5.0	5.0	5.0	

外业中记录计算取位，按表4.4.3.6中的规定执行。

水准测量计算取位(mm)　　表4.4.3.6

等级	往返测距离总和(km)	往返测距离中数(km)	测站高差(mm)	往返测高差总和(mm)	往返测高差中数(mm)	高程(mm)
二	0.01	0.1	0.01	0.01	0.1	0.1
三、四	0.01	0.1	0.1	0.1	0.1	1

五、跨河水准测量

跨河水准测量的等级按表4.4.3.1中的规定执行。有关具体做法，可按《测规》及现行国家标准的有关规定进行。

六、桥梁高程控制网的平差计算

桥梁高程控制网一般由跨河水准环和与之相衔接的一些陆上水准环共同组成。这两种环要求的精度不一定相同，因而使用的仪器、施测的等级、方法也不一定相同。因此，在很多情况下是不等精度观测，所以在平差计算之前，应合理地确定各测段高差的权。

高程控制网一般采用以高差为对象的条件观测平差。

(一)测段高差权的确定

同精度水准网的平差中，一般取测段的距离或测站数作为该段高差的权倒数。在桥梁高程控制网中，由于存在不同精度观测，如跨河水准环与陆上水准环可能是不同精度的，即使测段的距离相等，其权倒数也是不相同的。为了合理地确定不同精度测段的权倒数，我们仍从权的基本定义出发，找出确定权倒数的办法。

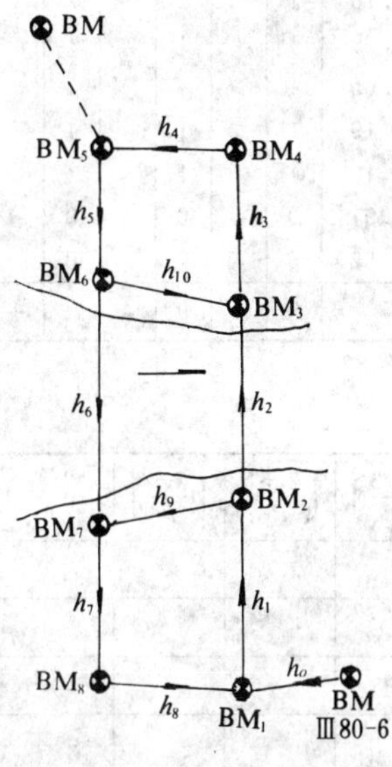

图 4.4.3.1

不同的测段中，由于要求的等级不同，使用的仪器、采用的方法、措施也就不同，以使观测结果达到各自预先规定的精度，如一等水准能达到±0.5mm/km；二等水准能达到±1.0mm/km；三等水准能达到±3.0mm/km的精度。当某些测段是以A等精度观测，其高差的权为：

$$P_A=\frac{C}{m_A^2} \qquad (4.4.3.1)$$

式中，P_A为测段高差的权；m_A为A等水准测量应达到的精度；C为比例常数。另一些测段是以B等精度观测，其高差的权相应为：

$$P_B=\frac{C}{m_B^2} \qquad (4.4.3.2)$$

这两个式子的比值为：

$$\frac{P_B}{P_A}=\frac{m_A^2}{m_B^2} \qquad (4.4.3.3)$$

两种不同精度观测的高差的权倒数关系为：

$$\frac{1}{P_A}=\left(\frac{m_A}{m_B}\right)^2\cdot\frac{1}{P_B} \qquad (4.4.3.4)$$

在高程控制网的平差计算中，一般取距离或测站数(指往、返测的测站数的平均数)为测段高差的权倒数。当以测段距离为其权倒数时，只须按上面的关系式直接计算便可得到。由于桥梁高程控制网点间距离较短，只须几个测站便可完成。所以在有些情况下以测站数为测段高差的权倒数，对于跨河水准这个测段来说，有直接跨河部分；有从置尺点连测至固定水准点的陆上部分，这个测段由这两部分组成。当以测站数为测段的权倒数时，对直接跨河部分应先"虚拟"成测站数，约每百米一个测站，即跨河长度除以100，便是测站数，再加上等精度连测至固定水准点的测站数，便得到跨河这个测段总的测站数，然后，再按上述权倒数关系式计算本测段在网中的权倒数。

(二)高程控制网平差计算实例

1. 起算数据(表4.4.3.1)

高程(m) 表4.4.3.1

点　　名	高　　程	说　　　明
Ⅲ80-6	4.320	黄海系统

2. 平差略图及观测值表(图4.4.3.1、表4.4.3.2)

表4.4.3.2

高差号 h_i	距离(km)	高差值(m)	施测精度	注
0		−0.795 2		
1	0.498	−0.068 5	四	
2	1.130	+2.978 7	三	跨河线
3	0.402	−0.640 3	四	
4	0.646	−1.118 8	四	
5	0.322	−0.482 6	四	
6	1.193	−0.031 2	三	跨河线
7	0.360	+0.545 2	四	
8	0.312	−1.187 9	四	
9	0.445	+0.711 5	三	
10	0.356	+2.242 9	三	

3. 条件方程式和权函数式

(1)$v_1+v_7+v_8+v_9+0.3=0$

(2)$v_2+v_6-v_9-v_{10}-6.9=0$

(3)$v_3+v_4+v_5+v_{10}+1.2=0$

$f_1=v_2$

$f_2=v_1+v_2+v_3+v_4$

4. 法方程式系数的组成及改正数计算(表4.4.3.3)

说明：权倒数的计算

三等水准精度为　±3mm/km

四等水准精度为　±5mm/km

根据计算式有：

$$\frac{1}{P_3}=\left(\frac{3}{5}\right)^2\cdot\frac{1}{P_4}$$

$$\frac{1}{P_3}=0.36\cdot\frac{1}{P_4}$$

这里取距离为其权倒数。在以三等精度施测的测段，其距离须乘以0.36后，才是该测段的权倒数。

5. 法方程式的解算(表4.4.3.4)

表 4.4.3.3—1

高差号 (h_i)	$\frac{1}{P}$	K_1	K_2	K_3	v	S	f_1	s_1	f_2	s_2	$\left[\frac{1.1}{P}\right]$	$\left[\frac{1.2}{P}\right]$	$\left[\frac{1.3}{P}\right]$
		+0.5179	+6.1802	−0.2731									
1	0.498	1			+0.26	1		1	1	2			
2	0.407		1		+2.52	1	1	2	1	2			
3	0.402			1	−0.11	1		1	1	2			
4	0.646			1	−0.18	1		1	1	2			
5	0.322			1	−0.09	1		1		1			
6	0.429		1		+2.65	1		1		1			
7	0.360	1			+0.19	1		1		1			
8	0.312	1			+0.16	1		1		1			
9	0.160	1	−1		−0.91	0		0		0			
10	0.128		−1	1	−0.82	0		0		0			
ω或Σ		+0.3	−6.9	+1.2		8	1	9	4	12	+1.33	−0.16	0

$[PVV]=42.82$

表 4.4.3.3—2

$\left[\frac{1\cdot s}{P}\right]$	$\left[\frac{1\cdot f_1}{P}\right]$	$\left[\frac{1\cdot s_1}{P}\right]$	$\left[\frac{1\cdot f_2}{P}\right]$	$\left[\frac{1\cdot s_2}{P}\right]$	$\left[\frac{2.2}{P}\right]$	$\left[\frac{2.3}{P}\right]$	$\left[\frac{2.s}{P}\right]$	$\left[\frac{2.f_1}{P}\right]$	$\left[\frac{2.s_1}{P}\right]$	$\left[\frac{2.f_2}{P}\right]$
+1.17	0	+1.17	+0.498	+1.668	+1.124	−0.128	+0.836	+0.407	+1.243	+0.407

表 4.4.3.3—3

$\left[\frac{2\cdot s_2}{P}\right]$	$\left[\frac{3\cdot 3}{P}\right]$	$\left[\frac{3\cdot s}{P}\right]$	$\left[\frac{3\cdot f_1}{P}\right]$	$\left[\frac{3\cdot s_1}{P}\right]$	$\left[\frac{3\cdot f_2}{P}\right]$	$\left[\frac{3\cdot s_2}{P}\right]$	$\left[\frac{f_1\cdot f_1}{P}\right]$	$\left[\frac{f_1\cdot s_1}{P}\right]$	$\left[\frac{f_2\cdot f_2}{P}\right]$	$\left[\frac{f_2\cdot s_2}{P}\right]$
+1.243	+1.498	+1.37	0	+1.37	+1.048	+2.418	+0.407	+0.814	+1.953	+3.906

表 4.4.3.4

K_1	K_2	K_3	W	S	f_1	s_2	f_2	s_2
+1.330	−0.160	0	+0.300	+1.470	0	+1.170	+0.498	+1.668
	+0.120 3	0	−0.225 6	−1.105 3	0	−0.879 7	−0.374 4	−1.254 1
+0.517 9	+1.124	−0.128	−6.900	−6.064	+0.407	+1.243	+0.407	+1.243
	+1.105	−0.128	−6.864	−5.887	+0.407	+1.384	+0.467	+1.444
		+0.115 8	+6.211 8	+5.327 6	−0.368 3	−1.252 5	−0.422 6	−1.306 3
	+6.180 2	+1.498	+1.200	+2.570	0	+1.370	+1.048	+2.418
		+1.483	+0.405	+1.888	+0.047	+1.530	+1.102	+2.585
			−0.273 1	−1.273 1	−0.031 7	−1.031 7	−0.743 1	−1.743 1
		−0.273 1	0	−5.400	+0.407	+0.814	+1.953	+3.906
			−42.816	−42.816	+0.256 8	+0.256 6	+0.750	+0.750

$-[\omega k]=42.816$

精度估算：

单位权(每公里)中误差：$\mu=\pm\sqrt{\dfrac{[PVV]}{3}}=\pm 3.8\text{mm}$

跨河两点间的中误差：$m_1=\pm\mu\cdot\sqrt{Q_1}=\pm 1.9\text{mm}$

最远两点间的中误差：$m_2=\pm\mu\cdot\sqrt{Q_2}=\pm 3.3\text{mm}$

解算完成后，将 K 值代入表 4.4.3.3 中计算各改正数。

6. 最后高程计算(表 4.4.3.5)

表 4.4.3.5

点名	高差号 h_i	高差观测值(m)	改正数(mm)	高差平差值(m)	高程(m)	注
Ⅲ80-6					4.322 0	黄海高程系统 高差 h_0 仅取往返平均，未参与平差，只起引入高程的作用。
	0	−0.795 2	—	−0.795 2		
BM1					3.524 8	
	1	−0.068 5	+0.26	−0.068 2		
BM2					3.456 6	
	2	+2.978 7	+2.52	+2.981 2		
BM3					6.437 8	
	3	+0.640 3	−0.11	−0.640 4		
BM4					5.797 4	
	4	−1.118 8	−0.18	−1.119 0		
BM5					4.678 4	
	5	−0.482 6	−0.09	−0.482 7		
BM6					4.195 7	
	6	−0.031 2	+2.65	−0.028 6		
BM7					4.167 1	
	7	+0.545 2	+0.19	+0.545 4		
BM8					4.712 5	
	8	−1.187 9	+0.16	−1.187 7		
BM1					3.524 8	
BM6					4.195 7	
	10	+2.242 9	−0.82	+2.242 1		
BM3					6.437 8	
BM2					3.456 6	
	9	+0.711 5	−0.91	+0.710 5		
BM7					4.167 1	

第四节　桥梁控制网的复测

正式施工开始前，应对全桥控制网进行全面复测。一般在控制网施测一年后、或经受一个汛期、雨季或大潮期的影响后，应进行全桥控制网的复测。若发现全部、多数或部分点位稳定性有问题或明显变形(沉陷、倾斜、位移)等，或发生危及点位稳定性的意外情况，应立即进行全桥控制网的全面复测或部分检查。

复测后，以复测成果的中误差($m_{复}$)和原测成果

的中误差($m_{原}$)为依据,计算复测成果与原测成果比

$$\delta=\pm2\sqrt{\frac{m_{复}^{2}+m_{原}^{2}}{2}} \tag{4.4.4.1}$$

如复测成果与原测成果同一个量(可以是方向、角度、边长、高差或点位的中误差)的互差小于 δ,说明原测成果无问题或是互差在允许范围内;如互差大于 δ,则应考虑原测网已有问题,或者是原测网的控制点已发生变化:沉陷、位移、倾斜等。

一、平面控制网的复测

复测平面控制网应包括基线复量、角度复测、成果复算、对比。复测时应尽量保持原测网图形,复测精度一般依原测要求进行。基线可只直接丈量一条,以复测的实量值(经过有关各项改正)为准。原测网系用光电测距仪测边的,应用近期经过检定的光电测距仪作相应的观测。但重要大桥及复杂特大桥施工开始后,现场一般设施繁杂,干扰较多,不具备高等级网观测的充分条件,根据《测规》有关桥梁控制测量的检查规定,原为一、二等三角网,若个别三角点的稳定性有问题,则可改按三等网的要求复测;若较多三角点的稳定性有问题时,则应按二等网要求复测。因此,原测一等网进行复测,可按二等网要求;二等网及以下等级网的复测按原等级网要求。若检测网中少数或个别控制点,可按三等网要求进行,主要是检查这少数或个别点位有无大的变形。

若某些点位建有觇标,要在复测前检测,固定觇标应进行归心投影,活动觇标应强制归心。

设有标石护桩的,应同时检查标石的位移情况;标石顶部测有高程点的,应进行水准检测,以了解有无沉陷。

复测时应选择原测网中稳定可靠的点至少两个的联线(避免最弱边)作为起算边,以实量基线为检核边。若实量基线的端点稳定性不能肯定,可只利用其长度。基线端点是否稳定,可以基线复量值与原测值比较,其差值是否在限差内以及端点标石有无沉陷、位移、是否在允许范围内等情况来确定。若稳定性是肯定可靠的,亦可以作为起算边,以另一基线(亦应复量)作为检核边。

复测资料与原测成果,互差超过限差时,应重新计算全网成果,只保留原起算点坐标(主要是起算里程)不变,并据以重新编算施工交会测量用表。若复测前已使用原测成果于施工交会测量,应将以前历次施工交会资料按复测成果重新改算,并分析其点位位移过程中所进行的施工交会原计算成果与重新改算成果的比较。若点位的位移对于角度影响不大,根据墩中心点位放样容许误差(10mm)推算,在 2.5″以内时,可不予考虑。

检测少数或个别点位的位移,按其他多数点仍为原测值求算,视位移大小采取相应措施。在限差以内(同上述),按原测值使用。超过限差应考虑提高检测等级、扩大检测范围;仍超限时应采用新成果,已使用于施工交会的已测资料,同上述应重新检算有关成果。

施工开始后,平面控制网的桥轴线两端的点位往往受施工影响被损坏、摧毁或严重变形,恢复困难,或虽能恢复,而利用价值不大,为保持桥轴线方向的稳定、准确和控制网的完整,应利用较接近的已建成的桥墩中心点作为新的桥轴线控制点,以形成近似图形,如图 4.4.4.1。但这个桥墩中心点应确保在桥轴线方向上,可用桥轴线延长线上的方向控制点和对岸的桥轴线控制点检测校正,并使其位于符合精度要求的桥墩中心里程上,且作为复测后桥梁里程的直接起算点。当另一岸桥轴线控制点是稳定可靠的,还可检核这个桥墩中心里程的准确性。

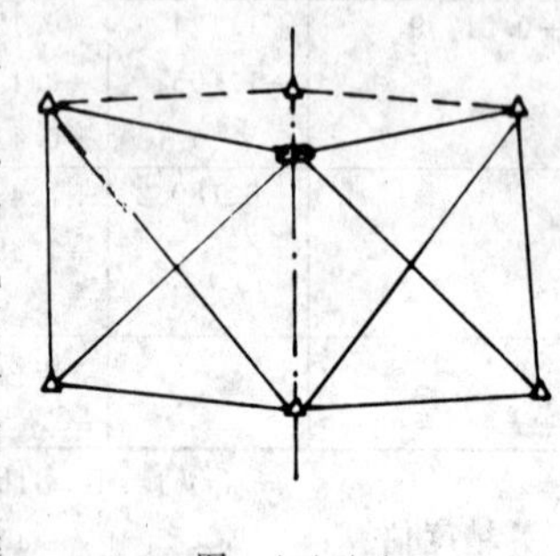

图 4.4.4.1

二、水准控制网的复测

水准控制网的复测一般依原测路线按原测等级进行。过河水准、两岸水准网或水准路线可作为一独立部分复测。联测平差后再联成一整体。

跨河水准复测时尽量用原跨河水准测量路线中的一条作为复测路线,即只单线过河。若原测路线有干扰或其他问题不能进行观测,才另选一条过河线,或采用其他跨河测量方法,如水中有可作传递水准的临时建筑物或已建成(或已出水接近建成)的桥墩,可通过这些建筑物传递水准,缩短跨河视线长度是有利的;若在严寒地区,亦可在封冻期采取防滑、防化冻措施,自冰上传递水准。目的都是将跨河水准作为单独部分进行复测,以与原测值比较。复测精度:一、二等跨河水准都按二等要求,三等及三等以下按原测等级要求。

两岸固定点(基本水准点)仍应用原测点,并当高差变化不大时(小于 10mm)仍用原测高程值;高差变化较大时(大于 10mm)应重测过河水准一次,并与原引测的国家基准点或特定基准点联测,重新计算并核定最后(复测)的高程值。两岸其他基本水准点和施工水准点分别根据各自岸的固定点或国家基准点或特定基准点进行复测,观测精度与原测要求相同。

复测高程值根据固定点高程(原测值或复测核定值)或国家基准点或特定基准点的高程计算。

每一岸基本水准点间高差变化值小于 10mm 亦采用原高程值,其差值可相应分配到沿线路各施工水准点上;相邻两点间距离不大(小于 500m),其高程互差在 5mm 以内时亦采用原测高程值。否则应重测一次。如仍超过上述变化值或互差,则应采用复测平差值。

第五节　施工控制点的加密

一、平面控制点的加密

桥梁工程施工测量，特别是正桥桥墩构筑物的定位、放样测量必须在全桥统一的控制网基础上进行，而跨水面距离较大的桥址平面控制网由于要满足图形要求，保证桥轴线达到一定精度，沿两岸布设在桥址上、下游的控制点一般距桥轴线较远，用于施工经常性交会测量不太方便，且观测视线较长，因角度观测误差引起的被观测点位横向误差较大。为了缩短交会观测边长，减少交会点位误差，并便于使用，常增设一些节点和插入点、插入网，补充施工测量经常性使用，属于施工平面控制点的加密。

施工现场情况复杂，一些加密点不一定能长期保留使用，有时需要随时加密，有时根据某些施工点的特殊设施就近加设临时观测点，专用于某一个施工点。

(一)节点的测设

节点的测设是在测量桥址平面控制网时，与布设基线时同时进行，即在基线中间部位建立中间固定点，与基线端点的距离是在基线丈量时截取一定长度来确定。长度计算和精度与基线要求相同，其方向亦利用基线方向角测量成果，因此节点的测设除了增加定点、埋石工作外，不增加太多的观测工作量。

如南京长江大桥在全桥控制网的基线测量时，同时在两基线中部各设了一个节点——节(1)、节(2)，见图 4.4.5.1。测量要求和精度与基线一致。应用于正桥左岸一侧各桥墩的经常性交会观测。

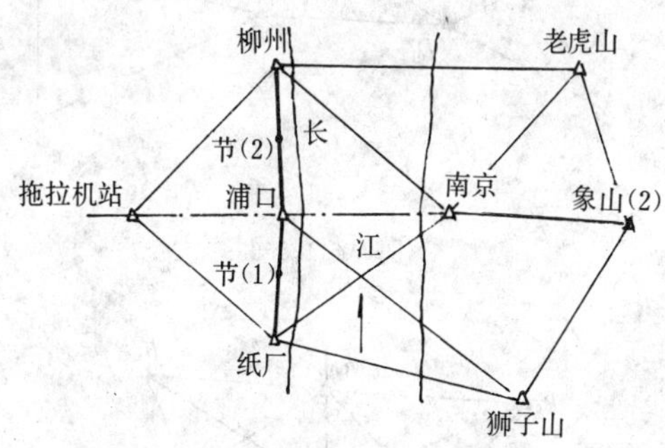

图 4.4.5.1

又如九江长江大桥在主网——正桥控制网的基线测量时，同时在两基线各设立了一个节点——B_9，B_{10}，见图 4.4.5.2，B_9 建立在折线形基线的一中部折点上；B_{10}建立在直量基线靠近桥轴线一端近⅓长度处，测量要求和精度亦是与基线一致的。应用于正桥左岸一侧插入网的测设和近岸桥墩的交会测量。

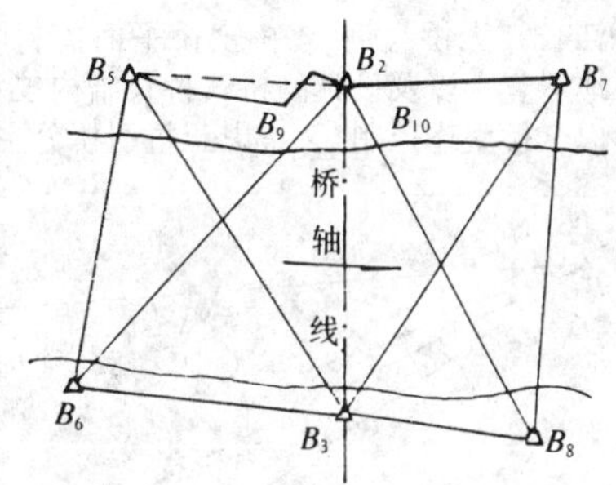

图 4.4.5.2

如基线长度丈量应用的是标准基线尺，节点与起始点的距离采用一定测段长度，则更为方便，不额外增加丈量和计算工作量。

(二)插入点的测设

亦以南京长江大桥为例：该桥全桥平面控制网为一以正桥桥轴线两岸控制点——浦口、南京——为中心的多边形，见图 4.4.5.1，由于南京岸桥址上、下游三角点——狮子山、老虎山——距离江边和桥轴线均较远，不适于施工测量时交会桥墩用，遂利用上游侧工厂高大建筑物设立了插入点两个——加工厂(1)、加工厂(2)；在下游江边则利用码头建筑物设立了插入点——码头。浦口岸基线在桥轴线外的两个端点——纸厂、柳州，虽靠近江边，亦有距桥轴线较远、交会近岸桥墩有角度不利之弊，为了适应施工测量需要，可以应用更有利的距离和角度交会桥墩(主要是正桥水中桥墩)，除在控制网基线上建立了节点，已见上小节外，又利用有利地形，在下游侧另设一插入点——头埑，以补充节点——节(2)的不足。各插入点除与相关的控制网三角点作图形闭合的角度观测外，插入点码头和头埑还加测基线分别与桥轴线控制点南京和浦口连接，见图 4.4.5.3。连

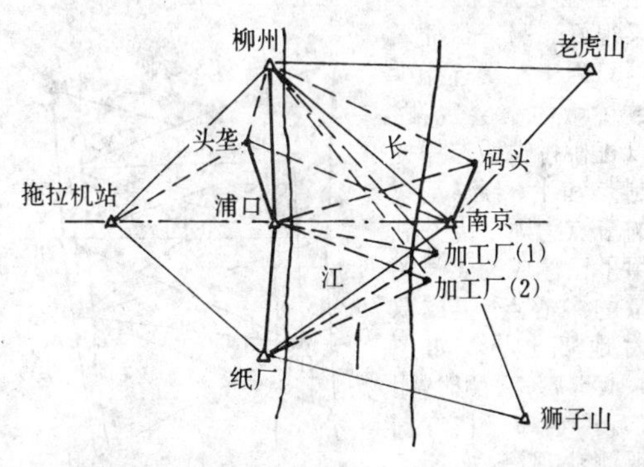

图 4.4.5.3

接基线丈量方法和要求与控制网基线相同，所有插入点角度观测均按二等网要求进行，较全桥控制网角度观测等级低一级；平差按典型图例计算，然后确定各插入点与全桥一致的统一坐标值。

（三）插入网的测设

以九江长江大桥为例：该桥全桥平面控制网基于桥址区地形复杂以及设计的桥式桥长结构技术要求。既考虑全桥整体控制，又考虑正桥引桥分主次、依等级控制，按三个级别设测。正桥以桥轴线为共同边的双大地四边形的Ⅰ级主网控制，两岸引桥分别以复三角形和多个三角形的Ⅱ级附网及两个大地四边形和单三角形与精密视差导线相结合的Ⅲ级附网控制。全网组合图见图 4.4.5.4。由于全桥很长，地形条件和地物影响，图形比较复杂，主要是起到控制桥轴线长度和方向达到一定精度作用。

而正桥主网上、下游几个主要点位都距桥轴线

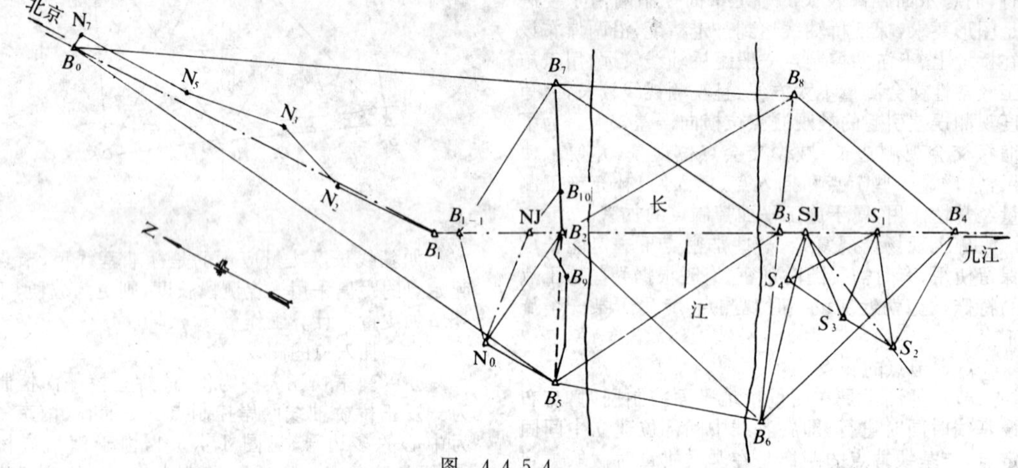

图 4.4.5.4

很远，不便用于经常性施工交会测量。在全桥进入全面施工时，为方便正桥桥墩初步定位及其附属设施的定位放样，增设了施工插入网和插入点。这里将插入网的测设概述如后：插入网有两个，一个作为正桥全桥的补充控制，由四边形组成，两岸各两个点均临近一般水位水边，右岸两点设在有石砌护坡护墙的临江防水堤上，左岸两点分别设在施工物资材料起重码头栈桥桥墩上及河漫滩防护林带外侧土堤坎上。两岸各点除相互联测外，并分别与主网对岸三角点进行联测，同主网形成相关的完整附网，见图 4.4.5.5，作成展开图，图形更为清晰，见图 4.4.5.6。观测时，用 DJ_1 型经纬仪按方向观测法观测，与Ⅱ级附网相当；平差以主网点位和边长为固定条件进行计算。在正桥各水中墩施工过程中应用于经常性交会观测，效果很好。另一个插入网只用于左岸近岸少数桥墩的交会观测，以正桥桥轴线左岸控制点和上、下游基线的节点为固定点并利用了已建成的 1 号桥墩的中心点，组成双大地四边形，如图 4.4.5.7。观测时，用 DJ_2 型经纬仪按方向观测法观测，亦与Ⅱ级附网相当，平差按双四边形增加 $B_9B_2B_{10}$ 固定角度条件计算，不考虑 1 号墩中心的已测资料。

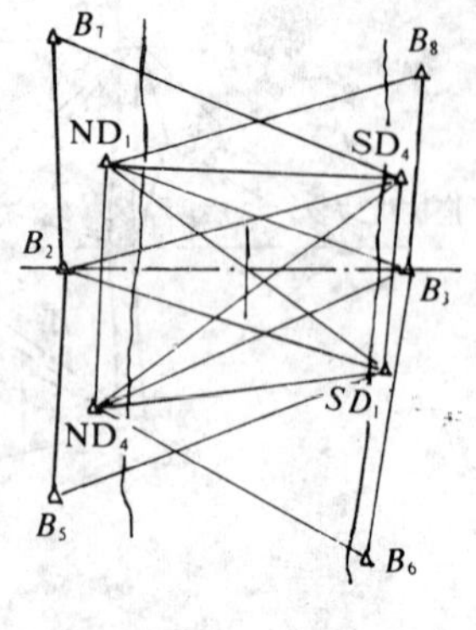

图 4.4.5.5

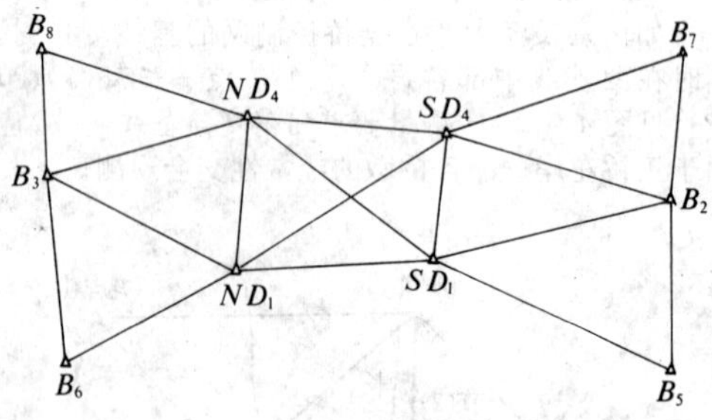

图 4.4.5.6

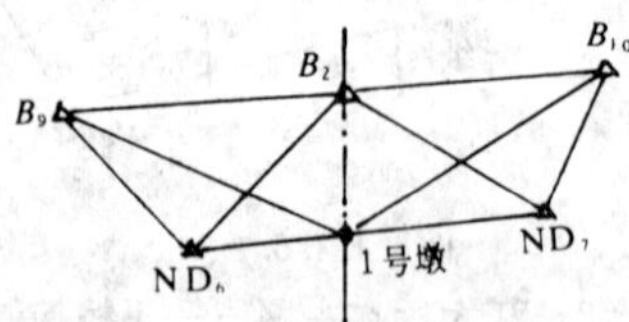

图 4.4.5.7

另左岸铁路引桥中部一段处于全长 1000 余米的曲线上，曲线转向角（交角）近 27°，半径 2000m，双线内外轨道中心有约 4.3m 之间距，缓和曲线长 70m，内含桥墩 20 多个，上部为无碴预应力混凝土梁，桥墩定位放样要求精度较高。为了加密控制，以

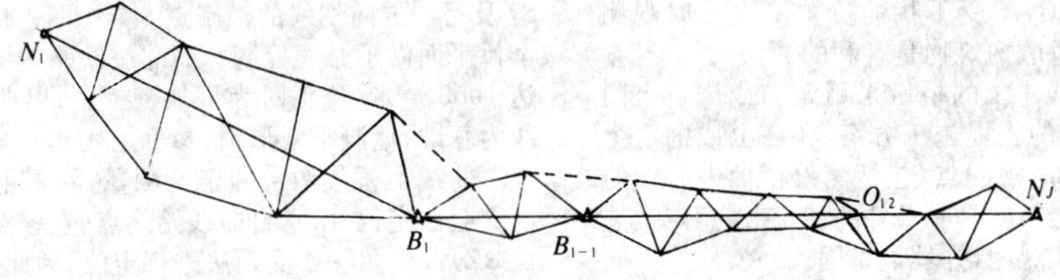

图 4.4.5.8

曲线的两个切线方向为基础，以曲线交点(B_1)及其附点(B_{1-1})和公路引桥转向控制点(NJ)、精密导线点(N_1，在 B_1、N_2 之间)为控制，布设线形锁，如图 4.4.5.8，用于曲线上桥墩施工定位放样测量。观测时亦用 DJ_1 型经纬仪按方向观测法观测，最小角 30°余，最大角近 100°，估算测角中误差±2.54″，平差时以 N_1、B_1、B_{1-1}、NJ 为已知点，以 B_1、B_{1-1} 为分界，分三段计算，$O12$ 作为插入点单独计算。

(四)临时观测点的测设

临时观测点的特点是靠近施工桥墩，施工定位放样观测距离近，只专用于临近的施工桥墩，如在水中桥墩旁，施工开始时设置有稳定的临时建筑物，就可利用其靠近桥墩的有利条件测设临时观测点，对于桥墩结构的一些部位能就近直接观测，确定其位置；亦可用于桥墩施工过程中对桥墩结构形态进行定位放样。

设立临时观测点要与主网三角点、节点或其插入点至少三个通视，并具有较好的图形条件，以前方交会和后方交会结合，按插入点相同或略低等级要求进行测设，计算出与全桥相同系统的坐标值。

有时临时观测点位置很好，但因建筑物障碍，不能与必要数量的主网三角点、节点或其插入点通视，或虽通视某几个点，而组成图形条件不佳，在这种情况时可采用间接法先在其附近有较好通视条件和组成图形条件之处测设中间点，再由中间点转测临时观测点。

武汉长江大桥和南京长江大桥正桥水中墩施工时，桥墩旁均建有配电站，其基础(管桩)比较稳固。在面对桥墩的平台上就曾选择稳定点位设置临时观测点。以南京长江大桥水中墩施工为例：在 5 号墩施工测量时，在其下游配电站平台上测设有临时观测点 N_{5P}，位于桥址中线下游 30.5m，桥墩中线以南 16mm，与主网(见图 4.4.5.1)三角点纸厂、柳州，节点节 1 及插入点加工厂(2)，头垄等通视，组成图形亦还好，如图 4.4.5.9。

6 号墩施工测量时亦在配电站平台上设有临时观测点 N_{6P}，位于桥址中线下游 29.6m，桥墩中线以南 1.83m，用于施工观测位置较好。但只能与主网三角点柳州及插入点加工厂(2)、头垄通视，且联测条

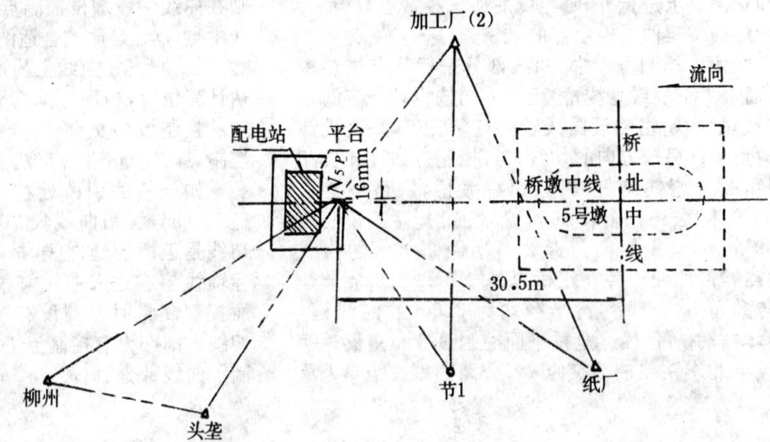

图 4.4.5.9

件不佳。测设时就选择了联测条件较好的 $N6A$ 点作为中间点过渡，先测定 N_{6A}，再转测 N_{6P}，间接确定其坐标值，N_{6A} 可与主网三角点柳州、插入点加工厂(2)、头垄通视外，还能与主网节点 1、插入点加工厂(1)通视，组成图形较好，如图 4.4.5.10。

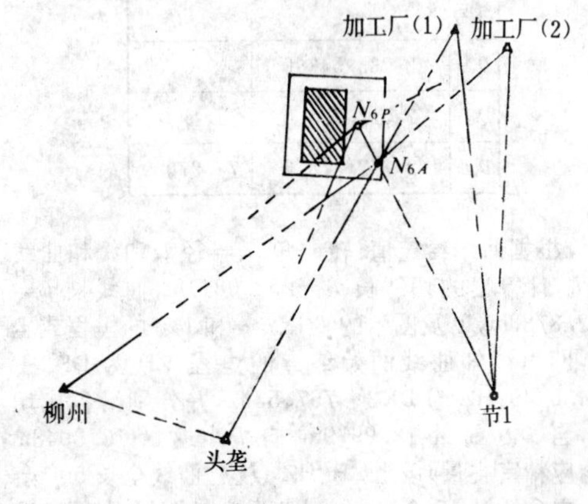

图 4.4.5.10

有时河滩、浅水上的桥墩采用栈桥施工方案；在栈桥上稳定、方便、不受干扰的位置测设临时观测点，对就近放样桥墩构筑物是有利的。

有时河滩、浅水上的桥墩采用筑岛或修筑土围堰或平行桥址线的土堤施工方案，在岛上或围堰上或土堤上测设临时观测点（包括测设桥址中心线的精密平行线控制点）亦是有条件的。唯应注意点位选择适当，有利施工观测，并埋设稳固。

临时观测点实际上亦系施工控制网的一种加密，不过仅应用于精度要求相对较宽的桥墩基础部位的定位、放样，对及时配合施工，加速工程进度有实际意义。

为了避免临时观测点的本身误差而引起定位、放样桥墩构筑物的更大误差，测设时要严格按照设点和观测要求进行外，测定以后应该经常进行检测。

（五）桥梁曲线控制点的加密

在桥址控制测量中，曲线部分一般都自主要桥梁（通常为正桥或直线桥）延伸方向按设计规定的长度（或里程）精密测设曲线转向点（交点），并按设计转向角测设另一方向的切线进行控制。如九江长江大桥，是一座铁路、公路两用特大桥，铁路桥全长7600余米，公路桥全长4600余米。北岸距正桥北端1000余米，有一转向角近27°，半径2000m的曲线（铁路），南北两岸各在正桥以外210和260余米处有转向角53°和67°余，半径均为300m的曲线（公路），均居引桥区段。全桥平面控制设计和测量时就测设了北岸铁路曲线交点B_1、公路曲线交点NJ及另一方向切线的控制点B_0、N_0，南岸公路曲线交点S_J及另一方向切线的控制点S_2，参见图4.4.5.4。对全桥平面做了必要控制。而北岸铁路曲线上引桥长达1000余米，施工时为了加密控制，以曲线的两切线为基础，增测了线形锁，参见图4.4.5.8。

曲线上桥梁墩台的定位测量，除采用坐标数据以交会法定位外，常自曲线始终点（直缓点ZH、缓直点HZ）以偏角法或支距法进行定位。因此，作为补充控制，加测ZH、HZ是需要的，测设时可自ZH、HZ附近的切线方向上控制点沿切线方向精密测量（丈量或光电测距）一定距离，精确设定ZH、HZ点位。必要时还可自交点检测曲线的切线长，进行检查。如曲线较长，例如大于300m，或内含墩位较多，譬如超过10个，为了分割控制长度，避免一次测定墩位过多，则在曲线中段增设控制点较好，应用亦方便，选择曲线中点（QZ）是比较合适的。如地形影响或分割段仍然较长，则可在曲线上的适宜地段选择一点或多点，估计其位置，精确计算其坐标。应用坐标关系，自已知的控制点如交点、曲线始终点或附近的切线方向控制点测定选出的点位。

如一桥的引桥处在一转向角为16°55′00″、半径1500m，缓和曲线长70m的曲线上，曲线的一个切线是正桥的延伸线，是桥址平面控制网的基本坐标轴线x，在进入曲线前和曲线转向点上，在全桥平面控制测量时已测设有控制点DQ_3、DQ_4，转向后的切线方向亦设有控制点DQ_5，如图4.4.5.11，基本控制了曲线部分。

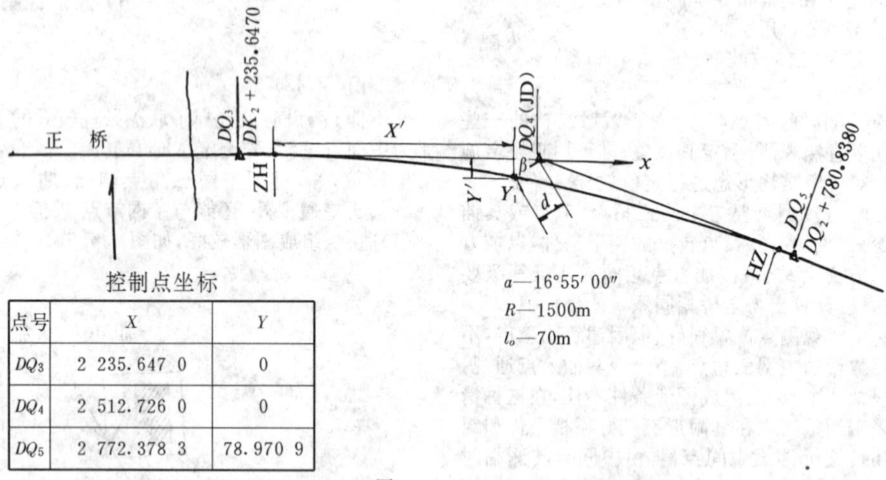

控制点坐标

点号	X	Y
DQ_3	2 235.647 0	0
DQ_4	2 512.726 0	0
DQ_5	2 772.378 3	78.970 9

图 4.4.5.11

根据曲线给定值：转向角α、半径R和缓和曲线长l_0，计算出的切线长$T=258.0811$m、曲线长$L=512.8783$m，以及图示的DQ_3、DQ_4和DQ_5的里程或坐标，即可得知曲线的始终点的里程；ZH为DK2+254.6449、HZ为DK2+767.5332，并分别沿各自切线，自DQ_3前量18.9979m，自DQ_5返量13.3048m（均应精密丈量）设出ZH、HZ点位。曲线全长500余米，中含桥墩15个，宜分割为两控制段，在中部增设一控制点，是有利的。选择曲线中点QZ，自转向点测设，自是适宜的，但地势不佳，且接近一墩位，不宜应用，而选了附近一高点Y_1，估计里程为DK2+495.100。

按切线支距法测设缓和曲线连同圆曲线的计算式，算得Y_1的$X'=239.9059$m，$Y'=14.1976$m，换算为全桥统一坐标系的坐标为$X=2254.6449+239.9059=2494.5508$m，$Y=14.1976$m。

测设Y_1时，按切线支距法精密丈量X'距，再向曲线一侧精密丈量垂距Y'设出；亦可自转向点DQ_4

(统一坐标见图中表示)测量 β 角和 d 距(依 Y_1、DQ_4 坐标增减量计出)设出。或两者互为检核。

此外,测设出缓和曲线终点(缓圆点 HY、圆缓点 YH)亦是有利曲线上墩位的测定的。

二、施工水准点的加密

桥址水准控制网的基本水准点因选择跨河线位置,埋设条件和较佳观测路线等因素,有时距离桥址线较远,或沿桥址线的点间距离较大,则应加设必要的施工水准点,以方便施工观测的经常性应用,这属于施工水准控制点的加密。

施工水准点的测设亦要在已有桥址水准控制网的基础上进行,保证高程系统的一致,其精度主要是满足施工过程中高程观测要求,可稍低于基本水准点的精度等级,但不应低于四等。

根据工期及临近的施工建筑物或其他建筑物的情况,施工水准点可附设在建筑物上,做好明显标点;或根据地质情况埋设管桩标石、钢管标石或大木桩,在其顶部设立标钉。都要求有一定的稳定程度。施工水准点的高程与就近的基本水准点直接联测。使用过程中应加强检测或作定期检测。

施工过程中,在墩位附近利用桥墩构筑物本身或其临时附属建筑物的稳定部位设置临时施工水准点亦是桥梁施工测量常常采取的方便、适应急用的措施。因这种临时施工水准点只用于基础部位施工观测,精度要求相对较低,其高程可就近自基本水准点或施工水准点引测。跨越水面较宽时可采用三角高程法、前后视等距离观测法、双向近远、远近观测法等传递高程。为避免意外原因或所在建筑物的变形而引起的高程较大变异,使用过程中亦应加强检测,随时注意修正其高程值。

第六节　施工场地和运输线路的测量

一、施工场地总图的检测

桥梁工程施工组织方案,常常根据桥址地区现有地形图作底图,按施工全面规划的生产流程作施工场地平面总图设计。

总图的检测主要是了解原底图表明的地形起伏、地物分布与现实场地是否相符,有多大差异、变化,影响施工组织设计方案具体实施的程度。

初步检测可以现场踏勘,对照底图,以目测作比较性的察看,必要时应以桥址中线为基线,布设导线进行全面的局部地形、地物复测,以供施工组织实施方案的落实应用。

复测性检测应按原图同比例尺、等精度要求进行,复测导线可以是桥址中线的附合导线,必须从桥址中线就近的控制点引出,闭合于其他控制点,按桥址平面图导线测量要求实施。

若底图是勘测阶段实测的,如因某种原因发生变化,检测导线尽可能根据原布设的导线进行复测。

施工组织方案如系由施工单位自行设计、实施,同时又缺乏合用底图时,则应按设计、施工要求进行桥址区地形图测绘。

二、运输专用线路的选线、测量及实例

桥梁工程运输专用线路主要指由既有公路、铁路干线分岔进入施工场地的支线、岔线。

桥址远离公路、铁路干线,所在江河不通航,或虽通航但不能或不方便担负主要施工机械、物资和梁部结构成品的运输,则要考虑自运输干线出岔,选择通往桥址施工现场的运输专用线路。不论是公路或铁路都可用较低等级标准选线,一次定线;或线路稍长,则按先导线后定线,二次完成。定线一般要求较顺直的进入场地,与场地内运输线路连接,沿线尽可能避开城镇、村庄、重要建筑物、不利地形,工程量较小,施工较易,能用较少时间完成路基和敷设路面或轨道,能尽快投入使用。

济南黄河铁路新桥开工之时,主要施工场地在北岸,主要施工机械、物资及正桥钢梁杆件、引桥 混凝土梁都需要从铁路运进。施工场地距离津浦铁路最接近的车站(晏城)亦有十余公里。其间是一派平原,但村舍密布。因施工任务紧迫,不允许补测地形图,仅有较老的 1：10 000 地形图作参考,先是作纸上概略选线,由施工场地平行桥址线的场地内运输线直接引出导线接通铁路车站股道,再根据导线通过沿途情况作适当修正,并以适当半径的曲线联结,尽可能避免过多曲折和村庄,不拆迁农舍和其他固定建筑物,做到地面稍加平整即可形成路基,进行现场定线测量,参见图 4.4.6.1。因为沿线除有些沟渠和新旧堤埂外是平坦的农田,线路纵剖面没有太大困难,基本上是顺地面延伸(俗称就地爬),亦见图 4.4.6.1。这一铁路运输专用线路很快得以铺轨通车,保证了工程施工需要。

这些线路一端与既有线连接,一端与桥址线有相关联系,实测可按照设计或现场规划的走向定线,由一端引出,正确到达另一端,或由两端引出,中间连接。精度要求达到 1/2 000～1/1 000,不出差错,不偏离太多即可。这类线路一般运输行车速度不高,曲线部分可不加缓和曲线;最小曲线半径和限制坡度根据实际情况酌定,一般不作具体规定。

三、施工设施的定位放样

施工设施的布置,墩台分布是依桥址线定位的。因此施工设施的定位放样一般亦以桥址线为准。按场地总平面图找出各种设施的轮廓线或中心线与桥址线的关系,自就近的桥址中线控制点按正交测距法、前方交会法或极坐标法测定各种设施的轮廓控制点(如厂房等的四角、专用场地的边界转折点)或

中心线(如电线路、管道等的走向线),达到 1/2 000 ~1/1 000 精度,不出差错,即可满足要求。

施工期需要较长,桥址两岸桥头缺乏布设场地的有利地形,有时施工的一些设施布设在偏离桥址线,与桥头线路距离较远的场所,如武汉长江大桥汉阳岸的三号、四号工地,所有设施的定位放样可根据各场地平面布置图,自原测底图的导线点测量。一般各场地间与桥址线或桥头线路会有交通连系的运输专用铁路或公路,各种设施与这种专用线有相互关系。因此,设施的定位放样亦可自专用线路上的一些固定点(如分岔点、曲线交点、起终点和某些突出点等)按前述方法和要求进行。

各种设施的高程一般达到自身相对平衡,满足场地平整、埋设管线等的需要。有特别规定的,按照设计要求,就近自施工水准点或线路水准点引测。精度要求较高,必须与桥梁基本建筑发生联系的,应自基本水准点引测高程,并采取相应技术措施。

因此,在工作开始前,应充分与施工设计人员密切配合,确定工作先后程序,并收集必要的技术资料、图纸,有足够的情况了解,做好测量工作的各项准备。

四、场地内运输线、机械走行线、水运码头和装卸设施的定线放样

场地内运输线、机械走行线与工程施工直接有关,包括牵引车、小型机车、塔式吊机等的走行轨道,汽车、汽车吊机、履带吊机等的走行线;一般与桥址中心线平行,特别在有长大引桥和河滩、浅水有栈桥的施工方案中,根据设计的中心距离,测定平行中心线,即可满足线路敷设的需要,其中栈桥还应给栈桥的墩台定位放样。

水运码头和装卸设施包括起重码头、砂石码头、车辆轮渡码头等及其相应的起重、装卸机械和码头栈桥,码头特别是机械的基础建筑、栈桥的墩台定位放样有一定的相对精度要求,具体布设方案一经确定,应按设计方案测定临时基线,用以测设设施方位、栈桥墩台位置,放样基础桩位。如规划设计前缺乏所在地域的地形图资料,则应测绘码头范围包括附属设施在内的地形图,并包括必要的水下地形。一般比例尺 1:2 000,必要时局部比例尺 1:500。高程系统应与桥址测量高程系统一致,一般达到四、五等水准要求,有利确定有关水位高程的需要。

码头装卸线一般要与场地内运输线连接,按设计的连接线走向,测量标定中心线,必要时测量其纵横断面,满足线路坡度的确定和路基的修整,有利轨道或路面的敷设,有时连接区间缺乏必要的地形图,亦必须测绘线路经由地段的带状地形图,一般比例尺 1:2 000,高程系统亦应与桥址水准高程系统一致。

第七节　桥梁墩台定位测量

桥梁墩台定位一般系指测定墩台的中心点位。

桥墩台在陆上(包括干枯河滩)施工与在水上施工,定位测量不尽相同。直线上的与曲线上的墩台定位测量亦有差别。

一、陆上墩台定位测量

陆上施工的桥墩台一般在桥址中线的两控制点间按里程直接丈量,或测量方向角配合丈量测定墩台中心点位。干枯河滩上未建立控制点的,应加设临时控制点,以与近岸上控制点一起控制其间的精确距离。丈量用的钢卷尺应在本桥比尺场上比出尺式,或者是经过检定的标准钢卷尺,专供精密丈量使用。如用光电测距仪测距,则光电测距仪应有一定的额定精度,能满足桥跨长度测量的精度要求。观测方向和角度用的经纬仪应不低于 DJ_2 型。桥址中线两控制点间,特别是桥址中部控制点间的所有桥墩应一次测定,避免由一端控制点开始,施工一个桥墩,测定一个桥墩,使测量误差集中到另一端,更不能允许自两端控制点向中间逐步测定,使误差集中到中部。如计划的施工流程是确定由桥址中线中间控制点向一端桥台逐墩施工的,可认为例外,只要测定墩台中心点位能满足逐个桥跨长度的精度要求,误差集中到桥台后路堤上,影响是可忽略的。

(一)直线上墩台中心定位

将桥址中线上任意两个相邻控制点间作为一测段,长大直线桥桥址中线上可能有多个控制点,就会有多个测段。在确定测段上,根据两控制点的里程及测段中各桥墩中心里程,依跨距(控制点与近邻桥墩里程差及相邻桥墩里程差)按序由粗到精进行丈量、计算,测定墩台中心点位,其步骤如下:

1. 按墩台中心里程与控制点间里程关系,沿桥址中线方向用钢卷尺概量,钉设墩台位大木桩,并在桩上钉小钉;

2. 用经过检定的钢卷尺按精密量距法精确丈量控制点与桥墩(或桥台)位木桩上小钉间及各墩位桩小钉相互间的距离;

3. 进行尺长、温差改正,根据相邻桩间的高差进行高差改正,得到精密量距值;

4. 将精密量距值累计,与两控制点间控制长度比较,得到测段全长丈量误差,并按墩间距离(包括两端控制点与邻近桥墩间短距离)比例分配到各跨;

5. 按改正后的精密量距值,自两端任一控制点重新计算各墩台桩上小钉的实际里程;

6. 根据各墩台桩上小钉实际里程与各该墩中心设计里程的相差值调整墩位桩上小钉沿桥址中线方向的位置,以与设计里程相符。这时桩上小钉位置即为各桥墩(台)中心位置。至此,测段间各墩台中心定位即告一段落。

下面是一陆上引桥墩位中心点直接丈量和计算的实例。

1. 桥跨设计示意图

2. 丈量计算表(表 4.4.7.1)

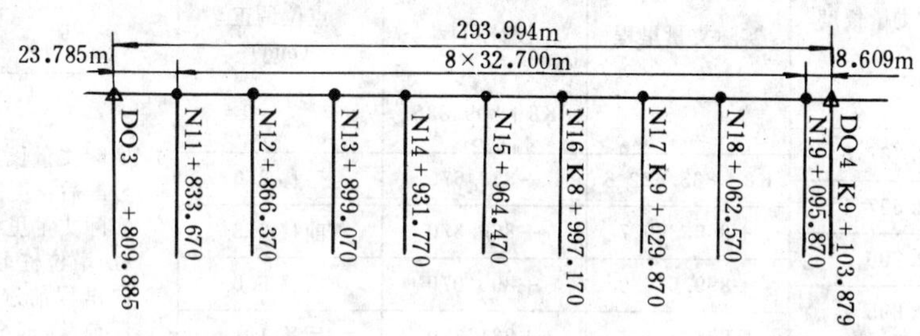

表 4.4.7.1

测向	尺段	丈量长度(m)	尺长改正(mm)	温差(t—20)℃	温差改正(mm)	高差(mm)	高差改正(mm)	总改正(mm)	改正后长度(m)	往返测均值(m)	误差分配(mm)	分配后长度(m)
往测	DQ_3—N_{11}	23.783 3	+1.4	+4.5	+1.35	180	−0.68	+2.07	23.785 4	23.785 2	+2.4	23.787 6
	N_{11}—N_{12}	32.692 5	+0.7	+3	+1.17	59	−0.05	+1.82	32.694 3	32.694 0	+3.1	32.697 1
	N_{12}—N_{13}	32.701 5	+0.7	+3	+1.17	23	−0.01	+1.86	32.703 4	32.703 1	+3.2	32.706 3
	N_{13}—N_{14}	32.690 3	+0.7	+2	+0.78	51	−0.04	+1.44	32.691 7	32.691 9	+3.2	32.695 1
	N_{14}—N_{15}	32.690 7	+0.7	+2	+0.78	136	−0.28	+1.20	32.691 9	32.692 3	+3.1	32.695 4
	N_{15}—N_{16}	32.702 3	+0.7	+4.5	+1.76	637	−6.20	−3.74	32.698 6	32.699 1	+3.2	32.702 3
	N_{16}—N_{17}	32.701 3	+0.7	+4	+156	532	−4.32	−2.06	32.699 2	32.699 7	+3.2	32.702 9
	N_{17}—N_{18}	32.695 0	−0.7	+5.5	+2.15	176	−0.47	+2.38	32.697 4	32.697 7	+3.1	32.700 8
	N_{18}—N_{19}	32.693 7	+0.7	+5	+1.95	268	−1.09	+1.56	32.695 3	32.645 9	+3.1	32.699 0
	N_{19}—DQ_4	8.606 0	+1.0	+3.5	+0.42	87	−0.44	+0.98	8.607 0	8.606 7	+0.8	8.607 5
返测	DQ_4—N_{19}	8.605 5	+1.0	+3	+0.36	87	−0.44	+0.92	8.606 4	Σ293.965 6	Σ+28.4	Σ293.994 0
	N_{19}—N_{18}	32.695 0	+0.7	+4.5	+1.76	268	−1.09	+1.37	32.696 4			
	N_{18}—N_{17}	32.696 0	+0.7	+4.5	+1.76	176	−0.47	+1.99	32.698 0			
	N_{17}—N_{16}	32.702 3	+0.7	+4	+1.56	532	−4.32	−2.06	32.700 2			
	N_{16}—N_{15}	32.703 5	+0.7	+4	+1.56	637	−6.20	−3.94	32.699 6			
	N_{15}—N_{14}	32.691 5	+0.7	+2	+0.78	136	−0.28	+1.20	32.692 7			
	N_{14}—N_{13}	32.690 7	+0.7	+2	+0.78	51	−0.04	+1.44	32.692 1			
	N_{13}—N_{12}	32.701 3	+0.7	+2	+0.78	23	−0.01	+1.47	32.702 8			
	N_{12}—N_{11}	32.692 3	+0.7	+2	+0.78	59	−0.05	+1.43	32.693 7			
	N_{11}—DQ_3	23.783 0	+1.4	+4	+1.20	180	−0.68	+1.92	23.784 9			

3. 点位调正表(表 4.4.7.2)

如测段长度(两控制点间距离)较大,其间桥墩过多,不宜一次测定,则应先加密控制点,分割测段,然后在分测段中按上述步骤一次测定其间墩位中心点位。

如用光电测距仪测距,可以各尺段(墩跨及首尾段)为测段,采用组合法往返观测,经过计算得到点位调正值,测定墩位中心点位。

这种丈量方法,上述实例是以墩台点位作测点进行,直接测定墩台中心点位。但在墩台施工开始后,点位桩会被挖除消失,一般是以测定的墩台中心点位为准,沿桥址方向(纵向中心线)及其正交方向(墩台横向中心线)或其他有利方向钉设保护桩,有利施工过程中测量放样需要,随时可以恢复墩台中心所在点位。

这种丈量方法如以跨中分中点作测点,沿桥址中线丈量,同样计算、调正点位。然后顺桥址中线按半跨距离测定墩台中心点位,自前后跨中分中点测定可以相互检核。优点是墩台施工开始后，有可能保留测点桩，特别是跨度较大时。测点桩还可起桥址中线方向保证作用。墩台中心点位横向中心线或其他有利方向仍应钉设保护桩。

表 4.4.7.2

测　　点	实际丈量长度(m)	实际丈量里程	设计里程	点位调正(mm)	附　　注
DQ_3			K8＋809.885		1. 实际丈量长度即前表中的分配后长度； 2. 实际丈量里程大于设计里程，墩位桩上小钉后移，即向里程前进方向后退；相反前移，即向里程前进方向前进。
	23.787 6				
N_{11}		K8＋833.672 6	＋833.670	后移 2.6	
	32.697 1				
N_{12}		＋866.369 7	＋866.370	前移 0.3	
	32.706 3				
N_{13}		＋899.076 0	＋899.070	后移 6.0	
	32.695 1				
N_{14}		＋931.771 1	＋931.770	后移 1.1	
	32.695 4				
N_{15}		＋964.466 5	＋964.470	前移 3.5	
	32.702 3				
N_{16}		＋977.168 8	＋997.170	前移 1.2	
	32.702 9				
N_{17}		K9＋029.871 7	K9＋029.870	后移 1.7	
	32.700 8				
N_{18}		＋062.572 5	＋062.570	后移 2.5	
	32.699 0				
N_{19}		＋095.271 5	＋095.270	后移 1.5	
	8.607 5				
DQ_4		＋103.879	＋103.879		

每一侧保护桩至少有两个，桥址中线上可通视的中线控制点、方向控制点或其他墩位中心点等可以包括在内。保护桩应选在地势较高，地质较坚实、稳定，不易受干扰破坏之处。横向保护桩与墩台中心点位的距离能够精密测定，则更多一个保证。作为方向点，用作后视的保护点亦可设在可靠的建筑物基础突出部位或在墙壁高处刻划。

这样就完成了墩台中心定位测量。

这种直接丈量的方法应用在桥址中线的平行线上亦是可行的，可以平行线上相对于桥址中线里程的控制点为准，进行相对墩台点位的丈量定位。然后根据平行线与桥址中线的间距在平行线上相对墩台点位按正交测距，测定墩台中心点位。这有利于避开桥址中线方向的障碍，便于观测。平行线上控制点和测定的相对墩台点位亦起了相互保护作用，减免保护桩的钉设。唯正交测角应前后两方向、正倒镜多次进行，力求减少偏差。平行线与桥址中线的距离应视地质情况、不易因施工而影响点位桩稳定性为依据确定。

(二)曲线上墩台中心定位

曲线是指行车线路而言，而曲线上桥墩台间的每跨梁部不会做成曲线形，而是直线形的，形成以墩台为折点的折线形。因此曲线上的桥墩台有线路中心点和墩台中心点。线路中心点即线路中心线与墩台横向中心线的交点；墩台中心点在单线桥上即相邻两孔梁的中心线交点，在双线桥上为两线相邻两孔梁中心线交点联线的分中点，曲线上墩台中心定位主要是测定墩台中心点。

而曲线线路一经测定是基本不变的，根据曲线要素用测设曲线的方法测定墩台上的线路中心点，然后测定墩台中心点是常用方法。根据设计图给出的资料，直接测定墩台中心点亦是可行的。测量前充分了解墩台平面设计图提供的墩台点位数据是很必要的，数据中的墩台里程一般是按线路中心曲线长度计算的，系指墩台上的线路中心点。数据中如列出墩台中心坐标值，则系按全桥统一坐标系统计算的，有时以表格形式列举，系指墩台中心点。

墩台中心点与墩台线路中心点有一定关系，根据单线桥梁、双线桥梁在曲线上的布置形式而确定。

1. 单线桥梁在曲线上墩台中心定位

单线桥在曲线上墩台一般按扇形布置，墩中心线(横向中心线)在相邻两跨梁中心线交角的平分线上(在圆曲线上与曲线半径方向一致，在缓和曲线上与曲线半径方向有一小偏角)。墩中心点和线路中心点都应在这一线上，墩中心点在线路中心点的曲线外侧，其间距根据曲线半径(R)、缓和曲线长(l_0)和计算点至缓和曲线始(终)点距离(l_i)及墩中心距(L，墩跨)确定，常称为偏距(E)。

根据梁中心线采用平分中矢布置或切线布置，见图 4.4.7.1，E 值按本篇第二章第四节曲线桥梁偏距 E 的计算式计算。

相邻墩跨不等时，应采用相同的 E 值。相邻墩跨都大于 20m 时，按大跨度要求确定 E 值，都小于 16m 时，按小跨度要求确定。

桥台在曲线上，则按桥台系直线布置或折线布置采用不同的 E 值。直线布置时，如图 4.4.7.2，在台尾处的线路中心线偏离桥台中心线距离 $d \leqslant$ 10cm，使桥台中心线与相邻梁的中心线布置在一条直线上；如 $d >$ 10cm，则采用折线布置，如图 4.4.7.3，使台前的 E 与相邻桥跨的 E 值相同；如台尾偏角改变方向，出现负值，如图 4.4.7.4，则台尾与台前采用相同的 E 值，如图 4.4.7.5。

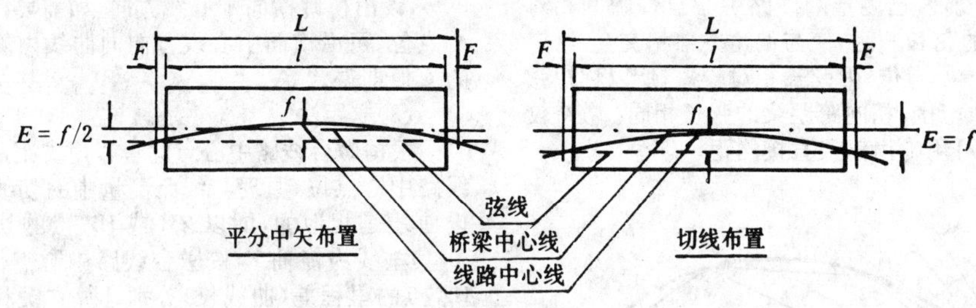

图 4.4.7.1

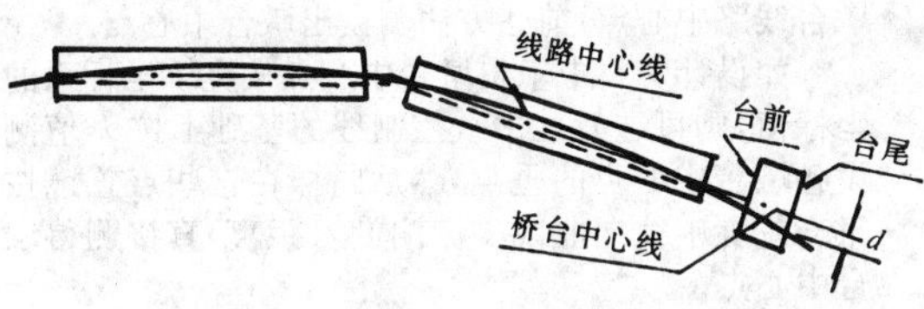

图 4.4.7.2

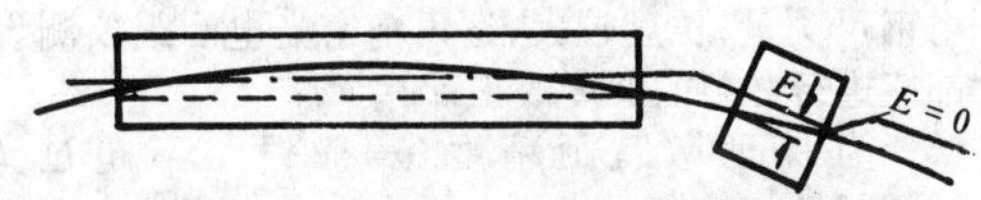

图 4.4.7.3

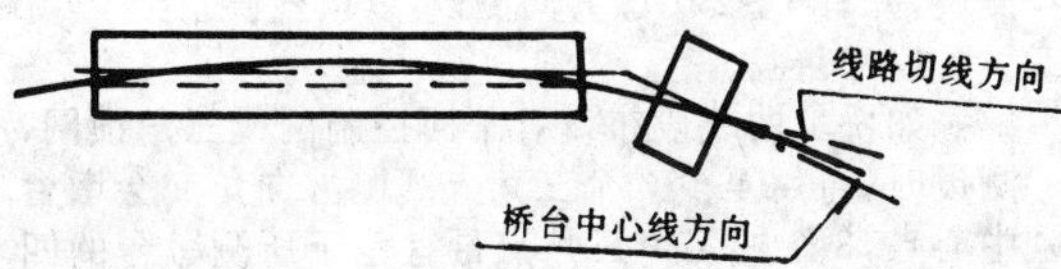

图 4.4.7.4

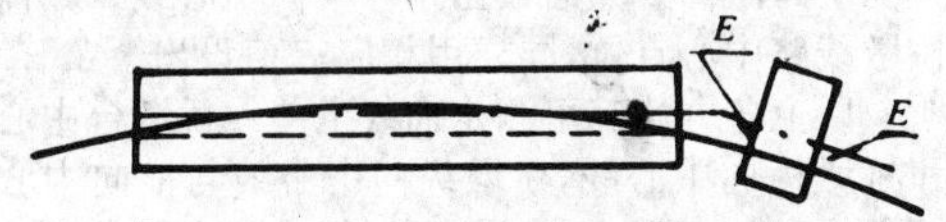

图 4.4.7.5

L 值按梁全长(l)和梁端缝隙计算，计算式为：

$$L=l+2F\approx l+2(a+\Delta) \qquad (4.4.7.1)$$

式中，a 为规定的直线桥梁端间隙之半；$\Delta=\frac{B}{2}\cdot\frac{\alpha}{2}$。其中，$B$ 为梁的宽度，α 指的是相邻两孔梁中心线在墩上相交的转向角，称为桥梁偏角，通常以分为单位，在求算长度时应将其化为弧度，即乘以 $\frac{1}{3437.75'}$。

桥梁偏角 α 由于梁在曲线部位的不同，计算方法也不同，详见本篇第二章第四节二曲线桥梁偏角 α 的计算。

桥梁在曲线上，有关偏距 E，偏角 α 及墩台中心距 L 一般设计图中都会示出，掌握其计算方法可以更加清楚地了解其性质，并可对资料进行计算校核。

墩台中心定位测量即可根据现场情况及仪器工具条件，采用下列方法。

(1)偏角法

其原理与线路测量中的偏角法测设曲线是相似的，即按曲线始点(ZH)或终点(HZ)及各墩和台的线路中心点里程计算出各墩、台线路中心点至 ZH 或 HZ 点的曲线长度，并根据曲线半径(R)，缓和曲线长(l_0)计算出各墩、台线路中心点对于 ZH 或 HZ 点的偏角。

因桥梁墩台定位要求精度较高，测设时，首先应从邻近的桥址中线控制点精密测设出曲线的 ZH 及 HZ 点，然后在 ZH、HZ 点先后设置仪器，用各墩、台线路中心点的相对偏角测定方向，所以叫做偏角法。但有偏角方向还不够，还应有测距配合，才能测定点位。由于测距位置的不同，又可分为长、短弦法。

①长弦法：是以各墩、台线路中心点至 ZH 或 HZ 点的弦长(根据曲线有关要素及点间弧长〔相对曲线长〕求得)沿偏角方向测距，定出点位。因弦长较长，所以称长弦法，如图 4.4.7.6。适宜于应用光电测距仪，测设定位。

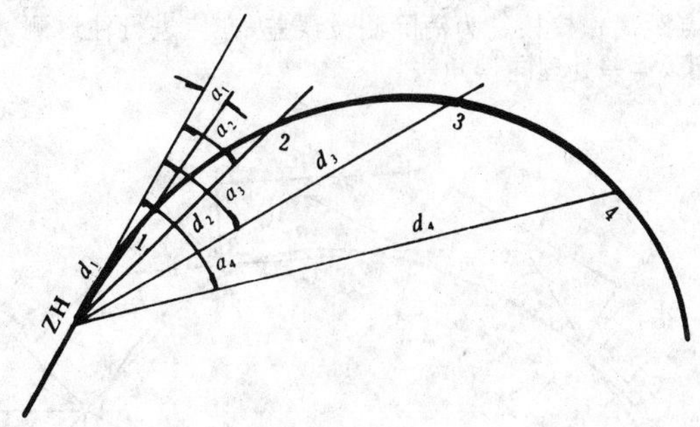

图 4.4.7.6

②短弦法：是以 ZH 或 HZ 至最近墩(或台)线路中心点的弦长及相邻墩台线路中心点间的弦长测距，如图 4.4.7.7。测设时，按 ZH(或 HZ)点至最近

墩(或台)线路中心点的偏角和弦长测定最近墩(或台)线路中心点位,然后依次测出次一墩线路中心点的偏角,并自前一已测定的线路中心点按墩间相对于曲线弧长的弦长测距,使与偏角方向相交会,测定次一墩线路中心点位。因弦长相对较短,所以称短弦法。在圆曲线范围,相同跨距梁的弦长相同。墩跨较小(≤50m),可用专用钢尺直接测距。

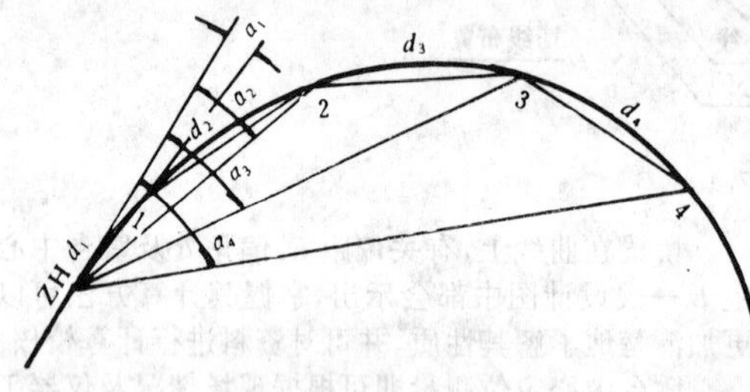

图 4.4.7.7

上述测定的点位都是墩台的线路中心点。在这些点位应用平分相邻墩台线路中心点间联线交角测设桥墩的横向中心线,即在各墩线路中心点置镜观测前后相邻墩台线路中心点,并按相邻两弦的交角平分线测设桥墩横向中心线方向,然后沿此方向向曲线外侧量出相应的 E 值,即得到桥墩中心点位。

(2)导线法

应用桥梁偏角和墩台中心距数据,逐个测设偏角和距离,直接测定墩台中心点位,亦可称为另一类偏角法。根据曲线走向,桥梁偏角可是左偏角或右偏角。

测设时,如图 4.4.7.8,也是从桥梁在曲线内的一端开始,首先从一端控制点(包括桥址中线控制点、曲线的 ZH、HZ 等)用前述偏角法测设出曲线内首或尾墩(台)中心点 1,然后在 1 设置仪器,以正倒镜(盘左和盘右)测出桥梁偏角 α_1,并沿偏角设出方向测设相应的墩中心距 L_1,即定出次一墩中心点 2,这样依次逐个进行测设,直至曲线内另一端尾或首墩中心点,并最后丈量尾或首墩中心点至本端控制点距离作校核。为消除测设误差,亦应进行往返测设,误差处理同偏角法。

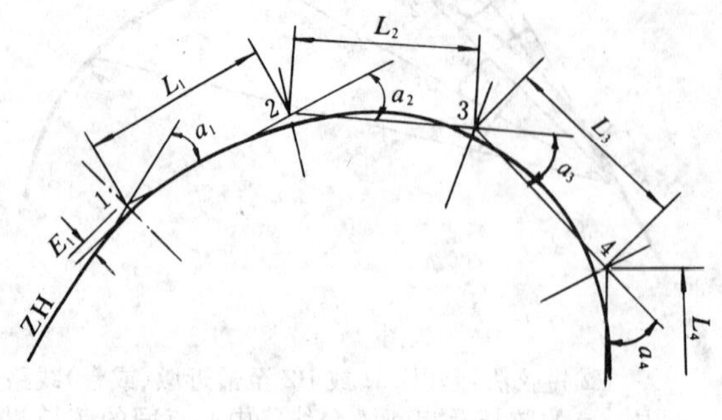

图 4.4.7.8

在上述直接测设桥墩中心点同时,应用其前后跨梁中心线交角并平分之(或平分桥梁偏角再转 90°),设出桥墩横向中心线方向,如需要桥墩线路中心点位,可沿横向中心线方向向曲线内侧量出相应的 E 值即得。

(3)支距法

根据墩台线路中心点的里程用支距法测设墩台线路中心点位,原理与线路测量中的切线支距法测设曲线是相似的,即以 ZH 或 HZ 点的切线为纵轴 X,其垂线为横轴 Y,按墩台线路中心点位与 ZH 或 HZ 点的里程差(曲线长)分别计算在缓和曲线及圆曲线范围内墩台线路中心点的 x_i、y_i 值。测设时,沿切线依 x_i 值精确设出各点位的垂点,然后在这些点上置镜按正交切线向曲线方向测设 y_i 距离,即测得墩台线路中心点,前述方法测设出墩台中心点。

如设计资料中示出墩台中心点按全桥坐标系的坐标值,则可在桥址中线控制线的基础上按 x_i 值测设各墩台中心点的垂点,然后同样在这些点置镜按正交桥址中线向曲线一侧测设 y_i 距离,直接测得墩台中心点。

因桥梁墩台中心点定位要求精度较高,所有 x_i、y_i 测距均应按精密测距要求进行,长度较短,可用专用钢尺丈量;长度较大,适用精密光电测距仪测设,都应进行必要的长度改正计算。

为保证墩跨距精度(一般误差不超过 L/10 000),在控制段内所有墩台中心点应一次测定,并用相邻两墩中心距 L 直接检测墩跨距离。

如桥梁布满全曲线,宜自曲线两端向曲线中部测设,并有 1~2 个墩共同测设,以检核误差。

(4)交会法

如桥址曲线段布设有平面控制网或三角锁网,测设时,可用至少 3 个三角点观测方向角交会墩台中心点,3 个或多个三角点最宜位于所测墩台的四周,分布比较均匀,交会角相近,与墩台距离相差不太大。控制段内各墩最宜一次测定,并用相应 L 值检测墩跨距离。然后设出桥墩横向中心线。如需要桥墩线路中心点位,同样用相应 E 值设出。

以上各方法都可测定曲线上单线桥墩台中心点和桥墩横向中心线,桥墩纵向中心线与横向中心线在墩中心处正交,不难设出。曲线上桥台横向中心线(挡碴前墙线)则要根据桥台的布置形式来确定,可先测定纵向中心线,再设出横向中心线。直线布置时,桥台纵向中心线与连接孔梁的中心线是一致的;折线布置时,桥台纵向中心线根据其与连接孔梁中心线的折角测定。桥台横向中心线均在台中心点处与纵向中心线正交。

桥墩台中心既定,纵横中心线亦设出,为保证施工期间(墩台中心点会损毁)墩台各部位构造定位放样需要,在墩台中心点定位并设出纵横向中心线后,同样应测设墩台中心保护桩。钉设保护桩要求与直线上桥墩台中心保护桩相同。

2. 双线桥梁在曲线上墩台中心定位

双线桥梁在曲线上的布置,通常皆以其中一线按单线桥梁在曲线上的布置方法进行，其墩台一般按扇形布置，如图 4.4.7.9。当两线间距变化较大(因曲线加宽值不同引起)，或曲线半径较小、梁跨较大，采用扇形布置法的外侧梁端缝隙大于 30cm 时，亦采用平行布置，如图 4.4.7.10。平行布置的基准线选用曲线上桥中心墩横向中心线或桥台档碴前墙线，或特定的桥墩横向中心线。

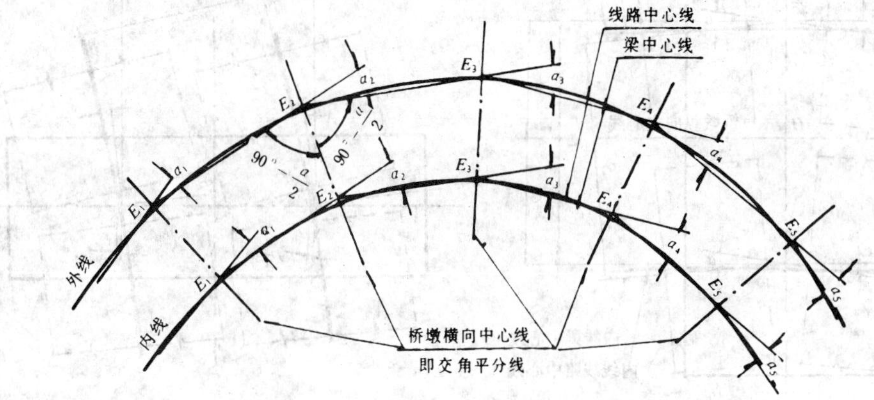

图 4.4.7.9

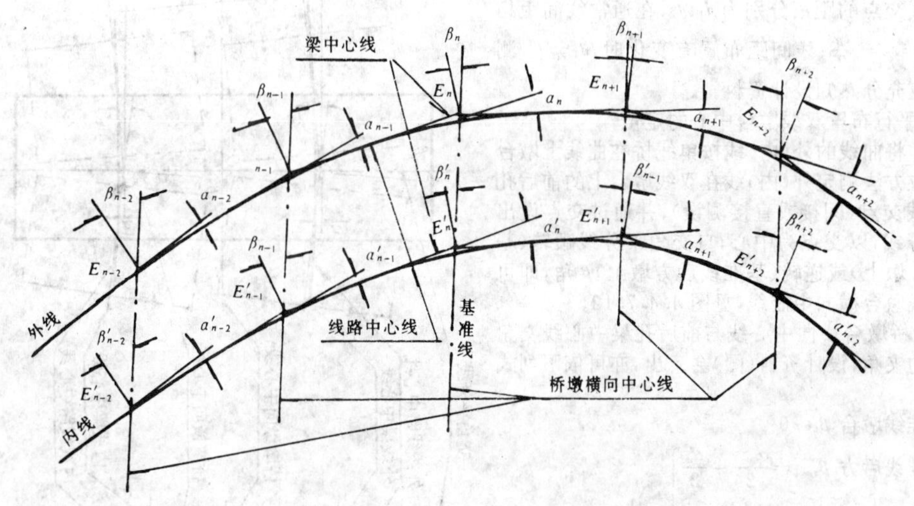

图 4.4.7.10

双线桥在曲线上墩台中心的定位，原则上亦按单线桥在曲线上墩台中心定位方法先测定一线在墩台上的线路中心点和前后孔梁中心线交点(相当单线桥在曲线上的桥墩中心点)，然后考虑到另一线，测设出两线共同的墩台中心点。

双线线路均按左线(下行线)测设，双线在曲线上按外线或内线测设，则取决于曲线系右弯抑左弯。双线桥的测设亦按此原则进行，然后再结合到桥轴线(勘测时的桥址中线)。

(1)扇形布置双线墩台中心的定位

按单线桥在曲线上墩台中心点定位方法测定外(内)线在双线墩台上的线路中心点和前后孔梁中心线交点(有的方法是直接测设梁中心线交点)，并设出桥墩台横向中心线。顺横向中心线自梁中心线交点向曲线内(外)侧设出 t_B 距离，即得内(外)线梁中心线交点，见图 4.4.7.11。

t_B 为两线梁中心线(或台纵向中心线)与墩台横向中心线(或台档碴前墙线)的两交点间距离，设计资料(图)会示出，亦可依下式计算：

线间距相等时

$$t_B=\frac{S}{\cos\frac{\alpha}{2}} \tag{4.4.7.2}$$

线间距不等时

$$t_B=\frac{S_{n\sim n+1}}{\cos\frac{\alpha}{2}} \qquad t'_B=\frac{S_{n-1\sim n}}{\cos\frac{\alpha}{2}} \tag{4.4.7.3}$$

式中，S 为线间距，即 4.0m＋曲线加宽值；α 为桥梁偏角。

内外线梁中心线交点联线(亦即横向中心线)的中部 O 点即扇形布置双线墩台中心点，其与内外线

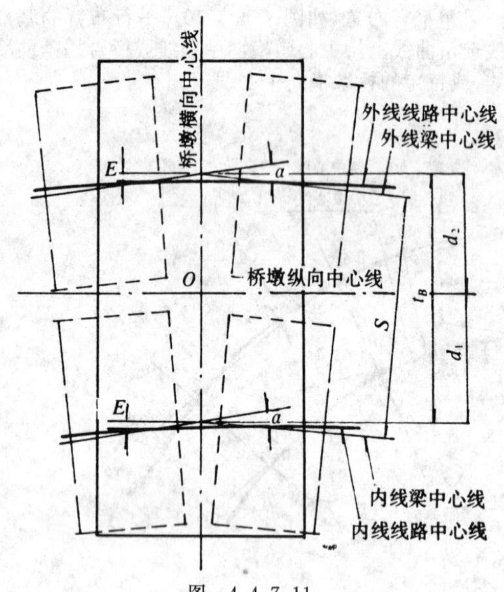

图　4.4.7.11

梁中心线交点的距离分别为 d_1、d_2，在通常线间距相同时，$d_1=d_2=\frac{t_B}{2}$；线间距布置有变化时，$d_1\neq d_2$，测设前都应充分熟知设计资料。

(2)平行布置双线墩台中心的定位

同样将曲线的外(内)线按单线桥在曲线上墩台中心定位方法测定外(内)线在双线墩台上的前后孔梁中心线交点(间接或直接测设)，并通过交点设出交角平分线，以交点为中心，自交角平分线顺转(基准线前方墩上)或逆转(基准线后方墩上)β 角，即可设出双线墩台横向中心线，见图 4.4.7.12。

β 为桥墩台横向中心线与前后孔梁中心线交角平分线的夹角，设计资料(图)会示出，亦可依下列式计算检核。

基准线墩台 $\beta_n\approx 0$

$$\left.\begin{aligned}&\text{基准线后方 }\beta_{n-1}=\frac{\alpha_{n-1}}{2}+\frac{\alpha_n}{2}\\&\beta_{n-2}=\frac{\alpha_{n-2}+\alpha_{n-1}}{2}+\beta_{n-1}\\&\vdots\\&\beta_{n-i}=\frac{\alpha_{n-i}+\alpha_{n-i+1}}{2}+\beta_{n-i+1}\\&\text{基准线前方 }\beta_{n+1}=\frac{\alpha_{n+1}}{2}+\frac{\alpha_n}{2}\\&\beta_{n+2}=\frac{\alpha_{n+1}+\alpha_{n+2}}{2}+\beta_{n+1}\\&\vdots\\&\beta_{n+i}=\frac{\alpha_{n+i}+\alpha_{n+i-1}}{2}+\beta_{n+i-1}\end{aligned}\right\}\qquad(4.4.7.4)$$

α 为桥梁偏角。

墩台横向中心线设出后，从外(内)线梁中心线交点顺横向中心线向曲线内(外)侧方向设出 t_B 距离，即得内(外)线梁中心线交点。

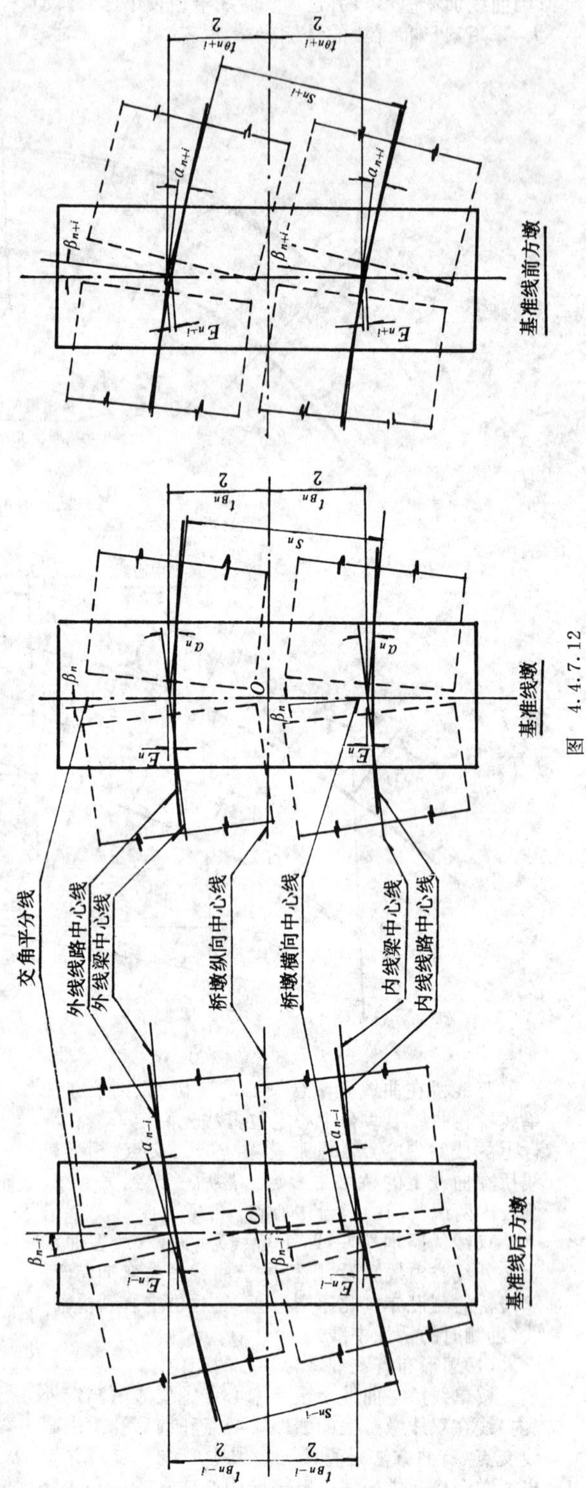

图　4.4.7.12

t_B 在设计图中亦有标示，无论在基准线的前方或后方均可按下式计算检核。

$$t_{B_i} \approx \frac{S_i}{\cos\beta_i \cdot \cos\frac{\alpha_i}{2}} \tag{4.4.7.5}$$

在内、外线梁中心线两交点之间取中点 O，即为平行布置双线墩台中心点。

扇形布置或平行布置的双线墩台中心点和横向中心线已设出，墩台纵向中心线亦可设出。为保证墩台施工定位放样需要，仍应测设保护桩，要求同前述有关要求。

二、水上桥墩定位测量

水上桥墩定位基本上是前方交会，但在方法应用上稍有差别。随着光电测量仪器的迅速发展，应用光电测距于水上桥墩定位，亦日趋成熟。

(一)固定点法

如桥址两岸地势较高或有合适的突出而稳定的建筑物，控制网三角点或施工控制点置镜照准线一般高出水面很多，当桥墩施工开始后所有施工设施一般亦不致阻碍视线，则可在三个或三个以上(包括桥址中线)控制点按桥墩方向角在对岸适当位置预先测定前视方向点，建立固定目标，如图 4.4.7.13，桥墩施工定位时，即可在几个控制点上直接照准固定目标，纵转望远镜交会定位。

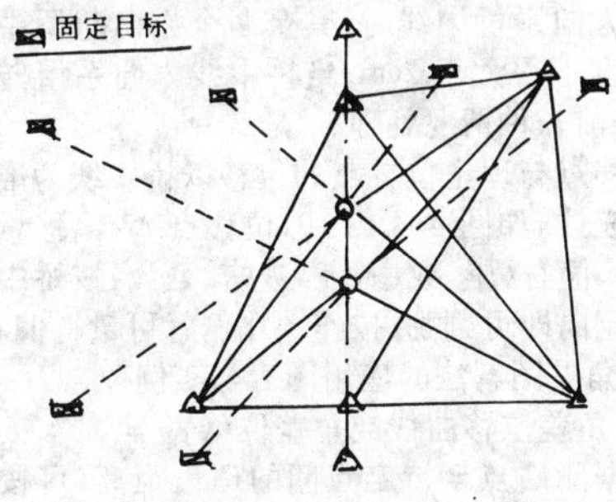

图 4.4.7.13

建立固定目标时，可用多测回法和不同后视控制点观测，提高目标方向精确度。因此，这种方法是比较可靠的，但要有一定条件建立目标，观测时如不能通视，则失去应用价值。

(二)固定角法

在各个观测控制点上，根据计算的桥墩方向角与一后视控制点方向角之差值，按固定角值观测进行交会定位，如图 4.4.7.14。

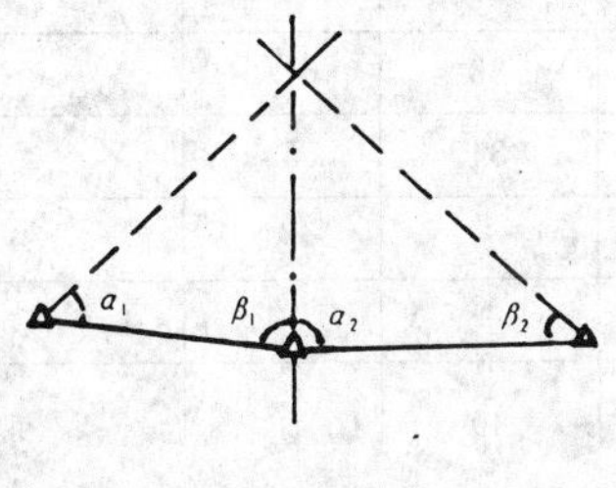

图 4.4.7.14

这是常用的前方交会方法，但定位观测时难于实施多测回操作，精度会较差。在桥墩基础部位的初步定位上是适用的。

以上两方法当用于桥墩基础结构浮运定位时，应估测工作船上桥墩基础结构中心标志与预定定位目标点的距离，由远趋近，由粗放到精细，指挥工作船进入目标位置。工作船上要同时听取几个方向上的指挥，有时会判断不及时，处理延误，影响作业。如图 4.4.7.15，工作船所在位置 N'，对于桥址中线方向控制点 B，认为已到位；而对于控制点 A，则认为偏上游；对于控制点 C，又认为偏下游。工作船上必需经过分析，才能确定本身移动航向。

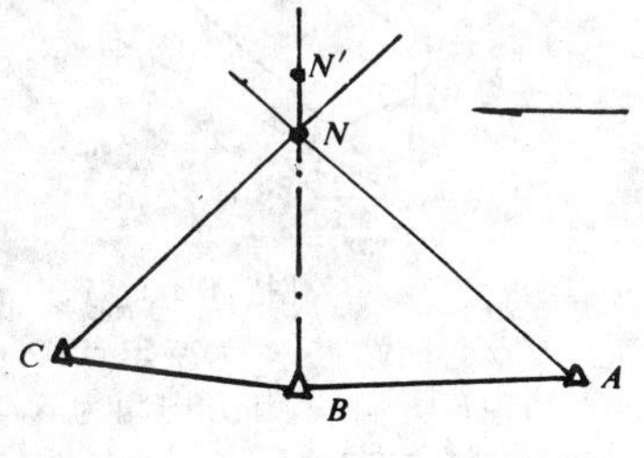

图 4.4.7.15

(三)实际测角法

在各个观测控制点上，通过观测桥墩定位标志的实际方向角与设计墩位的方向角之差值以及观测点与墩位的概略距离，指挥工作船移动，使实测方向角逐步接近设计的方向角，达到定位目的。这仍然有一个由远而近、逐步接近的过程。

(四)角差图解法

总结以上方法的利弊，经过试验、推广、和完善，角差图解法是适宜于水上桥墩定位测量的方法。亦可应用于其它水上工程建筑物的定位测量。

角差图解法应用实测桥墩定位标志的方向角与设计方向角的比较以及测站点至桥墩位的距离为依据的单位角差偏离值(是一个基本固定值，可以预先计算)计算墩位偏移量，以一定比例绘出与设计方向线近似平行的实测墩位方向线。以 3 个或 3 个以上测站点用相同比例绘出的实测墩位方向线将交会于一点，或因观测误差而交会成一小三角形或多边形。这一点或三角形或多边形的中心即可以认为是实测墩位，如图 4.4.7.16。从图上可以简明的看出实测墩位 N' 与 N 的相互关系，并可以相同比例尺量出具体尺寸，如 x、y。因而可以明确地指出墩位偏离情况、要求定位标志(工作船)移动方向和距离，达到定

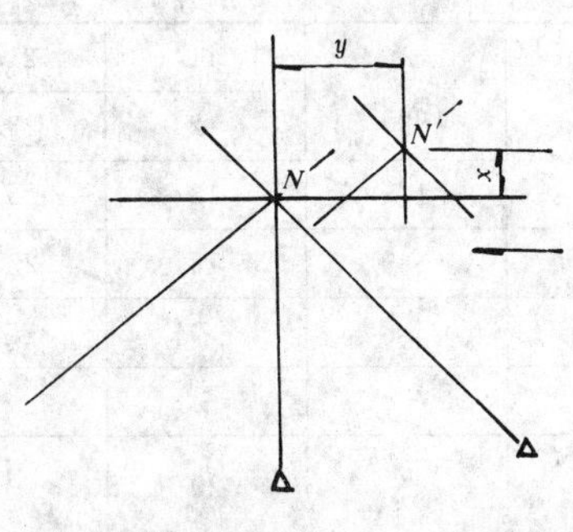

图 4.4.7.16

位目的。在广泛应用对讲机配合下，应用角差图解法进行定位测量，尤为准确快速。

角差图解法的基本原理、应用图表与实例、实用与要求、特点与注意事项分述如下：

1. 角差图解法的基本原理

如图 4.4.7.17

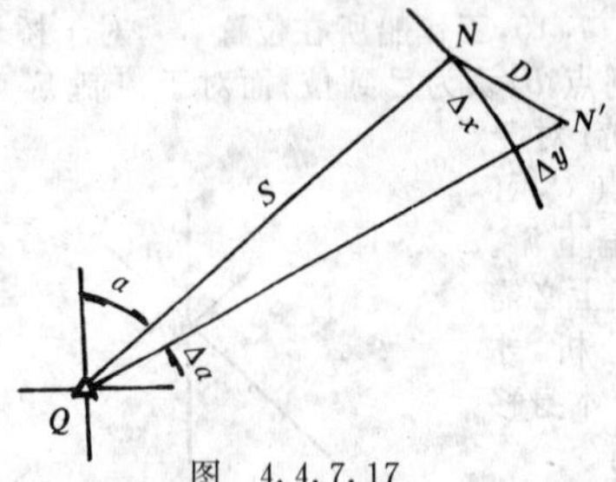

图 4.4.7.17

设 Q 为测站点，N 为待定点，QN 为测站点至待定点的理论方向线，其方向角为 α，其距离为 S，N' 为实测点位，方向角为 $\alpha+\Delta\alpha$。

以 Q 为圆心，以 S 为半径作圆弧，$NN'=D$，即偏移量。

对于 Q，D 可以分解为横向偏移(切线方向) Δx 及纵向偏移(半径方向)Δy。而 Δy 与 S 相较，其值甚小，可以认为 $S\pm\Delta y=S$，且 Δy 沿观测方向变动，其值大小对于角差值 $\Delta\alpha$ 无大影响。对角差值 $\Delta\alpha$ 产生影响的唯有 Δx。且因 $\Delta\alpha$ 一般较小，Δx 与其所对弧长几乎相等，按几何关系：$\dfrac{\Delta x}{2\pi S}=\dfrac{\Delta\alpha}{360°}$

或 $\Delta x=\dfrac{2\pi S}{360°}\cdot\Delta\alpha=\dfrac{S}{\rho''}\cdot\Delta\alpha(\rho=206265)$

对于测站点 Q，由于 $S\pm\Delta Y\approx S$ 可以认为：S/ρ'' 为一常数，则：

$$\Delta x=K\cdot\Delta\alpha \tag{4.4.7.6}$$

Δx 一般很小，S 相对较大，又可以认为 QN、QN' 系与 Δx 近似正交的两根平行线。

当已知 S，得出 K，测得 $\Delta\alpha$ 值，即可求得 Δx 值，以其为垂线距作理论方向线 QN 的平行线 QN'，如图 4.4.7.18。

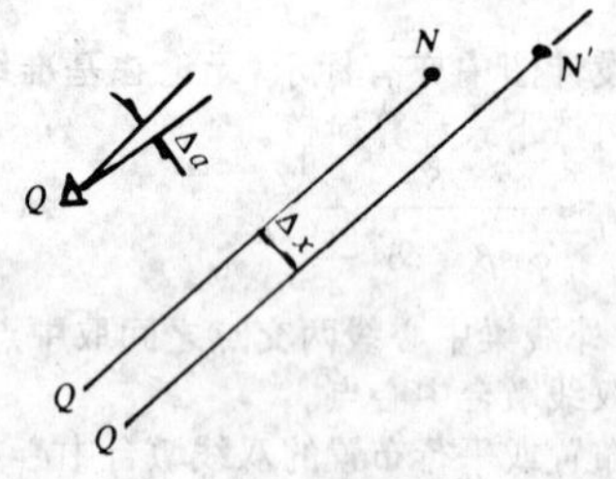

图 4.4.7.18

QN' 称之为角差位移平行线。同理，在多个测站上对同一个待定点进行定位观测，得出各测站的横向偏移值，作各方向角差位移平行线，成为角差位移交会图，如图 4.4.7.16。在桥墩定位测量中即称之为角差图解法。

由于观测存在误差，几个方向的角差位移平行线经常不交于一点，相交成三角形或多边形，称之为示误三角形或示误多边形。如示误三角形或多边形的各边长在限差内，可取其中心点作为位移点。在桥墩施工定位测量中，如三个方向或多个方向交会中有一方向为桥中线，且在这个方向上观测时不是后视其它方向上控制点作转角交会，而是直接照准桥中线方向前点交会的，则取另二个方向交会点或其它多个方向交会示误三角形或多边形的中心对桥中线所作垂线的垂足作为位移点。根据《测规》第 6.10.11 条规定：在承台及墩身施工放样测量中，墩中心交会示误三角形边长不得大于 3cm；当其中有一个方向系桥中线时，其余两个方向与桥中线交会点长度不得大于 2cm；当桥中线方向系用转角放出，仍按前一种情况处理。

位移点与理论位置点的位移以桥中线为准的纵横方向表述，如图 4.4.7.16，位移点 N' 偏移量为偏上(游)y，偏右(岸，或南、北，或东、西)x，按桥中线走向和水流向即可判别，按作图比例就可量得偏移量。

2. 角差图解法的应用图表与实例

(1)角差位移曲线或角差位移表

根据测站点至待定点间的理论距离(可按两点坐标值计算)，按 $\Delta x=\dfrac{S}{\rho''}\cdot\Delta\alpha$ 编制，如图 4.4.7.19 或表 4.4.7.1，(此图表系假定 $S=400$m 编制)。

角差位移关系表

测站：

待定点：　　　　设计方向角：　　　　表 4.4.7.1

角差(″)	位移(mm)							
		11	21.3	21	40.7	31	60.1	
		12	23.3	22	42.7	32	62.0	
1	1.9	13	25.2	23	44.6	33	64.0	
2	3.9	14	27.1	24	46.5	34	65.9	
3	5.8	⋮	⋮	⋮	⋮	⋮	⋮	
4	7.8	⋮	⋮	⋮	⋮	⋮	⋮	
↓ 10	⋮	↓ 20	⋮	↓ 30	⋮	↓ 40	⋮	

第一后视点：　　　　后视方向角：

第二后视点：　　　　后视方向角：

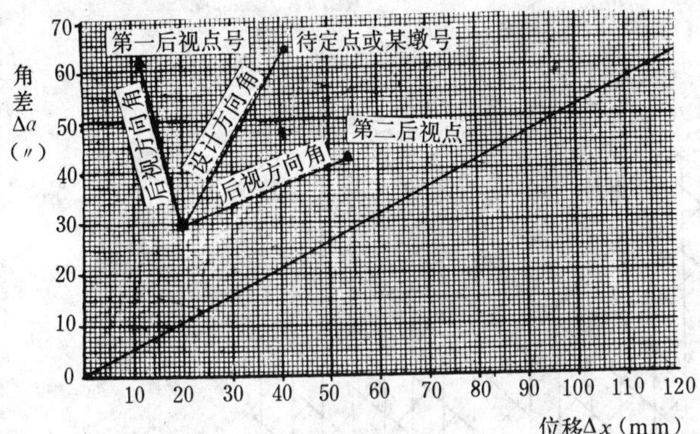

图 4.4.7.19

每一测站对每一待定点应编制一图或一表备用，图用厘米方格纸绘制，方便查看；表可以直接查数，简捷准确。图或表任意择用。

根据实测方向角与设计(理论)方向角之差值查图或查表。实测角大于设计角为正值，反之为负值。

当角差值超过图或表的范围时，可以分割角差值分别查图或查表，累加计算。

(2)角差位移交会图

以待定点作为坐标原点，作与本工程坐标系相同的纵横方向线，即纵横轴线。根据各测站点至待定点的方向角，通过待定点(坐标原点)反向绘出各测站点对待定点的方向线，如图4.4.7.20(a)。如平行每一方向线绘出适当数量的厘米或毫米单位间隔的平行线，如图4.4.7.20(b)，应用更为方便。根据交会要求(初步定位或精密定位)，交会图幅度可以绘制大一些或小一些，适于应用，是为角差位移交会图。

应用时可以此图作为底图，在其上覆盖一透明纸，以备每次交会时绘画当次交会线，不致污损底图，且可根据角差和底图幅度大小，应用适当比例绘画位移平行线。必要时需要保存交会定位资料，可以保留透明纸交会图，不必重复绘制交会底图。

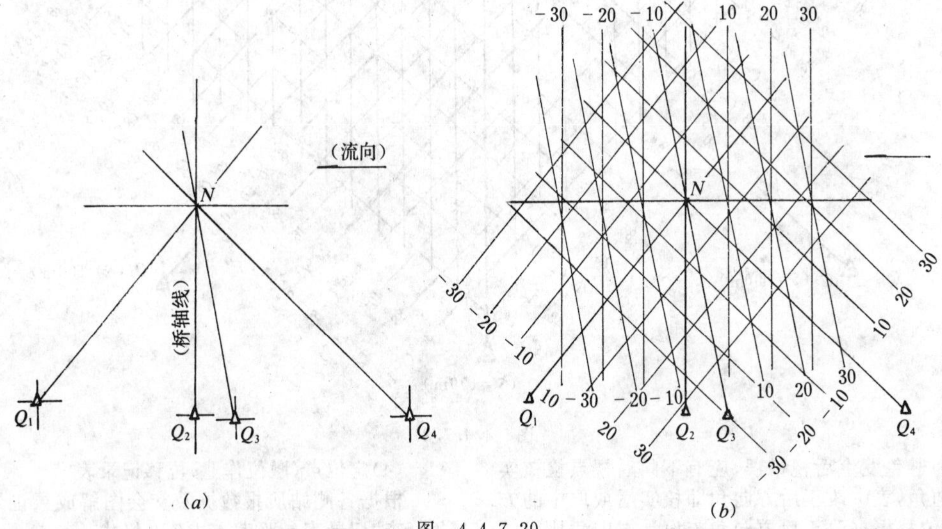

图 4.4.7.20

作业时根据各测站点所报位移值(或根据所报实测方向角或角差查图或表获得，应预先约定一个方式)平行相应方向线绘画交会平行线(取适当比例，各方向一致)，正值在右(即实测角大于设计角)，负值在左。

角差位移交会图亦可应用实测方向角或实测角差绘图，就是在位移交会底图上按每个方向的理论距离(S)计算角差偏离间距，用一定比例绘出方向角系列和角差平行线代替图4.4.7.20(b)的单位间隔平行线，如图4.4.7.21，应用时，按各测站实测方向角或角差值所在平行线交会定点，再按交会图比例尺量取交会点与设计点位(N)的位移量。

(3)观测站记录表

为了保存测站观测数据，有利核查，观测站每次观测成果均应记录在表，记录表参照表4.4.7.2格式。

观测站记录　　测站：　　观测日期：　年　月　日　　表4.4.7.2

待定观测点：　　设计方向角：

测　　次	观测时间(时分)	后　视　点	实测方向角(°　′　″)	改正后方向角(°　′　″)	角　　差(′　″)	位　　移(m)	附　　注

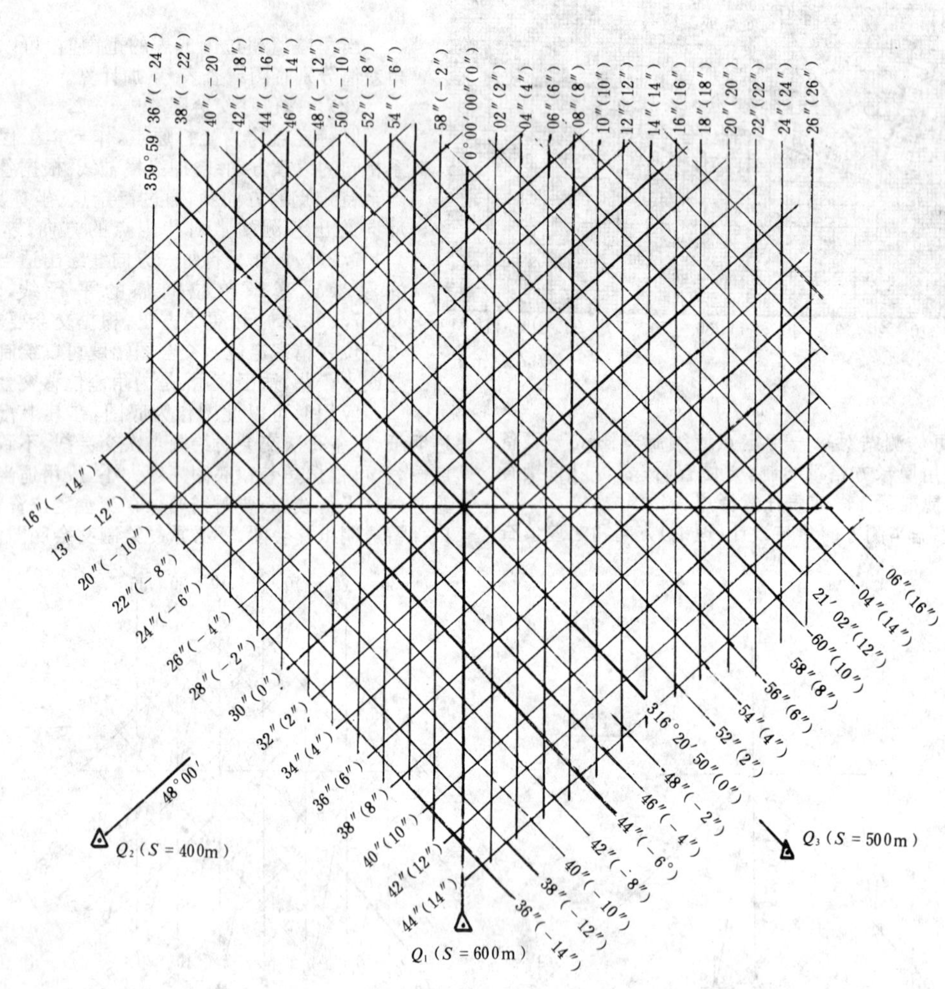

图 4.4.7.21

为避免发生后视错误，应有不同后视点检核实测方向角，表中改正后方向角即核实后或取中的方向角，位移根据改正后方向角与设计方向角比较的角差查图或查表得出。

(4)定位点(墩位作业)位移记录表

根据各测站所报数据及交会图解成果记录，以备存查，记录表参照表 4.4.7.3 格式。

交会图解成果记录　　**待定交会点：**　　**年　月　日**　　表 4.4.7.3

测次	观测时间(时分)	(Q_1)		(Q_2)		(Q_3)		(Q_4)		(实测点位)		附注
		+	−	+	−	+	−	+	−	偏上下	偏左右	

(5)实例

①设待定交会点 N_4(某桥墩中心)的设计坐标为：$x=10\ 733.200$　　$y=0$

②选定三个交会观测站的坐标(单位：m)为：

Q_1：$x=10\ 281.150$　　$y=-520.695$

Q_2：$x=10\ 255.757$　　$y=87.524$

Q_3：$x=10\ 271.795$　　$y=404.070$

③计算得测站对 N_4 的方向角、距离及 K 为：

$a_{Q1-N4}=49°02'12''$　　$S_{Q1-N4}=689.545$m

$K=3.34$mm

$a_{Q2-N4}=349°36'43''$　　$S_{Q2-N4}=485.399$m

$K=2.35$mm

$a_{Q3-N4}=318°47'24''$　　$S_{Q3-N4}=613.325$m

$K=2.97$mm

④作角差位移曲线,如图 4.4.7.22～4.4.7.24 或编制角差位移表,如表 4.4.7.4～4.4.7.6。

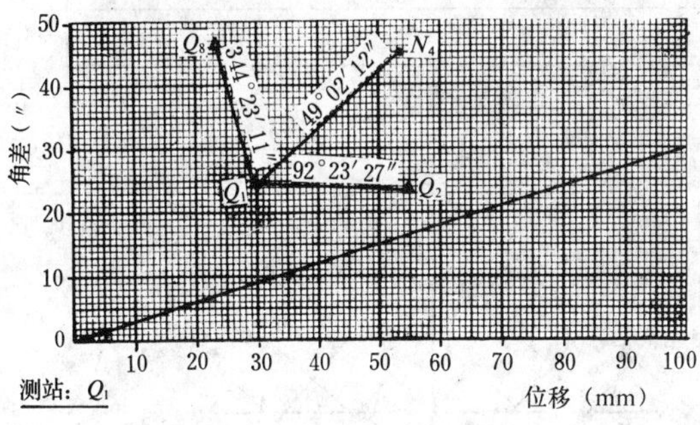

图　4.4.7.22

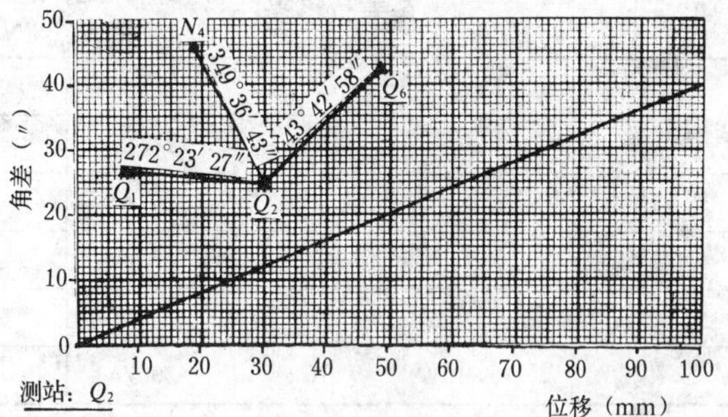

图　4.4.7.23

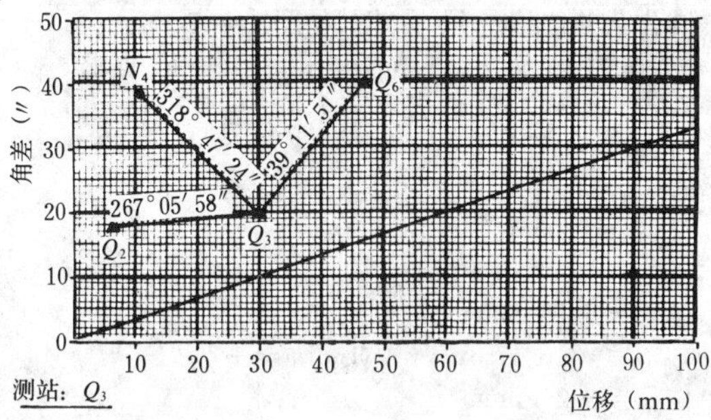

图　4.4.7.24

角差位移表　　测站:Q_1　待定点:N_4　　设计方向角:**49°02′12″**　　表 4.4.7.4

角差(″)	位移(mm)						
		5	16.7	11	36.8	17	56.8
		6	20.1	12	40.1	18	60.2
1	3.3	7	23.4	13	43.5	19	63.5
2	6.7	8	26.7	14	46.8	20	66.9
3	10.0	9	30.1	15	50.1		
4	13.4	10	33.4	16	53.5		

第一后视点:Q_8　　后视方向角:344°23′11″

第二后视点:Q_2　　后视方向角:92°23′27″

角差位移表　　测站:Q_2　待定点:N_4　　设计方向角:**349°36′43″**　　表 4.4.7.5

角差(″)	位移(mm)						
		5	11.8	11	25.9	17	40.0
		6	14.1	12	28.2	18	42.4
1	2.4	7	16.5	13	30.6	19	44.7
2	4.7	8	18.8	14	32.9	20	47.1
3	7.1	9	21.2	15	35.3		
4	9.4	10	23.5	16	37.6		

第一后视点:Q_6　　后视方向角:43°42′58″

第二后视点:Q_1　　后视方向角:272°23′27″

角差位移表　　测站：Q_3　待定点：N_4　　设计方向角：318°47′24″　　表 4.4.7.6

角差(″)	位移(mm)	5	14.9	11	32.7	17	50.5
		6	17.8	12	35.7	18	53.5
1	3.0	7	20.8	13	38.6	19	56.5
2	5.9	8	23.8	14	41.6	20	59.5
3	8.9	9	26.8	15	44.6		
4	11.9	10	29.7	16	47.6		

第一后视点：Q_6　　后视方向角：39°11′51″

第二后视点：Q_2　　后视方向角：267°05′58″

⑤作角差位移交会(底)图，如图 4.4.7.25。

⑥各测站实测方向角、角差，并依据图 4.4.7.22～4.4.7.24 或表 4.4.7.4～4.4.7.6 查得相应位移值，如下：

$a_{Q1-N4'}=49°02'10''$　　$\Delta a_{Q1-N4'}=-2''$

位移＝－7mm

$a_{Q2-N4'}=349°36'50''$　　$\Delta a_{Q2-N4'}=+7''$

位移＝＋16.5mm

$a_{Q3-N4'}=318°47'31''$　　$\Delta a_{Q3-N4'}=+7''$

位移＝＋21.5mm

实测成果记录如表 4.4.7.7、4.4.7.8、4.4.7.9。

⑦根据各测站位移值在底图 4.4.7.25 上以 1∶1作交会图解，如图 4.4.7.26，并作交会图解成果记录，如表 4.4.7.10。

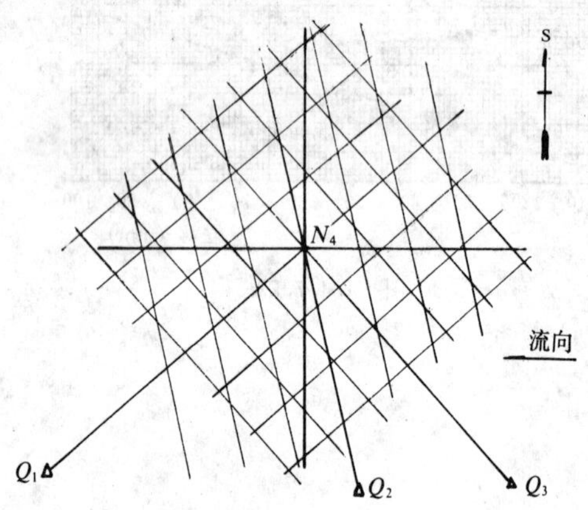

图　4.4.7.25

测站记录　　测站：Q_1　待定观测点：N_4　　观测日期：　年　月　日　设计方向角：49°02′12″　　表 4.4.7.7

测　　次	观测时间(时分)	后视点	实测方向角	改正后方向角	角差(′　″)	位移(mm)	附　　注
		Q_8	49°02′09″				
		Q_2	49°02′11″	49°02′10″	－2	－7	

测站记录　　测站：Q_2　待定观测点：N_4　　观测日期：　年　月　日　设计方向角：349°36′43″　　表 4.4.7.8

测　　次	观测时间(时分)	后视点	实测方向角	改正后方向角	角差(′　″)	位移(mm)	附　　注
		Q_6	349°36′48″				
			349°36′52″	349°36′50″	＋7	＋16.5	

测站记录　　测站：Q_3　待定观测点：N_4　　观测日期：　年　月　日　设计方向角：318°47′24″　　表 4.4.7.9

测　　次	观测时间(时分)	后视点	实测方向角	改正后方向角	角差(′　″)	位移(mm)	附注
		Q_6	318°47′28″				
		Q_2	318°47′34″	318°47′31″	＋7	＋21.5	

交会图解成果记录　　待定交会点 N_4　　观测日期：年　月　日　　表 4.4.7.10

测次	观测时间（时分）	Q_1 (mm)		Q_2 (mm)		Q_3 (mm)		Q_4 (mm)		N'_4 (mm)		附注
		+	−	+	−	+	−	+	−	偏上下	偏左右	
			7	16.5		21.5				上 13	右 18	

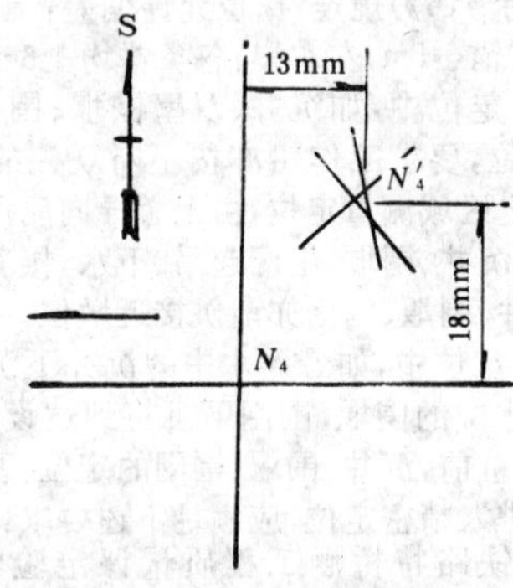

图　4.4.7.26

3. 角差图解法的实用与要求

(1)可用于测定任何目标的实际位置，只要这一目标有与测站点同一系统的既定坐标。

(2)目标标志的位置临时移动亦可测定其相对位置和实际位置，只要取得临时位置与原位置关系，如图 4.4.7.27。

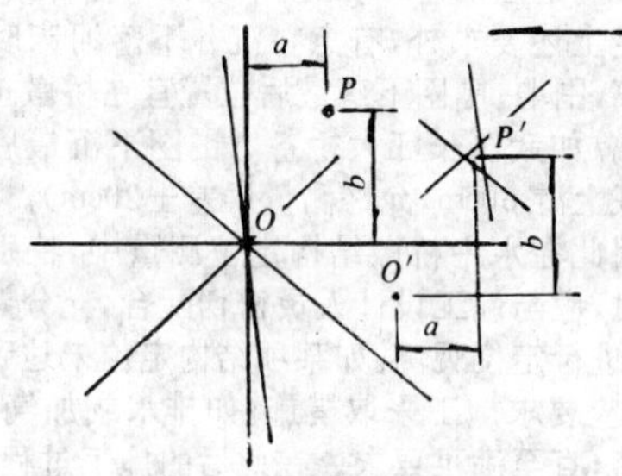

图　4.4.7.27

O 为要求测定的目标中心点或待定点；

P 为标志移动后位置，已知 P 在 O 的上游 a，右方 b；

P' 为按既定位置资料观测交会，图解所得标志的实际位置，P'—P 为标志的相对位置；

O' 为按 P 对 O 移动值反向自 P' 移回之点，即 O 的位移位置。

如目标体有扭转，则要同时测定扭角，见下款。

(3)在同一目标体上建立两个或两个以上标志，可以同时测定目标体的扭转角和位移值，并增加检核条件，只要求各标志的相关位置已知，如图 4.4.7.28。

O 为目标体的中心，有既定的设计位置(坐标)；

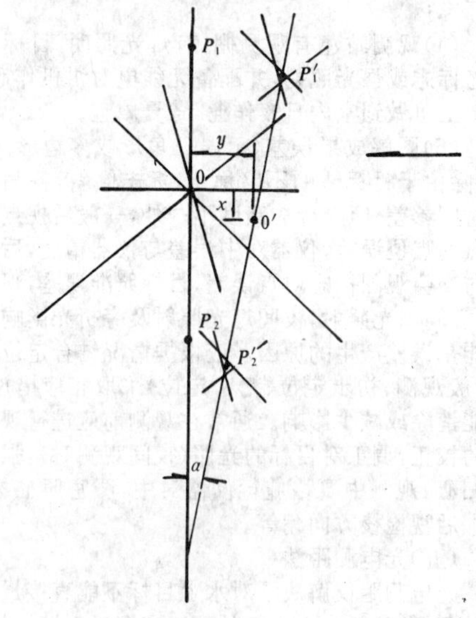

图　4.4.7.28

P_1、P_2 为目标体中心线上对称并已知距离的两个标志；

P'_1、P'_2 为按 O 既定位置资料观测，交会图解所得 P_1、P_2 的实际位置；

联 P'_1、P'_2 并延长与中心线(P_1OP_2 联线)相交得 α 角，即为目标体的扭转角；

量 P'_1—P'_2 距离，与 P_1—P_2 距离比较，可帮助评定观测精度；

将 P'_1—P'_2 分中得 O'，检测 O' 对 O 的相对位置，可量得目标体中心位移量，如图 4.4.7.28 中的 x,y。

这一观测交会图解法可用于桥墩基础结构(沉井、围囹等)施工定位、下沉过程中测定结构顶面位移、扭转情况。结合倾斜观测并可计算得结构底面位移，详见下节论述。

(4)目标体处于悬浮状态，可测定目标体的瞬时位置，只要求各观测站严格按同一时间观测，或听从指挥信号及时观测，用于水上锚碇设备、桥墩基础结构浮运等的定位测量，颇为及时准确。

(5)根据各观测站观测角差位移大小，在同一位移交会底图上，可用适当比例(1∶1、1∶5、1∶10、1∶100 等)确定位移量。绘画交会平行线，只要求同一次观测采用同一比例，图解得位移值亦应用相同比例量取。

4. 角差图解法的特点与注意事项

(1)主要数据计算可事前做好,图、表可预先准备,现场只需简单的查图表、计数和绘画平行交会线;

(2)位移量大,图解精度较差;位移量渐小,图解精度随之增高,符合原理,亦与定位测量要求是一致的;

(3)观测悬浮状态目标时,各观测站除应严格按同时间观测外,还应注意观测标志(常用花杆、标杆)的同一高度,尽可能接近底部。因目标体悬浮幌动时,标志可能倾斜,不同高度的观测结果可能引出更大的交会误差,必要时可在标志上加装观测高度指示标志;

(4)观测站建有观测棚,有灯光照明,目标亦有灯光标志或强光照射,并配备无线电对讲机作联系,基本上可做到室内日夜作业,冬夏咸宜。

(5)图解成果误差(示误三角形或多边形)较大时,除由于目标体的不够稳定,标志倾斜,各测站观测时间参差,照准标志高度不一外,一般后视点与测站点的点位误差,仪器对中误差与仪器精度,后视标志与交会观测标志对点误差,目标照准误差,观测视差,日间阳光照射,夜间灯光照射及旁折光影响等都可能是误差产生的原因。应根据情况结合定位阶段(一般观测、初步定位、精密定位)采取相应措施,尽可能消除或减少影响。通常在观测前应进行观测标志的校正,调正对目标的光照(夜间观测时),强制标志归心,观测中严格施行仪器对中,严密照准标志,增加后视检核方向角等。

(五)光电测距法

光电测距仪解决了对水上目标不能直接量测距离的问题。只要水上目标处可以安置反射棱镜,而且与岸上控制点或另外的水上固定已知点(如已建成或已稳定的桥墩结构)间能够通视,采用光电测距仪既可测定方向,又能量测距离。水上桥墩定位应用光电测距法是比较方便、快速、而又减少人员、设备的方法。

测设时,如桥墩结构还处于悬浮状态,可设法将反光棱镜固定在结构目标点上,并大体朝向观测站。测站上采用多次扫瞄观测,如方向、距离基本符合要求,可以达到粗定位(一般定位观测、初步定位)。桥墩结构基本稳定后,应用较高精度观测,方向是与要求一致的,距离是经过各项改正后的平距,符合定位要求,可以达到精密定位。

以上所有水上桥墩定位方法在实际作业中,还需要施工上的配合,才能达到定位目的。

在一般定位中,如水上桥墩施工锚碇设备的抛锚定位,要求吊锚船配合,按不断观测的指向航行,直至到达定位地点才下抛,并垂直拉紧锚绳,再次观测后,符合要求才算完成一次抛锚定位。如不符合定位要求,应要求施工及时将锚吊起,按观测指定方向挪动后重新定位下抛,直至最后符合要求。根据《铁路特大桥工程质量评定验收标准》(TBJ416—87,以下简称《验标 416》)规定:锚位允许偏差:上下游:主锚±10m,边锚±5m;左右岸:各类锚均±5m。

在初步定位中,如沉井、双壁围堰、围囹(或围笼)浮运定位,要求工作船亦按不断观测的指向航行,直达指定区域测量定位,由上游导向船用钢丝绳固定。随着沉井、围堰、围囹起吊、下水,接着不断接高下沉,沉井、围堰、围囹亦渐次接近墩位。

在初步定位中,如悬浮水中的沉井下沉将到达河床,悬浮水中的围堰、围囹下沉将到达设计深度,在插打定位桩前,沉井、围堰、围囹的定位,要求精度较高,开始进入精密定位,应满足下述要求:

根据《铁路特桥涵工程质量评定验收标准》(TBJ415—87,以下简称《验标 415》)规定:浮式沉井平面纵横向位移允许偏差为:$\frac{1}{50}H+250\text{mm}$($H$ 为沉井高度,mm)。

根据《验标416》规定:为下沉管柱(或管桩)的导向围笼,在桥墩承台高程处的中心允许偏移250mm。

但河流的水文、地质条件是复杂的,都会不同程度的影响定位偏差,施工技术设计将估计具体条件,在满足上述要求外,有意在沉井下落河床时偏移一个距离,围堰、围囹下落最后位置宜在桥墩正上游一个距离(如武汉长江大桥各墩围囹下沉最后位置在墩位正上游 50cm,允许测量误差±20cm)。

因此在水中桥墩结构定位测量中,特别是精密定位时,应与施工设计人员密切配合,充分熟习上述情况,进行定位观测。如某项结构定位未达到预定要求,则应要求施工采取措施(如排水或加气压等)重新下落,直至满足要求。在此后的施工过程中,还有不断的定位检测,如超出允许偏移,亦应及时通报施工采取纠偏措施,直至符合要求。

第八节　桥梁墩台施工放样测量及工程质量检验测量

桥梁墩台由基础、承台、墩台身、顶帽等部分组成,施工时自基础开始,逐步按层次进行,放样测量(有时定位、放样结合)和竣工检测必须密切配合,既起到引导和保证施工的作用,又有检核、查验施工质量的意义。

桥梁墩台基础类型多样,一般有明挖基础、桩基、管柱、沉井等。施工方法不同,放样测量亦有差异。

一、墩台纵横中心线放样测量

墩台纵横中心线,也称墩台中心十字线,是墩台施工放样的基础和依据。在墩台施工放样中,墩台纵横中心线起着施工放样的控制作用。一切墩台结构包括基础结构的各种类型的细部放样,以至梁部架设前的墩台十字线的测设,都离不开纵横中心线。所谓墩台纵向中心线即与桥址中线(有时亦称为桥轴线、桥梁中线)基本一致的顺桥方向线;与之正交并通过墩台中心点的横向方向线即所谓墩台横向中心线，这是就桥梁整体而言的。有的教科书只从墩台本身而言，将垂直于线路方向且通过墩台中心的迎水方向的中心线，称为纵轴线（纵向中心线），平行于线路方向称为横轴线（横向中心线）。与上述所谓纵横中心线恰恰互换，有必要加以区别。

（一）直线上墩台纵横中心线的测设

直线上桥梁墩台不论单线桥或双线桥，其纵向中心线与桥址中线一致，与线路中线或一致或平行。墩台纵横中心线的测设，主要基点是墩台中心点。在本章第七节墩台中心定位的基础上，陆上墩台埋设有保护桩，而且是沿墩台纵横中心线方向埋设的，反过来测设纵横中心线是较容易的，应用保护桩交会出墩台中心点再根据需要在中心点置镜，分别照准方向保护桩，即可在保护桩控制内直接测设出精度较高的纵横中心线，或贯通纵、横向保护桩，不经过中心点直接测设，如保护桩不是沿纵横中心线方向设置的，则必须交会出中心点，再在中心点置镜，首先照准前后方已建成墩台中心点或在建墩台已设置的中心点、或桥址中线控制点（有觇标或树立标杆），测设出纵向中心线，然后转90°、270°设放横向中心线。

在水上墩台则与上述非沿纵横中心线设置保护桩情况相似，先测设纵向中心线，后测设横向中心线。

（二）曲线上墩台纵横中心线的测设

曲线上桥墩台纵横中心线方向与墩台布置形式有关，因此测设方向不一样，墩台布置形式可参见本章第七节一（二）曲线上墩台中心定位有关部分。如墩台中心定位后即埋设有保护桩，且按纵横向中心线埋设的，同样只要按保护桩反过来测设纵横中心线就可以了，否则按下述方法测设。

1. 扇形布置墩台纵横中心线的测设

扇形布置的墩台，纵横中心线是与曲线通过本墩台线路中心点的切线方向平行和正交的，纵横中心线的测设，一般按本墩台中心点与前后方相邻墩台中心点连线所形成的交角关系进行。测设时可在本墩中心点置镜，先后照准前后方相邻墩台中心点，实测交角（可与设计、计算交角校核），然后测得平分交角及其补角的方向，即为本墩的横向和纵向中心线方向。或在本墩台中心点只能通视前方相邻墩台或后方相邻墩台中心点之一，或只有一方向能照准（如在桥台上），则可用设计、计算的交角及其补角测设。在桥台的纵横中心线与桥台布置形式还有关系：如为直线布置，桥台的纵向中心线与其连接孔的梁中心线一致（单线桥）或平行（双线桥），都是桥台中心点与相邻桥墩中心点的连线；横向中心线或即桥台挡碴前墙线，与其在桥台中心点正交。如为折线布置，桥台的纵向中心线按折角平分线方向测设；横向中心线或挡碴前墙线亦与其在桥台中心点正交，桥台的布置形式及有关要求参见本章第七节一（二）曲线上墩台中心定位中有关部分。如墩台中心是按坐标测设的（如水上桥墩和由平面控制网或三角锁网控制的桥墩台），则可按坐标关系计算曲线通过本墩台线路中心点的切线方向角测设纵横向中心线。

2. 平行布置墩台纵横中心线的测设

平行布置的墩台，横向中心线都与所定基准线平行，曲线上每一个墩台横向中心线的测设，均应先计算出或从设计资料查得（亦可互为检核）横向中心线与前后孔梁中心线交角平分线的夹角 β。墩台平行布置形式及 β 角的计算均参见本章第七节一（二）2 双线桥梁在曲线上墩台中心定位中有关部分。需知相邻两墩台中心点连线与梁中心线平行，前后两跨墩台中心点连线的交角亦与前后跨梁中心线交角相等。测设时，在已测定的墩台中心点上置镜，首先测量前后相邻墩台中心点与本墩中心点连线在本墩中心交角的平分线，然后按墩台系在基准线的前方抑后方，正转或反转 β 角测设出本墩台横向中心线，同时再转 90°、270°，测设出纵向中心线。

以上曲线上墩台纵横中心线的测设，凡有转角测量的，均应根据墩台施工层次，要求纵横中心线达到的精度，采用正、倒镜或多测回方法进行观测，以满足需要。墩台各层次及基础各类型结构施工允许偏差参见以后各小节有关部分。

二、墩台基础放样测量及工程质量检验测量

（一）明挖基础

明挖基础多在地面无水的地基上施工，先挖基坑，再在坑内砌筑基础或灌筑混凝土基础。如系浅基础，有时是连同承台一次砌筑或灌筑，如图4.4.8.1。

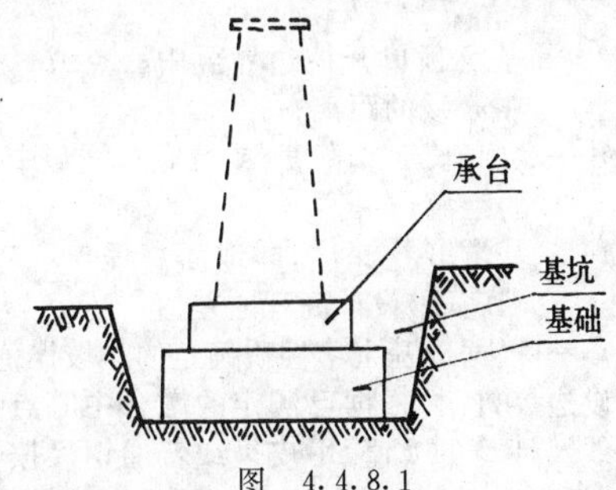

图 4.4.8.1

水上明挖基础要在防水围堰内排水进行，首先要建立围堰。

1. 基坑尺寸轮廓线及地面高程测量

基坑根据测定的墩台中心点和纵横中心线按设计的平面形状放样基础轮廓线的控制点，如图4.4.8.2。基础如缺角或凹曲，基坑仍应取直。基础轮廓线控制点根据基础形状确定。如为方形或矩形，则为四个角点及四个边与纵横中心线的交点；如为

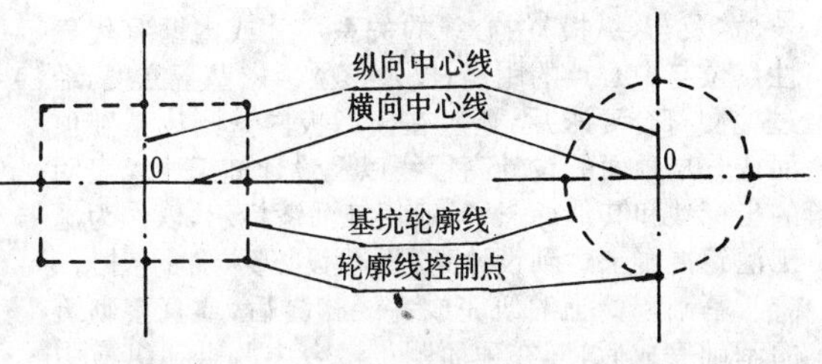

图 4.4.8.2

圆形，则为轮廓线与纵横中心线的交点，必要时增加轮廓线与45°线的交点。控制点距中心点或纵横中心线的尺寸要略大于基础设计的底面尺寸，一般为0.3～0.5m，必须保证正确安装基础模型板的需要；如地基土壤性质较稳定，不易坍塌，坑壁可垂直开挖，且不用模型板，基础混凝土可贴靠坑壁灌筑，或可紧贴坑壁直接砌筑基础，也可不增大尺寸，但必须保证基础尺寸偏离不超出允许偏差。这都必须准确了解施工技术设计和作业细则的要求和规定。

根据地基土壤性质，开挖基坑时坑壁要求具有一定安全坡度。在开挖基坑前应测量较开挖范围更宽广的地面高程，并根据地面高程与坑底（基础底面）设计高程的差值（即开挖深度）放样基坑顶口开挖边界线。边界线与中心线或中心点的距离按图4.4.8.3所示关系求算。

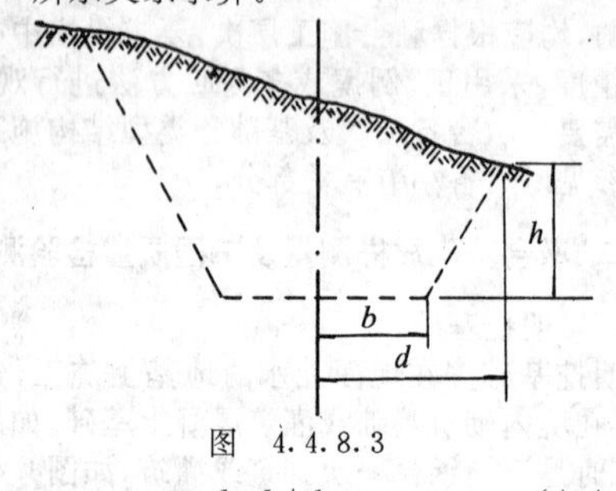

图 4.4.8.3

$$d=b+h\cdot n \tag{4.4.8.1}$$

式中 d——基坑顶口开挖边界至中心点或（纵横）中心线的距离；

b——坑底长度或宽度，或坑底边线与中心点的距离；

h——基坑开挖深度，即地面高程与坑底（基础底面）设计高程之差值；

n——根据地基土壤性质确定的边坡比值。

测设边界桩时，根据已测定的墩台中心点和纵横中心线及计算的d值，用皮尺或普通钢尺按平距丈量，并打临时桩，相邻边桩用白灰示出边界线，便于沿线施工开挖。

2. 基础尺寸、高程，基础模型板及竣工顶面尺寸、高程测量

基坑开挖完成，应检测坑底尺寸、高程，符合施工设计要求后，在坑底（基础底面）高程面测设基础中心点和纵横中心线及基础底面周边轮廓控制点，以便施工建立基础模型板或直接砌筑基础。

模型板建立完成，应立即测量检验模型板内壁长、宽及与（纵横）中心线的关系尺寸或内壁有代表性点位与中心点的距离，以及模型板内壁直立度。经过检测符合要求后，还应在模型板内壁测设基础顶面或分层顶面的设计高程线以及设计施工要求表明的坐标线和其他标志，一般用红油漆标示，以作为施工灌筑混凝土达到设计高程和埋设必要构件的依据。

基础混凝土灌筑完成并经初凝后，或直接砌筑的基础完成后，应在顶面测设墩台中心点和纵横中心线，同样应放样下一层次墩台结构的轮廓线。

3. 围堰工程定位放样

水上开挖基础要在围堰内排水后进行，因此，围堰的定位放样是首先应该完成的。围堰一般有土围堰、木围堰、套箱、板桩围堰等分类，根据不同情况采用。施工前应按施工设计方案进行平面定位放样，精度依围堰类型、建筑要求而有差别。

（1）土围堰：包括填土堰、草土堰、草（麻）袋围堰，木（竹）桩编条围堰、竹篱围堰、堆石围堰等，要求河水和地面水流（包括施工期间最高水位时）不易进入工点，并保证基础开挖有足够场地和空间，并与基坑开挖顶口有一定安全作业间距。测设围堰中心线或靠工点一侧的内边线，一般可满足施工要求。测设时，如围堰一部分或一端无水，可自此部分或此端定位放样，钉设部分桩位，再向水中延伸。水中部分，包括全部围堰都在水中修筑，中线桩或边线桩在确定其坐标位置后，亦可按独立单桩应用简易交会法（两方向交会）或极坐标视距（或拉尺）法，人工涉水或用船筏或马凳脚手在水中逐一插设中心线或内边线定位临时标杆，以便施工填土、堆码草（麻）袋，插打木（竹）桩和编条编篱并填土、堆石等。

（2）木质围堰：包括木板堰、杩槎筑堰、木笼围堰等，同土围堰相似，放样内边线（木板堰、杩槎筑堰的木支架内侧支撑底线、木笼围堰的内柱木线），以便成组的木板堰浮运到桩（标杆）位，铺板压石下沉；或杩槎抬运或浮运到位，安装压木压石下沉；或木笼围堰柱木到位插打，并叠接纵横木等。

（3）套箱：不论木板套箱或钢板套箱，一般浮运或吊船吊运下沉，系整体结构，空间较有限，定位要求高一些，应用水上桥墩定位测量方法（见本章第七节二）定位。如套箱为方形或矩形，方向线很重要，应在其顶部设立双标杆（位置应明确与中心点关系）进行定位，放样套箱中心线方位，使不产生较大扭转角。定位放样精度根据施工设计要求确定。

（4）板桩围堰：不论木板桩或钢板桩，一般先插打定位桩，是整个围堰安装定位放样的关键，精度要求较高，否则影响支撑和板桩特别是钢板桩的顺利安装。每一定位桩可应用水上桥墩定位测量方法，按独立单桩进行定位放样。定位桩全部插打完成，应进行一次检测，以了解其相互关系尺寸。

围堰施工高程测量，主要是配合施工进行，以确定围堰顶部要达到的高程，保证符合施工设计的高程要求，精度按五等水准测量要求。

围堰施工建成，并排水露出地面后，应结合墩台中心定位，测设墩台中心纵横中心线。围堰顶部有比较稳定牢固的部位可以钉桩、做点的，应钉设纵横向中心线护桩或护点。同时设立本墩台专用施工水准点1～2个。否则亦应设法加固，以利钉桩、设点。有利墩台施工程序各层次构筑物，包括基础开挖，灌筑或砌筑本身的定位放样的应用。这些测量工作完成并经检测符合要求，即可进行施工开挖基础。开挖和灌筑混凝土或砌筑基础，放样和检验测量同上述1、2部分。

4. 测量有关明挖工程质量检测允许误差

(1)根据《桥规》规定：

①基坑顶有动载时，坑顶缘与动载间至少留有1m的护道(第2.1.4条)；

②无水基坑底面，宜按基础设计平面尺寸每边放宽不小于50cm(第2.1.6条)；

③对有水基坑底面，应满足四周排水沟与汇水井的位置，每边放宽不宜小于80cm(第4.1.6条)；

④基底高程允许误差应符合下列规定：

土质　　±50mm

石质　　+50mm、-200mm(第2.5.2条)

⑤基础前后、左右边缘距设计中心线尺寸的允许误差不大于±50mm(第2.6.3条)。

(2)根据《验标416》规定：基坑挖到设计高程后，应使用水平仪精确测量基坑高程，每10m²检查一点，但不少于8点，基坑高程每一测点的允许误差为：

土质　　±50mm

石质　　+50mm

　　　　-200mm(为达到新鲜岩层或需凿成台阶时，可不受此限制)(第4.3.2条)

(3)根据《验标415》规定：

基础圬工允许偏差：

①基础前后、左右边缘距设计中心线尺寸±50mm；

②基础顶面高程±30mm(第3.2.14条)。

(二)桩基础

桩基础包括沉桩(打入桩、压入桩)和钻(挖)孔桩，多用于陆上引桥墩台和浅滩桥墩基础施工，亦可应用于水上桥墩基础，是常用的基础类型。

1. 沉桩基础的有关测量

沉桩在材质上一般有木桩、混凝土桩(包括钢筋混凝土桩、预应力混凝土桩)和钢桩(包括钢管桩、工字钢桩、钢轨束桩等)。沉桩前都应检测桩的质量有关尺寸、符合要求才能使用。

陆上沉桩按照墩台中心及其纵横中心线放样桩位；水上沉桩一般结合围堰或导向设备定位放样，亦有直接定位放样桩位的；沉桩后应检测桩的实际情况。

(1)成品桩或现场灌筑桩有关质量尺寸的检测

①木桩　桩身应准直，根据《桥规》第3.3.1条的规定：单面弯曲度不得大于1%，有两面弯曲者不得使用。桩的直径(中径)小于规定不应超过1cm。

②混凝土桩　根据《桥规》第3.3.2条、《验标416》第4.4.3条的规定：桩的制作允许偏差不得超过表4.4.8.1的规定。

还应符合下述要求：

a、桩的端面或法兰盘应平整，并与桩轴线垂直，允许偏差为3‰；桩顶与桩尖不应有蜂窝或碰损，桩身不得有钢筋露出现象；

b、桩的麻面深度不得超过15mm；

表4.4.8.1

桩型	序号	项　　目	允许偏差
钢筋骨架	1	主筋间距	±5mm
	2	桩尖对中轴线的位移	10mm
	3	箍筋间距或螺旋筋的螺距	±10mm
	4	吊环对桩中轴线的位移	±20mm
	5	吊环垂直于轴线方向的位移	±20mm
	6	吊环露出桩表面的高度	±10mm
	7	主筋顶端与桩顶净距	±5mm
	8	桩顶钢筋网片的位移	±5mm
	9	钢筋与模型板间的距离	±5mm
实心桩	1	横截面边长	±5mm
	2	桩顶对角线	±10mm
	3	桩尖对中轴线位移	10mm
	4	桩身弯曲矢高(H)与桩长(L)比$P=H/L$	$P\leqslant1‰$ $H\leqslant20mm$
	5	桩顶平面对桩纵轴线的倾斜	3mm
	6	中节桩二个接触面对桩纵轴线的倾斜总和	3mm
空心桩	1	直径和边长	±5mm
	2	壁厚	-5mm
	3	抽芯圆孔平面位置对中轴线位移	5mm
	4	桩尖对中轴线的位移	10mm
	5	桩身弯曲矢高(H)与桩长(L)比$P=H/L$	$P\leqslant1‰$ $H\leqslant20mm$
	6	法兰盘对桩纵轴线不垂直度的高差	4mm

c、桩的棱角碰损深度应在10mm以内，其总长不得大于50mm；

d、预应力混凝土桩不得有裂缝，普通混凝土桩桩身横向裂缝深度不得大于10mm，裂缝宽度不得大于0.2mm；横向裂缝长度：方桩不得超过边长的1/2，管桩及多角形桩不得超过直径或对角线的1/2；纵向裂纹长度：方桩不得超过边长的二倍，管桩及多角形桩不得超过直径或对角线的二倍。

③钢桩　根据《桥规》第3.3.4条的规定：在工地组拼钢管桩和其他形状的钢桩，其技术条件应符合设计规定。按其规定进行有关尺寸的检测。

桩的有关质量尺寸经检测符合要求，应逐根记录并编号。

(2)桩位放样

陆上桩基础的每一根桩按其对墩台纵横中心线的相对设计坐标放样桩的中心点。即以墩台中心点为坐标原点，纵横中心线为X、Y轴作依据。圆周形布置桩位，每桩以其对桥梁中心线(纵向中心线)的偏角及其对中心点距离放样(相当于极坐标法)；纵横形布置桩位，每桩以其对纵横中心线的垂距放样，参见图4.4.8.4。一个墩台全部桩位宜在场地平整后一次放出，按桩中心钉临时木桩，以便施工吊桩逐个就位。

水上桩基础如结合围堰定位放样，围堰的定位

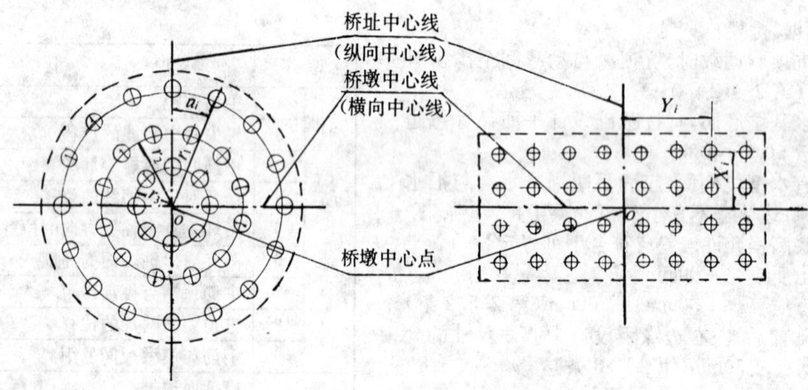

图　4.4.8.4

放样同本节二(一)3围堰工程定位放样测量。围堰内排水或填沙、土平整地面,并测设墩台中心和纵横中心线后,桩位放样同上述陆上桩基础的桩位放样。

水上桩基础如结合导向设备(如管桩围图)定位放样,导向设备浮运或吊运,按本章第七节二水上桥墩定位测量方法定位,下沉按精密定位测量,基本稳定后,插打定位桩按单根独立桩逐一依桥墩定位测量方法放样桩位。所有定位桩插打完成,牢固稳定围图,并经检测,中心和方向符合设计、施工要求后,在导向设备顶面测设墩纵横中心线,用油漆做好标志。每施工下沉一根桩前即按纵横中心线坐标关系放样定位。一般水上桥墩施工围图多为圆形,则按极坐标法放样桩位(预先按纵横中心线交出墩中心),以便施工吊桩就位,并在用导向木稳定时调整桩位。

水上桩基础如采用直接打桩法,在吊桩就位时应用水上桥墩定位测量方法交会桩中心,直接定位放样每一桩位。亦可用此法定位放样一排或一列桩位,然后用大型三角尺放样其它各排或各列桩位,如图 4.4.8.5。

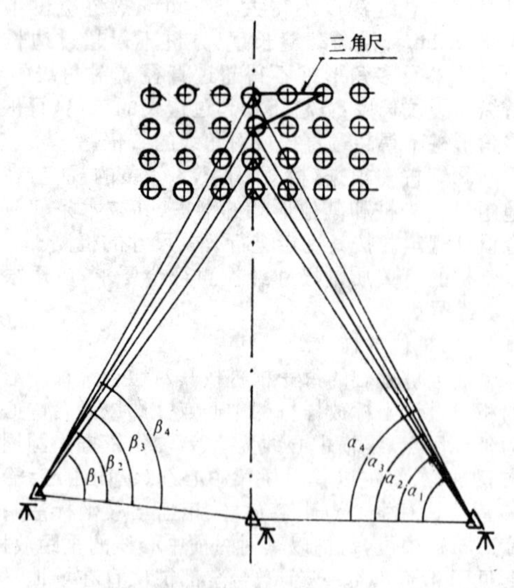

图　4.4.8.5

如墩旁测设有临时观测点(见本章第五节一(四)临时观测点的测设),亦可用以放样桩位,且不论导向设备中精密测定桩位,或水上直接打桩放样桩位均可应用。放样时采用极坐标法,如图4.4.8.6。

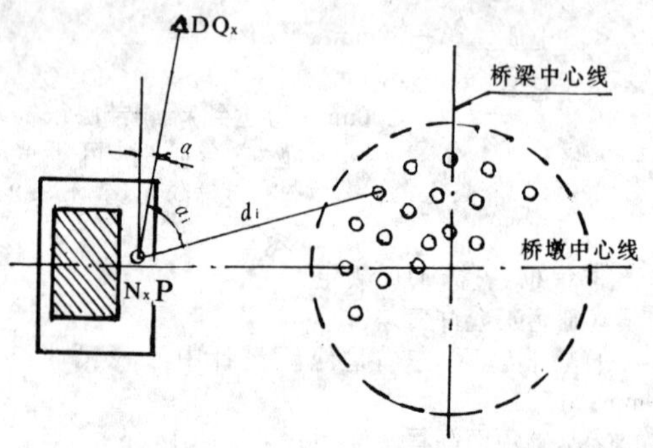

图　4.4.8.6

α—临时观测点(N_xP)至某一后视三角点(DQ_x)的后视方向角;α_i—临时观测点至某一桩位设计中心的计算方向角;d_i—临时观测点至某一桩位设计中心的计算距离。

如墩旁测设有专用测量平台,在平台上测定两根与桥梁中心线(纵向中心线)平行的定位放样线 AB、$A'B'$,再按桩坐标 X 相同的 X 值定出数条桩位放样线 1—1′、2—2′……,与桥墩中心线(横向中心线)平行,根据桩位坐标 Y 值与 $A'B'$ 线 Y 值的差数直接放样桩位,如图 4.4.8.7。

专用测量平台系采用水上直接法在墩位附近打支承桩,再在桩上铺设稳固的测量专用平台,大小依需要的布置方案而定。如上测设平行定位放样线,占用面积就较大,是一缺点,如测设临时观测点,采用极坐标法放样桩位,平台面就可以建造得小一些。

桥墩台基础桩的相对设计坐标一般按承台底面高程布置。如放样桩位的高程面(地基面或施工平台面)与承台底面高程不一致,对于竖直桩位放样无影响,对于设计有斜桩的基础,桩位坐标则有差别,应根据斜桩的倾斜度和倾斜方向,按放样桩位高程面与设计的承台底面高程的差值计算修正值,即桩位在放样高程面上要作适当的修正,才能满足桩位在承台底面符合设计位置。如图 4.4.8.8,设角桩(四角)倾向中心,与纵横中心线平行方向成 45°角;侧桩(上、下游外侧桩):上游的倾向下游,下游的倾向

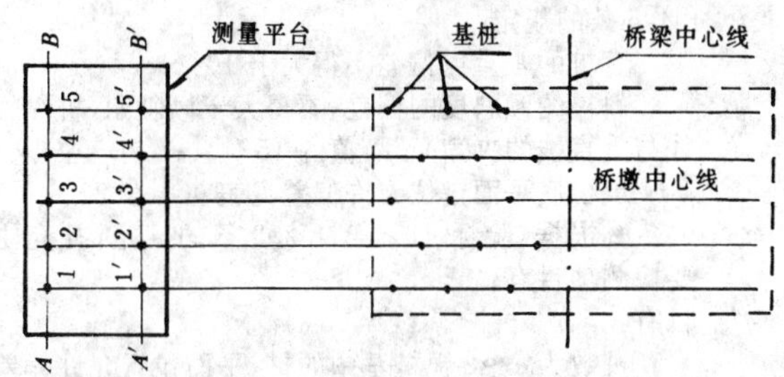

图 4.4.8.7

上游，与横向中心线平行；边桩(靠两岸外边桩)：左岸的倾向右，右岸的倾向左，与纵向中心线平行。倾斜度都为 $n\%$，地面高程与承台底面高程差为 h。则：角桩上下和左右均有修正，其值为：

$$X_E=Y_E=(\sqrt{2}/2)\cdot h\cdot n\% \quad (4.4.8.2)$$

侧桩的两边(左右)不修正，上下修正为：

$$Y_E=h\cdot n\% \quad (4.4.8.3)$$

边桩的两侧(上下)不修正，左右修正为：

$$X_E=h\cdot n\% \quad (4.4.8.4)$$

桩基础所用全部桩材长度，在有关质量尺寸检测时已有记录、编号。在下沉时的每一根桩的长度、编号及本桩位接桩根数亦应做出记录。

(3)竣工检测

沉桩完成后，应检测每一桩的桩顶平面实际位置，斜桩应检测桩的实际倾斜度，同时检测桩顶的实际高程，并计算桩尖达到高程，以与设计要求相比较。

桩顶平面实际位置应以承台底设计高程面为准，与放样桩位时相同，以墩台中心纵横中心线为原坐标系。竖直桩可直接检测桩顶中心实际坐标位置；斜桩如测量桩顶中心实际坐标，应按桩顶与承台底面高程差及实际倾斜度换算为承台底平面坐标位置。换算法参见上小节末段斜桩修正值计算。如承台底高程面已施工清理，则可在这一高程面直接检测所有桩的实际坐标位置，检测时应注意以桩中心为测度。

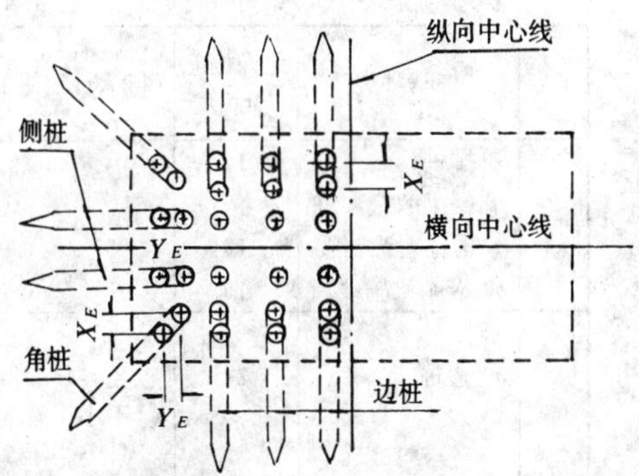

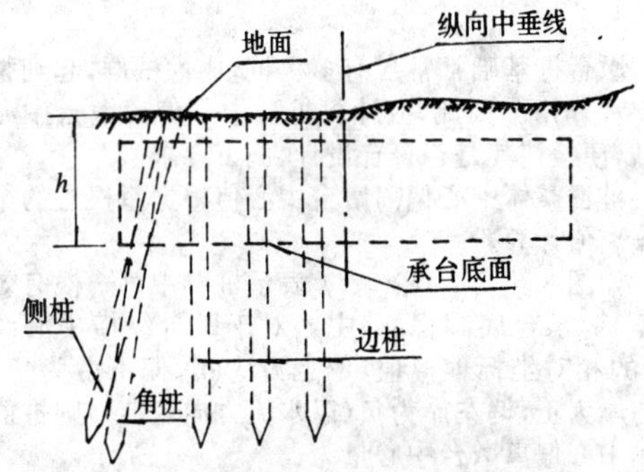

图 4.4.8.8

检测桩顶高程，一方面系用以计算桩尖达到高程；另一方面则用以标记承台底平面高程所在位置。对于竖直桩，桩顶高程减去桩的全长，即得桩尖达到高程；桩顶高程减去承台底面设计高程，即得桩顶至承台底面的沿桩身量度尺寸。斜桩则要根据实际倾斜进行折算。如实际倾斜度为 $n\%$，则桩尖达到高程为桩顶高程减去桩全长的 $100l/\sqrt{100^2+n^2}$(l 为桩全长)；桩顶至承台底面的沿桩身量度尺寸为 $h\sqrt{100^2+n^2}/100$(h为桩顶至承台底面的高差)。在桩表面量得承台底面线，均用油漆做水平线标志，以便截除多余桩头，留出埋入承台的桩头长度由施工掌握。

斜桩实际倾斜度按纵横中心线坐标方向用靠尺法或水准仪检测法测量。靠尺法即在露出地面以上桩头尽可能较长部分，用钢尺吊线锤，上端贴靠桩表面，在一定长度(尽可能长些)的下端用小钢尺量吊尺与桩同侧表面的距离，用这一距离除以吊尺的上述一定长度(实际为高差)，即得桩的实际倾斜度，以百分率表示。水准仪检测法亦是在桩露出地面以上尽可能较长部分，测量上、下两点的高差，并沿桩面量出两点相距长度，由两点高差和长度可计算上面或下面一点与铅垂线的距离，从而得到实际倾斜度。按纵横中心线方向测出的实际倾斜度系两个方向的倾斜，有利计算桩尖和承台底平面桩位的偏离值。如需换算为综合的倾斜度和倾斜方向，则可按下述方法计算(图 4.4.8.9)：

$$q_x=H_x/Z \quad (4.4.8.5)$$

$$q_y=H_y/Z \quad (4.4.8.6)$$

$$q_{xy}=\sqrt{q_x^2+q_y^2}=\frac{\sqrt{H_x^2+H_y^2}}{Z} \quad (4.4.8.7)$$

$$\theta=\arctan\frac{H_y}{H_x} \quad (4.4.8.8)$$

式中 Z——斜桩上两点高差(高程差)；

H_x——一定高差下两点纵向相对水平偏差；

H_y——一定高差下两点横向相对水平偏差；

q_x——斜桩的纵向倾斜度；

q_y——斜桩的横向倾斜度；

θ——斜桩的综合偏离角，倾斜垂直投影线与纵向平行线的偏离角。

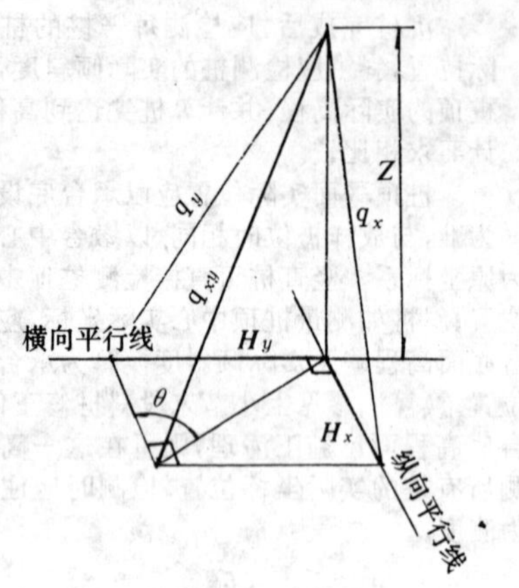

图 4.4.8.9

墩台桩基础常常含有多根桩，成为桩群，起到整体支承作用。因此，应计算桩群中心偏离墩台中心值，以便检核其是否符合设计、施工要求。

桩群整体中心偏离墩台中心值根据每根桩的个别偏离值计算。

如图 4.4.8.10，以 x_i、y_i 表示桩群中每一根有效桩顶部（承台底高程面）中心对于墩台纵横中心线 x、y 的相对坐标偏离值，偏上游为正，偏下游为负，偏右岸为正，偏左岸为负（以水流方向为准），则桩群整体中心偏离墩台中心量为：

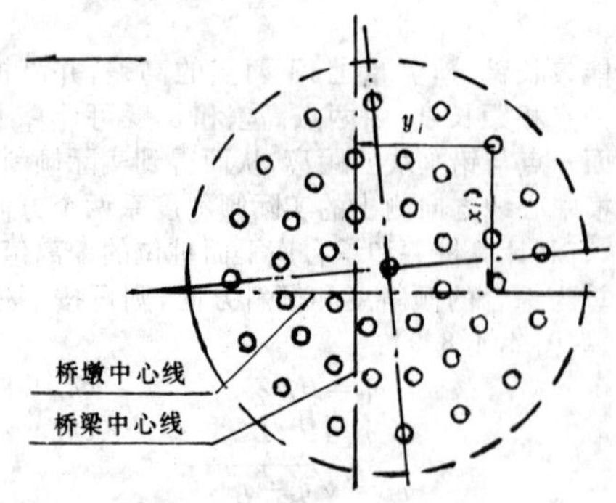

图 4.4.8.10

$$\Delta x=\frac{\Sigma x_i}{n},\qquad \Delta y=\frac{\Sigma y_i}{n} \qquad (4.4.8.9)$$

正负值意义同上，i 为桩的编号，n 为有效桩总数。

桩群整体底部中心偏离量根据每一有效桩桩尖底部中心偏离值，比照上述计算式求得。

(4)测量有关桩基施工允许偏差

①根据《桥规》第 3.4.14 条、《验标 416》第 4.4.6 条的规定：

直桩的垂直度偏差不得大于 1%；

斜桩的倾斜度的偏差，不得大于倾斜角（桩纵轴线与垂直线的夹角）正切值的 15%。

承台底平面桩位允许偏差见表 4.4.8.2。

②根据《验标 415》第 4.2.3 条的规定，补充主要检测项目有：

目有：

桩数为 1～2 根桩基中的桩，平面位置允许偏差为 10cm；

桩数为 3～20 根桩基中的桩，平面位置允许偏差为 1/2 桩的直径或边长。

其余项目同上条。

2. 钻（挖）孔桩基础有关测量

钻（挖）孔桩是先在地基上钻孔或挖孔，然后孔内放入钢筋笼，并随之灌筑混凝土成桩，一般桩径较大，小者 1m 左右，大者达数米。钻孔桩用冲击钻头或旋转钻头配合泥浆护壁成孔。

表 4.4.8.2

序号	桩基种类	允许偏差(cm)	与承台边缘的净距
1	单排桩	10	
2	有帽梁的排架桩		
	a. 垂直帽梁轴线	10	
	b. 沿帽梁轴线	15	
3	群桩		
	a. 边桩	25	桩径<1m 时：不小于 0.5 桩径，且不小于 25cm；桩径>1m 时：不小于 0.3 桩径，且不小于 50cm
	b. 中排桩	50 并不得大于桩径	

注：不适用于木桩。

(1)孔位放样和高程测量

在陆上（如引桥）、浅滩上的钻孔桩应在墩台施工场地初步清理平整后，恢复或测定墩台中心点，放样纵横中心线，并以墩台纵横中心线为原坐标，放样钻（挖）孔中心点，同时测量地面高程，以便施工埋设钻孔护筒，修筑土台或筑岛。当护筒埋设完成后，应检测护筒中心位置和护筒顶圈高程是否符合设计施工要求。

在水中如配合有围堰钻孔，围堰定位放样参照本节二（一）3 围堰工程放样测量。围堰内如排水，填沙、土作为工作场地，孔位和高程测量同陆上、浅滩钻孔；如搭设有牢固稳定的工作平台，则应在平台上测设墩的纵横中心线和专用临时施工水准点，配合施工逐个放样孔位、测量孔口平台高程，以作为钻孔施工的依据。

如在工作船上钻孔，孔位放样参照本节二(二)1(2)有关水上桩位放样施行；钻孔高程利用水位传递，当一个钻孔已灌筑混凝土后，应即在其顶部测设临时施工水准点，以作为以后钻孔施工高程的依据。

挖孔桩一般在陆上无地下水或少量地下水的地基施工。在场地清理平整后，在恢复墩台中心点，放样纵横中心线的基础上，放样孔位中心，并在墩台附近稳固地点测设临时施工水准点，以便挖孔施工过程中随时检测桩身平面位置和孔底高程。

(2)孔的施工测量和竣工测量

钻(挖)孔桩施工过程中，除挖孔过程中要经常检查桩身净空尺寸和平面位置及孔的中轴线的偏斜度，以符合设计、施工要求外，钻孔桩一般是一次成孔，随时都应注意成孔状况，不出大的偏差。钻(挖)孔完成后都应进行包括孔位、孔径、孔深等的竣工测量。

孔位是检测孔的中心，以墩台纵横中心线为基线，测量孔的坐标距。对于钻孔桩，孔的中心以护筒中心为准；护筒如有移位、变形，以钻具放入孔中时的钻杆中心为准。

孔径不只检测孔口，尽可能检测孔身圆径变化(孔形)，挖孔在施工过程中已随时进行检测；钻孔孔径的检测目前则只能借助客观因素进行，而且只能是大致情况。如在填充混凝土时，根据每次(每盘)灌入孔中混凝土量和本次填充厚度(每次填充前后的深度差)计算出孔径。

孔深不只检测孔的总深度，还应检测孔的偏斜度(孔斜)，对于挖孔的孔深孔斜检测，可随时进行。钻孔深度检测可借助钻具总长计得，孔斜可用测斜器测量，参见本节二(三)2(2)有关管柱倾斜度的测量，但钻孔由于局部坍塌或钻头旋转摆动，造成孔径大小不稳定、不规则，孔斜则有失准确；且钻孔偏斜超过孔径一半时，亦失去作用。此外应用圆筒或圆笼式钻头作为工具，用绳索牵吊，自由放入孔底，然后逐步提升，观测吊索偏离孔中心尺寸和方向，亦可测得孔斜大致情况，斜度超过孔半径，亦有失准之虞。

(3)孔的灌筑混凝土测量

钻孔桩成孔并经检测后，除配合施工测量放置钢筋笼深度外，还应配合水下混凝土灌筑测量，参见本节二(六)水下混凝土施工测量。

挖孔桩成孔后即灌筑桩身混凝土，属于一般施工。

钻(挖)孔桩混凝土灌筑完成，并经初凝后，应再一次检测钻(挖)孔平面位置。检测时以测量桩顶中心为准，如有钢筋笼出露(一般都有，因钢筋笼端部必须嵌入承台)则以钢筋笼中心为准，进行钻(挖)孔桩平面位置竣工测量。同时测量桩顶高程，借以量出承台底平面高程，或直接测量承台底平面高程，并在桩侧面用油漆做出承台底平面高程水平线标志，以便施工凿除桩头多余混凝土。

多数桩情况下，为计算整体作用，如同桩群一样，亦需根据各个桩平面偏移值计算整体偏移量，计算同本节二(三)3有关桩群偏移量计算，同时可见图 4.4.8.11。如孔斜较大，偏斜孔数较多，桩底整体偏移量亦应计算。

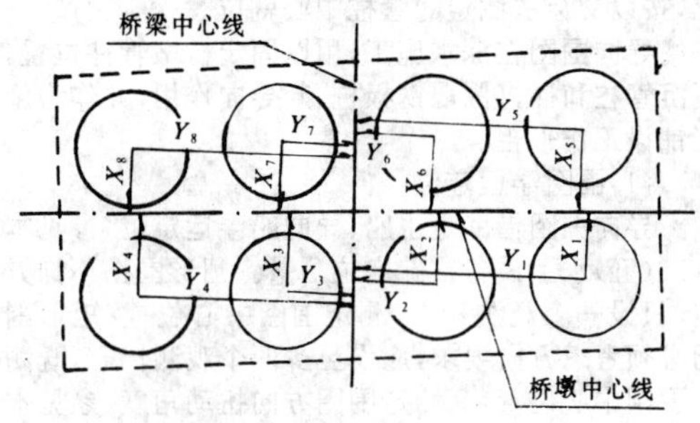

图 4.4.8.11

(4)测量有关钻(挖)孔桩施工允许偏差

根据《桥规》第 3.5.5 等条规定：

①护筒顶应高出施工水位或地下水位 1.5～2.0m，并高出施工地面 0.3m；(3.5.5)

②护筒顶面位置偏差不得大于 5cm，护筒斜度不得大于 1%；(3.5.8)

③钻孔孔位偏差不应大于 10cm；(3.6.4)

④水下混凝土灌筑时，首批，导管埋入混凝土的深度不小于 0.8m；中间，导管埋入混凝土的深度不得小于 1m，并不大于 3m；(3.7.10)

⑤套管钻机成孔后，在灌筑混凝土过程中，套管宜经常转动，套管刃脚低于混凝土面的距离，应根据混凝土初凝时间确定，一般不宜小于 1.5m，也不宜大于 5m；(3.7.11)

⑥水下混凝土灌筑面应高出桩顶设计高程 0.5～1.0cm(3.7.12)

⑦挖孔桩的孔中轴线偏斜不得大于孔深的 0.5%，截面尺寸必须满足设计要求。孔口平面位置与设计桩位偏差不得大于 5cm；(3.8.3)

根据《验标 416》第 4.5.4 条补充规定：

①钻孔倾斜度不得大于 1%；

②钻孔深度的允许偏差，设计图未注明时，为设计孔深的－1%。

(三)管柱基础

管柱基础适用于各类土壤，主要用于岩面、紧密粘土或页岩中，特别当水深超过 35m，岩面不平，或复盖层极薄，不宜于修建其它类型基础时。

1. 管柱制造有关测量

管柱本身就是修筑墩台基础的较大预制件，其制造存放及运输均须有较宽敞场地和运输线路。按照施工组织设计方案，在制造工作开始前，就应进行必要的场地、厂房放样、线路定线、制造台座定位放样等的测量。制造工作开始，钢筋骨架和法兰盘的制造误差检测、模型板的安装和检测，钢管柱壁板拼接、管节偏差检测等，亦有大量测量工作。

2. 管柱定位测量

管柱的定位放样首先是导向设备的定位。导向设备分两类：以吊装移动的导向架和各种形式的导向围囹。

吊装移动的导向架，在陆上施工按以墩台纵横中心线为基础测设管柱中心点就位即可，在浅水施工，按以交会法测定的管柱中心就位。

导向围囹在深水施工，用以固定桥墩管柱位置，下沉管柱和插打围堰钢板桩，起导向作用，并作为施工铺设工作平台。

(1)围囹浮运定位

导向围囹借助定位船、导向船浮运定位，参见本节二(五)水上设备锚碇定位测量。圆形围囹不拘方向，只设一个观测标志，测定围囹中心位置；矩形围囹必须考虑方向要求，应设至少两个观测标志，既测定围囹中心位置，又测定围囹方向扭动角度，参见本章第七节二(四)3 角差图解法的实用与要求的有关部分。

(2)管柱定位放样

导向架、导向围囹的框格内设以竖向导向方木，以控制并保护管柱下沉，管柱与导向方木间有一定间隙，设计有规定，一般不大于 2～3mm。因此导向架、导向围囹就位后，各个管柱中心还必须分别定位。陆上施工管柱直接对准测定位置(以测定的中心点为准，以管柱刃脚半径设放至少 3～4 个周边点，以便管柱对位)；水上施工应在稳固的导向架、导向围囹平台上测设桥墩中心点和纵横中心线，借以放样管柱位置，管柱直径一般较大，未填充混凝土时中空，不论柱顶、管尖或管节中段，中心不便直接确定，则可观测管柱外切点，通过计算，间接确定中心，然后予以校正、就位，间接测定中心法见图 4.4.8.12。

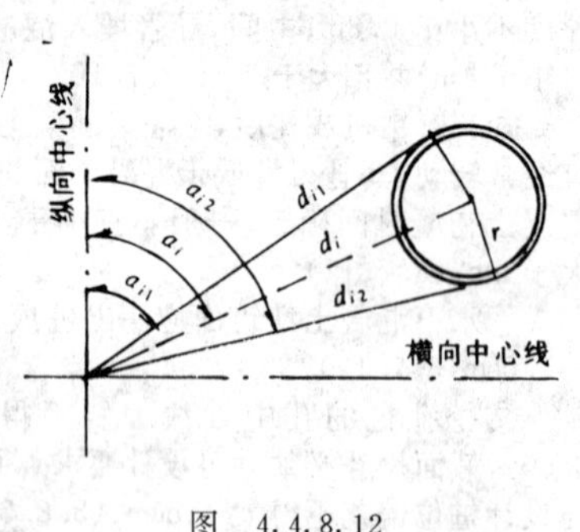

图 4.4.8.12

$$\alpha_i=\frac{\alpha_{i1}+\alpha_{i2}}{2} \tag{4.4.8.10}$$

$$d_i=\frac{d_{i1}}{\cos\left(\dfrac{\alpha_{i2}-\alpha_{i1}}{2}\right)}=\frac{d_{i2}}{\cos\left(\dfrac{\alpha_{i2}-\alpha_{i1}}{2}\right)} \tag{4.4.8.11}$$

或

$$d_i=\frac{r}{\sin\left(\dfrac{\alpha_{i2}-\alpha_{i1}}{2}\right)} \tag{4.4.8.12}$$

式中 r——管柱外半径；

α_{i1}、α_{i2}——实测管柱外壁切线方向角；

d_{i1}、d_{i2}——实量管柱外壁切点至观测点距离；

α_i——计算管柱中心方向角；

d_i——计算管柱中心至观测点距离。

管柱就位后，由施工按前后、左右调整框格上导向方木，并留有一定间隙，使管柱在放样位置上保持直立或具有一定倾斜度(当设计有斜管柱时)。

(3)管柱下沉测量

管柱施工借助震动打桩机震动下沉，应随时注意检测管柱的位移和倾斜，每下沉一定长度(例如一个管节，在接长管柱时)宜检测中心位移，按纵横中心线测量；管柱(包括送桩)如露出较长，其倾斜度可用靠尺法或水准测量法检测，参见本节二(二)1(3)有关斜桩实测倾斜度的测量部分。如管头露出不多，可在管内用简易测斜器检测。简易测斜器为一十字架，四端至十字中心长度相等，实际长度应与管柱内半径接近且稍小；有一定重量，便于下放，亦不宜太重，以免提引操作困难。十字架可用适当金属材料制作。穿过中心孔经过滑轮安装一细绳，在孔面上一端系一浮标，如图 4.4.8.13 示意。四臂亦可做成伸缩杆或折叠杆，可按需要长度(管柱内半径)固定。

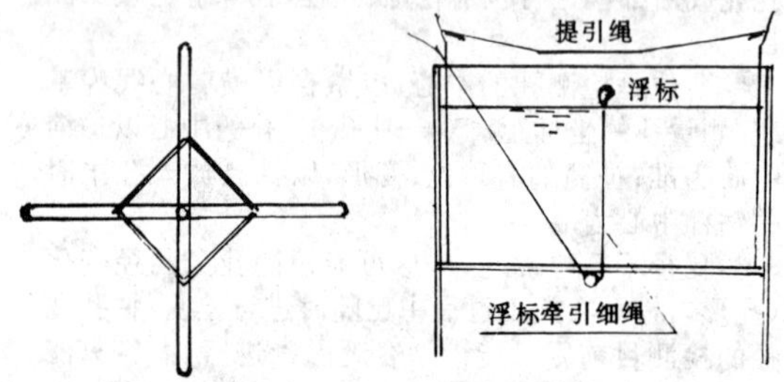

图 4.4.8.13

测量时将十字架四个端部近处各用绳索连接，以等长沿管柱内壁缓慢地平衡下放，浮标系绳亦逐步放松，达到一定深度时稍拉紧浮标系绳，使浮标稳定地漂浮于一点，这一点即代表十字架所在位置管柱的中心。测量浮标在水面偏离管柱四壁(纵横中心线方向)尺寸，结合提引十字架绳索在水面以下长度，即可计算得管柱倾斜度。必要时可沿不同深度测量，方法简单易行。器具制作亦不复杂。但当斜管柱倾斜度超过半径时，则测斜器浮标将受管柱壁影响，测量失准。如为大型管柱，在法兰盘平面测量纵横中心线方向高差，与管径比，确定管柱倾斜度，亦是测量管柱倾斜度方法之一。但由于管径(相对较小)推算管柱长(相对较大)的倾斜，精度稍差。

(4)管柱下沉竣工测量

单根管柱下沉完成(包括清孔)同上应测量管柱顶面中心位置和高程，用测斜器在管柱内测量逐段倾斜度，并推算承台底高程面的管柱中心位置，计算管柱顶(承台底平面)、底偏移值。

检测结果如符合设计施工要求，配合施工放置钢筋骨架，要求达到设计规定的埋置深度。然后充填水下混凝土，其测量参见本节二(六)水下混凝土施工测量。

管柱内混凝土填充完成，应再一次检测管柱顶面(承台底设计高程面)中心位置，检查偏移值有无变动。如管柱内未全部充填混凝土，按设计留有一空段时，应用测斜器再次测量空段倾斜度，如宜于抽水排空，尽可能进入(安全容许下)实测空段管柱空段倾斜度，特别是倾斜度较大(如斜管柱)，未经测得最后倾斜度及填充混凝土后管柱顶面位置有变动的管柱更为需要，以了解整个管柱的实际位移和倾斜度，这才算完成单根管柱的竣工测量。

桥墩台管柱基础包含多个管柱，成为管柱群基础。当本墩台全部管柱施工完竣，应计算管柱群整体作用，亦根据各个管柱顶底部偏移值计算管柱群整体偏移量，参见图 4.4.8.11，方法同本节二(三)3 有关桩群偏移量计算。

3. 管柱施工允许偏差

(1)根据《桥规》第 4.2.1 等条规定：

①管柱制造采用钢制法兰盘，允许误差应符合下列规定：(4.2.1)

法兰盘顶面不平度不大于 2mm；

螺栓孔中心对法兰盘中心的径向长度偏差不大于 0.5mm；顺圆周相邻两孔间长度的偏差不大于 0.5mm；顺圆周任意两不相邻孔间长度的偏差不大于 1mm。

法兰盘上焊接主筋的竖板位置的偏差，钢筋混凝土管柱不大于 5mm；预应力混凝土管柱不大于 2mm。

②混凝土管柱钢筋骨架制作：箍筋间距偏差不得大于 20mm；保护层厚度偏差不得大于 5mm (4.2.2)

管节允许误差：(4.2.2)

内径＋20mm；外径＋20mm；管壁厚度±10mm；长度＋20mm；法兰盘平面对垂直于管柱轴线平面的倾斜不得大于 1‰；管柱的纵向弯曲矢高不得大于管节长度的 2‰；预应力混凝土管柱的管壁不得有裂缝；钢筋混凝土管柱的管壁允许有局部裂缝，但其深度不得大于 20mm，宽度不应大于 0.25mm，长度不应大于管壁厚度的 2 倍。

③钢管柱制造：(4.2.3)

上下两相邻壁板的垂直拼接缝应错开，其错开距离沿弧长不得小于 1m；

管节允许误差：圆周长的偏差不得大于圆周长度的 1%；同一横截面任意两直径差(椭圆度)不得大于直径的 1/500，且不大于 5mm。长度、法兰盘(或上下端平面)倾斜度、管壁纵向弯曲矢高的允许偏差同混凝土管柱。

④管柱下沉到设计高程后的施工允许偏差：(4.3.9)

倾斜度：对于垂直管柱：需要钻岩的不得大于 1%，不需钻岩的不得大于 2%；单排管柱无论钻岩与否，各管柱在顺桥方向的倾斜度不得大于 1%，且倾斜方向不宜为同向。对于斜管柱：斜度偏差不得超过设计斜度的 2.5%。

位移：在岸滩上用导向结构下沉的管柱群顶面(即承台底面、下同)中心，顺桥与横桥两方向的偏差，均不得大于 15cm，当导向结构靠水上锚定设备定位施工时，该偏差值不得大于 25cm；对于顺桥方向为单排管柱时，顶面中心在横桥向的允许偏差同管柱群；顺桥向每根管柱顶面中心的偏差，岸滩上不得大于 10cm，当导向结构靠水上锚碇设备定位施工时，不得大于 15cm；对于需钻岩的管柱，相邻两管柱底平面中心间距的偏差应满足相邻两钻孔间设计最小岩壁厚度的要求。

⑤管柱内安装钢筋骨架、填充水下混凝土及质量检查的规定：(4.4.8)

钢筋骨架应按设计要求的埋置深度安装；

用垂直导管法填充水下混凝土，导管埋入混凝土的深度不宜小于 1m，但也不宜过大；

管柱内填充水下混凝土的质量检查：钻探孔的深度应至管柱钻孔底以下 0.5m。

(2)根据《验标 416》第 4.6.3 条规定，除上项《桥规》规定的以外，补充有：

①ϕ3.0cm 钢筋混凝土管柱法兰盘制造的允许偏差还有：法兰盘内径偏差不得大于 5mm；宽度(内外径差)偏差±5mm。

②制造 ϕ3.0m 管柱靴的允许偏差：焊缝长度及高度不得低于设计要求；上平面，外径的允许偏差为±5mm，如管柱靴以法兰盘与管柱法兰盘联接，则上平面的制造偏差与法兰盘相同；下平面直径的允许误差为±1mm；内外侧面(如设计为光面时)应平顺。

(四)沉井基础

陆上桥墩台和浅水桥墩的沉井基础常采用就地灌筑和筑岛灌筑，深水桥墩沉井基础多采用拼装船预拼沉井底节(包括刃脚)浮运就位，此后的下沉接高，再下沉，再接高，除在水中处于悬浮阶段略有观测差别外，施工测量基本相同。

1. 沉井就地灌筑和筑岛灌筑的测量

沉井就地灌筑和筑岛灌筑主要是指沉井底节(包括刃脚，下同)的灌筑。在灌筑前，首先是要大致测定桥墩台中心点和沉井轮廓线，供施工平整场地及修筑土模或填筑岛台。

场地平整后，或直接就地安装沉井底节模板，或修建沉井刃脚土模，或填筑土台(岛)，都应重新测定墩台中心点，放样纵横中心线，陆上钉临时木桩，水中插临时标杆。

如直接就地安装沉井底节模板，应配合施工测量沉井刃脚垫木平面，以达到平整一致，并放样沉井中心点和纵横十字线(这时与墩台中心点和纵横中心线是一致的)，并在这基础上放样沉井底节轮廓线控制点，且按内外侧加大 10 或 20cm 钉设检查线控制点，必要时加设沉井内部井孔和检查孔的中心点，参见图 4.4.8.14。同时测量各点的相对高差，并配合施工校正，使成为一平面，以作为沉井零基准面。如因地基岩面倾斜或参差不平，沉井设计为斜面刃脚或高低刃脚，则以最低刃尖所在面为沉井零基准面，沉井中轴线与基准面垂直。

沉井轮廓线控制点供施工拼装沉井底节刃脚使用。钢刃脚直接依轮廓线拼装；钢筋混凝土刃脚依轮廓线安装模板。检查线控制点则用于检查刃脚拼装和井筒模板安装是否符合沉井设计外形和尺寸。

如修建沉井刃脚土模(内模)，应以墩台中心点

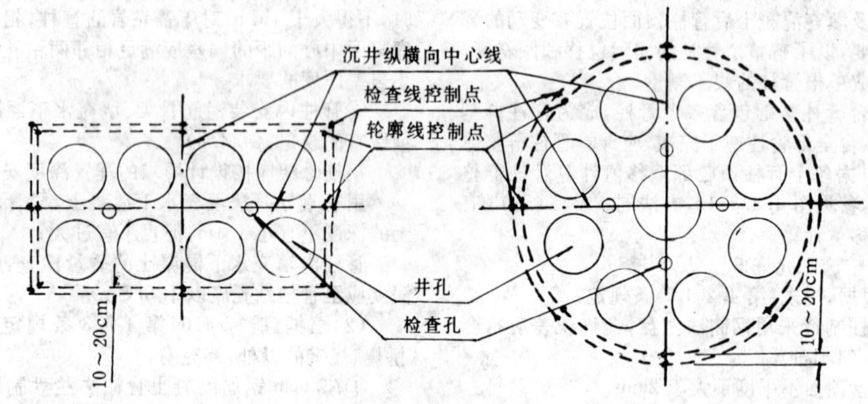

图 4.4.8.14

或纵横中心线为准，按土模设计外形（刃脚内壁）放样土模底线，以便施工修建土模。土模建成，应检测土模高度（刃脚内高）、四周坡度、顶面和底周线尺寸、平面高差。符合要求后，在底周线外侧附近测设沉井零基准面高度点。然后施工安装沉井底节外模和井筒内模。

如筑岛完成，检测岛面尺寸和平整度符合要求后，在岛面进行沉井底节放样测量，同直接就地安装沉井底节模板测量放样相同。

沉井底节模板完成后，依检查线控制点进行检测。底部按控制点直接检测外模板与控制点尺寸，顶部则悬垂线锤对准控制点，同时用小钢尺检测垂线与模板顶部外壁的间距尺寸。如图 4.4.8.15，以与检查线加大尺度比较，既了解模板的直立度，亦掌握了模板圆径或长宽情况。检测应四周进行。模板内部井孔和检查孔依底部放样中心点结合悬锤进行检测。经过必要的施工调整，模板符合要求，在混凝土灌筑前，应检测沉井零基准面各点（主要点在纵横十字线四端），要求处于一平面。同时自四端零基准面点沿模板上量一定高度（略高于或等于预定灌筑混凝土面），并在模板壁上用油漆标志平面线，注明高度。同时亦在模板顶部放样沉井纵横十字线方向点，钉设小钉，标志油漆。

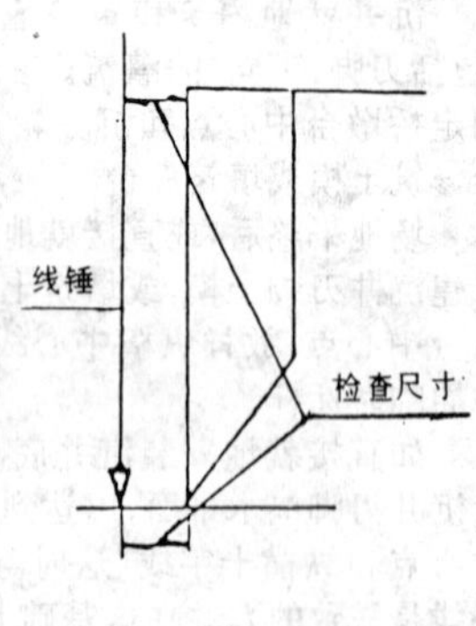

图 4.4.8.15

沉井底节灌筑混凝土达到要求高度，在凝固前应在顶部纵横十字线两端靠近井壁外测预埋方向小钢板和高度小钢杆或角钢。对于矩形沉井，高度小钢杆或角钢可设在四角，见图 4.4.8.16。高度小钢杆或角钢直立，应有 10～20cm 出露在混凝土面以上；方向小钢板长宽宜不小于 10cm。

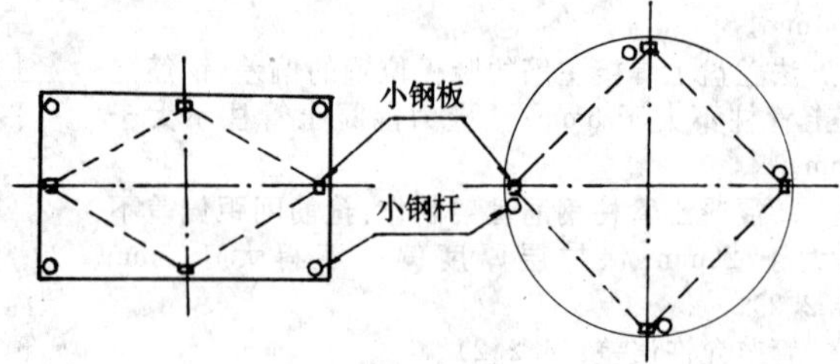

图 4.4.8.16

混凝土凝固后，准确测定沉井纵横十字线（这时与墩台纵横中心线亦基本对应），在预埋小钢板上刻划方向点，并分别量取与中心点（十字线交点）的距离，且以方向点为准量取相邻点间距离（圆形为弦长）或小对角线（矩形）长度，如图 4.4.8.16 上虚线所示，以检核十字线是否正交。如沉井中心部位还可以安置经纬仪，应使用经纬仪对中沉井中心点，检查十字线正交准确度。如十字线不正交，应适当调整，重做方向点，务使十字线是沉井平面的纵横中心线。同时，在小钢杆或角钢上做高度刻划。高度自模板壁平面标志线上起量，或自刃脚零基准面起量，取相同数，使同一顶面高度点高度相同，并用水准仪检测四侧或四角高度点是否处在同一平面上。检测方法：在沉井中心部位安置水准仪，前视四个高度点的立尺（不测绝对高程，不用后视），如上、下游或一个对角线高度点读数之和与左、右侧或另一个对角线高度点读数之和相等，即认为四个高度点是在一平面上，形成了一定高度（距零基准面高度）的基准面。如相对读尺数之和有小量相差，可适当调整一高度点。如相差数较大，应重新测量，检查原因（如量尺错误、某零基准点变形、沉陷），并进行校正。相应高度点如上、下游，左、右侧，对角线之间的距离亦应量取，以备计算沉井倾斜度，详见本项 4 部分有关倾斜值的求算。

沉井底节混凝土成形(竣工),经过检测符合要求,详见本项7部分,施工拆卸模板、抽除垫木后开始下沉,有关测量详见本项3、4、5、6等部分。

2. 浮运沉井的测量

深水沉井基础一般采用浮运施工。沉井底节钢刃脚在拼装工作船上拼装,工作船有一个能支承一定重量的宽广平面甲板。拼装前在平面甲板上测设沉井纵横十字线、沉井底节刃脚轮廓线和内外加大的检查线,均以控制点标示,参见图4.4.8.14,同时在纵横十字线四端附近测设零基准点,与刃尖或最低刃尖同高。

因工作船在水上受水流波动影响,有一定摆动,测量工作尤其水准测量有一定难度,测设工作尽可能在风平浪静,工作船相对平稳时进行。基准面的测设可安置水准仪于岸上靠近工作船的适当位置,快速观测四个对应点的立尺,反复进行零点高度调整,使其处于一个平面上,形成零基准面,参见上小节有关基准面的测设。

根据零基准面放样沉井轮廓线上零高度点或相应高度点,可以用上述同样操作方法。在一些大桥施工测量中曾采用一般倾斜式水准仪放样基准点,亦有一定成效,操作方法如下:

(1)在工作船平面放样中心部位安置水准仪,使一对基座螺旋与一对相应高度点(纵向或横向十字线或一对角线)平行,使望远镜瞄准一端高度点(高度为零)上立尺,照准相当仪器高的尺寸;

(2)旋转望远镜约180°,使望远镜瞄准另一端高度点(高度亦为零)上立尺,旋动上述一对基座螺旋中的一个或同时两个异向,令望远镜照准与前一端立尺同样尺寸高度;

(3)再旋转望远镜约180°,回到前次方向,照准立尺,如与前照准高度尺寸有变异,稍调基座螺旋使照准两次尺寸的中数;

(4)再次旋转望远镜瞄准另一端立尺,如照准尺寸仍不相同,旋动基座螺旋使其相同;

(5)如上反复多次,使望远镜照准两端立尺高度尺寸一致;

(6)然后旋转望远镜约90°,瞄准另一对相应高度点(高度均为零)上任一端立尺,旋动另一个基座螺旋(前述一对基座螺旋切不可触动)使望远镜照准立尺的尺寸亦与前述照准尺寸相同;

(7)再旋转望远镜约180°,瞄准另一端立尺,如照准尺寸相同或微小差别,则说明望远镜照准面与基准面是一致(平行)的,且不受船体晃动影响。如照准尺寸不同,相差较大,则应反复校正,达到望远镜照准四个高度点立尺读数完全一致。如反复调试,仍不达目的,有可能某一高度点高度不处在其它三点形成的面上,或误差较大,要考虑适当妥善的校正。

这一方法简称为水准仪倾斜法。

工作船平面甲板上沉井底节放样完成后,施工拼装按轮廓线控制点和零高度点进行,与陆上或筑岛场地平面上拼装相似。拼装完成,应在顶部放样沉井纵横十字线和井高相应的一定高度基准面,并检测顶面尺寸。浮式沉井底节一般是钢体,顶部十字线点和高度点可在钢体上直接刻划,油漆标示,必要时可焊接。

放样顶部十字线可在工作船平稳时,用悬吊线锤靠近井壁对准平面甲板上十字线(在点间用弦线拉示或墨线弹出)上投到顶,在顶部做临时的十字线方向点(验正后再用钢锥做正式点)。或在内部井孔筒体和检查孔管未安装时,在平面甲板中心部位以水准仪倾斜法安置经纬仪(置仪时保持望远镜视准轴近似水平,暂不能纵转,使仪器平面与基准面平行),然后将望远镜纵转依次照准十字线方向点(靠近井壁的),再仰视井壁顶部做临时点。再在相对点间拉钢尺丈量距离,并使尺交叉出中心点,读取圆形井的半径长或矩形井的相对点半长。同时并量取相邻点间弦长或小对角线长,(参见图4.4.8.16),以验证纵横十字线正交程度,经过适当调整,达到正交目的,即将临时点改做正式点,成为顶部纵横十字线方向点,并用油漆标示。

放样基准面高度点可自零基准面点相对往上量取相当本节井高的相同高度,在井壁上做临时标志,等顶部中心部位能安置水准仪时,经过检测调整,使四个高度点达到同一个高度平面要求,做出正式基准面标志线,注明高度。

沉井底节钢体拼装基本完成,应即进行竣工检测。底部按放样的中心点和纵横十字线检测,刃尖外侧还可依检查线校测;顶部在已投放的沉井纵横十字线及其相交的中心点的基础上检测各部尺寸,参见图4.4.8.17。该图系一特大桥的一个大型圆沉井基础底节钢体竣工检测图实例。沉井圆体为16块预制组件拼接而成,有16个焊接缝,外周半径尺寸在焊接缝处丈量,详见图上文字附记。检测符合要求后即可进行全面焊接,继之按要求填充刃脚内一定量的混凝土,完成底节的拼接、焊固。必要时,按设计要求接高沉井,测量方法与前述类似。

沉井拼装、全面焊固后,即进入沉井的浮运作业,其定位参见本节二(五)水上设备锚碇定位测量。

3. 沉井下沉位移、扭角的测量

沉井下沉(包括砂土实地中下沉和水中下沉)过程中应经常进行观测,测量沉井的顶部位移和扭转角(简称扭角,下同)。

沉井在砂土实地中下沉观测可在施工间隙,沉井暂时稳定时进行;在水中悬浮状态下沉时,应多方向同时快速观测,采用角差图解法,取得当时(瞬间)数据。

在陆上(引桥)墩台,一般测设有纵横中心线护桩,直接测量沉井顶部纵横十字线点偏离墩台纵横中心线的距离,求得沉井中心点位移;并由任一中心线与对应的沉井十字线的交角,得沉井扭角。都应注意正负值关系。参见图4.4.8.18。

在河滩和水中桥墩用岸上三角点进行交会观测,在沉井顶面交会出桥墩的设计中心点,并放样

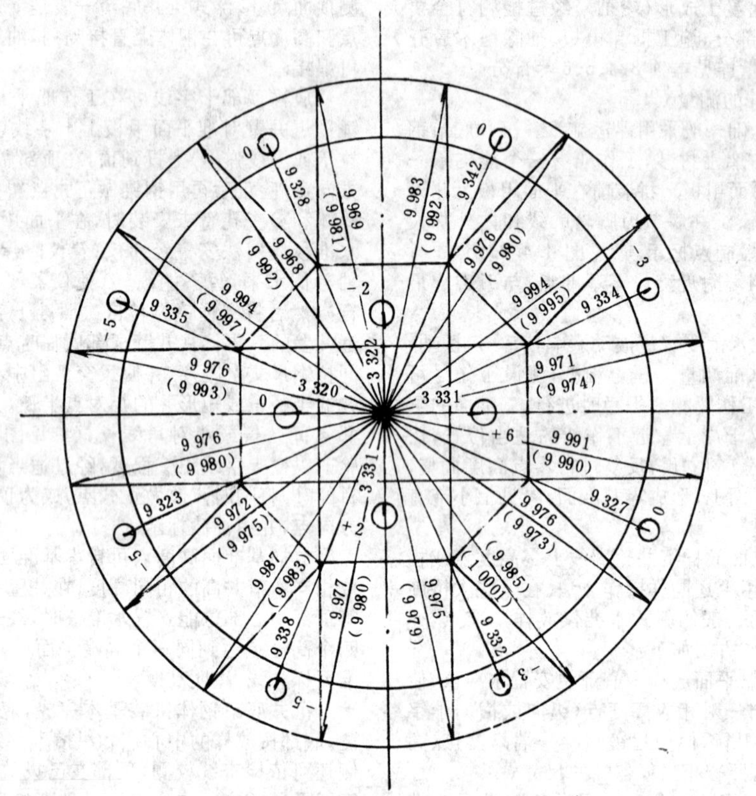

图 4.4.8.17　沉井底节竣工检测示意图(单位:mm)

注:1. 外周半径在焊接缝处丈量,无(　)为顶面半径,有(　)为底面半径,设计为 10 000。

2. 顶面外周长为 62 739,底面外周长为 62 756,设计外周长为 62 832。

3. 探测管中心距沉井中心设计尺寸:外圈为 9 349,内圈为 3 334,"+"为顺时针方向,"-"为逆时针方向。

4. 沉井底节高度 5.00m。

5. 高度以刃尖为零。

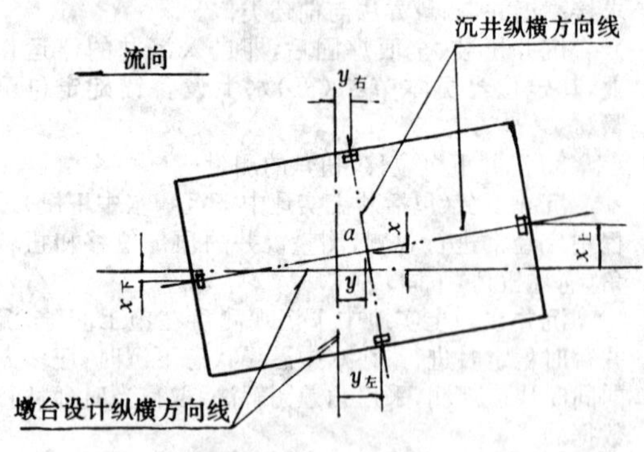

图　4.4.8.18

出纵横中心线,直接测量出沉井中心的位移和沉井纵向或横向十字线对桥墩纵向或横向中心线的扭转角。或采用角差图解法或光电测距仪极坐标法观测沉井顶部已知与沉井中心关系的目标点,得出沉井顶部中心位移和扭角。

位移以墩台纵横中心线为准,按上、下游偏移量和左、右或南、北或东、西偏移量表示,扭角以沉井十字线与墩台纵横中心线形成角度 α 表示,顺时针方向为正,逆时针方向为负,参见图 4.4.8.18。

4. 沉井下沉倾斜和底部高程的测量及底部位移的计算

沉井下沉倾斜度(简称倾斜)与位移、扭角同时观测。倾斜和底部高程的观测可在沉井顶部四个高度点上进行。观测前,先在沉井顶部四个高度点上固定立尺,使尺底零点与高度点高度刻划一致。观测时先后视施工水准点或墩旁临时水准点,测得视线高程,然后依次前视四个高度点立尺。根据相互对应的两高度点(纵向或横向或对角线上两点)读数差与相互间的距离求算倾斜值;根据视线高程减去高度点高度和四个读尺数的平均值(相当前视总高度),即得沉井底部中心达到高程。

倾斜以倾向上、下游,左、右侧(或南、北,或东、西)度数表示,或按对角线倾向上左、下右,上右、下左等度数表示。

沉井底部中心位移根据沉井顶部中心位移、沉井倾斜及沉井高度推算：

设 Δh 为沉井上相互对应高度点上读尺差数；

d 为沉井上相互对应高度点间距离；

H 为沉井当时的全高，相当高度点高度。

$$则沉井顶、底中心位移差=\frac{\Delta h}{d}\cdot H \quad (4.4.8.13)$$

根据 Δh、H 和 d 值计算得顶、底位移差后，底部中心位移依顶部中心位移推算：如图 4.4.8.19，偏移方向亦以墩台纵横中心线为准表示。

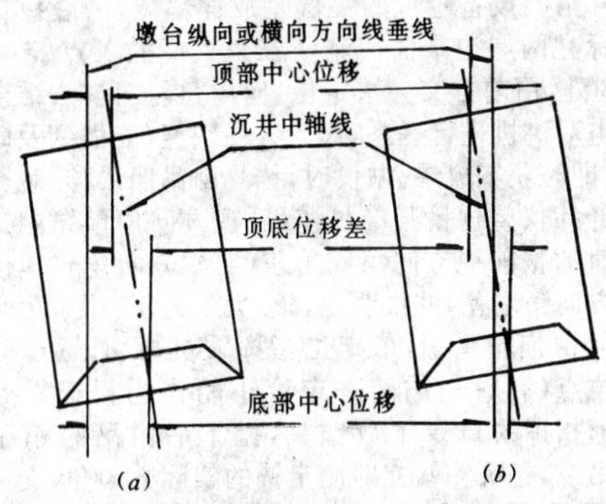

图 4.4.8.19

(a)底位移＝顶位移＋顶底位移差，偏移方向相同；

(b)底位移＝顶底位移差－顶位移，偏移方向相反。

5. 沉井下沉接高的测量

根据沉井 底部应达到的设计高程，沉井常常要进行接高，有时分节重复多次接高，直到设计总高度。接高最重要原则是沉井上下整体各节保持准直，中心点连线基本上是一直线，形成沉井中轴线，这有赖于接高测量的严密配合。

沉井接高一般按前一节已成形，并参照顶部纵横十字线，先安装外模板。圆形或矩形的木模或钢模先期按设计分块预制。安装前应检测一次前节顶部十字线。沉井第二节一般较第一节（底节）稍小，外周形成一台阶，以减少下沉侧面摩擦阻力。因此应在第一节顶部放样第二节底部外周轮廓线。第三节及以后各节一般与第二节尺寸相同，接高外模板紧贴前节沉井外壁安装（预先埋有支撑螺栓）。内部井孔模板和检查孔钢管均按前节相应孔延伸，不必另放样点位。

外模板安装完成后，这时沉井不一定处于完全直立状态，有一定的倾斜和位移，接高模板亦必然同样倾斜，有相应的位移。因此沉井新的顶部纵横十字线不能由外部投放，而应由沉井前节十字线向上延伸。一般用线锤或经纬仪将前节顶部十字线点就近垂直上投到模板顶部做临时点，同时测量沉井倾斜。根据倾斜和模板高修正模板顶部十字线点，如图 4.4.8.20。

$$修正量\ E=\frac{\Delta h}{d}\cdot h \qquad (4.4.8.14)$$

Δh、d 意义同式(4.4.8.13)；h 为接高模板净高

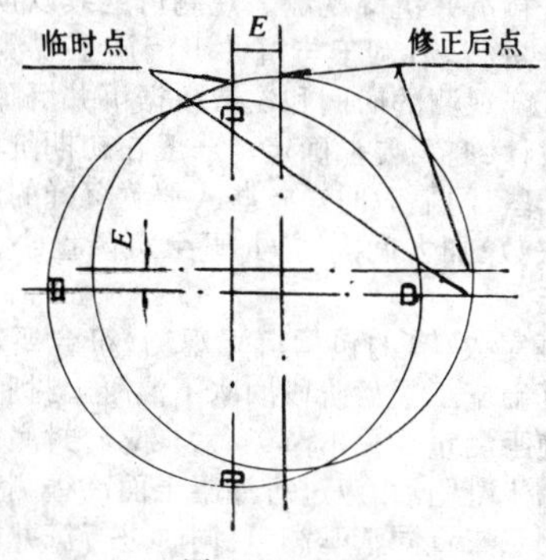

图 4.4.8.20

（扣除搭接部分）。修正后，丈量相邻点间距离，以检测十字线方正度；丈量纵横十字线上点位距离，必要时，圆形模板增量大约 45°线上的模板间距或矩形模板对角线长度，以检测模板成形。如十字线方正度和模板成形差异较大，应配合施工进行调整，重复上述投点、修正、检查，直至达到施工要求，将点位钉入钉子，用油漆做出明显标志。并以纵横十字线为准进行模板安装总体检测，包括内部井孔模板及检查孔钢管中心的相对坐标位置，与沉井底节模板或钢体顶部尺寸检测相似，参见图 4.4.8.17。

同时，在外模板内侧接近顶部设置高度点（预计不被混凝土埋设）。其高度自前节沉井顶部高度点上顺模板上量延伸，取相同尺寸，检测并校正四个高度点在同一平面上，形成又一高度基准面，亦做出标志。

接高模板检测符合要求后，开始混凝土灌筑，达到要求后，如前埋设沉井纵横十字线方向小钢板和高度小钢杆或角钢，待基本凝固，在拆模前将板上十字线点和高度点分别移到邻近的小钢板和小钢杆或角钢上，并进行检测、校正后，作好点位和高度刻划，明显标志。以新的纵横十字线为准进行沉井混凝土竣工测量。必要时观测一次沉井位移、扭角和倾斜，以与接高前资料进行比较。新的一轮施工下沉和观测如前，以后的接高施工和测量亦相同，直到整个沉井下沉达到设计、施工要求。

6. 沉井清基、沉降观测和竣工测量

沉井基础下沉达到设计的稳定高程，经过必要的调整，施工进入清理地基阶段。经过初步清除沉井刃脚内浮泥、沉碴，要通过测量了解基础底面平整度、高差变化和实际高程。测量前应在沉井顶部建立操作平台，并测量平台高程。测量时用测深铊或回声测深仪在井孔内和检查孔内测量操作平台至沉井刃脚内地基面的高差，得到测点实际高程。每个井孔一般至少 5 点，即井孔中心和四周，四周点位平行沉井纵横十字线布置（矩形井）或沿径向及其正交方向布置（圆形井），每检查孔各一点。如测量发现各点位高程变化较大，可能有孤石或岩石碎块存在，或其它情况，通过潜水检查，有必要进一步清除，应进行再次清基，再次测量，直至符合要求。

沉井在软土中下沉，或使用泥浆套施工的，在清基后应进行沉井沉降观测。观测可继续以顶部高度点为基准进行，有利于与沉井下沉施工观测资料的连续。沉降观测的时间和次数根据沉井沉降速度和幅度及设计、施工要求确定。一般在初期阶段，观测次数多一些、间隔时间短一些。随着沉降的趋缓，逐步减少次数、加大间隔时间，直至沉降量小于设计、施工规定。

清基完成(有的包括沉降观测)符合要求后，进入沉井基础施工最后阶段的水下混凝土封底。水下混凝土施工测量详见本节二(六)部分。封底完成，待混凝土初步凝固后，应进行混凝土面高程测量。测量方法和测点布置同清基测量。同时进行沉井位移、扭角和倾斜的最后一次观测，最终完成沉井基础的竣工测量，并编制成果资料，参见图4.4.8.21。该图系一桥墩沉井基础竣工实测综合资料。根据施工情况和需要，可分别作出实测图，及时提供。

7. 测量有关沉井施工允许偏差

(1)根据《桥规》第5.2.3、5.5.1、5.5.2条规定：

①无围堰筑岛护道宽度，不宜小于2m，临水面坡度，可采用1：2；岛面应比施工水位高出0.5m以上。有流冰时，还应适当加高。

②沉井制作允许偏差：长宽±0.5%，最大不超过±12cm；曲线半径±0.5%，最大不超过±6cm；对角线±1%，最大不超过±18cm；井壁厚：混凝土、片石混凝土±4cm，钢筋混凝土±1.5cm；每节沉井平面尺寸不应大于刃脚处的平面尺寸。

③沉井清基后位置的允许偏差：沉井底面平均高程应符合设计要求。沉井的最大倾斜度不得大于沉井高度的1/50；沉井顶、底面中心与设计中心在平面纵横向的位移(包括因倾斜而产生的位移)均不得大于沉井高度的1/50，对浮式沉井允许位移值可另加25cm；矩形、圆端形沉井平面扭角允许偏差值：就地制作的沉井不得大于1°，浮式沉井不得大于2°。

(2)根据《验标416》规定，除与(1)相同者外，第4.7.10及4.7.12条补充要求有：

①沉井下沉达到设计高程，清基完毕后，应测量基底高程及清基范围。

②在软土中下沉沉井，或使用“触变泥浆套”下沉沉井时，应在沉井下沉到设计高程和清基后进行沉降观测，待8小时内累计下沉量不大于10mm时，方可检查验收清基质量和进行封底工作。

(五)围囹、沉井浮运及其锚碇设备的定位测量

管柱基础的深水导向围囹和沉井基础的深水沉井常采用浮运定位。在浮运前，围囹或沉井在拼装工作船上拼装(一般只拼装底节，下水后接长接高)，然后随工作船一道送入导向船，准备浮运定位。

浮运定位要使用定位船，有的在桥墩位上游和下游各设一个定位船，分别叫前定位船和后定位船；有的只在上游设一个定位船。定位船和导向船组均属于锚碇设备系统，前定位船或定位船(一个时，下同)在桥墩位上游100～200m，(具体位置由设计施工确定)，后定位船在桥墩下游100余m。

前定位船或定位船由4～6个主锚在上游和4个边锚分设两侧固定，另在下游端有4根拉缆准备与导向船组连接；后定位船有4个后主锚(或称尾锚)在下游，亦有4个边锚分设两侧，和4根拉缆在上游端，与导向船组连接。导向船组自身亦有4或8个边锚分设两侧，不设后定位船时，在下游端还有4个尾锚(后主锚)。主锚、尾锚和边锚的锚位由施工设计确定，用全桥统一的坐标系设定，距离定位船、导向船组一般数百米不等，与水深、河床质有关。

锚碇设备定位的关键是放样锚位，一般按锚位坐标在两岸边平面控制网三角点或插入点、节点2～3处，用前方交会法定位，应用角差图解法结合无线电对讲机进行联系，比较方便快速，能做到及时定位，即时获知成果。抛设时，锚具由吊船吊挂，观测站用经纬仪望远镜瞄准吊缆(后视方向角预先测定)，随时通报前视方向角或角差(实测方向角与理论计算方向角之差，并说明正、负，大于为正，小于为负)。吊船由拖轮牵引，依定位指挥人员指引，逐步驶向定位点(有时先锚碇一定位小船作为目标)，到位后随指挥的口令下放锚具，抛下后由吊船稍稍收紧吊缆，各观测站立即测定锚的实际方向角，交会成果即为锚的实际竣工位置，根据《验标416》第4.6.10条规定：锚位允许偏差：上下游方向，主锚为±10m，边锚为±5m；左右岸方向，各类锚均为±5m。

锚碇设备定位时，先定前定位船或定位船，主锚又在定位船就位前抛设，边锚在定位船大致就位后抛置。前定位船或定位船基本固定，在船中心位置树立观测标杆，由岸上观测站交会观测，并指挥调整船位，收紧联结主锚、边锚钢丝绳，前定位船或定位船即完成定位。导向船组带挂围囹或沉井底节拼装工作船，由拖轮送到前定位船或定位船下游约10m附近，连接上前定位船或定位船的4根拉缆，并逐步放松，使导向船组顺水流缓缓下溜。岸上各观测站交会观测围囹或沉井顶部已树立的观测标杆，导向船组下溜到达墩位上游由施工设计确定的位置，一般为一个水深距离，立即停放。这时如前观测，定位放样导向船组边锚，施工进行抛置。如未设后定位船，导向船组上尾锚应即如前观测抛设，并按观测围囹或沉井标杆，施工调整导向船组横向偏差，固定导向船组。如设有后定位船，则后定位船应送到导向船组下游数米处，用拉缆连接导向船组，并逐步放松，待后定位船大致到达位置(观测指引)，先抛后主锚，次抛边锚，再调整船位，收紧各锚联结的钢丝绳及与导向船组联结的拉缆。再次观测围囹或沉井中心，并施工调整导向船组边锚，完成围囹或沉井的初步定位，图4.4.8.22系一桥墩浮运沉井抛锚定位实测竣工图。锚位采用三台经纬仪，以前方交会角差图解法测定。初步定位的围囹或沉井中心位置的允许偏差无具体规定，根据施工总结经验，初步定位的位置，就是围囹或沉井开始下沉的位置，应在桥墩上游1个水深加1～5m，并视流速适当变更，左右位置应在顺水流

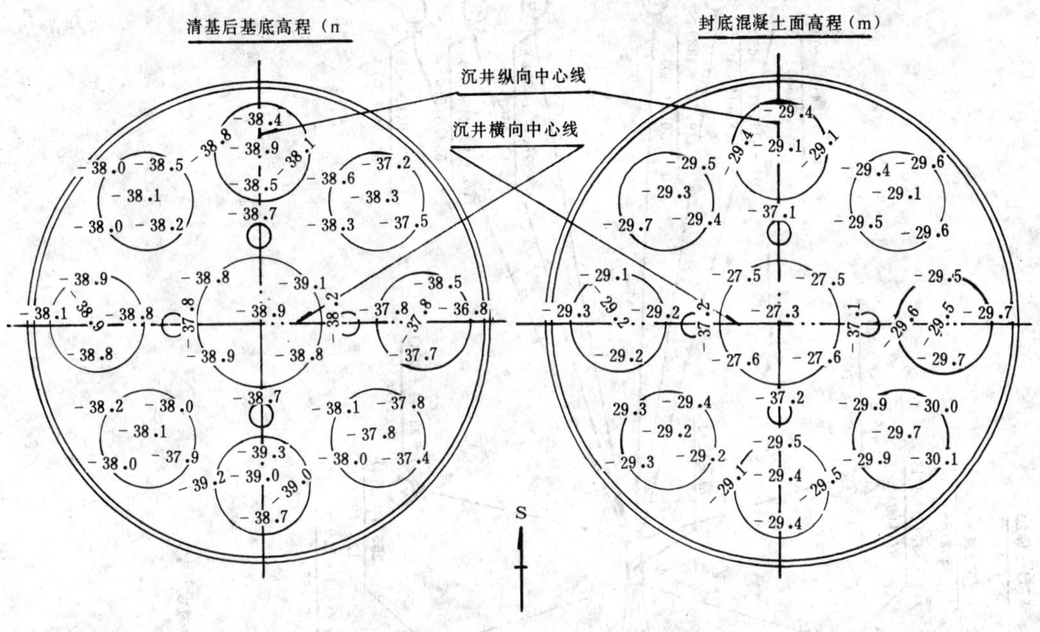
清基后基底高程（m
封底混凝土面高程（m）
沉井纵向中心线
沉井横向中心线
S

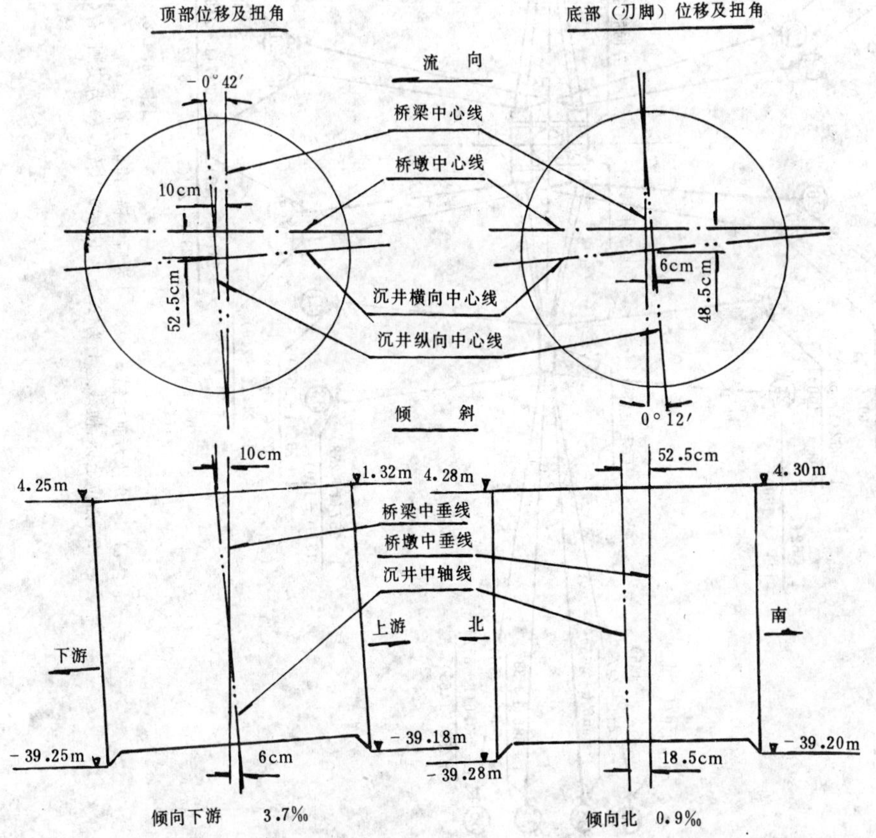
顶部位移及扭角
底部（刃脚）位移及扭角
流 向
桥梁中心线
桥墩中心线
沉井横向中心线
沉井纵向中心线
-0°42′
10cm
52.5cm
6cm
48.5cm
0°12′
倾 斜
10cm
52.5cm
4.25m
1.32m
4.28m
4.30m
桥梁中垂线
桥墩中垂线
沉井中轴线
下游
上游
北
南
-39.25m
-39.18m
-39.28m
-39.20m
6cm
18.5cm
倾向下游 3.7‰
倾向北 0.9‰

图 4.4.8.21

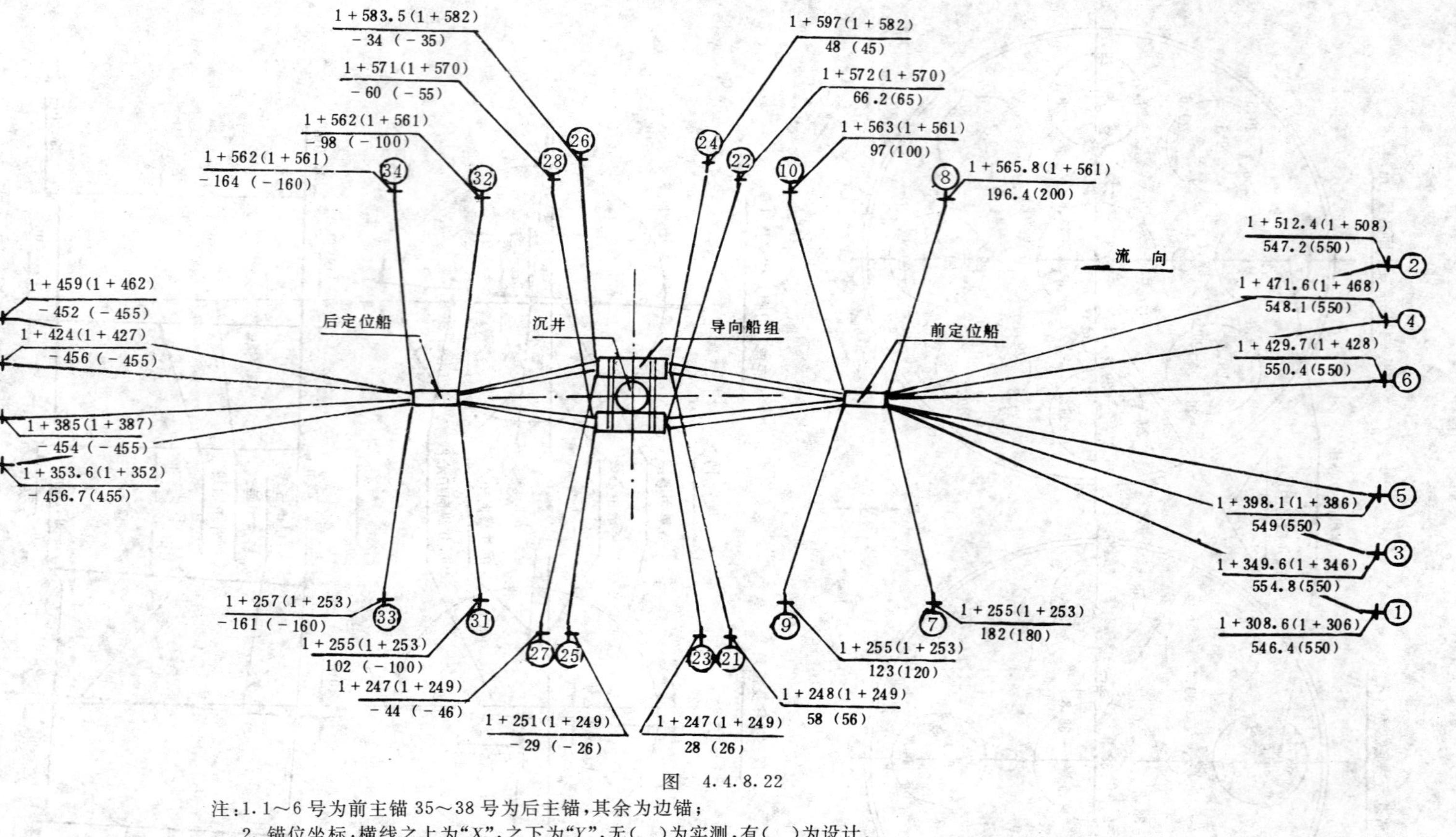

图 4.4.8.22

注：1. 1～6 号为前主锚 35～38 号为后主锚，其余为边锚；

2. 锚位坐标：横线之上为“X”，之下为“Y”，无（ ）为实测，有（ ）为设计。

方向所规定的中线上，观测精度要求为±1m。定位船初步定位也应预留上游一定距离，一般10余米至20余米不定。

浮运围囹或沉井初步定位后，利用导向船组上的起重设施，将围囹或沉井吊起(有时围囹起吊还用吊船)，离开拼装工作船甲板，足够工作船抽出，同时用拉缆系在围囹或沉井底部，并拉到前定位船或定位船上，然后将围囹或沉井缓慢地平衡下放，沉入水中，前定位船或定位船亦收紧连系围囹或沉井的拉缆，抵消水流冲击，保持围囹或沉井在水中直立。这时应进行围囹或沉井在水中下沉的首次观测，了解位置变化情况，一般要求仍在桥墩位上游。随后围囹或沉井逐步接高下沉，前定位船或定位船适度放松连接导向船组拉缆和围囹或沉井底部拉缆，后定位船亦适度收紧连接导向船组拉缆或导向船组自身适度收紧尾锚绳，并适当调整导向船组边锚绳，导向船组连带围囹或沉井缓慢下流，接近墩位一步，围囹或沉井位置的观测配合进行。

围囹下沉达到设计高程或沉井刃脚接近河床，进入精密定位阶段。

围囹定位位置直接影响管柱群的位置正确性，除观测中心位移、结构扭角(圆形围囹无规定，可不测扭角)外，在围囹顶面进行水平观测，以便施工消除倾斜，围囹中心与墩位中心的允许偏差按围囹底至水面高度的1%计算，一般宜置于墩位上下10cm内，左右偏差在5～10cm之内。

围囹的固定是依靠插打定位管柱完成的。插打定位管柱按单柱进行交会定位或在墩旁临时观测点直接放样，以保准确外，围囹仍可能发生变动，因此仍需经常观测其位置，以便施工随时调整，直到定位管柱插打完毕，挂上围囹，符合要求后，测设墩位中心，放样纵横中心线，完成围囹精密定位。随后开始其它管柱的下沉，其定位放样观测详见本节二(三)2有关部分。

沉井刃脚将达到河床时，沉井位置特别是底部(刃脚)位移和扭角(圆形无规定在外)的偏移直接影响沉井在地层中的正确下沉，因此位移、扭角和倾斜观测应加密进行，以引导沉井较准确的下沉到设计位置上。位移较大，尤其是底部位移较大，对继续下沉不利；或者扭角偏大，尤其是矩形或圆端形沉井扭角超出设计要求，影响承载力的合理分布，一般可采取施工纠偏措施，使沉井回到要求位置限度内；大型深水沉井通常在井孔上安装有钢气筒设备，必要时可打入压缩空气，将沉井重新浮离河床，重新定位下沉。定位符合要求，沉井在河床地层中下沉初期，在达到稳定状态前，观测工作尤为重要。沉井水中下沉到河床的精密定位要求标准参照本节二(四)7有关允许偏差并稍严。沉井继续在河床地层中下沉观测详见本节二(四)3～6部分。

(六)水下混凝土施工测量

钻孔桩钻孔完成，经过清孔、安置钢筋笼后，要立即灌筑水下混凝土；管柱下沉到达要求高程，经过凿岩、清孔、安置钢筋笼后亦要进行水下混凝土填充；沉井下沉达到稳定的设计高程，经过必要调整、清基以及必要的定位检测和基面高程测量后，需要灌筑水下封底混凝土；深水中桩群基础或管柱群基础亦都有在水中围堰内灌筑封底混凝土作业等等。总之，水下混凝土灌筑作业是桥墩台基础工作施工的重要工序。其中配合测量就称为水下混凝土施工测量。

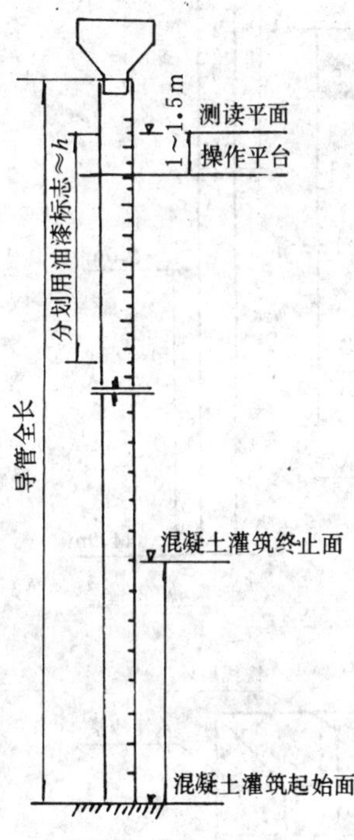

图 4.4.8.23

水下混凝土一般用直升导管法灌筑。导管用较厚的薄钢板制成。导管全长要稍大于测读平面高程与水下混凝土灌筑起始面高程的差数。整个导管由多根管节用法兰盘和螺栓联接，顶部一段，约等于混凝土灌筑厚度的长度，应用1～2m长的短管节，因随着混凝土的不断灌筑，导管要逐步提升，顶部管节就要逐步拆除，短管节有利于施工操作。导管全长用钢尺丈量，由底部管口量起。在顶部稍大于灌筑混凝土厚度的长度段(相当短管节部分)，用白油漆做出分米间隔的标志线，如图4.4.8.23。分米间隔线是按管口起量的尺度标志的，相当于测读平面的间隔线尺度，同测读平面与灌筑起始面的高差数是一致的。但注记间隔线数字时，则认为同测读平面一致的间隔标志线是灌筑起始面的高程数，并按其高程数的整分米注记。测读平面以下的整数米和0.5m的间隔标志线注记混凝土灌筑起始面以上的高程整米和0.5m数字。如灌筑混凝土起始面的实际高程为正值，注记整米数向下增加；如为负值，注记整米数向下减少，如图4.4.8.24。这样，当导管逐步提升时，以测读平面为准，就能直接读出导管底口所在的实际高程。

与导管底口高程测读配套，在导管外必须同时测量水下混凝土在灌筑过程中逐步增高的顶面高程。这个测量工作近似一般用测深铊测水深，但所用测深铊质地不同。因混凝土在灌筑当时尚处在流塑状态，铊重了容易陷入混凝土中，轻了可能漂浮在浮浆面上，难于掌握准确的测出混凝土面，因而采用一种特制的比重铊。比重铊为立方体，边长10cm，用木板与水泥砂浆制成，中穿铁线成环状，以系测线，如图4.4.8.25。比重铊比重(γ_r)一般按1.3～1.6计，相当于水下混凝土浮浆的比重。可按下式计算：

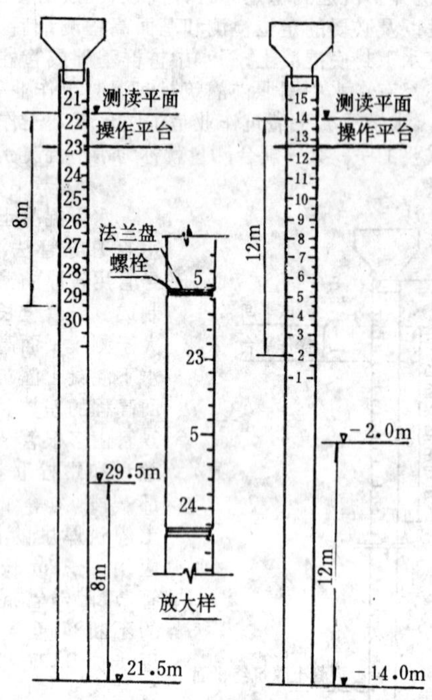

图 4.4.8.24

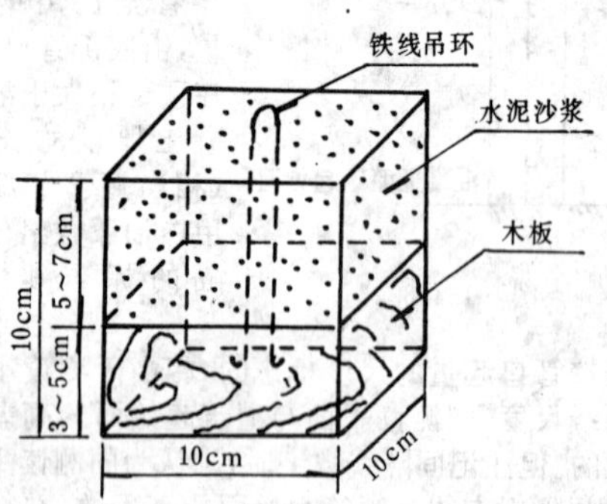

图 4.4.8.25

$$\gamma_r=\gamma_c-(\gamma_c-\gamma_w)\frac{X}{H} \quad (4.4.8.15)$$

式中 γ_c—水泥砂浆比重，以 2.0 计；

γ_w——饱和水的木质比重，以 0.7 计；

H——砣高(10cm 计)；

X——木板厚度，以 cm 计。

当 $X=3$cm 时，$\gamma_r=1.61$；

$X=4$cm 时，$\gamma_r=1.48$；

$X=5$cm 时，$\gamma_r=1.35$。

比重砣用线尺和镀锌铁线连接，称为测线。考虑到线尺在水中长时间浸泡，可能长度有伸缩，因而连接比重砣不采用全部线尺。又考虑到线尺能多次重复使用，当水下混凝土灌筑厚度小于 10m 时，可用 10m 长一段线尺；灌筑厚度在 10～20m 间，用 20m 长一段线尺，其余均用较细镀锌铁线(22～24 号)。线尺在上端，镀锌铁线连接线尺和比重砣，如图 4.4.8.26，测线全长自比重砣底面起算。全长大于测读平面与混凝土灌筑起始面高程的差数，线尺相当于导管有分米间隔标志线的短管节管段，同样使线尺自比重砣底面量起，相当于测读平面与混凝土灌筑起始面高差数的尺度，与混凝土灌筑起始面高程数一致。例如混凝土灌筑起始面高程为 21.5m，灌筑厚度为 8m，即混凝土灌筑终止面高程为 29.5m，只取线尺 0～10m 或 10～20m 或 20～30m…一段 10m 长，尺度倒置，与铁线连接，使尺上的 1.5m 或 11.5m 或 21.5m …，同自比重砣底面量起，相当于测读平面与混凝土灌筑起始面的高差数的尺度，代表混凝土灌筑起始面的高程值 21.5m，则线尺的 1.5～9.5m 或 11.5～19.5m 或 21.5～29.5m…为有效尺段，上端 0～1.5m 或 10～11.5m 或 20～21.5m…为多余段，可结成环状，用作提环，下端的 9.5～10m 或 19.5～20m 或 29.5～30m…亦为多余段，与铁线连接，计入铁线长度。铁线长度（包括一部分与其连接的线尺下端多余段及比重砣高）即等于：

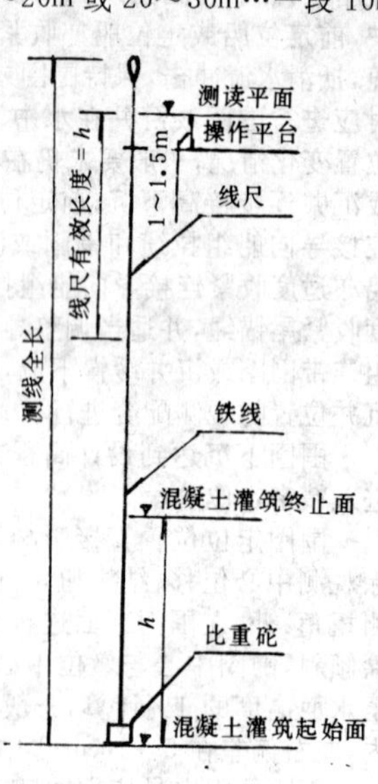

图 4.4.8.26

测读平面高程(设为 60.5m)－混凝土灌筑起始高程(21.5m)－线尺有效尺段长(8m)

＝60.5－21.5－8＝31.0m

又如混凝土灌筑起始面的高程为－14.0m，灌筑厚度为 12m，即混凝土灌筑终止面高程为－2.0m，则取线尺 0～20m 或 20～40m 或 40～60m…一段 20m 长，尺度顺置，与铁线连接，使尺上的 14.0m 或 34.0m 或 54.0m…，同自比重砣底面量起、相当于测读平面与混凝土灌筑起始面的高差数的尺度，代表混凝土灌筑起始面的高程值－14.0m。同样，线尺的 14.0～2.0m 或 34.0～22.0m 或 54.0～42.0m…为有效尺段，上端的 14.0～20.0m，或 34.0～40.0m 或 54.0～60.0m…为多余段，除做提环外，可保留；下端的 0～2.0m 或 20.0～22.0m 或 40.0～42.0m…亦为多余段，与铁线连接，计入铁线长度。铁线长度计算同上。设测读平面高程为 40.0m 则铁线长度为：

40.0－(－14.0)－12＝42.0m

上述两种情况，可参见图 4.4.8.27，其它情况可以类推，采用适应尺段。如混凝土灌筑层处在零高程上下段内，宜将线尺在 9m、19m、29m…多一些处切断，再倒过来，将 10m、20m、30m 等与顺尺 0、10m、20m 等连接起来，形成…、(－)5、(－)2、(－)

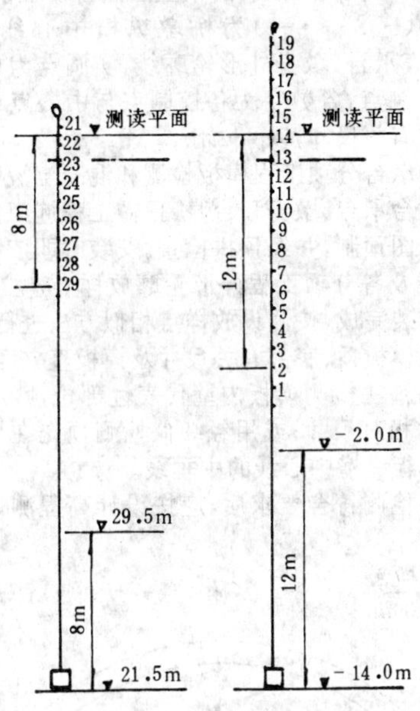

图 4.4.8.27

1、0、(+)1、(+)2、(+)3……尺段等,以便应用。

水下混凝土灌筑开始,导管提升约 0.3～0.5m,即导管底口离开混凝土灌筑起始土面或岩面 0.3～0.5m,有利于混凝土自导管内涌出。在混凝土灌入导管前,导管内先放入一木球,用粗麻绳连接。随着混凝土的灌入,木球逐步下放,使导管内水被挤出,不使混凝土与水混和。当一定量混凝土灌入导管后,砍断连接木球的麻绳,木球受混凝土重压,自管口挤出,混凝土亦随即涌出管口,向四周流动扩散,同时向上拥挤,将导管口包围埋没。这时应即在测读平面观测导管口所在高程,并用测线贴近导管测出混凝土面高程,得知导管口埋入混凝土深度。随后不断在导管内灌筑混凝土,亦不断的观测管口和混凝土面高程,以便适量提升导管。在整个灌筑混凝土过程中要求导管口始终保持在混凝土中,埋入深度根据《桥规》第 3、7、10 条规定:首批混凝土注入后,导管埋入混凝土的深度不小于 0.8m;灌筑中,导管埋入混凝土中的深度,不得小于 1m,并不宜大于 3m。这就要求提供准确、及时的实测资料。测量时,在导管外用测线测量混凝土面,要使比重铊一放到底,再收紧测线,当感到提铊重量增大时,即达到混凝土面。这时以测读平面为准,对照测线上的线尺所示尺度,即直接提供管外混凝土面当时高程。同时,亦以测读平面为准,对照导管外油漆的分米间隔标志线的尺度,直接观测到导管口当时所在高程。导管口所在高程低于混凝土面高程,说明管口埋在混凝土内,高程差数即导管埋入深度;如导管口所在高程高于管外混凝土面高程,说明导管口已脱离混凝土面,发生了事故,要暂停灌筑混凝土,进行分析研究,及时处理,包括重新砍球灌筑。测量工作亦应检查操作有无失误,资料有无失准。测量观测是连续进行的,间隔时间随混凝土灌筑进度而定,有时 3～5min 观测一次,混凝土灌筑将近结束时,尤要加密观测。每次观测均应做好包括测量时间、混凝土面高程、导管底口高程和导管埋入深度等在内的记录。

钻孔桩内和管柱内填充水下混凝土,因面积有限,一般只安置一根灌筑导管,测量工作安排一组观测;沉井封底或围堰内桩群或管桩群整体封底,水下混凝土灌筑面积都较大,要安置多根灌筑导管,测量工作要作相应的多组观测。灌筑工作将近结束,应比较各组观测资料。根据各点混凝土面高程,指引灌筑施工,进行必要的补充灌筑,使混凝土灌筑终止面达到全面均衡的平整,然后才能提起全部导管,结束灌筑。在一定时间后,混凝土已初步凝固,应增加测点,全面测量一次水下混凝土面高程,作为封底混凝土竣工资料,参见图 4.4.8.21。

三、墩台施工放样测量及工程质量检验测量

桥墩台基础施工完成,并基本达到稳定后,施工将进入墩台结构本身部分,施工测量有条件亦更要求提高精度。墩台前后、左右距设计中心线尺寸允许偏差是±20mm,是各类基础允许误差的 1/10 上下。因而墩台中心及其纵横中心线的定位放样误差要求应更高,如按½计,应不超过±10mm。

桥墩台结构本身自下而上,包括承台、墩身和顶帽三个主要分项,按分项按层次自下而上分段施工。有时承台连同基础封顶,分为下部和上部,形成台阶;墩身如高度较大,亦需要分节进行施工;顶帽上的支承垫石亦可能因设计、施工的需要,不能一次完成。

(一)墩台中心点位和平面高程测量

墩台前后、左右距设计中心线尺寸允许误差已见上述。相对而言,此项允许误差不难达到,关键在于墩台中心点和纵横中心线的定位放样要满足精度要求,这就必须在每一分项每一层次施工前,严密测定墩台中心点位和放样纵横中心线。

在陆上墩台曾测设有中心点和纵横中心线护桩的,应按护桩(是稳固可靠的)准确恢复中心点位和纵横中心线,并与前后方控制点进行方向和距离检测。如前后已有测定的墩台中心点,亦应进行跨距检测。未设护桩的墩台以及河滩、水上桥墩未能测设护桩,而用交会法测定中心点位的,应自全桥平面控制网三个以上基本控制点(三角点)采用多测回前方交会法施测,墩上有条件安置仪器进行观测的,并应采用前后方交会结合法检测,不可自临时观测点施测。如自施工插入点或节点施测,亦应有两个以上基本控制点检测。

根据《测规》第 4.10.11 条规定:承台及墩身施工放样测量:墩台中心点应由不少于三个施工三角点交会设放,再由另一个三角点连同原来的三个三角点对其示误三角形中心点进行测角复核;示误三角形边长不得大于 3cm,取其重心。当其中有一个方向系桥中线时,其余两个方向与桥中线交会点长度不得大于 2cm,当桥中线方向系用转角放出,仍按三

个方向交会处理，参见图 4.4.8.28；前方交会示误三角形求出的墩中心，应同时观测 1～2 个测回。根据角差值，推算位移误差，并以图解法检核。图解的示误多边形，其近似内切圆半径不得大于 1cm，如有较大位移，应重测。

又据第 4.10.12 条规定：顶帽及垫石施工放样测量，设放墩中心点前，应对三角点觇标进行归心投影，测定归心改正值。用前方交会法设放时，应有两岸四个三角点进行交会，其示误多边形边长不得大于 2cm，当其中有一个方向系桥中线时，其余三个方向与桥中线交会点间最大长度不得大于 1.5cm；以求出的墩中心点为准，由各三角点同时观测 2～4 个测回，如有条件，应在墩中心置镜，观测各三角点 2～4 个测回(前后方交会测角法)。

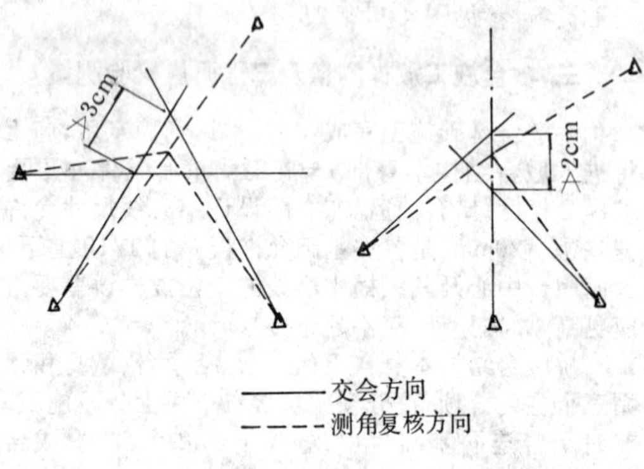

图 4.4.8.28

墩台中心点测定，并经置仪照准前后方桥中线控制点，检测方向偏差，符合要求后，以测定的中心点为准，放样墩台纵横中心线或其平行线。放样测量时，以能照准前后方桥中线控制点直接放出纵向中心线为主，然后按转角 90°正、倒镜放样横向中心线。

墩台分项各层次高程，应就近自基本水准点或施工水准点引测放样，不得自临时水准点引测。根据《测规》第 4.10.11、4.10.12 条规定：承台、墩身、顶帽及垫石施工放样测量：水准高程精度应符合四等水准测量要求。

(二)墩台分项工程施工放样测量

以墩台中心点和纵横中心线为基准，按分项工程结构设计的外形与中心线的相对关系放样结构轮廓线的控制点，如承台长宽、边线与纵横中心线的交点，墩身或台身、顶帽轮廓线的交换点及其与纵横中心线的交点。各控制点均根据其与墩台中心点或纵横中心线的距离放出。顶帽尺寸一般大于墩身顶部，可不设轮廓线控制点，只放样中心点和纵横中心线，待建立模板后按关系尺寸检测；如支承垫石同顶帽一次灌筑，则可在墩身顶部测放垫石轮廓线点，以便立模时吊锤对点，如支承垫石不同顶帽一次灌筑，则在垫石将要灌筑前，在顶帽顶面放样。各放样控制点均用油漆标志。图 4.4.8.29 系一大型桥墩承台和墩身放样实测示意图。顶帽轮廓大于墩身顶面，只放样墩中心点和纵横中心线。图中空圆点为桥墩中心点，长、点线(—·—·—)为桥墩纵横中心线，虚线(----)代表承台、墩身外形轮廓线，实圆点为放样的轮廓线控制点，各数字为各控制点与中心点或纵横中心线的有关尺寸，以 cm 计。

(三)墩台分项工程模板检测和混凝土竣工测量

桥墩台承台、墩身和台身、顶帽工程施工模板均根据设计图预制，并经预拼检查。安装时即依墩台纵横中心线及各分项工程外形轮廓放样点建立，联结牢固。安装完成，按测设放样点相似方法进行检测。检测包括模板顶、底部有关尺寸及模板直立度。直立度可用吊锤法检测模板内壁代表性部位顶、底口相关部位的相对尺寸；或用经纬仪检测预先在模板外面画出模板纵横中心线的中垂线。

模板检测符合要求后，应按设计高程测设混凝

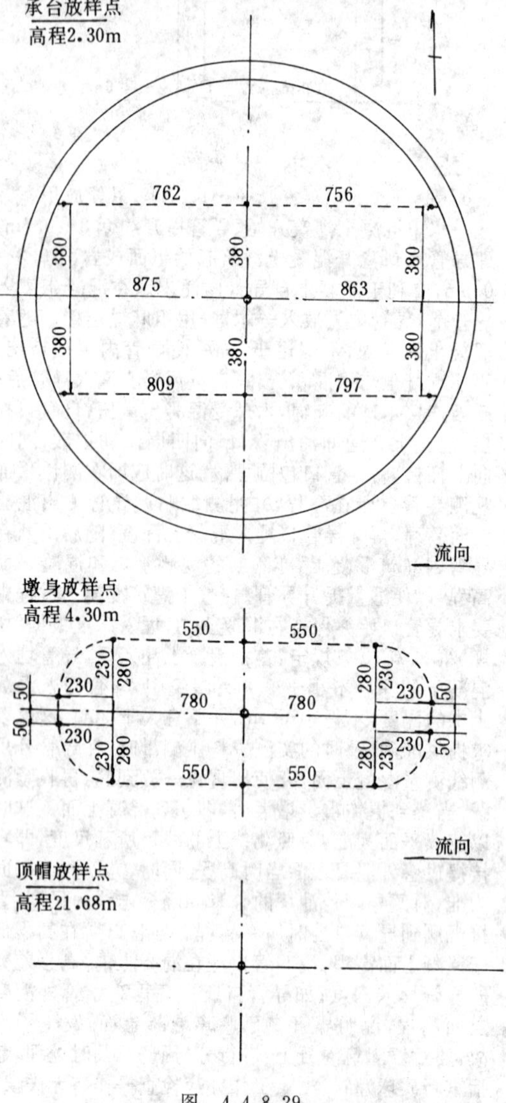

图 4.4.8.29

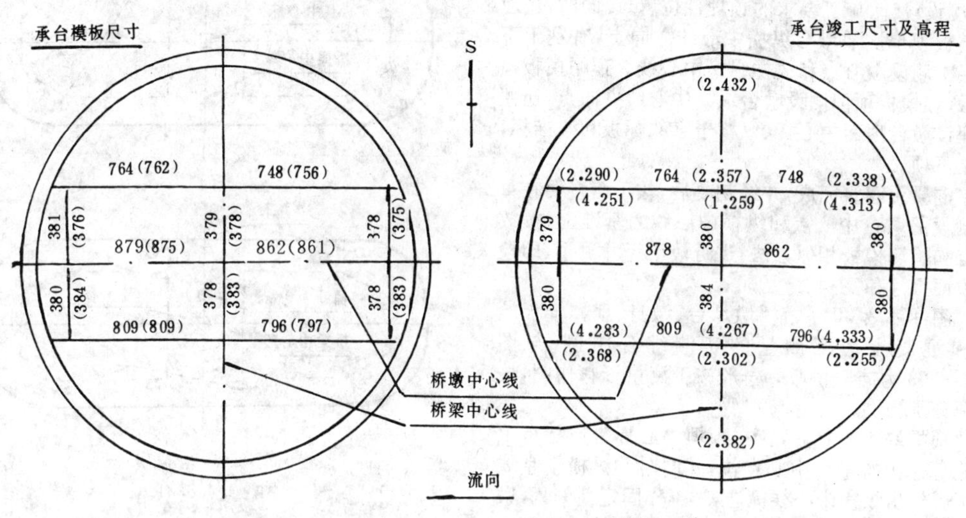

尺寸均以cm 计
有( ) 为承台底部（高程2.30m）尺寸
无( ) 为承台顶部（高程4.30m）尺寸

尺寸均以cm 计
(　) 内数字为各该部位顶面高程以m计

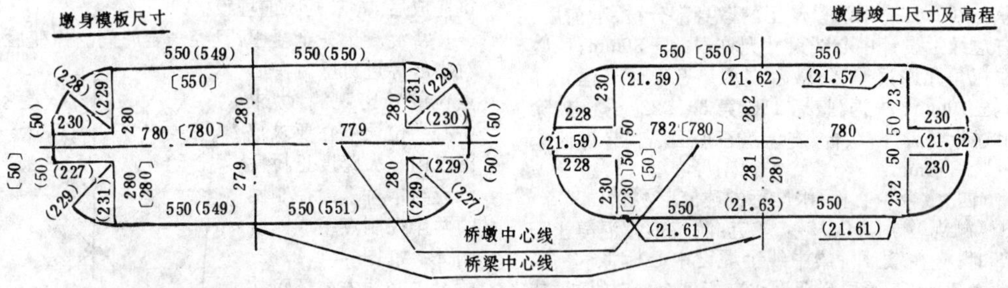

尺寸均以cm 计
无括号数字为墩身顶部（高程21.68m）尺寸
有(　) 为墩身底部（高程4.34m）尺寸
有〔　〕数字为设计尺寸

尺寸均以cm 计
(　) 内数字为各该部位顶面高程以m计
有〔〕数字为设计尺寸

流 向

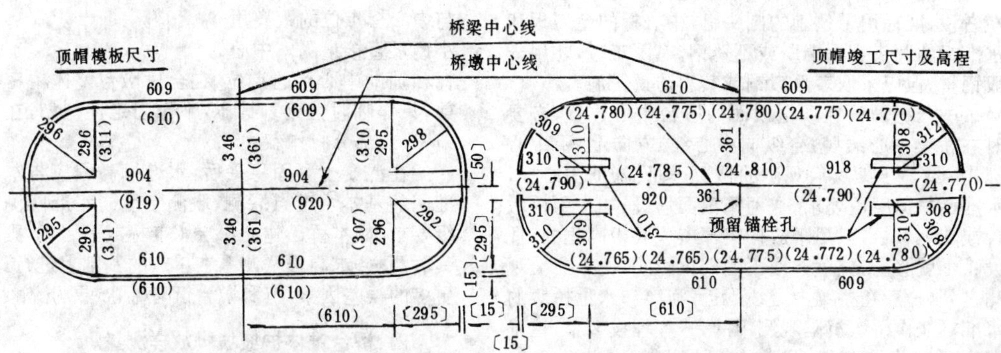

无括号数为顶帽顶部（高程24.785m）尺寸
有(　) 数字为顶帽直立起始处（高程22.875m）尺寸

(　) 内数字为各该部位顶面高程以m计

尺寸均以cm计 有〔〕数字为设计尺寸

图 4.4.8.30

1.5。当锥体填土高度大于6m时，从顶面以下超过土灌筑顶面高程线，用油漆在模板内壁标志水平线，并注明高程；必要时，并按三维空间(平面坐标与高程)测设设计、施工要求的预埋件位置点。同时，还应在模板顶部测放墩台纵横中心线方向点，有利于下一层次测设中心点和放样纵横中心线。顶帽模板检测后，在模板顶部测设墩台纵横中心线方向点，还便于埋设墩台顶面中心标、纵横十字线标板和水准标，详见下项。

混凝土灌筑完成，并经初凝后，竣工测量要在重新测设的墩台中心点和纵横中心线的基准上，按放样点和检测模板相似方法，进行竣工尺寸测量，即检测顶面尺寸和高程。

图4.4.8.30系一桥墩承台、墩身、顶帽模板检测和混凝土竣工测量的实测综合图例，与图4.4.8.29为同一桥墩。一般竣工测量资料作图，按分项分别提供。

顶帽竣工测量后，应在预埋中心标钉或标板上准确标志出桥墩台中心点位，并同时在纵横十字线标板上做出纵横中心线标志，暂不作固定性刻划，墩台顶面水准标高程亦应进行联测，联测精度宜高于四等水准测量要求，视沉陷观测精度要求而定。

测量有关施工允许偏差，根据《桥规》第7.1.15条规定：墩台前后、左右边缘距设计中心线尺寸允许误差±20mm；采用滑模施工的墩身部分；桥墩前后、左右边缘距设计中心线尺寸允许误差±30mm，桥墩平面扭角允许误差2°；墩台支承垫石顶面高程允许误差±10mm。根据《验标416》第3.5.22条规定：除与上述相同者外，墩台、支承垫石顶面高程允许偏差为+0、−15mm。

(四)墩台中心标、水准标的建立与测量

《测规》第4.10.12条规定：灌筑顶帽混凝土至顶部时，应在墩顶桥梁中线上埋设中心标1～2个，并在墩顶上、下游异侧埋设水准标2个，在桥墩建成后测定中心标里程及水准标高程，供架梁、竣工测量与变形观测使用。

一般，中心标用焊有弯脚的金属板，长宽10cm左右；水准标用带倒刺的圆头钉。中心标的金属板和水准标的圆头宜用铜质或不锈钢。有困难时，才用一般钢材，但应采取表面镀铜或其它防锈措施。

中心标埋设在顶帽顶面的墩台中心位置，必要时在桥梁中心线(墩台纵向中心线)方向上，距中心标1m或适于架梁后观测的位置，埋设辅助中心标，水准标根据应用要求，在顶帽顶面埋设，如在引桥墩台或陆上墩台，只用于放样梁部支座底板高程的，埋设1个就够了，位置选在不受架梁影响，便于立尺观测之处，一般在桥梁中心线附近；河滩和水上桥墩的水准标兼作桥墩沉陷观测用的，一般埋设2个，位置选在桥梁中心线上、下游的不同侧如图4.4.8.31(*a*)；大型桥墩亦有埋设4个水准标的，如图4.4.8.31(*b*)，要求架梁后还能分别与相邻墩顶水准标进行联测；陆上桥墩或引桥墩台需作长期或不同时期沉陷观测的，在承台顶面或侧面埋设2个或4

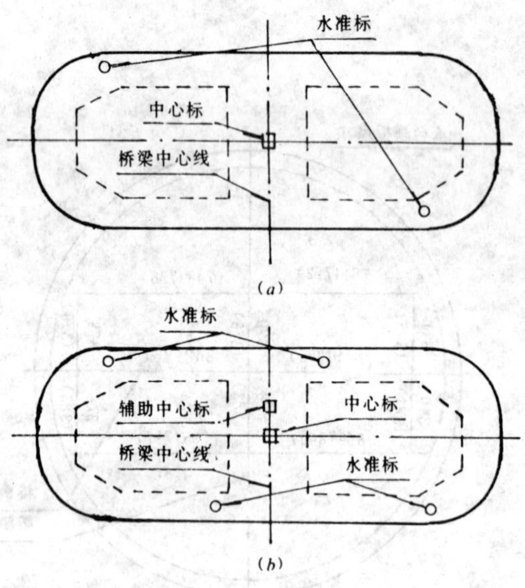

图 4.4.8.31

个沉陷观测水准标，分别位于方便观测的上、下游端或四角，详见本章第十二节施工期间墩台变形观测。

中心标和水准标应在预定埋设部位的混凝土灌筑完成后，尚未凝固前埋设。

待混凝土完全凝固，且经一定时间的徐变后，应对中心标进行墩台中心点位的精密观测，力求中心点位误差在要求范围以内。大跨度正桥桥墩应与本桥平面控制网的两岸控制点组成闭合图形，如图4.4.8.32。桥梁中心线方向还可按中心线控制点直接贯通校正。辅助中心标点位控制在桥梁中心线上，与中心标点位的距离用小钢尺直接量测。中心标和辅助中心标的点位，在全桥墩台整体精密测定前，只作临时性刻划标志，不作固定性刻划，在下一节一、二部分将作叙述。

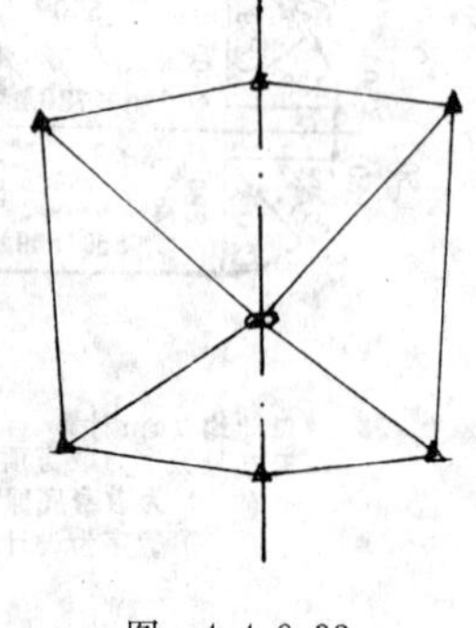

图 4.4.8.32

在混凝土凝固稳妥后，水准标高程应与本桥水准网的基本水准点联测，联测精度同水准网测量等级要求。如本桥已建立深层水准标或基岩标，则应与其联测，务求高程联测系在单一的基础上进行，避免更多的误差因素，有利墩台沉陷观测成果的精确判定。

四、桥台锥体护坡坡脚放样测量

桥台锥体护坡一般为椭圆截锥体的1/4，如图4.4.8.33。锥体的坡度：平行于线路方向(桥台纵向中心线方向)的纵向边坡为1∶1；垂直于线路方向的横向边坡与桥台后路基边坡一致，一般为1∶

6m 部分，纵向边坡由 1：1 变为 1：1.25，横向边坡由 1：1.5 变为 1：1.75。

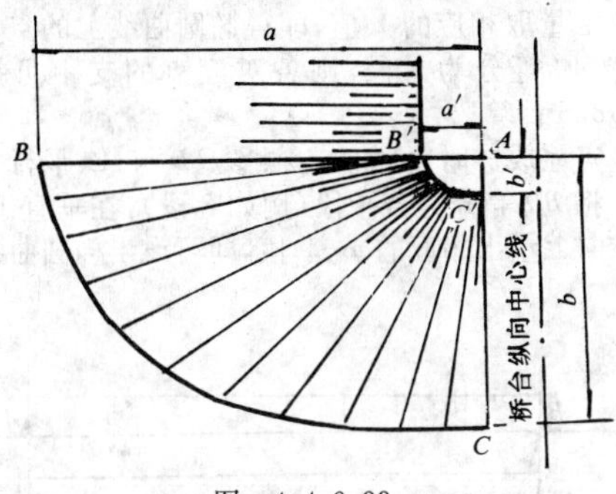

图 4.4.8.33

椭圆截锥体的顶面长半径 a'（AB'）等于桥台宽度与桥台后路基宽度差值的一半；短半径 b'（AC'）等于桥台侧边人行道顶面与路基面的高差，但不小于 0.75m，锥体底面长半径 a（AB）等于顶面长半径 a' 加上横向边坡的水平距离；短半径 b（AC）等于顶面短半径 b' 加上纵向边坡的水平距离。

当锥体填土高度 h 不足 6m 时：

$$a=a'+1.5h \qquad (4.4.8.16)$$

$$b=b'+h \qquad (4.4.8.17)$$

h 大于 6m 时：

$$a=a'+1.75h-1.5 \qquad (4.4.8.18)$$

$$b=b'+1.25h-1.5 \qquad (4.4.8.19)$$

锥体护坡施工时，只放样锥体护坡坡脚轮廓线（椭圆的 1/4 圆周），修筑工作自坡脚开始，依纵横边坡（其间逐步变化）向上进行，坡脚轮廓线根据设计给出，并经上述方法检算的长、短半径 a、b 放样，一般有下述方法：

（一）双点双距图解法

在图纸上按一定比例（一般按 1：50 或 1：100）绘出椭圆曲线，如图 4.4.8.34。

绘图方法步骤：先绘一条长度等于 $2a$ 的直线 BB'，取 BB' 的中点 A，自 A 作垂直于 BB'，长度等于 b 的垂线 AC。以 C 为圆心，以 a 为半径画圆，交 BB' 于 F、F' 点（即椭圆焦点）。取一根长度等于 $2a$ 的细线绳，两端固定于 F、F' 点，用铅笔靠在细绳上拉紧细绳滑动，则铅笔所绘出的弧线，即为椭圆曲线 BCB'。

将 BC 弧等分为若干段，得分段点，如 1、2、3……等，用绘图相同比例尺，量出各点至 A、C 的分别距离 u_i、v_i，并列表如表 4.4.8.3。

表 4.4.8.3

点号 / 距离	1	2	3	…………	n
u_i	u_1	u_2	u_3	…………	u_n
v_i	v_1	v_2	v_3	…………	v_n

实地放样时，先是沿桥台边线设出 A、C 两点，A 点为桥台台尾顶部侧边与路基面的交点投影地面的点，$AC=b$，向台前延伸。然后自 A、C 两点，分别用距离 u_i、v_i 交会的方法，即可设出曲线上的 1、2、3……等点，其联线即为锥体底面外侧轮廓线，可据以施工。

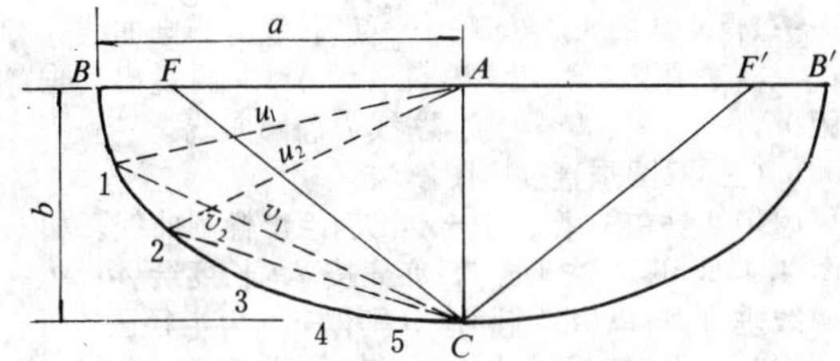

图 4.4.8.34

（二）纵横等分图解法

亦是在图纸上按一定比例绘出椭圆曲线，如图 4.4.8.35。方法步骤为：先按 a、b 长度绘 AB、AC 两线互相垂直，再自 B、C 点各作与 AC、AB 的平行线，交于 D。将 BD、DC 各分成相同的等分，并按图示编号，联接相应编号的点，其交点Ⅰ（1—1 与 2—2 相交）、Ⅱ（2—2 与 3—3 相交）、Ⅲ（3—3 与 4—4 相交）、……的联线即为椭圆曲线。

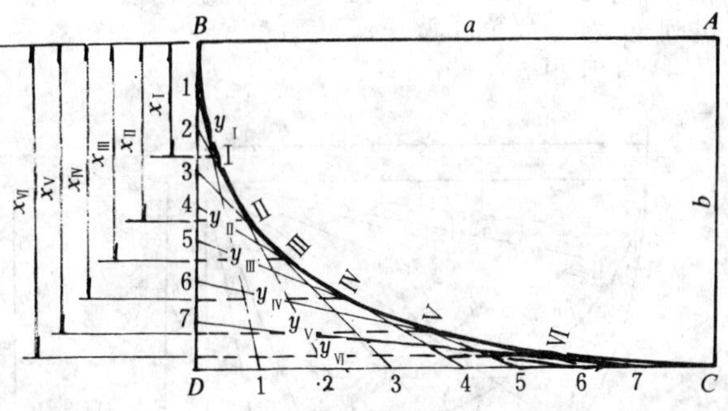

图 4.4.8.35

同样，用绘图相同比例尺量出Ⅰ、Ⅱ、Ⅲ……各点至 BD、DC 线上 1、2、3……点的距离，或自Ⅰ、Ⅱ、Ⅲ……各点作 BD 或 DC 的垂线，并量其起点距和垂距，作表如表 4.4.8.4。

表 4.4.8.4

	Ⅰ	Ⅱ	Ⅲ	…………	n
$-BD$	Ⅰ—1	Ⅱ—2	Ⅲ—3	…………	$n-n$
$-DC$	Ⅰ—1	Ⅱ—2	Ⅲ—3	…………	$n-n$
X_i	$X_{Ⅰ}$	$X_{Ⅱ}$	$X_{Ⅲ}$	…………	X_n
Y_i	$Y_{Ⅰ}$	$Y_{Ⅱ}$	$Y_{Ⅲ}$	…………	Y_n

实地放样时，先在地面测设 A、B、C、D 四点，将 BD、DC 按图等分设桩，并编号。

1. 拉线交会放样　在 BD、DC 边上同编号点拉线与次一同编号点拉线相交，得实地的Ⅰ、Ⅱ、Ⅲ……点。如 1—1 线与 2—2 线相交得Ⅰ点，2—2 线与 3—3 线相交得Ⅱ点，余类推。联Ⅰ、Ⅱ、Ⅲ……点为椭圆曲线。

2. 拉线量距放样　在 BD、DC 边上同编号点拉线，自任一端点向中间量距(1—Ⅰ、2—Ⅱ、3—Ⅲ……)得实地的Ⅰ、Ⅱ、Ⅲ……点，联线为椭圆曲线。

3. 垂距放样　沿 BD，自 B 量 X_i 距，再量出其垂距 Y_i，得Ⅰ、Ⅱ、Ⅲ……点，联线为椭圆曲线。

(三)双圆垂直投影图解法

仍然是在图纸上以一定比例绘出椭圆曲线。如图 4.4.8.36，方法步骤为：亦先按 a、b 长度绘 AB、AC 两线垂直，再以 A 为圆心，分别以 a、b 为半径画 1/4 圆，与 AB 及 AC 延长线相交。将外圆弧等分为若干段，再将各等分点与圆心 A 相连，则这些线亦都分别与内圆弧相交，亦等分内圆弧。自外圆弧及内圆弧上的相应等分点分别作平行于 AB 和 AC 的平行线，其相应交点即为Ⅰ、Ⅱ、Ⅲ……点，联之为椭圆曲线。如(一)量出Ⅰ、Ⅱ、Ⅲ……点至 A、C 的分别距离 u_i、v_i 并列表。实地放样亦同(一)。

(四)支距法

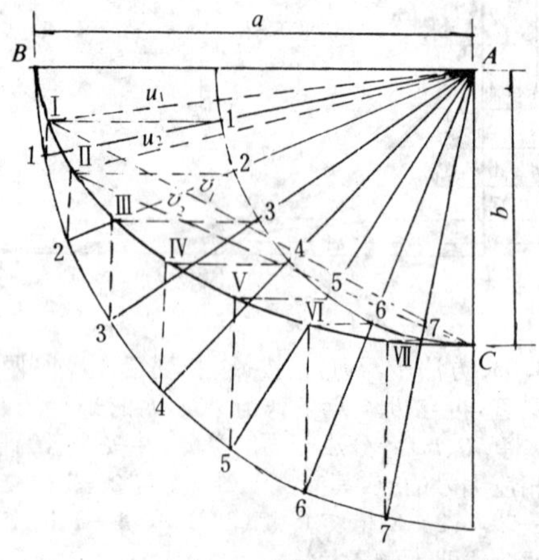

图　4.4.8.36

按椭圆曲线公式，计算曲线上各点以 AC(纵轴 X，椭圆短半径方向)、AB(横轴 Y，椭圆长半径方向)为原坐标的坐标值作图，如图 4.4.8.37，设椭圆长半径为 a，短半径为 b，则计算式为

$$a^2x^2+b^2y^2=a^2b^2 \qquad (4.4.8.20)$$

$$y^2=\frac{a^2b^2-a^2x^2}{b^2} \qquad (4.4.8.21)$$

如 AC 方向(短半径方向)上取 X 值，则垂直 AC 方向上量取相应的 Y 值，即得椭圆曲线上的点。例如将 AC 等分为 8 段，则各对应点的支距可按表 4.4.8.5 计算。

实地放样时，可如(二)测设 BD 与 AC 平行并相等。将 BD 等分为若干段(例如 8 段)，在垂直于 BD 的方向上量出相应的 a—Y 值，即可设出椭圆曲线的点。

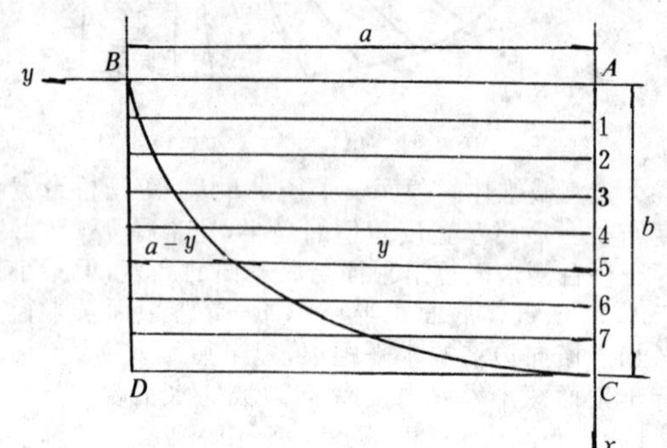

图　4.4.8.37

表 4.4.8.5

AC 上点位	Y	a—Y
0(A)	a	0
1	0.99a	0.01a
2	0.97a	0.03a
3	0.93a	0.07a
4	0.87a	0.13a
5	0.78a	0.22a
6	0.66a	0.34a
7	0.48a	0.52a
8(C)	0	a

上述方法在实地放样时均应注意：各个点位，包括椭圆曲线上的及 A、B、C、D 基线上的，应处于相近的高程平面上，最好是在锥体底面设计高程面上，而不宜高差悬殊。

第九节　桥梁架设施工测量

架梁是桥梁施工中的一道工序，一般梁部结构精度较高，要求对墩台方向、距离和高程有较高精度的测定，作为架梁的依据。

墩台施工在顶帽竣工后，虽作了中心点位、中心线及高程的精密测定，但当时的测定是以各个墩台单一进行的。架梁的需要是将桥跨相邻墩台联系起来。其相关关系必须精确测定，这包括各墩台桥梁中心线方向上的统一，中心点间的距离以及墩顶间水准标高程误差的检测平衡。

一、全桥中心线的复测

桥梁中心线方向的测定最好在原平面控制网两岸可靠的中线控制点上或两端各一个墩台顶部经过方向校正的中心点上进行。在一端点上安置经纬仪，严密安平对中，后视照准另一端点，同向前视就近墩顶中心标，不顾及原测点方向，按正倒镜观测，不符值依《测规》规定不大于 3mm，取中确定中心线方向。然后再移仪至已确定方向的墩顶中心线上，如前观测。桥墩跨距较大，如超过 100m，应逐墩进行测定；跨距较小，可前视多个桥墩，但前视最远距离亦尽可能限制在 150m 左右，使前视始终处在短距离内，以免正倒镜观测限差不易达到。如由于线路坡度原因，有时中部桥墩阻碍两端通视，则可选距两端控制点相近的较高桥墩，在原测定中心点上置仪，以两端中线控制点为目标，按全圆测回法多测回角度观测，根据左右角差采用趋近法改移点位，再次测角，基本达到平角(180°)。然后前后视同向如前测定各墩顶中心线方向。经过测定方向线后，可在中心标板上作方向线的固定性刻划线。引桥桥墩中心线可以正桥一端稳定的方向控制点或已建成的正桥墩台经过方向校正的中心点为准，以正桥中心线方向为基础测定。

曲线部分桥墩台中心线的复测，主要是检测曲线内全部墩台中心的转向角，并将转向角之和与曲线总转角对比，将误差进行分析、调整和分配，使曲线内墩台中心转向角均匀、合理，符合设计要求。如个别或部分墩台中心转向角与设计计算的转向角比较，偏差较大，应结合本墩前后桥跨(墩台中心点间距离)的检测，进行调整，如将中心点沿转向角补角分中线(墩台横向中心线)移动 10mm 内来实现。超过 10mm，则要考虑墩台中心可能产生偏心。

二、墩台中心点间距离的检测

桥墩中心点间距离可在桥墩中心标原测点已测定的纵坐标值(里程)的基础上检测。如以各墩跨作为测段，采用组合法观测，效果更好。全桥各墩跨距离测定后，可与原控制距离或两端桥台设计里程比较，确定全桥总长误差，并分配于各桥跨。然后按测定距离和误差分配值自一端控制点或桥墩台中心计算各墩中心里程，再与各墩设计里程比较，作适当点位调整，以使测设里程与设计里程一致，且不致引起过大偏心。

曲线部分墩台中心点间距离应逐跨用检定钢卷尺或特制钢丝线尺或光电测距仪进行检测。实测墩距与设计墩跨比较，偏差在 1/5 000 以内为允许误差，超过 1/5 000，应结合两端墩台中心实测转向角进行调整。

三、墩台顶面高程联测

主要是墩顶水准标高程的测定。大跨度正桥按二、三等过河水准观测法逐墩联测，使全桥贯通，并闭合于两岸基本水准点，必要时与国家基准点或特定基准点联测，经过平差分析，确定各墩台顶水准标高程。50m 以内小跨度引桥墩顶水准标高程可按三等水准测量要求，逐墩传递，闭合于两端基本水准点。

四、墩顶纵横中心线及支承垫石顶面十字线和高程的测定

经过墩台中心点间距离检测，并按设计里程调整墩台中心点位后，即可在墩台中心标板上固定性刻划线上，刻划墩台中心的固定性里程线。墩台中心里程线与方向线正交，形成墩台纵横中心线。同时，自中心点沿桥中心线方向量出选定的尺寸，在辅助中心点标板上做出辅助中心点位。根据需要还可在墩台四向边沿刻划(如埋有标板)或用油漆做出墩台上的纵横中心线的方向点，有利支承垫石和支座十字线的测设。

在上述基础上，按设计图要求精确测定支承垫石中心十字线，用墨线标示，作为安装支座底板的依据。

墩台顶水准标高程联测后，用确定的墩台顶水准标高程测定支承垫石顶面高程，根据《桥规》第 7.1.15 条规定：墩台支承垫石顶面高程允许误差为±10mm，根据《验标 416》第 3.5.22 条规定：上述允许偏差为＋0，－15mm。灌筑支承垫石混凝土时，放样顶面高程一般要求略低于设计高程，以便安装支座底板时适当垫高，避免过高而造成凿除混凝土的困难。

五、一般架梁(整体架设)测量

(一)不同架梁方式的有关测量

1. 龙门桁车架梁

架梁前应沿桥梁中心线，在上、下游侧测量桁车走行道线路中心线及其地面变化高程，以便修整路面、铺设线路轨道。走行道中心线与桥梁中心线的距离按照施工设计图平面布置要求测量。走行轨道铺设完成后，桥侧走行道轨顶纵向坡度及两侧轨顶高差，要符合设计要求。

2. 架桥机架梁

架梁前应按施工设计要求测量架桥机在桥头的走道中心线及其纵断面，包括正线分岔点、分岔后线路。

3. 拖拉架梁

架梁前测量放样下滑道纵向中心线。滑道安装后应检测滑道与设计中线或两条滑道中线偏差、滑道纵向高程及两侧滑道高低差。依照《桥规》第 11.1.55 条规定：上滑道的滑道与设计中线的偏差及下滑道的滑道与设计中线或两条滑道中线相对偏移量，均不大于 20mm；上、下滑道的两侧滑道相对高低差及下滑道的各段滑道纵向高程误差均不大于 10mm；下滑道的各条滑道中间轨不得高出两侧轨，亦不得低于 2mm。

拖拉架梁过程中要根据设计施工要求，测量梁体悬臂挠度，并随时测量拖拉梁体所用临时支架的沉陷情况。拖拉梁一孔上墩后，应对各经过的临时支架高程进行全面检测。

4. 浮运架梁

架梁前应按照施工设计的浮运方案（纵移或横移）测定浮运码头中线，并沿中线测量地面及河床高程。必要时测量场地范围地形图，包括水下地形。

若岸边孔采用半浮运、半横移方案，则应按施工设计平面布置测定顺岸边一端的膺架中线及其地面高程，并测定另一端浮船锚碇设施的位置。

若采用浮拖方案，则要提供梁部纵向移出所在轨道的高程及坡度。

浮运架梁不论何种方案，都应随时提供施工时水位、浮运范围内流速、流向资料及浮船航道或活动范围的水深资料，做到及时观测。

（二）梁长测量

所有整体架设（整孔或整片）的梁长，均应在架设前用检定过的钢尺丈量梁的跨度（支点中心至中心）和全长。根据《验标 416》第 5.4.10 条的规定：预应力混凝土简支梁梁体全长和跨长允许偏差分别为±30mm 和±20mm；根据《铁路钢桥制造规则》(TBJ212—86)第 8.1.1 条规定：钢板梁全长和跨长允许偏差分别为±15mm 和±8mm；箱形梁全长和跨长(L)允许偏差分别为±15mm 和$(5+0.5L)$mm；钢桁梁全长(S)和跨长允许偏差参照试装主要尺寸允许偏差；当$S\leqslant 50$m 时为±5mm，当$S>50$m 时为$\pm\dfrac{S(\text{以 mm 计})}{10\ 000}$mm。

（三）支座底板安装定位测量

一般整体架梁都先安装支座（或下摆）底板。支座安装前应预先在底板四侧按纵横向中心线做出底板纵横十字线标志，通常用冲钉冲一小孔，涂以红色或白色油漆。安装支座底板时，固定支座底板，使标志对应支承垫石十字线进行定位；活动支座底板，对于一般跨度不大（≤40m）的梁，特别是混凝土梁，气温升降引起梁长变化很小，亦可比照固定支座底板定位，唯应考虑梁的实际跨长（在允许偏差内）作适当调整，纵向方向不动，横向点（底板两侧）自支承垫石横向十字线的同一侧移动，移动量相同。实测跨长大于设计跨长，向本桥孔的外侧移动；实测跨长小于设计跨长，向本桥孔的内侧移动。对于跨度较大（>40m）的梁，特别是钢梁（浮运或拖拉架设的钢梁，跨度有时较大）则根据设计图或施工通知单，并结合施工当时气温来确定活动支座底板安装调整量，主要是横向点在纵向（里程方向）上的移动量，同样亦要考虑梁的实测跨度。底板定位本身偏差亦要满足设计施工要求。

在支座底板定位的同时，应测量底板顶面的高程及底板顶面的平整度，以便在底板与支承垫石面之间塞以铁片、钢楔块定位，以使底板顶面高程和平整度达到设计、施工要求。测量时应测量底板顶面的四角。

根据《验标416》第5.1.8条规定：对于钢梁，支座十字线扭转允许偏差为±1mm；活动支座底板纵向位置允许偏差为±3mm；支座底板或下摆四角相对高差允许偏差为 2mm，又据第 5.5.4 条规定：对于预应力混凝土简支梁，除支座底板十字线扭转偏差和活动支座底板纵向位置允许偏差同钢梁外，支座底板高程和高差主要满足梁体高程设计要求。

（四）落梁定位测量

1. 对于钢梁，要求梁体中线（横梁中心线）与设计线路中线一致，固定支座上、下摆中心密贴对齐，活动支座上、下摆中心位置符合设计、施工规定。

钢梁定位后应全面检测梁体定位和轮廓尺寸。根据《验标416》第5.1.6条和5.2.7条规定，钢板梁定位测量的项目和施工允许偏差见表 4.4.9.1，钢板梁轮廓尺寸测量的项目和施工允许偏差见表 4.4.9.2，钢梁（栓焊和铆接）定位测量的项目和施工允许偏差见表 4.4.9.3。

表 4.4.9.1

序号	项　　目	允许偏差(mm)
1	墩、台处板梁中线或铁路横梁（下承板梁）中线对设计线路中线偏移	±10
2	固定支座处的中心里程与设计里程纵向偏差	±10
3	板梁与桁梁间，两孔相邻板梁间的中线的相对偏差	±5
4	墩、台处板梁顶或铁路横梁（下承板梁）顶与设计高程偏差	±10
5	两孔相邻板梁或铁路横梁（下承板梁）相对高程	±5
6	每孔梁的对角线支点相对高差	≤5

表 4.4.9.2

序号	项　　目		允许偏差
1	平面	每片主梁旁弯	1/2 000 ≤8mm
		下承板梁纵梁 横梁旁弯	≤2mm ≤3mm
2	立面	拱度（设置时）	+10mm −3mm
		两片主梁拱度差	≤4mm
3	横断面	横梁对角线差	<2.5mm

表 4.4.9.3

序号	检验和实测项目		允许偏差(mm)
1	墩台处铁路横梁中线对设计线路中线偏移		±10
2	固定支座处钢梁节点中心线与设计里程纵向偏差	连续梁或 60m 以上简支梁	±20
		60m 以下的简支梁	±10

续上表

序号	检验和实测项目	允许偏差(mm)
3	简支梁与连续梁间、两孔(联)间相邻铁路横梁中线相对偏差	±5
4	墩台处铁路横梁顶与设计高程偏差	±10
5	两孔(联)相邻铁路横梁相对高差	±5

此外,还应满足钢梁活动端总伸长量净距的要求。

钢桁梁(栓焊和铆接)轮廓尺寸测量的项目和施工允许偏差见表4.4.9.4。

表4.4.9.4

序号	检验和实测项目		允许偏差
1	钢梁的平面	弦杆节点对梁跨端节点中心联线的偏移	跨度的1/5 000
		相邻两弦杆的交点对其两端头中心联线的偏移	5mm
2	钢梁的横断面	立柱在横断面内对垂直的偏移	立柱理论长度的1/700
3	钢梁立面拱度偏差	设计拱度≤60mm	±4mm
		设计拱度≤120mm	设计拱度的±8%
		设计拱度>120mm	技术文件中另定
4	钢梁两主桁相对节点的位置	支点处相对高差	梁宽的1/1000
		跨中心节点处相对高差	梁宽的1/500
		跨中其它节点处相对高差	根据支点及跨中心节点高低差按比例增减

2. 对于预应力混凝土简支梁,要求梁梗中线与设计中线平行。根据《验标416》第5.5.3条规定:梁体落位后要求支座下座板中心十字线与标定在支承垫石上的设计中心十字线相重合。因施工偏差不能满足时,应在梁梗中线与设计中线保持平行的先决条件下进行调整。纵向偏差以桥梁中线为准,向两端平均分配,但活动端必须保持按100℃温差计算的最小伸缩空间(约为梁长的1‰);横向偏差应在保持相邻梁体间的缝隙能放置防水盖板,以桥梁中线为准,尽可能向两片梁对称分配。施工允许偏差见表4.4.9.5。

表4.4.9.5

序号	项　　目	说　明	允许偏差(mm)
1	纵向错开	一般墩台	不大于20
		30m以上墩台	不大于15
2	横向错开	一般墩台	不大于15
		30m以上墩台	不大于10
3	同端两支座中线间的横向距离		+30　−10

根据《验标415》第11.2.13条规定:上表中"同端两支座中心线间横向距离施工允许偏差:当误差与桥梁设计中线对称时为+30mm、−10mm,当误差与桥梁设计中线不对称时则为+15mm、−10mm。

六、预应力混凝土梁的其他架设方式的测量

(一)顶推架设

顶推架设预应力混凝土梁的测量工作,首先是要按设计、施工确定的方案测量顶推梁体作业线的中线,包括中线与桥梁中线或线路中线的平面关系和中线断面高程,以便施工安装导梁及有关架设设施。

作业线施工完成后要进行中线检测。

顶推梁体作业开始后,配合施工进行作业线及有关部位的测量检查。根据《验标415》第11.2.9条规定:测量检查的项目和施工允许偏差见表4.4.9.6,其中1、5为主要测量项目。

表4.4.9.6

序号	项　　目	允许偏差(mm)
1	中线	2
2	相邻两跨支承点同侧的滑移装置的纵向顶面高程	±1
3	同一支承点上滑移装置的横向顶面高程	±1
4	制梁台座或拼梁线(包括滑移装置等)和底模顶面高程	±1
5	梁底高程	±2
6	导梁中线	2
7	导梁纵横向的底面高程(包括接头处)	±1
8	顶推梁段尾部的梁端面不垂直度	1/1 000梁高

梁长、支座(底板等)安装定位、落梁定位等的测

量要求参见本节五的(二)(三)(四)等有关部分。

(二)悬拼架设

采用悬臂拼装法架设预应力连续梁桥时,应配合施工使有支座的梁段按设计规定在桥墩上精确测量定位,并做出必要的定位控制点或控制线,以便施工进行梁段的临时锚固或设立临时支承。

架设T型刚构梁时,如桥墩上的梁段系直接灌筑,应配合施工按设计规定在桥墩上测定梁段模型板安装所必需的定位控制点或线。

模型板安装后应进行检查测量。根据《验标415》第10.3.2条的规定,模型板检测应符合钢筋混凝土简支梁模板检测的有关规定,见下节一(二)1部分,且梁段中线与设计中线施工偏差不应大于5mm。

桥墩上梁段与预制的其余梁段在架设前,应在梁段顶面测设中线,梁段端部测设垂直线,两侧面测设定位线(骑马线),并做出明显标志;在梁段顶面四角预埋的测点上测量同一平面的相对高差,做好精确的记录。

为了检查梁段拼接位置的准确程度,在架设拼装过程中,应配合施工及时检测主梁安装实际挠度,以与施工前绘制的预计挠度变化曲线进行比较,以便施工控制梁段安装高程,进行必要的调整,然后固定。

接缝后的梁段位置应进行测量检查。测量检查的项目和施工允许偏差,根据《验标415》第11.2.7条规定,见表4.4.9.7。

表4.4.9.7

序号	项	目	允许偏差(mm)
1	1号梁段	(1)1号梁段与墩顶零号梁段接缝处高差	2
		(2)梁段四角测点相对高差与原测量记录相比	2
		(3)中线偏差	1
2	除1号梁段以外的其他的梁段	(1)相邻梁段接缝处高差	3
		(2)相邻梁段中线偏差	3

梁段预应力筋张拉、封锚后,应进行中线和水平测量。

悬臂梁段全部拼装完竣后,应测量检查全部梁段的高程、中线和相邻两墩的悬臂梁端部相对高差。根据《验标415》第11.2.8条规定,施工允许偏差见表4.4.9.8,其中1、2为测量检查主要项目。

根据《桥规》(TBJ203—86)第11.3.19条的规定,测量检查项目除上述两表所列者外,如梁体为两个箱形梁组成,还应测量其相对高差,施工偏差应不大于25mm。

表4.4.9.8

序号	项目	允许偏差(mm)
1	高程	+25 −0
2	中线	15
3	相邻两墩的悬臂梁端部相对高差	30

支座安装,包括底板安装,以及落梁定位等的有关测量要求参见本节五的(三)(四)等的有关部分。

七、大跨度钢桁梁悬臂拼装架设的测量

(一)架设前的测量和准备工作

大跨度钢桁梁或连续梁悬臂或半悬臂安装架设应在平衡梁架设前测设其平面位置及临时支点高程,使平衡梁中心线与桥梁中心线或其延伸线一致,以免平衡梁安装架设后存在较大扭角,引起主梁拼装偏离中心线太多,造成调整就位困难;临时支点高程应符合设计施工要求,使主梁拼装时悬臂部分产生的节点(一般为大节点)挠度处在安全程度内,并顺利达到前方墩位。

拼装开始前,一般应在横梁顶部和底部分中点做出标志,架设时用以测量钢梁中心线与桥梁设计中心线的偏离差。

为了主梁拼装开始后保证钢梁处在正确的平面位置上,立面位置也符合设计的悬臂大节点挠度和整跨拱度的要求,要选择横梁两端顶部对称于中心点、相互距离较大的适当点作出标志,用作架梁施工测量高程点。点位与下弦杆中轴线平面或下弦节点中心的高差,要在钢梁设计图上查定或直接测定,以使所有点位高程有一个共同的起始面。点位设置参见图4.4.9.1。

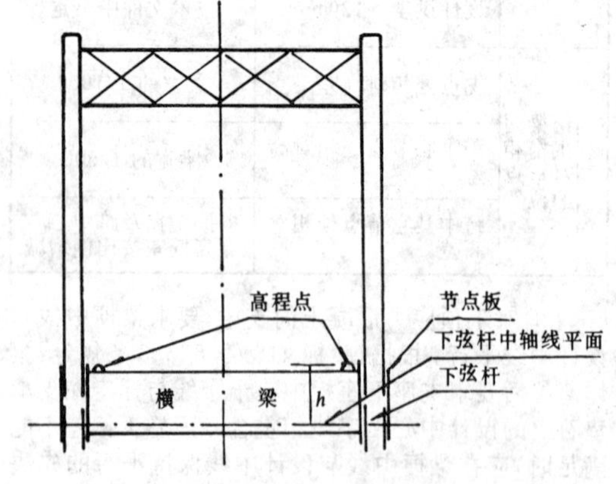

图 4.4.9.1

钢梁架设过程中,一般每拼装一个节间,都要测量一次已架设部分钢梁中心线偏离量和钢梁悬臂大节点的挠度,测量成果要绘制图表,记录存查。图表形式参见图4.4.9.2,(其中数字为一实例)。

(二)架设过程中的测量

主梁悬臂拼装开始后,一般每拼装一个节间,就应以桥墩台中心点为依据的桥梁中心线为准,测量横梁上中心点的偏移量,以示悬臂部分钢梁中心线的偏移和扭曲情况;同时并依据横梁上两端的高程点,测量钢梁上、下游侧大节点的高程,以示钢梁悬臂部分的挠度情况。在架设全过程中,每增加一个节间,钢梁中心线和节点挠度都可能变化,因此均应从零节点开始重复测量每一已拼装的大节点处的横梁分中点的偏移量和高程点的改变量,以了解钢梁中心线和节点挠度的变化。如为连续梁,且应包括已拼装完毕的整跨部分,以了解钢梁整个连续部分中线和挠度与拱度的变化。必要时,如因阳光照射方向变化,两侧主桁产生不同程度的胀缩,需要了解钢梁旁弯及其变化情况,尚应增加测次。实际上每一测次均有一单独成果,因此应做好记录和图表(参见图4.4.9.2),以利成果比较,有利施工检验。

如拼装系自两端悬臂,跨中合龙。合龙前测量重点应放在两端悬臂的相对关系上,如中心线方向偏差、最近节点高程差和距离差是否符合设计、施工要求。

根据《验标416》第5.2.5条的规定:悬臂拼装时,每拼装一个大节间后的立面、平面位置应有测量记录。在拼装下弦杆及下平面连接系过程中,应观测并调整中心线位置,尽可能使偏差值小于跨度的1/5 000,每拼完1~2个大节间后,量测悬臂挠度值不大于理论计算值。如在跨中合龙,应严格控制合龙前最后节间的悬臂挠度、中心线和距离、并应符合《桥规》第11.1.36条的规定,保证钢桁梁的平面、立面位置正确。

架梁过程中,位于墩顶的桥梁中心线点处在梁底,不易直接用以控制钢梁中心线,需要投影到横梁顶部(必须注意与预设的横梁分中点有所区别,不要混淆)用以观测中线。横梁顶部与墩顶亦有相当高差,如钢梁支点处有加劲桁,高差可达十余米,易受桥梁结构和施工设施的影响,且因日光照射方向变化,投影到横梁顶面的桥梁中心线点,虽位于支点固定的节点上,亦难免变动。因此每次进行钢梁中心线偏离值观测前,均应将墩顶的桥梁中心线点重新投影一次;不能一次投影,长期应用。在一次观测中,延续时间较长,特别是施工扰动或阳光、温度影响较大时,还应增加中间投影检核。投影方法:横梁与墩顶高差不大时,可用线锤直接投放,高差较大或风力较大时,用经纬仪交会投放。

架梁过程中的高程测量,按一般水准测量要求进行,高程值由墩顶水准标传递。横梁顶面高出墩顶较多时,可在墩顶临时支点相对稳定的适当结构点位设置临时水准点。用作高程传递的临时水准点,其高程自墩顶水准标用挂尺法直接测定。如有施工扰动,要及时检测。施工时间较长,要定期检测。

(三)架通后的测量

全桥或整联(连续梁多孔一联)架通后,应作一次钢梁中线和主桁拱度全面测量,以与桥梁中心线和钢梁设计拱度作对比,并增测钢梁固定支点与相应支承垫石的中心,包括纵横方向的平面差距。其成果资料可作钢梁整体纵、横移和起落调整定位等的施工依据。

钢梁定位及轮廓尺寸的测量项目和有关施工允许偏差见本节五(四)的有关部分。

(四)支座安装定位测量

大跨度钢桁梁或连续钢桁梁的固定支座安装,使支座底板纵横向分中点对应支承垫石十字线定位,底板高程达到设计高程,并调整找平,符合设计、施工要求。

活动支座安装则要考虑钢梁受温度变化和车辆行驶所加活动荷载两种作用引起长度的增长和缩短以及墩台定位、变形和支座安装本身偏差等误差,导致钢梁支承点的移动。固定支座上、下摆之间一般做成圆柱形或球形,可以承受活载作用引起的钢梁上下转动。而不容许纵向移动,即钢梁向前后移动,钢梁支承点容许钢梁移动要由活动支座来承担。

如钢梁从固定支座到活动支座间的长度,即桥梁跨度,按标准温度(一般为20℃)设计为l,温差为$\pm t$(实际气温减20℃),钢的温度膨胀系数为α(一般为11.8×10^{-6})。因温度变化而引起的钢梁支承点的移动为:

$$a=\pm \alpha l t; \qquad (4.4.9.1)$$

钢梁设计、制造时,预设有拱度,与活载产生的梁中挠度可以大致抵消,对于钢梁支承点的移动,影响很小,可以不计。但活载引起的应力有影响,带动钢梁向前或向后(车辆反向行驶)移动。设活载平均应力为σ,弹性模量为E,则钢梁支承点因活载而引起的移动为:

$$b=\pm \frac{\sigma}{E} l \qquad (4.4.9.2)$$

桥墩台定位、变形及支座安装本身不可能不存在误差,虽然这些误差很小,但仍将影响钢梁支承点的位置。设其影响值为C,一般定为10mm左右。

活动支座位置即以当地最高最低气温间的中间气温及一半活载作用下的位置,外加墩台误差影响位置差,作为正常位置。这样活动支座移动量(Δ)将为最小,即:

$$\Delta=\pm\left(a+\frac{b}{2}+c\right) \qquad (4.4.9.3)$$

设Δ为零,b、c可以大致确定,则能计算得一个适当温度,活动支座可以不计偏移。这个温度称为对中温度。温度为对中温度时,活动支座的偏移为零。而实际施工时,温度不一定正是对中温度。因此,施工期间可能出现的不同温度的支座偏移量,均应作出计算。一般钢梁设计图中的支座布置设计,将提供此项资料,列出图表。

活动支座安装对于施工测量而言,除切实测定支座底板的高程外,就是要依照实测温度(钢梁下弦杆实测平均温度),按计算的支座位移量,使支座(辊轴倾斜)偏离底板横向中心线。实测温度低于对中温度,偏移量在靠近固定支座一端;实测温度高于对中

测次：

日期：年　月　日

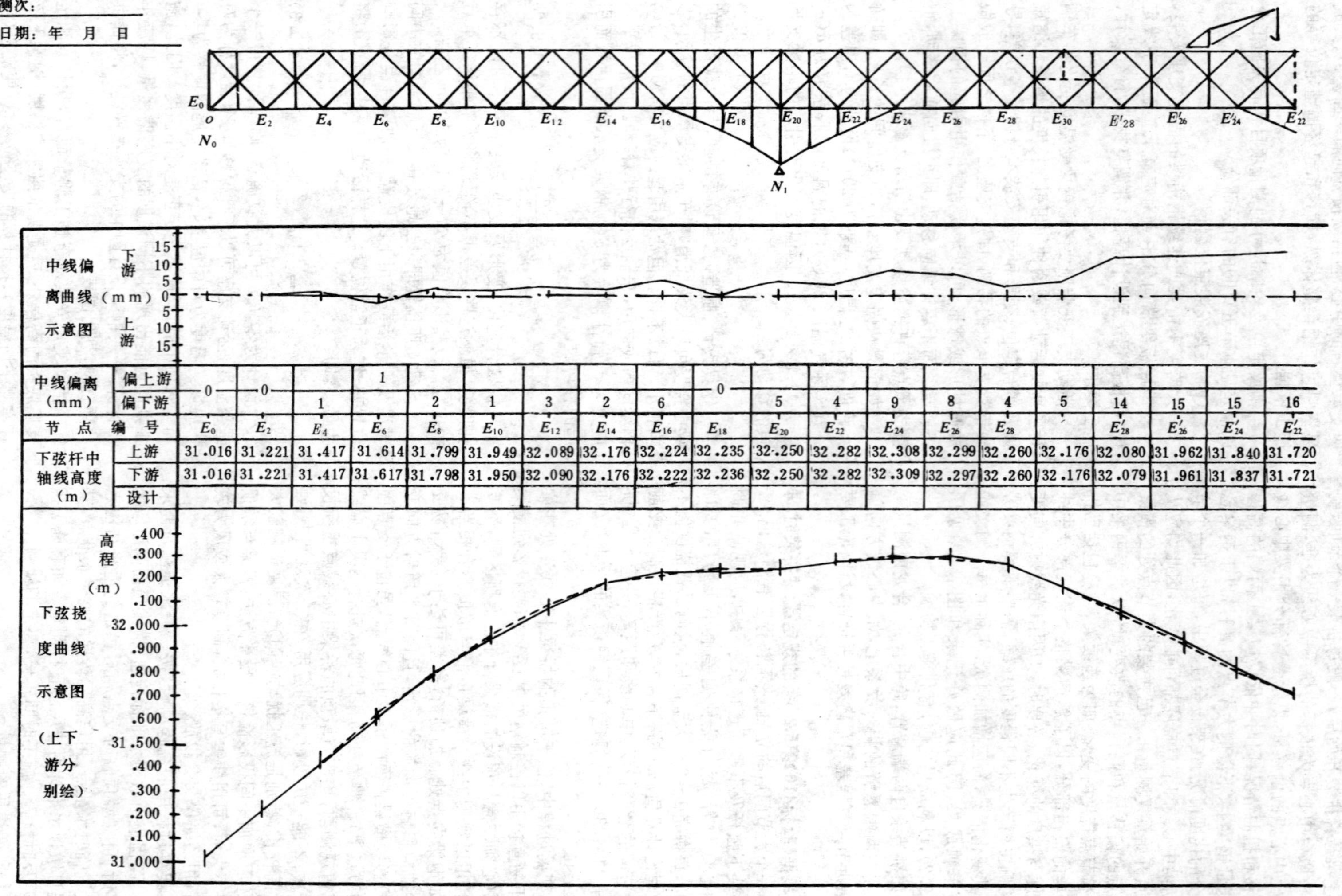

中线偏离 (mm)	偏上游	0	0		1						0										
	偏下游			1		2	1	3	2	6		5	4	9	8	4	5	14	15	15	16
节点编号		E_0	E_2	E_4	E_6	E_8	E_{10}	E_{12}	E_{14}	E_{16}	E_{18}	E_{20}	E_{22}	E_{24}	E_{26}	E_{28}		E'_{28}	E'_{26}	E'_{24}	E'_{22}
下弦杆中轴线高度 (m)	上游	31.016	31.221	31.417	31.614	31.799	31.949	32.089	32.176	32.224	32.235	32.250	32.282	32.308	32.299	32.260	32.176	32.080	31.962	31.840	31.720
	下游	31.016	31.221	31.417	31.617	31.798	31.950	32.090	32.176	32.222	32.236	32.250	32.282	32.309	32.297	32.260	32.176	32.079	31.961	31.837	31.721
	设计																				

图　4.4.9.2

在固定支座定位及其后的活动支座安装完毕后，应进行测量检查，满足质量要求。根据《验标416》第5.2.9条的规定，测量检查项目和有关施工允许偏差见表4.4.9.9。

表4.4.9.9

序号	检验和实测项目		允许偏差(mm)
1	上、下摆之间纵向的前后侧间隙偏差		±1
2	支座十字线扭转偏差	支座底板尺寸≥2 000mm时	支座底板边长的1/1 000
		支座底板尺寸<2 000mm时	±1
3	活动支座底板纵向位移(按温度安装，灌筑定位时)		±3
4	支座底板或下摆四角相对高差		2
5	支座高程偏差	符合墩台处铁路横梁顶与设计高程偏差	±10
		符合两孔(联)相邻铁路横梁顶相对高差	±5

第十节　现场灌筑混凝土梁的测量

一、场地灌筑混凝土简支梁

(一)场地测绘

灌筑混凝土梁场地选定后，如缺乏适于场地布置的地形图，则应根据设计、施工的要求，测绘专用地形图，测绘的比例尺和范围，要满足应用。

场地平整后，应按设计放样支承模板的支架(或支墩、或膺架)的位置中线和必要的点位，并测量地面高程和点位相对高差。

支架(或支墩、或膺架)建造后，应放样梁(梁的腹板)中心线或桥梁中心线，同时测量支架(或支墩、或膺架)顶面高程或高差，满足施工需要。

(二)模板检查测量

1. 钢筋混凝土简支梁

模板安装完竣后，应检查测量底模及梁长、梁高等有关部分的尺寸和高差，保证质量。根据《桥规》第10.1.3条及《验标416》第10.1.1条的规定，检测的详细项目和有关施工允许误差见表4.4.10.1。

2. 预应力混凝土简支梁

配合施工，分次检查测量。根据《验标416》第5.4.2条的规定：

(1)底模安装完毕后，应检测的项目和施工允许偏差如下：

①支承墩间底模的挠度不得大于2mm；

②底模预设下拱度应平整匀顺，允许偏差不大于预设下拱度的±10%；

③支座处任意两点高差不得大于2mm；

④两端、跨中及本跨度各断面内任意两点高差不得大于5mm；

⑤沿梁长任意两点高差不得大于10mm(下拱度除外)；

⑥侧向弯曲，下翼缘两侧偏离设计位置不得大于10mm；

⑦沿腹板中心线的长度L+20mm(L为考虑预应力影响后梁的设计长度)；

表4.4.10.1

序号	项目		允许误差(mm)
1	底模	一、横向矢距	3
		二、纵向拱度	平顺，误差不大于梁设计拱度±10%
		三、水平面的高差：	
		1. 端截面(支座位置处)任意两点高差	3
		2. 其余横截面内任意两点高差(应测量两端、跨中、1/4跨度等断面)	5
		3. 沿梁长任意两点高差(拱度在外)	10
		四、侧向弯曲(检查两侧边线偏离设计位置)	10
		五、沿腹板中心线的长度	±20
2	梁全长		±20
3	梁体高(梁端)		+25　−5
4	下翼缘宽度(检查梁端、梁中、1/4跨度断面)		+15　−0
5	腹板厚度(检查梁端、梁中，1/4跨度断面)		+15　−0
6	底板、顶板厚度(检查梁端、梁中、1/4跨度断面)		+10　−5

续上表

序号	项目	允许误差(mm)
7	上翼缘(桥面板)内外侧偏离设计位置(检查梁端、梁中、1/4跨度断面)	+10 −5
8	腹板中心在平面上与设计位置偏差	10
9	腹板及横隔板垂直度	4‰梁高
10	横隔板位置	±10
11	横隔板厚度	+10 −5

⑧支座中心至梁端偏差不得大于 15mm。

(2)内外模应能保证梁体的外形尺寸，详细检测项目和施工允许偏差见表 4.4.10.2。

表 4.4.10.2

序号	项目	允许偏差(mm)
1	梁全长(应考虑封端及张拉压缩量)	±30
2	梁体高度(检测跨中及两支座处断面)	+10 −5
3	下翼缘宽度(检测梁端、跨中及 1/4 跨长断面)	+20 −0
4	桥面内外侧偏离设计位置	+20 −10
5	腹板厚度(检测梁端、跨中及 1/4 跨长断面)	+15 −0
6	底板、顶板厚度(检测梁端、跨中及 1/4 跨长断面)	+10 −5
7	腹板中心线在底模平面上的偏差	±10
8	腹板垂直度(检测梁端、抽查腹板任何断面)	4‰梁高
9	横隔板位置	±10
10	横隔板厚度	+20 −0

(3)预埋件位置应符合设计图的规定，如设计图未作规定时，应符合如下要求：

①支座板

a. 支座板位置应对准端隔板中心，允许偏差±5mm，并保证梁跨度偏差不得大于±20mm；

b. 箱形梁每一端两块支座板的高差不得大于 3mm；

c. 每一支座板四角高差不得大于 2mm；

d. 每一支座板的十字线相交边缘的扭角偏差不得大于 1mm。

②连接角钢

a. 偏离设计位置允许偏差±20mm；

b. 不垂直度(上下两端偏差)允许偏差±20mm。

③U形螺栓偏离设计位置及外露长度允许偏差±12mm。

(三)梁体外形尺寸测量(成品质量检查验收测量)

1. 钢筋混凝土简支梁

梁体混凝土灌筑后，极限强度达到设计强度，应进行整个梁体外形轮廓尺寸的检查测量。根据《桥规》第 10.1.18 条及《验标 415》第 10.1.5 条的规定，检测的详细项目和有关施工允许误差见表 4.4.10.3，其中 2 为检测主要项目。

表 4.4.10.3

序号	项目			允许误差(mm)
1	梁长	跨度＞16m		±30
		跨度≤16m		±12
2	梁跨度(支座中心至中心)			±20
3	下翼缘宽度(检查 1/4、跨中和 3/4 截面)			+20 −0
4	腹板厚度(检查 1/4、跨中和 3/4 截面)			设计厚度的＋3%，−0
5	桥面内外侧偏离设计位置(由腹板中心拉线，检查 1/4、跨中和 3/4 截面及最大误差处)			+10 −5
6	梁高(检查梁两端)			+20 −5
7	挡碴墙厚度(检查最大误差处)			+20 −0
8	表面垂直度(检查两端、抽查腹板)			4‰梁高
9	梁底上拱度(设计无上拱时，梁在自重作用下不应有下弯)			±4
10	预埋配件	(1)U形螺栓	①偏离设计位置	±12
			②外露长度	±12
			③两肢中心距	±1
		(2)连接角钢	①偏离设计位置	±20
			②上下两端偏差不垂直度	20
		(3)支座板	①四角高差(每一块)	2
			②锚栓中心位置偏差(每块板上四个锚栓中心距，包括对角线)	2

2. 预应力混凝土简支梁

梁体混凝土灌筑后，按设计规定经过预施应力，并完成封端混凝土后，应用经过检定的钢尺精确测量梁体外形轮廓尺寸。根据《验标 416》第 5.4.10 条的规定，检测的详细项目和有关施工允许偏差见表 4.4.10.4。

表 4.4.10.4

序号	项　　目	允许偏差(mm)
1	梁全长	±30
2	梁跨度(支座中心至中心)	±20
3	支座中心至梁端	±15
4	梁高度(检测跨中及两支座处断面)	+10　−5
5	桥面内外侧偏离设计位置	+20　−10
6	下翼缘宽度(检测跨中、1/4 跨长处及支座处断面)	+20　−0
7	腹板厚度(检测跨中、1/4 跨长处及支座处断面)	+15　−0
8	表面垂直度(检测跨中、1/4 跨长处及支座处断面)	4‰梁高
9	端隔板厚度(检测最大偏差处)	+20　−0
10	挡碴墙厚度(检测最大偏差处)	+20　−0
11	预埋件见本节一(二)2(3)	同本节一、(二)2(3)

此外,混凝土封端后,还应测量梁体的上拱度,梁体上拱度不得大于梁跨度的 1‰,也不得有下挠。

二、悬臂灌筑预应力混凝土梁

(一)支承部位的测量

悬臂灌筑是在挂篮结构上施工。挂篮结构的上部为悬臂吊架,下部为模板等的支承平台,上、下部间由吊杆联系。

悬臂灌筑一般在墩台上开始,单向悬臂或双向悬臂。悬臂吊架支承在墩台顶部设立的托架或膺架上。因此,托架或膺架应按设计、施工要求,测定其位置及支承点的高程。以后悬臂吊架支承在已灌筑梁段的顶面上,亦应按设计、施工要求,测定支承位置和高程。

悬壁吊架建立后,完成挂篮结构组拼、就位固定后,应在挂篮下部支承平台上测量放样桥梁(或梁的腹板)中心线,以便安装梁段混凝土模板。

(二)模板检查测量

模板安装完毕后,各部分尺寸按设计、施工要求和规定进行检测。

(三)梁段检查测量

梁段混凝土灌筑过程中,应配合施工进行吊杆高度的调整,测量悬臂梁端高程。根据《验标415》第 10.3.1 条的规定,控制悬臂梁端高程与设计高程之差不应大于+15mm、−5mm。同时测量悬臂梁段中线,参照模板检测规定,要求施工偏差(与设计中线相对应)不应大于5mm。

此后,挂篮结构向前端移动,支承在已灌筑的梁段上(达到设计强度)测量配合施工,如前重复进行。

最后梁体外型尺寸检查测量项目和有关施工允许偏差参照预应力混凝土简支梁的有关规定,详见本节一、(三)2 部分。

(四)悬臂梁合龙前后的测量

悬臂梁在合龙前,应测量两悬臂梁段的中心线及两悬臂端的相对高程和距离,供调整应用。中线偏差不大于 5mm;两悬臂端相对高差不大于合龙梁段长度的 1/100,并不应大于 15mm;距离要求按设计、施工规定。

梁体支座中心及支座下摆中心与上摆中心的纵向偏移量按设计、施工要求测定。

(五)挂孔梁架设前的测量

T 型钢构或悬臂梁挂孔架设前,应测量两悬臂梁段的中心线及两悬臂端的相对高程和距离;同时对悬臂端预埋件及支座中心位置进行测量检核,以利挂梁的制造和安装。

第十一节　施工期间的水文观测

在水深流急的大江大河和河道易变的平原地区河流,由于桥梁工程建筑物在施工过程中和建成后对河流的流速、流向、河床的冲刷及堤岸的变迁等产生影响。为了掌握这种变化,并配合施工需要,一方面根据桥梁局部工程情况,配合桥梁基础工程施工,进行局部性水文观测是必要的;另一方面为分析研究建桥前后及施工期间桥址水文变化情况,评估水文对桥梁工程的影响,为类似的江河积累桥梁工程设计、施工的有价值的指导性参考资料,除建桥前勘测设计阶段已有调查、搜集和实测水文资料,建桥后将建立常规的水文测验外,桥梁施工期间的水文观测,使桥梁工程勘测设计——施工——运营全过程的水文资料保持连续性,亦是很重要的。

施工期间的水文观测应与附近的上游水文站或海洋水文站密切联系,了解水情,以便在突发水情到来之前采取必要的措施,以避免施工受到影响。

大江大河桥梁工程施工期间的水文观测,一般有桥址水位观测、全桥河床地形测绘和流向测量、桥址断面和流速测量、局部河床地形测绘、定点河床地形测绘等。

一、桥址水位观测

桥址水位观测的要求与勘测设计阶段的观测大体相同。水尺能利用勘测时建立的基本水尺的,应尽可能利用,水尽零点高程应进行复测,并定期检测。否则应选择桥址附近稳妥、观测方便并不易受施工扰动的位置，建立水位观测站。如靠近岸边已有建成或出水的墩台或其他水中建筑物可利用时，可在其侧面(避免在上、下游端部)用油漆绘制水尺，稳妥可靠。重新建站同时应编制建站图表和说明，以资查考，详见桥址勘测的水文测量的有关部分。

水位观测从施工准备开始，直至施工完毕人员撤离或移交接管部门，按定时观测。水位急骤涨落时增加测次；其他水文观测项目起始和终了时亦要求观测水位；必要时，如在施测过程中水位变化较多时，增加观测次数；个别施工项目需要水位资料时，亦应配合观测。

二、全桥河床地形测绘和流向测量

全桥河床地形和流向测量的要求和方法与桥址勘测的地形测绘和水文测量的有关部分亦大体相同，上、下游测量范围可略小，一般为桥址线上、下游500～1000m，以满足施工需要为准。绘图比例尺根据需用、图幅等情况确定，一般为(1：1000)～(1：5000)。全桥河床地形和流向测量兼有水文观测连续性性质，主要按水位变化进行测量。如水位每升降1m间隔测量。汛期多测，枯水期少测，洪峰到来时增加测次，顶峰前后，有条件(预报及时获得、观测设备齐全、安全有保证)亦应增加测次，以比较相对变化。水位变化不大时，亦可定期测量，如一个月、一个季度测量一次。水位虽有涨落，而河床或流向变化不大的，可减少测次。水位涨落虽少，河床或流向变化较大的，应加密水位升降间隔，进行适时测量。总之，以获知桥址河段河床和流向变化与水位变化的一般规律为准。

全桥河床地形和流向测量的每一次都要绘制出单独的图件——全桥河床地形图、桥址流向图。为了简化绘图重复量角交会测点的工作，在确定测量范围、选定观测点和绘图应用比例尺后，可编制定型底图备用。定型底图的编制和应用详见本节六。

三、桥址断面和流速测量

断面和流速测量可配合全桥河床地形测量同时或前后进行。因桥址线上有施工干扰，施测困难或不能全面施测，可将施测断面移到桥址线上游100m上下，与桥址线平行，建立测流断面。测流断面的起点距与桥址线对应，采用相对里程。断面测量要求和方法可参照桥址勘测中有关断面测量部分进行。流速垂线与水中桥墩位对应为好，并按垂线水深采用多点法测量垂线流速。既掌握全断面流速分布，又可提供在建或将要施工墩位上游近距离流速情况，供施工参考应用。如测速垂线处有桥墩施工定位船，可利用测量流速，尤为方便省事，不过应在定位船前方施测。测量成果应编绘桥址断面流速图，一次一图，直观明了，参见图4.4.11.1。

四、局部河床地形测绘

局部河床地形测绘是配合个别水中桥墩或部分水中桥墩施工安排而进行的非全桥范围的河床地形测绘。有时是以一个桥墩为中心施测，有时是相邻2—3个桥墩结合在一起施测。测量范围：以墩位为中心，上、下游稍小于全桥河床地形，一般桥址线上、下500～800m，要能包括前、后主锚抛设位置在内；两侧不超出相邻墩位，亦要包括所有边锚抛设位置在内。这样，除能了解墩位附近、周围河床情况，兼能了解前、后定位船、导向船组全部锚位的河床情况。相邻桥墩先后施工或同时在施工，结合在一起测绘是有利的，可以节省相邻桥墩重叠部分的测绘工作量。测绘比例尺可以与全桥河床地形图相同，亦可稍大一些，根据施工需要而定。局部河床地形在本桥墩施工计划安排定位抛锚开始之前至少施测一次，之后，根据施工进度情况定期施测。水情异常变化或施工特殊需要，增加测次，必要时配合局部流速、流向测量进行测绘。亦一次一图。亦可应用定型底图绘图，选用比例尺与全桥河床地形图相同，可以用同一底图，否则应另编制定型底图备用。配合局部流速、流向测量时，图中应附注流速、流向成果资料。

五、定点河床地形测绘

定点河床地形测绘是在水中施工中桥墩四周一定范围内进行，一般在桥墩基础结构定位、下沉过程中施测。因基础结构本身和施工设施的障碍，河床测点不可能均匀地分布。因此，可结合桥墩基础结构和施工设施布置情况，以基础结构为中心，在施工设施如导向船周围及其连接梁上固定测点、固定编号。每次测量均按固定点(号)用测深铊或回声测深仪测量水深，结合水位得到河床高程。根据各点位置相互关系与一定的比例(如1：500)及测得的河床高程，勾绘出河床地形等高线，所以称为定点河床地形测绘，如图4.4.11.2。

这样定点测深，可以减免每个测点的定位测量，只根据基础结构中心位置及其施工设施的相关位置，即可了解因施工引起桥墩附近一定范围的河床变化情况。即使桥墩基础在精密定位前，处于悬浮状态，如浮运沉井在下沉到河床前，亦可根据基础结构中心位置判定桥墩附近河床变化情况。基础结构中心位置是在施工过程中经常观测的。

定点河床地形测量的同时，一般应施测桥墩前(上游)垂线流速，必要时还观测流向。垂线流速在前定位船用流速仪按水深采用多点法测量。亦可在导向船组上游连接梁上施测。测得垂线流速成果应绘成垂线流速曲线，附记在当次定点河床地形图上，参见图4.4.11.2。测深、测速时水位、时间、测次及基础结构入水或下沉深度(如沉井刃脚高程)、中心位置亦应附记清楚，亦一次一图。同时观测流向时，可在前定位船上施放浮标，在岸上预先选定并测定有全桥统一坐标的适当观测点上用前方交会法施测。根据交会资料绘制浮标走行线，即代表桥墩上游相应水流流向。交会有困难时，在不得已情况下可用目测浮标走向，描绘概略的浮标走向。流向成果即浮标走行线另绘或附在定点河床地形图上。另绘时应注明桥墩位和施测日期时间。

测次:
日期: 年 月 日
垂线流速曲线
流 速
0 1 2 (m/s)
平均流速
$\overline{V}$=
$\overline{V}$= 0.98
$\overline{V}$= 1.29
$\overline{V}$= 1.03
$\overline{V}$= 1.37
$\overline{V}$= 1.39
$\overline{V}$= 1.39
$\overline{V}$= 1.05
水深
(m) (m/s)
流速
最大流速
平均流速
最小流速
流速等值线 (m/s)
施测水位16.12
高程
水深
1.4
1.8
1.6
1.2
1.0
0.8
0.6
高 程 (m)
测速垂线号数
间 (m)
里 程 DK1
DK2

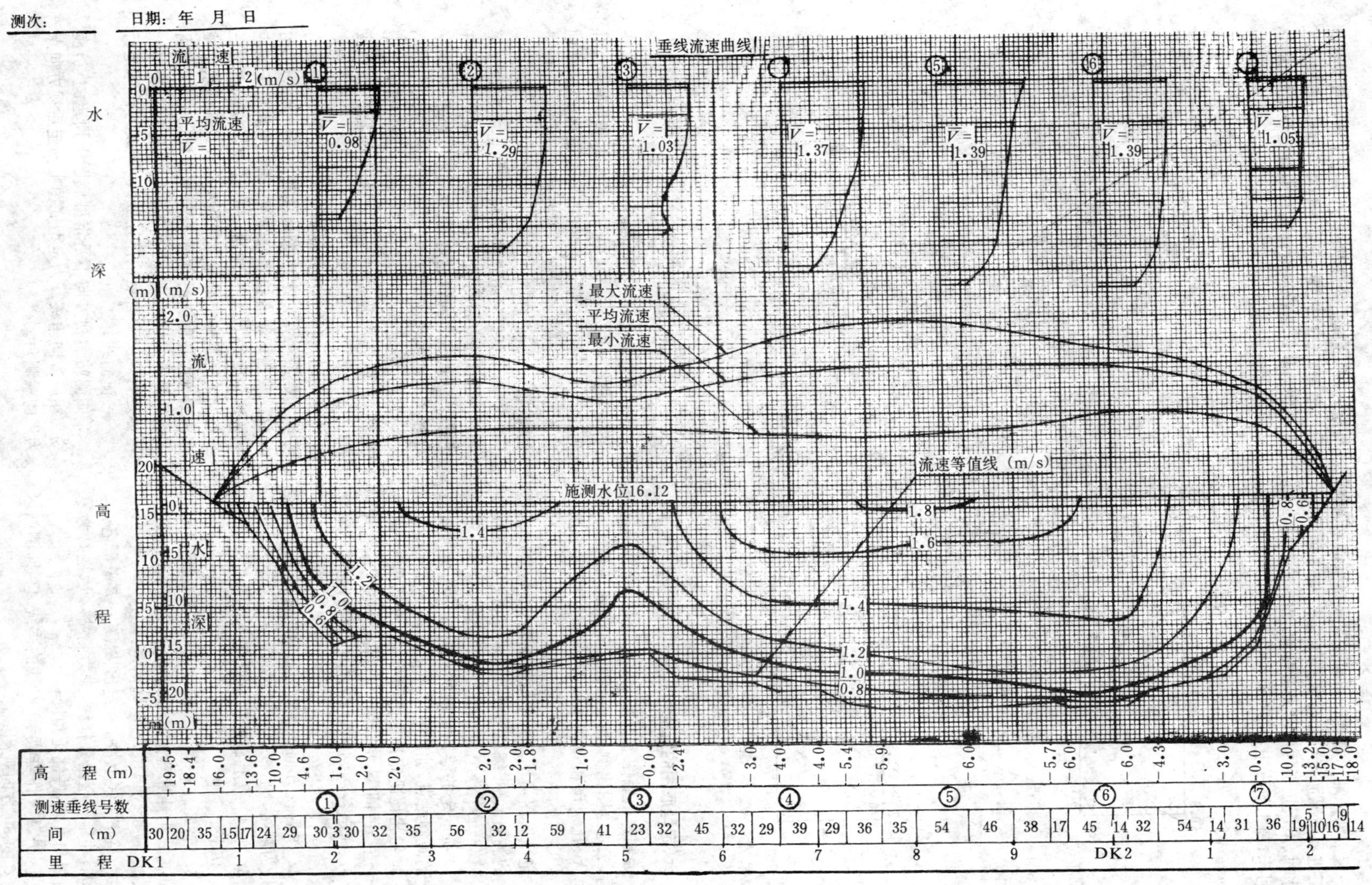

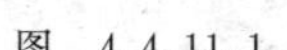

图 4.4.11.1

定点河床地形测量时间和次数根据水位变化和施工进展情况而定。在桥墩基础结构(如浮运沉井)下水时、下沉接近河床时是必需测绘的,尤其是沙土质河床;施工过程中,河床变化剧烈时应连续不断的测绘,以保证施工的顺利进行;施工下沉达到设计计算的集中冲刷线以下,测绘次数相应减少;直到施工下沉到达稳定高程或设计高程或施工设施撤除后,测绘终止。

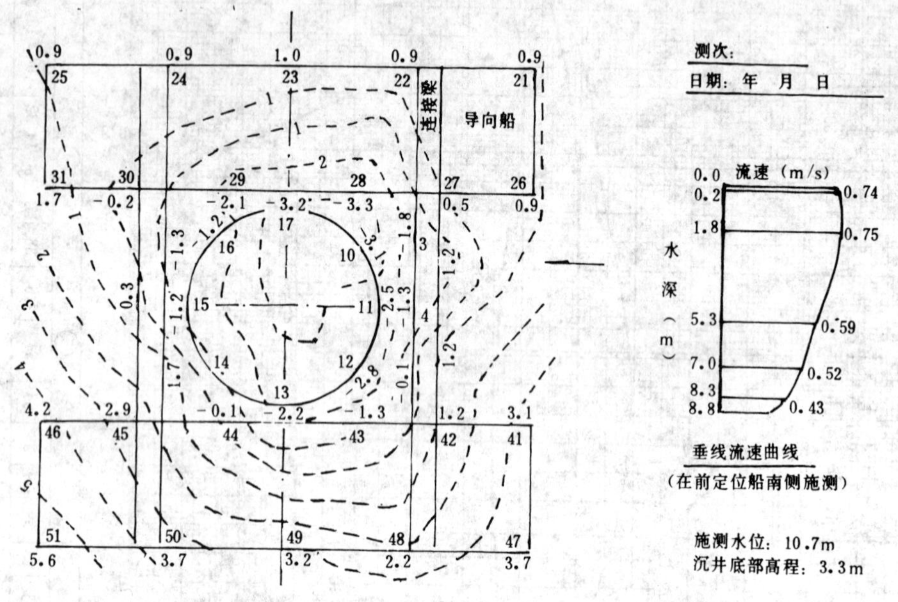

图 4.4.11.2

六、定型底图的编制和应用

编制定型底图要有三个确定条件,一是测量的范围;二是绘图比例尺;三是测量时用的观测站。范围扩大、比例尺和观测点改变了,就应用不了原底图。

定型底图用优质绘图纸板编绘,纸板要大于按比例的测图范围。编绘的方法和步骤如下,可参见图4.4.11.3。

1. 按既定的绘图比例和全桥统一的坐标点出既定的观测站点,如图中的 A、B、C、D;

2. 绘出比既定测图范围为大的外框线,一般两条,有适当的间隔,形成第一和第二外框线;

3. 确定各测站的后视方向,例如测站 A 后视 C;

4. 作后视方向线 AC,延长 AC 超出第一外框线,是为测站 A 后视 C 的零方向;

5. 在 AC 线上靠近第一外框线任意定一点 E,量取 AE 长;

6. 自 E 作垂直于 AC 的垂线 EE',依 $EE_i = AE\tan\beta_i$ 式用计算器按 β_i 递增值计算 EE_i,β_i 取 15′、20′、30′ 或 1°为单位,视图幅而定;

7. 在 EE' 线上按 EE_i 定出 E_1、$E_2 \cdots E_i \cdots E_n$ 各点,连 AE_i,并延长超出外框线,成为测站 A 后视 C 为零的前视角度线,并注记角度;

8. 另自 A 作垂直于 AC 线的垂线 AF,即测站 A 后视 C 的 90°方向观测线;

9. 在 AF 线上靠近第一外框线任意定一点 G,量取 AG 长;

10. 自 G 作垂直于 AG 的垂线 GG',依 $GG_i = AG\tan\beta_i$ 式同法定出 G_1、$G_2 \cdots G_i \cdots G_n$ 各点,连 AG_i,并延长超出外框线,得小于 90°的各观测角度线,与前作大于 0°的观测角度线是否楔合,可作为编绘质量的检查。

同法作其他测站点的观测角度线,有的绘在第二外框线外侧,如测站 B 后视 D 的观测角度线,并根据该站前视方向确定角度。如用不同颜色、不同字体描绘角度线和注记数字,则更为清楚明了。

最后,清除外框线内的点线,即完成完整的定型底图,如图 4.4.11.3(b),可供点绘测量交会点应用。

应用时,将透明图纸固定在定型底图上,然后将细绳一端系在大头针上,将针尖刺定于一测站点,由持该站观测记薄者拉直细绳另一端,使其位于相应的观测角度线上,每一测站一人,两绳相交的点或三绳相交的三角形中心即为观测交会点。根据水位减水深或直读高程注记高程。全部测点标记完毕,即可勾绘地形等高线。如应用于绘制流向图,则可将每一浮标走行观测交会点依序连成线,即成为浮标走行线——流向线。

如测站后视方向不是定型底图上预定的点,应按其相应方向角核算为定型底图上预定后视方向点为零的观测角。

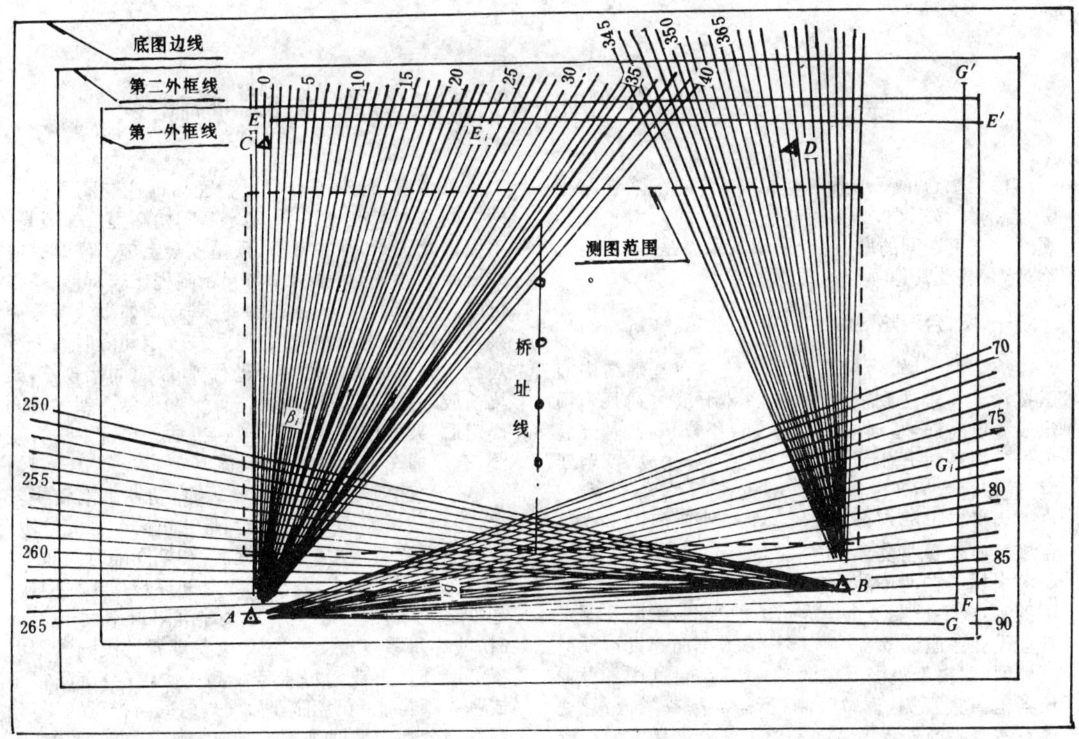

(a)

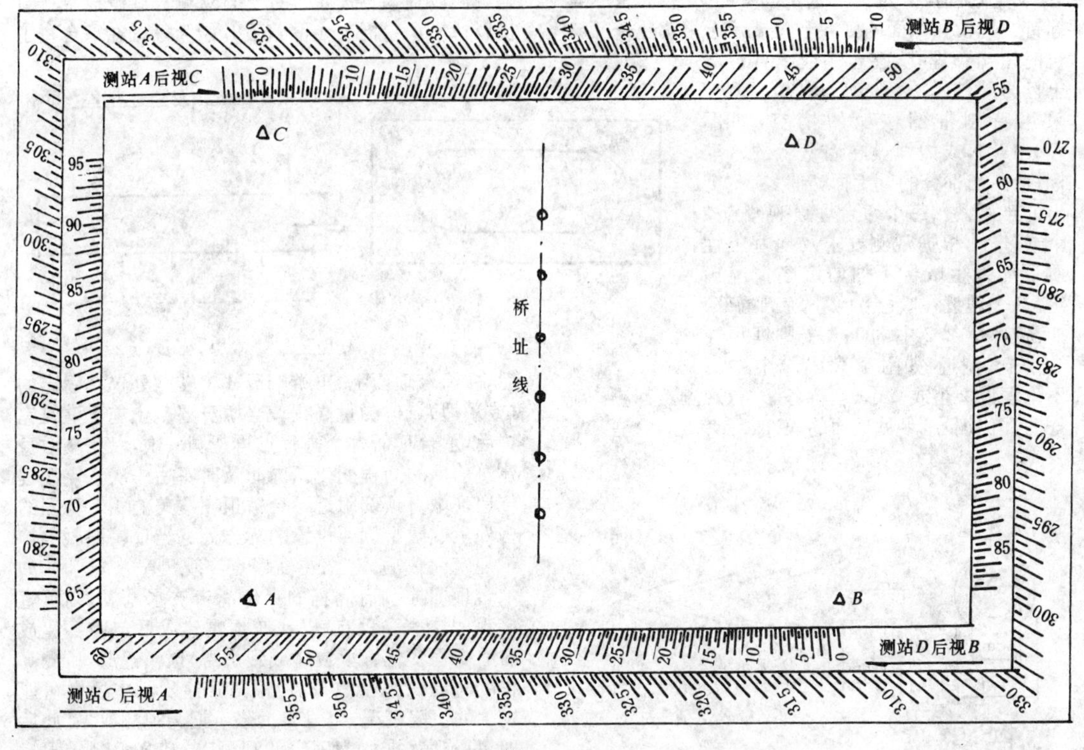

(b)

图 4.4.11.3

第十二节　施工期间的桥梁墩台变形观测

桥梁墩台的变形观测包括墩、台的沉陷观测和墩、台的位移观测，必要时进行墩、台的倾斜和扭转观测。施工期间的墩、台变形观测重点是墩、台的沉陷观测，兼及其他项目的观测。

一、墩、台沉陷观测

施工期间墩、台沉陷观测一般是在基础结构施工按设计要求达到一定深度，底部下沉达到某个预定或稳定高程，基础顶部已建成台座或承台，基础施工告一段落时开始，到整个墩、台完全建成，以至架梁、通车运营后还继续进行观测。

为进行沉陷观测做准备，在基础顶部台座或承台施工时就要埋设必要的观测点。

引桥或在两岸陆上或河漫滩地段的墩、台一般不浸水，或不长期浸水。为了方便观测，沉陷观测点常埋设在台座或承台的顶部边沿或侧面。设在顶部或侧面，取决于观测时在两墩、或墩与台间中部设置仪器能直接观测，逐墩联测，不需加高或降低，且观测点本身不因外界因素而易遭破坏。两墩或墩与台间不宜安置仪器或高度不够，仪器可安置在台座或承台顶部，隔墩联测，则观测点设在顶面较好。设在顶部的观测点在台座或承台混凝土施工灌筑结束后、初凝前埋设。观测点选用圆头帽钉，要求同水准标钉。埋设在侧面的则在台座或承台混凝土施工灌筑时留出预埋孔，在台座或承台混凝土已凝固，拆除模型板后埋设。观测点采用特制带倒棱角的钢钉，如图4.4.12.1，或如埋设在墙壁上的水准标钉。露出部分的朝上面略平，有一突出的半圆头。每个墩台埋设观测点2个或4个，根据观测要求及地基土性质可能发生墩台不均匀沉陷情况确定。2个埋设在墩、台上、下游侧端部，如图4.4.12.2中的1；4个则埋设在4个转角附近，如图4.4.12.2中的2。不论埋设2个或4个，全桥各墩、台观测点都应按统一的部位编号，参见后面的表4.4.12.1的附注。

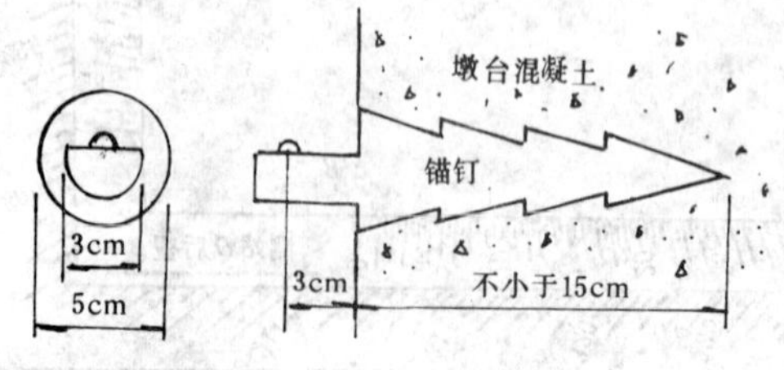

图　4.4.12.1

每个墩、台观测点埋设稳固后即应与高程控制网中的基本水准点联测，确定其起始高程。如墩身、顶帽接续施工，则在墩身、顶帽混凝土施工灌筑完成并凝固后各观测一次，以与起始高程比较，可能获得沉陷是否产生、沉陷强弱的初步概念。如很快接着架梁，在架梁后再观测一次。以后按一定间隔时间进行观测。如架梁不能紧接着进行，间断时间比较长，架梁前应根据沉陷发生情况进行定期观测。架梁时间确定后，架梁前后各观测一次，以后亦按定期进行观测，直至通车或交付营运单位。

依照建筑物沉陷的一般规律，初期沉陷较快较大，逐步减缓减小，直至稳定，停止沉陷。因此桥墩、台建成后或架梁后的定期观测，初期间隔时间短些，随着沉陷减缓减小，观测间隔时间逐步增长。例如：初期每月观测1次，3个月累计沉陷量不大于3mm时，改为每季度观测一次，3个季度累计沉陷量不大于3mm时，再改为每半年观测1次，直至沉陷很小或基本不再能判明沉陷时，间隔时间可推延为1年。通车运营后应及时观测1次或多次。临时运营期间根据沉陷存在情况确定是否进行观测，如需要继续观测，则可参照上述原则进行。

处在水中的正桥桥墩和较多时间有水桥墩，沉陷观测以顶帽顶面水准标进行观测。观测成果资料仍以桥墩承台混凝土灌筑后开始为好。在承台竣工

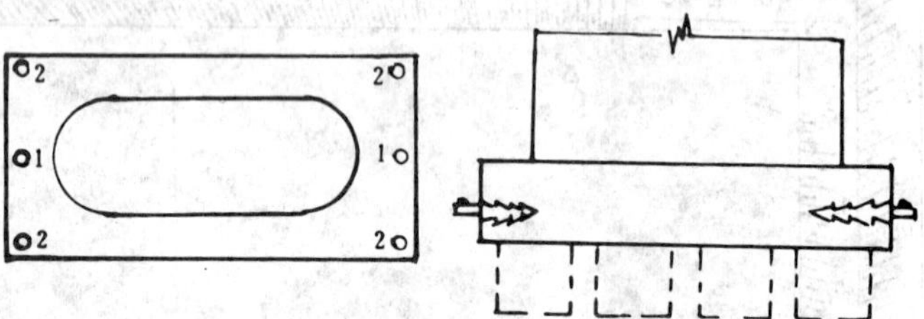

图　4.4.12.2

后，在承台顶面上、下游端或4个转角处选择固定的(或预埋)点位测量高程。当墩身混凝土施工灌筑完毕后，承台顶面各个高程点再观测一次，以比较墩身建筑前后的高程变化。同时及时将后一次各点高程传递到墩身顶部附近不会被顶帽覆盖的相对稳固的构件上或墩身侧面设置的标志处。当顶帽混凝土施工灌筑完成后，对上述高程点亦观测一次；这时，如承台顶面原测有高程的点位尚未被水淹没，则可直接观测这些高程点，以比较顶帽建成后与墩身建成后的高程变化。承台建成到墩身、顶帽建成，所测高程变化即认为系墩身、顶帽两修建阶段中桥墩可能发生的沉陷情况，可只将沉陷量记为观测成果。此后即以墩顶水准标为固定的观测点，其高程测量同时就与上述观测点联系，以避免沉陷观测的间断，沉陷

观测的要求同前述。

引桥观测点的水准测量精度一般为三等，如设备、人员有条件，尽可能提高为二等。正桥测点的水准测量精度则不低于二等，墩跨较大时则应按过江水准测量要求进行观测，尽可能逐墩传递。

沉陷观测应选择稳固的水准基点为依据进行测量，必要时应建立深层水准标作为观测基准点。

墩、台基础达到基本岩层的，一般不会有大的沉陷，观测次数可以少些，间隔时间可以长些。

沉陷观测成果按桥依墩、台列表、如表4.4.12.1，并可按观测时间和实测高程编制时间与高程关系曲线，可以清晰了解墩、台沉陷全过程。

桥墩台沉陷观测成果表 表 4.4.12.1

墩台编号											附注
观测点编号		1	2	3	4						
观测日期	年 月 日 承台竣工后										观测点编号示意图 3 4 2 1 3 4 2 1
	年 月 日 墩身竣工后										
	年 月 日 顶帽竣工后										
	年 月 日										
	年 月 日										
	年 月 日 架梁前										
	年 月 日 架梁后										
	年 月 日										
	年 月 日										
	年 月 日 通车后										
	年 月 日										
	年 月 日										
	⋮										

二、墩、台位移观测

桥梁墩、台位移观测通过墩、台中心点位的位移变动测量来进行。施工期间，墩、台基础部分为控制其准确下沉，达到设计要求位置，位移测量是不断地在配合施工施行的，参见本章第八节二、有关部分。

墩、台基础施工达到设计或稳定高程后，主要目的是确保墩、台中心点处于平面的正确位置。

墩、台位移观测的真正开始，应该说是墩、台本身直至顶帽施工完成，墩、台顶面中心标建立之后。通过中心标坐标的不同时期观测，以了解墩台纵向（桥梁中心线方向）和横向（桥墩中心线方向，与桥中心线正交）变异来说明。墩、台中心的观测，在架梁前必须进行，参见本章第九节一、二有关部分。在墩、台发生明显变形（倾斜）或在沉陷观测中发现较严重的不均匀沉陷时，亦应进行墩、台中心点位观测。此外，一般不做定期观测的规定。

水中或浅滩桥墩台，应用施工平面控制网的两岸墩台中心控制点，按前、后方交会结合的方法，观测点位坐标。亦可利用桥中线控制点检测点位的横向变异，应用测距法测量墩间距离，推算点位里程（纵坐标），检测点位的纵向变异。陆上桥墩、台应用施工定位放样的中心点护桩进行观测。

有必要经常进行墩、台位移观测的，上述施工平面控制网或精密导线和定位放样的中心点护桩应经常进行检测和维护，如有损毁，应及时补建，复测。

墩、台中心点位坐标不同时间的观测资料是墩、台位移观测的重要依据之一，亦应按墩、台建立专门记录。

三、墩、台倾斜和扭转观测

桥梁墩、台倾斜和扭转一般系由于墩、台地基土不均匀压缩和墩、台上、下部位移不一致引起的。桥台因受台后土压力的影响，发生位移，同时亦会出现倾斜和扭转。在墩、台沉陷观测中,发现不均匀沉陷情况时,墩、台倾斜和扭转就可略见端倪;在墩、台顶面中心位移观测时,发现较严重位移,亦应警惕墩、台倾斜和扭转的产生,及时进行墩、台倾斜和扭转观测是必要的。

墩、台倾斜和扭转观测,可在墩、台位移观测时兼顾,亦可单独直接进行。

在位移观测时兼顾,则墩、台顶面中心位移观测应采用双点位或多点位观测,通过双点位或多点位与中心点位的平面关系,自双点位或多点位位移观测成果(坐标变化),既可计算出墩台顶面中心位移,亦可计算出墩、台顶面纵(横)中心线的扭转角度。在观测墩、台顶面点位的同时,亦观测墩、台台座或承台顶面纵、横中心线端点(施工放样时做有点位更好)或墩身下部(接近水面)前后横向分中点的坐标,应用墩、台竣工资料中相应部位尺寸(或端点原有数据),通过计算确定各该部位的中心坐标。根据上、下中心坐标差和高差(墩、台顶面中心点位与墩、台台座或承台顶面或墩身下部分中点部位的高程差),可以计算墩、台纵、横向倾斜度和综合倾斜。又根据墩、台台座或承台顶面纵横中心线端点或墩身下部前、后横向分中点的实测坐标,可计算该部位纵向或横向两点连线的方向角,与墩、台设计或施工实施的纵向或横向中心线方向角比较,即可知所测的墩、台的扭转角,并与墩、台顶面所测扭转角核实。

单独直接进行观测:对于水中或浅滩桥墩、在将要观测桥墩的前后相邻墩上测设桥梁中心线(如前后相邻墩可确认无疑不存在位移,则可利用原测设的中心点),并安置经纬仪,只要与中心线对准,测量要求观测桥墩的顶面中心点和墩身下部横向分中点同桥梁中心线的偏离量。根据各该偏离量和高差,即可了解该墩的横向(上、下游)倾斜度。如该墩存在较大扭转,墩身下部横向分中点的偏离量应取前、后侧分中点偏离量的平均值,即要求在前后相邻墩上均进行观测。纵向(桥中线)倾斜度则通过两岸三角点观测墩顶中心点里程外,同时观测墩身下部前后侧横向分中点的里程。根据下部前后侧横向分中点的里程平均值与顶部中心点里程的相差数,同样结合高差计算得墩的纵向倾斜度。桥墩顶部中心点和墩身下部横向分中点的里程亦可通过测量墩间距离,根据桥中线控制点起点里程确定:首先确定前后相邻墩顶中心点里程,然后自前后墩中心点应用直接丈量、光电测距等方法测量同要求观测墩顶中心点和墩身下部横向分中点的距离,计算得各该点里程。所有里程值均应准确到毫米。墩身下部横向分中点不便设定时,可在前、后相邻墩顶部安置经纬仪,对中桥中线,然后照准观测墩墩身下部上、下游侧基本同高(可以水面为准)的边缘线,根据观测两边缘水平角差分中定出墩身下部分中点。

陆上桥墩、台倾斜观测亦以施工定位放样用的中心点护桩(应为墩、台中心纵横方向线上的)为准进行,最为方便。即在各该护桩点安置经纬仪,直接观测墩(台)顶中心点和台座或承台顶面纵、横中心线端点(台座或承台被土埋设,不便清除,亦可以墩身下部分中点代替)与桥中线和墩(台)原测横向放样中心线的偏离量,结合墩(台)顶与台座或承台顶面高差计算所测墩(台)的纵横向倾斜度和综合倾斜。台座或承台顶面纵向或横向中心线两端点偏离量不同(墩、台存在扭转),应据以换算为中心点偏离值,以与墩(台)顶中心点偏离量比较,结合高差计算倾斜值,墩身下部前、后或两侧分中点偏离量不同,要求亦然。

直接进行墩、台扭转观测,如同观测墩(台)顶中心点偏离量一样,在墩(台)顶纵向或横向中心线上取两点(水中墩只宜在纵向中心线上),观测两点与桥中线或横向定位放样中心线的偏离量,并根据所取两点的距离计算得墩(台)扭转角,顺时针方向取为正,逆时针方向取为负。

利用前述倾斜观测中墩、台台座或承台顶面纵向或横向中心线端点或墩、台身下部两侧分中点的不同偏离量及相对两点间的距离,亦可计算墩、台的扭转值。